Tietgens/Nugel (Hrsg.)

AnwaltFormulare Verkehrsrecht

Zitiervorschlag:
Tietgens/Nugel/*Bearbeiter*, AnwaltFormulare Verkehrsrecht, § 1 Rn 1

Hinweis
Die Ausführungen in diesem Werk wurden mit Sorgfalt und nach bestem Wissen erstellt. Sie stellen jedoch lediglich Arbeitshilfen und Anregungen für die Lösung typischer Fallgestaltungen dar. Die Eigenverantwortung für die Formulierung von Verträgen, Verfügungen und Schriftsätzen trägt der Benutzer. Herausgeber, Autoren und Verlag übernehmen keinerlei Haftung für die Richtigkeit und Vollständigkeit der in diesem Buch enthaltenen Ausführungen.

Anregungen und Kritik zu diesem Werk senden Sie bitte an
kontakt@anwaltverlag.de
Herausgeber, Autoren und Verlag freuen sich auf Ihre Rückmeldung.

Copyright 2017 by Deutscher Anwaltverlag, Bonn
Satz: Cicero Computer GmbH, Bonn
Druck: Westermann Druck Zwickau GmbH
Umschlaggestaltung: gentura, Holger Neumann, Bochum
ISBN 978-3-8240-1418-7

Bibliografische Information der Deutschen Nationalbibliothek
Die Deutsche Nationalbibliothek verzeichnet diese Publikation in der Deutschen Nationalbibliografie; detaillierte bibliografische Daten sind im Internet über http://dnb.d-nb.de abrufbar.

AnwaltFormulare

AnwaltFormulare Verkehrsrecht

Muster • Erläuterungen • Checklisten

7. Auflage 2017

Herausgegeben von

Rechtsanwalt und Fachanwalt für Versicherungsrecht
Dr. Jens Tietgens,
Hannover

und

Rechtsanwalt und Fachanwalt für Verkehrsrecht und Fachanwalt für Versicherungsrecht
Dr. Michael Nugel,
Essen

Vorwort

Die 7. Auflage der AnwaltFormulare Verkehrsrecht beinhaltet zahlreiche Ergänzungen und Aktualisierungen unter Berücksichtigung der bis März 2016 veröffentlichten Rechtsprechung und Literatur. Diverse Änderungen basieren auf Anregungen von Lesern der vorherigen Auflage, für die wir uns auf diesem Wege herzlich bedanken.

Mit dieser neuen Auflage erfährt das Buch auf vielfache Anregung zudem die gewünschte Erweiterung auf die Bereiche des Verkehrsstrafrechts, Ordnungswidrigkeitenrechts und des Verkehrsverwaltungsrechts. Beibehalten und zugleich weiter ausgebaut wurde dabei das bewährte Blocksatzsystem, so dass die im Buch enthaltenen Muster mit ihren grundsätzlichen Erwägungen und Argumentationshilfen auf eine Vielzahl von Fällen angewendet werden können. Daneben findet sich in jedem Abschnitt eine ausführliche Erläuterung der rechtlichen Problemstellungen, welche in den beigefügten Mustern aufbereitet werden, um den Anwender auch mit dem notwendigen Hintergrundwissen zu versorgen. Auf diesem Wege sollte es weiter möglich sein, mit Effizienz qualitativ hochwertige Argumentationen in kürzester Zeit auf eine Vielzahl von Fällen anzuwenden.

Die weitreichende inhaltliche Erweiterung des Buchs und die erhebliche Fortentwicklung der Rechtsprechung haben es zudem erforderlich gemacht, grundlegende Erweiterungen auch beim Autorenteam vorzunehmen. Wir freuen uns, sowohl im Verkehrszivilrecht als auch in den drei anderen o.g. neu erfassten Fachgebieten anerkannte und qualifizierte Autoren aus der Praxis gefunden zu haben, die nunmehr jeweils einen ihnen anvertrauten Bereich mit den aktuellen Entwicklungen der Rechtsprechung darstellen. Auf diesem Wege ist auch sichergestellt, dass durch die Spezialisierung und Konzentration auf einzelne Abschnitte weiterhin eine hohe Qualität gewährleistet wird.

Ein großer Schwerpunkt des Buchs bleibt selbstverständlich auch in der neuen Auflage dem Zivilrecht vorbehalten und in diesem Abschnitt werden alle weiteren aktuellen Entwicklungen der Rechtsprechung erfasst. Neu hinzugetreten ist dabei auch ein interdisziplinäreres Kapitel zum Auslesen von Fahrzeugdaten und dem Anwendungsbereich des Datenschutzes. Die damit verbundenen Fragestellungen werden die Praxis in Zukunft sicherlich in besonderem Maße beschäftigen und hier wird zugleich juristisches und technisches „Neuland" betreten. Für den Juristen gibt es zudem auch einen weiteren interdisziplinären Abschnitt bzgl. des Umgangs und der Reaktion auf die Gutachten gerichtlich bestellter Sachverständiger, um dem Leser in diesem für die Praxis wichtigen Bereich ebenfalls ein Werkzeug an die Hand zu geben.

Wir bedanken uns ganz herzlich bei allen Mitautoren und den Mitarbeitern des Verlags, die eine derart weitreichende neue Auflage innerhalb so kurzer Zeit ermöglicht haben und hoffen, dem Leser nunmehr durch die Erweiterung in der bewährten Qualität mit

Vorwort

dem ebenso bewährten Muster- und Blocksatzsystem für alle wichtigen Bereiche des Verkehrsrechts ein Handbuch für die Praxis zur Verfügung zu stellen.

Hannover im September 2016 *Dr. Jens Tietgens*, Rechtsanwalt
Essen im September 2016 *Dr. Michael Nugel*, Rechtsanwalt

Inhaltsübersicht

Vorwort	V
Inhaltsverzeichnis	IX
Autorenverzeichnis	XXXIX
Musterverzeichnis	XLI
Literaturverzeichnis	LXI

Teil 1: Verkehrszivilrecht 1

§ 1	Mandatsvorbereitung, Informationsbeschaffung und Anmeldung von Ansprüchen	1
§ 2	Behandlung von „Auslandsschäden"	35
§ 3	Anspruchsgrundlagen	89
§ 4	Quotenbildung	135
§ 5	Haftungsausschluss bei Personenschäden	199
§ 6	Anspruchsübergang	211
§ 7	Verjährung und Abfindungsvergleich	221
§ 8	Sachschaden	239
§ 9	Personenschaden bei Verletzung	427
§ 10	Personenschaden bei Tötung	487
§ 11	Klage und selbstständiges Beweisverfahren	501
§ 12	Unfallrekonstruktion im Prozess	535
§ 13	Verkehrsunfallmanipulation	569
§ 14	Grundzüge des neuen VVG	591
§ 15	Kaskoversicherung	619
§ 16	Vertragliche Ansprüche in der Kfz-Haftpflichtversicherung	665
§ 17	Private Unfallversicherung	681
§ 18	Auslesen und Verwenden von personenbezogenen Daten	695
§ 19	Gebühren des Anwalts	729
§ 20	Korrespondenz mit dem Rechtsschutzversicherer	751

Teil 2: Verkehrsstraf- und Bußgeldrecht 763

Kapitel 1: Verkehrsstrafrecht 763

§ 21	Einleitung	763
§ 22	Unfallflucht (§ 142 StGB)	765

§ 23 Fahrlässige Tötung (§ 222 StGB) 785
§ 24 Fahrlässige Körperverletzung (§ 229 StGB) 789
§ 25 Nötigung (§ 240 StGB) 795
§ 26 Gefährliche Eingriffe in den Straßenverkehr (§ 315b StGB) 799
§ 27 Gefährdung des Straßenverkehrs (§ 315c StGB) 803
§ 28 Trunkenheit im Verkehr (§ 316 StGB) 819
§ 29 Fahrverbot (§ 44 StGB) 829
§ 30 Entziehung der Fahrerlaubnis (§ 69 StGB) 833
§ 31 Sperre der Erteilung der Fahrerlaubnis (§ 69a StGB) 839
§ 32 Vorläufige Entziehung der Fahrerlaubnis (§ 111a StPO) 845
§ 33 Fahren ohne Fahrerlaubnis (§ 21 StVG) 847
§ 34 Pflichtversicherungsgesetz 849
§ 35 Sonstiges 851

Kapitel 2: Bußgeldrecht 855
§ 36 Einleitung 855
§ 37 Vorverfahren 857
§ 38 Hauptverhandlung 911
§ 39 Rechtsbeschwerde 927
§ 40 Wiedereinsetzung in den vorigen Stand 941
§ 41 Vollstreckung 945
§ 42 Schreiben an den Mandanten 949

Kapitel 3: Gebühren im Straf- und Bußgeldrecht 953
§ 43 Gebühren des Anwalts in Strafsachen 953
§ 44 Gebühren des Anwalts in Bußgeldsachen 961
§ 45 Korrespondenz mit dem Rechtsschutzversicherer in Straf- und Bußgeld-
     sachen 967

Teil 3 Verkehrsverwaltungsrecht 973
§ 46 Einführung 973
§ 47 Entziehung der Fahrerlaubnis 975
§ 48 EU-Führerscheine 1023
§ 49 Anwaltliche Beratung und MPU 1031
§ 50 Fahrtenbuchauflage 1035
§ 51 Checklisten: Verwaltungsakt und Rechtsschutz 1043

Stichwortverzeichnis 1049

Inhaltsverzeichnis

Vorwort	V
Inhaltsübersicht	VII
Autorenverzeichnis	XXXIX
Musterverzeichnis	XLI
Literaturverzeichnis	LXI

Teil 1: Verkehrszivilrecht 1

§ 1 Mandatsvorbereitung, Informationsbeschaffung und Anmeldung von Ansprüchen 1
- A. Mandatsvorbereitung 1
    - I. Datenerfassung 1
        - 1. Checkliste: Mandatsaufnahmebogen 2
            - a) Daten des Mandanten 2
                - aa) Persönliche Daten 2
                - bb) Fahrzeugdaten 3
                - cc) Versicherungsdaten 3
            - b) Daten des/der Anspruchsgegner 3
                - aa) Fahrer des gegnerischen Unfallfahrzeugs 3
                - bb) Halter des gegnerischen Unfallfahrzeugs 4
                - cc) Haftpflichtversicherer des gegnerischen Unfallfahrzeugs 4
            - c) Unfalldaten 4
            - d) Daten über Sachschäden 4
            - e) Daten über Personenschäden 5
            - f) Erklärungen des Mandanten 5
        - 2. Mandantenfragebogen 5
    - II. Aktenaufbau 9
        - 1. Trennung der Akten nach Rechtsgebieten 10
        - 2. Anlagenverwaltung 10
    - III. Annahme des Mandats/Parteiverrat gemäß § 356 StGB 11
- B. Informationsbeschaffung 12
    - I. Ermittlung des gegnerischen Fahrers 13
    - II. Ermittlung des gegnerischen Halters 13
    - III. Ermittlung des gegnerischen Kfz-Haftpflichtversicherers 14
    - IV. Ermittlung des gegnerischen Unfallfahrzeugs 17

	V. Ermittlung der polizeilichen Unfallakte	18
	VI. Ermittlung sonstiger Beweismittel für den Unfallhergang	21
	VII. Zusammenfassung	23
C.	Anspruchsanmeldung	24
	I. Anspruchsschreiben bei bestehendem Direktanspruch	25
	1. Fall	25
	2. Muster: Anspruchsschreiben an die Kfz-Haftpflichtversicherung	25
	II. Anmeldung bei fehlendem Direktanspruch	32
	1. Fall	32
	2. Muster: Anspruchsschreiben an den unmittelbaren Schadensverursacher	32

§ 2 Behandlung von „Auslandsschäden" ... 35

- A. Übersicht ... 35
- B. Schäden im Ausland ... 35
  - I. Übersicht ... 35
  - II. Erleichterte Korrespondenz durch Einschaltung eines regulierungsbeauftragten Versicherers im Inland ... 35
  - III. Klagemöglichkeit vor dem international zuständigen Gericht ... 36
    1. Allgemeiner Gerichtsstand des Wohnortes, Art. 4, 63 EuGVVO ... 36
    2. Besonderer Gerichtsstand der Streitgenossenschaft, Art. 8 Nr. 1 EuGVVO ... 37
    3. Besonderer Gerichtsstand des Unfallortes ... 38
    4. Besonderer Gerichtsstand am Wohnsitz des Geschädigten ... 38
       a) Entscheidung des EuGH vom 13.12.2007 ... 38
       b) Ungeklärte Fragen ... 41
  - IV. Ermittlung des sachlich anzuwendenden Rechts ... 46
    1. Anzuwendendes Recht nach Rom II ... 47
       a) Überblick ... 47
       b) Bestimmung des anzuwendenden Rechts ... 48
          aa) Grundregel: Recht des Schadensortes (Art. 4 Abs. 1 Rom II) ... 48
          bb) Recht des einheitlichen gewöhnlichen Aufenthaltsortes (Art. 4 Abs. 2 Rom II) ... 48
          cc) Engere Verbindung zu dem inländischen Recht (Art. 4 Abs. 3 Rom II) ... 49
          dd) Vereinbartes Recht (Art. 14 Rom II) ... 50
    2. Haager Übereinkommen ... 51

	3. Wahlrecht des Geschädigten und „forum shopping" sowie „law shopping"	53
	4. Anwendung des Art. 40 EGBGB	55
C.	Checklisten zum materiellen Verkehrsrecht und weiteren Besonderheiten der Unfallregulierung in ausgewählten Nachbarstaaten Deutschlands	56
	I. Checkliste bei einem Verkehrsunfall in Belgien	56
	II. Checkliste bei einem Verkehrsunfall in Griechenland	60
	III. Checkliste bei einem Verkehrsunfall in Frankreich	62
	IV. Checkliste bei einem Verkehrsunfall in Italien	65
	V. Checkliste bei einem Verkehrsunfall in den Niederlanden	67
	VI. Checkliste bei einem Verkehrsunfall in Österreich	71
	VII. Checkliste bei einem Verkehrsunfall in Polen	74
	VIII. Checkliste bei einem Verkehrsunfall in der Schweiz	78
	IX. Checkliste bei einem Verkehrsunfall in Tschechien	80
D.	Schäden im Inland unter Beteiligung eines ausländischen Kraftfahrzeugs	82
	I. Übersicht	82
	II. Hinweise	84
E.	Schäden im Inland unter Beteiligung eines NATO-Dienstfahrzeugs	85

§ 3 Anspruchsgrundlagen ... 89

A.	Übersicht	89
	I. Kraftfahrzeug und Anhänger i.S.d. § 7 Abs. 1 StVG	90
	1. Kraftfahrzeug	90
	2. Anhänger	90
	II. Betrieb eines Kraftfahrzeugs/Kraftfahrzeuganhängers	90
	III. Halter des Kfz	93
	IV. Ausschluss bei höherer Gewalt, gem. § 7 Abs. 2 StVG	94
	V. Unabwendbarkeitsbeweis	95
	VI. Ausschluss des Unabwendbarkeitsbeweises gem. § 17 Abs. 3 S. 1 StVG	96
	VII. Haftungsausschluss bei „Schwarzfahrten"	96
	VIII. Unwirksamkeit einer vereinbarten Haftungsreduzierung gem. § 8a StVG	97
	IX. Checkliste: Halterhaftung	98
B.	Fahrerhaftung nach dem StVG	99
C.	Anspruchsgrundlagen nach BGB	99
	I. Fahrerhaftung nach BGB	100
	II. Geschäftsherrenhaftung gem. § 831 BGB	101
	III. Tierhalterhaftung gem. § 833 BGB	102

Inhaltsverzeichnis

  IV. Ansprüche gegen Passanten/Fahrradfahrer/Kinder 104
   1. Ansprüche gem. § 823 Abs. 1 BGB 104
   2. Haftung Minderjähriger gem. § 828 BGB 104
   3. Haftung des Aufsichtspflichtigen gem. § 832 BGB 107
   4. Haftung aus Billigkeitsgründen gem. § 829 BGB 109
    a) Fall 109
    b) Muster: Billigkeitshaftung Nicht-Deliktsfähiger 109
  V. Haftung gem. § 839 BGB, Art. 34 GG 111
  VI. Checkliste: Anspruchsgrundlagen nach BGB 112
D. Direktanspruch gem. § 115 Abs. 1 Nr. 1 VVG 113
  I. Übersicht 113
  II. Nachhaftung 115
  III. Haftungsausschluss bei vorsätzlicher und widerrechtlicher Schadensherbeiführung 116
  IV. Träger der Pflichtversicherung 117
  V. „Krankes Versicherungsverhältnis" 118
  VI. Checkliste bzgl. des Direktanspruches gegen den Kfz-Haftpflichtversicherer 119
E. Ansprüche gegen die Verkehrsopferhilfe gem. §§ 12 ff. PflVG 120
F. Anspruchsgrundlagen nach dem HpflG 122
G. Haftungsausschluss bei einem manipulierten Verkehrsunfall 124
  I. Begründung des Haftungsausschluss 124
  II. Anscheins- und Indizienbeweis 125
   1. Beteiligte Fahrzeuge 126
    a) Fahrzeug des Schädigers 126
    b) Fahrzeug des Geschädigten 127
    c) Motivlage unter Berücksichtigung der Fahrzeuge 127
   2. Beteiligte Personen 127
   3. Unfallhergang und Unfallort 127
   4. Verhalten unmittelbar nach dem Unfall 128
   5. Weiteres Verhalten nach dem Unfall 128
  III. „Ausgenutzter" Verkehrsunfall 129
   1. Vorschaden betrifft dieselben Fahrzeugkomponenten 129
   2. Vorschaden wirkt sich auf den Wiederbeschaffungswert aus 130
H. Haftung für sogenannte Umweltschäden 130
  I. Allgemeines 130
  II. Einzelne Anspruchsgrundlagen 131
  III. Haftung des Kfz-Haftpflichtversicherers 132

§ 4	**Quotenbildung**	135
	A. Übersicht	135
	B. Fahrer- und Halterhaftung bei einem Unfall mit mehreren Kraftfahrzeugen	137
	I. Grundlegende Erläuterung: Das „Waagemodell"	137
	II. Bildung der Haftungsquote	141
	1. „100 zu 0"-Fälle	141
	2. Anscheinsbeweis und typische „100 zu 0"-Fälle	142
	a) Auffahrunfall	143
	b) Fahrstreifenwechsel	145
	c) Anscheinsbeweis und Vorfahrtsverletzung	148
	d) Verstöße gegen die Kardinalvorschrift des § 9 Abs. 5 StVO	150
	e) Anscheinsbeweis und Einfahrt in den fließenden Verkehr	152
	f) Anscheinsbeweis und Abkommen auf die Gegenfahrbahn	154
	3. Zurechnung schreckbedingten Fehlverhaltens	155
	4. Sonderfall: Halter und Eigentümer des Kfz fallen auseinander	156
	a) Urteile des BGH	156
	b) Einzelne Unfallvarianten	156
	III. Quotenbildung bei einzelnen Verkehrssituationen	158
	1. Zusammenstoß auf Kreuzungen mit Kfz des Querverkehrs	158
	a) Verkehrsregelung durch eine Lichtzeichenanlage	158
	b) Kreuzungen ohne Lichtzeichenanlage	163
	2. Zusammenstöße mit Kfz des Gegenverkehrs	166
	a) Linksabbieger und Gegenverkehr	166
	b) Begegnungsverkehr an Hindernissen und Fahrbahnverengungen	172
	3. Zusammenstöße im gleichgerichteten Verkehr	175
	a) Zusammenstoß zwischen einem Linksabbieger und nachfolgendem Kfz	175
	aa) Abbiegen nach links in ein Grundstück	175
	bb) Abbiegen nach links in eine Straße	178
	b) Zusammenstoß zwischen Rechtsabbieger und nachfolgendem Kfz	179
	c) Unfälle beim Überholen	180
	d) Unfall beim Fahrstreifenwechsel	180
	4. Unfälle im Parkplatzbereich	182

C. Quotenbildung bei Beteiligung nicht motorisierter Verkehrsteilnehmer 186
    I. Hinweise 186
    II. Unfälle zwischen Kraftfahrzeug und Radfahrer 188
       1. Alleinhaftung der Radfahrers 189
       2. Mithaftung des Radfahrers, der entgegen der Fahrtrichtung bzw. auf dem Gehweg fährt 189
    III. Unfall zwischen Fußgänger und Kfz 192
       1. Mithaftung des Fußgängers wegen Verstoß gegen § 25 Abs. 3 StVO 192
       2. Haftungsquote bei einem Unfall auf einem „Zebrastreifen" .. 194
       3. Haftungsquoten bei einer Kollision mit einem Fußgänger am Fahrbahnrand 195
D. Checkliste: Kriterien der Quotenbildung 196

§ 5 Haftungsausschluss bei Personenschäden 199
A. Übersicht 199
B. Voraussetzungen der Haftungsprivilegierung nach den §§ 104, 105 SGB II 202
    I. Versicherte Tätigkeit als Beschäftigter 202
    II. Begriff des Unternehmers 204
    III. Keine vorsätzliche Schädigung 204
C. Wegeunfall und Unfall auf dem Betriebsweg 205
    I. Übersicht 205
    II. Unfall auf dem Betriebsweg 205
D. Gemeinsame Betriebsstätte 207
    I. Übersicht 207
    II. Gefahrengemeinschaft 208
E. Bindung der Gerichte 210

§ 6 Anspruchsübergang 211
A. Übersicht 211
B. § 116 SGB X 211
    I. Systematik des Anspruchsübergangs 211
    II. Träger der Sozialversicherung 212
    III. Übergangsfähige Schadensersatzansprüche 212
    IV. Schadenskongruenz 213
    V. Zeitpunkt des Anspruchsübergangs 214
C. § 6 Entgeltfortzahlungsgesetz 216
    I. Übersicht 216
    II. Muster: Abzug ersparter Eigenaufwendungen 218

		III. Muster: Einwand gegenüber den begehrten Rechtsanwaltskosten	219
	D.	Anspruchsübergang auf den Versicherer gem. § 86 Abs. 1 VVG	219
§ 7	**Verjährung und Abfindungsvergleich**		221
	A.	Übersicht	221
	B.	Verjährungsbeginn	221
		I. Übersicht	221
		II. Muster: Aufforderung zum Verzicht auf die Einrede der Verjährung	223
	C.	Verjährungshemmung	224
		I. Übersicht	224
		II. Muster: Verjährungshemmung wegen § 115 Abs. 2 S. 3 VVG	225
	D.	Neubeginn der Verjährung	225
		I. Übersicht	225
		II. Muster: Neubeginn der Verjährung durch Abschlagszahlung	226
	E.	Ablauf der Verjährungsfristen	227
	F.	Abfindungsvergleich	228
		I. Hinweise	228
		II. Bindungswirkung des Abfindungsvergleichs	228
		1. Wegfall der Geschäftsgrundlage	229
		2. Äquivalenzstörung	230
		III. Muster: Unverbindlichkeit des Abfindungsvertrags	231
		IV. Aufklärung des Mandanten	231
		V. Muster: Aufklärung gegenüber dem Mandanten	232
		VI. Teilabfindungsvergleich	233
		VII. Abfindungsvergleich und Verjährung	235
§ 8	**Sachschaden**		239
	A.	Unmittelbarer Fahrzeugschaden	239
		I. Übersicht	239
		II. Grundzüge bei konkreter Abrechnung des Reparaturschadens	240
		1. Ersatz höherer Reparaturkosten als ursprünglich geschätzt	240
		2. Abzug einer Wertverbesserung („Neu für Alt")	241
		3. Ersatzpflicht des Schädigers unter Übernahme des „Werkstattrisikos"	243
		4. Nachweis der angefallenen Mehrwertsteuer	246
		5. Checkliste: Konkreter Reparaturschaden	246
		III. Fiktiver Reparaturschaden	247
		1. Übersicht	247
		2. Bezifferung des Fahrzeugschadens	248
		3. Kürzung bei den Stundenverrechnungssätzen	250

a) Übersicht 250
b) Gleiche Qualität und Zumutbarkeit der Reparatur 251
    aa) Fahrzeuge bis 3 Jahre 251
    bb) Fahrzeuge älter als 3 Jahre 252
c) Zugänglichkeit ohne erheblichen Aufwand und Hinweispflicht der Schädigerseite 255
4. Erstattungsfähigkeit von Preisaufschlägen für das Invorrathalten von Ersatzteilen 258
5. Fiktive Abrechnung und zusätzliche Anforderung der bei der Reparatur tatsächlich entstandenen Mehrwertsteuer 263
6. Checkliste: Fiktive Reparaturkosten 265

IV. Grundsätze der Abrechnung auf Basis des Wiederbeschaffungsaufwands 266
1. Übersicht 266
2. Wiederbeschaffungswert 266
3. Restwert 267
   a) Übersicht 267
   b) Restwert lässt sich insgesamt nicht mehr erzielen 267
   c) Verbindlichkeit des vom Sachverständigen ermittelten Restwertes und Vertrauensschutz des Geschädigten 268
   d) Zur Möglichkeit der Verweisung auf Restwertangebote aus dem überregionalen Markt (Restwertbörse) 270
   e) Erhöhtes Restwertangebot des Versicherers wird vom Rechtsanwalt nicht weitergeleitet 274
   f) Erhöhter Restwert 275
   g) Geringerer Restwert 276
4. Umfang der Geldersatzleistung 277
   a) Ersatz der Mehrwertsteuer, wenn und soweit diese angefallen ist 278
   b) Abzug der Mehrwertsteuer: Regelbesteuerung oder Differenzbesteuerung? 280
5. Totalschaden/Nebenkosten 283
6. Checkliste: Grundsätze der Abrechnung auf Basis des Wiederbeschaffungsaufwandes 285

V. Abrechnung nach dem sog. 4-Stufen-Modell 286
1. Erste Stufe 286
2. Zweite Stufe 288
3. Dritte Stufe 292
4. Vierte Stufe 299

VI. Neuwagenabrechnung 303
1. Überblick 303
2. Anschaffung eines gleichwertigen Ersatzfahrzeug 303

	3. Neuwertigkeit des Fahrzeugs	305
	4. Erheblicher Fahrzeugschaden	307
	5. Abrechnung des Schadens	310
	6. Checkliste: Neuwagenabrechnung	311
B.	Minderwert	311
	I. Übersicht	311
	II. Verhältnismäßige Neuwertigkeit des Fahrzeugs	313
	III. Erheblichkeit des Schadens	314
	IV. Bezifferung des merkantilen Minderwerts	316
	V. Checkliste: Minderwert	321
C.	Bezifferung des Fahrzeugschadens	321
	I. Vorlage der Reparaturrechnung	321
	II. Sachverständigengutachten	322
	1. Übersicht	322
	2. Anspruch des Geschädigten auf Einholung eines „eigenen" Gutachtens	322
	3. Kostenrisiko bei Haftungsquote	323
	4. „Bagatellgrenze" für die Einholung eines Sachverständigengutachtens	324
	5. Überhöhte Sachverständigenkosten	327
	a) Erstattungsanspruch des Geschädigten	328
	aa) Schätzungsgrundlagen	328
	bb) Vertrauensschutz für den Geschädigten	329
	b) Anspruch des Sachverständigen aus abgetretenem Recht	330
	6. Auswahl des Sachverständigen	332
	III. Kostenvoranschlag	334
	IV. Checkliste: Bezifferung des Fahrzeugschadens	335
D.	Ersatz für den Ausfall des Unfallfahrzeugs	336
	I. Mietwagenkosten	336
	1. Mietwagenkosten und unfallbedingte Verletzungen	336
	2. Mietwagen bei Personenschaden und Nutzung durch nahe Angehörige	338
	3. Mietwagen trotz geringer Nutzung	339
	4. Pflicht zur Einholung von Preisvergleichen vor der Anmietung – Erstattungsfähigkeit des Unfallersatztarifs	341
	a) Übersicht	341
	b) Bestimmung des ortsüblichen „Normaltarifs"	342
	aa) Bestimmung des Normaltarifs anhand des Schwacke-Mietpreisspiegels	344
	bb) Bestimmung des Normaltarifs anhand des Fraunhofer Mietpreisspiegels	349

cc) Bestimmung des Normaltarifs anhand eines Mittelwerts 351
dd) Beibehaltung des Fraunhofer Mietpreisspiegels 352
c) Erstattungsfähigkeit eines Unfallersatztarifs bzw. prozentualer Aufschlag auf den Normaltarif 353
aa) Fehlende Zugänglichkeit eines anderen Tarifs als des Unfallersatztarifs 353
bb) Unfallersatztarif als erforderlicher Aufwand zur Schadensbeseitigung 356
d) Aktivlegitimation 361
5. Schadensminderungspflicht während der Anmietungszeit ... 361
6. Nachweis der Erforderlichkeit und der Dauer der Anmietung 363
7. Kosten der Anmietung und Abzug für Eigenersparnis 366
8. Mietwagenkosten bei Anmietung aus privater Hand 370
9. Checkliste: Mietwagenkosten 371
II. Nutzungsausfallschaden 372
1. Übersicht 372
2. Konkreter Nutzungsausfallschaden 373
3. Pauschalierter Nutzungsausfallschaden 376
a) Übersicht 376
b) Nutzungswille 377
c) Nutzungsausfallzeitraum 380
aa) Konkreter Reparaturschaden 380
bb) Fiktiver Reparaturschaden 381
cc) Wirtschaftlicher Totalschaden 383
4. Anspruchshöhe 384
a) Anspruchshöhe bei konkreter Bezifferung 385
b) Anspruchshöhe bei pauschalierter Bezifferung 385
5. In Frage kommende Fahrzeugtypen 388
6. Checkliste: Nutzungsausfallschaden 388
III. Vorhaltekosten 389
E. Sonstige Schadenspositionen 391
I. Abschleppkosten 391
II. Standgeld 393
III. Entsorgungskosten 395
IV. Umbaukosten 396
V. Finanzierungskosten/Zinsschaden 397
VI. Rückstufungsschaden 399
VII. Rechtsanwaltskosten 401
VIII. Schaden an Ausrüstung und Kleidung 410
IX. Auslagen für Telefon, Porti etc. 412

	X.	Ergänzende Stellungnahme des Sachverständigen	414
	XI.	Inkassokosten	414
	XII.	Zinsen auf Gerichtskosten	415
	XIII.	Ölspurbeseitigungskosten	415
F.		Besonderheiten bei dem Verkehrsunfall eines Leasingfahrzeugs	417
	I.	Übersicht über die zu beachtenden Besonderheiten	417
	II.	Anzeige des Leasingfalls und Absprachen mit dem Leasinggeber	419
	III.	Korrespondenz mit dem Schädiger/Kfz-Haftpflichtversicherer	422
		1. Schadensanzeige	422
		2. „Leasingschaden"	423
		3. Anspruch auf Ausgleich der Mehrwertsteuer	424
	IV.	Checkliste: Abwicklung von Schäden an Leasingfahrzeugen	426

§ 9 Personenschaden bei Verletzung ... 427

A.		Schmerzensgeld	427
	I.	Nachweis des Schadensumfangs	428
	II.	Bezifferung des Schmerzensgeldes	432
	III.	Schmerzensgeldrente und Kapitalisierung	438
	IV.	Vererbbarkeit des Schmerzensgeldanspruchs	441
	V.	Schockschaden	443
	VI.	Sonderproblem: HWS-Syndrom	445
	VII.	Berücksichtigung von Vorerkrankungen und Veranlagung zur Schadentendenz	451
	VIII.	Checkliste: Schmerzensgeld	453
B.		Heilbehandlungskosten	453
	I.	Besuchskosten naher Angehöriger	454
	II.	Kosten privatärztlicher Behandlung	456
C.		Vermehrte Bedürfnisse	459
D.		Erwerbsschaden	463
	I.	Lohnempfänger	463
	II.	Selbstständige	466
	III.	Kinder, Schüler und Auszubildende	469
	IV.	Haushaltsvorstände (Haushaltsführungsschaden)	471
	V.	Sonstige Anspruchsberechtigte	479
	VI.	Hinweise für alle Arten des Erwerbsschadens	480
	VII.	Rentenzahlung bei Dauerschaden oder Geldabfindung	482
	VIII.	Rentenschaden wegen fehlender Beitragszahlungen	483
	IX.	Checkliste: Erwerbsschaden	484

§ 10 Personenschaden bei Tötung ... 487
- A. Übersicht ... 487
- B. Beerdigungskosten ... 487
  - I. Muster: Fahrtkosten von gering verdienenden Erben zur Trauerfeier ... 489
  - II. Muster: Anspruch auf Ersatz der Beerdigungskosten aus GoA ... 490
- C. Unterhaltsschaden ... 491
- D. Haushaltsführungsschaden/Naturalunterhalt ... 496
- E. Schmerzensgeld ... 498
- F. Checkliste: Personenschäden bei Tötung ... 498

§ 11 Klage und selbstständiges Beweisverfahren ... 501
- A. Vorbereitung der Klage ... 501
  - I. Verzug des Anspruchsgegners ... 501
    1. Versicherer reguliert nicht, weil ihm Unterlagen oder Informationen fehlen ... 502
    2. Versicherer reguliert unter Rückforderungsvorbehalt ... 504
    3. Mahnung und Klageandrohung ... 505
  - II. Kostenanforderung für das Klageverfahren ... 505
- B. Klage ... 507
  - I. Klageaufbau ... 507
    1. Checkliste: Grobgliederung einer Musterklage ... 507
    2. Muster: Klageschrift ... 508
    3. Teilklage ... 511
  - II. Gerichtszuständigkeit/Gerichtsstandvereinbarung ... 512
  - III. Aktiv- und Passivlegitimation ... 513
    1. Aktivlegitimation ... 513
       a) Übersicht ... 513
       b) Antrag auf Zahlung an Dritte bei gewillkürter Prozessstandschaft ... 513
          aa) Übersicht ... 513
          bb) Fall ... 514
          cc) Muster: Umstellung des Klageantrags bei Leasingfahrzeug ... 514
          dd) Hinweise ... 515
    2. Passivlegitimation ... 515
  - IV. Klageanträge ... 516
    1. Berücksichtigung der Gesamtschuld bei mehreren Beklagten ... 516
       a) Übersicht ... 516
       b) Muster: Antrag bei gesamtschuldnerischer Haftung ... 516

Inhaltsverzeichnis

	2. Unbezifferte Klageanträge	516
	a) Übersicht	516
	b) Muster: Antrag auf merkantile Wertminderung	517
	c) Muster: Antrag auf Schmerzensgeld	517
	d) Muster: Antrag auf Teilschmerzensgeld	518
	3. Feststellungsanträge	520
	a) Übersicht	520
	b) Muster: Antrag auf Feststellung bei einem Rückstufungsschaden	520
	c) Muster: Antrag auf Feststellung künftiger Schäden	520
	d) Hinweise	521
	4. Rentenanträge	522
	a) Übersicht	522
	b) Muster: Antrag bei lebenslanger Rente	522
	c) Muster: Antrag bei zeitlich begrenzter Rente	522
	d) Hinweise	523
	5. Zinsanträge	523
	6. Haftungshöchstsummen	523
V.	Beweisfragen	524
	1. Übersicht	524
	2. Anscheinsbeweis	524
	3. Schadenschätzung gem. § 287 ZPO	525
	4. Abtretung	525
	a) Übersicht	525
	b) Muster: Abtretungserklärung	526
	c) Hinweise	526
	5. Widerklage/Drittwiderklage	526
	a) Übersicht	526
	b) Muster: Wider- und Drittwiderklage	527
	6. Parteivernehmung gem. § 448 ZPO	527
	a) Übersicht	527
	b) Muster: Parteivernehmung bei Beweisnot	528
	c) Hinweise	528
C. Selbstständiges Beweisverfahren		528
	I. Übersicht	528
	II. Muster	529
D. Kostenfestsetzungsverfahren		532
	I. Übersicht	532
	II. Muster	533

§ 12 Unfallrekonstruktion im Prozess ... 535
A. Vorbemerkung ... 535
B. Die juristischen Vorgaben für die Erstellung eines Sachverständigengutachtens ... 535
    I. Gesetzliche Grundlagen ... 535
    II. Beweisantritt ... 535
        1. Beweisantritt einer Partei ... 535
        2. Sachverständigengutachten von Amts wegen ... 536
    III. Beweisbeschluss als „Aufgabenliste" des Sachverständigen ... 536
        1. Bedeutung des Beweisbeschlusses ... 537
        2. Inhalt des Beweisbeschlusses ... 538
        3. Auswahl des Sachverständigen ... 540
    IV. Prozess der Begutachtung durch den Sachverständigen ... 542
        1. Regelung des § 404a Abs. 3 ZPO ... 542
        2. Beschaffung der erforderlichen Tatsachen ... 543
    V. Die Gutachtenerstattung ... 545
        1. Schriftliches Gutachten ... 545
        2. Mündliches Gutachten ... 546
C. Anforderungen an ein unfallanalytisches Sachverständigengutachten aus technischer Sicht ... 546
    I. Die Arbeit des Sachverständigen ... 546
        1. Gutachten schon im Strafverfahren als mögliche Grundlage für die spätere Verwertung im Zivilprozess ... 547
        2. Das Unfallrekonstruktionsgutachten im Zivilprozess ... 547
        3. Umfang und Aufgabenstellung eines Parteigutachtens ... 548
        4. Wichtige Arbeitsschritte bei allen Gutachten ... 548
    II. Die Beurteilung eines Gutachtens ... 550
    III. Einzelne mögliche Prüfungspunkte ... 551
D. Reaktionsmöglichkeiten auf ein Sachverständigengutachten ... 560
    I. Würdigung des Gutachtens ... 560
        1. Stellungnahmefrist ... 560
        2. Antrag auf Ergänzungsgutachten bzw. mündliche Erläuterung des Gutachtens ... 560
        3. Berücksichtigung eines Privatgutachtens ... 562
    II. Ein Sachverständigengutachten eines neu ernannten Gutachters ... 563
    III. Ablehnung des Sachverständigen ... 565
    IV. Verwertung von Sachverständigengutachten aus anderen Verfahren ... 566

§ 13 Verkehrsunfallmanipulation ... 569
- A. Einleitung ... 569
- B. Erscheinungsformen der Unfallmanipulation ... 570
  - I. Gestellter oder verabredeter Verkehrsunfall ... 570
  - II. Provozierter Verkehrsunfall ... 570
  - III. Fingierter Verkehrsunfall ... 571
  - IV. Ausgenutzter Verkehrsunfall ... 571
- C. Aktivlegitimation des Geschädigten ... 571
- D. Besondere Darlegungs- und Beweislastfragen im betrugsindizierten Verkehrsunfallprozess ... 573
  - I. Äußerer Tatbestand der Rechtsgutverletzung ... 573
    1. Anforderungen an den Sachvortrag des Geschädigten ... 573
    2. Sonderproblem: Der „So-nicht-Unfall" ... 574
  - II. Beweis der Einwilligung des Geschädigten ... 575
    1. Anscheins- oder Indizienbeweis ... 575
    2. Beweismaß ... 576
    3. Checkliste der eher für oder eher gegen eine Einwilligung sprechenden Umstände ... 577
    4. Besonderheiten beim provozierten Unfall ... 582
  - III. Beweis des Schadenumfangs und Vorschadensproblematik ... 583
    1. Grundsätze ... 583
    2. Fallgruppen ... 584
       a) Unreparierter angegebener Vorschaden ... 584
       b) Unreparierter verschwiegener oder bestrittener Vorschaden ... 584
       c) Reparierter bekannter Vorschaden ... 585
       d) Vorschaden und Totalschadensabrechnung ... 586
    3. Folgepositionen ... 586
- E. Sonstige Implikationen des manipulierten Verkehrsunfalls ... 586
  - I. Zulässigkeit der Nebenintervention und deren Reflexwirkung ... 586
  - II. Geständnis des vermeintlichen Unfallverursachers ... 588
  - III. Gutachterkosten, Detektivkosten und Sachbearbeitungskosten ... 588

§ 14 Grundzüge des neuen VVG ... 591
- A. Übersicht ... 591
- B. Überblick über die wichtigsten Änderungen ... 592
- C. Allgemeine Grundsätze bei Bildung der Kürzungsquote ... 594
  - I. Reichweite des Kürzungsrechts ... 595
  - II. Quotenbildung und die Beweislastverteilung ... 596
    1. Beweislastverteilung bei Obliegenheitsverletzung ... 596
    2. Einstieg in die Quotenbildung ... 598
    3. Schritte der Quotenbildung ... 599

	III. Bildung der Kürzungsquote bei Berücksichtigung des Selbstbehalts	599
	IV. Quotenbildung bei mehreren Pflichtverletzungen des Versicherungsnehmers	602
D.	Kriterien der Quotenbildung	604
	I. Übersicht	604
	II. Begriff der groben Fahrlässigkeit	604
	III. Objektive Kriterien und normative Vorprägung	604
	IV. Subjektives Verschulden	605
E.	Leistungskürzung wegen einer Obliegenheitsverletzung und des Kausalitätsgegenbeweises	607
F.	Einwand der Arglist des Versicherungsnehmers	609
G.	Obliegenheitsverletzung und Belehrungspflicht	611
H.	Gerichtsstand am Wohnsitz des Versicherungsnehmers nach § 215 VVG	612
	I. Sachlicher Anwendungsbereich	612
	II. Persönlicher Anwendungsbereich	612
	III. Besonderheiten bei der Klage gegen den Versicherungsnehmer und andere Personen	616
	IV. Gerichtsstandsvereinbarungen	616
	V. Zeitlicher Anwendungsbereich	617
I.	Checkliste: Grundzüge des neuen VVG	617

§ 15 Kaskoversicherung 619

A.	Übersicht	619
B.	Anmeldung von Ansprüchen	619
	I. Übersicht	619
	II. Muster: Anfertigung eines Gutachtens durch Versicherung	619
C.	Teilkaskoversicherung	620
	I. Übersicht	620
	II. Glasbruchschäden	620
	III. Sturmschäden	622
D.	Vollkaskoversicherung	625
	I. Übersicht	625
	II. Grob fahrlässige Herbeiführung des Versicherungsfalls	625
	1. Übersicht	625
	2. Muster	626
	III. Zurechnung des Verhaltens Dritter (Repräsentant)	630
	IV. Regress des Kaskoversicherers	633
	V. Quotenvorrecht	636
	1. Übersicht	636

		2. Muster: Geltendmachung von Schadensersatz nach Inanspruchnahme der eigenen Vollkaskoversicherung	638
	VI.	Ersatz der Mehrwertsteuer	640
	VII.	Fallgruppen der grob fahrlässigen Herbeiführung des Versicherungsfalls	641
		1. Übersicht	641
		2. Alkoholbedingte Fahruntüchtigkeit	641
		3. Drogen- bzw. medikamentenbedingte Fahrunsicherheit	646
		4. Überlassen des Fahrzeugs an einen Fahrer ohne Fahrerlaubnis	648
		5. Missachtung eines „Stopp-Schildes" bzw. grünen Abbiegepfeils	649
		6. Missachtung eines Rotlichts	651
		7. Verkehrsunsichere Bereifung	653
		8. Diebstahl	654
	VIII.	Privileg bei häuslicher Gemeinschaft und Anspruchsübergang (§ 86 Abs. 3 VVG)	656
		1. Hinweise	656
		2. Muster: Regress des Kaskoversicherers gegen eine Person im gleichen Haushalt	657
	IX.	Obliegenheit zur Wahrung des übergangsfähigen Anspruchs und Leistungsfreiheit des Versicherers (§ 86 Abs. 2 VVG) . . .	658
		1. Hinweise	658
		2. Muster: Regress des Kaskoversicherers und Anspruchsverzicht	659
	X.	Regress gegen den berechtigten Fahrer in der Kaskoversicherung	660
	XI.	Rettungskostenersatz und quotale Kürzung	660
		1. Verstoß gegen die Obliegenheiten aus § 82 VVG bei objektiv erforderlichen Rettungskosten	661
		2. Irrtum über die Erforderlichkeit der Rettungskosten	661
E.	Checkliste: Kaskoversicherung		663

§ 16 Vertragliche Ansprüche in der Kfz-Haftpflichtversicherung 665

A.	Übersicht		665
B.	Obliegenheiten vor dem Versicherungsfall		666
	I.	Übersicht	666
	II.	Muster: Einwand bei Regress des Versicherers wegen alkoholbedingter Fahruntüchtigkeit nach dem neuen VVG	667
	III.	Regresshöchstgrenzen	669
C.	Obliegenheiten nach dem Versicherungsfall		670
	I.	Übersicht	670

II. Falsche Angaben zum Unfallhergang 671
    1. Vorsatz und grob fahrlässige Falschauskunft des Versicherungsnehmers 672
    2. Kausalitätsgegenbeweis und Arglist 672
    3. Belehrungserfordernis 672
III. Keine Schadensanzeige durch den Versicherungsnehmer 674
    1. Vorsatz und grobe Fahrlässigkeit 674
    2. Kausalitätsgegenbeweis und Arglist 674
D. Regulierungsvollmacht des Versicherers 676
E. Abgrenzung zur privaten Haftpflichtversicherung 679

§ 17 Private Unfallversicherung 681
A. Übersicht 681
B. Voraussetzungen eines Anspruchs aus der privaten Unfallversicherung und Beratung des Mandanten 682
  I. Allgemeines 682
    1. Der Unfallbegriff nach den AUB 2014 682
    2. Die Invaliditätsleistung 682
      a) Bemessung nach der Gliedertaxe 683
      b) Mitwirkung von Krankheiten oder Gebrechen 683
    3. Einzuhaltende Fristen 684
    4. Risikoausschlüsse 685
      a) Unfall durch Bewusstseinsstörungen 685
      b) Gesundheitsschäden an Bandscheiben 686
      c) Krankhafte Störungen infolge psychischer Reaktionen .. 686
    5. Invaliditätsleistung bei Tod der versicherten Person 687
  II. Besonderheiten in der Kfz-Unfallversicherung 687
  III. Beratung des Mandanten 688
    1. Muster: Beratung des Mandanten über Leistungen in der privaten Unfallversicherung 688
    2. Muster: Anmeldung von Ansprüchen bei der privaten Unfallversicherung 689
  IV. Sonderfall Retterschutz 690
    1. Muster: Anschreiben Opfer – Nachfrage Retterschutz bei der privaten Unfallversicherung 690
    2. Muster: Anschreiben Unfallversicherung – Nachfrage Retterschutz 691
C. Verhältnis zum Schadensersatzanspruch gegenüber dem Schädiger ... 691
  I. Allgemeines 691
  II. Muster: Geltendmachung von Rechtsanwaltskosten 692

§ 18 Auslesen und Verwenden von personenbezogenen Daten 695
- A. Möglichkeiten des Auslesens von Daten zur Unfallrekonstruktion ... 695
  - I. Gespeicherte Daten im Fahrzeug 695
  - II. Unfalldatenschreiber 696
  - III. Zukünftige Entwicklung 697
- B. Unfallrekonstruktion mithilfe des Event Data Recorders 698
  - I. Historische Entwicklung 698
  - II. Grundzüge des EDR/CDR 698
  - III. Auslesbare EDR-Daten 699
  - IV. Verbreitung von CDR auslesbaren EDR in Europa 701
  - V. Genauigkeit der Daten 702
  - VI. Einzelne Fallgruppen 703
    1. Ungeklärter Kollisionspunkt 703
    2. Überschreitung der zulässigen Geschwindigkeit 704
    3. Ermittlung der kollisionsbedingten Geschwindigkeitsänderung 705
- C. Auslesen von Fahrzeugdaten und Datenschutz 706
  - I. Grundlagen des Datenschutzes 706
    1. Vorrangige Spezialregelungen 706
    2. Personenbezug der Daten 707
    3. Formen der Verwendung 708
    4. Zulässigkeit der Verwendung 708
       a) Einwilligung 708
       b) Gesetzliche Erlaubnistatbestände 709
  - II. Gemeinsame Erklärung der Konferenz der unabhängigen Datenschutzbehörden des Bundes und der Länder und des Verbandes der Automobilindustrie (VDA) 710
    1. Personenbezogenheit 711
    2. Zeitpunkt der Datenerhebung 711
    3. Verantwortliche Stelle 712
    4. Zulässigkeit der Datenerhebung und -verarbeitung 714
    5. Auskunftsrecht 714
    6. Datenhoheit 719
- D. Aufnahmen aus Dashcams und Datenschutz 720
  - I. Der Einsatz von Dashcams 720
    1. Aufnahmearten 721
    2. Möglichkeiten der Speicherung 721
    3. Umfang der gewonnenen Daten 721
  - II. Rechtliche Bewertung 722
    1. Anwendungsbereich des BDSG 722
    2. Prüfung eines Verwertungsverbots 723
    3. Argumente im Einzelnen 723

XXVII

E. Meldung von Daten an das HIS-Informationssystem 725
　　　　　I. Das System im Überblick 725
　　　　　II. Die Prüfung des Meldegrunds der besonderen Schadensfolge
　　　　　　　nach dem BDSG 727

§ 19 Gebühren des Anwalts 729
　　　A. Allgemeines 729
　　　　　I. Erstattungsfähigkeit von Rechtsanwaltskosten 729
　　　　　II. Ermittlung des Gegenstandswertes 730
　　　　　III. Ermittlung des Gegenstandswertes bei Abtretung 731
　　　　　IV. Ermittlung des Gegenstandswertes bei Zahlung vor
　　　　　　　Beauftragung 732
　　　　　V. Gegenstandswert bei Abrechnung auf Totalschadensbasis 734
　　　B. Außergerichtliche Gebührentatbestände 735
　　　　　I. Beratungsgebühr 735
　　　　　II. Geschäftsgebühr 735
　　　　　III. Verhältnis der Geschäftsgebühr zur Verfahrensgebühr 739
　　　　　　　1. Verfahrensgebühr 739
　　　　　　　2. Anrechnung der Geschäftsgebühr 740
　　　　　　　　　a) Innenverhältnis und Außenverhältnis 740
　　　　　　　　　　　aa) Erfüllung des Anspruchs auf eine Gebühr 740
　　　　　　　　　　　bb) Vollstreckungstitel wegen einer der beiden
　　　　　　　　　　　　　Gebühren 741
　　　　　　　　　　　cc) Geltendmachung beider Gebühren im selben
　　　　　　　　　　　　　Verfahren 741
　　　　　　　　　b) Ausnahmen von der Anrechnung 742
　　　　　　　3. Verfolgung der Geschäftsgebühr im Gerichtsverfahren 743
　　　　　IV. Einigungsgebühr 745
　　　　　　　1. Grundlagen 745
　　　　　　　2. Einigungsgebühr und Terminsgebühr 747
　　　　　　　3. Einigungsgebühr und Klagerücknahme 747
　　　　　V. Pauschalgebühr Akteneinsicht 748

§ 20 Korrespondenz mit dem Rechtsschutzversicherer 751
　　　A. Allgemeines 751
　　　B. Differenz zwischen Kostenanspruch des Anwalts und Kostenerstat-
　　　　　tungsanspruch des Mandanten 752
　　　C. Quotenvorrecht gegenüber dem Rechtsschutzversicherer 753
　　　D. Deckungszusage für eine negative Feststellungsklage 755
　　　E. Mandat gegen Rechtsschutzversicherer 757
　　　F. Deckung für Klage nur gegen Unfallverursacher 758

G. Aufrechnung gegenüber Rechtsschutzversicherer 759
H. Kein mehrfacher Anfall der Selbstbeteiligung 760

Teil 2: Verkehrsstraf- und Bußgeldrecht 763

Kapitel 1: Verkehrsstrafrecht 763

§ 21 Einleitung 763

§ 22 Unfallflucht (§ 142 StGB) 765
    A. Einleitung 765
    B. Der objektive Tatbestand 765
        I. Unfall im öffentlichen Straßenverkehr 765
            1. Begriffsbestimmungen 765
            2. Teleologische Reduktion: Gefahrenzusammenhang 767
        II. Unfallbeteiligter/Täter 767
        III. Sich-Entfernen vom Unfallort 769
            1. Unerlaubtes Sich-Entfernen 769
            2. Pflichten des Unfallbeteiligten 772
    C. Der subjektive Tatbestand 774
        I. Bemerkbarkeit/Wahrnehmbarkeit des Unfalls 775
        II. Bedeutender Fremdschaden bei der Verkehrsunfallflucht 777
            1. Höhe und Berechnung des Schadens 778
                a) Abgrenzung zum Bagatellschaden 778
                b) Die Berechnung des Fremdschadens, insbesondere
                    § 69 Abs. 2 Nr. 3 StGB 778
            2. Bemerkbarkeit des bedeutenden Schadens 780
            3. Verteidigungsansätze bei §§ 142 Abs. 1, 69 Abs. 2 Nr. 3
               StGB 780
            4. Irrtum 781
                a) Tatbestandsirrtum 781
                b) Verbotsirrtum 781
                c) Personenschaden 782

§ 23 Fahrlässige Tötung (§ 222 StGB) 785
    A. Einleitung 785
    B. Muster 785

§ 24 Fahrlässige Körperverletzung (§ 229 StGB) 789
    A. Einleitung 789
    B. Ausgewählte Probleme im Bereich des § 229 StGB 789
        I. Tathandlung: Körperliche Misshandlung und/oder Gesundheits-
           beschädigung 789
            1. Körperliche Misshandlung 789

Inhaltsverzeichnis

	2. Gesundheitsschädigung	789
	3. Einstellung des Verfahrens nach Abschnitt 243 Abs. 3 RiStBV	790
II.	Bewusstes Eingehen von Risiken	792
III.	Vermeidbarkeit	792

§ 25 Nötigung (§ 240 StGB) ... 795
- A. Einleitung ... 795
- B. Tatbestandsmerkmale ... 795
  - I. Empfindliches Übel ... 795
  - II. Gewalt ... 795
  - III. Intensität ... 796
- C. Muster ... 796

§ 26 Gefährliche Eingriffe in den Straßenverkehr (§ 315b StGB) ... 799
- A. Der objektive Tatbestand ... 799
- B. Der subjektive Tatbestand ... 801

§ 27 Gefährdung des Straßenverkehrs (§ 315c StGB) ... 803
- A. Vorbemerkung ... 803
- B. Der objektive Tatbestand ... 803
  - I. Führen eines Fahrzeugs im Straßenverkehr ... 803
    1. Fahrzeug ... 803
    2. Führen eines Fahrzeugs ... 804
  - II. Öffentlicher Straßenverkehr ... 804
  - III. Fahrunsicherheit ... 805
    1. Genuss alkoholischer Getränke oder anderer berauschender Mittel ... 805
    2. Geistige oder körperliche Mängel ... 805
       a) Insbesondere vorübergehende oder dauernde Krankheiten ... 805
       b) Insbesondere Müdigkeit ... 806
  - IV. Verkehrsverstöße gem. Nr. 2 ... 808
    1. Grob verkehrswidrig und rücksichtslos ... 808
    2. Die einzelnen „Todsünden" ... 809
       a) Nichtbeachtung der Vorfahrt, Nr. 2a ... 809
       b) Falsches Fahren beim Überholvorgang, Nr. 2b ... 811
       c) Falsches Fahren an Fußgängerüberwegen ... 813
       d) Zu schnelles Fahren an unübersichtlichen Stellen ... 813
       e) Verletzung des Rechtsfahrgebotes an unübersichtlichen Stellen ... 814
       f) Wenden, Rückwärtsfahren und Fahren entgegen der Fahrtrichtung ... 814

		g) Nichtkenntlichmachung haltender oder liegen gebliebener Fahrzeuge	815

        g) Nichtkenntlichmachung haltender oder liegen gebliebener Fahrzeuge 815
    V. Konkrete Gefährdung 815
    VI. Fremde Sache von bedeutendem Wert 816
  C. Der subjektive Tatbestand 816
    I. Vorsatz 816
    II. Fahrlässigkeit nach § 315c Abs. 3 816
        1. Abs. 3 Nr. 1 817
        2. Abs. 3 Nr. 2 817

§ 28 Trunkenheit im Verkehr (§ 316 StGB) 819
  A. Vorbemerkung 819
  B. Der objektive Tatbestand 819
    I. Führen eines Fahrzeugs im Straßenverkehr 819
    II. Fahruntüchtigkeit infolge Genusses alkoholischer Getränke oder anderer berauschender Mittel 819
        1. Absolute Fahruntüchtigkeit 820
        2. Relative Fahruntüchtigkeit 820
  C. Der subjektive Tatbestand 822
  D. Richtervorbehalt gem. § 81a StPO 823
    I. Allgemeines 823
    II. Freiwilligkeit 826
  E. Sonstige berauschende Mittel 827

§ 29 Fahrverbot (§ 44 StGB) 829
  A. Allgemeines 829
  B. Muster 829

§ 30 Entziehung der Fahrerlaubnis (§ 69 StGB) 833
  A. Allgemeines 833
  B. Tatbestandsmerkmale, Abs. 1 833
    I. Anlasstat 833
    II. Kraftfahrzeug/Pedelecs 834
    III. Führen eines Kraftfahrzeugs 834
        1. Führen eines Kraftfahrzeugs, Var. 1 834
        2. Bei oder im Zusammenhang mit dem Führen eines Kraftfahrzeugs, Var. 2 835
        3. Verletzung der Pflichten eines Kraftfahrzeugführers, Var. 3 .. 837
  C. Katalogtaten und Regelvermutung, Abs. 2 837

§ 31 Sperre der Erteilung der Fahrerlaubnis (§ 69a StGB) 839
  A. Allgemeines 839
  B. Ausnahmen von der Sperre 840

§ 32 Vorläufige Entziehung der Fahrerlaubnis (§ 111a StPO) ... 845
    A. Allgemeines ... 845
    B. Dringender Tatverdacht ... 845
    C. Ausnahmen ... 845
    D. Rechtsmittel ... 845

§ 33 Fahren ohne Fahrerlaubnis (§ 21 StVG) ... 847

§ 34 Pflichtversicherungsgesetz ... 849

§ 35 Sonstiges ... 851
    A. Beauftragung eines Sachverständigen durch Verteidiger ... 851
    B. Verfahrenseinstellung gem. §§ 153/153a StPO – Vorgriff auf zivilrechtliche Ansprüche ... 852
    C. Anschreiben nach Zustellung des Strafbefehls ... 854

Kapitel 2: Bußgeldrecht ... 855

§ 36 Einleitung ... 855

§ 37 Vorverfahren ... 857
    A. Bestellung gegenüber der Behörde/dem Gericht ... 857
        I. Bestellungsschreiben und Vollmacht ... 857
        II. (Erweiterte) Akteneinsicht ... 859
    B. Anfrage an das KBA ... 861
    C. Kennzeichenanzeige ... 864
    D. Einspruch ... 865
    E. Einstellung des Verfahrens wegen Verjährung ... 869
        I. Unterbrechung durch Anhörung etc. ... 870
        II. Unterbrechung durch vorläufige Einstellung ... 872
        III. Unterbrechung durch Erlass und Zustellung des Bußgeldbescheides ... 875
    F. Einstellung des Verfahrens aus Opportunitätsgründen im Vorverfahren ... 880
        I. Eigener Sach- und/oder Personenschaden des Betroffenen ... 880
        II. Unverhältnismäßigkeit der Kosten der weiteren Verfolgung der Tat ... 882
        III. Sonstige Fälle ... 884
    G. Vorläufige Einstellung des Verfahrens (Jugendliche) ... 885
    H. Entscheidung im Beschlussweg vermeiden/vorbereiten ... 887
    I. Entscheidung nach § 69 OWiG ... 890
    J. Entbindung von der Pflicht des persönlichen Erscheinens, § 73 OWiG ... 891
    K. Vorgerichtlicher Beweisantrag ... 893

L.	Stellungnahme zum Termin	895
	I. Vorsatz/Fahrlässigkeit	895
	II. Tateinheit/Tatmehrheit	896
	III. Fahrverbot	897
	1. Allgemeines	897
	2. Wegfall des Fahrverbots	898
	3. Absehen vom Fahrverbot	904
M.	Terminsverlegung	906

§ 38 Hauptverhandlung 911

A.	Beweisaufnahme – Allgemeines	911
B.	Eigenladung von Zeugen und Sachverständigen für den Hauptverhandlungstermin	913
C.	Beweisanträge zu Verkehrsverstößen	914
D.	Beweisantrag zur Identitätsfeststellung	917
E.	Beweisantrag zu subjektivem Tatbestand	918
F.	Anträge zu Protokoll	919
	I. Befangenheit	920
	II. Herbeiführen einer gerichtlichen Entscheidung	920
	III. Aussetzungsantrag nach Beweiserhebung	921
	IV. Widerspruch im Rahmen der Beweisaufnahme	922
	V. Aussetzungsantrag nach rechtlichem Hinweis	924
G.	Hilfsbeweisantrag	925

§ 39 Rechtsbeschwerde 927

A.	Allgemeines	927
B.	Die allgemeine Sachrüge	927
C.	Rechtsbeschwerde gegen die Entscheidung im Beschlussweg	929
D.	Die Verfahrensrüge	932
E.	Die Zulassungsrechtsbeschwerde	936
	I. Allgemeines	936
	II. Der Zulassungsantrag im Zusammenhang mit §§ 73, 74 OWiG	937
	1. Behauptung: Entbindung hätte gewährt werden müssen	937
	2. Behauptung: Mandant war genügend entschuldigt	938
	3. Sonderfall: keine volle Verfahrensrüge erforderlich	938
	4. Verletzung des rechtlichen Gehörs	939

§ 40 Wiedereinsetzung in den vorigen Stand 941

A.	Wiedereinsetzung in die Einspruchsfrist	941
B.	Wiedereinsetzung bezüglich der versäumten Widerspruchsfrist nach § 72 OWiG	941

C. Wiedereinsetzung bezüglich des versäumten Hauptverhandlungstermins 942
D. Wiedereinsetzung in die Rechtsbeschwerdefristen 944

§ 41 Vollstreckung 945
A. Vorbemerkung 945
B. Überlange Fahrverbotsdauer 945
C. Nichtberücksichtigung von Zeiten der Sicherstellung der Fahrerlaubnis 946
D. Parallelvollstreckung von Fahrverboten 947

§ 42 Schreiben an den Mandanten 949

Kapitel 3: Gebühren im Straf- und Bußgeldrecht 953

§ 43 Gebühren des Anwalts in Strafsachen 953
A. Grund- und Verfahrensgebühr 953
B. Terminsgebühr nach Nr. 4102 VV RVG 953
C. Weitere Verfahrensgebühr 953
D. Terminsgebühr für die Teilnahme an der Hauptverhandlung 953
E. Zusätzliche Gebühr 954
  I. Strafverfahren wird nicht nur vorläufig eingestellt, Gebühr nach Nr. 4141 Anm. 1 Satz 1 Nr. 1 VV RVG 954
  II. Hauptverfahren wird nicht eröffnet, Gebühr nach Nr. 4141 Anm. 1 Satz 1 Nr. 2 VV RVG 955
  III. Rücknahme des Einspruchs gegen den Strafbefehl, der Berufung oder der Revision 955
  IV. Verfahrensbeendigung mittels Beschluss nach § 411 Abs. 1 Satz 3 StPO, Nr. 4141 Anm. 1 Satz 1 Nr. 4 VV RVG 957
  V. Zusätzliche Gebühr nach Nr. 4142 VV RVG 957

§ 44 Gebühren des Anwalts in Bußgeldsachen 961
A. Allgemeines 961
B. Verfahren über die Rechtsbeschwerde 961
C. Zusätzliche Gebühren 962
  I. Zusätzliche Gebühr nach Nr. 5115 Abs. 1 Nr. 1 VV RVG 962
  II. Zusätzliche Gebühr nach Nr. 5115 Abs. 1 Nr. 2 VV RVG 962
  III. Zusätzliche Gebühr nach Nr. 5115 Abs. 1 Nr. 3 VV RVG 962
  IV. Zusätzliche Gebühr nach Nr. 5115 Abs. 1 Nr. 4 VV RVG 962
  V. Zusätzliche Gebühr nach Nr. 5115 Abs. 1 Nr. 5 VV RVG 963
  VI. Zusätzliche (Verfahrens-) Gebühr nach Nr. 5116 VV RVG . . . 963
D. Bestimmung der Gebührenhöhe 963
E. Kostenerstattung bei Einstellung nach § 47 OWiG 965

  F. Kostenerstattung bei Einstellung wegen Eintritts der Verfolgungsverjährung 966
  G. Terminsgebühr bei geplatztem Termin 966

§ 45 Korrespondenz mit dem Rechtsschutzversicherer in Straf- und Bußgeldsachen 967
  A. Allgemeines 967
  B. Abrechnung bei Freispruch 968
  C. Sachverständigengutachten in der Rechtsschutzversicherung 968
  D. Quotelung bei Zusammenfall von Vorsatz- und Fahrlässigkeitstat . . . 969
  E. Rückwirkender Wegfall der Deckung bei Vorsatztat 970

Teil 3 Verkehrsverwaltungsrecht 973

§ 46 Einführung 973

§ 47 Entziehung der Fahrerlaubnis 975
  A. Entziehung der Fahrerlaubnis durch das Strafgericht, § 69 StGB 975
    I. Systematik 975
    II. Sperrfrist für die Wiedererteilung 976
    III. Vorrang der strafrichterlichen Entscheidung 977
    IV. Beratungshilfen für den Mandanten 977
    V. Sperrfristverkürzung 981
  B. Entziehung durch die Verwaltungsbehörde, § 3 StVG 983
    I. Ausgangssituation 983
    II. Rechtsgrundlage für die Entziehung 983
    III. Eignung und Befähigung 984
  C. Entziehung der Fahrerlaubnis nach dem Punktesystem, § 4 StVG . . . 984
    I. Neues Punktesystem 984
    II. Fahreignungsseminar 986
    III. Abfrage beim Kraftfahrtbundesamt 986
    IV. Maßnahmenstufen 987
      1. Erreichen von 4–5 Punkten 987
      2. Erreichen von 6–7 Punkten 987
      3. Erreichen von 8 Punkten 987
      4. Tilgung 988
  D. Entziehung wegen Eignungsmängeln 989
    I. Überblick 989
    II. Anlage 4 zur FeV: Erkrankungen und Mängel 989
      1. Grundlagen 989
      2. Die Vorbemerkung der Anlage 4 zur FeV 990
      3. Regelfall und Atypik (Nr. 3 der Vorbemerkung) 991
      4. Übersicht: Krankheiten und Mängel 992

5. Alkoholmissbrauch	992
6. Alkoholabhängigkeit	994
III. Drogen und Arzneimittel	995
1. Allgemeines	995
2. „Harte Drogen"	996
a) Einmaliger Konsum	996
b) Begriff der Einnahme	996
c) Akt der gebundenen Verwaltung	997
d) Wiedererlangung der Fahreignung	997
3. Cannabis	998
a) Konsummuster	998
b) Probierkonsum von Cannabis	998
c) Fahreignungsrelevanter Konsum	999
d) Regelmäßige Einnahme von Cannabis	1000
e) Gelegentliche Einnahme von Cannabis	1001
aa) Überblick	1001
bb) Gelegentlicher Konsum	1001
cc) Zusatztatsache: „Rauschfahrt"	1002
E. Eignungszweifel und Sachverhaltsaufklärung	1004
I. Allgemeines	1004
II. Verweigerung der Mitwirkung	1005
III. Eignungszweifel bei Alkoholproblematik	1006
1. Alkoholabhängigkeit (§ 13 Nr. 1 FeV)	1006
2. Wiedererlangung der Eignung	1007
3. Alkoholmissbrauch (§ 13 Nr. 2 lit. a FeV)	1008
a) Allgemeines	1008
b) „Sonst Tatsachen" als Auffangtatbestand	1008
aa) „Sonst Tatsachen" und Grundrechte	1008
bb) Gefahrerforschungseingriff	1009
cc) Konkrete tatsächliche Anhaltspunkte	1009
c) Exkurs: „MPU unter 1,6‰"	1010
aa) Anwendung von Nr. 2 des § 13 FeV	1010
bb) § 13 FeV Nr. 2: Buchstabe c) und Buchstabe a)	1011
cc) „Zusatztatsachen"-Rechtsprechung	1011
dd) § 13 Nr. 2 FeV: Buchstabe d) und Buchstabe a)	1012
ee) Rechtspolitische Diskussion	1015
4. Wiederholte Zuwiderhandlung (§ 13 Nr. 2 lit. b FeV)	1015
5. BAK von 1,6‰ oder mehr (§ 13 Nr. 2 lit. c FeV)	1016
6. Vorangegangene Entziehung (§ 13 Nr. 2 lit. d FeV)	1016
7. Wiedererlangung der Fahreignung (§ 13 Nr. 2 lit. e FeV)	1017

IV. Eignungszweifel bei Drogenproblematik 1017
    1. Verdacht auf Drogenabhängigkeit (Nr. 1 des § 14 Abs. 1 S. 1 FeV) 1017
    2. Verdacht der Einnahme von Betäubungsmitteln (Nr. 2 und 3 des § 14 Abs. 1 S. 1 FeV) 1017
    3. Illegaler Besitz von Betäubungsmitteln (S. 2 des § 14 Abs. 1 FeV) 1018
    4. Gelegentlicher Cannabiskonsum (S. 3 des § 14 Abs. 1 FeV) 1018
    5. Sonstige Tatbestände der MPU-Beibringung (Abs. 2 des § 14 FeV) 1018
    6. Einschränkende Auslegung des § 14 FeV 1019
        a) Cannabis-Entscheidung des BVerfG 1019
        b) Allgemeine Folgerungen 1020
        c) Spezielle Folgerungen 1020
        d) Umstände des Einzelfalls 1021

§ 48 EU-Führerscheine 1023
A. Einführung in die Problematik 1023
    I. Fragestellung 1023
    II. Führerschein-Tourismus 1023
    III. Vorrang des Unionsrechts 1023
    IV. Umsetzungsrecht in §§ 28, 29 FeV 1023
B. Anerkennungsgrundsatz 1024
C. Wohnsitzprinzip 1026
    I. Bedeutung 1026
    II. Begriff des ordentlichen Wohnsitzes 1027
D. Nichtanerkennung wegen Wohnsitzverstoßes 1027
    I. Ermittlung des Wohnsitzverstoßes 1027
    II. Verstoß folgt aus Führerscheindokument 1027
    III. Verstoß folgt aus Informationen vom Ausstellerstaat 1028
E. Nichtanerkennung wegen Sperrfrist bzw. Fahrverbots 1028
F. Nichtanerkennung unzulässig bei „Entzug, Versagung, Verzicht" . . . 1029
G. Maßnahmen nach erteilter EU-Fahrerlaubnis 1029
H. Konkrete Maßnahmen der Straßenverkehrsbehörde 1030

§ 49 Anwaltliche Beratung und MPU 1031
A. Problemstellung 1031
B. Alkoholproblematik 1032
C. Drogenproblematik 1033

§ 50 Fahrtenbuchauflage 1035
    A. Praktische Bedeutung 1035
    B. Zweck der Regelung 1035
    C. Voraussetzungen 1035
    D. Anwaltliche Verteidigungsmöglichkeiten 1037
        I. Behördliche Ermittlungsbemühungen 1037
        II. Aussichtslose Ermittlungsbemühungen 1038

§ 51 Checklisten: Verwaltungsakt und Rechtsschutz 1043
    A. Überprüfung eines Verwaltungsakts 1043
    B. Zulässigkeit der Klage vor dem Verwaltungsgericht 1044
    C. Vorläufiger Rechtsschutz nach § 80 Abs. 5 VwGO 1045

Stichwortverzeichnis 1049

Autorenverzeichnis

Dr. Thomas Balzer
Rechtsanwalt, Rechtlicher Sachverständiger – EuroPriSe (Europäisches Datenschutzgütesiegel), Essen

Torsten Bendig, LL.M.
Rechtsanwalt, Fachanwalt für Verkehrsrecht, Fachanwalt für Versicherungsrecht, Heide

Dr. Oliver Brockmann
Diplom-Ingenieur, ö.b.u.v. Sachverständiger für Kraftfahrzeugschäden und -bewertung, Kottenheim

Jens Dötsch
Rechtsanwalt, Fachanwalt für Verkehrsrecht, Fachanwalt für Versicherungsrecht, Andernach

Isabelle Förtsch
Rechtsanwältin, Fachanwältin für Versicherungsrecht, Hannover

Dr. Matthias Franzke
Rechtsanwalt, Fachanwalt für Versicherungsrecht, Fachanwalt für Arbeitsrecht, Wesseling

Sebastian Gutt
Rechtsanwalt, Fachanwalt für Verkehrsrecht, Helmstedt

Dr. Matthias Keller
Vorsitzender Richter am Verwaltungsgericht, Aachen

Dr. Benjamin Krenberger
Richter am Amtsgericht, Landstuhl

Victoria Nordmann
Rechtsanwältin, Fachanwältin für Versicherungsrecht, Hannover

Dr. Michael Nugel
Rechtsanwalt, Fachanwalt für Verkehrsrecht, Fachanwalt für Versicherungsrecht, Essen

Patrick Penders
Ass. iur., Düsseldorf

Dr. Matthias Quarch
Vorsitzender Richter am Landgericht, Aachen

André Schrickel
Diplom-Ingenieur, ö.b.u.v. Sachverständiger für Straßenverkehrsunfälle, Münster

Hilmar Stobbe
Rechtsanwalt, Fachanwalt für Versicherungsrecht, Hannover

Autorenverzeichnis

Esther Stoeber
Rechtsanwältin, Fachanwältin für Versicherungsrecht, Essen

Dr. Jens Tietgens
Rechtsanwalt, Fachanwalt für Versicherungsrecht, Hannover

Peggy Vogeler
Rechtsanwältin, Hannover

Cornelia Zilch
Rechtsanwältin, Hannover

Musterverzeichnis

§ 1 Mandatsvorbereitung, Informationsbeschaffung und Anmeldung von Ansprüchen

1.1	Fragebogen zum Unfallgeschehen.	6
1.2	Halteranfrage.	14
1.3	Anfrage an den Zentralruf der Autoversicherer.	15
1.4	Schreiben an den gegnerischen Halter.	16
1.5	Anforderung der polizeilichen Ermittlungsakte.	20
1.6	Anfrage an Unfallzeugen.	22
1.7	Zeugenfragebogen.	23
1.8	Anspruchsschreiben an Kfz-Haftpflichtversicherung (1).	25
1.9	Anspruchsschreiben an Kfz-Haftpflichtversicherung (2).	26
1.10	Anspruchsschreiben an Kfz-Haftpflichtversicherung (3).	28
1.11	Anspruchsschreiben Haftpflichtversicherung (Variante).	29
1.12	Anspruchsschreiben an den unmittelbaren Schadensverursacher.	32

§ 2 Behandlung von „Auslandsschäden"

2.1	Internationale Zuständigkeit des Gerichts in Berlin bei Auslandsunfall	37
2.2	Internationale Zuständigkeit des Gerichts am Wohnsitz des Geschädigten im Inland.	39
2.3	Keine Annexzuständigkeit bei Inlandsklage.	39
2.4	Klagebefugnis im Inland aufgrund vorrangigen EU Rechts.	40
2.5	Internationale Zuständigkeit des Gerichts am Wohnsitz des Geschädigten im Inland bei Wohnsitzwechsel.	41
2.6	Keine Klagebefugnis des Kaskoversicherers bei Inlandsklage.	42
2.7	Internationale Zuständigkeit des Gerichts am Wohnsitz des Geschädigten bei einer Klage des Arbeitgebers aus übergegangenem Recht.	43
2.8	Internationale Zuständigkeit des Gerichts am Wohnsitz des Geschädigten bei einer Klage des Erben aus übergegangenem Recht.	44
2.9	Erleichterter Beweismaßstab des § 287 ZPO bei Inlandsklage.	48
2.10	Geltung des deutschen Rechts wegen des Schadensortes einschließlich Regeln über den Anscheinsbeweis nach Rom II i.V.m. deutschem materiellen Verkehrsrecht.	48
2.11	Geltung des deutschen Rechts wegen einer engeren Beziehung zwischen der unerlaubten Handlung und diesem Recht.	49
2.12	Anregung zu einer Vereinbarung über die Anwendung des materiellen Rechts.	50
2.13	Keine Anwendung des Anscheinsbeweises nach den Regeln der ZPO	50
2.14	Anwendung des Anscheinsbeweises nach den Regeln der ZPO.	51

2.15	Anwendung des Haager Übereinkommens	52
2.16	Ersatz von Mietwagenkosten nach französischem Recht	64
2.17	Kein Ersatz der Rechtsanwaltskosten und Unkostenpauschale nach französischem Recht	64
2.18	Ersatz des merkantilen Minderwerts nach niederländischem Recht	70
2.19	Ersatz der Mietwagenkosten nach niederländischem Recht	70
2.20	Ersatz von Reparaturkosten nach polnischem Recht	78
2.21	Antrag in Klageschrift nach Art. 12 Abs. 2 NTS-AG	86

§ 3 Anspruchsgrundlagen

3.1	Weite Auslegung des Merkmals „Bei Betrieb"	91
3.2	Betriebsgefahr außerhalb des öffentlichen Verkehrsraums	91
3.3	Betrieb eines Kfz durch „Falschparken"	91
3.4	Betrieb eines Kfz beim „Entladevorgang"	92
3.5	Haltereigenschaft	93
3.6	Kein Ausschluss wegen höherer Gewalt bei Tierunfall	95
3.7	Unabwendbarkeit i.S.d. § 17 Abs. 3 StVG	96
3.8	Entgeltliche geschäftsmäßige Personenbeförderung	97
3.9	Versicherungsnehmer im eigenen Fahrzeug als Beifahrer	100
3.10	Unfall unter Beteiligung von Tieren	102
3.11	Schadenersatz von Minderjährigen	106
3.12	Schadenersatz von Minderjährigen und ihren Eltern	108
3.13	Billigkeitshaftung Nicht-Deliktsfähiger	109
3.14	Eintrittspflicht trotz Vertragskündigung	115
3.15	Kein Haftungsausschluss trotz vorsätzlicher, widerrechtlicher Schadensherbeiführung bei Personenverschiedenheit	116
3.16	Ansprüche gegen die Verkehrsopferhilfe e.V.	121
3.17	Personenschaden bei Anfahren der Bahn	122
3.18	Darlegung des berechtigten Interesses für eine Nebenintervention	125
3.19	Einwand des Vorschadens beim ausgenutzten Verkehrsunfall im Reparaturfall	129
3.20	Einwand des Vorschadens beim ausgenutzten Verkehrsunfall bei einem wirtschaftlichen Totalschaden	130
3.21	Haftung des Kfz-Haftpflichtversicherers bei einem „Tankschaden"	133

§ 4 Quotenbildung

4.1	Erhöhte Betriebsgefahr	139
4.2	Fehlende Fahrerlaubnis als Abwägungsfaktor	140
4.3	Fehlende Fahrerlaubnis und Anscheinsbeweis	140
4.4	Trunkenheitsfahrt als Abwägungsfaktor	141
4.5	Auffahrunfall und Anscheinsbeweis	143

Musterverzeichnis

4.6	Auffahrunfall und Fahrstreifenwechsel (1)	143
4.7	Auffahrunfall und Fahrstreifenwechsel (2)	144
4.8	Anscheinsbeweis bei Auffahrunfall und starkem Abbremsen	144
4.9	Alleinhaftung bei Nötigung durch Abbremsen	145
4.10	Anscheinsbeweis und Fahrstreifenwechsel	145
4.11	Anscheinsbeweis bei Fahrstreifenwechsel und Fahrbahnverengung	146
4.12	Erhöhte Betriebsgefahr bei Fahrt in der Engstelle	146
4.13	Keine Haftung ohne Verschulden im Engstellenbereich	147
4.14	Einfahrt in den fließenden Verkehr und Fahrstreifenwechsel	148
4.15	Anscheinsbeweis bei Vorfahrtsverletzung	148
4.16	Vorfahrtsverletzung und Rechtsfahrgebot	149
4.17	Mithaftung des Vorfahrtsberechtigten aus Betriebsgefahr bei Abkommen auf die Gegenfahrbahn	150
4.18	Alleinhaftung beim Abbiegen in ein Grundstück	151
4.19	Alleinhaftung bei Wendemanöver	151
4.20	Alleinhaftung bei Rückwärtsfahrt	152
4.21	Anscheinsbeweis bei Einfahrt in den fließenden Verkehr	153
4.22	Anscheinsbeweis beim Türöffnen	153
4.23	Anscheinsbeweis bei länger geöffneter Fahrzeugtür	154
4.24	Anscheinsbeweis bei Abkommen auf die Gegenfahrbahn	155
4.25	Unfall durch schreckbedingte Fehlreaktion	155
4.26	Keine Zurechnung bei Anspruch des Leasinggebers aus § 823 BGB	157
4.27	Mithaftung des Leasinggebers über § 9 StVG	157
4.28	Einwand der Erfüllung bei ungeklärter LZA	159
4.29	Alleinhaftung bei Rotlichtverstoß	159
4.30	Mithaftung trotz Rotlichtverstoß bei fliegendem Start	160
4.31	Vorrang des Kreuzungsräumers	161
4.32	Mithaftung des bevorrechtigten Kreuzungsräumers	162
4.33	Mithaftung des Anfahrenden gegenüber dem unechten Kreuzungsräumer	163
4.34	Erschütterung Anscheinsbeweis wegen Vorfahrtsverletzung	164
4.35	Mithaftung bei „halber Vorfahrt"	165
4.36	Mithaftung bei irreführender Fahrweise	166
4.37	Keine Haftung bei bloßer Geschwindigkeitsverringerung	166
4.38	Anscheinsbeweis gegen den Linksabbieger nach § 9 Abs. 3 StVO	167
4.39	Voraussetzung für den Anscheinsbeweis nach § 9 Abs. 3 StVO	167
4.40	Kein Anscheinsbeweis bei „grünem Abbiegerpfeil"	168
4.41	Mithaftung des Abbiegenden bei Rotlichtverstoß des Gegenverkehrs	169
4.42	Anscheinsbeweis bei Abkommen auf die Gegenfahrbahn	170
4.43	Anscheinsbeweis bei Abkommen auf die Gegenfahrbahn ohne Fahrzeugberührung	171
4.44	Alleinhaftung des Wartepflichtigen wegen Verstoß gegen § 6 StVO	172

4.45	Mithaftung des entgegenkommenden Fahrzeugführers.	173
4.46	Erschütterung des Anscheinsbeweises bei breiter Fahrbahn.	174
4.47	Anscheinsbeweis bei Abbiegen nach links in ein Grundstück	175
4.48	Mithaftung wegen Überholens in einer unklaren Verkehrslage	176
4.49	Kein Überholen in einer unklaren Verkehrslage.	177
4.50	Anscheinsbeweis Verletzung der doppelten Rückschaupflicht	178
4.51	Mithaftung des Überholenden aus Betriebsgefahr bei Abbiegen im Kreuzungsbereich	178
4.52	Überholen in unklarer Verkehrslage im Kreuzungsbereich	179
4.53	Vorrang des zuerst Überholenden	180
4.54	Mithaftung wegen Überschreitung der Autobahnrichtgeschwindigkeit . .	181
4.55	Unerhebliche Überschreitung der Richtgeschwindigkeit.	182
4.56	Mithaftung beim Parkplatzunfall aus Betriebsgefahr bzw. § 1 Abs. 2 StVO.	183
4.57	Kein Anscheinsbeweis bei stehendem Fahrzeug nach Rückwärtsfahrt. . .	184
4.58	Anwendung des § 8 StVO beim Parkplatzunfall	185
4.59	Mithaftung der vorfahrtsberechtigten Gegenseite bei einem Parkplatzunfall.	186
4.60	Keine Zurechnung der Betriebsgefahr gegenüber dem nicht haltenden Fahrzeugführer	188
4.61	Kausalitätserfordernis bei der Mithaftung nach § 254 BGB	188
4.62	Alleinhaftung Radfahrer	189
4.63	Vorrang des Radfahrers trotz „falscher Fahrtrichtung".	189
4.64	Mithaftung des Radfahrers wegen Fahren in „falscher Fahrtrichtung". . .	190
4.65	Alleinhaftung des Radfahrers, der auf dem Gehweg fährt.	191
4.66	Mithaftung des Radfahrers, der auf dem Fußgängerüberweg fährt	191
4.67	Verstoß des Fußgängers gegen § 25 Abs. 3 StVO.	193
4.68	Haftung des Fahrzeugführers bei Verstoß gegen § 26 StVO.	195

§ 5 Haftungsausschluss bei Personenschäden

5.1	Voraussetzungen eines „Wie-Beschäftigten".	203
5.2	Keine Haftungsprivilegierung bei „Pannenhilfe"	203
5.3	Abgrenzung von abhängiger und selbstständiger Tätigkeit	204
5.4	Werksverkehr und Betriebsweg	206
5.5	Prüfung der gemeinsamen Betriebsstätte.	208
5.6	Gemeinsame Betriebsstätte bei Gefahrengemeinschaft.	208

§ 6 Anspruchsübergang

6.1	Anspruchsübergang auf die Krankenkasse bei Krankengeld und Haushaltsführungsschaden	214
6.2	Anspruchsübergang zum Unfallzeitpunkt	215
6.3	Ausgleich der Entgeltfortzahlung	217

6.4	Abzug ersparter Eigenaufwendungen	218
6.5	Einwand gegenüber den begehrten Rechtsanwaltskosten	219

§ 7 Verjährung und Abfindungsvergleich

7.1	Einheitlichkeit des Verjährungsbeginns	222
7.2	Aufforderung zum Verzicht auf die Einrede der Verjährung	223
7.3	Verjährungshemmung wegen § 115 Abs. 2 S. 3 VVG	225
7.4	Neubeginn der Verjährung durch Abschlagszahlung	226
7.5	Unverbindlichkeit des Abfindungsvertrags	231
7.6	Aufklärung gegenüber dem Mandanten	232
7.7	Unbeschränkter Zukunftsschadensvorbehalt	234
7.8	Beschränkter Zukunftsschadensvorbehalt	234
7.9	Vorbehalt für übergegangene Ansprüche	235
7.10	Vorbehalt für Steuerschäden	235
7.11	Vorbehalt mit titelersetzender Wirkung	237
7.12	Einwand der Verjährung nach einem Abfindungsvergleich	237

§ 8 Sachschaden

8.1	Geltendmachung konkreter Reparaturkosten oberhalb der Schadensschätzung	241
8.2	Mehrkosten wegen mangelhafter Reparatur	243
8.3	Zurückbehaltungsrecht im Prozess wegen Ersatzanspruch gegenüber der Werkstatt	244
8.4	Werkstattrabatt	245
8.5	Keine Pflicht zur Vorlage von Belegen bei fiktiver Schadensabrechnung	248
8.6	Unzulässige Verweisung auf eine andere Reparaturmöglichkeit bei „jungem" Fahrzeug	251
8.7	Unzulässigkeit der Verweisung bei einem älteren Fahrzeug	253
8.8	Subjektive Darlegungslast bei Streit über die in der Vergangenheit erfolgte Wartung	253
8.9	Einwand der pauschalen Behauptung der Gleichwertigkeit	254
8.10	Einwand des pauschalen Bestreitens zu der Qualität der benannten Reparaturwerkstatt	254
8.11	Zulässige Verweisung im Prozess	257
8.12	Unzureichender Hinweis auf Reparaturmöglichkeit	257
8.13	Erstattungsfähigkeit UPE-Aufschläge	258
8.14	Erwiderung auf begehrte UPE-Zuschläge im Prozess	259
8.15	Kosten bei Verbringung des Fahrzeugs	260
8.16	Einwendung im Prozess zu den geltend gemachten Verbringungskosten	261
8.17	UPE-Aufschläge bei Werkstattverweis	262

Musterverzeichnis

8.18	Keine Erstattung der Beilackierungskosten	262
8.19	Ersatz der angefallenen Mehrwertsteuer im Anschluss an den Ersatz fiktiver Reparaturkosten	264
8.20	Nichterzielung des geschätzten Restwerts	268
8.21	Zurückweisung eines höheren überregional ermittelten Restwertes	269
8.22	Einwendung zu dem ermittelten Restwert	269
8.23	Verweisung auf ein Angebot aus einer „Restwertbörse"	270
8.24	Stellungnahme zum Restwertangebot der Versicherung nach Veräußerung	271
8.25	Darlegungs- und Beweislast des Geschädigten zu der angeblichen Veräußerung	272
8.26	Restwertangebot der Versicherung vor der Veräußerung	273
8.27	Regressanmeldung beim Rechtsanwalt	274
8.28	Auswirkung besonderer Verkaufsbemühungen auf Restwert	275
8.29	Fiktive Abrechnung mit geringerem tatsächlich erzielten Restwert	276
8.30	Nachforderung der Mehrwertsteuer bei Ersatzbeschaffung als volle Re-Investition	278
8.31	Nachforderung der Mehrwertsteuer bei unwirtschaftlicher Reparatur	279
8.32	Kein Mehrwertsteuerabzug	282
8.33	Ersatz der Sachverständigenkosten bei Totalschaden	283
8.34	Pauschale Abrechnung der An- und Abmeldekosten	284
8.35	Nachforderung der Mehrwertsteuer	287
8.36	Ersatz der Mehrwertsteuer im Reparaturfall bei Ersatzbeschaffung	287
8.37	Verweis auf den Wiederbeschaffungsaufwand im Prozess	289
8.38	Abrechnung der konkreten Reparaturkosten auf der zweiten Stufe	290
8.39	Abrechnung der fiktiven Reparaturkosten bei weitergehender Nutzung in nicht verkehrssicherem Zustand	290
8.40	Einwand Wiederbeschaffungsaufwand und Anforderungen an den Nachweis der Nutzung	291
8.41	Gegenüberstellung der „Netto-Werte" bei Vorsteuerabzugsberechtigung	292
8.42	Auskunftsanspruch gegenüber dem Geschädigten nach Ablauf von sechs Monaten	293
8.43	Begründung der Aufgabe des Fahrzeugs vor Ablauf der Sechsmonatsfrist	294
8.44	Abrechnung im 130 %-Fall bei Einbau von Gebrauchtteilen	296
8.45	Ersatz der Reparaturkosten unterhalb der 130 %-Grenze bei Reparatur in Eigenregie	297
8.46	Integritätsinteresse bei einem Anhänger	298
8.47	Einhaltung der 130 %-Grenze durch Einbau von Gebrauchtteilen	299
8.48	Tatsächliche Reparaturkosten liegen über 130 %-Grenze	300

Musterverzeichnis

8.49	Nachweis der Anschaffung eines Neufahrzeugs bei der Neuwagenabrechnung	304
8.50	Verständigung über eine Zahlungszusage bei einer Abrechnung auf Neuwagenbasis	305
8.51	Neuwagenabrechnung bei einer Laufleistung zwischen 1.000 und 3.000 km	306
8.52	Erheblicher Fahrzeugschaden bei Beschädigung tragender Fahrzeugteile	308
8.53	Kein erheblicher Fahrzeugschaden bei einfach gelagerten Schäden	309
8.54	Feststellungsausspruch zur Neuwagenabrechnung	311
8.55	Merkantile Wertminderung bei älteren Fahrzeugen	313
8.56	Kein Merkantiler Minderwert bei unerheblichem Fahrzeugschaden	315
8.57	Merkantiler Minderwert bei einem Luxusfahrzeug trotz Bagatellschaden	315
8.58	Recht zur Beauftragung eines „eigenen" Sachverständigen	322
8.59	Anforderung eines Gutachtens beim gegnerischen Versicherer	323
8.60	Verletzung der Schadensminderungspflicht durch Einholung eines Sachverständigengutachtens	324
8.61	Keine Verletzung der Schadensminderungspflicht durch Einholung eines Sachverständigengutachtens	326
8.62	Keine Kürzung des Sachverständigenhonorars gegenüber dem Geschädigten	330
8.63	Einwand der überhöhten Sachverständigenkosten gegenüber dem Sachverständigen	331
8.64	Kein Auswahlverschulden des Geschädigten bei der Beauftragung des Sachverständigen	332
8.65	Fehlende Erstattungsfähigkeit der Gutachterkosten bei verschwiegenem Vorschaden	333
8.66	Ablehnung der Kosten für einen Kostenvoranschlag	334
8.67	Erstattungsfähige Aufwendungen für einen Kostenvoranschlag	335
8.68	Ausgleich von Mietwagenkosten bei einer HWS-Verletzung	337
8.69	Ausgleich von Mietwagenkosten bei Nutzung durch Angehörige	338
8.70	Erfordernis eines täglichen Fahrbedarfs	339
8.71	Ausgleich von Mietwagenkosten bei geringer Nutzung	340
8.72	Schwacke-Mietpreisspiegel als taugliche Schätzungsgrundlage	345
8.73	Erstattungsfähige Nebenkosten bei der Abrechnung nach dem Schwacke-Mietpreisspiegel	345
8.74	Fehlende Erstattungsfähigkeit der Kosten für eine Winterbereifung	346
8.75	Vorteilsausgleich bei Anmietung mit Vollkaskoversicherung	347
8.76	Einwendung gegen den Schwacke-Mietpreisspiegel als taugliche Schätzungsgrundlage	348
8.77	Anwendung des Fraunhofer Mietpreisspiegels	349

8.78	Einwendungen gegen die Tauglichkeit des Fraunhofer Mietpreisspiegel als Schätzungsgrundlage	350
8.79	Anfrage bei der Mietwagenfirma zwecks Zustimmung zum Vergleich	352
8.80	Hilfsweiser Risikoaufschlag auf Fraunhofer	352
8.81	Vollständiger Ersatz der Mietwagenkosten wegen einer Notsituation auf der Urlaubsreise	356
8.82	Wirtschaftlich gerechtfertigter Aufschlag auf den Normaltarif	359
8.83	Nachweis der Anmietung zu einem günstigeren Tarif	360
8.84	Verletzung der Schadensminderungspflicht bei unterlassenem Hinweis auf fehlende finanzielle Mittel	361
8.85	Inanspruchnahme eines Mietwagens bei Reparatur in Fachwerkstatt	363
8.86	Inanspruchnahme eines Mietwagens bei Reparatur in Eigenregie	364
8.87	Mietwagenkosten bis zum Kauf eines Ersatzfahrzeugs bei Totalschaden	365
8.88	Kein Abzug ersparter Eigenaufwendungen bei der Anmietung eines klassentieferen Ersatzfahrzeugs	367
8.89	Abzug ersparter Eigenaufwendungen bei Anmietung eines klassentieferen Ersatzfahrzeugs	367
8.90	Anrechnung ersparter Eigenkosten	369
8.91	Mietwagenkosten bei Anmietung von Privat	370
8.92	Geltendmachung konkreten Nutzungsausfallschadens	373
8.93	Abstrakter Nutzungsausfall bei gewerblich genutzten Kfz.	375
8.94	Nutzungsausfall trotz Personenschadens	378
8.95	Nachweis des Nutzungswillens	379
8.96	Nutzungsausfall bei Eigenreparatur	381
8.97	Nutzungsausfall bei wirtschaftlichem Totalschaden ohne Ersatzfahrzeug	383
8.98	Standardbezifferung der pauschalen Nutzungsausfallentschädigung	386
8.99	Kein Abzug innerhalb der Nutzungsausfallentschädigung wegen des Fahrzeugalters	387
8.100	Ersatz der Vorhaltekosten	390
8.101	Schadensminderungspflicht bei Abschleppkosten	391
8.102	Zuschlag auf die Abschleppkosten wegen Überstunden	393
8.103	Minimierung des Standgelds	394
8.104	Restwert nicht realisierbar	395
8.105	Ausbau einer Anhängerkupplung	396
8.106	Kreditaufnahme trotz vorhandener Vollkaskoversicherung	398
8.107	Anspruch auf Rückstufungsschaden bei Mithaftung	400
8.108	Keine Erforderlichkeit der Einschaltung eines Anwalts bei Leasingfirma	402
8.109	Erforderlichkeit der Einschaltung eines Anwalts trotz juristischer Vorkenntnisse	404

8.110	Ersatz der Kosten der Einschaltung eines Anwalts bei Einholung einer Deckungszusage	406
8.111	Keine Erstattung der Kosten für die Einholung einer Deckungszusage	407
8.112	Erforderlichkeit einer Tätigkeit gegenüber dem Unfallversicherer	409
8.113	Schadensnachweis bei Kleidungsschaden und Abzug neu für alt für Ausrüstungsgegenstände	410
8.114	Schadenspauschale 30 EUR	412
8.115	Schadenspauschale 20 EUR	413
8.116	Vereinbarung über eine erhöhte Pauschale bei Auslandsbezug	413
8.117	Keine Aktivlegitimation bei Leasingfahrzeug	417
8.118	Schadensmeldung an den Leasinggeber	419
8.119	Anfrage Leasinggeber	421
8.120	Benachrichtigung des Unfallgegners über Leasingeigenschaft	423
8.121	Geltendmachung von Finanzierungskosten	424
8.122	Geltendmachung von Mehrwertsteuer	425

§ 9 Personenschaden bei Verletzung

9.1	Anmeldung von Schmerzensgeldansprüchen beim Versicherer	429
9.2	Schweigepflichtentbindungserklärung	430
9.3	Schreiben an den Arzt wegen Arztbericht	430
9.4	Attest des behandelnden Arztes	431
9.5	Schmerzensgeldberechnung	434
9.6	Mitverschulden wegen Nichtanlegen des Sicherheitsgurtes	437
9.7	Schmerzensgeld als Rente	438
9.8	Einwendung Schmerzensgeldrente	439
9.9	Verrentung des Schmerzensgeldes	440
9.10	Schmerzensgeld bei tödlich verlaufendem Verkehrsunfall	442
9.11	Schmerzensgeld bei Schockschäden	443
9.12	Anspruchskürzung wegen Mitverschulden bei Schockschaden	444
9.13	Kein Nachweis der HWS-Verletzung über Arztberichte	447
9.14	Unfallbedingte HWS-Verletzung bei OOP	448
9.15	Schmerzensgeld bei HWS-Verletzung – Anspruchsanmeldung	448
9.16	Schmerzensgeld bei HWS-Syndrom – Nachweis der Unfallbedingtheit	449
9.17	Berücksichtigung von Vorerkrankungen bei der Bemessung des Schmerzensgeldes	451
9.18	Berücksichtigung von Vorerkrankungen bei der Höhe des Schmerzensgeldes	452
9.19	Medizinische Notwendigkeit täglicher Besuche	455
9.20	Privatärztliche Behandlung eines Kassenpatienten	457
9.21	Beitragsrückerstattung/Selbstbeteiligung in der privaten Krankenversicherung	458
9.22	Pflege durch nahe Angehörige	461

9.23	Erwerbsschaden bei Krankengeldzahlung	464
9.24	Anspruchskürzung wegen ersparter Eigenaufwendungen gegenüber Arbeitgeber	466
9.25	Kosten einer Ersatzkraft	468
9.26	Verspäteter Eintritt ins Erwerbsleben	469
9.27	Ablehnung des Haushaltsführungsschadens bei nicht ehelicher Lebensgemeinschaft	472
9.28	Fragebogen zur Erfassung des Haushaltsführungsschadens	473
9.29	Einwand fehlender Schlüssigkeit	476
9.30	Fiktive Abrechnung einer Haushaltshilfe	478
9.31	Ausfall von Eigenleistungen beim Eigenheimbau	479
9.32	Berechnung ersparter Aufwendungen	481
9.33	Keine Kapitalabfindung bei Dauerschaden	482
9.34	Kapitalabfindung bei Dauerschaden	483

§ 10 Personenschaden bei Tötung

10.1	Fahrtkosten von gering verdienenden Erben zur Trauerfeier	489
10.2	Anspruch auf Ersatz der Beerdigungskosten aus GoA	490
10.3	Berechnung des Unterhaltsschadens	493
10.4	Berechnung fixer Kosten bei Versicherungsleistungen	495
10.5	Grundsätze der Berechnung des Barunterhaltsschadens bei Eheleuten	497

§ 11 Klage und selbstständiges Beweisverfahren

11.1	Ablauf Prüfungszeitraum	501
11.2	Anerkenntnis mit Kostenlast der Gegenseite	502
11.3	Schadensregulierung nach Akteneinsicht	503
11.4	Rückforderungsvorbehalt des Versicherers	504
11.5	Deckungsanfrage an den Rechtsschutzversicherer	506
11.6	Kostenforderung an den Mandanten	506
11.7	Klageschrift	508
11.8	Teilklage	512
11.9	Umstellung des Klageantrags bei Leasingfahrzeug	514
11.10	Antrag bei gesamtschuldnerischer Haftung	516
11.11	Antrag auf merkantile Wertminderung	517
11.12	Antrag auf Schmerzensgeld	517
11.13	Antrag Teilschmerzensgeld	518
11.14	Kostenentscheidung Schmerzensgeld bei Teilunterliegen	520
11.15	Antrag auf Feststellung bei einem Rückstufungsschaden	520
11.16	Antrag auf Feststellung künftiger Schäden	521
11.17	Reaktion auf Einwände der Gegenseite gegen eine Feststellungsklage	521
11.18	Antrag bei lebenslanger Rente	522
11.19	Antrag bei zeitlich begrenzter Rente	522

11.20	Zinsen bei Gerichtskostenvorschuss.	523
11.21	Abtretungserklärung	526
11.22	Wider- und Drittwiderklage	527
11.23	Parteivernehmung bei Beweisnot	528
11.24	Antrag auf Einholung eines Gutachtens	529
11.25	Unzulässigkeit des selbstständigen Beweisverfahrens	531
11.26	Parteikosten zur Erstattung anmelden.	532
11.27	Monierung der Gegenseite hinsichtlich angemeldeter Parteikosten.	533

§ 12 Unfallrekonstruktion im Prozess

12.1	Antrag auf Ergänzung eines Beweisbeschlusses.	539
12.2	Antrag auf Benennung eines anderen Sachverständigen, der öffentlich bestellt ist.	541
12.3	Antrag auf Anordnung nach § 144 ZPO	544
12.4	Schriftliches Gutachten	545
12.5	Keine Pflicht zur Ausformulierung von Ergänzungsfragen an den Sachverständigen	561
12.6	Berücksichtigung des Ergebnisses eines Privatgutachters	562
12.7	Antrag auf Festsetzung der Kosten für ein Privatgutachten	563
12.8	Antrag auf Einholung eines neuen Gutachtens	564
12.9	Ablehnung eines Sachverständigen wegen Besorgnis der Befangenheit.	566

§ 13 Verkehrsunfallmanipulation

13.1	Nebenintervention des mitverklagten Haftpflichtversicherers	587

§ 14 Grundzüge des neuen VVG

14.1	Zeitpunkt des Versicherungsfalls bei Altvertrag.	591
14.2	Keine Leistungsfreiheit bei Obliegenheitsverletzungen bei einem Altvertrag.	592
14.3	Konkreter Kausalitätsgegenbeweis	593
14.4	Vollständige Leistungsfreiheit	595
14.5	Keine vollständige Leistungsfreiheit	596
14.6	Keine Beweislast bei dem Versicherungsnehmer	597
14.7	Leistungskürzung bei „durchschnittlicher" grober Fahrlässigkeit.	599
14.8	Selbstbehalt vor Quote	600
14.9	Quote vor Selbstbehalt	601
14.10	Gesamtquotenbildung.	603
14.11	Kriterien der Bildung der Kürzungsquote	606
14.12	Kausalitätsgegenbeweis bei Verschweigen eines Vorschadens	608
14.13	Arglisteinwand zugunsten des Versicherers	610
14.14	Gesonderte Belehrung auf der Schadensanzeige	611
14.15	Keine Anwendung des § 215 VVG bei juristischen Personen.	613

14.16	Eingreifen des § 215 VVG bei einer juristischen Person.	614
14.17	Zuständigkeit nach § 215 VVG bei Fremdversicherung	615
14.18	Keine Wohnsitzzuständigkeit bei Fremdversicherung	616

§ 15 Kaskoversicherung

15.1	Anfertigung eines Gutachtens durch Versicherung	619
15.2	Kein Abzug „neu für alt" bei Glasbruchschäden	621
15.3	Ersatz eines „Sturmschadens" bei der Überfahrt eines Astes	624
15.4	Keine grobe Fahrlässigkeit wegen Überschreitung der Höchstgeschwindigkeit	626
15.5	Keine grobe Fahrlässigkeit wegen kurzer Unaufmerksamkeit des Fahrzeugführers	628
15.6	Grob fahrlässige Suche nach herabgefallenen Gegenständen	629
15.7	Keine Zurechnung des Verhaltens Dritter bei grob fahrlässiger Herbeiführung des Versicherungsfalls	631
15.8	Kein Regress des Kaskoversicherers bei gemeinsamem Haushalt	633
15.9	Anwaltskosten als kongruente Schadensposition	637
15.10	Anwaltskosten sind keine kongruente Schadensposition	637
15.11	Geltendmachung von Schadensersatz nach Inanspruchnahme der eigenen Vollkaskoversicherung	638
15.12	Anscheinsbeweis bei Trunkenheitsfahrt	642
15.13	Relative Fahruntüchtigkeit bei Abkommen von der Fahrbahn	643
15.14	Einwände bei der vollständigen Leistungskürzung bei relativer Fahruntüchtigkeit	643
15.15	Faktoren der Quotenbildung bei Trunkenheitsfahrt	645
15.16	Einwände bei der Leistungskürzung bei durch Medikamente bedingter Fahruntüchtigkeit	647
15.17	Einwände bei der Leistungskürzung bei Übergabe an einen Fahrer ohne Fahrerlaubnis	648
15.18	Einwände bei der Leistungskürzung bei Überfahren eines Stopp-Schildes	650
15.19	Grobe Fahrlässigkeit bei Rotlichtverstoß	651
15.20	Einwände bei der Leistungskürzung bei Überfahren eines Rotlichts	652
15.21	Einwände bei der Leistungskürzung bei verkehrsunsicherer Bereifung	654
15.22	Einwände bei der Leistungskürzung beim unachtsamen Umgang mit dem Fahrzeugschlüssel	656
15.23	Regress des Kaskoversicherers gegen eine Person im gleichen Haushalt	657
15.24	Regress des Kaskoversicherers und Anspruchsverzicht	659
15.25	Kein Schutz bei Fahrerregress über eine Quotierung bei Vereinbarung der AKB 2008	660

15.26	Einwände bei der Leistungskürzung bei Irrtum über erforderliche Rettungskosten	662

§ 16 Vertragliche Ansprüche in der Kfz-Haftpflichtversicherung

16.1	Einwand bei Regress des Versicherers wegen alkoholbedingter Fahruntüchtigkeit nach dem neuen VVG	667
16.2	Regress bei schwerwiegender Aufklärungspflichtverletzung	670
16.3	Einwand bei Regress des Versicherers bei unzutreffender Schilderung des Unfalls	673
16.4	Einwand bei Regress des Versicherers bei fehlender Schadensanzeige	675
16.5	Missbrauch der Regulierungsvollmacht des Kfz-Haftpflichtversicherers	678
16.6	Eintrittspflicht des Kfz-Haftpflichtversicherers	680

§ 17 Private Unfallversicherung

17.1	Beratung des Mandanten über Leistungen in der privaten Unfallversicherung	688
17.2	Anmeldung von Ansprüchen beim Unfallversicherer	689
17.3	Anschreiben Opfer – Nachfrage Retterschutz bei der privaten Unfallversicherung	690
17.4	Anschreiben Unfallversicherung – Nachfrage Retterschutz	691
17.5	Geltendmachung von Rechtsanwaltskosten	692

§ 18 Auslesen und Verwenden von personenbezogenen Daten

18.1	Antrag auf Auslesung des Unfalldatenschreibers des Unfallgegners	697
18.2	Antrag auf Auslesung des EDR	701
18.3	Antrag auf Auslesung des EDR bei ungeklärter Kollisionsstellung	703
18.4	Antrag auf Auslesung des EDR bei ungeklärter Geschwindigkeit	704
18.5	Antrag auf Auslesung zur Ermittlung der kollisionsbedingten Geschwindigkeitsänderung	705
18.6	Einstufung als personenbezogene Daten	707
18.7	Übersicht der aus dem Fahrzeug zur Unfallrekonstruktion auszulesenden Daten	709
18.8	Auskunftsanspruch § 34 BDSG	715
18.9	Mitwirkung des Herstellers zum Auslesen von Fahrzeugdaten bei „Offline"-Kfz	717
18.10	Mitwirkung des Herstellers zum Auslesen von Fahrzeugdaten bei „Online"-Kfz	718
18.11	Widerspruch gegen eine Verwertung der Dashcam-Aufnahme im Zivilprozess	723
18.12	Argumente für eine Verwertung einer Dashcam-Aufnahme im Zivilprozess	724

Musterverzeichnis

18.13 Berechtigtes Interesse des Betroffenen an der Löschung. 727
18.14 Berechtigtes Interesse des Versicherers an einer Verwendung. 728

§ 19 Gebühren des Anwalts

19.1 Erstattungsanspruch gegen den Schädiger 729
19.2 Erledigungswert bei Abtretung von Ansprüchen 731
19.3 Erledigungswert bei Zahlung vor Eingang des Anspruchsschreibens . . . 733
19.4 Abrechnung Totalschadensbasis. 734
19.5 Erhöhte Geschäftsgebühr bei Unfall mit einem Taxi 737
19.6 Erhöhte Geschäftsgebühr bei Vorlage einer Gegenrechnung 737
19.7 Erhöhungsgebühr bei Vertretung mehrerer Geschädigter 739
19.8 Keine Anrechnung bei Pauschalhonorar/Vergütungsvereinbarung 742
19.9 Keine Anrechnung bei der Einschaltung mehrerer Anwälte. 742
19.10 Keine Anrechnung mangels fehlender Titulierung im Vergleich 743
19.11 Freistellungsantrag. 744
19.12 Umwandlung des Zahlungsanspruchs in einen Freistellungsanspruch . . . 745
19.13 Aktenauszug 749

§ 20 Korrespondenz mit dem Rechtsschutzversicherer

20.1 Geltendmachung des Differenzbetrags bei der Rechtsschutzversicherung 752
20.2 Geltendmachung des Quotenvorrechts gegenüber dem Rechtsschutzversicherer 753
20.3 Bitte um Deckungszusage für negative Feststellungsklage 755
20.4 Mandat gegen den Rechtsschutzversicherer 757
20.5 Deckung auf Klage nur gegen den Unfallverursacher 758
20.6 Aufrechnung gegenüber Rechtsschutzversicherer. 759
20.7 Kein mehrfacher Anfall der Selbstbeteiligung. 760

§ 22 Unfallflucht (§ 142 StGB)

22.1 Kein Unfall im öffentlichen Straßenverkehr. 766
22.2 Fehlender straßenverkehrsspezifischer Gefahrenzusammenhang 767
22.3 Keine Unfallbeteiligung. 768
22.4 Pflicht zum Beiseitefahren 770
22.5 Schock. 770
22.6 Kein willentliches Entfernen 771
22.7 Unvorsätzliches Entfernen 771
22.8 Ausreichende Wartezeit. 773
22.9 Unverzügliche nachträgliche Mitteilung 774
22.10 Unverzügliche nachträgliche Feststellung und Eintreffen der Polizei . . . 774
22.11 Keine Wahrnehmbarkeit des Verkehrsunfalls 776
22.12 Belangloser Schaden 778

22.13	Schadensbegriff, § 69 Abs. 2 Nr. 3 StGB	779
22.14	Irrtum über Bedeutungslosigkeit des Schadens	781
22.15	Abgrenzung Tatbestands-/Verbotsirrtum	781
22.16	Belangloser Personenschaden	782

§ 23 Fahrlässige Tötung (§ 222 StGB)

23.1	Verteidigung bei fahrlässiger Tötung	785

§ 24 Fahrlässige Körperverletzung (§ 229 StGB)

24.1	Akteneinsicht mit Antrag auf Einstellung	791
24.2	Eingehen eines Risikos	792
24.3	Vertretbares Verhalten	793

§ 25 Nötigung (§ 240 StGB)

25.1	Dichtes Auffahren	796
25.2	Ausbremsen des nachfolgenden Verkehrs	797

§ 26 Gefährliche Eingriffe in den Straßenverkehr (§ 315b StGB)

26.1	Keine Pervertierung des Verkehrsvorgangs	799
26.2	Konkrete Gefahr	800
26.3	Schadenhöhe	800

§ 27 Gefährdung des Straßenverkehrs (§ 315c StGB)

27.1	Kein Fahrzeug	803
27.2	Kein Führen des Fahrzeugs ohne Willensakt	804
27.3	Betriebsgelände kein öffentlicher Verkehrsraum	805
27.4	Keine Straßenverkehrsgefährdung bei Fahren ohne Brille	806
27.5	Keine Strafbarkeit wegen Müdigkeit	807
27.6	Augenblicksversagen, Fahrlässigkeit	808
27.7	Kein Fall der Nichtbeachtung der Vorfahrt	809
27.8	Kein Überholen	811
27.9	Bremsen nach Abschluss des Überholvorgangs	812
27.10	Keine unübersichtliche Stelle	814
27.11	Augenblicksversagen	814
27.12	Keine Pflicht zur Absicherung	815

§ 28 Trunkenheit im Verkehr (§ 316 StGB)

28.1	Kein Führen des Fahrrades	819
28.2	Kein Schluss auf relative Fahruntauglichkeit (1)	820
28.3	Kein Schluss auf relative Fahruntauglichkeit (2)	821
28.4	Fahrlässigkeit trotz hoher BAK	822

28.5	Widerspruch gegen Verwertung der Blutprobe	825
28.6	Widerspruch gegen freiwillige Abgabe einer Blutprobe	827
28.7	Drogenfahrt – keine drogenbedingten Ausfallerscheinungen	828

§ 29 Fahrverbot (§ 44 StGB)

29.1	Keine Anordnung eines Fahrverbotes gem. § 44 StGB.	829
29.2	Absehen vom Fahrverbot, Existenzbedrohung.	830

§ 30 Entziehung der Fahrerlaubnis (§ 69 StGB)

30.1	Nachträgliche Eignungsmängel	833
30.2	Pedelec	834
30.3	Kein Führen eines Kraftfahrzeugs.	835
30.4	Kein Zusammenhang	836
30.5	Keine Regelvermutung	837
30.6	Keine Regelvermutung, MPU	838

§ 31 Sperre der Erteilung der Fahrerlaubnis (§ 69a StGB)

31.1	Schreiben an Mandanten zur Sperrzeit	839
31.2	Ausnahme von bestimmten Arten von Kraftfahrzeugen	841
31.3	Aufklärung des Mandanten bzgl. eingeschränkter Fahrerlaubnis	841
31.4	Antrag auf vorzeitige Aufhebung der Sperrzeit	842

§ 33 Fahren ohne Fahrerlaubnis (§ 21 StVG)

33.1	EU-Fahrerlaubnis nach Sperrzeit in Deutschland	848

§ 34 Pflichtversicherungsgesetz

34.1	Kein Verstoß bei anderen als Zulassungsfahrten	849

§ 35 Sonstiges

35.1	Beauftragung eines Sachverständigen.	851
35.2	Information des Rechtsschutzversicherers über die Beauftragung eines Sachverständigen.	852
35.3	Anschreiben Mandant wegen angedachter Verfahrenseinstellung gem. § 153a StPO	853
35.4	Unschuldsvermutung bei Einstellung gem. §§ 153/153a StPO	853
35.5	Anschreiben nach Zustellung des Strafbefehls	854

§ 37 Vorverfahren

37.1	Bestellung für den Mandanten.	858
37.2	Akteneinsicht.	860
37.3	Akteneinsicht E-Akte	861
37.4	Auszug aus Fahreignungsregister	862

Musterverzeichnis

37.5	Berichtigung Fahreignungsregister	863
37.6	Falsche Mitteilung durch KBA	863
37.7	Klarstellung der Verfahrensbeteiligung	865
37.8	Einspruch	866
37.9	Einspruch und Anregung der Rücknahme	867
37.10	Beschränkung auf den Rechtsfolgenausspruch	869
37.11	Wiederholte Anhörung	871
37.12	Nicht konkretisierter Tatvorwurf	871
37.13	Nicht autorisierte Verfügung	873
37.14	Irrtum der Behörde	874
37.15	Vorläufige Einstellung	875
37.16	Zustellung ohne Vollmacht	877
37.17	Zustellung trotz Blankovollmacht	878
37.18	Zustellung an die Sozietät	878
37.19	Einstellung wegen Eigenverletzung	881
37.20	Einstellung wegen Eigenschadens	882
37.21	Einstellung wegen hoher Kosten	883
37.22	Einstellung wegen Mitverschuldens	883
37.23	Einstellung wegen hoher Kosten	884
37.24	Einstellung wegen Rechtsverstoßes	885
37.25	Vorläufige Einstellung mit Arbeitsauflage	886
37.26	Bedingung für Beschluss (1)	888
37.27	Bedingung für Beschluss (2)	888
37.28	Zurückverweisung der Sache an die Verwaltungsbehörde	890
37.29	Entbindungsantrag	892
37.30	Zeugenbeweis	893
37.31	Vernehmung Arbeitgeber	894
37.32	Ortstermin	894
37.33	Stellungnahme zu Vorsatz	895
37.34	Stellungnahme zu Tateinheit	896
37.35	Fahrverbot: Unverwertbarkeit von Voreintragungen	899
37.36	Fahrverbot: Keine abstrakte Gefahr	900
37.37	Fahrverbot: Augenblicksversagen	901
37.38	Fahrverbot: Keine Erforderlichkeit	902
37.39	Fahrverbot: Unverhältnismäßigkeit	902
37.40	Fahrverbot: Absehen gegen höhere Geldbuße	904
37.41	Fahrverbot: Absehen nach verkehrspsychologischer Nachschulung	905
37.42	Terminsverlegung	908
37.43	Verlegung wegen Krankheit des Betroffenen	909
37.44	Terminsverlegung und Befangenheitsantrag	909

§ 38 Hauptverhandlung

38.1	Zeugenbeweis	911
38.2	Widerspruch gegen Urkundenverlesung	913
38.3	Selbstladung des Sachverständigen	914
38.4	Sachverständigengutachten zu Geschwindigkeitsmessung	915
38.5	Zeugenbeweis für Dauervideoaufnahme	916
38.6	Sachverständigengutachten zum Erlöschen der Betriebserlaubnis	916
38.7	Zeugenbeweis zwecks Identitätsfeststellung	917
38.8	Anthropologisches Vergleichsgutachten	917
38.9	Rechtsmedizinisches Sachverständigengutachten zu § 24a StVG	918
38.10	Zeugenbeweis Überladung	919
38.11	Befangenheitsantrag	920
38.12	Herbeiführen einer gerichtlichen Entscheidung	921
38.13	Aussetzungsantrag nach neuem Beweismittel	921
38.14	Widerspruch gegen Verwertbarkeit eines Beweismittels	922
38.15	Aussetzungsantrag nach Hinweis	924
38.16	Plädoyer mit Hilfsbeweisantrag	925

§ 39 Rechtsbeschwerde

39.1	Rechtsbeschwerde: Sachrüge	928
39.2	Rechtsbeschwerde: Sachrüge (Verwerfungsurteil mit Fahrverbot)	928
39.3	Rechtsbeschwerde: Sachrüge (Höhe der Geldbuße)	929
39.4	Rechtsbeschwerde gegen Beschluss	930
39.5	Rechtsbeschwerde: Sachrüge und Verfahrensrüge	932
39.6	Rechtsbeschwerde: Verfahrensrüge Entbindungsantrag	934

§ 40 Wiedereinsetzung in den vorigen Stand

40.1	Wiedereinsetzungsantrag	943

§ 41 Vollstreckung

41.1	Gerichtliche Entscheidung/Gnadengesuch Fahrverbotsdauer	945
41.2	Fehlende Anrechnung	946
41.3	Parallelvollstreckung zweier Fahrverbote	947

§ 42 Schreiben an den Mandanten

42.1	Anschreiben vor Einspruch	949
42.2	Anschreiben vor Hauptverhandlungstermin	950
42.3	Anschreiben wegen Beweismitteln	951
42.4	Anschreiben wegen Fahrverbot	951
42.5	Anschreiben nach Urteil	952

§ 43 Gebühren des Anwalts in Strafsachen

43.1	Erledigungsgebühr mehrfach/nach Hauptverhandlung	954
43.2	Einstellungsgebühr durch Schweigen	955
43.3	Zusatzgebühr bei Absprache über Strafmaß	956
43.4	Zusatzgebühr bei Rücknahme des Rechtsmittels	956
43.5	Zusatzgebühr gem. Nr. 4204 VV RVG	958
43.6	Zusatzgebühr in der Strafvollstreckung	959

§ 44 Gebühren des Anwalts in Bußgeldsachen

44.1	Rücknahme Rechtsbeschwerde	961
44.2	Bestimmung der Gebührenhöhe	963
44.3	Kostenerstattung bei Einstellung nach § 47 OWiG	965
44.4	Kostenerstattung bei Einstellung wegen Verfolgungsverjährung	966

§ 45 Korrespondenz mit dem Rechtsschutzversicherer in Straf- und Bußgeldsachen

45.1	Vorschuss gemäß § 9 RVG	967
45.2	Abrechnung bei Freispruch	968
45.3	Sachverständigengutachten in der Rechtsschutzversicherung	969
45.4	Quotelung bei Zusammenfall von Vorsatz- und Fahrlässigkeitstat	969
45.5	Abwehr des Auskunftsbegehrens des Rechtsschutzversicherers	971

§ 47 Entziehung der Fahrerlaubnis

47.1	Informationsschreiben an Mandanten zur Wiedererteilung der Fahrerlaubnis	977
47.2	Mandanteninformation Wiedererteilung nach Fahrerlaubnisentzug mit mehr als 1,6‰/Mehrfachtäter	979
47.3	Mandanteninformation Sperrfristverkürzung	981
47.4	Sperrfristverkürzung	982
47.5	Anschreiben KBA	986
47.6	Einwand der Atypik bei Anlage 4 FeV (Methadon)	991
47.7	Kein gelegentlicher Konsum bei Unterbrechung von fünf Jahren	1001
47.8	PKH-Antrag „Liegt Rauschfahrt zwischen 1,0 und 3,0 ng/ml THC vor?"	1003
47.9	Einwand gegen Doppelbegutachtung durch MPU bei Alkoholabhängigkeit	1006
47.10	Rüge eines Verstoßes gegen den 1,6‰-Grenzwert	1012
47.11	PKH-Antrag bei Wiedererteilung der Fahrerlaubnis und „MPU unter 1,6‰"	1014
47.12	Einwand gegen Fahrerlaubnisentzug („Besitz einer geringen Menge Cannabis")	1019

§ 48 EU-Führerscheine

48.1 Feststellung der Inlandsgültigkeit einer EU-Fahrerlaubnis. 1025

§ 50 Fahrtenbuchauflage

50.1 Einspruch gegen unverhältnismäßige Fahrtenbuchauflage. 1036
50.2 Klage gegen die Anordnung eines Fahrtenbuches 1041

Literaturverzeichnis

Verkehrszivilrecht

Bachmeier, Regulierung von Auslandschäden, 2013

Balke/Reisert/Quarch, Regulierung von Verkehrsunfällen, 2012

Bauer, Die Kraftfahrtversicherung, 6. Auflage 2010

Baumbach/Lauterbach/Albers/Hartmann, Zivilprozessordnung, Kommentar, 74. Auflage 2016

Beckmann/Matusche-Beckmann, Versicherungsrechts-Handbuch, 3. Auflage 2015

Berz/Burmann, Handbuch des Straßenverkehrsrechts, Band 1: Zivilrecht; Band 2: Straf- und Ordnungswidrigkeitenrecht, Verwaltungsrecht, Gebührenrecht, Rechtsschutzversicherung, 34. Auflage 2015, Loseblattausgabe

v. Bühren, Das verkehrsrechtliche Mandat, Band 4: Versicherungsrecht, 3. Auflage 2016

ders. (Hrsg.), Handbuch Versicherungsrecht, 6. Auflage 2014

ders., Unfallregulierung, 8. Auflage 2016

Burmann/Heß/Hühnermann/Jahnke/Janker, Straßenverkehrsrecht, Kommentar, 24. Auflage 2016

Burmann/Heß/Stahl, Versicherungsrecht im Straßenverkehr, 2. Auflage 2010

Feyock/Jacobsen/Lemor, Kraftfahrtversicherung, Kommentar, 3. Auflage 2009

Gebhardt, Das verkehrsrechtliche Mandat, Band 1: Verteidigung in Verkehrsstraf- und -ordnungwidrigkeitenverfahren, 8. Auflage 2015

Geigel (Hrsg.), Der Haftpflichtprozess, 27. Auflage 2015

Grüneberg, Haftungsquoten bei Verkehrsunfällen, 14. Auflage 2015

Hacks/Wellner/Häcker, SchmerzensgeldBeträge 2016, 34. Auflage 2016

Halm/Engelbrecht/Krahe, Handbuch des Fachanwalts Versicherungsrecht, 5. Auflage 2015

Halm/Kreuter/Schwab, AKB, 2. Auflage 2015

Harbauer/Bauer, ARB, 8. Auflage 2010

Hentschel/König/Dauer, Straßenverkehrsrecht, Kommentar, 43. Auflage 2015

Hillmann/Schneider, Das verkehrsrechtliche Mandat, Band 2: Verkehrszivilrecht, 6. Auflage 2012

Himmelreich/Halm (Hrsg.), Handbuch des Fachanwalts Verkehrsrecht, 5. Auflage 2014

Hinsch-Timm, Das neue Versicherungsvertragsgesetz in der anwaltlichen Praxis, 2008

Jahnke, Unfalltod und Schadenersatz, 2. Auflage 2013

Küppersbusch/Höher, Ersatzansprüche bei Personenschaden, 12. Auflage 2016

Looschelders/Pohlmann, VVG, Kommentar, 2. Auflage 2011

Literaturverzeichnis

Ludovisy/Eggert/Burhoff, Praxis des Straßenverkehrsrechts, 6. Auflage 2015

Maier/Stadler, AKB 2008 und VVG-Reform, 2008

Marlow/Spuhl, Das neue VVG kompakt, 4. Auflage 2010

Meixner/Steinbeck, Allgemeines Versicherungsvertragsrecht, 2. Auflage 2011

Meschkat/Nauert, VVG-Quoten, 2008

Naumann/Brinkmann, Die private Unfallversicherung in der Beraterpraxis, 2. Auflage 2012

Neidhart, Unfall im Ausland, Band 1: Ost-Europa, 5. Auflage 2005

ders., Unfall im Ausland, Band 2: West-Europa, 5. Auflage 2006

Neidhart/Nissen, Bußgeld im Ausland, 3. Auflage 2011

NomosKommentar Bürgerliches Gesetzbuch (hrsg. von *Schulze* u.a.), 8. Auflage 2014 (zitiert als NK-BGB/*Bearbeiter*)

Nugel, Kürzungsquoten nach dem VVG, 2. Auflage 2012

Palandt, Bürgerliches Gesetzbuch, Kommentar, 75. Auflage 2016

Pardey, Berechnung von Personenschäden, 4. Auflage, 2010

ders., Der Haushaltsführungsschaden, 8. Auflage 2013

Prölss/Martin, Versicherungsvertragsgesetz, Kommentar, 29. Auflage 2015

Römer/Langheid, Versicherungsvertragsgesetz, Kommentar, 3. Auflage 2012

Schah Sedi/Schah Sedi, Das verkehrsrechtliche Mandat, Bd. 5: Personenschäden, 2. Auflage 2014

Schimikowski/Höra, Das neue VVG, 2008

Schwintowski/Brömmelmeyer, Praxiskommentar zum Versicherungsvertragsrecht, 2. Auflage 2010

Slizyk, Beck'sche Schmerzensgeldtabelle, 12. Auflage 2016

Thomas/Putzo, Zivilprozessordnung, Kommentar, 37. Auflage 2016

Veith/Gräfe/Halbach, Der Versicherungsprozess, 3. Auflage 2016

Wellner, BGH-Rechtsprechung zum Kfz-Sachschaden, 3. Auflage 2015

Zeisberger/Woyte/Schmidt/Mennicken, Der merkantile Minderwert in der Praxis, 14. Auflage 2012

Zöller, Zivilprozessordnung, Kommentar, 31. Auflage 2016

Verkehrsstraf- und Bußgeldrecht

Bohnert/Krenberger/Krumm, Ordnungswidrigkeitengesetz, 4. Auflage 2016

Buck/Krumbholz, Sachverständigenbeweis im Verkehrs- und Strafrecht, 2. Auflage 2013

Burmann/Heß/Hühnermann/Jahnke/Janker, Straßenverkehrsrecht, 24. Auflage 2016

Fischer, Strafgesetzbuch mit Nebengesetzen, 63. Auflage 2016

Freyschmidt/Krumm, Verteidigung in Straßenverkehrssachen, 10. Auflage 2013

Gebhardt, Das verkehrsrechtliche Mandat, Band 1: Verteidigung in Verkehrsstraf- und Ordnungswidrigkeitenverfahren, 8. Auflage 2015

Gerold/Schmidt, Rechtsanwaltsvergütungsgesetz, 22. Auflage 2015

Göhler, Ordnungswidrigkeitengesetz, 16. Auflage 2012

Hartung/Schons/Enders, Rechtsanwaltsvergütungsgesetz, 2. Auflage 2013

Hentschel/Krumm, Fahrerlaubnis – Alkohol – Drogen im Straf- und Ordnungswidrigkeitenrecht, 6. Auflage 2015

Himmelreich/Halm, Handbuch des Fachanwalts Verkehrsrecht, 5. Auflage 2014

Meyer-Goßner/Schmitt, Strafprozessordnung, 59. Auflage 2016

Münchener Kommentar zum Straßenverkehrsrecht (hrsg. von *Bender/König*), Band 1: Verkehrsstrafrecht, Verkehrsverwaltungsrecht, 2016 (zitiert als Müko-StVR/*Bearbeiter*)

NomosKommentar Gesamtes Verkehrsrecht (hrsg. von *Haus/Krumm/Quarch*), 2014 (zitiert als NK-GVR/*Bearbeiter*)

Roth, Verkehrsrecht, 4. Auflage 2016

Schneider/Wolf, AnwaltKommentar RVG, 7. Auflage 2014 (zitiert als AnwK-RVG/*Bearbeiter*)

Verkehrsverwaltungsrecht

Bouska/Laeverenz, Fahrerlaubnisrecht, 3. Aufl. 2004

Buschbell/Utzelmann/Quarch/Reisert/DeVol, Die Fahrerlaubnis in der anwaltlichen Beratung, 5. Aufl. 2015

Fischer/Keller/Ott/Quarch, EU-Recht in der Praxis, 2012

Haus/Zwerger, Das verkehrsrechtliche Mandat, Band 3: Verkehrsverwaltungsrecht einschließlich Verwaltungsprozess, 2. Aufl. 2012

Heiler/Jagow, Führerschein, 4. Auflage 1999

Hentschel/König/Dauer, Straßenverkehrsrecht, 43. Auflage 2015

Hettenbach/Kalus/Möller/Pießkalla/Uhle, Drogen und Straßenverkehr, 3. Auflage 2016

Karlsruher Kommentar zum Gesetz über Ordnungswidrigkeiten (hrsg. von *Senge*), 4. Auflage 2014 (zitiert als KK-OWiG/*Bearbeiter*)

Reisert, Das Fahreignungsregister in der anwaltlichen Praxis, 2. Auflage 2016

Schubert/Schneider/Eisenmenger/Stephan, Begutachtungs-Leitlinien zur Kraftfahrereignung, Kommentar, 2. Auflage 2005

Teil 1: Verkehrszivilrecht

§ 1 Mandatsvorbereitung, Informationsbeschaffung und Anmeldung von Ansprüchen

Torsten Bendig

A. Mandatsvorbereitung

I. Datenerfassung

Die Bearbeitung verkehrsunfallrechtlicher Mandate stellt anwaltliches „**Massengeschäft**" dar. Sie führt nur dann zu einem wirtschaftlichen Erfolg, wenn der zur Abwicklung des Mandats erforderliche Aufwand in einem vernünftigen Verhältnis zu den daraus erzielten Gebühreneinnahmen steht. Die Effizienz der Mandatsbearbeitung hängt davon ab, ob es dem Bearbeiter gelingt,

- den Kontakt zum Mandanten auf ein Minimum zu reduzieren,
- die Akten optimal zu organisieren,
- wiederkehrende Arbeitsabläufe zu standardisieren,
- als Gedankenstütze Checklisten zu erarbeiten und
- Routinearbeiten so weit wie möglich auf Mitarbeiterinnen und Mitarbeiter des Büros zu delegieren.

Die Bewertung anwaltlicher Dienstleistungen ist nicht nur vom Ausgang des Mandats, sondern auch wesentlich von der persönlichen Beziehung zum Mandanten abhängig. Mandantengespräche gehören deshalb unweigerlich zum täglichen Geschäft. Der dadurch verursachte zeitliche Aufwand sollte im eigenen Interesse und zur Förderung der Effizienz der Mandatsabwicklung auf ein Minimum reduziert werden. Hierzu sollte vor dem Beginn der Bearbeitung eines Mandats individuell geprüft werden,

- ob ein Mandantentermin tatsächlich erforderlich ist und, wenn ja,
- wann er stattfinden soll.

Entgegen weit verbreiteter Auffassung muss nicht jeder Bearbeitung eines Mandats in einer Verkehrsunfallangelegenheit ein **persönliches Gespräch** mit dem anwaltlichen Berater vorausgehen. Erfahrungen zeigen, dass mehr als die Hälfte aller verkehrsunfallrechtlichen Mandate mit dem Mandanten **telefonisch** abgewickelt werden können. Die Entwicklung zeigt ferner, dass es der Mandant häufig auch bevorzugt, die Angelegenheit via Telefon, Fax und E-Mail abzuwickeln und nicht extra einen Termin beim Anwalt vereinbaren möchte. Insbesondere da der Unfallgeschädigte mit Werkstatt, Sachverständigem, Mietwagen, eigener Versicherung etc. bereits zeitlich eingespannt ist.

Praktisch erfordert dies, dass im Rahmen eines Telefonats mit dem Mandanten sämtliche relevanten Informationen in Erfahrung gebracht werden. Eine unverzichtbare Hilfe hierfür stellen entsprechende Checklisten dar.

§ 1 **Mandatsvorbereitung, Informationsbeschaffung und Anmeldung von Ansprüchen**

4   Eine telefonische Mandatsaufnahme scheidet aus, wenn
- der Mandant ausdrücklich ein persönliches Gespräch wünscht;
- der Unfallhergang am Telefon nicht geschildert werden kann und/oder zwischen den Unfallparteien streitig ist;
- mit dem Mandanten vorliegende Unterlagen wie z.B. Gutachten in seinem Beisein besprochen werden müssen, um über die weitere Schadensabwicklung entscheiden zu können.

5   Ist eine persönliche Besprechung erforderlich, muss zwingend ein möglichst kurzfristiger Termin vereinbart werden. Die verspätete Beauftragung eines Rechtsanwalts begründet u.U. eine Verletzung der Schadensminderungspflicht. Sie könnte konkreten Einfluss nehmen auf
- die Dauer der Anmietung eines Mietfahrzeugs,
- die Dauer der geltend gemachten Nutzungsausfallentschädigung,
- ein Standgeld sowie
- den Finanzierungsschaden.

6   In der Praxis der Verkehrsunfallbearbeitung beschränken sich die Kontakte zum Mandanten bei optimaler Handhabung des Mandats auf **ein Mandatsaufnahmegespräch** sowie maximal **ein bis zwei mündliche oder schriftliche Kontakte** während der Schadensabwicklung. Umso wichtiger ist es, bereits im Rahmen des ersten Gesprächs alle für die Mandatsbearbeitung erforderlichen Informationen vom Mandanten zu erfragen. Darüber hinaus müssen möglichst frühzeitig sämtliche notwendigen schriftlichen Unterlagen und Erklärungen des Mandanten verfügbar sein. Die Abwicklung des Mandats verzögert sich unnötigerweise, wenn z.B. eine Vollmacht oder eine Schweigepflichtentbindungserklärung nachträglich vom Mandanten angefordert werden muss.

7   Um sichergehen zu können, dass tatsächlich sämtliche Informationen, Unterlagen und Erklärungen vorliegen, sollte jeder Bearbeiter verkehrsrechtlicher Mandate über **Checklisten** verfügen. Die nachfolgende Checkliste gibt einen Überblick über alle Daten, die für die Bearbeitung eines verkehrsrechtlichen Mandates von Nöten sein können.

1. Checkliste: Mandatsaufnahmebogen

a) **Daten des Mandanten**

aa) **Persönliche Daten**

8
- Adresse
  - ☐ Name, Vorname
  - ☐ Straße, Hausnummer
  - ☐ Postleitzahl, Wohnort
- Telefon/Internet
  - ☐ Privat
  - ☐ Dienstlich
  - ☐ Mobiltelefon
- Bankverbindung
  - ☐ Geldinstitut
  - ☐ BIC-Nr.
  - ☐ Kontonummer/IBAN-Nr.
- Vorsteuerabzug
  - ☐ Ja
  - ☐ Nein
  - ☐ Umfang des Vorsteuerabzugs

A. Mandatsvorbereitung § 1

- ☐ Telefax
- ☐ E-Mail-Adresse
- ☐ 50 %
- ☐ 100 %

bb) Fahrzeugdaten
- ■ Eigentümer des Fahrzeugs (sofern abweichend vom Mandanten)
- ☐ Name, Vorname
- ☐ Straße, Hausnummer
- ☐ Postleitzahl, Wohnort
- ☐ Leasinggeber
- ☐ Sicherungseigentümer
- ■ Fahrer des Fahrzeugs (sofern abweichend vom Mandanten)
- ☐ Name, Vorname
- ☐ Straße, Hausnummer

- ☐ Postleitzahl, Wohnort
- ☐ Telefonnummer bzw. E-Mail-Adresse
- ■ Fahrzeug
- ☐ Hersteller
- ☐ Typ
- ☐ Baujahr
- ☐ Vorschäden
- ■ Amtliches Kennzeichen

9

cc) Versicherungsdaten
- ■ Kfz-Haftpflichtversicherer
- ☐ Unternehmen
- ☐ Versicherungsschein-Nr.
- ■ Fahrzeugversicherer
- ☐ Unternehmen
- ☐ Vollkasko
  - – Ja
  - – Nein
  - – Selbstbehalt
- ☐ Teilkasko
  - – Ja
  - – Nein
  - – Selbstbehalt
- ■ Privater Unfallversicherer
- ☐ Unternehmen
- ☐ Versicherungsschein-Nr.

- ■ Rechtsschutzversicherer
- ☐ Unternehmen
- ☐ Versicherungsschein-Nr.
- ■ Krankenversicherer
- ☐ Unternehmen
- ☐ gesetzlich
- ☐ privat
- ☐ Beihilfe
- ■ Gesetzlicher Unfallversicherer (Berufsgenossenschaft)
- ☐ Unternehmen/Körperschaft
- ☐ Mitgliedsnummer
- ☐ Wegeunfall
  - – Ja
  - – Nein

10

b) Daten des/der Anspruchsgegner

aa) Fahrer des gegnerischen Unfallfahrzeugs
- ■ Adresse
- ☐ Name, Vorname
- ☐ Straße, Hausnummer

- ☐ Postleitzahl, Wohnort
- ☐ Telefon
- ☐ Telefax

11

§ 1 Mandatsvorbereitung, Informationsbeschaffung und Anmeldung von Ansprüchen

bb) Halter des gegnerischen Unfallfahrzeugs

12
- ■ Adresse
- ☐ Name, Vorname
- ☐ Straße, Hausnummer
- ☐ Postleitzahl, Wohnort
- ☐ Telefon
- ☐ Telefax

cc) Haftpflichtversicherer des gegnerischen Unfallfahrzeugs

13
- ■ Unternehmen
- ☐ Name
- ☐ Zuständige Direktion
- ☐ Zuständiger Sachbearbeiter
- ☐ Straße, Hausnummer
- ☐ Postleitzahl, Wohnort
- ☐ Telefon
- ☐ Telefax
- ☐ E-Mail
- ■ Vertrag
- ☐ Versicherungsschein-Nr.
- ☐ Doppelkartennummer
- ☐ Schadensnummer

c) Unfalldaten

14
- ■ Unfallort
- ☐ Ort, ggf. auch Staat
- ☐ Straße
- ■ Polizei
- ☐ Polizeidienststelle
- ☐ Zuständiger Sachbearbeiter
- ☐ Postleitzahl, Wohnort
- ☐ Straße, Hausnummer
- ☐ Telefon
- ☐ Telefax
- ☐ Tagebuch-/Einsatzblattnummer/Az.
- ■ Unfallzeugen
- ☐ Name, Vorname
- ☐ Straße, Hausnummer
- ☐ Postleitzahl, Wohnort
- ☐ Telefon bzw. E-Mail-Adresse

d) Daten über Sachschäden

15
- ■ Fahrzeugschaden
- ☐ Reparaturschaden
  - – konkret
  - – fiktiv
- ☐ Totalschaden
  - – technisch
  - – wirtschaftlich
  - – 130 %-Regelung
  - – konkret
  - – fiktiv
- ☐ Neuwagenabrechnung
- ☐ Ersatzwagenbeschaffung
- ■ Wertminderung
- ☐ technisch
- ☐ merkantil
- ■ Bezifferung des Fahrzeugschadens
- ☐ Reparaturkostenrechnung
- ☐ Sachverständigengutachten
- ☐ Kostenvoranschlag
- ■ Ausfallschaden
- ☐ Mietwagenkosten
- ☐ Nutzungsausfall
  - – konkret
  - – pauschaliert
- ☐ täglicher Fahrbedarf
- ☐ Vorhaltekosten
- ■ Sonstige gängige Schadenspositionen
- ☐ Abschleppkosten
- ☐ Standgeld
- ☐ Entsorgungskosten
- ☐ Umbaukosten
- ☐ An- und Abmeldekosten
- ☐ Schilderkosten
- ☐ Finanzierungskosten
- ☐ Auslagenpauschale

A. Mandatsvorbereitung §1

e) Daten über Personenschäden

- Wegeunfall? Ggf. Berufsgenossenschaft?
- Ärztliche Erstbehandlung
- ☐ Name, Vorname des Arztes/Klinik
- ☐ Straße, Hausnummer
- ☐ Postleitzahl, Wohnort
- ☐ Ärztliche Weiterbehandlung
- ☐ Name, Vorname des Arztes/Klinik
- ☐ Straße, Hausnummer
- ☐ Postleitzahl, Wohnort
- Geburtsdatum des Mandanten
- Schmerzensgeld
- ☐ Arztbericht vorhanden

- ☐ Arztbericht anfordern   16
- Behandlungskosten
- Vermehrte Bedürfnisse
- Verdienstausfall
- Haushaltshilfeschaden
- Bei privater Unfallversicherung
- ☐ Dauerschaden
- – Ja
- – Nein
- ☐ Ablauf der Jahresfrist (Invaliditätseintritt)
- ☐ Ablauf der 15-Monatsfrist (Anmeldung + Feststellung Invalidität)
- ☐ Ablauf einer kürzeren Frist für Krankenhaustagegeld

f) Erklärungen des Mandanten

- Zivilprozessvollmacht
- Strafprozessvollmacht
- Schweigepflichtentbindungserklärung   17
- Abtretungserklärung(en)

2. Mandantenfragebogen

Um einen ersten Überblick über das Unfallgeschehen zu erhalten, kann es sich – je nach der Art und Weise der Sachbearbeitung und Kontaktaufnahme – anbieten, die notwendigen „Basisdaten" über einen Fragebogen zu erfahren, welcher von dem Mandanten vor einer Besprechung bzw. bei der ersten Kontaktaufnahme ausgefüllt wird. Der Fragebogen kann beispielsweise von dem Mandanten aus dem Internet als Dateianhang heruntergeladen bzw. diesem per Post vor der Besprechung des Falles zugestellt werden. Nach „Anleitung" dieses Fragebogens kann der Mandant in Ruhe die angeforderten Informationen eintragen und erhält zugleich einen Hinweis, welche Unterlagen er ggf. für Mandantenbesprechungen mitbringen sollte. Im Übrigen kann dieser Fragebogen auch gemeinsam bzw. nach Angaben des Mandanten bei der Besprechung ausgefüllt werden.   18

Inhaltlich sollten über den Fragebogen die wesentlichen Daten zu dem Mandanten, dem Unfallgeschehen und Unfallgegner sowie den entstandenen Schäden erfasst werden, auf denen die weitere Bearbeitung des Falles beruht. Die dort erfolgten Abfragen beziehen sich vor allem auf konkrete Namen und Adressen der Beteiligten und dienen der Feststellung des Sachverhaltes. Sie können von dem Mandanten auch aus eigener Kraft ohne juristischen Sachverstand beantwortet und es kann dem Anwalt dadurch ein erheblicher Arbeitsanteil abgenommen werden. Insbesondere zu den konkret durch den Unfall verur-   19

§ 1 Mandatsvorbereitung, Informationsbeschaffung und Anmeldung von Ansprüchen

sachten Schäden werden weitere Nachfragen nötig sein, die sich jeweils nach den konkreten Umständen des Einzelfalles richten. Hier ist dann die persönliche Einschätzung des Anwaltes gefragt, der zu Erfassung der weiteren notwendigen Daten die oben angeführte „Checkliste" zumindest im Hinterkopf behalten sollte.

20 Diese ersten Fragen an den Mandanten im Fragebogen sind nicht dafür gedacht, in dieser Form an eine gegnerische Haftpflichtversicherung als sog. „Fragebogen für Anspruchssteller" weitergeleitet zu werden. Eine derartige Anspruchsanmeldung setzt vielmehr eine konkrete Aufarbeitung und Präsentation der vorher gewonnenen Erkenntnisse voraus, die von dem Anwalt bzw. von dem von ihm eingesetzten Personal selber getätigt werden muss. Aufgrund der gewonnenen Daten ist gesonderte Selektion von Nöten, welche dieser Angaben in welcher Form weitergeleitet werden.

▼

21 Muster 1.1: Fragebogen zum Unfallgeschehen
Bitte füllen Sie diesen Fragebogen aus und senden/übergeben uns diesen, um uns einen ersten Überblick zu dem Sachverhalt zu geben und die zügige Bearbeitung Ihres Verkehrsunfalls zu gewährleisten. Die von Ihnen angegebenen Daten werden zum Zwecke der Bearbeitung dieses Mandates gespeichert.

I) Persönliche Angaben:

1. Angaben zur Person

Name: Beruf:
Vorname: Telefon:
Geburtsdatum: Mobil:
Adresse: E-Mail:
Bankverbindung:

Vorsteuerabzugsberechtigung? ☐ Ja ☐ Nein

2. Angaben zu eigenen bestehenden Versicherungen

Kfz-Haftpflichtversicherung:
Firmenadresse:
Versicherungsnummer:
Vollkasko ☐ bzw. Teilkasko ☐   Rechtsschutz:
Versicherung: Versicherungs-Nr.:
Versicherungs-Nr.:   Adresse:
Versicherungsnehmer: Versicherungsnehmer:
Adresse:
Selbstbehalt: EUR

II) Angaben zum Unfallgeschehen

Unfalltag: Unfallzeit:
Unfallort:
Eigenes Kraftfahrzeug: Gegnerisches Kraftfahrzeug:
Kennzeichen: Kennzeichen:

A. Mandatsvorbereitung §1

Fahrzeugtyp:	Fahrzeugtyp:
Eigentümer:	Halter:
Adresse:	Adresse:
Fahrer:	Fahrer:
Adresse:	Adresse:

Ggf. Besonderheiten (z.B. Eigentümer nicht identisch mit dem Halter, Leasingfahrzeug etc.):

Gegnerische Kraftfahrzeughaftpflichtversicherung:

Firma:

Adresse:

Versicherungs-Nr.:

Schadennummer:

Oder: Daten aus beigefügten Schreiben ersichtlich: ☐ Ja

Ggf. weitere Unfallbeteiligte (Name, Adresse, Fahrzeug + Kennzeichen, Versicherung etc):

Zeugen:

1. Zeuge	2. Zeuge
Name:	Name:
Anschrift:	Anschrift:
Telefon:	Telefon:

Ggf.: Weitere Zeugen gem. Beiblatt? ☐ Ja

Unfallgeschehen:

Bitte schildern Sie den Unfallhergang so genau wie möglich:

Unfallskizze

Bitte fertigen Sie zur Veranschaulichung eine Unfallskizze auf einem gesonderten Blatt an.

Polizeiliche Unfallaufnahme

Polizeidienststelle:	Aktenzeichen:
Adresse:	

III) Angaben bei Fahrzeugschäden

Fahrzeug repariert? ☐ Ja ☐ Nein   Vorsteuerabzugsberechtigung? ☐ Ja ☐ Nein

Wenn ja: Mietwagen genommen?   Zeitraum:
            ☐ Ja ☐ Nein   ___ Tage

Täglicher Fahrbedarf über 25 km hinaus? ☐ Ja ☐ Nein

Gutachter bereits beauftragt/Gutachten erfolgt? ☐ Ja ☐ Nein

Wenn ja: Gutachter bereits bezahlt? ☐ Ja ☐ Nein

Sicherheitsabtretung erfolgt? ☐ Ja ☐ Nein

§ 1 Mandatsvorbereitung, Informationsbeschaffung und Anmeldung von Ansprüchen

IV) Angaben bei Personenschäden

Name der verletzten Person:
Ggf. persönliche Daten (Anschrift, Telefon, etc.):
Beruf und Einkommen:
Ärztliche Erstbehandlung: ggf.: Daten aus Bericht ersichtlich ☐
Klinik/Arzt:
Adresse:
Verletzungen:
Ärztliche Folgebehandlung (insb. „Hausarzt"):   ggf.: Daten aus Bericht ersichtlich ☐
Klinik/Arzt:
Adresse:
Verletzungen:
Weiter verbleibende Beschwerden:
Arbeitsunfähigkeit über ___ Wochen; ärztlich attestiert ☐ Ja ☐ Nein
Besteht eine Krankenversicherung? ☐ Ja (gesetzlich) ☐ Ja (Privat) ☐ Nein
Ereignete sich der Unfall auf dem Weg zur Arbeit? ☐ Ja ☐ Nein
Wenn ja: Name und Adresse der Berufsgenossenschaft:

V) Weitere Unterlagen als Anhang

Bitte fügen Sie auch die als Anhang angeführten Unterlagen bei, sofern diese bei Ihnen vorhanden sind, und markieren dies jeweils mit einem Kreuz:

☐	Unfallskizze	☐	Bilder vom Unfallort
☐	Gutachten/Reparaturrechnung/KostenVA	☐	Arztbericht/ärztliches Attest
☐	Unterlagen der eigenen Versicherung	☐	Schweigepflichtentbindungserklärung
☐	Schreiben Polizeidienststelle/Visitenkarte	☐	Rechnungen ärztliche Heilkosten
☐	Schreiben gegnerische Haftpflichtversicherung	☐	Weitere Unterlagen

Datum: Unterschrift:

▲

22 Dieser Fragebogen ist lediglich eine Möglichkeit, frühzeitig von dem Mandanten die notwendigen ersten Angaben zur Bearbeitung des Falles zu erhalten. Neben den für jedes Mandat nötigen Informationen zu der Person des Mandanten erfährt der Anwalt von bestehenden Versicherungen und kann auf einen Blick erfassen, welche Daten zu dem Unfallgegner und dessen Haftpflichtversicherung dem Mandanten bereits vorliegen. Auch erhält er einen ersten Einblick zu dem Unfallgeschehen sowie ggf. eine Unfallskizze, die insbesondere in den Fällen, in denen keine polizeiliche Unfallaufnahme erfolgt ist, im erheblichen Maße zur Veranschaulichung des Sachverhaltes beitragen kann. Auf der Grundlage dieser ersten Informationen kann die weitere Besprechung mit dem

Mandanten vorbereitet werden. Auch lassen sich die geltend zu machenden Schadenspositionen grob erfassen.

Eine weitere Bearbeitungsmethode des verkehrsrechtlichen Mandats besteht darin, bereits frühzeitig sog. „Fragebögen für Anspruchssteller" einzusetzen. Diese werden von verschiedenen Anbietern als Vordrucke zur Verfügung gestellt und können nicht zur Informationsbeschaffung, sondern in Verbindung mit einem allgemein gehaltenen Begleitschreiben als Grundlage für eine Anspruchsanmeldung verwendet werden. Auf diesem Wege wird das verkehrsrechtliche Mandat in seiner ersten Phase mit einem minimalen Arbeitsaufwand geführt.

Der Nachteil dieser Arbeitsweise liegt allerdings darin, dass zum einen in diesen allgemein gehaltenen Formularen für den konkreten Fall letztendlich nicht benötigte oder gar für den Anspruchssteller u.U. schädliche Informationen an die Gegenseite gelangen können. Zum anderen kann dieses Vorgehen sowohl beim Mandanten und beim Gegner den Eindruck erwecken, hier würde „nur" mit halber Kraft und Sorgfalt ein „Standardfall" routiniert abgewickelt. Spätestens bei Verkehrsunfällen, in denen der Sachverhalt umstritten ist und schwierige rechtliche Fragen zur Haftung dem Grunde und der Höhe nach (unter Umständen unter Einschluss einer Vielzahl an Beteiligten) auftauchen, ist eine individueller ausgeprägte Bearbeitung bereits von Anfang an förderlich und geboten.

Es empfiehlt sich in der Situation, den Mandanten zu bitten, das Unfallgeschehen schriftlich im Ablauf so detailliert zu schildern, dass sich ein Dritter ein „gedankliches Bild" von dem Unfallgeschehen machen kann. Dabei soll der Mandant insbesondere auf geschätzte Abstände, Geschwindigkeiten, Kollisionsorte, Fahrzeugstellungen und örtliche Gegebenheiten eingehen. Der Sachverhalt kann dann „gefiltert" durch den Anwalt in einem Aktenvermerk in die Akte aufgenommen werden.

Die Vorteile eines solchen Vorgehens sind:
- Wiedergabe in den Worten des Mandanten, aber komprimiert und auf das Wesentliche beschränkt durch den RA,
- Absicherung des RA bei der Angabe des Sachverhalts gegenüber dem Mandanten und bei späteren Ungereimtheiten,
- Möglichkeit, den Vermerk ggf. auch zur Freigabe dem Mandanten zuzusenden.

Auf welche Art und Weise die Erfassung der erforderlichen Daten erfolgt und welche Frageformulare ggf. eingesetzt werden, ist letztlich Geschmackssache. Wichtig ist, dass überhaupt **Checklisten** verwendet werden. Dadurch wird die Bearbeitung und Abwicklung von Unfallsachen für beide Seiten vereinfacht.

II. Aktenaufbau

Bei der Beantwortung der Frage, wie Verkehrsunfallakten aufgebaut sein sollten, gibt es kein „richtig" und kein „falsch". Maßgeblich ist allein, dass die Akte durch ihren

1. Trennung der Akten nach Rechtsgebieten

27 Verkehrsunfallrechtliche Mandate können **unterschiedliche Rechtsgebiete** berühren, nämlich
- das Verkehrszivilrecht,
- das Verkehrsordnungswidrigkeiten- und Strafrecht sowie
- das Verkehrsverwaltungsrecht (Entziehung der Fahrerlaubnis, Fahrverbot).
- ggf. eine gesonderte umfangreiche Korrespondenz mit dem Rechtsschutzversicherer als eigener Vorgang.

28 In der Praxis werden vom Rechtsanwalt regelmäßig die zivilrechtliche und die ordnungswidrigkeitenrechtliche Unfallbearbeitung gleichzeitig behandelt. Es versteht sich von selbst, dass die anwaltliche Interessenvertretung jedes Rechtsgebietes ein selbstständiges Mandat darstellt. Aus diesem Grund sollte für jedes Mandat auch eine separate Akte angelegt werden. Die **getrennte Aktenlage** bietet sich schon deshalb an, weil
- für jedes Mandat eine separate Prozessvollmacht erforderlich ist,
- für jedes Mandat verschiedene Wiedervorlage- und Verjährungsfristen notiert werden müssen,
- jedes Mandat getrennt abzurechnen ist und
- ggf. für jedes Mandat eine separate Deckungszusage beim Rechtsschutzversicherer einzuholen ist.

29 Neben der durch die getrennte Aktenanlage gewonnenen Übersichtlichkeit ist andererseits zu beachten, dass allen Akten **derselbe Lebenssachverhalt** zugrunde liegt. Erkenntnisse aus der zivilrechtlichen Unfallbearbeitung sind deshalb auch für das Bußgeldverfahren u.U. von erheblicher Bedeutung. Die getrennten Akten sollten deshalb stets **gemeinsam wiedervorgelegt** werden. Ebenso bietet es sich an, die gegenständlich getrennten Akten innerhalb eines Aktendeckels aufzubewahren. Hierzu kann der – zumeist weniger Seiten umfassende – Bußgeldvorgang separat geheftet in die Aktenlasche gelegt oder per Aktenfaszikel eingeheftet werden.

2. Anlagenverwaltung

30 Zu den Anlagen in einer Unfallschadenakte gehören sämtliche **Schadensbelege**, also
- Sachverständigengutachten,
- Kostenvoranschlag,
- Rechnungen usw.
- sowie Auszüge aus polizeilichen Ermittlungsakten.

31 Zur besseren Übersichtlichkeit empfiehlt es sich, die Anlagen nicht zwischen die laufende Korrespondenz in der Schadensakte zu heften, sondern **gesondert** zu verwalten.

Hierfür bietet sich u.a. eine Aktenlasche oder eine gesonderte Heftung an. In größeren Schadenssachen sollte ein separater Anlagenordner angelegt werden.

III. Annahme des Mandats/Parteiverrat gemäß § 356 StGB

Bereits bei der Annahme des Mandats muss zwingend geprüft werden, ob sich der Anwalt der Gefahr eines **Parteiverrats gem. § 356 StGB** aussetzt. Diese Frage besitzt gerade bei der Bearbeitung von Verkehrsunfallmandaten besondere Bedeutung. Ein Parteiverrat wird u.a. durch die Annahme eines **Doppelmandats** begründet. Das ist beispielsweise dann der Fall, wenn innerhalb desselben Anwaltsbüros die gegnerischen Parteien eines Verkehrsunfalls von unterschiedlichen Anwälten vertreten werden.

Eine weitaus weniger bekannte Gefahr eines Parteiverrats steckt in der **Vertretung mehrerer Insassen eines Unfallfahrzeugs**. In dieser Konstellation wird regelmäßig übersehen, dass die Insassen nicht nur Ansprüche gegen den Unfallgegner, sondern u.U. auch gegenüber dem Fahrer und dem Halter des eigenen Fahrzeugs, bei Personenschäden auch gegenüber dessen Kraftfahrzeughaftpflichtversicherung besitzen. Um welche Ansprüche es sich dabei im Einzelnen handelt, wird in den Passagen zu der Haftung nach den §§ 7, 18 StVG noch gesondert behandelt. Werden beispielsweise zwei Eheleute vertreten, von denen einer Fahrer und der andere Beifahrer eines Unfallfahrzeugs waren, müsste u.U. der Beifahrer darüber beraten werden, dass er auch gegenüber dem Fahrer, verschuldensunabhängig gegenüber dem Halter und bei Personenschäden auch gegenüber der Haftpflichtversicherung Ansprüche auf Schadensersatz besitzt.

Die Annahme eines solchen Mandats birgt erhebliche Risiken für den Anwalt. So hat beispielhaft das LG Saarbrücken[1] hier einen Verstoß gegen § 43a Abs. 4 BRAO gesehen. Es versteht sich von selbst, dass eine solche Beratung gegenüber dem anderen Mandanten einen Parteiverrat darstellt. Ein Geschädigter einerseits und ein unfallverursachender Fahrer bzw. ein nach § 7 Abs. 1 StVG haftender Halter andererseits haben insoweit grundsätzlich unterschiedliche Interessen. Verfolgt ein Rechtsanwalt beide verschieden gelagerten Interessen, dient er in derselben Rechtssache pflichtwidrig mehreren Parteien.[2] Gleichfalls würde es eine Falschberatung begründen, den Beifahrer über seine Rechte zum Schadensersatz gegen Fahrer und Halter des „eigenen Fahrzeuges" nicht aufzuklären. Diese Gefahr besteht nach der durch das 2. Gesetz zur Reform des Schadensersatzrechts begründeten Erweiterung der Halterhaftung umso mehr, da der Halter eines Kfz nach § 7 Abs. 1 StVG und entsprechend der Fahrer nach §§ 18 Abs. 1, 7 Abs. 1 StVG nunmehr (unabhängig von einer entgeltlichen Personenbeförderung) gegenüber allen Insassen seines Fahrzeugs haften.

> *Hinweis*
> Bei derartigen Konstellationen gibt es zwei Lösungswege: Entweder muss von Beginn an klargestellt werden, dass der Anwalt grundsätzlich nur einen Insassen eines

---
1 LG Saarbrücken Urt. V.16.1.2015 – 13 S 124/14 – juris.
2 BayObLG NJW 1995, 606 ff.

Fahrzeugs vertreten kann. Oder es wird eine Vollmacht erteilt, wonach der Anwalt lediglich zur Verfolgung der Ersatzansprüche des Beifahrers gegenüber Anspruchsgegnern ermächtigt wird, die weder Halter noch Fahrer des benutzten Fahrzeug oder dessen Haftpflichtversicherung darstellen. Diese zweite „Lösung" wird von einigen Rechtsanwaltskammern bestätigt, in einigen Bundesländern insbesondere von Seiten der Staatsanwaltschaft aber auch kritisch bewertet. Ferner ist zu beachten, dass die Sache dem Rechtsanwalt auch dann anvertraut i.S.d. § 356 StGB bleibt, wenn das Mandant beendet ist („Was dem Rechtsanwalt einmal anvertraut wurde, bleibt dies auch für die Zukunft"). Demzufolge ist ein Parteiverrat längst nicht auf die zeitgleiche Vertretung zweier Parteien mit gegensätzlichen Interessen beschränkt.

Bei der Übernahme solcher Mandate ist daher große Sensibilität des Anwalts gefragt. Entscheidet sich der Anwalt für die Übernahme eines solchen Mandats, ist es dringend erforderlich, die geschädigten Insassen umfassend über ihre Ansprüche, auch gegenüber dem „eigenen" Fahrzeug zu belehren.[3] Diese Belehrung sollte ebenso umfassend dokumentiert werden wie der ausdrückliche Wunsch der beiden Geschädigten in Kenntnis der Aufklärung, gleichwohl von dem Anwalt vertreten zu werden und ggf. die eigenen Ansprüche nur gegen das „fremde" Fahrzeug zu richten.

B. Informationsbeschaffung

35 Regelmäßig sind bei der Erteilung des Mandats nicht alle für die Unfallbearbeitung erforderlichen Informationen verfügbar. Im Interesse einer effektiven Mandatsbearbeitung müssen die fehlenden Informationen möglichst kurzfristig beschafft werden. Auf welchem Wege dies geschehen kann und was bei der Informationsbeschaffung zu beachten ist, wird nachfolgend dargestellt.

Während die mandantenbezogenen Informationen ohne weiteres über Nachfrage beim Mandanten beschafft werden können, treten bei der **Beschaffung von Fremddaten** regelmäßig Probleme auf.

36 *Hinweis*

Die Ermittlung der erforderlichen Daten ist in erster Linie darauf gerichtet, den Kfz-Haftpflichtversicherer des gegnerischen Unfallfahrzeugs zu ermitteln. Hintergrund dieser Grundregel ist der aus § 115 Abs. 1 Nr. 1 VVG resultierende Direktanspruch des Geschädigten gegen den Kfz-Haftpflichtversicherer des den Unfall verursachenden Fahrzeuges. Die weiteren Daten über den Fahrer und Halter des gegnerischen Unfallfahrzeugs werden bei der (rein) außergerichtlichen Abwicklung des Mandats i.d.R. nicht benötigt.

37 Steht der gegnerische Kfz-Haftpflichtversicherer fest, sollte deshalb keine Zeit mit der Ermittlung weiterer Daten über den Fahrer und Halter verschwendet werden. Anders liegt es jedoch, wenn sich während der vorgerichtlichen Korrespondenz herausstellt,

---

3 Vgl. BGH Urt. v. 19.9.2013 – IX ZR 322/12 = NJW 2013, 3725.

dass nicht alle geltend gemachten Ansprüche erfüllt werden und somit eine gerichtliche Geltendmachung der Ansprüche gegenüber der gegnerischen Kraftfahrzeughaftpflichtversicherung unausweichlich wird. In diesem Fall wird es vielfach geboten sein, den ansonsten als Zeugen zugunsten des gegnerischen Versicherers aussagenden Fahrer mitzuverklagen. Dann bietet es sich an, die Person des Fahrers bereits während der außergerichtlichen Betreuung des Mandates umgehend zu ermitteln.

I. Ermittlung des gegnerischen Fahrers

Name und Anschrift des gegnerischen Unfallfahrers lassen sich regelmäßig über die den Unfall aufnehmende **Polizeidienststelle** in Erfahrung bringen. Fand keine polizeiliche Unfallaufnahme statt, lässt sich die Person des Fahrers allenfalls über weitere **Unfallzeugen** ermitteln. Dieser Weg ist jedoch äußerst beschwerlich und sollte nur in den Fällen gegangen werden, in denen die Person des Fahrers für die weitere Schadensabwicklung benötigt wird.

Dringend erforderlich sind die Fahrerdaten mithin erst wieder im Klageverfahren. Dort bietet es sich an, den Fahrer dadurch als Zeugen „auszuschalten", dass er mitverklagt wird. Insoweit wird es aber im Einzelfall sorgfältig abzuwägen sein, ob ein solcher „Vorteil" ggf. einen hohen Ermittlungsaufwand rechtfertigt. Letztendlich wird der betroffene Fahrer aller Voraussicht nach als Partei vom Gericht aus angehört werden und der Gehalt seiner Aussage ist bei zutreffender Würdigung seines persönlichen Interesses und seiner Beteiligung ungeachtet der formellen Einkleidung seiner Person im Prozess derselbe wie bei einer Zeugenaussage.

Eine Alternative zu einem umfangreichen eigenen Ermittlungsaufwand besteht mithin darin, es dem gegnerischen Kraftfahrzeughaftpflichtversicherer zu überlassen, die Daten „ihres Zeugen" zu ermitteln und diesen im Prozess zu präsentieren. In diesem Fall kann der nunmehr bekannte Fahrer im Laufe des Prozesses mitverklagt werden. Bei einem solchen Vorgehen ist allerdings darauf zu achten, dass die örtliche Zuständigkeit des Gerichtes hierbei vorsorglich über den Unfallort (§ 32 ZPO, § 20 StVG) begründet werden sollte, um frei von einer Gerichtsstandvereinbarung den Fahrer als Beklagten in den Prozess mit einbeziehen zu können.

II. Ermittlung des gegnerischen Halters

Name und Anschrift des Halters des gegnerischen Unfallfahrzeugs können ebenso wie Fahrerdaten über die aufnehmende **Polizeidienststelle** erfragt werden. Ist der Halter auch dort nicht bekannt oder wurde der Unfall nicht polizeilich aufgenommen, lässt sich der Halter über eine sog. **Halteranfrage** bei der zuständigen Straßenverkehrsbehörde in Erfahrung bringen.

§ 1 Mandatsvorbereitung, Informationsbeschaffung und Anmeldung von Ansprüchen

▼

Muster 1.2: Halteranfrage

40 Straßenverkehrsamt

– Zulassungsstelle –

Halteranfrage

Pkw , amtl. Kennzeichen

Sehr geehrte Damen und Herren,

ich vertrete die rechtlichen Interessen von aus . Eine Kopie der auf mich lautenden Vollmacht füge ich in der Anlage bei.

Am wurde der im Eigentum meines Mandanten stehende Pkw von dem Pkw mit dem amtlichen Kennzeichen bei einem Verkehrsunfall durch das fremde Fahrzeug beschädigt. Zur Wahrung der zivil- und strafrechtlichen Ansprüche meines Mandanten bitte ich um Benennung des Halters und – soweit bekannt – des Kfz-Haftpflichtversicherers des vorbezeichneten Fahrzeugs.

Mit freundlichen Grüßen

(Rechtsanwalt)

▲

41 Die Halteranfrage setzt voraus, dass
- das Kfz-Kennzeichen des betreffenden Fahrzeugs bekannt ist und
- der Straßenverkehrsbehörde ein rechtliches Interesse an der Auskunft nachgewiesen wird.

Sofern die Halteranfrage für die Verkehrsunfallbearbeitung erforderlich ist, bestehen am rechtlichen Interesse grundsätzlich keine Zweifel.

Ebenso wie die Ermittlung des Fahrers ist die Ermittlung des Halters nicht zwingend erforderlich. Wie bereits ausgeführt, ist es Ziel des Bearbeiters verkehrsunfallrechtlicher Mandate, den Kfz-Haftpflichtversicherer des gegnerischen Unfallfahrzeugs in Erfahrung zu bringen. Ist der Versicherer bekannt, kann auf die Ermittlung des Halters in der Regel verzichtet werden. Ist der Versicherer hingegen nicht bekannt, sind zu dessen Ermittlung die Daten des Halters zwingend erforderlich. Die für die Halteranfrage zuständige Straßenverkehrsbehörde wird über das Kfz-Kennzeichen ermittelt. Auch wenn die Zulassungsstellen in der Regel bekannt sind, kann die Suche nach ihnen in Einzelfällen durchaus detektivische Kleinarbeit erfordern.

III. Ermittlung des gegnerischen Kfz-Haftpflichtversicherers

42 Die für die tägliche Verkehrsunfallbearbeitung zentrale und annähernd unverzichtbare Information ist die über den Kfz-Haftpflichtversicherer des gegnerischen Unfallfahrzeugs. Wie bereits dargelegt sollte die gesamte Schadensabwicklung grundsätzlich über den Kfz-Haftpflichtversicherer erfolgen.

43 Der gegnerische Kfz-Haftpflichtversicherer lässt sich auf einfachem Wege über den sog. **Zentralruf der Autoversicherer**[4] ermitteln. Nach § 8 des Pflichtversicherungsgesetzes (PflVG) ist der Zentralruf der Autoversicherer die staatliche Auskunftsstelle zur Geltendmachung von Schadensersatzansprüchen in Deutschland und dem europäischen Ausland sowie Norwegen, Island, Liechtenstein und der Schweiz. Seit dem 1.1.2007 hilft der Zentralruf auch bei Unfällen mit ausländischen Verkehrsteilnehmern in Deutschland.

44 Hierbei bestehen drei Wege der Kontaktaufnahme:
- Der Zentralruf der Autoversicherer besitzt die bundesweite (gebührenfreie) Rufnummer **0800 – 25 026 00**.
- Ein Mailformular[5] für Anfragen befindet sich auf der Homepage unter der Internetadresse *www.gdv-dl.de*.
- Anfragen per Fax erfolgen beim Zentralruf der Autoversicherer, der folgende Kontaktdaten hat: **GDV Dienstleistungs-GmbH & Co. KG**, Glockengießerwall 1, 20095 Hamburg, Telefon: 040 – 33449–0, Fax: 040 – 33449–7050.

45 Um über den Zentralruf der Autoversicherer den Kfz-Haftpflichtversicherer des gegnerischen Unfallfahrzeugs ermitteln zu können, müssen ihm folgende Informationen mitgeteilt werden:
- Name, Vorname und Wohnort des Halters,
- in jedem Fall das Kennzeichen, ggf. auch Fahrzeugtyp des gegnerischen Unfallfahrzeugs,
- Datum des Verkehrsunfalls.

▼

Muster 1.3: Anfrage an den Zentralruf der Autoversicherer

46

Zentralruf der Autoversicherer

Versichereranfrage

Sehr geehrte Damen und Herren,

wir vertreten die Interessen des Geschädigten ▓▓▓ aus ▓▓▓. Unser Mandant ist mit seinem Fahrzeug mit dem amtlichen Kennzeichen ▓▓▓ Opfer eines Verkehrsunfalls geworden. Zur Verfolgung zivilrechtlicher Ansprüche bitten wir um die Bekanntgabe des gegnerischen Kfz-Haftpflichtversicherers in folgender Schadensache:

Unfalltag: ▓▓▓

Halter: ▓▓▓ *(Name und Adresse)*

Versichertes Fahrzeug: ▓▓▓ *(Fahrzeugtyp)*

Amtliches Kennzeichen: ▓▓▓

Mit freundlichen Grüßen

(Rechtsanwalt)

---

4 *Http://www.gdv-dl.de/zentralruf.html.*
5 *Http://www.gdv-dl.de/anfrageformular-zur-gegn-vers.html.*

§ 1 Mandatsvorbereitung, Informationsbeschaffung und Anmeldung von Ansprüchen

47 Sollte ausnahmsweise direkt mit dem Fahrer bzw. Halter die Korrespondenz geführt werden müssen, bietet sich das nachfolgende Formular an:

▼

Muster 1.4: Schreiben an den gegnerischen Halter

Herrn/Frau

Verkehrsunfall vom

Pkw , amtl. Kennzeichen

Sehr geehrte/r Frau/Herr ,

ausweislich der in Kopie beigefügten Vollmacht vertrete ich die Interessen des Herrn aus . Mein Mandant ist Eigentümer des Pkw mit dem amtlichen Kennzeichen . Am wurde das Fahrzeug meines Mandanten in in einen Unfall verwickelt. Unfallverursacher war der Fahrer des Pkw mit dem amtlichen Kennzeichen .

Nach den mir vorliegenden Informationen waren Sie zum Unfallzeitpunkt Halter/Fahrer des vorbezeichneten Fahrzeugs. Demgemäß besitzt mein Mandant aus Anlass des Unfallereignisses Ansprüche auf Schadensersatz gegen Sie.

Ich beabsichtige, die Ansprüche meines Mandanten unmittelbar gegenüber dem Kfz-Haftpflichtversicherer für Ihr Fahrzeug abzuwickeln. Hierfür bitte ich um die Benennung des betreffenden Unternehmens sowie der Versicherungsscheinnummer.

Für die Beantwortung meines Schreibens habe ich mir eine Frist bis zum

(1-Wochen-Frist)

notiert. Sollte ich von Ihnen bis dahin keine Rückantwort erhalten, werde ich die Ansprüche meines Mandanten unmittelbar gegen Sie geltend machen und erforderlichenfalls zwangsweise durchsetzen. Dies sollten Sie im eigenen Interesse vermeiden.

Mit freundlichen Grüßen

(Rechtsanwalt)

▲

48 Ist der Kfz-Haftpflichtversicherer erst einmal ermittelt, ist bereits eine wesentliche Hürde im Rahmen der Datenermittlung für die Verkehrsunfallbearbeitung genommen. Nunmehr sollte dem Versicherer die weitere Schadensbearbeitung erleichtert werden, um dadurch die erwünschte Beschleunigung des Verfahrens zu bewirken. Folgende Daten helfen dem Versicherer, den Unfallschaden dem Versicherungsvertrag für das Kraftfahrzeug zuzuordnen:

- Versicherungsscheinnummer = Vertragsnummer des Kfz-Haftpflichtversicherungsvertrags (oder)
- Elektronische Versicherungsbestätigungs-Nummer (früher: Doppelkartennummer) = vorläufige Vertragsnummer des Kfz-Haftpflichtversicherungsvertrags (oder)
- Schadensnummer = das für den konkreten Schadensfall vergebene Aktenzeichen des Versicherers.

Während die **Versicherungsschein-** oder die **Doppelkartennummer** vom Zentralruf der Autoversicherer unter den o.g. Voraussetzungen erfragt werden kann, setzt die **Schadensnummer** voraus, dass der Schaden beim Versicherer bereits bekannt ist. Das ist nur dann der Fall, wenn der Schaden dem Versicherer bereits zuvor von dem Versicherungsnehmer gemeldet wurde. Darüber hinaus erlangt der Versicherer Kenntnis von dem Schadenfall, wenn eine Anfrage an den Zentralruf gerichtet wird. In diesem Fall informiert der Zentralruf den betreffenden Versicherer über die Anfrage. Der Versicherer wird die Information zum Anlass nehmen, eine Schadensnummer zu vergeben und u.U. eine Schadensanzeige vom Versicherungsnehmer abzufordern.

49

In der Praxis erfährt der Kfz-Haftpflichtversicherer jedoch häufig erst durch den Geschädigten bzw. dessen Anwalt von dem Verkehrsunfall, weshalb die Schadensnummer noch nicht in Erfahrung gebracht werden kann.

In dem Anspruchsschreiben an den Kfz-Haftpflichtversicherer müssen nicht zwingend Angaben über Versicherungsschein-, Doppelkarten- oder Schadensnummer gemacht werden. Die Daten sind durchaus verzichtbar. In der Kraftfahrtversicherung wird der Versicherungsvertrag in erster Linie über das Kennzeichen und erst in zweiter Linie über den Versicherungsnehmer verwaltet. Der Schaden lässt sich deshalb regelmäßig bereits durch die Benennung des amtlichen Kennzeichens und/oder des Versicherungsnehmers dem konkreten Versicherungsvertrag zuordnen. In diesem Fall sollte allerdings vor der Versendung des ersten Anspruchsschreibens durch telefonische Rücksprache bei dem betreffenden Versicherer überprüft werden, ob das Fahrzeug dort tatsächlich versichert ist.

50

Letztlich ist die Schadensbearbeitung dadurch zu beschleunigen, dass die **örtlich zuständige Direktion des Versicherers** in Erfahrung gebracht und unmittelbar angeschrieben wird. Nahezu alle großen Kfz-Haftpflichtversicherer verfügen über zahlreiche regionale Direktionen, die mit der eigenständigen Bearbeitung von Verkehrsunfällen beauftragt sind. Andere Versicherer regulieren sämtliche Haftpflichtschäden über eine bundesweite Schadenszentrale. Sind dezentrale Direktionen für die Schadensbearbeitung zuständig, verzögert sich die gesamte Schadenssachbearbeitung erheblich, wenn das Anspruchsschreiben an die sachlich unzuständige Direktion des Versicherers versandt wird.

51

Welche Direktion letztlich zuständig ist, lässt sich in der Regel über eine telefonische Anfrage bei der örtlichen oder nächstgelegenen Vertretung des betreffenden Versicherers in Erfahrung bringen. Bei einer Anfrage an den Zentralruf der Autoversicherer wird i.d.R. auch die örtlich zuständige Direktion bekannt gegeben.

IV. Ermittlung des gegnerischen Unfallfahrzeugs

Die Angaben über das Fahrzeugkennzeichen und ggf. auch den Fahrzeugtyp des gegnerischen Unfallfahrzeugs sind unabdingbare Voraussetzungen für die Halteranfrage und die Anfrage an den Zentralruf der Autoversicherer. Darüber hinaus sind sie ein wichtiges Hilfsmittel bei Anfragen über bestehenden Versicherungsschutz beim Kfz-Haftpflicht-

52

§ 1 Mandatsvorbereitung, Informationsbeschaffung und Anmeldung von Ansprüchen

versicherer. Sind die betreffenden Daten nicht verfügbar, lassen sie sich u.U. über eine Anfrage bei der den Unfall aufnehmenden Polizeidienststelle in Erfahrung bringen.

53 Aus Gründen des Datenschutzes kann es vorkommen, dass keine telefonischen Auskünfte über Fahrzeugdaten gegeben werden. Dann muss erforderlichenfalls persönlich Akteneinsicht genommen werden.

Ist die aufnehmende Polizeidienststelle nicht bekannt oder erfolgte keine Unfallaufnahme, können solche Informationen allenfalls über den Fahrer oder den Halter des gegnerischen Unfallfahrzeugs oder über Unfallzeugen in Erfahrung gebracht werden.

V. Ermittlung der polizeilichen Unfallakte

54 Ein wichtiges Beweismittel bei der Verkehrsunfallbearbeitung ist die polizeiliche Ermittlungsakte. Unabhängig von den darin festgehaltenen Sach- und Personendaten gibt ein Einblick in die Ermittlungsakte häufig wichtige Hinweise darüber,
- wer den Unfall verursacht und verschuldet hat,
- welche Unfallzeugen zur Verfügung stehen und
- wie sie sich zum Unfallgeschehen geäußert haben.

Auf eine Einsichtnahme kann deshalb in der Regel nicht verzichtet werden. Nichts ist peinlicher, als erst im Prozess zu bemerken, dass den Behauptungen des Mandanten über den angeblichen Unfallhergang Beweise entgegenstehen, die sich allein aus der polizeilichen Ermittlungsakte entnehmen lassen.

55 Die für den Verkehrsunfall **zuständige Polizeidienststelle** bestimmt sich nach dem Ort des Unfallgeschehens und damit nach geographischen Gesichtspunkten. Ist die Zuständigkeitsverteilung zwischen den verschiedenen Polizeidienststellen einer Gemeinde nicht bekannt, kann sie über die Zentrale der zuständigen Polizei erfragt werden. Selbstverständlich ist hierfür keinesfalls der Notruf 110 zu benutzen. Vielmehr kann jedes Polizeirevier direkt über Amt erreicht werden.

56 Anfragen an die Polizeidienststelle über konkrete Unfalldaten verlaufen regelmäßig negativ, wenn der Unfall bereits einige Zeit zurückliegt. Dies ist darauf zurückzuführen, dass die Akten nach dem Abschluss der polizeilichen Ermittlungen an die Ordnungsbehörde der Gemeinde oder die Staatsanwaltschaft abgegeben werden.

57 Handelt es sich um einen Unfall minderschweren Ausmaßes, wird der Vorgang nach Abschluss der Ermittlungen an die für die Ahndung von Verkehrsordnungswidrigkeiten zuständige **Ordnungsbehörde** abgegeben. Dort wird geprüft, ob gegen die Beteiligten des Verkehrsunfalls ein Verwarnungs- oder Bußgeldverfahren durchgeführt wird. In diesem Fall sind Akteneinsichtsgesuche unmittelbar an die betreffende Ordnungsbehörde zu richten. Bei der Ordnungsbehörde erhält die Akte ein eigenes Aktenzeichen. Das Aktenzeichen kann bei der ehemals zuständigen Polizeidienststelle erfragt werden. Ist es dort nicht bekannt, ist eine telefonische Anfrage hinsichtlich des Aktenzeichens unmittelbar an die Ordnungsbehörde zu richten.

B. Informationsbeschaffung § 1

58 Handelt es sich um einen schwerwiegenderen Verkehrsunfall, bei dem eine Verkehrsstraftat in Betracht kommt, ist die Polizeidienststelle verpflichtet, die Angelegenheit zur weiteren Bearbeitung an die **Staatsanwaltschaft** weiterzuleiten. Dort wird geprüft, ob und inwieweit ein strafrechtliches Ermittlungsverfahren gegen einen oder mehrere Beteiligte des Verkehrsunfalls durchzuführen ist. Eine Verkehrsstraftat kommt bereits in Betracht, wenn eine der am Unfall beteiligten Personen behauptet, bei dem Unfall einen Personenschaden erlitten zu haben. Hierfür reicht es theoretisch bereits aus, ein „Ziehen" im Nacken zu verspüren, was auf ein HWS-Syndrom zurückgeführt werden kann. Dann muss von der Staatsanwaltschaft geprüft werden, ob ein Ermittlungsverfahren wegen des Verdachts einer fahrlässigen Körperverletzung einzuleiten ist.

59 Auch das von der Staatsanwaltschaft vergebene Aktenzeichen kann u.U. bei der zunächst zuständigen Polizeidienststelle in Erfahrung gebracht werden. Ist es dort noch nicht bekannt, lässt es sich durch eine telefonische Anfrage bei der Eingangsstelle der zuständigen Staatsanwaltschaft ermitteln. Anknüpfungspunkte für die Ermittlung des staatsanwaltschaftlichen Aktenzeichens sind entweder der Eingang der Ermittlungsakte bei der Staatsanwaltschaft oder der bzw. die Namen der Beteiligten, gegen den oder die ein Ermittlungsverfahren durchgeführt wird.

60 Wurde bereits ein Akteneinsichtsgesuch an die betreffende Polizeidienststelle gerichtet und befindet sich die Akte nunmehr bei der Ordnungsbehörde oder der Staatsanwaltschaft, erfordert dies kein nochmaliges Akteneinsichtsgesuch. Die Anfrage an die Polizei wird von dort stets an die Staatsanwaltschaft oder die Ordnungsbehörde weitergeleitet, sofern sie sich nicht bereits bei dem betreffenden Vorgang befindet.

> *Hinweis*
> Die Ermittlungsakten werden nicht von der Polizeidienststelle, sondern entweder von der Staatsanwaltschaft oder von der Ordnungsbehörde versandt. Nur letztere sind zur Versendung berechtigt. Anfragen oder Beschwerde wegen einer **verzögerten Akteneinsicht** sollten deshalb nicht an die Polizeidienststelle gerichtet werden.

61 In der Regel werden die amtlichen Ermittlungsakten erst **nach dem Abschluss** der amtlichen Ermittlungen herausgegeben. Dies führt in der Praxis zu erheblichen Verzögerungen in der Schadenabwicklung. Verständlicherweise wird der zuständige Sachbearbeiter eines Kfz-Haftpflichtversicherers bei widersprüchlichen Angaben über den Schadenhergang oder bei fehlender Schadenanzeige des Versicherungsnehmers erst nach der Einsichtnahme in die amtlichen Ermittlungsakten in die Regulierung eintreten. Der Deutsche Anwaltverein bemüht sich deshalb darum, die öffentliche Verwaltung dazu zu bewegen, dass in Zukunft auch vor dem Abschluss der Ermittlungen wenigstens eine Kopie der polizeilichen Verkehrsunfallanzeige herausgegeben wird. Die darin enthaltenen Angaben sind häufig dazu geeignet, den Kfz-Haftpflichtversicherer zu einer frühzeitigen Regulierung zu bewegen.

§ 1 Mandatsvorbereitung, Informationsbeschaffung und Anmeldung von Ansprüchen

62 Für die **Anforderung** der polizeilichen Ermittlungsakten sind folgende Daten erforderlich:
- Name und Adresse der Polizeidienststelle,
- Name mindestens eines Unfallbeteiligten,
- Aktenzeichen bzw. Tagebuch- oder Einsatzblattnummer der Polizeidienststelle oder
- Angabe über Unfallort und Unfallzeit (Datum und möglichst genaue Uhrzeit).

Dem Anforderungsschreiben ist stets eine Legitimation des Rechtsanwalts in Form einer Prozessvollmacht beizufügen.

▼

63 Muster 1.5: Anforderung der polizeilichen Ermittlungsakte

Polizei

Tgb-Nr./Ebl-Nr./Az

Verkehrsunfall vom

Pkw , amtl. Kennzeichen

Sehr geehrte Damen und Herren,

ausweislich der anliegenden Vollmacht beauftragte mich Herr aus mit der Wahrnehmung seiner Interessen in der vorbenannten Ermittlungssache. Mein Mandant wird sich zur Sache nur über mich äußern. Vorab bitte ich höflich um die Übersendung der amtlichen Ermittlungsakten für die Dauer von drei Tagen. Etwaige Hinderungsgründe bitte ich mir zeitnah anzuzeigen.

Mit freundlichen Grüßen

(Rechtsanwalt)

64 Häufig macht der gegnerische Haftpflichtversicherer die Regulierung des Schadens von der Einsicht in die Ermittlungsakten abhängig. Ist aus diesen oder anderen Gründen besondere Eile geboten, kann beim Ordnungsamt oder der Staatsanwaltschaft **persönlich Akteneinsicht** genommen werden. Über das Aktenzeichen des Vorgangs lassen sich der zuständige Sachbearbeiter und dessen Sitz im Gebäude des Ordnungsamtes bzw. der Staatsanwaltschaft ermitteln. Es empfiehlt sich, vor der persönlichen Akteneinsicht telefonische Rücksprache über den Aufenthaltsort der Akte zu nehmen, da der Vorgang zur Durchführung weiterer Ermittlungen versandt worden sein kann.

65 Wird die Akte schließlich übersandt, gewährt die betreffende Behörde Akteneinsicht für regelmäßig **drei bis sieben Tage**. In dieser Zeit sollte der wesentliche Inhalt der Ermittlungsakte vervielfältigt werden. Wesentlich sind sämtliche Daten über den Unfallhergang und die sich daran anschließenden Ermittlungen. Unwichtige Verfügungen oder sonstige „neutrale" Schreiben brauchen nicht kopiert zu werden.

66 Für die Übermittlung der Akte können **Kosten** in Rechnung gestellt werden. Die Höhe der Kosten richtet sich nach Landesgesetzen und ist regional unterschiedlich. Die Akteneinsicht bleibt üblicherweise kostenlos, wenn gegen den eigenen Mandanten ein Verwarnungsgeld-, Ordnungswidrigkeiten- oder Strafverfahren durchgeführt wird. Ist die Sachlage hingegen eindeutig und erfolgt die Akteneinsicht augenscheinlich zur Verfolgung zivilrechtlicher Ansprüche, werden mindestens 12 EUR, teilweise sogar bis zu 18 EUR Verwaltungsgebühren in Rechnung gestellt.

In der Regel beauftragt der Mandant den Rechtsanwalt in Verkehrsunfällen auch mit der Wahrnehmung seiner Interessen in ordnungs- und strafrechtlicher Hinsicht. Mit der Übernahme des Mandats sollte der Mandant darauf hingewiesen werden, dass er sich ab sofort gegenüber den Behörden oder Dritten **nicht mehr zum Unfallhergang äußern** sollte. Stellungnahmen sind möglichst nur noch vom Rechtsanwalt abzugeben, um zu vermeiden, dass widersprüchliche Angaben zu den Akten gelangen. Die anwaltlichen Stellungnahmen sollten ihrerseits erst nach Einsicht in die Ermittlungsakten erfolgen. 67

Kosten, die durch die Einsicht in Ermittlungsakten entstanden sind, stellen i.d.R. notwendige Kosten der Rechtsverfolgung i.S.d. § 249 BGB dar und sind vom Schädiger zu ersetzen. Die entstandenen Kopierkosten sollten zu diesem Zweck in der Akte gesondert dokumentiert werden. 68

VI. Ermittlung sonstiger Beweismittel für den Unfallhergang

Sofern über den Unfallhergang Streit besteht, lässt sich dessen Ablauf über folgende Beweismittel u.U. rekonstruieren: 69
- **Schadensgutachten.** Lässt der Mandant den Unfallschaden an seinem Fahrzeug sachverständig begutachten, lassen sich daraus häufig Rückschlüsse über den Schadenshergang herleiten. Da das Gutachten dem gegnerischen Kfz-Haftpflichtversicherer übersandt wird, sollten die darin befindlichen Fotografien zumindest kopiert, im Bedarfsfall auch abfotografiert werden.
- Um die Regulierung der Schäden zu beschleunigen, empfiehlt es sich zudem, sich das Schadensgutachten per E-Mail als pdf-Dokument von dem Sachverständigen übermitteln zu lassen, um dieses dann auch als E-Mail an den Haftpflichtversicherer weiterzuleiten. Damit umgeht man Zeitverluste durch Postlaufzeiten sowie die Scanvorgänge beim Haftpflichtversicherer.
- **Rekonstruktionsgutachten/Unfallgutachten.** In einem Unfallgutachten wird der konkrete Unfallhergang durch einen Sachverständigen rekonstruiert. Da das Unfallgutachten mit erheblichen Kosten verbunden ist, spielt es im Rahmen der außergerichtlichen Unfallregulierung nur eine untergeordnete Rolle. Dies umso mehr, als die Kosten für ein derartiges Gutachten, das vorgerichtlich eingeholt wird und deshalb als Parteigutachten zu qualifizieren ist, nicht der zweckentsprechenden Rechtsverfolgung dient. Dadurch verursachte Kosten sind deshalb i.d.R. nicht erstattungsfähig.[6] Kommt es zu einem erheblichen Personenschaden, bietet es sich u.U. an, durch die Stellung eines Strafantrags die staatlichen Strafverfolgungsbehörden zur Einholung eines entsprechenden Unfallgutachtens zu veranlassen.

---

6 OLG Saarbrücken zfs 1998, 294.

§ 1 Mandatsvorbereitung, Informationsbeschaffung und Anmeldung von Ansprüchen

- **Fotos vom Unfallort** sind hilfreich, wenn sie sichtbare Unfallspuren (z.B. Glasscherben, Bremsspuren) am Unfallort dokumentieren oder den Unfallhergang verdeutlichen. Besondere Bedeutung gewinnen diese Bilder u.U., wenn auf ihnen die Unfallendstellung der Kraftfahrzeuge dokumentiert wird.
- **Dashcam-Aufnahmen** erlangen immer größere Bedeutung bei der Aufklärung von Verkehrsunfallgeschehen. Sofern die Gerichte die Aufnahmen für verwertbar ansehen, bieten die Auswertungen im Rahmen von Unfallrekonstruktionsgutachten häufig die bestmöglichen Aufklärungschancen. Der Sachverständige hat damit die notwendigen Tatsachen an der Hand, um fundierte Aussagen zum tatsächlichen Unfallablauf treffen zu können.
- **Unfallzeugen.** Als unmittelbare Beweismittel haben Zeugenaussagen einen hohen Beweiswert. Sind die Namen und Daten der Unfallzeugen nicht bekannt, lassen sie sich regelmäßig durch einen Blick in die polizeiliche Ermittlungsakte ermitteln. Noch wichtiger für die Unfallbearbeitung sind bereits vorhandene Zeugenaussagen in der Ermittlungsakte, welche im unmittelbaren zeitlichen Kontext zum Unfallgeschehen erfolgt sind und daher als unverfälschte Wiedergabe des Erlebten einen besonders glaubhaften Aussagegehalt aufweisen.

70 *Hinweis*

Sind Unfallzeugen bekannt und steht nicht fest, ob sie sich gegenüber der Polizei oder den Strafverfolgungsbehörden zur Sache äußern werden, empfiehlt es sich dringend, sie um eine schriftliche Bestätigung ihrer Beobachtungen zu bitten. Dadurch wird nicht nur die außergerichtliche Beweisführung erleichtert. Kommt es zu einem Prozess, liegt das Verkehrsunfallgeschehen häufig bereits lange Zeit zurück. Viele Zeugen können sich deshalb nicht mehr an alle wesentlichen Einzelheiten des Unfallhergangs erinnern. Haben sie sich bereits kurze Zeit nach dem Unfall schriftlich zum Unfallhergang geäußert, kann ihnen im Prozess die Aussage vorgehalten werden. Dann werden sie in aller Regel ihre ursprünglichen Angaben als richtig bestätigen.

▼

71 Muster 1.6: Anfrage an Unfallzeugen
Herrn/Frau

Verkehrsunfall vom ▒,

Pkw ▒, amtl. Kennzeichen ▒

Sehr geehrte/r Frau/Herr ▒,

ich vertrete die Interessen von ▒ aus ▒. Gegenstand meines Auftrags ist der Verkehrsunfall vom ▒ in ▒. Nach den mir vorliegenden Informationen waren Sie Zeuge des Verkehrsunfalls. Zur Wahrung der berechtigten Interessen meines Mandanten benötige ich dringend weitere Informationen zum Unfallhergang. Ich wäre Ihnen deshalb sehr verbunden, wenn Sie den beigefügten Kurz-Fragebogen ausfüllen und an mich zurücksenden könnten. Zu diesem Zweck habe ich Ihnen einen frankierten und an mich adressierten Freiumschlag in der Anlage beigefügt.

Für Ihre Mühen bedanke ich mich – auch im Namen meines Mandanten – im Voraus.

Mit freundlichen Grüßen

(Rechtsanwalt)

▲

▼

Muster 1.7: Zeugenfragebogen

Unfalltag: ▢   Unfallzeit: ▢

Unfallort: ▢

Witterungsbedingungen:

Fahrbahn: Nass ☐ Glatt ☐ Trocken ☐ Sonstiges: ▢

Lichtverhältnisse: Hell ☐ Dämmerung ☐ Nacht ☐ Nebel ☐ Sonstiges: ▢

Beteiligte Fahrzeuge:

Fahrzeug 1:	Fahrzeug 2:
Kennzeichen:	Kennzeichen:
Fahrzeugtyp:	Fahrzeugtyp:
Fahrzeug 3:	Fahrzeug 4:
Kennzeichen:	Kennzeichen:
Fahrzeugtyp:	Fahrzeugtyp:

Unfallgeschehen:

Bitte schildern Sie den Unfallhergang so genau wie möglich:

▢

Sind Ihnen weitere Zeugen bekannt? Ja ☐ Nein ☐

Ggf. bitte angeben: Name und Adressen

Zeuge 1: ▢

Zeuge 2: ▢

Zeuge 3: ▢

▢

Unfallskizze:

Bitte fertigen Sie zur Veranschaulichung eine Unfallskizze an und tragen Ihren Standort ein.

▢

Datum: ▢   Unterschrift: ▢

▲

VII. Zusammenfassung

Die Ansprüche sind in erster Linie gegenüber dem gegnerischen Kraftfahrzeughaftpflichtversicherer anzumelden. Sofern dieser bekannt ist, ist eine weitere Ermittlung des Fahrers und Halters des gegnerischen Fahrzeugs für die außergerichtliche Abwicklung i.d.R. nicht erforderlich. Erforderlichenfalls sollte der Aufwand für weitere Ermittlungen dieser Personen so gering wie möglich gehalten werden. Ist die Kraftfahrzeughaftlichtversicherung nicht bekannt, kann diese Erfolg versprechend durch eine Nachfrage beim Zentralruf der Autoversicherer bzw. als „Begleitauskunft" durch eine Halteranfrage bei der Zulassungsbehörde in Erfahrung gebracht werden. Für beide Auskünfte ist die Angabe des amtlichen Kennzeichens des gegnerischen Fahrzeugs, bei dem Zentralruf der Autoversicherer ggf. auch die Adresse des Halters sowie die Angabe des Fahrzeugtyps erforderlich. Sofern der Mandant das amtliche Kennzeichen und den Fahrzeugtyp nicht angeben kann, können diese Erkenntnisse bei einer polizeilichen Unfallaufnahme aus der Ermittlungsakte bzw. einem polizeilichen Unfallaufnahmebericht in Erfahrung gebracht werden. Bei einer solchen Unfallaufnahme ist im Übrigen eine Einsicht in die Ermittlungsakte schon deshalb unentbehrlich, um den gesamten Sachverhalt des Unfalles einschließlich ggf. wichtiger Zeugenaussagen zu erfassen und vor unliebsamen „Überraschungen" gefeit zu sein.

C. Anspruchsanmeldung

74 Je nach der Art des konkreten Schadenseintritts stehen dem Geschädigten **unterschiedliche Anspruchsgegner** zur Verfügung. Wird der Schaden durch ein Kraftfahrzeug verursacht, können dies gleichermaßen Fahrer, Halter und der für das Fahrzeug zuständige Kfz-Haftpflichtversicherer sein. Wird der Schaden durch einen Passanten, einen Radfahrer oder beispielsweise ein Tier verursacht, stehen nur die unmittelbaren Schadensverursacher bzw. beim Tier dessen Halter oder Aufseher zur Verfügung. Für diese Schadensverursacher besteht zwar u.U. Versicherungsschutz in einer privaten Haftpflichtversicherung. Gegen diese Versicherer besteht jedoch kein Direktanspruch wie gegen Kfz-Haftpflichtversicherer gemäß § 115 Abs. 1 Nr. 1 VVG. Ausnahmsweise kann auch hier aber ein direkter Anspruch bestehen, wenn über das Vermögen des Versicherungsnehmers das Insolvenzverfahren eröffnet oder der Eröffnungsantrag mangels Masse abgewiesen worden ist oder ein vorläufiger Insolvenzverwalter bestellt worden ist (§ 115 Abs. 1 Nr. 2 VVG) oder wenn der Aufenthalt des Versicherungsnehmers unbekannt ist (§ 115 Abs. 1 Nr. 3 VVG).

75 Ziel der Schadensbearbeitung ist es, in jedem Fall möglichst umgehend einen zuständigen Kfz- oder Privathaftpflichtversicherer zu ermitteln, um mit ihm die weitere Schadenskorrespondenz zu führen. Diese Vorgehensweise hat erhebliche Vorteile, nämlich
- jeder Haftpflichtversicherer ist ein solventer Verhandlungspartner;
- die Sachbearbeiter der Haftpflichtversicherer haben hohe fachliche Kompetenz;
- Haftpflichtversicherer sind u.U. zu einer kostenlosen Schadenschätzung bereit;
- Haftpflichtversicherer sind u.U. zu Vorschusszahlungen bereit.

C. Anspruchsanmeldung § 1

I. Anspruchsschreiben bei bestehendem Direktanspruch

Ein solches Anspruchsschreiben wird im Folgenden exemplarisch anhand eines Musterbeispiels erläutert.

1. Fall

Der Mandant A ist Opfer eines polizeilich aufgenommenen Auffahrunfalls. Der gegnerische Kfz-Haftpflichtversicherer ist bekannt. Für den Unfallhergang stehen Zeugen zur Verfügung. Infolge des Unfalls erlitt A Personenschäden und sein Fahrzeug Sachschäden. A hat einen Sachverständigen mit der Begutachtung des Fahrzeugs beauftragt. Die voraussichtlichen Reparaturkosten kann A nicht aus eigenen Geldmitteln bestreiten.

2. Muster: Anspruchsschreiben an die Kfz-Haftpflichtversicherung

▼

Muster 1.8: Anspruchsschreiben an Kfz-Haftpflichtversicherung (1)

    Versicherung AG

Schaden-Nr./VS-Nr./Az

Schaden vom

Pkw , amtl. Kennzeichen

Sehr geehrte Damen und Herren,

Herr aus beauftragte mich mit der Wahrnehmung seiner Interessen in der im Betreff genannten Verkehrsunfallangelegenheit. Eine Kopie der auf mich lautenden Vollmacht füge ich in der Anlage bei.

Mein Mandant ist Eigentümer des Pkw mit dem amtlichen Kennzeichen . Das Fahrzeug ist bei der -Versicherung haftpflicht- und mit EUR vollkaskoversichert.

Dem Verkehrsunfall liegt folgender Sachverhalt zugrunde:

Am Unfalltage befuhr mein Mandant mit seinem Pkw gegen Uhr die in Richtung . Im Kreuzungsbereich zur -Straße brachte er sein Fahrzeug vor der dort auf Rot geschalteten Lichtzeichenanlage zum Halten. Sodann fuhr Herr als Fahrer des bei ihnen versicherten Fahrzeugs auf das Heck des bereits mehrere Sekunden stehenden Fahrzeugs meines Mandanten auf.

Der Verkehrsunfall wurde allein vom Fahrer des bei Ihnen versicherten Fahrzeugs verursacht und verschuldet.

Der Verkehrsunfall wurde bei der Polizei aufgenommen. Wir haben bereits Akteneinsicht beantragt. Sofern Sie es wünschen, lassen wir Ihnen gerne zu den üblichen Konditionen einen kompletten Auszug aus der Ermittlungsakte zukommen. Darüber hinaus stehen als Unfallzeugen Herr und Frau aus der -Straße in zur Verfügung.

Bendig

§ 1 Mandatsvorbereitung, Informationsbeschaffung und Anmeldung von Ansprüchen

Mein Mandant erlitt infolge des Zusammenstoßes nicht unerhebliche Verletzungen. Er ließ den Personenschaden im ▒-Krankenhaus in ▒ erst- und bei ▒ in der ▒-Straße ▒ in ▒ weiterbehandeln. Bitte holen Sie bei den benannten Ärzten Berichte über die erlittenen Unfallverletzungen ein. Mein Mandant erteilt Dispens von der ärztlichen Schweigepflicht mit der Maßgabe, dass Durchschriften der Arztberichte an mein Büro übersandt werden. Eine Schweigepflichtentbindungserklärung meines Mandanten füge ich in der Anlage bei.

An dem Fahrzeug meines Mandanten entstand ein erheblicher Sachschaden, der derzeit sachverständig begutachtet wird. Ich werde den Schaden nach Vorlage des Gutachtens gesondert beziffern. In diesem Zusammenhang weise ich ausdrücklich darauf hin, dass mir von meinem Mandanten keine Empfangsvollmacht für die Entgegennahme erhöhter Restwertangebote erteilt wurde. Sollte Ihnen zu gegebener Zeit ein solches vorliegen, bitte ich Sie, das Angebot unmittelbar an meinen Mandanten zu übersenden.

Mein Mandant ist nicht zum Vorsteuerabzug berechtigt. Bereits jetzt weise ich darauf hin, dass mein Mandant nicht über ausreichende flüssige Geldmittel zur Vorfinanzierung des Unfallschadens verfügt. Zur Meidung eines Zinsschadens bitte ich deshalb um angemessene Akontierung der Ansprüche meines Mandanten nach der Vorlage der Schadensbelege.

Sämtliche Zahlungen leisten Sie bitte unmittelbar auf das Konto meines Mandanten bei der ▒, IBAN ▒.

Für den Fall, dass Sie dennoch Zahlungen unmittelbar an mein Büro erbringen, weise ich bereits jetzt darauf hin, dass ich die Beträge weisungsgemäß auf das Konto meines Mandanten weiterleiten und die dadurch verursachte Hebegebühr gem. Nr. 1009 VV RVG als Schaden gegen Sie geltend machen werde.

Abschließend bitte ich um möglichst umgehende Bestätigung Ihrer uneingeschränkten Eintrittspflicht.

Mit freundlichen Grüßen

(Rechtsanwalt)

79 **Muster 1.9: Anspruchsschreiben an Kfz-Haftpflichtversicherung (2)**

▒ Versicherung-AG

Schaden-Nr.: ▒

Verkehrsunfall vom ▒

Örtlichkeit: ▒

Bei Ihnen versichertes Fahrzeug: ▒

Sehr geehrte Damen und Herren,

hiermit zeige ich Ihnen die Vertretung der rechtlichen Interessen des Herrn ▒ an. Eine auf mich lautende Vollmacht füge ich in Kopie bei. Ich bitte künftig jegliche Korrespondenz in dieser Angelegenheit über unsere Kanzlei zu führen.

Mein Mandant ist Eigentümer des Pkw ▒ mit dem amtlichen Kennzeichen ▒, welches am Vorfallstag mit dem bei Ihnen versicherten Fahrzeug mit dem amtlichen Kennzeichen ▒ in einen Verkehrsunfall verwickelt gewesen ist.

C. Anspruchsanmeldung §1

Die Haftung dem Grunde nach ist aus unserer Sicht unstreitig. Der Verkehrsunfall ereignete sich wie folgt:

I.

Nach der gemäß §§ 7, 17, 18 StVG vorzunehmenden Haftungsabwägung ist Ihrem VN daher ein Verstoß gegen § ____ der StVO anzulasten. Hinter diesem groben Verstoß gegen § ____ tritt die Betriebsgefahr des Fahrzeugs meines Mandanten zurück.

Wir haben Sie daher aufzufordern, Ihre uneingeschränkte Haftung dem Grunde nach mit Wirkung eines rechtskräftigen Feststellungsurteils bis zum

____

zu erklären.

II.

Mein Mandant hat bereits ein Sachverständigengutachten in Auftrag gegeben, welches wir in der Anlage beifügen.

Danach beziffern wir den Sachschaden vorläufig wie folgt:

1.	Reparaturkosten	____ EUR
2.	Sachverständigenkosten	____ EUR
3.	Nutzungsausfall	____ EUR
4.	Allgemeine Unkostenpauschale	____ EUR
5.	**Gesamt**	____ **EUR**

Wir erlauben uns bereits jetzt den Hinweis, dass unser Mandant nicht über die finanziellen Mittel verfügt, die Reparaturrechnung auszugleichen. Um erhöhte Nutzungsausfallentschädigung/Mietwagenkosten zu vermeiden, bitten wir daher um schnellstmögliche Anweisung an folgende Bankverbindung: ____

Als Frist erlaube ich mir den

____ (10 Tage)

zu notieren.

Mit freundlichen Grüßen

(Rechtsanwalt)

Bei der Anmeldung des Anspruchs kann ein ggf. für alle Fälle in Betracht kommender Musterblocksatz anzuwenden sein, der ein Gerüst an sich wiederholenden Passagen enthält, die um die konkreten Ausführungen zum vorliegenden Einzelfall ergänzt werden.

§ 1 Mandatsvorbereitung, Informationsbeschaffung und Anmeldung von Ansprüchen

1.10

Muster 1.10: Anspruchsschreiben an Kfz-Haftpflichtversicherung (3)

_____ Versicherung AG

Schaden-Nr./VS-Nr./Az _____

Schaden vom _____

Pkw _____, amtl. Kennzeichen _____

Sehr geehrte Damen und Herren,

in vorbezeichneter Angelegenheit vertreten wir die rechtlichen Interessen von _____ aus _____. Eine Kopie der auf mich lautenden Vollmacht füge ich in der Anlage bei.

1) Mein Mandant ist Eigentümer des Pkw _____ mit dem amtlichen Kennzeichen _____. Es werden Ersatzansprüche im Zusammenhang mit einem Verkehrsunfall vom _____ verfolgt, an dem das bei Ihnen versicherte Fahrzeug mit dem amtlichen Kennzeichen _____ beteiligt gewesen ist. Dem Verkehrsunfall liegt folgender Sachverhalt zugrunde:
_____

2) An dem Fahrzeug meines Mandanten entstand ein erheblicher Sachschaden, der derzeit sachverständig begutachtet wird. Ich werde den Schaden nach Vorlage des Gutachtens gesondert beziffern. In diesem Zusammenhang weise ich ausdrücklich darauf hin, dass mir von meinem Mandanten keine Empfangsvollmacht für die Entgegennahme erhöhter Restwertangebote erteilt wurde. Sollte Ihnen zu gegebener Zeit ein solches vorliegen, bitte ich Sie, das Angebot unmittelbar an meinen Mandanten zu übersenden.

3) Mein Mandant ist nicht zum Vorsteuerabzug berechtigt. Bereits jetzt weise ich darauf hin, dass mein Mandant nicht über ausreichende flüssige Geldmittel zur Vorfinanzierung des Unfallschadens verfügt. Zur Meidung eines Zinsschadens bitte ich deshalb um angemessene Akontierung der Ansprüche meines Mandanten nach der Vorlage der Schadensbelege.

Sämtliche Zahlungen leisten Sie bitte im Rahmen der mir erteilten Geldempfangsvollmacht auf das unten ausgewiesene Konto, es sei denn, es liegt seitens der eingeschalteten Sachverständigen bzw. Reparaturfirma eine Sicherungsabtretung vor.

4) Abschließend bitte ich um möglichst umgehende Bestätigung Ihrer uneingeschränkten Haftung dem Grunde nach mit Wirkung rechtskräftigen Feststellungsurteils und Benachrichtigung, falls Sie einen Auszug aus der amtlichen Ermittlungsakte zu den üblichen Konditionen erbeten.

Als Frist erlaube ich mir den

_____ (10 Tage)

zu notieren.

Mit freundlichen Grüßen

(Rechtsanwalt)

C. Anspruchsanmeldung § 1

Muster 1.11: Anspruchsschreiben Haftpflichtversicherung (Variante)

▒▒▒ Versicherung-AG

Schaden-Nr.: ▒▒▒

Schaden vom: ▒▒▒

Bei Ihnen versichertes Fahrzeug: ▒▒▒

Sehr geehrte Damen und Herren,

ich vertrete Herrn ▒▒▒ in vorbenannter Unfallangelegenheit. Eine auf mich lautende Vollmacht füge ich diesem Schreiben bei.

Mein Mandant war an dem aus dem anliegenden Fragebogen für Anspruchsteller ersichtlichen Verkehrsunfall beteiligt. Das im Eigentum meines Mandanten stehende Fahrzeug wurde dabei in Folge des verkehrswidrigen Verhaltens Ihres Versicherungsnehmers erheblich beschädigt. Auf die Sachverhaltsdarstellung in der Anlage nehme ich Bezug.

Den Sachschaden beziffere ich gemäß des anliegenden Sachverständigengutachtens wie folgt:

1. Wiederbeschaffungsaufwand

Wiederbeschaffungswert	▒▒▒ EUR
abzgl. Restwert	– ▒▒▒ EUR
Wiederbeschaffungsaufwand demnach	▒▒▒ EUR

Es wird darauf hingewiesen, dass eine Empfangsvollmacht für Restwertangebote nicht besteht, eine Entgegennahme solcher Restwertangebote abgelehnt wird und ausschließlich meine Mandantschaft zu unterrichten ist.

2. Nutzungsausfall

Unfalltag	▒▒▒ (1 Kalendertag)	
Sachverständigenbesichtigung am	▒▒▒ (1 Kalendertag)	
Wiederbeschaffungsdauer	▒▒▒ (14 Tage)	
Insgesamt	16 Kalendertage à ▒▒▒ EUR	▒▒▒ EUR
Allgemeine Unkostenpauschale		▒▒▒ EUR
Gesamt		▒▒▒ EUR

Ich fordere Sie auf, diesen Betrag bis zum

▒▒▒ *(Frist 10 Tage)*

auf die in dem Fragebogen für Anspruchsteller genannte Bankverbindung meines Mandanten anzuweisen.

Für den Fall, dass Sie die Zahlung unmittelbar an unser Büro erbringen, weise ich bereits jetzt darauf hin, dass ich die Beiträge weisungsgemäß auf das Konto meines Mandanten weiterleiten und die dadurch verursachte Hebegebühr gemäß Nr. 1009 VV RVG als Schaden gegen Sie geltend machen werde.

Mit freundlichen Grüßen

(Rechtsanwalt)

§ 1 Mandatsvorbereitung, Informationsbeschaffung und Anmeldung von Ansprüchen

82 In der Regel empfiehlt es sich nicht, dem Anspruchsschreiben die **Originalvollmacht** beizufügen. Die Übersendung einer Kopie reicht völlig aus und wird in der Praxis von den Versicherern akzeptiert. Bei der Originalvollmacht handelt es sich um eine Urkunde, die möglichst bei den Akten verbleiben sollte. Durch sie kann der Nachweis der ordnungsgemäßen Bevollmächtigung auch gegenüber anderen Anspruchsgegnern, dem Rechtsschutzversicherer, sonstigen Versicherern sowie im Prozess im Falle des Bestreitens erbracht werden.

83 Im Rahmen der Korrespondenz mit dem gegnerischen Kfz-Haftpflichtversicherer wird in der Regel vom „**Fahrer des bei Ihnen versicherten Fahrzeugs**" und nicht von „Ihrem Versicherungsnehmer" gesprochen. Diese Formulierung ist zwar recht ungelenk, rechtlich jedoch nicht zu beanstanden. Auch wenn der Fahrer des Fahrzeugs bekannt ist, muss es sich dabei nicht zwingend um den Versicherungsnehmer, also den Vertragspartner des Versicherers, handeln. Entscheidend ist, dass der Versicherer jedem Fahrer des bei ihm versicherten Fahrzeugs Versicherungsschutz zu gewähren hat. Allein diesem Umstand wird die gewählte Formulierung gerecht.

84 Soweit der gegnerische Versicherer darum gebeten wird, **Arztberichte** bei den benannten Ärzten einzuholen, besteht hierauf kein Rechtsanspruch. Wird der dahin gehende Wunsch vom Versicherer zurückgewiesen, ist dies nicht zu beanstanden, da jeder Anspruchsteller dazu verpflichtet ist, die Nachweise für die behaupteten Schäden selbst beizubringen. Dennoch sind Kfz-Haftpflichtversicherer in der Praxis gern dazu bereit, die Arztberichte im eigenen Namen zu beschaffen. Dadurch stellen sie sicher, dass von den Ärzten sämtliche Fragen beantwortet werden, die die Versicherer für die weitere Abwicklung der Schadensache dringend benötigen. Solche Informationen fehlen häufig in den von den Mandanten selbst beigebrachten Arztberichten. Werden die Arztberichte vom Versicherer beschafft, hat dies den Vorteil für den Mandanten, dass er die dadurch verursachten Kosten unabhängig von der Sach- und Rechtslage nicht übernehmen muss. Beschafft er die Arztberichte in Eigenregie, werden ihm hierfür Kosten in Rechnung gestellt, die im Rahmen der Schadenabwicklung das Schicksal der Schadenquote teilen.

85 Es ist dringend zu empfehlen, eine Schweigepflichtentbindungserklärung nur unter der Auflage zu erteilen, dass sich der Versicherer verpflichtet, eine Kopie der Arztberichte an den Mandanten/Anwalt zu übersenden. Dies schließt die Gefahr aus, dass der regulierende Versicherer – in Kenntnis von Arztberichten – Ansprüche ablehnt, ohne die Arztberichte dem Anwalt zugänglich zu machen.

Die Schweigepflichtentbindungserklärung sollte grundsätzlich inhaltlich überprüft werden und der Mandant darüber aufgeklärt werden, dass diese Daten in engumgrenzten Fällen auch an Dritte weitergegeben werden dürfen. Wenn der Mandant in eine solche Weitergabe an Dritte nicht i.S.d. § 4a BDSG einwilligt, kann eine solche Weitergabe durch den Versicherer nur unter Beachtung einer Auftragsdatenverarbeitung nach § 11 BDSG oder aber einer Funktionsübertragung nach dem Maßstab des § 28 BDSG erfolgen. Dabei ist auch zu beachten, dass sich viele Versicherer bei diesen Gesichtspunkten zur Einhaltung des vom GDV entworfenen Code of Conduct (CoC) verpflichtet haben.

Dessen Maßstäbe sind oftmals strenger als die des BDSG und führen auch dazu, dass grundsätzlich in jedem Fall eine Weitergabe der personenbezogenen Gesundheitsdaten angezeigt werden muss und eine Widerspruchsmöglichkeit besteht. Unter Beachtung dieser Vorgaben, die in jedem Einzelfall zu prüfen sind, kann es sich anbieten, neben einer Schweigepflichtentbindungserklärung auch erst einmal grundsätzlich einer Weitergabe solcher Daten an Dritte, wie z.B. prüfende Ärzte, zuzustimmen. Im Regelfall wird dabei auch eine Liste an möglichen Dienstleistern verwendet, bei deren Vorlage der Mandant schon im Vorfeld angeben kann, an wen eine Weitergabe seine Zustimmung findet und an wen nicht. Zu beachten ist aber in jedem Fall, dass eine solche Prüfung des Umfangs unfallbedingter Verletzungen vom Versicherer freiwillig vorgenommen wird, während die Beweislast für den Nachweis unfallbedingter Verletzungen bei dem Anspruchsteller verbleibt. Wenn diesem die Mühen und Kosten der Einholung notwendiger ärztlicher Dokumentationen erspart bleiben und diese vom Kraftfahrzeughaftpflichtversicherer des Unfallgegners übernommen werden sollen, bietet sich eine einzelfallgerechte Absprache an, um bereits an dieser Stelle unnötige Komplikationen zu vermeiden.

Die Information über das Vorliegen einer **Vorsteuerabzugsberechtigung** ist zwingend. Zur Meidung von Rückfragen sollte sie bereits im ersten Schreiben erteilt werden. 86

Es empfiehlt sich dringend, bereits im ersten Anspruchsschreiben auf das etwaige Erfordernis eines **Vorschusses** („**Akontierung**") hinzuweisen. Verfügt der Mandant nicht über ausreichende flüssige Geldmittel und weist er den Anspruchsgegner hierauf frühzeitig hin, stellt die Inanspruchnahme von Fremdmitteln zur Schadensbehebung keine Verletzung der Schadensminderungspflicht dar. 87

Soweit in den Anspruchsschreiben dazu aufgefordert wird, sämtliche Zahlungen **auf das angegebene Konto des Mandanten** zu leisten, ist dies nicht zwingend. Wird dem Anwalt in der Vollmacht des Mandanten auch eine Geldempfangsvollmacht eingeräumt, kann auch eine Zahlung an den Anwalt begehrt werden. Zahlungen unmittelbar an den Mandanten haben den Vorteil, dass beim Anwalt kein Buchungsaufwand entsteht. Darüber hinaus übernimmt er nicht das Risiko, dass das Geld bei der Weiterleitung an den Mandanten verloren geht. 88

Andererseits ist zu beachten, dass bei einer direkten Zahlung an den Mandanten eine genaue Fristenkontrolle bzgl. des Geldeinganges erschwert wird. Auch ist eine direkte Zahlung aller Schadenspositionen an den Mandanten nur dann aus Sicht des Anwalts zu begrüßen, wenn dieser seinen Honoraranspruch durch eine ausreichende Vorschussnote bzw. eine beständige bzw. vertrauensvolle Zusammenarbeit mit dem Mandanten bereits gesichert hat. Bei der Mandatsbetreuung ohne Vorschussnote und Vertrauensrückhalt sollte auf einen Geldeingang zu Händen des Anwaltes nicht verzichtet werden. 89

Eine Hebegebühr im Hinblick auf die Weiterleitung empfangener Geldbeträge zählt im Außenverhältnis zu dem Geschädigten nur ausnahmsweise und unter strengen Anforderungen zu den zu erstattenden Kosten einer notwendigen Rechtsverfolgung (§ 91 ZPO). 90

Zwar lässt sich die Notwendigkeit des Geldeinganges beim Anwalt zwanglos mit dem Erfordernis einer effektiven Kontrolle der Zahlungsfristen begründen. Erfolgt jedoch die Anspruchsanmeldung mit einem Anwaltsschreiben unter Angabe der Geschäftskonten des Anwaltes, so darf der Schädiger darauf vertrauen, dass er an dieses Konto leisten kann, ohne dass weitere Gebühren entstehen. Anders sieht es dagegen aus, wenn der Geschädigte eine Zahlung an sein eigenes Konto begehrt und gesondert auf die andernfalls entstehende Hebegebühr hinweist[7] bzw. zumindest weder ausdrücklich noch konkludent eine Zahlung an seinen Rechtsanwalt begehrt.[8]

91 Im Interesse der anzustrebenden kosten- und zeitsparenden Bearbeitung verkehrsunfallrechtlicher Mandate sollte das erste Anspruchsschreiben **möglichst frühzeitig** nach Mandatsaufnahme versandt werden. Je schneller die Ansprüche des Mandanten in der gebotenen Form geltend gemacht werden, desto früher werden von den Beteiligten die erforderlichen Schritte zur Abwicklung in die Wege geleitet.

92 Der Versicherer erhält häufig durch das Anspruchsschreiben erstmals Kenntnis vom Schadensfall. Als erste Maßnahme wird der zuständige Sachbearbeiter seinen Versicherungsnehmer anschreiben und zur Stellungnahme auffordern. Der Sachbearbeiter gleicht den geltend gemachten Schaden üblicherweise erst nach Vorlage der Schadensanzeige des Versicherungsnehmers aus.

II. Anmeldung bei fehlendem Direktanspruch

93 Im Folgenden wird die Anspruchsanmeldung gegenüber dem Verursacher dargelegt, ohne dass eine direkte Eintrittspflicht einer Kraftfahrzeughaftpflichtversicherung besteht.

1. Fall

94 Der Mandant A ist Opfer eines Verkehrsunfalls. Auf einer Bundesstraße lief ihm eine dänische Dogge direkt vor sein Auto. Um einen Zusammenstoß mit dem Tier zu vermeiden, wich A aus, geriet mit seinem Pkw ins Schleudern und stieß gegen einen Baum. Der Halter und Eigentümer des Hundes ist B.

2. Muster: Anspruchsschreiben an den unmittelbaren Schadensverursacher

▼

95 **Muster 1.12: Anspruchsschreiben an den unmittelbaren Schadensverursacher**
Herrn/Frau

Verkehrsunfall vom

Pkw , amtl. Kennzeichen

---

7 AG München VersR 1980, 983; AG Bonn VersR 1984, 196; AG Rostock NZV 1997, 524.
8 AG Dortmund VersR 1981, 490.

Sehr geehrte/r Frau/Herr ▓▓▓,

ausweislich der in Kopie beiliegenden Vollmacht vertrete ich die Interessen des Herrn ▓▓▓ aus ▓▓▓. Gegenstand des Mandats ist der Verkehrsunfall meines Mandanten vom ▓▓▓.

Am Unfalltage befuhr mein Mandant die ▓▓▓-Straße. Plötzlich und völlig unerwartet lief die in Ihrem Eigentum stehende und von Ihnen gehaltene dänische Dogge über die Straße. Bei dem Versuch, dem Hund auszuweichen, kam es zum Verkehrsunfall. Dabei erlitt mein Mandant erhebliche Personen- und Sachschäden.

Der Unfall wurde durch den in Ihrem Eigentum stehenden und von Ihnen gehaltenen Hund verursacht. Als Halter des Hundes haften Sie meinem Mandanten gemäß § 833 S. 1 BGB auf Schadensersatz. Ich bin bereit, die Ansprüche meines Mandanten unmittelbar gegenüber einem etwaig bestehenden Tierhalterhaftpflichtversicherer geltend zu machen und abzuwickeln. Sollten Sie über entsprechenden Versicherungsschutz verfügen, bitte ich höflich um die Benennung des betreffenden Versicherungsunternehmens sowie der Versicherungsscheinnummer. Hierfür habe ich mir eine Frist bis zum

▓▓▓ *(1-Wochen-Frist)*

notiert. Sollten Sie mein Schreiben bis dahin unbeantwortet lassen, werde ich die Ansprüche meines Mandanten unmittelbar gegen Sie geltend machen und erforderlichenfalls zwangsweise durchsetzen. Dies sollten Sie im eigenen Interesse vermeiden. Bitte bedenken Sie auch, dass Sie den Schadensfall selber umgehend Ihrem Haftpflichtversicherer melden müssen, um Ihren Versicherungsschutz im Innenverhältnis zu Ihrem Versicherer nicht zu gefährden.

Mit freundlichen Grüßen

(Rechtsanwalt)

Richtet sich in **Privathaftpflichtfällen** der Anspruch des Mandanten unmittelbar gegen den Schadensverursacher, sollte es dennoch angestrebt werden, die Schadenskorrespondenz mit dem privaten Haftpflichtversicherer des Schädigers zu führen. Auch wenn gegen diesen Versicherer – anders als in Kfz-Fällen – i.d.R. kein Direktanspruch besteht, hat die Abwicklung der Schadenssache auf diesem Wege erhebliche Vorteile: Die Korrespondenz mit dem Privathaftpflichtversicherer ist in der Regel wesentlich sachlicher als mit dem Schadensverursacher, der häufig keine Rechtskenntnisse besitzt und nicht einzuschätzen vermag, ob die Ansprüche des Mandanten begründet sind oder nicht. Gegenüber Versicherern lassen sich deshalb begründete Ansprüche wesentlich schneller regulieren.

In jedem Fall ist genauestens zu prüfen, ob die Ansprüche gegen den **Kfz-Haftpflichtversicherer oder** gegen den **Privathaftpflichtversicherer** geltend zu machen sind. Das Haftpflichtversicherungsrecht ist vom Gedanken der Exklusivität geprägt. Die Deckungsbereiche der einzelnen Haftpflichtversicherungsverträge überlappen sich deshalb in keinem Fall. Ein Schadensfall kann nur entweder in der Kfz-Haftpflichtversicherung oder in der Privaten Haftpflichtversicherung zu entschädigen sein.

98 Checkliste zur Mandantsübernahme und Anspruchsverfolgung

- Ermittlung aller für die Mandatsabwicklung erforderlichen Informationen. Insbesondere: Ermittlung des Anspruchsgegners bzw. der Anspruchsgegner. Absolute Priorität hat die Ermittlung eines Haftpflichtversicherers, der die Regulierung des Unfallschadens übernimmt.
- Erste Schreiben: Anforderung der polizeilichen Ermittlungsakte Anspruchsschreiben an den bzw. die Anspruchsgegner (in erster Linie an den gegnerischen Haftpflichtversicherer).
- Sicherung der erforderlichen Beweismittel, insbesondere durch Einsichtnahme in die Ermittlungsakte, Erstellung und Auswertung vorhandener Gutachten und Lichtbilder sowie Anschreiben von Zeugen.
- Kontrollprüfung: Fällt der Schadensfall in den Deckungsbereich der Privaten Haftpflichtversicherung oder der Kfz-Haftpflichtversicherung?
- Erste Beratung des/der Mandanten über mögliche Schadenspositionen. Grundprinzip: Schadensminderungspflicht beachten. Erforderliche Maßnahmen zur Schadensschätzung und -abwicklung sind so schnell wie möglich in die Wege zu leiten.

§ 2 Behandlung von „Auslandsschäden"

Dr. Michael Nugel

A. Übersicht

Mit dem Begriff „Auslandsschäden" sind in diesem Abschnitt sämtliche Verkehrsunfallschäden gemeint, die eine wie auch immer geartete Auslandsberührung aufweisen. Gemeint sind damit folgende Fallkonstellationen: 1
- Verkehrsunfall im Ausland;
- Verkehrsunfall im Inland unter Beteiligung eines ausländischen Kfz;
- Verkehrsunfall im Inland unter Beteiligung eines NATO-Dienstfahrzeugs.

B. Schäden im Ausland

I. Übersicht

Bei der Frage, ob ein Rechtsanwalt ein derartiges Mandat annehmen sollte, ist zu beachten, ob im Hinblick auf das zur Anwendung kommende Recht ausreichende Kenntnisse vorhanden sind. Ggf. stellt sich die Frage, vor welchem Gericht im Streitfall Klage zu erheben ist und ob der Anwalt das Verfahren dann auch weiterhin betreuen kann. Besteht die Möglichkeit, bei Gerichten unterschiedlicher Staaten Klage zu erheben, ist die Möglichkeit eines sog. forum shopping bzw. law shopping zu beachten. 2

II. Erleichterte Korrespondenz durch Einschaltung eines regulierungsbeauftragten Versicherers im Inland

Eine Korrespondenz mit dem ausländischen Versicherer ist bei Unfällen mit Kfz, welche in einem EU-Mitgliedsstaat versichert sind, i.d.R. kein entscheidendes Hindernis mehr: Während früher die Regulierung solcher Schäden oft mit Sprachbarrieren und großem juristischen Aufwand verbunden war, hat nunmehr aufgrund der 4. Kraftfahrthaftpflicht-Richtlinie seit Januar 2003 jeder Versicherer in jedem Mitgliedsland der EU Beauftragte für die Schadenregulierung benannt. Die Richtlinie schließt alle EU-Mitgliedstaaten sowie Island, Norwegen, Liechtenstein und die Schweiz ein. Wer zum Beispiel in Frankreich Opfer eines Verkehrsunfalls wird, kann sich in Deutschland an den Beauftragten der französischen Versicherung des Schädigers wenden. Die Kontaktdaten des zuständigen Beauftragten erfährt der Geschädigte, indem er sich an den Zentralruf der Autoversicherer wendet. 3

Weiterhin ist zu berücksichtigen, dass der ausländische Versicherer, vertreten über ihren „Inlandsbeauftragten" nach § 3a Abs. 1 PflVG innerhalb von drei Monaten nach Antragsstellung auf den geltend gemachten Schaden entweder mit einem Regulierungsangebot oder einer Ablehnung antworten muss. Erfolgt innerhalb dieser Frist keine derartige

Antwort, so kann der Geschädigte die in Deutschland für derartige Fälle eingerichtete Entschädigungsstelle in Anspruch nehmen. In Deutschland wird die Aufgabe der Entschädigungsstelle gem. § 13a PflVG von der Verkehrsopferhilfe e.V. wahrgenommen, deren Adresse wie folgt lautet:

Verkehrsopferhilfe e.V.
Wilhelmstr. 43/43G
10117 Berlin

Telefon: (030) 20 20 5858
Telefax: (030) 20 20 5722

E-Mail: voh@verkehrsopferhilfe.de
www.verkehrsopferhilfe.de

III. Klagemöglichkeit vor dem international zuständigen Gericht

4   Bei einem Unfall mit Auslandsbezug ist zu prüfen, unter welchen Gesichtspunkten sich die internationale Zuständigkeit eines ggf. anzurufenden Gerichts ergibt. Innerhalb der Europäischen Union (EU) und des Europäischen Wirtschaftsraums (EWR, Ausnahme: Dänemark) wird die internationale Zuständigkeit nunmehr durch die Verordnung (EU) Nr. 1215/2012 des europäischen Parlaments und des Rates vom 12.12.2012 über die gerichtliche Zuständigkeit und die Anerkennung und Vollstreckung von Entscheidungen in Zivil- und Handelssachen (EuGVVO, in Kraft getreten am 10.1.2015) geregelt. Diese hat die bisherige EuGVVO aus der Verordnung (EG) Nr. 44/2001 des Rates vom 22.12.2000 abgelöst. Die für die folgenden Ausführungen relevanten Artikel sind jedoch im Wortlaut übernommen worden, so dass die bisherige Anwendung und Rechtsprechung weiterhin Bestand haben werden. Die EuGVVO ist maßgeblich für alle Klagen gegen Beklagte, die in einem EU-Mitgliedsstaat (inzwischen auch für Dänemark[1]) ihren Wohnsitz haben.

Die EuGVVO stellt unmittelbares Gemeinschaftsrecht dar, welches nicht in nationales Recht umgesetzt werden muss.

1. Allgemeiner Gerichtsstand des Wohnortes, Art. 4, 63 EuGVVO

5   Gem. Art. 4 EuGVVO ist das Gericht des Staates zuständig, in dem der Beklagte seinen Wohnsitz hat. Während bei natürlichen Personen der Wohnsitz i.d.R. einfach zu erfassen ist, bestimmt Art. 63 EuGVVO den „Wohnsitz" einer juristischen Person als den Ort, an dem sich ihr satzungsmäßiger Sitz, ihre Hauptverwaltung oder ihre Hauptniederlassung befindet.

---

[1] Dänemark hat mit Abkommen vom 13.3.2013 ausdrücklich die Anwendbarkeit der EuGVVO erklärt (vgl. ABl L 79/4).

2. Besonderer Gerichtsstand der Streitgenossenschaft, Art. 8 Nr. 1 EuGVVO

Die oben dargelegten beiden allgemeinen Gerichtsstände decken sich im Wesentlichen mit den Gerichtsständen der §§ 13, 17 ZPO. Weniger bekannt ist, dass die EuGVVO in Art. 8 Nr. 1 auch den Gerichtsstand der Streitgenossenschaft zulässt. Voraussetzung hierfür ist allerdings eine so enge Beziehung zwischen zwei ansonsten gebotenen Klagen, dass eine gemeinsame Verhandlung und Entscheidung geboten erscheint, um zu vermeiden, dass in getrennten Verfahren sich widersprechende Entscheidungen ergehen könnten. Eine derart enge Beziehung ist immer dann anzunehmen, wenn Fahrer, Halter und Kraftfahrzeughaftpflichtversicherer als Gesamtschuldner verklagt werden und eine gemeinsame Verurteilung angestrebt wird. Der Annahme eines solchen besonderen Sachzusammenhanges steht auch nicht entgegen, dass beide Parteien bereits am Gerichtsstand des Unfallortes verklagt werden können.

Dieser Annexgerichtsstand kann ggf. sogar eine Klage in Deutschland ermöglichen. Insoweit ist zu beachten, dass gem. § 12a Abs. 3 PflVG der in Berlin ansässige Verein Verkehrsopferhilfe bei einem Verkehrsunfall mit Auslandsbezug für die Regulierung zuständig wird, wenn der ausländische Versicherer keinen Inlandsregulierungsbeauftragten benannt hat bzw. dieser nicht innerhalb einer Frist von 3 Monaten eine begründete Antwort zu den angemeldeten Ansprüchen abgibt. In der Literatur wird für diesen Fall die Auffassung vertreten, dass der Verein Verkehrsopferhilfe nicht nur regulierungsbefugt, sondern zugleich auch für eine Klage passivlegitimiert ist.[2] Folgt man dieser Ansicht, könnte die Klage vor einem deutschen Gericht am Geschäftssitz des Vereins in Berlin erhoben werden. Damit wäre zugleich eine Annexzuständigkeit nach Art. 8 Nr. 1 EuGVVO für eine Klage gegen den Fahrer und Halter des gegnerischen Kfz als Streitgenossen vor einem Gericht in Berlin begründet und beide könnten auf diesem Wege ggf. als Zeuge „ausgeschaltet" werden.

▼

Muster 2.1: Internationale Zuständigkeit des Gerichts in Berlin bei Auslandsunfall
Die Zuständigkeit des angerufenen Gerichts ergibt sich aus den Art. 4, 63, 8 Nr. 1 EuGVVO i.V.m § 12a Abs. 3 PflVG. Auf der Passivseite wird der Verein Verkehrsopferhilfe verklagt, der nach § 12a Abs. 3 PflVG passivlegitimiert ist. Seine Passivlegitimation ergibt sich daraus, dass der auf der Beklagtenseite tätige Inlandsregulierungsbeauftragte, die ▓▓▓▓, auf das als Anlage beigefügte Anspruchsanmeldungsschreiben vom ▓▓▓▓ keine begründete Antwort zu den angemeldeten Ansprüchen abgegeben hat. In diesem Fall wird der Verein Verkehrsopferhilfe nicht nur regulierungsbefugt, sondern auch passivlegitimiert (*Backu*, DAR 2003, 149; *Riedmeyer*, zfs 2006, 134; *Nugel*, VRR 2009, 284). Das angerufene Gericht ist an dem Sitz dieses Vereins gem. Art. 2, 60 EuGVVO international zuständig.

---

2 *Backu*, DAR 2003, 149; *Riedmeyer*, zfs 2006, 134.

Die internationale Zuständigkeit des angerufenen Gerichts bzgl. der anderen mitverklagten Partei ergibt sich aus Art. 8 Nr. 1 EuGVVO. Die Parteien sind als Streitgenossen gesamtschuldnerisch zu verklagen, da eine gemeinsame Verhandlung und Entscheidung geboten erscheint, um zu vermeiden, dass in getrennten Verfahren sich widersprechende Entscheidungen ergehen könnten.

3. Besonderer Gerichtsstand des Unfallortes

9   Gem. Art. 7 Nr. 2 EuGVVO können diese Streitgenossen einzeln oder zusammen am Gerichtsstand des Unfallortes, an dem das schädigende Ereignis eingetreten ist, verklagt werden. Entscheidend ist der sog. Eintritt des Primärschadens, nicht aber möglicherweise auftretender Folgeschäden. Zu beachten ist, dass – im Gegensatz zu dem Gerichtsstand der unerlaubten Handlung nach § 32 ZPO – vertragliche Ansprüche nach dem Gerichtsstand des Art. 7 Nr. 2 EuGVVO verfolgt werden können.

4. Besonderer Gerichtsstand am Wohnsitz des Geschädigten

10 Mit der Entscheidung des EuGH vom 13.12.2007 (Az. C 463/06) hat sich nunmehr die Möglichkeit eröffnet, den gegnerischen Kraftfahrzeughaftpflichtversicherer, der seinen Firmensitz innerhalb der EU hat, am Wohnsitz des Geschädigten zu verklagen, wenn in diesem Staat eine „direkte" Klage gegen den Versicherer zugelassen ist.

a) Entscheidung des EuGH vom 13.12.2007

11 Gem. Art. 13 Abs. 2 EuGVVO ist auf eine Klage, die der Geschädigte nach Art. 13 Abs. 1 EUGVVO unmittelbar gegen den Versicherer erhebt, Art. 11 EuGVVO anzuwenden. Nach einer früher in der deutschen Rechtsprechung[3] vertretenen strengen Auffassung war der inländische Geschädigte nicht als Begünstigter des Haftpflichtversicherungsvertrags i.S.d. Art. 11 Abs. 1b EuGVVO eingestuft worden und konnte daher nicht vor einem deutschen Gericht Klage erheben. Der BGH hat dieser Auffassung eine Absage erteilt und sich der Ansicht angeschlossen, wonach eine solche Klage am Wohnort des Geschädigten möglich ist.[4] Zugleich hat der BGH diese Frage dem EuGH zur Entscheidung vorgelegt. Der EuGH hat die Auffassung des BGH bestätigt und legt die oben genannte Verordnung so aus, dass der Geschädigte den ausländischen Versicherer mit EU-Geschäftssitz am Ort seines eigenen Wohnsitzes im Inland verklagen kann, sofern eine solche unmittelbare Klage zulässig ist.[5]

---

3 LG Hamburg, Urt. v. 28.4.2006 – 331 O 109/05 = VersR 2006, 1065.
4 BGH, EuGH-Vorlage v. 26.6.2006 – VI ZR 200/805 = NJW 2007, 71.
5 EuGH, Urteil v. 13.12.2007 – C 463/06 = zfs 2008, 139.

B. Schäden im Ausland §2

Muster 2.2: Internationale Zuständigkeit des Gerichts am Wohnsitz des Geschädigten im Inland

Die internationale Zuständigkeit des angerufenen Gerichts ergibt sich aus den Art. 13 Abs. 2, 11 EuGVVO. Diese Vorschriften sind immer dann anzuwenden, wenn – wie hier – ein ausländischer Versicherer in Anspruch genommen wird, der seinen Geschäftssitz im EU-Ausland hat und nach dem Recht des angerufenen Gerichts eine Direktklage gegen einen Kraftfahrzeughaftpflichtversicherer zulässig ist (EuGH, Urt. v. 13.12.2007 – C 463/06 = zfs 2008, 139). Der durch den Verkehrsunfall Geschädigte hat seinen Wohnsitz unter der Adresse ███ am Ort des angerufenen Gerichts.

Allerdings ist auf diesen besonderen Gerichtsstand nach Art. 13 Abs. 2 EuGVVO die Annexzuständigkeitsregelung des Art. 8 EuGVVO nicht anwendbar: Der Gerichtsstand der Streitgenossenschaft eröffnet nur eine Annexzuständigkeit an dem Gerichtsstand des allgemeinen Wohnsitz.[6] Eine weitere Ausdehnung dieser Norm über ihren Wortlaut hinaus auf den Anwendungsbereich besonderer Gerichtsstände wäre mit der grundsätzlich restriktiven Rechtsprechung des EuGH[7] schwerlich zu vereinbaren.

Muster 2.3: Keine Annexzuständigkeit bei Inlandsklage

Während Art. 13 Abs. 2 i.V.m. Art. 11 Abs. 1 EuGVVO in der Auslegung des EuGH eine Klage auch außerhalb des Landes, in dem der Haftpflichtversicherer seinen Wohnsitz hat ermöglicht, sieht die Verordnung eine solche internationale Zuständigkeit für eine Klage gegen den Versicherungsnehmer des Haftpflichtversicherers, der seinen Wohnsitz im selben Land wie der Haftpflichtversicherer hat, nicht vor. Insbesondere bietet Art. 8 Nr. 1 EuGVVO keine Annexzuständigkeit, um gleichzeitig den Schädiger bzw. Versicherungsnehmer zu verklagen. Nach Art. 8 Nr. 1 EuGVVO kann eine Person, die ihren Wohnsitz im Hoheitsgebiet eines Mitgliedsstaates hat, auch verklagt werden, wenn mehrere Personen zusammen verklagt werden, sofern zwischen den Klagen eine so enge Beziehung gegeben ist, dass eine gemeinsame Verhandlung und Entscheidung geboten erscheint, um zu vermeiden, dass in getrennten Verfahren widersprechende Entscheidungen ergehen könnten. Da der internationale Gerichtsstand am Wohnsitz des Geschädigten allerdings ein besonderer Gerichtsstand ist, während Art. 8 Nr. 1 EuGVVO die Zuständigkeit an den allgemeinen Gerichtsstand eines der Beklagten knüpft („vor dem Gericht des Ortes, an dem einer der Beklagten seinen Wohnsitz hat"), scheidet eine Zuständigkeitserstreckung auf den Schädiger bzw. Versicherungsnehmer aus (BGH, Urt. v. 24.2.2015 – VI ZR 279/14 = NJW 2015, 2429).

Beispielsfall
Der in Hamburg lebende D wird in Antwerpen in den Niederlanden in einen Verkehrsunfall mit einem in Rotterdam wohnhaften Niederländer (N) verwickelt, dessen Kraftfahrzeughaftpflichtversicherung (VR) in Amsterdam ansässig ist, wo zugleich ein

---
6 BGH, Urt. v. 24.2.2015 – VI ZR 279/14 = NJW 2015, 2429.
7 Vgl. EuGH, Urt. v. 13.7.2006 – C-103/05 = NJW-RR 2006, 1568.

Studienfreund des D als Anwalt tätig ist. Der Anspruch des D wird über seinen Anwalt aus Hamburg in Deutschland gegenüber dem Regulierungsbeauftragten der VR in Deutschland nicht innerhalb von 3 Monaten beschieden.

Wenn sich D entscheidet, seine Ansprüche in den Niederlanden vor einem niederländischen Gericht gerichtlich geltend zu machen, stehen ihm folgende Gerichtsstände zur Verfügung: D könnte nunmehr Klage gegen N und dessen VR vor einem niederländischen Gericht in Antwerpen als Gericht des Unfallorts erheben oder auch jeweils N oder VR an dessen Wohn- bzw. Firmensitz verklagen. Reizvoll für D wäre sicherlich die Klage vor einem Gericht in Amsterdam, wo er über einen Kontakt zu einem dort tätigen deutsch-sprechenden Anwalt verfügt. In diesem Fall könnte er die Klage nach Art. 8 Nr. 1 EuGVVO gegen den N als Streitgenossen erweitern, um diesen als „Zeugen" auszuschalten.

D kann jedoch auch in Deutschland an seinem Wohnsitz Klage gegen den ausländischen VR „direkt" erheben. Eine Erweiterung der Klage auf den Fahrer bzw. Halter im Wege der Annexzuständigkeit nach Art. 8 EuGVVO ist in diesem Fall jedoch nicht möglich. Er könnte auch vor einem Berliner Gericht Klage gegen den Verein Verkehrsopferhilfe erheben und diese auf N als Streitgenossen nach Art. 8 Nr. 1 EuGVVO erweitern.

Teilweise wird der Einwand erhoben, dass eine Inlandsklage im Ausland nach dem nationalen Recht des Staats unzulässig wäre, in welchem der Unfall stattgefunden hat. Es müsse dort geklagt werden, um unterschiedliche Ergebnisse zu vermeiden. Dieser Einwand ist unzutreffend.

▼

14 Muster 2.4: Klagebefugnis im Inland aufgrund vorrangigen EU Rechts

Eine Zuständigkeit des angerufenen Gerichts ist gegeben. Die deutschen Gerichte sind für eine Klage gegen den ausländischen Versicherer wegen behaupteter Schäden aus einem Verkehrsunfall international zuständig. Der Geschädigte kann vor dem Gericht des Ortes in einem Mitgliedstaat, an dem er seinen Wohnsitz hat, eine Klage unmittelbar gegen den Versicherer des Schädigers erheben, sofern eine solche unmittelbare Klage zulässig und der Versicherer im Hoheitsgebiet eines Mitgliedstaats ansässig ist (Art. 13 Abs. 2 i.V.m. Art. 11 Abs. 1 lit. b EuGVVO).

Die Einwendungen dagegen gehen fehl. Wäre auch bei einem grenzüberschreitenden Verfahren lediglich eine Klage zulässig, die sowohl gegen den ausländischen Haftpflichtversicherer als auch gegen den seinen Wohnsitz ebenfalls im EU-Ausland habenden Versicherungsnehmer des Haftpflichtversicherers erhoben wird, wäre im Ergebnis nur noch eine Klage am Sitz des Versicherers gegen diesen möglich. Damit wäre bei einem „Vorrang" der Streitgenossenschaft nach ausländischem Recht eine Klage gegen den Haftpflichtversicherer am Wohnsitz des Geschädigten in keinem Fall mehr zulässig. Eine solche Auslegung der Zuständigkeitsregeln der Verordnung stünde mit europäischem Recht aber nicht in Einklang (BGH, Urt. v. 24.2.2015 – VI ZR 279/14 = NJW 2015, 2429; AG Köln, Urt. v. 29.4.2014 – 268 C 89/11 = DAR 2014, 470).

b) Ungeklärte Fragen

Die Entscheidung des EuGH wirft allerdings eine Reihe an weiteren Fragen auf:

Auf welchen Zeitpunkt ist bei der Ermittlung des Wohnsitzes des Geschädigten abzustellen? Den Zeitpunkt des Verkehrsunfalls oder den Zeitpunkt der Klagerhebung?

Wenn der Wohnsitz zum Zeitpunkt der Klage gilt, könnte der Geschädigte ggf. ein sog. forum shopping betreiben, indem er durch einen Wohnortwechsel jeweils ein anderes Gericht anruft und dadurch ggf. ein anderes IPR zur Geltung gelangt. Insoweit ist auch zu bedenken, dass Art. 13 Abs. 2 EuGVVO bereits über den Wortlaut des Art. 11b EuGVVO dahingehend erweitert worden ist, dass auch dem Geschädigten ein Klagerecht an seinem Wohnsitz zugestanden wird. Eine solche Ausnahme sollte jedoch ggf. eng ausgelegt und daher auf den Wohnsitz zum Zeitpunkt des Verkehrsunfalls abgestellt werden. Andererseits dienen die Normen der Art. 11, 13 EuGVVO auch dem sozialen Schutz des betroffenen Personenkreises. Für eine Klage des Versicherungsnehmers gegen den VR nach den §§ 11b, 13 Abs. 2 EuGVVO ist jedenfalls anerkannt, dass zum Schutz des VN auf den Wohnsitz zum Zeitpunkt der Klagerhebung abzustellen ist. Ob dies auch für den Geschädigten eines Verkehrsunfalls gilt bleibt abzuwarten. Die Lösung mag ggf. darin liegen, dem Versicherer einen Arglisteinwand zu gestatten.[8]

▼

Muster 2.5: Internationale Zuständigkeit des Gerichts am Wohnsitz des Geschädigten im Inland bei Wohnsitzwechsel

Die internationale Zuständigkeit des angerufenen Gerichts ergibt sich aus den Art. 13 Abs. 2, 11 EuGVVO. Diese Vorschriften sind immer dann anzuwenden, wenn – wie hier – ein ausländischer Versicherer in Anspruch genommen wird, der seinen Geschäftssitz im EU-Ausland hat und nach dem Recht des angerufenen Gerichts eine Direktklage gegen einen Kraftfahrzeughaftpflichtversicherer zulässig ist (EuGH, Urt. v. 13.12.2007 – C 463/06 – juris = zfs 2008, 139). Der durch den Verkehrsunfall Geschädigte hat seinen Wohnsitz unter der Adresse am Ort des angerufenen Gerichts. Dabei ist auf den oben angeführten Wohnsitz des Betroffenen zum Zeitpunkt der Klagerhebung abzustellen ().

▲

Greifen die vom EuGH zitierten Vorschriften auch ein, wenn Ansprüche des Geschädigten kraft Vereinbarung oder Gesetzes auf Dritte übergehen?

Erfolgt kraft Gesetzes ein Anspruchsübergang auf eine dritte juristische Person (z.B. den Krankenversicherer wegen unfallbedingter Behandlungskosten – vgl. § 116 SGB X bei der gesetzlichen Krankenversicherung oder § 86 VVG bei der privaten Krankenversicherung) ist fraglich, ob Art. 13 Abs. 2 EuGVVO angewendet werden kann. Zu beachten ist dabei auch, dass sich die Möglichkeit eines solches Regressanspruchs aus übergegangenem Recht gem. Art. 85 EGV Nr. 883/2004 nach dem Recht des Staats richtet, dem der Sozialversicherer angehört.[9]

---

[8] *Riedmeyer*, zfs 2006, 134; *Nugel*, VRR 2009, 284.
[9] EuGH, Urt. v. 2.6.1994 – C-428/92 = JZ 1994, 1113. noch zur EWG 1408/71 – vgl. jetzt EGV Nr. 883/2004.

§ 2 Behandlung von „Auslandsschäden"

Der EuGH[10] hat eine Klagebefugnis des Krankenversicherers im Inland abgelehnt. Die Zuständigkeitsregelungen der EuGVVO wären eng und so auszulegen, dass sie nicht abhängig von den Besonderheiten des jeweiligen nationalen Rechts und einem darin vorgesehenen Anspruchsübergang abhängen dürften. Auch wäre der Erwägungsgrund Nr. 18 zur EuGVVO zu berücksichtigen. Dieser lautet wie folgt: „Bei Versicherungs-, Verbraucher- und Arbeitssachen sollte die schwächere Partei durch Zuständigkeitsvorschriften geschützt werden, die für sie günstiger sind als die allgemeine Regelung." Eine Klagebefugnis im Inland würde daher nur dem Geschädigten zustehen, der sich in einer unterlegenen Position gegenüber dem gegnerischen Kraftfahrzeughaftpflichtversicherer befindet. Auch wenn der Sozialversicherungsträger zwar aus übergegangenem Recht einen Anspruch des unmittelbar Geschädigten verfolgt, wäre er trotzdem nicht als unterlegener Geschädigter im Sinne dieser Vorschriften zu verstehen, da ihm grundsätzlich die gleichen Möglichkeiten wie einem privaten Versicherer offen stünden. Auch der Kaskoversicherer ist daher mangels einer unterlegenen Stellung nicht zu einer Inlandsklage berechtigt.[11] Anders ist es, trotz eigener Regulierungspraxis, bei einer Leasinggesellschaft.[12]

18 **Muster 2.6: Keine Klagebefugnis des Kaskoversicherers bei Inlandsklage**
Hat der bei einem Verkehrsunfall im Ausland Geschädigte wegen des Fahrzeugschadens seine Vollkaskoversicherung in Anspruch genommen ist das Gericht seines Wohnsitzes für die Klage des Kaskoversicherers gegen den ausländischen Haftpflichtversicherer nicht gem. Art. 11 Abs. 1, 13 Abs. 2 EuGVVO international zuständig. Dies gilt auch dann, wenn der Geschädigte den Anspruch des Kfz-Kaskoversicherers in gewillkürter Prozessstandschaft geltend macht. Dieses Recht steht nur der schwächeren Partei gegenüber dem Haftpflichtversicherer zu. Der EuGH (EuGH, Urt. v. 17.9.2009 – C 347/08 – juris) stellt maßgeblich darauf ab, dass beispielsweise ein Sozialversicherungsträger im Verhältnis zum Haftpflichtversicherer keine schwächere Partei ist. Dies muss dann erst recht für den Kaskoversicherer gelten. Dieser ist erst recht keine schwächere Partei als der Haftpflichtversicherer, denn Kasko- und Haftpflichtversicherung werden in der Regel von den gleichen Unternehmen angeboten (LG Hamburg, Urt. v. 8.7.2011 – 306 O 349/10 – juris).

19 Wie ist es aber nun bei einem Anspruchsübergang auf andere Personen?

In der Rechtsprechung der deutschen Instanzgerichte hat sich das OLG Celle zu dieser Frage positioniert und dabei anhand der Schutzbedürftigkeit des Geschädigten unterschieden: Verfolgt eine GmbH als Arbeitnehmer aus abgetretenem Recht einen Ersatzanspruch des Geschädigten wegen einem Verdienstausfall würde diese im Verhältnis zu den ausländischen Haftpflichtversicherer aufgrund ihrer unterlegenen Stellung ebenfalls als „Geschädigter" im Sinne der oben genannten Vorschriften zu verstehen sein und

---

10 EuGH, Urt. v. 17.9.2009 – C 347/08 = VersR 2009,1512.
11 EuGH Urt. v. 26.5.2005 – C 77/04 = VersR 2005,1001.
12 OLG Frankfurt a.M., Urt. v. 23.6.2014 – 16 U 224/13 = NJW -RR 2014, 1339.

könnte eine Inlandsklage erheben.[13] Diese unterlegene Stellung würde jedoch dann fehlen, wenn ein Sozialversicherungsträger einen nach § 116 SGB X auf ihn übergegangenem Schadensersatzanspruch verfolgen würde und in diesem Fall wäre der Anwendungsbereich der Art. 13 Abs. 2, 11 Abs. 1 EuGVVO nicht eröffnet.[14] Diese Ansicht entsprach auch der überwiegenden Auffassung in der Literatur.[15] Zu beachten ist allerdings, dass in dem Fall, dass das Gericht seine internationale Zuständigkeit verneint, keine Verweisungsmöglichkeit, sondern allenfalls die Möglichkeit der Klagrücknahme besteht. Hier besteht mithin bei juristischen Personen ein nicht unerhebliches Risiko.

▼

Muster 2.7: Internationale Zuständigkeit des Gerichts am Wohnsitz des Geschädigten bei einer Klage des Arbeitgebers aus übergegangenem Recht

Die internationale Zuständigkeit des angerufenen Gerichts ergibt sich aus den Art. 13 Abs. 2, 11 EuGVVO. Diese Vorschriften sind immer dann anzuwenden, wenn – wie hier – ein ausländischer Versicherer in Anspruch genommen wird, der seinen Geschäftssitz im EU-Ausland hat und nach dem Recht des angerufenen Gerichts eine Direktklage gegen einen Kraftfahrzeughaftpflichtversicherer zulässig ist (EuGH, Urt. v. 13.12.2007 – C 463/06 – veröffentlicht über juris = zfs 2008, 139). Der durch den Verkehrsunfall Geschädigte hat seinen Wohnsitz unter der Adresse am Ort des angerufenen Gerichts.

Vorliegend kann auch die Klägerseite als Arbeitgeber des Geschädigten im Inland Klage nach den o.g. Vorschriften erheben, nachdem ein Anspruchsübergang gem. § 6 Entgeltfortzahlungsgesetz erfolgt ist (OLG Celle, Urt. v. 27.2.2008 – 14 U 211/06 – veröffentlicht über juris). Entscheidend ist insoweit, ob sich die klagende Partei gegenüber dem ausländischen Kraftfahrzeughaftpflichtversicherer in einer unterlegenen Position befindet (EuGH, Urt. v. 17.9.2009 – C 347/08 – juris). Dies ergibt sich im Übrigen auch aus dem Erwägungsgrund Nr. 18 zur EuGVVO, der wie folgt lautet: „Bei Versicherungs-, Verbraucher- und Arbeitssachen sollte die schwächere Partei durch Zuständigkeitsvorschriften geschützt werden, die für sie günstiger sind als die allgemeine Regelung." Dies ist vorliegend bei dem Betrieb der Klägerseite der Fall, da .

Dabei erscheint es vorzugswürdig, im Interesse der Rechtssicherheit, auf das Gericht am Wohnsitz des Geschädigten abzustellen, um sicherzustellen, dass vorhersehbar ist, vor welchem Gericht ggf. eine Klage im Inland erfolgt, ohne dass es auf die Einzelheiten des Anspruchsübergangs und des Sitzes des Arbeitgebers ankommt.

▲

Der EuGH hat im Hinblick auf einen Anspruchsübergang an andere Personen in der oben genannten Entscheidung[16] erkennen lassen, dass ein Legalzessionar der Ansprüche des unmittelbar Geschädigten hingegen, der selbst als schwächere Partei angesehen werden kann, in den Genuss der in diesen Bestimmungen festgelegten besonderen Zuständigkeitsregeln kommt. Insbesondere im Fall eines Rechtserwerbs der Erben wäre diesen die gleiche Stellung wie dem Geschädigten einzuräumen und eine Inlandsklage

---

13 OLG Celle, Urt. v. 27.2.2008 – 14 U 211/06 = NJW 2009, 86.
14 OLG Celle, Urt. v. 27.11.2008 – 5 U 106/08 = VersR 2009, 1426.
15 *Riedmeyer*, zfs 2008, 602; *Nugel*, VRR 2009, 284.
16 EuGH, Urt. v. 17.9.2009 – C 347/08 = VersR 2009, 1512.

§ 2 Behandlung von „Auslandsschäden"

für zulässig zu erachten. Dann bliebe allerdings noch zu entscheiden, ob aus Gründen der Rechtssicherheit gem. dem Wortlaut der Art. 11, 13 Abs. 2 EuGVVO eine Inlandsklage am Wohnsitz des (verstorbenen) Geschädigten erfolgen muss. Dies deshalb, weil nach ständiger Rechtsprechung des EuGH ein informierter, verständiger Beklagter vorhersehen können muss, vor welchem Gericht er außerhalb seines Wohnsitzstaats verklagt werden könnte.[17] Vergleichbar dürfte diese Situation auch bei den Schadenersatzansprüchen unterhaltsberechtigter Personen im Todesfall sein, die sich in einer gleichermaßen unterlegenen Stellung befinden und u.U. sogar selber als „Geschädigte" i.S.d. dieser Vorschriften angesehen werden könnten.

Anders sieht es dagegen aus, wenn sich ein Gewerbetreibender im Rahmen der Unfallregulierung einen Ersatzanspruch zur Sicherheit abtreten lässt (z.B. den Anspruch in Höhe der Sachverständigen- oder Reparaturkosten). Hier hat der EuGH erkennen lassen, dass der neue Forderungsinhaber die Forderung rechtsgeschäftlich ohne zwingende gesetzliche Vorgabe erhält und im Rahmen der restriktiven Auslegung der Schutzvorschriften zur Inlandsklage i.d.R. nicht berechtigt sein dürfte.[18]

21 Für die Prüfung der Befugnis zur Direktklage im Inland kommt es jedenfalls i.d.R. allein auf den Zedenten und nicht den Zessionar an. Zur Inlandsklage ist dabei nur die „schwächere Partei" befugt, was auf eine bundesweit tätige Leasinggesellschaft gegenüber dem ausländischen Versicherer nicht zutrifft.[19]

▼

22 Muster 2.8: Internationale Zuständigkeit des Gerichts am Wohnsitz des Geschädigten bei einer Klage des Erben aus übergegangenem Recht

Die internationale Zuständigkeit des angerufenen Gerichts ergibt sich aus den Art. 13 Abs. 2, 11 EuGVVO. Diese Vorschriften sind immer dann anzuwenden, wenn – wie hier – ein ausländischer Versicherer in Anspruch genommen wird, der seinen Geschäftssitz im EU-Ausland hat und nach dem Recht des angerufenen Gerichts eine Direktklage gegen einen Kraftfahrzeughaftpflichtversicherer zulässig ist (EuGH, Urt. v. 13.12.2007 – C 463/06 = zfs 2008, 139). Der durch den Verkehrsunfall Geschädigte hat seinen Wohnsitz unter der Adresse ▓▓▓▓ am Ort des angerufenen Gerichts.

Vorliegend kann auch die Klägerseite als Erbe des Geschädigten im Inland Klage nach den o.g. Vorschriften erheben, nachdem ein Anspruchsübergang kraft Gesetzes erfolgt ist (vgl. auch OLG Celle, Urt. v. 27.2.2008 – 14 U 211/06 = NJW 2009, 86). Entscheidend ist insoweit, ob sich die klagende Partei gegenüber dem ausländischen Kraftfahrzeughaftpflichtversicherer in einer unterlegenen Position befindet (EuGH, Urt. v. 17.9.2009 – C 347/08 = VersR 2009, 1512). Dies ergibt sich im Übrigen auch aus dem Erwägungsgrund Nr. 18 zur EuGVVO, der wie folgt lautet: „Bei Versicherungs-, Verbraucher- und Arbeitssachen sollte die schwächere Partei durch Zuständigkeitsvorschriften geschützt werden, die für sie günstiger sind als die allgemeine Regelung." Der EuGH hat im Hinblick auf einen Anspruchsübergang an andere Personen in der oben genannten Entscheidung

---

17 EuGH, Urt. v. 13.7.2006 – C 103/05 – Reisch Montage – NJW-RR 2006, 1568.
18 EuGH, Urt. v. 17.9.2009 – C 347/08 = VersR 2009,1512.
19 LG Düsseldorf, Urt. v. 3.11.2014 – 15 O 1/13 – juris.

erkennen lassen, dass ein Erbe ebenso schützenswert ist wie der Geschädigte selber und daher eine Klagebefugnis im Inland besteht.

Dabei ist es vorzugswürdig, im Interesse der Rechtssicherheit auf das Gericht am Wohnsitz des Geschädigten abzustellen, um sicherzustellen, dass vorhersehbar ist, vor welchem Gericht ggf. eine Klage im Inland erfolgt, ohne dass es auf die Einzelheiten des Anspruchsübergangs und des Sitzes des Arbeitgebers ankommt.

▲

Bei der Zustellung der Klage ist zu berücksichtigen, dass nach der vorherrschenden Auffassung in der Literatur[20] der Regulierungsbeauftragte zustellungsbevollmächtigt ist. Dies ergibt sich aus dem Erwägungsgrund 15 der 4. KH Richtlinie, wonach der Regulierungsbeauftragte zwar nicht passiv legitimiert ist, jedoch den ausländischen Versicherer im Gerichtsverfahren vertreten darf. Hierzu dürfte auch bzw. gerade die Zustellung von Klagschriften zählen.

Diese Ansicht hatte sich lange Zeit in der Rechtsprechung allerdings nicht durchgesetzt. 23
Das KG hat eine Zustellungsbevollmächtigung (allerdings ohne nähere Begründung) abgelehnt.[21] Auch das OLG Saarbrücken war der Auffassung, dass sich aus der 4. Kraftfahrzeughaftpflicht-Richtlinie (Richtlinie 2000/26/EG) nicht ergeben würde, dass inländische Regulierungsbeauftragte im EU-Ausland geschäftsansässiger Kfz-Haftpflichtversicherer für Klagen von Unfallgeschädigten, die einen Direktanspruch geltend machen, als zustellungsbevollmächtigt anzusehen wären.[22]

Mit Aufhebung der 4. KH-Richtlinie durch die Richtlinie 2009/103/EG vom 16.9.2009 orientiert sich dieser Streit nunmehr an Art. 21 Abs. 5 dieser Richtlinie und ist vom EuGH mit Urt. v. 10.10.2013 (C-306/12 = NJW 2014, 44) nach Vorlage des LG Saarbrücken[23] entschieden worden. Demnach ist die Schadensregulierungsstelle ermächtigt, Schriftstücke rechtswirksam entgegenzunehmen. Zu den ausreichenden Befugnissen der Regulierungsstelle muss die Zustellungsbevollmächtigung gehören.

Nach bisher h.M. kann der regulierungsbeauftragte Versicherer aber nicht anstelle des 24
im Ausland ansässigen Kraftfahrzeughaftpflichtversicherers oder neben diesem verklagt werden.[24] Diese Einschätzung könnte nun aber bis zu einer endgültigen Entscheidung des EUGH zur Diskussion stehen, nachdem der italienische Kassationshof eine andere Ansicht vertreten hat. Nach dieser Auffassung ist der Schadensregulierungsbeauftragte ein Beauftragter mit gesetzlicher Vertretungsmacht und kann namens und auf Rechnung des Versicherers verklagt werden, um ein gegen den Versicherer vollstreckbares Urteil zu erlangen.[25] Mit diesem Urteil wird also über die Vertretungsbefugnis hinaus auch die Passivlegitimation des Inlandsregulierungsbeauftragten bejaht. Das oberste italienische

---

20 *Riedmeyer*, zfs 2008, 602; *Nugel*, VRR 2009, 284.
21 KG NJW-RR 2008, 1023.
22 OLG Saarbrücken, Urt. v. 9.2.2010 – 4 U 449/09–129 – juris.
23 LG Saarbrücken, EuGH-Vorlage vom 22.6.2012 – 13 S 12/12 = DAR 2012, 465.
24 Vgl. LG Düsseldorf, Urt. v. 22.6.2007 – 22 S 436/06 – juris und *Riedmeyer*, zfs 2008, 602; *Nugel*, VRR 2009, 284 jeweils m.w.N.
25 Ital. Kassationshof, Urt. v. 18.5.2015 – Nr. 10124 = DAR 2015, 474.

Gericht begründet dies mit seiner Auslegung der einschlägigen Gemeinschaftsnormen und hält dabei seine Auslegung nach dem Wortlaut, dem Willen des Gesetzgebers und Sinn und Zweck unter dem Gesichtspunkt der Effektivität des Rechtsschutzes des Geschädigten für so eindeutig, dass es sogar auf eine Vorlage an den EUGH verzichtet. Darin unterscheidet sich sein Verständnis aber grundlegend von der h.M. in der deutschen Rechtsprechung. Diese hat bisher im Einklang mit der Grundsatzentscheidung des EUGH vom 10.10.2013 (C 306.12) lediglich eine Zustellungsbefugnis, nicht jedoch die Möglichkeit einer direkten Klage gegen den Versicherer zugelassen, der für den ausländischen Versicherer bei einem Unfall im Ausland leidglich als Regulierungsbeauftragter im Inland des Geschädigten auftritt. Solange aber der EUGH über diesen Gesichtspunkt nicht zu entscheiden hat, wird – zumindest in Italien – die Möglichkeit einer Direktklage auch gegen den Inlandsregulierungsbeauftragten in Erwägung gezogen werden.

> *Praxistipp*
> Wenn trotzdem eine Zustellung im Ausland verfolgt wird, empfiehlt es sich, die Klage bewusst knapp zu formulieren und im Zweifel auf beigefügte Anlagen zu verweisen, die für die Zustellung nicht übersetzt werden müssen. Etwaige hieraus resultierende Mängel können – ggf. auf Hinweis des Gerichts – mit der nächsten Schriftsatzeingabe in der deutschen Gerichtssprache geheilt werden.

IV. Ermittlung des sachlich anzuwendenden Rechts

25 Ein größeres Hindernis kann das sachlich anzuwendende Recht darstellen. Hierbei ist zu unterscheiden, ob die sog. Rom II-Verordnung eingreift, diese ggf. durch das Haager Übereinkommen (HÜ) verdrängt wird oder der Unfall sich in einem Land ereignet hat, welches nicht der EU angehört und auch dem Haager Übereinkommen nicht beigetreten ist, so dass es bei einer Klage in Deutschland auf die in den Art. 40 ff. EG BGB als IPR geregelten Grundsätze ankommt.

Letztendlich ist dies ist eine Frage des anzuwenden IPR, welches anhand der Rechtsordnung des Staates zu bestimmen ist, dessen Gericht angerufen wird. Im Bereich der EU sind bei der Bestimmung des anzuwendenden sachlichen Rechts grundsätzlich zwei Übereinkommen einschlägig: Die Verordnung vom (EG) Nr. 864/2007 des Europäischen Parlaments und des Rates vom 11.7.2007 über das auf außervertragliche Schuldverhältnisse anzuwendende Recht (Rom II), die seit dem 11.1.2009 Anwendung findet und nach Art. 32 Rom II unmittelbar in allen Mitgliedstaaten gilt sowie das Haager Übereinkommen über das auf Straßenverkehrsunfälle anzuwendende Recht.

1. Anzuwendendes Recht nach Rom II

Bei einem außervertraglichen Schadensersatzanspruch ist nach Rom II im Hinblick auf das anzuwendende sachliche Recht wie folgt zu unterscheiden: **26**

a) Überblick

Welches Recht auf das außervertragliche Schuldverhältnis anzuwenden ist, wird in den Art. 4, 14 Rom II geregelt. **27**

Das nach diesen Vorschriften anzuwendende Recht ist nach Art. 15 Rom II insbesondere maßgebend für
(1) den Grund und den Umfang der Haftung einschließlich der Bestimmung der Personen, die für ihre Handlungen haftbar gemacht werden können;
(2) die Haftungsausschlussgründe sowie jede Beschränkung oder Teilung der Haftung;
(3) das Vorliegen, die Art und die Bemessung des Schadens oder der geforderten Wiedergutmachung;
(4) die Übertragbarkeit einschließlich der Vererbbarkeit und die Bestimmung der Personen, die einen Anspruch haben und
(5) die Frage der Verjährung incl. Hemmung.

Nach Art. 22 Rom II ist dieses Recht auch anzuwenden, soweit es gesetzliche Vermutungen aufstellt oder die Beweislast regelt. Bei einem Unfall, der deutschem Recht unterliegt, kann dies von besonderer Bedeutung sein, da im deutschen Verkehrsrecht der Anscheinsbeweis für typische Verstöße gegen die StVO vielfach die Beurteilung eines Verkehrsunfalls entscheidet, während in anderen Rechtsordnung derart weitreichende Beweiserleichterungen i.d.R. nicht bekannt sind.

Zudem ist nach Art. 21 Rom II eine einseitige Rechtshandlung, die ein außervertragliches Schuldverhältnis betrifft, gültig, wenn sie der Form des Rechts des Staats erfüllt, in dem sie vorgenommen worden ist. Wird bei einem Unfall im Ausland in einem europäischen Unfallbericht ein konkreter Unfallablauf festgehalten, ist im Anwendungsbereich von Rom II zu untersuchen, ob das nach diesem Abkommen anzuwendende Recht diesen Unfallbericht als einseitige Rechtshandlung i.S.d. Art. 21 Rom II anerkennt und dementsprechend ein verbindliches Anerkenntnis vorliegen kann (wie dies derzeit z.B. im französischen Recht der Fall sein kann).

Hiervon ist die Frage zu unterscheiden, welche Sicherheitsvorschriften (insbesondere Straßenverkehrsregeln) zur Anwendung gelangen. Bei der Beurteilung des Verhaltens der Person, deren Haftung geltend gemacht wird, sind nach Art. 17 Rom II faktisch und soweit angemessen die Sicherheits- und Verhaltensregeln zu berücksichtigen, die an dem Ort und zu dem Zeitpunkt des haftungsbegründenden Ereignisses in Kraft sind.

Problematisch ist die Frage, welcher Maßstab an die Überzeugungsbildung des Gerichts nach welchem Prozessrecht einschlägig ist, wenn im Inland Klage erhoben wird.

§ 2 Behandlung von „Auslandsschäden"

Muster 2.9: Erleichterter Beweismaßstab des § 287 ZPO bei Inlandsklage

28 Wird ein Schadenersatzanspruch aus einem Verkehrsunfall, der sich nach ausländischem Sachrecht richtet, als Direktanspruch gegen den ausländischen Haftpflichtversicherer vor einem deutschen Gericht geltend gemacht, ist § 287 ZPO bei der Bemessung des Schadens anwendbar. Dies deshalb, da sich das Beweismaß nach den Regeln des deutschen Zivilprozessrechts als dem Recht am Ort des angerufenen Gerichts (lex fori) richtet (vgl. bereits BGH, Urt. v. 27.4.1977 – VIII ZR 184/75; LG Saarbrücken, Urt. v. 9.3.2012 – 13 S 51/11, DAR 2012, 265; a.A. LG Hanau, Urt. v. 9.6.2011 – 4 O 28/09). Anders als die Regeln zur Darlegungs- und Beweislast, die materielle Rechtssätze darstellen, handelt es sich bei den Vorschriften, die das Beweismaß regeln, um Normen des Verfahrensrechts. Nach § 287 Abs. 1 ZPO reicht für die richterliche Überzeugung eine überwiegende, allerdings auf gesicherter Grundlage beruhende Wahrscheinlichkeit eines Schadens aus (BGH, Urt. v. 6.8.2004 – VI ZR 230/03 = VersR 2004, 1477).

b) Bestimmung des anzuwendenden Rechts

29 In den Art. 4, 14 Rom II sind verschiedene Regelungen zur Bestimmung des anzuwendenden Rechts vorgesehen.

aa) Grundregel: Recht des Schadensortes (Art. 4 Abs. 1 Rom II)

30 Ansprüche des geschädigten EU-Staatsbürgers aus unerlaubter Handlung oder der Gefährdungshaftung unterliegen nach Art. 4 Abs. 1 Rom II grundsätzlich dem Recht des Staates, in dem der Schaden eintritt, unabhängig davon, in welchem Staat das schadensbegründende Ereignis oder indirekte Schadensfolgen eingetreten sind.

31 **Muster 2.10: Geltung des deutschen Rechts wegen des Schadensortes einschließlich Regeln über den Anscheinsbeweis nach Rom II i.V.m. deutschem materiellen Verkehrsrecht**

Vorliegend gelangt das deutsche materielle Verkehrsrecht gem. Art. 4 Nr. 1 Rom II zur Geltung, da der Primärschaden am Unfallort in ▬▬▬ eingetreten ist und eine Ausnahme der Art. 4 Nr. 2, 3 Rom II nicht eingreift. Die Rom II-Verordnung gilt seit dem 11.1.2009 nach Art. 32 Rom II unmittelbar in allen Mitgliedstaaten. Gem. Art. 22 Rom II ist das so bestimmte deutsche Recht auch anzuwenden, soweit es gesetzliche Vermutungen aufstellt oder die Beweislast regelt, so dass die in der deutschen Rechtsprechung entwickelten Grundsätze des Anscheinsbeweises ebenfalls anzuwenden sind.

bb) Recht des einheitlichen gewöhnlichen Aufenthaltsortes (Art. 4 Abs. 2 Rom II)

32 Wenn der Verkehrsunfall im Ausland stattgefunden hat, kann **ausnahmsweise inländisches Recht** auf die Abwicklung des Schadensfalls anwendbar sein. Haben nämlich die Person, deren Haftung geltend gemacht wird, und die Person, die geschädigt wurde, zum Zeitpunkt des Schadenseintritts ihren gewöhnlichen Aufenthalt in demselben Staat,

so unterliegt die unerlaubte Handlung nach Art. 4 Abs. 2 Rom II dem Recht dieses Staates.

> *Beispielsfall*
> Ein niederländischer Staatsbürger wird mit seinem Fahrzeug in Düsseldorf in einen Verkehrsunfall mit einem deutschen Staatsbürger verwickelt, der seinen ständigen Wohnsitz zum Zeitpunkt des Unfalls aufgrund seiner Arbeit für einen mehrjährigen Zeitraum in Amsterdam hat. Der gemeinsame Wohnsitz in den Niederlanden begründet die Anwendbarkeit des niederländischen sachlichen Rechts, wenn in Deutschland Klage erhoben wird und Rom II zur Geltung kommt.

cc) Engere Verbindung zu dem inländischen Recht (Art. 4 Abs. 3 Rom II)

Ergibt sich aus der Gesamtheit der Umstände, dass die unerlaubte Handlung eine offensichtlich engere Verbindung mit einem anderen als dem in den § 4 Abs. 1 oder 2 ROM II bezeichneten Staat aufweist, so ist das Recht dieses anderen Staates anzuwenden. Eine offensichtlich engere Verbindung mit einem anderen Staat könnte sich insbesondere aus einem bereits bestehenden Rechtsverhältnis zwischen den Parteien in Form eines Vertrags ergeben, das mit der betreffenden unerlaubten Handlung in enger Verbindung steht (Art. 4 Abs. 3 S. 2 Rom II).

> *Beispielsfall*
> Der in Hamburg lebende deutsche Staatsbürger D reist in einem polnischen Reisebus nach Warschau, wo ein Unfall passiert und der D verletzt wird. Wenn der Beförderungsvertrag deutschem Recht unterliegt, ist der Anwendungsbereich des Art. 4 Abs. 3 Rom II ermöglicht und es gilt deutsches Recht.

In der deutschen Rechtsprechung ist darüber hinaus eine derartige enge Verbindung angenommen worden, wenn erstens der Geschädigte seinen gewöhnlichen Aufenthaltsort in Deutschland hat und zweitens beide unfallbeteiligte Kfz[26] oder zumindest das Fahrzeug des Schädigers bei einem deutschen Kraftfahrzeughaftpflichtversicherer versichert sind. In diesem Fall ist die Versicherung gerade auf den Standard des deutschen Rechts zugeschnitten und dem Geschädigten, der seinen ständigen Wohnsitz in Deutschland aufweist, entsteht durch die Anwendung des deutschen Rechts kein Nachteil.

▼

Muster 2.11: Geltung des deutschen Rechts wegen einer engeren Beziehung zwischen der unerlaubten Handlung und diesem Recht

Vorliegend gelangt das deutsche materielle Verkehrsrecht gem. Art. 4 Nr. 3 Rom II zur Geltung, da die unerlaubte Handlung eine engere Verbindung i.S. dieser Vorschrift zum deutsche materiellen Verkehrsrecht aufweist. Dies ist in der Rechtsprechung zu den ähnlich gelagerten Vorschriften der Art. 40 ff. EGBGB auch dann bejaht worden, wenn der Geschädigte seinen Wohnsitz in Deutschland hat und die unfallbeteiligten Fahrzeuge in Deutschland versichert sind (LG Berlin, Urt. v. 8.4.2002 – 58 S 269/01 = NJW-RR 2002, 1107). Auf den Wohnsitz der Schädigerseite kommt es insoweit daher nicht an.

---

[26] LG Berlin, Urt. v. 8.4.2002 – 58 S 269/01 = NJW-RR 2002, 1107.

§ 2 Behandlung von „Auslandsschäden"

Hier hat der Geschädigte seinen Wohnsitz in und beide unfallbeteiligten Pkw sind in Deutschland versichert.

▲

dd) Vereinbartes Recht (Art. 14 Rom II)

36 Gem. Art. 14 Abs. 1 Rom II können die Parteien auch nach dem Unfall vereinbaren, welches sachliche Recht zur Anwendung gelangen soll. Diese Vereinbarung geht den oben genannten Vorschriften vor, lässt den Übergang von Ansprüchen auf Dritte allerdings unberührt. Kann so eine Vereinbarung außergerichtlich nicht erzielt werden, mag es sich unter dem Gesichtspunkt der Prozessökonomie anbieten, eine derartige Verständigung im Prozess im Hinblick auf die Anwendung des materiellen Rechts des angerufenen Gerichts im Inland zu erzielen.

▼

37 **Muster 2.12: Anregung zu einer Vereinbarung über die Anwendung des materiellen Rechts**

Wir regen an, dass eine Verständigung über die Anwendung des materiellen Rechts nach Art. 14 Rom II erfolgt. Sollte dagegen vorliegend das ausländische Recht des Unfallorts zur Anwendung gelangen, wäre ggf. die Einholung eines Rechtsgutachtens geboten, welches Kosten in einer Höhe veranlassen würde, die im Bereich von mehreren Tausend EUR liegen und den hiesigen Streitwert weit übersteigen würden. Zudem wäre mit einer erheblichen Verzögerung des Rechtsstreits zu rechnen. Eine Verständigung über die Anwendung des materiellen Rechts des angerufenen Gerichts dürfte unter dem Gesichtspunkt der Prozessökonomie vorzugswürdig sein.

▲

38 Es ergibt sich also folgende **Prüfungsreihenfolge**:

Maßgeblich ist nach Art. 4 Abs. 1 Rom II in erster Linie das sachliche Recht des Ortes, an dem der Schaden eingetreten ist, es sei denn, es greift eine der nachfolgenden Ausnahmen in folgender Reihenfolge ein:
(1) Vereinbarung der Parteien über das anzuwendende sachliche Recht nach Eintritt des Schadensfalles (Art. 14 Rom II) – zwingend vorrangig
(2) Offensichtlich engere Verbindung mit dem Recht eines anderen Staates (Art. 4 Abs. 3 Rom II) – vorrangig gegenüber Art. 4 Abs. 1 u. 2 Rom II
(3) Recht des Staates, in dem die beteiligten Personen ihren gewöhnlichen Aufenthalt haben (Art. 4 Abs. 2 Rom II) – vorrangig gegenüber Art. 4 Abs. 1 Rom II

Einen Sonderfall stellt die Prüfung dar, ob die Grundsätze des Anscheinsbeweises zum Tragen kommen, die nicht in jeder Rechtsordnung anerkannt sind.

▼

39 **Muster 2.13: Keine Anwendung des Anscheinsbeweises nach den Regeln der ZPO**
Das erkennende Gericht hat gem. Art. 22 Abs. 1 Rom-II-VO die Beweislastregelungen und gesetzlichen Vermutungen des ausländischen Rechts zu beachten, auch wenn diese in der ausländischen ZPO geregelt sind. Durch den autonom auszulegenden Art. 22 Abs. 1 Rom-II-VO sind Beweislastregeln als materiell-rechtliche Vorschrift anzusehen,

auch wenn deren Rechtsnatur im nationalen Recht als prozessrechtlich angesehen wird (AG Geldern, Urt. v. 27.10.2010 – 4 C 356/10 – juris). Gem. Art. 22 Abs. 1 Fall 2 Rom-II-VO hat das erkennende Gericht nicht nur die gesetzlich festgeschriebenen Beweislastregeln des ausländischen Rechts anzuwenden, sondern auch die in der dortigen Rechtspraxis aufgestellten tatsächlichen Vermutungen, auf die die Rechtsprechung aufgrund der Lebenserfahrung einen Anscheinsbeweis gründet (MüKo/*Junker*, BGB, 5. Aufl. 2009, Art. 22 Rom-II-VO Rn 8). Wendet ein deutsches Gericht ausländisches Recht an, hat es dabei nicht nur den Gesetzeswortlaut zu beachten, sondern auch die Rechtswirklichkeit dieser Vorschriften, die sich insbesondere aus deren Anwendung in der ausländischen Rechtsprechung ergibt.

Es gilt zu der Prüfung, ob die Grundsätze des Anscheinsbeweises Anwendung finden, mithin das Recht des Staates ▬▬▬. Danach gelten folgende Grundsätze: ▬▬▬.

Diese Ansicht ist aber umstritten. Es lässt sich auch mit dem nachfolgenden Muster das genaue Gegenteil vertreten.

▼

Muster 2.14: Anwendung des Anscheinsbeweises nach den Regeln der ZPO   40

Der nach deutschem Recht anerkannte Anscheinsbeweis bei einem Unfall – so z.B. im Kreuzungs- oder Einmündungsbereich – gilt auch bei Anwendung ausländischen Verkehrsrechts (LG Saarbrücken, Urt. v. 25.6.2015 – 13 S 5/15 – juris mit Hinweis auf BGH, Urt. v. 4.10.1984 – I ZR 112/82). Die Anwendbarkeit des Anscheinsbeweises bestimmt sich in Verfahren mit internationalem Bezug nicht nach dem ausländischen Sachrecht (lex causae), sondern nach den Regeln des deutschen Zivilprozessrechts als dem Recht am Ort des angerufenen Gerichts (lex fori) (vgl. BGH, Urt. v. 4.10.1984 – I ZR 112/82 = NJW 1985, 554; LG Saarbrücken, Urt. v. 11.5.2015 – 13 S 21/15 = NJW 2015, 2823; LG Saarbrücken, Urt. v. 13.2.2015 – 13 S 203/15; *Prütting*, in: MüKo-ZPO, Rn 50, 55). Dies wird zutreffend damit begründet, dass es sich beim Anscheinsbeweis um eine Beweiswürdigungsregel handelt, mithin um eine Norm des Verfahrensrechts, die den Richter berechtigt und verpflichtet, die durch Erfahrungssätze begründete Wahrscheinlichkeit für das Vorliegen einer behaupteten Tatsache zur Überzeugungsbildung und damit zum Beweis ausreichen zu lassen (Vgl. auch *Rosenberg/Schwab/Gottwald*, Zivilprozessrecht, 17. Aufl., § 113 Rn 16).

Danach gelten folgende Grundsätze: ▬▬▬.

2. Haager Übereinkommen

Rom II dürfte das Ziel, europaweit für ein einheitliche Grundsätze bei der Bestimmung   41 des sachlich anzuwendenden Rechts zu sorgen, nur begrenzt erreichen, da nach Art. 28 Abs. 1 Rom II das Haager Übereinkommen über das auf Straßenverkehrsunfälle anzuwendende Recht (HÜ) dieser Verordnung vorgeht. Es ist also genau zu prüfen, ob der Staat, in dem das angerufene Gericht liegt, das HÜ unterzeichnet hat, welches Rom II vorgeht.

§ 2 Behandlung von „Auslandsschäden"

42 Folgende Vertragsstaaten haben das Haager Übereinkommen über das auf Straßenverkehrsunfälle anzuwendende Recht vom 4.5.1971 unterzeichnet (in Klammern ist jeweils das Inkrafttreten angegeben – Stand: Dezember 2015):
- Belarus (15.6.1999),
- Belgien (3.6.1975),
- Bosnien und Herzegowina (16.12.1975),
- Frankreich (3.6.1975),
- Kroatien (16.12.1975),
- Lettland (15.10.2000),
- Litauen (24.3.2002),
- Luxemburg (13.12.1980),
- Marokko (25.6.2010),
- Mazedonien (16.12.1975),
- Montenegro (16.12.1975),
- Niederlande (30.12.1978),
- Niederlande-Aruba (1.1.1986),
- Österreich (3.6.1975),
- Polen (28.5.2002),
- Schweiz (2.1.1987),
- Serbien (16.12.1975),
- Slowakei (11.7.1976),
- Slowenien (16.12.1975),
- Spanien (21.11.1987),
- Tschechien (11.7.1976),
- Ukraine (18.12.2011).

Die Bundesrepublik Deutschland ist dem Übereinkommen bisher nicht beigetreten. Gem. Art. 11 wird es jedoch von den Vertragsstaaten auch gegenüber Nichtvertragsstaaten angewandt.

▼

43 Muster 2.15: Anwendung des Haager Übereinkommens
Vorliegend gelangt das Haager Übereinkommen über das auf Straßenverkehrsunfälle anzuwendende Recht vom 4.5.1971 zur Geltung (HÜ). Dieses Abkommen geht auch gem. Art. 28 Abs. 2 Rom II der Rom II-Verordnung vor. Nach dem Recht des angerufenen Gericht ist auf das Haager Übereinkommen abzustellen, dem der Staat ▬▬▬ am ▬▬▬ beigetreten ist. Gem. Art. ▬▬▬ HÜ ist vorliegend das Recht das ▬▬▬ materielle Recht anzuwenden, da ▬▬▬.

▲

44 In den meisten Fällen dürfte eine Anwendung von Rom II und HÜ keinen wesentlichen Unterschied ausmachen. Das HÜ sieht in Art. 3 vor, dass das Recht des Staats zur Anwendung gelangt, in dessen Hoheitsgebiet sich der Unfall ereignet hat (Tatortprinzip – das Ereignis, nicht jedoch der Primärschaden entscheidet). Nach Art. 7 HÜ sind (wie nach Art. 17 Rom II) die am Ort und zur Zeit des Unfalls geltenden Verkehrs- und Sicherheitsvorschriften zu berücksichtigen. Tritt der entscheidende Schaden aber als Primärschaden erst an einem anderen grenzüberschreitenden Ort ein (z.B. im Zusammenspiel mit einem anderen Ereignis), wären unterschiedliche Rechtsordnungen je nach Rom II oder HÜ anzuwenden.

Die von diesem Grundsatz vorgesehenen Ausnahmen nach dem HÜ sind andere als in der Rom II-Verordnung. Eine Vereinbarung über das anzuwendende sachliche Recht sieht das HÜ anders als Rom II in Art. 14 nicht vor. Auch die Ausnahme des gemeinsamen Aufenthaltsorts findet sich im HÜ nicht. Es gelten vielmehr die in Art. 4 HÜ niedergelegten Ausnahmen. **45**

Bei einem Unfall, an dem nur ein Fahrzeug beteiligt ist und das Fahrzeug in einem anderen als dem Staat des Unfallortes zugelassen ist, ist nach Art. 4a) des HÜ das Recht des Zulassungsstaats anzuwenden: **46**
(1) bei einem Anspruch gegen den Führer, Halter oder Eigentümer des Fahrzeugs,
(2) bei einem Anspruch eines Fahrgastes, wenn er seinen gewöhnlichen Aufenthalt in einem anderen Staat als dem Staat des Unfallortes hatte,
(3) bei einem Anspruch gegen eine Person außerhalb des Fahrzeugs, wenn diese ihren Aufenthaltsort auch in dem Zulassungsstaat hat.

Bei einem Unfall, an dem mehrere Fahrzeuge beteiligt sind, können gegen einen Führer, Halter oder Eigentümer eines Kfz nach Art. 4 a) HÜ nur dann Ansprüche geltend gemacht werden, wenn nach Art. 4 b) HÜ alle Fahrzeuge in diesem Staat zugelassen sind. Handelt es sich um den Anspruch eines Geschädigten außerhalb des Fahrzeugs, muss dieser ebenfalls in dem gleichen Staat seinen Wohnsitz haben (Art. 4 c) HÜ). **47**

Geht es um Ansprüche wegen beförderter Gegenstände sieht Art. 5 HÜ wiederum weitere Ausnahmen vor. Gleiches gilt für beschädigte Gegenstände außerhalb der beteiligten Fahrzeuge. **48**

3. Wahlrecht des Geschädigten und „forum shopping" sowie „law shopping"

Greifen die Grundsätze der oben genannten EuGH-Rechtsprechung ein, steht dem Geschädigten ein Wahlrecht zu. Er kann den ausländischen VR in den meisten Fällen auch an dessen Firmensitz oder am Unfallort im Ausland verklagen. Es wird also im Einzelfall zu prüfen und abzuwägen sein, welche Vorgehensweise für den Geschädigten am günstigsten ist. Diese Erwägungen sind auch für den VR des Unfallgegners von entscheidender Bedeutung, der die eigenen Haftungsrisiken zu beurteilen und Rückstellungen zu bilden hat, die je nach betroffener Rechtsordnung anders ausfallen können. **49**

Unter Umständen ergibt sich so die Möglichkeit für den Geschädigten, über die Auswahl des Gerichtsstands im Rahmen des sog. forum shopping auch das sachlich anzuwendende Recht zu bestimmten. Zur Bestimmung des anzuwendenden Rechts gilt das IPR des Staates, in dem das angerufene Gericht liegt. Je nachdem, ob der Staat das HÜ unterzeichnet hat, gelangt dieses Abkommen oder sonst die Rom II-Verordnung zur Anwen- **50** dung. Die sich hieraus ergebenden Möglichkeiten sind beispielhaft anhand zweier Unfallkonstellationen der Nachbarschaftsländer Polen und Deutschland darzulegen. Polen hat das HÜ unterzeichnet, Deutschland jedoch nicht. Dies kann zu erstaunlich anmutenden Ergebnissen führen:

> *Beispielsfall*
> Der in Polen lebende Student P fährt mit einem in Holland zugelassenen Reisebus nach Rotterdam. Der Beförderungsvertrag mit dem holländischen Busunternehmen wird in Polen abgeschlossen. Auf der Höhe von Berlin in Deutschland geschieht ein Unfall, bei dem der Bus wegen Übermüdung des Fahrers von der Straße abkommt und der P verletzt wird.
> Erfolgt die Klage vor einem deutschen Gericht am Unfallort in Berlin gilt Rom II. Grundsätzlich wäre deutsches Recht nach Art. 4 Abs. 1 Rom II anzuwenden. Es greift aufgrund des Beförderungsvertrags, der polnischem Recht unterliegt, aber Art. 4 Abs. 3 Rom II und es gilt polnisches Recht. Erfolgt die Klage in Holland oder Polen, greift dagegen das HÜ ein. Grundsätzlich wäre danach auch wieder deutsches Recht als Recht des Unfallorts anzuwenden. Jedoch dürfte die Ausnahme des Art. 4a) HÜ eingreifen, da der Bus in Holland, d.h. einem anderen Staat als dem Staat des Unfallortes, zugelassen ist und der verletzte Fahrgast ebenfalls nicht in dem Staat des Unfallorts wohnhaft ist. Nach Art. 4a) HÜ kommt sowohl bei der Klage in Polen wie auch in Holland das holländische Recht zur Anwendung.

51 Für den Geschädigten mag eine solche Unterscheidung geboten sein, wenn er durch die Wahl des angerufenen Gerichts zugleich das sachlich anzuwendende Recht bestimmt und dabei je nach einschlägigem Recht unterschiedliche Ergebnisse auftreten.

> *Beispielsfall*
> Der in Berlin wohnende deutsche Staatsbürger wird in Polen in einem Verkehrsunfall mit dem polnischen Staatsbürger P verwickelt, der als „Gastarbeiter" in Deutschland seinen gewöhnlichen Aufenthalt hat. Beide Fahrzeugführer beschuldigen sich gegenseitig, unachtsam einen Fahrstreifenwechsel verursacht zu haben. Zeugen gibt es keine und das konkrete Unfallgeschehen wird voraussichtlich nicht über Sachverständigengutachten aufgeklärt werden können.
> Wenn D seine Ansprüche gerichtlich durchsetzen muss, stehen ihm Gerichtsstände in Polen am Unfallort bzw. Firmensitz des polnischen VR und in Deutschland an seinem Wohnsitz oder dem Wohnsitz des P zu. Bei letzterem Gerichtsstand könnte auch der polnische VR im Wege der Annexzuständigkeit nach Art. 8 EuGVVO in Anspruch genommen werden. Bei einer Klage in Polen kommt das HÜ zur Anwendung und es gilt polnisches Verkehrsrecht. Nach polnischem Recht besteht eine Haftung bei einem Unfall unter zwei Fahrzeugen nur dann, wenn der Gegenseite ein Verschulden nachgewiesen werden könnte. D würde mithin keinen Schadensersatz erhalten. Klagt er dagegen in Deutschland, greift die Rom II-Verordnung ein und es ist aufgrund des gemeinsamen Aufenthaltsorts nach Art. 4 Abs. 2 Rom II deutsches Recht anzuwenden. Dies führt bei Annahme eines unaufklärbaren Unfallgeschehens

dazu, dass D seine Ansprüche aufgrund der Gefährdungshaftung aus den §§ 7, 17 StVG zur Hälfte ersetzt erhält. Die Wahl des Gerichtsstandes entscheidet zugleich darüber, ob D Chancen hat, seinen Ersatzanspruch (wenigstens zur Hälfte) durchzusetzen.

Für die beteiligten Parteien kann es daher auch interessant sein, jeweils die Ergebnisse nach beiden Rechtsordnungen gegenüberzustellen und eine Vereinbarung über das anzuwendende materielle Recht zu treffen, welches für die jeweilige Partei günstig ist. Für den Geschädigten besteht so die Möglichkeit des „law shopping".

4. Anwendung des Art. 40 EGBGB

Gelangt weder die Rom II-Verordnung noch das Haager Übereinkommen zur Geltung, richtet sich die Anwendung des materiellen Rechts bei einer Klage in Deutschland nach den Art. 40 ff. EGBGB.

Auch hier gilt grundsätzlich das sog. **Tatortprinzip gem.** Art. 40 Abs. 1 EGBGB. Ansprüche aus unerlaubter Handlung wie auch der Gefährdungshaftung unterliegen nach Art. 40 Abs. 1 BGB grundsätzlich dem Recht des Staates, in dem der Schädiger gehandelt hat.

Auch wenn der Verkehrsunfall im Ausland stattgefunden hat, kann **ausnahmsweise Deutsches Recht** nach den Art. 40 ff. EGBGB auf die Abwicklung des Schadensfalls anwendbar sein. Dies ist nach dem für Auslandsunfälle seit 1999 geltenden Art. 40 Abs. 2 EGBGB dann der Fall, wenn beide Unfallbeteiligten ihren gewöhnlichen Aufenthaltsort zum Zeitpunkt des Schadensereignisses in Deutschland hatten. Mit der erfolgten Neuregelung dieser Vorschrift ist die alte Rechtsprechung nicht mehr zu beachten, wonach kraft Richterrechts bestimmte Gemeinsamkeiten wie der Wohnort im gleichen Staat und weitere Indizien vorhanden sein mussten, um das Tatortprinzip zu durchbrechen. Demzufolge ist es für die Anwendung deutschen Schadensersatzrechtes in diesen Fällen nicht mehr erforderlich, dass die Fahrzeuge beider Unfallbeteiligten in Deutschland versichert sind. Verletzt ein Deutscher im Ausland einen anderen deutschen Staatsbürger ist deutsches Recht anzuwenden.[27]

Bei Inanspruchnahme eines europäischen Kraftfahrzeughaftpflichtversicherers ist ferner zu berücksichtigen, dass nach der sog. Asienklausel in den meisten Versicherungen kein Versicherungsschutz für Verkehrsunfälle besteht, welche sich außerhalb der östlichen Ländergrenzen Europas ereignen. Beispielsweise wird die Grenze zu dem (nicht vom Versicherungsschutz erfassten) asiatischen Bereich innerhalb der Türkei mit dem Überqueren des Bosporus gezogen.

Die Frage des örtlich zuständigen Gerichtes richtet sich in den Fällen des Art. 40 Abs. 2 EGBGB ebenfalls nach deutschem Recht. Ein besonderer gemeinsamer Gerichtsstand für den gegnerischen Unfallbeteiligten und dessen Kraftfahrzeughaftpflichtversicherung

---

27 OLG Hamm, Urt. v. 7.5.2001 – 27 U 209/00 = VersR 2002, 318.

findet sich insoweit nach den § 32 ZPO, § 20 StVG bei dem am Unfallort zuständigen ausländischen Gericht. Ungeachtet dessen kann jeweils der Anspruchsgegner gem. dem Wahlrecht des Gläubigers (§ 35 ZPO) an seinem Wohnort bzw. die Versicherung an ihrem Firmensitz nach den §§ 12, 17 ZPO verklagt werden.

57 In einer besonderen Ausnahmekonstellation kann auch bei einem Auslandsunfall von Unfallbeteiligten, die nicht ihren ständigen Wohnsitz in Deutschland haben, deutsches Recht Anwendung finden. Nach Art. 41 Abs. 1 EGBGB ist dies der Fall, wenn der Verkehrsunfall mit dem deutschen Recht eine engere Verbindung aufweist als mit dem Recht, welches am Unfallort gilt. Eine derartige enge Verbindung lässt sich bejahen, wenn erstens der Geschädigte seinen gewöhnlichen Aufenthaltsort in Deutschland hat und zweitens beide unfallbeteiligten Kfz[28] oder zumindest das Fahrzeug des Schädigers bei einem deutschen Kraftfahrzeughaftpflichtversicherer versichert ist. In diesem Fall ist die Versicherung gerade auf den Standard des deutschen Rechts zugeschnitten und dem Geschädigten, der seinen ständigen Wohnsitz in Deutschland aufweist, entsteht durch die Anwendung des deutschen Rechts kein Nachteil.

C. Checklisten zum materiellen Verkehrsrecht und weiteren Besonderheiten der Unfallregulierung in ausgewählten Nachbarstaaten Deutschlands

58 Es ist daher unerlässlich, bei einem Auslandsunfall das materielle ausländische Verkehrsrecht zumindest in einem Überblick zu kennen. Folgende materielle Rechtsordnungen unserer europäischen Nachbarn sind daher im Überblick wie folgt zu skizzieren und es wird wegen der näheren Einzelheiten auf die einschlägige Fachliteratur[29] verwiesen bzw. die Betreuung des Falls durch einen in dieser Rechtsordnung tätigen Anwalt angeraten:

I. Checkliste bei einem Verkehrsunfall in Belgien

59 Folgende Besonderheiten sind bei dem Ersatz eine Schadensersatzanspruchs nach belgischem Schadensersatzrecht bei einem Verkehrsunfall zu beachten:

1) Gefährdungs- und Verschuldenshaftung

Grundsätzlich gilt, dass Schadensersatz gem. Art. 1382 ff. des ZGB nur bei einem Verschulden zu leisten ist, wobei bei einem technischen Defekt ein widerlegbares Verschulden vermutet wird.[30] Zu Gunsten von Fußgängern und Radfahrern, aber auch Beifahrern im Kfz besteht bei Personenschäden eine verschuldensunabhängige Gefährdungshaftung.

---

[28] LG Berlin, Urt. v. 8.4.2002 – 58 S 269/01 = NJW-RR 2002, 1107.
[29] *Neidhart*, Unfall im Ausland, Band 1/2; *Feyock/Jacobsen/Lemor*, Kraftfahrtversicherung.
[30] *Müller-Trawinski*, in: Bachmeier, Regulierung von Auslandsschäden, Abschnitt 1 B mit Hinweis auf Kassationshof v. 2.9.1976, Arr. Cass. 977,6; Gericht erster Instanz zu Hasselt v. 7.5.1992, Limb. Rechtsl. 1992, 327.

2) Polizeiliche Unfallaufnahme i.d.R. ohne Beweiswert

I.d.R. wird bei einem Unfall mit einem Sachschaden keine Polizei hinzugezogen. Üblich ist dann vielmehr das Ausfüllen des europäischen Unfallberichts, dem bei einer gemeinsamen Unterschrift ein erheblicher Beweiswert zukommt und der nur unter erheblichen Schwierigkeiten revidiert werden kann.[31]

3) Fahrzeugschaden

Der Geschädigte kann frei über den Reparaturbetrag verfügen. Eine MwSt. wird i.d.R. unabhängig davon erstattet, ob sie tatsächlich angefallen ist, wobei dies in der Praxis außergerichtlich nicht immer geschieht.

Bei kleineren Schäden akzeptieren die belgischen Versicherungen oftmals einen Kostenvoranschlag, außer das Fahrzeug befindet sich noch in Belgien.

Dies gilt auch bei einem wirtschaftlichen Totalschaden.[32] Die in Deutschland bekannte 130 %-Grenze gibt es nicht[33] und eine Abrechnung auf Neuwagenbasis ist ebenso unbekannt. Liegen die Reparaturkosten im Ausland höher, kann die Verletzung einer Schadensminderungspflicht in Betracht kommen. Ein merkantiler Minderwert kommt bei einem erheblichen Fahrzeugschaden und bis zu einem Fahrzeugalter von einem Jahr und einer Laufleistung von 15.000 km in Betracht.

4) Gutachterkosten, Nutzungsausfall, Mietwagenkosten, Unkostenpauschale

Die Kosten für ein Gutachten werden außergerichtlich i.d.R. ersetzt,[34] wenn dies im Auftrag der Versicherung eingeholt worden ist oder ein kontradiktorisches Gutachten unter Beteiligung der Versicherung, des Geschädigten und der Werkstatt erstellt wird. Die Kosten eines Privatgutachtens werden dagegen nur ersetzt, wenn die gegnerische Versicherung nach obigen Grundsätzen nicht auf die Aufforderung zur Begutachtung reagiert. Mietwagenkosten werden unproblematisch erstattet, wenn das Fahrzeug unbedingt benötigt wird (Berufsausübung, Urlaub etc.). Teilweise werden Mietwagenkosten auch ohne diese verschärften Bedingungen zugesprochen. Ersparte Eigenaufwendungen werden i.d.R. in Höhe von 10–15 % abgezogen. In der Rechtsprechung liegt die Höhe der Erstattung zwischen 62 und 125 EUR, außergerichtlich wird, wenn überhaupt, nur das Minimum von den Versicherungen angeboten. Ein Nutzungsausfallschaden wird im Wesentlichen pauschal sowohl für gewerbliche wie auch für private Geschädigte zugesprochen. Das belgische Recht unterscheidet hierbei zwischen der sog. „Wartezeit" und der „Ersatzbeschaffungszeit".[35]

---

31 *Müller-Trawinski*, in: Bachmeier, Regulierung von Auslandsschäden Abschnitt 1 B mit Hinweis auf Berufungshof zu Bergen v. 25.6.1987, Verkeersrecht 1988, 10.
32 *Müller-Trawinski*, in: Bachmeier, Regulierung von Auslandsschäden Abschnitt 1 B mit Hinweis auf Kassationshof v. 28.5.1996 (Steyart/Van de Wiele) und Kassationshof v. 23.10.1986 (Fernandez Barbon/Aziar).
33 *Lentz*, DAR 2015, 248.
34 *Lentz*, a.a.O. mit Hinweis auf Kassationshof v. 1.3.2015.
35 *Müller-Trawinski*, in: Bachmeier, Regulierung von Auslandsschäden Abschnitt 1 B mit Hinweis auf Kassationshof v. 18.10.1995 (Entreprise Philippe N.V./Attert).

Eine Unkostenpauschale wird in der Regel gewährt.[36] Abschlepp- und Unterstellkosten sind ebenso ersatzfähig, wenn sie nachgewiesen werden.[37]

5) Schmerzensgeld

Bei einer Körperverletzung kann ggf. auch ein Schmerzensgeld verlangt werden, welches den sog. moralischen und den ästhetischen Schaden erfasst. Bei dem moralischen Schaden wird z.B. pro Tag eines Krankenhausaufenthaltes ein Betrag in Höhe von 31 EUR erstattet. Bei außergewöhnlichen Schmerzen hat sich eine Abstufung in sieben Schweregraden herausgebildet, bei der pro Tag und Schweregrad rund 2,50 EUR zugesprochen werden. Bei einem Dauerschaden wird auf ein Tabellenwerk der „Polizeirichter" zurückgegriffen, die je nach Prozentsatz der Invalidität und Alter einen Betrag von 275 EUR (> 85 Jahre) bis 2.200 EUR (< 15 Jahre) vorsehen. Ein ästhetischer Schaden wird auch nach sieben Schweregraden beurteilt und je nach Schweregrad werden Beträge von 115 EUR bis zu 62.000 EUR zugesprochen. Für entgangene Lebensfreude werden ggf. zusätzliche Beträge zugesprochen. Angehörigen kann im Todesfall ein Hinterbliebenenschmerzensgeld zustehen. Je nach Verwandtschaftsgrad liegen die Beträge zwischen 2.500 und 10.000 EUR. Ein vorgeschriebenes Tabellenwerk zum Schmerzensgeld gibt es allerdings nicht, so dass es bei gleichen Verletzungen zu unterschiedlichen Beträgen kommen kann. Die belgische Richterschaft bemüht sich, diesem Umstand durch Schaffung der sog. „Indikativen Tabelle" entgegenzuwirken.[38]

Nicht mehr unter den Begriff „Schmerzensgeld" fällt die sog. persönliche Unfähigkeit, also die tagtäglichen Beeinträchtigungen des Unfallopfers. Diese werden neben den eigentlichen Schmerzen in einer gesonderten Schadensposition ersetzt. Entsprechende Sätze liegen je nach Schwere und Maß der Unfähigkeit zwischen 25 und 45 EUR. Eine bleibende Unfähigkeit (Dauerschaden) wird mit einer Pauschale ersetzt, die sich meist nach der indikativen Tabelle richtet. Es kann aber – was meist günstiger ist – eine Kapitalisierung verlangt werden, wenn der Dauerschaden mindestens 15 % beträgt.[39]

6) Verdienstausfall

Auch ein unfallbedingter Verdienstausfallschaden wird ersetzt, wobei zwischen Teilzeit- und Vollzeitarbeitsunfähigkeit unterschieden wird. Bei einer dauerhaften Erwerbsunfähigkeit kommt einerseits eine Pauschalentschädigung & Kapitalisierung oder andererseits eine Rente in Betracht. Pro Prozentpunkt des Invaliditätsgrad werden im Schnitt 2.000 EUR pro Jahr zugesprochen. In Betracht kommt auch ein Haushaltsführungsschaden, bei dem aber eher verhaltene Beträge von 15–30 EUR pro Tag zugesprochen werden.

---

36 *Lentz,* a.a.O.
37 *Lentz,* a.a.O.
38 *Lentz,* a.a.O.
39 *Lentz,* a.a.O. mit Hinweis auf Kassationshof v. 2.5.2012.

7) Unterhaltsschaden

Nahe Hinterbliebene (Partner & Kinder) können bei einer durch den Unfall getöteten erwerbstätigen Person Unterhaltsansprüche erstattet erhalten. Häufig wird ein pauschaler Betrag im Wege der Schätzung geltend gemacht. Auch ein Naturalunterhalt kann ersetzt werden („Fiktives Hausfraueneinkommen").

8) Verjährung

Die Verjährung beträgt regelmäßig fünf Jahre seit dem Unfallzeitpunkt. Bei dem Eintritt einer Verschlechterung des Zustandes kommt innerhalb von 5 Jahren eine (weitere) Klage in Betracht.

9) Außergerichtliche Rechtsanwaltskosten

Seit dem Königlichen Erlass vom 26.10.2007 werden Rechtsanwälte nach einer streitwertabhängigen Tabelle mit Honorarspanne vergütet, wobei den Gerichten nach wie vor ein Ermessensspielraum innerhalb der gesetzten Grenzen zusteht.

Außergerichtliche Rechtsanwaltskosten werden nur selten erstattet. In der Rechtsprechung ist bisher ein Ersatzanspruch nur bei vertraglich bedingten Ersatzansprüchen anerkannt.

10) Besonderheiten bei einem Gerichtsprozess

Die Verfahren dauern i.d.R sehr lange und können bereits in erster Instanz über ein Jahr betragen. Beim Obsiegen vor Gericht kann mit einer gewissen Kostenerstattung gerechnet werden. Schadensersatzfragen werden in Belgien oftmals im Annexverfahren an das strafrechtliche Verfahren durch das Polizeigericht geklärt. Dies erklärt sich auch damit, dass es für die Verschuldensfrage überwiegend auf den verkehrsrechtlichen Verstoß ankommt.

Im belgischen Recht ist der Anscheinsbeweis in den Art. 1349 ff. Code Civil gesetzlich geregelt; daneben gibt eine Art Generalklausel in Art. 1353 Code Civil bei „nicht vom Gesetz aufgestellten Vermutungen" dem Tatrichter einen recht weiten Ermessensspielraum von bekannten auf unbekannte Tatsachen zu schließen,[40] der aufgrund seiner weiten Fassung immer wieder die höheren Instanzen beschäftigt.

Der Zeugenbeweis ist hingegen bei Schäden über 375 EUR regelmäßig ausgeschlossen und nur in Ausnahmesituationen bei einem Anbeweis durch eine Urkunde oder bei der Unmöglichkeit, einen schriftlichen Beweis zu erlangen. Entsprechend ist die Aussage eines Fahrzeuginsassen zum Unfall regelmäßig nicht als Beweis zu verwerten.[41]

---

40 *Müller-Trawinski*, in: Bachmeier, Regulierung von Auslandschäden Abschnitt 1 B mit Hinweis auf Kassationshof v. 10.11.1983, Arr Cass 1983–84, 296.

41 *Müller-Trawinski*, in: Bachmeier, Regulierung von Auslandschäden Abschnitt 1 B mit Hinweis auf Berufungshof Bergen v. 10.6.1994 = Verkeersrecht 1995, 8.

II. Checkliste bei einem Verkehrsunfall in Griechenland

60 Folgende Besonderheiten sind bei dem Ersatz eine Schadensersatzanspruchs nach griechischem Schadensersatzrecht nach einem Verkehrsunfall zu beachten, die ggf. eine besondere „Haftungsfalle" begründen können:

1) Gefährdungs- und Verschuldenshaftung

Ebenso wie das deutsche Recht kennt das griechische Schadensersatzrecht einen Schadensersatzanspruch aus Gefährdungs- und Verschuldenshaftung mit ähnlichen Voraussetzungen und einem schwer zu beweisenden Haftungsausschluss bei höherer Gewalt. Werden jedoch Schadensersatzansprüche gegen den Geschäftsherrn wegen eines Fehlverhaltens seines Verrichtungsgehilfen geltend gemacht, hängt die Haftung (anders als nach § 831 BGB) davon ab, ob dem Verrichtungsgehilfen ein Verschulden nachgewiesen werden kann.

2) Polizeiliche Unfallaufnahme i.d.R. ohne Beweiswert

Bei einer polizeilichen Unfallaufnahme werden i.d.R. nur die Daten der beteiligten Personen und Fahrzeuge aufgenommen. Es erfolgt jedoch keine Schuldzuweisung. Dies ist aber anders, wenn schwerwiegende Verletzungen auftreten und ein Strafverfahren eingeleitet wird.

3) Fahrzeugschaden

Bei einer Fahrzeugreparatur in Griechenland werden die tatsächlich angefallenen Kosten i.d.R. erstattet, während bei einer Reparatur in Deutschland versucht wird, Abstriche vorzunehmen. Eine fiktive Abrechnung wird – zumindest außergerichtlich – nicht immer und wenn mit Abstrichen akzeptiert. Bei einem wirtschaftlichen Totalschaden wird der Zeitwert abzüglich des Restwerts ersetzt.[42] Eine Abrechnung auf Neuwagenbasis ist nur bei neuen oder neuwertigen Fahrzeugen möglich, wenn der Geschädigte das Auto an den Schädiger herausgibt. Ein merkantiler Minderwert wird – zumindest im Gerichtsverfahren – bei schwerwiegenden Fahrzeugschäden in Abhängigkeit von der Laufleistung und dem Erhaltungszustand zugesprochen. Bei Fahrzeugen, die älter als 10 Jahre (bei hochwertigen Marken 15 Jahre) sind, wird die Wertminderung allerdings abgelehnt.

4) Gutachterkosten, Nutzungsausfall, Mietwagenkosten

Die Kosten eines Sachverständigen werden außergerichtlich nur dann akzeptiert, wenn dieser von der Versicherung selber beauftragt worden ist. Bei einer gerichtlichen Auseinandersetzung werden zunehmend auch die Kosten eines selber beauftragten Sachverständigen, teilweise aber nur mit Pauschalsätzen, zugesprochen. Abschleppkosten zur nächsten Werkstatt werden im gerichtlichen Verfahren erstattet;[43] auch die Kosten für die Verbringung ins Ausland, wobei eine Relation zu den Kosten der Reparatur gewahrt

---

[42] OLG Patras 4371/1995, Epitheorisi Syngioniakou Dikaiou (= ESD; Zeitschr. f. VerkehrsR) 2006, 204: OLG Athen 220/1995, ESD 1994, 427.

[43] *Savidis*, in: Bachmeier, Regulierung von Auslandsunfällen, Abschnitt 1 GR mit Hinweis auf LG Athen 3038/1981 sowie LG Kreta 80/1980.

werden muss.[44] Mietwagenkosten werden i.d.R. bei gewerblich und privat genutzten Fahrzeugen anerkannt, meist wird dem Geschädigten jedoch ein Ersatzwagen von der gegnerischen Haftpflichtversicherung zur Verfügung gestellt. Auch ein Nutzungsausfall wird nur im Ausnahmefall anerkannt und muss konkret nachgewiesen werden; er richtet sich grundsätzlich nach der im Gutachten festgelegten Reparaturdauer. Allgemeine Unkosten werden nur gegen konkrete Belege erstattet.

5) Schmerzensgeld

Ebenso wie in Deutschland wird ein Schmerzensgeld auch aus einer Gefährdungshaftung geschuldet. Im Gegensatz zu dem deutschen Recht kennt das griechische Recht jedoch ein Angehörigenschmerzensgeld anlässlich des Todes eines Familienmitgliedes. Dieses ist in der Höhe davon abhängig, in welchem Näheverhältnis der Angehörige zu dem Verstorbenen gestanden hat und kann zwischen 5.000–100.000 EUR betragen. Neben dem eigentlichen Schmerzensgeld kann zusätzlich ein weiterer immaterieller Ersatzanspruch wegen einer Invalidität bzw. Verunstaltung zu gewähren sein und bei Annahme einer Vollinvalidität bis zu 90.000 EUR betragen.

6) Verdienstausfall

Ein unfallbedingter Verdienstausfall wird erstattet und i.d.R. nach dem Netto-Lohn berechnet. Auch ein Haushaltsführungsschaden ist anerkannt.

7) Anspruchsübergang auf den Sozialversicherungsträger

Allein zugunsten der IKA Krankenkasse findet ein Anspruchsübergang auf den Sozialversicherungsträger statt, der von einer tatsächlichen Zahlung abhängig ist und diese zu einem Regress berechtigt. Andere Sozialversicherungsträger sind nicht zu einem Regress berechtigt. In der IKA sind nahezu alle angestellten Arbeitnehmer pflichtversichert.

8) Verjährung

Hier kann sich eine erhebliche Haftungsfalle auftun: Grundsätzlich verjähren Ersatzansprüche in 2 Jahren seit dem Verkehrsunfall. Bei einem Verschulden gilt jedoch eine 5-jährige Verjährungsfrist, beginnend ab Kenntnis. Ausgenommen von beiden Fristen sind nicht vorhersehbare Spätschäden. Durch eine Anmeldung der Ersatzansprüche gegenüber dem Kraftfahrzeughaftpflichtversicherer tritt keine Hemmung der Verjährung ein.

9) Besonderheiten bei einem Gerichtsprozess

Im Fall einer Auseinandersetzung vor einem griechischen Gericht treten ebenfalls einige „Tücken" auf. So spricht die wohl überwiegende Anzahl der Gerichte der obsiegenden Partei nicht alle Kosten als erstattungsfähig zu, sondern diese hat i.d.R. einen erheblichen Teil ihrer Gerichts- und Anwaltskosten selber zu tragen. Eine Entscheidung, wonach jede Partei ihre Kosten unabhängig vom Ausgang des Verfahrens zu tragen hat, kommt häufig vor. Der Prozess lohnt sich jedoch oft unter dem Gesichtspunkt, dass die Gerichte bei der Zuerkennung von Entschädigungsleistungen oftmals großzügiger sind, als die

---

44 *Savidis*, in: Bachmeier, Regulierung von Auslandsunfällen, Abschnitt 1 GR mit Hinweis auf LG Athen 12520/1980.

Versicherer in der außergerichtlichen Regulierung.[45] Zudem ist eine im europäischen Vergleich überdurchschnittlich lange Verfahrensdauer festzustellen: Während ein Prozess in der ersten Instanz üblicherweise ein Jahr oder länger beträgt, steigt die Dauer in der Berufungsinstanz ohne weiteres auf bis zu weiteren zwei Jahren oder mehr an.

10) Außergerichtliche Rechtsanwaltskosten

Wird außergerichtlich ein Rechtsanwalt beauftragt, hat der Geschädigte die dadurch bedingten Kosten i.d.R. selber zu tragen, da die Erstattung sich lediglich auf die gesetzlichen Mindestsätze erstreckt, die faktisch keine Rolle spielen (die Anwaltskosten sind in der Praxis deutlich höher).

III. Checkliste bei einem Verkehrsunfall in Frankreich

61 Folgende Besonderheiten sind bei dem Ersatz eines Schadensersatzanspruchs nach französischem Schadensersatzrecht bei einem Verkehrsunfall zu beachten:

1) Gefährdungs- und Verschuldenshaftung

Hier ist zu differenzieren: Bei der Verletzung einer Person besteht eine Art kausale Gefährdungshaftung von Fahrer und dem Halter als Obhutsinhaber gegenüber geschädigten nicht motorisierten Verkehrsteilnehmern. Ein Nachweis des Verschuldens ist hier i.d.R. nicht erforderlich. Auch der Einwand höherer Gewalt ist i.d.R. nicht möglich.[46]

Im Hinblick auf Sachschäden kommt zwar grundsätzlich auch eine Gefährdungshaftung zur Anwendung. Ist bei einem Unfall zweier Kraftfahrzeuge aber nicht zu klären, wen ein Verschulden trifft, haftet jeder Fahrzeugführer auf den gesamten entstandenen Schaden des anderen. Eine Haftungsquotelung kommt dagegen nur in Betracht, wenn beiden Fahrzeugführern ein Verschulden nachgewiesen werden kann.

2) Polizeiliche Unfallaufnahme i.d.R. ohne Beweiswert

Bei Sachschäden wird i.d.R. nur ein einvernehmliches Unfallprotokoll erstellt. Diesem sog. europäischen Unfallbericht kommt ein erheblicher Beweiswert zu, wenn er einvernehmlich unterzeichnet worden ist. Bei Personenschäden erfolgt dagegen i.d.R. eine ausführliche Unfallaufnahme durch die Polizei.

3) Fahrzeugschaden Reparaturkosten

Reparaturkosten werden bis zur Höhe des Wiederbeschaffungswertes ersetzt, sollten aber möglichst durch einen konkreten Reparaturbeleg nachgewiesen werden. Auch Reparaturen im Ausland werden i.d.R. ersetzt. Ggf. wird auch eine fiktive Abrechnung inkl. der ausgewiesenen MwSt. zugelassen. Gutachten, die in Frankreich erstellt werden, weisen häufig geringere Abrechnungswerte aus. Bei einem wirtschaftlichen Totalschaden wird der Wiederbeschaffungswert, teilweise auch nur der Zeitwert, jeweils unter Anrechnung des Restwerts, ersetzt. Ein merkantiler Minderwert wird nur in engen Grenzen erstattet und setzt i.d.R. neben einem erheblichen Fahrzeugschaden eine Lauf-

---

45 *Lemor*, SVR 2007, 249.
46 LG Saarbrücken, Urt. v. 11.5.2015 – 13 S 21/15 = NJW 2015, 2823.

leistung von nicht mehr als 10.000 km bzw. eine Zulassung von nicht mehr als einem halben Jahr voraus. Die Rechtsprechung hierzu ist aber nicht einheitlich und stellt teilweise weniger strenge Anforderungen. Nach einer Reparatur gibt es in Frankreich keine Wertminderungsentschädigung mehr!

4) Gutachterkosten, Nutzungsausfall, Mietwagenkosten, Unkostenpauschale

Mietwagenkosten werden grundsätzlich ersetzt. Teilweise wird aber gefordert, dass das Fahrzeug beruflich genutzt wird oder der Geschädigte aus besonderen anderen Gründen auf die Nutzung angewiesen ist. Die Kosten eines Gutachters werden grundsätzlich erstattet. Auch eine pauschale Nutzungsentschädigung wird anerkannt, die sich in einem Spektrum von 10–30 EUR bewegt. Auch bei gewerblichen Nutzfahrzeugen wird eine abstrakte Abrechnung zugelassen, wenn ein Gewinnausfall nicht konkret ermittelt werden kann, soweit genügend Anhaltspunkte dafür vorliegen, dass es überhaupt einen Nutzungsausfall gegeben hat.[47] Eine Unkostenpauschale wird nicht anerkannt. Nebenkosten sind vielmehr zu belegen.

5) Schmerzensgeld

Anders als in Deutschland wird ein Schmerzensgeld in verschiedene Einzelpositionen aufgegliedert. Die gezahlten Entschädigungen liegen eher höher als in Deutschland. Bei anhaltenden Schmerzen erfolgt eine Untergliederung in *8 Stufen* von sehr leicht bis außergewöhnlich, wobei der Rahmen nur bis Stufe 7 als sehr schwere Beeinträchtigung beziffert wird. Typische Beträge sind:

Stufe 1: 600 – 1.200 EUR

Stufe 4: 5.000 – 16.000 EUR

Stufe 7: 30.000 EUR – unbegrenzt

Daneben kommt auch ein Ersatz für einen sog. Entstellungsschaden in Betracht mit derselben Unterteilung in Schweregrade. Auch entgangene Lebensfreude führt zu einem Ersatzanspruch. Angehörige können bei schweren Verletzungen ebenfalls einen Anspruch auf Schmerzensgeld erhalten.

6) Verdienstausfall

Ein unfallbedingter Verdienstausfall wird erstattet. Bei einem vorübergehenden Schaden wird er für die Ausfallzeit nach dem Nettoeinkommen berechnet. Bei Selbstständigen ist i.d.R. ein Steuerberater notwendig. Bei dauernder Erwerbsunfähigkeit wird als Vergleichsmaßstab eine sog. Sozialrente herangezogen, wobei mit einem Punktesystem gearbeitet wird. Die Entschädigung kann als Kapitalbetrag oder als Rente ermittelt werden.

7) Unterhaltsschaden

Hinterbliebenen wird ein entgangener Unterhalt ersetzt. Dies selbst dann, wenn keine rechtliche Unterhaltspflicht bestanden hat, das Einkommen aber tatsächlich zum Unter-

---

47 Cour de cassation, 1ère chambre civile v. 3.7.1996 – 94–14820; OLG Saarbrücken, Urt. v. 16.1.2014 – 4 U 429/12 = SVR 2014, 228.

halt verwendet worden ist. Maßgeblich ist mithin nicht die rechtlich geschuldete Höhe, sondern das tatsächlich gezahlte Einkommen.

8) Verjährung

Generell beträgt die Verjährungsfrist bei einem Verkehrsunfall 10 Jahre. Die Frist beginnt – zumindest bei Sachschäden – bereits mit dem Unfallereignis zu laufen. Bei Personenschäden beginnt die Frist dagegen erst mit Einsetzen einer Konsolidierung der Verletzung zu laufen.

9) Außergerichtliche Rechtsanwaltskosten

Das Anwaltshonorar wird i.d.R. frei ausgehandelt und eine Gebührenordnung existiert nicht. Entscheidend sind der Gegenstandswert, der Arbeitsaufwand sowie der Schwierigkeitsgrad und ggf. auch die finanziellen Verhältnisse. Häufig wird ein Basishonorar sowie ein Erfolgszuschlag vereinbart. Außergerichtliche Anwaltskosten müssen i.d.R. aber vom Geschädigten selber getragen werden.

10) Besonderheiten bei einem Gerichtsprozess

Die Gerichtsverfahren dauern unterschiedlich lange. Eine Verfahrensdauer von 1 bis 1,5 Jahren ist durchaus üblich. Bei einfach gelagerten Fällen kann eine Entscheidung auch bereits in einem Dreivierteljahr erfolgen. Selbst im Fall eines Obsiegens werden die eigenen Anwaltskosten i.d.R. jedoch nicht erstattet.

Teilweise liegen ersten Urteile deutscher Gerichte zur Anwendung materiellen französischen Rechts vor.

▼

62 Muster 2.16: Ersatz von Mietwagenkosten nach französischem Recht

Die geltend gemachten Mietwagenkosten sind zu erstatten. So weist das LG Saarbrücken nach sachverständiger Beratung zutreffend auf Folgendes hin (LG Saarbrücken, Urt. v. 9.3.2012 – 13 S 51/11 – DAR 2012, 265):

„Nach den Ausführungen des Sachverständigen ist im französischen Recht anerkannt, dass der Geschädigte ein Ersatzfahrzeug anmieten kann und Schadensersatz in Höhe der tatsächlich entstandenen Mietkosten erhält, unabhängig davon, ob er das Fahrzeug zu beruflichen oder privaten Zwecken nutzt. Solange eine kausale Beziehung zwischen dem Unfallereignis und dem eingetretenen Schaden besteht, was der Sachverständige vorliegend nach französischem Recht bejaht, ist es unschädlich, dass ein Ersatzwagen erst mehrere Wochen nach dem Unfallereignis angemietet wird."

▲
▼

63 Muster 2.17: Kein Ersatz der Rechtsanwaltskosten und Unkostenpauschale nach französischem Recht

Die geltend gemachten Mietwagenkosten sind zu erstatten. So weist das LG Saarbrücken nach sachverständiger Beratung zutreffend auf Folgendes hin (LG Saarbrücken, Urt. v. 9.3.2012 – 13 S 51/11 – DAR 2012, 265):

„Eine Unkostenpauschale, wie sie im deutschen Recht als Schadensposition anerkannt ist, kann der Kläger nicht verlangen, da diese – wie vom Kläger zuletzt eingeräumt –

nach französischem Recht nicht geschuldet ist (vgl. nur *Neidhart*, Unfall im Ausland, Band 2: West-Europa, 2007, „Frankreich" Rn 87.) Dem Kläger steht auch kein Anspruch auf Freistellung von außergerichtlichen Anwaltskosten als Nebenforderung zu. Den Ersatz außergerichtlicher Anwaltskosten sieht das französische Recht unstreitig nicht vor." (Bestätigend: LG Saarbrücken, Urt. v. 11.5.2015 – 13 S 21/15 = NJW 2015, 2823.)

IV. Checkliste bei einem Verkehrsunfall in Italien

Folgende Besonderheiten[48] sind bei dem Ersatz eine Schadensersatzanspruchs nach italienischem Schadensersatzrecht nach einem Verkehrsunfall zu beachten, die ggf. eine besondere „Haftungsfalle" begründen können:

1) Unklare Gesetzeslage

Es ist dringend zu beachten, dass in Italien ein einheitliches Bundesrecht als solches nicht besteht. Zu den verschiedenen Gesetzen gibt es eine Flut an Urteilen. Auch innerhalb des obersten Gerichtes werden durchaus unterschiedliche Auffassungen vertreten.

2) Gefährdungs- und Verschuldenshaftung

Im italienischen Recht herrscht grundsätzlich das Verschuldensprinzip, wobei gleiche Verschuldensanteile vermutet werden. Nach wohl vorherrschender Auffassung gibt es auch eine Gefährdungshaftung, die Nichtvermögensschäden einschließt. Eine Haftung für den Verrichtungsgehilfen besteht nur dann, wenn diesen – anders als im deutschen Recht – auch ein Verschulden trifft. Das italienische Recht kennt dabei keine verschuldensunabhängige Halterhaftung, sondern eine Gefährdungshaftung. Dabei gilt eine grundsätzliche Verschuldensvermutung von 50 % je Unfallbeteiligtem, es sei denn einer von ihnen kann beweisen, dass er alles Erdenkliche getan hat, um den Unfall zu verhindern.[49]

3) Fahrzeugschaden

Die Abrechnung kann i.d.R. auf Basis eines Gutachtens oder Kostenvoranschlags erfolgen. Die Umsatzsteuer ist nach italienischem Schadensrecht auch bereits dann zu ersetzen, wenn noch keine Reparatur durchgeführt wurde, solange das Fahrzeug nicht zum Betrieb des Geschädigten gehört und er vorsteuerabzugsberechtigt ist. In der Rechtsprechung ist anerkannt, dass der ausländische Geschädigte sein Fahrzeug im Heimatland reparieren lassen kann und die dabei anfallenden Kosten ersetzt erhält. Bei einem wirtschaftlichen Totalschaden wird der Zeitwert abzüglich des Restwerts ersetzt. Eine Abrechnung auf Neuwagenbasis wird i.d.R. nicht anerkannt. Ein merkantiler Minderwert wird nur in seltenen Fällen ersetzt, da bei den Gerichten die Auffassung vorherrscht, dass bei den modernen Reparaturmethoden i.d.R. kein Mangel verbleibt. Anderes wäre zu beweisen und wird als sog. „faktischer merkantiler Minderwert", d.h. wenn tatsächlich

---

[48] Vgl. auch *Feller/Jurisch*, zfs 2009, 543.
[49] AG Köln, Urt. v. 29.4.2014 – 268 C 89/11 = DAR 2014, 470.

ein geringerer Verkaufspreis erzielt wurde,[50] oder in den Grenzen trotz Reparatur weiterhin sichtbarer Schäden ersetzt.[51]

4) Gutachterkosten, Nutzungsausfall, Mietwagenkosten

Die Kosten eines Sachverständigen werden außergerichtlich i.d.R. nicht ersetzt. Auch die Gerichte lehnen diese Schadensposition überwiegend als „indirekter Schaden" ab. Allerdings beauftragen italienische Versicherer auf Anfrage auch einen eigenen Sachverständigen mit der Ermittlung des Schadens.

Mietwagenkosten werden i.d.R. nur bei einem gewerblich genutzten Fahrzeug anerkannt. Bei Privatpersonen werden diese Kosten i.d.R. nur erstattet, wenn diese wegen einer Behinderung auf die Nutzung des Fahrzeuges angewiesen sind. Bei Anmietung eines Transportanhängers werden die Kosten bei konkretem Nachweis ersetzt. Ein Nutzungsfall wird dagegen sowohl bei privat wie auch gewerblich genutzten Fahrzeugen anerkannt. Der Tagessatz liegt bei 5–50 EUR. Eine Unkostenpauschale wird nicht anerkannt.[52] Erforderlich sind konkrete Nachweise.[53]

5) Schmerzensgeld

Ein Schmerzensgeldanspruch wird anerkannt. Die Höhe des Anspruchs bestimmt sich nach der sog. *Mailänder Tabelle*, die je nach Fall einen Mindest- und einen Höchstbetrag auswirft, nach dem die Gerichte anhand spezifischer Faktoren die konkrete Höhe berechnen. Bei geringfügigen Verletzungen und einer MdE unter 10 % gilt allerdings Art. 139 des Versicherungsgesetzes mit einer eigenen Tabelle. Eine Haftungsfalle ergibt sich daraus, dass die Rechtsprechung den Schmerzensgeldanspruch als Bestandteil des Nichtvermögensschadens behandelt. Wird der Sachschaden vorab in Deutschland eingeklagt, könnte davon auch ein Schmerzensgeld erfasst werden (insbesondere bei einem Teilabfindungsvergleich).

6) Verdienstausfall

Ein unfallbedingter Verdienstausfall wird auf Basis des zu versteuernden Einkommens erstattet. Maßgeblich ist. i.d.R. das Nettoeinkommen. Vom Schadensersatz wird auch ein sog. Chancenverlust bzw. ein verzögerter Eintritt in das Erwerbsleben erfasst. Ein Haushaltsführungsschaden wird nicht ersetzt.

7) Anspruchsübergang auf den Sozialversicherungsträger

Es findet ein Anspruchsübergang auf den Sozialversicherer statt. Maßgeblich ist der Zeitpunkt einer entsprechenden Willensbekundung dieses Trägers.

---

50 AG Köln, Urt. v. 29.4.2014 – 268 C 89/11 = DAR 2014, 470.
51 AG München, Urt. v. 5.12.2012 – 322 C 20245/12 = zfs 2013, 566.
52 AG Köln, Urt. v. 29.4.2014 – 268 C 89/11 = DAR 2014, 470.
53 Die Rechtsprechung des italienischen Corta Suprema di Cassazione ändert sich diesbezüglich regelmäßig; vgl. Cass. Civ. v. 20.1.2010, Nr. 1688; Cass. Civ. v. 9.8.2011, Nr. 17135 und Cass. Civ. v. 8.5.2012, Nr. 6907.

8) Verjährung

Hier kann sich eine erhebliche Haftungsfalle auftun: Grundsätzlich verjähren Ersatzansprüche bei einem Verkehrsunfall in 2 Jahren, wobei die Verjährung nicht mit dem Unfalltag, sondern erst bei Erkennbarkeit des Schadens zu laufen beginnt. Bei einem Anspruch aus unerlaubter Handlung beträgt die Verjährungsfrist 5 Jahre. Es gibt keinen Einredeverzicht.

9) Besonderheiten bei einem Gerichtsprozess

Die Gerichtsverfahren in Italien weisen im europäischen Durchschnitt eine überlange Verfahrensdauer auf und erstrecken sich pro Instanz häufig über drei Jahre oder gar einen längeren Zeitraum. Es besteht jedoch die Möglichkeit, dass der erstinstanzliche Richter eine sog. Vorabentscheidung erlässt, die nach einer lediglich summarischen Prüfung ergeht. Dieser Titel kann i.d.R. sofort vollstreckt werden, ohne dass die Möglichkeit einer Sicherheitsleistung besteht.

10) Anwaltskosten

I.d.R. werden die Kosten für die außergerichtliche Einschaltung eines Rechtsanwalts erstattet. Sie sind in jedem Fall zu erstatten, wenn ein Verzugsschaden vorliegt (60 Tagesfrist). Das Honorar orientiert sich an der Höhe des gezahlten Schadensersatzes und beträgt üblicherweise 10–30 %.

V. Checkliste bei einem Verkehrsunfall in den Niederlanden

Folgende Besonderheiten sind bei dem Ersatz eine Schadensersatzanspruchs nach niederländischem Schadensersatzrecht nach einem Verkehrsunfall zu beachten:

1) Gefährdungs- und Verschuldenshaftung

Es besteht eine verschuldensabhängige Haftung, die zu Lasten des Fahrzeughalters im Wege der Verschuldensvermutung zu einer Art Gefährdungshaftung ausgebaut worden ist. Bei Sachschäden gilt jedoch die Verschuldenshaftung.[54] Gleiches gilt für den Fahrer, der weder Eigentümer noch Halter des Fahrzeuges ist. Bei einem Verkehrsunfall mit einem Kind, das jünger als 14 Jahre ist, haftet der Fahrzeughalter allein, es sei denn, es lag höhere Gewalt vor oder dem Kind kann Vorsatz bzw. eine besondere an Vorsatz grenzende Leichtfertigkeit nachgewiesen werden. Bei Fußgängern oder Radfahren ab 14 Jahren beträgt die Mindesthaftungsquote weiterhin 50 %.[55] Ein Anscheinsbeweis wird – z.B. auch bei einem Auffahrunfall – nicht anerkannt.[56]

Zentrale Norm der straßenverkehrsrechtlichen Gefährdungshaftung bildet Art. 185 WVW, der einschlägig ist, solange es sich um einen Unfall zwischen motorisierten und nicht-motorisierten Verkehrsteilnehmern handelt. Vorrangig haftet demnach der Halter

---

[54] AG Mönchengladbach (Rechtsgutachten) – 35 C 308/12.
[55] *Veerman/Boendermaker/Janssen*, in: Bachmeier, Regulierung von Auslandsschäden mit Hinweis auf Hoge Raad v. 28.2.1992 = Nederlandse Jurisprudentie 1993,566.
[56] AG Geldern, Urt. v. 27.10.2010 – 4 C 356/10 = NJW 2011, 686; AG Borken (Westfalen), Urt. v. 21.1.2010 – 12 C 164/08 = NZV 2010, 252.

des Fahrzeuges und sekundär (aber nicht kumulativ!) der Fahrer. Keine Anwendung findet diese Norm auf Beschädigungen an Sachen oder Personen, die im Fahrzeug befördert werden, denn der Artikel soll den Verkehr an sich und nicht den Benutzer des Fahrzeuges schützen.

Es besteht, wie im deutschen Recht auch, eine Entlastungsmöglichkeit im Rahmen des Art. 185 WVW aufgrund höherer Gewalt. Darunter versteht man im niederländischen Recht, dass der Unfall ausschließlich auf die Verfehlungen einer anderen Person zurückzuführen ist, die für den Fahrer derart unwahrscheinlich waren, dass er mit dieser Möglichkeit berechtigterweise nicht zu rechnen brauchte.[57]

2) Polizeiliche Unfallaufnahme

Einen ausführlichen Unfallbericht erstellt die Polizei i.d.R. nur dann, wenn ein erheblicher Personenschaden oder eine Unfallflucht vorliegt. Sonst gibt es bei Schäden, die über 500 EUR hinausgehen, i.d.R. nur ein sog. Feststellungsprotokoll.

3) Fahrzeugschaden

Der Fahrzeugschaden kann auf Basis eines Gutachtens oder Kostenvoranschlags abgerechnet werden. Bei einem wirtschaftlichen Totalschaden wird dem Geschädigten der Wiederbeschaffungswert abzgl. des Restwerts ersetzt. Ein wirtschaftlicher Totalschaden liegt nach der Rechtsprechung vor, wenn die Kosten der Reparatur nicht höher liegen als der Wert des Autos zum Zeitpunkt der Beschädigung abzüglich des Restwertes. Eine Mehrwertsteuer wird i.d.R. auch ohne den Nachweis ersetzt, dass sie tatsächlich angefallen ist,[58] es sei denn, der Geschädigte ist zum Vorsteuerabzug berechtigt. Ein merkantiler Minderwert wird nur bis zu einem Fahrzeugalter von 5 Jahren und einem erheblichen Schaden ersetzt. Die Berechnung nimmt ein Sachverständiger nach einer bestimmten Formel vor, die sich in den NIVRE-Richtlinien findet.[59]

4) Gutachterkosten, Nutzungsausfall, Mietwagenkosten, Unkostenpauschale

Sachverständigenkosten werden i.d.R. übernommen, wenn sie erforderlich und die dadurch bedingten Kosten verhältnismäßig sind.[60] Die Bagatellgrenze liegt ca. 300 EUR niedriger als in Deutschland. Wenn die Einschaltung eines ausländischen Sachverständigen erforderlich war, richtet sich dessen Vergütung nach den Gebührensätzen seines Landes. Die Kosten für ein während der Reparatur des beschädigten Autos angemietetes Ersatzfahrzeug gehören jedenfalls grundsätzlich zu dem gem. Art. 162 niederländisches Burgerlijk Wetboek (BW) zu ersetzenden Betriebsschaden. Nach niederländischem Recht ist dabei eine Eigenersparnis vom geforderten Schadenersatzbetrag abzuziehen, die nach der Formel „Ersparnis pro Tag = Jahreskilometer/1000 x Tabellenwert" berech-

---

[57] *Veerman/Boendermaker/Janssen*, in: Bachmeier, Regulierung von Auslandsschäden mit Hinweis auf Hoge Raad v. 4.10.1996 = Nederlandse Jurisprudentie 1997, 147 und Hoge Raad v. 17.11.2000 = Nederlandse Jurisprudentie 2001, 260.
[58] AG Gronau, Urt. v. 3.8.2012 – 2 C 96/10.
[59] AG Heinsberg, Urt. v. 13.6.2013 – 19 C 151/12.
[60] AG Heinsberg, Urt. v. 13.06. 2013 – 19 C 151/12.

net wird.[61] Angemessene Kosten eines Mietwagens liegen dabei nach den Empfehlungen des Nederlands Instituut Van Register Experts (NIVRE) vor, wenn
- die Rechnung durch einen Autovermieter ausgestellt wurde,
- die Buchung und Bezahlung durch eine Werkstatt erfolgte,
- der Mietpreis marktkonform ist und
- ein dem beschädigten Fahrzeug vergleichbares Fahrzeug angemietet wurde.

Ein pauschaler Nutzungsausfall ist dagegen nicht anerkannt. Bei gewerblichen Fahrzeugen kann ein konkret zu berechnender Nutzungsausfall begehrt werden. Eine Unkostenpauschale wird nicht erstattet. Nebenkosten sind konkret zu belegen. Verbringungs- und Abschleppkosten werden ersetzt.[62]

5) Schmerzensgeld

Schmerzensgeld kann auch bei einem lediglich vermuteten Verschulden begehrt werden. Bei der Bemessung gelten i.d.R. ganz ähnliche Kriterien wie in Deutschland. Es gibt ebenfalls eine „Schmerzensgeldtabelle", herausgegeben vom niederländischen Automobilclub (ANWB). Die Beträge sind jedoch grundsätzlich niedriger als in Deutschland. Bei der Berechnung spielt die Genugtuungsfunktion, anders als im deutschen Recht, keine Rolle. Beim Tod naher Angehöriger wird den Hinterbliebenen i.d.R. jedoch kein Schmerzensgeld gewährt (Ausnahme: Schockschaden).

Ein Haushaltsführungsschaden muss dargelegt werden, bei fiktiver Abrechnung werden Stundensätze von 8,50 EUR bis 12,50 EUR angenommen.[63]

6) Verdienstausfall

Unfallbedingt entgangener Verdienst wird als Netto-Betrag erstattet. Ein Haushaltsführungsschaden ist ebenfalls anerkannt.

7) Regress des Sozialversicherungsträgers

Kranken- und Sozialversicherer können die Schädigerseite in Regress nehmen.

8) Verjährung

Ansprüche auf Schadensersatz verjähren in 5 Jahren, wobei der Anspruch gegen den Kraftfahrzeughaftpflichtversicherer bereits nach 3 Jahren verjährt und diese Frist mit dem Unfallzeitpunkt beginnt. Gegenseitige Verhandlungen begründen jedoch eine Hemmung der Verjährung.

9) Außergerichtliche Rechtsanwaltskosten

Die außergerichtliche Vertretung muss notwendig und die dadurch bedingten Kosten müssen verhältnismäßig sein.[64] Bei Personenschäden wird dies regelmäßig bejaht; bei Sachschäden zumindest dann, wenn die Haftung dem Grunde oder der Höhe nach strittig

---

61 AG Borken (Westfalen), Urt. v. 21.1.2010 – 12 C 164/08 = NZV 2010, 252.
62 AG Gronau, Urt. v. 3.8.2012 – 2 C 96/10.
63 *Veerman/Boendermaker/Janssen*, in: Bachmeier, Regulierung von Auslandsschäden, Abschnitt 2 (Niederlande) Rn 173–176.
64 *Veerman/Boendermaker/Janssen*, in: Bachmeier, Regulierung von Auslandsschäden mit Hinweis Hoge Rat v. 16.10.1998 = Nederlandse Jurisprudentie 1999,196.

ist. Nicht entschieden, aber aus der Gesetzesdogmatik herzuleiten, ist die Frage, ob ein außerhalb der Niederlande zugelassener Anwalt nach den Vorschriften seines Zulassungsstaates oder nach niederländischen Vorschriften im Falle der vorgerichtlichen Tätigkeit zu vergüten ist. Vieles spricht für die Vergütung nach dem Recht des Zulassungsstaates.[65]

10) Besonderheiten bei einem Gerichtsprozess

Selbst bei einem Obsiegen werden i.d.R. nicht die vollen eigenen Anwaltskosten erstattet, sondern die unterlegene Partei muss nur einen Teil übernehmen. Selbst bei einfach gelagerten Fällen beträgt die Verfahrensdauer häufig für eine Instanz bis zu zwei Jahre. Einen Anscheinsbeweis gegen den Auffahrenden gibt es im niederländischen Recht nicht.[66]

Teilweise liegen ersten Urteile deutscher Gerichte zur Anwendung materiellen niederländischen Rechts vor.

66 **Muster 2.18: Ersatz des merkantilen Minderwerts nach niederländischem Recht**

Der geltend gemachte merkantile Minderwert ist zu erstatten. So weist das AG Borken zutreffend auf Folgendes hin (AG Borken, Urt. v. 20.1.2010 – 12 C 164/08 – juris):

„Grundsätzlich gehört auch der merkantile Minderwert, die sog. waardevermindering, zu dem nach niederländischem Recht zu ersetzenden Schaden. Parameter der Formel für die Berechnung der Wertminderung sind u.a. die Gebrauchsdauer und der Kilometerstand. Sie gehen im Verhältnis 4:1 in die Berechnung ein, d.h. die Gebrauchsdauer hat einen viermal so hohen Einfluss wie der Kilometerstand. Nach dieser Berechnungsformel kommt eine Wertminderung auch für Fahrzeuge in Betracht, die älter sind als 3 Jahre. Die Altershöchstgrenze liegt jedoch unabhängig vom Kilometerstand bei 5 Jahren, 7 Monaten und 15 Tage"

67 **Muster 2.19: Ersatz der Mietwagenkosten nach niederländischem Recht**

Die geltend gemachten Mietwagenkosten sind zu erstatten. So weist das AG Borken zutreffend auf Folgendes hin (AG Borken, Urt. v. 20.1.2010 – 12 C 164/08 – juris):

„Die Kosten für ein während der Reparatur des beschädigten Autos angemietetes Ersatzfahrzeug gehören grundsätzlich zu dem gem. Art. 162 niederländisches Burgerlijk Wetboek (BW) zu ersetzenden Betriebsschaden (Rn 24). [...] Nach niederländischem Recht ist eine Eigenersparnis vom geforderten Schadensersatzbetrag abzuziehen, die nach der Formel „Ersparnis pro Tag = Jahreskilometer/1000 x Tabellenwert" berechnet wird."

---

65 AG Heinsberg, Urt. v. 13.6.2013 – 19 C 151/12 – juris.
66 AG Geldern, Urt. v. 27.10.2010 – 4 C 356/10 = NJW 2011, 686.

VI. Checkliste bei einem Verkehrsunfall in Österreich

Folgende Grundsätze sind bei dem Ersatz eine Schadensersatzanspruchs nach österreichischem Schadensersatzrecht nach einem Verkehrsunfall zu beachten:

1) Gefährdungs- und Verschuldenshaftung

Nach § 5 des Eisenbahn- und Kraftfahrzeughaftpflichtgesetzes (EKHG) haftet der Halter eines Kraftfahrzeuges für den Ersatz von Schäden, die dadurch entstehen, dass bei dem Betrieb eines Kraftfahrzeuges ein Mensch verletzt oder eine Sache beschädigt wird. Gem. § 9 Abs. 1 EKHG ist diese Haftung jedoch ausgeschlossen, wenn der Unfall durch ein unabwendbares Ereignis verursacht wird. Von besonderer Bedeutung ist ferner, dass der Ersatzberechtigte gem. § 18 EKHG innerhalb von drei Monaten ab Kenntnis von dem Schaden und vom Ersatzpflichtigen den Unfall anzuzeigen hat.

Gem. den §§ 1295 ff. des Allgemeinen Bürgerlichen Gesetzbuchs (AGBGB) besteht auch eine verschuldensabhängige Haftung. Diese ist der Höhe nach nicht begrenzt und kann sich auch gegen den Fahrer richten. Anders als in § 18 StVG wird aber ein entsprechendes Verschulden des Fahrers nicht vermutet.

2) Polizeiliche Unfallaufnahme

Bei Sachschäden kann die Einschaltung der Polizei unterbleiben. Auf Verlangen der Unfallbeteiligten kann diese auch den Unfall mit den wesentlichen Daten aufnehmen. Diese Unfallaufnahme ist mit 36 EUR gebührenpflichtig („Blaulichtsteuer"). Unfälle mit Personenschäden müssen von der Polizei aufgenommen werden.

3) Fahrzeugschaden

Der Geschädigte hat grundsätzlich einen Anspruch auf Ersatz der Reparaturkosten inkl. MwSt. unabhängig davon, ob das Fahrzeug tatsächlich repariert worden ist. Ist zum Zeitpunkt der Forderung das Fahrzeug noch nicht repariert worden, hat der Geschädigte nach Ansicht einiger Gerichte jedoch zu beweisen, dass eine Reparatur beabsichtigt ist.[67] Wird der Schaden tatsächlich behoben und fallen bei gleichwertiger Qualität geringere Kosten an, so werden nur diese ersetzt.[68] Ob eine Abrechnung auf Basis der Stundensätze einer markengebundenen Fachwerkstatt in Deutschland der Abrechnung zugrunde gelegt werden kann, ist eine Frage des Einzelfalls (Schadensminderungspflicht).

Ein wirtschaftlicher Totalschaden, bei dem lediglich der Wiederbeschaffungswert unter Anrechnung des Restwertes erstattet wird, ist gegeben, wenn die geschätzten Reparaturkosten erheblich über dem Wiederbeschaffungswert des Fahrzeuges liegen. Derzeit zieht die obergerichtliche Rechtsprechung diese Grenze bei 10–15 % oberhalb des Wiederbeschaffungswertes.

Bei einem Fahrzeug bis zu einem Alter von einem Monat und einer Laufleistung bis zu 1.000 km kann auf Neuwagenbasis abgerechnet werden. Bei erheblicher Beschädigung

---

[67] OGH ZVR 1995, 7.
[68] OGH ZVR 1993, 8.

(beschädigte Teile dienen der Sicherheit im Verkehr) eines Neufahrzeugs ist die Differenz zwischen Neuwagenpreis und Restwert zu ersetzen.

Ein merkantiler Minderwert wird lediglich bei einem Fahrzeugalter von nicht mehr als 3 Jahren angenommen und seine Obergrenze liegt bei 10–12 % der Reparaturkosten. Zudem darf die Laufleistung nicht zu hoch liegen und es muss sich um einen erheblichen Fahrzeugschaden handeln. Teilweise wird auch gefordert, dass das Fahrzeug noch im Erstbesitz gewesen sein muss. Diesbezüglich zeichnet sich aber eine großzügigere Handhabung der Rechtsprechung ab.[69] Eine Unkostenpauschale wird i.d.R. im Bereich zwischen 30–40 EUR erstattet. Ab- und Anmeldekosten werden mit einer Pauschale zwischen 160 und 180 EUR ersetzt.[70]

4) Gutachterkosten, Nutzungsausfall, Mietwagenkosten

Da die Bezifferung des entstandenen Fahrzeugschadens auch in Österreich i.d.R. über ein Schadensgutachten erfolgt, sind die dadurch entstandenen Aufwendungen ebenfalls zu ersetzen, jedenfalls dann, wenn sie notwendig waren. Dies kann nur der Fall sein, wenn danach ein Prozess geführt wird. Bei Schäden bis 750 EUR wird i.d.R. auch ein Kostenvoranschlag akzeptiert. Ein Verstoß gegen die Schadensminderungspflicht kann jedoch gegeben sein, wenn die Kosten eines Gutachtens, welches in Deutschland erstellt wird, deutlich höher liegen als die üblichen Honorarsätze in Österreich und genug Zeit bestanden hat, in Österreich ein solches Gutachten zu veranlassen – zumal die Versicherung in Österreich i.d.R. ein Recht zur eigenen Begutachtung haben.

Für den unfallbedingten Ausfallzeitraum werden auch die Kosten für die Anmietung eines Ersatzfahrzeuges erstattet. Bei der Anmietung eines Ersatzfahrzeugs muss der Geschädigte sich ersparte Eigenaufwendungen in Höhe von 10–15 % entgegenhalten lassen. Dabei ist zeitlich eine Wiederbeschaffungsdauer von zwei Wochen für einen in Deutschland lebenden Geschädigten als angemessen erachtet worden.[71] Anders als in Deutschland steht dem Geschädigten, wenn er kein Ersatzfahrzeug anmietet, ein pauschaler Ersatz für die fehlende Nutzungsmöglichkeit seines Kfz nicht zu. Ihm sind aber die typischerweise weiterlaufenden Unkosten zu ersetzen. Hierzu zählen beispielsweise die Versicherungsprämie, Kfz-Steuer, Garagenkosten etc., deren Jahresaufwand auf den konkreten Ausfallzeitraum umzurechnen ist.

Ein privater Nutzungsausfall wird pauschal nicht ersetzt; anders bei entgangenem gewerblichen Gewinn, wobei dieser konkret nachzuweisen ist. Eine Unkostenpauschale wird unter Beweiserleichterungsgesichtspunkten erstattet.

5) Schmerzensgeld

Ein Schmerzensgeldanspruch kann wie im deutschen Recht auch unter dem Gesichtspunkt einer bloßen Gefährdungshaftung bestehen. Die Bemessung der Höhe des Schmerzensgeldes orientiert sich an den auch in Deutschland geltenden Kriterien. Die konkrete

---

69 *Nugel*, MdR 2013, 12.
70 *Neidhard*, Unfall im Ausland, Band 2, Rn 109.
71 OGH ZVR, 1993, 189.

Bemessung der Höhe nach erfolgt allerdings in einer besonderen Vorgehensweise nach *Tagessätzen* und *Schmerzperioden*.[72] Die dafür zu bemessende zeitliche Dauer der Schmerzperioden wird jeweils tageweise durch einen Sachverständigen bestimmt. Anschließend erfolgt eine Unterteilung in vier sog. Schmerzstufen, bei der meist wie folgt pro Tag unterschieden wird:
(1) Leichte Schmerzen: 100 EUR
(2) Mittlere Schmerzen: 200 EUR
(3) Starke Schmerzen: 300 EUR
(4) Unerträgliche Schmerzen: 400 EUR

Neben dem Schmerzensgeld wird auch eine sog. *Verunstaltungsentschädigung* nach den §§ 13 Abs. 5, 1326 ABGB gewährt, wenn zu erwarten ist, dass durch eine Verunstaltung das bessere Fortkommen des Verletzen verhindert wird. Eine Verunstaltung setzt eine wesentlich nachteilige Veränderung der äußeren Gesamterscheinung voraus. Ein Schockschaden kann ersetzbar sein.

6) Verdienstausfall

Nach den §§ 13, 1325 ABGB kann sowohl der bereits unfallbedingt entgangene Gewinn wie auch der zukünftig entgangene Gewinn zu ersetzen sein. Ein solcher Anspruch setzt jedoch den Nachweis voraus, dass ein grobes Verschulden des Unfallverursachers vorliegt. Bei angestellten Arbeitnehmern wird der entgangene Nettoverdienst unter Anrechnung der Lohnfortzahlung und des Krankentagegeldes erstattet. Bei Selbstständigen ist i.d.R. die Bezifferung unter Einschaltung eines Sachverständigen geboten. Auch ein Haushaltsführungsschaden kann erstattet werden. Dies unabhängig davon, ob eine Ersatzkraft eingestellt wird.

7) Regress des Sozialversicherungsträgers

Sozialversicherungsträger können gem. § 332 ASVG die Schädigerseite in Regress nehmen. Der Anspruchsübergang erfolgt in der Höhe der tatsächlich erbrachten Leistung.

8) Verjährung

Schadensersatzansprüche verjähren nach der Grundregel der § 17 EKHG bzw. § 1489 AGBGB in drei Jahren. Die Verjährung beginnt von dem Zeitpunkt an, zu dem Schaden und Schädiger dem Geschädigten bekannt geworden sind. Meldet der Geschädigte den Ersatzanspruch gegenüber dem gegnerischen Kraftfahrzeughaftpflichtversicherer an, ist die Verjährung bis zu einer schriftlichen Erklärung des Versicherers, dass er den Schadensersatzanspruch ablehnt, gehemmt. Die Verjährung wird ferner durch ein Anerkenntnis oder eine Teilzahlung gehemmt.

9) Außergerichtliche Rechtsanwaltskosten

Außergerichtlich angefallene Rechtsanwaltshonorare werden i.d.R. von der gegnerischen Haftpflichtversicherung ersetzt. Üblicherweise erfolgt eine pauschale Entschädigung in

---

72 LG München II, Urt. v. 25.10.2013 – 13 O 1229/10, juris.

§ 2 Behandlung von „Auslandsschäden"

Höhen von 5–10 % der Entschädigungssumme zzgl. Auslagen für Fotokopien und Porto sowie der Umsatzsteuer.

10) Besonderheiten bei einem Gerichtsprozess

Im gerichtlichen Verfahren werden die Anwaltskosten grundsätzlich nach dem Rechtsanwaltstarifgesetz und dem ihm angeschlossenen Tarif berechnet. Im Unterschied zum deutschen Recht kann dabei jede einzelne Prozesshandlung gesondert in Rechnung gestellt werden. Die Kostenerstattung richtet sich dabei nach dem sog. Erfolgsprinzip, für welches die Quote des Obsiegens maßgeblich ist. Die Verfahrensdauer liegt in der ersten Instanz üblicherweise bei etwa einem Jahr, in der Berufungsinstanz bei einem halben Jahr.

VII. Checkliste bei einem Verkehrsunfall in Polen

69 Folgende Besonderheiten sind bei dem Ersatz eine Schadensersatzanspruchs nach polnischem Schadensersatzrecht nach einem Verkehrsunfall zu beachten:

1) Gefährdungs- und Verschuldenshaftung

Das polnische Recht kennt zwar grundsätzlich eine verschuldensunabhängige Gefährdungshaftung. Bei dem Unfall mit zwei Kraftfahrzeugen setzt ein Schadensersatzanspruch i.d.R. jedoch den Nachweis eines schuldhaften Fehlverhaltens voraus (Art. 415 ZGB). Nach Art. 436 § 1 ZGB[73] haftet der unmittelbare Eigenbesitzer und der Fremdbesitzer des Fahrzeugs für alle Schäden die durch die Bewegung des Fahrzeugs verursacht wurden. Hiervon wird dann eine Ausnahme zugelassen, wenn diese Bewegung durch höhere Gewalt verursacht worden oder sie alleinig dem Geschädigten oder einem Dritten zuzuschreiben ist. Nur bei einem Zusammenstoß zweier mechanischer Fahrzeuge (dazu gehört z.B. nicht das Fahrrad), die sich in Bewegung befinden, richten sich die gegenseitigen Forderungen der Besitzer dieser Fahrzeuge und die Forderungen der Mitfahrer aus Gefälligkeit nach dem Schuldprinzip (Art. 436 § 2 ZGB). Gegenüber Dritten, z.B. Fußgängern, die an dem Unfall auch beteiligt waren, gilt weiterhin die Gefährdungshaftung. Eine Haftung kann Art. 362 ZGB entsprechend den Umständen und dem Verschulden beider Beteiligten vermindert werden, falls der Geschädigte zum Unfall beigetragen hat.

2) Polizeiliche Unfallaufnahme

Nach Art. 44 des Verkehrsrechts[74] und Art. 16 des Gesetzes über die Haftpflichtversicherungen[75] ist jeder Unfall der Polizei zu melden, bei dem es zu einem Personenschaden

---

73 Das Gesetz vom 23.4.1964 über das Zivilgesetzbuch, (Ustawa z 23 kwietnia 1964 kodeks cywilny) Gesetzblatt für die Republik Polen 1964, Nr. 16, Pos. 93 mit Änderungen (ZGB).
74 Das Gesetz vom 20.6.1997 über das Verkehrsrecht (Ustawa z 20 czerwca 1997 prawo o ruchu drogowym) Gesetzblatt für die Republik Polen 2005, Nr. 108, Pos. 908 mit Änderungen.
75 Das Gesetz vom 22.5.2003 über Haftpflichtversicherungen, dem Versicherungsgarantiefond, und das polnische Büro der Verkehrsversicherer, (Ustawa z dnia 22 maja 2003 r. o ubezpieczeniach obowiązkowych, Ubezpieczeniowym Funduszu Gwarancyjnym i Polskim Biurze Ubezpieczycieli Komunikacyjnych), Gesetzblatt für die Republik Polen 2003, Nr. 1224, Pos. 1152 mit Änderungen.

gekommen ist oder die Begehung einer Straftat vermutet wird (z.B. Trunkenheit am Steuer). Anderenfalls braucht der Unfall nicht der Polizei gemeldet zu werden, wenn die Beteiligten untereinander klären, wer für den Unfall verantwortlich ist.

3) Fahrzeugschaden

Reparaturkosten werden bis zum Wiederbeschaffungswert ersetzt. Zumeist ist die Vorlage einer Reparaturrechnung erforderlich. Ein Abzug Neu für Alt findet dabei nicht statt.[76] Nach Art. 17a des Versicherungsgesetzes ist die Versicherung verpflichtetet, die Mehrwehrsteuer dann zu ersetzen, wenn der Berechtigte nicht zum Vorsteuerabzug berechtigt ist und eine Rechnung mit ausgewiesener Mehrwertsteuer für die Reparatur vorlegt. Die jüngere Judikatur gestattet u.U. auch die Mehrwertsteuer auf fiktiver Basis nach Gutachten ohne eine Rechnung zu erhalten, solange dieser nicht zum Vorsteuerabzug berechtigt ist.[77] Im Totalschadenfall wird der Wiederbeschaffungswert unter Anrechnung des Restwerts erstattet. Die Kosten für die Neuzulassung eines Fahrzeugs werden dabei nicht übernommen.

Bei der Festlegung im Rahmen einer fiktiven Abrechnung wird sich i.d.R. nach den Durchschnittspreisen auf dem lokalen Markt gerichtet, die niedriger sind als die Preise in autorisierten Markenwerkstätten. Deren Rechnungen können aber bei einer konkreten Abrechnung verwendet werden. Hat der Geschädigte seinen Wohnsitz in Deutschland, gelten i.d.R. die Stundensätze aus der dortigen Region.[78]

Während früher ein merkantiler Minderwert abgelehnt worden ist, hat das Oberste Gericht[79] mit dem Hinweis auf die Änderung der sozialen und wirtschaftlichen Verhältnisse in Polen diese Rechtsauslegung geändert und anerkannt, dass die Entschädigung neben den Reparaturkosten auch den Minderwert umfassen solle. Dabei wurden keine besonderen Voraussetzungen genannt. Die Grundlage für den Wertvergleich sollen die Durchschnittspreise liefern. Es gibt dabei keine gesetzlichen Vorgaben zur Berechnung des Minderwertes, sondern die Sachverständigen verwenden bestimmte Berechnungsmodelle. Hierzu zählt insbesondere eine Empfehlung der Vereinigung der Fahrzeugsachverständigen „Expertmot", aus dem Jahr 2009, wonach u.a. der Minderwert nur bei Fahrzeugen, die im guten technischen Zustand und nicht älter als 6 Jahre sind, berücksichtigt wird. Diese Grenzen sind aber weder zwingend noch für das Gericht verbindlich.

4) Gutachterkosten, Nutzungsausfall, Mietwagenkosten, Unkostenpauschale

Die Aufwendungen für ein polnisches Privatgutachten werden i.d.R. in der Praxis von den Versicherern ersetzt. Ob dies auch notfalls auch bei Gericht anerkannt wird hängt vom Einzelfall ab. Nach dem Beschluss des Obersten Gerichts vom 18.5.2004,[80] kann

---

76 *Hering*, Der Verkehrsunfall in Polen, SVR 2008, 99.
77 Oberstes Gericht, Urt. v. 17.5.2007 – III CZP 150/06, Der Rechtsmonitor (Monitor Prawniczy), vom 2008, Nr. 19, S. 1037; LG Köln – 16 O 440/13 (Rechtsgutachten).
78 Bezirksgericht Gliwice, Urt. v. 31.1.2008 – III Ca 1315/07, n.v.
79 Oberstes Gericht, Urt. v. 12.10.2001 – III CZP 57/01, Der Rechtsmonitor (Monitor Prawniczy) v. 2002, Nr. 6, S. 264.
80 Oberstes Gericht, Beschl. v. 18.5.2004 – III CZP 24/04, Der Rechtsmonitor (Monitor Prawniczy) v. 2004, Nr. 13, S. 585.

bei der Entscheidung auch unter Umständen ein privates Gutachten berücksichtigt werden. Die Bezirksgerichte beurteilen diese Rechtsfrage unterschiedlich. Die gleichen Regeln gelten bei ausländischen Gutachten. Hierzu gibt es auch positive Urteile zugunsten des Geschädigten.[81] Bei einem ausländischen Gutachten muss die Versicherung i.d.R. der Beauftragung zugestimmt haben, es sei denn, es bestand keine andere Möglichkeit der Schadensschätzung.

Mietwagenkosten wurden früher nur in eng begrenzten Ausnahmefällen bei Nachweis eines besondere Erfordernisses (Beruf, keine öffentliche Verkehrsmittel in unmittelbarer Nähe, etc.) und unter Abzug erheblicher ersparter Eigenaufwendungen von mindestens 20 % anerkannt. In den letzten paar Jahren ist es jedoch zu einem Wandel in der Rechtsprechung gekommen. Jetzt wird sowohl von Schrifttum wie auch von den Gerichten anerkannt, dass Mietwagenkosten grundsätzlich auch dann zu erstatten sind, wenn das beschädigte Auto nicht gewerblich genutzt wurde. Dies zumindest, wenn ein Kfz beschädigt wird, mit welchem eine Urlaubsreise angetreten werden sollte.[82] Maßgeblich ist i.d.R., ob das Fehlen des Fahrzeugs erhebliche Schwierigkeiten bei der Erfüllung der täglichen Pflichten, besonders der beruflichen Pflichten, verursachen würde.[83] Die Kosten eines Mietwagens können nur für die Zeit zurückerstattet werden, die auch notwendig war, um das Fahrzeug zu reparieren und nicht die gesamte Zeit, in der es auch faktisch repariert wurde, falls es tatsächlich länger als notwendig gedauert hat.[84] Auch bei einem Totalschaden ist die Rückerstattung der Mietwagenkosten möglich.[85]

Ein pauschaler Nutzungsausfall wird nicht erstattet. Ein konkret nachgewiesener Nutzungsausfall wird bei einem gewerblich genutzten Fahrzeug jedoch erstattet.

Die Abschleppkosten bis zur nächsten Werkstatt werden ersetzt, wenn ein entsprechender Beleg vorgelegt werden kann.

5) Schmerzensgeld

Ein Schmerzensgeld wird grundsätzlich auch bei einer Gefährdungshaftung erstattet. Maßgeblich sind ähnliche Kriterien wie nach deutschem Recht.[86] Die Beträge sind jedoch deutlich niedriger: Bei einer sog. Vollinvalidität wird z.B. ein Schmerzensgeld zwischen 200.000–800.000 Zloty zugesprochen. Ein Schmerzensgeld der Angehörigen setzt voraus, dass sich ihre Lebenslage und Vermögensverhältnisse nachweisbar verschlechtert haben.

---

81 Bezirksgericht Gliwice, Urt. v. 31.1.2008 – III Ca 1315/07, n.v.
82 Amtsgericht Tarnów, Urt. v. 18.4.2008 – IC 421/07, n.v.
83 Bezirksgericht Gliwice, Urt. v. 18.4.2008 – X Ga 61/08; n.v., Bezirksgericht Gliwice, Urt. v. 28.3.2008 – X Ga 43/08, n.v., Bezirksgericht Warszawa, Urt. v. 13.5.2008 – XXIII Ga 207/08, n.v. Oberste Gericht, Urt. v. 8.9.2004 (r.) – IV CK 672/03, Das Juristische Informationssystem „Lex.Omega" (System Informacji Prawnej „Lex.Omega"), Nr. 146324.
84 Oberste Gericht, Urt. v. 5.11.2004 – II CK 494/03, Das Bulletin des Obersten Gerichts (Biuletyn Sądu Najwyższego) vom 2005, Nr. 3, Pos. 11.
85 Oberste Gericht, Urt. v. 8.9.2004 (r.) – IV CK 672/03, Das Juristische Informationssystem „Lex.Omega" (System Informacji Prawnej „Lex.Omega"), Nr. 146324.
86 Zu den Kriterien: AG Frankenthal, Urt. v. 15.10.2014 – 3a C 157/13 = Schaden-Praxis 2015, 82; AG Frankenthal, Urt. v. 15.10.2014 – 3a C 158/13 = NJW-RR 2015, 544.

Nach dem neu eingeführten Art. 446 § 4 ZGB kann das Gericht den nächsten Familienangehörigen des verstorbenen Geschädigten ein entsprechendes Schmerzensgeld zusprechen. Zudem können nach Art. 445 § 3 ZGB auch die Erben des verstorbenen Geschädigten seine Forderungen auf Schmerzensgeld geltend machen, wenn die Forderung schriftlich anerkannt oder bereits gerichtlich geltend gemacht wurde.

6) Verdienstausfall

Auch der unfallbedingt entgangene Gewinn wird ersetzt, und zwar i.d.R. durch eine Rente. Arbeitnehmer haben eine Bestätigung des Arbeitgebers, selbstständige Unternehmer ihren Steuerbescheid vorzulegen. Ein Haushaltsführungsschaden wird ebenfalls anerkannt.

Nach einem Wandel in der Rechtsprechung richtet sich die Rente nach dem Bruttoeinkommen, welches der Bertoffene erhalten hätte, wäre es nicht zu dem Unfall gekommen. Die auf dieser Basis festgelegte Rente wird dann entsprechend um die Steuer und andere Belastungen gemindert, damit es zu keiner Bereicherung des Betroffenen kommt.[87] Grundsätzlich sollten Arbeitnehmer eine Bestätigung des Arbeitgebers, selbstständige Unternehmer ihren Steuerbescheid, zu Beweiszwecken vorlegen. Andere Beweismittel sind jedoch natürlich auch nicht ausgeschlossen.

Von der Rente, die dem Geschädigten zugesprochen wird, ist die Rente für Unterhaltsberechtigte zu unterscheiden. Im Todesfall haben nach Art. 446 § 2 ZGB Unterhaltsberechtigte einen Anspruch auf eine entsprechende Rente, nach § 3 die nächsten Familienmitglieder auf eine Entschädigung. Die Höhe der Rente und der Entschädigung richtet sich nach konkreten Verhältnissen.

7) Regress des Sozialversicherers

Kranken- und Sozialversicherer sind nach einer im Jahr 2004 erfolgten Gesetzesänderung nunmehr zu einem Regress berechtigt. Dies wird seitens der polnischen Versicherer jedoch nicht immer anerkannt.

8) Verjährung

Schadensersatzansprüche verjähren in drei Jahren, beginnend ab dem Zeitpunkt, zu dem der Geschädigte Kenntnis von Schaden und Schädigern erlangt hat, jedoch spätestens in 10 Jahren nach dem Unfallereignis (§ 442 ZPO).

9) Außergerichtliche Rechtsanwaltskosten

Bei einem ausländischen Geschädigten können die nach der Rechtsordnung seines Heimatstaates anfallenden Gebühren berechnet werden. Die außergerichtliche Einschaltung eines Anwalts kann nach den Umständen des konkreten Einzelfalles einen Schaden darstellen, der entsprechend von der Haftpflichtversicherung des Unfallgegners begli-

---

[87] Oberste Gericht, Urt. v. 29.10.2002 – II UK 60/02, Das Juristische Informationssystem „Lex.Omega" (System Informacji Prawnej „Lex.Omega"), Nr. 183212, anders aber in einer neueren Entscheidung: Oberstes Gericht, Urt. v. 23.1.2010 – I PK 47/10, Das Juristische Informationssystem „Lex.Omega" (System Informacji Prawnej „Lex.Omega"), Nr. 707403.

chen werden muss.[88] Dabei wird jedoch eine Vielzahl von Unterschieden in diversen Fallgestaltungen gemacht, so dass eine pauschale, für alle Fälle geltende Aussage schwer möglich ist. Generell wird für eine Ersatzfähigkeit der vorgerichtlichen Kosten darauf abgestellt, ob der Gesundheitszustand, die Qualifikation oder die Lebensumstände des Geschädigten vorgerichtlich einen Anwalt erfordert haben, um einen ordnungsgemäßen, effektiven und ökonomischen Ablauf der Schadensabwicklung zu gewährleisten.[89]

10) Besonderheiten bei einem Gerichtsprozess

Die prozessualen Anwaltskosten werden bei einem Obsiegen im Prozess erstattet. Die Prozesse dauern i.d.R. aber mehrere Jahre.

Teilweise liegen ersten Urteile deutscher Gerichte zur Anwendung materiellen polnischen Rechts vor.[90]

Muster 2.20: Ersatz von Reparaturkosten nach polnischem Recht
Die geltend gemachten Reparaturkosten (Brutto) sind auch im Rahmen einer fiktiven Abrechnung zu erstatten. Seit einer Entscheidung des obersten polnischen Gerichts vom 17.5.2007 (Sadu Najwyzsego – III CZP 150/06) wird nach polnischem Recht die Mehrwertsteuer unabhängig davon ersetzt, ob sie tatsächlich angefallen ist (AG Hamburg Wandsbek, Urt. v. 29.10.2009 – 711 C 23/09, bestätigt durch LG Hamburg, Urt. v. 20.1.2012 – 306 S 150/09 – juris).

VIII. Checkliste bei einem Verkehrsunfall in der Schweiz

Folgende Besonderheiten sind bei dem Ersatz eine Schadensersatzanspruchs nach schweizerischem Schadensersatzrecht bei einem Verkehrsunfall zu beachten:

1) Gefährdungs- und Verschuldenshaftung

Der Halter haftet grundsätzlich unter dem Aspekt der Gefährdungshaftung (Art. 58 Abs. 1 SVG), dies auch für andere Personen, die mit seinem Fahrzeug einen Schaden verursachen (§ 58 Abs. 4 SVG). § 59 SVG sieht einen Ausschluss bei höherer Gewalt vor. Bei grobem Fehlverhalten der Gegenseite kann die Gefährdungshaftung (wie im deutschen Recht) ganz zurücktreten. Bei reinen Sachschäden zwischen Kfz gilt die Verschuldenshaftung.

2) Polizeiliche Unfallaufnahme

Bei Sachschäden besteht keine Verpflichtung, die Polizei hinzuzuziehen und es erfolgt nur selten eine Unfallaufnahme. Bei Personenschäden ist die Polizei jedoch zu benachrichtigen, welche den Unfall protokolliert.

---

88 Oberstes Gericht Beschl. v. 13.3.2012, Az.: III CZP 75/11.
89 LG Köln – 16 O 440/13 (Rechtsgutachten).
90 AG Frankenthal, Urt. v. 15.10.2014 – 3a C 157/13; AG Frankenthal, Urt. v. 15.10.2014 – 3a C 158/13.

3) Fahrzeugschaden

Der Geschädigte erhält i.d.R. die Reparaturkosten ersetzt unabhängig davon, ob er das Fahrzeug repariert. Obergrenze bildet aber der Wiederbeschaffungswert. Es gelten grundsätzlich die Preisverhältnisse am Wohnsitz des Geschädigten (auch wenn dieser im Ausland liegt). Auf Basis eines Kostenvoranschlags werden meist nur geringfügige Schäden abgewickelt. Umstritten ist, ob bei einer fiktiven Abrechnung die MwSt. zu ersetzen ist. Unter engen Voraussetzungen ist auch eine Abrechnung auf Neuwagenbasis zulässig, wie z.B. bei einem lediglich 2,5 Monate alten Kfz mit einer Laufleistung von 7.000 km – ggf. unter Anrechnung ersparter Eigenaufwendungen in Höhe von 5 %.[91] Einen Integritätszuschlag wie in Deutschland kennt das schweizerische Recht nicht. Ein merkantiler Minderwert ist nur bei neueren Fahrzeugen erstattungsfähig.[92]

4) Gutachterkosten, Nutzungsausfall, Mietwagenkosten, Unkostenpauschale

Die Kosten für die Einholung eines Sachverständigengutachtens werden grundsätzlich erstattet. Dies ist aber anders, wenn die gegnerische Versicherung zuvor Gelegenheit hatte, ihrerseits das Fahrzeug zu besichtigen. Im Zweifelsfall bietet sich eine Verständigung mit der gegnerischen Versicherung an. Privatgutachten werden nicht erstattet. Mietwagenkosten werden nur unter engen Voraussetzungen erstattet – so wenn das Fahrzeug z.B. beruflich benötigt wird oder eine Fahrt mit öffentlichen Verkehrsmitteln nicht möglich ist. Ersparte Eigenaufwendungen werden bei längeren Mietzeiträumen angerechnet. Ein pauschaler Nutzungsausfall bei privaten Kfz wird nicht erstattet.[93] Im Bereich der beschädigten Lkw richtet sich die Entschädigung nach einer Tabelle der ASTAG (Nutzfahrzeugverband), die vom Schweizerischen Versicherungsverband grundsätzlich anerkannt wird. Eine Unkostenpauschale wird nur ausnahmsweise bei großen und aufwendigen Schäden anerkannt. I.d.R. müsse diese Kosten jedoch konkret nachgewiesen werden.

5) Schmerzensgeld

Ein Schmerzensgeld wird bei Personenschäden unter dem Aspekt der Gefährdungshaftung geschuldet. Auch Angehörige von Schwerstverletzten können ein Schmerzensgeld geltend machen.[94] Es gelten ähnliche Kriterien wie in Deutschland, jedoch werden im Ergebnis deutlich geringere Beträge zugesprochen. Bei schweren Personenschäden liegt die Obergrenze bei 200.000 Franken. Nahe Angehörige können je nach Nähegrad ein Schmerzensgeld von bis zu 50.000 Franken erhalten.

---

91 Kantonsgericht St. Gallen SJZ 1985, 185.
92 *Hablützel/Saner*, in: Bachmeier, Regulierung von Auslandsschäden, Abschnitt 2 CH mit Hinweis auf Bezirksgericht Weinfelden, Urt. v. 30.11.1987; Kantonsgericht Waadt, Urt. v. 8.7.1978.
93 *Hablützel/Saner*, in: Bachmeier, Regulierung von Auslandsschäden, Abschnitt 2 CH BGE 126 III 388, 396 ff., E 11 a.
94 *Hablützel/Saner*, in: Bachmeier, Regulierung von Auslandsschäden, Abschnitt 2 CH mit Hinweis auf Appellationshof des Kantons Bern, Urt. v. 18.2.1994.

6) Verdienstausfall

Ein unfallbedingter Verdienstausfall wird ersetzt. Bei dauerhaftem Verdienstausfall ist neben einer Rentenzahlung auch eine Kapitalisierung denkbar. Erfasst werden können auch Ausgleichsansprüche wegen der zu erwartenden Erschwerung des beruflichen Fortkommens. Auch ein Haushaltsführungsschaden ist ersatzfähig.[95]

7) Regress der Sozialversicherer

Die Sozialversicherer können gegenüber der Schädigerseite regressieren und ihnen steht gegen die Kraftfahrzeughaftpflichtversicherung des Schädigers ein eigener Direktanspruch zu.

8) Verjährung

Verjährung tritt innerhalb von 2 Jahren nach dem Zeitpunkt ein, zu dem der Geschädigte Kenntnis von Schaden und Schädiger hat, spätestens aber 10 Jahre nach dem Unfallereignis. Liegt dem Unfall eine Straftat zugrunde, gilt aber u.U. die längere strafrechtliche Verjährungsfrist. Auf die Einrede der Verjährung kann zeitlich begrenzt verzichtet werden. Eine Forderungsanerkennung wirkt verjährungsunterbrechend.

9) Außergerichtliche Rechtsanwaltskosten

Das Anwaltsgebührenrecht ist in den einzelnen Kantonen unterschiedlich geregelt. I.d.R. erfolgt eine Abrechnung nach Stundensätzen, kombiniert mit dem Gegenstandswert. Die außergerichtlichen Rechtsanwaltskosten sind grundsätzlich vom Schädiger zu übernehmen, sofern die Inanspruchnahme nach den Umständen gerechtfertigt war.[96] Ggf. wird auch ein pauschaler Satz von 10 % der gezahlten Schadenssumme erstattet.

10) Besonderheiten bei einem Gerichtsprozess

Sind zum Zeitpunkt des Urteils die Folgen des Unfalls noch nicht vollständig absehbar, kann bzgl. des entgangenen Verdienstausfalls ein Nachklagevorbehalt für maximal 2 Jahre in das Urteil mit aufgenommen werden.

IX. Checkliste bei einem Verkehrsunfall in Tschechien

72 Folgende Besonderheiten sind bei dem Ersatz eine Schadensersatzanspruchs bei einem Verkehrsunfall zu beachten:

1) Gefährdungs- und Verschuldenshaftung

Es bestehen Ansprüche aus Gefährdungshaftung gem. den §§ 427 ff. ZGB und aus Verschuldenshaftung nach § 420 ZGB.

2) Polizeiliche Unfallaufnahme

In Tschechien ist bei Personenschäden sowie nicht unerheblichen Sachschäden i.d.R. die Polizei hinzuzuziehen. Die Polizei stellt dabei eine Unfallbestätigung aus.

---

[95] *Hablützel/Saner*, in: Bachmeier, Regulierung von Auslandsschäden, Abschnitt 2 CH mit Hinweis auf die Sammlungen des Schweizerischen Bundesgerichtes 132 III 336 Erw. 3.6.

[96] *Hablützel/Saner*, in: Bachmeier, Regulierung von Auslandsschäden, Abschnitt 2 CH mit Hinweis auf Sammlungen des Schweizerischen Bundesgerichtes 97 II 259 S. 267 Erw. III.5 (in Französisch).

3) Fahrzeugschaden

Reparaturkosten werden gegen Nachweis ersetzt. Bei älteren Fahrzeugen erfolgt u.U. ein Abzug unter dem Gesichtspunkt „Neu für Alt". Eine fiktive Schadensabrechnung ist grundsätzlich auch möglich. Dann wird jedoch keine MwSt. ersetzt. Übersteigen die Reparaturkosten den Wiederbeschaffungswert, wird nur dieser unter Anrechnung des Restwertes ersetzt. Ein in einem Gutachten ausgewiesener merkantiler Minderwert wird i.d.R. nicht erstattet.

4) Gutachterkosten, Nutzungsausfall, Mietwagenkosten

Vorrangig ist die Besichtigung durch einen Sachverständigen in Tschechien im Auftrag der Versicherung zu ermöglichen, die mit keinen Kosten verbunden ist. Im Übrigen werden Gutachterkosten erstattet, wenn das Gutachten zur Bezifferung des Schadens (insbesondere bei Totalschaden, dann auch ggf. im Ausland) notwendig ist.

Mietwagenkosten werden ersetzt, wenn ein Ersatzfahrzeug aus beruflichen Gründen oder gesundheitlichen Gründen benötigt wird, bzw. ein Ausweichen auf öffentliche Verkehrsmittel nicht möglich ist. Ersparte Eigenaufwendungen werden mit 15–25 % berücksichtigt.

Ein Nutzungsausfall kann nicht pauschal abgerechnet werden. Eine Unkostenpauschale wird ebenfalls nicht ausgezahlt, sondern es sind konkrete Belege erforderlich.

Abschleppkosten bis zur nächstgelegenen Werkstatt werden als Teil des Schadens erstattet.

5) Schmerzensgeld

Ein Schmerzensgeld kommt als Entschädigung für erlittene Schmerzen in Betracht (Ausnahme: Bagatellverletzung). Ist durch die Verletzung zugleich die Lebensführung nachhaltig beeinträchtigt, kann eine gesonderte Entschädigung zugesprochen werden. Dies aber erst, wenn die Folgen nachweisbar sind, was i.d.R. einen Zeitraum von mindestens einem Jahr erfordert. Die Höhe des Schmerzensgeldes wird im Übrigen nach Tabellen mit einem Punktesystem bemessen.

6) Verdienstausfall

Ein unfallbedingter Verdienstausfall wird ebenfalls erstattet. Maßgeblich ist der Durchschnittsverdienst der Vergangenheit. Ob und unter welchen Voraussetzungen ein Haushaltsführungsschaden erstattet werden kann, ist umstritten.

7) Unterhaltsschaden

Wird ein Erwerbstätiger durch den Unfall getötet, können seine unterhaltsberechtigten Angehörigen einen Ersatzanspruch haben, wenn der Erwerbstätige tatsächlich ein Einkommen erzielt und davon Unterhalt gezahlt hat. Ein Naturalunterhalt ist bisher nicht umfassend anerkannt.

8) Verjährung

Ersatzansprüche aus einem Verkehrsunfall verjähren grundsätzlich in zwei Jahren ab dem Zeitpunkt, zu dem der geschädigte Kenntnis von dem Schaden und der Person des Schädigers hat. Spätestens in drei Jahren nach dem Schadensereignis tritt aber eine Verjährung ein, es sei denn, es liegt eine vorsätzliche Körperverletzung vor, für die eine zehnjährige Frist gilt. Ein Anerkenntnis kann die Verjährung unterbrechen.

9) Außergerichtliche Rechtsanwaltskosten

Die Honorarbemessung erfolgt grundsätzlich nach einer Vorgabe des Justizministeriums. Möglich sind jedoch auch freie Honorarvereinbarungen. Die Anwaltskosten werden von der Gegenseite unter Bezugnahme auf den gezahlten Betrag als Gegenstandswert erstattet.

10) Besonderheiten bei einem Gerichtsprozess

Die unterlegene Partei hat die Kosten des Gegners zu tragen. Zivilverfahren mit ausländischen Prozessbevollmächtigten können aber mehrere Jahre dauern.

D. Schäden im Inland unter Beteiligung eines ausländischen Kraftfahrzeugs

I. Übersicht

73 Kommt es im Inland zu einem Verkehrsunfall unter Beteiligung eines ausländischen Kraftfahrzeugs, ist in der Regel das **Deutsche Büro Grüne Karte e.V.** in Hamburg einzuschalten (Homepage: *www.gruene-karte.de*). Der Verein Grüne Karte e.V. ist neben dem Schädiger und dem ausländischen Haftpflichtversicherer passivlegitimiert, wenn er nach § 2 des Gesetzes über die Haftpflichtversicherung für ausländische Kraftfahrzeuge und Kraftfahrzeuganhänger vom 24.7.1956 (AuslPflVG) die Pflichten eines Haftpflichtversicherers übernommen hat. Derzeit (Stand 2015) übernimmt dieses Büro aufgrund entsprechender Übereinkommen bei grenzüberschreitendem Verkehr aus 46 Staaten, welche dem System „Grüne Karte" beigetreten sind, die Pflichten eines Kraftfahrzeughaftpflichtversicherers. Die Voraussetzungen hierfür richten sich danach, ob das ausländische Kraftfahrzeug aus einem Staat kommt, in dem das multilaterale Garantieabkommen (MAG) oder das Uniform Agreement (UA) gilt. Während die Büros im Rahmen des erstgenannten Abkommens einen Versicherungsschutz auf Grundlage der sog. Grünen Karte garantieren, garantieren die am MAG-Abkommen beteiligten Büros den Versicherungsschutz auf Grundlage des amtlichen Kennzeichens des Kfz. Je nach Herkunftsland und betroffenem Büro hat der Geschädigte mithin unterschiedliche Nachweise vorzulegen.

74 Stammt das gegnerische Unfallfahrzeug aus einem Mitgliedstaat des Uniform Agreement, ist die sog. **Internationale Grüne Versicherungskarte** vorzulegen. Zu diesen Staaten zählen bei derzeitigem Stand folgende Länder: Albanien, Andorra, Bosnien-Herzegowina, Bulgarien, Iran, Israel, Kroatien, Malta, Marokko, Mazedonien, Molda-

D. Schäden im Inland unter Beteiligung eines ausländischen Kraftfahrzeugs §2

wien, Rumänien, Serbien & Montenegro, Slowenien, Ukraine, Tunesien, Türkei, Weißrussland. Eine genaue und aktuelle Liste der jeweiligen Mitgliedstaaten dieses Abkommens findet sich auf der Homepage *www.gruene-karte.de*. Dort finden sich auch entsprechende Links zu Ansprechpartnern in den jeweiligen Herkunftsländern.

Die „Grüne Versicherungskarte" übernimmt eine Art Garantiefunktion und wird als ausreichender Haftpflichtdeckungsnachweis anerkannt. Sie garantiert im Einzelnen, dass der Karteninhaber bei der Einreise in ein anderes Land, in dem die Grüne Versicherungskarte anerkannt wird, über in diesem Land als Mindestmaß geforderten Versicherungsschutz verfügt. Kann die „Grüne Versicherungskarte" nicht vorgelegt werden, müssen möglichst sämtliche Informationen daraus mitgeteilt werden. Als weitere Informationen benötigt der Verein Grüne Karte e.V. in diesen Fällen: 75
- Namen und Anschriften der am Schadensfall unmittelbar Beteiligten,
- Unfallort,
- Unfalldatum.

Stammt das Fahrzeug aus einem Mitgliedsstaat des multilateralen Garantieabkommens (dazu zählen derzeit: Belgien, Dänemark, Estland, Finnland, Frankreich, Griechenland, Vereinigtes Königreich von Großbritannien und Nordirland, Irland, Island, Italien, Lettland, Liechtenstein, Litauen, Luxemburg, Monaco, Niederlande, Norwegen, Österreich, Polen, Portugal, San Marino, Schweden, Schweiz, Slowakische Republik, Spanien, Tschechische Republik, Ungarn und der Vatikan), reicht als Nachweis das amtliche Kfz-Kennzeichen aus. In diesem Fall benötigt der Verein Grüne Karte e.V. folgende Informationen zur Sachbearbeitung: 76
- amtliches Kennzeichen des Schädigerfahrzeugs,
- Namen und Anschriften der am Schadensfall unmittelbar Beteiligten,
- Unfallort,
- Unfalldatum,
- möglichst Namen des ausländischen Haftpflichtversicherers und die Versicherungsschein-Nr.,
- möglichst Marke und Typ des Schädigerfahrzeugs.

Kommt der ausländische Verkehrsteilnehmer aus einem Land, das den Nachweis bestehenden Versicherungsschutzes nicht allein über das Kfz-Kennzeichen führt und verfügt der Fahrer bei der Einreise nach Deutschland nicht über eine „Grüne Versicherungskarte", ist er dazu verpflichtet, sich den Versicherungsschutz bei der **„Gemeinschaft der Grenzversicherer"** zu beschaffen. Hierbei handelt es sich um einen Zusammenschluss deutscher Kfz-Haftpflichtversicherer auf der Basis des § 2 Abs. 2 AusPflVG. Die „Gemeinschaft der Grenzversicherer" stellt über den bestehenden Versicherungsschutz einen **„Rosa Grenzversicherungsschein"** aus. 77

Die Geschäfte der Gemeinschaft der Grenzversicherer werden zwar vom Verein Grüne Karte e.V. wahrgenommen. Anders als bei den o.g. Fällen ist jedoch bei Klagen aus Direktansprüchen auf der Basis eines Rosa Grenzversicherungsscheins nicht der Verein

Nugel 83

Grüne Karte e.V., sondern allein die Gemeinschaft der Grenzversicherer passivlegitimiert.[97]

78 Stammt der ausländische Verkehrsteilnehmer aus einem Land, das nicht Mitglied des Vereins „Grüne Karte" ist und besteht auch kein Versicherungsschutz über die Gemeinschaft der Grenzversicherer, so ist daran zu denken, die Verkehrsopferhilfe e.V. in Anspruch zu nehmen. Hierbei handelt es sich um eine Einrichtung der deutschen Auto-Haftpflichtversicherer, welche Verkehrsopfern als eine Art Garantiefonds in bestimmten Fällen hilft. Erfasst werden dabei auch die Fälle, in denen der Unfall durch ein nicht versichertes Kraftfahrzeug verursacht wird. Nähere Einzelheiten hierzu und zu einer Kontaktaufnahme finden sich auf der Homepage unter *www.verkehrsopferhilfe.de* mit folgenden Daten:

Verkehrsopferhilfe e.V.
Wilhelmstr. 43/43G
10117 Berlin

Telefon: (030) 20 20 5858
Telefax: (030) 20 20 5722

E-Mail: voh@verkehrsopferhilfe.de

II. Hinweise

79 Sobald die Ermittlungen abgeschlossen sind und die Eintrittspflicht des Deutschen Büros Grüne Karte e.V. gegeben ist, beauftragt es einen bundesdeutschen Kfz-Haftpflichtversicherer mit der Regulierung des Schadensfalls. Hierüber informiert das Büro den Geschädigten schriftlich. Das Schreiben enthält die erforderlichen Informationen über Name und Adresse des Versicherers sowie über die Schadensnummer, unter der die Schadensache dort angelegt wurde. Darüber hinaus zeigt der betreffende Versicherer seine Bereitschaft zur Schadensabwicklung gesondert gegenüber dem Geschädigten bzw. dem von ihm beauftragten Rechtsanwalt an. Die gesamte weitere Schadenskorrespondenz ist über diesen Versicherer zu führen.

80 Kommt es mit dem Versicherer zum Streit über die Abwicklung des Schadensfalls und muss das Klageverfahren bestritten werden, ist zu beachten, dass das Deutsche Büro Grüne Karte e.V. unmittelbar **passivlegitimiert** ist. Die Klage darf deshalb **nicht** gegen den lediglich mit der Regulierung beauftragten Kfz-Haftpflichtversicherer geführt werden.[98] Neben dem Verein „Büro Grüne Karte" können auch der ausländische Kraftfahrzeughaftpflichtversicherer und ggf. der Fahrer verklagt werden. In diesem Fall ist jedoch eine Zustellung der Klage im Ausland geboten. Angesichts der damit verbundenen Zeitverluste ist es sehr genau zu überlegen, ob es gerechtfertigt ist, den Fahrer als Partei mitzuverklagen, um ihn als Zeugen auszuschalten – dieser wird im Zweifel immer (noch)

---

97 *Feyock/Jacobsen/Lemor*, § 6 AuslPflVG Rn 2.
98 Vgl. OLG München, Urt. v. 18.11.2011 – 10 U 1146/11.

als Partei anzuhören sein und damit lediglich seine formale Einbindung in den Prozess geändert.

Weiterhin ist zu bedenken, dass das Deutsche Büro Grüne Karte e.V. oder die Gemeinschaft der Grenzversicherer für den jeweiligen Unfallschaden nur bis zur Höhe der gesetzlich vorgeschriebenen Mindestdeckungssumme einsteht. Geht der Schaden darüber hinaus, so müssen die Ansprüche direkt gegenüber dem ausländischen Unfallverursacher und seiner Haftpflichtversicherung geltend gemacht werden.

E. Schäden im Inland unter Beteiligung eines NATO-Dienstfahrzeugs

Auch Angehörige der in Deutschland stationierten **ausländischen Streitkräfte** müssen sowohl für ihre Privatfahrzeuge als auch für ihre Dienstfahrzeuge Kfz-Haftpflichtversicherungsschutz nachweisen. Bei der **Stationierung von Streitkräften aus NATO-Staaten und ihren Angehörigen sowie des zivilen Gefolges in Deutschland** gelten für diese Personen besondere Rechte und Pflichten, die im NATO-Truppenstatut vom 19.6.1951 geregelt sind. 81

Da ausländische Truppen nicht der deutschen Gerichtsbarkeit unterliegen, erfolgt die Schadensregulierung über die innerstaatliche Regelung des Art. 8 Abs. 6 NATO-Truppenstatut. Demnach ist der Schädiger nach wie vor Schuldner, jedoch kann nur die Bundesrepublik Deutschland in die Regulierung genommen werden, wenn der Unfall bei einer **dienstbezogenen Tätigkeit** geschehen ist.

Zuständig zur **Regulierung von Schadensfällen** nach dem NATO-Truppenstatut ist die Bundesanstalt für Immobilienaufgaben (*http://www.bundesimmobilien.de*), die bundesweit in Erfurt, Koblenz, Soltau und Nürnberg jeweils vier regional zuständige Schadensregulierungsstellen eingerichtet hat, soweit es sich um einen Schaden mit einem Dienstfahrzeug gehandelt hat.[99]

Für ausländische Streitkräfte, die nicht Teil der NATO sind (z.B. Länder der ehemaligen UdSSR), gelten im Ergebnis wegen der Verweisung aus Art. 3 § 5 SkAufG auf die entsprechenden Regulierungsvorschriften des NATO-Truppenstatutes die gleichen Grundsätze; ebenso für die sog. „Befreundeten Staaten", die in den jeweiligen bilateralen Abkommen Regelungen ähnlich dem NATO-Truppenstatut getroffen haben oder über die Regelung des Art. 1 SkAufG zur Haftung der Bundesrepublik kommen.

Für Unfälle unter Beteiligung eines Dienstfahrzeugs der ausländischen Streitkräfte gilt: Es ist zu beachten, dass gem. Art. 6 Abs. 1 des NATO-Truppenstatuts (NTS)[100] jedwede Ansprüche aus dem Schadensfall innerhalb einer Ausschlussfrist von drei Monaten seit dem Schadensfall schriftlich oder zur Niederschrift bei der zuständigen Behörde 82

---

99 Zuständig sind an sich die Schadensregulierungsstellen des Bundes, die aber der Bundesanstalt für Immobilien untergeordnet sind – vgl. die weiteren Nachweise auf der Homepage *http://www.bundesfinanzministerium.de*.
100 BGBl II 1961, S. 1183.

anzumelden sind. Eine vollständige Geltendmachung des Schadens ist dabei noch nicht erforderlich.[101]

Die Versäumnis der Frist ist von den Gerichten als vorprozessuale Ausschlussfrist von Amts wegen zu beachten und führt zu einem vollständigen Verlust des Anspruches.[102]

Der Bescheid der Regulierungsbehörde ist für die Bundesrepublik in Höhe und dem Grunde nach bindend, sobald er unanfechtbar geworden ist.[103] Es handelt sich dabei um ein Rechtsinstitut besonderer Art.[104] Diese Bindung findet ihre Grenze nach den Regeln von Treu und Glauben und entfällt insbesondere, wenn vom Berechtigten verschwiegene Tatsachen zu einer völlig anderen Bewertung des Sachverhalts führen.[105] Ebenso tritt keine Bindung ein, wenn es sich lediglich um die Aufteilung einer bestimmten Entschädigung auf mehrere Geschädigte handelt.

Lehnt die Behörde einen Bescheid über die Regulierung des Schadensfalls ab, so besteht eine zweimonatige Klagefrist gem. § 12 Abs. 4 NTS. Die Klage ist unabhängig vom Streitwert beim Landgericht einzureichen (§ 71 Abs. 2 GVG). Dabei ist zu beachten, dass die Bundesrepublik lediglich als Prozessstandschafter für den Entsendestaat auftritt. Der entsprechende Antrag muss daher wie folgt lauten:

▼

Muster 2.21: Antrag in Klageschrift nach Art. 12 Abs. 2 NTS-AG
Die Beklagte wird verurteilt, für ▩▩▩ (Bezeichnung des Truppenentsendestaates) an die Klägerin ▩▩▩ EUR nebst ▩▩▩ EUR Zinsen zu bezahlen.

▲

Ist am Unfall zwar ein Truppenfahrzeug beteiligt, liegt aber keine Dienstbezogenheit der Fahrt, z.B. bei Diebstahl oder „Schwarzfahrt", vor, kommt es darauf an, ob sich die Truppe exkulpieren kann. Trägt sie Mitverantwortung, ist wie oben zu verfahren. Exkulpiert sie sich, so prüft die Bundesrepublik gem. Art. 8 Abs. 6 a) NTS, ob im Einzelfall dennoch eine Entschädigung festzusetzen ist. Die Ansprüche gegen den Schädiger bleiben daneben jedoch gem. Art. 8 Abs. 6 d) NTS bestehen.

83 Für Schadenfälle mit Privatfahrzeugen ist der jeweilige Kraftfahrzeug-Haftpflichtversicherer des Fahrzeugs zuständig. Die Registrierung und Zulassung privater Kfz und Anhänger von Truppenangehörigen erfolgt durch die zuständigen Militärbehörden der Truppen. Bei diesen sind Auskünfte über den zuständigen Kfz-Haftpflichtversicherer des Unfallgegners zu erhalten. Es handelt sich um folgende Institutionen:
- **für amerikanische Kraftfahrzeuge**: Amerikanische Zulassungsstelle, Havellandstr. 335, 68309 Mannheim;
- **für britische Kraftfahrzeuge**: Police Advisory Branch, York Drive 5, 41179 Mönchengladbach;

---

[101] BGH, Urt. v. 6.11.1986 – III ZR 193/85 = VersR 1987, 409.
[102] BGH, Urt. v. 6.7.1990 – III ZR 142/89 = VersR 1990, 1019.
[103] BGH, Urt. v. 8.7.1976 – III ZR 109/74 = VersR 1976, 1156.
[104] BGH, Urt. v. 8.12.2011 – III ZR 72/11 = VersR 2012, 768.
[105] BGH, Urt. v. 18.1.1979 – III ZR 72/77 = VersR 1979, 423.

E. Schäden im Inland unter Beteiligung eines NATO-Dienstfahrzeugs § 2

- **für belgische Kraftfahrzeuge**: Belgischer Verbindungsdienst, Germanicusstr. 5, 50968 Köln;
- **für französische Kraftfahrzeuge**: Antenne de Commandement des Forces Françaises et de l'Elément Civil Stationnés en Allemagne SAJJ, Postfach 19 62, 78159 Donaueschingen.

Eine Besonderheit bei den Privatfahrzeugen der Truppenangehörigen besteht insofern, als diese auch bei einem Versicherer im Entsendestaat, also bei einem ausländischen Versicherer versichert sein können. Nach Art. 11 des Zusatzabkommens zum NATO-Truppenstatut ist dafür Voraussetzung, dass neben diesem ausländischen Versicherer ein in Deutschland zum Geschäftsbetrieb befugter Versicherer oder ein Verband solcher Versicherer die Pflichten eines Haftpflichtversicherers für Schadenfälle im Bundesgebiet übernommen hat. 84

Schadenfälle können beim Deutschen Büro Grüne Karte e.V. angemeldet werden, wenn für das Fahrzeug des Unfallgegners eine Grüne Versicherungskarte des ausländischen Versicherers vorgelegt werden kann. Dies gilt auch für den Fall, dass das Fahrzeug ein deutsches Kennzeichen führt.[106] Für Privatfahrzeuge der Truppenangehörigen aus Belgien, Großbritannien und Frankreich reicht sogar die Angabe des amtlichen Kennzeichens aus.

Daraus ergibt sich eine Vielzahl an möglichen Gerichtsständen: Diese können sich aus der Zuständigkeit des Büros Grüne Karte in Berlin ergeben (§ 12 ZPO), des Weiteren aus dem Unfallort (§ 32 ZPO, § 20 StVG) und in Fällen der Anwendbarkeit der EuGVVO aus dem Wohnsitz des Geschädigten und dem Sitz des Versicherers im Ausland.

Wegen der Einzelheiten zur Abwicklung von Auslandsschäden wird auch auf das „Merkblatt zur Bearbeitung von Auto-Haftpflichtschäden durch den Verein Deutsches Büro Grüne Karte und den Verein Verkehrsopferhilfe sowie über die Möglichkeiten der Hilfestellung des Deutschen Büros Grüne Karte bei Schadensfällen im Ausland" verwiesen, erhältlich über *www.gruene-karte.de*. 85

Checkliste bei Auslandsberührung 86

- Ein Unfall im Ausland mit Ausländer muss mit einem ausländischen Versicherer abgewickelt werden. Dieser hat jedoch im Inland des Geschädigten einen Regulierungsbeauftragten (d.h. einen inländischen Versicherer als Ansprechpartner) zu stellen, der über den Zentralruf der Autoversicherer in Erfahrung gebracht werden kann.
- Ein Unfall im Ausland zwischen zwei Inländern kann über einen deutschen Versicherer abgewickelt werden. Art. 4 Rom II bzw. Art. 40 EGBGB begründet i.d.R. eine Zuständigkeit Deutscher Gerichte.
- Bei einem Unfall innerhalb der EU kann der inländische Geschädigte am Gericht seines Wohnortes in Deutschland den ausländischen Kraftfahrzeughaftpflichtversi-

---

[106] Vgl. auch *Bachmaier*, Regulierung von Auslandsschäden, 1. Aufl. 2013, § 3 Rn 141 ff.

cherer verklagen, sofern dieser seinen Sitz in der EU hat. Anwendbar ist in der Sache dann aber das i.d.R. ausländische Recht, welches am Unfallort gilt.
- Im Einzelfall ist zu prüfen, ob sich das anzuwendende Recht nach der Rom II-Verordnung oder aber dem Haager Übereinkommen ergibt. Ggf. kann sich bei der Anrufung unterschiedlicher Gerichte mit unterschiedlichem IPR die Möglichkeit des „law shopping" oder „forum shopping" ergeben.
- Ein Unfall im Inland mit Ausländer wird über das Deutsche Büro Grüne Karte e.V. in Hamburg abgewickelt.
- Ein Unfall im Inland mit einem NATO-Dienstfahrzeug ist über die Ämter für Verteidigungslasten abzuwickeln.

§ 3 Anspruchsgrundlagen

Victoria Nordmann

A. Übersicht

Im Rahmen der Verkehrsunfallbearbeitung stehen dem Geschädigten verschuldensabhängige und verschuldensunabhängige Anspruchsgrundlagen aus dem Straßenverkehrsgesetz (**StVG**), dem Bürgerlichen Gesetzbuch (**BGB**) sowie dem Haftpflichtgesetz (**HpflG**) zur Verfügung. Alle drei Gesetze beinhalten Anspruchsgrundlagen, die sowohl auf den **Ausgleich materieller Positionen des Sach- und Personenschadens wie auch des immateriellen Schadens gerichtet sind**.

Die Halterhaftung aus § 7 Abs. 1 StVG ist als Gefährdungshaftung ausgestaltet und greift grundsätzlich ein, wenn durch den **Betrieb eines Kraftfahrzeugs** oder eines Anhängers, der dazu bestimmt ist, von einem Kraftfahrzeug mitgeführt zu werden, Schäden verursacht werden. Die haftungsbegründenden Voraussetzungen der Halterhaftung sind mithin Folgende:
- Halter,
- Kraftfahrzeug bzw. Anhänger, der dazu bestimmt ist, von einem Kraftfahrzeug mitgeführt zu werden,
- Betrieb eines Kraftfahrzeugs bzw. Anhängers im obigen Sinne,
- haftungsbegründende Kausalität,
- Schaden.

Darlegungs- und Beweislast liegen insoweit beim Anspruchsteller. Von entscheidender Bedeutung ist dabei, dass die Haftung – anders als § 823 BGB – **kein Verschulden** erfordert.

Die Haftung des Halters kann aber in folgenden Fällen aufgrund des StVG **ausgeschlossen** sein:
- Höhere Gewalt, § 7 Abs. 2 StVG,
- „Schwarzfahrt", § 7 Abs. 3 StVG,
- Unabwendbarkeit, § 17 Abs. 3 StVG, bei einer Schadensverursachung durch mehrere Kraftfahrzeuge, § 17 StVG,
- wirksame Vereinbarung einer Haftungsbegrenzung (Umkehrschluss aus § 8a StVG).

Die Darlegungs- und Beweislast für einen derartigen Haftungsausschluss liegen bei dem in Anspruch genommenen Halter. Diese Haftungsvoraussetzungen sowie die vier oben angeführten Ausschlüsse werden im Folgenden dargelegt.

§ 3 Anspruchsgrundlagen

I. Kraftfahrzeug und Anhänger i.S.d. § 7 Abs. 1 StVG

1. Kraftfahrzeug

4 Kraftfahrzeuge i.S.d. § 7 StVG sind sämtliche **Landfahrzeuge, die durch Maschinenkraft** bewegt werden, ohne an Bahngleise gebunden zu sein (§ 1 Abs. 2 StVG). Maßgeblich für die Qualifikation eines Kraftfahrzeugs ist, dass das Gefährt mit Maschinenkraft betrieben wird. Dabei kann dahingestellt bleiben, ob es sich um Explosionsenergie, elektrische Energie oder Dampf handelt. Auch wenn danach definitorisch z.B. Krankenfahrstühle zu Kraftfahrzeugen i.S.d. StVG gehören, nimmt § 8 StVG solche Fahrzeuge von der Gefährdungshaftung des § 7 Abs. 1 StVG aus, da sie auf ebener Bahn mit keiner höheren Geschwindigkeit als 20 km/h fahren können.

Demgemäß gilt die in § 7 StVG geregelte Gefährdungshaftung **nicht** für **Fahrradfahrer**. Ein „Kraftfahrzeug" liegt erst dann vor, wenn das Fahrrad über einen Hilfsmotor verfügt, dessen Bauart ein schnelleres Fahren als mit 20 km/h ermöglicht. Die Einzelheiten hierzu regelt § 8 StVG. Eine „Betriebsgefahr" spielt also bei Ansprüchen gegen Fahrradfahrer keine Rolle.

2. Anhänger

5 § 7 Abs. 1 StVG erfasst auch die Haftung für Kraftfahrzeuganhänger. Hierunter fallen alle Fahrzeuge, die dazu bestimmt sind, an ein Kraftfahrzeug angehängt zu werden. (Liegengebliebene) Kraftfahrzeuge werden von diesem Begriff nicht erfasst, da sie dazu bestimmt sind, mit eigener Motorkraft zu fahren. Ausgeschlossen von der Haftung nach § 7 Abs. 1 StVG sind auch alle Anhänger, die von anderen Fahrzeugen als Kraftfahrzeugen gezogen werden sollen (z.B. Fahrradanhänger).

II. Betrieb eines Kraftfahrzeugs/Kraftfahrzeuganhängers

6 Der Begriff des **Betriebs** eines Kraftfahrzeugs (und jetzt auch eines Kraftfahrzeuganhängers) ist weit auszulegen, um den hohen Gefahren im Straßenverkehr gerecht zu werden.[1] Von ihm werden sämtliche Schäden umfasst, die durch Gefahren adäquat verursacht werden, die dem Kraftfahrzeug **typischerweise innewohnen**. Diese weite Auslegung des Tatbestandsmerkmals „bei dem Betrieb eines Kraftfahrzeugs" entspricht dem weiten Schutzzweck des § 7 Abs. 1 StVG und findet darin ihre innere Rechtfertigung. Die Haftung nach § 7 Abs. 1 StVG ist sozusagen der Preis dafür, dass durch die Verwendung eines Kfz – erlaubterweise – eine Gefahrenquelle eröffnet wird.

---

[1] BGH, Urt. v. 24.3.2015 – VI ZR 265/14 = VersR 2015, 1681 ff.

A. Übersicht § 3

▼

Muster 3.1: Weite Auslegung des Merkmals „Bei Betrieb"
Das Haftungsmerkmal „bei dem Betrieb" ist entsprechend dem umfassenden Schutzzweck der Vorschrift weit auszulegen und umfasst daher alle durch den Kfz-Verkehr beeinflussten Schadensabläufe. Es genügt, dass sich eine von dem Kfz ausgehende Gefahr ausgewirkt hat und das Schadensgeschehen in dieser Weise durch das Kfz mitgeprägt worden ist (BGH, Urt. v. 24.3.2015 – VI ZR 265/14 = VersR 2015, 1681; BGH, Urt. v. 27.11.2007 – VI ZR 210/06 = SP 2008, 207; BGH, Urt. v. 26.4.2005 – VI ZR 168/04 = VersR 2005, 992, 993). Ob dies der Fall ist, muss mittels einer am Schutzzweck der Haftungsnorm orientierten wertenden Betrachtung beurteilt werden. An einem auch im Rahmen der Gefährdungshaftung erforderlichen Zurechnungszusammenhang fehlt es erst, wenn die Schädigung nicht mehr eine spezifische Auswirkung derjenigen Gefahren ist, für die die Haftungsvorschrift den Verkehr schadlos halten will.

▲

Dabei gehen die meisten Gerichte auch dazu über, selbst dann eine Betriebsgefahr in Betracht zu ziehen, wenn das Fahrzeug sich außerhalb des öffentlichen Verkehrsraums befindet.

▼

Muster 3.2: Betriebsgefahr außerhalb des öffentlichen Verkehrsraums
Der Betrieb eines Kfz erfordert nicht den Einsatz des Kfz auf einer öffentlichen Verkehrsfläche und kann beispielsweise auch innerhalb einer privaten Tiefgarage erfolgen (**BGH, Urt. v. 21.1.2014 – VI ZR 253/13 = NJW 2014, 1182**). Der Wortlaut des § 7 Abs. 1 StVG enthält jedenfalls keine Einschränkung dahingehend, dass der Betrieb eines Fahrzeugs beendet ist, wenn es an einem Ort außerhalb des allgemeinen Verkehrs abgestellt wird. Eine Haftung nach § 7 Abs. 1 StVG entfällt vielmehr erst in den Fällen, in welchen die Fortbewegungs- und Transportfunktion des Kfz keine Rolle mehr spielt (OLG Düsseldorf, Urt. v. 14.9.2010 – 1 U 6/10 – MDR 2011, 157).

▲

Eine generelle Privilegierung durch ein Absehen einer Betriebsgefahr für ordnungsgemäß abgestellte Fahrzeuge dürfte dem Zweck einer umfassenden Halterhaftung zuwiderlaufen. Eine gebotene Zurückhaltung ist vielmehr durch eine angemessene Abwägung der betroffenen Betriebsgefahren zu erreichen, bei welchen die geringe Gefahr eines ordnungsgemäß abgestellten Kfz i.d.R. gegenüber anderen Verursachungsbeiträgen zurücktreten wird. Auch kann bei Beteiligung zweier Kraftfahrzeuge am Unfall für den ordnungsgemäß Parkenden mangels erkennbarer Gefahrensituation u.U. ein unabwendbares Ereignis vorliegen.[2]

▼

Muster 3.3: Betrieb eines Kfz durch „Falschparken"
Für die Frage, ob ein Kraftfahrzeug zum Zeitpunkt eines Verkehrsunfalls „in Betrieb" war, stellt die Rechtsprechung nicht darauf ab, ob es sich in Bewegung befand oder der Motor lief. Maßgeblich ist vielmehr, ob es sich im öffentlichen Straßenverkehr befindet und

---

2 OLG Köln, Urt. v. 30.10.2002 – 13 U 105/01 – juris.

dadurch eine Gefahr für andere Verkehrsteilnehmer darstellt (BGHZ 29, 163, 166). Auch bei einem ruhenden Fahrzeug, das verbotswidrig abgestellt worden ist und dadurch Gefahren für andere begründet, besteht mithin eine Betriebsgefahr fort (OLG Karlsruhe VersR 1986, 155).

▲

10 Diese Fallkonstellation zeigt, dass ein Kraftfahrzeug nicht nur dann in Betrieb ist, wenn es noch zu Zwecken der Fortbewegung benutzt wird. Vielmehr bleibt es auch solange in Betrieb, wie **jedwede Arbeitsvorgänge**, die für das betreffende Kraftfahrzeug typisch sind, ausgeführt werden. Letztlich wird es vom Betriebsbegriff des § 7 StVG auch erfasst, wenn Schäden durch die Ladung[3] oder durch Insassen eines Kraftfahrzeugs[4] verursacht werden.

▼

11 **Muster 3.4: Betrieb eines Kfz beim „Entladevorgang"**

Versicherung AG

Schaden-Nr./VS-Nr./Az.

Schaden vom

Pkw , amtl. Kennzeichen

Sehr geehrte Damen und Herren,

entgegen der von Ihnen vertretenen Auffassung haften Sie meinem Mandanten gem. § 7 Abs. 1 StVG auf Schadensersatz, da das Fahrzeug Ihres Versicherungsnehmers sich zum Unfallzeitpunkt in Betrieb i.S.d. § 7 Abs. 1 StVG befunden und sich dabei eine dem Betrieb zurechenbare Gefahr realisiert hat. Auf eine verschuldensabhängige Haftung aus Deliktsrecht kommt es daneben nicht an.

Für die Frage, ob ein Kraftfahrzeug zum Zeitpunkt eines Verkehrsunfalls „in Betrieb" war, stellt die Rechtsprechung nicht darauf ab, ob es sich in Bewegung befand oder der Motor lief. Maßgeblich ist vielmehr, ob es sich im öffentlichen Straßenverkehr befindet und dadurch eine Gefahr für andere Verkehrsteilnehmer begründet (BGHZ 29, 163, 166). Zu dem Betrieb eines Kraftfahrzeugs zählt insoweit auch das Ladegeschäft (BGHZ 105, 65). Dies gilt auch, wenn sich die Ladeeinrichtung schädigend auf andere Teilnehmer im öffentlichen Straßenverkehr auswirkt (OLG Hamm NZV 1992, 115).

Hier besteht ein solcher Zusammenhang zu einem Entladevorgang:

Danach war das bei Ihnen versicherte Fahrzeug zum Schadenszeitpunkt in Betrieb und hat eine Gefahrenquelle für andere Verkehrsteilnehmer begründet.

---

3 BGH VersR 1964, 411, 412; OLG München, Urt. v. 10.7.2015 – 10 U 3577/14 – juris.
4 LG Saarbrücken, Urt. v. 20.11.2015 – 13 S 117/15 – juris.

Nach alledem bitte ich höflich um die Bestätigung Ihrer Eintrittspflicht bis zum *(10-Tages-Frist)*.

Mit freundlichen Grüßen

(Rechtsanwalt)

III. Halter des Kfz

Halter ist derjenige, der das Kfz **für eigene Rechnung gebraucht**, also sämtliche Kosten dafür bestreitet und über seine Verwendung entscheidet, d.h. Anlass, Ziel und Zeit seiner Fahrten selber bestimmt. Wer auf diese Weise über das Kfz verfügt ist selbst dann Halter, wenn das Fahrzeug auf einen Dritten zugelassen worden ist, der die „fixen Kosten" bezahlt.

Muster 3.5: Haltereigenschaft

Halter eines Kfz ist nach gefestigter Rechtsprechung, wer das Fahrzeug für eigene Rechnung in Gebrauch hat und die Verfügungsgewalt besitzt, die ein solcher Gebrauch voraussetzt (BGHZ 13, 351, 354; BGHZ 87, 133,135; LG Essen, Urt. v. 12.3.2015 – 3 O 315/13 – juris). Für die Haltereigenschaft ist in jedem Fall eine gewisse zeitliche Dauer der Gebrauchsüberlassung als Voraussetzung für eine Verfestigung der tatsächlichen, vornehmlich wirtschaftlichen Zuständigkeit für das Kfz erforderlich (BGH, Urt. v. 3.12.1991 – VI ZR 378/90 = NZV 1992, 145). Dementsprechend endet die Stellung als Halter eines Kraftfahrzeugs erst dann, wenn die tatsächliche Möglichkeit, den Einsatz des Kraftfahrzeugs zu bestimmen als Verfügungsgewalt auf eine nicht nur vorübergehende Zeit fehlt (BGH, Urt. v. 26.11.1996 – VI ZR 97/96 = zfs 1997, 89).

Der Begriff des Halters ist dabei von den folgenden Begriffen streng abzugrenzen, mit denen er nicht notwendig identisch ist:
- **Eigentümer**: Wer Eigentümer eines Fahrzeugs ist, richtet sich allein nach den maßgeblichen zivilrechtlichen Vorschriften über den Eigentumserwerb. Erforderlich sind also grundsätzlich Einigung und Übergabe (§ 929 S. 1 BGB). Auch wenn der Halter in der Regel mit dem Eigentümer identisch ist, ist dies nicht zwingend. Nach seiner Eigentumserlangung kann der Erwerber das Fahrzeug durchaus anderen Personen zum eigenen Gebrauch überlassen.
- **Unmittelbarer Besitzer**: Auch der unmittelbare Besitz richtet sich allein nach den zivilrechtlichen Vorschriften, also nach der tatsächlichen Sachherrschaft über das Fahrzeug (§ 854 BGB).
- **Versicherungsnehmer**: Wer Versicherungsnehmer für ein Kfz ist, richtet sich allein danach, mit wem der Versicherer den maßgeblichen Versicherungsvertrag abgeschlossen hat.

Die Kenntnis über die Unterschiede zwischen den genannten Personen kann im Rahmen der zivilrechtlichen Unfallbearbeitung von entscheidender Bedeutung sein. Sitzen beispielsweise im gegnerischen Unfallfahrzeug zwei Eheleute und kommen diese als einzige Zeugen für den Unfall in Betracht, können beide verklagt und vom Zeugen zur Partei des Rechtsstreits gemacht werden, wenn sie gemeinsam Halter des Fahrzeugs sind.

16 *Beispielsfall*

Die Eheleute A und B erwerben gemeinschaftlich einen Pkw VW Golf. In dem Kaufvertrag werden beide als Käufer des Fahrzeugs aufgeführt. A und B stellen das Fahrzeug ihrem Sohn C dauernd zur Verfügung, der sämtliche Kosten für die Unterhaltung des Kraftfahrzeugs trägt. C entscheidet allein darüber, wer das Fahrzeug wann benutzen darf. Er überlässt den Pkw für eine einmalige Probefahrt seinem Freund D, der damit einen Verkehrsunfall verursacht, bei dem der Pkw des E beschädigt wird.

Aus der Fallkonstellation ergeben sich folgende Grundsätze für die Abwicklung des Verkehrsunfalls:
- Eigentümer des Pkw VW Golf sind die Eheleute A und B.
- Halter des Kraftfahrzeugs ist C.
- Besitzer und Fahrer des Kraftfahrzeugs zur Unfallzeit ist D.

Der Drittgeschädigte E besitzt Ansprüche auf Schadensersatz gegen D als unmittelbaren Schadensverursacher aus § 823 BGB und – wie später noch erörtert werden wird – aus § 18 StVG. Darüber hinaus kommt eine Haftung des C aus seiner Haltereigenschaft gem. § 7 Abs. 1 StVG in Betracht.

IV. Ausschluss bei höherer Gewalt, gem. § 7 Abs. 2 StVG

17 Die verschuldensunabhängige und damit sehr weit reichende Gefährdungshaftung aus § 7 Abs. 1 StVG wird dadurch abgemildert, dass der Gesetzgeber in § 7 Abs. 2 StVG einen Haftungsausschluss für den Fall vorsieht, dass der Unfall durch höhere Gewalt verursacht wird. Sinn und Zweck dieser Neufassung des Gesetzes, die für alle Unfälle ab dem 1.8.2002 gilt (vgl. Art. 229 § 5 EGBGB), ist es, eine Haftung für Risiken auszuschließen, welche in keinem Zusammenhang mit dem Betrieb eines Kraftfahrzeugs stehen. Folglich liegt höhere Gewalt bei einem betriebsfremden, unvorhersehbaren Ereignis vor, das durch Naturgewalt oder dritte Personen von außen hervorgerufen wird und auch bei äußerster Sorgfalt nicht vermieden werden konnte.

18 Dieser Haftungsausschluss gilt für alle Unfälle, an denen das Kraftfahrzeug des Halters beteiligt ist. Der früher vorgesehene Haftungsausschluss aufgrund eines „unabwendbaren Ereignisses" findet nach der Gesetzesänderung nur in den Fällen eine Anwendung, in denen ein Verkehrsunfall durch zwei Kraftfahrzeuge verursacht worden ist und beschränkt sich dabei auf die Haftung der Halter und Fahrer dieser Kraftfahrzeuge zueinander. In diesem Ausnahmefall besteht mithin ein erweiterter Haftungsausschluss zugunsten des Halters, dem aber (wie noch zu erläutern sein wird) aufgrund der umfassenden Abwägung der Betriebsgefahren aller beteiligten Fahrzeuge häufig keine besondere Relevanz zukommt.

A. Übersicht §3

▼
Muster 3.6: Kein Ausschluss wegen höherer Gewalt bei Tierunfall
Höhere Gewalt liegt nur dann vor, wenn es sich um ein betriebsfremdes, unvorhersehbares Ereignis handelt, das durch Naturgewalt oder dritte Personen von außen hervorgerufen worden ist und auch bei äußerster Sorgfalt nicht vermieden werden konnte (BGHZ 62, 351, 354).
Vorliegend handelt es sich aber nicht um ein unvorhersehbares Naturereignis, das auch bei äußerster Sorgfalt nicht hätte vermieden werden können. Zum einen ist bereits fraglich, ob Ihr Versicherungsnehmer überhaupt die äußerst mögliche Sorgfalt gewahrt hat, da .

Zum anderen gehört das Betreten einer Fahrbahn durch ein Tier gerade eine typische Gefahr für Verkehrsteilnehmer auf derartigen Straßenabschnitten und mithin vorhersehbar.
▲

V. Unabwendbarkeitsbeweis

Vor der Neufassung des § 7 StVG durch das 2. Gesetz zur Modernisierung des Schadensersatzrechtes war die verschuldensunabhängige und damit sehr weit reichende Gefährdungshaftung aus § 7 Abs. 1 StVG dadurch abgemildert, dass der Gesetzgeber in **§ 7 Abs. 2 StVG** den sog. **Unabwendbarkeitsbeweis** zugelassen hatte. Dieser Ausschluss behält seine weit reichende Wirkung nach der Gesetzesänderung lediglich für Unfälle, die vor dem 1.8.2002 eingetreten sind. Für alle Unfälle, die sich ab diesem Tag ereignet haben, findet das „neue" Schadensersatzrecht Anwendung (vgl. Art. 229 § 5 EGBGB). Dieses sieht einen generellen Haftungsausschluss zugunsten des Halters nur noch für höhere Gewalt vor.

Lediglich für die Fallkonstellation, dass sich ein Unfall ereignet hat, bei dem ein Schaden durch (mindestens) zwei Kraftfahrzeuge verursacht wird, ist ein Haftungsausschluss für den Halter im Fall eines unabwendbaren Ereignisses möglich (vgl. § 17 Abs. 1 StVG). Dieser Haftungsausschluss wirkt aber gem. § 17 Abs. 3 StVG nur im „Innenverhältnis" zu dem anderen betroffenen Kraftfahrzeughalter/-führer. Für Schäden gegenüber Dritten haftet der Halter des Kfz im „Außenverhältnis" weiterhin ohne die Möglichkeit eines solchen Haftungsausschlusses.

Nach § 17 Abs. 3 S. 1 StVG scheidet eine Haftung aus, wenn der Schadenseintritt auch **nicht durch die äußerste mögliche Sorgfalt** abgewendet werden konnte. Maßgeblich sind die durchschnittlichen Anforderungen eines „Idealfahrers".[5]

Für den Haftungsausschluss des § 17 Abs. 3 StVG ist ein sachgemäßes, geistesgegenwärtiges Handeln erforderlich, das erheblich über dem Maßstab der im Verkehr erforderlichen Sorgfalt i.S.d. § 276 BGB liegt.[6] Zur Feststellung des Fahrlässigkeitsvorwurfs wird lediglich das verkehrswidrige Verhalten im Straßenverkehr dem verkehrsgemäßen

---
5 BGHZ 117, 337, 340 ff.
6 BGH, Urt. v. 18.1.2005 – VI ZR 115/04 = DAR 2005, 263.

gegenübergestellt. Ausgangspunkt der Prüfung des Unabwendbarkeitsbeweises ist demgegenüber eine Abgrenzung der aus dem Betrieb des Kraftfahrzeugs resultierenden typischen Gefahren gegenüber anderen Gefahrenkreisen, die eine Gefährdungshaftung nach ihrem Sinn und Zweck nicht mehr gerechtfertigt erscheinen lassen.[7]

▼

23 **Muster 3.7: Unabwendbarkeit i.S.d. § 17 Abs. 3 StVG**

Unabwendbar i.S.d § 17 Abs. 3 StVG ist ein Ereignis, das auch durch äußerst mögliche Sorgfalt – nämlich durch sachgemäßes, geistesgegenwärtiges Handeln über den persönlichen Maßstab hinaus – nicht abgewendet werden kann. Unabwendbarkeit bedeutet nicht die absolute Unvermeidbarkeit des Unfalls, sondern ein Ereignis, dass bei äußerster Sorgfalt nicht hätte vermieden werden können (BGHZ 117, 337). Dies erfordert die Berücksichtigung aller möglichen Gefahrmomente einschließlich erheblicher fremder Fehler (OLG Rostock, Urt. v. 10.12.2010 – 5 U 27/10 = SP 2011, 207). Ein unabwendbares Ereignis liegt demnach vor, wenn ein idealer Fahrer bei idealer Fahrweise mit einem idealen Fahrzeug den Unfall nicht vermeiden und dessen Schadensfolgen auch nicht verringern kann (OLG Celle, Urt. v. 28.3.2012 – 14 U 156/11 = Verkehrsrecht aktuell 2012, 93). Dabei ist der Entlastungsbeweis im Rahmen von § 17 Abs. 3 StVG grundsätzlich erst dann geführt, wenn der Beweisführer alle konkret denkbaren Unfallverläufe entkräften kann, die eine Verantwortung des Halters begründen.

VI. Ausschluss des Unabwendbarkeitsbeweises gem. § 17 Abs. 3 S. 1 StVG

24 Beruht der Schadenseintritt allein auf **technischen Mängeln**, die auf einen Fehler in der Beschaffenheit des Kraftfahrzeugs oder auf ein Versagen seiner Vorrichtungen zurückzuführen sind, ist der Unabwendbarkeitsbeweis grundsätzlich gem. § 17 Abs. 3 S. 1 StVG ausgeschlossen. Auch diese Regelung ist unmittelbarer Ausfluss des Gedankens der Gefährdungshaftung. Basiert ein Schadenseintritt allein darauf, dass sich die spezifische Gefahr eines Kraftfahrzeugs unabhängig von dem Verhalten seines Fahrers oder Halters verwirklicht, muss der Halter als Nutzer des Kraftfahrzeugs hierfür uneingeschränkt haften.

VII. Haftungsausschluss bei „Schwarzfahrten"

25 Gem. § 7 Abs. 3 StVG wird die Halterhaftung aufgehoben, wenn jemand das Fahrzeug **ohne Wissen und Willen** des Halters benutzt. Der „Austausch" der Halterhaftung zwischen dem eigentlichen Halter und dem unberechtigten Benutzer erfolgt allerdings nicht unbegrenzt. Vielmehr haften Halter und unberechtigter Nutzer dem Geschädigten gemeinsam, sofern die „Schwarzfahrt" durch den Halter schuldhaft ermöglicht worden ist. Hierbei sind an die erforderliche Haltersorgfalt strenge Anforderungen zu stellen: Der Halter hat alles ihm zumutbare zu tun, um eine unbefugte Ingebrauchnahme zu verhindern.

---

[7] *Müller*, VersR 1995, 489, 491.

Daneben bleibt die Halterhaftung bestehen, wenn die „Schwarzfahrt" durch einen Angestellten oder eine andere Person durchgeführt wird, dem das Fahrzeug zuvor vom Halter übergeben wurde. Hierbei ist allerdings auch genau zu prüfen, ob der Halter durch die Übergabe nicht insgesamt für längere Dauer die Verfügungsgewalt über das Fahrzeug und damit seine Haltereigenschaft verloren hat.

VIII. Unwirksamkeit einer vereinbarten Haftungsreduzierung gem. § 8a StVG

Nach der Neufassung des § 8a StVG haftet der Halter nach § 7 Abs. 1 StVG nunmehr grundsätzlich uneingeschränkt für alle Schäden, die beförderte Personen erleiden. Dies gilt – anders als noch das Haftungsprivileg nach § 8a StVG a.F. – für alle Personenbeförderungen unabhängig davon, ob die Beförderung gegen Entgelt erfolgt oder geschäftsmäßig betrieben wird.

Diese Haftung kann auch durch eine vertragliche Abrede nicht eingeschränkt werden, wenn es sich um eine entgeltliche und zugleich geschäftsmäßige Personenbeförderung handelt. In anderen Fällen können die Parteien zumindest durch eine individualvertragliche Abrede einen solchen Haftungsausschluss vereinbaren. Eine entgeltliche Beförderung liegt vor, wenn für die Fahrt ein (wenn auch nur mittelbarer) wirtschaftlicher Vorteil als Gegenleistung erbracht wird. Geschäftsmäßig handelt, wer die Beförderung wiederholen und zum Gegenstand seiner Beschäftigung machen möchte.[8]

Muster 3.8: Entgeltliche geschäftsmäßige Personenbeförderung

     Versicherung AG

Schaden-Nr./VS-Nr./Az.

Schaden vom

Pkw   , amtl. Kennzeichen

Sehr geehrte Damen und Herren,

wir vertreten die Interessen des Herrn   aus   . Eine Kopie der auf uns lautenden Vollmacht fügen wir in der Anlage bei.

Gegenstand des Mandats ist die im Betreff genannte Verkehrsunfallangelegenheit. Soweit Sie die Auffassung vertreten, Ihrer Haftung stehe der zwischen meinem Mandanten und dem Fahrer des bei Ihnen versicherten Fahrzeugs vereinbarte Haftungsausschluss entgegen, vermag ich mich hiermit nicht einverstanden zu erklären.

Die Voraussetzungen für eine entgeltliche geschäftsmäßige Personenbeförderung liegen vor, da unser Mandant für die Fahrt   EUR zu entrichten hatte. Entgegen der von Ihnen vertretenen Auffassung war sie auch geschäftsmäßig. Der von unserem Mandanten gezahlte Betrag ging deutlich über die notwendigen Benzinkosten hinaus. Ihr Versiche-

---

8 BGHZ 114, 348, 350.

rungsnehmer erzielte aus der Fahrt somit einen Gewinn. Auch handelte es sich nicht lediglich um eine einmalige oder gelegentliche Fahrt. Vielmehr ▬▬▬. Auch wenn Ihr Versicherungsnehmer die Fahrten nach Berlin nicht hauptberuflich durchführt, steht dies einer Geschäftsmäßigkeit nicht entgegen.

Angesichts dessen habe ich Sie aufzufordern, Ihre uneingeschränkte Eintrittspflicht hinsichtlich der geltend gemachten Ansprüche unverzüglich, spätestens jedoch bis zum

anzuerkennen. Bitte haben Sie Verständnis dafür, dass wir unserem Mandanten im Falle einer nicht fristgemäßen Beantwortung unseres Schreibens eine gerichtliche Klärung empfehlen müssen.

Mit freundlichen Grüßen

(Rechtsanwalt)

▲

28 Die Frage, ob eine Kostenteilung eine entgeltliche Beförderung begründet, wird in der Literatur streitig beurteilt. In den meisten derartigen Fällen wird es aber mangels Wiederholungsabsicht an einer geschäftsmäßigen Beförderung fehlen. Auch bei einem Mitfahrservice mit Kostenteilung und Wiederholungsabsicht dürfte i.d.R. kein auf eine geschäftsmäßige Betreibung ausgerichteter Wille vorhanden sein, da der Halter in erster Linie mit der Fahrt zu einem bestimmten Ziel eigene, anders gelagerte Interessen verfolgt und diese Fahrten auch kein Ausmaß erreichen, dass von einer Beschäftigung gesprochen werden kann. Im Übrigen gehen verbleibende Zweifel zu Lasten des Anspruchsstellers, der die Unwirksamkeit eines (unstreitig) vereinbarten Haftungsausschlusses darlegen und beweisen muss.

IX. Checkliste: Halterhaftung

29 ■ Grundsatz: Verschuldensunabhängige Haftung für Schäden, die durch den Betrieb eines Kraftfahrzeugs oder Kraftfahrzeuganhängers verursacht werden.
■ Kraftfahrzeug: grundsätzlich nur mit Motorkraft betriebene Fahrzeuge.
■ Für Beginn und Ende des Betriebes eines Kraftfahrzeugs ist allein maßgeblich, ob es sich im öffentlichen Straßenverkehr befindet und dadurch eine Gefahr für andere Verkehrsteilnehmer darstellt.
■ Zum Betrieb gehören auch alle Arbeitsvorgänge, die für das betreffende Kfz typisch sind.
■ Halter ist derjenige, der das Kfz für eigene Rechnung gebraucht und über seine Verwendung entscheidet.
■ Die Halterhaftung ist ausgeschlossen, wenn höhere Gewalt vorliegt, d.h. der Unfall durch ein betriebsfremdes unvorhersehbares Ereignis eintritt, das auch bei äußerster Sorgfalt nicht vermieden werden konnte.
■ Wird der Schaden durch zwei Kraftfahrzeuge verursacht, ist eine Halterhaftung im Verhältnis der Kraftfahrzeughalter zueinander bei einem unabwendbaren Ereignis

ausgeschlossen. Unabwendbar ist ein Ereignis, wenn es auch bei der äußerst möglichen Sorgfalt durch einen Idealfahrer nicht hätte vermieden werden können.
- Die Haftung ist auch bei Unabwendbarkeit gegeben, wenn der Schaden auf technische Mängel am Fahrzeug zurückzuführen ist.
- Die Halterhaftung des § 7 Abs. 1 StVG trifft nicht den Halter, sondern den Fahrer, wenn der Fahrer das Fahrzeug ohne Wissen und Willen des Halters benutzt hat (Schwarzfahrt).
- Die Grundsätze der Schwarzfahrt führen nicht zur Entlastung des Halters, wenn er die Schwarzfahrt schuldhaft ermöglicht und das Fahrzeug dem Fahrer vorher überlassen hat.
- Grundsätzlich haftet der Halter auch gegenüber Insassen des Kfz. Bei einer entgeltlichen, geschäftsmäßigen Beförderung ist zudem jeglicher vertraglich vereinbarter Haftungsausschluss unwirksam.

B. Fahrerhaftung nach dem StVG

Im Vergleich zum BGB enthält das StVG für den Geschädigten nicht nur Anspruchserleichterungen gegenüber dem Halter (Gefährdungshaftung), sondern in § 18 StVG auch gegenüber dem Fahrer. Zwar haftet der Fahrer nicht verschuldensunabhängig wie der Halter in § 7 StVG. **§ 18 StVG** enthält jedoch eine erhebliche **Beweiserleichterung** für den Geschädigten. Danach wird vermutet, dass der Unfall durch ein schuldhaftes Fehlverhalten des Fahrers verursacht wurde. Um der Inanspruchnahme aus § 18 StVG zu entgehen, ist es deshalb Aufgabe des Fahrers, sich von der Verschuldensvermutung zu entlasten. Was dabei ungeklärt bleibt, geht zu Lasten des Fahrers.[9]

30

C. Anspruchsgrundlagen nach BGB

Das BGB stellt dem Geschädigten eines Verkehrsunfalls verschiedene Anspruchsgrundlagen zur Verfügung. Zentrale Norm hierfür ist **§ 823 Abs. 1 BGB** mit den Tatbestandsmerkmalen
- Rechtsgutverletzung,
- Schadenseintritt,
- haftungsbegründende Kausalität,
- haftungsausfüllende Kausalität,
- Rechtswidrigkeit,
- Verschulden.

31

---

9 BGH VersR 1974, 1030, 1031.

§ 3 Anspruchsgrundlagen

Die Prüfung der Tatbestandsmerkmale bei Vorliegen eines Verkehrsunfalls bereiten in aller Regel keine Probleme. Von entscheidender Bedeutung ist nicht selten der Nachweis des Verschuldens. Ebenso wie im Bereich des StVG kommen auch nach dem BGB als Anspruchsverpflichtete Fahrer und Halter des betreffenden Kraftfahrzeugs in Betracht.

I. Fahrerhaftung nach BGB

32 Von praktischer Bedeutung ist in erster Linie die Haftung des Fahrers als **unmittelbarer Schadensverursacher**. Der Fahrer haftet nach allgemeinen deliktischen Grundsätzen gegenüber jedem, der durch sein Fehlverhalten einen Schaden erleidet.

33 Wird der Versicherungsnehmer als Beifahrer in seinem eigenen Fahrzeug verletzt, begründet dies u.U. Ansprüche gegen den Fahrer aus § 823 BGB. Auch hierfür muss der Kfz-Haftpflichtversicherer des Unfallfahrzeugs grundsätzlich Versicherungsschutz gewähren. Im Verhältnis zwischen dem Versicherungsnehmer und dem Versicherer enthält Abschnitt A.1.5.6 AKB 2008 jedoch insoweit eine wesentliche Einschränkung. Danach sind vom Versicherungsschutz Haftpflichtansprüche des Versicherungsnehmers gegen mitversicherte Personen wegen Sachschäden oder Vermögensschäden ausgenommen. Der Ausschluss umfasst aber keine Personenschäden.

▼

34 **Muster 3.9: Versicherungsnehmer im eigenen Fahrzeug als Beifahrer**

　　　　Versicherung AG

Schaden-Nr./VS-Nr./Az.

Schaden vom

Pkw   , amtl. Kennzeichen

Sehr geehrte Damen und Herren,

wir vertreten die Interessen Ihres Versicherungsnehmers   aus   . Eine Kopie der auf uns lautenden Vollmacht fügen wir in der Anlage bei.

Unser Mandant erlitt als Beifahrer in seinem bei Ihnen versicherten Fahrzeug einen erheblichen Personenschaden. Verursacht und verschuldet wurde der Schaden von Herrn   aus   als berechtigtem Fahrer des Fahrzeugs. Der Schaden ereignete sich wie folgt:

Nach alledem haftet Herr   unserem Mandanten gem. den § 18 StVG, §§ 823 Abs. 1, 253 Abs. 2 BGB auf Schmerzensgeld. Gem. § 115 b.1 Nr. 1 VVG Abschnitt 1.2 AKB sind Sie für das Fehlverhalten des Herrn   in vollem Umfang eintrittspflichtig. Ihrer Eintrittspflicht stehen auch nicht die Ausschlusstatbestände des § 11 AKB entgegen. Gem. Abschnitt A.1.5.6 AKB 2008 sind vom Versicherungsschutz lediglich Haftpflichtansprüche des Versicherungsnehmers gegen mitversicherte Personen wegen Sach- oder Vermögensschäden ausgenommen. Personenschäden werden vom Haftungsausschluss

C. Anspruchsgrundlagen nach BGB § 3

im Verhältnis des Versicherungsnehmers zu mitversicherten Personen des Versicherungsvertrags somit nicht ausgeschlossen.

Danach bitte ich höflich um zeitnahe Bestätigung Ihrer uneingeschränkten Eintrittspflicht.

Mit freundlichen Grüßen

(Rechtsanwalt)

▲

Nach der Gesetzesänderung zum 1.8.2002 besteht nunmehr auch eine verschuldensunabhängige Haftung des Fahrzeugführers auf die Zahlung von Schmerzensgeld gem. § 18 StVG, § 253 Abs. 2 BGB. Daneben besteht aufgrund des Verschuldens bei der Unfallverursachung auch eine Haftung aus § 823 Abs. 1 BGB, u.U. auch aus § 823 Abs. 2 BGB i.V.m. § 229 StGB. 35

Dieser Anspruch wird bei sog. Gefälligkeitsfahrten i.d.R. auch nicht durch eine konkludente Vereinbarung einer Haftungsbeschränkung ausgeschlossen. Zwar hält die Rechtsprechung grundsätzlich bei Gefälligkeitsverhältnissen eine stillschweigend vereinbarte Haftungsbeschränkung auf Vorsatz und grobe Fahrlässigkeit für möglich. Bei dem (von Gesetzes wegen vorgeschriebenen) Bestehen einer Kfz-Haftpflichtversicherung wird jedoch davon ausgegangen, dass aus Sicht der Beteiligten keine Notwendigkeit für einen solchen Haftungsausschluss besteht.

Aufgrund der potentiellen Anspruchsvielfalt können sich aus der Übernahme verkehrsrechtlicher Mandate **Interessenkollisionen** für den Rechtsanwalt ergeben Es sollte mithin niemals neben dem Fahrer (bzw. ggf. auch Halter) auch ein Fahrzeuginsasse vertreten werden, da es sich hierbei aufgrund der gegensätzlichen Interessen beider Mandanten um einen Parteiverrat i.S.d. § 356 StGB handelt, es sei denn, es wird die Vollmacht für die Vertretung derart begrenzt, dass Ansprüche gegen die Seite des eigenen Fahrers/Halters und der hinter ihnen stehenden Haftpflichtversicherung ausgeschlossen sind. 36

II. Geschäftsherrenhaftung gem. § 831 BGB

§ 831 BGB enthält einen deliktischen Anspruchstatbestand, der zu einer wesentlichen **Beweiserleichterung für den Geschädigten** führt. Dennoch wird der Tatbestand häufig übersehen. 37

Gem. § 831 Abs. 1 BGB haftet derjenige, der einen anderen zu einer Verrichtung bestellt, für den Schaden, den der „Verrichtende" (richtig: **Verrichtungsgehilfe**) bei der Ausführung seiner Verrichtung einem anderen zufügt. Anknüpfungspunkt für die Verschuldensprüfung ist dabei nicht das etwaige fremde Verschulden des Verrichtungsgehilfen bei der Verursachung des Schadens, sondern das **eigene Verschulden des Geschäftsherrn bei der Auswahl, Überwachung und Leitung** des Verrichtungsgehilfen.[10]

---

10 Palandt-*Sprau*, § 831 BGB Rn 1,12 ff.

Aus § 831 Abs. 1 BGB folgen zwei für die Praxis wichtige **Vermutungen**, nämlich dass
- der Schadeneintritt auf einer schuldhaften Verletzung der Pflicht zur ordnungsgemäßen Auswahl, Überwachung und Leitung des Verrichtungsgehilfen durch den Geschäftsherrn beruht und
- zwischen dem vermuteten Verschulden und dem Schadeneintritt ein ursächlicher Zusammenhang besteht (haftungsbegründende Kausalität).

Aufgabe des Geschäftsherrn ist es deshalb, die vorgenannten Vermutungen zu entkräften und zu widerlegen. Da an den Entlastungsbeweis hohe Anforderungen gestellt werden, gelingt er nur in sehr seltenen Fällen.

38 Letztendlich ist eine Haftung aus § 831 BGB (wie auch § 823 BGB) angesichts der nunmehr bestehenden umfassenden Gefährdungshaftung, die einen Schmerzensgeldanspruch einschließt, i.d.R. ohne eigenständige haftungsrechtliche Bedeutung. Selbst wenn Halter und Geschäftsherr divergieren wird angesichts der umfassenden Haftung des Kfz-Haftpflichtversicherers kein Interesse an einer gesonderten Inanspruchnahme des Geschäftsherrn bestehen. Ein eigenständiger Anwendungsbereich wird für § 831 BGB daher beispielsweise für die seltenen Fälle verbleiben, wo finanzschwache Halter und der solvente Geschäftsherr verschieden sind und keine Kfz-Haftpflichtversicherung besteht. Ein besonderer Anwendungsbereich ergibt sich auch zur Begründung eines Ausgleichsanspruchs des Leasinggebers gegenüber dem Leasingnehmer, der ggf. sogar ein Gesamtschuldverhältnis mit der Kfz-Haftpflichtversicherung des Unfallgegners begründen kann.

III. Tierhalterhaftung gem. § 833 BGB

39 Einen Gefährdungshaftbestand bietet das BGB für Verkehrsunfälle unter Beteiligung von Tieren. Die Einzelheiten hierzu regeln die §§ 833 und 834 BGB.

Gem. § 833 BGB haftet der Halter eines Tieres **verschuldensunabhängig** auf Ausgleich der durch das Tier verursachten Sach- oder Personenschäden, solange es sich nicht um ein Haustier handelt, das dem Berufe, der Erwerbstätigkeit oder dem Unterhalt des Tierhalters zu dienen bestimmt ist. Liegt einer der letzteren Fälle eines sog. Nutztieres vor, besteht zwar eine verschuldensabhängige Haftung. Bei dieser wird jedoch nach § 833 Abs. 1 S. 2 BGB das Verschulden des Halters ebenso wie eine Kausalität vermutet. Dies hat zur Folge, dass sich der Halter entsprechend exkulpieren muss. Hierzu folgendes Beispiel:

▼

40 **Muster 3.10: Unfall unter Beteiligung von Tieren**
Herrn/Frau

Schaden vom

Pkw , amtl. Kennzeichen

C. Anspruchsgrundlagen nach BGB §3

Sehr geehrter Herr ▓▓▓,

ausweislich der in der Anlage beigefügten Vollmacht vertreten wir die Interessen des Herrn ▓▓▓ aus ▓▓▓.

Gegenstand des Mandats ist der Verkehrsunfall am ▓▓▓. Der Schaden ereignete sich wie folgt:

▓▓▓

Durch Schreiben vom ▓▓▓ machte unser Mandant gegen Sie Ansprüche auf Schadensersatz aus Anlass des Verkehrsunfalls in Höhe von ▓▓▓ EUR geltend. Der Zahlungsaufforderung unseres Mandanten hielten Sie durch Schreiben vom ▓▓▓ entgegen, Sie hätten alles menschenmögliche unternommen, um zu verhindern, dass sich Ihr Hund losreißt. Deshalb sei der Schaden von Ihnen nicht verschuldet worden.

Für Ihre Haftung ist dies hingegen ohne Relevanz. Maßgeblich sind im vorliegenden Fall die Regelungen der Tierhalterhaftung gem. § 833 BGB. Danach haftet der Halter eines Tieres für den Eintritt des dadurch verursachten Schadens unabhängig von einem etwaigen Verschulden, solange es sich bei dem Tier nicht um ein Haustier handelt, das dem Beruf oder der Erwerbstätigkeit des Tierhalters dient. Bei Ihrem Hund handelt es sich hingegen um ein sog. Luxustier, das ohne Bezug zu einem von Ihnen ausgeübten Beruf gehalten wird. Folglich finden auf ihn die Grundsätze der verschuldensunabhängigen Gefährdungshaftung gem. § 833 BGB uneingeschränkte Anwendung. Für Ihre Haftung kommt es nicht darauf an, ob und inwieweit das Ausreißen des Hundes von Ihnen verschuldet wurde. Maßgeblich ist allein die Schadensverursachung. Die zum Schaden führenden Begleitumstände sind irrelevant.

Danach habe ich Sie aufzufordern, den bereits mit Schreiben vom ▓▓▓ bezifferten Schaden in Höhe von ▓▓▓ unverzüglich, spätestens jedoch bis zum

▓▓▓ *(10-Tages-Frist)*

auszugleichen. Nach fruchtlosem Fristablauf werde ich meinem Mandanten empfehlen, gerichtliche Hilfe in Anspruch zu nehmen.

Sollten Sie über Versicherungsschutz in einer Tierhalterhaftpflichtversicherung verfügen, bin ich gern bereit, die weitere Korrespondenz in der Schadenssache unmittelbar mit dem Versicherer zu führen. In diesem Fall bitte ich um die Benennung des Versicherers sowie der Versicherungsscheinnummer innerhalb der o.g. Frist. Bitte denken Sie auch daran, dem Tierhaftpflichtversicherer den Schadensfall unverzüglich zu melden, um die Ihnen insoweit obliegenden Pflichten zu erfüllen. Eine unterlassene Meldung des Schadens kann zum Verlust des Versicherungsschutzes führen.

Mit freundlichen Grüßen

(Rechtsanwalt)

41 Der dogmatische Ansatzpunkt für die verschuldensunabhängige Haftung ist darin zu sehen, dass sich durch den Unfall die in dem Hund steckende **spezifische Tiergefahr** realisiert hat. Die vom Tier ausgehende unberechenbare Gefahr für die Allgemeinheit rechtfertigt eine Abweichung von dem allgemeinen Grundsatz, dass für jede Haftung ein Verschulden erforderlich ist.

Bei dem vorliegenden Verkehrsunfall scheidet ein Mitverschulden des A aus. Er durfte angesichts der von der Größe des Tieres ausgehenden Gefahr kein Ausweichmanöver durchführen. Letztendlich ist aber zu beachten, dass bei der Abwägung der Verursachungsbeiträge die Betriebsgefahr des Kfz einerseits und die Sachgefahr des Hundes andererseits abzuwägen sind, § 17 Abs. 3 StVG. Im Fall einer gerichtlichen Auseinandersetzung ist zu erwarten, dass die verbleibende Betriebsgefahr des Kfz je nach konkreter Unfallsituation nicht gänzlich hinter der Sachgefahr eines frei laufenden Hundes zurücktritt, sondern in Höhe von 20–40 % zu berücksichtigen sein kann.

IV. Ansprüche gegen Passanten/Fahrradfahrer/Kinder

42 Verursachen Passanten, Fahrradfahrer oder sonstige am Verkehrsgeschehen Beteiligte Schäden an Kraftfahrzeugen, stellt dies im Rahmen der Verkehrsunfallbearbeitung insoweit einen Sonderfall dar, als die Schädiger über keinen Versicherungsschutz in einer Kfz-Haftpflichtversicherung verfügen. Ein Direktanspruch gem. § 115 Abs. 1 Nr. 1 VVG scheidet demgemäß von vornherein aus. Um die Abwicklung derartiger Schadensfälle zu erleichtern, sollte es Ziel des anwaltlichen Bearbeiters sein, Ansprüche des Mandanten gegenüber dem etwaig vorhandenen **privaten Haftpflichtversicherer** des Schädigers geltend zu machen und durchzusetzen.

1. Ansprüche gem. § 823 Abs. 1 BGB

43 Jeder Teilnehmer am öffentlichen Straßenverkehr haftet im Falle der schuldhaften Verletzung geschützter Rechtsgüter ebenso **wie jeder andere** nach den Grundsätzen des § 823 Abs. 1 BGB auf Schadensersatz.

2. Haftung Minderjähriger gem. § 828 BGB

44 Das Deliktsrecht sieht in den §§ 823 ff. BGB eine Haftung nur dann vor, wenn der Schädiger schuldhaft gehandelt hat. Dies setzt voraus, dass eine Verschuldensfähigkeit besteht. Bei Kindern unter sieben Jahren ist zu beachten, dass diese nach § 828 Abs. 1 BGB für von ihnen verursachte Schäden nicht verantwortlich sind. Minderjährige (d.h. Kinder und Jugendliche von sieben bis 17 Jahren) sind nach §§ 828 Abs. 2 und Abs. 3 BGB nur bedingt verantwortlich. § 828 Abs. 2 BGB ist mit dem 2. Schadensrechtsänderungsgesetz neu gefasst worden und dient dem umfassenden Schutz von Kindern bestimmter Altersgruppen aufgrund einer Überforderungssituation im Verkehr.

Nach § 828 Abs. 2 S. 1 BGB besteht ein Haftungsausschluss, wenn der Minderjährige zwar das siebte, aber noch nicht das zehnte Lebensjahr vollendet hat und er bei einem Unfall mit einem Kraftfahrzeug (ebenso Schienen- oder Schwebebahn) einen Schaden verursacht hat. Dieser Haftungsausschluss entfällt nach § 828 Abs. 2 S. 2 BGB, wenn der Minderjährige den Schaden vorsätzlich herbeiführt.

Von besonderer Relevanz ist dieser Haftungsausschluss in zweierlei Hinsicht: Zum einen sind verschuldensabhängige Ansprüche gegen das Kind als Schadensverursacher betroffen. Zum anderen kann eine Kürzung der eigenen Ansprüche des Kindes wegen eines Mitverschuldens ausgeschlossen sein. Dem Wortlaut dieser Vorschrift nach kommt diese Haftungsbeschränkung für jeden Unfall mit einem Kraftfahrzeug in Betracht.

Die Rechtsprechung nimmt nach Sinn und Zweck dieser Vorschrift jedoch eine teleologische Reduktion vor. Ein Ausschluss der Verantwortlichkeit ist nur dann möglich, wenn sich in dem Unfall eine **typische Überforderungssituation** des Kindes **durch die spezifischen Gefahren des motorisierten Verkehrs realisiert** hat.[11] Dem liegt die Annahme zu Grunde, dass der Gesetzgeber einen Ausschluss der Verantwortlichkeit erreichen wollte, wenn altersbedingte Defizite des Kindes zu einem Unfall führen – wie z.B. die mangelnde Fähigkeit, Entfernung und Geschwindigkeit herannahender Fahrzeuge richtig einschätzen zu können. Bei anderen Situationen (im ruhenden Verkehr) ist von Seiten des Gesetzgebers dagegen davon ausgegangen worden, dass Kinder generell nicht überfordert sind. Darauf, ob sich diese Überforderungssituation konkret ausgewirkt hat oder ob das Kind aus anderen Gründen nicht in der Lage war, sich verkehrsgerecht zu verhalten, kommt es im Hinblick auf die generelle Heraufsetzung der Deliktsfähigkeit von Kindern durch § 828 Abs. 2 S. 1 BGB in der Fassung des Zweiten Gesetzes zur Änderung schadensrechtlicher Vorschriften vom 19.7.2002 (BGBl I S. 2674) nicht an.[12]

Entscheidendes Kriterium für die Einschränkung des Anwendungsbereiches des § 828 Abs. 2 BGB ist nunmehr die „**spezifische Gefahrensituation des motorisierten Verkehrs**".

Nach diesen Grundsätzen ist ggf. eine teleologische Reduktion der Vorschrift vorzunehmen, wenn sich keine typische Überforderungssituation des Kindes durch die spezifischen Gefahren des motorisierten Verkehrs realisiert hat. Hiernach hat der BGH die Haftungsfreistellung verneint in Fällen, in denen Kinder der privilegierten Altersgruppe mit einem Kickboard oder Fahrrad gegen ein ordnungsgemäß geparktes Fahrzeug gestoßen sind und dieses beschädigt haben.[13] Demgegenüber hat der BGH eine typische Überforderungssituation für einen Minderjährigen unter zehn Jahren in mehreren Fällen bejaht: So für einen achtjährigen Jungen, der mit dem Fahrrad gegen einen in einer Straßeneinmündung anhaltenden Pkw stieß, wobei die Sicht für ihn durch eine Hecke beeinträchtigt war;[14] bei einem Zusammenstoß zwischen dem führungslos rollenden Fahrrad eines achtjährigen Jungen und dem Fahrzeug des Geschädigten, das in diesem Augenblick vorbeifuhr;[15] zuletzt für das Fahren mit dem Fahrrad gegen die geöffneten hinteren Türen eines am Straßenrand stehenden Pkw.[16] Aus diesen Senatsentscheidungen ergibt sich, dass für das Eingreifen des Haftungsprivilegs nicht grundsätzlich zwischen

---

11 BGH NJW 2005, 354 (Sturz mit dem Kickbord gegen ein parkendes Fahrzeug); BGH NJW-RR 2005, 327 (Fahrradsturz gegen ein parkendes Fahrzeug; LG Saarbrücken NJW 2010, 944 (Beschädigung eines ordnungsgemäß geparkten Pkw).
12 BGH VersR 2007, 855.
13 BGH BGHZ 161, 180 = Urt. v. 30.11.2004 – VI ZR 365/03 = VersR 2005, 380 und Urt. v. 21.12.2004 – VI ZR 276/03 = VersR 2005, 378.
14 BGHZ 172, 83 ff.
15 BGH, Urt. v. 16.10.2007 – VI ZR 42/07 = VersR 2007, 1669.
16 BGH, Beschl. v. 11.3.2008 – VI ZR 75/07 = VersR 2008, 701.

dem fließenden und dem ruhenden Verkehr zu unterscheiden ist, wenn es auch im fließenden Verkehr häufiger als im sog. ruhenden Verkehr eingreifen mag. In besonders gelagerten Fällen kann sich auch im ruhenden Verkehr eine spezifische Gefahr des motorisierten Verkehrs verwirklichen.[17] Für die Frage, ob der Haftungsausschluss nach § 828 Abs. 2 S. 1 BGB überhaupt in Betracht kommt, ist maßgebend darauf abzustellen, ob eine typische Fallkonstellation der Überforderung des Kindes durch die Schnelligkeit, die Komplexität und die Unübersichtlichkeit der Abläufe im motorisierten Straßenverkehr gegeben war. Allerdings kommt es nicht darauf an, ob sich die Überforderungssituation konkret ausgewirkt hat oder ob das Kind aus anderen Gründen nicht in der Lage war, sich verkehrsgerecht zu verhalten. Um eine klare Grenzlinie für die Haftung von Kindern zu ziehen, hat der Gesetzgeber die Fallgestaltungen vielmehr einheitlich in der Weise geregelt, dass er die Altersgrenze der Deliktsfähigkeit von Kindern für den Bereich des motorisierten Verkehrs generell auf die Vollendung des 10. Lebensjahres heraufgesetzt hat.[18] Der Geschädigte, der sich darauf beruft, hat darzulegen und erforderlichenfalls zu beweisen, dass sich nach den Umständen des Falles die typische Überforderungssituation des Kindes durch die spezifischen Gefahren des motorisierten Verkehrs bei einem Unfall nicht realisiert hat.[19]

47 Im Übrigen haften Minderjährige nach § 828 Abs. 3 BGB dann nicht, wenn sie bei der Begehung der unerlaubten Handlung nicht die erforderliche Einsicht hatten, Unrecht zu tun. Entscheidend dafür ist, ob der Minderjährige seiner individuellen Verstandesentwicklung nach fähig ist, das Gefährliche seines Tuns zu erkennen und sich der Verantwortung für die Folgen seines Tuns bewusst zu sein.[20] Der Minderjährige hat diesen Haftungsausschluss darzulegen und zu beweisen (vgl. die Formulierung „nicht verantwortlich, wenn ...").

▼

48 **Muster 3.11: Schadenersatz von Minderjährigen**

    Versicherung AG

Schaden-Nr./VS-Nr./Az.

Schaden vom

Lkw   , amtl. Kennzeichen

Sehr geehrte Damen und Herren,

in vorbenannter Schadensache nehmen Sie unzutreffenderweise einen Haftungsausschluss nach § 828 Abs. 2 S. 1 BGB an. Zwar handelt es sich um einen Unfall, bei dem das Kraftfahrzeug unseres Mandanten beschädigt worden ist. Wir geben jedoch höflich zu bedenken, dass § 828 Abs. 2 BGB nach seinem Sinn und Zweck Minderjährige vor

---

17 BGH BGHZ 161, 180, 185.
18 BGH BGHZ 172, 83, 86.
19 BGH VersR 2009, 1136.
20 BGH NJW-RR 1997, 1110; BGH NJW 2005, 354.

den Gefahren schützen will, die typischerweise vom motorisierten Verkehr ausgehen. Demzufolge entspricht es der höchstrichterlichen Rechtsprechung, dass ein Ausschluss der Verantwortlichkeit nur dann möglich ist, wenn sich im Unfall eine **typische Überforderungssituation** des Kindes **durch die spezifischen Gefahren des motorisierten Verkehrs realisiert** hat (BGH VersR 2007, 855; BGH NJW 2005, 354; BGH NJW-RR 2005, 327).

Hieran fehlt es aber vorliegend. Das Fahrzeug unseres Mandanten stand seit ▬▬▬ und stellte kein anderes Hindernis dar als beispielsweise eine Mauer oder ein Baum. Die spezifische Gefährlichkeit eines motorisierten Fahrzeugs liegt demgegenüber in seiner Fortbewegung und der damit verbundenen, für Kinder schwer einzuschätzenden Gefahr. Diese Gefahr hat sich vorliegend nicht realisiert. Vielmehr hat der BGH bereits entschieden, dass die o.g. Haftungsprivilegierung nicht eingreift, wenn ein Kind gegen ein ordnungsgemäß geparktes Fahrzeug fährt und dieses beschädigt (BGHZ 161, 180).

Wir haben Sie daher aufzufordern, den bereits bezifferten Schaden umgehend binnen zehn Tage bis zum

▬▬▬

für Ihren Versicherungsnehmer auszugleichen. Sollte diese Frist erfolglos verstreichen, werden wir unserem Mandanten raten, umgehend Klage gegen Ihren Versicherungsnehmer zu erheben.

Mit freundlichen Grüßen

(Rechtsanwalt)

Gegen den privaten Haftpflichtversicherer besteht (anders als gegen den Kfz-Haftpflichtversicherer) grundsätzlich kein Direktanspruch, so dass eine Klage sich allein gegen den minderjährigen Schädiger, vertreten durch seine Eltern, zu richten hat.

3. Haftung des Aufsichtspflichtigen gem. § 832 BGB

Wer Minderjährigen oder sonstigen Personen gegenüber aufsichtspflichtig ist, hat in besonderem Maße dafür zu sorgen, dass die zu beaufsichtigenden Personen keine Schäden an geschützten Rechtsgütern Dritter verursachen. In der Praxis der Verkehrsunfallbearbeitung kommt es nicht selten zu Schäden, die durch minderjährige Radfahrer oder Passanten verursacht werden. Jeder dieser Schäden trägt per se die **Vermutung einer Aufsichtspflichtverletzung** in sich. Der Umfang der Aufsichtspflicht richtet sich nach Alter, Eigenart und Charakter des Kindes, nach der Voraussehbarkeit des schädigenden Verhaltens sowie danach, was den Eltern im konkreten Fall zugemutet werden kann.[21]

Die Haftung des Aufsichtspflichtigen ist in § 832 BGB geregelt und setzt voraus, dass ein Minderjähriger in rechtswidriger Weise einen Schaden verursacht und eine Aufsichtspflicht des Inanspruchgenommenen (sei es aus Vertrag oder Gesetz) besteht. Die Haftung entfällt nach § 832 S. 2 BGB, wenn der Aufsichtspflichtige sich dadurch von seinem vermuteten Verschulden exkulpieren kann, dass er seiner Aufsichtspflicht genüge getan

---

21 BGH NJW 2013,1441; BGH NJW 1993, 1003.

§ 3 Anspruchsgrundlagen

hat bzw. der Schaden auch bei gehöriger Sorgfalt eingetreten wäre. Zu beachten ist, dass der nach der Gesetzesänderung erfolgte Haftungsausschluss des nicht zehn Jahre alten Kindes nach § 828 Abs. 2 BGB nicht zu einer Erweiterung und Verschärfung der Aufsichtspflicht der Eltern führt.[22] Diese Grundsätze verdeutlicht folgender Fall:

▼

51 **Muster 3.12: Schadenersatz von Minderjährigen und ihren Eltern**
Herrn/Frau

Schaden vom

Pkw , amtl. Kennzeichen

Sehr geehrte Frau /sehr geehrter Herr ,

ich vertrete die Interessen des Herrn aus . Eine Kopie der auf mich lautenden Vollmacht füge ich in der Anlage bei.

Namens und in Vollmacht meines Mandanten mache ich gegen Ihr minderjähriges Kind wegen einer von ihm verursachten Sachbeschädigungen und gegen Sie wegen der Verletzung der Ihnen obliegenden Aufsichtspflicht Ansprüche auf Schadensersatz aus Anlass des Schadensereignisses vom geltend. Am Vorfallstage hatte mein Mandant seinen Pkw ordnungsgemäß in der -Straße abgestellt. Sodann . Dadurch entstand an dem Fahrzeug erheblicher Sachschaden. Ausweislich des in der Anlage beigefügten belaufen sich die voraussichtlichen Reparaturkosten zur Beseitigung des Schadens auf EUR.

Der Schaden an dem Fahrzeug wurde von Ihrem Kind verursacht und verschuldet. Dieses haftet meinem Mandanten auf Schadensersatz gemäß § 823 Abs. 1 BGB. Der Eintrittspflicht steht nicht entgegen, dass das Kind zum Tatzeitpunkt erst Jahre alt und damit minderjährig war. In jedem Fall besaß es zum Tatzeitpunkt die zur Erkenntnis seiner Verantwortlichkeit erforderliche Einsicht.

Zugleich sind Sie als aufsichtspflichtige Person meinem Mandanten nach § 832 BGB aufgrund der verursachten Schäden ersatzpflichtig. Gem. § 832 Abs. 1 BGB besteht die Vermutung, dass der Eintritt des Schadens auf einer schuldhaften Verletzung der Ihnen obliegenden Aufsichtspflicht basiert. Gleichermaßen wird vermutet, dass zwischen der Verletzung der Aufsichtspflicht und dem Eintritt des Schadens ursächlicher Zusammenhang besteht. Es ist deshalb Ihre Aufgabe den Nachweis zu führen, dass der Schaden auch bei Beobachtung der gehörigen Sorgfalt eingetreten wäre. Dieser Nachweis ist nicht erbracht.

Sollten Sie über Versicherungsschutz in einer privaten Haftpflichtversicherung verfügen, bin ich gern bereit, die weitere Korrespondenz in der Schadenssache unmittelbar mit Ihrem Haftpflichtversicherer zu führen. In diesem Fall bitte ich höflich um zeitnahe Benennung des betreffenden Versicherungsunternehmens sowie der Versicherungsscheinnummer. Hierfür habe ich mir eine Frist bis zum

(10-Tages-Frist)

---

22 OLG Oldenburg VersR 2005, 807.

notiert. Sollte ich von Ihnen innerhalb der vorgenannten Frist keine Rückantwort erhalten, gehe ich davon aus, dass die Ansprüche unmittelbar gegen Sie geltend gemacht und erforderlichenfalls zwangsweise durchgesetzt werden sollen.

Mit freundlichen Grüßen

(Rechtsanwalt)

4. Haftung aus Billigkeitsgründen gem. § 829 BGB

Haftet beispielsweise ein Minderjähriger nach Maßgabe des § 828 BGB deshalb nicht, weil er bei der Begehung der Tat nicht die zur Erkenntnis der Verantwortlichkeit erforderliche Einsicht besitzt, heißt dies nicht, dass er in keinem Fall für den eingetretenen Schaden haftet. Der Schädiger kann u.U. Ansprüche aus Haftung nach Billigkeitsgrundsätzen gem. § 829 BGB geltend machen. Hierzu folgender Beispielsfall:

a) Fall

Die 70-jährige Mandantin A ist Opfer eines schweren Personenschadens. Sie ging am Schadenstag mit ihrem Hund einkaufen. Sie befand sich gerade auf dem Bürgersteig vor einem Warenhaus, als sich auf dem Bürgersteig der sechsjährige B auf seinem Fahrrad näherte. B wollte den Hund der A dadurch erschrecken, dass er möglichst nah an ihm vorbeifährt. Dabei verschätzte er sich jedoch und kollidierte mit A. Durch den Sturz erlitt A einen schweren Bruch des Hüftgelenks. Da A bereits zuvor diverse Hüftgelenksoperationen durchführen lassen musste, ist der nunmehr eingetretene Schaden irreparabel. A wird Zeit ihres Lebens an einen Rollstuhl gefesselt sein. B ist Sohn des sehr wohlhabenden Fabrikanten C. C verfügt über eine private Haftpflichtversicherung. Nachdem A ihre Ansprüche auf Schadensersatz und Schmerzensgeld gegenüber dem Haftpflichtversicherer geltend gemacht hatte, lehnte dieser mit dem Argument ab, es bestehe keine Haftung, da B zum Schadenszeitpunkt nicht deliktsfähig war und seinen Eltern keine Verletzung der Aufsichtspflicht zur Last gelegt werden könne.

b) Muster: Billigkeitshaftung Nicht-Deliktsfähiger

Muster 3.13: Billigkeitshaftung Nicht-Deliktsfähiger

 Versicherung AG

Schaden-Nr./VS-Nr./Az.

Schaden vom

Pkw , amtl. Kennzeichen

§ 3 Anspruchsgrundlagen

Sehr geehrte Damen und Herren,

in der im Betreff genannten Schadensache zeige ich an, dass mich Frau ▓▓▓ aus ▓▓▓ mit der Wahrnehmung ihrer Interessen beauftragt hat. Eine Kopie der auf mich lautenden Vollmacht füge ich in der Anlage bei.

Der schadenbegründende Sachverhalt ist Ihnen aufgrund der bislang mit meiner Mandantin geführten Korrespondenz bekannt. Danach erlitt meine Mandantin infolge des vom minderjährigen ▓▓▓ verursachten und verschuldeten Unfalls einen erheblichen Personenschaden. Der beim Sturz erlittene Hüftbruch ist irreparabel. Meine Mandantin wird Zeit ihres Lebens an den Rollstuhl gefesselt sein.

In Ihrem Schreiben vom ▓▓▓ lehnten Sie Ihre Eintrittspflicht ab. Nach eingehender Prüfung der hier interessierenden Fragen zur Sach- und Rechtslage vermag ich mich dem nicht anzuschließen.

Zwar trifft es durchaus zu, dass der zum Schadenszeitpunkt minderjährige Schadensverursacher mangels Deliktsfähigkeit gem. § 828 Abs. 1 BGB für den eingetretenen Schaden nicht haftet. Soweit Sie allerdings die Auffassung vertreten, den Eltern des ▓▓▓ könne keine Aufsichtspflichtverletzung gem. § 832 BGB zur Last gelegt werden, ist dies nach Maßgabe der in vergleichbaren Fällen ergangenen gerichtlichen Entscheidungen zumindest streitig. Insoweit haben sich Ihre Versicherungsnehmer von einem vermuteten Verschulden zu exkulpieren. Verbleibende Zweifel gehen dabei zu ihren Lasten.

Letztlich kann dies jedoch dahingestellt bleiben. In jedem Fall ist eine Ersatzpflicht aus Billigkeitsgründen gem. § 829 BGB geboten. Die dafür erforderlichen tatbestandlichen Voraussetzungen liegen vor. Zumindest nach der von Ihnen vertretenen Auffassung greift eine Ersatzpflicht der aufsichtspflichtigen Eltern nicht ein. Im Übrigen erfordert die Billigkeit unter Berücksichtigung der hier maßgeblichen Umstände eine Schadloshaltung meiner Mandantin. Grundsätzlich ist hierfür ein erhebliches wirtschaftliches Gefälle zwischen den Vermögensverhältnissen des Schädigers und des Geschädigten erforderlich (BGH NJW 1979, 2096). Überdies bedarf es eines erheblichen Gefälles im beiderseitigen und zum Schadenseintritt führenden Verschulden (BGH NJW 1969, 1762). Auch ist eine Billigkeitshaftung bei Vorliegen weiterer Indizien umso eher anzunehmen, wenn der Schädiger durch eine Haftpflichtversicherung abgesichert ist (BGHZ 127, 186, 190 = BGH NJW 1995, 452; LG Mosbach NJW-RR 1986, 24).

Diese Voraussetzungen liegen hier vor. Meine Mandantin ist Rentnerin und lebt in wirtschaftlich einfachen Verhältnissen. Demgegenüber handelt es sich bei den Versicherten Ihres Haftpflichtversicherungsvertrags um eine sehr vermögende Fabrikantenfamilie, die zudem durch eine Haftpflichtversicherung abgesichert ist. Der Eintritt des Schadens wurde von meiner Mandantin nicht im Geringsten mitverschuldet. Alleiniger Verursacher des Unfalls war der minderjährige ▓▓▓. Entsprechend seiner Einlassung hatte er versucht, den Hund meiner Mandantin dadurch zu erschrecken, dass er möglichst nah an diesem vorbeifährt. Dabei verschätzte er sich jedoch und es kam zur Kollision mit meiner Mandantin. Das Fehlverhalten des minderjährigen ▓▓▓ ist von einem erheblichen Maß an Rücksichtslosigkeit geprägt. Indem er möglichst nah an den Hund heranzufahren versuchte, hat er die Sorgfalt außer Acht gelassen, die sich jedem verständigen Menschen sofort aufgedrängt hätte und handelte mithin grob fahrlässig. Letztlich gebieten auch die besonders schweren Verletzungsfolgen eine Haftung nach Billigkeitsgrundsätzen gem. § 829 BGB.

Nach alledem haben wir Sie aufzufordern, Ihre Eintrittspflicht für den Schadensfall unverzüglich zu bestätigen und die nachfolgend bezifferten Schadenspositionen auszugleichen.

Mit freundlichen Grüßen

(Rechtsanwalt)

Wann die Ersatzpflicht nach Billigkeitsgründen zu erfolgen hat, ist kaum schematisierbar. Fest steht in jedem Fall, dass der Ersatzanspruch ein **wirtschaftliches Gefälle** zwischen Schädiger und Geschädigtem zugunsten des Schädigers voraussetzt und eine Haftung nach § 829 BGB nur ausnahmsweise in Betracht kommt.[23] Dies gilt insbesondere nach der neu geschaffenen Vorschrift des § 828 Abs. 2 BGB, die einen umfassenden Schutz von Kindern im Straßenverkehr bezweckt und die nicht über eine Haftung aus § 829 BGB umgangen werden darf. Bei der Abwägung aller Umstände kann auch das Bestehen einer Haftpflichtversicherung auf Seiten des Schädigers eine gewichtige Rolle spielen.[24] Als alleiniges Kriterium zur Annahme einer Billigkeitshaftung genügt dies jedoch nicht.[25]

V. Haftung gem. § 839 BGB, Art. 34 GG

Die Haftung öffentlich-rechtlicher Körperschaften und Beamter bzw. vergleichbarer Personen ist je nach Charakter der Fahrt unterschiedlich. Ebenso wie jeder andere Verkehrsteilnehmer können auch Körperschaften des öffentlichen Rechts im Fall eines Verkehrsunfalls unter Beteiligung eines ihrer Fahrzeuge sowohl aus Gefährdungs- als auch aus Verschuldenshaftung haften. Für die Halterhaftung gem. § 7 Abs. 1 StVG bestehen insoweit keine Besonderheiten.

Im Bereich der Verschuldenshaftung ist allerdings der Sondertatbestand des § 839 BGB zu beachten. **§ 839 Abs. 1 S. 2 BGB** enthält ein sog. **Verweisungsprivileg**. Danach besteht – vorausgesetzt es liegt eine schuldhafte unerlaubte Handlung des Beamten vor – nur dann eine Haftung, wenn der Geschädigte keine anderweitige Ersatzmöglichkeit besitzt. Dies bedeutet, dass dem Wortlaut nach grundsätzlich eine Haftung der öffentlich-rechtlichen Körperschaft bei Bestehen einer Kfz-Haftpflichtversicherung aus § 839 BGB ausscheiden müsste.

Das **Verweisungsprivileg** gilt **jedoch nicht**, wenn der Schadeneintritt bei der Teilnahme am allgemeinen Verkehr stattfand.[26] Das ist immer dann der Fall, wenn sich die Teilnahme am Straßenverkehr durch den Beamten nicht von anderen Verkehrsteilnehmern unterscheidet. In diesen Fällen ist eine Privilegierung der Körperschaft gegenüber ande-

---

23 Vgl. hierzu auch Geigel-*Schlegelmilch*, Kap. 16 Rn 13; OLG Celle Urt. v. 24.9.2015 – 5 U 48/15, n.v.
24 BGHZ 127, 186, 190 = BGH NJW 1995, 452; LG Mosbach NJW-RR 1986, 24.
25 LG Heilbronn NJW 2004, 2391.
26 BGH VersR 1977, 541; KG Berlin zfs 2007, 260.

ren Verkehrsteilnehmern nicht gerechtfertigt. Im Übrigen bleibt eine Haftung aus § 7 StVG von diesem Verweisungsprivileg unberührt.

57 Der Begriff des Beamten ist aufgrund der Wertung des Art. 34 GG weit zu verstehen. Hierunter wird jede Person verstanden, die vom Staat mit den Befugnissen zur Ausübung öffentlicher Gewalt ausgestattet ist.

Ein Verschulden folgt i.d.R. aus einem Verstoß gegen die betroffenen Vorschriften der StVO. Hierbei ist zu berücksichtigen, dass bestimmte Stellen (insbesondere Polizei und Rettungsdienst) nach § 35 StVO mit Sonderrechten ausgestattet sind und unter bestimmten Voraussetzungen ein Vorrangrecht genießen. Gegenüber diesen Fahrzeugen behält der Vorfahrtsberechtigte zwar grundsätzlich sein Vorfahrtsrecht. Dieses tritt jedoch zurück (= dem Einsatzfahrzeug ist ein Vorrangrecht zur „Missachtung der Vorfahrt" einzuräumen), wenn alle vorgeschriebenen Einsatzsignale (i.d.R. Blaulicht und Martinshorn) eingeschaltet sind. Der Fahrer des Fahrzeugs mit Sonderrechten darf sich nur unter besonderer Sorgfalt über das bestehende Vorfahrtsrecht anderer Verkehrsteilnehmer hinwegsetzen und muss sich insbesondere vergewissern, dass andere Verkehrsteilnehmer seine Einsatzsignale auch wahrgenommen haben.

58 In Fällen dieser Art haftet allein die Anstellungskörperschaft des Beamten grundsätzlich allein. Es darf also keinesfalls der Beamte unmittelbar verklagt werden, auch wenn dies mit unangenehmen Beweisproblemen verbunden sein kann. Schließlich steht der Gegenseite in diesen Fällen der den Unfall verursachende Beamte weiterhin als Zeuge zur Verfügung. Eine gemeinsame Haftung ist nur in wenigen und eng umgrenzten Ausnahmefällen anerkannt, in denen der Beamte vorsätzlich gehandelt hat.

59 Ferner ist zu beachten, dass Gemeinden mit über 100.000 Einwohnern von der Pflicht zum Abschluss einer Kfz-Haftpflichtversicherung befreit sind. In diesen Fällen besteht kein Direktanspruch gegen den Kfz-Haftpflichtversicherer nach § 115 Abs. 1 Nr. 1 VVG, sondern der Anspruch muss allein gegen die betreffende öffentlich-rechtliche Körperschaft gerichtet werden.

60 Ein Sonderfall liegt bei Unfällen unter Einsatz von Sonderrechtsmitteln vor. Bei derartigen Schäden greift das Verweisungsprivileg wieder ein. Hierbei handelt es sich um Verkehrsunfälle, an denen Fahrzeuge der Polizei, der Feuerwehr und sonstiger Träger hoheitlicher Gewalt beteiligt sind und bei denen der Schadeneintritt unter Einsatz von Sonderrechten gem. § 35 StVO erfolgt. Die Abwägung der Haftung der am Unfall beteiligten Verkehrsteilnehmer bereitet in derartigen Fällen häufig Schwierigkeiten.

VI. Checkliste: Anspruchsgrundlagen nach BGB

61 ■ Grundsätzlich erfordert die Haftung nach Deliktsrecht Verschulden. Die Bedeutung der Haftung eines Fahrers/Halters eines Kfz aus Deliktsrecht ist nach der Erweiterung des § 253 Abs. 2 BGB aber gering, da nunmehr auch aus der Gefährdungshaftung des § 7 StVG ein Schmerzensgeld gefordert werden kann.

- Bei einem Unfall trifft in erster Linie den Fahrer ein etwaiger Verschuldensvorwurf. Im Hinblick auf eine deliktsrechtliche Haftung ist daneben zu prüfen, ob den Halter eines Kfz der Vorwurf eines Mitverschuldens trifft (z.B., weil er schuldhaft Mängel am Kfz verursacht bzw. nicht behoben hat).
- Die Tierhalterhaftung nach § 833 BGB ist grundsätzlich Gefährdungshaftung und stellt eine Ausnahme vom Verschuldensprinzip dar. Diese Gefährdungshaftung gilt nur für „Luxustiere". Für „Nutztiere" gilt eine Verschuldensvermutung mit Exkulpationsmöglichkeit.
- Werden Schäden im Straßenverkehr durch Passanten/Fahrradfahrer/Kinder verursacht, können Ansprüche nur aus den §§ 823 ff. BGB hergeleitet werden.
- Kinder haften bis zum siebten Lebensjahr überhaupt nicht und anschließend nur beschränkt:
- Minderjährige zwischen dem siebten und zehnten Lebensjahr haften bei Unfällen mit Kraftfahrzeugen nach § 828 Abs. 2 BGB grundsätzlich nicht, es sei denn, der Geschädigte weist nach, dass sich bei dem Unfall keine typische Gefahr des motorisierten Verkehrs realisiert hat bzw. eine vorsätzliche Schädigung vorliegt.
- Minderjährige haften daneben nach § 828 Abs. 3 BGB dann nicht, wenn sie zum Schadenszeitpunkt nicht die erforderliche Einsicht hatten. Ihre Einsichtsfähigkeit wird dabei vermutet.
- Werden Schäden durch Minderjährige verursacht, ist stets die Haftung des oder der Aufsichtspflichtigen zu prüfen.
- Scheidet eine Haftung Minderjähriger oder Schuldunfähiger aus, ist stets zu prüfen, ob eine Haftung aus Billigkeitsgründen gem. § 829 BGB in Betracht kommt.
- Kommt es zu einem Unfall mit einem Dienstfahrzeug der öffentlichen Verwaltung, ist § 839 BGB zu beachten.

D. Direktanspruch gem. § 115 Abs. 1 Nr. 1 VVG

I. Übersicht

Von zentraler Bedeutung für die Verkehrsunfallbearbeitung ist der aus § 115 Abs. 1 Nr. 1 VVG (vor der am 1.1.2008 in Kraft getretenen VVG Reform § 3 Nr. 1 PflVG a.F.) resultierende **Direktanspruch** des Geschädigten gegen den Kfz-Haftpflichtversicherer des gegnerischen Unfallfahrzeugs. Danach haftet der Kfz-Haftpflichtversicherer dem Geschädigten in demselben Maße wie die Versicherten seines Vertrags. Anders als bei allgemeinen Haftpflichtversicherungsverträgen kann der Geschädigte den Kfz-Haftpflichtversicherer unmittelbar auf Schadensersatz in Anspruch nehmen und erforderlichenfalls auch verklagen.

Der Kfz-Haftpflichtversicherer haftet neben der versicherten Person nach § 115 Abs. 1 Nr. 4 VVG (früher: § 3 Nr. 2 PflVG a.F.) als Gesamtschuldner im Wege des gesetzlichen Schuldbeitritts. Hiervon streng zu trennen ist aber ein Gesamtschuldverhältnis zwischen mehreren Schädigern (§§ 7, 18 StVG i.V.m. § 840 BGB), von denen jeder versicherte

§ 3 Anspruchsgrundlagen

Person in einer anderen Kfz-Haftpflichtversicherung ist. Der Kfz-Haftpflichtversicherer wird in ein Gesamtschuldverhältnis zwischen den unterschiedlichen Schädigern nicht mit einbezogen.[27] Dazu nachfolgendes Beispiel.

> *Beispiel*
> Zwei Kraftfahrzeugführer (A + B) verursachen gemeinsam zu gleichen Verursachungsbeiträgen einen Unfall. Dabei erleidet der Fußgänger F erhebliche Verletzungen. Dieser nimmt nun den A wegen eines Schmerzensgeldes in Höhe von 1.000 EUR in Anspruch. A wiederum kann nunmehr gegen B einen hälftigen Ausgleichsanspruch in Höhe von 500 EUR geltend machen. Dieser Anspruch richtet sich jedoch nicht gegen den Kfz-Haftpflichtversicherer des B. Dieser Versicherer ist gem. § 115 Abs. 1 Nr. 1 VVG zusammen mit B nur Gesamtschuldner zugunsten des Geschädigten F, wenn dieser seine Ansprüche „direkt" gegen A und B geltend gemacht hätte.

63 Wichtig ist, dass sich der Direktanspruch **ausschließlich auf die Kraftfahrzeug-Haftpflichtversicherung** beschränkt. Für private Haftpflichtversicherer gilt die Regelung des § 115 Abs. 1 Nr. 1, 4 VVG hingegen nicht. Die durch ein Tier, einen Fahrradfahrer oder einen Passanten verursachten Schäden begründen grundsätzlich keinen Direktanspruch gegen einen Privat-Haftpflichtversicherer des Schädigers.

Dennoch kommt es nicht selten vor, dass Direktklagen gegen Privathaftpflichtversicherer eingereicht und sodann mangels Passivlegitimation auf kurzem Wege abgewiesen werden. Dass derartige Klagen überhaupt anhängig gemacht werden, ist darauf zurückzuführen, dass die vorprozessuale Regulierung eines von einem Tier, einem Fahrradfahrer oder einem Passanten verursachten Schadens in aller Regel über einen privaten Haftpflichtversicherer abgewickelt wird. Auch wenn der Versicherer dabei in die Regulierung eintritt, ändert dies nichts an der Tatsache, dass weiterhin der Tierhalter, Fahrradfahrer bzw. Passant alleiniger Anspruchsgegner bleibt.

64 Das System der Pflichtversicherung bietet eine sehr weitgehende Gewähr dafür, dass für jedes im öffentlichen Straßenverkehr geführte Kraftfahrzeug Versicherungsschutz in einer Kfz-Haftpflichtversicherung besteht. Sinn und Zweck dieser Regelung ist es, der sehr weit reichenden Haftung aus verschuldensabhängigen und verschuldensunabhängigen Anspruchsgrundlagen einen solventen Anspruchsgegner zur Verfügung zu stellen. Auf den Umfang der Eintrittspflicht des Versicherers im Rahmen des Direktanspruchs übt das Innenverhältnis zwischen dem Versicherer und seinem Versicherungsnehmer grundsätzlich keinen Einfluss aus. Sollte der Versicherungsnehmer versicherungsvertragliche Verpflichtungen gegenüber dem Versicherer verletzen, die den Versicherer zur Kündigung des Versicherungsvertrags berechtigen, ändert dies zumindest für einen bestimmten Zeitraum nichts an der grundsätzlich Verpflichtung des Versicherers, den Versicherungsnehmer im Außenverhältnis von berechtigten Schadensersatzansprüchen Dritter freizustellen.

---

27 BGH VersR 1981, 134; OLG Karlsruhe VersR 1986, 155.

II. Nachhaftung

Die Haftung des Versicherers ist jedoch auch im Außenverhältnis nicht grenzenlos. Hat der Versicherer den Versicherungsvertrag z.B. wegen Prämienverzuges des Versicherungsnehmers wirksam gekündigt, haftet er gem. § 117 VVG auch im Außenverhältnis nur noch bis zum Ablauf einer **Frist von einem Monat** nach der Mitteilung der Beendigung des Versicherungsverhältnisses gegenüber „der hierfür zuständigen Stelle", also der Straßenverkehrsbehörde.

▼
Muster 3.14: Eintrittspflicht trotz Vertragskündigung

▨▨▨ Versicherung AG

▨▨▨

▨▨▨

Schaden-Nr./VS-Nr./Az. ▨▨▨

Schaden vom ▨▨▨

Pkw ▨▨▨, amtl. Kennzeichen ▨▨▨

Sehr geehrte Damen und Herren,

in der im Betreff genannten Schadensache komme ich zurück auf Ihr Schreiben vom ▨▨▨. Darin lehnen Sie Ihre Eintrittspflicht mit der Begründung ab, der Vertrag mit dem Versicherungsnehmer ▨▨▨ sei bereits vor dem Schadensereignis wirksam gekündigt worden.

Entgegen der von Ihnen vertretenen Auffassung vermag Ihr bisheriger Tatsachenvortrag Ihre Eintrittspflicht nicht ohne weiteres zu beseitigen. Unstreitig gewährten Sie für das unfallverursachende Fahrzeug Versicherungsschutz. Demgemäß haften Sie grundsätzlich gem. § 115 Abs. 1 Nr. 1 VVG. Der Direktanspruch wird nur unter den Voraussetzungen des § 117 Abs. 2 VVG beseitigt. Um sich hierauf berufen zu können, ist von Ihnen nachzuweisen, dass Sie den Versicherungsvertrag gegenüber dem Versicherungsnehmer wirksam gekündigt und die Beendigung des Versicherungsvertrags der zuständigen Straßenverkehrsbehörde wirksam mitgeteilt haben. Auch nach der Mitteilung besteht Ihre Haftung im Außenverhältnis für die Dauer eines weiteren Monats fort. Erst nach Ablauf der Monatsfrist können Sie sich im Verhältnis zu meinem Mandanten auf Ihre Leistungsfreiheit berufen.

Danach bitte ich höflich um die Vorlage der Nachweise für Ihre behauptete Leistungsfreiheit bis zum

▨▨▨ *(10-Tagesfrist)*

Nach fruchtlosem Fristablauf gehe ich davon aus, dass der Direktanspruch weiterhin besteht.

Mit freundlichen Grüßen

(Rechtsanwalt)
▲

III. Haftungsausschluss bei vorsätzlicher und widerrechtlicher Schadensherbeiführung

67 Jeder Haftpflichtversicherungsvertrag dient dazu, den Versicherungsnehmer vom Risiko eines zwar fahrlässig verursachten, aber letztlich zufälligen Schadenseintritts zu befreien. Diesem Sinn und Zweck liefe es zuwider, wenn der Versicherungsnehmer gezielt und beabsichtigt einem Dritten einen Schaden zufügen und dies dennoch auf die Gemeinschaft der Versicherten abwälzen könnte. Vorsätzlich herbeigeführte Schadensfälle werden deshalb von Haftpflichtversicherungsverträgen nicht gedeckt. Dieser Grundsatz gilt auch für den Bereich der Pflichtversicherung. Die Einzelheiten hierzu regelt § 103 VVG Erfolgt eine **vorsätzliche und widerrechtliche** Herbeiführung des Verkehrsunfalls, wobei der **Vorsatz alle entstandenen Schäden umfasst**, wirkt sich der subjektive Risikoausschluss nach § 103 VVG auch auf die Haftung des Versicherers nach § 115 Abs. 1 Nr. 1, 4 VVG aus: Obwohl nach dem Wortlaut des § 117 Abs. 1 VVG an sich eine Haftung des Kfz-Haftpflichtversicherers im Außenverhältnis bestehen müsste, besteht nach Sinn und Zweck der betroffenen Vorschriften in diesen Fällen kein Durchgriffsanspruch gegen den Versicherer.[28]

Beruft sich ein Kfz-Haftpflichtversicherer auf Leistungsfreiheit wegen Vorsatzes, muss dies aber für jede Person geprüft werden, für die der Versicherer Versicherungsschutz zu gewähren hat. Die Leistungsfreiheit des Versicherers ist für jede versicherte Person im Innen- wie im Außenverhältnis gleichermaßen gesondert zu prüfen. Handelte der Fahrer, nicht aber der Halter bzw. Versicherungsnehmer vorsätzlich und rechtswidrig, so kann sich der Versicherer nicht auf eine Leistungsfreiheit nach § 103 VVG berufen.[29] Bei einer vorsätzlichen Schädigung im Rahmen einer sog. Schwarzfahrt ist zudem ein möglicher Haftungsausschluss zugunsten des Halters und damit der Versicherung nach § 7 Abs. 3 StVG zu berücksichtigen.

▼

68 **Muster 3.15: Kein Haftungsausschluss trotz vorsätzlicher, widerrechtlicher Schadensherbeiführung bei Personenverschiedenheit**

　　　　Versicherung AG

Schaden-Nr./VS-Nr./Az.

Schaden vom

Pkw　　　, amtl. Kennzeichen

Sehr geehrte Damen und Herren,

ich komme zurück auf die im Betreff genannte Schadensache. Durch Schreiben vom 　　　lehnten Sie Ihre Eintrittspflicht für das Schadensereignis mit der Begründung ab,

---

28 BGH VersR 1971, 239; BGH VersR 1990, 888.
29 BGH NJW 1981, 113; BGH VersR 1971, 239; OLG Köln VersR 1982, 383; OLG Hamm NZV 1993, 68; OLG Nürnberg, Urt. v. 7.6.2011 – 3 U 188/11 – juris.

ein Direktanspruch scheide wegen vorsätzlicher Herbeiführung des Versicherungsfalls durch den Fahrer ▇▇▇ aus. Nach eingehender Prüfung der Sach- und Rechtslage vermag ich mich hiermit nicht einverstanden zu erklären.

In der Kfz-Haftpflichtversicherung führt eine vorsätzliche Herbeiführung des Versicherungsfalles jedoch nur in den Fällen zur Leistungsfreiheit des Haftpflichtversicherers, in denen der Schaden durch sämtliche mitversicherten Personen, für die bedingungsgemäß Versicherungsschutz zu gewähren ist, vorsätzlich herbeigeführt wurde. Dies ist hier gerade nicht der Fall. Insoweit kann dahinstehen, ob der Fahrer tatsächlich vorsätzlich gehandelt und den Schaden zumindest billigend in Kauf genommen hat. Darüber hinaus besitzt mein Mandant jedoch einen Anspruch auf Schadensersatz gegenüber dem Halter des Kraftfahrzeugs gem. § 7 Abs. 1 StVG. Halter des Kraftfahrzeugs ist ▇▇▇. Gem. den dem Vertrag zugrunde liegenden AKB ist der Halter des versicherten Fahrzeugs mitversicherte Person des Versicherungsvertrags. Hinsichtlich des Halters mag hingegen keine Leistungsfreiheit wegen vorsätzlicher Herbeiführung des Versicherungsfalls bestehen. Ein möglicher Haftungsausschluss wegen Vorsatz im Hinblick auf den Fahrer als mitversicherte Person berührt den daneben bestehenden Anspruch gegen den Halter/Versicherungsnehmer nach ständiger höchstrichterlicher Rechtsprechung nicht (vgl. BGH NJW 1981, 113; BGH VersR 1971, 239; OLG Köln VersR 1982, 383). Demgemäß sind Sie meinem Mandanten weiterhin in dem Maße eintrittspflichtig, in dem Sie den Halter von den berechtigten Ansprüchen meines Mandanten freizustellen haben.

Danach habe ich Sie aufzufordern, die mit Schreiben vom ▇▇▇ bezifferten Ansprüche auf Schadensersatz in Höhe von ▇▇▇ EUR unverzüglich, spätestens jedoch bis zum ▇▇▇ *(10-Tages-Frist)*

auf das Ihnen bekannte Konto meines Mandanten auszugleichen. Nach fruchtlosem Fristablauf werde ich meinem Mandanten empfehlen, die Angelegenheit einer gerichtlichen Klärung zuzuführen.

Mit freundlichen Grüßen

(Rechtsanwalt)

IV. Träger der Pflichtversicherung

Träger der gem. § 1 PflVG abzuschließenden Pflichtversicherung sind grundsätzlich **privatrechtlich organisierte Haftpflichtversicherer**. Gem. § 2 Abs. 1 PflVG werden von der Versicherungspflicht bestimmte Körperschaften des öffentlichen Rechts ausgenommen. Es handelt sich hierbei in erster Linie um den Bund, die Länder und die Gemeinden. Gem. § 2 Abs. 2 PflVG werden diejenigen Körperschaften, die gem. § 2 Abs. 1 PflVG von der Pflichtversicherung ausgenommen sind, entsprechenden Versicherungsschutz auf anderem Wege zur Verfügung stellen. Es handelt sich dabei um sog. **Eigenversicherer**. In der Praxis der Verkehrsunfallbearbeitung hat dies zur Folge, dass Ansprüche aus Verkehrsunfällen, die beispielsweise durch polizeiliche Einsatzfahrzeuge verursacht wurden, unmittelbar gegenüber der betreffenden Körperschaft des öffentlichen Rechts geltend zu machen sind. Einzelne Körperschaften sind überdies dem sog. kommunalen Schadensausgleich angeschlossen. Vor der Geltendmachung derartiger Ansprüche empfiehlt es sich deshalb, telefonisch abzuklären, welche Einrichtung für die Abwicklung der Schadensache zuständig ist. Gegen „Eigenversicherer" besteht kein Direktanspruch. Eine Klage kann deshalb nur unmittelbar gegen den Halter und gegebenenfalls gegen den Fahrer gerichtet werden. Bei der Haftung des Fahrers ist allerdings das Verweisungsprivileg des § 839 Abs. 1 S. 2 BGB zu beachten.

V. „Krankes Versicherungsverhältnis"

70 Ein „krankes Versicherungsverhältnis" liegt vor, wenn der Kfz-Haftpflichtversicherer im Innenverhältnis gegenüber seinem Versicherungsnehmer bzw. den mitversicherten Personen des Versicherungsvertrags leistungsfrei ist, im Außenverhältnis jedoch gegenüber dem geschädigten Dritten aufgrund des Direktanspruchs gem. § 115 Abs. 1 Nr. 1 VVG weiterhin zur Leistung verpflichtet bleibt. Die Einzelheiten hierzu regelt § 117 VVG. Grund für die Leistungsfreiheit des Versicherers gegenüber seinem Versicherungsnehmer bzw. den versicherten Personen kann sein, dass sich der Versicherungsnehmer mit dem Ausgleich der Versicherungsprämie im Verzug befindet, sein Verhalten eine Gefahrerhöhung gem. §§ 23 ff. VVG, eine Obliegenheitsverletzung vor oder nach dem Versicherungsfall begründet.

71 Beruft sich ein Kfz-Haftpflichtversicherer berechtigterweise auf das Vorliegen eines „kranken Versicherungsverhältnisses", ist zunächst zu beachten, dass sich dessen Haftung i.d.R. nur auf die Mindestversicherungssummen beschränkt (§ 117 Abs. 3 S. 1 VVG) Im Fall des Prämienverzugs, der Nachhaftung und der Gefahrerhöhung liegt in jedem Fall eine solche Beschränkung vor. Im Fall einer Obliegenheitsverletzung kann in den Versicherungsbedingungen in zulässiger Weise der Direktanspruch des Geschädigten auf die Mindestversicherungssumme beschränkt werden.

Weitaus größere praktische Bedeutung hat die Tatsache, dass der Kfz-Haftpflichtversicherer in Fällen dieser Art nur noch **subsidiär** haftet. Gem. § 117 Abs. 3 VVG scheidet eine Inanspruchnahme des Kfz-Haftpflichtversicherers durch den Geschädigten aus, soweit dieser bei einem anderen Schadenversicherer (insbesondere: Vollkaskoversicherer) oder Sozialversicherungsträger anderweitigen Ersatz zu erlangen vermag. Dieses Verweisungsprivileg besteht jedoch nicht, wenn die Leistungsfreiheit des Kfz-Haftpflichtversicherers darauf beruht, dass ein unberechtigter Fahrer bzw. Fahrer ohne Fahrerlaubnis das Fahrzeug geführt hat bzw. das Fahrzeug nicht den Betriebsvorschriften der StVZO entsprach. Es scheidet ferner in bestimmten Fällen aus, in denen die Kfz-Haftpflichtversicherung den Fahrzeughalter in Regress nehmen kann. Treffen eine Obliegenheitsverletzung in Form eines Fahrens ohne Fahrerlaubnis bzw. einer unberechtigten Fahrt mit einer Obliegenheitsverletzung in Form einer Trunkenheitsfahrt zusammen, kann sich der Versicherer weiterhin auf eine subsidiäre Haftung nach § 117 Abs. 3 VVG berufen.[30]

---

30 OLG Hamm VersR 2000, 1139; OLG Stuttgart NJW-RR 2001, 965.

Mit anderen Worten: Beruft sich ein Kfz-Haftpflichtversicherer wirksam auf das Vorliegen eines kranken Versicherungsverhältnisses, muss der Geschädigte grundsätzlich seinen Fahrzeugschaden bei seinem Vollkaskoversicherer geltend machen, wenn er über entsprechenden Versicherungsschutz verfügt. Eine solche Inanspruchnahme führt jedoch nicht zwingend zur Rückstufung in der Vollkaskoversicherung. Sie bewirkt allein, dass der Vollkaskoversicherer in Höhe seiner Aufwendungen beim Versicherungsnehmer des Kfz-Haftpflichtversicherers Regress nehmen kann. Die Höhe dieses Regressanspruchs hängt wiederum von den Umständen der Schadensverursachung und den u.U. zwischen den Versicherern zur Regulierung derartiger Ansprüche getroffenen Vereinbarungen ab.

VI. Checkliste bzgl. des Direktanspruches gegen den Kfz-Haftpflichtversicherer

- Zentrale Anspruchsgrundlage der Unfallbearbeitung ist § 115 Nr. 1 VVG und der dort geregelte Direktanspruch des Geschädigten gegen den Kfz-Haftpflichtversicherer.
- Der Kfz-Haftpflichtversicherer haftet in dem Umfang, wie die Versicherten seines Vertrags (Fahrer, Halter etc.) haften. Der Kfz-Haftpflichtversicherer ist jedoch nur im Verhältnis zu der bei ihm versicherten Person Gesamtschuldner, wenn Ansprüche des Geschädigten geltend gemacht werden.
- Für Privathaftpflichtversicherer existiert grundsätzlich kein Direktanspruch. Hier muss unmittelbar der Schädiger verklagt werden.
- Der Direktanspruch wird grundsätzlich nicht dadurch beeinträchtigt, dass der Versicherungsnehmer Pflichten gegenüber dem Versicherer verletzt. Im Fall eines „kranken" Versicherungsverhältnisses kann die Haftung des Versicherers gegenüber dem Geschädigten ausscheiden, wenn dieser bei einem anderen Schadenversicherer oder Sozialversicherungsträger anderweitigen Ersatz zu erlangen vermag.
- Der Kfz-Haftpflichtversicherer haftet im Außenverhältnis bis zum Ablauf der Nachhaftung.
- Der Direktanspruch ist ausnahmsweise nach § 103 VVG ausgeschlossen, wenn der Schaden vorsätzlich und widerrechtlich verursacht wird. Dies ist aber für jede versicherte Person gesondert zu prüfen.
- Träger der Pflichtversicherung sind in der Regel private Kfz-Haftpflichtversicherer. Insbesondere Körperschaften können „Eigenversicherer" sein, welche die Schäden eigenständig abwickeln. Gegen „Eigenversicherer" besteht kein Direktanspruch.
- Steht dem Geschädigten kein Kfz-Haftpflichtversicherer zur Verfügung oder scheidet dessen Haftung aus, können u.U. Ansprüche gegen die Verkehrsopferhilfe e.V. in Hamburg geltend gemacht werden.

E. Ansprüche gegen die Verkehrsopferhilfe gem. §§ 12 ff. PflVG

74 Das System der Pflichtversicherung nach dem Pflichtversicherungsgesetz (PflVG) bietet einen weitgehenden Schutz des Geschädigten. Der Schutz ist jedoch nicht lückenlos. In folgenden Fällen steht **kein Kfz-Haftpflichtversicherer** zur Verfügung, der auf Ausgleich des eingetretenen Unfallschadens in Anspruch genommen werden kann:
- Das den Unfall verursachende Fahrzeug ist nicht zu ermitteln, da Verkehrsunfallflucht begangen wurde.
- Das den Unfall verursachende Fahrzeug wurde pflichtwidrigerweise nicht Kfz-haftpflichtversichert bzw. es besteht hierfür eine im Gesetz vorgesehene Ausnahme von der Versicherungspflicht.
- Trotz bestehenden Versicherungsschutzes ist der Versicherer leistungsfrei, da der Schaden vorsätzlich herbeigeführt wurde (§ 152 VVG).
- Der eintrittspflichtige Kfz-Haftpflichtversicherer kann wegen Zahlungsunfähigkeit nicht leisten.

In diesen Fällen besteht für den Geschädigten die Möglichkeit, seine Ersatzansprüche gegen den „**Entschädigungsfonds für Schäden aus Kraftfahrzeugunfällen**" geltend zu machen. Rechtsgrundlage für den Entschädigungsfonds ist **§ 12 PflVG**. Die Stellung des Entschädigungsfonds wurde durch die Verordnung über den Entschädigungsfonds für Schäden aus Kraftfahrzeugunfällen[31] dem rechtsfähigen Verein „Verkehrsopferhilfe" in Berlin zugewiesen.

Der Entschädigungsfonds wird aus Beiträgen aller Kfz-Haftpflichtversicherer gespeist. Ansprüche sind zu richten gegen den Verein Verkehrsopferhilfe e.V., Wilhelmstr. 43/43G, 10117 Berlin, Telefon: (030) 20 20 5858, Telefax: (030) 20 20 5722, *www.verkehrsopferhilfe.de*.

75 Bevor die Verkehrsopferhilfe in Anspruch genommen werden kann, ist zu prüfen, ob der Geschädigte anderweitige Ersatzmöglichkeiten besitzt. Der Verein leistet keinen Ersatz, wenn die entstandenen Schäden z.B. durch Leistungen aus der Kasko- oder der Sozialversicherung ersetzt werden können.

76 *Beispielsfall*
A erleidet einen schweren Verkehrsunfall mit Sach- und Personenschäden. Der Unfall wurde von B verursacht und verschuldet. B hatte das von ihm geführte Kraftfahrzeug zuvor auf dem Gelände eines Gebrauchtwagenhändlers aufgebrochen und kurzgeschlossen. Das Kraftfahrzeug verfügt über keinen Versicherungsschutz in einer Kfz-Haftpflichtversicherung. B ist vermögenslos und hat bereits den Offenbarungseid geleistet. Im Auftrag des A werden die Ansprüche auf Schadensersatz beim Verein Verkehrsopferhilfe e.V. angemeldet.

---

[31] BGBl I 1965, S. 2093.

E. Ansprüche gegen die Verkehrsopferhilfe gem. §§ 12 ff. PflVG § 3

Muster 3.16: Ansprüche gegen die Verkehrsopferhilfe e.V.
Verein Verkehrsopferhilfe e.V., Wilhelmstr. 43/43G, 10117 Berlin

Schaden vom

Pkw , amtl. Kennzeichen

Sehr geehrte Damen und Herren,

Herr aus beauftragte mich mit der Wahrnehmung seiner Interessen. Eine Kopie der auf mich lautenden Vollmacht füge ich in der Anlage bei.

Namens und in Vollmacht meines Mandanten mache ich Ansprüche auf Leistungen aus dem Entschädigungsfonds für Schäden aus Kraftfahrzeugunfällen vom 14.12.1965 aus Anlass eines Verkehrsunfallschadens vom geltend. Der Schaden ereignete sich wie folgt:

Infolge des Schadensereignisses erlitt mein Mandant u.a. einen schwerwiegenden Fahrzeugschaden. Näheres hierzu entnehmen Sie bitte dem in der Anlage beigefügten Gutachten des Sachverständigen . Mein Mandant verfügt über keinen Versicherungsschutz in einer Fahrzeugversicherung.

Darüber hinaus erlitt mein Mandant einen erheblichen Personenschaden. Näheres hierzu entnehmen Sie bitte dem in der Anlage beigefügten Arztbericht des Herrn Dr. . Nach Maßgabe dieser Unterlagen beziffere ich den Schaden meines Mandanten wie folgt:

Abschließend bitte ich höflich um zeitnahe Bestätigung Ihrer Eintrittspflicht sowie um den Ausgleich der bezifferten Schadenspositionen. Hierfür habe ich mir vorsorglich eine Frist bis zum

(2-Wochen-Frist)

notiert.

Mit freundlichen Grüßen

(Rechtsanwalt)

Der **Umfang der Leistungen** des Vereins Verkehrsopferhilfe e.V. ergibt sich aus § 12 Abs. 2 PflVG. Danach besteht in den Fällen der Verkehrsunfallflucht nach § 12 Absatzes 1 Nr. 1 PflVG lediglich ein sehr begrenzter Anspruch auf Schadensersatz:

- Der Ersatz des Sachschadens am Fahrzeug ist von vornherein ausgeschlossen, es sei denn, wenn der Entschädigungsfonds zugleich zum Ersatz eines erheblichen Personenschadens eines Insassen verpflichtet ist.
- Sonstige Sachschäden werden nur ersetzt, wenn sie über einen Betrag von 500 EUR hinausgehen.
- Ansprüche nach § 253 Abs. 2 BGB können nur geltend gemacht werden, wenn und soweit die Leistung einer Entschädigung wegen der besonderen Schwere der Verletzung zur Vermeidung einer groben Unbilligkeit erforderlich ist.

§ 3 Anspruchsgrundlagen

F. Anspruchsgrundlagen nach dem HpflG

79 Kommt es im öffentlichen Straßenverkehr zu einem Verkehrsunfall mit Beteiligung einer Eisen-, Straßen-, Stadt-, Untergrund- oder Schwebebahn usw., finden die bislang dargelegten Grundsätze zumindest teilweise keine Anwendung. § 7 Abs. 1 StVG setzt den Betrieb eines Kraftfahrzeugs voraus. Auch wenn eine Straßenbahn nicht mit Muskel-, sondern mit Maschinenkraft betrieben wird, handelt es sich dabei nicht um ein „Kraftfahrzeug" in diesem Sinne. Die Einzelheiten hierzu regelt § 1 Abs. 2 StVG. Danach gelten als Kraftfahrzeuge im Sinne des StVG nur Landfahrzeuge, die mit Maschinenkraft bewegt werden, sofern sie nicht an Bahngleise gebunden sind.

Auf Fälle dieser Art ist vielmehr das **Haftpflichtgesetz (HpflG)** anwendbar. Dieses Gesetz bildet das Pendant zur StVG-Haftung für „Kraftfahrzeuge", die an Bahngleise gebunden sind.

80 § 1 HpflG begründet u.a. die Gefährdungshaftung des Betriebsunternehmers einer **Schienen- oder Schwebebahn**. Der Anspruch setzt ebenso wie § 7 StVG den Betrieb der für die Allgemeinheit gefährlichen Bahn voraus. Die Tatbestandsmerkmale für Ansprüche aus § 1 Abs. 1 HpflG lauten:
- Schienen- oder Schwebebahn,
- Betrieb,
- Rechtsgutverletzung,
- haftungsbegründende Kausalität,
- Schaden,
- haftungsausfüllende Kausalität,
- Rechtswidrigkeit.

Nicht erforderlich ist somit der Nachweis eines Verschuldens.

81 Auch diese Haftung ist nicht grenzenlos. Das Gegenstück zu § 7 Abs. 2 StVG und dem dort geregelten Unabwendbarkeitsbeweis enthält § 1 Abs. 2 HpflG. Danach ist die Haftung ausgeschlossen, wenn der Unfall durch höhere Gewalt verursacht wurde. Die §§ 5, 6 und 8 HpflG entsprechen denjenigen der §§ 10, 11 und 13 StVG.

▼

82 **Muster 3.17: Personenschaden bei Anfahren der Bahn**
Städtische Verkehrsbetriebe

Schaden vom

Pkw , amtl. Kennzeichen

Sehr geehrte Damen und Herren,

wir vertreten die Interessen der Frau aus . Eine Kopie der auf uns lautenden Vollmacht fügen wir in der Anlage bei.

F. Anspruchsgrundlagen nach dem HpflG §3

Gegenstand des Mandates ist der Schadensfall in der Stadtbahn der Linie ▇▇▇ vom ▇▇▇. Dem Schadenseintritt liegt folgender Sachverhalt zugrunde:

Nach Maßgabe des geschilderten Sachverhalts haften Sie unserer Mandantin als Betriebsunternehmer der Stadtbahn gem. § 1 Haftpflichtgesetz auf Ausgleich des dadurch verursachten Personenschadens. Zudem besteht ein Anspruch unserer Mandantin nach § 1 Haftpflichtgesetz i.V.m. § 253 Abs. 2 BGB auf Zahlung eines angemessenen Schmerzensgelds. Der Eintritt des Schadens wurde durch den Betrieb der Stadtbahn herbeigeführt. Der Fahrer Ihres Stadtbahnzuges kann sich nicht auf höhere Gewalt gem. § 1 Abs. 2 Haftpflichtgesetz berufen. Höhere Gewalt liegt nur vor bei einem außergewöhnlichen, betriebsfremden, von außen durch elementare Naturkräfte oder Handlungen dritter Personen herbeigeführten Ereignis, das nach menschlicher Einsicht und Erfahrung nicht vorhersehbar ist und mit wirtschaftlich erträglichen Mitteln auch durch die äußerste, vernünftigerweise zu erwartende Sorgfalt nicht vergütet oder unschädlich gemacht werden kann (BGH NJW 1974, 1770, 1771; BGH NJW 1986, 2312, 2313). Im vorliegenden Fall hatte der Fahrer der Stadtbahn jedoch aus Unachtsamkeit übersehen, dass die Fahrbahn noch nicht frei war. Bei Beachtung der gebotenen Sorgfalt wäre dies vermeidbar gewesen.

Da es sich bei dem Stadtbahnfahrer um einen Verrichtungsgehilfen Ihres Unternehmens handelt, haften Sie wegen dessen schuldhaften Fehlverhaltens auch gem. § 831 BGB i.V.m. § 253 Abs. 2 BGB auf die Zahlung eines angemessenen Schmerzensgelds.

Den Schaden selbst beziffere ich wie folgt:

Mit freundlichen Grüßen

(Rechtsanwalt)

▲

Die Gerichte sind allerdings sehr restriktiv bei einem Schadensersatzanspruch des Fahrgastes im Fall eines Sturzes wegen einer Bremsung des Schienenfahrzeugs. I.d.R. wird ein Verstoß des Fahrgastes gegen sich selbst angenommen, wenn er weder einen sicheren Halt ergriffen noch eine schützende Sitzposition eingenommen hatte, hinter dem die einfache Betriebsgefahr der Straßenbahn zurücktritt.[32] Im vorliegenden Fall dürfte über die allgemeine Betriebsgefahr hinaus ein Verschulden des Straßenbahnführers anzunehmen sein, welches eine zumindest überwiegende Haftung begründen dürfte.

Ein dem § 115 VVG entsprechender Direktanspruch gegen einen Haftpflichtversicherer besteht bei Schäden aus Zusammenstößen mit Schienenbahnen nicht. Werden zur Abwicklung der Schadensache Verhandlungen mit einem Haftpflichtversicherer oder entsprechenden Ersatzorganisationen wie etwa dem kommunalen Schadensausgleich geführt und scheitern diese Verhandlungen, darf der Versicherer **keinesfalls mitverklagt** werden.

---

[32] OLG Dresden VRS 110, 261; LG München NZV 2006, 478.

G. Haftungsausschluss bei einem manipulierten Verkehrsunfall

84 Handelt es sich um ein sog. manipuliertes Unfallereignis, bei dem die beteiligten Fahrzeugführer und/oder Eigentümer bzw. Halter in das Unfallereignis eingewilligt bzw. dieses bewusst herbeigeführt haben, scheidet eine Eintrittspflicht der Kfz-Haftpflichtversicherung aus. Teilweise wird in diesen Fällen bereits das Vorliegen eines Verkehrsunfalls im eigentlichen Sinne abgelehnt.[33] Der BGH hat diese Auffassung in der obergerichtlichen Rechtsprechung jedoch nicht bestätigt.[34]

I. Begründung des Haftungsausschluss

85 Vielmehr kommen zwei Begründungen in Betracht, die eine Haftung des Kfz-Haftpflichtversicherers ausschließen.

86 1. Zum einen scheidet eine Eintrittspflicht der Haftpflichtversicherung dann aus, wenn der Schädiger den Verkehrsunfall **vorsätzlich herbeiführt** (§ 103 VVG). Es handelt sich bei dieser Vorschrift um einen subjektiven Risikoausschluss, der die Haftung der Haftpflichtversicherung im Außenverhältnis wirksam einschränkt.[35] Dieser Einwand ist von besonderer Bedeutung bei der Annahme eines manipulierten Verkehrsunfalls nach dem „Berliner Modell". Darunter wird die verabredete vorsätzliche Beschädigung eines abgestellten Fahrzeugs durch einen gestohlenen Pkw verstanden, der an Ort und Stelle zurückgelassen wird, um dessen Haftpflichtversicherung in Anspruch zu nehmen.[36] Diese Methode hat für die unmittelbar am Unfall Beteiligten insbesondere den Vorteil, dass mangels Feststellbarkeit der Person des Fahrers, der den Unfall verursacht hat, keine Beziehung zwischen dem Schädiger und dem Geschädigten nachgewiesen werden kann. Dabei sind in der Zeit, als sich dieses Modell in Berlin etablierte, insbesondere Pkw vom Typ Opel Kadett zum Einsatz gekommen, die über eine besonders robuste Karosserie verfügen.

87 2. Zum anderen ist eine Eintrittspflicht der Haftpflichtversicherung in der Regel dadurch ausgeschlossen, dass der angebliche Geschädigte selber in „seinen Schaden" eingewilligt hat. Unter Umständen kann dafür auch die **Einwilligung** des vom Geschädigten personenverschiedenen Fahrers genügen, wenn dieser eine Stellung ausübt, die in einem Versicherungsvertragsverhältnis der eines Repräsentanten entsprechen würde[37] – so zum Beispiel bei der Überlassung des Pkw zum eigenen unbeaufsichtigten Gebrauch über ein halbes Jahr hinweg.[38] Die Einwilligung des Verletzten in die Rechtsgutsbeeinträchtigung beim Unfall ist als Rechtfertigungsgrund vom Schädiger darzutun und zu beweisen.[39]

---

33 OLG München NZV 1991, 427.
34 BGH BGHZ 37, 311.
35 OLG Rostock, Urt. v. 5.2.2010 – 5 U 83/09 – juris; bereits grundlegend BGH NJW 1971, 459.
36 Anschaulich: OLG Celle OLGR Celle 2006, 273.
37 OLG Celle NZV 1991, 269; KG Berlin NZV 2003,84.
38 OLG Hamm NZV 2001, 521.
39 OLG Koblenz VersR 2006, 523; OLG Saarbrücken OLGR Saarbrücken 2007, 310; BGH, Beschl. v. 13.4.2005 – IV ZR 62/04 – juris.

G. Haftungsausschluss bei einem manipulierten Verkehrsunfall §3

3. Dabei kann die Kfz-Haftpflichtversicherung dem Rechtsstreit auf Seiten des verklagten Fahrers bzw. Versicherungsnehmers beitreten und für diesen alle Prozesshandlungen vornehmen. Unterliegt die gegen den Haftpflichtversicherer gerichtete Schadensersatzklage im Prozess deshalb der Abweisung, weil der Kläger den ihm obliegenden Beweis für das streitgegenständliche (unfreiwillige) Unfallgeschehen nicht führen kann, so steht aufgrund der Bindungswirkung des § 124 Abs. 1 VVG auch im Verhältnis zum gesamtschuldnerisch mitverklagten Fahrer fest, dass dem Kläger kein Ersatzanspruch zusteht. Dies gilt auch dann, wenn der Fahrer das Unfallereignis zugestanden hat.[40] Ein Geständnis ist – genau wie ein Anerkenntnis – jedenfalls dann nicht zu beachten, wenn es auf einen Betrug zu Lasten Dritter abzielt.[41]

▼

Muster 3.18: Darlegung des berechtigten Interesses für eine Nebenintervention
Besteht aus Sicht der hinter der versicherten Person des Schädigers stehenden Haftpflichtversicherung der Verdacht, dass es sich um ein „manipuliertes Schadensereignis" handelt, so ist sie berechtigt, dem Rechtsstreit im Wege der Nebenintervention auf Seiten der versicherten Person beizutreten und für diese wirksam alle Prozesshandlungen vorzunehmen (BGH, Beschl. v. 29.11.2011 – VI ZR 201/10 – juris; OLG Koblenz VersR 2006, 523; OLG Hamm VersR 2002, 700).

▲

Diese Konstellation hat aber auch weitere Folgen: Hat der Kfz-Haftpflichtversicherer im Verkehrsunfallprozess gegen den mitversicherten und mitverklagten Fahrer den Vorwurf eines versuchten Versicherungsbetrugs (Unfallmanipulation) erhoben und lässt sich dies nicht nachweisen, so muss er den Fahrer im Rahmen seiner Rechtsschutzverpflichtung von den Kosten für die Vertretung durch einen eigenen Rechtsanwalt freihalten, obwohl er ihm als Streithelfer beigetreten ist und sein Prozessbevollmächtigter auf diesem Wege für beide Klageabweisung beantragt hat.[42] Schwierig sind dabei die Fälle, bei denen die Klage aus anderen Gründen abgewiesen worden ist. Im Rahmen der Schadensminderungsobliegenheit aus § 82 VVG kann der Versicherungsnehmer dabei aber verpflichtet sein, vorher den Ausgang des Kostenfestsetzungsverfahrens abzuwarten und seine Kosten vom Kläger erstattet verlangen, der beispielsweise mangels Nachweis der Aktivlegitimation gescheitert ist.

II. Anscheins- und Indizienbeweis

Der Nachweis eines solchen manipulierten Verkehrsunfalls ist schwierig zu führen. Deshalb ist es in der Rechtsprechung anerkannt, dass für diesen Nachweis eine Vielzahl an objektiven Indizientatsachen genügen kann, die einen Rückschluss in subjektiver Hinsicht bzgl. der beteiligten Personen erlauben. Dieser Beweis wird teilweise als An-

---
40 OLG Saarbrücken, Urt. v. 17.11.2009 – 4 U 244/09 = SP 2010, 306; OLG Karlsruhe NJW-RR 1990, 1369.
41 Grundlegend: BGH VersR 1970, 826; *Lemcke*, in: van Bühren, Anwaltshandbuch Verkehrsrecht, Teil 6 Rn 232.
42 BGH, Urt. v. 15.9.2010 – IV ZR 107/09 = zfs 2010, 628.

scheinsbeweis,[43] teilweise als Indizienbeweis[44] bewertet. Der BGH hält die Annahme eines Anscheinsbeweises zumindest in Ausnahmefällen für begründet.[45] Bei der Bewertung der Indizien ist eine Gesamtschau geboten. Vorzugswürdig sind dabei Indizien, die zueinander nicht in einem Abhängigkeitsverhältnis stehen.[46] Dabei kann es sich um ggf. für sich einzeln gesehen noch unverfängliche Tatsachen, bei der aus einer Indizienkette auf eine planmäßige Vorbereitung und Herbeiführung des vermeintlichen Unfalls geschlossen werden kann.[47] Der Indizienbeweis ist auch dann zulässig, wenn der Versicherer erst nach der Regulierung Kenntnis von einem manipulierten Unfallereignis erhält und nun eine Rückforderung erhebt.[48]

92 Diese Indizien,[49] die feststehen müssen,[50] lassen sich in folgende Kategorien unterteilen, die mit Rechtsprechungsnachweisen angeführt werden und nicht abschließend sind:

1. Beteiligte Fahrzeuge

a) Fahrzeug des Schädigers

93 Der Schädiger hat keinen wirtschaftlich relevanten Eigenschaden, denn sein Fahrzeug ist

- vollkaskoversichert[51]
- ein Fremdfahrzeug[52] (Firmenfahrzeug/Mietfahrzeug)[53]
- gestohlen[54] worden (Berliner Modell) bzw.
- wirtschaftlich wertlos[55] bzw. bei dem Unfallhergang war kein erheblicher Eigenschaden zu erwarten.[56]

Ggf. ist es auch erst kurze Zeit versichert[57] bzw. nur kurz zugelassen[58] worden bzw. wurde mit einem „roten Kennzeichen" gefahren.[59]

---

43 OLG Celle, Urt. v. 18.4.2007 – 14 U 176/06 – juris; OLG Bremen VersR 2003, 1553.
44 OLG Rostock, Urt. v. 5.2.2010 – 5 U 83/09 – juris; OLG Düsseldorf, Urt. v. 19.1.2009 – I-1 U 209/07 – juris; OLG Koblenz VersR 2006, 523; OLG München NJW-RR 2008, 1250.
45 BGH VersR 1979, 281; anschaulich *Lemcke*, in: van Bühren, Anwaltshandbuch Verkehrsrecht, Teil 6 Rn 1 ff.
46 *Lemcke*, in: van Bühren, Anwaltshandbuch Verkehrsrecht, Teil 6 Rn 82.
47 OLG Frankfurt zfs 2004, 501.
48 OLG Köln NVersZ 2001, 133.
49 Anschaulich: BGH VersR 1979, 514.
50 OLG Frankfurt OLGR 1999, 162.
51 OLG Bremen DAR 2014, 66; OLG Frankfurt zfs 2004, 501; OLG Koblenz VersR 1990, 336.
52 OLG Hamm VersR 2001, 1127.
53 OLG Frankfurt NJW-RR 2007, 603 sowie zfs 2004, 501; OLG Bremen VersR 2003, 1553; OLG Zweibrücken, Urt. v. 5.3.2014 – 1 U 142/12 – juris.
54 OLG Celle OLGR Celle 2007, 467.
55 OLG Rostock, Urt. v. 5.2.2010 – 5 U 83/09 – juris; OLG Celle OLGR Celle 2007, 467; OLG Karlsruhe r+s 2010, 254.
56 OLG Koblenz VersR 2006, 523; OLG Hamm NZV 2001, 521.
57 OLG Bremen VersR 2003, 1553; OLG Hamm VersR 1993, 26; OLG München zfs 1990, 78.
58 OLG Rostock, Urt. v. 5.2.2010 – 5 U 83/09 – juris; OLG Saarbrücken Urt. v. 30.10.2012 – 4 U 259/12, n.v.
59 OLG Koblenz VersR 2006, 523.

G. Haftungsausschluss bei einem manipulierten Verkehrsunfall §3

b) Fahrzeug des Geschädigten

Das geschädigte Fahrzeug gehört der gehobenen[60] bzw. sogar der Luxusklasse an.[61] Ggf. ist es an einer Reihe an Unfällen verwickelt und weist daher verschiedene Vorschäden auf.[62]

94

c) Motivlage unter Berücksichtigung der Fahrzeuge

- Abrechnung erfolgt auf fiktiver Basis[63] mit der Möglichkeit einer gewinnbringenden Reparatur in Eigenregie, insbesondere bei einer „Billigreparatur"[64]
- Es werden vorhandene Vorschäden miteinbezogen[65]
- Es wird ein schwer verkäufliches Fahrzeug beschädigt[66]

95

2. Beteiligte Personen

- Die Beteiligten kennen sich[67] bzw. sind befreundet, streiten dies aber ggf. ab[68] bzw. machen widersprüchliche Angaben.[69]
- Ein Beteiligter ist bereits wegen Versicherungsbetrug bestraft bzw. es laufen Ermittlungsverfahren.[70]
- Die Vermögensverhältnisse sind ungeordnet.[71]
- Ein Fahrzeugführer ist in eine hohe Anzahl an Unfällen verwickelt.[72]

96

3. Unfallhergang und Unfallort

- Es handelt sich um ein gut beherrschbares Unfallgeschehen.[73]
- Der Schaden wird ohne Abwehrreaktion vorsätzlich herbeigeführt[74] bzw. es erfolgt eine Schadensprovokation.[75]

97

---

60 OLG Saarbrücken, Urt. v. 17.11.2009 – 4 U 244/09 = SP 2010, 306; OLG Düsseldorf, Urt. v. 28.5.2013 – 1 U 132/12 – juris.
61 BGH VersR 1979, 281; OLG Rostock, Urt. v. 5.2.2010 – 5 U 83/09 – juris; OLG Koblenz VersR 2006, 523; OLG Hamm NZV 2001, 521; OLG Celle OLGR Celle 2007, 467; OLG Bremen VersR 2003, 1553; OLG Hamburg VersR 1989, 179.
62 OLG Frankfurt NJW-RR 2007, 603; OLG Hamm VersR 2001, 1127; OLG Karlsruhe r+s 1990, 17; OLG Düsseldorf, Urt. v. 28.5.2013 – 1 U 132/12 – juris.
63 OLG Frankfurt NJW-RR 2007, 603; OLG Koblenz VersR 2006, 523; OLG Celle OLGR Celle 2007, 467; OLG Köln, Urt. v. 12.4.2013 – 19 U 96/12 – juris.
64 OLG Stuttgart SP 2009, 137.
65 OLG Hamm VersR 2001, 1127; OLG Karlsruhe r+s 2010, 254.
66 *Lemcke*, in: van Bühren, Anwaltshandbuch Verkehrsrecht, Teil 6 Rn 69.
67 OLG Stuttgart SP 2009, 137; LG Wuppertal, Urt. v. 2.4.2013 – 2 O 167/11 – juris.
68 BGH VersR 1979, 514; OLG Hamm NZV 2001, 521; OLG München zfs 1990, 78; OLG Saarbrücken DAR 1989, 64.
69 OLG Frankfurt NJW-RR 2007, 603.
70 BGH VersR 1979, 514; OLG München zfs 1990, 78.
71 OLG Saarbrücken, Urt. v. 17.11.2009 – 4 U 244/09 – juris; OLG Bremen VersR 2003, 1553; OLG München zfs 1990, 8; OLG Saarbrücken DAR 1989, 64.
72 OLG Hamm VersR 2001, 1127; OLG Celle VersR 1988, 1286; OLG Frankfurt VersR 1987, 580; OLG Düsseldorf, Urt. v. 28.5.2013 – 1 U 132/12 – juris.
73 OLG Koblenz VersR 2006, 523; OLG Celle OLGR Celle 2007, 467; OLG Köln, Urt. v. 12.4.2013 – 19 U 96/12 – juris.
74 OLG Brandenburg, Urt. v. 30.8.2007 – 12 U 213/06 – juris; OLG Celle OLGR Celle 2006, 273 (Berliner Modell).
75 LG Bonn r+s 1998, 461.

- Die Schäden korrespondieren nicht.[76]
- Der Unfall ereignete sich zu einer Zeit, zu der keine Zeugen zu erwarten sind (insbesondere Nachtzeit)[77] bzw. auf die vorhandenen Zeugen[78] wird verzichtet.
- Der Unfall erfolgte an einem abgelegenen Ort[79] ohne unbeteiligten Zeugen.[80]
- Der Anlass zu der Fahrt[81] bzw. die konkrete Fahrweise am Unfallort[82] ist nicht nachvollziehbar.

4. Verhalten unmittelbar nach dem Unfall

98
- Es wird nicht die Polizei herbeigerufen.[83]
- Sofortiges Schuldeingeständnis.[84]
- Endstellung der Fahrzeuge wird nicht aufgenommen.[85]

5. Weiteres Verhalten nach dem Unfall

99
- Nachbesichtigung wird verweigert[86] bzw. das Fahrzeug steht für eine Untersuchung nicht mehr zur Verfügung.[87]
- Ankäufer des Fahrzeugs wird nicht genannt.[88]
- Vage unklare Schadenschilderung,[89] insbesondere wenn diese objektiv unzutreffend sind.[90]
- Abweichung in Details mit nachfragebedingter Anpassung[91] bzw. widersprüchliche Angaben.[92]
- Verschweigen von[93] oder unzutreffende Angaben zu Vorschäden.[94]

---

76 OLG Frankfurt NJW-RR 2007, 603; OLG Celle zfs 1989, 41; OLG Saarbrücken DAR 1989, 64; OLG Düsseldorf, Urt. v. 28.5.2013 – 1 U 132/12 – juris.
77 OLG Frankfurt zfs 2004, 501; OLG Hamm NZV 2001, 521; OLG Schleswig, Urt. v 27.2.2013 – 7 U 114/12 – juris.
78 OLG Frankfurt NJW-RR 2007, 603.
79 OLG Bremen VersR 2003, 1553; OLG Koblenz VersR 1990, 336.
80 OLG Koblenz VersR 2006, 523; OLG Hamm VersR 2001, 1127; OLG Karlsruhe r+s 1990, 17; OLG Köln, Urt. v. 12.4.2013 – 19 U 96/12 – juris.
81 OLG Rostock, Urt. v. 5.2.2010 – 5 U 83/09 – juris; OLG Frankfurt zfs 2004, 501; OLG Bremen VersR 2003, 1553.
82 OLG Koblenz VersR 2006, 523.
83 OLG München zfs 1990, 78.
84 OLG Stuttgart SP 2009, 137; OLG Koblenz VersR 2006, 523; OLG Karlsruhe r+s 1990, 17; OLG Zweibrücken zfs 1988, 162.
85 OLG Saarbrücken DAR 1989, 64.
86 OLG Köln VersR 1989, 163; LG Duisburg r+s 1992, 267.
87 OLG Rostock, Urt. v. 5.2.2010 – 5 U 83/09 – juris; OLG Saarbrücken, Urt. v. 17.11.2009 – 4 U 244/09 = SP 2010, 306; OLG Koblenz VersR 2006, 523; OLG Bremen, VersR 2003, 1553.
88 OLG Koblenz VersR 2006, 523; OLG München zfs 1990,78; LG Duisburg r+s 1992, 26.
89 OLG Rostock, Urt. v. 5.2.2010 – 5 U 83/09 – juris; OLG Koblenz VersR 2006, 523; OLG Bremen, VersR 2003, 1553; OLG Celle zfs 1989, 41.
90 OLG Frankfurt zfs 2004, 501.
91 OLG Celle zfs 1989, 41.
92 OLG Frankfurt NJW-RR 2007, 603; OLG Stuttgart SP 2009, 137.
93 OLG Frankfurt NJW-RR 2007, 603.
94 BGH VersR 1979, 514; OLG Köln VersR 1989, 163.

G. Haftungsausschluss bei einem manipulierten Verkehrsunfall § 3

Praxistipp
Diese Kriterien sind sowohl Prozessbevollmächtigten von Bedeutung, welcher den verklagten Haftpflichtversicherer vertritt, als auch für den Anwalt des Geschädigten, für den es vorteilhaft ist, derartige betrugsverdächtige Fälle rechtzeitig zu erkennen und ggf. nicht ohne weiteres zu übernehmen.

III. „Ausgenutzter" Verkehrsunfall

Eine besondere Konstellation liegt vor, wenn der Geschädigte einen Verkehrsunfall dazu ausnutzt, einen bereits vorhandenen Vorschaden wahrheitswidrig dem neuen Unfallfallereignis zuzuordnen. Hier hat die höchstrichterliche Rechtsprechung strenge Vorgaben entwickelt, um einem solchen Missbrauch vorzubeugen und lässt i.d.R. die Vorschrift des § 286 ZPO zur Anwendung gelangen. Dabei ist zwischen zwei Konstellationen zu unterscheiden.

1. Vorschaden betrifft dieselben Fahrzeugkomponenten

Ist das Fahrzeug des Geschädigten in einem bereits vorgeschädigten Bereich erneut beschädigt worden, hat der Geschädigte sowohl den Vorschaden wie auch den Umfang einer ggf. erfolgten Reparatur genau darzulegen, da sich sein Anspruch nur auf die Wiederherstellung des ursprünglichen Zustandes richtet.[95] Dabei gilt der Maßstab des § 286 ZPO zumindest dann, wenn der Geschädigte zu dem Vorschaden gar keine Erklärungen abgibt.[96]

▼

Muster 3.19: Einwand des Vorschadens beim ausgenutzten Verkehrsunfall im Reparaturfall

Wird ein Kraftfahrzeug in einem unfallvorgeschädigten Bereich durch einen erneuten Unfall betroffen, bedarf es der Darlegung des Vorschadens und dessen Reparatur, da der Ersatzanspruch sich lediglich auf den Ersatz derjenigen Kosten erstreckt, die zur Wiederherstellung des fortbestehenden Zustandes erforderlich sind (OLG Hamburg MDR 2001, 111). Der Klägerseite obliegt mithin, genau den Zustand der betroffenen Teile vor dem streitgegenständlichen Schadensereignis darzustellen und im Einzelnen Ausführungen zu den Vorschäden und insbesondere zu deren Reparatur zu machen. Unterbleiben diese Ausführungen, ist die Klage im vollen Umfang abzuweisen, da – selbst bei möglicherweise kompatiblen Schäden – nicht ausgeschlossen werden kann, dass ein Vorschaden geltend gemacht wird (OLG Hamburg a.a.O.; OLG Köln, Urt. v. 8.2.2011 – 15 U 151/10 = SP 2011, 331; KG, Beschl. v. 4.1.2011 – 22 U 173/10 = SP 2011, 255; OLG Düsseldorf DAR 2006, 324;).

Kann der Geschädigte die geforderten substantiierten Angaben nicht tätigen bzw. sie beweisen, geht dies zu seinen Lasten – ggf. auch selbst dann, wenn der Geschädigte das

---
[95] Beispielhaft: OLG Hamburg MDR 2001, 1111; KG NJW 2008, 1006; OLG Köln VersR 1999, 865; OLG Hamm NZV 1994, 483.
[96] BGH NJW 1981, 1454.

Fahrzeug repariert von dem Vorbesitzer ohne Angaben zu einem Vorschaden oder ohne Belege zu einer Reparatur des Vorschadens erworben hat.[97] Allerdings mag zu überdenken sein, ob dem Geschädigten ein solcher Vortrag nach der Wertung des § 138 ZPO zugemutet werden kann, wenn er tatsächlich keine Kenntnis von dem Vorschaden hat. Ein weiterer Vortrag dürfte zumindest dann erwartet werden können, wenn er seinerseits als Vertragspartner einen diesbezüglichen Auskunftsanspruch gegenüber dem Verkäufer hat, der Verkäufer im Familienkreis anzusiedeln ist bzw. der Geschädigte sich beim Ankauf mit einer vagen Angabe zum Vorschaden begnügt hat.

2. Vorschaden wirkt sich auf den Wiederbeschaffungswert aus

104 Der Umfang des Vorschadens ist auch dann relevant, wenn er einen anderen Bereich des Fahrzeugs betrifft, jedoch davon auszugehen ist, dass er den Wiederbeschaffungswert beeinflusst, der als Abrechnungsgrundlage (und sei es auch nur zu Vergleichszwecken) in Betracht kommt.[98]

105 **Muster 3.20: Einwand des Vorschadens beim ausgenutzten Verkehrsunfall bei einem wirtschaftlichen Totalschaden**

Das Fahrzeug der Klägerseite weist mithin einen Vorschaden auf, der den Wiederbeschaffungswert dieses Fahrzeuges beeinträchtigt. Auch in diesem Fall treffen die Klägerseite nach ständiger höchstrichterlicher Rechtsprechung besondere Darlegungs- und Beweispflichten nach dem Maßstab des § 286 ZPO, da ohne detaillierte Kenntnis über den Umfang des Vorschadens und seine ggf. erfolgte Reparatur der aktuelle Wiederbeschaffungswert nicht bestimmt werden kann (OLG Hamburg, Beschl. v. 6.5.2003 – 14 U 12/03 – juris; OLG Karlsruhe SP 2001, 416). Der Klägerseite obliegt mithin, genau den Zustand der betroffenen Teile vor dem streitgegenständlichen Schadensereignis darzustellen und im Einzelnen Ausführungen zu den Vorschäden und insbesondere zu deren Reparatur zu machen (OLG Hamburg MDR 2001, 1111).

H. Haftung für sogenannte Umweltschäden

I. Allgemeines

106 Gelangen gefährliche Stoffe in die Umwelt, spricht man von einem sog. Umweltschaden. Haben diese Stoffe ein Fahrzeug verlassen, ergeben sich eine Reihe an Besonderheiten bzgl. der einschlägigen Anspruchsgrundlagen und bei der Prüfung der möglichen Eintrittspflicht des Kfz-Haftpflichtversicherers (im Folgenden KH – VR). Dies gilt insbesondere für die Unfälle bei Gefahrguttransporten, beim Entlade- oder Befüllvorgang oder sog. Spritzschäden beim Einsatz im landwirtschaftlichen Bereich.

---

[97] KG NZV 2008, 356; OLG Hamburg, Beschl. v. 6.5.2003 – 14 U 12/03 – juris.
[98] Beispielhaft: OLG Hamburg, Beschl. v. 6.5.2003 – 14 U 12/03; LG Essen, Urt. v. 12.10.2009 – 3 O 298/09 – juris.

II. Einzelne Anspruchsgrundlagen

Neben den klassischen Haftungstatbestand des § 7 StVG treten bei einem Umweltschaden eine Reihe an weiteren möglichen Anspruchsgrundlagen hinzu, die zu einer wesentlich weiteren Haftung führen können. 107

1) Die Haftung des Fahrzeughalters aus § 7 StVG setzt einen Schaden beim Betrieb eines Kfz voraus. Maßgeblich ist insoweit, ob sich die dem Kfz innewohnende Betriebsgefahr, die aus dem Einsatz des Fahrzeugs als Beförderungsmittel resultiert, verkehrsbeeinflussend ausgewirkt hat.[99] Zu dem Betriebsvorgang zählt auch das Be- und Entladen des Fahrzeugs, es sei denn, dieses wird als reine Arbeitsmaschine eingesetzt.[100] Das Austreten von Öl beim Entladen eines Tankwagens ist daher nicht (mehr) dem Betrieb des Kraftfahrzeugs zuzurechnen, wenn dieses lediglich als Arbeitsmaschine für den Pumpvorgang außerhalb des öffentlichen Verkehrsraums eingesetzt wird.[101] 108

2) Hierneben kann eine verschuldensabhängige Haftung nach den §§ 823 Abs. 1, 2 BGB i.V.m. Schutzgesetzen bestehen, zu denen insbesondere die Normen der Gefahrgutverordnung Straße und Schiene (GGVSE) bei der Beförderung gefährlicher Güter sowie im landwirtschaftlichen Bereich das Pflanzenschutzgesetz sowie die Düngemittelverordnung gehören. Bei dem Gefahrguttransport kommt auch der Anspruchsgrundlage des § 831 BGB eine besondere Bedeutung zu: In diesem Bereich hat die Rechtsprechung für den Arbeitgeber als Geschäftsherrn strenge Sorgfaltspflichten auferlegt und erwartet eine besondere interne und externe Kontrolle und Ausbildung der eingesetzten Mitarbeiter.[102] 109

3) Auch sind Beseitigungs- und Unterlassungsansprüche aus den Regelungen der §§ 906 und 1004 BGB anwendbar. Insoweit kommen z.B. unzulässige Geräusche oder sonstige Immissionen von Fahrzeugen auf Straßen, Parkplätzen und Nachbargrundstücken oder das unzulässig lange Halten mit laufendem Motor in Betracht. 110

4) Eine besondere Anspruchsgrundlage zum Schutz der Veränderung eines Gewässers findet sich in § 22 Abs. 1 WHG. Derjenige, der zu einer nachteiligen Veränderung eines Gewässers Stoffe einbringt oder auf andere Weise einwirkt, haftet verschuldensunabhängig, wenn er insoweit zielgerichtet handelt. Hierfür genügt es, wenn das Hinzufügen eines Stoffes in den Bereich eines Gewässers zweckbestimmt erfolgt.[103] Dies ist z.B. der Fall, wenn versehentlich falscher Kraftstoff getankt und dieser sodann in der Natur abgelassen wird. Auch das Unterlassen gebotener Rettungshandlungen nach einem Unfall, bei dem schädliche Stoffe austreten, kann unter den Tatbestand dieser Norm fallen.[104] Von besonderer Bedeutung ist insoweit, dass im Wasserhaushaltsgesetz keine 111

---

99 BGH NJW 1990, 257.
100 BGH NJW 1975, 1886.
101 BGH NJW 1993, 2740.
102 BGH NJW-RR 1996, 867.
103 BGH NVwZ-RR 2007, 754.
104 BGH NJW 1961, 868.

Haftungsbegrenzung vorgesehen ist und auch die Höchstgrenzen der §§ 12, 12a StVG bei dem Einsatz eines Fahrzeugs nicht eingreifen.[105]

112 5) Des weiteren ist auch ein Anspruch aus § 1 UmweltHG denkbar. Hierfür muss durch den Stoff aus einer Anlage ein Mensch verletzt oder eine Sache beschädigt worden sein. Nach § 3 Abs. 3a UmweltHG können auch Fahrzeuge zu einer der im Gesetz angeführten Anlagen gehören, wenn der Einsatz des Fahrzeug in einem räumlichen oder betriebstechnischen Zusammenhang zur Anlage steht. Dieser Zusammenhang dürfte i.d.R. bei einem Unfall auf dem Betriebsgelände im Zusammenhang mit dem bestimmungsgemäßen Betrieb der Anlage gegeben sein. Die Norm besitzt deshalb besonderes Gewicht, da die Haftung **verschuldensunabhängig** erfolgt.

113 6) Und zu guter Letzt kommt eine Haftung aus dem allerdings subsidiär anzuwendenden „Gesetz zur Vermeidung und Sanierung von Umweltschäden", dem Umweltschadensgesetz (USchadG) in Betracht. Gem. § 2 Abs. 3 USchadG hat jede natürliche oder juristische Person, die eine berufliche Tätigkeit i.S.d. Anlage 1 ausübt oder bestimmt, ökologische Schäden zu vermeiden bzw. zu sanieren. Nach Anlage 1 Nr. 8 fällt u.a. die Beförderung gefährlicher oder umweltschädlicher Güter auf der Straße unter die maßgeblichen beruflichen Tätigkeiten. Von besonderem Vorteil für den Geschädigten ist dabei der Umstand, dass sowohl die Festlegung als auch die Überwachung der erforderlichen Vermeidungs- und Sanierungsmaßnahmen von der zuständigen Behörde von Amts wegen vorgenommen werden.

III. Haftung des Kfz-Haftpflichtversicherers

114 Die Einstandspflicht des KH – VR erstreckt sich auf Schäden, die bei dem Gebrauch eines Kraftfahrzeug entstehen und aufgrund derer Schadensersatzansprüche privatrechtlichen Inhalts erhoben werden (vgl. Abschnitt A.1.1 AKB 2008). Der Begriff des Gebrauchs geht weiter als der des Betriebs des Kfz.[106] Hierbei lassen sich drei wichtige Fallgruppen von Umweltschäden unterscheiden:

115 1) **Transportschaden**: Gelangen etwa die Ladung eines Lkw oder Kraftstoffe während seiner Fahrt in die Umwelt, ereignet sich der Schaden beim Gebrauch des Fahrzeugs.

116 2) **Befüllschaden**: Gelangen schädliche Stoffe beim Be- oder Entladen des Fahrzeugs in die Umwelt, erfolgt dies grundsätzlich bei dem Gebrauch des Fahrzeugs. Unter den Gebrauch des Kfz fällt ein Entladevorgang selbst dann, wenn das Fahrzeug lediglich als Arbeitsmaschine eingesetzt wird, so dass beispielsweise auch das Befüllen eines Heizöltanks als Gebrauch des Kraftfahrzeuges anzusehen ist.[107]

117 3) **Spritzschaden**: Hier ist entscheidend, ob sich ein Risiko realisiert hat, dass dem Gebrauch des Fahrzeug und damit dem KH – VR oder vielmehr dem landwirtschaftlichen Betrieb und daher dem Betriebshaftpflicht-VR zuzurechnen ist. Insoweit kann

---

105 BGH NJW 1967, 1131.
106 BGH NJW 1990, 257.
107 BGH NJW-Spezial 2008, 298.

H. Haftung für sogenannte Umweltschäden § 3

darauf abgestellt werden, ob beispielsweise die schadensverursachende Spritzmaschine fest am Kfz angebracht war: Trifft dies zu, liegt ein technisches Versagen des Kfz bei seinem Betrieb vor, während bei einer bloß vorübergehenden Anbringung der Schadensfall als Risiko des landwirtschaftlichen Betriebs zu sehen ist.[108] Entscheidend dürfte im Zweifel sein, ob im Schadensfall die Gefahren des Gewerbebetriebs oder des Fahrzeuggebrauchs überwiegen.[109]

▼
Muster 3.21: Haftung des Kfz-Haftpflichtversicherers bei einem „Tankschaden" 118

▬▬▬ Versicherung AG

Schaden-Nr./VS-Nr./Az. ▬▬▬
Schaden vom ▬▬▬
Pkw ▬▬▬, amtl. Kennzeichen ▬▬▬

Sehr geehrte Damen und Herren,

in vorbezeichneter Angelegenheit lehnen Sie eine Haftung ihres Hauses als Kfz-Haftpflichtversicherer des Tanklastzuges für den Schaden ab, der durch bei dem Entladevorgang ausgelaufenes Öl hervorgerufen worden ist, mit dem Argument ab, das ein Sachzusammenhang zu dem Betrieb des bei Ihnen versicherten Lkw nicht vorliegen würde. Ob dies tatsächlich der Fall ist kann vorliegend dahinstehen, da Ihre Haftung sich unter anderen Gesichtspunkten ergibt: Es besteht ein Anspruchs aus Deliktsrecht gegen den schuldhaft handelnden Fahrer des bei Ihnen versicherten Fahrzeugs und das Befüllen des Tanks gehört zu dem mitversicherten Gebrauch des Kraftfahrzeugs.

1) Der bei Ihnen mitversicherte Fahrer ▬▬▬ hat den eingetretenen Schadensfall zumindest fahrlässig dadurch verursacht, dass er ▬▬▬. Er schuldet daher Schadensersatz aus § 823 Abs. 1 BGB. Ein solcher Ersatzanspruch gesetzlicher Natur wird vom Versicherungsschutz erfasst.

2) Für dieses Fehlverhalten haben Sie als Kfz-Haftpflichtversicherer einzustehen, da der Schaden bei dem Gebrauch des Kraftfahrzeugs eingetreten ist. Unter den Gebrauch des Kfz fällt ein Entladevorgang selbst dann, wenn das Fahrzeug lediglich als Arbeitsmaschine eingesetzt wird, so dass auch das Befüllen eines Heizöltanks als Gebrauch des Kraftfahrzeuges anzusehen ist (BGH NJW Spezial 2008, 298).

Vor diesem Hintergrund haben wir Sie aufzufordern, umgehend und spätestens bis zum ▬▬▬ *(10-Tages-Frist)*
den geforderten Schadensersatz zu leisten. Für den Fall des fruchtlosen Fristablaufs werden wir unserem Mandanten empfehlen, die Rechtslage durch eine Klage klären zu lassen.

Mit freundlichen Grüßen
(Rechtsanwalt)

---

108 BGH MDR 1993, 44.
109 OLG Schleswig SP 2002, 253.

§ 4 Quotenbildung

Dr. Michael Nugel

A. Übersicht

Nach Maßgabe der vorangegangenen Ausführungen stehen dem durch einen Verkehrsunfall Geschädigten wahlweise verschuldensabhängige und verschuldensunabhängige Anspruchsgrundlagen zur Durchsetzung seiner Ansprüche zur Verfügung. Die daraus jeweils resultierende Haftung des Anspruchsgegners ist jedoch nicht per se uneingeschränkt. Zu prüfen ist vielmehr stets, ob sich der Anspruchsteller eine Mithaftung entgegenhalten lassen muss, die zu einer **Quotelung** der Ansprüche führt.

Hierbei ist zwischen zwei richtungsweisenden Konstellationen zu unterscheiden:

- Bei dem Verkehrsunfall wird der Schaden durch zwei Kraftfahrzeuge verursacht. In diesem Fall richtet sich die vorzunehmende Abwägung im „Innenverhältnis" der Kraftfahrzeughalter/-führer nach § 17 Abs. 1 StVG.
- Ein Verkehrsteilnehmer, der als „Dritter" weder Kraftfahrzeughalter noch Kraftfahrzeugführer ist, macht selber einen Schadensersatzanspruch geltend bzw. gegen ihn wird ein entsprechender Anspruch auf Schadensersatz erhoben. Hier findet § 17 Abs. 1 StVG keine Anwendung. Vielmehr wird eine – ggf. zu bildende – Haftungsquote allein nach den § 254 BGB, § 9 StVG bestimmt.

Exkurs: Erläuterung des „Blocksatzsystems"

Von besonderer Bedeutung ist für dieses Kapitel des Formularhandbuchs das System des Arbeitens mit knappen sog. Blocksätzen, welche zu bestimmten rechtlichen Fragen der Quotenbildung die jeweils einschlägigen Vorgaben der höchstrichterlichen bzw. obergerichtlichen Rechtsprechung darstellen. Diese immer wiederkehrenden Gesichtspunkte können über die Blocksätze, insbesondere in Schriftsätzen bei einer gerichtlichen Auseinandersetzung, zeitsparend verwendet und an den entscheidenden Stellen **arbeitsökonomisch integriert** werden. Als Beispiel sei auf einen Unfall abgestellt, bei dem für den Kläger ein Ersatzanspruch bei einem Unfall verfolgt wird, bei dem die Gegenseite unachtsam aus dem fließenden Verkehr nach links in einen Parkplatz eingebogen ist (§ 9 Abs. 5 StVO) und eine Mithaftung wegen des Überholens in einer unklaren Verkehrslage (§ 5 Abs. 3 Nr. 1 StVO) im Raum steht.

Hier kann der Abschnitt aus der Klage (ggf. auch Klagerwiderung) zu der rechtlichen Beurteilung durch zwei einfache Blocksätze aus dem hiesigen Formularbuch ökonomisch ergänzt und ohne erheblichen Aufwand fertig gestellt werden.

Formulierungsbeispiel
[...] In rechtlicher Hinsicht ergibt sich hieraus Folgendes:
1) Der Beklagte zu 1) hat den streitgegenständlichen Verkehrsunfall durch einen schuldhaften Verstoß gegen § 9 Abs. 5 StVO bei seinem Abbiegevorgang aus dem fließenden in den ruhenden Verkehr allein verursacht.

Achtung:
Im gleichen Absatz erfolgt sodann als Muster folgender Blocksatz (Anscheinsbeweis bei Abbiegen nach links in ein Grundstück – Muster 4.47, siehe Rdn 137):

Im Wege des Anscheinsbeweises wird ein schuldhafter Verstoß gegen § 9 Abs. 5 StVO zu Lasten desjenigen vermutet, der im zeitlichen und örtlichen Zusammenhang mit dem Verkehrsunfall in ein Grundstück abgebogen ist (OLG Hamburg, Urt. v. 1.9.2009 – 3 U 36/09 = MDR 2010, 26; KG Berlin, Urt. v. 7.10.2002 – 12 U 41/01 = MDR 2003, 507). Dies insbesondere im Hinblick auf die in § 9 Abs. 1 S. 4 StVO zugrunde gelegte doppelte Rückschaupflicht (OLG Naumburg, Urt. v. 12.12.2008 – 6 U 106/08 = VersR 2009, 373). Hierhinter tritt die einfache Betriebsgefahr eines anderen unfallbeteiligten Fahrzeugs zurück (OLG München, Urt. v. 11.6.2010 – 10 U 2282/10 = NJW Spezial 2010, 489; OLG Hamburg, Beschl. v. 20.3.2012 – 15 U 15/12, juris).

Sodann wird der Schriftsatz in einem zweiten Absatz wie folgt weiter aufgebaut:
2) Auf der Klägerseite ist dagegen kein Verschulden festzustellen. [...]

Achtung:
An dieser Stelle mag es sich anbieten, folgendes Muster als Blocksatz angesichts des außergerichtlich erhobenen Mithaftungseinwands zu integrieren, um die eigene Position zu festigen (Kein Überholen in einer unklaren Verkehrslage – Muster 4.49, siehe Rdn 141):

Es fehlt an einem schuldhaften Verstoß gegen die StVO, insbesondere in Form eines Überholens in einer unklaren Verkehrslage (§ 5 Abs. 3 Nr. 1 StVO). Einen solchen Verstoß muss derjenige beweisen, der sich hierauf beruft, ohne dass ihm ein Anscheinsbeweis zur Seite steht. Für eine unklare Verkehrslage genügt es nicht, dass das vorausfahrende Fahrzeug langsamer oder zum Fahrbahnrand gelenkt wird (KG, Urt. v. 12.7.2010 – 12 U 177/09, juris; OLG Celle, Urt. v. 18.11.2004 – 14 U 108/04 = MDR 2005, 569), selbst wenn das Fahrzeug bereits zur Fahrbahnmitte orientiert wird (OLG Naumburg, Urt. v. 12.12.2008 – 6 U 106/08 = VersR 2009, 373). Vielmehr ist erforderlich, dass der Abbiegende erstens überhaupt und zweitens rechtzeitig seinen Blinker gesetzt hat (KG Berlin, Urt. v. 4.1.2006 – 12 U 202/05 = NZV 2006, 369; vgl. im Überblick Nugel, NJW Spezial 2007, 351).

Diesem abstrakten Blocksatz schließt sich ein kurzes Eingehen auf den Sachverhalt an, um durch die zitierte Rechtsprechung die richtige „Weichenstellung" für die Entscheidung des Falles mit zutreffender Anwendung des Anscheinsbeweises zu stellen:

> [...] Diese Voraussetzungen sind erkennbar nicht erfüllt. Der in der Ermittlungsakte angeführte Zeuge hat zu einem Setzen des Blinkers überhaupt keine Angaben getätigt. Erst recht nicht zu dem zeitlichen Abstand zum Abbiegevorgang. Das bloße Langsamerwerden begründet keine unklare Verkehrslage und das Fahrzeug der Beklagtenseite durfte überholt werden.

Mit diesem Vorgehen wird eine zeit- und arbeitsaufwendige Recherche zu immer wiederkehrenden Fragen bzw. Ausgangspositionen bei einer rechtlichen Bewertung auf ein Minimum beschränkt und kann im Zusammenspiel mit einem knappen überzeugenden Eingehen auf den Sachverhalt den Fall bereits im Ausgangspunkt entscheiden. Der Unfallgegner muss aus Sicht des Gerichts den gegen ihn sprechenden Anscheinsbeweis widerlegen und er haftet nach der zitierten Rechtsprechung erst einmal alleine. Zugleich werden „hohe Hürden" für die behauptete Mithaftung der Klägerseite aufgebaut.

B. Fahrer- und Halterhaftung bei einem Unfall mit mehreren Kraftfahrzeugen

I. Grundlegende Erläuterung: Das „Waagemodell"

Die im Straßenverkehr wohl häufigste Unfallsituation ist diejenige, dass an dem Unfall (zumindest) zwei Kraftfahrzeuge beteiligt sind. In diesem Fall hängt die Ersatzpflicht der jeweiligen Kraftfahrzeugführer und -halter gem. § 17 Abs. 1 StVG im **Verhältnis untereinander** von den **Umständen** des Falles ab. Dies gilt sowohl in dem Fall, dass der Schaden bei einem Dritten entstanden ist (§ 17 Abs. 1 StVG), als auch in den Fällen, in denen die Schäden allein an den beteiligten Kraftfahrzeugen verursacht worden sind (§ 17 Abs. 2 StVG).

Ansprüche von oder gegen den Dritten im sog. Außenverhältnis fallen nicht unter diese Vorschrift. Der Dritte kann bei Beteiligung mehrerer Fahrzeuge gegen jeden Fahrzeughalter einen Anspruch in voller Höhe des insgesamt zu ersetzenden Schadens geltend machen, sofern dem Grunde und der Höhe nach eine Haftung nach § 7 StVG besteht. Die betroffenen Fahrzeughalter haften insoweit im Außenverhältnis als Gesamtschuldner. Dies gilt sowohl für die Halterhaftung nach § 7 Abs. 1 StVG wie auch die Fahrerhaftung nach § 18 Abs. 1 und 2 StVG.

Bei der Abwägung der Umstände nach § 17 Abs. 1 StVG kommt es in erster Linie auf die (verschuldensunabhängigen) **Verursachungsbeiträge** an. Daneben ist auch das **Verschulden** eines Beteiligten zu berücksichtigen. Maßgeblich sind für die Frage der Verursachung bei zwei am Unfall beteiligten Kraftfahrzeugen die von diesen Fahrzeugen ausgehenden Betriebsgefahren. Von jedem Kraftfahrzeug, das sich in Betrieb und im öffentlichen Verkehrsraum befindet, geht eine Gefahr für andere Verkehrsteilnehmer aus, die anhand der Umstände des Einzelfalles zu bestimmen ist. Aufgrund dieser Betriebsgefahr besteht grundsätzlich eine **verschuldensunabhängige Haftung** des Halters.

§ 4 Quotenbildung

7 Maßgeblich für die Einschätzung der jeweiligen Betriebsgefahr sind sämtliche durch die Eigenart des jeweiligen Kfz begründeten Umstände, die eine Gefahr in den Verkehr tragen.[1] Dies gilt allerdings nur, wenn sie sich unfallursächlich auswirken.[2] Die Betriebsgefahr jedes Fahrzeugs ist individuell zu beurteilen. Trotz Einschaltung eines Assistenzsystems – z.B. als Einparkhilfe – bleibt die Verantwortung für ein mögliches Verschulden nach geltendem Recht beim Fahrzeugführer.[3]

8 Diese Haftung bei der Beteiligung zweier Kraftfahrzeuge lässt sich am besten durch das sog. **Waagemodell** erläutern.[4] Beide am Unfall beteiligten Kraftfahrzeuge weisen für sich gesehen eine Betriebsgefahr auf, die grundsätzlich als gleich hoch zu bewerten sind. Dies führt dazu, dass zu Lasten beider Fahrzeughalter/-führer grundsätzlich ein gleich großer Haftungsanteil besteht. Ein Kraftfahrzeugführer kann sich jedoch im Straßenverkehr so verhalten, dass er eine erhöhte Gefahr für andere Verkehrsteilnehmer schafft. Dies kann zu einem dadurch geschehen, dass er gegen Vorschriften der StVO verstößt, wie z.B. falsch überholt und dadurch andere Verkehrsteilnehmer gefährdet (vgl. § 5 Abs. 2 StVO), oder eine Vorfahrtsverletzung begeht (vgl. § 8 StVO).

9 Ein solcher Verstoß indiziert zugleich ein Missachten der gebotenen Sorgfalt und damit ein Verschulden. Unabhängig von einem solchen Verschulden kann eine **erhöhte Betriebsgefahr** aber bereits allein dadurch entstehen, dass (lediglich) ein besonders gefahrenträchtiges Verhalten an den Tag gelegt wird, wie z.B.

- die unfallursächliche Fahrt mit mehr als 130 km/h auf der Autobahn (= Überschreiten der Richtgeschwindigkeit),[5]
- das Ausscheren zu einem Überholen,[6]
- das Abbiegen nach links über die Gegenfahrbahn.[7]

10 Auch in einem zulässigen Verhalten eines Verkehrsteilnehmers kann daher eine Erhöhung der „einfachen" Betriebsgefahr liegen, ohne dass er dabei in schuldhafter Weise gegen die StVO verstößt.[8] Diese Überlegung ist mithin von besonderer Bedeutung in den Fällen, in denen ein schuldhaftes Verhalten – auch unter Berücksichtigung möglicher Anscheinsbeweise – nicht nachgewiesen werden kann. Alleine aufgrund eines vorgenommenen gefahrenträchtigen Manövers können bereits die Betriebsgefahr des betroffenen Fahrzeuges und damit der Haftungsanteil ansteigen. Ein klassisches Beispiel für eine möglicherweise erhöhte Betriebsgefahr stellt ein Überholvorgang dar: Dabei hängt es von den Umständen des Einzelfalles (z.B. dem Sicherheitsabstand, den betroffenen Örtlichkeiten bzw. der Fahrbahnbeschaffenheit und der gefahrenen Geschwindigkeit)

---

[1] BGH, Urt. v. 20.11.2007 – VI ZR 8/07 = NJW 2008, 1305.
[2] BGH, Urt. v. 12.12.06 – VI ZR 75/06 = VersR 2007, 263.
[3] AG Gelsenkirchen, Urt. v. 3.5.2016 – 427 C 74/15 – juris.
[4] Vgl. hierzu auch *Nugel*, NJW 2013, 193 ff.
[5] OLG Hamm, Urt. v. 25.11.2010 – 6 U 71/10 = NZV 2011, 248; OLG Jena, Urt. v. 13.9.2005 – 8 U 28/05 = MDR 2006, 748; OLG Hamm, Urt. v. 6.2.2003 – 6 U 190/02 = r+s 2003, 342.
[6] LG Saarbrücken, Urt. v. 13.6.2014 – 13 S 56/14, juris.
[7] BGH, Urt. v. 11.1.2005 – VI ZR 352/03 = VersR 2005, 702.
[8] BGH, Urt. v. 11.1.2005 – VI ZR 352/03 = VersR 2005, 702 = NJW 2005, 1351; OLG Hamm, Urt. v. 20.9.2010 – I-6 U 222/09, juris.

ab, ob die allgemeine Betriebsgefahr unabhängig von einem Verschulden bereits als wesentlich erhöht anzusehen ist.⁹ Auch bei der Einfahrt in eine Engstelle¹⁰ oder der Anwendung des Reißverschlusssystems zum Umfahren eines Hindernisses auf einer Fahrspur¹¹ wird die Betriebsgefahr der beteiligten Fahrzeuge im Zweifel erhöht sein, ohne dass es dazu eines Verschuldens bedarf. Gleiches gilt bei dem ungebremsten Auffahren auf ein (überraschendes) Hindernis¹² oder dem Liegenbleiben des eigenen Fahrzeugs.¹³

Muster 4.1: Erhöhte Betriebsgefahr 11
Eine die Mitverantwortung erhöhende Betriebsgefahr ist auch ohne ein Verschulden zu bejahen, wenn die Gefahr, die regelmäßig und notwendigerweise mit dem Betrieb eines Kfz verbunden ist, durch ein Hinzutreten besonderer Umstände erhöht wird, die sich auch auf den Unfall ausgewirkt haben. Jedes Fahrmanöver, das besondere Gefahren für andere Verkehrsteilnehmer mit sich bringt, führt zu einer erhöhten Betriebsgefahr (BGH, Urt. v. 11.1.2005 – VI ZR 352/03 = VersR 2005, 702 = NJW 2005, 1351; OLG Hamm, Urt. v. 20.9.2010 – I-6 U 222/09 = NJW 2010, 3790; *Nugel*, NJW 2013, 193). Die Erhöhung der Betriebsgefahr setzt dabei nicht zwingend voraus, dass der jeweilige Fahrzeugführer schuldhaft gehandelt hat. Auch in einem zulässigen Verhalten eines Verkehrsteilnehmers kann eine Erhöhung der „einfachen" Betriebsgefahr liegen, soweit durch ein Fahrmanöver besondere Gefahren für andere Verkehrsteilnehmer geschaffen werden (BGH a.a.O).

▲

Die auf diese Weise erhöhte Betriebsgefahr muss sich aber ursächlich auf den Verkehrsunfall ausgewirkt haben. Reines Fahren in einer Kolonne dagegen ist für sich gesehen noch nicht geeignet, die Betriebsgefahr zu erhöhen; anders kann es jedoch liegen, wenn es sich um einen Abschleppvorgang handelt.¹⁴ 12

Da § 17 StVG aber insgesamt von den „Umständen" des Verkehrsunfalls spricht, kann zusätzlich zu Lasten einer Seite auch ein erhebliches Verschulden zu berücksichtigen sein, wobei sich der Halter ein mögliches Verschulden des Fahrers zurechnen lassen muss. Beide bilden zusammen eine Zurechnungseinheit.¹⁵ Zu beachten ist dabei allerdings, dass ein nach § 18 StVG vermutetes Verschulden des Fahrers nur dann bei der Quotenbildung zu berücksichtigen ist, wenn ein solches Verschulden (frei von Zweifeln) tatsächlich festgestellt werden kann.¹⁶ Zu Lasten des Eigentümers, der nicht zugleich Halter des Fahrzeugs ist (wie z.B. in der Regel der Leasinggeber) besteht eine solche Zurechnungseinheit jedoch nicht.¹⁷ Der Fahrer eines Kraftfahrzeugs, der nicht zugleich 13

---
9 OLG Braunschweig, Urt. v. 11.4.1995 – 2 U 121/94 = DAR 1995, 328; OLG Hamm, Urt. v. 29.10.1985 – 27 U 285/85 = VersR 1987, 692.
10 *Brüseken/Krumbholz/Thiermann*, NZV 2000, 443; Münchener Quotentabelle zur Einfahrt in die Engstelle.
11 OLG Frankfurt, Beschl. v. 8.12.2003 – 16 U 173/03 = zfs 2004, 205; LG Wuppertal, Urt. v. 18.12.2014 – 9 S 174/4, juris; AG Hamburg, Urt. v. 7.7.2005 – 50 A C 102/05 = SP 2005, 369.
12 OLG Karlsruhe, Urt. v. 26.3.1982 – 10 U 245/81 = VRS 62, 408.
13 KG Berlin, Urt. v. 30.9.2002 – 12 U 52/01 = VersR 2003, 1054 = MDR 2003, 84.
14 OLG Hamm, Urt. v. 1.7.1965 – 9 U 15/65 = VersR 1967, 761.
15 Vgl. *Nugel*, NJW 2013, 193 ff. m.w.N.
16 So bereits grundlegend: BGH, Urt. v. 23.11.1965 – VI ZR 158/64 = VersR 1966, 164 f.
17 BGH, Urt. v. 10.7.2007 – VI ZR 199/06 = DAR 2007, 636.

§ 4 Quotenbildung

Halter desselben ist, muss sich daher in diesem Ausnahmefall auch die einfache Betriebsgefahr des Fahrzeugs nur dann zurechnen lassen, wenn er seinerseits für Verschulden gem. § 823 BGB oder für vermutetes Verschulden gem. § 18 StVG haftet.[18]

14   Nach feststehender ständiger Rechtsprechung des BGH und der OLG dürfen im Rahmen der nach § 17 StVG vorzunehmenden Abwägung der Verursachungsbeiträge indessen ausschließlich solche Umstände Berücksichtigung finden, die nach Grund und Gewicht erwiesen sind und sich auf den Unfall ausgewirkt, d.h. zur Entstehung des Schadens bzgl. der Haftung dem Grunde als haftungsbegründende oder der Höhe nach als haftungsausfüllende Kausalität beigetragen haben.[19] Bei der Abwägung wird eine (erhöhte) Betriebsgefahr daher berücksichtigt, wenn sie sich ursächlich auf den Verkehrsunfall ausgewirkt hat. Beispielsweise wird häufig versucht, aus dem Umstand einer fehlenden Fahrerlaubnis eine Mithaftung abzuleiten. Der Nachweis, dass hierdurch ein besonderes Gefahrenmoment geschaffen worden ist, welches sich auf den Unfall ursächlich ausgewirkt hat, ist in der Regel aber kaum zu führen. Folgende Argumentation aus dem vom BGH entschiedenen Fall kann dem Mithaftungseinwand entgegengehalten werden.

▼

15   **Muster 4.2: Fehlende Fahrerlaubnis als Abwägungsfaktor**
In die Abwägung nach § 17 StVG, § 254 BGB können nur diejenigen unstreitigen oder erwiesenen Faktoren einbezogen werden, die zur Entstehung des Schadens beigetragen haben und einem der Beteiligten zuzurechnen sind (BGH, Urt. v. 25.3.2003 – VI ZR 161/02 = DAR 2003, 309; OLG Karlsruhe, Urt. v. 21.9.2009 – 1 U 74/09 = DAR 2009, 702). Dass ein Beteiligter ohne Fahrerlaubnis gefahren ist, darf nur dann zu berücksichtigen sein, wenn feststünde, dass sich dieser Umstand in dem Unfall tatsächlich ausgewirkt hat (BGH, Urt. v. 12.12.06 – VI ZR 75/06 = VersR 2007, 263). Die Beweislast hierfür liegt auf der Gegenseite. Selbst wenn ein anderes Fehlverhalten vorliegen sollte, führt dies nicht automatisch zu dem Schluss, dass die fehlende Fahrerlaubnis die Ursache hierfür gewesen ist, und beide Faktoren können nicht ohne weiteres als Abwägungsfaktor verdoppelt werden (BGH a.a.O.).

16   Derjenige, der sich auf eine fehlende Fahrerlaubnis als Abwägungsfaktor beruft, trägt für die behauptete Unfallursächlichkeit die Darlegungs- und Beweislast. Hierbei kann ihm aber der Anscheinsbeweis zu Gute kommen.

▼

17   **Muster 4.3: Fehlende Fahrerlaubnis und Anscheinsbeweis**
In die Abwägung nach § 17 StVG, § 254 BGB ist vorliegend auch einzustellen, dass der Fahrer des unfallbeteiligten Fahrzeugs über keine Fahrerlaubnis verfügt. Hierfür kann bereits der Anscheinsbeweis sprechen – insbesondere wenn ein typischer Fahrfehler vorliegt, der üblicherweise nicht im Verkehr vorkommt (BGH, Urt. v. 12.12.06 – VI ZR 75/06 = VersR 2007, 263). Der Anscheinsbeweis greift zumindest immer dann ein, wenn derselbe Fahrfehler begangen wird, der auch zu dem Verlust der Fahrerlaubnis geführt

---

18 BGH, Urt. v. 17.11.2009 – VI ZR 58/08 = NJW 2010, 927.
19 BGH, Urt. v. 28.4.2015 – VI ZR 206/14, juris; OLG Frankfurt, Urt. v. 15.4.2014 – 16 U 213/13 = SP 2014, 406.

hat (LG Leipzig, Urt. v. 25.4.1996 – 12 S 9114/95 = NJW-RR 1997, 25). Wird der gegen den Fahrzeugführer sprechende Anscheinsbeweis nicht widerlegt, begründet die fehlende Fahrerlaubnis eine erhöhte Betriebsgefahr, die in die Haftung miteinzubeziehen ist (LG Stralsund, Urt. v. 5.5.1997 – 5 O 40/97 = SP 1997, 388).

Häufig wird als Abwägungsfaktor eine Fahruntüchtigkeit eines unfallbeteiligten Fahrzeugführers berücksichtigt. Auch hier gilt aber, dass diese nur dann berücksichtigt werden darf, wenn sie sich ursächlich ausgewirkt hat. Zu Gunsten der hierfür beweispflichtigen Partei kann zwar der Anscheinsbeweis eingreifen. Dies setzt jedoch voraus, dass diese Partei nachweisen[20] kann (bzw. unstreitig ist), dass ein nüchterner Verkehrsteilnehmer die Unfallsituation gemeistert hätte. Diese Grundsätze gelten auch bei Radfahrern.[21]

▼
Muster 4.4: Trunkenheitsfahrt als Abwägungsfaktor
Eine absolute oder relative Fahruntüchtigkeit eines am Unfall beteiligten Kfz-Führers darf bei der Abwägung nach § 17 StVG nur berücksichtigt werden, wenn feststeht, dass sich ihre Auswirkung im Unfall niedergeschlagen hat (OLG Saarbrücken, Urt. v. 25.2.2003 – 3 U 514/02 = SP 2004, 6; OLG Hamm, Urt. v. 22.11.1993 – 6 U 154/93 = NZV 1994, 319). Zwar kann hierfür der Anscheinsbeweis sprechen. Dies setzt jedoch den Nachweis voraus, dass sich der Unfall in einer Verkehrslage ereignet, die ein nüchterner Fahrer hätte meistern können (BGH, Urt. v. 10.1.1995 – VI ZR 247/94 = NJW 1995, 1029; OLG Brandenburg, Urt. v. 14.6.2007 – 12 U 188/06 = SP 2007, 316; OLG Saarbrücken, Urt. v. 25.2.2003 – 3 U 514/02 = SP 2004, 6; OLG Köln, Urt. v. 29.1.2002 – 3 U 117/01 = VersR 2002, 1040).

II. Bildung der Haftungsquote

Nahezu jeder Verkehrsunfall unter Beteiligung zweier Kraftfahrzeuge wird denknotwendig dadurch begründet, dass zumindest einer der beiden Fahrzeugführer ein gefahrenträchtiges Fahrmanöver vornimmt, welches zu dem Verkehrsunfall führt und i.d.R. gegen die StVO verstößt. Dies zieht wie dargelegt eine erhöhte Betriebsgefahr dieses Kraftfahrzeugs und einen höheren Haftungsanteil nach sich. Im Gegenzug sinkt der Haftungsanteil des anderen Teils. Zu entscheiden ist in diesen Fällen, welche Höhe jeweils die beiden Haftungsanteile aufweisen und wie diese sog. Haftungsquote zu bestimmen ist. Insbesondere geht es darum, ob den anderen Teil überhaupt eine verbleibende Haftung trifft.

1. „100 zu 0"-Fälle

Ein Fahrzeugführer verstößt in schuldhafter Weise gegen sog. Kardinal- bzw. Garantiepflichten im Straßenverkehr, während bei dem anderen Teil nur die einfache Betriebsgefahr verbleibt. In diesem Fall treten die einfache Betriebsgefahr des anderen Fahrzeugs und damit die Haftung des anderen Teils hinter der erhöhten Betriebsgefahr des anderen

---
20 OLG Saarbrücken, Urt. v. 25.2.2003 – 3 U 514/02 = SP 2004, 6.
21 OLG Köln, Urt. v. 29.1.2002 – 3 U 117/01 = VersR 2002, 1040.

Fahrzeugs und dem (zusätzlich festgestellten) Verschulden des anderen Fahrzeugführers zurück.

Angesichts der an sich vom Gesetz vorgesehenen umfassenden Gefährdungshaftung des Halters tritt seine Haftung i.d.R. nur dann vollständig zurück, wenn neben einer erhöhten Betriebsgefahr auch ein schuldhaftes Verhalten des anderen Teils gegeben ist.[22] In der Rechtsprechung wird ein schuldhaftes Verhalten i.d.R. bei einem Verstoß gegen eine Kardinal- oder Garantiepflicht nach der StVO bejaht, da der Fahrzeugführer insoweit nahe liegende Verhaltenspflichten der StVO nicht sorgfaltsgemäß beachtet hat.[23] Letztendlich ist und bleibt dies aber eine Entscheidung des Einzelfalls. Fehlt es an einem solchen besonders schwerwiegender Verstoß (bei sogenannten verkehrsrechtlichen „Todsünden") im Straßenverkehr, verbleibt es bei der Mithaftung aus der einfachen Betriebsgefahr in Höhe von mindestens 20 %.[24]

2. Anscheinsbeweis und typische „100 zu 0"-Fälle

22 Von besonderer Bedeutung ist in diesem Zusammenhang, dass bei einer Vielzahl der oben dargelegten Kardinalvorschriften der StVO bei bestimmten Unfallkonstellationen im Wege des Anscheinsbeweises ein schuldhafter Verstoß vermutet wird. Ein solcher Anscheinsbeweis liegt vor, wenn **feststehende Tatsachen** nach der allgemeinen Lebenserfahrung auf eine bestimmte Ursache für den Erfolgseintritt hinweisen.[25] Besteht über die einen Anscheinsbeweis begründenden Umstände Streit und bleibt das Unfallgeschehen insoweit unaufklärbar, greifen die Grundsätze eines Anscheinsbeweises dagegen nicht.[26] Im Übrigen ist ein Anscheinsbeweis dann erschüttert, wenn Umstände bewiesen sind, die einen anderen als den typischen Geschehensablauf ernstlich als möglich erscheinen lassen. In diesem Fall muss die beweisbelastete Partei die Anspruchsvoraussetzungen „voll" beweisen.[27]

23 Häufig kann bereits über den Hinweis zu diesem Anscheinsbeweis eine Regulierung der Haftpflichtversicherung erreicht werden. Im Prozess werden die meisten Fälle bei widerstreitenden Zeugenangaben bzw. unterschiedlichen Aussagen der beteiligten Fahrzeugführer über den Anscheinsbeweis gelöst. Diese Konstellationen zu kennen, ist daher von entscheidender Bedeutung für den Verkehrsjuristen. Da sich viele hiermit verbundene Grundsatzfragen wiederholen, kann nach der Erfahrung des Verfassers ein erheblicher Arbeitsaufwand erspart werden, wenn die wichtigsten Grundsätze zu diesen Konstellationen in Mustern erfasst werden. Die wichtigsten Muster zu den „100 zu 0"-Konstellationen werden im Folgenden dargestellt.

---

22 *Nugel*, NJW 2013, 193 ff. m.w.N.
23 Grundlegend: BGH, Urt. v. 23.1.1996 – VI ZR 291/94 = NZV 1996, 272.
24 BGH, Urt. v. 28.4.2015 – VI ZR 206/14, juris; OLG Stuttgart, Urt. v. 6.10.1999 – 4 U 73/99 = DAR 2000, 35; LG Wuppertal, Urt. v. 18.12.2014 – 9 S 174/14, juris; LG Saarbrücken, Urt. v. 13.6.2014 – 13 S 56/14 – juris.
25 BGH, Urt. v. 13.2.1996 – VI ZR 126/95 = VersR 1996, 513, 514.
26 Beispielhaft: Streit über den Unfallhergang in Form eines Rückwärtsfahrens des Vordermannes oder Auffahrens des Hintermannes auf ein stehendes Hindernis OLG Köln, Urt. v. 19.3.1986 – 2 U 167/85 = NJW-RR 1986, 773.
27 BGH, Urt. v. 12.2.1963 – VI ZR 70/62 = BGHZ 39, 107, 107 ff.

B. Fahrer- und Halterhaftung bei einem Unfall mit mehreren Kraftfahrzeugen § 4

a) Auffahrunfall

Fährt ein Verkehrsteilnehmer auf ein vor ihm befindliches Fahrzeug auf, wird im Wege 24
des Anscheinsbeweises regelmäßig ein schuldhafter Verstoß des Auffahrenden gegen
§ 4 Abs. 1 S. 1 StVO vermutet.[28] Dies gilt auch bei dem grob fahrlässigen Auffahrvorgang eines Radfahrers auf einen Pkw.[29] Voraussetzung hierfür ist aber zumindest ein achsparalleler Anstoß, um eine typische Auffahrsituation zu begründen. In diesem Fall haftet der Auffahrende regelmäßig alleine.

▼

Muster 4.5: Auffahrunfall und Anscheinsbeweis 25

Fährt jemand auf ein vor ihm befindliches Fahrzeug auf, spricht der Beweis des ersten Anscheins dafür, dass er entweder nicht den notwendigen Sicherheitsabstand eingehalten bzw. nicht die gebotene Sorgfalt bei der Beobachtung des vor ihm fahrenden Verkehrs beachtet hat, ggf. auch einfach zu schnell gefahren ist. Im Wege des Anscheinsbeweises wird ein schuldhafter Verstoß gegen § 4 Abs. 1 S. 1 StVO (BGH, Urt. v. 23.1.2007 – VI ZR 146/06 = MDR 2007, 717) im Falles des zu schnellen Fahrens auch gegen § 3 Abs. 1 StVO vermutet (OLG Düsseldorf, Urt. v. 29.9.2005 – 10 U 203/04 = NZV 2006, 200; LG Berlin, Urt. v. 3.2.2003 – 58 S 248/02 = SP 2003, 158). Hinter dem überragenden Fehlverhalten des Auffahrenden tritt die Betriebsgefahr des davor befindlichen Fahrzeug im vollen Umfang zurück (OLG Köln, Urt. v. 29.6.2004 – 9 U 176/03 = SP 2004, 329; LG Duisburg, Urt. v. 10.4.2015 – 10 O 192/14, juris; LG Wuppertal, Urt. v. 27.11.2012 – 2 O 398/10 = SP 2013, 251; LG Duisburg, Urt. v. 15.1.20145 – 5 S 97/13, juris).

Schwieriger wird die Beurteilung dieses Sachverhalts, wenn der auffahrende Fahrzeug- 26
führer sich damit verteidigt, dass der vordere Kraftfahrzeugführer kurz zuvor einen unachtsamen Fahrstreifenwechsel vorgenommen und dadurch den Unfall verursacht hätte. Wenn der Anstoß deshalb in Schrägstellung erfolgte, also kein achsparalleler Anstoß vorliegt, spricht der Anscheinsbeweis gegen den Fahrstreifenwechsler und dieser haftet im Zweifel alleine.

▼

Muster 4.6: Auffahrunfall und Fahrstreifenwechsel (1) 27

Liegt kein achsparalleler Anstoß vor, sondern deuten die dokumentierten Schäden darauf hin, dass das vorausfahrende Fahrzeug in Schrägstellung bei einem Fahrstreifenwechsel befindlich gewesen ist, greift zu Lasten des Hintermanns kein Anscheinsbeweis wegen eines unachtsamen Auffahrvorgangs. Vielmehr spricht der Anscheinsbeweis dafür, dass der den Fahrstreifen wechselnde Fahrzeugführer dabei eine Gefährdung anderer Verkehrsteilnehmer nicht ausgeschlossen und dadurch gegen § 7 Abs. 5 StVO verstoßen hat (OLG Karlsruhe, Urt. v. 24.6.2008 – 1 U 5/08 = SP 2009, 66; OLG Hamm, Beschl. v. 27.10.2014 – I 9 U 60/14, juris; LG Essen, Urt. v. 12.2.2014 – 5 O 125/13, juris; LG Dortmund, Urt. v. 14.4.2015 – 21 O 319/13, juris zum Indiz der Schrägstellung vgl. KG

---

[28] OLG Düsseldorf, Urt. v. 29.9.2005 – 10 U 203/04 = NZV 2006, 200.
[29] OLG Celle, Urt. v. 23.3.2001 – 14 U 109/00 = MDR 2001, 1349.

Berlin, Urt. v. 22.1.2001 – 22 U 1044/00 = MDR 2001, 808). Hinter diesem groben Fehlverhalten tritt die einfache Betriebsgefahr des nachfolgenden Fahrzeugs zurück.

▲

28 Dieser Fall ist aber anders zu beurteilen, wenn sich der Vorausfahrende nach einem Fahrstreifenwechsel bereits vollständig auf der Fahrspur des Auffahrenden eingeordnet hat und der zeitliche Zusammenhang zwischen dem Fahrstreifenwechsel und dem Auffahrvorgang streitig ist.

▼

29 **Muster 4.7: Auffahrunfall und Fahrstreifenwechsel (2)**
Der Beweis des ersten Anscheins bei einem Auffahrunfall setzt voraus, dass beide Fahrzeuge – unstreitig oder erwiesener Maßen – so lange in einer Spur hintereinander hergefahren sind, dass sich beide Fahrzeugführer auf die vorangegangenen Fahrbewegungen hätten einstellen können (BGH, Urt. v. 13.12.2011 – VI ZR 177/10 = zfs 2012, 195; *Bendig/Nugel*, VRR 2012, 404). Ein Anscheinsbeweis für das Verschulden des Auffahrenden ist mithin nicht gegeben, wenn der Vorausfahrende im unmittelbaren örtlichen und zeitlichen Zusammenhang mit dem Unfall den Fahrstreifen gewechselt hat (BGH, Urt. v. 30.11.2010 – VI ZR 15/10 = MDR 2011, 157; OLG Hamm, Beschl. v. 27.10.2014 – I 9 U 60/14, juris). Dabei genügt es, dass als eine Ursache ein Fahrstreifenwechsel aufgrund konkreter Tatsachen zumindest möglich erscheint, so dass kein typischer Auffahrvorgang mehr besteht (OLG München, Urt. v. 13.12.1013 – 10 U 2372/13 = SP 2014, 223; OLG Koblenz, Urt. v. 3.2.2014 – 12 U 607/13, juris). Ist eine solche typische Auffahrsituation wie hier streitig, greifen die Grundsätze des Anscheinsbeweises nicht. Lässt sich bei einem Verkehrsunfallgeschehen nur feststellen, dass es zu einer Auffahrsituation gekommen ist, lässt sich aber nicht klären, ob es sich um einen typischen Auffahrunfall handelt, oder ob dem Unfallgeschehen ein Spurwechsel des Vorausfahrenden unmittelbar vorangegangen ist, dann kommen die Regeln über den Anscheinsbeweis nicht zur Anwendung (OLG Hamm, Urt. v. 3.3.2012 – 6 U 174/10 = VRR 2012, 162).

▲

30 Eine Haftungsquote kann ggf. zu bejahen sein, wenn der vorausfahrende Fahrzeugführer seinerseits stark und ohne einen zwingenden Grund i.S.d. § 4 Abs. 1 S. 2 StVO abbremst und dadurch zu dem Unfall beiträgt. Die Beweislast hierfür trägt allerdings der Auffahrende. Wichtig ist in diesem Zusammenhang, dass auch in dieser Situation gegen den Auffahrenden der Anscheinsbeweis zu bejahen ist.

▼

31 **Muster 4.8: Anscheinsbeweis bei Auffahrunfall und starkem Abbremsen**
Fährt jemand auf ein vor ihm befindliches Fahrzeug auf, spricht der Beweis des ersten Anscheins dafür, dass er entweder nicht den notwendigen Sicherheitsabstand eingehalten bzw. nicht die gebotene Sorgfalt bei der Beobachtung des vor ihm fahrenden Verkehrs beachtet hat, ggf. auch einfach zu schnell gefahren ist. Der Anscheinsbeweis ist auch nicht dadurch erschüttert, dass das vorausfahrende Kfz eine Vollbremsung durchführt, denn ein plötzliches scharfes Bremsen muss ein Kraftfahrer einkalkulieren (BGH, Urt. v. 23.1.2007 – VI ZR 146/06 = MDR 2007, 717).

Behauptet der Auffahrende eine Mithaftung des Vorausfahrenden wegen eines starken Abbremsens ohne zwingenden Grund, hat er dies zweifelsfrei zu beweisen (OLG Düsseldorf, Beschl. v. 8.3.2014 – 1 U 152/03 = SVR 2005, 28; LG Duisburg, Urt. v. 10.4.2015 – 10 O 192/14, juris). Selbst wenn er diesen Beweis frei von Zweifeln führen kann, haftet der Auffahrende aufgrund des Verstoßes gegen die Kardinalvorschrift des § 4 Abs. 1 S. 1 StVO im Zweifel überwiegend zu 2/3 (KG Berlin, Urt. v. 11.7.2002 – 12 U 9923/00 = NZV 2003, 41).

▲

Das Blatt wendet sich allerdings, wenn der Auffahrende beweisen kann, dass der Vorausfahrende Fahrzeugführer zu „Disziplinierungsmaßnamen" grundlos stark abgebremst hat. In diesem Fall kann den vorausfahrenden „Verkehrsrowdy" die alleinige Haftung treffen.

▼

Muster 4.9: Alleinhaftung bei Nötigung durch Abbremsen

Ein Abbremsen ohne verkehrsbedingten Anlass allein um den nachfolgenden Fahrzeugführer zu disziplinieren, führt zu einer alleinigen Haftung des Vordermanns. Dieses Verhalten ist, wenn nicht sogar als vorsätzlich schädigend, so doch zumindest als derart grob fahrlässig anzusehen ist, dass jegliche Mithaftung der Beklagten aus Betriebsgefahr ausscheidet. Derartige Akte der Selbstjustiz im Straßenverkehr widersprechen in schwerwiegender Weise den im Straßenverkehr geltenden Geboten der Vorsicht und Rücksichtnahme (OLG München, Urt. v. 22.2.2008 – 10 U 4455/07 = NJW Spezial 2008, 393; LG Duisburg, Urt. v. 23.3.2012 – 10 O 244/10 = SP 2013, 5 ff.). Gegen den Auffahrenden spricht dagegen wegen dieser atypischen Situation gerade kein Anscheinsbeweis (OLG München a.a.O.). Bremst der Vordermann scharf und ohne verkehrsbedingten Anlass einzig aus dem Grund ab, um den Hintermann zu disziplinieren, haftet er daher wegen dieses groben Fehlverhaltens alleine (AG Bremen, Urt. v. 13.6.2013 – 9 C 16/13 – juris).

▲

b) Fahrstreifenwechsel

Ereignet sich ein Verkehrsunfall im zeitlichen und räumlichen Zusammenhang mit einem Fahrstreifenwechsel spricht der Anscheinsbeweis dafür, dass der den Fahrstreifen wechselnde Fahrzeugführer in schuldhafter Weise gegen die Vorschrift des § 7 Abs. 5 StVO verstoßen hat. Ein Indiz für einen solchen engen zeitlichen und räumlichen Zusammenhang ist eine schräge Kollisionsstellung[30] eines Unfallbeteiligten bzw. gar ein seitlicher Anstoß.

▼

Muster 4.10: Anscheinsbeweis und Fahrstreifenwechsel

Ereignet sich ein Unfall im unmittelbaren zeitlichen und örtlichen Zusammenhang mit einem Fahrstreifenwechsel, spricht gegen den Fahrstreifenwechsler der Beweis des ersten Anscheins, der einen schuldhaften Verstoß gegen § 7 Abs. 5 StVO begründet (OLG Hamm, Urt. v. 13.5.2009 – 13 U 106/08 = NJW-RR 2009, 1624; OLG Brandenburg, Urt. v. 21.6.2007 – 12 U 2/07 und OLG München, Urt. v. 1.12.2006 – 10 U 4707/06, juris). Den strengen Sorgfaltsanforderungen des § 7 Abs. 5 StVO bei einem Fahrstreifenwechsel genügt ein Fahrer nur dann, wenn er vor dem Fahrstreifenwechsel in Innen- und Außen-

---

30 AG HH-Blankenese, Urt. v. 5.10.2004 – 509 C 208/03 = VersR 2005, 1549.

spiegel schaut, sich mit einem Schulterblick umsieht und den Wechsel mittels des Fahrtrichtungsanzeigers rechtzeitig anzeigt sowie bei dem anschließenden Fahrstreifenwechsel die Gefährdung anderer Verkehrsteilnehmer ausschließt. Kann er den gegen ihn sprechenden Anscheinsbeweis nicht erschüttern, haftet der Fahrstreifenwechsler aufgrund seines überragenden Fehlverhaltens grundsätzlich alleine und die Betriebsgefahr des anderen Fahrzeuges tritt dahinter vollständig zurück (OLG Hamm, Beschl. v. 27.10.2014 – I 9 U 60/14, juris; OLG Jena, Urt. v. 8.12.2005 – 1 U 474/05 = NZV 2006, 147; OLG Hamm, Urt. v. 16.11.2004 – 9 U 110/04 = DAR 2005, 285).

▲

36 Eine besondere Konstellation liegt vor, wenn der Unfall sich im Zusammenhang mit einem Fahrstreifenwechsel vor dem Hintergrund der Verengung von zwei auf eine Fahrbahn ereignet. Auch hier spricht der Anscheinsbeweis aber erst einmal zu Lasten des Fahrstreifenwechslers.

▼

37 **Muster 4.11: Anscheinsbeweis bei Fahrstreifenwechsel und Fahrbahnverengung**
Ereignet sich ein Unfall im unmittelbaren zeitlichen und örtlichen Zusammenhang mit einem Fahrstreifenwechsel, spricht gegen den Fahrstreifenwechsler der Beweis des ersten Anscheins, der einen schuldhaften Verstoß gegen § 7 Abs. 5 StVO begründet (OLG Hamm, Beschl. v. 27.10.2014 – I 9 U 60/14, juris; OLG Düsseldorf, Urt. v. 17.5.2011 – I 1 U 132/10 = SP 2012; OLG Hamm, Urt. v. 13.5.2009 – 13 U 106/08 = NJW-RR 2009, 1624). Dies gilt auch dann, wenn der Fahrstreifenwechsler bei einer Engstelle erfolgt (LG Berlin, Urt. v. 11.6.2003 – 3 C 190/03 = SP 2003, 301; LG Darmstadt, Urt. v. 15.3.2001 – 6 S 464/00, juris). Kann er den gegen ihn sprechenden Anscheinsbeweis nicht erschüttern, haftet der Fahrstreifenwechsler aufgrund seines überragenden Fehlverhaltens grundsätzlich alleine; und die Betriebsgefahr des anderen Fahrzeuges tritt dahinter i.d.R. vollständig zurück (OLG Hamm, Urt. v. 16.11.2004 – 9 U 110/04 = DAR 2005, 285).

▲

38 Bei Unfällen an Fahrbahnverengungen, an denen das Reißverschlussprinzip gilt, besteht die Besonderheit, dass zu Lasten jedes beteiligten Fahrzeugs aufgrund der örtlich bedingten Enge eine erhebliche Betriebsgefahr bestehen kann. Selbst wenn die andere Seite (insbesondere der den Fahrstreifen wechselnde Fahrer) ein erheblicher Verschuldensvorwurf trifft, wird die Betriebsgefahr des beschädigten Fahrzeugs nur in den seltensten Fällen gänzlich hinter dem Fehlverhalten der anderen Seite zurücktreten.

▼

39 **Muster 4.12: Erhöhte Betriebsgefahr bei Fahrt in der Engstelle**
Kommt es an einer Stelle der Fahrbahn, an der sich diese auf einen Fahrstreifen verengt und die vor den Unfallbeteiligten fahrenden Verkehrsteilnehmer das Reißverschlussverfahren anwenden, zu einer Kollision, ist (unabhängig von einem Verschulden) von einer erhöhten Betriebsgefahr des geradeaus fahrenden Unfallbeteiligten auszugehen, die zu einer Mithaftung von mindestens 30 % (AG Hamburg, Urt. v. 7.7.2005 – 50A C 102/05 = SP 2005, 369) bzw. zumindest 25 % führt (AG Leipzig, Urt. v. 16.1.1997 – 4 C 12906/96 = SP 1997, 387). Dies allein wegen der mit der in die Einfahrt in die Engstelle

verbundenen Gefahren (vgl. hierzu OLG Frankfurt, Urt. v. 8.12.2003 – 16 U 173/03 = zfs 2004, 205).

Diese Auffassung ist aber nicht zwingend. Nach einer Auffassung in der Rechtsprechung trifft den Fahrzeugführer auf der durchgehenden Fahrbahn nur dann eine Mithaftung, wenn er den Unfall hätte vermeiden können und ihm ein schuldhafter Verstoß gegen § 1 Abs. 2 StVO nachgewiesen werden kann. Ihn trifft dann im Regelfall eine Haftung, die nicht mehr als 25 % beträgt.[31] Hat der durchgehende Verkehr allerdings eine besondere Rücksicht zu nehmen (z.B. gegenüber einen mit einer Warnleuchte im Einsatz befindlichen Müllfahrzeug) haftet er zu 1/3 mit.[32]

40

Muster 4.13: Keine Haftung ohne Verschulden im Engstellenbereich

41

§ 7 Abs. 4 StVO enthält eine Vorrangregelung dahin, dass derjenige, der den durchgehenden Fahrstreifen befährt, Vorrang vor demjenigen hat, der auf seinem Fahrstreifen nicht durchfahren kann (KG Berlin, Urt. v. 17.5.1979 – 22 U 702/79 = DAR 1980, 186). Eine Mithaftung des daher Bevorrechtigten kommt nur dann in Betracht, wenn er die Gefahr einer Kollision auf sich zukommen sehen musste und unfallverhütend reagieren kann. Ein solcher schuldhafter Verstoß gegen die StVO muss durch den Fahrstreifenwechsler nachgewiesen werden (KG Berlin, Urt. v. 19.10.2009 – 12 U 227/08 – NZV 2010, 507).

Eine kontrovers erörterte Unfallsituation liegt vor, wenn der Fahrstreifenwechsler mit einem Fahrzeug kollidiert, welches vom Fahrbahnrand anfährt bzw. von einem Grundstück in den fließenden Verkehr einfährt. Umstritten ist in diesem Fall, ob die Sorgfaltsanforderungen im fließenden Verkehr bei einem Fahrstreifenwechsel auch dem Anfahrenden bzw. Einfahrenden zu Gute kommen sollen. Eine ältere Auffassung in der Rechtsprechung bejaht dies, so dass bei einer Kollision mit einem Fahrstreifenwechsler des fließenden Verkehrs im Zweifel eine Haftungsteilung auf Basis von 50 % geboten wäre.[33] Diese Rechtsprechung vermag jedoch nicht zu überzeugen: Der Anfahrende/Einfahrende hat sich so zu verhalten, dass die Gefährdung anderer Verkehrsteilnehmer vollkommen ausgeschlossen ist. Diese dürfen darauf vertrauen, dass er das Vorrecht des fließenden Verkehrs über die ganze Fahrbahn beachtet. Der Einfahrende/Anfahrende dagegen darf jedoch nicht darauf vertrauen, dass herannahende Fahrzeuge ihre Fahrspur auch beibehalten.[34] Erfolgt ein Fahrspurwechsel im herannahenden fließenden Verkehr, greift mithin die Sorgfaltsvorschrift des § 7 Abs. 5 StVO ihrem Schutzzweck nach nicht ein und der Einfahrende/Anfahrende haftet im Zweifel allein.[35] Dies ändert sich erst dann, wenn dem Fahrzeugführer im fließenden Verkehr seinerseits nachgewiesen werden kann, dass er eine Kollision bei einer rechtzeitigen Reaktion hätte vermeiden können und nunmehr

42

---

31 KG Berlin, Urt. v. 19.10.2009 – 12 U 227/08 = NZV 2010, 507.
32 KG Berlin, Urt. v. 23.10.1995 – 12 U 1861/94 = VerkMitt 1996, Nr. 27.
33 OLG Köln, Urt. v. 4.2.1986 – 22 U 159/85 = VersR 1986, 666.
34 So auch OLG Köln, Urt. v. 4.2.1986 – 22 U 159/85 = VersR 1986, 666.
35 KG Berlin, Beschl. v. 4.1.2006 – 12 U 202/05 = DAR 2006, 454; OLG München, Urt. v. 25.3.1994 – 10 U 4856/93 = NJW-RR 1994, 1443.

gegen § 1 Abs. 2 StVO verstoßen hat. Oder aber sein Fahrstreifenwechsel wird wegen der Gefahren dieses Fahrmanövers mit einer erhöhten Betriebsgefahr verbunden, die ausnahmsweise zu einer wenn auch geringen Mithaftung führen kann.

▼

43 **Muster 4.14: Einfahrt in den fließenden Verkehr und Fahrstreifenwechsel**
Es kann dahinstehen, ob ein unachtsamer Fahrstreifenwechsel vorliegt. Die Sorgfaltsnorm des § 7 Abs. 5 StVO schützt nicht den Verkehrsteilnehmer, der vom ruhenden in den fließenden Verkehr einfährt (KG Berlin, Urt. v. 29.10.2007 – 12 U 5/07 = KGR Berlin 2008, 855 sowie KG Berlin, Beschl. v. 15.12.2005 – 12 U 165/05 = DAR 2006, 454). § 10 StVO legt vielmehr dem vom Fahrbahnrand anfahrenden bzw. dem von bestimmten Örtlichkeiten auf die Fahrbahn einfahrenden Fahrzeugführer die Verantwortung für die Gefahrlosigkeit seines Fahrmanövers grundsätzlich allein auf. Von ihm wird äußerste Sorgfalt gefordert (BGH, Urt. v. 25.4.1985 – III ZR 53/84 = VersR 1985, 835) und er haftet auch bei einer Kollision mit einem bevorrechtigten Teilnehmer des fließenden Verkehrs, der einen Fahrstreifenwechsel vornimmt, alleine (KG Berlin, Beschl. v. 15.12.2005 – 12 U 165/05 = DAR 2006, 454; OLG München, Urt. v. 25.3.1994 – 10 U 4856/93 = NJW-RR 1994, 1443).

c) Anscheinsbeweis und Vorfahrtsverletzung

44 Ein klassischer „100 zu 0"-Fall liegt vor, wenn ein wartepflichtiger Verkehrsteilnehmer die Vorfahrt eines insoweit berechtigten Fahrzeugführers verletzt. In diesem Fall wird im Wege des Anscheinsbeweises ein schuldhafter Verstoß des wartepflichtigen Fahrzeugführers gegen § 8 StVO vermutet, hinter dem grundsätzlich die Betriebsgefahr des anderen Fahrzeugs zurücktritt.

▼

45 **Muster 4.15: Anscheinsbeweis bei Vorfahrtsverletzung**
Stoßen zwei Fahrzeuge auf einer Kreuzung bzw. einer Einmündung i.S.d. § 8 StVO zusammen, wird eine schuldhafte Vorfahrtsverletzung des Wartepflichtigen im Wege des Anscheinsbeweises vermutet (BGH, Urt. v. 18.11.1975 – VI ZR 172/74 = NJW 1976, 1317; OLG Celle, Urt. v. 20.10.2010 –14 U 47/10 – juris; OLG Köln, Urt. v. 14.2.2002 – 12 U 142/01 = SP 2002, 263; OLG Köln, Urt. v. 9.4.2002 – 3 U 166/01 = VersR 2002, 998). Hinter diesem Fehlverhalten tritt die einfache Betriebsgefahr des anderen Fahrzeug im vollen Umfang zurück (OLG Hamm, Urt. v. 8.5.2001 – 27 U 201/00 =DAR 2001, 506).

46 Häufig verteidigt sich der wartepflichtige Verkehrsteilnehmer mit dem Argument, er habe bereits den unmittelbaren Kreuzungsbereich verlassen und es wäre ein typischer Auffahrunfall im gleichgerichteten Verkehr erfolgt. Solange aber ein zeitlicher und räumlicher Zusammenhang mit der Einfahrt in die vorfahrtsberechtigte Straße besteht, greift der Anscheinsbeweis zu Lasten des Einbiegenden jedoch weiter bis zu dem Zeitpunkt, zu dem dieser sich vollständig in die vorfahrtsberechtigte Straße mit der dort vorherrschenden Geschwindigkeit des fließenden Verkehr eingegliedert hat. In der

Hamburger Rechtsprechung wird hierzu i.d.R. auf eine Wegstrecke von 30 m abgestellt, die der wartepflichtige Fahrzeugführer in der Vorfahrtsstraße zurückzulegen hat.

Will der Wartepflichtige den gegen ihn sprechenden Anscheinsbeweis erschüttern, hat er zu beweisen, dass zum Zeitpunkt seines Einfahrentschlusses das vorfahrtsberechtigte Fahrzeug noch nicht erkennbar gewesen ist.[36] In diesen Fallkonstellationen steht zumindest eine Mithaftung des vorfahrtsberechtigten Fahrzeugführers wegen einer Überschreitung der zulässigen Höchstgeschwindigkeit im Raum, die sich allerdings auch unfallursächlich ausgewirkt haben muss. Hierzu gilt: Ein Ursachenzusammenhang zwischen dem Unfallereignis und dem behaupteten Fehlverhalten in Form der zu schnellen Geschwindigkeit ist nur dann gegeben, wenn der Unfall bei Beachtung der Verkehrsvorschriften durch den betroffenen Fahrzeugführer zum Zeitpunkt des Eintritts der kritischen Verkehrssituation vermeidbar gewesen wäre.[37] Ein Geschwindigkeitsverstoß ist für den Schaden aber auch dann kausal – und bei der Haftungsabwägung nach § 17 StVG zu gewichten – wenn der Unfall bei Einhaltung der vorgeschriebenen Geschwindigkeit zwar nicht vermieden worden, die Unfallfolgen aber wesentlich geringer ausgefallen wären.[38]

Der Anteil seiner Haftung orientiert sich in diesem Fall daran, um wie viel Prozent er die zulässige Höchstgeschwindigkeit überschritten hat, wobei eine geringfügige Überschreitung von bis zu 10 % in der Regel noch keine Mithaftung begründet.[39]

Eine weitere besondere Unfallsituation liegt vor, wenn der Vorfahrtsberechtigte seinerseits gegen das Rechtsfahrgebot verstößt. Zu seinen Gunsten ist dabei allerdings zu berücksichtigen, dass die Vorschrift des § 2 Abs. 2 StVO grundsätzlich nur den gleichgerichteten Verkehr schützt[40] und sich das Vorfahrtsrecht auf die gesamte Fahrbahnbreite erstreckt.[41]

▼
Muster 4.16: Vorfahrtsverletzung und Rechtsfahrgebot
Auch in der hier vorliegenden Konstellation ist von einer Vorfahrtsverletzung auszugehen. Stoßen zwei Fahrzeuge auf einer Kreuzung bzw. einer Einmündung i.S.d. § 8 StVO zusammen, wird eine schuldhafte Vorfahrtsverletzung des Wartepflichtigen im Wege des Anscheinsbeweises vermutet (BGH, Urt. v. 20.9.2011 – VI ZR 282/10 = zfs 2012, 76; OLG Köln, Urt. v. 14.2.2002 – 12 U 142/01 = SP 2002, 263; OLG Hamm, Urt. v. 8.5.2001 – 27 U 201/00 = DAR 2001, 506; OLG Köln, Urt. v. 9.4.2002 – 3 U 166/01 = VersR 2002, 998). Das Vorfahrtsrecht erstreckt sich dabei auf die gesamte Breite der Vorfahrtsstraße (KG Berlin, Urt. v. 6.10.2005 – 12 U 104/04 = NZV 2006, 202). Selbst wenn der Vorfahrts-

---

36 BGH, Urt. v. 21.1.1986 – VI ZR 35/85 = DAR 1986, 142; KG Berlin, 21.6.2001 – 12 U 1147/00 = DAR 2002, 66 = NZV 2002, 79; OLG Koblenz, Urt. v. 11.4.1988 – 12 U 559/87 = VersR 1989, 1310.
37 OLG Celle, Urt. v. 27.5.2009 – 14 U 2/09, juris.
38 OLG Saarbrücken, Urt. v. 14.8.2014 – 4 U 150/13 = NJW-Spezial 2014, 681; OLG Frankfurt, Urt. v. 15.4.2014 – 16 U 213/13 = SP 2014, 406.
39 OLG Hamm, Urt. v. 8.5.2001 – 27 U 201/0 = DAR 2001, 506.
40 BGH, Urt. v. 19.5.1981 – VI ZR 8/80 = NJW 1981, 2301.
41 KG Berlin, Urt. v. 6.10.2005 – 12 U 104/04 = NZV 2006, 202.

berechtigte gegen das Rechtsfahrgebot verstoßen sollte und die linke Fahrbahn befährt, geht es ihm nicht verloren (OLG Jena, Urt. v. 9.5.2000 – 5 U 1346/99 = DAR 2000, 570).

Ein schuldhafter Verstoß des Vorfahrtsberechtigten gegen das Rechtsfahrgebot scheidet dagegen aus. Das Rechtsfahrgebot dient allein dem Schutz der Verkehrsteilnehmer, die sich in Längsrichtung auf derselben Straße bewegen (BGH, Urt. v. 20.9.2011 – VI ZR 282/10 = zfs 2012, 76; OLG Stuttgart; Urt. v. 4.6.2014 – 3 U 15/14 = SP 2014, 40; LG Düsseldorf, Beschl. v. 12.4.2012 – 22 S 25/12, juris; LG Mönchengladbach, Urt. v. 9.9.2015 – 6 O 54/15, juris; LG Leipzig, Urt. v. 15.3.2011 – 102 C 2368/08, juris; im Überblick *Bendig/Nugel*, VRR 2012, 404), nicht jedoch derjenigen, welche erst in die Fahrbahn einbiegen wollen (OLG Jena, Urt. v. 9.5.2000 – 5 U 1346/99 = DAR 2000, 570) oder ihrerseits im Gegenverkehr nach links abbiegen (BGH, Urt. v. 19.5.1981 – VI ZR 8/80 = NJW 1981, 2301).

▲

50 Unabhängig von einem schuldhaften Verstoß gegen die StVO kann den Vorfahrtsberechtigten jedoch eine Mithaftung treffen, wenn zu seinen Lasten aus seinem Fahrmanöver eine erhöhte Betriebsgefahr abgeleitet wird.[42] Sie wird in der Regel allerdings gegenüber dem Vorfahrtsverstoß von geringerem Gewicht sein.[43]

51 **Muster 4.17: Mithaftung des Vorfahrtsberechtigten aus Betriebsgefahr bei Abkommen auf die Gegenfahrbahn**

Es kann vorliegend dahinstehen, ob zu Lasten des Vorfahrtsberechtigten die Vorschrift des § 2 Abs. 2 StVO zur Anwendung gelangt. Allein durch sein zu weites „Linksfahren" wird auch ohne einen schuldhaften Verstoß gegen die StVO die von dem Betrieb des Fahrzeuges ausgehende Gefahr erheblich vergrößert (OLG Köln, Urt. v. 5.6.2013 – 16 U 106/11, juris; OLG Jena, Urt. v. 9.5.2000 – 5 U 1346/99 = DAR 2000, 570; zu einer Mithaftung vgl. auch OLG Köln, Urt. v. 31.3.2000 – 19 U 159/99 = VersR 2001, 1042). Eine Erhöhung der Betriebsgefahr setzt dabei keinen schuldhaften Verstoß gegen die StVO voraus und jedes über ein schlichtes Geradeausfahren hinausgehenden Fahrmanöver erhöht per se die Betriebsgefahr (Grundlegend: BGH, Urt. v. 11.1.2005 – VI ZR 352/03 = VersR 2005, 702). Denn auch wenn der Schutzzweck einer Verhaltensnorm nicht einschlägig ist und ein Verschulden ausscheidet, kann trotzdem durch ein bestimmtes Fahrmanöver die Betriebsgefahr des Pkw so erhöht sein, dass sie zu einer Mithaftung führt (OLG Hamm, Urt. v. 20.9.2010 – I-6 U 222/09 = NJW 2010, 3790). Eine Mithaftung in Höhe von mindestens 50 % erscheint allein unter diesem Gesichtspunkt angemessen (vgl. KG Berlin, Urt. v. 6.10.2005 – 12 U 104/04 = NZV 2006, 202).

▲

d) Verstöße gegen die Kardinalvorschrift des § 9 Abs. 5 StVO

52 Im Wege des Anscheinsbeweises wird ein schuldhafter Verstoß gegen § 9 Abs. 5 StVO zu Lasten desjenigen festgestellt, der im zeitlichen und örtlichen Zusammenhang mit dem Verkehrsunfall in ein Grundstück abgebogen ist.[44] Entscheidend für die Annahme

---

42 OLG Jena, Urt. v. 9.5.2000 – 5 U 1346/99 = DAR 2000, 570.
43 Zur Mithaftung von 30 % vgl. OLG Köln, Urt. v. 31.3.2000 – 19 U 159/99 = VersR 2001, 1042.
44 BGH, Urt. v. 25.3.1969 – VI ZR 263/67 = VersR 1969, 614; KG Berlin, Urt. v. 7.10.2002 – 12 U 41/01 = MDR 2003, 507; OLG Dresden, Urt. v. 24.4.2002 – 11 U 2948/01 = SP 2003, 304.

B. Fahrer- und Halterhaftung bei einem Unfall mit mehreren Kraftfahrzeugen § 4

eines Abbiegens in ein Grundstück ist nach Sinn und Zweck dieser Vorschrift, ob der Abbiegevorgang ein Verlassen des fließenden Verkehrs nach sich zieht, so dass als Grundstück alle Verkehrsflächen (wie beispielsweise auch Parkplätze, Hofeinfahrten etc.) anzusehen sind, die nicht dem fließenden Verkehr dienen.[45] Der in diese Orte abbiegende Fahrzeugführer hat die Gefährdung anderer Verkehrsteilnehmer auszuschließen und dabei auch die Sorgfaltsnormen des § 9 Abs. 1 StVO zu beachten, wonach er den Abbiegevorgang rechtzeitig durch Setzen des Blinkers, bei Abbiegen nach links zusätzlich durch ein (wenn möglich) Einordnen zur Fahrbahnmitte hin anzukündigen und doppelte Rückschau zu nehmen hat. Im Wege des Anscheinsbeweises wird eine Verletzung der doppelten Rückschaupflicht vermutet.[46]

Muster 4.18: Alleinhaftung beim Abbiegen in ein Grundstück 53

Im Wege des Anscheinsbeweises wird ein schuldhafter Verstoß gegen § 9 Abs. 5 StVO zu Lasten desjenigen vermutet, der im zeitlichen und örtlichen Zusammenhang mit dem Verkehrsunfall in ein Grundstück abgebogen ist (OLG Bremen, Urt. v. 1.9.2009 – 3 U 36/09 = MDR 2010, 26; KG Berlin, Urt. v. 7.10.2002 – 12 U 41/01 = MDR 2003, 507; OLG Dresden, Urt. v. 24.4.2002 – 11 U 2948/01 = SP 2003, 304). Dies insbesondere im Hinblick auf die in § 9 Abs. 1 S. 4 StVO zugrunde gelegte doppelte Rückschaupflicht (OLG Stuttgart, Urt. v. 4.6.2014 – 3 U 15/14 = SP 2014, 404 ff.; OLG Naumburg, Urt. v. 12.12.2008 – 6 U 106/08 = VersR 2009, 373). Hierhinter tritt die einfache Betriebsgefahr eines anderen unfallbeteiligten Fahrzeugs zurück (OLG Düsseldorf, Beschl. v. 27.2.2012 – 15 U 15/12 = SP 2012, 392; OLG München, Urt. v. 11.6.2010 – 10 U 2282/10 = NJW Spezial 2010, 489; OLG Hamburg, Beschl. v. 20.3.2012 – 15 U 15/12, juris; KG Berlin, Urt. v. 15.8.2005 – 12 U 41/05 = NZV 2006, 309; OLG Koblenz, Urt. v. 26.1.2004 – 12 U 1439/02 = NZV 2005, 413).

Der Anscheinsbeweis wegen eines schuldhaften Verstoßes gegen § 9 Abs. 5 StVO greift 54 auch zu Lasten desjenigen ein, der im zeitlichen Zusammenhang mit einem Verkehrsunfall ein Wendemanöver durchgeführt hat. Der wendende Fahrzeugführer haftet grundsätzlich ebenfalls alleine, es sei denn, er kann dem anderen Unfallbeteiligten ebenfalls ein Verschulden nachweisen.

Muster 4.19: Alleinhaftung bei Wendemanöver 55

Im Wege des Anscheinsbeweises wird ein schuldhafter Verstoß gegen § 9 Abs. 5 StVO zu Lasten desjenigen vermutet, der im zeitlichen und örtlichen Zusammenhang gewendet hat (OLG Düsseldorf, Urt. v. 17.5.2011 – I-1 U 132/10 = SP 2012, 66; KG Berlin, Beschl. v. 31.8.2009 – 12 U 129/09 = NZV 2010, 468, vgl. auch BGH, Urt. v. 4.6.1985 – VI ZR 15/84 = DAR 1985, 316). Hinter diesem überragenden Fehlverhalten tritt die einfache Betriebsgefahr eines anderen unfallbeteiligten Fahrzeugs in vollem Umfang zurück (OLG

---

45 OLG Düsseldorf, Urt. v. 28.12.1992 – 5 Ss 363/90 – 146/90 I = NZV 1993, 198.
46 KG Berlin, Urt. v. 7.10.2002 – 12 U 41/01 = NZV 2003, 89; OLG Saarbrücken, Urt. v. 12.4.1991 – 3 U 96/90 = NZV 1992, 234.

Düsseldorf, Urt. v. 13.10.2015 – I 1 U 179/14, juris; OLG Düsseldorf, Urt. v. 17.5.2011 – I-1 U 132/10 = SP 2012, 66; KG, Beschl. v. 31.8.2009 – 12 U 129/09, juris).

▲

56 Der Anscheinsbeweis greift auch dann ein, wenn der Unfall sich im zeitlichen Zusammenhang mit einer Rückwärtsfahrt ereignet. Hier wird ebenfalls ein schuldhafter Verstoß gegen § 9 Abs. 5 StVO vermutet, der zu einer alleinigen Haftung des Rückwärtsfahrenden führen kann.

▼

57 **Muster 4.20: Alleinhaftung bei Rückwärtsfahrt**
Im Wege des Anscheinsbeweises wird ein schuldhafter Verstoß gegen § 9 Abs. 5 StVO zu Lasten desjenigen vermutet, der im zeitlichen und örtlichen Zusammenhang mit dem Verkehrsunfall rückwärts gefahren ist (BGH, Urt. v. 15.12.2015 – VI ZR 6/15 = MDR 2016, 2668: BGH, Urt. v. 27.6.1.2016 – VI ZR 179/15 = NJW Spezial 2016, 138; OLG Köln, Urt. v. 13.7.2011 – 5 U 26/11 = DAR 2011, 640; OLG Saarbrücken, Urt. v. 24.8.2004 – 3 U 739/03 = zfs 2005, 13). Hinter diesem überragenden Fehlverhalten tritt die einfache Betriebsgefahr eines anderen unfallbeteiligten Fahrzeugs in vollem Umfang zurück (OLG Köln, Urt. v. 2.6.1997 – 19 U 213/96 = SP 1998, 43).

▲

58 Häufig verteidigt sich der Rückwärtsfahrende mit dem Argument, er habe sein Fahrzeug zum Zeitpunkt der Kollision bereits zum Stillstand gebracht. Dies vermag aber in den meisten Fällen nicht zu überzeugen, solange noch ein zeitlicher und räumlicher Zusammenhang zwischen der Rückwärtsfahrt und dem Unfallereignis besteht. Auch hier greift der Anscheinsbeweis zu Lasten des Rückwärtsfahrenden ein.[47] Ansonsten wäre es auch dem Zufall überlassen, ob es dem Rückwärtsfahrenden gelingt, sein Fahrzeug (gerade noch) vor der Kollision zum Stillstand zu bringen.

59 Der Anscheinsbeweis wegen eines Verstoßes gegen § 9 Abs. 5 StVO setzt jedoch voraus, dass es sich erwiesener Maßen oder unstreitig um eine Situation handelt, bei der das Fahrzeug überhaupt zurückgesetzt wird und damit typischerweise ein Verstoß gegen die besonderen Sorgfaltsanforderungen beim Rückwärtsfahren vermutet werden kann. Ist diese Situation streitig weil z.B. durch die Gegenseite ein typischer Auffahrunfall behauptet wird, muss jede Seite die für sie günstigen Anknüpfungstatsachen beweisen und ein Anscheinsbeweis greift nicht ohne weiteres ein.[48]

e) Anscheinsbeweis und Einfahrt in den fließenden Verkehr

60 Ein „100 zu 0"-Fall liegt erst einmal auch dann vor, wenn der Unfall durch einen Fahrzeugführer verursacht wird, der im zeitlichen und räumlichen Zusammenhang aus dem ruhenden in den fließenden Verkehr einfährt. Er hat in diesem Fall die Gefährdung anderer Verkehrsteilnehmer auszuschließen und im Wege des Anscheinsbeweises wird ein schuldhafter Verstoß gegen § 10 StVO vermutet. Ein enger zeitlicher und räumlicher

---

47 LG Bad Kreuznach, Urt. v. 25.7.2007 – 1 S 29/07 = zfs 2007, 559.
48 OLG Hamm, Urt. v. 21.3.2001 – 13 U 216/00 = MDR 2001, 866; OLG Köln, Urt. v. 19.3.1986 – 2 U 167/85 = NJW-RR 1986, 773; LG Detmold, Urt. v. 19.4.2000 – 2 S 19/00 = zfs 2000, 385.

B. Fahrer- und Halterhaftung bei einem Unfall mit mehreren Kraftfahrzeugen § 4

Zusammenhang mit der Einfahrt in den fließenden Verkehr ist auch dann noch zu bejahen, wenn das Fahrzeug mehrere Fahrzeuglängen zurückgelegt hat.[49] Das Einfahren endet räumlich erst dann, wenn sich das Fahrzeug endgültig in den fließenden Verkehr eingeordnet hat und jede Einflussnahme des Anfahrvorgangs auf den fließenden Verkehr ausgeschlossen ist.[50]

▼

Muster 4.21: Anscheinsbeweis bei Einfahrt in den fließenden Verkehr   61
§ 10 S. 1 StVO legt dem vom Fahrbahnrand anfahrenden bzw. dem von bestimmten Örtlichkeiten auf die Fahrbahn einfahrenden Fahrzeugführer die Verantwortung für die Gefahrlosigkeit seines Fahrmanövers grundsätzlich allein auf. Von ihm wird äußerste Sorgfalt gefordert (BGH, Urt. v. 25.4.1985 – III ZR 53/84 = VersR 1985, 835). Kommt es bei diesem Fahrmanöver zu einem Unfall mit dem fließenden Verkehr, spricht der Beweis des ersten Anscheins für einen schuldhaften Verstoß gegen § 10 StVO und die einfache Betriebsgefahr des Pkw im fließenden Verkehr tritt hinter diesem überragenden Fehlverhalten zurück (BGH, Urt. v. 20.9.2011 = VI ZR 282/10 = VersR 2011, 1540; LG Hamm, Urt. v. 27.3.2015 – I-11 U 44/14 – juris; OLG München, Urt. v. 9.11.2012 – 10 U 834/12, juris; OLG Köln, Urt. v. 13.7.2011 – 5 U 26/11 = DAR 2011, 640).

Auch in diesen Fällen verteidigt sich der Einfahrende häufig mit dem Argument, er habe zum Unfallzeitpunkt bereits gestanden. Genau wie bei derselben Situation im Zusammenhang mit einer Rückwärtsfahrt gilt aber, dass der Anscheinsbeweis zu seinen Lasten fortbesteht. Er hat im **zeitlichen und räumlichen Zusammenhang** mit der Einfahrt jegliche Gefährdung anderer Verkehrsteilnehmer auszuschließen. Die von ihm geschaffene Gefahrenlage besteht auch fort, wenn es ihm (zufällig) gelingt, kurz vor der Kollision sein Fahrzeug zum Stillstand zu bringen.   62

Eine weitere Situation, die zur Anwendung des Anscheinsbeweises führt, liegt in dem Fall vor, wenn durch ein Türöffnen eine Unfallursache geschaffen wird. Kommt es in einem örtlichen und zeitlichen Zusammenhang mit dem Öffnen der Fahrertür eines Pkw, zu einer Kollision mit einem anderen Fahrzeug, so spricht der Anscheinsbeweis für eine Verletzung der Sorgfaltspflichten aus § 14 StVO.[51]   63

▼

Muster 4.22: Anscheinsbeweis beim Türöffnen   64
Wer aus einem Fahrzeug aussteigt, hat gem. § 14 StVO die Gefährdung anderer Verkehrsteilnehmer auszuschließen. Ereignet sich ein Unfall in Verbindung mit dem Türöffnen beim Ein- bzw. Aussteigen, spricht gegen den Ein- bzw. Aussteigenden der Anscheinsbeweis bzgl. eines schuldhaften Verstoßes gegen § 14 StVO (BGH, Urt. v. 6.10.2009 – VI ZR 316/08 = VersR 2009, 1641; OLG Düsseldorf, Urt. v. 4.3.2014 – I-1 U 101/13, juris; KG Berlin, Urt. v. 22.4.2004 – 12 U 330/02 = NZV 2005, 196; OLG

---

49 OLG Hamm, Urt. v. 7.3.2014 – 9 U 210/13, juris.
50 OLG Hamm, Urt. v. 27.3.2015 – I-11 U 44/14, juris; KG, Urt. v. 27.2.2012 – 22 U 166/11 = SP 2012, 317; OLG Köln DAR 2005, 27; LG Essen, Urt. v. 5.5.2015 – 12 O 214/13, juris; LG Frankfurt, Urt. v. 25.11.2009 – 2–18 O 99/09, juris; LG Berlin SP 2002, 197.
51 KG Berlin, Beschl. v. 30.7.2009 – 12 U 175/08 = NZV 2010, 343.

Saarbrücken, Urt. v. 9.10.2007 – 4 U 80/07 = DAR 2008, 212) und begründet im Zweifel eine alleinige Haftung (LG Bochum, Urt. v. 22.10.2003 – 3 O 704/02 = SP 2004, 80).

▲

65 Häufig verteidigt sich der Aussteigende damit, dass die von ihm geöffnete Tür bereits über einen längeren Zeitraum geöffnet und als solche gut erkennbar gewesen sei. Es fehle an einer Überraschungssituation für den Unfallgegner, so dass ein Anscheinsbeweis ausscheiden würde.[52] Ein schuldhafter Verstoß gegen § 14 StVO ist in dieser Unfallsituation jedoch nicht ausgeschlossen und der Anscheinsbeweis kommt weiter zum Tragen.[53]

▼

66 **Muster 4.23: Anscheinsbeweis bei länger geöffneter Fahrzeugtür**
Gem. § 14 StVO muss sich, wer ein- oder aussteigt, so verhalten, dass eine Gefährdung anderer Verkehrsteilnehmer ausgeschlossen ist. Diese Sorgfaltsanforderung gilt für die gesamte Dauer eines Ein- oder Aussteigevorgangs, also für alle Vorgänge, die in einem unmittelbaren zeitlichen und örtlichen Zusammenhang damit stehen, wobei der Vorgang des Einsteigens erst mit dem Schließen der Fahrzeugtüre, der Vorgang des Aussteigens erst mit dem Schließen der Fahrzeugtüre und dem Verlassen der Fahrbahn beendet ist (BGH, Urt. v. 6.10.2009 – VI ZR 316/08 = VersR 2009, 1641; OLG Düsseldorf, Urt. v. 4.3.2014 – I-1 U 101/13, juris; KG Berlin, Urt. v. 22.11.2007 – 12 U 199/06 = NZV 2008, 245; OLG Hamburg, Urt. v. 11.6.2004 – 14 U 35/04 = OLGR Hamburg 2005, 84; OLG Hamm, Urt. v. 22.4.2004 – 6 U 240/03 = NZV 2004, 408). Diese Sorgfaltspflicht gilt nicht ausschließlich für solche Vorgänge, bei denen sich durch das unvorsichtige Öffnen einer Fahrzeugtür ein Überraschungsmoment für andere Verkehrsteilnehmer ergibt (BGH, Urt. v. 6.10.2009 – VI ZR 316/08 = VersR 2009, 1641; OLG Hamburg a.a.O.). Das Gesetz stellt nicht auf das überraschende Öffnen einer Fahrzeugtür ab, sondern auf das Aus- und Einsteigen als solches, da ein solcher Vorgang aus unterschiedlichen Gründen mit erheblichen Gefahren für den fließenden Verkehr verbunden sein kann. Dies ergibt sich schon daraus, dass die Sorgfaltsanforderung auch für Einsteigevorgänge gilt, bei denen der Einsteigende in der Regel für den fließenden Verkehr erkennbar ist. Bei einer bereits geöffneten Fahrzeugtür ist insbesondere auch zu verhindern, dass diese weiter aufgestoßen oder auch durch den mit der Fahrt verbundenen „Sog" des vorbeifahrenden Fahrzeug weiter geöffnet wird (BGH a.a.O.).

▲

f) Anscheinsbeweis und Abkommen auf die Gegenfahrbahn

67 Setzt ein Fahrzeugführer die entscheidende Unfallursache durch ein Abkommen auf die **Gegenfahrbahn**, spricht gegen ihn ebenfalls der Beweis des ersten Anscheins und er haftet wegen des hieraus folgenden groben Verstoßes gegen § 2 Abs. 1 StVO allein. Schlagspuren auf dem Straßenbelag können insoweit zur Unfallrekonstruktion wichtige Hinweise geben.[54]

---

52 So beispielsweise auch LG Berlin, Urt. v. 22.1.2001 – 58 S 194/00 = VersR 2002, 864.
53 BGH, Urt. v. 6.10.2009 – VI ZR 316/08 = VersR 2009, 1641.
54 *Schrickel/Nugel*, VRR 2015, Heft 6 S. 3 ff.

B. Fahrer- und Halterhaftung bei einem Unfall mit mehreren Kraftfahrzeugen § 4

▼

Muster 4.24: Anscheinsbeweis bei Abkommen auf die Gegenfahrbahn

Der Beweis des ersten Anscheins spricht für ein Verschulden des Kraftfahrers in Form eines Verstoßes gegen § 2 Abs. 1 StVO, wenn dieser ohne erkennbaren Anlass auf die Gegenfahrbahn gerät und dort mit einem entgegenkommenden Fahrzeug zusammenstößt (BGH, Urt. v. 19.11.1985 – VI ZR 176/84 = VersR 1986, 343 sowie bereits grundlegend BGH, Urt. v. 25.3.1969 – VI ZR 252/67 = VersR 1969, 636; OLG Frankfurt, Urt. v. 4.3.2014 – 15 U 144/12 = SP 2014, 295; OLG München, Urt. v. 16.5.2008 – 10 U 1701/07, juris Rn 28). Hinter der hierdurch erhöhten Betriebsgefahr des auf die Gegenfahrbahn abkommenden Fahrzeug tritt die Betriebsgefahr des entgegenkommenden Fahrzeug im vollen Umfang zurück (KG Berlin, Urt. v. 1.10.1998 – 12 U 5185/97, juris) und zwar selbst dann, wenn es sich um einen breiten Lkw handelt (OLG München a.a.O., Rn 57).

▲

3. Zurechnung schreckbedingten Fehlverhaltens

Sowohl Garantie- als auch Kardinalpflichtverletzungen der StVO vermögen die Betriebsgefahr des gegnerischen Unfallfahrzeugs nicht zu konsumieren, wenn dem Fahrzeugführer dieses Fahrzeugs seinerseits ein Verschulden zur Last fällt. Dabei ist jedoch zu beachten, dass das **„schreckbedingte Fehlverhalten"**, das erst durch den Verkehrsverstoß des Unfallgegners verursacht wird, seinerseits nicht ohne weiteres **nicht haftungsbegründend** ist.[55] Nach ständiger Rechtsprechung ist das falsche Reagieren eines Verkehrsteilnehmers dann kein Verschulden, wenn er in einer ohne sein Verschulden eingetretenen, für ihn nicht voraussehbaren Gefahrenlage keine Zeit zu ruhiger Überlegung hat und deshalb nicht das Richtige und Sachgemäße unternimmt, um den Unfall zu verhüten, sondern aus verständlicher Bestürzung objektiv falsch reagiert.[56] Ihm schadet dann nur eine völlig verfehlte Reaktion. Dies ist insbesondere bei dem Sturz eines Motorradfahrers relevant, der auf das sorgfaltswidrige Verhalten eines anderen Verkehrsteilnehmers mit einer Bremsung reagiert.[57] In der Regel wird eine solche Bremsung subjektiv vertretbar und dem Motorradfahrer damit allein kein Verschuldensvorwurf zu unterbreiten sein.[58]

▼

Muster 4.25: Unfall durch schreckbedingte Fehlreaktion

Vorliegend kann es dahinstehen, ob es sich bei dem Fahrmanöver um eine fehlerhafte Reaktion auf ▓▓▓ gehandelt hat. Nach ständiger Rechtsprechung ist das falsche Reagieren eines Verkehrsteilnehmers dann kein Verschulden, wenn er in einer ohne sein Verschulden eingetretenen, für ihn nicht voraussehbaren Gefahrenlage keine Zeit zu ruhiger Überlegung hat und deshalb nicht das Richtige und Sachgemäße unternimmt, um den Unfall zu verhüten, sondern aus verständlicher Bestürzung objektiv falsch reagiert

---

55 BGH, Urt. v. 25.4.1960 – III ZR 75/59 = VersR 1960, 850, 851, 907, 908.
56 Z.B. im Fall eines geplatzten Reifens – vgl. BGH, Urt. v. 16.3.1976 – VI ZR 62/75 = DAR 1976, 184; bei der Reaktion eines Motorradfahrers vgl. OLG Düsseldorf, Urt. v. 10.0.2008 – I-1 U 188/07 – veröffentlicht über Juris; zur „falschen Reaktion" des Geschädigten vgl. auch OLG Köln, Urt. v. 14.5.1981 – 14 U 222/77 = VersR 1983, 44.
57 OLG Düsseldorf, Urt. v. 1.10.2003 – 1 U 206/00 = SP 2002, 171.
58 OLG Düsseldorf, Urt. v. 20.2.2006 – 1 U 137/05 = NZV 2006, 415.

(bereits grundlegend BGH, Urt. v. 16.3.1976 – VI ZR 62/75 = DAR 1976, 185; OLG Düsseldorf, Urt. v. 1.10.2003 – 1 U 206/00 = SP 2002, 171). Selbst wenn es sich um eine Schreckreaktion in plötzlicher und unverschuldeter Gefahr gehandelt haben sollte, so wäre eine solche Reaktion auch dann nicht vorwerfbar, wenn aus nachträglicher Sicht ein anderes Verhalten zweckmäßiger gewesen wäre (OLG Düsseldorf, Urt. v. 20.2.2006 – 1 U 137/05 = NZV 2006, 415).

▲

4. Sonderfall: Halter und Eigentümer des Kfz fallen auseinander

71 Die Zurechnung eines Fehlverhaltens des Fahrers bzw. der vom Fahrzeug ausgehenden Betriebsgefahr nach § 17 StVG erfolgt jedoch nur gegenüber dem Halter, nicht jedoch gegenüber dem Eigentümer. Dies ist insbesondere in den Fällen von Bedeutung, bei denen ein **geleastes Fahrzeug** im Sicherungseigentum des Leasinggebers verbleibt, der Leasingnehmer aber über den Einsatz bestimmt und die laufenden Kosten trägt, mithin als Halter anzusehen ist.[59] Hier fallen Eigentümer und Halterstellung auseinander.

a) Urteile des BGH

72 Für diese Konstellation hat der BGH mit Urt. v. 10.7.2007[60] wiederholt hervorgehoben und weiter bestätigt,[61] dass der Leasinggeber sich als Eigentümer ein Verschulden des Fahrzeugführers weder über § 17 StVG noch § 9 StVG zurechnen lassen muss. Eine Zurechnung ergibt sich im Übrigen auch nicht aus § 254 BGB, da der Fahrer des Leasingfahrzeugs i.d.R. nicht Erfüllungsgehilfe des Leasinggebers ist.

b) Einzelne Unfallvarianten

73 Ausgehend von diesen Urteilen zeigt sich, dass ggf. zwischen den einzelnen Unfallkonstellationen zu unterscheiden ist, damit beurteilt werden, kann ob dem nicht haltenden Eigentümer gegenüber Einwendungen zu einer Mithaftung dem Grunde nach erhoben werden können. Angesichts der besonderen Bedeutung des Kfz-Leasings wird der nicht haltende Eigentümer im Folgenden als Leasinggeber angeführt. Die andere Partei des Verkehrsunfalls wird schlicht als Unfallgegner bezeichnet.

74 Kann nur dem Fahrer des gegnerischen Fahrzeugs ein Verschulden nachgewiesen werden, steht dem Leasinggeber ein Schadensersatzanspruch aus § 823 Abs. 1 BGB zu. Er muss sich in diesem Fall die von seinem Fahrzeug ausgehende Betriebsgefahr nicht entgegenhalten lassen.

---

59 BGH, Urt. v. 22.3.1983 – VI ZR 108/81 = NJW 1983, 1492.
60 BGH, Urt. v. 10.7.2007 – VI ZR 199/06 = VersR 2007, 1387.
61 BGH, Urt. v. 7.10.2010 – VI ZR 288/09 = zfs 2011, 196.

B. Fahrer- und Halterhaftung bei einem Unfall mit mehreren Kraftfahrzeugen §4

▼

Muster 4.26: Keine Zurechnung bei Anspruch des Leasinggebers aus § 823 BGB
Es besteht ein Ersatzanspruch aus § 823 Abs. 1 BGB wegen eines schuldhaften Verstoßes gegen die StVO. Dabei ist zu berücksichtigen, dass vorliegend nicht der Leasinggeber, sondern der Leasingnehmer als Halter des unfallbeteiligten Fahrzeug anzusehen ist (BGH, Urt. v. 22.3.1983 – VI ZR 108/81 = NJW 1983, 1492). Diesem Ersatzanspruch, der dem Leasinggeber zusteht, kann ihm gegenüber weder ein Verschulden des Fahrzeugführers noch eine Betriebsgefahr entgegengehalten werden (BGH, Urt. v. 7.12.2010 – VI ZR 288/09 = zfs 2011, 196; BGH, Urt. v. 10.7.2007 – VI ZR 199/06 = VersR 2007, 1387).

▲

Ein ähnliches Bild ergibt sich, wenn beide Fahrzeugführer nachweislich ein Verschulden trifft. Auch in diesem Fall ändert sich nichts daran, dass dem Leasinggeber ein Schadensersatzanspruch aus § 823 Abs. 1 BGB zusteht und er sich dabei das Verschulden seines Fahrzeugführers nicht entgegenhalten lassen muss. Auf die Frage, ob der Leasinggeber sich bei einem auf § 7 StVG gestützten Schadensersatzanspruch das Verschulden seines Fahrers zurechnen lassen muss, kommt es dann nicht an, und diese Frage kann vom Gericht ggf. offen gelassen werden.[62]

Trifft den Fahrer des Leasingfahrzeugs dagegen allein ein Verschuldensvorwurf, steht dem Leasinggeber kein Schadensersatzanspruch aus § 823 BGB zu. Ihm kann dann nur noch ggf. ein Ersatzanspruch aus § 831 BGB helfen. Ansonsten stellt sich die Frage, ob der Leasinggeber sich bei einem Schadensersatzanspruch aus § 7 StVG ein Verschulden des eigenen Fahrzeugführers nach § 9 StVG entgegenhalten lassen muss.

▼

Muster 4.27: Mithaftung des Leasinggebers über § 9 StVG
Der Leasinggeber, der nicht zugleich Fahrzeughalter ist, muss sich – auch nach der aktuellen BGH Rechtsprechung wie jeder andere Anspruchssteller – bei der Geltendmachung möglicher Ansprüche aus der Gefährdungshaftung gemäß StVG das (Mit-) Verschulden des Fahrzeugführers nach § 9 StVG, § 254 BGB zurechnen lassen (BGH, Urt. v. 7.12.2010 – VI ZR 288/09 = zfs 2011, 196; LG Berlin, Urt. v. 30.4.2008 – 58 S 296/07 = NZV 2009, 244; so bereits auch OLG Celle, Urt. v. 27.9.2001 – 14 U 296/00 und OLG Hamm, Urt. v. 30.5.1996 – 6 U 16/96 = r+s 1996, 339). Der Bundesgerichtshof hat zwar entschieden, dass ein Leasinggeber, der nicht Halter des Kraftfahrzeugs ist, sich bei einem Anspruch aus § 823 BGB keinerlei Einwendungen, die ein Fehlverhalten des Leasingnehmers oder Fahrers betreffen, entgegenhalten lassen müsste. Hieraus folgt jedoch umgekehrt, dass der Anwendungsbereich des § 9 StVG im Rahmen der Gefährdungshaftung der §§ 7 Abs. 1, 18 Abs. 1 S. 1 StVG nicht einzuschränken ist (LG Berlin a.a.O.).

▲

Ist keinem der beteiligten Fahrzeugführer ein Verschulden nachweisbar und greift auch § 831 BGB als Anspruchsgrundlage nicht ein, kann dem Leasinggeber lediglich ein

---

62 OLG Bamberg, Urt. v. 3.6.2008 – A5 U 208/07, juris.

Schadensersatzanspruch aus § 7 StVG und § 18 StVG zustehen. Es kommt dann zur Haftungsabwägung nach § 17 Abs. 1, 2 StVG, es sei denn, für den Fahrer des Unfallgegners war der Unfall nachweislich unabwendbar. Für die Abwägung nach § 17 Abs. 1, 2 StVG hat der BGH[63] jedoch entschieden, dass der nicht haltende Leasinggeber sich eine Betriebsgefahr seines Kfz nicht entgegenhalten lassen muss. Zwar wird in der Literatur die Auffassung vertreten, dem Leasinggeber würde über § 9 StVG bei einem unaufklärbaren Unfallhergang die verbleibende Betriebsgefahr seines Fahrzeugs anzurechnen sein.[64] Diese Auffassung verkennt jedoch, dass § 9 StVG ein Verschulden des Verletzten, d.h. somit des Eigentümers oder aber des Gewahrsamsinhabers voraussetzt. In diesem Fall, aber auch nur dann, ist eine umfassende Abwägung geboten, bei der auch die Betriebsgefahr neben einem Verschulden zu berücksichtigen ist. Fehlt es jedoch an einem Verschulden, gelangt § 9 StVG nicht zur Anwendung. Dem Leasinggeber kann in diesen Fällen bzgl. der Haftung dem Grunde nach kein Mithaftungseinwand erhoben werden. Dem Unfallgegner bleibt nur der Unabwendbarkeitsbeweis des § 17 Abs. 3 StVG.

III. Quotenbildung bei einzelnen Verkehrssituationen

80 Scheidet die Alleinhaftung eines der Unfallbeteiligten aus, ist unter Berücksichtigung der beiderseitigen Haftungs- und Verschuldensanteile eine Quote zu bilden. Trotz aller Versuche einer Schematisierung der beiderseitigen Tatbeiträge lassen sich nicht alle denkbaren Haftungskonstellationen tabellarisch erfassen. Die Quotelung ist vielmehr von Fall zu Fall zu entscheiden.

81 Für eine Darstellung wird von vier Grundsituationen bei Zusammenstößen von zwei Kraftfahrzeugen ausgegangen:
1. Zusammenstößen auf Kreuzungen mit einem Kfz des Querverkehrs
2. Zusammenstöße mit einem Kfz des Gegenverkehrs
3. Zusammenstöße zwischen Kfz im gleichgerichteten Verkehr
4. Sonderkonstellation: Kettenauffahrunfall und Parkplatzunfälle

1. Zusammenstoß auf Kreuzungen mit Kfz des Querverkehrs

a) Verkehrsregelung durch eine Lichtzeichenanlage

82 Ist zwischen den Parteien umstritten, welcher Fahrzeugführer bei Grün eingefahren ist und kann dies nicht aufgeklärt werden, verbleibt es bei den Betriebsgefahren der beteiligten Fahrzeuge und es ist eine Haftungsteilung auf Basis von 50 % anzunehmen.[65]

---

63 BGH, Urt. v. 26.11.1985 – VI ZR 149/84 = NJW 1986, 1044.
64 *Tomson*, NZV 2009, 577.
65 OLG Karlsruhe, Urt. v. 12.10.2001 – 10 U 126/01 = OLGR Karlsruhe 2002, 61.

B. Fahrer- und Halterhaftung bei einem Unfall mit mehreren Kraftfahrzeugen § 4

Muster 4.28: Einwand der Erfüllung bei ungeklärter LZA
Selbst wenn ein Rotlichtverstoß nicht nachgewiesen werden kann, ist die von der Beklagtenseite vorgenommene Regulierung nicht zu beanstanden. In diesem Fall verbleibt es bei zwei als gleich groß anzusetzenden Betriebsgefahren und es ist eine Haftungsteilung in Höhe von 50 % vorzunehmen (OLG Karlsruhe, Urt. v. 12.10.2001 – 10 U 126/01 = OLGR Karlsruhe 2002, 61).

83

▲

Ein Fall **überragenden Fehlverhaltens** liegt dagegen vor, wenn der Querverkehr bei Rot oder auch der letzten Gelbphase in den Kreuzungsbereich einfährt, obwohl er rechtzeitig hätte anhalten können. Trifft den Einfahrenden kein Verschulden, liegt ein überragendes Fehlverhalten vor, welches jegliche Betriebsgefahr des bei Grün anfahrenden Kfz des Unfallgegners konsumiert.[66] Der bei Rot Einfahrende **haftet grundsätzlich alleine**.[67] Dies gilt auch gegenüber einer Straßenbahn, deren Fahrzeugführer unter Rücksichtnahme auf eine den Unfall vermeidende Notbremsung verzichtet.[68] Gleiches gilt, wenn der Querverkehr in die Kreuzung in der **allerletzten Gelbphase** einfährt und es dann zur Kollision mit dem bei Grün anfahrenden Verkehr kommt.

84

Muster 4.29: Alleinhaftung bei Rotlichtverstoß
Wer bei roter LZA in den Kreuzungsbereich einfährt, begeht einen schwerwiegenden Verstoß gegen § 37 StVO. Hinter diesem überragenden Fehlverhalten tritt die Betriebsgefahr des im Querverkehr einfahrenden Fahrzeugs in vollem Umfang zurück (OLG München, Urt. v. 9.5.2014 – 10 U 3652/13 = VRR 2014, 322; OLG Hamm, Urt. v. 20.3.1996 – 32 U 108/95 = OLGR Hamm 1996, 97; OLG Frankfurt, Urt. v. 22.9.1993 – 9 U 75/92 = DAR 1994, 21).

85

Je nach den Abstufungen der Verursachungs- und Verschuldensbeiträge kann sich dann die Quote zu Lasten des Einfahrenden verschieben. Ihn trifft dann ein erheblicher Haftungsanteil, wenn er mit einem sog. fliegenden Start in die Kreuzung einfuhr. Treffen ein „**fliegender Start**" und ein Rotlichtverstoß des Querverkehrs zusammen, so bleibt jedoch mit 75 % der überwiegende Haftungsanteil bei dem Querverkehr bestehen. Die Mithaftung des Querverkehrs ergibt sich dabei unter dem Gesichtspunkt der durch die durchgehende Einfahrt erhöhten Betriebsgefahr. Zusätzlich kann dabei auch noch ein Verschulden eingreifen: Das Grünlicht entbindet nach § 37 Abs. 2 Nr. 1 S. 5 StVO nicht von jeglicher Sorgfaltspflicht, so dass sich insbesondere derjenige, der eine Lichtzeichenanlage kurz nach dem Umschalten auf „Grün" passiert („fliegender Start") nicht ohne weiteres darauf verlassen darf, dass der Kreuzungsbereich bereits frei ist und keine Nachzügler die Kreuzung noch überqueren wollen. Das Hineinfahren in eine unüber-

86

---

66 Ebenso die Münchener Quotentabelle: *Brüseken/Krumbholz/Thiermann*, NZV 2000, 443.
67 OLG Hamm, Urt. v. 20.3.1996 – 32 U 108/95 = OLGR Hamm 1996, 97; OLG Frankfurt, Urt. v. 22.9.1993 – 9 U 75/92 = DAR 1994, 21; OLG München, Urt. v. 9.5.2014 – 10 U 3652/13 = VRR 2014, 322; LG Düsseldorf, Urt. v. 1.4.2015 – 16 O 284/13, juris.
68 LG Karlsruhe, Urt. v. 30.1.2009 – 6 O 332/06 – veröffentlicht über Juris.

§ 4 Quotenbildung

sichtliche Kreuzung mit fliegendem Start ist nur erlaubt, wenn sich der Einfahrende vorher davon überzeugt hat, dass die Kreuzung von bevorrechtigtem Querverkehr frei ist.[69] Jedoch ist von dem bei „Grün" Anfahrenden nicht zu fordern, dass er auch noch den Bereich hinter der Ampelanlage des Querverkehrs beobachtet; insoweit kann er darauf vertrauen, dass diejenigen Verkehrsteilnehmer, die sich in diesem Bereich befinden, das Haltegebot der Rotlicht zeigenden Ampel beachten werden. Fahrlässig handelt der Fahrzeugführer jedoch, wenn er bei Einsetzen des grünen Lichtes trotz Sichtbehinderung mit unvermindert hoher Geschwindigkeit in eine verkehrsreiche Kreuzung einfährt.[70]

87 **Muster 4.30: Mithaftung trotz Rotlichtverstoß bei fliegendem Start**
Selbst wenn der Querverkehr bei einer Rot anzeigenden Lichtzeichenanlage in die Kreuzung einfährt, verbleibt bei dem Anfahrenden mit einem „fliegenden Start" ein Haftungsanteil, der i.d.R. mit 25 % zu beurteilen ist (OLG Zweibrücken, Urt. v. 19.12.1980 – 1 U 98/08 = VersR 1981, 581; KG Berlin, Urt. v. 14.12.1978 – 12 U 2666/78 = VersR 1979, 356). Auch ohne Verschulden ist die Betriebsgefahr des im Wesentlichen mit unverminderter Geschwindigkeit weiterfahrenden Fahrzeugs bereits deshalb erhöht, weil die Wahrscheinlichkeit, dass diese Einfahrt zu einem Verkehrsunfall führt verhältnismäßig groß. Dies deshalb, da es recht häufig vorkommt, dass Teilnehmer des Querverkehrs noch bei gerade beginnendem „Rot" in die Kreuzung gelangen. Zudem muss noch mit möglichen Verkehrsteilnehmern gerechnet werden, welche die Kreuzung erst allmählich „räumen" (OLG Hamm, Urt. v. 25.4.2002 – 27 U 200/01 = SP 2002, 407).

88 Eine besondere und schwierig zu beurteilende Konstellation liegt vor, wenn der An- bzw. Einfahrende mit einem im Kreuzungsraum verbliebenen Fahrzeug des Querverkehrs kollidiert.[71] Bei diesen Konstellationen kommt es auf den jeweiligen Einzelfall an; die Grundsätze des Anscheinsbeweises kommen dabei i.d.R. weder der einen noch der anderen Seite zu gute.[72]

89 Dabei ist in erster Linie zwischen einem sog. berechtigten (echten) und unberechtigten (unechten) Kreuzungsräumer zu unterscheiden.

90 Die Einstufung als **echter Kreuzungsräumer** setzt voraus, dass der Querverkehr berechtigt in die Kreuzung über den für ihn geltenden Haltebalken hinaus eingefahren ist und im eigentlichen Kreuzungsbereich nunmehr ein Hindernis für den anfahrenden Verkehr darstellt. In dieser Situation kommt dem Kreuzungsräumer in entsprechender Anwendung des § 11 Abs. 1 StVO ein Vorrangrecht gegenüber den Anfahrenden zu (obwohl dessen LZA Grün zeigt), welche dem Kreuzungsräumer das Eingliedern in den anfahrenden Verkehrsfluss zu ermöglichen haben. Ein Vorrangrecht steht dem Querverkehr je-

---

69 OLG Hamm, Urt. v. 25.4.2002 – 27 U 200/01 = SP 2002, 407.
70 BGH, Urt. v. 14.4.1961 – 152/60 = MDR 1961, 589.
71 Im Überblick: *Nugel*, DAR 2008, 548, 551.
72 LG Hamburg, Urt. v. 7.4.2004 – 331 S 22/04 = DAR 2004, 397; anders AG Hamburg-Altona, Urt. v. 30.12.2003 – 316 C 347/03 = DAR 2004, 157 mit einem Anscheinsbeweis zugunsten des bei Grün in die Kreuzung einfahrenden Verkehrsteilnehmers.

B. Fahrer- und Halterhaftung bei einem Unfall mit mehreren Kraftfahrzeugen § 4

doch nur zu, wenn er berechtigt in die Kreuzung eingefahren ist. Unberechtigt ist dagegen eine Einfahrt bei Rot oder Spätgelb bzw. zu einem Zeitpunkt, zu dem der Fahrzeugführer bereits erkennen kann, dass er die Kreuzung nicht vor dem Anfahren räumen kann.[73]

▼

Muster 4.31: Vorrang des Kreuzungsräumers   91

Wer bei grünem Licht in die Kreuzung einfährt und dort aufgrund des Verkehrsfluss vor einem Abbiegevorgang zum Stehen kommt, dem steht nach § 11 Abs. 1 StVO ein Vorrangrecht vor dem anfahrenden Verkehr als sog. Kreuzungsräumer zu (Grundlegend: BGH, Urt. v. 9.11.1976 – VI ZR 264/75 = NJW 1977, 1394; OLG Köln, Urt. v. 21.11.1986 – Ss 659/86 = VRS 72, 212). Ein Kraftfahrer, der bei Grünlicht sodann im Querverkehr in Kreuzung einfahren will, hat zunächst dem in der Kreuzung „hängengebliebenen" Querverkehr als Kreuzungsräumer die Möglichkeit zu geben, die Kreuzung zu verlassen (BGH, Urt. v. 11.5.1971 – VI ZR 11/70 = NJW 1971, 1407). Das Hineinfahren in eine Kreuzung ist nur erlaubt, wenn sich der Einfahrende vorher davon überzeugt hat, dass die Kreuzung von bevorrechtigtem Querverkehr frei ist (OLG Hamm, Urt. v. 25.4.2002 – 27 U 200/01 = SP 2002, 407). Verstößt er gegen diese Pflicht haftet er zumindest überwiegend zu 2/3 (OLG Karlsruhe, Urt. v. 15.10.2012 – 1 U 66/12 = BeckRS 2013, 02390; KG Berlin, Urt. v. 28.6.2004 – 12 U 94/03 = DAR 2004, 700), bei einem schwerwiegenden Verstoß mit zumindest 80 % (OLG Hamm, Urt. v. 17.1.2003 – 9 U 112/02 = NZV 2003, 573).

▲

Befindet sich der Querverkehr noch nicht im eigentlichen Kreuzungsbereich oder in einem sog. Schattenraum, innerhalb dessen er den anfahrenden Verkehr nicht behindert, ist er nach überwiegender Auffassung in der Rechtsprechung nicht als berechtigter Kreuzungsräumer anzusehen[74] (sog. **unechter Kreuzungsräumer**). Nach anderer Auffassung kommt als Kreuzungsräumer jedem das Vorrangrecht zu, der bei grünem Ampellicht in den eigentlichen Kreuzungsbereich eingefahren ist; jedenfalls genügt auch nur eine geringfügige mögliche Behinderung, um ihm ein Vorrangrecht einzuräumen.[75] Zum eigentlichen Kreuzungsbereich, den der Querverkehr nach beiden Auffassungen zumindest erreicht haben muss, zählt der gesamte Verkehrsraum, der durch die Fluchtlinien der sich kreuzenden Fahrbahnen bestimmt wird.[76]   92

Hieraus ergeben sich folgende Haftungsquoten als grobe Richtlinie: 93

Hätte der Anfahrende den bevorrechtigten Kreuzungsräumer bei Beachtung der gebotenen Sorgfalt erkennen können, trifft ihn nachweisbar ein (leichtes) Verschulden und im Zweifel die überwiegende Haftung. Der bevorrechtigte Kreuzungsräumer befindet sich

---

73 *Burghart*, DAR 2001, 218.
74 OLG Hamm, Urt. v. 2.5.2005 – 6 U 193/04 = MDR 2006, 203 = NZV 2005, 411; OLG Hamburg, Urt. v. 18.2.2000 – 14 U 266/98 = DAR 2001, 217; OLG Koblenz, Urt. v. 8.9.1997 – 12 U 1355/96 = NZV 1998, 465; OLG Düsseldorf, Urt. v. 30.6.1997 – 1 U 185/96 = VersR 1997, 1251; OLG München, Urt. v. 27.10.1994 – 24 U 178/94 = OLGR München 1995, 38 = zfs 1995, 169; LG Hamburg, Urt. v. 7.4.2004 – 331 S 22/04 = DAR 2004, 397.
75 KG Berlin, Urt. v. 27.9.2004 – 12 U 270/02 = KGR Berlin 2005, 98.
76 OLG Hamm, Urt. v. 2.5.2005 – 6 U 193/04 = MDR 2006, 203 = NZV 2005, 411; OLG Hamburg, Urt. v. 18.2.2000 – 14 U 266/98 = DAR 2001, 217.

aber in einer derart exponierten Verkehrssituation mit besonderen Gefahrenmomenten, dass zu seinen Lasten eine erhöhte Betriebsgefahr[77] zu berücksichtigen ist und i.d.R. eine Mithaftung begründet. Auch der bevorrechtigte Kreuzungsräumer ist gehalten, bei der Weiterfahrt auf den einsetzenden Verkehr zu achten.[78] Ggf. muss er sich durch den Kreuzungsbereich hindurchtasten und die Verständigung mit dem herannahenden Verkehr suchen.[79] In der Rechtsprechung werden diese Fallkonstellationen zwischen einem berechtigten Kreuzungsräumer und einem anfahrenden Kfz i.d.R. mit einer Haftung von 2/3 zu Lasten des Anfahrenden und 1/3 zu Lasten des Kreuzungsräumers beurteilt.[80] Ist zu Lasten des Kreuzungsräumers zusätzlich auch ein Verschulden zu berücksichtigen, da er beispielsweise auf den deutlich erkennbaren, zügig anfahrenden Verkehr nicht reagiert hat, kann sein Mithaftungsanteil bis zu 50 % ansteigen.[81]

▼

94 **Muster 4.32: Mithaftung des bevorrechtigten Kreuzungsräumers**
Selbst wenn eine Stellung als bevorrechtigter Kreuzungsräumer unterstellt wird, ist unter dem Gesichtspunkt eines Verschuldens, zumindest aber einer erhöhten Betriebsgefahr eine erhebliche Mithaftung gegeben. Auch der berechtigte Kreuzungsräumer ist gehalten, bei der Weiterfahrt auf den einsetzenden Verkehr zu achten (OLG München, Urt. v. 27.10.1994 – 24 U 178/94 = zfs 1995, 169) und muss sich durch den Kreuzungsbereich hindurchtasten sowie die Verständigung mit dem herannahenden Verkehr suchen. Und selbst wenn eine Beachtung dieser erhöhten Sorgfalt angenommen wird, verbleibt alleine Mithaftung, die sich unter dem Gesichtspunkt der erhöhten Betriebsgefahr wegen der exponierten Stellung im Kreuzungsbereich ergibt (OLG Hamm, Urt. v. 2.5.2005 – 6 U 193/04 = MDR 2006, 203). Eine Mithaftung in Höhe von 50 % ist daher zumindest zu berücksichtigen (KG Berlin, Urt. v. 26.5.2003 – 12 U 319/01 = DAR 2003 516; OLG München, Urt. v. 27.10.1994 – 24 U 178/94 = zfs 1995, 169).

▲

95 Steht dem Kreuzungsräumer dagegen kein Vorrangrecht zu, weil er bei Spätgelb bzw. Rot in die Kreuzung eingefahren ist oder er sich in einem geschützten Schattenraum befindet und von dort unter Verstoß gegen die §§ 11 Abs. 1, 1 Abs. 2 StVO weiter fährt, ändert sich die Haftungsquote grundlegend. In diesen Fällen trifft ihn die überwiegende, wenn nicht gar die alleinige Haftung. Zu berücksichtigen ist allerdings, dass der Anfahrende immer noch das Gebot der Rücksichtnahme zu beachten hat und auch im Hinblick auf mögliche „unechte Kreuzungsräumer" besonders aufmerksam und bremsbereit zu fahren hat.[82] Sofern ihm insoweit ein schuldhafter Verstoß gegen § 1 Abs. 2 StVO nachgewiesen wird, trifft den Anfahrenden ein Mithaftungsanteil, der in der Regel 1/3

---

77 OLG Hamm, Urt. v. 2.5.2005 – 6 U 193/04 = MDR 2006, 203 = NZV 2005, 411.
78 OLG München, Urt. v. 27.10.1994 – 24 U 178/94 = zfs 1995, 169.
79 AG Hamburg-Altona, Urt. v. 30.12.2003 – 316 C 347/03 = DAR 2004, 157.
80 KG Berlin, Urt. v. 28.6.2004 – 12 U 94/03 = DAR 2004, 700; KG Berlin, Urt. v. 26.5.2003 – 12 U 319/01 = DAR 2003, 516.
81 KG Berlin, Urt. v. 26.5.2003 – 12 U 319/01 = DAR 2003 516; OLG München, Urt. v. 27.10.1994 – 24 U 178/94 = zfs 1995, 169.
82 OLG Hamburg, Urt. v. 14.7.2000 – 14 U 175/99 = OLGR Hamburg 2001, 22.

betragen wird, jedoch bei einem groben Verstoß gegen das Rücksichtnahmegebot auf bis zu 50 %[83] ansteigen kann.

▼

Muster 4.33: Mithaftung des Anfahrenden gegenüber dem unechten Kreuzungsräumer 96
Selbst wenn eine fehlende Vorrangstellung als berechtigter Kreuzungsräumer unterstellt wird, ist zu beachten, dass der Anfahrende immer noch das Gebot der Rücksichtnahme zu beachten hat und auch im Hinblick auf mögliche „unechte Kreuzungsräumer" besonders aufmerksam und bremsbereit zu fahren hat, da auch „unechte" Kreuzungsräumer erfahrungsgemäß dazu neigen, doch noch dem Querverkehr zuvorzukommen und in den eigentlichen Kreuzungsbereich einzufahren. Den anfahrenden Verkehrsteilnehmer trifft dann eine Mithaftung von zumindest 50 % (OLG Hamburg OLGR Hamburg 2001, 22).

▲

b) Kreuzungen ohne Lichtzeichenanlage

Wer im unbeampelten Kreuzungsbereich dem Bevorrechtigten die Vorfahrt nimmt, haftet 97
im Zweifel allein.[84] Dieses überragende Fehlverhalten verdrängt jegliche „einfache" Betriebsgefahr des Unfallgegners.[85] Der schuldhafte Verstoß des Wartepflichtigen gegen § 8 StVO wird im Wege des **Anscheinsbeweises** vermutet.[86] Kann der Wartepflichtige nicht sehen, ob er bei der Einfahrt einen Vorfahrtsberechtigten gefährdet oder wesentlich behindert, darf er sich nur vorsichtig in die Kreuzung und nur zentimeterweise bis zu dem Punkt **hineintasten**, an dem er die erforderliche Übersicht erlangt.[87]

Auch eine **erhöhte Geschwindigkeit** des Vorfahrtsberechtigten ist grundsätzlich geeig- 98
net, den Anscheinsbeweis zu erschüttern, sofern der Vorfahrtsberechtigte im erheblichen Umfang zu schnell gefahren ist und sich dies ursächlich auf den Verkehrsunfall ausgewirkt hat.[88] Die entsprechende Beweislast trägt der Wartepflichtige. Die Wartepflicht und der daraus resultierende Anscheinsbeweis gelten aber nur in den Fällen, bei denen das bevorrechtigte Fahrzeug in dem Augenblick des Einfahrens für den Wartepflichtigen sichtbar gewesen ist.[89] Die fehlende Sichtbarkeit hat der Wartepflichtige in vollem Umfang zu beweisen, um die Voraussetzungen für einen Anscheinsbeweis zu entkräften.[90] Kann der Wartepflichtige nicht sehen, ob er bei der Einfahrt einen Vorfahrtsberech-

---

83 OLG Hamburg a.a.O.
84 BGH, Urt. v. 4.1.1966 – VI ZR 152/64 = VersR 1966, 264; OLG München, Urt. v. 29.7.1998 – 20 U 3498/98 = NJW-RR 1999, 909; OLG Köln, Urt. v. 7.7.1995 – 19 U 252/94 = VRS 90, 343.
85 Ebenso die Münchener Quotentabelle: *Brüseken/Krumbholz/Thiermann*, NZV 2000, 443.
86 KG Berlin, Urt. v. 22.2.2001 – 12 U 7599/99 = VersR 2002, 998; OLG Hamm, Urt. v. 15.8.2000 – 9 U 27/00 = DAR 2001, 506.
87 BGH, Urt. v. 21.5.1985 – VI ZR 201/83 = NJW 1985, 2757; KG Berlin, Urt. v. 17.1.2000 – 12 U 6678/98 = NZV 2000, 377.
88 BGH, Urt. v. 21.1.1986 – VI ZR 35/85 = DAR 1986, 142; KG Berlin, Urt. v. 21.6.2001 – 12 U 1147/00 = DAR 2002, 66 = NZV 2002, 79; OLG Koblenz, Urt. v. 11.4.1988 – 12 U 559/87 = VersR 1989, 1310.
89 BGH, Urt. v. 18.9.1984 – VI ZR 289/82 = VersR 1984, 1147; OLG Hamm, Urt. v. 2.2.2000 – 13 U 155/99 = DAR 2001, 362; OLG Celle, Urt. v. 2.12.2004 – 14 U 63/04 = OLGR Celle 2005, 51; OLG München, Urt. v. 13.2.1996 – 5 U 2060/95 = VersR 1998, 733.
90 OLG München, Urt. v. 13.2.1996 – 5 U 2060/95 = zfs 1997, 245.

tigten gefährdet oder wesentlich behindert, darf er sich nur vorsichtig in die Kreuzung bis zu dem Punkt hineintasten, an dem er die erforderliche Übersicht erlangt.[91]

99 Auch eine erhöhte Geschwindigkeit des Vorfahrtsberechtigten ist grundsätzlich geeignet, den Anscheinsbeweis zu erschüttern, sofern der Vorfahrtsberechtigte im erheblichen Umfang zu schnell gefahren ist und sich dies ursächlich auf den Verkehrsunfall ausgewirkt hat.[92] Die entsprechende Beweislast trägt der Wartepflichtige. Der Vorfahrtsberechtigte darf jedenfalls grundsätzlich mit der zulässigen Höchstgeschwindigkeit in den Kreuzungsbereich einfahren, solange er keine andere Veranlassung hat.[93] Er verstößt aber gegen das Gebot des Fahrens auf Sicht, wenn er in einem unübersichtlichen Kreuzungsbereich seine Geschwindigkeit nicht der für ihn einsehbaren Strecke anpasst.[94]

▼

100 **Muster 4.34: Erschütterung Anscheinsbeweis wegen Vorfahrtsverletzung**
Ein eventuell bestehender Anscheinsbeweis wegen einer behaupteten Vorfahrtsverletzung ist vorliegend erschüttert. Die Wartepflicht und der daraus resultierende Anscheinsbeweis gelten nämlich nur in den Fällen, bei denen das bevorrechtigte Fahrzeug in dem Augenblick des Einfahrens für den Wartepflichtigen sichtbar gewesen ist (bereits grundlegend: BGH, Urt. v. 18.9.1984 – VI ZR 289/82 = VersR 1984, 1147; vgl. auch OLG Hamm, Urt. v. 2.2.2000 – 13 U 155/99 = DAR 2001, 362 und OLG Celle, Urt. v. 2.12.2004 – 14 U 63/04 = OLGR Celle 2005, 51). Wenn dies – wie hier vorliegend – nicht der Fall ist, kann dem Wartepflichtigen kein schuldhafter Verstoß gegen die Wartepflicht vorgeworfen werden Dies ist insbesondere dann der Fall, wenn der vorfahrtsberechtigte Fahrzeugführer wegen einer erheblichen Überschreitung der zulässigen Höchstgeschwindigkeit zum Zeitpunkt des Einfahrtentschlusses nicht erkennbar gewesen ist (BGH, Urt. v. 21.1.1986 – VI ZR 35/85 = DAR 1986, 142; KG Berlin, Urt. v. 21.6.2001 – 12 U 1147/00 = DAR 2002, 66). In dem Fall einer solch gravierenden Geschwindigkeitsübertretung haftet der „Vorfahrtsberechtigte" alleine (OLG Saarbrücken, Urt. v. 4.2.2003 – 3 U 103/02–14 = DAR 2004, 93; OLG Hamm, Urt. v. 2.2.2000 = 13 U 155/99 =DAR 2001, 362; KG Berlin, Urt. v. 22.6.1992 – 12 U 7008/91 = DAR 1992, 433).

▲

101 In den Fällen einer sog. **halben Vorfahrt**, d.h. den Vorfahrtsberechtigten trifft seinerseits nach rechts eine Wartepflicht, kann ein Mithaftungsanteil des Vorfahrtsberechtigten in Höhe von 20 % bereits unter dem Gesichtspunkt der durch die Einfahrt erhöhten Betriebsgefahr angemessen sein.[95] Dies gilt erst recht, wenn auch der Vorfahrtsberechtigte seinerseits gegen die StVO verstößt. Der Vorfahrtsberechtigte muss gem. § 8 Abs. 2 S. 1 StVO mit mäßiger Geschwindigkeit auf die Kreuzung zu fahren und hat die Annährungsgeschwindigkeit zu wahren, die notwendig ist, um seinerseits sein Vorfahrtsrecht

---

91 BGH, Urt. v. 21.5.1985 – VI ZR 201/83 = NJW 1985, 2757; KG Berlin, Urt. v. 17.1.2000 – 12 U 6678/98 = NZV 2000, 377.
92 BGH, Urt. v. 21.1.1986 – VI ZR 35/85 = DAR 1986, 142; KG, Berlin, Urt. v. 21.6.2001 – 12 U 1147/00 = DAR 2002, 66; OLG Koblenz, Urt. v. 11.4.1988 – 12 U 559/87 = VersR 1989, 1310.
93 BGH, Urt. v. 11.1.1977 – VI ZR 268/74 = VersR 1977, 524; KG Berlin, Urt. v. 21.6.2001 – 12 U 1147/00 = DAR 2002, 66 = NZV 2002, 79.
94 OLG München, Urt. v. 13.2.1996 – 5 U 2060/95 = VersR 1998, 733, 245; OLG Koblenz, Urteil v. 15.6.1992 – 12 U 462/92 = VersR 1993, 1169.
95 So auch die Münchener Quotentabelle: *Brüseken/Krumbholz/Thiermann*, NZV 2000, 443.

zu wahren. Verstößt er gegen die Pflicht, wird ihn i.d.R. eine Mithaftung von 25 % treffen.[96] Entscheidend ist bei dieser Wertung vor allem, wie gut der Vorfahrtsberechtigte den Kreuzungsbereich einsehen konnte und ob er bei schlechten Sichtverhältnissen nicht seinerseits erst einmal anhalten musste.[97] Auch in diesen Fällen kann es aber bei der alleinigen Haftung des wartepflichtigen Kraftfahrzeugführers verbleiben,[98] wenn der Verstoß des Wartepflichtigen ungleich schwerer wiegt.

▼
Muster 4.35: Mithaftung bei „halber Vorfahrt" 102
Vorliegend besteht die Besonderheit, dass im Kreuzungsbereich der Grundsatz der sog. halben Vorfahrt eingreift. Hier trifft den Vorfahrtsberechtigten seinerseits nach rechts eine Wartepflicht. Er muss gem. § 8 Abs. 2 S. 1 StVO mit mäßiger Geschwindigkeit auf die Kreuzung zu fahren und hat die Annäherungsgeschwindigkeit zu wahren, die notwendig ist, um seinerseits sein Vorfahrtsrecht zu wahren. Wird – wie hier – diese Pflicht verletzt, ist selbst bei einer unterstellten Vorfahrtsverletzung des wartepflichtigen Fahrzeugführers eine Mithaftung des vorfahrtsberechtigten zu 25 % geboten (OLG Hamm, Beschl. v. 1.10.2015 – I-9 U 73/15, juris; OLG Hamm, Urt. v. 6.5.2002 – 13 U 221/01 = NZV 2003, 377.).
▲

Eine Mithaftung des Vorfahrtsberechtigten kann sich auch unter dem Gesichtspunkt einer **irreführenden Fahrweise** ergeben, durch die der Vorfahrtsberechtigte bei dem Wartepflichtigen den Anschein erweckt, er werde in die wartepflichtige Straße einbiegen. Allein das Herabsetzen der Geschwindigkeit durch den Vorfahrtsberechtigten genügt hierfür jedoch nicht.[99] Eine Mithaftung des Vorfahrtsberechtigten wird allerdings dadurch begründet, dass er (irrtümlich) den Blinker für ein Abbiegen nach rechts setzt, jedoch weiter geradeaus fährt und so einen Vertrauenstatbestand bei dem Wartepflichtigen erschafft. In diesem Fall ist eine Mithaftung von 30 %[100] bzw. 1/3[101] in der Regel angemessen. Ein weitergehender Haftungsanteil des Vorfahrtsberechtigten wird bei dem bloßen irrtümlichen Blinken i.d.R. nicht gegeben sein, da der Wartepflichtige auch damit rechnen muss, dass das Blinken irrtümlich erfolgte.[102] Kann der Wartepflichtige einen irreführend gesetzten Blinker des Vorfahrtsberechtigten nicht nachweisen, bleibt es im Zweifel bei der alleinigen Haftung des Wartepflichtigen.[103] 103

Kommen zu dem irreführenden Blinken auch noch eine deutliche Herabsetzung der Geschwindigkeit und/oder ein Einordnen nach rechts hinzu, wiegt der Verursachungsan- 104

---

96 BGH, Urt. v. 21.6.1977 – VI ZR 97/76 = VersR 1977, 917; OLG Hamm, Urt. v. 6.5.2002 – 13 U 221/01 = NZV 2003, 377; OLG Karlsruhe, Urt. v. 22.11.1995 – 13 U 203/93 = DAR 1996, 56.
97 KG Berlin, Urt. v. 21.6.2001 – 12 U 1147/00 = VersR 2002, 589; *Brüseken/Krumbholz/Thiermann*, NZV 2000, 444.
98 Beispielhaft: LG Erfurt, Urt. v. 7.10.2002 – 6 O 746/01 = zfs 2003, 71.
99 OLG Köln, Urt. v. 14.2.2002 – 12 U 142/01 = SP 2002, 263.
100 OLG Celle, Beschl. v. 30.3.2004 – 5 U 24/04 = DAR 2004, 390; OLG Hamm, Urt. v. 29.9.2003 – 6 U 95/03 = r+s, 2004, 168; OLG Dresden, Urt. v. 23.9.1993 – 8 U 745/93 = VersR 1995, 234; LG Hannover, Urt. v. 24.7.1991 – 12 O 107/91 = VersR 1992, 1486.
101 OLG Hamm, Urt. v. 11.3.2003 – 9 U 169/02 = DAR 2003, 521.
102 OLG Celle, Beschl. v. 30.3.2004 – 5 U 24/04 = DAR 2004, 390.
103 OLG Düsseldorf, Urt. v. 26.6.1967 – 1 U 319/66 = VersR 1967, 957.

§ 4 Quotenbildung

teil des Vorfahrtsberechtigten schwerer. Dies kann dazu führen, dass der Haftungsanteil des Vorfahrtsberechtigten überwiegt und einen Anteil bis zu 75 % ausmacht.[104]

105 **Muster 4.36: Mithaftung bei irreführender Fahrweise**

Eine überwiegende Haftung des Vorfahrtsberechtigten ist immer dann gegeben, wenn er bei dem wartepflichtigen Verkehrsteilnehmer aufgrund einer irreführenden Fahrweise in Form des Setzens des rechten Blinkers und der deutlichen Herabsetzung der Fahrgeschwindigkeit den Eindruck erweckt, er würde seinerseits im Kreuzungsbereich vor dem Wartepflichtigen einbiegen. Aufgrund dieser irreführenden Fahrweise ist eine Haftung des Vorfahrtsberechtigten zu 75 % geboten (LG Rostock, Urt. v. 25.1.2001 – 1 S 184/00 = DAR 2001, 227). Selbst wenn eine deutliche Herabsetzung der Fahrgeschwindigkeit nicht gegeben sein sollte, führt allein das irreführende Blinken zu einer Mithaftung von mindestens $1/3$ (OLG Hamm, Urt. v. 11.3.2003 – 9 U 169/02 = DAR 2003, 521).

106 Anders sieht es aber aus, wenn der Vorfahrtsberechtigte nur die Geschwindigkeit verlangsamt.

107 **Muster 4.37: Keine Haftung bei bloßer Geschwindigkeitsverringerung**

Allein aufgrund der Verringerung der Geschwindigkeit durch den Vorfahrtsberechtigten darf der Wartepflichtige nicht darauf vertrauen, dass dieser auf seine Vorfahrt verzichten oder abbiegen will. Ein Vertrauenstatbestand ist erst begründet, wenn der Vorfahrtsberechtigte gleichzeitig den rechten Fahrtrichtungsanzeiger setzt (OLG Köln, Urt. v. 14.2.2002 – 12 U 142/01 = SP 2002, 263).

Kann dem Vorfahrtsberechtigten eine **unangepasste Geschwindigkeit** bzw. ein Verstoß gegen eine Geschwindigkeitsüberschreitung nachgewiesen werden, die sich ursächlich auf den Verkehrsunfall ausgewirkt hat, so trifft ihn in der Regel ein erheblicher Mithaftungsanteil.[105] Der Wartepflichtige muss jedoch grundsätzlich mit einer Geschwindigkeitsübertretung des Vorfahrtsberechtigten rechnen, dessen Vorfahrtsrecht auch in diesen Fällen bestehen bleibt. Das Fehlverhalten des Wartepflichtigen ist daher grundsätzlich als so schwerwiegend anzusehen, dass sein Haftungsanteil überwiegt. Letztendlich entscheidet jedoch die Höhe der Geschwindigkeitsüberschreitung des anderen Unfallbeteiligten.

2. Zusammenstöße mit Kfz des Gegenverkehrs

a) Linksabbieger und Gegenverkehr

108 Ereignet sich beim Linksabbiegen ein Unfall mit dem Gegenverkehr auf der Gegenfahrbahn,[106] spricht gegen den Abbiegenden erst einmal der Beweis des ersten Anscheins, der einen schuldhaften Verstoß des Abbiegenden gegen § 9 Abs. 3 StVO begründet.

---

104 LG Rostock, Urt. v. 25.1.2001 – 1 S 184/00 = DAR 2001, 227.
105 AG Hamburg-Wandsbek, Urt. v. 27.2.2002 – 714B C 249/01 = zfs 2002, 335.
106 OLG Saarbrücken, Urt. v. 4.2.2003 – 3 U 103/02 = DAR 2004, 93 = zfs 2003, 537.

B. Fahrer- und Halterhaftung bei einem Unfall mit mehreren Kraftfahrzeugen § 4

Dessen Fehlverhalten wiegt in der Regel so schwer, dass die einfache Betriebsgefahr des Fahrzeuges des Gegenverkehrs dahinter zurücktritt.[107] Dies gilt selbst dann selbst dann, wenn der Gegenverkehr dem Abbieger durch Setzen eines Lichtzeichens den Vortritt einräumt (sog. **gefährdende Höflichkeit**).[108]

Muster 4.38: Anscheinsbeweis gegen den Linksabbieger nach § 9 Abs. 3 StVO   109
Kollidiert der nach links abbiegende Fahrzeugführer mit einem entgegenkommenden Kfz, spricht der Anscheinsbeweis für einen schuldhaften Verstoß des Linksabbiegers gegen § 9 Abs. 3 StVO und dessen Fehlverhalten wiegt in der Regel so schwer, dass die einfache Betriebsgefahr des Fahrzeuges des Gegenverkehrs dahinter zurücktritt (BGH, Urt. v. 7.2.2011 – VI ZR 133/11 = SP 2012, 171; BGH, Urt. v. 13.2.2007 – VI ZR 58/06 = MDR 2007, 884; OLG München, Urt. v. 25.9.2009 – 10 U 1921/09 – juris; LG Essen, Urt. v. 14.1.2015 – 11 O 94/13 – juris).

▲

Der Anscheinsbeweis greift allerdings nur dann ein, wenn der Unfall im Bereich der Gegenfahrbahn stattgefunden hat,[109] wobei die Pflicht des Abbiegenden zum Abwarten sich auch gegenüber dem Geradeausfahrer erstreckt, der zu weit links[110] oder unerlaubt auf einem Sonderstreifen[111] fährt.   110

Muster 4.39: Voraussetzung für den Anscheinsbeweis nach § 9 Abs. 3 StVO   111
Ein Anscheinsbeweis wegen eines schuldhaften Verstoßes gegen § 9 Abs. 3 StVO beim Abbiegen setzt voraus, dass das abbiegende Fahrzeug bereits in den Bereich der Gegenfahrbahn eingefahren ist (OLG Düsseldorf, Urt. v. 18.3.1992 – 15 U 57/91 = OLGR Düsseldorf 1992, 174; LG Berlin, Urt. v. 9.11.2000 – 58 S 98/00, juris). Dies ist als Voraussetzung des Anscheinsbeweises von demjenigen darzulegen und zu beweisen, der sich hierauf beruft. Ist ein solches Abkommen auf die Gegenfahrbahn nicht bewiesen, greift auch der Anscheinsbeweis nicht ein. Im Übrigen besteht die Wartepflicht des Abbiegers nur in dem Fall, dass sich der Gegenverkehr zum Zeitpunkt des Abbiegens bereits in Sichtweise befunden hat (OLG Saarbrücken, Urt. v. 4.2.2003 – 3 U 103/02 = DAR 2004, 9).

Diese fehlende Sichtbarkeit bzw. die Möglichkeit eines anderen Geschehensablaufes zur Erschütterung des gegen ihn sprechenden Anscheinsbeweises hat der Abbiegende zu beweisen.[112] Ein solcher anderer Geschehensablauf kommt beispielsweise in Betracht,

---

107 BGH, Urt. v. 13.2.2007 – VI ZR 58/06 = MDR 2007, 884; OLG München, Urt. v. 25.9.2009 – 10 U 1921/09, Juris; OLG Köln, Urt. v. 15.2.1995 – 13 U 152/94 = VRS 89, 352.
108 KG Berlin, Urt. v. 25.11.2002 – 12 U 110/01 = MDR 2003, 626.
109 OLG Düsseldorf, Urt. v. 18.3.1992 – 15 U 57/91 = OLGR Düsseldorf 1992, 174; LG Berlin, Urt. v. 9.11.2000 – 58 S 98/00, Juris.
110 OLG Saarbrücken, Urt. v. 30.1.2007 – 4 U 409/06 = MDR 2007, 1069.
111 OLG Stuttgart, Urt. v. 31.5.1994 – 2 Ss 56/94 = DAR 1995, 32.
112 OLG Oldenburg, Urt. v. 21.2.1995 – 5 U 162/94 = VersR 1995, 1457.

wenn der Gegenverkehr erwiesener Maßen die zulässige Höchstgeschwindigkeit um 100 % überschritten hat.[113]

112 Kommt es dagegen an einer ampelgeregelten Kreuzung zu einem Zusammenstoß zwischen dem Gegenverkehr und einem Linksabbieger, dessen Einfahrt möglicherweise über eine Ampelschaltung mit „**grünem Pfeil**" gestattet war, greifen die Grundsätze des Anscheinsbeweises nicht ein.[114] Vielmehr muss der entgegenkommende Verkehrsteilnehmer ggf. beweisen, dass der grüne Pfeil für den Linksabbieger nicht aufgeleuchtet hat.[115] Bleibt dies ungeklärt, haften beide Seiten lediglich aus Betriebsgefahr und es verbleibt bei einer Haftungsteilung.[116] Teilweise wird eine erhöhte Betriebsgefahr des Abbiegenden mit einer Haftungsquote von 2/3 zu seinen Lasten angenommen.[117] Im Gegenzug darf der Linksabbieger bei dem Aufleuchten des grünen Pfeils darauf vertrauen,[118] dass dem entgegenkommenden Verkehr die Weiterfahrt durch ein rotes Lichtzeichen versperrt ist und mit einem Rotlichtverstoß des entgegenkommenden Fahrzeugführers muss er nur rechnen, wenn ein konkreter Anlass besteht.[119] Wenn der entgegenkommende Fahrzeugführer bei einem späten Rot einfährt, haftet dieser im Zweifel alleine.[120]

113 **Muster 4.40: Kein Anscheinsbeweis bei „grünem Abbiegerpfeil"**
Gegen den abbiegenden Kreuzungsführer spricht vorliegend kein Anscheinsbeweis wegen eines angeblichen Verstoßes gegen § 9 Abs. 3 StVO. Insoweit ist zu beachten, dass die vorliegende Linksabbiegerampel mit einem gesonderten Abbiegerpfeil vorhanden ist, so dass ein Verstoß des Abbiegenden gegen § 9 Abs. 3 StVO nicht typischerweise angenommen werden kann (BGH, Urt. v. 3.12.1991 – VI ZR 98/91 = VersR 1992, 203). Vielmehr muss der entgegenkommende Verkehrsteilnehmer ggf. beweisen, dass der grüne Pfeil für den Linksabbieger nicht aufgeleuchtet hat (BGH MDR 1996, 907). Der Linksabbieger darf jedenfalls bei dem Aufleuchten des grünen Pfeils darauf vertrauen, dass dem entgegenkommenden Verkehr die Weiterfahrt durch ein rotes Lichtzeichen versperrt ist (OLG Koblenz, Urt. v. 7.7.1997 – 12 U 1074/96 = SP 1997, 386); und hinter einem Rotlichtverstoß des Gegenverkehr tritt die Betriebsgefahr des abbiegenden Fahrzeug im vollen Umfang zurück (KG Berlin, 7.2.1991 – 12 U 7341/89 = DAR 1991, 336).

114 Den Gegenverkehr kann jedoch eine erhebliche Mithaftung treffen, wenn er in **unberechtigter Weise** in den Kreuzungsbereich eingefahren ist. Erfolgt diese Einfahrt bei dem allerletzten Gelblicht oder gar Rotlicht, trifft ihn die überwiegende Haftung. Auch in diesen Fällen trifft den Abbiegenden aber weiterhin die Sorgfaltspflicht, das Fahrver-

---

113 OLG Saarbrücken, Urt. v. 4.2.2003 – 3 U 103/02 = DAR 2004, 93; ebenso BGH, Urt. v. 4.6.1985 – VI ZR 15/84 = DAR 1985, 316 bei einem Wendemanöver.
114 BGH, Urt. v. 3.12.1991 – VI ZR 98/91 = VersR 1992, 203.
115 BGH, Urt. v. 13.2.1996 – VI ZR 126/95 = MDR 1996, 907.
116 OLG Frankfurt, Urt. v. 22.6.1999 – 17 U 15/98 = NZV 2000, 212.
117 KG Berlin, Urt. v. 7.2.1991 – 12 U 7341/89 = DAR 1991, 336.
118 OLG Koblenz, Urt. v. 7.7.1997 – 12 U 1074/96 = SP 1997, 386.
119 BGH, Urt. v. 3.12.1991 – VI ZR 98/91 = NZV 1992, 108.
120 KG Berlin, Urt. v. 7.2.1991 – 12 U 7341/89 = DAR 1991, 336.

halten des Gegenverkehrs genau zu beobachten, und ggf. eine Wartepflicht.[121] Erst wenn er die Lichtzeichenanlage des Gegenverkehrs einsehen kann, darf er darauf vertrauen, dass diese entsprechend Rot anzeigt und der Gegenverkehr daraufhin jede Einfahrt in die Kreuzung unterlässt. Nur in diesen Fällen scheidet angesichts des Rotlichtverstoßes des Gegenverkehrs jegliche Haftung des Abbiegenden aus, den nachweislich kein Verschulden trifft. Die Darlegungs- und Beweislast für die insoweit erforderliche Erschütterung des gegen ihn sprechenden Anscheinsbeweises trägt der Abbiegende.

Kann er die Lichtzeichenanlage des Gegenverkehrs nicht einsehen, spricht dies dafür, dass eine Mithaftung des Abbiegenden bestehen bleibt, die zumindest mit 20 % zu bemessen ist. Es bietet sich an, danach zu unterscheiden, ob der Gegenverkehr bei spätem Gelblicht, frühem oder länger anzeigenden Rotlicht in die Kreuzung eingefahren ist. Im ersten Fall eines Gelblichtverstoßes wird in der Rechtsprechung noch eine überwiegende Haftung des Abbiegenden mit $2/3$[122] bzw. 70 %[123] angenommen. Fährt der Gegenverkehr in der ersten Sekunde des für ihn geltenden Rotlichts ein, wird dem Abbiegenden dagegen bereits eine geringere Mithaftung in Höhe von 50 % auferlegt.[124] Das Verschulden des Geradeausfahrers wegen seines Rotlichtverstoßes ist dagegen schwerer zu gewichten und ihm mit $3/4$ der überwiegende Haftungsanteil aufzuerlegen, wenn für den Abbiegenden ein separater Abbiegepfeil gilt und somit im Wege des Anscheinsbeweises kein Verschulden des Abbiegenden vermutet wird.[125] Ist der Gegenverkehr bei einem längere Zeit anzeigenden Rotlicht eingefahren, haftet er mindestens zu 80 % und bei Hinzutreten weiterer Umstände sogar allein. Dies ist beispielsweise der Fall, wenn der Gegenverkehr die rote Lichtzeichenanlage einsehen oder seinerseits auf einen grünen Abbiegepfeil[126] vertrauen konnte bzw. bereits seinen Abbiegevorgang weitestgehend abgeschlossen hatte.[127]

Muster 4.41: Mithaftung des Abbiegenden bei Rotlichtverstoß des Gegenverkehrs
Selbst wenn ein Rotlichtverstoß angenommen wird, trifft den Abbiegenden weiterhin eine Mithaftung. Auch in diesen Fällen trifft den Abbiegenden weiterhin die Sorgfaltspflicht, das Fahrverhalten des Gegenverkehrs genau zu beobachten, und ggf. eine Wartepflicht.[128] Erst wenn er die Lichtzeichenanlage des Gegenverkehrs einsehen kann, darf er darauf vertrauen, dass diese entsprechend Rot anzeigt und der Gegenverkehr daraufhin jede Einfahrt in die Kreuzung unterlässt. In der Regel ist daher zu Lasten des Abbiegenden eine Mithaftung von mindestens $1/3$, eher 40 % wegen eines im Wege des Anscheinsbeweises vermuteten Verstoßes gegen § 9 Abs. 3 StVO anzunehmen (OLG Frankfurt, Urt. v. 22.11.1994 – 10 U 338/93 = SP 1995, 162; LG Düsseldorf, Urt. v.

---

121 LG Düsseldorf, Urt. v. 24.4.2003 – 21 S 122/02 = SP 2003, 268.
122 OLG Hamm, Urt. v. 30.5.2001 – 13 U 249/00 = DAR 2002, 126.
123 OLG Köln, Urt. v. 30.10.1991 – 11 U 82/91 = VersR 1992, 1016.
124 OLG Düsseldorf, Urt. v. 30.9.2002 – 1 U 43/02 = NZV 2003, 379; OLG Hamm, Urt. v. 2.1.1988 – 13 U 7/88 = NZV 1989, 191.
125 OLG Rostock, Urt. v. 2.9.1999 – 1 U 311/97 = OLGR Rostock 2000, 65.
126 KG Berlin, Urt. v. 7.2.1991 – 12 U 7341/89 = DAR 1991, 336.
127 KG Berlin, Urt. v. 27.3.1995 – 12 U 4186/93, Juris.
128 LG Düsseldorf, Urt. v. 24.4.2003 – 21 S 122/02 = SP 2003, 268.

24.4.2003 – 21 S 122/02 = SP 2003, 268). Und unabhängig von einem Verstoß gegen § 9 Abs. 3 StVO ist eine Mithaftung anlässlich der erhöhten Betriebsgefahr des abbiegenden Kfz mit 25 % veranlasst (OLG Rostock, Urt. v. 2.9.1999 – 1 U 311/97 = OLGR Rostock 2000, 65).

117 Hat sich eine **überhöhte Geschwindigkeit** des Gegenverkehrs unfallsursächlich ausgewirkt, ergibt sich i.d.R. eine ähnliche Haftungsquote wie bei einem gleichgelagerten Verstoß des Vorfahrtsberechtigten.

118 **Normaler Begegnungsverkehr:**

Grundsätzlich haftet der auf die Gegenfahrbahn abgekommene Fahrzeugführer wegen eines Verstoßes gegen § 2 Abs. 1 S. 1 StVO alleine.[129] Gegen ihn spricht insoweit der Beweis des ersten Anscheins wegen einer schuldhaften Verursachung des Verkehrsunfalls.[130] Dies gilt auch, wenn er ohne Behinderung auf die falsche Fahrbahnseite gerät oder wenn er „aus der Kurve getragen" wird.[131]

119 **Muster 4.42: Anscheinsbeweis bei Abkommen auf die Gegenfahrbahn**

Kommt ein Fahrzeugführer auf die Gegenfahrbahn und führt dadurch den Verkehrsunfall herbei, spricht gegen ihn der Beweis des ersten Anscheins im Hinblick auf einen schuldhaften Verstoß gegen § 2 Abs. 1 S. 1 StVO (Grundlegend: BGH, Urt. v. 19.11.1985 – VI ZR 176/84 = DAR 1986, 112; OLG Frankfurt, Urt. v. 14.7.1992 – 7 U 244/91 = zfs 1992, 329). Er haftet für die Folgen des Verkehrsunfalls alleine, während die Betriebsgefahr des entgegenkommenden Kfz hinter seinem groben Fehlverhalten zurücktritt (OLG Düsseldorf, Urt. v. 6.3.2006 –I-1 U 171/05, juris; OLG Saarbrücken, Urt. v. 23.12.2003 – 3 U 121/03 = SP 2004, 257).

120 Dieser Anscheinsbeweis greift zu Lasten des auf die Gegenfahrbahn kommenden Fahrzeugführers auch ein, wenn das andere Fahrzeug aufgrund seines Fahrverhaltens bremst und dabei seinerseits von der Fahrbahn abkommt.[132] Eine Haftung des verkehrswidrig überholenden Verkehrsteilnehmers ist aufgrund eines Ursachenzusammenhangs auch dann gegeben, wenn es nicht zur Kollision gekommen ist, aber der Gegenverkehr ein zum Unfall führendes Ausweichmanöver durchführt.[133] Dabei genügt es, dass das Ausweichmanöver in der **Schrecksekunde** subjektiv vertretbar ist, obwohl es objektiv (ex post) gar nicht erforderlich gewesen wäre.[134]

---

129 OLG Hamm, Urt. v. 22.5.1995 – 13 U 193/94 = OLGR Hamm 1995, 161 und OLG Hamm, Urt. v. 26.4.1993 – 13 U 266/92 = OLGR Hamm 1993, 255; OLG Düsseldorf, Urt. v. 6.3.2006 – I-1 U 171/05, juris; OLG Saarbrücken, Urt. v. 23.12.2003 – 3 U 121/03 = SP 2004, 257; vgl. auch die Angaben in der Münchener Quotentabelle: *Brüseken/Krumbholz/Thiermann*, NZV 2000, 443; ebenso OLG Hamm, Urt. v. 14.1.2003 – 9 U 120/02 = NZV 2003, 578 bei dem Ausbrechen des Anhängers auf die Gegenfahrbahn.
130 BGH, Urt. v. 19.11.85 – VI ZR 176/84 = DAR 1986, 112; OLG Frankfurt, Urt. v. 14.7.1992 – 7 U 244/91 = zfs 1992, 329.
131 OLG Hamm, Urt. v. 4.2.1993 – 6 U 203/92 = NZV 1993, 354.
132 OLG Karlsruhe, Urt. v. 21.11.1985 – 4 U 89/84 = VersR 1987, 692.
133 AG Ueckermünde, Urt. v. 6.9.2006 – 1 C 287/05 = SP 2007, 8.
134 OLG Karlsruhe, Urt. v. 30.3.2004 –12 U 61/04 = SP 2004, 221/267.

B. Fahrer- und Halterhaftung bei einem Unfall mit mehreren Kraftfahrzeugen § 4

Muster 4.43: Anscheinsbeweis bei Abkommen auf die Gegenfahrbahn ohne Fahrzeugberührung

121

Kommt ein Fahrzeugführer auf die Gegenfahrbahn und führt dadurch den Verkehrsunfall herbei, spricht gegen ihn der Beweis des ersten Anscheins im Hinblick auf einen schuldhaften Verstoß gegen § 2 Abs. 1 S. 1 StVO (so bereits BGH, Urt. v. 19.11.85 – VI ZR 176/84 = DAR 1986, 112) und er haftet für die Folgen des Verkehrsunfalls alleine, während die Betriebsgefahr des entgegenkommenden Kfz hinter seinem groben Fehlverhalten zurücktritt (OLG Düsseldorf, Urt. v. 6.3.2006 – I-1 U 171/05, juris). Diese alleinige Haftung des verkehrswidrig überholenden Verkehrsteilnehmers ist aufgrund eines Ursachenzusammenhangs auch dann gegeben, wenn es nicht zur Kollision gekommen ist, aber der Gegenverkehr ein zum Unfall führendes Ausweichmanöver durchführt (vgl. OLG Karlsruhe, Urt. v. 21.11.1985 – 4 U 89/84 = VersR 1987, 692).

Dabei kann es auch dahinstehen, ob das Ausweichmanöver ex post betrachtet gar nicht erforderlich gewesen wäre. Es genügt, dass ein solches Ausweichmanöver in der Schrecksekunde subjektiv vertretbar gewesen ist (OLG Karlsruhe, Urt. v. 30.3.2004 –12 U 61/04, juris).

Kann der auf die Gegenfahrbahn abgekommene Fahrzeugführer jedoch nachweisen, dass der Unfallgegner den Unfall durch einen Fahrfehler mitverursacht hat, indem dieser beispielsweise entgegen dem **Rechtsfahrgebot** des § 2 Abs. 2 StVO an der Mittellinie entlang fuhr oder in unfallsächlicher Weise zu schnell gefahren ist, trifft den Gegenverkehr ebenfalls eine erhebliche Mithaftung. I.d.R. wird aber der Haftungsanteil desjenigen, der auf die Gegenfahrbahn abgekommen ist, aufgrund dieses gravierenden Fahrfehlers überwiegen und mit gut 75 % zu veranschlagen sein.[135]

122

Unfälle im Begegnungsverkehr beim Überholen:

123

Bei einer Kollision mit dem Gegenverkehr wird grundsätzlich eine Haftung des Überholenden in Höhe von 100 % gegeben sein. Je nach den Besonderheiten des Einzelfalles kann den Gegenverkehr auch ein Haftungsanteil treffen. Üblicherweise wird (wie bei der Fallgruppe des „grundlosen" Abkommens auf die Gegenfahrbahn auch) z.B. ein Verstoß des entgegenkommenden Fahrzeugführers gegen das Rechtsfahrgebot des § 2 Abs. 2 StVO eine Mithaftung von 1/3 begründen. Bei einem gleichzeitigen Überholen ist bei einem Fehlen weiterer bewiesener Umstände eine Haftungsquote von 50 % zugrunde zu legen.

Beim gleichzeitigen Überholvorgang ist jedoch zu beachten, dass demjenigen der Vorrang zusteht, der in deutlich erkennbarer Weise zuerst seinen Überholvorgang eingeleitet hat.[136] Ist zwischen den Parteien streitig, ob einem Unfallbeteiligten nach dem **Prioritätsprinzip** der Vorrang einzuräumen ist und kann dies nicht zweifelsfrei aufgeklärt werden, verbleibt es bei den einfachen Betriebsgefahren der beteiligten Fahrzeuge bzw.

124

---

[135] OLG Koblenz, Urt. v. 20.11.2000 – 12 U 1461/99 = SP 2001, 46.
[136] Beispielhaft: OLG Koblenz, Urt. v. 13.10.1983 – 1 Ss 350/83 = VRS 66, 219.

ggf. einem gleich hoch anzusetzenden Verschulden und der daraus folgenden Haftungsteilung auf Basis von 50 %.

b) Begegnungsverkehr an Hindernissen und Fahrbahnverengungen

125 Bei diesen Unfällen ist typischerweise zwischen Unfallkonstellationen zu unterscheiden, die einerseits auf dem Umfahren von Hindernissen beruhen, die dem normalen Straßenverkehr zuzurechnen sind und anderseits auf das Passieren einer Fahrbahnverengung zurückzuführen sind, welche die Fahrbahneigenschaft der betroffenen Seite aufheben.

126 Tritt im Straßenverkehr auf einer Fahrspur ein **mobiles, nicht ortsfestes Hindernis** auf, trifft den an der Weiterfahrt auf derselben Fahrspur gehinderten Fahrzeugführer gem. § 6 StVO[137] eine Wartepflicht gegenüber dem Gegenverkehr, soweit dieser sichtbar ist. An einer unübersichtlichen Stelle gebietet ansonsten § 1 StVO die Einfahrt erst nach dem Geben von Warnzeichen (Licht- und Schallhupe).[138] Kommt es bei der Umfahrt des Hindernisses auf der Gegenfahrbahn zu einer Kollision, spricht gegen den auf die Gegenfahrbahn geratenen Fahrzeugführer der Beweis des ersten Anscheins und er haftet grundsätzlich alleine.[139] So hat beispielsweise auch der BGH die Haftung zu 100 % auf Seiten eines wartepflichtigen Lkw gesehen, der auf der Gegenfahrbahn mit einem zum Stillstand gekommenen Motorrad im bevorrechtigten Gegenverkehr kollidiert ist.[140] Ist das entgegenkommende Fahrzeug noch in Bewegung, kann dies auch ohne ein Verschulden zu einer Mithaftung aus einer verbleibenden Betriebsgefahr von 20 %,[141] ausnahmsweise in einer besonderen Situation (wie etwa der Vorbeifahrt an einem haltenden Bus) zu 25 %[142] führen.

▼

127 **Muster 4.44: Alleinhaftung des Wartepflichtigen wegen Verstoß gegen § 6 StVO**
Tritt im Straßenverkehr auf einer Fahrspur ein mobiles, nicht ortsfestes Hindernis auf, trifft den an der Weiterfahrt auf derselben Fahrspur gehinderten Fahrzeugführer gem. § 6 StVO[143] eine Wartepflicht gegenüber dem Gegenverkehr. Kommt es bei der Umfahrt des Hindernisses auf der Gegenfahrbahn zu einer Kollision, spricht gegen den auf die Gegenfahrbahn geratenen Fahrzeugführer der Beweis des ersten Anscheins und er haftet grundsätzlich alleine (Grundlegend bereits BGH, Urt. v. 20.10.1961 – VI ZR 39/61 = VersR 1962, 156; KG, Urt. v. 2.7.2007 – 22 U 198/06 = zfs 2008, 12; OLG Celle, Urt. v.

---

[137] OLG Zweibrücken, Urt. v. 28.5.1993 – 1 U 34/92 = SP 1994, 141; LG Berlin, Urt. v. 18.8.1993 – 24 O 656/92 = SP 1994, 3.
[138] OLG Schleswig, Urt. v. 23.5.1996 – 7 U 173/94 = OLGR Schleswig 1996, 210.
[139] LG Berlin, Urt. v. 7.12.2005 – 24 O 422/05 = SP 2006, 125; ebenso die Münchener Quotentabelle: *Brüseken/Krumbholz/Thiermann*, NZV 2000, 443 und *Grüneberg*, Haftungsquoten bei Verkehrsunfällen, III Rn 195.
[140] BGH, Urt. v. 20.10.1961 – VI ZR 39/61 = VersR 1962, 156; ebenso LG Berlin, Urt. v. 18.8.1993 – 24 O 656/92 = SP 1994, 3.
[141] LG Hagen, Urt. v. 22.1.2002 – 1 S 152/02 = zfs 2003, 121; AG Bad Lobenstein, Urt. v. 11.5.2000 – C 276/99 = zfs 2000, 482.
[142] OLG Zweibrücken, Urt. v. 28.5.1993 – 1 U 34/92 = SP 1994, 141.
[143] OLG Zweibrücken, Urt. v. 28.5.1993 – 1 U 34/92 = SP 1994, 141; LG Berlin, Urt. v. 18.8.1993 – 24 O 656/92 = SP 1994, 3.

8.11.2001 – 14 U 267/00, juris; LG Berlin, Urt. v. 7.12.2005 – 24 O 422/05 = SP 2006, 125).

Kann dem bevorrechtigten Gegenverkehr ein Mitverschulden nachgewiesen werden, etwa weil auf die erkennbare Gefahrenlage nicht rechtzeitig reagiert worden ist, trifft diese eine entsprechende höhere Mithaftung. Gemäß **dem Gebot der Rücksichtnahme** aus § 1 Abs. 2 StVO muss auch der bevorrechtigte Fahrzeugführer ggf. zurückstehen und darf sein Recht „nicht erzwingen"; ggf. hat er auch die Sorgfaltsanforderungen aus § 11 StVO zu beachten.[144] Zu seinen Lasten verbleibt deshalb häufig ein Mithaftungsanteil, der mit 1/3[145] bzw. 25 %[146] zu bemessen ist, während angesichts des erheblichen Fehlverhaltens des Wartepflichtigen i.d.R. jedoch dessen Haftungsanteil überwiegt. Auch ein Verstoß des in einer Kurve entgegenkommenden bevorrechtigten Fahrzeugführers gegen das Sichtfahrgebot begründet seine Mithaftung in Höhe von 1/3.[147]

Muster 4.45: Mithaftung des entgegenkommenden Fahrzeugführers
Gemäß dem Gebot der Rücksichtnahme aus § 1 Abs. 2 StVO muss auch der bevorrechtigte Fahrzeugführer zurückstehen und darf sein Recht „nicht erzwingen" und ggf. hat er auch die Sorgfaltsanforderungen aus § 11 StVO zu beachten (KG Berlin, Urt. v. 2.7.2007 – 22 U 198/06 = zfs 2008, 12). Hiergegen ist zumindest dadurch verstoßen worden, dass das Fahrzeug weiter bewegt worden ist, obwohl ein Fahrzeug im Gegenverkehr erkennbar herannahte. Wegen des hierdurch begründeten Verstoßes gegen zumindest § 1 Abs. 2 StVO ist eine Mithaftung in Höhe von 1/3 allemal angemessen (OLG Koblenz, Urt. v. 3.8.1992 – 12 U 1034/91 = NZV 1993, 195). Auch ohne einen schuldhaften Verstoß gegen die StVO resultiert allein aus der Einfahrt in die Engstelle bzw. der Weiterfahrt eine Mithaftung in Höhe von mindestens 20 % (LG Hagen, Urt. v. 22.1.2002 – 1 S 152/02 = zfs 2003, 121).

Kann der Wartepflichtigen den gegen ihn sprechenden Anscheinsbeweis entkräften und trifft die andere Seite auch kein Verschulden, sind lediglich die jeweiligen Betriebsgefahren der Fahrzeuge gegeneinander abzuwägen. Angesichts der Fahrt auf die Gegenfahrbahn und des damit verbundenen besonderen Gefahrenpotentials, welches über ein normales „Geradeausfahren" hinausgeht, ist zu Lasten des Wartepflichtigen eine erhöhte Betriebsgefahr zu berücksichtigen. Hieraus resultiert seine überwiegende Haftung, die beispielsweise nach dem in der Hamburger Rechtsprechung vorherrschenden Dezimalsystem i.d.R. bei 60 % anzusetzen ist.[148]

---

144 KG Berlin, Urt. v. 2.7.2007 – 22 U 198/06 = zfs 2008, 12.
145 OLG Koblenz, Urt. v. 13.10.2003 – 12 U 1163/02 = IVH 2004, 105 und OLG Koblenz, Urt. v. 3.8.1992 – 12 U 1034/91 = NZV 1993, 195.
146 KG Berlin, Urt. v. 2.7.2007 – 22 U 198/06 = zfs 2008, 12; OLG Schleswig, Urt. v. 23.5.1996 – 7 U 173/94 = OLGR Schleswig 1996, 210; OLG Zweibrücken, Urt. v. 28.5.1993 – 1 U 34/92 = SP 1994, 141; OLG Bamberg, Urt. v. 7.4.1981 – 5 U 1/81 = VersR 1982, 583.
147 AG Hadamar, Urt. v. 9.9.1999 – 3 C 99/99 = zfs 2000, 11.
148 Vgl. die sog. Hamburger Quotentabelle, *Bursch/Jordan*, VersR 1985, 512 ff.

§ 4 Quotenbildung

131 Eine besondere Konstellation liegt vor, wenn trotz des mobilen Hindernisses die Fahrbahn für **zwei Fahrzeuge gleichzeitig passierbar** ist. In diesem Fall richten sich die Verhaltenspflichten nach § 1 Abs. 2 StVO.[149] Je nachdem, wie sich die Fahrzeugführer verhalten und insbesondere auf den Gegenverkehr Rücksicht nehmen und dem Rechtsfahrgebot genügen, ist eine entsprechende Haftungsteilung vorzunehmen. Dabei kann die Haftung desjenigen, auf dessen Seite sich kein Hindernis befindet, trotzdem mit 2/3 überwiegen, wenn er durch einen eklatanten Verstoß gegen § 1 Abs. 2 StVO den Unfall verursacht hat.[150] In besonderen Ausnahmefällen kann sogar eine alleinige Haftung desjenigen vorliegen, der in erheblicher Weise gegen das Rechtsfahrgebot verstoßen hat.[151]

▼

132 **Muster 4.46: Erschütterung des Anscheinsbeweises bei breiter Fahrbahn**
Vorliegend kommt die Vorschrift des § 6 StVO mit einem etwaigen Anscheinsbeweis nicht zum Tragen, da die Fahrbahn breit genug ist, dass bei Beachtung der gebotenen Sorgfalt zwei sich entgegenkommende Fahrzeug aneinander vorbeifahren können. § 6 StVO greift nur dann ein, wenn ein Hindernis die Fahrbahn derart versperrt, dass rechts von dem Hindernis ein Vorbeifahren unmöglich ist und links so wenig Platz verbleibt, dass sich begegnende Fahrzeuge die Engstelle nicht gleichzeitig passieren können (OLG Saarbrücken, Urt. v. 9.1.2014 – 4 U 405/12 = NJW Spezial 2014, 105; KG Berlin, Urt. v. 26.6.1995 – 12 U 480/94 = VersR 1997, 73; OLG Karlsruhe, Urt. v. 14.5.2004 – 10 U 214/03 = VersR 2005, 1597 m.w.N.). Hier gelten vielmehr die §§ 1 Abs. 2, 2 StVO und solange kein Fahrzeugführer dem anderen ein Verschulden nachweist verbleiben es allein bei den jeweils als gleich groß anzusetzenden Betriebsgefahren (OLG Köln, Urt. v. 19.8.2009 – 16 U 80/08, juris).

▲

133 Sind auf jeder Fahrbahn entsprechende mobile Hindernisse vorhanden, hat der Fahrzeugführer Vorrang, der die Engstelle mit deutlichem Vorsprung zuerst erreicht.[152] Ist dies nicht der Fall, hat sich jeder Verkehrsteilnehmer bremsbereit und besonders vorsichtig der Engstelle zu nähern. Im Zweifel haften beide Seiten bei einer Kollision zur Hälfte.

134 Erfolgt die Fahrbahnverengung aufgrund eines ortsfesten Hindernisses und hebt die Fahrbahneigenschaft auf, kommt nach einer Ansicht innerhalb Rechtsprechung dem Fahrzeugführer gem. dem Prioritätsprinzip der Vorrang zu, welcher die Fahrbahnverengung deutlich erkennbar als erster erreicht.[153] Den anderen Fahrzeugführer trifft dementsprechend eine Wartepflicht. Verstößt er gegen diese Wartepflicht, trifft ihn die überwiegende Haftung. Zu berücksichtigen ist jedoch auch, dass bei der Einfahrt in die Engstelle auch zu Lasten des bevorrechtigten Fahrzeuges eine erhöhte Betriebsgefahr unabhängig

---

149 OLG Köln, Urt. v. 19.8.2009 – 16 U 80/08, juris; vgl. auch KG Berlin, Urt. v. 26.6.1995 – 12 U 480/94 = VersR 1997, 73 zur Bestimmung einer „Engstelle".
150 OLG Karlsruhe, Urt. v. 14.5.2004 – 10 U 214/03 = DAR 2004, 648.
151 KG Berlin, Urt. v. 26.6.1995 – 12 U 480/94 = VersR 1997, 73.
152 LG Essen, Urt. v. 7.3.2000 – 13 S 552/99 = SP 2000, 262.
153 OLG Hamm, Urt. v. 23.1.1997 – 6 U 163/96 = MDR 1997, 934; OLG Saarbrücken, Urt. v. 24.2.1978 – 3 U 66/77 = VerkMitt 1978, Nr. 84.

B. Fahrer- und Halterhaftung bei einem Unfall mit mehreren Kraftfahrzeugen § 4

von einem Verschulden besteht. Bleibt ungeklärt, wem gem. dem Prioritätsprinzip der Vorrang zusteht, verbleibt es im Zweifel bei einer Haftungsteilung mit 50 %.[154] Demgegenüber wird nach anderer Auffassung in der Rechtsprechung auch die Vorschrift des § 6 StVO angewandt, nach welcher zu Lasten desjenigen eine Wartepflicht besteht, dessen Fahrspur verengt wird.[155]

3. Zusammenstöße im gleichgerichteten Verkehr

a) Zusammenstoß zwischen einem Linksabbieger und nachfolgendem Kfz

Der Unfall zwischen einem nach links abbiegenden Kfz und einem überholenden nachfolgenden Kfz wird häufig durch das Eingreifen des Anscheinsbeweises zu Lasten des Linksabbiegers entschieden, wobei aber zu differenzieren ist, ob der Linksabbiegevorgang in eine Straße einerseits oder andererseits ein Grundstück bzw. vergleichbaren Ziel i.S.d. § 9 Abs. 5 StVO erfolgt und damit erhöhte Sorgfaltsanforderungen auslöst. Eine Mithaftung des überholenden Fahrzeugführers kann sich aus einem schuldhaften Verursachungsbeitrag, d.h. in erster Linie dem Überholen in einer unklaren Verkehrslage oder verschuldensunabhängig unter dem Gesichtspunkt der durch den Überholvorgang per se erhöhten Betriebsgefahr ergeben. 135

aa) Abbiegen nach links in ein Grundstück

Im Wege des Anscheinsbeweises wird ein schuldhafter Verstoß gegen § 9 Abs. 5 StVO zu Lasten desjenigen festgestellt, der im zeitlichen und örtlichen Zusammenhang mit dem Verkehrsunfall in ein Grundstück abgebogen ist.[156] 136

▼

Muster 4.47: Anscheinsbeweis bei Abbiegen nach links in ein Grundstück 137

Im Wege des Anscheinsbeweises wird ein schuldhafter Verstoß gegen § 9 Abs. 5 StVO zu Lasten desjenigen vermutet, der im zeitlichen und örtlichen Zusammenhang mit dem Verkehrsunfall in ein Grundstück abgebogen ist (OLG Hamburg, Urt. v. 1.9.2009 – 3 U 36/09 = MDR 2010, 26; KG Berlin, Urt. v. 7.10.2002 – 12 U 41/01 = MDR 2003, 507). Dies insbesondere im Hinblick auf die in § 9 Abs. 1 S. 4 StVO zugrunde gelegte doppelte Rückschaupflicht (OLG Naumburg, Urt. v. 12.12.2008 – 6 U 106/08 = VersR 2009, 373). Hierhinter tritt die einfache Betriebsgefahr eines anderen unfallbeteiligten Fahrzeugs zurück (OLG München, Urt. v. 11.6.2010 – 10 U 2282/10 = NJW Spezial 2010, 489; OLG Hamburg, Beschl. v. 20.3.2012 – 15 U 15/12, juris).

▲

Den überholenden Kraftfahrzeugführer kann eine Mithaftung unter dem Gesichtspunkt des Überholens in einer unklaren Verkehrslage treffen (§ 5 Abs. 3 Nr. 1 StVO). Eine unklare Verkehrslage liegt immer dann vor, wenn nach allen Umständen ein ungefährde- 138

---

154 AG Aachen, Urt. v. 6.7.2001 – 9 C 617/00 = SP 2002, 6.
155 OLG Celle, Urt. v. 8.11.2000 – 14 U 267/00, juris; AG Erkelenz, Urt. v. 14.11.2002 – 14 C 165/02 = SP 2003, 191.
156 BGH, Urt. v. 25.3.1969 – VI ZR 263/67 = VersR 1969, 614; KG Berlin, Urt. v. 7.10.2002 – 12 U 41/01 = MDR 2003, 507; OLG Dresden, Urt. v. 24.4.2002 – 11 U 2948/01 = SP 2003, 304.

tes Überholen nicht möglich ist, da nicht sicher beurteilt werden kann, wie sich der Vorausfahrende verhalten wird.[157] Nach überzeugender Rechtsprechung ist dies aber nicht schon dann der Fall, wenn der Vorausfahrende lediglich die Geschwindigkeit verlangsamt oder sein Fahrzeug an den Fahrbahnrand[158] lenkt. Sobald aber rechtzeitig der Blinker zum Abbiegen[159] gesetzt worden ist, wird i.d.R. eine Verkehrslage gegeben sein, die ein ungefährdetes Überholen nicht mehr zulässt. Für die Rechtzeitigkeit des gesetzten Fahrtrichtungsanzeigers kommt es auf die Zeit zwischen dem Setzen und dem Abbiegevorgang an. Bei einer Geschwindigkeit von 30 km/h ist ein Zeitraum von 5 Sekunden ausreichend, damit sich der nachfolgende Verkehr auf das Abbiegen einstellen kann.[160]

▼

139 **Muster 4.48: Mithaftung wegen Überholens in einer unklaren Verkehrslage**
Eine unklare Verkehrslage liegt immer dann vor, wenn nach allen Umständen ein ungefährdetes Überholen nicht möglich ist, da nicht sicher beurteilt werden kann, wie sich der Vorausfahrende verhalten wird (KG, Beschl. v. 13.8.2009 – 12 U 223/08, juris = NZV 2010, 298; LG Hamburg, Urt. v. 23.1.2015 – 302 O 220/14 = zfs 2015, 380). Dies ist bereits dann gegeben, wenn – wie hier – der Vorausfahrende Fahrzeugführer rechtzeitig den linken Blinker gesetzt hat (OLG Stuttgart, Beschl. v. 8.4.2011 – 13 U 2/11, juris; OLG Hamm, Beschl. v. 23.2.2006 – 6 U 126/05, juris; KG Berlin, Urt. v. 4.1.2006 – 12 U 202/05 = NZV 2006, 369). Im Übrigen folgt zumindest aus einem deutlichen Langsamerwerden des vorausfahrenden Fahrzeug und einer Orientierung zur Fahrbahnmitte hin eine unklare Verkehrslage. In jedem Fall ist ein Überholen in einer unklaren Verkehrslage zu bejahen, wenn die Fahrweise auf ein bevorstehendes Linksabbiegen hindeutet (OLG Hamm, Beschl. v. 23.2.2006 – 6 U 126/05, juris). Insbesondere eine ungewöhnliche Geschwindigkeit begründet ein Misstrauen im Hinblick auf das künftige Fahrverhalten des langsam Fahrenden. (OLG Düsseldorf, Urt. v. 10.3.2008 – 1 U 175/07, juris = Schaden-Praxis 2008, 356).

▲

140 Unter welchen Umständen eine **unklare Verkehrslage** bereits dann vorliegt, wenn der Vorausfahrende die **Geschwindigkeit verlangsamt** und sich zur Fahrbahnmitte bzw. einem Grundstück hin einordnet, ist in der Rechtsprechung umstritten. Ein leichtes Einordnen nach links genügt nach einer Auffassung noch nicht.[161] Eine strengere Auffassung lässt auch ein **Einordnen nach links** zusammen mit einem Abbremsen noch nicht genügen.[162] Jedoch deutet ein Verhalten des Vorausfahrenden auf ein Abbiegen hin, wenn zwei vorausfahrende Fahrzeuge erkennbar im erheblichen Umfang langsamer werden, sich in deutlich sichtbarer Weise zur Fahrbahnmitte hin orientieren sowie der

---

157 KG Berlin, Urt. v. 15.8.2005 – 12 U 41/05 = NZV 2006, 309.
158 OLG Celle, Urt. v. 18.11.2004 – 14 U 108/04 = MDR 2005, 569; KG Berlin, Urt. v. 7.10.2002 – 12 U 41/01 = NZV 2003, 89; LG Saarbrücken, Urt. v. 15.5.2009 – 13 S 10/09 = VRR 2009, 387.
159 KG Berlin, Urt. v. 15.8.2005 – 12 U 41/05 = NZV 2006, 309 und KG Berlin, Urt. v. 4.1.2006 = NZV 2006, 369.
160 KG Berlin, Urt. v. 6.12.2004 – 12 U 21/04 = MDR 2005, 806.
161 KG Berlin, Urt. v. 7.10.2002 – 12 U 41/01 = NZV 2003, 89.
162 OLG Celle, Urt. v. 12.5.2005 – 14 U 223/04 = SP 2005, 333.

erste Fahrzeugführer auch noch den linken Fahrtrichtungsanzeiger setzt[163] Befindet sich vor dem Überholenden eine Kolonne aus mehreren Fahrzeugen und wird das erste Fahrzeug langsamer, muss sich der Überholende auch fragen, warum die vor ihm befindlichen Fahrzeugführer ihrerseits ein Überholen unterlassen, obwohl dies angesichts der Straßenführung möglich wäre. Auch in dieser Situation kann eine unklare Verkehrslage begründet sein.[164] Verbleibende Zweifel an einer solchen Verkehrslage gehen diese aber zu Lasten des beweispflichtigen Abbiegers.

▼
Muster 4.49: Kein Überholen in einer unklaren Verkehrslage   141
Es fehlt an einem schuldhaften Verstoß gegen die StVO, insbesondere in Form eines Überholens in einer unklaren Verkehrslage (§ 5 Abs. 3 Nr. 1 StVO). Einen solchen Verstoß muss derjenige beweisen, der sich hierauf beruft, ohne dass ihm ein Anscheinsbeweis zur Seite steht. Für eine unklare Verkehrslage genügt es nicht, dass das vorausfahrende Fahrzeug langsamer oder zum Fahrbahnrand gelenkt wird (KG, Urt. v. 12.7.2010 – 12 U 177/09, juris; OLG Celle, Urt. v. 18.11.2004 – 14 U 108/04 = MDR 2005, 569), selbst wenn das Fahrzeug bereits zur Fahrbahnmitte orientiert wird (OLG Naumburg, Urt. v. 12.12.2008 – 6 U 106/08 = VersR 2009, 373). Vielmehr ist erforderlich, dass der Abbiegende erstens überhaupt und zweitens rechtzeitig seinen Blinker gesetzt hat (KG Berlin, Urt. v. 4.1.2006 – 12 U 202/05 = NZV 2006, 369; vgl. im Überblick *Nugel*, NJW Spezial 2007, 351).

Selbst wenn dieser ein Überholen in einer unklaren Verkehrslage nachweisen und damit   142
eine Mithaftung begründen kann, wird der Abbiegende den gegen ihn sprechenden Anscheinsbeweis i.d.R. nicht (vollends) erschüttern können. Üblich ist in diesen Fällen eine Haftungsteilung auf Basis von 50 %,[165] die aber je nach den Umständen des Einzelfalles in eine Quote von 60 % bzw. 2/3 zu Lasten der einen oder anderen Seite abweichen kann.[166] Dabei kann es sich anbieten, mit der Hamburger Quotentabelle[167] zu differenzieren: Wenn der Abbiegende lediglich gegen die Pflicht zur doppelten Rückschau verstoßen hat, überwiegt die Haftung des Überholenden mit 60 % leicht.[168] Hat der Abbiegende darüber hinaus erwiesener Maßen auch nicht rechtzeitig den Blinker gesetzt oder sich nicht zur Mitte hin eingeordnet, trifft ihn mit 60 % die überwiegende Haftung. Wird

---

163 OLG Koblenz, Urt. v. 26.1.2004 – 12 U 1439/02 = DAR 2005, 403.
164 OLG Celle, Urt. v. 21.9.2000 – 14 U 252/99 = SP 2001, 45.
165 OLG Schleswig, Urt. v. 7.7.2005 – 7 U 3/03 = MDR 2006, 202; OLG Celle, Urt. v. 19.6.2003 – 14 U 170/02 = OLGR Celle 2003, 368; OLG Brandenburg, Urt. v. 26.9.2001 – 14 U 24/01 = VRS 102, 28; KG VRS 95, 406; OLG Karlsruhe, Urt. v. 12.9.1997 – 10 U 84/97 = NZV 1999, 166; OLG Köln, Urt. v. 18.12.1998 – 19 U 103/98 = VRS 96, 407; LG Halle, Urt. v. 3.4.2007 – 2 S 315/06 = SVR 2007, 384; LG Limburg, Urt. v. 20.2.2004 – 3 S 231/09 = SP 2004, 186.
166 Beispielhaft: OLG Koblenz, Urt. v. 26.1.2004 – 12 U 1439/02 = NZV 2005, 413 = DAR 2005, 403 mit einer Haftung von 2/3 zu Lasten des Überholenden (Abbiegende hatte erkennbar Geschwindigkeit verlangsamt und sich zur Mitte hin eingeordnet); ebenso LG Berlin, Urt. v. 8.9.2005 – 58 S 135/05 = SP 2006, 3, wobei der Abbiegende bereits erkennbar den Blinker gesetzt und sich zur Mitte hin eingeordnet hatte.
167 *Busch/Jordan*, VersR 1985, 513 ff.
168 Vgl. auch LG Berlin, Urt. v. 8.9.2005 – 58 S 135/05 = SP 2006, 3: Haftung des Überholenden zu 2/3.

zudem auch eine Kolonne überholt, begründet die dadurch erhöhte Betriebsgefahr eine Mithaftung des Überholenden in Höhe von mindestens 2/3[169] bis hin zu 3/4.[170]

bb) Abbiegen nach links in eine Straße

143 Ein ähnliches Bild bietet sich bei dem Unfall, bei dem der Abbiegevorgang nicht in ein Grundstück, sondern in eine andere Straße erfolgt. Auch in diesem Fall wird im Wege des Anscheinsbeweises ein schuldhafter Verstoß des Abbiegenden gegen die in § 9 Abs. 1 StVO normierte doppelte Rückschaupflicht festgestellt.[171]

144 **Muster 4.50: Anscheinsbeweis Verletzung der doppelten Rückschaupflicht**
Im Wege des Anscheinsbeweises wird ein schuldhafter Verstoß gegen die in § 9 Abs. 1 StVO normierte Verpflichtung zur doppelten Rückschau zu Lasten desjenigen vermutet, der im zeitlichen und örtlichen Zusammenhang mit dem Verkehrsunfall nach links abgebogen ist (OLG Hamm, Urt. v. 7.3.2014 – 9 U 210/13, juris; OLG Stuttgart; Urt. v. 4.6.2014 – 3 U 15/14 = SP 2014, 404 ff.; KG Berlin, Urt. v. 26.1.2004 – 12 U 1439/02 = NZV 2005, 413; OLG Celle, Urt. v. 14.5.1992 – 5 U 32/91 = SP 1993, 3).

145 Ein Unterschied liegt allerdings darin, dass der Überholvorgang im Kreuzungsbereich erfolgt und hierin ein besonders gefahrenträchtiges Fahrmanöver liegt. Den überholenden Fahrzeugführer wird daher i.d.R. auch ohne ein Verschulden allein aufgrund der erhöhten Betriebsgefahr eine Mithaftung treffen, die sachgerecht bei 25 %[172] anzusetzen sein dürfte.

146 **Muster 4.51: Mithaftung des Überholenden aus Betriebsgefahr bei Abbiegen im Kreuzungsbereich**
Vorliegend ist zu beachten, dass der Abbiegevorgang nicht in den ruhenden Verkehr mit den dabei geltenden Haftungsverschärfungen des § 9 Abs. 5 StVO erfolgt ist, sondern in einem gut erkennbaren Kreuzungsbereich durchgeführt wurde. Wird auf dem Bereich einer solchen Kreuzung ein Überholmanöver durchgeführt, haftet der Überholende mit mindestens 25 % verschuldensunabhängig allein aufgrund der durch dieses Fahrmanöver erhöhten Betriebsgefahr, da ein solches Überholen typischerweise die Gefahr einer Kollision im Kreuzungsbereich schafft (OLG Frankfurt, Urt. v. 8.7.2002 – 1 U 113/01 = OLGR Frankfurt 2002, 300).

147 Hat der von hinten herannahende Fahrzeugführer auch in einer unklaren Verkehrslage überholt, erhöht sich die Betriebsgefahr derart, dass mindestens eine Haftung zu gleichen

---

169 OLG Koblenz, Urt. v. 26.1.2004 – 12 U 1439/02 = DAR 2005, 403 (zwei Pkw überholt).
170 OLG München, Urt. v. 15.10.1993 – 10 U 3156/93 = SP 1994, 171.
171 OLG Celle, Urt. v. 14.5.1992 – 5 U 32/91 = SP 1993, 3; OLG Celle, Urt. v. 20.5.1976 – 5 U 66/75 = VersR 1978, 94.
172 OLG Frankfurt, Urt. v. 8.7.2002 – 1 U 113/01 = OLGR Frankfurt 2002, 300.

B. Fahrer- und Halterhaftung bei einem Unfall mit mehreren Kraftfahrzeugen § 4

Anteilen (z.B. beim Abbiegen in einen Feldweg),[173] wenn nicht gar eine leicht überwiegende Haftung des Überholenden mit 2/3[174] bis zu 70 %[175] gegeben ist.

Eine **unklare Verkehrslage** kann hier bereits dann anzunehmen sein, wenn der Vorausfahrende seine Geschwindigkeit verlangsamt und sich zur Fahrbahnmitte hin einordnet, wenn ein Abbiegen aufgrund des gut erkennbaren Kreuzungsbereichs naheliegt.[176] Des Nachweises eines rechtzeitig gesetzten Blinkers bedarf es dann nicht mehr.

Wenn der abbiegende Fahrzeugführer den gegen ihn sprechenden Anscheinsbeweis erschüttern kann, bleibt zu seinen Lasten aufgrund der im Abbiegevorgang liegenden erhöhten Betriebsgefahr i.d.R. eine Mithaftung von 20 % bestehen.

Muster 4.52: Überholen in unklarer Verkehrslage im Kreuzungsbereich　　148

Eine unklare Verkehrslage liegt immer dann vor, wenn nach allen Umständen ein ungefährdetes Überholen nicht möglich ist, da nicht sicher beurteilt werden kann, wie sich der Vorausfahrende verhalten wird (KG, Beschl. v. 13.8.2009 – 12 U 223/08, juris = NZV 2010, 298; LG Hamburg, Urt. v. 23.1.2015 – 302 O 220/14 = zfs 2015, 380). Dies ist bereits dann gegeben, wenn – wie hier – der vorausfahrende Fahrzeugführer rechtzeitig den linken Blinker gesetzt hat (OLG Stuttgart, Beschl. v. 8.4.2011 – 13 U 2/11, juris; OLG Hamm, Beschl. v. 23.2.2006 – 6 U 126/05, juris; KG Berlin, Urt. v. 4.1.2006 – 12 U 202/05 = NZV 2006, 369).

Im Übrigen ist vorliegend die Besonderheit zu berücksichtigen, dass ein Überholmanöver im Kreuzungsbereich erfolgt ist. Selbst wenn der Blinker nicht rechtzeitig gesetzt worden sein sollte, so war für den nachfolgenden Verkehr jedoch nicht klar, aus welchem Grund das vorausfolgende Fahrzeug abgebremst wird. Zumindest im Kreuzungsbereich folgt aus dem Abbremsen und einem ggf. möglichen Einordnen zur Fahrbahnmitte hin eine unklare Verkehrslage, in welcher sich ein Überholvorgang für den nachfolgenden Verkehr verbietet (LG Lüneburg, Urt. v. 25.4.2001 – 8 S 140/00 = SP 2002, 122).

b) Zusammenstoß zwischen Rechtsabbieger und nachfolgendem Kfz

Auch bei dem Abbiegevorgang nach rechts spricht gegen den Abbiegen der Anscheinsbeweis im Hinblick auf eine schuldhafte Verletzung der doppelten Rückschaupflicht. Darüber hinaus sind ggf. die erhöhten Sorgfaltsanforderungen des § 9 Abs. 5 StVO bei dem Abbiegen in ein Grundstück zu berücksichtigen.　　149

Kann der Rechtsabbieger den gegen ihn sprechenden Anscheinsbeweis nicht widerlegen und wird ihm dazu nachgewiesen, dass er sich auch auf einen falschen Fahrstreifen eingeordnet hat, von dem aus er nicht abbiegen durfte, haftet der Rechtsabbieger aufgrund seines überragenden Fehlverhaltens alleine.[177] Kann der Rechtsabbieger in diesen　　150

173　OLG Brandenburg, Urt. v. 26.9.2001 – 14 U 24/01 = VRS 102, 28.
174　LG Karlsruhe, Urt. v. 12.10.2007 – 8 O 294/07 = zfs 2008, 82.
175　AG Hamburg, Urt. v. 2.8.2005 – 54A C 124/04 = SP 2005, 372.
176　LG Lüneburg, Urt. v. 25.4.2001 – 8 S 140/00 = SP 2002, 122.
177　Vgl. dazu auch die Münchener Quotentabelle: *Brüseken/Krumbholz/Thiermann*, NZV 2000, 444; anders aber OLG Hamm, Urt. v. 26.10.1992 – 13 U 134/92 = OLGR Hamm 1993, 19 wegen eines Verstoßes gegen § 5 Abs. 7 StVO.

Fällen aber nachweisen, dass er den Blinker rechtzeitig gesetzt hat, haftet der Überholende wegen des Überholens in einer unklaren Verkehrslage mit einer Quote, die gegenüber dem gewichtigeren Fehlverhalten des Abbiegenden regelmäßig mit 30 %[178] bzw. 1/3[179] zu veranschlagen ist. Ein Überholen in einer unklaren Verkehrslage ist auch dann gegeben, wenn ein nach rechts **abbiegender Lkw** vorher bauartbedingt nach links ausschwenkt[180] oder auf der linken Spur Fahrzeuge ohne ersichtlichen Grund warten.

c) Unfälle beim Überholen

151 Kollidiert ein Überholender mit einem ebenfalls zum Überholen ansetzenden Vordermann, kommt es insbesondere darauf an, wie lange und gut der vom Vordermann eingeleitete Überholversuch für den von hinten herannahenden Überholenden zu erkennen war und ob der Vordermann bei seinem Überholvorgang die gebotene Rückschau gehalten hat.[181] Das Überholen einer Fahrzeugkolonne durch einen von hinten herannahenden Verkehrsteilnehmer ist jedenfalls nicht verboten. Demjenigen, der **zuerst** unter Betätigung des Fahrtrichtungsanzeigers zum **Überholen ansetzt**, gebührt der Vortritt gegenüber einem in der Kolonne weiter vorne fahrenden Fahrzeugführer, der die erste Möglichkeit zum Überholen nicht wahrgenommen hat,[182] wobei jedoch bei dem Aufheben eines Überholverbots wiederum dem ersten vorausfahrenden Kfz vorab Gelegenheit zum Überholen zu geben ist.[183]

152 **Muster 4.53: Vorrang des zuerst Überholenden**
Von einem nachfolgenden Fahrzeugführer ist zu verlangen, die konkrete Verkehrssituation auch auf andere Umstände hin zu beobachten, die es nahelegen können, dass der Vorausfahrende seinerseits überholen will (BGH, Urt. v. 23.9.1986 – VI ZR 46/85 = DAR 1987, 53). Diesem steht das Recht zu, zuerst zu überholen, wenn sich nach längerer Fahrt eine erste Überholmöglichkeit bietet (KG Berlin, Urt. v. 30.1.1995 – 12 U 2820/93 = NZV 1995, 359).

d) Unfall beim Fahrstreifenwechsel

153 Ereignet sich ein Unfall im unmittelbaren zeitlichen und örtlichen Zusammenhang mit einem Fahrstreifenwechsel, spricht gegen den Fahrstreifenwechsler der Beweis des ersten Anscheins, der einen schuldhaften Verstoß gegen § 7 Abs. 5 StVO begründet.[184] Für eine solche typische Konstellation eines Fahrstreifenwechsels spricht der Umstand, dass sich das Fahrzeug des Unfallverursachers infolge des Fahrstreifenwechsels noch in

---

178 LG Göttingen, Urt. v. 19.2.2003 – 9 S 46/02 = VRS 105, 12.
179 AG Freudenstadt, Urt. v. 26.1.1994 – 5 C 640/93 = SP 1994, 206.
180 OLG Saarbrücken, Urt. v. 10.2.1979 – 3 U 60/77, juris; AG Wiesbaden, Urt. v. 2.7.2007 – 92 C 6660/06 = SP 2007, 387; AG Hamburg-Harburg, Urt. v. 19.11.2007 – 646A C 219/07 = SVR 2008, 107.
181 Grundlegend: BGH, Urt. v. 23.9.1986 – VI ZR 46/85 = DAR 1987, 53.
182 KG Berlin, Urt. v. 30.1.1995 – 12 U 2820/93 = NZV 1995, 359.
183 BGH, Urt. v. 23.9.1986 – VI ZR 46/85 = DAR 1987, 53.
184 OLG Hamm, Urt. v. 13.5.2009 – 13 U 106/08 = NJW-RR 2009, 1624; LG Berlin, 7.5.2003 – 24 O 34/03 = SP 2003, 301.

B. Fahrer- und Halterhaftung bei einem Unfall mit mehreren Kraftfahrzeugen § 4

Schrägstellung befindet.[185] Den strengen Sorgfaltsanforderungen des § 7 Abs. 5 StVO bei einem Fahrstreifenwechsel genügt ein Fahrer nur dann, wenn er vor dem Fahrstreifenwechsel in Innen- und Außenspiegel schaut, sich mit einem Schulterblick umsieht und den Wechsel mittels des Fahrtrichtungsanzeigers rechtzeitig anzeigt.[186] Im Regelfall haftet der Fahrstreifenwechsler aufgrund eines überragenden Fehlverhaltens alleine.[187]

Der gegen ihn sprechende Anscheinsbeweis ist dann erschüttert, wenn der Unfall sich zu einem Zeitpunkt ereignete, zu dem der **Fahrstreifenwechsel bereits abgeschlossen** war. Dies ist in der Regel dann der Fall, wenn der den Fahrstreifen Wechselnde sich bereits vollständig in den Verkehr auf dem anderen Fahrstreifen integriert hat und der nachfolgende Verkehr sich auf dieses Kfz einstellen kann.[188] Inwiefern trotz des Einordnens noch ein unmittelbarer zeitlicher und räumlicher Zusammenhang zu dem Fahrstreifenwechsel besteht, ist eine Frage des Einzelfalles.[189] Ohne einen solchen Zusammenhang greift der Beweis des ersten Anscheins jedenfalls nicht ein.[190]

154

Eine weitere Besonderheit liegt vor, wenn der Fahrstreifenwechsler auf der Autobahn mit dem von hinten herannahenden Fahrzeugführer kollidiert, der die Autobahnrichtgeschwindigkeit überschritten hat. Eine verschuldensunabhängige Mithaftung des nachfolgenden Verkehrsteilnehmers kann aber insbesondere bei einem Verkehrsunfall auf der Autobahn gegeben sein, wenn der nachfolgende Verkehr die Autobahnrichtgeschwindigkeit von 130 km/h zum Unfallzeitpunkt deutlich überschritten hat. Durch das zulässige, aber schnellere Fahren, als es die Richtgeschwindigkeit vorsieht, wird eine besondere Gefahrenlage geschaffen und es ist eine erhöhte Betriebsgefahr zu berücksichtigen. Dies setzt allerdings voraus, dass sich diese höhere Geschwindigkeit unstreitig bzw. erwiesenermaßen auf das Unfallgeschehen ausgewirkt hat.[191] Die Beweislast für das Überschreiten der Geschwindigkeit wie auch die Ursächlichkeit trägt der Unfallgegner. Kann er diesen Beweis führen, kommt eine Mithaftung in einer Größenordnung von 20 %[192] bzw. 30 %[193] in Betracht.

155

▼

Muster 4.54: Mithaftung wegen Überschreitung der Autobahnrichtgeschwindigkeit
Unabhängig davon, ob ein Verschulden vorliegt, begründet bereits ein Überschreiten der auf der Autobahn gültigen Richtgeschwindigkeit eine Mithaftung, wenn dies zum Verkehrsunfall beigetragen hat. Durch das zulässige, aber schnellere Fahren als die Richtgeschwindigkeit wird eine besondere Gefahrenlage geschaffen. Die hierdurch begründete erhöhte Betriebsgefahr führt regelmäßig zu einer Mithaftung von 30 % (OLG

156

---

185 AG Hamburg-Blankenese, Urt. v. 5.10.2004 – 509 C 208/03 = VersR 2005, 1549.
186 OLG Frankfurt, Urt. v. 5.4.1976 – 2 Ss 134/76 = DAR 1977, 81.
187 OLG Jena, Urt. v. 8.12.2005 – 1 U 474/05 = NZV 2006, 147; OLG Hamm, Urt. v. 16.11.2004 – 9 U 110/04 = DAR 2005, 285.
188 BGH, Urt. v. 30.11.2010 – VI ZR 15/10 = MDR 2011, 157.
189 Beispielhaft: OLG Düsseldorf, Urt. v. 21.7.2003 – 1 U 217/02 = SP 2003, 335.
190 OLG München, Urt. v. 24.4.1989 – 10 U 5867/88 = NZV 1989, 277.
191 OLG Naumburg, Urt. v. 6.6.2008 – 12 U 72/07 = NZV 2008, 618.
192 AG Düsseldorf, Urt. v. 28.8.2003 – 39 C 81/02 = SP 2003, 371.
193 OLG Hamm, Urt. v. 6.2.2003 – 6 U 190/02 = r+s 2003, 342; OLG Düsseldorf, Urt. v. 21.7.2003 – 1 U 217/02 = SP 2003, 335; OLG Jena, Urt. v. 13.9.2005 – 8 U 28/05 = MDR 2006, 748.

Jena, Urt. v. 13.9.2005 – 8 U 28/05 = MDR 2006, 748; OLG Hamm, Urt. v. 6.2.2003 – 6 U 190/02 = r+s 2003, 342;) bzw. zumindest 25 % (OLG Schleswig Holstein, Urt. v. 30.7.2009 –7 U 12/09, juris).

▲

157 Da der die Fahrspur wechselnde Fahrzeugführer nach dem Maßstab des § 286 ZPO die Beweislast dafür trägt, dass bei Einhaltung der Autobahnrichtgeschwindigkeit der Unfall vermieden worden wäre, wirken sich verbleibende Zweifel zu seinen Lasten aus. Im Übrigen ist bei der Haftungsabwägung das Fehlverhalten des Fahrstreifenwechslers zu gewichten und dies kann bei einem schwerwiegenden Sorgfaltspflichtverstoß zur alleinigen Haftung führen.[194] Ein solches überragendes Fehlverhalten liegt z.B. vor, wenn der Fahrstreifenwechsler direkt von der Beschleunigungsspur über mehrere Fahrstreifen auf die links gelegene Überholspur gezogen ist.[195] In diesem Fall ist ebenfalls ein Verstoß gegen die Vorschrift des § 18 Abs. 3 StVO, teilweise sogar § 10 Abs. 1 StVO[196] zu berücksichtigen. Auch ist die Überschreitung einer Geschwindigkeitsgrenze (und damit auch der Autobahnrichtgeschwindigkeit) grundsätzlich erst dann relevant, wenn die Überschreitung mehr als 10 % beträgt.[197]

▼

158 **Muster 4.55: Unerhebliche Überschreitung der Richtgeschwindigkeit**
Eine angebliche Überschreitung der Autobahnrichtgeschwindigkeit kann nur dann als Abwägungsfaktor berücksichtigt werden, wenn sich diese erwiesener Maßen ursächlich ausgewirkt hat (OLG München, Urt. v. 7.12.2007 –10 U 4653/07, juris).

Ein Nachweis, dass bei Einhaltung der Autobahnrichtgeschwindigkeit der Unfall hätte vermieden werden können, liegt nicht vor. Im Übrigen wäre allenfalls eine Überschreitung der Autobahnrichtgeschwindigkeit von nicht mehr als 10 % denkbar, die i.d.R. unbeachtlich ist (OLG Hamm, Urt. v. 8.5.2001 – 27 U 201/00 = DAR 2001, 506). Und schlussendlich führt ein schwerwiegender Sorgfaltspflichtverstoß des Fahrstreifenwechslers dazu, dass hierhinter jede denkbar erhöhte Betriebsgefahr wegen einer angeblichen Überschreitung der Richtgeschwindigkeit zurücktritt (OLG Hamm, Urt. v. 21.6.1993 – 6 U 51/93 = NZV 1994, 229).

▲

4. Unfälle im Parkplatzbereich

159 Bei einem Unfall im Bereich eines Parkplatzes findet die StVO nur eingeschränkte Anwendung. Gleiches gilt für den Bereich eines öffentlichen Parkhauses,[198] ggf. auch eines Betriebsgeländes.[199] Der BGH geht grundsätzlich davon aus, dass allein die Vorschrift des allgemeinen Rücksichtnahmegebots nach § 1 Abs. 2 StVO anzuwenden ist, die aber auch den Rechtsgedanken bestimmter Garantiepflichten wie den Ausschluss der

---

194 OLG Hamm, Urt. v. 15.3.2002 – 9 U 188/01 = VersR 2002, 1120.
195 OLG Hamm, Urt. v. 21.6.1993 – 6 U 51/93 = NZV 1994, 229.
196 OLG Düsseldorf, Urt. v. 13.12.2004 – 1 U 135/04 = Verkehrsrecht aktuell 2005, 24.
197 OLG Hamm, Urt. v. 8.5.2001 – 27 U 201/00 = DAR 2001, 506.
198 AG Osnabrück, Urt. v. 18.3.1993 – 6 C 629/92 = VersR 1994, 1002.
199 KG Berlin, Urt. v. 30.5.2005 – 12 U 82/04 = VersR 2006, 563.

B. Fahrer- und Halterhaftung bei einem Unfall mit mehreren Kraftfahrzeugen § 4

Gefährdung anderer Verkehrsteilnehmer nach § 9 Abs. 5 StVO bei einer Rückwärtsfahrt beinhaltet.[200] Solange ein Fahrzeug zum Zeitpunkt der Kollision auf einem Parkplatz auch rückwärts fährt, ergibt sich hieraus mithin auch ein Verschulden, welches im Wege des Anscheinsbeweises vermutet wird.[201]

Es ist in jedem Fall gesondert zu prüfen, ob die Vorschriften aufgrund einer vergleichbaren Verkehrslage entsprechend anzuwenden sind.[202] Daneben ist zu berücksichtigen, dass auch bei einer Geltung der Vorschriften der StVO der andere Kraftfahrzeugführer nicht im gleichen Maße wie im fließenden Verkehr auf die Beachtung der StVO vertrauen darf. Vielmehr erfährt das Gebot der Rücksichtnahme bei dem Befahren eines Parkplatzes eine besondere Ausprägung.[203] Jeder Fahrzeugführer muss daher stets **bremsbereit und mit mäßiger Geschwindigkeit** fahren[204] und ständig mit rangierenden Fahrzeugen rechnen.[205] Auch der auf einem „Fahrstreifen" an Parkbuchten vorbeifahrende Fahrzeugführer kann nicht uneingeschränkt auf die Achtung eines Vorrangrechts vertrauen.[206] Es kommen daher nur selten Fälle vor, bei denen eine alleinige Haftung eines unfallbeteiligten Fahrzeugführers gegenüber dem Unfallgegner gegeben ist. In der Regel wird zumindest eine Mithaftung in Höhe von 20 % geboten sein.[207]

160 Selbst wenn der Unfallgegner gegen eine der Kardinalvorschriften der StVO wie die §§ 8, 9 StVO, die entsprechend angewendet werden können, verstoßen haben sollte, trifft den anderen Fahrzeugführer, dessen Fahrzeug zum Unfallzeitpunkt ebenfalls in Bewegung war, eine Mithaftung, es sei denn, er ist mit Schrittgeschwindigkeit bremsbereit gefahren und konnte eine Kollision nicht vermeiden oder sein Fahrzeug stand zum Unfallzeitpunkt über einen längeren Zeitraum. Bei einem Lkw kann sich darüber hinaus eine Mithaftung aus der Betriebsgefahr allein unter dem Gesichtspunkt der bauartbedingt eingeschränkten Sichtverhältnisse ergeben.[208]

▼

4.56

161 **Muster 4.56: Mithaftung beim Parkplatzunfall aus Betriebsgefahr bzw. § 1 Abs. 2 StVO**
Vorliegend ist unter Berücksichtigung der Besonderheiten des Unfallortes wie der sich hieraus ergebenden Abwägungsfaktoren in jedem Fall eine Mithaftung gegeben.
Bei einem Unfall im Bereich eines Parkplatzes darf der andere Kraftfahrzeugführer nicht im gleichen Maße wie im fließenden Verkehr auf die Beachtung der StVO vertrauen darf (KG Berlin, Urt. v. 30.5.2005 – 12 U 82/04 = VersR 2006, 563; OLG Hamm, Urt. v.

---

200 BGH, Urt. v. 15.12.2015 – VI ZR 6/15 = MDR 2016, 2668.
201 BGH, Urt. v. 15.12.2015 – VI ZR 6/15 = MDR 2016, 2668; BGH, Urt. v. 26.1.2016 – VI ZR 179/15 = NJW Spezial 2016, 138; LG Düsseldorf, Beschl. v. 1.2.2016 – 20 S 105/15, juris; LG Saarbrücken, Urt. v. 10.2.2012 – 13 S 181/11 = NZV 2012, 288.
202 Für eine entsprechende Anwendung: OLG Hamm, Urt. v. 28.6.1993 – 13 U 58/93, juris; AG Viersen, Urt. v. 16.5.2006 – 17 C 21/06 = SP 2006, 416.
203 OLG Hamm, Urt. v. 15.3.1993 – 6 U 251/92 = NZV 1993, 477; LG Potsdam, Urt. v. 7.6.2001 – 3 S 430/00 = SP 2001, 335.
204 KG Berlin, Urt. v. 4.2.2002 – 12 U 111/01 = NZV 2003, 381; AG Bad Bramstedt, Urt. v. 20.3.1998 – 4a C 8/98 = zfs 1999, 55.
205 LG Potsdam, Urt. v. 7.6.2001 – 3 S 430/00 = SP SP 2001, 335.
206 OLG Stuttgart, Urt. v. 19.1.1990 – 2 U 23/89 = zfs 1990, 257.
207 LG Hamburg, Urt. v. 4.1.2009 – 306 O 221/08, juris.
208 LG Erfurt, Urt. v. 14.2.2008 –1 S 248/07, juris.

11.9.2012 – 9 U 32/12, juris; KG VersR 2006, 563; LG Hamburg, Urt. v. 4.12.2009 – 306 O 221/08, juris; LG Potsdam, Urt. v. 7.6.2001 – 3 S 430/00 = SP 2001, 335). Jeder Fahrzeugführer muss daher stets bremsbereit mit mäßiger Geschwindigkeit fahren und ständig mit rangierenden Fahrzeugen rechnen (LG Bochum, Urt. v. 15.11.2002 – 5 S 209/02 = SP 2003, 124; AG Düsseldorf, Urt. v. 17.4.2014 – 30 C 13623/12, juris). Dies sind üblicherweise nicht mehr als 10 km/h (OLG Hamm, Urt. v. 11.9.2012 – 9 U 32/12, juris). Diese hohen Sorgfaltsanforderungen sind vorliegend nicht beachtet worden. Zudem ist allein die Betriebsgefahr durch das Fahren auf einem beengten Parkplatzbereich mit der Gefahr entsprechender Fahrzeugkollisionen erhöht. Allein unter diesen Gesichtspunkten besteht eine Mithaftung von mindestens $1/3$ (LG Heidelberg, Urt. v. 20.2.2015 – 3 O 93/14, juris; LG Köln, Urt. v. 14.4.1994 – 19 S 273/93 = SP 1994, 274).

▲

162 Bei der Haftungsabwägung war bisher nach einer Ansicht in der Rechtsprechung auch zu beachten, dass allein die Tatsache, dass eines der Fahrzeug im Parkplatzbereich zum Unfallzeitpunkt bereits gestanden hat, für sich gesehen häufig nicht genügen sollte, um eine Mithaftung aus einer Betriebsgefahr auszuschließen. Entscheidend war nach dieser Ansicht für die Zurechnung einer durch ein Fahrmanöver wie beispielsweise ein **rückwärtiges Ausparken erhöhten Betriebsgefahr**, ob zu diesem Fahrmanöver noch ein enger zeitlicher und räumlicher Zusammenhang bestanden hat.[209]

163 Diese weite Anwendung eines Anscheinsbeweises wegen einer Rückwärtsfahrt hat der BGH jedoch im Parkplatzbereich abgelehnt. Bei diesen Unfällen würde der Fahrer seiner Sorgfalt nach § 1 Abs. 2 StVO genügen, wenn er rechtzeitig vor der Kollision zum Stillstand kommt. Solange dies nicht ausgeschlossen werden kann, ist nach Ansicht des BGH trotz einer vorangehenden, aber zwischenzeitlich beendeten Rückwärtsfahrt kein Anscheinsbeweis wegen eines engen zeitlichen und räumlichen Zusammenhangs mit einem Verstoß gegen § 1 Abs. 2 StVO i.V.m. § 9 Abs. 5 StVO gegeben.

▼

164 **Muster 4.57: Kein Anscheinsbeweis bei stehendem Fahrzeug nach Rückwärtsfahrt**
Es greift gerade kein Beweis des ersten Anscheins wegen einer unachtsamen Rückwärtsfahrt und eines dadurch bedingten Verstoßes gegen die §§ 1 Abs. 2, 9 Abs. 5 StVO ein. Die für die Anwendung eines Anscheinsbeweises gegen einen Rückwärtsfahrenden erforderliche Typizität des Geschehensablaufs liegt nämlich nicht vor, wenn beim rückwärtigen Ausparken von zwei Fahrzeugen aus Parkbuchten eines Parkplatzes zwar feststeht, dass vor der Kollision ein Fahrzeugführer rückwärts gefahren ist, aber nicht ausgeschlossen werden kann, dass – wie hier – ein Fahrzeug im Kollisionszeitpunkt bereits stand, als der andere – rückwärtsfahrende – Unfallbeteiligte mit seinem Fahrzeug in das Fahrzeug hineingefahren ist (BGH, Urt. v. 15.12.2015 – VI ZR 6/15 = MDR 2016, 2668).

▲

165 Eine besondere Konstellation liegt vor, wenn ein von rechts und ein von links kommenden Fahrzeug miteinander kollidieren. Die Vorschrift des § 8 StVO, die dem von rechts kommenden ein **Vorfahrtsrecht** sichert, findet nach einer Auffassung in der Rechtspre-

---

[209] Anschaulich: LG Bochum, Hinweisbeschluss v. 21.1.2009 – I-10 S 107/08, juris – m.w.N.

B. Fahrer- und Halterhaftung bei einem Unfall mit mehreren Kraftfahrzeugen § 4

chung nur dann entsprechende Anwendung, wenn das Fahrzeug eine Fahrspur benutzt, die baulich erkennbar abgetrennt und deutlich für den fließenden Verkehr bestimmt ist.[210] Es muss sich um Fahrspuren handeln, die baulich erkennbar vom Parkplatzbereich quasi als „eigenes Netz" abgetrennt sind.

▼

Muster 4.58: Anwendung des § 8 StVO beim Parkplatzunfall 166

Bei einem Unfall außerhalb des eigentlichen fließenden Verkehrs im Parkplatzbereich findet § 8 StVO nicht zwangsläufig Anwendung. Diese Kardinalvorschrift der StVO ist vielmehr nur dann anzuwenden, wenn eine Fahrspur benutzt wird, die baulich erkennbar abgetrennt und deutlich für den fließenden Verkehr bestimmt ist (OLG Nürnberg, Urt. v. 28.7.2014 – 14 U 2515/13 = zfs 2014, 679; OLG Saarbrücken, Urt. v. 9.10.2014 – 4 U 46/14 = DAR 2014, 703; LG Frankfurt, Urt. v. 30.9.2013 – 15 S 145/13 = DAR 2014, 390; LG Detmold, Urt. v. 2.5.2012 – 10 S 1/12, juris; OLG Koblenz, Urt. v. 14.12.1998 – 12 U 1249/97 = DAR 1999, 405; LG Kempten, Urt. v. 3.4.1991 – 2 O 286/91 = SP 1992, 200). Es muss sich dabei um Fahrspuren handeln, die baulich erkennbar vom Parkplatzbereich quasi als „eigenes Netz" abgetrennt sind. Dies setzt voraus, dass die Verbindungswege in puncto Markierung, Breite und Verkehrsführung gleichartig sind (LG Detmold, Urt. v. 2.5.2012 – 10 S 1/12, juris; AG Gladbeck, Urt. v. 18.11.2014 – 11 C 359/14, juris).

Beim hiesigen Unfallort .

▲

Nach anderer Ansicht gilt zumindest auf einem öffentlichen Parkplatz grundsätzlich 167 immer die Regel „rechts vor links" des § 8 Abs. 1 StVO.[211] Überzeugender Weise wird dieser Grundsatz aber nur dann Anwendung finden können, wenn für jeden Verkehrsteilnehmer klar ersichtlich ist, dass es sich um Fahrspuren handelt, die als Durchgangsspur gedacht sind und einer Fahrbahn im fließenden Verkehr gleichstehen.

Findet die ein Vorfahrtsrecht begründenden Vorschrift des § 8 StVO einschließlich des 168 damit verbundenen Anscheinsbeweises Anwendung, wird die Haftungsquote des Wartepflichtigen i.d.R. 70 % (bzw. $2/3$) betragen, während der Vorfahrtsberechtigte angesichts der besonderen Rücksichtnahmepflicht im Parkplatzbereich eine verbleibende Haftung von 30 %[212] bzw. von $1/3$,[213] zumindest aber 25 %[214] trägt.

---

210 OLG Koblenz, Urt. v. 14.12.1998 – 12 U 1249/97 = DAR 1999, 405; LG Kempten, Urt. v. 3.4.1991 – 2 O 286/91 = SP 1992, 200; AG Solingen, Urt. v. 30.11.07 – 11 C 193/06 = zfs 2008, 133.
211 OLG Celle, Urt. v. 29.8.1996 – 5 U 230/95 = SP 1996, 339; KG Berlin, Urt. v. 4.2.2002 – 12 U 111/01 = VersR 2003, 480; AG Detmold, Urt. v. 12.2.1998 – 8 C 428/97 = zfs 1999, 54; AG Paderborn, Urt. v. 21.6.1999 – 56 C 677/98 = DAR 1999, 556; generell ablehnend dagegen z.B. AG Osnabrück, Urt. v. 18.3.1993 – 6 C 629/92 = VersR 1994, 1002.
212 LG Hamburg, Urt. v. 6.9.2002 – 331 S 200/01 = SP 2003, 8.
213 KG Berlin, 4.2.2002 – 12 U 111/01 = NZV 2003, 381; OLG Frankfurt, Urt. v. 8.7.1999 – 15 U 193/98 = NZV 2001, 36; LG Kempten, 3.4.1991 – 2 O 286/91 = SP 1992, 200.
214 OLG Köln, Urt. v. 8.12.1994 – 18 U 117/94 = VersR 1995, 719.

§ 4 Quotenbildung

Muster 4.59: Mithaftung der vorfahrtsberechtigten Gegenseite bei einem Parkplatzunfall

169 Selbst wenn eine Vorfahrtsberechtigung in analoger Anwendung des § 8 StVO zu bejahen sein sollte, so bleibt bei dem hier vorliegenden Verkehrsunfall im Parkplatzbereich eine Mithaftung in Höhe von mindestens 1/3 bestehen. Hier muss der Vorfahrtsberechtigte im besonderen Maße mit Vorfahrtsverletzungen rechnen (OLG Köln, Urt. v. 8.12.1994 – 18 U 117/94 = VersR 1995, 719; AG Duisburg-Hamborn, Urt. v. 9.4.2015 – 8 C 117–13, juris) und dem Gebot der Rücksichtnahme kommt eine besondere Ausprägung zu (KG Berlin, Urt. v. 30.5.2005 – 12 U 82/04 = VersR 2006, 563). Von dieser Mithaftung des Vorfahrtsberechtigten kann nur dann abgesehen werden, wenn feststeht, dass er langsam und stets bremsbereit gefahren ist und dessen ungeachtet eine Kollision nicht vermeiden konnte (AG Bad Bramstedt, Urt. v. 20.3.1998 – 4a C 8/98 = zfs 1999, 55).

170 Ereignet sich der Unfall im Zusammenhang mit der **Öffnung einer Fahrzeugtür**, spricht auch im Parkplatzbereich der Beweis des ersten Anscheins für einen schuldhaften Verstoß gegen § 14 StVO.[215] Der andere Fahrzeugführer hat aber das Rücksichtnahmegebot des § 1 Abs. 2 StVO zu beachten und darf ggf. nur mit äußerster Sorgfalt und Schrittgeschwindigkeit neben einem anderen Fahrzeug einparken, dessen Fahrzeuginsassen noch nicht ausgestiegen sind. Der Verstoß des Aussteigenden gegen § 14 StVO wird dabei i.d.R. den Verstoß des anderen Fahrzeugführers gegen § 1 Abs. 2 StVO überwiegen und zu einer leicht überwiegenden Haftung mit 2/3[216] bzw. 70 %[217] führen. Tritt zu dem rangierenden Fahrzeug eine Bauart bedingte erhöhte Betriebsgefahr (z.B. bei einem Lkw)[218] hinzu, kann eine Haftungsteilung angemessen sein.

C. Quotenbildung bei Beteiligung nicht motorisierter Verkehrsteilnehmer

I. Hinweise

171 Sofern es um Ansprüche geht, die Verkehrsteilnehmer erheben, die weder Fahrer noch Halter eines Kraftfahrzeugs (= Dritte i.S.d. § 17 Abs. 1 StVG) sind, richtet sich die vorzunehmende Abwägung nach den § 9 StVG, § 254 BGB. § 17 Abs. 1 StVG findet seinem Wortlaut nach keine Anwendung. Dies gilt unabhängig davon, ob der Anspruch gegen Kraftfahrzeughalter/-führer oder andere Verkehrsteilnehmer geltend gemacht wird.

172 Zu prüfen ist in diesen Fällen, ob den Anspruchsteller ein Mitverschulden i.S.d. § 254 BGB trifft. Wird gegenüber dem Anspruchsgegner ein Anspruch aus dem StVG, d.h. ein Anspruch gegen den Halter aus § 7 StVG oder gegen den Fahrer aus § 18 StVG,

---

215 AG Neubrandenburg, Urt. v. 4.3.2003 – 12 C 1324/02 = zfs 2003, 231.
216 LG Saarbrücken,Urt. v. 29.5.2009 – 13 S 181/08, juris.
217 AG Weilburg, Urt. v. 7.8.2001 – 5 C 503/00 = SP 2002, 89.
218 AG Kempten, Urt. v. 29.7.2002 – 11 C 33/02 = SP 2003, 159.

C. Quotenbildung bei Beteiligung nicht motorisierter Verkehrsteilnehmer § 4

wegen der Beschädigung einer Sache geltend gemacht, ist nach § 9 StVG neben einem (direkten) Mitverschulden des Verletzten auch ein Mitverschulden desjenigen zu berücksichtigen, der die **tatsächliche Gewalt** über die Sache ausgeübt hat. § 9 StVG erweitert folglich die auf einem Mitverschulden begründete Haftung im Fall von Sachschäden im Bereich des StVG.[219]

Ein Mitverschulden bei der Entstehung des Schadens richtet sich nach § 254 Abs. 1 BGB. Diese Norm begründet eine Obliegenheit des Geschädigten, die gebotene Sorgfalt anzuwenden, um die Entstehung eines eigenen Schadens zu vermeiden. Maßgeblich ist auch hier in erster Linie der jeweilige Verursachungsbeitrag. Erst in zweiter Linie ist auf ein Verschulden im technischen Sinne abzustellen. Dogmatische Rechtsgrundlage ist der Gedanke, dass zwar die Rechtsordnung eine Selbstgefährdung bzw. Selbstschädigung grundsätzlich nicht verbietet, von jedem Teilnehmer am Rechtsverkehr jedoch erwartet werden kann, dass jeder Geschädigte diejenige Sorgfalt beachtet, die ein ordentlicher und verständiger Mensch zur Vermeidung eigenen Schadens anzuwenden pflegt.[220] 173

In der Rechtsprechung ist ferner anerkannt, dass zu Lasten des Fahrzeug- oder Tierhalters die von seiner Sache ausgehende Gefahr im Rahmen der § 9 StVG, § 254 BGB zu berücksichtigen ist.[221] Diese Normen gewähren mithin eine umfassende Haftungsabwägung, bei der alle Umstände zu berücksichtigen sind, die zur Entstehung des Schadens beigetragen haben. Dies ist insbesondere bei den Unfällen von Bedeutung, bei denen ein Kraftfahrzeug mit einem Tier kollidiert, von dem auch eine bestimmte „Tiergefahr" ausgeht, die unabhängig von einem etwaigen Verschulden des Tierhalters zu berücksichtigen ist. Bei der Bildung der Haftungsquote sind demgegenüber auch die Betriebsgefahr des beteiligten Kraftfahrzeuges zu Lasten des Halters und ein etwaiges Verschulden des Fahrzeugführers zu berücksichtigen, wenn sich beides unfallursächlich ausgewirkt hat.[222] Die Beweislast für ein Verschulden des Fahrzeugführers als weiteren Abwägungsfaktor trägt wiederum der Dritte.[223] 174

Eine Besonderheit greift allerdings ein, wenn der **vom Halter verschiedene Fahrzeugführer** gegenüber dem Dritten einen eigenen Schadensersatzanspruch geltend macht: Der Fahrzeugführer muss sich in diesem Fall nicht die Betriebsgefahr des fremden Kraftfahrzeuges zurechnen lassen.[224] Als Abwägungsfaktor zu seinen Lasten kann daher nur ein eigenes Verschulden (§ 823 BGB oder § 18 StVG) berücksichtigt werden.[225] 175

---

219 Zu den Grundsätzen vgl. *Krause/Nugel*, VRR 2014, 84 ff. m.w.N.
220 BGH, Urt. v. 2.10.1990 – VI ZR 14/90 = VersR 1990, 1362.
221 Anschaulich zur Tierhalterhaftung: OLG Karlsruhe, Urt. v. 19.3.2009 – 4 U 166/07 = MDR 2009, 1162.
222 OLG Hamm, Urt. v. 29.8.1994 – 6 U 245/93 = VersR 1995, 546.
223 OLG Nürnberg, Urt. v. 23.11.04 – 3 U 2818/04 = DAR 2005, 160.
224 BGH, Urt. v. 10.7.1961 – VIII ZB 13/61 = VersR 1961, 854.
225 BGH, Urt. v. 17.11.2009 – VI ZR 64/08, juris.

§ 4 Quotenbildung

Muster 4.60: Keine Zurechnung der Betriebsgefahr gegenüber dem nicht haltenden Fahrzeugführer

176 Vorliegend kann dem Fahrzeugführer eine möglicherweise zu berücksichtigende Betriebsgefahr des von ihm gelenkten Fahrzeugs im Rahmen der Haftungsabwägung nicht entgegengehalten werden. Er ist nicht der das Fahrzeug wirtschaftlich unterhaltende Halter, so dass eine Zurechnung der Betriebsgefahr nach § 17 StVG ausscheidet. Dies erst recht bei dem geltend gemachten Anspruch aus § 823 BGB. Als Abwägungsfaktor kann zu seinen Lasten allenfalls ein Verschulden berücksichtigt werden (BGH, Urt. v. 17.11.2009 – VI ZR 64/08 = VersR 2010, 268), welches vorliegend aber nicht ersichtlich ist.

177 Genau wie bei der Abwägung nach § 17 StVG können aber auch bei der Bildung der Haftungsquote nach den § 9 StVG, § 254 BGB nur solche Umstände berücksichtigt werden, die sich unfallursächlich ausgewirkt haben.[226] Hingegen sind solche Verursachungsbeiträge nicht zu berücksichtigen, die nicht feststehen.

178 **Muster 4.61: Kausalitätserfordernis bei der Mithaftung nach § 254 BGB**

Bei der Bildung der Haftungsquote nach den § 9 StVG, § 254 BGB dürfen nur solche Umstände berücksichtigt werden, die sich unfallursächlich ausgewirkt haben und Umständen, bei denen dies nicht feststeht, sind außen vor zu lassen (BGH, Urt. v. 27.6.2000 – VI ZR 126/99 = DAR 2000, 524). Außerdem spielen – nachgewiesene – Umstände des Geschehens keine Rolle, wenn diese zwar abstrakt eine Gefahrerhöhung bewirkt haben, jedoch im konkreten Fall nicht nachgewiesen werden konnte, dass die Umstände sich auf den Schaden, bzw. auf die Höhe des Schadens, (mit) ausgewirkt haben (OLG Karlsruhe, Urt. v. 19.3.2009 – 4 U 166/07 = MDR 2009, 1162). Derjenige, der sich auf solche Umstände beruft, hat ihre Ursächlichkeit ggf. zu beweisen (BGH, Urt. v. 20.10.1983 – III ZR 78/83 = VersR 1983, 1162).

179 Außerdem spielen – nachgewiesene – Umstände des Geschehens keine Rolle, wenn diese zwar abstrakt eine Gefahrerhöhung bewirkt haben, jedoch im konkreten Fall nicht nachgewiesen werden konnte, dass die Umstände sich auf den Schaden, bzw. auf die Höhe des Schadens, (mit) ausgewirkt haben.[227] Derjenige, der sich auf solche Umstände beruft, hat ihre Ursächlichkeit ggf. zu beweisen.[228]

II. Unfälle zwischen Kraftfahrzeug und Radfahrer

180 Für einen Radfahrer als fahrenden Verkehrsteilnehmer gelten genau wie für motorisierte Fahrzeugführer die grundlegenden Verhaltensvorschriften im Straßenverkehr in Form von Garantie- und Kardinalpflichten.

---

226 BGH, Urt. v. 27.6.2000 – VI ZR 126/99 = DAR 2000, 524.
227 OLG Karlsruhe, Urt. v. 19.3.2009 – 4 U 166/07 = MDR 2009, 1162; vgl. auch BGH, Urt. v. 10.1.1995 – VI ZR 247/94 = DAR 1995, 196 zu der Abwägung nach § 17 StVG.
228 BGH, Urt. v. 20.10.1983 – III ZR 78/83 = VersR 1983, 1162.

C. Quotenbildung bei Beteiligung nicht motorisierter Verkehrsteilnehmer § 4

1. Alleinhaftung der Radfahrers

Ereignet sich ein Verkehrsunfall im Zusammenhang mit einem solchen Fahrmanöver, spricht bei einem unmittelbaren zeitlichen und räumlichen Zusammenhang auch gegen den Radfahrer ein damit verbundener Anscheinsbeweis, der einen schuldhaften Verstoß gegen diese Vorschriften und damit eine Mithaftung oder gar alleinige Haftung begründen kann. Verstößt ein Radfahrer gegen eine dieser grundlegenden, ihm obliegenden Sorgfaltspflichten, kann dieses Fehlverhalten so schwer wiegen, dass ihn die alleinige Haftung trifft und die Betriebsgefahr des unfallbeteiligten Fahrzeuges vollständig zurücktritt.[229]

▼

Muster 4.62: Alleinhaftung Radfahrer
Verstößt ein Radfahrer gegen eine der Kardinalvorschriften der StVO und ist ihm dabei ein erhebliches Verschulden anzulasten, tritt dahinter die einfache Betriebsgefahr des Fahrzeugs des Unfallgegners zurück (OLG Nürnberg, Urt. v. 14.7.2005 – 13 U 901/05 = NZV 2007, 205; OLG Schleswig, Urt. v. 21.8.2008 – 7 U 89/07 = MDR 2009, 141; OLG Oldenburg, Urt. v. 31.7.2014 – 1 U 19/14 = DAR 2015, 94; im Überblick *Krause/Nugel*, VRR 2014, 84 ff.).

2. Mithaftung des Radfahrers, der entgegen der Fahrtrichtung bzw. auf dem Gehweg fährt

In der höchstrichterlichen Rechtsprechung ist umstritten, ob der Radfahrer trotz des Fahrens in falscher Fahrtrichtung sein Vorrangrecht beibehält: Während eine Auffassung dies ablehnt,[230] hat sich überwiegend die Ansicht durchgesetzt, dass dem Radfahrer sein Vorrangrecht erhalten bleibt.[231] Dementsprechend trifft den unfallbeteiligten Kraftfahrzeugführer bei einem (im Wege des Anscheinsbeweises) nachgewiesenen Verschulden die überwiegende Haftung, wobei sein Haftungsanteil i.d.R. mit 2/3 bzw. gar 75 %[232] (insbesondere bei einem irreführenden Anhalten)[233] anzusetzen sein dürfte.

▼

Muster 4.63: Vorrang des Radfahrers trotz „falscher Fahrtrichtung"
Auch wenn ein Radfahrer den Radweg entgegen der Fahrtrichtung befährt, behält er ein ihm zustehendes Vorrangrecht (BGH, Urt. v. 15.7.1986 – 4 StR 192/86 = DAR 1986, 361; OLG Düsseldorf, Urt. v. 10.4.2000 – 1 U 206/99 = DAR 2001, 78; OLG Hamm, Urt. v. 10.3.1995 – 9 U 208//94 = DAR 1996, 322). Den wartepflichtigen Fahrzeugführer trifft daher selbst die weit überwiegende Haftung, die mit mindestens 75 % anzusetzen ist

---

229 OLG Nürnberg, Urt. v. 14.7.2005 – 13 U 901/05 = NZV 2007, 205; LG Meiningen, Urt. v. 29.3.2007 – 4 S 177/06 = zfs 2007, 496.
230 OLG Bremen, Urt. v. 11.2.1997 – 3 U 69/96 = DAR 1997, 272.
231 BGH, Urt. v. 15.7.1986 – 4 StR 192/86 = DAR 1986, 361; OLG Düsseldorf, Urt. v. 10.4.2000 – 1 U 206/99 = DAR 2001, 78; OLG Hamm, Urt. v. 10.3.1995 – 9 U 208//94 = DAR 1996, 322.
232 OLG Hamm, Urt. v. 26.3.1992 – 6 U 335/91 = OLGR Hamm 1992, 392.
233 OLG Hamm, Urt. v. 10.3.1995 – 9 U 208//94 = DAR 1996, 322.

§ 4 Quotenbildung

(OLG Hamm, Urt. v. 10.3.1995 – 9 U 208//94 = DAR 1996, 322). Dies gilt insbesondere dann, wenn – wie hier – ▬.

▲

185 Angesichts des schuldhaften Verstoßes des Radfahrers gegen § 2 Abs. 4 S. 2 StVO ist sein Haftungsanteil bei der nach den § 9 StVG, § 254 BGB vorzunehmenden Haftungsabwägung mit $1/3$[234] bzw. 25 %[235] zu berücksichtigen. Der Radfahrer muss trotz seines Vorrangrechtes damit rechnen, dass er aufgrund der Fahrt entgegen der Fahrtrichtung von einem anderen Verkehrsteilnehmer nicht wahrgenommen wird.[236] Einen gleichen Mitverschuldensanteil von $1/3$[237] bzw. ein Mitverschulden von 30 %[238] trifft den Radfahrer, wenn er zwar in Fahrtrichtung, aber auf dem Gehweg fährt. Hat der Radfahrer aufgrund eines kurzfristigen Anhaltens des Pkw darauf vertraut, dass dessen Führer den Radfahrer erkannt hat, kann sich der Haftungsanteil des Radfahrers auf 25 % reduzieren.[239] Ist das Fahrzeug dagegen gut erkennbar und nimmt der Fahrradfahrer ein gefahrenträchtiges Fahrmanöver um dieses herum vor, haftet der Radfahrer zu 50 % mit.[240]

▼

186 **Muster 4.64: Mithaftung des Radfahrers wegen Fahren in „falscher Fahrtrichtung"**
Verstößt ein Radfahrer gegen die Vorschrift des § 2 Abs. 4 S. 2 StVO trifft ihn ein erheblicher Mithaftungsanteil. Selbst wenn zu seinen Gunsten weiterhin ein Vorrangrecht angenommen wird, muss der Radfahrer damit rechnen, dass er aufgrund der Fahrt entgegen der Fahrtrichtung von einem anderen Verkehrsteilnehmer nicht wahrgenommen wird (LG Hannover, Urt. v. 3.12.1987 – 3 S 302/87 = DAR 1988, 166). Verstößt er gegen diese Sorgfaltsanforderung, trifft ihn eine Mithaftung von mindestens $1/3$ (OLG Frankfurt, Urt. v. 23.1.2004 – 24 U 118/03 = DAR 2004, 393; OLG Hamm, Urt. v. 24.10.1996 – 6 U 68/96 = NZV 1997, 123; LG Wuppertal, Urt. v. 4.1.2013 – 2 O 407/10, juris; LG Berlin, Urt. v. 1.9.2003 – 58 S 129/03 = SP 2003, 415). Dies insbesondere, wenn – wie hier – .

▲

187 Die Haftungsquote verändert sich grundlegend zu Lasten des Radfahrers, wenn er nicht nur entgegen der Fahrtrichtung, sondern auch auf dem Gehweg fährt. Ein Vorrangrecht gegenüber einem Abbiegenden/Einbiegenden steht ihm dann auch nach h.M. nicht mehr zu.[241] Das Fahren eines Radfahrers auf dem Gehweg ist grob verkehrswidrig und rücksichtslos und daher als erhebliches Verschulden zu bewerten.[242] Ihm gegenüber muss ein Kraftfahrzeugführer zwar noch die gebotene Rücksichtnahme im Straßenverkehr

---

234 OLG Hamm, Urt. v. 24.10.1996 – 6 U 68/96 = NZV 1997, 123; LG Berlin, Urt. v. 1.9.2003 – 58 S 129/03 = SP 2003, 415.
235 OLG Saarbrücken, Urt. v. 13.1.2004 – 3 U 244/03 = SP 2004, 219; zumindest im Fall eines gerade beendeten Radwegs – vgl. OLG Düsseldorf, Urt. v. 11.6.2001 – 1 U 205/00 = SP 2002, 87.
236 LG Hannover, Urt. v. 3.12.1987 – 3 S 302/87 = DAR 1988, 166.
237 OLG Hamm, Urt. v. 19.12.1995 – 27 U 147/95 = NZV 1996, 449.
238 OLG Hamburg, Urt. v. 18.10.1991 – 14 U 12/91 = NZV 1992, 281.
239 OLG Hamm, Urt. v. 10.3.1995 – 9 U 208/94 = DAR 1996, 322.
240 OLG Hamm, Urt. v. 26.5.1998 – 9 U 12/98 = NZV 1999, 86.
241 OLG Frankfurt, Beschl. v. 11.9.1998 – 2 Ws (B) 465/98 OWiG = DAR 1999, 39; OLG Celle, Beschl. v. 31.1.2003 – 14 U 222/02 = OLGR Celle 2003, 140.
242 OLG Hamm, Urt. v. 13.10.1994 – 27 U 153/93 = NZV 1995, 152; OLG Karlsruhe, Urt. v. 14.12.1990 – 10 U 117/90 = NZV 1991, 154.

C. Quotenbildung bei Beteiligung nicht motorisierter Verkehrsteilnehmer § 4

ausüben. Bzgl. eines solchen schuldhaften Verstoßes gegen § 1 Abs. 2 StVO greift aber kein Anscheinsbeweis als Beweiserleichterung ein. Trifft den Kraftfahrzeugführer kein Verschulden, haftet der Radfahrer angesichts seines grob fehlerhaften Verhaltens alleine.[243]

▼

Muster 4.65: Alleinhaftung des Radfahrers, der auf dem Gehweg fährt   188
Fährt ein Radfahrer auf dem Gehweg steht ihm gegenüber einem Kraftfahrzeugführer kein Vorrangrecht zu (OLG Frankfurt, Beschl. v. 11.9.1998 – 2 Ws (B) 465/98 OWiG = DAR 1999, 39; OLG Celle, Beschl. v. 31.1.2003 – 14 U 222/02 = OLGR Celle 2003, 140). Das Fehlverhalten des Radfahrers ist als grob verkehrswidrig und rücksichtslos zu qualifizieren und führt zu seiner alleinigen Haftung (OLG München, Urt. v. 18.7.1996 – 24 U 699/95 = SP 1996, 371; LG Berlin, Urt. v. 10.5.2011 – 41 O 41/11 = SP 2012, 248; LG Kleve, Urt. v. 28.2.2014 – 5 S 126/13 = SP 2014, 298; LG Meiningen, Urt. v. 29.3.2007 – 4 S 177/06 = zfs 2007, 496). Dies gilt insbesondere dann, wenn – wie hier – .

▲

Einem Radfahrer, der auf einen Fußgängerüberweg fährt, steht kein Vorrangrecht gegenüber einem herannahenden Pkw zu.[244] Dies gilt auch dann, wenn er verkehrsbedingt anhält.[245] Ein solches Vorrangrecht genießen nur Fußgänger. Als Fußgänger wird der Radfahrer erst dann angesehen, wenn er sein Fahrrad schiebt. Kommt es bei dem Befahren des Fußgängerüberweges nun zu einem Verkehrsunfall, trifft den Radfahrer eine erhebliche Mithaftung, die je nach den Umständen des Falles 50 %,[246] 2/3[247] oder 70 %[248] betragen kann. Zu Lasten des beteiligten Kraftfahrzeuges wird im Zweifel allerdings auch eine verbleibende Betriebsgefahr zu berücksichtigen sein, die i.d.R. zu einer Mithaftung von 30 %, höchstens 50 % führt. Überquert der Radfahrer dagegen bei einer roten Lichtzeichenanlage fahrend die Fußgängerfurt, haftet er alleine. Ein Verschuldensvorwurf trifft den Kraftfahrzeugführer dagegen nur, wenn für ihn rechtzeitig erkennbar war, dass der Radfahrer den Überweg befahren wollte.[249]

189

▼

Muster 4.66: Mithaftung des Radfahrers, der auf dem Fußgängerüberweg fährt   190
Einem Radfahrer, der einen Fußgängerüberweg überquert, ohne abzusteigen, steht gegenüber einem herannahenden Kraftfahrzeug kein Vorrangrecht zu. Ein Vorrangrecht steht nur Fußgängern zu und der Radfahrer kann nur dann als „Fußgänger" angesehen werden, wenn er – was hier nicht der Fall ist – sein Fahrrad schiebt (OLG Celle, Urt. v. 30.6.1994 – 5 U 177/92 = SP 1994, 406). Den Radfahrer trifft bei diesem Unfallhergang

---

243 OLG Celle, Beschl. v. 31.1.2003 – 14 U 222/02 = OLGR Celle 2003, 140; LG Erfurt, Urt. v. 14.3.2007 – 8 O 1790/06 = NZV 2007, 522; LG Stralsund, Urt. v. 10.5.2006 – 6 O 560/05 = SP 2007, 246; AG Potsdam, Urt. v. 16.3.2005 – 34 C 314/04 = SP 2005, 227.
244 OLG Celle, Urt. v. 30.6.1994 – 5 U 177/92 = SP 1994, 406.
245 AG Hanau, Urt. v. 27.11.1992 – 31 C 1302/92–11 = SP 1993, 139.
246 AG Brakel, Urt. v. 27.11.1996 – 7 C 676/95 = SP 1997, 66.
247 OLG Oldenburg, Urt. v. 26.9.1997 – 6 U 136/97 = VersR 1998, 1004.
248 OLG Celle, Urt. v. 30.6.1994 – 5 U 177/92 = SP 1994, 406.
249 AG Hanau, Urt. v. 27.11.1992 – 31 C 1302/92–11 = SP 1993, 139.

eine Mithaftung in Höhe von mindestens 70 % (OLG Celle, a.a.O.). Dies gilt insbesondere dann, wenn – wie hier – .

▲

191 Ob den Radfahrer eine Mithaftung trifft, weil er keinen **Schutzhelm** getragen hat, ist eine Frage des Einzelfalls unter Berücksichtigung des allgemein in der Bevölkerung vorhandenen Schutzbewusstseins. Voraussetzung für eine Mithaftung ist in jedem Fall, dass durch das Tragen des Helms die Verletzung des Radfahrers zumindest geringer gewesen wäre. Darlegungs- und beweisbelastet hierfür ist der Unfallgegner. Es gilt derzeit (noch), dass ein fehlendes Tragen eines Schutzhelms erst dann einen Mitverschuldensvorwurf gem. § 254 BGB begründet, wenn sich der Radfahrer als sportlich ambitionierter Fahrer besonderen Risiken aussetzt oder wenn in seiner persönlichen Disposition ein gesteigertes Gefährdungspotenzial besteht.[250] Wird das Radfahren hobbymäßig außerhalb eines Vereins als Sport betrieben und steht dabei die Erzielung hoher Geschwindigkeiten im Vordergrund, so besteht daher die Obliegenheit zum Tragen eines Schutzhelms, während den herkömmlichen Freizeitfahrradfahrer diese Obliegenheit mangels entsprechender allgemeiner Übung nicht trifft.[251] Ein Radfahrer, der ein mit „Speed Pedelec" ausgerüstetes Fahrrad fährt und damit vergleichbare Geschwindigkeiten wie mit einem Rennrad erreichen kann, ist jedoch ein Mitverschulden von 50 % entgegenzuhalten, wenn er bei dem Verkehrsunfall keinem Helm getragen hat, mit dessen Hilfe die Verletzungen zumindest geringer ausgefallen wären.[252]

192 Zu der Gruppe der besonders gefährdeten Verkehrsteilnehmern, bei denen das Tragen eines Schutzhelms erwartet werden kann, können auch Kindern gehören. Bei einem 10-jährigen Kind hat z.B. das LG Krefeld mit dieser Argumentation ein Mitverschulden von 50 % angenommen.[253] Bei der Fahrt auf einem privaten Hof hat das OLG Düsseldorf dagegen ein Mitverschulden bei einem 11-jährigen Jungen allein wegen des fehlenden Tragens eines Schutzhelms abgelehnt.[254]

III. Unfall zwischen Fußgänger und Kfz

193 Bei einem Unfall zwischen Kraftfahrzeug und Fußgänger richtet sich die vorzunehmende Abwägung ebenfalls nach den § 9 StVG, § 254 BGB.

1. Mithaftung des Fußgängers wegen Verstoß gegen § 25 Abs. 3 StVO

194 Den Fußgänger kann eine Mithaftung im Rahmen der nach § 9 StVG, § 254 Abs. 1 BGB vorzunehmenden Haftungsabwägung treffen, wenn er in schuldhafter Weise gegen die StVO, insbesondere § 25 Abs. 3 StVO verstößt. Dies gilt unabhängig davon, dass nach

---

250 BGH, Urt. v. 17.6.2014 – VI ZR 281/13 = NJW 2014, 2493; OLG Celle, Urt. v. 12.2.2012 – 14 U 113/13 = DAR 2014, 199; OLG Saarbrücken, Urt. v. 9.10.2007 – 4 U 80/07 = NZV 2008, 202.
251 OLG Celle, Urt. v. 12.2.2012 – 14 U 113/13 = DAR 2014, 199; OLG Düsseldorf, Urt. v. 12.2.2007 – 1 U 182/06 = DAR 2007, 458.
252 LG Bonn, Urt. v. 11.12.2014 – 18 O 388/12, juris.
253 LG Krefeld, Urt. v. 22.12.2005 – 3 O 179/05 = NZV 2006, 205.
254 OLG Düsseldorf, Urt. v. 14.8.2006 – 1 U 9/06 = NZV 2007, 38.

C. Quotenbildung bei Beteiligung nicht motorisierter Verkehrsteilnehmer § 4

der Neufassung des § 7 StVG eine Haftung des Kfz-Halters bei einem Unfall mit nicht motorisierten Verkehrsteilnehmern nur noch bei höherer Gewalt entfällt. Hiervon strikt zu trennen ist jedoch die Frage, ob hinter einem überragenden Fehlverhalten eines Verkehrsteilnehmers die „einfache" Betriebsgefahr des am Unfall beteiligten Kfz zurücktritt. Die reine Betriebsgefahr eines Kfz ist jedenfalls auch nach der Gesetzesreform nicht höher einzustufen.[255]

Ereignet sich der Unfall auf der Fahrbahn, wird der Fußgänger häufig gegen die Vorschrift des § 25 Abs. 3 StVO verstoßen haben. Zu seinen Lasten kann sogar ein Anscheinsbeweis eingreifen.[256] **195**

▼

Muster 4.67: Verstoß des Fußgängers gegen § 25 Abs. 3 StVO **196**

Gemäß § 25 Abs. 3 StVO hat ein Fußgänger eine Fahrbahn unter Beachtung des Vorrangs des Fahrzeugverkehrs zu überqueren. Er muss beim Betreten der Fahrbahn besonders vorsichtig sein und hat den fließenden Verkehr vor dem Betreten und auch beim Überqueren der Fahrbahn genau zu beobachten (BGH, Urt. v. 27.6.2000 – VI ZR 126/99 = NJW 2000, 3069). Die Fahrbahn darf er nur überqueren, wenn er die andere Straßenseite rechtzeitig vor dem Eintreffen eines herannahenden Pkw erreichen kann (BGH, Urt. v. 12.7.1983 – VI ZR 286/81 = NJW 1984, 50; OLG Celle, Urt. v. 19.3.2015 – 5 U 185/11, juris). Ereignet sich der Unfall auf der Fahrbahn, spricht gegen den Fußgänger insoweit der Beweis des ersten Anscheins (OLG Hamm, Urt. v. 16.11.2007 – 9 U 92/07 = NJW-RR 2008, 1349). Dieser Anscheinsbeweis wird vorliegend noch dadurch erhärtet, dass ▬▬▬▬.

▲

Verstößt der Fußgänger gegen § 25 Abs. 3 StVO, stehen sich als Abwägungsfaktoren einerseits die Betriebsgefahr des unfallbeteiligten Kfz und das i.d.R. als grob fahrlässig zu bewertende Verschulden des Fußgängers gegenüber. Unter Umständen kann dabei die einfache, nicht erhöhte Betriebsgefahr des Kfz hinter dem überragenden Fehlverhalten des Fußgängers im vollen Umfang zurücktreten. Teilweise wird in der Rechtsprechung sogar der Grundsatz aufgestellt, dass von einer alleinigen Haftung des Fußgängers auszugehen ist, wenn er versucht, (unmittelbar) vor einem herannahenden Kfz die Fahrbahn zu überqueren und es zum Unfall kommt, ohne dass der Fahrzeugführer fahrlässig handelt.[257] Zumindest bei Hinzutreten weiterer besonderer Umstände zu Lasten des Fußgängers dürfte aber seine alleinige Haftung bei fehlendem Verschulden des Kfz-Führers gegeben sein. Dies ist z.B. der Fall, wenn **197**

- der Fußgänger die Straße direkt vor[258] bzw. bei[259] einer für ihn Rot zeigenden LZA überquert,

---

255 OLG Jena, Urt. v. 15.4.2009 – 7 U 744/08 = NZV 2009, 455; OLG Celle, Urt. v. 3.3.2004 – 14 W 65/03 = MDR 2004, 994; OLG Nürnberg, Urt. v. 23.11.2004 – 3 U 2818/04 = DAR 2005, 160.
256 OLG Hamm, Urt. v. 16.11.2007 – 9 U 92/07 = NJW-RR 2008, 1349.
257 OLG Celle, Urt. v. 19.3.2015 – 5 U 185/11, juris; OLG Hamm, Beschl. v. 7.5.2012 – I-6 U 59/12 = SP 2013, 3 ff.; LG Bonn, Urt. v. 24.7.2012 – 13 O 87/12 = SP 2013, 101; KG Berlin, Urt. v. 4.11.2002 – 12 U 113/01 = NZV 2003, 383; vgl. auch OLG Hamburg, Urt. v. 10.8.2001 – 14 U 46/01 = SP 2002, 9.
258 OLG Hamm, Urt. v. 21.2.2002 – 27 U 178/01 = SP 2003, 84.
259 OLG Koblenz, Urt. v. 11.12.2006 – 12 U 1184/04, juris.

- bei Nacht die Straße laufend vor einem herannahenden Kfz überquert,[260]
- direkt zwischen parkenden oder haltenden Fahrzeugen hervortritt,[261]
- im alkoholisierten Zustand nachts direkt vor das herannahende Fahrzeug tritt.

198 Die Annahme, dass die Betriebsgefahr des unfallbeteiligten Pkw vollständig hinter dem Verschulden des Fußgängers zurücktritt, ist jedoch nicht zwingend. Teilweise wird in der Rechtsprechung auch vertreten, dass die Betriebsgefahr des beteiligten Fahrzeug mit 25 %[262] bzw. 30 %[263] zu berücksichtigen ist, es sei denn, der beteiligte Kraftfahrzeugführer weist nach, dass der Unfall für ihn unvermeidbar gewesen ist. Steht dagegen fest, dass der Unfall für den Fahrzeugführer unvermeidbar war, haftet der Fußgänger wegen eines Verstoßes gegen § 25 Abs. 3 StVO alleine.[264]

199 Die Haftungsquote verändert sich, wenn den Fahrer des unfallbeteiligten Kfz auch ein Verschulden trifft, z.B. weil er Hinweise auf ein Betreten der Fahrbahn durch den Fußgänger fahrlässig verkannt oder eine deshalb gebotene Geschwindigkeitsreduzierung unterlassen hat.[265] Ein solches Verschulden muss der Fußgänger allerdings nach dem Maßstab des § 286 ZPO beweisen. Wird ein Fußgänger, der von links kommt, von einem Fahrer auf dessen rechter Fahrbahnhälfte angefahren, kann der Beweis des ersten Anscheins für ein Verschulden des Fahrers sprechen.[266] Bei beiderseitigem Verschulden ist im Zweifel eine Haftungsteilung geboten.[267] Wird in eklatanter Weise das drohende Betreten der Fahrbahn verkannt, kann der Haftungsanteil des Fahrers bis zu 75 % ansteigen.[268]

2. Haftungsquote bei einem Unfall auf einem „Zebrastreifen"

200 Erfasst ein Kraftfahrer einen Fußgänger bei der Überquerung einer Fußgängerfurt, liegt i.d.R. ein Verstoß des Kraftfahrzeugführers gegen eine Kardinalpflicht im Straßenverkehr vor, da er das Vorrecht des Fußgängers aus § 26 StVO missachtet hat, die zu seiner alleinigen Haftung führt.

201 Ist für den Kraftfahrzeugführer nach den Gesamtumständen[269] erkennbar, dass sich ein Fußgänger dem Fußgängerüberweg mit der Absicht nähert, diesen zu betreten, hat der Kraftfahrer nach § 26 StVG mit mäßiger Geschwindigkeit heranzufahren, das Überqueren zu ermöglichen und ggf. zu warten.[270] Verstößt er hiergegen, kann dies die alleinige

---

260 OLG Düsseldorf, Urt. v. 29.6.1998 – 1 U 159/97 = SP 1998, 386.
261 OLG Hamm, Urt. v. 28.9.1999 – 9 U 62/99 = NZV 2000, 371.
262 BGH, Urt. v. 22.4.1969 – VI ZR 11/68 = VersR 1969, 750; OLG Düsseldorf, Urt. v. 13.1.1993 – 15 U 18/92 = NZV 1994, 70; OLG Hamm, Urt. v. 22.10.2012 – I-6 U 56/12, juris; OLG Saarbrücken, Urt. v. 16.4.2015 – 4 U 15 /14, juris; kritisch OLG Jena, Urt. v. 15.4.2009 – 7 U 744/08 = NZV 2009, 455.
263 LG Trier, Urt. v. 5.9.2006 – 11 O 348/05 = SP 2007, 207.
264 OLG Celle, Urt. v. 19.3.2015 – 5 U 185/11, juris; OLG Hamm, Beschl. v. 26.4.2012 – 6 U 59/12, juris.
265 Grundlegend: BGH, Urt. v. 27.6.2000 – VI ZR 126/99 = DAR 2000, 524.
266 OLG Brandenburg, Urt. v. 19.6.2007 – 12 W 11/07 = VRR 2007, 282.
267 OLG Hamm, Urt. v. 4.5.1994 – 13 U 225/93 = r+s 1994, 294; vgl. auch KG VM 1985, 25.
268 OLG Köln, Urt. v. 22.8.2001 – 2 U 34/00 = NZV 2002, 131.
269 BGH, Urt. v. 9.4.1965 – 4 StR 147/65 = NJW 1965, 1236; KG Berlin, Beschl. v. 10.10.1991 – 2 Ss 113/91 – 3 Ws (B) 145/1 = NZV 1992, 40.
270 BGH, Urt. v. 20.4.1966 – III ZR 184/64 = NJW 1966, 1211.

Haftung des Kraftfahrers begründen.[271] Diese besonderen Sorgfaltspflichten werden jedoch noch nicht ausgelöst, wenn der Fußgänger sich parallel zu dem Übergang bewegt, der sich in einem rechten Winkel zu dem Fußgänger befindet.[272] Ausreichend kann jedoch bereits das zügige Zugehen auf den Fußgängerüberweg sein;[273] bereits bei dem geringsten Zweifel ist dem Fußgänger Vorrang zu gewähren.[274]

Muster 4.68: Haftung des Fahrzeugführers bei Verstoß gegen § 26 StVO   202
Der Unfall ereignete sich vorliegend im Bereich eines Fußgängerüberweges. Ein herannahender Kraftfahrzeugführer hat in diesem befindliche Fußgänger genau zu beobachten. Wenn – wie hier – ersichtlich ist, dass ein Fußgänger den Überweg überqueren will, hat der Kraftfahrzeugführer mit mäßiger Geschwindigkeit heranzufahren, das Überqueren zu ermöglichen und ggf. zu warten (BGH, Urt. v. 20.4.1966 – III ZR 184/64 = NJW 1966, 1211). Bereits bei dem geringsten Zweifel ist dem Fußgänger Vorrang zu gewähren (KG Berlin, Beschl. v. 10.10.1991 – 2 Ss 113/91 – 3 Ws (B) 145/1 = NZV 1992, 40). Verstößt der Fahrer hiergegen, begründet dies seine alleinige Haftung (KG Berlin, Urt. v. 3.6.2004 – 12 U 68/03 = DAR 2004, 699). Dies insbesondere, wenn – wie hier – ▬▬▬.

Im Bereich eines Fußgängerüberweges ist allerdings zu berücksichtigen, dass der Fußgänger sich (wie auch der Kraftfahrzeugführer) nicht uneingeschränkt auf den Vertrauensgrundsatz berufen kann.[275] Er hat daher den Überweg und die herannahenden Kraftfahrzeuge sorgfältig zu beobachten[276] und darf nicht „im blinden Vertrauen" auf den Fußgängerüberweg treten. Verstößt der Fußgänger erwiesener Maßen gegen diese Sorgfaltspflicht, trifft ihn ein Mitverschulden, welches mit 20 %[277] bzw. 25 %[278] zu berücksichtigen sein kann. Kein Mitverschulden liegt aber vor, wenn der Fußgänger die Fahrbahn zu einem Zeitpunkt betritt, zu dem sich das herannahende Fahrzeug noch in einer Entfernung von 70 m befand.[279]   203

3. Haftungsquoten bei einer Kollision mit einem Fußgänger am Fahrbahnrand

Erfasst ein Kraftfahrzeugführer einen am Fahrbahnrand gehenden Fußgänger und ist kein separater Fußgängerweg vorhanden, trifft den Fahrzeugführer i.d.R. die alleinige Haftung.[280] Jedoch ist (gerade bei Dunkelheit) gesondert zu prüfen, ob den Fußgänger nicht eine Mithaftung trifft, weil er gehalten war, gegenüber dem gut erkennbar herannahenden Kraftfahrzeug neben die Fahrbahn zu treten. Dieses Mitverschulden hat die   204

---

271 KG Berlin, Urt. v. 3.6.2004 – 12 U 68/03 = DAR 2004, 699.
272 OLG Hamm, Urt. v. 14.7.2003 – 6 U 39/03 = NZV 2004, 577.
273 OLG Düsseldorf, Beschl. v. 31.3.1998 – 5 Ss (OWi) 88/98 – (OWi) 51/98 I = DAR 1998, 318.
274 KG Berlin, Beschl. v. 10.10.1991 – 2 Ss 113/91 – 3 Ws (B) 145/1 = NZV 1992, 40.
275 OLG Hamburg, Urt. v. 12.1.1966 – 1 Ss 76/65 = DAR 1966, 251.
276 BGH, Urt. v. 8.6.1982 – VI ZR 260/80 = NJW 1982, 2384.
277 OLG Celle, Urt. v. 5.6.2000 – 14 U 220/99 = NZV 2001, 79.
278 KG Berlin, 20.5.1976 – 12 U 325/76 = VersR 1977, 1008.
279 BGH, Urt. v. 8.6.1982 – VI ZR 260/80 = NJW 1982, 2384.
280 BGH, Urt. v. 21.3.1967 – VI ZR 152/65 = VersR 1967, 706; OLG Köln, Urt. v. 16.3.2001 – 19 U 130/00 = NJW-RR 2002, 962.

Gegenseite jedoch zu beweisen und verbleibende Zweifel gehen zu ihren Lasten.[281] Kann dieser Beweis erfolgreich geführt werden, kommt eine Mithaftung von 20[282]– 25 %[283] in Betracht. Beachtet der Fußgänger den Fahrzeugverkehr gar nicht, kann seine Mithaftungsquote bis zu $1/3$ betragen.[284] Die Haftungsquote des Fußgängers kann sich erhöhen und sogar mit bis zu 75 % überwiegen, wenn er in erheblichen Umfang alkoholisiert war und sich dies erwiesener Maßen unfallursächlich ausgewirkt hat, da er aufgrund der Alkoholisierung plötzlich und unkontrolliert (weiter) auf die Fahrbahn getreten ist.[285]

D. Checkliste: Kriterien der Quotenbildung

205
- Wird der Schaden durch zwei Kraftfahrzeuge verursacht, ergibt sich die Haftung der Fahrzeughalter/-führer im Verhältnis untereinander allein aus § 17 StVG. Sobald es aber um den Anspruch eines Dritten bzw. einen Anspruch gegen einen Dritten geht, erfolgt die Ermittlung der Haftungsquote allein aus § 254 BGB i.V.m. § 9 StVG.
- Obwohl (Mit)Verschulden (Verhaltensunrecht) und Mitverursachung (Verursachungsunrecht) unterschiedliche dogmatische Ausgangspunkte haben, sind beide Kriterien sowohl im Rahmen des § 254 BGB als auch im Rahmen des § 17 StVG bei der Quotenbildung zu berücksichtigen. Maßgeblicher Abwägungsfaktor ist in erster Linie die Verursachung des Schadens, modifiziert durch etwaige Verschuldensbeiträge.
- Im Rahmen der Haftungsabwägung gem. § 17 StVG bleibt die Betriebsgefahr des Fahrzeugs des Geschädigten unberücksichtigt, wenn dem Schädiger aufgrund einer schuldhaft erhöhten Betriebsgefahr ein überragendes Fehlverhalten zur Last fällt und auf Seiten des Geschädigten keine erhöhte Betriebsgefahr und auch kein Verschuldensvorwurf besteht.
- Das Gewicht eines Vorwurfs macht sich daran fest, gegen welche Vorschriften der StVO verstoßen wurde. Dabei ist zwischen Garantiepflichten, Kardinalpflichten und sonstigen Pflichten zu unterscheiden.
- Auch bei einem Verstoß gegen die StVO ist ein Zurücktreten der Halterhaftung/ Fahrerhaftung denkbar, wenn dieser Verstoß auf einem schreckbedingten Fehlverhalten basiert, das vom Unfallgegner verursacht wurde.
- Die konkrete Haftungsquote ist immer im Einzelfall zu bestimmen. Eine erste Einschätzung lässt sich mit Hilfe von sog. Quotentabellen ermitteln. Von besonderer Bedeutung ist dabei das Eingreifen des Anscheinsbeweises.
- Ereignet sich ein Unfall zwischen einem Fahrradfahrer und einem Kraftfahrzeugführer und bleibt das Unfallgeschehen insbesondere im Hinblick auf die Verschuldens-

---

281 OLG München, Urt. v. 2.6.2006 – 10 U 1685/06 = VersR 2008, 799.
282 OLG Nürnberg, Urt. v. 25.10.2002 – 6 U 1150/02 = zfs 2003, 230.
283 OLG Hamm, Urt. v. 10.10.1994 – 6 U 334/91 = NZV 1995, 483; OLG Düsseldorf, Urt. v. 6.3.1975 – 12 U 153/ 74 = VersR 1975, 1052.
284 OLG Brandenburg, Urt. v. 20.12.2007 – 12 U 141/07 = DAR 2008, 520.
285 BGH, Urt. v. 22.4.1969 – VI ZR 11/68 = VersR 1969, 750.

frage unklar, haftet im Zweifel der Kfz-Halter aus der verbleibenden Betriebsgefahr allein.
- Bei dem erheblichen Mitverschulden eines nicht motorisierten Verkehrsteilnehmers kann (auch nach der Gesetzesreform) dahinter die einfache Betriebsgefahr eines Kfz vollständig zurücktreten.

§ 5 Haftungsausschluss bei Personenschäden

Dr. Jens Tietgens

A. Übersicht

Auch wenn ein haftungs- und anspruchsbegründendes Fehlverhalten vorliegt, das die Voraussetzungen einer der vorangegangenen Anspruchsgrundlagen erfüllt, heißt dies nicht in jedem Fall, dass der Geschädigte den Schädiger uneingeschränkt auf Schadensersatz in Anspruch nehmen kann. Von besonderer Bedeutung sind hierbei die Regelungen der §§ 104 ff. SGB VII. Sie beschäftigen sich mit dem Recht der gesetzlichen Unfallversicherung und darin geregelten Haftungsprivilegien. Hierbei handelt es sich um die gesetzlichen Folgeregelungen, die bis zum 1.1.1997 in der Reichsversicherungsordnung (RVO) geregelt wurden. Ein Teil der zur RVO ergangenen Rechtsprechung kann deshalb weiterhin zur Falllösung herangezogen werden. Die Regeln zum Haftungsprivileg müssen immer dann beachtet werden, wenn es aus Anlass eines Verkehrsunfalls oder sonstigen Schadensfalls zu einem Personenschaden gekommen ist. Erfüllt ein solcher Unfall die tatbestandlichen Voraussetzungen eines privilegierten Arbeitsunfalls im Sinne der gesetzlichen Unfallversicherung, ist der Geschädigte darauf beschränkt, wegen der erlittenen Personenschäden ausschließlich Ansprüche auf Leistungen aus der gesetzlichen Unfallversicherung gegenüber dem hierfür zuständigen Träger geltend zu machen. Träger der gesetzlichen Unfallversicherung sind in der Regel die Berufsgenossenschaften. Liegt ein privilegierter Unfall in der gesetzlichen Unfallversicherung vor, sind Ansprüche auf Schadensersatz gegenüber dem Schädiger komplett ausgeschlossen. Werden trotz Eingreifens des Haftungsprivilegs Ansprüche auf Schadensersatz gegenüber dem unmittelbaren und privilegierten Schädiger geltend gemacht, ist eine Klage von vornherein materiell unbegründet und komplett abzuweisen. Die Kenntnis der für ein Haftungsprivileg infrage kommenden Tatbestände ist deshalb für die erfolgreiche Durchsetzung von Ansprüchen auf Schadensersatz zum Ausgleich von Personenschäden unverzichtbar. Dennoch wird die Relevanz dessen in der Praxis häufig übersehen. Hierbei sind die nachfolgenden Konstellationen zu unterscheiden:

- Der Unfall geschieht im Rahmen einer abhängigen Arbeit. Hier kann eine Haftungsfreistellung zugunsten des Unternehmers, von im Betrieb tätigen Personen oder gar zugunsten der versicherten Mitarbeiter anderer Unternehmen bei einer gemeinsamen Betriebsstätte eingreifen. Beispiele:
- Ein Arbeitnehmer verunfallt während einer Dienstfahrt mit einem Dienstwagen, der von seinem Arbeitgeber nicht ordnungsgemäß gewartet wurde und wegen der unterlassenen Wartung verunglückte. Ansprüche gegen den Arbeitgeber sind ausgeschlossen.

§ 5 Haftungsausschluss bei Personenschäden

- Ein Arbeitnehmer erleidet während einer Dienstfahrt als Beifahrer einen Personenschaden, der von seinem Kollegen als Fahrer verursacht und verschuldet wurde. Ansprüche gegen den Fahrer sind ausgeschlossen.
- Auf einem Parkplatz, der ausschließlich von Betriebsangehörigen eines Unternehmens benutzt werden darf, kommt es zur Kollision zwischen den Fahrzeugen zweier Betriebsangehöriger.[1] Ansprüche gegen den Unfallgegner sind ausgeschlossen.
- Zudem ist auch im privaten Bereich eine derartige Haftungsfreistellung (insbesondere bei sog. Wie-Beschäftigten) denkbar. Hierbei handelt es sich um Fälle, in denen außerhalb eines Arbeitsverhältnisses, aber im Rahmen eines (weit gefassten) gemeinsamen „Unternehmens" Privatleute mit einer Tätigkeit betraut werden, die mit einer angestellten Tätigkeit vergleichbar ist. Beispiele:
- Ein nicht als Arbeitnehmer zu qualifizierender Praktikant erleidet einen Unfallschaden.[2] Ansprüche gegen den Arbeitgeber und die Mitarbeiter des Praktikanten sind ausgeschlossen.
- Im Rahmen einer Pannenhilfe erleidet der Helfende einen Personenschaden.[3] Ansprüche gegen den Unfallverursacher sind ausgeschlossen.
- Während der Reparatur eines Kfz erleidet der Werkunternehmer durch das Fehlverhalten des Auftraggebers (Betätigen des Anlassers) einen Personenschaden.[4] Ansprüche gegen den Schadenverursacher sind ausgeschlossen.
- Die Haftungsfreistellung kann auch Fälle der sog. unechten Unfallversicherung erfassen, zu denen insbesondere Unfälle in Kindertageseinrichtungen, Schulen und Hochschulen gehören (§ 2 Abs. 1 Nr. 8 SGB VII). Beispiele:
- Ein Kind erleidet einen Personenschaden als Mitfahrer in einem verunglückten Schulbus.[5] Ansprüche gegen den Schadenverursacher und gegen die Schule sind ausgeschlossen.
- Aufgrund einer Rangelei im Bereich einer Bushaltestelle gerät ein Schüler unter den herannahenden Bus.[6] Ansprüche gegen den die Rangelei verursachenden Schüler und gegen den Fahrer, Halter und Haftpflichtversicherer des Busses sind ausgeschlossen.

2 Für die Betreuung von Verkehrsunfällen ist insbesondere die erste, häufig aber auch die zweite Konstellation von besonderer Bedeutung und soll somit Gegenstand der weiteren Erörterungen sein.[7] Danach ist nach einem sog. **Arbeitsunfall** die Haftung des Unternehmers und jeder anderen im Betrieb tätigen Person gegenüber dem geschädigten Arbeitskollegen insoweit ausgeschlossen, als es sich um den Ausgleich von Personenschäden handelt. Ausgangspunkt des sog. **Haftungsprivilegs** sind die §§ 2 ff. SGB VII. Danach genießt jeder Arbeitnehmer Versicherungsschutz in der **gesetzlichen Unfallversiche-**

---

1 Vgl. LG Mannheim VersR 2015, 1256; LG Bochum NJW 2005, 104.
2 Vgl. OLG Jena SP 2009, 106.
3 OLG Jena NZV 2004, 466.
4 OLG Stuttgart VersR 2004, 68.
5 OLG München OLGR München 2004, 266.
6 OLG Koblenz NJW-RR 2013, 152.
7 Einen guten Überblick für einen Einstieg in diese komplexe Materie bietet der Aufsatz von *Waltermann*, NJW 2004, 901 ff.

rung, sofern ein Arbeitsunfall vorliegt. Von Bedeutung ist ferner der Haftungsausschluss nach § 106 SGB VII. Hierunter fallen Schäden, die entstehen, wenn mehrere Versicherte unterschiedlicher Unternehmen vorübergehend betriebliche Tätigkeiten auf einer sog. gemeinsamen Betriebsstätte ausführen.

Zu beachten ist ferner die Bindungswirkung des § 108 SGB VII. Die Zivilgerichte sind an eine rechtskräftige[8] Entscheidung des Sozialversicherungsträgers bzw. Sozialgerichts zu der Frage gebunden,[9] ob ein Arbeitsunfall vorliegt. Diese Entscheidung bindet aber nur die Betroffenen, die am entsprechenden Verfahren beteiligt gewesen sind.[10] Liegt eine verbindliche Entscheidung des Sozialversicherungsträgers vor, hat das Zivilgericht ggf. selbstständig zu prüfen, ob die weiteren Voraussetzungen der §§ 104 ff. SGB VII erfüllt sind (z.B. ein Wege- oder Betriebswegeunfall vorliegt).

Die gesetzliche Unfallversicherung bietet weit reichenden Versicherungsschutz mit dem Ziel, dem Arbeitnehmer eine Wiedereingliederung in das Arbeitsleben zu ermöglichen. Sie gewährt ärztliche Heilbehandlung, Verletztengeld oder Übergangsgeld und andere Unterstützungsleistungen. Bei tödlich verlaufenden Arbeitsunfällen gewährt sie den Hinterbliebenen Sterbegeld und eine Hinterbliebenenrente. Zu beachten ist allerdings, dass das SGB VII keine Leistungen in der Form eines Schmerzensgeldes vorsieht.

Kehrseite des weit reichenden Versicherungsschutzes in der gesetzlichen Unfallversicherung ist überdies, dass der Geschädigte gem. den §§ 101, 104, 105 SGB VII **keine Ansprüche auf Personenschadenersatz** gegen den Schädiger geltend machen kann. Dies hat somit zur Konsequenz, dass sich die Ansprüche, die aus Anlass des Unfalls gegenüber dem Träger der gesetzlichen Unfallversicherung geltend gemacht werden können, auf den Leistungskatalog der gesetzlichen Unfallversicherung im SGB VII beschränken. Hiernach wird kein Schmerzensgeld als Ausgleich für immaterielle Risiken gezahlt. Wegen des Haftungsprivilegs ist es auch nicht möglich, sich wegen vermeintlicher Ansprüche auf Ausgleich eines Schmerzensgeldes an den oder die unmittelbar haftenden Schädiger zu wenden. Vielmehr sind Ansprüche auf Schmerzensgeld aus Anlass von Unfällen, in denen das Haftungsprivileg greift, komplett ausgeschlossen. Hierfür müssen folgende Voraussetzungen gegeben sein:
- der Schädiger und der Geschädigte sind der Unternehmer des Betriebes bzw. eine im Betrieb tätige Person,
- es liegt ein Arbeitsunfall bei einer betrieblichen Tätigkeit vor und
- es greift kein Ausschlusstatbestand (kein Wegeunfall oder vorsätzliche Schädigung).

---

8 BGH NZV 2008, 396.
9 BGH VersR 2009, 1074.
10 BGH NZV 2008, 396.

B. Voraussetzungen der Haftungsprivilegierung nach den §§ 104, 105 SGB II

I. Versicherte Tätigkeit als Beschäftigter

6 Der Geschädigte muss den Personenschaden bei einer Tätigkeit erlitten haben, bei der er gesetzlich unfallversichert gewesen ist. Hierunter fällt zum einen der klassische „Arbeitnehmer". Die Haftungsfreistellung ist jedenfalls auf die Haftung anderer im Betrieb tätiger Personen beschränkt. Dies sind erst einmal alle Arbeitskollegen. Über die formale Betriebszugehörigkeit hinaus werden aber auch alle Schädiger erfasst, die eine dem Betrieb dienende Tätigkeit ausgeführt haben.

7 Erfasst wird zum anderen daher auch der sog. Wie-Beschäftigte nach § 2 Abs. 2 SGB VII. Hierbei handelt es sich um Personen, die zwar nicht bei dem Unternehmer angestellt sind, aber mit dessen Willen eine Tätigkeit verrichten, die auch ein Arbeitnehmer durchführen könnte. Der Unfallversicherungsschutz hängt somit nicht von einem formellen Beschäftigungsverhältnis ab. Vielmehr können auch kurzfristige Verrichtungen in den Versicherungsschutz einbezogen werden.

8 Die dabei ausgeübte Tätigkeit hat objektiv einer Arbeitsleistung aufgrund eines Beschäftigungsverhältnisses zu ähneln.[11] Auch kurzfristige unentgeltliche Tätigkeiten fallen hierunter, wenn sie über ganz unerhebliche Gefälligkeiten hinausgehen.[12] Hierunter kann z.B. auch die sog. Pannenhilfe fallen[13] – selbst wenn diese vom ADAC ausgeführt wird.[14] Voraussetzung für das Eingreifen des Haftungsprivilegs ist in Fällen der Pannenhilfe allerdings, dass der Geschädigte eine Tätigkeit ausführen muss, die zumindest auch fremden und nicht nur eigenen Interessen dient.[15] Liegt eine ernstliche Arbeitstätigkeit für ein Unternehmen vor, lässt sich der Versicherungsschutz jedenfalls nicht mit der Begründung verneinen, die Tätigkeit sei eigenwirtschaftlich, weil sie während der Freizeit verrichtet wurde.[16] Auch wer am Privatfahrzeug eines anderen unentgeltlich oder aus Gefälligkeit Wartungsarbeiten (wie z.B. einen Ölwechsel) durchführt, verrichtet eine ernsthafte Arbeit im Interesse des Autohalters, die zur Erhaltung oder Wiederherstellung der Funktionstüchtigkeit des Fahrzeugs erforderlich und ist als „Wie-Beschäftigter" anzusehen.[17]

9 Subjektiv ist erforderlich, dass der Geschädigte „fremdnützig" tätig gewesen ist, also nicht primär ein eigenwirtschaftliches Interesse gehabt hat. Dies ist z.B. nicht gegeben, wenn der Pkw-Eigentümer auf Weisung der Werkstatt das Fahrzeug auf eine Hebebühne fährt und anschließend ein Unfall geschieht.[18]

---

11 OLG München zfs 2009, 381.
12 OLG Brandenburg VersR 2007, 1133.
13 OLG Thüringen NZV 2004, 466; OLG Düsseldorf VersR 2012, 188.
14 LG Hamburg SP 2003, 345.
15 OLG Düsseldorf VersR 2015, 1577.
16 BSG, Urt. v. 27.11.985 – 2 RU 37/84 – juris.
17 BGH NJW 1987, 1643; OLG Köln NZV 1994, 114.
18 BGH VersR 1994, 579.

B. Voraussetzungen der Haftungsprivilegierung nach den §§ 104, 105 SGB II   § 5

▼

Muster 5.1: Voraussetzungen eines „Wie-Beschäftigten"

Voraussetzung für eine „Wie-Beschäftigung" ist eine ernstliche Tätigkeit von wirtschaftlichem Wert, die erstens einem fremden Unternehmen dienen soll, zweitens dem wirklichen oder mutmaßlichen Willen des Unternehmers entspricht, drittens unter solchen Umständen ausgeübt wird, die einer Tätigkeit aufgrund eines Beschäftigungsverhältnisses ähnlich sind, und viertens nicht auf einer Sonderbeziehung beruht (BSG, Urt. v. 26.6.2007 – B 2 U 35/06 R – juris, Rn 18 m.w.N.). Maßgeblich ist die hierbei zu erkennende Handlungstendenz (so bereits BSG, Urt. v. 30.6.1993 – 2 RU 40/92 – juris; beispielhaft das Schleswig-Holsteinische LSG, Urt. v. 10.11.2009 – L 8 U 71/08 – juris). Dabei genügt es, dass die auf die Belange des Unternehmens gerichtete Handlungstendenz anhand objektiver Kriterien nachvollziehbar ist, wobei alle Umstände des Einzelfalls und das sich daraus ergebende Gesamtbild in Betracht zu ziehen sind (BSG, Urt. v. 12.4.2005 – B 2 U 5/04 R – juris, Rn 19). In Abgrenzung hierzu genießt eine Person, die mit ihrem Verhalten im Wesentlichen allein eigene Angelegenheiten verfolgt, die nicht mit fremdwirtschaftlicher Zweckbestimmung und somit nicht wie in einem Beschäftigungsverhältnis, sondern wie ein Unternehmer eigenwirtschaftlich tätig wird, dagegen keinen Versicherungsschutz (BSG, Urt. v. 26.6.2007 – B 2 U 35/06 R – juris – Rn 18 m.w.N.).

▲

10

Problematisch können dabei die Fälle einer Hilfeleistung bei einer „Autopanne" sein. Hier ist eine genaue Prüfung des Einzelfalls erforderlich. Nicht in jedem Fall greift die auf den ersten Blick nahe liegende Haftungsprivilegierung.

11

▼

Muster 5.2: Keine Haftungsprivilegierung bei „Pannenhilfe"

12

▓▓▓▓ Bei einer „Pannenhilfe" ist i.d.R. keine Tätigkeit des Starthelfers als „Wie-Beschäftigter" anzunehmen. Voraussetzung hierfür ist, dass es sich um eine Tätigkeit handelt, die einer Tätigkeit aufgrund eines Beschäftigungsverhältnisses ähnlich ist, weil sie ihrer Art nach sonst von Personen verrichtet wird, die zu dem Unternehmen in persönlicher und wirtschaftlicher Abhängigkeit stehen. Die ist bei einer sog. Pannenhilfe regelmäßig zu verneinen. So hat das OLG München (München zfs 2009, 381) zutreffend auf folgendes hingewiesen:

„*Starthilfe für den Pkw des Geschädigten, die sich darauf beschränkt, die Zündung des anderen Pkw zu betätigen, nachdem der Geschädigte selbst mit Überbrückungskabeln die Verbindung zwischen den Batterien in den beiden Fahrzeugen hergestellt hat, kann nicht als ernsthafte Arbeit, die noch dem allgemeinen Arbeitsmarkt zuzurechnen ist, angesehen werden. Die deliktische Haftung von Fahrzeughalter und -führer ist daher nicht nach § 105 SGB VII ausgeschlossen.*"

Nach Maßgabe dieser Voraussetzungen ist vorliegend ebenfalls eine Stellung als „Wie-Beschäftigter" abzulehnen und es überwiegend der Charakter eines reinen Gefälligkeitsverhältnisses. Insbesondere ▓▓▓▓.

▲

§ 5 Haftungsausschluss bei Personenschäden

II. Begriff des Unternehmers

13 Der Begriff des Unternehmers bzw. Unternehmens wird weit verstanden. Unternehmer ist nach § 136 Abs. 3 Nr. 1 SGB VII derjenige, dem das Ergebnis des Unternehmens unmittelbar zum Vorteil gereicht. Ein Unternehmen setzt eine auf Dauer ausgerichtete Vielzahl an Tätigkeiten voraus, die auf einen einheitlichen Zweck ausgerichtet sind und mit einer gewissen Regelmäßigkeit ausgeübt werden.[19] Mithin kann auch ein Privatmann, der kein Gewerbe betreibt, als Unternehmer in den Genuss einer Haftungsfreistellung gelangen – und zwar auch gegenüber Freunden, die aus Gefälligkeit über längere Zeit für ihn tätig werden und als „Wie-Beschäftigte" im obigen Sinne angesehen werden können.[20] § 105 Abs. 2 S. 1 SGB VII sieht dabei eine Haftung des Unternehmers selbst dann vor, wenn er nicht versichert ist. Besteht in diesen Fällen eine Haftungsfreistellung, wird in § 105 Abs. 2 S. 2–4 SGB VII konsequenter Weise für den (an sich nicht versicherten) Unternehmer als Ausgleich für die Haftungsfreistellung kraft Gesetzes ein Versicherungsschutz geschaffen. Die Frage, wann dies der Fall ist, ist nicht immer leicht zu beantworten. Folgende Rechtsprechung unter Eingehen auf die entwickelten Kriterien mag eine Prüfung einleiten:

14 **Muster 5.3: Abgrenzung von abhängiger und selbstständiger Tätigkeit**
Anhaltspunkte für eine Beschäftigung sind eine Tätigkeit nach Weisungen und eine Eingliederung in die Arbeitsorganisation des Weisungsgebers. Grundsätzlich setzt eine Beschäftigung voraus, dass der Arbeitnehmer vom Arbeitgeber persönlich abhängig ist. Bei einer Beschäftigung in einem fremden Betrieb ist dies der Fall, wenn der Beschäftigte in den Betrieb eingegliedert ist und er dabei einem Zeit, Dauer, Ort und Art der Ausführung umfassenden Weisungsrecht des Arbeitgebers unterliegt (BSG HVBG-INFO 2005, 606; SG Freiburg, Urt. v. 27.3.2009 – S 9 U 279/05 – juris). Demgegenüber ist eine selbstständige Tätigkeit vornehmlich durch das eigene Unternehmerrisiko, das Vorhandensein einer eigenen Betriebsstätte, die Verfügungsmöglichkeit über die eigene Arbeitskraft und die im Wesentlichen frei gestaltete Tätigkeit und Arbeitszeit gekennzeichnet. Ob jemand abhängig beschäftigt oder selbstständig tätig ist, hängt davon ab, welche Merkmale überwiegen. Maßgebend ist stets das Gesamtbild der Arbeitsleistung. Weichen die Vereinbarungen von den tatsächlichen Verhältnissen ab, geben letztere den Ausschlag (BSG HVBG-INFO 2003, 2857; SG Freiburg, Urt. v. 27.3.2009 – S 9 U 279/05 – juris).

III. Keine vorsätzliche Schädigung

15 Die Haftungsfreistellung gilt zugunsten des Schädigers nicht, wenn er den Schaden vorsätzlich herbeigeführt hat (§§ 104 Abs. 1 S. 1, 105 Abs. 1 S. 1 SGB VII). Hierbei muss der Vorsatz des Schädigers nicht nur die Verletzungshandlung, sondern auch den Verletzungserfolg umfassen.[21] Der Sozialversicherungsträger bleibt in diesen Fällen al-

---

19 BSGE 36, 111, 115.
20 BSG NJW 2004, 966; BSGE 35, 140, 142.
21 BGH NJW 2003, 1605.

C. Wegeunfall und Unfall auf dem Betriebsweg

I. Übersicht

Bei Wegeunfällen i.S.d. § 8 Abs. 2 Nr. 1–4 SGB VII tritt keine Haftungsbeschränkung ein, da der Versicherte diese Schäden als „normaler" Teilnehmer am Straßenverkehr verursacht und sich gerade keine besonderen Risiken des Arbeitsplatzes realisieren. Der Sozialversicherungsträger bleibt auch in diesen Fällen weiterhin zur Leistung verpflichtet. Daneben besteht auch die u.U. weiter gehende Haftung des Schädigers und ggf. einer Kfz-Haftpflichtversicherung.

Geschieht der Unfall jedoch auf dem sog. Betriebsweg, greift die Haftungsbeschränkung wieder ein. Entscheidend für diese Abgrenzung ist, ob sich ein besonders betriebliches Risiko (das auch der Arbeitgeber beherrschen kann) verwirklicht hat.[22] Zu dem Betriebsweg gehören typischerweise Fahrten von einer Niederlassung zu der anderen bzw. zu einer Außenstelle der Arbeit (wie etwa eine Baustelle). Zu dem Betriebsweg zählt auch der sog. Werksverkehr. In diesen Fällen lässt der Unternehmer seine Angestellte durch einen Fahrdienst mit einem Betriebsfahrzeug („Sammeltransport") zur Betriebsstätte bringen.[23]

II. Unfall auf dem Betriebsweg

Nach § 8 Abs. 1 SGB VII sind Arbeitsunfälle solche Unfälle, die aufgrund einer Tätigkeit eintreten, die einen Schutz in der gesetzlichen Unfallversicherung begründet. Der Unfall muss mithin der versicherten Tätigkeit zuzurechnen sein und in einem inneren Zusammenhang zu dieser stehen. Für die Annahme eines Arbeitsunfalls ist es z.B. nicht ausreichend, dass die betreffende Fahrt mit dem Kraftfahrzeug einen mittelbaren dienstlichen Zweck verfolgt.

Maßgebend für die Abgrenzung eines Arbeitsunfalls auf einem Betriebsweg i.S.d. § 8 Abs. 1 SGB VII ist nicht allein, wo sich der Unfall ereignet hat, sondern auch, inwieweit er mit dem Betrieb und der Tätigkeit des Versicherten zusammenhängt. Hingegen ist für die Einordnung als Betriebsweg letztlich nicht entscheidend, ob die Örtlichkeit der Organisation des Arbeitgebers unterliegt.[24]

Ein nach § 8 Abs. 1 SGB VII versicherter Betriebsweg ist nicht schon allein dann anzunehmen, wenn mit der Fahrt die Förderung eines betrieblichen Interesses verbunden war; von einem Unfall auf einem Betriebsweg ist vielmehr nur dann auszugehen, wenn die gemeinsame Fahrt der Arbeitskollegen selbst als Teil des innerbetrieblichen Organi-

---
22 BAG NJW 2001, 2039.
23 BGH NJW 2004, 949 sowie BGH NJW 2001, 442.
24 BGH VersR 2006, 221.

sations- und Funktionsbereichs erscheint.[25] Nimmt ein Arbeitnehmer die Möglichkeit in Anspruch, mit einem Arbeitskollegen, der mit einem betriebseigenen Fahrzeug Gerätschaften und Material vom Betriebsgelände zum auswärtigen Beschäftigungsort transportiert, mitzufahren, so handelt es sich daher bei der Fahrt um einen nach § 8 Abs. 1 SGB VII versicherten Betriebsweg.[26] Dies ist auch dann der Fall, wenn der Arbeitgeber seinen Arbeitnehmern ein betriebseigenes Fahrzeug mit Firmenbeschriftung zur Verfügung stellt, um hiermit Fahrten von und zu einer auswärtigen Arbeitsstelle durchführen zu können und es kommt auf einer solchen Fahrt zu einem Unfall.[27] Wird ein Arbeitnehmer zusammen mit Kollegen im Rahmen eines vom Arbeitgeber durchgeführten Sammeltransports in einem betriebseigenen Fahrzeug mit einem betriebseigenen Fahrer zu einer auswärtigen Arbeitsstelle und von dort wieder nach Hause transportiert, so handelt es sich bei der Fahrt um einen Betriebsweg und nicht um einen Weg zur Arbeitsstelle.[28] Hierzu kann auch die Fahrt mit einem Privatwagen zu einem Feuerwehreinsatz gehören.[29] Zu den privilegierten Unfällen auf Betriebswegen gehören auch sämtliche Unfälle, die sich auf dem Firmengelände zutragen.[30] Für Mitglieder der Feuerwehr beginnt die dienstliche Fahrt nicht erst am unmittelbaren Einsatzort, sondern bereits auf der Fahrt dorthin.[31] Bei einem Verkehrsunfall auf dem Betriebsweg haften der Arbeitgeber und der als Fahrer eingesetzte Mitarbeiter gegenüber dem geschädigten Arbeitnehmer für Personenschäden nur bei Vorsatz.[32]

▼

18 Muster 5.4: Werksverkehr und Betriebsweg
Für die Unterscheidung, ob der Versicherungsfall auf einem Betriebsweg oder einem – von der Haftungsbeschränkung ausgenommenen – versicherten Weg eingetreten ist, kann hinsichtlich der Kriterien innerbetrieblicher Vorgänge die zu § 636 Abs. 1 S. 1 RVO ergangene Rechtsprechung herangezogen werden. Danach geht es bei der Abgrenzung des innerbetrieblichen Vorgangs gegenüber der „Teilnahme am allgemeinen Verkehr" darum, ob sich ein betriebliches Risiko oder ein „normales" Risiko verwirklichte, das nach dem Willen des Gesetzgebers aus Gründen der Gleichbehandlung nicht zu einem Haftungsausschluss gegenüber dem Schädiger führen sollte (vgl. BGHZ 116, 30, 35). Ein Werksverkehr, bei dem der Unternehmer Betriebsangehörige laufend mit dem werkseigenen Fahrzeug zur Betriebsstätte bringen lässt, wird schon seit Langem als zu der versicherten Tätigkeit zählender Betriebsweg beurteilt (vgl. BGHZ 116, 30, 35). Dies kann nicht anders gesehen werden, wenn der Arbeitgeber einen einzurichtenden Werksverkehr an Fremd- oder Subunternehmen vergibt (sog. Outsourcing). Dabei ist die Frage entscheidend, ob der Verkehr ausschließlich auf die Bedürfnisse des Arbeitgebers und dessen Arbeitnehmer ausgerichtet ist oder ob es sich um die Teilnahme an einem öffentlichen Verkehr zusammen mit anderen handelt, bei der der Arbeitgeber lediglich Erleichterungen

---

25 OLG Dresden NZV 2009, 87; OLG Jena OLG-NL 2006, 31.
26 BGH VersR 2004, 788.
27 OLG Naumburg, Urt. v. 16.2.2015 – 12 U 167/14 – juris.
28 OLG Dresden MDR 2013, 1289; LG Dortmund SP 2011, 142.
29 Vgl. OLG Celle SP 2010, 214.
30 LG Mannheim VersR 2015, 1256.
31 OLG Celle SP 2010, 214; OLG München, Urt. v. 15.12.2006 – 10 U 3618/06 – juris.
32 BGH DAR 2004, 344.

(etwa besondere Haltestellen oder verbilligter Fahrpreis) organisiert hat (OLG München, Urt. v. 31.3.2012 – 10 U 3927/11 – juris).

▲

D. Gemeinsame Betriebsstätte

I. Übersicht

Gemäß § 106 Abs. 3 Var. 3 SGB VII wird das Haftungsprivileg der §§ 104, 105 SGB VII erweitert um Schäden, die entstehen, wenn mehrere Versicherte unterschiedlicher Unternehmen vorübergehend betriebliche Tätigkeiten auf einer sog. gemeinsamen Betriebsstätte ausführen und damit eine gemeinsame Gefahrengemeinschaft bilden. Für die Annahme einer „gemeinsamen Betriebsstätte" reicht das Vorhandensein „derselben" Betriebsstätte noch nicht aus.[33] Eine gemeinsame Betriebsstätte setzt vielmehr Aktivitäten beider Unternehmen voraus, die bewusst und gewollt ineinander greifen, sich ergänzen und unterstützen. Diese Tätigkeiten müssen **miteinander verknüpft** sein.[34] Hierfür genügt es, dass die Tätigkeiten in der konkreten Unfallsituation gleichzeitig ausgeführt werden und deshalb eine Verständigung über ein bewusstes Nebeneinander im Verfahrensablauf erfolgt.[35] Eine bloße Berührung der Tätigkeiten und das Zusammentreffen mehrerer Risikosphären reichen hingegen zur Annahme einer gemeinsamen Betriebsstätte nicht aus. Es ist weiterhin in der Regel davon auszugehen, dass derjenige, der Aufgaben wahrnimmt, die sowohl in den Aufgabenbereich seines Unternehmens als auch in denjenigen eines fremden Unternehmens fallen, allein zur Förderung der Interessen seines Unternehmens tätig wird. Erst wenn die Tätigkeit nicht mehr als Wahrnehmung einer Aufgabe seines Unternehmens bewertet werden kann, kann ein Versicherungsschutz aufgrund der Zuordnung zu einem fremden Unternehmen gegeben sein. So liegt eine gemeinsame Betriebsstätte beispielsweise vor, wenn der geschädigte Lkw-Fahrer seinen Lkw von einem schädigenden Gabelstaplerfahrer be- oder entladen lässt[36] oder ein anliefernder Lkw-Fahrer mit einem Landwirt beim Entladen von Tieren vom Lkw Hand-in-Hand arbeitet und der Lkw-Fahrer dabei einen Schaden erleidet.[37] Auch liegt eine haftungsprivilegierte gemeinsame Betriebsstätte vor, wenn der Arbeitgeber für die Transporte seiner Arbeitnehmer zur Arbeitsstätte einen Subunternehmer einsetzt und es dabei zu einem Verkehrsunfall kommt.[38]

---

[33] BGH NJW-RR 2001, 741.
[34] BGH zfs 2013, 381.
[35] BGH NJW 2005, 288; BGH NJW-RR, 2003, 1104.
[36] BGH NJW 2008, 2916.
[37] OLG Oldenburg VRS 129, 1–4.
[38] OLG München r+s 2012, 257.

§ 5 Haftungsausschluss bei Personenschäden

Muster 5.5: Prüfung der gemeinsamen Betriebsstätte

20 Nach inzwischen gefestigter Rechtsprechung erfasst der Begriff der gemeinsamen Betriebsstätte über die Fälle der Arbeitsgemeinschaft hinaus betriebliche Aktivitäten von Versicherten mehrerer Unternehmen, die bewusst und gewollt bei einzelnen Maßnahmen ineinandergreifen, miteinander verknüpft sind, sich ergänzen oder unterstützen, wobei es ausreicht, dass die gegenseitige Verständigung stillschweigend durch bloßes Tun erfolgt (BGH VersR 2004, 604). Die Beurteilung, ob in einer Unfallsituation eine „gemeinsame Betriebsstätte" vorlag, muss sich auf konkrete Arbeitsvorgänge beziehen (BGH, Urt. v. 1.2.2011 – VI ZR 227/09 – juris). Es kommt darauf an, dass in der konkreten Unfallsituation eine gewisse Verbindung der Tätigkeiten als solche, die sich als bewusstes Miteinander im Betriebsablauf darstellen und im faktischen Miteinander der Beteiligten aufeinander bezogen, miteinander verknüpft oder auf gegenseitige Ergänzung oder Unterstützung ausgerichtet sind, gegeben ist (BGH, Urt. v. 11.10.2011 – VI ZR 248/10 – juris).

II. Gefahrengemeinschaft

21 Dieses Haftungsprivileg kann auch in Fällen einer sog. Gefahrengemeinschaft eingreifen, so dass der Haftpflichtversicherer privilegiert ist.

Muster 5.6: Gemeinsame Betriebsstätte bei Gefahrengemeinschaft

22 Nach inzwischen gefestigter Rechtsprechung erfasst der Begriff der gemeinsamen Betriebsstätte über die Fälle der Arbeitsgemeinschaft hinaus betriebliche Aktivitäten von Versicherten mehrerer Unternehmen, die bewusst und gewollt bei einzelnen Maßnahmen ineinandergreifen, miteinander verknüpft sind, sich ergänzen oder unterstützen, wobei es ausreicht, dass die gegenseitige Verständigung stillschweigend durch bloßes Tun erfolgt (BGH, Urt. v. 11.10.2011 – VI ZR 248/10 – juris; BGH VersR 2004, 604). Diese Grundsätze gelten insbesondere bei einer sog. Gefahrengemeinschaft, welche die Rechtfertigung für den Haftungsausschluss des § 106 Abs. 3 Var. 3 SGB VII bildet (BGH VersR 2008, 642). Eine Gefahrengemeinschaft ist dadurch gekennzeichnet, dass jeder der (in enger Berührung miteinander) Tätigen sowohl zum Schädiger als auch zum Geschädigten werden kann (vgl. BGHZ 157, 213, 218 f. m.w.N.; OLG Düsseldorf r+s 2015, 525). Es reicht die Möglichkeit aus, dass es durch das enge Zusammenwirken wechselseitig zu Verletzungen kommen kann (BGH VersR 2004, 1045). Demgemäß kann eine Gefahrengemeinschaft auch bestehen, wenn eine wechselseitige Gefährdung zwar eher fern liegt, aber auch nicht völlig ausgeschlossen ist (BGH VersR 2008, 642; vgl. OLG Frankfurt r+s 2007, 524, 525).

23 Zu beachten ist, dass eine Haftungsfreistellung nach § 106 SGB VII einen Versicherungsschutz voraussetzt, d.h. sowohl der Schädiger als auch der Geschädigte müssen bei der gesetzlichen Unfallversicherung versichert sein.[39] § 106 Abs. 3 SGB VII regelt die Voraussetzungen einer Haftungsfreistellung bei einer gemeinsamen Betriebsstätte ab-

---

39 BGHZ 151, 198, 201.

schließend.[40] Die erweiterte Haftungsfreistellung für nicht versicherte Unternehmer (§ 105 Abs. 2 S. 1 SGB VII) wurde in diese Vorschrift gerade nicht, auch nicht über Verweisungen, einbezogen.

Der nicht selbst auf der gemeinsamen Betriebsstätte tätige Unternehmer, der neben seinem nach § 106 Abs. 3 Var. 3. SGB VII haftungsprivilegierten Verrichtungsgehilfen lediglich nach den §§ 831, 823, 840 Abs. 1 BGB als Gesamtschuldner haftet, ist gegenüber dem Geschädigten nach den Grundsätzen des gestörten Gesamtschuldverhältnisses von der Haftung für erlittene Personenschäden freigestellt; ein im Innenverhältnis zwischen dem Verrichtungsgehilfen und dem Geschäftsherrn etwa bestehender arbeitsrechtlicher Freistellungsanspruch bleibt dabei außer Betracht.

Die Haftung des nicht auf der gemeinsamen Betriebsstätte tätigen Unternehmers bleibt im Rahmen des gestörten Gesamtschuldverhältnisses auf die Fälle beschränkt, in denen ihn nicht nur eine Haftung wegen vermuteten Auswahl- und Überwachungsverschuldens gemäß § 831 BGB, sondern eine eigene „Verantwortlichkeit" zur Schadensverhütung, etwa wegen der Verletzung von Verkehrssicherungspflichten oder wegen eines Organisationsverschuldens trifft.[41]

Eine (weitere) besondere Konstellation liegt vor, wenn zwei Unternehmer bzw. die für sie tätigen Arbeitnehmer den Schaden verursachen und nur zugunsten des Erstschädigers (aufgrund einer gemeinsamen Betriebsstätte mit dem Geschädigten) eine Haftungsfreistellung erfolgt. In diesem Fall eines sog. gestörten Gesamtschuldverhältnisses erfolgt die Lösung zu Lasten des Geschädigten: Dessen Anspruch gegen den Zweitschädiger wird um den Verantwortungsbeitrag des von der Haftung freigestellten Erstschädigers gekürzt.[42]

Beispiel
Mitarbeiter des Unternehmers A schädigen den Bauarbeiter B auf einer gemeinsamen Baustelle im Zusammenwirken mit einem nicht an der Baustelle beteiligten Unternehmer C. Die Verursachungsbeiträge sind gleichgewichtig. Die Gesamtschuld der Schädiger berechtigt den Geschädigten grundsätzlich dazu, jeden einzelnen Schädiger auf den gesamten Schaden in Anspruch nehmen zu können. Aufgrund des aus dem Haftungsprivileg resultierenden gestörten Gesamtschuldverhältnisses kann der Geschädigte B gegen den Unternehmer C nur einen um 50 % gekürzten Haftungsanspruch geltend machen.

Letztendlich hängt die Annahme einer gemeinsamen Betriebsstätte immer von den Umständen des Einzelfalls ab.

---

40 *Waltermann*, NJW 2004, 901 ff.
41 BGH VersR 2005, 1397.
42 BGH NJW 2003, 2984.

E. Bindung der Gerichte

25 Hat aus Anlass eines Verkehrsunfalls ein Zivilgericht darüber zu entscheiden, ob ein privilegierter Versicherungsfall i.S.d. gesetzlichen Unfallversicherung gem. §§ 104 ff. SGB VII vorliegt, ist es an die unanfechtbare Entscheidung der zuständigen Behörde oder des Sozialgerichts hierüber gebunden. Diese Entscheidung bindet die Zivilgerichte auch dahingehend, nach welcher Vorschrift Versicherungsschutz besteht. Die Bindungswirkung ist davon unabhängig, ob die verwaltungsrechtliche oder sozialgerichtliche Entscheidung auf unzutreffender oder auf unvollständiger Tatsachengrundlage erging.[43]

Wurde über die Anerkennung des Unfalls als privilegierter Arbeitsunfall noch keine verwaltungsrechtliche bzw. sozialgerichtliche Entscheidung herbeigeführt, muss das Zivilgericht das Gerichtsverfahren bis zur Entscheidung aussetzen, § 108 Abs. 2 S. 1 SGB VII. Wurde ein solches Verfahren noch nicht eingeleitet, bestimmt das Gericht eine Frist, innerhalb derer das Verfahren eingeleitet werden kann. Wird das Verfahren hingegen nicht fristgemäß eingeleitet, ist eine Wiederaufnahme des ausgesetzten Verfahrens zulässig.[44]

---

[43] BAG NZA 2007, 262
[44] OLG Celle Beschl. v. 5.3.2010 – 14 W 1/10 – juris.

§ 6 Anspruchsübergang

Dr. Jens Tietgens

A. Übersicht

Aus den vorangegangenen Ausführungen ist zu entnehmen, wann und unter welchen rechtlichen Voraussetzungen ein Geschädigter Ansprüche aus Anlass eines Verkehrsunfalls gegen den Schadensverursacher oder Dritte geltend machen kann. Die Ausführungen betreffen somit die Anspruchsentstehung.

Demgegenüber beschäftigen sich die nachfolgenden Ausführungen mit den Fragenkomplexen,
- aufgrund welcher Anspruchsgrundlage,
- in welchen Fallkonstellationen,
- zu welchem Zeitpunkt und
- mit welchen rechtlichen Konsequenzen

die bereits entstandenen Ansprüche auf Dritte übergehen.

B. § 116 SGB X

Die Regelung des § 116 SGB X ist bei der Verkehrsunfallbearbeitung stets zu beachten. Sie ist immer dann relevant, wenn der Geschädigte aus Anlass des Unfallereignisses Ansprüche auf Leistungen gegen Träger der Sozialversicherung und/oder der Sozialhilfe geltend machen könnte. Von besonderer Bedeutung ist dabei, dass die dem Geschädigten gegen den Schädiger zustehenden Ansprüche auf Schadensersatz bereits eine logische Sekunde nach dem Schadenseintritt auf den Träger der Sozialversicherung und der Sozialhilfe übergehen können und der Anspruchsübergang u.U. unabhängig davon erfolgt, ob der Geschädigte bereits Leistungen des Sozialversicherungs- bzw. Sozialhilfeträgers in Anspruch genommen hat. Folglich sind grundlegende Kenntnisse über das System des Anspruchsübergangs gem. § 116 SGB X für die tägliche Unfallbearbeitung zwingend erforderlich. Die nachfolgenden Ausführungen geben einen Überblick über die Problematik.

I. Systematik des Anspruchsübergangs

Erleidet ein Geschädigter infolge eines Verkehrsunfalls einen erheblichen Personenschaden, löst dies unabhängig von der Verursachungs- und Verschuldensfrage in aller Regel Ansprüche gegen die **Träger der Sozialversicherung** und der Sozialhilfe aus. In Frage kommen z.B. Ansprüche des Geschädigten gegen seinen gesetzlichen Krankenversicherer auf Ausgleich der Behandlungskosten, gegen den Träger der gesetzlichen Unfallversicherung auf Verletztengeld oder gegen den gesetzlichen Rentenversicherungsträger auf Zahlung einer Erwerbsunfähigkeitsrente.

Durch sämtliche Leistungen der Sozialleistungsträger verringert sich der beim Geschädigten eingetretene Schaden. Dies soll dem Schädiger jedoch nicht zugutekommen. Die Einzelheiten hierzu regelt § 116 SGB X. Danach gehen die dem Geschädigten gegenüber dem Schädiger zustehenden Schadensersatzansprüche auf die Träger der Sozialversicherung und der Sozialhilfe in dem Maße über, in dem sie an den Geschädigten Sozialleistungen erbringen, die mit dem vom Schädiger zu erbringenden Ersatzleistungen art- und wesensgleich (kongruent) sind.

5 Infolge des Anspruchsübergangs nimmt der Sozialversicherungsträger in Höhe der von ihm erbrachten deckungsgleichen (**schadenkongruenten**) Leistungen beim Schädiger Regress. Auf diesem Wege wird verhindert, dass die von der Solidargemeinschaft der Sozialversicherten erbrachten Leistungen den Schädiger entlasten. Der Schädiger hat in Höhe dieser Leistungen weiterhin Schadensersatz zu leisten. Es findet lediglich ein Austausch der Anspruchsberechtigten vom Geschädigten zum Sozialversicherungsträger statt.

II. Träger der Sozialversicherung

6 Die Regelung des § 116 SGB X betrifft die Träger der Sozialhilfe und die Träger der Sozialversicherung, also die
- gesetzliche Kranken- und Pflegeversicherung (bei der privaten Krankenversicherung erfolgt der Anspruchsübergang gem. § 86 Abs. 1 VVG),
- gesetzliche Unfallversicherung (Leistungen der privaten Unfallversicherung berechtigen nicht zum Regress, da es sich hierbei um eine Summenversicherung handelt, die auf individueller Vorsorge des Geschädigten beruht. Die hieraus resultierenden Leistungen muss sich der Geschädigte deshalb nicht auf seinen Schaden anrechnen lassen.),
- gesetzliche Rentenversicherung (z.B. Deutsche Rentenversicherung),
- gesetzliche Arbeitslosenversicherung (Bundesagentur für Arbeit) und die
- örtlichen und überörtlichen Träger der Sozialhilfe (in Nordrhein-Westfalen sind dies beispielsweise die Kreise, die kreisfreien Städte und die Landschaftsverbände).

III. Übergangsfähige Schadensersatzansprüche

7 Der Anspruchsübergang betrifft wortwörtlich die auf anderen gesetzlichen Vorschriften beruhenden Ansprüche auf Ersatz eines Schadens. Damit sind nicht nur **gesetzliche Schadensersatzansprüche** im eigentlichen Sinn, sondern auch **vertragliche Schadensersatzansprüche** gemeint, beispielsweise aus den §§ 280 ff. BGB.[1]

---

1 BGHZ 26, 365, 368 ff.

Vertragliche oder vertragsähnliche Erfüllungsansprüche werden hingegen von § 116   **8**
SGB X nicht mit umfasst. Aufwendungsersatzansprüche gem. den §§ 683, 670 BGB
gehen deshalb nicht gem. § 116 SGB X über.[2]

IV. Schadenskongruenz

Gem. § 116 SGB X gehen nur diejenigen Schadensersatzansprüche auf den betreffenden   **9**
Sozialversicherungsträger über, die mit der von ihm erbrachten Sozialleistung sachlich
und zeitlich „kongruent", also **art- und wesensgleich** sind. Nur wenn der Kostenträger
eine „der Behebung eines Schadens der gleichen Art dienende" Sozialleistung erbracht
hat, löst dies den Forderungsübergang nach § 116 Abs. 1 S. 1 SGB X aus.[3] Dies muss für
jede Schadensposition separat geprüft werden.[4] Hierbei lassen sich folgende Kategorien
unterscheiden:
- Heilungskosten, wie z.B. Arzt und Arzneikosten und Krankenhauspflege inklusive Fahrtkosten,
- Erwerbsschaden, wie z.B. Verletzten-, Übergangs- und Krankengeld,
- vermehrte Bedürfnisse, wie z.B. Mehraufwendungen für Pflege und Ernährung,
- Unterhalt, wie z.B. eine Hinterbliebenenrente,
- Sachschäden, wie z.B. Körperersatzstücke und Hilfsmittel,
- Sterbegeld.[5]

Sachliche Kongruenz besteht beispielsweise zwischen dem an einer Brille entstandenen
Sachschaden und den darauf erbrachten Leistungen des Krankenversicherers sowie dem
Erwerbsschaden eines Arbeitnehmers und dem darauf vom Krankenversicherer gezahlten Krankengeld, dem vom Unfallversicherer gezahlten Verletzten- und Übergangsgeld
sowie der Erwerbs- und Berufsunfähigkeitsrente des Rentenversicherers. Auch ist bereits
höchstrichterlich entschieden, dass eine Erwerbsunfähigkeitsrente,[6] eine Verletztenrente[7]
und eine Witwenrente[8] anzurechnen sind, soweit Ersatzansprüche wegen der Haushaltsführung für Dritte betroffen sind. Ein besonderer Fall liegt vor, wenn beispielsweise
eine Krankenkasse Krankengeld erbringt, und der Geschädigte einen Haushaltsführungsschaden erleidet. Hier kann eine Kongruenz zu bejahen sein, wenn ein Mehrpersonenhaushalt betroffen ist, wobei zwischen einem Erwerbsschaden und der eigenen Bedarfsdeckung zu unterscheiden ist.[9]

---

[2] MüKo-*Grunsky*, vor § 249 Rn 153 m.w.N.
[3] BGH NZV 2007, 33; OLG Jena, Urt. v. 10.2.2010 – 4 U 353/09 – juris; OLG Brandenburg, Urt. v. 14.12.2006 – 12 U 106/06 – juris; OLG Hamm r+s 2001, 506.
[4] Übersichten über sachliche Kongruenz zwischen den einzelnen Arten des Personenschadens und den jeweiligen Leistungen der Sozialversicherer enthalten Geigel-*Plagemann*, Kap. 30 Rn 22 ff.; MüKo-*Grunsky*, vor § 249 Rn 155 ff.
[5] OLG Saarbrücken NJW-RR 2014, 810.
[6] BGH NJW 1974, 41 = VersR 1974, 162.
[7] BGH NJW 1985, 735 = VersR 1985, 356.
[8] OLG Saarbrücken SP 2013, 394.
[9] So OLG Hamm r+s 2001, 506; ablehnend die ältere Auffassung des OLG Koblenz StVE, § 843 BGB Nr. 17.

§ 6 Anspruchsübergang

Muster 6.1: Anspruchsübergang auf die Krankenkasse bei Krankengeld und Haushaltsführungsschaden

10   Das von der gesetzlichen Krankenkasse gezahlte Krankengeld ist nicht nur als Ausgleich für eine außerhäusliche Berufstätigkeit anzusehen. Die für einen Anspruchsübergang nach § 116 SGB X erforderliche Kongruenz ist gegeben. Diese ist immer dann zu bejahen, wenn die Sozialleistung einerseits und der Schadensersatzanspruch andererseits derselben Schadensart zuzuordnen sind. Das Krankengeld dient dem Ausgleich des Erwerbsschadens. Die Haushaltstätigkeit stellt ebenfalls, soweit sie nicht der eigenen Bedarfsdeckung dient, sondern für andere Haushaltsangehörige – im Mehr-Personen-Haushalt – erbracht wird, eine Erwerbstätigkeit im Sinne der §§ 842, 843 BGB dar (vgl. BGH, VersR 1996, 1565). Das Krankengeld dient dem gesamten Ausgleich der unfallbedingten Behinderung, die Arbeitskraft als Erwerbsquelle nutzen zu können; damit ist auch der Bereich einer eingeschränkten Haushaltsführung für die Familie abgedeckt. Deshalb geht der Anspruch auf Ersatz des Haushaltsführungsschadens, soweit er sich auf den Ausfall bei der Versorgung von Familienangehörigen bezieht, in Höhe der Krankengeldzahlungen gem. SGB X § 116 Abs. 1 S. 1 auf die Krankenkasse über (OLG Hamm r+s 2001, 506).

Diese Voraussetzungen sind vorliegend erfüllt. Die verletzte Person war in einem Haushalt mit ▓▓▓ Personen tätig. ▓▓▓.

11   Neben der sachlichen Kongruenz setzt ein Anspruchsübergang auf den Träger der Sozialleistung auch zeitliche Kongruenz voraus. Der Anspruchsübergang erfolgt somit nur für den Zeitraum, für den sowohl ein Anspruch auf Schadensersatz bestand und für der Träger der Sozialleistung Leistungen erbracht hat. Endet die Leistungspflicht des Trägers der Sozialhilfe oder der Sozialversicherung, lebt der Anspruch des Geschädigten gegen den Schädiger auf Schadensersatz wieder auf.

12   *Hinweis*
Erhalten die Erben des getöteten Fußgängers Sterbegeld eines Sozialversicherungsträgers, ist ebenfalls der gesetzliche Übergang des Schadensersatzspruchs nach SGB X § 116 Abs. 1 zu beachten.[10]

V. Zeitpunkt des Anspruchsübergangs

13   Wichtig ist, dass sich der Rechtsübergang in Form der cessio legis gem. § 116 SGB X bereits zum **Zeitpunkt des Schadenseintritts** vollzieht.[11] Dies gilt aber nur dann, wenn zu diesem Zeitpunkt ein Versicherungsverhältnis bestanden hat.[12]

Die Rechtsprechung[13] folgert dies aus der in § 116 Abs. 1 SGB X gewählten Formulierung, wonach für den Anspruchsübergang maßgeblich ist, dass die Sozialversicherungsträger Leistungen zu erbringen haben. Die Pflicht zur Leistungserbringung setzt eine

---

10   OLG Köln MDR 1995, 362.
11   BGH NZV 2007, 33; bereits grundlegend BGHZ 19, 177; OLG Hamm r+s 1999, 418; OLG Brandenburg VIZ 1999, 757.
12   BGH, Urt. v. 24.4.2012 – VI ZR 329/10 = SP 2012, 284.
13   BGHZ 99, 62, 66.

logische Sekunde nach dem Schadenseintritt ein. Folglich ist der Geschädigte bereits unmittelbar nach dem Schadenseintritt hinsichtlich zahlreicher Schadenspositionen nicht mehr anspruchsberechtigt, obwohl von den Sozialversicherungsträgern noch keine Leistungen erbracht wurden. Dies hat wichtige Konsequenzen: Der Geschädigte

- kann über die bereits übergegangenen Ansprüche – z.B. im Rahmen eines Vergleichs – nicht mehr wirksam verfügen und
- ist im Rahmen einer klageweisen Geltendmachung seiner Schadensersatzansprüche aus Anlass des Unfallschadens hinsichtlich der bereits übergegangenen Ansprüche nicht mehr aktivlegitimiert.

▼

Muster 6.2: Anspruchsübergang zum Unfallzeitpunkt 14

Der in § 116 Abs. 1 SGB X normierte Anspruchsübergang findet bei Sozialleistungen, die aufgrund eines Sozialversicherungsverhältnisses erbracht werden, in aller Regel bereits im Zeitpunkt des schadenstiftenden Ereignisses statt, sofern zu diesem Zeitpunkt ein Versicherungsverhältnis besteht. Es handelt sich um einen Anspruchsübergang dem Grunde nach, der den Sozialversicherungsträger vor Verfügungen des Geschädigten schützt (BGH, Urt. v. 24.4.2012 – VI ZR 329/10 = NJW-Spezial 2012, 394; BGH, Urt. v. 8.7.2003 – VI ZR 274/02, juris). Ein Anspruchsübergang auf den Sozialversicherungsträger erfolgt nur dann nicht im Zeitpunkt des Schadenseintritts, wenn die Entstehung einer Leistungspflicht völlig unwahrscheinlich, also geradezu ausgeschlossen ist.

▲

Dies gilt aber nicht uneingeschränkt: Bei Sozialleistungen, die nicht aufgrund eines 15 Sozialversicherungsverhältnisses erbracht werden, ist für den Zeitpunkt des Rechtsübergangs maßgebend, dass nach den konkreten Umständen des jeweiligen Einzelfalls eine Leistungspflicht ernsthaft in Betracht zu ziehen ist. Die von der Rechtsprechung entwickelten Grundsätze für Sozialleistungen, die nicht an das Bestehen eines Sozialversicherungsverhältnisses anknüpfen, sind jedenfalls nicht auf Sozialleistungen eines Sozialversicherungsträgers zu übertragen.[14] Auch scheidet ein Anspruchsübergang zum Zeitpunkt des Schadenseintritts aus, wenn die Entstehung einer Leistungspflicht durch den Sozialleistungsträger völlig unwahrscheinlich ist.[15]

Hinweis
Etwaige Unkenntnis über den bereits erfolgten Anspruchsübergang kann unangenehme Folgen nach sich ziehen.

Beispiel 16
A erleidet bei einem schweren Verkehrsunfall weit reichende Personenschäden. Die Haftungsfrage ist streitig. Es bestehen unterschiedliche Aussagen zum Unfallhergang. Der Personenschaden zwingt A dazu, seinen Beruf aufzugeben und seinen gesamten Hausstand behindertengerecht umzugestalten. Darüber hinaus muss er eine Pflegekraft beschäftigen und täglich umfangreiche Rehabilitationsmaßnahmen über sich

---

14 BGH, Urt. v. 24.4.2012 – VI ZR 329/10 = SP 2012, 284.
15 OLG Koblenz zfs 2014, 79.

> ergehen lassen. Der Haftpflichtversicherer des Unfallgegners lehnt jedwede Zahlungen ab. Mit der von ihm angestrengten Klage begehrt A Schadenersatz in Höhe von insgesamt 300.000 EUR. Hierzu gehören u.a. ein Erwerbsschaden in Höhe von 50.000 EUR und der Ausgleich vermehrter Bedürfnisse in Höhe von 100.000 EUR. Während des Klageverfahrens stellt sich heraus, dass es der Prozessbevollmächtigte des A verabsäumt hat zu prüfen, welche Ansprüche gem. § 116 SGB X bereits auf Sozialversicherungsträger übergegangen sind. Diese Ansprüche haben ein Volumen von ca. 150.000 EUR. Obwohl sich im Rahmen der Beweisaufnahme herausstellt, dass der Unfallgegner zu 100 % haftet, wird die Klage zu 50 % abgewiesen mit der Folge, dass A auch die Hälfte der Prozesskosten zu tragen hat.

17 Macht der Sozialversicherungsträger einen Regressanspruch nach § 116 SGB X geltend, weil der Versicherte unter Verstoß gegen den gesetzlichen Forderungsübergang eine Zahlung des Schädigers angenommen hat, so liegt eine öffentlich-rechtliche Streitigkeit vor, so dass der Sozialgerichtsweg gegeben ist. § 116 SGB gewährt dem Sozialversicherungsträger bei unberechtigter Annahme von Schadensersatzleistungen einen eigenen Herausgabeanspruch gegen den Versicherten und verschärft dessen Haftung dadurch, dass er ihm die Einrede der Entreicherung verwehrt.[16]

C. § 6 Entgeltfortzahlungsgesetz

I. Übersicht

18 Erleidet der Arbeitnehmer infolge eines Verkehrsunfalls einen Personenschaden, aufgrund dessen er krankgeschrieben wird und seine berufliche Tätigkeit nicht mehr ausüben kann, hat ihm sein Arbeitgeber gem. § 1 Entgeltfortzahlungsgesetz (EFZG) für die Dauer von sechs Wochen den Lohn weiterzuzahlen.

Auch diese Zahlungen des Arbeitgebers sollen dem Schädiger nicht zugute kommen. § 6 EFZG bestimmt deshalb, dass der Anspruch des verletzten Arbeitnehmers auf Ersatz seines Erwerbsschadens auf den Arbeitgeber übergeht, soweit dieser das Arbeitsentgelt weiterzahlt und darauf entfallende Sozialversicherungsbeiträge abführt. Auch hierbei handelt es sich um eine cessio legis. Dabei ist zu beachten, dass ein Forderungsübergang nach § 6 Abs. 3 EFZG auf den Betrag begrenzt ist, der zur vollen Deckung des Schadens des Verletzten nicht mehr erforderlich ist.

Eine vergleichbare Regelung zu § 6 EFZG findet sich für Beamte und Soldaten in § 87a BBG bzw. § 30 Abs. 3 SoldG. Auch im Beamtenrecht ist der Anspruchsübergang auf den Dienstherrn nach § 87a Abs. 2 BBG auf den Betrag begrenzt, der zur Deckung des Schadens beim Verletzten nicht erforderlich ist.

---

16 OLG Frankfurt NJW-RR 1997, 1087.

C. § 6 Entgeltfortzahlungsgesetz § 6

▼
Muster 6.3: Ausgleich der Entgeltfortzahlung

Versicherung AG

Schaden-Nr./VS-Nr./Az.

Schaden vom

Pkw , amtl. Kennzeichen

Sehr geehrte Damen und Herren,

ich vertrete die Interessen des Herrn aus . Eine Kopie der auf mich lautenden Vollmacht füge ich in der Anlage bei.

Mein Mandant ist Inhaber der Firma . Zu seinen Angestellten gehört , der im Rahmen des im Betreff genannten Verkehrsunfalls einen Personenschaden erlitten hat. Wegen dieses Personenschadens fiel Herr für die Dauer von Wochen krankheitsbedingt aus. In diesem Zeitraum erbrachte mein Mandant für seinen Angestellten Entgeltfortzahlungsleistungen. Gem. § 6 EFZG gingen die Ansprüche des Geschädigten auf Ausgleich der Entgeltfortzahlungsleistungen auf meinen Mandanten per cessio legis über.

Die Ansprüche meines Mandanten beziffere ich wie folgt:

Für den Ausgleich des vorgenannten Schadensbetrags habe ich mir eine Frist bis zum

(3-Wochen-Frist)

notiert.

Mit freundlichen Grüßen

(Rechtsanwalt)

▲

Hinweis
Bei einem stationären Aufenthalt ist zu beachten, dass bereits der Sozialversicherungsträger die Kosten der Krankenpflege trägt. Dadurch erspart der Verletzte eigene Aufwendungen zur Verpflegung. Diese ersparten Kosten sind von der Forderung des Arbeitgebers abzuziehen. Gleiches kann für ersparte Fahrtkosten gelten, die sonst regelmäßig bei der Fahrt zur Arbeit entstehen – sofern die ersparten Fahrtkosten die weggefallene Steuerersparnis für die ansonsten durchgeführten Fahrten übersteigen.

II. Muster: Abzug ersparter Eigenaufwendungen

21 *Muster 6.4: Abzug ersparter Eigenaufwendungen*

Nicht erstattungsfähig ist bei einem stationären Aufenthalt die Schadensposition „Zuzahlung von Krankenpflege", da der Verletzte aufgrund seiner Versorgung im Krankenhaus zugleich Verpflegungskosten spart, die andernfalls zu Hause angefallen wären (LG Lübeck SP 1997, 285). Bei Fehlen eines solchen Zuschlags sind im Übrigen ersparte Eigenaufwendungen während eines stationären Aufenthalts abzuziehen (OLG München zfs 1985, 2) und nach § 287 ZPO auf 7,50 EUR pro Tag zu schätzen (OLG Düsseldorf VersR 2000, 71) bzw. zumindest auf 5 EUR festzulegen, wenn der Geschädigte ansonsten kostengünstig bei seinen Eltern gewohnt hatte (LG Duisburg SVR 2007, 181).

22 Der Geschädigte hat dem Arbeitgeber den **Bruttolohn einschließlich sämtlicher Arbeitgeberanteile** zur Sozialversicherung, nicht jedoch die Beiträge zur gesetzlichen Unfallversicherung zu erstatten. Weiterhin sind zu erstatten die vermögenswirksamen Leistungen des Arbeitgebers, das anteilige Urlaubs- und das anteilige Weihnachtsgeld.

23 Anders als im Bereich des § 116 SGB X erfolgt der Anspruchsübergang nicht zum Zeitpunkt des Schadenseintritts, sondern erst **zum Zeitpunkt der Leistung** durch den Arbeitgeber.[17] Folglich ist es dem Geschädigten unbenommen, vor der Leistungserbringung mit dem Schädiger vergleichsweise Regelungen über diesen Anspruch zu treffen oder anderweitig darüber zu verfügen. Allerdings ist in diesem Zusammenhang Vorsicht geboten, wenn es zum Abschluss eines Abfindungsvergleichs mit dem Schädiger bzw. dessen Kfz-Haftpflichtversicherer kommt. Beinhaltet der Abfindungsvergleich eine umfassende Abgeltung sämtlicher zukünftiger materieller und immaterieller Ansprüche, werden hiervon auch sämtliche Verdienstausfallschäden umfasst, die der Geschädigte aufgrund der durch den Unfall verursachten Personenschäden zukünftig erleidet. Kommt es in der Zukunft zu einer unfallbedingten Arbeitsunfähigkeit und leistet der Arbeitgeber dem Geschädigten während dieser Zeit Entgeltfortzahlung, kann ein Anspruchsübergang gem. § 6 EFZG zugunsten des Arbeitgebers nicht mehr erfolgen. Schließlich wurden die ursprünglich übergangsfähigen Ersatzansprüche des Geschädigten durch den Abfindungsvergleich bereits abgefunden. Der Arbeitgeber kann diese missliche Situation u.U. zum Anlass nehmen, eine Entgeltfortzahlung an den Geschädigten zu verweigern. Dieses Risiko kann nur dadurch vermieden werden, dass in den Abfindungsvergleich ein entsprechender Vorbehalt aufgenommen wird. Folgender Wortlaut bietet sich an: „Vom Vergleich ausgenommen bleiben zukünftige unfallbedingte Verdienstausfallschäden, soweit diese auf aktuelle oder zukünftige Arbeitgeber des Geschädigten übergehen."

24 *Hinweis*
Übrigens: Lässt der Arbeitgeber den Schadensersatzanspruch gem. § 6 EFZG durch einen Rechtsanwalt geltend machen, besitzt er wegen der dadurch verursachten Rechtsanwaltskosten grundsätzlich keinen Kostenerstattungsanspruch gegen den

---

17 BGH VersR 1978, 660, 662.

Schädiger. Der Kostenerstattungsanspruch steht nur dem unmittelbar Geschädigten zu. Demgegenüber handelt es sich beim Arbeitgeber um einen „Dritten", der insoweit keinen Schutz genießt. Darüber hinaus wäre die Einschaltung regelmäßig nicht „erforderlich" i.S.d. § 249 BGB, da die Bezifferung des Entgeltfortzahlungsschadens i.d.R. keine Probleme bereitet. Eine Erstattung der Rechtsanwaltskosten ist somit für den Arbeitgeber grundsätzlich nur unter dem Gesichtspunkt des Verzugs seitens des Schädigers möglich.[18]

III. Muster: Einwand gegenüber den begehrten Rechtsanwaltskosten

▼

Muster 6.5: Einwand gegenüber den begehrten Rechtsanwaltskosten 25

Einem Arbeitgeber, der an seinen durch einen Verkehrsunfall schuldlos verletzten Arbeitnehmer den Lohn weiterzahlt und einen Rechtsanwalt beauftragt, den gem. § 6 Abs. 1 EFZG auf ihn übergegangenen Schadensersatzanspruch gegen den Schädiger und dessen Haftpflichtversicherung geltend zu machen, steht ein Anspruch gegen den Schädiger und dessen Haftpflichtversicherung auf Ersatz der Anwaltskosten nur dann zu, wenn sich der Schädiger bzw. dessen Haftpflichtversicherung bereits in Verzug befanden, als der Arbeitgeber den Rechtsanwalt beauftragte (LG Koblenz VersR 1977, 1060; AG Dortmund NZV 2001, 383).

Dies ist vorliegend jedoch nicht der Fall.

▲

D. Anspruchsübergang auf den Versicherer gem. § 86 Abs. 1 VVG

Einen weiteren Fall des gesetzlichen Forderungsübergangs im Rahmen der Verkehrsunfallbearbeitung regelt **§ 86 Abs. 1 VVG (früher: § 67 Abs. 1 VVG a.F.)**. Danach geht der dem Geschädigten zustehende Schadensersatzanspruch auf den Versicherer über, soweit dieser dem Versicherungsnehmer den Schaden ersetzt. 26

Für die Verkehrsunfallbearbeitung spielt diese Regelung eine bedeutende Rolle, weil der Forderungsübergang die **Leistungen des Kaskoversicherers** betreffen kann. Der Anspruch nach § 86 Abs. 1 VVG (§ 67 VVG a.F.) umfasst auch solche Sachverständigenkosten, die der Versicherer aufwendet, um einen Ersatzanspruch des Versicherungsnehmers gegen einen ersatzpflichtigen Dritten feststellen zu lassen.[19]

> *Beispiel*
> A und B verursachen mit ihren Fahrzeugen einen Verkehrsunfall. Da die Haftungsfrage nicht eindeutig geklärt ist, entschließt sich A dazu, seinen Vollkaskoversicherer auf Ausgleich des Fahrzeugschadens unter Abzug des vereinbarten Selbstbehalts in Anspruch zu nehmen. In Höhe der vom Kaskoversicherer erbrachten Leistungen

---

18 AG Dortmund NZV 2001, 383; AG Völklingen JurBüro 2002, 535.
19 AG Ahrensburg, Urt. v. 7.8.2009 – 46 C 32/09 – juris.

gehen die dem A gegen B zustehenden Ansprüche auf Schadensersatz auf den Kaskoversicherer über.

27 Gem. § 86 Abs. 1 S. 2 VVG kann der Anspruchsübergang „nicht zum Nachteil des Versicherungsnehmers geltend gemacht werden". Diese gesetzliche Regelung beinhaltet ein sog. Quotenvorrecht. Ebenso wie im Rahmen des § 6 EFZG findet der Anspruchsübergang nicht zum Zeitpunkt des Schadenseintritts, sondern erst zum **Zeitpunkt der Leistungserbringung** statt.

28 Richtet sich der Ersatzanspruch des Versicherungsnehmers gegen eine Person, mit der er bei Eintritt des Schadens in häuslicher Gemeinschaft lebt, kann der Übergang gem. § 86 Abs. 3 VVG nicht geltend gemacht werden, es sei denn, diese Person hat den Schaden vorsätzlich verursacht. Weitere Ausführungen zu diesem Forderungsübergang befinden sich im Abschnitt zur Kaskoversicherung.

§ 7 Verjährung und Abfindungsvergleich

Dr. Matthias Quarch

A. Übersicht

Bei der **Verjährung** handelt es sich um eine Einrede und nicht um eine Einwendung. Sie steht einem wirksam entstandenen Anspruch deshalb nur dann dauerhaft entgegen, wenn sich die gegnerische Partei darauf ausdrücklich **beruft** (vgl. § 214 BGB). 1

Für die bei einem **Verkehrsunfall** maßgeblichen Schadensersatzansprüche der §§ 7, 18 StVG finden gem. § 14 StVG die gleichen Verjährungsvorschriften Anwendung wie für die deliktischen Ansprüche aus den §§ 823 ff. BGB. Eine entsprechende Regelung für den Direktanspruch gegen den Kraftfahrzeughaftpflichtversicherer aus § 115 Abs. 1 Nr. 1 VVG befindet sich in § 115 Abs. 2 S. 1 VVG. Für alle diese Ansprüche ist folglich die regelmäßige dreijährige Verjährungsfrist des § 195 BGB zu beachten, nachdem das Schuldrecht für deliktische Ansprüche keine eigenständigen Verjährungsfristen mehr kennt. 2

B. Verjährungsbeginn

I. Übersicht

Die regelmäßige Verjährungsfrist des § 195 BGB beginnt gem. § 199 Abs. 1 BGB mit dem Ablauf des Jahres, in welchem 3

- der Anspruch entstanden ist *und*
- der Gläubiger Kenntnis bzw. aufgrund grober Fahrlässigkeit keine Kenntnis hat von
- den Umständen, die seinen Anspruch begründen *und*
- der Person des Schuldners.

Für das **Entstehen** eines Schadensersatzanspruches gilt der **Grundsatz der Schadenseinheit**.[1] Nach diesem Grundsatz entsteht der Anspruch einheitlich einschließlich aller in Zukunft fällig werdenden Beträge, sobald ein erster (Teil-)Betrag im Wege der Leistungsklage geltend gemacht werden kann.[2] Eine Ausnahme gilt allerdings für solche (Folge-)Schäden, die zum Zeitpunkt des „Erstschadens" nicht vorherzusehen waren.[3] In diesen Fällen beginnt die Verjährungsfrist erst mit Ablauf des Jahres, in dem der spätere Folgeschaden eingetreten ist. 4

Der Gläubiger hat **Kenntnis** von der Person des Schädigers, wenn er dessen Namen und Anschrift kennt.[4] Zu den anspruchsbegründenden Umständen zählen alle Tatsachen, die

---

1 Zur Genese z.B. NK-BGB/*Mansel/Stürner*, § 199 Rn 23 f m.w.N.
2 Z.B. BGHZ 119, 69, 71.
3 Z.B. BGH, Urt. v. 16.11.1999 – VI ZR 37/99 = NJW 2000, 861.
4 Z.B. BGH, Urt. v. 6.3.2001 – VI ZR 30/00 = NJW 2001, 1721.

die Voraussetzungen der anspruchsbegründenden Norm erfüllen. Insoweit genügt es, wenn der Gläubiger aufgrund der ihm bekannten Tatsachen eine Klage (und sei es auch eine Feststellungsklage) mit hinreichender Aussicht auf Erfolg hätte erheben können.[5] Bei **objektiv** vorhersehbaren Spätfolgen gilt auch dann nichts anderes, wenn der Geschädigte wegen unrichtiger Beratung (z.B. durch einen beigezogenen Arzt) die Erhebung einer Feststellungsklage unterlassen hat.[6]

▼

5   **Muster 7.1: Einheitlichkeit des Verjährungsbeginns**
Eine für die Verjährung maßgebliche Schadensentstehung ist unter drei alternativen Voraussetzungen anzunehmen:
1. wenn der Schaden wenigstens dem Grunde nach bereits erwachsen ist, auch wenn seine Höhe noch nicht beziffert werden kann;
2. wenn durch die Verletzungshandlung eine als Schaden anzusehende Verschlechterung der Vermögenslage eingetreten ist, ohne dass feststehen muss, ob ein Schaden bestehen bleibt und damit endgültig wird;
3. wenn eine solche Verschlechterung der Vermögenslage bzw. ein endgültiger Teilschaden entstanden ist und mit der nicht fernliegenden Möglichkeit weiterer, noch nicht erkennbarer, adäquat verursachter Nachteile bei verständiger Würdigung zu rechnen ist (BGH, Urt. v. 2.7.1992 – IX ZR 268/91 = NJW 1992, 2766; grundlegend bereits BGHZ 100, 228, 231 f. und BGHZ 114, 150, 152).

▲

6   Bei einem nicht vorhersehbaren **Spätschaden** besteht kein einheitlicher Verjährungsbeginn mit den sonstigen Schäden. Gleiches gilt für nicht vorhersehbare Folgen eines bekannten Schadens.[7] In beiden Fällen beginnt die Verjährung nach § 199 BGB erst mit dem Schluss des Jahres, in welchem der Geschädigte von dem Schaden bzw. dem Ursachenzusammenhang zwischen Schaden und Schadensereignis Kenntnis erlangt hat.[8] Für die Frage nach der **Vorhersehbarkeit** entscheidend ist der Wissensstand der einschlägigen Facharztdisziplin, und zwar zum Zeitpunkt des Tages, an welchem der Verletzte von dem Schaden bzw. der Schadensfolge Kenntnis erlangt hat.[9] In anderen Fallkonstellationen, in denen ein Spätschaden wenig wahrscheinlich, aber durchaus möglich und sein Eintritt ggf. durch ein Gutachten zu klären ist,[10] lässt sich über die Frage trefflich streiten, ab wann aus der Sicht des Gläubigers eine hinreichende Erfolgsaussicht für (zumindest) eine (Feststellungs-)Klage gegeben ist. Insoweit mag es sich anbieten, den Sachbearbeiter des Versicherers mit dem Hinweis auf die Vermeidung einer (u.U. unnötigen) Klage im beiderseitigen Interesse dazu zu bringen, auf die Einrede der Verjährung bis zum Zeitpunkt der Fertigstellung eines ärztlichen Gutachtens zu verzichten.[11]

---

5   z.B. NK-GVR/*Pardey*, § 14 StVG Rn 15.
6   OLG Frankfurt/M., Urt. v. 30.11.2011 – 4 U 63/11 – juris.
7   NK-GVR/*Pardey*, § 14 StVG Rn 14.
8   OLG Brandenburg, Urt. v. 29.11.2006 – 7 U 3/06 = zfs 2007, 621 m. Anm. *Diehl*.
9   BGH, Urt. v. 3.6.1997 – VI ZR 71/96 = NJW 1997, 2448.
10 Vgl. zu einem solchen Fall BGH, Urt. v. 20.4.1982 – VI ZR 197/80 = VersR 1982, 703.
11 Allgemein zum Verjährungsverzicht z.B. NK-BGB/*Mansel/Stürner*, § 202 Rn 43 ff.

B. Verjährungsbeginn § 7

II. Muster: Aufforderung zum Verzicht auf die Einrede der Verjährung

▼

Muster 7.2: Aufforderung zum Verzicht auf die Einrede der Verjährung 7

Versicherung AG

Schaden-Nr./VS-Nr./Az.

Schaden vom

Pkw   , amtl. Kennzeichen

Sehr geehrte Damen und Herren,

in vorbezeichneter Schadensache steht ein Ausgleich der gesamten für meine Mandantschaft angemeldeten Schadensersatzansprüche weiterhin aus. Zur Vermeidung eines vor Gericht zu verfolgenden Feststellungsanspruchs gebe ich Ihnen Gelegenheit, auf die Einrede der Verjährung, zunächst beschränkt auf   Jahre, zu verzichten, hilfsweise den geltend gemachten Anspruch dem Grunde nach mit Wirkung eines rechtskräftigen Feststellungsurteils anzuerkennen. Zur Abgabe dieser Erklärung habe ich mir eine Frist von 2 Wochen bis zum   notiert.

Mit freundlichen Grüßen

(Rechtsanwalt)

▲

Gibt der Versicherer eine Erklärung ab, wonach seine Eintrittspflicht mit Wirkung eines 8 rechtskräftigen Feststellungsurteils anerkannt wird, so ist die Vorschrift des § 197 Abs. 2 i.V.m. Abs. 1 Nr. 3 BGB zu beachten. Hiernach verjährt ein Anspruch auf regelmäßig wiederkehrende Leistungen innerhalb von drei Jahren (§ 195 BGB) auch dann, wenn ein rechtskräftiges Feststellungsurteil vorliegt. Diese Verjährungsfrist ist ggf. gesondert zu notieren und der Versicherer rechtzeitig vor Ablauf erneut zu einer weiteren Einstandserklärung aufzufordern.

> *Praxistipp* 9
> Verzichtet der Versicherer auf die Einrede der Verjährung, wird dieser Verzicht häufig zeitlich begrenzt. Wenn nach Ablauf dieses Zeitraums nicht erneut auf die Einrede der Verjährung verzichtet wird, kann ein schnelles Handeln zur Absicherung geboten sein, da der Lauf der Verjährungsfrist durch den temporären Verzicht nicht gehemmt worden ist. Der Gläubiger muss daher in diesem Fall seinen Anspruch innerhalb einer angemessenen Zeitspanne notfalls gerichtlich geltend machen. Bei der Bemessung dieser Frist sind die Umstände des jeweiligen Einzelfalls von Bedeutung. Hierbei kommt es insbesondere auf den Umfang und die Schwierigkeit der Rechtssache an. Im Grundsatz besteht Einigkeit, dass der Gläubiger zügig handeln muss, wobei eine **Frist von einem Monat ab dem Auslaufen der Verzichtserklärung** nicht überschritten werden sollte.[12]

---

12 OLG Saarbrücken, Urt. v. 14.11.2006 – 4 U 227/06 = SP 2007, 392.

C. Verjährungshemmung

I. Übersicht

10 Gem. § 209 BGB wird der Zeitraum, während dessen die Verjährung gehemmt ist, in die Verjährungsfrist **nicht eingerechnet**. Praktisch hat dies zur Folge, dass die Verjährungsfrist um den Hemmungszeitraum zu verlängern ist.

Die Gründe für eine Hemmung der Verjährung nach allgemeinem Schuldrecht finden sich in den §§ 203–211 BGB. Bei der Bearbeitung von verkehrsrechtlichen Mandanten sind folgende Tatbestände von Relevanz:
- Hemmung der Verjährung bei Verhandlungen über den Anspruch gem. § 203 BGB,
- Hemmung der Verjährung durch Rechtsverfolgung gem. § 204 BGB, insbesondere
  - Erhebung der Klage gem. § 204 Nr. 1 BGB bzw. Zustellung des Mahnbescheides § 204 Nr. 3 BGB,
  - Geltendmachung der Aufrechnung im Prozess gem. § 204 Nr. 5 BGB,
  - Veranlassung der Bekanntgabe eines PKH-Antrags gem. § 204 Nr. 14 BGB.

11 Eine präzisierende Regelung **enthält § 115 Abs. 2 S. 3 VVG** für den Direktanspruch des Geschädigten gegenüber dem Kraftfahrzeug-Haftpflichtversicherer. Die Hemmung beginnt hier, sobald der Geschädigte seinen Anspruch gem. § 119 Abs. 1 VVG in Textform bei dem Versicherer angemeldet hat,[13] und endet mit dem ebenfalls in Textform zu erfolgenden Zugang dessen Entscheidung über seine Eintrittspflicht. Der maßgebliche Begriff der **Textform** ist in § 126b BGB legal definiert und umfasst z.B. auch die Versendung per E-Mail[14] oder SMS.[15] Die inhaltlichen Anforderungen an eine verjährungshemmende Anmeldung sind nicht hoch;[16] es reicht aus, dass der Geschädigte zu erkennen gibt, ernsthaft vom Versicherer Schadensersatz zu fordern.[17] Dabei kann es dahingestellt bleiben, ob sich der angemeldete Schadensersatzanspruch nur auf einzelne Schadenspositionen bezieht. Denn die Anmeldung führt zur Hemmung der Verjährung sämtlicher auch bislang noch nicht angemeldeter, aber voraussehbarer Schadensersatzpositionen.[18] § 115 Abs. 2 S. 3 VVG betrifft jedoch nur die erstmalige Geltendmachung von Ansprüchen gegenüber dem Versicherer.[19] Gem. § 115 Abs. 2 S. 4 VVG wirkt die Hemmung bzw. der Neubeginn der Verjährung auch gegenüber dem gem. § 7 StVG ersatzpflichtigen Versicherungsnehmer.

---

13 NK-GVR/*Link/Moos*, § 115 VVG Rn 13.
14 MüKo-BGB/*Einsele*, § 126b Rn 6; vgl. auch BGH, Urt. v. 15.5.2014 – III ZR 368/13 = NJW 2014, 2857.
15 NK-BGB/*Noack-Kremer*, § 126b Rn 18.
16 NK-GVR/*Link/Moos*, § 115 VVG Rn 13.
17 BGH, Urt. v. 7.4.1987 – VI ZR 55/86 = DAR 1987, 285, 286.
18 BGH, Urt. v. 29.1.2002 – VI ZR 230/01 = NJW 2002, 1878.
19 BGH, Urt. v. 5.1.2002 – VI ZR 416/01 = NJW 2003, 895.

II. Muster: Verjährungshemmung wegen § 115 Abs. 2 S. 3 VVG

▼

Muster 7.3: Verjährungshemmung wegen § 115 Abs. 2 S. 3 VVG

Die Verjährungsfrist beträgt gem. § 195 BGB, § 115 Abs. 2 S. 3 VVG drei Jahre. Diese Frist begann mit dem Ablauf des Jahres zu laufen, in welchem sich der Unfall ereignete und mein Mandant Kenntnis vom Schädiger und von allen anspruchsbegründenden Umständen hatte. Gem. § 115 Abs. 2 S. 3 VVG wurde der Lauf der Verjährung durch mein Anspruchsschreiben/meine E-Mail vom ▓▓▓▓ gehemmt. Zwischen dem Schadenseintritt und dem vorgenannten Schreiben vergingen wenige Tage. Seitdem wurde der Hemmungszeitraum nicht wirksam beendet. Gem. § 115 Abs. 2 S. 3 VVG bedarf es hierfür des Zugangs einer Entscheidung des Versicherers in Textform. Eine entsprechende Erklärung wurde von Ihnen nicht abgegeben.

Vorsorglich ist darauf hinzuweisen, dass der Hemmungszeitraum auch nicht durch etwaige Telefonate beendet worden ist. Das Telefonat vermochte die zwingend erforderliche Erklärung des Versicherers in Textform (§ 126b BGB) nicht zu ersetzen. Wegen der Einzelheiten hierzu verweise ich auf die Entscheidung des BGH, Urt. v. 18.2.1997 – VI ZR 356/95 = NZV 1997, 227.

In der Praxis der Verkehrsunfallbearbeitung wird regelmäßig übersehen, dass **Beifahrer gegen den Fahrer** nach §§ 7, 18 StVG Ansprüche auf Schadensersatz haben können. Diese Ansprüche können auch von dem Beifahrer als einem „Dritten" gem. § 115 Abs. 1 Nr. 1, 4 VVG gegenüber dem für das Fahrzeug zuständigen Kfz-Haftpflichtversicherer geltend gemacht werden.[20]

Einen interessanten und in der Praxis kaum beachteten Hemmungstatbestand enthält für derartige Fälle § 207 BGB. Danach ist der Lauf der Verjährung zwischen Ehegatten bzw. Lebenspartnern gehemmt, solange die Ehe/Lebenspartnerschaft besteht. Das Gleiche gilt gem. § 207 S. 2 BGB u.a. für Ansprüche zwischen Eltern und Kindern während der Minderjährigkeit der Kinder. Die Hemmung endet allerdings, sobald der Anspruch kraft Gesetzes oder durch Abtretung auf einen Dritten übergeht.[21]

D. Neubeginn der Verjährung

I. Übersicht

Anders als die Verjährungshemmung beginnt bei bestimmten Ereignissen nach § 212 BGB die Verjährung erneut zu laufen. Der bis zum unterbrechenden Anlass verstrichene Zeitraum bleibt dann außer Betracht. Ein solcher **Neubeginn der Verjährung** ist die Ausnahme und erfolgt nur bei folgenden zwei Ereignissen:

---

20 Zum weiten Begriff des „Dritten" z.B. Prölss/Martin/*Knappmann*, VVG, § 115 Rn 3; zum Beifahrer jetzt *Walter*, SVR 2016, 209.
21 BGH, Beschl. v. 25.1.2012 – XII ZB 461/11 = NJW-RR 2012, 579.

§ 7 Verjährung und Abfindungsvergleich

- Anerkenntnis gem. § 212 Abs. 1 Nr. 1 BGB oder
- Antrag auf Vornahme einer gerichtlichen oder behördlichen Vollstreckungshandlung gem. § 212 Abs. 1 Nr. 2 BGB.

Ein **Anerkenntnis** i.S.d. § 212 BGB ist gegeben, wenn der Schuldner durch ein tatsächliches Verhalten zeigt, dass er sich des Bestehens seiner Schuld bewusst ist und so bei dem Gläubiger das Vertrauen darauf begründet, er werde nach dem Ablauf der Verjährungsfrist nicht sofort die Einrede der Verjährung erheben.[22] Ob es sich so verhält, ist durch Auslegung der gesamten Vorkorrespondenz zu prüfen.[23] Ein deklaratorisches Schuldanerkenntnis stellt regelmäßig ein Anerkenntnis i.S.v. § 212 BGB dar.[24] Dabei bindet das Anerkenntnis des Kfz-Versicherers auch den Versicherten.[25] Bei Verwendung des Zusatzes „ohne Anerkennung einer Rechtspflicht" liegt indes im Regelfall kein Anerkenntnis vor.[26] Sind beide Unfallgegner bei demselben Versicherer haftpflichtversichert und erkennt der Versicherer die Ansprüche des einen durch Regulierung an, so folgt daraus kein Verzicht auf Gegenansprüche des anderen unfallbeteiligten Versicherungsnehmers zu dessen Lasten. Denn die Vollmacht aus den AKB betrifft niemals Aktivansprüche des Versicherungsnehmers aus dem Schadenereignis, und zwar auch dann nicht, wenn beide unfallbeteiligte Kfz-Eigentümer denselben Versicherer haben.[27] Leistet der Schuldner nur auf bestimmte Schadenspositionen, erstreckt sich der Verjährungsneubeginn im Zweifel auf die Gesamtforderung,[28] es sei denn, der Schuldner hat in deutlicher Weise erkennen lassen, dass er seine Ersatzpflicht nur auf einen Teil des Schadens beschränken möchte.[29] Dazu nachfolgender Fall:

II. Muster: Neubeginn der Verjährung durch Abschlagszahlung

15 **Muster 7.4: Neubeginn der Verjährung durch Abschlagszahlung**
Nach eingehender Prüfung der hier interessierenden Fragen zur Sach- und Rechtslage vermag ich mich der von Ihnen vertretenen Auffassung nicht anzuschließen. Auch wenn der Verkehrsunfall bereits vor ▬▬▬▬ verursacht wurde, ist die dreijährige Verjährungsfrist der § 195 BGB noch nicht abgelaufen. Insoweit kann dahingestellt bleiben, für welche Zeiträume der Lauf der Verjährung gehemmt war. In jedem Fall begründete die Zahlung Ihrer Abschlagssumme mit Schreiben vom ▬▬▬▬ einen Neubeginn der Verjährung gem. § 212 Abs. 1 Nr. 1 BGB im Hinblick auf alle aus diesem Unfall herrührenden Schadenspositionen. Da der gesamte einer unerlaubten Handlung entspringende Schaden eine Einheit darstellt (vgl. BGH, Urt. v. 20.4.1982 – VI ZR 197/80 = VersR 1982, 703), liegt ein den Anspruch auf den Ersatz dieses Schadens insgesamt umfassendes Anerkenntnis

---

22 BGH, Urt. v. 27.1.2015 – VI ZR 87/14 = NJW 2015, 1589.
23 BGH, Urt. v. 27.1.2015 – VI ZR 87/14 = NJW 2015, 1589.
24 OLG Brandenburg, Urt. v. 11.3.2015 – 4 U 93/14 – juris.
25 BGH, Urt. v. 27.1.2015 – VI ZR 87/14 = NJW 2015, 1589.
26 BGH, Beschl. v. 9.7.2014 – VI ZR 161/13 = NJW 2014, 3368.
27 KG Beschl. v. 7.1.2010 – 12 U 20/09 = NZV 2011, 38.
28 BGH, Urt. v. 2.12.2008 – VI ZR 312/07 = NJW-RR 2009, 455.
29 BGH, Urt. v. 29.10.1985 – VI ZR 56/84 = NJW-RR 1986, 324; OLG Koblenz, Urt. v. 7.10.1993 – 5 W 521/93 = NJW-RR 1994, 1049.

vor, wenn sich der Schaden aus mehreren Schadensarten zusammensetzt, der Geschädigte nur einzelne dieser Schadensteile geltend macht und der Schädiger allein hierauf zahlt. Hierdurch erweckt nämlich der Schädiger bei dem Geschädigten das Vertrauen, auch auf die anderen Schadensgruppen, soweit sie geltend gemacht werden, Ersatz leisten zu wollen (vgl. BGH, Urt. v. 2.12.2008 – VI ZR 312/07 = NJW-RR 2009, 455). Schließlich benennt § 212 Abs. 1 Nr. 1 BGB die Abschlagszahlung ausdrücklich als ein Beispiel für ein Anerkenntnis im Sinne dieser Norm.

Durch Ihre Zahlung vom ▨▨▨▨ haben Sie bei unserem Mandanten das Vertrauen erweckt, alle berechtigten Schadensgruppen regulieren zu wollen, sobald diese Schäden bei Ihnen geltend gemacht werden. Eine Beschränkung Ihrer Ersatzpflicht auf einzelne Positionen haben Sie ausdrücklich nicht vorgenommen.

▲

E. Ablauf der Verjährungsfristen

Der Direktanspruch des Geschädigten gegen den Versicherer aus § 115 Abs. 1 VVG verjährt gem. § 115 Abs. 2 S. 2 VVG spätestens 10 Jahre nach dem Schadenseintritt. Hierbei handelt es sich allerdings um keine absolute Grenze. Sofern die Verjährung zum Ablauf der 10-Jahres-Frist noch gehemmt ist (Rdn 10 ff.), kann erst nach dem Ablauf der Hemmung tatsächlich Verjährung eintreten.[30]

16

Die weiteren Schadensersatzansprüche aus dem Verkehrsunfall verjähren unabhängig von deren Kenntnis oder grob fahrlässigen Nichtkenntnis bzgl. Körperschäden gem. §§ 14 StVG, 199 Abs. 2 BGB spätestens 30 Jahre und bzgl. Sach- und sonstigen Schäden gem. §§ 14 StVG, 199 Abs. 4 BGB spätestens 10 Jahre nach dem Schadensereignis.

Bei Körperschäden besteht also hinsichtlich des Direktanspruchs gegen den Haftpflichtversicherer (§ 115 Abs. 1 VVG) und des allgemeinen Schadensersatzanspruchs gegen den Halter/Fahrer (§§ 7, 18 StVG) eine unterschiedliche Verjährungsobergrenze. Diese kann dazu führen, dass der Geschädigte nach dem Ablauf der 10-Jahres-Frist nur noch von dem Halter des gegnerischen Fahrzeugs Schadensersatz verlangen kann; dann aber der Haftpflichtversicherer trotz der Verjährung des gegen ihn gerichteten Direktanspruchs seinen Versicherungsnehmer wiederum im Innenverhältnis freistellen muss.[31] Der Anspruch des Halters gegen seinen Haftpflichtversicherer auf den entsprechenden Gesamtschuldnerausgleich aus § 116 Abs. 1 VVG verjährt dann gem. § 116 Abs. 2 VVG in dreijähriger Regelverjährungsfrist (§ 195 BGB),[32] beginnend mit dem Ende des Jahres, in welchem der Geschädigte befriedigt worden ist (§ 199 Abs. 1 BGB).[33]

---

30 OLG Düsseldorf, Urt. v. 17.4.1989 – 1 U 110/88 = NJW-RR 1990, 472.
31 NK-GVR/*Link/Moos*, § 115 VVG Rn 12.
32 NK-GVR/*Link/Moos*, § 116 VVG Rn 5.
33 Vgl. *Quarch*, in: Balke/Reisert/Quarch, § 8.104 Rn 3.

F. Abfindungsvergleich

I. Hinweise

17 Der gegnerische Kfz-Haftpflichtversicherer ist (insbesondere) bei größeren Personenschäden stets darum bemüht, mit dem Geschädigten einen Abfindungsvergleich zu schließen, mit dem **sämtliche zukünftigen Ansprüche** abgegolten werden. Für den Geschädigten hat dies den Vorteil, dass er den gesamten Schadensersatzanspruch ohne Zukunftsrisiko – ggf. kapitalisiert – erhält und sich nicht immer wieder mit dem Schadensfall befassen muss. Ca. 95 % aller Personen-Großschadensfälle werden mit einem solchen Abfindungsvergleich reguliert, was die **große praktische Bedeutung dieses Rechtsinstruments** zeigt.[34] Abfindungsvergleiche resultieren üblicherweise aus dem angemessenen Ersatzanspruch für Personen- und Personenfolgeschäden (z.B. Schmerzensgeld, Verdienstausfallschaden, vermehrte Bedürfnisse), dem ein Zuschlag für zukünftige Schadensrisiken hinzuaddiert wird. Eine Gesamtabfindungsvereinbarung stellt einen Vergleichsvertrag i.S.v. § 779 BGB dar.[35] Dieser ist z.B. dann wirksam zustande gekommen, wenn die gegnerische Haftpflichtversicherung in ihrem Schreiben ausdrücklich und eindeutig klarstellt, dass für sie nur „ein endgültiger, d.h. vorbehaltloser Abfindungsvergleich aller Ansprüche" in Betracht komme und der Geschädigte eine hierauf bezogene Abfindungsvereinbarung unterschreibt.[36]

II. Bindungswirkung des Abfindungsvergleichs

18 Nur in sehr seltenen Fällen ist eine Abfindungsvereinbarung nichtig oder kann durch Anfechtung beseitigt werden.[37] Auch ein Anspruch auf **Anpassung eines umfassenden Vergleiches** kommt angesichts der insoweit sehr zurückhaltenden Rechtsprechung nur ausnahmsweise in Betracht,[38] wenn das Festhalten an der getroffenen Vereinbarung für den Geschädigten nach Treu und Glauben (§ 242 BGB) nicht mehr zumutbar ist.[39] Dafür ist Voraussetzung, dass entweder die Geschäftsgrundlage des Vergleiches wegfällt/sich ändert oder eine erhebliche Äquivalenzstörung zwischen den vereinbarten Leistungen der Parteien eintritt.[40] Eine Anpassung des Vergleiches kommt dann nicht in Betracht, wenn es der Verletzte, wie regelmäßig bei der Kapitalisierung seiner Ansprüche, in Kauf nimmt, dass sich die maßgebenden Berechnungsfaktoren aufgrund der zu treffenden Prognosen und Schätzungen unvorhersehbar negativ entwickeln.[41] Der Geschädigte trägt

---

34 *Schah Sedi/Schah Sedi*, Das verkehrsrechtliche Mandat, Bd. 5, § 7 Rn 1.
35 *Schah Sedi/Schah Sedi*, Das verkehrsrechtliche Mandat, Bd. 5, § 7 Rn 2.
36 OLG Bamberg, Beschl. v. 27.10.2008 – 5 U 126/08 = SP 2009, 181.
37 Vgl. *Schah Sedi/Schah Sedi*, Das verkehrsrechtliche Mandat, Bd. 5, § 7 Rn 9–11.
38 Vgl. *Schah Sedi/Schah Sedi*, Das verkehrsrechtliche Mandat, Bd. 5, § 7 Rn 3.
39 *Reisert*, in: Balke/Reisert/Quarch, § 8.2 Rn 9–13.
40 Zuletzt KG, Beschl. v. 10.11.2014 – 22 U 72/14 = NZV 2016, 189; ebenso z.B. OLG Jena, Beschl. v. 6.7.2011 – 7 U 277/11 = r+s 2012, 147.
41 St. Rspr., vgl. BGH, Urt. v. 19.6.1999 – VI ZR 255/89 = VersR 1990, 984; BGH, Urt. v. 12.2.2008 – VI ZR 154/07 = NZV 2008, 448; OLG Koblenz, Urt. v. 29.9.2003 – 12 U 854/02 = NZV 2004, 197.

das **Risiko** des Übersehens oder des nachträglichen Bekanntwerdens von Schadenspositionen.[42]

Der Abfindungsvergleich entfaltet Bindungswirkung nur **inter partes**. Führt ein grober ärztlicher Kunstfehler zu einer massiven Verschlechterung der unfallbedingten Gesundheitsstörung des Geschädigten, so steht ein von ihm mit seinem Haftpflichtversicherer geschlossener Abfindungsvergleich einer Schmerzensgeldklage gegen den Krankenhausträger nicht entgegen.[43]

1. Wegfall der Geschäftsgrundlage

Die eine Fallgruppe für die Anpassung des Abfindungsvergleichs bildet der **Wegfall der Geschäftsgrundlage** (§ 313 BGB). Die **Darlegungs- und Beweislast** trifft insoweit den Geschädigten.[44] Zu einer Anpassung berechtigt nicht jede nachträgliche Änderung der Tatsachen, die dem Vergleich als Kalkulationsgrundlage zugrunde gelegt worden sind. Wer eine Kapitalabfindung wählt, nimmt vielmehr das Risiko in Kauf, dass maßgebliche Berechnungsfaktoren auf Schätzungen und unsicheren Prognosen beruhten. Der Schädiger darf sich darauf verlassen, dass mit Begleichung der Kapitalabfindung, die gerade auch zukünftige Entwicklungen einschließen solle, die Sache für ihn ein für allemal erledigt ist. Soweit der Geschädigte das Risiko in Kauf nimmt, dass die für die Berechnung des Ausgleichsbetrages maßgebenden Faktoren auf Schätzungen und unsicheren Prognosen beruhen und sie sich demgemäß unvorhersehbar positiv oder negativ verändern können, ist ihm die Berufung auf eine Veränderung der Vergleichsgrundlage verwehrt.[45]

Ob und in welchem Umfang der Geschädigte das Risiko künftiger Veränderungen übernommen hat, ist durch Auslegung der getroffenen Vereinbarung zu ermitteln. Gehen die Vertragspartner einer Abfindungsvereinbarung davon aus, eine bestimmte Drittleistung – z.B. die dem Kläger aufgrund der unfallbedingten Frühpensionierung zustehende Pension – sei Bestandteil der dem Geschädigten unfallbedingt zufließenden Ausgleichsmittel, und muss der Schädiger bzw. sein Haftpflichtversicherer diese Leistungen sogar im Regresswege erstatten, so ist ein Ausschluss der Risikoübernahme durch den Geschädigten unter Umständen zwar möglich, jedoch bei Abgabe einer umfassenden und vorbehaltlosen Abfindungserklärung ein Ausnahmefall, der konkreter Darlegung durch den Geschädigten bedarf.[46] Ein von Anfang an bestehender Irrtum beider Parteien über einen wesentlichen Berechnungsfaktor erleichtert jedoch die Anpassung eines Abfindungsvergleichs.[47]

---

42 Zuletzt KG, Beschl. v. 10.11.2014 – 22 U 72/14 = NZV 2016, 189.
43 OLG Oldenburg, Urt. v. 8.7.2015 – 5 U 28/15 = VersR 2016, 664.
44 *Schah Sedi/Schah Sedi*, Das verkehrsrechtliche Mandat, Bd. 5, § 7 Rn 12.
45 BGH, Urt. v. 19.6.1999 – VI ZR 255/89 = VersR 1990, 984; BGH VersR 1983, 1034; OLG Jena, Beschl. v. 6.7.2011 – 7 U 277/11 = r+s 2012, 147; *Nugel*, zfs 2006, 190.
46 BGH, Urt. v. 12.2.2008 – VI ZR 154/07 = MDR 2008, 563.
47 BGH, Urt. v. 16.9.2008 – VI ZR 296/07 = VersR 2008, 1648.

21 Maßgeblich ist ggf. auch, ob es sich um Verletzungen/Spätschäden handelt, die von den Parteien bei Abschluss des Abfindungsvergleiches weder erwartet worden sind noch erkannt werden konnten.[48] Entscheidend ist insoweit die Sichtweise eines objektiven[49] Dritten als einem verständigen und redlichen Vertragspartner.[50] Dabei ist auch zu berücksichtigen, ob die Parteien den möglichen Eintritt derartiger Spätfolgen zum Vertragszeitpunkt unter Heranziehung von Fachleuten hätten erkennen können.[51] War dies der Fall, kommt eine Vertragsanpassung wegen Wegfalls der Geschäftsgrundlage kaum noch in Betracht.[52]

2. Äquivalenzstörung

22 Die andere Fallgruppe für eine Anpassung einer Abfindungsvereinbarung bildet die Konstellation, dass nachträglich erhebliche **Äquivalenzstörungen** in den Leistungen der Parteien eingetreten sind, die für den Geschädigten nach den gesamten Umständen des Falls eine ungewöhnliche Härte bedeuten würden.[53] An eine solche „krasse" Äquivalenzstörung werden strenge Anforderungen gestellt. Teilweise wird gefordert, dass der tatsächlich eingetretene Schaden die Vergleichssumme um ein 10-faches übersteigen muss, damit für den Geschädigten ein Festhalten am Abfindungsvergleich eine unzumutbare Härte darstellt.[54] In anderen Entscheidungen ist schon bei einem Anstieg des tatsächlichen Schadens um den Faktor 5 eine unzumutbare Härte angenommen worden.[55] Bei einem Faktor von 2,75 zwischen tatsächlich begründeter Schmerzensgeldforderung und der im Abfindungsvergleich vereinbarten Summe ist die Opfergrenze indes noch nicht erreicht.[56]

23 Ausnahmsweise kann auch bei einem geringeren Missverhältnis eine unzumutbare Härte bejaht werden: Dies ist z.B. in dem Fall bejaht worden, wenn der tatsächliche absehbare Schaden die Vergleichssumme um den Faktor 2,5 übersteigt und zusätzlich zu dieser „Quote" zu berücksichtigen ist, dass der Geschädigten nach den Spätfolgen nunmehr in seiner gesamten Lebensführung schwer beeinträchtigt ist und mit einer ungewissen Prognose leben muss.[57] Lediglich bestehende Befürchtungen einer Verschlimmerung bleiben jedoch i.d.R. außer Betracht.[58] Soweit die eingetretenen Veränderungen in den Risikobereich fallen, für den der Geschädigte sich als abgefunden erklärt hat, muss

---

48 BGH, Urt. v. 21.12.1965 – VI ZR 168/64 = VersR 1966, 243; OLG Nürnberg, Urt. v. 1.7.1999 – 2 U 531/99 = VersR 2001, 982.
49 OLG Oldenburg, Urt. v. 28.2.2003 – 6 U 231/01 = VersR 2004, 64.
50 OLG Schleswig, Urt. v. 30.8.2000 – 4 U 158/98 = VersR 2001, 983.
51 OLG Oldenburg, Urt. v. 28.2.2003 – 6 U 231/01 = VersR 2004, 64; OLG Schleswig, Urt. v. 30.8.2000 – 4 U 158/98 = VersR 2001, 983, 984.
52 OLG München, Urt. v. 17.3.2006 – 10 U 4632/05 = NZV 2007, 423.
53 BGH, Urt. v. 19.6.1990 – VI ZR 255/89 = MDR 1990, 995.
54 OLG Frankfurt/M., Beschl. v. 14.8.2003 – 1 W 52/03 = zfs 2004, 16.
55 BGH, Beschl. v. 3.7.1984 – VI ZR 7/84 = VersR 1984, 871; OLG Nürnberg, Urt. v. 1.7.1999 – 2 U 531/99 = VersR 2001, 982.
56 BGH, Urt. v. 19.6.1990 – VI ZR 255/89 = MDR 1990, 995.
57 OLG Oldenburg, Urt. v. 28.2.2003 – 6 U 231/01 = VersR 2004, 64; vgl. auch OLG Köln, Urt. v. 3.7.1987 – 13 U 230/86 = NJW-RR 1988, 924.
58 BGH, Urt. v. 19.6.1990 – VI ZR 255/89 = NJW 1991, 1535.

F. Abfindungsvergleich § 7

dieser grundsätzlich auch bei erheblichen Opfern, die sich später herausstellen, die Folgen tragen.⁵⁹

III. Muster: Unverbindlichkeit des Abfindungsvertrags

▼

Muster 7.5: Unverbindlichkeit des Abfindungsvertrags 24

Nach eingehender Prüfung der hier interessierenden Fragen zur Sach- und Rechtslage vermag ich mich mit der von Ihnen vertretenen Auffassung nicht einverstanden zu erklären. Zwar trifft es zu, dass der zwischen Ihnen und meinem Mandanten geschlossene Abfindungsvergleich grundsätzlich bindend ist und weitere Ansprüche auf Schadensersatz aus Anlass des in Rede stehenden Schadensereignisses ausgeschlossen sind. Unter Berücksichtigung der besonderen Schadenssituation meines Mandanten ist hier jedoch das Festhalten am Abfindungsvergleich rechtsmissbräuchlich. Die Rechtsprechung lässt eine Bindung an den Abfindungsvergleich unter Berücksichtigung der Grundsätze des § 242 BGB entfallen, wenn zwischen dem Abfindungsbetrag und dem tatsächlichen Schaden ein krasses Missverhältnis besteht (BGH, Urt. v. 19.6.1990 – VI ZR 255/89 = VersR 1990, 984; OLG Oldenburg, Urt. v. 28.2.2003 – 6 U 231/01 = VersR 2004, 64; OLG Schleswig, Urt. v. 30.8.2000 – 4 U 158/98 = VersR 2001, 983).

Das ist hier der Fall:

Die das Missverhältnis begründenden Tatsachen fallen nicht in die Risikosphäre, die gerade durch den Abfindungsvergleich ausgeglichen werden sollte. Beide Parteien gingen bei Abschluss des Abfindungsvergleichs davon aus, dass ▨▨▨. Damit stellt das Festhalten am Abfindungsvergleich für meine Mandantschaft eine außergewöhnliche Härte dar, weil dadurch die zumutbare Opfergrenze überschritten würde (OLG Frankfurt/M., Urt. v. 6.2.1992 – 15 U 223/90 = VersR 1993, 1147 f.).

▲

IV. Aufklärung des Mandanten

Über die mit dem Abschluss des Vergleiches verbundenen Risiken ist der Mandant 25 umfassend aufzuklären.⁶⁰ Der Rechtsanwalt ist dabei innerhalb der Grenzen des ihm erteilten Mandats verpflichtet, seinen Auftraggeber umfassend und erschöpfend zu belehren, um ihm eine eigenverantwortliche und sachgerechte Entscheidung darüber zu ermöglichen, wie er seine Interessen in rechtlicher und wirtschaftlicher Hinsicht zur Geltung bringen will.⁶¹ Eigenverantwortlich kann der Mandant diese Entscheidung nur treffen, wenn ihm die Chancen und Risiken der Prozessführung umfassend verdeutlicht werden, also die Aussichten, den Prozess zu gewinnen oder zu verlieren. Sodann muss der Mandant über Inhalt und Tragweite des beabsichtigten Vergleichs informiert werden.⁶²

---

59 BGH, Urt. v. 12.2.2008 – VI ZR 154/07 = MDR 2008, 563.
60 Vgl. *Reisert*, in: Balke/Reisert/Quarch, § 8.2 Rn 1; *Schah Sedi/Schah Sedi*, Das verkehrsrechtliche Mandat, Bd. 5, § 7 Rn 86 ff.
61 BGH, Urt. v. 15.1.2009 – IX ZR 166/07 = NJW 2009, 1589.
62 BGH, Urt. v. 7.12.1995 – IX ZR 238/94 = NJW-RR 1996, 567.

26 Da mit dem Abschluss eines Abfindungsvergleiches sämtliche zukünftigen Ansprüche abgegolten werden, ist der Mandant in besonderem Maße über die **Endgültigkeit der Regulierung** und die damit verbundenen Zukunftsrisiken aufzuklären. Bei unklarem Heilungsverlauf und nicht absehbaren Dauerschäden sollte der Abschluss eines Abfindungsvergleiches reiflich überlegt werden. Umso mehr muss der Anwalt seine Mandantschaft über die mit einem Abfindungsvergleich verbundenen Risiken aufklären. Ggf. muss er vom Abschluss des angebotenen Vergleiches abraten.[63]

V. Muster: Aufklärung gegenüber dem Mandanten

▼

27 Muster 7.6: Aufklärung gegenüber dem Mandanten
Herrn/Frau

▬

Schaden vom ▬

Sehr geehrter Herr ▬, sehr geehrte Frau ▬,

in Ihrer Unfallsache übersende ich Ihnen beiliegend das Schreiben des gegnerischen Kfz-Haftpflichtversicherers vom ▬. Diesem Schreiben beigefügt war die ebenfalls in der Anlage im Original beigefügte Abfindungserklärung. Wie Sie dem Schreiben entnehmen können, bietet die Gegenseite zur pauschalen Abgeltung sämtlicher Ansprüche aus dem Unfallereignis die Zahlung eines Betrags in Höhe von ▬ EUR an. Ich erachte diesen Schadensersatzbetrag durchaus für angemessen. Bevor Sie allerdings über das Angebot der Gegenseite abschließend entscheiden, erlaube ich mir, nachfolgend die wesentlichen Vor- und Nachteile des Vergleichsvorschlags zu skizzieren:

1) Von Vorteil ist zunächst, dass das Angebot der Gegenseite einen Aufschlag enthält, um zukünftige Risiken bei der Schadensregulierung durch eine Einmalzahlung abzugelten. Bei einer Einmalzahlung wird zugleich das Risiko einer späteren Insolvenz des Versicherers ausgeschaltet und Sie können das erhaltene Geld ab sofort anlegen. Zudem ist der erhaltene Geldbetrag in Ihr Vermögen bereits jetzt übergegangen, während bei einer ansonsten erfolgenden Ratenzahlung ein Vorversterbensrisiko besteht und unter Umständen dann nicht mehr die gleiche Summe durch die Schädigerseite zu erbringen ist.

2) Allerdings ist der Abschluss des Abfindungsvergleichs mit nicht unerheblichen Risiken verbunden. Durch den Abfindungsvergleich werden sämtliche Ansprüche aus der Schadensache abgefunden. Sollte es zu Komplikationen in Ihrem Heilungsverlauf kommen, könnte dies nicht zum Anlass genommen werden, von der Gegenseite weitere Zahlungen einzufordern. Dies gilt auch dann, wenn es sich bei den Komplikationen um derzeit nicht voraussehbare Spätfolgen des Personenschadens handelt. Nach einhelliger Auffassung in Rechtsprechung und Literatur ist der Schädiger trotz Vorliegens eines Abfindungsvergleichs nur in sehr eng umgrenzten Ausnahmefällen zu weiteren Schadensersatzleistungen verpflichtet. Dies ist z.B. dann der Fall, wenn der Geschädigte infolge des Schadensereignisses völlig unvorhersehbare Spätfolgen erleidet und die bislang gezahlte Abfin-

---

[63] BGH, Beschl. v. 26.1.2012 – IX ZR 222/09 = BRAK-Mitteilungen 2012, 73; zur **Beweislast** im Regressprozess LG Wuppertal, Urt. v. 18.3.2015 – 3 O 465/10 = BRAK-Mitteilungen 2016, 63.

dung in krassem Missverhältnis zum tatsächlichen Anspruch des Geschädigten auf Schadensersatz steht. In der Praxis wurden derartige Ausnahmen nur in sehr seltenen Fällen zugelassen.

3) Zusammenfassend beinhaltet der Vergleichsvorschlag der Gegenseite derzeit finanzielle Vorteile, für die Zukunft jedoch erhebliche Haftungsrisiken. Nach Maßgabe der mir vorliegenden ärztlichen Unterlagen ist Ihr zukünftiger Heilungsprozess m.E. ▭ absehbar. Bei ungeklärten Gesichtspunkten empfehle ich Ihnen in jedem Fall, mit Ihrem behandelnden Arzt über die medizinischen Risiken Ihrer zukünftigen Heilung Rücksprache zu halten. Sie sollten dem Abfindungsvergleich nur dann zustimmen, wenn auch Ihr Arzt das Zukunftsrisiko als vertretbar erachtet.

4) Die höchstrichterliche Rechtsprechung verpflichtet mich dazu, Sie eingehend über die Risiken eines Abfindungsvergleiches aufzuklären. Dies habe ich mit den vorangegangenen Ausführungen getan. Damit ich dies für die Zukunft auch dokumentieren kann, bitte ich Sie höflich, mir das in der Anlage beigefügte Doppel meines Schreibens gegenzuzeichnen und an mich zurückzusenden. Sollten Sie mit dem Abfindungsvergleich der Gegenseite einverstanden sein, so senden Sie mir die von Ihnen unterschriebene Abfindungserklärung ebenfalls im Original zu. Ich werde sie sodann unverzüglich an die Gegenseite weiterleiten.

Mit freundlichen Grüßen

(Rechtsanwalt)

▲

Die Rechtsprechung stellt **hohe Anforderungen** an die ausreichende Beratung und Belehrung des Mandanten über die Risiken eines Abfindungsvergleichs. Auch wenn der Anwalt über eine vom Mandanten unterschriebene Risikoaufklärung verfügt, sollte er es in jedem Fall vermeiden, die vom Kfz-Haftpflichtversicherer vorgelegte Abfindungserklärung in Vollmacht des Mandanten zu unterzeichnen. Die Unterschrift sollte in jedem Fall vom Mandanten **höchstpersönlich** gefertigt werden. Unterzeichnet der Anwalt den Abfindungsvergleich, könnte der Mandant im Rahmen eines späteren Regressprozesses behaupten, die Unterschrift sei nicht mit seinem Einverständnis gefertigt worden.[64]

28

VI. Teilabfindungsvergleich

In der Praxis werden auch Teilabfindungsvergleiche abgeschlossen. Diese setzen einen Abfindungsbetrag lediglich für einzelne Schadenspositionen oder bestimmte Zeiträume fest. In diesen Fällen wird i.d.R. ein entsprechender **Vorbehalt** in die Abfindungserklärung mit aufgenommen, welcher klarstellt, welche Anspruchspositionen nicht mit abgegolten sind. Eine solche Vorgehensweise mag sich z.B. dann anbieten, wenn der Mandant grundsätzlich eine sofortige Erledigung durch einen Abfindungsvergleich wünscht, aber ärztlicherseits eine bestimmte spätere Verletzungsfolge oder Behandlungsmaßnahme nicht ausgeschlossen werden kann. Zumindest für dieses mögliche (wenn auch vielleicht fernliegende) Ereignis sollte in den Vergleichstext *neben* der Vereinbarung des Abfin-

29

---

64 Vgl. *Reisert*, in: Balke/Reisert/Quarch, § 8.2 Rn 3; *Schah Sedi/Schah Sedi*, Das verkehrsrechtliche Mandat, Bd. 5, § 7 Rn 103.

dungsbetrages auch eine Vorbehaltserklärung aufgenommen werden, welche gleichzeitig das **Verjährungsrisiko** für die vorbehaltenen Positionen soweit wie möglich minimiert (siehe Rdn 35 ff.).

30 Ein unbeschränkter Zukunftsschadensvorbehalt könnte wie folgt lauten:

▼

Muster 7.7: Unbeschränkter Zukunftsschadensvorbehalt

Die ▩ Versicherung verpflichtet sich mit der Wirkung eines zum ▩ rechtskräftigen Feststellungsurteils, Frau/Herrn ▩ sämtliche immateriellen und materiellen Schäden, welche ihr/ihm aus dem Unfallereignis vom ▩ entstanden sind und noch entstehen werden, zu ersetzen. Diese Erklärung gilt gleichermaßen für die bei der ▩ Versicherung versicherten Personen.[65]

▲

31 Es ist nicht unbedingt davon auszugehen, dass sich der Haftpflichtversicherer auf einen so weit gehenden Vorbehalt einlassen wird.[66] Zumindest muss der Mandant damit rechnen, dass die eigentliche Abfindungssumme um einen Zukunfts-Risikofaktor gekürzt wird. Eine andere Einigungsoption ist es, die unbeschränkte Vorbehaltserklärung wieder zu modifizieren. Es könnte dann wie folgt formuliert werden:

▼

Muster 7.8: Beschränkter Zukunftsschadensvorbehalt

Die ▩ Versicherung verpflichtet sich mit der Wirkung eines zum ▩ rechtskräftigen Feststellungsurteils, Frau/Herrn ▩ sämtliche immateriellen und materiellen Schäden, welche ihr/ihm aus dem Unfallereignis vom ▩ entstanden sind und noch entstehen, zu ersetzen. Davon ausgenommen ist der ▩ *(Schaden)*, welcher bereits vollständig abgegolten worden ist. Diese Erklärung gilt gleichermaßen für die bei der ▩ Versicherung versicherten Personen.[67]

▲

32 Wichtig ist, dass ein Zukunftsvorbehalt immer **so genau wie möglich** beschrieben sein sollte. Es kann nicht präzise genug gearbeitet werden. Unklare Formulierungen wie z.B. „bei wesentlicher Verschlechterung" sind für eine Vielzahl an Wertungen zugänglich und fördern im Zweifel neue Rechtsstreitigkeiten.[68] Geht es beispielsweise darum, dass bestimmte Verletzungsfolgen ausgenommen werden sollen, so sind diese so präzise wie möglich anzuführen, wie z.B.
- „für den Fall der Amputation des rechten Armes" oder
- „für den Fall, dass die unfallbedingte Minderung der Erwerbsunfähigkeit den Wert von ▩ % dauerhaft übersteigt".

33 Je nach den Besonderheiten des Einzelfalles kommen noch zahlreiche weitere Vorbehaltserklärungen in Betracht.[69]

---

[65] Nach *Schah Sedi/Schah Sedi*, Das verkehrsrechtliche Mandat, Bd. 5, § 7 Rn 31.
[66] Zum taktischen Vorgehen vgl. *Schah Sedi/Schah Sedi*, Das verkehrsrechtliche Mandat, Bd. 5, § 7 Rn 23 ff.
[67] Nach *Schah Sedi/Schah Sedi*, Das verkehrsrechtliche Mandat, Bd. 5, § 7 Rn 32.
[68] Z.B. OLG Jena, Urt. v. 9.8.2006 – 7 U 289/06 = zfs 2007, 27.
[69] Z.B. in: OLG Oldenburg, Urt. v. 8.7.2015 – 5 U 28/15 = VersR 2016, 664.

Eine problematische Konstellation stellen z.B. solche Anspruchspositionen dar, welche im Wege des **gesetzlichen Forderungsübergangs** auf Dritte übergehen, z.B. nach §§ 116 Abs. 1, 119 Abs. 1 SGB X auf den Sozialversicherungs- bzw. Sozialhilfeträger.[70] Sofern der Versicherer auf solche Schadenspositionen leistet, obwohl diese bereits nach § 116 Abs. 1 SGB X auf den Sozialversicherungsträger übergegangen sind, muss der Geschädigte die empfangenen Beträge gem. § 116 Abs. 7 SGB X an diesen erstatten. Um hier Komplikationen zu vermeiden, kommt folgende Vorbehaltsklausel in Betracht:

▼
Muster 7.9: Vorbehalt für übergegangene Ansprüche
Alle bestehenden und zukünftigen Ansprüche des Geschädigten, welche kraft Gesetzes auf Dritte übergegangen sind oder noch übergehen werden, werden von dem Abfindungsvergleich nicht erfasst und sind mit dem Abfindungsbetrag nicht abgegolten. Gleiches gilt auch für zukünftige Ansprüche, welche aufgrund einer veränderten Gesetzeslage entstehen werden und daher gegenwärtig noch bekannt sind.[71]

Einen weiteren problematischen Komplex stellt die **steuerrechtliche Seite** des Schadensersatzanspruches dar. Hier können sich Fallkonstellationen ergeben, in welchen dem Geschädigten aufgrund des Abfindungsvergleiches über seinen unfallbedingten Schaden hinaus ein zusätzlicher Steuerschaden in Form einer höheren Steuerlast entsteht.[72] Deshalb ist es zu empfehlen, diesen möglichen Steuerschaden im Wege eines Vorbehaltes aus der Abfindungsvereinbarung auszuschließen, um diesen ggf. später nachträglich geltend machen zu können. Insoweit bedarf es keiner komplizierten Formulierung:

▼
Muster 7.10: Vorbehalt für Steuerschäden
Steuerschäden bleiben mit der Wirkung eines ab dem ▨ formell rechtskräftigen Feststellungsurteils vorbehalten.[73] Auf die Entschädigungszahlungen zu entrichtende Steuern sind auf Nachweis zusätzlich zu übernehmen.[74]

VII. Abfindungsvergleich und Verjährung

Schließt der Versicherer einen Abfindungsvergleich, in dem eine Ausnahme für in der Zukunft mögliche Schäden vorgesehen ist, so beendet dieser Vergleich nach § 115 Abs. 2 S. 3 VVG für alle (d.h. auch die zukünftigen) Schäden die durch die Anmeldung der

---

70 Vgl. BGH, Urt. v. 24.4.2012 – VI ZR 329/10 = NJW 2012, 3639; OLG Hamm, Urt. v. 17.8.2009 – 13 U 109/08 = VersR 2010, 1058, und dazu *Günter*, SVR 2014, 54, 58 f.; zum Verdienstausfallschaden BGH, Urt. v. 23.2.2010 – VI ZR 331/08 = NJW 2010, 1532.
71 Nach *Schah Sedi/Schah Sedi*, Das verkehrsrechtliche Mandat, Bd. 5, § 7 Rn 39. Ähnlich *Reisert*, in: Balke/Reisert/Quarch, § 8.2 Rn 2.
72 Dazu jetzt eingehend *Cordula Schah Sedi*, Besteuerung von Erwerbsschadensersatz bei Personenschäden, Vortrag im Arbeitskreis III des 54. Deutschen Verkehrsgerichtstags 2016, in: 54. Deutscher Verkehrsgerichtstag 2016, S. 87 ff.; vgl. zur Problematik ebenfalls *Höke*, NZV 2016, 10.
73 Nach *Cordula Schah Sedi*, Besteuerung von Erwerbsschadensersatz bei Personenschäden, S. 94.
74 Nach *Reisert*, in: Balke/Reisert/Quarch, § 8.2 Rn 2.

Schadensersatzforderungen eingetretene **Hemmung der Verjährung**. Eine gesonderte schriftliche Entscheidung des Versicherers über die angemeldeten Ansprüche ist nicht erforderlich, wenn in dem Abfindungsvergleich der Wille des Versicherers deutlich erkennbar wird, die Schadensregulierung endgültig abschließen zu wollen.[75]

36 Im Übrigen ist zu beachten, dass einem Teilabfindungsvergleich mit Vorbehalt kein Verzicht auf die **Einrede der Verjährung** immanent ist.[76] Der Abfindungsvergleich stellt vielmehr i.d.R. lediglich ein Anerkenntnis i.S.d. § 212 BGB dar, das den Neubeginn der – dann „ungebremst" laufenden – dreijährigen Verjährungsfrist des § 195 zur Folge hat.[77] Auch der in einem Vergleich enthaltene Passus, dass unfallbedingte Spätfolgen, die in den nächsten 20 Jahren auftreten, von dem Verzicht auf weitere Ansprüche ausgenommen sind, besitzt keine verjährungsrechtliche Seite des Inhalts, dass in diesem Zeitraum von 20 Jahren die Verjährung in Bezug auf neu aufgetretene und von dem Geschädigten als ursächlich auf den Verkehrsunfall zurückgehend erkannte Schäden nicht weiterlaufen sollte.[78] Eine Möglichkeit, hierauf zu reagieren, liegt darin, im 3-Jahres-Rhythmus den Versicherer um Verjährungsverzichtserklärungen zu bitten. Es gibt auch die Option, bei einem Teilabfindungsvergleich mit Vorbehalt eine **gesonderte Absicherung der Verjährung** vorzunehmen.

37 Diese Absicherung wird durch § 202 Abs. 2 BGB ermöglicht, nach welchem die Parteien eines Vertrages eine Vereinbarung über die Länge der Verjährungsfrist bis zu einer Obergrenze von 30 Jahren ab gesetzlichem Verjährungsbeginn treffen können. Deshalb bietet es sich an, in dem jeweiligen Vorbehalt eine ausdrückliche Bezugnahme auf einen gesetzlichen Verjährungstatbestand mit der längst möglichen, also 30jährigen, Verjährungsfrist festzuschreiben. Einen solchen Verjährungstatbestand enthält § 197 Abs. 1 Nr. 3 BGB, nach welchem Ansprüche aus einem rechtskräftigen Feststellungsurteil innerhalb von 30 Jahren verjähren, wobei der Lauf dieser Frist gem. § 201 BGB mit dem Eintritt der formellen Rechtskraft des Urteils einsetzt.[79]

38 Um zu verhindern, dass die für die Zukunft vorbehaltenen Ansprüche innerhalb der regelmäßigen Verjährungsfrist von drei Jahren (§ 195 BGB) verjähren, sollte in dem Abfindungsvergleich deshalb ausdrücklich festgehalten werden, dass das Anerkenntnis, zum Ausgleich der vorbehaltenen zukünftigen Ansprüche verpflichtet zu sein, **mit den Wirkungen eines rechtskräftigen Feststellungsurteils** erklärt wird.[80] Damit ist für das Stammrecht, also die vorbehaltene Schadensersatzforderung, dem Grunde nach die 30jährige Verjährungsfrist des § 197 Abs. 1 BGB eröffnet, welche mit dem Tag des Abschlusses der Vereinbarung in Gang gesetzt wird.

---

75 BGH, Urt. v. 29.1.2002 – VI ZR 230/01 = NJW 2002, 1878; OLG Koblenz, Urt. v. 30.1.2012 – 12 U 1178/10 = NZV 2012, 233.
76 OLG Rostock, Urt. v. 22.10.2010 – 5 U 225/09 = r+s 2011, 490; dazu *Günter*, SVR 2014, 54, 55.
77 OLG Koblenz, Urt. v. 30.1.2012 – 12 U 1178/10 = NZV 2012, 233; dazu *Günter*, SVR 2014, 54, 55 f.
78 OLG Karlsruhe, Urt. v. 26.10.2007 – 14 U 230/06 = VRS 113 (2007), 321.
79 NK-BGB/*Mansel/Stürner*, § 201 Rn 6.
80 Vgl. *Reisert*, in: Balke/Reisert/Quarch, § 8.2 Rn 6.

F. Abfindungsvergleich §7

Allerdings verhält es sich so, dass gem. § 197 Abs. 2 BGB auch über ein rechtskräftiges Feststellungsurteil oder eine vergleichbare Erklärung des Versicherers abgesicherte **Ansprüche auf wiederkehrende Leistungen** nicht in 30 Jahren verjähren, sondern insoweit doch die dreijährige Regelverjährung des § 195 BGB gilt. Es sollte daher erstrebt werden, dass der Versicherer auf die entsprechende Einrede verzichtet; ansonsten muss alle drei Jahre ein neues Anerkenntnis mit der „Neustart-Wirkung" des § 212 BGB bzw. eine neue Verjährungsverzichtserklärung eingeholt oder eine dann – ausnahmsweise zulässige – (weitere) verjährungshemmende Feststellungsklage erhoben werden.[81]

Optimal ist daher folgender Vereinbarungstext: 39

▼
Muster 7.11: Vorbehalt mit titelersetzender Wirkung
Alle Vorbehalte werden mit der Wirkung eines am Tag der Unterzeichnung des Abfindungsvergleiches formell rechtskräftig werdenden Feststellungsurteils erklärt (§ 197 Abs. 1 Nr. 3 BGB). Auf die Einrede aus § 197 Abs. 2 BGB wird von Seiten des Haftpflichtversicherers verzichtet.[82]
▲

Die obigen Muster in Rdn 30, 31 und 34 werden dieser Anforderung gerecht.

▼
Muster 7.12: Einwand der Verjährung nach einem Abfindungsvergleich 40
Die verfolgten Ersatzansprüche sind verjährt. Mit einem Abfindungsvergleich endet die Hemmung der Verjährung auch hinsichtlich der vorbehaltenen Ansprüche, und die dreijährige Verjährungsfrist beginnt insoweit neu zu laufen. Dem Versicherer ist es dabei auch nicht verwehrt, sich auf die eingetretene Verjährung zu berufen (OLG Koblenz, Urt. v. 30.1.2012 – 12 U 1178/10 = NZV 2012, 233).
▲

---

81 Vgl. OLG Saarbrücken, Urt. v. 21.4.2016 – 4 U 76/15 = NJW-Spezial 2016, 394.
82 Nach *Schah Sedi/Schah Sedi*, Das verkehrsrechtliche Mandat, Bd. 5, § 7 Rn 56.

§ 8 Sachschaden

A. Unmittelbarer Fahrzeugschaden

Dr. Michael Nugel/Patrick Penders

I. Übersicht

Es liegt in der Natur der Sache, dass annähernd jedes verkehrsrechtliche Mandat einen Fahrzeugschaden zum Gegenstand hat. Zum Fahrzeugschaden gehören alle Schäden am Fahrzeug sowie an Teilen des Fahrzeugs, die fest damit verbunden sind. Wegen seiner zentralen Bedeutung für die Unfallabwicklung ist es besonders wichtig zu wissen, auf welch unterschiedliche Art und Weise der Fahrzeugschaden abgerechnet werden kann.

Um den ursprünglich vor dem Verkehrsunfall vorhandenen Zustand wiederherzustellen, können dem Geschädigten bis zu drei verschiedene Möglichkeiten zur Verfügung stehen:
- Es werden die Reparaturkosten verlangt.
- Der Geschädigte rechnet auf Basis der Kosten für eine gleichwertige Ersatzbeschaffung ab und muss sich dabei einen ggf. vorhandenen Restwert seines verunfallten Fahrzeugs anrechnen lassen.
- Im Ausnahmefall kann der Geschädigte unter Anrechnung des Restwerts bzw. Übergabe des verunfallten Fahrzeugs ein Neufahrzeug als Ersatzfahrzeug anschaffen.

Dabei muss der Geschädigte sich grundsätzlich bei gleichwertigen Möglichkeiten der Kompensation des Schadens auf die günstigste Variante verweisen lassen,[1] es sei denn, es besteht ein schützenswertes Integritätsinteresse. Die näheren Einzelheiten hierzu ergeben sich aus dem sog. 4-Stufen-Modell des BGH, welches in den nachfolgenden Abschnitten erläutert wird.

Im Rahmen dieses Stufenmodells steht dem es Geschädigten ferner frei, zwei unterschiedliche Varianten der Abrechnung auszuwählen:
(1) Er kann **konkret** abrechnen und orientiert sich dabei an der tatsächlich von ihm gewählten Form der Schadensbeseitigung. Die von ihm dabei getätigten Aufwendungen werden dabei üblicherweise belegt und er erhält die dabei angefallene und ausgewiesene Mehrwertsteuer ersetzt. Bei einer konkreten Abrechnung ist jedoch eine Vorlage der Belege über die Aufwendungen nicht zwingend erforderlich, solange der Nachweis einer vollständigen und fachgerechten Beseitigung des Schadens auf anderem Weg erfolgt.
(2) Er rechnet den Schaden in Abweichung von der tatsächlich gewählten Form der Schadensbeseitigung **fiktiv** ab, ohne die konkrete Form der Schadenskompensation nachzuweisen und verzichtet dabei auf den Ersatz der Mehrwertsteuer.

Entscheidet der Geschädigte sich allerdings für eine Abrechnung auf Neuwagenbasis, hat er konkret nachzuweisen, dass er tatsächlich ein gleichwertiges Ersatzfahrzeug als

---

[1] BGH, Urt. v. 7.6.2005 – VI ZR 192/04 = NJW 2005, 2541; *Nugel*, SP 2012, 398 ff.

Neufahrzeug angeschafft hat.[2] Auch bei einer Abrechnung auf Basis der dritten Stufe im Bereich der sog. 130 %-Fälle ist nur eine konkrete Abrechnung zulässig, wenn die Reparaturkosten zugesprochen werden sollen.[3]

II. Grundzüge bei konkreter Abrechnung des Reparaturschadens

6 Jeder Reparaturschaden grenzt sich von dem später erörterten Totalschaden dadurch ab, dass die Reparatur des Fahrzeugs **technisch möglich und wirtschaftlich vernünftig ist**. Liegt dagegen ein sog. technischer oder wirtschaftlicher Totalschaden vor, erhält der Geschädigte für den entstandenen Fahrzeugschaden lediglich einen Geldersatz zur Deckung des Wiederbeschaffungsaufwandes (Wiederbeschaffungswert abzgl. Restwert). Eine besondere Abrechnungsform stellt daneben die im „Grenzbereich" liegende „130 %"-Abrechnung dar.

7 Zu beachten ist, dass sowohl die Reparatur des Fahrzeugs als auch eine Ersatzbeschaffung nach ständiger Rechtsprechung eine Form der Naturalrestitution darstellen.[4] Dies bedeutet, dass § 249 BGB in beiden Fällen Anwendung findet. Da der Schädiger gem. § 249 Abs. 2 S. 1 BGB dem Geschädigten den zur Beseitigung des Schadens „erforderlichen" Betrag zu ersetzen hat, ist in beiden Fällen das sog. Wirtschaftlichkeitspostulat zu beachten.[5] Es ist also stets zu prüfen, was ein wirtschaftlich und vernünftig denkender Geschädigter zur Beseitigung des Schadens aufwenden würde.[6] Maßgeblich ist dann der kostengünstigste Weg.[7] Überdies ist gem. § 249 Abs. 2 S. 2 BGB sowohl bei der Reparatur des Fahrzeugs als auch bei einer Ersatzanschaffung die Mehrwertsteuer nur zu ersetzen, wenn und soweit sie tatsächlich angefallen ist.

8 Beim konkret abgerechneten Reparaturschaden lässt der Geschädigte sein Fahrzeug i.d.R. in einer Werkstatt reparieren und beziffert den eingetretenen und auszugleichenden Schaden konkret auf der Grundlage der vorliegenden Reparaturkostenrechnung. Eine solche Abrechnung bietet sich insbesondere dann an,
- wenn das Fahrzeug verhältnismäßig neuwertig ist und/oder
- der Geschädigte durch eine fachgerechte Reparatur sicherstellen will, dass sich das Fahrzeug auch nach der Reparatur in einem einwandfreien Zustand befindet.

1. Ersatz höherer Reparaturkosten als ursprünglich geschätzt

9 Schadensrechtlich stellt die Abrechnung auf konkreter Reparaturkostenbasis den klassischen Anwendungsfall der Differenzhypothese dar. Der Geschädigte erhält denjenigen Betrag vom Schädiger ersetzt, den er konkret aufgewendet hat. Durch die fachgerechte Reparatur seines Fahrzeugs wird der Geschädigte grundsätzlich weder besser noch

---
2 BGH, Urt. v. 9.6.2009 – VI ZR 210/08 = NJW 2009, 3022.
3 BGH, Urt. v. 8.12.2009 –VI ZR 119/09 = VersR 2010, 363.
4 BGH, Urt. v. 15.2.2005 – VI ZR 70/04 = VersR 2005, 663.
5 BGH, Urt. v. 29.4.2003 – VI ZR 398/02 = NJW 2003, 2086.
6 BGH, Urt. v. 15.10.1991 – VI ZR 67/91 = NJW 1992, 305.
7 BGH, Urt. v. 7.6.2005 –VI ZR 192/04 = NJW 2005, 2541; *Nugel*, SP 2012, 398 ff.

A. Unmittelbarer Fahrzeugschaden § 8

schlechter gestellt als ohne das schadenbegründende Ereignis. Dies kann auch dann gelten, wenn der Betrag der Reparaturkosten von den Kosten abweicht, die ursprünglich als erforderlich angesehen werden. Hier ist aber ggf. eine gesonderte Begründung erforderlich.

▼

Muster 8.1: Geltendmachung konkreter Reparaturkosten oberhalb der Schadensschätzung 10

▓▓▓ Versicherung AG

▓▓▓

▓▓▓

Schaden-Nr./VS-Nr./Az. ▓▓▓

Schaden vom ▓▓▓

Pkw ▓▓▓, amtl. Kennzeichen ▓▓▓

Sehr geehrte Damen und Herren,

wie bereits mitgeteilt, hat meine Mandantschaft das beschädigte Fahrzeug in der Fachwerkstatt der Fa. ▓▓▓ instand setzen lassen. Ausweislich der in der Anlage beigefügten Reparaturkostenrechnung beliefen sich die Reparaturkosten auf ▓▓▓ (brutto). Insoweit ist zu beachten, dass das eingeholte Gutachten lediglich einen ersten Schätzwert bildet und dass der tatsächliche Aufwand eine zuverlässigere Auskunft über den erforderlichen Herstellungsaufwand gibt (BGH NJW 1989, 3009). Soweit die tatsächlichen Reparaturkosten von den Angaben des Sachverständigen abweichen, ist dies darauf zurückzuführen, dass sich der Gutachter hinsichtlich der voraussichtlichen Reparaturkosten verschätzt hat. Erst bei der Reparatur des Fahrzeugs stellte sich heraus, dass die im Gutachten angeführten Schäden im Bereich ▓▓▓ einen weiteren Instandsetzungsaufwand rechtfertigen.

Wegen der näheren Einzelheiten verweise ich auf die als Anlage beigefügte Rechnung der Werkstatt, in der die konkret notwendigen Reparaturarbeiten im Einzelnen angeführt sind. Fest steht daher, dass es sich bei den von der Fa. ▓▓▓ verursachten Reparaturkosten um den zur Wiederherstellung „erforderlichen Geldbetrag" i.S.d. § 249 Abs. 2 S. 1 BGB handelt. Es wird um Ausgleich eines Betrages in Höhe von ▓▓▓ EUR binnen der nächsten ▓▓▓ Tage bis zum

▓▓▓

gebeten.

Mit freundlichen Grüßen

(Rechtsanwalt)

2. Abzug einer Wertverbesserung („Neu für Alt")

Der Grundsatz, dass der Geschädigte durch die Abrechnung des Fahrzeugschadens auf Reparaturkostenbasis nicht mehr und nicht weniger erhält als ihm zusteht, gilt dort nicht mehr, wo sein Fahrzeug durch die Reparatur eine **Wertverbesserung** erfährt. Das schadenrechtliche Verbot einer Besserstellung rechtfertigt in Fällen dieser Art einen sog. 11

Abzug „neu für alt".[8] Dafür ist erforderlich, dass durch die Reparatur der Wert des Kfz erhöht wird oder der Geschädigte Aufwendungen erspart, die er später hätte machen müssen.[9] Dies ist der Fall bei der Auswechslung von sog. Verschleißteilen, die einen mehr als nur geringen Wert haben, und wenn durch den Austausch eine längere Lebensdauer herbeigeführt wird.[10] Werden hingegen Teile des Fahrzeugs ersetzt, die im Allgemeinen die Lebensdauer des Fahrzeugs erreichen, tritt eine Wertverbesserung durch deren Austausch nicht ein.[11]

12 Zu den verbrauchsabhängigen Teilen, die im Laufe der Lebensdauer des Fahrzeugs ausgetauscht werden müssen, zählen insbesondere:
- Reifen,[12]
- Motor,[13]
- Lackierung,[14]
- Kupplung,
- Schmierstoffe,
- Batterie,[15]
- Dichtungen.

13 Voraussetzung für den Abzug „neu für alt" ist selbstverständlich in jedem Fall, dass ein neues oder neuwertiges Ersatzteil in ein gebrauchtes Fahrzeug eingebaut wird. Ein solcher Abzug lässt sich also beispielsweise bei einer Kupplung vermeiden, wenn eine gebrauchte Kupplung eingebaut wird, die dem Lebensalter des ausgetauschten Altteils entspricht.

Wird ein Abzug „neu für alt" berechtigterweise vorgenommen, kann er sich auch auf die dabei anfallenden Lohnkosten erstrecken.[16]

14 Ein Abzug „neu für alt" scheidet hingegen aus bei folgenden Reparaturmaßnahmen:
- Austausch von Karosserieteilen (z.B. Kotflügel, Stoßstange);
- Austausch von Fahrzeugfelgen;[17]
- Austausch von fest eingebauten Gegenständen aus dem Fahrzeuginneren;
- Einbau eines neuen Katalysators in ein gebrauchtes Kfz.[18]

---

8 Grundlegend bereits BGH, Urt. v. 24.3.1959 – VI ZR 90/58 = NJW 1959, 1078.
9 OLG Celle, Urt. v. 8.11.1973 – 5 U 58/73 = VersR 1974, 1032; Palandt/*Heinrichs*, vor § 249 BGB Rn 146.
10 OLG Düsseldorf, Urt. v. 25.6.2001 – 1 U 126/00 = NZV 2002, 87.
11 KG, Urt. v. 5.11.1970 – 12 U 724/70 = NJW 1971, 142.
12 OLG Düsseldorf, Urt. v. 25.6.2001 – 1 U 126/00 = NZV 2002, 87.
13 OLG Hamm, Urt. v. 8.7.2003 – 21 U 24/03 = NJW-RR 2004, 311.
14 OLG Karlsruhe, Urt. v. 5.3.1986 – 1 U 249/85 = zfs 1986, 263; OLG München, Urt. v. 29.7.1969 – 10 U 2623/68 – juris (Leitsatz); a.A.: AG Solingen, Urt. v. 1.8.2012 – 13 C 400/11 = NJW-RR 2013, 152.
15 Je nach den Umständen des Einzelfalls: OLG Karlsruhe, Urt. v. 26.5.1989 – 10 U 318/88 = NJW-RR 1989, 1112.
16 OLG Hamburg, Urt. v. 16.4.1999 – 14 U 90/97 = NZV 1999, 513.
17 Strittig, im Einzelfall als zulässig erachtet vom LG Dresden, Urt. v. 19.10.1995 – 14 O 659/95 = DAR 1996, 60.
18 AG Fürstenwalde, Urt. v. 12.12.1997 – 30 C 17/97 = DAR 1998, 147.

3. Ersatzpflicht des Schädigers unter Übernahme des „Werkstattrisikos"

Erweisen sich Reparaturarbeiten einer Werkstatt als mangelhaft, stellt sich die Frage, wer die daraus resultierenden Folgeschäden (z.B. Kosten einer Nachbesserung, verlängerter Ausfallschaden) zu tragen hat. Dieses Risiko hat i.d.R. die Schädigerseite zu tragen, die ja ebenfalls für die Mehraufwendungen aufkommen müsste, wenn sie (theoretisch) selber die Reparaturwerkstatt ausgewählt hätte.[19] Dies gilt auch dann, wenn bei den Reparaturarbeiten durch die Werkstatt ein weiterer Schaden verursacht wird.[20] Im Gegenzug ist der Geschädigte allerdings dazu verpflichtet, dem Schädiger die ihm gegen die Werkstatt zustehenden Ansprüche (ggf. in analoger Anwendung des § 667 BGB) abzutreten.[21] Auf diesem Wege wird es dem Schädiger ermöglicht, die Mehrkosten bei der Reparaturwerkstatt beizutreiben.

▼

Muster 8.2: Mehrkosten wegen mangelhafter Reparatur

▓▓▓▓ Versicherung AG

Schaden-Nr./VS-Nr./Az. ▓▓▓▓

Schaden vom ▓▓▓▓

Pkw ▓▓▓▓, amtl. Kennzeichen ▓▓▓▓

Sehr geehrte Damen und Herren,

ich nehme Bezug auf Ihr Schreiben vom ▓▓▓▓. Darin vertreten Sie die Auffassung, die durch die mangelhafte Reparatur verursachten Mehrkosten seien von meinem Mandanten zu tragen. Hiermit vermag ich mich nicht einverstanden zu erklären.

Entgegen der von Ihnen vertretenen Auffassung muss sich meine Mandantschaft das Fehlverhalten der von ihm beauftragten Werkstatt nicht zurechnen lassen. Nach einhelliger Auffassung in der Rechtsprechung ist die Reparaturwerkstatt nicht Erfüllungsgehilfe des Geschädigten. Führt die vom Geschädigten beauftragte Reparaturwerkstatt die Reparaturarbeiten unsachgemäß aus, hat der Schädiger auch die dadurch verursachten Mehrkosten zu übernehmen (vgl. BGH NJW 1992, 302; OLG Hamm NZV 1995, 442).

Danach habe ich Sie aufzufordern, den von Ihnen in Abzug gebrachten Reparaturkostenbetrag umgehend, spätestens jedoch bis zum

▓▓▓▓ *(10-Tages-Frist)*

auszugleichen. Im Gegenzug wird Ihnen mein Mandant die ihm möglicherweise zustehenden Mängelgewährleistungsrechte gegen die Reparaturwerkstatt abtreten, sofern Sie dies möchten (LG Hagen, Urt. v. 4.12.2009 – 8 O 97/09, juris).

---

19 BGH, Urt. v. 15.10.1991 – VI ZR 314/90 = NJW 1992, 302; OLG München, Urt. v. 7.7.2006 –10 U 2270/06 = BeckRS 2006, 08156; OLG Karlsruhe, Urt. v. 19.10.2004 – 17 U 107/04 = NJW-RR 2005, 248.
20 LG Hagen, Urt. v. 4.12.2009 – 8 O 97/09 – juris.
21 Bereits grundlegend: BGH, Urt. v. 29.10.1974 – VI ZR 42/73 = NJW 1975, 160; vgl. auch LG Hagen, Urt. v. 4.12.2009 – 8 O 97/09 – juris, dort Rn 32.

Sollte der Ausgleich der weiteren Reparaturkosten nicht innerhalb der gesetzten Frist erfolgen, werde ich meinem Mandanten empfehlen, gerichtliche Hilfe in Anspruch zu nehmen.

Mit freundlichen Grüßen

(Rechtsanwalt)

17 Das Werkstattrisiko einer unsachgemäßen oder verzögerten Reparatur verbleibt grundsätzlich beim Geschädigten.[22] Dies gilt auch dann, wenn durch fehlerhafte Reparaturarbeiten ein weiterer nicht unfallkompatibler Schaden verursacht worden ist.[23] Im Gegenzug steht der Schädigerseite ein Anspruch auf Abtretung möglicher Ersatzansprüche des Geschädigten als Vertragspartner gegenüber der Reparaturwerkstatt zu[24] und diesbezüglich kann die Schädigerseite zumindest ein Zurückbehaltungsrecht geltend machen. Dieses sollte im Fall eines Prozesses durch die Beklagtenseite hilfsweise ausgesprochen werden und zugleich eine Streitverkündung gegenüber dem Reparaturbetrieb erfolgen. Der Geschädigte hat dagegen seine Schadensminderungspflicht gem. § 254 Abs. 2 BGB zu wahren und ggf. die Mängelbeseitigungs- und Schadensersatzrechte durch eine Fristsetzung zu wahren.

18 **Muster 8.3: Zurückbehaltungsrecht im Prozess wegen Ersatzanspruch gegenüber der Werkstatt**

Selbst wenn der Vortrag der Klägerseite zutrifft und diese Verantwortung für den verfolgten Schaden trifft, sondern hierfür allein die eingeschaltete Reparaturwerkstatt verantwortlich sein sollte, so steht der Schädigerseite bei Übernahme des sog. Werkstattrisikos ein Anspruch gegen den Geschädigten auf Abtretung eines Ersatzanspruch gegenüber der Werkstatt zu (BGH NJW 1975, 160; LG Hagen, Urt. v. 14.12.2009 – 8 O 97/09, juris (Rn 32). Ein solcher Anspruch berechtigt zu der Einrede des

Zurückbehaltungsrechts,

welches hilfsweise für den Fall geltend gemacht wird, dass die Einwendungen zur Verantwortlichkeit der Klägerseite nicht eingreifen und der Beklagtenseite das alleinige „Werkstattrisiko" auferlegt wird. Es könnte allenfalls ein Verurteilung Zug-um-Zug erfolgen.

▲

19 Der Grundsatz, wonach sich der Geschädigte im Rahmen seiner freien Auswahl der Reparaturwerkstatt kein Fehlverhalten der Reparaturwerkstatt zurechnen lassen muss, findet dort seine Grenze, wo die fehlerhaften Reparaturarbeiten durch unsachgemäße Beauftragung oder Auswahl der Reparaturwerkstatt vom Geschädigten mitverschuldet oder mitverursacht wurden. Dies ist der Fall, wenn die vom Geschädigten beauftragte

---

22 Grundlegend: BGH, Urt. v. 29.10.1974 – VI ZR 42/73 = NJW 1975, 160; ebenso OLG Hamm, Urt. v. 31.1.1995 – 9 U 168/94 = NZV 1995, 442.
23 LG Hagen, Urt. v. 14.12.2009 – 8 O 97/09 – juris.
24 BGH, Urt. v. 29.10.1974 – VI ZR 42/73 = NJW 1975, 160; LG Hagen, Urt. v. 14.12.2009 – 8 O 97/09 – juris, dort Rn 32

Reparaturwerkstatt erkennbar und voraussehbar nicht über ausreichende Sachkunde für die Durchführung der Reparatur verfügt.[25]

Die **Schadensminderungspflicht** gebietet dem Geschädigten jedoch in Ausnahmefällen, auf eine vom Schädiger empfohlene Reparaturwerkstatt zurückzugreifen. Der Geschädigte hat grundsätzlich einen Anspruch darauf, sein Fahrzeug in einer markengebundenen Fachwerkstatt seiner Wahl zu den dort üblichen Stundensätzen reparieren zu lassen.[26] Er bleibt insoweit Herr des Restitutionsgeschehens.

Dies ändert sich erst dann, wenn dem Geschädigten zwei qualitativ gleichwertige Wege zur Reparatur zur Verfügung stehen und einer der beiden Wege mit geringeren Kosten verbunden ist. In diesem Fall gebietet es die Schadensminderungspflicht dem Geschädigten bei Vorliegen weiterer Voraussetzungen, den kostengünstigeren Weg zu wählen.[27] Derzeit wird eine konkrete Verweisung auf die Reparatur in einer günstigeren, nicht markengebundenen Fachwerkstatt seitens der regulierenden Kfz-Haftpflichtversicherungen allein im Rahmen einer fiktiven Abrechnung durchgeführt, weshalb auf die Erörterung der weiteren Einzelheiten im nächsten Abschnitt über die fiktive Abrechnung verwiesen wird. Der BGH hat allerdings in seinem „VW-Urteil"[28] grundsätzlich auch bei einer konkreten Abrechnung die Verweisung auf eine gleichwertige, aber kostengünstigere Reparatur in einer benannten Fachwerkstatt zugelassen.

Eine weitere für die Praxis bedeutsame Frage ist es, ob der Geschädigte sich im Rahmen seiner Schadensminderungspflicht auf sog. **Sonderkonditionen** verweisen lassen muss, die ihm eingeräumt werden. Dies kann nach den Umständen des Einzelfalls zu bejahen sein.

▼

Muster 8.4: Werkstattrabatt
Vorliegend ist ein Werkstattrabatt in Höhe von mindestens % auf die Reparaturkosten zu berücksichtigen. Ein solcher üblicherweise eingeräumter Werkstattrabatt ist bei der Schadensabrechnung zu berücksichtigen und mindert den Ersatzbetrag des Geschädigten, der ansonsten unzulässig bereichert wäre (BGH, Urt. v. 18.10.2011 – VI ZR 17/11 = VRR 2011, 402; OLG Karlsruhe, Urt. v. 22.6.2009 – 1 U 13/09 = SP 2009, 437). Der Rabatt kann dabei im Rahmen des tatrichterlichen Ermessens bei der Schadensschätzung i.d.R. sogar mit 15 % angesetzt werden (OLG Karlsruhe a.a.O.). Vorliegend ist insoweit zu berücksichtigen, dass ▨.

▲

Zum einen ist der Geschädigte gem. § 254 Abs. 2 BGB verpflichtet, den Schaden so gering wie möglich zu halten. Zum anderen darf er wirtschaftlich nicht besser gestellt sein als ohne das schädigende Ereignis. Nach diesen Grundsätzen ist der Geschädigte

---

[25] OLG Hamm, Urt. v. 31.1.1995 – 9 U 168/94 = NZV 1995, 442.
[26] BGH, Urt. v. 28.4.2015 – VI ZR 267/14 = NJW 2015, 2110; BGH, Urt. v. 29.4.2003 – VI ZR 398/02 = NJW 2003, 2086.
[27] BGH, Urt. v. 28.4.2015 – VI ZR 267/14 = NJW 2015, 2110; BGH, Urt. v. 29.4.2003 – VI ZR 398/02 = NJW 2003, 2086.
[28] BGH, Urt. v. 20.10.2009 – VI ZR 53/09 = VersR 2010, 225.

zwar nicht verpflichtet, überobligatorische Anstrengungen im Interesse des Schädigers zu unternehmen, um einen möglichst geringen Preis zu erhalten oder nach „Schnäppchen" Ausschau zu halten, wohl aber dazu, handelsübliche Rabatte oder aber solche, die ihm ohne jeglichen Verhandlungsaufwand offen stehen, wahrzunehmen.[29] Dies hat jedoch die Schädigerseite zu beweisen, während bei dem Geschädigten allerdings eine sekundäre Darlegungslast verbleibt.

4. Nachweis der angefallenen Mehrwertsteuer

25 Nach § 249 Abs. 2 S. 2 BGB ist die Mehrwertsteuer im Rahmen der Schadensbeseitigung nur zu ersetzen, soweit sie tatsächlich angefallen ist.[30] Die Darlegungs- und Beweislast für diese Anspruchsvoraussetzung obliegt dem Geschädigten.[31] Den ihm obliegenden Nachweis wird er i.d.R. durch Vorlage einer Rechnung mit ausgewiesener Mehrwertsteuer führen (§ 14 Abs. 1 S. 1 UStG). Solange der Geschädigte die Mehrwertsteuer aber tatsächlich nicht zahlt, kann er i.d.R. lediglich eine Freistellung von den Ansprüchen der Reparaturwerkstatt verlangen. Eine Zahlung an den Geschädigten muss daher grundsätzlich erst erfolgen, wenn dieser den Nachweis erbringt, dass er die ausgewiesene Mehrwertsteuer auch tatsächlich gezahlt hat oder wenn sich sein Freistellungsanspruch unter den Voraussetzungen des § 250 BGB in einen Schadensersatzanspruch in Geld umgewandelt hat, der direkt an den Geschädigten zu leisten ist.[32]

26 Ein besonderes Problem ergibt sich, wenn der Geschädigte die in Rechnung gestellte Mehrwertsteuer bezahlt, tatsächlich aber keine Pflicht zur Zahlung dieser Steuer bestand. Insoweit ist zu differenzieren: Hat der Geschädigte von der fehlenden Verpflichtung gewusst oder hätte er dies unschwer erkennen können, so hat er durch die Zahlung der Mehrwertsteuer gegen seine Schadensminderungspflicht verstoßen und sein Anspruch ist entsprechend zu kürzen. War die fehlende Verpflichtung jedoch für ihn nicht ohne weiteres erkennbar, sprechen gewichtige Gründe dafür, dass in konsequenter Fortsetzung der Rechtsprechung zum „Werkstattrisiko" der Schädiger auch das Risiko einer zu Unrecht gezahlten Mehrwertsteuer trägt.[33] Hätte der Schädiger selber die Reparatur in die eigenen Hände genommen, so wäre ihm mangels Erkennbarkeit der fehlenden Verpflichtung aller Voraussicht nach der gleiche Fehler unterlaufen.

5. Checkliste: Konkreter Reparaturschaden

27 ■ Die Bezifferung des Schadens erfolgt durch eine Reparaturkostenrechnung.
■ Eine Abweichung der Rechnung vom Gutachten ist irrelevant, solange keine Altschäden repariert wurden.
■ Gegebenenfalls kommt ein Abzug „neu für alt" bei sog. Verschleißteilen in Betracht.

---

29 *Koch*, MDR 2005, 1081, 1084.
30 BGH, Urt. v. 22.9.2009 – VI ZR 312/08 = NZV 2010, 21.
31 MüKo-BGB/*Oetker*, § 249 Rn 478 m.w.N.
32 Vgl. zum Umfang des Ersatzanspruches gem. § 250 BGB: OLG Düsseldorf, Urt. v. 19.12.1997 – 22 U 83/97 = NJW-RR 1998, 1716.
33 *Lemcke*, r+s 2002, 272.

- Die Reparaturwerkstatt ist nicht Erfüllungsgehilfe des Geschädigten; das sog. Werkstattrisiko liegt im Rahmen einer Abrechnung auf der Basis der tatsächlich angefallenen Reparaturkosten beim Schädiger.
- Der Geschädigte ist in der Auswahl der Reparaturwerkstatt grundsätzlich frei, muss sich aber unter bestimmten Umständen auf die Reparatur in einer qualitativ gleichwertigen, aber kostengünstigeren Reparaturwerkstatt verweisen bzw. einen Werkstattrabatt entgegenhalten lassen.

III. Fiktiver Reparaturschaden

1. Übersicht

Wird ein Fahrzeugschaden „fiktiv" abgerechnet, ist damit gemeint, dass die Abrechnung in **Abweichung von der tatsächlichen Schadensbehebung** erfolgt. 28

Dogmatische Grundlage hierfür ist **§ 249 Abs. 2 S. 1 BGB**, wonach der Schädiger dem Geschädigten den Ausgleich des für die Wiederherstellung des ursprünglichen Zustandes „erforderlichen" Geldbetrags schuldet. Zutreffenderweise wird aus der in § 249 Abs. 2 S. 1 BGB gewählten Formulierung gerade nicht der Rückschluss hergeleitet, dass der Geschädigte diesen Geldbetrag auch tatsächlich zur Durchführung der erforderlichen Reparaturarbeiten verwenden muss. Das Geld steht vielmehr zu seiner freien Disposition. Er kann deshalb
- auf die Reparatur des Fahrzeugs gänzlich verzichten,
- nur einen Teil des Fahrzeugschadens reparieren lassen oder
- einen kostengünstigeren Weg der Reparatur wählen.

In jedem Fall steht ihm grundsätzlich der für eine fachgerechte Reparatur volle Geldbetrag zu.[34] Allerdings sieht § 249 Abs. 2 S. 2 BGB in der seit dem 1.8.2002 geltenden Fassung wie bereits dargelegt vor, dass eine Mehrwertsteuer nur ersetzt wird, wenn und soweit diese tatsächlich angefallen ist. Diese Regelung bestätigt zugleich in einem Umkehrschluss, dass eine Schadensabrechnung auch ohne Bezug zu den tatsächlichen Reparaturkosten zulässig ist. 29

> *Hinweis*
> Zu beachten ist dabei, dass sowohl die Reparatur des Fahrzeugs als auch eine Ersatzbeschaffung nach stetiger Rechtsprechung eine Form der Naturalrestitution darstellen.[35] Dies bedeutet, dass § 249 BGB in beiden Fällen Anwendung findet. Nach § 249 Abs. 2 S. 2 BGB ist daher sowohl bei der Reparatur des Fahrzeugs als auch bei einer Ersatzanschaffung die Mehrwertsteuer nur zu ersetzen, wenn und soweit sie tatsächlich angefallen ist.

---

[34] MüKo-BGB/*Oetker*, § 249 Rn 370 m.w.N.
[35] BGH, Urt. v. 15.2.2005 – VI ZR 70/04 = VersR 2005, 663.

§ 8 Sachschaden

2. Bezifferung des Fahrzeugschadens

30 Da der Geschädigte – anders als beim konkreten Reparaturschaden – keine Reparaturkostenrechnung zur Bezifferung seines Schadens vorzulegen vermag, erfolgt die Bezifferung zweckmäßigerweise auf der Grundlage eines **Kostenvoranschlags** oder eines **Sachverständigengutachtens**. Zur Vorlage von Belegen im Hinblick auf die tatsächlich gewählte Form der Schadenskompensation ist der Geschädigte dabei grundsätzlich nicht verpflichtet.[36]

▼

31 **Muster 8.5: Keine Pflicht zur Vorlage von Belegen bei fiktiver Schadensabrechnung**
 Versicherung AG

Schaden-Nr./VS-Nr./Az.
Schaden vom
Pkw , amtl. Kennzeichen
Sehr geehrte Damen und Herren,

Sie machen den Ausgleich der bezifferten Reparaturkosten unzutreffenderweise von der Vorlage der Reparaturkostenrechnung bzw. der Vorlage von Schadensbelegen abhängig. Meine Mandantschaft macht von ihrem Recht Gebrauch, den an dem Fahrzeug entstandenen Schaden fiktiv und auf der Grundlage des Ihnen vorliegenden Gutachtens des Sachverständigen abzurechnen. Auch bei einer tatsächlich durchgeführten Reparatur besteht nicht die Verpflichtung zur Vorlage weiterer Belege im Hinblick auf die gewählte Form der Schadenskompensation. Unabhängig von der konkreten Schadensbehebung besitzt mein Mandant einen Anspruch auf Ausgleich der vom Sachverständigen geschätzten voraussichtlichen Reparaturkosten (BGH NJW 1989, 3009). In welchem Verhältnis diese Kosten zu den tatsächlichen Aufwendungen meines Mandanten zur Schadensbehebung stehen, spielt dabei keine Rolle. In jedem Fall ist mein Mandant nicht zur Vorlage von Belegen über den von ihm eingeschlagenen Weg zur Schadensbeseitigung einerseits und die dadurch verursachten Kosten andererseits verpflichtet (BGH a.a.O.).

Danach habe ich Sie aufzufordern, den mit Schreiben vom bezifferten Schaden unverzüglich, spätestens jedoch bis zum

(10-Tages-Frist)

auf das Ihnen bekannte Konto meines Mandanten unter Mitteilung an mich auszugleichen. Sollte mein Mandant innerhalb der gesetzten Frist keinen Zahlungseingang in entsprechender Höhe feststellen, werde ich ihm eine gerichtliche Klärung der hier interessierenden Frage empfehlen.

Mit freundlichen Grüßen

(Rechtsanwalt)

---

[36] BGH, Urt. v. 20.6.1989 – VI ZR 334/88 = NJW 1989, 3009.

Die überwiegende Rechtsprechung[37] lehnt die Pflicht zur Vorlage der konkreten Schadensnachweise durch den Schädiger zu Recht ab. Der Geschädigte hat als Herr des Restitutionsgeschehens grundsätzlich die freie Wahl, ob er sein Fahrzeug gemäß den Vorgaben des Sachverständigen oder auf einem anderen Reparaturweg ausbessert.[38] In der Praxis ergibt sich eine erhebliche Differenz immer dann, wenn der Sachverständige zur Schadensbeseitigung den Einbau von Neuteilen für erforderlich hält und der Geschädigte sich stattdessen mit einer (fachgerechten) Instandsetzung der vorhandenen „alten" Bauteile begnügt. In diesen Fällen bleibt die tatsächlich durchgeführte Reparatur in ihrem Umfang hinter der Reparatur zurück, auf die der Geschädigte zur Wiederherstellung des ursprünglichen Zustandes einen Anspruch hat. Gerade bei erheblichen Fahrzeugschäden muss er nicht den „Makel" hinnehmen, sein Fahrzeug mit lediglich instand gesetzten oder ausgetauschten Altteilen weiter zu nutzen. Eine günstigere Reparatur in Form einer Instandsetzung beweist mithin i.d.R. gerade nicht, wie der erforderliche und angemessene Reparaturweg auszusehen hat.[39] Insoweit kann dem gegnerischen Haftpflichtversicherer auch kein Anspruch auf eine Auskunft über einen Reparaturweg und die dabei angefallenen Kosten zustehen, wenn der gewählte Reparaturweg keine Aussage über den erforderlichen und angemessenen Umfang der Schadensbeseitigung trifft.

32

Lässt der Geschädigte sein Fahrzeug jedoch in vollem Umfang wie im Gutachten angeführt ohne Verzicht und Einbußen reparieren, kann der Reparaturkostenaufwand nach teilweise vertretener Ansicht in der Rechtsprechung nur entsprechend der Reparaturrechnung verlangt werden.[40] Nach dieser Rechtsauffassung erweist sich die konkrete Reparaturrechnung dann als maßgebliche Grundlage zur Bemessung des Beseitigungsaufwandes, da das Gutachten lediglich Schätzwerte enthält.[41] Wird in diesen Fällen die Reparaturrechnung nicht vorgelegt, fehlt es daher dann an einer ausreichenden Bestimmungsgrundlage des zur Wiederherstellung erforderlichen Aufwands.[42] Darüber hinaus wird von Teilen der Rechtsprechung ggf. auch bei einer Teilreparatur gefordert, dass diese konkrete Reparaturrechnung offen zu legen ist, da sie den konkret entstandenen Aufwand zur Schadensbeseitigung beziffert.[43] Nach anderer Ansicht ist es dem Geschädigten hingegen auch bei tatsächlich durchgeführter Reparatur weiterhin möglich, den Schaden fiktiv auf Basis des eingeholten Schadensgutachtens abzurechnen.[44] Im Hinblick auf

33

---

37 BGH, Urt. v. 20.6.1989 – VI ZR 334/88 = NJW 1989, 3009; LG Saarbrücken, Urt. v. 15.5.2015 – 13 S 12/15 = NZV 2015, 547; a.A. u.a. LG Berlin, Urt. v. 19.10.1989 – 2 S 462/88 = NZV 90, 119.
38 BGH, Urt. v. 29.4.2003 – VI ZR 393/02 = NJW 2003, 2085.
39 BGH, Urt. v. 20.6.1989 – VI ZR 334/88 = NJW 1989, 3009.
40 Ausführliche Darstellung der gegenteiligen Ansichten in AG Oldenburg, Urt. v. 26.2.2008 – 22 C 816/07 = BeckRS 2008, 04946.
41 OLG Karlsruhe, Urt. v. 10.5.1996 – 10 U 122/95 = SP 1996, 348; OLG Nürnberg, Urt. v. 22.11.1988 – 11 U 2180/88 = VersR 1990, 391; AG Trier, Urt. v. 24.8.2001 – 32 C 220/01 = NJW-RR 2002, 527.
42 AG Trier, Urt. v. 24.8.2001 – 32 C 220/01 = NJW-RR 2002, 527.
43 OLG Nürnberg, Urt. v. 22.11.1988 – 11 U 2180/88 = VersR 1990, 391; a.A.: AG Oldenburg, Urt. v. 26.2.2008 – 22 C 816/07 = BeckRS 2008, 04946.
44 OLG Schleswig, Urt. v. 15.6.2000 – 7 U 103/99 = MDR 2001, 270; OLG Düsseldorf, Urt. v. 14.10.1991 – 1 U 130/90 – juris.

§ 249 Abs. 2. S. 2 BGB ist es dem Geschädigten in diesem Fall dann lediglich verwehrt, die Brutto-Reparaturkosten geltend zu machen.[45]

34 Der BGH hatte diesbezüglich den Fall zu entscheiden, dass der Geschädigte sein Fahrzeug nach den Vorgaben des Gutachtens sach- und fachgerecht hat reparieren lassen und die Reparaturkosten hierbei die vom Sachverständigen angesetzten Kosten unterschritten haben. In diesem Fall hat der Geschädigte keinen Anspruch auf Zahlung des vom Sachverständigen angesetzten Nettobetrages zzgl. der tatsächlich gezahlten Umsatzsteuer, soweit dieser Betrag die tatsächlich gezahlten Bruttoreparaturkosten übersteigt, da anderenfalls eine ungerechtfertigte Bereicherung des Geschädigten vorliegen würde.[46] Legt der Geschädigte also diese Rechnung selbst im Nachgang zu einer ersten fiktiven Abrechnung vor, kann er über den Netto-Betrag der Reparaturkosten hinaus nicht nachträglich auch zusätzlich die in der Rechnung enthaltene Mehrwertsteuer verlangen. Er hat dann seine Abrechnung auf eine konkrete Abrechnung umgestellt, und der dabei angefallene Reparaturaufwand stellt die Obergrenze des erstattungsfähigen Schadens dar.

35 Erfolgt die Reparatur dagegen in Eigenregie unter Verzicht auf angemessene Reparaturschritte bzw. unter Einsatz eigener überobligatorischer Anstrengungen, so kann weiter auf fiktiver Basis abgerechnet werden, da insoweit allein dem Gutachten der erforderliche Aufwand zur Schadensbeseitigung zu entnehmen ist.[47]

3. Kürzung bei den Stundenverrechnungssätzen

36 Auch wenn sowohl Kostenvoranschläge als auch Sachverständigengutachten grundsätzlich verlässliche Aussagen über die Höhe des auszugleichenden Sachschadens treffen, sind in bestimmten Fallkonstellationen **Abzüge** daran vorzunehmen. Das Problem betrifft zunächst die der fiktiven Abrechnung zugrunde gelegten Stundenverrechnungssätze.

a) Übersicht

37 Auch weiterhin beschäftigt die Amts- und Landgerichte im Zivilverkehrsbereich die Frage, ob und unter welchen Voraussetzungen sich der Geschädigte nach einem Verkehrsunfall von der gegnerischen Kfz-Haftpflichtversicherung auf die Reparatur in einer von dieser ausgewählten nicht markengebundenen Fachwerkstatt mit der Begründung verweisen lassen muss, diese Werkstatt könne die erforderlichen Reparaturarbeiten zu einem günstigeren Stundensatz mit der gleichen gebotenen Qualität durchführen, wie sie eine markengebundene Fachwerkstatt anbietet. Üblicherweise erfolgt hierbei ein Hinweisschreiben der Versicherung, mit welchem dem Geschädigten eine oder mehrere Fachwerkstätten angezeigt werden, die (angeblich) das betroffene Fahrzeug zu günstigeren Stundensätzen reparieren können, einen kostenlosen Hol- und Bringservice anbieten

---

45 AG Hamburg-Harburg, Urt. v. 13.6.2005 – 648 C 88/05 = BeckRS 2008, 22014.
46 BGH, Urt. v. 3.12.2013 – VI ZR 24/13 = NJW 2014, 535.
47 KG, Urt. v. 5.11.1984 – 12 U 1192/84 = VersR 1985, 272.

und bei der Reparatur als Meisterbetrieb Originalersatzteile und Beachtung der Herstellerrichtlinien mit einer branchenüblichen Garantie verwenden.

Der BGH hat zu diesem Themenkomplex bisher mehrere Grundsatzentscheidungen getroffen. In dem sog. „Porsche-Urteil"[48] hat er ausgeführt, dass der Geschädigte sich grundsätzlich nicht auf einen abstrakten günstigeren Stundensatz aller Fachwerkstätten in einer Region verweisen lassen muss, sondern als Herr des Restitutionsgeschehens nach den in einem Gutachten ausgewiesenen Stundenlöhnen einer markengebundenen Fachwerkstatt abrechnen kann. Allerdings hat der BGH in diesem Urteil auch darauf hingewiesen, dass der Geschädigte sich auf eine ohne weiteres zugängliche gleichwertige Reparaturmöglichkeit verweisen lassen muss, wenn es sich um eine gleichwertige Reparaturmöglichkeit handelt, die für ihn ohne weiteres erreichbar ist.

38

Der BGH hat diese Möglichkeit des Verweises des Geschädigten auf eine konkret benannte alternative Reparaturmöglichkeit nunmehr in mehreren Entscheidungen[49] bestätigt und die hierfür erforderlichen Voraussetzungen konkretisiert.

39

b) Gleiche Qualität und Zumutbarkeit der Reparatur

Die als Alternative benannte Fachwerkstatt muss die erforderlichen Reparaturarbeiten mit der gleichen Qualität wie eine markengebundene Fachwerkstatt durchführen.[50] Der Geschädigte muss nicht das Risiko eingehen, eine minderwertige Reparatur zu erfahren und ihm muss eine solche Reparatur zumutbar sein. Hierbei ist wie folgt zu unterscheiden:

40

aa) Fahrzeuge bis 3 Jahre

Ist das Fahrzeug zum Unfallzeitpunkt nicht älter als 3 Jahre, so ist eine Reparatur in einer anderen als einer markengebundenen Fachwerkstatt für den Geschädigten in der Regel selbst dann nicht zumutbar, wenn die Reparatur technisch gleichwertig ist.[51] Der Geschädigte muss sich nicht auf eine Reparatur verweisen lassen, die ihm bei einer späteren Inanspruchnahme von Gewährleistungsrechten, einer Herstellergarantie oder Kulanzleistungen Schwierigkeiten bereiten würde.

41

▼

Muster 8.6: Unzulässige Verweisung auf eine andere Reparaturmöglichkeit bei „jungem" Fahrzeug

42

Vorliegend sind die Stundenverrechnungssätze einer markengebundenen Fachwerkstatt, so wie sie dem vorgelegten Gutachten zugrunde gelegt worden sind, in Ansatz zu bringen. Das Fahrzeug meiner Mandantschaft ist am zugelassen worden und war zum

---

48 BGH, Urt. v. 29.4.2003 – VI ZR 398/02 = NJW 2003, 2086.
49 BGH, Urt. v. 28.4.2015 – VI ZR 267/14 = NJW 2015, 2110; BGH, Urt. v. 15.7.2014 – VI ZR 313/13 = NJW 2014, 3236; BGH, Urt. v. 14.5.2013 – VI ZR 320/12 = NJW 2013, 2817; BGH, Urt. v. 13.7.2010 – VI ZR 259/09 = NJW 2010, 2941; BGH Urt. v. 23.2.2010 – VI ZR 91/09 = NJW 2010, 2118; BGH, Urt. v. 20.10.2009 – VI ZR 53/09 = NJW 2010, 606.
50 BGH, Urt, v. 28.4.2015 – VI ZR 267/14 = NJW 2015, 2110 m.w.N.
51 BGH, Urt, v. 28.4.2015 – VI ZR 267/14 = NJW 2015, 2110 m.w.N; BGH, Urt. v. 20.10.2009 – VI ZR 53/09 = NJW 2010, 606.

Unfallzeitpunkt erst ▓▓▓ Jahre alt. Die Verweisung auf eine günstigere Reparaturmöglichkeit ist meiner Mandantschaft vor diesem Hintergrund nicht zuzumuten, da die Gefahr besteht dass bei einer späteren Inanspruchnahme von Gewährleistungsrechten, einer Herstellergarantie oder Kulanzleistungen Schwierigkeiten auftreten können (BGH, Urt. v. 28.4.2015 – VI ZR 267/14 = NJW 2015, 2110; BGH, Urt. v. 20.10.2009 – VI ZR 53/09 = NJW 2010, 606).

▲

43 Interessant ist allerdings die Frage, unter welchen Voraussetzungen der Geschädigte auch bei einem noch nicht drei Jahre alten Fahrzeug auf eine anderweitige Reparaturmöglichkeit verwiesen werden kann. Dies kann in Betracht kommen, wenn der Geschädigte sein Fahrzeug in dieser Zeit nicht bei einer markengebundenen Fachwerkstatt hat warten bzw. reparieren lassen und auch die konkrete Reparatur in keiner Markenwerkstatt erfolgt ist. In diesem Fall wird eine Gefährdung seiner Garantieansprüche bereits durch sein eigenes Verhalten erfolgt sein bzw. er zeigt hierdurch deutlich, dass er kein schützenswertes Interesse an einer Reparatur in markengebundenen Fachwerkstatt hat. Im Prozess wird der Geschädigte sich bei einem entsprechenden Einwand der Schädigerseite zu erklären und im Rahmen seiner sekundären Darlegungslast ggf. die eingesetzte Reparaturwerkstatt zu benennen bzw. auf Anordnung des Gerichts Belege einzureichen haben[52] Die bloße Behauptung des Geschädigten, er habe sein Fahrzeug in der Vergangenheit immer in einer markengebundenen Fachwerkstatt warten lassen, genügt ohne Vorlage von Belegen jedoch nicht.[53] Diese sekundäre Darlegungslast des Geschädigten ändert aber nichts daran, dass die grundsätzliche Beweislast bei der Schädigerseite verbleibt, die eine technisch gleichwertige und auch unter wirtschaftlichen Gesichtspunkten zumutbare Reparatur in einer benannten Fachwerkstatt nachzuweisen hat.

bb) Fahrzeuge älter als 3 Jahre

44 Auch bei älteren Fahrzeugen kann es dem Geschädigten u.U. unzumutbar sein, sich auf die Reparatur in einer nicht markengebundenen Fachwerkstatt verweisen lassen zu müssen. Hierbei kann es auch von Bedeutung sein, ob es sich um ein „scheckheftgepflegtes" Fahrzeug handelt und in welcher Werkstatt es nach dem Unfall tatsächlich repariert worden ist. Der BGH hat in dem oben genannten „VW-Urteil"[54] ausdrücklich zwei Fälle erwähnt, bei denen eine Verweisung für den Geschädigten allein unter wirtschaftlichen Gesichtspunkten unzumutbar ist.[55] Dies ist zum einen der Fall, wenn der Geschädigte durch eine konkrete Reparaturrechnung nachweist, dass er sein Fahrzeug tatsächlich in einer markenbezogenen Fachwerkstatt hat reparieren lassen. Zum anderen wäre eine Verweisung unzumutbar, wenn der Geschädigte sein Fahrzeug bisher stets in einer markenbezogenen Fachwerkstatt hat warten und reparieren lassen. Der Geschädigte muss dabei im Rahmen seiner sekundären Darlegungslast zu den in der Vergangenheit erfolgten Wartungen und Reparaturarbeiten Stellung nehmen.

---

52 BGH, Urt. v. 20.10.2009 – VI ZR 53/09 = NJW 2010, 606 (Rn 15).
53 LG Halle, Urt. v. 26.3.2010 – 2 S 191/09 = NJW-RR 2010, 1537.
54 BGH, Urt. v. 20.10.2009 – VI ZR 53/09 = NJW 2010, 606.
55 Bestätigt in BGH, Urt. v. 23.2.2010 – VI ZR 91/09 = NJW 2010, 2118.

A. Unmittelbarer Fahrzeugschaden § 8

▼
Muster 8.7: Unzulässigkeit der Verweisung bei einem älteren Fahrzeug

Vorliegend sind die Stundenverrechnungssätze einer markengebundenen Fachwerkstatt 45
in Ansatz zu bringen. Das Fahrzeug meiner Mandantschaft ist am ▨▨▨ zugelassen worden und war zum Unfallzeitpunkt erst ▨▨▨ Jahre alt. Die Verweisung auf eine günstigere Reparaturmöglichkeit ist meiner Mandantschaft vor diesem Hintergrund nicht zuzumuten.

Zum einen bereits deshalb nicht, da eine solche Verweisung auch bei einem zum Unfallzeitpunkt über 3 Jahre alten Fahrzeug ausscheidet, wenn dieses in der Vergangenheit stets in einer markengebundenen Fachwerkstatt gewartet und repariert worden ist (BGH, Urt. v. 20.10.2009 – VI ZR 53/09 = NJW 2010, 606 und BGH, Urt. v. 23.2.2010 – VI ZR 91/09 = NJW 2010, 2118). Dies ist vorliegend der Fall. Wir überreichen insoweit als Nachweis ▨▨▨.

Zum anderen scheidet vorliegend eine Verweisung auch deshalb aus, da die Gefahr besteht dass bei einer späteren Inanspruchnahme von Gewährleistungsrechten, einer Herstellergarantie oder Kulanzleistungen Schwierigkeiten auftreten können (BGH, Urt. v. 20.10.2009 – VI ZR 53/09 = NJW 2010, 606). Nach Auskunft des Herstellers ist bei dem hier betroffenen Fahrzeugtyp eine Herstellergarantie von ▨▨▨ Jahren vorgesehen.

Zudem setzt der Hersteller nach den Richtlinien zur Reparatur folgende Umstände voraus, deren Vorhandensein bei der von Ihnen benannten Fachwerkstatt nicht nachgewiesen ist: ▨▨▨.

▲

Zu beachten ist, dass der BGH dem Geschädigten eine sekundäre Darlegungslast im 46
Hinblick auf die in seinem Wissens- und Herrschaftsbereich liegenden Umstände auferlegt hat, die für die Bestimmung der Zumutbarkeit der Verweisung auf die Reparatur in einer nicht markengebundenen Fachwerkstatt von Bedeutung sind. Dabei kann der Richter im Prozess auf Antrag der Schädigerseite dem Geschädigten oder einem Dritten gem. § 142 Abs. 1 ZPO auferlegen, in seinem Besitz befindliche Urkunden (insb. Wartungs- oder Reparaturrechnungen) vorzulegen. Die bloße Behauptung des Geschädigten, er habe sein Fahrzeug in der Vergangenheit immer in einer markengebundenen Fachwerkstatt warten lassen, genügt ohne Vorlage von Belegen jedoch nicht.[56] Ob der Geschädigte darüber hinaus in der außergerichtlichen Korrespondenz verpflichtet ist, dem gegnerischen Haftpflichtversicherer nach § 119 VVG Auskunft über diese Belege zu erteilen und sie ggf. vorzulegen hat, bleibt abzuwarten.

▼
Muster 8.8: Subjektive Darlegungslast bei Streit über die in der Vergangenheit erfolgte Wartung 47

Die pauschale und nicht ohne weiteres überprüfbare Behauptung des Geschädigten, ihm wäre eine Verweisung auf die Reparatur in einer anderen nicht markengebundenen Werkstatt nicht zumutbar, da sein Fahrzeug in der Vergangenheit immer in einer Markenwerkstatt gewartet und repariert worden sei, ist unbeachtlich. Bzgl. dieser allein in seinem Wissen gestellten Umstände obliegt dem Geschädigten eine sekundäre Darlegungslast,

---

56 LG Halle, Urt. v. 26.3.2010 – 2 S 191/09 = NJW-RR 2010, 1537.

welcher er substantiiert und durch Vorlage von Belegen (vgl. § 142 Abs. 1 ZPO) nachzukommen hat (BGH, Urt. v. 20.10.2009 – VI ZR 53/09 = NJW 2010, 606; BGH, Urt. v. 23.2.2010 –VI ZR 91/09 = NJW 2010, 2118). Bzgl. der angeblich angefallenen Arbeiten in einer markengebundenen Fachwerkstatt ist im Einzelnen darzulegen, wann diese angeblichen Arbeiten mit welchem Inhalt bei welcher Werkstatt erfolgt sind (AG Mülheim, Urt. v. 25.7.2011 – 13 C 677/11, juris). Ohne einen derartigen Vortrag kommt die Geschädigtenseite ihrer Darlegungslast nicht nach und ihr diesbezügliches Vorbringen ist unbeachtlich (LG Nürnberg- Fürth, Urt. v. 13.1.2010 –8 S 6446/09, juris; LG Halle, Urt. v. 26.3.2010 – 2 S 191/09, juris).

▲

48 Für den Prozess ist ferner wichtig, dass die Schädigerseite eine gleichwertige Reparaturmöglichkeit zu beweisen hat. Auch dieser Vortrag darf nicht pauschal erfolgen.

▼

49 **Muster 8.9: Einwand der pauschalen Behauptung der Gleichwertigkeit**
Der Vortrag der Beklagtenseite zu der angeblich gleichwertigen Reparaturqualität in der benannten alternativen Werkstatt ist zu bestreiten und zudem als unsubstantiiert zu rügen. Eine Beweisaufnahme würde auf einen unzulässigen Ausforschungsbeweis hinauslaufen. Der Schädigerseite obliegt die Darlegungs- und Beweislast im Hinblick auf die behauptete gleichwertige Reparaturmöglichkeit (BGH, Urt. v. 20.10.2009 –VI ZR 53/09 = VersR 2010, 225 und BGH, Urt. v. 23.2.2010 –VI ZR 91/09 = NJW 2010, 2118). Hierfür genügt ein pauschaler Sachvortrag ohne Einzelheiten zu der benannten Fachwerkstatt und der Qualität des dort eingesetzten Personals und der gewährleisteten Arbeit nicht und die Klage ist ohne einen Eintritt in die Beweisaufnahme abzuweisen. Dies gilt auch für den pauschalen Hinweis auf angebliche Zertifizierungen, die nicht näher dargelegt werden.

So liegt der Fall auch hier. Insbesondere .

▲

50 Kommt die Schädigerseite ihrer Darlegungslast jedoch nach und erfolgt zu der gleichwertigen Reparaturqualität ein substantiierter Vortrag, genügt wiederum ein einfaches Bestreiten seitens des Geschädigten nicht mehr und ist unbeachtlich.

▼

51 **Muster 8.10: Einwand des pauschalen Bestreitens zu der Qualität der benannten Reparaturwerkstatt**
Von der Beklagtenseite sind substantiiert die Kriterien dargelegt worden, welche eine in technischer Hinsicht gleichwertige Reparatur in der benannten Fachwerkstatt gewährleisten. Ein einfaches Bestreiten der Gleichwertigkeit der Reparaturqualität genügt insoweit nicht. Vielmehr hat die Gegenseite konkret vorzutragen, warum eine gleichwertige Reparaturmöglichkeit vor diesem Hintergrund nicht möglich sein soll (OLG Düsseldorf, Urt. v. 27.3.2012 – 1 U 139/11 = NJW 2012, 2044). Wenn dies nicht erfolgt, ist auch ohne eine Beweisaufnahme eine gleichwertige Reparaturqualität anzunehmen und die Klage abzuweisen (beispielhaft: LG Nürnberg-Fürth, Urt. v. 13.1.2010 – 8 S 6446/09, juris; LG Aachen, Urt. v. 21.2.2011 – 5 S 156/10, juris).

Bei einem wie hier einfach gelagerten Fall sprechen Art und Höhe des Schadens auch ohne einen Eintritt in die Beweisaufnahme dafür, dass der Schaden auch durch eine

Werkstatt beseitigt werden kann, welche regelmäßig Unfallfahrzeuge repariert, ohne dass es sich um eine markengebundene Fachwerkstatt handeln muss (LG Halle, Urt. v. 26.3.2010 – 2 S 191/09 = NJW-RR 2010, 1537). Dies insbesondere, wenn Originalersatzteile verwendet werden, geschultes Fachpersonal eingesetzt wird und Herstellerrichtlinien beachtet werden (LG Mannheim, Urt. v. 31.3.2010 – 1 S 144/08 = BeckRS 2010, 11185). Auch der BGH hat bestätigt, dass ein zertifizierter Fachbetrieb in Meisterhand Arbeiten an der Fahrzeugkarosserie aller Marken hochwertig durchführen und der Richter dies im Rahmen der tatrichterlichen Schätzung nach § 287 ZPO auch ohne einen Eintritt in die Beweisaufnahme feststellen kann (BGH, Urt. v. 23.2.2010 – VI ZR 91/09 = NJW 2010, 2118).

Die technische Gleichwertigkeit der Reparatur in einer freien Fachwerkstatt ist jedenfalls in ausreichendem Maße dargelegt, wenn es sich bei der fraglichen Werkstatt um einen Kfz-Meisterbetrieb handelt, der als Karosserie-Fachbetrieb zertifiziert ist, Originalersatzteile verwendet, Reparaturen der Fahrzeugmarke des verunfallten Fahrzeugs nach den Richtlinien der Fahrzeughersteller durchführt, eine mehrjährige Garantie übernimmt und regelmäßig von einer Fachorganisation kontrolliert wird (AG Köln, Urt. v. 25.11.2011 – 271 C 169/11, juris).

▲

> *Hinweis* 52
> Eine gleichwertige Reparaturqualität liegt im Übrigen nahe, wenn der Fachbetrieb ohnehin bereits als Subunternehmer für andere markenbezogene Autohäuser tätig ist.[57] Erhebt der Geschädigte jedoch substantiierte Einwendungen zur gleichwertigen Reparaturqualität, muss die Schädigerseite diese Behauptungen widerlegen.[58]

c) Zugänglichkeit ohne erheblichen Aufwand und Hinweispflicht der Schädigerseite

Des Weiteren muss die alternative Fachwerkstatt für den Geschädigten ohne weiteres 53 zugänglich sein.[59] Ein erster Anhaltspunkt dafür ist die Lage einer markengebundenen Fachwerkstatt zum Wohnsitz des Geschädigten.[60] Sobald die alternative Fachwerkstatt für den Geschädigten erheblich weiter entfernt liegt als die markenbezogene Fachwerkstatt, muss er sich grundsätzlich auf diese nicht verweisen lassen. Ein erheblicher Mehraufwand kann dabei je nach den geographischen Besonderheiten des Einzelfalles in der Stadt bei einer (weiteren) Fahrt von 5–15 km, auf dem „Land" i.d.R. erst ab 20 km gesehen werden. Dem „VW-Urteil"[61] des BGH lag eine Entfernung von gut 15 km zugrunde, die seitens des BGH nicht beanstandet worden ist. In der Rechtsprechung wird eine Entfernung von bis zu 13 km[62] für zumutbar erachtet. Auch kann eine um 16 bzw. 10 km höhere Entfernung als der Weg zur nächstgelegenen Markenwerkstatt dem Geschädigten ohne weiteres zugemutet werden, wenn nicht unerhebliche Einsparungen erfolgen.[63]

---

57 AG Weinheim, Urt. v. 18.8.2011 –1 C 88/09 – juris.
58 OLG Frankfurt, Urt. v. 30.5.2011 –1 U 109/10 – juris.
59 BGH, Urt. v. 28.4.2015 – VI ZR 267/14 = NJW 2015, 2110.
60 BGH, Urt. v. 23.2.2010 – VI ZR 91/09 = NJW 2010, 2118.
61 BGH, Urt. v. 20.10.2009 – VI ZR 53/09 = NJW 2010, 606.
62 LG Hagen, Beschl. v. 15.3.2012 – 7 S 11/12 – juris; AG Dortmund, Urt. v. 22.2.2012 – 404 C 7705/11 – juris.
63 LG Essen, Urt. v. 28.3.2011 – 15 S 147/11 – juris.

Zudem wird von den benannten alternativen Fachwerkstätten häufig ein sog. kostenloser „Hol- und Bringservice" angeboten. Wenn die Abholung des Kfz für den Geschädigten kostenlos erfolgt und ihm das Fahrzeug auch wieder gebracht wird, entsteht für ihn kein Mehraufwand. Die alternative Fachwerkstatt ist dann für ihn ohne weiteres zugänglich, selbst wenn sie beispielsweise 26 km entfernt liegt.[64]

54 Der BGH hat in seiner Grundsatzentscheidung ausdrücklich betont, dass den Geschädigten nicht die Pflicht trifft, sich selber über eine günstigere Reparaturmöglichkeit als die Stundenlöhne in einer markengebundenen Fachwerkstatt seines Fahrzeugtyps zu informieren.[65]

55 Hinsichtlich des Zeitpunkts, zu dem der Verweis seitens des Schädigers spätestens erfolgen muss, bestanden daher bis zur Entscheidung des BGH v. 14.5.2013[66] in der Rechtsprechung unterschiedliche Auffassungen. Zum Teil wurde es für ausreichend gehalten, dass im Fall der fiktiven Schadensabrechnung des Geschädigten die Schädigerseite auch noch erstmals im Prozess auf eine günstigere Werkstatt verweist.[67] Diese Möglichkeit, d.h. dass ein Verweis erst im Prozess erfolgt, wurde von anderen Teilen der Rechtsprechung hingegen abgelehnt.[68] Mit Urt. v. 14.5.2013[69] hat der BGH den Streit dahingehend entschieden, dass der Verweis des Schädigers auf eine günstigere Reparaturmöglichkeit in einer mühelos und ohne weiteres zugänglichen anderen markengebundenen oder freien Fachwerkstatt noch im Rechtsstreit erfolgen kann, soweit dem nicht prozessuale Gründe, wie die Verspätungsvorschriften, entgegenstehen.

56 Der BGH begründet diese Möglichkeit des Verweises des Schädigers noch im anhängigen Prozess damit, dass bei einer fiktiven Abrechnung entscheidend sei, dass in solchen Fällen der objektiv zur Herstellung erforderliche Betrag ohne Bezug zu tatsächlich getätigten Aufwendungen zu ermitteln ist. Der Geschädigte disponiere daher dahingehend, dass er sich mit einer Abrechnung auf dieser objektiven Grundlage zufrieden gebe.

57 Der BGH hat die Möglichkeit des Werkstattverweises im laufenden Prozess in seiner Entscheidung vom 15.7.2014[70] nicht nur nochmals bestätigt, sondern auch entschieden, dass es einem solchen Verweis nicht entgegensteht, wenn der Geschädigte den Fahrzeugschaden in der Zwischenzeit bereits behoben hat, aber weiterhin fiktiv auf Gutachtenbasis abrechnet.

---

64 AG Düsseldorf, Urt. v. 14.3.2012 – 39 C 14728/11 – juris.
65 BGH, Urt. v. 29.4.2003 – VI ZR 398/02 = NJW 2003, 2086, 2087.
66 BGH, Urt. v. 14.5.2013 – VI ZR 310/12 = NJW 2013, 2817.
67 LG Frankfurt a.M., Urt. v. 19.1.2011 – 2–16 S 121/10 = BeckRS 2011, 02790; LG Stuttgart, Urt. v. 19.7.2010 – 4 S 48/10 = BeckRS 2010, 20333.
68 OLG Düsseldorf, Urt. v. 16.6.2008 – 1 U 246/07 = DAR 2008, 523; LG Kiel, Urt. v. 25.11.2011 – 1 S 37/11 = BeckRS 2012, 22628.
69 BGH, Urt. v. 14.5.2013 – VI ZR 310/12 = NJW 2013, 2817.
70 BGH, Urt. v. 15.7.2014 – VI ZR 313/13 = NJW 2014, 3236.

A. Unmittelbarer Fahrzeugschaden §8

Muster 8.11: Zulässige Verweisung im Prozess

Dass eine Verweisung erst im laufenden Prozess erfolgt ist, kann nicht beanstandet werden. Entscheidet sich der Geschädigte für eine fiktive Abrechnung der Reparaturkosten, wird er in zeitlicher Hinsicht nicht geschützt, so dass auch erst im Prozess bzw. nach einer (angeblich) durchgeführten Reparatur eine Verweisung erfolgen kann (BGH, Urt. v. 15.7.2014 – VI ZR 313/13 = NJW 2014, 3236 und Urt. v. 14.5.2013 – VI ZR 310/12 = NJW 2013, 2817).

58

▲

Welche konkreten inhaltlichen Anforderungen an den Verweis zu stellen sind, ist vom BGH noch nicht höchstrichterlich geklärt. Der Hinweis muss jedenfalls so umfassend sein, dass dem Geschädigten zumindest mühelos eine Kontaktaufnahme mit der Werkstatt ohne eigene Nachforschungen möglich ist. Ob darüber hinaus auch nachvollziehbare Ausführungen zu der konkret benannten Werkstatt und der dort gebotenen Reparaturqualität erforderlich sind, bleibt abzuwarten. Teilweise wird in der Rechtsprechung jedenfalls gefordert, dass für den Geschädigten erkennbar sein muss, warum eine gleichwertige Reparaturqualität gewährleistet ist.[71] Der BGH hat in seinem Urteil jedenfalls keine Veranlassung gesehen, den im dortigen Verfahren erfolgten Hinweis der Beklagten zu rügen. Der pauschale Hinweis auf günstigere Reparaturmöglichkeiten in einer Fachwerkstatt dürfte jedoch nicht ausreichen, weil damit nicht einmal die Möglichkeit eröffnet wird, die Frage der gleichwertigen Reparatur bei müheloser Zugänglichkeit überhaupt zu überprüfen.[72]

59

▼

Muster 8.12: Unzureichender Hinweis auf Reparaturmöglichkeit

Vorliegend scheitert eine Verweisung bereits daran, dass kein ausreichend konkreter Hinweis zur angeblich gleichwertigen Qualität erfolgt ist. Will der Schädiger bzw. dessen Haftpflichtversicherer den Geschädigten unter dem Gesichtspunkt der Schadensminderungspflicht auf eine günstigere Reparaturmöglichkeit in einer mühelos und ohne weiteres zugänglichen „freien Fachwerkstatt" verweisen, reicht der pauschale Hinweis auf eine konkrete – kostengünstigere – freie Reparaturwerkstatt zur Überprüfung der fachlichen Gleichwertigkeit durch den Geschädigten nicht aus. Zu fordern ist, dass der Ersatzpflichtige dem Geschädigten konkrete, die Gleichwertigkeit betreffende Angaben zukommen lässt. Maßgeblich sind Kriterien, ob es sich etwa um eine Meisterwerkstatt handelt, ob diese zertifiziert ist, ob dort Originalersatzteile Verwendung finden und über welche Erfahrung man bei der Reparatur von Unfallfahrzeugen verfügt. Auch die Entfernung der benannten Verweiswerkstatt zum Wohnort spielt eine Rolle, da die Realisierung der Reparatur für den Geschädigten nicht mit unzumutbaren Unannehmlichkeiten verbunden sein darf (vgl. statt vieler: OLG Düsseldorf, Urt. v. 27.3.2012 – 1 U 139/11 = NJW 2012, 2044).

60

Diese Anforderungen sind vorliegend nicht erfüllt: ▓▓▓▓ .

▲

---

71 AG Hannover, Urt. v. 3.12.2009 – 406 C 9076/09 – juris.
72 AG Arnsberg, Urt. v. 20.1.2010 – 3 C 339/09, juris.

4. Erstattungsfähigkeit von Preisaufschlägen für das Invorrathalten von Ersatzteilen

61 Umstritten ist auch die Erstattungsfähigkeit von Materialaufschlägen für das Invorrathalten von Ersatzteilen (sog. UPE-Zuschläge). Ausgangspunkt ist auch hier die Grundsatzentscheidung des BGH aus dem Jahr 2003,[73] wonach der Geschädigte im Regelfall die Aufwendungen erstattet erhält, die bei der Reparatur in einer markengebundenen Fachwerkstatt anfallen. Weist er nach, dass bei einer konkreten Reparatur auch diese Aufschläge angefallen sind, werden sie auch zu ersetzen sein. Umstritten ist allerdings, ob diese Aufschläge bei einer rein fiktiven Abrechnung zu erstatten sind. Dies erscheint nur konsequent, wenn sie bei der Reparatur in einer markengebundenen Fachwerkstatt üblicherweise in der betroffenen Region anfallen würden, so dass die wohl h.M. in der Rechtsprechung in einem solchen Fall eine Erstattungsfähigkeit annimmt.[74]

▼

62 **Muster 8.13: Erstattungsfähigkeit UPE-Aufschläge**

▒▒▒▒ Versicherung AG

Schaden-Nr./VS-Nr./Az. ▒▒▒▒

Schaden vom ▒▒▒▒

Pkw ▒▒▒▒, amtl. Kennzeichen ▒▒▒▒

Sehr geehrte Damen und Herren,

in vorbezeichneter KH-Schadensache komme ich zurück auf Ihr Schreiben vom ▒▒▒▒. Darin rechneten Sie den Fahrzeugschaden meines Mandanten in Höhe von ▒▒▒▒ EUR ab. Hiermit vermag sich mein Mandant berechtigterweise nicht einverstanden zu erklären.

Mein Mandant besitzt einen Anspruch auf Ausgleich der gemäß § 249 BGB „erforderlichen" Reparaturkosten. Er ist grundsätzlich dazu berechtigt, die Reparaturkosten fiktiv und auf der Grundlage des Kostenvoranschlags abzurechnen. Hierfür ist maßgeblich, welche Kosten durch eine Reparatur in einer markenbezogenen Fachwerkstatt verursacht worden wären (BGH NJW 2003, 2086).

In der hier betroffenen Region fallen hierunter auch die Aufschläge für das Invorrathalten von Ersatzteilen. In diesem Fall sind die Aufschläge auch zu erstatten (OLG Düsseldorf, Urt. v. 25.6.2001 – 1 U 126/00 = NZV 2002, 87; LG Aachen NZV 2005, 649).

Zudem weise ich zudem darauf hin, dass durch das Bereithalten von Ersatzteilen eine zeitliche Verzögerung der Reparatur vermieden wird, die andernfalls durch eine Zusendung der Ersatzteile vom Herstellerwerk entstehen würde. Durch die eingesparte Reparaturzeit reduziert sich gleichermaßen auch der Anspruch meines Mandanten auf Ersatz der Mietwagenkosten bzw. einen Nutzungsausfall. Die geringeren Aufpreise für das Vorrätighalten von Ersatzteilen entsprechen mithin nicht nur den üblichen Kosten einer mar-

---

[73] BGH, Urt. v. 29.4.2003 – VI ZR 398/02 = NJW 2003, 2086.
[74] Beispielhaft: KG, Beschl. v. 7.1.2010 –12 U 20/09 – juris; OLG Düsseldorf, Urt. v. 25.6.2001 – 1 U 126/00 = NZV 2002, 87; LG Münster, Urt. v. 30.4.2009 – 8 S 10/09 – juris; LG Bonn, Urt. v. 20.1.2008 – 8 S 195/07 – juris; LG Dortmund, Beschl. v. 30.1.2009 – 4 S 166/08 – juris; LG Aachen, Urt. v. 7.4.2005 – 6 S 200/04 = NZV 2005, 649.

kengebundenen Fachwerkstatt, sondern tragen durch eine verkürzte Reparaturzeit zu einer Minderung des entstanden Schadens bei. Sie stellen auch unter diesem Gesichtspunkt einen erforderlichen Aufwand zur Schadensbeseitigung dar. Vor diesem Hintergrund habe ich Sie aufzufordern, den offenen Restschaden in Höhe von ▬▬ EUR unverzüglich, spätestens jedoch bis zum

▬▬ (10-Tages-Frist)

auf das Ihnen bekannte Konto meines Mandanten unter Mitteilung an mich zu überweisen.

Mit freundlichen Grüßen

(Rechtsanwalt)

▲

Die Erstattungsfähigkeit der „UPE" Zuschläge wird teilweise in der Rechtsprechung jedoch bei einer fiktiven Abrechnung mit dem Argument abgelehnt, dass es sich dabei um nicht notwendigerweise anfallende Nebenkosten handelt.[75]

▼

Muster 8.14: Erwiderung auf begehrte UPE-Zuschläge im Prozess

Ungeachtet dessen ist eine rein fiktive Abrechnung dieser Position abzulehnen (vgl. LG Duisburg, Urt. v. 10.6.2014 – 3 O 405/12, juris; LG Hannover, Urt. v. 25.3.2008 – 14 S 83/07 = NZV 2009, 186). Ohne detaillierte Begründung ihrer Erforderlichkeit sind diese Aufschläge jedenfalls nicht zu ersetzen (OLG Nürnberg, Urt. v. 24.8.2000 – 8 U 682/00 = DAR 2001, 130).

Selbst wenn diese Auffassung als zu weitgehend abgelehnt wird, sind diese sog. „UPE – Aufschläge" nur dann zu erstatten, wenn diese üblicherweise bei einer Reparatur in der jeweiligen Region anfallen würden (OLG Düsseldorf, Urt. v. 25.6.2001 – 1 U 126/00 = NZV 2002, 87; LG Aachen, Urt. v. 7.4.2005 – 6 S 200/04 = NZV 2005, 649). Dies trifft jedoch auf die vorliegend betroffene Region nicht zu.

Gegenbeweis:

▲

In der Rechtsprechung ist ferner umstritten, ob bei fiktiver Abrechnung der Reparaturkosten auch die sog. Verbringungskosten ausgleichsfähig sind. Hierbei handelt es sich um die Kosten, die von der Reparaturwerkstatt dafür in Rechnung gestellt werden, dass das Fahrzeug nach der Fertigstellung der Reparaturarbeiten zum Lackierer verbracht werden muss. Auch hier ist wieder der Ausgangspunkt, welche Kosten üblicherweise anfallen würden, wenn das Fahrzeug in einer markengebundenen Fachwerkstatt repariert wird. Die meisten Werkstätten unterhalten keine eigene Lackierwerkstatt, so dass bundesweit i.d.R. eine Verbringung zum Lackierer erforderlich ist. Die überwiegende Auffassung in der Rechtsprechung bejaht die Erstattungsfähigkeit der Verbringungskosten daher mit dem Argument, dass i.S.d. „erforderlichen" Reparaturkosten gemäß § 249 Abs. 2 S. 1 BGB sämtliche voraussichtlichen Kosten auszugleichen seien. Dabei könne es nicht darauf ankommen, ob die Kosten auch tatsächlich angefallen sind, da dies

---

75 OLG Nürnberg, Urt. v. 24.8.2000 – 8 U 682/00 = DAR 2001, 130; LG Essen, Beschl. v. 3.9.2014 – 10 S 234/14 – juris; LG Duisburg, Urt. v. 10.6.2013 – 3 O 405/12 – juris; LG Hannover, Urt. v. 25.3.2008 – 14 S 83/07 = NZV 2009, 186.

dem Grundsatz der fiktiven Abrechnung widerspreche. Eine Erstattungsfähigkeit ist zumindest dann anzunehmen, wenn die Lackierkosten bei einer Reparatur in der am Wohnort des Geschädigten gelegenen (markenbezogenen) Fachwerkstatt anfallen würden.[76]

▼

66 **Muster 8.15: Kosten bei Verbringung des Fahrzeugs**

　　　　Versicherung AG

Schaden-Nr./VS-Nr./Az.

Schaden vom

Pkw　　　, amtl. Kennzeichen

Sehr geehrte Damen und Herren,

in Ihrem Schreiben vom　　　gleichen Sie den für meinen Mandanten auf der Grundlage des vorliegenden Gutachtens geltend gemachten Fahrzeugschaden exklusive 　　　EUR Kosten für die Verbringung des Fahrzeugs zum Lackierer aus. Soweit Sie zur Begründung des Abzugs die Auffassung vertreten, ein Anspruch auf Ausgleich dieser Kosten bestehe nur dann, wenn mein Mandant nachweise, dass die Kosten im Rahmen einer Reparatur des Fahrzeugs auch tatsächlich angefallen sind, steht dies im Widerspruch zu den Grundsätzen der fiktiven Abrechnung des Fahrzeugschadens.

Grundsätzlich besitzt mein Mandant einen Anspruch auf Ausgleich der „erforderlichen" Reparaturkosten gemäß § 249 Abs. 2 S. 1 BGB. Danach sind alle Kosten auszugleichen, die im Falle einer ordnungsgemäßen Reparatur in einer Fachwerkstatt entstehen würden. Welche Kosten dies im Einzelnen sind, ist den Ausführungen des Sachverständigen 　　　in seinem Gutachten vom　　　zu entnehmen. Danach gehören zu den erforderlichen Reparaturkosten auch die Kosten für die Verbringung des Fahrzeugs zum Lackierer. Im Rahmen seiner Dispositionsbefugnis steht es meinem Mandanten frei, beispielsweise auf eine Reparatur zu verzichten oder die Lackierarbeiten in Eigenregie durchführen zu lassen. Sofern dabei keine Verbringungskosten anfallen, kann dies in keinem Fall dem Schädiger bzw. Ihnen zugutekommen.

Im Übrigen steht meinem Mandanten als Geschädigtem auch die Wahl zu, in welcher Fachwerkstatt seines Vertrauens er die notwendigen Lackierungsarbeiten ausführen lässt. Diese Arbeiten kann er von einer auf Lackierarbeiten spezialisierten Fachwerkstatt ausführen lassen. Die bei der Verbringung zu dieser Fachwerkstatt anfallenden Kosten stellen daher einen angemessenen und erforderlichen Aufwand zur Schadensbeseitigung dar. Dieser ist im Rahmen der von meinem Mandanten gewählten fiktiven Abrechnung ohne weitere Nachweise zu ersetzen. (OLG Düsseldorf, Urt. v. 16.6.2008 – 1 U 246/07 = DAR 2008, 523; OLG Dresden, Urt. v. 13.6.2001 – 13 U 600/01 = DAR 2001, 455).

---

[76] OLG Düsseldorf, Urt. v. 16.6.2008 – 1 U 246/07 = DAR 2008, 523; OLG Düsseldorf, Urt. v. 25.6.2001 – 1 U 126/00 = NZV 2002, 87; OLG Dresden, Urt. v. 13.6.2001 – 13 U 600/01 = DAR 2001, 455.

Nach alledem habe ich mir für den Ausgleich der ausstehenden EUR eine Frist bis zum

(10-Tages-Frist)

notiert. Sollte mein Mandant innerhalb der gesetzten Frist keinen Zahlungseingang feststellen können, werde ich ihm die Inanspruchnahme gerichtlicher Hilfe empfehlen.

Mit freundlichen Grüßen

(Rechtsanwalt)

▲

Nach anderer Auffassung in der Rechtsprechung[77] zählen die Verbringungskosten nicht zum Bereich der „erforderlichen" Reparaturkosten. Aus diesem Grunde seien sie nur dann ausgleichspflichtig, wenn der Nachweis erbracht wird, dass solche Kosten auch tatsächlich angefallen sind.

▼

Muster 8.16: Einwendung im Prozess zu den geltend gemachten Verbringungskosten
Die von der Klägerseite verlangten Verbringungskosten in Höhe von EUR sind nicht zu erstatten. In der betroffenen Region ist eine Verbringung des Fahrzeugs zu einem Lackierer im Wege des „Outsourcing" unüblich und wird i.d.R. nicht durchgeführt.

Gegenbeweis: Sachverständigengutachten

Wenn die notwendigen Arbeiten von derselben Fachwerkstatt am gleichen Ort durchgeführt werden können, stellen die Verbringungskosten zu einem Lackierer keinen erforderlichen Aufwand zur Schadensbeseitigung dar (OLG Düsseldorf, Urt. v. 16.6.2008 – 1 U 246/07 = DAR 2008, 523; OLG Düsseldorf, Urt. v. 25.6.2001 – 1 U 126/00 = DAR 2002, 68; LG Essen, Urt. v. 18.10.2002 – 11 O 64/02 = SP 2003, 102).

Und selbst wenn teilweise eine Verbringung zu externen Lackierbetrieben erfolgt, genügt allein die Tatsache, dass nicht jede Reparaturwerkstätte über eine eigene Lackiererei verfügt, nicht für die Annahme, dass solche Kosten als erforderlicher Aufwand i.S.d. § 249 Abs. 2 BGB aufgewendet werden müssten (OLG Nürnberg, Urt. v. 24.8.2000 – 8 U 682/00 = DAR 2001, 130).

▲

Eine Sonderkonstellation liegt ferner vor, wenn der Geschädigte sich im Rahmen der ihm obliegenden Pflicht zur Schadensminderung auf die Reparatur in einer Werkstatt mit geringeren Stundenlöhnen verweisen lassen muss, die zugleich auch die erforderlichen Lackierarbeiten fachgerecht und ohne weitere Verbringungskosten durchführen kann. In diesem Fall sind fiktive Verbringungskosten nicht zu erstatten. Sie stellen dann keinen erforderlichen Aufwand zur Schadensbeseitigung dar.[78]

---

77 *Burmann/Heß/Jahnke/Janker*, Straßenverkehrsrecht, 23. Aufl. 2014, § 249 BGB Rn 104 mit Rechtsprechungsnachweisen.
78 BGH, Urt. v. 14.5.2013 – VI ZR 320/12 = SVR 2013, 266; LG Hamburg, Beschl. v. 17.4.2012 – 302 S 84/11 – juris; LG Osnabrück, Urt. v. 29.3.2011 – 10 S 641/08 – juris; LG Lübeck, Urt. v. 7.5.2010 – 1 S 117/09 = NJW-RR 2010, 1255.

§ 8 Sachschaden

▼

Muster 8.17: UPE-Aufschläge bei Werkstattverweis

70 Auch im Hinblick auf die angeführten UPE-Zuschläge wurde ein berechtigter Abzug vorgenommen. Hierbei handelt es sich um sogenannte Zusatzkosten, die für das „Invorrathalten" bestimmter Ersatzteile berechnet werden. Die Berechnung erfolgt üblicherweise dahingehend, dass ein pauschaler und willkürlicher prozentualer Betrag von den gesamten Ersatzteilkosten zugeschlagen wird.

Im vorliegenden Fall sind von der Klägerseite sogenannte „UPE-Zuschläge" für das Invorrathalten von Ersatzteilen mit ▓▓▓ % in Höhe von ▓▓▓ EUR zzgl. anteiliger „Kleinteile" mit ▓▓▓ EUR insgesamt aufgeschlagen worden. Dies stellt jedoch keinen erforderlichen Aufwand zur Schadensbeseitigung dar, da die oben angeführte Fachwerkstatt keine Aufschläge für das Invorrathalten von Ersatzteilen erhebt.

Beweis: ▓▓▓

Es wäre auch nicht zu begründen, warum bei einem zumutbaren Verweis auf eine technisch gleichwertige Werkstatt zwischen den dortigen Stundenverrechnungssätzen einerseits und den dort (gerade nicht anfallenden) Verbringungskosten und UPE-Aufschlägen unterschieden werden sollte (BGH, Urt. v. 14.5.2013 – VI ZR 320/12 = SVR 2013, 266; LG Hamburg, Beschl. v. 17.4.2012 – 302 S 84/11, juris; LG Osnabrück, Urt. v. 29.3.2011 – 10 S 641/08, juris; LG Lübeck, Urt. v. 7.5.2010 – 1 S 117/09 = NJW-RR 2010, 1255).

Die Beklagte ist verpflichtet, auf eine ganz konkrete Werkstatt zu verweisen, deren Qualitätsstandard und Konditionen sie im Einzelnen darlegen muss. Der Abrechnungsmaßstab der fiktiven Reparatur verschiebt sich dadurch von den Konditionen ortsüblicher Markenfachwerkstätten auf die Konditionen der konkret benannten Werkstatt. Ein Unterschied zwischen Verrechnungssätzen, UPE-Aufschlägen oder Verbringungskosten besteht insoweit nicht. In jedem Fall handelt es sich um Konditionenverbesserungen, die der Geschädigte aus Gründen der Schadensminderung gegen sich gelten lassen muss.

▲

71 Ein weiteres umstrittenes Feld eröffnet sich derzeit bei den Kosten für die Beilackierung nicht beschädigter Fahrzeugteile. Die Erstattung dieser fiktiven Kosten wird teilweise abgelehnt.[79]

▼

72 **Muster 8.18: Keine Erstattung der Beilackierungskosten**

Die Klägerseite hat auch keinen Anspruch auf Ersatz der im Schadensgutachten angesetzten Kosten der Beilackierung in Höhe von ▓▓▓ EUR.

Dies aus dem Grund, dass im Rahmen einer Reparatur des entstandenen Fahrzeugschadens eine Beilackierung nicht zwingend erforderlich ist, sondern sich vielmehr erst im Rahmen der tatsächlichen Reparatur und Lackierung der betroffenen Fahrzeugteile zeigt, ob sich ein farblicher Unterschied zu der ursprünglichen Lackierung ergibt.

Gegenbeweis: Sachverständigengutachten

Dass damit vorliegend letztlich nicht geklärt ist, ob eine Beilackierung tatsächlich erforderlich ist, geht zu Lasten des Geschädigten, der sich für eine fiktive Abrechnung entschieden

---

[79] LG Essen, Beschl. v. 3.9.2014 – 10 S 234/14 – juris; LG Berlin, Urt. v. 23.8.2012 – 44 O 262/11 – juris; AG Bochum, Urt. v. 21.10.2014 – 40 C 325/13 – juris.

hat und die Darlegungs- und Beweislast für die fiktiv eingeforderte Schadenshöhe trägt (vgl. LG Essen, Beschl. v. 3.9.2014 – 10 S 234/14, juris; LG Berlin, Urt. v. 23.8.2012 – 44 O 262/11, juris; AG Bochum, Urt. v. 21.10.2014 – 40 C 325/13, juris; LG Bielefeld, Beschl. v. 19.5.2014 – 20 S 109/13 = SP 2014, 412; AG Gummersbach, Urt. v. 3.2.2012 – 11 C 392/11 = SP 2012, 154).

▲

Letztendlich dürfte dies jedoch eine Frage sein, die ein technischer Sachverständiger zu beantworten hat. Wenn aus technischer Sicht eine solche Beilackierung zu fordern ist, um Farbdifferenzen zu vermeiden, gehören diese Aufwendungen zu den Kosten der Reparatur in einer markengebundenen Fachwerkstatt und sind auch bei einer fiktiven Abrechnung zu erstatten. Dies dürfte für einen Sachverständigen auch ohne tatsächlich durchgeführte Reparatur klar sein.[80]

73

5. Fiktive Abrechnung und zusätzliche Anforderung der bei der Reparatur tatsächlich entstandenen Mehrwertsteuer

Wenn der Geschädigte die laut Gutachten erforderlichen Reparaturkosten gegenüber dem Schädiger zunächst fiktiv abrechnet, stellt sich die Frage, ob er sich mit dieser Wahl der Schadensabrechnung zugleich gebunden hat oder ob er nachträglich auch die tatsächlich entstandene Mehrwertsteuer gesondert einfordern kann. Der Geschädigte kann jedenfalls grundsätzlich nicht eine fiktive und konkrete Schadensabrechnung kombinieren.[81]

74

Die Rechtsprechung lässt allerdings im Rahmen des dem Geschädigten zustehenden Wahlrechts entsprechend dem Gesetzeswortlaut des § 249 Abs. 2 S. 2 BGB die Geltendmachung der Mehrwertsteuer im Anschluss an eine fiktive Abrechnung i.d.R. zu, wenn und soweit sie tatsächlich angefallen ist. In einem zunächst gestellten Verlangen nach Schadensersatz im Wege einer fiktiven Abrechnung liegt jedenfalls regelmäßig kein Verzicht auf eine Nachforderung.[82] Eine Geltendmachung der später angefallenen Mehrwertsteuer ist demnach grundsätzlich möglich, wenn der Geschädigte sich dadurch für eine konkrete Schadensabrechnung entscheidet (die letztendlich den fiktiven Reparaturkostenanteil als Minus ohne MwSt. beinhaltet). Er ist grundsätzlich nicht an die zuerst erfolgte Abrechnung gebunden, die sich allein an den von einem Gutachter geschätzten Reparaturkosten orientiert.[83]

75

---

80 So in dem Fall OLG Düsseldorf, Urt. v. 27.3.2012 –1 U 139/11 = NJW 2012, 2044.
81 BGH, Urt. v. 30.5.2006 – VI ZR 174/05 = NJW 2006, 2320: Bei einer fiktiven Abrechnung der Reparaturkosten können nicht zugleich die konkreten Nebenkosten einer Ersatzbeschaffung (z.B. An- und Abmeldekosten) geltend gemacht werden.
82 BGH, Urt. v. 20.4.2004 – VI ZR 109/03 = NJW 2004, 1943.
83 BGH, Urt. v. 17.10.2006 – VI ZR 249/05 = NJW 2007, 67.

§ 8 Sachschaden

Muster 8.19: Ersatz der angefallenen Mehrwertsteuer im Anschluss an den Ersatz fiktiver Reparaturkosten

_____ Versicherung AG

Schaden-Nr./VS-Nr./Az. _____

Schaden vom _____

Pkw _____, amtl. Kennzeichen _____

Sehr geehrte Damen und Herren,

mit der Abrechnung des Fahrzeugschadens in vorbezeichneter Unfallangelegenheit vermag ich mich nicht einverstanden zu erklären. Entgegen der von Ihnen vertretenen Auffassung besitzt meine Mandantschaft einen Anspruch auf Ausgleich der tatsächlichen angefallenen Mehrwertsteuer.

Nach der höchstrichterlichen Rechtsprechung kann der Geschädigte im Rahmen des ihm zustehenden Wahlrechtes die Mehrwertsteuer gem. § 249 Abs. 2 S. 2 BGB auch im Anschluss an eine fiktive Abrechnung geltend machen, wenn und soweit diese tatsächlich angefallen ist. In der (erstmaligen) Geltendmachung des entstandenen Schadens ist gerade kein Verzicht auf eine Nachforderung zu sehen (BGH, Urt. v. 20.4.2004 – VI ZR 109/03 = NJW 2004, 1943). Vielmehr steht es dem Geschädigten frei, nach einer ersten Abrechnung auf Basis des Gutachtens die höheren Kosten einer tatsächlich durchgeführten Reparatur des Kfz zu verlangen (BGH, Urt. v. 17.10.2006 – VI ZR 249/05 = NJW 2007, 67). Die durch die Reparatur tatsächlich angefallene und von meinem Mandanten bezahlte Mehrwertsteuer ist Ihnen durch die Rechnung und Quittung der von meinem Mandanten beauftragten Reparaturwerkstatt nachgewiesen worden.

Im Übrigen weise ich Sie darauf hin, dass ich namens meiner Mandantschaft bei den Ihnen gegenüber mit Schreiben vom _____ geltend gemachten fiktiven Reparaturkosten eine spätere Nachforderung der tatsächlich angefallenen Mehrwertsteuer ausdrücklich vorbehalten habe. Mithin greift allein aus diesem Grund Ihr Argument, mein Mandant habe sich mit der fiktiven Geltendmachung des Schadensersatzes verbindlich auf diese Art der Abrechnung festgelegt, nicht ein.

Danach fordere ich Sie zum unverzüglichen Ausgleich der offenen Restreparaturkosten auf. Hierfür habe ich mir eine Frist bis zum

_____ (10-Tages-Frist)

notiert. Nach fruchtlosem Fristablauf werde ich meinem Mandanten die Inanspruchnahme gerichtlicher Hilfe empfehlen.

Mit freundlichen Grüßen

(Rechtsanwalt)

Es empfiehlt sich, bei der (ersten) Abrechnung des Fahrzeugschadens auf fiktiver Gutachtenbasis die spätere Geltendmachung der tatsächlich angefallenen Mehrwertsteuer ausdrücklich vorzubehalten. Dadurch wird jegliche Argumentation, dass eine Festlegung auf eine Abrechnungsart erfolgt sei, von vorne herein unterbunden.

Hinweis
Bei der Vorlage einer Reparaturrechnung, die geringere Kosten ausweist als den Betrag, der im Gutachten als erforderlich angesehen wird, ist zu beachten, dass bei einer Abrechnung auf fiktiver Gutachtenbasis der Geschädigte das „Werkstattrisiko" trägt.[84] Dies birgt folgendes Risiko: In vielen Fällen wird der Schädiger bzw. sein Versicherer bei der Nachforderung nunmehr bestreiten, dass der im Gutachten angeführte Betrag der tatsächlich erforderliche Aufwand zur Schadensbeseitigung ist. Ggf. kann dann der Schädiger bzw. sein Kfz-Haftpflichtversicherer erfolgreich einen Rückforderungsanspruch aus § 812 BGB gegen den Geschädigten geltend machen. Die Nachforderung der tatsächlich angefallenen Mehrwertsteuer sollte mithin wohlüberlegt und umso zurückhaltender ausgeübt werden, je größer die Differenz zwischen den laut Gutachten erforderlichen und den tatsächlichen Reparaturkosten ist.

6. Checkliste: Fiktive Reparaturkosten

- Die Reparatur ist technisch möglich und wirtschaftlich vernünftig.
- Die Reparatur des Fahrzeugs ist nicht erforderlich.
- Bei der Abrechnung auf fiktiver Reparaturkostenbasis wird eine Mehrwertsteuer nicht erstattet. Diese kann jedoch nachgefordert werden, wenn und soweit sie tatsächlich angefallen ist, es sei denn, es wurde hierauf unmissverständlich verzichtet.
- Die Bezifferung des Schadens erfolgt durch Gutachten/Kostenvoranschlag.
- Bei Reparatur und fiktiver Abrechnung besteht grundsätzlich keine Pflicht zur Vorlage von Belegen.
- Ggf. ist der Abzug „neu für alt" bei sog. Verschleißteilen vorzunehmen.
- Für die Abrechnung des Schadens sind grundsätzlich die Stundenverrechnungssätze einer markengebundenen Fachwerkstatt entscheidend. Der Geschädigte muss sich im Rahmen der ihm obliegenden Schadensminderungspflicht jedoch auf die Reparatur in einer konkret benannten kostengünstigeren Reparaturwerkstatt verweisen lassen, wenn diese eine technisch gleichwertige Reparatur gewährleistet für ihn ohne weiteres zugänglich ist und eine solche Reparatur dem Geschädigten zugemutet werden kann. Bei einem Fahrzeugalter von bis zu drei Jahren zum Unfallzeitpunkt ist eine Verweisung für den Geschädigten i.d.R. nicht zumutbar.
- Ob die Kosten für das Vorhalten von Ersatzteilen (UPE-Zuschläge) und Verbringungskosten zum Lackierer bei einer fiktiven Abrechnung zu erstatten sind, ist in der Rechtsprechung der Instanzgerichte umstritten. Es ist die jeweilige örtliche Rechtsprechung zu berücksichtigen. Wenn der Geschädigte sich aber auf die konkrete

---

84 OLG Hamm, Urt. v. 18.3.1999 – 6 U 104/98 = NZV 1999, 297.

Reparatur in einer bestimmten Fachwerkstatt verweisen lassen muss, bei der diese Kosten nicht anfallen, sind weder die UPE-Zuschläge noch die Verbringungskosten zu ersetzen.

- In der (erstmaligen) Abrechnung auf Gutachtenbasis liegt i.d.R. kein Verzicht auf eine Nachforderung der Mehrwertsteuer. Der Geschädigte kann jedoch nicht eine fiktive und konkrete Schadensabrechnung kombinieren. Mit der Nachforderung der Mwst. muss er sich daher auf eine konkrete Schadensabrechnung festlegen und ggf. die Reparaturkosten offenlegen.

IV. Grundsätze der Abrechnung auf Basis des Wiederbeschaffungsaufwands

1. Übersicht

80 Die Abrechnung auf Basis der Reparaturkosten ist nur die eine Abrechnungsart, die dem Geschädigten offensteht. Unter Umständen kann er auch gehalten sein, auf Basis der Kosten für die Wiederbeschaffung eines gleichwertigen Ersatzfahrzeugs abzurechnen. Ob die Aufwendungen für eine Reparatur oder aber die Kosten für eine Wiederbeschaffung abzurechnen sind, ergibt sich aus dem sog. „4-Stufen-Modell" des BGH, welches im nächsten Kapitel erläutert wird.

81 Bei der Abrechnung auf Basis der Kosten der Ersatzbeschaffung ist wie folgt zu unterscheiden: Die Kosten, die für die Beschaffung eines gleichwertigen Kraftfahrzeugs anfallen würden, bilden den sog. **Wiederbeschaffungswert**. Daneben kann der dem Fahrzeug nach dem Unfall weiter beizumessende **Restwert** zu berücksichtigen sein. Unter Anrechnung dieses Restwertes auf den Wiederbeschaffungswert ergibt sich der sog. **Wiederbeschaffungsaufwand** als die Kosten, die bei einer Ersatzbeschaffung unter Berücksichtigung einer Einnahme durch Veräußerung des verunfallten Fahrzeugs anfallen. Der Ersatz des Wiederbeschaffungsaufwandes kann (wie auch bei den Reparaturkosten) konkret über den Nachweis einer Ersatzbeschaffung einschließlich der dabei angefallenen Mehrwertsteuer oder aber fiktiv auf Basis des Schadensgutachtens unter Ausschluss der Mehrwertsteuer erfolgen.

2. Wiederbeschaffungswert

82 Die **Bezifferung des Wiederbeschaffungswerts** erfolgt in aller Regel auf der Grundlage der Angaben des Sachverständigen in seinem Gutachten. Liegt kein Sachverständigengutachten vor, kann der Wiederbeschaffungswert durch einen Blick in **Gebrauchtwagenlisten** (z.B. „Eurotax-Schwacke") ermittelt werden. Allerdings beinhaltet diese Liste lediglich Angaben für Fahrzeuge, die maximal zehn Jahre alt sind. Die Bezifferung des Wiederbeschaffungswerts älterer Fahrzeuge oder besonderer Fahrzeugtypen, die in Gebrauchtwagenlisten nicht vermerkt sind, erfordert eine konkrete Marktanalyse. Anhaltspunkte für die Bezifferung des Wiederbeschaffungswerts derartiger Fahrzeuge bieten Angebote über entsprechende Fahrzeuge bei Gebrauchtwagenhändlern, insbeson-

dere über die einschlägigen Internetportale oder Kleinanzeigen der lokalen oder der Fachpresse. Dabei muss allerdings beachtet werden, dass Anzeigen in überregionalen Fachzeitschriften oder gar im Internet i.d.R. keinen Aufschluss über das regionale Marktgefüge am Ort des Geschädigten geben. Aus diesem Grund ist einer Bezifferung des Wiederbeschaffungswerts durch einen Sachverständigen in der Regel der Vorzug einzuräumen.

Hinweis
Für die Ermittlung des Wiederbeschaffungswerts ist allein der Eintritt des Schadensfalls maßgeblich. Ein zwischenzeitlicher **Preisverfall** geht zu Lasten des Schädigers.[85]

3. Restwert

a) Übersicht

Unter dem Begriff „Restwert" wird der **Wert des beschädigten Unfallfahrzeugs** verstanden. Auch dieser Wert macht sich an konkreten Marktwerten fest. Früher konnte für jedes noch so beschädigte Fahrzeug ein Restwert als „Schrottwert" erzielt werden. Da die Fahrzeuge heutzutage aufgrund der verschärften Umweltgesetzgebung ordnungsgemäß entsorgt werden müssen, verursacht die Verwertung des Unfallfahrzeugs u.U. sogar Kosten, so dass nicht mehr in jedem Fall ein Restwert erzielt werden kann. 83

Für die Bestimmung des Restwerts gilt, dass der Geschädigte sich grundsätzlich den Restwert anrechnen lassen muss, der in dem Sachverständigengutachten ausgewiesen wird. Hiervon gibt es jedoch eine Reihe an Ausnahmen, die sich in folgende zwei Problemfelder eingrenzen lassen: Zum einen geht es um die Frage, ob ein tatsächlich erzielter (geringerer oder größerer) Restwert maßgeblich werden kann. Zum anderen kann dem Geschädigten in bestimmten Ausnahmefällen der Vorwurf eines erheblichen Mitverschuldens gemacht werden. 84

b) Restwert lässt sich insgesamt nicht mehr erzielen

Der vom Sachverständigen angeführte Restwert stellt lediglich einen Schätzwert dar, der sich im Einzelfall nicht immer realisieren lässt. In diesen Fällen ist darauf zu achten, dass alle Verkaufsbemühungen des Mandanten in substantiierter Weise dargelegt und ggf. dokumentiert werden können, um den Versicherer davon zu überzeugen, dass die erste Schätzung des Sachverständigen tatsächlich unzutreffend ist. Durch eine entsprechende Anzeige und Fristsetzung zur Vermittlung eines zutreffenden Angebots wird von vorneherein unterbunden, dass dem Mandanten gegenüber der Vorwurf eines Mitverschuldens erhoben werde könnte. Auch werden weitere erhebliche Aufwendungen des Mandanten zur Ermittlung eines Restwertkäufers vermieden. 85

---

85 OLG Düsseldorf, Urt. v. 30.6.1997 – 1 U 212/96 = NZV 1997, 483.

§ 8 Sachschaden

▼

Muster 8.20: Nichterzielung des geschätzten Restwerts

86 ▨▨▨ Versicherung AG

▨▨▨

▨▨▨

Schaden-Nr./VS-Nr./Az. ▨▨▨

Schaden vom ▨▨▨

Pkw ▨▨▨, amtl. Kennzeichen ▨▨▨

Sehr geehrte Damen und Herren,

in der im Betreff genannten Schadensache bemühte sich meine Mandantschaft in der Zwischenzeit vergeblich um eine Verwertung des Unfallfahrzeugs. So wurde erfolglos die als Anlage beigefügte Anzeige im Internet aufgegeben. Auch wurden die aus der Anlage erkenntlichen Händler angerufen, jedoch immer nur eine abschlägige Antwort erhalten. Entgegen den Angaben des Sachverständigen lässt sich der geschätzte Restwert von ▨▨▨ EUR nicht realisieren. Im Gegenteil stehen weitere Kosten für die Verschrottung des Fahrzeugs zu erwarten.

Sollten Sie anderer Auffassung sein, bitte ich höflich um die Benennung eines Aufkäufers, der gewillt ist, den vom Sachverständigen geschätzten Restwert oder einen anderen Betrag zu bezahlen. Hierfür habe ich mir eine Frist bis zum

▨▨▨ *(10-Tages-Frist)*

notiert. Sollte ich von Ihnen bis zu diesem Tage keine Rückantwort erhalten, wird mein Mandant das Unfallfahrzeug verschrotten lassen und Ihnen die dadurch verursachten weiteren Kosten gesondert aufgeben.

Mit freundlichen Grüßen

(Rechtsanwalt)

▲

c) Verbindlichkeit des vom Sachverständigen ermittelten Restwertes und Vertrauensschutz des Geschädigten

87 Der Geschädigte bewegt sich in den für die Schadensbehebung gezogenen Grenzen, wenn er die Veräußerung seines beschädigten Kraftfahrzeugs zu demjenigen Preis vornimmt, den ein von ihm eingeschalteter Sachverständiger als Wert auf dem allgemeinen regionalen Markt ermittelt hat.[86] Er ist grundsätzlich nicht verpflichtet, einen Sondermarkt für Restwertaufkäufer im Internet in Anspruch zu nehmen. Dies gilt sowohl für den Fall einer Ersatzbeschaffung als auch der Reparatur und Weiternutzung des beschädigten Fahrzeug.[87] Wird beispielsweise außergerichtlich oder im Prozess durch einen Sachverständigen der Schädigerseite eine Schätzung vorgenommen, die sich nicht auf den regionalen Markt bezieht, ist diese grundsätzlich nicht maßgeblich und der

---

[86] BGH, Urt. v. 13.10.2009 – VI ZR 318/08 = NZV 2010, 193; BGH, Urt. v. 10.7.2007 – VI ZR 217/06 = NJW 2007, 2918; OLG Hamm, Urt. v. 31.10.2008 – 9 U 48/08 = NZV 2009, 183.
[87] BGH, Urt. v. 13.10.2009 – VI ZR 318/08 = NVZ 2010, 193.

Geschädigte muss sich nur unter eng umgrenzten Ausnahmen auf andere Angebote verweisen lassen.[88]

▼

Muster 8.21: Zurückweisung eines höheren überregional ermittelten Restwertes   88

Der angeführte Restwert in Höhe von ▨▨▨ EUR ist zurückzuweisen. Der Geschädigte bewegt sich in den für die Schadensbehebung gezogenen Grenzen, wenn er die Veräußerung seines beschädigten Kraftfahrzeugs zu demjenigen Preis vornimmt, den ein von ihm eingeschalteter Sachverständiger als Wert auf dem allgemeinen regionalen Markt ermittelt hat. Er ist grundsätzlich nicht verpflichtet, einen Sondermarkt für Restwertaufkäufer im Internet in Anspruch zu nehmen (BGH, Urt. v. 13.10.2009 – VI ZR 318/08 = NZV 2010, 193; BGH, Urt. v. 10.7.2007 – VI ZR 217/06 = NJW 2007, 2918). Ein ggf. höherer Restwert, der sich nicht auf ein Angebot des regionalen Marktes bezieht, ist grundsätzlich unbeachtlich (OLG Hamm, Urt. v. 31.10.2008 – 9 U 48/06 = NZV 2009, 183).

▲

Seitens des Schädigers kann in einem Prozess jedoch bestritten werden, dass der im Gutachten ausgewiesene Restwert zutreffend auf dem regionalen Markt ermittelt worden ist. Dabei ist insbesondere von Bedeutung, dass der Sachverständige den Restwert über drei Angebote aus dem regionalen Markt zu belegen und diese in seinem Gutachten auszuweisen hat.[89] Dies kann auch zu Lasten des Geschädigten gehen: Will der Geschädigte das Risiko vermeiden, einen zu geringen Restwert zu erzielen, muss er sich vor dem Verkauf des beschädigten Fahrzeugs mit dem Haftpflichtversicherer abstimmen oder aber ein eigenes Gutachten mit einer korrekten Wertermittlung einholen, auf dessen Grundlage er die Schadensberechnung vornehmen kann. Hat der vom Geschädigten beauftragte Sachverständige dagegen den Restwert auf dem regionalen Markt unter Ausweis von mindestens drei Angeboten ermittelt, so kann die Schädigerseite zwar immer noch bestreiten, dass ein höherer Restwert erzielt werden kann. Dies kann jedoch dem Geschädigten bei der Verfolgung seiner Ansprüche nicht entgegengehalten werden, es sei denn, der Versicherer übermittelt dem Geschädigten rechtzeitig ein konkretes und höheres Restwertangebot, welches mit einem einfachen „Ja" angenommen werden kann.[90]

▼

Muster 8.22: Einwendung zu dem ermittelten Restwert   90

Will der Geschädigte das Risiko vermeiden, einen zu geringen Restwert zu erzielen, muss er sich vor dem Verkauf des beschädigten Fahrzeugs mit dem Haftpflichtversicherer abstimmen oder aber ein eigenes Gutachten mit einer korrekten Wertermittlung einholen, auf dessen Grundlage er die Schadensberechnung vornehmen kann. Eine solche korrekte Wertermittlung ist aber nur dann gegeben, wenn der Sachverständige mindestens drei Angebote aus dem regionalen Markt in seinem Gutachten ausweist. Der pauschale Hinweis auf nicht näher bezeichnete, aber angeblich eingeholte Ankaufsangebote genügt

---

88 OLG Hamm, Urt. v. 31.10.2008 – 9 U 48/08 = NZV 2009, 183.
89 BGH, Urt. v. 13.10.2009 – VI ZR 318/08 = NZV 2010, 193.
90 BGH, Urt. v. 1.6.2010 – VI ZR 316/09 = NJW 2010, 2722; OLG Köln, Hinweisbeschl. v. 16.7.2012 – 13 U 80/12 = NJW-RR 2013, 224; OLG München, Urt. v. 21.10.2011 – 10 U 2304/10 = SVR 2012, 227.

nicht (BGH, Urt. v. 13.10.2009 – VI ZR 318/08 = NZV 2010, 193). Hier finden sich in dem vorgelegten Gutachten des Sachverständigen ▓▓ vom ▓▓ keine drei solche Angebote, sondern vielmehr ▓▓.

▲

d) Zur Möglichkeit der Verweisung auf Restwertangebote aus dem überregionalen Markt (Restwertbörse)

91 Der Geschädigte ist grundsätzlich nicht verpflichtet, einen Sondermarkt für Restwertaufkäufer im Internet in Anspruch zu nehmen. Er muss sich jedoch einen höheren Erlös anrechnen lassen, den er bei tatsächlicher Inanspruchnahme eines solchen Sondermarktes ohne besondere Anstrengungen erzielt.[91] Dabei können besondere Umstände dem Geschädigten Veranlassung geben, eine ihm ohne weiteres zugängliche, günstigere Verwertungsmöglichkeit wahrzunehmen, und so den entstandenen Schaden so gering wie möglich zu halten.[92] Wird dem Geschädigten eine Verwertungsmöglichkeit aufgezeigt, die ihm ohne weitere erhebliche Anstrengungen ermöglicht, das Fahrzeug zu veräußern, kann dies eine Obliegenheit zur Schadensminderung begründen.[93] Dies ist insbesondere dann der Fall, wenn dem Geschädigten ein verbindliches Kaufangebot vorgelegt und das Fahrzeug bei ihm – ohne dass weitere Kosten für ihn entstehen[94] – abgeholt wird. **Allerdings** ist der Geschädigte zur Annahme eines Restwertangebots nur verpflichtet, wenn auf diesem klar und deutlich die kostenfreie Abholung gegen Barzahlung vermerkt ist und er ohnehin bereit ist, das Fahrzeug sofort zu verkaufen.[95]

▼

92 **Muster 8.23: Verweisung auf ein Angebot aus einer „Restwertbörse"**
Der Geschädigte ist im Rahmen seiner Schadensminderungspflicht verpflichtet, ein ihm von der Schädigerseite zugeleitetes verbindliches Restwertangebot auch dann anzunehmen, wenn dieses aus einer sog. Internetbörse stammt, sofern dies für ihn nicht mit weiteren Aufwendungen verbunden ist (OLG München, Urt. v. 21.10.2011 – 10 U 2304/11 = SVR 2012, 227; OLG Hamm, Urt. v. 31.10.2008 – 9 U 48/08 = NZV 2009, 183). Dies vor dem Hintergrund, dass dem Geschädigten entgegengehalten werden kann, unter besonderen Umständen eine ihm ohne weiteres zugängliche, günstigere Verwertungsmöglichkeit wahrzunehmen und durch eine entsprechende Verwertung seines Fahrzeuges den ihm entstandenen Schaden im Rahmen seiner Schadensminderungspflicht auszugleichen (grundlegend: BGH, Urt. v. 30.11.1999 – VI ZR 219/98 = NJW 2000, 800).
In dem hiesigen Fall liegt ein solches verbindliches Ankaufsangebot vor: ▓▓

▲

---

91 BGH, Urt. v. 1.6.2010 – VI ZR 316/09 = NJW 2010, 2722; OLG Köln, Hinweisbeschl. v. 16.7.2012 – 13 U 80/12 = NJW-RR 2013, 224; OLG München, Urt. v. 21.10.2011 – 10 U 2304/10 = SVR 2012, 227.
92 Grundlegend: BGH, Urt. v. 30.11.1999 – VI ZR 219/98 = NJW 2000, 800.
93 OLG Hamm, Urt. v. 31.10.2008 – 9 U 48/08 = NZV 2009, 183.
94 OLG Hamm, Urt. v. 23.6.1999 – 6 U 16/99 = r+s 1999, 326.
95 OLG Frankfurt, Urt. v. 19.1.2010 – 22 U 49/08 – juris.

Die Verweisung des Geschädigten auf ein höheres Restwertangebot ist jedoch ein **Ausnahmefall**. Diese Ausnahmen, deren Voraussetzungen zur Beweislast des Schädigers stehen, werden in engen Grenzen gehalten, weil andernfalls die dem Geschädigten zustehende Ersetzungsbefugnis unterlaufen würde, wonach es Sache des Geschädigten ist, in welcher Weise er mit dem beschädigten Fahrzeug verfährt. Insbesondere dürfen dem Geschädigten bei der Schadensbehebung nicht die vom Haftpflichtversicherer des Schädigers gewünschten Verwertungsmodalitäten aufgezwungen werden.[96] Der bloße Hinweis auf eine preisgünstigere Möglichkeit der Verwertung, um deren Realisierung sich der Geschädigte erst noch hätte bemühen müssen, genügt nicht, um Schadensminderungsobliegenheiten auszulösen.[97] Vielmehr muss das Restwertangebot so ausgestaltet sein, dass es der Geschädigte mit einem einfachen „Ja" annehmen kann.[98]

▼

Muster 8.24: Stellungnahme zum Restwertangebot der Versicherung nach Veräußerung

▓▓▓ Versicherung AG

▓▓▓

▓▓▓

Schaden-Nr./VS-Nr./Az. ▓▓▓

Schaden vom ▓▓▓

Pkw ▓▓▓, amtl. Kennzeichen ▓▓▓

Sehr geehrte Damen und Herren,

in vorbenannter Schadensache legen Sie der Abrechnung des Fahrzeugschadens einen Restwert von ▓▓▓ zugrunde. Zur Begründung führen Sie aus, Sie hätten im Vergleich zu den Angaben des Sachverständigen ein erhöhtes Restwertangebot vorgelegt, an das mein Mandant gebunden sei. Ihre Abrechnung steht jedoch nicht im Einklang mit der einhelligen Auffassung in Rechtsprechung und Literatur.

Liegt ein wirtschaftlicher Totalschaden vor, darf der Geschädigte grundsätzlich den vom Sachverständigen in seinem Gutachten ermittelten Restwert für die Abrechnung des Schadens in Ansatz bringen (BGH, Urt. v. 30.5.2006 – VI ZR 174/05 = NJW 2006, 2320; BGH, Urt. v. 30.11.1999 – VI ZR 219/98 = NJW 2000, 800). Der Geschädigte darf sich insoweit auf die Sachkunde des Sachverständigen verlassen. Er ist hingegen nicht dazu verpflichtet, vor der Veräußerung des Unfallfahrzeugs vorab mit dem Schädiger oder seinem Haftpflichtversicherer über die Konditionen der Verwertung Rücksprache zu halten (OLG Düsseldorf, Urt. v. 7.6.2004 – 1 U 12/04 = NJW-RR 2004, 1470). Auch im Internet hat er ohne weitere Veranlassung nicht von sich aus eigene Nachforschungen anzustellen (OLG Düsseldorf a.a.O.).

Meine Mandantschaft muss sich auch nicht auf das von Ihnen vorgelegte höhere Restwertangebot verweisen lassen. Der bloße Hinweis auf eine preisgünstigere Möglichkeit der Verwertung, um deren Realisierung sich der Geschädigte erst noch hätte bemühen

---

[96] BGH, Urt. v. 10.7.2007 – VI ZR 217/06 = NJW 2007, 2918.
[97] BGH, Urt. v. 30.11.1999 – VI ZR 219/98 = NJW 2000, 800.
[98] OLG Koblenz, Urt. v. 12.12.2011 – 12 U 1059/10 = BeckRS 2012, 01230.

müssen, genügt nicht, um Schadensminderungsobliegenheiten auszulösen (BGH, Urt. v. 30.11.1999 – VI ZR 219/98 = NJW 2000, 800). Es ist weder zweifelsfrei ersichtlich, dass es sich um ein verbindliches Angebot handelt, noch dass zu seiner Wahrnehmung kein weiterer Aufwand meiner Mandantschaft nötig gewesen wäre. Auf einen – wie hier – allgemein gehaltenen Standardbrief hin muss der Geschädigte jedenfalls von sich aus keinen Kontakt mit dem angeblichen Restwertankäufer aufnehmen (OLG Koblenz, Urt. v. 12.12.2011 – 12 U 1059/10 = SP 2012, 220). Insbesondere .

Nach diesen Grundsätzen war mein Mandant dazu berechtigt, das Unfallfahrzeug ohne vorherige Rücksprache mit Ihnen zum Restwert von ▇▇▇▇ EUR zu veräußern. Ich habe Sie deshalb zum unverzüglichen Ausgleich der noch offenen ▇▇▇▇ EUR aufzufordern. Hierfür habe ich mir eine Frist bis zum

▇▇▇▇ *(10-Tages-Frist)*

notiert. Nach fruchtlosem Fristablauf werde ich meinem Mandanten die Inanspruchnahme gerichtlicher Hilfe empfehlen.

Mit freundlichen Grüßen

(Rechtsanwalt)

▲

95 Behauptet der Geschädigte, das (unstreitig vorhandene) Restwertangebot der Schädigerseite erst im Anschluss an die eigene Verwertung erhalten zu haben, ist er für den Zeitpunkt der Veräußerung zumindest darlegungs-, nach einer Ansicht[99] sogar beweispflichtig. Auch wenn der Schädiger zwar grundsätzlich die Beweislast für die Verletzung einer Schadensminderungspflicht trägt, hat der Geschädigte die allein in seiner Sphäre erfolgte Veräußerung vor Eingang des Restwertangebots zu beweisen. Hierfür genügt die Vorlage des Fahrzeugscheins für das erworbene Fahrzeug i.d.R. nicht, da hierin keine Beweiskraft im Hinblick auf den Veräußerungszeitpunkt des alten Fahrzeugs liegt.[100] Der Schädiger hat demgegenüber den Zugang eines alternativen Restwertangebots zu beweisen.[101]

96 Ist der Geschädigte bereits einen verbindlichen Kaufvertrag über das beschädigte Fahrzeug eingegangen und erreicht ihn dann ein vom gegnerischen Versicherer vermitteltes höheres Restwertangebot, ist er nicht verpflichtet, bei dem bereits abgeschlossenen Kaufvertrag nach zu verhandeln. Er durfte vielmehr in berechtigter Weise auf die Richtigkeit des im Sachverständigengutachten angeführten Restwerts vertrauen.[102]

▼

97 **Muster 8.25: Darlegungs- und Beweislast des Geschädigten zu der angeblichen Veräußerung**

Soweit der Geschädigte sich im hiesigen Fall darauf beruft, er habe vor dem Zugang des höheren Restwertangebots sein beschädigtes Fahrzeug bereits veräußert, so hat er diesen in seiner Wissenssphäre liegenden Umstand genau darzulegen und durch Vorlage

---

99 OLG Düsseldorf, Urt. v. 22.12.1997 – 1 U 53/97 = VersR 1998, 518.
100 OLG Düsseldorf, Urt. v. 22.12.1997 – 1 U 53/97 = VersR 1998, 518.
101 LG Mannheim, Urt. v. 22.6.2007 – 1 S 13/07 = zfs 2007, 687.
102 OLG Düsseldorf, Urt. v. 22.12.1997 – 1 U 53/97 = VersR 1998, 518.

entsprechender Dokumente zu belegen (zu dieser sekundären Darlegungslast durch Vorlage der Belege vgl. BGH, Urt. v. 20.10.2009 – VI ZR 53/09 = NZV 2010, 133). Der Geschädigte hat in dieser Fallkonstellation jedenfalls zu beweisen, dass er sein Fahrzeug vor dem Erhalt des Restwertangebots veräußert hat (OLG Düsseldorf, Urt. v. 22.12.1997 – 1 U 53/97 = VersR 1998, 518).

Muster 8.26: Restwertangebot der Versicherung vor der Veräußerung

▓▓▓▓ Versicherung AG

Schaden-Nr./VS-Nr./Az. ▓▓▓▓

Schaden vom ▓▓▓▓

Pkw ▓▓▓▓, amtl. Kennzeichen ▓▓▓▓

Sehr geehrte Damen und Herren,

in vorbenannter Schadensache legen Sie der Abrechnung des Fahrzeugschadens einen Restwert zugrunde, der um ▓▓▓▓ EUR zu hoch liegt. Insoweit gehen Sie zu Unrecht von einem Mitverschulden meines Mandanten aus.

Selbst wenn das von Ihnen vermittelte „Angebot" meinen Mandanten vor Abschluss des Kaufvertrags bzgl. des beschädigten Fahrzeugs erreicht haben sollte, genügt dies allein nach den Vorgaben der höchstrichterlichen Rechtsprechung nicht, um eine entsprechende Obliegenheit zur Verwertung eben dieses Angebots bei meinem Mandanten zu begründen. Es fehlt vorliegend viel mehr daran, dass eine ohne weiteres zugängliche günstigere Verwertungsmöglichkeit aufgezeigt worden wäre, die meine Mandantschaft jederzeit ohne erhebliche Bemühungen und Aufwendungen realisieren kann (BGH, Urt. v. 30.11.1999 – VI ZR 219/98 = NJW 2000, 800; OLG Düsseldorf, Urt. v. 7.6.2004 – 1 U 12/04 = NJW-RR 2004, 1470). Unklar bleibt insbesondere, wo die als angeblicher Kaufinteressent angeführte Firma ihren Firmensitz hat und an welchem Ort das Fahrzeug auf wessen Kosten zu übergeben ist. Auch diesen Gesichtspunkt kann nicht von einem verbindlichen Kaufangebot ausgegangen werden, das sich ohne weitere Mühen realisieren ließ. Auf einen – wie hier – allgemein gehaltenen Standardbrief hin muss der Geschädigte jedenfalls von sich aus keinen Kontakt mit dem angeblichen Restwertankäufer aufnehmen (OLG Koblenz, Urt. v. 12.12.2011 – 12 U 1059/10 = SP 2012, 220).

Ich habe Sie deshalb zum unverzüglichen Ausgleich der noch offenen ▓▓▓▓ EUR aufzufordern. Hierfür habe ich mir eine Frist bis zum

▓▓▓▓ *(10-Tages-Frist)*

notiert. Nach fruchtlosem Fristablauf werde ich meinem Mandanten die Inanspruchnahme gerichtlicher Hilfe empfehlen.

Mit freundlichen Grüßen

(Rechtsanwalt)

e) Erhöhtes Restwertangebot des Versicherers wird vom Rechtsanwalt nicht weitergeleitet

99 Übernimmt ein Rechtsanwalt die Vertretung des Geschädigten, ist er damit grundsätzlich im Rahmen der ihm erteilten Vollmacht berechtigt, Restwertangebote der Versicherung anzunehmen und im Innenverhältnis zu seinem Mandanten verpflichtet, diese unverzüglich weiterzuleiten. Der Geschädigte muss sich dabei die Kenntnis eines Rechtsanwalts von dem höheren Restwertangebot zurechnen lassen.[103]

100 *Hinweis*
Das Problem des Rechtsanwalts, für eine verspätete Übersendung eines Restwertangebots und die daraus resultierenden Folgen haften zu müssen, lässt sich dadurch beseitigen, dass der gegnerische Haftpflichtversicherer bereits im ersten Anspruchsschreiben ausdrücklich darauf hingewiesen wird, dass der Rechtsanwalt keine Empfangsvollmacht für die Entgegennahme von Restwertangeboten besitzt. Dann müssen derartige Angebote unmittelbar an den Mandanten übersandt werden, sofern die Vollmacht auch tatsächlich eine solche Einschränkung enthält.

▼

101 **Muster 8.27: Regressanmeldung beim Rechtsanwalt**
Herrn Rechtsanwalt/Frau Rechtsanwältin

Az.

Schaden vom

Sehr geehrter Herr Kollege , sehr geehrte Frau Kollegin ,

Herr aus beauftragte mich mit der Wahrnehmung seiner Interessen. Eine Kopie der auf mich lautenden Vollmacht füge ich in der Anlage bei.

Gegenstand des Mandats ist die Abwicklung des Unfallschadens meines Mandanten vom , die von Ihnen auftragsgemäß durchgeführt wurde. Obwohl mein Mandant für das Unfallfahrzeug einen Erlös von nur EUR erzielte, legte der gegnerische Kfz-Haftpflichtversicherer der Abrechnung des Totalschadens einen Restwert von EUR zugrunde. Hierzu war er berechtigt, da er Ihnen ein Restwertangebot in Höhe von EUR am und damit rechtzeitig vor der Veräußerung des Unfallfahrzeugs durch meinen Mandanten übermittelte. Bedauerlicherweise wurde das Restwertangebot nicht rechtzeitig an meinen Mandanten weitergeleitet.

Im Rahmen des mit meinem Mandanten abgeschlossenen Anwaltsvertrags waren Sie zu einer unverzüglichen Weiterleitung des Restwertangebots verpflichtet. Mein Mandant musste sich Ihr bedauerliches Versäumnis als eigenes Fehlverhalten zurechnen lassen (LG Erfurt, Urt. v. 10.6.2011 –2 S 84/10, juris).

Das Fehlverhalten verursachte einen Schaden in Höhe von EUR. Ich bitte höflich um zeitnahe Rückantwort, ob der Schadensbetrag unmittelbar von Ihnen übernommen wird oder gegenüber Ihrem Haftpflichtversicherer geltend gemacht werden soll. In diesem Fall bitte ich um die Benennung Ihres Haftpflichtversicherers nebst Versicherungsscheinnummer.

---

[103] LG Erfurt, Urt. v. 10.6.2011 – 2 S 84/10 – juris.

A. Unmittelbarer Fahrzeugschaden § 8

Für die Beantwortung meines Schreibens habe ich mir eine Frist bis zum
▨ (10-Tages-Frist)
notiert, um deren Einhaltung ich höflich bitte.

Mit freundlichen kollegialen Grüßen

(Rechtsanwalt)

f) Erhöhter Restwert

Erzielt der Geschädigte bei der Veräußerung einen Erlös, der den vom Sachverständigen geschätzten Restwert übersteigt, ist wie folgt zu unterscheiden: **102**

- Grundsätzlich muss sich der Geschädigte als Herr des Restitutionsgeschehens einen höheren Restwerterlös, der seine Ursache nicht in der Beschaffenheit des Fahrzeugs hat, nicht anrechnen lassen.[104]
- Hat der Geschädigte den höheren Erlös jedoch ohne weitere überobligatorische Anstrengungen ermöglicht, muss er sich den erzielten Ertrag in vollem Umfang anrechnen lassen. In diesen Fällen verstößt ein bei ihm verbleibender Mehrerlös gegen das Verbot der schadensrechtlichen Bereicherung. Die Beweislast für einen derartigen, eng zu fassenden Ausnahmefall trägt allerdings der Schädiger.[105] Um sich auf „überobligationsmäßige Verkaufsbemühungen" stützen zu können, reichen allerdings einige Telefonate zur besseren Verwertung des Fahrzeugs noch nicht aus.[106] Andererseits kommt dem Schädiger ein besonderes Verkaufsgeschick des Geschädigten nicht zugute.[107]

▼

Muster 8.28: Auswirkung besonderer Verkaufsbemühungen auf Restwert **103**

▨ Versicherung AG

Schaden-Nr./VS-Nr./Az. ▨

Schaden vom ▨

Pkw ▨, amtl. Kennzeichen ▨

Sehr geehrte Damen und Herren,

soweit Sie in vorbezeichneter Schadensache der Abrechnung des Fahrzeugschadens die von meiner Mandantschaft tatsächlich erzielten ▨ EUR zugrunde legen, vermag ich mich hiermit in keinem Fall einverstanden zu erklären.

Basiert nämlich die Erzielung des höheren Restwerts auf besonderen Verkaufsbemühungen, muss sich der Geschädigte den höheren Restwerterlös nicht anrechnen lassen

---

104 BGH, Urt. v. 7.12.2004 – VI ZR 119/04 = NJW 2005, 357 unter Verweis auf BGH, Urt. v. 5.3.1985 – VI ZR 204/83 = NJW 1985, 2469.
105 BGH, Urt. v. 7.12.2004 – VI ZR 119/04 = NJW 2005, 357; BGH, Urt. v. 30.11.1999 – VI ZR 219/98 = NJW 2000, 800.
106 LG Mainz, Urt. v. 27.1.1999 – 3 S 218/98 = zfs 1999, 239.
107 OLG Düsseldorf, Urt. v. 14.6.1993 – 1 U 142/92 = zfs 1993, 338.

§ 8 Sachschaden

(BGH, Urt. v. 7.12.2004 – VI ZR 119/04 = NJW 2005, 357; BGH, Urt. v. 30.11.1999 – VI ZR 219/98 = NJW 2000, 800). Das war hier der Fall. Die Verkaufsbemühungen meiner Mandantschaft beschränken sich gerade nicht darauf, das Unfallfahrzeug auf hiesigen Gebrauchtwagenmärkten oder in der örtlichen Presse zum Verkauf anzubieten. Vielmehr ▓.

Zusammenfassend habe ich Sie aufzufordern, den offenen Restbetrag von ▓ EUR unverzüglich an meinen Mandanten auszugleichen. Sollte die Zahlung nicht bis zum

▓ *(10-Tages-Frist)*

erfolgen, werde ich meinem Mandanten eine gerichtliche Klärung dieser Frage empfehlen.

Mit freundlichen Grüßen

(Rechtsanwalt)

▲

g) Geringerer Restwert

104 Erzielt der Geschädigte bei der Veräußerung des Kfz einen geringeren Restwert als denjenigen, der im Gutachten ausgewiesen ist, muss er sich jedoch nicht generell den vom Gutachter geschätzten höheren Wert anrechnen lassen. Vielmehr kann er seiner Schadensberechnung grundsätzlich den konkret erzielten Restwertbetrag zugrunde legen.[108] Dies gilt auch bei einer rein fiktiven Schadensabrechnung. Der konkret erzielte Restwert stellt dann einen wichtigen Anhaltspunkt für den vom Richter im Wege der Schätzung nach § 287 ZPO zu ermittelnden tatsächlich gegebenen Restwert dar. Der BGH hat es ausdrücklich gebilligt, dass der Tatrichter sich im Rahmen des ihm zustehenden Ermessens an dem konkret erzielten Restwert orientiert hat.[109] Macht der Haftpflichtversicherer des **Schädigers** demgegenüber geltend, auf dem regionalen Markt hätte ein höherer Restwert erzielt werden müssen, liegt die Darlegungs- und Beweislast bei ihm.[110]

▼

105 Muster 8.29: Fiktive Abrechnung mit geringerem tatsächlich erzielten Restwert

▓ Versicherung AG

▓

▓

Schaden-Nr./VS-Nr./Az. ▓

Schaden vom ▓

Pkw ▓, amtl. Kennzeichen ▓

Sehr geehrte Damen und Herren,

zu Unrecht haben Sie den vollen vom Sachverständigen ▓ geschätzten Restwert bei der Regulierung in Abzug gebracht. Mein Mandant muss sich nicht generell auf den

---

[108] BGH, Urt. v. 30.5.2006 – VI ZR 174/05 = NJW 2006, 2320; BGH, Urt. v. 12.7.2005 – VI ZR 132/04 = NJW 2005, 3134.
[109] BGH, Urt. v. 30.5.2006 – VI ZR 174/05 = NJW 2006, 2320.
[110] BGH, Urt. v. 12.7.2005 – VI ZR 132/04 = NJW 2005, 3134.

vom Sachverständigen geschätzten Restwert verweisen lassen. Vielmehr kann er seiner Schadensberechnung den tatsächlich erzielten Restwert auch bei einer rein fiktiven Abrechnung zugrunde legen. Der tatsächlich erzielte Restwert bildet auch für einen erkennenden Richter die für die Bemessung des Restwertes heranzuziehende Schätzungsgrundlage im Rahmen der von meinem Mandanten gewählten rein fiktiven Schadensabrechnung (BGH, Urt. v. 30.5.2006 – VI ZR 174/05 = NJW 2006, 2320). Der im Gutachten angeführte höhere Restwert stellt lediglich eine erste Schätzung dar, die sich vorliegend bei der konkreten Abwicklung des Falles nicht bestätigt hat. Sie tragen die Darlegungs- und Beweislast dafür, dass ein höheres Restwertangebot tatsächlich hätte erzielt werden können (BGH, Urt. v. 12.7.2005 – VI ZR 132/04 = NJW 2005, 3134).Zusammenfassend habe ich Sie aufzufordern, den offenen Restbetrag von ▓▓▓▓ EUR unverzüglich an meinen Mandanten auszugleichen. Sollte die Zahlung nicht bis zum

▓▓▓▓ *(10-Tages-Frist)*

erfolgen, werde ich meinem Mandanten eine gerichtliche Klärung dieser Frage empfehlen.

Mit freundlichen Grüßen

(Rechtsanwalt)

Der Schädiger ist für ein von ihm behauptetes Mitverschulden des Geschädigten bei der Erzielung des Restwertes darlegungs- und beweisbelastet.[111] Die hinter ihm stehende Kfz-Haftpflichtversicherung hätte daher im obigen Fall aufzuzeigen und ggf. zu beweisen, dass der Geschädigte auf dem regionalen für ihn zugänglichen Markt ohne Weiteres einen höheren Restwert hätte erzielen können. Ein Mitverschulden dürfte dagegen in aller Regel ausscheiden, wenn der gegnerischen Kfz-Haftpflichtversicherung rechtzeitig mitgeteilt worden ist, dass die bisherigen Bemühungen des Geschädigten nur zu Angeboten mit einem geringeren als im Gutachten angegebenen Restwert geführt haben und um die Vermittlung eines höheren Angebots unter Fristsetzung gebeten wird.

106

4. Umfang der Geldersatzleistung

Liegt ein Totalschaden vor, gebührt dem Geschädigten der **Wiederbeschaffungsaufwand**. Dies ist der Betrag, der für die Beschaffung eines dem Unfallfahrzeug vergleichbaren Ersatzfahrzeugs im unbeschädigten Zustand erforderlich ist (**Wiederbeschaffungswert**) abzüglich des Werts, der dem Unfallfahrzeug nach dem schädigenden Ereignis weiterhin innewohnt (**Restwert**). Für die Ermittlung des Wiederbeschaffungswerts ist allein der Eintritt des Schadensfalls maßgeblich. Ein zwischenzeitlicher **Preisverfall** geht zu Lasten des Schädigers.[112]

107

---

111 BGH, Urt. v. 30.5.2006 – VI ZR 174/05 = NJW 2006, 2320.
112 OLG Düsseldorf, Urt. v. 30.6.1997 – 1 U 212/96 = NZV 1997, 483.

a) Ersatz der Mehrwertsteuer, wenn und soweit diese angefallen ist

108 Dem Gesetzeswortlaut des § 251 Abs. 2 BGB ist nicht zu entnehmen, ob in den Fällen eines technischen oder wirtschaftlichen Totalschadens der Geschädigte gleichermaßen „fiktiv" den Wiederbeschaffungsaufwand einschließlich der im Gutachten angeführten Mehrwertsteuer erhält oder ob die Mehrwertsteuer lediglich dann zu erstatten ist, wenn sie tatsächlich angefallen ist. Diese Grundsatzfrage hat der BGH dahingehend entschieden, dass er die Fälle des Totalschadens in Bezug auf die Erstattungsfähigkeit der Mehrwertsteuer ebenso behandelt wie die Fälle der Naturalrestitution.[113] Diese Gleichsetzung bedeutet Folgendes:

- Erstens hat der Geschädigte auch im Falle eines wirtschaftlichen Totalschadens einen Anspruch auf Ersatz von Umsatzsteuer nur dann, wenn diese tatsächlich angefallen ist. Unabhängig davon kann er den Wiederbeschaffungsaufwand rein fiktiv ohne weitere Nachweise abrechnen. Wenn bei dem Erwerb eines vergleichbaren Fahrzeuges mit hoher Wahrscheinlichkeit eine Mehrwertsteuer anfallen würde, kann der Geschädigte diese jedoch bei einer fiktiven Abrechnung nicht erhalten.[114]
- Erwirbt der Geschädigte ein Ersatzfahrzeug zu einem Preis, der dem in einem Sachverständigengutachten ausgewiesenen (Brutto-) Wiederbeschaffungswert des unfallbeschädigten Kraftfahrzeugs entspricht oder diesen übersteigt, kann er im Wege konkreter Schadensabrechnung die Kosten der Ersatzbeschaffung bis zur Höhe des (Brutto-) Wiederbeschaffungswertes des unfallbeschädigten Kraftfahrzeugs – unter Abzug des Restwertes – ersetzt verlangen. Auf die Frage, ob und in welcher Höhe in dem im Gutachten ausgewiesenen (Brutto-) Wiederbeschaffungswert Umsatzsteuer enthalten ist, kommt es in diesem Zusammenhang nicht an.[115]

▼

109 Muster 8.30: Nachforderung der Mehrwertsteuer bei Ersatzbeschaffung als volle Re-Investition

Zwischenzeitlich hat meine Mandantschaft ein Ersatzfahrzeug angeschafft. Der entsprechende Rechnungsbeleg wird als Anlage beigefügt und weist einen Kaufpreis in Höhe von ▓▓▓▓▓ EUR aus, welcher den Wiederbeschaffungswert des verunfallten Pkw erreicht. Meine Mandantschaft kann daher im Wege konkreter Schadensabrechnung die Kosten der Ersatzbeschaffung bis zur Höhe des (Brutto-) Wiederbeschaffungswertes des unfallbeschädigten Kraftfahrzeugs – unter Abzug des Restwertes – ersetzt verlangen (vgl. nur BGH, Urt. v. 1.3.2005 – VI ZR 91/04 = NJW 2005, 2220). Auf die Frage, ob und in welcher Höhe in dem im Gutachten ausgewiesenen (Brutto-) Wiederbeschaffungswert Umsatzsteuer enthalten ist, kommt es in diesem Zusammenhang nicht an (BGH a.a.O.), wenn wie hier der Fall einer konkreten Ersatzbeschaffung vorliegt, bei welcher der Wiederbeschaffungswert des Pkw meines Mandanten bei der Ersatzbeschaffung in voller Höhe erreicht und re-investiert wird.

---

113 BGH, Urt. v. 2.7.2013 – VI ZR 351/12 = r+s 2013, 518; BGH, Urt. v. 20.4.2004 – VI ZR 109/03 = NJW 2004, 1943; BGH, Urt. v. 18.5.2004 – VI ZR 267/03 = NJW 2004, 2086.
114 BGH, Urt. v. 9.5.2006 – VI ZR 225/05 = NJW 2006, 2181.
115 BGH, Urt. v. 5.2.2013 – VI ZR 363/11 = DS 2013, 148; BGH, Urt. v. 1.3.2005 – VI ZR 91/04 = NJW 2005, 2220.

Der somit als Höchstgrenze im Gutachten ausgewiesene Betrag des Wiederbeschaffungswerts liegt bei ▬▬▬ EUR. Bisher wurden lediglich ▬▬▬ EUR abgerechnet. Unter Anrechnung des Restwerts des Restwert in Höhe von ▬▬▬ EUR verbleibt eine Differenz in Höhe von ▬▬▬ EUR.

▲

Es stellt sich des Weiteren die Frage, ob der Geschädigte auf Basis des Wiederbeschaffungsaufwandes abrechnen darf, jedoch dabei die konkret angefallene Mehrwertsteuer über eine durchgeführte Reparatur nachweist. Diese Fälle sind dadurch gekennzeichnet, dass der Geschädigte eine an sich unwirtschaftliche Reparatur vornimmt, jedoch nach dem 4-Stufen-Modell, auf welches nachfolgend im Einzelnen eingegangen wird, allein auf Basis des Wiederbeschaffungsaufwandes abrechnen darf. Teilweise wird dies als unzulässige Vermengung der beiden Abrechnungsarten (fiktiv Ersatzbeschaffung und konkreter Nachweis der Mehrwertsteuer über eine Reparatur) angesehen. Der BGH hat eine solche Vermengung beider Abrechnungsarten im umgekehrten Fall, d.h. im Falle einer Ersatzbeschaffung im Reparaturfall, für zulässig erachtet und dem Geschädigten grundsätzlich einen Anspruch auf Ersatz der Umsatzsteuer zugesprochen, diesen Anspruch aber der Höhe nach auf die Höchstgrenze des Bruttobetrages der Abrechnungsart beschränkt.[116]

110

▼

Muster 8.31: Nachforderung der Mehrwertsteuer bei unwirtschaftlicher Reparatur 111
Zwischenzeitlich hat meine Mandantschaft das verunfallte Fahrzeug reparieren lassen. Ausweislich der als Anlage beigefügten Rechnung ergibt sich hierbei ein Mehrwertsteuerbetrag in Höhe von ▬▬▬ EUR.

Die Nachforderung der bei der Reparatur angefallenen Mehrwertsteuer kann auch im Fall eines wirtschaftlichen Totalschadens bis zur Obergrenze des im Gutachten ausgewiesenen Wiederbeschaffungswertes (unter Anrechnung des Restwertes) erfolgen (vgl. für den umgekehrten Fall einer Ersatzbeschaffung im Reparaturfall: BGH, Urt. v. 5.2.2013 – VI ZR 363/11 = DS 2013, 148). Entscheidend ist allein, ob und in welchem Umfang eine Mehrwertsteuer angefallen ist, unabhängig davon, welche Art der Schadensbeseitigung durchgeführt wird (LG Koblenz, Urt. v. 25.4.2012 – 12 S 4/12 = DAR 2012, 464).

▲

Noch nicht vom BGH entschieden ist auch die Frage, ob der Geschädigte den konkret angefallenen Mehrwertsteuerbetrag ersetzt erhält, wenn er ein deutlich günstigeres Ersatzfahrzeug ankauft. Der Wortlaut des § 249 Abs. 2 BGB wie auch der Wille des Gesetzgebers legen aber nahe, dass in diesem Fall die konkret angefallene MwSt. zusätzlich zu dem vollen Wiederbeschaffungswert netto ersetzt wird. Die Obergrenze der Entschädigung stellt hierbei der Brutto-Wiederbeschaffungsaufwand dar.[117]

112

> *Beispiel*
> Der Wiederbeschaffungswert beträgt 10.000 EUR (netto). Der Geschädigte kauft jedoch ein kleines günstigeres Ersatzfahrzeug für 5.000 EUR zzgl. 950 EUR MwSt.

---

116 BGH, Urt. v. 5.2.2013 – VI ZR 363/11 = NJW 2013, 1151 m. Anm. *Seibel*.
117 Bejahend: OLG Schleswig, Urt. v. 9.1.2013 – 7 U 109/12 = NJOZ 2014, 183.

> Nach vorzugswürdiger Auffassung erhält er 10.000 EUR als Wiederbeschaffungswert (netto) zzgl. der tatsächlich angefallenen MwSt. von 950 EUR.

b) Abzug der Mehrwertsteuer: Regelbesteuerung oder Differenzbesteuerung?

113 Da eine Mehrwertsteuer nur ersetzt wird, wenn und soweit diese tatsächlich angefallen ist, bestimmt die konkrete Wahl bei der Anschaffung eines Ersatzfahrzeugs, ob und in welcher Höhe die Mehrwertsteuer angefallen ist. Ein im Gutachten ausgewiesener Mehrwertsteuerbetrag ist dabei unerheblich: Rechnet der Geschädigte konkret nach den bei der Wiederbeschaffung entstandenen Kosten ab, sind diese der einzige Maßstab für den Umfang des Schadensersatzanspruchs.[118] Im Wege der konkreten Schadensberechnung kann der Geschädigte die Kosten der Ersatzbeschaffung bis zur Höhe des Wiederbeschaffungsaufwandes für das unfallbeschädigte Fahrzeug ersetzt verlangen. Er erhält den tatsächlich aufgewendeten Betrag unabhängig davon, ob in diesem ein Mehrwertsteueranteil enthalten ist.[119]

114 Dies gilt konsequent auch, wenn der Geschädigte ein Ersatzfahrzeug erwirbt, das (ein wenig) teurer als ein gleichwertiges Fahrzeug ist. In diesem Fall steht dem Geschädigten der tatsächlich aufgewendete Betrag zu, begrenzt auf den Wiederbeschaffungswert des verunfallten Fahrzeugs.[120]

115 Ist tatsächlich keine Mehrwertsteuer angefallen bzw. rechnet der Geschädigte den Wiederherstellungsaufwand fiktiv ab, stellt sich die Frage, ob und in welcher Höhe vom Bruttowiederbeschaffungswert ein Abzug wegen der nicht angefallenen Mehrwertsteuer vorzunehmen ist. Da es sich um eine fiktive Abrechnung handelt, ist entscheidend, auf welche Art und Weise ein entsprechendes Ersatzfahrzeug i.d.R. zu erwerben wäre. Im Fall einer gerichtlichen Auseinandersetzung hat der Tatrichter zu klären, ob das betroffene Fahrzeug üblicherweise auf dem Gebrauchtwagenmarkt nach § 10 UstG regelbesteuert, nach § 25a UstG differenzbesteuert oder von privater Hand ohne Umsatzsteuer angeboten wird. Maßgeblich ist dabei, auf welche Art und Weise das Fahrzeug mit überwiegender Wahrscheinlichkeit auf dem Markt angeboten wird.[121]

Hierbei ist zwischen den nachfolgenden drei Konstellationen zu unterscheiden:[122]
- Es ist davon auszugehen, dass das Fahrzeug i.d.R. aus **privater Hand** erworben wird. In diesem Fall fällt keine Mehrwertsteuer an und es ist dementsprechend auch kein Abzug vorzunehmen.[123] Solche Fälle liegen nahe, wenn es sich um derart alte Fahrzeuge handelt, dass kein Händler regelmäßig für diese eine Gewährleistung geben und sie veräußern würde. So wird beispielsweise in der Rechtsprechung ange-

---

118 BGH, Urt. v. 2.7.2013 – VI ZR 351/12 = r+s 2013, 518; BGH, Urt. v. 1.3.2005 – VI ZR 91/04 = NJW 2005, 2220, 2221.
119 BGH, Urt. v. 15.11.2005 – VI ZR 26/05 = VersR 2006, 238.
120 BGH, Urt. v. 9.5.2006 – VI ZR 225/05 = NJW 2006, 2181; BGH, Urt. v. 1.3.2005 – VI ZR 91/04 = NJW 2005, 2220, 2221.
121 BGH, Urt. v. 15.11.2005 – VI ZR 26/05 = NJW 2006, 2181.
122 Anschaulich dazu: LG Hamburg, Urt. v. 11.10.2007 – 323 S 34/07 = DAR 2008, 31.
123 BGH, Urt. v. 2.7.2013 – VI ZR 351/12 = r+s 2013, 518.

nommen, dass i.d.R. ab einem Fahrzeugalter von sieben Jahren,[124] spätestens aber 10 Jahren[125] davon auszugehen ist, dass kein Händler mehr die bei einem Verkauf anfallende Garantieerklärung abgeben möchte und deshalb von einem Erwerb aus privater Hand auszugehen ist. Bei hochwertigen Markenfahrzeugen, z.B. des Typs Mercedes, kann mit überwiegender Wahrscheinlichkeit bei einem Fahrzeugalter von sechs Jahren jedoch noch von der Veräußerung durch einen Gebrauchtwagenhändler ausgegangen werden.[126]

- Es handelt sich um ein **Neufahrzeug**, das von einem **Händler** erworben wird. In diesem Fall ist von einem Abzug in Höhe von 19 % auszugehen. In dieser Höhe würde eine Mehrwertsteuer beim Erwerb vom Händler anfallen.
- Es ist davon auszugehen, dass das Fahrzeug i.d.R. von einem **Kfz-Händler** erworben wird. Hier ist wie folgt weiter zu unterscheiden:
- Der Händler erwirbt das Fahrzeug regelmäßig von einem **anderen Händler** bzw. einer Person, die ebenfalls zum Vorsteuerabzug berechtigt ist. In diesen Fällen verbleibt es bei der Regelbesteuerung in Höhe von 19 %, die ohne einen entsprechenden Nachweis ihres Anfalles abzuziehen ist.
- Es ist davon auszugehen, dass der Händler das Fahrzeug aus **privater Hand** erwirbt. In diesen Fällen greift § 25a UStG, d.h. der Händler hat eine Mehrwertsteuer nur auf den Differenzbetrag zwischen dem Preis, zu welchem er das Fahrzeug einkauft und dem Verkaufspreis abzuführen.

Beispiel 116
Der Händler H kauft das Fahrzeug für 10.000 EUR aus privater Hand und veräußert es für 12.000 EUR an den Geschädigten. In diesem Fall hat der Händler lediglich auf den Differenzbetrag von 2.000 EUR die Mehrwertsteuer (i.H.v. 380 EUR) zu entrichten.

Da die Händler in den wenigsten Fällen bereit sein werden, ihre konkrete Gewinnspanne 117 offenzulegen, ist im Zweifel die Händlergewinnspanne zu schätzen. Insoweit ist es unschädlich, wenn die Rechnung über ein Ersatzfahrzeug die Mehrwertsteuer nicht ausweist.[127] Bleiben jedoch restliche Zweifel bestehen, ist von einem Mehrwertsteueranteil von 19 % auszugehen.[128] Bei gebrauchten Kraftfahrzeugen wird jedoch in der Regel eine Differenzbesteuerung anzunehmen sein.[129]

Steht fest, dass von einer Differenzbesteuerung auszugehen ist, so wird in der Rechtsprechung teilweise angenommen, die Händlergewinnspanne läge bei 15 %. Dies entspricht 118

---

124 OLG Köln, Urt. v. 5.12.2003 – 19 U 85/03 = NJW 2004, 1465.
125 LG Wiesbaden, Urt. v. 9.12.2005 – 9 S 12/05 = SP 2006, 174.
126 OLG Köln, Urt. v. 8.11.2005 – 9 U 44/05 = r+s 2006, 102.
127 AG Halle, Urt. v. 27.5.2003 – 7 C 632/02 = NJW 2003, 2616.
128 LG Magdeburg, Urt. v. 2.9.2003 – 2 S 181/03 = NZV 2003, 536; AG Waiblingen, Urt. v. 22.10.2003 – 9 C 1152/03 = NZV 2004, 301.
129 OLG Köln, Urt. v. 5.12.2003 – 19 U 85/03 = NJW 2004, 1465.

einem Mehrwertsteueranteil von gut 2,75 %[130] auf den Händlereinkaufspreis. In vielen Gerichtsbezirken hat sich die Schätzung eines Mehrwertsteueranteils in Höhe von (gerundet) 2–3 % durchgesetzt.[131] Auch der BGH hat eine Schätzung in Höhe von 2 % durch den Tatrichter nicht beanstandet.[132] Stellenweise wird der Anteil aber auch bei 3,2 % vom Wiederbeschaffungswert auf Grundlage angesetzt (in diesem Fall war der zu versteuernde Gewinnanteil zwischen den Parteien mit 20 % unstreitig geblieben).[133]

119 *Beispiel*
Der Händlereinkaufspreis beträgt 10.000 EUR. Eine Gewinnspanne von 15 % bedeutet in diesem Fall einen Gewinn in Höhe von 1.500 EUR, der mit 19 % MwSt. zu belegen ist. Die Mehrwertsteuer beträgt dann 275 EUR (= 19 % von 1.500 EUR). Dies sind 2,75 % von dem Händlereinkaufspreis.

120 **Muster 8.32: Kein Mehrwertsteuerabzug**

Versicherung AG

Schaden-Nr./VS-Nr./Az.

Schaden vom

Pkw , amtl. Kennzeichen

Sehr geehrte Damen und Herren,

mit Ihrer Schadensregulierung können wir uns nicht einverstanden erklären. Sie haben angenommen, dass das vorliegende Fahrzeug i.d.R. nur regelbesteuert auf dem Gebrauchtwagenmarkt angeboten wird. Diese Annahme ist jedoch unzutreffend und findet ihre Grundlage auch nicht in dem erstellten Sachverständigengutachten. Vielmehr ist aufgrund des hohen Alters des Fahrzeugs unseres Mandanten von Jahren mit der in der Rechtsprechung geforderten überwiegenden Wahrscheinlichkeit (vgl. BGH, Urt. v. 9.5.2006 – VI ZR 225/05 = NJW 2006, 2181) davon auszugehen, dass kein Händler einen solchen Pkw üblicherweise verkaufen und dabei die vom Kunden erwartete Garantie abgeben würde. Das hohe Alter spricht vielmehr dafür, dass dieses Fahrzeug regelmäßig nur noch von einer Privatperson erworben werden kann. Bereits bei einem Fahrzeugalter von vier, spätestens sieben Jahren wird in der Rechtsprechung der überwiegende Erwerb aus privater Hand angenommen (vgl. OLG Köln, Urt. v. 5.12.2003 – 19 U 85/03 = NJW 2004, 1465). Wir verweisen insoweit auch auf den beigefügten Auszug aus repräsentativen Anzeigen im Internet unter der Homepage . Dieser Übersicht können Sie entnehmen, dass die meisten gefundenen Anzeigen Inserate von privaten Anbietern darstellen. Bei derartigen Verkäufen aus privater Hand fällt aber keine Mehr-

---

[130] Vgl. zur Berechnung bei 16 % MwSt. = 2,4 %: AG Aachen, Urt. v. 5.12.2003 – 10 C 315/03 = NZV 2004, 302; AG Essen, Urt. v. 2.7.2003 – 29 C 23/03 = NZV 2003, 535; AG Bielefeld, Urt. v. 13.5.2003 – 42 C 25/03 = NJW-RR 2003, 1337.
[131] OLG Rostock, Urt. v. 18.2.2005 – 8 U 75/04 = DAR 2005, 632; LG Hamburg, Urt. v. 11.10.2007 – 323 S 34/07 = DAR 2008, 31.
[132] BGH, Urt. v. 9.5.2006 – VI ZR 225/05 = NJW 2006, 2181.
[133] OLG Köln, Urt. v. 8.1.2004 – 14 U 18/03 = NJW-RR 2004, 597.

wertsteuer an. Folglich haben Sie zu Unrecht einen Abzug wegen des angeblich fehlenden Nachweises einer Mehrwertsteuer verlangt.

Namens meines Mandanten fordere ich Sie daher auf, den verbleibenden Restbetrag von ▓▓▓ EUR bis zum

▓▓▓ (2-Wochen-Frist)

auszugleichen. Andernfalls werde ich meinem Mandanten empfehlen, gerichtliche Schritte einzuleiten.

Mit freundlichen Grüßen

(Rechtsanwalt)

5. Totalschaden/Nebenkosten

Sämtliche mit einem Totalschaden unmittelbar zusammenhängenden Nebenkosten sind vom Schädiger auszugleichen. Dies gilt nach einer Auffassung in der Rechtsprechung z.B. für die Kosten der Untersuchung des neu zu erwerbenden Fahrzeugs durch einen Sachverständigen vor dem Erwerb, wenn der Geschädigte dies auch bei dem Erwerb des nunmehr verunfallten Pkw veranlasst hatte.[134]

121

▼

Muster 8.33: Ersatz der Sachverständigenkosten bei Totalschaden

122

▓▓▓ Versicherung AG

Schaden-Nr./VS-Nr./Az. ▓▓▓

Schaden vom ▓▓▓

Pkw ▓▓▓, amtl. Kennzeichen ▓▓▓

Sehr geehrte Damen und Herren,

in vorbezeichneter Schadensache lehnten Sie durch Schreiben vom ▓▓▓ den Ausgleich der für die Untersuchung des Ersatzfahrzeugs entstandenen Sachverständigenkosten in Höhe von ▓▓▓ EUR ab. Entgegen der von Ihnen vertretenen Auffassung besitzt mein Mandant einen Anspruch auf Ausgleich dieses Betrags.

Im Rahmen Ihrer Verpflichtung zum Schadensersatz ist mein Mandant so zu stellen, wie er ohne das schadenbegründende Ereignis stünde. Liegt wie hier ein Totalschaden vor, sind Sie zum Ausgleich sämtlicher Kosten verpflichtet, die meinem Mandanten durch die Beschaffung eines Ersatzwagens entstanden sind. Hierzu gehören auch die Kosten für die sachverständige Untersuchung des Fahrzeugs. Wegen der Einzelheiten hierzu verweise ich auf die Entscheidung des LG Osnabrück v. 24.5.1984 (9 O 511/82 = VersR 1985, 250).

Die dort manifestierten Grundsätze finden auf den vorliegenden Sachverhalt uneingeschränkte Anwendung. Mein Mandant hatte sein Unfallfahrzeug vor dem Hintergrund

---

134 LG Osnabrück, Urt. v. 24.5.1984 – 9 O 511/82 = VersR 1985, 250.

§ 8 Sachschaden

einer gleichen Voruntersuchung erworben. Vor dem Abschluss des Kaufvertrags hatte er es ebenfalls einer entsprechenden Besichtigung unterziehen lassen. Zum Nachweis für diese Untersuchung füge ich anliegend eine Kopie der betreffenden Rechnung der Fa. ▓▓▓ vom ▓▓▓ bei. Die Sachverständigenkosten stehen somit im unmittelbaren Zusammenhang mit dem Schadensereignis.

Danach erwarte ich den Ausgleich der offenen ▓▓▓ EUR bis zum (10-Tages-Frist).

Sollten Sie die Frist ungenutzt verstreichen lassen, werde ich meinem Mandanten eine gerichtliche Klärung dieser Frage empfehlen.

Mit freundlichen Grüßen

(Rechtsanwalt)

▲

123 Als weitere Nebenkosten im Totalschadenfall sind anerkannt:
- An- und Abmeldekosten inkl. Kennzeichen können grundsätzlich pauschal abgerechnet werden.[135]
- Kfz-Steuer;
- Prämien in der Kraftfahrzeug-Versicherung;
- Inserate;
- Reisen zur Besichtigung des Ersatzfahrzeugs;
- Vermittlungsprovisionen;
- Überführungskosten (dies aber nur dann, wenn der Geschädigte sein Unfallfahrzeug als Neufahrzeug erworben hatte);
- Einbaukosten für eine Anhängerkupplung;
- Kosten für Firmenbeschriftungen;
- Resttreibstoff im Tank.

Diese Nebenkosten sind allerdings nur dann zu ersetzen, wenn sie tatsächlich angefallen sind. Sie können nicht fiktiv geltend gemacht werden.

▼

124 Muster 8.34: Pauschale Abrechnung der An- und Abmeldekosten

Ferner sind die Kosten zu ersetzen, die in Form einer Abmeldung des verunfallten Fahrzeug und der Anmeldung des neuen Ersatzfahrzeugs angefallen sind. Eine pauschale Abrechnung dieser Positionen ist in der Rechtsprechung anerkannt und es sind dabei Aufwendungen in Höhe von mindestens 70 EUR zu ersetzen (OLG Nürnberg, Urt. v. 15.8.2008 – 5 U 29/08 = DAR 2009, 37).

▲

125 Ein Anspruch auf Ausgleich der vorgenannten Schadenspositionen besteht nicht, wenn ein Reparaturschaden vorliegt und sich der Geschädigte dennoch dazu entschließt, sich

---

[135] OLG Nürnberg, Urt. v. 15.8.2008 – 5 U 29/08 = DAR 2009, 37; OLG Hamm, Urt. v. 28.6.1994 – 9 U 61/94 = VersR 1995, 1369; LG Düsseldorf, Urt. v. 10.1.2008 – 21 S 121/07 = BeckRS 2008, 09443; eine konkrete Berechnung fordert dagegen z.B. das LG Stade, Urt. v. 2.3.2004 – 1 S 45/03 = NZV 2004, 254.

ein Ersatzfahrzeug zuzulegen. Dann sind die Kosten nicht Folge des Unfallschadens, sondern allein Folge der Disposition des Geschädigten.

6. Checkliste: Grundsätze der Abrechnung auf Basis des Wiederbeschaffungsaufwandes

- Der Wiederherstellungsaufwand ergibt sich aus dem Wiederbeschaffungswert abzüglich des anzurechnenden Restwerts.
- Der Wiederbeschaffungswert bemisst sich im Zweifel am konkreten Markt.
- Kann der vom Sachverständigen ermittelte Restwert nicht erzielt werden, sollte vor der Veräußerung mit der Gegenseite Rücksprache gehalten werden, um von vorneherein jeglichen Vorwurf eines möglichen Mitverschuldens zu unterbinden und dem Mandanten auch einen entsprechenden Aufwand bei der Suche nach einer angemessenen Verwertungsmöglichkeit zu ersparen.
- Der Geschädigte kann das Fahrzeug nach der Vorlage des Gutachtens zu dem dort genannten Restwert ohne Information an die Gegenseite veräußern, sofern der Restwert korrekt unter Ausweis dreier eingeholter Ankaufsangebote ermittelt wird.
- Der Geschädigte muss sich nur in besonderen Ausnahmefällen auf ein höheres, für ihn ohne weiteres zugängliches und verbindliches Restwertangebot der Schädigerseite verweisen lassen, wenn ihm dies rechtzeitig vor Verkauf des verunfallten Fahrzeugs zugeht.
- Ein tatsächlich erzielter höherer Restwert bleibt unberücksichtigt, wenn er auf besonderen Verkaufsbemühungen basiert.
- Bei einem wirtschaftlichen Totalschaden wird die Mehrwertsteuer nur ersetzt, wenn diese tatsächlich angefallen ist. Der Ersatz der Mehrwertsteuer erfordert daher eine konkrete Abrechnung. Diese orientiert sich an den tatsächlich angefallenen Kosten der Ersatzbeschaffung bzw. einer durchgeführten Reparatur, wobei der Wiederbeschaffungsaufwand die Höchstgrenze des Schadensersatzes darstellt.
- Fällt keine Mehrwertsteuer an, hängt der vorzunehmende Abzug davon ab, wie das Fahrzeug regelmäßig auf dem Kfz-Markt erworben wird:
- Bei einem Erwerb von Privat fällt keine Mehrwertsteuer an, so dass auch kein Abzug geboten ist.
- Bei dem Erwerb eines Neufahrzeugs von einem Händler fällt die Regelbesteuerung von 19 % an.
- Bei einem Erwerb eines Gebrauchtwagens von einem Händler ist wie folgt zu unterscheiden:
  – Wird das Kfz regelmäßig von einem anderen Händler erworben, fällt gleichwohl die Regelbesteuerung von 19 % an.
  – Bei einem Erwerb aus privater Hand muss der Händler dagegen allein seine Gewinnspanne versteuern. Diese ist zu schätzen. Der Mehrwertsteueranteil beträgt dann i.d.R. zwischen 2 und 3 %.

126

- Der Schädiger muss sämtliche Nebenkosten ersetzen, die durch den Totalschaden verursacht werden, soweit diese tatsächlich angefallen sind.

V. Abrechnung nach dem sog. 4-Stufen-Modell

127 Der BGH in der Vergangenheit seine Rechtsprechung zum Ersatz des Fahrzeugschadens in einer Vielzahl an Entscheidungen fortentwickelt und konkretisiert. Dabei ist zwischen vier „Stufen" der Fahrzeugschäden zu unterscheiden, welche dem Geschädigten unterschiedliche Varianten der Schadensabrechnung ermöglichen bzw. diese begrenzen. Zur Bestimmung der einzelnen Stufen sind jeweils die Reparaturkosten (zzgl. merkantiler Minderwert) brutto dem Wiederbeschaffungswert (brutto) gegenüberzustellen, es sei denn, es besteht eine Vorsteuerabzugsberechtigung beim Geschädigten.[136] Dabei muss der Geschädigte sich grundsätzlich bei gleichwertigen Möglichkeiten der Kompensation des Schadens auf die günstigste Variante verweisen lassen,[137] es sei denn, es besteht ein schützenswertes Integritätsinteresse.

> Reparaturkosten + Minderwert ⇐⇒ Wiederbeschaffungswert
> Für diese Vergleichsbetrachtung zählen grundsätzlich die Brutto – Werte inklusive MwSt, es sei denn, der Geschädigte ist zum Vorsteuerabzug berechtigt (BGH, Urt. v. 3.3.2009 – Az. VI ZR 100/08 – NJW 2009, 1340).

1. Erste Stufe

128 Der Reparaturaufwand ist geringer als der Wiederbeschaffungsaufwand.

Die Abrechnung auf dieser Stufe führt in der Regel zu keinen besonderen Problemen. Der Geschädigte kann lediglich die Reparaturkosten abrechnen, die den kostengünstigsten Aufwand bei der Wiederherstellung des ursprünglichen Zustandes darstellen.[138] Hierbei kann er fiktiv die Reparaturkosten unter Ausschluss der Mehrwertsteuer begehren oder aber konkret unter Vorlage der Reparaturrechnung abrechnen und auch die darin ausgewiesene Mehrwertsteuer ersetzt verlangen. Im Regelfall kann er sogar nach einer zuerst erfolgten fiktiven Abrechnung die Abrechnungsart wechseln und unter Vorlage der Reparaturkostenrechnung die angefallene Mehrsteuer nachträglich ersetzt verlangen, es sei denn, er hat vorher auf eine weitergehende Abrechnung verzichtet.[139]

---

[136] BGH, Urt. v. 23.11.2010 – VI ZR 35/10 = NJW 2011, 667; BGH, Urt. v. 3.3.2009 – VI ZR 2009 – VI ZR 100/08 = NJW 2009, 1340; Sehr anschaulich: *Lemcke/Hess/Burmann*, NJW Spezial 2008, 489.
[137] BGH, Urt. v. 5.2.2013 – VI ZR 363/11 = NZV 2013, 22; BGH, Urt. v. 29.4.2003 – VI ZR 393/02 = NJW 2003, 2085.
[138] So bereits BGH, Urt. v. 15.10.1991 – VI ZR 67/91 = NJW 1992, 68 m. Anm. *Lipp*.
[139] BGH, Urt. v. 17.10.2006 – VI ZR 249/05 = NJW 2007, 67.

A. Unmittelbarer Fahrzeugschaden §8

▼
Muster 8.35: Nachforderung der Mehrwertsteuer

Versicherung AG

Schaden-Nr./VS-Nr./Az.

Schaden vom

Pkw , amtl. Kennzeichen

Sehr geehrte Damen und Herren,

in vorbezeichneter Schadensache hat mein Mandant sein Fahrzeug zwischenzeitlich reparieren lassen. Dabei ist ausweislich der in Kopie beigefügten Rechnung vom eine Mehrwehrsteuer in Höhe von EUR angefallen. Hierzu erlaube ich mir den Hinweis, dass die ursprünglich erfolgte fiktive Abrechnung zu einem späteren Zeitpunkt auf eine konkrete Abrechnung umgestellt werden kann und die dabei anfallende Mehrwertsteuer zu ersetzen ist (BGH, Urt. v. 17.10.2006 – VI ZR 249/05 = NJW 2007, 67).

Für den Ausgleich des oben genannten von Ihnen nach dieser Rechtsprechung auch zu ersetzenden Betrags habe ich mir vorsorglich eine Frist bis zum

(10-Tages-Frist)

notiert.

Mit freundlichen Grüßen

(Rechtsanwalt)

▲

Der Geschädigte kann sich auch entscheiden, sein Fahrzeug nicht zu reparieren und stattdessen ein Ersatzfahrzeug anzuschaffen. Die dabei anfallenden Kosten erhält er aber nur bis zur Grenze der Reparaturkosten ersetzt. Fällt bei der Anschaffung des Ersatzfahrzeugs auch eine Mehrwertsteuer an, ist diese ebenfalls bis zur Grenze der Reparaturkosten zu ersetzen.[140]

▼
Muster 8.36: Ersatz der Mehrwertsteuer im Reparaturfall bei Ersatzbeschaffung

Versicherung AG

Schaden-Nr./VS-Nr./Az.

Schaden vom

Pkw , amtl. Kennzeichen

Sehr geehrte Damen und Herren,

in vorbezeichneter Schadensache haben Sie die geforderte Mehrwertsteuer in Höhe von EUR nicht ersetzt, obwohl diese bei der Anschaffung eines Ersatzfahrzeug

---

140 BGH, Urt. v. 5.2.2013 – VI ZR 363/11 = NZV 2013, 229.

ausweislich der vorgelegten Rechnung vom ▓▓▓▓ tatsächlich angefallen ist. Diese Abrechnung stellt entgegen Ihrer Auffassung keine unzulässige Vermengung zwischen konkreter und fiktiver Abrechnung dar. Wird eine gleichwertige Sache als Ersatz beschafft und fällt dafür Umsatzsteuer an, so ist die Umsatzsteuer im angefallenen Umfang bis zur Höhe der Brutto-Reparaturkosten zu ersetzen (BGH, Urt. v. 5.2.2013 – VI ZR 363/11 = NZV 2013, 229).

Für den Ausgleich der daher von Ihnen zu erstattenden Mehrwertsteuer in Höhe von ▓▓▓▓ habe ich mir vorsorglich eine Frist bis zum ▓▓▓▓ (10-Tages-Frist) notiert.

Mit freundlichen Grüßen

(Rechtsanwalt)

▲

2. Zweite Stufe

132 **Der „100 % Fall".**

Der Anwendungsbereich der zweiten Stufe ist erreicht, wenn die Reparaturkosten weiterhin unter dem Wiederbeschaffungswert liegen, jedoch den Wiederbeschaffungsaufwand (d.h. den Wiederbeschaffungswert abzüglich des Restwerts) übersteigen. Da zu überprüfen ist, welche Schadenskompensation günstiger ist, wenn sie tatsächlich durchgeführt wird, ist überzeugenderweise auf die Bruttowerte[141] abzustellen, es sei denn, es besteht eine Vorsteuerabzugsberechtigung. Dieser Vergleich ermöglicht die zutreffende Einordnung der richtigen Stufe, welche die weiteren Voraussetzungen der Abrechnung des Fahrzeugschadens selbst dann bestimmt, wenn die Netto-Werte eine andere Abrechnung nahe legen.

> *Beispiel*
> Die Reparaturkosten betragen 11.900 EUR brutto = 10.000 EUR netto. Der Wiederbeschaffungswert bei dem regelbesteuerten neuwertigen Kfz liegt bei 23.800 EUR brutto = 20.000 EUR netto und der Restwert steuerneutral bei 11.000 EUR. Der Wiederbeschaffungsaufwand beträgt damit brutto 12.800 EUR, netto dagegen nur 9.000 EUR. Maßgeblich für die Einstufung innerhalb der vier Stufen ist bei Privatpersonen ohne Vorsteuerabzugsberechtigung die Betrachtung der Brutto-Werte. Danach handelt es sich um einen Fall der ersten Stufe als reiner Reparaturfall, da die Reparaturkosten brutto bei 11.900 EUR und damit unterhalb des Wiederbeschaffungsaufwandes von 12.800 EUR liegen. Es sind daher immer die Reparaturkosten zu erstatten, auch wenn bei der Betrachtung der Netto-Werte der Wiederbeschaffungsaufwand mit 9.000 EUR unter den Reparaturkosten netto von 10.000 EUR liegt. Mit anderen Worten: Bei einer konkreten Abrechnung sind die Reparaturkosten bis zur Obergrenze

---

[141] BGH, Urt. v. 23.11.2010 – VI ZR 35/10 = NJW 2011, 667.

von 11.900 EUR zu erstatten, bei einer fiktiven Abrechnung die Reparaturkosten mit 10.000 EUR netto.

Da der Geschädigte sich bei zwei gleichwertigen Möglichkeiten zur Schadenskompensation auf die günstigere verweisen lassen muss, kann er grundsätzlich nur auf Basis des Wiederbeschaffungsaufwandes abrechnen,[142] es sei denn, er weist ein schützenswertes Integritätsinteresse auf.

▼

Muster 8.37: Verweis auf den Wiederbeschaffungsaufwand im Prozess

Die von der Klägerseite verfolgten Reparaturkosten als Mehrbetrag über dem Wiederbeschaffungsaufwand stehen ihr – zumindest derzeit – im Rahmen der gewählten Abrechnung nicht zu. Vorliegend liegen die Reparaturkosten mit ▬▬▬ EUR (brutto) unterhalb des Wiederbeschaffungswertes von ▬▬▬ EUR (brutto). Sie sind jedoch größer als der lediglich ▬▬▬ EUR betragende Wiederbeschaffungsaufwand unter Berücksichtigung des Restwert von ▬▬▬ EUR. Die nunmehr rein fiktiv verfolgten Reparaturkosten von ▬▬▬ EUR (netto) sind nicht in voller Höhe zu erstatten. Als erforderlicher Aufwand zur Schadensbeseitigung bei zwei gleichwertigen Mitteln der Schadenskompensation kann vorliegend nur der Wiederbeschaffungsaufwand angesehen werden (BGH, Urt. v. 5.2.2013 – VI ZR 363/11 = NZV 2013, 229; BGH, Urt. v. 7.6.2005 – VI ZR 192/04 = NJW 2005, 2541).

▲

Der Geschädigte kann aber die Reparaturkosten abrechnen, wenn er ein schützenswertes Integritätsinteresse hat. Die Anforderungen hieran sind unterschiedlich hoch, je nachdem, ob der Geschädigte konkret oder fiktiv abrechnet.

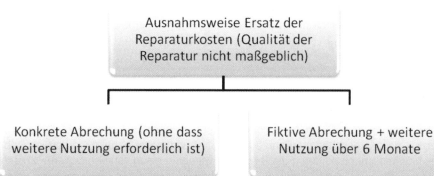

Rechnet der Geschädigte **konkret** ab, nachdem er das Fahrzeug repariert hat, weist er ein schützenswertes Integritätsinteresse auf und kann die **Reparaturkosten** ersetzt verlangen.[143] Es kommt nicht darauf, ob der Geschädigte das Fahrzeug tatsächlich weiter nutzt, und die Reparatur muss nicht vollständig und fachgerecht den Vorgaben aus

---

[142] BGH, Urt. v. 5.2.2013 – VI ZR 363/11 = NZV 2013, 229; BGH, Urt. v. 7.6.2005 – VI ZR 192/04 = NJW 2005, 2541.
[143] BGH, Urt. v. 23.11.2010 –VI ZR 35/10 = NJW 2011, 667; BGH, Urt. v. 5.12.2006 – VI ZR 77/06 = NJW 2007, 588.

dem Gutachten entsprechen. Denn es kommt nicht auf die Qualität der durchgeführten Reparatur an, solange die Reparaturkosten nicht den Wiederbeschaffungswert übersteigen.[144]

136 Muster 8.38: Abrechnung der konkreten Reparaturkosten auf der zweiten Stufe
Der als Anlage beigefügten Rechnung vom ▓▓▓▓ bitten wir zu entnehmen, dass das beschädigte Fahrzeug unserer Mandantschaft für ▓▓▓▓ EUR instandgesetzt worden ist. Ihr steht daher ein Anspruch auf Ersatz dieser Reparaturkosten zu, die unterhalb des Wiederbeschaffungswertes liegen, ohne dass sie sich auf die Kosten einer Ersatzbeschaffung verweisen lassen muss (BGH, Urt. v. 23.11.2010 – VI ZR 35/10 = NJW 2011, 667; BGH, Urt. v. 5.12.2006 – VI ZR 77/06 = NJW 2007, 588). Dabei kommt es nicht auf die Qualität der durchgeführten Reparatur an, solange die Reparaturkosten nicht den Wiederbeschaffungswert übersteigen (BGH, Urt. v. 29.4.2003 – VI ZR 393/02 = NJW 2003, 208).

▲

137 Rechnet der Geschädigte dagegen **fiktiv** ab, muss er sich grundsätzlich auf den **Wiederbeschaffungsaufwand** verweisen lassen. Ihm stehen aber bei einer rein fiktiven Abrechnung die Reparaturkosten (netto) zu, wenn er sein Fahrzeug repariert und für einen Zeitraum von i.d.R. mindestens sechs Monaten weiter nutzt.[145] Umstritten ist, ob dabei das Fahrzeug in einen verkehrssicheren Zustand versetzt werden muss.[146] Nach Ansicht des OLG Karlsruhe ist das vom Geschädigten in solchen Fällen zu dokumentierende Integritätsinteresse auch dann gewahrt, wenn er das Fahrzeug nach dem Unfall nur unvollständig repariert und – bis zum späteren Verkauf – in nicht verkehrssicherem Zustand benutzt.[147] Nach anderer Ansicht in der Rechtsprechung setzt die fiktive Abrechnung von Reparaturkosten anstelle des (geringeren) Wiederbeschaffungsaufwands voraus, dass das Fahrzeug verkehrssicher repariert und in diesem Zustand sechs Monate weiter genutzt wird.[148]

138 Muster 8.39: Abrechnung der fiktiven Reparaturkosten bei weitergehender Nutzung in nicht verkehrssicherem Zustand
Die im Rahmen der fiktiven Abrechnung geltend gemachten Reparaturkosten sind zu ersetzen, da das beschädigte Fahrzeug repariert und weiter genutzt worden ist. Dabei ist es unerheblich, ob es durch die Reparatur wieder in einen verkehrssicheren Zustand versetzt worden ist. Da das Integritätsinteresse des Geschädigten durch die Nutzung des Fahrzeugs und nicht durch die Reparatur dokumentiert wird, kommt es auf die Qualität der Reparatur nicht an (so ausdrücklich BGH, Urt. v. 29.4.2003 – VI ZR 393/02 = NJW 2003, 2085 und BGH, Urt. v. 23.5.2006 – VI ZR 192/05 = NJW 2006, 2179, 2180). Wenn der Bundesgerichtshof in diesem Zusammenhang davon spricht, das Fahrzeug müsse

---

144 BGH, Urt. v. 29.4.2003 – VI ZR 393/02 = NJW 2003, 208.
145 BGH, Urt. v. 29.4.2008 – VI ZR 20/07 = NJW 2008, 1941; BGH, Urt. v. 23.5.2006 – VI ZR 192/05 = NJW 2006, 2179; OLG Dresden, Urt. v. 27.2.2014 – 7 U 1181/13 = BeckRS 2014, 05836.
146 *Lemcke/Hess/Burmann*, NJW Spezial 2008, 489.
147 OLG Karlsruhe, Urt. v. 12.5.2009 – 4 U 173/07 = NJW-RR 2010, 96.
148 OLG Hamburg, Urt. v. 8.4.2015 – 14 U 112/14 = VersR 2015, 1181.

noch „verkehrstauglich" sein, so ist das aus den angegebenen Gründen so zu verstehen, dass das Fahrzeug fahrbereit sein muss, so dass der Geschädigte tatsächlich in der Lage ist, weitere Fahrten mit dem Fahrzeug zu unternehmen (OLG Karlsruhe, Urt. v. 2.5.2009 – 4 U 173/07 = NJW-RR 2010, 96). Hingegen kann es – da es nur um das Nutzungsinteresse des Geschädigten geht – nicht darauf ankommen, ob das (teilreparierte) Fahrzeug verkehrssicher im Sinne der Vorschriften der StVZO ist.

Allein der Umstand, dass der Geschädigte weiter Eigentümer des – abgemeldeten – Unfallfahrzeugs bleibt, bildet keine Weiternutzung, die eine Schadensregulierung auf der Basis fiktiver rechtfertigt. Entscheidet ist eine durchgehende Nutzung über den Zeitraum von i.d.R. 6 Monaten.[149]

139

▼

Muster 8.40: Einwand Wiederbeschaffungsaufwand und Anforderungen an den Nachweis der Nutzung

140

Im Rahmen der von der Klägerseite verfolgten fiktiven Abrechnung können nur dann ausnahmsweise die Reparaturkosten insgesamt ersetzt werden, wenn ein schützenswertes Integritätsinteresse durch die Reparatur und Weiterbenutzung des nunmehr verkehrssicheren Fahrzeugs über einen Zeitraum von sechs Monaten nachgewiesen wird (BGH, Urt. v. 29.4.2008 – VI ZR 20/07 = NJW 2009, 1941; OLG Dresden, Urt. v. 27.2.2014 – 7 U 1181/13 = BeckRS 2014, 05836). Das Fahrzeug muss dabei in einen verkehrssicheren Zustand versetzt werden (OLG Hamburg, Urt. v. 8.4.2015 – 14 U 112/14 = VersR 2015, 1181).

Von erheblicher praktischer Relevanz ist in diesem Zusammenhang die Frage, ob der Geschädigte nach dem Nachweis der Reparatur bereits die vollständigen Reparaturkosten verlangen kann, obwohl die sechsmonatige Frist noch nicht abgelaufen ist. Es stellt sich daher die Frage, ob eine über den Wiederbeschaffungsaufwand hinausgehende Zahlung der Reparaturkosten bereits mit Durchführung der Reparatur fällig ist oder erst nach Ablauf der sechsmonatigen Frist zur Weiternutzung. Der BGH[150] nimmt diesbezüglich nachfolgende Unterscheidung vor:

141

„Vor Ablauf der Sechs-Monats-Frist kann der Geschädigte, der sein Fahrzeug tatsächlich repariert oder reparieren lässt, Reparaturkosten, die den Wiederbeschaffungswert nicht übersteigen, regelmäßig nur ersetzt verlangen, wenn er den konkret angefallenen Reparaturaufwand geltend macht."

Im Falle des Nachweises der konkreten Reparaturkosten kann der Geschädigte daher bereits vor Ablauf der Sechs-Monats-Frist die Reparaturkosten ersetzt verlangen, welche den Wiederbeschaffungsaufwand übersteigen. Im Falle einer fiktiven Abrechnung, d.h. ohne konkreten Nachweis der Reparaturkosten, sind die den Wiederbeschaffungsaufwand übersteigenden Reparaturkosten dagegen erst nach Ablauf von sechs Monaten, in welchen der Geschädigte das Fahrzeug weiter genutzt hat, zu erstatten.

---

149 OLG Rostock, Urt. v. 23.10.2009 – 5 U 275/08 = BeckRS 2009, 88813.
150 BGH, Urt. v. 23.11.2010 – VI ZR 35/10 = NJW 2011, 667.

142 Der BGH nimmt damit eine unterschiedliche Beurteilung dieser Frage zu der dritten Stufe vor, bei welcher die Reparaturkosten oberhalb des Wiederbeschaffungswertes, jedoch innerhalb der 130 %-Grenze liegen. Bei diesen Fällen, welche nachfolgend noch genauer dargestellt werden, muss der Geschädigte den Schaden vollständig und fachgerecht beseitigen lassen, um die den Wiederbeschaffungswert übersteigenden Reparaturkosten ersetzt verlangen zu können. Es ist dem Geschädigten in diesem Fall nach Ansicht des BGH[151] daher nicht zuzumuten, noch sechs Monate trotz vollständiger und fachgerechter Reparatur auf die Erstattung der gesamten Reparaturkosten zu warten, zumal der Geschädigte diese Fälle nicht fiktiv abrechnen kann.

143 Der Ablauf der sechsmonatigen Frist ist jedoch nicht zwingend. So besteht keine Rückforderung, wenn die Aufgabe des Fahrzeugs erzwungen wird – z.B. durch Unfall oder Änderung der finanziellen Situation.[152] Bei einer Nutzung durch Dritte ist zu unterscheiden: Kein Rückforderungsanspruch besteht, wenn vorher auch eine Nutzung durch Dritte erfolgt ist – anders jedoch bei erstmaliger Abgabe an Dritte.[153]

3. Dritte Stufe

144 **Der „130 % Fall"**

Die Reparaturkosten liegen oberhalb des Wiederbeschaffungswertes, betragen aber nicht mehr als 130 % desselben. Liegen die Reparaturkosten über dem Wiederbeschaffungswert, so liegt grundsätzlich ein wirtschaftlicher Totalschaden vor, bei dem der Geschädigte wie auf der zweiten Stufe grundsätzlich lediglich den Wiederbeschaffungsaufwand ersetzt erhält.[154] Maßgeblich ist auch hier die Gegenüberstellung der jeweiligen Brutto-Werte inkl. Mehrwertsteuer, es sei denn, der Geschädigte ist zum Vorsteuerabzug berechtigt. Zu den Reparaturkosten ist ggf. der merkantile Minderwert aufzuschlagen.[155]

▼

145 **Muster 8.41: Gegenüberstellung der „Netto-Werte" bei Vorsteuerabzugsberechtigung**
Die notwendige Vergleichsbetrachtung der Reparaturkosten einerseits und des Wiederbeschaffungswertes andererseits hat sich vorliegend an den jeweiligen „Netto-Werten" unter Ausschluss der Mehrwertsteuer zu orientieren. Zwar hat der BGH in seiner Entscheidung vom 3.3.2009 (VI ZR 100/08 = NJW 2009, 119) entschieden, dass bei dieser Vergleichsbetrachtung grundsätzlich auf die Brutto-Werte abzustellen ist, da diese bei einer tatsächlichen Instandsetzung des Fahrzeug auch anfallen würden. Dies ist vorliegend jedoch nicht der Fall. Meine Mandantschaft betreibt eine Gewerbe, für welches das verunfallte Fahrzeug genutzt wird und ist daher im vorsteuerabzugsberechtigt. Bei der Wiederherstellung des ursprünglichen Zustandes würde daher auch keine Mehrwert-

---

151 BGH, Beschl. v. 18.11.2008 – VI ZB 22/08 = NJW 2009, 910.
152 BGH, Beschl. v. 18.11.2008 –VI ZB 22/08 = NJW 2009, 910.
153 OLG Düsseldorf, Urt. v. 10.5.2011 – 1 U 144/10 = BeckRS 2011, 20226.
154 BGH, Urt. v. 15.2.2005 – VI ZR 70/04 = NJW 2005, 1108.
155 BGH, Urt. v. 3.3.2009 – VI ZR 100/08 = NJW 2009, 1340.

steuer anfallen. Für diesen Fall hat der BGH in einem obiter dictum in der oben genannten Entscheidung anschaulich dargelegt, dass allein die „Netto-Werte" maßgeblich sind.

Dem Geschädigten wird auf der dritten Stufe jedoch ausnahmsweise gestattet, auf Basis der Reparaturkosten abzurechnen, wenn er das verunfallte Fahrzeug nach Vorgabe des Gutachtens vollständig und fachgerecht reparieren lässt und i.d.R. für einen Zeitraum von sechs Monaten weiter nutzt.[156]

146

Die Rechtsprechung begründet die Zulässigkeit dieser nach wirtschaftlichen Grundsätzen eigentlich „unvernünftigen" Reparatur mit dem schützenswerten Integritätsinteresse des Geschädigten, das über den reinen „Marktwert" hinausgehe. Die Rede ist in diesem Zusammenhang auch vom sog. **Integritätszuschlag**. Die Frist von sechs Monaten hat dabei nur eine beweismäßige Bedeutung für den Nachweis des besonderen Integritätsinteresses, stellt aber keine Fälligkeitsvoraussetzung dar.[157] Dies bedeutet, dass der Kfz-Haftpflichtversicherer bei dem Nachweis einer fachgerechten Reparatur die Reparaturkosten innerhalb der 130 %-Grenze erst einmal zu ersetzen hat. Dies wird häufig jedoch unter einem Rückforderungsvorbehalt geschehen. Im Gegenzug wird dem Versicherer nach der Auszahlung ein Auskunftsanspruch gegenüber dem Geschädigten nach Ablauf der sechs Monate zustehen. Verweigert der Geschädigte eine Auskunft dazu, ob der das Fahrzeug weiter in Besitz hat, muss er ggf. mit einer Stufenklage des Versicherers rechnen, die sich zuerst auf eine Auskunft und ggf. auf der zweiten Stufe auf ein Rückzahlungsbegehren stützt.

Muster 8.42: Auskunftsanspruch gegenüber dem Geschädigten nach Ablauf von sechs Monaten

147

Bei dem hiesigen Unfall vom ▓▓▓ ist seitens meiner Mandantschaft unter dem ▓▓▓ eine Auszahlung der Reparaturkosten in Höhe von ▓▓▓ EUR unter Rückforderungsvorbehalt erfolgt. Diese Auszahlung hat der BGH ausdrücklich gebilligt (BGH, Beschl. v.

---

156 BGH, Urt. v. 15.11.2011 – VI ZR 30/11 = NJW 2012, 52; BGH, Urt. v. 15.2.2005 – VI ZR 70/04 = NJW 2005, 1108.
157 BGH, Urt. v. 18.11.2008 – VI ZB 22/08 = NJW 2009, 910; BGH, Beschl. v. 26.5.2009 – VI ZB 71/08 = r+s 2009, 434.

18.11.2008 – VI ZB 22/08 = NJW 2009, 910). Im Gegenzug steht meiner Mandantschaft nunmehr ein Auskunftsanspruch im Hinblick darüber zu, ob der reparierte Pkw bis zu dem Ablauf des Zeitraums von sechs Monaten genutzt worden ist bzw. weiterhin genutzt wird. Nur vorsorglich wird darauf hingewiesen, dass allein die Tatsache, dass das Fahrzeug weiter im Eigentum bzw. Besitz befindlich ist als Nachweis einer erforderlichen Nutzung nicht genügt (OLG Rostock, Urt. v. 23.10.2009 – 5 U 275/08 = BeckRS 2009, 88813). Der Nachweis einer Nutzung kann daher auch nicht mit einer Zulassungsbescheinigung geführt werden. Zur Vermeidung einer ansonsten gebotenen Stufenklage mit einem vorrangigen Auskunftsbegehren wird um Stellungnahme mit einem konkreten Nachweis der weiteren Nutzung binnen 14 Tagen bis zum gebeten.

▲

148 Die Weiternutzung für sechs Monate ist auch nur im Regelfall ein ausreichendes Indiz für ein bestehendes Integritätsinteresse. Es sind zahlreiche Fallgestaltungen denkbar, bei denen die Nutzung des Fahrzeugs aus besonderen Gründen bereits lange vor Ablauf der Sechsmonatsfrist eingestellt wird.[158]

▼

149 **Muster 8.43: Begründung der Aufgabe des Fahrzeugs vor Ablauf der Sechsmonatsfrist**
Auch wenn vorliegend das verunfallte Fahrzeug nach der fachgerechten Reparatur nicht für sechs Monate genutzt worden sein sollte, so liegt trotzdem ein schützenswertes Integritätsinteresse vor, welches eine Abrechnung auf Basis der 130 %-Rechtsprechung rechtfertigt. Die Weiternutzung für sechs Monate ist nur im Regelfall ein ausreichendes Indiz für ein bestehendes Integritätsinteresse. Es sind indes zahlreiche Fallgestaltungen denkbar, bei denen die Nutzung des Fahrzeugs aus besonderen Gründen bereits lange vor Ablauf der Sechsmonatsfrist eingestellt wird, etwa infolge eines weiteren Unfalls oder deshalb, weil eine Fahrzeugnutzung aus finanziellen Gründen nicht mehr möglich ist. In diesen Fällen liegt eine erzwungene und damit jedenfalls schadensrechtlich unschädliche Nutzungsaufgabe vor (BGH, Beschl. v. 18.11.2008 – VI ZB 22/08 = NJW 2009, 910).

Der Wille zur fortdauernden Nutzung nach der Reparatur war bei meiner Mandantschaft vorhanden und wird bereits dadurch indiziert, dass das Fahrzeug tatsächlich mit einem erheblichen Aufwand repariert worden ist. Jedoch trat dann folgendes Ereignis ein:

▲

150 Voraussetzung ist ferner, dass die Reparatur erstens fachgerecht und in einem Umfang durchgeführt wird, wie ihn der Sachverständige zur Grundlage seiner Kostenschätzung gemacht hat und zweitens diese Reparaturkosten entweder konkret angefallen sind oder der Geschädigte nachweisbar wertmäßig in einem Umfang repariert hat, der den Wiederbeschaffungsaufwand übersteigt.[159] Eine rein fiktive Schadensabrechnung ohne Nachweis einer konkret durchgeführten Reparatur führt in diesem Fall dagegen dazu, dass der Geschädigte nur den Wiederbeschaffungsaufwand verlangen kann. Auch wenn nicht nur unerhebliche Restunfallschäden nach der Reparatur verbleiben, muss der Geschädigte sich auf den Wiederbeschaffungsaufwand verweisen lassen.[160]

---

158 Siehe BGH, Beschl. v. 18.11.2008 – VI ZB 22/08 = NJW 2009, 910.
159 BGH, Urt. v. 8.12.2009 – VI ZR 119/09 = NJW-RR 2010, 377; BGH, Urt. v. 3.3.2009 – VI ZR 100/08 = NJW 2009, 1340; BGH, Urt. v. 15.2.2005 – VI ZR 70/04 = NJW 2005, 1108.
160 BGH, Urt. v. 15.2.2005 – VI ZR 70/04 = NJW 2005, 1108.

Eine hiernach erforderliche vollständige Reparatur des Fahrzeugs setzt voraus, dass alle Reparaturarbeiten, welcher der Sachverständige für notwendig gehalten hat, tatsächlich ausgeführt worden sind. Dies gilt selbst dann, wenn ein Gerichtssachverständiger trotz Fehlens einzelner Reparaturschritte darauf hinweist, dass keine optischen Mängel bestehen. Denn es kommt im Rahmen der Vergleichsbetrachtung nach der jüngst ergangenen Entscheidung des BGH[161] alleine auf den nach objektiven Kriterien zu beurteilenden und damit nachzuprüfenden Reparaturaufwand an. Es ist daher nicht möglich, die Reparaturkosten durch Nichtvornahme einzelner Reparaturschritte unter die 130%-Grenze zu „drücken", auch wenn es sich lediglich um optische Reparaturarbeiten handelt.

Eine Abrechnung auf 130%-Basis scheidet nach teilweise in der Rechtsprechung vertretener Ansicht ferner auch dann aus, wenn die vom Sachverständigen ermittelten und beim Reparaturunternehmen üblicherweise anfallenden Reparaturkosten die Grenze von 130% des Wiederbeschaffungswerts überschreiten und der tatsächlich angefallene Rechnungsbetrag nur durch Aushandeln von Sonderkonditionen unter die 130%-Grenze gedrückt wurde.[162]

151 Ersetzt werden können auch die Kosten einer Teilreparatur bis zur Höhe des Wiederbeschaffungswertes, wenn sie konkret angefallen sind,[163] Noch nicht entschieden hat der BGH aber, ob der Geschädigte in diesem Fall ebenfalls die sechsmonatige Frist zur weiteren Nutzung zu wahren hat. Vorsorglich sollte dies dem Mandanten daher angeraten werden.

152 Den Entscheidungen des BGH zu diesem Themenkomplex ist nicht zu entnehmen, ob das Fahrzeug fachgerecht durch die Verwendung von Neuteilen repariert werden muss, damit die Reparaturkosten im Toleranzbereich auch bei einem wirtschaftlichen Totalschaden erstattungsfähig sind. Vielmehr führt der BGH selber an, dass ein entsprechend zu schützendes Integritätsinteresse bereits dann gegeben sein kann, wenn das Fahrzeug fachgerecht in allen betroffenen Teilen instand gesetzt wird.[164] Hierfür genügt eine Billigreparatur bzw. eine bloße Wiederherstellung der Fahrtüchtigkeit nicht.[165] Vielmehr ist der frühere Zustand im Hinblick auf Qualität und Vollständigkeit entscheidend.[166] Das Fahrzeug muss in den gleichen Zustand wie vor dem Unfall versetzt werden.[167]

---

161 BGH, Urt. v. 2.6.2015 – VI ZR 387/14 = NJW 2015, 2958: Keine vollständige und fachgerechte Reparatur, wenn Austausch von Zierleisten unterblieben ist.
162 LG Bremen, Urt. v. 2.7.1998 – 6 S 224/98 = NZV 1999, 253; a.A.: OLG Düsseldorf, Urt. v. 25.4.2001 – 1 U 9/00 = NZV 2001, 475.
163 BGH, Urt. v. 8.12.2009 – VI ZR 119/09 =NJW-RR 2010, 377.
164 BGH, Urt. v. 15.2.2005 – VI ZR 70/04 = NJW 2005, 1108.
165 OLG Stuttgart, Urt. v. 18.12.2002 – 3 U 172/02 = NZV 2003, 340; OLG Schleswig, Urt. v. 14.5.1997 – 9 U 95/96 = VersR 1999, 202.
166 LG Bonn, Urt. v. 7.7.1999 – 2 S 29/99 = VersR 2000, 1296; OLG Düsseldorf, Urt. v. 28.12.1994 – 1 U 263/93 = zfs 1995, 253.
167 BGH, Urt. v. 15.2.2005 – VI ZR 70/04 = NJW 2005, 1108.

Eine Verwendung von Neuteilen (wie u.U. im Gutachten vorgesehen) ist dafür nicht unbedingt zwingend.[168]

Muster 8.44: Abrechnung im 130 %-Fall bei Einbau von Gebrauchtteilen

▬▬▬ Versicherung AG

Schaden-Nr./VS-Nr./Az. ▬▬▬

Schaden vom ▬▬▬

Pkw ▬▬▬, amtl. Kennzeichen ▬▬▬

Sehr geehrte Damen und Herren,

in vorbezeichneter Schadensache lehnen Sie eine Abrechnung auf Basis der 130 %-Rechtsprechung mit dem Argument ab, dass eine vollständige und fachgerechte Wiederherstellung des ursprünglichen Zustandes nur bei der Verwendung von Neuteilen gegeben wäre.

Dies ist jedoch nicht zutreffend. Den Entscheidungen des BGH zu diesem Themenkomplex ist nicht zu entnehmen, dass das Fahrzeug fachgerecht durch die Verwendung von Neuteilen repariert werden müsste. Entscheidend ist vielmehr, dass ein entsprechend zu schützendes Integritätsinteresse bereits dann gegeben ist, wenn das Fahrzeug fachgerecht in allen betroffenen Teilen instand gesetzt wird (BGH, Urt. v. 15.2.2005 – VI ZR 70/04 = NJW 2005, 1108). Es ist in der Rechtsprechung anerkannt, dass eine Verwendung von Neuteilen dafür nicht zwingend erforderlich ist (OLG Oldenburg, Urt. v. 20.3.2000 – 11 U 92/99 = VersR 2001, 997; OLG Karlsruhe, Urt. v. 10.5.1996 – 10 U 122/95 = SP 1996, 348).

Eine fachgerechte Reparatur, mit welcher der ursprüngliche Zustand wiederhergestellt wird, ist vorliegend unter Berücksichtigung des Fahrzeugalters und der eingetretenen Schäden bei dem Einbau gebrauchter Fahrzeugteile gegeben, wie der als Anlage beigefügten Stellungnahme des Sachverständigen ▬▬▬ vom ▬▬▬ zu entnehmen ist.

Meine Mandantschaft beabsichtigt ferner, das reparierte Fahrzeug für mindestens 6 Monate weiter zu nutzen. Dieser Zeitraum stellt anerkannten Maßen keine Fälligkeitsvoraussetzung dar (BGH, Beschl. v. 26.5.2009 – VI ZB 71/08 = r+s 2009, 434), so dass eine Abrechnung auf Basis der dargelegten Reparaturkosten einschließlich der nachgewiesenen Mehrwertsteuer in Höhe von ▬▬▬ EUR zu erfolgen hat.

Für den Ausgleich des Schadens habe ich mir vorsorglich eine Frist bis zum

▬▬▬ *(10-Tages-Frist)*

notiert.

Mit freundlichen Grüßen

(Rechtsanwalt)

---

[168] OLG Oldenburg, Urt. v. 20.3.2000 – 11 U 92/99 = VersR 2001, 997; OLG Karlsruhe, Urt. v. 10.5.1996 – 10 U 122/95 = SP 1996, 348; AG Siegen, Urt. v. 12.1.1999 – 24 C 304/98 = NJW-RR 2000, 1044; andere Ansicht (vor der BGH-Entscheidung): OLG Düsseldorf, Urt. v. 28.12.1994 – 1 U 263/93 = NZV 1995, 232.

A. Unmittelbarer Fahrzeugschaden § 8

154 Der Geschädigte kann bei einer Reparatur in Eigenregie auch den Ersatz der „Netto-Reparaturkosten" ohne Mehrwertsteuer verlangen, solange er nur nachweist, dass das Fahrzeug vollständig und fachgerecht repariert worden ist.[169] Halten sich bei tatsächlicher Reparatur die vom Geschädigten auf der Grundlage eines Sachverständigengutachtens geltend gemachten Instandsetzungskosten in diesem Rahmen, so kann der Geschädigte sie hiernach beanspruchen, ohne ihre Entstehung im Einzelnen belegen zu müssen. Da der Geschädigte hier im Einklang mit dem tatsächlich gewählten Reparaturweg abrechnet, handelt es sich ebenfalls um eine (zulässige) konkrete Abrechnung. Eine Mehrwertsteuer kann hierbei aber nur in dem Umfang angefordert werden, wie sie tatsächlich angefallen ist (d.h. in der Regel nur bei dem Ankauf von Ersatzteilen). Häufig wird bei einer Reparatur in Eigenregie daher nur der Betrag der Reparaturkosten (netto) verlangt. Theoretisch könnte aber auch die bei dem Ankauf von Ersatzteilen angefallene Mehrwertsteuer begehrt werden.[170] Hier besteht aber die Gefahr, dass der Ankauf günstiger als im Gutachten geschätzt erfolgt ist und dies bei einer Offenlegung wiederum zu einer Herabsetzung des Reparaturbetrages führt.

▼

Muster 8.45: Ersatz der Reparaturkosten unterhalb der 130 %-Grenze bei Reparatur in Eigenregie **155**

▓▓▓ Versicherung AG
▓▓▓
▓▓▓

Schaden-Nr./VS-Nr./Az. ▓▓▓

Schaden vom ▓▓▓

Pkw ▓▓▓, amtl. Kennzeichen ▓▓▓

Sehr geehrte Damen und Herren,

vielen Dank für den Ausgleich des vorläufig bezifferten Fahrzeugschadens in der im Betreff genannten Schadensache.

In der Zwischenzeit hat mein Mandant sein Unfallfahrzeug vollständig und fachgerecht in Eigenregie repariert. Zum Nachweis der fachgerechten Reparatur übersende ich Ihnen anliegend eine Fotografie vom Unfallfahrzeug, das mein Mandant nach dem Abschluss der Reparaturarbeiten fertigte. Sollte Ihnen das Foto als Nachweis nicht ausreichen, ist mein Mandant gern dazu bereit, das Unfallfahrzeug einem Sachverständigen erneut vorzustellen und die fachgerechte Reparatur schriftlich bestätigen zu lassen. In diesem Fall bitte ich höflich um kurzfristigen Rückruf. Vorsorglich weise ich darauf hin, dass die Besichtigung durch den Sachverständigen weitere Kosten verursachen wird, die von Ihnen zu tragen wären.

---

169 So jedenfalls BGH, Urt. v. 17.3.1992 – VI ZR 226/91 = NJW 1992, 1618; OLG Karlsruhe, Urt. v. 29.4.1999 – 19 U 268/97 = DAR 1999, 313; LG Bonn, Urt. v. 28.2.2003 – 2 O 186/02 = NZV 2003, 341 (inkl. MwSt vor Einführung des neuen § 249 Abs. 2 S. 2 BGB); vgl. auch *Kappus*, DAR 2010, 10.
170 Vgl. zu den Grundsätzen des Ersatzes der MwSt. bei ihrem Anfall: BGH, Urt. v. 22.9.2009 – VI ZR 312/08 = NJW 2009, 3713.

§ 8 Sachschaden

Danach bitte ich um Abrechnung des Schadens auf fiktiver Reparaturkostenbasis unter Berücksichtigung der 130 %-Rechtsprechung. Zu einer entsprechenden Abrechnung ist mein Mandant nach Maßgabe der höchstrichterlichen Rechtsprechung berechtigt. Ich verweise hierzu vorsorglich auf die Entscheidungen des BGH (Urt. v. 17.3.1992 – VI ZR 226/91 = NJW 1992, 1618) sowie des OLG Karlsruhe (Urt. v. 29.2.1999 – 19 U 268/97 = DAR 1999, 313). Auch bei einer – wie hier – vollständig und fachgerecht in Eigenregie durchgeführten Reparatur greift die 130 %-Rechtsprechung zugunsten unseres Mandanten ein (BGH, Urt. v. 15.2.2005 – VI ZR 70/04 = NJW 2005, 1108, 1110).

Meine Mandantschaft beabsichtigt ferner, das reparierte Fahrzeug für mindestens 6 Monate weiter zu nutzen. Dieser Zeitraum stellt anerkannten Maßen keine Fälligkeitsvoraussetzung dar (BGH, Beschl. v. 26.5.2009 – VI ZB 71/08 = r+s 2009, 434), so dass eine Abrechnung bereits jetzt zu erfolgen hat.

Laut Gutachten übersteigen die voraussichtlichen Reparaturkosten den Wiederbeschaffungswert um nicht mehr als 30 %. Danach beläuft sich der Fahrzeugschaden meines Mandanten auf ▬▬▬ EUR (netto). Hierauf zahlten Sie bislang ▬▬▬ EUR. Für den Ausgleich der noch offenen ▬▬▬ EUR habe ich mir eine Frist bis zum

▬▬▬ (10-Tages-Frist)

notiert.

Mit freundlichen Grüßen

(Rechtsanwalt)

156 Ein durch die vollständige und fachgerechte Reparatur belegtes schützenswertes Integritätsinteresse kann nicht nur bei einem Pkw oder Lkw, sondern auch bei einem Anhänger vorliegen.[171] Ferner steht eine gewerbliche Nutzung der Annahme eines Integritätsinteresses ebenfalls nicht entgegen.[172]

157 Muster 8.46: Integritätsinteresse bei einem Anhänger
Auch wenn vorliegend ein Anhänger meiner Mandantschaft betroffen ist, kann diese nach den anerkannten Grundsätzen auf Basis der „130 %-Rechtsprechung" des BGH abrechnen. Dies gilt anerkanntermaßen auch bei einer gewerblichen Nutzung (BGH, Urt. v. 8.12.1998 – VI ZR 66/98 = NJW 1999, 500). Das besondere Interesse am Erhalt des Sattelaufliegers ist nicht davon abhängig, ob ein Motor oder ein Getriebe vorhanden ist. Sowohl bei der Zugmaschine als auch beim Anhänger kommt es jeweils auf die besondere technische Zuverlässigkeit an, da von beiden eine Betriebsgefahr im Verkehr ausgeht. Der Wert des Anhängers ergibt sich aus der Gebrauchstauglichkeit und Anwendungsvertrautheit, so dass die (fachgerechte) Reparatur der vertrauten Sache das Integritätsinteresse des Geschädigten in stärkerem Maße zu befriedigen vermag als eine Ersatzbe-

---

171 OLG Celle, Urt. v. 2.12.2009 – 14 U 123/09 = NJW-RR 2010, 600.
172 BGH, Urt. v. 8.12.1998 – VI ZR 66/98 = NJW 1999, 500; OLG Dresden, Urt. v. 4.4.2001 – 6 U 2824/00 = NZV 2001, 346.

schaffung, weil sie die Nutzung im gewohnten Maß ermöglicht und Änderungen nicht erforderlich macht (anschaulich: OLG Celle, Urt. v. 2.12.2009 – 14 U 123/09 = NJW-RR 2010, 600).

4. Vierte Stufe

Die Reparaturkosten machen mehr als 130 % des Wiederbeschaffungswertes aus. 158

Liegen die (voraussichtlichen) Kosten der Reparatur eines Kraftfahrzeugs mehr als 30 % über dem Wiederbeschaffungswert, so ist die Instandsetzung in aller Regel wirtschaftlich unvernünftig und der Geschädigte kann vom Schädiger nur die Wiederbeschaffungskosten verlangen.[173] Er kann die Reparaturkosten auch nicht aufspalten und die Kosten einer bloßen Teilreparatur erstattet erhalten.[174] Diese Wertgrenze gilt auch für „Unikate".[175] Ausnahmsweise kann ein Ersatz der unterhalb des Wiederbeschaffungswertes „gesenkten" Reparaturkosten erfolgen, wenn das Kfz vollständig und fachgerecht repariert wird und die Reparatur wirtschaftlich vernünftig ist. Dies ist jedoch bei einem „Rabatt" der Werkstatt nicht der Fall.[176] Die Einhaltung der 130 %-Grenze kann im Einzelfall jedoch durch den Einbau von Gebrauchtteilen gewahrt werden.[177]

Muster 8.47: Einhaltung der 130 %-Grenze durch Einbau von Gebrauchtteilen 159

Versicherung AG

Schaden-Nr./VS-Nr./Az.

Schaden vom

Pkw   , amtl. Kennzeichen

Sehr geehrte Damen und Herren,

in vorbezeichneter Schadensache ist Ihre Einschätzung, es wäre die sog. 130 %-Grenze überschritten, unzutreffend. Der als Anlage beigefügten Auskunft des Sachverständigen   vom   ist zu entnehmen, dass vorliegend unter Berücksichtigung des Fahrzeugalters und der betroffenen Fahrzeugteile und aufgetretenen Schäden eine Instandsetzung unter Einbau von gebrauchten Fahrzeugteilen zur Wiederherstellung des ursprünglichen Zustandes genügt. Dies genügt nach der Rechtsprechung, um eine Abrechnung innerhalb der 130 %-Grenze herbeizuführen (BGH, Urt. v. 14.12.2010 – VI ZR 231/09 = NJW 2011, 669). Hierfür ist vorliegend lediglich ein Aufwand in Höhe von   EUR notwendig, so dass die von Ihnen vorgelegte Kalkulation deutlich zu hoch angesetzt und zu beanstanden ist.

---

173 BGH, Urt. v. 10.7.2007 – VI ZR 258/06 = NJW 2007, 2917.
174 BGH, Urt. v. 10.7.2007 – VI ZR 258/06 = NJW 2007, 2917.
175 BGH, Urt. v. 3.2.2010 – VI ZR 144/09 = NJW 2010, 2121.
176 BGH Urt. v. 8.2.2011 – VI ZR 79/10 = NJW 2011, 1435.
177 BGH, Urt. v. 14.12.2010 – VI ZR 231/09 = NJW 2011, 669.

§ 8 Sachschaden

Meine Mandantschaft hat das verunfallte Fahrzeug ausweislich der als Anlage beigefügten Bestätigung des Sachverständigen vom ▨ vollständig und fachgerecht gem. den Vorgaben aus des Sachverständigen repariert.

Bei der Reparatur sind die aus der Anlage ▨ ersichtlichen Aufwendungen in Höhe von ▨ EUR angefallen.

Meine Mandantschaft beabsichtigt ferner, das reparierte Fahrzeug für mindestens 6 Monate weiter zu nutzen. Dieser Zeitraum stellt anerkannten Maßen keine Fälligkeitsvoraussetzung dar (BGH, Beschl. v. 26.5.2009 – VI ZB 71/08 = r+s 2009, 434), so dass eine Abrechnung auf Basis der dargelegten Reparaturkosten einschließlich der nachgewiesenen Mehrwertsteuer in Höhe von ▨ EUR zu erfolgen hat.

Für den Ausgleich des Schadens habe ich mir vorsorglich eine Frist bis zum

▨ (10-Tages-Frist)

notiert.

Mit freundlichen Grüßen

(Rechtsanwalt)

▲

160 Zudem ist zu beachten, dass der Geschädigte grundsätzlich nicht das Risiko trägt, dass die zur Wiederherstellung des ursprünglichen Zustandes erforderlichen Reparaturkosten höher ausfallen als vom Sachverständigen geschätzt.[178] Etwas anderes dürfte nur dann gelten, wenn bei der Reparatur weitere bisher nicht erkannte Schäden aufgetreten sind.[179]

▼

161 Muster 8.48: Tatsächliche Reparaturkosten liegen über 130 %-Grenze

▨ Versicherung AG

Schaden-Nr./VS-Nr./Az. ▨

Schaden vom ▨

Pkw ▨, amtl. Kennzeichen ▨

Sehr geehrte Damen und Herren,

durch Schreiben vom ▨ glichen Sie in der im Betreff genannten Schadensache den Fahrzeugschaden meines Mandanten auf der Grundlage einer Totalschadenabrechnung aus. Entgegen der von Ihnen vertretenen Auffassung besitzt mein Mandant jedoch einen Anspruch auf Ausgleich der tatsächlichen Reparaturkosten in Höhe von ▨ EUR. Er beruft sich insoweit auf die Grundsätze der 130 %-Rechtsprechung. Dem steht nicht entgegen, dass die tatsächlichen Reparaturkosten diese Grenze überstiegen.

Mein Mandant traf die Entscheidung zur Durchführung der Reparatur nach Vorlage des Gutachtens des Sachverständigen. Danach überstiegen die voraussichtlichen Reparaturkosten den Wiederbeschaffungswert um nicht mehr als 30 %. Mein Mandant war deshalb dazu berechtigt, die Reparaturarbeiten in Auftrag zu geben. Letztlich blieben die vom

---

178 BGH, Urt. v. 15.10.1991 – VI ZR 314/90 = NZV 1992, 66.
179 Im Überblick: *Kappus*, DAR 2010, 10.

Sachverständigen geschätzten Reparaturkosten hinter den tatsächlich erforderlichen zurück. Die Konsequenzen aus den fehlerhaften Angaben des Sachverständigen sind jedoch nicht von meinem Mandanten, sondern von Ihnen zu tragen. Nach Auffassung der herrschenden Rechtsprechung (u.a. BGH, Urt. v. 15.10.1991 – VI ZR 314/90 = NZV 1992, 66) trägt bei einer Abrechnung der tatsächlich angefallenen Kosten nicht der Geschädigte, sondern allein der Schädiger das sog. Prognoserisiko, also das Risiko, dass sich der Sachverständige bei der Bezifferung der voraussichtlichen Reparaturkosten verschätzt. Der Geschädigte darf sich darauf verlassen, dass die Angaben des Sachverständigen zum Reparaturumfang zutreffen. Stellen sich die Schätzungen im Nachhinein als fehlerhaft dar, muss der Schädiger dennoch die gesamten Reparaturkosten ausgleichen.

Danach habe ich Sie aufzufordern, den offenen Restschaden in Höhe von ▨ EUR unverzüglich, spätestens jedoch bis zum

▨ (10-Tages-Frist)

auszugleichen. Andernfalls werde ich meinem Mandanten die Inanspruchnahme gerichtlicher Hilfe empfehlen.

Mit freundlichen Grüßen

(Rechtsanwalt)

Insgesamt ist festzuhalten, dass das vom BGH entwickelte 4-Stufen-Modell dem Geschädigten eine Vielzahl an Abrechnungsmodalitäten eröffnet, die auch den Rechtsanwender vor eine Reihe an schwierigen und längst nicht in allen Facetten höchstrichterlich entschiedenen Gesichtspunkten stellen.

Checkliste: 4-Stufen-Modell

Die Grundzüge des sog. **4-Stufen-Modell** des BGH sind in einer Übersicht wie folgt zusammenzufassen:

1. Stufe: Die Reparaturkosten sind geringer als der Wiederbeschaffungsaufwand

Liegen die Reparaturkosten unterhalb des Wiederbeschaffungsaufwandes (d.h. des Wiederbeschaffungswertes abzüglich des Restwerts), kann der Geschädigte lediglich die Reparaturkosten abrechnen, die den kostengünstigsten Aufwand bei der Wiederherstellung des ursprünglichen Zustandes darstellen. Hierbei kann er fiktiv die Reparaturkosten unter Ausschluss der Mehrwertsteuer begehren oder aber konkret unter Vorlage der Reparaturrechnung abrechnen und auch die darin ausgewiesene Mehrwertsteuer ersetzt verlangen.

2. Stufe: Die Reparaturkosten liegen über dem Wiederbeschaffungsaufwand, aber unterhalb des Wiederbeschaffungswertes

Der Anwendungsbereich der zweiten Stufe ist erreicht, wenn die Reparaturkosten weiterhin unter dem Wiederbeschaffungswert liegen, jedoch den Wiederbeschaffungsaufwand übersteigen. Da der Geschädigte sich bei zwei gleichwertigen Möglichkeiten zur Schadenskompensation auf die günstigere verweisen lassen muss, kann er grundsätzlich nur auf Basis des Wiederbeschaffungsaufwandes abrechnen, es sei denn, er weist ein schützenswertes Integritätsinteresse auf. Rechnet der Geschädigte konkret ab, weist er dieses Interesse durch die Reparatur des Fahrzeugs nach, ohne dass es auf die Qualität der Reparatur oder die weitere Nutzung des Fahrzeugs ankommt. Rechnet der Geschädigte dagegen fiktiv ab, stehen ihm die Reparaturkosten (netto) nur zu, wenn er sein Fahrzeug repariert und für einen Zeitraum von i.d.R. mindestens 6 Monate weiter nutzt.

3. Stufe: Die Reparaturkosten liegen oberhalb des Wiederbeschaffungswertes, betragen aber nicht mehr als 130 %

Liegen die Reparaturkosten über dem Wiederbeschaffungswert, so liegt grundsätzlich ein wirtschaftlicher Totalschaden vor, bei dem der Geschädigte wie auf der zweiten Stufe grundsätzlich lediglich den Wiederbeschaffungsaufwand ersetzt erhält. Maßgeblich ist auch hier die Gegenüberstellung der jeweiligen Brutto-Werte inkl. Mehrwertsteuer, es sei denn, der Geschädigte ist zum Vorsteuerabzug berechtigt. Zu den Reparaturkosten ist ggf. der merkantile Minderwert aufzuschlagen.

Dem Geschädigten wird auf der dritten Stufe jedoch ausnahmsweise gestattet, auf Basis der Reparaturkosten konkret abzurechnen, wenn er das verunfallte Fahrzeug nach Vorgabe des Gutachtens vollständig und fachgerecht reparieren lässt und i.d.R. für einen Zeitraum von sechs Monaten weiter nutzt.

4. Stufe: Die Reparaturkosten machen mehr als 130 % des Wiederbeschaffungswertes aus

Liegen die (voraussichtlichen) Kosten der Reparatur eines Kraftfahrzeugs mehr als 30 % über dem Wiederbeschaffungswert, so ist die Instandsetzung in aller Regel wirtschaftlich unvernünftig und der Geschädigte kann vom Schädiger nur die Wiederbeschaffungskosten verlangen. Er kann die Reparaturkosten auch nicht aufspalten und die Kosten einer bloßen Teilreparatur erstattet erhalten. Diese Grenze kann i.d.R. nicht durch Rabatte, ggf. aber den Einsatz von Gebrauchtteilen zur Absenkung der Reparaturkosten gewahrt werden, wenn dies wirtschaftlich vernünftig ist.

164 Insbesondere die Besonderheiten der Abrechnung im Rahmen der „130 %-Rechtsprechung" auf der dritten Stufe bieten ein nicht zu unterschätzendes Gestaltungs- aber auch Haftungspotential.

165 **Checkliste: 130 %-Abrechnung**
- Die Reparatur wird tatsächlich vollständig und fachgerecht durchgeführt und das Fahrzeug wird (i.d.R.) sechs Monate weiter genutzt, wobei letzterer Voraussetzung lediglich eine beweismäßige Bedeutung zukommt.
- Die Reparaturkosten betragen nicht mehr als 130 % des Wiederbeschaffungswerts, wobei grundsätzlich die Brutto-Werte maßgeblich sind.
- Die Reparaturkosten können nur konkret abgerechnet werden. Dies schließt eine Reparatur in Eigenregie jedoch nicht aus. Eine rein fiktive Abrechnung der Reparaturkosten ist jedoch nicht zulässig.
- Werden die vom Sachverständigen geschätzten Reparaturkosten im Rahmen der Reparatur überschritten, trägt der Schädiger das Prognoserisiko des Sachverständigen, es sei denn, es wird ein bisher unbekannter Schaden entdeckt.

- Eine Entschädigungsleistung wird bereits vor Ablauf der sechs Monate bei einer vollständigen und fachgerechten Reparatur fällig. Der Schädigerseite kann jedoch die Zahlung unter Rückforderungsvorbehalt erbringen und nach Ablauf von sechs Monaten eine Auskunft über die weitere Nutzung begehren.
- Im Fall der erzwungenen Aufgabe ist eine Veräußerung vor dem Ablauf von sechs Monaten i.d.R. unschädlich, wenn der Geschädigte bei Reparaturauftrag den Willen zur Weiterbenutzung des Fahrzeugs gehabt hat.

VI. Neuwagenabrechnung

1. Überblick

Der Geschädigte ist ausnahmsweise berechtigt, den Fahrzeugschaden auf sog. **Neuwagenbasis** abzurechnen, wenn die Reparatur des Fahrzeugs zwar technisch möglich und wirtschaftlich vernünftig ist, sie dem Geschädigten aber nicht zugemutet werden kann. Dies ist der Fall, wenn ein absolut **neuwertiges Fahrzeug** einen erheblichen Unfallschaden erleidet.[180] Durch die Abrechnung auf „Neuwagenbasis" soll der Geschädigte in die Lage versetzt werden, sich ein Neufahrzeug zulegen zu können.

166

Bei dem Unfallfahrzeug kann es sich gleichermaßen um einen Pkw wie um ein Motorrad[181] handeln. Bei Nutzfahrzeugen scheidet jedoch eine Neuwagenabrechnung grundsätzlich aus.[182] Der vom Bundesgerichtshof sog. Schmelz der Neuwertigkeit spielt in diesem Fall keine Rolle, da es ausreicht, wenn solche Fahrzeuge ihren Zweck erfüllen.[183] Dass es sich bei dem Unfallfahrzeug um ein Leasingfahrzeug handelt, steht der Neuwagenabrechnung hingegen nicht entgegen.[184] Auch bei einem privat und gewerblich genutzten Fahrzeug ist eine Abrechnung auf Neuwagenbasis möglich.[185]

167

Eine Abrechnung auf Neuwagenbasis ist an folgende drei Voraussetzungen gebunden:[186]

168

- Es muss sich um ein neuwertiges Fahrzeug gehandelt haben.
- Es muss ein erheblicher Fahrzeugschaden eingetreten sein.
- Der Geschädigte muss ein gleichwertiges Ersatzfahrzeug als Neuwagen angeschafft haben.

2. Anschaffung eines gleichwertigen Ersatzfahrzeug

Während früher vertreten worden ist, dass eine Abrechnung auf Neuwagenbasis auch lediglich fiktiv erfolgen kann, hat der BGH nun entschieden, dass der Geschädigte, dessen neuer Pkw erheblich beschädigt worden ist, den ihm entstandenen Schaden nur

169

---

180 OLG Celle, Urt. v. 19.6.2003 – 14 U 168/02 = NJW-RR 2003, 1381.
181 OLG Schleswig, Urt. v. 19.9.1984 – 9 U 210/83 = BeckRS 2008, 18990.
182 OLG Stuttgart, Urt. v. 19.1.1982 – U 180/81 = VersR 1983, 92.
183 OLG Naumburg, Urt. v. 27.10.1999 – 6 U 62/99 = VRS 100, 244; OLG Hamm, Urt. v. 9.1.1989 – 13 U 257/88 NJW-RR 1989, 1433 (keine Abrechnung auf Neuwagenbasis bei Beschädigung eines Wohnwagens).
184 OLG Nürnberg, Urt. v. 7.6.1994 – 3 U 1020/94 = NJW-RR 1995, 919.
185 OLG Hamburg, Urt. v. 28.3.2008 – 14 U 95/07 = NZV 2008, 555
186 BGH, Urt. v. 9.6.2009 – VI ZR 210/08 = NJW 2009, 3022; OLG Düsseldorf, Urt. v. 2.3.2009 – 1 U 58/08 = SP 2009, 368.

dann auf Neuwagenbasis abrechnen kann, wenn er ein fabrikneues Ersatzfahrzeug gekauft hat.[187] Zur Begründung stellt der BGH darauf ab, dass der Geschädigte zu einer solchen Abrechnung, welche zu seinen Gunsten die Opfergrenze überschreitet, nur dann berechtigt ist, wenn er ein schützenswertes Integritätsinteresse nachweist. Dies wäre nur dann der Fall, wenn ein gleichwertiges Neufahrzeug angeschafft wird.

170 Mit dieser Entscheidung des BGH dürfte die in der Praxis immer wieder vorkommende Intention des anwaltlich beratenden Geschädigten, einen „Deal" mit dem gegnerischen Kfz-Haftpflichtversicherer zu erzielen, bei dem auf eine Neupreisentschädigung gegen Zahlung eines „Aufschlags" verzichtet wird, an Bedeutung verlieren. Für eine Neuwagenabrechnung muss der Geschädigte die Anschaffung eines fabrikneuen und gleichwertigen Ersatzfahrzeugs nachweisen. Eine bloße unverbindliche Order oder auch ein ggf. aufhebbarer Kaufvertrag als allein schuldrechtliche Verpflichtung dürften hierfür im Zweifel nicht genügen. Im Fall der 130 %-Abrechnung wird ja auch eine über den Reparaturauftrag hinausgehende tatsächliche Reparatur vorausgesetzt. Im Übrigen hat der BGH zutreffend darauf hingewiesen, dass ein gleichwertiges Ersatzfahrzeug beschafft werden muss. Die Anschaffung irgendeines – nicht dem beschädigten Fahrzeugtyp entsprechenden – Ersatzfahrzeugs dürfte nicht genügen. Auch bei der Fallgruppe der 130 %-Rechtsprechung wird die Aufrechterhaltung des ursprünglichen Zustandes durch eine Reparatur gemäß Gutachten vorausgesetzt und keine „günstigere alternative Reparatur" akzeptiert.

171 **Muster 8.49: Nachweis der Anschaffung eines Neufahrzeugs bei der Neuwagenabrechnung**

Der Geschädigte, dessen neuer Pkw erheblich beschädigt worden ist, kann den ihm entstandenen Schaden nur dann auf Neuwagenbasis abrechnen, wenn er ein fabrikneues Ersatzfahrzeug gekauft hat (BGH, Urt. v. 9.6.2009 – VI ZR 210/08 = NJW 2009, 3022). Dies setzt nicht nur voraus, dass das ausgewählte Ersatzfahrzeug als Neufahrzeug gleichwertig ist. Vielmehr kann nur bei der tatsächlich erfolgten Anschaffung ein besonderes Integritätsinteresse angenommen werden. Eine bloße, ggf. sogar nur unverbindliche Bestellung genügt nicht. Dies zeigt bereits der vom BGH selber vorgenommene Vergleich zu dem Nachweis eines schützenswerten Integritätsinteresses im Rahmen „130 %-Rechtsprechung": Dort ist die tatsächliche Vornahme einer Reparatur erforderlich, um das Integritätsinteresse zu begründen (vgl. BGH, Urt. v. 10.7.2007 – VI ZR 258/06 = NJW 2007, 2917). Auch bei der Abrechnung auf Neuwagenbasis ist daher der konkrete Nachweis der Inbesitznahme eines nutzungsbereiten Fahrzeug zu fordern (vgl. *Nugel*, jurisPR-VerkR 23/2009 Anm. 1).

172 Noch nicht höchstrichterlich geklärt ist, wie sich der Geschädigte zu verhalten hat, wenn er eine Abrechnung auf Neuwagenbasis begehrt, aber zu einer Vorfinanzierung nicht in der Lage ist oder darüber hinaus Streit über die weiteren Voraussetzungen der Abrechnung auf Neuwagenbasis besteht. Hier ist zu überlegen, ob der Geschädigte Feststel-

---

187 BGH, Urt. v. 9.6.2009 – VI ZR 210/08 = NJW 2009, 3022.

A. Unmittelbarer Fahrzeugschaden §8

lungsklage erheben kann, um seinen Anspruch gerichtlich klären zu lassen. Dann wäre aber zu klären, ob ein berechtigtes Feststellungsinteresse nicht zumindest eine verbindliche Bestellung eines Neufahrzeugs voraussetzt oder der Geschädigte nicht sogar eine Stufenklage erheben kann. Angesichts der damit verbundenen Unsicherheiten mag sich eine Verständigung mit dem gegnerischen Haftpflichtversicherer anbieten.

▼

Muster 8.50: Verständigung über eine Zahlungszusage bei einer Abrechnung auf Neuwagenbasis 173

▓▓▓▓ Versicherung AG

▓▓▓▓
▓▓▓▓

Schaden-Nr./VS-Nr./Az. ▓▓▓▓

Schaden vom ▓▓▓▓

Pkw ▓▓▓▓, amtl. Kennzeichen ▓▓▓▓

Sehr geehrte Damen und Herren,

in vorbezeichneter Schadensache haben wir Ihnen bereits dargelegt, dass angesichts der Neuwertigkeit des Fahrzeugs unserer Mandantschaft sowie dem eingetretenen erheblichen Fahrzeugschaden eine Abrechnung auf Neuwagenbasis statthaft ist.

Hierfür ist jedoch eine Vorfinanzierung der Anschaffung eines Neufahrzeugs geboten. Ihre diesbezügliche Eintrittspflicht nach Nachweis der Neuanschaffung kann daher vorliegend nicht ernsthaft in Abrede gestellt werden. Zur Absicherung des Anspruchs unserer Mandantschaft wäre daher grundsätzlich eine Feststellungsklage zulässig, zumal der BGH in seiner diesbezüglichen Grundsatzentscheidung vom 9.6.2009 – VI ZR 210/08 = NJW 2009, 3022 anschaulich dargelegt hat, dass eine diesbezügliche Abrechnung sogar nachträglich erfolgen kann. Zur Vermeidung einer aus unserer Sicht unnötigen Feststellungsklage regen wir an, dass Sie uns schriftlich gegenüber bestätigen, dass Sie die Kosten für die Anschaffung eines gleichwertigen Neufahrzeug übernehmen, sobald Ihnen gegenüber der Nachweis einer Anschaffung und Übergabe an unsere Mandantschaft erbracht worden ist.

Ich bitte um Rückantwort und Veranlassung bis zum

▓▓▓▓ *(14-Tages-Frist)*

Bitte haben Sie Verständnis dafür, dass ich meinem Mandanten nach dem fruchtlosen Ablauf der vorgenannten Frist empfehlen werde, die Angelegenheit einer gerichtlichen Klärung zuzuführen.

Mit freundlichen Grüßen

(Rechtsanwalt)

3. Neuwertigkeit des Fahrzeugs

Die **Neuwertigkeit** eines Unfallfahrzeugs macht sich am **Fahrzeugalter** und seiner 174 **Laufleistung** zum Unfallzeitpunkt fest. Grundsätzlich sollte die Laufleistung sollte zum

Schadenszeitpunkt nicht mehr als 1.000 km betragen haben.[188] Auch hiervon gibt es jedoch Ausnahmen, da unfallfreie Wagen mit einer derart geringen Laufleistung auf dem Automarkt kaum erhältlich sind. Folgende drei Ausnahmen können aus Sicht des BGH gegeben sein[189] und eine Abrechnung auf Neuwagenbasis bei einem Kilometerstand zwischen 1.000 und 3.000 km bzw. bis zu einem Fahrzeugalter von einem Monat rechtfertigen:

- Es sind Teile beschädigt worden, die für die Sicherheit des Fahrzeugs von Bedeutung sind und bei denen trotz Reparatur ein Unsicherheitsfaktor verbleibt.[190]
- Nach einer durchgeführten Reparatur verbleiben erhebliche Schönheitsfehler am Fahrzeug.
- Die Reparatur kann die Garantieansprüche des Eigentümers zumindest beweismäßig gefährden und die Gegenseite erklärt nicht alsbald nach dem Unfall verbindlich ihre Einstandspflicht.

175 *Hinweis*
Eine Laufleistung von 4.200 km ist jedoch bereits deutlich zu viel.[191]

176 Neben der geringen Laufleistung wird eine Abrechnung auf Neuwagenbasis nur anerkannt, wenn die tatsächliche Nutzungszeit ebenfalls gering ist. Der BGH hat Anfang der 80er-Jahre einen Zeitraum von „etwa einem Monat" als Grenze vorgegeben.[192] Eine längere Nutzungszeit könne einer Abrechnung auf Neuwagenbasis entgegenstehen. In der seitdem ergangenen Rechtsprechung wird teilweise die Grenze der zeitlichen Nutzung auf Zeiträume von zwei[193] bzw. drei[194] Monaten als zulässig, in erster Linie aber der tatsächlich gefahrene Kilometerstand als maßgeblich erachtet.[195]

177 **Muster 8.51: Neuwagenabrechnung bei einer Laufleistung zwischen 1.000 und 3.000 km**

Vorliegend ist eine Abrechnung auf Neuwagenbasis statthaft. Insoweit gibt es keine absolute Grenze von 1.000 km, die als Laufleistung des Fahrzeugs einer Abrechnung auf Neuwagenbasis entgegenstehen könnte. Der BGH (BGH, Urt. v. 3.11.1981 – VI ZR 234/80 = NJW 1982, 433) hat vielmehr hervorgehoben, dass eine derartige Abrechnung auf Neuwagenbasis bis zu einer Grenze von 3.000 km auch dann zulässig ist, wenn Teile beschädigt worden, die für die Sicherheit des Fahrzeugs von Bedeutung sind und bei denen trotz Reparatur ein Unsicherheitsfaktor verbleibt (vgl. hierzu auch LG Saarbrücken,

---

188 BGH, Urt. v. 9.6.2009 – VI ZR 210/08 = NJW 2009, 3022; OLG Düsseldorf, Urt. v. 2.3.2009 – 1 U 58/08 = SP 2009, 368; OLG Hamm, Urt. v. 22.9.1999 – 13 U 54/99 = NZV 2010, 170; LG Mönchengladbach, Urt. v. 25.10.2005 – 5 S 53/05 = MDR 2006, 687.
189 Bereits BGH, Urt. v. 3.11.1981 – VI ZR 234/80 = NJW 1982, 433; bestätigt durch BGH, Urt. v. 9.6.2009 – VI ZR 210/08 = NJW 2009, 3022.
190 Beispielhaft: LG Saarbrücken, Schlussurt. v. 29.11.2001 – 12 O 456/00 = zfs 2002, 282.
191 OLG Celle, Urt. v. 29.2.2012 – 14 U 181/11 = SP 2012, 258.
192 BGH, Urt. v. 3.11.1981 – VI ZR 234/80 = NJW 1982, 433.
193 OLG Hamm, Urt. v. 11.4.1994 – 6 U 247/93 = r+s 1994, 338.
194 OLG Karlsruhe, Urt. v. 24.10.1985 – 9 U 73/85 = NJW-RR 1986, 254; OLG Hamm, Urt. v. 22.9.1999 – 13 U 54/99 = NZV 2000, 170.
195 4.200 Kilometer Laufleistung bei erst einmonatiger Zulassung deutlich zu viel: OLG Celle, Urt. v. 29.2.2012 – 14 U 181/11 = NJW-RR 2012, 990.

Schlussurt. v. 29.11.2001 – 12 O 456/00 = zfs 2002, 282) oder nach einer durchgeführten Reparatur erhebliche Schönheitsfehler am Fahrzeug verbleiben.

Diese Voraussetzungen sind vorliegend gegeben: Die Laufleistung hat zum **Unfallzeitpunkt** km betragen und liegt damit unterhalb der Höchstgrenze von 3.000 km und es sind folgende Teile des Fahrzeugs erheblich beschädigt worden, welche die Sicherheit des Fahrzeug beeinträchtigen bzw. bei denen die Gefahr einen bleibenden Fehlers nach der Reparatur besteht:

▲

4. Erheblicher Fahrzeugschaden

Von der Rechtsprechung wird für eine Abrechnung auf Neuwagenbasis zudem gefordert, dass bei einem fabrikneuen Fahrzeug eine erhebliche Beschädigung vorliegen muss.[196] Einigkeit besteht insoweit, dass die Erheblichkeit einer Beschädigung nicht in erster Linie anhand der Schwere des eingetretenen Unfallschadens, sondern anhand des Zustands zu beurteilen ist, in dem sich das Fahrzeug nach einer fachgerechten Reparatur befinden würde.[197] Dabei ist eine erhebliche Beschädigung zu verneinen, wenn der Unfall lediglich Fahrzeugteile betroffen hat, die im Rahmen einer fachgerecht durchgeführten Reparatur spurenlos ausgewechselt werden können, und die Funktionstüchtigkeit und die Sicherheitseigenschaften des Fahrzeugs, insbesondere die Karosseriesteifigkeit und das Deformationsverhalten nicht beeinträchtigt sind (wie beispielsweise bei der Beschädigung von Anbauteilen wie Türen, Scheiben, Stoßstangen, etc.).[198] Für den Geschädigten ist die Lage dagegen günstig, wenn sicherheitsrelevante Fahrzeugteile betroffen sind bzw. zumindest die Fahrzeugstruktur angegriffen worden ist – wie z.B. bei einem Schaden an der sog. A-, B- oder C-Säule des Fahrzeug.[199] Bei Beschädigung eines fabrikneuen Pkw, der vor weniger als einem Monat zugelassen wurde und eine Laufleistung von weniger als 1.000 km aufweist, muss sich ein Geschädigter jedenfalls nicht auf die Reparaturkostenabrechnung in Verbindung mit der Erstattung einer Wertminderung verweisen lassen, wenn es sich um einen Schaden handelt, der sich nicht durch bloßes Auswechseln von Teilen folgenlos beseitigen lässt. Erst bei einer Laufleistung von mehr als 1.000km zum Unfallzeitpunkt wäre zu fordern, dass sicherheitsrelevante Fahrzeugteile betroffen sein müssen.[200]

178

Unter Umständen kann nach dieser Ansicht daher auch bei geringeren Schadensfolgen bei einem absolut neuwertigen Fahrzeug eine Abrechnung auf Neuwagenbasis in Betracht kommen – so z.B. bei einem absolut neuwertigen Fahrzeug, welches nur 15 Tage alt gewesen ist und lediglich 412 km gefahren wurde und bei dem lediglich das

179

---

196 OLG Düsseldorf, Urt. v. 23.2.2010 – 1 U 119/09 = SVR 2010, 181.
197 BGH, Urt. v. 9.6.2009 –VI ZR 210/08 = NJW 2009, 3022; OLG Düsseldorf, Urt. v. 2.3.2009 – 1 U 58/08 = SP 2009, 368.
198 BGH, Urt. v. 9.6.2009 – VI ZR 210/08 = NJW 2009, 3022.
199 Das OLG Hamburg, Urt. v. 28.3.2008 – 14 U 95/07 = NZV 2008, 555 lässt einen Strukturschaden an der A-Säule genügen, der nur geringfügige Richtarbeiten erfordert hätte.
200 OLG Nürnberg, Urt. v. 15.8.2008 – 5 U 29/08 = DAR 2009, 37.

Heckabschlussblech beschädigt worden ist.²⁰¹ Das OLG Oldenburg²⁰² vertritt sogar die Auffassung, von einem erheblichen Schaden sei immer dann auszugehen, wenn an dem Unfallfahrzeug Lackierarbeiten vorgenommen werden müssten, da in diesem Fall das Risiko späterer Farbabweichungen oder Farbveränderungen bestehe. Diese Auffassung ist allerdings nicht unumstritten: Nach Ansicht des OLG Düsseldorf stehen nach dem heutigen Stand der Technik sowohl für eine Neuteillackierung als auch für eine Neulackierung in Form der Reparaturlackierung Lacke zur Verfügung, die auch bei einer Zweischicht-Metalliclackierung optisch einwandfreie Ergebnisse mit optimaler Farbtongenauigkeit gewährleisten, so dass das Zurückbleiben von Schönheitsfehlern praktisch ausgeschlossen sein soll.²⁰³

180 Im Übrigen liegt ein erheblicher Schaden, der eine Abrechnung auf Neuwagenbasis bei Vorliegen der übrigen Voraussetzungen rechtfertigt, grundsätzlich auch dann vor, wenn infolge der Unfallbeschädigungen die bei einem Neufahrzeug besonders geschätzten Gewährsansprüche wenigstens beweismäßig gefährdet erscheinen. Dies ergibt sich hier jedoch nicht schon ohne weiteres aus der Art und dem Umfang der vorliegenden Schäden; der Umstand, dass die Reparatur unproblematisch erscheint, spricht eher gegen eine solche Annahme.²⁰⁴

▼

181 Muster 8.52: Erheblicher Fahrzeugschaden bei Beschädigung tragender Fahrzeugteile
Bei einer Abrechnung auf Neuwagenbasis ist die Erheblichkeit einer Beschädigung nicht in erster Linie anhand der Schwere des eingetretenen Unfallschadens, sondern anhand des Zustands zu beurteilen, in dem sich das Fahrzeug nach einer fachgerechten Reparatur befinden würde (BGH, Urt. v. 9.6.2009 – VI ZR 210/08 = NJW 2009, 3022; OLG Düsseldorf, Urt. v. 2.3.2009 – 1 U 58/08 = SP 2009, 368). Eine erhebliche Beschädigung wird in aller Regel zumindest dann anzunehmen sein, wenn beim Unfall tragende oder sicherheitsrelevante Teile, insbesondere das Fahrzeugchassis, beschädigt wurden und die fachgerechte Instandsetzung nicht völlig unerhebliche Richt- oder Schweißarbeiten am Fahrzeug erfordert. Denn durch derartige Arbeiten wird in erheblicher Weise in das Gefüge des Fahrzeugs eingegriffen (BGH a.a.O.). Auch ein festgestellter nicht unerheblicher merkantiler Minderwert spricht dafür, dass dem Geschädigten bei einem neuwertigen Fahrzeug eine Reparatur nicht zuzumuten ist (OLG Oldenburg, Urt. v. 21.5.1997 – 4 U 5/97 = MDR 1997, 734). Entscheidend ist im Übrigen, dass es sich um einen Schaden handelt, der sich nicht durch bloßes Auswechseln von Teilen folgenlos beseitigen lässt (OLG Nürnberg, Urt. v. 15.8.2008 – 5 U 29/08 = DAR 2009, 37).

Hier hat der beauftragte Sachverständige einen merkantilen Minderwert in Höhe von ▬▬▬ EUR festgestellt, was für sich gesehen bereits einen merkantilen Minderwert nahelegt. Darüber hinaus ist zu berücksichtigen, dass folgende erheblichen Schäden ein-

---

201 LG Mönchengladbach, Urt. v. 25.10.2005 – 5 S 53/05 = MDR 2006, 687.
202 OLG Oldenburg, Urt. v. 17.12.1996 – 5 U 154/96 = zfs 1997, 136.
203 OLG Düsseldorf, Urt. v. 23.5.2005 – 1 U 216/04 = SP 2004, 158.
204 OLG Düsseldorf, Urt. v. 2.3.2009 – 1 U 58/08 = SP 2009, 368.

getreten sind, die sich auf die Fahrzeugstruktur bzw. sogar tragende Fahrzeugteile auswirken bzw. deren Folgen sich nicht durch bloßes Auswechseln beseitigen lassen:

Für die Seite des Schädigers liegt der Fall dagegen günstig, wenn gerade keine sicherheitsrelevanten Teile des Fahrzeugs beschädigt sind und daher im Zweifel davon auszugehen ist, dass die festgestellten Schäden beseitigt und die Neuwertigkeit wieder hergestellt werden können, ohne dass ein sicherheitsrelevanter Nachteil verbleibt. Eine Abrechnung auf Neuwagenbasis wäre danach nur zulässig, wenn die Karosserie oder das Fahrwerk so stark beschädigt sind, dass sie in wesentlichen Teilen wieder aufgebaut werden müssen.[205] Eine erhebliche Beschädigung liegt dagegen nicht vor, wenn nach dem spurenlosen Auswechseln von zwei Türen nur noch geringfügige Karosseriearbeiten durchzuführen sind.[206] Beschränkt sich die Reparatur auf den Austausch von Montageteilen, verbunden mit einer Teillackierung der Karosserie, wird in aller Regel die Schadensregulierung auf Neuwagenbasis abzulehnen sein.[207] Dies ist nur anders, wenn tragende oder sicherheitsrelevante Teile betroffen sind.[208] Selbst wenn sicherheitsrelevante Teile betroffen sein sollten, so kann dem Geschädigten in der Regel zugemutet werden, dass Fahrzeug weiter zu nutzen, wenn diese Teile durch Neuteile ausgetauscht werden und keine Nachteile zu befürchten sind.[209]

Muster 8.53: Kein erheblicher Fahrzeugschaden bei einfach gelagerten Schäden
Bei einer Abrechnung auf Neuwagenbasis ist die Erheblichkeit einer Beschädigung nicht in erster Linie anhand der Schwere des eingetretenen Unfallschadens, sondern anhand des Zustands zu beurteilen, in dem sich das Fahrzeug nach einer fachgerechten Reparatur befinden würde (BGH, Urt. v. 9.6.2009 –VI ZR 210/08 = NJW 2009, 3022; OLG Düsseldorf, Urt. v. 2.3.2009 – 1 U 58/08 = SP 2009, 368). Danach ist eine erhebliche Beschädigung zu verneinen, wenn der Unfall lediglich Fahrzeugteile betroffen hat, die im Rahmen einer fachgerecht durchgeführten Reparatur spurlos ausgewechselt werden können, und die Funktionstüchtigkeit und die Sicherheitseigenschaften des Fahrzeugs, insbesondere die Karosseriesteifigkeit und das Deformationsverhalten nicht beeinträchtigt sind (wie beispielsweise bei der Beschädigung von Anbauteilen wie Türen, Scheiben, Stoßstangen, etc.). Dabei ist auch zu berücksichtigen, dass sich derartige Beschädigungen mit Hilfe der heutigen Reparatur- und Lackiertechnik häufig in einer Weise beseitigen lassen, die den schadensrechtlichen Charakter der Neuwertigkeit des Fahrzeugs uneingeschränkt wiederherstellt (BGH a.a.O.; OLG Düsseldorf, Urt. v. 23.5.2005 – 1 U 216/04 = SP 2004, 158). Dem Geschädigten ist daher grundsätzlich eine Weiterbenutzung des reparierten Unfallfahrzeugs zumutbar, wenn durch den Unfall ausschließlich Teile betroffen waren, durch deren spurlose Auswechslung der frühere Zustand voll wieder hergestellt werden kann (OLG Düsseldorf, Urt. v. 2.3.2009 – 1 U 58/08 = SP 2009, 368).

---

205 OLG Celle, Urt. v. 19.6.2003 – 14 U 268/02 = NJW-RR 2003, 1381.
206 OLG Hamm, Urt. v. 3.7.2001 – 9 U 49/01 = VersR 2002, 632.
207 OLG Celle, Urt. v. 20.6.2002 – 14 U 209/01 = SP 2003, 59.
208 OLG Hamm, Urt. v. 19.6.2003 – 14 U 268/02 = NJW-RR 2003, 1381.
209 OLG Schleswig, Urt. v. 18.12.2008 – 7 U 21/08 = NZV 2009, 298.

Dies ist nur anders, wenn tragende oder sicherheitsrelevante Teile betroffen sind (OLG Hamm, Urt. v. 19.6.2003 – 14 U 268/02 = NJW-RR 2003, 1381).

Hier sind ausweislich des vorgelegten Sachverständigengutachtens vom allein die nachfolgend genannten Fahrzeugteile betroffen, die unter Berücksichtigung der fortgeschrittenen Reparatur- und Lackiertechnik eine Wiederherstellung des ursprünglichen und weiterhin neuwertigen Zustandes ohne verbleibende Spuren ermöglichen:

▲

5. Abrechnung des Schadens

184 Die Abrechnung des Schadens auf „Neuwagengrundlage" sieht vor, dass der Geschädigte die Wiederbeschaffungskosten für ein Neufahrzeug zum Zeitpunkt der Schadensregulierung erhält. Hiervon kann der Restwert des Unfallfahrzeugs in Abzug zu bringen sein.[210] Durch diese Abrechnung wird der Geschädigte in die Lage versetzt, sich nach der Veräußerung seines Unfallfahrzeugs mit dem daraus erzielten Erlös sowie der vom Schädiger zu zahlenden Restentschädigung ein Neufahrzeug zu beschaffen.

185 In der praktischen Abwicklung ist zu beachten, dass der Geschädigte das Recht besitzt, dem Schädiger bzw. seinem Haftpflichtversicherer das Unfallfahrzeug in analoger Anwendung des **§ 255 BGB** anzubieten.[211] Eine Pflicht zum Angebot des Unfallfahrzeugs besteht hingegen nicht.[212] Erfolgt ein solches Angebot, braucht sich der Geschädigte den Restwert seines Fahrzeugs grundsätzlich nicht anrechnen zu lassen.[213] Nur wenn allein dem Geschädigten die Möglichkeit zu der Erzielung eines erheblich höheren Restwerts bietet, kann seine Schadensminderungspflicht es gebieten, dass er selber die Verwertung vornimmt.

186 Im Übrigen ist die Höhe der Abzüge für die Nutzung des Fahrzeugs noch nicht abschließend geklärt. Sie können 1–2 % des Anschaffungslistenpreises als „Abschreibungsverlust" oder auch pauschal 0,08 EUR pro Kilometer betragen.[214] In Betracht kommt ein Abzug i.d.R. erst dann, wenn das Fahrzeug bereits mehr als 1.000 km gefahren ist.[215] Dann kann es angebracht sein, pauschal für jede gefahrenen 1.000 Kilometer jeweils 1 % vom Neupreis in Abzug zu bringen.[216]

187 Ist die Frage der Abrechnung streitig oder kann der Geschädigte eine Neuanschaffung nicht aus eigener Kraft finanzieren, kann ihm nach h.M. ggf. eine Feststellungsklage zustehen, um die Neuanschaffung abzusichern (ggf. ergänzt durch eine Sicherungsabtretung zugunsten des Verkäufers). Diese Erklärung kann auch schon außergerichtlich gefordert werden.

---

210 BGH, Urt. v. 14.6.1983 – VI ZR 213/81 = NJW 1983, 2694.
211 OLG Köln, Urt. v. 12.11.1992 – 7 U 88/92 = NZV 1993, 188.
212 KG, Urt. v. 26.5.1986 – 22 U 2843/85 = NJW-RR 1987, 16.
213 BGH, Urt. v. 14.6.1983 – VI ZR 213/81 = NJW 1983, 2694.
214 OLG Oldenburg, Urt. v. 21.5.1997 – 4 U 5/97 = MDR 1997, 734.
215 BGH, Urt. v. 14.6.1983 – VI ZR 213/81 = NJW 1983, 2694; OLG Oldenburg, Urt. v. 21.5.1997 – 4 U 5/97 = MDR 1997, 136.
216 LG München, Urt. v. 25.10.1985 – 11 O 4165/85 = NJW-RR 1986, 772.

B. **Minderwert** § 8

▼
Muster 8.54: Feststellungsausspruch zur Neuwagenabrechnung
Wie dargelegt ist meine Mandantschaft zu einer Abrechnung auf Neuwagenbasis berechtigt. Eine solche Anschaffung wird voraussichtlich ▬▬ EUR kosten. Zu der Finanzierung eines solchen Betrags ist meine Mandantschaft weder in der Lage noch verpflichtet, ohne eine Absicherung zu haben, dass diese Aufwendungen auch von Ihnen übernommen werden. Ich habe Sie daher aufzufordern, dass Sie mit Wirkung eines rechtskräftigen Urteils mit Wirkung für ein Jahr bis zum ▬▬ erklären, die Kosten für die Anschaffung eines vergleichbaren Neufahrzeug zu übernehmen, sobald meine Mandantschaft den Erwerb eines solchen Fahrzeugs – vorzugsweise durch Vorlage des Kaufvertrags und der Zulassungsbescheinigung – nachgewiesen hat. Nur vorsorglich weisen wir daraufhin, dass die Zahlungspflicht für den Fall des Nachweises der Anschaffung eines Ersatzfahrzeugs notfalls im Wege der Feststellungsklage geltend gemacht werden kann (OLG Celle, Urt. v. 29.2.2012 – 14 U 181/11 = SP 2012, 258; LG Nürnberg-Fürth, Urt. v. 2.12.2010 – 8 O 4576/10, juris)
▲

188

Sollte auch eine Sicherungsabtretung i.V.m. dem Feststellungsausspruch nicht ausreichen, bleibt abzuwarten, ob die Rechtsprechung auch eine Vorfinanzierungspflicht bei fehlender wirtschaftlicher Leistungsfähigkeit bejaht.

189

6. Checkliste: Neuwagenabrechnung

- Der Neuwagen erleidet einen erheblichen Schaden.
- Das Fahrzeug darf beim Schadenseintritt grundsätzlich nicht länger als einen, in jedem Fall nicht länger als drei Monate seit der Erstzulassung in Gebrauch sein.
- Die Laufleistung darf bei Schadenseintritt grundsätzlich nicht mehr als 1.000 km betragen. Ausnahme: Bei schwerem Schaden, verbleibenden Schönheitsfehlern oder einer Beweisgefährdung darf die Laufleistung bis zu 3.000 km betragen. Dann ist aber ein Abzug für die bisherige Nutzung vorzunehmen.
- Eine Auszahlung der Neuwagenentschädigung kann erst bei Anschaffung eines gleichwertigen Neufahrzeugs verlangt werden, wobei der Geschädigte sich durch einen „Feststellungsausspruch" absichern kann.
- Berechnung: Wiederbeschaffungswert des Neufahrzeugs abzüglich Restwert für Unfallfahrzeug, es sei denn, dem Schädiger wird das Fahrzeug zur Übernahme angeboten.

190

B. Minderwert

Dr. Michael Nugel/Patrick Penders

I. Übersicht

Bestandteil des Fahrzeugschadens ist neben der daran eingetretenen Beschädigung auch die Beeinträchtigung des Fahrzeugwerts, die trotz durchgeführter Reparatur daran verbleibt. Die Rede ist vom sog. **Minderwert**.

191

Zu unterscheiden sind dabei die beiden Fallgruppen des
- technischen Minderwerts und
- merkantilen Minderwerts.

192 Ein **technischer Minderwert** liegt vor, wenn trotz durchgeführter Reparaturarbeiten nicht sämtliche Schäden an dem Unfallfahrzeug in technisch einwandfreier Art und Weise beseitigt werden konnten. Fälle dieser Art sind angesichts der fortschreitenden Reparaturtechnik äußerst selten geworden.

193 Wesentlich häufiger zu beachten ist der **merkantile Minderwert**. Dabei handelt es sich um den Makel, den das Fahrzeug trotz fachgerechter Reparatur dadurch behält, dass es als Unfallfahrzeug zu qualifizieren ist. Durch den Anspruch auf Ersatz des merkantilen Minderwerts soll der Schaden ausgeglichen werden, der darauf beruht, dass auf dem Gebrauchtwagenmarkt Unfallfahrzeuge gegenüber unfallfreien erfahrungsgemäß mit Preisabschlägen gehandelt werden.[217] Mit dem Ausgleich dieser Schadensposition wird der allgemeinen Verkehrsauffassung Rechnung getragen, dass der durch einen Unfall betroffene Wagen nach seiner Instandsetzung unbeschadet seiner technisch einwandfreien Herstellung geringer bewertet wird als vor dem Unfall.

Grundsätzlich spielt es keine Rolle, um was für einen Fahrzeugtyp es sich handelt. Die Rechtsprechung gewährt merkantile Wertminderung auch für Nutzfahrzeuge[218] und für Motorräder.[219]

194 Die nachfolgenden Ausführungen beschäftigen sich ausschließlich mit dem merkantilen Minderwert. **Voraussetzungen** hierfür sind
- Verhältnismäßige Neuwertigkeit des Fahrzeugs,
- Erheblichkeit des Schadens,
- keine wesentlichen Vorschäden am Fahrzeug.

Für den Anspruch auf merkantile Wertminderung spielt es keine Rolle, ob der Unfallschaden repariert wird oder nicht.[220] Die einzelnen Voraussetzungen, unter denen eine Neuwertigkeit des Fahrzeuges und eine Erheblichkeit des Schadens angenommen werden, unterliegen derzeit einem Wandel in der Rechtsprechung und werden nicht mehr so rigide wie früher gehandhabt. Einigkeit besteht allerdings darüber, dass der Einbau von Neuteilen der Annahme eines merkantilen Minderwerts grundsätzlich nicht entgegensteht.[221] Es gibt auch keinen sachlichen Grund, bei der Bemessung der Wertminderung zwischen gewerblichem Handel und privatem Verkauf zu differenzieren.[222]

---

217 BGH, Urt. v. 23.11.2004 – VI ZR 357/03 = VersR 2005, 284; bereits grundlegend BGH, Urt. v. 3.10.1961 – VI ZR 238/60 = NJW 1961, 2253.
218 OLG Stuttgart, Urt. v. 19.11.1981 – 10 U 119/81 = VersR 1986, 773.
219 LG Ulm, Urt. v. 11.4.1984 – 1 S 27/84 = VersR 1984, 1178.
220 BGH, Urt. v. 2.4.1981 – III ZR 186/79 = NJW 1981, 1663; LG Oldenburg, Urt. v. 18.5.1999 – 1 S 651/98 = zfs 1999, 335.
221 AG Chemnitz, Urt. v. 6.4.2004 – 16 C 127/04 = zfs 2004, 262.
222 LG Berlin, Urt. v. 9.10.2006 – 58 S 120/05 = SP 2007, 359.

II. Verhältnismäßige Neuwertigkeit des Fahrzeugs

In der älteren Rechtsprechung hatte sich insoweit die Faustformel gebildet, dass ein merkantiler Minderwert nur bis zu einem Fahrzeugalter von fünf Jahren[223] oder einer Laufleistung von bis zu 100.000 km[224] erstattet werden könnte. Bereits im Rahmen dieser älteren Rechtsprechung war aber anerkannt, dass auch bei einer Laufleistung über 100.000 km ein merkantiler Minderwert zu erstatten ist, wenn ein Sachverständiger dies im Einzelfall bejaht.[225] Diese Grenzziehung entspricht nach neuer Auffassung nicht mehr den Marktgegebenheiten[226] Und es sind die sich wandelnden Gegebenheiten auf dem Gebrauchtwagenmarkt zu berücksichtigen, die einen Minderwert bei einem Fahrzeugalter von bis zu 12 Jahren als möglich erscheinen lassen.[227] Für den Anspruch auf merkantile Wertminderung ist letztlich entscheidend, ob und inwieweit sich ein Vorschaden auf den Verkaufswert des Fahrzeugs auswirkt. Dies kann sowohl bei älteren als auch bei Fahrzeugen mit hoher Laufleistung der Fall sein.[228] Dies gilt zumindest, wenn die o.g. Grenzen nur geringfügig überschritten werden und das Fahrzeug bei 104.000 km Laufleistung gerade einmal 6 Jahre alt ist.[229] Maßgeblich ist also der tatsächliche Verlust an Marktwert, der sich aus einem Vergleich zwischen konkreten Verkaufsdaten für Fahrzeuge des beschädigten Typs mit und ohne Vorschaden ableitet. Ein dahin gehender Nachweis kann durch die Einholung eines Sachverständigengutachtens geführt werden.[230] Auch eine Laufleistung von annähernd 190.000 km steht einem Anspruch auf merkantile Wertminderung im Einzelfall nicht entgegen.[231] Dies insbesondere dann nicht, wenn tragende Fahrzeugteile beschädigt worden sind.[232] Bei einem Fahrzeugalter von 16 Jahren und einer Laufleistung von 164.000 km ist dagegen ein merkantiler Minderwert in der Regel zu verneinen.

Muster 8.55: Merkantile Wertminderung bei älteren Fahrzeugen
Eine absolute Obergrenze für die Erstattungsfähigkeit des merkantilen Minderwerts bei 5 Jahren oder 100.000 km besteht nicht. Bereits im Jahr 1961 hat der BGH die Annahme eines merkantilen Minderwert bei einer über 100.000 km liegenden Laufleistung bestätigt, nachdem ein Sachverständiger einen solchen Minderwert bei der Weiterveräußerung des Fahrzeugs bejaht hatte (BGH, Urt. v. 3.10.1961 – VI ZR 238/60 = NJW 1961, 2253). Im Jahr 2004 hat der BGH nunmehr ausgeführt, dass angesichts der technischen Entwicklung und der zunehmenden Langlebigkeit der Fahrzeuge (z.B. infolge längerer Haltbarkeit von Motoren, vollverzinkter Karosserien etc.) ein merkantiler Minderwert auch bei älteren

---

223 OLG Schleswig, Urt. v. 22.2.1979 – 9 U 115/78 = VersR 1979, 1037; KG, Urt. v. 16.8.2004 – 12 U 155/03 = NZV 2005, 46.
224 BGH, Urt. v. 18.9.1979 – VI ZR 16/79 = VersR 1980, 46.
225 Vgl. OLG Düsseldorf, Urt. v. 12.7.2012 – 1 U 139/11 = SP 2012, 323.
226 OLG Oldenburg, Urt. v. 1.3.2007 – 8 U 246/06 = NZV 2008, 158; LG Kaiserlautern SP 2005, 132.
227 BGH, Urt. v. 23.11.2004 – VI ZR 357/03 = NZV 2005, 82.
228 BGH, Urt. v. 23.11.2004 – VI ZR 357/03 = NZV 2005, 82.
229 AG Ettlingen, Urt. v. 10.2.2006 – 3 C 139/05 = MDR 2006, 928.
230 LG Braunschweig, Urt. v. 7.1.1999 – 7 S 93/97 = r+s 1999, 508.
231 LG Oldenburg, Urt. v. 18.5.1999 – 1 S 651/98 = zfs 1999, 335.
232 AG Hamburg, Urt. v. 16.7.2003 – 52 C 1044/03 = SP 2004, 127.

§ 8 Sachschaden

Fahrzeugen in Betracht kommt und der Gebrauchtwagenmarkt sich dahingehend geändert hat, dass bis zu einem Alter von 12 Jahren ein Minderwert in Betracht kommen dürfte (BGH, Urt. v. 23.11.2004 – VI ZR 357/03 = NJW 2005, 277; ebenso OLG Düsseldorf, Urt. v. 12.7.2012 – 1 U 139/11 = SP 2012, 323). Ein entsprechender Wandel auf dem Gebrauchtwagenmarkt spiegelt sich insbesondere in der Bewertung von Gebrauchtfahrzeugen durch Schätzorganisationen wie Schwacke und DAT wieder, die in ihren Notierungen inzwischen bis auf 12 Jahre zurückgehen und ausdrücklich darauf hinweisen, dass sich sämtliche Marktnotierungen auf unfallfreie Fahrzeuge beziehen, so dass auf eine starre Kilometer- oder Altersgrenze nicht mehr abgestellt werden kann (OLG Oldenburg, Urt. v. 1.3.2007 – 8 U 246/06 = NZV 2008, 158).

Vor diesem Hintergrund ist es in der Rechtsprechung anerkannt, dass auch bei Fahrzeugen mit einem Alter von über 5 Jahren oder einen hohen Laufleistung ein merkantiler Minderwert verbleibt. Wir verweisen nur exemplarisch auf folgende Entscheidungen:

(1) Auch bei einer Laufleistung von 195.000 km ist ein merkantiler Minderwert zu erstatten, wenn das Fahrzeug zum Unfallzeitzeitpunkt (lediglich) 3,5 Jahre alt war und diverse Anbauteile auszutauschen sind (OLG Oldenburg, Urt. v. 1.3.2007 – 8 U 246/06 = NZV 2008, 158).

(2) Angesichts der gestiegenen Werthaltigkeit und Haltedauer von Kfz ist auch bei einem gepflegten 9 Jahre alten Fahrzeug ein merkantiler Minderwert zu ersetzen (LG Kaiserslautern, Urt. v. 18.8.2004 –2 O 724/03 = SP 2005, 132).

(3) Selbst bei einem 11 Jahre alten Fahrzeug mit einer Laufleistung von 185.000km ist ein merkantiler Minderwert zu erstatten, wenn dies durch einen Sachverständigen im Rahmen einer Händlerumfrage bestätigt wird (LG Berlin, Urt. v. 25.6.2009 – 41 S 15/09, juris).

197 Ist das Fahrzeug älter als 5 Jahre und wird trotzdem ein merkantiler Minderwert bejaht, ist dem Fahrzeugalter jedoch durch einen gesonderten Abschlag Rechnung zu tragen: Bei einem 9 Jahre alten Kfz ist der Minderwert daher gegenüber einem 3 Jahre alten/ neuwertigen Fahrzeug auf $1/3$ zu reduzieren.[233]

III. Erheblichkeit des Schadens

198 Das Fahrzeug muss einen erheblichen Schaden erlitten haben. **Reine Blechschäden** werden hiervon grundsätzlich ausgenommen.[234] Ebenso wenig reichen sog. **Bagatellschäden**, also Schäden geringeren Umfangs, für einen Anspruch auf Ausgleich merkantiler Wertminderung aus.[235] Als **Faustregel** gilt, dass ein Minderwert erst dann in Frage kommt, wenn die **Reparaturkosten mindestens 10 % des Wiederbeschaffungswerts** ausmachen. Auch wenn die Reparaturkosten höher liegen, kann bei lediglich äußeren Beschädigungen in Form von Lackkratzern ein merkantiler Minderwert nicht zu erstatten sein.[236] Die Tatsache, dass es sich um einen offenbarungspflichtigen Vorschaden handelt,

---
233 LG Kaiserslautern, Urt. v. 18.8.2004 – 2 O 724/03 – juris.
234 AG Krefeld, Urt. v. 1.2.2012 – 1 C 113/11 = SP 2012, 330.
235 Palandt/*Grüneberg*, § 251 Rn 14 m.w.N.
236 OLG Frankfurt, Urt. v. 28.10.2005 – 24 U 111/05 = DAR 2006, 23; AG Frankfurt, Urt. v. 14.2.2012 – 30 C 2420/11 = SP 2012, 331.

begründet für sich gesehen keinen merkantilen Minderwert.[237] Teilweise wird gefordert, dass ein Fahrzeugteil betroffen sein muss, welches nicht ohne weiteres auszuwechseln ist (wie z.B. Schäden am Rahmen oder Fahrgestell) bzw. ein sog. Tragendes Fahrzeugteil darstellt.[238] Zu den tragenden Teilen zählen

- Längsträger,
- Querträger,
- Türsäulen (A-, B- oder C-Säule),
- Achsbefestigung.

Muster 8.56: Kein Merkantiler Minderwert bei unerheblichem Fahrzeugschaden
Ein merkantiler Minderwert kann nur bei einem erheblichen Fahrzeugschaden bejaht werden. Dieser Schaden muss im Verkehr selbst nach ordnungsgemäßer Reparatur den Verdacht rechtfertigen, es sei ein unsichtbarer „innerlicher Restschaden" verblieben, welcher erfahrungsgemäß Anlass gebe würde, den Preis des gebrauchten Wagens unter den Listenpreis zu „drücken" (OLG Frankfurt, Urt. v. 28.10.2005 – 24 U 111/05 = DAR 2006, 23). Reine „Blechschäden" oder einfache Lackierarbeiten genügen hierfür nicht (AG Ebersberg, Urt. v. 9.8.2012 – 2 C 745/11, juris). Erforderlich ist vielmehr, dass tragende Fahrzeugteile bzw. Fahrzeugkomponenten wie Rahmen und Fahrgestell beschädigt worden sind, die nicht ohne weiteres ausgetauscht werden können (LG Dortmund, Urt. v. 9.1.2003 – 15 S 225/02 = SP 2003, 241). Ohne einen Schaden an der Fahrzeugstruktur scheidet ein merkantiler Minderwert aus (OLG Frankfurt a.a.O.).

Auch von diesem Grundsatz werden in besonderen Fallkonstellationen Ausnahmen (beispielsweise ein „reiner Blechschaden" bei einem fabrikneuen, hochwertigen Pkw)[239] zugelassen. Teilweise wird auch bei der Beschädigung nicht tragender Fahrzeugteile ein merkantiler Minderwert anerkannt, jedoch der Ersatz auf die Berechnung nach einer bestimmten Methode beschränkt.[240]

Muster 8.57: Merkantiler Minderwert bei einem Luxusfahrzeug trotz Bagatellschaden
Auch wenn es sich um einen sog. Bagatellschaden handelt, bei dem die Schadenssumme weniger als 10 % der Reparaturkosten beträgt bzw. keine schwerwiegenden Fahrzeugschäden aufgetreten sind, ist ein merkantiler Minderwert zu erstatten, wenn es sich um ein hochwertiges Fahrzeug handelt. Potentielle Käufer derartiger Luxusfahrzeuge legen nicht einen geringeren, sondern gerade einen gesteigerten Wert darauf, dass das Fahrzeug gewissermaßen makellos und insbesondere unfallfrei ist. Ein Interessent, der es sich leisten kann, für einen Pkw einen Kaufpreis in einer ganz erheblichen Größenordnung zu zahlen, will entweder von vorn herein überhaupt nur ein unfallfreies Fahrzeug erwerben oder entscheidet sich für einen Pkw, der bereits einen Unfall gehabt hat, nur bei einem deutlichen Abschlag vom Wiederbeschaffungswert. Dies ist durch einen merkantilen Min-

---

237 AG Dieburg, Urt. v. 17.12.2001 – 27 C 137/01 = SP 2002, 169.
238 AG Münster, Urt. v. 12.6.2002 – 48 C 818/02 = zfs 2002, 527 L.
239 LG Stuttgart, Urt. v. 11.6.2002 – 16 O 75/01 = DAR 2002, 458.
240 LG Heilbronn, Urt. v. 1.6.2004 – 2 O 710/03 = SP 2005, 93.

derwert auszugleichen (AG Bühl, Urt. v. 27.3.2007 – 3 C 171/06 = SP 2007, 292 unter Bezugnahme auf ein entsprechendes Sachverständigengutachten).

IV. Bezifferung des merkantilen Minderwerts

202 Die Höhe der merkantilen Wertminderung wird im Zeitpunkt der beendeten Instandsetzung des Unfallfahrzeugs ermittelt.[241] Die Bezifferung dieser Schadensposition bereitet keine Schwierigkeiten, wenn ein Sachverständigengutachten vorliegt, das entsprechende Wertangaben enthält. Solche Angaben sind allerdings stets kritisch zu überprüfen. Diese konkrete Einschätzung durch einen Sachverständigen geht im Zweifel aber einer pauschalen Berechnung durch eine der anerkannten Berechnungsmethoden vor.[242]

Liegt kein Sachverständigengutachten vor, muss der merkantile Minderwert eigenständig ermittelt werden. Die Höhe der merkantilen Wertminderung ist nach § 287 ZPO frei zu schätzen, wobei auf anerkannte Berechnungsmethoden (wie beispielsweise nach *Ruhkopf/Sahm*) zurückgegriffen werden kann.[243] Hierfür stehen letztendlich unterschiedliche **Berechnungsmethoden** zur Verfügung. Die bekanntesten sind:

- *Ruhkopf/Sahm*;
- *Halbgewachs*;
- 13. Verkehrsgerichtstag bzw. das ihm vorangehende sog. Hamburger Modell;
- Marktgängigkeits- und Faktorenmethode.

203 Entscheidend sind jeweils die Brutto-Werte.[244] Nach einer Auffassung in der Literatur wirkt sich der merkantile Minderwert steuerneutral aus und ist daher auch dem Geschädigten in voller Höhe zu erstatten, der zum Vorsteuerabzug berechtigt ist.[245]

204 Die herrschende Rechtsprechung favorisierte lange Zeit die Methode von „*Ruhkopf und Sahm*".[246] Diese Berechnungsmethode ermittelt den merkantilen Minderwert aus einem gestaffelten Prozentsatz aus der Summe der Wiederbeschaffungskosten für das unbeschädigte Fahrzeug einerseits und der Reparaturkosten andererseits. Für die Staffelung ist zunächst maßgeblich, in welchem Verhältnis die Reparaturkosten zum Wiederbeschaffungswert stehen. Darüber hinaus wird das Fahrzeugalter berücksichtigt. Der Berechnungsmethode liegt folgende tabellarische Übersicht zugrunde:

---

241 BGH, Urt. v. 2.12.1966 – VI ZR 72/65 = NJW 1967, 552.
242 AG Hannover, Urt. v. 28.5.2004 – 548 C 3958/04 = SP 2004, 375.
243 OLG Köln, Urt. v. 16.2.2006 – 7 U 73/05 = SP 2006, 245.
244 AG Hamburg, Urt. v. 9.10.2008 – 51a C 139/08 – juris.
245 *Jaeger*, zfs 2009, 602, 608.
246 OLG Köln, Urt. v. 16.2.2006 – 7 U 73/05 = SP 2006, 245; LG Mannheim, Urt. v. 25.2.1999 – 10 S 83/98 = zfs 1999, 239.

Zulassungsjahr	Verhältnis der Reparaturkosten zum Wiederbeschaffungswert		
	10–30 %	30–60 %	60–90 %
1.	5 %	6 %	7 %
2.	4 %	5 %	6 %
ab 3.	3 %	4 %	5 %

Beispiel 205
Das beschädigte Fahrzeug ist seit zwei Jahren zugelassen. Die Reparaturkosten betragen 10.000 EUR, der Wiederbeschaffungswert 20.000 EUR (jeweils brutto). Die Reparaturkosten betragen mithin 50 % vom Wiederbeschaffungswert. Folglich beträgt der merkantile Minderwert 5 % der Summe aus Reparaturkosten und Wiederbeschaffungswert. 5 % von 30.000 EUR ergeben einen Minderwert in Höhe von 6.000 EUR.

Je nach Anwendung der anderen o.g. Berechnungsmethoden gelangt man zu unterschiedlichen Ergebnissen bei der Bezifferung des merkantilen Minderwerts. So führt die oben dargestellte Berechnung nach der Methode von *Ruhkopf/Sahm* regelmäßig dazu, dass der merkantile Minderwert umso größer wird, je höher die Reparaturrechnung durch den vorgesehenen Einbau von Neuteilen gestaltet wird. Dies führt teilweise zu erheblichen Abweichungen von der Berechnungsmethode nach *Halbgewachs*, dessen differenzierte, aber häufig auch recht kompliziert anmutende Bewertung viel geringere Beträge als Ergebnis hat. 206

Einen anderen Weg wählt das sog. Hamburger Modell,[247] das gerade bei Fahrzeugen mit einer hohen Laufleistung auch von Gerichten außerhalb Hamburgs angewendet wird.[248] Nach diesem Modell wird der Minderwert zunächst nach den beiden Bezugsgrößen der Betriebsleistung des Pkw zum Unfallzeitpunkt und der Höhe der Reparaturkosten bestimmt. Hieraus ergibt sich die nachfolgende Tabelle: 207

Betriebsleistung	Merkantiler Minderwert
bis 20.000 km	30 % der Reparaturkosten
bis 50.000 km	20 % der Reparaturkosten
bis 75.000 km	15 % der Reparaturkosten
bis 100.000 km	10 % der Reparaturkosten

Diese Tabelle entspricht als erste Berechnungsgrundlage auch der im Handelsverkehr üblichen Faustregel „Minderwert = 20 % der Reparaturkosten". Insoweit ist zu beachten, dass bei den in Frage kommenden Fällen die Betriebsleistung des betroffenen Pkw häufig im Bereich zwischen 20.000 und 50.000 km liegen wird. In seltenen Ausnahmefällen kann auch bei Fahrzeugen mit höherer Laufleistung als 100.000 km ein merkantiler Minderwert verbleiben und z.B. bei einem Fahrzeug der höheren Preisklasse mit 7,5 % 208

---

247 OLG Hamburg, Urt. v. 6.10.1981 – 7 U 105/80 = VersR 1981, 1186; vgl. zuletzt AG Hamburg, Urt. v. 9.10.2008 – 51a C 139/08 – juris.
248 LG Kiel, Urt. v. 27.9.2001 – 7 S 64/01 = DAR 2002, 318.

der Reparaturkosten anzusetzen sein.[249] In einem zweiten Schritt ist der aus dieser Tabelle gewonnene Wert je nach der Art der Beschädigung und Reparatur ggf. zu modifizieren. Der aus der Tabelle entnommene Wert bildet die Obergrenze, die bei einer fehlenden Beschädigung tragender Teile bzw. keinem schwerwiegenden Eingriff und/oder dem Einbau von Neuteilen entsprechend zu reduzieren ist. Auch dieses Vorgehen entspricht den Gepflogenheiten auf dem Gebrauchtwagenmarkt: Wenn keine tragenden Teile des Kfz betroffen sind und/oder die Reparatur durch die Verwendung von Neuteilen erfolgen wird, wird auf dem Markt i.d.R. der Abzug gering gehalten.

209 *Beispiel*
Es gelten die gleichen Ausgangswerte wie im obigen Beispiel (Reparaturkosten 10.000 EUR, Wiederbeschaffungswert 20.000 EUR). Das Fahrzeug ist in den zwei Jahren der Zulassung 50.000 km gefahren. Die Reparatur sieht den Einbau von vielen Neuteilen vor. Allerdings sind auch tragende Teile des Fahrzeugs (A- + B-Säule) betroffen. Aus der Tabelle erfolgt bei der Zugrundelegung des „Hamburger Modells" der Wert von 2.000 EUR als Obergrenze. Wegen der zahlreichen Verwendung von Neuteilen ist dieser Wert um 20 % auf 1.600 EUR zu reduzieren.

210 Neu entwickelt worden ist die sog. Marktrelevanz- und Faktorenmethode,[250] um auf die fortschreitenden Entwicklungen im Bereich der Fahrzeugtechnik und Langlebigkeit zu reagieren und die bisher bekannt gewordenen Berechnungsmethoden zeitgemäß zu vereinen. Die Bestimmung des Minderwertes erfolgt dabei nach vier methodischen Ansätzen, die im Folgenden dargestellt werden:

211 Im Ausgangspunkt wird bei dem 1. methodischen Ansatz davon ausgegangen, dass alleine durch den Verkehrsunfall ein sog. Sockelbetrag an Wertminderung entsteht. Hierfür ist der Wert des Fahrzeugs bei einer Veräußerung vor dem Verkehrsunfall die entscheidende Größe. Der Sockelbetrag beläuft sich dabei auf 1 % des Veräußerungswertes.

212 Hinzu kommen eine Reihe an Einflussfaktoren, die mit dem konkreten Fahrzeug zusammenhängen. Diese werden dadurch berechnet, dass das Verhältnis vom Neupreis zum Veräußerungswert (jeweils brutto) ebenfalls berücksichtigt wird.

213 Neben diesen vom eingetretenen Schaden unabhängigen Kriterien ist auch die Ausprägung des Schadens selber zu berücksichtigen. Dies zum einen durch die Schadenshöhe in Form der Reparaturkosten, zum anderen durch einen zu bestimmenden Schadenumfangfaktor. Die Bandbreite der Einschätzung reicht dabei von 0,2 als geringsten Wert, der eine Wertminderung nur in einem geringen Umfang rechtfertigt, bis zu einem Wert von 1, wenn eine Wertminderung in vollem Umfang berechtigt ist. Dazu hilft folgende Tabelle:

---

249 AG Hamburg, Urt. v. 26.4.2000 – 53a C 2280/99 = DAR 2000, 365.
250 Grundlegend: *Zeisberger/Woyte/Schmidt/Mennicken*, Der merkantile Minderwert in der Praxis, S. 51 ff.

B. Minderwert §8

SU Faktor	Schaden
1	Erneuerung oder erhebliche Instandsetzung tragender Fahrzeugteile (z.B. Längsträger etc.)
0,8	es sind mittragende Fahrzeugteile betroffen (z.B. Kofferraumboden oder Seitenwand)
0,6	geringe Instandsetzungsarbeiten bei tragenden oder mittragenden Karosserieteilen
0,4	Erneuerung oder Instandsetzung von geschraubten Karosserieteilen
0,2	Erneuerung oder Instandsetzung von Anbauteilen

Ist an dem Fahrzeug bereits ein Vorschaden vorhanden, führt dies im Regelfall nach der Bewertung auf den Markt dazu, dass ein weiterer Abschlag vorzunehmen ist. Dies deshalb, da der Verdacht auf Vorliegen weiterer Schäden bei einem bereits eingetretenen Schaden aus Sicht des Marktes höher einzuschätzen ist. Die Einschätzung erfolgt ebenfalls in Schritten von 0,2 über 0,4, 0,6 und 0,8 bis hin zu dem vollen Wert von 1. Letzterer Wert greift ein, wenn kein Vorschaden vorhanden ist. Der Wert von 0,2 gilt für erhebliche Vorschäden. **214**

Des Weiteren kann es geboten sein, wegen des Fahrzeughalters einen weiteren Korrekturfaktor zu berücksichtigen. Wegen der näheren Einzelheiten ist auf die Berechnung nach dem oben genannten Werk zu verweisen. Die hierzu vorhandene Tabelle geben wir auszugsweise wie folgt wieder: **215**

Alter in Monaten	**Korrekturfaktor**
0	0,25
12	0,22
18	0,19
24	0,17
30	0,14
36	0,12
42	0,10
48	0,08
54	0,07
60	0,06
72	0,05
84	0,05
96	0,05
108	0,03
120	0

216 Unter Umständen kommt noch eine Korrektur über die Marktgängigkeit des Fahrzeugs hinzu, die aber letztendlich nur ein Sachverständiger festlegen kann (Bandbreite 0,6 bis 1,4).[251]

217 *Beispiel*
> Beschädigt wird ein Mittelklasse Fahrzeug mit einem Neupreis von 25.000 EUR bei einem Alter von 6 Monaten und einem Veräußerungswert von 19.000 EUR. Die Reparaturkosten betragen 5.000 EUR. Es besteht kein Vorschaden und der Umfang des Schadens wird bei 0,6 festgesetzt (geringe Instandsetzungsarbeiten an tragenden Teilen). Die Berechnung sieht wie folgt aus:
> (0,01 × Veräußerungswert + (Veräußerungswert geteilt durch Neuwert) × Reparaturkosten × Alterskorrektur × Schadenumfangfaktor) × Vorschadenfaktor
> In Zahlen:
> 0.01 × 19.000 EUR + 0,76 × 5.000 EUR × 0,25 × 0,6 = 760 EUR
> Dies alles noch einmal multipliziert um den Vorschadenfaktor – dieser liegt bei „1", so dass sich dadurch nichts ändert. Der merkantile Minderwert beträgt 760 EUR und wäre allenfalls weiter durch eine Bewertung der Marktgängigkeit noch durch einen Sachverständigen zu korrigieren.[252]

218 Der überwiegende Teil der aktuellen Rechtsprechung[253] berücksichtigt zwar auch die unterschiedlichen Berechnungsmethoden, nimmt jedoch im Ergebnis eine Schätzung des merkantilen Minderwerts nach § 287 ZPO vor.[254] Im Zweifelsfall ist der Bestimmung des merkantilen Minderwerts durch einen Sachverständigen der Vorzug vor der Berechnung nach einem bestimmten Modell zu geben.[255] Dabei wird der Versuch unternommen, sämtliche Umstände des Einzelfalls zu berücksichtigen, also u.a.

- Fahrleistung,
- Alter und
- Zustand des Fahrzeugs,
- Art des Schadens,
- etwaige Vorschäden sowie
- Anzahl der Vorbesitzer.

Eine fiktive Abrechnung der merkantilen Wertminderung ist ebenso möglich wie die fiktive Abrechnung der Reparaturkosten.[256] Verzichtet der Geschädigte allerdings auf die Reparatur des Unfallfahrzeugs und führt die Abrechnung des Unfallschadens auf der Grundlage eines Totalschadens (Wiederbeschaffungswert abzüglich Restwert) zu einem geringeren Schadensbetrag, ist allein dieser maßgeblich und ein Anspruch auf merkantile Wertminderung scheidet aus.

---

251 *Zeisberger/Woyte/Schmidt/Mennicken*, Der merkantile Minderwert in der Praxis, S. 57.
252 Weitere Beispiele bei *Zeisberger/Woyte/Schmidt/Mennicken*, Der merkantile Minderwert in der Praxis, S. 62 ff.
253 BGH, Urt. v. 23.11.2004 – VI ZR 357/03 = NJW 2005, 277.
254 U.a. KG, Urt. v. 13.3.1995 – 12 U 2766/93 = zfs 1995, 333.
255 LG Frankfurt, Urt. v. 13.6.2006 – 2-24 S 346/03 = zfs 2007, 266 L.
256 BGH, Urt. v. 23.3.1976 – VI ZR 41/74 = NJW 1976, 1396; OLG Karlsruhe, Urt. v. 19.12.1980 – 10 U 106/80 = VersR 1981, 886; LG Oldenburg, Urt. v. 18.5.1999 – 1 S 651/98 = zfs 1999, 335.

V. Checkliste: Minderwert

- Technischer Minderwert: Trotz Reparatur verbleibt am Fahrzeug ein Restschaden. 219
- Merkantiler Minderwert: Makel des Vorschadens führt bei Veräußerung zu Mindererlös. Nachfolgende Anmerkungen gelten nur für merkantilen Minderwert.
- Der merkantile Minderwert wird nur für neuwertige Fahrzeuge gewährt. Während in der älteren Rechtsprechung die Grenze i.d.R. bei fünf Jahren Zulassung bzw. 100.000 km gezogen wurde, berücksichtigt die aktuelle Rechtsprechung im zunehmenden Maße die gestiegene Werthaltigkeit neuer Kfz-Modelle und stellt auf den konkreten Marktwert des Fahrzeugs im Einzelfall unabhängig von diesen starren Grenzen ab. Bis zu einem Alter von 12 Jahren erscheint ein merkantiler Minderwert möglich.
- Das Fahrzeug muss einen erheblichen Schaden erlitten haben (Reparaturkosten i.d.R. mindestens 10 % des Wiederbeschaffungswerts, teilweise wird eine Beschädigung sog. tragender Teile gefordert).
- Die Bezifferung der merkantilen Wertminderung erfolgt durch Gutachten. Ansonsten erfolgt eine gerichtliche Schätzung gemäß § 287 ZPO. Anhaltspunkte liefern die verschiedenen Berechnungsmethoden.

C. Bezifferung des Fahrzeugschadens

Peggy Vogeler

Erleidet der Geschädigte einen Unfallschaden, ist es seine Aufgabe, die Höhe des entstandenen Schadens gegenüber dem Schädiger nachzuweisen. Hierfür stehen ihm grundsätzlich folgende Alternativen zur Verfügung: 220
- Reparaturkostenrechnung,
- Sachverständigengutachten,
- Kostenvoranschlag.

I. Vorlage der Reparaturrechnung

Die Bezifferung des Fahrzeugschadens auf der Grundlage einer **Reparaturkostenrechnung** bietet sich an, wenn der Geschädigte das Fahrzeug fachgerecht reparieren lassen und die dadurch verursachten Reparaturkosten ersetzt erhalten möchte. Liegt ein Reparaturschaden vor, steht es dem Geschädigten grundsätzlich frei, den Schaden konkret auf der Grundlage einer Reparaturkostenrechnung oder fiktiv auf der Grundlage eines **Gutachtens** oder eines **Kostenvoranschlags** abzurechnen. 221

II. Sachverständigengutachten

1. Übersicht

222 Ziel des Geschädigten sollte es sein, zur Bezifferung des Fahrzeugschadens ein Sachverständigengutachten einzuholen. Die damit verbundenen Kosten gehören zu den mit dem Schaden unmittelbar verbundenen Vermögensnachteilen und sind zu ersetzen, soweit die Begutachtung zur Geltendmachung des Schadens erforderlich und zweckmäßig ist.[257] Die Einholung eines Sachverständigengutachtens hat folgende Vorteile:
- Durch das Sachverständigengutachten wird zweifelsfrei geklärt, ob ein wirtschaftlicher Totalschaden vorliegt oder das Fahrzeug noch reparaturwürdig ist.
- Die Vorlage eines Sachverständigengutachtens ermöglicht eine fiktive Abrechnung des Fahrzeugschadens.
- Das Gutachten hat beweissichernden Charakter, da es die am Unfallfahrzeug eingetretenen Schäden in aller Regel durch Fotografien dokumentiert.

2. Anspruch des Geschädigten auf Einholung eines „eigenen" Gutachtens

223 Der Geschädigte ist bei Vorliegen eines fremdverursachten und fremdverschuldeten Schadens grundsätzlich dazu berechtigt, zur Bestimmung des Schadensumfangs ein Sachverständigengutachten einzuholen.[258] Fraglich ist, ob das Recht zur Einholung eines Gutachtens auch besteht, wenn der Gegner bereits ein Gutachten eingeholt hat. Dies gilt zumindest dann, wenn das erste Gutachten Fehler aufweist. Ggf. kann es auch genügen, dass begründete Zweifel an der Richtigkeit oder Vollständigkeit Werte aus dem ersten Sachverständigengutachten bestehen.

▼

224 **Muster 8.58: Recht zur Beauftragung eines „eigenen" Sachverständigen**

Versicherung AG

Schaden-Nr./VS-Nr./Az.

Schaden vom

Pkw , amtl. Kennzeichen

Sehr geehrte Damen und Herren,

soweit Sie in Ihrem Schreiben vom den Ausgleich der Kosten für den Sachverständigen ablehnen, vermag ich mich damit in keinem Fall einverstanden zu erklären.

Entgegen der von Ihnen vertretenen Auffassung war mein Mandant durchaus zur Beauftragung eines weiteren Sachverständigen berechtigt. Dem steht auch nicht das bereits von Ihnen in Auftrag gegebene Gutachten des Sachverständigen entgegen. Das

---

[257] BGH, Urt. v. 23.1.2007 – VI ZR 67/06 = NJW 2007, 1450; BGH VersR 2005, 380.
[258] U.a. OLG Karlsruhe, Urt. v. 16.5.1968 – 4 U 169/66 = NJW 1968, 1333; OLG Stuttgart, Urt. v. 30.1974 – 13 U 125/73 = NJW 1974, 951.

Recht zur Einholung eines weiteren Gutachtens folgt bereits aus dem Gebot der „Waffengleichheit" (AG Oldenburg (Holstein), Urt. v. 22.4.2008 – 22 C 1021/07, juris). Dies gilt umso mehr, wenn Zweifel an der Richtigkeit der Angaben im bislang vorliegenden Gutachten bestehen (KG VersR 1977, 155, 156). Das war hier der Fall.

Wie sich im Nachhinein herausstellte, waren die Angaben des Sachverständigen ▒ zum Umfang der erforderlichen Reparaturkosten unzutreffend. Entgegen den Angaben im bislang vorliegenden Gutachten betragen die für eine fachgerechte Reparatur erforderlichen Reparaturkosten tatsächlich ▒ EUR (brutto). Hierbei ist insbesondere zu berücksichtigen, dass ▒.

Nach alledem habe ich Sie aufzufordern, die Kosten für das Gutachten in Höhe von ▒ EUR zur Meidung einer gerichtlichen Klärung unverzüglich, spätestens jedoch bis zum

▒ *(10-Tages-Frist)*

auszugleichen.

Mit freundlichen Grüßen

(Rechtsanwalt)

3. Kostenrisiko bei Haftungsquote

Den aus der Einholung eines Sachverständigengutachtens resultierenden Vorteilen stehen nicht zu unterschätzende Nachteile gegenüber: Als Auftraggeber des Sachverständigen ist der Geschädigte dessen **alleiniger Kostenschuldner**. Der Geschädigte hat deshalb unabhängig von der Haftungslage zunächst die Kosten des Sachverständigen zu verauslagen. Diese Kosten werden ihm nur dann erstattet, wenn die Haftung des Gegners feststeht. Bei einer Quotelung des Schadens trägt der Geschädigte in Höhe seiner Mithaftung die anteiligen Kosten des Sachverständigengutachtens.[259]

225

Ist die Haftungsfrage nicht geklärt, sollte deshalb kritisch geprüft werden, ob eine Schadensbezifferung auf anderem Wege möglich ist. Hierfür bieten sich zwei Alternativen an:
- Beschaffung eines Kostenvoranschlags. Dadurch wird jedoch nicht die Frage beantwortet, ob ein Totalschaden vorliegt.
- Einholung eines Gutachtens durch den gegnerischen Haftpflichtversicherer und auf dessen Kosten.

▼

Muster 8.59: Anforderung eines Gutachtens beim gegnerischen Versicherer

226

▒ Versicherung AG

▒

▒

Schaden-Nr./VS-Nr./Az. ▒

---

259 BGH, Urt. v. 7.2.2012 – VI ZR 249/11 = SP 2012, 180.

§ 8 Sachschaden

Schaden vom ▨

Pkw ▨, amtl. Kennzeichen ▨

Sehr geehrte Damen und Herren,

in der im Betreff genannten Schadensache ist die Haftungsfrage nach Maßgabe des derzeitigen Sachstandes völlig offen. Mein Mandant ist auf ein Kraftfahrzeug dringend angewiesen. Er beabsichtigt deshalb, die erforderlichen Reparaturarbeiten bzw. eine ggf. in Betracht zu ziehende Ersatzbeschaffung möglichst umgehend in Angriff nehmen zu lassen. Vor der Schadenskompensation sollte der derzeitige Zustand des Fahrzeugs im allseitigen Interesse festgehalten werden. Ich rege deshalb an, einen ihrer Gutachter mit der Besichtigung des Fahrzeugs zu beauftragen. Hierzu erbitte ich höflich Ihre möglichst umgehende – notfalls auch telefonische – Rückantwort. Sollte ich von Ihnen bis zum

▨ *(7-Tages-Frist)*

Mit freundlichen Grüßen

(Rechtsanwalt)

▲

4. „Bagatellgrenze" für die Einholung eines Sachverständigengutachtens

227 Obwohl der Geschädigte grundsätzlich zur Einholung eines Sachverständigengutachtens berechtigt ist, hat er dabei stets die ihm obliegende Schadensminderungspflicht zu beachten. Die Vorgaben des § 254 Abs. 2 BGB werden verletzt, wenn die Kosten für das Gutachten im Verhältnis zu den Reparaturkosten des Unfallfahrzeugs unverhältnismäßig hoch sind. Die früher bei einem Schaden in Höhe von 500 EUR gezogene **Verhältnismäßigkeitsgrenze** wird von der Rechtsprechung zunehmend als zu starr und zu gering betrachtet. So erachten einzelne Gerichte erst eine Grenze von 700[260]– 839,91 EUR,[261] sogar bis zu 1.000 EUR unter Bezugnahme auf den Wert, der im Rahmen des § 142 StGB einem „nicht bedeutenden Schaden" entspricht,[262] für die Einholung eines Sachverständigengutachtens als angemessen. Die Annahme einer Erstattungsfähigkeit von Gutachterkosten ab einem Schadenswert von 715 EUR hat der BGH ausdrücklich als zulässige tatrichterlicher Beurteilung bestätigt. Bei der tatrichterlichen Würdigung darf somit die ermittelte Schadenshöhe mit berücksichtigt werden.[263]

▼

228 **Muster 8.60: Verletzung der Schadensminderungspflicht durch Einholung eines Sachverständigengutachtens**

Bei den hier betroffenen geringen Reparaturkosten war daher die Einholung eines Sachverständigengutachtens nicht geboten und unverhältnismäßig. Schadensgutachten dürfen nicht routinemäßig und ohne wirkliche Notwendigkeit eingeholt werden, sondern nur, wenn aus der Sicht des Geschädigten auch bei Berücksichtigung der Verhältnismäßigkeit

---

260 AG Erding VersR 1998, 607; AG Dortmund, Urt. v. 26.1.2005 – 134 C 13376/04 – juris; AG Leverkusen, Urt. v. 3.5.1999 – 23 C 35/99 – juris; AG Gelsenkirchen-Buer, Urt. v. 2.10.2012 – 27 C 231/11 – juris.
261 AG Essen, Urt. v. 13.1.2015 – 11 C 361/14 – juris; AG München, Urt. v. 4.4.2014 – 331 C 34366/13 – juris.
262 AG Schwerte, Urt. v. 23.3.2012 – 7 C 123/11 – juris.
263 BGH, Urt. v. 30.11.2004 – VI ZR 365/03 = NJW 2005, 356.

C. Bezifferung des Fahrzeugschadens § 8

in Bezug auf die zu erwartenden Reparaturkosten ein vernünftiger Grund hierfür besteht (LG München I SP 2001, 428, AG Ratingen, Urt. v. 5.1.2010 – 10 C 252/10, juris). Ein derartiger Grund zur Einholung eines Sachverständigengutachtens ist in der Regel nur dann anzunehmen, wenn die in der Rechtsprechung entwickelte Bagatellgrenze von 750 EUR bzw. 800 EUR überschritten wird (Beispielhaft: AG Gelsenkirchen, Urt. v. 27.9.2009 – 32 C 230/09, juris; AG Detmold zfs 1997, 297). Diese Grenzziehung ist auch vom BGH bestätigt worden (Vgl. BGH NJW 2005, 356: Eine Grenze bei 715 EUR ist nicht zu beanstanden).

Bei dem hier vorliegenden Schaden i.H.v. ▒▒▒▒▒ EUR war daher die Einholung eines Sachverständigengutachtens nicht geboten. Dies gilt erst Recht, wenn es – wie hier – sich gut erkennbar um einen rein oberflächlichen Fahrzeugschaden mit einfachen Reparaturarbeiten, insbesondere einer Instandsetzung bei leichten Fahrzeugdeformierungen, handelt (AG Ratingen, Urt. v. 5.1.2010 – 10 C 252/10, juris; AG Wiesbaden, Urt. v. 13.1.2011 – 92 C 2205/10 (13), juris).

▲

Diese Grenze zum sog. Bagatellschaden ist aber nicht zwingend. Vielmehr sind alle Umstände des Einzelfalls abzuwägen. Dabei ist insbesondere auch das eingetretene Schadenbild zu berücksichtigen. Für den Geschädigten günstig ist eine Rechtsprechung, die auf die Erkennbarkeit eines sog. Bagatellschadens abstellt. So wird zunehmend von den Gerichten entschieden, dass unabhängig von einer sog. starren Bagatellgrenze die Gutachterkosten zu erstatten sind, da im Zweifel der Geschädigte den Aufwand zur Schadensbehebung als Laie betrachtet und insbesondere nicht einschätzen kann, ob verborgene, äußerlich nicht ohne Weiteres erkennbare Schäden vorhanden sind.[264] Nur bei offensichtlich an der Oberfläche liegenden Schäden, deren Geringwertigkeit für den Laien ohne weiteres erkennbar ist, sind die Kosten eines Sachverständigengutachtens mangels Erforderlichkeit nicht erstattungsfähig.[265] Anders liegt die Sachlage beispielsweise bei Auffahrunfällen im Heckbereich, bei denen i.d.R. die Möglichkeit weiter gehender nicht erkennbarer Schäden besteht.[266] Sind weitere Beweisschwierigkeiten zu befürchten, ist im Zweifel die Einholung eines Sachverständigengutachtens auch bei einem Schaden unterhalb von 500 EUR erforderlich.[267] Bei älteren Fahrzeugen kann zudem ein erforderliches Interesse daran bestehen, die Relation zwischen Reparaturschaden und Totalschaden feststellen zu lassen, was ausschließlich über ein Gutachten möglich ist.[268]

229

---

264 AG Kiel, Urt. v. 30.11.2011 – 113 C 145/11 – juris; AG Bad Segeberg, Urt. v. 28.4.2011 – 17 C 388/09 – juris; AG München NJW-RR 1999, 721; AG Nürnberg zfs 2002, 581.
265 AG Hamm, Urt. v. 24.11.2010 – 24 C 209/10 – juris; AG Hadamar zfs 1998, 291.
266 AG Mainz zfs 2002, 74.
267 AG Köln, Urt. v. 23.12.1996 – 262 C 462/96 = VersR 1997, 1245.
268 LG Darmstadt, Urt. v. 5.7.2013 – 6 S 34/13 = NJW 2014, 237.

§ 8 Sachschaden

8.61

230 ▼

Muster 8.61: Keine Verletzung der Schadensminderungspflicht durch Einholung eines Sachverständigengutachtens

Versicherung AG

Schaden-Nr./VS-Nr./Az.

Schaden vom

Pkw , amtl. Kennzeichen

Sehr geehrte Damen und Herren,

soweit Sie den Ausgleich der geltend gemachten Kosten für das Sachverständigengutachten ablehnen, vermag ich mich damit nicht einverstanden zu erklären. Eine Verletzung der Schadensminderungspflicht liegt entgegen der von Ihnen vertretenen Auffassung nicht vor.

Es gibt insoweit keine feste Wertegrenze der Schadenshöhe, sondern lediglich einen Richtwert, der Abweichungen nach unten und oben zulässt (AG Bonn zfs 1996, 55).[269] Maßgeblich für die Verletzung der Schadensminderungspflicht ist, ob und inwieweit das Unterschreiten einer etwaigen Bagatellgrenze für den Geschädigten erkennbar und vermeidbar war bzw. ob ein Laie den Kostenumfang verlässlich auf einen Bagatellbetrag abschätzen konnte (AG Köln, Urt. v. 24.8.2015 – 270 C 159/14, juris; AG Detmold zfs 1997, 297; AG Nürnberg zfs 1999, 517). Sind weitere Beweisschwierigkeiten zu befürchten, ist im Zweifel die Einholung eines Sachverständigengutachtens auch bei einem Schaden unterhalb einer möglichen Bagatellgrenze erforderlich (AG Köln VersR 1997, 1245).

Danach kann meinem Mandanten nicht der Vorwurf einer Verletzung der Schadensminderungspflicht gemacht werden. Für meinen Mandanten war der tatsächliche Umfang des eingetretenen Schadens nicht erkennbar. Insbesondere ist zu berücksichtigen, dass .

Nach alledem sind Sie zum Ausgleich der geltend gemachten Sachverständigenkosten in Höhe von EUR verpflichtet. Hierfür habe ich mir eine Frist bis zum

(10-Tages-Frist)

notiert. Nach dem Ablauf der vorgenannten Frist werde ich meinen Mandanten über die Möglichkeiten einer gerichtlichen Überprüfung dieser Frage informieren.

Mit freundlichen Grüßen

(Rechtsanwalt)

▲

231 In Grenzfällen sollte in jedem Fall vorab der Sachverständige zum Umfang der voraussichtlichen Reparaturkosten befragt werden. Selbst wenn der Geschädigte durch die Beauftragung eines Sachverständigen aufgrund eines erkennbaren Bagatellschadens tatsächlich gegen seine Schadensminderungspflicht verstoßen haben sollte, steht ihm i.d.R.

---

[269] AG Bonn zfs 1996, 55.

zumindest ein Ersatzanspruch in Höhe des ansonsten zu erstattenden Kostenvoranschlags zu.[270] Dieser kann derzeit auf 50 EUR geschätzt werden. Zu beachten ist allerdings, dass derartige Kostenvoranschläge bei einer tatsächlich durchgeführten Reparatur üblicherweise auf die Reparaturkosten angerechnet werden.

5. Überhöhte Sachverständigenkosten

232 Der Schädiger hat die durch die Einschaltung eines Sachverständigen verursachten Kosten grundsätzlich und uneingeschränkt zu erstatten, soweit die Begutachtung erforderlich und zweckmäßig gewesen ist. In der Praxis werden jedoch von den Sachverständigen unterschiedlich hohe Kosten in Rechnung gestellt. Erstattungsfähig ist aber nur der nach § 249 Abs. 2 BGB erforderliche Geldbetrag. Der Geschädigte ist im Rahmen des ihm Zumutbaren gehalten, den wirtschaftlichsten Weg der Schadensbeseitigung zu wählen, sofern er die Höhe der für die Schadensbeseitigung erforderlichen Kosten beeinflussen kann.

233 Der Geschädigte ist allerdings im Regelfall berechtigt, einen Gutachter seiner Wahl zu beauftragen und muss den für ihn zugänglichen Markt nicht auf einen möglichst günstigen Sachverständigen untersuchen.[271] Anders als im Bereich der sog. Unfallersatztarife hat sich auf dem Markt der Kfz-Sachverständigen kein gesonderter erhöhter „Unfalltarif" gebildet, der eine Übertragung der von der Rechtsprechung im Bereich des Unfallersatztarifes gebildeten Grundsätze rechtfertigen könnte.[272]

234 Der Vertrag mit dem Sachverständigen ist ein Werkvertrag, bei dem die zu zahlende Vergütung sich in erster Linie aus der getroffenen Vereinbarung und bei deren Fehlen aus der üblichen Vergütung i.S.d. § 632 BGB ergibt. Auch über AGB kann ggf. eine wirksame Vergütungsvereinbarung erfolgen.[273] Letztendlich kann die Wirksamkeit der getroffenen Vergütungsvereinbarung jedoch dahinstehen: In jedem Fall ist nur die Vergütung zu erstatten, die als erforderlich i.S.d. § 249 BGB angesehen werden kann.[274] In der Rechtsprechung überwiegt dabei die Auffassung, dass hinsichtlich des Grundhonorars ein in Relation zur Schadenshöhe berechnetes Sachverständigenhonorar als erforderlicher Herstellungsaufwand i.S.d. § 249 Abs. 2 S. 1 BGB erstattet verlangt werden kann.[275] Der BGH hat diese Einschätzung nicht beanstandet und fordert für eine abweichende Einschätzung, dass der erkennende Richter – ggf. mit sachverständiger Hilfe – Feststellungen trifft, die eine andere Vergütung als üblich erscheinen lassen.[276]

---

270 AG Gelsenkirchen-Buer, Urt. v. 13.3.2015 – 9 C 319/14 – juris; AG Köln VersR 1976, 1169.
271 BGH, Urt. v. 22.7.2014 – VI ZR 357/13 = NJW 2014, 3151; BGH, Urt. v. 23.1.2007 – VI ZR 67/06 = NJW 2007, 1450.
272 BGH, Urt. v. 23.1.2007 – VI ZR 67/06 = NJW 2007, 1450; LG Berlin SP 2006, 76.
273 AG Saarbrücken, Urt. v. 22.3.2007 – 5 C 826/06 – juris.
274 BGH, Urt. v. 23.1.2007 – VI ZR 67/06 = NJW 2007, 1450.
275 OLG München, Urt. v. 28.2.2016 – 10 U 579/15 – juris; OLG München, Beschl. v. 14.12.2015 – 10 U 579/15 – juris; LG Stuttgart, Urt. v. 29.7.2015 – 13 S 58/14 – juris; LG Halle zfs 2006, 91; AG Berlin-Mitte SP 2005, 175; AG Nürnberg zfs 2004, 131; AG Weinheim zfs 2004, 18; AG Dresden DAR 2002, 459; a.A. dagegen LG Köln SP 2002, 320.
276 BGH, Urt. v. 23.1.2007 – VI ZR 67/06 = NJW 2007, 1450.

235 Dieses vorausgeschickt ist im Hinblick auf die Erstattungsfähigkeit des Sachverständigenhonorars wie folgt zu unterscheiden:

a) Erstattungsanspruch des Geschädigten

236 Verfolgt der Geschädigte selber das angefallene Sachverständigenhonorar ist eine Prüfung in zwei Schritten vorzunehmen:

aa) Schätzungsgrundlagen

237 Zum einen ist zu prüfen, ob das Sachverständigenhonorar sich im Bereich des üblichen bewegt und damit als objektiv erforderlich i.S.d. § 249 Abs. 2 BGB angesehen werden kann.

Als Schätzungsgrundlage greifen die Gerichte (wie auch bei den Mietwagenkosten) zunehmend auf entsprechende Befragungen zu dem anfallenden Honorar zurück. Dabei werden in der Praxis zwei Schätzungsgrundlagen herangezogen.

238 Dabei handelt es sich zum einen um die in Abständen von mehreren Jahren erfolgende Befragung des BVSK Verbandes, dem mit über 900 Mitgliedern etwa 20 % der im Bundesgebiet tätigen Sachverständigen angehören und die im Internet vollständig herunter geladen werden kann. Die Angaben aus dieser Tabelle in Form des dort genannten Grundhonorars wie auch der Nebenkosten werden von vielen Gerichten als taugliche Schätzungsgrundlage angesehen. Kritisiert wird an ihr allerdings, dass es sich um eine Befragung handelt, deren Zweck offen gelegt und den Mitgliedern wohlbekannt ist, die sich durch ihre eigenen, nicht überprüften Angaben die Grundlage für ihre eigene „gerichtsfeste" Abrechnung schaffen. Überprüfungen durch unabhängige Sachverständige haben ergeben, dass in dieser Befragung im Einzelfall ein deutlich überhöhtes Sachverständigenhonorar verfolgt wird.[277] Dies auch häufig unter dem Gesichtspunkt einer „verdeckten Erhöhung" des Grundhonorars durch eine Abrechnung der Nebenkosten, welche sodann nahezu die gleiche Größenordnung wie das Grundhonorar erreichen. Der in der Rechtsprechung vertretenen Auffassung die ersatzfähigen Nebenkosten auf üblicherweise 25 % des Grundhonorars[278] oder pauschal auf 100 EUR zu begrenzen,[279] hat der BGH eine Absage erteilt, da dies einer hinreichend tragfähigen Grundlage für eine Schätzung nach § 287 ZPO entbehrt.[280]

239 Teilweise differenzieren die Gerichte daher auch wie folgt: Das als erforderlich anzusehende Grundhonorar bei den Sachverständigenkosten ist dann anhand der BVSK Befragung zu bestimmen. Diese stellt jedoch keine taugliche Schätzungsgrundlage für die Nebenkosten dar, was revisionsrechtlich vom BGH nicht beanstandet wurde.[281] Dieser Auffassung hat der BVSK Rechnung getragen. Die BVSK-Tabelle 2015 basiert auf einer

---

[277] Beispielhaft: AG Hagen, Urt. v. 14.4.2009 – 17 C 263/08 – juris unter Einholung eines Gutachtens zur üblichen Bestimmung des Honorars bei einer Schadenshöhe von 2.100 EUR (netto).
[278] AG Arnsberg, Urt. v. 17.6.2009 – 3 C/99/09 – juris; AG Dortmund, Urt. v. 22.3.2010 – 417 C 11866/09 – juris und AG Altena, Urt. v. 17.2.2010 – 2 C 455/09 – juris.
[279] AG Münster, Urt. v. 5.2.2014 – 96 C 1956/13 – juris.
[280] BGH, Urt. v. 22.7.2014 – VI ZR 357/13 = NJW 2014, 3151.
[281] BGH, Urt. v. 22.7.2014 – VI ZR 357/13 = NJW 2014, 3151.

Befragung, in der erstmalig ein üblicher Nebenkostensatz vorgegeben wurde. Auch die jüngere Rechtsprechung sieht daher die BVSK-Tabelle weiterhin als geeignete Schätzgrundlage an.[282] Teilweise wird hinsichtlich der Nebenkosten auch das JVEG als Grundlage herangezogen, da dieses auf den tatsächlichen Aufwand abstellt,[283] was revisionsrechtlich vom BGH nicht beanstandet wurde.[284] Die Nebenkosten können jedoch auch wie folgt berechnet werden:[285]

- 50 EUR für 3 Ausfertigungen des Gutachtens sind nicht zu beanstanden,
- 15 EUR pauschal für Porto und Schreibkosten,
- Fahrtkosten mit 0,30 EUR pro Kilometer,
- keine gesonderte Abrechnung weiterer Nebenkosten bzw.[286]
- 0,30 EUR pro gefahrenen Kilometer,
- 0,50 EUR pro Lichtbild.

Diese Kritik hat dazu geführt, dass der BVSK Verband mit Teilen der Versicherungswirtschaft eine Vereinbarung über das als angemessen anzusehende Sachverständigenhonorar erzielt hat, bei der das Honorar auch nach der Schadenshöhe bestimmt wird, jedoch ein Bruttoendbetrag ausgewiesen ist, der nicht durch weitgefasste Nebenkostenabrechnungen erhöht wird.[287] Die aus dieser Verständigung resultierenden Werte werden ebenfalls in der Rechtsprechung als taugliche Schätzungsgrundlage anerkannt.[288] Teilweise wird dieser Vereinbarung jedoch auch entgegengehalten, dass sie für die Sachverständigen nicht verbindlich ist und die Marktgegebenheiten nicht zutreffend widerspiegeln würde.

240

bb) Vertrauensschutz für den Geschädigten

Macht der Geschädigte selber einen Ersatzanspruch im Hinblick auf die Gutachterkosten geltend, kann die Frage, ob das begehrte Honorar objektiv angemessen ist, i.d.R. dahinstehen. Selbst wenn nach diesen Maßstäben von einem überhöhten, da über dem üblichen Maß liegenden, Sachverständigenhonorar ausgegangen wird, kann dies dem Geschädigten gegenüber nur entgegen gehalten werden, wenn dieser diese Überhöhung hätte erkennen können.[289] Dabei muss es sich um eine für den Geschädigten erkennbar deutliche Überhöhung handeln.[290] Dem in Rechnung gestellten und vom Geschädigten tatsächlich erbrachten Aufwand kommt dabei eine wesentliche Indizwirkung zu.[291]

241

---

282 OLG München, Urt. v. 26.2.2016 – 10 U 579/15 – juris; AG Hamburg-Bergedorf, Urt. v. 18.2.2016 – 410d C 146/15 – juris; AG Krefeld, Urt. v. 10.2.2016 – 10 C 326/15 – juris.
283 LG Saarbrücken, Urt. v. 19.12.2014 – 13 S 41/13 – juris; AG Bonn, Urt. v. 17.6.2015 – 110 C 194/15 – juris; AG Wilhelmshaven, Urt. v. 20.5.2015 – 6 C 376/15; AG Kassel, Urt. v. 20.3.2015 – 435 C 332/14 – juris; AG Holzminden, Urt. v. 24.10.2014 – 2 C 166/14; AG München, Urt. v. 11.7.2014 – 343 C 7578/14 – juris.
284 BGH, Urt. v. 26.4.2016 – VI ZR 50/15 – juris.
285 LG Saarbrücken, Urt. v. 10.2.2012 – 13 S 109/10 – juris.
286 LG Hamburg, Urt. v. 17.6.2011 – 331 O 262/10 = SP 2012, 87.
287 Dargestellt von *Fuchs*, SP 2008, 194 ff.
288 Beispielhaft: LG Hannover Urt. v. 2.2.2015 – 1 O 124/14, n.v.; AG Bochum v. 29.5.2008 – 67 C 275/07 = SP 2009, 122.
289 BGH Urt. v. 11.2.2014 – VI ZR 225/13 = NJW 2014, 1947; NJW 2007, 1450 = VRR 2007, 224.
290 BGH, Urt. v. 22.7.2014 – VI ZR 357/13 = NJW 2014, 3151.
291 BGH Urt. v. 11.2.2014 – VI ZR 225/13 = NJW 2014, 1947

§ 8 Sachschaden

Muster 8.62: Keine Kürzung des Sachverständigenhonorars gegenüber dem Geschädigten

Es kann vorliegend dahinstehen, ob das begehrte Sachverständigenhonorar rein objektiv überhöht ist, da angeblich eine Vielzahl anderer Sachverständiger günstiger abrechnen sollen. Der Geschädigte ist berechtigt, einen Gutachter seiner Wahl zu beauftragen und muss den für ihn zugänglichen Markt nicht auf einen möglichst günstigen Sachverständigen untersuchen. Anders als im Bereich der sog. Unfallersatztarife hat sich auf dem Markt der Kfz-Sachverständigen kein gesonderter erhöhter „Unfalltarif" gebildet, der eine Übertragung der von der Rechtsprechung im Bereich des Unfallersatztarifes gebildeten Grundsätze rechtfertigen könnte (BGH NJW 2007, 1450; LG Berlin SP 2006, 76.). Selbst wenn von einem über dem üblichen Maß liegenden, Sachverständigenhonorar ausgegangen wird, kann dies dem Geschädigten gegenüber nur entgegen gehalten werden, wenn und soweit diese deutlich überhöht sind und dies für den Geschädigten erkennbar ist (BGH, Urt. v. 11.2.2014 – VI ZR 225/13 = NJW 2014, 1947; BGH NJW 2007, 1450 = VRR 2007, 224; LG Mannheim, Urt. v. 5.2.2016 – 1 S 119/15, juris). Dabei ist zu berücksichtigen, dass der Geschädigte nur selten in einen Verkehrsunfall verwickelt wird und deshalb die üblichen Honorare von Sachverständigen i.d.R. nicht genau kennen wird (AG Saarbrücken, Urt. v. 22.3.2007 – 5 C 826/06, juris).

In dem hier vorliegenden Fall ist nicht ersichtlich, wie auf der Geschädigtenseite eine mögliche Überhöhung des Sachverständigenhonorars hätte erkannt werden können. Dies insbesondere, weil keine Preisvergleiche angestellt werden müssen. Zudem ist zu berücksichtigen, dass .

b) Anspruch des Sachverständigen aus abgetretenem Recht

Verfolgt der Sachverständige dagegen selber einen Anspruch auf Erstattung seines Honorars, den der Geschädigte an ihn abgetreten hat, so ist zu berücksichtigen, dass es im Ergebnis unter Umständen allein darauf ankommen kann, ob das verlangte Honorar dem üblicherweise anfallenden Honorar entspricht und als erforderlich angesehen werden kann. Zwar kann dem Anspruch des Geschädigten grundsätzlich nicht entgegengehalten werden, dass das verlangte Honorar überhöht ist, wenn der Geschädigte dies nicht erkennen konnte. Allerdings ist zu berücksichtigen, dass der Sachverständige aus abgetretenem Recht eine Zahlung an sich verlangt und der Schädigerseite gegen den Sachverständigen unter dem Gesichtspunkt eines Vertrags mit Schutzwirkung zugunsten Dritter[292] einen Gegenanspruch auf Erstattung des Differenzbetrags zwischen üblichem und überhöhtem Sachverständigenhonorar zustehen kann.

Die Schädigerseite kann insoweit erfolgreich die „Dolo agit" Einwendung aus § 242 BGB erheben, wenn ihr ein Schadensersatzanspruch aus dem Vertrag des Geschädigten mit dem Sachverständigen mit Schutzwirkung zugunsten Dritter zusteht. In diesem Fall wäre der Sachverständige zur unverzüglichen Rückzahlung dieses Differenzbetrags aus dem überhöhten Sachverständigenhonorar verpflichtet. Gleiches gilt, wenn ein diesbe-

---

[292] Vgl. LG Saarbrücken, Urt. v. 21.2.2008 – 11 S 130/07 = VRR 2008, 280.

züglicher Schadensersatzanspruch der Schädigerseite nach § 255 BGB abgetreten wird und der Schädiger bis zu dieser Abtretung ein Zurückbehaltungsrecht aus § 273 BGB ausübt.

Ist das Sachverständigenhonorar objektiv überhöht, konnte der Geschädigte dies jedoch nicht erkennen, wird in der Rechtsprechung vertreten, dass der Geschädigte gegenüber dem Sachverständigen grundsätzlich nicht mehr als die übliche Vergütung zahlen muss und ihm bzgl. des darüber liegenden Betrages ein Schadensersatz- bzw. Rückforderungsanspruch zusteht.[293] Der Sachverständige wäre nach dieser Ansicht im Rahmen der ihm § 241 BGB obliegenden Nebenpflichten gehalten, den Geschädigten auf eine überhöhte, nicht ortsübliche Vergütung und die Gefahr einer fehlenden Regulierung durch die Schädigerseite hinzuweisen und der aus der Verletzung dieser Pflicht resultierende Schadensersatzanspruch richtet sich darauf, dass der Geschädigte von seiner Verbindlichkeit gegenüber dem Sachverständigen freizustellen ist, soweit ein über dem üblichen Aufwand liegendes Honorar gefordert wird.[294] Der hieraus resultierende Ersatzanspruch des Geschädigten geht auf die Schädigerseite Zug um Zug mit der Auszahlung der Gutachterkosten auf den Geschädigten über (§ 255 BGB)[295] bzw. es besteht bereits Schadensersatzanspruch unter dem Gesichtspunkt eines Vertrags mit Schutzwirkung zugunsten Dritter.[296] Im Verhältnis zwischen dem Sachverständigenbüro und dem Schädiger bzw. dessen eintrittspflichtigen Versicherer sind daher die Einwendungen zur Schadenshöhe direkt zu prüfen.[297]

▼

Muster 8.63: Einwand der überhöhten Sachverständigenkosten gegenüber dem Sachverständigen

Dem hier betroffenen Sachverständigen kann der Einwand des überhöhten Sachverständigenhonorars unabhängig davon entgegengehalten werden, ob der Geschädigte ein deutlich überhöhtes Sachverständigenhonorar hätte erkennen können.

Gegenüber dem Sachverständigen muss der Geschädigte grundsätzlich nicht mehr als die übliche Vergütung zahlen und ihm steht bzgl. des darüber liegenden Betrages ein Schadensersatz- bzw. Rückforderungsanspruch zu (AG Saarbrücken zfs 2007, 407). Der Sachverständige ist jedenfalls im Rahmen der ihm § 241 Abs. 2 BGB obliegenden Nebenpflichten gehalten, den Geschädigten auf eine überhöhte, nicht ortsübliche Vergütung und die Gefahr einer fehlenden Regulierung durch die Schädigerseite hinzuweisen und der aus der Verletzung dieser Pflicht resultierende Schadensersatzanspruch richtet sich darauf, dass der Geschädigte von seiner Verbindlichkeit gegenüber dem Sachverständigen freizustellen ist, soweit ein über dem üblichen Aufwand liegendes Honorar gefordert wird (AG Bochum, Urt. v. 29.5.2008 – 67 C 275/07, SP 2009, 122). Ein solcher

---

293 AG Saarbrücken zfs 2007, 407.
294 AG Bochum, Urt. v. 29.5.2008 – 67 C 275/07 – juris.
295 OLG Düsseldorf, Urt. v. 16.6.2008 – 1 U 246/07 – juris; OLG Naumburg NZV 2006, 546.
296 LG Saarbrücken, Urt. v. 21.2.2008 – 11 S 130/07 = VRR 2008, 280.
297 OLG Dresden, Urt. v. 19.2.2014 – 7 U 0111/12 – juris; LG Köln, Beschl. v. 21.7.2014 – 9 S 160–14 – juris; LG Aachen, Beschl. v. 4.9.2014 – 5 S 93/14 – juris; LG Frankfurt, Urt. v. 13.5.2011 – 2 01 S 227/10 – juris; AG Krefeld, Urt. v. 9.10.2015 – 6 C 127/15 – juris; AG Essen, Urt. v. 13.3.2015 – 25 C 201/14 – juris; AG Krefeld, Urt. v. 10.1.2014 – 6 C 301/13 – juris; AG Moers, Urt. v. 22.8.2013 – 562 C 193/13 – juris.

§ 8 Sachschaden

Schadensersatz- bzw. Rückforderungsanspruch des Geschädigten gegenüber dem Sachverständigen steht dem Kfz-Haftpflichtversicherer unter dem Gesichtspunkt eines Vertrags mit Schutzwirkung zugunsten Dritter dann zu, wenn er mangels Erkennbarkeit für den Geschädigten an diesen das vollständige überhöhte Sachverständigenhonorar auszuzahlen hat (LG Saarbrücken VRR 2008, 280). Die Schädigerseite ist jedenfalls in den Schutzbereich des Vertrags zwischen dem Geschädigten und dem Sachverständigen einbezogen (BGH VersR 2009, 413; LG Berlin SP 2007, 299)

In Höhe von EUR besteht daher ein Gegenanspruch mit dem vorsorglich die Aufrechnung zu erklären ist.

▲

6. Auswahl des Sachverständigen

247 Der Geschädigte ist bei der Auswahl des Sachverständigen grundsätzlich frei. Ein Verschulden des Gutachters hat er grundsätzlich nicht zu vertreten, da der Gutachter nicht der Erfüllungsgehilfe des Geschädigten ist und sein Fehlverhalten bei einer direkten Beauftragung durch den Schädiger diesen genauso treffen würde.[298]

▼

248 **Muster 8.64: Kein Auswahlverschulden des Geschädigten bei der Beauftragung des Sachverständigen**

Die begehrten Sachverständigenkosten sind zu erstatten, selbst wenn das Gutachten objektiv fehlerhaft sein sollte. Grundsätzlich ist der Schädiger bzw. sein Kfz-Haftpflichtversicherer nur dann dazu berechtigt, den Ausgleich der in Rechnung gestellten Sachverständigenkosten abzulehnen, wenn das Gutachten als neutrale Abrechnungsgrundlage nicht geeignet ist und die falschen bzw. unbrauchbaren Angaben auf ein schuldhaftes Fehlverhalten des Geschädigten zurückzuführen sind (OLG Hamm r+s 1993, 102; OLG Düsseldorf, Urt. v. 11.2.2008 – I-1 U 181/07, juris). Voraussetzung dafür ist, dass dem Geschädigten ein eigenes Verschulden zur Last fällt, das für das mangelhafte Gutachten ursächlich ist. Dabei kann es sich um ein Ausfallverschulden oder um falsche Angaben gegenüber dem Sachverständigen handeln (OLG Hamm, Urt. v. 13.4.1999 – 27 U 278/98, juris). Ein Auswahlverschulden scheidet von vornherein aus, wenn der beauftragte Sachverständige über eine technische Ausbildung verfügt und seit mehreren Jahren in der Kfz-Branche tätig ist (LG Düsseldorf zfs 2000, 538).

Dieses vorausgeschickt zeigt sich, dass vorliegend ein Auswahlverschulden nicht ersichtlich ist. Es wurde ein seit vielen Jahren in Verkehrsunfallangelegenheiten tätiger und erfahrener Sachverständiger beauftragt. Anhaltspunkte dafür, dass dieser Sachverständige ggf. ein angeblich mangelbehaftetes Gutachten erstellt, bestanden zum Zeitpunkt der Beauftragung nicht. Die begehrten Gutachterkosten sind zu erstatten.

▲

249 Unter Umständen kann der Erstattung der Gutachterkosten jedoch entgegenstehen, dass den Geschädigten ein Verschulden bei der Auswahl oder der Information des Sachverständigen über relevante Vorschäden am Fahrzeug trifft.[299] Der Geschädigte hat den

---

[298] LG Berlin Urt. v. 11.1.2011 – 24 O 200/08 = SP 2011, 304; OLG Hamm VersR 2001, 249; AG Bonn, Urt. v. 21.12.2010 – 106 C 216/10 – juris; OLG Saarbrücken, Urt. v. 4.7.2013 – 4 U 65/12.
[299] LG Berlin SP 2006, 76; OLG Düsseldorf, Beschl. v. 10.7.2012 – I-1 W 19/12 – juris.

Sachverständigen jedenfalls über Vorschäden zu informieren, sofern diese nicht offensichtlich erkennbar sind oder im bloßen Bagatellbereich liegen. Verschweigt der Geschädigte mehrere erhebliche Vorschäden, die beispielsweise den Wiederbeschaffungswert beeinflussen, sind die Gutachterkosten nicht zu ersetzen.[300] Das Verschweigen ist dem Geschädigten nachzuweisen,[301] wobei eine fahrlässige Fehlinformation des Sachverständigen über das Vorhandensein von Vorschäden genügt.[302] Vergibt der Geschädigte den Auftrag zur Begutachtung an einen nicht öffentlich bestellten Sachverständigen, wird in der Rechtsprechung sogar vertreten, dass allein hierin ein Auswahlverschulden liegen kann und der Geschädigte die Gutachterkosten nicht erstattet erhält.[303]

Muster 8.65: Fehlende Erstattungsfähigkeit der Gutachterkosten bei verschwiegenem Vorschaden   250

Die Sachverständigenkosten sind nicht zu ersetzen, da das Gutachten aufgrund eines eigenen Fehlverhaltens der Geschädigtenseite für die Schadensregulierung unbrauchbar ist. Der Geschädigte hat den Sachverständigen jedenfalls über Vorschäden zu informieren, sofern diese nicht offensichtlich erkennbar sind oder im bloßen Bagatellbereich liegen. Verschweigt der Geschädigte einen erheblichen Vorschäden, sind die Gutachterkosten für das deshalb objektiv für die Schadenregulierung unbrauchbare Gutachten nicht zu ersetzen (vgl. OLG Köln, Urt. v. 23.2.2012 – 7 U 134/11, juris und KG, Hinweisbeschl. v. 12.12.2011 – 22 U 151/11, juris; OLG Düsseldorf DAR 2006, 324 und LG Berlin SP 2006, 76).

▲

Ein weiteres Problem kann sich ergeben, wenn die neutrale Stellung des Sachverständigen fraglich ist. Ein Sachverständigengutachten soll als Regulierungsgrundlage verwendet werden können. Die dafür erforderliche objektive Schadensermittlung ist in Frage gestellt, wenn der Sachverständige ein erkennbares Interesse daran hat, den Schaden so hoch wie nur möglich zu bestimmen. Daher ist der Schädiger nicht verpflichtet, Gutachterkosten eines Sachverständigen zu erstatten, wenn dieser Zugleich Inhaber oder Mitinhaber der die Reparatur ausführenden Werkstatt ist.[304] Auch hier gilt aber, dass der Geschädigte sich dies nur entgegenhalten lassen muss, wenn er hiervon erwiesenermaßen Kenntnis gehabt hat.[305] Fehlt es an dieser Kenntnis kann der Geschädigte die Erstattung der Gutachterkosten lediglich Zug um Zug gegen Abtretung seines Rückforderungsanspruchs verlangen.[306]   251

---

300 KG NZV 2003, 335; LG Heilbronn SP 2004, 390; AG Berlin SP 2006, 259, KG Berlin Urt. v. 27.8.2015 – 22 U 152/14 – juris.
301 AG Mainz SP 2005, 249; AG Bad Segeberg, Urt. v. 28.4.2011 – 17 C 388/09 – juris.
302 OLG Köln, Urt. v. 23.2.2012 – 7 U 134/11 – juris; LG Essen, Urt. v. 13.6.2012 – 12 O 440/10 – juris; AG Essen-Steele, Urt. v. 30.4.2015 – 8 C 460/14 – juris.
303 AG Gießen SP 2000, 285; AG Cloppenburg SP 1998, 67; anders jedoch AG Hamburg, Entsch. v. 22.5.2006 – 644 C 168/06 – juris.
304 AG Köln VersR 1988, 279.
305 AG Köln VersR 1988, 582.
306 AG Köln VersR 1988, 582.

252 Streitig ist, ob ein Anspruch auf Ausgleich der Sachverständigenkosten ausscheidet, wenn der Geschädigte eine Nachbesichtigung des Unfallfahrzeugs durch einen vom Schädiger beauftragten Sachverständigen verhindert.[307] Ein Anspruch des Kfz-Haftpflichtversicherers auf Nachbesichtigung soll bei einem „Verdacht auf betrügerische Geltendmachung von Unfallschäden" bestehen.[308]

III. Kostenvoranschlag

253 Die Einholung eines Kostenvoranschlags bietet sich an, wenn
- nicht feststeht, ob dem Geschädigten ein Mitverschulden oder eine Mitverursachung des Verkehrsunfalls zur Last gelegt wird und der gegnerische Kfz-Haftpflichtversicherer nicht zur Einholung eines Gutachtens bereit ist oder
- die voraussichtlichen Reparaturkosten weniger als 500, ggf. 700 EUR betragen.

Wird ein Kostenvoranschlag erstellt, berechnet die Reparaturwerkstatt in aller Regel pauschale Beträge in Höhe von 20 bis 70 EUR. In Ausnahmefällen werden für Kostenvoranschläge auch bis zu 10 % des Reparaturkostenbetrags berechnet. In Rechtsprechung und Literatur wird kontrovers diskutiert, ob diese Kosten vom Schädiger zu ersetzen sind.[309] Eine ältere Auffassung in der Rechtsprechung stellt auf die gesetzliche Wertung des § 632 Abs. 3 BGB ab, wonach ein Kostenvoranschlag i.d.R. kostenfrei erstellt wird und lehnt eine Erstattungsfähigkeit ab.

254 **Muster 8.66: Ablehnung der Kosten für einen Kostenvoranschlag**
Der von der Klägerseite verlangte Kostenvoranschlag ist nicht zu erstatten (vgl. auch LG Aachen zfs 1983, 292 ff.; AG Berlin, Urt. v. 18.10.2011 – 109 C 3278/10, SP 2012, 185). Dies insbesondere, da ein solcher Voranschlag üblicherweise unentgeltlich erfolgt (vgl. § 632 Abs. 3 BGB). Der Kostenvoranschlag stellt jedenfalls aus Sicht der ihn ausstellenden Werkstatt lediglich eine „Schutzgebühr" da und wird bei einer Reparatur angerechnet (AG Berlin-Mitte, Urt. v. 18.10.2011 – 109 C 3278/10, juris; AG Prüm, Urt. v. 13.1.1993 – 6 C 604/92 = zfs 1993, 337). So liegt der Fall auch hier.

255 Diese Auffassung vermag allerdings weniger zu überzeugen. Dem Geschädigten steht es frei, ob er sein Fahrzeug tatsächlich repariert. Zumindest wenn der Fahrzeugschaden derart gering ist, dass ein Gutachten mit unverhältnismäßig hohen Aufwendungen verbunden wäre, bleibt ihm keine andere Wahl, als den Schaden über einen Kostenvoranschlag zu beziffern.

---

[307] OLG Düsseldorf VersR 1995, 107; a.A. LG Kleve zfs 1999, 239; LG München zfs 1991, 123, AG Otterndorf, Urt. v. 30.10.2013 – 2 C 181/13 – juris, wonach der Versicherer keinen Anspruch auf eine Nachbesichtigung des Unfallfahrzeugs hätte.
[308] AG Rostock zfs 2000, 151; AG Siegen, Urt. v. 18.7.2013 – 14 C 2207/12 – juris.
[309] Ablehnend beispielsweise LG Aachen zfs 1983, 292; a.A. AG Neuss, Urt. v. 5.11.2005 – 70 C 4249/05 – juris.

C. Bezifferung des Fahrzeugschadens §8

▼
Muster 8.67: Erstattungsfähige Aufwendungen für einen Kostenvoranschlag
Die Aufwendungen für den vorliegenden Kostenvoranschlag sind als erforderlich i.S.d. **256**
§ 249 Abs. 2 BGB anzusehen und zu erstatten (*Grüneberg*, in: Palandt, BGB, § 249
Rn 58). Dem Geschädigten ist es grundsätzlich erlaubt, seinen Schaden auf fiktiver Basis
abzurechnen. Bereits aus diesem Grund sind die für einen Kostenvoranschlag aufgewendeten Kosten erstattungsfähig. Würde man in Bezug auf den Geschädigten die Erstattung
der dabei anfallenden Aufwendungen ablehnen, so würde dies dazu führen, dass der
Geschädigte bei einem Schaden unterhalb der Bagatellgrenze entweder nicht auf fiktiver
Basis abrechnen könnte oder bei Abrechnung auf fiktiver Basis einen Teil seines Schadens, nämlich die für den Voranschlag verauslagten Kosten, nicht ersetzt bekäme. Das
würde aber Sinn und Zweck des § 249 BGB zuwiderlaufen, wonach bei dem Geschädigten aus dem schädigenden Ereignis kein wirtschaftlicher Nachteil verbleiben soll (LG
Hildesheim, Urt. v. 4.9.2009 – 7 S 107/09 = DAR 2009, 651) Daher ist es in der Rechtsprechung auch anerkannt, dass die hiermit verbundenen Aufwendungen ersetzt werden,
zumal in der Praxis ein solcher Kostenvoranschlag angesichts des mit seiner Erstellung
verbundenen Aufwandes i.d.R. vergütet wird (Beispielhaft: LG Hildesheim, Urt. v.
4.9.2009 – 7 S 107/09 = DAR 2009, 651; AG Köln SP 2007, 62; AG Neuss SP 2006, 174;
AG Gelsenkirchen, Urt. v. 27.9.2009 – 32 C 230/09, juris; AG Essen, Urt. v. 17.8.2005 –
Az. 29 C 170/05, juris; AG Weilheim, Urt. v. 7.3.2008 – 9 C 001/07, juris).
▲

IV. Checkliste: Bezifferung des Fahrzeugschadens

- Die Bezifferung kann erfolgen durch Rechnung, Gutachten oder Kostenvoranschlag. **257**
- Liegen dem Schädiger Rechnung und Gutachten vor, ist bei einer Reparatur gem. den Vorgaben aus dem Gutachten bei auftretenden Differenzbeträgen für die Abrechnung grundsätzlich die höhere Rechnung maßgeblich, da sie die konkretere Abrechnungsgrundlage darstellt.
- Der Geschädigte hat grundsätzlich einen Anspruch auf Einholung eines „eigenen" Gutachtens.
- Die Kosten für das Gutachten werden vom Schädiger nur nach Maßgabe der Haftungsquote ersetzt.
- Betragen die Reparaturkosten weniger als 700 EUR, kann die Einholung eines Gutachtens eine Verletzung gegen § 254 Abs. 2 BGB darstellen. Dies setzt aber nach der im Vordringen befindlichen Ansicht in der Rechtsprechung voraus, dass die Geringfügigkeit der Reparatur auch für einen Laien erkennbar war.
- Der Schädiger kann dem Geschädigten i.d.R. nicht vorwerfen, die Kosten des Sachverständigen seien überhöht, wenn er dies zum Zeitpunkt der Beauftragung nicht erkennen konnte. Eine Marktforschung braucht der Geschädigte nicht anzustellen. Die Schädigerseite ist in diesem Fall gehalten, dem Geschädigten die Gutachterkosten zu erstatten und ggf. bei den Sachverständigen in Regress zu nehmen.
- Entspricht das Honorar des Sachverständigen objektiv nicht dem üblicherweise anfallenden Honorar kann dies dem Sachverständigen nach einer im Vordringen befindli-

chen Ansicht in der Rechtsprechung unter dem Gesichtspunkt eines Vertrags mit Schutzwirkung zugunsten Dritter entgegengehalten werden, wenn dieser aus abgetretenem Recht vorgeht und eine Zahlung an seine Person verlangt.
- Der Geschädigte ist in der Wahl des Gutachters frei. Fehler des Gutachters gehen grundsätzlich zu Lasten des Schädigers, der bei einer tatsächlich durchgeführten Reparatur das Prognoserisiko trägt, es sei denn, den Geschädigten trifft ein Auswahl- oder Informationsverschulden
- Sind die Reparaturkosten zu gering, sollte ein Kostenvoranschlag eingeholt werden. Nach überwiegender Ansicht in der Rechtsprechung sind die dafür in Rechnung gestellten Kosten vom Schädiger auch bei einer Abrechnung auf fiktiver Basis auszugleichen. Eine Anrechnung ist aber i.d.R. geboten, wenn das Fahrzeug später in der gleichen Werkstatt repariert wird.

D. Ersatz für den Ausfall des Unfallfahrzeugs

Cornelia Zilch

258 Ist das Unfallfahrzeug nach dem Schadenseintritt nicht mehr fahrfähig oder zumindest nicht mehr verkehrssicher, darf es im öffentlichen Straßenverkehr nicht mehr geführt werden. Der Geschädigte hat in diesem Fall unter besonderen Voraussetzungen einen Anspruch darauf, für die Zeit bis zum Reparaturende bzw. bis zur Beschaffung eines Ersatzfahrzeugs
- ein Mietfahrzeug in Anspruch zu nehmen oder
- eine Nutzungsausfallentschädigung zu erhalten.

I. Mietwagenkosten

259 Der Anspruch auf Ausgleich der Mietwagenkosten ist darauf gerichtet, dass der Geschädigte vom Schädiger für den Ausfallzeitraum ein Ersatzfahrzeug zur Verfügung gestellt bekommt. In demselben Maße ist der Geschädigte dazu berechtigt, ein Mietfahrzeug für den Ausfallzeitraum in Anspruch zu nehmen.

Die Grenzen dieser Berechtigung werden zunächst durch § 249 Abs. 2 S. 1 BGB gesteckt. Danach sind nur die „erforderlichen" Kosten auszugleichen. In diesem Sinne sind Mietwagenkosten **„erforderlich"**, wenn sie von einem verständigen und wirtschaftlich vernünftig denkenden Fahrzeugeigentümer in der Lage des Geschädigten verursacht worden wären.[310]

1. Mietwagenkosten und unfallbedingte Verletzungen

260 Auch im Bereich der Mietwagenkosten hat jeder Geschädigte die ihm obliegende Pflicht zur Schadensminderung bzw. -geringhaltung gem. § 254 Abs. 2 BGB zu beachten. Da-

---

310 BGH NJW 2013, 1539; OLG Köln VersR 1996, 121.

D. Ersatz für den Ausfall des Unfallfahrzeugs § 8

nach widerspräche es wirtschaftlicher Vernunft, ein Mietfahrzeug in Anspruch zu nehmen, wenn dem Geschädigten ein **Zweitfahrzeug** zur freien Verfügung steht.

Ebenso wenig darf ein Mietfahrzeug in Anspruch genommen werden, wenn der Geschädigte infolge des durch den Unfall verursachten **Personenschadens** nicht dazu in der Lage ist, das Fahrzeug auch tatsächlich zu benutzen.[311] Dabei muss aber stets geprüft werden, ob und inwieweit die konkrete Beeinträchtigung der körperlichen Unversehrtheit Einfluss auf die Fähigkeit genommen hat, einen Pkw sicher zu führen. Bei einer Verletzung der Halswirbelsäule muss dies zum Beispiel nicht zwangsläufig der Fall sein. Anders kann dies aber bei der Nutzung eines Motorrades sein.[312] Daneben ist zu beachten, dass sich der für einen Ersatz der Mietwagenkosten nötige Fahrbedarf bei einem krankheitsbedingten Fernbleiben vom Arbeitsplatz auf ein nicht mehr erstattungsfähiges Maß reduzieren kann.

▼

8.68

Muster 8.68: Ausgleich von Mietwagenkosten bei einer HWS-Verletzung

 Versicherung AG

Schaden-Nr./VS-Nr./Az.

Schaden vom

Pkw , amtl. Kennzeichen

Sehr geehrte Damen und Herren,

in vorbezeichneter Angelegenheit lehnten Sie den Ausgleich der geltend gemachten Mietwagenkosten mit der Begründung ab, mein Mandant sei von seinem Arzt krankgeschrieben worden, weshalb er aus gesundheitlichen Gründen nicht in der Lage gewesen sei, ein Mietfahrzeug praktisch zu nutzen. Diese Schlussfolgerung ist jedoch nicht zutreffend. Ob ein Geschädigter dazu in der Lage ist, ein Kraftfahrzeug zu führen, macht sich nicht daran fest, ob er krankgeschrieben wurde und deshalb nicht mehr arbeitsfähig ist. Entscheidend ist vielmehr der Umfang des konkreten Personenschadens. Der Fahrfähigkeit steht es grundsätzlich nicht entgegen, dass dem Geschädigten ärztlicherseits Bettruhe verordnet wurde (OLG Hamm NJW-RR 1994, 793). Zu prüfen ist vielmehr, ob der Geschädigte trotz seines Personenschadens das Fahrzeug noch führen kann.

Entgegen der von Ihnen vertretenen Auffassung war mein Mandant trotz des erlittenen HWS-Syndroms noch zum Führen eines Kraftfahrzeugs in der Lage. Ein sog. Schleudertrauma steht der Inanspruchnahme eines Mietfahrzeugs grundsätzlich nicht entgegen (LG Köln SP 2014, 198; AG Gießen zfs 1995, 453). Anhaltspunkte dafür, dass bei meinem Mandanten besondere Umstände vorgelegen haben, die bei einer HWS-Verletzung zugleich eine Fahruntüchtigkeit begründen, sind vorliegend nicht erkennbar. Damit unterliegt die Anmietung eines Ersatzfahrzeugs der freien Entscheidung meines Mandanten.

Nach alledem habe ich Sie aufzufordern, die mit EUR bezifferten Mietwagenkosten unverzüglich, spätestens jedoch bis zum

---

[311] LG Köln SP 2014, 198; OLG Saarbrücken NJW-RR 2010, 1252; OLG Karlsruhe NZV 1994, 316.
[312] KG MDR 2007, 887.

§ 8 Sachschaden

▬▬▬ *(10-Tages-Frist)*

auf das Ihnen bekannte Konto meines Mandanten auszugleichen. Nach fruchtlosem Fristablauf werde ich meinem Mandanten die Inanspruchnahme gerichtlicher Hilfe empfehlen.

Mit freundlichen Grüßen

(Rechtsanwalt)

▲

2. Mietwagen bei Personenschaden und Nutzung durch nahe Angehörige

262 Sofern der Geschädigte das Fahrzeug aus gesundheitlichen Gründen höchstpersönlich nicht führen kann, ist die Inanspruchnahme des Mietfahrzeugs nicht zu beanstanden, wenn das Fahrzeug regelmäßig von nahen Angehörigen benutzt wird[313] oder er sich von diesen während seines Krankschreibungszeitraumes chauffieren lässt.[314] Eine dem Mietwagenunternehmen zu zahlende Gebühr für einen zweiten Fahrer ist ebenfalls zu ersetzen, wenn das Unfallfahrzeug auch von einer weiteren Person genutzt wurde und ein Zweitfahrzeug nicht vorhanden ist.[315]

▼

263 **Muster 8.69: Ausgleich von Mietwagenkosten bei Nutzung durch Angehörige**

▬▬▬ Versicherung AG

▬▬▬

▬▬▬

Schaden-Nr./VS-Nr./Az. ▬▬▬

Schaden vom ▬▬▬

Pkw ▬▬▬, amtl. Kennzeichen ▬▬▬

Sehr geehrte Damen und Herren,

ich komme zurück auf die vorbezeichnete Schadensache. Durch Schreiben vom ▬▬▬ lehnten Sie den Ausgleich der geltend gemachten Mietwagenkosten ab. Zur Begründung führten Sie aus, mein Mandant sei aufgrund seines schweren Personenschadens nicht dazu in der Lage gewesen, das Mietfahrzeug zu führen. Demgemäß sei die Inanspruchnahme des Mietwagens nicht erforderlich gewesen.

Entgegen der von Ihnen vertretenen Auffassung ist der Anspruch meines Mandanten durchaus begründet. Es kann insoweit dahinstehen, ob er selber in der Lage gewesen ist, dass Fahrzeug zu nutzen. Der Eigentümer eines beschädigten Kfz kann vom Schädiger Ersatz der Mietwagenkosten trotz nicht beabsichtigter eigener Nutzung verlangen, wenn er das Fahrzeug zur Nutzung durch einen Familienangehörigen oder eine andere Person (z.B. Schwager, Verlobter, Freund) angeschafft hat und das Fahrzeug von dieser Person während der Reparaturzeit auch tatsächlich genutzt worden wäre (OLG Düsseldorf VersR 2012, 120; OLG Frankfurt DAR 1995, 23).

---

313 OLG Düsseldorf VersR 2012, 120; OLG Frankfurt DAR 1995, 23.
314 OLG Hamm NJW-RR 1993, 1053.
315 OLG Köln NZV 2014, 314; LG Stuttgart MRW 2012, 35; LG Bayreuth DAR 2004, 94.

Mein Mandant hat das Fahrzeug angeschafft, damit dieses auch durch ▬▬ genutzt werden kann. Diese Nutzung erfolgte in der Vergangenheit u.a. für ▬▬ und wäre auch in dem Zeitraum erfolgt, zu dem das Fahrzeug wegen des Verkehrsunfalls nicht zur Verfügung stand.

Nach alledem habe ich Sie aufzufordern, die bezifferten Mietwagenkosten in Höhe von 2.250 EUR unverzüglich, spätestens jedoch bis zum

▬▬ *(10-Tages-Frist)*

auf das Ihnen bekannte Konto meines Mandanten auszugleichen. Nach fruchtlosem Fristablauf werde ich meinem Mandanten die Inanspruchnahme gerichtlicher Hilfe empfehlen.

Mit freundlichen Grüßen

(Rechtsanwalt)

Wenn das Fahrzeug lediglich durch eine dritte Person genutzt worden ist kann diese Person jedoch als bloß mittelbar Geschädigte angesehen und ein Ersatzanspruch abgelehnt werden. Soweit der das Fahrzeug nicht nutzende Eigentümer eine „fühlbare Beeinträchtigung" dadurch erlitten hat, dass er das Fahrzeug nicht wie beabsichtigt dem Angehörigen während der Reparaturdauer zur Verfügung stellen konnte, steht ihr allenfalls ein Anspruch auf Erstattung von Nutzungsausfall zu.[316]

264

3. Mietwagen trotz geringer Nutzung

Auf die Inanspruchnahme eines Mietfahrzeugs soll insgesamt verzichten, wer mit dem Fahrzeug lediglich eine sehr geringe Fahrleistung absolviert. Die sog. **Missbrauchsgrenze** liegt nach Auffassung eines großen Teils der Rechtsprechung bei 20 km.[317] Lediglich 12[318] bzw. 18[319] Kilometer sind dagegen bereits als nicht ausreichend erachtet worden. Auch bei einem täglichen Fahrbedarf von 22 km[320] oder 30 bis 40 km[321] pro Tag kann es dem Geschädigten zumutbar sein, jeweils ein Taxi zu nehmen.

265

▼

Muster 8.70: Erfordernis eines täglichen Fahrbedarfs

266

Der Geschädigte darf einen Mietwagen erst bei einem täglichen Fahrbedarf von mehr als 20 km auf Kosten des Schädigers in Anspruch nehmen und muss sich ansonsten auf die Inanspruchnahme öffentlicher Verkehrsmittel oder eines Taxis verweisen lassen (OLG Bamberg DAR 2015, 639; OLG Hamm NZV 1995, 356; OLG München VersR 1993, 768). Ausweislich der Mietwagenrechnung sind mit dem angemieteten Fahrzeug in ▬▬ Tagen lediglich ▬▬ Kilometer gefahren worden. Dies entspricht ▬▬

---

316 AG Karlsruhe NZV 2007, 418; Palandt/*Grüneberg*, § 249 Rn 42.
317 OLG Bamberg DAR 2015, 639; OLG Frankfurt, Urt. v. 17.1.1996 – 13 U 258/94 – juris; OLG München VersR 1993, 768; LG Frankenthal SVR 2007, 344; LG Baden-Baden zfs 2003,16; LG Karlsruhe MittBl ARGE VerkR 2000; LG Darmstadt VersR 1995, 1328; AG Kassel zfs 1995, 373.
318 OLG Hamm NJOZ 2001, 1590; AG Osnabrück SP 2009, 404.
319 LG München SP 2005, 386.
320 OLG Hamm NZV 1995, 356; LG München SP 2005, 386.
321 LG Gera, Urt. v. 8.12.2010 – 1 S 461/07 – juris; LG Wuppertal NJW 2012, 1971.

Kilometer täglich. Es hätte sich aufdrängen müssen, dass Mietwagenkosten von weit über ▧ unverhältnismäßig sind im Vergleich zu Taxikosten, die unter ▧ liegen (OLG Hamm NZV 2002, 82).

Bei einem derart geringen Fahrbedarf ist dem Geschädigten ein Ausweichen auf öffentliche Nahverkehrsmittel oder ggf. ein Taxi zumutbar (LG München SP 2005, 386; AG Kehl, Urt. v.18.2.2015 – 4 c 344/14, juris).

▲

267 Ob ein ausreichender Fahrbedarf für die Anmietung eines Ersatzfahrzeugs besteht, ist immer nach den Besonderheiten des Einzelfalls zu prüfen:[322] Grundsätzlich hat der Geschädigte das Erfordernis einer ständigen Verfügbarkeit seines Pkw trotz des geringen Fahrbedarfs näher zu begründen. Eine solche Ausnahme kann vorliegen, wenn der Geschädigte auf das Mietfahrzeug aus beruflichen oder familiären Gründen ständig angewiesen ist und das Fahrzeug quasi „abrufbereit" benötigt.[323] Auch persönliche eingeschränkte körperliche Mobilität ist relevant.[324] Diese Erwägungen können insbesondere im ländlichen Raum eingreifen, wenn vor Ort keine ausreichenden öffentlichen Verkehrsmittel vorhanden sind[325] oder bei einer Familie mit zwei Kleinkindern, wo jederzeit nicht vorhersehbare Fahrten notwendig sein können.[326] Auch kann die ständige Verfügbarkeit aus betrieblichen Gründen bei nicht vorhersehbaren Auslieferungsfahrten begründet sein.[327] Wird ein täglicher Fahrbedarf in ausreichender Höhe abgelehnt, steht dem Geschädigten aber immerhin ein entsprechender pauschal zu berechnender Nutzungsausfall zu.[328]

▼

268 **Muster 8.71: Ausgleich von Mietwagenkosten bei geringer Nutzung**

▧ Versicherung AG

▧

▧

Schaden-Nr./VS-Nr./Az. ▧

Schaden vom ▧

Pkw ▧, amtl. Kennzeichen ▧

Sehr geehrte Damen und Herren,

in vorbezeichneter Schadensache lehnen Sie zu Unrecht den Ersatz der geforderten Mietwagenkosten ab.

Die Erforderlichkeit des Fahrbedarfs bei der Anmietung eines Ersatzfahrzeugs richtet sich nach dem Einzelfall (BGH NJW 2013, 1149) und den konkreten Umständen, die den Lebensbereich des Geschädigten prägen und findet ihre Grenze erst in einem reinen

---

322 BGH NJW 2013, 1149; LG Stendal NJW 2005, 3787; AG Bremervörde, Urt. v. 28.3.2014 – 5 C 300/13 – juris.
323 OLG Hamm NZV 1995, 356; LG Aschaffenburg zfs 1994, 167, 168.
324 LG Stendal NZV 2006, 42; AG Bremen NZV 2013, 451.
325 OLG München, Urt. v 14.6.2013 – 10 U 3314/12 – juris; LG Aschaffenburg zfs 1994, 167; AG Schwandorf MRW 2015, 17.
326 LG München DAR 1989, 388.
327 AG Brühl zfs 1998, 380.
328 OLG Hamm NJOZ 2001, 1590.

D. Ersatz für den Ausfall des Unfallfahrzeugs § 8

Bequemlichkeits- oder Statusdenken des Geschädigten (LG Stendal NZV 2006, 42). Der Geschädigte ist trotz verhältnismäßig geringer Fahrleistung zur Inanspruchnahme eines Mietfahrzeugs berechtigt, wenn ausnahmsweise besondere berufliche oder familiäre Gründe die ständige Kfz-Verfügbarkeit erfordern (OLG Bamberg DAR 2015, 639; OLG Hamm NZV 1995, 356). Das war hier der Fall. Hier ist zu berücksichtigen, dass

Demgemäß besitzt mein Mandant einen Anspruch auf Ausgleich der gesamten Mietwagenkosten. Ich habe Sie deshalb aufzufordern, den noch offenen Restbetrag in Höhe von

EUR unverzüglich, spätestens jedoch bis zum

(10-Tages-Frist)

auf das Ihnen bekannte Konto meines Mandanten auszugleichen. Nach fruchtlosem Fristablauf werde ich meinem Mandanten die Inanspruchnahme gerichtlicher Hilfe empfehlen.

Mit freundlichen Grüßen

(Rechtsanwalt)

4. Pflicht zur Einholung von Preisvergleichen vor der Anmietung – Erstattungsfähigkeit des Unfallersatztarifs

a) Übersicht

In welcher Höhe die Kosten für die Anmietung eines Ersatzfahrzeug als erforderlich i.S.d. § 249 BGB anzusehen sind und welche Pflichten den Geschädigten zur Minderung dieses Aufwandes nach § 254 Abs. 2 BGB treffen wird in der Rechtsprechung und Literatur kontrovers erörtert. Während früher der BGH diese Fragen weitestgehend zugunsten des Geschädigten entschied, hat sich diese Rechtsprechung vor dem Hintergrund gewandelt, dass sich in der Mietwagenbranche neben dem üblicherweise anfallenden Tarif als sog. Normaltarif ein höherer sog. Unfallersatztarif entwickelt hat. 269

Hierbei hat der BGH in einer Reihe Entscheidungen folgende Grundsätze aufgestellt und konkretisiert: Der Geschädigte kann als erforderlichen Herstellungsaufwand i.S.d. § 249 Abs. 2 BGB nur den Ersatz der Mietwagenkosten verlangen, die ein verständiger, wirtschaftlich denkender Mensch in der Lage des Geschädigten für zweckmäßig und notwendig halten darf. Hierbei ist er gehalten, von mehreren Möglichkeiten im Rahmen des ihm Zumutbaren den günstigeren Weg der Schadensbeseitigung zu wählen.[329] Dies ist in der Regel zumindest der Mietwagenpreis, der üblicherweise bei der Anmietung eines gleichwertigen Ersatzfahrzeugs in der betroffenen Region anfällt. Auf die Frage, ob der Mietwagentarif zwischen dem Geschädigten und dem Mietwagenunternehmen wirksam vereinbart worden ist, kommt es dabei nicht an.[330] 270

Einen darüber hinausgehenden Mietwagentarif, kann der Geschädigte im Rahmen des § 249 BGB mit zwei möglichen Begründungen ersetzt erhalten: 271

---

329 St. Rspr. des BGH seit BGHZ 160, 377 [383 ff.] = VersR 2006, 133 = NZV 2005, 32; BGH, Urt. v. 19.1.2010 – VI ZR 112/09 = zfs 2010, 206; BGH, Urt. v. 5.3.2013 – VI ZR 245/11 = NJW 2013, 1870.
330 BGH, Urt. v. 9.10.2007 – VI ZR 27/07 = zfs 2008, 22.

(1) Der Geschädigte weist nach, dass ihm die Anmietung zu einem günstigeren Tarif, insbesondere zum „Normaltarif", nach den konkreten Umständen nicht zugänglich gewesen ist.[331] In diesem Fall sind die konkret angefallenen Mietwagenkosten selbst dann zu erstatten, wenn sie gegenüber dem Normaltarif nicht wirtschaftlich gerechtfertigt wären.

(2) Der Geschädigte weist nach, dass ein sog. Aufschlag auf den „Normaltarif" mit Rücksicht auf die Unfallsituation (etwa die Vorfinanzierung, das Risiko eines Ausfalls mit der Ersatzforderung wegen falscher Bewertung der Anteile am Unfallgeschehen etc.) gerechtfertigt ist, weil die Besonderheiten auf Leistungen des Vermieters beruhen, die durch die Unfallsituation veranlasst und zur Schadensbehebung nach § 249 Abs. 2 S. 1 BGB erforderlich sind.[332]

272 Auf diese Frage, ob ein solcher Aufschlag gerechtfertigt ist, kommt es jedoch nicht an, wenn die Schädigerseite dem Geschädigten nachweist, dass er ein Ersatzfahrzeug ohne Weiteres zu dem „Normaltarif" hätte anmieten können und durch die Anmietung zu einem höheren Tarif gegen seine Schadensminderungspflicht nach § 254 BGB verstößt.[333]

b) Bestimmung des ortsüblichen „Normaltarifs"

273 Vor dem Hintergrund der Rechtsprechung des BGH ist in der unterinstanzlichen Rechtsprechung ein Streit darüber entstanden, auf welcher Basis der Tatrichter den als ortsüblich anzusehenden Normaltarif im Rahmen der Schadensschätzung nach § 287 ZPO zu bestimmen hat, den der Geschädigte zumindest als erforderlichen Aufwand i.S.d § 249 Abs. 2 S. 1 BGB ersetzt erhält.

274 Der BGH hält sich als Revisionsgericht bei der Bestimmung dieser Aufwendungen bedeckt und gibt dem Tatrichter im Rahmen der nachfolgend angeführten Grundsätze weitestgehend „freie Hand". Bei der Prüfung der Angemessenheit der Mietwagenkosten ist grundsätzlich das Preisniveau an dem Ort maßgebend, an dem das Fahrzeug angemietet und übernommen wird, weil dort der Bedarf für ein Mietfahrzeug entsteht.[334] In Ausübung seines Ermessens nach § 287 ZPO kann der Tatrichter den „Normaltarif" auf der Grundlage eines sog. Mietwagenspiegels – unter Berücksichtigung der Umstände des Einzelfalls etwa ergänzt durch Abschläge bzw. Zuschläge oder sachverständige Hilfe – berechnen.[335] Der BGH hat wiederholt entschieden, dass in Ausübung des tatrichterlichen Ermessens nach § 287 ZPO der Normaltarif sowohl auf Grundlage des Schwacke-Mietpreisspiegels als auch der Fraunhofer-Liste ermittelt werden kann. Eine

---

331 BGH VersR 2013, 330.
332 St. Rspr. des BGH seit BGHZ 160, 377 [383 ff.] = VersR 2006, 133 = NZV 2005, 32; BGH, Urt. v. 19.1.2010 – VI ZR 112/09 = zfs 2010, 206; BGH, Urt. v. 5.3.2013 – VI ZR 245/11 = NJW 2013, 1870.
333 BGH VersR 2006, 564 und VersR 2006, 1254; BGH VersR 2007, 706.
334 BGH NJW 2008, 1519.
335 BGH, Urt. v. 18.12.2012 – VI ZR 316/11 = VersR 2013, 330; BGH NJW 2007, 2916.

D. Ersatz für den Ausfall des Unfallfahrzeugs § 8

Schätzung nach dem arithmetischen Mittel beider Erhebungen hat er auch nicht als rechtsfehlerhaft erachtet.[336]

Die Schadenshöhe darf lediglich nicht auf der Grundlage falscher und offenbar unsachlicher Erwägungen festgesetzt werden und ferner dürfen wesentliche die Entscheidung bedingende Tatsachen nicht außer Betracht bleiben. Die Eignung von Listen oder Tabellen, die bei der Schadensschätzung Verwendung finden können, bedarf nur der Klärung, wenn mit konkreten Tatsachen aufgezeigt wird, dass geltend gemachte Mängel sich auf den zu entscheidenden Fall auswirken.[337] Bedenken gegen eine Schätzgrundlage muss nicht durch Beweiserhebung nachgegangen werden, wenn eine andere geeignete Schätzgrundlage zur Verfügung steht.[338] Etwa hatte der BGH über mehrere Verfahren zu entscheiden, bei denen der Tatrichter auf Basis des sog. Schwacke-Mietpreisspiegels den als ortsüblich anzusehenden Normaltarif ermittelt hat.[339] In diesen Fällen hat der BGH keine ausreichenden Einwendungen angenommen, die mit konkreten Tatsachen eine Eignung des Schwacke-Mietpreisspiegels als Schätzungsgrundlage erschüttert hätten.[340] Hierbei ist genau zu prüfen, ob durch Vorlage konkreter Vergleichsangebote deutlich geringere Mietwagenpreise aufgezeigt werden und dadurch ein Mietpreisspiegel als Schätzungsgrundlage erschüttert wird.[341] Dabei ist zu beachten, dass die Angebote den Konditionen der Anmietsituation (Datum, Übergabeort, Nebenkosten) etwa den Werten der vorgezogenen Liste entsprechen.[342]

Bei der Umsetzung dieser Vorgaben des BGH hat sich derzeit ein „Flickenteppich" in der Rechtsprechung bei der Bestimmung der als erforderlich anzusehenden Mietwagenkosten etabliert. Dies vor dem Hintergrund, dass derzeit zwei jährlich erscheinende Mietpreisspiegel als Schätzungsgrundlage in Betracht kommen: Es handelt sich dabei um den sog. Schwacke-Mietpreisspiegel und die Befragung des Fraunhofer Instituts. Der größte methodische Unterschied zwischen beiden Befragungen dürfte darin bestehen, dass die Fraunhofer Befragung anonym im Rahmen einer nachgestellten Anmietsituation erfolgt sein soll, während Schwacke gegenüber den befragten Mietwagenunternehmen das Befragungsziel offen gelegt hat. Ein Großteil der Befragung seitens des Fraunhofer Institut erfolgte allerdings über sog. Internetangebote mit einem größeren Raster an Postleitzahlgebieten bei der Erfassung der Angebote. Wichtig ist ferner, dass in den Werten der Schwacke-Mietpreisliste eine Vollkaskoversicherung mit einer Selbst-

275

---

[336] BGH, Urt. v. 18.12.2012 – VI ZR 316/11 = VersR 2013, 330; BGH Urt. v. 8.5.2010 – VI ZR 293/08 = VersR 2010, 1054; VersR 2011, 643. BGH, Urt. v. 27.3.2012 – VI ZR 40/10 = NJW 2012, 2026; BGH, Urt. v. 12.4.2011 – VI ZR 300/09 = NJW 2011, 1947.
[337] BGH NJW 2013, 1539; BGH 12.4.2011 – VI ZR 300/09 = zfs 2011, 441; BGH, Urt. v. 11.3.2008 – VI ZR 164/07 = NJW 2008, 1519 = zfs 2008, 383; anschaulich auch OLG Saarbrücken, Urt. v. 22.12.2009 – 4 U 294/09 – juris.
[338] BGH, Urt. v. 12.4.2011 – VI ZR 300/09 = NJW 2011, 1947; BGH, Urt. v. 14.10.2008 – VI ZR 308/07 = zfs 2009, 82.
[339] BGH, Urt. v. 27.3.2012 – VI ZR 40/10 = NJW 2012, 2026.
[340] Vgl. BGH, Urt. v. 19.1.2010 – VI ZR 112/09 – juris; ebenso BGH, Urt. v. 14.10.2008 – VI ZR 308/07 = zfs 2009, 82; BGH, Urt. v. 11.3.2008 – VI ZR 164/07 = NJW 2008, 1519 = zfs 2008, 383.
[341] BGH, Urt. v. 17.5.2012 – VI ZR 142/10 = NJW-RR 2011, 1109; BGH, Versäumnisurt. v. 17.5.2011 – VI ZR 142/10 = SP 2011,290; BGH VersR 2010, 683; OLG Hamm SP 2012, 75.
[342] Vgl. etwa BGH VersR 2013, 330; OLG Hamm SP 2012, 75; OLG Celle NJW-RR 2012, 802.

beteiligung bis 500 EUR und in der Fraunhoferbefragung eine Haftungsreduzierung bis 750 EUR bereits enthalten sind. Darüber hinaus gehende Aufwendungen für eine Haftungsbefreiung und weitere Nebenkosten sind in der Schwacke-Liste-Nebenkostentabelle gesondert ausgewiesen und können bei Nachweis der Erforderlichkeit abgerechnet werden.

276 Während eine Vielzahl an Gerichten gerade in großstädtischen Ballungsräumen die Fraunhofer Befragung als vorzugswürdig zu erachten, wenden eine Reihe an Gerichten – insbesondere im großflächigen ländlichen Raum – weiterhin den Schwacke-Mietpreisspiegel an.

Dem Tatrichter ist jedenfalls ein weiter Ermessensspielraum eröffnet. Zum Ausgleich von Vor- und Nachteilen beider einschlägiger vorbenannter Listen ist ein großer Teil der Obergerichte dazu übergegangen, anhand einer Mittelweglösung den Schaden zu schätzen, statt ein häufig als unwirtschaftlich anzusehendes Sachverständigengutachten einzuholen. Bei dieser sog. „Fracke-Lösung" bildet der Tatrichter aus der Summe der Mietpreise aus der Schwacke- und der Fraunhofer-Liste das arithmetische Mittel. Zu diesem ermittelten Normaltarif werden noch die als erstattungsfähig angesehenen Nebenkosten (Zustellkosten, Kosten für die Vollkaskoversicherung etc.) addiert.[343]

277 Die vierte Vorgehensweise besteht darin, dass der Tatrichter sich zwar grundsätzlich für eine Befragung als taugliche Schätzungsgrundlage entscheidet, dabei aber auch die dazu erhobenen Einwendungen bzw. weitere Unsicherheiten mit einem Aufschlag (bei Fraunhofer) bzw. Abschlag (bei Schwacke) berücksichtigt. So hat sich eine Vorgehensweise durchgesetzt, bei welcher der Wert aus der Befragung des Fraunhofer-Instituts zum Ausgleich für methodische Unsicherheiten ein Aufschlag von 20 %[344] bzw. 25 %[345] vorgenommen wird. Von anderen Gerichten[346] wird weiter an dem Schwacke-Mietpreisspiegel festgehalten und den methodischen Bedenken durch einen Sicherheitsabschlag, so z.B. um 17 % Rechnung getragen.

aa) Bestimmung des Normaltarifs anhand des Schwacke-Mietpreisspiegels

278 In der Rechtsprechung wird von einigen Gerichten weiter an der Heranziehung des Schwacke-Mietpreisspiegels festgehalten.[347] Hauptargument für diese Vorgehensweise ist sicherlich, dass der BGH diese Tabelle in einer Reihe an Entscheidungen bereits als taugliche Schätzungsgrundlage bestätigt hat. Hinzu kommt, dass die Schwacke-Liste

---

343 OLG Celle, Urt. v. 15.3.2016 – 14 U 127/15 – juris; OLG Hamm, Urt. v. 18.3.2015 – I-9 U 142/15, 9 U 142/15; OLG Bamberg DAR 2015, 639; Saarländisches OLG Saarbrücken, Urt. v. 9.10.2014 – 4 U 46/14 = NJW-RR 2015, 223; OLG Köln, Urt. v. 1.7.2014 – I-15 U 31/14, 15 U 31/14 – juris; OLG Zweibrücken, Urt. v. 22.1.2014 – 1 U 165/11 – juris; OLG Karlsruhe, Entscheidung v. 1.2.2013 – 1 U 130/12 – juris; LG Offenburg, Urt. v. 4.10.2011 – 1 S 4/11 – juris; LG Bielefeld, Urt. v. 9.10.2009 – 21 S 27/09 – juris = VRR 2009, 465; LG Rostock, Urt. v. 31.8.2009 – 1 S 76/09 – juris.
344 Beispielhaft: LG Duisburg, Urt. v. 13.6.2012 – 11 S 226/11 – juris; LG Kempten, Urt. v. 9.11.2010 – 52 S 1327/10 – juris.
345 LG Ansbach, Urt. v. 1.3.2012 – 1 S 962/11 – juris; LG Ingolstadt, Urt. v. 23.8.2011 – 22 S 143/11 – juris.
346 LG Nürnberg-Fürth, Urt. v. 26.1.2012 – 8 S 9381/11; Urt. v. 29.9.2011 – 2 S 185/11 – juris.
347 OLG Dresden, Urt. v. 26.3.2014 – 7 U 1110/13 = SP 2014, 272; Thüringer OLG, Urt. v. 26.10.2011 – 7 U 1088/10 – juris; LG Stuttgart MRW 2014, 66; LG Frankfurt, Urt. v. 13.3.2014 – 2/15 S 148/13, 2/15 S 148/13 – juris.

gegenüber dem Fraunhofer Mietpreisspiegel den Vorzug einer detaillierten Untergliederung in Postleitzahlgebiete hat, wodurch insbesondere größeren regionalen Unterschieden im ländlichen Raum Rechnung getragen werden kann. Die Begründung zur Heranziehung des Schwacke-Mietpreisspiegels kann i.d.R. vor diesem Hintergrund bei einer rechtlichen Auseinandersetzung erst einmal knapp erfolgen.

▼

Muster 8.72: Schwacke-Mietpreisspiegel als taugliche Schätzungsgrundlage
Dass der Schwacke-Mietpreisspiegel eine taugliche Schätzungsgrundlage darstellt, die vom Tatrichter im Rahmen der Bestimmung der als erforderlich anzusehenden Mietwagenkosten herangezogen werden kann, hat der BGH in gefestigter Rechtsprechung mehrfach bestätigt (vgl. BGH, Urt. v. 27.3.2012 – VI ZR 40/10 = zfs 2012, 378 = SP 2012, 256; BGH, Urt. v. 19.1.2010 – VI ZR 112/09 = zfs 2010, 260; ebenso BGH, Urt. v. 14.10.2008 – VI ZR 308/07 = zfs 2009, 82 sowie BGH, Urt. v. 11.3.2008 – VI ZR 164/07 = zfs 2008, 383). Es entspricht mithin auch der obergerichtlichen Rechtsprechung, auf diese bewährte Schätzgrundlage zurückzugreifen (beispielhaft: OLG Dresden, Urt. v. 26.3.2014 – 7 U 1110/13 = SP 2014, 272; Thüringer OLG, Urt. v. 26.10.2011 – 7 U 1088/10 – juris; OLG Stuttgart, Urt. v. 18.8.2011 – 7 U 109/11 – juris).

Erfolgt die Berechnung des ortsüblichen Normaltarif anhand des Schwacke-Mietpreisspiegels ist zu berücksichtigen, dass in diesem Tabellenwerk Nebenkosten gesondert ausgewiesen werden und eine ergänzende Abrechnung geboten ist.

▼

Muster 8.73: Erstattungsfähige Nebenkosten bei der Abrechnung nach dem Schwacke-Mietpreisspiegel
Die erforderlichen Mietwagenkosten berechnen sich somit nach dem gewichteten Mittel („Modus") des Schwacke-Mietpreisspiegels unter Berücksichtigung der Wochen- und Dreitagespauschalen, jeweils bezogen auf das Postleitzahlen-Gebiet, in welchem das Fahrzeug übernommen worden ist. Da die Normaltarife der Schwacke-Liste keine Nebenkosten enthalten, werden diese hinzugerechnet, soweit sie tatsächlich angefallen sind. Für die Einbeziehung dieser Positionen ist auf die Nebenkostentabelle von Schwacke zurückzugreifen (KG Berlin, Urt. v.8.5.2014 – 22 U 119/13, juris; OLG Köln, Urt. v. 20.3.2012 – 15 U 170/11, DAR 2012, 333; OLG Dresden, Urt. v. 4.5.2012 – 1 U 1797/11, juris; OLG Köln NZV 2009, 447).

Wird für ein bei einem Verkehrsunfall beschädigtes Kraftfahrzeug ein Ersatzwagen angemietet und dabei Vollkaskoschutz ohne Selbstbeteiligung vereinbart, sind die hierfür erforderlichen Mehraufwendungen in der Regel als adäquate Schadensfolge auch dann anzusehen, wenn das eigene Fahrzeug des Geschädigten nicht vollkaskoversichert war (BGH NJW 2005, 1041). Die hierdurch bedingten Aufwendungen in Höhe von _____ EUR sind zu erstatten.

Soweit – wie hier – Kosten für die Zustellung und Abholung des Ersatzfahrzeugs erforderlich waren, erstreckt sich der Ersatzanspruch auch darauf (BGH, Urt. v. 5.3.2013 – VI ZR 245/11, NJW 2013, 1870; OLG Köln NZV 2007, 199; OLG Karlsruhe VersR 2008, 1992; LG Gießen, Urt. v. 9.12.2009 – 1 S 21/09, juris). Die Kosten der Zustellung und Abholung in Höhe von _____ EUR sind mithin ebenso zu erstatten.

Erstattungsfähig ist auch eine Vergütung für den zweiten Fahrer, zumal dessen Nutzung des Fahrzeugs im Mietvertrag eigens vereinbart ist und die Kosten extra in Rechnung gestellt wurden (vgl. BGH, Urt. v. 27.3.2012 – VI ZR 40/10, VersR 2012, 874) – in diesem Fall in Höhe von ▓▓▓ EUR.

Erstattungsfähig sind ebenfalls die Kosten für einen branchenüblichen Aufschlag der Winterreifen mit ▓▓▓ EUR (BGH, Urt. v. 5.3.2013 – VI ZR 245/11, NJW 2013, 1870; OLG Köln VersR 2014, 1268; OLG Dresden SP 2014, 272; OLG Celle NJW-RR 2012, 80). Ob die Kosten der Winterbereifung mit dem Grundmietpreis abgegolten sind oder im Winterhalbjahr eine Sonderpauschale abgerechnet wird, obliegt allein der freien – und damit weder durch den Geschädigten noch durch den Schädiger überprüfbaren – unternehmerischen Kalkulationsentscheidung der Mietwagenunternehmen. Im Übrigen zeigen die meisten bekannten Vergleichsangebote, dass Mietfahrzeuge auf dem Mietwagenmarkt mit Winterbereifung tatsächlich nur gegen Zahlung eines Zuschlags für dieses Ausstattungsmerkmal angeboten werden. Dann aber ist der zusätzliche Kostenaufwand für die Ausstattung mit Winterbereifung auch erforderlich i.S.v. § 249 Abs. 2 S. 1 BGB. Die Erforderlichkeit ist dabei nicht nur dann von vornherein zu bejahen, wenn das verunfallte Kfz seinerseits mit Winterreifen ausgestattet war, sondern auch dann, wenn während der Mietdauer ernstlich mit der Möglichkeit von Wetterlagen gerechnet werden musste, die mit Rücksicht auf § 2 Abs. 3a StVO eine Winterausrüstung des Mietwagens erforderlich machen.

▲

282 Vielfach wird wie dargelegt zu den Nebenkosten auch die Bereitstellung von Winterreifen gezählt, wenn dies geschäftsüblich ist.[348] Zwingend ist dies jedoch nicht. Zumindest bei der Erstattung eines Unfallersatztarifs mit einem Aufschlag auf den üblichen Mietwagentarif können diese Zusatzkosten bereits enthalten sein.

▼

283 Muster 8.74: Fehlende Erstattungsfähigkeit der Kosten für eine Winterbereifung
Die Kosten für eine Winterbereifung können nicht verlangt werden. Insoweit handelt es sich nach § 2 Abs. 3a StVO um eine gesetzlich vorgeschriebene Standardausstattung, die mit dem Grundmietpreis abgegolten sein muss und keine zusätzliche Berechnung erlaubt. Die willkürliche Festsetzung und Schlechterstellung des Kunden ist nicht zu rechtfertigen (vgl. AG Bremen NJW-RR 2014, 35 f.). Ein Mietfahrzeug, das nicht mit speziellen Winterreifen ausgestattet ist, ist bei winterlichen Witterungsverhältnissen zum vertragsgemäßen Gebrauch i.S.d. § 535 Abs. 1 S. 2 BGB nicht geeignet (Hanseatisches OLG Hamburg, Beschl. v. 23.4.2007 – 14 U 34/07, juris; OLG Stuttgart SP 2010, 368; LG Bielefeld, Urt. v. 9.10.2009 – 21 S 27/09, juris und LG Landau, Urt. v. 19.12.2008 – 3 S 7/08, juris). Winterreifen gehören bei einem zur Winterzeit gemieteten Fahrzeug zur Grundausstattung und rechtfertigen daher keinen Aufschlag (LG Mönchengladbach, Urt. v. 26.5.2015 – 5 S 82/14, juris; LG Essen, Urt. v. 13.1.2009 – 15 S 265/08, juris). Mietwagenfirmen können ihre Fahrzeuge auch mit Ganzjahresreifen oder Allwetterreifen

---

[348] Vgl. BGH, Urt. v. 5.3.2013 – VI ZR 245/11 = NJW 2013, 730; OLG Koblenz NJW 2015, 1615; OLG Dresden SP 2014, 272; OLG Karlsruhe, Entscheidung v. 1.2.2013 – 1 U 130/12 – juris; OLG Celle NJW-RR 2012, 802; OLG Stuttgart NZV 2011, 556.

D. Ersatz für den Ausfall des Unfallfahrzeugs §8

ausrüsten. Eine zusätzliche Vergütung ist damit nicht stets erforderlich im Sinne des § 249 BGB (LG Trier, Hinweisbeschl. v. 30.4.2013, NJW-RR 2014, 34).

Ggf. kann es auch geboten sein, bei den Kosten für den Abschluss einer Vollkaskoversicherung unter dem Gesichtspunkt des Vorteilsausgleiches einen Abzug vorzunehmen. 284

Muster 8.75: Vorteilsausgleich bei Anmietung mit Vollkaskoversicherung 285
Die geltend gemachten Kosten einer Vollkaskoversicherung für das angemietete Fahrzeug sind nur zur Hälfte zu ersetzen, da die Klägerseite bei ihrem Fahrzeug vor dem Unfallereignis auch keine Vollkaskoversicherung unterhalten hatte. Zwar ist zu berücksichtigen, dass grundsätzlich die Benutzung eines Mietwagens mit einem erheblichen Schädigungsrisiko verbunden ist. Zugleich wird der Geschädigte dadurch besser gestellt, dass er im Fall eines Fahrzeugschadens vollständig abgesichert ist, während er vor dem Unfall bei einem selbstverschuldeten Unfall seines eigenen Fahrzeugs den Schaden selber zu tragen hätte. Das beschädigte Fahrzeug ist deutlich älter (Erstzulassung ▒▒▒▒) als das höherwertige Mietfahrzeug. Es ist daher sachgerecht, gem. § 287 ZPO die Prämien für die Haftungsfreistellung lediglich zur Hälfte zu ersetzen (OLG Karlsruhe NZV 2008, 456; LG Hagen zfs 1995, 215 – vgl. auch BGH NZV 2005, 301, wonach es der tatrichterlichen Beurteilung gem. § 287 ZPO unterliegt, ob im Einzelfall ein Vollkaskoschutz ganz oder nur teilweise zu erstatten ist. Im Übrigen kann der Gesichtspunkt eines solchen Vorteilsausgleichs dahinstehen, wenn den Werten aus der Fraunhofer Befragung gefolgt wird, die bereits den branchenüblichen Abschluss einer Vollkaskoversicherung umfassen (vgl. anschaulich OLG Hamburg MDR 2009, 800).

Wer sich gegen die Heranziehung des Schwacke-Mietpreisspiegels wendet, hat konkrete Tatsachen aufzuzeigen, die seine Tauglichkeit als Schätzungsgrundlage in Frage stellen. Hierfür stehen mehrere Argumentationsansätze zur Verfügung, die ggf. auch kombiniert werden können. Unter Umständen kann es bereits genügen, durch Vorlage des Fraunhofer Mietpreisspiegels einen günstigeren Tarif als angeblich ortsüblichen Tarif aufzuzeigen. Dem Gericht steht gem. § 287 ZPO das Schätzungsermessen zwecks Ermittlung des Normaltarifs zu. Daneben besteht die Möglichkeit, durch Einholung von Vergleichsangeboten zu dem betroffenen Fahrzeug aufzuzeigen, dass dieses Fahrzeug üblicherweise deutlich günstiger angemietet werden kann.[349] Am einfachsten sind derartige Vergleichsangebote über das Internet zu recherchieren. Die Preise dieses Sondermarktes müssen jedoch nicht ohne weiteres mit dem regionalen Mietmarkt vergleichbar sein. Die deutlich abweichenden Angebote müssen sich auf den konkreten Mietzeitraum am Ort der Anmietung beziehen.[350] Und zu guter Letzt kann ggf. auch versucht werden, unter Bezugnahme auf Erkenntnisse aus einem bereits eingeholten Gutachten zu den 286

---

349 BGH, Urt. v. 2.2.2010 – VI ZR 7/09 – juris Rn 21.
350 BGH, Urt. v. 18.12.2012 – VI ZR 316/11 = NJW 2013, 1539; BGH, Urt. v. 22.2.2011 – VI ZR 353/09 = NJW-RR 2011, 823; OLG Düsseldorf, Urt. v. 21.4.2015 – I-1 U 114/14 – juris; OLG Celle NJW-RR 2012, 802; OLG Hamm SP 2012, 75.

ortsüblichen Mietwagentarifen darzulegen, dass die im Schwacke-Mietpreisspiegel enthaltenen Werte deutlich übersetzt sind.

▼

Muster 8.76: Einwendung gegen den Schwacke-Mietpreisspiegel als taugliche Schätzungsgrundlage

Der von der Klägerseite als Schätzungsgrundlage angeführte „Schwacke-Mietpreisspiegel" stellt – zumindest für den vorliegenden Fall – keine taugliche Schätzungsgrundlage dar. Ein solches Tabellenwerk scheidet als taugliche Schätzungsgrundlage aus, wenn konkrete Tatsachen aufgezeigt werden, die Zweifel an der Geeignetheit der Schätzungsgrundlage wecken (BGH NJW 2013, 1539; BGH, Urt. v. 18.12.2012 – VI ZR 316/11, NJW 2013,1539; BGH Urt. v. 14.10.2008 – VI ZR 308/07 – NJW 2009, 58). Die Tauglichkeit des Schwacke-Mietpreisspiegels wird vorliegend sowohl durch die deutlich geringeren Mietpreise der Fraunhofer Befragung als auch die vorgelegten Mietwagenangebote als Vergleichsmaßstab erschüttert.

a) Dem als Anlage ▓▓▓▓ beigefügten Mietwagenspiegel des Fraunhofer Instituts ist zu entnehmen, dass üblicherweise ein Ersatzfahrzeug statt der begehrten ▓▓▓▓ EUR zu einem Preis von ▓▓▓▓ EUR angemietet werden kann.

Diese Befragung hat gegenüber der Schwacke-Liste den Vorzug, dass sie auf einer nachgestellten Anmietsituation beruht, während die Befragung durch das Schwacke-Institut lediglich eine unüberprüfte Übernahme bzw. Wiedergabe der einseitigen Angaben der befragten Mietwagenunternehmen darstellt, die sehr genau wissen, dass ihre Angaben zur Bestimmung des ortsüblichen Tarifs verwendet werden. Die Preislisten der Eurotax Schwacke GmbH sollen für einen sehr langen Zeitraum gelten (vgl. Schwacke-Liste 2012, S. 8); tatsächlich unterliegt der Markt jedoch nach aktueller Angebots- und Nachfragesituation wegen der nicht unerheblichen Konkurrenzsituation häufigen Schwankungen (vgl. Düsseldorf, Urt. v. 24.3.2015 – I-1 U 42/14, 1 U 42/14, juris). Die lange gültigen statischen Schwacke-Preislisten bilden die Situation des Kunden als Geschädigtem deshalb nicht ab.

Ein solches Tabellenwerk, bei welchem „1 zu 1" einseitige Angaben eines Interessenverbandes übernommen worden sind, scheidet als taugliche Schätzungsgrundlage aus, wenn durch eine nachgestellte anonyme Anmietsituation deutlich geringere Mietwagenpreise nachgewiesen werden. Allein der Nachweis eines üblicherweise geringeren Mietpreises durch den Fraunhofer Mietpreisspiegel genügt für sich gesehen bereits, um den Schwacke-Mietpreisspiegel als taugliche Schätzungsgrundlage zu erschüttern (OLG Saarbrücken, Urt. v. 22.12.2009 – 4 U 294/09, juris; OLG Köln NZV 2009, 600).

b) Dies erst recht, wenn weitere konkrete Vergleichsangebote berücksichtigt werden, welche ausnahmslos einen deutlichen geringeren Preis bei der Anmietung eines gleichwertigen Ersatzfahrzeugs aufzeigen. Und dies, obwohl es sich um ein späteres Vergleichsangebot handelt und die Mietwagenpreise anerkanntermaßen steigen. Auch seitens des BGH ist wiederholt darauf hingewiesen worden, dass die Vorlage konkreter günstigerer Vergleichsangebote geeignet ist, die Tauglichkeit des Schwacke-Mietpreisspiegels zu erschüttern und der Tatrichter verpflichtet ist, diesen Bedenken nachzugehen (BGH, Urt. v. 18.12.2012 – VI ZR 316/11 = NJW 2013, 1539; BGH, Urt. v. 17.5.2011 – VI ZR 142/10 – zfs 2011, 497; BGH, Urt. v. 2.2.2010 – VI ZR 7/09, zfs 2010, 561, Rn 21).

D. Ersatz für den Ausfall des Unfallfahrzeugs § 8

Vor diesem Hintergrund ist auf folgende Angebote als Vergleichsmaßstab zu verweisen:

Dabei schadet es auch nicht, wenn die Angebote zeitlich nach der Anmietung eingeholt worden sind (OLG Koblenz NJW 2015, 1615; OLG Hamm, Urt. v. 20.7.2011 – 13 U 108/10, juris). So hat auch das OLG Koblenz (OLG Koblenz, Beschl. v. 26.1.2011 – 12 U 221/10, juris) darauf hingewiesen, dass durch die Vorlage dreier Vergleichsangebote aus dem Internet, die deutlich günstiger als die Schwacke-Liste sind, deren Tauglichkeit als Schätzungsgrundlage selbst dann erschüttert wird, wenn – wie hier – die Angebote naturgemäß zeitlich nach der Anmietung erfolgt sind. Ebenso hat das OLG Stuttgart in einem Fall entschieden, bei dem die Vergleichsangebote aus dem Internet deutlich, teilweise sogar zu 2/3 unterhalb der begehrten Preise gelegen haben (OLG Stuttgart, Urt. v. 30.3.2012 – 3 U 120/11, juris).

c) Zumindest in ihrem Zusammenspiel erschüttern die im Fraunhofer Mietpreisspiegel angeführten geringeren Werte wie auch die konkreten Vergleichsangebote den Schwacke-Mietpreisspiegel als taugliche Schätzungsgrundlage.

▲

bb) Bestimmung des Normaltarifs anhand des Fraunhofer Mietpreisspiegels

Eine Reihe an Oberlandesgerichten zieht statt des Schwacke-Mietpreisspiegels die Befragung des Fraunhofer Instituts als taugliche Schätzungsgrundlage zur Bestimmung des Normaltarifs vor.[351] In erster Linie wird die Anwendung dieses Mietpreisspiegels mit der nachgestellten anonymen Anmietsituation begründet, die gegenüber der „offenen" Befragung des Schwacke-Mietpreisspiegels vorzugswürdig wäre.

288

▼

Muster 8.77: Anwendung des Fraunhofer Mietpreisspiegels

289

Der Klägerseite wäre es möglich gewesen, ein Ersatzfahrzeug zu dem üblichen Mietpreis anzumieten, der sich als sog. Normaltarif unter Grundlage des als **Anlage** auszugsweise beigefügten Mietpreisspiegels des Fraunhofer Instituts ergibt. Hiernach kann ein Ersatzfahrzeug der einschlägigen Fahrzeuggruppe für eine Woche zum Preis von   EUR angemietet werden. Hieraus ergibt sich ein Tagespreis von   EUR. Der übliche Tarif bei einer Anmietzeit von   Tagen für ein Ersatzfahrzeug ist daher – ohne ersparte Eigenaufwendungen – auf   EUR zu schätzen

Die Schätzung des üblicherweise anfallenden Mietpreises ist nach dem Fraunhofer Mietpreisspiegel vorzunehmen, der nicht nur konkrete Zweifel an der Richtigkeit der sog. Schwacke-Liste weckt, sondern aufgrund der anonymen Befragung unter den Bedingungen einer realen Anmietung vorzugswürdig ist. Bei dieser Befragung hatten die betroffenen Firmen – anders als bei der Erstellung der Schwacke-Liste – keine Kenntnis von dem Hintergrund der Anfrage. Da die Preise der Schwacke-Liste aufgrund einer Selbstauskunft der Mietwagenvermieter in Kenntnis, dass die Angaben zur Grundlage einer Marktuntersuchung gemacht werden, erfolgten, während das Ergebnis des Preisspiegels des Fraunhofer-Instituts auf einer anonymen Befragung im Rahmen eines typischen

---

[351] OLG Düsseldorf, Urt. v. 24.3.2015 – I-1 U 42/14, 1 U 42/14 = MDR 2015, 454; OLG Koblenz NJW 2015, 1615; OLG Frankfurt, Urt. v. 24.6.2010 – 16 U 14/10 – juris; OLG Hamburg NZV 2009, 394 = VRR 2009, 346; OLG Bamberg SP 2009, 330; OLG Köln NZV 2009, 600 = VRR 2009, 465 (6. Zivilsenat); OLG München r+s 2008, 439 und OLG Jena r+s 2009, 40.

Anmietszenarios beruht, sind die Preise zugrunde zu legen, wie sie sich nach der Studie des Fraunhofer-Instituts ergeben (OLG Düsseldorf, Urt. v. 24.3.2015 – I-1 U 42/14, 1 U 42/14, MDR 2015, 454; OLG Frankfurt, Urt. v. 24.6.2010 – 16 U 14/10, SP 2010, 401; OLG Hamburg NZV 2009, 394; OLG Bamberg SP 2009, 330; OLG Köln NZV 2009, 600; OLG München r+s 2008, 439 und OLG Jena r+s 2009, 40). Insbesondere wegen dieser Anonymität der Erhebung erscheinen die vom so ermittelten Werte deutlich zuverlässiger als die interessensgeleiteten Auskünfte der Vermieter im Rahmen der offenen „Befragung", die zum Schwacke-Mietpreisspiegel geführt hat (OLG Zweibrücken, Urt. v. 22.1.2014 – 1 U 165/11 – zfs 2014, 619; OLG Köln NZV 2009, 600).

Insoweit ist auch zu bedenken, dass zum einen gegen die Heranziehung des Fraunhofer Mietpreisspiegel als taugliche Schätzungsgrundlage keine konkreten Bedenken bestehen und zum anderen in der Befragung des Fraunhofer Instituts die üblicherweise anfallenden Aufwendungen für die Vereinbarung einer Vollkaskoversicherung enthalten sind (Anschaulich: OLG Hamburg NZV 2009, 394).

▲

290 Es gibt jedoch auch einige Gerichtsentscheidungen, welche den Schwacke-Mietpreisspiegel bei einem Vergleich mit der Fraunhofer Befragung weiterhin vorzuziehen. Dies insbesondere vor dem Hintergrund der detaillierten Untergliederung in verschiedene PLZ-Gebiete und der in Frage gestellten Aussagekraft der Internetangebote, welche das überwiegende Datenmaterial der Fraunhofer Befragung darstellen.

▼

291 **Muster 8.78: Einwendungen gegen die Tauglichkeit des Fraunhofer Mietpreisspiegel als Schätzungsgrundlage**

Die Befragung des Fraunhofer Instituts stellt unter mehreren Gesichtspunkten keine taugliche Schätzungsgrundlage dar. Dies bereits deshalb nicht, da diese Befragung aufgrund einer Auftragsstellung des Gesamtverbandes der Versicherungswirtschaft erfolgt ist und daher mit ihr eine einseitige Zielvorgabe erfolgt.

Grundlage des vom Fraunhofer-Institut im einseitigen Auftrag der Versicherungswirtschaft erstellten Marktpreisspiegels ist eine Erhebung von Daten über Telefon und Internet. Die Datenerfassung hat sich auf Situationen beschränkt, in denen ein Mietwagen per Telefon oder über das Internet gebucht wird. Die dadurch ermittelten Preise beruhen auf Sonderkonditionen, die bei einer normalen Anmietsituation nicht gewährleistet sind (Anschaulich: OLG Köln NZV 2009, 447; LG Frankfurt MRW 2014, 58; LG Dortmund, Urt. v. 5.11.2009 – 4 S 72/09, juris). Auch der BGH hat in seiner Entscheidung vom 2.2.2010 (VI ZR 7/09, zfs 2010, 561, dort Rn 21) darauf hingewiesen, dass der Gesichtspunkt des auf diese Weise eröffneten Sondermarktes seitens des Tatrichters zu berücksichtigen ist. Im Übrigen ist für den vorliegenden Fall gar nicht nachgewiesen, dass vor einer Anmietung eine umfassende Recherche über das Internet mit einer anschließenden Buchung möglich gewesen wäre.

Zudem sind die Preise ausschließlich auf der Grundlage einer einwöchigen Vorbuchungsfrist ermittelt worden. Eine solche Frist steht – wie auch im hiesigen Fall – bei der Anmietung eines Ersatzfahrzeugs nach einem Verkehrsunfall nicht zur Verfügung. Da die in der Fraunhofer-Studie ausgewiesenen Werte auf der Grundlage einer einwöchigen Vorlauffrist erfragt worden sind, bestehen vielmehr durchgreifende Bedenken an der die Besonderheiten gerade der hier zu beurteilenden Schadensfälle erfassenden Repräsentativität der in dieser Studie abgebildeten – niedrigeren – Werte und deren Vergleichbarkeit mit den in dem Schwacke-AMS ausgewiesenen Modi bzw. gewichteten Mittel. Dafür, dass die einwöchige Vorlauffrist für Mietwagenbuchungen auf die für die Anmietung eines Mietfahrzeugs geforderten Preise von nicht lediglich unerheblichem Einfluss ist, spricht neben der allgemeinen Lebenserfahrung auch der Umstand, dass vorgelegten Preise für die Anmietung von Pkw bei größeren Mietwagenunternehmen je nach der Vorbuchungsfrist teilweise deutlich variieren (LG Fulda, Urt. v. 29.8.2014 – 1 S 25/14, juris; OLG Köln, Urt. v. 8.11.2011 – 15 U 54/11, SVR 2011, 454).

Im Ergebnis nichts anderes gilt hinsichtlich der gegenüber der Erhebungsmethode der den Mietwerten des Schwacke-AMS zugrundeliegenden Daten vorgebrachten Einwände. Selbst wenn diese Methode, bei welcher unstreitig der Zweck der Befragung gegenüber den befragten Mietwagenunternehmern offengelegt worden ist, bei einer nicht unbeachtlichen Anzahl der Befragten dazu geführt haben sollte, höhere als die tatsächlich geforderten Mietwagenpreise zu nennen, um so Einfluss auf das als ersatzfähig anzuerkennende Preisniveau zu nehmen, rechtfertigt dies nicht den Rückschluss darauf, dass über das gesamte Bundesgebiet verteilt alle Angeschriebenen gleichermaßen dieser Tendenz in einem Umfang erlegen sind, dass hierdurch das in dem Schwacke-AMS abgebildete Preisgefüge seine Repräsentativität bzw. Aussagekraft die tatsächlichen Marktverhältnisse betreffend eingebüßt hat und deshalb seine Eignung als Schätzungsgrundlage zu verwerfen ist (OLG Köln a.a.O.).

Außerdem ist die Recherche auf eine zweistellige Zuordnung von Postleitzahlen bezogen (LG Zweibrücken, Urt. v. 27.5.2014, MRW 2015, 8. Dem Vorteil, den die Anonymität der Anfragen bieten mag, steht somit das im Verhältnis zur Schwacke-Liste geringere Ausmaß der Datenerfassung gegenüber (OLG Rostock, Urt. v. 23.5.2014 – 5 U 96/12, MRW 2014, 51; OLG Köln NZV 2009, 447).

Und schlussendlich werden bei dem Fraunhofer Mietpreisspiegel keine Nebenkosten berücksichtigt, obwohl die An- und Abholkosten anerkanntermaßen zu erstatten sind (LG Rostock, Urt. v. 31.8.2009 – 1 S 76/09, juris). Soweit in der Fraunhofer Befragung die Kosten einer Vollkaskoversicherung enthalten sind sehen diese zudem einen erheblichen Selbstbehalt vor, so dass auch hier eine Korrektur geboten ist (LG Dortmund, Urt. v. 5.11.2009 – 4 S 72/09, juris).

cc) **Bestimmung des Normaltarifs anhand eines Mittelwerts**

Die gegen beide Befragungen vorgebrachten Bedenken haben zahlreiche Gerichte bewogen, keines der beiden Tabellenwerke als taugliche Schätzungsgrundlage anzuwenden. Anstatt aber ein aufwendiges Sachverständigengutachten einzuholen geht der Tatrichter in diesem Fall jedoch einen anderen Weg und berechnet einen Mittelwert, der sich aus der Abrechnung nach der Fraunhofer Befragung einerseits und der Abrechnung nach dem Schwacke-Mietpreisspiegel einschließlich einer Addition der erstattungsfähigen Nebenkosten ergibt.[352] Für den Geschädigten mag dieser Lösungsweg zugleich die Basis

---

352 OLG Celle, Urt. v. 15.3.2016 – 14 U 127/15 – juris; OLG Hamm, Urt. v. 18.3.2015 – I-9 U 142/15, 9 U 142/15; OLG Bamberg DAR 2015, 639; OLG Saarbrücken, Urt. v. 9.10.2014 – 4 U 46/14 = NJW-RR 2015, 223; OLG Köln, Urt. v. 1.7.2014 – I-15 U 31/14, 15 U 31/14 = VersR 2014, 1268; OLG Zweibrücken, Urt. v. 22.1.2014 – 1 U 165/11 = zfs 2014, 619; OLG Karlsruhe, Entscheidung v. 1.2.2013 – 1 U 130/12 – juris; LG Stendal SP 2013, 375; LG Erfurt SP 2013, 78; LG Halle SP 2013, 17; KG, Urt. v. 2.9.2010 – 22 U 146/09 – juris.

für eine Verständigung, um im Rahmen eines Konsens einen Ausgleich der insgesamt anfallenden Mietwagenkosten zu erreichen: da den Mietwagenfirmen der Streit über die Erstattungsfähigkeit des vereinbarten Tarifs bekannt ist besteht auf dieser Seite häufig eine Bereitschaft, die Mietwagenkosten dem Preis anzupassen, der ggf. vom Gericht als ortsüblicher Normaltarif geschätzt wird. Wenn mithin ein solcher Vergleichsvorschlag des Gerichts im laufenden Verfahren vorliegt mag dies die Basis dafür bieten, dass unter Einbezug des Vermieters eine prozessökonomische Verständigung erzielt wird, bei welcher der Geschädigte letztendlich keinen finanziellen Nachteil erleidet.

▼

293 **Muster 8.79: Anfrage bei der Mietwagenfirma zwecks Zustimmung zum Vergleich**

In vorbezeichneter Angelegenheit zeigen wir an, dass wir ▨ in einem Rechtsstreit vor dem ▨ Gericht (Az. ▨) vertreten, in welchem ein Streit mit der ▨ Versicherung AG über die Höhe der als erstattungsfähig anzusehenden Mietwagenkosten besteht. Diese Versicherung hatte lediglich ▨ EUR als angeblich ortsüblichen Normaltarif erstattet.

Seitens des Gerichts ist nunmehr der aus dem beigefügten Beschl. v. ▨ ersichtliche Vergleichsvorschlag unterbreitet worden, der die Bildung eines Mittelwerts aus den beiden Tabellenwerken von Schwacke und des Fraunhofer Instituts vorsieht und zu einer weiteren Zahlung in Höhe von ▨ EUR führen würde, so dass insgesamt Mietwagenkosten in Höhe von ▨ EUR erstattet werden würden.

Vor diesem Hintergrund bitte ich um Rücksprache, ob – auch unter Berücksichtigung der strengen Rechtsprechung des BGH zu einer Aufklärungspflicht des Vermieters über einen ggf. als erhöht anzusehenden Tarif (vgl. BGH DAR 2009, 399) eine Einigung dahingehend erzielt werden kann, dass die von meiner Mandantschaft zu erstattenden Mietwagenkosten auf diesen Betrag reduziert werden.

Nur vorsorglich weise ich darauf hin, dass bei streitiger Fortsetzung des Verfahrens aus anwaltlicher Vorsorge ansonsten gehalten wäre, Ihrem Haus wegen eines möglicherweise drohenden Regress den Streit zu verkünden. Eine prozessökonomische Verständigung aller Beteiligten im oben genannten Sinne dürfte vorzugswürdig sein. Angesichts des laufenden Prozesses wird um eine zeitnahe Rücksprache bis zum ▨ gebeten.

Mit freundlichen Grüßen

dd) Beibehaltung des Fraunhofer Mietpreisspiegels

294 Wie dargelegt kann auch an einem Mietpreisspiegel als Schätzungsgrundlage festgehalten werden, wenn den bekannten Bedenken durch einen „Sicherheitsaufschlag" Rechnung getragen wird.

295 **Muster 8.80: Hilfsweiser Risikoaufschlag auf Fraunhofer**

Wie dargelegt ist der in der Fraunhofer Befragung enthaltene Mietwagenpreis vorzugswürdig. Wenn dessen ungeachtet – z.B. im Vergleich zu vorgelegten Mietwagenangeboten Unsicherheiten verbleiben sollten, kann diesen durch einen Risikoaufschlag von 20 % (OLG Koblenz NJW 2015, 1615; LG Duisburg, Urt. v. 13.6.2012 – 11 S 226/11, juris; LG

Kempten, Urt. v. 9.11.2010 – 52 S 1327/10, juris) bzw.25 % (LG Ingolstadt, Urt. v. 23.8.2011 – 22 S 143/11, juris) Rechnung getragen werden.

c) Erstattungsfähigkeit eines Unfallersatztarifs bzw. prozentualer Aufschlag auf den Normaltarif

Einen über den sog. Normaltarif hinausgehenden Mietwagentarif kann der Geschädigte im Rahmen des § 249 BGB in voller Höhe nur dann erstattet erhalten, wenn er nachweist, dass ihm gar kein anderer Tarif zugänglich gewesen ist.[353] Gelingt ihm dieser Nachweis nicht kann es aus wirtschaftlicher Sicht zumindest gerechtfertigt sein, bei der zeitnahen Anmietung eines Ersatzfahrzeug nach dem Verkehrsunfall einen prozentualen Aufschlag zu erstatten,[354] es sei denn, die Schädigerseite kann dem Geschädigten nachweisen, dass ihm ein günstigerer Tarif ohne Weiteres zugänglich gewesen ist und er daher gegen seine Schadensminderungspflicht verstoßen hat.[355]

296

aa) Fehlende Zugänglichkeit eines anderen Tarifs als des Unfallersatztarifs

In erster Linie steht dem Geschädigten die Möglichkeit offen, den Nachweis zu führen, dass ihm ein günstigerer Tarif nicht ohne Weiteres zugänglich gewesen ist. Er muss lediglich im Rahmen der ihm zumutbaren Arten der Schadensbeseitigung die günstigere wählen.[356] Hierbei handelt es sich um einen Ausfluss der stets zu beachtenden subjektiven Schadenskomponente als Anspruchsvoraussetzung, die der Geschädigte zu beweisen hat.[357]

297

Einen (objektiv) ungerechtfertigt überhöhten „Unfallersatztarif" kann der Geschädigte nur ersetzt verlangen, wenn er darlegt und ggf. auch beweist, dass ihm unter Berücksichtigung seiner individuellen Erkenntnis- und Einflussmöglichkeiten kein wesentlich günstigerer Tarif zugänglich war.[358] Dabei ist insbesondere auf die für den Geschädigten zumutbaren Anstrengungen unter Berücksichtigung des zeitlich – und örtlich – relevanten Marktes einzugehen. Bejaht worden ist eine solche Erkenntnismöglichkeit beispielsweise für einen Geschädigten, der als Kfz-Sachverständiger tätig ist[359] sowie in den Fällen, in denen unstreitig eine Aufklärung durch das Mietwagenunternehmen über die verschiedenen Tarife erfolgt war.[360]

Entscheidend für die Frage der Zugänglichkeit ist, ob ein vernünftiger und wirtschaftlich denkender Geschädigter unter dem Aspekt des Wirtschaftlichkeitsgebotes zu einer Nachfrage nach dem günstigeren Tarif gehalten gewesen wäre[361] und ob er Bedenken gegen

298

---

353 BGH VersR 2006, 1273; BGH NJW 2006, 2693.
354 St. Rspr. des BGH seit BGHZ 160, 377 [383 ff.] = VersR 2006, 133 = NZV 2005, 32; vgl. BGH, Urt. v. 19.1.2010 – VI ZR 112/09 = zfs 2010, 206.
355 BGH VersR 2006, 564 und VersR 2006, 1254; BGH VersR 2007, 706.
356 BGH NJW 2013, 1539; BGH NJW 2005, 51, 53.
357 BGH NJW 2006, 2106.
358 BGH NJW 2013, 1539; OLG Bamberg DAR 2015, 639; OLG Dresden VRS 127, 32.
359 LG Heilbronn SP 2001, 12, 13.
360 LG Wuppertal NJW 2005, 1437 ff.
361 BGH NJW 2013, 1539; NJW 2006, 1508; NJW 2006, 2693.

die Angemessenheit des ihm angebotenen Unfallersatztarifes, insbesondere aufgrund der Höhe der Mietzahlungen gehabt hätte.[362] Dabei kann es je nach Lage des Einzelfalles geboten sein, sich nach anderen Tarifen zu erkundigen und ggf. ein oder zwei Konkurrenzangebote einzuholen.[363] Allein das Vertrauen darauf, dass vom Vermieter der für den Geschädigten passende, erstattungsfähige Tarif ausgewählt wird, genügt nicht, um einen Unfallersatztarif zu akzeptieren.[364] Besteht keine besondere Eilsituation wird der Geschädigte sich in der Regel nach weiteren Tarifen erkundigen müssen; dies gilt insbesondere dann, wenn er ein Fahrzeug zu derart hohen Preisen nicht ohne Weiteres angemietet hätte, wenn er den Mietpreis selber hätte bezahlen müssen.[365]

299 In diesem Zusammenhang ist zu berücksichtigen, dass in der Rechtsprechung eine Verpflichtung des Mietwagenanbieters ausgesprochen wird, den Kunden u.U. über die verschiedenen Tarifarten aufzuklären.[366] Bietet der Vermieter dem Unfallgeschädigten einen Tarif an, der deutlich über dem Normaltarif auf dem örtlich relevanten Markt liegt und besteht deshalb die Gefahr, dass die Haftpflichtversicherung nicht den vollen Tarif übernimmt, so muss er den Mieter darüber aufklären. Danach ist es erforderlich, aber auch ausreichend, den Mieter unmissverständlich darauf hinzuweisen, dass die gegnerische Haftpflichtversicherung den angebotenen Tarif möglicherweise nicht in vollem Umfang erstattet.[367] Erfolgt diese Aufklärung nicht, kann dem Geschädigten ein Schadensersatzanspruch aus c.i.c. in Höhe der Differenz zwischen Normal – und Unfallersatztarif zustehen. Wenn eine derartige Aufklärung zur Absicherung der Rechtsposition des Mietwagenunternehmens erfolgt wird es dem Geschädigten sehr schwer fallen, eine entsprechend eingeschränkte Informationsmöglichkeit über die verschiedenen Tarife zur vollen Überzeugung des Gerichtes darzulegen und zu beweisen. Bei einem ausdrücklichen Hinweis des Vermieters auf andere Tarife ist der Geschädigte jedenfalls zu weiteren Preisvergleichen angehalten.[368]

300 Im Einzelfall können folgende Faktoren eine Rolle spielen:
- Wie schnell benötigte der Geschädigte ein Ersatzfahrzeug?
- Bestand vor Ort (Kleinstadt, Großstadt, Werktag?) die Möglichkeit, Vergleichsangebote einzuholen?
- Ist der Geschädigte geschäftserfahren? Hat er in der Vergangenheit bereits Erfahrungen bei der Anmietung von Ersatzfahrzeugen gesammelt? Beherrscht er die deutsche Sprache?
- Ist er ggf. einer Empfehlung seiner Fachwerkstatt gefolgt?

301 Die Rechtsprechung geht insoweit davon aus, dass dem Geschädigten i.d.R. ein Preisvergleich und eine daraus resultierende Anmietung zum sog. Normaltarif möglich und

---

362 BGH NJW 2007, 1125.
363 BGH NJW 2007, 1122, 1123.
364 BGH NJW 2007, 1122, 1123.
365 LG Erfurt, Urt. v. 23.8.2007 – 1 S 102/07 – juris.
366 Beispielhaft: LG Duisburg VersR 2005, 520.
367 BGH NZV 2009, 438; BGH, NJW-RR 2008, 470; BGH NJW 2006, 2618.
368 OLG Jena SP 2008, 223.

zumutbar gewesen ist, es sei denn, es liegt eine sog. Notsituation vor. Ein Eil- oder Notbedarf, der eine weitere Erkundigungsmöglichkeit auszuschließen vermag, ist i.d.R. nicht gegeben, wenn der Geschädigte das Ersatzfahrzeug in einer größeren Stadt an einem Werktag nach dem Unfall angemietet hat.[369] Eine besondere Eilbedürftigkeit kann sogar bei einer Anmietung noch am Unfalltag fehlen.[370] Mietet der Geschädigte erst 4 Tage nach dem Unfall ein Ersatzfahrzeug an, hat er ausreichend Zeit, sich bei regionalen Anbietern nach den dort üblichen Konditionen zu erkundigen und war bei Anfragen nicht gezwungen offen zu legen, dass er Unfallgeschädigter und nicht Selbstzahler ist.[371] Erst Recht ist davon auszugehen, dass eine Anmietung zum Normaltarif in großstädtischen Ballungsraum gut 8 Tage nach dem Unfallereignis möglich ist.[372]

Anders sieht es jedoch aus, wenn der Geschädigte sich in einer Eil- bzw. Notsituation befunden hat. So hat das OLG Köln entschieden, dass einem in Verkehrsunfallsachen gänzlich unerfahrenen Geschädigten, der einen Tag nach dem Unfall kurz vor dem Wochenende ein dringend benötigtes Ersatzfahrzeug zum Unfallersatztarif anmietet, nicht entgegengehalten werden kann, dass er sich nach einem günstigeren „Normaltarif" hätte erkundigen und auf dieser Basis das Ersatzfahrzeug hätte anmieten müssen, wenn der Vermieter ausschließlich den Unfallersatztarif angeboten hat, die Überteuerung des Tarifs nicht ins Auge sprang, und dem Geschädigten die Anmietung eines Ersatzfahrzeugs zum Normaltarif aus wirtschaftlichen Gründen nicht zumutbar war.[373] Auch das OLG Stuttgart hat eine solche Notsituation angenommen, wenn der Unfall ereignete sich im ländlichen Bereich ereignet hat, außerdem musste außerhalb der üblichen Geschäftszeiten nach einem Ersatzwagen gesucht werden musste und der Geschädigte wegen einer Rückreise dringend auf ein Ersatzfahrzeug angewiesen war.[374] Dies gilt erst Recht, wenn die Geschädigte wegen der Versorgung eines behinderten Kindes auf die sofortige Anmietung eines Ersatzfahrzeugs angewiesen ist.[375] Bei der Anmietung eines Pkw für die Heimfahrt nach einem mitten in der Nacht geschehenen Verkehrsunfall muss der Geschädigte keine Vergleichsangebote von Autovermietungen einholen, sondern kann das möglicherweise überteuerte Angebot einer zu dieser Zeit geöffneten Autovermietung annehmen. Muss der Geschädigte darüber hinaus am Folgetag, einem Sonntag, abends zu seiner Arbeitsstelle fahren, ist nicht zu erwarten, dass er am Sonntag mit zumutbarem Aufwand noch ein geeignetes Ersatzfahrzeug zum Normaltarif hätte anmieten können.[376] Der Vortrag eines Geschädigten, er sei nach dem Unfall erst spät abends erschöpft nach Hause gekommen und habe am anderen Morgen bereits um 9.00 Uhr einen Termin wahrnehmen müssen, reicht für eine Darlegung dafür, dass ihm ein adäquates Mietfahrzeug zum Normaltarif nicht zugänglich gewesen ist, jedoch nicht

302

---

369 BGH VersR 2013, 730; BGH, Urt. v. 9.5.2006 – VI ZR 117/05, Rn 13 = NJW 2006, 2106.
370 BGH, Urt. v. 5.3.2013 – VI ZR 245/11 = VersR 2013, 730; BGH, Urt. v. 30.1.2007 – VI ZR 99/06.
371 OLG Saarbrücken Urt. v. 22.12.2009 – 4 U 294/09 – juris.
372 OLG Hamburg NZV 2009, 394.
373 OLG Köln SP 2007, 13.
374 OLG Stuttgart NZV 2009, 563.
375 LG Köln SP 2009, 188.
376 LG Braunschweig, Urt. v. 10.2.2009 – 7 S 404/08 – juris.

§ 8 Sachschaden

aus.³⁷⁷ Im Fall einer Eilanmietung kann etwa der konkrete Aufwand für die ersten drei Werktage ggf. zzgl. Sonn- und Feiertage berücksichtigt werden, bevor auf die fiktive Schätzung anhand der Tabellenwerke zurückgegriffen wird.³⁷⁸

▼

303 **Muster 8.81: Vollständiger Ersatz der Mietwagenkosten wegen einer Notsituation auf der Urlaubsreise**

Einen über den sog. Normaltarif hinausgehenden Mietwagentarif ist dem Geschädigte im Rahmen des § 249 BGB in voller Höhe zu erstatten, wenn er nachweist, dass ihm gar kein anderer Tarif zugänglich gewesen ist (BGH NJW 2009, 58; BGH VersR 2006, 1273; BGH NJW 2006, 2693). Dies ist immer dann der Fall, wenn der Geschädigte sich in einer sog. Not- bzw. Eilsituation befunden hat und dringend auf die Anmietung eines Ersatzfahrzeugs, ggf. auch außerhalb der üblichen Geschäftszeiten angewiesen ist (OLG Stuttgart NZV 2009, 563; OLG Köln SP 2007, 13; insbesondere zur Nachtzeit vgl. LG Braunschweig, Urt. v. 10.2.2009 – 7 S 404/08, juris).

Vorliegend ereignete sich der Unfall auf der Reise von nach . Aufgrund des Verkehrsunfalls musste dringend ein Ersatzfahrzeug für die Weiterfahrt am gleichen Tag angemietet werden und die beteiligten Personen standen verständlicher Weise unter dem Eindruck des Unfallereignisses. Eine umfassende Recherche war weder möglich noch zumutbar. Dis gilt erst recht für die Einholung von Preisvergleichen über das Internet. Zudem ist zu berücksichtigen, dass

▲

304 Kann der Geschädigte nachweisen, dass ihm die verschiedenen Tarifarten in zumutbarer Weise nicht zugänglich waren, erhält er den Unfallersatztarif erstattet (ggf. sind lediglich Abzüge wegen ersparter Eigenaufwendungen vorzunehmen). Im Anschluss hieran stellt sich die Frage, ob nicht der gegnerische Kfz-Haftpflichtversicherer zum Ausgleich der Mietwagenkosten nur Zug um Zug gegen eine Abtretung möglicher Schadensersatzansprüche gegen das Mietwagenunternehmen verpflichtet ist. Ein solches Zurückbehaltungsrecht gegenüber dem Geschädigten hat der BGH jedoch abgelehnt.³⁷⁹ Das Rechtsverhältnis zwischen Schädiger und Geschädigtem bleibt insoweit von Schadensersatzansprüchen gegenüber Dritten unberührt.

bb) Unfallersatztarif als erforderlicher Aufwand zur Schadensbeseitigung

305 Kann nicht geklärt werden, ob dem Geschädigten ein günstigerer Tarif in zumutbarer Weise möglich war, steht dem Geschädigten die Möglichkeit offen, darzulegen und zu beweisen, dass der von ihm gewählte Tarif einen erforderlichen Aufwand zur Schadensbeseitigung darstellt. Der Geschädigte ist gehalten, im Rahmen des ihm Zumutbaren von mehreren möglichen den wirtschaftlichsten Weg und damit das günstigste Mietwagenangebot zu wählen.³⁸⁰ Ein Unfallersatztarif begründet nur dann einen erforderlichen Aufwand zur Schadensbeseitigung, wenn die Besonderheiten dieses Tarifs mit Rücksicht

---

377 OLG Hamm, Urt. v. 21.4.2008 – 6 U 188/07 – juris.
378 76 LG Braunschweig, Urt. v. 30.12.2015 – 7 S 328/14 – juris.
379 BGH VersR 2005, 11, 12.
380 BGH NJW 2006, 2106.

auf die Unfallsituation einen gegenüber dem Normaltarif höheren Preis aus betriebswirtschaftlicher Sicht rechtfertigen.[381]

Teilweise waren die Instanzgerichte[382] dazu übergegangen, den Geschädigten bzw. einem Mietwagenunternehmen, welches aus abgetretenem Recht vorgeht, aufzuerlegen, die konkreten Berechnungsgrundlagen für den betroffenen Unfallersatztarif in Abgrenzung zu anderen Tarifen offen zu legen. Diese Rechtsprechung hat der BGH aber als zu weitgehend zurückgewiesen.[383] Bei der Prüfung, ob ein Unfallersatztarif einen erforderlichen Aufwand darstellt, ist es nicht zwingend geboten, die Kalkulation des Vermieters nachzuvollziehen. Es ist vielmehr lediglich zu prüfen, ob spezielle Leistungen bei der Vermietung an Unfallgeschädigte einen allgemeinen Mehrpreis rechtfertigen.[384] Dabei kann es allerdings im Einzelfall erforderlich sein, dass vorgebrachte Argumente durch konkrete Berechnungen und Zahlen gestützt werden.[385]

306

Der Tatrichter kann sich dabei eines Sachverständigen bedienen.[386] Er kann aber auch in Ausübung des ihm nach § 287 ZPO zustehenden Ermessens eine Schätzung vornehmen. Dabei ist es zulässig, den Normaltarif auf Grundlage des gewichtigen Mittels des „Schwacke-Mietpreisspiegels" im Postleitzahlengebiet des Geschädigten – ggf. mit sachverständiger Beratung – zu ermitteln.[387] Die Ausübung dieses Schätzungsrechts ist zumindest dann geboten, wenn der Geschädigte kein Sachverständigengutachten als Beweis anbietet bzw. zur Einzahlung eines dafür benötigten Vorschusses nicht bereit ist.[388] Selbst wenn das betroffene Mietwagenunternehmen nur einen einheitlichen Tarif anbietet, ist der Richter gehalten, diesen Tarif mit dem „Normaltarif" auf Grundlage des gewichtigen „Schwacke-Mietpreisspiegels" in Postleitzahlengebiet des Klägers zu vergleichen.[389]

307

Bzgl. der Erforderlichkeit eines höheren Mietpreises im Rahmen eines Unfallersatztarifs sind folgende fünf Argumente zu berücksichtigen, die einzeln oder im Zusammenspiel einen erforderlichen Aufwand begründen können:[390]

308

- Ein Unfallersatztarif erfordert es aufgrund der zu jeder Stunde eintretenden Unfälle, dass ein 24-stündiger Notdienst eingerichtet wird. Dabei ist jedoch eine gleichmäßige Auslastung wie im Normalgeschäft nicht gewährleistet.[391]
- Angesichts der Möglichkeit eines Zusammentreffens einer Vielzahl an Unfällen ist ein größerer Fuhrpark als Bestand vorrätig zu halten.[392]

---

381 BGH VersR 2013, 730; OLG Rostock MRW 2014, 51.
382 U.a. LG Bayreuth NJW 2007, 1122.
383 BGH, Urt. v. 19.1.2010 – VI ZR 112/09 – juris.
384 BGH NJW 2007, 1122; NJW 2007, 1124; NJW 2006, 360; NJW 2006, 1506; NJW 2006, 1726.
385 BGH NJW 2007, 1122.
386 BGH NJW 2007, 1125.
387 BGH NJW 2007, 1125.
388 BGH NJW 2007, 1125.
389 BGH NJW 2006, 2106.
390 Anschaulich: BGH NJW 2005, 51.
391 OLG Saarbrücken, Urt. v. 17.7.2007 – 4 U 714/03.
392 OLG Köln NZV 2007, 199.

- Da Dauer und Beginn einer Reparatur bei der Anmietung im Regelfall nicht absehbar sind, kann aufgrund der unbestimmten Mietdauer kein Rabatt gegeben werden, sondern die ungewisse Länge der Mietzeit rechtfertigt einen besonderen Tarif.[393]
- Ferner ist zu berücksichtigen, dass die Verwaltungskosten höher liegen, da eine ständige Verfügbarkeit, ggf. auch ein Bringservice, durch einen entsprechenden Personaleinsatz gewährleistet sein muss.[394]
- Zudem muss mangels eines Vorschusses und einer Sicherheit das Ausfallrisiko[395] des Kunden mitfinanziert und eine entsprechende Absicherung über die höheren Erlöse aller Vermietungen aus einem Unfallersatztarif erreicht werden. Verfügt der Geschädigte über keine Kreditkarte, können ihm in der Regel zumindest die Vorfinanzierungskosten ersetzt werden, die ihm das Mietwagenunternehmen auferlegt und deren pauschale Abgeltung mit einem Aufschlag von 18 % auf den Mietpreis vom BGH für zulässig erachtet worden ist.[396]

309 In der Rechtsprechung wird es vor diesem Hintergrund in der Regel als ausreichend erachtet, wenn der Geschädigte unter Bezugnahme auf die oben genannten Gesichtspunkte die wirtschaftliche Erforderlichkeit eines Aufschlags bei der Anmietung eines Ersatzfahrzeug unmittelbar nach dem Unfallereignis begründet und es wird sodann ein prozentualer Aufschlag auf den Normaltarif zugesprochen. So hat der gerichtliche Sachverständige in dem Verfahren, das dem BGH Urt. v. 24.6.2008 (VI ZR 234/07, zfs 2008, 622) zugrunde liegt, aufgrund verschiedener in der Fachliteratur vertretener Ansichten und nach Überprüfung der Plausibilität der einzelnen Risikofaktoren einen Aufschlag von 15,13 % wegen spezifischer Sonderleistungen für erforderlich erachtet.[397] Vor diesem Hintergrund wird in der Rechtsprechung i.d.R. auf die besagten 15 %,[398] 20 %,[399] 25 %[400] oder gar 30 %[401] geschätzt. Unzulässig ist es aber, zur Berechnung des erstattungsfähigen Mietwagentarifs auf die Nutzungsausfalltabelle von *Sanden/Danner* zurückzugreifen und diese ggf. um einen Faktor von 2 oder 3 zu multiplizieren.[402]

---

393 OLG Köln NZV 2007, 199.
394 OLG Saarbrücken, Urt. v. 17.7.2007 – 4 U 714/03.
395 BGH NJW 2005, 51; LG Arnsberg zfs 2007, 506.
396 BGH NJW 2006, 2106.
397 BGH, Urt. v. 24.6.2008 – VI ZR 234/07 – NJW 2009, 2910.
398 LG Saarbrücken, Urt. v. 16.10.2009 – 13 S 171/09 – juris.
399 OLG Koblenz, Urt. v. 2.2.2015 – 12 U 925/13 – juris; OLG Düsseldorf, Urt. v. 21.1.2015 – I-1 U 114/14 – juris; OLG Dresden SP 2014, 272; OLG Köln VersR 2014, 1268; OLG Hamm SP 2012, 75; Stuttgart NZV 2009, 563; OLG Karlsruhe VersR 2008, 92; OLG Köln NZV 2007, 199; LG Dortmund, Urt. v. 5.11.2009 – 4 S 72/09; LG Bochum, Urt. v. 21.7.2009 – I-9 S 32/09; LG Aachen, Urt. v. 5.3.2009 – 12 O 388/07; LG Frankfurt, Urt. v. 16.9.2009 – 2-24 S 186/08 – juris; LG Rostock, Urt. v. 31.8.2009 – 1 S 76/09 – juris.
400 OLG Saarbrücken SP 2008, 223.
401 OLG Jena SP 2008, 223; LG Bielefeld, Urt. v. 7.3.2007 – 22 S 292/06 – juris.
402 BGH NJW Spezial 2007, 400.

D. Ersatz für den Ausfall des Unfallfahrzeugs §8

Muster 8.82: Wirtschaftlich gerechtfertigter Aufschlag auf den Normaltarif

Nach der inzwischen gefestigten Rechtsprechung des Bundesgerichtshofs ist ein höherer Betrag als der Normaltarif nur ersatzfähig, wenn dieser erhöhte Tarif mit Rücksicht auf die Besonderheiten der Unfallsituation (z.b. Notwendigkeit der Vorfinanzierung, Ausfallrisiko der Forderung u.Ä.) gerechtfertigt ist (BGH VersR 2013, 730; BGH DAR 2010, 464). Ob und in welcher Höhe unfallbedingte Zusatzleistungen des Vermieters die Erstattung höherer Mietwagenkosten als der nach dem Normaltarif rechtfertigen, ist gem. § 287 ZPO vom Tatrichter zu schätzen (BGH, Urt. v. 14.2.2006 – VI ZR 126/05 – NJW 2006, 1506, 1507). Dabei muss die jeweilige Kalkulationsgrundlage des konkreten Anbieters vom Geschädigten beziehungsweise vom Gericht nicht im Einzelnen betriebswirtschaftlich nachvollzogen werden; die Mehrleistungen und besonderen Risiken müssen aber generell einen erhöhten Tarif – unter Umständen auch durch einen pauschalen Aufschlag auf den „Normaltarif" – rechtfertigen. Folgende Gesichtspunkte rechtfertigen vorliegend einen solchen Aufschlag, der in Höhe von bis 30 % (LG Frankenthal, Urt. v. 3.9.2014 – 2 S 57/14, juris; LG Kempten, Beschl. v. 22.10.2015 – 51 S 1292/15, juris, hier Aufschlag auf Fraunhofer; OLG Jena SP 2008, 223), mindestens aber 25 % (OLG Saarbrücken SP 2008, 223) geboten ist:

- Es ist mit einem erheblichen Mehraufwand zu jeder Stunde ein Ersatzfahrzeug vorzuhalten.
- Angesichts der Möglichkeit eines Zusammentreffens einer Vielzahl an Unfällen ist ein größerer Fuhrpark als Bestand vorrätig zu halten
- Da Dauer und Beginn einer Reparatur bei der Anmietung im Regelfall nicht absehbar sind, kann aufgrund der unbestimmten Mietdauer kein Rabatt gegeben werden
- Ferner ist zu berücksichtigen, dass die Verwaltungskosten höher liegen, da eine ständige Verfügbarkeit, ggf. auch ein Bringservice, durch einen entsprechenden Personaleinsatz gewährleistet sein muss
- Zudem muss mangels eines Vorschusses und einer Sicherheit das Ausfallrisiko[403] des Kunden mitfinanziert und eine entsprechende Absicherung über die höheren Erlöse aller Vermietungen aus einem Unfallersatztarif erreicht werden

Allein der zuletzt genannte Gesichtspunkt rechtfertigt aus Sicht des BGH bereits für sich gesehen einen Aufschlag in Höhe von 18 % (BGH NJW 2006, 2106). Im Zusammenspiel aller oben genannten Faktoren dürfte ein Aufschlag von mindestens ▬▬▬ geboten sein, was das Gericht aus eigener Sachkunde beurteilen können dürfte und nur hilfsweise unter den Beweis eines Sachverständigengutachtens gestellt wird.

Kann der Geschädigte darlegen und beweisen, dass ein erforderlicher Aufwand zur Schadensbeseitigung gegeben ist, besteht grundsätzlich ein begründeter Anspruch,[404] es sei denn, es ist als erwiesen anzusehen, dass ihm ein anderer Tarif ohne Weiteres zugänglich gewesen ist.[405] Die Darlegungs- und Beweislast für diesen Gesichtspunkt trifft die Schädigerseite, die dem Geschädigten deshalb die Verletzung seiner Schadensminderungspflicht vorwirft. Hier kommt der Schädigerseite allerdings die vom BGH

---

[403] BGH NJW 2005, 51; LG Arnsberg zfs 2007, 506.
[404] BGH NJW 2005, 1041, 1043.
[405] BGH NJW 2007, 1123; NJW 2007, 1124, 1126.

bestätigte Annahme zu Gute, dass der Geschädigte i.d.R. bereits bei der Anmietung eines Ersatzfahrzeugs am nächsten Werktag Preisvergleiche einholen und ein Fahrzeug zum sog. Normaltarif anmieten kann.

▼

Muster 8.83: Nachweis der Anmietung zu einem günstigeren Tarif

Es kann dahinstehen, ob bei der Anmietung eines Ersatzfahrzeugs nach dem hiesigen Verkehrsunfall ein Aufschlag wegen Mehrkosten wirtschaftlich gerechtfertigt ist, wenn feststeht, dass der Geschädigte ein Ersatzfahrzeug ohne Weiteres zu dem sog. Normaltarif anmieten konnte (BGH NJW 2009, 58; BGH NJW 2007, 1123; OLG Köln, Urt. v. 1.7.2014, juris). Selbst wenn dem Geschädigten bei einem Mietwagenunternehmen ausschließlich der Unfallersatztarif angeboten worden ist, rechtfertigt dies noch nicht die Annahme, alle Anbieter vor Ort hätten die Frage nach einem günstigeren Tarif verneint und der Geschädigte ist vielmehr gehalten, sich bei einem wie hier aufgetretenen erheblichen Preisunterschied nach anderen Tarifen zu erkunden und ggf. ein oder zwei Konkurrenzangebote einzuholen (BGH NJW 2007, 1123). Dies ist dem Geschädigten bereits unmittelbar nach dem Unfall wegen der nahezu 24-stündigen Öffnungszeiten der Mietwagenfirmen ohne weiteres möglich (OLG Köln, Urt. v. 8.11.2011 – 15 U 54/11, SVR 2011, 454).

Üblicherweise ist davon auszugehen, dass der Geschädigte ein Ersatzfahrzeug zu einem Normaltarif bei entsprechenden Erkundigungen bereits am Unfalltag oder am nächsten Werktag ohne weiteres anmieten kann (BGH VersR 2013, 730; BGH NJW 2006, 2106). Dies auch dann, wenn der Verkehrsunfall sich an einem Sonntag ereignet hat (OLG Karlsruhe, Urt. v. 18.2.2010 – 1 U 165/09, juris). Mietet der Geschädigte sogar erst 4 Tage nach dem Unfall ein Ersatzfahrzeug an, hat er jedenfalls ausreichend Zeit, sich bei regionalen Anbietern nach den dort üblichen Konditionen zu erkundigen (OLG Saarbrücken, Urt. v. 22.12.2009 – 4 U 294/09, juris). Erst Recht ist eine Anmietung zum Normaltarif gut 8 Tage (OLG Hamburg NZV 2009, 394) nach dem Unfallereignis möglich.

Hier ereignete sich der Verkehrsunfall am _____. Ein Ersatzfahrzeug wurde jedoch erst am _____ angemietet. Bei dieser Zeitspanne ist im Einklang mit der zitierten Rechtsprechung festzuhalten, dass eine Anmietung zu dem ortsüblichen Normaltarif ohne weiteres möglich gewesen ist, was nur höchst vorsorglich unter den Beweis eines Sachverständigengutachtens gestellt wird.

▲

313   Auch unter anderen Gesichtspunkten kann sich die Verletzung einer Schadensminderungspflicht durch den Geschädigten ergeben. Ist dieser aus eigener Kraft zu einer Vorfinanzierung nicht in der Lage kann ihn eine entsprechende Hinweispflicht treffen. Im Übrigen ist zu beachten, dass den Geschädigten im Rahmen seiner Schadensminderungspflicht eine sekundäre Darlegungslast trifft und er substantiiert auszuführen hat, warum er zu einer eigenen Finanzierung nicht in der Lage gewesen sein soll.[406]

---

[406] BGH VersR 2013, 730; NJW 2007, 1676.

▼

Muster 8.84: Verletzung der Schadensminderungspflicht bei unterlassenem Hinweis auf fehlende finanzielle Mittel

Selbst wenn unterstellt wird, dass vorliegend eine Anmietung nicht aus eigenen Mitteln möglich gewesen sein soll, so ist eine Verletzung der Schadensminderungspflicht festzustellen. Der Geschädigte ist bei Anmietung eines Pkws zum Unfallersatztarif jedenfalls dann gem. § 254 Abs. 2 BGB gehalten, den Schädiger oder seinen Haftpflichtversicherer darüber zu informieren, dass er keine Kaution zu stellen vermag und über keine Kreditkarte verfügt und deshalb nicht zum günstigeren Normaltarif anmieten kann, wenn die Kosten des Unfallersatztarifs außer Verhältnis zum Wiederbeschaffungswert des Unfallwagens stehen (LG Gießen, Urt. v. 9.12.2009 – 1 S 21/09, juris).

▲

d) Aktivlegitimation

Im Übrigen ist zu berücksichtigen, dass viele Vermieter im Rahmen eines Unfallersatztarifes (vorläufig) auf die Geltendmachung der Ansprüche gegen den Mieter verzichten und sich stattdessen dessen Schadensersatzansprüche zur Sicherheit der Mietzinsforderung abtreten lassen. Vor einer Klage ist daher unbedingt die Aktivlegitimation des Mandanten zu prüfen und ggf. zu differenzieren, ob lediglich eine Einzugsermächtigung im fremden Namen oder eine Abtretung des gesamten Anspruches vorliegt. Sofern es dem Mietwagenunternehmen im Wesentlichen darum geht, die ihm durch die Abtretung eingeräumten Sicherheiten zu verwirklichen, so besorgt es keine Rechtsangelegenheit des geschädigten Kunden, sondern eine eigene Angelegenheit und eine Nichtigkeit der Abtretung nach § 134 BGB i.V.m. Art. 1 § 1 RBerG scheidet aus.[407]

Die Einziehung einer an ein Mietwagenunternehmen abgetretenen Schadensersatzforderung des Geschädigten auf Erstattung von Mietwagenkosten ist gem. § 5 Abs. 1 S. 1 RDG grundsätzlich erlaubt, wenn allein die Höhe der Mietwagenkosten streitig ist.[408] Etwas anderes gilt, wenn die Haftung dem Grunde nach oder die Haftungsquote streitig ist oder Schäden geltend gemacht werden, die in keinem Zusammenhang mit der Haupttätigkeit stehen.[409]

5. Schadensminderungspflicht während der Anmietungszeit

Während der Anmietung des Unfallfahrzeugs ist der Geschädigte dazu verpflichtet, die **Anmietungszeit** so kurz wie möglich zu halten. Dies gilt gleichermaßen für den Beginn wie für das Ende der Anmietungszeit. Der Geschädigte ist dabei zunächst verpflichtet, im Falle eines Reparaturschadens den Reparaturauftrag so schnell wie möglich zu erteilen. Dabei darf er beispielsweise nicht die Vorlage der Reparaturkostenübernahmebestätigung durch den Versicherer abwarten.[410] Allerdings begründet es kein Fehlverhalten des

---

407 BGH NJW 2006, 1726.
408 BGH DAR 2013, 325; NJW 2013, 1870, NJW 2006, 1726.
409 BGH, Urt. v. 31.1.2012 – VI ZR 143/11 = NJW 2012, 1005.
410 OLG Hamm VersR 1986, 43; AG Berlin-Mitte, Urt. v. 23.2.2011 – 110 C 3241/10 – juris.

Geschädigten, wenn sich der Reparaturbeginn dadurch verzögert, dass der Reparateur die Vorlage der Reparaturkostenübernahmebestätigung durch den gegnerischen Haftpflichtversicherer abwartet.

318 Weiterhin muss der Geschädigte sicherstellen, dass die Durchführung einer Kfz-Reparatur auf den unumgänglichen notwendigen **Zeitraum** beschränkt wird.[411] Steht fest, dass die Reparaturarbeiten z.B. wegen Fehlens der erforderlichen Reparaturteile nicht zügig durchgeführt werden können, ist der Geschädigte dazu verpflichtet zu prüfen, ob das Fahrzeug durch eine sog. Notreparatur in einen fahrfähigen und verkehrssicheren Zustand versetzt werden kann.[412]

Im Hinblick auf die Finanzierung des Mietwagens hat der Geschädigte ggf. Fremdmittel in Anspruch zu nehmen, soweit ihm dies möglich und zumutbar ist. Dies hängt weitestgehend von den Umständen des Einzelfalles ab. Eine zwingende Verpflichtung, zur Finanzierung die eigene Kreditkarte einzusetzen, besteht jedoch nicht.[413] Dies gilt insbesondere vor dem Hintergrund, dass der Einsatz einer Kreditkarte eine Art „Blanko-Genehmigung" zum Einzug von Mietvertragsgebühren darstellt und der Geschädigte im Zweifelsfall das Risiko eines Rückforderungsprozesses bei einer überhöhten Abbuchung trägt.

Im Zweifel sollte der Geschädigte umgehend den Kfz-Haftpflichtversicherer des Schädigers über die fehlenden Mittel informieren, um auf diesem für ihn zumutbaren Wege die Möglichkeit einer Vorfinanzierung zu schaffen und den Vorwurf eines Verstoßes gegen seine Schadensminderungspflicht zu vermeiden. Erfolgt ungeachtet dieses Hinweises keine Vorfinanzierung durch den Schädiger bzw. dessen Kfz-Haftpflichtversicherer kann der Geschädigte ggf. ausfallbedingt auch für einen sehr langen Zeitraum einen Mietwagen in Anspruch nehmen bzw. alternativ Nutzungsausfall verlangen.[414]

319 Auch bei der **Rückgabe** des Mietwagens muss die Pflicht zur Geringhaltung des Schadens beachtet werden.

320 *Beispiel*
Der Geschädigte gibt sein Unfallfahrzeug bei seiner Werkstatt in Reparatur. Zeitgleich nimmt er ein Mietfahrzeug in Anspruch. Die Reparaturwerkstatt teilt ihm am Freitagmittag fernmündlich mit, die Reparaturarbeiten seien abgeschlossen und das Fahrzeug könne abgeholt werden. Dennoch holt der Geschädigte das reparierte Fahrzeug erst am darauf folgenden Montag ab und gibt das Mietfahrzeug zeitgleich zurück. Für den Geschädigten bestand keinerlei sachliche Berechtigung, das Mietfahrzeug am Wochenende zu behalten. Er wird die dadurch verursachten Mehrkosten selber tragen müssen.

---

[411] OLG Zweibrücken, Urt. v. 11.6.2014 – 1 U 157/13 = zfs 2015, 151; OLG Stuttgart VersR 1981, 1161; OLG Frankfurt DB 1985, 1837; LG Amberg DAR 1983, 25.
[412] OLG Karlsruhe, Urt. v. 10.2.2014 – 13 U 213/11 = SP 2014, 193; OLG Stuttgart VersR 1981, 1161; VersR 1992, 1485.
[413] BGH NJW 2005, 1933, 1935.
[414] BGH r+s 2005, 263 ff.

D. Ersatz für den Ausfall des Unfallfahrzeugs § 8

6. Nachweis der Erforderlichkeit und der Dauer der Anmietung

Die angemessene Anmietungszeit sowie deren Nachweis richten sich nach der Art des eingetretenen Schadens und dem vom Geschädigten eingeschlagenen Weg zur Schadensbeseitigung.

▼

Muster 8.85: Inanspruchnahme eines Mietwagens bei Reparatur in Fachwerkstatt

▓▓▓ Versicherung AG

Schaden-Nr./VS-Nr./Az. ▓▓▓

Schaden vom ▓▓▓

Pkw ▓▓▓, amtl. Kennzeichen ▓▓▓

Sehr geehrte Damen und Herren,

ich komme zurück auf die im Betreff genannte Schadensache. In der Zwischenzeit ließ mein Mandant das Unfallfahrzeug in der Reparaturwerkstatt ▓▓▓ fachgerecht reparieren. Zum Nachweis hierüber übersende ich Ihnen beiliegend eine Kopie der Reparaturkostenrechnung vom ▓▓▓.

Mein Mandant war und ist zwingend auf die Nutzung eines Kraftfahrzeugs angewiesen. Während des schadenbedingten Ausfalls seines Kraftfahrzeugs nahm er ein Mietfahrzeug in Anspruch. Hierüber füge ich Ihnen anliegend eine Kopie der Mietwagenkostenrechnung der Firma ▓▓▓ bei. Daraus ist zu entnehmen, dass mein Mandant das Mietfahrzeug bis zum ▓▓▓ in Anspruch genommen hat. An diesem Tag waren die Reparaturarbeiten bei der Firma ▓▓▓ beendet. Näheres hierzu ist der Reparaturkostenrechnung zu entnehmen.

Soweit mein Mandant das Mietfahrzeug auch bis zur Beauftragung der Reparaturwerkstatt in Anspruch genommen hat, war dies erforderlich. Durch den Unfallschaden wurde sowohl die Fahrfähigkeit als auch die Verkehrssicherheit des Fahrzeugs meines Mandanten aufgehoben. Zur Abkürzung der Ausfalldauer war es nicht möglich, an dem Fahrzeug eine Notreparatur durchführen zu lassen.

Nach alledem bitte ich höflich um Ausgleich der mit ▓▓▓ EUR bezifferten Mietwagenkosten bis zum

▓▓▓ *(10-Tages-Frist)*.

Mit freundlichen Grüßen

(Rechtsanwalt)

▲

§ 8 Sachschaden

Muster 8.86: Inanspruchnahme eines Mietwagens bei Reparatur in Eigenregie

Versicherung AG

Schaden-Nr./VS-Nr./Az.

Schaden vom

Pkw , amtl. Kennzeichen

Sehr geehrte Damen und Herren,

ich komme zurück auf die im Betreff genannte Schadensache. In der Zwischenzeit hat mein Mandant das Unfallfahrzeug fachgerecht in Eigenregie repariert. Zum Nachweis der durchgeführten Reparaturarbeiten füge ich Ihnen in der Anlage eine Fotografie des reparierten Unfallfahrzeugs bei. Sollte Ihnen dies als Nachweis der fachgerechten Reparatur nicht ausreichen, ist mein Mandant gern dazu bereit, das Fahrzeug zur Nachbesichtigung dem Sachverständigen vorzustellen. Allerdings weise ich darauf hin, dass die dadurch verursachten Kosten von Ihnen zu tragen wären.

Die Reparaturarbeiten waren am abgeschlossen. Danach betrugen sie weit mehr als die vom Sachverständigen geschätzte Reparaturdauer von Tagen. Dennoch beschränkte sich mein Mandant darauf, das Mietfahrzeug lediglich während der vom Sachverständigen als angemessen angesehenen Reparaturdauer in Anspruch zu nehmen. Nach der Schätzung des Sachverständigen betrug die angemessene Reparaturdauer Kalendertage. Der Schaden trat am ein. Anschließend gebührte meinem Mandanten eine angemessene Bedenkzeit von mindestens drei Kalendertagen, um über den konkreten Weg der Schadensbeseitigung entscheiden zu können. Danach hätte frühestens am eine Werkstatt mit der Durchführung der erforderlichen Reparaturarbeiten beauftragt werden können. Die Arbeiten wären nach Schätzung des Sachverständigen am abgeschlossen gewesen. Bis zu diesem Tage nahm mein Mandant ein Mietfahrzeug in Anspruch.

Danach bitte ich höflich um Ausgleich der entstandenen Mietwagenkosten in Höhe von EUR bis zum

 (10-Tages-Frist)

auf das Ihnen bekannte Konto meines Mandanten.

Mit freundlichen Grüßen

(Rechtsanwalt)

Wichtig

Regelmäßiger Gegenstand von Auseinandersetzungen bei der Abrechnung des Ausfallschadens (Mietwagenkosten, Nutzungsausfall) ist die Frage, ob und inwieweit dem Geschädigten eine **angemessene Frist** zusteht, um sich **überlegen** zu können, auf **welche Art und Weise die Beseitigung des Unfallschadens** vorgenommen

D. Ersatz für den Ausfall des Unfallfahrzeugs § 8

werden soll. Diese Frist beträgt nach überwiegender Auffassung sieben bis zehn Tage.[415]

▼

Muster 8.87: Mietwagenkosten bis zum Kauf eines Ersatzfahrzeugs bei Totalschaden 325

▓▓▓ Versicherung AG

▓▓▓

▓▓▓

Schaden-Nr./VS-Nr./Az. ▓▓▓

Schaden vom ▓▓▓

Pkw ▓▓▓, amtl. Kennzeichen ▓▓▓

Sehr geehrte Damen und Herren,

ich komme zurück auf die im Betreff genannte Schadensache. In der Zwischenzeit legte sich mein Mandant für das Unfallfahrzeug ein Ersatzfahrzeug zu. Zum Nachweis hierüber übersende ich Ihnen beiliegend eine Kopie des Fahrzeugscheins des Ersatzfahrzeugs.

Bis zur Beschaffung des Ersatzfahrzeugs nahm mein Mandant ein Mietfahrzeug bei der Firma ▓▓▓ in Anspruch. Die dadurch verursachten Mietwagenkosten belaufen sich auf ▓▓▓ EUR. Näheres hierzu entnehmen Sie bitte der in Anlage beigefügten Mietwagenkostenrechnung.

Die Gesamtanmietungszeit belief sich auf ▓▓▓ Tage und entsprach damit der vom Sachverständigen als angemessen bezifferten Wiederbeschaffungsdauer.

Die dadurch verursachten Mietwagenkosten von ▓▓▓ EUR gleichen Sie bitte bis zum ▓▓▓ *(10-Tages-Frist)*

auf das Ihnen bekannte Konto meines Mandanten aus.

Mit freundlichen Grüßen

(Rechtsanwalt)

Ungeachtet dieser allgemeinen Regeln kommt es in der Praxis häufig zu Streitigkeiten 326 zwischen dem Versicherer und dem Geschädigten über die **Angemessenheit** der in Anspruch genommenen **Mietdauer**. Ursprung des Streits ist häufig der „pauschale" Blick des Versicherers in das Gutachten des Sachverständigen. Beträgt danach die angemessene Reparaturdauer zehn Tage und wird diese Zeitdauer überschritten, reduziert der Versicherer in der Regel die Mietwagenkosten in entsprechendem Verhältnis. Diese Vorgehensweise ist in aller Regel unzutreffend. Sie lässt sich zunächst durch einen Hinweis darauf korrigieren, dass es sich bei den Angaben des Sachverständigen um pauschale Schätzungen handelt, die keinesfalls verbindlichen Charakters sind. Verlängert sich die tatsächliche Reparaturzeit und ist diese Verlängerung nicht vom Geschädigten zu vertreten, sind die dadurch verursachten Mietwagenkosten vom Schädiger bzw. seinem Kfz-Haftpflichtversicherer uneingeschränkt auszugleichen.[416] Im Übrigen ist der

---

[415] BGH NJW 1975, 160 (sieben Tage); AG Gießen zfs 1995, 93 (zehn Tage).
[416] LG Düsseldorf, Urt. v. 4.7.2014 – 20 S 113/13 = MRW 2014, 68.

„pauschale" Abzug wegen angeblich überlanger Inanspruchnahme eines Mietfahrzeugs unter Berücksichtigung der konkreten Chronologie der Schadensabwicklung unberechtigt. Es empfiehlt sich deshalb in jedem Fall, die Mietwagenzeit durch einen Blick in den Kalender konkret zu belegen. Häufig enthalten Sachverständigengutachten Angaben über Reparatur- bzw. Wiederbeschaffungszeiträume, die in „Werktagen" angegeben sind. Werktage sind durch Hinzurechnung der Wochenenden und Feiertage in Kalendertage umzurechnen.

327 Wie bereits ausgeführt (siehe Rdn 324), kann bereits die Überlegenszeit sieben Tage[417] oder zehn Tage[418] betragen. Ist aus dem Gutachten jedoch ein eindeutiger Totalschaden ersichtlich wird dem Geschädigten in der Rechtsprechung teilweise kein Überlegungszeitraum eingeräumt, da der abrechnungsfähige Weg der Schadenskompensation vorgegeben wäre.[419]

328 Verlängert sich die Ausfalldauer dadurch, dass sich der Geschädigte während der Reparatur dazu entschließt, die Reparatur abzubrechen und sich ein Ersatzfahrzeug zu beschaffen, stellt dies keine Verletzung der Schadenminderungspflicht gem. § 254 Abs. 2 BGB dar, wenn erst während der Reparatur weitere Schäden zutage treten.[420]

7. Kosten der Anmietung und Abzug für Eigenersparnis

329 Grundsätzlich bemessen sich die ausgleichspflichtigen Mietwagenkosten nach den Angaben in der **Vermieterrechnung**. Gleichermaßen streitig wie noch nicht abschließend entschieden ist, in welchen Fällen sich der Geschädigte Abzüge hiervon gefallen lassen muss.

Nach gefestigter Rechtsprechung[421] muss sich der Geschädigte auf die entstandenen Mietwagenkosten sog. **ersparte Eigenkosten** anrechnen lassen. Hierzu gehören die Kosten für Öl und Schmierstoffe, Bereifung und Reparaturanteile, die sich bei normalen Verhältnissen auf Durchschnitts-Kilometersätze aufschlüsseln lassen.

330 Problematisch und nicht abschließend entschieden ist die Frage, wie die Eigenersparnis zu berechnen ist und ob sie in jedem Fall anfällt. Eine Auffassung in der Rechtsprechung nimmt dann keinen Abzug für ersparte Eigenaufwendungen vor, wenn der Geschädigte sich mit einem „weniger" begnügt und ein klassentieferes Ersatzfahrzeug anmietet.[422]

---

417 BGH NJW 1975, 160.
418 AG Gießen zfs 1995, 93.
419 KG MDR 2010, 79.
420 LG Hagen zfs 1999, 517.
421 Grundlegend: BGH NJW 1963, 1399.
422 Vgl. BGH VersR 2013, 730; Stuttgart NZV 2009, 563; OLG Celle NJW-RR 1993, 1052; OLG Nürnberg NJW-RR 1994, 924. LG Chemnitz MRW 2015, 28.

D. Ersatz für den Ausfall des Unfallfahrzeugs §8

▼

Muster 8.88: Kein Abzug ersparter Eigenaufwendungen bei der Anmietung eines klassentieferen Ersatzfahrzeugs 331

Ein Abzug ersparter Eigenaufwendungen ist nicht geboten, wenn ein klassentieferes Fahrzeug angemietet wird und der Geschädigte sich insoweit mit einem „weniger" als Kompensation begnügt (BGH VersR 2013, 730; OLG Stuttgart NZV 2009, 563; OLG Hamm SP 2000, 384; OLG Nürnberg NJW-RR 1994, 924). Statt eines Fahrzeugs vom Typ ▬▬, welches in der Mietwagenklasse ▬▬ einzuordnen ist, erfolgte die Abrechnung auf Basis eines Fahrzeugs vom Typ ▬▬, welches in der darunter liegenden Fahrzeugklasse ▬▬ einzuordnen ist.

▲

Diese Ansicht ist jedoch umstritten. Teilweise wird auch in diesem Fall der Abzug ersparter Eigenaufwendungen für geboten gehalten.[423] 332

▼

Muster 8.89: Abzug ersparter Eigenaufwendungen bei Anmietung eines klassentieferen Ersatzfahrzeugs 333

Auch bei der Anmietung eines klassentieferen Fahrzeug sind ersparte Eigenaufwendungen unter dem Gesichtspunkt des Vorteilsausgleichs vorzunehmen (OLGR Saarbrücken 2000, 306; OLG Düsseldorf DAR 1998, 103; OLG Karlsruhe SP 1996, 348; OLG Köln DAR 1995, 385; OLG Frankfurt DAR 1990, 144; LG Berlin VersR 2005, 847 unter Bezug auf die ständige Rspr. des KG Berlin und das Gutachten von *Wallentowiz/Diekamp*, SP 1995, 12). Bereits der BGH hat in einer grundlegenden Entscheidung anschaulich dargelegt, dass der Unterschied der Wagenklasse bei der Anmietung eines klassentieferen Fahrzeugs allein noch keinen Anspruch auf zusätzlichen Ersatz begründet (BGH NJW 1967, 552). Die Benutzung eines weniger komfortablen bzw. leistungsschwächeren Fahrzeuges für eine kurze Zeit stellt nämlich in der Regel keinen Vermögensnachteil dar. Dass bei der Inanspruchnahme eines klassentieferen Mietfahrzeugs auf Seiten des Schädigers ein Vermögensvorteil entsteht, ist kein zu missbilligendes oder auszugleichendes Ergebnis, weil – was entscheidend ist – auf Seiten des Geschädigten kein auszugleichender Vermögensnachteil entstanden ist (OLG Köln DAR 1985, 385). Hinzu kommt, dass die anzurechnende Eigenersparnis im Kern darauf beruht, dass der Geschädigte sein eigenes Fahrzeug nicht nutzt und hierdurch Eigenbetriebskosten erspart (*Born*, VersR 1978, 777, 779). Diese Ersparnis tritt auch bei einem klassenniedrigeren Fahrzeug ein (OLGR Saarbrücken 2000, 306).

▲

Wenn ersparte Eigenaufwendungen abzuziehen sind ist die Rechtsprechung bei der Berechnung der Höhe dieses Abzugs ebenfalls nicht einheitlich. Nach der früher vorherrschenden Ansicht in der Rechtsprechung wurden im Wege der gerichtlichen Schätzung pauschal 15 % der Mietwagenkosten als ersparte Eigenaufwendungen abgezogen.[424] Ein pauschaler Abzug in dieser Höhe ist aber fraglich: Bereits Anfang der 90er Jahre konnte 334

---

[423] Vgl. etwa LG Braunschweig, Urt. v. 30.12.2015 – 7 S 328/14 – juris.
[424] OLG Celle SP 2001, 204; OLG Hamm VersR 1996, 1358; OLG Karlsruhe SP 1996, 348; OLG Nürnberg VersR 1994, 328; KG VersR 1989, 56; OLG Köln VersR 1986, 1031; OLG München DAR 1982, 69; weiterhin Rspr. im Bezirk des KG Berlin, vgl. LG Berlin VersR 2005, 849.

durch das Gutachten von *Meining* nachgewiesen werden, dass die ersparten Aufwendungen je nach Fahrzeugtyp und Fahrleistung im Bereich zwischen 1 und 10 % der Mietwagenkosten liegen.[425] Die wichtigste Übersicht hierzu ist wie folgt wiederzugeben:

Fahrzeuggruppe	40 km täglich	83 km täglich	137 km täglich	Mittelwert
1	2,9 %	6 %	10 %	4,9 %
3	2,6 %	3,9 %	6,5 %	4,4 %
6	1,7 %	3,4 %	5,7 %	2,8 %
10	1,5 %	3 %	5 %	2,4 %

335 Der Auffassung von *Meining* zu einer Reduzierung des vorzunehmenden Abzugs haben sich bereits eine Reihe an OLG angeschlossen.[426] Vor diesem Hintergrund kann mit guten Argumenten der Betrag an ersparten Eigenaufwendungen mit 3 % geschätzt werden.[427] Allerdings ist auch zu beachten, dass sich diese Untersuchung an den bekanntermaßen hohen Unfallersatztarifen orientiert hat. Andere Untersuchungen[428] kommen zu dem Ergebnis, dass die Eigenersparnis je nach Fahrzeugtyp und Mietwagentarif zwischen 5 % und 20 % liegen kann.

336 Im Einzelfall mag es sich bei hochwertigen Fahrzeugen und geringen Fahrleistungen anbieten, unter Bezugnahme auf die Untersuchung von *Meining* einen noch geringeren Betrag konkret zu benennen. Bei Fahrzeugen einer geringeren Klasse ist dagegen zu bedenken, dass die konkret zu beziffernden ersparten Eigenaufwendungen je nach Fahrbedarf auch deutlich über 3 % liegen können.

337 Demzufolge werden ersparte Eigenaufwendungen in Höhe von 3 % berücksichtigt.[429] Eine Vielzahl der Gerichte geht weiterhin von ersparten Aufwendungen in Höhe von 10 % aus.[430] Dies kann aber zu reduzieren sein, wenn ein Unfallersatztarif erstattet wird.[431] Das OLG Düsseldorf ist dagegen beispielsweise von einem pauschalen Abzug in Höhe von 10 %[432] bereits zu einem solchen von 5 %[433] gewechselt. Auch das OLG Celle nimmt einen Abzug in Höhe von 5 % vor.[434] Das OLG Köln hat im Jahr 2007 bei einem erstattungsfähigen Unfallersatztarif ersparte Eigenaufwendungen in Höhe von 4 % berücksichtigt.[435]

---

425 Vgl. die Untersuchung von *Meining*, DAR 1993, 281.
426 OLG Celle SP 2010, 78; OLG Stuttgart NJW-RR 1994, 921; OLG Karlsruhe DAR 1996, 56; OLG Düsseldorf VersR 1996, 987; OLG Nürnberg VersR 2001, 208.
427 Kritisch zu diesem Gutachten dagegen LG Ravensburg NJW-RR 1994, 796.
428 Z.B. *Wallentowitz/Diekamp*, SP 1995, 12.
429 OLG Nürnberg NJW-RR 2002, 528; OLG Karlsruhe DAR 1996, 56–59; OLG Stuttgart DAR 2000, 352: 3,5 %.
430 BGH NJW 2010, 1445; OLG Hamm, Urt. v. 21.4.2008 – 6 U 188/07 – juris sowie OLG Hamm VersR 2001, 206; OLG Dresden NZV 2009, 604; OLG Saarbrücken OLGR Saarbrücken 2000, 306; OLG Dresden SP 1997, 298.
431 OLG Hamm, Urt. v. 21.4.2008 – 6 U 188/07 – juris.
432 OLG Düsseldorf VersR 1996, 987.
433 OLG Düsseldorf VersR 1998, 1523; Urt. v. 21.4.2015 – I-1 U 114/14 – juris.
434 OLG Celle NJW-RR 2012, 802.
435 OLG Köln SP 2007, 13.

D. Ersatz für den Ausfall des Unfallfahrzeugs § 8

Muster 8.90: Anrechnung ersparter Eigenkosten

Versicherung AG

Schaden-Nr./VS-Nr./Az.

Schaden vom

Pkw , amtl. Kennzeichen

Sehr geehrte Damen und Herren,

in vorbezeichneter Schadensache zahlten Sie auf die bezifferten Mietwagenkosten durch Schreiben vom lediglich EUR. Die Differenz von 300 EUR begründeten Sie damit, von den Mietwagenkosten seien ersparte Eigenkosten in Abzug zu bringen, die mit 15 % der Mietwagenkosten zu beziffern seien.

Entgegen der von Ihnen vertretenen Auffassung hat mein Mandant einen Anspruch auf Ausgleich der gesamten Mietwagenkosten. Mein Mandant war grundsätzlich zur Inanspruchnahme eines Mietfahrzeugs berechtigt. Nach den Erkenntnissen fachkundiger Untersuchungen (*Meining*, DAR 1993, 281 ff.) wäre allenfalls ein Abzug ersparter Eigenaufwendungen in Höhe 3 % gerechtfertigt.

Dieser Einschätzung haben sich zwischenzeitlich auch die überwiegende Anzahl der Oberlandesgerichte angeschlossen (OLG Celle NJW-RR 2012, 802; OLG Nürnberg VersR 2001, 208; OLG Stuttgart NJW-RR 1994, 921; OLG Karlsruhe DAR 1996, 56; OLG Düsseldorf VersR 1996, 987). Dies gilt erst Recht, wenn vorliegend die Fahrleistung meiner Mandantschaft in Höhe von km berücksichtigt wird.

Nach alledem habe ich Sie aufzufordern, den noch offenen Restmietwagenkostenbetrag in Höhe von EUR unverzüglich, spätestens jedoch bis zum

(10-Tages-Frist)

auf das Ihnen bekannte Konto meines Mandanten zu überweisen. Nach fruchtlosem Fristablauf werde ich meinem Mandanten die Inanspruchnahme gerichtlicher Hilfe empfehlen.

Mit freundlichen Grüßen

(Rechtsanwalt)

Neben einem pauschalen Abzug wird in der Rechtsprechung auch die Ansicht vertreten, dass die Eigenersparnis an den konkret ersparten Aufwendungen des Geschädigten berechnet werden muss.[436] Diese Kosten ergeben sich aus der ADAC-Tabelle „Autokosten und Steuern".

---

[436] OLG Frankfurt zfs 1996, 214; OLG Hamm NJW-RR 1994, 375.

§ 8 Sachschaden

8. Mietwagenkosten bei Anmietung aus privater Hand

340 Der Geschädigte hat grundsätzlich auch dann einen Anspruch auf Ausgleich der Mietwagenkosten, wenn er das Mietfahrzeug nicht von einem gewerblichen Vermieter, sondern aus privater Hand erhält.

▼

341 Muster 8.91: Mietwagenkosten bei Anmietung von Privat

░░░░░ Versicherung AG

░░░░░

░░░░░

Schaden-Nr./VS-Nr./Az. ░░░░░

Schaden vom ░░░░░

Pkw ░░░░░, amtl. Kennzeichen ░░░░░

Sehr geehrte Damen und Herren,

in vorbezeichneter Angelegenheit lehnten Sie durch Schreiben vom ░░░░░ den Ausgleich der geltend gemachten Mietwagenkosten in Höhe von ░░░░░ EUR insgesamt ab. Die zur Begründung Ihrer Auffassung dargelegten Argumente sind objektiv falsch und liegen neben der Sache.

Zwar trifft es zu, dass meinem Mandanten das Mietfahrzeug aus privater Hand von ░░░░░ zur Verfügung gestellt wurde. Diese Person war jedoch weder aus einer sittlichen Anstandspflicht noch aus sonstigen Gründen dazu verpflichtet, dies ohne Gegenleistung zu tun. Vielmehr war besteht eine Berechtigung, für die Bereitstellung des Mietfahrzeugs eine Gegenleistung zu verlangen. Insoweit wurde über die Stellung eines Mietfahrzeugs einen wirksamen Mietvertrag gem. §§ 535 ff. BGB abgeschlossen. Den in Rechnung gestellten Betrag hat mein Mandant auch tatsächlich gezahlt.

Letztlich sind die in Rechnung gestellten Mietwagenkosten auch nicht überhöht. Hätte mein Mandant ein Mietfahrzeug eines gewerblichen Vermietungsunternehmens in Anspruch genommen, wären weitaus höhere Mietwagenkosten verursacht worden. Der durchschnittliche Mietpreis für ein vergleichbares Mietfahrzeug beträgt pro Tag ░░░░░ EUR. Wegen der Einzelheiten hierzu verweise ich auf die in der Anlage in Kopie beigefügten Preisbeispiele diverser Vermietungsfirmen am Orte meines Mandanten.

Grundsätzlich ist mein Mandant dazu berechtigt, ein Mietfahrzeug auch von Privat anzumieten. Erforderlich i.S.d. § 249 Abs. 2 S. 1 BGB und damit ersatzfähig sind zwar nicht die Tarife der gewerblichen Kraftfahrzeug-Vermieter, sondern die auf ein wirtschaftlich vernünftiges Maß zurückgeführten Kosten (BGH NJW 1975, 255). Diese auf ein wirtschaftlich vernünftiges Maß zurückzuführenden Kosten belaufen sich auf 50 % der Tarife der gewerblichen Kraftfahrzeug-Vermieter (OLG Hamm NJW-RR 1993, 1053).

Danach sind die meinem Mandanten in Rechnung gestellten Mietwagenkosten nicht überhöht und in vollem Umfang ausgleichspflichtig. Ich habe Sie deshalb aufzufordern, die geltend gemachten Mietwagenkosten in Höhe von ░░░░░ EUR unverzüglich, spätestens jedoch bis zum

░░░░░ *(10-Tages-Frist)*

auszugleichen. Sollten Sie die Frist ungenutzt verstreichen lassen, werde ich meinem Mandanten die unverzügliche Inanspruchnahme gerichtlicher Hilfe empfehlen.

Mit freundlichen Grüßen

(Rechtsanwalt)

9. Checkliste: Mietwagenkosten

Allgemeine Voraussetzungen: 342
- Der Unfallwagen ist nicht mehr verkehrssicher.
- Es ist kein Zweitfahrzeug vorhanden.
- Es besteht ein täglicher Fahrbedarf, der je nach Rechtsprechung zwischen 15 und 30 km liegen muss.
- Streitig ist ferner, ob Mietwagenkosten zu den Reparaturkosten in einem angemessenen Verhältnis stehen müssen.
- Der Geschädigte ist körperlich in der Lage, ein Fahrzeug zu führen. Ansonsten: Die Nutzung durch nahe Angehörige reicht ggf. aus, wenn sie das Unfallfahrzeug auch schon vor dem Unfall benutzt haben.
- Vor der Anmietung ist zu beachten:
- Der Geschädigte muss grundsätzlich keine „Marktforschung" betreiben, jedoch bei der Anmietung an einem nachfolgenden Werktag i.d.R. Preisvergleiche einholen bzw. sich ggf. im Ausnahmefall sogar nach einem Langzeittarif erkundigen.
- Bei einem „Unfallersatztarif ist folgendes zu beachten: Ausgangspunkt ist die Frage, ob dem Geschädigten ein günstigerer Tarif nicht ohne weiteres zugänglich gewesen ist. Kann der Geschädigte dies beweisen, steht ihm der Unfallersatztarif (ggf. nach Abzug ersparter Eigenaufwendungen) zu.
- Steht dagegen zur Überzeugung des Gerichts fest, dass dem Geschädigten ohne weiteres ein anderer günstigerer Tarif zugänglich war, steht ihm der geltend gemachte Unfallersatztarif nicht zu, soweit dieser den Normaltarif übersteigt – selbst wenn diese Erhöhung des Preises im Rahmen eines Unfallersatztarifs wirtschaftlich gerechtfertigt gewesen ist. Dem Geschädigten steht jedoch der sog. Normaltarif zu, den der Richter (unter Abzug ersparter Eigenaufwendung, ggf. anhand der „Schwacke-Mietpreisliste", dem Fraunhofer Mietpreisspiegel (ggf. mit Risikozuschlag bzw. Abzug) oder einem Mittelwert aus beiden Befragungen) zu schätzen hat.
- Kann der Geschädigte nicht beweisen, dass ihm ein günstigerer Tarif als der Unfallersatztarif nicht ohne Weiteres zugänglich war und steht aber auch nicht positiv fest, dass er ohne Weiteres einen günstigeren Tarif hätte erhalten können, ist zu prüfen, ob der Unfallersatztarif einen erforderlichen Aufwand zur Schadensbeseitigung darstellt. Hier hat es sich in der Rechtsprechung durchgesetzt, einen Aufschlag auf den Normaltarif in Höhe von 15–30 % vorzunehmen.
- Zur Meidung des Abzugs für Eigenersparnis: Es ist ggf. eine niedrigere Fahrzeugklasse anzumieten (strittig).

- Während der Anmietung ist zu beachten:
- Die Anmietungszeit muss so kurz wie möglich sein.
- Die Anmietung ist auf die Reparatur abzustimmen.
- Ggf. ist eine Notreparatur durchzuführen.
- Die Dauer der Anmietungszeit beträgt:
- Bei Reparaturschaden: Reparaturdauer (es sei denn, der Pkw ist nicht mehr verkehrssicher, dann Zeitspanne zwischen Unfall und Reparaturende). Nachweis durch Reparaturkostenrechnung.
- Dasselbe gilt bei Ersatzwagenbeschaffung trotz Reparaturwürdigkeit.
- Bei fiktiver Abrechnung: Voraussichtliche Reparaturdauer in einer Fachwerkstatt. Nachweis der Reparatur durch Foto oder durch Wiedervorstellen beim Gutachter.
- Bei Totalschaden: Wiederbeschaffungsdauer. Nachweis der Ersatzwagenbeschaffung nach bestrittener Auffassung nicht erforderlich.
- Die Kosten der Anmietung:
- Eigenersparnisanteil kann nach neuerer Rechtsprechung 3–10 % der Mietwagenkosten betragen.
- Kein Abzug von Eigenersparnis bei Anmietung niedrigerer Fahrzeugklasse (streitig).
- Kostenschuldner: Geschädigter. Erstattung durch Kfz-Haftpflichtversicherer je nach Haftung.
- Ggf. ist der Erstattungsanspruch an den Vermieter abzutreten.
- Bei Anmietung von Privat: 50 % der gewerblichen Mietwagenkosten können in Rechnung gestellt werden.

II. Nutzungsausfallschaden

1. Übersicht

343 Verzichtet der Geschädigte darauf, den unfallbedingten Ausfallzeitraum seines Kraftfahrzeugs durch Inanspruchnahme eines Mietfahrzeugs zu überbrücken, heißt dies nicht, dass er für den Ausfall des Fahrzeugs keinen Ersatz erhält. Je nachdem, zu welchem Zweck das Fahrzeug konkret genutzt wurde, kann der Geschädigte den entstandenen Schaden
- konkret oder
- pauschaliert

beziffern. Wichtig ist in diesem Zusammenhang, dass in jedem Fall kein Anspruch auf Ausgleich eines fiktiven Nutzungsausfallschadens besteht.[437] Der Geschädigte muss vielmehr einen tatsächlichen Nutzungsausfall und fortbestehenden Nutzungswillen nachweisen.[438] Anders als bei einem Ersatz der Mietwagenkosten, die bei einem geringen

---

437 BGH NJW 1976, 1396.
438 BGH NJW 1985, 2471.

täglichen Fahrbedarf unverhältnismäßig sein können, ist ein Nutzungsausfall aber unabhängig von einem solchen Fahrbedarf erstattungsfähig.[439]

2. Konkreter Nutzungsausfallschaden

Immer dann, wenn das Unfallfahrzeug **unmittelbar zur Einnahmeerzielung** dient und durch den unfallbedingten Ausfall in Höhe der nicht erzielten Einnahmen ein belegbarer Schaden entstanden ist, ist der Geschädigte gehalten, den entstandenen Schaden konkret zu beziffern.[440] Dies gilt beispielsweise für den Ausfall von Taxis, Bussen oder Transportfahrzeugen.[441] Anspruchsgrundlage sind in diesen Fällen die §§ 249, 252 BGB. Eine abstrakte Geltendmachung eines Schadens ist nicht zulässig.[442]

344

▼

Muster 8.92: Geltendmachung konkreten Nutzungsausfallschadens

345

▓▓▓ Versicherung AG

Schaden-Nr./VS-Nr./Az. ▓▓▓

Schaden vom ▓▓▓

Pkw ▓▓▓ , amtl. Kennzeichen ▓▓▓

Sehr geehrte Damen und Herren,

in vorbezeichneter Schadensache entstand meinem Mandanten während des reparaturbedingten Ausfalls seines Unfallfahrzeugs ein Ausfallschaden. Mein Mandant ist selbstständiger Fuhrunternehmer. Er verfügt lediglich über einen Lkw. Dieses Fahrzeug fiel ihm während der Reparaturzeit von ▓▓▓ bis ▓▓▓ aus. In dieser Zeit konnten von meinem Mandanten diverse Fuhren endgültig nicht durchgeführt werden. Im Einzelnen handelte es sich um folgende Aufträge: ▓▓▓ .

Die vorgenannten Aufträge konnten nicht nachgeholt werden. Der Gewinn, den mein Mandant aus den Aufträgen erwirtschaftet hätte, ging ihm demgemäß endgültig verloren. Aus dem entgangenen Bruttoumsatz in Höhe von ▓▓▓ EUR resultiert ein entgangener Bruttogewinn in Höhe von ▓▓▓ EUR. Näheres hierzu ist der in der Anlage beigefügten Aufstellung des Steuerberaters meines Mandanten zu entnehmen. Hieraus resultiert ein effektiver Netto-Gewinnentgang in Höhe von ▓▓▓ EUR. Auch hierzu verweise ich auf die in der Anlage in Kopie beigefügte Aufstellung des Steuerberaters meines Mandanten.

---

439 OLG Hamm NJOZ 2001, 1590.
440 OLG Stuttgart, Urt. v. 13.8.2015 – 13 U 28/15 – juris; OLG Düsseldorf NZV 1999, 472; AG Hannover SP 2014, 275.
441 BGH Beschl. v. 21.1.2014 – VI ZR 366/13 = DAR 2014,144; OLG Hamm NJW-RR 1989, 1194; OLG Hamm zfs 2000, 341.
442 OLG Düsseldorf, Urt. v. 13.10.2015 – I-1 U 179/14 = r+s 2016,95; KG NZV 2007, 244; AG Heidelberg SP 2014, 342.

Für den Ausgleich des Ausfallschadens in Höhe von ▓▓▓ EUR habe ich mir eine Frist bis zum

▓▓▓ *(2-Wochen-Frist)*

notiert. Ich bitte höflich um fristgemäße Erledigung.

Mit freundlichen Grüßen

(Rechtsanwalt)

▲

346   Die Bezifferung des konkreten Nutzungsausfallschadens ist regelmäßig nicht ohne **fremde Hilfe** durch einen Steuerberater möglich. Um den damit verbundenen und nicht selten erheblichen Aufwand zu vermeiden, sollte dem Mandanten empfohlen werden, den Ausfallzeitraum möglichst durch ein Mietfahrzeug zu überbrücken. Über die dadurch gewonnenen Vorteile bei der Bezifferung des Ausfallschadens hinaus wird durch den Einsatz von Mietfahrzeugen vermieden, dass weiter gehender Schaden infolge des Verlustes der Kundschaft eintritt. Stellenweise wird in der Rechtsprechung bei bestimmten Schadenskonstellationen auch eine pauschalierte Berechnung für zulässig erachtet. So wird beispielsweise im Gerichtsbezirk Hamburg bei der Reparatur eines gewerblich genutzten Taxis eine Verdienstausfallpauschale anerkannt, die bei einem „Ein-Schichtbetrieb" 40 EUR, bei einem „Zwei-Schichtbetrieb" mit 80 EUR angesetzt wird.

347   Im Übrigen ist genau zu untersuchen, ob im Einzelfall nicht doch ein abstrakter Nutzungsausfall bei einer gewerblichen Nutzung geltend gemacht werden kann. Zwar wird in der Rechtsprechung und Literatur die Entscheidung des Großen Senats dahin interpretiert, dass bei gewerblich genutzten Fahrzeugen eine Nutzungsentschädigung nicht in Betracht komme, sondern in diesen Fällen der Schaden nur nach dem entgangenen Gewinn, den Vorhaltekosten eines Reservefahrzeugs oder den Mietkosten für ein Ersatzfahrzeug zu bemessen sei; dieser so eingeschränkte Nutzungsschaden müsse jeweils konkret dargelegt und – im Bestreitensfalle – nachgewiesen werden.[443] Demgegenüber wird in weiten Teilen der neueren obergerichtlichen Rechtsprechung die Auffassung vertreten, die Entscheidung des Großen Senats schließe eine Nutzungsausfallentschädigung auch für gewerblich genutzte Fahrzeuge bei Vorliegen der dafür erforderlichen Voraussetzungen nicht aus.[444] Der 6. Zivilsenat des BGH hat in einer hierzu ergangenen Entscheidung im Jahr 2007 zum Ausdruck gebracht, dass er dazu neige, auch oder gerade mit Blick auf die dortigen rechtsdogmatischen Erwägungen eine Nutzungsausfallentschädigung unabhängig von der konkreten Darlegung eines Ertragsentganges oder etwaiger Vorhaltekosten oder Kosten für einen Mietwagen ebenfalls bei einer (teilweisen) gewerblichen Nutzung im Grundsatz anzuerkennen, sofern die speziellen Vorausset-

---

[443] Vgl. OLG Hamm r+s 1999, 458, 459; OLG Köln VersR 1995, 719, sowie m.w.N. bei BGH, Urt. v. 4.12.2007 – VI ZR 241/06 = r+s 2008, 127, 128 Tz 9.

[444] Vgl. OLG Zweibrücken r+s 2015, 158; OLG Düsseldorf NJW-RR 2010, 687; OLG Oldenburg SP 2011 450; OLG Naumburg NJW 2008, 2511; OLG Bamberg NJW-RR 2010,687; OLG Schleswig MDR 2006, 202 f.; OLG Stuttgart, 10. Zivilsenat, Urt. v. 16.11.2004 – 10 U 186/04 = NZV 2005, 309; OLG Stuttgart, 3. Zivilsenat, Urt. v. 12.7.2006 – 3 U 62/06 = NZV 2007, 414; OLG München DAR 2009, 703; lesenswert auch AG Eisenach, Urt. v. 14.9.2011 – 59 C 173/11 = SP 2012, 184.

zungen des Nutzungswillens und der Nutzungsmöglichkeit und schließlich der fühlbaren Beeinträchtigung durch den Nutzungsausfall feststellbar sind.[445] Die Tendenz besteht ausweislich der Erwägungen im BGH-Beschluss aus dem Jahr 2014 fort.[446]

▼

Muster 8.93: Abstrakter Nutzungsausfall bei gewerblich genutzten Kfz 348

Auch bei einem gewerblich genutzten Kfz ist die abstrakte Geltendmachung eines Nutzungsausfalls zulässig. Der 6. Zivilsenat des BGH hat in seiner Entscheidung vom 4.12.2007 – VI ZR 241/06, r+s 2008, 127 zum Ausdruck gebracht, dass er dazu neigt, auch oder gerade mit Blick auf die dortigen rechtsdogmatischen Erwägungen eine Nutzungsausfallentschädigung unabhängig von einer konkreten Darlegung eines Ertragsentganges oder etwaiger Vorhaltekosten oder Kosten für einen Mietwagen ebenfalls bei einer (teilweisen) gewerblichen Nutzung im Grundsatz anzuerkennen, sofern die speziellen Voraussetzungen des Nutzungswillens und der Nutzungsmöglichkeit und schließlich der fühlbaren Beeinträchtigung durch den Nutzungsausfall feststellbar sind. Mit BGH-Beschluss vom 21.1.2014, DAR 2014, 144 wird hiervon nicht abgewichen. Dies entspricht auch der überwiegenden Auffassung in der obergerichtlichen Rechtsprechung (beispielhaft: OLG Zweibrücken r+s 2015, 158; OLG Oldenburg, Urt. v. 6.9.2011 – 13 U 43/10, SP 2011, 450; OLG München DAR 2009, 703; OLG Naumburg NJW 2008, 2511; OLG Schleswig MDR 2006, 202 f.; OLG Stuttgart, Urt. v. 16.11.2004 – 10 U 186/04, NZV 2005, 309). Voraussetzung für eine Zubilligung des „abstrakten" Nutzungsausfalls ist neben einem Nutzungsausfallzeitraum und Nutzungswillen wegen des Vorranges der konkreten Schadensermittlung zusätzlich, dass eine solche im konkreten Streitfall nicht möglich ist (OLG Oldenburg a.a.O.; OLG Düsseldorf SP 2009, 365).

Diese Voraussetzungen sind vorliegend gegeben. Ein Nutzungswille wird bereits angesichts der vor dem Unfall erfolgten Nutzung vermutet und durch die durchgeführte Reparatur belegt, die zugleich den konkreten Ausfallzeitraum von begründet. Des Weiteren ist ungeachtet der gewerblichen Nutzung eine konkrete Berechnung eines entgangenen Gewinns nicht möglich, da .

▲

Nutzt ein Geschädigter ein Kraftfahrzeug sowohl gewerblich als auch privat, hat er den Nutzungsausfall entsprechend der anteiligen Nutzung teilweise konkret und teilweise pauschal[447] zu beziffern.[448] Ob für den unfallbedingten Ausfall eines Polizeifahrzeuges vom zuständigen Land Nutzungsausfall begehrt werden kann, wird zum Teil als zweifelhaft betrachtet.[449] 349

---

445 BGH, Urt. v. 4.12.2007 – VI ZR 241/06 – juris = r+s 2008, 127, 128.
446 BGH, Beschl. v. 21.1.2014 – VI ZR 366/13 = DAR 2014,144; BGH, Urt. v. 5.2.2013 – VI ZR 290/11 = DAR 2013,194.
447 OLG Frankfurt VersR 1987, 2004: Schätzung nach der von der Finanzverwaltung vorgenommenen Aufteilung in gewerbliche und private Nutzung; AG Hamburg SP 2013.
448 Vgl. auch OLG Hamm NJW-RR 1989, 1194; AG Hannover, Urt. v. 26.7.2012 – 55 C 10/12 – juris.
449 LG Düsseldorf SP 2015, 151.

3. Pauschalierter Nutzungsausfallschaden

a) Übersicht

350 Für alle **sonstigen Kraftfahrzeuge** kann der durch den Ausfall verursachte Schaden nicht derart konkret beziffert werden. Da der Ausfall des Fahrzeugs für den Geschädigten dennoch einen Schaden i.S. einer Beeinträchtigung seiner Vermögensinteressen darstellt, gewährt die Rechtsprechung hierfür eine sog. pauschale Nutzungsausfallentschädigung.

Als allgemeiner Grundsatz bleibt also zunächst festzuhalten, dass eine Pauschalierung des Nutzungsausfallschadens nur demjenigen zusteht, der nicht dazu in der Lage ist, den durch den Ausfall verursachten Schaden konkret zu beziffern. Bei einer gewerbsmäßigen Nutzung ist dagegen für eine abstrakte Berechnung i.d.R. kein Raum.[450]

351 Theoretisch billigt die höchstrichterliche Rechtsprechung eine pauschale Nutzungsausfallentschädigung für den Ausfall jeder Sache zu. Voraussetzung ist allerdings, dass der Geschädigte derart auf die Sache und deren ständige Verfügbarkeit angewiesen ist, dass der zeitweise Verlust der Möglichkeit des Gebrauchs dieser Sache infolge eines deliktischen Eingriffs einen ersatzfähigen Vermögensschaden darstellt.[451] Aus diesem Grundsatz folgt zunächst, dass eine Nutzungsausfallentschädigung nicht für den Ausfall jedes x-beliebigen Gegenstandes geltend gemacht werden kann. Die Rechtsprechung lehnte eine pauschale Nutzungsausfallentschädigung deshalb ab z.B. für den Verzicht auf

- einen Pelzmantel,[452]
- ein Schwimmbad[453] und
- ein Motorboot,[454]

da es sich hierbei jeweils nicht um „ein für die Lebenshaltung zentrales Gut" handelt. Bejaht wurde die pauschale Nutzungsausfallentschädigung neben Kraftfahrzeugen auch für

- selbstgenutzte Wohnhäuser[455] und
- Küchen.[456]

Die dogmatischen Grundlagen für den Ausgleich pauschaler Nutzungsausfallentschädigung definierte der BGH in seiner Entscheidung vom 30.9.1963.[457]

352 Ebenso wie im Bereich der Mietwagenkosten scheidet ein Anspruch auf Nutzungsausfallentschädigung für denjenigen aus, der über ein Zweitfahrzeug verfügt, dessen Einsatz ihm zuzumuten ist.[458] Fehlt es an der Fühlbarkeit der Entbehrung der Nutzung eines

---

450 OLG Schleswig VersR 1996, 866.
451 BGH zfs 1986, 362.
452 BGH NJW 1975, 733, 735.
453 BGH VersR 1980, 480.
454 BGH VersR 1984, 142, 143.
455 BGH NJW 2014, 1374; BGH NJW 1992, 1500.
456 LG Tübingen NJW 1989, 1613.
457 BGH NJW 1964, 542 ff.
458 BGH, Beschl. v. 11.9.2012 – VI ZR 92/12 = SP 2012, 438; BGH, Urt. v. 5.2.2013 – VI ZR 290/11 – juris; BGH NJW 1976, 286; OLG Köln MDR 2015, 826.

Kraftfahrzeugs – auch bei einem Oldtimer wegen des Vorhandenseins eines adäquaten Zweitwagens, so besteht infolge eines Verkehrsunfalls kein Anspruch auf Ersatz des Nutzungsausfalls.[459] Bei der Beschädigung eines wertvollen Oldtimers kommt ein Anspruch im Übrigen nur dann in Betracht, wenn die Verfügbarkeit des Fahrzeuges eine Bedeutung für die eigenwirtschaftliche Lebensführung des Eigentümers hat. Erforderlich ist eine Nutzung des Oldtimers im Alltag als normales Verkehrs- und Beförderungsmittel, so dass beispielsweise ein reines Liebhaberinteresse an der Nutzung – auch Ausflugsfahrten in der Oldtimersaison – nicht ausreichend ist.[460]

353 Zu beachten ist aber auch, dass der Geschädigte bei einem langen Ausfallzeitraum i.d.R. nicht verpflichtet ist, zur Wahrung seiner Schadensminderungspflicht ein wegen der Langzeitanmietung günstigeres Ersatzfahrzeug anzumieten.[461]

354 Nutzungsmöglichkeit und Nutzungswille sind unabdingbare Voraussetzungen für den Anspruch auf Nutzungsausfallschaden.[462]

b) Nutzungswille

355 Zwar liegt der Schluss nahe, dass der Geschädigte nach dem Unfall sein Fahrzeug wie bisher weiter nutzen will. Da dies aber nicht zwingend ist, sondern der Unfall für den Geschädigten auch den Anlass geben kann, sein Fahrzeug nicht weiter nutzen zu wollen, hat er seinen Nutzungswillen und die ihm mögliche Nutzung zumindest dann darzulegen und zu beweisen, wenn die Gegenseite dies bestreitet. Zum Nachweis des Nutzungswillens genügt insoweit eine Reparaturbestätigung bzw. der Nachweis einer Neuanschaffung.[463] An der **Nutzungsmöglichkeit** fehlt es, wenn der Geschädigte aufgrund eines **Personenschadens** kein Fahrzeug führen kann.[464] Dieser Grundsatz greift dann jedoch nicht, wenn das unfallbeschädigte Fahrzeug von nahen Angehörigen oder anderen Personen benutzt worden wäre.[465] In diesen Fällen ist allerdings zu beachten, dass aufgrund der Subjektbezogenheit des Schadens u.U. nur die Vorhaltekosten zu erstatten sind.[466]

---

459 OLG Düsseldorf SP 2012, 324; OLG Düsseldorf v. 15.11.2011 – 1 U 50/11 = NZV 2012, 376.
460 OLG Karlsruhe, Urt. v. 27.10.2011 – 9 U 29/11 = NJW-RR 2012, 548.
461 OLG Karlsruhe, Urt. v. 13.2.2012 – 12 U 1265/10 = SP 2012, 259.
462 BGH NJW 1985, 2471; LG Hannover, Urt. v. 5.8.2014 – 18 O 312/12 = SP 2015, 184; LG Ingolstadt, Urt. v. 7.12.2011 – 51 O 1715/10 = SP 2012, 224.
463 OLG Düsseldorf NJOZ 2001, 2056.
464 OLG München VersR 1991, 324; LG Ingolstadt, Urt. v. 7.12.2011 – 51 O 1715/10 = SP 2012, 224; OLG Frankfurt Urt. v. 8.2.2011 – 22 U 162/08 = SP 2011, 291.
465 BGH DAR 1974, 18, 19; BGH NJW 1968, 1779, 1780; OLG Oldenburg (Oldenburg), Urt. v. 26.6. 2014 – 1 U 132/13 = DAR 2015, 527.
466 OLG Koblenz NJW-RR 2004, 747.

§ 8 Sachschaden

356

▼

Muster 8.94: Nutzungsausfall trotz Personenschadens

 Versicherung AG

Schaden-Nr./VS-Nr./Az.

Schaden vom

Pkw , amtl. Kennzeichen

Sehr geehrte Damen und Herren,

soweit Sie in vorbezeichneter Schadensache durch Schreiben vom den Ausgleich jedweden Nutzungsausfallschadens ablehnen, vermag ich mich damit nicht einverstanden zu erklären.

Während der Reparatur in der Zeit vom bis stand das Unfallfahrzeug meinem Mandanten nicht zur Verfügung. Zwar war es ihm aufgrund des durch den Unfall verursachten erheblichen Personenschadens nicht möglich, das Fahrzeug in dieser Zeit praktisch zu nutzen. Dem Anspruch auf Nutzungsausfallentschädigung steht dies jedoch nicht entgegen. Nach einhelliger Auffassung in der Rechtsprechung und Literatur reicht es für die Nutzungsmöglichkeit aus, wenn das Unfallfahrzeug während der Ausfallzeit von nahen Angehörigen des Geschädigten genutzt worden wäre (BGH DAR 1974, 18, 19; OLG Koblenz NJW-RR 2004, 747; OLG Oldenburg (Oldenburg), Urt. v. 26.6. 2014 – 1 U 132/13, DAR 2015, 527).

Hier wurde das Fahrzeug vor dem Unfall gemeinsam von und meinem Mandanten genutzt.

Während des reparaturbedingten Ausfalls stand das Unfallfahrzeug beiden nicht zur Verfügung.

Nach alledem ist der Anspruch meines Mandanten auf Ausgleich des bezifferten Ausfallschadens begründet. Für den Ausgleich des geltend gemachten Betrags habe ich mir eine letzte Frist bis zum

(10-Tages-Frist)

notiert. Nach fruchtlosem Fristablauf werde ich meinem Mandanten die Inanspruchnahme gerichtlicher Hilfe empfehlen.

Mit freundlichen Grüßen

(Rechtsanwalt)

▲

357 Das Vorliegen des notwendigen Nutzungswillens ist grundsätzlich anzunehmen.[467] Er hat sich auf das verunfallte Fahrzeug zu beziehen.[468] Der Wille zur Nutzung des Unfallfahrzeugs während der Ausfallzeit fehlt, wenn der Geschädigte den Unfall dazu zum Anlass nimmt, zukünftig auf ein Kfz zu verzichten. Fraglich ist, wann der fehlende

---

467 OLG Celle VersR 1973, 718; LG Nürnberg-Fürth DAR 2000, 72; AG Berlin-Mitte SP 1999, 382.
468 OLG Stuttgart DAR 2000, 235.

D. Ersatz für den Ausfall des Unfallfahrzeugs § 8

Wille unterstellt werden kann. Im Falle eines zweimonatigen Wartens mit der Reparatur spricht eine tatsächliche Vermutung gegen einen Nutzungswillen.[469]

▼

Muster 8.95: Nachweis des Nutzungswillens

358

▨▨▨▨ Versicherung AG

▨▨▨▨

▨▨▨▨

Schaden-Nr./VS-Nr./Az. ▨▨▨▨

Schaden vom ▨▨▨▨

Pkw ▨▨▨▨, amtl. Kennzeichen ▨▨▨▨

Sehr geehrte Damen und Herren,

in vorbezeichneter Schadensache ist Ihre Weigerung, die mit Schreiben vom ▨▨▨▨ geltend gemachte Nutzungsausfallentschädigung auszugleichen, rechtlich unbegründet. Sie steht nicht im Einklang mit der einhelligen Auffassung der Rechtsprechung zum Nachweis des Nutzungswillens. Bereits das OLG München (VersR 1969, 1098) führte aus, dass sich der Nutzungswille aus der allgemeinen Lebenserfahrung ergebe (so auch OLG Düsseldorf BeckRS 2011, 20164; LG Oldenburg zfs 1999, 288). Die Anschaffung und Haltung eines Kfz ist erfahrungsgemäß mit großen Kosten verbunden. Es wird deshalb in der Regel niemand die hohen Kosten einer Anschaffung und einer Unterhaltung eines Kfz aufwenden, wenn er das Fahrzeug tatsächlich nicht nutzen will. Folglich spricht bereits eine Vermutung für das Vorliegen eines Nutzungswillens. Danach ist es Ihre Aufgabe, diese Vermutung auszuräumen. Dies ist Ihnen bislang nicht gelungen und wird Ihnen auch zukünftig nicht gelingen können.

Insbesondere folgt der fehlende Nutzungswille nicht bereits aus der Tatsache, dass mein Mandant während der ▨▨▨▨ dauernden Verhandlung mit Ihrem Hause auf die Nutzung seines Kraftfahrzeugs verzichtete. Vielmehr darf er insoweit abwarten, bis Sie den Schaden regulieren (LG Saarbrücken, Urt. v. 14.2.2014 – 13 S 189/13, NZV 2014, 362; AG Schweinfurt DAR 1999, 256). Zudem hat er bei der Geltendmachung der Ansprüche aus dem Unfallschaden klargestellt, dass er nicht über die für eine Reparatur des Fahrzeugs erforderlichen flüssigen Geldmittel verfüge. Er behielt sich ausdrücklich die Geltendmachung eines umfassenden Nutzungsausfallschadens vor. Danach besaß mein Mandant während des gesamten Ausfallschadens den Willen zur Nutzung seines Unfallfahrzeugs.

Ich habe Sie deshalb aufzufordern, den bezifferten Nutzungsausfallschaden unverzüglich, spätestens jedoch bis zum

▨▨▨▨ *(10-Tages-Frist)*

auf das Ihnen bekannte Konto meines Mandanten auszugleichen. Sollten Sie die Frist ungenutzt verstreichen lassen, werde ich meinem Mandanten die Inanspruchnahme gerichtlicher Hilfe empfehlen.

Mit freundlichen Grüßen

(Rechtsanwalt)

▲

---

[469] OLG Köln, Urt. v. 8.3.2004 – 16 U 111/03 = MDR 2004, 1114; AG Essen, Urt. v. 26.8.2015 – 20 C 70/15 – juris.

359 Der Nutzungswille fehlt demjenigen Geschädigten, der aus Anlass des Verkehrsunfalls zukünftig auf ein Kraftfahrzeug dauerhaft verzichtet. Dies muss insbesondere bei **Saisonfahrzeugen** (z.B. Cabriolets, Motorräder) gesondert geprüft werden. Auch wird der fehlende Nutzungswille unterstellt, wenn im Falle eines Totalschadens das Ersatzfahrzeug erst lange Zeit (hier fünf Monate) nach dem Unfall beschafft und statt eines Pkw ein Motorrad gekauft wurde.[470]

c) Nutzungsausfallzeitraum

360 Für den Anspruch auf Nutzungsausfallentschädigung muss ein **tatsächlicher Ausfall** des unfallbeschädigten Fahrzeugs nachgewiesen werden.[471] Ein Anspruch auf fiktive Nutzungsausfallentschädigung scheidet grundsätzlich aus.[472] Der konkrete Nachweis wird je nach Art der Schadensabwicklung auf unterschiedliche Art und Weise erbracht:

aa) Konkreter Reparaturschaden

361 Liegt ein Reparaturschadenfall vor, ist für die **Bemessung der Ausfalldauer** grundsätzlich der Zeitraum zwischen Unfall und Reparatur-Ende maßgeblich. Der Geschädigte muss sich eine Verkürzung dieser Frist gefallen lassen, wenn die Ausfalldauer schuldhaft verlängert wurde. Dies ist z.B. der Fall, wenn der Geschädigte die Bezifferung des Fahrzeugschadens oder den Beginn der Reparaturarbeiten schuldhaft verzögert hat. Wichtig ist im Übrigen, dass eine etwaige Verzögerung der Reparaturarbeiten durch die Reparaturwerkstatt grundsätzlich nicht zu Lasten des Geschädigten geht.

362 Der Tag des Schadenseintritts ist für den Beginn der Nutzungsausfalldauer allerdings nur dann maßgeblich, wenn das Fahrzeug durch den Verkehrsunfall in seiner Fahrfähigkeit und/oder Verkehrssicherheit beeinträchtigt wurde. Andernfalls beschränkt sich die Ausfalldauer auf die konkrete Reparaturzeit. Liegt die Verkehrssicherheit nur deshalb nicht vor, weil beispielsweise das Blinkerglas beschädigt wurde, ist der Geschädigte u.U. gehalten, den Ausfallzeitraum dadurch erheblich zu reduzieren, dass er zunächst nur eine sog. **Notreparatur** durchführen lässt.[473]

363 Im Übrigen steht es dem Geschädigten zu, sich vor der Entscheidung über die konkrete Schadensbeseitigung (Reparatur oder Ersatzwagenbeschaffung) über den Fahrzeugmarkt zu informieren und entsprechende Dispositionen zu treffen. Nach Auffassung des AG Gießen[474] gebührt dem Geschädigten eine **angemessene Überlegensfrist** von zehn Tagen nach der Vorlage des Gutachtens, innerhalb derer er sich über die konkrete Schadensbeseitigung entscheiden kann. Der BGH beziffert die Überlegensfrist mit sieben Tagen (BGH NJW 1975, 160). Teilweise wird auch nur eine Überlegungszeit von bis zu fünf Tagen für angemessen erachtet.[475] Auch wenn den Entscheidungen dem Grundsatz nach zuzustimmen ist, ist diese Frist allerdings recht großzügig bemessen.

---

470 AG Bielefeld r+s 1984, 161.
471 OLG Düsseldorf, Urt. v. 13.10.2015 – I-1U 179/14 = r+s 2016, 95; LG Oldenburg zfs 1997, 173.
472 BGH VersR 1976, 874.
473 OLG Stuttgart VersR 1992, 1485; vgl. LG Bad Kreuznach, Urt. v. 25.7. 2014 – 3 O 28/12 = NJW-RR 2015, 227.
474 AG Gießen zfs 1995, 93.
475 AG Aschaffenburg zfs 1999, 103.

364 Auch eine außergewöhnlich lange Überschreitung der vom Sachverständigen geschätzten Ausfalldauer steht einem Ausgleich für den gesamten Ausfallzeitraum nicht entgegen, solange die verlängerte Ausfalldauer nicht vom Geschädigten zu vertreten ist.[476] Verzögert sich die Reparatur dadurch, dass der Reparateur von seinem Werkunternehmerpfandrecht Gebrauch macht und der Geschädigte keine eigenen Geldmittel zur Verfügung hat, um das Fahrzeug „auszulösen", empfiehlt es sich dringend, zur Meidung des Vorwurfs, die Schadenminderungspflicht gem. § 254 Abs. 2 BGB verletzt zu haben, den Versicherer hierüber zu informieren.[477]

bb) Fiktiver Reparaturschaden

365 Rechnet der Geschädigte den Unfallschaden fiktiv ab und weist er nicht nach, das Fahrzeug repariert oder sich ein Ersatzfahrzeug zugelegt zu haben, scheidet ein Anspruch auf Nutzungsausfallentschädigung aus. Wie bereits dargelegt, setzt jeder Anspruch auf Nutzungsausfallentschädigung den Nachweis eines **tatsächlichen Ausfallzeitraums** voraus.[478]

366 Rechnet der Geschädigte den Unfallschaden fiktiv ab und lässt er das Fahrzeug reparieren, steht dem Anspruch auf Nutzungsausfallentschädigung grundsätzlich nichts entgegen. Der Nachweis des Nutzungsausfallzeitraums setzt voraus, dass neben der erfolgten Reparatur auch die konkrete Dauer nachgewiesen wird. Lichtbilder von dem reparierten Fahrzeug oder eine Reparaturbestätigung treffen insoweit keine Aussage über die tatsächliche Dauer der Reparatur und des daraus bedingten Ausfallzeitraums.

367 Die Reparatur erfolgt in diesen Fällen aus Gründen der Kostenersparnis häufig in einer freien Werkstatt. Wird dadurch die Reparaturdauer verlängert, geht dies nicht zu Lasten des Schädigers. Der angemessene Ausfallzeitraum ist auf die Reparaturdauer in einer Fachwerkstatt, ggf. zuzüglich eines angemessenen Überlegungszeitraums, begrenzt.[479]

▼
Muster 8.96: Nutzungsausfall bei Eigenreparatur **368**

    Versicherung AG

Schaden-Nr./VS-Nr./Az.

Schaden vom

Pkw , amtl. Kennzeichen

---

476 OLG Köln VersR 2000, 336: 75 Tage bei aufwendiger Ersatzteilbeschaffung für ein ausländisches Fahrzeug; AG Saarbrücken zfs 1999, 289: 52 Tage; OLG Karlsruhe VersR 1999, 1036: bei 585 Tagen Ausfalldauer bemisst sich der Ausfallschaden nach den Vorhaltekosten zzgl. eines auf den Einzelfall bezogenen Zuschlags.
477 OLG Frankfurt, Urt. v. 31.10.2013 – 15 U 127/13 = SP 2014, 304; OLG Karlsruhe VersR 2012, 590; OLG Frankfurt DAR 1984, 318.
478 *Hentschel/König/Dauer*, § 12 StVG, Rn 43; BGH NJW 1976, 1396.
479 BGH, Urt. v. 15.7.2003 – VI ZR 361/02 = NJW 2003, 3480; LG Saarbrücken NZV 2015, 547; LG Saarbrücken DAR 2014, 30; OLG München, Urt. v. 13.9.2013 – 10 U 859/13 = DAR 2014, 30; AG Hanau VersR 1990, 164.

§ 8 Sachschaden

Sehr geehrte Damen und Herren,

in vorbezeichneter Schadensache liegt Ihnen bereits das Gutachten des Sachverständigen ▭ vor. Danach entstand an dem Fahrzeug meines Mandanten ein reiner Reparaturschaden. In der Zwischenzeit ließ mein Mandant den Schaden in Eigenregie beseitigen. Zum Nachweis der fachgerechten Reparatur übersende ich Ihnen beiliegend eine Fotografie, die mein Mandant nach dem Abschluss der Reparaturarbeiten fertigte. Sollte Ihnen dies als Nachweis nicht ausreichen, ist mein Mandant dazu bereit, das Fahrzeug zur erneuten Besichtigung dem Sachverständigen vorzustellen. Allerdings weise ich bereits jetzt darauf hin, dass die dadurch verursachten Mehrkosten von Ihnen zu übernehmen wären.

Die Reparaturarbeiten erstrecken sich tatsächlich auf einen Zeitraum von zwölf Kalendertagen. Selbstverständlich beschränkt sich der Anspruch meines Mandanten auf Ausgleich einer angemessenen Nutzungsausfallentschädigung auf die Ausfalldauer, die im Falle einer fachgerechten Reparatur angefallen wäre. Der Sachverständige bezifferte diese Reparaturdauer mit ▭ Kalendertagen. Bei der Bezifferung des Nutzungsausfallzeitraums ist zu berücksichtigen, dass durch den Unfallschaden sowohl die Fahrfähigkeit als auch die Verkehrssicherheit des Fahrzeugs meines Mandanten aufgehoben wurde. Im Falle einer fachgerechten Reparatur hätte er den Reparaturauftrag erst nach der Vorlage des Sachverständigengutachtens sowie nach Ablauf einer angemessenen Bedenkzeit erteilen können. Das Gutachten des Sachverständigen lag meinem Mandanten am vor. Zuzüglich einer Überlegenszeit von fünf Tagen, die in der Rechtsprechung als angemessen anerkannt wird (vgl. BGH NJW 1975, 160; AG Aschaffenburg zfs 1999, 103). sowie einer angemessenen Reparaturdauer von weiteren fünf Kalendertagen beträgt der gesamte Nutzungsausfallzeitraum meines Mandanten zehn Tage. Daraus ergibt sich ein Nutzungsschaden in Höhe von ▭ EUR, um dessen Ausgleich ich bis zum

▭ *(10-Tages-Frist)*

bitte.

Mit freundlichen Grüßen

(Rechtsanwalt)

▲

369 Wird das Unfallfahrzeug in Eigenregie repariert, stellt die Rechtsprechung **strengere Anforderungen** an den Nachweis des Nutzungsausfallschadens. Ein entsprechender Anspruch besteht in jedem Fall dann nicht, wenn der Geschädigte an der Reparatur des Fahrzeugs mitgewirkt hat.[480] In diesem Fall ist es ihm unmöglich, gleichzeitig das Fahrzeug zu nutzen. Entscheidet sich der Geschädigte trotz Vorliegens eines Reparaturfalls dazu, sich ein Ersatzfahrzeug zu beschaffen, ist der Nutzungsausfallschaden auf die angemessene Reparaturzeit begrenzt.[481] Der Nachweis des Nutzungswillens erfolgt durch Vorlage einer Kopie des Fahrzeugscheins oder eines anderen Nachweises für die Anschaffung eines Ersatzfahrzeugs.[482]

---

[480] AG Mainz zfs 1995, 56.
[481] LG Berlin DAR 1992, 264.
[482] OLG Hamm zfs 2002, 132.

cc) Wirtschaftlicher Totalschaden

Liegt ein Totalschaden vor, kann der Geschädigte seinen Willen zur Weiterbenutzung auch durch die Reparatur des Unfallfahrzeugs nachweisen. In diesem Fall beschränkt sich der ausgleichspflichtige Ausfallzeitraum allerdings auf die **angemessene Wiederbeschaffungsdauer** für ein vergleichbares Ersatzfahrzeug. In jedem Fall ist aber ein Nachweis der Neuanschaffung zu führen, der die Ausfallzeit wie auch den Nutzungswillen dokumentiert:[483] Anders als bei einem Reparaturschaden entsteht ein Nutzungsausfall während der Zeit, die der Geschädigte für die Neuanschaffung benötigt. Ohne eine Neuanschaffung bleibt die Geltendmachung des Ausfallschadens fiktiv und ist nicht zu erstatten. Die Wiederbeschaffungsdauer beginnt i.d.R. mit dem Erhalt des Gutachtens, dessen Inhalt der Geschädigte binnen zwei Tagen abzufragen hat.[484]

▼

Muster 8.97: Nutzungsausfall bei wirtschaftlichem Totalschaden ohne Ersatzfahrzeug

▬▬▬ Versicherung AG

▬▬

▬▬

Schaden-Nr./VS-Nr./Az. ▬▬▬

Schaden vom ▬▬▬

Pkw ▬▬▬, amtl. Kennzeichen ▬▬▬

Sehr geehrte Damen und Herren,

soweit Sie den Anspruch meines Mandanten auf Ausgleich einer angemessenen Nutzungsausfallentschädigung ablehnen, vermag ich mich hiermit nicht einverstanden zu erklären.

Nach Maßgabe des Ihnen vorliegenden Sachverständigengutachtens trat an dem Fahrzeug meines Mandanten ein wirtschaftlicher Totalschaden ein. Meinem Mandanten steht deshalb grundsätzlich für die Zeit der Wiederbeschaffung eines gleichwertigen Fahrzeugs ein Anspruch auf Nutzungsausfallentschädigung zu, da er durch den Verkehrsunfall an der Nutzung des bisher vorhandenen Kfz gehindert war. Den Nachweis einer Ersatzbeschaffung haben wir bereits erbracht.

Zu dem Ausfallzeitraum ist anzumerken, dass meinem Mandanten ein angemessener Zeitraum zustand, innerhalb dessen er sich entscheiden konnte, ob er ein Neufahrzeug erwirbt, eine (wenn auch nicht vollständige) günstigere Reparatur durchführen lässt oder gar kein Fahrzeug erwirbt. Eine solche Bedenkzeit ist in der Rechtsprechung anerkannt und wird grundsätzlich mit sieben Tagen (BGH NJW 1975, 160), in Ausnahmefällen sogar mit zehn Tagen (AG Gießen zfs 1995, 93) beziffert. Auch im Fall eines wirtschaftlichen Totalschadens darf mein Mandant sein Fahrzeug reparieren und kann sich die dabei anfallende Mehrwertsteuer ersetzen lassen (BGH NJW 2004, 1943), so dass ihm in jedem Fall eine entsprechende Bedenkzeit zusteht. Diese bildet zusammen mit den vom Gutachter als für eine Neuanschaffung erforderlich angesehen ▬▬▬ Tagen die Summe

---

[483] LG Saarbrücken zfs 2002, 282.
[484] AG Emmerdingen VRS 107, 162.

von ▓▓▓ Tagen, auf die sich die unserem Mandanten zustehende Nutzungsausfallentschädigung stützt.

Nach alledem habe ich Sie aufzufordern, den mit ▓▓▓ EUR bezifferten Ausfallschaden unverzüglich, spätestens jedoch bis zum

▓▓▓ *(10-Tages-Frist)*

zur Meidung gerichtlicher Weiterungen auszugleichen.

Mit freundlichen Grüßen

(Rechtsanwalt)

▲

372 Bei der Beschaffung eines Ersatzfahrzeugs gelten folgende **Grundsätze**:

Grundsätzlich richtet sich der Nutzungsausfallzeitraum nach der sog. Wiederbeschaffungsdauer. Angaben über die angemessene Wiederbeschaffungsdauer enthält das Sachverständigengutachten. Wird diese Dauer unterschritten, ist der konkrete Ausfallzeitraum maßgeblich. Fällt die Wiederbeschaffungsdauer wesentlich länger aus, als vom Sachverständigen geschätzt, beschränkt sich die Nutzungsausfallentschädigung auf die angemessene Wiederbeschaffungsdauer laut Sachverständigengutachten. Dabei ist jedoch stets zu beachten, dass es sich bei den Angaben des Sachverständigen nur um eine Schätzung handelt. Weist der Geschädigte nach, dass ein Ersatzfahrzeug nicht innerhalb der vom Sachverständigen geschätzten Wiederbeschaffungsdauer beschafft werden konnte, gilt der konkrete Ausfallzeitraum.

Für den Nachweis einer konkreten Ersatzwagenbeschaffung reicht es in der Praxis häufig aus, dem gegnerischen Kfz-Haftpflichtversicherer eine Kopie des Fahrzeugscheins des Ersatzfahrzeugs zu übersenden.

Entscheidet der Geschädigte sich dafür, ein Neufahrzeug mit einer längeren Bestelldauer anzuschaffen, hat er im Rahmen seiner Schadensminderungspflicht zu prüfen, ob die Kosten für die Anschaffung eines Interimsfahrzeug nicht (deutlich) günstiger sind und ein solches Fahrzeug von ihm daher anzuschaffen und als Übergangslösung zu nutzen ist Wenn dies der Fall ist erhält der Geschädigte auch nur die Kosten für das Ersatzfahrzeug ersetzt, soweit diese konkret angefallen sind – nicht dagegen aber einen abstrakten Nutzungsausfall, beschränkt auf diese Kosten eines Interimsfahrzeug.[485]

4. Anspruchshöhe

373 Die Höhe des Nutzungsausfallschadens richtet sich zunächst danach, ob der Ausfallschaden

- pauschal oder
- konkret

abgerechnet werden kann bzw. werden muss.

---

[485] BGH NJW 2010, 2426; BGH VersR 2009, 697.

a) Anspruchshöhe bei konkreter Bezifferung

Wie bereits ausgeführt, scheidet eine Pauschalierung der Nutzungsausfallentschädigung dort aus, wo dem Geschädigten eine konkrete Bezifferung des dadurch verursachten Schadens möglich ist. Wird das Unfallfahrzeug gewerblich oder behördlich genutzt und dient es unmittelbar der Einnahmeerzielung, findet die Gebrauchsentbehrung in aller Regel ihren Niederschlag im **entgangenen Gewinn**.[486] Hierzu bedarf es grundsätzlich spezifizierter Darlegungen, welche Umsätze gerade im Ausfallzeitraum mit dem konkreten Fahrzeug erzielt worden wären und welche im Einzelnen darzulegenden Kosten des gesamten Betriebs dem gegenüberstanden.[487]

374

Beispiele
Handelt es sich bei dem Unfallfahrzeug um einen Fahrschulwagen, stellt sich der Nutzungsausfallschaden als konkret zu beziffernder Netto-Gewinnausfall dar, der sich aus den ausgefallenen Fahrstunden während der Ausfallzeit ergibt.[488]
Handelt es sich bei dem Unfallfahrzeug um ein Taxi, wird der entgangene Gewinn dadurch errechnet, dass von den Bruttoeinnahmen die ersparten Aufwendungen abgezogen werden.[489] Wird das Taxi sowohl privat als auch gewerblich genutzt, kann für den privaten Nutzungsausfall pauschalierte Nutzungsausfallentschädigung und für den gewerblichen Ausfall der Gewinnentgang geltend gemacht werden.[490] In einzelnen Gerichtsbezirken (u.a. Hamburg) wird der Verdienstausfall zur Vermeidung zeit- und kostenintensiver Sachverständigengutachten im Wege der richterlichen Schätzung mit 40 EUR (Einschichtbetrieb) bzw. 80 EUR pro Tag (Zweischichtbetrieb) bestimmt.

375

b) Anspruchshöhe bei pauschalierter Bezifferung

Bei allen anderen Fahrzeugen, die nicht unmittelbar der Einnahmeerzielung dienen und bei denen eine konkrete Bezifferung des Ausfallschadens nicht möglich ist, bestimmt sich die Höhe der Nutzungsausfallentschädigung nach **Pauschalsätzen** gem. der Schwackeliste *Sanden/Danner/Küppersbusch*. Die Liste wird jährlich aktualisiert. Der Auffälligkeitswert und das Fahrvergnügen eines Oldtimers – z.B. Oldtimer-Sportwagen Marke *Morgan Modell Plus 8* mit einer Erstzulassung aus dem Jahre 1975 – stellen dabei eine subjektive Wertschätzung dar, die sich einer Bemessung der Nutzungseinbußen nach objektiven Maßstäben entzieht und keinen Aufschlag rechtfertigt.[491]

376

Zur Bezifferung des Nutzungsausfallschadens ist die Anzahl der Ausfalltage mit dem Tagespauschalsatz für das betreffende Fahrzeug zu multiplizieren.

377

---

486 *Geigel/Pardey*, Kap. 4 Rn 69; BGH DAR 2014, 144.
487 OLG Köln VersR 1997, 506.
488 BGH DAR 1971, 266, 267.
489 BGH VersR 1979, 936.
490 OLG Düsseldorf zfs 1993, 338, 339; OLG Hamm NJW-RR 1989, 1194.
491 OLG Düsseldorf v. 15.11.2011 – 1 U 50/11 = NZV 2012, 376.

§ 8 Sachschaden

▼

Muster 8.98: Standardbezifferung der pauschalen Nutzungsausfallentschädigung

378 ▨▨▨ Versicherung AG

Schaden-Nr./VS-Nr./Az. ▨▨▨

Schaden vom ▨▨▨

Pkw ▨▨▨, amtl. Kennzeichen ▨▨▨

Sehr geehrte Damen und Herren,

in vorbezeichneter Schadensache ließ mein Mandant sein Unfallfahrzeug in der Zwischenzeit reparieren. Zum Nachweis der durchgeführten Reparaturarbeiten übersende ich Ihnen beiliegend eine Kopie der Reparaturkostenrechnung. Danach entstand meinem Mandanten in der Zeit vom ▨▨▨ bis zum ▨▨▨ ein Nutzungsausfallschaden von insgesamt ▨▨▨ Tagen Dauer. Bei dem Pkw handelt es sich um ein Fahrzeug des Typs ▨▨▨. Die tägliche Nutzungsausfallpauschale beträgt nach Maßgabe der Liste *Sanden/ Danner/Küppersbusch* ▨▨▨ EUR (Gruppe ▨▨▨). Danach beläuft sich der Nutzungsausfallschaden meines Mandanten auf insgesamt ▨▨▨ EUR.

Für den Ausgleich dieses Betrags habe ich mir eine Frist bis zum

▨▨▨ *(10-Tages-Frist)*

notiert.

Mit freundlichen Grüßen

(Rechtsanwalt)

▲

379 Streitig ist, ob die Tagespauschalen für ältere Fahrzeuge zu reduzieren sind. Nach Maßgabe der herrschenden Rechtsprechung gilt die Liste *Sanden/Danner/Küppersbusch* nur für Fahrzeuge, die nicht älter als fünf Jahre sind. Für ältere Fahrzeuge soll jeweils die nächst niedrigere Tagespauschale oder der Satz der Vorhaltekosten maßgeblich sein.[492] Bei einem Alter von über zehn Jahren soll konsequent die Einstufung um eine weitere Gruppe tiefer oder gar die Beschränkung auf Vorhaltekosten geboten sein.[493] Bei einem 20 Jahre alten Fahrzeug mit einer Laufleistung von 200.000 km ist beispielsweise eine Beschränkung auf den Ersatz der Vorhaltekosten (20 EUR pro Tag) vorgenommen worden.[494]

380 Der BGH hat wiederholt bei einem zehn Jahre alten Fahrzeug eine im Wege der richterlichen Schätzung nach § 287 ZPO erfolgte Herabstufung um eine Klasse tiefer als zulässig erachtet.[495] Dies heißt aber nicht, dass in anderen Fällen nicht eine Ausnahme geboten

---

[492] OLG Karlsruhe VersR 1989, 58; LG Bochum zfs 1993, 121; OLG Hamm DAR 1996, 400, 401; a.A. KG VersR 1981, 536; OLG Frankfurt/M. DAR 1984, 318, 319; OLG Naumburg zfs 1995, 254; AG Kiel zfs 1997, 253.
[493] OLG Hamm DAR 1994, 24; OLG Frankfurt DAR 1985, 58; OLG München zfs 1988, 312; LG Nürnberg-Fürth SP 1994, 187; AG Wiesbaden SP 2002, 393.
[494] AG Rendsburg SP 2003, 314; vgl. AG Schwelm zfs 2012, 203 Herabstufung um drei Gruppen bei 21 Jahre altem Pkw.
[495] BGH DAR 2005, 265; BGH MDR 2005, 268.

D. Ersatz für den Ausfall des Unfallfahrzeugs § 8

sein kann. Maßgeblich bliebt auch nach der BGH-Rechtsprechung immer eine einzelfallbezogene[496] Betrachtung. Weist das Fahrzeug einen guten Pflegezustand auf, kann die Nutzungsausfallentschädigung angesichts der Langlebigkeit heutiger Fahrzeuge auch nicht mit Rücksicht auf das hohe Alter von zwölf Jahren herabgemindert werden.[497]

▼
Muster 8.99: Kein Abzug innerhalb der Nutzungsausfallentschädigung wegen des Fahrzeugalters

░░░ Versicherung AG

░░░

░░░

Schaden-Nr./VS-Nr./Az. ░░░

Schaden vom ░░░

Pkw ░░░, amtl. Kennzeichen ░░░

Sehr geehrte Damen und Herren,

soweit Sie in Ihrem Schreiben vom ░░░ die Auffassung vertreten, der Nutzungsausfallschaden beziffere sich nach den Vorhaltekosten für ein vergleichbares Fahrzeug, vermag ich mich dem in keinem Fall anzuschließen.

Bei dem Pkw meines Mandanten handelt es sich um einen gut gepflegten, wertstabilen Pkw vom Typ ░░░. Er wurde in der Vergangenheit jährlich gewartet, wobei insbesondere zu berücksichtigen ist, dass ░░░

Soweit Sie dessen ungeachtet zur Begründung der von Ihnen vertretenen Auffassung auf die z.T. in der Rechtsprechung vertretene Auffassung verweisen, für ältere Fahrzeuge sei die tägliche Ausfallpauschale erheblich zu reduzieren, kann dem bereits aus grundsätzlichen Erwägungen nicht gefolgt werden. Allein das fortgeschrittene Alter eines Unfallfahrzeugs rechtfertigt noch nicht eine Reduzierung der Ausfallpauschale. Erforderlich ist vielmehr, dass ein altersbedingt beeinträchtigter Nutzungswert vorliegen muss (AG Kiel zfs 1997, 252; AG Haßfurt zfs 1997, 298). Nach ihrem dogmatischen Ausgangspunkt soll die Nutzungsausfallentschädigung den Verlust der ständigen Verfügbarkeit eines Gegenstandes und nicht dem Ersatz für eine bestimmte Nutzungsqualität dienen (BGH NJW 1987, 50). Demgemäß übt das Alter eines Kraftfahrzeugs nur dann Einfluss auf die Höhe des Nutzungsausfallschadens aus, wenn es sich in einem besonders schlechten Zustand befindet (OLG Karlsruhe DAR 89, 67). Befindet sich das Fahrzeug dagegen – wie hier – in einem besonders gut gepflegten Zustand, ist ein Anzug bei der Nutzungsausfallentschädigung nicht gerechtfertigt (LG Kiel NJW-RR 2001, 1606; OLG Schleswig VersR 1993, 1124 und LG Berlin DAR 1998, 354).

Nach alledem ist der Anspruch meines Mandanten auf Ausgleich der bezifferten Nutzungsausfallentschädigung uneingeschränkt begründet. Zum Ausgleich des offenen Restbetrags habe ich mir eine Frist bis zum

░░░ *(10-Tages-Frist)*

---

496 Vgl. BGH, Urt. v. 23.11.2004 – VI ZR 357/03 = NJW 2005, 277; OLG Hamm DAR 2000, 265.
497 LG Kiel NJW-RR 2001, 1606; vgl. auch OLG Schleswig VersR 1993, 1124 und LG Berlin DAR 1998, 354.

notiert. Nach fruchtlosem Fristablauf werde ich meinem Mandanten die gerichtliche Klärung der Angelegenheit empfehlen.

Mit freundlichen Grüßen

(Rechtsanwalt)

382 Wird mit der wohl überwiegenden Auffassung in der Rechtsprechung eine Reduzierung der Ausfallpauschale für ältere Fahrzeuge bejaht, ist Folgendes zu beachten: Nach der überwiegenden Auffassung in der Rechtsprechung[498] sind für Fahrzeuge bis zu einem Fahrzeugalter von fünf Jahren keine Abzüge vorzunehmen. Für Fahrzeuge mit einem Alter ab fünf Jahren ist die tägliche Ausfallpauschale auf die nächst niedrigere Gruppe zu reduzieren. Bei Fahrzeugen, die älter als zehn Jahre sind, wird teilweise die Auffassung vertreten, es bestehe lediglich Anspruch auf Ausgleich der sog. Vorhaltekosten,[499] der doppelten Vorhaltekosten,[500] der halben Nutzungsausfallpauschale[501] oder der ein bis zwei Klassen niedrigeren Nutzungsausfallpauschale.[502] Auch diese Auffassungen sind hingegen keinesfalls zwingend. Bei einem 20 Jahre alten Fahrzeug mit einer Laufleistung von 200.000 km wird dagegen nur der Betrag der Vorhaltekosten ersetzt und beispielsweise auf 20 EUR pro Tag geschätzt.[503]

5. In Frage kommende Fahrzeugtypen

383 Nutzungsausfallentschädigung wird auch für Motorräder[504] und Fahrräder[505] gewährt. Für Motorräder gilt eine nach Größe des Hubraums gestaffelte Ausfallliste. Für Fahrräder wird eine tägliche Ausfallpauschale zwischen (früher) 5 EUR[506] und 10 EUR,[507] nunmehr bis zu 13 EUR[508] gewährt.

6. Checkliste: Nutzungsausfallschaden

384 **Konkreter Ausfallschaden:**
- Bei Fahrzeugen, die unmittelbar der Einnahmeerzielung dienen;
- Nachweis des konkreten Schadens erforderlich, der durch Ausfall verursacht wurde; es sei denn, eine konkrete Berechnung ist mangels eines konkret erzielten Gewinnes nicht möglich.

---

498 U.a. OLG Karlsruhe zfs 1993, 304; vgl. BGH NJW 2005, 277.
499 AG Wiesbaden SP 2002, 393; AG Düsseldorf zfs 93, 266; a.A. AG Dieburg zfs 1999, 468.
500 OLG Düsseldorf zfs 1991, 15.
501 LG Koblenz zfs 1988, 170.
502 AG Aschaffenburg zfs 1998, 379; AG Waiblingen NZV 1999, 339.
503 AG Rendsburg SP 2003, 314.
504 OLG Hamm MDR 1983, 932; AG Bochum SP 2014, 82.
505 LG Lübeck, Urt. v. 8.7.2011 – 1 S 16/11 = SP 2012, 183.
506 AG Paderborn zfs 1999, 195.
507 OLG Hamm zfs 2000, 218; OLG Düsseldorf zfs 2001, 173; AG Paderborn zfs 1999, 195.
508 LG Lübeck, Urt. v. 8.7.2011 – 1 S 16/11 = SP 2012, 183.

Pauschalierter Nutzungsausfallschaden:
- Auch dann, wenn kostenlos ein Ersatzfahrzeug von Dritten zur Verfügung gestellt wird.
- Nutzungsmöglichkeit fehlt, wenn aufgrund Personenschadens ein Fahrzeug nicht geführt werden kann.
  Ausnahme: Fahrzeug wurde von nahen Angehörigen genutzt.
- Nutzungswille fehlt, wenn der Schaden zum Anlass genommen wurde, zukünftig auf ein Fahrzeug zu verzichten.
- Die Höhe des Anspruchs richtet sich nach Maßgabe der Liste von *Sanden/Danner/Küppersbusch*.
- Bei älteren Fahrzeugen: I.d.R. ab fünf Jahren nächst niedrigere Gruppe, ab zehn Jahren zwei Klassen niedriger oder Vorhaltekosten (im Einzelnen streitig); bei gutem Pflegezustand ist eine Herabstufung nicht zwingend.
- Auch für Motorräder und Fahrräder.

III. Vorhaltekosten

Trotz reparaturbedingten Ausfalls eines Kfz kommt es vor, dass dem Geschädigten kein konkreter oder abstrakter Nutzungsausfallschaden entsteht, weil er über eine sog. **Betriebsreserve** verfügt. Solche Fahrzeuge werden für den Fall vorgehalten, dass andere Fahrzeuge wegen regelmäßig anfallender Instandsetzungs- oder Reparaturarbeiten ausfallen. Über Betriebsreserven verfügen in erster Linie öffentliche Verkehrsunternehmen und private Reisedienste, Vermietungs-, Transport- und Taxiunternehmen. Auch wenn dem Geschädigten aufgrund seiner Schadensvorsorge durch den unfallbedingten Ausfall eines Kraftfahrzeugs in diesen Fällen kein Nutzungsausfallschaden entsteht, billigt ihm die Rechtsprechung[509] zu, die Kosten für die Vorhaltung des Reservefahrzeugs dem Schädiger aufgeben. Hierbei handelt es sich um die allgemeinen Kosten der Anschaffung, des Kapitaldienstes sowie der Unterhaltung. Ein Beispiel für die Berechnung der Vorhaltekosten bei dem Ausfall eines Lkw findet sich in der Entscheidung des AG Bad Neuenahr-Ahrweiler.[510] Darin wurde eine Nutzungsdauer von acht Jahren, eine jährliche Nutzung von 250 Tagen und eine entsprechende Fahrleistung zugrunde gelegt. Werden Vorhaltekosten begehrt, muss jedenfalls der Nachweis erbracht werden, dass auf die Nutzung – etwa reparaturbedingt – verzichtet werden musste und tatsächlich ein Reservefahrzeug vorgehalten worden ist.[511]

385

---

509 BGHZ 32, 280; BGH VersR 1976, 170; OLG Frankfurt SP 2014, 304.
510 AG Bad Neuenahr-Ahrweiler SP 2004, 164.
511 OLG Saarbrücken, Urt. v. 16.10.2014 – 4 U 145/13 = SP 2015,40; LG Berlin SP 2002, 130.

§ 8 Sachschaden

Muster 8.100: Ersatz der Vorhaltekosten

▼

▬▬▬ Versicherung AG

▬▬▬

▬▬▬

Schaden-Nr./VS-Nr./Az. ▬▬▬

Schaden vom ▬▬▬

Pkw ▬▬▬, amtl. Kennzeichen ▬▬▬

Sehr geehrte Damen und Herren,

soweit Sie in der im Betreff genannten Schadensache die Zahlung jedweden Ausfallschadens ablehnen, vermag ich mich damit nicht einverstanden zu erklären. Zwar mag es sein, dass mein Mandant keinen Anspruch auf Nutzungsausfallentschädigung besitzt. In jedem Fall hat er jedoch einen Anspruch auf Ersatz der sog. Vorhaltekosten. In der Rechtsprechung ist anerkannt, dass Aufwendungen, die ein Betrieb hat, um immer genügend Fahrzeuge bereit zu haben, um Ersatz zu schaffen in Fällen, in denen andere Fahrzeuge durch Reparatur bzw. Beschädigung durch Fremdverschulden ausfallen, dem Schädiger in Rechnung gestellt werden können (BGH VersR 1966, 192). Dies gilt auch für gewerbliche Vermieter von Kraftfahrzeugen (OLG Hamm DAR 1994, 278).

Wie sich aus den von Ihnen eingesehenen Geschäftsunterlagen meines Mandanten entnehmen lässt, sind von den ▬▬▬ Fahrzeugen des beschädigten Fahrzeugtyps in der Regel ▬▬▬ ausgelastet. Die weiteren Fahrzeuge dienen einerseits dazu, um etwaigen Spitzenbedarf abzudecken. Darüber hinaus werden durch den „Überhang" reparatur- oder unfallbedingte Lücken geschlossen. Die durch das Vorhalten der Fahrzeuge verursachten Kosten sind vom Schädiger zu ersetzen. Die Höhe der Vorhaltekosten sind der Liste *Sanden/Danner/Küppersbusch* zu entnehmen. Nach Maßgabe der aktuellen Version betragen die Vorhaltekosten für einen Pkw des beschädigten Typs pro Tag ▬▬▬ EUR. Unter Berücksichtigung des Ausfallzeitraums von ▬▬▬ Tagen beträgt der Anspruch meines Mandanten auf Ausgleich der in diesem Zeitraum entstandenen Vorhaltekosten ▬▬▬ EUR. Für den Ausgleich dieses Betrags habe ich mir eine Frist bis zum

▬▬▬ *(10-Tages-Frist)*

notiert.

Mit freundlichen Grüßen

(Rechtsanwalt)

▲

E. Sonstige Schadenspositionen

Victoria Nordmann

I. Abschleppkosten

Muss ein Kraftfahrzeug unfallbedingt abgeschleppt werden, sind die dadurch verursachten Kosten grundsätzlich vom Schädiger zu erstatten.[512] Allerdings ist auch bei dieser Schadensposition die Pflicht zur Schadensminderung gemäß § 254 Abs. 2 BGB zu beachten. Der Geschädigte hat erforderlichenfalls noch am Schadensort zu prüfen bzw. prüfen zu lassen, ob die Abschleppkosten bei kleineren Schäden durch eine Behelfsreparatur vermieden werden können. Muss das Fahrzeug in jedem Fall abgeschleppt werden, beschränken sich die ausgleichsfähigen Kosten i.d.R. auf die Abschleppkosten zur nächstgelegenen (ggf. markengebundenen) Reparaturwerkstatt.[513] Darüber hinausgehende Abschleppkosten werden nur in Ausnahmefällen erstattet.[514] Im Fall eines wirtschaftlichen Totalschadens sind Abschleppkosten aber auch für einen weiteren Transport an den Entsorger zu bezahlen.[515]

▼

Muster 8.101: Schadensminderungspflicht bei Abschleppkosten

_____ Versicherung AG

Schaden-Nr./VS-Nr./Az. _____

Schaden vom _____

Pkw _____, amtl. Kennzeichen _____

Sehr geehrte Damen und Herren,

in vorbezeichneter Schadensache zahlten Sie auf die mit _____ EUR bezifferten Abschleppkosten bislang lediglich _____ EUR. Die Abrechnung entspricht nicht der Sach- und Rechtslage.

Die angefallenen Abschleppkosten sind zu ersetzen und ein Verstoß meiner Mandantschaft gegen die Schadensminderungspflicht liegt nicht vor.

Ein Verstoß gegen § 254 Abs. 2 BGB läge nur dann vor, wenn bei einem postengenauen Vergleich durch das Abschleppen des Unfallfahrzeugs höhere Kosten verursacht wurden, als im Falle des Abschleppens zur nächstgelegenen Reparaturwerkstatt (OLG Köln VersR 1992, 719). Dies war jedoch nicht der Fall.

Der Unfallschaden trat auf der Fahrt von _____ nach _____ auf. An dem Fahrzeug wurde ein Reparaturschaden verursacht. Wären am Unfallort die erforderlichen Reparaturarbeiten zur Wiederherstellung der Fahrfähigkeit und Verkehrssicherheit durchgeführt

---

[512] Grundlegend: OLG Karlsruhe MDR 1975, 930. Aus der jüngsten Rechtsprechung: OLG Brandenburg NZV 2009, 554; OLG Saarbrücken SP 2009, 376.
[513] OLG Köln VersR 1992, 719; AG Ratingen, Urt. v. 29.11.2013 – 9 C 292/13 – juris.
[514] OLG Celle VersR 1968, 1196; AG Stade, Urt. v. 4.5.2015 – 61 C 233/15 – juris.
[515] AG Emmerdingen VRS 107, 162.

§ 8 Sachschaden

worden, hätte dies einen Arbeitsaufwand von mehreren Tagen erfordert. Während dieser Zeit wären Übernachtungskosten angefallen, welche höher als die Abschleppkosten zum Wohnort meines Mandanten, zumindest aber nicht deutlich geringer gewesen wären. Darüber hinaus hätte das Unfallfahrzeug nach dem Abschluss der Reparaturarbeiten vom Unfallort zum Heimatort meines Mandanten verbracht werden müssen. Auch die dadurch verursachten Kosten hätten die Abschleppkosten bei weitem überschritten.

Das Abschleppen des Unfallfahrzeugs stellte die mit Abstand kostengünstigste Alternative dar. Zusammenfassend ist der gegen meinen Mandanten erhobene Vorwurf der Verletzung der Schadensminderungspflicht unbegründet. Der von ihm gewählte Weg zur Schadensbeseitigung stellte die günstigste Alternative dar. Demgemäß habe ich Sie aufzufordern, die ausstehende Forderung in Höhe von ▓▓▓▓ unverzüglich, spätestens jedoch bis zum

▓▓▓▓ (10-Tages-Frist)

auf das Ihnen bekannte Konto meines Mandanten auszugleichen. Nach fruchtlosem Fristablauf werde ich meinem Mandanten empfehlen, gerichtliche Hilfe in Anspruch zu nehmen.

Mit freundlichen Grüßen

(Rechtsanwalt)

▲

389 Häufig sind die Abschleppfälle nach einem Verkehrsunfall dadurch gekennzeichnet, dass der Abschleppdienst erst einmal durch Dritte bzw. eine sog. Abschleppzentrale informiert wird und der Fahrzeugführer mit diesem vor Ort keine konkrete Vergütungsvereinbarung trifft. Erstattungsfähig sind dann die branchenüblichen Kosten, zu deren Schätzung in der Rechtsprechung[516] auf die alle 2 Jahre erfolgte Umfrage des Verbandes der Abschleppunternehmen (VBA) abgestellt wird. Nach dieser Umfrage ist die übliche Abrechnung dadurch gekennzeichnet, dass ein pauschaler Stundensatz für den Einsatz eines Abschleppfahrzeugs erfolgt, der auch den Einsatz des Fahrers und die Kilometerpauschale sowie leichte Aufräumarbeiten beinhaltet. Maßgeblich ist dann die angefallene Einsatzzeit, wobei der Einsatz mit der Abfahrt vom Hof beginnt und dem Abstellen des – ggf. gereinigten – Fahrzeugs endet. Je nach eingesetztem Fahrzeugtyp, wobei zwischen dem Pkw und Lkw Auftragsbereich unterschieden wird, ergibt sich ein jeweiliger Stundensatz, der i.d.R. zwischen 125 – 180 EUR liegt.

390 Ein bei der in der Praxis zunehmenden Kontrolle durch die Haftpflichtversicherer häufig vergessener Punkt liegt in der Erhöhung des Stundensatzes wegen angefallener Überstunden.

---

[516] AG Schweinfurt, Urt. v. 28.3.2011 – 1 C 1217/10 – juris; AG Esslingen, Urt. v. 1.6.2011 – 4 C 1825/10 – juris; AG Neuss, Urt. v. 20.8. 2015 – 75 C 1615/15 – juris.

E. Sonstige Schadenspositionen §8

▼
Muster 8.102: Zuschlag auf die Abschleppkosten wegen Überstunden

Selbst wenn zu Ihren Gunsten unterstellt wird, dass die Höhe der Abschleppkosten anhand der angeführten Umfrage des VBA zu bestimmen wären ist die vorgenommene Abrechnung zu korrigieren. Ihrerseits ist nicht beachtet worden, dass der Abschleppvorgang an einem ▬▬▬ in der Zeit von ▬▬▬ bis ▬▬▬ erfolgt ist.

Gem. der Umfrage des VBA aus dem Jahr ▬▬▬ ergibt sich für diese Zeit ein Zuschlag für Überstanden als branchenübliche Abrechnung, der ▬▬▬ auf die Personalkosten beträgt. Der Stundenlohn liegt nach der o.g. Umfrage bei ▬▬▬, während der Zuschlag auf diesen Lohn mit ▬▬▬ % anzusetzen ist. Hieraus ergibt sich ein Betrag von ▬▬▬ EUR pro Stunde. Bei ▬▬▬ Stunden und einer Abrechnung im 15 Minuten Takt gem. der Umfrage sind weitere ▬▬▬ zu ersetzen.

▲

Liegt ein **Totalschaden** vor, ist es dem Geschädigten grundsätzlich zuzumuten, das Fahrzeug noch vor Ort zu veräußern bzw. verschrotten zu lassen.[517] Auch dieser Grundsatz gilt hingegen nicht uneingeschränkt. Stellt sich nach einem Abschleppen an den Heimatort heraus, dass eine Reparatur auf der Grundlage der 130%-Rechtsprechung möglich ist und lässt der Geschädigte das Fahrzeug tatsächlich reparieren, ist die Erforderlichkeit der Abschleppkosten wie beim Reparaturschaden durch einen postengenauen Vergleich mit zumutbaren Alternativen zur Schadensbehebung zu ermitteln.

Die Überführung des Unfallfahrzeugs vom Unfallort an den Wohnort des Geschädigten lässt sich nicht allein damit rechtfertigen, das Unfallfahrzeug habe am Heimatort durch einen bestimmten Sachverständigen besichtigt werden sollen. Solange die Besichtigung durch einen Sachverständigen auch am Unfallort durchgeführt werden kann, muss der Geschädigte auf diese Möglichkeit zurückgreifen.[518]

Liegt zwischen dem Unfallort und dem Heimatort des Geschädigten eine erhebliche Entfernung, wird von einem Teil der Rechtsprechung[519] die Auffassung vertreten, es sei dem Geschädigten nicht zuzumuten, für die Überführung des Fahrzeugs vom Unfallort zum Heimatort eigene Freizeit zu opfern. Vielmehr sei er dazu berechtigt, das Unfallfahrzeug auf Kosten des Schädigers überführen zu lassen.

II. Standgeld

Hat der Geschädigte noch keine endgültige Entscheidung über die Schadensabwicklung getroffen, verbleibt das Unfallfahrzeug bis auf weiteres auf dem Gelände einer Reparaturwerkstatt. Hierfür berechnet die Reparaturwerkstatt in aller Regel Standgeld als Ausgleich dafür, dass das Unfallfahrzeug einen Stellplatz auf dem Werkstattgelände in Anspruch nimmt. Die Kosten für Standgelder betragen 5 bis 15 EUR pro Tag. Die Ersatzfähigkeit derartiger Standgelder steht grundsätzlich nicht in Zweifel.[520] Bei der

---

517 AG Kulmbach zfs 1990, 8, 9.
518 AG Hildesheim NZV 1999, 212.
519 AG Freiburg DAR 1999, 554.
520 LG Köln VersR 1974, 1232, 1235; LG Duisburg, Urt. v. 6.3.2015 – 2 O 205/12 – juris.

Berechnung der branchenüblichen Höhe bietet sich auch ein Rückgriff auf die o.g. Umfrage des VBA an.

396 Der Geschädigte hat wie stets die ihm obliegende **Schadensminderungspflicht** gemäß § 254 Abs. 2 BGB zu beachten. In Erfüllung dieser Pflicht hat er den Zeitraum, für den Standgeld berechnet wird, so kurz wie möglich zu halten. Beispielsweise stellt es einen Verstoß gegen § 254 Abs. 2 BGB dar, wenn die Besichtigung des Fahrzeugs durch den Sachverständigen infolge eines verspäteten Auftrags verzögert wird und sich dadurch das Standgeld erhöht.[521]

397 Grundsätzlich sollte der gegnerische Haftpflichtversicherer davon in Kenntnis gesetzt werden, dass laufend Standgelder anfallen.[522] Dadurch wird es dem Versicherer ermöglicht, durch eigene Dispositionen dafür zu sorgen, dass das Fahrzeug kostenlos oder zumindest kostengünstiger untergestellt werden kann.

▼

398 **Muster 8.103: Minimierung des Standgelds**

　　　　Versicherung AG

Schaden-Nr./VS-Nr./Az.

Schaden vom

Pkw　　　　, amtl. Kennzeichen

Sehr geehrte Damen und Herren,

in vorbezeichneter Schadensache übersende ich Ihnen beiliegend das Original des nunmehr vorliegenden Schadensgutachtens des Sachverständigen　　　　. Danach trat an dem Unfallfahrzeug meines Mandanten ein wirtschaftlicher Totalschaden ein.

Das Unfallfahrzeug befindet sich weiterhin auf dem Gelände der Abschleppfirma　　　　. Dort wird pro Tag ein Standgeld in Höhe von　　　　EUR fällig. Da das Unfallfahrzeug nach Maßgabe der Feststellungen des Sachverständigen keinen Restwert mehr aufweist, beabsichtigt mein Mandant, das Unfallfahrzeug zur Meidung weiterer Standgelder unverzüglich verschrotten zu lassen.

Nach Maßgabe meines bisherigen Kenntnisstandes gehe ich davon aus, dass die Verschuldens- und Verursachungsfrage für das Schadensereignis zwischen den Parteien streitig ist. Sollten Sie deshalb die Einholung eines verkehrsanalytischen Rekonstruktionsgutachtens für erforderlich erachten, bitte ich höflich um Rückantwort bis zum　　　　*(4-Tages-Frist).*

---

[521] AG Oldenburg zfs 1997, 16; OLG Düsseldorf, Urt. v. 7.4.2008 – I-1 U 212/07, 1 U 212/07 – juris.
[522] AG Oldenburg zfs 1997, 16.

E. Sonstige Schadenspositionen § 8

Nach Ablauf der vorgenannten Frist gehe ich davon aus, dass keine Einwände gegen die Verschrottung des Unfallfahrzeugs bestehen. In diesem Fall wird mein Mandant die dafür erforderlichen Schritte in die Wege leiten. Das bis dahin verursachte Standgeld werde ich Ihnen zu gegebener Zeit gesondert nachweisen.

Mit freundlichen Grüßen

(Rechtsanwalt)

III. Entsorgungskosten

Während früher für jedes beschädigte Unfallfahrzeug zumindest noch ein „Schrottwert" erzielt werden konnte, sind Unfallfahrzeuge nunmehr aufgrund der verschärften Umweltvorschriften **ordnungsgemäß zu entsorgen**. Die dadurch verursachten Kosten sind grundsätzlich vom Schädiger zu ersetzen.[523]

399

Zu beachten ist allerdings, dass vor der Entsorgung des Unfallfahrzeugs mit dem gegnerischen Haftpflichtversicherer geklärt werden sollte, ob er für das Fahrzeug einen Restwert zu erzielen vermag. Eine solche Rückfrage ist unvermeidlich, wenn ein Sachverständigengutachten vorliegt und darin ein Restwert ausgewiesen wird. Lässt sich dieser Restwert nicht erzielen, darf das Unfallfahrzeug nicht ohne Weiteres entsorgt werden.

400

▼

Muster 8.104: Restwert nicht realisierbar

401

░░░ Versicherung AG

Schaden-Nr./VS-Nr./Az. ░░░

Schaden vom ░░░

Pkw ░░░, amtl. Kennzeichen ░░░

Sehr geehrte Damen und Herren,

ich komme zurück auf die im Betreff genannte Schadensache. Nach Maßgabe des Ihnen bereits vorliegenden Gutachtens des Sachverständigen ░░░ trat an dem Fahrzeug meines Mandanten ein wirtschaftlicher Totalschaden ein. Der Sachverständige bezifferte den Restwert mit ░░░ EUR. Trotz erheblicher Bemühungen gelang es meinem Mandanten bislang nicht, den vom Sachverständigen geschätzten Restwert zu realisieren. Es fanden sich keinerlei Kaufinteressenten. Mein Mandant beabsichtigt deshalb, das Unfallfahrzeug schnellstmöglich verschrotten zu lassen. Ich gebe Ihnen hiermit die Gelegenheit, mir bzw. meinem Mandanten einen potentiellen Aufkäufer zu benennen bzw. mitzuteilen, wie und auf welchem Wege eine Verwertung des Kraftfahrzeugs erfolgen soll. Sollte ich von Ihnen bis zum

░░░ (1-Wochen-Frist)

---

523 AG Frankfurt NZV 1994, 115; AG Düsseldorf, Urt. v. 24.9.2015 – 232 C 56/15 – juris.

keine Rückantwort erhalten, gehe ich davon aus, dass der Verschrottung des Fahrzeugs nichts im Wege steht. In diesem Fall werde ich Ihnen zu gegebener Zeit die Kosten der Verschrottung gesondert nachweisen und aufgeben.

Mit freundlichen Grüßen

(Rechtsanwalt)

IV. Umbaukosten

402 Werden aus einem total beschädigten Fahrzeug vor dessen Verschrottung bzw. anderweitiger Verwertung Fahrzeugteile, wie z.B.

- Radiogerät,
- Kassettenabspielgerät,
- Telefon oder
- eine behindertengerechte Ausrüstung

ausgebaut, sind die dadurch verursachten Kosten vom Schädiger zu ersetzen. Die Abrechnung kann jedoch nur konkret erfolgen.[524] Der übliche Satz für den Ausbau eines Radiogeräts beträgt pauschal 40 bis 50 EUR.

403 Ein Anspruch auf Ausgleich der Ausbaukosten scheidet allerdings aus, wenn ein Gutachten vorliegt und der betreffende Bestandteil des Kraftfahrzeugs bereits bei der Bezifferung des Wiederbeschaffungswerts berücksichtigt wurde. Im Gutachten wird dies unter der Rubrik „Sonderzubehör" vermerkt.

404 **Muster 8.105: Ausbau einer Anhängerkupplung**

Versicherung AG

Schaden-Nr./VS-Nr./Az.

Schaden vom

Pkw , amtl. Kennzeichen

Sehr geehrte Damen und Herren,

ich komme zurück auf die im Betreff genannte Verkehrsunfallangelegenheit. In der Zwischenzeit beschaffte sich mein Mandant ein Ersatzfahrzeug. Zuvor ließ er die Anhängerkupplung aus dem Unfallfahrzeug aus- und in das Ersatzfahrzeug einbauen. Ausweislich der in der Anlage beigefügten Rechnung der Firma vom wurden dafür EUR berechnet. Auch diese Kosten sind im Rahmen Ihrer Eintrittspflicht nach Vorlage konkreter Belege zu erstatten (Vgl. AG Jülich SP 2006, 68; AG Rendsburg, SP 2003, 312). Ich habe mir für die Zahlung des in Rede stehenden Betrags eine Frist bis zum

(10-Tages-Frist)

---

524 AG Jülich SP 2006, 68; AG Rendsburg SP 2003, 312.

notiert. Zur Meidung unnötiger gerichtlicher Weiterungen bitte ich höflich um fristgemäßen Ausgleich.

Mit freundlichen Grüßen

(Rechtsanwalt)

V. Finanzierungskosten/Zinsschaden

Entstehen **Zinskosten** für die Vorfinanzierung der Reparaturkosten oder der Ersatzwagenbeschaffung, sind diese vom Schädiger grundsätzlich zu erstatten.[525]

Allerdings ist es dem Geschädigten vor der Inanspruchnahme kostspieliger Fremdmittel zuzumuten, seine etwaig vorhandene Vollkaskoversicherung in Anspruch zu nehmen.[526] Andererseits ist der Geschädigte zur Kreditaufnahme verpflichtet, wenn der dadurch verursachte Zinsschaden erheblich geringer ist, als der durch den Ausfall eines gewerblich genutzten Fahrzeugs verursachte Verdienstausfallschaden. Jede Disposition des Geschädigten wird somit an der Einhaltung der **Schadensminderungspflicht** gemessen.

Ob der gegnerische Haftpflichtversicherer auf die Gefahr der Inanspruchnahme von Fremdmitteln hinzuweisen ist, wird von einem Teil der Rechtsprechung abgelehnt.[527] Zur Begründung wird darauf hingewiesen, dass die Aufnahme von Fremdmitteln für den Fahrzeugschaden und sämtliche Folgekosten Teil des Herstellungsaufwands gem. § 249 Abs. 2 S. 1 BGB sind, weshalb der Schädiger bzw. sein Kfz-Haftpflichtversicherer den daraus resultierenden Schaden auch ohne Verzug zu ersetzen hat.[528] Gem. dem Gebot des „sichersten Weges" sollte dem gegnerischen Versicherer jedoch die Möglichkeit einer – erforderlichenfalls unter dem Vorbehalt der Rückforderung erklärten – Akontierung gegeben werden. Dies umso mehr, als es dem Schädiger schwer fallen wird, dem Geschädigten eine Verletzung der Schadensminderungspflicht vorzuwerfen, wenn ihm durch die rechtzeitige Anzeige drohender Schäden die Möglichkeit zur Abhilfe gegeben wurde.

Ein Finanzierungsschaden kann auch bei verspätetem Ausgleich eines Verdienstausfallschadens und dadurch verursachter Aufnahme von Fremdmitteln eintreten. Auch in diesem Fall setzt die Eintrittspflicht des Kfz-Haftpflichtversicherers keinen Verzug des Versicherers voraus. Allerdings muss der Versicherer auf den drohenden Schaden vorab hingewiesen werden.[529]

Die Höhe des Finanzierungsschadens muss der Geschädigte durch Vorlage einer Bankbescheinigung nachweisen. Eine Pauschalierung oder fiktive Abrechnung ist grundsätzlich nicht möglich.

---

525 BGH VersR 1974, 90.
526 OLG München VersR 1984, 1054.
527 AG Maulbronn VersR 1977, 264; AG Ettlingen VersR 1982, 1157; a.A. Geigel/*Knerr*, Kap. 3 Rn 107.
528 BGH VersR 1974, 143.
529 OLG Nürnberg zfs 2000, 12.

§ 8 Sachschaden

410 Vom Finanzierungsschaden ist der Zinsschaden des Geschädigten zu unterscheiden. Neben dem allgemeinen Zinsschaden des § 288 BGB ist im Bereich der Verkehrsunfallbearbeitung § 849 BGB zu beachten. Danach erhält der Geschädigte Zinsen für die Entziehung der Sache oder die Beschädigung einer Sache. Der Anspruch kann ab dem Zeitpunkt verlangt werden, „welcher der Bestimmung des Werts zugrunde gelegt wird". Mit dieser „verklausulierten" Formulierung ist gemeint, dass der Geschädigte ab dem Eintritt des Schadens einen Zinsausgleich nur für eine endgültig verbleibende Einbuße an der Substanz oder der Nutzbarkeit der Sache erhalten soll. Für den Verlust der Nutzbarkeit der Sache soll der Geschädigte wahlweise Ausgleich des Nutzungsausfallschadens oder des Zinsschadens erhalten. Beides kann hingegen nicht nebeneinander geltend gemacht werden.[530]

411 **Muster 8.106: Kreditaufnahme trotz vorhandener Vollkaskoversicherung**

▒▒▒ Versicherung AG

▒▒▒

▒▒▒

Schaden-Nr./VS-Nr./Az. ▒▒▒

Schaden vom ▒▒▒

Pkw ▒▒▒, amtl. Kennzeichen ▒▒▒

Sehr geehrte Damen und Herren,

ich komme zurück auf die im Betreff genannte Schadensache. Mein Mandant beabsichtigt, das Unfallfahrzeug möglichst umgehend reparieren zu lassen. Hierfür fehlen ihm jedoch die erforderlichen flüssigen Geldmittel. Die voraussichtlichen Reparaturkosten belaufen sich nach Maßgabe des vorliegenden Sachverständigengutachtens auf ca. ▒▒▒ EUR. Es ist meinem Mandanten unmöglich, diesen Betrag aus seinen vorhandenen Mitteln zu bestreiten. Dies wäre ihm auch nicht zumutbar, da die Verwendung der Mittel zu einer Einschränkung seiner gewohnten Lebensführung führen würde. In Fällen dieser Art ist der Geschädigte zur Inanspruchnahme von Fremdmitteln grundsätzlich berechtigt (vgl. BGHZ 61, 350; OLG Düsseldorf, Urt. v. 8.11.2004 – 1 U 14/11, juris).

Zur Vermeidung des drohenden Zinsschadens besteht ebenfalls die Möglichkeit, den Vollkaskoversicherer meines Mandanten in Anspruch zu nehmen. Mein Mandant wird dies allerdings nur dann veranlassen, wenn Sie sich zur Übernahme des dadurch verursachten Rückstufungsschadens sowie des Verlustes des Schadensfreiheitsrabatts bereit erklären.

Ich gebe Ihnen hiermit die Möglichkeit zur Stellungnahme und zur Abwendung des drohenden Zinsschadens bis zum

▒▒▒ (10-Tages-Frist).

---

[530] BGHZ 87, 38.

Nach fruchtlosem Fristablauf wird mein Mandant zur Vorfinanzierung der Reparaturkosten einen Kredit in Anspruch nehmen. Den dadurch verursachten Zinsschaden würde ich Ihnen zu gegebener Zeit gesondert nachweisen.

Mit freundlichen Grüßen

(Rechtsanwalt)

VI. Rückstufungsschaden

Ein Rückstufungsschaden entsteht dem Geschädigten dadurch, dass infolge eines Schadenereignisses entweder sein Kfz-Haftpflichtversicherer[531] oder sein Vollkaskoversicherer in Anspruch genommen wird. Dadurch wird er in seinem jeweiligen Versicherungsvertrag zurückgestuft.

Ein Rückstufungsschaden in der Kfz-Haftpflichtversicherung kann gegenüber dem Unfallgegner grundsätzlich nicht geltend gemacht werden, da er nicht vom Gegner, sondern vom Mandanten selbst verursacht wurde. Er ist als allgemeiner Vermögensnachteil in der Form des Sachfolgeschadens regelmäßig nicht ersatzfähig.[532]

Eine Geltendmachung dieses Rückstufungsschadens kommt nur dann in Betracht, wenn der Mandant sein Fahrzeug jemand anderem überlässt und dieser schuldhaft einen Schaden gegenüber einem Dritten verursacht, der zur Rückstufung in der Kfz-Haftpflichtversicherung führt. Nur in diesem Fall liegt für den Mandanten ein fremdbestimmter Schadenfall vor.

Die nachfolgenden Ausführungen beschäftigen sich allein mit der Rückstufung im Falle der **Inanspruchnahme des Vollkaskoversicherers**. Dieser Rückstufungsschaden kann u.U. gegenüber dem Unfallgegner und dessen Kfz-Haftpflichtversicherer geltend gemacht werden. Auch bei nur anteiliger Schadensverursachung haftet der Schädiger für den Rückstufungsschaden, der dadurch eintritt, dass der Geschädigte die Kaskoversicherung in Anspruch nimmt,[533] wenn:
- der gegnerische Kfz-Haftpflichtversicherer die Regulierung schuldhaft verzögert,
- der Schädiger bzw. dessen Kfz-Haftpflichtversicherer den Schaden nicht reguliert und dem Geschädigten ein Zuwarten nicht zugemutet werden kann, weil die Regulierung absehbar besonders lange Zeit in Anspruch nehmen wird,[534] oder
- von vornherein feststeht, dass der Geschädigte für den eingetretenen Schaden mithaftet[535] bzw. der gegnerische Haftpflichtversicherer den Schaden auch später nur teilweise oder gar nicht ausgleicht.[536]

---

531 Merke: In der privaten Haftpflichtversicherung erfolgt – anders als in der Kfz-Haftpflichtversicherung – keine Rückstufung.
532 BGH NZV 2006, 476; LG Karlsruhe, Urt. v. 18.4.2008 – 3 O 335/07 – juris.
533 BGH NZV 2006, 476.
534 Z.B. bei einer Regulierung durch eine Behörde; OLG Hamm VersR 1993, 1544.
535 AG Gießen DAR 1995, 29; OLG Stuttgart DAR 1989, 27.
536 AG Münster VersR 2001, 781.

416 Auch wenn der Geschädigte für einen Teil des Schadens selber einzustehen hat, ist in Höhe der entsprechenden Quote der Rückstufungsschaden zu ersetzen.[537] Der so entstandene Schaden ist adäquat kausal durch den Unfall verursacht worden.[538]

417 Nimmt der Geschädigte seinen Kaskoversicherer hingegen nur deshalb in Anspruch, weil er die in den AKB vorgesehene Neuwertentschädigung erstrebt, ist der dadurch verursachte Rückstufungsschaden vom Schädiger nicht auszugleichen.[539] Gleiches gilt wegen der Verletzung der Schadensminderungspflicht, wenn der Geschädigte die Vollkaskoversicherung vor einer Anspruchsanmeldung an die gegnerische Versicherung in Anspruch nimmt und diese den Sachschaden am Fahrzeug später im vollen Umfang ausgleicht.[540]

418 Ist ein Rückstufungsschaden dem Grunde nach auszugleichen, bestimmt sich seine **Höhe** nach den Prämiennachteilen, die der Geschädigte in seiner Kaskoversicherung so lange erleidet, bis sein Vertrag dieselbe Schadensfreiheitsklasse aufweist wie zum Zeitpunkt des Verkehrsunfalls. Der daraus resultierende Schadensbetrag ist in aller Regel nicht abschließend bezifferbar. Zwar kann beim eigenen Kaskoversicherer eine Übersicht angefordert werden, aus der zu entnehmen ist, welche erhöhten Versicherungsbeträge den Rückstufungsschaden bei unverändertem Schadensverlauf voraussichtlich ausmachen. Die Abrechnung ist jedoch in jedem Fall spekulativ, da nicht fest steht, inwieweit weitere Schadensereignisse Einfluss auf den Prämienverlauf nehmen werden. Der aus den angesprochenen Übersichten zu entnehmende voraussichtliche Rückstufungsschaden dient deshalb allenfalls als Anhaltspunkt für eine vergleichsweise Einigung mit der Gegenseite.

419 Im Prozess kann ein bezifferter Rückstufungsschaden nur für den zurückliegenden Prämienzeitraum geltend gemacht werden.[541] Für die Titulierung des zukünftigen Rückstufungsschadens bedarf es eines Feststellungsantrags.[542]

420 Auch die Anwaltskosten für die Inanspruchnahme des eigenen Kaskoversicherers können ggf. zu ersetzen sein, wenn diese Rechtsverfolgungskosten aus der Sicht des Geschädigten zur Wahrnehmung seiner Rechte erforderlich und zweckmäßig waren.[543]

▼

421 Muster 8.107: Anspruch auf Rückstufungsschaden bei Mithaftung
　　　　Versicherung AG

---

537 BGH NZV 2006, 476; OLG Karlsruhe VersR 1992, 67; LG Mannheim VersR 1997, 1506; LG Ulm VersR 1993, 334.
538 LG Ulm VersR 1993, 334.
539 OLG Stuttgart VersR 1987, 65; LG Bremen VersR 1993, 710; AG Vechta, Urt. v. 5.12.1994 – 11 C 934/94 – juris.
540 OLG Stuttgart VersR 1987, 65; LG Köln VersR 1988, 1074; AG Münster VersR 2001, 781.
541 Vgl. OLG Frankfurt VersR 1987, 204; LG Ulm VersR 1993, 334.
542 BGH zfs 1992, 48.
543 BGH, Urt. v. 8.5.2012 – VI ZR 196/11 – juris; BGH NJW 2011, 1222 ff.; OLG Schleswig OLGR Schleswig 2009, 546.

Schaden-Nr./VS-Nr./Az.

Schaden vom

Pkw , amtl. Kennzeichen

Sehr geehrte Damen und Herren,

soweit Sie in vorbezeichneter Schadensache den Ausgleich jedweden Rückstufungsschadens ablehnen, vermag ich mich damit nicht einverstanden zu erklären.

Entgegen der von Ihnen vertretenen Auffassung war mein Mandant zur Inanspruchnahme seines Vollkaskoversicherers ohne vorherige Rücksprache mit Ihnen durchaus berechtigt. Angesichts der unstreitigen Verkehrsunfallsituation stand von vornherein fest, dass eine 50 %ige Mithaftung meines Mandanten bestand. Aus diesem Grund bestand für ihn keine Veranlassung, die Bestätigung dieser Haftungsquote durch Ihr Unternehmen abzuwarten. Angesichts der eindeutigen Sach- und Rechtslage bedurfte es keines vorangehenden Regulierungsversuches gegenüber Ihrem Unternehmen. In Fällen der vorliegenden Art ist der Geschädigte zur unmittelbaren Inanspruchnahme des Kaskoversicherers berechtigt (BGH NZV 2006, 476; OLG Karlsruhe VersR 1992, 67) Demgemäß haften Sie meinem Mandanten auf Ausgleich von 50 % des durch die Inanspruchnahme seines Vollkaskoversicherers verursachten Rückstufungsschadens. Selbstverständlich beschränkt sich der Anspruch meines Mandanten auf den jährlich abzurechnenden konkreten Rückstufungsschaden. Nach Maßgabe der vorliegenden Bescheinigung beläuft sich der potentielle Rückstufungsschaden auf insgesamt EUR. Unter Berücksichtigung der Haftungsquote beschränkt sich der Anspruch meines Mandanten auf maximal EUR. Aus Vereinfachungsgründen schlage ich eine Pauschalierung des Rückstufungsschadens in Höhe von EUR vor. Dadurch ließe sich der zeit- und arbeitsaufwendige Nachweis des jährlichen Rückstufungsschadens vermeiden. Dies dürfte im beiderseitigen Interesse sein.

Ich weise darauf hin, dass der Vorschlag nur für den Fall einer außergerichtlichen Einigung unterbreitet wird. Im Falle einer gerichtlichen Auseinandersetzung würde mein Mandant den gesamten ihm zustehende Rückstufungsschaden einer gerichtlichen Titulierung zuführen.

Ich bitte deshalb höflich um Stellungnahme zu meinem Vergleichsvorschlag bis zum

 (10-Tages-Frist).

Sollten Sie die Frist ungenutzt verstreichen lassen, gehe ich davon aus, dass Sie den Ausgleich jedweden Rückstufungsschadens weiterhin ablehnen. In diesem Fall werde ich meinem Mandanten die Inanspruchnahme gerichtlicher Hilfe empfehlen.

Mit freundlichen Grüßen

(Rechtsanwalt)

VII. Rechtsanwaltskosten

Dass der Schädiger dem Geschädigten auch die durch die außergerichtliche Einschaltung eines Rechtsanwalts verursachten Kosten zu erstatten hat, wurde zwar vom BGH früher abgelehnt,⁵⁴⁴ ist nunmehr jedoch absolut herrschende Meinung.⁵⁴⁵ Dies kann selbst dann gelten, wenn die Gegenseite eine Haftung dem Grunde nach anerkannt hat.⁵⁴⁶ Entscheidend für den dabei zu berücksichtigenden Gegenstandswert sind die begründeten Schadensersatzforderungen des Geschädigten.⁵⁴⁷

423 Der Anspruch auf Ausgleich der durch die Einschaltung eines Rechtsanwalts verursachten Kosten gilt allerdings nicht uneingeschränkt. Ebenso wie für alle Schadenspositionen sind auch die Rechtsanwaltskosten am Grundsatz der „**Erforderlichkeit**" i.S.d. § 249 Abs. 2 S. 1 BGB zu messen. Die Einschaltung eines Rechtsanwalts ist nicht „erforderlich", wenn geschädigte Betriebe über eine eigene Rechtsabteilung verfügen, die dazu in der Lage ist, einfach gelagerte Schadensfälle selbstständig abzuwickeln.⁵⁴⁸ Auch bei einer Privatperson sind bei einem einfach gelagerten Sachverhalt, dem ein sofortiges Anerkenntnis des Versicherers folgt, die durch die sofortige Einschaltung eines Anwalts entstandenen Kosten nicht zu ersetzen.⁵⁴⁹ Aus diesem Grund lehnte der BGH⁵⁵⁰ den Ausgleich der Anwaltskosten ab, die von einem Autobahnbetriebsamt dafür geltend gemacht wurden, dass ein Rechtsanwalt die von Kraftfahrzeugen u.a. an Leitplanken verursachten Schäden gegenüber deren Haftpflicht-Versicherer geltend machte. Dessen ungeachtet ist aber auch eine wirtschaftlich geführte juristische Person des öffentlichen Rechts berechtigt, sich zur Durchsetzung von Schadensersatzansprüchen nach einem Verkehrsunfall der Hilfe eines Rechtsanwalts zu bedienen. Dies gilt auch für das Anspruchsschreiben, in dem die Forderung der Höhe nach beziffert und die Gegenseite aufgefordert wird, insoweit Zahlung zu leisten, es sei denn, es liegt ein dem vom BGH entschiedenen Ausnahmefall vergleichbarer Sachverhalt vor.⁵⁵¹

424 Verfügt allerdings ein Leasingunternehmen über eine eigene Rechtsabteilung, heißt dies nicht, dass die Einschaltung eines Rechtsanwalts nicht erforderlich ist.⁵⁵² Vielmehr kann die Beauftragung allein wegen der leasingunspezifischen Rechtsfragen geboten sein.⁵⁵³

▼

425 Muster 8.108: Keine Erforderlichkeit der Einschaltung eines Anwalts bei Leasingfirma
Die Einschaltung eines Rechtsanwalts ist nicht erforderlich i.S.d. § 249 Abs. 2 BGB, wenn ein Fahrzeug eines Betriebs beschädigt worden ist, der über eine eigene Abteilung an Mitarbeitern verfügt, die dazu geeignet sind, einfach gelagerte Schadenfälle abzuwickeln (OLG Karlsruhe NJW 1990, 929). Beispielsweise hat auch der BGH die Kosten für einen Rechtsanwalt abgelehnt, den eine Autobahnmeisterei eingeschaltet hat, da bei klarer Haftung ein überschaubarer Sachschaden (Leitplankenschaden) geltend gemacht wor-

---

544 BGHZ 12, 213, 217.
545 BGH VersR 1995, 183.
546 LG Essen r+s 1996, 408.
547 BGH VersR 1970, 573.
548 OLG Karlsruhe NJW-RR 1990, 929.
549 BGH, Urt. v. 8.5.2012 – VI ZR 196/11 – juris; AG Karlsruhe VersR 2000, 67; AG Gießen VersR 2001, 198; zu der Abgrenzung vgl. auch LG Itzehoe SP 2009, 31.
550 BGH NJW 1995, 446.
551 AG Berlin SP 2009, 268.
552 Zu den Kriterien vgl. LG Itzehoe SP 2009, 31.
553 AG Ulm zfs 2000, 120.

den ist (BGH NJW 1995, 446). Dies gilt erst Recht, wenn die Haftung dem Grunde und der Höhe nach nicht streitig ist, sondern umgehend anerkannt wird (AG Ingolstadt, SP 2009, 379). Dies gilt auch und gerade für ein Leasingunternehmen, welches über eine eigene Abteilung verfügt, die regelmäßig die Betreuung derartiger Verfahren übernimmt (LG Kiel VersR 2005, 1743; AG Frankfurt zfs 2006, 286). Dies zumindest in einem einfach gelagerten Fall, bei dem die Haftung dem Grunde nach nicht streitig gewesen und eine zügige Regulierung erfolgt ist (AG Eisenach, Urt. v. 11.6.2012 – 54 C 1065/11, juris; AG Frankfurt zfs 2006, 286; AG Köln SP 1996, 151).

▲

426 Verfügt der Leasinggeber (oder ein anderes großes Unternehmen[554]) jedenfalls über eine eigene Rechts- bzw. zumindest eine Fachabteilung, welche regelmäßig die Betreuung derartiger Fälle übernimmt bzw. auch die außergerichtliche Geltendmachung dieser Ansprüche übernehmen könnte, ist die Beauftragung eines externen Rechtsanwalts in einem einfach gelagerten Fall nach einer Ansicht[555] nicht erforderlich i.S.d. § 249 Abs. 2 BGB, während nach gegenteiliger Auffassung die Kompexilität der Fragen bei der Abwicklung eines Verkehrsunfalls in jedem Fall die Einschaltung eines Anwalts erforderlich werden lässt.[556] Dies gilt zumindest dann, wenn die Haftung dem Grunde nach auf den ersten Blick nicht eindeutig ist.[557]

427 Auch bei einem Mietwagenunternehmen ist umstritten, ob aufgrund der Sachkunde des Personals in durchschnittlichen Fällen i.d.R. die sofortige Einschaltung eines Rechtsanwalts geboten ist.[558] Grundsätzlich ist jedoch anders zu entscheiden, wenn der angemeldete Schaden nicht unverzüglich vom Versicherer reguliert wird.[559] Auch bei einem einfachen Fall darf der Geschädigte spätestens dann einen Anwalt einschalten, wenn die erste Anmeldung nicht umgehend zu einem Schadensausgleich führt.[560] Dies gilt erst Recht bei den derzeitigen Streitigkeiten über die Erstattungsfähigkeit der Mietwagentarife: Auch ein rechtsunkundiger und nicht über eine Rechtsabteilung verfügender gewerblicher Autovermieter ist berechtigt, für die Regulierung eines (auch durchschnittlichen) Unfallschadens eines seiner Fahrzeuge einen Rechtsanwalt zu beauftragen. Angesichts der nicht mehr überschaubaren Rechtsprechung zum Umfang des ersatzfähigen Unfallschadens ist davon auszugehen, dass es keinen rechtlich einfach gelagerten Verkehrsunfall mehr gibt, so dass dem rechtsunkundigen Geschädigten auch im Hinblick auf den Grundsatz der Waffengleichheit in der Regel die Inanspruchnahme eines Rechtsanwalts für die außergerichtliche Schadensregulierung zuzubilligen ist.[561]

---

554 AG Ingolstadt SP 2009, 379.
555 LG Kiel VersR 2005, 1743; AG Frankfurt zfs 2006, 286; AG Köln SP 1996, 151.
556 LG Itzehoe SP 2009, 31; LG Bielefeld NZV 1990, 3; AG Laufen, Urt. v. 8.11.2011 – 2 C 687/11 – juris.
557 AG Köln, Urt. v. 4.2.2011 – 272 C 224/10 = SP 2011, 267.
558 Zustimmung AG Freudenstadt zfs 1996, 334; ablehnend beispielsweise die Rechtsprechung einiger Hamburger Amtsgerichte.
559 BGH VersR 1995, 183.
560 LG Bonn zfs 2008, 18; AG Darmstadt zfs 2002, 71.
561 AG Kassel NJW 2009, 2898; AG Coburg AnwBl 2006, 219; a.A. AG Frankfurt NZV 2007, 426

428 Auch steht es dem Ausgleich der Rechtsanwaltskosten nicht entgegen, dass ein Rechtsanwalt in eigener Sache zur Abwicklung eines Verkehrsunfallschadens tätig wird.[562] Der Geschädigte muss nicht allein deswegen seine Ansprüche kostenfrei geltend machen, weil er selbst Rechtsanwalt ist. Ihm ist es in der Regel nicht zuzumuten, seine besonderen beruflichen Fähigkeiten in den Dienst des Schädigers zu stellen.[563] Das gilt auch für Verkehrsunfälle.[564] In diesem Fall muss allerdings das Tätigwerden eines Rechtsanwalts „erforderlich" sein.[565] Das ist nicht der Fall, wenn die Abwicklung der Schadensache keinerlei Schwierigkeiten bereitet.[566]

429 Darüber hinaus billigt die Rechtsprechung u.U. einen Ausgleichsanspruch für diejenigen Kosten zu, die dadurch entstanden sind, dass der Geschädigte aus Anlass des Verkehrsunfalls Verhandlungen mit seinem Kasko-Versicherer aufnehmen musste.[567] Die Erforderlichkeit der Einschaltung wird ggf. dadurch begründet, dass der Versicherer die Regulierung verzögert.[568] Im Übrigen ist immer im konkreten Einzelfall zu prüfen, ob diese Rechtsverfolgungskosten aus der Sicht des Geschädigten zur Wahrnehmung seines Rechts erforderlich und zweckmäßig waren.[569]

▼

430 **Muster 8.109: Erforderlichkeit der Einschaltung eines Anwalts trotz juristischer Vorkenntnisse**

▓▓▓ Versicherung AG

▓▓▓

▓▓▓

Schaden-Nr./VS-Nr./Az. ▓▓▓

Schaden vom ▓▓▓

Pkw ▓▓▓, amtl. Kennzeichen ▓▓▓

Sehr geehrte Damen und Herren,

soweit Sie in der im Betreff genannten Schadensache die Auffassung vertreten, meine Mandantin habe keinen Anspruch auf Ausgleich der geltend gemachten Rechtsanwaltskosten, ist dies rechtsfehlerhaft.

Jeder aus Anlass eines Verkehrsunfalls Geschädigte ist grundsätzlich zur sofortigen Beiziehung eines Rechtsanwalts zur Durchsetzung der aus dem Schadensereignis resultierenden Ansprüche berechtigt. Die dadurch verursachten Kosten sind „erforderlich" i.S.d. § 249 BGB. Nach einhelliger Auffassung in Rechtsprechung und Literatur werden hiervon nur in eng umgrenzten Fällen Ausnahmen zugelassen. Die Erforderlichkeit wird nur dann abgelehnt, wenn es sich um einen einfach gelagerten Rechtsfall handelt, der von einem geschäftlich gewandten Geschädigten selbst geltend gemacht werden kann

---

562 AG Freiburg DAR 1983, 83; BGH DAR 1995, 67; AG Fulda DAR 1999, 270.
563 BAG ZIP 1995, 499.
564 AG Hamburg, Urt. v. 19.9.2012 – 51a C 63/12 – n.v.
565 OLG Karlsruhe VersR 1991, 1297.
566 AG Brackenheim VersR 2000, 1272.
567 U.a. LG Kaiserslautern DAR 1993, 196 und LG Bielefeld NJW-RR 1989, 1431.
568 AG Gießen zfs 1999, 306; OLG Stuttgart zfs 1989, 83.
569 OLG Schleswig OLGR Schleswig 2009, 546; AG Leipzig SP 2009, 232.

(BGH VersR 1995, 183). Ebenso wird die sofortige Inanspruchnahme eines Rechtsanwalts zur Durchsetzung von Schadensersatzansprüchen in den Fällen abgelehnt, in denen der Geschädigte über eine eigene Rechtsabteilung verfügt.

Diese Voraussetzungen lagen hier nicht vor. Meine Mandantin verfügt über keine eigene Rechtsabteilung. Selbst wenn unterstellt wird, dass ein haftungsrechtlich eindeutiger Sachverhalt zugrunde lag, erforderte die Abwicklung der Schadensache besondere Kenntnisse im Hinblick auf die Einschaltung eines Sachverständigen, der Abrechnung des Fahrzeugschadens sowie der Geltendmachung weiterer Schäden. Um einen Streit über die Abwicklung der Schadensache von vornherein auszuschließen, war für meine Mandantin die Inanspruchnahme anwaltlicher Hilfe geboten. Erst durch meine Beiziehung wurde die erforderliche „Waffengleichheit" mit Ihrer Schadensabteilung hergestellt.

Diese Einschätzung steht im Einklang mit der einhelligen Auffassung in Rechtsprechung und Literatur. Angesichts der nicht mehr überschaubaren Rechtsprechung zum Umfang des ersatzfähigen Unfallschadens ist davon auszugehen, dass es keinen rechtlich einfach gelagerten Verkehrsunfall mehr gibt, so dass dem rechtsunkundigen Geschädigten auch im Hinblick auf den Grundsatz der Waffengleichheit in der Regel die Inanspruchnahme eines Rechtsanwalts für die außergerichtliche Schadensregulierung zuzubilligen ist (AG Kassel NJW 2009, 2898; AG Coburg AnwBl 2006, 219). So wurde u.a. die Einschaltung eines Rechtsanwalts durch ein Leasingunternehmen (LG Itzehoe SP 2009, 31), ein Unternehmen aus der Kfz-Branche (AG Wuppertal zfs 1996, 270), ein Mietwagenunternehmen (AG Freudenstadt zfs 1996, 334) sowie durch ein Taxi-Unternehmen (AG Wiesbaden zfs 1996, 428) auch in einfach gelagerten Verkehrsunfallfällen für erforderlich erachtet. Dies entspricht im Übrigen auch dem Grundsatz, dass die Einschaltung eines Rechtsanwalts aufgrund der Vielzahl der in Betracht kommenden Abrechnungen und Ansprüche bei einem Verkehrsunfall i.d.R. erforderlich ist (AG Laufen, Urt. v. 8.11.2011 – 2 C 687/11, juris).

Nach alledem habe ich Sie aufzufordern, die mit ▬▬▬ EUR bezifferten Rechtsanwaltskosten unverzüglich, spätestens jedoch bis zum

▬▬▬ *(10-Tages-Frist)*

unmittelbar an mich auszugleichen. Ich besitze Geldempfangsvollmacht. Sollten Sie die Frist ungenützt verstreichen lassen, werde ich meiner Mandantin die Inanspruchnahme gerichtlicher Hilfe empfehlen.

Mit freundlichen Grüßen

(Rechtsanwalt)

Beauftragt der Mandant seinen Rechtsanwalt mit der Abwicklung seiner Ansprüche aus der Vollkaskoversicherung, können ggf. auch die dadurch verursachten Rechtsanwaltskosten im Rahmen der Abwicklung des Kfz-Haftpflichtschadens vom gegnerischen Versicherer zu übernehmen sein.

Dies gilt in jedem Fall dann, wenn der gegnerische Kfz-Haftpflichtversicherer mit dem Ausgleich des geltend gemachten Schadens in Verzug gerät.[570] Auch im Quotenfall sind die Kosten für die Einschaltung eines Rechtsanwalts durch den Geschädigten gegenüber

---

570 U.a. OLG Stuttgart zfs 1989, 83; AG Erfurt zfs 1999, 31.

dem Kaskoversicherer zu ersetzen. Diese werden als kongruente Schadensposition vom Quotenvorrecht erfasst.[571] Denn ist es aus Sicht des Geschädigten erforderlich, anwaltliche Hilfe in Anspruch zu nehmen, so gilt das grundsätzlich auch für die Anmeldung des Versicherungsfalls bei dem eigenen Versicherer.[572] Ist eine Haftungsteilung für die Regulierung anzunehmen, ist zugleich aus Sicht des Geschädigten als Laie nicht auszuschließen, dass der Kaskoversicherer einer Zahlung zumindest teilweise ablehnend gegenübersteht. Auch kann sich die Erforderlichkeit einer anwaltlichen Beratung daraus ergeben, dass zu prüfen ist, ob und wie sich die Inanspruchnahme der eigenen Versicherung auf den Anspruch gegen den Unfallgegner auswirken würde.[573]

433 Nicht ohne weiteres erstattungsfähig sind aber Kosten, die bei der Einschaltung eines Rechtsanwalts im Hinblick auf die Deckungszusage eines Rechtsschutzversicherers entstehen. Dies ist nur der Fall, wenn eine Reihe an Voraussetzungen erfüllt ist:[574]
(1) Es muss ein konkreter Auftrag zur eigenständigen Betreuung dieser Angelegenheit vorliegen, bei welchem der Mandant über gesondert anfallende Kosten aufgeklärt wird und der über einen Annex zur Verfolgung des Anspruchs aus dem Verkehrsunfall hinausgeht.
(2) Zum Zeitpunkt der Beauftragung muss sich die gegnerische Haftpflichtversicherung (auch unter Beachtung ihres 3–6-wöchigen Prüfungszeitraums) in Verzug befunden haben.
(3) Die Einschaltung eines Rechtsanwalts muss dabei – sei es wegen der fehlenden Erfahrung des Geschädigten oder aber der komplexen Angelegenheit – erforderlich gewesen sein und die bloße Anfrage des Geschädigten unter Vorlage des Schriftverkehrs seines Anwalts nicht ausreichen.

434 Der für die Berechnung der Anwaltsgebühren maßgebliche Streitwert für die Deckungsschutzanfrage entspricht den voraussichtlichen Kosten einer Deckungsschutzklage, also den aller Voraussicht nach entstehenden beiderseitigen Rechtsanwaltskosten sowie den Gerichtskosten für eine Instanz.[575]

▼

435 **Muster 8.110: Ersatz der Kosten der Einschaltung eines Anwalts bei Einholung einer Deckungszusage**

▓▓▓▓ Versicherung AG

▓▓▓▓

▓▓▓▓

Schaden-Nr./VS-Nr./Az. ▓▓▓▓

Schaden vom ▓▓▓▓

---

571 OLG Frankfurt, Urt. v. 8.2.2011 – 22 U 109/11; OLG Düsseldorf, Urt. v. 16.1.2006 – 1 U 159/05; LG Gera, Urt. v. 14.12.2011 – 1 S 96/11, juris; nach OLG Oldenburg (Urt. v. 6.9.2011 – 13 U 43/10) sind nur anteilig Kosten zu erstatten.
572 BGH NJW 2005, 1112.
573 AG Köln, Urt. v. 5.7.2012 – 274 C 22/12 – juris.
574 BGH, Urt. v. 13.12.2011 – VI ZR 274/10 = NZV 2012, 169.
575 AK Karlsruhe AGS 2009, 355.

E. Sonstige Schadenspositionen §8

Pkw ▨▨, amtl. Kennzeichen ▨▨

Sehr geehrte Damen und Herren,

soweit Sie in der im Betreff genannten Schadensache die Auffassung vertreten, meine Mandantin habe keinen Anspruch auf Ausgleich der geltend gemachten Rechtsanwaltskosten für die Einholung einer Deckungszusage bei ihrem Rechtsschutzversicherer, ist dies rechtsfehlerhaft. Die Kosten für die Einholung einer Deckungszusage sind vorliegend zu ersetzen. Die insoweit vom BGH aufgestellten Voraussetzungen sind vorliegend gegeben:

1) Es liegt ein konkreter Auftrag zur eigenständigen Betreuung dieser Angelegenheit vor, bei welchem unsere Mandantschaft über gesondert anfallende Kosten aufgeklärt worden ist. Insoweit verweise ich auf die als Anlage beigefügte Korrespondenz, in welcher ▨▨

2) Zum Zeitpunkt der Beauftragung am ▨▨ und damit gut ▨▨ Wochen nach dem Verkehrsunfall vom ▨▨ haben Sie sich in Verzug befunden, nachdem unsere Zahlungsaufforderung vom ▨▨ unter Fristsetzung zum ▨▨ nicht beachtet worden ist.

3) Die Einschaltung eines Rechtsanwalts war insoweit auch erforderlich. Dies sowohl unter Berücksichtigung der Person unserer Mandantschaft wie auch der Sach- und Rechtslage im vorliegenden Fall.

a) Zu unserer Mandantschaft ist insoweit darauf hinzuweisen, dass ▨▨

b) Auch in der Sache war es geboten, einen Anwalt hinzuzuziehen. Es war dabei erforderlich, die Erfolgsaussichten sowohl zur Haftung dem Grunde als auch der Höhe nach näher zu begründen. Dabei ist zu beachten, dass ▨▨.

Nach alledem habe ich Sie aufzufordern, die mit ▨▨ EUR bezifferten Rechtsanwaltskosten unverzüglich, spätestens jedoch bis zum

▨▨ *(10-Tages-Frist)*

unmittelbar an mich auszugleichen. Ich besitze Geldempfangsvollmacht. Sollten Sie die Frist ungenützt verstreichen lassen, werde ich meiner Mandantin die Inanspruchnahme gerichtlicher Hilfe empfehlen.

Mit freundlichen Grüßen

(Rechtsanwalt)

▲

In den meisten Fällen werden unter Beachtung dieser strengen Voraussetzungen die Kosten für die Einholung einer Deckungszusage allerdings nicht zu ersetzen sein.

▼

Muster 8.111: Keine Erstattung der Kosten für die Einholung einer Deckungszusage

Die Kosten für die Einholung einer Deckungszusage sind nicht zu erstatten.

1) Für Deckungsanfragen bei der Rechtsschutzversicherung stehen dem Rechtsanwalt nämlich keine zusätzlichen Gebühren zu. Der Mandant darf darauf vertrauen, dass sein Anwalt für ihn insoweit gebührenfrei tätig wird (OLG München, Urt. v. 4.12.1990 – 13 U 3085/90, JurBüro 1993, 163; LG Koblenz, Urt. v. 2.2.2010 – 6 S 236/09 – VersR 2010, 1331). Die Einholung der Deckungszusage ist von den Gebühren für die außergerichtliche Tätigkeit bzw. spätestens im Zusammenhang mit dem so finanzierten Klageverfahren erfasst (LG Schweinfurt NJW-RR 2009, 1254).

§ 8 Sachschaden

In diesem Zusammenhang scheitert eine Erstattung im Übrigen bereits daran, dass der Geschädigte nicht wie erforderlich über die möglicherweise gesonderten anfallenden Kosten bei der Annahme einer umfangreichen gesonderten weiteren Tätigkeit des eigenen Anwalts aufgeklärt worden ist (vgl. zu den Anforderungen BGH, Urt. v. 13.12.2011 – VI ZR 274/10 – zfs 2012, 223; OLG Celle, Urt. v. 12.1.2011 – 14 U 78/10 – AGS 2011, 152 und LG Nürnberg-Fürth, Urt. v. 9.9.2010 – 8 O 1617/10 – NZV 2012, 140).

2) Folgeschäden eines Verkehrsunfalls fallen dann nicht mehr unter den Schutzzweck der Schadensersatznorm, wenn sie bei wertender Betrachtung die Verwirklichung eines allgemeinen Lebensrisikos bzw. des allgemeinen Prozessrisikos darstellen (OLG Celle Urt. v. 12.1.2011 – 14 U 78/10). Soweit der Geschädigte seinen Rechtsschutzversicherer in Anspruch nimmt, basiert dies auf seiner freien Entschließung, eine entsprechende Vorsorge treffen zu wollen. Die eigene Vorsorge fällt jedoch nicht in den Schutzbereich der §§ 823 BGB, 7 StVG.

3) Darüber hinaus ist festzuhalten, dass die Einschaltung eines eigenen Anwalts für die Einholung einer Deckungszusage bei einem wie hier überschaubaren Sachverhalt nicht als erforderlich i.S.d. § 249 Abs. 2 BGB anzusehen ist, bzw. zumindest gegen die Schadensminderungspflicht des Geschädigten verstößt (BGH, Urt. v. 9.3.2011 – VIII ZR 132/10 – AGS 2011, 254; BGH, Urt. v. 13.12.2011 – VI ZR 274/10 – zfs 2012, 223; OLG Karlsruhe, Urt. v. 13.10.2011 – 1 U 105/11 – SP 2012, 33 und anschaulich LG Münster, Urt. v. 4.5.2010 – 3 S 12/10 – AGS 2011, 154).

4) Und schlussendlich ist zu beachten, dass eine Erstattungsfähigkeit allein unter dem Gesichtspunkt eines Verzugs überhaupt denkbar wäre. Zum Zeitpunkt der Beauftragung bestand jedoch kein Verzug:

▲

438 Erstatzungsfähig können auch die Rechtsanwaltskosten sein, die dadurch entstehen, dass der Geschädigte über seinen Anwalt einen Anspruch bei dem Unfallversicherer anmeldet. Um dem Interesse des Geschädigten an umfassendem Schadensausgleich Genüge zu tun, kann auch dieser Vergütungsanspruch erfasst werden, wenn im Einzelfall die Inanspruchnahme des Anwalts kausal auf den Verkehrsunfall zurückzuführen ist und die Inanspruchnahme anwaltlicher Hilfe erforderlich war.[576]

Eine Grenze ist allerdings zu ziehen, wenn die Leistung des Unfallversicherers nicht mehr der Wiederherstellung der Gesundheit dient. Allerdings kann auch in diesen Fällen die Notwendigkeit der Einschaltung eines Rechtsanwalts bestehen, wenn der Geschädigte selber nicht in der Lage ist, den Anspruch gegenüber seinem Unfallversicherer anzumelden, z.B. aus einem Mangel an geschäftlicher Gewandtheit oder aufgrund erheblicher Verletzungen.

---

[576] BGH VersR 2006, 521 = zfs 2006, 448.

E. Sonstige Schadenspositionen § 8

Muster 8.112: Erforderlichkeit einer Tätigkeit gegenüber dem Unfallversicherer

Versicherung AG

Schaden-Nr./VS-Nr./Az.

Schaden vom

Pkw , amtl. Kennzeichen

Sehr geehrte Damen und Herren,

in vorbezeichneter Angelegenheit besteht sehr wohl ein Erstattungsanspruch unseres Mandanten bzgl. der von ihm bereits ausgeglichenen Rechtsanwaltskosten, die durch die Anmeldung seiner Ansprüche bei seinem Unfallversicherer entstanden sind. Der BGH stellt das Interesse des Geschädigten an einer vollständigen Restitution in den Vordergrund, so dass die oben genannten Kosten grundsätzlich zu erstatten sind, es sei denn, der Versicherungsnehmer würde Leistungen erhalten, die er alleine anmelden kann und die der Wiederherstellung seiner Gesundheit auch nicht zum Teil dienen (BGH VersR 2006, 521).

Für meinen Mandanten ist angesichts der schweren Folgen des von Ihrem Versicherungsnehmer schuldhaft verursachten Verkehrsunfalls ein Dauerschaden verblieben, der seinen Unfallversicherer zu der Zahlung einer Invaliditätssumme verpflichtet. Diesen Betrag will mein Mandant für kostenintensive Heilmaßnahmen einsetzen, die neben seiner gesundheitlichen Situation sein Wohlbefinden steigern werden. Ein Bezug der Unfallversicherungsleistung zu der beabsichtigten Rehabilitation meines Mandanten ist daher erkennbar gegeben. Im Übrigen ist mein Mandant aufgrund seiner erheblichen Verletzungen und der dadurch resultierenden stationären Behandlung nicht in der Lage, selber erfolgversprechend einen Anspruch gegenüber seinem Unfallversicherer zu begründen. Auch fehlt es ihm hierfür – unabhängig von seinem Gesundheitszustand – an der notwendigen Geschäftserfahrung; allein unter diesem, vom BGH in dem oben genannten Urteil anerkannten Gesichtspunkt besteht Ihre Einstandspflicht.

Nach alledem habe ich Sie aufzufordern, die mit EUR bezifferten Rechtsanwaltskosten unverzüglich, spätestens jedoch bis zum

(10-Tages-Frist)

unmittelbar an mich auszugleichen. Ich besitze Geldempfangsvollmacht. Sollten Sie die Frist ungenützt verstreichen lassen, werde ich meinem Mandanten die Inanspruchnahme gerichtlicher Hilfe empfehlen.

Mit freundlichen Grüßen

(Rechtsanwalt)

Grundsätzlich sind die außergerichtlichen Rechtsanwaltsgebühren im Wege eines Freistellungsanspruchs geltend zu machen, soweit der Mandant diese noch nicht ausgeglichen hat. Ein Freistellungsanspruch wandelt sich jedoch in einen Zahlungsanspruch des Geschädigten, wenn der Schädiger jeden Schadenersatz ernsthaft und endgültig verweigert und der Geschädigte Geldersatz fordert.[577]

VIII. Schaden an Ausrüstung und Kleidung

441 Kommt es zu einem Sturz eines Motorradfahrers oder erleidet ein Fahrzeuginsasse einen Personenschaden, werden bei dem Schadenfall in aller Regel Kleidungsstücke und Ausrüstungsgegenstände beschädigt. Selbstverständlich sind die dadurch verursachten Schäden vom Schädiger zu ersetzen. Probleme bereiten in der Praxis die Bezifferung des Kleidungsschadens und die Berechtigung zum Abzug „neu für alt".

▼

442 **Muster 8.113: Schadensnachweis bei Kleidungsschaden und Abzug neu für alt für Ausrüstungsgegenstände**

▓▓▓ Versicherung AG

▓▓▓

▓▓▓

Schaden-Nr./VS-Nr./Az. ▓▓▓

Schaden vom ▓▓▓

Pkw ▓▓▓, amtl. Kennzeichen ▓▓▓

Sehr geehrte Damen und Herren,

in vorbezeichneter Angelegenheit bestätige ich den Zugang Ihres Schreibens vom ▓▓▓ und nehme hierzu wie folgt Stellung:

1. Kleidungsschaden

Soweit Sie den Anspruch meines Mandanten auf Ausgleich des Kleidungsschadens mit der Begründung ablehnen, dieser sei nicht hinreichend nachgewiesen, vermag ich mich damit nicht einverstanden zu erklären. Zwar trifft es zu, dass mein Mandant nicht mehr über die Anschaffungsrechnungen für die Kleidungsstücke verfügt. Dies heißt jedoch nicht, dass ein Schadensersatzanspruch insgesamt ausscheidet.

Wie bereits mitgeteilt, wurden die Kleidungsstücke von den am Unfallort eintreffenden Rettungssanitätern zerschnitten, um die notwendige ärztliche Erstversorgung zu gewährleisten. Sämtliche Kleidungsstücke stehen meinem Mandanten noch zur Verfügung. Aus der nachfolgenden Auflistung sind die einzelnen Kleidungsstücke, ihr jeweiliges Anschaffungsjahr, ihre jeweiligen Anschaffungskosten, ihre voraussichtliche Lebensdauer sowie der sich daraus ergebene Wiederbeschaffungswert zum Zeitpunkt des Unfalltags zu entnehmen. Sämtliche Daten basieren auf einer Schätzung meines Mandanten gem. § 287 ZPO. Für die Richtigkeit der Anschaffungsjahre und -kosten steht ▓▓▓ als Zeuge/Zeugin zur Verfügung. ▓▓▓ (Tabelle)

Sollten Sie weiterhin den Ausgleich des mit ▓▓▓ EUR bezifferten Kleidungsschadens ablehnen, werde ich meinem Mandanten empfehlen, die Höhe dieser Schadensposition

---

[577] Grundlegend: BGH NJW 2004, 1868; im Verkehrsrecht: OLG Brandenburg, Urt. v. 23.10.2008 – 12 U 45/08 – juris; LG Düsseldorf, Urt. v. 1.4.2015 – 16 O 284/13 – juris; OLG Frankfurt, Urt. v. 23.8.2011 – 6 U 49/11 – juris.

im Rahmen eines selbstständigen Beweisverfahrens feststellen zu lassen oder unverzüglich das Klageverfahren einzuleiten.

2. Ausrüstungsgegenstände

Darüber hinaus nahmen Sie in Ihrem Schreiben vom ▓▓▓ einen Abzug „neu für alt" für den Motorradhelm, die Motorradhandschuhe sowie die Motorradkombi vor. Ihre dahin gehende Auffassung steht nicht im Einklang mit der hierzu vertretenen einhelligen Auffassung in Rechtsprechung und Literatur.

Bei dem Verkehrsunfall wurden die genannten Ausrüstungsgegenstände erheblich beschädigt. Auch wenn sie nicht völlig zerstört wurden, ist meinem Mandanten eine Weiterbenutzung dieser Gegenstände nicht zumutbar. Durch den Aufschlag kann nicht ausgeschlossen werden, dass der Helm bei einem weiteren Unfall nicht mehr die volle Schutzwirkung entfalten würde. Dasselbe gilt sowohl für die Handschuhe als auch für die Schutzkleidung. In diesen Teilen befinden sich Schutzplatten, die bei dem Unfall beschädigt wurden.

Da die Gegenstände somit einen Totalschaden aufweisen, ist mein Mandant in die Lage zu versetzen, sich entsprechenden Ersatz zu verschaffen. Hierzu ist unabhängig von ihrem Alter und entgegen der von Ihnen vertretenen Auffassung allein auf den Neuwert der Ausrüstungsgegenstände abzustellen.

Bei den genannten Ausrüstungsgegenständen handelt es sich ausschließlich um Gegenstände, die dem Schutz meines Mandanten dienten. Keiner der Gegenstände unterlag einem natürlichen Verschleiß. Ein Abzug „neu für alt" scheidet für die Ausrüstungsgegenstände von vornherein aus. Durch die Ersatzbeschaffung hat mein Mandant keine Aufwendungen erspart. Die Neuanschaffung der Gegenstände führt somit nicht zu einer Vermögensmehrung bei meinem Mandanten. Wegen der Einzelheiten hierzu verweise ich auf die Entscheidungen LG Oldenburg DAR 2002, 171; AG Bad Schwartau DAR 1999, 458 sowie AG Lahnstein zfs 1998, 294.

Danach habe ich Sie aufzufordern, auch diese Schadensposition wie beziffert und ungekürzt auszugleichen. Ich habe mir hierzu eine Frist bis zum

 (10-Tages-Frist)

notiert.

Mit freundlichen Grüßen

(Rechtsanwalt)

▲

Nach anderer Auffassung in der Rechtsprechung ist auch bei einer Motorradschutzbekleidung nur der alters- und abnutzungsbedingte Zeitwert unter Berücksichtigung des Abzugs „neu für alt" zu erstatten ist.[578] Nach Auffassung des OLG Hamm[579] soll bei einem Kleiderschaden ein Abzug „neu für alt" dagegen ausscheiden, wenn es sich bei dem beschädigten Gegenstand um eine Goretex-Jacke handelt, die zum Schadenszeitpunkt erst sechs Monate alt war. Aufgrund ihrer Qualität sollen derartige Jacken über eine besonders lange Lebensdauer verfügen.

---

[578] OLG München, Urt. v. 7.5.2012 – 11 U 4489/11; OLG Karlsruhe, Urt. v. 21.9.2009 – 15 U 71/08; OLG Celle, Urt. v. 19.12.2007 – 14 U 97/07 – juris.

[579] OLG Hamm DAR 1996, 402.

IX. Auslagen für Telefon, Porti etc.

444 Durch die Abwicklung des Schadensfalles entstehen dem Geschädigten in aller Regel Nebenkosten, deren Bezifferung schwierig ist und ihm deshalb nicht zugemutet werden kann. Es handelt sich hierbei in erster Linie um die Positionen
- Portokosten,
- Telefonkosten und
- Fahrtkosten.

Für diese Positionen werden in aller Regel keine Belege ausgestellt bzw. nicht aufbewahrt. Die Rechtsprechung billigt eine Pauschalierung dieser Nebenkosten auf dem Wege des § 287 ZPO zu, sogar dann, wenn der Schaden nicht durch einen Verkehrsunfall, sondern durch andere Fremdeinwirkung verursacht wird.[580] Die Höhe der Pauschale wird von der Rechtsprechung bislang mit Beträgen von 20 EUR,[581] 25 EUR[582] und auch schon 30 EUR[583] beziffert.

▼

445 **Muster 8.114: Schadenspauschale 30 EUR**
Durch die Abwicklung des Schadensfalles sind eine Vielzahl an Nebenkosten in Form von Porto-, Telefon und Fahrtkosten entstanden, die pauschal geltend gemacht werden. Angesichts der steigenden Kosten sowie der ständigen inflationären Wertentwicklung ist eine Pauschale von 30 EUR angemessen (LG Aachen, Urt. v. 11.2.2005 – 9 O 360/04 – n.v.; LG Ingolstadt, Urt. v. 14.5.2007 – 2 S 1437/06 – n.v.; AG Leipzig, Urt. v. 16.12.2009 – 109 C 6579/09 – DV 2010, 20; AG Starnberg DAR 2007, 593; AG Nürtingen NJOZ 2003, 755; AG Kehlheim DAR 2003, 178). Der bisher in der Rechtsprechung anerkannte Betrag von 25 EUR (vgl. nur OLG Celle NJW-RR 2004, 1673; OLG Dresden NJOZ 2001, 1593) ist inflationsbedingt angemessen zu erhöhen.

▲

446 Eine interessante Betrachtungsweise eröffnet ein Vergleich mit der Unkostenpauschale, die Rechtsanwälten im Gerichtsverfahren zusteht. Wer diese Argumentation wählt gelangt zu einem Betrag von nicht mehr als 20 EUR.[584]

---

580 AG Eutin MDR 2001, 990, i.H.v. 20 EUR.
581 OLG Düsseldorf, Urt. v. 11.8.2015 – 1 U 130/14; LG Hamburg, Urt. v. 15.11.2013 – 306 S 48/13; Schleswig-Holsteinisches OLG, Urt. v. 5.9.2012 – 7 U 15/12 – juris; LG Stendal, Urt. v. 28.4.2011 – 22 S 84/10 – juris; KG Berlin, Urt. v. 16.8.2010 – 22 U 15/10 – juris.
582 OLG Hamm, Urt. v. 31.10.2014 – 11 U 57/13; OLG Saarbrücken, Urt. v. 8.5.2014 – 4 U 61/13 (st. Rspr. des Senats); OLG München, Urt. v. 26.4.2013 – 10 U 4938/12 (st. Rspr. des Senats); OLG Köln, Urt. v. 26.2.2013 – 3 U 141/12; OLG Celle, Urt. v. 14.11.2012 – 14 U 70/12 (st. Rspr. des Senats); OLG Koblenz, Urt. v. 21.6.2012 – 1 U 1086/11; OLG Stuttgart, Urt. v. 21.4.2010 – 3 U 218/09; OLG Stuttgart, Urt. v. 7.4.2010 – 3 U 216/09 – jeweils juris; Palandt/*Grüneberg*, BGB, 74. Aufl. 2015, § 249 Rn 79 mit Verweis auf BGH NJW 2011, 2871.
583 LG Aachen, Urt. v. 11.2.2005 – 9 O 360/04; LG Ingolstadt, Urt. v. 14.5.2007 – 2 S 1437/06; AG Leipzig, Urt. v. 16.12.2009 – 109 C 6579/09 – veröffentlicht über das Mitteilungsblatt der ARGE Verkehrsrecht, 1/2010, 20; AG Nürtingen NJOZ 2003, 1851; AG Starnberg DAR 2007, 593; Nürtingen NJOZ 2003, 755; AG Kehlheim DAR 2003, 178.
584 LG Siegen SP 2006, 251.

E. Sonstige Schadenspositionen § 8

▼
Muster 8.115: Schadenspauschale 20 EUR
Als Kostenpauschale kann ein Verkehrsunfallgeschädigter nur 20,00 EUR verlangen. Es ist in diesem Zusammenhang nicht ersichtlich, warum eine Privatperson eine höhere Pauschale als ein Rechtsanwalt verlangen können soll (LG Siegen SP 2006, 251; AG Bochum, Urt. v. 28.5.2008 – 38 C 35/08, juris), zumal die Kosten für Kommunikationsdienstleistungen in den vergangenen Jahren erheblich gesunken sind. Eine derartige Kostenpauschale entspricht auch den Vorgaben der obergerichtlichen Rechtsprechung (OLG Düsseldorf, Urt. v. 11.8.2015 – 1 U 130/14; Schleswig-Holsteinisches OLG, Urt. v. 5.9.2012 – 7 U 15/12; KG Berlin, Urt. v. 16.8.2010 – 22 U 15/10, juris).

447

Die Pauschalierung dieser Nebenkosten schließt eine konkrete Abrechnung der Schadenspositionen grundsätzlich nicht aus. Betragen die pauschalen Unkosten mehr als die oben benannten pauschalen Beträge, müssen sie im Einzelnen bewiesen bzw. belegt werden. Werden Fahrtkosten individuell belegt, wird eine Auslagenpauschale nur noch für die dann übrig gebliebenen Telefon- und Portokosten zugebilligt. In besonderen Fällen ist auch eine erheblich höhere Pauschale angemessen.

448

▼
Muster 8.116: Vereinbarung über eine erhöhte Pauschale bei Auslandsbezug

449

▬▬▬▬ Versicherung AG

▬▬▬▬

▬▬▬▬

Schaden-Nr./VS-Nr./Az. ▬▬▬▬

Schaden vom ▬▬▬▬

Pkw ▬▬▬▬, amtl. Kennzeichen ▬▬▬▬

Sehr geehrte Damen und Herren,

nach dem Ausgleich sämtlicher Personenschäden in der im Betreff genannten Schadensache bedürfen noch die allgemeinen Auslagen meiner Mandantschaft der Abrechnung. Während der sehr zeitaufwendigen Abwicklung der Schadensache fielen für meine Mandanten erhebliche Kosten für erforderliche Telefonate mit mir sowie der Übersendung der erforderlichen Schadensbelege an mein Büro an. Die Ermittlung der konkreten Anzahl von Schreiben und Telefonaten wäre mit erheblichem Aufwand verbunden. Ich schlage deshalb eine Pauschalierung dieser Aufwendungen vor, wobei außer Zweifel stehen dürfte, dass die üblicherweise in Schadensfällen anzusetzende Auslagenpauschale in Höhe von 25 EUR dem tatsächlichen Schadensaufwand bei weitem nicht gerecht würde. Selbst bei einer vorsichtigen Schätzung belaufen sich die Gesamtaufwendungen auf mindestens ▬▬▬▬ EUR. Sollten Sie sich hiermit nicht einverstanden erklären können, würde ich meiner Mandantschaft empfehlen, die Gesamtaufwendungen für Telefon und Porti konkret nachzuweisen. Dabei gehe ich davon aus, dass die dadurch verursachten Kosten weit höher ausfallen würden, als die bis auf weiteres zugrunde gelegte Pauschale.

Ich bitte höflich um entsprechende Veranlassung bis zum
▬▬ (10-Tages-Frist).

Mit freundlichen Grüßen

(Rechtsanwalt)

▲

450 Die Pauschale für die Kosten der Akteneinsicht i.H.v. 12 EUR gehört ebenfalls zu den erstattungsfähigen, schadensbedingten Aufwendungen.[585]

X. Ergänzende Stellungnahme des Sachverständigen

451 Der Erstattungsanspruch von Kosten für eine ergänzende Stellungnahme des Sachverständigen, wie z.B. für eine Reparaturbestätigung, ist in der Rechtsprechung umstritten. Nach einer Ansicht steht dem Geschädigten ein solcher Anspruch zu, da er z.B. nach einer Reparatur in Eigenregie mit Hilfe einer derartigen Bescheinigung bei einem weiteren Schadensfall die ordnungsgemäße und fachgerechte Durchführung der Reparatur beweisen kann.[586]

452 Nach anderer Ansicht sind derartige Kosten grundsätzlich nicht erstattungsfähig.[587] Die Kosten für die Stellungnahme eines Sachverständigen seien ansonsten im Rahmen des Kostenfestsetzungsverfahrens und der dabei gegebenen Möglichkeit eines vollstreckbaren Titels zu berücksichtigen. Sie begründeten daher keine eigenen Schadenersatzanspruch im Erkenntnisverfahren.

453 Eine vermittelnde Ansicht vertritt hierzu die Position, die für die Erstellung einer Reparaturbestätigung anfallenden Kosten seien nur dann eine ersatzfähige Schadensposition, wenn der Schädiger oder dessen Versicherer den Geschädigten zur Vorlage einer solchen Bestätigung aufgefordert hätte.[588]

XI. Inkassokosten

454 Inkassokosten sind nicht erstattungsfähig, sofern nicht nachweislich zum Zeitpunkt der Abgabe an das Inkassounternehmen Verzug eingetreten war. Ungeachtet dessen ist zu berücksichtigen, dass die Einschaltung eines Inkassounternehmens für die Erstattungsfähigkeit von deren Kosten erforderlich gewesen sein muss. Dies dürfte regelmäßig nicht der Fall sein. Das Inkassounternehmen nimmt – anders als ein Rechtsanwalt – keine inhaltliche Prüfung der Forderung vor und begründet diese auch nicht gegenüber dem Schädiger, wodurch dieser ggf. dazu bewegt werden würde, von seiner bisherigen Rechtsauffassung abzuweichen. Insofern werden durch die Abgabe der Forderung an ein Inkassounternehmen unnötige zusätzliche Kosten geschaffen. Darin ist ein Verstoß

---

[585] OLG Frankfurt, Urt. v. 29.3.2012 – 12 U 163/10 = SP 2012, 391.
[586] AG Fulda, Urt. v. 5.5.2015 – 33 C 3/15; AG Stuttgart, Urt. v. 20.2.2015 – 44 C 5090/14 – juris.
[587] AG Ibbenbüren, Urt. v. 17.6.2015 – 3 C 91/15; LG Krefeld, Beschl. v. 14.3.2014 – 3 O 348/12 – juris.
[588] AG Gelsenkirchen, Urt. v. 26.1.2015 – 204 C 82/14; AG Saarlouis, Urt. v. 12.6.2012 – 28 C 482/12; OLG Düsseldorf, Urt. v. 27.3.2012 – I-1 U 139/11, 1 U 139/11 – juris.

gegen die dem Geschädigten obliegende Schadenminderungspflicht zu sehen, denn es ist weiterhin absehbar, dass es zu einer gerichtlichen Auseinandersetzung kommen wird, für die ohnehin ein Rechtsanwalt beauftragt werden muss bzw. wird.[589]

XII. Zinsen auf Gerichtskosten

Soweit der Geschädigte eines Verkehrsunfalls im Rahmen des gerichtlichen Verfahrens einen ihm durch die Finanzierung der eingezahlten Gerichtskosten entstandenen Schaden geltend machen will, so muss er dies im Wege eines Feststellungsanspruchs tun, es sei denn, der Anspruch wäre konkret bezifferbar.[590] Nach einer Ansicht handelt es sich dabei um einen Teil des Schadenersatzanspruchs.[591] Gemäß §§ 7, 17, 18 StVG i.V.m. §§ 823, 249 Abs. 2 BGB i.V.m. § 115 Abs. 1 S. 1 Nr. 1 VVG sind sämtliche durch einen Verkehrsunfall entstandenen Schäden erstattungsfähig. § 104 Abs. 1 S. 2 ZPO über das Kostenfestsetzungsverfahren enthält jedoch keine Regelung für den begehrten Zinsschaden für die Zeit vor der Verkündung des Urteils, so dass dieser hierüber nicht erstattungsfähig wäre.[592] Über die Regelung der §§ 280, 286, 288 BGB wird jedoch teilweise versucht, eine Erstattung der eingezahlten Gerichtskosten als Verzugsschaden zu erreichen. Insoweit wäre mit einem Feststellungsantrag oder sogar einem konkreten Leistungsantrag im Rahmen der Klageschrift und dem darauf von Seiten des Schädigers im Zweifel folgenden Klageabweisungsantrag insgesamt eine Verzugssituation zu konstruieren.

455

Nach anderer Ansicht ist die abstrakte Regelung des § 288 Abs. 1 S. 2 BGB jedoch nicht auf materiell-rechtliche Erstattungsansprüche dieser Art anwendbar. Der Schaden kann allenfalls in einer konkreten Aufwendung von Zinsen oder in dem Verlust einer Zinsanlagemöglichkeit für den als Gerichtskosten eingezahlten Geldbetrag liegen. Dieser Schaden ist vom Geschädigten konkret darzulegen und nachzuweisen.[593]

456

Der Anspruch entfällt in jedem Fall, wenn die Gerichtskosten durch den hinter dem Geschädigten stehenden Rechtsschutzversicherer verauslagt bzw. erstattet wurden.[594]

457

XIII. Ölspurbeseitigungskosten

Weiter zählen zu den erstattungsfähigen Kosten infolge eines Verkehrsunfalls die Kosten für die Beseitigung von Ölspuren oder anderen Verschmutzungen der Fahrbahn. Dabei kann der Geschädigte des Verkehrsunfalls bei der Einschaltung eines Unternehmens zur Schadensbeseitigung allerdings lediglich eine Freistellung von den Kosten ersetzt

458

---

589 BGH, Beschl. v. 20.1.2005 – VII ZB 53/05; AG Brandenburg, Urt. v. 27.8.2012 – 31 C 266/11; AG Dieburg, Urt. v. 20.7.2012 – 20 C 646/12, jeweils juris.
590 Vgl. BGH, Urt. v. 18.2.2015 – XII ZR 199/13.
591 OLG Hamburg, Urt. v. 25.3.2004 – 3 U 184/03; OLG Frankfurt a.M., Urt. v. 31.10.2008 – 2 U 244/07 – juris.
592 AG Hamburg St. Georg, Urt. v. 25.7.2012 – 915 C 161/12; AG Bad Segeberg, Urt. v. 8.11.2012 – 17a C 256/10 – juris.
593 OLG Karlsruhe, Urt. v. 10.7.2012 – 8 U 66/11 = NJW 2013, 473; AG Köln, Urt. v. 26.6.2014 – 271 C 240/13 = MRW 2014, 54; AG Gelsenkirchen, Urt. v. 4.9.2015 – 20 C 34/14 – juris.
594 AG Gelsenkirchen, Urt. v. 4.9.2015 – 20 C 34/14 – juris.

verlangen, die als Vergütung vereinbart worden sind und daher eine Verbindlichkeit zu seinen Lasten begründen. In den meisten Fällen dürfte es allerdings so sein, dass eine konkrete Vergütungsabrede im Zusammenhang mit der Beauftragung gerade nicht getroffen worden ist. Insofern besteht gem. § 632 BGB lediglich ein Anspruch auf die übliche Vergütung.[595] Der Schädiger ist dazu verpflichtet, dem Geschädigten den zur Herstellung des ursprünglichen Zustandes erforderlichen Geldbetrag zur Verfügung zu stellen. Hierbei handelt es sich um die Aufwendungen, die ein verständiger, wirtschaftlich denkender Mensch in der Lage des Geschädigten für zweckmäßig und notwendig halten durfte.[596] Bei der Prüfung der Erforderlichkeit der zur Beseitigung eines Schadens aufgewendeten Beträge findet der Grundsatz des § 254 Abs. 2 BGB uneingeschränkte Anwendung. Demgemäß ist der Geschädigte dazu verpflichtet, sämtliche gebotenen Maßnahmen zur Geringhaltung des Schadens in die Wege zu leiten. Im Zuge dessen ist der Geschädigte dazu verpflichtet, vor der Beseitigung des Schadens zu prüfen, welche Kosten hierfür angemessen und üblich sind.

459 Dieselben Erwägungen gelten auch im Schadenersatzrecht bei einem staatlichen Auftraggeber mit eingeschalteter Fachbehörde.[597] Danach ist in Fällen der Verunreinigung öffentlicher Straßen Auftraggeber des jeweiligen Reinigungsunternehmen eine mit technischen Fachleuten besetzte Fachbehörde, die ständig mit derartigen Schadensfällen und ihrer Abwicklung konfrontiert ist und sich mit anderen derartigen Fachbehörden bundesweit austauschen kann. Einer solchen Behörde sei im Rahmen einer objektbezogenen Schadensbetrachtung abzuverlangen, dass sie Sorge dafür trage, dass sich keine von den Reinigungsunternehmen diktierte und unangemessene Preisgestaltung etabliere. Dies bedeute, dass die Erforderlichkeit der von Straßenreinigungsunternehmen in Rechnung gestellten Schadensbeseitigungskosten nur dann bejaht werden könne, wenn die Rechnung den Voraussetzungen des § 632 Abs. 2 BGB entspreche.

460 Demzufolge hat die zuständige fachliche Behörde in jedem Fall, unabhängig davon, ob eine Vergütungsabrede getroffen wurde oder nicht, dafür Sorge zu tragen, dass die begehrten Kosten der üblichen Vergütung i.S.d. § 632 Abs. 2 BGB entsprechen.[598] Zum Nachweis der Üblichkeit und Ortsangemessenheit der geltend gemachten Reinigungs- bzw. Schadenbeseitigungskosten wird im Rahmen des gerichtlichen Verfahrens regelmäßig ein Sachverständigengutachten einzuholen sein.

---

595 LG Nürnberg-Fürth, Urt. v.29.2.2012 – 8 S 2791/11 – juris; AG Offenbach, Urt. v. 27.6.2011 – 38 C 492/10 – juris – bestätigt durch LG Frankfurt a.M. Hinweisbeschl. v. 12.7.2011 – 2 15 S 90/11 = VRR 2011, 348.
596 BGH NJW 2009, 58; BGH NJW 2012, 50.
597 BGH, Urt. v. 15.10.2013 – VI ZR 528/12 = NZV 2014,163.
598 BGH, Urt. v. 15.10.2013 – VI ZR 528/12 = NZV 2014,163; OLG Zweibrücken, Urt. v. 3.9.2014 – 1 U 162/13; LG Frankenthal, Urt. v. 6.8.2014 – 2 S 238/13; LG Potsdam, Hinweisbeschl. v. 6.6.2014 – 13 O 8/13, jeweils juris.

F. Besonderheiten bei dem Verkehrsunfall eines Leasingfahrzeugs

Dr. Jens Tietgens

Handelt es sich bei dem unfallbeschädigten Kraftfahrzeug des Mandanten um ein Leasingfahrzeug, sind diverse Besonderheiten im Rahmen der Schadensabwicklung zu beachten.

I. Übersicht über die zu beachtenden Besonderheiten

Eigentümer des Leasingfahrzeugs ist nicht der Leasingnehmer, sondern der Leasinggeber, der sich dieses zur Sicherheit über die Geschäftsbedingungen vorbehalten hat. Folglich beschränken sich die unmittelbaren Ansprüche des Mandanten als Leasingnehmer ausschließlich auf die aus dem Besitz des Fahrzeugs resultierenden Ansprüche (Nutzungsausfall, Mietwagenkosten, Abschleppkosten, Sachverständigen- und Anwaltskosten, ggf. auch entgangener Gewinn) wegen einer Besitzstörung,[599] während die Eigentumsansprüche (Fahrzeugschaden, merkantiler Minderwert) originär dem Leasinggeber zustehen. Der Schaden des Leasingnehmers besteht deshalb nicht in der Belastung mit den Leasingraten, sondern nur in dem Entzug der Sachnutzung.[600] Sollen für den Mandanten auch die Eigentumsansprüche geltend gemacht werden, bedarf es hierzu einer ausdrücklichen Ermächtigung durch den Leasinggeber. Eine solche findet sich in aller Regel in den dem Leasingvertrag zugrunde liegenden Allgemeinen Leasingbedingungen. Wird der Leasingnehmer in den Allgemeinen Leasingbedingungen nicht dazu ermächtigt, Eigentumsansprüche aus Anlass eines Schadensfalles im eigenen Namen und auf eigene Rechnung geltend zu machen und erforderlichenfalls zwangsweise durchzusetzen, sollte beim Leasinggeber vorsorglich eine ausdrückliche Ermächtigung angefordert werden. In derartigen Konstellationen überträgt der Leasinggeber das Mandat zur Durchsetzung der Ansprüche allerdings häufig an „seinen" Rechtsanwalt und lehnt eine Übertragung des Mandats an den Anwalt des Leasingnehmers ab. Dennoch sollte in jedem Fall der Versuch unternommen werden, das Mandat vom Leasinggeber zu erhalten.

▼

Muster 8.117: Keine Aktivlegitimation bei Leasingfahrzeug

Ist der Anspruchsteller zum Zeitpunkt des Unfalls bzgl. des von ihm geführten Fahrzeugs lediglich Leasingnehmer und damit lediglich Besitzer des Fahrzeugs, kann dieser Schadensersatzansprüche nur dann geltend machen, wenn er nach dem Leasingvertrag berechtigt ist, Ansprüche der Leasinggeber im Wege der gewillkürten Prozessstandschaft im eigenen Namen geltend zu machen und darlegt, dass hierfür ein eigenes rechtliches Interesse gegeben ist. Dabei kann der Anspruchsteller wegen möglicher Ansprüche der

---

[599] BGH NJW 1992, 553; OLG München NZV 2015, 315.
[600] OLG München NJW 2013, 3728.

§ 8 Sachschaden

Leasinggeberin nicht Leistung an sich, sondern nur an die Leasinggeberin verlangen (LG Hagen, Urt. v. 18.4.2011 – 2 O 397/10 – SP 2011, 414 f.).

▲

464 Im Übrigen wird in der Rechtsprechung aber auch erwogen, dass der Leasingnehmer den Fahrzeugschaden unter dem Gesichtspunkt einer Verletzung des unmittelbaren Besitzes selber geltend machen kann. Anspruchsgrundlage ist insoweit § 823 Abs. 1 BGB, der auch den unmittelbaren Besitz als geschützte Rechtsposition erfasst.[601] Auch bei einem solchen Vorgehen sollte aber vorher Rücksprache mit dem Leasinggeber als Eigentümer gehalten werden, zumal eine solche Auseinandersetzung im Innenverhältnis ggf. unter Annahme einer Gesamtgläubigerschaft von Eigentümer und Besitzer wegen Ersatzansprüchen bzgl. der beschädigten Sache nachfolgen würde. Unter Umständen kann der Leasingnehmer bei einem solchen Vorgehen im Außenverhältnis lediglich berechtigt sein, eine Zahlung an den Leasingnehmer als Sicherungseigentümer oder zumindest beide als Gesamtgläubiger zu verlangen.

465 In den Allgemeinen Leasingbedingungen wird der Leasingnehmer dazu verpflichtet, den Leasinggeber unverzüglich über das Schadensereignis zu unterrichten. Sodann ist es Aufgabe des Leasingnehmers, die zur Wiederherstellung des Fahrzeugs erforderlichen Reparaturarbeiten durchführen zu lassen. Dabei ist zu beachten, dass die Leasingbedingungen u.U. vorgeben, in welcher Reparaturwerkstatt die Reparaturarbeiten durchzuführen sind.

466 Liegt an dem Fahrzeug kein Totalschaden vor, übersteigen die Reparaturkosten jedoch 60 % des Wiederbeschaffungswerts, ist der Geschädigte in aller Regel in seiner Entscheidung frei, ob er das Fahrzeug reparieren lässt oder den Leasingvertrag kündigt. Entscheidet er sich zur Reparatur und verlangt er vom Schadensverursacher die schadenbedingten Reparaturkosten ersetzt, ist er dazu verpflichtet, diesen Betrag auch tatsächlich zur Reparatur des Fahrzeugs zu verwenden.

Hat das Fahrzeug einen Totalschaden erlitten oder entscheidet sich der Leasingnehmer gegen eine Reparatur in einem „60 %-Fall", fällt dadurch nicht automatisch die Pflicht zur Leistung der Leasingraten weg. Vielmehr muss der Leasingvertrag üblicherweise nach den AGB möglichst umgehend außerordentlich gekündigt werden. Hierauf ist der Mandant in jedem Fall hinzuweisen. Anderenfalls liegt ein Beratungsverschulden vor. Ein solches Kündigungsrecht bei einer wesentlichen Beschädigung oder dem Verlust muss dem Leasingnehmer im Übrigen zwingend als Ausgleich für die i.d.R. vereinbarte Übertragung der Sach- und Preisgefahr als vertragliches Kündigungsrecht zugestanden werden.[602]

467 Macht der Leasingnehmer die ihm zustehenden Nutzungsansprüche auf Ausgleich entstandener Mietwagenkosten bzw. Nutzungsausfallentschädigung geltend, ist zu beach-

---

601 BGH MDR 1976, 1009; KG VRS 104, 92; LG Berlin MDR 2001, 630.
602 BGH NJW 1996, 1888.

F. Besonderheiten bei dem Verkehrsunfall eines Leasingfahrzeugs § 8

ten, dass die Leasingbedingungen u.U. eine Sicherheitsabtretung dieser Ansprüche an den Leasinggeber vorsehen.

Nicht einheitlich ist geregelt, wem im Reparaturfall der Anspruch auf Ausgleich der merkantilen Wertminderung zusteht. Da der merkantile Minderwert Bestandteil des Fahrzeugschadens ist, wird er rechtlich dem Leasinggeber zustehen. Dennoch sehen die Leasingbestimmungen vereinzelt ein Wahlrecht des Leasingnehmers vor. Hiernach steht es ihm frei, den merkantilen Minderwert zu behalten und bei Ende des Leasingvertrags das Risiko zu tragen, dass der Vorschaden zu einer Verringerung des Restwerts führt. Dieses Risiko kann der Leasingnehmer dadurch umgehen, dass er den merkantilen Minderwert dem Leasinggeber zur Verfügung stellt. Dann ist es dem Leasinggeber verwehrt, den Vorschaden zu Lasten des Leasingnehmers bei der Abrechnung des Leasingfalls zu berücksichtigen. In jedem Fall ist der Leasingnehmer dazu berechtigt, einen Anspruch auf Ausgleich eines merkantilen Minderwertes im Wege gewillkürter Prozessstandschaft geltend machen zu können.[603]

II. Anzeige des Leasingfalls und Absprachen mit dem Leasinggeber

In den Allgemeinen Leasingbedingungen wird der Leasingnehmer wie dargelegt i.d.R. dazu verpflichtet, den Leasinggeber unverzüglich über das Schadensereignis zu unterrichten.

▼

Muster 8.118: Schadensmeldung an den Leasinggeber

Vertrags-Nr.

Schaden vom

Pkw , amtl. Kennzeichen

Sehr geehrte Damen und Herren,

Herr aus beauftragte mich mit der Wahrnehmung seiner Interessen. Eine Kopie der auf mich lautenden Vollmacht füge ich in der Anlage bei.

Mein Mandant ist unter der im Betreff genannten Vertragsnummer Leasingnehmer des Pkw , amtliches Kennzeichen . Die Leasingsache wurde im Rahmen eines Verkehrsunfalls am in erheblich beschädigt. Der Schadensumfang wird derzeit vom Sachverständigen aus ermittelt.

Meinem Mandanten stehen bedauerlicherweise nicht mehr die dem Vertrag zugrunde liegenden Allgemeinen Leasingbedingungen zur Verfügung. Ich bitte deshalb höflich um möglichst umgehende Übersendung eines entsprechenden Exemplars sowie insbesondere um Mitteilung, ob mein Mandant zur selbstständigen Durchsetzung sämtlicher Schadensersatzansprüche aus Anlass des Verkehrsunfalls berechtigt und verpflichtet ist. Sollte dies nicht der Fall sein, bitte ich um Mitteilung, ob die Abwicklung der Schadenssache von Ihnen veranlasst wird.

---

603 LG Düsseldorf, Urt. v. 28.2.2014 – 6 O 217/11 – juris.

Bitte führen Sie die weitere Korrespondenz in der Schadensache unmittelbar mit meinem Büro.

Mit freundlichen Grüßen

(Rechtsanwalt)

471 Hierbei ist folgende Besonderheit bei einem Verkehrsunfall zwischen zwei Kraftfahrzeugen zu berücksichtigen: Der BGH hält in st. Rspr. daran fest, dass sich der Leasinggeber als Eigentümer, aber nicht Halter des beschädigten Kfz bei der Bildung der Haftungsquote nach § 17 StVG weder eine Betriebsgefahr des Leasingfahrzeugs noch ein Verschulden des Fahrers zurechnen lassen muss, da es hierfür an der erforderlichen Zurechnungsnorm fehlt.[604] Dies hat zur Folge, dass der Leasinggeber als Eigentümer in der Regel den Fahrzeugschaden vom gegnerischen Kfz-Haftpflichtversicherer ersetzt erhält. Ob sich der Leasinggeber ein etwaiges Verschulden des Fahrers des Leasingfahrzeuges gem. § 9 StVG zurechnen lassen muss, ist zweifelhaft, wurde aber noch nicht höchstrichterlich entschieden.[605] Voraussetzung hierfür wäre jedoch in jedem Fall, dass dem Sachinhaber ein Verschulden am Schadenseintritt vorgeworfen werden könnte.[606]

472 Handelt es sich um einen Quotenfall, wird der gegnerische Kfz-Haftpflichtversicherer im Innenverhältnis unter Gesamtschuldnern von dem Fahrer bzw. Leasingnehmer des Leasingfahrzeugs einen anteiligen Ausgleich fordern, wenn dieser seinerseits dem Leasinggeber aus den §§ 280, 823 ff. BGB zum Ersatz verpflichtet ist.[607] Der Fahrer bzw. Leasingnehmer sollte in einem solchen Fall möglichst frühzeitig die eigene Kaskoversicherung informieren, um seine Obliegenheiten aus dem Kaskovertrag zu wahren und eine Übernahme des (verbleibenden) Fahrzeugschadens am Leasingfahrzeug sicherzustellen.

473 *Beispiel*
Der Fahrer des Leasingfahrzeugs verursacht einen Verkehrsunfall mit Fremdschaden durch ein scharfes Abbremsen ohne verkehrsbedingten Anlass, indem er bei einem Automatikfahrzeug die Bremse fälschlich als „Kupplung" betätigt. Der Unfallgegner fährt wegen Unachtsamkeit seinerseits auf dieses Fahrzeug auf. Beide Verschuldensanteile sind i.d.R. als gleich zu gewichten, so dass grundsätzlich eine Haftungsteilung geboten wäre. Den am Leasingfahrzeug entstandenen Schaden kann der Leasinggeber aber zu 100 % gegenüber dem Unfallgegner und dessen Kfz-Haftpflichtversicherung geltend machen, ohne sich eine Betriebsgefahr oder gar das Verschulden des Fahrers zurechnen lassen zu müssen, da ihm ein Schadensersatzanspruch aus § 823 BGB zusteht.

Der Unfallgegner bzw. sein Kfz-Haftpflichtversicherer kann jedoch von dem Fahrer des Leasingwagens im Wege des Gesamtschuldnerausgleichs im Innenverhältnis ei-

---

604 BGH, Urt. v. 10.7.2007 – VI ZR 199/06 – juris; BGH VersR 1965, 523; OLG Karlsruhe NJW 2014, 1392.
605 Ablehnend: OLG Karlsruhe NJW 2014, 1392; zustimmend: LG Berlin, SP 2008, 279.
606 OLG Frankfurt, Urt. v. 10.9.2015 – 22 U 73/14 – juris.
607 *Nugel*, zfs 2008, 4 [6 ff.].

F. Besonderheiten bei dem Verkehrsunfall eines Leasingfahrzeugs § 8

nen Ausgleich der Ersatzansprüche des Leasinggebers verlangen. Dieser ist nicht durch die eigene Kfz-Haftpflichtversicherung abgesichert, da nach den jeweiligen AKB der Kfz-Haftpflichtversicherung kein Versicherungsschutz für die Beschädigung des versicherten Fahrzeugs besteht (vgl. A.1.5.3 AKB 2008).[608] In der Regel dürfte aber eine Vollkaskoversicherung einstandspflichtig sein, die das entsprechende Sacherhaltungs- wie auch Sachersatzinteresse absichert.[609]

Auf den ersten Blick könnte man hierbei auf den Gedanken kommen, dass die Kfz-Haftpflichtversicherung des Leasingfahrzeugs den Fahrer auch von diesem gegen ihn erhobenen Anspruch freizustellen bzw. selber den Regressanspruch der Kfz-Haftpflichtversicherung des Unfallgegners auszugleichen hat. Dies hätte zur Folge, dass der Fahrzeugschaden am Leasingfahrzeug bei einem überragenden Fehlverhalten des Fahrers letztendlich von der eigenen Kfz-Haftpflichtversicherung getragen und diese die Funktion einer Vollkaskoversicherung übernehmen würde. Allerdings ist zu beachten, dass nach den jeweiligen AKB der Kfz-Haftpflichtversicherung kein Versicherungsschutz für die Beschädigung des versicherten Fahrzeugs besteht (vgl. A.1.5.3 AKB 2008). Letztendlich trägt der Leasingnehmer bzw. sein Fahrer den Schaden am Leasingfahrzeug mithin alleine, es sei denn, es ist eine Vollkaskoversicherung abgeschlossen worden.

In einem 100 % Fall, bei dem ersichtlich keine Streitigkeit über die Haftungsquote zu erwarten ist, mag es sich anbieten, dass alle Schadensersatzansprüche durch den Anwalt des Leasingnehmers geltend gemacht werden, der sowieso mit der Angelegenheit betraut ist. Dies hat den zusätzlichen Vorteil, dass der Leasinggeber nicht Gefahr läuft, bei einem derart einfachen Schadensfall den Einwand zu erfahren, dass die Einschaltung eines Rechtsanwalts nicht erforderlich ist: Während dies i.d.R. für den Leasingnehmer mit seinen geschäftserfahrenen Mitarbeitern – zumindest für die erste Anspruchsanmeldung – fraglich sein kann,[610] darf der Leasingnehmer als Privatperson i.d.R. immer einen Rechtsanwalt einschalten, ohne dass die Erforderlichkeit in Zweifel steht. Zudem hält ein Teil der Rechtsprechung die bei der Schadensbeseitigung anfallende Mehrwertsteuer für erstattungsfähig, soweit es um den Ersatz für den nicht vorsteuerbezugsberechtigten Leasingnehmer geht (zumindest dann, wenn es um einen Reparaturfall geht).[611]

474

▼
Muster 8.119: Anfrage Leasinggeber

475

Vertrags-Nr.

Schaden vom

Pkw   , amtl. Kennzeichen

---

608 *Nugel*, zfs 2008, 4 [7].
609 *Nugel*, NZV 2009, 313 [317].
610 Ablehnend bei einem einfach gelagerten Schadensfall: LG Kiel VersR 2005, 1743; AG Frankfurt zfs 2006, 286; AG Köln SP 1996, 151; a.A.: LG Bielefeld NZV 1990, 3.
611 OLG Hamm MDR 2001, 213; LG München NZV 2002, 191; LG Arnsberg NZV 1994, 444.

§ 8 Sachschaden

Sehr geehrte Damen und Herren,

Herr ▓▓▓ aus ▓▓▓ beauftragte mich mit der Wahrnehmung seiner Interessen. Eine Kopie der auf mich lautenden Vollmacht füge ich in der Anlage bei.

Mein Mandant ist unter der im Betreff genannten Vertragsnummer Leasingnehmer des Pkw ▓▓▓, amtliches Kennzeichen ▓▓▓. Die Leasingsache wurde im Rahmen eines Verkehrsunfalls am ▓▓▓ in ▓▓▓ erheblich beschädigt. Der Schadensumfang wird derzeit vom Sachverständigen ▓▓▓ aus ▓▓▓ ermittelt.

Das Unfallgeschehen ist zwischen den Unfallparteien unstreitig. Der Fahrer des gegnerischen Pkw hat den Unfall allein schuldhaft verursacht. Ich bin bzgl. der Geltendmachung von Schadensersatzansprüchen bereits in das Unfallgeschehen eingearbeitet. Unser Mandant ist als Leasingnehmer und unmittelbarer Besitzer auch berechtigt, den Fahrzeugschaden in eigenem Namen geltend zu machen (BGH MDR 1976, 1009; KG VRS 104, 92). Bei der unstreitigen Haftung der Gegenseite kommt es auch nicht auf das „Quotenprivileg" des Leasinggebers an.

Aus hiesiger Sicht wird um Abstimmung gebeten, wie der Fahrzeugschaden verfolgt werden soll. Ich rege an, dass alle Schäden einheitlich durch mich im Namen meines Mandanten als Leasingnehmer verfolgt werden. Von Ihrer Seite wäre keine Einarbeitung in das konkrete Unfallgeschehen sowie die Schadensabrechnung erforderlich. Sollten Sie selber einen Rechtsanwalt bei diesem einfach gelagerten Sachverhalt einschalten, birgt dies die Gefahr, dass die dadurch begründeten Kosten keinen erforderlichen Aufwand zur Schadensbeseitigung darstellen (vgl. LG Kiel VersR 2005, 1743; AG Frankfurt zfs 2006, 286).

Bei der Verfolgung der Schadensersatzansprüche im Namen unseres Mandanten wird nach der überwiegenden Auffassung in Rechtsprechung auch die bei der Schadensbeseitigung anfallende Mehrwertsteuer ersetzt (OLG Hamm MDR 2001, 213; LG München NZV 2002, 191). Wir bitten daher um Ihre zeitnahe Zustimmung zu dem oben genannten Vorgehen.

Bitte führen Sie die weitere Korrespondenz in der Schadenssache unmittelbar mit meinem Büro.

Mit freundlichen Grüßen

(Rechtsanwalt)

III. Korrespondenz mit dem Schädiger/Kfz-Haftpflichtversicherer

476 Unter Beachtung der obigen Ausführungen ergeben sich auch Besonderheiten bei der Korrespondenz mit dem gegnerischen Haftpflichtversicherer.

1. Schadensanzeige

477 Auch dem Schädiger bzw. dessen Kfz-Haftpflichtversicherer sollten bereits im ersten Anspruchsschreiben die maßgeblichen Rechtsverhältnisse am Leasinggut angezeigt und mitgeteilt werden, in welchem Umfang der Mandant zur selbstständigen Geltendmachung und erforderlichenfalls Durchsetzung von Schadensersatzansprüchen aus Anlass des Schadensereignis berechtigt ist.

F. Besonderheiten bei dem Verkehrsunfall eines Leasingfahrzeugs § 8

Muster 8.120: Benachrichtigung des Unfallgegners über Leasingeigenschaft

▼

Versicherung AG

Schaden-Nr./VS-Nr./Az.

Schaden vom

Pkw   , amtl. Kennzeichen

Sehr geehrte Damen und Herren,

Herr   aus   beauftragte mich mit der Wahrnehmung seiner Interessen. Eine Kopie der auf mich lautenden Vollmacht füge ich Ihnen in der Anlage bei.

Gegenstand des Mandats ist die im Betreff genannte Schadensache. Mein Mandant ist Leasingnehmer und Besitzer des Pkw   mit dem amtlichen Kennzeichen   . Eigentümer des Fahrzeugs ist die Fa.   .

Ausweislich §   der in der Anlage in Kopie beigefügten Allgemeinen Leasingbedingungen ist mein Mandant gleichermaßen dazu berechtigt wie verpflichtet, den Unfallschaden im eigenen Namen geltend zu machen.

Der Unfallschaden ereignete sich wie folgt:

Mit freundlichen Grüßen

(Rechtsanwalt)

▲

2. „Leasingschaden"

Aus Anlass der vorzeitigen Beendigung des Leasingvertrags fordert der Leasinggeber vom Leasingnehmer einen sog. Ablösebetrag. In der Rechtsprechung und Literatur war lange Zeit umstritten, ob und inwieweit dem Geschädigten dadurch ein separater „Leasingschaden" entsteht. Der BGH lehnt dies ab.[612] Zur Begründung führt er aus, dass bei postengenauem Vergleich der Vermögenslagen vor und nach dem schädigenden Ereignis i.S.d. Differenzhypothese kein Schaden verbleibe.

Ungeachtet dessen kann der Leasingnehmer vom Schädiger generell verlangen, so gestellt zu werden, dass er sich ein gleichwertiges Fahrzeug verschaffen kann. Sämtliche damit im Zusammenhang stehenden Schadenspositionen sind vom Schädiger auszugleichen.[613]

Ein Schaden kann bei einer vorzeitigen Beendigung eines Leasingvertrags allenfalls daraus resultieren, dass der bei der Abrechnung des Leasingvertrags anfallende Abzinsungsbetrag auf einmal entrichtet werden muss und dafür Zins- und Finanzierungskosten entstehen.[614] Zur Absicherung des Risikos, im Schadenfall durch eine vorzeitige Ablö-

---

[612] BGH NJW 1992, 553.
[613] BGH NJW 1992, 553.
[614] BGH NJW 1992, 553; BGH VersR 1976, 943.

§ 8 Sachschaden

sung des Leasingvertrages einen Ablösebetrag an den Leasinggeber zahlen zu müssen, kann im Rahmen der Fahrzeugversicherung einen so genannte „GAP-Versicherung" abgeschlossen werden.

▼

480 Muster 8.121: Geltendmachung von Finanzierungskosten

▬▬▬ Versicherung AG

▬▬▬

▬▬▬

Schaden-Nr./VS-Nr./Az. ▬▬▬

Schaden vom ▬▬▬

Pkw ▬▬▬, amtl. Kennzeichen ▬▬▬

Sehr geehrte Damen und Herren,

in vorbezeichneter Schadensache bedanke ich mich für den Ausgleich des Fahrzeugschadens.

Mein Mandant hat den Leasingvertrag aus Anlass des Schadensereignisses gekündigt. Dadurch wurde ein Ablösebetrag in Höhe von ▬▬▬ EUR fällig. Der von Ihnen gezahlte Fahrzeugschaden reichte nicht aus, um diesen Betrag auszugleichen. Den Differenzbetrag musste mein Mandant mangels verfügbarer flüssiger Geldmittel durch Aufnahme eines Bankkredites vorfinanzieren. Ausweislich der beigefügten Zinsbescheinigung betragen die in Rechnung gestellten Zinsen ▬▬▬ EUR.

Im Rahmen Ihrer Eintrittspflicht für den Unfallschaden sind Sie auch zum Ausgleich dieses Zinsbetrags verpflichtet. Der Zinsschaden stellt eine unmittelbare Folge der vorzeitigen Beendigung des Leasingvertrags dar. Nach einhelliger Auffassung in Rechtsprechung und Literatur sind Sie zum Ausgleich sämtlicher Nachteile verpflichtet, die aus einer vorzeitigen Beendigung eines Leasingvertrags resultieren. Hierzu gehören auch Zinskosten zur Finanzierung des Ablösebetrags. Ich verweise hierzu auf die Entscheidung des BGH VersR 1992, 553.

Für den Ausgleich des Betrags habe ich mir vorsorglich eine Frist bis zum

▬▬▬ (10-Tages-Frist)

notiert.

Mit freundlichen Grüßen

(Rechtsanwalt)

3. Anspruch auf Ausgleich der Mehrwertsteuer

481 Ist der Geschädigte zum Vorsteuerabzug berechtigt, erhält er vom Schädiger die auf die Schadenspositionen anfallende Mehrwertsteuer nicht ersetzt. Der Geschädigte lässt sich die von ihm zu zahlende Mehrwertsteuer im Rahmen der Umsatzsteuervoranmeldung vom Finanzamt erstatten. Deshalb erleidet er insoweit keinen Schaden.

Kommt es zu einem Verkehrsunfall, ist der Leasinggeber im Hinblick auf den Fahrzeugschaden Geschädigter. Da Leasinggeber stets zum Vorsteuerabzug berechtigt sind, besit-

F. Besonderheiten bei dem Verkehrsunfall eines Leasingfahrzeugs § 8

zen sie keinen Anspruch auf Ausgleich der auf den Fahrzeugschaden entfallenden Mehrwertsteuer. Fraglich ist, ob der Mandant als Leasingnehmer einen Anspruch auf Ausgleich der auf den Schadensbetrag entfallenden Mehrwertsteuer besitzt (soweit diese beim Schadensausgleich tatsächlich anfällt), wenn er nicht zum Vorsteuerabzug berechtigt ist. Im Fall einer wegen des Unfalls erfolgten einvernehmlichen Aufhebung des Leasingvertrags steht dem Leasinggeber gegen den Leasingnehmer ein Anspruch auf Erstattung der Mehrwertsteuer zu.[615] In dieser Höhe entsteht dem Leasingnehmer mithin auch ein zu ersetzender Schaden. Unabhängig von dieser Sonderkonstellation ist in der Rechtsprechung umstritten, ob die angefallene Mehrwertsteuer zu erstatten ist: Ein Teil der Rechtsprechung[616] bejaht dies, während andere Gerichte im Rahmen einer wirtschaftlichen Betrachtung lediglich auf die Verhältnisse des Leasinggebers abstellen und eine Erstattungsfähigkeit der Mehrwertsteuer folgerichtig ablehnen.[617] Für eine Erstattungsfähigkeit zumindest im Reparaturfall spricht, dass i.d.R. im Leasingvertrag eine Verpflichtung des Leasingnehmers zur Vornahme der Reparatur auf eigene Kosten vorgesehen ist und er daher letztendlich derjenige ist, welcher die Reparaturkosten im Verhältnis zum Leasinggeber zu tragen hat. Ungeachtet dessen wird stets zu prüfen sein, ob beim Geschädigten hinsichtlich der im Rahmen der Schadensbeseitigung anfallenden Mehrwertsteuer tatsächlich ein Schaden verbleibt.[618]

▼

Muster 8.122: Geltendmachung von Mehrwertsteuer

▓▓▓▓ Versicherung AG

Schaden-Nr./VS-Nr./Az. ▓▓▓▓

Schaden vom ▓▓▓▓

Pkw ▓▓▓▓, amtl. Kennzeichen ▓▓▓▓

Sehr geehrte Damen und Herren,

ich komme zurück auf die im Betreff genannte Schadensache. Entgegen der von Ihnen vertretenen Auffassung hat mein Mandant durchaus einen Anspruch auf Ausgleich der gesamten Reparaturkosten in Höhe von ▓▓▓▓ EUR inkl. Mehrwertsteuer.

Maßgeblich ist insoweit nicht die Vorsteuerabzugsberechtigung des Leasinggebers. Vielmehr kommt es darauf an, von wem der Mehrwertsteuerbetrag letztlich zu zahlen und zu tragen ist (OLG Hamm MDR 2001, 213; LG München NZV 2002, 191; LG Hamburg VersR 1999, 90; LG Arnsberg NZV 1994, 444). Dies ist hier mein Mandant und nicht der Leasinggeber. Nach Maßgabe der in der Anlage in Kopie beigefügten und dem Leasingvertrag zugrunde liegenden Allgemeinen Leasingbedingungen ist mein Mandant dazu verpflichtet, die Reparatur des Fahrzeugs in eigener Regie und in eigener Verantwortung durchzuführen. Demgemäß stellt die auf den Reparaturkostenbetrag entfallene

---

615 OLG Schleswig SchlHA 1997, 132.
616 OLG Hamm MDR 2001, 213; LG München NZV 2002, 191; LG Arnsberg NZV 1994, 444.
617 OLG Stuttgart NZV 2005, 309; LG Hamburg VersR 1995, 411; LG Mainz SP 1990, 244.
618 OLG München NZV 2015, 305.

Mehrwertsteuer für meinen Mandanten einen endgültigen Schaden dar. Ein Recht zum Vorsteuerabzug besteht insoweit nicht.

Ich habe Sie deshalb aufzufordern, den noch offenen Restschadenbetrag umgehend, spätestens jedoch bis zum

(10-Tages-Frist)

auf das Ihnen bekannte Konto meines Mandanten auszugleichen. Nach fruchtlosem Fristablauf werde ich meinem Mandanten die unverzügliche Inanspruchnahme gerichtlicher Hilfe empfehlen.

Mit freundlichen Grüßen

(Rechtsanwalt)

▲

IV. Checkliste: Abwicklung von Schäden an Leasingfahrzeugen

483
- Eigentümer des Leasingfahrzeugs ist der Leasinggeber, nicht der Leasingnehmer.
- Die Ansprüche des Leasingnehmers beschränken sich grundsätzlich auf Besitz- und Nutzungsansprüche.
- Der Leasingnehmer ist u.U. zur Geltendmachung von Schadensersatzansprüchen berechtigt und verpflichtet. Es sind die Allgemeinen Leasingbedingungen maßgeblich.
- Unmittelbar nach Schadenseintritt ist eine Schadensmeldung beim Leasinggeber zu machen.
- Bei Totalschaden (u.U. bei Schaden ab 60 % vom Wiederbeschaffungswert) muss der Leasingvertrag unverzüglich gekündigt werden.
- Das Leasingverhältnis sollte gegenüber dem Anspruchsgegner angezeigt werden.
- Dem Leasinggeber wird ein Mitverschulden des eigenen Fahrzeugführers nicht zugerechnet, wenn ihm gegen den Schädiger ein Anspruch aus den §§ 823 ff. BGB zusteht.
- Der bei der Beendigung eines Leasingvertrags fällig werdende Ablösebetrag stellt keinen vom Schädiger zu ersetzenden Schaden dar.
- „Leasingschaden" stellt allenfalls der Zinsschaden dar, der durch die etwaige Finanzierung des Ablösebetrags entsteht.
- Trotz Vorsteuerabzugsberechtigung des Leasinggebers hat der Leasingnehmer nach überwiegender Auffassung einen Anspruch auf Ersatz der auf die Reparaturkosten entfallenen Mehrwertsteuer, wenn er zur selbstständigen Schadensbeseitigung gemäß den Leasingbedingungen verpflichtet und seinerseits nicht zum Vorsteuerabzug berechtigt ist.

§ 9 Personenschaden bei Verletzung

Hilmar Stobbe

A. Schmerzensgeld

Während sich die vorangegangenen Ausführungen allein damit beschäftigten, welche unmittelbaren und mittelbaren Schadensersatzansprüche aus der Beschädigung von Sachen aus Anlass eines Verkehrsunfalls resultieren, beziehen sich die nachfolgenden Ausführungen auf die durch die **Verletzung des Körpers oder der Gesundheit** verursachten Schadenspositionen.

Sämtliche Personenschäden lassen sich unterteilen in die Untergliederungspunkte

- Schmerzensgeld,
- Heilbehandlungskosten,
- vermehrte Bedürfnisse,
- Erwerbsschaden.

Nach der Gesetzesänderung zum 1.8.2002 steht für den Schmerzensgeldanspruch **§ 253 Abs. 2 BGB als Anspruchsnorm** für sämtliche Schadensersatzansprüche wegen der Verletzung von Körper und Gesundheit zur Verfügung. Hierzu gehören die deliktischen Ansprüche ebenso wie die Ansprüche aus Gefährdungshaftung. Verlangt werden kann eine billige Entschädigung in Geld bei den für Verkehrsunfälle allein relevanten Verletzungen des Körpers und der Gesundheit, soweit der Schaden keinen Vermögensschaden darstellt.

Das Schadensersatzrecht ist vom **Grundgedanken des Ausgleichs** geprägt. Ziel ist es, den ursprünglichen Zustand wiederherzustellen, der ohne das schadenbegründende Ereignis bestand. Dieser Grundsatz gilt auch für das Schmerzensgeld. Der Verletzte soll dadurch in die Lage versetzt werden, sich Erleichterungen und andere Annehmlichkeiten anstelle derer zu verschaffen, deren Genuss ihm durch die Verletzung unmöglich gemacht wurde.[1]

Neben den klassischen Ausgleichsgedanken tritt im Bereich des Schmerzensgeldes die sog. **Genugtuungsfunktion**.[2] Damit dient das Schmerzensgeld in bestimmten Fallkonstellationen nicht nur der reinen Wiederherstellung des ursprünglichen Zustandes, sondern gewinnt quasi-strafenden Charakter. Der pönale Aspekt des Schmerzensgeldes tritt allerdings im Rahmen der Verkehrsunfallbearbeitung in aller Regel zurück.[3]

---

1 OLG München SVR 2006 180; OLG Hamm zfs 2005, 122.
2 BGHZ 18, 149, 154.
3 OLG Celle, Beschl. v. 23.1.2004 – 14 W 51/03 = NJW 2004, 1185; KG DAR 2002, 266.

> *Beispiel*
> Erleidet ein Geschädigter im Rahmen eines fahrlässig verursachten Verkehrsunfalls einen Nasenbeinbruch, fällt das dafür zu zahlende Schmerzensgeld geringer aus, als wenn der Schädiger den Schaden durch einen gezielten und vorsätzlichen Faustschlag verursacht hätte.

6   Findet die Genugtuungsfunktion im Rahmen der Schmerzensgeldbezifferung aus Anlass eines Verkehrsunfalls generelle Berücksichtigung, wirkt es sich jedoch nicht schmerzensgeldmindernd aus, wenn der Schädiger wegen des begangenen Unrechts bereits strafrechtlich belangt wurde.[4] Zu beachten ist weiterhin, dass nach der Haftungserweiterung auf eine reine Gefährdungshaftung der Aspekt der Genugtuung an Gewicht verloren hat und zumindest in den Fällen einer verschuldensunabhängigen Haftung keine wesentliche Rolle mehr spielen wird.[5] Andererseits ist die Genugtuungsfunktion auch nach der Gesetzesreform in Fällen einfacher Fahrlässigkeit berücksichtigt worden.[6] Zumindest in Fällen eines groben Verschuldens des Schädigers dürfte die Genugtuungsfunktion daher auch weiterhin schmerzensgelderhöhend wirken.[7]

I. Nachweis des Schadensumfangs

7   Ebenso wie für jede andere Schadensposition trägt der Geschädigte auch für die Höhe des Schmerzensgeldes die **Darlegungs- und Beweislast**. Danach ist es allein seine Aufgabe, geeignete Belege zum Umfang des eingetretenen Personenschadens vorzulegen.

In der Praxis erfolgt der Nachweis des eingetretenen Personenschadens durch Vorlage von Arztberichten bzw. -gutachten. Solche werden auf Anforderung des Geschädigten regelmäßig vom Haftpflichtversicherer des Unfallgegners beschafft.

Erklärt sich der Haftpflichtversicherer hierzu bereit, ist ihm eine Erklärung des Geschädigten vorzulegen, wonach er den oder die Ärzte von der ärztlichen Schweigepflicht befreit, soweit dies für die Anfertigung der Arztberichte aus Anlass des Verkehrsunfalls erforderlich ist. Der Haftpflichtversicherer wendet sich sodann unter Vorlage der Schweigepflichtentbindungserklärung an die betreffenden Ärzte und fordert dort Arztberichte an, die für gewöhnlich in formularmäßige Fragebögen einzufügen sind. Durchschriften dieser Arztberichte leitet der Haftpflichtversicherer an den Geschädigten bzw. seinen Rechtsanwalt weiter, auf deren Grundlage sodann die Bezifferung des Schmerzensgeldes erfolgt.

8   Hat der Verletzte Kenntnis davon, dass der Haftpflichtversicherer beabsichtigt, einen Arztbericht einzuholen, kann er die Kosten eines gleichwohl von ihm selbst eingeholten

---

4 BGH VersR 1996, 382; LG Hanau zfs 1996, 13.
5 OLG Celle, Beschl. v. 23.1.2004 – 14 W 51/03 = NJW 2004, 1185.
6 KG VersR 2004, 1569; anders OLG Celle NJW 2004 1185, wonach nur ein erhebliches Verschulden schmerzensgelderhöhend wirkt.
7 OLG Saarbrücken, Urt. v. 27.11.2007 – 4 U 276/07 = NJW 2008, 1166 (Vorsatz); OLG Frankfurt, Urt. v. 29.8.2005 – 12 U 190/14 – juris (grobe Fahrlässigkeit); *Diederichsen*, VersR 2005, 433–442.

A. Schmerzensgeld §9

ärztlichen Attestes nicht erstattet verlangen. Er hat die ihm obliegende Schadensminderungspflicht nicht beachtet.[8]

▼

Muster 9.1: Anmeldung von Schmerzensgeldansprüchen beim Versicherer

▧▧▧ Versicherung AG

Schaden-Nr./VS-Nr./Az. ▧▧▧

Schaden vom ▧▧▧

Pkw ▧▧▧, amtl. Kennzeichen ▧▧▧

Sehr geehrte Damen und Herren,

ausweislich der in der Anlage in Kopie beigefügten Vollmacht vertrete ich die Interessen des Herrn ▧▧▧ aus ▧▧▧ anlässlich des Verkehrsunfalls vom ▧▧▧.

Die uns erteilte Vollmacht legen wir in Kopie als **Anlage** anbei. An dem Verkehrsunfall war ▧▧▧ als bei Ihnen im Rahmen der Kfz-Haftpflichtversicherung versicherte Person mit dem bei Ihnen versicherten Fahrzeug mit dem amtlichen Kennzeichen ▧▧▧ beteiligt (vgl. Sie bitte auch die Vertragsnummer im Betreff). Unsere Mandantschaft ist Eigentümer des Fahrzeugs mit dem amtlichen Kennzeichen ▧▧▧. Der konkrete Unfallhergang ergibt sich aus dem als **Anlage** beigefügten ▧▧▧. Hiernach hat die bei Ihnen versicherte Person den Unfall durch einen Verstoß gegen ▧▧▧ StVO herbeigeführt, indem ▧▧▧.

Bei dem Zusammenstoß erlitt meine Mandantschaft einen erheblichen Personenschaden. Die Erstbehandlung meines Mandanten erfolgte im Krankenhaus ▧▧▧ in ▧▧▧. Behandelnder Arzt war dort Dr. ▧▧▧. Nach Abschluss des dreiwöchigen Krankenhausaufenthaltes erfolgte die Weiterbehandlung bei Herrn Dr. ▧▧▧ in ▧▧▧. Dort ist mein Mandant weiterhin in Behandlung.

Nach Maßgabe der üblichen Gepflogenheiten bitte ich höflich darum, bei den behandelnden Ärzten Arztberichte einzuholen. Mein Mandant erteilt den behandelnden Ärzten Dispens von der ärztlichen Schweigepflicht mit der Maßgabe, dass Sie Durchschriften der eingeholten Arztberichte an mein Büro übersenden, auf deren Grundlage ich sodann die Schmerzensgeldansprüche meines Mandanten beziffern werde. Eine Schweigepflichtentbindungserklärung meines Mandanten füge ich in der **Anlage** bei.

Abschließend bitte ich höflich um zeitnahe Bestätigung Ihrer uneingeschränkten Eintrittspflicht.

Mit freundlichen Grüßen

(Rechtsanwalt)

▲

 Praxistipp
Manche Ärzte lassen sich viel Zeit mit dem Ausfüllen des Formulars des Versicherers. Dadurch verzögert sich die Regulierung. Den Versicherer zu mahnen hilft nicht.

---

[8] LG Bochum, Urt. v. 16.5.1988 – 8 O 134/88 = zfs 1988, 383; AG Garmisch-Partenkirchen, Urt. v. 24.4.1990 – 7 C 196/90 = zfs 1990, 339.

§ 9 Personenschaden bei Verletzung

> Den eigenen Mandanten einzuschalten, damit er bei seinem Arzt um beschleunigte Bearbeitung bittet, kann hingegen hilfreich sein. Der Arzt hat auch ein Interesse an zufriedenen Patienten.

11 Muster für eine Schweigepflichtentbindungserklärung senden auf Anfrage auch die regulierenden Haftpflichtversicherer zu. Die Schadensbearbeitung wird jedoch beschleunigt, wenn eine solche Erklärung bereits bei der Anspruchsanmeldung vorgelegt wird.

12 Muster 9.2: Schweigepflichtentbindungserklärung

Hiermit erteile ich, ▓▓▓▓, geb. am ▓▓▓▓, wohnhaft in ▓▓▓▓, ▓▓▓▓, sämtlichen Ärzten, die mich aus Anlass des Verkehrsunfallereignisses vom ▓▓▓▓ behandelt haben bzw. behandeln werden, Befreiung von der ärztlichen Schweigepflicht gegenüber

- den beteiligten Versicherungsgesellschaften,
- den beteiligten Gerichten und Strafverfolgungsbehörden,
- den beteiligten Rechtsanwälten/Rechtsanwältinnen

unter der Bedingung, dass die Ärzte Auskünfte und Stellungnahmen schriftlich erteilen und davon jeweils eine Kopie dem von mir beauftragten Rechtsanwaltsbüro ▓▓▓▓ aus ▓▓▓▓ zusenden.

(Unterschrift)

13 Muster 9.3: Schreiben an den Arzt wegen Arztbericht

Dr. ▓▓▓▓

▓▓▓▓

Patient ▓▓▓▓

Geboren am ▓▓▓▓

Sehr geehrter Herr Dr. ▓▓▓▓,

Ihr Patient ▓▓▓▓ aus ▓▓▓▓, geb. am ▓▓▓▓, beauftragte mich mit der Wahrnehmung seiner Interessen in der Verkehrsunfallangelegenheit vom ▓▓▓▓, aus deren Anlass Sie meinen Mandanten behandelt haben bzw. noch behandeln. Eine Kopie der mir erteilten Vollmacht liegt anbei.

Zur Bezifferung der meinem Mandanten gegenüber dem Unfallverursacher zustehenden Ansprüche bitte ich höflich um die Beantwortung nachfolgender Fragen aus dem als Anlage beigefügten Musterfragebogen:

Sollten durch die Anfertigung des Arztberichtes Kosten entstehen, bitte ich diese gesondert in Rechnung zu stellen. Abschließend bedanke ich mich – auch im Namen meines Mandanten – im Voraus herzlich für Ihre Mühewaltung.

Mit freundlichen Grüßen

(Rechtsanwalt)

A. Schmerzensgeld §9

Praxistipp
Es bietet sich an, die entscheidenden Fragen in einem Muster zusammenzufassen und dieses für das zu erstellende Attest als gesonderten Anhang beizufügen.

▼
Muster 9.4: Attest des behandelnden Arztes
Ärztliches Attest
Aufgrund des Unfallereignisses vom
Behandelter Patient
Name, Vorname:
Anschrift:
Geburtsdatum:
1. Es wurden folgende Verletzungen festgestellt:
a)
b)
c)
d)
2. Diese Verletzungen beruhen nach vorläufiger Einschätzung
a) allein auf dem Unfallereignis
☐ nein ☐ ja

b) zum Teil auf dem Unfallereignis
☐ nein ☐ ja

Wenn b) bejaht: Welche Vorerkrankungen sind zu berücksichtigen?
Wie hoch ist der Verursachungsanteil der Vorerkrankung? %
3. Die Behandlung erfolgte
a) stationär in der Zeit vom bis
b) ambulant in der Zeit vom bis
4. Aufgrund des Unfallereignisses war eine Beeinträchtigung der Arbeitsfähigkeit – ggf. abnehmend auf 0 – wie folgt gegeben:
a) zu 100 % in folgendem Zeitraum:
b) zu % in folgendem Zeitraum:
c) zu % in folgendem Zeitraum:
d) zu % fortlaufend seit: .
5. Werden fortdauernde Beeinträchtigungen bestehen?
a) Keine Dauerfolgen
☐ nein ☐ ja

§ 9 **Personenschaden bei Verletzung**

b) Folgende Dauerfolgen

Ggf.: Wie hoch ist der Verursachungsanteil der Vorerkrankung? ▨ %

c) Derzeit nicht sicher einzuschätzen

☐ nein ☐ ja

6. Handelt es sich um einen Wegeunfall?

☐ unbekannt ☐ nein ☐ ja

Ggf. Berufsgenossenschaft: ▨

7. Weiterbehandlung durch nachfolgende Ärzte?

a) ▨

b) ▨

8. Die Kosten für dieses Attest nach der GOÄ: ▨ EUR

IBAN: ▨

Geldinstitut: ▨

Anschrift des Instituts/Stempel: ▨

Datum: ▨

Unterschrift: ▨

▲

16 Soweit einzelne Versicherer von dieser weit verbreiteten Übung abweichen und dem Geschädigten aufgeben, eigenverantwortlich Arztberichte zu beschaffen, ist dies unter Berücksichtigung der generellen Nachweispflicht des Geschädigten nicht zu beanstanden. In diesen Fällen muss entsprechend dem obigen Muster unmittelbar beim behandelnden Arzt ein Bericht angefordert werden. Die damit verbundenen Kosten sind i.d.R. bei entsprechender Haftung vom Schädiger zu tragen und ggf. als gesonderte Schadensposition geltend zu machen.

II. Bezifferung des Schmerzensgeldes

17 Liegen dem Geschädigten Arztberichte vor, ist die Höhe des Schmerzensgeldes zu bestimmen. Ein Schmerzensgeld als angemessener Ausgleichsbetrag muss unter Berücksichtigung der Ausgleichs- und Genugtuungsfunktion für jeden einzelnen Fall durch Würdigung und Abwägung aller ihn prägenden Umstände gewonnen werden.[9] Das auf diese Weise gewonnene Ergebnis ist anschließend im Hinblick auf den Gleichheitsgrundsatz anhand von in sog. Schmerzensgeldtabellen erfassten Vergleichsfällen zu überprüfen.[10]

---

9 BGH VersR 1976, 967; OLG Hamm zfs 2005, 122.
10 OLG München SVR 2006 180.

A. Schmerzensgeld §9

Die Tabellen[11] enthalten mehrere tausend leitsatzartig zusammengestellte Gerichtsentscheidungen, die entweder nach der Höhe des Schmerzensgeldes oder der Art der erlittenen Personenschäden gestaffelt sind. Dabei ist allerdings zu beachten, dass die Tabellen allenfalls richtungsweisende Funktion haben und lediglich Anregungen für die Bewertung geben können. Die individuelle Ermittlung des billigen Ausgleichsbetrags aufgrund tatsächlicher Feststellungen kann dadurch nicht ersetzt werden.[12]

18

Die Höhe des zuzubilligenden Schmerzensgeldes hängt entscheidend vom Maß der durch das Haftungsereignis verursachten körperlichen und seelischen Beeinträchtigungen. Maßgeblicher Zeitpunkt ist im Gerichtsverfahren der Schluss der mündlichen Verhandlung, zu dem die Beeinträchtigen entweder vorliegen müssen oder mit ihnen als Verletzungsfolge ernstlich gerechnet werden muss.[13]

Die Gerichtsentscheidungen dienen als Orientierungshilfen für die Bezifferung des konkreten Schmerzensgeldanspruchs des Geschädigten. Bei der Suche nach vergleichbaren Entscheidungen sind u.a. folgende **Schmerzensgeldkriterien** zu berücksichtigen:[14]

19

- Art und Umfang der eingetretenen Verletzungen;
- Art und Umfang der Behandlungsmaßnahmen;
- Größe, Heftigkeit und Dauer erlittener Schmerzen;
- Dauer einer etwaigen Arbeitsunfähigkeit (MdE = Minderung der Erwerbsfähigkeit);
- verbleibender Dauerschaden als besonderer Abwägungsfaktor;[15]
- Schwere des Schuldvorwurfs gegenüber dem Schädiger;[16]
- Mitverschulden des Geschädigten;
- ästhetische Beeinträchtigung (Narben etc.);
- Beeinträchtigungen des allgemeinen Lebensgefühls und der Freizeitgestaltung;
- das Alter des Geschädigten.[17]

Insgesamt lässt sich festhalten, dass die Schwere dieser Belastungen vor allem durch die Stärke, Heftigkeit und Dauer der erlittenen Schmerzen und Funktionsbeeinträchtigungen bestimmt wird.[18]

20

> *Praxistipp*
> Bei einem vorhersehbar langwierigen Heilungsprozess kann es sinnvoll sein, den Mandanten frühzeitig die Verbesserungen zu protokollieren lassen. Das erleichtert die Darstellung der Kriterien für die Höhe des Schmerzensgeldes.

21

---

11 Die gängigsten Schmerzensgeldtabellen sind diejenigen von *Hacks/Wellner/Häcker*, *Jaeger/Luckey* und *Slizyk*.
12 OLG Köln DAR 1977, 301.
13 OLG München, Urt. v. 3.5.2013 – 10 U 285/13 – juris; OLG München, Urt. v. 1.7.2005 – 10 U 2544/05 = SVR 2006, 180.
14 OLG Saarbrücken, Urt. v. 3.12.2015 – 4 U 157/14; OLG Nürnberg, Urt. v. 23.12.2015 – 12 U 1263/14 – juris.
15 OLG Hamm, Urt. v. 12.9.2003 – 9 U 50/99 = zfs 2005, 122.
16 OLG Saarbrücken, Urt. v. 27.11.2007 – 4 U 276/07 = NJW 2008, 1166; OLG Frankfurt, Urt. v. 29.8.2005 – 12 U 190/14 – juris; OLG Köln VRS 1998, 414; LG Köln VersR 1990, 1129.
17 OLG Saarbrücken, Beschl. v. 12.3.2015 – 4 U 187/13 = MDR 2015, 647; OLG Saarbrücken, Urt. v. 27.7.2010 – 4 U 585/09 = NJW 2011, 933.
18 OLG Saarbrücken, Urt. v. 3.12.2015 – 4 U 157/14; OLG Hamm, Urt. v. 12.9.2003 – 9 U 50/99 = zfs 2005, 122.

22 Die gefundenen Werte sind in folgenden Fällen angemessen zu erhöhen:
- Wenn als Vergleichsmaßstab ältere Entscheidungen herangezogen werden. Die in solchen Urteilen ausgewiesenen Schmerzensgelder sind aufgrund der zwischenzeitlich eingetretenen Geldentwertung nach Maßgabe der gestiegenen Lebenshaltungskosten anzupassen.[19]
- Wenn der Geschädigte schwere Verletzungen erlitten hat. Die allgemeine Entwicklung in der Schmerzensgeldrechtsprechung ist davon geprägt, für Bagatellverletzungen keine und für schwerwiegende Verletzungen erhöhte Schmerzensgelder auszuurteilen. Hat der Geschädigte einen erheblichen Personenschaden erlitten, grenzen die ermittelten Schmerzensgeldentscheidungen das angemessene Schmerzensgeld deshalb in aller Regel nach unten und nicht nach oben ab.
- Wenn der Schädiger bzw. sein Kfz-Haftpflichtversicherer die Regulierung des Personenschadens schuldhaft verzögert[20] oder grundlos herabwürdigende Behauptungen über den Geschädigten aufstellt[21] bzw. ein völlig uneinsichtiges vorgerichtliches Verhalten des Schädigers/seines Haftpflichtversicherers vorliegt.[22]

23 *Beispiel*
Der Mandant A ist Opfer eines fremdverschuldeten Verkehrsunfalls. Als Fahrradfahrer kollidierte er mit dem Pkw des Unfallgegners B. Dabei zog er sich schwere Kopfverletzungen zu. Die Diagnose lautete auf Schädelbruch, schwere Gehirnerschütterung, große Kopfplatzwunde, diverse Hämatome im Gesichtsfeld und Halswirbeltrauma. Die medizinische Behandlung erforderte einen dreiwöchigen Krankenhausaufenthalt. Anschließend war A für weitere drei Wochen bettlägerig. Die Ärzte schrieben A für insgesamt drei Monate arbeitsunfähig. In der Folgezeit nahm die Minderung der Erwerbsfähigkeit sukzessiv ab. Allerdings blieb ein Dauerschaden zurück. A klagt seit dem Verkehrsunfall unter einem sog. Tinnitus. Dabei handelt es sich um ein ständiges Ohrenklingeln. A spielt Gitarre und ist Freizeitmusiker. Darüber hinaus übt er Tischtennis als Leistungssport aus. Beide Freizeitbeschäftigungen kann er aufgrund des starken Ohrenklingelns so gut wie nicht mehr ausüben.

▼

24 Muster 9.5: Schmerzensgeldberechnung

░░░░ Versicherung AG

░░░░

░░░░

Schaden-Nr./VS-Nr./Az. ░░░░

Schaden vom ░░░░

Pkw ░░░░, amtl. Kennzeichen ░░░░

---

[19] KG, Urt. v. 15.3.2004 – 12 U 333/02 = VersR 2004, 473; OLG Köln zfs 1992, 405; OLG Karlsruhe NJW 1973, 851.
[20] OLG Frankfurt VersR 1994, 615; OLG Braunschweig zfs 1995, 90; OLG Köln SP 1995, 267; OLG Nürnberg DAR 1998, 276.
[21] OLG Nürnberg NZV 1997, 358.
[22] OLG Naumburg NJW-RR 2002, 672.

A. Schmerzensgeld § 9

Sehr geehrte Damen und Herren,

in der im Betreff genannten Schadensache bedanke ich mich für die Übersendung der Arztberichte durch Schreiben vom ▬▬▬. Nach Maßgabe der dortigen Ausführungen erlitt mein Mandant infolge des Verkehrsunfalls weit reichende Personenschäden. Im Einzelnen diagnostizierten die behandelnden Ärzte eine Schädelfraktur, eine schwere Gehirnerschütterung, eine großflächige Platzwunde, diverse Hämatome im Gesichtsfeld, ein HWS-Syndrom sowie in der Folgezeit einen Tinnitus. Die Behandlung der Personenschäden erforderte einen dreiwöchigen Krankenhausaufenthalt. Die 100%ige MdE erstreckte sich auf einen Zeitraum von drei Monaten. Die ärztlichen Behandlungen konnten in der Zwischenzeit abgeschlossen werden. Dennoch verblieb infolge des Tinnitus ein Dauerschaden von 20 % MdE.

Bei der Bezifferung des Schmerzensgeldes ist über das skizzierte Krankheitsgeld hinaus zu berücksichtigen, dass der Dauerschaden insbesondere die Freizeitgestaltung meines Mandanten erheblich beeinträchtigt. Bis zum Schadensereignis war mein Mandant Freizeitmusiker. Er spielte in einer Musikgruppe Gitarre. Darüber hinaus spielte er als Leistungssportler Tischtennis. Beide Freizeitbetätigungen erfordern ein Höchstmaß an Konzentration. Aufgrund des ständigen Ohrenklingelns ist es meinem Mandanten seit dem Verkehrsunfall nicht mehr möglich, die Freizeitbetätigungen in dem gewohnten Maße auszuüben.

Ausgangspunkt der konkreten Schmerzensgeldbezifferung ist die in der Liste *Hacks/Wellner/Häcker* unter den lfd. Nr. ▬▬▬ veröffentlichte Entscheidung des LG ▬▬▬ vom ▬▬▬. Der Entscheidung des Gerichts lag ein vergleichbares Krankheitsbild zugrunde. Das Gericht erachtete ein Schmerzensgeld in Höhe von 20.000 EUR als angemessen. Dabei war eine derart umfangreiche Beeinträchtigung der Freizeitgestaltung wie im Falle meines Mandanten nicht zu berücksichtigen. Allein dieser Umstand führt zu einer erheblichen Erhöhung des Schmerzensgeldes. Ausgangspunkt der Bezifferung ist demgemäß ein Betrag in Höhe von mindestens 15.000 EUR. Dabei ist weiterhin zu berücksichtigen, dass das Urteil des LG ▬▬▬ vom ▬▬▬ datiert. Die Entscheidung ist mithin bereits ▬▬▬ Jahre alt. Nach einhelliger Auffassung in der Rechtsprechung und Literatur sind ältere Gerichtsentscheidungen an die zwischenzeitige Preisentwicklung anzupassen (OLG Köln zfs 1992, 405). Nach Maßgabe der in der Liste *Hacks/Wellner/Häcker* veröffentlichten Kapitalisierungstabelle ist das Schmerzensgeld demgemäß mit dem Faktor ▬▬▬ zu multiplizieren. Danach beträgt das angemessene Schmerzensgeld mindestens ▬▬▬.

Für den Ausgleich des vorgenannten Betrags habe ich mir eine Frist bis zum

▬▬▬ *(14-Tages-Frist)*

notiert.

Mit freundlichen Grüßen

(Rechtsanwalt)

Eine verzögerte Schadensregulierung kann als Bemessungsfaktor zur Erhöhung des Schmerzensgeldes führen. Dies setzt jedoch voraus, dass sich der leistungsfähige Schuldner einem erkennbar begründeten Anspruch ohne schutzwürdiges Interesse widersetzt.[23] **Die Erhöhung des Schmerzensgeldes darf keinen Sanktionscharakter besitzen.**[24] Sie ist nur dann gerechtfertigt, wenn die verzögerte Zahlung das gemäß § 253 BGB geschützte Interesse des Gläubigers beeinträchtigt. Davon ist etwa dann auszugehen, wenn der Geschädigte unter der langen Dauer der Schadensregulierung leidet oder den Schadensersatz dazu verwenden kann, um die Auswirkungen seiner gesundheitlichen Beeinträchtigungen zu lindern.[25] Ausnahmsweise kann es auch genügen, wenn der gezahlte Betrag angesichts schwerer Verletzung vollkommen unverständlich ist.[26] Anders sieht dies jedoch aus, wenn die Haftung dem Grunde nach streitig ist und der Versicherer den Ausgang des Verfahrens mit berechtigten Gründen abwarten kann.[27] Insoweit ist auch zu berücksichtigen, dass ein möglicherweise berechtigter Anspruch des Geschädigten bei weiterlaufendem Prozess zu 5 % über dem Basiszinssatz verzinst wird und i.d.R. keine Veranlassung besteht, der Schädigerseite weitere Nachteile aufzuerlegen, wenn diese – wie hier – ein prozessual zulässiges Verhalten an den Tag legt und sich verteidigt.[28]

26 Kein Anspruch auf Schmerzensgeld besteht, wenn der Geschädigte lediglich eine sog. **Bagatellverletzung** erlitten hat. Darunter sind Beeinträchtigungen zu verstehen, die sowohl von der Intensität als auch der Art der Primärverletzung her nur ganz geringfügig sind und üblicherweise den Verletzten nicht nachhaltig beeindrucken, weil es sich um vorübergehende, im Alltagsleben typische und häufig auch aus anderen Gründen als einem besonderen Schadensfall entstehende Beeinträchtigungen des körperlichen oder seelischen Wohlbefindens handelt, die im Einzelfall weder unter dem Blickpunkt der Ausgleichs- noch der Genugtuungsfunktion ein Schmerzensgeld als billig erscheinen lassen.[29] Hierunter fallen beispielsweise leichte Kratzer oder Prellungen.

27 Auch im Rahmen der Bezifferung wirkt sich ein etwaiges **Mitverschulden** auf den Umfang des Schmerzensgeldanspruchs aus. Anders als bei anderen Schadenspositionen kann ein Mitverschulden nicht rechnerisch vom ansonsten angemessenen Betrag in Abzug gebracht werden. Vielmehr ist es im Rahmen eines einheitlichen Anspruchs auf Schmerzensgeld anspruchsmindernd zu berücksichtigen.[30] In der Praxis läuft dies jedoch letztlich auf dasselbe Ergebnis hinaus.

28 Das Mitverschulden kann sich sowohl auf Grund und Höhe beziehen. Neben die Mithaftung z.B. für die Betriebsgefahr und die schuldhafte Mitverursachung des Schadenereig-

---

23 OLG München, Urt. v. 21.3.2014 – 10 U 1750/13 = NZV 2014, 577; OLG Naumburg, Urt. v. 15.10.2007 – 1 U 46/07 = NJW-RR 2008, 693; Palandt/*Grüneberg*, § 253 Rn 17.
24 OLG Saarbrücken, Urt. v. 27.7.2010 – 4 U 585/09 = NJW 2011, 933.
25 OLG Saarbrücken, Urt. v. 27.7.2010 – 4 U 585/09 = NJW 2011, 933.
26 OLG Köln, Urt. v. 27.6.2012 – 5 U 38/10 = VersR 2013, 113.
27 BGH, Urt. v. 12.7.2005 – VI ZR 83/04 = VersR 2005, 1559; OLG Saarbrücken, Urt. v. 27.7.2010 – 4 U 585/09 = NJW 2011, 933.
28 OLG Jena, Urt. v. 28.10.2008 – 5 U 596/06 – juris.
29 OLG Köln, Beschl. v. 6.5.1998 – 13 W 52/97 = VersR 1999, 115–117; BGH, Urt. v. 14.1.1992 – VI ZR 120/91 = NJW 1992, 1043.
30 OLG München, Urt. v. 18.3.2015 – 20 U 3360/14 – juris; BGH, Urt. v. 12.3.1991 – VI ZR 173/90 = NZV 1991, 305.

nisses können Umstände treten, die sich nur auf die Entstehung des Personenschadens auswirken: Kriterien des Mitverschuldens sind u.a.:
- Verstoß des Geschädigten gegen Vorschriften der StVO;
- Nichtanlegen des Sicherheitsgurtes,[31] des Motorradhelms oder anderer Motorradschutzbekleidung[32] (nicht jedoch Fahrradhelm),[33]
- Mitfahren bei einem erkennbar alkoholisierten Kraftfahrer;[34]
- Betriebsgefahr des eigenen Kfz.[35]

Diese Umstände dürfen aber nur dann berücksichtigt werden, wenn sie sich auch unfallursächlich ausgewirkt haben. Ein Verstoß gegen § 21a Abs. 1 S. 1 StVO kann ebenfalls nur dann eine anspruchsmindernde Mithaftung bewirken, wenn im Einzelfall festgestellt ist, dass nach der Art des Unfalls die erlittenen Verletzungen tatsächlich verhindert worden oder zumindest weniger schwerwiegend gewesen wären.[36]

▼

Muster 9.6: Mitverschulden wegen Nichtanlegen des Sicherheitsgurtes
Hat ein Fahrzeuginsasse sich nicht angeschnallt und sind seine durch den Unfall erlittenen Verletzungen (zumindest in ihrem Schweregrad) hierauf zurückzuführen, trifft ihn gem. § 254 BGB eine Mithaftung, die i.d.R. mit 50 % zu bewerten ist (vgl. OLG Braunschweig zfs 2006, 439; LG Meiningen DAR 2007, 708) und bei besonderen Umständen sogar darüber hinausgehen kann (BGH VersR 2001, 57). Sind die erlittenen Verletzungen typischerweise auf eine Anstoß des nicht angeschnallten Fahrzeuginsassen oder gar seinem Herausschleudern aus dem Fahrzeug zurückzuführen, wird ein unfallursächlicher schuldhafter Verstoß gegen die Anschnallpflicht dabei im Wege des Anscheinsbeweises vermutet (OLG Düsseldorf SP 2001, 47; LG Frankfurt NZV 2005, 524).
Diese Voraussetzungen sind in dem hier vorliegenden Fall gegeben:
▲

Zu einer Reduzierung des Anspruchs auf Schmerzensgeld kann es darüber hinaus führen, wenn der Geschädigte bereits vor dem Schadenfall unter erheblichen Vorerkrankungen gelitten hat.[37] Allerdings kann sich der Schädiger nicht darauf berufen, dass der Geschädigte besonders anfällig für den Schaden war.[38]

Der Geschädigte hat die Pflicht zur Geringhaltung des Schadens auch im Bereich des Personenschadens zu beachten. Im Rahmen der Schadenminderungspflicht muss er alles Erforderliche zur Beschleunigung der Genesung in die Wege leiten. Hierzu kann es u.U.

---

31 OLG Hamm, Urt. v. 14.5.2012 – 6 U 187/11; BGH, Urt. v. 28.2.2012 – VI ZR 10/11 = NJW 2012, 2027; BGH, Urt. v. 12.12.2000 – VI ZR 411/99; BGH, Urt. v. 29.9.1992 – VI ZR 286/91.
32 bejahend: OLG Brandenburg, Urt. v. 23.7.2009 – 12 U 29/09 = VersR 2009, 1284; OLG Düsseldorf, Urt. v. 20.2.2006 – 1 U 137/05 = NZV 2006, 415; verneinend: OLG Nürnberg, Beschl. v. 9.4.2013 – 3 U 1897/12 = zfs 2013, 436; offen lassend: OLG Saarbrücken, Beschl. v. 12.3.2015 – 4 U 187/13 = MDR 2015, 647.
33 BGH Urt. v. 17.6.2014 – VI ZR 281/13 = NJW 2014, 957.
34 U.a. BGH MDR 1961, 404; BGH VersR 1967, 974; OLG München zfs 1989, 335; OLG Zweibrücken zfs 1993, 152; LG Saarbrücken zfs 1989, 402.
35 BGH VersR 1963, 359.
36 BGH, Urt. v. 28.2.2012 – VI ZR 10/11 = NJW 2012, 2027; BGH, Urt. v. 1.4.1980 – VI ZR 40/79, VersR 1980, 824; BGH, Urt. v. 20.3.1979 – VI ZR 152/78, BGHZ 74, 25, 33.
37 OLG Hamm; Urt. v. 13.6.2014 – 9 U 201/13 – juris; BGH, Urt. v. 5.11.1996 – VI ZR 275/95 = VersR 1997, 122.
38 BGH, Urt. v. 30.4.1996 – VI ZR 55/95 = VersR 1996, 990.

auch gehören, sich einem operativen Eingriff unterziehen zu müssen, soweit dieser erfolgreich und zumutbar ist.[39]

III. Schmerzensgeldrente und Kapitalisierung

33 Grundsätzlich wird Schmerzensgeld durch eine **Einmalzahlung** abgegolten.[40] Dies gilt auch dann, wenn der Geschädigte einen schweren Dauerschaden erlitten hat. Ausnahmsweise gewährt die Rechtsprechung unter eng umgrenzten Voraussetzungen die Zahlung eines Schmerzensgeldes in Form einer lebenslangen Rente.[41]

34 **Muster 9.7: Schmerzensgeld als Rente**
Neben einem Schmerzensgeldbetrag kann zusätzlich eine Schmerzensgeldrente zuerkannt werden, wenn schwere lebenslange Beeinträchtigungen anstehen und sich der Geschädigte der schweren Beschränkungen seiner Lebenssphäre auch bewusst werden kann (OLG Karlsruhe, Urt. v. 24.6.2013 – 1 U 136/12 = NZV 2014, 404). Maßgeblich sind die Schwere und Fortdauer der Verletzung (OLG Zweibrücken, Urt. v. 22.4.2008 – 5 U 6/07 = MedR 2009, 88). In der Regel muss der Geschädigte eine schwere Verletzung mit besonders gravierenden Dauerfolgen erlitten haben, bei denen er die daraus resultierende Lebensbeeinträchtigung permanent und schmerzlich aufs Neue erlebt, wie etwa bei Verlust oder Lähmung wichtiger Gliedmaßen, dem Verlust von Sinnesorganen oder bleibenden Gehirnschädigungen, gravierenden Narben oder schweren Entstellungen infolge von Brandverletzungen (OLG Brandenburg, Urt. v. 23.6.2011 – 12 U 263/08 = SP 2011, 361). Die Voraussetzungen für eine Rente sind insbesondere bei schweren lebenslangen Dauerschäden zu bejahen. Eine solche Rente gibt dem Geschädigten dabei insbesondere die Möglichkeit, sein beeinträchtigtes Lebensgefühl stets von Neuem durch zusätzliche Erleichterungen und Annehmlichkeiten zu heben. Um diesem Zweck genügen zu können, muss auch die einzelne Rentenzahlung als angemessener Ausgleich für Schmerzen und verminderte Lebensfreude empfunden werden und nicht lediglich als geringfügige Einnahme, die für den laufenden Lebensunterhalt verbraucht wird (LG Kleve, Urt. v. 9.2.2005 – 2 O 370/01 = zfs 2005, 235).
Diese Voraussetzungen sind vorliegend zu bejahen: ▬.

35 Im Ergebnis darf die Zubilligung der **Schmerzensgeldrente** nicht dazu führen, dass das angemessene Schmerzensgeld höher als bei einer Einmalzahlung ausfällt.[42]

---

39 BGH, Urt. v. 15.3.1994 – VI ZR 44/93 = zfs 1994, 354; OLG München, Urt. v. 30.9.1993 – 24 U 566/90 = VersR 1993, 1529.
40 Palandt/*Grüneberg*, § 253 BGB Rn 21; OLG Düsseldorf, Urt. v. 3.2.1981 – 4 U 142/80 = VersR 1981, 557; BGH VersR 1976, 967.
41 BGH, Urt. v. 2.2.1968 – VI ZR 167/66 = VersR 1968, 475.
42 BGH DAR 1976, 244.

A. Schmerzensgeld § 9

▼

Muster 9.8: Einwendung Schmerzensgeldrente

Eine Schmerzensgeldrente kommt lediglich in Ausnahmefällen bei schwersten, voraussichtlich lebenslangen Dauerschäden in Betracht (BGH NJW 1976, 967), die der Geschädigte immer wieder als besonders schmerzlich empfindet (OLG Brandenburg r+s 2006, 260). Da die Schmerzensgeldrente dem Anliegen dient, einen spürbaren Ausgleich für entgangene Lebensfreude zu gewährleisten, findet sie nur bei schwersten Verletzungen Anwendung (OLG Brandenburg, Urt. v. 23.6.2011 – 12 U 263/08 = SP 2011, 361), die im Übrigen zumindest einen Betrag von mindestens 50 EUR pro Monat rechtfertigen (OLG Thüringen SP 2002, 414), wie einer Querschnittslähmung oder schwerwiegenden Hirnschäden. Derart schwerwiegende Verletzungsfolgen sind vorliegend glücklicherweise nicht gegeben.

Selbst wenn eine solche Rentenzahlung ausnahmsweise zugebilligt wird, ist zudem zu berücksichtigen, dass die – kapitalisierte und zu diesem Zweck abgezinste – Schmerzensgeldrente und ein daneben bestehender Kapitalbetrag zusammen im Wege einer Gesamtbetrachtung ein angemessenes Schmerzensgeld ergeben müssen (OLG Brandenburg, Urt. v. 23.6.2011 – 12 U 263/08 = SP 2011, 361; OLG Düsseldorf VersR 1997, 65; OLG Thüringen zfs 1990, 419). Eine Schmerzensgeldrente erhöht daher nicht den als angemessen anzusehenden Schmerzensgeldbetrag.

Dies vorausgeschickt ist erkennbar, dass die erhobenen Ansprüche deutlich überzogen sind: .

▲

Ob die Berechnung eines „Gesamtschmerzensgeldes" angemessen ist, ist durch die Kapitalisierung des Rentenbetrags zu überprüfen. Kapitalisierungen erfolgen anhand der „Allgemeinen Deutschen Sterbetafeln". Der Kapitalisierungsbetrag ergibt sich aus dem Lebensalter des Geschädigten sowie einem angenommenen Zinsfuß. Aus der Sterbetafel lässt sich anhand dieser beiden Parameter ein Kapitalisierungsfaktor entnehmen, der mit der Jahresrente zu multiplizieren ist. Zur Arbeitserleichterung können Kapitalisierungstabellen[43] verwendet werden.

> *Beispiel*
> Der Mandant A ist 48 Jahre alt und hat infolge eines fremdverschuldeten Verkehrsunfalls eine Querschnittslähmung mit Inkontinenz und Impotenz erlitten. Aus vergleichbaren Schmerzensgeldentscheidungen ist zu entnehmen, dass ihm ein Gesamtschmerzensgeld in Höhe von 300.000 EUR zusteht. Es ist geplant, einen Teilbetrag des Schmerzensgeldes durch eine monatliche Rente in Höhe von 500 EUR und den Rest durch eine Einmalzahlung abzugelten.

---

[43] *Küppersbusch/Höher*, S. 298 ff.; *Quirmbach/Gräfenstein/Deller*, § 4.

Muster 9.9: Verrentung des Schmerzensgeldes

37 ▭▭▭ Versicherung AG

Schaden-Nr./VS-Nr./Az. ▭▭▭
Schaden vom ▭▭▭
Pkw ▭▭▭, amtl. Kennzeichen ▭▭▭

Sehr geehrte Damen und Herren,

ich komme zurück auf die vorbezeichnete Verkehrsunfallangelegenheit. Nach Maßgabe der vorliegenden ärztlichen Gutachten hat mein Mandant infolge des in Rede stehenden Verkehrsunfallereignisses schwerste Personenschäden erlitten. Mein Mandant wird zeit seines Lebens querschnittsgelähmt sein. Die Querschnittslähmung ist mit dauerhafter Inkontinenz und Impotenz verbunden. Infolge der schwerwiegenden Verletzungen trat bei meinem Mandanten eine umfangreiche Wesensänderung ein. Alle Lebensbereiche meines Mandanten werden durch das Schadensereignis nachhaltig beeinträchtigt.

Nach Maßgabe der bislang in vergleichbaren Fällen ergangenen Urteile erachte ich ein Gesamtschmerzensgeld in Höhe von mindestens 300.000 EUR als angemessen. Wegen der Einzelheiten hierzu verweise ich auf die Entscheidungen ▭▭▭.

Aufgrund der besonderen und außergewöhnlich schwerwiegenden Umstände des Schadensfalls erachte ich hier ausnahmsweise eine teilweise Verrentung der Schmerzensgeldansprüche meines Mandanten für geboten. Eine Verrentung kommt in Betracht, wenn der Geschädigte einen lebenslangen schweren Dauerschaden erlitten hat, dem er sich immer wieder neu und schmerzlich bewusst wird und der auch in Zukunft das körperliche und seelische Wohlbefinden oder die Lebensfreude beeinträchtigt (OLG Karlsruhe, Urt. v. 24.6.2013 – 1 U 136/12 = NZV 2014, 404; BGH VersR 1968, 475, 476; OLG Frankfurt/M. DAR 1992, 62, 63). Nach Maßgabe des geschilderten Krankheitsbildes liegen diese Anspruchsvoraussetzungen hier vor.

Unter Berücksichtigung des Alters meines Mandanten von 48 Jahren und einem Zinsfuß von 5 % beträgt der Kapitalisierungsfaktor 15,332 (Kapitalisierungstabelle 2015). Bei einer monatlichen Rente in Höhe von 500 EUR beläuft sich der zu kapitalisierende Betrag auf (500 x 12 x 15,332 =) 91.992 EUR. Der danach verbleibende Restschmerzensgeldbetrag beläuft sich auf 208.008 EUR. Dieser Betrag sollte im Interesse meines Mandanten auf mindestens 210.000 EUR aufgerundet werden.

Mit der höflichen Bitte um Stellungnahme sowie um abschießende Regulierung bis zum ▭▭▭ *(14-Tages-Frist)*

verbleibe ich mit freundlichen Grüßen

(Rechtsanwalt)

38 Der Rentenkapitalbetrag würde sich verringern, wenn ein höherer **Zinsfuß** angenommen würde. Die Angemessenheit des gewählten Zinsfußes ergibt sich aus der voraussichtlichen durchschnittlichen Verzinsung während der Laufzeit der Rente. Je höher der Zins-

fuß ist, desto höher sind die Zinserträge und desto niedriger fällt der Rentenbetrag aus. Üblicherweise beträgt der Zinsfuß 5 %.[44] Ob dem Geschädigten eine Einmalzahlung und/ oder eine Schmerzensgeldrente zugebilligt wird, ist allein vom Tatrichter zu entscheiden. Dabei hat er alle berücksichtigungsfähigen Aspekte sowohl des Geschädigten als auch des Schädigers zu beachten. So ist nach Auffassung des BGH eine Verrentung des Schmerzensgeldes auch dann zulässig, wenn sich der Schädiger in einer ungünstigen wirtschaftlichen Situation befindet und durch die Rentenzahlung an den Geschädigten weniger belastet wird.[45]

Eine gravierende Veränderung des Lebenshaltungskostenindexes (> 25 %) kann Anlass zu einer Erhöhung der Schmerzensgeldrente auf dem Weg einer Abänderungsklage gemäß § 323 ZPO geben.[46]   39

Unabhängig von der Frage, ob das Schmerzensgeld als Kapitalbetrag oder zusätzlich als Rente gezahlt wird, gilt der **Grundsatz der Einheitlichkeit des Schmerzensgeldes**.[47] Mit dem auf eine unbeschränkte Klage insgesamt zuzuerkennenden Schmerzensgeld sind deswegen alle bereits eingetretenen und auch alle erkennbaren und objektiv vorhersehbaren künftigen unfallbedingten Verletzungsfolgen abgegolten.[48] Ist jedoch mit dem Eintritt weiterer Schäden zu rechnen, die nicht absehbar sind, kann das nach § 256 ZPO erforderliche Feststellungsinteresse für die Feststellung der Ersatzpflicht zukünftiger immaterieller Schäden bejaht werden, wenn aus der Sicht des Geschädigten bei verständiger Würdigung Grund besteht, mit dem Eintritt eines weiteren Schadens wenigstens zu rechnen. Einem Teilschmerzensgeld (für bestimmte Verletzungen oder bestimmte zeitliche Abschnitte) steht der Grundsatz der Einheitlichkeit grundsätzlich entgegen. Da nicht vorhersehbare später eintretende Folgen bei der Bemessung des Schmerzensgeldes unberücksichtigt bleiben, steht das einheitliche Schmerzensgeld einer zukünftigen weitergehenden Forderung nicht entgegen. Auch die Rechtskraft einer Entscheidung erstreckt sich nur auf das bei der Bemessung Berücksichtigte und steht auch insoweit einer späteren weitergehenden Forderung nicht entgegen. Es fehlt somit an der Notwendigkeit eines Teilschmerzensgeldes.   40

IV. Vererbbarkeit des Schmerzensgeldanspruchs

Seit einer Gesetzesänderung aus dem Jahr 1990 sind Schmerzensgeldansprüche vererbbar. Aus diesem Grunde ist bei jedem tödlich verlaufenden Verkehrsunfall stets zu prüfen, ob der Geschädigte bis zum Eintritt des Todes noch einen Schmerzensgeldanspruch erworben hat, der mit dem Todeseintritt auf die Erben übergegangen ist.   41

---

44 So bereits BGH VersR 1983, 283; vgl. auch OLG Brandenburg, Urt. v. 23.6.2011 – 12 U 263/08 = SP 2011, 361.
45 BGHZ 18, 149, 159 ff.
46 BGH, Urt. v. 15.5.2007 – VI ZR 150/06 = VersR 2007, 961; OLG Nürnberg VersR 1992, 623.
47 BGHZ 18, 149; BGH, Urt. v. 20.1.2004 – VI ZR 70/03 = NJW 2004, 1243.
48 BGH, Urt. v. 20.1.2004 – VI ZR 70/03 = NJW 2004, 1243; BGH, Urt. v. 8.7.1980 – VI ZR 72/79 = VersR 1980, 975.

§ 9 Personenschaden bei Verletzung

Muster 9.10: Schmerzensgeld bei tödlich verlaufendem Verkehrsunfall

42   Versicherung AG

Schaden-Nr./VS-Nr./Az.

Schaden vom

Pkw   , amtl. Kennzeichen

Sehr geehrte Damen und Herren,

noch zu Lebzeiten ist der Schmerzensgeldanspruch des Verstorbenen entstanden, der im Wege des Erbes übergegangen ist. Insoweit ist zu berücksichtigen, dass der Tod nicht bereits an der Unfallstelle, sondern später eingetreten ist: .

Zwischen dem Schadenseintritt und dem Tod des Sohnes meiner Mandanten verstrichen mindestens zwei Stunden. In dieser Zeit erwarb er einen Schmerzensgeldanspruch, der im Rahmen der gesetzlichen Erbfolge auf meine Mandanten übergegangen ist. Diesem Anspruch steht nicht entgegen, dass der Verstorbene in der Zeit zwischen dem Schadenseintritt und seinem Ableben bewusstlos war.

Unter Berücksichtigung der skizzierten Umstände und insbesondere der Tatsache, dass der Betroffene erkennbar und nachweislich über den Zeitraum von   Stunden erhebliche Schmerzen zu erleiden hatte, erachte ich ein Schmerzensgeld in Höhe von   EUR als angemessen. Wegen der Einzelheiten hierzu verweise ich auf die in der Schmerzensgeldtabelle *Hacks/Wellner/Häcker* veröffentlichten Entscheidungen unter den laufenden Nr..).

Für den Ausgleich des Schmerzensgeldbetrags habe ich mir eine Frist bis zum

         (14-Tages-Frist)

notiert. Nach fruchtlosem Fristablauf werde ich meiner Mandantschaft empfehlen, gerichtliche Hilfe in Anspruch zu nehmen.

Mit freundlichen Grüßen

(Rechtsanwalt)

43 Je länger die Zeitspanne des Überlebens ist, desto höher fällt das Schmerzensgeld aus.[49] Daneben wird das Schmerzensgeld bei tödlich verlaufenden Unfällen auch als symbolischer Akt der Wiedergutmachung verstanden,[50] für den es auf die Dauer des Überlebens nicht ankommen kann. Letztendlich erfordert die Bemessung des Schmerzensgelds eine Gesamtbetrachtung aller Umstände unter besonderer Berücksichtigung der Art und Schwere der Verletzung, des dadurch bewirkten Leidens und seiner Wahrnehmung durch den Verletzten.[51] Der Tod selbst ist kein bei der Bemessung des Schmerzens-

---

49 *Jahnke*, § 3 Rn. 67 ff.; *Küppersbusch/Höher*, Rn. 290.
50 OLG Düsseldorf VersR 1989, 1203; BGH, Urt. v. 16.12.1975 – VI ZR 175/74 = NJW 1976, 1147.
51 OLG Naumburg, Beschl. v. 7.3.2005 – 12 W 118/04 = NZV 2005, 530; BGHZ 138, 388, 388 ff. = NJW 1998, 2741 ff.

geldes maßgebender Gesichtspunkt. Er ist begrifflich ausgeschlossen, dem Geschädigten hierfür einen Schadensersatz zu gewähren. Die Ausgleichs- und Genugtuungsfunktion kann hier nicht mehr Platz greifen. Unerheblich ist, welchen fiktiven Anspruch der Getötete haben könnte, wenn er überlebt hätte. Auch auf das Miterleben Dritter kommt es an dieser Stelle nicht an.[52]

Der Anspruch kann abzulehnen sein, wenn die Körperverletzung gegenüber dem alsbald eintretenden Tod keine abgrenzbare immaterielle Beeinträchtigung darstellt. Dies kann insbesondere der Fall sein, wenn der Verletzte unmittelbar nach dem Unfall verstirbt.[53]

V. Schockschaden

44 Das Schadensersatzrecht ist vom Grundgedanken geprägt, dass nur der unmittelbar Geschädigte anspruchsberechtigt sein kann. **Drittschäden** werden grundsätzlich nicht ersetzt. Eine Ausnahme von diesem Grundsatz stellt der sog. **Schockschadenersatzanspruch** dar. Solche Schäden werden dadurch verursacht, dass nahe Angehörige bei der Überbringung der Nachricht über den Unfalltod oder eine schwere Unfallverletzung einen Schock erleiden und dadurch ein Schockzustand verursacht wird.[54] Schockschäden begründen Schmerzensgeldansprüche nur dann, wenn sie **pathologisch** fassbar sind und über die gesundheitlichen Beeinträchtigungen hinausgehen, denen Hinterbliebene bei der Benachrichtigung von dem Unfall eines nahen Angehörigen oder dem Miterleben eines solchen Unfalls erfahrungsgemäß ausgesetzt sind.[55] Wenn Trauer und Schmerz den „üblichen Rahmen" verlassen und Krankheitswert erreichen, werden sie als Gesundheitsschädigung i.S.d. § 823 Abs. 1 BGB angesehen.

45 Der Nachweis über das Vorliegen eines Schockschadens kann nur durch die Vorlage einer entsprechenden ärztlichen Bescheinigung geführt werden.[56]

▼

Muster 9.11: Schmerzensgeld bei Schockschäden **46**

▓▓▓▓ Versicherung AG

Schaden-Nr./VS-Nr./Az. ▓▓▓▓

Schaden vom ▓▓▓▓

Pkw ▓▓▓▓, amtl. Kennzeichen ▓▓▓▓

---

[52] LG Berlin, Beschl. v. 17.10.2003 – 24 O 291/03 – juris; KG, Urt. v. 11.7.1996 – 12 U 3625/95 = VersR 1997, 327; KG, NJW 1974, 607 f. = VersR 1974, 249
[53] OLGR Hamm 2001, 153.
[54] BGH VersR 1985, 499, 500; BGH zfs 1989, 298.
[55] BGH Urt. v. 13.1.1976 – VI ZR 58/74 = VersR 1976, 539, 540; BGH, Urt. v. 31.1.1984 – VI ZR 56/82 = VersR 1984, 439; BGH, Urt. v. 4.4.1989 – VI ZR 97/88 = VersR 1989, 853; BGH, Urt. v. 6.2.2007 – VI ZR 55/06 = VersR 2007, 803; BGH, Urt. v. 20.3.2012 – VI ZR 114/11 = VersR 2012, 634; BGH Urt. v. 27.1.2015 – VI ZR 548/12; BGH, Urt. v. 10.2.2015 – VI ZR 8/14.
[56] OLG Stuttgart NJW-RR 1989, 477; BGH Z 56, 163.

§ 9 Personenschaden bei Verletzung

Sehr geehrte Damen und Herren,

nachfolgend mache ich Ansprüche meiner Mandanten auf Schmerzensgeld geltend.

Infolge des Verkehrsunfalls erlitt meine Mandantschaft einen schweren Schockschaden. Durch die Überbringung der Todesnachricht erlitten sie erhebliche gesundheitliche Beeinträchtigungen, die über das „übliche" Maß beim Tod naher Angehöriger weit hinausgehen. Grundsätzlich kann ein Schockschaden, der durch das Miterleben oder auch durch die Nachricht vom Tode eines Angehörigen ausgelöst wird, einen Schadenersatzanspruch gegen den Unfallverursacher begründen, wenn die dritte Person hierdurch – wie hier meine Mandantschaft – eine Gesundheitsbeschädigung von beträchtlichem Umfang erleidet, welche über die Auswirkungen hinausgeht, die nahe Angehörige in dieser Situation des Verlustes erfahrungsgemäß erleiden müssen (OLG Düsseldorf, Urt. v. 15.1.2011 – Az. 1 U 255/10 – SP 2012, 110).

Mein Mandant ▭ befindet sich seit der Überbringung der Nachricht in ständiger psychiatrischer Behandlung in der Praxis von Dr. ▭. In der Anlage füge ich Ihnen den ärztlichen Kurzbericht bei. Danach leidet mein Mandant im Einzelnen unter ▭.

Ebenso erlitt mein Mandant ▭ infolge des Schadensereignisses einen schweren Schockschaden. Seit dem Schadenseintritt leidet er unter einer tief greifenden Depression mit diesen Folgen: ▭. Näheres zum genauen Schadensbild entnehmen Sie bitte der ebenfalls in der Anlage beigefügten ärztlichen Bescheinigung von Dr. ▭.

Unter Berücksichtigung der aufgezeigten Unfallfolgen erachte ich ein Schmerzensgeld für meine Mandantschaft von ▭ EUR als angemessen. Wegen der Einzelheiten hierzu verweise ich auf die in der Schmerzensgeldtabelle *Hacks/Wellner/Häcker* unter den laufenden Nr. ▭ veröffentlichten Entscheidungen. Für den Ausgleich der vorgenannten Schmerzensgeldbeträge habe ich mir eine Frist bis zum

▭ *(14-Tages-Frist)*

notiert.

Mit freundlichen Grüßen

(Rechtsanwalt)

▲

47 | *Hinweis*
Zu beachten ist dabei aber auch, dass ein Mitverschulden des verstorbenen oder schwer verletzten Angehörigen zu einer Anspruchskürzung auch des eigenen Anspruchs des Angehörigen führt.

▼

48 **Muster 9.12: Anspruchskürzung wegen Mitverschulden bei Schockschaden**

Da eine psychisch vermittelte Schädigung auf einer besonderen persönlichen Bindung an den unmittelbar Verletzten beruht, muss sich der Angehörige das Mitverschulden des unmittelbar Verletzten analog §§ 254, 242 BGB aus Billigkeitserwägungen anrechnen lassen. Dieses ist hinsichtlich geltend gemachter Schmerzensgeldansprüche auch deswegen zu bejahen, weil das Schmerzensgeld eine nach den Gesamtumständen billige Entschädigung sein soll (OLG Düsseldorf, Urt. v. 15.1.2011 – Az. 1 U 255/10 = SP 2012, 110). Dies führt vorliegend zu einer Anspruchskürzung um ▭.

▲

Nicht zum Schockschaden im vorbezeichneten Sinne gehört der Schaden, den ein unmittelbar an einem Unfall beteiligter Dritter dadurch erleidet, dass er den Unfall unmittelbar miterlebt. Ein dadurch verursachter Schock stellt einen unmittelbaren Personenschaden im herkömmlichen Sinne dar.[57] Die Rechtsprechung zu Schmerzensgeldansprüchen in Fällen psychisch vermittelter Gesundheitsbeeinträchtigungen mit Krankheitswert bei der Verletzung oder Tötung von Angehörigen oder sonst nahestehenden Personen ist auch nicht auf Fälle psychischer Gesundheitsbeeinträchtigungen im Zusammenhang mit der Verletzung oder Tötung von Tieren zu erstrecken.[58]

Der Schock steht in mittelbarer Beziehung zum Unfall des Verletzten oder Getöteten und unmittelbarer Beziehung zur Nachricht über die Unfallfolgen. Der Anspruch entsteht originär beim nahen Angehörigen. Aus diesem Grunde steht der Geltendmachung des Schockschadens ein Haftungsausschluss zwischen Schädiger und Geschädigten nicht entgegen.[59]

VI. Sonderproblem: HWS-Syndrom

Der am absolut häufigsten und geradezu regelmäßig vorkommenden Personenschaden ist das sog. **Halswirbelsäulen(= HWS)-Syndrom**, auch genannt „HWS-Distorsion", „Schleudertrauma" oder „Cervico-Cephales-Beschleunigungssyndrom". Durch den Unfall kommt es zu Relativbewegungen zwischen Kopf und Rumpf. Während die Bewegung des Oberkörpers durch den Sicherheitsgurt, den Sitz oder die Seitenverkleidung des Fahrzeugs beschränkt ist, kann sich der Kopf weitestgehend frei bewegen. Beschränkt ist seine Bewegung durch die Halswirbelsäule und Muskeln und Bänder in diesem Bereich. An ihnen kann es unfallbedingt zu Schäden kommen, die unter den Sammelbegriff HWS-Distorsion fallen.

Die posttraumatische HWS-Distorsion stellt ein in der Unfallregulierung häufig auftretendes Problem dar. Die Streitpunkte liegen in juristischen, medizinischen und technischen Bereichen. Weil eine posttraumatische HWS-Distorsion nicht objektiv (z.B. wie eine Fraktur durch Röntgen) nachweisbar ist, kann der behandelnde – und attestierende – Arzt nur auf die Angaben seines Patienten vertrauen. Da es außerdem eine Vielzahl an Symptomen gibt, die nicht alle auftreten müssen, lässt sich eine Diagnose auch darüber nicht verifizieren. Weil eine Vielzahl an Symptomen auch andere Ursachen haben können und das Verletzungsbild zu Missbrauch genutzt werden könnte,[60] fühlen sich die Versicherer oftmals betrogen und die Geschädigten oftmals als Betrüger abgestempelt.

Technische und medizinische Sachverständige sind das Problem von verschiedenen Seiten angegangen und haben unterschiedliche Ergebnisse erzielt. Klar ist derzeit nur, dass es keine herrschende Meinung gibt. Das beginnt mit der Klassifizierung der Verletzung in Schweregrade. Gebräuchlich sind die Einordnungen nach Erdmann in 3 Grade

---

57 OLG Hamm NZV 1998, 328.
58 BGH, Urt. v. 20.3.2012 – VI ZR 114/11 = NJW 2012, 1730.
59 BGH, Urt. v. 6.2.2007 – VI ZR 55/06 = VersR 2007, 803.
60 Siehe hierzu insbesondere *Lemcke*, Das HWS-Schleudertrauma aus juristischer Sicht, NZV 1996, 337 ff.

aber auch noch Quebec in 5 Grade. Auch die Fragen, ob unterhalb einer bestimmten Geschwindigkeit (z.B. 10 km/h) keine HWS-Distorsion eintreten kann und ob eine „out-of-position-Haltung" den Eintritt der Verletzung begünstigen kann, sind wissenschaftlich umstritten. Letztlich besteht Streit über den Umfang einzuholender Beweismittel. Alle dies wirkt sich jedoch nur im Bereich kleinerer Unfälle aus. Bei einem Auffahrunfall, bei dem das Heck des angestoßenen Fahrzeugs stark eingedrückt wurde, wird der Eintritt einer HWS-Distorsion oftmals unstreitig bleiben. Die folgenden Ausführungen betreffen daher potentiell streitige Fälle.

53 Die erste Schwierigkeit liegt im **Nachweis der Verletzung**. Da bildgebende Methoden überwiegend ausscheiden, muss die Diagnose auf Symptomen beruhen. Hilfreich ist, wenn der Mandant den zeitlichen Ablauf genau darstellen kann. Von Bedeutung kann sein, welches Symptom wann eintrat, sich wie entwickelte und wann wieder verschwand. Die Schmerzen und die Einschränkungen müssen nicht alle gleichzeitig entstehen oder verschwinden. Zu den typischen Symptomen gehören

- Schmerzens im Hals- und Nackenbereich,
- Myogelosen (Verhärtung der Muskulatur,
- Kopfschmerzen,
- Schwindel,
- Parästhesien, Hypästhesien (Kribbel- und Taubheitsgefühl).

Anhand der Symptome kann ein Sachverständiger wenigstens die Plausibilität bestätigen. Im Zusammenhang mit entsprechenden ärztlichen Berichten kann das für die Beweisführung genügen. Es gilt der Maßstab des § 286 ZPO. Er erfordert keine absolute oder unumstößliche Gewissheit und auch keine „an Sicherheit grenzende Wahrscheinlichkeit", sondern einen für das praktische Leben brauchbaren Grad von Gewissheit, der verbleibenden Zweifeln Schweigen gebietet.[61] Abzustellen ist außerdem auf den gesamten Inhalt der Verhandlung und des Ergebnisses der Beweisaufnahme. Es stehen die üblichen Beweismittel zur Verfügung, die auch einzuholen sind.[62] Gegen die Anhörung der Partei, der behandelnden Ärzte und Zeugen aus dem Familien- oder Freundeskreis werden jedoch Einwände erhoben, weil sich die objektiv schlecht nachweisbare Verletzung ihren Wahrnehmungen entzieht. Als Beweismittel abgelehnt wurden

- Atteste[63]
- Anhörung behandelnder Ärzte[64]
- Beweis des engen zeitlichen Zusammenhangs[65]
- Anhörung der Partei und Zeugen aus dem Umfeld der Partei.

---

61 BGH, Urt. v. 28.1.2003 – VI ZR 139/02.
62 BGH, Urt. v. 19.11.2013 – VI ZR 202/13 = r+s 2014, 94.
63 OLG Celle, Urt. v. 20.1.2010 – 14 U 126/09 = SP 2010, 284; KG, Urt. v. 12.11.2008 – 12 U 49/08; LG Duisburg, Urt. v. 26.8.1999 – 22 S 148/99 = SP 2000, 12.
64 KG, Urt. v. 3.12.2009 – 12 U 232/08.
65 OLG Hamm, Beschl. v. 16.12.1999 – 6 W 47/99 = r+s 2000, 153; BGH, Urt. v. 4.11.2003 – VI ZR 28/03 = NJW 2004, 777.

Mit dem gleichen Beweismaßstab ist die **Kausalität** zu beweisen. Die für den Anspruch dargelegten Schmerzen und körperlichen Beeinträchtigungen müssen auf das Schadenereignis zurückzuführen sein. Auch hier kann nicht nur auf den zeitlichen Zusammenhang abgestellt werden.[66] Im Gegenzug können der Schädiger und sein Haftpflichtversicherer nicht schlicht auf eine „Harmlosigkeitsgrenze" abstellen.[67]

Insgesamt gelingt die Beweisführung am ehesten über ein Gutachten.[68] Allerdings kann nicht schlicht ein medizinisches oder nur ein technisches Gutachten eingeholt werden. Erforderlich ist stets ein **interdisziplinäres Gutachten**. Ausgehend von der allgemeine Feststellung, dass eine Verletzung nur eintreten kann, wenn die auftretende Kraft so groß ist, dass sie die Grenze der Elastizität und/oder Stabilität überschreitet. Wenn sich die auf den Geschädigten und dort auf die HWS wirkende Kraft technisch feststellen lässt, könnte ein Mediziner beurteilen, wie sich diese Kraft auf den konkreten Körper des Geschädigten auswirkt. Erforderlich ist also eine Auseinandersetzung mit dem konkreten Unfallereignis und dem tatsächlichen körperlichen Zustand des Geschädigten zur Unfallzeit.

In der Praxis muss der Geschädigte alle Tatsachen und Indizien vortragen und sämtliche Beweismittel einschließlich der Einholung eines interdisziplinären Gutachtens anbieten, während die Anspruchsgegner sich auf das Bestreiten (und Gegenbeweisangebote) beschränken können. Das betrifft neben dem Personenschaden auch den Unfallhergang und den Umfang der Schäden. Das Beweislastrisiko trägt der Anspruchsteller. Das Kostenrisiko trifft beide Parteien. Die Gerichte regen daher aus wirtschaftlichen Gründen einen Vergleich an.

▼

Muster 9.13: Kein Nachweis der HWS-Verletzung über Arztberichte

Das angeführte ärztliche Attest genügt zur Erbringung des der Klägerseite obliegenden Vollbeweises für eine unfallbedingte Kausalität nicht (vgl. OLG Frankfurt zfs 2008, 264; KG SP 2007, 355; OLG Hamm VersR 2002, 992). Dies folgt daraus, dass sich i.d.R. weder im Rahmen einer üblichen Untersuchung noch beim Röntgen oder einer Kernspintomographie die für ein HWS maßgeblichen Verletzungen an Knochen und Gewebe zeigen. Folglich beschränkt sich der behandelnde Arzt darauf, die o.g. subjektiven Befindlichkeitsstörungen des Geschädigten zu schildern und lediglich eine Verdachtsdiagnose zu erstellen (vgl. OLG Nürnberg r+s 2003, 174). Der BGH hat daher zutreffend darauf hingewiesen, dass die Frage einer unfallbedingten HWS-Verletzung am besten durch einen medizinischen Sachverständigen beurteilt werden kann. Eine Vernehmung der behandelnden Ärzte als Zeugen oder sachverständige Zeugen ist mithin entbehrlich, wenn das Ergebnis ihrer Befundung schriftlich niedergelegt, vom Sachverständigen gewürdigt und in die Beweiswürdigung einbezogen worden ist (BGH NZV 2008, 502 = zfs 2008, 562).

---

66 OLG München, Urt. v. 21.5.2010 – 10 U 2853/06 – juris.
67 BGH, Urt. v. 28.1.2003 – VI ZR 139/02 = VersR 2003, 167.
68 BGH NZV 2008, 501 und 502.

§ 9 Personenschaden bei Verletzung

57 *Hinweis*

Zu beachten ist aber auch, dass dem Geschädigten sehr wohl eine Vorerkrankung und weitere verletzungsfördernde Faktoren den Nachweis einer unfallbedingten Verletzung der HWS erleichtern können.

58 Muster 9.14: Unfallbedingte HWS-Verletzung bei OOP

Zum Unfallzeitpunkt ist bezüglich der Sitzhaltung Folgendes zu berücksichtigen: ▓▓▓.

Zu diesem Zeitpunkt befand sich die verletzte Person mithin in einer Sitzposition, die als sog. „out of Position" bezeichnet wird. Dabei handelt es sich um einen verletzungsfördernden Faktor, der bei der Beweisführung zu berücksichtigen ist (BGH, Urt. v. 8.7.2008 – VI ZR 274/07 = NZV 2008, 501; LG Fulda, Urt. v. 19.3.2008 – 2 O 21/06 – juris).

59 *Hinweis*

Bei einer Geschwindigkeitsdifferenz von über 15 km/h spricht dagegen der Anscheinsbeweis für eine Verursachung einer (feststehenden) HWS-Distorsion durch den Unfall.[69]

60 Muster 9.15: Schmerzensgeld bei HWS-Verletzung – Anspruchsanmeldung

Mein Mandant erlitt aufgrund des Unfallereignis ein HWS-Schleudertrauma mit ▓▓▓. Wegen der näheren Einzelheiten verweise ich auf das als Anlage ▓▓▓ beigefügte Attest des Arztes ▓▓▓ vom ▓▓▓. Aufgrund dieser Verletzung war mein Mandant in der Zeit vom ▓▓▓ bis zum ▓▓▓ unfallbedingt arbeitsunfähig. Auch in der nachfolgenden Zeit verblieben weiterhin abklingende Beeinträchtigungen, die mein Mandant allerdings nicht zum Anlass genommen hat, sich weiter krankschreiben zu lassen. Aufgrund dieser Verletzung war mein Mandant im Übrigen im erheblichen Umfang bei der Ausübung des Haushaltes und seiner Freizeitaktivitäten beeinträchtigt. Insbesondere ▓▓▓

Vor dem Hintergrund dieses unfallbedingten Beschwerdebildes ist ein Schmerzensgeld in Höhe von ▓▓▓ mindestens angemessen. Als Vergleichsmaßstab verweise ich auf die in der Schmerzensgeldtabelle *Hacks/Wellner/Häcker* veröffentlichten Entscheidungen unter den laufenden Nr. ▓▓▓.

61 *Praxistipp*

Wird eine Unfallbedingtheit der HWS Verletzung von der Haftpflichtversicherung des Schädigers abgelehnt bedarf es einer weiteren Argumentation zur Verfolgung des Anspruchs, notfalls auch gerichtlich.

---

[69] KG NZV 2004, 460; einen Anscheinsbeweis ablehnend bei 11 km/h KG VersR 2004, 350.

A. Schmerzensgeld § 9

▼
Muster 9.16: Schmerzensgeld bei HWS-Syndrom – Nachweis der Unfallbedingtheit

_____ Versicherung AG

Schaden-Nr./VS-Nr./Az. _____

Schaden vom _____

Pkw _____, amtl. Kennzeichen _____

Sehr geehrte Damen und Herren,

soweit Sie die Auffassung vertreten, der geltend gemachte Schmerzensgeldanspruch meines Mandanten sei unbegründet, vermag ich mich dem nicht anzuschließen.

Der Nachweis des behaupteten Personenschadens folgt zunächst aus dem Ihnen bereits vorliegenden Arztbericht des Herrn Dr. _____ vom _____. Danach bestätigte Herr Dr. _____ bei meinem Mandanten einen Tag nach dem Verkehrsunfallereignis eine endgradige Bewegungseinschränkung des Kopfes sowie Verspannungen im Bereich der Nacken- und Halsmuskulatur. Die festgestellten Beeinträchtigungen haben im Hinblick auf das behauptete HWS-Syndrom zumindest Indizwirkung. Zwar trifft es zu, dass Herr Dr. _____ das HWS-Syndrom im Rahmen der bildgebenden Untersuchungsmethode nicht zu verifizieren vermochte. Diese Tatsache spricht jedoch nicht gegen das Vorliegen eines HWS-Syndroms. Nach einhelliger Auffassung in der Rechtsprechung setzt die Schadensersatzpflicht für psychische Unfallauswirkungen nicht voraus, dass sie eine organische Ursache haben. Vielmehr genügt die hinreichende Gewissheit, dass die psychisch bedingten Ausfälle ohne den Unfall nicht eingetreten wären.

Entscheidende Bedeutung gewinnt dabei die Tatsache, dass mein Mandant bis zum Verkehrsunfall unter keinerlei Beschwerden und Beeinträchtigungen im Bereich der Hals- und Nackenregion klagte. Dies ist zunächst zeugenschaftlich durch seine Ehefrau, Frau _____, belegbar. Überdies folgt aus dem in der Anlage in Kopie beigefügten Bericht des Hausarztes meines Mandanten, dass er bis zum Schadensereignis unter keinerlei degenerativen Veränderungen der Halswirbelsäule litt.

Im Streitfall stünden sowohl die Ehefrau meines Mandanten als auch Herr Dr. _____ als Zeugen zur Verfügung. Die zu Erwartung stehenden Zeugenaussagen reichen als Anknüpfungstatsachen für den von meinem Mandanten zu führenden Strengbeweis aus.

Soweit Sie dem behaupteten Schmerzensgeldanspruch im Übrigen entgegenhalten, aufgrund des objektiven Schadensbildes stehe fest, dass die Aufprallgeschwindigkeit des bei Ihnen versicherten Fahrzeugs zu gering war, um das behauptete HWS-Syndrom verursachen zu können, trifft dies ebenfalls nicht zu. Nach Maßgabe des Schadensbildes betrug die Auffahrgeschwindigkeit des bei Ihnen versicherten Fahrzeugs mindestens 15 km/h. Nach gesicherten wissenschaftlichen Erkenntnissen reicht eine derartige Auffahrgeschwindigkeit grundsätzlich aus, um ein HWS-Syndrom verursachen zu können. Wir verweisen hierzu auf _Becke_ u.a., NZV 2000, 225 ff. Im Übrigen ist höchstrichterlich entschieden, dass auch bei einem Unfall mit einer geringen kollisionsbedingten Geschwindigkeitsänderung im angestoßenen Fahrzeug eine HWS-Distorsion entstehen kann (BGH VersR 2003, 474). Die von Ihnen vorgenommene Beschränkung der Würdigung des Falles auf allein biomechanische Gesichtspunkte findet somit in der höchstrichterlichen Rechtsprechung keine Stütze und lässt im Übrigen alle weiteren oben angeführten und hier entscheidenden Umstände außer Betracht.

Auch die mit ▨ EUR bezifferte Anspruchshöhe ist angemessen. Wie aus dem Arztbericht zu entnehmen ist, führte das von meinem Mandanten erlittene HWS-Syndrom zu einer ▨ 100 %igen MdE. Der gesamte Genesungszeitraum war mit erheblichen Schmerzen und Beeinträchtigungen verbunden. Nach Maßgabe der in vergleichbaren Fällen ergangenen Gerichtsentscheidungen ist ein Schmerzensgeld in der o.g. Höhe angemessen. Wegen der Einzelheiten hierzu verweise ich auf die in der Schmerzensgeldtabelle *Hacks/Wellner/Häcker* veröffentlichten Entscheidungen unter den laufenden Nr. ▨.

Für den Ausgleich des vorgenannten Schmerzensgeldes habe ich mir eine Frist bis zum

▨ *(14-Tages-Frist)*

notiert. Nach fruchtlosem Fristablauf werde ich meinem Mandanten empfehlen, gerichtliche Hilfe einzuschalten.

Mit freundlichen Grüßen

(Rechtsanwalt)

▲

63 Die **angemessene Schmerzensgeldhöhe** ist erheblichen Unsicherheiten unterworfen. Allein die Schmerzensgeldtabelle *Hacks/Wellner/Häcker*[70] enthält zahllose Rechtsprechungshinweise, die sich mit diesem Krankheitsbild beschäftigen. Das tauglichste Unterscheidungskriterium bei der Bezifferung ist die Dauer der 100 %igen MdE. Dementsprechend hat sich beispielsweise in der Rechtsprechung bei einem HWS-Syndrom die Faustregel von 200[71]–250 EUR Schmerzensgeld für jede Woche der 100 %igen MdE durchgesetzt. Hierbei ist allerdings zu beachten, dass es sich nur um eine erste Richtlinie handelt, die bei weiteren schwerwiegenden Verletzungen und Beschwerden erhebliche Steigerungen erfahren kann.

> *Achtung*
> Ungeachtet dessen verbietet sich – ebenso wie in anderen Schmerzensgeldfällen – grundsätzlich jede Schematisierung, da sich das angemessene Schmerzensgeld aus den Besonderheiten des Einzelfalls ergibt. Auch wenn die Schmerzensgeldtabellen einen wichtigen Anhaltspunkt für die Bezifferung der Ansprüche bieten, ist gerade in Fällen des HWS-Syndroms die Auffassung des angerufenen Gerichts von entscheidender Bedeutung. Liegen lediglich geringfügige Verletzungen mit kurzzeitigen Arbeitsunfähigkeitszeiträumen vor, wird häufig die Grenze zu sog. Bagatellverletzungen nicht überschritten sein

64 Ob über die bewiesene Primärverletzung hinaus weitere Verletzungen auf den Unfall zurückzuführen sind, unterliegt dagegen der richterlichen Schätzung nach § 287 ZPO.[72]

---

70 SchmerzensgeldBeträge 2016, 34. Aufl. 2016.
71 KG NJW 2008, 2656.
72 OLG München, Urt. v. 21.5.2010 – 10 U 2853/06 – juris; BGH, Urt. v. 12.2.2008 – VI ZR 221/06 = NJW 2008, 1381; BGH, Urt. v. 4.11.2003 – VI ZR 28/03 = NJW 2004, 777; OLG Brandenburg, Urt. v. 25.9.2008 – 12 U 17/08 = NJW-Spezial 2008, 682.

Dies gilt i.d.R. auch für psychische Beeinträchtigungen, die aufgrund einer unfallbedingten körperlichen Beeinträchtigung als Folgeerscheinung eingetreten sind. Hier ist allerdings genau zu prüfen, ob es sich nicht letztendlich um eine anlagebedingte Entwicklung handelt, die aufgrund erheblicher psychischer Vorbelastungen zu einem späteren Zeitpunkt auch ohne das Unfallereignis eingetreten wäre.

VII. Berücksichtigung von Vorerkrankungen und Veranlagung zur Schadentendenz

Kommt es zu einem Personenschaden, ist bei der Bezifferung des daraus resultierenden Schmerzensgeldes zu berücksichtigen, dass dies i.d.R. zu einer erleichterten Beweisführung für den Eintritt des Schadens führt, jedoch im Gegenzug auch Abzüge bei der Höhe erfolgen. 65

Das Vorhandensein von Vorschäden begründet für die Bemessung der Höhe durchaus Kausalitätsprobleme, da bestimmt werden muss, in welchem Umfang die erlittenen Schmerzen und sonstigen Beeinträchtigungen bereits durch die Vorerkrankung verursacht wurden. Es reicht jedoch für die Haftung dem Grunde nach aus, dass das Unfallgeschehen sich mitursächlich ausgewirkt hat. 66

▼

Muster 9.17: Berücksichtigung von Vorerkrankungen bei der Bemessung des Schmerzensgeldes 67

▬▬▬ Versicherung AG

▬▬▬

▬▬▬

Schaden-Nr./VS-Nr./Az. ▬▬▬

Schaden vom ▬▬▬

Pkw ▬▬▬, amtl. Kennzeichen ▬▬▬

Sehr geehrte Damen und Herren,

soweit Sie mit Schreiben vom ▬▬▬ die Auffassung vertreten, der Schmerzensgeldanspruch meiner Mandantin sei erheblich zu reduzieren, vermag ich mich damit nicht einverstanden zu erklären. Ihre hierzu angeführten Argumente überzeugen nicht. Sie stehen im Widerspruch zur einhelligen Auffassung in Rechtsprechung und Literatur.

Dies gilt zunächst für Ihre Auffassung, der erhebliche Personenschaden meiner Mandantin sei Folge ihrer Vorerkrankung. Tatsächlich kommt es hierauf nicht an. Für die Bezifferung des Schmerzensgeldes ist entscheidend, ob und inwieweit degenerative Vorschäden konkreten Einfluss auf das jetzige Beschwerdebild hatten.

Richtig ist zwar, dass meine Mandantin bereits seit längerem an ▬▬▬ erkrankt ist. Die Erkrankung führte jedoch bis zum Verkehrsunfall zu keinerlei Beschwerden im Bereich der ▬▬▬. Dies wird erforderlichenfalls durch den Hausarzt meiner Mandantin zeugenschaftlich bestätigt werden können. Folglich führt die Vorerkrankung zu keiner Reduzierung des Schmerzensgeldanspruchs.

§ 9 Personenschaden bei Verletzung

Dasselbe gilt für den von Ihnen erhobenen Einwand, meine Mandantin habe aufgrund ihrer Vorerkrankung eine besondere Veranlagung zu ▩. Das Risiko, durch einen verhältnismäßig geringfügigen Unfallhergang einen weit reichenden Personenschaden zu verursachen, trägt allein der Schädiger und nicht der Geschädigte (OLG Köln MDR 1968, 1008). Die besondere Anfälligkeit des Geschädigten zu Personenschäden ist allein vom Schädiger zu vertreten (BGH zfs 1996, 290). Im Übrigen ist eine Unfallsächlichkeit auch bereits dann anzunehmen, wenn aufgrund einer Vorverletzung ausnahmsweise schon geringe auf den Körper einwirkende Kräfte zur Herbeiführung der Verletzungsfolgen ausreichen können (OLG Stuttgart VersR 2005, 424). Folglich können Sie sich nicht darauf berufen, meine Mandantin habe lediglich einen geringeren Anspruch auf Schmerzensgeld.

Zusammenfassend habe ich Sie aufzufordern, den mit Schreiben vom ▩ bezifferten Schmerzensgeldbetrag in Höhe von ▩ unverzüglich, spätestens jedoch bis zum

▩ *(14-Tages-Frist)*

auszugleichen. Andernfalls werde ich meiner Mandantin empfehlen, eine gerichtliche Klärung dieser Frage herbeizuführen.

Mit freundlichen Grüßen

(Rechtsanwalt)

68 *Hinweis*

Zu beachten ist in diesem Zusammenhang allerdings, dass der BGH[73] dennoch die Auffassung vertritt, eine besondere Schadensbereitschaft könne bei der Bezifferung der Schmerzensgeldhöhe Berücksichtigung finden.

69 **Muster 9.18: Berücksichtigung von Vorerkrankungen bei der Höhe des Schmerzensgeldes**

Bei Bemessung der Höhe des Schmerzensgeldes ist unter dem Gesichtspunkt der Billigkeit zu berücksichtigen, dass die Handlung des Schädigers nur eine schon vorhandene Schadensbereitschaft ausgelöst hat und/oder entsprechende Vorverletzungen bereits vorhanden gewesen sind (BGH VersR 1981, 1178; OLG Celle, Urt. v. 1.2.2011 – 14 W 47/10 und LG Magdeburg, Urt. v. 18.7.2007 – 9 O 361/01 – jeweils juris). Bei erheblichen und überwiegenden Vorschäden bzw. einer primär ursächlichen Schadensveranlagung kann das in vergleichbaren Fällen ohne diese Gesichtspunkte für angemessen erachtete Schmerzensgeld unter dem Gesichtspunkt der Billigkeit um bis zu 80 % zu reduzieren sein (OLG Frankfurt VersR 1993, 853 = NZV 1993, 67).

Dies ist vorliegend auch der Fall. Selbst wenn die von der Klägerseite behaupteten Verletzungen als unfallbedingt angesehen werden, ist ein erheblicher Abschlag in Höhe von ▩ % geboten. Dies insbesondere unter Berücksichtigung, dass ▩.

---

73 BGH zfs 1998, 93.

VIII. Checkliste: Schmerzensgeld

- Für Unfälle nach dem 1.8.2002 kann ein Schmerzensgeldanspruch bei der Verletzung des Körpers und der Gesundheit gem. § 253 Abs. 2 BGB unabhängig von einem Verschulden auch bei einer Gefährdungshaftung entstehen.
- Der Nachweis des Personenschadens erfolgt aufgrund von Arztberichten, die vom gegnerischen Versicherer eingeholt werden oder selbstständig beschafft werden müssen.
- Eine Schweigepflichtentbindungserklärung des Mandanten ist erforderlich.
- Das Schmerzensgeld hat primär eine Ausgleichsfunktion. Daneben kann bei einem erheblichen Verschulden auch die Genugtuungsfunktion zu berücksichtigen sein.
- Die abstrakte Bezifferung des Schmerzensgelds ist anhand Art und Umfang der Verletzungen, Umfang der Schmerzen, Dauerschaden usw. vorzunehmen.
- Die konkrete Bezifferung des Schmerzensgelds erfolgt aufgrund von Vergleichsurteilen aus Schmerzensgeldlisten.
- Ältere Vergleichsurteile sind an den gestiegenen Lebenshaltungsindex anzupassen.
- Es erfolgt eine allgemeine Erhöhung der ermittelten Werte bei schwerwiegenden Verletzungen.
- Eine allgemeine Erhöhung ist auch bei verzögerter Schadensregulierung durch den Gegner vorzunehmen.
- Nur ausnahmsweise besteht ein Anspruch auf Schmerzensgeldrente.
- Der Anspruch auf Schmerzensgeld ist vererbbar.
- Ein Schockschaden ist ein Drittschaden naher Angehöriger bei der Überbringung einer Todesnachricht.
- Die Unfallursächlichkeit für eine HWS-Distorsion im Bereich der sog. „Harmlosigkeitsgrenze" bei einer Geschwindigkeitsdifferenz von 4–10 km/h ist nicht schlechterdings ausgeschlossen. Vielmehr ist eine interdisziplinäre Betrachtung im Einzelfall geboten, die sich nicht allein auf biomechanische Gesichtspunkte beschränkt.

70

B. Heilbehandlungskosten

Grundsätzlich stellen sämtliche Arzt- und Behandlungskosten, die zur Wiederherstellung des ursprünglichen Gesundheitszustandes oder zur Linderung unfallbedingt verursacht werden, ausgleichspflichtige Schadenspositionen dar. Dennoch muss sich der Bearbeiter verkehrsunfallrechtlicher Mandate mit solchen Ansprüchen in aller Regel nicht befassen. Denn aufgrund des bestehenden **Sozialversicherungssystems** werden die meisten Heilungskosten vom gesetzlichen oder privaten Krankenversicherer des Geschädigten übernommen (siehe auch § 6 Rdn 4 ff.).

71

Ungeachtet dessen verbleiben dem Geschädigten u.U. Heilbehandlungskosten, die von dem Krankenversicherer des Geschädigten nicht übernommen werden und die vom anwaltlichen Vertreter des Geschädigten ermittelt und vom Schädiger ersetzt werden müssen. Hierzu zählen u.a. folgende Schadenspositionen:

72

- Eigenanteile für Zahnbehandlungs- und Krankentransportkosten;
- Kosten einer Ersatzbrille, je nach Alter und Veränderung der Sehstärken unter Berücksichtigung eines Abzugs „neu für alt";[74]
- Haushalts-Hilfskraft für eine Mutter, die ständig im Krankenhaus beim verunfallten Kind sein muss;[75]
- ärztlich verordnete Kuraufenthalte, die vom Sozialversicherungsträger nicht übernommen werden;[76]
- Auslandsbehandlungskosten, sofern diese medizinisch erforderlich sind;[77]
- Kosten für kosmetische Narbenbehandlungen;[78]
- Kosten für ein erforderliches Muskelaufbautraining in einem Fitnessstudio;[79]
- Kosten für ein TV im Krankenhaus, sofern „gesundheitsförderlich";[80]
- Fahrtkosten zum Arzt.[81]

Die Aufzählung ist beispielhaft und keinesfalls abschließend. Ob weitere Heilbehandlungskosten zu ersetzen sind, hängt vom konkreten Einzelfall ab und ist stets konkret zu prüfen.

73 Werden Fahrtkosten aus Anlass eines Haftpflichtschadens geltend gemacht, sind für die Berechnung der Kilometerkosten nicht die steuerlichen Sätze für Werbungskosten etc., sondern die Sätze des § 5 Abs. 2 Nr. 1 JVEG (ehemals § 9 Abs. 3 ZSEG) in Höhe von 0,25 EUR pro Kilometer maßgeblich.[82]

I. Besuchskosten naher Angehöriger

74 Erleidet ein Geschädigter einen schwerwiegenden Verkehrsunfallschaden, der einen Krankenhausaufenthalt erfordert, können Kosten dadurch entstehen, dass der Geschädigte von Angehörigen und Freunden besucht wird. Die bei den Besuchern eintretenden Aufwendungen stellen grundsätzlich nicht ausgleichspflichtige Drittschäden dar. Von diesem Grundsatz macht die Rechtsprechung unter besonderen Voraussetzungen eine Ausnahme. Wird der stationär aufgenommene Geschädigte von nächsten Angehörigen besucht und ist dieser Besuch **medizinisch notwendig**, um die durch den Unfall verursachte psychische Beeinträchtigung des Geschädigten zu lindern, sind dadurch verursachte Kosten vom Schädiger auszugleichen.[83] Zu den „nächsten Angehörigen deren Kosten für Besuchsfahrten dem materiellen Schaden eines Verletzten zugerechnet werden können, kann nach der wohl überwiegenden Rechtsprechung auch der „Lebensge-

---

74 OLG Nürnberg, Urt. v. 23.12.2015 – 12 U 1263/14 – juris; OLG Rostock, Urt. v. 25.6.2010 – 5 U 195/09 = NZV 2011, 503; LG Düsseldorf, Urt. v. 18.2.2009 – 2b O 213/06 = VRR 2009, 162 (Zeitwert auch ohne Veränderung der Sehstärken); LG Münster, Urt. v. 24.2.2011 – 12 O 381/08 = SP 2011, 326, 328).
75 LG Münster MDR 1969, 481.
76 BGH VersR 1967, 903, 904.
77 OLG Hamburg VersR 1988, 858; BGH VersR 1969, 1040, 1041.
78 BGH NJW 1975, 640; Hentschel, § 11 StVG Rn 4 m.w.N; KG VersR 1981, 64 (in angemessener Höhe).
79 OLG Köln VRS 98, 414.
80 OLG Düsseldorf NJW-RR 1994, 352.
81 OLG Frankfurt VersR 1981, 239.
82 BGH, Urt. v. 17.11.2009 – VI ZR 64/08; OLG Hamm VersR 2000, 66; VersR 1996, 1513.
83 BGH, Urt. v. 19.2.1991 – VI ZR 171/90 – juris = NJW 1991, 2340 ff.; OLG Hamm r+s 1993, 20.

fährte" zählen, und zwar auch dann, wenn die Partner nicht ständig zusammen gewohnt haben.[84] Teilweise wird dies jedoch von der älteren Rechtsprechung auch abgelehnt.[85]

Wie viele Besuche konkret angemessen sind, hängt zum einen von der Nähebeziehung zwischen Besucher und Verletztem, zum anderen von der Schwere der Verletzung ab.[86] Speziell bei verletzten Kindern ist dabei von einer deutlich höheren Besuchsfrequenz durch die Eltern auszugehen.[87] Grundsätzlich kann von folgenden „Faustregeln" ausgegangen werden:[88]

(1) Schwerste Verletzungen mit Lebensgefahr: anfänglich 5–6 Besuche pro Woche, nach 1–2 Wochen abnehmende Frequenz auf wöchentlich 2–4 Besuche.
(2) Schwere Verletzungen ohne Lebensgefahr: anfänglich 4–5 Besuche pro Woche, bei Stabilisierung des Zustandes wöchentlich 2–4 Besuche.
(3) Mittelschwere Verletzungen: 2–3 Besuche pro Woche.
(4) Leichte Verletzungen: wöchentlich 1–2 Besuche.

Können Besuchskosten als außergewöhnliche Belastungen i.S.v. § 33 Einkommensteuergesetz beim Finanzamt geltend gemacht werden, ist der Steuervorteil im Wege des Vorteilsausgleichs anzurechnen. Wird die außergewöhnliche Belastung von den Angehörigen der Klägerin, um deren Aufwendungen es letztlich geht, nicht geltend gemacht, liegt ein Verstoß gegen die Schadensminderungspflicht vor.[89]

▼

Muster 9.19: Medizinische Notwendigkeit täglicher Besuche

░░░░░ Versicherung AG

░░░░░

░░░░░

Schaden-Nr./VS-Nr./Az. ░░░░░

Schaden vom ░░░░░

Pkw ░░░░░, amtl. Kennzeichen ░░░░░

Sehr geehrte Damen und Herren,

mein Mandant wurde zwischenzeitig aus dem Krankenhaus entlassen. Er befindet sich weiterhin in ärztlicher Behandlung bei Herrn Dr. ░░░░░.

Während des Krankenhausaufenthaltes entstanden weit reichende Besuchskosten. Mein Mandant wurde an ░░░░░ von ░░░░░ besucht. Die Besuche waren medizinisch erforderlich, weil insbesondere ░░░░░ Dass die täglichen Besuche medizinisch geboten waren, kann erforderlichenfalls der behandelnde Arzt Dr. ░░░░░ bestätigen. Die dadurch entstandenen Fahrtkosten sind zu ersetzen (BGH NJW 1991, 2340 ff.; KG VRR 2009, 300).

Während des Krankenhausaufenthaltes waren meine Mandanten nachweislich an ░░░░░ Tagen im Krankenhaus. Sämtliche Fahrten wurden per Pkw zurückgelegt. Die einfache

---

84 KG VRR 2009, 300; LG Münster r+s 1997, 460.
85 OLG Oldenburg zfs 1989, 78.
86 *Küppersbusch/Höher*, Rn 236, Fn 44 mit Nachweisen aus der Rechtsprechung.
87 OLG Saarbrücken, Urt. v. 23.10.1987 – 3 U 176/85 = NZV 1989, 25.
88 *Küppersbusch/Höher*, Rn 236 ff.
89 OLG Hamm r+s 1993, 20; LG Stralsund, Urt. v. 28.11.2006 – 7 O 354/05 – juris = SP 2007, 389.

§ 9 Personenschaden bei Verletzung

Entfernung zwischen der Wohnung der anreisenden Person sowie dem Krankenhaus beträgt ▬▬ km. Nach Maßgabe der Entscheidungen des OLG Hamm VersR 1997, 1291 und VersR 2000, 66, beträgt die Pauschale pro gefahrenem Kilometer in Anlehnung an § 5 Abs. 2 Nr. 1 JVEG, 0,25 EUR. Danach berechnen sich die Fahrtkosten wie folgt:

▬▬ (Tage) x ▬▬ (km) x 2 (Hin- und Rückfahrt) x 0,25 EUR = ▬▬ EUR

Darüber hinaus fielen bei jeder Besuchsfahrt Parkkosten für das Parken auf dem Krankenhausgelände an. Einen entsprechenden Musterbeleg füge ich Ihnen in der Anlage in Kopie bei. Danach betragen die Parkgebühren pro Tag pauschal ▬▬ EUR. Die Parkgebühren belaufen sich somit auf insgesamt

▬▬ (Tage) x ▬▬ (EUR) = ▬▬ EUR.

Den Gesamtbetrag in Höhe von ▬▬ EUR gleichen Sie bitte möglichst umgehend, spätestens jedoch bis zum

▬▬ (14-Tages-Frist)

auf das Ihnen bekannte Konto meiner Mandantschaft aus.

Mit freundlichen Grüßen

(Rechtsanwalt)

▲

II. Kosten privatärztlicher Behandlung

78 Grundsätzlich macht sich auch der Umfang der vom Schädiger auszugleichenden Heilbehandlungskosten am Gebot der **"Erforderlichkeit"** des § 249 Abs. 2 S. 1 BGB fest. Fraglich ist dabei, wann ein Mandant aus Anlass eines Verkehrsunfalls privatärztliche Behandlungsmaßnahmen in Anspruch nehmen darf, obwohl er Kassenpatient ist. Dies ist im Normalfall abzulehnen.[90] Von diesem Grundsatz werden jedoch Ausnahmen zugelassen.[91] Beispielsweise umfasst die Haftpflicht des Schädigers die Kosten einer privatärztlichen Behandlung, wenn das Leistungssystem der gesetzlichen Krankenversicherung nur unzureichende Möglichkeiten zur Schadensbeseitigung bietet oder die Inanspruchnahme der vertragsärztlichen Leistung aufgrund besonderer Umstände ausnahmsweise dem Geschädigten nicht zumutbar ist.[92] Ein besonderer Grund für die Erstattungsfähigkeit der Kosten einer privatärztlichen Behandlung liegt ferner vor, wenn der Behandelte schwere Verletzungen erlitten hat, sich von Anfang an privat behandeln ließ, sich auch heute noch privat behandeln lässt sowie zu den ihn behandelnden Ärzten ein besonderes Vertrauen gefasst hat.[93]

---

90 OLG München, Urt. v. 29.7.2004 – 24 U 827/03 = DAR 2004, 651; OLG Düsseldorf, Urt. v. 5.4.1990 – 8 U 23/89 = VersR 1991, 884; AG Dortmund VersR 1999, 1230.
91 BGH, Urt. v. 6.7.2004 – VI ZR 266/03 = NJW 2004, 3324.
92 OLG Koblenz, Urt. v. 5.11.2013 – 3 U 421/13 = zfs 2014, 79; BGH, Urt. v. 6.7.2004 – VI ZR 266/03 = NJW 2004, 3324; BGH, Urt. v. 23.9.1969 – VI ZR 69/68 = VersR 1981, 169 f.
93 OLG München, Urt. v. 29.7.2004 – 24 U 827/03 = DAR 2004, 651.

B. Heilbehandlungskosten § 9

▼
Muster 9.20: Privatärztliche Behandlung eines Kassenpatienten

Versicherung AG

Schaden-Nr./VS-Nr./Az.
Schaden vom
Pkw , amtl. Kennzeichen
Sehr geehrte Damen und Herren,

soweit Sie die Übernahme der durch Schreiben vom geltend gemachten Heilbehandlungskosten ablehnen, vermag ich mich damit nicht einverstanden zu erklären. Entgegen der von Ihnen vertretenen Auffassung war die Inanspruchnahme privatärztlicher Behandlungsmaßnahmen „erforderlich" i.S.d. § 249 Abs. 2 S. 1 BGB.

Zwar trifft es zu, dass mein Mandant „lediglich" Kassenpatient ist. Dieser Umstand ist für die Pflicht zur Erstattung der von ihm in Anspruch genommenen Wahlleistungen hingegen nicht von entscheidender Bedeutung. Maßgeblich ist vielmehr, ob der Geschädigte die zusätzlichen Kosten der ärztlichen Wahlleistungen auch dann getragen hätte, wenn kein eintrittspflichtiger Schädiger vorhanden gewesen wäre (*Küppersbusch/Höher*, Ersatzansprüche bei Personenschaden, Rn 231). Entscheidendes Indiz ist hierfür, ob und inwieweit sich der Verletzte auch schon in der Vergangenheit privat hat behandeln lassen (OLG München DAR 2004, 651; LG Ravensburg zfs 1981, 334). Dies ist vorliegend der Fall.

Ich weise darauf hin, dass .

Danach sind Sie zur Übernahme der geltend gemachten Kosten uneingeschränkt verpflichtet. Obwohl mein Mandant Kassenpatient ist, nahm er bereits vor dem schadenbegründenden Ereignis stets privatärztliche Wahlleistungen in Anspruch. Zum Nachweis hierfür übersende ich Ihnen beiliegend Belege für diverse ärztliche Wahlleistungen, die nur teilweise von der gesetzlichen Krankenkasse meines Mandanten übernommen wurden. Die jeweiligen Restbeträge waren stets von ihm zu tragen.

Nach alledem habe ich mir für den Ausgleich der mit EUR bezifferten Mehrkosten eine Frist bis zum

(14-Tages-Frist)

notiert. Nach fruchtlosem Fristablauf werde ich meinen Mandanten über die Möglichkeit einer gerichtlichen Durchsetzung seiner Ansprüche informieren.

Mit freundlichen Grüßen

(Rechtsanwalt)

▲

Allen vorgenannten Schadenspositionen ist gemein, dass sie **konkret nachzuweisen** und abzurechnen sind. Eine fiktive Abrechnung ist grundsätzlich nicht möglich.[94]

---

[94] BGH, Urt. v. 14.1.1986 – VI ZR 48/85 = DAR 1986, 141; OLG Köln, Beschl. v. 21.11.2011 – 5 U 109/11 – juris; OLG Köln, Urt. v. 19.5.1999 – 5 U 247/98 = VersR 2000, 1021; Palandt/*Grüneberg*, § 249 BGB Rn 6.

§ 9 Personenschaden bei Verletzung

81 Der Geschädigte muss sich die während seines Krankenhausaufenthaltes ersparten Aufwendungen in der privaten Lebensführung im Rahmen des Vorteilsausgleichs entgegenhalten lassen.[95] In der Praxis wird hierfür ein pauschaler Betrag von 5[96]–10[97] EUR pro Tag vom Schadensersatzanspruch des Geschädigten in Abzug gebracht.[98] Nicht erstattungsfähig ist bei einem stationären Aufenthalt ferner die Schadensposition „Zuzahlung von Krankenpflege", wenn der Verletzte aufgrund seiner Versorgung im Krankenhaus zugleich Verpflegungskosten spart, die andernfalls zu Hause angefallen wären.[99]

82 Der privat krankenversicherte Mandant erhält die Behandlungskosten bei gesundem Deckungsverhältnis vom Krankenversicherer in der Regel schneller als vom Unfallgegner. Der Krankenversicherer kann – anders als der Unfallgegner – auch keinen Mithaftungseinwand erheben. Der Forderungsübergang umfasst allerdings nicht die vertraglich vereinbarte Selbstbeteiligung.

Erhält der Mandant eine **Beitragsrückerstattung** für den Fall, dass die Krankenversicherung nicht in Anspruch genommen wird, kann die Beitragsrückerstattung „gerettet" werden, indem ausschließlich der Unfallgegner auf Erstattung der Behandlungskosten in Anspruch genommen wird. Eine Vorteilsanrechnung findet nicht statt. Nimmt der Mandant gleichwohl die Krankenversicherung in Anspruch, ist die ausbleibende Beitragsrückerstattung ein ersatzfähiger Schaden,[100] der sich um die Mithaftung reduziert.[101] Gleichwohl dürfte die Schadenminderungspflicht zu beachten sein, deren Verletzung einem Erstattungsanspruch entgegenstehen kann.

83 Muster 9.21: Beitragsrückerstattung/Selbstbeteiligung in der privaten Krankenversicherung

Sehr geehrte Damen und Herren,

in der Anlage übersende ich Kopien der Behandlungsrechnungen meines Mandanten. Er ist privat krankenversichert. Die Rechnungen wurden im Original beim Krankenversicherer eingereicht und unter Berücksichtigung einer vertraglich vereinbarten Selbstbeteiligung i.H.v. ▬▬ EUR erstattet. Das entsprechende Regulierungsschreiben vom ▬▬ ist ebenfalls beigefügt.

Durch die Inanspruchnahme der Krankenversicherung verliert mein Mandant die ansonsten zu erwartende Beitragsrückerstattung i.H.v. ▬▬ EUR, die als Teil des Schadens zu erstatten ist (OLG Köln VersR 1990, 908). Außer den unfallbedingten Behandlungen erfolgte im Jahr des Unfalls keine Inanspruchnahme der Krankenversicherung. Erforderlichenfalls wird eine Bestätigung des Versicherers beigebracht.

---

95 Palandt/*Grüneberg*, vor § 249 BGB Rn 93; OLG München zfs 1985, 2; KG VersR 1969, 190.
96 LG Duisburg SVR 2007, 181.
97 OLG Hamm, Urt. v. 18.6.2013 – 9 U 1/13 = r+s 2014, 44 (10 EUR); OLG Oldenburg, Urt. v. 21.3.2012 – 3 U 70/11 = SP 2012, 426 (8 EUR); OLG Saarbrücken, Urt. v. 27.7.2010 – 4 U 585/09 = NJW 2011, 933 (7,50 EUR); OLG Düsseldorf, Urt. v. 26.10.1998 – 1 U 245/97 = VersR 2000, 71 (20 DM); OLG Frankfurt zfs 1988, 382.
98 OLG Frankfurt zfs 1988, 382.
99 LG Lübeck SP 1997, 285.
100 OLG Köln, Urt. v. 7.6.1990 – 7 U 32/90 = VersR 1990, 908.
101 LG Regensburg, Urt. v. 29.9.2012 – 1 O 61/11 – juris.

Namens und in Vollmacht meines Mandanten fordere ich Sie auf, beide Beträge und somit insgesamt ▓▓▓▓ EUR umgehend, spätestens jedoch bis zum

▓▓▓▓ *(14-Tages-Frist)*

auf das Ihnen bekannte Konto meines Mandanten zu überweisen und mich über die erfolgte Regulierung schriftlich zu informieren.

Mit freundlichen Grüßen

(Rechtsanwalt)

▲

Checkliste: Heilbehandlungskosten 84

- Heilbehandlungskosten dienen – anders als vermehrte Bedürfnisse – der Wiederherstellung der Gesundheit.
- Eine fiktive Abrechnung ist nicht möglich, da es sich bei den Heilbehandlungskosten um einen „Ersatzanspruch" handelt.
- Bei Kassenpatienten sind sämtliche Positionen zu ersetzen, die vom Krankenversicherer nicht übernommen werden.
- Kosten naher Angehöriger für den Besuch im Krankenhaus sind ersatzfähig, wenn sie dem Gesundungsprozess förderlich sind.
- Kosten privatärztlicher Behandlungen sind ersatzfähig, wenn das Leistungssystem der Krankenkasse unzureichend ist oder der Geschädigte üblicherweise entsprechende Leistungen in Anspruch nimmt.

C. Vermehrte Bedürfnisse

Während es sich bei den zuvor behandelten Heilbehandlungskosten um vorübergehende Aufwendungen bis zur Wiederherstellung der vollen Gesundheit des Geschädigten handelt, stellen vermehrte Bedürfnisse unfallbedingte Mehraufwendungen zum Ausgleich von Nachteilen dar, die aufgrund einer **dauernden Beeinträchtigung des Wohlbefindens** erforderlich werden.[102] Es muss sich um Mehraufwendungen handeln, die dauernd und regelmäßig erforderlich sind. Sie dürften nicht der Wiederherstellung der Gesundheit dienen, also nicht unter die Heilbehandlungskosten fallen.[103] Nicht umfasst sind außerdem allgemeine Lebenshaltungskosten. § 843 Abs. 1 BGB betrifft nur den Aufwand, den ein Geschädigter im Vergleich zu einem gesunden Menschen als Mehraufwand hat.[104] Abzugrenzen ist ferner, was der Wiederherstellung der Lebensqualität dient und deswegen zum immateriellen Schaden zählt.[105]

85

---

102 BGH, Urt. v. 20.1.2004 – VI ZR 46/03 = VersR 2004, 482; BGH, Urt. v. 19.5.1981 – VI ZR 108/79 = VersR 1982, 238; BGH, Urt. v. 30.6.1970 – VI ZR 5/69 = VersR 1970, 899; BGH, Urt. v. 25.5.1958 – VI ZR 130/57 = VersR 1958, 454.
103 BGH, Urt. v. 20.1.2004 – VI ZR 46/03 = VersR 2004, 482; BGH, Urt. v. 19.5.1981 – VI ZR 108/79 = VersR 1982, 238; BGH, Urt. v. 19.11.1955 – VI ZR 134/54 = VersR 1956, 22, 23.
104 BGH, Urt. v. 20.1.2004 – VI ZR 46/03 = VersR 2004, 482; BGH, Urt. v. 11.2.1992 – VI ZR 103/91 = VersR 1992, 1235.
105 BGH, Urt. v. 20.1.2004 – VI ZR 46/03 = VersR 2004, 482.

86 Bei schwerwiegenden Personenschäden können die vermehrten Bedürfnisse zahllose Schadenspositionen umfassen, die den gesamten Lebensbereich des Geschädigten betreffen. Der anwaltliche Vertreter muss den Mandanten deshalb frühzeitig darauf hinweisen, dass sämtliche Schadenspositionen exakt und fortlaufend dokumentiert werden müssen.

87 Als Schadenspositionen der vermehrten Bedürfnisse kommen u.a. in Betracht:
- laufende Ausgaben für eine bessere Verpflegung;[106]
- Erneuerung dauerhaft erforderlicher künstlicher Gliedmaßen;
- Aufwand für Pflegepersonal;[107]
- orthopädisches Schuhwerk;[108]
- Mehraufwendungen für eine Wohnung an einem anderen Ort;[109]
- Umrüstung eines PKW oder Mehrkosten beim Erwerb;[110]
- erhöhte Ausbildungskosten;[111]
- Kurkosten.[112]

88 Für vermehrte Bedürfnisse besteht in § 843 BGB eine besondere gesetzliche Regelung. Danach besitzt der Geschädigte u.U. einen Anspruch auf eine Geldrente, die gemäß § 843 Abs. 3 BGB auch kapitalisierungsfähig ist, wenn ein wichtiger Grund dafür vorliegt.

89 Ist der Geschädigte ein **Dauerpflegefall**, gebührt ihm ein Anspruch auf Ausgleich des Pflegeaufwandes. In der Praxis werden die Pflegeleistungen häufig von nahen Angehörigen erbracht. Auch wenn derartige Pflegeleistungen einer sittlichen Anstandspflicht entsprechen, führt dies nicht zu einer Entlastung des Schädigers. Die Höhe des zu ersetzenden Mehrbedarfs bei häuslicher Pflege ist allerdings dadurch begrenzt, dass die Aufwendungen zu ersetzen sind, die durch eine von dem Geschädigten gewählte und ihm in seiner besonderen Lage zumutbare Lebensgestaltung notwendig werden. Nicht ersatzfähig sind dagegen solche Kosten, die in keinem vertretbaren Verhältnis mehr zur Qualität der Versorgung des Geschädigten stehen.[113] Während bei professionellen Pflegekräften die Brutto-Kosten in den Grenzen der Erforderlichkeit und Schadenminderungspflicht zu erstatten sind, kann bei der kostenlosen, meist familiären Pflege nur ein fiktiver Nettolohn einer vergleichbaren Hilfskraft gefordert werden.[114] Der Stundensatz kann wie bei der Berechnung des Haushaltsführungsschadens (siehe Rdn 134) angenommen werden.[115]

---

106 BGH, Urt. v. 19.5.1981 – VI ZR 108/79 = VersR 1982, 238.
107 BGH NJW 1974, 41, 42.
108 LG Hannover VRS 7, 404.
109 OLG Celle NJW 1964, 2162.
110 BGH, Urt. v. 18.2.1992 – VI ZR 367/90 = VersR 1992, 618.
111 BGH NJW-RR 1992, 791.
112 LG Bonn VersR 1996, 381.
113 OLG Koblenz, Urt. v. 18.9.2000 – 12 U 1464/99 = VersR 2002, 244.
114 BGH, Urt. v. 10.11.1998 – VI ZR 354/97 = NJW 1999, 421.
115 *Küppersbusch/Höher*, Rn 265.

C. Vermehrte Bedürfnisse § 9

▼
Muster 9.22: Pflege durch nahe Angehörige

▓▓▓▓ Versicherung AG

▓▓▓▓
▓▓▓▓

Schaden-Nr./VS-Nr./Az. ▓▓▓▓

Schaden vom ▓▓▓▓

Pkw ▓▓▓▓, amtl. Kennzeichen ▓▓▓▓

Sehr geehrte Damen und Herren,

soweit Sie in Ihrem Schreiben vom ▓▓▓▓ die Übernahme der mit ▓▓▓▓ EUR bezifferten monatlichen Rente ablehnen, steht dies im Widerspruch zu den hier maßgeblichen Rechtsgrundsätzen.

Unstreitig besitzt mein Mandant einen Anspruch auf Ausgleich der durch das Schadensereignis verursachten und erforderlichen Pflegeleistungen. Nach Maßgabe unserer Ausführungen im Schreiben vom ▓▓▓▓ beträgt der tägliche Pflegeaufwand ca. drei Stunden. Dieser Pflegeaufwand ist von Ihnen gemäß § 843 Abs. 1 BGB unter dem Gesichtspunkt der „vermehrten Bedürfnisse" auszugleichen.

Dem steht nicht entgegen, dass die Pflegeleistungen nicht von einer professionellen Pflegekraft erbracht und dafür entsprechende Geldbeträge in Rechnung gestellt werden. Erfolgt die Pflege in der Familie des Geschädigten kostenlos, kommt dies dem Schädiger nicht zugute (*Küppersbusch/Höher*, Ersatzansprüche bei Personenschaden, Rn 265, 45 m.w.N.). Die von den nahen Angehörigen des Geschädigten erbrachte zusätzliche Mühewaltung ist vom Schädiger angemessen auszugleichen (BGH NJW 1999, 421; BGH VersR 1986, 173; BGH VersR 1986, 391). Demgemäß kann dahingestellt bleiben, ob die von der ▓▓▓▓ erbrachten Pflegeleistungen bereits einer sittlichen Anstandspflicht entsprechen. Selbst wenn dies der Fall wäre, käme dies keinesfalls Ihnen zugute.

Auch die geltend gemachte Anspruchshöhe ist nach Maßgabe der von der höchstrichterlichen Rechtsprechung hierzu entwickelten Grundsätze nicht zu beanstanden. Zwar ist grundsätzlich nicht auf die Kosten einer professionellen Pflegekraft abzustellen (BGH VersR 1986, 173). Dennoch ging die Rechtsprechung von einem Stundensatz von früher 10 DM aus (OLG Köln VersR 1992, 506, 507; OLG Hamm zfs 1993, 333, 335). Dies entspricht unter Berücksichtigung der gestiegenen Lebenshaltungs- und Lohnkosten derzeit dem Betrag von mindestens ▓▓▓▓ EUR, zumal im Rahmen einer intensiven Pflege auch bereits ein Stundensatz von 11,6 EUR anerkannt ist (LG Detmold NZV 2004, 198). Unter Berücksichtigung des täglichen Pflegeaufwandes von durchschnittlich drei Stunden belaufen sich die monatlichen Pflegekosten auf ▓▓▓▓ EUR. Mein Mandant besitzt in entsprechender Höhe einen Rentenanspruch gemäß § 843 BGB. Nach alledem habe ich Sie aufzufordern, unverzüglich, spätestens jedoch bis zum

▓▓▓▓ *(14-Tages-Frist)*

schriftlich zu bestätigen, dass Sie zu Rentenzahlungen in entsprechender Höhe bereit sind. Darüber hinaus bitte ich um Ausgleich der bislang angefallenen Pflegeleistungen in Höhe von ▓▓▓▓ EUR. Hierbei handelt es sich um die monatlichen Pflegebeträge seit der Entlassung meines Mandanten aus dem Krankenhaus am ▓▓▓▓. Auch insoweit erwarte ich den Zahlungseingang innerhalb der o.g. Frist. Sollten Sie die Frist ungenutzt verstreichen lassen, werde ich meinem Mandanten die unverzügliche Inanspruchnahme gerichtlicher Hilfe empfehlen.

Mit freundlichen Grüßen

(Rechtsanwalt)

91 Die nach § 843 BGB zugesprochene Rente kann nach Maßgabe des gesteigerten **Lebenshaltungsindexes** turnusmäßig angepasst werden.[116] Es gelten insoweit die Grundsätze der Abänderungsklage gemäß § 323 ZPO.

92 Rechtsdogmatisch vermittelt § 843 BGB keinen Erstattungs-, sondern einen originären Schadensersatzanspruch i.S.d. §§ 249 ff. BGB. Gemäß § 249 Abs. 2 S. 1 BGB besteht ein Anspruch auf Ausgleich des „erforderlichen" Geldbetrags. Folglich kommt es nicht darauf an, ob der Geschädigte die Aufwendungen auch tatsächlich tätigt.[117] Eine „fiktive" Abrechnung der Pflegekosten ist möglich. Für die vermehrten Bedürfnisse kommt es hingegen auf den tatsächlichen Anfall der Kosten an.[118]

93 Zu prüfen ist auch, ob die **Eintrittspflicht eines Sozialversicherungsträgers** oder sonstigen Dritten besteht, weil der Forderungsübergang (vgl. § 6 Rdn 1 ff.) zum Wegfall der Aktivlegitimation des Mandanten führt, z.B. beim Wegeunfall. Dagegen betrifft der Arbeitsunfall wegen seiner Haftungsprivilegierung (vgl. § 5 Rdn 1 ff.) die Passivlegitimation des Anspruchsgegners. Da der Sozialversicherungsträger Leistungen ohne Prüfung eines Mitverschuldens erbringt, kann sich der Zugriff auf den Leistungskatalog (z.B. §§ 26–103 SGB VII) für den Mandanten lohnen.

94 So besteht beim Wegeunfall neben den Behandlungskosten (§§ 27–30 SGB VII) auch ein Anspruch auf Erstattung vermehrter Bedürfnisse, wie z.B. Kostenerstattung für Hilfsmittel (§ 31 SGB VII, z.B. Brille) und Leistungen zur Teilhabe am Leben in der Gemeinschaft, wie z.B. Erstattung der Kosten für Beschaffung oder Umbau eines Kraftfahrzeuges (§ 40 SGB VII), Kosten für den Umzug oder den Umbau der Wohnung (§ 41 SGB VII), Haushaltshilfe (§ 42 SGB VII) und Reisekosten (§ 43 SGB VII). In den §§ 56–62 SGB VII sind u.a. Rentenzahlungen geregelt, die deckungsgleich mit dem Erwerbsschaden des Geschädigten sein können. Da die Rentenzahlung Barunterhalt ist und sich der Haushaltsführungsschaden des Geschädigten aus Real- und Barunterhalt zusammensetzt, besteht auch insoweit Kongruenz.

95 *Praxistipp*
Kommt ein Wege- oder Arbeitsunfall in Betracht, ist eine Meldung beim Unfallversicherungsträger stets sinnvoll. Der Leistungskatalog des SGB umfasst neben Behandlungskosten auch vermehrte Bedürfnisse, nicht aber Schmerzensgeld.

---

116 OLG München VersR 1984, 245, 246.
117 KG VersR 1969, 260.
118 *Küppersbusch/Höher*, Rn 264; BGH, Urt. v. 14.1.1986 – VI ZR 48/85 = NJW 1986, 1538.

Checkliste: Vermehrte Bedürfnisse

- Anders als Heilbehandlungskosten dienen vermehrte Bedürfnisse dem Ausgleich laufender Aufwendungen als Folge eines Dauerschadens.
- Da es sich um einen Schadensersatzanspruch gemäß § 249 BGB handelt, ist eine fiktive Abrechnung möglich.
- Die Kosten für Pflegekräfte sind auch dann auszugleichen, wenn die Pflegeleistungen von nahen Angehörigen erbracht werden.
- Bei lebenslangen Aufwendungen erfolgt i.d.R. eine Verrentung der Ansprüche.
- Rentenansprüche können gemäß § 323 ZPO nach Maßgabe der gestiegenen Lebenshaltungskosten angepasst werden.

D. Erwerbsschaden

Unter dem Begriff des **Erwerbsschadens** werden alle Schadenspositionen zusammengefasst, die aus dem **unfallbedingten Arbeitsausfall** des Geschädigten resultieren. Woraus der Schaden im Einzelnen besteht, hängt vom Status des Geschädigten ab.

Dabei ist zu unterscheiden zwischen
- Lohnempfängern,
- Selbstständigen,
- Auszubildenden/Schülern/Kindern,
- Haushaltsvorständen,
- sonstigen Anspruchsberechtigten.

I. Lohnempfänger

Arbeiter und **Angestellte** besitzen gegen ihren jeweiligen Arbeitgeber einen Anspruch auf Lohnfortzahlung während ihres krankheits- oder unfallbedingten Ausfalls (§ 3 EFZG). Die Lohnfortzahlung erfolgt während der ersten sechs Wochen der Erkrankung. Bei der Berechnung des fortzuzahlenden Arbeitsentgelts gilt das **Lohnausfallprinzip**: Der Arbeitnehmer erhält grundsätzlich diejenige Vergütung, die er bezogen hätte, wenn er nicht arbeitsunfähig erkrankt wäre. Für die Berechnung des Verdienstausfallschadens ist hingegen zu beachten, dass Überstunden keine Berücksichtigung finden (§ 4 EFZG). Hätte der Geschädigte während des Ausfallzeitraums nachweislich Überstunden geleistet, kann dieser Ausfall auch während des Entgeltfortzahlungszeitraums geltend gemacht werden.

Nach dem Ablauf des Fortzahlungszeitraums erhält der Verletzte von seiner Krankenversicherung sog. **Krankengeld** (§§ 44–51 SGB V). Das Krankengeld wird nach Maßgabe des Einkommens vor dem Beginn der Arbeitsunfähigkeit berechnet. In der Regel beträgt es 70 % des letzten Brutto-, aber höchstens 90 % des Nettoeinkommens (§ 47 SGB V). Bei der Berechnung werden auch die Einmalzahlungen im letzten Jahr vor der Arbeitsunfähigkeit berücksichtigt. Davon fallen noch Beiträge zur Renten-, Arbeitslosen- und Pflegeversicherung an, die von der Krankenkasse einbehalten und an die entsprechenden Versicherungsträger abgeführt werden. Die Beitragsanteile des Arbeitgebers übernimmt währen des Krankengeldbezuges die Krankenkasse. In der Krankenversicherung besteht während des Bezuges von Krankengeld Beitragsfreiheit. Bei Arbeitslosen werden die Beiträge aus dem Krankengeld komplett von der Krankenkasse bezahlt. Die Berechnung des Krankengeldes erfolgt für den Kalendertag. Bezugszeiten von Krankengeld werden von Renten- und Arbeitslosenversicherung als Beitragszeiten angerechnet.

Im Ergebnis entsteht somit in jedem Fall ein Erwerbsschaden, wenn die Erkrankung den Lohnfortzahlungszeitraum von sechs Wochen übersteigt. Dann stellt die Differenz zwischen gezahltem Krankengeld und dem letzten Arbeitslohn einen Erwerbsschaden dar.

100 Die Berechnung des Erwerbsschadens nach dem Abschluss des Entgeltfortzahlungszeitraums erfolgt nach der sog. **modifizierten Nettolohnmethode**.[119] Da die Krankenkassen nach dem Ende des Entgeltfortzahlungszeitraums Krankengeld an den Geschädigten zahlt und dabei auch die Rentenversicherungsbeiträge begleicht, verbleibt beim Geschädigten nur noch ein Schaden in Höhe der Differenz zwischen dem fiktiven Nettolohn seines Arbeitgebers und den vom Krankenversicherer entrichteten Krankengeldzahlungen.

▼

101 **Muster 9.23: Erwerbsschaden bei Krankengeldzahlung**

Versicherung AG

Schaden-Nr./VS-Nr./Az.

Schaden vom

Pkw , amtl. Kennzeichen

Sehr geehrte Damen und Herren,

mein Mandant geht seit dem wieder seiner Erwerbstätigkeit nach. Während seiner Krankschreibung erlitt er einen nicht unerheblichen Erwerbsschaden. Dies betrifft die Zeitdauer nach Abschluss des Entgeltfortzahlungszeitraums am bis zur Wiederaufnahme seiner beruflichen Tätigkeit am . Die Berechnung des Erwerbsschadens erfolgt nach Maßgabe der herrschenden Rechtsprechung (BGH VersR 1995, 104) auf der Grundlage der modifizierten Nettolohntheorie. In der Anlage füge ich Ihnen die Gehaltsabrechnungen meines Mandanten für die Zeit von Monaten vor dem schadenbegründenden Ereignis bei. Die durchschnittliche monatliche Nettovergütung betrug in dem vorgenannten Zeitraum EUR. Daraus ergibt sich ein tägliches Nettoentgelt in Höhe von EUR.

Hierauf erbrachte der Krankenversicherer meines Mandanten nach dem Abschluss des Entgeltfortzahlungszeitraums bis zur Wiederaufnahme seiner beruflichen Tätigkeit Kran-

---

[119] BGH, Urt. v. 15.11.1994 – VI ZR 194/93 = VersR 1995, 104.

D. Erwerbsschaden §9

kengeldzahlungen. Ausweislich des in der Anlage in Kopie beigefügten Bescheides der Krankenkasse vom ▇▇▇ beliefen sich die täglichen Krankengeldzahlungen auf ▇▇▇ EUR. Die Differenz zum fiktiven Nettoentgelt beträgt demgemäß ▇▇▇ EUR. Der Ausfallzeitraum, in dem Krankengeld geleistet wurde, beträgt ▇▇▇ Tage. Daraus ergibt sich ein ausgleichspflichtiger Erwerbsschaden in Höhe von ▇▇▇ EUR.

Für den Ausgleich des vorgenannten Betrags habe ich mir eine Frist bis zum ▇▇▇ *(14-Tages-Frist)* notiert.

Im Übrigen behält sich mein Mandant ausdrücklich die Nachbezifferung seines Erwerbsschadens für den Fall steuerlicher Nachteile vor. Die Bezifferung des Erwerbsschadens erfolgte auf der Grundlage des Nettoeinkommens meines Mandanten. Die darauf entfallenden Einkommensteuern sind in dem Erwerbsschaden mithin nicht enthalten. In welcher Höhe die darauf zu entrichtenden Steuern anfallen, ist erst nach der entsprechenden Steuerfestsetzung feststellbar. Ich bitte deshalb um schriftliche Bestätigung, dass die aus der Nachversteuerung des Erwerbsschadens resultierenden Einkommensteuern von Ihnen auf entsprechenden Nachweis (Vorlage des Steuerbescheides) entrichtet werden. Auch insoweit erwarte ich Ihre Rückantwort innerhalb der o.g. Frist.

Mit freundlichen Grüßen

(Rechtsanwalt)

Die Höhe des Anspruchs richtet sich grundsätzlich nach dem letzten gezahlten Lohn. Hierzu gehören sämtliche Bestandteile, die vom Arbeitgeber regelmäßig gezahlt werden,[120] also auch 102

- Weihnachtsgeld,[121]
- Urlaubsgeld,
- Sondergratifikationen,
- Treuegelder,
- Überstundenvergütungen.

Eine **Gehaltserhöhung** ist dabei zu berücksichtigen, sofern der Geschädigte nachweist, dass sie für ihn sicher in Aussicht stand. Nicht zu berücksichtigen sind hingegen sämtliche Lohnbestandteile, die reine Aufwandsentschädigungen darstellen und die der Geschädigte durch den Unfall eingespart hat. Hierzu zählen u.a. Schmutzzulagen, Spesen und Fahrtkostenersatz. 103

Gemäß § 6 EFZG gehen die Ersatzansprüche des Geschädigten in Höhe der Lohnfortzahlung auf den Arbeitgeber über (siehe im Einzelnen § 6 Rdn 18 ff.). Beauftragt der Arbeitgeber einen Rechtsanwalt mit der Geltendmachung und Durchsetzung des auf ihn übergegangenen Geldfortzahlungsschadens, sind die Kosten der anwaltlichen Beauftra- 104

---

120 BGH, Urt. v. 13.5.1986 – VI ZR 80/85 = VersR 1986, 968; OLG Köln, Urt. v. 6.3.2007 – 3 U 188/06 = SP 2007, 427; a.A. LAG Baden-Württemberg, Urt. v. 27.7.2011 – 13 Sa 15/11 = VRR 2012, 225 mit umfassender Begründung.
121 BGH NJW 1996, 2296.

gung nach überwiegender Auffassung[122] mangels Erforderlichkeit nicht erstattungspflichtig. Eine Ausnahme besteht nur dann, wenn sich der Anspruchsgegner mit dem Ausgleich der vom Arbeitgeber angemeldeten Ansprüche im Verzug befindet, bevor der Anwalt erstmals tätig wird.[123] Der Anspruch aus übergegangenem Recht unterliegt jedoch den gleichen Kürzungen wie sie auch der Arbeitnehmer selber erfährt.

105 **Muster 9.24: Anspruchskürzung wegen ersparter Eigenaufwendungen gegenüber Arbeitgeber**

Der Anspruchsgläubiger aus gem. § 6 EFZG übergegangenem Recht auf Ersatz von Verdienstausfall muss unter dem Aspekt der Vorteilsausgleichung eine Kürzung des Anspruchs um ersparte Verpflegungskosten seines Arbeitnehmers während dessen unfallbedingter Krankenhausbehandlung hinnehmen, da der Regress des Sozialversicherungsträgers wegen der Heilbehandlungskosten dem Regress des Arbeitgebers vorgeht und der Arbeitgeber Ersatzansprüche des Arbeitnehmers wegen Verdienstausfalls nur insoweit beanspruchen kann, als nicht ein Sozialversicherungsträger kongruente Leistungen an den Verletzten erbringen muss (OLG Hamm, Urt. v. 23.11.1999 – 27 U 93/99 – juris; LG Bochum, Urt. v. 5.7.2007 – 6 O 116/07 – juris). Diese ersparten Aufwendungen sind nach § 287 ZPO auf 7,50 EUR pro Tag zu schätzen (OLG Saarbrücken, Urt. v. 27.7.2010 – 4 U 585/09 = SP 2011, 13). Hieraus ergibt sich Folgendes: ▇▇▇▇.

II. Selbstständige

106 Die Berechnung des Verdienstausfallschadens ist bei Selbstständigen wesentlich komplizierter und aufwendiger. Eine Lohnfortzahlung findet nicht statt. Der Verdienstausfallschaden besteht aus den Einbußen, die der selbstständig Tätige während seines unfallbedingten Arbeitsausfalls konkret erlitten hat. Die Schadensbezifferung setzt entweder den Nachweis **konkret entgangener Geschäfte** oder einer **Gewinnminderung** voraus. Dieser Nachweis hängt von vielen Unbekannten ab und lässt sich häufig nur unter Mithilfe von Steuerberatern, Wirtschaftsprüfern oder entsprechenden Sachverständigen vornehmen.

107 Da Umsatz, Kosten, Steuern und somit der Gewinn eines Selbstständigen Schwankungen unterworfen sind, ist eine exakte Berechnung unmöglich. In der Regel hilft eine Darstellung von Umsatz, Kosten und Gewinn in den Jahren vor dem Unfall und eine Gegenüberstellung der einzelnen Werte im Jahr des Unfalls und ggfs. dem Folgejahr.[124] Maßgebend ist, wie sich das vom Selbständigen betriebene Unternehmen ohne den Unfall voraussichtlich entwickelt hätte.[125] Ebenfalls zu berücksichtigen sind besondere Effekte, z.B. saisonal bedingte umsatzstarke Zeiten. Auch die konkrete Tätigkeit des Selbstständigen, der Zeitpunkt und die Dauer der unfallbedingten Arbeitsunfähigkeit haben Auswirkun-

---

122 AG Essen, Urt. v. 2.4.2014 – 17 C 260/13 = SVR 2015, 64 m. Anm. *Balke*; LG Koblenz VersR 1977, 1060.
123 AG Dortmund NZV 2001, 383; AG Völklingen JurBüro 2002, 535.
124 OLG Celle, Urt. v. 9.9.2009 – 14 U 41/09 = OLGR Celle 2009, 1003.
125 OLG München, Urt. v. 29.10.2010 – 10 U 3255/10 – juris; BGH, Urt. v. 31.3.1992 – IV ZR 143/91 = VersR 1992, 973; BGH, Urt. v. 6.2.2001 – VI ZR 339/99 = NJW 2001, 1640.

gen auf die Berechnung des Schadens. So vielfältig wie die Tätigkeiten von Selbstständigen sind, so vielfältig ist auch die Darlegung des Erwerbsschadens. Beispielsweise kann bei einem Taxifahrer, der seine tägliche Tätigkeit nicht nachholen kann, schon ein kurzfristiger Arbeitsunfall zu einem Erwerbsschaden führen, während der Betreiber einer Eisdiele bei einem zweimonatigen Arbeitsunfall in den Wintermonaten keinen Gewinnrückgang verzeichnen wird. Um den geltend gemachten Schaden nachvollziehbar darlegen zu können und dadurch Streit in der Regulierung zu vermeiden, ist eine frühzeitige Besprechung mit dem Mandanten hinsichtlich seiner konkreten selbstständigen Tätigkeit und Gewinnerzielung und eine Beratung des Mandanten vor allem vor dem Hintergrund der Schadenminderungspflicht unumgänglich.

Wegen der Unmöglichkeit der exakten Berechnung und der erforderlichen Prognose der hypothetischen Geschäftsentwicklung kommen dem Geschädigten **Beweiserleichterungen** nach § 252 S. 2 BGB und § 287 Abs. 1 ZPO zugute.[126] Für die Schätzung des Erwerbsschadens müssen aber hinreichende Anknüpfungstatsachen dargelegt und bewiesen werden.[127] Auch die erleichterte Schadensberechnung lässt eine völlig abstrakte Berechnung eines Erwerbsschadens nicht zu.[128]

108

Ist die Erwerbsfähigkeit des Geschädigten nur gemindert, verbietet sich eine abstrakte Schätzung aufgrund des Grades der MdE. Gefordert ist auch hier keine konkrete Darstellung. Die Beeinträchtigung der Erwerbsfähigkeit verpflichtet nur zum Schadensersatz, soweit durch sie tatsächlich ein Vermögensschaden entstanden ist, d.h. soweit der Verletzte durch die Minderung der Erwerbsfähigkeit tatsächlich einen Verdienstausfall erlitten hat.[129]

109

Aufgrund der Probleme bei der Bezifferung des Verdienstausfallschadens sollte stets geprüft werden, ob der Ausfall der Arbeitskraft des Mandanten durch die Einstellung einer Ersatzkraft aufgefangen werden kann. Die dadurch verursachten Kosten stellen einen leicht zu bestimmenden und vom Schädiger zu ersetzenden Schaden dar.[130] Eine fiktive Abrechnung für eine gleichwertige, aber tatsächlich nicht eingestellte Ersatzkraft ist jedoch unzulässig. Der Ausfall der Arbeitskraft muss sich negativ in einer entsprechenden Bilanz niedergeschlagen haben.[131]

110

---

126 BGH, Urt. v. 3.3.1998 – VI ZR 385/96 = VersR 1998, 772.
127 BGH, Urt. v. 23.2.2010 – VI ZR 331/08 = VersR 2010, 550; BGH, Urt. v. 3.3.1998 – VI ZR 385/96 = VersR 1998, 772.
128 BGH, Urt. v. 23.2.2010 – VI ZR 331/08 = VersR 2010, 550; BGH, Urt. v. 16.3.2004 – VI ZR 138/03 = VersR 2004, 874.
129 OLG Celle, Urt. v. 9.9.2009 – 14 U 41/09 = OLGR Celle 2009, 1003; BGH, Urt. v. 24.10.1978 – VI ZR 142/77 = VersR 1978, 1170; BGH VersR 1970, 640; BGH VersR 1968, 396.
130 BGH, Urt. v. 21.6.1977 – VI ZR 16/76 = VersR 1977, 916.
131 BGH, Urt. v. 31.3.1992 – IV ZR 143/91 = NJW-RR 1992, 852; OLG Oldenburg, Urt. v. 17.6.1997 – 5 U 21/97 = VersR 1998, 1285.

§ 9 Personenschaden bei Verletzung

Muster 9.25: Kosten einer Ersatzkraft

111 ▬▬▬ Versicherung AG

Schaden-Nr./VS-Nr./Az. ▬▬▬

Schaden vom ▬▬▬

Pkw ▬▬▬, amtl. Kennzeichen ▬▬▬

Sehr geehrte Damen und Herren,

der Arbeitsunfähigkeitszeitraum meines Mandanten ist nunmehr abgeschlossen. Seit dem ▬▬▬ übt er wieder seinen Beruf als selbstständiger ▬▬▬ aus. Während des Ausfallzeitraums beschäftigte mein Mandant ▬▬▬. Grundlage des Beschäftigungsverhältnisses war der in der Anlage in Kopie beigefügte befristete Arbeitsvertrag. Danach betrug die Bruttovergütung für die Aushilfe ▬▬▬ EUR. Hierauf hatte mein Mandant anteilige Sozialversicherungsbeiträge in Höhe von ▬▬▬ zu leisten. Diese Beträge setzen sich wie folgt zusammen:

▬▬▬

Danach beträgt der Erwerbsschaden meines Mandanten insgesamt ▬▬▬ EUR. Für den Ausgleich dieses Betrags habe ich mir eine Frist bis zum

▬▬▬ *(14-Tages-Frist)*

notiert. Äußerst vorsorglich weise ich bereits jetzt darauf hin, dass durch den Einsatz der Hilfskraft der Geschäftsbetrieb meines Mandanten nur teilweise, aber nicht vollständig aufrechterhalten werden konnte. Mein Mandant behält sich deshalb vor, nach Abschluss des Wirtschaftsjahres etwaig nachweisbare Gewinneinbußen gesondert geltend zu machen.

Mit freundlichen Grüßen

(Rechtsanwalt)

▲

112 Der Ausgleich der Kosten der Ersatzkraft kann vollständig abgelehnt werden, wenn sie betriebswirtschaftlich unvertretbar sind und die Einstellung der Ersatzkraft einen Verstoß gegen die Schadenminderungspflicht bedeutet.[132] Der Schädiger ist dazu berechtigt, die Kosten der Ersatzkraft nur anteilig auszugleichen, wenn ihm der Nachweis gelingt, dass der Gewinn des Geschäftsbetriebes durch den Einsatz der Ersatzkraft nicht nur kompensiert, sondern sogar erhöht wurde. Andererseits kann der Geschädigte neben den Kosten der Ersatzkraft auch Schadensersatzansprüche wegen entgangenem Gewinn geltend machen, sofern die Ersatzkraft den Ausfall des Geschädigten nicht auszugleichen vermochte.

---

[132] KG Beschl. v. 8.7.2010 – 12 U 81/10 = zfs 2011,141.

III. Kinder, Schüler und Auszubildende

Die Prognose der voraussichtlichen Gehaltsentwicklung ist im Vergleich zu Selbstständigen noch komplizierter, wenn es sich bei dem Geschädigten um ein Kind, einen Schüler oder einen Auszubildenden handelt. Fällt beispielsweise ein Schüler für ein oder zwei Schuljahre unfallbedingt aus, besteht sein Schaden in dem **verspäteten Eintritt in das Berufsleben**. Daraus können Nachteile bei der Karriereplanung und beim Verdienst resultieren. Die konkrete Bezifferung des Verdienstausfallschadens ist in der Regel nicht ohne Hilfe eines Gutachters möglich. Zur Bezifferung des Schadens muss eine Gegenüberstellung des hypothetischen Verlaufs ohne Unfall unter Darstellung möglichst konkreter Anhaltspunkte und des tatsächlichen Verlaufs nach dem Unfall unter Berücksichtigung der konkreten unfallbedingten Auswirkungen erfolgen.[133]

> *Beispiel*
> Der Mandant A ist Medizinstudent. Kurz vor seinem Physikum wird er Opfer eines fremdverschuldeten Verkehrsunfalls. Dabei erleidet er eine Gehirnerschütterung sowie ein HWS-Syndrom 2. Grades. A wird für mehrere Wochen krankgeschrieben. In den Krankschreibungszeitraum fällt das Physikum. A kann die Prüfung krankheitsbedingt nicht absolvieren. Da die Prüfung im laufenden Semester nicht nachgeholt werden kann, verzögert sich der Studienabschluss des A um ein Semester. A weist nach, dass er nach dem Abschluss des Studiums eine Assistenzarztstelle in einem Krankenhaus antreten kann. Schadensbedingt kann die Stelle erst mit einem halben Jahr Verspätung angetreten werden. Für diese Zeit macht er gegenüber dem gegnerischen Kfz-Haftpflichtversicherer einen Erwerbsschaden geltend.

▼

Muster 9.26: Verspäteter Eintritt ins Erwerbsleben

▓▓▓▓ Versicherung AG

▓▓▓▓

▓▓▓▓

Schaden-Nr./VS-Nr./Az. ▓▓▓▓

Schaden vom ▓▓▓▓

Pkw ▓▓▓▓, amtl. Kennzeichen ▓▓▓▓

Sehr geehrte Damen und Herren,

ich komme zurück auf die vorbezeichnete Schadensache. Infolge des Verkehrsunfalls hat mein Mandant einen erheblichen Personenschaden erlitten. Nach Maßgabe der Ihnen vorliegenden Arztberichte erlitt er eine schwere Gehirnerschütterung sowie ein HWS-Syndrom 2. Grades. Mein Mandant ist Medizinstudent. Infolge des Schadensfalls war es ihm nicht möglich, das für den ▓▓▓▓ geplante Physikum zu absolvieren. Ausweislich der in der Anlage in Kopie beigefügten Bestätigung der Universität ▓▓▓▓ hatte er sich für das Physikum ordnungsgemäß angemeldet. Eine Wiederholung dieser Prüfung ist erst

---

[133] OLG Köln, Urt. v. 9.8.2013 – 19 U 137/09 = SVR 2014, 383; KG, Urt. v. 23.7.2001 – 12 U 980/00 = NZV 2002, 95; BGH, Urt. v. 6.6.2000 – VI ZR 172/99 = VersR 2000, 1521.

im nächsten Semester möglich. Dadurch verzögert sich der Eintritt meines Mandanten in sein Berufsleben um sechs Monate. Der unfallbedingt verzögerte Eintritt in das Erwerbsleben und die dadurch verursachten finanziellen Nachteile stellen einen vom Schädiger zu ersetzenden Schaden dar (vgl. OLG Hamm VersR 2000, 234).

Mein Mandant hat nach dem Abschluss seiner Berufsausbildung eine Assistenzarztstelle im Krankenhaus ▓▓▓▓ angetreten. Näheres hierzu entnehmen Sie bitte der in der Anlage in Kopie beigefügten Bestätigung des Krankenhauses ▓▓▓▓ vom ▓▓▓▓. Der um sechs Monate verzögerte Beginn seiner beruflichen Tätigkeit führt bei meinem Mandanten zu einem erheblichen Erwerbsschaden. Ausweislich des in der Anlage beigefügten Musteranstellungsvertrags beträgt die monatliche Bruttovergütung von Assistenzärzten in dem betreffenden Krankenhaus ▓▓▓▓ EUR. Zur Ermittlung des für die Bezifferung des Erwerbsschadens maßgeblichen Nettoverdienstausfalls sind hiervon die von meinem Mandanten anteilig zu erbringenden Sozialversicherungsbeiträge sowie die auf den Bruttolohn entfallende Lohnsteuer in Abzug zu bringen. Danach ergibt sich folgende Berechnung:

Monatlicher Bruttolohn	▓▓▓▓ EUR
Beiträge zur gesetzlichen Krankenversicherung	▓▓▓▓ EUR
Beiträge zur gesetzlichen Rentenversicherung	▓▓▓▓ EUR
Beiträge zur gesetzlichen Arbeitslosenversicherung	▓▓▓▓ EUR
Beiträge zur gesetzlichen Pflegeversicherung	▓▓▓▓ EUR
Anteilige Lohnsteuer unter Berücksichtigung eines Jahresverdienstes in Höhe von ▓▓▓▓ EUR	▓▓▓▓ EUR
Daraus ergebender Nettoverdienst	▓▓▓▓ EUR

Auf der Grundlage eines monatlichen Nettoverdienstes in Höhe von ▓▓▓▓ EUR beträgt der Erwerbsschaden für den um sechs Monate verzögerten Eintritt in das Berufsleben vorläufig ▓▓▓▓ EUR. Ich bitte um Ausgleich dieses Betrags bis zum

▓▓▓▓ *(14-Tages-Frist)*

auf das Ihnen bekannte Konto meines Mandanten.

Die Geltendmachung eines weiter gehenden Erwerbsschadens behält sich mein Mandant ausdrücklich vor. Dies betrifft insbesondere einen etwaigen Minderverdienst infolge verspäteter Einkommenssteigerungen sowie eine etwaige Kürzung seiner Altersrente aus Anlass des verspäteten Beginns der Beitragszahlungen. Ich bitte insoweit um Ihre schriftliche Bestätigung, dass Sie sich zum Ausgleich der zukünftigen Erwerbsnachteile meines Mandanten aus Anlass des in Rede stehenden Schadensereignisses verpflichten. Auch insoweit bitte ich höflich um Rückantwort innerhalb der o.g. Frist.

Mit freundlichen Grüßen

(Rechtsanwalt)

116 Der Geschädigte muss sich auch Vorteile auf den Schadenumfang anrechnen lassen, die durch den Unfall herbeigeführt wurden, z.B. ersparten Wehrdienst,[134] aber auch ersparte Aufwendungen, die in dem nach dem Soll-Verlauf ausgeübten Beruf angefallen wären

---

134 OLG Hamm, Urt. v. 26.11.1997 – 13 U 92/96 =VersR 2000, 234.

(Fahrtkosten, Berufsbekleidung oder weitergezahlte Stipendien).[135] Kann der Geschädigte trotz des Unfalls ein Einkommen erzielen, reduziert sich der Schadensersatzanspruch entsprechend bzw. entfällt bei gleich hohem Einkommen vollständig.[136]

Im Übrigen kann der konkrete Verdienstausfallschaden bei einem verspäteten Eintritt in das Berufsleben erst ab dem Zeitpunkt geltend gemacht werden, zu dem er tatsächlich in das Erwerbsleben eingetreten wäre. Zukünftige Ansprüche müssen deshalb zwingend durch Feststellungsanträge gesichert werden. 117

IV. Haushaltsvorstände (Haushaltsführungsschaden)

Der nicht berufstätige Geschädigte erleidet einen Erwerbsschaden, wenn er während des verletzungsbedingten Ausfalls seinen Haushalt nicht mehr führen kann. Der Haushaltsführungsschaden des Nichtberufstätigen wird in der Praxis der Verkehrsunfallbearbeitung häufig übersehen. 118

Die Haushaltsführung stellt eine Erwerbstätigkeit i.S.d. § 842 BGB dar und/oder begründet einen Anspruch auf Ausgleich vermehrter Bedürfnisse gemäß § 843 BGB.[137] Um einen Erwerbsschaden gemäß § 842 BGB handelt es sich in den Fällen, in denen Unterhaltspflichten gemäß § 1360 BGB aufgrund unfallbedingten Ausfalls nicht mehr erfüllt werden können. 119

> *Beispiel*
> A ist verheiratet. Seine Ehefrau ist berufstätig, während er den Haushalt führt und für die Erziehung der Kinder zuständig ist. Durch den Unfall erleidet A einen Personenschaden. Dadurch kann er seiner Unterhaltspflicht gemäß § 1360 BGB nicht mehr entsprechen.

Der Haushaltshilfeschaden stellt vermehrte Bedürfnisse dar, wenn die Möglichkeit wegfällt, eigene Bedürfnisse zu befriedigen. 120

> *Beispiel*
> A ist alleinstehend. Unfallbedingt ist es ihm nicht mehr in vollem Umfang möglich, seinen eigenen Haushalt zu führen.

Umstritten ist, ob dem Verletzten in einer nichtehelichen Lebensgemeinschaft auch ein Anspruch auf einen Erwerbsschaden zusteht. Hiergegen spricht, dass ein solcher Anspruch nur dann besteht, wenn der Betroffene für andere Personen in Erfüllung einer geschuldeten Unterhaltsverpflichtung eine Hausarbeit leistet. Diese Verpflichtung folgt bei Ehegatten aus § 1360 BGB und erstreckt sich gerade nicht auf die nichteheliche 121

---

135 *Küppersbusch/Höher*, Rn 176.
136 OLG Köln, Urt. v. 21.3.1997 – 19 U 158/96 = VersR 1998, 507.
137 BGH NJW 1974, 41.

Gemeinschaft. Insoweit wird von der h.M. in der Rechtsprechung vertreten, dass lediglich ein Anspruch auf den Ausgleich vermehrter Bedürfnisse besteht.[138]

Muster 9.27: Ablehnung des Haushaltsführungsschadens bei nicht ehelicher Lebensgemeinschaft

Bei dem Ersatz des Haushaltsführungsschadens wird nicht schon die Betätigung der Arbeitskraft als solche, sondern nur die für andere in Erfüllung einer gesetzlich geschuldeten Unterhaltsverpflichtung geleistete Haushaltstätigkeit eine der Erwerbstätigkeit ersetzt, weil nur diese eine dem auf Erzielung von Gewinn zur Deckung des Lebensbedarfs gerichteten Arbeitseinsatz vergleichbare, wirtschaftlich ins Gewicht fallende Arbeitsleistung darstellt (So bereits BGH NJW 1974, 41) Diese Einschränkung ist erforderlich, weil es bei den §§ 842 f. BGB um den Ersatz von Vermögensschäden geht. Das Vermögen kann aber nur dann betroffen sein, wenn durch das Unterbleiben der Hausarbeit für dritte Personen eine bestehende Unterhaltspflicht mit der Folge unerfüllt bliebe, dass die Verletzte an sich gehalten wäre, auf andere Weise ihren Beitrag zum Familienunterhalt zu leisten. Kann die fragliche Hausarbeit dagegen nach Belieben geleistet oder unterlassen werden, so berührt eine Verletzung, die ihre Erbringung unmöglich macht, die Vermögenssphäre nicht. Dementsprechend wird ein Haushaltsführungsschaden wegen eines Erwerbsschadens in der Rechtsprechung zu Recht abgelehnt, wenn – wie hier – keine gesetzliche Unterhaltspflicht besteht (KG, Urt. v. 26.7.2010 – 12 U 77/09 = MDR 2010, 1460; OLG Celle, SP 2009, 288; OLG Düsseldorf, Urt. v. 12.6.2006 – 1 U 241/05 = NJW-RR 2006, 1535; OLG Nürnberg MDR 2006, 93).

Kommt es zu einem verletzungsbedingten Ausfall einer Haushaltsführungskraft, kommt es für die Berechnung des Haushaltsführungsschadens allein darauf an, in welchem Umfang der Geschädigte vor dem Unfall tatsächlich Arbeitsleistungen im Haushalt erbracht hat.[139] Anders als beim Ausfall der Haushaltsführungskraft infolge eines tödlich verlaufenden Unfalls wird also nicht auf die gesetzlich geschuldeten, sondern auf die tatsächlich erbrachten Leistungen abgestellt.

Die Ermittlung des konkreten Ausfalls der Haushaltskraft ist mit erheblichen Problemen verbunden. Einen wichtigen Anhaltspunkt für die Bezifferung bietet das sog. **Münchener Modell**.[140] Danach wird der konkrete Ausfallzeitraum anhand folgender Kriterien ermittelt:

- Haushaltstyp,
- regelmäßig anfallende Wochenarbeitszeit im konkreten Haushalt,
- Art der Verletzung,
- Einfluss der Verletzung auf die Haushaltsführung.

---

[138] KG, Urt. v. 26.7.2010 – 12 U 77/09 = MDR 2010, 1460; OLG Celle, Urt. v. 12.2.2009 – 5 U 138/08 = SP 2009, 288; OLG Düsseldorf, Urt. v. 12.6.2006 – 1 U 241/05 = NJW-RR 2006, 1535; OLG Nürnberg, Urt. v. 10.6.2005 – 5 U 195/05 = MDR 2006, 93; OLG Düsseldorf VersR 1992, 1418; OLG Köln zfs 1984, 32; LG Hildesheim VersR 2002, 1431.
[139] BGH, Urt. v. 8.10.1996 – VI ZR 247/95 = r+s 1997, 22.
[140] Veröffentlicht u.a. in *Buschbell*, S. 398 ff.

Das „Münchener Modell" wurde u.a. in die Veröffentlichung von *Schulz-Borck/Hof-* **125**
mann,[141] nunmehr *Pardey* (Der Haushaltsführungsschaden) eingearbeitet. Es empfiehlt
sich dringend, die Berechnung des Haushaltsführungsschadens auf der Grundlage dieser
Veröffentlichung vorzunehmen, weil sie von der Rechtsprechung weitestgehend anerkannt wird. In der Veröffentlichung befinden sich diverse Tabellen und Fragebögen, die
auf statistischen Erhebungen basieren und zur Ermittlung des konkreten bzw. gesetzlich
geschuldeten Ausfalls dienen. Bei der Schätzung des Haushaltsführungsschaden nach
§ 287 ZPO[142] darf sich der Tatrichter jedenfalls in Ermangelung abweichender konkreter
Gesichtspunkte grundsätzlich an dem Tabellenwerk von *Schulz-Borck/Hofmann*[143] orientieren.[144] Dabei ist allerdings zu beachten, dass dieses Tabellenwerk grundsätzlich Bruttostundenlöhne enthält.

Die Feststellung des konkreten Arbeitsanfalls im Haushalt des Geschädigten kann entweder auf der Grundlage statistischer Erhebungen und damit abstrakt oder nach Maßgabe **126**
eines Fragebogens über die Ausstattung des in Rede stehenden Haushalts und damit
konkret erfolgen.

▼

Muster 9.28: Fragebogen zur Erfassung des Haushaltsführungsschadens **127**
1) Personen im Haushalt

Anzahl: _____, darunter _____ Kinder.

a) Ehemann

Wöchentliche Arbeitszeit: _____ h

Einkommen (netto ca.): _____ EUR

b) Ehefrau

Wöchentliche Arbeitszeit: _____ h

Einkommen (netto ca.): _____ EUR

c) Kind: _____

Geburtsdatum: _____

eventuell Beruf/Ausbildung/Studium: _____

d) Kind: _____

Geburtsdatum: _____

eventuell Beruf/Ausbildung/Studium: _____

e) Kind: _____

Geburtsdatum: _____

eventuell Beruf/Ausbildung/Studium: _____

---

[141] Schadensersatz bei Ausfall von Hausfrauen und Müttern im Haushalt, 6. Aufl. 2000.
[142] Zu den Anforderungen vgl. BGH, Urt. v. 18.2.1992 – VI ZR 367/90 = VersR 1992, 618; OLG Celle, Urt. v. 14.12.2006 – 14 U 73/06 = OLGR Celle 2007, 41; OLG München, Urt. v. 1.7.2005 – 10 U 2544/05 – juris.
[143] Schadensersatz bei Ausfall von Hausfrauen und Müttern im Haushalt, 6. Aufl. 2000.
[144] BGH, Urt. v. 3.2.2009 – IV ZR 183/08 = VersR 2009, 515.

§ 9 Personenschaden bei Verletzung

f) Kind:
Geburtsdatum:
eventuell Beruf/Ausbildung/Studium:
g) Im Haushalt lebende Verwandte:
Alter:
Mithilfe in Stunden:

2. Wohnverhältnisse
a. Wohnfläche: qm
b. Anzahl Räume:
c. Heizart:
d. Garten: Größe: qm
davon Ziergarten: qm
Nutzgarten: qm
Lage: am Haus ☐ oder Entfernung ca. km

3. Technische Ausstattung:
Kühlschrank ☐   Gefrierschrank ☐   Gefriertruhe ☐
Geschirrspülmaschine ☐   Waschvollautomat ☐   Wäschetrockner ☐

4. Mahlzeiten
☐ Ehemann: Anzahl Mahlzeiten/Woche
☐ Ehefrau: Anzahl Mahlzeiten/Woche
☐ 1. Kind: Anzahl Mahlzeiten/Woche
☐ 2. Kind: Anzahl Mahlzeiten/Woche
☐ 3. Kind: Anzahl Mahlzeiten/Woche
☐ 4. Kind: Anzahl Mahlzeiten/Woche

5. Konkret ausgeübte Tätigkeit der verletzten Person
a. Mahlzeiten zubereiten:
–
–
–

b. Einkaufen:
–
–

c. Putzen:
–
–
–

d. Wäsche:
–
–
–

e. Kinderbetreuung:
- ▒
- ▒
- ▒
- ▒

f. Gartenarbeit:
- ▒

g. Sonstiges (z.B. Haustiere):
- ▒
- ▒

6. Ersatzkraft anlässlich des Unfalls

Wurde eine solche eingestellt?

☐ nein ☐ ja

von wann bis wann: ▒ .
Arbeitszeit je Woche: ▒ h
Bruttolohn: ▒ EUR

7. Sonstige Besonderheiten des Haushalts:

▒

Insbesondere:
☐ pflegebedürftige Personen: ▒
    Pflegeaufwand: ▒ Std./Woche
☐ Schichtarbeit: ▒
☐ Montage-/ Pendelarbeit: ▒

▲

Wichtig: Das Ausmaß der konkreten Behinderung wird in der Praxis häufig mit der Minderung der Erwerbsfähigkeit gleichgestellt. Das ist falsch.[145] Auch wenn der Geschädigte aufgrund einer Verletzung zu 100 % arbeitsunfähig ist, kann er dennoch – ggf. unter Hinzuziehung technischer Hilfsmittel – dazu in der Lage sein, Tätigkeiten im Haushalt auszuführen. In der Regel bleibt die konkret zu bemessende[146] Behinderung bei der Haushaltsführung erheblich hinter der Minderung der Erwerbsfähigkeit zurück.[147] Besonders deutlich wird dies bei psychischen Beschwerden: Diese mögen einer beruflichen Tätigkeit entgegenstehen, beeinträchtigen aber i.d.R. nicht die Verrichtung einfacher Tätigkeiten im Haushalt.[148] Demgemäß ist in der Rechtsprechung anerkannt, dass eine Minderung der Haushaltsführungskraft (MdH) nicht mit einer MdE gleichzusetzen ist oder begründet werden kann.[149] Um die Beeinträchtigung in der Haushaltsführung konkret zu bemessen, sind genaue Angaben nötig; der pauschale Hinweis auf den

128

---

[145] OLG München, Urt. v. 21.5.2010 – 10 U 1748/07 – juris; LG Dortmund, Urt. v. 29.6.2011 – 21 O 562/09 = SP 2012, 73 f.; *Geigel/Pardey*, Haftpflichtprozess, 4. Kap. Rn 144.
[146] OLG Hamm, Urt. v. 26.3.2002 – 27 U 185/01 = VersR 2002, 1430.
[147] Beispielhaft: OLG Nürnberg DAR 2001, 336 (100 % MdE = 60 % MdH; 70 % MdE = 30 % MdH).
[148] OLG Celle, Urt. v. 28.9.2000, 14 U 215/99 – juris.
[149] OLG München SBR 2006, 180; OLG Hamm VersR 2002, 1430; LG Saarbrücken zfs 2006, 500.

üblichen Beitrag in einem gemeinsamen Haushalt genügt nicht.[150] Es ist vielmehr eine konkrete Lebenssituation mit ausreichenden Anknüpfungstatsachen für eine richterliche Schätzung nach § 287 ZPO geboten.[151]

129 Geringfügige Verletzungen bleiben beim Haushaltshilfeschaden ersatzlos, da dadurch die Fähigkeit der Haushaltsführung nicht nennenswert beeinträchtigt wird.[152] Als Grenze wird dabei eine MdH von weniger als 10 %,[153] teilweise schon 20 %[154] angesehen. Abgestellt wird darauf, dass es dem Geschädigten im Rahmen des § 254 BGB zuzumuten ist, den Haushalt umzuorganisieren, so dass die Arbeitskraft des Geschädigten optimal eingesetzt werden kann. Erst wenn die Geringfügigkeitsgrenze überschritten wird, kommt ein ausgleichspflichtiger Haushaltsführungsschaden in Betracht.

130 Eine Schätzung des Haushaltsführungsschadens kann der Tatrichter nach § 287 ZPO jedoch nur vornehmen, wenn ein ausreichend konkreter Vortrag sowohl zu dem Umfang der Tätigkeit im Haushalt und den konkreten Grad der Beeinträchtigungen bei diesen Tätigkeiten erfolgt.

▼

131 **Muster 9.29: Einwand fehlender Schlüssigkeit**
Ein Haushaltsführungsschaden kann nur berechnet werden, wenn die konkrete Lebenssituation mit allen anfallenden Arbeiten und der angeblichen Auswirkung der Verletzung auf diese Arbeiten als ausreichende Tatsachengrundlage für eine richterliche Schätzung dargelegt und unter Beweis gestellt wird. Der Verweis auf die Tabellen von *Schulz-Borck/Hofmann* ersetzt keinen eigenen notwendigen Tatsachenvortrag (OLG Celle, Urt. v. 20.10.2009 – Az. 14 U 126/09 – juris; OLG München SVR 2006, 180; KG VRS 111, 16). Andernfalls ist die Klage als unschlüssig abzuweisen (OLG Düsseldorf NJW-RR 2003, 87), zumal diesen Tabellen auch konkrete Fragebögen zugrunde gelegt worden sind (OLG Koblenz VersR 2004, 1011).
Vorliegend mangelt es an einem solchen Tatsachenvortrag. Insbesondere ▬▬▬.
▲

132 In der Veröffentlichung von *Schulz-Borck/Hofmann* befinden sich diverse Tabellen, aus denen zu entnehmen ist, in welchem Umfang sich bestimmte Verletzungsbilder auf die Befähigung zur Haushaltsführung auswirken. Dennoch sind die Tabellen nur näherungsweise dazu in der Lage, den tatsächlichen Umfang der Beeinträchtigung zu ermitteln. Zur konkreten Bestimmung des Umfangs des Ausfalls empfiehlt es sich deshalb, den Arzt des Geschädigten darum zu bitten, Angaben über den Ausfall des Geschädigten bei bestimmten Haushaltstätigkeiten zu machen. Dadurch wird wenigstens die Möglichkeit einer außergerichtlichen Einigung eröffnet. Der Geschädigte hat mithin im ersten

---

150 OLG Koblenz, Urt. v. 3.7.2003 – 5 U 27/03 = zfs 2003, 444 = NZV 2004, 33.
151 OLG München, Urt. v. 1.7.2005 – 10 U 2544/05 – juris; BGH VersR 1992, 618; OLG Koblenz, Urt. v. 3.7.2003 – 5 U 27/03 = NZV 2004, 33; OLG Düsseldorf NJW-RR 2003, 87; OLG Hamm DAR 2003, 118.
152 OLG Oldenburg r+s 1993, 101; OLG Düsseldorf DAR 1988, 24.
153 OLG Rostock, Urt. v. 14.6.2002 – 8 U 79/00 – juris; OLG Karlsruhe OLGR Karlsruhe 1998, 213; OLG München DAR 1993, 353; OLG Oldenburg r+s 1993, 101.
154 KG, Urt. v. 26.2.2004 – 12 U 276/02 = VersR 2005, 237; OLG Hamm SP 2001, 376; OLG Nürnberg zfs 1983, 165; LG Aachen, Urt. v. 30.10.2002 – 4 O 69/01 = NZV 2003, 137.

Schritt einen konkreten Tatsachenvortrag zu den einzelnen Tätigkeiten im Haushalt zu erbringen und (erst) sodann kann die Bestimmung der Höhe des Schadens unter Rückgriff auf das Tabellenwerk erfolgen.

Die Höhe des Haushaltsführungsschadens bemisst sich nach den Kosten für eine gleichwertige Ersatzkraft. Rechnet der Geschädigte den Schaden fiktiv ab, ist hierfür der Nettolohn maßgeblich. Stellt er eine konkrete Ersatzkraft ein, richtet sich die Schadenhöhe nach dem Bruttolohn. Ein Haushaltsführungsschaden kann jedoch auch fiktiv angerechnet werden.[155] Dann kann jedoch kein Ersatz der Bruttobeträge verlangt werden (vgl. § 249 Abs. 2 BGB). 133

Zur Bestimmung der konkreten Kosten einer Ersatzkraft werden derzeit zwei Tarifverträge in Erwägung gezogen: Zum einen der TVÖD, wobei die dort geltende Eingruppierung 1 i.d.R. einschlägig ist und sich somit kein höhere Stundenlohn als 8 EUR (netto) ergibt.[156] Diese Werte werden auch dem Tabellenwerk *Pardey* zugrunde gelegt, wobei zu beachten ist, dass sich in den dortigen Tabellen die Brutto Werte anfinden, welche bei einer mehr als nur geringfügigen Tätigkeit der Ersatzkraft zu reduzieren sind. Oder es wird entsprechend der Empfehlung des Arbeitskreis IV des VGT 2010 in Goslar auf einen einschlägigen Tarifvertrag und damit Vergütungsgruppe IV des Tarifvertrages zwischen den Landesverbänden des Deutschen Hausfrauenbundes als Arbeitgebervertretung und den Landesbezirken der Gewerkschaft Nahrungs-Genuss-Gaststätten abgestellt. Die Gruppe IV des Tarifvertrags erfasst sogar die Betreuung von Kindern umfasst und ist im Regelfall angemessen.[157] 134

Diese Grundsätze gelten auch dann, wenn Familienangehörige oder Freunde einspringen.[158] Fallen allerdings nur für kurze Zeiten Hilfsarbeiten oder Bereitschaftszeiten an, die durch Familienangehörige aufgefangen werden können, sind diese nicht nach den fiktiven Kosten einer Hilfskraft, sondern lediglich „angemessen" zu vergüten.[159] Als Stundenlohn für die Inanspruchnahme von Verwandten und Bekannten einen sind i.d.R. allerdings (nur) netto 5,00 EUR zugrunde zu legen: Bei der Inanspruchnahme von Verwandten, die die Leistungen eines haushaltsführenden Ehegatten übernehmen, ist zu berücksichtigen, dass diese die Versorgung der Kinder rationeller (mit weniger Zeitaufwand) gestalten können und dass bei der Wahl der Vergütungsgruppe der Verwandte in der Regel keine ausgebildete Fachkraft ist.[160] 135

Für die Berechnung des fiktiven Haushaltsführungsschadens gilt sodann folgende Formel:[161] 136

Erforderlicher Zeitaufwand × prozentualer Grad der Behinderung × Nettostundensatz der Hilfskraft

---

155 BGH VersR 1992, 618.
156 OLG Rostock, Urt. v. 14.6.2002 – 8 U 79/00 = zfs 2003, 233.
157 OLG Dresden, Urt. v. 1.11.2007 – 7 U 3/07 = juris = SP 2008, 292.
158 BGH NJW 1989, 2539; BGH NJW-RR 1990, 34.
159 BGH VersR 1982, 874, 875; BGH VersR 1986, 391.
160 OLG Dresden SP 2008, 292.
161 OLG Oldenburg SP 2001, 196.

§ 9 Personenschaden bei Verletzung

Beispiel
Bei einer nicht erwerbstätigen Frau mit einem sechsjährigen Kind ist von einem Arbeitszeitaufwand für den Haushalt von 47,8 Stunden in der Woche auszugehen. Liegt bei ihr eine Verletzung der HWS vor, ist sie in ihren Tätigkeiten (gem. der Tabelle *Schulz-Borck/Hofmann*) um maximal 22 % eingeschränkt. Insoweit steht ihr ein Ersatz für eine Haushaltshilfe für 10,5 Stunden in der Woche, d.h. 1,5 Stunden am Tag zu.[162] Ausgehend von einem pauschalen Stundenlohn (netto) in Höhe von 8 EUR[163] steht ihr bei 21 Tagen einer Behinderung ein Ersatzanspruch in Höhe von 252 EUR zu.

▼

137 **Muster 9.30: Fiktive Abrechnung einer Haushaltshilfe**

▨▨▨ Versicherung AG

Schaden-Nr./VS-Nr./Az. ▨▨▨

Schaden vom ▨▨▨

Pkw ▨▨▨, amtl. Kennzeichen ▨▨▨

Sehr geehrte Damen und Herren,

in der Zwischenzeit konnte der Heilungsprozess meiner Mandantschaft weitestgehend abgeschlossen werden. Wie Ihnen aufgrund der vorliegenden Arztberichte bekannt ist, erlitt meine Mandantin infolge des Verkehrsunfalls folgende Verletzungen: ▨▨▨.

Meine Mandantschaft hat vor dem Unfallereignis in einem erheblichen Umfang im Haushalt mitgearbeitet. Die konkreten einzelnen Tätigkeiten ergeben sich aus dem in Kopie beigefügten Fragebogen und haben sich auf einen wöchentlichen Zeiteinsatz von ▨▨▨ summiert.

Diese Tätigkeiten konnten aufgrund des Verletzungsbildes unserer Mandantin nur eingeschränkt weiter wahrgenommen werden. Es ergeben sich in den genannten Kategorien folgende Stundenzeiten, bei denen jeweils der konkrete Grad der Behinderung zu berücksichtigen ist:

1) Mahlzeiten zubereiten: ▨▨▨ h x ▨▨▨ % Beeinträchtigung = ▨▨▨ Ausfallzeit
2) Einkaufen: ▨▨▨ h x ▨▨▨ % Beeinträchtigung = ▨▨▨ Ausfallzeit
3) Putzen: ▨▨▨ h x ▨▨▨ % Beeinträchtigung = ▨▨▨ Ausfallzeit
4) Wäsche: ▨▨▨ h x ▨▨▨ % Beeinträchtigung = ▨▨▨ Ausfallzeit
5) Kinderbetreuung: ▨▨▨ h x ▨▨▨ % Beeinträchtigung = ▨▨▨ Ausfallzeit
6) Gartenarbeit: ▨▨▨ h x ▨▨▨ % Beeinträchtigung = ▨▨▨ Ausfallzeit
7) Sonstiges: ▨▨▨ h x ▨▨▨ % Beeinträchtigung = ▨▨▨ Ausfallzeit

Insgesamt ergibt sich ein Ausfallzeitraum von ▨▨▨ h. Dieser Schaden wird fiktiv abgerechnet und ein Stundenlohn in Höhe von ▨▨▨ EUR zugrunde gelegt, der sich aus dem Tarifvertrag ▨▨▨ und Rückgriff auf die dort enthaltende Vergütungsgruppe ▨▨▨ ergibt. Hieraus ergibt sich bei einer zeitlichen Beeinträchtigung von ▨▨▨ h in der Woche

---
162 Fallbeispiel entnommen der Entscheidung des LG Heilbronn SP 2002, 347.
163 Vgl. OLG Celle NJW-RR 2004, 1673.

x ▨ Wochen und einem Stundenlohn ▨ EUR ein Betrag in Höhe von ▨ EUR.

Für den Ausgleich dieses Betrags habe ich mir eine Frist bis zum

▨ (14-Tages-Frist)

notiert.

Mit freundlichen Grüßen

(Rechtsanwalt)

V. Sonstige Anspruchsberechtigte

Im Rahmen des Erwerbsschadens hat der Schädiger sämtliche Nachteile zu ersetzen, die aus dem zeitweisen Verlust der Arbeitskraft des Geschädigten resultieren. Der dadurch verursachte Schaden realisiert sich nicht nur in Einkommensnachteilen.

Fallbeispiel
Der Mandant A erleidet durch einen von B verursachten Verkehrsunfall einen schweren Personenschaden, aufgrund dessen er für die Dauer von sechs Monaten erwerbsunfähig ist. Unmittelbar vor dem Unfall hatte A mit dem Bau seines Eigenheims begonnen. Aufgrund seiner handwerklichen Begabung hatte er geplant, ca. 50 % aller erforderlichen Arbeiten selbst auszuführen. Da ihm dies nun nicht mehr möglich ist, heuert er diverse Handwerker an, die die von A auszuführenden Arbeiten erledigen. Dadurch entstehen A Lohnkosten in Höhe von 10.000 EUR, die er vom gegnerischen Kfz-Haftpflichtversicherer ersetzt verlangt.

Muster 9.31: Ausfall von Eigenleistungen beim Eigenheimbau

▨ Versicherung AG

Schaden-Nr./VS-Nr./Az. ▨

Schaden vom ▨

Pkw ▨, amtl. Kennzeichen ▨

Sehr geehrte Damen und Herren,

in der Zwischenzeit ist der Heilungsprozess meines Mandanten abgeschlossen. Seit dem ▨ ist er wieder arbeitsfähig. Demgemäß erstreckt sich sein Ausfallzeitraum auf insgesamt sechs Monate. In dieser Zeit erlitt mein Mandant einen verletzungsbedingten Erwerbsnachteil, der von Ihnen auszugleichen ist. Unmittelbar vor dem Unfall hatte mein Mandant mit dem Bau seines Eigenheims in der ▨straße begonnen. Aufgrund seiner handwerklichen Begabung hatte er geplant, ca. 50 % aller erforderlichen Arbeiten selbst auszuführen. Im Einzelnen handelte es sich um folgende Tätigkeiten: ▨

Die Eigenleistungen meines Mandanten waren fester Bestandteil des Finanzierungskonzepts zur Erstellung des Hausbaus. Ich verweise hierzu auf den Finanzierungsplan der ▨-Bank vom ▨, den ich anliegend in Kopie übersende.

Aufgrund seines unfallbedingten Ausfalls konnten diese Arbeitsleistungen nicht von ihm ausgeführt werden. Um die fristgemäße Fertigstellung seines Eigenheims nicht zu gefährden, war er darauf angewiesen, Ersatzkräfte anzustellen, die die von ihm auszuführenden Arbeiten erledigten. Allein dadurch ließ sich der vom Architekten ▬▬▬▬ vorgegebene zeitliche Ablauf der Fertigstellung des Eigenheims einhalten.

Durch die Anstellung der Hilfskräfte entstanden meinem Mandanten erhebliche Kosten. Näheres hierzu entnehmen Sie bitte den in der Anlage beigefügten Aufstellungen über die gezahlten Nettolöhne, die von meinem Mandanten abgeführten Beiträge zur Sozialversicherung und zur gesetzlichen Unfallversicherung sowie die von meinem Mandanten abgeführten Lohnsteuern. Die Gesamtaufwendungen meines Mandanten belaufen sich auf ▬▬▬ EUR. Ich bitte um Ausgleich dieses Betrags bis zum

▬▬▬ *(14-Tages-Frist)*

auf das Ihnen bekannte Konto meines Mandanten.

Mit freundlichen Grüßen

(Rechtsanwalt)

▲

140 Die Arbeitskraft, die ein Geschädigter zur Abwicklung eines Unfallschadens aufwendet, ist grundsätzlich kein vermögenswertes Gut, das vom Schädiger auszugleichen ist. Kann der Geschädigte hingegen seine Arbeitskraft verletzungsbedingt nicht verwerten, sind alle dadurch verursachten Schäden zu ersetzen.[164] Danach hat der Geschädigte auch einen Anspruch auf Ausgleich derjenigen Kosten, die dadurch entstehen, dass er entgegen seiner Planung Eigenleistungen bei seinem Hausbau nicht erbringen kann.[165]

141 Die Pflicht des Schädigers, alle verletzungsbedingten Erwerbsnachteile des Geschädigten auszugleichen, gilt nicht uneingeschränkt.

142 Ein Anspruch auf Ersatz eines Erwerbsschadens scheidet aus, wenn der Verdienst aus Geschäften resultiert, die vom Gesetzgeber verboten werden. Hierzu gehören u.a. Verdienste, die aus Schwarzarbeit resultieren.[166]

VI. Hinweise für alle Arten des Erwerbsschadens

143 Im Rahmen des Erwerbsschadens ist jeder Geschädigte dazu verpflichtet, die ihm verbliebene Arbeitskraft schadensmindernd einzusetzen.[167] Andernfalls verletzt er die Schadensminderungspflicht gem. § 254 Abs. 2 BGB. Als Ausfluss dieser Pflicht muss sich der Geschädigte zunächst darum bemühen, eine ihm zumutbare Stelle zur Verwertung der **Restarbeitskraft** zu finden.[168] Verstößt der Geschädigte gegen die ihm obliegende Schadensminderungspflicht, weil er es unterlässt, einer ihm zumutbaren Erwerbstätigkeit nachzugehen, sind die erzielbaren (fiktiven) Einkünfte auf den Schaden anzurechnen.[169]

---

164 BGH NJW 1984, 1811, 1812.
165 BGH VersR 1989, 857.
166 BGH zfs 1986, 236.
167 BGH VersR 1991, 437; *Küppersbusch/Höher*, Rn 54.
168 BGH, Urt. v. 26.9.2006 – VI ZR 124/05 = NJW 2007, 64; OLG Hamm zfs 1998, 459.
169 BGH, Urt. v. 26.9.2006 – VI ZR 124/05 = NJW 2007, 64.

D. Erwerbsschaden § 9

In welchem Umfang die verbliebene Restarbeitskraft einzusetzen ist, richtet sich nach Zumutbarkeitskriterien wie z.B. Ausbildungsstand, bisherige Tätigkeit, Umfang der unfallbedingten Körperschäden. Im Rahmen der Schadensminderungspflicht kann ein Geschädigter auch dazu verpflichtet sein, eine Umschulung durchzuführen. Die dadurch verursachten Kosten sind selbstverständlich vom Schädiger zu ersetzen.[170]

Während des Personenschadens erspart der Geschädigte grundsätzlich Aufwendungen dafür, dass er seiner beruflichen Tätigkeit nicht nachgehen muss. Es kann sich hierbei z.B. um Aufwendungen für die Fahrt zur Arbeit und/oder um ersparte Kosten für die Reinigung der Arbeitskleidung handeln. In der Praxis der Schadensregulierung werden die ersparten Aufwendungen häufig in Höhe eines Prozentsatzes vom Nettoeinkommen pauschaliert. Bei der Berechnung des Verdienstausfalles muss sich der Geschädigte bei einer verletzungsbedingten Arbeitsunfähigkeit ersparte berufsbedingte Eigenaufwendungen (Fahrtkosten, Kleidungskosten, Verpflegungsmehrkosten etc.) in Höhe von 10 %[171] seines Nettoeinkommens bzw. zumindest in Höhe von 5 %[172] seines Nettoeinkommens anrechnen lassen.[173]

144

Als Alternative kann es sich anbieten, die ersparten Fahrtkosten zwischen Wohnung und Arbeitsstätte ebenso wie die Besuchskosten gem. § 5 Abs. 2 Nr. 1 JVEG mit 0,25 EUR pro gefahrenen Kilometer zu beziffern.[174] Eine solche Schätzung setzt voraus, dass die Entfernung des Wohnortes des Geschädigten von seiner Arbeitsstelle und die Kosten des Fahrzeugs bekannt sind. Andernfalls scheidet eine Schätzung aus.[175]

145

▼

Muster 9.32: Berechnung ersparter Aufwendungen

146

▓▓▓ Versicherung AG

Schaden-Nr./VS-Nr./Az. ▓▓▓

Schaden vom ▓▓▓

Pkw ▓▓▓, amtl. Kennzeichen ▓▓▓

Sehr geehrte Damen und Herren,

Sie haben bei der Abrechnung der angemeldeten Ansprüche ersparte Eigenaufwendungen in Höhe von 10 % berücksichtigt. Dieser Wert ist deutlich zu hoch angesetzt. Zum

---

170 BGH, Urt. v. 26.2.1991 – VI ZR 149/90 = VersR 1991, 596 = DAR 1991, 293.
171 OLG Schleswig, Urt. v. 28.11.2013 – 7 U 158/12 – juris; OLG München, Urt. v. 29.4.2011 – 10 U 4208/10 – juris m. Anm. *Nugel*; LG Münster, Urt. v. 10.6.2011 – 16 O 280/10 = NZV 2012, 78; OLG Naumburg, Urt. v. 23.9.1998 – 12 U 31/98 = SP 1999, 90; LG Tübingen zfs 1992, 82.
172 OLG Celle, Urt. v. 19.12.2007 – 14 U 97/07 = SP 2008, 176; OLG Celle, Urt. v. 29.11.2005 – 14 U 58/05 = MDR 2006, 985; OLG Dresden, Urt. v. 12.12.2001 – 11 U 2940/00 – juris.
173 BGH, Urt. v. 9.11.2010 – VI ZR 300/08 = VersR 2011, 229 mit Verweis auf *Jahnke*, Kap. 8 Rn 16 ff., 33 ff.; *Küppersbusch/Höher*, Rn 78 f.
174 OLG Saarbrücken, Beschl. v. 3.12.2015 – 4 U 157/14 – juris; BGH, Beschl. v. 13.1.2015 – VI ZR 551/13 = r+s 2015, 212.
175 OLG Düsseldorf, Urt. v. 12.8.2014 – 1 U 52/52 = DAR 2015, 333; OLG Düsseldorf, Urt. v. 13.3.2000 – 1 U 152/99 = zfs 2000, 531.

§ 9 Personenschaden bei Verletzung

einen wird in der Rechtsprechung lediglich eine Pauschale in Höhe von 5 % angesetzt (OLG Celle MDR 2006, 985), so dass alleine aus diesem Grund eine Korrektur geboten ist.

Im Übrigen ist eine konkrete Bestimmung der ersparten Eigenaufwendungen einer pauschalen Schadensschätzung vorzuziehen. Meine Mandantschaft hat bzgl. der „Arbeitskleidung" keine Aufwendungen erspart, da ▬▬▬▬. Bzgl. der Fahrt zum Arbeitsplatz ist lediglich eine geringe Entfernung von täglich (hin und zurück) ▬▬▬▬ km zu berücksichtigen. Daraus ergeben sich bei einem Satz von 0,25 EUR Kilometer täglich ▬▬▬▬ EUR, d.h. ▬▬▬▬ EUR monatlich. Lediglich dieser Betrag kann in Anrechnung gebracht werden. Ich habe Sie daher binnen der nächsten ▬▬▬▬ Tage zu einer Nachzahlung in Höhe von ▬▬▬▬ EUR aufzufordern.

Mit freundlichen Grüßen

(Rechtsanwalt)

VII. Rentenzahlung bei Dauerschaden oder Geldabfindung

147 Verbleibt bei dem Geschädigten aufgrund dauerhafter Verletzungen eine monatliche unfallbedingte Einbuße, z.B. in Form eines entgangenen Verdienstausfalls, ist diese i.d.R. als monatlicher Entschädigungsbetrag in Form von Rentenzahlungen auszugleichen. Nur in besonderen Ausnahmefällen kann dem Geschädigten ein Anspruch auf eine einmalige Kapitalabfindung nach § 843 BGB zustehen.[176]

148 **Muster 9.33: Keine Kapitalabfindung bei Dauerschaden**
Die Voraussetzungen für eine Kapitalabfindung sind vorliegend nicht gegeben. § 843 BGB enthält einen Schadensersatzanspruch, der einen Ausgleich für erlittene Verletzungen ermöglicht und dafür i.d.R. eine Rentenzahlung vorsieht. Ein solcher Ausschluss der Kapitalabfindung kann nur in besonderen Umständen unzulänglich sein. Wichtige Gründe lassen sich sowohl in der Sphäre des Ersatzpflichtigen als auch in der Sphäre des Geschädigten finden.

Aus der aus Sicht des Gesetzgebers vorrangigen Sphäre des Ersatzpflichtigen kann ausnahmsweise für eine Kapitalabfindung sprechen, wenn der Ersatzpflichtige für die Zahlung der Rente keine ausreichende Sicherheit bietet oder eine große Zahl an Erben hinterlässt. Andere Gründe können drohende Insolvenz, Zahlungsschwierigkeiten, die Notwendigkeit der Vollstreckung im Ausland oder ein häufiger Wechsel des Wohnsitzes durch den Ersatzpflichtigen sein (so bereits OLG Nürnberg FamRZ 1968, 478). Dagegen kann die Existenz einer Versicherungsgesellschaft dazu führen, einen wichtigen Grund trotz Zahlungsschwierigkeiten des Schädigers nicht anzunehmen (vgl. LG Hamburg, Urt. v. 26.7.2011 – 302 O 192/08 = NJW-Spezial 2012, 11; Palandt/*Sprau*, BGB, § 843 Rn 18). Allein die Tatsache, dass vorliegend eine Haftpflichtversicherung in Anspruch genommen wird, spricht mithin gegen die zwingende Notwendigkeit einer Kapitalabfindung.

Bei der Interpretation der Vorschrift des § 843 BGB darf hierbei auch nicht aus den Augen verloren werden, dass Abs. 3 eine Ausnahme zu der Grundregel der Rentenzahlung in

---

[176] *Küppersbusch/Höher*, Rn 853; *Geigel/Pardey*, 4. Kap. Rn 153.

Abs. 1 formuliert. Die Rentenzahlung ist zunächst logische Konsequenz der Naturalrestitution. Der Ausnahmecharakter der Kapitalabfindung verlangt, den wichtigen Grund eng auszulegen. Es können nur Gründe von erheblichem Gewicht in Betracht kommen (OLG Koblenz OLGR 1997, 332). Erforderlich sind besondere Gegebenheiten, die objektiv oder in der Person des Geschädigten die Rentenzahlung als erheblich ungeeignet oder unsicher erscheinen lassen. Gleichzeitig bedeutet dies, dass die Erforderlichkeit einer Kapitalabfindung nicht zur unüberprüfbaren Disposition des Geschädigten steht. Der unbestimmte Rechtsbegriff des wichtigen Grundes ist vielmehr durch die Gerichte voll überprüfbar. Jede andere Auslegung ließe den Ausnahmecharakter der Kapitalabfindung entfallen, bis hin zu einem von der Klägerin postulierten Wahlrecht des Geschädigten (LG Hamburg, Urt. v. 26.7.2011 – 302 O 192/08 = NJW-Spezial 2012, 11).

Hieraus folgt, dass .

> *Hinweis* 149
> Für eine Kapitalabfindung muss der Geschädigte mithin eine Vielzahl an überzeugenden Gründen vortragen. Diese werden sich häufig eher in seiner Person finden lassen.

Muster 9.34: Kapitalabfindung bei Dauerschaden 150

Die Voraussetzungen für eine Kapitalabfindung sind vorliegend gegeben. § 843 BGB enthält einen Schadensersatzanspruch, der einen Ausgleich für erlittene Verletzungen ermöglicht und dafür i.d.R. eine Rentenzahlung vorsieht. Ein solcher Ausschluss der Kapitalabfindung kann bei – wie hier gegebenen – besonderen Umständen unzulänglich sein. Wichtige Gründe lassen sich sowohl in der Sphäre des Ersatzpflichtigen als auch in der Sphäre des Geschädigten finden. Diese Umstände in der Sphäre des Geschädigten können z.B. darin liegen, dass eine Kapitalabfindung einen günstigen bzw. eine Rente einen ungünstigen Einfluss auf den Gesundheitszustand des Geschädigten haben würde (OLG Koblenz OLGR 1997, 332) oder dass die Kapitalabfindung dem Verletzten dazu dienen kann, sich selbstständig zu machen (LG Hamburg, Urt. v. 26.7.2011 – 302 O 192/08 = NJW-Spezial 2012, 11; Palandt/*Sprau*, BGB, § 843 Rn 19).

Dieses vorausgeschickt ist Folgendes zu berücksichtigen: .

VIII. Rentenschaden wegen fehlender Beitragszahlungen

Kommt es zu einem unfallbedingten Personenschaden, stellt sich für den Geschädigten 151 regelmäßig die Frage, ob er während des Arbeitsunfähigkeitszeitraums einen Rentenschaden erleidet. Die dahin gehende Sorge ist in aller Regel unbegründet. Während des Arbeitsunfähigkeitszeitraums zahlt der Rentenversicherungsträger die Rentenversicherungsbeiträge nach Maßgabe der letzten bekannten Einkommensverhältnisse auf das Rentenkonto des Geschädigten. Etwaige Gehaltserhöhungen während des Arbeitsunfähigkeitszeitraums werden dabei berücksichtigt. Zur Bestimmung des fiktiven Einkommens wendet sich der Rentenversicherungsträger an den letzten Arbeitgeber des Geschädigten und fordert ihn dazu auf, entsprechende Auskünfte zu erteilen. Die vom Rentenversicherungsträger eingezahlten Rentenversicherungsbeiträge werden sodann beim

Schädiger bzw. bei dessen Haftpflichtversicherer regressiert. Die hierfür maßgebliche Vorschrift ist § 119 SGB X. Im Ergebnis wird der Geschädigte deshalb so gestellt, als hätte er seine berufliche Tätigkeit ohne Unfall fortgesetzt. Ein Rentenschaden wird dadurch von vornherein ausgeschlossen.

152 Ein Rentenschaden kommt nur dann in Betracht, wenn auch im Schadenfall keine Einzahlungen auf das Rentenkonto des Geschädigten erfolgen. Dies gilt insbesondere für ausländische Geschädigte, die in Deutschland einen Schaden erleiden und nach dem Schadenseintritt in ihr Heimatland zurückkehren. Existiert im betreffenden Heimatland keine Regelung über die Einzahlung von Rentenversicherungsbeträgen während des unfallbedingten Ausfalls, entsteht dem Geschädigten ein echter Rentenschaden. Insbesondere bei schweren Verkehrsunfällen mit der Folge einer dauerhaften Arbeitsunfähigkeit kann der Rentenschaden enorme Größenordnungen annehmen.

IX. Checkliste: Erwerbsschaden

153
- Lohnempfänger:
  - Während des Lohnfortzahlungszeitraumes (sechs Wochen) entsteht kein Schaden bei Zahlung von 100 % der letzten Bruttobezüge.
  - Nach dem Ende der Lohnfortzahlung erhält der Geschädigte Krankengeld von seinem Krankenversicherer. Der Schaden besteht in der Differenz zwischen dem Lohn und dem geringer liegenden Krankengeld unter Berücksichtigung ggf. ersparter Eigenaufwendungen.
  - Nach dem Ende des Lohnfortzahlungszeitraumes wird der Schaden nach der Bruttolohn- oder der modifizierten Nettolohnmethode berechnet, da der Krankenversicherer die Sozialversicherungsbeiträge nach Maßgabe der letzten Bruttobezüge bezahlt.
  - Während der Krankschreibung entgangene Überstunden stellen stets einen Schaden dar.
- Selbstständige:
  - Maßgeblich sind der entgangene Gewinn (komplizierte und aufwendige Berechnung) oder ausnahmsweise die Kosten einer Ersatzkraft.
- Kinder, Schüler, Auszubildende:
  - Zu ersetzen ist jeder Schaden, der durch einen verhinderten oder verspäteten Eintritt in das Berufsleben entstanden wäre.
- Haushaltsvorstände/Haushaltsführungsschaden:
  - Der Geschädigte erhält einen Ausgleich für seinen Ausfall als Haushaltskraft.
  - Die Abrechnung der Kosten einer Ersatzkraft kann konkret oder fiktiv erfolgen.
  - Grundsätzlich bedarf es einer Schätzung des personenschadenbedingten Ausfalls gemäß § 287 ZPO, für die der Geschädigte allerdings konkret die von ihm ausgeübte Tätigkeit darzulegen hat
  - Anhaltspunkte für die hierauf aufbauende Schätzung gibt die Veröffentlichung von *Schulz-Borck/Hofmann* bzw. die Neuauflage *Pardey*. Danach sind maßgeblich: konkreter Haushaltstyp, regelmäßig anfallende Wochenarbeitszeit im konkreten Haus-

halt, Art der Verletzung, Einfluss der Verletzung auf die Haushaltsführung. Die Faustformel der fiktiven Berechnung lautet wie folgt:
Erforderlicher Zeitaufwand × prozentualer Grad der Behinderung × Nettostundenlohn einer Hilfskraft

§ 10 Personenschaden bei Tötung

Hilmar Stobbe

A. Übersicht

Stirbt ein Geschädigter bei oder infolge eines Verkehrsunfalls, entstehen unterschiedliche Ansprüche, die zur Vereinfachung der Geltendmachung getrennt werden sollten. **1**
- Es entstehen eigene Ansprüche des Geschädigten (z.B. Schmerzensgeld, Haushaltsführungsschaden, Behandlungskosten). Die Entstehung des Anspruchs und dessen Höhe hängen auch vom Zeitablauf ab. In der Person des Geschädigten entstehen die Ansprüche bis zu seinem Tod. Mit dem Tod gehen sie durch Universalsukzession auf die Erben über. Insoweit machen sie keine eigenen, sondern übergegangene Ansprüche geltend.
- Es entstehen originäre Ansprüche Dritter. Hierzu gehören Beerdigungskosten (§ 844 Abs. 1 BGB) und Unterhaltsansprüche (§ 844 Abs. 2 BGB). Die Anspruchsberechtigten müssen nicht zwingend Erben sein.
- Es entstehen eigene Ansprüche, soweit ein unmittelbarer Schaden entsteht. Hierzu gehört der Schmerzensgeldanspruch wegen des Schockschadens naher Angehöriger (siehe § 9 Rdn 44 ff.)

B. Beerdigungskosten

Bei einem Unfall mit tödlichem Ausgang hat der Schädiger die Kosten der Beerdigung gemäß **§ 844 Abs. 1 BGB** zu ersetzen. **2**

Anspruchsberechtigt ist derjenige, der die Kosten zu tragen hat. In erster Linie ist dies der Erbe (§ 1968 BGB), bei mehreren Erben die Erbengemeinschaft. Stirbt ein Unterhaltsberechtigter, trägt die Kosten der Beerdigung der Unterhaltsverpflichtete, soweit die Kosten vom Erben nicht zu erlangen sind (§ 1615 Abs. 2 BGB). Anspruchsberechtigt kann auch der Partner der eingetragenen Lebensgemeinschaft sein (§ 5 LPartG). In Ausnahmefällen kommen Dritte (z.B. nichteheliche Partner) in Betracht (siehe Rdn 10).

Die Beerdigungskosten sind auch dann zu erstatten, wenn der Getötete schwerstkrank war und nur noch kurze Zeit zu leben hatte.[1] Überholende Kausalität kann nicht eingewandt werden. **3**

Der Höhe nach beschränkt sich der Anspruch auf die Haftungsquote des Schädigers. Dem Getöteten ist ein **Mitverschulden** entgegen zu halten (§ 846 BGB). Das umfasst auch die Betriebs- oder Tiergefahr.[2] **4**

---

[1] OLG Düsseldorf, Beschl. v. 11.2.1994 – 13 U 129/93 = zfs 1994, 405.
[2] Palandt/*Sprau*, § 846 BGB Rn 1.

5 Der Umfang der Kosten bestimmt sich nach der Angemessenheit. Der Schädiger kann den Anspruch nicht auf das kürzen, was einer notdürftigen Beerdigung entspricht. Der Anspruchsteller ist jedoch auf eine standesgemäße Beerdigung beschränkt, auch wenn der Begriff aus § 1968 BGB gestrichen wurde. Abzustellen ist auf die Lebensstellung des Verstorbenen, seine Herkunft und wirtschaftlichen Verhältnisse.[3]

6 Zu den erstattungsfähigen Kosten gehören
- Anzeigen[4] und Trauerkarten,[5]
- Sarg,[6]
- Grabstelle und Grabstein,[7]
- Gebühren (kirchliche und behördliche)[8]
- Trauerfeier mit Bewirtung,[9]
- Trauerkleidung der Erben (nicht Dritter),[10] wenn den Erben das Tragen von Trauerkleidung aufgrund ihrer wirtschaftlichen Lage sonst nicht möglich wäre[11] (Abzug für Vorteilsausgleich[12]),
- Erstbepflanzung (nicht laufende Pflege) der Grabstelle,[13]
- Überführungskosten eines Ausländers in sein Heimatland.[14]

Welche Beerdigungskosten im Einzelnen noch angemessen sind, richtet sich nach den individuellen Verhältnissen des Getöteten und ist demgemäß von Fall zu Fall zu entscheiden. Ausgangspunkt und Kontrollfrage muss stets sein, welche Verpflichtung die Erben im Rahmen des § 1968 BGB trifft, für den Verstorbenen eine angemessene Trauerfeier und Beerdigung zu organisieren.

7 Nicht zu ersetzen sind
- die Kosten für ein Doppelgrab (erstattungsfähig sind dann nur die anteiligen, auf den Getöteten entfallenden Kosten),[15]
- die Kosten der weiteren Grabpflege,[16]
- der Nachlassverwaltung oder Testamentseröffnung,[17]
- frustrierte Aufwendungen (z.B. für eine gebuchte Reise, die unfallbedingt nicht angetreten werden konnte) sind grundsätzlich nicht erstattungsfähig.[18]

---

3 BGH VersR 1974, 140; OLG Bremen, Urt. v. 25.5.2007 – 2 U 77/06; *Küppersbusch/Höher*, Rn 450.
4 LG München I, Urt. v. 23.2.1973 – 9 O 555/72 = VersR 1975, 73.
5 OLG Frankfurt, Urt. v. 11.3.2004 – 26 U 28/98 = zfs 2004, 452.
6 OLG Köln, Urt. v. 18.12.2006 – 16 U 40/06.
7 BGH VersR 1974, 140; OLG Düsseldorf, Urt. v. 23.3.1994 – 15 U 282/92 = VersR 1995, 1195.
8 LG Magdeburg, Urt. v. 10.1.2012 – 9 O 164/09.
9 LG München I, Urt. v. 23.2.1973 – 9 O 555/72 = VersR 1975, 73.
10 OLG Köln VersR 1956, 646, 647.
11 OLG Karlsruhe, Urt. v. 13.3.1998 – 10 U 239/97; OLG Karlsruhe, Urt. v. 22.3.1996 – 10 U 169/95; BGH, Urt. v. 19.2.1960 – VI ZR 30/59.
12 OLG Stuttgart, Urt. v. 29.10.2008 – 3 U 111/08 mit Verweis auf OLG Hamm VersR 1982, 961 (50 %).
13 BGH VersR 1974, 140; OLG Hamm VRS 2, 105; LG Rottweil VersR 1988, 1246.
14 LG Gießen DAR 1984, 151.
15 BGH VersR 1974, 140.
16 OLG Köln, Beschl. v. 21.11.2014 – I-20 W 94/13.
17 OLG Düsseldorf, Urt. v. 13.10.2003 – 1 U 234/02.
18 BGH VersR 1989, 853, 854.

B. Beerdigungskosten § 10

In der Regel sind die Reisekosten eines Angehörigen zur Beerdigung nicht zu erstatten.[19] 8
Eine Ausnahme kann sich ergeben, wenn sich der standesgemäße Aufwand nach fremden Kulturkreisen richtet.[20] Der BGH bejaht eine Erstattungsfähigkeit ausnahmsweise, wenn der nahe Angehörige aufgrund eigener Bedürftigkeit ohne Reisekostentragung des Nachlasses an der Beerdigung nicht teilnehmen könnte.[21]

I. Muster: Fahrtkosten von gering verdienenden Erben zur Trauerfeier

▼

Muster 10.1: Fahrtkosten von gering verdienenden Erben zur Trauerfeier 9
Versicherung AG

Schaden-Nr./VS-Nr./Az.
Schaden vom
Pkw , amtl. Kennzeichen

Sehr geehrte Damen und Herren,

soweit Sie durch Schreiben vom den Ausgleich der mit EUR bezifferten Fahrtkosten von des verstorbenen ablehnen, vermag ich mich damit nicht einverstanden zu erklären.

Wie Sie zutreffend ausführen, richtet sich die Ersatzpflicht nach den §§ 844 Abs. 1, 1968 BGB. Danach ist für die Ersatzpflicht bestimmend, in welchem Umfang der für die Durchführung der Beerdigung verantwortliche Erbe zur Übernahme von Kosten verpflichtet ist, die durch die Beerdigung verursacht werden. Zwar sind vom Erben grundsätzlich die Fahrtkosten der an der Trauerfeier teilnehmenden Gäste nicht zu übernehmen. Dieser Grundsatz gilt jedoch nicht uneingeschränkt. Die Verpflichtung zur Übernahme jedweder Kosten aus Anlass der Beerdigungsfeier macht sich an den Grundsätzen von Sitte und Anstand fest. Diese Grundsätze gebieten es zwar noch nicht, generell Fahrtkosten naher Angehöriger zur Trauerfeier zu übernehmen. Etwas anderes gilt jedoch dort, wo nahe Angehörige infolge Bedürftigkeit gehindert wären, die Reisekosten zur Teilnahme an der Beerdigung aufzubringen. In diesen Fällen ist der Erbe nach sittlicher Anschauung gehalten, nahen Angehörigen die Teilnahme an der Trauerfeier durch den Ersatz der Reisekosten zu ermöglichen. Wegen der Einzelheiten hierzu verweise ich auf die Entscheidung des BGH DAR 1960, 179.

Die Übernahme der Reisekosten des Verstorbenen entsprach einer sittlichen Anstandspflicht. Die Familie des Verstorbenen lebt in finanziell beengten Verhältnissen. Zum Nachweis hierüber übersende ich Ihnen folgende Belege: . Die Anreise zur Trauerfeier verursachte infolge der großen Entfernung zwischen dem Wohnort und dem Ort der Trauerfeier erhebliche Kosten in Höhe von EUR. Aufgrund der aufgezeigten beengten finanziellen Verhältnisse war es nicht möglich, die Fahrtkosten aus eigenen

---

19 BGH, Urt. v. 19.2.1960 – VI ZR 30/59 = BGHZ 32, 72.
20 KG Berlin, Urt. v. 10.11.1997 – 12 U 5774/96 = VersR 1999, 504.
21 BGH, Urt. v. 19.2.1960 – VI ZR 30/59 = BGHZ 32, 72.

Mitteln zu bestreiten. Nach alledem habe ich Sie aufzufordern, die bezifferten Fahrtkosten in Höhe von ▓▓▓ EUR unverzüglich, spätestens jedoch bis zum ▓▓▓ *(14-Tages-Frist)* auszugleichen. Nach fruchtlosem Fristablauf werde ich meiner Mandantin empfehlen, die Streitfrage einer gerichtlichen Prüfung unterziehen zu lassen.

Mit freundlichen Grüßen

(Rechtsanwalt)

10 Nach überwiegender Meinung in Rechtsprechung und Literatur, hat auch derjenige, der als naher Angehöriger eines an den Folgen eines Unfalls Verstorbenen im Rahmen seiner Verpflichtung zur Totenfürsorge die Beerdigungskosten getragen hat, ohne hierzu verpflichtet zu sein, weil er nicht zu den Erben/Unterhaltsverpflichteten gehört, nicht nur einen Erstattungsanspruch gegen den Erben, sondern auch gegen den Unfallschädiger aus Geschäftsführung ohne Auftrag.[22]

II. Muster: Anspruch auf Ersatz der Beerdigungskosten aus GoA

11 **Muster 10.2: Anspruch auf Ersatz der Beerdigungskosten aus GoA**

▓▓▓ Versicherung AG

▓▓▓

▓▓▓

Schaden-Nr./VS-Nr./Az. ▓▓▓

Schaden vom ▓▓▓

Pkw ▓▓▓, amtl. Kennzeichen ▓▓▓

Sehr geehrte Damen und Herren,

die von Ihnen zurückgewiesenen Kosten der Beerdigung, die meine Mandantschaft übernommen hat, sind von Ihnen zu erstatten. Dies unabhängig davon, ob meine Mandantschaft als Erbe anzusehen ist.

Nach einhelliger Auffassung in Rechtsprechung hat derjenige, der als naher Angehöriger eines an den Folgen eines Unfalls Verstorbenen im Rahmen seiner Verpflichtung zur Totenfürsorge die Beerdigungskosten getragen hat, ohne hierzu verpflichtet zu sein, weil er nicht zu den Erben/Unterhaltsverpflichteten gehört, nicht nur einen Erstattungsanspruch gegen den Erben, sondern auch gegen den Unfallschädiger aus Geschäftsführung ohne Auftrag (LG Mannheim, Urt. v. 15.12.2006 – 1 S 147/06 = NZV 2007, 367; KG OLGZ 1979, 428; OLG Saarbrücken VersR 1964, 1257; MüKo, BGB, 4. Aufl., § 844 Rn 15). Derjenige, der nach einem Verkehrsunfall mit tödlichem Ausgang die Kosten der Bestattung des Getöteten auf sich nimmt, ohne hierzu verpflichtet zu sein, führt ein fremdes Geschäft. Er kann Befreiung bzw. Ersatz für die Kosten der Beerdigung von demjenigen verlangen, der für die Kosten aufzukommen hat. Das ist nicht nur der Erbe

---

22 LG Mannheim, Urt. v. 15.12.2006 – 1 S 147/06 = NZV 2007, 367; KG OLGZ 1979, 428; OLG Saarbrücken VersR 1964, 1257.

und/oder der Unterhaltsverpflichtete (§§ 1968, 1615 Abs. 2 BGB) sondern auch der zum Ersatz der Kosten verpflichtete Schädiger. Dieser ist zwar nicht gehalten, die Beerdigung als solche vorzunehmen. Er ist aber gemäß § 10 Abs. 1 StVG verpflichtet, deren Kosten zu bezahlen.

Zwar hat vorliegend meine Mandantschaft für die Beerdigung aufgrund ihrer persönlichen Beziehungen zu dem Unfallopfer gesorgt. Das schließt jedoch nicht aus, dass sie mit der Besorgung der Beerdigung auch ein fremdes Geschäft gemäß §§ 677, 683 BGB führte und zwar nicht für den Erben, sondern für die Schädigerin. Sie hatte keine Veranlassung, die Kosten der Beerdigung auf sich zu nehmen, soweit die Beklagte haftet (vgl. OLG Saarbrücken VersR 1964, 1257). Die vorgenommene Befreiung von einer Verbindlichkeit liegt grundsätzlich im Interesse der Beklagten als Schuldnerin (vgl. KG a.a.O.).

Ich habe Sie daher aufzufordern, die geltend gemachten Beerdigungskosten in Höhe von ▮▮▮▮ EUR binnen ▮▮▮▮ Tagen zu erstatten.

Mit freundlichen Grüßen

(Rechtsanwalt)

▲

C. Unterhaltsschaden

War der durch den Unfall Getötete Dritten (z.B. Ehepartnern oder Kindern) gegenüber gesetzlich zum Unterhalt verpflichtet, hat der Schädiger diese Verpflichtung zu übernehmen. Im Einzelnen hat er an die Unterhaltsberechtigten eine Geldrente in Höhe der Unterhaltsverpflichtung des Getöteten zu zahlen. Bei wichtigem Grund hat der Schädiger den Hinterbliebenen einen sich aus der kapitalisierten Rente ergebenen Einmalbetrag zu zahlen (§§ 844 Abs. 2 S. 1, 843 Abs. 3 BGB).

Die Unterhaltsverpflichtung bleibt so lange bestehen, wie sie für den Getöteten bestanden hätte. Die Höhe des Unterhaltsschadens richtet sich nicht danach, was der zum Unterhalt Verpflichtete dem Hinterbliebenen tatsächlich geleistet hat, sondern was er ihm **nach Maßgabe der gesetzlichen Vorschriften** der §§ 1360a Abs. 1 (Ehegattenunterhalt), 1602 Abs. 2, 1610 BGB (Kindesunterhalt) schuldete.[23]

Die Unterhaltsberechtigung richtet sich ausschließlich nach den gesetzlichen Vorschriften, nicht danach, was der Verstorbene meinte, aus einer sittlichen Verpflichtung an Dritte leisten zu müssen. **Anspruchsberechtigt** ist deswegen nur derjenige, dem gegenüber eine gesetzliche Unterhaltsverpflichtung bestand. Das sind zunächst die hinterbliebenen leiblichen und adoptierten Kinder und Ehegatten. Den Ehegatten gleich stehen gleichgeschlechtlichen Lebenspartner (§ 5 LPartG). Eine Scheidung oder Aufhebung der Lebenspartnerschaft kann dem Anspruch entgegenstehen (§ 1569 BGB). Keinen Anspruch haben Verlobte, nichteheliche Lebenspartner und Kinder gegenüber dem Stiefvater oder der Stiefmutter. Geschwister und andere nicht in gerader Linie verwandte und verschwägerte Personen haben ebenfalls keinen Anspruch.

---

23 BGH, Urt. v. 5.6.2012 – VI ZR 122/11; BGH VersR 1988, 1166.

14 Die **Ermittlung des Unterhaltsschadens** ist ausgesprochen komplex. Der Anspruch setzt sich aus Barunterhalt und Naturalunterhalt zusammen. Für Ersteren wird im Ausgangspunkt auf das Nettoeinkommen abgestellt, für Letzteren auf die Haushaltsführung.

15 Die Berechnung des **Barunterhalts** hängt von vielen Parametern ab.[24] Die Berechnung unterscheidet sich bereits danach, ob der Verstorbene Einzelverdiener war oder ob Doppelverdiener berücksichtigt werden müssen. Eine umfassende Darstellung würde den Rahmen dieser Veröffentlichung sprengen. Wegen der Einzelheiten hierzu wird auf die einschlägige Speziallitertur[25] verwiesen.

Nach einem „Grobraster" ist bei dem Tod eines Alleinverdieners wie folgt vorzugehen:
- Ermittlung des Nettoeinkommens: Addition sämtlicher Gehaltsbestandteile (z.B. Weihnachts- und Urlaubsgeld, Überstundenvergütung, jedoch ohne reine Aufwandsentschädigungen), Abzug von Sozialversicherungsbeiträgen (Krankenversicherung, Rentenversicherung, Arbeitslosenversicherung, Pflegeversicherung), Abzug der realen Einkommensteuerlast, Abzug der Werbungskosten, Abzug von Aufwendungen zur Vermögensbildung.
- Abzug der fixen Kosten vom ermittelten Nettoeinkommen: Abzug sämtlicher Kosten, die zur Haushaltsführung erforderlich sind, also z.B. Kosten für Miete, Strom, Versicherungen.
- Ermittlung des Unterhaltsanteils des/der Hinterbliebenen am verbleibenden Betrag: Die Düsseldorfer Tabelle findet hier keine Anwendung.[26] Vielmehr wird mit pauschalen Unterhaltsquoten gearbeitet.[27] Verstirbt der Ehemann, erhält die Witwe des Verstorbenen 50 % bei einer Berechnung ohne fixe Kosten und 45 % bei einer Berechnung mit fixen Kosten. Existiert ein Kind, erhalten die Ehefrau 35 % und das Kind 20 % bei Berechnung ohne fixe Kosten, und die Ehefrau 40 % sowie das Kind 20 % bei Berechnung mit fixen Kosten. Bei weiteren Kindern verändern sich die Prozentsätze entsprechend.
- Hinzurechnung der oben ermittelten fixen Kosten: Durch diese Vorgehensweise wird gewährleistet, dass die Hinterbliebenen in jedem Fall ihren bisherigen Lebensstandard aufrechterhalten können. Darüber hinaus wird das Interesse der Hinterbliebenen erkennbar, die fixen Kosten möglichst umfassend zu quantifizieren.
- Abzug der mit dem Tod verbundenen Vermögensvorteile: Der hier behandelte Fall betrifft den Tod eines Alleinverdieners. Nimmt die Witwe den Tod zum Anlass der Aufnahme einer Erwerbstätigkeit, ist dies im Rahmen des Vorteilsausgleichs zu berücksichtigen. Ist der Witwe die Aufnahme einer Erwerbstätigkeit zumutbar und unterlässt sie dies dennoch, stellt dies eine Verletzung der Schadensminderungspflicht

---

24 Grundsätze: BGH, Urt. v. 6.10.1987 – VI ZR 155/86 = VersR 1987, 1243; BGH, Urt. v. 31.5.1988 – VI ZR 116/87 = VersR 1988, 954, 955, 957; BGH, Urt. v. 5.12.1989 – VI ZR 276/88 = VersR 1990, 317; BGH, Urt. v. 2.12.1997 – VI ZR 142/96.
25 Insbesondere *Küppersbusch*, Ersatzansprüche bei Personenschaden; *Jahnke*, Unfalltod und Schadensersatz.
26 BGH, Urt. v. 1.10.1985 – VI ZR 36/84 = VersR 1986, 39.
27 *Wenker*, VersR 2014, 680, 682.

C. Unterhaltsschaden § 10

dar. In beiden Fällen ist das erzielte bzw. erzielbare Einkommen auf den Anspruch anzurechnen.

▼

Muster 10.3: Berechnung des Unterhaltsschadens   16

▨▨▨▨ Versicherung AG

Schaden-Nr./VS-Nr./Az. ▨▨▨▨

Schaden vom ▨▨▨▨

Pkw ▨▨▨▨, amtl. Kennzeichen ▨▨▨▨

Sehr geehrte Damen und Herren,

nach Maßgabe der nachfolgenden Ausführungen mache ich Ansprüche auf Unterhaltsschaden gemäß § 844 Abs. 2 BGB geltend.

1. Ermittlungen des Nettoeinkommens des Getöteten

Der Ehemann meiner Mandantin war von Beruf leitender Angestellter der Firma ▨▨▨▨ in ▨▨▨▨. Sein monatliches Grundbruttogehalt betrug nach Maßgabe der in der Anlage in Kopie beigefügten Gehaltsbescheinigungen der letzten ▨▨▨▨ Monate ▨▨▨▨ EUR.

Hinzuzurechnen ist das anteilige Weihnachts- und Urlaubsgeld, das als ▨▨▨▨ Monatsgehalt ausgezahlt wurde. Zum Nachweis hierfür füge ich in der Anlage die letzten Abrechnungen bei. Danach ist das monatliche Grundbruttogehalt um ▨▨▨▨ zu erhöhen, also um ▨▨▨▨ EUR.

Wie Sie den vorliegenden Gehaltsbescheinigungen entnehmen können, leistete der verstorbene Herr ▨▨▨▨ regelmäßig Überstunden. Die durchschnittliche monatliche Überstundenzahl betrug in den letzten ▨▨▨▨ Monaten vor dem Schadenseintritt ▨▨▨▨ Stunden. Unter Berücksichtigung eines Bruttostundenlohns in Höhe von ▨▨▨▨ EUR führt dies zu einem Betrag in Höhe von ▨▨▨▨ EUR.

Sämtliche Gehaltsbestandteile addieren sich deshalb zusammen zu einem Gesamtbrutto in Höhe von ▨▨▨▨ EUR. Soweit in den Gehaltsbescheinigungen Fahrtkostenzuschüsse abgerechnet wurden, bleiben diese bei der Nettoeinkommensberechnung unberücksichtigt, da sie Aufwandsentschädigungen darstellen.

Von dem zuvor ermittelten Bruttobetrag sind folgende Positionen in Abzug zu bringen:

monatliche Beiträge zur gesetzlichen Krankenversicherung	▨▨▨▨ EUR
monatliche Beiträge zur gesetzlichen Rentenversicherung	▨▨▨▨ EUR
monatliche Beiträge zur gesetzlichen Arbeitslosenversicherung	▨▨▨▨ EUR
monatliche Beiträge zur gesetzlichen Pflegeversicherung	▨▨▨▨ EUR
monatliche Einkommensteuer per Lohnsteuerabzug	▨▨▨▨ EUR
daraus ergibt sich ein Gesamtabzugsbetrag in Höhe von	▨▨▨▨ EUR
das Nettoeinkommen des Getöteten beträgt demgemäß	▨▨▨▨ EUR

§ 10 Personenschaden bei Tötung

2. Fixkosten der Haushaltsführung

Von dem zuvor ermittelten monatlichen Nettoeinkommen des Verstorbenen sind sämtliche Kosten herauszurechnen, die der allgemeinen Haushaltsführung der Eheleute dienten. Im Einzelnen handelte es sich um folgende Positionen:

monatliche Mietkosten gemäß in Kopie beigefügtem Mietvertrag .... EUR

monatliche Mietnebenkosten gemäß in Kopie beigefügter Nebenkostenabrechnung vom .... EUR

monatliche Kosten für Tageszeitung, Fernsehen und Radio gemäß beigefügten Abrechnungen .... EUR

durchschnittliche monatliche Telefongebühren auf der Grundlage der in Kopie beigefügten Abrechnungsbelege für die letzten 6 Monate .... EUR

Versicherungsbeiträge für Pkw-Haftpflichtversicherung .... EUR

Hausrat .... EUR

Privathaftpflicht .... EUR

Rechtsschutz .... EUR

Rücklagen für die Anschaffung und Reparatur von Wohnungseinrichtungen sowie für Schönheitsreparaturen in der Wohnung pauschal .... EUR

danach betragen die gesamten fixen Kosten monatlich .... EUR

3. Unterhaltsanteil meiner Mandantin

Nach Abzug der fixen Kosten vom ermittelten Nettoeinkommen verbleibt ein verteilungsfähiger Restbetrag in Höhe von .... EUR.

Hiervon gebührt meiner Mandantin ein Anteil von 45 %, also in Höhe von .... EUR. Die Verteilung im Verhältnis 55 % zu 45 % zugunsten des Unterhaltsverpflichteten ist vertretbar und geboten (OLG Hamm r+s 1992, 413).

4. Ermittlung der monatlichen Rente

Zusammenfassend steht meiner Mandantschaft als monatlicher Rentenbetrag die Summe aus den festgestellten fixen Kosten in Höhe von .... EUR sowie den ihr zustehenden Anteil am bereinigten Nettoeinkommen in Höhe von .... EUR zu. Die monatliche Rente beträgt demgemäß .... EUR.

Nach alledem habe ich Sie aufzufordern, für den zurückliegenden Zeitraum seit dem Tode des Ehemannes meiner Mandantin am .... und damit für .... Monate rückwirkende Unterhaltsleistungen in Höhe von insgesamt .... EUR zu erbringen. Darüber hinaus bitte ich um Ihre schriftliche Bestätigung, dass Sie gewillt sind, auch zukünftig die bezifferten Rentenleistungen bis zum potentiellen Ende der Erwerbstätigkeit des Verstorbenen zu erbringen, dies mit Wirkung eines **rechtskräftigen Feststellungsurteils**. Hierfür habe ich mir eine Frist bis zum

.... *(2-Wochen-Frist)* notiert.

Mit freundlichen Grüßen

(Rechtsanwalt)

▲

C. Unterhaltsschaden § 10

Hinweis 17
Im Einzelfall kann es schwierig sein, genau festzulegen, welche Faktoren bei den sog. fixen Kosten zu berücksichtigen sind. Dies insbesondere dann, wenn es sich um Versicherungsleistungen handelt.

▼

Muster 10.4: Berechnung fixer Kosten bei Versicherungsleistungen 18
Zur Berechnung des Barunterhaltsschadens sind nach der Ermittlung des für Unterhaltszwecke verfügbaren fiktiven Nettoeinkommens des Getöteten in einem zweiten Schritt die „fixen Kosten" vorweg abzusetzen und – nach quotenmäßiger Verteilung des verbleibenden Einkommens auf den Getöteten und seine unterhaltsberechtigten Hinterbliebenen – in voller Höhe den einzelnen Unterhaltsgeschädigten anteilig zuzurechnen (bereits grundlegend: BGH, Urt. v. 1.10.1985 – VI ZR 36/84 – VersR 1986, 39, 40). Unter „fixen Kosten" sind dabei jene Ausgaben zu verstehen, die weitgehend unabhängig vom Wegfall eines Familienmitgliedes als feste Kosten des Haushalts weiterlaufen und deren Finanzierung der Getötete familienrechtlich geschuldet hätte (BGH, Urt. v. 5.6.2012 – VI ZR 122/11 – juris; BGH, Urt. v. 11.10.1983 – VI ZR 251/81 – VersR 1984, 79, 81).

Nicht zu den fixen Kosten zählen dabei mangels Unterhaltspflicht die Aufwendungen für eine Unfallversicherung. Die Kosten für die Lebensversicherung des verstorbenen Unterhaltspflichtigen sind ebenfalls nicht zu berücksichtigen, da diese Verpflichtung mit dem Tod endet (BGH, Urt. v. 5.6.2012 – VI ZR 122/11 – juris).

Die Aufwendungen für die Lebensversicherung des überlebenden Ehegatten können aber sehr wohl als fixe Kosten zu berücksichtigen sein, wenn es sich um Aufwendungen und Rücklagen von Selbstständigen zur Altersvorsorge handelt, die während der Zeit der aktiven beruflichen Tätigkeit erbracht werden (BGH, Urt. v. 14.4.1964 – VI ZR 89/63 – VersR 1964, 778, 779). Aufwendungen und Rücklagen zur Altersvorsorge können, soweit den betreffenden Personen keine ausreichende gesetzliche Altersrente zur Verfügung steht, nicht stets in vollem Umfang als Beiträge für „freiwillige" Versicherungen behandelt werden. Insoweit kann es sich vielmehr durchaus um „notwendige" und damit „fixe Kosten" des Haushalts handeln. Da Prämien für Kapitallebensversicherungen je nach Lage des Falls sowohl der Eigen- bzw. Altersvorsorge als auch der Absicherung der Unterhaltsberechtigten dienen können und insoweit eine besondere Form des Unterhalts darstellen, sind sie gegebenenfalls mit dem Anteil, der nicht der Vermögensbildung dient, bei der Bemessung vom unterhaltsrechtlich relevanten Nettoeinkommen abzuziehen (BGH, Urt. v. 5.6.2012 – VI ZR 122/11 – juris).

Dabei unterfällt die Höhe des als „fixe Kosten" zu berücksichtigenden Anteils regelmäßig der tatrichterlichen Schätzung gem. § 278 ZPO (BGH, Urt. v. 5.6.2012 – VI ZR 122/11 – juris; OLG Hamm, Urt. v. 6.6.2008 – I-9 U 123/055 – juris, Rn 148), wobei nach Lage des Falls auch zu berücksichtigen sein kann, in welchem Maße beide Ehegatten zum Familieneinkommen beigetragen haben.

▲

Die Aufteilung dieser fixen Kosten auf die Überlebenden des Haushalts hängt maßgeblich von den Umständen des Einzelfalles ab.[28] Im Regelfall wird die für eine sachgerechte Verteilung gebotene Betrachtung, in welchem Maße die Haushaltsmitglieder an den 19

---

28 BGH NJW 2007, 506; BGH VersR 1988, 954.

hinter den fixen Kosten stehenden Leistungen teilhaben, zu einer höheren Quote für den hinterbliebenen Elternteil im Vergleich zum Kind führen. Bei den fixen Kosten handelt es sich um Aufwendungen, die der Unterhaltsverpflichtete dem Unterhaltsberechtigten nach Maßgabe seines Lebensbedarfs schuldet. Das Gericht kann jedoch, anstatt die Leistungen im Einzelnen auf die Leistungsempfänger zu verteilen, nach § 287 ZPO schätzen und dabei einen Mittelwert berücksichtigen. Der BGH hat deshalb eine Verteilung von 2:1 bei einem Elternteil mit Kind nicht beanstandet und dabei dem Erfahrungssatz Rechnung getragen, dass der Unterhaltsbedarf eines Elternteils im Allgemeinen höher ist als der eines Kindes.[29]

20 Der hinterbliebene Ehe- oder Lebenspartner ist grundsätzlich verpflichtet, den entstehenden Schaden durch eigene zumutbare Erwerbstätigkeit gering zu halten (§ 254 Abs. 2 BGB). Dies kann durch Wiederaufnahme einer Tätigkeit oder Erhöhung der Arbeitszeit bei einer Teilzeitbeschäftigung geschehen. Eine Verletzung dieser Pflicht führt zur Reduzierung des Anspruchs um das fiktiv zu ermittelnde erzielbare Einkommen.[30]

D. Haushaltsführungsschaden/Naturalunterhalt

21 Wird bei einem Verkehrsunfall die haushaltsführende Person getötet, verursacht dies ebenso wie im Falle der Verletzung des Unfallopfers Ansprüche auf Ausgleich eines Haushaltsführungsschadens. Letztlich handelt es sich beim Haushaltsführungsschaden im Falle der Tötung um einen Bestandteil des Unterhaltsanspruchs in der Form des Naturalunterhalts. Während der Barunterhalt dem Ausgleich des weggefallenen Einkommens des Getöteten dient, wird durch den Naturalunterhalt/Haushaltsführungsschaden der Wegfall der Mithilfe im Haushalt kompensiert. Bei der konkreten Bestimmung der Ansprüche muss zwischen zwei Phasen unterschieden werden:
- Bis zum Eintritt des Todes hat der Geschädigte eigene Ansprüche auf Ausgleich eines Haushaltsführungsschadens erworben, die durch den Tod auf die Erben des Verstorbenen übergehen. Die Ermittlung dieser Ansprüche richtet sich nach den für die Verletzung von Unfallopfern geltenden Grundsätzen (siehe hierzu § 9 Rdn 1 ff.).
- Durch den Eintritt des Todes erwerben die Personen, denen gegenüber der Getötete unterhaltsverpflichtet war, einen Anspruch auf Ausgleich des Schadens, der durch den Wegfall der Haushaltsführungskraft verursacht wurde. Es handelt sich also um eigene Ansprüche der Unterhaltsberechtigten gem. § 844 Abs. 2 BGB. Die nachfolgenden Ausführungen beschäftigen sich ausschließlich mit diesen Ansprüchen.

22 Zu unterscheiden sind die allgemeinen und besonderen Voraussetzungen des Anspruchs auf Ausgleich des Haushaltsführungsschadens bei der Tötung eines Getöteten. **Allgemeine Voraussetzungen** sind:

---

[29] BGH VersR 1988, 954; ebenso wohl BGH NJW 2007, 506.
[30] BGH VersR 1984, 936.

- Unterhaltsberechtigung: Der Anspruchsteller muss gegenüber dem Getöteten unterhaltsberechtigt sein. Dies ist bei Verwandten in gerader Linie gem. § 1601 BGB und bei Ehegatten gem. § 1360 BGB der Fall.
- Leistungsfähigkeit: Der Getötete muss überhaupt dazu in der Lage gewesen sein, seiner Unterhaltspflicht entsprechen zu können. Die Leistungsfähigkeit des Unterhaltsverpflichteten fehlt, wenn der Unterhaltsanspruch nicht durchsetzbar gewesen wäre.
- Haftung: Die Haftung des Schädigers besteht nur in dem Umfang, in dem der Getötete seinerseits Ansprüche auf Schadensersatz im Falle des Überlebens erworben hätte. Zu berücksichtigen sind also Mitverschulden gem. § 254 Abs. 1 BGB und Mitverursachung gem. § 17 StVG.
- Bedürftigkeit: Gem. § 1602 Abs. 1 BGB ist nur derjenige unterhaltsberechtigt, der außerstande ist, sich selbst zu unterhalten. Dieser Einwand ist gegenüber dem Ehegatten unbeachtlich.
- Unterhaltsumfang: Gem. § 844 Abs. 2 BGB richtet sich der Umfang des Anspruchs danach, in welchem Umfang der Getötete dem Berechtigten gegenüber zum Unterhalt verpflichtet gewesen wäre. Entscheidend ist also nicht der tatsächlich geleistete, sondern allein der gesetzlich geschuldete Unterhalt. Dabei steht es den Eheleuten jedoch frei, den Umfang der zu erbringenden Leistungen im Haushalt zu vereinbaren. Da in den wenigsten Fällen eine schriftliche Vereinbarung über die Mitwirkung einzelner Ehegatten im Haushalt getroffen worden ist, wird zur Ermittlung einer stillschweigenden Absprache zwischen den Eheleuten auf die vor dem Unfall praktizierten Verhältnisse des Umfangs der Beteiligung im Haushalt abgestellt. Nur wenn diese praktizierte Aufteilung der Haushaltsführung einen Ehegatten unangemessen benachteiligt, ist sie unterhaltsrechtlich nicht verbindlich.

Muster 10.5: Grundsätze der Berechnung des Barunterhaltsschadens bei Eheleuten

Nach § 844 Abs. 2 BGB hat der Schädiger in dem Umfang Ersatz zu leisten, in dem der Getötete zur Unterhaltsgewährung verpflichtet gewesen wäre. Maßgeblich ist also der gesetzlich geschuldete, nicht der tatsächlich geleistete Unterhalt. Der Umfang der gesetzlichen Unterhaltspflicht hängt dabei von den Lebensumständen und den persönlichen Bedürfnissen ab. Der Umfang eines zu leistenden Barunterhalts bestimmt sich bei einer intakten Ehe grundsätzlich nach dem gesamten Einkommen beider Ehegatten und dem dadurch geprägten Lebensstil (vgl. bereits BGH, Urt. v. 22.1.1985 – VI ZR 71/83 – VersR 1985, 365 ff.). Die Eheleute sind allerdings gemäß §§ 1356, 1360, 1360a BGB berechtigt, die Art und Weise der gegenseitigen Unterhaltsgewährung i.R.d. Angemessenen frei zu gestalten. Getroffene Vereinbarungen sind dann nicht nur unterhaltsrechtlich, sondern auch haftungsrechtlich verbindlich (OLG Oldenburg, Urt. v. 14.8.2009 – 6 U 118/09 – juris).

Es entspricht ständiger Rechtsprechung, dass nach dem modernen Verständnis einer Ehe als einer Lebensgemeinschaft gleichberechtigter Partner und dem Fortfall des ursprünglichen gesetzlichen Leitbilds der sog. Hausfrauenehe die Ehegatten frei vereinbaren können, wer und in welchem Umfang durch eine Erwerbstätigkeit den materiellen

Unterhalt der Familie sicherstellt, und wer und in welchem Umfang den Haushalt führt (BGH, Urt. v. 22.1.1985 – VI ZR 71/83 – VersR 1985, 365 ff.). Dabei sind auch Mischformen möglich sowie allgemein üblich. Aus der tatsächlichen Handhabung der Haushaltsführung kann auf eine entsprechende einvernehmliche Regelung der Ehepartner geschlossen werden (vgl. *Küppersbusch*, Ersatzansprüche bei Personenschaden, Rn 362, 363). Maßgebend für die Ersatzverpflichtung sind die tatsächlichen Verhältnisse vor dem Unfall.

Danach ist vorliegend von Folgendem auszugehen: .

▲

24 Die **besonderen Voraussetzungen** des Haushaltsführungsschadens bei Tötung richten sich wiederum nach dem bereits skizzierten „Münchener Modell" in der Veröffentlichung von *Schulz-Borck/Hofmann* bzw. nunmehr *Schulz-Borck/Pardey*.

E. Schmerzensgeld

25 Bis zur Umsetzung des Gesetzgebungsverfahrens zur Einführung eines eigenen Schmerzensgeldanspruchs naher Angehöriger durch Einführung eines § 844a BGB können die nahen Angehörigen des Getöteten gegen den Schädiger in zweierlei Hinsicht Ansprüche auf Schmerzensgeld besitzen:
- ererbte Ansprüche, die der Getötete zu Lebzeiten erworben hatte;
- „eigene" Ansprüche auf Schmerzensgeld wegen sog. Schockschäden.

Wegen der näheren Einzelheiten der Bemessung dieses Anspruchs wird auf das vorangehende Kapitel verwiesen (siehe § 9 Rdn 1 ff.).

F. Checkliste: Personenschäden bei Tötung

26
- Beerdigungskosten:
  - Es besteht ein Anspruch auf Ersatz der Kosten einer angemessenen Beerdigung gemäß § 1968 BGB.
  - Häufiger Fehler: Ausgleichspflichtig sind nur die Kosten der Erstbepflanzung des Grabes, nicht die Kosten der laufenden Pflege.
  - Grundsätzlich besteht für den Schädiger keine Pflicht zur Übernahme von Kosten Dritter. Ausnahme: Die Übernahme der Kosten entspricht sittlicher Verpflichtung.
- Unterhaltsschaden:
  - Der Schädiger hat sämtliche Unterhaltsverpflichtungen des Getöteten zu übernehmen. Hierbei handelt es sich um Barunterhalt und Naturalunterhalt (Haushaltsführungsschaden).
  - Der Unterhaltsschaden besteht in der Zahlung einer Geldrente an Hinterbliebene mit Unterhaltsanspruch.
  - Die Dauer der Rentenverpflichtung richtet sich nach der fiktiven Verpflichtung des Getöteten.

- Schmerzensgeld:
- In Frage kommen ererbte Ansprüche des Getöteten oder eigene Ansprüche des Mandanten wegen sog. Schockschäden.

§ 11 Klage und selbstständiges Beweisverfahren

Jens Dötsch

A. Vorbereitung der Klage

I. Verzug des Anspruchsgegners

Die außergerichtliche Regulierung ist geprägt von einem Interessenkonflikt: Auf der einen Seite wünscht der Geschädigte die schnellstmögliche Durchsetzung des ihm entstandenen Schadens. Auf der anderen Seite ist dem KH-Versicherer eine angemessene Zeit zur Prüfung der angemeldeten Ansprüche zuzubilligen. Welche Regulierungsfrist angemessen ist, lässt sich nicht einheitlich bestimmen, sondern hängt auch davon ab, ob die Haftungsfrage geklärt ist oder auch davon, ob einzelne Schadenspositionen geprüft werden müssen.

Je nach den Besonderheiten des Einzelfalls kann eine Prüfungszeit von zwei oder drei Wochen,[1] einem Monat[2] oder sechs Wochen[3] angemessen sein. Bei Auslandsbezug ist i.d.R. ein Prüfungszeitraum von acht Wochen nicht zu beanstanden.[4]

Wird Klage vor Ablauf der angemessenen Prüfungsfrist erhoben, kann der Schädiger unter Verwahrung gegen die Kostenlast anerkennen. Zudem bewirkt eine zu kurz bemessene Frist keinen Verzugseintritt und Zinsen können nicht ab dem Zeitpunkt des Ablaufs der Frist berechnet werden.

Muster 11.1: Ablauf Prüfungszeitraum
Die Dauer der angemessenen Prüffrist wird in der Rechtsprechung unterschiedlich beurteilt, von zwei Wochen (OLG Saarbrücken, MDR 2007, 1190) bis etwa einen Monat (OLG Frankfurt am Main, OLGR 1996, 77). Nach Ansicht der herrschenden Meinung ist davon auszugehen, dass die Dauer der Prüffrist von der Lage des Einzelfalls abhängig ist, in der Regel aber maximal vier Wochen beträgt (AG Andernach, Urt. v. 2.7.2013 – 64 C 68/13). Dabei ist auch der technische Fortschritt in der Schadensbearbeitung zu berücksichtigen, weshalb auch deutlich kürzere Fristen zu erwägen sind. Dementsprechend ist auch eine Prüfungsfrist von drei Wochen aus Rechtsgründen nicht zu beanstanden (OLG München, Beschl. v. 29.7.2010 – 10 W 1789/10; OLG Düsseldorf, Beschl. v. 5.9.2013 – I-1 W 31/13). Die ggf. vom Versicherer als erforderlich angesehene Ermittlungsakteneinsicht hat keinen Einfluss auf die Dauer der Frist (OLG München, a.a.O.).

---

1 OLG Saarbrücken zfs 1992, 22; OLG Saarbrücken MDR 2007, 1190.
2 OLG Düsseldorf, Beschl. v. 27.6.2007 – I-1 W 23/07 und OLG Frankfurt, Beschl. v. 18.5.2004 –17 W 18/04 – juris; LG Köln VersR 1989, 303.
3 OLG Rostock MDR 2001, 935; LG Saarbrücken, Urt. v. 12.8.2008 – 4 O 121/08 – juris.
4 LG Saarbrücken VuR 2009, 389.

3 Die Verfügung von Wiedervorlagen sollte sich am üblichen Regulierungsablauf des Versicherers orientieren. Dieser ist zwar nicht einheitlich, die nachfolgenden Regulierungsgrundsätze sind jedoch weit verbreitet: Bei einem reibungslosen Ablauf der Unfallsache bestätigt der Kfz-Haftpflichtversicherer innerhalb der ersten zwei Wochen nach Eingang des ersten Anspruchsschreibens schriftlich dessen Eingang. In diesem Schreiben äußert er sich noch nicht zur Sache, sondern bestätigt lediglich, dass er für die Regulierung der Unfallsache zuständig ist.

- Parallel mit der Anlage der Schadensakten versendet der Kfz-Haftpflichtversicherer einen Fragebogen an seinen Versicherungsnehmer und fordert ihn auf, den Schaden schriftlich anzuzeigen. Liegt die Schadensanzeige vor und ist die Haftungsfrage geklärt, wird der Schaden reguliert. Voraussetzung ist natürlich, dass dem Kfz-Haftpflichtversicherer in der Zwischenzeit alle Schadensnachweise vorgelegt wurden.
- Ist die Haftung ungeklärt, wird der Kfz-Haftpflichtversicherer vor einer abschließenden Stellungnahme zur Haftung entweder die polizeiliche Unfallakten einsehen wollen und/oder Unfallzeugen schriftlich auffordern, sich zum Unfallhergang zu äußern.

1. Versicherer reguliert nicht, weil ihm Unterlagen oder Informationen fehlen

4 Scheitert die Regulierung an fehlenden Schadensbelegen, gibt der Versicherer keine Veranlassung zur Klage. Mangels vorliegender Schadensnachweise ist der Anspruch des Geschädigten auf Schadensersatz nicht fällig.

5 **Muster 11.2: Anerkenntnis mit Kostenlast der Gegenseite**
Werden berechtigterweise Belege zur Begründung des Anspruchs verlangt, jedoch außergerichtlich nicht vorgelegt, hat der Kläger die Kosten des Rechtsstreits zu tragen, wenn die Gegenseite nach Vorlage dieser Belege im Prozess den geltend gemachten Anspruch in der durch die Belege berechtigten Höhe anerkennt (KG Berlin VersR 1981, 464). Wird z.B. das Scheckheft des Fahrzeugs über die stetige Wartung in einer Fachwerkstatt erst im Prozess vorgelegt, trägt der Geschädigte bei einem sofortigen Anerkenntnis bzw. einer zeitnahen Auszahlung die Kosten des Verfahrens, da er selber und nicht die Beklagtenseite insoweit die Veranlassung zur Klage gegeben hat (AG Mülheim, Urt. v. 12.4.2012 – 23 C 1193/11 – juris).

▲

6 Anders ist die Situation, wenn der Versicherer die weitere Regulierung von folgenden Umständen abhängig macht:
- die Vorlage der Schadensanzeige des Versicherungsnehmers
- die Einsichtnahme in die amtlichen Ermittlungsakten
- den Ausgang eines Ordnungswidrigkeiten- oder Strafverfahrens gegen einen der Unfallbeteiligten

Diese Argumente bewirken keine Verlängerung der Regulierungsfrist. Legt der Versicherungsnehmer die Schadensanzeige nicht vor, betrifft dies lediglich das Innenverhältnis zwischen dem Kfz-Haftpflichtversicherer und dem Versicherungsnehmer und führt ggf. zur Leistungsfreiheit des Versicherers wegen einer Obliegenheitsverletzung im Innenverhältnis. Auf das Außenverhältnis zum Geschädigten und damit zur Schadensersatzpflicht des Versicherers hat das Fehlverhalten des Versicherungsnehmers keinerlei Einfluss. Auch bei vorsätzlichen Obliegenheitsverletzungen bleibt der Versicherer gegenüber dem Geschädigten leistungsverpflichtet.

▼
Muster 11.3: Schadensregulierung nach Akteneinsicht 7

▓▓▓▓ Versicherung AG

▓▓▓▓

Schaden-Nr./VS-Nr./Az. ▓▓▓▓

Schaden vom ▓▓▓▓

Pkw ▓▓▓▓, amtl. Kennzeichen ▓▓▓▓

Sehr geehrte Damen und Herren,

soweit Sie in der im Betreff genannten Schadensache die Regulierung der bezifferten und belegten Schadenspositionen mit dem Argument ablehnen, Sie hätten noch keine Einsicht in die amtlichen Ermittlungsakten nehmen können, ist dies für Ihre Pflicht zur Regulierung des Schadens ohne Bedeutung.

Es ist einhellige Auffassung in der Rechtsprechung, dass die Schadensregulierung nicht von der Einsicht in die Ermittlungsakten abhängig gemacht werden darf (OLG Saarbrücken, Urt. v. 16.11.1991 – 3 U 199/89; OLG München, Beschl. v. 29.7.2010 – 10 W 1789/10). Der Ermittlungsaktenauszug ist zur Regulierung des Schadens nie zwingend erforderlich. Zur Regulierung reichen die Angaben des Geschädigten oder des eigenen Versicherungsnehmers. Soweit der Versicherer den Akteneingang abwartet, um vom Akteninhalt sein Regulierungsverhalten abhängig zu machen, so ist dies die alleinige Entscheidung des Versicherers. Verlangt der Geschädigte in der Zwischenzeit aufgrund seiner ordnungsgemäßen Schadensanzeige die Schadensbeseitigung, so geht jedes weitere Zuwarten bis zum Eingang der Akten zu Lasten des Versicherers.

Jede andere Deutung würde darauf hinauslaufen, dass die Regulierung eines Verkehrsunfalls von der Arbeit der Polizei im Blick auf die Unfallaufnahme und der Aktenanlage abhinge. Der Erstattungsanspruch entsteht jedoch mit dem schädigenden Ereignis. Der Anspruch wird fällig, wenn der Versicherer ordnungsgemäß vom Versicherungsfall Kenntnis erhalten hat, wie dies vorliegend durch die ordnungsgemäße Schadensanzeige geschehen ist.

Seit dem Verkehrsunfall sind nunmehr ▓▓▓▓ Wochen vergangen. Nach alledem habe ich Sie aufzufordern, die mit ▓▓▓▓ EUR bezifferten Schadenspositionen unverzüglich, spätestens jedoch bis zum

▓▓▓▓ (1-Wochen-Frist)

auf das Ihnen bekannte Konto meines Mandanten auszugleichen. Sollten Sie die Frist verstreichen lassen, werde ich meinem Mandanten die unverzügliche Inanspruchnahme gerichtlicher Hilfe empfehlen.

Mit freundlichen Grüßen

(Rechtsanwalt)

8   Lagen die Ermittlungsakten dem anwaltlichen Vertreter bereits zur Einsicht vor, kann dem Versicherer die Übersendung eines Aktenauszuges angeboten werden. Eine Pflicht hierzu besteht aber nicht.

2. Versicherer reguliert unter Rückforderungsvorbehalt

9   Es kommt vor, dass Versicherer – sei es ganz oder teilweise – unter Rückforderungsvorbehalt regulieren. Der Anwalt muss den für den Mandanten sichersten Weg beschreiten, andernfalls können Regressansprüche des Mandanten entstehen. Der Anwalt sollte daher auf den Vorbehalt reagieren.

10 **Muster 11.4: Rückforderungsvorbehalt des Versicherers**

Versicherung AG

Schaden-Nr./VS-Nr./Az.

Schaden vom

Pkw , amtl. Kennzeichen

Sehr geehrte Damen und Herren,

Sie haben die Zahlung ausdrücklich unter Rückforderungsvorbehalt gestellt. Nach heute allgemein anerkannter Meinung sind wegen der Erfüllungsgeeignetheit einer Zahlung unter Rückforderungsvorbehalt zwei Fallgruppen zu unterscheiden: Die eine besteht darin, dass der Schuldner die Wirkung des § 814 BGB ausschließt und sich die Möglichkeit offenhält, das Geleistete nach § 812 BGB zurückzufordern, sofern er, der Schuldner, das Nichtbestehen der Forderung beweist. Ein solcher Vorbehalt berührt die Ordnungsgemäßheit der Erfüllung nicht, weil der Gläubiger nach dem Gesetz nur einen Anspruch auf die geschuldete Leistung (§ 362 Abs. 1 BGB), nicht aber auf Anerkennung des Bestehens der Forderung hat. Trotz eines Vorbehaltes im dargelegten Sinne tritt deshalb die Erfüllungswirkung ein. Der Gläubiger ist nicht berechtigt, die mit einem derartigen Vorbehalt versehene Leistung abzulehnen (BGHZ 139, 357 (367 f:)). Der Schuldner kann seine Leistung auf eine nicht bestehende Forderung nach § 812 Abs. 1 BGB zurückverlangen, wenn er das Nichtbestehen der Schuld beweist, sofern er nicht in Kenntnis der Nichtschuld geleistet hat, § 814 BGB. Hat aber der Gläubiger keinen Anspruch auf Anerkenntnis des Bestehens der Schuld und ist trotz des Vorbehalts die Erlöschenswirkung aufgrund der Erfüllung eingetreten, besteht grundsätzlich kein rechtliches Interesse des Gläubigers auf Feststellung des Nichtbestehens eines Rückforderungsanspruchs.

Die andere Fallgruppe liegt vor, wenn der Schuldner in dem Sinne unter Vorbehalt an den Gläubiger leistet, dass er diesem für den Fall eines späteren Rückforderungsstreits die volle Beweislast für das Bestehen der Forderung aufbürdet (*Staudinger-Olzen*, BGB, Neubearb. 2000, § 362 Rn 24 ff.; MüKO/*Wenzel*, 4. Aufl., Bd. 2a Rn 4; *Soergel-Zeiss*, BGB 12. Auflage, Rn 15). Ein Vorbehalt i.d.S. stellt keine Erfüllung dar (BGHZ 139,357 (368)). Der Gläubiger hat deshalb in diesem Falle ein rechtliches Interesse an der Beseitigung des Vorbehalts, damit klargestellt ist, ob der von ihm geltend gemachte Anspruch durch Erfüllung erloschen ist, § 362 BGB.

Ich erwarte daher die Erklärung, wie ihre auslegungsbedürftige Willenserklärung zu verstehen ist, bis zum ▬▬▬ *(1-Wochen-Frist)*

Erhalte ich innerhalb der gesetzten Frist keine Antwort, gehe ich davon aus, dass der Rückforderungsvorbehalt in letztgenanntem Sinne zu verstehen ist und werde empfehlen, negative Feststellungsklage zu erheben.

Mit freundlichen Grüßen

(Rechtsanwalt)

3. Mahnung und Klageandrohung

Reguliert der Versicherer trotz Vorliegens sämtlicher Informationen und Schadenbelege nicht oder nicht vollständig, sollte einmal gemahnt werden. Um den Verzug des Versicherers zu begründen, muss ihm eine Zahlungsfrist gesetzt werden, die „kalendermäßig bestimmt" (vgl. § 284 Abs. 2 BGB) ist. Formulierungen wie „Wir erwarten den Ausgleich der offenen Forderung innerhalb von zwei Wochen" reichen hierfür nicht aus, da nicht feststeht, ab wann die Frist zu laufen beginnt. Vielmehr sollte es heißen: „Ich bitte um Ausgleich der Schadenforderung bis zum", wobei dann ein exaktes Datum folgen sollte.

Die Zahlungsfrist sollte so bemessen sein, dass dem Versicherer ein Ausgleich des geforderten Betrags auch tatsächlich möglich ist. Fristen von weniger als einer Woche sind deshalb in der Regel sinnlos.

II. Kostenanforderung für das Klageverfahren

Zur Vorbereitung eines Klageverfahrens gehört es auch, für eine ausreichende Deckung der mit dem Klageverfahren verursachten Kosten zu sorgen. Die Gesamtkosten teilen sich in Anwalts- und Gerichtskosten auf.

Im Blick auf die dem Anwalt zustehenden Kosten sollte umfassend vom Recht zur Vorschussliquidation gem. § 9 RVG Gebrauch gemacht werden. Nach dieser Norm ist der Rechtsanwalt berechtigt, von seinem Auftraggeber für die bereits entstandenen und die voraussichtlich künftig entstehenden Gebühren und Auslagen einen angemessenen Vorschuss zu fordern. Es spricht nichts dagegen, wenn der Anwalt sich alle bereits angefallenen und künftig etwaig entstehenden Gebühren bevorschussen lässt, selbst wenn ein Rechtsschutzversicherer hinter dem Mandanten steht. Ansonsten besteht die

Gefahr, dass der Rechtsschutzversicherer mit etwaig offenen Beiträgen des Versicherungsnehmers die Aufrechnung erklärt.

15 Im Blick auf die mit dem Klageverfahren einhergehenden Gerichtskosten ist § 65 Abs. 1 GKG zu beachten. Danach, und nach Maßgabe der Anlage 1 zu § 11 Abs. 1 GKG (Kostenverzeichnis), sind drei volle Gerichtsgebühren als Vorschuss einzuzahlen. Die gesamten Vorschüsse sind entweder beim Mandanten oder – sofern vorhanden – beim Rechtsschutzversicherer anzufordern. Der Kostenanforderung sollte ein Entwurf der Klageschrift beigefügt werden. Dies hat einerseits den Vorteil, dass der Mandant die Ausführungen zum Sachverhalt nochmals auf Richtigkeit und Vollständigkeit hin prüfen kann. Zum anderen erleichtert der Klageentwurf die vom Rechtsschutzversicherer zwingend durchzuführende Prüfung der hinreichenden Erfolgsaussichten für das Klageverfahren.

16 **Muster 11.5: Deckungsanfrage an den Rechtsschutzversicherer**

Versicherung AG

Schaden-Nr./VS-Nr./Az.

Schaden vom

Pkw , amtl. Kennzeichen

Sehr geehrte Damen und Herren,

Ihr Versicherungsnehmer, aus , hat uns mit der Wahrnehmung seiner Interessen in einer Verkehrsunfallangelegenheit beauftragt. Zur Durchsetzung der Ansprüche ist Klage zu erheben. Näheres hierzu entnehmen Sie bitte dem als Anlage beigefügten Klageentwurf. Ich bitte um die Erteilung der Deckungszusage sowie um den Ausgleich der voraussichtlichen Kosten unserer Beauftragung (§ 9 RVG) und der mit dem Klageverfahren einhergehenden Gerichtskosten.

Mit freundlichen Grüßen

(Rechtsanwalt)

17 **Muster 11.6: Kostenforderung an den Mandanten**
Herrn/Frau

Schaden vom

Pkw , amtl. Kennzeichen

Sehr geehrter Herr , sehr geehrte Frau ,

vereinbarungsgemäß habe ich in der Zwischenzeit einen Klageentwurf gefertigt, von dem ich Ihnen eine Kopie in der Anlage übersende. Bitte prüfen Sie die dortigen Angaben genauestens auf Richtigkeit und Vollständigkeit und teilen Sie mir etwaige Änderungs- bzw. Ergänzungswünsche bitte umgehend mit.

Die Einleitung des Klageverfahrens verursacht nicht unerhebliche Anwalts- und Gerichtskosten. Näheres hierzu entnehmen Sie bitte der in der Anlage beigefügten Vorschussliquidation, um deren Ausgleich ich bitte. Bitte beachten Sie, dass der Gegenseite die Klage ohne Zahlung der Gerichtskosten nicht zugestellt wird, so dass ich einen zeitnahen Ausgleich empfehle, damit die Klage schnell zugestellt werden kann.

Ich werde die Klage unmittelbar nach Ihrer Freigabe sowie dem Ausgleich der Vorschussliquidation einreichen.

Mit freundlichen Grüßen

(Rechtsanwalt)

B. Klage

I. Klageaufbau

Es gibt, wie für jede andere Klage, auch für die Klage aus Anlass eines Verkehrsunfalls keinen zwingenden Aufbau. Um dem Gericht das Verständnis des Klagebegehrens zu erleichtern, sollte die Klage klar gegliedert sein. Tatsächlicher Vortrag sollte von rechtlichem Vortrag und Vortrag zum Anspruchsgrund vom Vortrag zur Anspruchshöhe getrennt werden.

Um keine zur Schlüssigkeit der Klage gehörenden Bestandteile zu vergessen, sollte ein stets wiederkehrendes Muster für die Erstellung einer Klage verwendet werden. Folgende Grobgliederung hat sich für Schadensersatzklagen aus Anlass eines Verkehrsunfalls bewährt:

1. Checkliste: Grobgliederung einer Musterklage

Begründung:

Vorstellung der Parteien und ihrer Verhältnisse zu den am Unfall beteiligten Kraftfahrzeugen.

I. Sachverhaltsschilderung
- Erläuterung der Fahrweise des Mandanten mit seinem Unfallfahrzeug
- Erläuterung der Fahrweise des gegnerischen Kraftfahrzeugs
- Angabe der dafür vorhandenen Beweismittel, also
- unmittelbare Tatzeugen
- mittelbare Tatzeugen, insbesondere aufnehmende Polizeibeamte, die die Einlassungen der Unfallbeteiligten bestätigen können
- Schadensgutachten, die Schlüsse auf den Unfallhergang zulassen
- verkehrsanalytisches Unfallgutachten/Rekonstruktionsgutachten (selten vorhanden)
- Fotos vom Unfallort zur Verdeutlichung des Unfallhergangs verbunden mit dem Antrag auf Einnahme des Augenscheins

- ergänzend: Antrag auf Beiziehung der polizeilichen oder staatsanwaltschaftlichen Ermittlungsakten zu Beweiszwecken

II. Rechtslage
- Obersatz: „Der Unfall wurde von (…) allein/überwiegend verursacht und verschuldet." Bei Vollhaftung des Gegners: „Der Schadenseintritt war für den Kläger unabwendbar. In jedem Fall konsumiert das überragende Fehlverhalten des (…) jeden Tatbeitrag des Klägers sowie die Betriebsgefahr des von ihm geführten Kraftfahrzeugs."
- Darstellung des konkreten Fehlverhaltens mit Nennung der verletzten Normen aus der StVO
- Darstellung, warum den Kläger kein oder nur ein anteiliges Verschulden trifft
- Abwägung der beiderseitigen Verursachungs- und Verschuldensanteile mit Nennung einer konkreten Quote, möglichst belegt durch vergleichbare Gerichtsentscheidungen

III. Schadensumfang
- Materielle Schäden
- Sachschäden mit jeweiligen Belegen
- Personenschäden mit jeweiligen Belegen
- Immaterielle Schäden mit Arztberichten/Zeugenaussagen

IV. Verzugseintritt und Zinsanspruch
- Benennung des den Verzugseintritt begründenden Abrechnungsschreibens mit Fristsetzung
- Benennung des konkreten Ablehnungsschreibens oder des Verzugseintritts
- Beleg für konkreten Zinssatz, soweit mehr als der gesetzliche Zins beantragt wird

2. Muster: Klageschrift

▼

Muster 11.7: Klageschrift

An das

Amtsgericht

Klage

des/der   aus

— Kläger/in —

Prozessbevollmächtigte:

gegen
1. den/die   aus
2. die   -Versicherungs-AG in   , vertreten durch den Vorstand, dieser vertreten durch den Vorsitzenden   , ebenda, Schadens-Nr.:

— Beklagte —

wegen Schadensersatzes aus Verkehrsunfall,

Streitwert: ░░░░ EUR

Namens und in Vollmacht des Klägers erhebe ich Klage. Im Termin zur mündlichen Verhandlung werden wir beantragen,

1. die Beklagten als Gesamtschuldner zu verurteilen, an den an den Kläger ░░░░ EUR nebst Zinsen in Höhe von 5 Prozentpunkten über dem Basiszinssatz seit dem ░░░░ zu zahlen;
2. die Beklagten als Gesamtschuldner zu verurteilen, an den Kläger ein in das Ermessen des Gerichts gestelltes angemessenes Schmerzensgeld, dessen Höhe ░░░░ jedoch nicht unterschreiten sollte, nebst Zinsen in Höhe von 5 Prozentpunkten über dem Basiszinssatz seit Rechtshängigkeit zu zahlen;
3. die Beklagten als Gesamtschuldner zu verurteilen, den Kläger von der Forderung seiner Prozessbevollmächtigten in Höhe von ░░░░ EUR gem. der Gebührennote vom ░░░░ anlässlich des Verkehrsunfalls vom ░░░░ freizustellen;
4. für den Fall der Säumnis oder des Anerkenntnisses, Versäumnis- oder Anerkenntnisurteil ohne mündliche Verhandlung zu erlassen;
5. von einer zugunsten des Klägers ergehenden Entscheidung vollstreckbare Ausfertigung nebst Zustellungsnachweis zu unseren Händen zu erteilen.

Begründung:

Die Parteien streiten um Schadensersatz aus einem Verkehrsunfall vom ░░░░ in ░░░░.

I.

Der Klage liegt folgender Sachverhalt zu Grunde:

Der Kläger ist Eigentümer des Pkw ░░░░ mit dem amtlichen Kennzeichen ░░░░. Der Beklagte zu 1. ist Fahrer und Halter des bei der Beklagten zu 2. haftpflichtversicherten Pkw ░░░░ mit dem amtlichen Kennzeichen ░░░░.

Am Unfalltag befuhr der Kläger in dessen Pkw die ░░░░straße in ░░░░. (Weiterer Unfallablauf). Angesichts des überraschenden Fahrverhaltens des Beklagten zu 1) konnte der Kläger eine Kollision nicht mehr vermeiden.

Beweis: 1. Parteivernehmung des Klägers, hilfsweise Parteianhörung
2. Zeugnis des ░░░░
3. Sachverständigengutachten

Der Verkehrsunfall war Gegenstand eines polizeilichen Ermittlungsverfahrens. Wir beantragen die

Beiziehung der beim Ordnungsamt der Stadt ░░░░ unter dem Aktenzeichen ░░░░ geführten Ermittlungsakten zu Informations- und Beweiszwecken.

II.

Der Verkehrsunfall wurde allein vom Beklagten zu 1. verursacht und verschuldet. Für den Kläger war der Schadenseintritt unabwendbar. In jedem Fall konsumiert das weit überwiegende Verschulden des Beklagten zu 1. jeden Tatbeitrag des Klägers sowie die Betriebsgefahr des von ihm geführten Kraftfahrzeugs. Aufgrund der schwerwiegenden Vorfahrtverletzung des Beklagten zu 1. haften die Beklagten dem Kläger uneingeschränkt und zu 100 % auf Schadensersatz gem. den §§ 7 Abs. 1, 17, 18 StVG, § 823 BGB, § 115 Abs. 1 Nr. 1 VVG.

§ 11 Klage und selbstständiges Beweisverfahren

Auf der Beklagtenseite wurde gegen die Vorschrift des § ▆▆ verstoßen. Der Unfall ereignete sich im unmittelbaren zeitlichen und räumlichen Zusammenhang mit ▆▆.

III.

Infolge des Zusammenstoßes beider Fahrzeuge erlitt der Kläger Sach- und Personenschaden.

1. Nach Maßgabe des als

Anlage K 1

in Kopie nur für das Gericht beigefügten Gutachtens des Sachverständigen ▆▆ trat am Fahrzeug des Klägers ein Totalschaden ein. Der Ersatzanspruch wegen des Fahrzeugschadens beträgt demgem. die Differenz aus Wiederbeschaffungswert ▆▆ EUR (netto) und Restwert ▆▆ EUR (brutto), also ▆▆ EUR.

Der Sachverständige berechnete für die Anfertigung des Sachverständigengutachtens ▆▆ EUR. Wegen der Einzelheiten hierzu verweisen wir auf die als

Anlage K 2

in Kopie nur für das Gericht beigefügte Rechnung des Sachverständigen ▆▆ vom ▆▆. Diese Rechnung hat der Kläger bereits ausgeglichen.

In der Zwischenzeit legte sich der Kläger ein Ersatzfahrzeug zu. Zum Nachweis hierüber sowie die aufgrund der Ersatzbeschaffung angefallene Umsatzsteuer verweisen wir auf die als

Anlage K 3

beigefügte Rechnung, die einen Umsatzsteueranteil in Höhe von ▆▆ EUR ausweist sowie den als

Anlage K 4

in Kopie nur für das Gericht beigefügten Fahrzeugschein. Danach erfolgte die Anmeldung des Ersatzfahrzeugs am ▆▆. In der Zeit zwischen dem Schadenseintritt und der Ersatzwagenbeschaffung entstand dem Kläger ein Nutzungsausfallschaden, weil der Kläger das Fahrzeug nicht nutzen konnte. Die tägliche Nutzungsausfallpauschale beträgt nach Maßgabe der Liste *Sanden/Danner/Küppersbusch* ▆▆ EUR (Gruppe ▆▆). Die Ausfalldauer betrug effektiv ▆▆ Tage, der Ausfallschaden demgemäß ▆▆ EUR.

Die Kosten für die Abmeldung des Unfallfahrzeugs sowie die Anmeldung des Ersatzfahrzeugs und die dafür erforderlichen Schilder belaufen sich auf insgesamt ▆▆ EUR. Wegen der Einzelheiten hierzu verweisen wir auf die als

Sammelanlage K 5

in Kopie nur für das Gericht beigefügten Schadensbelege.

Die erlittenen Schadenspositionen fassen wir wie folgt zusammen:

1.	Wiederbeschaffungsaufwand	▆▆ EUR
2.	Bei der Neuanschaffung angefallene Umsatzsteuer	▆▆ EUR
3.	Nutzungsausfall	▆▆ EUR
4.	Sachverständigenkosten	▆▆ EUR
5.	An- und Abmeldekosten	▆▆ EUR
6.	Allgemeine Schadenspauschale	▆▆ EUR

Danach beläuft sich der Sachschaden des Klägers auf die mit dem Klageantrag zu Ziff. 1. verfolgten ▒▒▒▒ EUR.

2. Darüber hinaus erlitt der Kläger infolge des Verkehrsunfalls einen nicht unerheblichen Personenschaden. Bei dem Anstoß erlitt er eine Gehirnerschütterung, Schnittverletzungen im Gesicht sowie multiple Prellungen. Die Verletzungen führten zu einer 100 %-igen MdE für die Dauer von drei Wochen. Näheres hierzu ist dem als Anlage K 6 in Kopie nur für das Gericht beigefügten Bericht des behandelnden Arztes Dr. ▒▒▒▒ vom ▒▒▒▒ zu entnehmen. Die mit der Verletzung einhergehenden Schmerzen in Gestalt von ▒▒▒▒ dauerten auch nach Wiederherstellung der Arbeitsfähigkeit über ▒▒▒▒ Tage/Wochen an. Während dieser Zeit musste der Kläger noch ihm verordnete Schmerzmittel nehmen.

Art und Umfang der eingetretenen Verletzungen rechtfertigen ein Schmerzensgeld in Höhe von mindestens ▒▒▒▒ EUR. Wegen der Einzelheiten hierzu verweisen wir auf die in der Schmerzensgeldtabelle *Hacks/Wellner/Häcker* unter den lfd. Nrn. ▒▒▒▒ veröffentlichten Entscheidungen. Der dortige Geschädigte erlitt ebenfalls (Verletzungen), derentwegen er für ▒▒▒▒ Tage/Woche arbeitsunfähig war. Aufgrund der Vergleichbarkeit der unfallbedingten Verletzungen und deren Folgen ist daher ebenfalls ein Schmerzensgeld in Höhe von ▒▒▒▒ angemessen, somit der Antrag zu 2. begründet.

IV.

Der Kläger forderte die Beklagte zu 2. durch anwaltliches Schreiben vom ▒▒▒▒ zum Ausgleich der bezifferten Schadenspositionen bis zum ▒▒▒▒ auf. Die Beklagte zu 2. ließ die Frist verstreichen. Demgemäß befinden sich die Beklagten seit dem ▒▒▒▒ in Verzug.

V.

Der Freistellungsanspruch steht dem Kläger im Hinblick auf eine 1,3 Geschäftsgebühr zu, die durch die vorprozessuale Anmeldung der Ansprüche des Klägers gegenüber den Beklagten entstanden ist. Im Rahmen des ihnen nach den §§ 315 ff. BGB i.V.m. § 14 RVG zustehenden Ermessens haben die Prozessbevollmächtigten des Klägers angesichts dieses Verkehrsunfalls die zu erstattende Geschäftsgebühr mit einer Höhe von 1,6 festgelegt. Die Höhe der Kosten ergibt sich aus der als Anlage beigefügten Kostennote vom ▒▒▒▒. Die aufgrund der Beauftragung entstandenen Rechtsanwaltskosten werden vom Kläger gem. der Rechtsprechung des BGH (BGH NJW 2007, 2049, 2050) in voller Höhe als nicht streitwerterhöhende Nebenforderung geltend gemacht.

▒▒▒▒

(Rechtsanwalt)

3. Teilklage

Scheut der Mandant das Kostenrisiko einer umfangreichen Schadensersatzklage, kann es sich anbieten, zunächst nur einen Teilschaden gerichtlich geltend zu machen. Auf die Formulierung der Klageanträge wirkt sich eine Teilklage nicht aus. Es wird Zahlung einer bestimmten Summe beantragt. Zwingend zu beachten ist allerdings, dass der betreffende Teilschaden in der Klagebegründung genauestens zu benennen ist, um nicht Gefahr zu laufen, dass sich die Rechtskraft der Klage auf den gesamten weiteren Anspruch des Mandanten bezieht. Bei Erhebung einer Teilklage besteht die Gefahr, dass der Beklagte Widerklage wegen des nicht rechtshängigen Anspruchs erhebt, um feststellen zu lassen, dass ein über die Teilklage hinausgehender Anspruch nicht besteht.

Darüber hinaus läuft die Verjährung wegen der nicht rechtshängigen Ansprüche weiter. Dies muss im Blick behalten werden.

Auch bei einem Schmerzensgeldanspruch kann eine Teilklage ausnahmsweise zulässig sein, wenn sich noch nicht endgültig sagen lässt, welche Änderungen des gesundheitlichen Zustandes eintreten werden.[5]

▼

22 **Muster 11.8: Teilklage**
Mit der Klage verfolgt der Kläger derzeit lediglich Ersatz eines Teils des tatsächlich entstandenen Schadens. Bei der im Klageantrag genannten Summe von ▮▮▮▮▮▮ handelt es sich ausschließlich um den (oder ▮▮▮▮▮▮ % des) durch den Verkehrsunfall verursachten Fahrzeugschaden(s). Sie bezieht sich auf folgende Schadenspositionen: ▮▮▮▮▮▮
▲

23 Der Ausgang des Rechtsstreits hat zwar keine unmittelbare rechtliche Wirkung auf die nicht anhängig gemachten Schadenspositionen, jedoch ist eine solche Klage von erheblicher präjudizieller Wirkung für die weitere Schadensabwicklung.

II. Gerichtszuständigkeit/Gerichtsstandvereinbarung

24 Die sachliche Gerichtszuständigkeit regelt sich auch in Verkehrsunfallsachen nach den allgemeinen Regeln. Da es sich um vermögensrechtliche Streitigkeiten handelt, ist für die Zuständigkeit des Amtsgerichts gem. § 23 Nr. 1 GVG maßgeblich, ob der Gegenstandswert der Klage die Summe von 5.000 EUR nicht übersteigt.

25 Die örtliche Zuständigkeit für Klagen aus Anlass von Verkehrsunfällen richtet sich ebenfalls nach den allgemeinen Vorschriften (§§ 12 ff. ZPO). Werden mehrere Parteien verklagt (Fahrer, Halter, Haftpflichtversicherer), haben diese regelmäßig ihren allgemeinen Wohnsitz gem. § 12 ZPO an unterschiedlichen Orten. In diesen Fällen muss der Geschädigte auf den besonderen Gerichtsstand der unerlaubten Handlung gem. § 32 ZPO bzw. des Unfallorts, § 20 StVG, zurückgreifen. Geht es um einen Anspruch aus der Kaskoversicherung gegen den eigenen Versicherer, kann der Versicherungsnehmer den Versicherer gem. § 215 VVG an dem Gericht verklagen, das für den Wohnsitz des Versicherungsnehmers zuständig ist. Wegen der näheren Einzelheiten hierzu wird auf den Abschnitt zur Vollkaskoversicherung verwiesen.

26 Die Bestimmung des örtlich und sachlich zuständigen Gerichts bereitet teilweise Schwierigkeiten, wenn vom konkreten Unfallort lediglich bekannt ist, dass er sich beispielsweise auf der BAB 7 bei km 335,5 zugetragen hat. Das für die Unfallstelle örtlich zuständige Gericht lässt sich unter Umständen durch einen Blick in die polizeiliche Ermittlungsakten feststellen. Darin wird meist die Gemarkung des betreffenden Auto-

---

5 BGH NJW 2004, 1243.

bahnkilometers genannt. Mittels dieser Information lässt sich unter Mithilfe von „Müllers großes deutsches Ortsbuch"[6] bzw. des Ortsverzeichnisses des Deutschen Anwaltverlags[7] das zuständige Gericht bestimmen.

Hat sich der Verkehrsunfall im EU-Ausland ereignet, besteht für den Geschädigten die Möglichkeit, an seinem Wohnsitz im Inland gegen den ausländischen Versicherer, der seinen Firmensitz innerhalb der EU hat, Klage zu erheben (Art. 9, 11 EuGVVO). Ansonsten ist grundsätzlich nach der EuGVVO eine Klage im Ausland geboten. Dies gilt erst Recht, wenn sich der Unfall im Ausland außerhalb der EU ereignet hat, es sei denn, es greift eine der Ausnahmen der Art. 40 ff. EGBGB ein. Wegen der näheren Einzelheiten wird auf das Kapitel zur Behandlung der Auslandsschäden verwiesen.

In besonderen Einzelfällen kann zu prüfen sein, ob der ordentliche Rechtsweg gem. § 13 GVG eröffnet ist, z.B. wenn sich die Ansprüche aus einem Verkehrsunfall gegen einen Arbeitgeber oder Arbeitnehmer des Mandanten richten. In den meisten Fällen dieser Art greift § 2 Nr. 3, 9 ArbGG. Danach sind für sämtliche bürgerlichen Rechtsstreitigkeiten zwischen Arbeitnehmern und Arbeitgebern sowie zwischen Arbeitnehmern untereinander die Arbeitsgerichte zuständig. Dies gilt auch für eine Schadenersatzklage eines Arbeitgebers gegen seinen Arbeitnehmer. Klagen vor den Arbeitsgerichten können insbesondere deshalb nachteilig sein, weil in der Regel jede Partei ihre Kosten selber tragen muss (§ 12a ArbGG). Nimmt aber ein Versicherungsunternehmen einen Arbeitnehmer auf Schadensersatz für die Beschädigung des vom Arbeitgeber geleasten Firmenfahrzeugs aus übergegangenem Recht den Leasinggeber in Anspruch, ist der Rechtsweg zu den Gerichten für Arbeitssachen nicht gegeben.[8]

III. Aktiv- und Passivlegitimation

1. Aktivlegitimation

a) Übersicht

Die Bestimmung der Aktivlegitimation bereitet grundsätzlich keine Schwierigkeiten. Die Klage ist stets von demjenigen zu erheben, der Inhaber der geltend zu machenden Ansprüche ist. Bei Fahrzeugschäden ist dies allein der Eigentümer, was nicht nur bei Leasing- oder finanzierten Fahrzeugen gewissenhafter Prüfung bedarf.

b) Antrag auf Zahlung an Dritte bei gewillkürter Prozessstandschaft

aa) Übersicht

Stellt sich im Laufe eines Prozesses heraus, dass der Mandant wegen einer Schadensposition nicht aktivlegitimiert ist, muss der Antrag auf Zahlung an den tatsächlich Anspruchsberechtigten umgestellt werden. Voraussetzung für eine Umstellung des Klageantrags auf Zahlung an den tatsächlich Anspruchsberechtigten ist, dass ein Fall der sog. gewillkürten

---

6 Müllers Großes Deutsches Ortsbuch, 34. Aufl. 2014.
7 Ortsverzeichnis des Deutschen Anwaltverlags, 32. Aufl. 2016.
8 BAG MDR 2009, 1228.

Prozessstandschaft vorliegt. Dies setzt voraus, dass der Mandant ein eigenes rechtliches und wirtschaftliches Interesse an der Geltendmachung des fremden Rechts hat.[9] Die Rechtsprechung bejaht ein derartiges Interesse u.a. dann, wenn dem Kläger die eingeklagte Schadensersatzforderung letzten Endes zugutekommt, also ein Fall des Drittschadens vorliegt.[10]

Zu beachten ist bei einer Umstellung des Antrags, dass ein Kostenrisiko droht, denn bei richtiger Betrachtung handelt es sich um eine teilweise Klagerücknahme, weil zuvor unbedingte Zahlung an den Kläger verlangte wurde und nun Zahlung an einen Dritten. Der Kläger erklärt also selbst, nicht – mehr – Inhaber des Anspruchs zu sein.

bb) Fall

31 Der Mandant A beauftragt seinen Rechtsanwalt mit der Abwicklung eines Unfallschadens an „seinem" Kfz, das einen Totalschaden erlitten hat. Bei dem Unfallfahrzeug handelt es sich um ein geleastes Firmenfahrzeug, das im Eigentum des Leasinggebers L steht. A versäumt, seinen Anwalt hierüber zu informieren. Während des Klageverfahrens stellt sich heraus, dass nicht A, sondern der Leasinggeber L Eigentümer des Kraftfahrzeugs ist.

cc) Muster: Umstellung des Klageantrags bei Leasingfahrzeug
▼

32 **Muster 11.9: Umstellung des Klageantrags bei Leasingfahrzeug**
Im Termin zur mündlichen Verhandlung werden wir nunmehr beantragen:
1. Die Beklagten werden als Gesamtschuldner verurteilt, ▓▓▓▓ EUR nebst Zinsen in Höhe von fünf Prozentpunkten über dem Basiszinssatz seit Rechtshängigkeit an die Fa. ▓▓▓▓ zur Leasingvertrags-Nr. ▓▓▓▓ zu zahlen.
2. Die Beklagten werden als Gesamtschuldner verurteilt, ▓▓▓▓ EUR nebst Zinsen in Höhe von fünf Prozentpunkten über dem Basiszinssatz seit Rechtshängigkeit an den Kläger zu zahlen.

Begründung:

Der Kläger war bislang irrtümlich davon ausgegangen, er sei Eigentümer des Unfallfahrzeugs und insoweit anspruchsberechtigt. Wie sich nunmehr herausstellte, ist dies tatsächlich nicht der Fall. Eigentümerin des Fahrzeugs ist vielmehr die Leasingfirma ▓▓▓▓. Zum Nachweis hierüber übersenden wir als

Anlage

für Gericht und Gegner eine Kopie des Leasingvertrags vom ▓▓▓▓. Dem Leasinggeber steht als Eigentümer des Unfallfahrzeugs der Anspruch auf Ersatz des Fahrzeugschadens zu. Dieser Schaden ist Gegenstand des Klageantrags zu Ziffer 1. Insoweit handelt es sich um einen Fall der gewillkürten Prozessstandschaft. Der Leasinggeber ist mit der prozessualen Geltendmachung der Ansprüche durch den Kläger einverstanden. Wir verweisen hierzu auf die als

---

9 BGHZ 96, 151, 152.
10 BGHZ 25, 250, 258.

Anlage

in Kopie für Gericht und Gegner beigefügte Erklärung. Der Kläger hat ein schutzwürdiges Interesse an der Geltendmachung des fremden Rechts und ist zur Prozessstandschaft berechtigt (LG Köln, Urt. v. 18.3.2008 – 8 O 96/06 – juris). Der aus dem Fahrzeugschaden resultierende Ersatzanspruch führt im Rahmen der Abrechnung des Leasingvertrags zur Reduzierung des Ablösebetrags, der vom Kläger auszugleichen ist.

Hinsichtlich der Besitzansprüche (Nutzungsausfall etc.) ist der Kläger weiterhin aktivlegitimiert. Die Ansprüche sind Gegenstand des Klageanspruchs zu Ziff. 2.

(Rechtsanwalt)

dd) Hinweise

Stellt sich während des Prozesses heraus, dass nicht der Kläger, sondern ein naher Angehöriger Inhaber der klageweise geltend gemachten Ansprüche ist, lässt sich dasselbe Ergebnis auf einfacherem Wege durch eine Abtretung erreichen. Hier ist jedoch § 410 BGB zu beachten und der Antrag auf Zahlung Zug um Zug gegen Herausgabe der Abtretungsurkunde im Original umzustellen. Auch hierin liegt eine teilweise Klagerücknahme mit entsprechender Kostenfolge. Der Kläger verlangt nicht mehr unbedingte Zahlung an sich, sondern Zug um Zug an einen Dritten.

2. Passivlegitimation

Der Geschädigte ist grundsätzlich in der Entscheidung frei, den gegnerischen Fahrer, Halter und Haftpflichtversicherer alternativ oder kumulativ gerichtlich in Anspruch zu nehmen.

Wird der Kfz-Haftpflichtversicherer ebenfalls verklagt, ist genau auf die zutreffende Firmierung nebst Vertretungsverhältnissen zu achten, andernfalls kann die Klage unzulässig sein und ist abzuweisen.[11]

> *Beispiel*
> Vorsicht ist geboten bei ähnlich klingenden Gesellschaftsformen:
> LVM Landwirtschaftlicher Versicherungsverein Münster a.G., dieser vertreten durch den Vorstand, dieser vertreten durch den Vorsitzenden XY, Kolde-Ring 21, 48151 Münster
> Falsch wäre:
> LVM AG, Kolde-Ring 21, 48151 Münster
> Ebenfalls ist Vorsicht geboten bei verschiedenen Gesellschaften mit ähnlichen Namen:
> HUK-COBURG-Allgemeine Versicherung AG, vertreten durch den Vorstand, dieser vertreten durch den Vorsitzenden XY, Bahnhofsplatz, 96450 Coburg

---

11 BGH MDR 2013, 420.

Ebenso existiert die:
HUK-COBURG Haftpflicht-Unterstützungs-Kasse kraftfahrender Beamter Deutschlands a.G. in Coburg, vertreten durch den Vorstand, dieser vertreten durch den Vorsitzenden XY, Bahnhofsplatz, 96450 Coburg

Um dem Versicherer die Zuordnung des Schadensfalls zu erleichtern, sollte in der Klageschrift die Schadensnummer genannt werden.

36 Ist der Fahrer namentlich nicht bekannt und wird er erst während des Verfahrens von der Gegenseite benannt, kann die Klage im Wege einer subjektiven Klageerweiterung auch noch während des Prozessverfahrens um ihn erweitert werden. Hier ist aber Vorsicht geboten: Kann sich der gegnerische Fahrer nach § 18 StVG exkulpieren, ist die gegen ihn erhobene Klage unbegründet mit einer entsprechenden Kostenfolge.

IV. Klageanträge

1. Berücksichtigung der Gesamtschuld bei mehreren Beklagten

a) Übersicht

37 Wie zuvor dargelegt, werden bei Klagen aus Anlass von Verkehrsunfällen in der Regel mehrere Parteien gerichtlich in Anspruch genommen. Der Haftpflichtversicherer haftet mit dem Halter und dem mitversicherten Fahrer des in Rede stehenden Vertrags gem. § 3 Nr. 2 PflVG bzw. § 115 VVG gesamtschuldnerisch. Dies ist im Klageantrag entsprechend zu berücksichtigen.

b) Muster: Antrag bei gesamtschuldnerischer Haftung

38 **Muster 11.10: Antrag bei gesamtschuldnerischer Haftung**
Die Beklagten werden als Gesamtschuldner verurteilt, an den Kläger ▮▮▮▮ EUR nebst 5 % Zinsen über dem Basiszinssatz seit dem ▮▮▮▮ zu zahlen.

2. Unbezifferte Klageanträge

a) Übersicht

39 Klageanträge müssen grundsätzlich bezifferte Klagesummen beinhalten (§ 253 ZPO). Ausnahmen hiervon werden zugelassen für Ansprüche auf Schmerzensgeld und merkantile Wertminderung.[12] Überdies dürfte ein unbezifferter Antrag auch bezüglich eines begehrten Haushaltsführungsschadens zulässig sein. Unstreitig ist ein Haushaltsführungsschaden durch richterliche Schätzung gem. § 287 ZPO zu ermitteln.[13] Ist ein Betrag jedoch aufgrund richterlicher Schätzung gem. § 287 ZPO zu ermitteln, ist auch ein unbezifferter Zahlungsantrag trotz § 253 Abs. 2 Nr. 2 ZPO zulässig.[14]

---
12 BGH zfs 1982, 78.
13 U.a. OLG Koblenz NJW 2003, 2834, 2835; BGH NJW-RR 1992, 792.
14 Thomas/Putzo/*Reichold*, § 253 ZPO Rn 12.

b) Muster: Antrag auf merkantile Wertminderung

▼

Muster 11.11: Antrag auf merkantile Wertminderung

Die Beklagten werden als Gesamtschuldner verurteilt, an den Kläger eine der Höhe nach in das Ermessen des Gerichts gestellte merkantile Wertminderung von mindestens ▒▒▒ EUR nebst 5 % Zinsen über dem Basiszinssatz seit dem ▒▒▒ (Unfalltag) zu zahlen.

c) Muster: Antrag auf Schmerzensgeld

Die Klage auf Schmerzensgeld muss eine ungefähre Vorstellung des Klägers von der Höhe des angemessenen Schmerzensgeldes enthalten.[15] Die Mindesthöhe des Schmerzensgeldes kann in den Klageantrag oder in die Klagebegründung aufgenommen werden.[16]

▼

Muster 11.12: Antrag auf Schmerzensgeld

Die Beklagten werden als Gesamtschuldner verurteilt, an den Kläger ein in das Ermessen des Gerichts gestelltes Schmerzensgeld (in Höhe von mindestens ▒▒▒ EUR) nebst 5 % Zinsen über dem Basiszinssatz seit Rechtshängigkeit zu zahlen.

Die angegebene Größenordnung des begehrten Schmerzensgeldes stellt keine Obergrenze i.S.d. § 308 ZPO dar, die vom angerufenen Gericht nicht überschritten werden darf.[17] Für das Berufungsverfahren ergibt sich die Beschwer aus der Differenz zwischen der vom Kläger angegebenen Mindesthöhe des Schmerzensgeldes und dem tatsächlich ausgeurteilten Betrag.[18]

Die Angabe des Mindestbetrags ist keine Zulässigkeitsvoraussetzung. Sie dient aber der Feststellung der Beschwer. Erhält der Kläger den angegebenen Mindestbetrag, scheitert das Rechtsmittel an der fehlenden Beschwer, auch wenn das zugesprochene Schmerzensgeld objektiv viel zu niedrig ist.[19]

Unsicherheiten über die nach Auffassung des Gerichts angemessene Höhe des Schmerzensgeldes können durch einen Antrag auf Streitwertfestsetzung beseitigt werden.[20]

Grundsätzlich ist es nicht möglich, ein Schmerzensgeld auf einen in der Vergangenheit liegenden Zeitraum oder auf die Zeit bis zur letzten mündlichen Verhandlung zu begrenzen.[21] Wird ein Schmerzensgeldanspruch geltend gemacht, werden davon vielmehr auch alle voraussichtlichen Spätfolgen umfasst. Hierfür reicht es aus, dass ihr Eintritt nicht

---

15 BGH NJW 1992, 311.
16 BGH DAR 1967, 192; BGH zfs 1996, 290.
17 BGH DAR 1996, 290.
18 BGH NZV 1996, 194.
19 BGH VersR 1999, 902; *Gerlach*, VersR 2000, 525.
20 BGH VersR 1996, 990, 993.
21 OLG Hamm NJW-RR 2000, 1623.

ausgeschlossen werden kann. Einer späteren Klage wegen eines weiteren Schmerzensgeldes wegen Spätfolgen stünde die Rechtskraft des bereits ergangenen Urteils entgegen.[22] War hingegen eine Verletzungsfolge zum Zeitpunkt des Urteils nicht nahe liegend, ist die Zubilligung eines weiteren Schmerzensgeldes möglich.[23]

46 Auch bei einem Schmerzensgeldanspruch kann eine Teilklage ausnahmsweise zulässig sein, wenn sich noch nicht endgültig sagen lässt, welche Änderungen des gesundheitlichen Zustandes eintreten werden.[24] In diesem Fall kann dem Kläger der Betrag zugesprochen werden, der ihm (nach dem derzeitigen Kenntnis- und Entwicklungsstand) mindestens zusteht, und zwar allein für die bislang erlittenen Verletzungen.

47 Bei schweren Personenschäden bietet es sich an, das Schmerzensgeld entweder abschließend und inklusive eines Zuschlags für Zukunftsschäden zu beziffern oder eine sog. offene Teilklage einzureichen. Eine solche Klage beschränkt sich auf ein Teilschmerzensgeld für alle Beeinträchtigungen bis zum Schluss der mündlichen Verhandlung ergänzt um einen Feststellungsantrag bezüglich künftiger Risiken.[25]

d) Muster: Antrag auf Teilschmerzensgeld

48 **Muster 11.13: Antrag Teilschmerzensgeld**
Die (Teil-) Schmerzensgeldklage ist zulässig. Soweit der Kläger mit seiner Klage ein Teilschmerzensgeld begehrt, handelt es sich in rechtlicher Sicht um eine Teilklage, weil der Kläger nur den Betrag des Schmerzensgeldes zugesprochen haben will, der ihm bis zur letzten mündlichen Verhandlung aufgrund der bereits jetzt eingetretenen Verletzungen entstanden ist (vergleiche zur Abgrenzung der Teilklage im Schmerzensgeldprozess von der Geltendmachung eines Teilschmerzensgeldes BGH, Urt. v. 20.1.2004 – VI ZR 70/03). Eine solche Teilklage ist nach allgemeiner Ansicht zulässig, weil der Schmerzensgeldanspruch grundsätzlich teilbar ist. Die Frage der Zulässigkeit einer Teilklage auf Zahlung von Schmerzensgeld korrespondiert mit den Voraussetzungen der Feststellungsklage. Im Grundsatz gilt, dass das Schmerzensgeld aufgrund einer ganzheitlichen Betrachtung der den Schadensfall prägenden Umstände unter Einbeziehung der absehbaren künftigen Entwicklungen des Schadensbildes zu bemessen ist. Mit dem auf eine unbeschränkte Klage insgesamt zuzuerkennenden Schmerzensgeld werden nicht nur alle bereits eingetretenen, sondern auch alle erkennbaren und objektiv vorhersehbaren künftigen unfallbedingten Verletzungen abgegolten (*Himmelreich/Halm*, Handbuch des Fachanwalts für Verkehrsrecht, 4. Aufl. 2011, Rn 230). Lässt sich jedoch nicht endgültig sagen, welche Änderungen des gesundheitlichen Zustandes noch eintreten können, so hat schon das Reichsgericht (RG, Urt. v. 4.12.1916, Az. IV 328/16) für zulässig erachtet, den Betrag des Schmerzensgeldes zuzusprechen, der dem Verletzten zum Zeitpunkt der Entscheidung mindestens zusteht und später den zuzuerkennenden Betrag auf die volle Summe zu erhöhen, die der Verletzte aufgrund einer ganzheitlichen Betrachtung der für den immateriellen Schaden maßgeblichen Umstände beanspruchen kann, wenn sich

---

22 *Gerlach*, VersR 2000, 530.
23 BGH zfs 1995, 172.
24 BGH NJW 2004, 1243.
25 OLG Düsseldorf VersR 1996, 984.

zum Zeitpunkt der letzten mündlichen Verhandlungen nicht endgültig sagen lässt, welche Änderungen des gesundheitlichen Zustandes noch eintreten können.

Dieser Auffassung des Reichsgerichts hat sich der BGH angeschlossen. Er hat für den Fall, dass mit dem Eintritt weiterer Schäden zu rechnen ist, die letztlich jedoch noch nicht abzusehen sind, das Feststellungsinteresse für die Feststellung der Ersatzpflicht künftiger immaterieller Schäden bejaht, wenn aus der Sicht des Geschädigten bei verständiger Würdigung der Grund zur Annahme besteht, mit dem Eintritt eines weiteren Schadens wenigstens zu rechnen (BGH, Urt. v. 16.1.2001 – VI ZR 381/99; BGH, Urt. v. 20.3.2001 – VI ZR 325/99).

Zwar gebietet es der Grundsatz der Einheitlichkeit des Schmerzensgeldes, die Höhe des dem Geschädigten zustehenden Schmerzensgeldes aufgrund einer ganzzeitlichen Betrachtung im Regelfall unter Einbeziehung der absehbaren künftigen Entwicklungen des Schadensbildes zu bemessen. Diese ganzzeitliche Betrachtung verbietet sich jedoch, wenn wegen der ungewissen und nicht absehbaren Schadensentwicklung die tatsächlichen Grundlagen für die Gewichtung der das Schmerzensgeld determinierenden Faktoren nicht verlässlich bestimmt werden können. In einem solchen Fall führt kein Weg daran vorbei, dem Geschädigten zunächst denjenigen Betrag des Schmerzensgeldes zuzusprechen, der ihm zum Zeitpunkt der Entscheidung mindestens zusteht, um das Schmerzensgeld in einem Folgeprozess auf die volle Summe zu erhöhen, die der Verletzte aufgrund der dann verlässlichen Beurteilung der weiteren Entwicklung beanspruchen kann (MüKo/BGB-*Oetker*, 5. Aufl., § 253 Rn 61). Diese Durchbrechung des Grundsatzes von der Einheitlichkeit des Schmerzensgeldes eröffnet dem Geschädigten in den Fällen der noch nicht abgeschlossenen und unüberschaubaren Schadensentwicklung die Option zur Erhebung einer offenen Teilklage (Palandt/*Grüneberg*, 73. Aufl., § 253 Rn 15, 23). Denn auch ein einheitlicher Anspruch ist im rechtlichen Sinne teilbar, solange er qualitativ abgrenzbar und eindeutig individualisierbar ist (OLG Frankfurt, Urt. v. 22.2.2010 – 16 U 146/08; OLG Brandenburg, Urt. v. 30.8.2007 – 12 U 55/07).

Voraussetzung für die Zulässigkeit der offenen Teilklage ist damit zum einen, dass die Schadensentwicklung noch nicht gänzlich abgeschlossen ist und künftig die Gefahr einer Weiterung besteht, zum anderen muss die Klage erkennen lassen, für welche Verletzungsfolgen das Schmerzensgeld gelten soll.

Beide Voraussetzungen sind erfüllt.

Es besteht künftig die Gefahr weiterer Komplikationen im Heilbehandlungsverlauf, da

Das mit der Klage geltend gemachte Schmerzensgeld soll nur für die bislang erlittenen Verletzungen gezahlt sein, und zwar für folgende:

-
-
-

Damit ist erkennbar, um welchen Teil des Gesamtanspruches es sich handelt.

▲

49 Wird die Größenordnung des angestrebten Schmerzensgeldes im Rahmen der gerichtlichen Entscheidung um mindestens 20 % unterschritten, führt dies zu einem verhältnismäßigen Unterliegen mit einer entsprechenden Kostenfolge.[26]

▼

50 **Muster 11.14: Kostenentscheidung Schmerzensgeld bei Teilunterliegen**
Gem. § 92 Abs. 2 Nr. 2 ZPO kann das Gericht einer Partei sämtliche Kosten des Rechtsstreits auferlegen, wenn die Höhe des geltend gemachten Betrages von der Ausübung richterlichen Ermessens abhängig ist. Dies soll beim unbezifferten Klageantrag den Kläger vor dem Kostenrisiko einer überhöhten Klage schützen (*Zöller*, ZPO-Kommentar, 31. Aufl., § 253, Rn 14a i.V.m. § 92, Rn 12). Dies gilt jedenfalls dann, wenn die Abweichung nur zwischen 20 % und 33 % des genannten Mindestbetrages liegt (OLG Köln VersR 95, 358; OLG Düsseldorf, NJW-RR 1995, 955). Eine anteilige Kostenentscheidung zu Lasten des Klägers ist demnach vorliegend nicht veranlasst.

3. Feststellungsanträge

a) Übersicht

51 Eine weitere Ausnahme vom Grundsatz der beziffert zu stellenden Klageanträge enthält § 256 ZPO. Der Antrag ist gerichtet auf die Feststellung des Bestehens oder Nichtbestehens eines Rechtsverhältnisses. Der Kläger muss für einen Feststellungsantrag ein besonderes Interesse an der Feststellung des Rechtsverhältnisses besitzen und nachweisen. Für den Bereich der Verkehrsunfallbearbeitung sind Feststellungsanträge zu stellen bei Ansprüchen auf Ausgleich des künftigen Rückstufungsschadens und bei nicht abschbaren Folgen eines schweren Personenschadens, wie bereits zuvor gezeigt.

b) Muster: Antrag auf Feststellung bei einem Rückstufungsschaden

▼

52 **Muster 11.15: Antrag auf Feststellung bei einem Rückstufungsschaden**
Es wird festgestellt, dass die Beklagten als Gesamtschuldner verpflichtet sind, dem Kläger sämtliche Schäden zu ersetzen, die aus der Inanspruchnahme seiner Vollkaskoversicherung unter der Versicherungsschein-Nr. ▓▓▓▓ bei der X-Versicherung aus Anlass des Verkehrsunfalls vom ▓▓▓▓ (in Höhe einer Quote vom – für den Fall eines Mitverschuldens) entstehen.

c) Muster: Antrag auf Feststellung künftiger Schäden

53 Der Antrag ist darauf gerichtet, feststellen zu lassen, dass die Beklagten verpflichtet sind, dem Geschädigten sämtliche materiellen oder immateriellen Schäden aus dem in Rede stehenden Schadensereignis zu ersetzen. Wichtig ist insoweit, dass ein solcher Antrag einen Zusatz enthalten muss, der berücksichtigt, dass diverse Ansprüche bereits

---

[26] BGH VersR 1979, 472; BGH VersR 1984, 538.

auf Sozialversicherungsträger gem. § 116 SGB X oder andere Dritte übergegangen sind und der Mandant insoweit nicht mehr anspruchsberechtigt ist.

▼

Muster 11.16: Antrag auf Feststellung künftiger Schäden
Es wird festgestellt, dass die Beklagten als Gesamtschuldner verpflichtet sind, dem Kläger sämtliche materiellen und immateriellen künftigen Schäden zu ersetzen, die aus dem Verkehrsunfallereignis vom ▄▄▄ resultieren, soweit sie nicht bereits auf Sozialversicherungsträger oder andere Dritte übergegangen sind oder übergehen werden.

▲

d) Hinweise

Bei jedem Personenschaden ist zu prüfen, ob auch ein Feststellungsantrag wegen etwaiger Zukunftsschäden gestellt werden muss. Dies ist der Fall, wenn die weitere Entwicklung des Personenschadens noch nicht endgültig abzusehen ist. Das besondere Rechtsschutzbedürfnis für den Feststellungsantrag resultiert bereits aus der Gefahr der Anspruchsverjährung.[27] Ein besonderes Feststellungsinteresse besteht im Übrigen bereits dann, wenn der spätere Eintritt von Schadensfolgen überhaupt, wenn auch nur entfernt, möglich ist.[28]

Im Kosteninteresse muss der gegnerische Kfz-Haftpflichtversicherer vor dem Stellen des Feststellungsantrags in Verzug gesetzt werden. Anderenfalls droht im Prozess ein sofortiges Anerkenntnis unter Verwahrung gegen die Kostenlast gem. § 93 ZPO.

Erhebt die Gegenseite Einwände gegen die Feststellungsklage, kann hierauf wie folgt erwidert werden:

▼

Muster 11.17: Reaktion auf Einwände der Gegenseite gegen eine Feststellungsklage
Die Klage ist als allgemeine Feststellungsklage zulässig. Das rechtliche Interesse des Geschädigten an einer alsbaldigen Feststellung der Ersatzpflicht des Schädigers i.S.d. § 256 Abs. 1 ZPO ergibt sich daraus, dass sich der anspruchsbegründende Sachverhalt zur Zeit der Klageerhebung noch in der Entwicklung befand. Bei Klageerhebung war erst ein Teil des Schadens entstanden. Die Entstehung weiteren Schadens – beispielsweise des Nutzungsausfallschadens oder der Umsatzsteuer für den Fall der Reparatur – ist nach dem Vorbringen des Geschädigten noch zu erwarten. In einer derartigen Fallgestaltung ist die Feststellungsklage nach der ständigen Rechtsprechung des BGH insgesamt zulässig. Der Geschädigte ist nicht gehalten, seine Klage in eine Leistungs- und eine Feststellungsklage aufzuspalten (vgl. Senatsurt. v. 8.7.2003 – VI ZR 304/02, VersR 2003, 1256; v. 28.9.1999 – VI ZR 195/98, VersR 1999, 1555, 1556; BGH, Urt. v. 21.2.1991 – III ZR 204/89, VersR 1991, 788, 789; AG Andernach, Urt. v. 21.11.2014 – 62 C 504/14).

Zudem ergibt sich das Feststellungsinteresse aus dem Umstand, dass nicht ausgeschlossen ist, dass der Geschädigte einen Schaden unter Umständen erst nach Jahren beheben lässt. Der erst dann fällige Ersatzanspruch ist gegen den Eintritt der Verjährung zu sichern (AG Minden, Urt. v. 22.7.2013 – 22a C 311/03).

---

27 BGH VersR 1953, 497.
28 BGH NJW 1991, 2707.

§ 11 Klage und selbstständiges Beweisverfahren

Zwar fehlt grundsätzlich das Feststellungsinteresse, wenn ein Kläger dasselbe Ziel mit einer Leistungsklage erreichen könnte, jedoch besteht keine allgemeine Subsidiarität der Feststellungsklage gegenüber der Leistungsklage. Vielmehr bleibt die Feststellungsklage dann zulässig, wenn ihre Durchführung unter dem Gesichtspunkt der Prozesswirtschaftlichkeit eine sinnvolle und sachgemäße Erledigung der aufgetretenen Streitpunkte erwarten lässt (BGH, Urt. v. 4.12.1986 – III ZR 205/85; Urt. v. 5.2.1987 – III ZR 16/86). Das ist insbesondere dann der Fall, wenn die beklagte Partei die Vermutung rechtfertigt, sie werde auf ein rechtskräftiges Feststellungsurteil hin ihren rechtlichen Verpflichtungen nachkommen, ohne dass es eines weiteren, auf Zahlung gerichteten Vollstreckungstitels bedarf (BGH, Urt. v. 28.9.1999 – VI ZR 195/98). Das hat der BGH bereits mehrfach angenommen, wenn es sich bei der beklagten Partei um eine Bank, eine Behörde oder um ein großes Versicherungsunternehmen handelt (BGH, Urt. v. 15.3.2006 – IV ZR 4/05).

4. Rentenanträge

a) Übersicht

57 Ein Anspruch auf Zahlung einer Schadensrente kann aus einem Schmerzensgeldanspruch, einem Unterhaltsschaden, einem Erwerbsschaden und einem Anspruch auf Zahlung vermehrter Bedürfnisse resultieren. Die monatlich oder jährlich zu zahlende Rente muss zwingend beziffert werden. Eine Zuvielforderung führt zur teilweisen Klageabweisung mit negativer Kostenfolge. Im Antrag müssen Rentenbeginn und -ende angegeben werden. Schmerzensgeldrenten und Renten für vermehrte Bedürfnisse werden lebenslänglich gezahlt, während eine Unterhaltsrente nur bis zum Ende der Unterhaltsverpflichtung reicht. Verstirbt der unterhaltsverpflichtete Ehegatte, hat der überlebende Ehegatte Anspruch auf Zahlung einer monatlichen Unterhaltsrente bis zum potentiellen Ende der Erwerbstätigkeit des verstorbenen Ehegatten.

b) Muster: Antrag bei lebenslanger Rente
▼

58 **Muster 11.18: Antrag bei lebenslanger Rente**
Die Beklagten werden als Gesamtschuldner verurteilt, dem Kläger ab dem ▓▓▓ eine lebenslange und vierteljährliche im Voraus zu zahlende Schmerzensgeldrente von monatlich ▓▓▓ zu zahlen.

c) Muster: Antrag bei zeitlich begrenzter Rente
▼

59 **Muster 11.19: Antrag bei zeitlich begrenzter Rente**
Die Beklagten werden als Gesamtschuldner verurteilt, dem Kläger ab dem ▓▓▓ eine vierteljährlich im Voraus zu zahlende monatliche Unterhaltsrente von ▓▓▓ EUR bis zum ▓▓▓ zu zahlen.

d) Hinweise

Gem. § 760 Abs. 2 ZPO sind Geldrenten grundsätzlich drei Monate im Voraus zu zahlen. Der Streitwert für einen Rentenantrag bestimmt sich nach § 17 Abs. 2 GKG und beläuft sich auf den fünffachen Jahresbetrag der Rente.

5. Zinsanträge

Der Zinsanspruch hat sich durch die Änderung des § 288 BGB erheblich erhöht. Nach § 288 Abs. 1 BGB ist der Anspruch des Berechtigten ab Verzug oder ab Rechtshängigkeit mit 5 % über dem Basiszinssatz zu verzinsen. § 288 Abs. 3 BGB lässt aus einem besonderen Grund auch höhere Zinsen zu.

Für Ansprüche auf merkantile Wertminderung gilt die Sonderregelung des § 849 BGB, nach der ein Zinsanspruch bereits seit dem Eintritt des Schadens besteht. Im Übrigen ist zu beachten, dass unbezifferte Ansprüche auf Schmerzensgeld grundsätzlich erst ab Rechtshängigkeit zu verzinsen sind.[29]

> *Hinweis*
> Häufig wird auch nicht beachtet, dass Gerichtskostenvorschüsse zu verzinsen sein können.

Muster 11.20: Zinsen bei Gerichtskostenvorschuss
[…] festzustellen, dass die Beklagte verpflichtet ist, auf die klägerseits verauslagten Gerichtskosten Zinsen in Höhe von 5 Prozentpunkten über dem Basiszinssatz für die Zeit von dem Eingang der eingezahlten Gerichtskosten bis zum Eingang eines Kostenfestsetzungsantrages nach Maßgabe der auszuurteilenden Kostenquote zu zahlen.
[…]
Begründung:
Der Antrag auf Feststellung der Zinspflicht wegen der verauslagten Gerichtskosten stellt einen Teil des Schadensersatzanspruchs dar (OLG Hamburg, Urt. v. 25.3.2004 – 3 U 184/03 – juris, Rn 3). Gem. §§ 7, 17, 18 StVG, §§ 823, 249 Abs. 2 BGB i.V.m. § 115 Abs. 1 S. 1 Nr. 1 VVG sind sämtliche durch den Verkehrsunfall entstandenen Schäden zu ersetzen. § 104 Abs. 1 S. 2 ZPO enthält für den begehrten Zinsschaden keine Regelung (AG Hamburg St. Georg, Urt. v. 25.7.2012 – 915 C 161/12 – juris).

6. Haftungshöchstsummen

Richtet sich die Klage – wie üblich – auch gegen den gegnerischen Kfz-Haftpflichtversicherer, ist seine Haftung auf die versicherungsvertraglich vereinbarte Deckungssumme begrenzt. Dennoch ist es nach Auffassung der höchstrichterlichen Rechtsprechung nicht erforderlich, dies bei der Formulierung eines Feststellungsantrags zu berücksichtigen.

---

29 BGH VersR 1965, 531.

Der BGH[30] führt hierzu aus, es sei insoweit ausreichend, dass sich die Begrenzung der Leistungspflicht aus den Entscheidungsgründen entnehmen lasse. Dies sei immer dann der Fall, wenn sich der Anspruch gegen den Versicherer unzweifelhaft auf § 3 Abs. 1 PflVG stütze.

V. Beweisfragen

1. Übersicht

66 Selbstverständlich gelten auch im Rahmen der Verkehrsunfallbearbeitung die allgemeinen Beweisgrundsätze. Danach ist es Aufgabe des Anspruchstellers, sämtliche anspruchsbegründenden Tatbestandsmerkmale nachzuweisen. Hierfür kommen ihm u.U. Beweiserleichterungen wie zum Beispiel das Institut des Anscheinsbeweises zugute

2. Anscheinsbeweis

67 Der Anscheinsbeweis (prima-facie-Beweis) greift ein bei Fallgestaltungen, denen ein typischer Ablauf innewohnt.[31] Kommen mehrere Möglichkeiten für den Unfallablauf in Frage, scheidet ein Anscheinsbeweis aus.

> *Beispiel*
> Bei Auffahrunfällen auf der Autobahn greift ein Anscheinsbeweis regelmäßig nicht ein, wenn zwar feststeht, dass vor dem Unfall ein Spurwechsel des vorausfahrenden Fahrzeugs stattgefunden hat, der Sachverhalt aber im Übrigen nicht aufklärbar ist (BGH, Urt. v. 13.12.2011 – VI ZR 177/10).

68 Zur Erschütterung des ersten Anscheins muss der Anspruchsgegner darlegen und beweisen, dass ein atypischer Unfallverlauf vorliegt.[32]

Soweit angeführt wird, dass ein Anscheinsbeweis für ein Alleinverschulden spreche, ist dies missverständlich und falsch. Missverständlich deshalb, weil Kraftfahrzeugführer bzw. -halter nicht nur aus (Allein-) Verschulden haften, sondern auch die Betriebsgefahr zu berücksichtigen ist. Falsch ist es deshalb, weil der Erfahrungssatz nur beschreibt, dass sich derjenige, gegen den er spricht, falsch verhalten hat. Einen Erfahrungssatz dahingehend, dass sich derjenige, zu dessen Gunsten der Anscheinsbeweis greift, vollumfänglich richtig verhalten hat, existiert demgegenüber nicht, erst Recht kein Erfahrungssatz, dass der Unfall für ihn unvermeidbar war.[33] Dementsprechend kommt eine Mithaftung dessen, zu dessen Gunsten der Anscheinsbeweis greift, trotz Vorliegens der Voraussetzungen desselben sehr wohl in Betracht.

---

30 BGH VersR 1986, 565.
31 BGH VersR 1964, 184, 186; BGH NJW 1987, 1944.
32 BGH VersR 1989, 54.
33 *Janeczek*, zfs 2015, 244.

3. Schadenschätzung gem. § 287 ZPO

Gelingt dem Geschädigten mit den Mitteln des Strengbeweises gem. § 286 ZPO der Nachweis eines unfallbedingten Schadens, eröffnet § 287 ZPO eine Schätzung der Schadenshöhe. Auch wenn § 287 Abs. 1 S. 1 ZPO von der „Entstehung des Schadens" spricht, ist der Regelungsgehalt auf die haftungsausfüllende Kausalität (Ursächlichkeit zwischen Rechtsgutverletzung und Schaden) beschränkt. Die Frage der haftungsbegründenden Kausalität (Ursächlichkeit zwischen Handlung und Rechtsgutverletzung) ist nach den Beweisgrundsätzen des § 286 ZPO zu beantworten.

Auch für eine Schadenschätzung gem. § 287 ZPO müssen dem Gericht ausreichende Ausgangs- und Anknüpfungstatsachen dargelegt werden, soweit dies dem Geschädigten möglich und zumutbar ist.[34] Fehlt es an jeglichen Anknüpfungstatsachen, scheidet eine Schadenschätzung aus.[35]

Im Bereich der Verkehrsunfallbearbeitung kommen Schadenschätzungen insbesondere bei folgenden Positionen in Betracht:
- merkantile Wertminderung
- Mietwagen-/Nutzungsausfalldauer
- Schmerzensgeld
- Haushaltshilfeschaden
- vermehrte Bedürfnisse
- An-/Abmeldekosten
- Erwerbsschaden

4. Abtretung

a) Übersicht

Um die Beweissituation zu verbessern, sollte stets geprüft werden, ob durch eine Abtretung eine Konzentration der Ansprüche in einer Person herbeigeführt werden kann. Der Wirksamkeit einer solchen Abtretung steht es grundsätzlich nicht entgegen, dass sie augenscheinlich den alleinigen Zweck verfolgt, sich einen prozessualen Vorteil zu verschaffen. Die Rechtsprechung[36] berücksichtigt allerdings die durch eine Abtretung gewonnene Zeugenaussage und das in der Regel hohe Interesse des Zedenten am Ausgang des Rechtsstreits im Rahmen der Beweiswürdigung.

---

34 BGH NJW 1991, 1412.
35 BGH NJW-RR 1992, 202.
36 BGH WM 1985, 613, 614; OLG Karlsruhe NJW-RR 1990, 753, 754.

§ 11 Klage und selbstständiges Beweisverfahren

b) Muster: Abtretungserklärung

Muster 11.21: Abtretungserklärung

73 Hiermit trete ich, ▒▒▒ *(Vorname, Name, Straße, Wohnort)*, meine gesamten Ansprüche auf Schadensersatz – insbesondere den Anspruch auf ▒▒▒ –, die mir aus Anlass des Verkehrsunfalls vom ▒▒▒ in ▒▒▒ gegen ▒▒▒ *(Fahrer, Halter, Kfz-Haftpflichtversicherer)* zustehen, an ▒▒▒ *(Vorname, Name, Straße, Wohnort)* ab.

(Ort, Datum, Unterschrift)

Hiermit nehme ich, ▒▒▒ *(Vorname, Name, Straße, Wohnort)*, diese Abtretung an.

(Ort, Datum, Unterschrift)

c) Hinweise

74 Grundsätzlich verfolgt die Abtretung dasselbe Ziel wie die nachfolgend behandelte Drittwiderklage. In beiden Fällen bezweckt der Geschädigte, seine Beweissituation durch gezielte Maßnahmen zu verbessern. Anders als im o.g. Fall stellt die Abtretung von Rechten keinen „prozessualen Gestaltungsmissbrauch" dar. Die Rechtsprechung hat deshalb grundsätzlich keine Bedenken gegen die Zulässigkeit einer solchen Abtretung.[37]

Die Lösung derartiger beweisrechtlicher Probleme ist in dem allgemeinen Gebot der „prozessualen Waffengleichheit" zu suchen. Der Ausgang eines Rechtsstreits darf nicht davon abhängig gemacht werden, ob einer Partei durch eine zufällige Verschiebung zwischen Partei- und Zeugenrolle ein Unfallzeuge zur Verfügung steht, dessen Aussage letztlich einer Verdoppelung der Parteierklärung gleichkommt.

5. Widerklage/Drittwiderklage

a) Übersicht

75 Die häufigste Ursache für ein Klageverfahren aus Anlass eines Verkehrsunfalls ist der Streit zwischen den Parteien über den tatsächlichen Unfallhergang. Kommt es hierüber zu einer Beweisaufnahme, besitzen Zeugenaussagen große Bedeutung. Umso wichtiger ist es, erheblichen Beweisnachteilen durch eine zufällige Verschiebung der Partei- und Zeugenrolle entgegenzuwirken.

Als „Weg aus der Beweisnot" bietet es sich in bestimmten Fallkonstellationen an, eine Widerklage und Drittwiderklage einzureichen. Hierbei ist allerdings auch zu berücksichtigen, dass das Gericht i.d.R. die betroffenen Parteien persönlich anzuhören hat. Mithin ist genau zu prüfen, ob die „Belastung" eines Prozesses mit einer Widerklage tatsächlich geboten ist. Seitens der Gerichte wird eine solche Konstellation bei den i.d.R. gegebenen Haftungsquoten aufgrund der komplizierten Kostenentscheidung keine „Begeisterungsstürme" auslösen. Hierbei kann die Gefahr bestehen, dass das Gericht bei mehreren

---

37 OLG Karlsruhe NJW-RR 1990, 753.

gut vertretbaren Entscheidungsmöglichkeiten im Zweifel diejenige wählt, die mit dem geringsten Aufwand verbunden ist und die sich u.U. gegen den Widerkläger auswirkt.

b) Muster: Wider- und Drittwiderklage

▼

Muster 11.22: Wider- und Drittwiderklage
Widerklage
In Sachen
des Herrn C.   aus

– Kläger und Widerbeklagter –

Prozessbevollmächtigte:
gegen
1. A
2. X-Versicherung

– Beklagte und zu 1. Widerkläger –

Prozessbevollmächtigte:
gegen
1. B
2. Y-Versicherung

– Drittwiderbeklagte –

beantragen wir im Wege der Widerklage,

den Kläger und die Drittwiderbeklagten als Gesamtschuldner zu verurteilen, an den Widerkläger   EUR nebst 5 % Zinsen über dem Basiszinssatz seit Rechtshängigkeit zu zahlen.

Begründung:

Die Parteien des Rechtsstreits streiten um Schadensersatz aus dem Verkehrsunfall vom   . Nach Maßgabe der Ausführungen in der Klageerwiderung vom   wurde der Verkehrsunfall allein vom Drittwiderbeklagten zu 1. verursacht und verschuldet. Zur Meidung unnötiger Wiederholungen verweisen wir auf die dortigen Ausführungen.

Soweit sich der Kläger zum Beweis des von ihm behaupteten und tatsächlich nicht zutreffenden Unfallhergangs auf das Zeugnis des Drittwiderbeklagten zu 1. bezieht, scheidet seine Vernehmung als Zeuge aus. Mit der Erhebung der Widerklage ist der Drittwiderbeklagte zu 1. Partei des Rechtsstreits.

Mit der Widerklage verfolgt der Beklagte den Ausgleich folgender Schadenspositionen:
          (Rechtsanwalt)

6. Parteivernehmung gem. § 448 ZPO

a) Übersicht

Steht einer Partei dessen Fahrer als Zeuge zur Verfügung, während der Mandant Partei des Rechtsstreits ist und deshalb nicht als Zeuge aussagen kann, bietet u.U. § 448 ZPO einen Weg aus der daraus resultierenden Beweisnot. Danach ist das Gericht in bestimmten Fällen dazu berechtigt, auf Anregung bzw. Antrag einer Prozesspartei diese als Partei zu hören und zu vernehmen. § 448 ZPO stellt eine Ausnahme vom Grundsatz des § 445 ZPO dar, wonach für eine Parteivernehmung nur die gegnerische Prozesspartei in Betracht kommt.

b) Muster: Parteivernehmung bei Beweisnot

78 **Muster 11.23: Parteivernehmung bei Beweisnot**
Nach Maßgabe der vorangegangenen Ausführungen entspricht der vom Kläger behauptete Unfallhergang nicht den Tatsachen. Dem Zusammenstoß beider Fahrzeuge liegt vielmehr ein eindeutiger Auffahrunfall zugrunde. Sofern das Gericht beabsichtigt, den vom Kläger benannten Zeugen zum Unfallhergang zu vernehmen, regen wir eine Vernehmung des Beklagten zu 1. als Partei gem. § 448 ZPO an. Die Tatbestandsvoraussetzungen des § 448 ZPO liegen vor. Die Beklagten befinden sich in akuter Beweisnot. Lediglich aufgrund einer zufälligen Verschiebung der Partei- zur Zeugenrolle steht dem Kläger der Fahrer seines Kraftfahrzeugs als Zeuge zur Verfügung. Demgegenüber verfügen die Beklagten über kein vergleichbares Beweismittel. Bereits aus dem Gebot der „Waffengleichheit" ist eine Vernehmung des Beklagten zu 1. als Partei dringend geboten. Im Übrigen sprechen bereits die objektiven Unfallspuren gegen die Einlassung des Klägers zum Unfallhergang.

c) Hinweise

79 Ergänzend bietet es sich für das Gericht stets an, gem. § 273 Abs. 2 Nr. 3 ZPO das persönliche Erscheinen der Parteien anzuordnen und diese informatorisch zum Unfallhergang zu befragen. Da das Gericht im Zweifel auch die Parteien nach § 141 Abs. 1 ZPO persönlich anhören muss, um den streitigen Sachverhalt aufzuklären, kommt es letztendlich nicht im entscheidenden Maße auf die Art und Weise an, wie die Aussage in den Prozess eingeführt wird. Ungeachtet der formalen Einkleidung wird das Gericht das hohe persönliche Eigeninteresse der Partei bzw. des Zeugen zu berücksichtigen haben.

C. Selbstständiges Beweisverfahren

I. Übersicht

80 Die Einleitung eines selbstständigen Beweisverfahrens gem. §§ 485 ff. ZPO stellt ein probates Mittel dar, um streitige Fragen aus Anlass eines Verkehrsunfalls über
- den Umfang eines Sach- oder Personenschadens und
- die Schadensursache und/oder den Schadenshergang

gerichtlich klären zu lassen. Dadurch lässt sich u.U. ein umfassendes Klageverfahren vermeiden. Außerhalb eines laufenden Rechtsstreits kann das selbstständige Beweisverfahren ausschließlich die Einholung eines Sachverständigengutachtens zur Klärung der in Rede stehenden Fragen zum Gegenstand haben. Als Zulässigkeitsvoraussetzung muss der Antragsteller nachweisen, dass er ein rechtliches Interesse an der Durchführung des selbstständigen Beweisverfahrens besitzt. Das Interesse wird bejaht, wenn das Verfahren zur Vermeidung eines Rechtsstreits dienen kann. Bei der Abwicklung von Verkehrsunfällen mit dem Schädiger bzw. dessen Kfz-Haftpflichtversicherer dürfte dies in aller Regel der Fall sein.[38] Auch nach einem Personenschaden ist es grundsätzlich zulässig, den entgangenen Gewinn im selbstständigen Beweisverfahren gem. § 485 Abs. 2 S. 1 Nr. 3 ZPO feststellen zu lassen. Der Antragsteller muss in diesem Fall aber ausreichende Anknüpfungstatsachen für die begehrte Feststellung durch den Sachverständigen vortragen.[39] Der Geschädigte verstößt jedoch gegen seine Schadenminderungsobliegenheit, wenn er sich des Beweissicherungsverfahrens bedient, bevor er seinen Anspruch gegenüber dem Schädiger oder dessen Versicherung geltend gemacht hat und Streit über den Umfang und die Höhe des Schadens besteht.[40]

Beispiel 81

Der Mandant A ist Opfer eines Verkehrsunfalls, bei dem sein Pkw erheblich beschädigt wurde. Unfallgegner ist B, der bei C Kfz-haftpflichtversichert ist. Beide Fahrzeuge stießen auf einer einsamen Landstraße frontal zusammen. A behauptet, B sei unmittelbar vor dem Zusammenstoß von seiner Fahrspur auf die des A geraten und habe dadurch den Verkehrsunfall verursacht und verschuldet. B behauptet dasselbe von A. Der Unfallhergang ist zwischen den Parteien streitig. Es existieren keinerlei Unfallzeugen. Die Polizei hat sämtliche Unfallspuren gesichert und maßstabsgetreue Unfallskizzen gefertigt. Beide Unfallfahrzeuge wurden noch nicht repariert.

II. Muster

Muster 11.24: Antrag auf Einholung eines Gutachtens 82

An das

Amts-/Landgericht

Antrag auf Einholung eines Sachverständigengutachtens im selbstständigen Beweisverfahren

gem. § 485 Abs. 1, Abs. 2 ZPO

des A

– Antragsteller –

Verfahrensbevollmächtigte: Rechtsanwälte

---

38 Beispielhaft: OLG Düsseldorf MDR 2009, 588.
39 BGH VersR 2010, 133.
40 LG Düsseldorf VersR 1968, 262.

§ 11 Klage und selbstständiges Beweisverfahren

gegen
1. B ▓▓▓▓
2. die C-Versicherung, vertreten durch den Vorstand, dieser vertreten durch den Vorstandsvorsitzenden ▓▓▓▓, ebenda,

– Antragsgegner –

Streitwert: 15.000 EUR.

Namens und in Vollmacht des Antragstellers wird beantragt, im Wege der Beweissicherung ein verkehrsanalytisches Rekonstruktionsgutachten eines Kfz-Sachverständigen über folgende Fragen einzuholen:
1. Wie kam es zum Verkehrsunfall zwischen dem Pkw ▓▓▓▓, amtliches Kennzeichen ▓▓▓▓, des Antragstellers und dem Pkw ▓▓▓▓, amtliches Kennzeichen ▓▓▓▓, des Antragsgegners zu 1. am ▓▓▓▓ in ▓▓▓▓, ▓▓▓▓-straße? Insbesondere: Kam der Antragsgegner zu 1) auf die vom Antragsteller befahrene Fahrbahn ab?
2. War der Verkehrsunfall für den Antragsteller unvermeidbar?
3. Wie hoch sind die voraussichtlichen Reparaturkosten, der Wiederbeschaffungswert und der Restwert am Unfallfahrzeug des Antragsgegners?
4. Wird an dem Unfallfahrzeug des Antragsgegners trotz Reparatur ein merkantiler Minderwert zurückbleiben? Wenn ja, in welcher Höhe?

Begründung:

Der Antragsteller ist Eigentümer des Pkw ▓▓▓▓, amtliches Kennzeichen ▓▓▓▓, der Antragsgegner zu 1. ist Eigentümer des bei der Antragsgegnerin zu 2. haftpflichtversicherten Pkw ▓▓▓▓, amtliches Kennzeichen ▓▓▓▓.

Am ▓▓▓▓ kam es zwischen beiden Fahrzeugen auf der ▓▓▓▓-straße in ▓▓▓▓ zu einem Verkehrsunfall. Der Antragsteller befuhr mit seinem Pkw die Landstraße ▓▓▓▓ in Richtung ▓▓▓▓. Der Antragsgegner befuhr mit seinem Fahrzeug dieselbe Straße in entgegengesetzter Richtung. In Höhe km ▓▓▓▓ kam es zum Frontalzusammenstoß zwischen beiden Fahrzeugen.

Der Verkehrsunfall wurde polizeilich aufgenommen. Die Staatsanwaltschaft ▓▓▓▓ führt gegen den Antragsteller sowie den Antragsgegner zu 1. ein Ermittlungsverfahren wegen des Verdachts der fahrlässigen Körperverletzung unter dem Aktenzeichen ▓▓▓▓ durch. Wir beantragen die

Beiziehung der Ermittlungsakten zu Beweiszwecken.

Der Verkehrsunfall wurde dadurch verursacht, dass der Pkw des Antragsgegners unmittelbar vor dem Zusammenstoß beider Fahrzeuge auf die Fahrspur des Antragstellers geriet. Die Antragsgegner bestreiten dies und behaupten, der Antragsteller sei mit seinem Pkw auf die Fahrspur des Antragsgegners geraten.

Glaubhaftmachung: Schreiben der Antragsgegnerin zu 2. vom ▓▓▓▓.

Die Antragsgegnerin zu 2. lehnte den Ausgleich jedweder Ansprüche auf Schadensersatz in ihrem vorbenannten Schreiben ab. Der Antragsteller beabsichtigt, sein Unfallfahrzeug möglichst umgehend reparieren zu lassen. Zur Klärung der Unfallverursachung sowie des eingetretenen Schadensumfangs ist die Einholung eines Sachverständigengutachtens dringend geboten. Durch das Gutachten wird sich mit an Sicherheit grenzender Wahrscheinlichkeit ein sonst erforderlicher Rechtsstreit zwischen den Parteien vermeiden lassen, anderenfalls könnte das Gutachten in einem etwaigen Prozess zur Hauptsache für beide Parteien bindend verwendet werden.

(Rechtsanwalt)

Der große Vorteil der Einleitung eines selbstständigen Beweisverfahrens besteht darin, dass bei bestehender Rechtsschutzdeckung der Versicherer für das selbstständige Beweisverfahren eintrittspflichtig ist.

Das selbstständige Beweisverfahren ist aber nicht zulässig, wenn es zu einer (zeitlichen) Bevorzugung des Anspruchsstellers gegenüber anderen Verfahren und Klägern führen würde, da die Beweisaufnahme zu einem gesamten Unfallgeschehen vorgelagert wird.

▼

Muster 11.25: Unzulässigkeit des selbstständigen Beweisverfahrens
Die Einholung eines Sachverständigengutachtens zur Aufklärung des Unfallgeschehens ist nicht statthaft nach dem Maßstab des § 485 ZPO. Denn die Durchführung des selbstständigen Beweisverfahrens nach § 485 Abs. 1 ZPO führt notwendig zu einer zeitlichen Bevorzugung des betroffenen Verfahrens vor allen anderen Verfahren, was wegen der Begrenztheit gerichtlicher Kapazitäten zu Lasten dieser anderen Verfahren geht. Eine solche Sonderbehandlung eines Verfahrens wäre nicht gerechtfertigt, wenn sie aus Gründen geschähe, die – wie bei dem Verblassen der Zeugenerinnerung durch Zeitablauf – für **alle** Verfahren gleichermaßen zutrifft. Zudem sind die Zulässigkeitsvoraussetzungen des § 485 Abs. 1 ZPO nicht allzu großzügig auszulegen, weil der Umfang der Beweissicherung von einer gerichtlichen Erheblichkeitsprüfung nicht abhängt, d.h. im Wesentlichen in den Händen des Antragstellers liegt. Eine gerichtlich nicht kontrollierbare, letztlich entscheidungsunerhebliche Belastung eines Spruchkörpers mit selbstständigen Beweisverfahren verschärft jedoch den o.g. belastenden Effekt für die anderen Verfahren. Vor dem Hintergrund, dass erfahrungsgemäß nur die wenigsten Beweisantritte in Rechtsstreitigkeiten entscheidungserheblich sind, würde die Auffassung des Antragstellers zudem zu einer erheblichen und unnützen Mehrbelastung der Justiz führen, die in Zeiten knapper staatlicher Mittel nicht vertretbar ist (OLG München, Beschl. v. 29.7.2011 – 10 W 1226/11 – juris).

Zudem ist die Einvernahme von Zeugen und selbstverständlich die Anhörung der Parteien – zweckmäßigerweise in Gegenwart des unfallanalytischen Sachverständigen – vorrangig durchzuführen. Eine Nichtberücksichtigung der Parteibekundungen und Zeugenaussagen durch den Sachverständigen müsste zwingend zu einer weiteren, zumindest ergänzenden Begutachtung nach § 412 ZPO führen, so dass das vom Antragsteller angestrebte selbstständige Beweisverfahren weder zu einer Verfahrensbeschleunigung noch zu einer Kostenreduzierung führt (OLG München, Beschl. v. 29.7.2011 – 10 W 1226/11 – juris).

D. Kostenfestsetzungsverfahren

I. Übersicht

86 Im Kostenfestsetzungs- bzw. Kostenausgleichungsverfahren wird immer wieder übersehen, dass auch Kosten der Partei, die aufgrund der Teilnahme an einem oder mehreren Gerichtsterminen entstanden sind, zur Festsetzung bzw. Ausgleichung angemeldet werden können. Grundlage ist das JVEG. Die Höhe der Entschädigung richtet sich gem. § 22 JVEG und somit nach dem Bruttoverdienst, jedoch gekappt auf einen Betrag von maximal 21,00 EUR je Stunde. Fahrtkosten werden mit 0,25 EUR pro km entschädigt, § 5 JVEG.

▼

87 **Muster 11.26: Parteikosten zur Erstattung anmelden**
Eine Erstattung für Zeitverlust einer juristischen Person, deren Organ an einem Gerichtstermin teilnimmt, ergibt sich jedenfalls dann aus § 91 Abs. 1 Satz 2 ZPO i.V.m. § 22 JVEG, wenn, wie hier, das Gericht zu einem Verhandlungstermin das persönliche Erscheinen eines der Organe der juristischen Person oder eines sachkundigen Mitarbeiters angeordnet und die Partei eine solche Person zum Termin entsandt hat (vgl. statt vieler: BGH, Beschl. v. 2.12.2008 – VI ZB 63/07). Nach § 91 Abs. 1 Satz 2 ZPO erfasst die Kostenerstattung auch die Entschädigung für die aufgrund notwendiger Reisen oder aufgrund der notwendigen Wahrnehmung von Terminen entstandene Zeitversäumnis. Die für die Entschädigung von Zeugen geltenden Vorschriften sind entsprechend anzuwenden (LG Koblenz, Beschl. v. 25.6.2014 – 5 O 154/13).

Demgemäß kann einer Partei, die als natürliche Person selbst einen Gerichtstermin wahrnimmt oder als juristische Person in einem solchen Termin durch einen Geschäftsführer oder anderen Mitarbeiter vertreten wird, eine Entschädigung wegen der Zeitversäumnis bzw. des Verdienstausfalls aufgrund der Teilnahme an einem solchen Termin zugebilligt werden (BGH, a.a.O.; *Zöller/Herget*, § 91, Rn 13 „Reisekosten"). Der Nachweis eines konkreten Verdienstausfalls ist nicht erforderlich, es genügt der reine Zeitverlust. Die Höhe der Entschädigung richtet sich gem. § 22 JVEG und somit nach dem Bruttoverdienst, jedoch gekappt auf einen Betrag von maximal 21,00 EUR je Stunde.

Neben den Terminen, in welchen das Gericht das persönliche Erscheinen angeordnet hat, ist eine Erstattungsfähigkeit auch dann gegeben, wenn die Teilnahme der Partei oder des von ihr entsandten Vertreters notwendig war (KG, Beschl. v. 13.3.2007 – 1 W 257/06). Reisekosten sind grundsätzlich auch dann erstattungsfähig, wenn eine Vertretung der Partei durch einen Rechtsanwalt erfolgt.

88 *Beispiel*
Es findet ein Termin vor einem Gericht statt, dass 100 km vom Wohnort der Partei entfernt liegt, zu dem die Partei – unabhängig von der Pflicht zum persönlichen Erscheinen – anreist. Es können dann die Fahrtkosten mit 200 km zu je 0,25 EUR sowie die persönliche Zeitversäumnis bzw. der Verdienstausfall zur Festsetzung bzw. Ausgleichung angemeldet werden.

II. Muster

▼

Muster 11.27: Monierung der Gegenseite hinsichtlich angemeldeter Parteikosten

Nach der Rechtsprechung des BGH (BGH NJW-RR 2008, 654) ist die Teilnahme der Partei an einem gerichtlichen Termin grundsätzlich notwendig. Dies gilt nach Auffassung des BGH unabhängig davon, ob die Partei anwaltlich vertreten ist oder ob das Gericht das persönliche Erscheinen angeordnet hat. Dabei ist es auch nicht von Bedeutung, ob es sich um einen Verhandlungstermin oder um einen Beweisaufnahmetermin handelt. Dies begründet der BGH mit dem Fragerecht der Partei in der mündlichen Verhandlung und der Verpflichtung des Gerichts, in jeder Lage des Verfahrens auf eine gütliche Beilegung des Rechtsstreits hinzuwirken. Bei der Teilnahme an einem Termin zur Beweisaufnahme stellt der BGH ferner auf den Grundsatz der Parteiöffentlichkeit ab, weil eine anwesende Partei in einem Termin zur Beweisaufnahme nicht selten etwaige Unklarheiten unmittelbar durch eine einfache Rückfrage leicht beseitigen kann.

Diese Rechtsprechung hat der BGH auch auf einen vom gerichtlich bestellten Sachverständigen anberaumten Ortstermin übertragen.

Eine Kostenerstattung scheidet nur dann aus, wenn von vornherein erkennbar ist, dass eine gütliche Einigung ausscheidet oder die Partei zur Klärung des Sachverhalts aus persönlicher Kenntnis nichts beitragen kann.

Unter Berücksichtigung dessen ist die Entschädigung nach dem JVEG wie beantragt zuzusprechen.

(Rechtsanwalt)

▲

Es kann hier je nach angemeldeten Kosten und der Kostenquote durchaus zu nennenswerten Erstattungsbeträgen kommen, die dem Mandanten zu Gute kommen. Hierbei ist, sollte ein Rechtschutzversicherer involviert sein, selbstverständlich das Quotenvorrecht zu berücksichtigen. Alle etwaig festgesetzten Beträge können daher zunächst auf alle Kosten der Partei verrechnet werden.

§ 12 Unfallrekonstruktion im Prozess

Patrick Penders/André Schrickel

A. Vorbemerkung

Ist der Unfallhergang und/oder der Umfang des unfallbedingten Schadens streitig, wird der Rechtsstreit häufig durch die Feststellungen entschieden, die der vom Gericht beauftragte Sachverständige trifft. Welche Grundsätze dabei aus technischer Sicht und welche Vorgaben aus juristischer Sicht zu beachten sind, wird mit dem nachfolgenden Abschnitt dargestellt.

B. Die juristischen Vorgaben für die Erstellung eines Sachverständigengutachtens

Der Weg zur Erstellung eines Sachverständigengutachtens im Prozess enthält eine Reihe von Vorgaben, die vom Gericht und den Beteiligten zu beachten sind.

I. Gesetzliche Grundlagen

Gesetzliche Grundlage des Tätigwerdens eines Sachverständigen im Auftrag des Gerichts sind die §§ 402 ff. ZPO. Daneben sind als rechtliche Grundlage des Sachverständigenbeweises auch stets die „Allgemeinen Vorschriften über die Beweisaufnahme" in den §§ 355–370 ZPO sowie die in den §§ 373–401 ZPO geregelten Vorschriften über den Zeugenbeweis zu beachten, da für den Sachverständigenbeweis gem. § 402 ZPO im Ausgangspunkt nichts anderes gilt, als für den Beweis durch Zeugen.

II. Beweisantritt

Damit im Rahmen eines gerichtlichen Verfahrens überhaupt ein Sachverständigengutachten zur Aufklärung bestimmter – streitiger – Tatsachen eingeholt werden kann, bedarf es grundsätzlich zunächst einmal überhaupt eines entsprechenden Beweisantrittes der für den aufzuklärenden Punkt beweisbelasteten Partei. Eine Aufklärung von Amts wegen kommt im Zivilverfahren hingegen nur in Ausnahmefällen in Betracht.

1. Beweisantritt einer Partei

Gem. § 403 ZPO erfolgt der Beweisantritt der Partei, indem die durch den Sachverständigen zu begutachtenden Tatsachen **bestimmbar** bezeichnet werden.[1] Weitere Voraussetzung für die Einholung eines Sachverständigengutachtens ist, dass die aufzuklärende Tatsache zwischen den Parteien streitig und für den Ausgang des Rechtsstreits entschei-

---

1 Vgl. BGH, Urt. v. 10.10.1994 – II ZR 95/93 = NJW 1995, 130, 131.

dungserheblich ist. Unbestrittener Vortrag einer Partei gilt nach § 138 Abs. 3 ZPO nämlich als zugestanden, so dass eine weitere Tatsachenaufklärung durch einen Sachverständigen gar nicht erforderlich ist. Gleiches gilt selbstverständlich auch, wenn die Tatsache, zu welcher ein Sachverständigengutachten als Beweis angeboten worden ist, für die Entscheidung des Rechtsstreits gar nicht von Relevanz ist. In diesen Fällen muss das Gericht einem entsprechenden Beweisantritt einer Partei nicht nachgehen.

6 In den übrigen Fällen, d.h. wenn die zu beweisende Tatsache hinreichend bezeichnet ist und es zur Entscheidung des Rechtsstreits hierauf auch entscheidend ankommt, ist das Gericht verpflichtet, dem Beweisangebot der beweisbelasteten Partei nachzugehen.

7 Eine **Ausnahme** hiervon wird nur für den Fall zugelassen, dass das Gericht die erforderliche Sachkunde selbst besitzt und daher die entscheidungserhebliche Frage selbst beantworten kann, wofür es dann aber einer entsprechenden ausführlichen Begründung des Gerichts bedarf, woher es die eigene Sachkunde nimmt und aus diesem Grund auf die Einholung eines Sachverständigengutachtens verzichtet.[2] Im Rahmen eines Verkehrsunfallgeschehens wird dies in der Praxis so gut wie nie vorkommen, da die Gerichte weder die erforderliche Sachkunde besitzen, ein Unfallgeschehen unfallanalytisch zu begutachten, noch z.B. aus eigener Sachkunde den unfallbedingt entstandenen Fahrzeugschaden feststellen können.

2. Sachverständigengutachten von Amts wegen

8 Eine Aufklärung von Amts wegen kommt demgegenüber nur ausnahmsweise gem. § 144 Abs. 1 S. 1 ZPO in Betracht. Es handelt sich um eine pflichtgemäße Ermessensentscheidung des Gerichts, ob es ein Sachverständigengutachten von Amts wegen anordnet.[3] Hierbei sind neben dem berechtigten Interesse der Parteien an der Aufklärung des streitigen Sachverhalts auch die Interessen der nicht beweisbelasteten Partei zu berücksichtigen, da im Zivilverfahren grundsätzlich der Beibringungsgrundsatz gilt.

9 In der Praxis wird das Gericht diese Ermessensentscheidung daher regelmäßig dergestalt umgehen, dass es gem. § 139 Abs. 1 S. 2 ZPO auf einen sachdienlichen Beweisantrag hinwirkt.[4] Ein solches Vorgehen dient auch der Wahrung der Dispositionsmaxime der Parteien, da es im Einzelfall auch im Interesse einer Partei liegen kann, von einem entsprechenden Beweisantrag zur Einholung eines Sachverständigengutachtens abzusehen.

III. Beweisbeschluss als „Aufgabenliste" des Sachverständigen

10 Gelangt das Gericht entweder aufgrund eines ausdrücklichen Beweisantrittes der beweisbelasteten Partei oder in den Fällen des § 144 Abs. 1 S. 1 ZPO von Amts wegen zu

---

[2] BGH, Urt. v. 21.1.1997 – VI ZR 86/96 = NJW 1997, 1446.
[3] BGH, Urt. v. 22.9.2006 – V ZR 239/05 = NJW-RR 2006, 1677; BGH, Urt. v. 4.2.1976 – VIII ZR 167/74 = NJW 1976, 715, 716.
[4] Vgl. BGH, Urt. v. 11.5.2011 – V ZR 492/99 = NJW 2001, 2464, 2465.

B. Die juristischen Vorgaben für die Erstellung eines Sachverständigengutachtens § 12

dem Entschluss, dass es zur Entscheidung des Rechtsstreits auf die Einholung eines Sachverständigengutachtens ankommt, so ordnet das Gericht die Einholung eines solchen Gutachtens durch einen Beweisbeschluss an.

Dieser Beweisbeschluss stellt nicht nur die grundsätzliche Anordnung zur Einholung eines Sachverständigengutachtens dar, sondern dient zugleich auch als „Aufgabenliste" des Sachverständigen, d.h. der Sachverständige muss sich bei seiner Begutachtung strikt an die Vorgaben sowie die Beweisfragen des Beweisbeschlusses halten.

1. Bedeutung des Beweisbeschlusses

Dem Beweisbeschluss kommt damit eine entscheidende Bedeutung zu, da er vorgibt, in welcher Richtung der Sachverständige tätig wird und welche Beweisfragen er auf Anordnung des Gerichts beantworten soll. Sollte in einem anhängigen Rechtsstreit daher ein Beweisbeschluss des Gerichts zur Einholung eines Sachverständigengutachtens erlassen werden, so sollte dieser nicht nur darauf geprüft werden, ob die eigene Partei die Vorschusspflicht zu tragen hat, sondern insbesondere auch sorgfältig geprüft werden, welchen Sachverhalt das Gericht in dem Beweisbeschluss vorgibt und ob aus Sicht der eigenen Partei alle relevanten Beweisfragen gestellt werden. **11**

Sollte eine aus der eigenen Sicht streitentscheidende Beweisfrage in dem Beweisbeschluss nämlich nicht gestellt worden sein, so wird der Sachverständige – sofern er sich an die Vorgaben des Beweisbeschlusses hält und keine Nachforschungen auf eigene Faust betreibt – hierzu in seiner Gutachtenerstellung auch keine Stellung nehmen. Eine sorgfältige Überprüfung des Beweisbeschlusses auf Richtigkeit und Vollständigkeit erspart daher eine Menge Aufwand, so z.B. wenn in Form eines Ergänzungsgutachtens eine weitere Begutachtung stattfinden muss, da im ursprünglichen Beweisbeschluss nicht alle relevanten Beweisfragen gestellt worden sind. **12**

Auch wenn der Beweisbeschluss nach § 355 Abs. 2 ZPO **unanfechtbar** ist, hat das Gericht jederzeit die Möglichkeit, diesen abzuändern oder gar komplett aufzuheben (vgl. § 360 ZPO), so dass seitens der Parteien zumindest die Möglichkeit besteht, das Gericht auf einen fehlerhaften oder unvollständigen Beweisbeschluss hinzuweisen. Sollte das Gericht sich trotz eines solchen Hinweises einer Partei auf die Unrichtigkeit des Beweisbeschlusses nicht dazu bewegen lassen, den Beweisbeschluss abzuändern, so lassen sich diese Mängel des Beweisbeschlusses nur mit dem Rechtsmittel gegen das Urteil geltend machen, d.h. insbesondere mittels der Berufung gegen das auf der Grundlage des Beweisbeschlusses ergangene Urteil (§ 512 ZPO). **13**

> *Praxistipp* **14**
> Neben unvollständigen Beweisbeschlüssen, in welchen entweder dem Sachverständigen die Anknüpfungstatsachen nicht ausreichend vorgegeben oder entscheidungserhebliche Beweisfragen nicht gestellt werden, kommt es in der Praxis durchaus auch immer wieder vor, dass Beweisfragen gestellt werden, auf die es gar nicht (mehr)

ankommt. Auch hierauf sollte der Beweisbeschluss überprüft werden, da jede Beweisfrage den Arbeitsaufwand des Sachverständigen und damit auch die Kosten erhöht. Ggf. lassen sich manche Beweisfragen auch von dem Ergebnis der vorausgehenden Beweisfrage abhängig machen. Sollte der Sachverständige unter Beweisfrage 1 z.B. feststellen, dass die geltend gemachten Schäden gar nicht aus dem streitgegenständlichen Unfallereignis stammen können, so kommt es dann gar nicht mehr darauf an, welche Reparaturkosten diese Schäden ausmachen, da der klageweise geltend gemachte Anspruch bereits dem Grunde nach ausscheidet, ohne dass es auf die – bestrittene – Höhe des Anspruchs dann überhaupt noch entscheidend ankommt. Die Ermittlung der Höhe der Reparaturkosten kann daher davon abhängig gemacht werden, dass der Sachverständige überhaupt zu dem Ergebnis gelangt, dass die Schäden auf die streitgegenständliche Kollision zurückgeführt werden können.

So lassen sich auch im Falle eines negativen Ausgangs der Begutachtung für die eigene Partei jedenfalls die Kosten so gering wie möglich halten.

2. Inhalt des Beweisbeschlusses

15 Der Inhalt des Beweisbeschlusses richtet sich nach § 359 ZPO. Dieser muss nachfolgende Punkte enthalten:
- die Bezeichnung der streitigen Tatsache, über die Beweis zu erheben ist;
- die Bezeichnung der Beweismittel unter Benennung der zu vernehmenden Zeugen und Sachverständigen oder der zu vernehmenden Partei;
- die Bezeichnung der Partei, die sich auf das Beweismittel berufen hat.

16 Insbesondere das **Beweisthema**, d.h. die streitigen Tatsachen, über die Beweis zu erheben ist, ist in dem Beschluss genau zu bezeichnen, da keine Ausforschung zugunsten der beweisbelasteten Partei vorgenommen werden soll. Die Substantiierungspflicht der Partei darf daher nicht dadurch ausgehebelt werden, dass die gesamte Sachverhaltsaufklärung dem Sachverständigen überlassen wird. Vielmehr hat die beweisbelastete Partei die erforderlichen Anknüpfungstatsachen darzulegen, so dass eine Überprüfung durch den Sachverständigen stattfinden kann. Dementsprechend sieht § 404a Abs. 3 ZPO auch vor, dass das Gericht dem Sachverständigen die dem Gutachten zugrunde zu legenden Tatsachen vorzugeben hat.[5]

17 Bei einem Verkehrsunfall wird seitens der Gerichte häufig im Beweisbeschluss nur angegeben, es solle „über den Unfallhergang" Beweis erhoben werden. Dies reicht nach der Rechtsprechung dann aus, wenn sich aus den übrigen Angaben in dem Beweisbeschluss bzw. jedenfalls der Gerichtsakte ergibt, welches Unfallgeschehen genau gemeint ist und der Vortrag der Parteien jedenfalls so substantiiert ist, dass der Sachverständige über ausreichend Anknüpfungstatsachen zur Erstellung seines Gutachtens verfügt.[6]

---

5 Vgl. auch BGH, Urt. v. 13.7.1962 – IV ZR 21/62 = NJW 1962, 1770.
6 Vgl. OLG Frankfurt a.M., Beschl. v. 1.11.1994 – 20 W 510/94 = NJW-RR 1995, 637.

B. Die juristischen Vorgaben für die Erstellung eines Sachverständigengutachtens § 12

Praxistipp 18
Es sollte daher stets darauf geachtet werden, ob das vom Gericht vorgegebene Beweisthema so genau bezeichnet ist, dass eine zur Entscheidung des Rechtsstreits geeignete Begutachtung stattfindet.
Sollte z.B. nur eine behauptete Geschwindigkeitsüberschreitung eines der Unfallbeteiligten streitig sein, während der gesamte restliche Unfallhergang unstreitig (bzw. durch Zeugenbeweis bereits nachgewiesen) ist, so bedarf es keiner Beweiserhebung „über den Unfallhergang", was eine umfangreiche Begutachtung auch der unstreitigen bzw. nachgewiesenen Punkte nach sich ziehen würde, sondern dem Sachverständigen sollte in diesem Fall ausdrücklich aufgegeben werden, nur zu der Behauptung der Geschwindigkeitsüberschreitung Stellung zu nehmen.
Andersherum kann es ebenfalls erforderlich sein, auch bei einer weit gefassten Beweisfrage wie der Aufklärung des Unfallgeschehens bei insgesamt streitigem Unfallhergang ausdrücklich auf bestimmte streitige Tatsachen hinzuweisen, so z.B. wiederum bei einer behaupteten Geschwindigkeitsüberschreitung, damit der Sachverständige hierzu ausdrücklich Stellung nimmt. Andernfalls könnte es passieren, dass der Sachverständige diesen Punkt übersieht oder aus seiner Sicht nicht für besonders relevant hält und daher hierzu keine Stellung nimmt.
Bereits bei der Bezeichnung des Beweisthemas ist daher der Beweisbeschluss sorgfältig zu überprüfen, da hierdurch frühzeitig die Weichen für das Tätigwerden des Sachverständigen gestellt und eine sonst ggf. erforderliche ergänzende Begutachtung durch den Sachverständigen mit dem entsprechenden Kosten- und Zeitaufwand vermieden werden kann.

▼
Muster 12.1: Antrag auf Ergänzung eines Beweisbeschlusses 19
Beantragen wir,
    den Beweisbeschluss vom ▓▓▓▓ hinsichtlich der Beweisfrage zu ▓▓▓▓ wie folgt zu ergänzen:
Hätte das Unfallgeschehen durch ▓▓▓▓ bei Einhaltung der zulässigen Höchstgeschwindigkeit von ▓▓▓▓ vermeiden können?
                            Begründung

Auch wenn der Beweisbeschluss grundsätzlich unanfechtbar ist, so kann das Gericht den Beweisbeschluss insbesondere auf Antrag einer Partei hin von Amts wegen ändern und insbesondere eine Ergänzung und Präzisierung des Beweisthemas vornehmen (vgl. MüKo/*Heinrich*, ZPO, 4. Auflage 2012, § 260 Rn 2 ff.). Eine Zustimmung beider Parteien ist in diesem Fall nicht erforderlich, sofern hierdurch das Beweisthema nicht völlig verändert, sondern nur ergänzt wird (*Stadler* in Musielak/Voit, ZPO, 13. Auflage 2016, § 360 Rn 6 ff.).

Vorliegend ist eine solche Ergänzung der Beweisfrage sachdienlich, da der Sachverständige nach dem bisherigen Beweisbeschluss lediglich die gefahrenen Geschwindigkeiten aufklären soll, hiermit dann aber noch nicht feststeht, wie sich diese Geschwindigkeiten aus technischer Sicht auf das gegenständliche Unfallgeschehen ausgewirkt haben, insbesondere ob durch geringere Geschwindigkeiten das Unfallgeschehen vermeidbar gewesen wäre.

Nach feststehender ständiger Rechtsprechung dürfen im Rahmen der nach § 17 StVG vorzunehmenden Abwägung der Verursachungsbeiträge ausschließlich solche Umstände Berücksichtigung finden, die nach Grund und Gewicht erwiesen sind und sich auf den Unfall ausgewirkt, d.h. zur Entstehung des Schadens bzgl. der Haftung dem Grunde als haftungsbegründende oder der Höhe nach als haftungsausfüllende Kausalität beigetragen haben (BGH, Urt. v. 28.4.2015 – VI ZR 206/14 – juris; OLG Frankfurt, Urt. v. 15.4.2014 – 16 U 213/13 = SP 2014, 406). Ein Ursachenzusammenhang i.d.S. zwischen dem Unfallereignis und dem behaupteten Fehlverhalten ist nur dann gegeben, wenn der Unfall bei Beachtung der Verkehrsvorschriften durch den betroffenen Fahrzeugführer zum Zeitpunkt des Eintritts der kritischen Verkehrssituation vermeidbar gewesen wäre (OLG Celle, Urt. v. 27.5.2009 – 14 U 2/09 – juris). Auch dieser Umstand bedarf daher der Prüfung durch den Sachverständigen. Die beantragte Ergänzung ist damit geeignet, den Sachverhalt umfassend in technischer Sicht aufzuklären und eine ggf. sonst erforderliche ergänzende Begutachtung obsolet zu machen.

▲

3. Auswahl des Sachverständigen

20 Die Auswahl des Sachverständigen erfolgt gem. § 404 Abs. 1 ZPO grundsätzlich durch das Prozessgericht. Eine Ausnahme von diesem **Bestimmungsrechts des Gerichts** besteht nach § 404 Abs. 4 ZPO nur dann, wenn sich die Parteien auf einen bestimmten Sachverständigen geeinigt haben. In diesem Fall hat das Gericht der Einigung der Parteien Folge zu leisten.

21 In der Praxis wird das Gericht insbesondere bei Verkehrsunfällen stets mit denselben Sachverständigen zusammenarbeiten. Sollte das Gericht jedoch keinen geeigneten Sachverständigen benennen können, z.B. weil es um einen besonderen zu begutachtenden Punkt geht, welcher nicht in den Fachbereich der „bekannten" Sachverständigen fällt, so kann das Gericht bei den Berufsverbänden bzw. der Industrie- und Handelskammer um Benennung eines geeigneten Sachverständigen bitten. Ferner kann das Gericht auch nach § 404 Abs. 3 ZPO die Parteien auffordern, mögliche Sachverständige zu benennen.

22 Der Begriff des Sachverständigen ist in Deutschland, Österreich und Liechtenstein rechtlich nicht geschützt. D.h., jede beliebige Person kann im Grunde als Sachverständiger tätig werden. Es gibt aber unterschiedliche Möglichkeiten der Zertifizierungen.

Eine solche ist die öffentliche Bestellung und Vereidigung. Sie wird auf Antrag von den Industrie- und Handelskammern vorgenommen. Sie dient dem Zweck, Auftraggebern solche Sachverständige zur Verfügung zu stellen, deren besondere Qualifikation und persönliche Integrität überprüft wurden. Sie sollen darauf vertrauen können, dass diese Sachverständigen ihre Gutachten unparteiisch, unabhängig und nach bestem Wissen und Gewissen erstatten.

Sachverständige, die einen solchen Titel führen dürfen, verfügen über eine besondere Sachkunde auf ihrem Sachgebiet, die sie vor einem Fachgremium unter Beweis gestellt

B. Die juristischen Vorgaben für die Erstellung eines Sachverständigengutachtens § 12

haben. Um für diese Prüfung zugelassen zu werden, müssen bereits besondere Qualifikationen erfüllt werden. So müssen Unfallsachverständige ein geeignetes Hochschulstudium an einer deutschen oder gleichwertigen ausländischen Hochschule oder Fachhochschule der Fachrichtung Fahrzeugtechnik, Maschinenbau, Elektrotechnik, Physik oder vergleichbare Studiengänge erfolgreich abgeschlossen haben. Nach ihrem Studium müssen sie über mehrjährige Berufserfahrung auf ihrem Gebiet verfügen.

Die öffentliche Bestellung ist auf fünf Jahre begrenzt. Sie wird auf Antrag um diese Zeitspanne verlängert, wenn die Fachkompetenz durch eine regelmäßige Gutachtertätigkeit und Weiterbildungen nachgewiesen wird.

Bei der Bestimmung des Sachverständigen ist das Gericht sodann grundsätzlich wieder **23** frei, nach § 404 Abs. 2 ZPO soll jedoch öffentlich bestellten Sachverständigen der Vorzug gegeben und nur wenn besondere Umstände es erfordern, ein nicht öffentlich bestellter Sachverständiger ausgewählt werden. Nicht ausreichend ist es ferner, wenn das Gericht statt einer Person des Sachverständigen lediglich eine Sachverständigenorganisation (z.B. TÜV, Dekra, etc.) benennt und dort entschieden werden soll, welcher Sachverständige tätig wird.[7] Ein diesbezüglicher Fehler muss seitens der Parteien jedoch rechtzeitig gem. § 295 ZPO gerügt werden.

▼
Muster 12.2: Antrag auf Benennung eines anderen Sachverständigen, der öffentlich **24**
bestellt ist

Lehnen wir den gerichtlich bestellten Sachverständigen ▓▓▓ ab.

Zugleich beantragen wir,

> **stattdessen einen Sachverständigen zu ernennen, der für das hier einschlägige Fachgebiet öffentlich bestellt und vereidigt ist.**

Begründung

Gem. § 404 Abs. 1 S. 1 ZPO erfolgt die Auswahl des Sachverständigen zwar durch das Prozessgericht nach freiem Ermessen. Allerdings sollen hierbei gem. § 404 Abs. 2 ZPO vorrangig öffentlich bestellte Sachverständige herangezogen werden. Andere Personen sollen hingegen nur dann gewählt werden, wenn besondere Umstände es erfordern. Solche Umstände sind vorliegend nicht ersichtlich, so dass vorrangig auf einen öffentlich bestellten Sachverständigen zurückgegriffen werden sollte, welcher aufgrund seiner öffentlichen Bestellung erfahrungsgemäß über besondere Sachkunde verfügt und gem. § 407 Abs. 1 ZPO auch nicht die Erstellung des Gutachtens ablehnen kann.
▲

Sollte das Gericht einen Sachverständigen ernennen, mit dem eine oder sogar beide **25** Parteien nicht einverstanden sind, so bleibt den Parteien die Möglichkeit der Ablehnung des Sachverständigen, sofern ein entsprechender Ablehnungsgrund besteht.

---

7 Vgl. OLG München, Urt. v. 22.9.1967 – 8 U 707/67 = NJW 1968, 202.

IV. Prozess der Begutachtung durch den Sachverständigen

26 Nachdem der Beweisbeschluss erlassen und der Sachverständige durch das Gericht bestimmt wurde, kann der Sachverständige mit der Begutachtung und Beantwortung der in dem zugrunde liegenden Beweisbeschluss aufgestellten Fragen beginnen. Hierbei ist der Sachverständige grundsätzlich frei in seiner Vorgehensweise, allerdings steht dem Gericht gem. § 404a ZPO ein Leitungs- und Weisungsrecht gegenüber dem Sachverständigen zu.

1. Regelung des § 404a Abs. 3 ZPO

27 Besondere praktische Relevanz kommt insoweit der Regelung des § 404a Abs. 3 ZPO zu, wonach das Gericht bei streitigem Sachverhalt zu bestimmen hat, welche Tatsachen der Sachverständige seiner Begutachtung zugrunde legen soll.[8] Dies gilt bei einem Verkehrsunfallgeschehen insbesondere dann, wenn zuvor bereits eine mündliche Verhandlung durchgeführt und im Rahmen dieser Zeugen angehört wurden, welche sich hinsichtlich des streitigen Unfallhergangs widersprochen haben. Es ist dann nicht die Aufgabe des Sachverständigen, diese Zeugenaussagen zu würdigen, sondern das Gericht hat dem Sachverständigen mitzuteilen, welche Zeugenaussagen er seiner Begutachtung zugrunde legen soll.[9]

Sollte keine Zeugenaussage aufgrund offenkundiger Unwahrheit von vornherein ausscheiden, so hat das Gericht dem Sachverständigen grundsätzlich aufzugeben, das Unfallgeschehen einmal unter Berücksichtigung der einen und einmal unter Berücksichtigung der anderen Unfallschilderung technisch aufzuklären.[10] Es obliegt dann nämlich nicht dem Sachverständigen, eine Würdigung der Zeugenaussagen vorzunehmen, welche seiner Meinung nach glaubhafter bzw. wahrscheinlicher ist, sondern der Sachverständige hat dann nur zu überprüfen, ob sich die technischen Anknüpfungstatsachen (Schadensbild, Spurenlage, Kollisionsendstellung, etc.) mit beiden Unfallvarianten in Einklang bringen lassen. Welche Unfallvariante das Gericht sodann nach diesem Ergebnis für wahrscheinlicher hält, obliegt alleine der Würdigung des Tatrichters (§ 286 ZPO).

Sollten sich die vom Sachverständigen getroffenen Feststellungen mit einer Unfallschilderung gar nicht in Einklang bringen lassen, d.h. nicht bloß keine Plausibilität gegeben sein, sondern feststehende bzw. festgestellte Tatsachen eindeutig entgegenstehen, so hat der Sachverständige hierauf selbstverständlich hinzuweisen und als Ergebnis in seinem Gutachten so festzuhalten, ohne dass hierin eine verbotene Würdigung des Sachverständigen liegt.

---

8 Siehe auch BGH, Urt. v. 21.1.1997 – VI ZR 86/96 = NJW 1997, 1446.
9 BGH, Urt. v. 30.1.1957 – V ZR 186/55 = NJW 1957, 906 m. Anm. *Bruns*.
10 BGH, Urt. v. 21.1.1997 – VI ZR 86/96 = NJW 1997, 1446.

2. Beschaffung der erforderlichen Tatsachen

Im Verkehrsunfallprozess steht dem Sachverständigen im Ausgangspunkt zunächst die Gerichtsakte sowie ggf. die beigezogene amtliche Ermittlungsakte nebst der darin enthaltenen Einlassungen der Parteien und Zeugen, sofern zuvor bereits eine mündliche Verhandlung stattgefunden hat, zur Verfügung. Weitere wichtige Anknüpfungstatsachen liefern bei einem Unfallgeschehen stets die Schadensgutachten zu den Schäden an den beteiligten Fahrzeugen sowie eventuell an der Unfallstelle angefertigte Lichtbilder, welche idealerweise noch die Unfallendstellung der Fahrzeuge zeigen.

Aus diesem Grund wird der Sachverständige stets versuchen, die Original-Lichtbilddateien anstelle der in der Gerichtsakte befindlichen Ausdrucke zu erhalten. Zu diesem Zweck kann entweder eine Anfrage an die Parteien zur Überlassung dieser Dateien über das Gericht oder durch eine direkte Anfrage bei den Prozessbevollmächtigten der Parteien erfolgen.

Dabei ist wichtig, dass die Dateien in unkomprimierter Form zur Verfügung gestellt werden. Für die Qualität ist die Anzahl der Bildpunkte (Pixel) entscheidend. In den folgenden Abbildungen ist dies verdeutlicht. Beide Fotos erscheinen in den Totalen vollkommen identisch. Bei der Vergrößerung eines Bildausschnittes werden die Unterschiede aber deutlich, wenn die Pixel direkt angezeigt werden.

Stehen die unbearbeiteten Bilddateien zur Verfügung, lassen sich aus den abgespeicherten Metadaten im Exchangeable Image File Format (EXIF) zusätzliche Informationen wie Aufnahmedatum und -zeit, Brennweite, Blende, Belichtungsdauer und andere technische Parameter, ggf. auch geographische Koordinaten des Aufnahmeorts, gewinnen.

Abb. 12.1 und 12.2: Fotos mit 10 Mio. Pixeln

Abb. 12.3 und 12.4: Fotos mit 1 Mio. Pixeln

30 *Praxistipp*
Ist bei einem Verkehrsunfallgeschehen davon auszugehen, dass ein unfallanalytisches Sachverständigengutachten oder auch nur ein solches betreffend der streitigen Schadenshöhe eingeholt wird, so ist es ratsam, bereits frühzeitig die entsprechenden Lichtbilddateien zu einem ggf. vorhandenen Schadensgutachten einzuholen, damit diese auf entsprechende Anfrage des Sachverständigen hin diesem umgehend zur Verfügung gestellt werden können.

31 **Muster 12.3: Antrag auf Anordnung nach § 144 ZPO**
Beantragen wir,

dem Sachverständigen ▬▬ gem. § 144 ZPO aufzuerlegen,
die Lichtbilder zum Gutachten Nr. ▬▬ vom ▬▬ in digitaler Form
vorzulegen, damit diese dem gerichtlich bestellten Sachverständigen
zur Verfügung gestellt werden können.

Begründung

Erfahrungsgemäß benötigen die gerichtlich bestellten Sachverständigen die im Anschluss an ein Unfallgeschehen im Rahmen der Schadensermittlung erstellten Lichtbilder in digitaler Form, um diese hinreichend auswerten zu können. Nach § 144 Abs. 1 ZPO besteht für das Gericht die Möglichkeit, im Rahmen der Begutachtung durch einen Sachverständigen anzuordnen, dass auch ein Dritter, der nicht am Rechtsstreit beteiligt ist, Unterlagen vorlegen muss, die für die Beweiserhebung erforderlich sind. Dies ist vorliegend hinsichtlich der beim Sachverständigen ▬▬ vorhandenen Lichtbilddateien der Fall, da nur mittels dieser der gerichtlich bestellte Sachverständige sein Gutachten erstellen kann, da das verunfallte Fahrzeug des Klägers/des Beklagten für eine Nachbesichtigung im unfallbeschädigten Zustand nicht mehr zur Verfügung steht.

32 Weitere wichtige Erkenntnisse zieht der Sachverständige aus einer eventuell erfolgenden Ortsbesichtigung der Unfallstelle sowie Nachbesichtigung der unfallbeteiligten Fahrzeuge. Die entsprechenden Besichtigungstermine sind den Parteien rechtzeitig vorher

B. Die juristischen Vorgaben für die Erstellung eines Sachverständigengutachtens § 12

anzuzeigen, um den Parteien bzw. den Prozessbevollmächtigten die Möglichkeit einzuräumen, an diesen Terminen teilzunehmen.[11]

V. Die Gutachtenerstattung

Nachdem der Sachverständige alle erforderlichen Feststellungen zur Beantwortung der Beweisfragen getroffen hat, erfolgt die Gutachtenerstattung, welche je nach Anordnung des Gerichts schriftlich oder mündlich erfolgen kann.

1. Schriftliches Gutachten

Im Regelfall wird die Gutachtenerstattung gem. § 411 ZPO schriftlich erfolgen, auch wenn gesetzlich als Regelfall die mündliche Gutachtenerstattung durch Vernehmung des Sachverständigen vorgesehen ist (vgl. § 402 ZPO). Ob stattdessen eine schriftliche Begutachtung stattfinden soll, steht im Ermessen des Gerichts, ohne dass er hierzu einer Zustimmung der Parteien bedarf.[12]

Sollte das Gericht den Parteien ausnahmsweise einmal die Wahlmöglichkeit überlassen, ob ein Gutachten schriftlich oder mündlich erstattet werden soll, so ist – vorbehaltlich besonderer Einzelfälle – stets anzuraten, eine schriftliche Begutachtung durch den Sachverständigen herbeizuführen, um sich in Ruhe – ggf. unter Hinzuziehung eines eigenen Sachverständigen – mit dem Ergebnis des Gutachtens auseinandersetzen zu können.

▼
Muster 12.4: Schriftliches Gutachten
Nehmen wir Bezug auf die Anfrage des Gerichts vom ▬▬▬▬ und bitten, dem Sachverständigen aufzugeben, sein Gutachten schriftlich zu erstatten.

Dies hat gegenüber einer mündlichen Erstattung des Gutachtens den Vorteil, dass die Parteien und das Gericht sich deutlich umfassender mit dem Ergebnis der Begutachtung auseinandersetzen können, insbesondere bei komplexen technischen Vorgängen, wie sie vorliegend streitentscheidend sind, bei welchen ggf. noch eine Rücksprache mit eigenen beratenden Sachverständigen erforderlich sein wird.

Demgegenüber hat die mündliche Gutachtenerstattung den Nachteil, dass im Regelfall eine unmittelbare Reaktion auf das Ergebnis der Begutachtung noch im Termin zur mündlichen Verhandlung mangels der eigenen technischen Sachkunde der Parteien und der Prozessvertreter nicht möglich ist, so dass eine weitere schriftliche Stellungnahme erforderlich werden kann. Dies birgt die Gefahr, dass Übertragungsfehler auftreten, da gerade kein schriftliches Ergebnis des Gutachtens vorliegt.

Ferner besteht auch im Rahmen einer schriftlichen Begutachtung gem. § 411 Abs. 3 ZPO für das Gericht die Möglichkeit, den Sachverständigen bei Unklarheiten oder weiteren Rückfragen zur mündlichen Erläuterung des Gutachtens zu laden. Diese mündliche Erläuterung kann bei Vorliegen eines schriftlichen Gutachtens durch das Gericht und die Parteien deutlich besser vorbereitet werden, als wenn das Ergebnis der Begutachtung

---
11 OLG München, Urt. v. 3.11.1983 – 24 U 185/83 = NJW 1984, 807.
12 MüKo-ZPO/*Zimmermann*, § 411 Rn 2 m.w.N.

§ 12 Unfallrekonstruktion im Prozess

erstmalig im Termin zur mündlichen Verhandlung durch den Sachverständigen dargestellt wird.

2. Mündliches Gutachten

36 Alternativ zu einer schriftlichen Gutachtenerstattung kann – auf entsprechende Anordnung des Gerichts – auch eine mündliche Gutachtenerstattung erfolgen, d.h. der Sachverständige präsentiert das Ergebnis seiner Begutachtung im Rahmen einer mündlichen Verhandlung. Dieses Verfahren bietet gewisse Vor-, aber auch Nachteile.

37 Der **Vorteil** dieser Vorgehensweise ist, dass schnell ein Ergebnis erzielt werden kann, da ggf. aufkommende Rückfragen direkt im Rahmen der mündlichen Gutachtenerstattung im Termin geklärt werden können. Sollten neben der schriftlichen Unfallschilderungen der Parteien auch noch Zeugen vorhanden sein, so ist der Sachverständige während der Vernehmung der Zeugen anwesend und kann seinerseits direkt Fragen stellen, welche aus seiner Sicht zur Aufklärung des Sachverhalts von Relevanz sind.

38 Dieser Vorteil einer mündlichen Gutachtenerstattung kann aber auch zugleich einen **Nachteil** darstellen. Anders als bei einer vorherigen schriftlichen Gutachtenerstattung mit anschließender mündlicher Erläuterung, ist den Parteien bei einer von vornherein angeordneten mündlichen Gutachtenerstattung das Ergebnis vorher nicht bekannt, so dass im Termin je nach Ergebnis des Gutachtens kurzfristig auf die Ausführungen des Sachverständigen reagiert werden muss. Dies kann im Einzelfall durchaus schwierig sein, wenn komplexe technische Hergänge streitig sind, welche ggf. ohne Rücksprache mit einem eigenen beratenden Sachverständigen für einen Juristen nicht zu bewerten sind.

39 Eine mündliche Gutachtenerstattung bietet sich vor diesem Hintergrund daher lediglich für eher einfach gelagerte Alltagsfälle an. Sobald es komplizierter wird und ggf. eine detailliertere Auseinandersetzung mit dem Ergebnis des Gutachtens stattzufinden hat, bietet sich eine schriftliche Begutachtung an, da in diesem Fall nach Erhalt des Gutachtens ausreichend Zeit bleibt, die Feststellungen des Sachverständigen zu überprüfen und sodann ggf. zu beantragen, den Sachverständigen zu einer mündlichen Erläuterung seines Gutachtens zu laden.

C. Anforderungen an ein unfallanalytisches Sachverständigengutachten aus technischer Sicht

I. Die Arbeit des Sachverständigen

40 Der Unfallsachverständige wird hinzugezogen, wenn die Aufklärung des Unfallgeschehens dies als erforderlich erscheinen lässt.

C. Anforderungen an ein unfallanalytisches Sachverständigengutachten § 12

1. Gutachten schon im Strafverfahren als mögliche Grundlage für die spätere Verwertung im Zivilprozess

Dies kann bereits in einer sehr frühen Phase geschehen, wenn nämlich aufgrund der Schwere eines Unfalls der Verursacher im Rahmen eines Strafprozesses ermittelt werden soll. Die Polizei kann in Abstimmung mit der Staatsanwaltschaft einen Sachverständigen bereits zur Unfallaufnahme hinzuziehen. Sachverständige können eine Rufbereitschaft anbieten, so dass sie auch außerhalb ihrer Bürozeiten zu einem Zeitpunkt tätig werden können, bei dem sich die Situation so darstellt, wie sie in der Regel auch von der Polizei vorgefunden wird.

Dem Sachverständigen bietet sich in dieser Phase die Möglichkeit, sämtliche zur Verfügung stehenden objektiven Anknüpfungspunkte selbstständig zu sichern. Da er aufgrund seiner Sachkunde einschätzen kann, welche Anknüpfungspunkte für die Ausarbeitung erforderlich sind, kann er eine detailliertere Beweissicherung durchführen als Polizisten, die für Verkehrsunfälle nicht gesondert geschult sind. Er kann bereits an der Unfallstelle Vorstellungen zum Unfallablauf entwickeln und seine Spurensicherung darauf abstimmen. In dieser Phase liegt eine besondere Verantwortung auf ihm, weil Versäumnisse bei der Beweissicherung nachträglich nicht mehr korrigiert werden können. So verschwinden beispielsweise Splitterfelder und Endpositionen direkt bei der Räumung der Unfallstelle.

Der Sachverständige sollte sich bewusst sein, dass seine erste Begutachtung richtungsweisend für die Regulierung der Unfallfolgen ist. Sein Ergebnis kann darüber entscheiden, ob überhaupt ein Rechtsstreit begonnen wird. Hier getroffene Fehleinschätzungen lassen sich nachträglich nur mit großem Aufwand wieder korrigieren.

In der Regel wird der Sachverständige aber erst tätig, nachdem das Unfallgeschehen bereits länger zurückliegt. Dies kann noch im Rahmen des Strafverfahrens der Fall sein. Die Beauftragung erfolgt üblicherweise durch die Staatsanwaltschaft. Deren Interesse liegt darin, den Schuldigen zu ermitteln und zur Verantwortung zu ziehen. Dem Beschuldigten muss sein Fehlverhalten eindeutig nachgewiesen werden. Dies bedeutet für den Sachverständigen, dass er sämtliche Unwägbarkeiten zugunsten des Beschuldigten annimmt und sein Gutachten dementsprechend abfasst. Im Rahmen des Strafverfahrens kann darauf verzichtet werden, den Ereignisbereich nach oben abzugrenzen, d.h., die Betrachtungen mit Annahmen zugunsten der Geschädigten durchzuführen.

Praxistipp
Für den Juristen bedeutet dies, dass ein Gutachten im Strafprozess i.d.R. ganz andere Vorgaben als im Zivilverfahren als Grundlagen hat und daher eine uneingeschränkte Verwertung nach § 411a ZPO genau zu prüfen ist.

2. Das Unfallrekonstruktionsgutachten im Zivilprozess

Der Sachverständige kann auch erst in einem Zivilverfahren hinzugezogen werden. Seine Befugnisse werden dabei durch einen konkreten Gutachtenauftrag, der in einem

Beweisbeschluss formuliert wird, beschränkt. D.h., dem Sachverständigen ist es nicht erlaubt, in dieser Phase eigenständige Ermittlungen durchzuführen. Er kann nur auf das Material zurückgreifen, das von den Prozessparteien als Beweismittel beantragt wird. Üblicherweise wird ihm ein größerer Spielraum dadurch eingeräumt, dass durch das Gutachten der gesamte Unfallhergang geklärt werden soll und ihm erlaubt wird, eigenständig Material von den Prozessparteien anzufordern.

45 Im Rahmen eines Zivilprozesses muss der gesamte Ereignisbereich eingegrenzt werden. D.h., es müssen Grenzbetrachtungen in der Art durchgeführt werden, dass die Annahmen sowohl zugunsten als auch zuungunsten beider Prozessparteien getroffen werden. Nur dadurch ist gewährleistet, dass die Begutachtung objektiv erfolgt. Deshalb darf der Sachverständige das Unfallgeschehen und hier insbesondere die Aussagen von Parteien oder Zeugen auch nicht direkt bewerten.

46 Die Begutachtung soll die Entscheidungsfindung unterstützen. Das Gutachten unterliegt aber der freien Würdigung durch das Gericht.

3. Umfang und Aufgabenstellung eines Parteigutachtens

47 Der Sachverständige kann auch direkt von Unfallbeteiligten, Versicherungen oder Angehörigen mit einem Gutachtenauftrag versehen werden. Der Auftraggeber verfolgt dabei das Ziel, den Rechtsstreit in seinem Sinne zu entscheiden. Dementsprechend steht es dem Sachverständigen frei, nur Betrachtungen zugunsten seines Auftraggebers durchzuführen. Auch in diesem Fall muss er aber seine Begutachtung nach bestem Wissen und Gewissen durchführen. Eine einseitige Begutachtung birgt die Gefahr der Parteilichkeit.

4. Wichtige Arbeitsschritte bei allen Gutachten

48 Wenn der Sachverständige den Gutachtenauftrag erhalten hat, verläuft die Ausarbeitung unabhängig von der konkreten Aufgabenstellung nach den gleichen Grundsätzen. Es wird das zur Verfügung stehende Material auf die dahin enthaltenen Anknüpfungspunkte für die Rekonstruktion des Unfallgeschehens geprüft.

49 Das umfangreichste Material steht natürlich dann zur Verfügung, wenn der Sachverständige selbst den Unfall aufgenommen hat. In diesem Fall bieten sich auch zusätzliche Auswertemöglichkeiten. Die sichergestellten Fahrzeuge können nachbesichtigt werden. Dabei ist es unter Umständen möglich, die im Fahrzeug verbauten Steuergeräte auszulesen und aus diesem Datenmaterial direkt Informationen zum Unfallgeschehen zu gewinnen. In den Steuergeräten sind wichtige Daten abgelegt, die direkte Aussagen zum Unfallgeschehen ermöglichen.

50 Zum jetzigen Zeitpunkt und insbesondere bei Ausarbeitung nach Aktenlage bildet das nach dem Unfall angefertigte Fotomaterial die wesentlichste Grundlage. Aus diesen Fotos gehen die örtlichen Gegebenheiten, die Fahrzeugschäden, vorhandene Spuren usw. hervor. Es handelt sich dabei um objektive Anknüpfungspunkte, weil sie durch die Lichtbilder unverfälscht dokumentiert sind. Sie haben deswegen für die technische

C. Anforderungen an ein unfallanalytisches Sachverständigengutachten § 12

Analyse ein größeres Gewicht als die Angaben der Unfallbeteiligten und Zeugen. Unfallbeteiligte treten im Prozess als Partei auf. Es kann deshalb nicht vorausgesetzt werden, dass ihre Angaben unparteiisch erfolgen. Zeugen nehmen oftmals nur einen Teil des Unfallgeschehens wahr. Selbst wenn sie dasselbe gesehen haben, ist es selten, dass zwei Zeugen die gleichen Wahrnehmungen schildern.

Erfolgt die Ausarbeitung nach vorliegendem Aktenmaterial, lässt sich leider sehr oft feststellen, dass die für die Rekonstruktion erforderlichen Anknüpfungspunkte oftmals nicht enthalten sind. D.h., vom Gericht werden zwar Beweisfragen formuliert, es wird allerdings oftmals nicht überprüft, ob die dafür zur Verfügung stehenden Anknüpfungspunkte bereits in der Akte vorliegen. Wesentliche Informationen zum Unfallgeschehen gehen in der Regel aus der Polizeiakte oder der Bußgeld- bzw. Strafakte hervor. Darin sind oftmals auch Bilder der Polizei und Verkehrsunfallskizzen enthalten. Dieses Material, was in der Regel von den Prozessparteien bereits als Beweismittel beantragt wird, sollte also vor Übersendung der Zivilakte für die Ausarbeitung des Gutachtens dem Sachverständigen auch direkt zur Verfügung gestellt werden. Es ist auch darauf zu achten, dass die in der Akte meist als Kopien enthaltenen Fotos schon als Originale angefordert und an den Sachverständigen weitergeleitet werden. Vor allem hinsichtlich der neuerdings direkt bei Auftragserteilung gesetzten Fristen ist dies eine sehr wichtige Voraussetzung, damit der Sachverständige direkt nach Eingang der Akte auch tätig werden kann und nicht erst gezwungen ist, dass fehlende Material bei den Prozessparteien, der Polizei oder den Schadengutachtern anzufordern. 51

Der Sachverständige muss offenlegen, welche Anknüpfungspunkte ihm zur Verfügung standen und wie er sie verwertet hat. Das Ergebnis des Gutachtens muss mit den zur Verfügung stehenden objektiven Anknüpfungspunkten im Einklang stehen. Widersprüche zu den Angaben der Zeugen und Prozessparteien sind demgegenüber in der Regel unvermeidlich, weil die Parteien im Normalfall das Unfallgeschehen gegensätzlich schildern. 52

Im Gutachten dürfen nicht nur die gewonnenen Ergebnisse wiedergegeben werden. Es muss auch der dahin führende Lösungsweg offen gelegt werden. Die Nachvollziehbarkeit eines Gutachtens wird durch die Visualisierung in Form von Fotos, Grafiken, Diagrammen o.ä. deutlich vereinfacht. In der Unfallrekonstruktion hat sich die Verwendung von Vergleichsversuchen bewährt. Anhand der in Versuchen auftretenden Fahrzeugbeschädigungen lassen sich die Berechnungsergebnisse sehr gut auf ihre Plausibilität überprüfen, ohne das die physikalischen Zusammenhänge dafür bekannt sein müssen. Der Jurist sollte dabei immer vor Augen haben, dass es dem Sachverständigen in der Regel nicht möglich ist, die konkreten Unfallfahrzeuge für solche Versuche zu verwenden. Der dafür erforderliche Kostenaufwand steht meistens im Widerspruch zum Streitwert des Prozesses. 53

Die Berechnungsergebnisse in einem Gutachten basieren nicht allein auf den zur Verfügung stehenden objektiven Annahmen, sondern auch auf Annahmen, die der Sachverständige trifft. Beispielsweise lässt sich die Länge einer Bremsspur im Foto erkennen. 54

Der auf dieser Bremsstrecke erzielte Geschwindigkeitsverlust ist aber davon abhängig, welche Verzögerung gewirkt hat. Diese Verzögerungen wurden durch Bremsversuche in ausgedehnten Studien ermittelt. Ähnlich verhält es sich auch mit anderen Annahmen in der Begutachtung. Für die Nachvollziehbarkeit der Ergebnisse ist es deshalb auch notwendig, dass diese getroffenen Annahmen offengelegt werden. Die verwendeten Studien sind zu benennen und in Form von Diagrammen oder ähnlichem dem Gutachten beizufügen.

55 Der Sachverständige darf sich nicht dazu hinreißen lassen, Behauptungen aufzustellen, die er nicht nachvollziehbar belegen kann. So kann er ein eindeutiges Ergebnis nicht formulieren, wenn das zur Verfügung stehende Material dies gar nicht zulässt. Das Ergebnis eines Gutachtens liegt immer in technisch möglichen Grenzen (Kollisionsgeschwindigkeiten, Annäherungsgeschwindigkeiten, Handlungsweisen der Beteiligten). Im Ergebnis sollte der gesamte Unfallablauf geschlossen dargestellt werden. Eine bewährte Möglichkeit besteht darin, die Unfallentstehung in Weg-Zeit-Diagrammen aufzubereiten. In sehr anschaulicher Weise lassen sich darin die Handlungsweisen der Beteiligten direkt gegenüberstellen. Beispielsweise erfolgt die einer Abwehrhandlung vorangehende Reaktion eines Unfallbeteiligten immer nur dann, wenn ein entsprechendes Signal des Unfallgegners vorliegt. Mit diesen grafischen Lösungen lässt sich die Zuordnung einer Reaktion zur konkreten Gefahrensituation deutlich einfacher darstellen als eine Beschreibung durch Einzelwerte. Fehlerhafte Interpretationen können damit vermieden werden.

56 Der Sachverständige muss sich bei seiner Arbeit grundsätzlich immer bewusst sein, dass seine Angaben im Gutachten gravierende Folgen auf den Prozessverlauf haben können. So wäre es möglich, dass seine Äußerungen neue Themen aufwerfen, die im Prozess bisher überhaupt keine Rolle gespielt haben. Aus diesem Grund muss sich der Sachverständige immer auf die konkreten Beweisfragen beschränken und darüber hinausgehende Interpretationen unterlassen.

II. Die Beurteilung eines Gutachtens

57 Der Sachverständige macht grundsätzlich Aussagen über Vorgänge, an denen er nicht beteiligt war und die er nicht gesehen hat. Diese Vorgänge analysiert er mit wissenschaftlichen Methoden. Dabei ist zu beachten, dass technische Gutachten grundsätzlich sichere Ergebnisse hervorbringen können. Hierfür ist es erforderlich, sämtliche möglichen Rahmenbedingungen in die Betrachtung mit einzubeziehen und den überhaupt möglichen Ereignisbereich sicher abzugrenzen. In einem technischen Gutachten sollten deshalb immer Grenzbetrachtungen durchgeführt werden. Sämtliche möglichen Ergebnisse müssen immer zwischen diesen Grenzen liegen. Wie eng die Grenzen gesteckt werden können, hängt davon ab, wie tief in die Problematik eingedrungen wurde und welche Anknüpfungspunkte zur Verfügung standen. Diese Vorgehensweise ermöglicht auch eine praktikable Bewertung eines Sachverständigengutachtens, wobei extrem unwahrscheinliche Ereignisse unberücksichtigt bleiben.

C. Anforderungen an ein unfallanalytisches Sachverständigengutachten §12

Für die Entscheidung eines Rechtsstreites ist sicherlich der Sachverständige am hilfreichsten, der ein eindeutiges Ergebnis liefert. Allerdings sollte eine eindeutige Aussage – vor allem wenn sie mit dem „gesunden Menschenverstand" nicht zwanglos zu vereinbaren ist – umfassend belegt und begründet werden.

Ein Sachverständiger, der alle erdenklichen Möglichkeiten berücksichtigt, formuliert im Grunde unangreifbar, weil er auch die geringsten Wahrscheinlichkeiten in seine Betrachtungen mit einbezieht. Dies kann aus Unsicherheiten der Anknüpfungspunkte oder aber der Art der Ausarbeitung resultieren. Die Aussagen eines solchen Gutachtens sind für die Entscheidung eines Rechtsstreites sicher am wenigsten hilfreich.

Um klare Aussagen zu treffen, kann ein Sachverständiger seine Analyse auf die Beobachtungen anderer (Akten, Literatur, Studien) stützen. Er führt in der Regel Berechnungen zur Bestimmung fehlender Größen durch. Er kann diese Ergebnisse durch Vergleichsversuche weiter erhärten. Dabei dienen seine Berechnungsergebnisse dann als Eingabegrößen. Ein Vorgang, der in der Vergangenheit stattfand, kann damit quasi in die Gegenwart übertragen werden. Lassen sich damit Auswirkungen wie bei dem Unfall- oder Schadenereignis reproduzieren, erhöht dies die Sicherheit einer Begutachtung. Ein Sachverständiger sollte sich dies immer vor Augen halten. Auch wenn nicht möglich ist, für jeden Einzelfall extra Versuche durchzuführen, kann er auf bereits vorhandene zurückgreifen, die z.B. auch in Datenbanken im Internet verfügbar sind.

Werden die Ergebnisse anschaulich und verständlich präsentiert, ist es auch dem technischen Laien möglich, die Aussagen mit eigenen Erfahrungen und Kenntnissen abzugleichen. Anhand des für die Ausarbeitung des Gutachtens erkennbaren Aufwands lässt sich auch abschätzen, wie wahrscheinlich Abweichungen von den Untersuchungsergebnissen sind. Damit kann auch entschieden werden, ob diese Eventualitäten für die Gesamtbeurteilung überhaupt relevant sind.

Der gravierendste Fehler eines Sachverständigen ist wohl der, dass er nicht alle zur Verfügung stehenden Möglichkeiten ausschöpft und einfach Behauptungen aufstellt, die er nicht belegen kann. Sein Eifer darf sich dabei aber gleichzeitig nur auf Fragestellungen erstrecken, die ihm konkret vorgegeben wurden.

III. Einzelne mögliche Prüfungspunkte

Für die Rekonstruktion eines Unfallgeschehens ist es in der Regel unerlässlich, Berechnungen durchzuführen, um die eingehaltenen Geschwindigkeiten zu bestimmen. Hierfür stehen die unterschiedlichsten Anknüpfungspunkte zur Verfügung. Selbst wenn im Idealfall Datenaufzeichnungen aus Tachographen, Steuergeräten oder ähnlichem vorliegen, sind diese Daten toleranzbehaftet. Dies trifft in noch größerem Maße auf die Angabe von Messergebnissen in Unfallskizzen zu. Selbst wenn ein sogenanntes Monobildverfahren (Kombination aus Fotodokumentation und Messen) zur Anwendung kam, lassen sich Spuren und Endlagen niemals vollkommen exakt sichern. Da sämtliche Berechnungen in einem Sachverständigengutachten auf solchen Daten beruhen, ist es natürlich, dass

§ 12 Unfallrekonstruktion im Prozess

auch die Ergebnisse mit Toleranzen behaftet sind. Die Angabe von eindeutigen Geschwindigkeiten, möglicherweise sogar noch mit Nachkommastellen, suggeriert eine Genauigkeit, die im Rahmen der Unfallrekonstruktion niemals gewährleistet werden kann. Es ist ja keine Willkür, dass selbst bei standardisierten Messverfahren die dabei gemessenen Geschwindigkeiten mit Verkehrsfehlergrenzen von 3 % toleriert werden.

63 Die Anknüpfungspunkte bilden die wichtigste Grundlage für das Ergebnis eines Gutachtens. Wird ein Sachverständiger direkt zur Unfallaufnahme hinzugezogen, bieten sich ihm die idealen Voraussetzungen, diese Anknüpfungspunkte in vollem Umfang und in hoher Qualität zu sichern. Versäumnisse in dieser Phase können nachträglich nicht mehr korrigiert werden. Ausnahmen bilden allerdings die örtlichen Gegebenheiten und Fahrzeuge, die von Unbeteiligten bis zur Entscheidung des Rechtsstreits im beschädigten Zustand aufbewahrt werden. Hier kann eine Nachbesichtigung auch nach längerer Zeit erfolgen. Dies erfordert höheren Aufwand, ist aber immer dann sinnvoll, wenn aus der vorliegenden Dokumentation nicht die nötigen Informationen hervorgehen. Bei der Zuordnung von Schäden aus Kleinkollisionen kommt es auch auf kleinste Details an. Diese können in einer Fotodokumentation möglicherweise nicht enthalten sein, weil z.B. die Bilddateien zur Einsparung von Speicherressourcen kleingerechnet wurden und in der Originalauflösung nicht mehr vorliegen.

64 Zusätzlich ist zu beachten, dass bei der Dokumentation von Schäden die Fahrzeuge in den seltensten Fällen mit einem Maßstab fotografiert werden. Die höhenmäßige Zuordnung der Schäden kann dann nur mit Vergleichsfahrzeugen durchgeführt werden. Stehen die Unfallfahrzeuge noch zur Verfügung, sollte die Möglichkeit genutzt werden, die Schadenzuordnung anhand dieser Fahrzeuge vorzunehmen. In diesem Fall erübrigen sich Diskussionen über die Genauigkeit.

65 Bei der Höhenzuordnung sind auch ihre Beladungszustände zu berücksichtigen. Wie die folgenden Lichtbilder zeigen, macht es einen deutlichen Unterschied, ob ein Pkw leer ist oder eine 500 kg Last im Kofferraum transportiert.

C. Anforderungen an ein unfallanalytisches Sachverständigengutachten §12

Abb. 12.5: Beladungszustand leer

Beladungszustand 500 kg

Auch aus den örtlichen Gegebenheiten ergeben sich Unterschiede. Durch eine Ortsbesichtigung ist deshalb zu klären, ob z.B. der Untergrund über Unebenheiten verfügt oder eine Bordsteinkante vorhanden ist.

Aber auch bei heftigen Kollisionen ist eine Nachbesichtigung der Unfallstelle und der Fahrzeuge sinnvoll. Bei einer Gegenverkehrskollision mit hoher Relativgeschwindigkeit entstehen in den überwiegenden Fällen sogenannte Schlagmarken. Diese werden dadurch hervorgerufen, dass Teile des Unterbodens infolge der hohen Kollisionskräfte auf die Fahrbahn gepresst werden. Lassen sich die betreffenden Bauteile bestimmen, kann der Kollisionsort genau rekonstruiert und die bei einer solchen Kollision wichtigste Frage, wer seine Fahrspur verlassen hatte, geklärt werden.

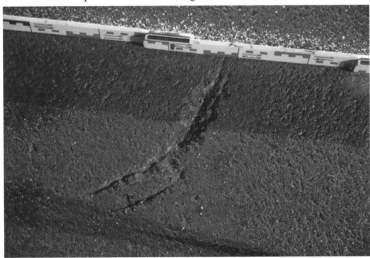

C. Anforderungen an ein unfallanalytisches Sachverständigengutachten §12

Abb. 12.7 bis 12.9: Schlagspuren

Bei Kollisionen mit geringer Überdeckung bewegen sich die Fahrzeuge aneinander vorbei, wenn es zu einem Abgleiten kommt. Dabei lässt sich öfter beobachten, dass mehrere Schlagspuren an völlig unterschiedlichen Stellen auf der Fahrbahn entstehen können. Die Bestimmung des Kollisionsortes wird dadurch erschwert.

67

Abb. 12.10 bis 12.12: Bestimmung des Kollisionsortes

© Abb. 12.10 (links) und Abb. 12.11 (rechts oben) Polizei Sachsen-Anhalt

© Abb. 12.12 (rechts unten) Carsten Heindorf, Wernigerode

§ 12 Unfallrekonstruktion im Prozess

68 Auch wenn heutzutage hoch auflösende Luftbilder von den Unfallstellen vorliegen, kann auf Ortsbesichtigungen nicht in jedem Fall verzichtet werden. Dies ist insbesondere dann gegeben, wenn an der Unfallstelle Gefällestrecken vorhanden sind. Die Neigung der Fahrbahn hat Auswirkungen auf die möglichen Bremsverzögerungen. Sie wirkt sich somit auf die Bestimmung der Geschwindigkeit aus. Aus den Neigungen ergeben sich möglicherweise auch Sichtproblematiken, die nur vor Ort geklärt werden können.

69 Bei der Bestimmung der Sichtmöglichkeiten vor Ort ist darauf zu achten, dass die für die Unfallbeteiligten korrekte Sichthöhe berücksichtigt wird. Ein Lkw-Fahrer sitzt mit seinen Augen weit oberhalb der Fahrbahn. Dies ist bei der Erstellung der Fotodokumentation zu beachten, weil ansonsten die Aussagekraft nicht gegeben ist.

Abb. 12.13: Sicht aus Traktor (4m K 190m)

C. Anforderungen an ein unfallanalytisches Sachverständigengutachten § 12

Abb. 12.14: Sicht aus Pkw

Durch den Fortschritt in der Fahrzeugtechnik ergeben sich für die konventionelle Unfallrekonstruktion weniger Anknüpfungspunkte. Durch den Einsatz von ABS kommt es infolge von Vollbremsungen in den wenigsten Fällen zu Spurzeichnungen. Die Annäherungsgeschwindigkeit ist dadurch nicht in dem Maße eindeutig nachweisbar. **70**

In der Praxis finden sich Beispiele dafür, dass bei der Entscheidung von Verfahren die Möglichkeit einer Geschwindigkeitsreduzierung vor der Kollision völlig außer Acht gelassen wird, obwohl sich aus den Gesamtumständen Anhaltspunkte für eine frühzeitigere Gefahrenerkennung ergeben. Die Problematik besteht nämlich darin, den Zeitpunkt festzulegen, bei dem eine eindeutige Gefahrensituation für den die Vollbremsung durchführenden Unfallbeteiligten vorlag. **71**

Die Betrachtung dazu erfolgt in einem Weg-Zeit-Diagramm. Hierin werden die Annäherungsvorgänge der beiden Unfallbeteiligten aufgetragen. Eine direkte Verknüpfung ergibt sich mit der Kollision. Hier sind die Positionen und Geschwindigkeiten in der Regel mit engen Toleranzen einzugrenzen. Eine zweite Verknüpfung der Handlungsweisen der Beteiligten ergibt sich durch die Reaktion. Eine Vollbremsung wird als Abwehr eines hohen Gefahrenpotentials ausgeführt. Der zweite Unfallbeteiligte muss sich zu diesem Zeitpunkt in einer sogenannten Signalposition befunden haben, die für den die Vollbremsung Ausführenden eine eindeutige Gefahrensituation darstellt. **72**

Die Festlegung dieser Signalposition hat gravierende Auswirkungen auf die Bestimmung der Anfangsgeschwindigkeit des ersten Unfallbeteiligten. Sie hängt von den unterschiedlichsten Faktoren ab. **73**

Die späteste Reaktionsaufforderung liegt aus technischer Sicht dann vor, wenn der Unfallgegner direkt in den Fahrbereich des Bevorrechtigten eindringt. Die Intensität der Gefahr ergibt sich aber auch aus der Geschwindigkeit mit der dieses Eindringen stattfindet. Aus der Kombination des Abstandes des Unfallgegners beim Erreichen der Signal- **74** position vom späteren Kollisionsort und der eingehaltenen Geschwindigkeit ergibt sich die für den Bevorrechtigten zur Verfügung stehende Abwehrzeit. Bei der Bestimmung der Distanz ist auch die Anstoßstelle am Unfallgegner zu berücksichtigen. Die Signalposition erreicht der Unfallgegner in der Regel mit der Fahrzeugfront. Erfolgt der Anstoß aber erst gegen den Heckbereich, so verlängert sich die zwischen der Signalposition und der Kollision zurückgelegte Wegstrecke. Im Weg-Zeit-Diagramm sind bei der Betrachtung dann zwei Fahrlinien für den Unfallgegner sinnvoll.

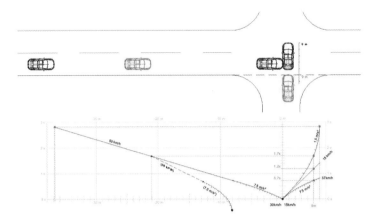

Abb. 12.15: Signalpositionen

75 Zur Verdeutlichung der Unterschiede das Beispiel in der Abbildung 12.15 oben. Es wird davon ausgegangen, dass sich ein untergeordneter Pkw für den Bevorrechtigten von rechts annähert. Als Signalposition wird das Erreichen der rechten Spurabtrennung für den Bevorrechtigten berücksichtigt. Der Bevorrechtigte nähert sich in der Mitte seiner Fahrspur an. Zum rechten Fahrbahnrand verbleibt ein Abstand von 1 m. Der untergeordnete Unfallgegner wird bei der Kollision im Bereich des Hinterrades getroffen. Von der Signalposition bis zur Kollision legt dieses Fahrzeug somit eine Strecke von etwa 5 m zurück. Bei der Kollision hält es etwa 15 km/h ein. Diese Geschwindigkeit kann es auch mit einem normalen Anfahrvorgang mit Start 1 m vor der Trennlinie zur bevorrechtigten Fahrbahn erzielen.

> *Praxistipp*
> Ein in der Praxis durchaus feststellbarer Fehler liegt in jedem Fall dann vor, wenn der Sachverständige den Start des untergeordneten Beteiligten als Signalposition deklariert. Dies ist eindeutig auszuschließen, weil der Bevorrechtigte ja erst eine Bewegung des Unfallgegners erkennen muss, bevor er von einer Gefahr ausgehen kann.

76 Es ergeben sich aber möglicherweise Besonderheiten, wenn der vorfahrtpflichtige Pkw mit konstanter Geschwindigkeit in die Kollision hineinfuhr. Gleichermaßen wäre es auch möglich, dass er die Gefahr selbst noch erkannte und infolge einer Vollbremsung eine Vermeidung herbeiführen wollte.

C. Anforderungen an ein unfallanalytisches Sachverständigengutachten § 12

> *Praxistipp*
> Es obliegt daher dem Juristen, die Fahrzeugführer genau zu ihrem Verhalten vor der Kollision in Form von Abbremsen, Anhalten bzw. Ausweichen oder anderen Lenkmanövern zu befragen.

Bei identischer Signalposition ergeben sich hieraus für den Bevorrechtigten deutlich unterschiedliche Abwehrzeiten. Diese konnten zwischen 0,7 und 1,7 s liegen. Im vorliegenden Fall hat dies gravierende Auswirkungen. Bei einer üblichen Reaktionsdauer von 1 s konnte der Bevorrechtigte entweder nicht mehr bremsen oder aber die Anfangsgeschwindigkeit bis zur Kollision mit einer Vollbremsung um 20 km/h verringern. Das hat gravierende Auswirkungen auf die Beurteilung des Unfalls. Der Bevorrechtigte könnte sich vollkommen korrekt verhalten oder aber die zulässige Höchstgeschwindigkeit deutlich überschritten haben. Das Unfallgeschehen wäre je nach Fahrweise deutlich vermeidbar gewesen. 77

Es lässt sich zeigen, dass selbst bei einer direkten Vorgabe der Signalposition durch den Juristen die Abwehrzeiten für den Unfallbeteiligten je nach Fahrweise variieren. 78

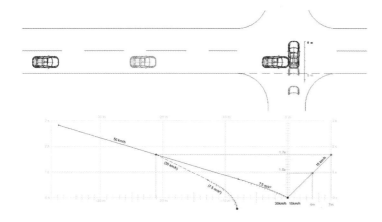

Abb. 12.16: Signalpositionen

Mit dem zweiten Beispiel in Abbildung 12.16 lässt sich der direkte Einfluss der Festlegung der Signalposition zeigen, wenn die Fahrweise des untergeordneten Pkw unstreitig ist. Näherte er sich mit der späteren Kollisionsgeschwindigkeit an, variiert die Abwehrzeit des Bevorrechtigten zwischen 1,0 und 1,7 s, je nachdem ob als Reaktionsaufforderung erst das Eindringen in die Bewegungsbahn oder aber bereits eine Position 2 m vor der Haltelinie gewertet wird. 79

Für die Beurteilung des Unfallgeschehens durch den Juristen ist es für den Sachverständigen unerlässlich, die möglichen Variationen offen zu legen.

D. Reaktionsmöglichkeiten auf ein Sachverständigengutachten

80 Liegt das Sachverständigengutachten vor, stellt sich für den Juristen die Frage, wie er dieses zu würdigen hat und wie ggf. die Aussage eines Gutachtens überprüft oder gar der Sachverständige selber angegriffen bzw. die Einholung eines neuen Gutachten veranlasst werden kann.

I. Würdigung des Gutachtens

81 Nachdem das Gutachten seitens des Sachverständigen erstattet wurde, sei es schriftlich oder im Rahmen einer mündlichen Verhandlung, beginnt für die Prozessbevollmächtigten (jedenfalls für einen von beiden) erst richtig die Arbeit. Insbesondere wenn das Gutachten nämlich zulasten der eigenen Partei ausfällt ist zu überprüfen, ob die darin getroffenen Ergebnisse zutreffen oder ob noch eine Möglichkeit besteht, das Gutachten anzugreifen.

82 Insoweit ist auch zu beachten, dass auch ein Sachverständigengutachten nach § 286 Abs. 1 ZPO der freien Beweiswürdigung des Gerichts unterliegt, d.h. der Tatrichter ist nicht an das Ergebnis der Begutachtung gebunden. In der Praxis wird dies, insbesondere bei einem Verkehrsunfall, selten der Fall sein, zumal eine entsprechende Abweichung vom Ergebnis des Gutachtens seitens des Tatrichters besonders begründet werden muss.[13] Dennoch sollte auch in dem Fall, dass das Gutachten zugunsten der eigenen Partei ausfällt, überprüft werden, ob die Feststellungen des Sachverständigen nachvollziehbar und schlüssig erscheinen, um ggf. durch eigene Nachfragen eine ergänzende Stellungnahme des Sachverständigen zu bestimmten Punkten herbeizuführen.

1. Stellungnahmefrist

83 Sollte das Gutachten schriftlich erstattet worden sein, so wird das Gericht mit der Übersendung dieses Gutachtens an die Parteien i.d.R. gem. § 411 Abs. 4 i.V.m. § 296 ZPO eine Frist setzen, binnen derer die Parteien zu dem Ergebnis des Gutachtens Stellung nehmen können.

Ebenso besteht nach einer mündlichen Gutachtenerstattung die Möglichkeit, eine Schriftsatzfrist zu beantragen, um zu dem Ergebnis der Begutachtung Stellung nehmen zu können.

2. Antrag auf Ergänzungsgutachten bzw. mündliche Erläuterung des Gutachtens

84 Sollte sich bei der Überprüfung des eingeholten Gutachtens zeigen, dass der Sachverständige entweder eine in dem zugrunde liegenden Beweisbeschluss aufgestellte Beweisfrage nicht oder nicht hinreichend beantwortet hat, oder sogar ein inhaltlicher Fehler in dem Gutachten auftauchen, so besteht innerhalb der vom Gericht gesetzten Frist die

---

13 BGH, Urt. v. 9.5.1989 – VI ZR 268/88 = NJW 1989, 2948.

D. Reaktionsmöglichkeiten auf ein Sachverständigengutachten § 12

Möglichkeit, Einwendungen gegen das Gutachten zu erheben und eine ergänzende Begutachtung durch den Sachverständigen zu beantragen.

Diese ergänzende Begutachtung kann entweder (erneut) schriftlich erfolgen,[14] was sich insbesondere bei umfangreicheren Einwänden oder komplexen Sachverhalten anbietet, oder aber das Gericht kann den Sachverständigen zur mündlichen Erläuterung des Gutachtens laden (§ 411 Abs. 3 ZPO).

Die Entscheidung des Gerichts zur Anordnung der mündlichen Erläuterung des Gutachtens liegt grundsätzlich im pflichtgemäßen **Ermessen** des Gerichts.[15] Allerdings ist das Ermessen des Gerichts dahingehend gebunden, dass es alle vorhandenen Aufklärungsmöglichkeiten zur Beseitigung von Zweifeln und Unklarheiten des Gutachtens ausschöpfen muss, wozu insbesondere eine mündliche Erläuterung des Gutachtens gehört.[16] 85

Unabhängig von der dem Gericht nach § 411 Abs. 3 ZPO eingeräumten Möglichkeit der Anordnung einer mündlichen Erläuterung des Gutachtens muss das Gericht auf **Antrag einer Partei** hin den Sachverständigen zur mündlichen Anhörung laden, auch wenn das Gericht selbst keinen weiteren Erläuterungsbedarf sieht (§§ 402, 397 ZPO).[17] 86

Wenn eine mündliche Erläuterung des Gutachtens beantragt wird, ist es insoweit auch nicht erforderlich, die dem Sachverständigen zu stellenden Fragen vorab konkret mitzuteilen, sondern es genügt, wenn dargelegt wird, in welche Richtung der Wunsch zur weiteren Aufklärung des Sachverhalts geht.[18] Eine genauere Eingrenzung bzw. das Stellen konkreter Nachfragen ermöglicht es dem Sachverständigen jedoch, sich konkret auf diese Frage einzustellen und vorzubereiten, so dass je nach Einzelfall entschieden werden sollte, ob die Ergänzungsfragen bereits schriftlich oder doch erst im Termin gestellt werden sollen. 87

Muster 12.5: Keine Pflicht zur Ausformulierung von Ergänzungsfragen an den Sachverständigen 88

Wir weisen nur vorsorglich darauf hin, dass sich die konkret an den Sachverständigen zu stellenden Fragen aus dem Ablauf der mündlichen Verhandlung ergeben werden. Es ist jedenfalls nicht erforderlich, die Fragen vorab konkret mitzuteilen, sondern ausreichend darzulegen, in welche Richtung der Wunsch zur weiteren Aufklärung geht (ständige Rechtsprechung – siehe nur BGH, Urt. v. 5.9.2006 – VI ZR 176/05 = NJW-RR 2007, 212).

---

[14] BGH, Urt. v. 1.2.2002 – V ZR 361/00 = NJW-RR 2002, 1147.
[15] BGH, Urt. v. 21.10.1986 – VI ZR 15/85 = NJW-RR 1987, 339.
[16] BGH, Urt. v. 10.12.1991 – VI ZR 234/90 = NJW 1992, 1459.
[17] BGH, Urt. v. 5.9.2006 – VI ZR 176/05 = NJW-RR 2007, 212; BGH, Urt. v. 29.10.2002 – VI ZR 353/01 = NJW-RR 2003, 208.
[18] BGH, Urt. v. 5.9.2006 – VI ZR 176/05 = NJW-RR 2007, 212; BGH, Beschl. v. 8.11.2005 – VI ZR 121/05 = NJW-RR 2006, 1503.

3. Berücksichtigung eines Privatgutachtens

89 Wurde während oder bereits zur Vorbereitung des anhängigen Prozesses ein Privatgutachten eingeholt, so hat sich das Gericht, sollten sich das Ergebnis dieses Privatgutachtens und des gerichtlichen Gutachtens widersprechen, mit diesen Widersprüchen auseinandersetzen.[19] Dem Gerichtsgutachten darf daher nicht einfach ohne eine entsprechende Begründung der Vorzug gegeben werden, nur weil es sich bei dem anderen Gutachten um ein im Auftrag einer Partei eingeholtes Gutachten handelt. Unter Umständen ist daher dem gerichtlich bestellten Sachverständigen seitens des Gerichts aufzugeben, sich mit dem Ergebnis des Privatgutachtens auseinanderzusetzen.

90 Hierzu bietet sich insbesondere die mündliche Anhörung des gerichtlichen Sachverständigen nach § 411 Abs. 3 ZPO an, im Rahmen derer dem Sachverständigen das abweichende Ergebnis des Privatgutachtens vorgehalten werden kann. Eines Antrags der beweispflichtigen Partei bedarf es hierfür nicht.[20] In einem solchen Fall bietet es sich aus Sicht der Partei, welche das Privatgutachten eingeholt hat, zu welchem sich der gerichtliche Sachverständige in Widerspruch gesetzt hat, an, den von der Partei eingeschalteten Sachverständigen an dem Termin zur Erläuterung des gerichtlichen Sachverständigengutachtens teilnehmen zu lassen, damit eine direkte Gegenüberstellung der Meinungen der Sachverständigen stattfinden kann.[21]

▼

91 **Muster 12.6: Berücksichtigung des Ergebnisses eines Privatgutachters**
Legt eine Partei ein eigenes Gutachten vor, das im Gegensatz zu den Erkenntnissen des gerichtlich bestellten Sachverständigen steht, so ist vom Tatrichter besondere Sorgfalt gefordert. Er darf in diesem Fall – wie auch im Fall sich widersprechender Gutachten zweier gerichtlich bestellter Sachverständiger – den Streit der Sachverständigen nicht dadurch entscheiden, dass er ohne einleuchtende und logisch nachvollziehbare Begründung einem von ihnen den Vorzug gibt (ständige Rechtsprechung – siehe nur BGH, Beschl. v. 21.3.2014 – V ZR 204/12 = BeckRS 2013, 07392 und Beschl. v. 12.1.2011 – IV ZR 190/08 – juris).

Einwänden, die sich aus einem Privatgutachten gegen das Gutachten des gerichtlichen Sachverständigen ergeben, muss das Gericht nachgehen und insbesondere Widersprüche weiter aufklären. Dazu kann es den Sachverständigen zu einer schriftlichen Ergänzung seines Gutachtens veranlassen. Insbesondere bietet sich die mündliche Anhörung des gerichtlichen Sachverständigen gemäß § 411 Abs. 3 ZPO an. Ein Antrag der beweispflichtigen Partei ist dazu nicht erforderlich (BGH, Beschl. v. 18.5.2009 – IV ZR 57/08 = NJW-RR 2009, 1192).

---

19 BGH, Beschl. v. 21.3.2013 – V ZR 204/12 = BeckRS 2013, 07392; BGH, Beschl. v. 12.1.2011 – IV ZR 190/08 – juris.
20 BGH Beschl. v. 18.5.2009 –IV ZR 57/08 = NJW-RR 2009, 1192.
21 BGH Beschl. v. 18.5.2009 –IV ZR 57/08 = NJW-RR 2009, 1192; BGH, Urt. v. 14.4.1981 – VI ZR 264/79 = BeckRS 1981, 30391648.

D. Reaktionsmöglichkeiten auf ein Sachverständigengutachten § 12

Zweckmäßigerweise hat das Gericht den Sachverständigen unter Gegenüberstellung mit dem Privatgutachter anzuhören, um dann entscheiden zu können, inwieweit es den Ausführungen des Sachverständigen folgen will (BGH, Beschl. v. 18.5.2009 – IV ZR 57/08 = NJW-RR 2009, 1192; BGH, Urt. v. 14.4.1981 – VI ZR 264/79 = BeckRS 1981, 30391648).

▲

92 Von besonderer praktischer Relevanz ist diesbezüglich auch die Frage, wer am Ende die **Kosten** für ein solches eingeholtes **Privatgutachten**, insbesondere wenn dieses während des Prozesses eingeholt wird, zu tragen hat.

Nach dem Grundsatz des § 91 Abs. 1 S. 1 ZPO hat die unterliegende Partei die Kosten des Rechtsstreits zu tragen, insbesondere die dem Gegner erwachsenen Kosten zu erstatten, soweit sie zur zweckentsprechenden Rechtsverfolgung oder Rechtsverteidigung notwendig waren. Maßgebliches Kriterium für die Erstattungsfähigkeit von Kosten, welche im Zusammenhang mit einem anhängigen Prozess entstanden sind, ist also die Frage, ob diese Kosten zweckentsprechend angefallen sind. Dies ist bei einem Privatgutachten dann der Fall, wenn eine verständige und wirtschaftlich vernünftig denkende Partei die Kosten auslösende Maßnahme ex ante als sachdienlich ansehen durfte.[22] Nicht vorausgesetzt wird hingegen, dass das Privatgutachten im Rahmen einer ex-post Betrachtung tatsächlich die Entscheidung des Gerichts beeinflusst hat oder überhaupt in den Rechtsstreit eingeführt worden ist.[23]

▼

Muster 12.7: Antrag auf Festsetzung der Kosten für ein Privatgutachten 93
Die beantragten Sachverständigenkosten sind festzusetzen, da die Einschaltung des Sachverständigen zum Zeitpunkt seiner Beauftragung sachdienlich gewesen ist. Die Beurteilung der Erstattungsfähigkeit der Kosten für die Einholung eines Privatgutachtens hat sich jedenfalls daran auszurichten, ob eine verständige und wirtschaftlich vernünftig denkende Partei die Kosten auslösende Maßnahme ex-ante als sachdienlich ansehen durfte (BGH, Beschl. v. 20.12.2011 – VI ZB 17/11 = NJW 2012, 1370).

Die Erstattungsfähigkeit solcher Kosten setzt dagegen nicht zusätzlich voraus, dass das Privatgutachten im Rahmen einer ex-post-Betrachtung tatsächlich die Entscheidung des Gerichts beeinflusst hat oder überhaupt in den Rechtsstreit eingeführt worden ist (BGH, Beschl. v. 26.2.2013 – VI ZB 59/12 = NJW 2013, 1823).

▲

II. Ein Sachverständigengutachten eines neu ernannten Gutachters

Der Begriff des „Obergutachtens" wird in der Praxis häufig fehlerhaft dafür verwendet, 94 dass eine Partei die Einholung eines weiteren Gutachtens beantragt. Zutreffend wird der Begriff des Obergutachtens jedoch (nur) für den Fall verwendet, dass in derselben Sache zwei auf gerichtliche Anordnung hin erstattete Gutachten zu unterschiedlichen

---

22 BGH, Beschl. v. 20.12.2011 – VI ZB 17/11 = NJW 2012, 1370.
23 BGH, Beschl. v. 26.2.2013 – VI ZB 59/12 = NJW 2013, 1823 m. Anm. *Vuia*.

Ergebnissen gelangen, so dass nunmehr durch ein drittes Gutachten die Widersprüche der beiden Gutachten aufgeklärt werden sollen.[24]

Vor Einholung eines solchen weiteren Gutachtens eines neu bestellten Sachverständigen muss seitens des Gerichts zuvor durch Anhörung der Sachverständigen gem. § 411 Abs. 3 ZPO versucht werden, die Widersprüche aufzuklären, wobei insbesondere ein besonderes Augenmerk auf die Frage zu legen ist, ob beide Sachverständigen von derselben Tatsachengrundlage ausgegangen sind, denn nur dann liegt überhaupt ein tatsächlicher Widerspruch zwischen den Sachverständigen vor.[25]

Auch bei zwei sich widersprechenden Gutachten ist das Gericht jedoch nicht gezwungen, ein Obergutachten einzuholen, sondern der Tatrichter kann nach dem Grundsatz der freien Beweiswürdigung gem. § 286 ZPO eine **Würdigung beider Gutachten** vornehmen und sich im Ergebnis einem von beiden anschließen. Hierfür bedarf es jedoch einer entsprechenden ausreichenden Begründung, da sich das Gericht somit im Ergebnis aus eigener Beurteilung heraus über die Feststellungen eines Sachverständigen hinwegsetzt.[26]

95 Abzugrenzen hiervon ist der **Antrag einer Partei auf Einholung eines neuen Gutachtens**. Dies kann das Gericht nach § 412 Abs. 1 ZPO dann anordnen, wenn es das Gutachten für ungenügend erachtet. Ein solcher Antrag kann insbesondere dann erforderlich sein, wenn ein Sachverständiger weder in seinem Gutachten, noch im Rahmen einer ergänzenden Begutachtung die aufgeworfenen Beweisfragen (hinreichend) beantwortet oder sich mit den Einwendungen der Parteien nicht auseinandersetzt.[27]

▼

96 **Muster 12.8: Antrag auf Einholung eines neuen Gutachtens**
Beantragen wir,

gem. § 412 Abs. 1 ZPO eine neue Begutachtung durch einen anderen Sachverständigen anzuordnen.

Begründung

Gem. § 412 Abs. 1 ZPO kann das Gericht eine neue Begutachtung durch einen anderen Sachverständigen anordnen, wenn es das vorliegende Gutachten für ungenügend erachtet. Ein Gutachten ist insbesondere dann ungenügend, wenn es unvollständig, widersprüchlich oder inhaltlich nicht überzeugend ist, so dass die Beweisfragen nicht hinreichend beantwortet werden. Ein ungenügendes Gutachten liegt ferner dann vor, wenn es bereits von unzutreffenden Anschlusstatsachen ausgeht oder der Sachverständige schlicht und einfach nicht die erforderliche Sachkunde besitzt, um die gestellten Beweisfragen zu beantworten.

---

24 OLG Koblenz, Beschl. v. 9.7.2009 – 10 U 959/08 = NJW-RR 2010, 41.
25 Zum Umfang der Aufklärungspflicht: BGH, Urt. v. 4.3.1997 – VI ZR 354/95 = NJW 1997, 1638; BGH, Urt. v. 24.9.1996 – VI ZR 303/95 = NJW 1997, 794.
26 BGH, Urt. v. 9.6.1992 – VI ZR 222/91 = NJW 1992, 2291; BGH, Urt. v. 23.9.1986 – VI ZR 261/85 = NJW 1987, 442.
27 OLG München, Schlussurt. v. 13.5.2011 – 10 U 3951/10 = NJW 2011, 3729, 3731; OLG Frankfurt am Main, Urt. v. 7.3.2006 – 9 U 30/04 = NJW-RR 2007, 19.

Hierbei sind auch die substantiierten Einwendungen einer Partei gegen das Gutachten oder die Person des Sachverständigen zu berücksichtigen, insbesondere wenn sie aufgrund eines vorgelegten Privatgutachtens erhoben werden (BGH, Urt. v. 6.3.1986 – III ZR 245/84 = NJW 1986, 1928).

Vorliegend

▲

III. Ablehnung des Sachverständigen

Sollte es im Einzelfall so weit kommen, dass ein Sachverständiger von einer der Parteien abgelehnt werden soll, so richten sich die Voraussetzungen hierfür gem. § 406 Abs. 1 ZPO nach den Anforderungen, welche auch für die Ablehnung eines Richters gelten. Zu unterscheiden ist damit zwischen den absoluten Ablehnungsgründen und der Ablehnung des Sachverständigen wegen der Besorgnis der Befangenheit.

Die **absoluten Ablehnungsgründe** ergeben sich aus § 41 ZPO, wobei gem. § 406 Abs. 1 S. 2 ZPO eine Ausnahme für den Fall gilt, dass der Sachverständige bereits als Zeuge vernommen worden ist. Während dies nach § 41 Nr. 5 ZPO einen absoluten Ablehnungsgrund für den Richter darstellt, trifft dies auf den Sachverständigen nicht zu.

Daneben kann der Sachverständige auf wegen der **Besorgnis der Befangenheit** von den Parteien abgelehnt werden. Erforderlich ist insoweit nach § 406 i.V.m. § 42 Abs. 2 ZPO, dass hinreichende Gründe vorliegen, die vom Standpunkt einer vernünftigen Partei aus geeignet sind, Zweifel an der Unparteilichkeit des Sachverständigen zu wecken.[28] Ob der gerichtlich bestellte Sachverständige tatsächlich parteilich ist oder ob das Gericht Zweifel an der Unparteilichkeit hegt, ist dabei unerheblich. Entscheidend ist allein, ob für die ablehnende Partei ein objektiver Grund besteht, welcher den Anschein einer nicht vollständigen Unvoreingenommenheit und Objektivität begründet.[29]

Gründe hierfür können dann vorliegen, wenn der Sachverständige ein **eigenes Interesse** am Ausgang des Verfahrens hat oder **persönliche und/oder wirtschaftliche Beziehungen** zu einer Partei bestehen.[30] Ferner ist i.d.R. ein Grund zur Besorgnis der Befangenheit gegeben, wenn der Sachverständige früher bereits in derselben oder einer ähnlich gelagerten Angelegenheit tätig gewesen ist.[31]

Darüber hinaus kann auch das **Verhalten des Sachverständigen bei der aktuellen Begutachtung** einen Ablehnungsgrund einer Partei begründen, wobei es insoweit jeweils einer Betrachtung des Einzelfalls bedarf, ob sich aus der Erledigung des Gutachterauftrags der Ausdruck einer unsachlichen Grundhaltung gegenüber einer Partei ergibt.[32]

---

28 BGH, Beschl. v. 15.4.1975 – X ZR 52/75 = NJW 1975, 1363.
29 BGH, Beschl. v. 23.10.2007 – X ZR 100/05 = GRUR 2008, 191; BGH, Beschl. v. 15.3.2005 – VI ZB 74/04 = NJW 2005, 1869.
30 BGH, Beschl. v. 23.10.2007 – X ZR 100/05 = GRUR 2008, 191.
31 BGH, Urt. v. 1.2.1972 – VI ZR 134/70 = NJW 1972, 1133.
32 BGH, Beschl. v. 11.4.2013 – VII ZB 32/12 = NJW-RR 2013, 851.

102 Die Gründe, welche aus Sicht der Partei zu einer Ablehnung des Sachverständigen führen, sind gem. § 406 Abs. 3 ZPO glaubhaft zu machen.

▼

103 **Muster 12.9: Ablehnung eines Sachverständigen wegen Besorgnis der Befangenheit**
Beantragen wir,

> den Sachverständigen ▬▬ wegen der Besorgnis der Befangenheit abzulehnen.

Die Besorgnis der Befangenheit des gerichtlich bestellten Sachverständigen ▬▬ ergibt sich daraus, dass ▬▬.

Glaubhaftmachung: ▬▬

Nicht erforderlich ist insoweit, dass der Sachverständige tatsächlich parteilich ist oder das Gericht entsprechende Zweifel an der Unparteilichkeit des Sachverständigen hat. Vielmehr genügt gem. § 406 i.V.m. § 42 Abs. 2 ZPO, wenn eine Partei bei vernünftiger Würdigung aller Umstände Veranlassung hat, an der Unvoreingenommenheit und Objektivität des Sachverständigen zu zweifeln. Dies ist vorliegend der Fall, da ▬▬

104 Der Ablehnungsantrag ist gem. § 406 Abs. 2 S. 1 ZPO spätestens binnen zwei Wochen nach Verkündung oder Zustellung des Beschlusses über die Ernennung bei dem Gericht zu stellen, das den Sachverständigen ernannt hat. Eine Ablehnung nach dieser 2-Wochen-Frist ist gem. § 406 Abs. 2 S. 2 ZPO nur dann möglich, wenn der Antragsteller glaubhaft machen kann, dass er ohne sein Verschulden verhindert war, den Ablehnungsgrund früher geltend zu machen. Dies kann z.B. dann der Fall sein, wenn sich der Ablehnungsgrund erst aus dem schriftlichen Gutachten selbst ergibt. In diesem Fall steht den Parteien eine angemessen Frist zur Prüfung des Gutachtens zu, welche allerdings keinen Zeitraum von 5 Wochen in Anspruch nehmen sollte (OLG Brandenburg, Beschl. v. 14.11.2000 – 9 UF 267/00 = NJW-RR 2001, 1433).

IV. Verwertung von Sachverständigengutachten aus anderen Verfahren

105 Ausnahmsweise kann die schriftliche Begutachtung gem. § 411a ZPO durch die Verwertung eines gerichtlich oder staatsanwaltschaftlich eingeholten Sachverständigengutachtens aus einem anderen Verfahren ersetzt werden. Es steht hierbei im pflichtgemäßen Ermessen des Gerichts, ob ein Gutachten aus einem anderen Verfahren verwertet oder aber eine neue Begutachtung angeordnet wird.[33]

Die entsprechende Anordnung der Verwertung eines Gutachtens aus einem anderen Verfahren erfolgt durch Beschluss des Gerichts, gegen welchen unmittelbar kein Rechtsmittel gegeben ist (§ 355 ZPO). Allerdings müssen die Parteien vor der Verwertung des Gutachtens die Möglichkeit zur Stellungnahme erhalten.[34]

---

[33] MüKo-ZPO/*Zimmermann*, § 411a Rn 4.
[34] BGH, Beschl. v. 23.11.2011 – IV ZR 49/11 = ZEV 2012, 100.

D. Reaktionsmöglichkeiten auf ein Sachverständigengutachten § 12

Praxistipp **106**
Bei der Übernahme eines im Rahmen eines Strafverfahrens eingeholten Sachverständigengutachtens in ein Zivilverfahren sollte stets beachtet werden, welche Tatsachen durch das Gutachten aufgeklärt werden sollten. Diese müssen nämlich nicht mit denjenigen identisch sein, die für die Entscheidung des Zivilverfahrens von entscheidender Bedeutung sind. Auch ist zu berücksichtigen, dass im Strafverfahren der Grundsatz „in dubio pro reo" gilt, während im Zivilverfahren nach § 286 ZPO das Gericht eine freie Beweiswürdigung vornehmen kann, so dass das Ergebnis eines Gutachtens aus dem Strafverfahren nicht zwingend demjenigen im Zivilverfahren entsprechen muss.

Auch ist der Sachverständige auf Antrag oder von Amts wegen gem. § 411 Abs. 3 ZPO zur mündlichen Erläuterung des Gutachtens zu laden[35] und den Parteien steht die Möglichkeit zu, den Sachverständigen unter den Voraussetzungen des § 406 ZPO abzulehnen.[36] **107**

---

35 BGH, Urt. v. 22.5.2001 – VI ZR 268/00 = NJW-RR 2001, 1431.
36 BGH, Beschl. v. 23.11.2011 – IV ZR 49/11 = ZEV 2012, 100.

§ 13

§ 13 Verkehrsunfallmanipulation

Dr. Matthias Franzke

A. Einleitung

Manipulierte Verkehrsunfälle spielen in der gerichtlichen und anwaltlichen Praxis eine erhebliche Rolle. Ein Blick in die veröffentlichte Judikatur bestätigt diese Feststellung.[1] Nahezu täglich werden Entscheidungen der Instanzgerichte emittiert, in denen vom beklagten Kraftfahrzeug-Haftpflichtversicherer behauptet wird, der präsentierte Unfall sei inszeniert und bezwecke die Erschleichung von Versicherungsleistungen. Der BGH hat schon frühzeitig die Problematik manipulierter Verkehrsunfälle erkannt und auf den hierdurch entstehenden Gesamtschaden der Versicherungswirtschaft hingewiesen.[2]

Der mit der Verkehrsunfallbearbeitung befasste Anwalt kommt aus gewichtigen Gründen nicht umhin, sich mit dem Einwand der Unfallmanipulation eingehend zu befassen. Betrugsindizierte Verkehrsunfallprozesse weisen – dazu nachfolgend – zahlreiche Besonderheiten mit gesteigertem Aufwand des Interessenvertreters auf. Ausgehend von der Verteidigungsstrategie des Kraftfahrt-Haftpflichtversicherers gleicht die Führung des Haftpflichtprozesses durch den Anwalt des Geschädigten einem Hürdenlauf.

Daneben ist im Mandatsverhältnis grundsätzlich zu beachten, dass der Anwalt als Interessenvertreter seiner Partei zur bestmöglichen Verteidigung gegenüber dem Einwand behaupteter Unfallmanipulation geradezu verpflichtet ist.[3] Andererseits besteht das Risiko, entgegen anwaltlichem Selbstverständnis vom Unfallmanipulanten instrumentalisiert zu werden. Nicht selten geraten die vom vermeintlichen Unfallopfer beauftragten Dienstleister selbst in den Fokus strafrechtlicher Ermittlungen.

Schließlich sind es auch wirtschaftliche Erwägungen, die der Geschädigtenanwalt bei behaupteter Unfallmanipulation zu berücksichtigen hat. Stellt sich nämlich nach Durchführung der Beweisaufnahme heraus, dass der Mandant durch unrichtige Darstellung des Streitverhältnisses die für die Bewilligung von Prozesskostenhilfe maßgebenden Voraussetzungen vorgetäuscht hat, kann das Gericht die Bewilligung von Prozesskostenhilfe aufheben.[4] Ebenso häufen sich in der Praxis diejenigen Fälle, in denen der Rechtsschutzversicherer des Mandanten nach Übermittlung eines klageabweisenden und auf

---

1 Vgl. aus jüngster Zeit nur OLG Köln, Urt. v. 8.5.2015 – 19 U 47/13, juris; OLG Düsseldorf, Urt. v. 24.6.2014 – I-1 U 122/13, juris; OLG Saarbrücken, Urt. v. 27.2.2014 – 4 U 248/11, juris sowie SP 2014, 261; OLG Schleswig-Holstein, Beschl. v. 18.6.2015 – 7 U 167/14, juris; KG Berlin, Beschl. v. 31.8.2009 – 12 U 203/08, juris mit umfangreichen weiteren Nachweisen.
2 BGH, Urt. v. 13.12.1977 – VI ZR 206/75 = VersR 1978, 862, 863. Aktuell geht der Gesamtverband der deutschen Versicherungswirtschaft davon aus, dass durch manipulierte Verkehrsunfälle jährlich ein Gesamtschaden von 2 Milliarden EUR entsteht.
3 Bis zum Beweis des Gegenteils gilt auch der manipulationsverdächtige Anspruchsteller als „unschuldig", vgl. Art. 6 Abs. 2 EMRK.
4 OLG Hamm, Beschl. v. 14.11.2014 – I-9 U 165/13 = NZV 2015, 452.

den Tatbestand einer Unfallmanipulation gestützten Urteils den ursprünglich erteilten Deckungsschutz rückwirkend versagt.

B. Erscheinungsformen der Unfallmanipulation

5 Auch wenn die Terminologie teilweise divergiert, haben sich in der Praxis folgende Betrugsvarianten herauskristallisiert.[5]

I. Gestellter oder verabredeter Verkehrsunfall

6 Der gestellte oder abgesprochene Verkehrsunfall zeichnet sich dadurch aus, dass zwischen den Fahrzeugen zwar eine Kollision stattgefunden hat, Schädiger und Geschädigter diese aber im Vorhinein verabredet haben. Dabei handelt es sich um die häufigste Erscheinungsform der Unfallmanipulation mit dem Ziel, schwer verwertbare Fahrzeuge zu „entsorgen", finanziellen Gewinn mittels Abrechnung auf fiktiver Reparaturkostenbasis und Billigreparatur zu generieren oder bereits vorhandene Fahrzeugschäden einem angeblich späteren Unfallereignis unterzuschieben. Eine besondere Form des gestellten Verkehrsunfalls ist das sogenannte „Berliner Modell". Ein parkendes Fahrzeug wird mit einem kurz zuvor gestohlenen Fahrzeug angefahren, wonach der Täter flüchtet und hierdurch unbekannt bleibt.[6]

II. Provozierter Verkehrsunfall

7 Auch bei den provozierten Verkehrsunfällen kommt es zu einer Kollision der beteiligten Fahrzeuge. Es fehlt allerdings an einem dolosen Zusammenwirken der Unfallbeteiligten. Der Täter führt den Zusammenstoß der Fahrzeuge gezielt herbei, indem er die Unachtsamkeit eines anderen Verkehrsteilnehmers ausnutzt, wobei folgende Tatvarianten besonders praxisrelevant sind: Der Unfallprovokateur legt es darauf an, vor Ampelanlagen, Fußgängerüberwegen, Kreisverkehrsanlagen oder Straßeneinmündungen den nachfolgenden Verkehrs dadurch auffahren zu lassen, dass er abbremst, ohne durch die Verkehrslage dazu gezwungen zu sein. In einer weiteren Tatvariante nutzt er sein Vorfahrtsrecht oder einen Spurwechsel zur Herbeiführung eines Verkehrsunfalls aus.[7]

8 Diese Betrugsvariante ist von hoher krimineller Energie geprägt, da mögliche Personenschäden des vermeintlichen Unfallgegners einkalkuliert werden. Sie erfüllt den Straftatbestand des gefährlichen Eingriffs in den Straßenverkehr nach § 315b Abs. 1 StGB,[8] und

---

5 Grundlegend hierzu *Lemcke*, r+s 1993, 121 ff.; *Born*, NZV 1996, 257 ff. und *Franzke/Nugel*, NJW 2015, 2071.
6 KG Berlin, Urt. v. 29.4.2002 – 12 U 7995/00, juris sowie VersR 2003, 610 ff.; OLG Celle, Beschl. v. 13.9.2012 – 14 U 116/12, juris.
7 Beispielhaft OLG Hamm, Beschl. v. 14.11.2014 – I-9 U 165/13, juris sowie NZV 2015, 452; OLG Düsseldorf, Urt. v. 19.3.2013 – I-1 U 99/12, juris sowie SP 2013, 282; KG Berlin, Beschl. v. 27.7.2009 – 12 U 200/08 = NZV 2010, 202; LG Essen, Urt. v. 2.9.2014 – 8 O 223/13, juris; im Überblick *Franzke/Nugel*, NJW 2015, 2071.
8 BGH, Urt. v. 22.7.1999 – 4 StR 90/99 = NJW 1999, 3132 zur Unfallprovokation durch Bremsvorgänge; BGH, Beschl. v. 29.4.2008 – 4 StR 617/07 = NStZ-RR 2008, 289.

zwar regelmäßig in der – verbrechensbegründenden – Qualifikation nach § 315b Abs. 3 StGB.[9]

III. Fingierter Verkehrsunfall

Als reine „Papierunfälle" treten – in der Praxis eher selten – fingierte Verkehrsunfälle in Erscheinung. Dazu wird von den „Beteiligten" ein Unfallgeschehen behauptet und übereinstimmend dargestellt, ein solches hat jedoch nicht stattgefunden. Finanzielles Motiv ist in diesen Fällen regelmäßig die Inanspruchnahme eines Kraftfahrt-Haftpflichtversicherers für Schäden, die bereits eingetreten sind und für die kein anderweitiger Versicherungsschutz besteht.

IV. Ausgenutzter Verkehrsunfall

Beim ausgenutzten Verkehrsunfall hat eine Kollision zwischen den Fahrzeugen zwar stattgefunden. Sie wird allerdings vom Geschädigten missbraucht, um bereits vorhandene Vorschäden am Kraftfahrzeug mit geltend zu machen oder den Schaden nachträglich zu vergrößern. Diese Manipulationsvariante ist eng verknüpft mit dem verabredeten Unfall. Nach instanzgerichtlicher Rechtsprechung sollen vorgeschädigte Fahrzeuge signifikant häufig an verabredeten Verkehrsunfällen beteiligt sein.[10] Die damit einhergehenden materiell-rechtlichen und prozessualen Besonderheiten sind in den Ausführungen zum Schadensumfang verortet.

C. Aktivlegitimation des Geschädigten

In betrugsindizierten Verkehrsunfallprozessen bestreitet der mitverklagte Kraftfahrt-Haftpflichtversicherer regelmäßig mit Nichtwissen das Eigentum am Kraftfahrzeug und damit die Aktivlegitimation des Geschädigten. Dies schon deshalb, weil unklare Eigentumsverhältnisse am Fahrzeug oder ein auffälliger Ablauf des behaupteten Eigentumserwerbs als Belastungsindizien für eine Unfallmanipulation qualifiziert werden.[11] Und gerade aus den Nachweisen über einen möglichen Eigentumserwerb ergeben sich weitere wichtige Prüfungsmöglichkeiten zur Vorschäden, Laufleistung und der Redlichkeit des Vortrags des Anspruchsstellers insgesamt.[12]

Ein solches Bestreiten ist nach § 138 Abs. 4 ZPO zulässig, da jeder Anspruchsgegner eine ihm nicht bekannte Behauptung des klagenden Geschädigten mit Nichtwissen bestreiten kann, ohne sich des Vorwurfs des „Bestreitens ins Blaue hinein" auszusetzen. Das gilt sowohl für das behauptete Eigentum am unfallbeteiligten Kraftfahrzeug als auch

---

9 BGH, Urt. v. 12.12.1991 – 4 StR 488/91 = NZV 1992, 157.
10 KG Berlin, Beschl. v. 31.8.2009 – 12 U 203/08, juris m.w.N.
11 OLG Brandenburg, Urt. v. 25.9.2008 – 12 U 202/07, juris; OLG Düsseldorf, Urt. v. 28.5.2013 – I-1 U 132/12, juris.
12 Vgl. *Franzke/Nugel*, NJW 2015, 2071.

für das Bestreiten der Behauptung, der Geschädigte sei zum Unfallzeitpunkt Besitzer des Fahrzeugs gewesen.[13]

13 Bestreitet mithin der Haftpflichtversicherer im vorgenannten Sinne die Aktivlegitimation des Anspruchstellers, obliegt es diesem nach den Grundsätzen der sekundären Darlegungslast, zu den Eigentums- und Besitzverhältnissen schlüssig vorzutragen. Dies gilt auch dann, wenn sich der Geschädigte als angeblich unmittelbarer Besitzer auf die Eigentumsvermutung des § 1006 Abs. 1 S. 1 BGB beruft. Andernfalls, so die herrschende Rechtsprechung, wäre dem Haftpflichtversicherer jede Möglichkeit und Chance des Gegenbeweises genommen.[14]

14 Die Eigentumsvermutung des § 1006 Abs. 1 S. 1 BGB greift im Übrigen nur dann ein, wenn der Geschädigte zum Zeitpunkt des streitigen Unfallereignisses unmittelbarer Besitzer des Fahrzeugs war. Hatte er das Kraftfahrzeug verliehen oder wird behauptet, der Pkw sei zum Unfallzeitpunkt geparkt gewesen, fehlt es bereits an den Voraussetzungen der Eigentumsvermutung des § 1006 Abs. 1 S. 1 BGB.

15 Entgegen weit verbreiteter Auffassung folgt eine Eigentümerstellung des Geschädigten nicht bereits daraus, dass dieser zum Zeitpunkt des Unfalls in der Zulassungsbescheinigung Teil II (Fahrzeugbrief) eingetragen war. Die Zulassungsbescheinigung Teil II dokumentiert als verwaltungsrechtliche Urkunde ohne öffentlichen Glauben lediglich, auf welche Person ein Kraftfahrzeug bei der Zulassungsstelle zugelassen ist, sie ist kein Traditionspapier.[15] Entsprechend findet sich in der Zulassungsbescheinigung Teil II unter dem Namen und der Anschrift des Halters der Hinweis darauf, dass der Inhaber der Zulassungsbescheinigung nicht als Eigentümer des Fahrzeugs ausgewiesen wird. Ohnehin beweist die Zulassungsbescheinigung Teil II nicht, dass die eingetragene Person Verfügungsberechtigter oder Halter des Fahrzeugs ist, auf welches sich die Bescheinigung bezieht.[16]

16 Die bloße Vorlage eines Vertrages über die spätere Veräußerung des Fahrzeugs durch den Geschädigten indiziert ebenso wenig Eigentum am Kraftfahrzeug im relevanten Zeitpunkt.[17] Der Nachweis der streitigen Eigentümerstellung – Übereignung des Kraftfahrzeugs an den Geschädigten – richtet sich vielmehr nach den allgemeinen Regeln der §§ 929 ff. BGB. Vom Geschädigten ist im Falle eines Bestreitens substantiiert vorzutragen, von wem er das Fahrzeug erworben und wie sich der behauptete Erwerbsvorgang vollzogen hat. Hierbei muss der Anwalt auf einen konsistenten Vortrag seines Mandanten

---

13 KG Berlin, Beschl. v. 29.10.2007 – 12 U 83/07, juris.
14 OLG Hamm, Beschl. v. 11.10.2013 – I-9 U 35/13, juris sowie NJW 2014, 1894; KG Berlin, Beschl. v. 12.11.2008 – 12 U 49/08, juris; LG Essen, Urt. v. 17.12.2012 – 2 O 126/12, juris; a.A. OLG Saarbrücken, Urt. v. 8.5.2014 – 4 U 393/11, juris, für den Fall, dass der Versicherer nur „schlicht bestreitet", was aber selten der Fall sein wird.
15 OLG Düsseldorf, Urt. v. 15.1.2013 – I-1 U 105/11, juris sowie SP 2013, 343; OLG Hamm, Beschl. v. 11.10.2013 – I-9 U 35/13, juris sowie NJW 2014, 1894; KG Berlin, Beschl. v. 12.11.2008 – 12 U 49/08, juris; LG Essen, Urt. v. 17.12.2012 – 2 O 126/12, juris; LG Berlin, Urt. v. 12.12.2006 – 17 O 525/05, BeckRS 2008, 12322.
16 BGH, Beschl. v. 2.12.2014 – 1 StR 31/14 = NJW 2015, 802.; vgl. jüngst auch OLG Frankfurt a.M., Urt. v. 10.9.2015 – 22 U 73/14, juris, wonach Halter nur derjenige ist, wer das Kraftfahrzeug für eigene Rechnung gebraucht, nämlich die Kosten bestreitet und die „Verwaltungsnutzungen" zieht, außerdem tatsächlich und wirtschaftlich über die Fahrzeugbenutzung verfügen kann.
17 LG Essen, Urt. v. 17.12.2012 – 2 O 126/12, juris.

hinwirken. Widersprüche und Unstimmigkeiten bei späterer informatorischer Anhörung des Anspruchstellers und Einvernahme von Zeugen führen bereits auf dieser Ebene häufig zur Klageabweisung.[18]

D. Besondere Darlegungs- und Beweislastfragen im betrugsindizierten Verkehrsunfallprozess

Dass manipulierte Verkehrsunfälle materiell-rechtlich keine Schadensersatzverpflichtung des Kraftfahrt-Haftpflichtversicherers sowie des Halters oder Fahrers begründen, dürfte außer Frage stehen. Der BGH hat in seiner Leitentscheidung aus dem Jahre 1977 das prozessuale Programm der Parteien eines Unfallmanipulationsprozesses festgelegt. Danach muss der Geschädigte zunächst den äußeren Tatbestand der behaupteten Rechtsgutverletzung beweisen. Gelingt ihm dies, hat der Schädiger bzw. dessen Kraftfahrt-Haftpflichtversicherer die Einwilligung des Geschädigten als Rechtfertigungsgrund darzutun und zu beweisen.[19] Gleichsam auf dritter Ebene obliegt dem Geschädigten der Beweis des Schadenumfangs.

I. Äußerer Tatbestand der Rechtsgutverletzung

Kraftfahrt-Haftpflichtversicherer bestreiten in Fällen des Manipulationsverdachts regelmäßig das vom Anspruchsteller behauptete Unfallereignis. Ein solches Bestreiten kann dahin zielen, dass eine Kollision der Fahrzeuge gänzlich in Abrede gestellt wird, oder dass sich das behauptete haftungsbegründende Verkehrsgeschehen an dem geschilderten Unfallort, zur angegebenen Zeit mit den angeblich involvierten Personen ereignet hat. Ein Bestreiten mit Nichtwissen von Unfall und Unfallhergang wird in Fällen behaupteter Unfallmanipulation als zulässig erachtet, unabhängig davon, dass der Versicherer zugleich als Streithelfer seines Versicherungsnehmers auftritt.[20]

1. Anforderungen an den Sachvortrag des Geschädigten

Eine Haftung nach §§ 7 Abs. 1, 18 StVG setzt voraus, dass der Betrieb eines Kraftfahrzeugs adäquat kausal zu einem Schaden am Fahrzeug des Anspruchstellers geführt hat. Für diesen Kausalzusammenhang ist der Geschädigte mit dem strengen Beweismaßstab des § 286 ZPO beweispflichtig, und zwar auch dann, wenn der Anspruchsteller unfallabwesend war.[21] Allerdings kann von einem unfallabwesenden Geschädigten keine weitergehende oder andere Unfalldarstellung verlangt werden als von dem Schädiger. Wider-

---

18 Äußerst instruktiv OLG Düsseldorf, Urt. v. 15.1.2013 – I-1 U 105/11, juris; OLG Düsseldorf, Urt. v. 2.3.2010 – I-1 U 111/09, juris.
19 BGHZ 71, 339 ff. = VersR 1978, 862 ff.: „Auszugehen ist von dem Grundsatz, dass demjenigen, der in die Schädigung seines Rechtsgutes durch einen anderen ausdrücklich einwilligt, kein ersatzfähiges Unrecht geschieht (volenti non fit iniuria)." – zur nachfolgenden Judikatur der Instanzgerichte vgl. die Übersicht bei *Franzke/Nugel*, NJW 2015, 2071.
20 BGH, Beschl. v. 25.3.2014 – VI ZR 438/13, juris; BGH, Beschl. v. 29.11.2011 – VI ZR 201/10, juris sowie VersR 2012, 434; OLG Dresden, Urt. v. 15.8.2014 – 7 U 1421/13, juris sowie NZV 2015, 80 ff.
21 OLG Saarbrücken, Urt. v. 4.12.2014 – 4 U 36/14, juris sowie NJW-RR 2015, 593.

sprüche im Vortrag des unfallanwesenden Schädigers dürfen nicht zum Nachteil des Geschädigten gewürdigt werden.[22]

20 War der Geschädigte am Geschehen selbst beteiligt, muss er den Unfall so detailliert wie möglich darstellen bzw. vortragen, inwieweit dieser durch ein Fehlverhalten des Dritten verursacht worden und es insoweit zur Entstehung eines konkreten Schadens gekommen ist.[23] In der Rechtsprechung wird wiederholt betont, die Anforderungen an den Nachweis des äußeren haftungsbegründenden Schadensereignisses dürften nicht überspannt werden. Dieser sei nicht schon dann erschüttert, wenn Zweifel daran bestehen, ob sich das Unfallgeschehen in sämtlichen Details so ereignet hat, wie dies der Geschädigte beschrieben hat.[24] Auch die Einzelheiten des Unfallmechanismus seien keine essentiellen Bestandteile des streitbefangenen Lebenssachverhalts.[25]

21 Andererseits ist nach Auffassung mehrerer Obergerichte der Nachweis des äußeren Tatbestands der Rechtsgutverletzung nicht erbracht, wenn bei einem Fehlen objektiver Beweisanzeichen für das behauptete Unfallgeschehen – z.B. keine unbeteiligten Zeugen, die Kompatibilität der Schäden wird vom Sachverständigen nur für möglich erachtet oder dem Fehlen von zu erwartenden Beschädigungen an einem weiteren Kontaktpartner – durchgreifende Bedenken gegen die Glaubhaftigkeit der Unfallschilderung bestehen und weitere objektive Indizien für ein manipuliertes Ereignis sprechen.[26] Auch bei wechselndem und nicht nachvollziehbarem Vortrag zum Unfallgeschehen sowie zum nachfolgenden Verhalten der Prozessparteien, typischen Beweisanzeichen für ein manipuliertes Ereignis und nur möglicher Schadenkompatibilität gelangt das OLG Saarbrücken zu einer Klageabweisung bereits auf der Ebene der Rechtsgutverletzung.[27]

22 Bei der Darstellung des äußeren Tatbestands der Rechtsgutverletzung ist danach größtmögliche Sorgfalt geboten. Der Sachvortrag zum behaupteten Unfallgeschehen muss zeitlich und örtlich ausreichend präzisiert, widerspruchsfrei und plausibel sein. Verbleiben aufgrund der festgestellten Beweisanzeichen Zweifel an der Richtigkeit des vom Geschädigten geschilderten Lebenssachverhalts, geht dies zu Lasten des darlegungs- und beweisbelasteten Klägers.[28]

2. Sonderproblem: Der „So-nicht-Unfall"

23 Steht fest, dass die beteiligten Kraftfahrzeuge miteinander kollidiert sind, besteht in der Regel kein ernsthafter Zweifel daran, dass der äußere Schadenhergang so gewesen ist, wie behauptet. Anderes gilt jedoch dann, wenn die Kollision zwar möglich erscheint, der gerichtliche Sachverständige jedoch feststellt, dass die Schäden nicht zu dem von

---

22 OLG Dresden, Urt. v. 15.8.2014 – 7 U 1421/13, juris.
23 *Veith/Gräfe/Halbach*, Der Versicherungsprozess, § 5 E Rn 317 m.w.N.
24 OLG Saarbrücken, Urt. v. 16.5.2013 – 4 U 461/11, juris sowie NZV 2013, 438.
25 OLG Saarbrücken, Urt. v. 16.5.2013 – 4 U 461/11, juris sowie NZV 2013, 438.
26 OLG Saarbrücken, NZV 2013, 288; OLG Nürnberg, Urt. v. 19.12.2011 – 4 U 2659/10, juris sowie NZV 2012, 489.
27 OLG Saarbrücken, Urt. v. 4.12.2014 – 4 U 36/14 – juris, sowie NJW-RR 2015, 593.
28 Vgl. instruktiv OLG Frankfurt, Beschl. v. 24.9.2014 – 13 U 84/13, juris.

D. Besondere Darlegungs- und Beweislastfragen im betrugsindiz. Verkehrsunfallprozess § 13

den Beteiligten vorgetragenen Geschehen passen[29] oder der Geschehensablauf nicht so wie behauptet gewesen sein kann und ein anderer Hergang, der einen Schadensersatzanspruch begründen könnte, nicht dargelegt ist.[30] Derartige Konstellationen werden in der Rechtsprechung als „So-nicht-Unfälle" behandelt und führen zur Klageabweisung, ohne dass es auf den Manipulationseinwand des Versicherers ankommt.

Kann nicht mit überwiegender Wahrscheinlichkeit i.S.d. § 287 ZPO festgestellt werden, dass die vom Geschädigten eingeklagten Schäden ganz oder teilweise bei dem streitbefangenen Unfall entstanden sind, ist nach der Rechtsprechung ebenfalls ein Schadensersatzanspruch zu verneinen. Teilweise findet sich auch in diesem Zusammenhang die Begründung eines „So-nicht-Unfalls" bezogen auf den Schadensumfang bzw. auf die haftungsausfüllende Kausalität.[31]

II. Beweis der Einwilligung des Geschädigten

Der Beweis einer Unfallmanipulation gestaltet sich für den Kraftfahrzeug-Haftpflichtversicherer regelmäßig schwierig.[32] Das schädigende Ereignis ist außerhalb seiner Sphäre eingetreten, unbeteiligte Zeugen oder gar ein wirksames Geständnis eines der Beteiligten haben in der Praxis Seltenheitswert. Da der direkte Beweis einer Kollusionsabsprache mithin kaum gelingen kann, ist anerkannt, dass der Versicherer den Tatbestand einer Einwilligung des vermeintlich Geschädigten durch den Nachweis einer ungewöhnlichen Häufung von Indizien führen kann, welche die Feststellung eines verabredeten Unfalls rechtfertigen.[33]

1. Anscheins- oder Indizienbeweis

Prozessual stellt sich jedoch die Frage, ob für die Einwilligung des Geschädigten in das Unfallgeschehen der Anscheinsbeweis als Instrument der Beweiswürdigung herangezogen werden kann. Die Rechtsprechung hierzu ist bis heute uneinheitlich. Der BGH schließt die Anwendung des Anscheinsbeweises beim Verdacht eines gestellten Unfalls nicht grundsätzlich aus, wenngleich betont wird, dieser sei nur in Ausnahmefällen denkbar, weil die Entkräftung eines Anscheins von den Beteiligten gleichsam eingeplant werde.[34] Allerdings könne eine besonders typische Gestaltung des angeblichen Unfallge-

---

29 KG Berlin, Beschl. v. 7.5.2009 – 12 U 56/09, juris; OLG Hamm, Urt. v. 18.11.1998 – 13 U 101/98, juris. Für die Kaskoversicherung vgl. auch OLG Hamm, Urt. v. 21.1.2005 – 20 U 228/03, juris sowie NZV 2006, 89.
30 OLG Hamm, Urt. v. 15.3.2001 – 6 U 197/00, juris; Brandenburgisches OLG, Urt. v. 23.11.2006 – 12 U 101/06, juris; LG Essen, Urt. v. 18.3.2013 – 20 O 140/12, juris.
31 OLG Hamm, Urt. v. 15.10.2013 – I-9 U 53/13, juris sowie NZV 2014, 225.
32 Vgl. BGH, Beschl. v. 17.12.2012 – VI ZB 56/02, juris sowie NJW 2003, 1398 im Zusammenhang mit der Frage, inwieweit vorprozessual vom Versicherer aufgewandte Sachverständigenkosten erstattungsfähig sind.
33 BGH, Urt. v. 13.12.1977 – VI ZR 206/75, juris sowie BGHZ 71, 339 ff., 343; OLG Schleswig-Holstein, Beschl. v. 18.6.2015 – 7 U 167/14, juris; OLG Köln, Urt. v. 8.5.2015 – 19 U 47/13, juris; OLG Düsseldorf, Urt. v. 24.6.2014 – I-1 U 122/13, juris; OLG Saarbrücken, Urt. v. 4.12.2014 – 4 U 36/14, juris; OLG München, Urt. v. 8.3.2013 – 10 U 3241/12, juris; KG Berlin, Beschl. v. 31.8.2009 – 12 U 203/08, juris.
34 BGH, Urt. v. 13.12.1977 – VI ZR 206/75, juris sowie BGHZ 71, 339 ff., 346.

schehens dazu führen, dass es Sache des Geschädigten ist, den gegen ihn sprechenden Anschein einer Manipulation zu entkräften.[35]

27 Zahlreiche Obergerichte folgen dieser Ansicht und sehen bei einer signifikanten Häufung von Beweisanzeichen, die auf eine Manipulation des Unfallgeschehens hindeuten, den Anscheinsbeweis als geführt.[36] Weite Teile der Judikatur stellen demgegenüber hinsichtlich der Kollusionsabrede und der damit verbundenen Einwilligung des Geschädigten in die Beschädigung seines Eigentums auf den Indizienbeweis ab.[37] Der Anwalt des Geschädigten sollte mit dieser Gemengelage vertraut sein, da er bei Annahme einer Anscheinsbeweisführung konkrete Tatsachen vorzutragen und nachzuweisen hat, aus welchen sich die ernsthafte Möglichkeit eines anderen als eines typischen Geschehensablaufs ergibt. Konsens besteht darin, dass beim provozierten Unfall die Anwendung des Anscheinsbeweises ausgeschlossen ist.[38]

2. Beweismaß

28 Für den vom Kraftfahrt-Haftpflichtversicherer zu erbringenden Nachweis einer Einwilligung des Geschädigten gilt der Beweismaßstab des § 286 ZPO. Die Rechtsprechung verlangt keine absolute Gewissheit oder eine an Sicherheit grenzende Wahrscheinlichkeit, ebenso wenig eine mathematisch lückenlose Gewissheit,[39] die ohnehin bei einem Indizienbeweis kaum zu erlangen ist. Vielmehr genügt nach der bekannten Formel des BGH „ein für das praktische Leben brauchbarer Grad an Gewissheit, der den Zweifeln Schweigen gebietet, ohne sie völlig auszuschließen."[40]

29 Nach ständiger Rechtsprechung reicht daher die Feststellung typischer Indizien aus, die in lebensnaher Zusammenschau und praktisch vernünftiger Gewichtung den Schluss auf ein kollusives Zusammenwirken zulassen.[41] Dabei kommt es nicht darauf an, dass bestimmte, nach ihrer Anzahl und/oder ihrer äußeren Erscheinungsform immer gleiche

---

35 BGH, Urt. v. 6.3.1979 – VI ZR 269/76, juris sowie VersR 1979, 514.
36 OLG Köln, Urt. v. 12.4.2013 – 19 U 96/12, juris; OLG Köln, SP 2014, 113; OLG Celle, Beschl. v. 15.9.2011 – 14 W 28/11, juris; OLG Dresden, Urt. v. 15.8.2014 – 7 U 1421/13, juris sowie NJW-RR 2014, 1441; OLG Bremen, Urt. v. 5.11.2002 – 3 U 106/01, juris sowie VersR 2003, 1553; präferierend auch OLG Frankfurt am Main, Urt. v. 21.9.2006 – 16 U 75/06, juris sowie NZV 2007, 313; OLG Naumburg, Urt. v. 3.4.2014 – 4 U 59/13, juris, mit zumindest entsprechender Anwendung des Anscheinsbeweises; OLG Koblenz, Urt. v. 4.10.2005 – 12 U 1114/04 = VersR 2006, 523. Zur Kritik vgl. *Eggert*, Sonderheft zu r+s 2011, 24, 25 ff.
37 OLG Düsseldorf, Urt. v. 20.10.2015 – I -1 U 188/14, juris; OLG Düsseldorf, Urt. v. 24.6.2014 – I-1 U 122/13, juris; OLG Hamm, Urt. v. 15.10.2007 – 6 U 2/07, juris; OLG Köln, Urt. v. 22.4.2015 – 11 U 154/14, juris; OLG Hamm, Urt. v. 11.3.2013 – 6 U 167/12, juris, bei nachgewiesener Unfallprovokation; OLG München, Urt. v. 8.3.2013 – 10 U 3241/12, juris; KG Berlin, Beschl. v. 9.3.2011 – 22 U 10/11, juris; OLG Schleswig-Holstein, Urt. v. 14.11.2012 – 7 U 42/12, juris.
38 Im Ergebnis BGH, Urt. v. 28.3.1989 – VI ZR 232/88 = NZV 1989, 468; OLG Hamm, Urt. v. 11.3.2013 – 6 U 167/12, juris; OLG Düsseldorf, Urt. v. 19.3.2013 – I-1 U 99/12, juris.
39 BGH, Urt. v. 13.12.1977 – VI ZR 206/75, juris sowie BGHZ 71, 339 ff.
40 BGH, Urt. v. 28.1.2003 – VI ZR 139/02 = NJW 2003, 1116; BGH, Urt. v. 4.11.2003 – VI ZR 28/03 = NJW 2004, 777; OLG Schleswig-Holstein, Beschl. v. 18.6.2015 – 7 U 167/14, juris; OLG München, Urt. v. 8.3.2013 – 10 U 3241/12, juris; OLG Düsseldorf, Urt. v. 19.1.2009 – I-1 U 209/07, juris. OLG Köln, r+s 2010, 192 ff.; OLG Frankfurt a.M., Urt. v. 20.7.2010 – 22 U 14/10 = NZV 2010, 623.
41 OLG Köln, Urt. v. 8.5.2015 – 19 U 47/13, juris; OLG Hamm, Urt. v. 3.3.2014 – 13 U 183/03, juris; OLG Schleswig-Holstein, Urt. v. 24.6.2010 – 7 U 102/09, juris.

D. Besondere Darlegungs- und Beweislastfragen im betrugsindiz. Verkehrsunfallprozess § 13

Beweisanzeichen festgestellt werden müssen. Entscheidend ist stets die Werthaltigkeit der Indizien in ihrer Gesamtschau und nicht die isolierte Würdigung der einzelnen Umstände, die für sich betrachtet auch als unverdächtig erklärt werden können.[42]

Freilich müssen die einzelnen Hilfstatsachen feststehen, also unstreitig oder bewiesen sein.[43] Ebenfalls sind im Rahmen der fallbezogenen Gesamtwürdigung sowohl belastende als auch entlastende Umstände zu berücksichtigen. Daraus entsteht, wie es das OLG Köln anschaulich formuliert hat, ein Mosaik, welches im Gesamtbild erkennen lässt, ob ein Unfall fingiert ist.[44]

30

3. Checkliste der eher für oder eher gegen eine Einwilligung sprechenden Umstände

Die Feststellung, ob der vermeintlich Geschädigte in die Beschädigung seines Kraftfahrzeugs eingewilligt hat oder nicht, kann in einem ersten Schritt anhand der nachfolgenden Checkliste erfolgen.[45]

31

a) Motiv

■ **Belastend:**
- Abrechnung auf Reparaturkostenbasis[46]
- Fahrzeug des Geschädigten schwer zu vermarkten[47]
- Vorgeschädigtes Fahrzeug[48]

■ **Entlastend:**
- Reparatur in einer Fachwerkstatt[49]
- Fahrzeug des Geschädigten ist eher neu und marktgängig
- Fahrzeug des Geschädigten ist vollkaskoversichert
- Geringe Nebenforderungen

b) Art des Unfalls

■ **Belastend:**
- Auffahrunfall[50]
- Unfall im Zusammenhang mit Parkvorgängen[51]

---

42 OLG Köln, Urt. v. 8.5.2015 – 19 U 47/13, juris; KG Berlin, Beschl. v. 7.9.2010 – 12 U 210/09, juris; OLG München, Urt. v. 8.3.2013 – 10 U 3241/12, juris.
43 BGH, Urt. v. 28.3.1989 – VI ZR 232/88 = NJW 1989, 3161, 3162; OLG München, Urt. v. 8.3.2013 – 10 U 3241/12, juris; OLG Hamm, Urt. v. 15.10.2007 – 6 U 2/07 = NZV 2008, 91, 92.
44 OLG Köln, Urt. v. 22.4.2015 – I-11 U 154/15, juris.
45 Die Checkliste orientiert sich an der grundlegenden Darstellung von *Lemcke*, r+s 1993, 121, 125 f., die im Schrifttum allgemeine Akzeptanz gefunden hat.
46 OLG Köln, Urt. v. 8.5.2015 – 19 U 47/13, juris; OLG Düsseldorf, Urt. v. 24.6.2014 – I-1 U 122/13, juris; OLG Saarbrücken, Urt. v. 8.5.2014 – 4 U 393/11, juris.
47 OLG Celle, Urt. v. 30.6.2010 – 14 U 6/10, juris.
48 KG Berlin, Beschl. v. 9.3.2011 – 22 U 10/11, juris sowie Beschl. v. 31.8.2009 – 12 U 203/08, juris, m.w.N.
49 OLG Saarbrücken, Urt. v. 3.2.2009 – 4 U 402/08, juris.
50 OLG Saarbrücken, Urt. v. 3.4.2014 – 4 U 60/13, juris; OLG Hamm, Urt. v. 11.3.2013 – I-6 U 167/12, juris.
51 OLG Köln, Urt. v. 18.10.2013 – I-19 U 78/13, juris; OLG Hamm, Urt. v. 3.3.2004 – 13 U 183/03, juris.

- Fahrspurwechsel[52]
- Beschädigung eines am Fahrbahnrand geparkten Fahrzeugs[53]
- Mehrfache, nicht als unabsichtlich zu erklärende Kollision[54]

Entlastend:
- Unbeherrschbarkeit und Gefahrenträchtigkeit des Unfalls[55]
- Kollision mit Drittbeteiligung
- Kreuzungskollision

c) Behaupteter Unfallhergang, Ort und Zeit des Unfalls

Belastend:
- Geringe Kollisionsgeschwindigkeit[56]
- Abgelegener Unfallort[57]
- Zeit des Geschehens[58]
- Aufenthalt an der Unfallstelle ist nicht nachvollziehbar[59]
- Nicht objektiv überprüfbarer Grund für angeblichen Fahrfehler[60]
- Keine unbeteiligten Zeugen[61]
- Kein oder nur geringes Verletzungsrisiko[62]

Entlastend:
- Belebte Unfallstelle[63]
- Brems- oder Ausweichversuch
- Hohe Geschwindigkeit/Autobahnunfall[64]
- Hohes Risiko von Personenschäden

d) Unfallfolgen

Belastend:
- Fehlende oder zweifelhafte Schadenkompatibilität[65]

---

52 OLG Düsseldorf, Urt. v. 28.5.2013 – I-1 U 132/12, juris.
53 OLG Düsseldorf, Urt. v. 20.10.2015 – I-1 U 188/14, juris; OLG Köln, Urt. v. 8.5.2015 – 19 U 47/13, juris; OLG Celle, Beschl. v. 13.9.2012 – 14 U 116/12, juris.
54 OLG Köln, Urt. v. 8.5.2015 – 19 U 47/13, juris.
55 OLG Köln, Urt. v. 22.4.2015 –I-11 U 154/14, juris.
56 OLG Köln, Urt. v. 8.5.2015 – 19 U 47/13, juris; LG Mönchengladbach, Urt. v. 26.6.2015 – 11 O 61/13, juris.
57 OLG Frankfurt, Urt. v. 18.2.2004 – 7 U 87/03, juris.
58 OLG Köln, Urt. v. 8.5.2015 – 19 U 47/13, juris; OLG Düsseldorf, Urt. v. 24.6.2014 – I-1 U 122/13, juris; OLG Hamm, Urt. v. 11.3.2013 – I-6 U 167/12, juris.
59 OLG Düsseldorf, Urt. v. 20.10.2015 – I-1 U 188/14, juris. OLG Schleswig, Urt. v. 27.2.2013 -7 U 114/12, juris
60 OLG Düsseldorf, Urt. v. 20.10.2015 – I-1 U 188/14, juris (Kollision beim Versuch, eine heruntergefallene Coladose im Fußraum aufzuheben); OLG Celle, Beschl. v. 3.9.2014 – 14 U 127/14, juris (Blick in den Fußraum der Beifahrerseite); KG Berlin, Beschl. v. 31.8.2009 – 12 U 203/08, juris (Kollision wegen Zwangs zum Niesen); KG Berlin, Urt. v. 17.4.2003 – 12 U 272/01 = NZV 2003, 530 (Irritation durch Wespe oder Biene).
61 OLG Düsseldorf, Urt. v. 24.6.2014 – I-1 U 122/13, juris; OLG Saarbrücken, Urt. v. 27.2.2014 – 4 U 248/11, juris; OLG Köln, Urt. v. 12.4.2013 – 19 U 96/12, juris.
62 OLG Celle, Beschl. v. 3.9.2014 – 14 U 127/14, juris; OLG Köln, Urt. v. 18.10.2013 – I-19 U 78/13, juris. OLG Schleswig, Urt. v. 27.2.2013 – 7 U 114/12, juris.
63 OLG Saarbrücken, Urt. v. 8.5.2014 – 4 U 393/11, juris.
64 Vgl. aber auch KG Berlin, Beschl. v. 29.11.2007 – 12 U 185/07 = NZV 2008, 243, 244, wonach auch hohe Geschwindigkeiten und das Risiko von Körperverletzungen nicht zwingend gegen eine Unfallmanipulation sprechen.
65 OLG Saarbrücken, Urt. v. 27.2.2014 – 4 U 248/11, juris; OLG Frankfurt, Beschl. v. 24.9.2014 – 13 U 84/13, juris.

D. Besondere Darlegungs- und Beweislastfragen im betrugsindiz. Verkehrsunfallprozess §13

- Vorschäden[66]
- Behebbarkeit oder Reparatur der Schäden in einer „Billigwerkstatt" oder in Eigenregie[67]
- Reparaturaufwand unter Wiederbeschaffungswert[68]
- Lukrativer Seitenschaden[69]
- Hohe Folgekosten[70]

Entlastend:
- Schäden sind kompatibel und plausibel auf Unfallhergang zurückzuführen
- Rahmenschäden
- Wirtschaftlicher Totalschaden
- Erhebliche Verletzungen der Beteiligten

e) **Kraftfahrzeug des Geschädigten**

Belastend:
- Fahrzeug der Oberklasse oder gehobenen Mittelklasse[71]
- Fahrzeug nicht mehr „marktgängig"[72]
- Reparierte oder unreparierte Vorschäden[73]
- Ausreichender Wiederbeschaffungswert aufgrund umfangreiche Sonderausstattung[74]
- Kurz zurückliegende Zulassung[75]
- Fahrzeug erst kurz zuvor angeschafft[76]
- Unklare Eigentumsverhältnisse[77]
- Veräußerung nach dem Unfall[78]

Entlastend:
- Jüngeres Kraftfahrzeug
- Gepflegt und gut verkäuflich
- Finanziertes Fahrzeug
- Leasingfahrzeug
- Geringer Wiederbeschaffungswert

---

66 KG Berlin, Beschl. v. 31.8.2009 – 12 U 203/08, juris, m.w.N.
67 OLG Düsseldorf, Urt. v. 28.5.2013 – I-1 U 132/12, juris; OLG Stuttgart, Urt. v. 9.7.2008 – 3 U 31/08 – juris.
68 OLG Düsseldorf, Urt. v. 10.3.2015 – I-1 U 73/14, juris.
69 OLG Düsseldorf, Urt. v. 24.6.2014 – I-1 U 122/13, juris.
70 OLG Frankfurt a.M., Urt. v. 21.9.2006 – 16 U 75/06, juris (teurer Mietwagen).
71 OLG Köln, Urt. v. 8.5.2015 – 19 U 47/13, juris; OLG Düsseldorf, Urt. v. 24.6.2014 – I-1 U 122/13, juris. KG Berlin, Beschl. v. 9.3.2011 – 22 U 10/11 –, juris; KG Berlin, Urt. v. 22.4.2002 – 12 U 20/01 = NZV 2003, 233.
72 OLG Celle, Urt. v. 30.6.2010 – 14 U 6/10, juris.
73 KG Berlin, Beschl. v. 31.8.2009 – 12 U 203/08, juris, m.w.N.
74 OLG Düsseldorf, Urt. v. 19.3.2013 – I-1 99/12, juris.
75 KG Berlin, Beschl. v. 29.11.2007 – 12 U 185/07 = NZV 2008, 243; LG Hagen, Urt. v. 17.7.2012 – 6 O 192/11, juris.
76 LG Düsseldorf, Urt. v. 5.7.2012 – 3 O 281/11 –, juris.
77 OLG Brandenburg, Urt. v. 25.9.2008 – 12 U 202/07, juris; OLG Düsseldorf, Urt. v. 28.5.2013 – I-1 U 132/12, juris.
78 OLG Hamm, Urt. v. 11.3.2013 – I-6 U 167/12, juris.

f) **Kraftfahrzeug des Schädigers**

- **Belastend:**
  - Mietwagen[79]
  - Schrottfahrzeug[80]
  - Rotes Kennzeichen[81]
  - Zulassung erst kurz vor dem Unfall[82]
  - Vollkaskoversicherung[83]
- **Entlastend:**
  - Werthaltiges, gepflegtes Fahrzeug
  - Keine Vorschäden
  - Keine Vollkaskoversicherung
  - Kleinwagen
  - Hohe Selbstbeteiligung bei Mietwagen

g) **Beteiligte Personen**

- **Belastend:**
  - Vorstrafen[84]
  - Mehrere Vorunfälle[85]
  - Schlechte Vermögensverhältnisse[86]
  - Bezug zum Kfz-Gewerbe/Bastler[87]
  - Bei demselben Arbeitgeber beschäftigt[88]
  - (Verschwiegene) Bekanntschaft[89]
- **Entlastend:**
  - Keine Vorstrafen
  - Geordnete wirtschaftliche und persönliche Verhältnisse
  - Keine Vorunfälle
  - Fahranfänger

---

[79] OLG Düsseldorf, Urt. v. 24.6.2014 – I-1 U 122/13, juris; OLG Köln, Beschl. v. 23.7.2010 – I-2 U 32/10, juris.
[80] OLG Köln, Urt. v. 8.5.2015 – 19 U 47/13, juris; OLG Celle, Urt. v. 30.6.2010 – 14 U 6/10, juris.
[81] OLG Celle, Urt. v. 30.6.2010 – 14 U 6/10, juris; OLG Koblenz, Urt. v. 4.10.2005 – 12 U 1114/04, juris.
[82] OLG Rostock, Urt. v. 5.2.2010 – 5 U 83/09, juris.
[83] OLG Schleswig, Urt. v. 14.11.2012 – 7 U 42/12, juris.
[84] OLG Düsseldorf, Urt. v. 28.5.2013 – I-1 U 132/12, juris.
[85] OLG Köln, Urt. v. 12.4.2013 – I-19 U 96/12, juris; OLG Düsseldorf, Urt. v. 28.5.2013 – I-1 U 132/12, juris.
[86] OLG Köln, Urt. v. 12.4.2013 – I-19 U 96/12, juris; OLG Köln, Urt. v. 2.3.2010 – I-9 U 122/09, juris; KG Berlin, Beschl. v. 30.6.2010 – 12 U 151/09, juris.
[87] OLG Hamm, Urt. v. 2.10.1997 – 6 U 104/97, juris; LG Münster, Urt. v. 10.9.2012 – 2 O 392/11, juris (Provozierter Unfall).
[88] OLG Köln, Urt. v. 2.3.2010 – I-9 U 122/09, juris.
[89] OLG Hamm, Beschl. v. 25.6.2014 – I-20 U 66/14, juris; LG Berlin, Urt. v. 17.10.2012 – 42 O 166/10, juris. Dass eine Unfallverabredung auch ohne Bekanntschaft der beteiligten Fahrer angenommen werden kann vgl. OLG Köln, Urt. v. 8.5.2015 – 19 U 47/13, juris; OLG Düsseldorf, Urt. v. 24.6.2014 – I-1 U 122/13, juris.

D. Besondere Darlegungs- und Beweislastfragen im betrugsindiz. Verkehrsunfallprozess § 13

h) Verhalten nach dem Unfall

■ Belastend:
- Polizei wird nicht herbeigerufen[90]
- Beteiligte werden von Polizei als auffällig ruhig und distanziert beschrieben[91]
- Verschweigen von Vorschäden[92]
- Schuldanerkenntnis des angeblichen Schädigers[93]
- Vereitelung einer Nachbesichtigung[94]
- Sofortige Veräußerung oder Verschrottung der Fahrzeuge[95]
- Aufkäufer des Geschädigten-Kfz wird nicht genannt[96]
- Widersprüchliche Angaben[97]
- Keine Mithilfe bei der Aufklärung[98]

■ Entlastend:
- Einschaltung der Polizei
- Konsistente Angaben zum Unfallhergang
- Reparatur in Fachwerkstatt mit Rechnung
- Mithilfe bei der Aufklärung[99]
- Kraftfahrzeuge können nachbesichtigt werden

i) Verhalten im Prozess

■ Belastend:
- Detailarme, dürftige Schilderung des Unfallgeschehens[100]
- Widersprüchliche Angaben der Beteiligten[101]
- Ausbleiben im Prozess[102]
- Einlassung zum Unfallhergang lebensfremd[103]
- Angepasster Sachvortrag des Geschädigten[104]

■ Entlastend:
- Schädiger macht eigene Ansprüche geltend
- Schädiger bestreitet Unfallhergang

---

90 OLG Saarbrücken, Urt. v. 27.2.2014 – 4 U 248/11, juris; OLG Nürnberg, Urt. v. 19.12.2011 – 4 U 2659/10, juris.
91 OLG Düsseldorf, Urt. v. 28.5.2013 – I-1 U 132/12, juris.
92 KG Berlin, Beschl. v. 9.3.2011 – 22 U 10/11, juris; OLG Düsseldorf, Urt. v. 5.10.2010 – I-1 U 190/09, juris.
93 OLG Nürnberg, Urt. v. 19.12.2011 – 4 U 2659/10, juris; OLG Stuttgart, SP 2009, 137; OLG Koblenz, Urt. v. 4.10.2005 – 12 U 1114/04 = VersR 2006, 523.
94 OLG Rostock, Urt. v. 5.2.2010 – 5 U 83/09, juris; OLG Saarbrücken, Urt. v. 28.2.2013 – 4 U 406/11, juris, wenngleich im Ergebnis eine Unfallmanipulation nicht angenommen wurde; KG Berlin, Beschl. v. 31.8.2009 – 12 U 203/08 = NZV 2010, 351.
95 OLG Frankfurt a.M., Urt. v. 21.9.2006 – 16 U 75/06, juris.
96 OLG Koblenz, Urt. v. 4.10.2005 – 12 U 1114/04 = VersR 2006, 523.
97 OLG Düsseldorf, Urt. v. 24.6.2014 – I-1 U 122/13, juris. OLG Köln, Urt. v. 12.4.2013 – 19 U 96/12, juris; KG Berlin, Beschl. v. 31.8.2009 – 12 U 203/08, juris.
98 OLG Hamm, Urt. v. 30.11.1998 – 6 U 148/97 = VersR 2000, 252.
99 OLG Frankfurt a.M., Urt. v. 21.4.2009 – 16 U 175/08, juris.
100 OLG Saarbrücken, Urt. v. 27.2.2014 – 4 U 248/11, juris.
101 OLG Karlsruhe, r+s 2010, 254; LG Stuttgart, Urt. v. 19.8.2014 – 24 O 41/14, juris.
102 OLG Düsseldorf, Urt. v. 24.6.2014 – I-1 U 122/13, juris.
103 OLG Saarbrücken, Urt. v. 27.2.2014 – 4 U 248/11, juris.
104 OLG Düsseldorf, Urt. v. 5.6.2012 – I-1 U 141/11, juris.

- Unfallbeteiligte sind um Aufklärung bemüht
- Plausible Darstellung des Unfalls

32 *Praxistipp*
Die belastenden Beweisanzeichen und entlastenden Umstände sind für alle Prozessbeteiligten von Bedeutung. Dem Anwalt des Geschädigten bietet die Checkliste eine Entscheidungsgrundlage dafür, ob er den Verdachtsfall übernehmen möchte und wenn ja, inwieweit für seinen Mandanten Gegenargumente angesetzt werden können. Dem Haftpflichtversicherer und dessen Prozessbevollmächtigten wiederum dient sie zur Prüfung, in welche Richtung ggf. noch Ermittlungen zu tätigen sind. Die Checkliste verdeutlicht ebenfalls, dass neben eher weichen oder neutralen Kriterien (z.B. hohe oder nur geringe Nebenforderungen) harte Fakten (insbesondere verschwiegene Bekanntschaft; technisch belegte Indizien) zu berücksichtigen sind, die in der Gesamtwürdigung den Ausschlag für oder gegen die Annahme einer Unfallmanipulation geben können.

4. Besonderheiten beim provozierten Unfall

33 Für den Fall des Verdachts eines provozierten Unfalls gelten die allgemein für manipulierte Verkehrsunfälle von der Rechtsprechung entwickelten Grundsätze.[105] Danach ist es Sache des Schädigers bzw. dessen Haftpflichtversicherers, darzulegen und zu beweisen, dass ein Schadensersatzanspruch aufgrund einer Einwilligung des Provokateurs ausscheidet. Konsens besteht allerdings dahingehend, dass beim provozierten Unfall die Anwendung des Anscheinsbeweises ausgeschlossen und eine Beweisführung mittels Indizienbeweises mit dem Beweismaßstab des § 286 ZPO zu leisten ist.[106]

34 Einigen Indizien wird hierbei ein besonderes Gewicht beigemessen. So soll neben den bereits oben angesprochenen typischen Unfallsituationen (Auffahrunfall, Vorfahrtsituation, Spurwechselfälle) die auffällige Anzahl gleichgelagerter (Vor-) Ereignisse ein werthaltiges Manipulationsindiz sein.[107] Hierbei kann die bloße Beteiligung des vermeintlich Geschädigten genügen, da allein die Häufung von Verkehrsunfällen innerhalb eines kürzeren Zeitraums verdächtig ist.[108] Einen Schwerpunkt setzen die einschlägigen Entscheidungen hinsichtlich der Fahrzeughistorie. Als provokationstypisch bewertet wird der Einsatz älterer Fahrzeuge der gehobenen Mittelklasse bis Oberklasse mit hoher Laufleistung, die über eine umfangreiche Sonderausstattung (ausreichender Wiederbeschaffungswert für fiktive Abrechnung ist damit garantiert) verfügen und mehrfach vorgeschädigt sind.[109]

---

105 Vgl. nur OLG Düsseldorf, Urt. v. 19.3.2013 – I-1 U 99/12, juris.
106 Im Ergebnis BGH, Urt. v. 28.3.1989 – VI ZR 232/88 = NZV 1989, 468; OLG Hamm, Urt. v. 11.3.2013 – 6 U 167/12, juris; OLG Düsseldorf, Urt. v. 19.3.2013 – I-1 U 99/12, juris.
107 OLG Hamm, Urt. v. 14.11.2014 – I-9 U 165/13, juris; OLG Düsseldorf, Urt. v. 19.3.2013 – I-1 U 99/12, juris; OLG Hamm, Urt. v. 11.3.2013 – I-6 U 167/12, juris. LG Münster, Urt. v. 10.9.2012 – 2 O 392/11, juris.
108 BGH, Urt. v. 13.12.1977 – VI ZR 206/75, juris; OLG Düsseldorf, Urt. v. 19.3.2013 – I-1 U 99/12 – juris; OLG Hamm, Urt. v. 29.9.2003 – 13 U 16/03, juris; LG Münster, Urt. v. 10.9.2012 – 2 O 392/11 – juris.
109 OLG Düsseldorf, Urt. v. 19.3.2013 – I-1 U 99/12, juris; LG Essen, Urt. v. 6.8.2012 – 4 U 29/11, juris; OLG Hamm, Urt. v. 29.9.2003 – 13 U 16/03, juris.

III. Beweis des Schadenumfangs und Vorschadensproblematik

Der Gesamtverband der Deutschen Versicherungswirtschaft betreibt über die informa HIS GmbH das Hinweis- und Informationssystem. Gem. Verlautbarung des GdV soll dieses System die Versicherer bei der Aufklärung von Schadenfällen mit Manipulationsverdacht unterstützen. Danach können Fahrzeuge gemeldet werden, soweit als besondere Schadenfolge ein Fahrzeugschaden fiktiv abgerechnet wird, eine gewisse Schadenhöhe überschritten oder ein Totalschaden eingetreten ist. 35

Angesichts dessen verwundert es nicht, dass sich der Anwalt des Geschädigten zunehmend mit dem Einwand des Haftpflichtversicherers auseinandersetzen muss, das unfallbeschädigte Fahrzeug habe nach entsprechenden Recherchen bereits einen oder mehrere, möglicherweise massive Vorschäden erlitten. Der Versicherer kann insoweit auch die Schadenshöhe mit Nichtwissen bestreiten. Aus dieser Grundkonstellation hat sich zwischenzeitlich eine reichhaltige Rechtsprechung entwickelt,[110] die terminologisch unter den Begriff der Vorschadensproblematik subsumiert werden kann. 36

1. Grundsätze

Nach allgemeinen Grundsätzen obliegt dem Geschädigten die Beweislast für die Entstehung und die Höhe des behaupteten Fahrzeugschadens.[111] Die Darlegungs- und Beweisanforderungen zur haftungsausfüllenden Kausalität werden durch § 287 Abs. 1 ZPO abgemildert. Danach genügt es, wenn der Geschädigte eine geeignete Schätzungsgrundlage beibringt, welche Anhaltspunkte für die Einschätzung des Schadens und seiner Höhe bietet. Dies gilt insbesondere für die Darlegung und den Nachweis, dass ein Schaden nach Art und Umfang auf das behauptete Unfallereignis zurückzuführen ist.[112] Als Schätzungsgrundlage im Sinne substantiierten Parteivortrags akzeptieren die Gerichte grundsätzlich das vom Geschädigten eingeholte Schadensgutachten. 37

Die Beweiserleichterung nach § 287 ZPO erfährt indessen Einschränkungen, sofern am betroffenen Kraftfahrzeug Vorschäden ausgemacht werden können. Zwar kann der Geschädigte auch dann einen Anspruch auf Schadensersatz haben, wenn sein Fahrzeug bereits vorgeschädigt ist.[113] Allerdings ist vom Schädiger im Wege der Naturalrestitution nach § 249 Abs. 1 BGB nur derjenige (wirtschaftliche) Zustand wiederherzustellen, der ohne das schädigende Ereignis bestünde. Werden daher vom Haftpflichtversicherer einschlägige Vorschäden behauptet, hat sich der Geschädigte zur Schadenshöhe substantiiert zu erklären.[114] Von ihm ist darzulegen und zu beweisen, dass die konkret ersetzt verlangten Schäden in ihrer Gesamtheit oder zumindest ein abgrenzbarer Teil hiervon mit überwiegender Wahrscheinlichkeit bei dem Unfall entstanden sind.[115] 38

---

110 Vgl. hierzu insbesondere *Hagedorn*, NJW-Spezial 2012, 513 ff.
111 Vgl. nur BGH, Urt. v. 13.12.1977 – VI ZR 206/77, juris.
112 Vgl. nur OLG Düsseldorf, Urt. v. 10.7.2012 – 1 W 19/12, juris.
113 OLG Frankfurt a.M., Urt. v. 21.9.2006 – 16 U 75/06, juris.
114 So im Grundsatz auch *Eggert*, in: Praxis des Straßenverkehrsrechts, § 12 Rn 143.
115 OLG Hamm, Urt. v. 10.3.2015 – I-9 U 246/13 = NZV 2015, 549; OLG Hamm, Urt. v. 15.10.2013 – I-9 U 53/13 = NZV 2014, 225.

2. Fallgruppen

39 Folgende Fallgruppen sind zu unterscheiden:[116]

a) Unreparierter angegebener Vorschaden

40 Wird vom Geschädigten ein ganz oder teilweise unreparierter Vorschaden angegeben, welcher im erneut betroffenen Fahrzeugbereich liegt, stellt sich in der Praxis die Frage nach der Trennbarkeit. Ist der Vorschaden hinreichend deutlich vom aktuellen Folgeschaden abgrenzbar, besteht ein Schadensersatzanspruch des Geschädigten in Höhe des ausschließlich geltend gemachten Neuschadens.[117] War durch das frühere Ereignis ein Fahrzeugteil bereits derart vorgeschädigt, dass es zur Schadensbeseitigung hätte ausgewechselt werden müssen, führt ein weiterer Schaden an diesem Fahrzeugteil allerdings zu keiner wirtschaftlich messbaren Schadensvertiefung und damit zur Klageabweisung.[118]

b) Unreparierter verschwiegener oder bestrittener Vorschaden

41 Streitig sind diejenigen Konstellationen, in denen der Geschädigte Kenntnis von einem unreparierten Vorschaden im erneut anstoßrelevanten Fahrzeugbereich hat, diesen jedoch gegenüber dem Kraftfahrzeug-Haftpflichtversicherer und dem erkennenden Gericht verschweigt oder dessen Existenz bestreitet. Wird durch einen vom Gericht bestellten Sachverständigen bestätigt, dass wegen der im Unfallzeitpunkt nicht reparierten Vorschäden ein zusätzlicher Schaden nicht festgestellt werden kann, entfällt ein Schadensersatzanspruch des klagenden Geschädigten.[119]

42 Die überwiegende instanzgerichtliche Rechtsprechung geht einen Schritt weiter. Danach kann der Geschädigte selbst kompatible Schäden nicht ersetzt verlangen, wenn nicht mit überwiegender Wahrscheinlichkeit auszuschließen ist, dass sie bereits im Rahmen eines Vorschadens entstanden sind und nicht sämtliche vom Geschädigten geltend gemachten Schäden auf das Unfallereignis zurückzuführen sind.[120] Weniger streng urteilen OLG Düsseldorf und OLG München. Auch bei einem verschwiegenen oder bestrittenen relevanten Vorschaden bestehe ein Ersatzanspruch insoweit, als der geltend gemachte Folgeschaden sich technisch und rechnerisch eindeutig vom Vorschaden abgrenzen lässt.[121] Allerdings liegt bei einem vorsätzlichen Verschweigen eines bekannten Vorschadens oder bei wahrheitswidriger Behauptung einer fachgerechten Reparatur des Vorschadens ein Verstoß gegen die prozessuale Wahrheitspflicht nach § 138 Abs. 1 ZPO vor. Teilweise

---

[116] Vgl. hierzu instruktiv *Grunewald/Nugel*, SP 2013, 293 f.
[117] AG Essen, Urt. v. 24.11.2014 – 135 C 23/14, juris.
[118] AG Berlin-Mitte, Urt. v. 1.10.2013 – 3 C 3341/11, juris; AG Mettmann, Urt. v. 8.5.2012 – 25 C 159/11, juris; AG Mönchengladbach-Rheydt, Urt. v. 2.1.2012 – 20 C 267/10, juris.
[119] Vgl. KG Berlin, Beschl. v. 22.2.2010 – 12 U 59/09, juris; KG Berlin, Beschl. v. 26.4.2007 – 12 U 76/07, juris.
[120] KG Berlin, Beschl. v. 12.12.2011 – 22 U 151/11, juris; KG Berlin, Beschl. v. 22.2.2010 – 12 U 59/09, juris; OLG Köln, Beschl. v. 8.4.2013 – I-11 U 214/12, juris; OLG Köln, VersR 1999, 865; OLG Frankfurt a.M., NZV 2007, 313; OLG Hamm, Beschl. v. 8.11.2013 – I-25 U 61/13, juris; OLG Brandenburg, Urt. v. 17.3.2005 – 12 U 163/04 = SP 2005, 413; OLG Hamburg, Urt. v. 28.3.2001 – 14 U 87/00 = MDR 2001, 1111.
[121] OLG Düsseldorf, Urt. v. 11.2.2008 – I-1 U 181/07 = NZV 2008, 295; OLG München, Urt. v. 27.1.2006 – 10 U 4904/05 = NZV 2006, 261.

D. Besondere Darlegungs- und Beweislastfragen im betrugsindiz. Verkehrsunfallprozess § 13

wird darin ein besonders grober Treueverstoß nach § 242 BGB gesehen, welcher zum Verlust des Schadensersatzanspruchs führen kann.[122]

Liegt mithin ein Vorschaden mit Schadensüberlagerung in Bezug auf den Neuschaden vor und bestreitet der Haftpflichtversicherer die unfallbedingte Kausalität der geltend gemachten Schäden, trifft den Geschädigten eine gesteigerte Darlegungslast. Der Geschädigte muss in diesen Fällen im Einzelnen ausschließen, dass Schäden gleicher Art und gleichen Umfangs bereits vorhanden waren, wofür er im Einzelnen zu der Art der Vorschäden und deren behaupteter Reparatur vortragen muss.[123] Nach aktueller Rechtsprechung gilt dies auch dann, wenn der Vorschaden außerhalb der Besitzzeit des Geschädigten eingetreten ist.[124]

43

> *Praxistipp*
> Bestreitet der Haftpflichtversicherer aufgrund eines einschlägigen Vorschadensereignisses substantiiert die unfallbedingte haftungsausfüllende Kausalität, ist für den Anwalt des Geschädigten erhöhte Vorsicht geboten. Denn verschweigt sein Mandant weiterhin einen relevanten Vorschaden oder leugnet diesen hartnäckig, hat dies den Verlust der Beweiserleichterungen nach § 287 ZPO zur Folge. Einzig sinnvoll ist daher, zu der Vorschadensproblematik umfassend und wahrheitsgemäß vorzutragen, zumal durch die Bestellung eines Sachverständigen ganz erhebliche Prozesskosten produziert werden. Ist der Vorschaden beim früheren Eigentümer eingetreten, sollte der Vorbesitzer kontaktiert und um Übermittlung von Reparaturbelegen gebeten werden.

c) Reparierter bekannter Vorschaden

Ist ein Vorschaden bekannt und repariert worden, gelten die zur Fallgruppe b) dargestellten Hinweise. Die Bestätigung eines Sachverständigen, ein früherer Vorschaden sei beseitigt worden, genügt allerdings nicht, wenn – wie in der Praxis häufig – nur aufgrund einer Sichtprüfung die Reparatur bestätigt wird.[125] Ebenso wenig genügen erkennbar unvollständige oder widersprüchliche Auflistungen angeblich durchgeführter Reparaturarbeiten.[126] Allein sinnvoll erscheint es, die fachgerechte und vollständige Beseitigung der Vorschäden unter Beweis zu stellen durch Zeugnis des Kfz-Mechanikers, welcher die Reparatur auch tatsächlich durchgeführt hat.

44

---

122 LG Münster, Urt. v. 23.4.2014 – 2 O 462/11, juris, m.w.N.
123 OLG Hamm, Urt. v. 4.3.2014 – 9 U 181/13, juris; OLG Köln, Beschl. v. 8.4.2013 – I-11 U 214/12, juris; KG Berlin, Beschl. v. 22.2.2010 – 12 U 59/09, juris; KG Berlin, Urt. v. 29.6.2009 – 12 U 146/08, juris; OLG Brandenburg, Urt. v. 17.3.2005 – 12 U 163/04 = SP 2005, 413.
124 KG Berlin, Beschl. v. 12.12.2011 – 22 U 151/11, juris; KG Berlin, Urt. v. 29.6.2009 – 12 U 146/08 = NZV 2010, 350; OLG Hamm, Beschl. v. 8.11.2013 – I-25 U 61/13, juris.
125 OLG Hamburg, Beschl. v. 18.10.2010 – 14 W 89/10, juris.
126 KG Berlin, Beschl. v. 4.1.2011 – 22 U 173/10 = SP 2011, 255.

d) Vorschaden und Totalschadensabrechnung

45 Liegt der Vorschaden in einem anderen Schadensbereich als aktuell betroffen, kann dies gleichwohl Bedeutung für die Bestimmung des Schadenumfangs haben, wenn der Fahrzeugschaden auf Basis des Wiederbeschaffungsaufwandes abgerechnet werden soll. Den Geschädigten treffen auch hier gesteigerte Darlegungs- und Beweispflichten im oben beschriebenen Sinne, da ohne detaillierte Kenntnisse vom Vorschaden und dessen Beseitigung eine seriöse Ermittlung des Wiederbeschaffungswertes nicht möglich ist.[127]

3. Folgepositionen

46 Kann ein erstattungsfähiger Fahrzeugschaden nicht festgestellt werden, entfällt damit auch ein Ersatzanspruch der darauf aufbauenden Folgepositionen, z.B. Nutzungsausfallentschädigung, Unkostenpauschale.[128] Insbesondere aber besteht nach gefestigter Rechtsprechung kein Anspruch auf Ersatz von Sachverständigenkosten, wenn der Geschädigte wegen fehlerhafter Angaben, insbesondere Verschweigen relevanter Vorschäden, die Unbrauchbarkeit des von ihm beauftragten Gutachtens zu vertreten hat.[129]

E. Sonstige Implikationen des manipulierten Verkehrsunfalls

47 Manipulierte Verkehrsunfälle zeigen in der forensischen Praxis weitere Besonderheiten auf, deren Kenntnis für die Prozessbeteiligten von erheblicher Bedeutung ist.

I. Zulässigkeit der Nebenintervention und deren Reflexwirkung

48 In Wahrnehmung des versicherungsvertraglichen Prozessführungsrechts beauftragen Kraftfahrzeug-Haftpflichtversicherer eigene Anwälte auch zur Wahrnehmung der Interessen mitverklagter Versicherungsnehmer und versicherter Personen. Zu diesen wird ein vollwertiges Mandatsverhältnis mit allen berufsrechtlichen Rechten und Pflichten begründet. Dazu zählt u.a. das Verbot der Wahrnehmung widerstreitender Interessen.[130] Dem Anwalt des Haftpflichtversicherers ist es daher untersagt, im Widerspruch zum Versicherungsnehmer oder anderen versicherten Personen vorzutragen, es handele sich um einen verabredeten Verkehrsunfall.

49 Andererseits hat der verklagte Kraftfahrt-Haftpflichtversicherer ein berechtigtes Interesse daran, ein klageabweisendes Urteil auch gegen seinen Versicherungsnehmer und mitversicherte Personen zu erreichen. Dies folgt aus der Bindungswirkung des Haftpflichtprozesses für den späteren Deckungsprozess. Wird der Schädiger – ggf. auch aufgrund beabsichtigter Säumnis – verurteilt, könnte der vermeintlich Geschädigte den

---

127 OLG Hamburg, Beschl. v. 6.5.2003 – 14 U 12/03, juris; OLG Karlsruhe SP 2001, 41.
128 LG Aachen, Urt. v. 14.11.2012 – 10 O 487/11, juris.
129 OLG Köln, Urt. v. 23.2.2012 – I-7 U 134/11, juris; OLG Düsseldorf DAR 2006, 324; KG Berlin DAR 2004, 352; LG Berlin, Beschl. v. 10.2.2014 – 44 S 179/13 = SP 2014, 205; LG Essen, Beschl. v. 24.10.2011 – 5 O 72/11 = SP 2012, 87.
130 Vgl. § 3 der Berufsordnung für Rechtsanwälte (BORA).

E. Sonstige Implikationen des manipulierten Verkehrsunfalls § 13

Deckungsanspruch des Schädigers gegen seinen Haftpflichtversicherer pfänden und anschließend Deckungsklage erheben.

Höchstrichterlich und instanzgerichtlich anerkannt ist daher, dass es dem Versicherer nicht verwehrt werden kann, sich umfassend zu verteidigen, und zwar auch mit der Behauptung, das schadensbegründende Ereignis sei nicht – wie vom Geschädigten behauptet – unfreiwillig erlitten, sondern von den angeblich Unfallbeteiligten einvernehmlich herbeigeführt worden.[131] Beim Verdacht einer Unfallmanipulation darf daher der neben dem Versicherungsnehmer und/oder dem versicherten Fahrer verklagte Haftpflichtversicherer sowohl als Streitgenosse als auch als Streithelfer nach §§ 61, 69 ZPO seine eigenen Interessen wahrnehmen und dabei abweichend von der unterstützten Partei vortragen.[132] 50

▼

Muster 13.1: Nebenintervention des mitverklagten Haftpflichtversicherers
In Sachen

hat uns die Beklagte zu 2) in diesem Rechtsstreit mit ihrer Vertretung beauftragt. Namens und im Auftrage der Beklagten zu 2) zeigen wir fristgerecht Verteidigungsbereitschaft an.

Ferner treten wir namens und im Auftrage der Beklagten zu 2) dem Beklagten zu 1) als streitgenössische Nebenintervenientin nach §§ 61, 69 ZPO bei und erklären für diesen ebenfalls Verteidigungsbereitschaft.

Aufgrund werthaltiger Beweisanzeichen geht die Beklagte zu 2) davon aus, dass das streitbefangene Unfallereignis von Kläger und Beklagtem zu 1) verabredet wurde, mithin ein manipulierter Verkehrsunfall vorliegt. In diesen Fällen ist allgemein anerkannt, dass der Haftpflichtversicherer zur Wahrung seiner berechtigten Interessen sein Prozessführungsrecht auch mit Wirkung für den Versicherungsnehmer und/oder für den mitverklagten Fahrer wahrnehmen und abweichend von diesem vortragen kann (vgl. BGH, Beschl. v. 25.3.2014 – VI ZR 438/13, juris; BGH, Urt. v. 15.9.2010 – VI ZR 107/09, juris; OLG Hamm, Beschl. v. 4.3.2014 – I-9 U 181/13, juris; OLG Koblenz VersR 2006, 523).

▲

Die Zulässigkeit der Nebenintervention in Fällen der Unfallmanipulation entfaltet Reflexwirkung in Richtung des mitverklagten Fahrers. Wird vom Haftpflichtversicherer im Prozess der Vorwurf einer Unfallverabredung erhoben, so muss er den Fahrer im Rahmen seiner Rechtsschutzverpflichtung von den Kosten für die Vertretung durch einen eigenen Rechtsanwalt freistellen, auch wenn er ihm als Streithelfer beigetreten ist und sein Prozessbevollmächtigter für beide Klageabweisung beantragt hat.[133] Denn der Versicherte bedarf wegen des erhobenen Betrugsvorwurfs in besonderem Maße des rechtlichen Beistands. Gleiches gilt, soweit der beklagte Fahrer/Halter im Zusammenhang 51

---

131 BGH, Beschl. v. 25.3.2014 – VI ZR 438/13, juris; BGH, Urt. v. 15.9.2010 – VI ZR 107/09, juris; OLG Hamm, Beschl. v. 4.3.2014 – I-9 U 181/13, juris; OLG Koblenz VersR 2006, 523.
132 Vgl. dazu BGH, Beschl. v. 29.11.2011 – VI ZR 201/10, juris.
133 Grundlegend BGH, Urt. v. 15.9.2010 – VI ZR 107/09, juris.

mit dem Einwand einer kollusiven Absprache Prozesskostenhilfe beantragt und seine Rechtsverteidigung auch erfolgversprechend ist.[134]

52 Schwierig sind dabei die Fälle, in denen die Klage aus anderen Gründen, z.B. wegen fehlender Aktivlegitimation, abgewiesen wurde. Im Rahmen der Schadensminderungsobliegenheit nach § 82 VVG kann der Versicherungsnehmer verpflichtet sein, den Ausgang des Kostenfestsetzungsverfahrens abzuwarten und seine Kosten zunächst gegen den Kläger geltend zu machen.

II. Geständnis des vermeintlichen Unfallverursachers

53 Nicht selten bestätigt der vermeintliche Schädiger das behauptete Unfallgeschehen und sein Alleinverschulden. Erfolgt dies noch am Unfallort, fehlt es regelmäßig an einem entsprechenden Rechtsbindungswillen zur Schaffung eines konstitutiven – Schriftform erforderlich – oder deklaratorischen Schuldanerkenntnisses.[135] Die Judikatur qualifiziert entsprechende Erklärungen des Schädigers daher nur als Indiz im Rahmen der Beweiswürdigung.[136]

54 Räumt der angebliche Schädiger im Prozess anlässlich seiner Vernehmung den klägerseits behaupteten Unfallhergang ein, ist zu differenzieren: Kein gerichtliches Geständnis i.S.d. § 288 ZPO liegt vor, wenn der Schädiger nicht postulationsfähig ist[137] oder im Rahmen seiner Vernehmung als Partei lediglich Angaben zur Sache macht.[138] Auch Angaben im Zuge einer Parteianhörung nach § 141 ZPO sollen kein wirksames Geständnis im prozessualen Sinne begründen können.[139] Schließlich ist ein Geständnis des Schädigers unerheblich, wenn das Gericht zu der Überzeugung einer Unfallmanipulation gelangt. Denn ein Geständnis, welches auf einen Betrug zu Lasten eines Dritten hinzielt, ist unwirksam.[140]

III. Gutachterkosten, Detektivkosten und Sachbearbeitungskosten

55 Nach Abschluss des betrugsindizierten Verkehrsunfallprozesses werden vom Kraftfahrt-Haftpflichtversicherer regelmäßig Kosten für außergerichtlich eingeholte Privatgutachten angemeldet. Diese Gutachten werden unter anderem in Auftrag gegeben zur Prüfung der Plausibilität des behaupteten Unfallgeschehens oder zur Kompatibilität der eingetretenen Fahrzeugschäden. Angesichts der Komplexität der technischen Aspekte können die hierdurch entstehenden Kosten nahezu den Wert des begehrten Anspruchs erreichen.

---

134 BGH, Beschl. v. 6.7.2010 – VI ZB 31/08, juris.
135 BGH, Urt. v. 10.1.1984 – VI ZR 64/82 = NJW 1984, 799; OLG Brandenburg, Urt. v. 30.4.2009 – 12 U 219/08 = VersR 2009, 1352.
136 OLG Saarbrücken, Urt. v. 1.3.2011 – 4 U 370/10, juris; OLG Düsseldorf, Urt. v. 16.6.2008 – I-1 U 246/07, juris mit Anmerkung *Nugel*.
137 Vgl. BGH, Urt. v. 7.2.2006 – VI ZR 20/05 = VersR 2006, 663; OLG Saarbrücken – Urt. v. 4.12.2014 – 4 U 36/14, juris.
138 BGH, Urt. v. 14.3.1995 – VI ZR 122/94, juris.
139 BGH, Urt. v. 7.2.2006 – VI ZR 20/05 = NZV 2006, 412.
140 BGH, Urt. v. 22.5.1970 – IV ZR 1084/68 = VersR 1970, 826, 827; OLG Hamm, Beschl. v. 4.3.2014 – I-9 U 181/13, juris; OLG Karlsruhe r+s 2010, 254.

E. Sonstige Implikationen des manipulierten Verkehrsunfalls § 13

Die Rechtsprechung hat sich insgesamt zustimmend positioniert, wenn ein dringender 56
Verdacht eines manipulierten Unfalls besteht. Zwar sind vorprozessual aufgewandte Kosten für die Erstattung eines Privatgutachtens nur ausnahmsweise als Kosten des Rechtsstreits anzusehen. In Fällen des Verdachts eines Versicherungsbetrugs gestalte sich jedoch für den Versicherer der Nachweis erfahrungsgemäß schwierig. Der Versicherer bedürfe regelmäßig sachverständiger Hilfe, um den zur Rechtsverteidigung notwendigen Vortrag halten zu können.[141] Er können nicht darauf verwiesen werden, zunächst die Einholung eines Gutachtens durch das erkennende Gericht abzuwarten.[142] Auch bei zeitlich größerer Distanz zwischen Anmeldung von Schadensersatzansprüchen und Klageandrohung wird die Erstattungsfähigkeit von Sachverständigenkosten bejaht.[143] Dabei setzt die Erstattungsfähigkeit solcher Kosten nicht voraus, dass das Privatgutachten im Rahmen einer ex-post Betrachtung tatsächlich die Entscheidung des Gerichts beeinflusst hat[144] oder im Rechtsstreit und Kostenfestsetzungsverfahren vorgelegt wird.[145] Dient das eingeholte Gutachten dagegen der allgemeinen und routinemäßigen Prüfung der Einstandspflicht, sind die Kosten nicht erstattungsfähig.[146]

Strenger beurteilt die Rechtsprechung die Erstattungsfähigkeit von Detektivkosten. Dies 57
folgt aus dem Gebot einer sparsamen Prozessführung.[147] Grundsätzlich müssen sich diese Kosten gemessen an den wirtschaftlichen Verhältnissen der Parteien und der Bedeutung des Streitgegenstandes in vernünftigen Grenzen halten. Darüber hinaus muss der Auftrag prozessbezogen, konkret umrissen und zur Bestätigung eines bestimmten Verdachts erfolgen.[148] Der Auftrag ist daher so zu gestalten, dass der beauftragende Versicherer die Ausführung überwachen kann und die Entscheidung über Beginn, Inhalt, Umfang, Dauer und Abbruch der Ermittlungen nicht völlig dem Detektiv überlässt.[149]

Bislang kaum beachtet ist die Möglichkeit des Haftpflichtversicherers, in begründeten 58
Verdachtsfällen Schadenssachbearbeitungskosten im Kostenfestsetzungsverfahren geltend zu machen. Zustimmende Entscheidungen begründen einen Erstattungsanspruch des Versicherers damit, dass die Bearbeitung eines Betrugsfalls mit einem erhöhten Verwaltungsaufwand verbunden ist und nicht zum originären Aufgabenkreis des Versicherers zählt.[150] Voraussetzung eines Anspruchs ist allerdings, dass der Versicherer konkret darlegt, welche Arbeitsschritte erforderlich waren und zur Schadensschätzung eine prüfbare Aufstellung über Kosten in der Schadenssachbearbeitung vorlegt.

---

141 Grundlegend BGH, Beschl. v. 17.12.2002 – VI ZB 56/02 = VersR 2003, 481.
142 Grundlegend BGH, Beschl. v. 17.12.2002 – VI ZB 56/02 = VersR 2003, 481.
143 BGH, Beschl. v. 14.10.2008 – VI ZB 16/08 = VersR 2009, 280.
144 BGH, Beschl. v. 20.12.2011 – VI ZB 17/11 = r+s 2013, 103; kritisch OLG Köln, Beschl. v. 30.12.2014 – 17 W 152/14, juris.
145 BGH, Beschl. v. 26.2.2013 – VI ZB 59/12, juris.
146 OLG Köln, Beschl. v. 29.1.2015 – 17 W 135/14, juris.
147 OLG Hamm, Beschl. v. 23.2.1993 – 23 W 23/93 = MDR 1994, 103.
148 OLG Koblenz, Urt. v. 9.4.2002 – 11 WF 70/02 = VersR 2003, 1554; KG Berlin, Beschl. v. 6.5.2003 – 1 W 35/01 = MDR 2003, 1444.
149 OLG Koblenz, Beschl. v. 29.10.2010 –14 W 757/10 – n.v.
150 AG Hameln, Urt. v. 4.1.2012 – 32 C 352/11, juris; AG Grimma, Urt. v. 11.9.2007 – 4 C 134/07 = NJW-RR 2008, 113.

§ 14 Grundzüge des neuen VVG

Dr. Michael Nugel

A. Übersicht

Die derzeit die Praxis immer noch beschäftigende wesentliche „Neufassung" des VVG ist gem. Art. 10 Abs. 1 EGGVG zum 1.1.2008 in Kraft getreten und gilt für alle ab diesem Zeitpunkt abgeschlossenen Verträge. Für vor diesem Datum abgeschlossene Verträge gilt das bisherige VVG gem. Art. 1 Abs. 1 EGGVG noch bis zum 31.12.2008. Tritt in dieser Zeit bei einem „Altvertrag" ein Versicherungsfall ein, ist gem. Art. 1 Abs. 2 EGGVG weiterhin das alte Recht anzuwenden.

▼

Muster 14.1: Zeitpunkt des Versicherungsfalls bei Altvertrag
Ist offen, ob der Versicherungsfall bis zum 31.12.2008 oder danach eingetreten ist, und beruft sich der Versicherer für seine Ansicht, es sei das VVG a.F. anzuwenden, auf § 1 Abs. 2 EGVVG, so hat er zu beweisen, dass der Versicherungsfall vor dem 1.1.2009 eingetreten ist (OLG Oldenburg, Beschl. v. 29.3.2012 – 5 U 11/11 = zfs 2012, 517).
Demnach .

▲

Dem Versicherer wird gem. Art. 1 Abs. 3 EGGVG ein Zeitraum bis zum 1.1.2009 eingeräumt, innerhalb dessen er seine AGB dem neuen VVG anpassen kann. Dabei muss der Versicherer dem Versicherungsnehmer die Neufassung der AGB in Textform einen Monat vor dem Zeitpunkt zur Verfügung stellen, zu dem diese wirksam werden sollen bzw. zumindest auf die Änderungen deutlich hinweisen. Die beispielhafte Aufzählung einzelner Änderungen genügt nicht, wenn eine andere Änderung betroffen ist.[1]

Hieraus können sich weitreichende Konsequenzen ergeben, wenn es um den Einwand des Versicherers geht, er wäre wegen einer Obliegenheitsverletzung (vollständig oder teilweise) leistungsfrei geworden. Handelt es sich um einen Altvertrag, ist die damals in den AVB vereinbarte Rechtsfolge einer Leistungsfreiheit nach dem Alles-oder-Nichts-Prinzip nach den Maßstäben des neuen Rechts unwirksam, da hierdurch eine unangemessene Benachteiligung i.S.d. § 307 Abs. 1 S. 1 BGB erfolgt.[2] Im Übrigen scheidet eine Schließung der durch die Unwirksamkeit entstandenen Vertragslücke durch die Anwendung der gesetzlichen Regelung des § 28 Abs. 2 S. 2 VVG über § 306 Abs. 2 BGB aus.[3]

---

[1] LG Köln, Urt. v. 17.3.2010 – 20 O 222/09 = zfs 2010, 398.
[2] BGH, Urt. v. 12.10.2011 – IV ZR 199/10 = zfs 2011, 688 = NJW 2012, 217.
[3] BGH, Urt. v. 12.10.2011 – IV ZR 199/10 = zfs 2011, 688 = NJW 2012, 217; siehe auch BGH, Urt. v. 2.4.2014 – IV ZR 58/13 = r+s 2015, 347; OLG Dresden, Urt. v. 24.3.2015 – 4 U 1292/14 = r+s 2015, 233.

§ 14 Grundzüge des neuen VVG

▼

Muster 14.2: Keine Leistungsfreiheit bei Obliegenheitsverletzungen bei einem Altvertrag

5

Eine (vollständige) Leistungsfreiheit wegen einer Obliegenheitsverletzung scheidet vorliegend aus. Eine wie hier vereinbarte Sanktionsregelung bei Verletzung vertraglich vereinbarter Obliegenheiten ist unwirksam, wenn der Versicherer – bei einem wie hier betroffenen „Altvertrag", der vor dem 1.1.2008 abgeschlossen worden ist – von der Möglichkeit der Vertragsanpassung gem. Art. 1 Abs. 3 EGVVG keinen Gebrauch gemacht hat. Dies hat zur Folge, dass der Versicherer deshalb bei grob fahrlässiger Verletzung vertraglicher Obliegenheiten kein Leistungskürzungsrecht gem. § 28 Abs. 2 S. 2 VVG geltend machen kann (BGH, Urt. v. 12.10.2011 – IV ZR 199/10 = zfs 2011, 688 =NJW 2012, 217). Wenn sich der Versicherer darauf beruft, eine solche Umstellung vorgenommen zu haben, muss er dies einschließlich des Zugangs seiner maßgeblichen Hinweisschreiben beweisen (OLG Celle, Urt. v. 29.9.2011 – 8 U 58/11 = zfs 2012, 513 =VersR 2012, 753; LG Berlin, Urt. v. 9.8.2011 – 43 O 302/10 = SP 2012, 22).

▲

B. Überblick über die wichtigsten Änderungen

6 Eine der zentralen Reformen des neuen VVG liegt in der Aufgabe des sog. Alles-oder-Nichts-Prinzips. Nach altem Recht wurde der Versicherer bei bestimmten Fehlverhalten des Versicherungsnehmers, wie beispielsweise einer zumindest einfach fahrlässigen Obliegenheitsverletzung vor bzw. einer zumindest grob fahrlässigen Obliegenheitsverletzung der versicherten Person nach Eintritt des Versicherungsfalls gem. § 6 Abs. 1 bzw. Abs. 3 VVG a.F. leistungsfrei. Stand fest, dass die versicherte Person eine Obliegenheit nach Eintritt des Versicherungsfalls verletzt hatte, wurde ein vorsätzliches Fehlverhalten vermutet. Der Versicherer wurde in diesen Fällen leistungsfrei, sofern die versicherte Person die Vorsatzvermutung des § 6 Abs. 3 S. 1 VVG a.F. nicht widerlegen konnte und die Obliegenheitsverletzung generell geeignet war, die Interessen des Versicherers i.S.d. sog. Relevanzrechtsprechung zu gefährden.

Nach neuem Recht wird bei einer Obliegenheitsverletzung ein vorsätzliches Handeln des Versicherungsnehmers nicht mehr vermutet. Vielmehr muss der Versicherer gem. § 28 Abs. 2 S. 1 VVG Vorsatz des Versicherungsnehmer beweisen. Vermutet wird allerdings gem. § 28 Abs. 2 S. 2 VVG grobe Fahrlässigkeit des Versicherungsnehmers, sofern eine Obliegenheitsverletzung feststeht.

7 Zugunsten des Versicherungsnehmers wird im neuen VVG auch die Möglichkeit geändert, den sog. Kausalitätsgegenbeweis zu führen. Nach altem Recht war bei einer Obliegenheitsverletzung, die vorsätzlich begangen worden ist, nicht Voraussetzung einer Leistungsfreiheit des Versicherers, dass sich die Obliegenheitsverletzung auch ursächlich auf die Feststellungen des Versicherers zum Versicherungsfall ausgewirkt hat. Es genügte vielmehr, dass die Obliegenheitsverletzung generell geeignet war, die Interessen des Versicherers zu gefährden. Dies ändert sich nach neuem Recht. Nunmehr wird der

B. Überblick über die wichtigsten Änderungen § 14

Versicherer bei einer Obliegenheitsverletzung nur insoweit leistungsfrei, wie sich die Obliegenheitsverletzung entweder auf den Eintritt des Versicherungsfalls oder auf die Feststellungen des Versicherers zu einer Leistungsverpflichtung dem Grunde bzw. der Höhe nach ausgewirkt hat (§ 28 Abs. 3 S. 1 VVG). Dem Versicherungsnehmer wird dadurch die Gelegenheit gegeben, zu beweisen, dass eine solche Kausalität nicht besteht (sog. Kausalitätsgegenbeweis). Dieser Kausalitätsgegenbeweis ist allerdings dann gem. § 28 Abs. 3 S. 2 VVG ausgeschlossen, wenn der Versicherungsnehmer die Obliegenheit arglistig verletzt hat.

Beispiel 8
Der Versicherungsnehmer verschweigt einen ihm bekannten Vorschaden des vollkaskoversicherten Kfz, der den Wert des verunfallten Kfz um 2.000 EUR mindert. Dies stellte nach altem Recht eine Obliegenheitsverletzung in Form eines Verstoßes gegen E.1.1.3 AKB 2015 (E.1.3 AKB 2008 bzw. § 7 I (2) AKB a.F.) dar, bei der ein vorsätzliches Fehlverhalten des Versicherungsnehmers vermutet wurde. Da die Falschangabe auch geeignet gewesen ist, das Aufklärungsinteresse des Versicherers bei der Wertermittlung des versicherten Kfz zu beeinträchtigen, wurde der Versicherer gem. § 6 Abs. 3 VVG a.F. leistungsfrei, sofern er den Versicherungsnehmer vor Abgabe der Falscherklärung zutreffend über diese weitreichenden Folgen einer Falschangabe belehrt hatte.
Nach der Neuregelung der Leistungsfreiheit des Versicherers führt diese Obliegenheitsverletzung u.U. nur dazu, dass der Versicherer in Höhe von 2.000 EUR leistungsfrei wird, es sei denn, mit einer in der Literatur vertretenen Auffassung[4] wird die bisherige Relevanzrechtsprechung fortgesetzt. Lediglich in dieser Höhe ist eine (konkrete) Beeinflussung der Feststellungen des Versicherers zur Schadenshöhe gegeben. Dieser Kausalitätsgegenbeweis ist dem Versicherungsnehmer aber dann abgeschnitten, wenn der Versicherer ihm ein arglistiges Verhalten nachweist. In diesem Fall würde eine vollständige Leistungsfreiheit des Versicherers bestehen.

▼ 14.3

Muster 14.3: Konkreter Kausalitätsgegenbeweis 9
Der Kausalitätsgegenbeweis ist geführt, wenn alle sich bereits aus dem Sachverhalt und aus weiteren Einwendungen des Versicherers ergebenden Einwendungen beseitigt werden, wonach sich die Obliegenheitsverletzung ursächlich ausgewirkt haben kann. Hierfür ist der Nachweis zu erbringen, dass sich die Obliegenheitsverletzung weder auf den Eintritt noch die Feststellungen des Versicherers zum Versicherungsfall und dem Umfang der Eintrittspflicht ausgewirkt hat (vgl. etwa BGH, Urt. v. 4.4.2001 – IV ZR 63/00 = NJW-RR 2001, 1031; OLG Karlsruhe, Urt. v. 18.2.2010 – 12 U 175/09 = zfs 2010, 211; KG Berlin Beschl. v. 6.7.2010 – 6 W 6/10 = VersR 2010, 1488; KG Berlin, Beschl. v. 9.11.2010 – 6 U 103/10 = zfs 2011, 93; LG Offenburg, Urt. v. 23.8.2011 – 1 S 3/11 = zfs 2013, 36; LG Duisburg, Urt. v. 15.3.2013 – 7 S 104/12 = zfs 2013, 391; ferner OLG Saarbrücken, Urt. v. 30.10.2014 – 4 U 165/13 = NJW-RR 2015, 411). Es findet dabei keine Fortführung der Relevanzrechtsprechung statt, sondern es ist zu untersuchen, welche

---
4 *Langheid*, NJW 2007, 3665, 3669.

konkreten Auswirkungen die Obliegenheitsverletzung hat (bzw. hatte) (KG Berlin, Beschl. v. 9.11.2010 – 6 U 103/10 = zfs 2011, 93; OLG Oldenburg, Beschl. v. 4.7.2011 – 5 U 27/11 – zfs 2012, 91; OLG Naumburg, Urt. v. 14.3.2013 – 4 U 47/12 = zfs 2014, 93; AG Ludwigshafen, Urt. v. 6.8.2014 – 2a C 50/14 = SP 2014, 423). Dies bedeutet auch, dass der Gegenbeweis nicht schon deshalb ausgeschlossen ist, weil die Obliegenheit abstraktgenerell geeignet sein kann, die Interessen des Versicherers zu gefährden. Dieses vorausgeschickt zeigt sich, dass ▬▬▬.

▲

10 Für alle Versicherungszweige werden im allgemeinen Teil die Voraussetzungen für einen Vertragsabschluss neu gefasst: Das sog. „Policenmodell", wonach es genügte, wenn dem Versicherungsnehmer erst mit dem Versicherungsschein die AVB und notwendige Verbraucherinformationen mit einem 14-tägigen Widerrufsrecht zugestellt werden, wird aufgehoben. Nunmehr ist der Versicherer nach den §§ 6, 7 VVG n.F. verpflichtet, dem Versicherungsnehmer vor Vertragsabschluss eine Vielzahl an Verbraucherinformationen und die Versicherungsbedingungen zur Verfügung zu stellen. Ausnahmen können zwischen dem Versicherer und dem Versicherungsnehmer individuell vereinbart werden. Diese Ausnahmen werden für den Bereich des vorläufigen Deckungsschutzes von Bedeutung sein, der im neuen VVG in den §§ 49 ff. VVG n.F. erstmals in seinen Grundzügen gesetzlich niedergelegt wird. In Bezug auf die Verpflichtung des Versicherers zur Vorabinformation gilt hierbei eine Sonderregelung: Der Versicherer kann mit dem Versicherungsnehmer vereinbaren, dass diesem die AVB sowie notwendige weitere Informationen nur auf Verlangen vermittelt werden (§ 49 Abs. 1 S. 1 VVG). § 49 Abs. 2 S. 1 VVG sieht ferner vor, dass in Abkehr von § 305 Abs. 2 BGB kein Hinweis auf die anzuwendenden AVB erfolgen muss.

11 Von besonderer Bedeutung ist auch, dass § 215 VVG die gerichtliche Zuständigkeit neu regelt. Nach § 215 Abs. 1 S. 1 VVG ist für Klagen aus dem Versicherungsvertrag zusätzlich das Gericht örtlich zuständig, in dessen Bezirk der Versicherungsnehmer zur Zeit der Klageerhebung seinen Wohnsitz oder gewöhnlichen Aufenthalt hat. Für Klagen gegen den Versicherungsnehmer ist dieses Gericht sogar ausschließlich zuständig (S. 2).

C. Allgemeine Grundsätze bei Bildung der Kürzungsquote

12 Das VVG sieht nunmehr in den Fällen der Gefahrerhöhung, der Obliegenheitsverletzung, der Schadensherbeiführung und der Verletzung der Pflicht zur Minderung des Schadens statt des bisher geltenden „Alles-oder-Nichts-Prinzips" vor, dass sich der Versicherer (lediglich) auf eine quotale Leistungsfreiheit berufen kann, die sich an der Schwere des Verschuldens des Versicherungsnehmers orientiert, sofern diesem grobe Fahrlässigkeit anzulasten ist. Wie genau die Bildung dieser Kürzungsquote zu erfolgen hat, erläutert das Gesetz indes nicht näher. Erfasst werden folgende Leistungskürzungstatbestände:
(1) Die Verletzung vertraglicher Obliegenheiten (§ 28 VVG)
(2) Die Leistungsfreiheit wegen einer Gefahrerhöhung (§ 26 VVG)
(3) Die grob fahrlässige Herbeiführung des Versicherungsfalls (§ 81 VVG)

C. Allgemeine Grundsätze bei Bildung der Kürzungsquote § 14

(4) Die Verletzung der Obliegenheit zur Schadensminderung und dem Befolgen von Weisungen des Versicherers (§ 82 Abs. 2 VVG) einschließlich einer Kürzung bei Rettungskosten (§ 83 VVG) und Schadensermittlungskosten (§ 85 VVG)

(5) Die Verletzung der Obliegenheit zur Wahrung von Ersatzansprüchen (§ 86 Abs. 2 VVG)

(6) Teilweiser Ersatz nicht erforderlicher Rettungskosten (§§ 82 f. VVG – strittig)

Im Rahmen der quotalen Leistungskürzung sind insbesondere die nachfolgenden Gesichtspunkte zu beachten:
1. Die Reichweite des Kürzungsrechts
2. Der Einstieg bei der Bildung der Quote und die Beweislastverteilung
3. Das Vorgehen in Kürzungsschritten
4. Die Quotenbildung bei mehreren Pflichtverletzungen.

I. Reichweite des Kürzungsrechts

In der Literatur war umstritten, ob im Ausnahmefall auch bei einem (lediglich) grob fahrlässigen Fehlverhalten eine vollständige Leistungskürzung des Versicherers (auf Null) gerechtfertigt sein kann. Diese Frage hat der BGH nun entschieden und ein solches weitreichendes Kürzungsrecht im Ausnahmefall zugelassen.

▼

Muster 14.4: Vollständige Leistungsfreiheit
Der Versicherer kann auch bei grob fahrlässiger Herbeiführung des Versicherungsfalls durch den Versicherungsnehmer in Ausnahmefällen die Leistung in vollem Umfang kürzen (BGH, Urt. v. 22.6.2011 – IV ZR 225/10 = zfs 2011, 511; BGH, Urt. v. 11.1.2012 – IV ZR 251/10 = zfs 2012, 212 für § 28 Abs. 2 VVG). Hierfür ist eine Abwägung aller Umstände des Einzelfalls erforderlich, wobei eine solche weitreichende Leistungskürzung insbesondere im Grenzbereich zu einem sog. „Eventualvorsatz" naheliegt (BGH, Urt. v. 22.6.2011 – IV ZR 225/10 = zfs 2011, 511; *Nugel*, Kürzungsquoten nach dem VVG, 2. Aufl. 2012, § 1 Rn 8 ff.).

In dem hier vorliegenden Fall ist eine solche weitreichende Leistungskürzung der Schwere des Verschuldens angemessen: .

Hinweis
Eine solche weitreichende Kürzung ist jedoch die Ausnahme und bedarf einer sorgfältigen Begründung. Dabei ist auch zu beachten, dass der Versicherer die Beweislast für alle Umstände trägt, welche die Quote der Leistungskürzung begründen. Bei dem Versicherungsnehmer verbleibt dagegen eine sekundäre Darlegungslast, so dass es genügt, wenn er die zu seinen Gunsten sprechenden Umstände schlüssig vorträgt.

Muster 14.5: Keine vollständige Leistungsfreiheit

17 Eine vollständige Leistungskürzung des Versicherers ist ein Ausnahmefall, der in der Regel auf ein Verschulden beschränkt ist, welches im Grenzbereich zu einem Vorsatz liegt (BGH, Urt. v. 22.6.2011 – IV ZR 225/10 = zfs 2011, 511). Hierfür ist eine Abwägung aller Umstände des Einzelfalls erforderlich (BGH, Urt. v. 22.6.2011 – IV ZR 225/10 = zfs 2011, 511; BGH, Urt. v. 11.1.2012 – IV ZR 251/10 = zfs 2012, 212 für § 28 Abs. 2 VVG). Hat der Versicherungsnehmer entlastende Umstände vorgetragen, die den Vorwurf der groben Fahrlässigkeit jedenfalls im subjektiven Bereich in milderem Licht erscheinen lassen, und kann der Versicherer diese nicht ausräumen, so kommt nur eine anteilige Kürzung in Betracht. Hieraus folgt zugleich, dass die Beweislast für alle Umstände, welche eine weitreichende Kürzung rechtfertigen, beim Versicherer liegt (BGH, Urt. v. 22.6.2011 – IV ZR 225/10 = zfs 2011, 511; *Nugel*, Kürzungsquoten nach dem VVG, 2. Aufl. 2012, § 1 Rn 29).

Dieses vorausgeschickt zeigt sich, dass vorliegend eine vollständige Leistungsfreiheit nicht der Schwere des Verschuldens entspricht, wobei verbleibende Zweifel und Unsicherheiten zu Lasten des beweisbelasteten Versicherers gehen: .

II. Quotenbildung und die Beweislastverteilung

18 Umstritten ist in der Literatur ferner, welche Seite – ggf. ausgehend von einem „Mittelwert" – die zur Leistungskürzung berechtigenden Umstände zu beweisen hat. Einigkeit besteht darüber, dass der Versicherer auch nach neuem Recht im Einklang mit den bisherigen Rechtsprechungen die Voraussetzungen für eine Obliegenheitsverletzung oder Gefahrerhöhung beweisen muss, während sich der Versicherungsnehmer nach einer festgestellten Obliegenheitsverletzung oder Gefahrerhöhung von einer vermuteten groben Fahrlässigkeit zu exkulpieren hat. Kontrovers wird aber die Beweislast für die Umstände diskutiert, die der Versicherer seiner Kürzungsquote zugrunde legt und die ihn zu der Kürzung in einer bestimmten Höhe berechtigen sollen.

1. Beweislastverteilung bei Obliegenheitsverletzung

19 Nach einer Ansicht ist der Einstieg in die Kürzungsquote bei einem Mittelwert von jeweils 50 % anzusetzen und sodann zu unterscheiden: Will der Versicherer eine höhere Kürzung vornehmen, müsste er die ihn dazu berechtigenden Umstände beweisen. Wenn jedoch der Versicherungsnehmer eine geringere Kürzung für gerechtfertigt hält, müsste er die Umstände beweisen, kraft derer von einem geringeren Verschulden auszugehen wäre.[5] Nach LG Kassel[6] obliegt dagegen dem Versicherungsnehmer insoweit (lediglich) eine sekundäre Darlegungslast. Diese Auffassung hat den Vorzug einer sicheren Handhabung in der Praxis und würde dem Gedanken gerecht werden, dass im Zweifel ohne

---

[5] *Felsch*, r+s 2007, 485, 493; *Grote/Schneider*, BB 2007, 2689, 2695.
[6] LG Kassel, Urt. v. 27.5.2010 – 5 O 2653/09 = zfs 2011, 33; ähnlich LG Hannover, Urt. v. 17.9.2010 – 13 O 153/08 = VersR 2011, 112.

C. Allgemeine Grundsätze bei Bildung der Kürzungsquote § 14

weitere bewiesene Tatsachen bei grober Fahrlässigkeit eine Quote von 50 % anzusetzen ist. Teilweise wird darüber hinaus sogar vertreten, dass den Versicherungsnehmer grundsätzlich die Beweislast treffen würde.[7]

Diese Auffassungen stehen jedoch im Gegensatz zu dem Willen des Gesetzgebers. Zwar ist die Beweislastverteilung bzgl. des Nachweises der einzelnen Verschuldensgrade innerhalb der groben Fahrlässigkeit im Gesetz nicht ausdrücklich geregelt.[8] In der Erläuterung zum Regierungsentwurf findet sich allerdings der Hinweis, dass der Versicherer die Beweislast für das Verschuldensmaß trägt, welches der zu bildenden Quote zugrunde liegt.[9] Dieser Wille des Gesetzgebers ist daher auch für die Rechtsprechung verbindlich, zumal die dadurch geschaffene Beweislage auch der Ratio der betroffenen Vorschriften Rechnung trägt, wonach das „Alles-oder-Nichts-Prinzip" grundsätzlich aufgegeben wird und es in diesem Zusammenhang naheliegt, dass der Versicherer auch die Umstände zu beweisen hat, welche die von ihm gewollte Kürzung rechtfertigen. Diese Einwände gelten natürlich erst recht, wenn dem Versicherungsnehmer die gesamte Beweislast auferlegt wird. 20

▼

Muster 14.6: Keine Beweislast bei dem Versicherungsnehmer 21
Soweit vorliegend die Auffassung vertreten wird, den Versicherungsnehmer würde die Beweislast für ihn bei der Bildung der Kürzungsquote entlastende Umstände treffen, steht diese Ansicht im Widerspruch zu dem dokumentierten Willen des Gesetzgebers. In der Erläuterung zum Regierungsentwurf findet sich unmissverständlich der Hinweis, dass der Versicherer die Beweislast für das Verschuldensmaß trägt, welches der zu bildenden Quote zugrunde liegt (Begründung des RegE vom 16.10.2006, S. 173, u.a. einzusehen über *www.bmj.bund.de*). Würde dem Versicherungsnehmer darüber sogar die gesamte Beweislast auferlegt, wäre der Versicherer im Ausgangspunkt zu einer Kürzung in Höhe von 100 % gerechtfertigt. Hierdurch würde aber der Wille des Gesetzgebers, das Alles-oder-Nichts-Prinzip abzuschaffen, gegenstandslos werden. Zu Recht wird diese Auffassung daher auch in der Literatur nahezu einhellig abgelehnt (vgl. *Nugel*, Kürzungsquoten nach dem VVG, 2. Aufl. 2012, § 1 Rn 29 m.w.N.). Vielmehr hat auch der BGH entschieden, dass der Versicherungsnehmer bei der Quotenbildung lediglich ihn entlastende Umstände vortragen muss, die der Versicherer sodann (im Rahmen der ihm obliegenden Beweislast) widerlegen muss (BGH, Urt. v. 22.6.2011 – IV ZR 225/10 = zfs 2011, 511 = NJW 2011, 3299).

▲

Es hat daher dabei zu verbleiben, dass der Versicherer die Umstände zu beweisen hat, aus denen sich seine Berechtigung zur Kürzung ergibt.[10] Allerdings ist im Gegenzug zu berücksichtigen, dass es viele Umstände gibt, die für die Bestimmung der Kürzungsquote 22

---

7 *Pohlmann*, VersR 2008, 437, 441.
8 *Deutsch*, VersR 2004, 1485, 1488.
9 Begründung des RegE vom 16.10.2006, S. 173, u.a. einzusehen über *www.bmj.bund.de*.
10 OLG Karlsruhe, Urt. v. 17.9.2013 – 12 U 43/13 = zfs 2013, 695; OLG Karlsruhe, Urt. v. 31.7.2014 – 12 U 44/14 = SP 2015, 90; OLG Saarbrücken, Urt. v. 30.10.2014 – 4 U 165/13 = NJW-RR 2015, 411; *Marlow*, VersR 2007, 43, 44; *Nugel*, MDR 2007, Sonderbeilage Heft 22, 23 ff.; *Schimikowski/Höra*, Das neue VVG, S. 150.

Nugel 597

von Bedeutung sind, und die allein im Wissen des Versicherungsnehmers liegen.[11] Dies gilt insbesondere für innere Umstände, die mit der Willensbildung des Versicherungsnehmers zusammenhängen. In der Rechtsprechung[12] ist es insoweit anerkannt, dass der Versicherungsnehmer die in seinem Wissen liegenden (inneren) Umstände im Rahmen der ihm obliegenden sekundären Darlegungslast substantiiert zu erläutern und vom Versicherer aufgestellte Behauptungen zu entkräften hat. Erfolgt ein solcher substantiierter Vortrag, ist das Gegenteil sodann vom Versicherer zu beweisen. Dabei sind hohe Anforderungen an die Plausibilität und Glaubhaftigkeit der Darlegung des Versicherungsnehmers zu stellen, um zu verhindern, dass dieser durch nicht überprüfbare Behauptungen eine ungerechtfertigte Leistung erhält.[13]

> *Beispiel*
> Der Kaskoversicherer beruft sich auf eine (teilweise) Leistungsfreiheit wegen einer grob fahrlässigen Herbeiführung des Versicherungsfalls, da der Versicherungsnehmer eine rote Lichtzeichenanlage missachtet haben soll. Dass es sich dabei um ein grob fahrlässiges Fehlverhalten handelt, hat der Versicherer als Voraussetzung der Kürzung nach § 81 VVG zu beweisen. Steht eine grobe Fahrlässigkeit jedoch fest und beruft sich der Versicherungsnehmer auf besondere Umstände, welche seine Fahrlässigkeit in einem anderen Licht erscheinen lassen (z.B. eine besondere Ablenkung sowie ein sog. Augenblicksversagen), hat er dies im Rahmen seiner sekundären Darlegungslast schlüssig und widerspruchsfrei vorzutragen. Es obliegt dann dem Versicherer, diesen entlastenden Umstand zu widerlegen.

2. Einstieg in die Quotenbildung

23 Es verbleibt die Frage, ob der Einstieg in die Quotenbildung nun mit einem Wert von 50 % vorzunehmen ist. Nach einer Ansicht ist als Ausgangspunkt für die Quotenbildung jeweils eine Kürzung von 50 % unter Annahme eines durchschnittlichen Verschuldensgrades der groben Fahrlässigkeit (sog. grobe Fahrlässigkeit „mittlerer Art und Güte") anzunehmen.[14] Sodann wäre anhand der Umstände des Einzelfalls zu prüfen, ob diese Quote zugunsten oder zu Lasten des Versicherungsnehmers zu verschieben ist. Wie dargelegt ist jedoch nicht zu erwarten, dass der BGH diesem folgen wird: Die beiden Grundsatzentscheidungen lassen bisher erkennen, dass den Versicherungsnehmer lediglich eine sekundäre Darlegungslast treffen kann.[15] Damit ist aber auch das Mittelwertmo-

---

11 *Nugel*, MDR 2007, Sonderbeilage Heft 22, 23 ff.; *Schimikowski/Höra*, Das neue VVG, S. 150 f.
12 BGH, Urt. v. 29.1.2003 – IV ZR 173/01 = zfs 2003, 242 = MDR 2003, 505; BGH, Beschl. v. 7.11.2007 – IV ZR 103/06 = zfs 2008, 92 = r+s 2008, 62; OLG Köln, Urt. v. 12.10.2010 – 9 U 84/10 = VersR 2011, 1051.
13 *Günther/Spielmann*, r+s 2008, 177, 179; *Nugel*, MDR 2007, Sonderbeilage Heft 22, 23 ff.
14 LG Kassel, Urt. v. 27.5.2010 – 5 O 2653/09 = zfs 2011, 33; LG Hannover, Urt. v. 17.9.2010 – 13 O 153/08 = VersR 2011, 112; LG Hechingen, Urt. v. 3.12.2012 – 1 O 124/12 = zfs 2013, 392; *Felsch*, r+s 2007, 485, 493; *Langheid*, NJW 2007, 3665, 3669; *Meixner/Steinbeck*, Allgemeines Versicherungsvertragsrecht, § 6 Rn 140; *Nugel*, MDR 2007, Sonderbeilage Heft 22, 23 ff.
15 BGH, Urt. v. 22.6.2011 – IV ZR 225/10 = zfs 2011, 511 = NJW 2011, 3299; BGH, Urt. v. 11.1.2012 – IV ZR 251/10 = zfs 2012, 212 = NZV 2012, 225 für § 28 Abs. 2 VVG.

C. Allgemeine Grundsätze bei Bildung der Kürzungsquote § 14

dell seines Anwendungsbereichs „beraubt". Es verbleibt aber die Frage, ob es nicht dessen ungeachtet einen „Mittelwert" gibt.

▼

Muster 14.7: Leistungskürzung bei „durchschnittlicher" grober Fahrlässigkeit 24

Legen die unstreitigen oder vom Versicherer bewiesenen Umstände eine grobe Fahrlässigkeit nahe, die weder besonders leicht noch besonders schwer wiegt, ist eine Leistungskürzung um 50 % i.d.R. angemessen (OLG Hamm, Beschl. v. 21.4.2010 – 20 U 182/09 = NJW-Spezial 2010, 297; OLG Saarbrücken, Urt. v. 26.1.2011 – 5 U 356/10 – zfs 2011, 331 für § 82 Abs. 3 VVG i.V.m. § 83 Abs. 2 VVG; OLG Hamm, Urt. v. 21.10.2011 – 20 U 41/11 = VersR 2012, 479; LG Traunstein, Urt. vom 12.5.2011 – 1 O 3826/10, juris). Dabei können die einzelnen Umstände auch eine Kürzungsquote ober- bzw. unterhalb von 50 % nahelegen, wenn sie sich sodann gegenseitig wieder „aufheben" und die grobe Fahrlässigkeit quasi als Durchschnittsfall zu bewerten ist (OLG Hamm, Beschl. v. 21.4.2010 – 20 U 182/09 = NJW-Spezial 2010, 297; vgl. auch OLG Hamm, Urt. v. 25.8.2010 – 20 U 74/10 = zfs 2010, 634).

Demnach ist vorliegend von einer Kürzungsquote auszugehen, die ▬▬ .

▲

3. Schritte der Quotenbildung

Nicht vorgegeben hat der Gesetzgeber die Schritte, mit welchen die Bildung der Kürzungsquote erfolgen kann. Hier haben sich zwei verschiedene Lösungswege in der Praxis etabliert. Nach einer Ansicht bietet sich die Vorgehensweise in Schritten von 10 % an, um gerade bei großen Schäden einzelfallgerechte Lösungen zu bieten.[16] Nach einer anderen Ansicht ist gerade im Bereich der Kraftfahrversicherung als Massengeschäft unter dem Gesichtspunkt der Gleichbehandlung ein Vorgehen nur in groben Schritten von 25, 50 und 75 bis zu 100 % geboten.[17] 25

III. Bildung der Kürzungsquote bei Berücksichtigung des Selbstbehalts

Noch nicht abschließend geklärt ist, wie ein vertraglich vereinbarter Selbstbehalt des Versicherungsnehmers bei der Bildung der Kürzungsquote zu berücksichtigen ist. Hierbei können je nach Vorgehensweise ganz erhebliche Unterschiede im Ergebnis auftreten. Dies kann am Beispiel eines vom OLG Naumburg[18] entschiedenen Falls aufzeigt werden. Das OLG hatte beim Abkommen von der Fahrbahn, als der Fahrer sich bei Glatteisbildung und durchdrehenden Rädern eine Zigarette angezündet hat, eine Leistungsfreiheit in Höhe von 75 % für angemessen erachtet. Der verursachte Fahrzeugschaden hat 23.000 EUR (gerundet), der vereinbarte Selbstbehalt 2.500 EUR betragen. 26

Hier kommen nun zwei Vorgehensweisen in Betracht. Wird auf den Fahrzeugschaden erst eine Kürzungsquote gebildet, ergibt sich ein Leistungsbetrag von 5.750 EUR (25 % 27

---

16 Beispielhaft OLG Hamm, Urt. v. 20.8.2010 – 20 U 74/10 = zfs 2010, 634.
17 OLG Saarbrücken, Urt. v. 15.12.2010 – 5 U 147/10 = zfs 2011, 211.
18 OLG Naumburg, Urt. v. 3.12.2009 – 4 U 133/08 = SP 2010, 227.

von 23.000 EUR). Wenn sodann hiervon der vereinbarte Selbstbehalt abgezogen wird, erhält der Versicherungsnehmer einen Betrag in Höhe von 2.250 EUR (Quote vor Selbstbehalt). Wenn dagegen die andere Vorgehensweise gewählt wird, ergibt sich zugunsten des Versicherungsnehmers ein wesentlich höherer Auszahlungsbetrag. Wird nämlich zuerst der Selbstbehalt von der Schadenhöhe abgezogen, ergibt sich ein Betrag in Höhe von 21.500 EUR (23.000 EUR abzüglich 2.500 EUR). 25 % hiervon ergeben einen Auszahlungsbetrag in Höhe von 5.125 EUR (Selbstbehalt vor Quote).

28   Das OLG Naumburg hat sich für letztere Vorgehensweise entschieden, ohne dies aber näher zu begründen. Den gleichen Weg haben auch das OLG Saarbrücken[19] sowie das OLG Karlsruhe[20] bei der Berechnung des Leistungsanspruchs der Höhe nach im Kaskofall gewählt. Soweit ersichtlich hat sich erstmals das LG Aachen[21] mit dieser Frage eingehend beschäftigt und die erstinstanzliche Entscheidung des AG Düren[22] insoweit abgeändert. Das LG Aachen spricht sich ebenfalls dafür aus, erst den Selbstbehalt von der Leistungshöhe abzuziehen und sodann erst eine quotale Leistungskürzung vorzunehmen. Begründet wird dies mit dem pauschalen Hinweis, dass der vereinbarte Selbstbehalt sich auf die Leistung des Versicherers beziehen würde. Dem hat sich nunmehr der 4. Senat des OLG Saarbrücken[23] ausdrücklich angeschlossen.

▼

29   **Muster 14.8: Selbstbehalt vor Quote**
Nach gefestigter Rechtsprechung ist bei der Ermittlung der Leistung in der Kaskoversicherung im Rahmen einer Leistungskürzung erst der Selbstbehalt und sodann die Kürzungsquote zu ermitteln (Beispielhaft: OLG Saarbrücken, Urt. v. 1.12.2010 – 5 U 395/09 = zfs 2011, 151; OLG Karlsruhe, Urt. v. 15.4.2014 – 9 U 135/13 = zfs 2014, 574; OLG Saarbrücken, Urt. v. 30.10.2014 – 4 U 165/13 = NJW-RR 2015, 411; LG Aachen, Urt. v. 14.7.2011 – 2 S 61/11 = SP 2011, 375; LG Hechingen, Urt. v. 3.12.2012 – 1 O 124/12 = zfs 2013, 392; ebenso OLG Naumburg, Urt. v. 3.12.2009 – 4 U 133/08 = SP 2010, 227 jeweils in der Sachversicherung).

Es ergibt sich danach folgende Berechnung: Nach Abzug des Selbstbehalts von ▒▒▒▒ EUR verbleibt ein Betrag von ▒▒▒▒ EUR. Sodann ist eine quotale Leistungskürzung mit ▒▒▒▒ % um ▒▒▒▒ EUR vorzunehmen. Dies führt zu einer nach der Kürzung verbleibenden Versicherungsleistung in Höhe von ▒▒▒▒ EUR. Demnach ▒▒▒▒.

▲

30   Die Rechtsprechung verfährt jedoch nicht einheitlich. So hat etwa das OLG Köln[24] (allerdings ohne nähere Begründung) zunächst die Wassersport-Kaskoentschädigung wegen grob fahrlässiger Herbeiführung einer Havarie um 30 % gekürzt und erst dann den vereinbarten Selbstbehalt berücksichtigt. Ebenso ist seitens des AG Düsseldorf[25]

---

19 OLG Saarbrücken, Urt. v. 1.12.2010 – 5 U 395/09 = zfs 2011, 151.
20 OLG Karlsruhe, Urt. v. 15.4.2014 – 9 U 135/13 = zfs 2014, 574.
21 LG Aachen, Urt. v. 14.7.2011 – 2 S 61/11 = SP 2011, 375.
22 AG Düren, Urt. v. 20.1.2011 – 42 C 391/10 = SP 2011, 226.
23 OLG Saarbrücken, Urt. v. 30.10.2014 – 4 U 165/13 = NJW-RR 2015, 411.
24 OLG Köln, Urt. v. 24.6.2014 – 9 U 225/13 = VersR 2014, 1205.
25 AG Düsseldorf, Urt. v. 29.6.2010 – 230 C 14977/09 = SP 2011, 227.

C. Allgemeine Grundsätze bei Bildung der Kürzungsquote § 14

zuerst die Kürzungsquote gebildet und dann der Selbstbehalt abgezogen worden und diese Entscheidung wurde durch das LG Düsseldorf bestätigt.[26] Auch diese Vorgehensweise wurde nicht näher begründet. Gleichermaßen sind ferner beispielsweise das LG Traunstein[27] und das LG Berlin[28] in der Kaskoversicherung vorgegangen, ohne die Vorgehensweise bei der Berechnung näher zu erläutern. Schließlich hat das LG Erfurt[29] in der Gebäudeversicherung zuerst eine quotale Leistungskürzung in Höhe von 90 % vorgenommen und sodann festgestellt, dass sich der verbleibende Leistungsbetrag innerhalb des bei 1.500 EUR liegenden Selbstbehalts befindet und daher jeglicher Leistungsanspruch ausscheiden würde.

31 Letztendlich dürfte diese Frage davon abhängen, welche Vereinbarung sich in den dem Versicherungsvertrag zugrunde liegenden AVB findet, und wie diese aus Sicht eines durchschnittlichen verständigen Versicherungsnehmers zu verstehen ist.[30] In den Muster AKB 2015 A.2.5.8 (bzw. AKB 2008 A.2.12) findet sich z.B. folgende Formulierung: *„Ist eine Selbstbeteiligung vereinbart, wird diese bei jedem Schadenereignis von der Entschädigung abgezogen."* Dies spricht eher dafür, dass erst einmal der zur Entschädigung ausstehende Betrag zu ermitteln ist, bevor die Selbstbeteiligung abgezogen wird. Der Begriff der Entschädigung dürfte aus Sicht eines durchschnittlichen Versicherungsnehmers so zu verstehen sein, dass der an ihn auszuzahlende Betrag ermittelt wird. Dieser ergibt sich aber erst nach Abzug der Kürzungsquote.

▼

Muster 14.9: Quote vor Selbstbehalt 32

Nach gefestigter Rechtsprechung ist bei der Ermittlung der Leistung in der Kaskoversicherung im Rahmen einer Leistungskürzung erst die Kürzungsquote zu berücksichtigen und sodann der Selbstbehalt abzuziehen (Beispielhaft: OLG Köln, Urt. v. 24.6.2014 – 9 U 225/13 = VersR 2014, 1205; LG Traunstein, Urt. v. 12.5.2011 – 1 O 3826/10, juris; LG Berlin, Urt. v. 9.1.2013 – 42 O 397/11 = r+s 2013, 488; AG Düsseldorf, Urt. v. 29.6.2010 – 230 C 14977/09 = SP 2011, 227; AG Lüdenscheid, Urt. v. 26.4.2013 – 93 C 133/12 = SP 2013, 409; ebenso LG Erfurt, Urt. v. 8.6.2010 – 8 O 1204/09 = VersR 2011, 335 jeweils in der Sachversicherung). Hierfür spricht auch der Wortlaut der hier betroffenen AKB. Dort steht in Ziffer ▬▬▬:

„Ist eine Selbstbeteiligung vereinbart, wird diese bei jedem Schadenereignis von der Entschädigung abgezogen."

Dies spricht eher dafür, dass erst einmal der zur Entschädigung ausstehende Betrag zu ermitteln ist, bevor die Selbstbeteiligung abgezogen wird. Der Begriff der Entschädigung dürfte aus Sicht eines durchschnittlichen Versicherungsnehmers so zu verstehen sein, dass der an ihn auszuzahlende Betrag ermittelt wird. Dieser ergibt sich aber erst nach Abzug der Kürzungsquote (vgl. auch *Nugel*, Kürzungsquoten nach dem VVG, 2. Aufl. 2012, § 1 Rn 83).

---

26 LG Düsseldorf, Beschl. v. 25.10.2010 – 22 S 196/10, juris.
27 LG Traunstein, Urt. v. 12.5.2011 – 1 O 3826/10, juris.
28 LG Berlin, Urt. v. 9.1.2013 – 42 O 397/11 = r+s 2013, 488.
29 LG Erfurt, Urt. v. 8.6.2010 – 8 O 1204/09 = VersR 2011, 335.
30 *Böhm/Nugel*, MDR 2012, 693, 695.

Es ergibt sich danach folgende Berechnung: Zuerst ist eine quotale Leistungskürzung mit   % um   EUR vorzunehmen. Dies führt zu einer nach der Kürzung verbleibenden Versicherungsleistung in Höhe von   EUR. Nach Abzug des Selbstbehalts von   EUR verbleibt ein Betrag von   EUR. Demnach   .

IV. Quotenbildung bei mehreren Pflichtverletzungen des Versicherungsnehmers

33 Dem Gesetz ist auch nicht zu entnehmen, wie eine Quotenbildung bei mehreren grob fahrlässigen Pflichtverletzungen des Versicherungsnehmers zu erfolgen hat. Einigkeit besteht aber jedenfalls dahingehend, dass erst einmal für jede Pflichtverletzung des Versicherungsnehmers als Abwägungsfaktor eine Quote zu bilden ist. Für das weitere Vorgehen werden sodann aber unterschiedliche Lösungswege erörtert:[31]

(1) Additionsmodell:[32] Die einzelnen Quoten sind bis zu einer Kürzungsquote von höchstens 100 % zu addieren.

(2) Eine Quotenmultiplikation nach dem Stufenmodell:[33] Die einzelnen Quoten sind in Stufen nacheinander mathematisch genau im Wege einer Multiplikation zu einer Gesamtquote zusammenzuführen.

(3) Gesamtabwägungsmodell:[34] Nach dieser Ansicht ist grundsätzlich eine Gesamtabwägung unter Berücksichtigung aller Erwägungen vorzunehmen. Allerdings gilt eine Ausnahme im Bereich der Kfz-Haftpflichtversicherung:[35] Hier wären die Leistungskürzungen, die jeweils aus der Gruppe der Obliegenheitsverletzungen vor und nach Eintritt des Versicherungsfalls folgen, zu addieren.

(4) Konsumtionsmodell:[36] Nur die schwerwiegendste Pflichtverletzung zählt und konsumiert die anderen.

Beispiel
Der Versicherungsnehmer begeht jeweils eine Obliegenheitsverletzung vor und nach Eintritt des Versicherungsfalls. Die Obliegenheitsverletzung vor Eintritt des Versicherungsfalls wäre für sich gesehen mit einer Kürzungsquote von 60 %, die andere Obliegenheitsverletzung nach Eintritt des Versicherungsfalls mit 40 % zu erfassen.
(1) Nach der Additionstheorie ergibt sich eine Leistungsfreiheit von 100 %, zusammengesetzt aus 60 % + 40 %.

---

31 Vgl. auch Übersicht bei *Felsch*, r+s 2007, 485, 496 f.
32 So LG Kassel, Urt. v. 27.5.2010 – 5 O 2653/09 = zfs 2011, 33; ebenso im Bereich der Kraftfahrtversicherung *Maier/Stadler*, AKB 2008, Rn 144–146, es sei denn, die Obliegenheitsverletzung liegt in derselben Handlung.
33 LG Hechingen, Urt. v. 3.12.2012 – 1 O 124/12 = zfs 2013, 392; *Marlow/Spuhl*, Das neue VVG, S. 74; *Nugel*, MDR 2007, Sonderbeilage zu Heft 22, 31.
34 LG Dortmund, Urt. v. 15.7.2010 – 2 O 8/10 = zfs 2010, 515; *Looschelders*, ZVersWiss 2009, 13, 30; *Rixecker*, ZVersWiss 2009, 3, 9.
35 Grundlegend BGH, Urt. v. 14.9.2005 – IV ZR 216/04 = zfs 2006, 94; OLG Celle, Beschl. v. 26.7.2012 – 8 W 39/12 = zfs 2012, 571; OLG Frankfurt, Urt. v. 24.7.2014 – 3 U 66/13 = zfs 2015, 276; auch *Maier/Stadler*, AKB 2008, Rn 146 für diese Fallkonstellation.
36 *Felsch*, r+s 2007, 485, 497.

C. Allgemeine Grundsätze bei Bildung der Kürzungsquote § 14

(2) Nach dem Stufenmodell ergibt sich eine Kürzungsquote von 76 %: Ausgangspunkt ist die Kürzungsquote wegen der ersten Obliegenheitsverletzung mit 60 %. Diese Quote ist noch einmal um 16 % (40 % von den verbleibenden 40 %), also auf insgesamt 76 % zu erhöhen.

(3) Nach der kombinierenden Auffassung dürfte eine Gesamtabwägung zu einer Leistungskürzung im Bereich von 70 %–90 % führen.

(4) Nach der Konsumtionstheorie wäre nur eine Kürzung in Höhe von 60 % wegen der schwerwiegendsten Obliegenheitsverletzung anzunehmen.

Eine schlichte Addition der Kürzungsquoten benachteiligt den Versicherungsnehmer unangemessen und führt sehr schnell dazu, dass bereits bei zwei Pflichtverletzungen von jeweils 50 % im Ergebnis über die Kürzungsquote von 100 % das „Alles-oder-Nichts-Prinzip" wieder eingeführt wird.[37] Anders ist dies jedoch bei dem Regress des Kfz-Haftpflichtversicherers: Hier ist anerkannt, dass die Regressbeträge des Versicherers wegen der Obliegenheitsverletzungen vor und nach Eintritt des Versicherungsfalls zu addieren sind.[38] 34

Die von *Felsch* hervorgehobene Vorgehensweise der Konsumtion mag zwar für die Praxis die Lösung vereinfachen, verkennt aber, dass der Versicherungsnehmer mit mehreren Pflichtverstößen auch ein gesteigert schuldhaftes Verhalten an den Tag gelegt hat. Sie würde zudem den Versicherungsnehmer privilegieren, der mehrere (insbesondere gleichgewichtige) Obliegenheitsverletzungen begangen hat, und vermag daher nicht zu überzeugen. Eine pauschale Gesamtabwägung scheint sich daher in der Literatur durchzusetzen und ist ggf. als Berechnungsgrundlage durch das Stufenmodell zu ergänzen.[39] 35

▼

Muster 14.10: Gesamtquotenbildung 36
Vorzugswürdig ist bei mehreren Pflichtverletzungen, die jeweils für sich gesehen zu einer Leistungskürzung berechtigten, die Bildung einer sog. Gesamtquote. Hierzu wird für jede Pflichtverletzung erst einmal eine Einzelquote gebildet. Die so gebildeten Einzelquoten werden anschließend im Rahmen einer wertenden Betrachtung zu einer Gesamtquote zusammengeführt, die mehr als die höchste Einzelquote, aber weniger als die (reine) Summe der Einzelquoten ausmacht (LG Dortmund, Urt. v. 15.7.2010 – 2 O 8/10 = zfs 2010, 515; *Nugel*, Kürzungsquoten nach dem VVG, 2. Aufl. 2012, § 1 Rn 56 m.w.N.). Entscheidend ist dabei insbesondere, wie eng die begangenen Pflichtverletzungen miteinander verbunden sind (*Nugel* a.a.O.).

Für die erste Pflichtverletzung in Form der ▭ ist, wie dargelegt, eine Kürzungsquote in Höhe von ▭ %, für die zweite Pflichtverletzung in Form der ▭ eine Quote von ▭ % angemessen. Insgesamt sollte daher die zu bildende Gesamtquote deutlich unterhalb des Additionsbetrags von ▭ %, jedoch zugleich höher als die höchste

---

37 *Felsch*, r+s 2007, 485, 496; *Marlow/Spuhl*, Das neue VVG, S. 74.
38 Grundlegend BGH, Urt. v. 14.9.2005 – IV ZR 216/04 = zfs 2006, 94; OLG Celle, Beschl. v. 26.7.2012 – 8 W 39/12 = zfs 2012, 571; OLG Frankfurt, Urt. v. 24.7.2014 – 3 U 66/13 = zfs 2015, 276; *Nugel*, MDR 2008, 1320, 1324.
39 Überblick bei *Nugel*, MDR 2008, 1320, 1324 f.

Einzelquote wegen der schwerwiegendsten Pflichtverletzung von ▓▓▓ % liegen. Es überzeugt daher eine Gesamtquote von ▓▓▓ %, wenn berücksichtigt wird, dass ▓▓▓.
▲

Bei der Verletzung mehrerer Obliegenheiten mit unterschiedlichem Kausalitätsumfang verbietet sich jede schematische Lösung. Hier ist die Kürzungsquote aufgrund einer wertenden Gesamtbetrachtung aller Umstände zu bestimmen, um den Besonderheiten des Einzelfalls gerecht zu werden.[40]

D. Kriterien der Quotenbildung

I. Übersicht

37 Bei der Prüfung der Kürzungsquote ist auf die Kriterien zurückzugreifen, welche in der Literatur bereits entwickelt worden sind, und die sich weitestgehend in dem sog. „Goslarer Orientierungsrahmen" wiederfinden. Auf Anregung der Teilnehmer des Arbeitskreis II des 47. VGT hat ein Gremium aus Vertretern von Verbraucherschutzverbänden, der Versicherungswirtschaft, der Anwaltschaft und der Richterschaft eine Tabelle von sog. „Musterquoten" geschaffen, welche eine erste Orientierung für die Bildung der Kürzungsquote im Bereich der Kraftfahrtversicherung ermöglichen. Dabei wurden auch die maßgeblichen Kriterien näher erläutert, welche dieser Quotenbildung zugrunde liegen.

II. Begriff der groben Fahrlässigkeit

38 Im Einklang mit der wohl einhelligen Auffassung in der Literatur sieht der Goslarer Orientierungsrahmen vor, dass *„Begriff und Inhalt der groben Fahrlässigkeit nicht neu definiert werden müssen"*.

Dies entspricht der einhelligen Meinung in der Literatur, wonach der Begriff der groben Fahrlässigkeit im Bereich des Versicherungsrechts keine neue Ausprägung erfährt, sondern die bisher entwickelten Kriterien fortbestehen und es im Recht daher auch nur einen Begriff der groben Fahrlässigkeit gibt.[41]

III. Objektive Kriterien und normative Vorprägung

39 Ausgangspunkt für die Quotenbildung ist mithin erst einmal das objektiv festzustellende Verschulden. Dabei enthält der Goslarer Orientierungsrahmen folgenden Hinweis: *„Zu berücksichtigen sind normative Vorprägungen aus anderen Rechtsgebieten ebenso wie die einschlägige Rechtsprechung zur groben Fahrlässigkeit. Der Rückgriff auf die Rechtsprechung schließt allerdings nicht aus, dort deutlicher zu differenzieren, wo es nach bisheriger Rechtslage auf eine exakte Bewertung des Verschuldensgrades nicht ankam."*

---

40 LG Dortmund, Urt. v. 15.7.2010 – 2 O 8/10 = zfs 2010, 515; dazu auch *Wandt*, in: MüKo-VVG, § 28 Rn 253.
41 Beispielhaft: *Felsch*, r+s 2007, 485, 493 ff.

Für die konkrete Quotenbildung ist mithin bereits eine normative Vorprägung aus anderen Rechtsgebieten maßgeblich.[42] Hierzu zählen insbesondere folgende Entscheidungen des Gesetzgebers, die im Orientierungsrahmen als Kriterien der Quotenbildung ausdrücklich hervorgehoben werden:
(1) „Ordnungswidrigkeit oder Straftat
(2) Verstoß gegen konkrete Ge- oder Verbote oder Verletzung allgemeiner Sorgfaltspflichten
(3) Schädigung anderer Rechtsgüter
(4) Art und Maß staatlicher Sanktionen".

Diese normative Vorprägung dürfte gerade bei Straf- und Ordnungswidrigkeitentatbeständen des Verkehrsstrafrechts eine besondere Rolle spielen. Es sind insbesondere die Straftatbestände der §§ 315, 316 StGB ebenso wie die im sog. Bußgeldkatalog vorgesehenen Sanktionen zu berücksichtigen. Neben der normativen Vorprägung sind weitere Kriterien des objektiven Verschuldens zu berücksichtigen. Im Goslarer Orientierungsrahmen werden diesbezüglich ausdrücklich genannt:
(1) „Voraussehbare (nicht tatsächliche) Schadenshöhe[43]
(2) Dauer der Pflichtverletzung[44]
(3) Mitverschulden Dritter
(4) Körperliche Beeinträchtigungen".

Ergänzend stellt die Rechtsprechung auch auf die Intensität der Pflichtverletzung ab.[45]

IV. Subjektives Verschulden

Dieses sog. objektive Verschulden stellt nach dem Goslarer Orientierungsrahmen nur einen ersten Anhaltspunkt im Rahmen der Quotenbildung dar und ist ggf. zu ergänzen. So wird insbesondere auf Folgendes hingewiesen: *„Das objektive Verschulden kann durch subjektive Umstände verringert oder gesteigert werden. In Betracht kommen:*
(1) Augenblicksversagen
(2) Besondere Gründe der Ablenkung
(3) Gesteigerte Risikobereitschaft".

Diese Kriterien entsprechen den Erwägungen innerhalb der Literatur[46] zu möglichen weiteren Abwägungsfaktoren, zu denen der Versicherungsnehmer zumindest im Rahmen seiner sekundären Darlegungslast detailliert und schlüssig vorzutragen hat. Ein Abgren-

---

42 *Burmann/Heß/Stahl*, Versicherungsrecht im Straßenverkehr, Rn 381; *Nugel*, Kürzungsquoten nach dem VVG, § 1 Rn 129 ff.; *Oberpriller* in: Halm/Engelbrecht/Krahe, Handbuch des FA Versicherungsrecht, Kap. 15 Rn 124.
43 OLG Hamm, Beschl. v. 21.4.2010 – 20 U 182/09 = NJW-Spezial 2010, 297; OLG Saarbrücken, Urt. v. 15.12.2010 – 5 U 147/10 = zfs 2011, 221; LG Berlin, Urt. v. 5.12.2012 – 23 O 438/11 = VersR 2013, 998.
44 OLG Hamm, Beschl. v. 21.4.2010 – 20 U 182/09 = NJW-Spezial 2010, 297; OLG Saarbrücken, Urt. v. 15.12.2010 – 5 U 147/10 = zfs 2011, 221; LG Hechingen, Urt. v. 3.12.2012 – 1 O 124/12 = zfs 2013, 392; LG Berlin, Urt. v. 5.12.2012 – 23 O 438/11 = VersR 2013, 998.
45 OLG Hamm, Beschl. v. 21.4.2010 – 20 U 182/09 = NJW-Spezial 2010, 297; siehe auch OLG Saarbrücken, Urt. v. 15.12.2010 – 5 U 147/10 = zfs 2011, 221; LG Berlin, Urt. v. 5.12.2012 – 23 O 438/11 = VersR 2013, 998.
46 *Burmann/Heß/Stahl*, Versicherungsrecht im Straßenverkehr, Rn 388 ff.; *Nugel*, MDR 2007, Sonderbeilage Heft 22, 26 ff.; *ders.*, Kürzungsquoten nach dem VVG, § 1 Rn 139 ff.

zungskriterium bildet nach dem Willen des Gesetzgebers die Nähe der groben Fahrlässigkeit zu einem vorsätzlichen Verhalten des Versicherungsnehmers.[47] Ein wichtiges Indiz hierfür ist gegeben, wenn der Versicherungsnehmer sich seines gefährlichen Fehlverhaltens bewusst gewesen ist. Ist der Versicherungsnehmer sich seines riskanten Verhaltens bewusst und erkennt er zugleich die Möglichkeit der Verursachung des Versicherungsfalls, wird in Abgrenzung zum Vorsatz zu prüfen sein, ob er bei dem bewusst eingegangenen Risiko noch auf den guten Ausgang vertraut (bewusste Fahrlässigkeit) oder sich mit dem möglichen Schadenseintritt, ggf. im Bewusstsein seiner Absicherung über einen Leistungsträger, zumindest abgefunden hat (Eventualvorsatz).

44 Ein geringerer Verschuldensvorwurf innerhalb der Spanne der groben Fahrlässigkeit wird den Versicherungsnehmer treffen, der sein Fehlverhalten aufgrund eines sog. Augenblicksversagens begangen hat.[48] Dieses ist insbesondere dann anzunehmen, wenn der Versicherungsnehmer im Rahmen einer momentanen Unaufmerksamkeit den Sorgfaltsanforderungen nicht gerecht wird, die er ansonsten immer anstandslos erfüllt hat. Nach der bisherigen höchstrichterlichen Rechtsprechung genügt ein solches Augenblicksversagen alleine nicht, um den Vorwurf eines grob fahrlässigen Fehlverhaltens zu entkräften, wenn objektiv eine grobe Fahrlässigkeit bewiesen ist.[49] Bei Annahme einer groben Fahrlässigkeit ist allerdings zur Entlastung bei der Quotenbildung ein solches Augenblicksversagen des Versicherungsnehmers zu seinen Gunsten zu berücksichtigen.[50]

▼

45 **Muster 14.11: Kriterien der Bildung der Kürzungsquote**
Für die Quotenbildung ist zu fragen, ob es sich eher um einen Grenzfall zur einfachen Fahrlässigkeit oder aber zum bedingten Vorsatz handelt (BGH, Urt. v. 22.6.2011 – IV ZR 225/10 = zfs 2011, 511 = SP 2011, 300; OLG Saarbrücken, Urt. v. 15.12.2010 – 5 U 147/10 = zfs 2011, 221; OLG Saarbrücken, Urt. v. 4.4.2013 – 4 U 31/12 = zfs 2013, 466; OLG Saarbrücken, Urt. v. 30.10.2014 – 4 U 165/13 = NJW-RR 2015, 411). Von besonderer Bedeutung ist dabei die vom Verhalten des Versicherungsnehmers ausgehende Gefahr als objektiver Gesichtspunkt und die damit einhergehende Leichtfertigkeit (OLG Naumburg, Beschl. v. 28.3.2011 – 4 W 12/11 = NJW-RR 2011, 901; OLG Saarbrücken, Urt. v. 30.10.2014 – 4 U 165/13 = NJW-RR 2015, 411; LG Münster, Urt. v. 24.9.2009 – 15 O 275/09 = DAR 2010, 473; LG Tübingen, Urt. v. 26.4.2010 – 4 O 326/09 = zfs 2010, 394; LG Saarbrücken, Urt. v. 18.2.2015 – 14 O 108/14 = SP 2016, 55) unter Berücksichtigung des besonderen Schutzzwecks der einschlägigen Versicherung (OLG Dresden, Urt. v. 15.9.2010 – 7 U 466/10 = zfs 2010, 633, allerdings aufgehoben durch BGH, Urt. v. 22.6.2011 – IV ZR 225/10 = zfs 2011, 511 = SP 2011, 300; LG Saarbrücken, Urt. v. 18.2.2015 – 14 O 108/14 = SP 2016, 55). Dies erst recht, wenn es sich um einen offenkundigen Pflichtenverstoß handelt (KG Berlin, Beschl. v. 11.6.2010 – 6 U 28/10 = VersR 2011, 742; LG Bonn, Urt. v. 31.7.2009 – 10 O 115/09 = DAR 2010, 24; *Nugel*, MDR 2010,

---

47 Abschlussbericht der Reformkommission, S. 354 Nr. 13 zu § 83 VVG-E 2006.
48 *Felsch*, r+s 2007, 485, 495; *Nugel*, MDR 2007, Sonderbeilage Heft 22, 23 ff.
49 Grundlegend BGH, Urt. v. 8.7.1992 – IV ZR 223/91 = zfs 1992, 378 = VersR 1992, 1085; siehe auch BGH, Urt. v. 29.1.2003 – IV ZR 173/01 = zfs 2003, 242; BGH, Urt. v. 10.5.2011 – VI ZR 196/10 = zfs 2011, 571.
50 *Nugel*, Kürzungsquoten nach dem VVG, § 1 Rn 140; ebenso *Looschelders*, VersR 2008, 1, 6.

§ 14 E. Leistungskürzung wegen einer Obliegenheitsverletzung

597 ff. unter Bezugnahme auf den Goslarer Orientierungsrahmen). Dabei kann auch die normative Vorprägung durch die Wertung aus anderen Rechtsgebieten zu beachten sein (BGH, Urt. v. 22.6.2011 – IV ZR 225/10 = zfs 2011, 511 = SP 2011, 300; *Nugel*, Kürzungsquoten nach dem VVG, 2. Aufl. 2012, § 1 Rn 129 m.w.N.).

Für die Quotenbildung ist ferner die drohende Schadenshöhe von besonderer Bedeutung (OLG Hamm, Hinweisbeschl. v. 21.4.2010 – 20 U 182/09 = NJW-Spezial 2010, 297; vgl. auch LG Dortmund, Urt. v. 15.7.2010 – 2 O 8/10 = zfs 2010, 515). Einen gewichtigen Umstand bei der Quotenbildung stellt ferner die Dauer der Pflichtverletzung dar (OLG Hamm a.a.O.; LG Hechingen, Urt. v. 3.12.2012 – 1 O 124/12 = zfs 2013, 392). Je länger das Fehlverhalten dauert, desto schwerer wiegt das Verschulden (OLG Saarbrücken, Urt. v. 15.12.2010 – 5 U 147/10 = zfs 2011, 221; LG Berlin, Urt. v. 5.12.2012 – 23 O 438/11 = VersR 2013, 998).

Dieses vorausgeschickt ergibt sich folgende Leistungskürzung: .

▲

E. Leistungskürzung wegen einer Obliegenheitsverletzung und des Kausalitätsgegenbeweises

Beruft sich der Versicherer auf eine Leistungsfreiheit wegen einer grob fahrlässigen Obliegenheitsverletzung der versicherten Person und kann er diese Obliegenheitsverletzung nachweisen, wird ein grob fahrlässiges Fehlverhalten der versicherten Person gem. § 28 Abs. 2 S. 2 Hs. 2 VVG vermutet. Der Versicherungsnehmer kann jedoch ggf. den sog. Kausalitätsgegenbeweis führen. § 28 Abs. 3 S. 1 VVG sieht vor, dass der Versicherer zur Leistung verpflichtet bleibt, soweit die Verletzung der Obliegenheit weder für den Eintritt oder die Feststellung des Versicherungsfalles noch für die Feststellung oder den Umfang der Leistungspflicht des Versicherers ursächlich ist. Der Versicherungsnehmer hat zu beweisen, dass sich seine Obliegenheitsverletzung entweder gar nicht oder nur zu einem bestimmten Teil nicht ausgewirkt hat.[51] Dabei hat er alle Einwendungen des Versicherers zu entkräften.[52] Es gilt ein sog. konkreter Kausalitätsgegenbeweis.[53] In der Kraftfahrtversicherung kann der Versicherungsnehmer bei einer Unfallflucht diesen konkreten Kausalitätsgegenbeweis nicht durch Zeugenbeweis führen, da Zeugenaussagen über die Fahrtüchtigkeit oder eine alkoholische Beeinflussung des Fahrers nicht mit der gleichen Sicherheit Aufschluss geben können wie eine direkt nach dem Unfall durchgeführte Blutprobe.[54]

46

---

[51] OLG Oldenburg, Beschl. v. 27.5.2011 – 5 U 27/11 = VersR 2011, 1437; auch OLG Saarbrücken, Urt. v. 30.10.2014 – 4 U 165/13 = NJW-RR 2015, 411.
[52] BGH, Urt. v. 4.4.2001 – IV ZR 63/00 = VersR 2001, 756 zu § 6 Abs. 3 S. 2 VVG a.F.; KG Berlin, Beschl. v. 6.7.2010 – 6 W 6/10 = VersR 2010, 1488; *Nugel*, VRR 2008, 164, 166.
[53] OLG Oldenburg, Beschl. v. 4.7.2011 – 5 U 27/11 = zfs 2012, 91; KG Berlin, Beschl. v. 10.12.2013 – 6 U 155/13 = r+s 2015, 66; vgl. auch OLG Oldenburg, Beschl. v. 22.8.2013 – 5 W 38/13, juris; OLG Köln, Urt. v. 15.10.2013 – 9 U 69/13 = zfs 2014, 217; OLG Saarbrücken, Urt. v. 30.10.2014 – 4 U 165/13 = NJW-RR 2015, 411.
[54] KG Berlin, Beschl. v. 27.8.2010 – 6 U 66/10 = zfs 2011, 92; KG Berlin, Beschl. v. 20.4.2012 – 6 U 14/12, juris; OLG Frankfurt, Urt. v. 2.4.2015 – 14 U 208/14 = zfs 2015, 396.

Muster 14.12: Kausalitätsgegenbeweis bei Verschweigen eines Vorschadens

47   Versicherung AG

Schaden-Nr./VS-Nr./Az.

Schaden vom

Pkw   , amtl. Kennzeichen

Sehr geehrte Damen und Herren,

in vorbezeichneter Angelegenheit komme ich zurück auf Ihre Leistungsablehnung, die zu beanstanden ist. Mein Mandant hat weder vorsätzlich noch gar arglistig einen Vorschaden verschwiegen. Vielmehr kann ihm allenfalls der Vorwurf eines fahrlässigen Fehlverhaltens gemacht werden. Dies hat zur Folge, dass selbst bei einem unterstellten grob fahrlässigen Fehlverhalten eine Leistungsfreiheit von Ihnen nur in Höhe des Minderwerts bestehen kann, der sich aus der Berücksichtigung des Vorschadens ergibt.

1) Es ist richtig, dass das Fahrzeug meines Mandanten vor gut   Jahren einen Vorschaden erlitten hat. Dieser Schaden ereignete sich in der Zeit des vorherigen Eigentümers. Mein Mandant hat das Fahrzeug bereits vor   Jahren erworben und dabei auch von dem Vorschaden erfahren. Jedoch hat er bei der Anfertigung der Schadensanzeige an diesen derart lang zurückliegenden Schaden nicht mehr gedacht, zumal mein Mandant den Schaden selber auch nicht verursacht hat. Eine – im Übrigen von Ihnen zu beweisende – vorsätzliche Falschangabe, die als Obliegenheitsverletzung gewertet werden könnte, ist nicht gegeben.

Dies hat zur Folge, dass Ihnen allenfalls ein Leistungskürzungsrecht für den Fall zustehen könnte, dass es sich um eine grob fahrlässige Obliegenheitsverletzung handelt. Dann müsste mein Mandant die im Verkehr gebotene Sorgfalt in einem besonders hohen Maße außer Acht gelassen und Überlegungen nicht berücksichtigt haben, die sich jedem verständigen Versicherungsnehmer an seiner Stelle geradezu aufgedrängt hätten. Dies ist jedoch vorliegend nicht der Fall. Es mag nachlässig gewesen sein, dass sich mein Mandant zum Zeitpunkt des Ausfüllens der Schadensanzeige nicht an die vor   Jahren erfolgten Angaben des Verkäufers des Fahrzeugs zu einem Vorschaden erinnert hat. Eine solche Erinnerungslücke kann jedoch auch unter Beachtung der gebotenen Sorgfalt bei der Betrachtung in der Vergangenheit liegender Vorgänge vorkommen und stellt in keinem Fall eine besonders gravierende Sorgfaltspflichtverletzung dar. Mangels eines groben Verschuldens meines Mandanten scheidet daher eine teilweise oder gar vollständige Leistungsfreiheit Ihres Hauses wegen einer angeblichen Obliegenheitsverletzung aus.

2) Selbst wenn aber das Verhalten meines Mandanten als grob fahrlässig anzusehen sein sollte, so hat sich dieses jedoch gar nicht auf Ihre Feststellungen zum Versicherungsfall und lediglich in Höhe von maximal   EUR auf Ihre Feststellungen zur Schadenshöhe ausgewirkt. Es gilt insoweit nach § 28 Abs. 3 S. 1 VVG ein sog. konkreter Kausalitätsgegenbeweis (OLG Oldenburg, Beschl. v. 4.7.2011 – 5 U 27/11 = zfs 2012, 91; KG Berlin, Beschl. v. 10.12.2013 – 6 U 155/13 = r+s 2015, 66; vgl. auch OLG Oldenburg, Beschl. v. 22.8.2013 – 5 W 38/13, juris; OLG Köln, Urt. v. 15.10.2013 – 9 U 69/13 =

zfs 2014, 217; OLG Saarbrücken, Urt. v. 30.10.2014 – 4 U 165/13 = NJW-RR 2015, 411). Da das Verschweigen des Vorschadens darüber hinaus keine Auswirkungen auf die Bestimmung der Versicherungsleistung hat, haben Sie in jedem Fall den durch ein Gutachten ermittelten Wiederbeschaffungswert abzüglich des Restwerts unter quotaler Berücksichtigung des Vorschadens in Höhe von ▬▬▬ EUR auszugleichen.

Ich fordere Sie daher auf, den geschuldeten Betrag in Höhe von ▬▬▬ EUR, zumindest aber unter quotaler Berücksichtigung des Vorschadens einen Betrag in Höhe von ▬▬▬ EUR auszuzahlen. Hierfür habe ich mir eine Frist notiert bis zum ▬▬▬ (10-Tages-Frist).

Mit freundlichen Grüßen

(Rechtsanwalt)

F. Einwand der Arglist des Versicherungsnehmers

Dem Versicherungsnehmer ist es jedoch verwehrt, sich auf den Kausalitätsgegenbeweis zu berufen, wenn er arglistig i.S.d. § 28 Abs. 3 S. 2 VVG gehandelt hat. Insoweit ist zu berücksichtigen, dass eine vom Versicherer zu beweisende Arglist nicht den Nachweis eines betrügerischen Handelns voraussetzt. Es genügt, dass z.B. der Versicherungsnehmer falsche Angaben tätigt und es dabei zumindest billigend in Kauf nimmt, durch diese falschen Angaben die Regulierungsentscheidung des Versicherers zu seinen Gunsten zu beeinflussen.[55] Eine Bereicherungsabsicht ist nicht erforderlich.[56] Es muss lediglich der Wille erkenntlich sein, die Regulierungsentscheidung des Versicherers durch Vorspiegelung falscher oder Verschweigen wahrer Tatsachen und einen darauf beruhenden Irrtum zu seinen Gunsten zu beeinflussen.[57] Arglistig handelt bereits, wer ohne hinreichende Erkenntnisgrundlage „ins Blaue hinein" unrichtige Angaben tätigt.[58] Dabei bedarf es keiner positiven Feststellung dahingehend, dass dem Versicherungsnehmer die Unrichtigkeit seiner Angabe bekannt war.[59] Dies gilt selbst dann, wenn der Erklärende selber gutgläubig davon ausgeht, dass seine Angaben stimmen, jedoch zugleich verschweigt, dass er gar nicht über die zur sicheren Beurteilung erforderliche Kenntnis zum Zeitpunkt der Erklärung verfügt.[60] Ein solcher Wille des Versicherungsnehmers liegt jedenfalls bei

48

---

[55] Zuletzt BGH, Beschl. v. 23.10.2013 – IV ZR 122/13 = VersR 2014, 398.
[56] Z.B. BGH, Urt. v. 22.6.2011 – IV ZR 174/09 = zfs 2011, 573; BGH, Beschl. v. 23.10.2013 – IV ZR 122/13 = VersR 2014, 398; OLG München, Urt. v. 25.4.2014 – 10 U 3357/13 = zfs 2015, 213; KG Berlin, Beschl. v. 13.5.2014 – 6 U 190/13, juris; OLG Köln, Urt. v. 15.7.2014 – 9 U 204/13 = zfs 2015, 38; KG Berlin, Beschl. v. 31.10.2014 – 6 U 200/13, juris; OLG Hamm, Beschl. v. 6.2.2015 – 20 U 9/15 = VersR 2015, 1289.
[57] BGH, Urt. v. 28.2.2007 – IV ZR 331/05 = zfs 2007, 343; BGH, Beschl. v. 4.5.2009 – IV ZR 62/07 = zfs 2009, 463; BGH, Versäumnisurt. v. 24.11.2010 – IV ZR 252/08 = zfs 2011, 211; OLG Hamm, Urt. v. 11.4.2014 – 20 U 171/13 = zfs 2015, 633.
[58] OLG Frankfurt, Beschl. v. 24.7.2008 – 3 U 68/08 = zfs 2009, 269; OLG Saarbrücken, Urt. v. 6.10.2010 – 5 U 88/10 = zfs 2011, 454; KG Berlin, Beschl. v. 10.12.2013 – 6 U 155/13 = r+s 2015, 66.
[59] KG Berlin, Beschl. v. 10.12.2013 – 6 U 155/13 = r+s 2015, 66.
[60] OLG Frankfurt, Beschl. v. 24.7.2008 – 3 U 68/08 = zfs 2009, 269.

mehreren falschen Angaben nahe[61] (BGH, Urt. v. 12.3.2014 – IV ZR 306/13, juris; OLG Köln, Urt. v. 3.5.2013 – 20 U 224/12 = VersR 2013, 1428; LG Saarbrücken, Urt. v. 16.12.2014 – 14 S 22/14, juris). Arglist liegt dabei nahe, wenn der Versicherungsnehmer noch zuvor gegenüber der Polizei wahrheitsgemäße bzw. umfassende Angaben gemacht hat, die sodann gegenüber dem Versicherer abgeändert bzw. wichtige Umstände verschwiegen werden.[62] Gleiches gilt bei wahrheitsgemäßen Angaben zuvor gegenüber Dritten.[63]

49 Von besonderer Bedeutung ist auch, dass den Versicherungsnehmer, der objektiv falsche Angaben getätigt hat, eine sekundäre Darlegungslast trifft, wenn der Versicherer den Arglisteinwand erhebt.[64] Der Versicherungsnehmer muss dann plausibel darlegen, wie und warum es zu den falschen Angaben gekommen ist.[65] An diesen Vortrag ist ein strenger Maßstab anzulegen.

▼

50 **Muster 14.13: Arglisteinwand zugunsten des Versicherers**
Vorliegend ist ein arglistiges Verhalten zu bejahen. Für die Annahme einer Arglist genügt es, dass der Versicherungsnehmer mit einer Falschangabe einen gegen die Interessen des Versicherers gerichteten Zweck verfolgt, etwa indem er Schwierigkeiten bei der Durchsetzung (ggf. auch berechtigter) Ansprüche ausräumen will und weiß, dass sein Verhalten den Versicherer bei der Schadenregulierung möglicherweise beeinflussen kann (BGH, Urt. v. 22.6.2011 – IV ZR 174/09 = zfs 2011, 573; BGH, Beschl. v. 23.10.2013 – IV ZR 122/13 = VersR 2014, 398; OLG München, Urt. v. 25.4.2014 – 10 U 3357/13 = zfs 2015, 213; KG Berlin, Beschl. v. 13.5.2014 – 6 U 190/13, juris; OLG Köln, Urt. v. 15.7.2014 – 9 U 204/13 = zfs 2015, 38; KG Berlin, Beschl. v. 31.10.2014 – 6 U 200/13, juris; OLG Hamm, Beschl. v. 6.2.2015 – 20 U 9/15 = VersR 2015, 1289). Eine Bereicherungsabsicht ist nicht erforderlich (zuletzt BGH, Beschl. v. 23.10.2013 – IV ZR 122/13 = VersR 2014, 398). Ausreichend ist es jedenfalls, wenn für die Falschangaben keine anderen Motive als eine Beeinflussung des Versicherers verständlich sind (OLG Naumburg, Beschl. v. 1.8.2000 – 13 U 54/00 = zfs 2001, 123 = NVersZ 2001, 39; OLG München, Urt. v. 9.3.2011 – 20 U 1643/09, juris; LG Münster, Urt. v. 14.3.2011 – 115 O 108/09 = r+s 2012, 82; LG Paderborn, Urt. v. 31.5.2012 – 3 O 141/11, juris) bzw. davon auszugehen ist, dass der Versicherungsnehmer den Versicherer vorsorglich von weiteren Ermittlungen abhalten will (KG Berlin, Beschl. v. 14.9.2010 – 6 U 205/09 = SP 2011, 83; LG Köln, Urt. v. 26.5.2011 – 24 O 452/10 = SP 2011, 404; LG Saarbrücken, Urt. v. 6.9.2011 – 14 S 2/11 = VersR 2012, 98). Den Versicherungsnehmer trifft dabei eine sekundäre Darlegungslast und er hat insbesondere zu den inneren Tatsachen und seiner Motivation bei der falschen Angabe vorzutragen (BGH, Beschl. v. 7.11.2007 – IV ZR 103/06 = zfs 2008, 92; KG Berlin, Beschl. v. 13.5.2014 – 6 U 190/13, juris; OLG Hamm, Beschl. v. 6.2.2015 –

---

61 OLG Köln, Beschl. v. 28.3.2008 – 20 U 231/07 = VersR 2008, 1063; OLG München, Urt. v. 25.4.2014 – 10 U 3357/13 = zfs 2015, 213.
62 KG, Beschl. v. 1.2.2011 – 6 U 138 / 10 = r+s 2015, 63.
63 KG, Beschl. v. 10.12.2013 – 6 U 155 / 13 = r+s 2015, 66.
64 BGH, Beschl. v. 7.11.2007 – IV ZR 103/06 = zfs 2008, 92; BGH, Beschl. v. 12.3.2008 – IV ZR 330/06 = zfs 2008, 391.
65 BGH, Beschl. v. 7.11.2007 – IV ZR 103/06 = zfs 2008, 92; KG Berlin, Beschl. v. 13.5.2014 – 6 U 190/13, juris; OLG Hamm, Beschl. v. 6.2.2015 – 20 U 9/15 = VersR 2015, 1289; ferner KG Berlin, Beschl. v. 31.10.2014 – 6 U 200/13, juris.

20 U 9/15 = VersR 2015, 1289). Dabei sind hohe Anforderungen an die Plausibilität und Schlüssigkeit des Vorbringens zu den Gründen für die Obliegenheitsverletzung zu stellen um zu verhindern, dass durch bloße Behauptungen eine nicht gerechtfertigte Leistung begründet wird (vgl. OLG Frankfurt, Urt. v. 23.6.2010 – 7 U 90/09, juris; KG Berlin, Urt. v. 20.9.2013 – 6 U 194/12 = r+s 2015, 65; dazu auch KG Berlin, Beschl. v. 10.12.2013 – 6 U 155/13 = r+s 2015, 66; *Nugel*, MDR 2008, 1320, 1322). Dies vorausgeschickt zeigt sich, dass vorliegend eine Arglist gegeben ist. .

G. Obliegenheitsverletzung und Belehrungspflicht

Ein Recht zur Leistungskürzung nach § 28 Abs. 2 VVG bei der Verletzung einer Auskunfts- oder Anzeigeobliegenheit besteht für den Versicherer nur dann, wenn der Versicherer den Versicherungsnehmer durch gesonderte Mitteilung in Textform auf diese Rechtsfolge hingewiesen hat (§ 28 Abs. 4 VVG). Aber Obacht: Im Fall eines arglistigen Fehlverhaltens ist der Versicherungsnehmer auch nicht schützenswert und es bedarf keiner Belehrung über die Folgen einer falschen Auskunft.[66]

51

In der höchstrichterlichen Rechtsprechung[67] hat sich mittlerweile die Ansicht durchgesetzt, dass eine Belehrung auf demselben Formular wie der Schadensanzeige genügt. Für diese Auffassung dürfte insbesondere sprechen, dass dem Versicherungsnehmer durch einen Hinweis auf dem Formular, auf welchem er seine Angaben tätigt, im konkreten Sachzusammenhang die Bedeutung einer falschen Angabe vor Augen geführt wird, ohne dass die Gefahr besteht, dass entsprechende Zeilen auf einem gesonderten Beiblatt schlicht und ergreifend „untergehen" bzw. gar nicht erst gelesen werden.[68]

▼

Muster 14.14: Gesonderte Belehrung auf der Schadensanzeige

52

Dem Formerfordernis einer gesonderten Mitteilung in Textform gem. § 28 Abs. 4 VVG genügt eine Belehrung im Schadensanzeigeformular, sofern sie (etwa durch eine andere Farbe, Schriftart bzw. -größe, Fettdruck, durch Einrücken, Einrahmen oder in sonstiger Weise) drucktechnisch so hervorgehoben ist, dass sie sich deutlich vom übrigen Text abhebt und vom Versicherungsnehmer nicht übersehen werden kann (BGH, Urt. v. 9.1.2013 – IV ZR 197/11 = zfs 2013, 153 m.w.N.; vgl. auch OLG Stuttgart, Urt. v. 17.4.2014 – 7 U 253/13 = VersR 2014, 985; OLG Karlsruhe, Urt. v. 22.10.2015 – 12 U 53/15 = VersR 2016, 105 jeweils zu § 19 Abs. 5 VVG). Durch die anlassbezogene Belehrung im unmittelbaren Kontext mit den an den Versicherungsnehmer gerichteten Fragen wird der vom Gesetz bezweckten Warnfunktion der Belehrung besser Rechnung getragen (BGH a.a.O.). Denn bei der Belehrung in einem gesonderten Formular besteht die Gefahr,

---

[66] BGH, Urt. v. 12.3.2014 – IV ZR 306/13, juris; OLG Köln, Urt. v. 3.5.2013 – 20 U 224/12 = VersR 2013, 1428; LG Saarbrücken, Urt. v. 16.12.2014 – 14 S 22/14, juris.
[67] BGH, Urt. v. 9.1.2013 – IV ZR 197/11 = zfs 2013, 153.
[68] *Nugel*, zfs 2009, 307; *ders.*, MDR 2009, 186, 187.

dass diese Belehrung gar nicht oder in einem anderen Kontext beachtet wird (*Nugel*, MDR 2009, 186, 187).

Demnach ▮.

▲

H. Gerichtsstand am Wohnsitz des Versicherungsnehmers nach § 215 VVG

I. Sachlicher Anwendungsbereich

53 Im Zuge der Neufassung des VVG ist die frühere Gerichtsstandsregelung des § 48 VVG a.F. durch § 215 VVG n.F. komplett neu gestaltet worden. Die Zuständigkeitsregelung des § 215 VVG gilt für „Klagen aus dem Versicherungsvertrag oder der Versicherungsvermittlung" und begründet eine zusätzliche örtliche Zuständigkeit des Gerichts am Wohnsitz des Versicherungsnehmers, hilfsweise am Ort seines gewöhnlichen Aufenthalts. Von dieser Vorschrift werden alle Ansprüche im Zusammenhang mit einem bestehenden oder angebahnten Versicherungsvertrag einschließlich seiner Vermittlung erfasst.[69] So findet sich auch in der Begründung des Regierungsentwurfs der Hinweis, dass dem Versicherungsnehmer das Recht eingeräumt werden soll, eine „Klage gegen den Versicherer, den Versicherungsvermittler oder Versicherungsberater an seinem Wohnsitz einzureichen".[70] Auch Ansprüche, die aus einer fehlerhaften Beratung resultieren, unterfallen mithin dieser Vorschrift. Nicht erfasst ist hingegen der Direktanspruch des Geschädigten nach einem Verkehrsunfall gegenüber dem gegnerischen Kfz-Haftpflichtversicherer, bei dem die deliktsrechtliche Natur des Anspruchs im Vordergrund steht, ohne dass ein besonderer Bezug zu dem bestehenden Versicherungsvertrag von Bedeutung wäre.[71]

II. Persönlicher Anwendungsbereich

54 Umstritten ist, ob sich jeder Versicherungsnehmer auf die Regelung des § 215 VVG berufen darf. Der Wortlaut dieser Vorschrift ermöglicht lediglich eine Klage am Wohnsitz des Versicherungsnehmers. Da die ZPO zwischen dem von § 13 ZPO erfassten Wohnsitz einer natürlichen Person und dem Sitz einer juristischen Person nach § 17 ZPO differenziert, wird die Auffassung vertreten, dass die Zuständigkeitsregelung nach § 215 VVG

---

69 *Nugel*, VRR 2009, 448; vgl. auch OLG München, Urt. v. 17.12.2015 – 14 U 3409/14, juris.
70 BegrRegE zu § 215 Abs. 1 VVG, BT-Drucks 16/3945 v. 20.12.2006, S. 117.
71 *Franz*, VersR 2008, 298, 307; *Klär*, in: Schwintowski/Brömmelmeyer, Praxiskommentar zum Versicherungsvertragsrecht, § 215 Rn 2; *Looschelders*, in: MüKo-VVG, § 215 Rn 27, 37; a.A. *Fricke*, VersR 2009, 15.

H. Gerichtsstand am Wohnsitz des Versicherungsnehmers nach § 215 VVG § 14

nur bei einem Versicherungsnehmer eingreift, der eine natürliche Person ist und damit einen Wohnsitz aufweist.⁷²

▼

Muster 14.15: Keine Anwendung des § 215 VVG bei juristischen Personen   55
§ 215 VVG ist auf juristische Personen nicht unmittelbar anwendbar, weil diese keinen Wohnsitz oder Aufenthalt haben. Aus demselben Grund scheidet auch eine unmittelbare Anwendung auf andere rechtsfähige Personenvereinigungen aus. Auch eine analoge Anwendung ist abzulehnen. Die Gesetzesbegründung lässt sich dafür nicht anführen. Dort ist zwar nur allgemein vom „Versicherungsnehmer" die Rede. Der ausdrückliche Hinweis auf die verbraucherschützende Wirkung der Gerichtsstandsregelung (BegrRegE zu § 215 Abs. 1 VVG, BT-Drucks 16/3945 v. 20.12.2006, S. 117) deutet aber darauf hin, dass der Gesetzgeber vor allem die typischen Interessen von natürlichen Personen im Blick hatte (LG Berlin, Beschl. v. 30.9.2010 – 7 O 292/10 = VersR 2010, 1629; LG Limburg, Beschl. v. 14.12.2010 – 2 O 75/10 = VersR 2011, 609; LG Fulda, Beschl. v. 11.5.2012 – 4 O 144/12 = VersR 2013, 481; LG Potsdam, Beschl. v. 25.8.2014 – 11 O 117/14 = VersR 2015, 338; LG Ravensburg, Beschl. v. 17.11.2014 – 1 O 182/13 = VersR 2015, 1184; LG Aachen, Beschl. v. 11. 5.2015 – 9 O 464/14 = VersR 2016, 67; vgl. auch *Klär*, in: Schwintowski/Brömmelmeyer, Praxiskommentar zum Versicherungsvertragsrecht, § 215 Rn 9; *Klimke*, in: Prölss/Martin, VVG, 29. Aufl. 2015, § 215 Rn 12).

Dies ist auch überzeugend, da bei der gebotenen typisierenden Betrachtung im Hinblick auf die mit der Wahrnehmung ihrer rechtlichen Interessen verbundenen Schwierigkeiten Unterschiede zwischen natürlichen Personen und Personenzusammenschlüssen bestehen: Einer Personenmehrheit wird die Rechtsdurchsetzung an einem von ihrem Sitz verschiedenen Ort oftmals leichter möglich sein als einer natürlichen Person die Erhebung einer wohnortfernen Klage bzw. eine wohnortferne Inanspruchnahme. Außerdem ist die Bindung einer juristischen Person an ihren Sitz nicht mit derjenigen einer natürlichen Person an ihren Wohnsitz vergleichbar (LG Berlin a.a.O; LG Limburg a.a.O.; LG Fulda a.a.O.; LG Potsdam a.a.O.). Ergänzend ist festzuhalten, dass der Gesetzgeber, hätte er denn eine umfassende Geltung des § 215 VVG für alle Versicherungsnehmer gewollt, sicherlich statt des Wohnsitzes den allgemeinen Gerichtsstand des Versicherungsnehmers in die Gesetzesfassung aufgenommen hätte.

▲

Diese Auffassung muss sich allerdings entgegenhalten lassen, dass sie einen sehr formalen Standpunkt bedeutet. Jedenfalls findet sich in der Begründung des Regierungsentwurfs kein Hinweis darauf, dass sich nur der Versicherungsnehmer als natürliche Person auf die Vorschrift des § 215 VVG berufen können soll. Vielmehr zeugen die dortigen (wenn auch recht knapp gehaltenen) Ausführungen davon, dass der Versicherungsnehmer vor dem Hintergrund der als unzureichend erachteten Vorschrift des § 48 VVG a.F. durch die Schaffung einer Klagemöglichkeit an seinem Wohnsitz geschützt werden   56

---

72 LG Berlin, Beschl. v. 30.9.2010 – 7 O 292/10 = VersR 2010, 1629; LG Limburg, Beschl. v. 14.12.2010 – 2 O 75/10 = VersR 2011, 609; LG Hamburg, Beschl. v. 3.1.2012 – 401 HKO 60/11 = VersR 2013, 482; LG Fulda, Beschl. v. 11.5.2012 – 4 O 144/12 = VersR 2013, 481; LG Potsdam, Beschl. v. 25.8.2014 – 11 O 117/14 = VersR 2015, 338; LG Ravensburg, Beschl. v. 17.11.2014 – 1 O 182/13 = VersR 2015, 1184; LG Aachen, Beschl. v. 11. 5.2015 – 9 O 464/14 = VersR 2016, 67; *Franz*, VersR 2008, 298, 307; *Klär*, in: Schwintowski/Brömmelmeyer, Praxiskommentar zum Versicherungsvertragsrecht, § 215 Rn 9.

soll.⁷³ Danach soll § 215 VVG nicht allein dem Verbraucherschutz dienen, sondern verfolgt primär den Zweck, die bisherige Gerichtsstandsregelung in § 48 VVG a.F. abzulösen, die ebenfalls nicht zwischen natürlichen und juristischen Personen differenziert hat.⁷⁴ Zudem entspricht es insgesamt der Systematik und Zielsetzung des VVG, den Schutz des Versicherungsnehmers grundsätzlich nicht davon abhängig zu machen, dass eine natürliche Person bzw. ein Verbraucher Versicherungsnehmer ist, wie dies die vorvertraglichen Beratungs- und Informationspflichten des Versicherers nach den §§ 6, 7 VVG oder das Widerrufsrecht des Versicherungsnehmers nach den §§ 8, 9 VVG zeigen.⁷⁵

57 Dieser Gedankengang zeigt zugleich, dass der Versicherungsnehmer nur dann in den Genuss der Regelung des § 215 VVG kommen soll, wenn er schutzbedürftig ist. In diesem Zusammenhang wird in der Literatur⁷⁶ die Auffassung vertreten, dass der Anwendungsbereich des § 215 VVG nur dann eröffnet sein soll, wenn es sich bei dem Versicherungsnehmer um einen Verbraucher i.S.d. § 13 BGB handelt. Zur Begründung wird unter anderem darauf abgestellt, dass der Gesetzgeber die Vorschrift des § 29c ZPO zum Vorbild genommen hätte, deren Anwendungsbereich im Zusammenhang mit der Vorschrift des § 312 BGB a.F. auf Verbrauchergeschäfte beschränkt ist. Eine derartige Beschränkung lässt sich dem Wortlaut des § 215 VVG indes nicht entnehmen, der uneingeschränkt vom „Versicherungsnehmer" spricht, der auch eine juristische Person oder ein Unternehmer sein kann.⁷⁷ Überdies findet sich in der Gesetzesbegründung auch der Hinweis, dass unabhängig davon „der Gerichtsstand des Wohnsitzes für Versicherungsnehmer aber über die Haustürgeschäfte hinaus und für Klagen *gegen* den Versicherungsnehmer ausschließlich gelten" sollte. Nach Auffassung des Gesetzgebers ist der Anwendungsbereich des § 215 VVG mithin gerade nicht auf Verbrauchergeschäfte beschränkt, sondern geht darüber hinaus.⁷⁸ Dies trifft insbesondere in den Fällen zu, in denen der Versicherungsnehmer als juristische Person (beispielsweise ein „Ein-Mann-Firmen-Betrieb") und damit Unternehmer genauso schutzwürdig erscheint wie eine Privatperson.

▼

58 **Muster 14.16: Eingreifen des § 215 VVG bei einer juristischen Person**
Entgegen dem Einwand der Beklagten ist vorliegend der Anwendungsbereich der Vorschrift des § 215 VVG eröffnet, auch wenn der Versicherungsnehmer eine juristische Person ist, die nicht als Verbraucher i.S.d. § 13 BGB einzustufen ist. Eine derartige Einschränkung sieht der Wortlaut der Vorschrift (dieser spricht uneingeschränkt vom „Versicherungsnehmer") nicht vor und wurde von dem Gesetzgeber nicht beabsichtigt.

---

73 *Meixner/Steinbeck*, Das neue Versicherungsvertragsrecht, Rn 364.
74 OLG Schleswig, Urt. v. 4.6.2015 – 16 U 3/15 = VersR 2015, 1422; OLG München, Urt. v. 17.12.2015 – 14 U 3409/14, juris.
75 OLG Schleswig, Urt. v. 4.6.2015 – 16 U 3/15 = VersR 2015, 1422; OLG München, Urt. v. 17.12.2015 – 14 U 3409/14, juris.
76 Im Überblick: *Fricke*, VersR 2009, 15, 16; *Looschelders*, in: MüKo-VVG, § 215 Rn 6 ff.
77 OLG Schleswig, Urt. v. 4.6.2015 – 16 U 3/15 = VersR 2015, 1422; OLG München, Urt. v. 17.12.2015 – 14 U 3409/14, juris.
78 *Nugel*, VRR 2009, 448, 449.

H. Gerichtsstand am Wohnsitz des Versicherungsnehmers nach § 215 VVG § 14

Dieser hat vielmehr die Vorschrift des § 48 VVG a.F. für unzureichend erachtet und wollte nunmehr den Versicherungsnehmer umfassend schützen (*Meixner/Steinbeck*, Das neue Versicherungsvertragsrecht, Rn 364). So soll § 215 VVG ausweislich der Begründung des Regierungsentwurfs nicht allein dem Verbraucherschutz dienen, sondern verfolgt primär den Zweck, die bisherige Gerichtsstandsregelung in § 48 VVG a.F abzulösen, die ebenfalls nicht zwischen natürlichen und juristischen Personen differenziert hat (OLG Schleswig, Urt. v. 4.6.2015 – 16 U 3/15 = VersR 2015, 1422; OLG München, Urt. v. 17.12.2015 – 14 U 3409/14, juris). Zudem entspricht es insgesamt der Systematik und Zielsetzung des VVG, den Schutz des Versicherungsnehmers grundsätzlich nicht davon abhängig zu machen, dass eine natürliche Person bzw. ein Verbraucher Versicherungsnehmer ist, wie dies die vorvertraglichen Beratungs- und Informationspflichten des Versicherers nach den §§ 6, 7 VVG oder das Widerrufsrecht des Versicherungsnehmers nach den §§ 8, 9 VVG zeigen (OLG Schleswig a.a.O.; OLG München a.a.O.). Nicht zuletzt findet sich in der Gesetzesbegründung auch der Hinweis, dass „der Gerichtsstand des Wohnsitzes für Versicherungsnehmer aber über die Haustürgeschäfte hinaus und für Klagen *gegen* den Versicherungsnehmer ausschließlich gelten" sollte (BegrRegE zu § 215 Abs. 1 VVG, BT-Drucks 16/3945 v. 20.12.2006, S. 117). Nach Auffassung des Gesetzgebers ist der Anwendungsbereich des § 215 VVG mithin gerade nicht auf Verbrauchergeschäfte beschränkt, sondern geht darüber hinaus (*Nugel*, VRR 2009, 448, 449). Vorliegend befindet sich die Klägerseite gegenüber der beklagten Versicherung in einer untergeordneten Position und ist daher auch im Sinne des § 215 VVG schützenswert, da ▬.

▲

> *Hinweis* 59
> Dabei stellt sich auch die Frage, ob § 215 VVG im Fall einer Fremdversicherung auch für die Ansprüche der mitversicherten Person eingreift.

▼

Muster 14.17: Zuständigkeit nach § 215 VVG bei Fremdversicherung 60
Für den Anspruch der mitversicherten Person ist die örtliche Zuständigkeit des angerufenen Gerichts nach § 215 VVG gegeben. Bei einer Fremdversicherung ist in entsprechender Anwendung von § 215 Abs. 1 S. 1 VVG für Klagen des Versicherten aus dem Versicherungsvertrag auch das Gericht örtlich zuständig, in dessen Bezirk der Versicherte seinen Wohnsitz, in Ermangelung eines solchen seinen gewöhnlichen Aufenthalt hat (OLG Oldenburg, Urt. v. 18.4.2012 – 5 U 196/11 = zfs 2012, 452 = VersR 2012, 887; OLG Hamm, Beschl. v. 21.10.2013 – 20 W 32/13 = zfs 2014, 212; LG Berlin, Urt. v. 27.3.2014 – 7 O 208/13, juris; vgl. auch LG Saarbrücken, Beschl. v. 7.6.2011 – 14 O 131/11 = NJW-RR 2011, 1600; LG Stuttgart, Urt. v. 15.5.2013 – 13 S 58/13 = NJW-RR 2014, 213 jeweils bei der Klage eines Bezugsberechtigten).

▲

> *Hinweis* 61
> Auch diese Ansicht ist allerdings umstritten.

Muster 14.18: Keine Wohnsitzzuständigkeit bei Fremdversicherung

62 Auch wenn die Vorschrift des § 215 Abs. 1 VVG über den Gerichtsstand auf den Versicherten, der nicht Versicherungsnehmer ist, anwendbar ist, wäre nach dem Gesetzeswortlaut bei einer Klage des Versicherten jedenfalls nicht dessen Wohnsitz, sondern der des Versicherungsnehmers maßgeblich. Der Wohnsitz des Versicherten kann dagegen nicht über eine analoge Anwendung des § 215 Abs. 1 VVG den Gerichtsstand in Verfahren des bzw. gegen den Versicherten bestimmen, weil eine planwidrige Regelungslücke im Gesetz nicht vorliegt (LG Cottbus, Urt. v. 4.5.2011 – 5 S 78/10 = VuR kompakt 2012, 21).

▲

63 *Hinweis*

Anerkannt ist aber, dass der Abtretungsempfänger von der Schutzwirkung des § 215 VVG nicht erfasst wird.[79]

III. Besonderheiten bei der Klage gegen den Versicherungsnehmer und andere Personen

64 Wird eine Klage gegen den Versicherungsnehmer erhoben, ist zu beachten, dass dies gem. § 215 Abs. 1 S. 2 VVG ausschließlich am Wohnsitz des Versicherungsnehmers möglich ist. Werden mehrere Versicherungsnehmer mit unterschiedlichen Wohnorten und damit verschiedenen Gerichtsständen an ihrem jeweiligen Wohnort als Gesamtschuldner klageweise in Anspruch genommen, ist das nächsthöhere Gericht wegen einer Bestimmung der Zuständigkeit nach § 36 Abs. 1 Nr. 3 ZPO anzurufen. Wird dagegen der Versicherungsnehmer zusammen mit einem Dritten in Anspruch genommen, geht der Gerichtsstand am Wohnort des Versicherungsnehmers als ausschließlicher Gerichtsstand vor.

IV. Gerichtsstandsvereinbarungen

65 Vereinbarungen über einen von der Vorgabe des § 215 VVG abweichenden Gerichtsstand sind nur eingeschränkt möglich. Bei einer Klage gegen den Versicherungsnehmer bestimmt § 215 Abs. 1 S. 2 VVG einen ausschließlichen Gerichtsstand, der auch nicht über eine Vereinbarung oder rügelose Einlassung zur Sache umgangen werden kann. Allerdings lässt § 215 Abs. 3 VVG eine hiervon abweichende Gerichtsstandsvereinbarung für den Fall zu, dass der Versicherungsnehmer nach Vertragsschluss seinen Wohnsitz oder gewöhnlichen Aufenthaltsort aus dem Geltungsbereich des VVG verlegt oder sein Wohnsitz bzw. gewöhnlicher Aufenthaltsort im Zeitpunkt der Klageerhebung unbekannt ist. Im letzteren Fall kann eine entsprechende Vereinbarung nur dadurch zustande kommen, dass sie bereits bei Vertragsabschluss für den Fall getroffen wird, dass der Wohnsitz des Versicherungsnehmers zu einem späteren Zeitpunkt unbekannt ist. Es

---

79 AG Kiel, Beschl. v. 7.9.2010 – 108 C 320/10 = NJW-RR 2011, 188; ferner LG Aachen, Beschl. v. 11.5.2015 – 9 O 464/14 = VersR 2016, 67.

dürfte daher grundsätzlich zulässig sein, Gerichtsstandsvereinbarungen für diese beiden Ausnahmefälle vorab und auch in AGB zu treffen.[80]

Für eine Klage gegen den Versicherer ist eine Gerichtsstandsvereinbarung unter Beachtung des § 38 ZPO von vornherein möglich. Wenn für eine Klage gegen den Versicherungsnehmer eine solche Vereinbarung durch AGB wirksam getroffen werden kann, muss dies auch für andere Klagen möglich sein. Ebenso besteht hier die Möglichkeit einer zuständigkeitsbegründenden rügelosen Einlassung im Gerichtsverfahren.

V. Zeitlicher Anwendungsbereich

Bisher wurde in der Rechtsprechung unterschiedlich beurteilt, ob die Zuständigkeitsregelung des § 215 VVG bei Altverträgen bereits dann eingreift, wenn sich der Versicherungsfall vor dem 1.1.2009 ereignet hat und auch vor diesem Datum Klage erhoben worden ist: Während dies nach einer Auffassung[81] der Fall ist, haben andere Gerichte[82] die bisherige Vorschrift des § 48 VVG a.F. weiterhin angewendet und sich dabei auf die Übergangsvorschrift des Art. 1 Abs. 1 und 2 EGVVG berufen. Hierauf aufbauend wird sogar die Auffassung vertreten, dass bei einem Versicherungsfall vor dem 1.1.2009 im Rahmen eines Altvertrags auch in Zukunft lediglich die Vorschrift des § 48 VVG a.F. anzuwenden ist.[83]

Dieser letztgenannten Ansicht ist die h.M. in der Rechtsprechung jedoch mit überzeugenden Gründen nicht gefolgt: Wenn die Klage ab dem 1.1.2009 erhoben wird, genügt dies, um den Anwendungsbereich des § 215 VVG zu eröffnen, da sich die Übergangsregelung des Art. 1 Abs. 2 EGVVG allein auf die Abwicklung des Versicherungsfalls durch den Versicherer bezieht, ihr deshalb für die Frage der Geltung des § 215 VVG keine Bedeutung zukommt.[84] Jedenfalls bei der Anwendung des § 215 VVG liegt keine Rückwirkung vor, die verfassungsrechtlich bedenklich sein könnte.[85]

I. Checkliste: Grundzüge des neuen VVG

- Dem Versicherungsnehmer schadet grundsätzlich bzgl. einer Leistungskürzung durch den Versicherer ein zumindest grob fahrlässiges Fehlverhalten. Im Fall des grob

---

80 *Fricke*, VersR 2009, 15, 19; ebenso *von Rintelen*, in: Beckmann/Matusche-Beckmann, Versicherungsrechts-Handbuch, § 23 Rn 22.
81 OLG Saarbrücken, Beschl. v. 23.9.2008 – 5 W 220/08 = VersR 2008, 1337; LG Hechingen, Urt. v. 15.12.2008 – 1 O 240/08 = VersR 2009, 665; LG Saarbrücken, Beschl. v. 23.4.2009 – 14 O 476/08, juris; LG Saarbrücken, Urt. v. 8.3.2010 – 14 O 222/09 = VersR 2011, 1045.
82 OLG Hamm, Urt. v. 20.5.2009 – 20 U 110/08 = zfs 2009, 573 = VersR 2009, 1345; OLG Düsseldorf, Urt. v. 18.6.2010 – 4 U 162/09 = VersR 2010, 1354; OLG Hamm, Beschl. v. 8.4.2011 – 20 W 8/11 = VersR 2011, 1293; OLG Braunschweig, Beschl. v. 5.10.2011 – 3 W 43/11, juris; LG Paderborn, Urt. v. 12.2.2009 – 3 O 397/08, juris.
83 OLG Nürnberg, Beschl. v. 2.3.2010 – 8 W 353/10 = VersR 2010, 935; OLG Bamberg, Beschl. v. 21.9.2010 – 1 W 39/10 = VersR 2011, 513; LG Stralsund, Beschl. v. 10.3.2011 – 6 O 378/10, juris; ebenso *Abel/Winkens*, r+s 2009, 103 f.
84 OLG Hamburg, Beschl. v. 30.3.2009 – 9 W 23/09 = VersR 2009, 531; OLG Dresden, Beschl. v. 10.11.2009 – 3 AR 81/09 = VersR 2010, 1065; OLG Rostock, Beschl. v. 15.4.2010 – 5 W 179/09, juris.
85 OLG Köln, Beschl. v. 9.6.2009 – 9 W 36/09 = VersR 2009, 1347.

fahrlässigen Fehlverhaltens des Versicherungsnehmers ist der Versicherer lediglich zu einer Leistungskürzung berechtigt, die sich an der Schwere des Verschuldens orientiert.
- Bei der Bestimmung der Kürzungsquote ist zuerst von den objektiven Umständen auszugehen, die sich an der Gefährlichkeit und Dauer des Fehlverhaltens sowie an der Bewertung in anderen Rechtsgebieten (normative Vorprägung) orientieren. Dem schließt sich eine Prüfung der subjektiven Umstände an, zu denen insbesondere eine Vorsatznähe und ein Augenblicksversagen gehören.
- Der Versicherer hat die zur Kürzung berechtigenden Umstände nachzuweisen, wobei je nach Auffassung in der Literatur und Rechtsprechung entweder ein Einstieg mit dem Mittelwert von 50 % erfolgt oder sogleich alle Umstände des Einzelfalls berücksichtigt werden. Den Versicherungsnehmer trifft ggf. eine sekundäre Darlegungslast.
- Der Versicherer ist im Ausnahmefall auch bei einem (lediglich) grob fahrlässigen Fehlverhalten zu einer vollständigen Leistungsfreiheit (Leistungskürzung auf Null) berechtigt.
- Bei mehrfachen Pflichtverletzungen ist die Quotenbildung im Rahmen einer Gesamtabwägung unter Einschluss einer Quotenmultiplikation als Korrekturrechnung vorzunehmen.
- Nach dem neuen VVG wird der Versicherer bei einer Obliegenheitsverletzung nur dann in vollem Umfang leistungsfrei, wenn der Versicherungsnehmer die Obliegenheitsverletzung vorsätzlich begangen hat, wobei der Versicherer den Vorsatz zu beweisen hat.
- Steht eine Obliegenheitsverletzung fest, wird ihre grob fahrlässige Begehung durch den Versicherungsnehmer gem. § 28 Abs. 2 S. 2 Hs. 2 VVG vermutet. Dieser muss den Beweis führen, dass es an einer solchen Obliegenheitsverletzung fehlt.
- Der Versicherer wird aber nur insoweit leistungsfrei, wie sich die Obliegenheitsverletzung auf die Feststellungen des Versicherungsfalls bzw. die Feststellungen zu einer Leistungsverpflichtung dem Grunde oder der Höhe nach ausgewirkt hat (§ 28 Abs. 3 S. 1 VVG). Eine solche Kausalität wird vermutet und der Versicherungsnehmer hat den sog. Kausalitätsgegenbeweis zu führen, der ihm jetzt auch bei einer vorsätzlichen Obliegenheitsverletzung möglich ist. Eine Ausnahme gilt, wenn der Versicherungsnehmer arglistig gehandelt hat (§ 28 Abs. 3 S. 2 VVG).
- Die Leistungsfreiheit wegen der Verletzung einer Aufklärungs- oder Auskunftsobliegenheit hat ferner gem. § 28 Abs. 4 VVG zur Voraussetzung, dass der Versicherer den Versicherungsnehmer zuvor auf diese Folge gesondert in Textform hingewiesen hat, es sei denn, der Versicherungsnehmer handelt arglistig.
- § 215 VVG begründet eine zusätzliche örtliche Zuständigkeit des Gerichts am Wohnsitz des Versicherungsnehmers, hilfsweise am Ort seines gewöhnlichen Aufenthalts. Von dieser Vorschrift werden alle Ansprüche im Zusammenhang mit einem bestehenden oder angebahnten Versicherungsvertrag einschließlich seiner Vermittlung erfasst.
- Eine Klage gegen den Versicherungsnehmer ist gem. § 215 Abs. 1 S. 2 VVG ausschließlich am Wohnsitz des Versicherungsnehmers möglich.

§ 15 Kaskoversicherung

Dr. Michael Nugel

A. Übersicht

Kasko- oder Fahrzeug-Versicherungsverträge bieten Schutz vor Eigenschäden, also vor Schäden, für die keine Dritten haftbar gemacht werden können (bzw. sollen). Der Fahrzeugversicherung liegen die Allgemeinen Versicherungsbedingungen für die Kraftfahrtversicherung (AKB) zugrunde. Darin wird zwischen Teil- und Vollkasko unterschieden.

B. Anmeldung von Ansprüchen

I. Übersicht

Da es sich bei Ansprüchen auf Leistung aus einer Fahrzeugversicherung um vertragliche Ansprüche handelt, ist die Anmeldung derartiger Ansprüche nicht Gegenstand des Mandats, welches sich gegen die Haftpflichtversicherung des Schädigers richtet. Wird der Anwalt mit der Geltendmachung der Ansprüche gegenüber dem Kaskoversicherer beauftragt, erhält der Mandant die dadurch verursachten Anwaltskosten nicht in jedem Fall ersetzt. Gegenüber dem Kaskoversicherer besteht nur dann ein Kostenerstattungsanspruch, wenn er sich mit der Versicherungsleistung im Verzug befindet. Liegt ein Haftpflichtfall vor und nimmt der Mandant dennoch seinen Kaskoversicherer in Anspruch, sind die dadurch verursachten Anwaltskosten vom Schädiger bzw. dessen Haftpflichtversicherer nicht in jedem Fall und im Übrigen nur entsprechend der Haftungsquote zu ersetzen. Hierüber muss der Mandant in jedem Fall beraten werden.

II. Muster: Anfertigung eines Gutachtens durch Versicherung

▼

Muster 15.1: Anfertigung eines Gutachtens durch Versicherung

▓▓▓ Versicherung AG

Schaden-Nr./VS-Nr./Az. ▓▓▓

Schaden vom ▓▓▓

Pkw ▓▓▓, amtl. Kennzeichen ▓▓▓

Sehr geehrte Damen und Herren,

Ihr Versicherungsnehmer ▓▓▓ aus ▓▓▓ beauftragte mich mit der Wahrnehmung seiner Interessen aus Anlass einer Verkehrsunfallangelegenheit. Eine Kopie der auf mich lautenden Vollmacht füge ich in der Anlage bei.

§ 15 Kaskoversicherung

Unter der im Betreff genannten Versicherungsscheinnummer unterhält mein Mandant in Ihrem Hause eine Fahrzeugvollversicherung. Der versicherte Pkw wurde im Rahmen eines Verkehrsunfalls am ▒▒▒▒ erheblich beschädigt. Namens und in Vollmacht meines Mandanten melde ich hiermit Ansprüche auf Versicherungsleistungen aus dem Fahrzeugversicherungsvertrag an.

Das Fahrzeug befindet sich derzeit auf dem Gelände der Firma ▒▒▒▒. Zur Feststellung des Schadensumfangs bitte ich Sie, einen Sachverständigen Ihres Hauses mit der Begutachtung des Fahrzeugs zu beauftragen. Den konkreten Besichtigungstermin stimmen Sie bitte unmittelbar mit der Firma ▒▒▒▒, Telefon ▒▒▒▒, ab.

Im Übrigen bitte ich Sie darum, die zukünftige Korrespondenz in der Schadensache unmittelbar mit meinem Büro zu führen.

Bitte übersenden Sie mir zu gegebener Zeit eine Durchschrift des von Ihnen eingeholten Kaskogutachtens.

Mit freundlichen Grüßen

(Rechtsanwalt)

▲

4   Nach Maßgabe der jedem Fahrzeugversicherungsvertrag zugrunde liegenden Allgemeinen Versicherungsbedingungen für die Kraftfahrtversicherung ist i.d.R. der Versicherer in der Kaskoversicherung dazu verpflichtet, die Kosten zur Feststellung des Schadensumfangs in Form eines Sachverständigengutachtens zu übernehmen, wenn der Sachverständige vom Versicherer beauftragt worden oder zumindest mit dessen Zustimmung tätig geworden ist. Hierzu gehören auch die Kosten für die Anfertigung eines Sachverständigengutachtens.

C. Teilkaskoversicherung

I. Übersicht

5   Die Teilkaskoversicherung bietet gem. Ziff. A.2.2.1 AKB 2015, bei den älteren Verträgen nach Ziff. A.2.2 AKB 2008 Schutz u.a. vor Schäden durch Brand oder Entwendung des Fahrzeugs, Elementarschäden wie z.B. Sturm, Hagel oder Blitzschlag sowie Schäden durch Glasbruch.

II. Glasbruchschäden

6   In der Praxis der Verkehrsunfallbearbeitung können in erster Linie Glasbruchschäden eine Rolle spielen. Gem. Ziff. A.2.2.1.5 AKB 2015 (Ziff. A.2.2.5 AKB 2008 bzw. § 12 Abs. 2 AKB a.F.) ist der Kaskoversicherer zum Ausgleich sämtlicher „Bruchschäden an der Verglasung des Fahrzeugs" verpflichtet, wobei allerdings Folgeschäden ausgeschlossen sind. In Ziff. A.2.2.1.5 AKB 2015 wird – anders als in Ziff. A.2.2.5 AKB 2008 und § 12 Abs. 2 AKB a.F. – der Begriff „Verglasung" näher definiert. Zur Verglasung gehören danach Glas- und Kunststoffscheiben (z.B. Front-, Heck-, Dach-, Seiten- und Trennscheiben), Spiegelglas und Abdeckungen von Leuchten. Versichert ist damit jede Art

von Scheiben, unabhängig davon, ob sie aus Glas oder Kunststoff bestehen.[1] Auch Scheinwerfer- oder Blinkerabdeckungen aus Kunststoff dürften in Übereinstimmung mit einer bisher vertretenen Auffassung[2] unter den Versicherungsschutz fallen. Nicht zur Verglasung gehören hingegen Glas- und Kunststoffteile von Mess-, Assistenz-, Kamera- und Informationssystemen, Solarmodulen, Displays, Monitoren sowie Leuchtmittel wie z.B. Glühbirnen.[3] Linsen optischer Messsysteme sind damit ausdrücklich vom Versicherungsschutz ausgenommen.

Fraglich ist, ob und inwieweit bei der Abrechnung von Glasbruchschäden Abzüge „neu für alt" zu vorzunehmen sind.

▼

Muster 15.2: Kein Abzug „neu für alt" bei Glasbruchschäden

Versicherung AG

Schaden-Nr./VS-Nr./Az.

Schaden vom

Pkw , amtl. Kennzeichen

Sehr geehrte Damen und Herren,

mit der Abrechnung der Schadensache vermag ich mich nicht einverstanden zu erklären. Durch Schreiben vom brachten Sie von der vom Sachverständigen ermittelten Entschädigungsleistung pauschal EUR in Abzug. Zur Begründung führten Sie aus, der Abzug diene dem Ausgleich „neu für alt". Der Abzug ist im Wesentlichen unbegründet.

Der Umfang Ihrer Ersatzpflicht richtet sich nach den dem Vertrag zugrunde liegenden AKB. Danach ist der Schaden bis zur Höhe des Wiederbeschaffungswerts zu ersetzen. Von den Kosten der Ersatzteile ist grundsätzlich ein dem Alter und der Abnutzung entsprechender Abzug zu machen. Der Abzug „neu für alt" richtet sich nach denselben Grundsätzen wie die schadensrechtliche „Vorteilsausgleichung". Ein Abzug „neu für alt" setzt voraus, dass der Geschädigte durch eine Ersatzleistung Aufwendungen erspart, die er im Laufe der Lebensdauer eines Kraftfahrzeugs hätte tätigen müssen, da sie Folge eines allgemeinen Verschleißes sind. Die Fensterscheiben eines Kfz erreichen i.d.R. aber die gleiche Lebenslänge wie das Kfz selbst.

Fahrzeugverglasungen stellen mithin keine „Verschleißteile" dar, die im Laufe der Lebensdauer des Kraftfahrzeugs ausgetauscht werden müssen. Danach scheidet ein Abzug „neu für alt" bei Glasbruchschäden grundsätzlich aus (OLG München, Urt. v. 25.6.1987 – Az. 24 U 556/86 = NJW-RR 1988, 90; OLG Karlsruhe, Urt. v. 17.12.1992 – Az. 12 U 116/92 = zfs 1994, 20 = VersR 1993, 1144; AG Wetzlar, Urt. v. 20.9.2001 – Az. 35 C 1211/01 = VersR 2002, 752). Einzige Ausnahme hiervon kann in Einzelfällen die Windschutzscheibe sein. Die Rechtsprechung akzeptiert hier einen Abzug „neu für alt", der sich

---

[1] Anders noch LG Köln, Urt. v. 22.4.1999 – Az. 24 S 114/98 = SP 1999, 322; AG Köln, Urt. v. 2.11.1998 – Az. 142 C 109/98 = VersR 2000, 1412; AG Düsseldorf, Urt. v. 2.8.2001 – Az. 50 C 6608/01 = SP 2002, 69 jeweils zu § 12 Abs. 2 AKB a.F.
[2] *Krischer*, in: MüKo-VVG, KraftfahrtV Rn 222.
[3] AG Stuttgart, Urt. v. 10.12.1987 – Az. 15 C 9783/87 = VersR 1988, 1019.

allerdings nach dem Grad ihrer Zerkratzung und den konkreten Alterserscheinungen bemisst (LG Aachen, Urt. v. 25.11.1988 – Az. 5 S 343/88 = r+s 1989, 320; AG Schweinfurt, Urt. v. 3.7.1989 – Az. C 423/89 = r+s 1989, 321; AG Gießen, Urt. v. 21.9.1995 – Az. 46 C 1824/95 = zfs 1996, 20).

Das Fahrzeug meines Mandanten war zum Unfallzeitpunkt erst ca. drei Jahre alt. Die Windschutzscheibe wies keinerlei bzw. nur völlig belanglose Zerkratzungen auf. Dies ist erforderlichenfalls zeugenschaftlich belegbar. Ein Abzug „neu für alt" scheidet danach hier aus.

Ich habe Sie deshalb aufzufordern, die offene Versicherungsleistung von 200 EUR zur Meidung einer gerichtlichen Klärung unverzüglich, spätestens jedoch bis zum

▬▬▬ (10-Tages-Frist)

auszugleichen.

Mit freundlichen Grüßen

(Rechtsanwalt)

▲

III. Sturmschäden

8   Einen häufigen Streitpunkt zwischen dem Versicherungsnehmer einer Teilkaskoversicherung und dem Versicherer bilden sog. Sturmschäden. Gem. Ziff. A.2.2.1.3 AKB 2015 (Ziff. A.2.2.3 AKB 2008) ist die unmittelbare Einwirkung eines Sturms auf das Fahrzeug versichert. Voraussetzung eines versicherten Sturmschadens ist, dass ein Sturm vorliegt, der unmittelbar auf das Fahrzeug eingewirkt hat.

9   Als Sturm gilt gem. Ziff. A.2.2.1.3 AKB 2015 (Ziff. A.2.2.3 AKB 2008) eine wetterbedingte Luftbewegung von mindestens Stärke 8. Der Versicherungsnehmer muss das Vorliegen eines solchen Sturms beweisen. Die bloße Möglichkeit oder Wahrscheinlichkeit eines solchen Sturms genügt nicht.[4] Die Darlegung eines Pkw-Sturmschadens erfordert im Übrigen zumindest den Vortrag von Umständen, die den Schluss auf sturmartige Windgeschwindigkeiten an der Unfallstelle zulassen.[5] Der Beweis der notwendigen Sturmstärke ist am einfachsten durch die genaue Bezeichnung des Unfalltages und -ortes und die Vorlage eines Gutachtens des zuständigen Wetteramtes möglich.[6]

10 Durch den Sturm muss unmittelbar ein Schaden am Fahrzeug verursacht worden sein. Auch diese Voraussetzung muss der Versicherungsnehmer beweisen. Er muss dazu einen Lebenssachverhalt darlegen, aus dem sich ergibt, dass die Naturgewalt einzige oder zumindest letzte Ursache für den eingetretenen Schaden gewesen ist,[7] d.h. eine andere Ursache wie etwa überhöhte Geschwindigkeit bei Aquaplaning oder ein Fahrfehler ausscheidet. Ist dagegen nach dem eigenen Sachvortrag des Versicherungsnehmers nahe-

---

4   LG Görlitz, Urt. v. 9.2.1998 – Az. 2 O 224/97 = SP 1998, 396.
5   OLG Koblenz, Urt. v. 20.12.1973 – Az. 4 U 573/73 = VersR 1975, 32.
6   AG Koblenz, Urt. v. 16.3.1990 – Az. 17 C 3711/89 = zfs 1990, 205.
7   OLG Köln, Urt. v. 1.12.1998 – Az. 9 U 103/98 = zfs 1999, 338 = NJW-RR 1999, 468; LG Rostock, Urt. v. 25.7.2003 – Az. 3 O 421/02 = SP 2004, 22; LG Bochum, Urt. v. 7.11.2014 – Az. 4 O 252/12 – juris.

liegend, dass andere Umstände die letzte Ursache gebildet haben, ist die Klage abzuweisen und eine Beweisaufnahme entbehrlich.[8]

Nach Ziff. A.2.2.1.3 AKB 2015 (Ziff. A.2.2.3 AKB 2008) sind ferner Schäden in den Versicherungsschutz eingeschlossen, die durch den Sturm infolge auf den Pkw geworfener Gegenstände verursacht werden. Hierher gehört auch der Fall, dass durch den Sturm ein nicht versichertes Fahrzeugteil gegen das Fahrzeug geworfen wird.[9] Ausgeschlossen sind jedoch nach den AKB Schäden, die auf ein durch den Sturm veranlasstes Verhalten des Fahrers zurückzuführen sind. Bei letzterer Klausel handelt es sich nicht etwa um einen vom Versicherer zu beweisenden Ausschlusstatbestand, sondern um eine Beschreibung der Voraussetzung der unmittelbaren Einwirkung des Sturms auf das versicherte Fahrzeug.[10] Der Versicherungsnehmer hat daher darzulegen und ggf. zu beweisen, dass kein sturmbedingter Fahrfehler den Schaden verursacht hat. Kein Versicherungsschutz besteht beispielsweise, wenn der Fahrer durch eine Windböe zu einer Gegenlenkbewegung veranlasst wird und dadurch von der Fahrbahn abkommt.[11] Führt die Windböe dagegen dazu, dass das Fahrzeug ohne Hinzutun des Fahrers von der Fahrbahn abkommt, liegt ein versicherter Schaden vor.[12] Hierfür muss der Versicherungsnehmer darlegen und ggf. beweisen, dass die Windkraft eines Sturms objektiv geeignet gewesen ist, die Haftkraft des Kfz zu überwinden.[13]

11

Ein in der Rechtsprechung unterschiedlich beurteilter Fall liegt vor, wenn vor das Fahrzeug des Versicherungsnehmers durch den Sturm Gegenstände auf die Fahrbahn geworfen werden, die dieser dann überfährt. Nach einer Auffassung in der Rechtsprechung soll es sich um eine versicherte unmittelbare Einwirkung des Sturms handeln, wenn die Gegenstände (was der Versicherungsnehmer beweisen muss) so nah vor das Fahrzeug geworfen werden, dass der Fahrer diese zwangsläufig überfahren musste.[14] Diese Auffassung überzeugt, da der Fahrer in dieser Situation der gleichen höheren Gewalt ausgesetzt ist, wie wenn die Gegenstände direkt gegen sein Fahrzeug geworfen werden. Anders kann der Fall jedoch liegen, wenn das Überfahren der Gegenstände dazu führt, dass im Zusammenspiel mit einer Lenkbewegung des Fahrers das Fahrzeug von der Fahrbahn abkommt. In diesem Fall soll für die Schäden, die auf das Abkommen des Fahrzeugs von der Fahrbahn zurückzuführen sind, kein Versicherungsschutz bestehen.[15]

12

---

8 OLG Köln, Urt. v. 1.12.1998 – Az. 9 U 103/98 = zfs 1999, 338 = NJW-RR 1999, 468.
9 LG Neubrandenburg, Urt. v.12.9.1996 – Az. 1 S 76/96 = SP 1997, 113.
10 BGH, Urt. v. 26.4.2006 – Az. IV ZR 154/05 = zfs 2006, 511; OLG Hamm, Urt. v. 15.6.1988 – Az. 20 U 261/87 = zfs 1989, 96 = NJW-RR 1989, 26.
11 OLG Hamm, Urt. v. 15.6.1988 – Az. 20 U 261/87 = zfs 1989, 96 = NJW-RR 1989, 26; LG Rostock, Urt. v. 25.7.2003 – Az. 3 O 421/02 = SP 2004, 22.
12 LG Rostock, Urt. v. 25.7.2003 – Az. 3 O 421/02 = SP 2004, 22.
13 LG Chemnitz, Urt. v. 19.3.2004 – Az. 6 S 98/02 = zfs 2004, 325.
14 LG Düsseldorf, Urt. v. 25.1.2001 – Az. 20 S 287/00 = SP 2002, 208 m.w.N.
15 LG Köln, Urt. v. 2.11.1988 – Az. 19 S 158/88 = zfs 1989, 132.

§ 15 Kaskoversicherung

Muster 15.3: Ersatz eines „Sturmschadens" bei der Überfahrt eines Astes

13   Versicherung AG

Schaden-Nr./VS-Nr./Az.

Schaden vom

Pkw   , amtl. Kennzeichen

Sehr geehrte Damen und Herren,

mit der Ablehnung der Ansprüche meines Mandanten aus dem Ihnen gemeldeten Versicherungsfall vermag ich mich nicht einverstanden zu erklären.

Entgegen Ihrer Auffassung liegt eine unmittelbare Einwirkung des unstreitig zum Unfallzeitpunkt bestehenden Sturms auf das Fahrzeug meines Mandanten vor, die zu dem geltend gemachten Schaden geführt hat. Eine solche Einwirkung ist immer gegeben, wenn der Sturm die letzte Ursache zu dem Schadensfall gesetzt hat (OLG Köln, Urt. v. 1.12.1998 – Az. 9 U 103/98 = zfs 1999, 338 = NJW-RR 1999, 468; LG Rostock, Urt. v. 25.7.2003 – Az. 3 O 421/02 = SP 2004, 22; LG Bochum, Urt. v. 7.11.2014 – Az. 4 O 252/12 – juris). Dies ist auch dann der Fall, wenn durch den Sturm Astteile direkt vor das versicherte Fahrzeug geweht werden und der Fahrer deshalb nicht mehr ausweichen kann (LG Düsseldorf, Urt. v. 25.1.2001 – Az. 20 S 287/00 = SP 2002, 208 m.w.N.). Diese Situation ist vergleichbar mit derjenigen, dass durch den Sturm direkt gegen das Fahrzeug Astteile geweht werden. In beiden Fällen tritt kein Verhalten des Fahrers als letzte Ursache hinzu, der bei beiden Sachverhalten einen Schaden auch nicht vermeiden kann.

Genauso liegt der Fall auch hier. Die angeführten Astteile sind durch den Sturm direkt vor das Fahrzeug meines Mandanten geweht worden. Dass dieser versucht hat, den Astteilen auszuweichen, ist unerheblich, da diese instinktive Lenkbewegung keine Ursache zu dem eingetretenen Schaden gesetzt hat. Vielmehr ist es so, dass die Astteile so nah vor das Fahrzeug meines Mandanten geweht sind, dass dieser nicht mehr ausweichen konnte. Die Lenkbewegung kann daher hinweggedacht werden und der eingetretene Schaden wäre derselbe. Eine unmittelbare Einwirkung durch einen Sturm i.S.d. oben genannten Rechtsprechung ist daher gegeben.

Ich habe Sie deshalb aufzufordern, die offene Versicherungsleistung von   EUR zur Meidung einer gerichtlichen Klärung unverzüglich, spätestens jedoch bis zum

      (10-Tages-Frist)

auszugleichen.

Mit freundlichen Grüßen

(Rechtsanwalt)

D. Vollkaskoversicherung

I. Übersicht

Weitaus wichtiger für die Praxis der Verkehrsunfallbearbeitung sind Vollkasko-Versicherungsverträge. Sie bieten auch Schutz bei Unfallschäden. Zu einer wesentlichen Besserstellung des Geschädigten kann die Anwendung des sog. Quotenvorrechts gem. § 86 Abs. 1 S. 2 VVG führen. Nimmt der Geschädigte seine Vollkaskoversicherung in Anspruch, gehen seine Ersatzansprüche gegen den Schädiger zwar auf den Vollkaskoversicherer über. Der Anspruchsübergang erfolgt jedoch nur insoweit, als der Anspruch zusammen mit der gezahlten Versicherungssumme den Schaden des geschädigten Versicherungsnehmers übersteigt.

Die Inanspruchnahme des Vollkaskoversicherers bietet sich in erster Linie an, wenn
- der Schaden allein vom Versicherungsnehmer verursacht und verschuldet wurde,
- dem Versicherungsnehmer ein Mitverschulden oder eine Mitverursachung zur Last fällt (dann ist das sog. Quotenvorrecht zu beachten) oder
- sich die Regulierung des Schadens durch den Schädiger oder dessen Haftpflichtversicherer verzögert.

II. Grob fahrlässige Herbeiführung des Versicherungsfalls

1. Übersicht

Für die Leistungspflicht des Vollkaskoversicherers ist es grundsätzlich ohne Bedeutung, von wem der Unfallschaden verursacht bzw. verschuldet wurde. Nach § 81 Abs. 1 VVG ist der Versicherer jedoch bei einer vorsätzlichen Herbeiführung des Versicherungsfalls vollständig leistungsfrei. Im Fall der grob fahrlässigen Verursachung des Versicherungsfalls sieht § 81 Abs. 2 VVG ein Kürzungsrecht des Versicherers vor, das sich an der Schwere des Verschuldens des Versicherungsnehmers orientiert. Die bei dieser Quotenbildung zu berücksichtigenden Kriterien werden in dem diesem Kapitel nachfolgenden Abschnitt behandelt.

Für die Praxis der Verkehrsunfallbearbeitung sind die Fälle der grob fahrlässigen Herbeiführung des Versicherungsfalls von besonderer Bedeutung. Hier ist aber zu beachten, dass viele Versicherungen mit Ausnahme sog. Basistarife derzeit in ihren Bedingungen den Einwand der groben Fahrlässigkeit mit folgender Klausel einschränken:

"Wir verzichten in der Fahrzeugversicherung auf den Einwand der grob fahrlässigen Herbeiführung des Schadens. Der Verzicht gilt nicht, wenn der Schaden grob fahrlässig durch Ermöglichung der Entwendung des Fahrzeuges oder seiner Teile oder infolge des Genusses alkoholischer Getränke oder anderer berauschender Mittel herbeigeführt wurde."

Bei einem solchen Verzicht sind die möglichen Einwendungen nach § 81 VVG auf die beiden o.g. Fallgruppe beschränkt.

17 Die Rechtsprechung nahm die grob fahrlässige Herbeiführung eines Versicherungsfalls bei Verkehrsunfällen u.a. in folgenden Fällen an, sofern die nachfolgend angeführten Verhaltensweisen nachweislich zu dem Unfall geführt haben:
- erhebliche Überschreitung der zulässigen Höchstgeschwindigkeit;[16]
- Verkehrsunfall infolge eines Rotlichtverstoßes,[17] es sei denn, es liegt ein sog. Augenblicksversagen vor, zu dem allerdings weitere entlastende Umstände hinzukommen müssen;
- Unfallverursachung im Zustand absoluter Fahruntüchtigkeit;[18]
- Abkommen von der Fahrbahn wegen des Aufhebens eines Gegenstands, ggf. erst bei Hinzutreten weiterer erschwerender Umstände;[19]
- Überholen trotz Gegenverkehrs;[20]
- erkennbare Übermüdung, über die sich der Fahrer bewusst hinweggesetzt hat.[21]

Der Versicherer trägt die Beweislast für das behauptete grob fahrlässige Fehlverhalten.

2. Muster

18 **Muster 15.4: Keine grobe Fahrlässigkeit wegen Überschreitung der Höchstgeschwindigkeit**

███████ Versicherung AG

Schaden-Nr./VS-Nr./Az. ███████

Schaden vom ███████

Pkw ███████, amtl. Kennzeichen ███████

---

[16] Z.B. OLG Koblenz, Urt. v. 5.3.1999 – Az. 10 U 155/98 = SP 1999, 209; OLG Nürnberg, Urt. v. 27.1.2000 – Az. 8 U 3128/99 = r+s 2000, 364; OLG Düsseldorf, Urt. v. 28.9.2000 – Az. 4 U 198/99 = zfs 2001, 265; OLG Köln, Urt. v. 11.3.2003 – Az. 9 U 45/02 = zfs 2003, 553; LG Köln, Urt. v. 4.3.2009 – Az. 20 O 246/07 = SP 2009, 444.
[17] Siehe nur BGH, Urt. v. 8.7.1992 – Az. IV ZR 223/91 = zfs 1992, 378 = VersR 1992, 1085; BGH, Urt. v. 29.1.2003 – Az. IV ZR 173/01 = zfs 2003, 242.
[18] Siehe nur BGH, Urt. v. 9.10.1991 – Az. IV ZR 264/90 = zfs 1992, 15 = VersR 1991, 1367; BGH, Urt. v. 22.6.2011 – Az. IV ZR 225/10 = zfs 2011, 511.
[19] Z.B. OLG München, Urt. v. 10.12.1999 – Az. 10 U 2792/99 = SP 2000, 173; LG München I, Urt. v. 22.2.1999 – Az. 27 O 21039/98 = SP 1999, 210; LG Lüneburg, Urt. v. 8.5.2002 – Az. 8 O 57/02 = zfs 2002, 439; vgl. auch OLG Dresden, Urt. v. 15.6.2001 – Az. 3 U 468/01 = DAR 2001, 498.
[20] Z.B. OLG Hamm, Urt. v. 21.9.1994 – Az. 20 U 140/94 – juris; OLG Düsseldorf, Urt. v. 15.12.1998 – Az. 4 U 235/97 = r+s 1999, 311; OLG Düsseldorf, Urt. v. 28.9.2000 – Az. 4 U 198/99 = zfs 2001, 265; KG Berlin, Urt. v. 20.4.2004 – Az. 6 U 57/04 = SP 2005, 21; vgl. auch OLG Schleswig, Urt. v. 13.12.2007 – Az. 7 U 86/06 = MDR 2008, 913.
[21] BGH, Urt. v. 1.3.1977 – Az. VI ZR 263/74 = VersR 1977, 619; BGH, Urt. v. 21.3.2007 – Az. I ZR 166/04 = VersR 2008, 515 = TranspR 2007, 361; OLG München, Urt. v.27.3.1963 – Az. 7 U 575/63 = VersR 1963, 1044; OLG Frankfurt, Urt. v. 3.7.1997 – Az. 3 U 109/96 = MDR 1998, 215; OLG Zweibrücken, Urt. v. 23.7.1997 – Az. 1 U 134/96 = zfs 1998, 341; OLG Koblenz, Urt. v. 12.12.1997 – Az. 10 U 226/97 = r+s 1998, 187; OLG Oldenburg, Urt. v. 16.9.1998 – Az. 2 U 139/98 = NJW-RR 1999, 469; OLG Celle, Urt. v. 3.2.2005 – Az. 8 U 82/04 = SP 2005, 313; OLG Koblenz, Beschl. v. 8.6.2006 – Az. 10 U 1161/05 = VersR 2007, 57; OLG Koblenz, Urt. v. 12.1.2007 – Az. 10 U 949/06 = VersR 2007, 365; OLG Rostock, Urt. v. 24.11.2011 – Az. 3 U 151/10 = r+s 2012, 533.

D. Vollkaskoversicherung §15

Sehr geehrte Damen und Herren,

Ihr Versicherungsnehmer ▆▆ aus ▆▆ beauftragte mich mit der Wahrnehmung seiner Interessen in der im Betreff genannten Vollkaskoschadensache. Eine Kopie der auf mich lautenden Vollmacht füge ich in der Anlage bei.

Durch Schreiben vom ▆▆ lehnten Sie Ihre Eintrittspflicht für den Schadensfall vom ▆▆ insgesamt ab. Zur Begründung beriefen Sie sich auf eine angeblich grob fahrlässige Herbeiführung des Versicherungsfalls. Danach werfen Sie meinem Mandanten vor, er habe den Schaden dadurch grob fahrlässig herbeigeführt, dass er am Unfallort mit wesentlich überhöhter Geschwindigkeit in eine Kurve eingefahren und dort ins Schleudern geraten sei. Dies ergebe sich bereits aus dem objektiven Unfallbild.

Nach eingehender Prüfung der hier interessierenden Fragen zur Sach- und Rechtslage vermag ich mich der von Ihnen vertretenen Auffassung nicht anzuschließen.

Der Vorwurf einer erheblichen Geschwindigkeitsüberschreitung ist unbegründet. Mein Mandant kann sich an die von ihm gefahrene konkrete Geschwindigkeit nicht mehr erinnern. Bei dem Verkehrsunfall erlitt er einen schweren Personenschaden. Der Personenschaden führte zu einer retrograden Amnesie.

Soweit Sie sich auf Ihre Leistungsfreiheit wegen einer angeblich grob fahrlässigen Herbeiführung des Versicherungsfalls berufen, müssen die die grobe Fahrlässigkeit meines Mandanten begründenden Tatsachen von Ihnen bewiesen werden. Der Versicherer trägt die Beweislast für die Voraussetzungen des Vorliegens des subjektiven Risikoausschlusses, insbesondere für das Vorliegen grober Fahrlässigkeit des Versicherungsnehmers in objektiver und in subjektiver Hinsicht (u.a. BGH, Urt. v. 23.1.1985 – Az. IVa ZR 128/83 = VersR 1985, 440; BGH, Urt. v. 22.2.1989 – Az. IVa ZR 274/87 = zfs 1989, 244; BGH, Urt. v. 29.1.2003 – Az. IV ZR 173/01 = zfs 2003, 242; BGH, Urt. v. 29.10.2003 – Az. IV ZR 16/03 = zfs 2003, 597 = VersR 2003, 1561; BGH, Urt. v. 22.6.2011 – Az. IV ZR 225/10 = zfs 2011, 511). Dieser Nachweis folgt entgegen der von Ihnen vertretenen Auffassung nicht bereits aus dem objektiven Unfallbild. Zum Vorfallszeitpunkt war die Fahrbahn wegen Regens feucht. Danach besteht zumindest die theoretische Möglichkeit, dass das Fahrzeug im Kurvenbereich trotz Einhaltung der zulässigen Höchstgeschwindigkeit wegen Nässe ausgebrochen ist.

Zusätzlich ist darauf hinzuweisen, dass ▆▆.

In diesem Fall wäre der Schaden von meinem Mandanten nicht grob fahrlässig herbeigeführt worden. Solange die Möglichkeit besteht, dass der Schadensfall durch Umstände verursacht wurde, die keine grob fahrlässige Herbeiführung des Versicherungsfalls begründen, können Sie sich auf eine Leistungsfreiheit wegen einer angeblich grob fahrlässigen Herbeiführung nicht berufen. (OLG Hamm, Urt. v. 11.6.1986 – Az. 20 U 363/85 = zfs 1988, 53; OLG Hamm, Urt. v. 20.1.1993 – Az. 20 U 255/92 = NZV 1993, 437; OLG Köln, Urt. v. 9.5.2006 – Az. 9 U 64/05 = r+s 2006, 415).

Abschließend habe ich Sie daher aufzufordern, die mit ▆▆ EUR bezifferte Kaskoentschädigung abzüglich des vertraglich vereinbarten Selbstbehalts in Höhe von ▆▆ EUR unverzüglich, spätestens jedoch bis zum

▆▆ *(10-Tages-Frist)*

auszugleichen. Nach fruchtlosem Fristablauf werde ich meinem Mandanten die unverzügliche Inanspruchnahme gerichtlicher Hilfe empfehlen.

Mit freundlichen Grüßen

(Rechtsanwalt)

19 Kontrovers wird in der Rechtsprechung erörtert, ob bzw. unter welchen Umständen der Versicherungsnehmer den Versicherungsfall grob fahrlässig herbeiführt, wenn er sich vor dem Unfallereignis nach einem herabgefallenen Gegenstand bückt. Da der Versicherer die Beweislast für den von ihm behaupteten Risikoausschluss trägt, gehen verbleibende Zweifel zu seinen Lasten.

20 **Muster 15.5: Keine grobe Fahrlässigkeit wegen kurzer Unaufmerksamkeit des Fahrzeugführers**

▓▓▓ Versicherung AG

▓▓▓

▓▓▓

Schaden-Nr./VS-Nr./Az. ▓▓▓

Schaden vom ▓▓▓

Pkw ▓▓▓, amtl. Kennzeichen ▓▓▓

Sehr geehrte Damen und Herren,

Ihr Versicherungsnehmer ▓▓▓ aus ▓▓▓ beauftragte mich mit der Wahrnehmung seiner Interessen in der im Betreff genannten Vollkaskoschadensache. Eine Kopie der auf mich lautenden Vollmacht füge ich in der Anlage bei.

Durch Schreiben vom ▓▓▓ lehnten Sie Ihre Eintrittspflicht für den Schadensfall vom ▓▓▓ insgesamt ab. Zur Begründung beriefen Sie sich auf eine angeblich grob fahrlässige Herbeiführung des Versicherungsfalls. Danach werfen Sie meinem Mandanten vor, er habe den Schaden dadurch grob fahrlässig herbeigeführt, dass er sich nach einem herabgefallenen Gegenstand gebückt und deswegen einen Verkehrsunfall herbeigeführt hat.

Dieser Vorwurf, für den Sie beweisbelastet sind, ist zurückzuweisen. Für den Nachweis der groben Fahrlässigkeit sind die Regeln des Anscheinsbeweises nicht anwendbar, allein aus der Tatsache des Unfalls kann deshalb nicht geschlossen werden, dass der Fahrer grob fahrlässig gehandelt hat (OLG München, Urt. v. 7.12.2005 – Az. 20 U 3419/05 – juris). Im Übrigen kann dahinstehen, ob Ihr Vorwurf zur Schadensherbeiführung in der Sache überhaupt zutrifft. Eine nur kurze Unaufmerksamkeit des Fahrzeugführers rechtfertigt i.d.R. nicht den Vorwurf der groben Fahrlässigkeit (OLG München a.a.O.). Sie haben vielmehr darzulegen und zu beweisen, dass sich der Versicherungsnehmer grob verkehrswidrig und unverständlich sorglos verhalten hat. Bringt der Versicherer hierzu allein vor, dem Versicherungsnehmer sei ein Gegenstand heruntergefallen und durch den Versuch, diesen aufzuheben, sei er von der Straße abgekommen, reicht dies – jedenfalls in einer besonders ungefährlichen Verkehrssituation – nicht aus, um dem Versicherungsnehmer vorzuwerfen, er habe das unbeachtet gelassen, was im gegebenen Fall jedem hätte einleuchten müssen (OLG Dresden, Urt. v. 15.6.2001 – Az. 3 U 468/

01 = DAR 2001, 498). Bleiben naheliegende Möglichkeiten offen, die das Verhalten des Versicherungsnehmers in milderem Licht erscheinen lassen, so geht dies – wie hier – zu Lasten des Versicherers (OLG Düsseldorf, Urt. v. 23.2.1999 – Az. 4 U 76/98 = SP 1999, 210).

Abschließend habe ich Sie daher aufzufordern, die mit ▓▓▓▓ EUR bezifferte Kaskoentschädigung abzüglich des vertraglich vereinbarten Selbstbehalts in Höhe von ▓▓▓▓ EUR unverzüglich, spätestens jedoch bis zum

▓▓▓ *(10-Tages-Frist)*

auszugleichen. Nach fruchtlosem Fristablauf werde ich meinem Mandanten die unverzügliche Inanspruchnahme gerichtlicher Hilfe empfehlen.

Mit freundlichen Grüßen

(Rechtsanwalt)

▲

Nach anderer Ansicht in der Rechtsprechung wird i.d.R. ein grob fahrlässiges Fehlverhalten des Versicherungsnehmers bejaht, wenn dieser sich etwa nach einer herabgefallenen Zigarette bückt, dabei den Blick von der Fahrbahn nimmt und keine Vorkehrungen gegen die Vermeidung dieser Gefahrensituation (beispielsweise das Bereithalten eines Aschenbechers) getroffen hat.

▼

Muster 15.6: Grob fahrlässige Suche nach herabgefallenen Gegenständen

Als grob fahrlässig ist es anzusehen, wenn sich ein Autofahrer durch die Suche nach heruntergefallenen Gegenständen in einer Weise von dem Verkehrsgeschehen ablenken lässt, dass er die Übersicht darüber verliert und es – sei es auch nur reflexartig – dann zu Fehlreaktionen oder dazu kommt, dass er die Herrschaft über sein Fahrzeug verliert (OLG Frankfurt, Urt. v. 8.2.1995 – Az. 23 U 108/94 = zfs 1996, 61 = MDR 1995, 905; OLG Köln, Urt. v. 10.3.1998 – Az. 9 U 184/97 = zfs 1998, 259; vgl. auch OLG Jena, Urt. v. 17.12.1997 – Az. 4 U 805/97 = VersR 1998, 838; OLG Zweibrücken, Urt. v. 10.3.1999 – Az. 1 U 65/98 = r+s 1999, 406; OLG München, Urt. v. 10.12.1999 – Az. 10 U 2792/99 = SP 2000, 173; OLG Frankfurt, Urt. v. 21.2.2001 – Az. 7 U 214/99 = NVersZ 2001, 322; LG Dresden, Urt. v. 17.12.1999 – Az. 11 O 2167/99 = SP 2000, 173; LG Köln, Urt. v. 7.12.2000 – Az. 24 O 186/00 = SP 2001, 209; LG Lüneburg, Urt. v. 8.5.2002 – Az. 8 O 57/02 = zfs 2002, 439; LG Coburg, Urt. v. 10.12.2003 – Az. 21 O 705/03 = SP 2004, 241; AG Hanau, Urt. v. 6.8.2010 – Az. 39 C 121/10 (19) = SVR 2010, 429). Gerade an Raucher sind wegen der erhöhten Risiken des Rauchens während der Fahrt gesteigerte Anforderungen in Bezug auf die Sicherheit der Fahrzeugführung zu stellen, so dass ihnen Vorkehrungen abzuverlangen sind, dass brennende Zigaretten oder Teile von Glut oder Asche nicht herunterfallen und Situationen schaffen können, auf die nicht mehr kontrolliert, sondern nur noch reflexartig reagiert werden kann, oder dass keine Gefahrenlagen entstehen können (OLG Frankfurt, Urt. v. 8.2.1995 – Az. 23 U 108/94 = zfs 1996, 61 = MDR 1995, 905). Greift der Versicherungsnehmer sogar nach dem herabgefallenen Gegenstand, genügt auch eine Ablenkung für „kurze Zeit" (OLG Köln, Urt. v. 10.3.1998 – Az. 9 U 184/97 = zfs 1998, 259).

Diese Voraussetzungen sind vorliegend erfüllt. Insbesondere ist zu berücksichtigen, dass .

▲

III. Zurechnung des Verhaltens Dritter (Repräsentant)

23 Die Leistungsfreiheit des Versicherers bei grob fahrlässiger Herbeiführung des Versicherungsfalls setzt nach dem Wortlaut des § 81 VVG voraus, dass das betreffende Fehlverhalten unmittelbar vom Versicherungsnehmer verwirklicht wird. Dieser Grundsatz wurde jedoch von der Rechtsprechung erweitert. Danach tritt die (teilweise) Leistungsfreiheit des Versicherers auch dann ein, wenn der Versicherungsfall von einem sog. Repräsentanten des Versicherungsnehmers grob fahrlässig herbeigeführt wurde. Repräsentant ist derjenige, der im Geschäftsbereich, zu dem das versicherte Risiko gehört, aufgrund eines Vertretungs- oder ähnlichen Verhältnisses an die Stelle des Versicherungsnehmers getreten ist.[22] Repräsentant kann nur sein, wer bei Würdigung der Gesamtumstände befugt ist, selbstständig in einem nicht ganz unbedeutenden Umfang für den Versicherungsnehmer zu handeln (Risikoverwaltung)[23] oder Rechte und Pflichten aus dem Versicherungsvertrag eigenverantwortlich wahrzunehmen hat (Vertragsverwaltung).[24]

Die bloße Überlassung der Obhut über das versicherte Risiko reicht hierbei jedoch noch nicht aus.[25] Andererseits muss die versicherte Sache auch nicht allein vom Repräsentanten genutzt werden.[26] Der Ehemann der Versicherungsnehmerin ist aber als Repräsentant anzusehen, wenn er das Fahrzeug unterhält und es auch wie ein eigenes nutzt.[27] Die Rechtsprechung legt den Begriff des Repräsentanten grundsätzlich restriktiv aus. Überträgt der Versicherungsnehmer einem Dritten seine Befugnisse nur in einem bestimmten, abgrenzbaren Geschäftsbereich, ist die Zurechnung des Repräsentantenverhaltens darauf beschränkt und kann nicht auf andere Tätigkeitsbereiche ausgedehnt werden.[28] Führt beispielsweise der Vertragsverwalter den Versicherungsfall grob fahrlässig herbei, wird dies dem Versicherungsnehmer mithin nicht zugerechnet, da der Versicherungsfall nicht bei der Vertragsverwaltung, sondern bei der Nutzung des Fahrzeugs eingetreten ist. Es ist deshalb stets kritisch zu prüfen, ob ein Dritter tatsächlich als Repräsentant des Versicherungsnehmers zu qualifizieren ist.

---

22 Zuletzt BGH, Beschl. v. 24.7.2013 – Az. IV ZR 110/12 = zfs 2013, 633.
23 BGH, Urt. v. 14.5.2003 – Az. IV ZR 166/02 = zfs 2003, 411 = r+s 2003, 367; BGH, Urt. v. 23.6.2004 – Az. IV ZR 219/03 = zfs 2004, 568; BGH, Urt. v. 18.5.2011 – Az. IV ZR 168/09 = zfs 2011, 518.
24 BGH, Urt. v. 14.3.2007 – Az. IV ZR 102/03 = zfs 2007, 335 = NJW 2007, 2038.
25 St. Rspr., u.a. BGH, Urt. v. 21.4.1993 – Az. IV ZR 34/92 = zfs 1993, 306 = VersR 1993, 828; BGH, Urt. v. 10.7.1996 – Az. IV ZR 287/95 = zfs 1996, 418; BGH, Urt. v. 14.5.2003 – Az. IV ZR 166/02 = zfs 2003, 411; BGH, Urt. v. 18.5.2011 – IV ZR 168/09 = zfs 2011, 518.
26 BGH, Urt. v. 14.5.2003 – Az. IV ZR 166/02 = zfs 2003, 411.
27 OLG Düsseldorf, Urt. v. 31.3.2008 – Az. 4 U 140/07 = SP 2008, 336; ferner LG München I, Urt. v. 9.7.2009 – Az. 37 O 5394/08 = VersR 2010, 1209.
28 BGH, Urt. v. 14.3.2007 – Az. IV ZR 102/03 = zfs 2007, 335 = NJW 2007, 2038.

D. Vollkaskoversicherung § 15

Muster 15.7: Keine Zurechnung des Verhaltens Dritter bei grob fahrlässiger Herbeiführung des Versicherungsfalls

▓▓▓ Versicherung AG

▓▓▓

▓▓▓

Schaden-Nr./VS-Nr./Az. ▓▓▓

Schaden vom ▓▓▓

Pkw ▓▓▓, amtl. Kennzeichen ▓▓▓

Sehr geehrte Damen und Herren,

in vorbezeichneter Angelegenheit lehnten Sie durch Schreiben vom ▓▓▓ Ihre Eintrittspflicht mit der Begründung ab, der Schaden sei vom Fahrer des versicherten Fahrzeugs grob fahrlässig herbeigeführt worden und mein Mandant habe sich das dahin gehende Fehlverhalten des ▓▓▓ zurechnen zu lassen.

Nach eingehender Prüfung vermögen wir uns der von Ihnen vertretenen Auffassung zur Sach- und Rechtslage nicht anzuschließen. Entgegen der von Ihnen vertretenen Auffassung ist ▓▓▓ nicht als Repräsentant unseres Mandanten zu qualifizieren. Voraussetzung hierfür wäre, dass ▓▓▓ aufgrund eines Vertretungs- oder ähnlichen Verhältnisses an die Stelle unseres Mandanten getreten ist (vgl. nur BGH, Urt. v. 21.4.1993 – Az. IV ZR 34/92 = zfs 1993, 306 = VersR 1993, 828). Die bloße Überlassung der Obhut über das versicherte Risiko reichte hierfür noch nicht aus. ▓▓▓ muss vielmehr in einem gewissen, nicht ganz unbedeutenden Umfang berechtigt gewesen sein, für unseren Mandanten zu handeln.

Richtig ist zwar, dass ▓▓▓ bereits des Öfteren das Fahrzeug unseres Mandanten benutzt hatte. Dennoch verblieb unserem Mandanten die alleinige Entscheidungsgewalt darüber, wer wann mit dem Fahrzeug fahren durfte. Darüber hinaus wurden und werden sämtliche Kosten für das Fahrzeug allein von unserem Mandanten bestritten. Letztlich werden sämtliche Rechte aus dem Versicherungsvertrag allein von unserem Mandanten wahrgenommen. Danach ist ▓▓▓ gerade nicht als Repräsentant unseres Mandanten zu qualifizieren.

Zur Meidung unnötiger gerichtlicher Weiterungen haben wir Sie deshalb aufzufordern, den Reparaturkostenbetrag in Höhe von ▓▓▓ abzüglich des vertraglich vereinbarten Selbstbehalts in Höhe von ▓▓▓ umgehend, spätestens bis zum

▓▓▓ (10-Tages-Frist)

auf das Ihnen bekannte Konto unseres Mandanten zu überweisen. Nach fruchtlosem Fristablauf werden wir unserem Mandanten empfehlen, unverzüglich gerichtliche Hilfe in Anspruch zu nehmen.

Mit freundlichen Grüßen

(Rechtsanwalt)

▲

25 Für die Annahme einer Repräsentantenstellung muss sich der Versicherungsnehmer der Verfügungsbefugnis und der Verantwortlichkeit für den versicherten Gegenstand vollständig begeben haben.[29] Handelt es sich um eine versicherte Sache, die wie bei einem Kfz einer ständigen Betreuung bedarf, so beinhaltet die Überlassung der alleinigen, nicht nur vorübergehenden Obhut i.d.R. auch die Übertragung der alleinigen Risikoverwaltung.[30] Lediglich im Bereich der Kfz-Haftpflichtversicherung ist jedoch aufgrund deren Besonderheiten anerkannt, dass in der Übergabe eines Fahrzeugs an einen berechtigten Fahrer im Allgemeinen noch keine solche Übertragung der Risikoverwaltung zu sehen ist.[31] In der Kaskoversicherung wurde eine Repräsentantenstellung beispielsweise für einen leitenden Angestellten angenommen, der einen Firmenwagen benutzt.[32] Im Übrigen wurde die Repräsentantenstellung je nach Fallkonstellation für folgende Personengruppen abgelehnt:

- Ehegatten;[33]
- sonstige Familienmitglieder;[34]
- Mieter/Pächter;[35]
- Gesellschafter.[36]
- In der Kaskoversicherung setzt die Repräsentantenstellung des Kfz-Führers voraus, dass ihm das Fahrzeug zur eigenverantwortlichen Nutzung anvertraut worden ist und er zudem für die Unterhaltung und Verkehrssicherheit des Kfz zu sorgen hat.[37] Der Kaskoversicherer hat die Umstände darzulegen und ggf. zu beweisen, aus denen sich die Repräsentantenstellung eines Dritten ergibt.[38]

---

29 BGH, Urt. v. 26.4.1989 – Az. IVa ZR 242/87 = zfs 1989, 319 = VersR 1989, 737; BGH, Urt. v. 25.3.1992 – Az. IV ZR 17/91 = zfs 1992, 204 = VersR 1992, 865.
30 BGH, Urt. v. 21.4.1993 – Az. IV ZR 34/92 = zfs 1993, 306 = VersR 1993, 828.
31 BGH, Urt. v. 10.7.1996 – Az. IV ZR 287/95 = zfs 1996, 418.
32 BGH, Urt. v. 10.7.1996 – Az. IV ZR 287/95 = zfs 1996, 418; OLG Frankfurt, Urt. v. 27.7.1994 – Az. 17 U 259/93 = zfs 1996, 341 = VersR 1996, 838; OLG Koblenz, Urt. v. 22.12.2000 – Az. 10 U 508/00 = zfs 2001, 364.
33 BGH, Urt. v. 4.5.1994 – Az. IV ZR 298/93 = zfs 1994, 294 = NJW-RR 1994, 988; OLG Koblenz, Urt. v. 12.3.2004 – Az. 10 U 550/03 = zfs 2004, 367 = VersR 2004, 1410; OLG Frankfurt, Urt. v. 11.8.2004 – Az. 7 U 156/03 = zfs 2005, 245; OLG Karlsruhe, Urt. v. 18.1.2013 – Az. 12 U 117/12 = zfs 2013, 214; LG Paderborn, Urt. v. 9.5.2007 – Az. 4 O 651/06 = zfs 2007, 636; LG Nürnberg-Fürth, Urt. v. 4.8.2010 – Az. 8 O 744/10 = r+s 2010, 412; LG Hechingen, Urt. v. 3.12.2012 – Az. 1 O 124/12 = zfs 2013, 392.
34 OLG Hamm, Urt. v. 25.10.1989 – Az. 20 U 141/89 = zfs 1990, 24 = VersR 1990, 516; OLG Köln, Urt. v. 19.3.1992 – Az. 5 U 115/91 = r+s 1992, 155; OLG Hamm, Urt. v. 2.11.1994 – Az. 20 U 142/94 = NJW-RR 1995, 482; OLG Frankfurt, Urt. v. 22.5.2002 – Az. 7 U 179/01 = zfs 2003, 128; OLG Köln, Urt. v. 3.6.2003 – Az. 9 U 182/02 = r+s 2003, 278; OLG Köln, Urt. v. 20.4.2004 – Az. 9 U 86/03 = SP 2005, 23; OLG Koblenz, Urt. v. 4.2.2005 – Az. 10 U 1561/03 = NJW-RR 2005, 828; LG Bonn, Urt. v. 18.7.2002 – Az. 6 S 93/02 = SP 2003, 68.
35 BGH, Urt. v. 26.4.1989 – Az. IVa ZR 242/87 = zfs 1989, 319 = VersR 1989, 737 zur Feuerversicherung; LG Hannover, Urt. v. 28.1.2009 – Az. 6 O 358/07 – juris; vgl. auch BGH, Beschl. v. 9.6.2004 – Az. IV ZR 454/02 = GuT 2004, 183 zur Luftfahrzeugkaskoversicherung.
36 LG Bremen, Urt. v. 15.2.1990 – Az. 2 O 1573/89 = r+s 1990, 229.
37 OLG Karlsruhe, Urt. v. 18.1.2013 – Az. 12 U 117/12 = zfs 2013, 214; LG Saarbrücken, Urt. v. 18.2.2015 – Az. 14 O 108/14 = SP 2016, 55.
38 OLG Koblenz, Urt. v. 12.3.2004 – Az. 10 U 550/03 = zfs 2004, 367 = VersR 2004, 1410.

IV. Regress des Kaskoversicherers

Eine für sämtliche Bereiche der Schadensversicherung und damit auch für die Kaskoversicherung wichtige gesetzliche Regelung enthält § 86 VVG. Danach gehen sämtliche Ansprüche des Versicherungsnehmers auf Schadensersatz in dem Maße auf den Versicherer über, in dem dieser Leistungen aus der Schadensversicherung erbringt. Hierbei handelt es sich um einen Fall des gesetzlichen Forderungsübergangs (cessio legis). Anders als beim gesetzlichen Forderungsübergang gem. § 116 SGB X erfolgt der Übergang nicht bereits zum Zeitpunkt des Schadenseintritts, sondern erst im Zeitpunkt der konkreten Erbringung der Leistung durch den Versicherer. Durch den Übergang erwirbt der Schadensversicherer die komplette Rechtsposition des Versicherungsnehmers gegenüber dem Schädiger.

Der Anspruchsübergang erfolgt jedoch nicht uneingeschränkt. Gem. § 67 Abs. 2 VVG a.F. war nach der alten Rechtslage der Übergang von Ansprüchen gegen einen Familienangehörigen ausgeschlossen, mit dem der Versicherungsnehmer in häuslicher Gemeinschaft lebte. In § 86 Abs. 3 VVG n.F. wird dieser Schutz auch im neuen Recht mit einigen Änderungen aufrechterhalten und nunmehr als Wohnungsprivileg ausgestaltet. Damit wird der Schutz auf alle Personen erweitert, die mit dem Versicherungsnehmer in einer häuslichen Gemeinschaft leben, sofern diese Gemeinschaft bereits zum Zeitpunkt des Schadensfalls bestanden hat. Folge einer solchen Gemeinschaft ist, dass der Versicherer trotz des Übergangs des Regressanspruchs kein Regressrecht hat, während im alten Recht der Anspruchsübergang ausgeschlossen war, der Versicherungsnehmer also Anspruchsinhaber blieb. Die Schutzwirkung des § 86 Abs. 3 VVG greift allerdings nicht, wenn die in häuslicher Gemeinschaft lebende Person den Versicherungsfall vorsätzlich verursacht hat.

In der Kraftfahrtversicherung ist darüber hinaus Ziff. A.2.8 AKB 2015 (Ziff. A.2.15 AKB 2008, § 15 Abs. 2 AKB a.F.) zu beachten. Danach kann der Kaskoversicherer den Anspruchsübergang nur dann gegenüber dem berechtigten Fahrer, anderen in der Kfz-Haftpflichtversicherung mitversicherten Personen (vgl. Ziff. A.1.2 AKB 2008/2015, § 10 Abs. 2 AKB a.F.), dem Mieter oder dem Entleiher geltend machen, wenn von ihnen der Versicherungsfall vorsätzlich oder grob fahrlässig herbeigeführt wurde. Anders als die AKB 2008 und die älteren AKB-Fassungen sieht Ziff. A.2.8 AKB 2015 nunmehr vor, dass bei grober Fahrlässigkeit eine Quotelung nach der Schwere des Verschuldens entsprechend § 81 Abs. 2 VVG erfolgt.

▼

Muster 15.8: Kein Regress des Kaskoversicherers bei gemeinsamem Haushalt

 Versicherung AG

Schaden-Nr./VS-Nr./Az.

Schaden vom

§ 15 Kaskoversicherung

Pkw ▓▓▓, amtl. Kennzeichen ▓▓▓

Sehr geehrte Damen und Herren,

ausweislich der in der Anlage beigefügten Vollmacht beauftragte mich Herr ▓▓▓ aus ▓▓▓ mit der Wahrnehmung seiner Interessen in der im Betreff genannten Angelegenheit.

Aus Anlass des Verkehrsunfalls vom ▓▓▓ nehmen Sie meinen Mandanten in Höhe der von Ihnen an den Versicherungsnehmer erbrachten Kaskoversicherungsleistung in Regress.

Insoweit kann dahinstehen, ob Ihrem Versicherungsnehmer infolge des fraglichen Schadenfalls gegen meinen Mandanten Ansprüche auf Schadensersatz gem. § 823 Abs. 1 BGB wegen Eigentumsverletzung zustehen, die gem. § 86 VVG auf Sie übergegangen sind. Denn ein Regress gegen meinen Mandanten scheidet aus zweierlei Gründen aus.

Zunächst steht der Durchsetzung Ihrer Ansprüche die Regelung des § 86 Abs. 3 VVG entgegen. Danach kann der Regressanspruch nicht gegen Personen durchgesetzt werden, die mit dem Versicherungsnehmer in häuslicher Gemeinschaft leben. Mein Mandant unterhält gemeinsam mit Ihrem Versicherungsnehmer eine häusliche Gemeinschaft unter der oben angegebenen Anschrift. Danach ist die Durchsetzung des übergegangenen Ersatzanspruchs von vornherein ausgeschlossen.

Darüber hinaus verweisen wir auf Ziff. A.2.8 der dem Vollkaskoversicherungsvertrag zugrunde liegenden Allgemeinen Bedingungen für die Kraftfahrtversicherung (AKB). Danach kann der Regressanspruch gegenüber dem berechtigten Fahrer nur dann durchgesetzt werden, wenn der Schadenfall vorsätzlich oder grob fahrlässig herbeigeführt wurde. Diese Voraussetzung, die Sie zu beweisen haben, ist vorliegend auch nicht gegeben. Bleiben naheliegende Möglichkeiten offen, die das Verhalten des Versicherungsnehmers in milderem Licht erscheinen lassen, so geht dies zu Lasten des Versicherers (OLG Düsseldorf, Urt. v. 23.2.1999 – Az. 4 U 76/98 = SP 1999, 210). Diese Rechtsprechung dürfte hier entsprechend anwendbar sein. Wir weisen darauf hin, dass ▓▓▓

Wir können unserem Mandanten deshalb nicht empfehlen, den von Ihnen angeforderten Betrag auszugleichen. Im Gegenteil haben wir Sie aufzufordern, uns umgehend und spätestens bis zum

 (10-Tages-Frist)

zu bestätigen, dass Sie keine Regressansprüche gegen unseren Mandanten geltend machen. Für den Fall des fruchtlosen Fristablaufs werden wir unserem Mandanten empfehlen, die Rechtslage durch eine negative Feststellungsklage klären zu lassen.

Mit freundlichen Grüßen

(Rechtsanwalt)
▲

30 Ist der Fahrer zugleich Arbeitnehmer des Versicherungsnehmers, ergeben sich eine Reihe von Besonderheiten, die bei dem Regress zu berücksichtigen sind.

31 Nach den Grundsätzen der beschränkten Arbeitnehmerhaftung kann sich auch bei grob fahrlässiger Schadensverursachung das Betriebsrisiko des Arbeitgebers mit realisieren, so dass eine Quotelung des Schadens in Betracht zu ziehen ist. Insbesondere in Fällen, in denen das Schadensrisiko in einem deutlichen Missverhältnis zu dem zu erzielenden

Einkommen steht, kommt aufgrund der existenzgefährdenden Wirkung der Haftung eine Schadensteilung in Betracht. Eine Quotelung scheidet hingegen bei Schäden, die nicht erheblich über einem Monatsgehalt liegen, aus. Eine Haftungsobergrenze von drei Bruttomonatsverdiensten ist nicht zwingend.[39] Nach Auffassung des BAG gibt es eine feste, summenmäßig beschränkte Haftungsobergrenze ohnehin nicht, deren Festlegung allein dem Gesetzgeber vorbehalten bleibt.[40]

Die arbeitsrechtliche Haftungsbeschränkung gilt nicht, wenn der Arbeitgeber nicht Eigentümer des dem Arbeitnehmer überlassenen Kfz ist, dieses z.B. geleast oder sicherungsübereignet hat.[41] Außerdem ist in diesem Fall der Rechtsweg zu den ordentlichen Gerichten, nicht zu den Arbeitsgerichten eröffnet.[42] 32

> *Praxistipp* 33
> Häufig wird ebenfalls nicht beachtet, dass im Arbeitsrecht Ausschlussfristen für die – i.d.R. schriftliche – Anmeldung und die gerichtliche Geltendmachung eines Schadensersatzanspruchs des Arbeitgebers gelten, die im Fall des Regresses auch für den Versicherer verbindlich sind, da dieser aus einem übergegangenem Recht vorgeht.[43] Derartige Ausschlussfristen können im Arbeitsvertrag vereinbart sein. Auf eine etwaige Unwirksamkeit der regelmäßig formularmäßig vereinbarten Ausschlussfristen nach § 307 BGB wird sich der Versicherer nicht berufen können, da auch der Arbeitgeber als Klauselverwender i.S.d. § 305 BGB die Unwirksamkeit von ihm selbst verwendeter AGB grundsätzlich nicht einwenden kann.[44] Ausschlussfristen sind regelmäßig auch in Tarifverträgen enthalten, die entweder wegen wechselseitiger Tarifbindung bzw. Allgemeinverbindlichkeit oder durch Inbezugnahme im Arbeitsvertrag Anwendung finden.

Im Zusammenhang mit der vertraglichen Regressbeschränkung wurde bei Geltung der AKB 2008 diskutiert, ob bei einem grob fahrlässigen Fehlverhalten lediglich eine Quotelung vorzunehmen ist. Würde beispielsweise der Versicherungsnehmer selbst den Versicherungsfall grob fahrlässig herbeiführen, könnte der Versicherer den Leistungsanspruch des Versicherungsnehmers gem. § 81 Abs. 2 VVG nur anteilig entsprechend der Schwere des Verschuldens kürzen. Eine Verpflichtung, den vom Versicherungsnehmer personenverschiedenen Fahrer auch am Grundsatz der Quotenregelung teilhaben zu lassen, besteht jedoch nach den AKB 2008 nicht.[45] Die Quotenregelung des § 81 Abs. 2 VVG gilt nach ihrem Sinn und Zweck erst einmal nur zugunsten des Versicherungsnehmers.[46] 34

---

39 *Keysers/Nugel*, NJW-Spezial 2008, 681.
40 BAG, Urt. v. 15.11.2012 – Az. 8 AZR 705/11 = DB 2013, 705.
41 *Tomson,* VersR 2009, 1529.
42 BAG, Beschl. v. 7.7.2009 – Az. 5 AZB 8/09 = zfs 2010, 29 = VersR 2009, 1528.
43 *Keysers/Nugel*, NJW-Spezial 2008, 681.
44 BGH, Urt. v. 4.12.1986 – Az. VII ZR 354/85 = NJW 1987, 837; BAG, Urt. v. 27.10.2005 – Az. 8 AZR 3/05 = NZA 2006, 257.
45 *Maier/Stadler*, AKB 2008, Rn 226.
46 BAG, Urt. v. 15.11.2012 – Az. 8 AZR 705/11 = DB 2013, 705; LAG München, Urt. v. 27.7.2011 – Az. 11 Sa 319/11 = SP 2012, 104;; *Keysers/Nugel*, NJW-Spezial 2008, 681.

35 Diese Problematik stellt sich bei Geltung der AKB 2015 nicht mehr, soweit die Musterbedingungen des GdV umgesetzt werden. Gem. Ziff. A.2.8 AKB 2015 kann der Versicherer den Regressanspruch gegen den grob fahrlässig handelnden Fahrer jetzt nur noch nach Maßgabe des § 81 Abs. 2 VVG durchsetzen.

V. Quotenvorrecht

1. Übersicht

36 Fällt dem Geschädigten ein Mitverschulden oder eine Mitverursachung zur Last und soll dessen eigener Vollkaskoversicherer neben dem Kfz-Haftpflichtversicherer des Unfallgegners in Anspruch genommen werden, führt dies unter Berücksichtigung des sog. Quotenvorrechts zu einer erheblichen Besserstellung des Geschädigten.

37 Nimmt der Geschädigte zunächst seine Vollkaskoversicherung in Anspruch, ist § 86 Abs. 1 VVG zu beachten. Danach geht der dem Versicherungsnehmer zustehende Ersatzanspruch gegen den Schädiger in dem Maße auf den Versicherer über, in dem dieser dem Versicherungsnehmer den Schaden ersetzt. Gleicht also der Vollkaskoversicherer dem Geschädigten den etwa durch einen Verkehrsunfall erlittenen Fahrzeugschaden aus, geht der Anspruch des Geschädigten auf Schadensersatz gegen den Schädiger bzw. dessen Kfz-Haftpflichtversicherer in dieser Höhe auf den Kaskoversicherer über.

38 Der Gesetzgeber regelt in § 86 Abs. 1 S. 2 VVG jedoch, dass sich der Forderungsübergang nicht zum Nachteil des Versicherungsnehmers auswirken darf. Folge des daraus resultierenden, von der Rechtsprechung entwickelten „Quotenvorrechts des Verletzten" ist, dass er Gläubiger des Anspruchs gegenüber dem Schädiger bleibt, soweit sein Schaden vom Versicherer nicht gedeckt worden ist. Der BGH[47] hat § 67 Abs. 1 S. 2 VVG a.F. i.S.d. sog. Differenztheorie ausgelegt. Danach geht der Ersatzanspruch nur insoweit auf den Kaskoversicherer über, als er zusammen mit der gezahlten Versicherungssumme den Schaden des Versicherungsnehmers übersteigt. Dies wird auch für § 86 Abs. 1 S. 2 VVG gelten, der wörtlich mit § 67 Abs. 1 S. 2 VVG a.F. übereinstimmt.

Mit anderen Worten: Reicht die Leistung des Kaskoversicherers nicht aus, um den sog. kongruenten, also den deckungsgleichen Fahrzeugschaden in voller Höhe auszugleichen, bleibt der Versicherungsnehmer bis zur Höhe des gesamten Fahrzeugschadens im Verhältnis zum Schadensverursacher anspruchsberechtigt. Nur in Höhe des darüber hinausgehenden Betrags geht der Anspruch auf den Kaskoversicherer über.[48] Vereinbart der Mieter eines Kraftfahrzeugs mit dem Vermieter gegen Entgelt eine Haftungsbefreiung mit Selbstbeteiligung, so findet die Rechtsprechung zum Quotenvorrecht ebenfalls entsprechende Anwendung.[49]

---

[47] U.a. BGH, Urt. v. 8.12.1981 – Az. VI ZR 153/80 = VersR 1982, 283.
[48] Anschaulich zur Berechnung: OLG Celle, Urt. v. 8.8.2006 – Az. 14 U 36/06 = OLGR Celle 2006, 705.
[49] BGH, Urt. v. 25.11.2009 – Az. XII ZR 211/08 = zfs 2010, 265 = DAR 2010, 85.

D. Vollkaskoversicherung § 15

Zu den von der Rechtsprechung als deckungsgleich (kongruent) qualifizierten Schadenspositionen zählen: 39
- der Fahrzeugschaden,
- die merkantile Wertminderung,[50]
- die Abschleppkosten,[51]
- die Sachverständigenkosten.[52]

Nach einer Ansicht sind die bei der Verfolgung der Ersatzansprüche gegenüber der Vollkaskoversicherung anfallenden Rechtsanwaltsgebühren ebenfalls als kongruente Schadensposition anzusehen.[53]

▼

Muster 15.9: Anwaltskosten als kongruente Schadensposition 40

Die Kosten, welche durch die Verfolgung der Ersatzansprüche gegenüber der Vollkaskoversicherung durch einen Rechtsanwalt entstanden sind, stellen eine kongruente Schadensposition dar, die vom Quotenvorrecht erfasst wird (OLG Frankfurt, Urt. v. 8.2.2011 – Az. 22 U 162/08 = SP 2011, 291; OLG Jena, Urt. v. 26.10.2011 – Az. 7 U 1088/10 – juris; OLG Frankfurt, Urt. v. 9.10.2012 – Az. 22 U 109/11 = NJW-RR 2013, 664 jeweils ohne nähere Begründung; LG Gera, Urt. v. 14.12.2011 = Az. 1 S 96/11 – DV 2012, 29). Wenn ein Anwalt zur Verfolgung des Anspruchs gegenüber der Kaskoversicherung erforderlich ist, würde es dem Quotenvorrecht zuwiderlaufen, diese Position nur anteilig auszugleichen (LG Gera a.a.O.).

▲

Ein Teil der Rechtsprechung geht dagegen davon aus, dass die hier in Rede stehenden Anwaltskosten als Folgeschaden nicht vom Quotenvorrecht erfasst werden.[54] 41

▼

Muster 15.10: Anwaltskosten sind keine kongruente Schadensposition 42

Die Kosten, welche durch die Verfolgung der Ersatzansprüche gegenüber der Vollkaskoversicherung durch einen Rechtsanwalt entstanden sind, stellen keine kongruente Schadensposition dar, die vom Quotenvorrecht erfasst wird (LG Wuppertal, Urt. v. 7.4.2010 – Az. 8 S 92/09 = zfs 2010, 519 = DAR 2010, 388; AG Köln, Urt. v. 5.7.2012 – Az. 274 C 22/12 = AGS 2012, 436; *Lemcke/Heß*, NJW-Spezial 2007, 63; i.Erg. ebenso LG Bochum,

---

50 BGH, Urt. v. 8.12.1981 – Az. VI ZR 153/80 = VersR 1982, 283; OLG Jena, Urt. v. 28.4.2004 – Az. 3 U 221/03 = NJW-RR 2004, 1030; OLG Celle, Urt. v. 8.8.2006 – Az. 14 U 36/06 = OLGR Celle 2006, 705; OLG Düsseldorf, Urt. v. 15.6.2010 – Az. 1 U 186/09 – juris; OLG Frankfurt, Urt. v. 8.2.2011 – Az. 22 U 162/08 = SP 2011, 291; OLG Frankfurt, Urt. v. 9.10.2012 – Az. 22 U 109/11 = NJW-RR 2013, 664.

51 BGH, Urt. v. 12.1.1982 – Az. VI ZR 265/80 = VersR 1982, 383; OLG Dresden, Urt. v. 23.10.2008 – Az. 4 U 1135/08 = NJW-RR 2009, 683; OLG Düsseldorf, Urt. v. 15.6.2010 – Az. 1 U 186/09 – juris; OLG Frankfurt, Urt. v. 8.2.2011 – Az. 22 U 162/08 = SP 2011, 291; OLG Frankfurt, Urt. v. 9.10.2012 – Az. 22 U 109/11 = NJW-RR 2013, 664.

52 BGH, Beschl. v. 29.1.1985 – Az. VI ZR 59/84 = VersR 1985, 441; OLG Dresden, Urt. v. 23.10.2008 – Az. 4 U 1135/08 = NJW-RR 2009, 683; OLG Düsseldorf, Urt. v. 15.6.2010 – Az. 1 U 186/09 – juris; OLG Frankfurt, Urt. v. 8.2.2011 – Az. 22 U 162/08 = SP 2011, 291; OLG Frankfurt, Urt. v. 9.10.2012 – Az. 22 U 109/11 = NJW-RR 2013, 664.

53 OLG Jena, Urt. v. 26.10.2011 – Az. 7 U 1088/10 – juris; LG Gera, Urt. v. 14.12.2011 – Az. 1 S 96/11 = DV 2012, 29; AG Herford, Urt. v. 8.3.2002 – Az. 12 C 1609/01 = SP 2002, 247; AG Ansbach, Urt. v. 28.12.2007 – Az. 1 C 1266/07 = AGS 2008, 411; AG Kirchhain, Urt. v. 29.1.2008 – Az. 7 C 359/07 = AGS 2008, 412.

54 Zum Streitstand vgl. OLG Celle, Urt. v. 3.2.2011 – Az. 5 U 171/10 = NJW-RR 2011, 830.

§ 15 Kaskoversicherung

Urt. v. 24.5.2011 – Az. 9 S 29/11 – juris). Die Ersatzforderung verbleibt nach der Zahlung des Kaskoversicherers beim Geschädigten nur hinsichtlich derjenigen Schadenspositionen, die ihrer Art nach in den Schutzbereich des Versicherungsvertrags fallen (sog. kongruente Schäden), während die verbleibenden Schadenspositionen nur nach der Haftungsquote zu erstatten sind. Die hier in Rede stehenden Anwaltskosten sind grundsätzlich kein von der Kaskoversicherung abgedeckter Schaden und unterfallen als Folgeposition im Haftpflichtfall nicht dem Quotenvorrecht.

43 Bei allen anderen Schadenspositionen findet das Quotenvorrecht keine Berücksichtigung.[55] Werden also beispielsweise Ansprüche auf Ausgleich von Nutzungsausfallentschädigung, Mietwagenkosten oder Standgeld geltend gemacht, ist hierfür allein die dem Verkehrsunfall zugrunde liegende Haftungsquote maßgeblich.[56]

44 *Beispiel*

Der Mandant A wird mit seinem Pkw in einen Verkehrsunfall verwickelt. Die Haftungsquote beträgt 50 %. Er verfügt über eine Vollkaskoversicherung mit 650 EUR Selbstbehalt. Folgende Schäden sind entstanden:

Fahrzeugschaden	*10.000 EUR*
merkantiler Minderwert	*1.000 EUR*
Sachverständigenkosten	*1.000 EUR*
Nutzungsausfallentschädigung	*850 EUR*
Abschleppkosten	*550 EUR*
Auslagenpauschale	*20 EUR*
Gesamtschaden	*13.420 EUR*

Unter Berücksichtigung der Haftungsquote von 50 % würde A von der gegnerischen Haftpflichtversicherung 6.710 EUR ersetzt erhalten. A nimmt jedoch zunächst seinen Vollkaskoversicherer in Anspruch, von dem er den Fahrzeugschaden abzüglich des vereinbarten Selbstbehalts, also 9.350 EUR erhält. Die weiteren Schadensbeträge möchte er gegenüber dem Haftpflichtversicherer des Unfallgegners geltend machen.

2. Muster: Geltendmachung von Schadensersatz nach Inanspruchnahme der eigenen Vollkaskoversicherung

45 **Muster 15.11: Geltendmachung von Schadensersatz nach Inanspruchnahme der eigenen Vollkaskoversicherung**

Versicherung AG

---

[55] Anschaulich: Z.B. LG Kassel, Urt. v. 8.3.2013 – Az. 5 O 118/12 – juris; LG Lüneburg, Urt. v. 7.4.2015 – Az. 9 S 104/14 = NJW-RR 2015, 979.
[56] OLG Celle, Urt. v. 8.8.2006 – Az. 14 U 36/06 = OLGR Celle 2006, 705; dazu auch OLG Stuttgart, Urt. v. 30.6.2014 – Az. 5 U 28/14 = NJW 2014, 3317; LG Lüneburg, Urt. v. 7.4.2015 – Az. 9 S 104/14 = NJW-RR 2015, 979.

D. Vollkaskoversicherung § 15

Schaden-Nr./VS-Nr./Az.

Schaden vom

Pkw , amtl. Kennzeichen

Sehr geehrte Damen und Herren,

in vorbezeichneter Schadensache nahm mein Mandant in der Zwischenzeit seinen Vollkaskoversicherer auf Ausgleich des Fahrzeugschadens in Anspruch. Eine Kopie des Abrechnungsschreibens der -Versicherung füge ich Ihnen in der Anlage bei. Danach zahlte der Versicherer an meinen Mandanten unter Abzug des vertraglich vereinbarten Selbstbehalts 9.350 EUR.

Den darüber hinausgehenden Schaden rechnet mein Mandant auf der Grundlage des Quotenvorrechts gem. § 86 Abs. 1 S. 2 VVG ab. Danach blieb mein Mandant im Verhältnis zu Ihnen anspruchsberechtigt, soweit durch die Kaskoentschädigung seine kaskokongruenten Schadenspositionen nicht ausgeglichen wurden. Nur in Höhe des darüber hinausgehenden Betrags geht der Anspruch auf den Kaskoversicherer über. Im Einzelnen bedeutet dies:

a) Schadenskongruente Schadenspositionen

verbleibender Fahrzeugschaden	650 EUR
merkantile Wertminderung	1.000 EUR
Sachverständigenkosten	1.000 EUR
Abschleppkosten	550 EUR
Gesamt	3.200 EUR

Unter Berücksichtigung der hier maßgeblichen Haftungsquote von 50 % hätten Sie auf die schadenskongruenten Schadenspositionen in Höhe von insgesamt 12.550 EUR bis zu einem Betrag in Höhe von 6.275 EUR Entschädigungsleistungen zu erbringen. Bis zu diesem Betrag sind Sie zum Ausgleich der noch offenen Ansprüche meines Mandanten verpflichtet. Mein Mandant hat auf die schadenskongruenten Positionen insgesamt den Betrag von 9.350 EUR erhalten. Die Summe der offenen schadenskongruenten Schadenspositionen beträgt daher tatsächlich 3.200 EUR (12.550 EUR abzüglich der bereits gezahlten 9.350 EUR). Folglich ist dieser Betrag in voller Höhe von Ihnen auszugleichen.

b) Sonstige Schadenspositionen

Darüber hinaus erhält mein Mandant von den nicht schadenskongruenten Schadenspositionen eine Entschädigung entsprechend der Haftungsquote. Hierbei handelt es sich um die Positionen

Nutzungsausfall	850 EUR
Auslagenpauschale	20 EUR
Gesamt	870 EUR
Davon 50 %	435 EUR

Danach bitte ich um Ausgleich eines Gesamtbetrags von 3.635 EUR. Hierfür habe ich mir vorsorglich eine Frist notiert bis zum

 (10-Tages-Frist).

Mit freundlichen Grüßen

(Rechtsanwalt)

46 *Hinweise*

Zusammenfassend erhielt A bei einer Abrechnung nach Quotenvorrecht

von seinem Kaskoversicherer	9.350 EUR
vom gegnerischen Haftpflichtversicherer auf die kaskokongruenten Schadenspositionen	3.200 EUR
vom gegnerischen Haftpflichtversicherer auf die nicht kaskokongruenten Schadenspositionen	435 EUR
und damit insgesamt	12.985 EUR

Hätte A darauf verzichtet, seinen Vollkaskoversicherer in Anspruch zu nehmen, hätte er von dem gegnerischen Haftpflichtversicherer lediglich 6.710 EUR erhalten. Die Inanspruchnahme des Vollkaskoversicherers führt letztlich zu einer Besserstellung in Höhe von 6.275 EUR.

VI. Ersatz der Mehrwertsteuer

47 In den vom Versicherer in der Kraftfahrtversicherung verwendeten AKB wurde früher in § 13 AKB a.F. in unterschiedlichen Ausgestaltungen vorgesehen, dass eine Mehrwertsteuer nur dann ersetzt wird, wenn diese tatsächlich angefallen ist. Die Klausel *„Die Mehrwertsteuer ersetzt der Versicherer nur, wenn der Versicherungsnehmer diese tatsächlich bezahlt"* ist wegen Verstoßes gegen das Transparenzgebot unwirksam, wenn nicht hinreichend klar ist, ob diese Klausel auch in dem Fall eingreift, dass das Fahrzeug zwar reparaturwürdig ist, jedoch tatsächlich ein Ersatzfahrzeug beschafft wird.[57] Die AGB-rechtlich beanstandete Mehrwertsteuerklausel war damals als letzter Satz des Abs. 1 des mit der Überschrift „Wiederherstellung des Fahrzeugs" überschriebenen § 13 II AKB a.F. nicht in einem eigenständigen Absatz enthalten.

48 Allerdings haben die Versicherer ihre AKB jedoch geändert und im Zuge der VVG-Reform weiter angepasst. Nunmehr findet sich eine entsprechende Vereinbarung in Ziff. A.2.5.4 AKB 2015 (Ziff. A.2.9 AKB 2008, § 13 Abs. 6 AKB a.F.), die weder dem Fall des wirtschaftlichen Totalschadens noch dem Reparaturfall in missverständlicher Form zugeordnet ist. Üblich ist folgende Vereinbarung:

„Mehrwertsteuer erstatten wir nur, wenn und soweit diese für Sie bei der von Ihnen gewählten Schadenbeseitigung tatsächlich angefallen ist. Die Mehrwertsteuer erstatten wir nicht, soweit Vorsteuerabzugsberechtigung besteht."

---

[57] BGH, Urt. v. 24.5.2006 – Az. IV ZR 263/03 = zfs 2006, 575 = NJW 2006, 2545; OLG Karlsruhe, Urt. v. 10.10.2003 – Az. 15 U 26/02 = NJW 2004, 1116.

Eine derartige Klausel, die in einem gesonderten eigenen Absatz geregelt ist, wird von der obergerichtlichen Rechtsprechung als wirksam erachtet.[58] Eine Klausel, nach der der Versicherer Umsatzsteuer nur zu ersetzen hat, wenn und soweit sie tatsächlich angefallen ist, die mithin eine Mehrwertsteuererstattung auf fiktiver Abrechnungsbasis in jedem Fall ausschließt, ist jedenfalls auch nach der Auffassung des BGH wirksam.[59]

VII. Fallgruppen der grob fahrlässigen Herbeiführung des Versicherungsfalls

1. Übersicht

Nach dem ab dem 1.1.2008 für Neuverträge geltenden VVG wird der Versicherer im Fall einer grob fahrlässigen Verursachung des Versicherungsfalls nicht mehr in vollem Umfang leistungsfrei. Vielmehr steht dem Versicherer das Recht zu, die von ihm zu erbringende Leistung in einem der Schwere des Verschuldens des Versicherungsnehmers entsprechenden Verhältnis zu kürzen. Auf dieses Recht zur Leistungskürzung muss sich der Versicherer berufen, die Kürzung ist nicht von Amts wegen vorzunehmen.[60] Dabei dürfte sich eine Unterteilung in verschiedene „Fallgruppen" anbieten,[61] von denen die wichtigsten im Nachfolgenden zusammengefasst werden.

2. Alkoholbedingte Fahruntüchtigkeit

Die Herbeiführung eines Verkehrsunfalls im Zustand der Fahruntüchtigkeit aufgrund der Einnahme berauschender Mittel ist für die Praxis von erheblicher Bedeutung. So verwundert es auch nicht, dass im Bereich der Kraftfahrtversicherung für diese Fälle eine gesonderte Vereinbarung getroffen wird. Ziff. D.1.2 AKB 2015 (bzw. Ziff. D.2.1 AKB 2008) sieht folgende, speziell für die Kfz-Haftpflichtversicherung geltende Obliegenheit vor:

> *„Das Fahrzeug darf nicht gefahren werden, wenn der Fahrer durch alkoholische Getränke oder andere berauschende Mittel nicht in der Lage ist, das Fahrzeug sicher zu führen. Außerdem dürfen Sie, der Halter oder der Eigentümer des Fahrzeugs, dieses nicht von einem Fahrer fahren lassen, der durch alkoholische Getränke oder andere berauschende Mittel nicht in der Lage ist, das Fahrzeug sicher zu führen."*

Diese Obliegenheit kann sowohl durch den Fahrer, der das haftpflichtversicherte Fahrzeug im Zustand der Fahruntüchtigkeit selbst führt, als auch durch den von diesem personenverschiedenen Versicherungsnehmer, den Halter oder den Eigentümer des Fahrzeugs begangen werden, der dieses einem fahruntüchtigen Fahrer überlässt und dabei (zumindest) grob fahrlässig handelt. Hierbei sind wiederum die Trunkenheitsformen der

---

[58] OLG Köln, Urt. v. 8.11.2005 – Az. 9 U 44/05 = SP 2006, 253; OLG Celle, Beschl. v. 28.3.2008 – Az. 8 W 19/08 = zfs 2008, 333 = NJW-RR 2008, 1559.
[59] BGH, Beschl. v. 4.11.2009 – Az. IV ZR 35/09 = zfs 2010, 93 = VersR 2010, 208.
[60] OLG Düsseldorf, Urt. v. 23.12.2010 – Az. 4 U 101/10 = zfs 2012, 26 = VersR 2011, 1388.
[61] So z.B. bei *Nugel*, Kürzungsquoten nach dem VVG, § 2 Rn 9 ff.

absoluten und relativen Fahruntüchtigkeit zu unterscheiden. Eine absolute Fahruntüchtigkeit wird unwiderlegbar vermutet, wenn eine BAK von 1,1 Promille oder mehr gegeben ist.[62] Diese Grenze gilt auch im Versicherungsvertragsrecht.[63] Steht eine alkoholbedingte absolute Fahruntüchtigkeit fest, wird vermutet, dass sie zu dem Unfallereignis geführt hat.[64] Dieser Anscheinsbeweis ist nur widerlegt, wenn der Versicherungsnehmer den Nachweis dafür erbringt, dass eine andere Unfallursache als wahrscheinlich anzusehen ist.[65]

52 **Muster 15.12: Anscheinsbeweis bei Trunkenheitsfahrt**

Bei feststehender alkoholbedingter absoluter Fahruntüchtigkeit wird ein Ursachenzusammenhang mit dem Verkehrsunfall nach ständiger höchstrichterlicher Rechtsprechung im Wege des Anscheinsbeweises vermutet (BGH, Urt. v. 9.10.1991 – Az. IV ZR 264/90 = zfs 1992, 15 = VersR 1991, 1367). Dieser Anscheinsbeweis ist nur widerlegt, wenn der Versicherungsnehmer den Nachweis dafür erbringt, dass eine andere Unfallursache als wahrscheinlich anzusehen ist (OLG Naumburg, Urt. v. 16.9.2004 – Az. 4 U 38/04 = r+s 2005, 54 = VersR 2005, 1233; LG Tübingen, Urt. v. 26.4.2010 – Az. 4 O 326/09 = zfs 2010, 394).

Vorliegend erhärtet sich dieser Anscheinsbeweis sogar durch nachfolgende Indizien:

53 *Hinweis*

Liegt die festgestellte BAK unterhalb des Grenzwertes von 1,1 Promille, aber mindestens bei 0,3 Promille, kann eine sog. relative Fahruntüchtigkeit vorliegen.[66] In diesem Fall muss aber neben der Alkoholisierung eine alkoholtypische Ausfallerscheinung oder ein alkoholbedingter Fahrfehler[67] nachgewiesen werden, die den Schluss auf die alkoholbedingte Herbeiführung des Versicherungsfalls rechtfertigen.[68] Je höher der Alkoholisierungsgrad, desto plausibler muss ggf. ein anderer alkoholunabhängiger Schadensverlauf sein.[69] Die Anforderungen an die Feststellung der relativen Fahrun-

---

62 BGH, Urt. v. 9.10.1991 – Az. IV ZR 264/90 = zfs 1992, 15 = VersR 1991, 1367.
63 BGH, Urt. v. 9.10.1991 – Az. IV ZR 264/90 = zfs 1992, 15 = VersR 1991, 1367; BGH, Urt. v. 22.6.2011 – Az. IV ZR 225/10 = zfs 2011, 511 = NJW 2011, 3299.
64 BGH, Urt. v. 9.10.1991 – Az. IV ZR 264/90 = zfs 1992, 15 = VersR 1991, 1367; OLG Naumburg, Urt. v. 16.9.2004 – Az. 4 U 38/04 = r+s 2005, 54 = VersR 2005, 1233; OLG Saarbrücken, Urt. v. 4.4.2013 – Az. 4 U 31/12 = zfs 2013, 466; OLG Saarbrücken, Urt. v. 30.10.2014 – Az. 4 U 165/13 = NJW-RR 2015, 411; LG Saarbrücken, Urt. v. 18.2.2015 – Az. 14 O 108/14 = SP 2016, 55; vgl. auch BGH, Urt. v. 21.1.1987 – Az. IVa ZR 129/85 = NJW 1987, 1826 zu den AUB.
65 OLG Naumburg, Urt. v. 16.9.2004 – Az. 4 U 38/04 = r+s 2005, 54 = VersR 2005, 1233.
66 OLG Hamm, Urt. v. 25.8.2010 – Az. 20 U 74/10 = zfs 2010, 634; OLG Saarbrücken, Urt. v. 30.10.2014 – Az. 4 U 165/13 = NJW-RR 2015, 411.
67 Etwa OLG München, Urt. v. 27.6.2008 – Az. 10 U 5654/07 = Blutalkohol 45 (2008), 403; OLG Hamm, Urt. v. 25.8.2010 – Az. 20 U 74/10 = zfs 2010, 634; OLG Saarbrücken, Urt. v. 30.10.2014 – Az. 4 U 165/13 = NJW-RR 2015, 411.
68 OLG Saarbrücken, Urt. v. 7.4.2004 – Az. 5 U 688/03 = zfs 2004, 323 = VersR 2004, 1262; OLG Saarbrücken, Urt. v. 28.1.2009 – Az. 5 U 698/05 = zfs 2009, 510.
69 OLG Saarbrücken, Urt. v. 7.4.2004 – Az. 5 U 688/03 = zfs 2004, 323 = VersR 2004, 1262.

tüchtigkeit sind dabei umso geringer, je höher die Blutalkoholkonzentration ist.[70] Es gibt typische Konstellationen, bei denen eine relative Fahruntüchtigkeit naheliegt. Steht aber erst einmal eine relative Fahruntüchtigkeit fest, wird in der Rechtsprechung i.d.R. ihre Unfallursächlichkeit im Wege des Anscheinsbeweises vermutet.[71]

▼

Muster 15.13: Relative Fahruntüchtigkeit bei Abkommen von der Fahrbahn 54

Kommt der Versicherungsnehmer – wie hier – auf einer trockenen, übersichtlichen Fahrbahn aus der Fahrspur und prallt gegen ein Hindernis, ist davon auszugehen, dass es für das Unfallgeschehen keine andere erkennbare Ursache als eine alkoholbedingte Fahruntüchtigkeit gibt (OLG Köln, Urt. v. 6.5.2003 – Az. 9 U 160/02 = r+s 2003, 315; LG Aurich, Urt. v. 21.3.2003 – Az. 3 O 1002/02 = SP 2004, 272). Bei einem solchen Abkommen von der Fahrbahn ohne erkennbaren Grund spricht jedenfalls eine tatsächliche Vermutung dafür, dass ein alkoholbedingter Fahrfehler die Ursache des Abkommens war (OLG Hamm, Urt. v. 29.1.2003 – Az. 20 U 179/02 = zfs 2003, 408 = r+s 2003, 188). Je höher der Alkoholisierungsgrad, desto plausibler muss im Übrigen ein anderer alkoholunabhängiger Schadensverlauf sein (OLG Saarbrücken, Urt. v. 7.4.2004 – Az. 5 U 688/03 = zfs 2004, 323 = VersR 2004, 1262).

Dieses vorausgeschickt gilt Folgendes: ▭.

▲

Allerdings mag es durchaus Fälle geben, bei denen die Erkennbarkeit der eigenen Fahruntüchtigkeit deutlich geringer ist als bei einer absoluten Fahruntüchtigkeit. Wird (auch) auf diesen Gesichtspunkt bei der Bestimmung des Verschuldensgrades abgestellt, mag es sich anbieten, nach dem Grad der Alkoholisierung eine Abstufung auch unterhalb einer vollständigen Leistungsfreiheit vorzunehmen.[72] 55

▼

Muster 15.14: Einwände bei der vollständigen Leistungskürzung bei relativer Fahruntüchtigkeit 56

▭ Versicherung AG
▭
▭

Schaden-Nr./VS-Nr./Az. ▭

Schaden vom ▭

Pkw ▭, amtl. Kennzeichen ▭

Sehr geehrte Damen und Herren,

in vorbezeichneter Angelegenheit komme ich zurück auf Ihre Leistungsablehnung in Höhe von 100 %, die zu beanstanden ist.

---

[70] BGH, Urt. v. 22.4.1982 – Az. 4 StR 43/82 = NJW 1982, 2612; OLG Düsseldorf, Urt. v. 23.12.2000 – Az. 10 U 40/99 = r+s 2000, 362; OLG Köln, Urt. v. 6.5.2003 – Az. 9 U 160/02 = r+s 2003, 315; OLG Düsseldorf, Urt. v. 20.4.2004 – Az. 4 U 132/03 = NJW-RR 2004, 1329; OLG München, Urt. v. 27.6.2008 – Az. 10 U 5654/07 = Blutalkohol 45 (2008), 403; OLG Hamm, Urt. v. 25.8.2010 – Az. 20 U 74/10 = zfs 2010, 634.

[71] OLG Hamm, Urt. v. 25.8.2010 – Az. 20 U 74/10 = zfs 2010, 634 = NJW 2011, 85; LG Düsseldorf, Urt. v. 18.3.2003 – Az. 24 S 311/02 = SP 2004, 23; LG Kaiserslautern, Urt. v. 7.2.2014 – Az. 3 O 323/13 = zfs 2014, 332.

[72] KG, Beschl. v. 28.9.2010 – 6 U 87/10 = NZV 2011, 495.

§ 15 Kaskoversicherung

1) Soweit Sie sich auf eine grob fahrlässige Herbeiführung des Versicherungsfalls im Zustand der relativen Fahruntüchtigkeit berufen, haben Sie zu beweisen, dass neben der Alkoholisierung auch ein alkoholbedingter Fahrfehler gegeben ist, der sich ursächlich auf das Unfallereignis ausgewirkt hat. Eine schlüssige und nachvollziehbare Begründung hierfür fehlt. Insbesondere lassen Sie außer Acht, dass

2) Selbst wenn mein Mandant tatsächlich den Versicherungsfall in grob fahrlässiger Weise im Zustand der relativen Fahruntüchtigkeit verursacht haben sollte, steht Ihnen kein Kürzungsrecht in Höhe der gesamten von Ihrem Sachverständigen ermittelten Schadenshöhe zu. Insoweit ist zu berücksichtigen, dass Ihnen als Versicherer nach der Begründung des Regierungsentwurfs zu § 28 Abs. 2 VVG, BT-Drucks 16/3945 v. 20.12.2006, S. 69 die Beweislast für den von Ihnen verfolgten Kürzungsgrad obliegt. Dies dürfte im Rahmen des § 81 Abs. 2 VVG umso mehr gelten, als eine grobe Fahrlässigkeit des Versicherungsnehmers schon vom Versicherer zu beweisen ist. Sie haben daher die Umstände darzulegen und zu beweisen, die eine derart hohe Kürzungsquote rechtfertigen. Bisher haben Sie jedoch nur einen Sachverhalt geschildert, der allenfalls einem durchschnittlichen Fall einer grob fahrlässigen Verursachung des Versicherungsfalls entspricht.

Zugunsten meines Mandanten haben Sie im Übrigen folgende Umstände nicht berücksichtigt: .

Bitte beachten Sie, dass Sie diese Umstände zu widerlegen haben, wenn sie nach Ihrer Ansicht nicht zutreffen sollten (BGH, Urt. v. 22.6.2011 – Az. IV ZR 225/10 = zfs 2011, 511 = NJW 2011, 3299; *Nugel*, Kürzungsquoten nach dem VVG, 2. Aufl. 2012, § 1 Rn 29).

Eine Kürzungsquote in Höhe von 100 % kann dadurch nicht einmal im Ansatz begründet werden. Vielmehr ist bei einem durchschnittlichen Fall grober Fahrlässigkeit von keiner höheren Kürzungsquote als In Höhe von 50 % auszugehen. Dies entspricht auch der Empfehlung innerhalb des „Goslarer Orientierungsrahmens" (vgl. die Darstellung bei *Nehm*, zfs 2010, 12 ff. sowie bei *Nugel*, MDR 2010, 597 ff.) zu den Fällen einer relativen Fahruntüchtigkeit.

Ich fordere Sie daher auf, Ihre Rechtsposition nochmals zu überdenken und den von meinem Mandanten verfolgten Kaskoschaden vollständig, hilfsweise aber zumindest in Höhe von 50 % auszugleichen. Hierfür habe ich mir vorsorglich eine Frist notiert bis zum

 (10-Tages-Frist).

Mit freundlichen Grüßen

(Rechtsanwalt)

▲

57 *Hinweis*

Für die Kürzungsquote im Fall einer Trunkenheitsfahrt gilt aber, dass – insbesondere unter Berücksichtigung der normativen Vorprägung der mit der Trunkenheitsfahrt verwirklichten Straftatbestände der §§ 315c, 316 StGB[73] – i.d.R. eine weitreichende

---

[73] OLG Stuttgart, Beschl. v. 18.8.2010 – Az. 7 U 102/10 = NJW-RR 2011, 185; OLG Hamm, Urt. v. 25.8.2010 – Az. 20 U 74/10 = zfs 2010, 634 = NJW 2011, 85; vgl. auch AG Bitterfeld-Wolfen, Urt. v. 19.8.2010 – Az. 7 C 1001/09 – juris zur Kfz-Haftpflichtversicherung.

Leistungskürzung in Betracht kommt, die bis zur vollständigen Leistungsfreiheit reichen kann.[74]

▼

Muster 15.15: Faktoren der Quotenbildung bei Trunkenheitsfahrt

Bei der Bildung der Kürzungsquote nach § 81 Abs. 2 VVG ist zu berücksichtigen, dass bei einer grob fahrlässigen Herbeiführung des Versicherungsfalls durch das Führen eines Kfz im Zustand absoluter Fahruntüchtigkeit aufgrund des dadurch begründeten erheblichen Gefährdungspotentials i.d.R. eine Leistungskürzung in Höhe von 100 % geboten ist (z.B. OLG Dresden, Urt. v. 15.9.2010 – Az. 7 U 466/10 = zfs 2010, 633, aufgehoben durch BGH, Urt. v. 22.6.2011 – Az. IV ZR 225/10 = zfs 2011, 511 = NJW 2011, 3299; OLG Stuttgart, Beschl. v. 18.8.2010 – Az. 7 U 102/10 = NJW-RR 2011, 185; OLG Karlsruhe, Urt. v. 18.1.2013 – Az. 12 U 117/12 = zfs 2013, 214; LG Münster, Urt. v. 24.9.2009 – Az. 15 O 275/09 = DAR 2010, 473; LG Tübingen, Urt. v. 26.4.2010 – Az. 4 O 326/09 = zfs 2010, 394; LG Oldenburg, Urt. v. 24.9.2010 – Az. 13 O 1964/10 = r+s 2010, 461; LG Dortmund, Urt. v. 27.2.2014 – Az. 2 O 370/13 = zfs 2014, 399; LG Saarbrücken, Urt. v. 18.2.2015 – Az. 14 O 108/14 = Blutalkohol 52 (2015), 358; vgl. auch OLG Saarbrücken, Urt. v. 30.10.2014 – Az. 4 U 165/13 = NJW-RR 2015, 411; näher zu dieser Problematik *Nugel*, Kürzungsquoten nach dem VVG, 2. Aufl. 2012, § 2 Rn 9 ff. m.w.N.). Dies entspricht auch der Empfehlung Nr. 5 des Arbeitskreises IV auf dem 46. Verkehrsgerichtstag in Goslar im Jahr 2008. Im vorliegenden Fall ergibt sich daher eine berechtigte Leistungskürzung um 100 %. Auch der BGH hat in seinem Grundsatzurteil vom 22.6.2011 bestätigt, dass der Versicherer in der hier in Rede stehenden Fallgruppe i.d.R. zu einer vollständigen Leistungsfreiheit berechtigt ist (BGH, Urt. v. 22.6.2011 – Az. IV ZR 225/10 = zfs 2011, 511 = NJW 2011, 3299, fortgeführt durch BGH, Urt. v. 11.1.2012 – Az. IV ZR 251/10 = zfs 2012, 212 zu § 28 Abs. 2 S. 2 VVG). Dabei ist als Abwägungsfaktor zu berücksichtigen, dass vorliegend der Straftatbestand des § 315c StGB erfüllt sein dürfte. Diese Strafnorm spiegelt das hohe Gefährdungspotential des Verhaltens des Versicherungsnehmers wider und führt zu einer entsprechenden Berechtigung des Versicherers zu einer weitreichenden Leistungskürzung (AG Bitterfeld-Wolfen, Urt. v. 19.8.2010 – Az. 7 C 1001/09 – juris zu § 28 Abs. 2 S. 2 VVG; vgl. auch OLG Stuttgart a.a.O.; *Nugel* a.a.O. § 2 Rn 9). Dies gilt erst recht, wenn berücksichtigt wird, dass die auf der Versicherungsnehmerseite zumindest gegebene grobe Fahrlässigkeit angesichts der erheblichen Alkoholisierung eine enge Nähe zu einer Fahrt im Trunkenheitszustand mit bedingtem Vorsatz aufweist. Eine solche Vorsatznähe ist ebenfalls als Abwägungsfaktor zu berücksichtigen (BGH, Urt. v. 22.6.2011 a.a.O.). Darüber hinaus stellen Trunkenheitsfahrten wie die hier vorliegende Fahrt einen der schwersten Verkehrsverstöße dar (BGH, Urt. v. 22.6.2011 a.a.O.), und zwar insbesondere dann, wenn sich die Trunkenheitsfahrt über einen längeren Zeitraum erstreckt, was zusätzlich als weiterer Abwägungsfaktor zu Lasten des Versicherungsnehmers zu berücksichtigen ist (AG Bitterfeld-Wolfen a.a.O.; *Nugel*, a.a.O. § 2 Rn 10). Und schlussendlich wirkt sich zu Lasten der Versicherungsnehmerseite aus, dass

---

[74] BGH, Urt. v. 22.6.2011 – Az. IV ZR 225/10 = zfs 2011, 511 = NJW 2011, 3299; *Nugel*, Kürzungsquoten nach dem VVG, § 2 Rn 9 ff.

die Auswirkungen eines Alkoholkonsums im Straßenverkehr heute hinlänglich bekannt sind (u.a. KG Berlin, Beschl. v. 11.6.2010 – Az. 6 U 28/10 = VersR 2011, 742; LG Tübingen a.a.O.)

Dieses vorausgeschickt gilt Folgendes:

▲

59   *Hinweis*
Nach der Empfehlung des Goslarer Orientierungsrahmens[75] und der wohl vorherrschenden Auffassung in der Literatur[76] ist unter Berücksichtigung der o.g. Kriterien in den Fällen einer unfallsächlichen Fahrt im Zustand der absoluten Fahruntüchtigkeit gegenüber dem eigenhändig fahrenden Versicherungsnehmer i.d.R. eine vollständige Leistungsfreiheit gerechtfertigt. Diese Kürzungsquote in Höhe von 100 % erscheint zudem i.d.R. angemessen, wenn die normative Vorprägung der mit der Trunkenheitsfahrt zugleich verwirklichten §§ 315c, 316 StGB und die erhebliche und wohlbekannte Gefährdung, die aus dem Fehlverhalten, nämlich dem Fahren trotz absoluter Fahruntüchtigkeit resultiert, berücksichtigt werden. Von jener Quote sollte nur in begründeten Ausnahmefällen abgewichen werden.[77] Die vollständige Leistungskürzung als Regelfall gilt auch für eine relative Fahruntüchtigkeit, die im Grenzbereich zur absoluten Fahruntüchtigkeit liegt, zumal es häufig vom Zufall abhängt, ob der Grenzwert von 1,1 Promille geringfügig überschritten wird oder die BAK – gerade bei Messunsicherheiten – hierunter bleibt. Im Fall einer relativen Fahruntüchtigkeit bietet es sich im Übrigen an, bei einem Grenzwert von 0,3 Promille in die Quotenbildung einzusteigen und die Kürzungsquote mit ansteigendem Alkoholisierungsgrad bis zur vollständigen Leistungskürzung zu erhöhen.[78]

3. Drogen- bzw. medikamentenbedingte Fahrunsicherheit

60 Anders als bei den Folgen des Alkoholkonsums, die weithin bekannt sind, sind in der Tat auch Fälle einer drogen- oder medikamentenbedingten Fahruntüchtigkeit (z.B. nach einer Medikamenteneinnahme) denkbar, bei denen allerdings eine Erkennbarkeit der Fahruntüchtigkeit nicht ohne Weiteres gegeben ist. Hier wird auf die Umstände des Einzelfalls und insbesondere auf den Bekanntheitsgrad der Auswirkungen der Drogen- bzw. Medikamenteneinnahme abzustellen sein. Angesichts der normativen Vorprägung durch die §§ 315c, 316 StGB wird bei Medikamenten mit bekanntem Alkoholgehalt auch i.d.R. eine Kürzungsquote von 50 % aufwärts geboten sein. Fehlen dagegen derart bekannte Wirkstoffe, so spricht vieles für eine geringere Leistungskürzung im Bereich von 30 %.[79]

---

75 Vgl. die Darstellung bei *Nehm*, zfs 2010, 12 ff. sowie bei *Nugel*, MDR 2010, 597 ff.
76 *Maier/Stadler*, AKB 2008, Rn 133; vgl. auch *Nugel*, Kürzungsquoten nach dem VVG, § 2 Rn 12 m.w.N.
77 Ebenso die Empfehlung Nr. 7 des AK II des 47. VGT 2009, NZV 2009, 125, 126: „Musterquote".
78 OLG Hamm, Urt. v. 25.8.2010 – Az. 20 U 74/10 = zfs 2010, 634 = NJW 2011, 85; *Nugel*, Kürzungsquoten nach dem VVG, § 2 Rn 16.
79 *Nugel*, Kürzungsquoten nach dem VVG, § 2 Rn 20.

D. Vollkaskoversicherung § 15

▼
Muster 15.16: Einwände bei der Leistungskürzung bei durch Medikamente bedingter Fahruntüchtigkeit

▓▓▓ Versicherung AG

▓▓▓

▓▓▓

Schaden-Nr./VS-Nr./Az. ▓▓▓

Schaden vom ▓▓▓

Pkw ▓▓▓, amtl. Kennzeichen ▓▓▓

Sehr geehrte Damen und Herren,

in vorbezeichneter Angelegenheit komme ich zurück auf Ihre Leistungsablehnung in Höhe von ▓▓▓ %, die zu beanstanden ist.

1) Soweit Sie sich auf eine grob fahrlässige Herbeiführung des Versicherungsfalls im Zustand der durch Einnahme von Medikamenten bedingten Fahruntüchtigkeit berufen, haben Sie zu beweisen, dass eine Fahruntüchtigkeit gegeben ist, die sich ursächlich auf das Unfallereignis ausgewirkt hat. Eine schlüssige und nachvollziehbare Begründung hierfür fehlt. Insbesondere lassen Sie außer Acht, dass ▓▓▓

2) Im Übrigen ist kein grob fahrlässiges Fehlverhalten meiner Mandantschaft anzunehmen. Dies insbesondere deshalb, weil ▓▓▓

3) Selbst wenn mein Mandant tatsächlich den Versicherungsfall in grob fahrlässiger Weise im Zustand der Fahruntüchtigkeit verursacht haben sollte, steht Ihnen kein Kürzungsrecht in der begehrten Höhe zu.

Insoweit ist bei der Bildung der Kürzungsquote zu berücksichtigen, dass bei dem hier eingesetzten Medikament nicht davon ausgegangen werden kann, dass dessen Auswirkung auf die Fahrtüchtigkeit allgemein bekannt ist. Zudem dürfte es sich bei dem Fehlverhalten meiner Mandantschaft um ein verzeihliches Augenblicksversagen handeln. Darüber hinaus ist zu berücksichtigen, dass ▓▓▓. Es kann daher allenfalls eine unterhalb des durchschnittlichen Falls liegende grobe Fahrlässigkeit denkbar sein, die zu keiner höheren Kürzungsquote als 30 % berechtigt (vgl. auch *Nugel*, Kürzungsquoten nach dem VVG, 2. Aufl. 2012, § 2 Rn 20 ff.).

Ich fordere Sie daher auf, Ihre Rechtsposition nochmals zu überdenken und den von meinem Mandanten verfolgten Kaskoschaden vollständig, hilfsweise aber zumindest in Höhe von ▓▓▓ EUR auszugleichen. Hierfür habe ich mir vorsorglich eine Frist notiert bis zum

▓▓▓ *(10-Tages-Frist).*

Mit freundlichen Grüßen

(Rechtsanwalt)

▲

4. Überlassen des Fahrzeugs an einen Fahrer ohne Fahrerlaubnis

62 Gem. Ziff. D.1.3 S. 2 bzw. Ziff. D.1.1.3 S. 2 AKB 2008/2015 dürfen der Versicherungsnehmer, der Halter oder der Eigentümer des kaskoversicherten Fahrzeugs dieses nicht von einem Fahrer ohne Fahrerlaubnis benutzen lassen. Kannte beispielsweise der Halter den Fahrer und war er aufgrund objektiver Umstände irrig davon ausgegangen, dieser wäre im Besitz einer gültigen Fahrerlaubnis, kommt es darauf an, ob es sich um einen Grenzfall zum bedingten Vorsatz oder eher um eine schlichte Nachlässigkeit im Grenzbereich zur einfachen Fahrlässigkeit handelt.[80] Da ein solches Verhalten vom Gesetzgeber angesichts der damit verbundenen Gefährdung anderer Verkehrsteilnehmer als Straftat (vgl. § 21 Abs. 1 Nr. 2 StVG i.V.m. § 21 Abs. 2 Nr. 1 StVG) eingestuft wird, dürfte hier eine nicht unerhebliche Leistungsfreiheit des Versicherers gerechtfertigt sein.[81] In der Literatur wird daher eine Kürzungsquote im Regelfall bei 50 % angesetzt.[82] Bei entlastenden Umständen kann aber auch eine geringe Kürzungsquote von 20 % angemessen sein.[83]

▼

63 **Muster 15.17: Einwände bei der Leistungskürzung bei Übergabe an einen Fahrer ohne Fahrerlaubnis**

▓▓▓ Versicherung AG

▓▓▓

▓▓▓

Schaden-Nr./VS-Nr./Az. ▓▓▓

Schaden vom ▓▓▓

Pkw ▓▓▓, amtl. Kennzeichen ▓▓▓

Sehr geehrte Damen und Herren,

in vorbezeichneter Angelegenheit komme ich zurück auf Ihre Leistungsablehnung in Höhe von ▓▓▓ %, die zu beanstanden ist.

1) Es ist kein grob fahrlässiges Fehlverhalten meiner Mandantschaft anzunehmen. Dies insbesondere deshalb, weil ▓▓▓

2) Selbst wenn mein Mandant tatsächlich grob fahrlässig gehandelt haben sollte, steht Ihnen kein Kürzungsrecht in der begehrten Höhe zu. Hierbei ist zu berücksichtigen, dass es sich um eine Fahrzeugüberlassung im privaten Bereich handelt, bei welcher ohne besondere Verdachtsmomente die Fahrzeugübergabe erfolgt ist. Wenn überhaupt eine grobe Fahrlässigkeit bejaht werden kann, liegt diese im Grenzbereich zur einfachen Fahrlässigkeit und eine Kürzungsquote wäre mithin bei 20 % anzusetzen (*Nugel*, Kürzungsquoten nach dem VVG, 2. Aufl. 2012, § 2 Rn 33).

Ich fordere Sie daher auf, Ihre Rechtsposition nochmals zu überdenken und den von meinem Mandanten verfolgten Kaskoschaden vollständig, hilfsweise aber zumindest in

---

80 Eingehend dazu *Nugel*, Kürzungsquoten nach dem VVG, § 2 Rn 25 ff.
81 *Nugel*, Kürzungsquoten nach dem VVG, § 2 Rn 29.
82 Ebenso *Maier/Stadler*, AKB 2008, Rn 141.
83 *Nugel*, Kürzungsquoten nach dem VVG, § 2 Rn 33.

Höhe von ▒▒▒▒ EUR auszugleichen. Hierfür habe ich mir vorsorglich eine Frist notiert bis zum

▒▒▒▒ *(10-Tages-Frist).*

Mit freundlichen Grüßen

(Rechtsanwalt)

▲

5. Missachtung eines „Stopp-Schildes" bzw. grünen Abbiegepfeils

Missachtet der Versicherungsnehmer ein Stopp-Schild und kommt es dadurch zu einem Verkehrsunfall, so hat er u.U. den Versicherungsfall grob fahrlässig herbeigeführt.[84] Dies gilt erst recht, wenn der Versicherungsnehmer dabei aufgrund überhöhter Geschwindigkeit auch den erforderlichen Abbiegevorgang nicht bewältigt und die Gewalt über sein Fahrzeug verliert.[85] Nach einer Ansicht in der Rechtsprechung kann – anders als bei einem Rotlichtverstoß – bei einem solchen Fehlverhalten allerdings nicht ohne Weiteres von grober Fahrlässigkeit ausgegangen werden, sondern es ist zu untersuchen, wie im Einzelfall die entsprechende Warnfunktion des Verkehrszeichens und seine Erkennbarkeit zu beurteilen sind.[86] Hinzutreten müssen vielmehr besondere Umstände, welche das Fehlverhalten des Versicherungsnehmers als besonders schwerwiegend erscheinen lassen, wie etwa ein deutlicher, gesonderter Hinweis auf das im übersichtlichen Kreuzungsbereich gut erkennbare Stopp-Schild. Nach anderer Auffassung ist das Nichtbeachten eines deutlich erkennbaren Stopp-Schildes – wie auch ein Rotlichtverstoß – wegen der damit verbundenen erheblichen Gefahren in aller Regel als objektiv grob fahrlässig zu bewerten.[87]

64

Bei der Quotenbildung ist zu beachten, dass das Überfahren eines Stopp-Schildes in der BKatV nicht derart schwerwiegend sanktioniert wird wie ein Rotlichtverstoß.[88] Erörtert wird daher eine Quote von 25 %[89] bzw. von 20–33 %,[90] teilweise aber auch bis zu 50 %[91] für einen durchschnittlichen Verstoß ohne weitere Besonderheiten. Die konkrete Kürzungsquote hängt jedenfalls davon ab, wie gut das zu beachtende Stopp-Schild zu erkennen gewesen ist. Wie auch bei einem Rotlichtverstoß ist eine unfallursächliche Überschreitung der zulässigen Höchstgeschwindigkeit entsprechend quotenerhöhend zu

65

---

84 Z.B. OLG Köln, Urt. v. 22.5.2001 – Az. 9 U 172/00 = zfs 2001, 417; OLG Köln, Urt. v. 19.2.2002 – Az. 9 U 132/01 = zfs 2002, 388; OLG Hamburg, Beschl. v. 3.8.2004 – Az. 14 U 99/04 = OLGR Hamburg 2005, 101; OLG Köln, Urt. v. 18.1.2005 – Az. 9 U 91/04 = zfs 2005, 445.
85 OLG Koblenz, Beschl. v. 30.8.2007 – Az. 10 U 747/07 = VersR 2008, 1346.
86 KG Berlin, Urt. v. 12.12.2000 – Az. 6 U 2803/99 = zfs 2001, 216 = VersR 2002, 477; OLG Bremen, Urt. v. 23.4.2002 – Az. 3 U 72/01 = DAR 2002, 308; AG Düsseldorf, Urt. v. 2.4.2002 – Az. 52 C 16560/01 = SP 2002, 280; ferner LG Aachen, Urt. v. 29.10.2002 – Az. 9 O 196/02 = SP 2003, 139.
87 OLG Köln, Beschl. v. 3.9.2009 – Az. 9 U 63/09 = NZV 2010, 200; vgl. auch OLG Zweibrücken, Urt. v. 12.7.1991 – Az. 1 U 30/91 = VersR 1993, 218; OLG Hamm, Urt. v. 18.1.1999 – Az. 6 U 151/98 = VersR 2001, 187; OLG Nürnberg, Urt. v. 20.12.2001 – Az. 8 U 2478/01 = SP 2002, 394.
88 *Stomper* in: Halm/Kreuter/Schwab, AKB, Rn 1254.
89 *Stomper* in: Halm/Kreuter/Schwab, AKB, Rn 1254; vgl. auch die Empfehlung des Goslarer Orientierungsrahmens bei *Nugel*, MDR 2010, 597, 598.
90 *Stehl* in: Meschkat/Nauert, VVG-Quoten, Rn 115.
91 *Kloth/Neuhaus* in: Schwintowski/Brömmelmeyer, Praxiskommentar zum Versicherungsvertragsrecht, § 81 Rn 62.

berücksichtigen. Den Versicherungsnehmer kann es dagegen entlasten, dass er durch andere Fahrzeuginsassen in nachvollziehbarer Weise abgelenkt gewesen ist.

▼

Muster 15.18: Einwände bei der Leistungskürzung bei Überfahren eines Stopp-Schildes

_____ Versicherung AG

Schaden-Nr./VS-Nr./Az. _____

Schaden vom _____

Pkw _____, amtl. Kennzeichen _____

Sehr geehrte Damen und Herren,

in vorbezeichneter Angelegenheit komme ich zurück auf Ihre Leistungsablehnung in Höhe von _____ %, die zu beanstanden ist.

1) Es ist kein grob fahrlässiges Fehlverhalten meiner Mandantschaft anzunehmen. Bei dem von Ihnen unterstellten Fehlverhalten kann nicht ohne Weiteres von grober Fahrlässigkeit ausgegangen werden, sondern es ist zu untersuchen, wie im Einzelfall die entsprechende Warnfunktion des Verkehrszeichens und seine Erkennbarkeit zu beurteilen sind. Hinzutreten müssen besondere Umstände, welche das Fehlverhalten des Versicherungsnehmers als besonders schwerwiegend erscheinen lassen, wie etwa ein deutlicher, gesonderter Hinweis auf das im übersichtlichen Kreuzungsbereich gut erkennbare Stopp-Schild (KG Berlin, Urt. v. 12.12.2000 – Az. 6 U 2803/99 = zfs 2001, 216 = VersR 2002, 477; OLG Bremen, Urt. v. 23.4.2002 – Az. 3 U 72/01 = DAR 2002, 308; AG Düsseldorf, Urt. v. 2.4.2002 – Az. 52 C 16560/01 = SP 2002, 280; ferner LG Aachen, Urt. v. 29.10.2002 – Az. 9 O 196/02 = SP 2003, 139).

Dies vorausgeschickt fehlt es an einer von Ihnen zu beweisenden groben Fahrlässigkeit. Dies insbesondere deshalb, weil _____. Auch berücksichtigen Sie nicht, dass es sich um ein sog. Augenblicksversagen handelt und _____. Ohne Hinzutreten besonderer Umstände (die Sie hier weder dargelegt noch bewiesen haben) ist dabei keine grobe Fahrlässigkeit anzunehmen (AG Saarbrücken, Urt. v. 31.3.1999 – Az. 42 C 653/98 = DAR 1999, 510).

2) Selbst wenn mein Mandant tatsächlich grob fahrlässig gehandelt haben sollte, steht Ihnen kein Kürzungsrecht in der begehrten Höhe zu. Im Einklang mit der Empfehlung des „Goslarer Quotierungsrahmens" ist in diesem Fall eine Leistungskürzung allenfalls in Höhe von 25 % möglich.

Ich fordere Sie daher auf, Ihre Rechtsposition nochmals zu überdenken und den von meinem Mandanten verfolgten Kaskoschaden vollständig, hilfsweise aber zumindest in Höhe von _____ EUR auszugleichen. Hierfür habe ich mir vorsorglich eine Frist notiert bis zum

_____ (10-Tages-Frist).

Mit freundlichen Grüßen

(Rechtsanwalt)

▲

6. Missachtung eines Rotlichts

Das Überfahren einer Rotlichtzeichenanlage ist i.d.R. objektiv grob fahrlässig.[92] In folgenden Fällen ist beispielsweise grobe Fahrlässigkeit bejaht worden:

- Versicherungsnehmer fährt trotz schlechter Erkennbarkeit der Ampel ohne genaues Hinsehen in die Kreuzung ein.[93]
- Fährt der Versicherungsnehmer bei einem bereits mehrere Sekunden währenden Rotlicht trotz einer Blendung in eine Kreuzung ein, handelt er grob fahrlässig.[94]
- Der Versicherungsnehmer handelt bei Einfahrt trotz Rotlichts selbst dann grob fahrlässig, wenn er durch ein Drängeln des Hintermanns kurzfristig abgelenkt war, da ein Fahrzeugführer diese Situation sicher beherrschen muss.[95]
- Der Versicherungsnehmer kann sich bei einem Rotlichtverstoß auch dann nicht von grober Fahrlässigkeit entlasten, wenn er aufgrund fehlender Ortskenntnisse Orientierungsprobleme hat.[96]
- Grob fahrlässig handelt, wer trotz Rotlichts in eine Kreuzung einfährt, weil er durch die Rauchentwicklung im Innenraum des Fahrzeugs abgelenkt war, ohne bei erstmaliger Wahrnehmung des Brandgeruchs sofort anzuhalten oder seine Fahrt zu verlangsamen.[97]

▼

Muster 15.19: Grobe Fahrlässigkeit bei Rotlichtverstoß

Das Überfahren einer Rotlichtzeichenanlage ist i.d.R. objektiv grob fahrlässig (U.a. BGH, Urt. v. 29.1.2003 – Az. IV ZR 173/01 = zfs 2003, 242; BGH, Urt. v. 15.7.2014 – Az. VI ZR 452/13 = zfs 2014, 685; OLG Köln, Urt. v. 27.2.2007 – Az. 9 U 1/06 = r+s 2007, 149; OLG Düsseldorf, Urt. v. 28.10.2008 – Az. 4 U 254/07 = SP 2009, 260; OLG Düsseldorf, Beschl. v. 18.11.2008 – Az. 24 U 131/08 = VersR 2009, 509; OLG Brandenburg, Urt. v. 18.2.2009 – Az. 3 U 56/08 = SP 2009, 297; OLG Koblenz, Urt. v. 28.10.2010 – Az. 2 U 1021/09 = zfs 2012, 383.).

Es stellt einen objektiv besonders groben Verstoß gegen die Regeln des Straßenverkehrs dar, welcher im Hinblick auf die an die Aufmerksamkeit des Kraftfahrers im Bereich einer ampelgeregelten Kreuzung zu stellenden besonders hohen Anforderungen den Schluss darauf zulässt, dass der Fahrer auch subjektiv unentschuldbar gehandelt hat (OLG Nürnberg, Urt. v. 30.1.2003 – Az. 8 U 2761/02 = SP 2003, 319; vgl. auch OLG Köln, Urt. v. 18.2.2003 – Az. 9 U 199/01 = SP 2003, 318). Nur besondere Umstände wie z.B. schwer erkennbare oder verdeckte Ampel können die objektiven oder die subjektiven Voraussetzungen der groben Fahrlässigkeit entfallen lassen. Ein sog. Augenblicksversagen stellt

---

[92] U.a. BGH, Urt. v. 29.1.2003 – Az. IV ZR 173/01 = zfs 2003, 242; BGH, Urt. v. 15.7.2014 – Az. VI ZR 452/13 = zfs 2014, 685; OLG Köln, Urt. v. 27.2.2007 – Az. 9 U 1/06 = r+s 2007, 149; OLG Düsseldorf, Urt. v. 28.10.2008 – Az. 4 U 254/07 = SP 2009, 260; OLG Düsseldorf, Beschl. v. 18.11.2008 – Az. 24 U 131/08 = VersR 2009, 509; OLG Brandenburg, Urt. v. 18.2.2009 – Az. 3 U 56/08 = SP 2009, 297; OLG Koblenz, Urt. v. 28.10.2010 – Az. 2 U 1021/09 = zfs 2012, 383.
[93] LG Aurich, Urt. v. 10.1.2008 – Az. 2 O 518/07 – juris.
[94] LG Münster, Urt. v. 20.8.2009 – Az. 15 O 141/09 = zfs 2009, 641 = NJW 2010, 240; ähnlich LG Essen, Urt. v. 30.8.2005 – Az. 3 O 195/05 = r+s 2006, 492; AG Duisburg, Urt. v. 24.2.2010 – Az. 50 C 2567/09 = SVR 2010, 307.
[95] LG Düsseldorf, Urt. v. 9.2.2007 – Az. 11 O 198/06 = SP 2008, 61.
[96] OLG Düsseldorf, Urt. v. 28.10.2008 – Az. 4 U 254/07 = SP 2009, 260.
[97] OLG Düsseldorf, Beschl. v. 18.11.2008 – Az. 24 U 131/08 = VersR 2009, 509.

hingegen keinen ausreichenden Grund dar, grobe Fahrlässigkeit abzulehnen (BGH, Urt. v. 29.1.2003 a.a.O.; OLG Düsseldorf, Urt. v. 28.10.2008 a.a.O.; OLG Koblenz a.a.O.). Hinzutreten müssen vielmehr vom Versicherungsnehmer im Einzelnen darzulegende Umstände in seiner Person, die den Rotlichtverstoß ausnahmsweise in einem milderen Licht erscheinen lassen und insgesamt dem Vorwurf der groben Fahrlässigkeit entgegenstehen (OLG Nürnberg a.a.O.; ferner OLG Köln, Urt. v. 18.2.2003 a.a.O.; OLG Köln, Urt. v. 2.11.2004 – Az. 9 U 36/04 = SP 2005, 350).

An solchen Umständen fehlt es vorliegend. Vielmehr ▰.

69 *Hinweis*

Bei der Bildung der Kürzungsquote spricht sich die Rechtsprechung[98] i.d.R. für eine Kürzungsquote von 50 % aus, die auch in der Literatur für angemessen erachtet wird.[99] Angesichts der normativen Vorprägung einer Ahndung durch ein Regelfahrverbot im Ordnungswidrigkeitenrecht scheint auch eine höhere Kürzungsquote[100] angemessen, es sei denn, der Versicherungsnehmer kann schlüssig und überzeugend im Rahmen seiner sekundären Darlegungslast zu seinen Gunsten auf eine besondere Ablenkungssituation verweisen.

70 **Muster 15.20: Einwände bei der Leistungskürzung bei Überfahren eines Rotlichts**

▰ Versicherung AG

▰

▰

Schaden-Nr./VS-Nr./Az. ▰

Schaden vom ▰

Pkw ▰, amtl. Kennzeichen ▰

Sehr geehrte Damen und Herren,

in vorbezeichneter Angelegenheit komme ich zurück auf Ihre Leistungsablehnung in Höhe von ▰ %, die zu beanstanden ist.

1) Es ist kein grob fahrlässiges Fehlverhalten meiner Mandantschaft anzunehmen. Das Überfahren eines roten Ampellichts kann mit nur einfacher Fahrlässigkeit verschuldet sein, wenn die Ampel nur schwer zu erkennen bzw. verdeckt ist oder eine besonders schwierige oder überraschend eintretende Verkehrssituation zu bejahen ist (z.B. BGH, Urt. v. 29.1.2003 – Az. IV ZR 173/01 = zfs 2003, 242; OLG Köln, Urt. v. 27.2.2007 – 9 U 1/06 = r+s 2007, 149; OLG Düsseldorf, Beschl. v. 18.11.2008 – Az. 24 U 131/08 = VersR 2009, 509; LG Itzehoe, Urt. v. 28.10.2005 – Az. 9 S 51/05 = SP 2006, 359). So liegt der Fall auch hier, da ▰. Auch berücksichtigen Sie nicht, dass es sich um ein sog. Augenblicksversagen handelt, da ▰.

---

98 LG Münster, Urt. v. 20.8.2009 – Az. 15 O 141/09 = zfs 2009, 641 = NJW 2010, 240; LG Essen, Beschl. v. 5.2.2010 – Az. 10 S 32/10 = zfs 2010, 393; AG Essen, Urt. v. 18.12.2009 – Az. 135 C 209/09 = r+s 2010, 320; AG Duisburg, Urt. v. 24.2.2010 – Az. 50 C 2567/09 = SVR 2010, 307.
99 *Nugel*, Kürzungsquoten nach dem VVG, § 2 Rn 81 m.w.N.
100 So LG Münster, Urt. v. 20.8.2009 – Az. 15 O 141/09 = zfs 2009, 641 = NJW 2010, 240; näher dazu *Nugel*, Kürzungsquoten nach dem VVG, § 2 Rn 79 ff.

2) Selbst wenn mein Mandant tatsächlich grob fahrlässig gehandelt haben sollte, steht Ihnen kein Kürzungsrecht in der begehrten Höhe zu. Im Einklang mit der Empfehlung des „Goslarer Orientierungsrahmens" ist in diesem Fall eine Leistungskürzung allenfalls in Höhe von 50 % möglich. Darüber hinaus ist ein Augenblicksversagen als das Kürzungsrecht mindernder Faktor zu berücksichtigen(näher zur Quotenbildung bei Rotlichtverstößen *Nugel*, Kürzungsquoten nach dem VVG, 2. Aufl. 2012, § 2 Rn 79 ff.). Unter Berücksichtigung des hier gegebenen Augenblicksversagens ist keine höhere Kürzung als 25 % angemessen.

Ich fordere Sie daher auf, Ihre Rechtsposition nochmals zu überdenken und den von meinem Mandanten verfolgten Kaskoschaden vollständig, zumindest aber 75 % desselben auszugleichen. Hierfür habe ich mir vorsorglich eine Frist notiert bis zum

▓▓▓▓ *(10-Tages-Frist)*.

Mit freundlichen Grüßen

(Rechtsanwalt)

7. Verkehrsunsichere Bereifung

In dieser Fallgruppe ist immer eine besondere Einzelfallprüfung geboten. Entscheidend ist, ob der Versicherungsnehmer vom verkehrsunsicheren Zustand der Reifen wusste oder hätte wissen müssen.[101] Abgefahrene Reifen können insbesondere auch im Zusammenspiel mit Aquaplaning ein grob fahrlässiges Fehlverhalten begründen.[102] Der Käufer eines gebrauchten, für den Straßenverkehr zugelassenen Fahrzeugs handelt jedoch nicht grob fahrlässig, wenn er es unterlässt, zu überprüfen, ob die Bereifung des Fahrzeugs für dieses zugelassen ist.[103] Ebenso genügt eine geringfügige Unterschreitung der gesetzlichen Mindestprofiltiefe i.d.R. nicht zur Annahme grober Fahrlässigkeit.[104] Ohne Vorliegen besonderer Umstände begründet allein das Unterlassen einer sorgfältigen, regelmäßigen Kontrolle der Reifen keine grobe Fahrlässigkeit.[105] Grob fahrlässig handelt jedoch, wer mit Sommerreifen in ein Wintersportgebiet fährt.[106]

71

Liegt ein grob fahrlässiges Fehlverhalten (ggf. auch als Gefahrerhöhung i.S.d § 23 VVG) vor, dürfte häufig das Verschulden des Versicherungsnehmers eher im geringeren Bereich anzusiedeln sein. In der Rechtsprechung lässt sich indes derzeit eine Tendenz zur Vornahme einer höheren Leistungskürzung (50 %[107] bzw. 75 %[108]) erkennen. Letztendlich kommt es aber immer darauf an, wie lange das Fehlverhalten des Versicherungsnehmers bestanden hat, und ob bzw. wie gut er die fehlende Verkehrssicherheit kannte oder hätte

72

---

101 OLG Nürnberg, Urt. v. 27.6.1991 – Az. 8 U 87/91 = zfs 1992, 202; vgl. auch OLG Köln, Urt. v. 7.10.2003 – Az. 9 U 63/01 = NZV 2004, 260.
102 OLG Hamm, Urt. v. 27.6.1984 – Az. 20 U 26/84 = VersR 1985, 678; LG Bielefeld, Urt. v. 15.5.2007 – Az. 6 O 22/06 = SP 2008, 158.
103 OLG Karlsruhe, Urt. v. 16.10.1997 – Az. 12 U 99/97 = zfs 1998, 427 = SP 1998, 251.
104 LG Verden, Urt. v. 14.11.1995 – Az. 5 O 391/94 = SP 1996, 148.
105 OLG Köln, Urt. v. 25.4.2006 – Az. 9 U 175/05 = r+s 2006, 369.
106 OLG Frankfurt, Urt. v. 10.7.2003 – Az. 3 U 186/02 = r+s 2004, 184.
107 LG Darmstadt, Beschl. v. 19.5.2011 – Az. 1 O 9/11 = VRR 2011, 464.
108 LG Passau, Beschl. v. 19.7.2011 – Az. 1 O 329/11 = VRR 2013, 32.

§ 15 Kaskoversicherung

erkennen können. Eine Kürzungsquote von 30–60 % dürfte den meisten Fällen gerecht werden können.[109]

Muster 15.21: Einwände bei der Leistungskürzung bei verkehrsunsicherer Bereifung

_____ Versicherung AG

Schaden-Nr./VS-Nr./Az. _____
Schaden vom _____
Pkw _____, amtl. Kennzeichen _____

Sehr geehrte Damen und Herren,

in vorbezeichneter Angelegenheit komme ich zurück auf Ihre Leistungsablehnung in Höhe von _____ %, die zu beanstanden ist.

1) Es ist kein grob fahrlässiges Fehlverhalten meiner Mandantschaft anzunehmen. Hier kann eine grobe Fahrlässigkeit nur bei Vorliegen besonderer Umstände angenommen werden (OLG Karlsruhe, Urt. v. 16.10.1997 – Az. 12 U 99/97 = zfs 1998, 427 = SP 1998, 251; OLG Köln, Urt. v. 25.4.2006 – Az. 9 U 175/05 = r+s 2006, 369; OLG Frankfurt, Urt. v. 27.10.2004 – Az. 7 U 50/04 = OLGR Frankfurt 2006, 146), die hier nicht gegeben sind. Dies insbesondere deshalb, weil _____.

2) Selbst wenn mein Mandant tatsächlich grob fahrlässig gehandelt haben sollte, steht Ihnen kein Kürzungsrecht in der begehrten Höhe zu. Im Einklang mit der Empfehlung des „Goslarer Orientierungsrahmens" (vgl. die Darstellung bei *Nehm*, zfs 2010, 12 ff. sowie bei *Nugel*, MDR 2010, 597 ff.) ist in diesem Fall eine Leistungskürzung allenfalls in Höhe von 25 % möglich.

Ich fordere Sie daher auf, Ihre Rechtsposition nochmals zu überdenken und den von meinem Mandanten verfolgten Kaskoschaden vollständig, zumindest aber in Höhe von _____ EUR auszugleichen. Hierfür habe ich mir vorsorglich eine Frist notiert bis zum _____ (10-Tages-Frist).

Mit freundlichen Grüßen

(Rechtsanwalt)

8. Diebstahl

Der Versicherer hat nachzuweisen, dass der Versicherungsnehmer den Versicherungsfall durch einen unachtsamen Umgang mit dem Fahrzeugschlüssel verursacht hat. Dabei hat der Versicherer grundsätzlich den Vollbeweis[110] zu erbringen, so dass er sich grundsätz-

---

109 *Nugel*, Kürzungsquoten nach dem VVG, § 2 Rn 115.
110 BGH, Beschl. v. 13.4.2005 – Az. IV ZR 62/04 = VersR 2005, 1387 zur vorsätzlichen Herbeiführung des Versicherungsfalls; OLG Koblenz, Urt. v. 5.3.1999 – Az. 10 U 155/98 = VersR 2000, 720; OLG Koblenz, Urt. v. 13.3.2009 – Az. 10 U 1038/08 = VersR 2009, 1526; OLG Koblenz, Beschl. v. 26.3.2009 – Az. 10 U 1243/08 = VersR 2009, 1527.

lich nicht auf einen Anscheinsbeweis stützen kann, sondern einen für die Überzeugungsbildung i.S.d. § 286 ZPO erforderlichen „Mindestsachverhalt" positiv nachweisen muss. Mit anderen Worten ist der Versicherer nur dann zu einer Leistungskürzung berechtigt, wenn feststeht, dass das betreffende grob fahrlässige Verhalten des Versicherungsnehmers für den Diebstahl des Fahrzeugs ursächlich geworden ist.[111] Eine grob fahrlässige Verursachung ist zu bejahen, wenn der Versicherungsnehmer bewusst das Fahrzeug nachmittags unverschlossen vor seinem Haus abstellt sowie den Kfz-Schlüssel und den Kfz-Schein darin zurücklässt und das Fahrzeug über Nacht entwendet wird.[112] Wird der Fahrzeugschlüssel grob fahrlässig im Fahrzeug zurückgelassen, muss vom Versicherer allerdings bewiesen werden, dass durch das Zurücklassen des Schlüssels die Entwendung erst ermöglicht oder zumindest gefördert worden ist. Voraussetzung ist regelmäßig die Verwendung des Schlüssels durch den Dieb.[113] Das Steckenlassen des Schlüssels im Zündschloss ist auch bei einem kurzen Abstellen grob fahrlässig, wenn der Dieb anschließend mit dem Schlüssel das Fahrzeug entwendet.[114] Auch das Zurücklassen des Schlüssels in der Hosentasche der Jeans, die unbeaufsichtigt und unverschlossen in der Umkleidekabine einer Sporthalle verblieben ist, stellt sich als grob fahrlässiges Verhalten dar, das gem. § 81 Abs. 2 VVG zu einer quotalen Leistungskürzung führt.[115]

Bei der Quotenbildung wird es entscheidend darauf ankommen, welcher konkreten Gefährdung das Fahrzeug ausgesetzt worden ist.[116] Hierzu gehört auch, wie lange die Gefahrenlage bestanden hat, und welchen Wert das Fahrzeug besitzt. Die Anforderungen an den Schutz des versicherten Objekts mögen dabei höher sein, je wertvoller dieses ist, bzw. der Anreiz zu einem Diebstahl mag entsprechend steigen. Maßgeblich ist sicher auch der Ort, wo das Fahrzeug abgestellt wurde, und ob dort Sicherungsmaßnahmen vorhanden sind. Häufig wird zugunsten des Versicherungsnehmers allerdings ein sog. Augenblicksversagen zu berücksichtigen sein.[117] Angesichts der Vielzahl der Fallgestaltungen lässt sich nur ein äußerst grobes Quotenraster erstellen. In der Literatur wird i.d.R. ein Kürzungsrahmen von 50–70 %[118] bzw. von 40–80 %,[119] beim Steckenlassen des Schlüssels bis knapp unterhalb der Grenze zur vollständigen Leistungsfreiheit[120] erörtert.

---

111 Verneinend z.B. OLG Naumburg, Urt. v. 14.3.2013 – Az. 4 U 47/12 = zfs 2014, 93.
112 OLG Koblenz, Beschl. v. 26.3.2009 – Az. 10 U 1243/08 = VersR 2009, 1527.
113 LG Köln, Urt. v. 15.1.2009 – Az. 24 O 365/08 = SP 2010, 120.
114 OLG Rostock, Urt. v. 7.11.2008 – Az. 5 U 153/08 = SP 2009, 222.
115 AG Charlottenburg, Urt. v. 21.6.2007 – Az. 223 C 244/06 = SP 2008, 157; ähnlich LG Hannover, Urt. v. 4.8.2006 – Az. 8 O 326/05 = SP 2007, 334.
116 *Nugel*, Kürzungsquoten nach dem VVG, § 2 Rn 120.
117 *Stomper*, in: Halm/Kreuter/Schwab, AKB, Rn 1228.
118 *Stomper* in: Halm/Kreuter/Schwab, AKB, Rn 1215; *Kloth/Neuhaus* in: Schwintowski/Brömmelmeyer, Praxiskommentar zum Versicherungsvertragsrecht, § 81 Rn 62 gehen dagegen von einer geringeren Kürzung im Rahmen von 25–50 % aus.
119 *Nugel*, Kürzungsquoten nach dem VVG, § 2 Rn 121.
120 *Schmidt-Kessel*, in: Looschelders/Pohlmann, VVG, § 81 Rn 85.

§ 15 Kaskoversicherung

15.22

Muster 15.22: Einwände bei der Leistungskürzung beim unachtsamen Umgang mit dem Fahrzeugschlüssel

76

_____ Versicherung AG

Schaden-Nr./VS-Nr./Az. _____
Schaden vom _____
Pkw _____, amtl. Kennzeichen _____

Sehr geehrte Damen und Herren,

in vorbezeichneter Angelegenheit komme ich zurück auf Ihre Leistungsablehnung in Höhe von _____ %, die zu beanstanden ist.

1) Es ist kein grob fahrlässiges Fehlverhalten meiner Mandantschaft anzunehmen, welches sich ursächlich ausgewirkt hat. Sie haben für die ursächliche Entwendung des Fahrzeugs mit dem angeblich grob fahrlässig aufbewahrten Schlüssel den Vollbeweis mit einem für die Überzeugungsbildung i.S.d§ 286 ZPO erforderlichen „Mindestsachverhalt" zu erbringen (OLG Koblenz, Urt. v. 13.3.2009 – Az. 10 U 1038/08 = VersR 2009, 1526; OLG Koblenz, Beschl. v. 26.3.2009 – Az. 10 U 1243/08 = VersR 2009, 1527; vgl. auch OLG Naumburg, Urt. v. 14.3.2013 – Az. 4 U 47/12 = zfs 2014, 93). Voraussetzung hierfür ist regelmäßig die Verwendung des Schlüssels durch den Dieb (OLG Jena, Urt. v. 5.8.1998 – Az. 4 U 135/98 = zfs 1999, 23; LG Köln, Urt. v. 15.1.2009 – Az. 24 O 365/08 = SP 2010, 120). Diesen Nachweis haben Sie nicht erbracht. Insbesondere ist darauf hinzuweisen, dass _____

2) Selbst wenn mein Mandant tatsächlich grob fahrlässig gehandelt haben sollte, steht Ihnen kein Kürzungsrecht in der begehrten Höhe zu. Maßgeblich sind insoweit die Dauer der Gefährdung, der Wert des versicherten Objekts und die Vorhersehbarkeit bzw. Wahrscheinlichkeit einer solchen Tat (_Nugel_, Kürzungsquoten nach dem VVG, 2. Aufl. 2012, § 2 Rn 120). Hier ist zu berücksichtigen, dass _____. Zweifel wirken sich auch hier zu Ihren Lasten als beweisbelastete Partei aus.

Ich fordere Sie daher auf, Ihre Rechtsposition nochmals zu überdenken und den von meinem Mandanten verfolgten Kaskoschaden vollständig, zumindest aber in Höhe von _____ EUR auszugleichen. Hierfür habe ich mir vorsorglich eine Frist notiert bis zum _____ _(10-Tages-Frist)_.

Mit freundlichen Grüßen

(Rechtsanwalt)

VIII. Privileg bei häuslicher Gemeinschaft und Anspruchsübergang (§ 86 Abs. 3 VVG)

1. Hinweise

77 Der nach altem Recht in § 67 Abs. 1 S. 1 VVG a.F. niedergelegte Anspruchsübergang zugunsten des Versicherers nach Zahlung an den Versicherungsnehmer wird im neuen

Recht in § 86 Abs. 1 S. 1 VVG unverändert übernommen. Gleiches gilt für das nunmehr aus § 86 Abs. 1 S. 2 VVG folgende Quotenvorrecht des Versicherungsnehmers.

Das früher in § 67 Abs. 2 VVG a.F. geregelte Familienprivileg wird allerdings erweitert und erweist sich nun als Angehörigen- bzw. Haushaltsprivileg.[121] Richtet sich der Ersatzanspruch des Versicherungsnehmers gegen eine Person, die mit ihm in einer häuslichen Gemeinschaft lebt, kann der Übergang nicht geltend gemacht werden, es sei denn, die Person hat den Schaden vorsätzlich verursacht. Der Kreis der privilegierten Personen ist somit auf Personen erweitert worden, die mit dem Versicherungsnehmer zum Zeitpunkt des Schadensfalls in einer häuslichen Gemeinschaft gelebt haben. Auf eine Familienangehörigkeit kommt es nicht mehr an. Anders als nach altem Recht geht bei Leistung des Versicherers zwar der Ersatzanspruch auf den Versicherer über, dieser ist jedoch gehindert, den übergegangenen Anspruch geltend zu machen. In Übereinstimmung mit dem bisherigen Recht sieht § 86 Abs. 3 a.E. VVG allerdings vor, dass ein Regress bei einer vorsätzlichen Schadensverursachung sehr wohl möglich ist. 78

2. Muster: Regress des Kaskoversicherers gegen eine Person im gleichen Haushalt

▼

Muster 15.23: Regress des Kaskoversicherers gegen eine Person im gleichen Haushalt 79

Versicherung AG

Schaden-Nr./VS-Nr./Az.

Schaden vom

Pkw , amtl. Kennzeichen

Sehr geehrte Damen und Herren,

ausweislich der in der Anlage beigefügten Vollmacht beauftragte mich Frau aus mit der Wahrnehmung ihrer Interessen in der im Betreff genannten Angelegenheit.

Aus Anlass des Verkehrsunfalls vom nehmen Sie meine Mandantin in Höhe der von Ihnen an den Versicherungsnehmer erbrachten Kaskoversicherungsleistung in Regress. Zur Begründung verweisen Sie auf § 86 Abs. 1 VVG. Danach erwarben Sie durch Ihre Versicherungsleistung sämtliche dem Versicherungsnehmer gegen meine Mandantin zustehenden Ansprüche auf Schadensersatz.

Zwar trifft es durchaus zu, dass Ihrem Versicherungsnehmer infolge des Schadensfalls gegen meine Mandantin Ansprüche auf Schadensersatz gem. § 823 Abs. 1 BGB wegen Eigentumsverletzung zustehen können. Dennoch scheidet ein Regress gegen meine Mandantin aus, da diese zum Zeitpunkt des Unfalls mit Ihrem Versicherungsnehmer in einer häuslichen Gemeinschaft gelebt hat und Anhaltspunkte für eine – ggf. von Ihnen zu beweisende – vorsätzliche Beschädigung des Kfz nicht zu erkennen sind. Meine Mandantin hat zur Zeit des Unfalls gemeinsam mit Ihrem Versicherungsnehmer die Woh-

---

121 Auch Hausgemeinschaftsprivileg genannt, vgl. *Armbrüster*, r+s 2010, 441, 442.

nung in der ▓▓▓ Straße bewohnt und gemeinsam mit ihm den dortigen Haushalt geführt. Dies bestätigt Ihr Versicherungsnehmer in dem als Anlage beigefügten Schreiben.

Wir können unserer Mandantin deshalb nicht empfehlen, den von Ihnen angeforderten Betrag auszugleichen. Im Gegenteil haben wir Sie aufzufordern, uns umgehend und spätestens bis zum

▓▓▓ (10-Tages-Frist)

zu bestätigen, dass Sie keine Regressansprüche gegen unsere Mandantin geltend machen. Für den Fall des fruchtlosen Fristablaufs werden wir unserer Mandantin empfehlen, die Rechtslage durch eine negative Feststellungsklage klären zu lassen.

Mit freundlichen Grüßen

(Rechtsanwalt)

IX. Obliegenheit zur Wahrung des übergangsfähigen Anspruchs und Leistungsfreiheit des Versicherers (§ 86 Abs. 2 VVG)

1. Hinweise

80 § 86 Abs. 2 S. 1 VVG erschafft eine Obliegenheit des Versicherungsnehmers, die dem alten Recht bisher fremd war. In § 67 Abs. 1 S. 3 VVG a.F. war es dem Versicherungsnehmer lediglich untersagt, seinen Ersatzanspruch gegen einen Dritten oder ein zur Sicherung dieses Anspruchs dienendes Recht aufzugeben. § 86 Abs. 2 S. 1 VVG begründet nunmehr die Obliegenheit des Versicherungsnehmers, den Ersatzanspruch und ein zu dessen Sicherung begründetes Recht unter Einhaltung der Form- und Fristvorschriften zu bewahren und dem Versicherer bei der Durchsetzung des Ersatzanspruchs behilflich zu sein. Verletzt der Versicherungsnehmer diese Obliegenheit vorsätzlich, ist der Versicherer gem. § 86 Abs. 2 S. 2 VVG dem Versicherungsnehmer insoweit nicht zur Leistung verpflichtet, als er infolgedessen keinen Ersatz vom Dritten verlangen kann. Handelte der Versicherungsnehmer insoweit grob fahrlässig, ist der Versicherer gem. § 86 Abs. 2 S. 3 VVG zu einer Leistungskürzung entsprechend der Schwere des Verschuldens des Versicherungsnehmers berechtigt. Auch hier wird bei einer feststehenden Obliegenheitsverletzung das grob fahrlässige Verhalten des Versicherungsnehmers vermutet, mit der Folge, dass der Versicherungsnehmer das Fehlen einer groben Fahrlässigkeit gem. § 86 Abs. 2 S. 3 VVG beweisen muss.

81 Diese Regelung knüpft in der Sache an die Rechte des Versicherers an, die bereits in § 28 Abs. 2 VVG bei einer Obliegenheitsverletzung des Versicherungsnehmers geregelt sind. Auch bei der in § 86 Abs. 2 S. 2 und 3 VVG geregelten Rechtsfolge besteht eine Leistungsfreiheit des Versicherers nur insoweit, wie die Obliegenheitsverletzung einen Regressanspruch des Versicherers gegen den Dritten bzw. dessen Realisierung verhindert hat. Hintergrund dieser Neufassung ist der Gedanke, dass der Versicherer umfassend vor einem nachteiligen Verhalten des Versicherungsnehmers bei der Wahrung der Ersatzansprüche geschützt werden soll. Voraussetzung ist aber – wie auch nach bisherigem

D. Vollkaskoversicherung §15

Recht –, dass der Anspruch des Versicherungsnehmers gegen den Dritten bereits entstanden ist. Dabei ist zu beachten, dass der Versicherungsnehmer vor Schadenseintritt mit dem Dritten haftungsbeschränkende Vereinbarungen treffen darf.[122]

2. Muster: Regress des Kaskoversicherers und Anspruchsverzicht

▼

Muster 15.24: Regress des Kaskoversicherers und Anspruchsverzicht   82

▓▓▓ Versicherung AG

▓▓▓

▓▓▓

Schaden-Nr./VS-Nr./Az. ▓▓▓

Schaden vom ▓▓▓

Pkw ▓▓▓, amtl. Kennzeichen ▓▓▓

Sehr geehrte Damen und Herren,

ausweislich der in der Anlage beigefügten Vollmacht beauftragte mich Herr ▓▓▓ aus ▓▓▓ mit der Wahrnehmung seiner Interessen in der im Betreff genannten Angelegenheit.

Den von Ihnen erhobenen bereicherungsrechtlichen Rückzahlungsanspruch weise ich namens und in Vollmacht meines Mandanten zurück. Die von Ihnen behauptete Obliegenheitsverletzung wegen einer angeblichen Verletzung der in § 86 Abs. 2 VVG normierten Pflicht zur Sicherung eines Ersatzanspruchs gegen den Schädiger ist nicht gegeben. Selbst wenn die fragliche Zusage meines Mandanten einen Verzicht auf einen diesem als Eigentümer grundsätzlich zustehenden Ersatzanspruch für den Fall der grob fahrlässigen Unfallverursachung darstellen sollte, begründet dies keine Obliegenheitsverletzung im oben genannten Sinne. Es würde sich um einen Anspruchsverzicht vor Eintritt des Versicherungsfalls handeln. Der Begründung des Regierungsentwurfs zu § 86 Abs. 2 VVG, BT-Drucks 16/3945 v. 20.12.2006 ist auf Seite 82 im Einklang mit der bisherigen obergerichtlichen Rechtsprechung zu entnehmen, dass der Versicherungsnehmer keine Obliegenheitsverletzung begeht, wenn er vor Eintritt des Versicherungsfalls eine Vereinbarung trifft, die einen künftigen Schadensersatzanspruch ausschließt.

Wir haben Sie daher aufzufordern, uns umgehend und spätestens bis zum

▓▓▓ *(10-Tages-Frist)*

zu bestätigen, dass Sie keinen Rückzahlungsanspruch mehr gegen unseren Mandanten geltend machen. Für den Fall des fruchtlosen Fristablaufs werden wir unserem Mandanten empfehlen, die Rechtslage durch eine negative Feststellungsklage klären zu lassen.

Mit freundlichen Grüßen

(Rechtsanwalt)

---

122 BegrRegE zu § 86 Abs. 2 VVG, BT-Drucks 16/3945 v. 20.12.2006, S. 82.

X. Regress gegen den berechtigten Fahrer in der Kaskoversicherung

83 Verursacht eine andere Person als der Versicherungsnehmer grob fahrlässig den Versicherungsfall in der Kaskoversicherung, kann dies dem Versicherungsnehmer nicht entgegengehalten werden, es sei denn, es handelt sich um einen Repräsentanten des Versicherungsnehmers,[123] dessen Verhalten diesem zugerechnet wird. Der Versicherer hat – abgesehen von dieser Ausnahme – den Leistungsanspruch des Versicherungsnehmers zu erfüllen und kann sodann den Schadensverursacher aus übergegangenem Recht unter Wahrung der Vorgaben der § 86 VVG i.V.m. § 823 Abs. 1 BGB in Regress nehmen. Zu beachten ist dabei allerdings, dass der Versicherer die auf ihn übergegangene Forderung des Versicherungsnehmers gegen den Fahrer des kaskoversicherten Fahrzeugs wegen der Beschädigung desselben gem. Ziff. A.2.15 bzw. Ziff. A.2.8 AKB 2008/2015 nur durchsetzen kann, wenn der Fahrer mindestens grob fahrlässig gehandelt hat.

84 Der Fahrer wird jedoch bei Geltung der AKB 2008 – anders als nach Ziff. A.2.8 AKB 2015 – nicht über eine Quotelung geschützt.

▼

85 **Muster 15.25: Kein Schutz bei Fahrerregress über eine Quotierung bei Vereinbarung der AKB 2008**

Eine Verpflichtung, die vom Versicherungsnehmer personenverschiedene, in der Kfz-Haftpflichtversicherung mitversicherte Person am Grundsatz der Quotenregelung teilhaben zu lassen, besteht nicht (BAG, Urt. v. 15.11.2012 – Az. 8 AZR 705/11 = DB 2013, 705; LAG München, Urt. v. 27.7.2011 – Az. 11 Sa 319/11 = SP 2012, 104; *Keysers/Nugel*, NJW-Spezial 2008, 681; *Nugel*, Kürzungsquoten nach dem VVG, 2. Aufl. 2012, § 1 Rn 71). Die Quotenregelung der §§ 28, 81 VVG gilt nach ihrem Sinn und Zweck nur zugunsten des Versicherungsnehmers (*Maier/Stadler*, AKB 2008, 2008, Rn 226;). Gegen andere Personen wäre gem. § 86 Abs. 1 S. 1 VVG i.V.m. § 823 Abs. 1 BGB bereits ein Regress bei lediglich einfacher Fahrlässigkeit zulässig. Durch die Regressbeschränkung auf ein grob fahrlässiges Fehlverhalten in den AKB wird der Fahrer bereits hinreichend geschützt, so dass zu einer zusätzlichen Besserstellung auch kein Anlass besteht.

▲

86 Liegen dem konkreten Kraftfahrtversicherungsvertrag jedoch die AKB 2015 zugrunde, stellt sich diese Problematik nicht mehr. Nach Ziff. A.2.8 AKB 2015 erfolgt bei grober Fahrlässigkeit des Fahrers nunmehr eine Quotierung nach der Schwere des Verschuldens entsprechend § 81 Abs. 2 VVG.

XI. Rettungskostenersatz und quotale Kürzung

87 Das System der Quotelung findet auch bei dem Ersatz der Rettungskosten Anwendung. Dabei ist allerdings zu unterscheiden:

---

123 Zuletzt BGH, Beschl. v. 24.7.2013 – Az. IV ZR 110/12 = zfs 2013, 633.

D. Vollkaskoversicherung § 15

1. Verstoß gegen die Obliegenheiten aus § 82 VVG bei objektiv erforderlichen Rettungskosten

Nach § 83 Abs. 1 VVG erhält der Versicherungsnehmer vom Versicherer die erforderlichen Rettungskosten ersetzt, die angefallen sind, um den Eintritt des Versicherungsfalls zu vermeiden oder die Höhe des Schadens zu verringern. Ist der Versicherer berechtigt, seine Leistung im Hinblick auf ein grob fahrlässiges Verhalten des Versicherungsnehmers bei der Erfüllung der Rettungsobliegenheit des § 82 VVG zu kürzen, so darf er gem. § 83 Abs. 2 VVG entsprechend auch den Ersatz der Rettungskosten anteilig kürzen.

88

2. Irrtum über die Erforderlichkeit der Rettungskosten

Hiervon zu unterscheiden ist ein grob fahrlässiges Fehlverhalten des Versicherungsnehmers bei der Annahme, dass die angefallenen Rettungskosten erforderlich bzw. geboten i.S.d. § 83 Abs. 1 S. 1 VVG sind. Hierbei handelt es sich um eine Anspruchsvoraussetzung für den Ersatz von Rettungskosten, die der Versicherungsnehmer beweisen muss. Ein grob fahrlässiger Irrtum in diesem Bereich geht grundsätzlich zu Lasten des Versicherungsnehmers. Eine klassische Fallgruppe stellt hierbei das Ausweichen vor einem Tier dar. Erforderliche Rettungskosten sind z.B. bei einem großen Tier wie einem Reh wegen der damit verbundenen Gefahren für den Kraftfahrer ohne weiteres gegeben. Es entspricht durchaus der Lebenserfahrung, dass ein Kraftfahrer, worunter auch ein Motorradfahrer fällt, ein Ausweichmanöver zumindest auch in Rettungsabsicht bzgl. seines Fahrzeugs vornimmt.[124] Auch bei reflexhaftem Ausweichen, das objektiv auf die Abwendung des Fahrzeugschadens abzielt, ist der Kaskoversicherer zum Ersatz der Rettungskosten verpflichtet.[125] Abzustellen ist hierbei insbesondere auch auf das konkrete Fahrverhalten.[126] Anders sieht dies indes bei kleineren Tieren aus: Da die Gefahren, die sich beispielsweise aus einer Kollision mit einem Fuchs ergeben, als nicht sehr hoch einzuordnen sind, stellt in diesem oder einem vergleichbaren Fall ein willentliches Ausweichen i.d.R. ein grob fahrlässiges Fehlverhalten dar.[127] Bei einem reflexartigen Ausweichen und einer Entscheidung in Sekundenbruchteilen kann aber eine grobe Fahrlässigkeit in subjektiver Hinsicht zu verneinen sein.[128]

89

Wenn aber ein grob fahrlässiger Irrtum angenommen wird, ist fraglich, ob die Rettungskosten nicht zumindest teilweise zu ersetzen sind und sich der Versicherungsnehmer darauf berufen kann, dass der Versicherer nur anteilig eine Kürzung vornehmen dürfte. Nach einer Auffassung in der Literatur[129] ist dies nicht der Fall, da es sich bei der Erforderlichkeit der Rettungskosten um eine vom Versicherungsnehmer zu beweisende

90

---

124 OLG Koblenz, Urt. v. 19.5.2006 – Az. 10 U 1415/05 = NZV 2007, 246.
125 OLG Oldenburg, Urt. v. 22.9.2004 – Az. 3 U 80/04 = zfs 2005, 24.
126 OLG Brandenburg, Urt. v. 18.4.2001 – Az. 14 U 64/00 = VRS 102 (2002), 44.
127 OLG Koblenz, Urt. v. 31.10.2003 – Az. 10 U 1442/02 = zfs 2004, 221 = SP 2004, 198; ferner OLG Frankfurt, Urt. v. 1.8.2001 – Az. 7 U 187/00 = OLGR Frankfurt 2002, 81; LG Marburg, Urt. v. 17.1.2006 – Az. 2 O 80/05 = r+s 2006, 188; siehe auch weitere Nachweise bei *Nugel*, DAR 2011, 484, 486.
128 OLG Zweibrücken, Urt. v. 25.8.1999 – Az. 1 U 218/98 = VersR 2000, 884 allerdings für § 61 VVG a.F.
129 *Maier/Stadler*, AKB 2008, Rn 219.

Voraussetzung für den Erhalt von Rettungskosten handelt und eine Quotierung für den Fall eines grob fahrlässigen Irrtums gerade nicht vorgesehen ist. Diese ablehnende Auffassung dürfte allerdings im Widerspruch zu der bisher in diesem Bereich entwickelten Rechtsprechung und deren grundsätzlichen Erwägungen stehen. Insoweit dürfte zu beachten sein, dass die einschlägige Rechtsprechung aus einer Gleichstellung mit dem Recht zur Leistungsfreiheit bei einer Obliegenheitsverletzung den Grundsatz entwickelt hat, dass dem Versicherungsnehmer nur ein grob fahrlässiger Irrtum schadet. Im Recht der Leistungskürzung wegen einer Obliegenheitsverletzung findet sich jedenfalls der Grundgedanke, dass bei grober Fahrlässigkeit der Versicherungsnehmer i.d.R. einen Anteil an der Versicherungsleistung unter Berücksichtigung der Kürzungsquote erhält. Wenn zum Schutz des Versicherungsnehmers diesem bei dem Ersatz von Rettungskosten nur ein grob fahrlässiges Fehlverhalten schadet, wäre es nur konsequent, in diesem Bereich einen anteiligen Ersatz der Rettungskosten, also gekürzt um die an der Schwere des Verschuldens des Versicherungsnehmers orientierte Quote zuzusprechen.[130] Dies entspricht im Übrigen auch den bisher in diesem Bereich ergangenen Urteilen.[131]

15.26
▼

91 **Muster 15.26: Einwände bei der Leistungskürzung bei Irrtum über erforderliche Rettungskosten**

▓▓▓▓ Versicherung AG

▓▓▓▓

▓▓▓▓

Schaden-Nr./VS-Nr./Az. ▓▓▓▓

Schaden vom ▓▓▓▓

Pkw ▓▓▓▓, amtl. Kennzeichen ▓▓▓▓

Sehr geehrte Damen und Herren,

in vorbezeichneter Angelegenheit komme ich zurück auf Ihre Leistungsablehnung in Höhe von ▓▓▓▓ %, die zu beanstanden ist.

1) Es ist kein grob fahrlässiger Irrtum meiner Mandantschaft über erforderliche Rettungskosten anzunehmen.

a) Zum einen ist bei der hier gegebenen Konstellation eines Ausweichens vor ▓▓▓▓ eine objektiv gebotene Rettungshandlung zu bejahen, da ▓▓▓▓.

b) Und selbst wenn dies nicht der Fall sein sollte, fehlt es an einem grob fahrlässigen Irrtum über die Erforderlichkeit. Bei einem – wie hier erfolgten – reflexartigen Ausweichen und einer Entscheidung in Sekundenbruchteilen ist eine grobe Fahrlässigkeit in subjektiver Hinsicht zu verneinen (so OLG Zweibrücken, Urt. v. 25.8.1999 – Az. 1 U 218/98 = VersR 2000, 884 für § 61 VVG a.F.). Dies insbesondere, wenn in dem hier vorliegenden Fall berücksichtigt wird, dass ▓▓▓▓

---

130 Im Erg. ebenso: *Meixner/Steinbeck*, Das neue Versicherungsvertragsrecht, S. 128; *Hinsch-Timm*, Das neue VVG, Abschnitt C Rn 58.
131 OLG Saarbrücken, Urt. v. 26.1.2011 – Az. 5 U 356/10 = zfs 2011, 331; LG Trier, Urt. v. 3.2.2010 – Az. 4 O 241/09 = zfs 2010, 510, abgeändert durch OLG Koblenz, Urt. v. 14.1.2011 – Az. 10 U 239/10 = SP 2011, 222, das die Frage offengelassen hat.

2) Selbst wenn mein Mandant tatsächlich grob fahrlässig gehandelt haben sollte, steht Ihnen kein Kürzungsrecht in der begehrten Höhe zu. Hier ist ebenfalls eine Quotelung vorzunehmen, die sich an der Schwere des Verschuldens orientiert. Im Recht der Leistungskürzung wegen einer Obliegenheitsverletzung findet sich in den §§ 28, 82 VVG der Rechtsgedanke, dass bei grober Fahrlässigkeit der Versicherungsnehmer i.d.R. einen Anteil an der Versicherungsleistung unter Berücksichtigung der Kürzungsquote erhält. Wenn zum Schutz des Versicherungsnehmers diesem bei dem Ersatz von Rettungskosten nur ein grob fahrlässiges Fehlverhalten schadet, ist es geboten, in diesem Bereich einen anteiligen Ersatz der Rettungskosten, allenfalls gekürzt um die an der Schwere des Verschuldens des Versicherungsnehmers orientierte Quote zuzusprechen (OLG Saarbrücken, Urt. v. 26.1.2011 – Az. 5 U 356/10 = zfs 2011, 331; LG Trier, Urt. v. 3.2.2010 – Az. 4 O 241/09 = zfs 2010, 510; vgl. auch *Meixner/Steinbeck*, Das neue Versicherungsvertragsrecht, 2008, S. 128; *Nugel*, Kürzungsquoten nach dem VVG, 2. Aufl. 2012, § 1 Rn 77).

Hier kann unter Berücksichtigung eines Augenblicksversagens allenfalls ein im unteren Drittel anzusiedelndes Fehlverhalten angenommen werden: ▓.

Ich fordere Sie daher auf, Ihre Rechtsposition nochmals zu überdenken und den von meinem Mandanten verfolgten Kaskoschaden vollständig, zumindest aber in Höhe von ▓ EUR auszugleichen. Hierfür habe ich mir vorsorglich eine Frist notiert bis zum ▓ *(10-Tages-Frist)*.

Mit freundlichen Grüßen

(Rechtsanwalt)

▲

E. Checkliste: Kaskoversicherung

- Teilkasko bietet Schutz bei Elementarschäden (Sturm, Hagel etc.), Brand, Entwendung und Glasbruch.
- Bei Glasbruch ist der Abzug „neu für alt" nur begrenzt möglich.
- Vollkasko bietet darüber hinaus Schutz bei Unfällen.
- Kaskoleistungen sind nach § 81 VVG ausgeschlossen, wenn der Schaden wenigstens grob fahrlässig herbeigeführt wurde. Nach dieser Vorschrift führt nur noch die vorsätzliche Herbeiführung des Versicherungsfalls zu einer vollständigen Leistungsfreiheit, während bei einer grob fahrlässigen Verursachung der Versicherer berechtigt ist, eine Kürzung vorzunehmen, die sich an der Schwere des Verschuldens orientiert.
- Bei der konkreten Quotenbildung bietet sich ein Rückgriff auf die in der Rechtsprechung und Literatur entwickelten Fallgruppen an.
- Durch die Kaskoleistung erwirbt der Kaskoversicherer sämtliche Schadensersatzansprüche des Versicherungsnehmers gegen den Schädiger.
- Der Regress des Kaskoversicherers kann nicht gegen Personen in häuslicher Gemeinschaft mit dem Versicherungsnehmer geltend gemacht werden, es sei denn, diese Personen haben den Versicherungsfall vorsätzlich verursacht (§ 86 Abs. 3 VVG).

§ 15 Kaskoversicherung

- Der Regress des Kaskoversicherers setzt gegenüber dem berechtigten Fahrer voraus, dass der Schadensfall mindestens grob fahrlässig herbeigeführt wurde. Hier ist aber bei Geltung der AKB 2008 keine quotale Leistungskürzung vorzunehmen. Dagegen findet nach den AKB 2015 bei grober Fahrlässigkeit des Fahrers jetzt eine Quotierung nach der Schwere des Verschuldens entsprechend § 81 Abs. 2 VVG statt.
- Bei Mithaftung führt Vollkaskoschutz bei Abrechnung nach Quotenvorrecht zu einer erheblichen Besserstellung des Geschädigten. Dabei ist eine Trennung nach schadenskongruenten und nicht schadenskongruenten Schadenspositionen vorzunehmen.

§ 16 Vertragliche Ansprüche in der Kfz-Haftpflichtversicherung

Isabelle Förtsch

A. Übersicht

Soweit in der Verkehrsunfallbearbeitung von der „Kfz-Haftpflichtversicherung" die Rede ist, muss zwischen drei grundlegend unterschiedlichen Anspruchsrichtungen unterschieden werden, nämlich zwischen 1

- den Haftpflichtansprüchen gegen den Kfz-Haftpflichtversicherer des gegnerischen Kfz,
- den Haftpflichtansprüchen gegen den Kfz-Haftpflichtversicherer des eigenen Kfz und
- den vertraglichen Ansprüchen zwischen Versicherungsnehmer bzw. versicherten Personen und dem Kfz-Haftpflichtversicherer des eigenen Kfz.

Die nachfolgenden Ausführungen beschränken sich allein auf eine Darstellung eines Teils der vertraglichen Ansprüche zwischen dem Versicherungsnehmer bzw. den versicherten Personen des Kfz-Haftpflichtversicherungsvertrags und dem Kfz-Haftpflichtversicherer.

Aus dem Verhältnis des Mandanten zu seinem eigenen Kfz-Haftpflichtversicherer kann eine Vielzahl rechtlicher Probleme resultieren. Die nachfolgenden Ausführungen beschränken sich auf beispielhafte Konstellationen aus Anlass eines Schadenfalls in der Kfz-Haftpflichtversicherung. Wegen typischer Vertragsprobleme, die auch außerhalb eines Schadensfalls auftreten können (z.B. Beginn und Ende des Versicherungsvertrags, Verzug mit der Erst- oder Folgeprämie, Kündigung des Versicherungsvertrags usw.), wird auf die einschlägige versicherungsrechtliche Fachliteratur verwiesen. 2

Durch das System der Kfz-Pflichtversicherung wird gewährleistet, dass der Kfz-Haftpflichtversicherer den Mandanten von sämtlichen Schadensersatzansprüchen Dritter aus Anlass eines Verkehrsunfalls freistellt. Der konkrete Leistungsumfang des Versicherers ist den „Allgemeinen Bedingungen für die Kraftfahrtversicherung (AKB)" zu entnehmen, die jedem Kfz-Haftpflichtversicherungsvertrag zugrunde liegen. Die nachfolgenden Ausführungen orientieren sich am Wortlaut der Muster-AKB des Verbandes der Schadenversicherer aus dem Jahre 2008, dem Jahr der VVG-Reform. In den darauffolgenden Versionen der Muster-AKB haben sich bezüglich der hier angesprochenen Punkte keine Änderungen ergeben. 3

In der Kfz-Haftpflichtversicherung ist der Versicherer dazu verpflichtet, begründete Ansprüche Dritter zu befriedigen und unbegründete Ansprüche abzuwehren. Er hat dabei eine Regulierungsvollmacht, die mit einem erheblichen Ermessensspielraum einhergeht. Der Versicherer hat die Rechtsverteidigungskosten für die Abwehr unbegründeter Ansprüche zu tragen. 4

§ 16 Vertragliche Ansprüche in der Kfz-Haftpflichtversicherung

Der Kfz-Haftpflichtversicherer hat diese Leistungen sowohl gegenüber dem Versicherungsnehmer als auch gegenüber sämtlichen mitversicherten Personen des Versicherungsvertrags zu erbringen. Wer dies ist, wird in A.4 AKB 2008 abschließend aufgezählt. Danach erstreckt sich der Versicherungsschutz insbesondere auch auf den Halter, den Eigentümer und den Fahrer des Fahrzeugs.

B. Obliegenheiten vor dem Versicherungsfall

I. Übersicht

5 Nach Maßgabe der dem Kfz-Haftpflichtversicherungsvertrag zugrunde liegenden AKB haben der Versicherungsnehmer und alle sonstigen mitversicherten Personen des Versicherungsvertrags sowohl vor als auch nach dem Versicherungsfall bestimmte Obliegenheiten zu erfüllen. Wird einer Obliegenheiten zuwider gehandelt, kann dies dazu führen, dass der Versicherer im Innenverhältnis zum Versicherungsnehmer oder der mitversicherten Person ganz oder teilweise gem. § 28 VVG leistungsfrei wird. Dabei wird im Folgenden zwischen den vor und nach Eintritt des Versicherungsfalls zu beachtenden Obliegenheiten differenziert.

6 Die dem Versicherungsnehmer vertraglich auferlegten Obliegenheiten vor Eintritt des Versicherungsfalles sind in Abschnitt D.1 bzw. D.2 AKB 2008 geregelt. Danach kann Leistungsfreiheit eintreten bei Verwendung des Fahrzeugs

- zu einem anderen als im Versicherungsantrag angegebenen Zweck;
- durch einen unberechtigten Fahrer;
- ohne die dafür erforderliche Fahrerlaubnis;
- zu Wettrennen;
- unter Einfluss alkoholischer Getränke oder anderer berauschender Mittel, wenn dadurch das Fahrzeug nicht mehr sicher geführt werden kann.

7 Wird einer Obliegenheiten zuwider gehandelt, kann dies dazu führen, dass der Versicherer im Innenverhältnis zum Versicherungsnehmer oder der mitversicherten Person ganz oder teilweise gem. § 28 Abs. 2 VVG leistungsfrei wird. Dies ändert jedoch nichts an der Verpflichtung des Versicherers, die berechtigten Ansprüche des Geschädigten auf Schadensersatz aus Anlass des Schadensfalls zu befriedigen. Es gilt insoweit der aus § 115 VVG resultierende Direktanspruch. Nach § 117 Abs. 1 VVG bleibt die Verpflichtung zur Leistung gegenüber einem Dritten auch dann bestehen, wenn der Versicherer im Innenverhältnis zu seinem Versicherungsnehmer ganz oder teilweise leistungsfrei ist. Es handelt sich bei den Regressansprüchen des Versicherers gegen seinen Versicherungsnehmer/die mitversicherte Person daher um einen Gesamtschuldnerinnenausgleich. Die teilweise oder vollständige Leistungsfreiheit berechtigt den Versicherer also „lediglich" dazu, den Versicherungsnehmer in entsprechender Höhe in Regress zu nehmen.

8 Verletzt der Versicherungsnehmer eine vor Eintritt des Versicherungsfalls zu beachtende Obliegenheit, ist der Versicherer nach § 28 Abs. 1 VVG zu einer fristlosen Kündigung

des Vertragsverhältnisses berechtigt. Er muss dies jedoch nicht tun, um leistungsfrei zu werden. Sowohl eine Leistungsfreiheit als auch ein Kündigungsrecht des Versicherers setzen aber voraus, dass der Versicherungsnehmer zumindest grob fahrlässig oder gar vorsätzlich gehandelt hat. Allerdings wird gem. § 28 Abs. 2 S. 2 VVG bei einer feststehenden Obliegenheitsverletzung eine grobe Fahrlässigkeit des Versicherungsnehmers vermutet. Dieser muss dann beweisen, dass ein geringerer oder gar kein Verschuldensgrad gegeben ist.

Der Versicherer wird bei einer vorsätzlichen Obliegenheitsverletzung insoweit leistungsfrei, wie sich die Obliegenheit auf den Eintritt des Versicherungsfalles bzw. die Feststellungen des Versicherers zur Haftung dem Grunde oder der Höhe nach ausgewirkt haben. Dem Versicherungsnehmer wird mithin gem. § 28 Abs. 3 S. 1 VVG die Möglichkeit des Kausalitätsgegenbeweises eröffnet, es sei denn, er hat die Obliegenheitsverletzung arglistig begangen. In der Praxis wird der Kausalitätsgegenbeweis bei den vor Eintritt des Versicherungsfalls zu beachtenden Obliegenheiten jedoch kaum geführt werden können. Insbesondere bei Alkoholfahrten reicht eine bloße Mitursächlichkeit des Alkohols für den Eintritt des Versicherungsfalls bereits aus.[1] Dies ergibt sich auch aus dem Wortlaut der entsprechenden Regelung in den AKB.

II. Muster: Einwand bei Regress des Versicherers wegen alkoholbedingter Fahruntüchtigkeit nach dem neuen VVG

▼

Muster 16.1: Einwand bei Regress des Versicherers wegen alkoholbedingter Fahruntüchtigkeit nach dem neuen VVG

███ Versicherung AG

███

███

Schaden-Nr./VS-Nr./Az. ███

Schaden vom ███

Pkw ███, amtl. Kennzeichen ███

Sehr geehrte Damen und Herren,

ausweislich der beiliegenden Vollmacht beauftragte mich Ihr Versicherungsnehmer, Herr ███ aus ███, mit der Wahrnehmung seiner Interessen in der im Betreff genannten Angelegenheit. Anlass zur Beauftragung gibt Ihr Schreiben vom ███. Darin machen Sie gegen meinen Mandanten aus Anlass des Schadensfalls vom ███ einen Regressanspruch in Höhe von ███ EUR geltend. Zur Begründung führen Sie aus, mein Mandant habe den Verkehrsunfall im Zustand alkoholbedingter Fahruntüchtigkeit herbeigeführt.

Nach eingehender Prüfung der hier interessierenden Fragen zur Sach- und Rechtslage vermag ich mich der von Ihnen vertretenen Auffassung nicht anzuschließen.

---

[1] OLG Düsseldorf, Urt. v. 23.12.2010 – I-4 U 101/10, 4 U 101/10.

§ 16 Vertragliche Ansprüche in der Kfz-Haftpflichtversicherung

(1) Mein Mandant war in der Lage, ein Kfz sicher zu führen. Auch im Rahmen des Abschnitts D.2 AKB 2008 ist zwischen absoluter und relativer Fahruntüchtigkeit im strafrechtlichen Sinn zu unterscheiden. Da die BAK im Falle meines Mandanten weniger als 1,1g‰ betrug, lag keine absolute Fahruntüchtigkeit vor. Danach steht die Fahruntüchtigkeit nicht allein wegen der festgestellten BAK fest. Vielmehr ist es erforderlich, dass neben dem Einfluss alkoholischer Getränke weitere Umstände hinzukommen, die auf eine Fahruntüchtigkeit schließen lassen (u.a. OLG Frankfurt r+s 1993, 289). Hier liegt ein Fahrfehler vor, der im Straßenverkehr häufig vorkommt: ▓▓▓▓. Der von Ihnen frei von Zweifeln zu beweisende Zusammenhang mit einer Fahruntüchtigkeit meines Mandanten ist nicht gegeben.

(2) Unabhängig davon verkennen Sie, dass Sie gem. § 28 Abs. 2 S. 2 VVG nur dann leistungsfrei werden, wenn mein Mandant mindestens grob fahrlässig verkannt hat, dass er fahruntüchtig gewesen ist und deshalb eine Obliegenheitsverletzung begeht. Unter Berücksichtigung folgender Umstände ist ein diesbezüglich als grob fahrlässig anzusehendes Fehlverhalten abzulehnen:

Eine grobe Fahrlässigkeit wäre nur gegeben, wenn die im Verkehr erforderliche Sorgfalt in besonders hohem Maße außer Acht und das Nächstliegende, das jedem in der gegebenen Situation einleuchtet, nicht beachtet worden wäre. In subjektiver Hinsicht muss unter Berücksichtigung der individuellen Fähigkeiten ein unentschuldbares Fehlverhalten und gesteigertes Verschulden vorliegen (BGH VersR 1989, 141). Beide Voraussetzungen sind vorliegend nicht gegeben: ▓▓▓▓.

(3) Zu guter Letzt ist zu berücksichtigen, dass Sie eine vollständige Leistungsfreiheit geltend machen, ohne dass für eine – von Ihnen zu beweisende – vorsätzliche Obliegenheitsverletzung meines Mandanten Anhaltspunkte ersichtlich wären. Gem. § 28 Abs. 2 S. 2 VVG sind Sie daher – für den Fall einer unterstellten groben Fahrlässigkeit meines Mandanten – allenfalls zu einer Kürzung in einer Höhe berechtigt, die der Schwere des Verschuldens entspricht. Im Fall einer relativen Fahruntüchtigkeit hat sich als Einstiegswert eine Kürzungsquote von 50 % durchgesetzt (OLG Hamm, Urt. v. 25.8.2010 – 20 U 74/10 – zfs 2010, 643; *Nugel*, Kürzungsquoten nach dem VVG, § 2 Rn 16 m.w.N.), und Umstände, welche eine weitergehende Kürzung rechtfertigen, sind von Ihnen zu beweisen. Hieran fehlt es vorliegend jedoch, da ▓▓▓▓.

Zusammenfassend habe ich Sie deshalb aufzufordern, innerhalb einer Frist von ▓▓▓▓ *(10-Tages-Frist)*

schriftlich zu bestätigen, dass Sie aus Anlass des Schadensfalls keinen Regressanspruch gegen meinen Mandanten geltend machen. Sollten Sie die Frist ungenutzt verstreichen lassen, werde ich meinen Mandanten über die Möglichkeiten einer negativen Feststellungsklage informieren.

Mit freundlichen Grüßen

(Rechtsanwalt)

▲

11 Ein gewichtiges Indiz für eine besonders schwerwiegende grobe Fahrlässigkeit des Versicherungsnehmers kann darin liegen, wenn er mit seinem Verhalten bei der Verursachung des Versicherungsfalles zugleich einen Straftatbestand erfüllt. Die gesetzgeberische Wertung, zum Schutz der betroffenen Rechtsgüter ein gefährliches Verhalten mit einer Strafrechtsnorm unter die höchste Sanktion zu stellen, welche der Staat gegenüber dem Bürger bei einem Verstoß androhen kann, bildet zugleich die Basis, um zu Lasten des Versicherungsnehmers von einem besonders erheblichen Fehlverhalten auszugehen. Hierzu zählen insbesondere die Vorschriften der §§ 315c, 316 StGB im Verkehrsbereich.[2]

Angesichts der erheblichen Gefährdung anderer Verkehrsteilnehmer, des hohen Bekanntheitsgrades der Auswirkungen einer alkoholisierten Fahrt sowie der Wertung der §§ 315c, 316 StGB ist zu überlegen, ob es – zumindest in den Fällen einer absoluten Fahruntüchtigkeit – angemessen ist, i.d.R. eine vollständige Leistungsfreiheit des Versicherers anzunehmen und hiervon nur in begründeten Ausnahmefällen abzuweichen.[3] Diese Auffassung teilt der BGH nicht. Zwar schließe weder der Wortlaut, noch die Entstehungsgeschichte der Norm eine Kürzung auf Null aus.[4] In seinen Grundsatzentscheidungen hat der BGH darauf hingewiesen, dass eine derartige pauschale Bewertung nicht zulässig ist. Es bedürfe stets einer gesonderten Prüfung des Einzelfalls.[5]

Für die Fallgruppe, dass der Versicherungsnehmer im Zustand der relativen Fahruntüchtigkeit das Fahrzeug führt, schlägt das OLG Hamm unter Beachtung der Tatsache, dass es sich (immer noch) um einen der schwerwiegendsten Verkehrsverstöße handelt, eine Kürzungsquote vor, die bei einer BAK von 0,3 Promille bei 50 % beginnt und mit zunehmender Alkoholisierung bis hin zu einer vollständigen Leistungsfreiheit ansteigt.[6] Diese Vorgehensweise scheint sich in der Rechtsprechung durchzusetzen, wobei zu betonen ist, dass es sich nur um einen Einstiegswert handelt, dem sich eine genaue Prüfung des Einzelfalls, insbesondere im Hinblick auf subjektive Momente, anschließt.

III. Regresshöchstgrenzen

Gem. § 5 KfzPflVV berechtigt eine solche Obliegenheitsverletzung den Versicherer dazu, den Versicherungsnehmer oder eine andere versicherte Person, die die Obliegenheit verletzt hat, in Höhe eines Betrags von bis zu 5.000 EUR je Versicherungsfall im Innenverhältnis unter Gesamtschuldnern gem. § 116 Abs. 1 S. 2 VVG in Regress zu nehmen. Liegt lediglich eine grob fahrlässige Obliegenheitsverletzung des Versicherungsnehmers vor, ist der Versicherer nach § 28 Abs. 2 S. 2 VVG an sich nur zu einer Leistungskürzung in Form einer Quote berechtigt, die sich am Verschuldensgrad des Versicherungsnehmers orientiert. Insoweit gilt der Grundsatz „Quote vor Regress": Es wird erst eine Kürzungsquote gebildet und der Regressbetrag um diese gekürzt. Im zweiten Schritt erfolgt die Kürzung auf den Haftungshöchstbetrag (Quote vor Höchstgrenze).[7] Dies wird auch in der Rechtsprechung anerkannt.[8]

---

2 *Nugel*, Kürzungsquoten nach dem VVG, § 2 Rn 10 ff.
3 Ebenso die Empfehlung des AK 2 des 47. VGT 2009, NZV 2009, 125.
4 BGH, Urt. v. 11.1.2012 – IV ZR 251/10.
5 BGH, Urt. v. 22.6.2011 – IV ZR 225/10 = SP 2011, 300; BGH, Urt. v. 11.1.2012 – IV ZR 251/10.
6 OLG Hamm, Urt. v. 25.8.2010 – 20 U 74/10 = zfs 2010, 634.
7 *Maier/Stadler*, AKB 2008, Rn 148; *Nugel*, Kürzungsquoten nach dem VVG, § 1 Rn 67 m.w.N.
8 LG Bochum, Urt. v. 2.3.2012 – I-5 S 102/11 – juris.

C. Obliegenheiten nach dem Versicherungsfall

I. Übersicht

15 Die Obliegenheiten in der Kfz-Haftpflichtversicherung nach dem Versicherungsfall werden in den AKB in Abschnitt E.1 und für die KH-Versicherung zusätzlich in Abschnitt E.2 AKB 2008 geregelt. Danach ist der Versicherungsnehmer u.a. dazu verpflichtet,

- jeden Versicherungsfall unverzüglich gegenüber dem Versicherer anzuzeigen (Anzeigepflicht);
- alles zu tun, was zur Aufklärung des Tatbestandes dienlich sein kann (Aufklärungspflicht);
- alles zu tun, was zur Minderung des Schadens dienlich sein kann (Schadensminderungspflicht);
- die Erhebung einer Klage gegen den Versicherungsnehmer unverzüglich anzuzeigen;
- dem Versicherer im Falle einer gerichtlichen Auseinandersetzung die Prozessführung zu überlassen (Prozessführungsbefugnis des Versicherers).

16 Zur Aufklärungspflicht des Versicherungsnehmers oder der mitversicherten Person gehört es u.a., sich nicht unerlaubt vom Unfallort zu entfernen.[9] Darüber hinaus darf kein Nachtrunk begangen werden.[10]

Rechtsfolge der Obliegenheitsverletzung in der Kfz-Haftpflichtversicherung nach dem Versicherungsfall ist ebenfalls die beschränkte Leistungsfreiheit des Versicherers. Der Regress wird gem. § 6 Abs. 1 KfzPflVV in der Regel auf 2.500 EUR je Versicherungsfall, in besonders schwerwiegenden Fällen auf 5.000 EUR je Versicherungsfall (Abs. 3) beschränkt. Letzteres wird z.B. bejaht, wenn der Versicherungsnehmer im Zustand der Trunkenheit einen Unfall mit besonders schweren Schäden verursacht, den Sachverhalt jedoch verschleiern möchte.

17 Zu beachten ist ferner, dass die Leistungsfreibeträge bei der Verletzung von sowohl vor als auch nach Eintritt des Versicherungsfalls zu beachtenden Obliegenheiten addiert werden können.[11] Dies ergibt sich aus den unterschiedlichen Schutzrichtungen der jeweiligen Obliegenheiten. Aufgrund der Addition kann zu einer Leistungsfreiheit von bis zu 10.000 EUR je Versicherungsfall kommen.

▼

18 **Muster 16.2: Regress bei schwerwiegender Aufklärungspflichtverletzung**
Eine besonders schwerwiegende Verletzung der Aufklärungsobliegenheit ist gegeben, wenn sich der Verschuldensvorwurf von einer üblichen Obliegenheitsverletzung deutlich abhebt (*Maier*, in: Stiefel/Maier, AKB, 18. Auflage, AKB E Rn 46 ff.). Dabei ist auch das Ausmaß des verursachten Schadens zu berücksichtigen, so dass bei einem unerlaubten Entfernen vom Unfallort bei einem Personenschaden eine solche schwerwiegende Verlet-

---

9 BGH zfs 2000, 68 ff.
10 BGH VersR 1967, 125.
11 BGH, Urt. v. 14.9.2005 – IV ZR 216/04.

zung anzunehmen ist (OLG Karlsruhe zfs 1999, 478). Dies gilt erst recht, wenn die versicherte Person dazu noch einen Nachtrunk vornimmt und damit die Ermittlung ihrer Alkoholisierung erschwert (OLG Bamberg VersR 1981, 65). Auch zusätzliche falsche Angaben tragen zu einer schwerwiegenden Obliegenheitsverletzung bei (OLG Köln r+s 1982, 223).

▲

Genau wie bei einer Obliegenheitsverletzung vor Eintritt des Versicherungsfalls gilt auch bei einer Obliegenheitsverletzung nach Eintritt des Versicherungsfalls, dass der Versicherer lediglich bei einer vorsätzlichen Obliegenheitsverletzung im vollen Umfang leistungsfrei wird. Im Fall der grob fahrlässig begangenen Obliegenheitsverletzung steht dem Versicherer ein vom ihm auszuübendes Leistungskürzungsrecht zu, welches sich an der Schwere des Verschuldens zu orientieren hat.

Von besonderer Bedeutung ist, dass der Versicherungsnehmer eine Leistungskürzung des Versicherers verhindern kann, wenn er nachweist, dass seine Obliegenheitsverletzung sich weder auf die Feststellung des Versicherungsfalles noch auf die Feststellungen des Versicherers zu einer Leistungsverpflichtung dem Grunde oder der Höhe nach ausgewirkt hat,§ 28 Abs. 3 S. 1 VVG. Der Versicherer wird nur leistungsfrei, soweit sich die Obliegenheitsverletzung ausgewirkt hat.

Damit der Versicherungsnehmer jedoch nicht risikolos derartige Falschangaben tätigen kann, hat der Gesetzgeber in § 28 Abs. 3 S. 2 VVG eine Leistungsfreiheit des Versicherers trotz fehlender Kausalität der Falschangabe vorgesehen, wenn der Versicherungsnehmer arglistig gehandelt hat. In der Gesetzesbegründung heißt es hierzu, dass der betrügerische Versicherungsnehmer nicht geschützt werden dürfe.[12] Diese Begründung ist aber zu eng gefasst und verkennt die Reichweite des in der Rechtsprechung entwickelten Arglistbegriffs. Der BGH hat bisher Arglist bereits dann angenommen, wenn der Versicherungsnehmer sich der Möglichkeit bewusst gewesen ist, durch die falschen Angaben die Schadensregulierung beeinflussen zu können.[13] Für diese Annahme kann das Bestreben des Versicherungsnehmers genügen, Schwierigkeiten bei der Regulierung vermeiden zu wollen.[14]

II. Falsche Angaben zum Unfallhergang

Eine in der Praxis häufig vorkommende Obliegenheitsverletzung ist die Angabe eines in dieser Art und Weise nicht zutreffenden Schadenshergangs. Auch ein derartiger falscher Vortrag begründet eine Obliegenheitsverletzung nach Eintritt des Versicherungsfalls.

---

12 Begründung des RegE vom 16.10.2006, S. 141 ff., u.a. einzusehen über *www.bmj.bund.de*.
13 BGH VersR 1987, 149.
14 BGH VersR 1986, 77; OLG Frankfurt NVersZ 2001, 37; OLG Saarbrücken VersR 1997, 826.

§ 16 Vertragliche Ansprüche in der Kfz-Haftpflichtversicherung

1. Vorsatz und grob fahrlässige Falschauskunft des Versicherungsnehmers

22 Beruft sich der Versicherer darauf, dass der Versicherungsnehmer bewusst eine falsche Angabe zum Hergang getätigt hat, ist von einem grob fahrlässigen Handeln des Versicherungsnehmers zunächst auszugehen. Es obliegt dem Versicherungsnehmer, sich hiervon zu entlasten. Eine genaue Prüfung des Einzelfalls ist geboten. Sollte der Versicherer allerdings von einem vorsätzlichen Handeln des Versicherungsnehmers ausgehen, so trägt er insoweit die Beweislast.

> *Beispiel*
> Ergibt ein unabhängiges Gutachten, dass der Versicherungsnehmer entgegen seiner Behauptung doch rückwärts gefahren ist und nicht bereits 10 Sekunden vor einem angeblichen Auffahrunfall stand, dürfte eine vorsätzliche Falschauskunft des Versicherungsnehmers nahe liegen. Hat der Versicherungsnehmer dagegen lediglich behauptet, er wäre lediglich einen Augenblick vor der Kollision wegen eines Abbremsens bei der Rückwärtsfahrt zum Stehen gekommen, dürfte diese Fehleinschätzung des konkreten Unfallablaufs bzgl. einzelner Sekundenabschnitte verzeihlich sein und keine grob fahrlässige Falschangabe vorliegen.

2. Kausalitätsgegenbeweis und Arglist

23 Wird der Versicherer durch die Falschangabe des Versicherungsnehmers zur Aufnahme eines Prozesses veranlasst und stellt sich im Prozess heraus, dass eine (bewusste) Falschangabe des Versicherungsnehmers vorliegt, hat sich die Falschauskunft des Versicherungsnehmers bereits konkret in der Form ausgewirkt, dass bei wahrheitsgemäßer Auskunft kein Prozess aufgenommen und die dadurch verursachten Kosten erspart worden wären. Stellt sich bereits bei der außergerichtlichen Regulierung durch den Versicherungsnehmer heraus, dass die Unfallversion des Versicherungsnehmers nicht stimmt und reguliert der Versicherer sodann aus seiner Sicht angemessen, hat sich die Falschauskunft auf die Regulierung nicht ausgewirkt. Im Fall einer arglistigen Falschauskunft wäre aber auch in diesem Fall dem Versicherungsnehmer der Kausalitätsgegenbeweis verwehrt und der Versicherer könnte im Rahmen der Höchstgrenzen des § 6 KfzPflVV regressieren. Im Übrigen hätte sich die Falschauskunft auch konkret ausgewirkt, wenn dem Versicherer Aufwendungen bei der Einholung eines Gutachtens entstanden sind, mit dem erst der konkrete Sachverhalt ermittelt werden konnte.

3. Belehrungserfordernis

24 In den Fällen der Verletzung einer nach Eintritt des Versicherungsfalls zu beachtenden Obliegenheit ist jedoch immer gesondert zu prüfen, ob der Versicherer eine dem Erfordernis des § 28 Abs. 4 VVG entsprechende Belehrung erteilt hat. Liegen lediglich mündliche Auskünfte des Versicherungsnehmers in einem Telefonat oder eine ergänzende Angabe gegenüber dem vom Versicherer beauftragten Sachverständigen vor, kann es an einer solchen Belehrung fehlen. Zu beachten ist aber auch, dass dem Versicherungsneh-

mer i.d.R. ein Schadensanzeigeformular zugesandt worden sein wird, in welchem sich eine umfassende Belehrung befindet. Diese wirkt i.d.R. für einen längeren Zeitraum fort,[15] so dass der Versicherer nicht bei jeder sich anschließenden Befragung eine gesonderte Belehrung erteilen muss.[16] Zudem ist auch fraglich, ob eine Belehrung erforderlich ist, wenn der Versicherungsnehmer arglistig falsche oder unvollständige Angaben macht.

Das Belehrungserfordernis entfällt, wenn es sich um eine spontan vom Versicherungsnehmer zu beachtende Obliegenheit handelt, wie die Obliegenheit, sich nicht unerlaubt vom Unfallort zu entfernen.

▼

Muster 16.3: Einwand bei Regress des Versicherers bei unzutreffender Schilderung des Unfalls

▓▓▓▓ Versicherung AG

Schaden-Nr./VS-Nr./Az. ▓▓▓▓

Schaden vom ▓▓▓▓

Pkw ▓▓▓▓, amtl. Kennzeichen ▓▓▓▓

Sehr geehrte Damen und Herren,

ausweislich der beiliegenden Vollmacht beauftragte mich Ihr Versicherungsnehmer, Herr ▓▓▓▓ aus ▓▓▓▓, mit der Wahrnehmung seiner Interessen in der im Betreff genannten Angelegenheit. Anlass zur Beauftragung gibt Ihr Schreiben vom ▓▓▓▓. Darin machen Sie gegen meinen Mandanten aus Anlass des Schadensfalls vom ▓▓▓▓ einen Regressanspruch in Höhe von 2.500 EUR geltend. Zur Begründung führen Sie aus, mein Mandant habe durch angeblich falsche Angaben eine Obliegenheitsverletzung begangen. Nach eingehender Prüfung der hier interessierenden Fragen zur Sach- und Rechtslage vermag ich mich der von Ihnen vertretenen Auffassung nicht anzuschließen.

1) Es fehlt bereits an einer vorsätzlichen Falschauskunft. Die Sachverhaltsschilderung meiner Mandantschaft ist in der Sache zutreffend bzw. angesichts des schnellen Verlaufs des Unfallgeschehens liegt zumindest keine bewusste Falschauskunft vor: ▓▓▓▓.

2) Unabhängig hiervon scheidet ein Regress bereits deshalb aus, weil Ihnen der nach ihrer Meinung zutreffende Sachverhalt bereits bekannt ist und sich eine unterstellte Falschauskunft nicht ursächlich auf Ihre Feststellungen i.S.d. § 28 Abs. 3 S. 1 VVG ausgewirkt hat: ▓▓▓▓.

3) Und zudem ist darauf hinzuweisen, dass es an einer rechtzeitigen sowie formal und inhaltlich korrekten Belehrung i.S.d. § 28 Abs. 4 VVG fehlt. Zumindest haben Sie nicht den Nachweis dafür erbracht, dass meinen Mandanten eine solche gesonderte Belehrung rechtzeitig vor der erteilten Auskunft erreicht hat: ▓▓▓▓.

4) Zusammenfassend habe ich Sie deshalb aufzufordern, innerhalb einer Frist von

---

15 OLG Köln SP 2005, 392: 2 Wochen sind unschädlich; weitergehend OLG Hamm, Urt. v. 28.3.2003 – 20 U 196/02 – juris: Eine Belehrung wirkt auch über 4 Wochen fort.
16 Bei einer weiteren Auskunft, die ein Jahr zurückliegt, muss aber eine gesonderte Belehrung erfolgen, vgl. OLG Hamm zfs 2001, 117.

(10-Tages-Frist)

schriftlich zu bestätigen, dass Sie aus Anlass des Schadensfalls keinen Regressanspruch gegen meinen Mandanten geltend machen. Sollten Sie die Frist ungenutzt verstreichen lassen, werde ich meinen Mandanten über die Möglichkeiten einer negativen Feststellungsklage informieren.

Mit freundlichen Grüßen

(Rechtsanwalt)

▲

III. Keine Schadensanzeige durch den Versicherungsnehmer

27 In der Kfz-Versicherung kommt es auch häufiger vor, dass der Versicherungsnehmer eine Schadensanzeige insgesamt oder innerhalb der in den AKB vorgesehenen Frist von einer Woche unterlässt. Auch dies stellt eine Obliegenheitsverletzung nach Eintritt des Versicherungsfalls dar, die den Versicherer zu einem Regress berechtigen kann.

1. Vorsatz und grobe Fahrlässigkeit

28 Die Rechtsprechung geht davon aus, dass der Versicherungsnehmer i.d.R. nicht bewusst seinen Versicherungsschutz gefährdet, also insoweit nicht vorsätzlich handelt. Zu Gunsten des Versicherers kann jedoch von einem vorsätzlichen Unterlassen der Schadensanzeige ausgegangen werden, wenn der Versicherungsnehmer trotz mehrfacher Aufforderung die ihm zugesendeten Schadensanzeigeformulare nicht ausfüllt und zurücksendet. Eine vorsätzliche Nichtanzeige liegt auch vor, wenn der Versicherungsnehmer die Anzeige nur deshalb unterlässt, weil er davon ausgeht, dass aus rechtlichen Gründen kein Anspruch gegen ihn besteht und sich sodann bewusst über seine Anzeigepflicht hinwegsetzt.[17] Es liegt dann bei dem Versicherungsnehmer im Rahmen seiner sekundären Darlegungslast, den Grund für Obliegenheitsverletzung plausibel zu erklären. Im Übrigen muss sich der Versicherungsnehmer zumindest von seiner vermuteten groben Fahrlässigkeit exkulpieren, wobei die Rechtsprechung davon ausgeht, dass es dem Versicherungsnehmer unschwer möglich gewesen wäre, seine diesbezügliche Obliegenheit durch einen Blick in die AKB zu erkennen und dass Unterlassen dieser Einsicht i.d.R. grob fahrlässig[18] ist.

2. Kausalitätsgegenbeweis und Arglist

29 Dem Versicherungsnehmer dürfte es aber im Bereich der Kraftfahrzeughaftpflichtversicherung in vielen Fällen möglich sein, den Kausalitätsgegenbeweis zu führen, es sei denn, man lässt die bloß abstrakte Gefährdung des Aufklärungsinteresse des Versicherers im Rahmen des § 28 Abs. 3 S. 1 VVG genügen. Der Versicherer wird, wenn keine rechtzeitige Stellungnahme des Versicherungsnehmers vorliegt, im Rahmen des ihm

---

17 OLG Köln VersR 2005, 1231; OLG Saarbrücken VersR 2002, 51.
18 OLG Koblenz OLGR Koblenz 2009, 195; KG r+s 2003, 199; OLG Hamm VersR 1975, 749.

C. Obliegenheiten nach dem Versicherungsfall § 16

zustehenden Regulierungsermessens und der ihm in der Rechtsprechung eingeräumten Prüfungsfrist von 4–6 Wochen[19] gut vertretbar den vom Unfallgegner geschilderten Sachverhalt seiner Regulierung zugrunde legen können. Zwingend ist eine solche „frühe" Regulierung jedoch nicht. Spätestens wenn der Versicherer Einsicht in die amtliche Ermittlungsakte erhält dürfte er i.d.R. über ausreichende Erkenntnisse verfügen, um den Verkehrsunfall einer vertretbaren Regulierung zuführen zu können, ohne dass eine darüber hinausgehende Stellungnahme des Versicherungsnehmers dem entgegensteht. Insoweit unterscheidet sich der Tatbestand der verspätete Anzeige im Bereich der Kfz-Haftpflichtversicherung von der der Kaskoversicherung, wenn der Versicherungsnehmer den Unfall nicht polizeilich aufnehmen lässt und die Anzeige so spät erfolgt, dass eigene erfolgversprechende Ermittlungen des Versicherers vereitelt werden.[20]

▼

Muster 16.4: Einwand bei Regress des Versicherers bei fehlender Schadensanzeige

░░░ Versicherung AG

░░░

░░░

Schaden-Nr./VS-Nr./Az. ░░░

Schaden vom ░░░

Pkw ░░░, amtl. Kennzeichen ░░░

Sehr geehrte Damen und Herren,

ausweislich der beiliegenden Vollmacht beauftragte mich Ihr Versicherungsnehmer, Herr ░░░ aus ░░░, mit der Wahrnehmung seiner Interessen in der im Betreff genannten Angelegenheit. Anlass zur Beauftragung gibt Ihr Schreiben vom ░░░. Darin machen Sie gegen meinen Mandanten aus Anlass des Schadensfalls vom ░░░ einen Regressanspruch in Höhe von 2.500 EUR geltend. Zur Begründung führen Sie aus, mein Mandant habe eine Obliegenheitsverletzung in Form einer fehlenden Schadensanzeige begangen. Nach eingehender Prüfung der hier interessierenden Fragen zur Sach- und Rechtslage vermag ich mich der von Ihnen vertretenen Auffassung nicht anzuschließen.

1) Es fehlt bereits an einer vorsätzlichen Falschauskunft. Die Rechtsprechung geht davon aus, dass der Versicherungsnehmer i.d.R. nicht bewusst seinen Versicherungsschutz gefährdet und daher zugunsten des Versicherers keine entsprechende Vermutung eingreift (BGH VersR 1979, 1117; OLG Hamm zfs 2005, 193). Im Übrigen liegt ein bewusstes Unterlassen der Schadensanzeige auch deshalb fern, weil ░░░.

2) Unabhängig hiervon scheidet ein Regress bereits deshalb aus, weil Ihnen der nach ihrer Meinung zutreffende Sachverhalt bereits bekannt ist und sich eine unterstellte Falschauskunft nicht ursächlich auf Ihre Feststellungen i.S.d. § 28 Abs. 3 S. 1 VVG ausgewirkt hat: ░░░.

3) Und zudem ist darauf hinzuweisen, dass es an einer rechtzeitigen sowie formal und inhaltlich korrekten Belehrung i.S.d. § 28 Abs. 4 VVG fehlt. Zumindest haben Sie nicht

---

[19] Vgl. OLG Rostock MDR 2001, 935.
[20] Vgl. OLG Koblenz OLGR Koblenz 2009, 195.

den Nachweis dafür erbracht, dass meinen Mandanten eine solche gesonderte Belehrung rechtzeitig vor der erteilten Auskunft erreicht hat: ▓.

4) Zusammenfassend habe ich Sie deshalb aufzufordern, innerhalb einer Frist von

▓ *(10-Tages-Frist)*

schriftlich zu bestätigen, dass Sie aus Anlass des Schadensfalls keinen Regressanspruch gegen meinen Mandanten geltend machen. Sollten Sie die Frist ungenutzt verstreichen lassen, werde ich meinen Mandanten über die Möglichkeiten einer negativen Feststellungsklage informieren.

Mit freundlichen Grüßen

(Rechtsanwalt)

D. Regulierungsvollmacht des Versicherers

31 Gemäß Abschnitt A.1.1.4, E.2.4 AKB 2008 gilt der Versicherer als bevollmächtigt, im Namen der versicherten Personen Ansprüche aus Anlass eines Schadensfalls zu befriedigen und/oder abzuwehren und alle dafür zweckmäßig erscheinenden Erklärungen im Rahmen pflichtgemäßen Ermessens abzugeben. Die Regulierungsvollmacht des Versicherers umfasst das Recht zum Anerkenntnis, zur Zahlung, zum Abschluss gerichtlicher oder außergerichtlicher Vergleiche, zur Aufnahme von Prozessen, zu Kostenübernahmeerklärungen, zum Verzicht auf die Einrede der Verjährung und auch zur Beauftragung von Rechtsanwälten für den Versicherer und die versicherten Personen.

Hintergrund dieser Regelung ist, dass der Kfz-Haftpflichtversicherer sämtliche begründeten Ansprüche aus Anlass eines Schadensfalls ausgleichen muss. Wenn er hierzu verpflichtet ist, soll er auch grundsätzlich allein darüber entscheiden dürfen, in welchen Fällen er in die Regulierung eintritt und in welchen nicht. Im Rahmen dieser Entscheidung ist er allein an die Grundsätze pflichtgemäßen Ermessens gebunden.[21] Das Regulierungsermessen ist einer gerichtlichen Überprüfung zwar zugänglich, jedoch ist eine Regulierungsentscheidung des Versicherers nur in bestimmten Ausnahmefällen für den Versicherungsnehmer nicht verbindlich.[22] Das Regulierungsermessen des Versicherers ist grundsätzlich weit gefasst[23] und kann durch das Gericht nur auf grobe Fehler hin überprüft werden.[24] Dabei ist der Versicherer sogar dazu berechtigt, einen Rechtsstreit durch eine Regulierung zu vermeiden, wenn dies allein aus wirtschaftlichen Überlegungen erfolgt.[25]

32 Wird ein Schaden durch den Kfz-Haftpflichtversicherer reguliert, führt dies automatisch zur Rückstufung des Versicherungsnehmers in der Schadensfreiheitsklasse. Dieser Um-

---

21 OLG Hamm NJW 2005, 3077; OLG Koblenz VersR 1979, 342; LG Berlin r+s 2007, 10.
22 *Nugel*, VRR 2008, 244 ff.
23 LG München NZV 2003, 333; AG Mannheim SP 2004, 387.
24 AG Berlin SP 2003, 434.
25 LG Marburg SP 2001, 247.

stand allein ist nicht dazu geeignet, die Regulierungsvollmacht zu begrenzen.[26] Eine Regulierung durch den Versicherer hat somit nicht nur Vorteile. Der Vorteil, durch den Versicherer von einer Schadensersatzverpflichtung befreit zu werden, kehrt sich in einen Nachteil um, wenn die Regulierung zu Unrecht erfolgt. Der Versicherungsnehmer muss eine Entscheidung des Versicherers dann nicht gegen sich gelten lassen, wenn offensichtlich ist, dass der Versicherer sein Regulierungsermessen falsch ausgeübt hat.[27] Dies erfordert, dass die Regulierungsentscheidung erstens objektiv unrichtig war und die Fehlbearbeitung zweitens auf grober Nachlässigkeit beruht.[28] Letzteres ist der Fall, wenn der Sachbearbeiter des Versicherers nahe liegende Überlegungen ignoriert oder einen erkennbar bzw. leicht nachweisbar unbegründeten Schadensersatzanspruch[29] ausgeglichen hat. Dabei muss der offensichtlich unbegründeten Anspruch der Gegenseite auch leicht abzuwehren sein.[30] Maßgeblich ist jeweils der Kenntnisstand des Sachbearbeiters des Versicherers zum Zeitpunkt der Regulierungsentscheidung.[31]

Dem Versicherungsnehmer kann gegen den Versicherer ein Schadensersatzanspruch aus § 280 Abs. 1 BGB zustehen, wenn seitens des Versicherers eine ermessensfehlerhafte Regulierung erfolgt, die einen Verstoß gegen eine dem Versicherer obliegende leistungsbezogene Nebenpflicht i.S.d. § 241 BGB darstellt. Der Versicherungsnehmer hat eine solche Pflichtverletzung und ein Verschulden des Mitarbeiters des Versicherers zu beweisen. Der Anspruch des Versicherungsnehmers gegen den Versicherer ist dann darauf gerichtet, so gestellt zu werden, als sei richtig reguliert worden.[32]

Beispiel 33
A unterhält bei der H-Versicherung einen Kfz-Haftpflichtversicherungsvertrag für seinen Pkw Mercedes Benz. Das Fahrzeug wird in einen Unfall auf einer beampelten Kreuzung mit dem Pkw des B verwickelt. Die Verursachungs- und Verschuldensfrage ist zwischen A und B streitig. Beide behaupten, ihre Ampel habe grün gezeigt. Der Unfall wird polizeilich aufgenommen. Nach dem Unfall meldet sich ein Zeuge bei der Polizei, der bestätigt, B sei bei Rotlicht über die Ampel gefahren. In der Zwischenzeit meldet B bei der H-Versicherung Ansprüche auf Schadensersatz an. Aufgrund der widersprüchlichen Angaben von A und B über den Unfallhergang entscheidet der zuständige Sachbearbeiter der H-Versicherung, die Ansprüche des B auf der Grundlage einer Haftung von 50 % zu regulieren. Zuvor nahm er keine Einsicht in die amtlichen Ermittlungsakten. Infolge der Regulierung des Schadens wird A in die nächst höhere Schadensfreiheitsklasse eingestuft.

---

26 BGH VersR 1957, 442.
27 LG München NZV 2003, 333.
28 LG Marburg SP 2001, 247.
29 LG Düsseldorf SP 2010, 121; AG Bitterfeld SP 1998, 295; AG Mannheim SP 2004, 387.
30 AG Düsseldorf SP 2002, 254.
31 LG München NZV 2003, 333.
32 AG Dortmund SP 1995, 350.

§ 16 Vertragliche Ansprüche in der Kfz-Haftpflichtversicherung

▼

Muster 16.5: Missbrauch der Regulierungsvollmacht des Kfz-Haftpflichtversicherers

34   ▨▨▨ Versicherung AG

▨▨▨

Schaden-Nr./VS-Nr./Az. ▨▨▨

Schaden vom ▨▨▨

Pkw ▨▨▨, amtl. Kennzeichen ▨▨▨

Sehr geehrte Damen und Herren,

Ihr Versicherungsnehmer ▨▨▨ aus ▨▨▨ bat mich um anwaltliche Assistenz. Eine Kopie der auf mich lautenden Vollmacht füge ich in der Anlage bei.

Gegenstand des Mandats ist der im Betreff genannten Schadenfall in der Kfz-Haftpflichtversicherung vom ▨▨▨. Durch Schreiben vom ▨▨▨ teilten Sie meinem Mandanten mit, Sie hätten die Ansprüche des Unfallgegners ▨▨▨ auf der Grundlage einer Haftung von 50 % reguliert und einen Betrag von ▨▨▨ an B gezahlt. Infolge Ihrer Regulierung wurde mein Mandant in der Zwischenzeit in der Schadenfreiheitsklasse SF ▨▨▨ höher gestuft.

Bei einer Überprüfung der mir vorliegenden Unterlagen kam ich zu dem Ergebnis, dass die Höherstufung meines Mandanten auf einem Missbrauch der Ihnen zustehenden Regulierungsvollmacht basiert. Entgegen der von Ihnen vertretenen Auffassung hätte der Schaden von Ihnen nicht reguliert werden dürfen. Zwar trifft es zu, dass die Verursachungs- und Verschuldensfrage zwischen meinem Mandanten und dem Anspruchsteller ▨▨▨ streitig war. Dennoch hätten Sie bei der Regulierung nicht von einem ungeklärten Unfallhergang ausgehen dürfen.

Der Verkehrsunfall wurde polizeilich aufgenommen. Ausweislich Bl. ▨▨▨ d. EA. meldete sich nach dem Verkehrsunfall der unbeteiligte Zeuge ▨▨▨ bei der Polizei. Nach Maßgabe seiner Angaben steht fest, dass der Unfallgegner ▨▨▨ bei Rotlicht in den Kreuzungsbereich eingefahren ist. Folglich wurde der Unfall allein von ▨▨▨ verursacht und verschuldet.

Zwar steht Ihnen grundsätzlich die alleinige Entscheidungsbefugnis darüber zu, ob und inwieweit ein Schaden in der Kfz-Haftpflichtversicherung ausgeglichen werden soll. Nach der sog. Regulierungsvollmacht sind Sie jedoch daran gebunden, Ihre Entscheidungen im Rahmen pflichtgemäßen Ermessens zu fällen. Im Rahmen pflichtgemäßen Ermessens darf ein Ausgleich des Geschädigten nicht ohne Prüfung der Sachlage und damit „auf gut Glück" befriedigt werden (BGH VersR 1981, 180). Hierzu gehört es u.a., vor der Entscheidung über eine streitige Verursachungs- und Verschuldensfrage Einsicht in amtliche Ermittlungsakten zu nehmen. Dies muss erst recht im vorliegenden Fall gelten, in dem sich die Angaben der unfallbeteiligten Fahrzeugführer widersprechen und mithin jede weitere Erkenntnisquelle auszuschöpfen ist. Dieser zwingenden Vorgabe handelten Sie schuldhaft zuwider. Aus diesem Grund habe ich Sie aufzufordern, die Rückstufung meines Mandanten aus Anlass des in Rede stehenden Schadensfalls unverzüglich, spätestens jedoch bis zum

▨▨▨ *(10-Tages-Frist)*

rückgängig zu machen und mir dies schriftlich zu bestätigen. Andernfalls werde ich meinem Mandanten empfehlen, diese Frage gerichtlich klären zu lassen.

Mit freundlichen Grüßen

(Rechtsanwalt)

E. Abgrenzung zur privaten Haftpflichtversicherung

Wie bereits ausgeführt, stehen die Deckungsbereiche der Kfz-Haftpflichtversicherung und der privaten Haftpflichtversicherung zueinander im Verhältnis der Exklusivität. Das heißt, ein Schadenfall kann nur in einen der beiden Deckungsbereiche fallen. Die Exklusivität beider Deckungsbereiche kann auch im Rahmen der Verkehrsunfallbearbeitung von entscheidender Bedeutung sein. 35

Privat-Haftpflichtversicherungsverträgen liegen die Allgemeinen Bedingungen für die Privat-Haftpflichtversicherung (AHB) zugrunde. Hiernach erstreckt sich der Versicherungsschutz ausdrücklich nicht auf Erhöhungen oder Erweiterungen des versicherten Risikos, soweit sie mit dem Halten oder Führen von Kfz im Zusammenhang stehen. Diese Leistungsbeschreibung des Versicherungsvertrags wird präzisiert durch die Risikobeschreibung der „kleinen Benzinklausel". Danach ist in der Privaten Haftpflichtversicherung die Haftpflicht des Eigentümers, Besitzers, Halters oder Fahrers eines Kraftfahrzeugs wegen Schäden, die durch den Gebrauch des Fahrzeugs verursacht werden, nicht versichert. Nach den AKB ist im Gegenzug für die Eintrittspflicht des Kfz-Haftpflichtversicherers entscheidend, ob der Eintritt des Schadensfalls durch den „Gebrauch" des Kraftfahrzeugs herbeigeführt wird. 36

> *Beispiel* 37
> A ist Eigentümer eines Motorades. Er stellt das Motorrad stets auf der Auffahrt zu seinem Grundstück ab. B will A besuchen. Hierzu fährt er mit seinem Kraftfahrzeug auf die Auffahrt zum Grundstück des A und bringt den Pkw unmittelbar hinter dem Motorrad zum Stehen. Um seinen Pkw ordnungsgemäß parken zu können, steigt B aus und schiebt das Motorrad vor das Haus des A. Als er zu seinem Kraftfahrzeug zurückgeht, fällt das Motorrad um. Dabei wird die gesamte Verkleidung des Motorades beschädigt. A wendet sich sowohl an den Privat-Haftpflichtversicherer als auch an den Kfz-Haftpflichtversicherer des B und macht jeweils Schadensersatz geltend. Beide Versicherer lehnen mit der Begründung ab, nicht sie, sondern der jeweils andere Versicherer sei eintrittspflichtig. Tatsächlich ist hier der Deckungsbereich der Kfz-Haftpflichtversicherung tangiert, an die sich A wenden muss.

§ 16 Vertragliche Ansprüche in der Kfz-Haftpflichtversicherung

16.6

Muster 16.6: Eintrittspflicht des Kfz-Haftpflichtversicherers

38   Versicherung AG

Schaden-Nr./VS-Nr./Az.
Schaden vom
Pkw   , amtl. Kennzeichen

Sehr geehrte Damen und Herren,
sehr geehrter Herr   ,

entgegen der von Ihnen vertretenen Auffassung fällt der hier interessierende Haftpflichtfall nicht in den Deckungsbereich der privaten Haftpflichtversicherung.

Maßgeblich für Ihre Eintrittspflicht ist, ob der Schadensfall noch dem „Gebrauch" eines Kraftfahrzeugs zuzuordnen ist. Der Begriff des „Gebrauchs" ist sehr weit auszulegen. Davon wird jede typische und vom Gebrauch des Kfz selbst und unmittelbar ausgehende Gefahr mit umfasst (BGH VersR 1977, 418, 419; 1980, 1039, 1040). Hierzu zählen auch sämtliche Tätigkeiten, die zur Vorbereitung und Durchführung der Fahrt mit dem Kraftfahrzeug dienen. Danach gehört es zum Gebrauch des Kfz, einen Schaden beim Wegschieben eines anderen Kraftfahrzeugs zu verursachen, wenn das Wegschieben zu dem Zweck erfolgt, den eigenen Pkw besser einparken zu können (OLG Hamm zfs 1993, 196; LG Trier zfs 1988, 220 m.w.N.).

Nach Maßgabe dieser Rechtsprechung wird auch der vorliegende Schadensfall vom Deckungsbereich der Kfz-Haftpflichtversicherung gedeckt. Das Wegschieben des Motorrades diente dazu, den Pkw besser einparken zu können.

Ich habe Sie deshalb aufzufordern, den mit Schreiben vom   bezifferten Schaden unverzüglich, spätestens jedoch bis zum

     (10-Tages-Frist)

zur Meidung einer gerichtlichen Klärung auf das Ihnen bekannte Konto meines Mandanten auszugleichen.

Mit freundlichen Grüßen

(Rechtsanwalt)

39 *Hinweis*

Hätte B das Motorrad des A lediglich als Passant weg geschoben, fiele dies in den Deckungsbereich der Privaten Haftpflichtversicherung. Zu beachten ist dabei, dass gegen den privaten Haftpflichtversicherer anders als gegen den Kfz-Haftpflichtversicherer kein Direktanspruch gem. § 115 Abs. 1 Nr. 1 VVG besteht. Eine direkte Inanspruchnahme des Haftpflichtversicherers ist nur dann zulässig, wenn über das Vermögen des Versicherungsnehmers das Insolvenzverfahren eröffnet oder der Eröffnungsantrag mangels Masse abgewiesen worden ist oder ein vorläufiger Insolvenzverwalter bestellt worden ist (§ 115 Abs. 1 Nr. 2 VVG) oder wenn der Aufenthalt des Versicherungsnehmers unbekannt ist (§ 115 Abs. 1 Nr. 3 VVG).

§ 17 Private Unfallversicherung

Esther Stoeber

A. Übersicht

Nach einem Verkehrsunfall kann der Versicherungsschutz aus einer privaten Unfallversicherung relevant werden. Für den Fall der unfallbedingten Invalidität und je nach Ausgestaltung des Versicherungsvertrags auch für den Todesfall der versicherten Person sieht die Unfallversicherung im Versicherungsfall erhebliche Versicherungsleistungen in Form von Einmalzahlungen vor. Im Bereich der Verkehrsunfallversicherung fristet die private Unfallversicherung jedoch ein Schattendasein. Dies ist darauf zurückzuführen, dass Geschädigte eines Verkehrsunfalls häufig keine Kenntnis davon haben, ob sie über entsprechenden Versicherungsschutz verfügen oder nicht. Umso mehr ist es Aufgabe des Rechtsanwalts, hierüber vorsorglich zu beraten und den Mandanten für etwaige Ansprüche aus der privaten Unfallversicherung zu sensibilisieren.

Unfallversicherungsverträge werden dem Versicherungsnehmer auf unterschiedliche Art und Weise angeboten. Beispielsweise bestehen separate Versicherungsverträge für den Versicherungsnehmer als Einzelperson oder Gruppenversicherungsverträge, z.B. für alle Angestellten eines Unternehmens oder Mitglieder eines Vereins. Gerade im letzteren Fall ist dem Mandanten das Bestehen des Versicherungsschutzes häufig nicht bekannt.

Darüber hinaus wird der Unfallversicherungsschutz im Rahmen des Abschlusses eines Kfz-Haftpflicht- und/oder Kaskoversicherungsvertrags angeboten. Bei derartigen Versicherungsverträgen handelt es sich um gebündelte Versicherungen, die von kombinierten Versicherungen abzugrenzen ist. In der kombinierten Versicherung werden verschiedene Risiken zusammengefasst, die sich auf das gleiche versicherte Objekt beziehen und denen ein einheitliches Bedingungswerk zugrunde liegt. Anders als in der gebündelten Versicherung teilt jedes versicherte Risiko des kombinierten Versicherungsvertrags das Schicksal des gesamten Vertrags. Ein Beispiel hierfür ist die Wohngebäudeversicherung. Demgegenüber beinhalten gebündelte Versicherungsverträge mehrere voneinander selbstständige Versicherungsverträge für verschiedene Risiken.

In den (gebündelten) Anträgen auf Abschluss eines Kfz-Haftpflichtversicherungsvertrags wird häufig auch Versicherungsschutz in der Kasko-(Fahrzeug-)Versicherung, der Rechtsschutzversicherung und auch in der privaten Unfallversicherung in der Form der Insassenunfallversicherung angeboten. Bei derartigen Verträgen genießt jeder Insasse des Fahrzeugs im Schadenfall Versicherungsschutz. Verunglückt ein Geschädigter als Mitfahrer in einem fremden Fahrzeug, ist es deshalb dringend anzuraten, sich beim Eigentümer des Fahrzeugs darüber zu erkundigen, ob eine Insassenunfallversicherung besteht.

B. Voraussetzungen eines Anspruchs aus der privaten Unfallversicherung und Beratung des Mandanten

I. Allgemeines

5 Leistungen aus der Unfallversicherung setzen stets voraus, dass der Versicherungsnehmer oder die versicherte Person durch einen Unfall eine Gesundheitsschädigung erleidet. Die Bandbreite der versicherbaren Leistungen ist groß,[1] im Wesentlichen geht es dabei um die Invaliditätsabsicherung, also wenn der Versicherte einen Dauerschaden erleidet.

6 Gesetzlich ist die Unfallversicherung in den §§ 178 f. VVG geregelt. Teilweise handelt es sich um halbzwingende Vorschriften, so dass hiervon nicht zum Nachteil des Versicherungsnehmers abgewichen werden kann. Ausführlich ist das jeweilige Vertragsverhältnis in den dem jeweiligen Vertrag zugrunde gelegten AUB geregelt.

1. Der Unfallbegriff nach den AUB 2014

7 Ein Unfall liegt gem. Ziffer 1.3 AUB 2014 vor, wenn die versicherte Person durch ein plötzlich von außen wirkendes Ereignis unfreiwillig eine Gesundheitsbeschädigung erleidet.

8 Als Unfall gilt auch, wenn sich die versicherte Person durch eine erhöhte Kraftanstrengung ein Gelenk an Gliedmaßen oder der Wirbelsäule verrenkt oder Muskel, Sehnen, Bänder oder Kapseln an Gliedmaßen oder der Wirbelsäule zerrt oder zerreißt.

9 Der Versicherungsnehmer hat sowohl den Eintritt der Gesundheitsbeschädigung wie auch den Ursachenzusammenhang zu dem geschilderten Unfallereignis zu beweisen und es gilt der Beweismaßstab des § 286 ZPO.[2] Für den Ursachenzusammenhang zwischen der Gesundheitsbeschädigung und der behaupteten Invalidität findet dagegen der Maßstab des § 287 ZPO Anwendung.[3]

2. Die Invaliditätsleistung

10 Die Invaliditätsleistung wird als Einmalbetrag gezahlt. Sie berechnet sich nach der vereinbarten Invaliditätssumme und dem unfallbedingten Invaliditätsgrad. Der Invaliditätsgrad richtet sich nach der Gliedertaxe, sofern die betroffenen Körperteile oder Sinnesorgane dort genannt sind, ansonsten danach, in welchem Umfang die normale körperliche oder geistige Leistungsfähigkeit dauerhaft beeinträchtigt ist. Maßgeblich ist nach den AUB 2014 der Gesundheitszustand, der spätestens am Ende des dritten Jahres nach dem Unfall erkennbar ist, was sowohl für die erste als auch für spätere Bemessungen der Invalidität gelten soll. Insoweit sieht § 188 VVG vor, dass jede Vertragspartei berechtigt

---

1 Vgl. hierzu ausführlich *Naumann/Brinkmann*, Die private Unfallversicherung in der Beraterpraxis, § 5 Rn 1 ff.
2 BGH, Beschl. v. 28.1.2009 – IV ZR 6/08 = VersR 2009, 492; BGH, Beschl. v. 18.1.2012 – IV ZR 116/11 = NJW 2012, 1289.
3 LG Dortmund, Urt. v. 26.3.2009 – 2 O 130/08 = NJW-RR 2010, 42.
OLG Celle, Urt. v. 25.5.2015 – 8 U 199/14 = r+s 2015, 560; OLG Karlsruhe, Urt. v. 21.10.2004 – 12 U 109/04 = DAR 2005, 29.

ist, den Grad der Invalidität jährlich, längstens bis zu drei Jahre nach Eintritt des Unfalls neu bemessen zu lassen. Mit der Erklärung des Versicherers über die Leistungspflicht ist der Versicherungsnehmer über sein Recht zu unterrichten, den Grad der Invalidität neu bemessen zu lassen. Unterbleibt diese Unterrichtung, kann sich der Versicherer auf eine Verspätung des Verlangens des Versicherungsnehmers, den Grad der Invalidität neu zu bemessen, nicht berufen.

a) Bemessung nach der Gliedertaxe

Die Gliedertaxe bestimmt nach einem abstrakten und generellen Maßstab feste Invaliditätsgrade bei Verlust oder diesen gleichgestellter Funktionsfähigkeit der in ihr benannten Glieder. Die Gliedertaxe ordnet jedem Teilbereich einen festen Invaliditätsgrad zu, der mit Rumpfnähe des Teilgliedes steigt. Sie stellt für den Verlust und für die Funktionsunfähigkeit der in ihr genannten Gliedmaßen oder deren Teilbereiche durchgängig allein auf den Sitz der unfallbedingten Schädigung ab.[4] Bei der Verletzung verschiedener Teile eines Glieds, das in der Gliedertaxe separat bewertet wird, ist auf den rumpfnächsten Sitz der unfallbedingten Schädigung abzustellen. Eine Addition der in der Gliedertaxe vorgesehenen einzelnen Teilglieder (z.B. Finger, Hand, Arm) findet nicht statt.[5]

11

Werden andere Körperteile oder Sinnesorgane, die in der Gliedertaxe nicht genannt sind, verletzt, richtet sich der Invaliditätsgrad danach, in welchem Umfang die normale körperliche oder geistige Leistungsfähigkeit insgesamt dauerhaft beeinträchtigt ist. Maßstab ist eine durchschnittliche Person gleichen Alters und Geschlechts und die Bemessung erfolgt ausschließlich nach medizinischen Gesichtspunkten. Werden durch einen Unfall mehrere Körperteile oder Sinnesorgane beeinträchtigt, werden die Invaliditätsgrade zusammengerechnet. Die Grenze liegt aber bei 100 %. Waren betroffene Körperteile oder Sinnesorgane schon vor dem Unfall dauerhaft beeinträchtigt, besteht eine Vorinvalidität, die ebenfalls nach der Gliedertaxe oder nach den Regelungen für die Bemessung außerhalb der Gliedertaxe bemessen wird. Der Invaliditätsgrad mindert sich um diese Vorinvalidität.

12

b) Mitwirkung von Krankheiten oder Gebrechen

Nach den AUB 2014 leistet der Versicherer ausschließlich für Unfallfolgen, d.h. für Gesundheitsschädigungen und ihre Folgen, die durch das Unfallereignis verursacht wurden. Nicht geleistet wird für Krankheiten oder Gebrechen, wobei unter Krankheit ein regelwidriger – in der Regel heilbarer – Körper- oder Geisteszustand von einer gewissen (eher vorübergehenden) zeitlichen Dauer, der eine ärztliche Behandlung erfordert, zu verstehen ist.[6] Ein Gebrechen ist ein dauernder abnormer Gesundheitszustand, der eine einwandfreie Ausübung der normalen Körperfunktionen (teilweise) nicht mehr zulässt. Zustände, die noch im Rahmen der medizinischen Norm liegen, sind selbst dann keine

13

---

4 BGH, Urt. v. 1.4.2015 – IV ZR 104/13 = VersR 2015, 617; BGH, Urt. v. 14.12.2011 – IV ZR 34/11 = VersR 2012, 351.
5 OLG Frankfurt, Urt. v. 3.2.2011 – 3 U 160/10 = r+s 2011, 487.
6 OLG Stuttgart, Urt. v. 7.8.2014 – 7 U 35/14 = VersR 2015, 99.

Gebrechen, wenn sie eine gewisse Disposition für Gesundheitsstörungen bedeuten.[7] Ein durch einen früheren Unfall verursachtes Gebrechen wirkt sich auch dann als mitwirkende Vorschädigung anspruchsmindernd auf die Invaliditätsentschädigung für einen späteren Unfallschaden aus, wenn der frühere Unfall während der Laufzeit des Versicherungsvertrages eingetreten ist und eine Invalidität wegen der unfallbedingten Gesundheitsschäden nicht festgestellt wurde.[8] Haben Krankheiten oder Gebrechen an der Gesundheitsschädigung oder ihren Folgen mitgewirkt, mindert sich entsprechend dem Umfang der Prozentsatz des Invaliditätsgrades. Eine Minderung wird jedoch erst ab einem Mitwirkungsanteil von 25 % vorgenommen.

3. Einzuhaltende Fristen

14 In der Unfallversicherung sind wichtige Fristen vom Versicherungsnehmer zu beachten. Die Invalidität muss nach den AUB 2014 zunächst innerhalb von 15 Monaten nach dem Unfall eingetreten und von einem Arzt schriftlich festgestellt worden sein. Bei diesen beiden Fristen handelt es sich um echte Anspruchsvoraussetzungen.[9] Bei einer Fristversäumung ist kein Entschuldigungsbeweis zugelassen.[10] Die 15-Monats-Frist für den Eintritt der Invalidität soll den Versicherer davor schützen, für dauerhafte Spätfolgen eines Unfalls eintreten zu müssen, die sich erst später als 15 Monate nach einem Unfall erstmals zeigen. Geschützt wird damit das Kalkulationsinteresse des Versicherers. Tritt ein Dauerschaden binnen der Frist ein, besagt diese Frist aber nicht, dass bei der nachfolgenden Bemessung des Invaliditätsgrades ausschließlich diejenigen Umstände herangezogen werden dürften, die innerhalb der fünfzehnmonatigen Frist erkennbar geworden sind. Vielmehr kann der Versicherungsnehmer im Rechtsstreit um die Erstbemessung seiner Invalidität im Grundsatz alle bis zur letzten mündlichen Verhandlung eingetretenen Umstände heranziehen.[11]

15 Die fristgebundene ärztliche Invaliditätsfeststellung muss dabei die Schädigung sowie den Bereich, auf den sie sich auswirkt, ferner die Ursachen, auf denen der Dauerschaden beruht, so umreißen, dass der Versicherer bei seiner Leistungsprüfung vor der späteren Geltendmachung völlig anderer Gebrechen oder Invaliditätsursachen geschützt wird und stattdessen den medizinischen Bereich erkennen kann, auf den sich die Prüfung seiner Leistungsverpflichtung erstrecken muss.[12]

16 Im Einzelfall kann es jedoch treuwidrig vom Versicherer sein, sich auf die Versäumung der Frist zur ärztlichen Feststellung von Invalidität zu berufen. Dies ist dann der Fall, wenn der Versicherungsnehmer aufgrund des Verhaltens des Versicherers darauf vertrauen durfte, der Versicherer werde von sich aus für eine rechtzeitige ärztliche Feststellung sorgen. Ein Vertrauensschutz kommt also in Betracht, wenn der Sachbearbeiter des

---

7 BGH, Beschl. v. 7.9.2009 – IV ZR 216/07 = VersR 2009, 1525.
8 BGH, Beschl. v. 7.9.2009 – IV ZR 216/07 = VersR 2009, 1525.
9 Grundlegend: BGH, Urt. v. 28.6.1978 – IV ZR 7/77 = VersR 1978, 1036.
10 BGH, Urt. v. 30.11.2005 – IV ZR 154/04 = NJW 2006, 911.
11 BGH, Urt. v. 1.4.2015 – IV ZR 104 / 13 = r+s 2015, 25.
12 BGH, Urt. v. 1.4.2015 – IV ZR 104/13 = VersR 2015, 617.

B. Voraussetzungen eines Anspruchs aus der privaten Unfallversicherung § 17

Versicherers ankündigt, er werde ein ärztliches Zeugnis anfordern oder dann, wenn der Versicherer nach Meldung eines angeblichen Versicherungsfalls nach Unterrichtung des Versicherungsnehmers ein Sachverständigengutachten zum Bestehen von Invalidität und ihrer Unfallbedingtheit in Auftrag gegeben hat.[13] Rechtsmissbräuchlich ist das Berufen des Versicherers auf die Frist für die ärztliche Feststellung auch, wenn die Invalidität unzweifelhaft binnen Jahresfrist eingetreten und ihre Dauerhaftigkeit endgültig und unveränderlich ist.[14]

Innerhalb von 15 Monaten nach dem Unfall muss die Invalidität zudem beim Versicherer geltend gemacht werden. Hierbei handelt es sich um eine Ausschlussfrist, bei der es für den Versicherungsnehmer aber eine Entschuldigungsmöglichkeit gibt.[15] Zu Wahrung dieser Frist muss unter Bezug auf die erlittenen Unfallfolgen und die Angabe einer Invalidität eine Entschädigung geltend gemacht werden, wobei es aber genügt, wenn dies für den Versicherer aus den Umständen ohne weiteres erkennbar ist. Es sind keine hohen Anforderungen an den Versicherungsnehmer zu stellen, wobei jedoch das bloße Einreichen der Unfallanzeige nicht ausreicht.[16] 17

Der Versicherer ist nach § 186 VVG nach der Anzeige des Versicherungsfalls verpflichtet, auf vertragliche Anspruchs- und Fälligkeitsvoraussetzungen sowie auf einzuhaltende Fristen in Textform hinzuweisen. Unterbleibt dieser Hinweis, kann sich der Versicherer nicht auf das Fristversäumnis berufen. Die jeweiligen Fristen können von Vertrag zu Vertrag unterschiedlich sein. Eine Einsichtnahme in das konkrete dem Vertrag zugrunde liegende Bedingungswerk ist daher für den Rechtsanwalt unerlässlich.[17] 18

4. Risikoausschlüsse

Bestimmte Unfälle und Gesundheitsschäden sind in der Unfallversicherung von vorneherein ausgeschlossen. Als wichtigste Ausschlüsse im Zusammenhang mit einem Verkehrsunfall sind dabei Unfälle durch Bewusstseinsstörungen sowie Gesundheitsschäden an Bandscheiben oder Blutungen aus inneren Organen und Gehirnblutungen sowie krankhafte Störungen infolge psychischer Reaktionen zu nennen. 19

a) Unfall durch Bewusstseinsstörungen

Eine Bewusstseinsstörung im Sinne der AUB 2014 liegt vor, wenn die versicherte Person in ihrer Aufnahme- und Reaktionsfähigkeit so beeinträchtigt ist, dass sie den Anforderungen der konkreten Gefahrenlage nicht mehr gewachsen ist. Ursache für die Bewusstseinsstörung können eine gesundheitliche Beeinträchtigung, die Einnahme von Medikamenten, Alkoholkonsum oder der Konsum von Drogen oder sonstigen Mitteln sein, die das Bewusstsein beeinträchtigen. Eine Bewusstseinsstörung im Sinne der Aus- 20

---

[13] OLG Karlsruhe, Urt. v. 24.10.2014 – 9 U 3/13 = VersR 2015, 443; OLG Saarbrücken, Urt. v. 13.3.2013 – 5 U 343/12 = NJW – RR 2014, 101.
[14] BGH, Urt. v. 05.07. 1995 – IV ZR 43/94 = BGHZ 130, 171–182.
[15] BGH, Urt. v. 19.11.1997 – IV ZR 348/96 = VersR 1998, 175.
[16] OLG Frankfurt, Urt. v. 20.11.2013 – 7 U 176/11 = VersR 2014, 1495.
[17] Checkliste zu den Fristen insgesamt *Naumann/Brinkmann*, a.a.O., § 16 Rn 4 ff.

schlussklausel für Unfälle durch Bewusstseinsstörungen setzt dabei nicht den Eintritt völliger Bewusstlosigkeit voraus. Es genügen solche gesundheitlichen Beeinträchtigungen der Aufnahme- und Reaktionsfähigkeit des Versicherten, die die gebotene und erforderliche Reaktion auf die vorhandene Gefahrenlage nicht mehr zulassen, die also den Versicherten außer Stande setzen, den Sicherheitsanforderungen seiner Umwelt zu genügen. Ob eine Bewusstseinsstörung vorgelegen hat, hängt sowohl vom Ausmaß der gesundheitlichen Beeinträchtigung der Aufnahme- und Reaktionsfähigkeit als auch von der konkreten Gefahrenlage ab, in der sich der Versicherungsnehmer befunden hat. Somit fällt auch eine kurzfristig aufgetretene gesundheitliche Beeinträchtigung, die eine gebotene und erforderliche Reaktion auf eine Gefahrenlage nicht mehr zulässt, wie eine vorübergehende Kreislaufreaktion („Schwarz vor Augen werden") oder ein plötzlicher Schwindelanfall, unter den Begriff der Bewusstseinsstörung.[18]

21 Für den Fall, dass die Bewusstseinsstörung jedoch durch ein Unfallereignis nach Ziffer 1.3 AUB 2014 verursacht wurde, gilt der Ausschluss nicht.

b) Gesundheitsschäden an Bandscheiben

22 Ausgeschlossen sind nach Ziffer 5.2.1 AUB 2014 Schäden an Bandscheiben sowie Blutungen aus inneren Organen und Gehirnblutungen, es sei denn, ein Unfallereignis nach Ziffer 1.3 AUB 2014 hat diese Gesundheitsschäden zu mehr als 50 % verursacht und für den Unfall besteht vertraglicher Versicherungsschutz.

23 Versicherungsschutz für Bandscheibenschäden besteht nur dann, wenn das Unfallereignis als überwiegende Ursache feststellbar ist. Es handelt sich um einen Ausschluss der Schädigung und um einen Wiedereinschluss für den Fall der überwiegenden Verursachung durch den Unfall. Der Versicherer hat daher den Ausschlusstatbestand zu beweisen. Die Beweislast für den Wiedereinschluss, also die überwiegende Verursachung durch den Unfall, liegt beim Versicherungsnehmer.[19]

c) Krankhafte Störungen infolge psychischer Reaktionen

24 Der Ausschluss für krankhafte Störungen infolge psychischer Reaktionen, sog. „Psychoklausel", bezieht sich auf solche Fälle, bei denen am Beginn der Kausalreihe ein Unfallereignis ohne Gesundheitsbeschädigung gestanden hat, dem jedoch aus psychisch-seelischen Gründen die Erkrankung nachgefolgt ist bzw. auf solche Fälle, bei denen eine Gesundheitsschädigung stattgefunden hat, es aber aufgrund späterer – inadäquater – Fehlverarbeitung zu Störungen über den physischen Schaden hinaus gekommen ist. Krankhafte Störungen, die eine organische, nicht notwendig hirnorganische Ursache haben, sind nicht vom Versicherungsschutz ausgeschlossen.[20] Unter den Ausschluss

---

18 OLG Düsseldorf, Urt. v. 31.8.2012 – 4 U 218/11 = r+s 2013, 36; OLG Celle, Urt. v. 12.3.2009 – 8 U 200/08 = r+s 2010, 476.
19 OLG Köln, Urt. v. 22.5.2002 – 5 U 185/01 = VersR 2003, 1120; OLG Koblenz, Urt. v. 3.3.2005 – 10 U 586/04 = VersR 2005, 1425.
20 OLG Celle, Urt. v. 25.5.2015 – 8 U 199/14 = r+s 2015, 560; BGH, Urt. v. 29.9.2004 – IV ZR 233/03 = VersR 2004, 1449; OLG Düsseldorf, Urt. v. 19.12.2008 – 4 U 30/08 = r+s 2010, 165.

fallen damit posttraumatische Belastungsstörungen und Somatisierungsstörungen,[21] reaktive posttraumatische Depressionen[22] und psychisch bedingte Reaktionen in Form einer psychischen Fehlverarbeitung.[23] Nicht von dem Ausschluss erfasst sind z.B. krankhafte Veränderungen der Psyche wegen einer hirnorganischen Veränderung[24] oder ein Tinnitus aufgrund einer knalltraumatischen Schädigung der Gehörnerven oder Haarzellen im Innenohr.[25]

5. Invaliditätsleistung bei Tod der versicherten Person

Der Anspruch auf eine vereinbarte Todesfallleistung besteht dann, wenn die versicherte Person innerhalb eines Jahres nach dem Unfall stirbt, wobei für diesen Fall die Obliegenheit nach Ziffer 7.5 AUB 2014 zu beachten ist. Wenn der Unfall zum Tod der versicherten Person führt, ist dies dem Versicherer innerhalb von 48 Stunden zu melden und diesem ist, soweit es zur Prüfung der Leistungspflicht erforderlich ist, das Recht zu verschaffen, eine Obduktion durch einen vom Versicherer beauftragten Arzt durchführen zu lassen.

Stirbt die versicherte Person nach Ablauf des ersten Jahres nach dem Unfall und liegen die sonstigen Voraussetzungen für die Invaliditätsleistung vor, wird eine Invaliditätsleistung gezahlt, wobei nach demjenigen Invaliditätsgrad zu leisten ist, mit dem aufgrund der ärztlichen Befunde zu rechnen gewesen wäre.

II. Besonderheiten in der Kfz-Unfallversicherung

Neben den stets in der Unfallversicherung zu beachtenden Obliegenheiten, die in Ziffer 7 AUB 2014 bzw. E.1.5 AKB 2015 geregelt sind, sind zusätzlich in der Kfz-Unfallversicherung weitere Obliegenheiten zu beachten. Zunächst gelten die vor Eintritt des Versicherungsfalls zu erfüllenden Obliegenheiten nach Ziffer D.1.1 AKB 2015 (Nutzung nur zum vereinbarten Zweck, nur durch den berechtigten Fahrer, nur mit Fahrerlaubnis, etc.). Darüber hinaus sind die Obliegenheiten nach Eintritt des Versicherungsfalls aus Ziffer E.1.1 AKB 2015, insbesondere Ziffer E.1.3 AKB 2015 zu beachten. Dort ist zusätzlich zu der in der privaten Unfallversicherung aufgeführten Obliegenheit, wahrheitsgemäße und vollständige Angaben zu machen, festgehalten, dass der Unfallort nicht verlassen werden darf, ohne die gesetzlich erforderlichen Feststellungen zu ermöglichen und die dabei gesetzlich erforderliche Wartezeit zu beachten (Unfallflucht). Bei Verletzung dieser Obliegenheit kann vollständige bzw. teilweise Leistungsfreiheit des Versicherers nach den Ziffern D.2 bzw. E.2 AKB 2015, § 28 VVG eintreten.

---

21 OLG Koblenz, Urt. v. 18.2.2013 – 10 U 987/12 = VersR 2014, 366; OLG Hamm, Urt. v.18.3.2011 – 20 U 96/10 = r+s 2013,88
22 OLG Düsseldorf, Urt. v. 23.5.2006 – 4 U 128/05 = VersR 2006, 1487.
23 BGH, Urt. v. 15.7.2009 – IV ZR 229/06 = VersR 2010, 60.
24 LG Dortmund, Urt. v. 11.8.2005 – 2 O 375/03 = NJW-RR 2006, 320.
25 BGH, Urt. v. 29.4.2004 – IV ZR 233/03 = VersR 2004, 1449.

III. Beratung des Mandanten

28 Aufgabe des Rechtsanwalts ist es, den Mandanten über die Voraussetzungen der Ansprüche aus der privaten Unfallversicherung zu beraten. Dahingehende Maßnahmen bieten sich nur an, wenn der Mandant nicht unerhebliche Personenschäden erlitten hat. Hat sich der Unfall gerade erst ereignet, sollte der Mandant darauf hingewiesen werden, dass die erlittenen Verletzungen schnellstmöglich ärztlich zu dokumentieren und durch bildgebende Befunde zu sichern sind. So können spätere Beweisschwierigkeiten zumeist vermieden werden.

29 Die Geltendmachung von Ansprüchen gegen den privaten Unfallversicherer ist zunächst alleinige Aufgabe des Mandanten. Beauftragt der Mandant hiermit einen Rechtsanwalt, erhält er die dadurch verursachten Kosten weder vom Unfallgegner, noch vom Rechtsschutzversicherer ersetzt, da die Einschaltung eines Rechtsanwalts nicht erforderlich ist. Ein Kostenerstattungsanspruch entsteht erst dann, wenn sich der Unfallversicherer mit dem Ausgleich der Versicherungsleistung in Verzug befindet.

Aus diesem Grunde beschränken sich die nachfolgenden Ausführungen auf ein Muster zur Beratung des Mandanten über etwaige Ansprüche aus einer privaten Unfallversicherung und ein Schreiben an den privaten Unfallversicherer, mit dem Ansprüche auf Versicherungsleistungen dem Grunde nach angemeldet werden.

1. Muster: Beratung des Mandanten über Leistungen in der privaten Unfallversicherung

▼

30 Muster 17.1: Beratung des Mandanten über Leistungen in der privaten Unfallversicherung

Sehr geehrter Herr ,

zur besseren Übersicht erlaube ich mir, den Inhalt unseres letzten Gesprächs vom in Ihrer Unfallsache nochmals wie folgt zusammenzufassen.

In unserem Gespräch hatte ich Sie darauf hingewiesen, dass die durch den Unfall verursachten Personenschäden möglicherweise einen Dauerschaden zur Folge haben.

Aus diesem Grund könnten Sie Ansprüche auf Versicherungsleistungen aus einer privaten Unfallversicherung besitzen. Zur Klärung dieser Frage empfehle ich Ihnen zunächst, Ihre Versicherungsverträge auf das Bestehen einer privaten Unfallversicherung zu überprüfen. In seltenen Fällen wird Arbeitnehmern entsprechender Versicherungsschutz auch von ihren Arbeitgebern zur Verfügung gestellt. Hierzu sollten Sie Ihren Arbeitgeber vorsorglich befragen. Letztendlich ist auch zu prüfen, ob Sie für das Fahrzeug über eine Insassenunfallversicherung verfügen.

Sofern Sie Versicherungsschutz in einer privaten Unfallversicherung besitzen, empfehle ich Ihnen, bei dem Versicherer vorsorglich Ansprüche auf Versicherungsleistungen anzumelden. Der betreffende Versicherer wird Ihnen sodann eine Schadensmeldung übersenden, die von Ihnen ausgefüllt und an den Versicherer zurückgesandt werden muss.

Bitte beachten Sie im Übrigen, dass die Zahlung von Versicherungsleistungen aus der privaten Unfallversicherung an strenge Fristen gebunden ist, die von Ihnen zwingend

B. Voraussetzungen eines Anspruchs aus der privaten Unfallversicherung § 17

eingehalten werden müssen. Die Fristen ergeben sich aus den sog. Allgemeinen Versicherungsbedingungen für die Unfallversicherung (AUB), die so schnell wie möglich eingesehen werden sollten. Voraussetzung für einen entsprechenden Anspruch ist nach den meisten Bedingungen, dass Sie innerhalb eines Jahres oder innerhalb von 15 Monaten nach dem Schadentag infolge des Unfalls einen Dauerschaden erlitten haben müssen. Das Vorliegen dieses Dauerschadens muss Ihnen von einem Arzt ausdrücklich schriftlich bescheinigt werden, wobei diese Bescheinigung auch Ausführungen über den Bereich der erlittenen Verletzung, den Dauerschaden und dessen Ursächlichkeit enthalten sollte. Die Bescheinigung muss innerhalb üblicherweise einer Frist von 15 Monaten nach dem Unfall erstellt werden. Innerhalb dieser Frist müssen von Ihnen darüber hinaus Ansprüche auf Versicherungsleistungen beim Versicherer geltend gemacht werden. Ob diese Fristen auch bei dem hier betroffenen Vertrag zu wahren sind, sollte schnellstmöglich geprüft werden.

Bitte beachten Sie dringend, dass Fristversäumnisse in aller Regel zum unwiederbringlichen Verlust der Ansprüche auf Versicherungsleistungen führen.

Ich gehe davon aus, dass die erforderlichen Maßnahmen zur Geltendmachung der Ansprüche von Ihnen in die Wege geleitet werden können. Selbstverständlich stehe ich Ihnen hierfür auch gern zur Verfügung. Für diesen Fall weise ich allerdings vorsorglich darauf hin, dass Sie die Kosten meiner Beauftragung erst einmal als Auftraggeber selber zu tragen haben, jedoch diese im Fall des Verzuges vom Unfallversicherer und ggf. auch vom gegnerischen Kraftfahrzeughaftpflichtversicherer zu tragen sein können.

Für weitere Fragen hierzu stehe ich Ihnen gern zur Verfügung.

Mit freundlichen Grüßen

(Rechtsanwalt)

2. Muster: Anmeldung von Ansprüchen bei der privaten Unfallversicherung

Muster 17.2: Anmeldung von Ansprüchen beim Unfallversicherer 31

　　　 Versicherung AG

Schaden-Nr./VS-Nr./Az.

Schaden vom

Pkw　　　, amtl. Kennzeichen

Sehr geehrte Damen und Herren,

unter Vorlage der als Anlage beigefügten Vollmacht zeige ich an, dass mich Ihr Versicherungsnehmer, Herr 　　　 aus 　　　, mit der Wahrnehmung seiner rechtlichen Interessen beauftragt hat.

Mein Mandant ist Versicherungsnehmer/versicherte Person des im Betreff genannten Vertrags in der privaten Unfallversicherung. Am 　　　 wurde er Opfer eines Verkehrsunfalls. Dabei erlitt er einen erheblichen Personenschaden. Ob die Verletzungen zu einem

Dauerschaden im Sinne einer Invalidität führen werden, steht derzeit noch nicht fest. Dennoch melde ich hiermit für meinen Mandanten vorsorglich Ansprüche auf Versicherungsleistungen dem Grunde nach an.

Bitte führen Sie die zukünftige Korrespondenz in der Schadensache unmittelbar mit meinem Büro. Ich gehe davon aus, dass Sie mir in Kürze die erforderlichen Formulare zur Schadenmeldung übersenden.

Mit freundlichen Grüßen

(Rechtsanwalt)

IV. Sonderfall Retterschutz

32 Einige Unfallversicherer haben in den Verträgen einen sog. Retterschutz einbezogen.[26] Abgesichert sind die Fälle, in denen eine konkret versicherte Person (Opfer) einen Unfall erlitten hat und ein Retter während der Bemühungen zur Rettung des Opfers selber einen Unfall erleidet. Praxisrelevant ist z.B. der Fall, dass bei der Bergung des Opfers aus einem Auto der Retter von einem anderen Fahrzeug erfasst wird. Dann gilt für den Retter ein genau beschriebener Unfallschutz über den Vertrag des Opfers, in der Regel beschränkt auf eine Invaliditätsleistung. Für diese Leistung gelten die allgemeinen Regeln der privaten Unfallversicherung.

33 Problematisch ist der Umstand, dass der Retter von diesem Versicherungsschutz keine Kenntnis besitzt und diese auch nicht erlangen kann, solange er nicht das Opfer „ins Blaue hinein" darauf anspricht. Ist der Mandant als Retter verunfallt, sollte der Rechtsanwalt das Opfer entsprechend anschreiben und nach dem Bestehen einer privaten Unfallversicherung fragen und vorsorglich das Bedingungswerk vom Versicherer anfordern, denn die Leistungen für den Retter werden schnell übersehen.

1. Muster: Anschreiben Opfer – Nachfrage Retterschutz bei der privaten Unfallversicherung

▼

34 **Muster 17.3: Anschreiben Opfer – Nachfrage Retterschutz bei der privaten Unfallversicherung**

▓▓▓▓ Unfallbeteiligter, der gerettet werden sollte

▓▓▓▓

▓▓▓▓

Unfall vom ▓▓▓▓

Sehr geehrter Herr ▓▓▓▓,

ausweislich der in der Anlage in Kopie beigefügten Vollmacht beauftragte mich Herr ▓▓▓▓ aus ▓▓▓▓, mit der Wahrnehmung seiner Interessen.

---

26 *Naumann/Brinkmann*, a.a.O., § 5 Rn 412.

C. Verhältnis zum Schadensersatzanspruch gegenüber dem Schädiger §17

Mein Mandant hat sich darum bemüht, Ihnen bei der Rettung nach Ihrem Unfall zu helfen. Dabei erlitt Herr ebenfalls einen Unfall.

Viele private Unfallversicherungsverträge enthalten eine Klausel zum Retterschutz. Bitte informieren Sie mich darüber, ob Sie Versicherungsschutz einer privaten Unfallversicherung besitzen, selber oder z.B. über Ihren Arbeitgeber. Bitte nennen Sie mir in diesem Fall Namen, Anschrift und Versicherungs- bzw. Schadennummer der Versicherungsgesellschaft.

Vielen Dank für Ihre Unterstützung.

Mit freundlichen Grüßen

(Rechtsanwalt)

▲

2. Muster: Anschreiben Unfallversicherung – Nachfrage Retterschutz

▼

Muster 17.4: Anschreiben Unfallversicherung – Nachfrage Retterschutz 35

Private Unfallverssicherung des Unfallbeteiligten, der gerettet werden sollte

Schaden-Nr./VS-Nr./Az.

Schaden vom

Sehr geehrte Damen und Herren,

ausweislich der in der Anlage in Kopie beigefügten Vollmacht beauftragte mich Herr aus , mit der Wahrnehmung seiner Interessen.

Mein Mandant hat sich am o.g. Schadentag darum bemüht, Ihren verunglückten Versicherten, Herr aus , zu retten. Dabei erlitt Herr ebenfalls einen Unfall.

Viele Unfallversicherungsverträge enthalten eine Klausel zum Retterschutz. Es ist mir nicht bekannt, ob dies vorliegend auch der Fall ist. Bitte stellen sie mir das in diesem Schadenfall versicherte Bedingungswerk zur Verfügung und informieren Sie mich darüber, ob hier ein Retterschutz versichert ist. Vorsorglich melde ich hiermit für meinen Mandanten Ansprüche auf diese Versicherungsleistungen dem Grunde nach an.

Mit freundlichen Grüßen

(Rechtsanwalt)

▲

C. Verhältnis zum Schadensersatzanspruch gegenüber dem Schädiger

I. Allgemeines

Im Rahmen der Abwicklung von Verkehrsunfällen ist zu beachten, dass sich der Geschädigte sämtliche Leistungen aus der privaten Unfallversicherung nicht auf den Personen- 36 schaden anrechnen lassen muss. Bei privaten Unfallversicherungsverträgen handelt es sich um sog. Summenversicherungen. Sie dienen – anders als beispielsweise Leistungen aus der gesetzlichen Sozialversicherung – allein der privaten Vorsorge.

37 Ausnahmsweise hat der KH-Versicherer des Unfallschädigers auch die Kosten für die anwaltliche Anspruchsanmeldung gegenüber dem Unfallversicherer des Geschädigten zu tragen. Hierfür gibt es zwei besondere Konstellationen:

38 1. Ist es aus Sicht des Geschädigten erforderlich, anwaltliche Hilfe in Anspruch zu nehmen, so gilt dies grundsätzlich auch für die Anmeldung des Versicherungsfalls bei dem eigenen Unfallversicherer. Auch die dadurch anfallenden Rechtsverfolgungskosten können ersatzfähig sein, nämlich dann, wenn sie adäquat kausal auf dem Schadensereignis beruhen und die Inanspruchnahme anwaltlicher Hilfe unter den Umständen des Falls erforderlich war. Im Falle der Verletzung einer Person ist die Grenze der Ersatzpflicht aber dort zu ziehen, wo die Aufwendungen des Geschädigten nicht mehr allein der Wiederherstellung der Gesundheit, dem Ersatz entgangenen Gewinns oder der Befriedigung vermehrter Bedürfnisse dienen. Dies ist der Fall sein, wenn der Geschädigte Kosten aufwendet, um von seinem privaten Unfallversicherer Leistungen zu erhalten, die den von dem Schädiger zu erbringenden Ersatzleistungen weder ganz noch teilweise entsprechen. Das ist der Fall, wenn dem Geschädigten nach den Vertragsbedingungen seiner Unfallversicherung ein Anspruch auf Zahlung einer Invaliditätsentschädigung zusteht, insoweit ein Ersatzanspruch – etwa unter dem Gesichtspunkt des Ausgleichs vermehrter Bedürfnisse – gegen den Schädiger nach Lage des Falls aber nicht besteht.[27] Macht der Geschädigte jedoch gegenüber seinem Unfallversicherer Ansprüche geltend, die er ansonsten auch gegenüber dem Schädiger haben könnte bzw. die sich überlappen, hat der Schädiger auch für die dabei anfallenden Rechtsanwaltskosten einzustehen.

39 2. Eine Erstattungsfähigkeit der Anwaltskosten kann im Einzelfall aber auch dann in Betracht kommen, wenn es an einer derartigen Entsprechung zwischen der Leistung des eigenen Versicherers und dem vom Schädiger zu ersetzenden Schaden fehlt. Ein solcher Fall kann gegeben sein, wenn der Geschädigte etwa aus Mangel an geschäftlicher Gewandtheit oder sonstigen Gründen wie Krankheit oder Abwesenheit nicht in der Lage ist, den Schaden bei seinem Versicherer selbst anzumelden.[28]

II. Muster: Geltendmachung von Rechtsanwaltskosten

▼

40 **Muster 17.5: Geltendmachung von Rechtsanwaltskosten**

Versicherung AG

Schaden-Nr./VS-Nr./Az.

---

[27] BGH, Urt. v. 10.1.2006 – IV ZR 43/05 = VersR 2006, 521.
[28] BGH, Urt. v. 10.1.2006 – IV ZR 43/05 = VersR 2006, 521.

C. Verhältnis zum Schadensersatzanspruch gegenüber dem Schädiger § 17

Schaden vom

Pkw , amtl. Kennzeichen

Sehr geehrte Damen und Herren,

mit Ihrer Ablehnung einer Leistungspflicht bzgl. der angemeldeten Rechtsanwaltskosten kann ich mich nicht einverstanden erklären. Es entspricht ständiger höchstrichterlicher Rechtsprechung, dass der der Geschädigte einen Anspruch auf Ersatz der Rechtsanwaltskosten hat, die bei der Anspruchsanmeldung gegenüber dem eigenen Unfallversicherer entstehen, wenn der Geschädigte zum Zeitpunkt der Anspruchsanmeldung nicht in der Lage, diese selber zu tun bzw. es ihm an einem notwendigen Fachwissen fehlt (BGH VersR 2006, 521). Unter beiden Gesichtspunkten ist vorliegend Ihre Eintrittspflicht gegeben.

1) Mein Mandant ist nicht derart geschäftserfahren, dass er ohne rechtskundige Hilfe einen Leistungsanspruch erfolgreich verfolgen kann. Dies auch unter Berücksichtigung der insgesamt Seiten umfassenden AUB. Darüber hinaus ist zu beachten, dass .

2) Im Übrigen ist mein Mandant zum Zeitpunkt meiner Beauftragung gar nicht in der Lage gewesen, diesbezüglich seine rechtlichen Interessens selber wahrzunehmen: .

Ich habe Sie erneut zur Zahlung der Ihnen vorliegenden Kostennote aufzufordern. Hierfür habe ich mir eine Frist von

(10-Tages-Frist)

notiert. Sollten Sie die Frist ungenutzt verstreichen lassen, werde ich meinem Mandanten empfehlen, gerichtliche Hilfe in Anspruch zu nehmen.

Mit freundlichen Grüßen

(Rechtsanwalt)

▲

§ 18 Auslesen und Verwenden von personenbezogenen Daten

A. Möglichkeiten des Auslesens von Daten zur Unfallrekonstruktion

Dr. Oliver Brockmann/Dr. Michael Nugel

Bei der Rekonstruktion von Verkehrsunfällen ist die Sicherung und Auswertung der von den unfallbeteiligten Fahrzeugen erzeugten Spuren ein zentrales Element, wird jedoch aufgrund der immer weiteren Verbreitung von fahrdynamisch wirksamen Systemen immer schwieriger. Daraus folgt der Bedarf der Erschließung alternativer Informationsquellen, welche Rückschlüsse auf das vorkollisionäre Bewegungsverhalten eines Fahrzeugs ermöglichen. Die in immer größerem Umfang in Kraftfahrzeugen enthaltenen elektronischen Systeme bieten hierfür großes Potential. Dabei sind die nachfolgenden benannten Möglichkeiten des Auslesens von besonderer Bedeutung. 1

I. Gespeicherte Daten im Fahrzeug

Insoweit ist zu berücksichtigen, dass in modernen Fahrzeugen bereits eine Vielzahl an Daten anfällt und gespeichert wird, welche für die Unfallrekonstruktion von besonderer Bedeutung sein können.[1] Diese lassen sich dabei wie folgt aufteilen: 2
- Daten zur Erkennung von Anstößen und ggf. Auslösung von Rückhaltesystemen (z.B. Airbags, Gurtstraffer, u.a.)
- Daten zur Auslösung von Fußgängerschutzsystemen
- Daten zum Eingreifen von Assistenzsystemen (z.B. ABS, ESP, Bremsassistenzsysteme, sowie Systeme zur teil- oder ggf. zukünftig vollautonomen Fahrzeugführung)
- Daten zur Geschwindigkeit des Fahrzeugs vor der Kollision und zur kollisionsbedingten Geschwindigkeitsänderung
- Daten zum Lenk- und Bremsverhalten des Fahrers und/oder aktiver Assistenzsysteme vor, während und nach der Kollision
- Daten aus EDR-(Event Data Recorder)Systemen im Airbagsteuergerät oder ähnlichen/verwandten Steuergeräten des Fahrzeugs

Hintergrund der so in den Pkw hinterlegten Daten ist i.d.R. die Dokumentation von Ausfällen oder des Auftretens von unplausiblen Zuständen (wichtiger) Fahrzeugsysteme, sowie der Umgebungsbedingungen zum Zeitpunkt des Auftretens/Ausfalls. Die Daten werden je nach Bedeutung für kurze oder längere Zeit in einem oder mehreren Steuergeräten hinterlegt. Insbesondere beim Auslösen von Airbags, anderen Rückhalte- oder Fußgängerschutzsystemen wird i.d.R. eine größere Datenmenge gespeichert, bis diese gelöscht bzw. überschrieben wird. Zumindest temporär werden dabei augenscheinlich 3

---

[1] Vgl. den Überblick bei *Klimke*, r+s 2015, 217; *Mielchen*, SVR 2014, 81; *Roßnagel*, SVR 2014, 281; *Brenner*, DAR 2014, 619; *Balzer/Nugel*, NJW 2016, 196 ff.; *Brockmann/Nugel*, zfs 2016, 64 ff.

bestimmte Begleitdaten bei der Überprüfung einzelner Systeme gespeichert, zu denen insbesondere die gefahrene (angezeigte) Geschwindigkeit, aber auch weitere Informationen gehören. Zu denken ist dabei insbesondere an folgende Daten:
- Angaben zu dem Status von Bedienelementen in Form des Gas- und Bremspedals, Leuchteinheiten und der Gangstufe
- Angaben zum Status der Rückhaltesysteme einschließlich Belegung und Sitzposition der Insassen
- Angaben zum Lenkwinkel, Raddrehzahlen sowie der Drehzahl des Motors und der Beschleunigung bzw. Verzögerung des Fahrzeugs

Hintergrund dieser umfassenden Speicherung ist, dass moderne Fahrzeuge über eine umfangreiche Ausstattung an Assistenzsystemen verfügen, welche maßgebliche Daten zum eigenen Fahrzeug wie Geschwindigkeit, Lenkeinschlag oder Motorleistung erfassen.

4 Derzeit können diese Daten aus den Speichergeräten in vielen Fällen nur mithilfe des Herstellers ausgelesen werden, wobei auch die Vertragswerkstätten vor Ort wie auch bei ihnen tätige Sachverständige in vielen Fällen auf Unterstützung aus einer zentralen Abteilung des Herstellers angewiesen sind.[2] Eine Ausnahme stellen Fahrzeuge dar, die den Zugriff auf die Daten in Airbag Steuergeräten über das sog. CDR-Tool der Firma Bosch ermöglichen, was eine validierte Datenzugriffsmöglichkeit über eine offiziell definierte Schnittstelle darstellt. Das zentrale Problem in allen anderen Fällen stellt die häufig vom Hersteller vorgenommene Verschlüsselung der Daten da, aufgrund derer diese ohne seine Mithilfe nicht ausgewertet werden können. Teilweise wird diese Verschlüsselung nunmehr auch bei den im EDR gespeicherten Daten vorgenommen.

II. Unfalldatenschreiber

5 Neben diesen in Fahrzeugen vorhandenen Möglichkeiten der Datenaufzeichnung besteht natürlich auch die Möglichkeit, dass diese zusätzlich mit einem sog. Unfalldatenschreiber ausgestattet sind. Dies ist z.B. häufig bei Einsatzfahrzeugen von Polizei oder Rettungskräften, aber auch Firmen- oder Mietwagenflotten der Fall. Die gespeicherten Daten sollen der Unfallrekonstruktion dienen und werden daher i.d.R. dauerhaft nur im zeitlichen Zusammenhang mit einem Unfallereignis aufgezeichnet. Erfasst werden insbesondere
- Geschwindigkeit
- Beschleunigung
- Bewegungsrichtung
- Aufleuchten von Signaleinrichtungen
- Bremstätigkeit des Fahrers

Auslöser sind i.d.R. ein Anstoß an das Fahrzeug bzw. ggf. schon eine starke Bremsung oder auch eine manuelle Auslösung. Aufgrund der hohen Anforderungen an die Datener-

---

2 Vgl. auch *Mielchen*, SVR 2014, 81.

fassung sind diese Messwerte i.d.R. sehr zuverlässig und werden bei Gericht[3] als Grundlage für eine Unfallrekonstruktion bereits seit langem akzeptiert und sogar als Grundlage für die Prüfung unfallbedingter Gesundheitsbeschädigungen zugelassen.[4]

▼

Muster 18.1: Antrag auf Auslesung des Unfalldatenschreibers des Unfallgegners 6

Es wird beantragt,

dem vom Gericht zur Unfallrekonstruktion bestellten Sachverständigen aufzugeben, bei dem unfallbeteiligten Kfz mit dem Kennzeichen ▬▬▬ eine Auswertung der im Unfalldatenschreiber vorhandenen Aufzeichnungen, insbesondere zur Geschwindigkeit, Beschleunigung und Bewegungsrichtung, aber auch dem Aufleuchten von Signaleinrichtungen und der Bremstätigkeit des Fahrers vorzunehmen.

Unter Berücksichtigung dieser Daten ist auch dann ggf. noch eine Unfallrekonstruktion möglich, wenn keinerlei ausreichende vorkollisionäre Spurzeichnungen dokumentiert sind. Selbst bei Vorhandensein solcher Spuren ergibt sich durch dieses Auslesen der o.g. Daten eine deutlich bessere Ermittlung der für die weitere Unfallrekonstruktion notwendigen Anknüpfungstatsachen.

▲

III. Zukünftige Entwicklung

Zu beachten ist ferner, dass auf europäischer Ebene die Einführung des eCall-Systems 7
erfolgen wird. Dies führt zum Vorhandensein eines Notfallsystems im Fahrzeug, welches automatisch bei einem Unfall bzw. bei dem Auslösen eines Airbags einen Notruf absendet, die aktuellen Positionsdaten des Fahrzeugs übermittelt, sowie eine Kommunikation mit den Fahrzeuginsassen unter Integration einer Notruftaste ermöglichen soll und bei denen auch das individuelle Fahrzeug erkennbar ist.[5] Mit dem Notruf soll auch zugleich die „Schwere" des Unfallgeschehens mitgeteilt werden. Dies wiederum setzt voraus, dass auch zumindest die aufgetreten Beschleunigungen und Geschwindigkeitsänderungen ermittelt und ausgewertet werden. Diese Daten dürften damit gespeichert und somit auch abrufbar sein.

Vollkommen unklar bleibt daneben, ob und in welchem Umfang Daten bei der Vereinbarung 8
eines sog. Telematiktarifs für eine Unfallrekonstruktion zur Verfügung stehen. Bei diesen Tarifen gestattet der Versicherungsnehmer die Übermittlung bestimmter, i.d.R. anonymisierter Daten zur Analyse seines Fahrverhaltens an den Versicherer und von ihm eingeschaltete Unternehmen, um einen Tarif zu erhalten, welcher seinem Fahrverhalten angepasst ist. Dazu werden entweder Geräte mit Auslesemöglichkeiten im Fahrzeug des Versicherungsnehmers integriert oder aber per Bluetooth auf das eigene Handy übertragen, dort über eine App ausgewertet und weiter vermittelt.[6] Dies führt erst einmal

---

[3] KG, Urt. v. 6.2.2006 – 12 U 4/04 = NZV 2007, 43; KG, Urt. v. 16.11.2006 – 22 U 267/04 = SP 2007, 355; vgl. auch *Figgener/Ziegenhardt*, NZV 2014, 116.
[4] OLG Saarbrücken, Urt. v. 8.5.2014 – 4 U 393/11 = NZV 2015, 235.
[5] Vgl. auch *Kinast/Kühnl*, NJW 2014, 3057.
[6] *Klimke*, r+s 2015, 218.

lediglich zur Bildung von Punktewerten zur Einstufung des Fahrverhaltens.[7] Die Möglichkeit einer Speicherung dieser Daten zur Unfallrekonstruktion wird aber bereits als Vorteil dieses Tarifs ebenso wie die Möglichkeit der Fahrzeugortung im Diebstahlsfall erörtert. Dies kann ggf. auch von dem Versicherer wiederum als Grund für einen Prämiennachlass eingesetzt werden, so dass die reale Möglichkeit besteht, dass sich aus diesen Tarifen weitere Erkenntnisse für die Unfallrekonstruktion erwachsen.

B. Unfallrekonstruktion mithilfe des Event Data Recorders

Dr. Oliver Brockmann/Dr. Michael Nugel

9   Innerhalb der Möglichkeiten des Auslesens von Fahrzeugdaten kann einem Vorgehen mit Rückgriff auf den sog. Event Data Recorder (EDR) eine besondere Bedeutung zukommen. Der Einsatz von EDR-Daten erschließt dabei eine Reihe an neuen wichtigen Erkenntnisquellen zur Unfallrekonstruktion.[8]

I. Historische Entwicklung

10 In den 1990er Jahren wurde bei General Motors im Rahmen von Bestrebungen zur Verbesserung der passiven Fahrzeugsicherheit nach einer Möglichkeit gesucht, die Performanz von Rückhaltesystemen im realen Unfallgeschehen zu untersuchen. Daher wurde eine Funktion in die Airbagsteuergeräte des Herstellers eingebaut, die es erlaubte, Informationen zum Hergang eines Unfalls, zu dessen Schwere und zu den Auslöseentscheidungen des Airbagsteuergeräts zu speichern. Der Zugriff auf diese Daten war zunächst dem Hersteller vorbehalten, die Existenz der Zugriffsmöglichkeit blieb jedoch nicht verborgen und in der Folge wurde der Hersteller mit einer Vielzahl von externen Anfragen konfrontiert. Zudem wurden in Einzelfällen Bedenken hinsichtlich einer möglichen Veränderung der Daten durch den Hersteller geäußert. Vor diesem Hintergrund entschied sich GM ein Werkzeug zur Auslesung der EDR-Daten extern zur Verfügung zu stellen. Im Jahr 1999 war es unter dem Namen Crash Data Retrieval (CDR) Tool erstmals öffentlich verfügbar und ist heute als Bosch CDR-Tool erhältlich. In den USA ist der Einsatz dieses Werkzeugs seit mehr als 10 Jahren anerkannter Stand der Technik. In Europa ist es seit 2013 ebenfalls offiziell erhältlich.

II. Grundzüge des EDR/CDR

11 Die Bedeutung des Vorhandenseins und der Verfügbarkeit von crashbezogenen Daten in der Fahrzeugelektronik für die Steigerung der Verkehrssicherheit wurde vom Gesetzgeber in den USA erkannt und es existiert dort eine gesetzliche Regulierung (49 CFR Part 563) [NHTSA1], welche eine Begriffliche Bestimmung von Event Data Recordern (EDR) vornimmt, sowie die Genauigkeit, Speicherung, Dauerhaftigkeit und Auslesbar-

---

7 *Kinast/Kühnl*, NJW 2014, 3057.
8 *Brockmann/Nugel*, zfs 2016, 64 ff.

keit von EDR-Daten vorschreibt. Erwähnenswert ist, dass im Begründungstext zu der Regelung explizit auch auf die Nützlichkeit von EDR bei der Einführung von Crash Notification Systemen hingewiesen wird. Dabei handelt es sich um Systeme, die nach einem Unfall automatisch Daten zum Ereigniseintritt und zur Unfallschwere nach außen (z.B. über Mobilfunknetze) übermitteln.

Gemäß der Vorgabe müssen in den USA Fahrzeuge, die am oder nach dem 1.9.2012 hergestellt wurden und mit einem EDR ausgestattet sind, die Auslesbarkeit der EDR-Daten durch ein Werkzeug ermöglichen, das kommerziell frei erhältlich ist. Ferner hat die amerikanische Verkehrssicherheitsbehörde NHTSA signalisiert, dass es beabsichtigt ist die Ausrüstung von Fahrzeugen mit EDR-Systemen als verpflichtend zu regeln. Dies erfolgte durch eine sogenannte Notice of proposed rulemaking (NPRM, hier: 49 CFR Part 571), in der als Datum für die verpflichtende Ausrüstung der 1.9.2014 genannt wurde. Allerdings wurde dies bislang nicht in geltendes Recht umgesetzt, d.h. es gilt auch in den USA immer noch der Grundsatz, dass nur dann wenn ein EDR im Fahrzeug vorhanden ist, dieser auch auslesbar sein muss. Ein EDR wird in der 49 CFR Part 563 (auch als Part 563 Rule bezeichnet) definiert als ein Gerät oder eine Funktion, welche Daten zur Dynamik eines Fahrzeugs unmittelbar vor oder während eines Crash in Form einer Zeitreihe zum Zwecke einer späteren Auslesbarkeit aufzeichnet. Bei der Definition wird ausdrücklich erwähnt, dass damit keine Audio- oder Videodaten gemeint sind. Somit ist ein Fahrzeughersteller, der eine EDR-Funktion in einem Fahrzeug einbaut, verpflichtet die Auslesbarkeit des EDR sicherzustellen. Der überwiegende Teil der Fahrzeughersteller erreicht dies durch eine Zusammenarbeit mit der Firma Bosch, die für die betreffenden Fahrzeuge eine Unterstützung in das CDR-Tool-Produkt integriert. Es gibt indes auch einige wenige Hersteller, die – wie derzeit zwei Hersteller aus Korea – ein eigenes Werkzeug zum Auslesen anbieten.

Nach einer Erhebung der amerikanischen Verkehrssicherheitsbehörde NHTSA waren im Jahr 2005 64 % und im Jahr 2013 96 % der Pkw in den USA mit EDR-Systemen ausgerüstet. Mit Inkrafttreten der Part 563 Rule wurden verpflichtende Datenelemente, die von einem EDR auslesbar zur Verfügung gestellt werden müssen, standardisiert. Fahrzeughersteller haben weiterhin die Möglichkeit darüber hinausgehende Datenelemente zur Verfügung zu stellen. Auf die Daten wird im folgenden Abschnitt eingegangen.

III. Auslesbare EDR-Daten

Grundsätzlich sind in EDR-Daten Informationen zum Fahrzeugverhalten vor der Kollision (Precrash-Daten), zur Kollision (Crash-Daten) und zum Auslauf des Fahrzeugs (Postcrash-Daten) verfügbar. Das folgende Bild gibt eine Übersicht über typische Datenelemente.

§ 18 Auslesen und Verwenden von personenbezogenen Daten

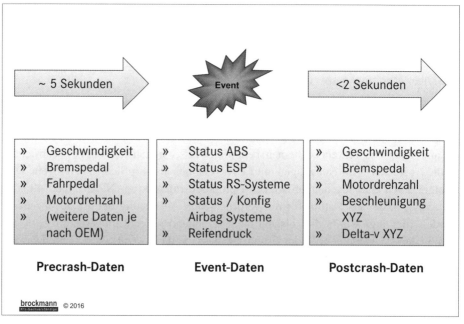

Abb. 18.1: Precrash-, Event- und Postcrash-Daten

15 Gemäß der Gesetzgebung in den USA muss ein Fahrzeughersteller, wenn ein EDR vorhanden ist die Datenelemente der sogenannten Tabelle 1 implementieren (verpflichtende Elemente). Weiterhin kann er auch Datenelemente der Tabelle 2 implementieren (optionale Elemente). Die jeweiligen Tabellen beschreiben die Werte, deren zeitliche Auflösung, den Zeitbereich der Aufzeichnung und die Mindestgenauigkeit der Erfassung.

16 Unterschieden werden bei den Daten solche zu Ereignissen (Events), bei denen eine Airbag Auslösung stattgefunden hat (Deployment Events) und solche ohne (Non Deployment Events). D.h. es finden ggf. auch Datenspeicherungen in Unfallsituationen statt, in denen es zu keiner Auslösung von Rückhaltesystemen gekommen ist.

Einige Hersteller gehen bei dem Umfang der Daten über die geforderten Mindestdatenelemente hinaus und speichern über längere Zeiträume vor der Kollision. Aus den optionalen Daten in modernen Fahrzeugen kann aufgrund der Aufzeichnung von Lenkwinkel, Gaspedalstellung, Motordrehzahl, eingelegtem Gang, sowie Bremsdruck und wirksamen Verzögerungen der Bewegungspfad eines Fahrzeugs vor der Kollision aus den EDR-Daten rekonstruiert werden. So können auch Unfallhergänge betrachtet werden, bei denen keinerlei vorkollisionären Spurzeichnungen dokumentiert sind.

17 Die Speicherung der Daten in den Steuergeräten erfolgt in dedizierten EEPROM bzw. Flash Speichern oder integriert in Mikrocontrollern, die speziell für Automotive Anwendungen entwickelt worden sind. Hierdurch wird eine dauerhafte sichere Speicherung der Event Daten und deren Integrität gewährleistet. Die Softwarelogik der Steuergeräte

B. Unfallrekonstruktion mithilfe des Event Data Recorders § 18

verhindert generell, dass Deployment Events überschrieben oder gelöscht werden. Non Deployment Events können ggf. überschrieben werden, wenn der durch sie belegte Speicherplatz für die Ablage eines Deployment Events benötigt wird.

Gespeicherte Daten sind für sehr lange Zeit in den Speicherbausteinen stabil. D.h. auch Jahre nach einem Crash können ggf. noch Daten ausgelesen werden. Auch aus extrem stark zerstörten Fahrzeugen und nach Vollbränden sind die Daten in der Regel noch auslesbar.

▼

Muster 18.2: Antrag auf Auslesung des EDR

Es wird beantragt,

dem vom Gericht zur Unfallrekonstruktion bestellten Sachverständigen aufzugeben, bei den unfallbeteiligten Pkw auch die im sog. Electronic Data Recorder (EDR) vorhandenen Aufzeichnungen zur Unfallrekonstruktion, insbesondere die gefahrene Geschwindigkeit, dem Einsatz von Gas- und Bremspedal, Angaben zum Lenkwinkel und Lenkverhalten, dem eingelegten Gang sowie Bremsdruck und zu einer kollisionsbedingten Geschwindigkeitsänderung auszulesen und bei der Unfallrekonstruktion zu berücksichtigen.

Unter Berücksichtigung dieser Daten ist auch eine Unfallrekonstruktion möglich, wenn keinerlei ausreichende vorkollisionäre Spurzeichnungen dokumentiert sind. Eine Speicherung dieser Daten setzt im Übrigen auch nicht zwingend das Auslösen eines Airbags voraus, sondern es genügt ein sog. „Non Deployment Event", bei dem entsprechende Aufzeichnungen gespeichert werden, die auch im Fall einer Reparatur nicht ohne weiteres überschrieben werden und auch Monate nach dem Unfallereignis i.d.R. noch abrufbar sind. Wegen der näheren Einzelheiten zu der Bedeutung dieses Datenauslesens auf die Unfallrekonstruktion wird verwiesen auf den Beitrag von *Brockmann/Nugel*, zfs 2016, 64 ff.

▲

IV. Verbreitung von CDR auslesbaren EDR in Europa

Die vorerwähnte Gesetzgebung ist in ihrer Gültigkeit auf die USA beschränkt. Dort sind ca. 96 % der Pkw Fahrzeugflotte (Stand 2013) mit EDR ausgestattet, die mittels des Bosch CDR-Tools oder einem anderen Werkzeug auslesbar sind. Ca. 80 % entfallen davon auf das Bosch CDR-Tool. Daneben stellt die Hyundai Kia Automotive Group ein eigenes proprietäres Auslesewerkzeug zur Verfügung, mit dem aus Fahrzeugen der Marken Hyundai und Kia EDR-Daten ausgelesen werden können.

Die Unterstützung für eine Auslesung ist rein rechtlich gesehen gegenwärtig für einen Fahrzeughersteller wie vorerwähnt nur dann verpflichtend, wenn das Fahrzeug einen EDR enthält und in den USA verkauft werden soll.

Dennoch haben eine Reihe von Herstellern die CDR-Unterstützung bzw. EDR-Auslesbarkeit auch für Fahrzeuge freigegeben, die nicht für den US Markt bestimmt sind. So werden einige Fahrzeuge für den gesamten NAFTA Raum (USA, Canada, Mexiko) unterstützt. Hersteller wie FCA, GM, Toyota, Volvo und Hyundai/Kia haben in einigen oder allen Fahrzeugen auch weltweit für die CDR-Tool Unterstützung aktiviert. So können z.B. weltweit alle Fahrzeuge der Marke Toyota ab dem Modelljahr 2002 mit dem CDR-Tool ausgelesen werden. Das folgende Bild gibt einen Überblick über die historische Entwicklung der Unterstützung für Fahrzeuge verschiedener Marken.

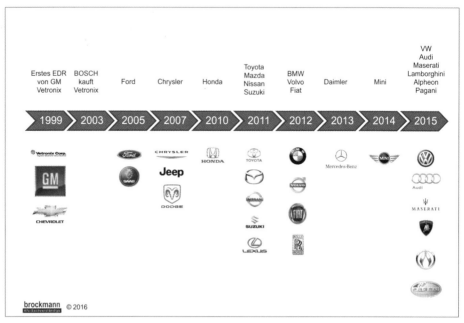

Abb. 18.2: CDR-Unterstützung bei verschiedenen Marken

21 Die Fragestellung, ob ein EU-Fahrzeug Daten enthält und auslesbar ist muss in jedem Einzelfall geprüft werden und diese Prüfung kann durch den Einsatz von Software mit Erkenntnissen aus umfassenden Untersuchungen erleichtert werden. Besonders geeignet ist hierfür die CDRfinder[9] Software, die als Smartphone App oder als Windows App erhältlich ist.

V. Genauigkeit der Daten

22 Die Genauigkeit der Daten, die von EDR aufgezeichnet werden ist durch die Part 563 Rule definiert und Untersuchungen in Form von Crashtests bestätigen, dass die von den Herstellern verbauten Systeme die Vorgaben auch erfüllen. Untersuchungen, bei denen in fahrdynamischen Grenzsituationen Events ausgelöst und die Datenaufzeichnung dann mit den Daten einer unabhängigen Messtechnik verglichen wurde zeigen auch hier eine gute Übereinstimmung.

23 Bei der Auswertung der EDR-Daten muss jedoch stets beachtet werden, dass diese durch die Auswertung bzw. Verarbeitung von Sensordaten zustande kommen und dass bereits diese Sensordaten ggf. nicht mit den realen Bewegungsgrößen des Fahrzeugs überein-

---

9 Siehe: www.cdrfinder.com.

B. Unfallrekonstruktion mithilfe des Event Data Recorders § 18

stimmen. Aufgrund des Schlupfs an den Reifen bei starken Bremsmanövern kommt es z.B. dazu, dass die durch die Fahrzeugelektronik bestimmte Geschwindigkeit geringer ist als die tatsächliche Geschwindigkeit des Fahrzeugs. Untersuchungen von GM zeigen, dass übliche Abweichungen bei starken Bremsmanövern im Bereich von ca. 3 km/h liegen können. Bei schleudernden Fahrzeugen sind höhere Abweichungen zwischen der aufgezeichneten Geschwindigkeit und der tatsächlichen Schwerpunktgeschwindigkeit zu erwarten.

Das Vorgenannte zeigt, dass sich mit dem Vorliegen von ausgelesenen EDR-Daten eine unfallanalytische Betrachtung nicht auf die unkritische Übernahme der Daten beschränken darf. Vielmehr müssen die Daten als sinnvolle und nützliche Ergänzung zu anderen vorliegenden Spuren betrachtet werden, die nach einer physikalischen Plausibilitätsprüfung mit in eine sachverständige Bewertung eingehen können. In jedem Fall wird sich die Qualität von unfallanalytischen Gutachten durch die Nutzung von EDR-Daten wesentlich verbessern.

VI. Einzelne Fallgruppen

Das Auslesen von Fahrzeugdaten mit Hilfe des EDR als Unterstützung für eine erfolgreiche Unfallrekonstruktion bietet für den letztendlich den Fall am Ende entscheidenden Juristen eine Reihe an Vorteilen bei der Aufklärung und Bewertung dieser Unfallereignisse.

1. Ungeklärter Kollisionspunkt

Steht z.B. der konkrete Punkt der Kollision im Begegnungsverkehr oder aber auf einer Kreuzung nicht fest, kann ggf. durch Ermittlung der Lenkbewegungen der Fahrzeugführer ermittelt werden, wer auf wessen Fahrbahn geraten ist. Dementsprechend kann dann auch ein Anscheinsbeweis bei dem Abkommen auf die Gegenfahrbahn,[10] dem Abbiegen in den Gegenverkehr[11] oder der Einfahrt in den Kreuzungsbereich[12] als wartepflichtiger Verkehrsteilnehmer eingreifen.

▼

Muster 18.3: Antrag auf Auslesung des EDR bei ungeklärter Kollisionsstellung
Es wird beantragt,

dem vom Gericht zur Unfallrekonstruktion bestellten Sachverständigen aufzugeben, bei den unfallbeteiligten Pkw auch die im sog. Electronic Data Recorder (EDR) vorhandenen Aufzeichnungen zur Unfallrekonstruktion, insbesondere die gefahrene Geschwindigkeit, dem Einsatz von Gas- und Bremspedal, Angaben zum Lenkwinkel und Lenkverhalten, dem eingelegten Gang sowie Bremsdruck und zu einer kollisionsbedingten Geschwindigkeitsänderung auszulesen und bei der Unfallrekonstruktion zu berücksichtigen.

---

10 OLG Hamm, Urt. v. 8.9.2015 – I 9 U 131/14 – juris; OLG Frankfurt, Urt. v. 4.3.2014 – 15 U 144/12 = SP 2014, 295.
11 BGH, Urt. v. 13.2.2007 – VI ZR 58/06 = MDR 2007, 884; OLG München, Urt. v. 25.9.2009 – 10 U 1921/09 – juris.
12 OLG Celle, Urt. v. 20.10.2010 –14 U 47/10 – juris; OLG Köln, Urt. v. 14.2.2002 – 12 U 142/01 = SP 2002, 263.

Unter Berücksichtigung dieser Daten ist auch eine Unfallrekonstruktion möglich, wenn keinerlei ausreichenden vorkollisionären Spurzeichnungen dokumentiert sind. Eine Speicherung dieser Daten setzt im Übrigen auch nicht zwingend das Auslösen eines Airbags voraus, sondern es genügt ein sog. „Non Deployment Event", bei dem entsprechende Aufzeichnungen gespeichert werden, die auch im Fall einer Reparatur nicht ohne weiteres überschrieben werden und auch Monate nach dem Unfallereignis i.d.R. noch abrufbar sind. Wegen der näheren Einzelheiten zu der Bedeutung dieses Datenauslesens auf die Unfallrekonstruktion wird verwiesen auf den Beitrag von *Brockmann/Nugel*, zfs 2016, 64 ff.

Die besondere Bedeutung des Auslesens des EDR ergibt sich daraus, dass vorliegend der Kollisionspunkt mangels einer dokumentierten Spurenzeichnung nicht sicher festgestellt werden kann, auf welchem Punkt der Fahrbahn die Fahrzeuge zusammengestoßen sind. Insbesondere das Lenkverhalten und der Lenkwinkel bei den betroffenen Fahrzeugen dürften aber wichtige Anknüpfungstatsachen für die Aufklärung dieser Gesichtspunkte darstellen.

2. Überschreitung der zulässigen Geschwindigkeit

27 Derzeit ist die Unfallrekonstruktion von erheblichen Unsicherheiten bei der Ermittlung der Ausgangsgeschwindigkeit der betroffenen Fahrzeugführer geprägt. Bei Fehlen von Spuren zu einem möglichen Abbremsen oder anderen Ausweichverhalten können allenfalls die subjektiven Angaben der Fahrzeugführer zu einer möglichen Reduzierung der Geschwindigkeit durch ein Abbremsen bzw. gar der Ausgangsgeschwindigkeit zugrunde gelegt werden. Für den Beweis einer bestimmten Überschreitung der zulässigen Höchstgeschwindigkeit ist der Zeugenbeweis jedoch ein denkbar ungeeignetes Beweismittel, wenn nicht die besondere Sachkunde des Zeugen dargelegt oder Bezugstatsachen erläutert werden.[13] Mit dem Auslesen des EDR ist es dagegen möglich, bereits die gefahrene Geschwindigkeit vor der Kollision ebenso wie den möglichen Punkt einer ersten Reaktion durch eine Bremsung bzw. Lenkbewegung zu berücksichtigen.

28 **Muster 18.4: Antrag auf Auslesung des EDR bei ungeklärter Geschwindigkeit**

Es wird beantragt,

dem vom Gericht zur Unfallrekonstruktion bestellten Sachverständigen aufzugeben, bei den unfallbeteiligten Pkw auch die im sog. Electronic Data Recorder (EDR) vorhandenen Aufzeichnungen zur Unfallrekonstruktion, insbesondere die gefahrene Geschwindigkeit, dem Einsatz von Gas- und Bremspedal, Angaben zum Lenkwinkel und Lenkverhalten, dem eingelegten Gang sowie Bremsdruck und zu einer kollisionsbedingten Geschwindigkeitsänderung auszulesen und bei der Unfallrekonstruktion zu berücksichtigen.

Unter Berücksichtigung dieser Daten ist auch dann ggf. noch eine Unfallrekonstruktion möglich, wenn keinerlei ausreichende vorkollisionäre Spurzeichnungen dokumentiert sind. Eine Speicherung dieser Daten setzt im Übrigen auch nicht zwingend das Auslösen eines Airbags voraus, sondern es genügt ggf. ein sogenannter „Non Deployment Event",

---

13 KG, Beschl. v. 15.1.2007 – 12 U 205/06 = NZV 2007, 524.

bei dem entsprechende Aufzeichnungen gespeichert werden, die auch im Fall einer Reparatur nicht ohne weiteres überschrieben werden und auch Monate nach dem Unfallereignis i.d.R. noch abrufbar sind. Wegen der näheren Einzelheiten zu der Bedeutung dieses Datenauslesens auf die Unfallrekonstruktion wird verwiesen auf den Beitrag von *Brockmann/Nugel*, zfs 2016, 46 ff.

Die besondere Bedeutung des Auslesens des EDR ergibt sich daraus, dass vorliegend die Geschwindigkeit der am Unfall beteiligten Pkw mangels einer dokumentierten Spurenzeichnung nicht sicher festgestellt werden kann. Insbesondere die im EDR hinterlegten Daten zu der gefahrenen Geschwindigkeit sowie dem Betätigen des Gas- bzw. Bremspedals bei den betroffenen Fahrzeugen dürften aber wichtige Anknüpfungstatsachen für die Aufklärung dieser Gesichtspunkte darstellen.

3. Ermittlung der kollisionsbedingten Geschwindigkeitsänderung

Auch für die Aufklärung von Unfallfolgen können die Ergebnisse aus einem EDR bedeutsam sein. So insbesondere, wenn es um die Ermittlung der Belastung des Fahrzeuginsassen durch eine kollisionsbedingte Geschwindigkeitsänderung geht, die auch bei der vorzunehmenden Gesamtwürdigung durch einen medizinischen Sachverständigen im Rahmen einer interdisziplinären Begutachtung von besonderer Bedeutung ist.[14] Üblicherweise wird diese anhand der dokumentierten Fahrzeugschäden und einer Einordnung anhand von Versuchen mit einer bestimmten Bandbreite ermittelt. Zur Präzisierung dieser Erkenntnisse wird i.d.R. das Auslesen der im Fahrzeug selber ermittelten und festgehaltenen kollisionsbedingten Geschwindigkeitsänderung eine deutlich genauere Einschätzung ermöglichen können, wenn denn eine ausreichende Schwere des Anstoßes zum Auslösen einer Dokumentation vorliegt.

Muster 18.5: Antrag auf Auslesung zur Ermittlung der kollisionsbedingten Geschwindigkeitsänderung

Es wird beantragt,

dem vom Gericht zur Unfallrekonstruktion bestellten Sachverständigen aufzugeben, bei dem unfallbeteiligten Pkw auch die im sog. Electronic Data Recorder (EDR) vorhandenen Aufzeichnungen zur Unfallrekonstruktion, insbesondere die dort hinterlegten Daten zu einer kollisionsbedingten Geschwindigkeitsänderung auszulesen und bei der Unfallrekonstruktion zu berücksichtigen.

Unter Berücksichtigung dieser Daten ist auch eine Unfallrekonstruktion möglich, wenn keinerlei ausreichende weitere Spuren dokumentiert sind. Eine Speicherung dieser Daten setzt im Übrigen auch nicht zwingend das Auslösen eines Airbags voraus, sondern es genügt ein sog. „Near Deployment Event" oder „Non Deployment Event", bei dem entsprechende Aufzeichnungen gespeichert werden, die auch im Fall einer Reparatur nicht ohne weiteres überschrieben werden und auch Monate nach dem Unfallereignis i.d.R. noch abrufbar sind. Wegen der näheren Einzelheiten zu der Bedeutung dieses

---

14 BGH Urt. v. 8.7.2008 – VI ZR 274/07 = NZV 2008, 502 = zfs 2008, 562; BGH, Urt. v. 3.6.2008 – VI ZR 235/07 = NZV 2008, 502.

Datenauslesens auf die Unfallrekonstruktion wird verwiesen auf den Beitrag von *Brockmann/Nugel*, zfs 2016, 64 ff.

Die besondere Bedeutung des Auslesens des EDR ergibt sich daraus, dass zur Überprüfung unfallbedingter Verletzungen eine möglichst genaue Bestimmung der kollisionsbedingten Geschwindigkeitsänderung zu erfolgen hat. Diese wird üblicherweise anhand der Auswertung des Beschädigungsbildes des betroffenen Kfz vorgenommen und führt zur Bestimmung innerhalb einer bestimmten Bandbreite. Diese kann durch die gewonnen Erkenntnisse des EDR aus dem betroffenen Pkw ergänzt und vor allem deutlich präzisiert werden.

C. Auslesen von Fahrzeugdaten und Datenschutz

Dr. Thomas Balzer/Dr. Michael Nugel

31 Diese technisch fast unbegrenzten Möglichkeiten sind aber in den rechtlichen Rahmen des Datenschutzes zu fassen. Dies gilt schon für die entscheidende Prüfung vorab, ob und in welchem Umfang überhaupt personenbezogene Daten betroffen sind. Diesem schließt sich dann die Frage an, unter welchen Voraussetzungen das Verwenden dieser Daten rechtmäßig ist und welche Rechte dem Betroffenen, auch ggf. gegenüber dem Fahrzeughersteller, zustehen können.

I. Grundlagen des Datenschutzes

32 Soweit die in den Fahrzeugen verwendeten Daten als personenbezogen einzustufen sind, unterliegt das Auslesen und Verwerten dieser Informationen dem Datenschutzrecht.

1. Vorrangige Spezialregelungen

33 Auch wenn bei diesem Themenbereich zuerst an die Anwendung des BDSG gedacht wird, ist dies im Rahmen der heutigen Technik nicht zwingend die einschlägige gesetzliche Grundlage. Die Komplexität und Vielfalt der einsetzbaren Technik kann unter Umständen auch zu einer Berührung der vorrangig geltenden datenschutzrechtlichen Spezialregelungen wie dem TMG oder TKG führen. Werden beispielsweise Ortsdaten mittels GPS vom Kfz vom Telemedienanbieter erhoben, wird i.d.R. die Ermächtigungsgrundlage des § 15 TMG i.V.m. § 98 TMG einschlägig sein, wonach dies für den Anbieter erforderlich sein muss und die Daten anonymisiert werden bzw. der Betroffene eingewilligt hat. Eine weitere spezialgesetzliche Ermächtigung zur Erhebung und Verarbeitung personenbezogener Daten findet sich in Art. 5 Abs. 3 der Verordnung (EG) 715/2007 und in Art. 4 der Verordnung (EG) 692/2008 für sog. OBD-Systeme, damit durch Überwachung dieser Daten durch die Werkstätten sichergestellt werden kann, dass das Emissionsminderungssystem im Kfz störungsfrei seine Funktion erfüllt.[15]

---

15 Vgl. auch *Roßnagel*, SVR 2014, 284; *Balzer/Nugel*, NJW 2016, 16 ff.

C. Auslesen von Fahrzeugdaten und Datenschutz § 18

2018 wird zudem ein europaweit einheitliches Datenschutzrecht in Kraft treten und unter anderem das Bundesdatenschutzgesetz weitgehend ersetzen – die Entwicklung dieser Datenschutzgrundverordnung (DSGVO) wird umfangreiche Änderungen mit sich bringen und diese wird unmittelbare Bindungswirkung entfalten. In Zukunft wird es weiterhin ein Verbot mit Erlaubnisvorbehalt als Ausgangspunkt jeder Rechtmäßigkeitsprüfung geben. Im Bereich des Auslesens von Fahrzeugdaten kann es sich insbesondere zugunsten der Betroffenen auswirken, dass ihre Rechte nach den Art. 12 ff. DSGVO verstärkt und ausgebaut werden. Dies gilt insbesondere für den wichtigen Grundsatz des Transparenzgebots nach Art. 12 DVSGO, der bereits jetzt bei dem Auslesen von Fahrzeugdaten in der Diskussion eine große Rolle spielt. Auch die erweiterten Auskunftsrechte nach Art. 15 DVSGO können gerade in diesem Bereich im ganz erheblichen Umfang Auswirkungen auf die Grundlagen für ein Auslesen der Fahrzeugdaten haben.

34

2. Personenbezug der Daten

Die Anwendbarkeit der datenschutzrechtlichen Vorschriften hängt davon ab, ob es sich um sog. personenbezogene Daten handelt, die ausgelesen werden sollen. Dafür ist entscheidend, ob die Informationen sich auf persönliche oder sachliche Verhältnisse einer bestimmten oder bestimmbaren Person richten.[16] Maßgeblich ist dafür, ob im konkreten Einzelfall der die Datenverwendung Vornehmende in der Lage ist, den Bezug zur betroffenen Person ohne weiteres oder zumindest mit vertretbarem wirtschaftlichem und zeitlichem Aufwand herzustellen.[17]

35

Dies wird i.d.R. anzunehmen sein, wenn es um die Aufklärung eines konkreten Unfallereignisses geht, bei dem auch der betroffene Fahrzeugführer in seiner Person feststeht. Damit wird seine Person bestimmbar, wenn aus dem von ihm geführten Fahrzeug für sich gesehen erst einmal rein technische Daten ausgelesen werden, die aber zugleich eine Analyse seines konkreten Fahrverhaltens ermöglichen. Auch ohne ein solches Ereignis kann die Zuordnung des Kfz zu einer bestimmten Person oder einem bestimmten Personenkreis schnell dazu führen, dass auch ohne ein Hinzutreten weiterer äußerer Umstände diese Daten einer bestimmten konkreten Person zugeordnet werden können.

▼

Muster 18.6: Einstufung als personenbezogene Daten

36

Vorliegend handelt es sich um personenbezogene Daten i.S.d. § 3 BDSG, die zur Anwendung des BDSG führen. Dafür ist entscheidend, ob die gespeicherten Informationen sich auf persönliche oder sachliche Verhältnisse einer bestimmten oder bestimmbaren Person richten (*Taeger/Gabel*, BDSG, § 3 Rn 10). Maßgeblich dafür ist wiederum, ob die im konkreten Einzelfall die Daten verwendende Person in der Lage ist, einen Bezug zur betroffenen Person – zumindest mit vertretbarem wirtschaftlichem und zeitlichem Aufwand – herzustellen (vgl. LG Köln, Urt. v. 24.4.2014 – 6 S 248/13 = DAR 2015, 342 und LG Hannover, Urt. v. 12.3.2013 – 8 S 1/13 – juris sowie den Überblick bei *Nugel*, DAR

---

16 *Taeger/Gabel*, BDSG, § 3 Rn 10.
17 *Kühling/Klar*, NJW 2013, 3611, 3615 m.w.N.; vgl. auch LG Köln, Urt. v. 24.4.2014 – 6 S 248/13 = DAR 2015, 342 und LG Hannover, Urt. v. 12.3.2013 – 8 S 1/13 – juris sowie den Überblick bei *Nugel*, DAR 2015, 348 ff.

2015, 348). Dies ist bei den hier betroffenen, ggf. erst einmal fahrzeugbezogenen Daten, aufgrund folgender Umstände im konkreten Fall zu bejahen, bei dem die maßgebliche Zuordnung zu einer bestimmten Person als Fahrzeugführer (Vgl. dazu *Balzer/Nugel*, NJW 2016, 16 ff.) mit überschaubarem Aufwand ganz einfach möglich ist.

3. Formen der Verwendung

37 Zum Verständnis des Datenschutzrechtes unerlässlich sind die Verwendungsmodalitäten. Dabei handelt es sich um die verschiedenen Phasen der Verwendung von personenbezogenen Daten. Es sind folgende Tatbestände zu unterscheiden:
- Erhebung
- Verarbeitung
- Nutzung.

Die Begriffe sind in § 3 Abs. 3, 4 und 5 BDSG definiert. Vor Anwendung einer datenschutzrechtlichen Norm sollte stets geprüft werden, ob und wie die jeweils betroffene Verwendungsmodalität erfasst ist.

4. Zulässigkeit der Verwendung

38 § 4 Abs. 1 BDSG statuiert ein sog. Verbot mit Erlaubnisvorbehalt bzgl. der Verwendung von personenbezogenen Daten. Es bedarf dafür eines Erlaubnistatbestandes, der entweder in einer Einwilligung oder aber einer gesetzlichen Ermächtigung liegen kann.[18]

a) Einwilligung

39 Bei der Prüfung einer Einwilligung sind die Maßstäbe des Datenschutzrechts, insbesondere des § 4a BDSG zu beachten, die sich je nach für die Einholung gewähltem Medium unterscheiden können. Die Einwilligung muss insbesondere folgende Voraussetzungen[19] erfüllen:
- Sie muss freiwillig erfolgen
- Sie muss transparent gestaltet sein
- Sie muss klar und unmissverständlich den verfolgten Zweck und die betroffenen Daten und ihrem Umfang erkennen lassen

Insbesondere zu letzterem Gesichtspunkt[20] ist eine genaue Erfassung der aus technischer Sicht sinnvollen und vom Verwender freizugebenden Daten von Bedeutung, die mit einem bestimmten Zweck verbunden sein sollten.

---

18 *Balzer/Nugel*, NJW 2016, 16 ff.
19 Vgl. *Simitis*, BDSG, § 4a Rn 6.
20 *Gola/Schomerus*, BDSG, § 4a Rn 26.

C. Auslesen von Fahrzeugdaten und Datenschutz § 18

Muster 18.7: Übersicht der aus dem Fahrzeug zur Unfallrekonstruktion auszulesenden Daten

40

Die nachfolgenden Daten können aus dem Fahrzeug ▓▓▓▓ zum Zwecke der Rekonstruktion des Verkehrsunfalls vom ▓▓▓▓ ausgelesen werden, soweit sie geeignet sind, zur Aufklärung beizutragen:

- zur Erkennung von Anstößen und ggf. Auslösung von Rückhaltesystemen (z.B. Airbags, Gurtstraffer, u.a.),
- zur Auslösung von Fußgängerschutzsystemen,
- zu dem Eingreifen von Assistenzsystemen (z.B. ABS, ESP, Bremsassistenzsystemen, sowie Systemen zur teil- oder ggf. vollautonomen Fahrzeugführung),
- zur Geschwindigkeit vor der Kollision und zur kollisionsbedingten Geschwindigkeitsänderung des Fahrzeugs,
- zum Lenk- und Bremsverhalten des Fahrers und/oder aktiver Assistenzsysteme vor, während und nach der Kollision,
- aus EDR- (Event Data Recorder) Systemen im Airbagsteuergerät oder ähnlichen/verwandten Steuergeräten des Fahrzeugs,
- zum Aufenthaltsort des Pkw zum Schadenszeitpunkt (z.B. im Navigationsgerät hinterlegte Daten zum Standort zum Zeitpunkt des Versicherungsfalls).
- Sonstige: ▓▓▓▓

Von wesentlicher Bedeutung bei der Erstellung ist die Sicherstellung von Freiwilligkeit und Transparenz der Einwilligungserklärung. Inhaltlich müssen die umfassten personenbezogenen Daten aufgeführt werden, so dass kein Zweifel über den Umfang der Daten besteht. Darüber hinaus ist auf den konkreten Zweck der Datenverwendung einzugehen, ggf. auch auf potentielle Empfänger der Daten hinzuweisen.[21]

41

Die Einwilligung unterliegt dabei nach § 4a BDSG grundsätzlich der Schriftform, muss also gem. § 126 BGB vom Einwilligenden unterschrieben werden.[22] Nur in Ausnahmefällen kann aufgrund der Umstände eine andere Form angemessen sein, wobei sich schon aufgrund der Beweislast in der Praxis die Schriftform empfiehlt. Falls die Einwilligung im Rahmen vorformulierter Texte, insbesondere AGB, eingeholt werden soll, bedarf es neben etwaiger AGB-rechtlicher Vorgaben einer drucktechnischen Hervorhebung, beispielsweise einem Fettdruck, einer Umrahmung oder Unterstreichung.[23]

b) Gesetzliche Erlaubnistatbestände

Die Anwendung der passenden gesetzlichen Rechtfertigungsgrundlage hängt u.a. davon ab, wer die Verwendung der Daten begehrt. Während für gesetzlich vorgeschriebene Datenverwendungen z.B. das e-Call System Spezialvorschriften zugunsten der beteiligten Stellen greifen, gelten für die an der Unfallrekonstruktion Interessierten regelmäßig die allgemeinen Vorschriften des BDSG.

42

---

21 OLG Hamm RDV 2006 Rn 263.
22 Vgl. *Zscherpe*, MMR, 2004, 723; *Gola/Schomerus*, BDSG, § 4a Rn 29.
23 BGH, CR 2008, 720 – *Payback*.

§ 18 Auslesen und Verwenden von personenbezogenen Daten

Im Verhältnis zwischen dem Versicherungsnehmer und seiner Kraftfahrtversicherung ist seine Auskunftsobliegenheit nach Abschnitt 1.3 AKB mit dem daraus resultierenden Vertragsverhältnis zu beachten. In diesem Fall greift zugunsten der Kraftfahrtversicherung die Vorschrift des § 28 Abs. 1 S. 1 Nr. 1 BDSG ein, soweit die Verwendung der Daten zur Unfallkonstruktion für die Durchführung des Versicherungsvertragsverhältnisses erforderlich ist.[24]

43 Besteht kein Vertragsverhältnis zum datenschutzrechtlich Betroffenen, bleibt dem an den Daten Interessierten der Rückgriff auf den § 28 Abs. 1 S. 1 Nr. 2 BDSG, der als Dreh- und Angelpunkt des Datenschutzrechtes die Frage der Zulässigkeit der Verwendung unter das Statut einer Abwägung zwischen den Interessen der verantwortlichen Stelle und dem Persönlichkeitsrecht des Betroffenen stellt.[25] Folgende Faktoren können dabei von besonderer Bedeutung sein:[26]

- die Höhe des Schadens,
- das Aufklärungsbedürfnis,
- das Fehlen bzw. die eingeschränkte Aussage anderer Beweismittel,
- Datensicherheit,
- eine besondere Vertraulichkeit der Daten (Gründe können bspw. in den beteiligten Personen oder Umständen liegen).

II. Gemeinsame Erklärung der Konferenz der unabhängigen Datenschutzbehörden des Bundes und der Länder und des Verbandes der Automobilindustrie (VDA)

44 Angesichts der zunehmenden Bedeutung des Umgangs mit den Daten, welche in modernen Fahrzeugen in wachsender Vielzahl entstehen und einen Personenbezug aufweisen können, haben die Datenschutzbeauftragten des Bundes und der Länder und der Verband der Automobilindustrie (VDA) eine gemeinsame Erklärung zu den datenschutzrechtlichen Aspekten bei der Nutzung von Kfz am 26.1.2016 abgegeben.[27] Die Digitalisierung und insbesondere die Vernetzung bergen neben den unbestreitbaren Vorteilen für die Verkehrssicherheit und den Komfort zugleich auch Risiken für die Persönlichkeitsrechte der Fahrzeugnutzer. Die nachfolgenden datenschutzrechtlichen Gesichtspunkte werden daher von dieser gemeinsamen Erklärung erfasst und Empfehlungen ausgesprochen, die für den zukünftigen Umgang mit diesen Daten von besonderer Bedeutung sein können. Sie werdend daher im Folgenden näher erläutert und im Einzelnen soweit erforderlich ergänzt bzw. kritisch hinterfragt.

---

24 *Simitis*, BDSG, § 28 Rn 76.
25 Zu den Anforderungen an die Güterabwägung vgl. *Balzer/Nugel*, NJW 2014, 1622.
26 *Balzer/Nugel*, NJW 2016, 16 ff.
27 Vgl. https://www.vda.de/de/themen/innovation-und-technik/vernetzung/gemeinsame-erklaerung-vda-und-datenschutzbehoerden-2016.html.

1. Personenbezogenheit

Bzgl. der wichtigen Weichenstellung für die juristische Beurteilung, ob es sich um personenbezogene Daten handelt, findet sich folgender Absatz:

„Bei der Nutzung eines modernen Kraftfahrzeugs wird permanent eine Vielzahl von Informationen erzeugt und verarbeitet. Insbesondere bei Hinzuziehung weiterer Informationen können die anfallenden Daten auf den Halter oder auch auf den Fahrer und Mitfahrer zurückführbar sein und Informationen über persönliche oder sachliche Verhältnisse einer bestimmbaren Person enthalten. Die bei der Kfz-Nutzung anfallenden Daten sind jedenfalls dann personenbezogen im Sinne des Bundesdatenschutzgesetzes (BDSG), wenn eine Verknüpfung mit der Fahrzeugidentifikationsnummer oder dem Kfz-Kennzeichen vorliegt."

Das bei einer solchen Verknüpfung zwischen Halter bzw. Fahrer und dem Fahrzeug über die FIN oder das Kennzeichen personenbezogene Daten vorliegen ist in der Rechtsprechung bereits bei der Meldung bestimmter Daten zum HIS System anerkannt.[28] Im Übrigen ergibt sich ein solcher Personenbezug bereits dann, wenn aus den Umständen wie beispielsweise der konkreten Beteiligung an einem Unfallereignis, aber auch einer ständigen Wartung oder einem Leasingvertrag dem Verwender der Daten die Person des Betroffen bekannt ist oder von ihm ohne großen Aufwand bestimmt werden kann.

2. Zeitpunkt der Datenerhebung

Die gemeinsame Erklärung setzt eine gezielte „Weichenstellung" bei der Beurteilung datenschutzrechtlicher Aspekte durch die Unterscheidung zwischen „Online-" und „Offline-"Autos mit unterschiedlichen Wegen und Umfängen der Datenspeicherung:

„Entscheidend ist der Zeitpunkt der Datenerhebung durch eine verantwortliche Stelle im Sinne des Bundesdatenschutzgesetzes. Hier ist zu unterscheiden, ob es sich um Kraftfahrzeuge handelt, bei denen eine Datenspeicherung innerhalb des Fahrzeugs stattfindet („offline"), oder ob eine Übermittlung von Daten aus dem Fahrzeug heraus erfolgt („online"), wie etwa bei der Übermittlung und Speicherung von Fahrzeugdaten auf Backend-Servern."

Diese Unterscheidung ist sachgerecht, denn mit ihr kann den unterschiedlichen Sachverhalten und technischen Voraussetzungen Rechnung getragen werden, die im Einzelfall auch unterschiedlich rechtlich zu bewerten sein können. Darauf aufbauend findet sich dann folgende weitere Empfehlung:

„Bei „Offline"-Autos ist von einer Datenspeicherung ohne vorherige Erhebung auszugehen. Eine Erhebung liegt mangels Erfüllung des Tatbestandes des § 3 Abs. 3 BDSG nicht vor; gleichwohl fallen anlässlich der Kfz-Nutzung Daten an, die im

---

28 LG Kassel, Urt. v. 25.2.2014 – 1 S 172/13 – juris; LG Augsburg, Urt. v. 14.1.2014 – 43 S 1683/13 – juris; AG Landsberg, Urt. v. 11.4.2013 – 2 C 916/12 – juris; AG Düsseldorf, Urt. v. 23.4.2013 – 54 C 10223/12 – juris; AG Köln, Urt. v. 28.6.2013 – 266 C 7/13 – juris; AG Hannover, Urt. v. 6.2.2014 – 451 C 10588 / 13 – juris; AG Coburg Urt. v. 7.11.2012 – 12 C 179/12 – juris.

> *Fahrzeug abgelegt werden. Diese Daten müssen geschützt werden und machen – vergleichbar der Regelung in § 6c BDSG (Mobile personenbezogene Speicher- und Verarbeitungsmedien) – auch eine Sicherung des Rechts auf informationelle Selbstbestimmung erforderlich. Erst wenn die im Fahrzeug abgelegten Daten z.B. von einer Werkstatt für Reparaturzwecke ausgelesen werden, kommt es zu einer Erhebung durch eine verantwortliche Stelle nach § 3 Abs. 3 BDSG.*
>
> *Bei „Online"-Autos findet bereits im Zeitpunkt der Datenkommunikation aus dem Fahrzeug heraus eine Erhebung durch eine verantwortliche Stelle im Sinne des § 3 Abs. 3 BDSG statt."*

48 Die Feststellung, dass bei einer „Onlineübertragung" bereits personenbezogene Daten verwendet werden, ist überzeugend und daraus ergeben sich weitere Anforderungen gegenüber dem Erhebenden als verantwortliche Stelle.

Dass dies bei Offline-Autos erst einmal nicht der Fall sein soll, kann aber kritisch diskutiert werden. Es gibt durchaus Argumente, die dafür sprechen, dass es sich bereits um eine Erhebung von personenbezogenen Daten im Sinne des § 3 Abs. 3 BDSG handelt. Zunächst lässt sich die Personenbezogenheit der durch die Bordelektronik aufgezeichneten Daten durch die relativ einfache Bestimmung des Halters, sogar des Fahrers annehmen, wenn man die Bestimmbarkeit eher objektiv beurteilt. Zu dieser Ansicht tendieren immerhin unter anderem die EU-Kommission[29] und auch der BGH[30] mit Blick auf die Diskussion über den Personenbezug von IP-Adressen. Eine Erhebung setzt nun ein willentliches und aktives Tätigwerden der verantwortlichen Stelle voraus, mit der Folge, dass diese Stelle sowohl die Kenntnis als auch die Verfügungsmacht über die Daten erhält.[31] Die herstellerseitige Programmierung der Aufzeichnung und der Umstand, dass allein der Hersteller den Zugriff auf diese im Fahrzeug gespeicherten Daten hat und nur mit seiner technischen Hilfe ausgelesen werden können sprechen demnach durchaus für die Annahme einer Erhebung im Sinne des BDSG.

3. Verantwortliche Stelle

49 Ebenso bedeutsam ist für die Praxis die Bestimmung der verantwortlichen Stelle i.S.d. § 3 Nr. 7 BDSG bei der Verwendung personenbezogener Daten. Hierzu findet sich folgende Empfehlung:

> *„Auch für die Identifikation der verantwortlichen Stelle im Sinne des § 3 Abs. 7 BDSG ist zwischen „Offline"- und „Online"-Autos zu differenzieren.*
>
> *Bei „Offline"-Autos wird derjenige, der personenbezogene Fahrzeugdaten aus dem Fahrzeug ausliest (d.h. erhebt) und anschließend verarbeitet, zur verantwortlichen Stelle. Hierbei wird es sich in der Regel um Werkstätten handeln.*
>
> *Auch wenn die Hersteller bei „Offline"-Autos regelmäßig mangels Erhebung nicht bereits beim „Entstehen" der Daten verantwortliche Stelle sind, trifft diese unter*

---

29 Stellungnahme der EU-Kommission zu EuGH, Entscheidung vom 27.3.2015 – C-582/14.
30 Vgl. BGH, Urt. v. 26.11.2015 – I ZR 174/14 = NJW 2016, 794; vgl. auch *Bergt*, ZD 2015, 80, 84.
31 *Simitis*, BDSG, § 3 Rn 102.

anderem nach dem Gedanken „Privacy by Design" dennoch eine Verantwortung im Hinblick auf den Datenschutz. Dies gilt insbesondere, weil der Hersteller im Rahmen seiner technischen Gestaltungsmöglichkeiten (Art und Umfang von Schnittstellen, Zugriffsmöglichkeiten, Verfolgung der in § 3a BDSG niedergelegten Grundsätze von Datenvermeidung und -sparsamkeit) Einfluss auf die zeitlich nach hinten verlagerte Erhebung und Verarbeitung hat (vergleichbar der Regelung in § 6c BDSG). Sofern es um die technischen Gestaltungsmöglichkeiten geht, sind die Hersteller auch bei dieser Fahrzeugkategorie als Ansprechpartner für die Datenschutzaufsichtsbehörden anzusehen.

Bei „Online"-Autos sind diejenigen als verantwortliche Stellen anzusehen, die personenbezogene Daten erhalten, d.h. in der Regel die Hersteller und gegebenenfalls dritte Dienste-Anbieter. Insbesondere wenn Hersteller Zusatzdienstleistungen für das Kfz anbieten und dabei in ihren Backend-Servern Daten speichern, sind sie verantwortliche Stelle für diese Datenverarbeitung."

Bei dieser Prüfung wird konsequent wieder zwischen Offline und Online – Autos unterschieden. Ebenso konsequent wird bei einer Onlineanbindung der Hersteller oder ein anderer als Dienstleister bei der Datenübermittlung eingesetzter Dritter als Verantwortliche Stelle bewertet. Inwieweit dies allerdings auch auf den Dritten tatsächlich zutrifft hängt auch von der Art des gewählten Vertrages für eine Datenübermittlung ab, wenn dieser anstelle des Herstellers von diesem eingesetzt wird: Bei einer Auftragsdatenverarbeitung würde nämlich der Hersteller als solcher verantwortliche Stelle bleiben.

Bei den Offline-Autos wird erst einmal der die Daten auslesende Personenkreis als verantwortliche Stelle eingestuft. Dies kann ein Werkstattbetrieb, aber auch ein Sachverständiger oder der Hersteller selbst sein, wenn insoweit sein Personal eigenverantwortlich eingesetzt wird. Bezüglich einer darüber hinausgehenden Bewertung der Stellung des Herstellers enthält die Empfehlung eine Kompromisslösung: Der Hersteller selbst soll zwar nicht als verantwortliche Stelle eingestuft werden, aber wegen seiner technischen Herrschaft über die durchgeführte Datenerhebung und seine notwendige Mithilfe bei der Datenauslesung besondere Pflichten übernehmen, die insbesondere die Sicherheit der so erhobenen personenbezogenen Daten gewährleistet. Im Ergebnis wird damit im Grunde bereits angedeutet, wofür es gute Argumente gibt, nämlich, dass der Hersteller personenbezogene Daten erhebt und mit Beginn der Erhebung eben doch (zumindest mit-) verantwortliche Stelle im Sinne des § 3 Abs. 7 BDSG wird. Diese Einschätzung wird im Übrigen auch durchaus vom Sinn und Zweck der Vorschrift und den Grundgedanken des Datenschutzrechts gedeckt. Der Hersteller allein bestimmt über die Art sowie Umfang der Datengewinnung und verfügt über die Alleinherrschaft über diese Daten. Konsequenterweise kann nur er Adressat der datenschutzrechtlichen Pflichten sein. Insbesondere die technische und organisatorische Sicherheit der Daten entsprechend § 9 i.V.m. Anlage zu § 9 BDSG muss und kann nur durch den Hersteller gewährleistet werden, um den Betroffenen nicht schutzlos bezüglich seiner personenbezogenen Daten zu lassen. Außerdem kann auch nur der Hersteller die Auskunfts-, Lösch- oder Korrekturrechte des Betroffenen nach §§ 34, 35 BDSG erfüllen. Es spricht demnach einiges dafür, dass der Hersteller neben der entsprechenden Verpflichtung nach § 6c BDSG auch als verantwortliche Stelle im Sinne des § 3 Abs. 7 BDSG zu qualifizieren ist.[32]

4. Zulässigkeit der Datenerhebung und -verarbeitung

51 Auch zur Zulässigkeit der Verwendung dieser Daten finden sich entsprechende Ausführungen:

„Die Zulässigkeit der Datenerhebung und -verarbeitung kann sich insbesondere aus § 28 Abs. 1 S. 1 Nrn. 1 oder 2 BDSG, §§ 11 ff. Telemediengesetz oder aus einer Einwilligung ergeben, die den Voraussetzungen des § 4a BDSG genügt. Wie die Informationen über Datenerhebungs- und -verarbeitungsvorgänge aufbereitet sein müssen, um Teil des Vertrages oder Grundlage für eine ggf. relevante informierte Einwilligung sein zu können (ausführliche Informationen im Sinne eines Verfahrensverzeichnisses oder strukturierte, überblicksartige Informationen), bleibt die Frage des Einzelfalls. Der Erstkäufer kann die notwendigen Informationen jedenfalls vom Verkäufer (Hersteller oder herstellergebundener Händler) erhalten. Grundsätzlich sind die wichtigsten Informationen zur Datenverarbeitung in allgemein verständlicher Form auch in der Borddokumentation nachlesbar vorzuhalten, die der Hersteller bereitstellt."

52 Wie zu erwarten kann im Rahmen dieser Empfehlung nur auf die gebotene Einzelfallprüfung wegen einer möglichen Einwilligung i.S.d. § 4a BDSG oder der generellen Güterabwägung nach § 28 BDSG abgestellt werden. Auf die weitere Umsetzung in der Praxis, gerade im Hinblick auf eine mögliche Einwilligung in Schriftform, darf man gespannt sein.

5. Auskunftsrecht

53 Einen weiteren wichtigen Gesichtspunkt bildet für die Praxis das Auskunftsrecht des Betroffenen nach § 34 BDSG. Dazu finden sich folgende Hinweise:

„Gegenüber dem Hersteller besteht ein unentgeltliches Auskunftsrecht des Halters über seine durch den Hersteller erhobenen und gespeicherten personenbezogenen Daten nach § 34 BDSG. Darüber hinaus besteht aus § 34 BDSG kein datenschutzrechtliches Auskunftsrecht des Halters gegenüber dem Hersteller allein aufgrund dessen Gesamtverantwortung für die Gestaltung der datenspeichernden Systeme. Die Fahrzeughalter der „Offline"-Autos haben die Möglichkeit des Auslesens von Daten, ggf. mithilfe von Sachverständigen, was nicht zwingend unentgeltlich erfolgen muss. Aufgrund des Transparenzgebots muss der Betroffene sich unentgeltlich und ohne sachverständige Hilfe über die Grundsätze der Datenverarbeitungsvorgänge einschließlich zumindest der Art der verarbeiteten personenbezogenen Daten beim Hersteller informieren können."

---

32 Balzer/Nugel, NJW 2016, 16 ff.

C. Auslesen von Fahrzeugdaten und Datenschutz § 18

Das in § 34 BDSG niederlegte Auskunftsrecht des Betroffen, welches sich aber nur auf gespeicherte Daten bezieht, wird auch von dieser Empfehlung erfasst. Zu beachten ist aber, dass als Adressat und Verpflichtete des Auskunftsanspruchs lediglich die verantwortliche Stelle i.S.d. § 3 Abs. 7 BDSG in Betracht kommt.[33] Hier zeigen sich also die Auswirkungen der Unterscheidung zwischen „Offline-" und „Online-"Autos: Wer im Einklang mit der gemeinsamen Erklärung den Hersteller bei „Offline-" Autos nicht als verantwortliche Stelle einstuft kommt auch bei diesen Fahrzeugen grundsätzlich zu keinem Auskunftsanspruch, es sei denn, der Hersteller hat selber personenbezogene Daten schon ausgelesen. Wer mit einer anderen Ansicht[34] gerade unter Bezug auf die weitreichenden und alleinigen technischen Herrschaft des Herstellers und dem weit gefassten Schutzweck des § 34 BDSG den Hersteller auch bei „Offline-"Autos als verantwortliche Stelle einstuft, gelangt auch zu dessen Auskunftspflicht. 54

Bei „Online-"Kfz kommen beiden Ansichten zu einem Auskunftsanspruch gegenüber dem Hersteller. Abgesehen davon dürfte die o.g. gemeinsame Erklärung auch so zu verstehen sein, dass der Betroffene sich bei „Offline-"Kfz bei dem Hersteller zumindest auch die Grundzüge der verarbeiteten personenbezogenen Daten erfahren kann, wenn er sich über die Möglichkeit des Auslesens der Daten informieren möchte. Dies wäre zumindest ein Anspruch nach § 34 BDSG in entsprechender Anwendung im Zusammenhang mit dem datenschutzrechtlichen Transparenzgebot. 55

Nicht konsequent bleibt die Empfehlung mit Blick auf den § 6c BDSG. Diese Vorschrift hätte auch im Zusammenhang mit dem Auskunftsrecht als „vergleichbar" angeführt werden können, denn in § 6 Abs. 1 Nr. 3 wird die über das mobile Speichermedium verfügende Stelle verpflichtet, darüber zu informieren, wie die Auskunfts-, Korrektur- und Löschrechte ausgeübt werden können. Und nach § 6c Abs. 2 BDSG hat die Stelle Sorge dafür zu tragen, dass die zur Wahrnehmung des Auskunftsrechts erforderlichen Geräte oder Einrichtungen in angemessenem Umfang zum unentgeltlichen Gebrauch zur Verfügung stehen. Wenn diese Vorschrift dem Grundgedanken nach die Datenerhebung mit Tragen soll wäre es auch konsequent, den Hersteller als die über dieses Medium verfügende Stelle in die Pflicht zu nehmen. 56

Muster 18.8: Auskunftsanspruch § 34 BDSG 57
In vorbezeichneter Angelegenheit zeigen wir an, dass wir die rechtlichen Interessen von ▬▬▬ als Eigentümer und Besitzer des Fahrzeugs vom Typ ▬▬▬ mit der FIN ▬▬▬ vertreten und machen Ihnen gegenüber als Hersteller einen Auskunftsanspruch nach § 34 BDSG für unseren Mandanten im Hinblick auf bei Ihnen als verantwortliche Stelle i.S.d. § 3 Abs. 7 BDSG gespeicherte personenbezogene Daten geltend.
Insoweit bitten wir vorab im Einklang mit der gemeinsamen „Erklärung der Konferenz der unabhängigen Datenschutzbehörden des Bundes und der Länder und des Verbandes der Automobilindustrie (VDA) vom 26.1.2016" um Beachtung, dass die Vielzahl der im

---
33 *Balzer/Nugel*, NJW 2016, 16 ff.
34 *Mielchen*, SVR 2014, 81; *Balzer/Nugel*, NJW 2016, 16 ff.

§ 18 Auslesen und Verwenden von personenbezogenen Daten

Fahrzeug hinterlegten erst einmal fahrzeugbezogenen Daten sowohl durch äußere Ereignisse mit einem weiteren Aufklärungsbedarf zur Person des Fahrzeugführers wie auch durch die hiermit erfolgende Angaben unserer Mandantschaft als Nutzer des Kfz personenbezogene Daten i.S.d. § 3 BDSG darstellen (vgl. auch *Mielchen*, SVR 2014; 81; *Balzer/Nugel*, NJW 2016, 16 ff. m.w.N.). Die zu erteilende Auskunft muss diese personenbezogenen Daten, deren Herkunft, ihre Empfänger oder Kategorien von Empfängern, an die Daten weitergeleitet werden und den Zweck der Speicherung so hinreichend bezeichnen, dass der Betroffene entscheiden kann, ob und in welchem Umfang er seine datenschutzrechtlichen Ansprüche nach § 35 BDSG auf Korrektur, Sperrung oder Löschung geltend macht.

1. Es wird um Auskunft erbeten, welche personenbezogenen Daten durch Sie als Hersteller in Bezug auf unsere Mandantschaft als Ihnen bekannter Nutzer des Pkw gespeichert werden. Dies insbesondere in Bezug auf die nachfolgenden Kategorien:

a) Personenbezogene Daten zu Unfallrekonstruktion

Welche Daten werden in den Speichergeräten des Fahrzeugs und ggf. auch im Wege der Onlineübertragung zu den nachfolgenden Gesichtspunkten und für welchen Zeitraum gespeichert?

Dies gilt insbesondere für Daten
- zur Erkennung von Anstößen und ggf. Auslösung von Rückhaltesystemen (z.B. Airbags, Gurtstraffer, u.a.),
- zur Auslösung von Fußgängerschutzsystemen,
- zu dem Eingreifen von Assistenzsystemen (z.B. ABS, ESP, Bremsassistenzsysteme, sowie Systeme zur teil- oder ggf. vollautonomen Fahrzeugführung),
- zur Geschwindigkeit vor der Kollision und zur kollisionsbedingten Geschwindigkeitsänderung des Fahrzeugs,
- zum Lenk- und Bremsverhalten des Fahrers und/oder aktiver Assistenzsysteme vor, während und nach der Kollision,
- aus EDR- (Event Data Recorder) Systemen im Airbagsteuergerät oder ähnlichen/verwandten Steuergeräten des Fahrzeugs,
- zum Aufenthaltsort des Pkw zu einem bestimmten Zeitpunkt (z.B. im Navigationsgerät hinterlegte Daten zum Standort zum Zeitpunkt des Versicherungsfalls).

b) Personenbezogene Daten bei der Nutzung des Pkw

Welche personenbezogenen Daten werden darüber hinaus von Ihnen – sei es im Fahrzeug selber oder im Wege der Datenübertragung – während der Nutzung des Kfz gespeichert? Dies insbesondere im Hinblick auf Daten
- im Zusammenhang mit der Nutzung eines Mobiltelefons bei der Koppelung des Fahrzeugs, insbesondere zu Kontaktdaten und durchgeführten Gesprächen,
- zu gewählten Fahrtrouten und dem Standort des Fahrzeugs in der Vergangenheit, insbesondere im Zusammenspiel mit dem eingebauten Navigationssystem,
- zu Komforteinstellungen des Nutzers wie etwa die Sitzposition, etc., die eine Bestimmung der konkreten Person des Fahrzeugführers ermöglichen.

2. Des Weiteren bitten wir um Auskunft, ob eine Übermittlung von Daten aus dem Fahrzeug heraus zu Ihren Händen oder anderen Dritten erfolgt und um welche Daten es sich dabei im Einzelnen unter Bezugnahme auf die obige Auflistung handelt und wie lange diese Daten bei Ihrer externen Speicherung verfügbar sind.

Ihrer Auskunft sehen wir bis zum ▓▓▓ entgegen und stehen Ihnen ggf. für weitere Rücksprachen gerne zur Verfügung.

▲

Hiervon zu unterscheiden ist die Frage, ob dem Betroffenen ein Anspruch auf Mithilfe beim Auslesen der im Fahrzeug bei „Offline-"Autos vorhandenen Daten zusteht. Dies ist i.d.R. nur mit Hilfe des Fahrzeugherstellers möglich. Diese haben nach der Empfehlung die Möglichkeit des Auslesens der Fahrzeugdaten sicherzustellen und zu diesem Zweck bei einer darauf zielenden Auskunft auch die Grundzüge der insoweit im Fahrzeug hinterlegten Daten darzulegen. Eine solche Verantwortung wird augenscheinlich aus dem datenschutzrechtlichen Transparenzgebot abgleitet und könnte auf diese Art und Weise eine zu begrüßende Grundlage für die Mithilfe des Herstellers bei dem Auslesen von Fahrzeugdaten darstellen. Ansonsten bleibt dem Betroffen ggf. nur eine eingeschränkte Möglichkeit in einem zivilgerichtlichen Verfahren mit einem entsprechenden Antrag, dass dem Hersteller eine solche Mitwirkung nach den §§ 142, 144 ZPO durch das Gericht auferlegt wird.[35]

▼

Muster 18.9: Mitwirkung des Herstellers zum Auslesen von Fahrzeugdaten bei „Offline"-Kfz

In vorbezeichneter Angelegenheit zeigen wir an, dass wir die rechtlichen Interessen von ▓▓▓ als Eigentümer und Besitzer des Fahrzeugs vom Typ ▓▓▓ mit der FIN ▓▓▓ vertreten und benötigen Ihre Hilfe zur Aufklärung eines Unfallgeschehens vom ▓▓▓, bei dem das Fahrzeug unseres Mandanten beteiligt gewesen ist. Dies im Hinblick auf die Notwendigkeit eines Auslesens von Fahrzeugdaten zum Zwecke der Unfallrekonstruktion bei dem Pkw unseres Mandanten.

1. Vorab bitten wir um Beachtung, dass mit der gemeinsamen „Erklärung der Konferenz der unabhängigen Datenschutzbehörden des Bundes und der Länder und des Verbandes der Automobilindustrie (VDA) vom 26.1.2016", dass unser Mandant als Fahrzeughalter die Möglichkeit des Auslesens von Daten aus dem Fahrzeug haben muss, dies ggf. auch mithilfe von Sachverständigen. Aufgrund des Transparenzgebots muss er sich auch unentgeltlich und ohne sachverständige Hilfe über die Grundsätze der Datenverarbeitungsvorgänge einschließlich zumindest der Art der verarbeiteten personenbezogenen Daten bei Ihnen als Hersteller informieren können. Hierzu benötigen wir Ihre Mithilfe.

2. Wir bitten vorrangig um Angabe eines Kontaktpartners, welcher das Auslesen von Fahrzeugdaten zur Unfallrekonstruktion insbesondere im Hinblick auf die nachfolgenden Daten und Speichereinheiten ermöglichen und begleiten kann:

Dies gilt insbesondere für Daten
- zur Erkennung von Anstößen und ggf. Auslösung von Rückhaltesystemen (z.B. Airbags, Gurtstraffer, u.a.),
- zur Auslösung von Fußgängerschutzsystemen,
- zum Eingreifen von Assistenzsystemen (z.B. ABS, ESP, Bremsassistenzsystemen, sowie Systemen zur teil- oder ggf. vollautonomen Fahrzeugführung),

---

[35] *Mielchen*, SVR 2014, 81; *Balzer/Nugel*, NJW 2016, 16 ff.

§ 18 Auslesen und Verwenden von personenbezogenen Daten

- zur Geschwindigkeit vor der Kollision und zur kollisionsbedingten Geschwindigkeitsänderung des Fahrzeugs,
- zum Lenk- und Bremsverhalten des Fahrers und/oder aktiver Assistenzsysteme vor, während und nach der Kollision und
- aus EDR- (Event Data Recorder) Systemen im Airbagsteuergerät oder ähnlichen/ verwandten Steuergeräten des Fahrzeugs.

3. Des Weiteren bitten wir ergänzend um Auskunft, ob eine Übermittlung von Daten aus dem Fahrzeug heraus zu Ihren Händen oder anderen Dritten erfolgt, um welche Daten es sich dabei im Einzelnen unter Bezugnahme auf die obige Auflistung handelt und wie lange diese Daten bei Ihrer externen Speicherung verfügbar sind. Falls eine solche Übermittlung erfolgt ist bitten wir zeitnah darum, uns diese Daten in verwertbarer Form zur Verfügung zu stellen.

Wir bedanken uns im Namen unserer Mandantschaft im Voraus ganz herzlich für Ihre Mithilfe und weisen nur vorsorglich darauf hin, dass diese Mitwirkung im Einklang mit der o.g. Empfehlung des Verbandes der Automobilwirtschaft in Ihrem eigenen Interesse liegt, um eine ansonsten notwendige Anordnung im Fall eines Gerichtsverfahrens durch das Gericht nach den §§ 142, 144 ZPO zu vermeiden (vgl. dazu *Mielchen*, SVR 2014, 81 ff.; *Balzer/Nugel*, NJW 2016, 16 ff. m.w.N.).

Ihrer Antwort sehen wir bis zum entgegen und stehen Ihnen ggf. für weitere Rücksprachen gerne zur Verfügung.

▲

60 Einfacher ist nach dieser gemeinsamen Erklärung die Anforderung der Daten zur Unfallrekonstruktion bei einem „Online"-Kfz. Hier wird der Hersteller in jedem Fall als verantwortliche Stelle i.S.d. § 3 Nr. 7 BDSG anzusehen sein.

▼

61 **Muster 18.10: Mitwirkung des Herstellers zum Auslesen von Fahrzeugdaten bei „Online"-Kfz**

In vorbezeichneter Angelegenheit zeigen wir an, dass wir die rechtlichen Interessen von ▬▬ als Eigentümer und Besitzer des Fahrzeugs vom Typ ▬▬ mit der FIN ▬▬ vertreten und benötigen Ihre Hilfe zur Aufklärung eines Unfallgeschehens vom ▬▬, bei dem das Fahrzeug unseres Mandanten beteiligt gewesen ist. Dies im Hinblick auf die Notwendigkeit eines Auslesens von Fahrzeugdaten zum Zwecke der Unfallrekonstruktion bei dem Pkw unseres Mandanten.

1. Vorab bitten wir um Beachtung, dass mit der gemeinsamen „Erklärung der Konferenz der unabhängigen Datenschutzbehörden des Bundes und der Länder und des Verbandes der Automobilindustrie (VDA) vom 26.1.2016", unser Mandant als Fahrzeughalter die Möglichkeit des Auslesens von Daten aus dem Fahrzeug haben muss, dies ggf. auch mithilfe von Sachverständigen. Aufgrund des Transparenzgebots muss er sich auch unentgeltlich und ohne sachverständige Hilfe über die Grundsätze der Datenverarbeitungsvorgänge einschließlich zumindest der Art der verarbeiteten personenbezogenen Daten bei Ihnen als Hersteller informieren können.

Darüber hinaus ist es nach dem Kenntnisstand unserer Mandantschaft so, dass die nachfolgenden angeführten, für die Unfallrekonstruktion hilfreichen Daten aus dem Fahrzeug zu Ihnen als Hersteller übertragen werden. Es handelt sich also gem. der o.g.

gemeinsamen Empfehlung um ein sog. „Online-Kfz" bei dem der Hersteller auch als verantwortliche Stelle i.S.d. § 3 Nr. 7 BDSG anzusehen ist und daher weitgehende Auskunfts- und Informationsansprüche bzgl. dieser bei Ihnen vorhandenen Daten bestehen.

2. Wir bitten daher um Auskunft zu und sodann im Fall des Vorhandenseins Übermittlung der für die Rekonstruktion des o.g. Unfallgeschehens am ▓▓▓▓ verwendbaren Daten
- zur Erkennung von Anstößen und ggf. Auslösung von Rückhaltesystemen (z.B. Airbags, Gurtstraffer, u.a.),
- zur Auslösung von Fußgängerschutzsystemen,
- zum Eingreifen von Assistenzsystemen (z.B. ABS, ESP, Bremsassistenzsystemen, sowie Systeme zur teil- oder ggf. vollautonomen Fahrzeugführung),
- zur Geschwindigkeit vor der Kollision und zur kollisionsbedingten Geschwindigkeitsänderung des Fahrzeugs,
- zum Lenk- und Bremsverhalten des Fahrers und/oder aktiver Assistenzsysteme vor, während und nach der Kollision und
- aus EDR- (Event Data Recorder) Systemen im Airbagsteuergerät oder ähnlichen/ verwandten Steuergeräten des Fahrzeugs.

3. Des Weiteren bitten wir ergänzend um Auskunft, ob und wie lange diese Daten bei Ihrer externen Speicherung verfügbar sind.

Wir bedanken uns im Namen unserer Mandantschaft im Voraus ganz herzlich für Ihre Mithilfe und weisen nur vorsorglich darauf hin, dass diese Mitwirkung im Einklang mit der o.g. Empfehlung des Verbandes der Automobilwirtschaft in Ihrem eigenen Interesse liegt, um eine ansonsten notwendige Anordnung im Fall eines Gerichtsverfahrens durch das Gericht nach den §§ 142, 144 ZPO zu vermeiden (vgl. dazu *Mielchen*, SVR 2014, 81 ff.; *Balzer/Nugel*, NJW 2016, 16 ff. m.w.N.).

Ihrer Antwort sehen wir bis zum ▓▓▓▓ entgegen und stehen Ihnen ggf. für weitere Rücksprachen gerne zur Verfügung.

▲

6. Datenhoheit

Ebenso wichtig ist für den Betroffen die Möglichkeit, ggf. selber den Umfang bestimmen zu können, in welchem personenbezogene Daten erhoben werden sollen. Dazu findet sich folgende Empfehlung:

> *„In Bezug auf die Datenhoheit sollen die Fahrzeugnutzer durch verschiedene Optionen über die Verarbeitung und Nutzung personenbezogener Daten selbst bestimmen können. Die Automobilhersteller streben an, durch standardisierte Symbole im Cockpit den aktuellen Vernetzungsstatus des Fahrzeugs erkennbar anzuzeigen und Möglichkeiten der jederzeitigen Aktivierung und Deaktivierung dieses Status' vorzusehen. Einschränkungen der Löschbarkeit bestehen bei rechtlichen Verpflichtungen oder dann, wenn entsprechende Daten im Zusammenhang mit Garantie- sowie Gewährleistungen oder der Produkthaftung von Bedeutung sind oder deren Verfügbarkeit für den sicheren Fahrzeugbetrieb erforderlich ist. Vom Nutzer eingegebene Informationen (z.B. Komfortdaten wie Sitzeinstellung, bevorzugte Radiosender, Navigationsda-*

ten, E-Mail-/SMS-Kontaktdaten, etc.) muss der Nutzer jederzeit selbst ändern oder zurückstellen können."

63 Diese Empfehlung überzeugt, trägt dem Gedanken des Privacy by Design Rechnung und die Datenhoheit des Nutzers steht unter dem Vorbehalt einer nachvollziehbaren Einschränkung, wenn die Daten für eine Gewährleistung oder Produkthaftung von Bedeutung sein können oder für den sicheren Betrieb weiter vorhanden sein müssen. Gerade aber über die individuell vom Nutzer eingegeben Daten wie Komforteinstellungen, Radiosender aber auch E-Mail oder SMS-Daten, zutreffender Weise auch Kontaktdaten bei der Übertragung in den Fahrzeugspeicher, sollte der Nutzer selber entscheiden und verfügen können. Es wird dazu eine ähnliche Ausgestaltung wie bei mobilen Datenträgern wie Smartphones zu erwarten sein.

Es wäre durchaus zu begrüßen gewesen, wenn die Empfehlung gleichzeitig Anregungen zum Grundsatz der Datensparsamkeit und Privacy by Default enthalten hätte. Dahinter verbirgt sich konkret die Bemühung des Herstellers die Standard- bzw. Werkseinstellungen der Fahrzeuge so zu konfigurieren, dass möglichst wenig personenbezogene Daten verwendet werden. Diese Grundsätze werden ab 2018 im Bereich der dann geltenden Datenschutzgrundverordnung noch von besonderer Bedeutung sein.

D. Aufnahmen aus Dashcams und Datenschutz

Dr. Thomas Balzer/Dr. Michael Nugel

64 Ob und in welchem Umfang Aufnahmen aus Minikameras im Straßenverkehr gegen das geltende Datenschutzrecht verstoßen bzw. in einem Zivilprozess zur Unfallrekonstruktion verwertet werden können wird derzeit in der Rechtsprechung und Literatur kontrovers erörtert. Überzeugender Weise lassen sich die damit verbundenen Fragen nur lösen, wenn in einem ersten Schritt die technischen Grundlagen und Möglichkeiten richtig erfasst werden und darauf aufbauend unter Beachtung der von der Rechtsprechung entwickelten Kriterien eine sachgerechte Einzelfallprüfung vorgenommen wird.

I. Der Einsatz von Dashcams

65 Diese Kameras werden in der Regel nach vorne gerichtet im Fahrzeug montiert, wobei einzelne Varianten auch eine zweite Kamera beinhalten, die den Bereich hinter dem Fahrzeug filmt und beide Aufnahmen verbindet. Sogar einzelne Fahrzeughersteller bieten bereits in Zusammenarbeit mit Kameraherstellern den festen Einbau solcher Kameras im Pkw an, welche mit der Bordelektronik verbunden sind. Auch für viele Handys gibt es inzwischen als sog. App eine Software, welche solche Aufnahmen ermöglicht, ohne dass eine gesonderte Kamera erworben werden muss.[36]

---

[36] Zu den Einsatzmöglichkeiten vgl. auch *Bachmeier*, DAR 2014, 15 und *Balzer/Nugel*, NJW 2014, 1622.

D. Aufnahmen aus Dashcams und Datenschutz §18

1. Aufnahmearten

Im Regelfall wird die Kamera mit dem Stromsystem des Fahrzeuges gekoppelt und beginnt mit der Aufnahme, wenn der Motor gestartet wird. Es handelt sich dann um eine dauerhafte fortlaufende Aufnahme bis zu dem Moment, an dem der Motor wieder ausgestellt wird. Unabhängig davon besteht die Möglichkeit, die Kamera grundsätzlich ausgeschaltet zu lassen und sie erst manuell mit einer gesonderten Anweisung des Verwenders einzusetzen. 66

2. Möglichkeiten der Speicherung

Nahezu alle derzeit auf dem Markt angebotenen Kameras bieten zur Speicherung der Filmaufnahmen eine so genannte Schleifenlösung. Dies bedeutet, dass getätigte Aufnahmen im Rahmen einer so genannten Endlosschleife bei dem Erschöpfen der Speicherkapazität wieder von Anfang an überschrieben werden. Die Aufnahmen werden also nicht unbegrenzt aufbewahrt, sondern im regelmäßigen Betrieb immer wieder überschrieben. Als Speichermedium wird dabei i.d.R. eine vom Verwender einzusetzende SD-Karte verwendet. Er entscheidet damit in der Regel selber, wie groß der zur Verfügung stehende Speicherplatz ist und wie schnell die (i.d.R. erst einmal im Dauerbetrieb) angefertigten Aufnahmen wieder überschrieben werden. 67

Eine dauerhafte Speicherung auf der Karte erfolgt im Regelfall nur dann, wenn entweder der Verwender dies manuell über einen entsprechenden Befehl anordnet oder aber ein so genannter Notfall von der Kamera selber erkannt wird. Als Grundlage dafür dient in der Regel ein so genannter „G Sensor", der Erschütterungen oder eine scharfe Bremsung des Fahrzeuges misst. Erfasst er einen solchen Tatbestand wird ein entsprechender Zeitabschnitt, den der Verwender im Rahmen der Voreinstellungen im Regelfall selber bestimmen kann, dauerhaft gespeichert, um ihn gegen ein Überschreiben im Rahmen der Endlosschleife zu schützen. I.d.R. wird hierfür von den Kameraanbietern ein Zeitrahmen von 1, 3 oder 5 Minuten als mögliche Voreinstellung angeboten. 68

3. Umfang der gewonnenen Daten

Die ureigene Funktion der Kamera liegt darin, das Geschehen vor der Kamera entsprechend aufzuzeichnen, wobei i.d.R. auch das Datum der Aufzeichnung nebst Uhrzeit wiedergegeben wird. Darüber hinaus sind viele Kameras auch mit einem GPS Sensor ausgestattet. Dieser ermöglicht eine Bestimmung des Standortes des Fahrzeuges zum Zeitpunkt der Aufnahme. Darüber hinaus ermöglicht er auch im Regelfall eine eigene Messung der gefahrenen Geschwindigkeit. Hier kann der Verwender selber entscheiden, ob diese Geschwindigkeit auch in dem Film angezeigt wird. Unabhängig davon sind diese Begleitdaten im Regelfall aber immer in der Kamera vorhanden und könnten selbst dann, wenn sie ausgeblendet werden, im Rahmen einer genauen Analyse wieder gewonnen werden. Daneben bieten viele Kameras auch die Funktion an, dass der Verwender sein eigenes Kennzeichen zur Identifizierung anzeigen lassen kann. Einzelne 69

Kameras werden auch zusammen mit einer Softwarelösung angeboten, mit deren Hilfe sodann die Aufnahmen am Rechner einschließlich der Zuordnung gem. GPS auf einer weiteren Kartei angezeigt werden kann.

II. Rechtliche Bewertung

70 Aufbauend auf diesen technischen Erkenntnissen und dem insoweit aufzuklärenden Sachverhalt schließt sich sodann die Prüfung an, ob diese Aufnahmen gegen das BDSG verstoßen und daraus ein Verwertungsverbot im Zivilprozess resultiert.

1. Anwendungsbereich des BDSG

71 Dass eine Videoaufzeichnung im Straßenverkehr das allgemeine Persönlichkeitsrecht anderer Personen betrifft und sogar personenbezogene Daten mit der Videoaufzeichnung erhoben und gespeichert werden, dürfte derzeit der herrschenden Meinung entsprechen.[37] Dies deshalb, da im Regelfall bereits auf dem Video auch Personen erkennbar sein können, die über ihre Gesichter identifizierbar sind. Ganz abgesehen davon, dass über das Fahrzeugkennzeichen auch mit einem überschaubaren Aufwand eine Identifizierung zumindest des Halters und damit des gegebenenfalls betroffenen Fahrers möglich ist und aus diesem Zweck personenbezogene Daten vorliegen. Und spätestens im Rahmen der polizeilichen Unfallaufnahme i.V.m. dem Video ist ein Personenbezug zu den betroffenen Fahrzeugführern möglich.[38] Die daraus resultierende Verwendung personenbezogener Daten bedarf der Rechtfertigung nach einem Erlaubnistatbestand des BDSG, der entweder in § 6b BDSG als Spezialregelung oder aber § 28 BDSG liegen kann. Beide Vorschriften beinhalten eine Prüfung der Verhältnismäßigkeit nach den Grundsätzen der Erforderlichkeit und Verhältnismäßigkeit im engeren Sinne. Der Art der Aufnahme kann dabei eine besondere Bedeutung zukommen. Überzeugender Weise findet sich hierzu folgende Empfehlung des AK VI des 54. Verkehrsgerichtstages in Goslar:

> *„Anstelle eines generellen Verbots oder einer generellen Zulassung derartiger Aufzeichnungen ist ein sachgerechter Ausgleich durch den Gesetzgeber zwischen Beweisinteresse und Persönlichkeitsrecht geboten.*
> *Dieser Ausgleich könnte darin bestehen, dass die Aufzeichnung mittels derartiger Geräte zulässig ist, wenn sie anlassbezogen, insbesondere bei einem (drohenden) Unfall, erfolgt oder bei ausbleibendem Anlass kurzfristig überschrieben wird."*

Mit dem Inkrafttreten der Datenschutzgrundverordnung im Jahr 2018 wird voraussichtlich die Vorschrift des § 6b BDSG keine Wirkung mehr entfalten und allein die o.g. Güterabwägung der Interessen maßgeblich sein.

---

[37] Vgl. *Atzert/Frank*, RDV 2014, 136; *Ahrens*, MdR 2015, 926; *Bachmeier*, DAR 2014, 15; *Balzer/Nugel*, NJW 2014, 1622; *Nugel*, VRR Heft 2 2015, S 4 ff.; ablehnend dagegen *Klann*, DAR 2013, 188 und differenzierend *Greger*, NZV 2015, 114; bejaht bei staatlichen Aufnahmen dagegen durch BVerfG, Urt. v. 11.3.2008 – 1 BvR 2074/05, 1 BvR 1254/07 = NJW 2008, 1505.
[38] Vgl. auch *Greger*, NZV 2015, 114.

2. Prüfung eines Verwertungsverbots

Ob bei einem solchen unterstellten Verstoß gegen das BDSG eine Verwertung gerechtfertigt ist, muss für jeden Einzelfall durch eine Abwägung der widerstreitenden Interessen ermittelt werden. Denn auch wenn ein Gesetzesverstoß vorliegen würde kann im Rahmen der vorzunehmenden Güterabwägung eine Verwertung im Zivilprozess immer noch zulässig sein.[39] Im Bereich der Prüfung des Verwertungsverbots im Zivilprozess kommt insoweit aber noch ein wichtiger Gesichtspunkt hinzu: Insoweit ist nämlich zusätzlich das öffentliche Interesse an einer wirksamen Zivilrechtspflege mit dem Ziel der Durchsetzung der materiellen Gerechtigkeit als weiterer Umstand zu berücksichtigen.[40] Das Streben nach einer materiellen Gerechtigkeit stellt insoweit als Voraussetzung einer funktionstüchtigen Rechtspflege einen wichtigen Belang des Gemeinwohls dar.[41] Dies kann zwar für sich gesehen allein noch keinen Eingriff in das allgemeine Persönlichkeitsrecht rechtfertigen,[42] ist jedoch bei der anschließenden Güterabwägung mit zu berücksichtigen.[43]

3. Argumente im Einzelnen

Gerade unter Bezugnahme auf eine heimliche Aufnahme ohne jegliche Kontrolle lässt sich bei einem bejahten Verstoß gegen § 6b BDSG ein Verwertungsverbot argumentativ begründen.

▼

Muster 18.11: Widerspruch gegen eine Verwertung der Dashcam-Aufnahme im Zivilprozess

Der Verwertung der Aufnahme vom ▓▓▓▓▓ als Beweismittel im Zivilprozess wird hiermit

widersprochen,

da sie einen schwerwiegenden Eingriff in das allgemeine Persönlichkeitsrecht aller aufgenommen Personen beinhaltet und mangels einer Rechtfertigungsgrundlage gegen das Verbot des Erhebens personenbezogener Daten nach dem BDSG verstößt. Insbesondere hält diese Aufnahme einer Abwägung der betroffenen beiderseitigen Interessen nach dem Maßstab des § 6b BDSG als allein in Betracht kommende Rechtfertigungsgrundlage nicht stand (VG Ansbach, Urt. v. 12.8.2014 – AN 4 K 13.01634 = DAR 2014, 663).

Dieser Eingriff in das allgemeine Persönlichkeitsrecht wiegt umso schwerer, wenn bedacht wird, dass es sich um eine heimliche Aufnahme ohne jegliche Kontrolle handelt. Diesem hinzukommt, dass es sich um eine Aufnahme ohne einen konkreten Anlass handelt, bei welcher permanent ohne jeglichen Hinweis eine Vielzahl an betroffenen Teilnehmern im Straßenverkehr ohne ihr Einverständnis aufgenommen wird. Derartige verdachtslose Eingriffe, bei denen zahlreiche Personen in den Wirkungsbereich einbezogen werden, die in keiner Beziehung zu einem konkreten Fehlverhalten stehen und den

---

39 LG Frankenthal, Urt. v. 30.12.2015 – 4 O 358/15 – juris; *Greger*, NZV 2015, 114 m.w.N.
40 *Greger*, NZV 2015, 114.
41 BVerfG, Beschl. v. 9.10.2002 – 1 BvR 1611/96, 1 BvR 805/98 = NJW 2002, 3619.
42 AG Nürnberg, Urt. v. 8.5.2015 – 18 C 8938/14 = DAR 2015, 47.
43 BGH, Urt. v. 27.1.1994 – I ZR 326/91 = NJW 1994, 2289.

§ 18 Auslesen und Verwenden von personenbezogenen Daten

Eingriff durch ihr Verhalten nicht veranlasst haben, stellen einen schwerwiegenden Eingriff dar (BVerfG, Urt. v. 23.2.2007 – 1 BvR 2368/06 = NJW 2007, 2320). Auf welchem Datenträger die dabei betroffenen personenbezogenen Daten gespeichert werden bleibt ebenso unklar wie letztendlich das mit der Aufnahme verfolgte Ziel, welches allein von nachträglichen Erklärungen abhängt. Bei diesem Vorgehen einer heimlichen Aufnahme bestünde letztendlich sogar die Möglichkeit einer umfassenden Überwachung einzelner Personen oder Straßenabschnitte bis hin zu dem Erstellen eines persönlichen Bewegungsprofils (AG München, Beschl. v. 13.8.2014 – 345 C 5551/14 = SP 2015, 17). Fehlen dabei auch weitere Kontrollmechanismen zu der Speicherung und Verwendung dieser Daten ist deren Verwertung im Prozess nicht zulässig (LG Heilbronn, Urt. v. 17.2.2015 – I 3 S 19/14 = DAR 2015, 211), denn es ist von einem schwerwiegenden Eingriff in das allgemeine Persönlichkeitsrecht der Betroffenen auszugehen, der bei permanenten heimlichen Aufnahmen grundsätzlich auch nicht durch die Vorschrift des § 6b BDSG gedeckt ist (VG Ansbach, Urt. v. 12.8.2014 – AN 4 K 13.01634 = DAR 2014, 663). Dies gilt erst Recht bei intensiven Eingriffen durch die Aufnahmen, welche über den eigentlichen Bereich des Straßenverkehrs hinausgehen (LG Memmingen, Urt. v. 14.1.2016 – 22 O 1983/13 = DAR 2016, 143).

▲

75 Auf der anderen Seite handelt es sich um ein derzeit für die Unfallaufklärung besonders geeignetes und wichtiges Mittel, bei dem auch der Grundsatz der Verhältnismäßigkeit gewahrt werden kann, wenn insbesondere die Empfehlungen des AK VI des 54. VGT berücksichtigt werden.

▼

76 **Muster 18.12: Argumente für eine Verwertung einer Dashcam-Aufnahme im Zivilprozess**

Vorab ist darauf hinzuweisen, dass der Eingriff nach der vom Bundesverfassungsgericht entwickelten Sphärentheorie in der Öffentlichkeitssphäre stattfindet und damit das betroffene Grundrecht nicht besonders intensiv beeinträchtigt wird (*Atzert/Frank*, RDV 2014, 136; *Balzer/Nugel*, NJW 2014, 1622). De facto ist bei den Aufnahmen auch kaum ein konkreter Verkehrsteilnehmer zu erkennen und die Abfrage der Haltereigenschaft setzt ein konkretes berechtigtes Interesse im Einzelfall voraus, welches zulässiger Weise erst bei einem Unfallereignis als konkretem Anlass i.d.R. bejaht werden dürfte. Dabei ist auch zu beachten, dass sich der Betroffene zudem ohnehin einer ständigen Beobachtung durch die Teilnahme am Straßenverkehr aussetzt (*Greger*, NZV 2015, 114). Diesem gegenüber steht bei einem Verkehrsunfall mit einem entstandenen Fremdschaden das Interesse des Geschädigten an einer Aufklärung des Unfallgeschehens, welches bei der Verletzung von Personen ohnehin noch einmal deutlich an Bedeutung gewinnt. Dementsprechend ist es z.B. auch in der Rechtsprechung anerkannt, dass ohne Wissen der Betroffenen angefertigte Videoaufnahmen bei einer Körperverletzung zur Aufklärung und Beweissicherung ohne weiteres im Rahmen einer Güterabwägung verwertbar sind (OLG Düsseldorf, Urt. v. 5.5.1997 – 5 U 82/96 = NJW-RR 1998, 241). Dabei auch das öffentliche Interesse an einer wirksamen Zivilrechtspflege mit dem Ziel der Durchsetzung der materiellen Gerechtigkeit als weiterer Umstand zu beachten, zumal die Videoaufzeichnung nur den Sachverhalt erfasst und wiedergibt, den die Parteien ohnehin im Rahmen der prozessualen Wahrheitspflicht bei Gericht schildern müssten (*Greger*, NZV 2015, 114).

Daher sollte auch eine Videoaufnahme im Einzelfall als bestmögliche Grundlage für eine Aufklärung eines Verkehrsunfalls im Rahmen einer Güterabwägung im Zivilprozess zugelassen werden, wenn wie hier bei einem Dauerbetrieb durch den Verwender im Rahmen einer sog. Schleifenfunktion Vorkehrungen für ein kurzfristiges Überschreiben der Aufnahmen getroffen werden, um den damit verbundenen Eingriff auf das notwendige Minimum zu beschränken, solange kein Unfallereignis erfolgt (LG Frankenthal, Urt. v. 30.12.2015 – 4 O 358/15 – juris; AG Nürnberg, Urt. v. 8.5.2015 – 18 C 8938/14 = DAR 2015, 472; AG München, Urt. v. 6.6.2013 – 343 C 4445/13 = NJW-RR 2014, 413; LG Landshut, Hinweisbeschluss vom 1.12.2015 – 12 S 2603/15 – juris; *Greger*, NZV 2015, 414 mit Hinweis auf eine Verwertung derartiger Aufnahmen in einem Verfahren vor dem OLG München zum Az. 10 U 795/12; *Ahrens*, MdR 2015, 926; *Balzer/Nugel*, NJW 2014, 1622). Dies entspricht auch der Empfehlung des Arbeitskreis VI des 54. Verkehrsgerichtstags, wonach eine solche Aufzeichnung bereits datenschutzrechtlich zulässig ist, wenn sie anlassbezogen, insbesondere bei einem (drohenden) Unfall, erfolgt oder bei ausbleibendem Anlass kurzfristig überschrieben wird und in diesem Fall erst Recht in einem Zivilprozess verwertet werden kann.

E. Meldung von Daten an das HIS-Informationssystem

Dr. Michael Nugel

Die Weitergabe von bestimmten Daten im Zusammenhang mit der Regulierung eines Verkehrsunfalls an das sog. „HIS" Hinweis- und Informationssystem, welches von der Firma „Informa Insurance Risk and Fraud Prevention GmBH" (IIRFP) betrieben wird, entfaltet ebenfalls datenschutzrechtliche Relevanz. 77

I. Das System im Überblick

Anerkannter Zweck des durch das HIS ermöglichten Informationsaustausches sind die Unterstützung der Risikobeurteilung bei Versicherungsanträgen, die Sachverhaltsaufklärung bei Versicherungsfällen unter Zugriff auf frühere Schadensfälle sowie die Bekämpfung von Versicherungsmissbrauch.[44] Hierfür wird bei dem Informationssystem zwischen einem sog. Antragspool und einem Leistungspool unterschieden: Auf den sog. „L-Pool" dürfen nur Mitarbeiter einer Versicherung aus der Leistungsabteilung bei der Prüfung von begehrten Versicherungsleistungen, auf den sog. „A-Pool" nur solche Mitarbeiter Zugriff haben, welche in der Sache bei der Prüfung eines Versicherungsantrags tätig sind.[45] Eine weitere Eingrenzung erfolgt durch eine Trennung der Sparten in Bezug auf den jeweiligen Meldegrund. 78

---

[44] LG Köln, Urt. v. 24.4.2014 – 6 S 248/13 – juris; LG Oldenburg, Urt. v. 29.11.2013 – 13 O 1694/13 – juris.
[45] AG Köln, Urt. v. 28.6.2013 – 266 C 7/13 – juris.

§ 18 Auslesen und Verwenden von personenbezogenen Daten

79 In dem Bereich der Kraftfahrtversicherung lassen sich dabei die nachfolgenden Meldegründe unterscheiden:
- besondere Schadensfolgen,
- Auffälligkeiten im Schadensfall,
- Atypische Schadenshäufigkeiten.

80 Bei dem in der Kraftfahrtsparte häufigsten Meldegrund der besonderen Schadensfolgen werden bestimmte Schadensfälle erfasst, die es bei einem betroffenen Kraftfahrzeug ermöglichen, zu einem späteren Zeitpunkt Ansprüche geltend zu machen, die sich auf einem bereits abgewickelten Schadens- bzw. Versicherungsfall beziehen. Die wohl wichtigste Fallgruppe bildet die fiktive Abrechnung eines Fahrzeugschadens auf Basis der Reparaturkosten ab dem Überschreiten einer definierten Schadenshöhe. Daneben wird die fiktive Abrechnung auf Basis eines Totalschadens erfasst, da derartige in der Regel massive Fahrzeugschäden gerne genutzt werden, um ein beschädigtes Kfz günstig zu erwerben, es in Eigenregie wieder teilweise instand zu setzen und dann bei einem neuen inszenierten Schadensfall eine Abrechnung unter Verschweigen dieses nur teilweise oder nicht fachgerecht beseitigten Vorschadens vorzunehmen.[46]

81 Daneben besteht auch der Meldegrund von Auffälligkeiten im Schadensfall. Dabei geht es insbesondere um die Fälle, bei denen nach einem Katalog ausreichend Verdachtsmomente für einen möglichen Betrug im Versicherungsfall sprechen, welche im Rahmen eines Punktesystems bewertet werden und eine Meldung gestatten, sobald 60 Punkte vorliegen. Bejaht wird dies beispielsweise im Fall einer Verurteilung wegen Betrugs bzw. Versicherungsmissbrauchs, der bewussten Täuschung über für die Regulierung bedeutsame Tatsachen oder die Geltendmachung eines nicht mit dem Versicherungsfall in Einklang zubringenden Schadens.[47]

82 Die dritte Fallgruppe innerhalb der Meldegründe stellt eine auffällige Schadenshäufigkeit dar. Hierunter fallen in Anlehnung an die in der Rechtsprechung[48] entwickelten Kriterien zum Nachweis eines manipulierten Unfallereignisses im Kraftfahrtbereich z.B. drei oder mehr Schadensfälle in 24 Monaten, bei denen es sich entweder um einen Totalschaden bzw. Totaldiebstahl oder einen nicht unerheblichen fiktiv regulierten Reparaturfall mit einer bestimmten Schadenshöhe geht.

83 *Praxistipp*
Der Betroffene kann im Rahmen eines Auskunftsanspruchs nach § 34 BDSG in Erfahrung bringen, welche personenbezogenen Daten über ihn gespeichert sind. Für diesen an die Firma „Informa Insurance Risk and Fraud Prevention GmBH" (IIRFP) zu richtenden Anspruch findet sich auf deren Homepage[49] auch ein Musterformular – ausgerichtet sowohl auf eine Auskunft zu personenbezogenen Daten als auch zu den

---

46 AG Bonn, Urt. v. 23.7.2013 – 109 C 52/13 – juris; AG Düsseldorf, Urt. v. 23.4.2013 – 54 C 10223/12 – juris.
47 LG Stade, Urt. v. 14.1.2014 – 3 S 17/13 – juris; LG Oldenburg, Urt. v. 29.11.2013 – 13 O 1694/13 – juris; LG Dortmund, Urt. v. 20.7.2012 – 21 O 55/12 – juris; LG Augsburg, Urt. v. 14.1.2014 – 43 S 1683/13 – juris; AG Landsberg, Urt. v. 11.4.2013 – 2 C 916/12 – juris.
48 OLG Hamm, Urt. v. 14.2.2001 – 13 U 194/00 – juris; LG Duisburg, Urt. v. 7.11.2011 – 8 O 494/09 = SP 2012, 176.
49 Derzeit: *www.informa-his.de*.

E. Meldung von Daten an das HIS-Informationssystem § 18

Daten zu einem konkreten Fahrzeug. Bzgl. letzterer Auskunft wird auch ein Nachweis über die Eigenschaft als Halter, Versicherungsnehmer oder Eigentümer gefordert und eine Anfrage pro Jahr wird kostenlos bearbeitet.

II. Die Prüfung des Meldegrunds der besonderen Schadensfolge nach dem BDSG

In der Kraftfahrtversicherung hat sich der Meldegrund der besonderen Schadensfolge als wichtigste Fallgruppe herausgestellt. Die Meldung unterliegt dabei bei der Annahme personenbezogener Daten einer Prüfung nach dem BDSG. Ist der Betroffene der Auffassung, dass die Erhebung, Verwendung oder Weitergabe dieser Daten nicht rechtmäßig ist, kann er ggf. einen Anspruch auf Löschung dieser Daten nach § 35 BDSG verfolgen. Die Prüfung der Rechtmäßigkeit der Verwendung personenbezogener Daten erfolgt dann nach den §§ 28 ff. BDSG. Überzeugender Weise ist mit der überwiegenden Rechtsprechung die Güterabwägung nach § 29 BDSG vor dem Hintergrund der Einstufung der IIRFP als „Auskunftei" vornehmen.[50] Teilweise wird von den Gerichten aber auch eine Güterabwägung nach der Generalklausel des § 28 BDSG vorgenommen.[51] Die damit verbundenen Grundsätze sind aber im Wesentlichen die gleichen und es ist eine einzelfallbezogene Interessenabwägung nach dem Verhältnismäßigkeitsgrundsatz zwischen dem Persönlichkeitsrecht des Betroffenen und dem Stellenwert, den die Offenlegung und Verwendung der Daten für ihn hat, gegen die Interessen der speichernden Stelle und der Dritten, für deren Zwecke die Speicherung erfolgt, vorzunehmen.[52]

84

Muster 18.13: Berechtigtes Interesse des Betroffenen an der Löschung 85

Die vorgenommene Verwendung personenbezogener Daten durch eine Übermittlung an das HIS System stellt einen schwerwiegenden Eingriff in das allgemeine Persönlichkeitsrecht des Betroffen dar, der nicht durch seine Einwilligung nach § 4a BDSG gerechtfertigt ist. Auch im Rahmen einer Güterabwägung nach § 28 BDSG als einzig und allein in Betracht kommenden Rechtfertigungsgrund darf dies lediglich als Ultima Ratio in Betracht kommen und diesbezüglich fehlt es bereits an jeglicher Prüfung und Abwägung im Einzelfall. Ein berechtigter Anlass kann wohl kaum in dem unfreiwillig erlittenen Schaden des Betroffen gesehen werden, der nunmehr Gefahr läuft, dass er durch weitere Abfragen basierend auf den Erkenntnissen zu einem solchen Vorschaden mit einem weiteren Sachverhalt in Verbindung gebracht zu werden, welcher ihn aus Sicht der Assekuranz als möglichen „Betrüger" stigmatisiert. Auch hat er keine Kontrolle darüber, wer sich zu diesem gespeicherten Daten erkundigt, dabei mit weiteren Recherchen auf seine Person stößt und wie mit diesen gewonnenen Daten sodann weiter verfahren wird.

---

50 LG Kassel, Urt. v. 25.2.2014 – 1 S 172/13 – juris; LG Augsburg, Urt. v. 14.1.2014 – 43 S 1683/13 – juris; AG Landsberg, Urt. v. 11.4.2013 – 2 C 916/12 – juris; AG Düsseldorf, Urt. v. 23.4.2013 – 54 C 10223/12 – juris; AG Köln, Urt. v. 28.6.2013 – 266 C 7/13 – juris; AG Hannover, Urt. v. 6.2.2014 – 451 C 10588/13 – juris; AG Coburg Urt. v. 7.11.2012 – 12 C 179/12 – juris.
51 LG Oldenburg, Urt. v. 29.11.2013 – 13 O 1694/13 – juris; AG Hagen, Urt. v. 20.2.2013 – 15 C 281/11 – juris.
52 LG Kassel, Urt. v. 25.2.2014 – 1 S 172/13 – juris.

Die bisher zu diesem Themenbereich veröffentlichten Gerichtsentscheidungen zeigen jedoch eine ganz klare Tendenz, derartige Meldungen mit dem Grund der besonderen Schadensfolge für zulässig zu erachten.

▼

86 **Muster 18.14: Berechtigtes Interesse des Versicherers an einer Verwendung**
Es besteht seitens der Versicherungswirtschaft ein nicht unerhebliches Interesse daran, Betrugsverhalten bei der Mehrfachabrechnung im Falle fiktiver Schadensabrechnung zu verhindern, indem durch die Speicherung der Daten die Bearbeitung auffälliger Versicherungsfälle insbesondere im Hinblick auf betrügerisches Verhalten durch eine wiederholte Geltendmachung desselben Schadens an einem Fahrzeug erleichtert wird (LG Kassel, Urt. v. 25.2.2014 – 1 S 172/13 – juris; AG Hagen, Urt. v. 20.2.2013 – 15 C 281/11 – juris; AG Köln, Urt. v. 28.6.2013 – 266 C 7/13 – juris). Denn bei diesen Fällen besteht die Möglichkeit eines Betruges dadurch, dass ein Fahrzeug, dessen Totalschaden fiktiv abgerechnet wurde, zum Schrottpreis von einem Dritten übernommen, von diesem erneut in einen Unfall verwickelt und dann der Schaden erneut abgerechnet wird (AG Kassel, Urt. v. 2.3.2013 – 435 C 564/13 – juris). Es liegt auf der Hand, dass dieser Vorgehensweise dadurch begegnet werden kann, dass bei einer Schadensabrechnung durch eine Abfrage der Fahrzeugdaten festgestellt werden kann, ob bereits in der Vergangenheit ein Schaden fiktiv abgerechnet wurde, um dann je nach Ergebnis der Abfrage gegebenenfalls den nunmehr abzurechnenden Schaden genauer zu untersuchen (LG Kassel, Urt. v. 25.2.2014 – 1 S 172/13 – juris). Die Eintragung der Fahrzeugdaten beinhaltet damit auch keineswegs einen Verdacht gegen den jeweiligen Eigentümer bzw. Halter, sondern trägt allein dem Erfahrungssatz Rechnung, dass nicht ordnungsgemäß oder vollständig beseitigte Vorschäden später im Rahmen eines weiteren tatsächlichen oder aufgestellten Unfallgeschehens abgerechnet werden können (LG Köln, Urt. v. 24.4.2014 – 6 S 248/13 – juris; AG Kassel, Urt. v. 2.3.2013 – 435 C 564/13 – juris).

▲

87 Auch wenn ein Unterlassungs- oder Beseitigungsanspruch auf die §§ 823 ff., 1004 BGB gestützt wird, ergibt sich in der Sache keine andere Betrachtung. Denn der insoweit speziellere § 35 Abs. 2 S. 2 BDSG verdrängt bereits die allgemeinen deliktischen Regelungen.[53] Darüber hinaus erfolgt im Falle einer nach § 29 BDSG bzw. § 28 BDSG erlaubten Datenspeicherung kein rechtswidriger Eingriff in das allgemeine Persönlichkeitsrecht. Vielmehr greifen dieselben Grundsätze der Güterabwägung ein und stehen auch ggf. einem Anspruch nach den §§ 823 ff., 1004 BGB entgegen.[54]

---

53 LG Kassel, Urt. v. 25.2.2014 – 1 S 172/13 – juris; AG Hannover, Urt. v. 6.2.2014 – 451 C 10588/13 – juris; AG Kassel, Urt. v. 7.5.2013 – 435 C 584/13 – juris.
54 LG Kassel, Urt. v. 25.2.2014 – 1 S 172/13 – juris; LG Oldenburg, Urt. v. 29.11.2013 – 13 O 1694/13 – juris; AG Hagen, Urt. v. 20.2.2013 – 15 C 281/11 – juris; AG Kassel, Urt. v. 2.3.2013 – 435 C 564/13 – juris; AG Dippoldiswalde, Urt. v. 28.2.2014 – 4 C 948/12 – juris.

§ 19 Gebühren des Anwalts

Jens Dötsch

A. Allgemeines

I. Erstattungsfähigkeit von Rechtsanwaltskosten

Beauftragt der Geschädigte einen Anwalt zur Durchsetzung von Schadensersatz aus einem Verkehrsunfall, sind die dadurch entstehenden Anwaltskosten grundsätzlich vom Schädiger – im Gegensatz zur Durchsetzung von Schadensersatz in der allgemeinen Haftpflichtversicherung – zu erstatten. Teilweise wird der Erstattungsanspruch vom Schädiger in Abrede gestellt, sei es wegen des vorgeblich einfach gelagerten Sachverhalts oder wegen der geschäftlichen Gewandtheit des Geschädigten. Beide Argumente lassen den Ersatzanspruch nicht entfallen.

▼

Muster 19.1: Erstattungsanspruch gegen den Schädiger

    Versicherung AG

Schaden-Nr./VS-Nr./Az.

Schaden vom

Pkw , amtl. Kennzeichen

Sehr geehrte Damen und Herren,

nach ständiger Rechtsprechung des BGH hat der Schädiger solche Rechtsverfolgungskosten zu ersetzen, die aus der Sicht des Geschädigten zur Wahrnehmung seiner Rechte erforderlich und zweckmäßig waren. Dabei sind an die Voraussetzungen des materiell-rechtlichen Kostenerstattungsanspruchs keine überzogenen Anforderungen zu stellen (BGH, NJW 2005, 1112). Für die Frage der Erstattungsfähigkeit von außergerichtlichen Rechtsverfolgungskosten ist daher allein entscheidend, ob das gegenständliche Unfallereignis so einfach gelagert ist, dass an der Haftung weder dem Grunde noch der Höhe nach ein Zweifel bestehen kann und auch nicht daran, dass der Schädiger ohne weiteres seiner Eintrittspflicht nachkommen wird (BGH, NJW 1995, 446). Im vorerwähnten Verfahren ging es um eine Kollision zwischen einem Fahrzeug und einer Leitplanke.

Bei der Einordnung als einfach gelagertem Schadensfall kommt es nur auf die Beurteilung eines Privatmanns ex ante an, also nicht etwa auf die Einschätzung eines beauftragten Rechtsanwalts oder einer anderen Person, die rechtlich bewandert oder gar dauerhaft mit Schadensfällen befasst ist (LG Frankfurt a.M., Urt. v. 18.7.2012 – 2/16 S 58/12; AG Balingen, Urt. v. 28.10.2014 – 4 C 322/14).

Sind zwei Fahrzeuge beteiligt, stellt sich automatisch die Frage der jeweiligen Betriebsgefahren, deren Beantwortung gerade nicht einfach gelagert ist und die Hinzuziehung eines Anwalts erfordert (vgl. LG Krefeld, Urt. v. 7.4.2011 – 3 S 39/10; *Greißinger*, zfs 1999, 504; AG Köln, Urt. v. 23.3.2015 – 274 C 209/14). Zudem kann unter Berücksichtigung der heutigen Regulierungspraxis der Versicherer kaum noch angenommen werden, dass eine Regulierung der Höhe nach ohne Abzug erfolgen wird, weshalb Rechtsanwaltskosten grundsätzlich erstattungsfähig, weil erforderlich, sind (AG Mitte, Urt. v. 2.6.2015 – 102 C 3305/14). Zur Erstattungsfähigkeit einzelner Schadenspositionen besteht zudem eine umfangreiche und unterschiedliche Rechtsprechung, die kein Laie kennt (AG Köln, Urt. v. 23.3.2015 – 274 C 209/14).

Auch juristische Personen, die in wirtschaftlichen Dingen geübt sind, können die Rechtsanwaltskosten als erforderliche Kosten zur Durchsetzung des Schadens erstattet verlangen, es sei denn, die juristische Person verfügt über eine mit der Abwicklung von Verkehrsunfallschäden befasste Rechtsabteilung oder es liegen sonstige bewiesene oder unbestrittene Umstände vor, aus denen sich ergibt, dass der Geschädigte über besondere juristische Kenntnisse auf dem Gebiet des Verkehrsunfallrechts verfügt (AG Hechingen, Urt. v. 11.10.2013 – 2 C 248/13; AG Hamburg-St. Georg, Urt. v. 5.11.2013 – 914 C 69/13). Denn die Geschäftserfahrung einer juristischen Person erstreckt sich nicht auch auf die Regulierung von Unfällen (AG Köln, Urt. v. 23.3.2015 – 274 C 209/14). Daher steht auch Betreibern gewerblicher Flotten ein Anspruch auf Erstattung der Rechtsanwaltskosten zu (AG Münster, Urt. v. 8.5.2013 – 55 C 4095/12; AG Heidelberg, Urt. v. 6.6.2013 – 21 C 95/13).

Ich erwarte daher die Erstattung der außergerichtlichen Rechtsverfolgungskosten. Sollte der offene Betrag in Höhe von ▬▬▬ EUR nicht bis zum (10-Tages-Frist) gezahlt sein, werde ich Klageerhebung empfehlen. Geldempfangsvollmacht ist beigefügt.

Mit freundlichen Grüßen

(Rechtsanwalt)

▲

3 Unter Berücksichtigung des vorerwähnten scheidet eine Erstattungspflicht für Rechtsanwaltskosten einzig und allein dann aus, wenn der Schädiger seine Ersatzpflicht sowohl dem Grunde als auch der Höhe nach bereits vor Beauftragung des Rechtsanwalts anerkannt hat.

II. Ermittlung des Gegenstandswertes

4 Die Höhe des Gebührenanspruchs gegenüber dem Mandanten richtet sich nach dem (tatsächlichen) Wert des erteilten Auftrags (sog. Gegenstandswert), § 2 RVG. Fordert der Rechtsanwalt auftragsgemäß (und entsprechend der – vielleicht auch vorläufigen – Sach- und Rechtslage) vom Anspruchsgegner die Zahlung eines bestimmten Betrags, so schuldet der Mandant Gebühren aus der Höhe dieser Forderung, auch wenn sich nur 50 % der Forderung durchsetzen lassen oder sich der Ersatzanspruch im Nachhinein – aufgrund neuer Erkenntnisse – nur als teilweise begründet herausstellt.

5 Maßgeblich für die Erstattungspflicht des Schädigers ist nicht der Gegenstandswert, sondern der sog. Erledigungswert.[1] Der Erledigungswert setzt sich allein aus dem Wert

---

1 BGH NJW 1970, 1122 = VersR 1970, 573.

der Ersatzleistungen des Schädigers zusammen, die begründet sind.[2] Etwaig darüber hinausgehende Forderungen des Geschädigten, die sich im Nachhinein als übersetzt und damit falsch erweisen, wirken sich auf den Kostenerstattungsanspruch nicht werterhöhend aus. Bei der Abrechnung der Gebühren ist daher zwischen dem Gegenstandswert im Innenverhältnis zum Mandanten und dem Erledigungswert im Außenverhältnis zwischen Mandant und Schädiger zu unterscheiden.[3]

Zur Ermittlung des Erledigungswerts sind die Werte sämtlicher Leistungen des Schädigers zu addieren. Dabei kommt es regelmäßig bei folgenden Fallgestaltungen zu Abrechnungsschwierigkeiten:
- Der Geschädigte hat einen Teil seines Anspruchs abgetreten
- Der Versicherer erbringt eine Zahlung, bevor ihm die Mandatierung eines Anwalts bekannt ist
- Bei Abrechnung auf Grundlage eines Totalschadens.

III. Ermittlung des Gegenstandswertes bei Abtretung

Teilweise verlangen ebenfalls an der Unfallabwicklung Beteiligte wie Werkstätten, Sachverständige oder Mietwagenfirmen die Abtretung des dem Geschädigten insoweit zustehenden Anspruchs und verzichten im Gegenzug – vorläufig – auf die Abrechnung gegenüber dem Geschädigten. In diesen Fällen kann der Versicherer mit schuldbefreiender Wirkung nur an den Abtretungsempfänger (Zessionar) leisten und nimmt dies teilweise zum Anlass, die insoweit erbrachte Zahlung aus dem Erledigungswert herauszurechnen.

▼

Muster 19.2: Erledigungswert bei Abtretung von Ansprüchen

　　Versicherung AG

Schaden-Nr./VS-Nr./Az.

Schaden vom

Pkw　　, amtl. Kennzeichen

Sehr geehrte Damen und Herren,

soweit Sie in der im Betreff genannten Schadensache lediglich einen Teil der geltend gemachten Rechtsanwaltskosten ausgeglichen haben, geschah dies zu Unrecht.

Zwar trifft es zu, dass mein Mandant seinen Anspruch auf Ausgleich der　　an　　in Höhe von　　EUR abgetreten hat. Die Abtretung hat jedoch keine Auswirkung auf den unfallbedingten Schaden unseres Mandanten und damit auf den Erledigungswert, aus welchem Sie die Kosten meiner Tätigkeit zu erstatten haben. Der Umstand, dass der ersatzfähige Schaden unseres Mandanten an einen Dritten gezahlt werden soll, ändert

---

2 OLG Saarbrücken SP 2005, 50.
3 BGH VRR 2008, 236; OLG Hamm zfs 2008, 587.

nichts am Schaden selbst, sondern nur daran, an wen einzelne Positionen zu zahlen sind. Die Abtretung erfolgte nur zur Sicherung des Anspruchs des ▇▇▇▇. Selbstverständlich bleibt unser Mandant zahlungspflichtig gegenüber dem Zessionar, denn dieser wollte mit der Abtretung nicht auf seinen, in voller Höhe gegenüber unserem Mandanten bestehenden, Anspruch verzichten, sollte eine Haftung Ihres Hauses nur zum Teil gegeben sein oder die Schadenshöhe gekürzt werden. Der Schaden unseres Mandanten ist daher erst dann vollständig wiedergutgemacht, wenn Sie in voller Höhe – an den Zessionar – leisten, so dass bis zur Zahlung auch die zur Sicherung abgetretene Forderung in den Erledigungswert einzurechnen ist.

Sollte der offene Betrag in Höhe von ▇▇▇▇ EUR nicht bis zum

▇▇▇▇ (10-Tages-Frist)

gezahlt sein, werde ich Klageerhebung insoweit empfehlen. Geldempfangsvollmacht ist beigefügt.

Mit freundlichen Grüßen

(Rechtsanwalt)

▲

IV. Ermittlung des Gegenstandswertes bei Zahlung vor Beauftragung

9   Schwierigkeiten bei der Bestimmung des Erledigungswerts können auch Zahlungen begründen, die vor Eingang der Anspruchsanmeldung des Rechtsanwalts beim Schädiger von selbigem geleistet werden. Auch wenn die Zahlung des Versicherers vor dem Absenden des ersten Anspruchsschreibens erfolgt, führt dies nicht automatisch zu einer entsprechenden Reduzierung des Erledigungswerts. Maßgeblich ist allein der Wert des Auftrags zum Zeitpunkt der Erteilung desselben durch den Geschädigten. Alle Zahlungen, die der Versicherer nach diesem Zeitpunkt erbringt, sind bei der Berechnung des Erledigungswerts zu berücksichtigen. Es sollte deshalb sichergestellt werden, dass das Datum der Beauftragung in den Akten vermerkt wird und erforderlichenfalls bewiesen werden kann.

10   Teilzahlungen mindern den Erledigungswert zudem auch dann nicht, wenn diese nur pauschal und damit ohne Verrechnung auf einzelne Schadenspositionen „als Vorschuss mit dem Vorbehalt beliebiger späterer Verrechnung auf den Gesamtschaden" geleistet werden. In diesem Fall umfasst der Auftrag des Rechtsanwalts auch sämtliche bereits erfolgte Teilzahlungen, weil zum einen wegen der fehlenden Zahlungsbestimmung eine Erledigung in Höhe der Teilzahlungen nicht eingetreten ist. Zum anderen ist es mangels Zahlungsbestimmung auf einzelne Schadenspositionen nicht möglich, bestimmte Schadenspositionen bei der anwaltlichen Tätigkeit außen vor zu lassen.[4] Dementsprechend sind in einem solchen Fall bei der Bestimmung des Erledigungswerts auch alle Teilzahlungen vor der Mandatserteilung zu berücksichtigen.

---

4 *Ludovisy/Eggert/Burhoff*, Praxis des Straßenverkehrsrechts, 4. Auflage Rn 36.

A. Allgemeines § 19

Wird zwar unter Verrechnung auf einzelnen Schadenspositionen, jedoch unter dem Vorbehalt der Rückforderung reguliert, erhöhen auch diese Zahlungen den Erledigungswert, weil insoweit wegen des Vorbehalts keine Erfüllung eingetreten ist.[5]

Demgegenüber ist einer Zahlung auf bestimmte Schadenspositionen (lediglich) „ohne Anerkenntnis einer Rechtspflicht" nur ausnahmsweise die Erfüllungswirkung zu versagen, nämlich dann, wenn es sich um ein bloßes Abrechnungsschreiben ohne Prüfung der Forderung handelt oder nicht auf einzelne Schadenspositionen gezahlt wird und sich aus den Umständen des Einzelfalls ergibt, dass eine Rückforderung vorbehalten bleibt.[6] Eine solche Zahlung verringert daher grundsätzlich den Erledigungswert.

▼

Muster 19.3: Erledigungswert bei Zahlung vor Eingang des Anspruchsschreibens

▓▓▓▓ Versicherung AG

▓▓▓▓
▓▓▓▓

Schaden-Nr./VS-Nr./Az. ▓▓▓▓

Schaden vom ▓▓▓▓

Pkw ▓▓▓▓, amtl. Kennzeichen ▓▓▓▓

Sehr geehrte Damen und Herren,

soweit Sie in vorbezeichneter Sache den Ausgleich der Kosten meiner Beauftragung ablehnen, ist dies unbegründet.

Für Ihre Erstattungspflicht kommt es nicht darauf an, wann mein Anspruchsschreiben bei Ihnen eingegangen ist und ob Sie gegebenenfalls bereits zuvor den Ausgleich der geltend gemachten Schadenspositionen veranlasst haben (jedoch ohne, dass unser Mandant hiervon Kenntnis hatte). Für die Erstattungspflicht kommt es einzig und allein darauf an, ob der Geschädigte zum Zeitpunkt der Erteilung des Mandats davon ausgehen durfte, dass die Beauftragung eines Rechtsanwalts zur Durchsetzung seines Anspruchs „erforderlich" i.S.d. § 249 BGB ist. Dies war hier der Fall *(siehe ergänzend Muster 19.1 in Rdn 2)*. Der Wert dieses Auftrags ist danach zu bemessen, welche Schadenspositionen zu diesem Zeitpunkt noch offen waren. Ausweislich der Ihnen bereits vorliegenden Vollmacht erfolgte die Auftragserteilung am ▓▓▓▓ und damit vor Eingang Ihrer Zahlung am ▓▓▓▓.

Wäre – wie Sie zu Unrecht annehmen – der Zeitpunkt des Eingangs der Anspruchsanmeldung entscheidend, erhielte der Geschädigte für den Fall eines – aus welchen Gründen auch immer – nicht erfolgten Zugangs der anwaltlichen Anspruchsanmeldung keinen Erstattungsanspruch im Blick auf die bereits mit der vorherigen Auftragserteilung entstandenen Anwaltskosten. Eine Erstattungspflicht hinge sodann von willkürlichen und dem Einfluss des Geschädigten entzogenen Umständen ab. Eine solche Annahme ist dem Gesetz jedoch fremd.

---

[5] OLG Naumburg, Urt. v. 8.11.2011 – 9 U 106/11; AG Andernach, Urt. v. 26.7.2013 – 62 C 404/13.
[6] BGH, Urt. v. 18.9.1992 – V ZR 84/91; OLG Frankfurt am Main, Beschl. v. 15.8.2008 – 19 U 153/08; OLG Karlsruhe, Urt. v. 1.2.2013 – 1 U 130/12.

§ 19 Gebühren des Anwalts

Geht der offene Betrag auch bis zum

 (10-Tages-Frist)

nicht ein, werde ich Klageerhebung empfehlen. Geldempfangsvollmacht ist beigefügt.

Mit freundlichen Grüßen

(Rechtsanwalt)

▲

V. Gegenstandswert bei Abrechnung auf Totalschadensbasis

14 Bei Abrechnung auf Totalschadensbasis ist streitig, ob der Wiederbeschaffungswert oder der Wiederbeschaffungsaufwand für den Erledigungswert in Ansatz zu bringen ist. Für letztgenannte Meinung fehlt eine gesetzliche Grundlage.

▼

15 **Muster 19.4: Abrechnung Totalschadensbasis**

 Versicherung AG

Schaden-Nr./VS-Nr./Az.

Schaden vom

Pkw , amtl. Kennzeichen

Sehr geehrte Damen und Herren,

soweit Sie für den Erledigungswert den Wiederbeschaffungsaufwand und nicht den Wiederbeschaffungswert berücksichtigen, trifft dies nicht zu.

Bei der Abrechnung auf Totalschadensbasis ist der Restwert bei der Bemessung des Erledigungswertes der anwaltlichen Tätigkeit **nicht** abzuziehen. Als Erledigungswert ist der ungeschmälerte Wiederbeschaffungswert anzusetzen (Palandt/*Grüneberg*, BGB, 75. Auflage, § 249 Rn 57; Amtsgericht Andernach, Urt. v. 18.2.2013 – 61 C 29/13; Amtsgericht Wesel, Urt. v. 25.3.2011 – 27 C 230/10; LG Aachen, Urt. v. 18.12.2014 – 10 O 308 /14; AG Mitte, Urt. v. 31.7.2014 – 7 C 3064/14; AG Norderstedt, Urt. v. 15.9.2015 – 47 C 118/15; AG Ahlen, BeckRS 2013,12024; *Dötsch*, zfs 2013, 490 ff.; *Schneider*, AGS, 2005, 323 ff.; *Schneider* DAR 2015, 177; Poppe, NJW 2015, S. 3355 ff.; *Hansens*, zfs 2007, 311–314; *Jungbauer*, DAR 2007, 609–611; *Onderka*, Anwaltsgebühren in Verkehrssachen, 3. Aufl. 2010, Rubrik Sachschaden Rn 266; *Jungbauer*, Rechtsanwaltsvergütung, 5. Aufl. 2010, S. 686; LG Freiburg, AnwBl 1971, 361; *Fuchs*, DAR 2002, 187; LG Mainz, Urt. v. 20.1.1976 – 6 O 4/75; *Roth*, Verkehrsrecht, 4. Auflage, § 1 Rn 68). Der Restwert des Unfallwagens verringert nicht den Schadensersatzanspruch des Geschädigten auf Wiederherstellung des ursprünglichen Zustands und damit auf Zahlung des Wiederbeschaffungswerts, sondern nur die Aufwendungen des Schädigers (LG Koblenz, Urt. v. 13.4.1982 – 6 S 415/81). Dementsprechend ist für die Gebührenbemessung nicht der Wiederbeschaffungsaufwand, sondern der Wiederbeschaffungs**wert** in Ansatz zu bringen.

Geht der offene Betrag auch bis zum (10-Tages-Frist) nicht ein, werde ich Klageerhebung empfehlen. Geldempfangsvollmacht ist beigefügt.

Mit freundlichen Grüßen

(Rechtsanwalt)

▲

B. Außergerichtliche Gebührentatbestände

I. Beratungsgebühr

Wird ein Rechtsanwalt auftragsgemäß nur im Innenverhältnis zum Mandanten beratend tätig, so handelt es sich um einen Rat bzw. um eine Auskunft im Sinne von § 34 RVG. Mangels einer Gebührenvereinbarung bestimmt sich die Vergütung nach § 34 RVG i.V.m. § 612 Abs. 2 BGB. Die ortsübliche Vergütung für eine beratende Tätigkeit beträgt 190 EUR netto pro Stunde.[7]

II. Geschäftsgebühr

Die Geschäftsgebühr erhält der Rechtsanwalt für das Betreiben des Geschäfts einschließlich der Information und für die Mitwirkung bei der Gestaltung eines Vertrags (Vorbemerkung 2.3 Abs. 3 VV RVG). Mit der Geschäftsgebühr wird beispielsweise die gesamte Korrespondenz mit dem Kfz-Haftpflichtversicherer abgegolten. Hat der Rechtsanwalt den Auftrag erhalten, für den Geschädigten nach außen tätig zu werden, entsteht die Geschäftsgebühr bereits mit der Erteilung des Mandats, genauer gesagt, mit der Entgegennahme von Informationen.[8] Sollten bereits gefertigte Schreiben nicht mehr zum Versand gelangen, hat dies auf die Höhe der bereits entstandenen Geschäftsgebühr keinen Einfluss.

Im Blick auf die Gebührenhöhe sieht Nr. 2300 VV RVG eine Satzrahmengebühr von 0,5 bis 2,5 vor. Gleichzeitig kann nach der Anmerkung zu Nr. 2300 VV RVG eine Gebühr oberhalb von 1,3 nur gefordert werden, wenn die Tätigkeit umfangreich oder schwierig ist. Dies bedeutet nach Ansicht der Rechtsprechung,[9] dass es lediglich eine rechnerische Mittelgebühr gibt, welche 1,5 beträgt. Solange der Fall aber weder umfangreich noch schwierig ist, wird die Gebühr auf 1,3 gekappt (Kappungsgrenze). Für eine Überschreitung der Kappungsgrenze genügt jedoch, dass der Fall alternativ entweder umfangreich oder schwierig ist.

Ausgangspunkt für die Bemessung der zu erstattenden Gebühr sind die Vorschriften der §§ 315 ff. BGB i.V.m. § 14 RVG. Danach bestimmt der Rechtsanwalt nach billigem

---
7 AG Bielefeld, AGS 2010, 160.
8 AG Hof NJOZ 2005, 1693.
9 BGH MDR 2007, 491 = NZV 2007, 181.

Ermessen, welche Gebühr angemessen ist.[10] Hat er sein Ermessen ausgeübt, ist er hieran gebunden, kann also nicht nachträglich Ermessengründe nachschieben und erhöht abrechnen.[11] Die von ihm erfolgte Bestimmung ist für den Dritten bindend, es sei denn, sie wäre unbillig, § 14 Abs. 1 S. 4 RVG. Hierbei sind neben allen Umständen des Einzelfalls vor allem folgende Kriterien ausschlaggebend:
- die Schwierigkeit der Sach- und Rechtslage
- der Umfang der Sache
- die Einkommensverhältnisse des Mandanten
- die Bedeutung der Angelegenheit für den Mandanten
- das Haftungsrisiko.

20 Bei Verkehrsunfällen ist in einem durchschnittlich gelagerten Fall von der auf 1,3 gekappten Mittelgebühr als Regelgebühr auszugehen.[12] Denn auch bei zügiger Regulierung muss der Anwalt zur erfolgreichen Anmeldung des Anspruchs eine Vielzahl an Recherchen betreiben, um alle zu ersetzenden Positionen zu erfassen.[13] Aus der problemlosen und schnellen Abwicklung kann nicht zwingend der Schluss gezogen werden, dass die anwaltliche Tätigkeit unterdurchschnittlich war, da diese Regulierung auf der umfangreichen Klärung der Sach- und Rechtslage durch den Anwalt beruhen kann. Eine 1,3 Geschäftsgebühr fällt zumindest dann an, wenn der Rechtsanwalt über eine einfache Schadensaufstellung hinaus tätig werden muss, indem er nach einem Informationsgespräch mit dem Mandanten den gegnerische Kfz-Haftpflichtversicherer zunächst zur Anerkennung dessen voller Einstandspflicht auffordert und den Schaden mit einem weiteren Schreiben vorläufig beziffert und später nach Eingang des Sachverständigengutachtens mit Reparaturkosten knapp unterhalb des Wiederbeschaffungswertes die ermittelten Werte überprüft und anschließend mit dem Mandanten ein abschließendes Beratungsgespräch führt.[14]

21 Die Darlegungs- und Beweislast für die Angemessenheit einer höheren als der gekappten Mittelgebühr trägt der Geschädigte.[15]

22 Bei einem Personenschaden kann der Umfang dagegen sehr schnell überdurchschnittlich werden, ebenso wie Schwierigkeit der Sach- und Rechtslage. In Fällen, in denen der Geschädigte schwer verletzt wurde und er einen Verdienstausfall geltend macht, ist beispielsweise eine 1,8 Gebühr angesichts der umfangreichen und schwierigen Berechnung des Verdienstausfallschadens als angemessen erachtet worden.[16]

---

10 Zu den dabei geltenden Grundsätzen: OLG Düsseldorf, VersR 2008, 1347.
11 OLG Brandenburg, JurBüro 2008, 364.
12 BGH MDR 2007, 491 = NZV 2007, 181; OLG München VersR 2007, 267; OLG Düsseldorf VA 2006, 189; AG Landstuhl NJW 2005, 161; AG Aachen RVGreport 2005, 60; AG Bielefeld RVGreport 2005, 109; AG München RVGreport 2005, 62; AG Gelsenkirchen RVGreport 2005, 149; AG Greifswald NJOZ 2005, 1696; AG Gießen NJOZ 2005, 1230; AG Hof NJOZ 2005, 1693; AG Kelheim AnwBl 2005, 224; AG Singen NJOZ 2005, 1694; AG Ingolstadt DAR 2005, 178; anders AG Berlin-Mitte RVGreport 2005, 63; AG Duisburg-Hamborn VersR 2005, 571 (jeweils 0,9); AG Gronau r+s 2005, 216 (1,0).
13 AG Hof NJOZ 2005, 1693.
14 LG Oldenburg Verkehrsrecht aktuell 2008, 129.
15 *Gerold/Schmidt*, RVG, 22. Auflag, 2015, § 14 Rn 9.
16 LG Saarbrücken JurBüro 2005, 306; AG Wildeshausen Verkehrsrecht aktuell 2006, 5.

B. Außergerichtliche Gebührentatbestände § 19

Auch Besonderheiten des beschädigten Fahrzeugs (Taxi) können eine 1,8 Geschäftsgebühr rechtfertigen.

▼

Muster 19.5: Erhöhte Geschäftsgebühr bei Unfall mit einem Taxi 23

Unstreitig handelt es sich beim beschädigten Fahrzeug um ein Taxi, weshalb ein entsprechender Nutzungsausfall bzw. Gewinnentgang zu berechnen und geltend zu machen war. Hierbei handelt es sich bereits von der rechtlichen und tatsächlichen Schwierigkeit sowie vom Bearbeitungsumfang her schon nicht um einen Durchschnittsfall (AG Mayen, Urt. v. 15.7.2011 – 2d C 224/11). In einem solchen Fall ist eine Geschäftsgebühr in Höhe von 1,8 nicht zu beanstanden, weil angemessen (AG Mayen, a.a.O.).

▲

Die Vorlage einer Gegenrechnung (ControlExpert o.ä.) rechtfertigt eine Geschäftsgebühr von 1,6.

▼

Muster 19.6: Erhöhte Geschäftsgebühr bei Vorlage einer Gegenrechnung 24

Legt der Schädiger eine Gegenrechnung vor und kürzt er auf deren Grundlage den geltend gemachten Anspruch, ist der Geschädigte mangels eigener Sachkunde gehalten, diese Gegenrechnung dem von ihm beauftragten Sachverständigen zum Zwecke der Stellungnahme vorzulegen, damit dieser hierzu Position beziehen kann. Die mit der ergänzenden Stellungnahme anfallenden Sachverständigenkosten sind dann zum einen erstattungsfähig, weil erforderlich. Zum anderen rechtfertigt dieser Mehraufwand eine Geschäftsgebühr in Höhe von 1,6 (AG Koblenz, Urt. v. 10.1.2014 – 411 C 422/13).

▲

Die Berechnung einer 2,5 Geschäftsgebühr (Höchstgebühr) ist nicht unbillig, wenn bei dem Verkehrsunfall drei Familienmitglieder zu Tode gekommen sind und neben dem Schmerzensgeld auch Unterhaltsansprüche zu ermitteln sind.[17]

Streitig ist, ob für den Fall der Vertretung mehrerer Geschädigter aus einem Unfall die 25 Geschäftsgebühr jeweils gesondert oder einmalig mit entsprechender Erhöhung nach Nr. 1008 VV RVG aus dem Gesamterledigungswert für alle Geschädigten abzurechnen ist.[18] Es stellt sich also die Frage, ob eine Angelegenheit im Sinne von § 15 Abs. 2 RVG vorliegt oder nicht. Nur die Verneinung der Frage führt zum richtigen Ergebnis.

Zwar wird vertreten, dass auch aufgrund getrennter Forderungsschreiben der Rechtsanwalt wegen des bestehenden einheitlichen Lebensvorganges keine zweite Angelegenheit herbeiführen kann,[19] weil er nicht allein mit der Art der Bearbeitung der Sache seine Gebühren erhöhen kann, solange kein hinreichender Sachgrund für eine einheitliche Bearbeitung vorliegt.[20]

---

17 LG Zweibrücken, zfs 2008, 708.
18 Zu Unrecht ablehnend: OLG Koblenz, Urt. v. 22.6.1993 – 14 W 407/92.
19 AG Dortmund SP 1994, 399.
20 BGH v. 11.12.2003 – IX ZR 109/00.

§ 19 Gebühren des Anwalts

27 Ein solcher hinreichender Sachgrund liegt jedoch bei der Geltendmachung von Ersatzansprüchen verschiedener Geschädigter aus einem Unfall vor, und zwar aus mehreren Gründen:

28 Der Anwalt muss bei der Bearbeitung widerstreitende Interessen der verschiedenen Geschädigten unterstellen, also den Umstand, dass der eine Geschädigte nicht will, dass der andere Geschädigte vom Inhalt des Mandats – und unter Umständen auch vom Inhalt von Krankenakten – Kenntnis erhält. Dies ist ein hinreichender sachlicher Grund, um zwei verschiedene Angelegenheiten anzunehmen und damit auch abzurechnen.

29 Nähme man eine einheitliche Angelegenheit an, so führte dies zudem dazu, dass der dem Anwalt erteilte und jederzeit ohne Angabe von Gründen kündbare Auftrag nur von allen Auftraggebern gemeinsam gekündigt werden könnte. Mithin wäre ein unzufriedener Mandant an den Auftrag gebunden und könnte sich von diesem nicht ohne Zustimmung aller anderen Geschädigten lösen. Eine solche Bindung kennt das Gesetz jedoch nicht. Ein Wille zu einer einheitlichen Auftragserteilung kann deshalb nicht unterstellt werden, im Gegenteil.

30 Soweit teilweise, insbesondere bei Ehegatten, von der Rechtsprechung ein einheitlicher Auftrag angenommen wird, ergibt sich diese Annahme nicht aus dem Gesetz. Zwar mag es ein familienrechtliches Band zwischen den Ehegatten geben, jedoch kein vermögensrechtliches im Blick auf etwaige Ersatzansprüche aus einem Unfall. Es steht jedem Ehegatten frei, ob und in welchem Umfang er Ersatzansprüche durchsetzen will. Zudem führte die Annahme eines einheitlichen Auftrags zu ausufernden Ergebnissen, weil sich nicht aus dem Gesetz ergibt, wo das familienrechtliche Band, welches zur Annahme einer einheitlichen Sache angenommen wird, endet. Befindet sich im Fahrzeug beispielsweise eine Familie mit drei volljährigen Kindern, so besteht selbstverständlich zwischen allen Insassen ein familienrechtliches Band. Aufgrund der Volljährigkeit der Kinder können diese aber selbst entscheiden, welche Informationen an die Eltern, insbesondere aus Arztberichten, weitergegeben werden oder nicht und können daher auch selbst entscheiden, dass ein gesondertes Mandat erteilt wird. Nähme man einen einheitlichen Auftrag an, hätten die Eltern jedoch Anspruch auf Einblick in sämtliche Unterlagen aller Geschädigten.

31 Ein innerer Zusammenhang wird dann angenommen, wenn die verschiedenen Gegenstände im Falle einer gerichtlichen Geltendmachung in einem Verfahren verfolgt werden könnten. Dies ist bei Schadensersatzansprüchen des einen und Schmerzensgeldansprüchen des anderen Geschädigten durchaus möglich.

Hieraus eine Sache im Sinne des RVG abzuleiten, verbietet sich jedoch.

32 Es besteht auch insoweit ein hinreichender Grund für eine gesonderte Bearbeitung und damit gesonderte gerichtliche Geltendmachung. Ist beispielsweise für den Fall des Sachschadens die Haftung dem Grunde und der Höhe nach außer Streit, wird jedoch, aus welchen Gründen auch immer, nicht (vollständig) reguliert und gilt für den Körperschaden des anderen Geschädigten das Gegenteil, so führte die einheitliche Geltendma-

chung zu einer erheblichen Verzögerung des Prozesses zulasten desjenigen Geschädigten, dem nur ein Sachschaden entstanden ist. Es besteht kein Anspruch auf Erlass eines Teilurteils. Dementsprechend erhielte derjenige, dem nur ein Sachschaden entstanden ist, diesen Betrag erst nach Einholung diverser Gutachten zur Unfallursächlichkeit der Verletzungen des anderen Geschädigten erstattet. Wäre der Sachschaden gar ein Totalschaden und wäre eine Vorfinanzierung mangels eigener ausreichender finanzieller Mittel nicht möglich, würde der Schädiger einen Verstoß gegen die Schadensminderungsobliegenheit aus § 254 BGB einwenden, wenn der Sachschaden erst in einem einheitlichen Schlussurteil mit dem Körperschaden nach Ablauf von ein bis zwei Jahren ausgeurteilt würde.

Zudem ist bei einem einheitlichen Auftrag zu berücksichtigen, dass beide Auftraggeber als Gesamtschuldner für den Vergütungsanspruch haften. Fällt ein Gebührenschuldner aus, müsste der andere den vollen Betrag erstatten, obwohl die Gebühren wegen des Ersatzanspruchs des Zahlungsunfähigen höher liegen als für den Fall der getrennten Geltendmachung. Man müsste demnach, wenn man eine einheitliche Angelegenheit annehmen will, auch unterstellen, dass jeder der Auftraggeber das Insolvenzrisiko des anderen Auftraggebers übernehmen will. Eine solche Annahme kann vernünftigerweise jedoch nicht unterstellt werden.

▼

Muster 19.7: Erhöhungsgebühr bei Vertretung mehrerer Geschädigter
Eine einheitliche Angelegenheit liegt dann vor, wenn drei Voraussetzungen erfüllt sind: Ein einheitlicher Auftrag, ein einheitlicher Tätigkeitsrahmen sowie ein innerer Zusammenhang zwischen den einzelnen Tätigkeiten. Nur wenn alle diese drei Voraussetzungen erfüllt sind, liegt eine Angelegenheit vor; fehlt eine der Voraussetzungen, sind mehrere Angelegenheiten gegeben (vgl. *Gerold/Schmidt*, RVG, 22. Auflage 2015, § 15 Rn 5 ff.).
Daher ist bei Erteilung von zwei Aufträgen und bei Anlage von zwei verschiedenen Akten für verschiedene Geschädigte auch von zwei Angelegenheiten auszugehen (LG Passau, Urt. v. 21.5.2015 – 3 S 101/14).

▲

Bei dieser Betrachtung soll die Problematik des Verbots der Vertretung widerstreitender Interessen (§ 43a Abs. 4 BRAO, § 356 StGB), die vorab zu klären ist, außen vor bleiben.[21]

III. Verhältnis der Geschäftsgebühr zur Verfahrensgebühr

1. Verfahrensgebühr

Die Verfahrensgebühr entsteht nach Vorbemerkung 3 Abs. 2 VV RVG, wenn der Rechtsanwalt einen unbedingten Klagauftrag erhält. Die Verfahrensgebühr entsteht in der 1. Instanz grundsätzlich in Höhe einer vollen 1,3 Gebühr, Nr. 3100 VV RVG. Vertritt der Rechtsanwalt mehrere Personen in derselben Sache, erhöht sich die Gebühr um jeweils

---

21 Hierzu im Einzelnen: BGH, Urt. v. 12.5.2016 – IX ZR 241/14.

0,3 für jeden weiteren Auftraggeber. Der Rechtsanwalt erhält jedoch lediglich eine 0,8 Verfahrensgebühr, wenn der ihm erteilte Verfahrensauftrag endet, bevor er eine in Nr. 3101 VV RVG benannte Tätigkeit entfaltet hat (= insbesondere einen das Gerichtsverfahren einleitenden Antrag gestellt oder einen Schriftsatz, der Sachanträge enthält, bei Gericht eingereicht hat).

2. Anrechnung der Geschäftsgebühr

36 Mit Wirkung zum 5.8.2009 ist § 15a RVG eingeführt worden, der die Anrechnung einer Gebühr regelt. Der Gesetzgeber wollte mit dieser Vorschrift die Probleme beseitigen, welche die geänderte Rechtsprechung des BGH zur Anrechnung der Geschäftsgebühr geschaffen hatte.[22] Die Vorschrift gilt für alle nach dem RVG vorzunehmenden Gebührenanrechnungen. Für die Beantwortung der Frage, wer sich in welchem Umfang auf die Anrechnung berufen kann, ist zunächst zwischen dem Innenverhältnis des Anwalts zum Auftraggeber und dem Außenverhältnis des Mandanten zum Erstattungspflichtigen zu unterscheiden.

a) Innenverhältnis und Außenverhältnis

37 § 15a Abs. 1 RVG stellt klar, dass der Rechtsanwalt frei wählen kann, ob er vom Auftraggeber die volle Geschäfts- oder die volle Verfahrensgebühr oder beide anteilig vermindert oder beide in voller Höhe fordern kann. Insgesamt kann jedoch nicht mehr gefordert werden als der um die Anrechnung verminderte Gesamtbetrag der beiden Gebühren. Hierauf sollte für den Fall der vollen Berechnung beider Gebühren ausdrücklich hingewiesen werden, um dem Vorwurf einer Gebührenüberhebung (§ 352 StGB) jede Grundlage zu nehmen.

38 Ein Dritter kann sich auf die Anrechnung nur in den in § 15a Abs. 2 RVG genannten Fällen berufen. Dritte sind Personen, die nicht am Mandatsverhältnis beteiligt sind, insbesondere also der ersatzpflichtige Schädiger. Liegt keine der drei im Gesetz genannten Annahmen vor, ist ein Berufen auf eine Anrechnung nicht möglich. Auch wenn der Dritte sich auf die Anrechnung nicht beruft, dürfte davon auszugehen sein, dass der Rechtspfleger die Anrechnung von Amts wegen zu berücksichtigen hat, um eine nach dem Gesetz nicht zulässige doppelte Titulierung zu vermeiden.[23]

Die vom Gesetz genannten Möglichkeiten, sich als Dritter auf die Anrechnung zu berufen, lauten:

aa) Erfüllung des Anspruchs auf eine Gebühr

39 Der Dritte kann sich auf die Anrechnung berufen, wenn er den Anspruch auf eine Gebühr, insbesondere die Geschäftsgebühr, bereits, und sei es auch nur teilweise – zum Beispiel außergerichtlich – erfüllt hat.

---

22 Im Überblick *Volpert*, VRR 2009, 254 ff.
23 *Hansens*, RVGreport 2009, 241 ff.; *Volpert*, VRR 2009, 336.

Beispiel
Hat ein Zahlungspflichtiger vorgerichtlich auf die Geschäftsgebühr eine Teilzahlung erbracht und ist der Zahlungspflichtige im Übrigen zur Zahlung verurteilt und ein weiterer (Teil-)Betrag tituliert worden, so ist die gesamte Geschäftsgebühr – und nicht nur die titulierte – im nachfolgenden Kostenfestsetzungs- bzw. Ausgleichungsverfahren hälftig anzurechnen (AG Passau, Beschl. v. 19.6.2015 – 18 C 1553/14; AG Betzdorf, Beschl. v. 13.5.2016 – 34 C 147/14; AG Koblenz, Beschl. v. 10.5.2016 – 152 C 2224/15). Nach § 15a Abs. 2 RVG ist bei der Kostenfestsetzung bzw.- Ausgleichung eine Geschäftsgebühr anzurechnen, soweit sie vom Gegner erfüllt oder gegen diesen tituliert worden ist. Wurde zum Teil freiwillig gezahlt, ist insoweit bereits Erfüllung eingetreten und der freiwillig gezahlte Betrag ist anzurechnen und im Kostenfestsetzungs- bzw. Ausgleichungsverfahren zu berücksichtigen. Soweit ein weiterer (Teil-)Betrag tituliert wurde, ist aus der Summe dieser beiden Einzelbeträge der Gesamtbetrag hälftig anzurechnen (*Schneider*, NJW-Spezial 2015, Seite 733).

bb) Vollstreckungstitel wegen einer der beiden Gebühren

Ist die Geschäftsgebühr – und sei es auch nur teilweise – tituliert, kann sich der erstattungspflichtige Dritte ebenfalls auf die Anrechnung, soweit tituliert, berufen. Dies gilt auch im Fall des Unterliegens bei einer Widerklage.[24] **40**

Beispiel
Der Geschädigte klagt die Hauptforderung und die Geschäftsgebühr in voller Höhe als Nebenforderung ein. Die Nebenforderung wird wegen eines Teilunterliegens nur anteilig tituliert. Der Versicherer kann sich bei der Kostenfestsetzung auf die Anrechnung nur insoweit berufen, als tituliert wurde.

Bei einer Kostenquotelung kann sich der Dritte daher nur im Umfang der Titulierung auf die Anrechnung berufen.[25] **41**

cc) Geltendmachung beider Gebühren im selben Verfahren

Der Dritte kann sich ebenfalls auf eine Anrechnung berufen, wenn beide Gebühren gegen ihn in demselben Verfahren geltend gemacht werden. Dies ist nach der Gesetzesbegründung der Fall, wenn beide Gebühren im Kostenfestsetzungsverfahren geltend gemacht werden. Hiervon erfasst wird insbesondere die Anmeldung der Mahnverfahrensgebühr nach Nr. 3305 VV RVG neben der Verfahrensgebühr des Erkenntnisverfahrens. **42**

Praxistipp
Die Geschäftsgebühr kann dagegen nicht neben der Verfahrensgebühr im Kostenfestsetzungsverfahren verfolgt werden.[26] Die dritte Variante ist daher im Verhältnis zur Geschäftsgebühr nicht einschlägig.[27]

---

24 OLG Stuttgart VRR 2009, 359.
25 *Volpert*, 2009, 374.
26 BGH VRR 2006, 320 und VRR 2008, 116.
27 *Volpert*, VRR 2008, 256.

§ 19 Gebühren des Anwalts

b) Ausnahmen von der Anrechnung

43 Die Anrechnung der Geschäfts- auf die Verfahrensgebühr gemäß Teil 3, Vorbemerkung 3 Abs. 4 S. 1 VV RVG, kommt nicht in Betracht, wenn zwischen der erstattungsberechtigten Partei und ihrem Prozessbevollmächtigten keine Geschäftsgebühr im Sinne von Nr. 2300 VV RVG entstanden ist, sondern sie ihrem Prozessbevollmächtigten für dessen vorprozessuales Tätigwerden ein von einzelnen Aufträgen unabhängiges Pauschalhonorar schuldet[28] oder eine Vergütungsvereinbarung geschlossen wurde.

▼

44 **Muster 19.8: Keine Anrechnung bei Pauschalhonorar/Vergütungsvereinbarung**

Der Einwand der Anrechnung der Geschäftsgebühr geht fehl. Die Anrechnung einer Geschäftsgebühr auf die Verfahrensgebühr gemäß Teil 3, Vorbemerkung 3 Abs. 4 S. 1 VV RVG, kommt nicht in Betracht, wenn – wie hier – zwischen der erstattungsberechtigten Partei und ihrem Prozessbevollmächtigten keine Geschäftsgebühr im Sinne von Nr. 2300 VV RVG entstanden ist, weil sie ihrem Prozessbevollmächtigten für dessen vorprozessuales Tätigwerden ein von einzelnen Aufträgen unabhängiges Pauschalhonorar schuldet (BGH NJW 2009, 3364; KG AGS 2010, 511).

Vorliegend hat die Klägerseite mit dem Unterzeichner vereinbart, dass ▓▓▓▓./eine Vergütungsvereinbarung für die vorgerichtliche Tätigkeit abgeschlossen, die ein Stundenhonorar vorsieht.

Dies wird vorsorglich zur Glaubhaftmachung anwaltlich versichert. Es liegt mithin ein Pauschalhonorar/eine Vergütungsvereinbarung im o.g. Sinne vor, so dass die zitierte Anrechnungsvorschrift nicht eingreift.

45 Im Kostenfestsetzungsverfahren kommt die Anrechnung einer Geschäftsgebühr nach den Nummern 2300 bis 2303 VV RVG auf die Verfahrensgebühr des gerichtlichen Verfahrens ferner nicht in Betracht, wenn beide Gebühren von verschiedenen Rechtsanwälten verdient worden sind.[29]

▼

46 **Muster 19.9: Keine Anrechnung bei der Einschaltung mehrerer Anwälte**

Der Einwand, dass vorliegend eine Anrechnung der Geschäftsgebühr zu erfolgen habe, ist nicht zutreffend. Eine Kürzung der Verfahrensgebühr im Kostenfestsetzungsverfahren kommt nur dann in Betracht, wenn im Innenverhältnis zwischen Rechtsanwalt und Mandant eine Anrechnung zu erfolgen hat. Entscheidend für die Anrechnung ist daher, ob der Rechtsanwalt zum Zeitpunkt des Entstehens der Verfahrensgebühr schon einen Anspruch auf eine Geschäftsgebühr aus seinem vorprozessualen Tätigwerden erlangt hat. Hat der erstmals im gerichtlichen Verfahren tätige Anwalt eine solche Gebühr nicht verdient, scheidet eine Anrechnung aus. Die von einem anderen vorprozessual tätigen Anwalt verdiente Gebühr muss sich der prozessual tätige Anwalt nicht anrechnen lassen (BGH DAR 2010, 177).

Vorliegend ist die Klägerseite vorprozessual von den Anwälten ▓▓▓▓ vertreten worden. Im Zuge dieser Tätigkeit ist die vorgerichtliche Geschäftsgebühr entstanden. Im Klagver-

---

28 BGH NJW 2009, 3364.
29 BGH DAR 2010, 177.

fahren ist jedoch der Unterzeichner für die Klägerseite tätig geworden. Aufgrund der Personenverschiedenheit der jeweils beauftragten Prozessbevollmächtigten hat eine Anrechnung daher nicht zu erfolgen.

Darüber hinaus ist bei einem Vergleich genau zu prüfen, ob die Geschäftsgebühr tituliert wurde, ansonsten findet ebenfalls keine Anrechnung statt. 47

▼

Muster 19.10: Keine Anrechnung mangels fehlender Titulierung im Vergleich 48
Im Vergleich ist eine anzurechnende Geschäftsgebühr nur tituliert, wenn der Vergleich eine entsprechende ausdrückliche Formulierung zur Erstattung bzw. Teil- oder Nichterstattung der vorgerichtlichen Kosten der Parteien enthält oder wenn darin die Höhe der als erfüllt anzusehenden vorgerichtlichen Gebühren beziffert bzw. eindeutig bestimmbar ist (BGH, Beschl. v. 7.12.2010 – VI ZB 45/10 – JurBüro 2011, 188; OLG München JurBüro 2010, 23, 24; OLG Naumburg JurBüro 2010, 299, 300; OLG Celle, Beschl. v. 29.9.2010 – 2 W 266/10 – juris). Enthält ein Vergleich keine ausdrückliche Regelung dazu, inwieweit damit vorgerichtliche und mit eingeklagte Anwaltsgebühren abgegolten sind, stellt er keinen Vollstreckungstitel für die Geschäftsgebühr gegen den Dritten dar (AG Andernach, Beschl. v. 31.1.2014 – 63 C 277/13). Nur dann, wenn der Vergleich die Geschäftsgebühr als eigenen bezifferten Gegenstand ausweist, kann konkret festgestellt werden, in welcher Höhe die Geschäftsgebühr auf die entstandene Verfahrensgebühr anzurechnen ist (BGH, Beschl. v. 7.12.2010 – VI ZB 45/10). Der Bundesgerichtshof verlangt unmissverständlich eine klare Regelung wegen des Schicksals der ursprünglich eingeklagten Geschäftsgebühr. Nur in diesem Falle kann sie angerechnet werden gemäß § 15a Abs. 2, Fall 1 RVG (OLG Koblenz, Beschl. v. 18.11.2013 – 14 W 634/13; OLG München, Beschl. v. 1.8.2012 – 11 W 1127/12; OLG Zweibrücken, Beschl. v. 16.2.2011 – 4 W 104/19; OLG Karlsruhe, Beschl. v. 15.4.2010 – 13 W 159/09). Dies ist vorliegend nicht der Fall, da ▬▬▬.

Eine anzurechnende Geschäftsgebühr ist jedoch nicht entstanden, wenn die Gegenseite lediglich zur Vorbereitung der Klage i.S.v. § 19 RVG außergerichtlich zur Zahlung aufgefordert worden ist. Dies ist zumindest dann der Fall, wenn der Geschädigte seinem außergerichtlich bereits tätigen Prozessbevollmächtigten bereits von Anfang an einen unbedingten Klagauftrag erteilt hat und dessen Tätigkeit damit zum Rechtszug der Klage gehört.[30] 49

3. Verfolgung der Geschäftsgebühr im Gerichtsverfahren

Der Anwalt wird i.d.R. gehalten sein, die entstandenen außergerichtlichen Anwaltskosten als materiell-rechtliche Schadensposition einzuklagen. Dabei sind die nachfolgenden Grundsätze zu beachten: 50

Wird der beim Verkehrsunfall entstandene Schaden mit der Klage geltend gemacht, sind die als Geschäftsgebühr erfassten Rechtsanwaltskosten eng mit der Hauptsache 51

---

[30] OLG Hamm NJW-Spezial 2006, 408.

verbunden und stellen daher lediglich eine Nebenforderung dar, die gem. § 4 ZPO nicht den Streitwert der Hauptsache erhöhen, selbst wenn sie in einem eigenen Klagantrag geltend gemacht werden.[31] Dies liegt allerdings dann anders, wenn (allein) Rechtsanwaltskosten verfolgt werden, die in keiner Abhängigkeit zu einer (nicht gerichtlich verfolgten) Hauptforderung stehen[32] – dies auch im Fall einer Teilerledigung.[33] Die Höhe des Gegenstandswertes der zugesprochenen Geschäftsgebühr bemisst sich aus den begründeten Ersatzbeträgen der Hauptsache.[34]

Hat ein Rechtsschutzversicherer eine Zahlung auf die Geschäftsgebühr geleistet, so geht der Anspruch auf Erstattung mit der Zahlung auf den Rechtsschutzversicherer über, § 86 Satz 1 VVG. Will der Geschädigte, auch soweit vom Rechtsschutzversicherer gezahlt wurde, die Geschäftsgebühr rechtshängig machen, so muss er vom Rechtsschutzversicherer (Rück-)Abtretung erbitten oder im Wege der gewillkürten Prozessstandschaft Zahlung an den Rechtsschutzversicherer beantragen.

52 Ferner ist zu beachten, dass die vorprozessual entstandene Geschäftsgebühr im Kostenfestsetzungsverfahren nicht festgesetzt werden kann.[35] Die Geltendmachung der Geschäftsgebühr bleibt vielmehr dem Erkenntnisverfahren vorbehalten.

Hat der Mandant die vorgerichtlichen Anwaltskosten noch nicht gezahlt, kann auf Freistellung geklagt werden.

▼

Muster 19.11: Freistellungsantrag
Die Beklagte wird verurteilt, den Kläger von einer Forderung seiner Prozessbevollmächtigten wegen der vorgerichtlichen Geltendmachung seiner Schadensersatzansprüche aufgrund des Verkehrsunfalls vom ▬▬▬ in Höhe von ▬▬▬ EUR gem. der Kostennote vom ▬▬▬ freizustellen.

▲

53 Dieser Freistellungsantrag muss die Verpflichtung, von der Freistellung begehrt wird, so genau wie möglich bezeichnen. Es kommt dabei weniger auf die Bezeichnung der Gebührentatbestände, sondern in erster Linie auf das Datum der anwaltlichen Honorarnote an. Der Gebührenanspruch muss fällig sein und setzt daher eine anwaltliche Honorarnote voraus.[36]

54 Der Freistellungsanspruch kann sich jedoch auch in einen „direkten" Zahlungsanspruch wandeln, § 250 BGB. Nach vorerwähnter Norm steht dem Geschädigten ein Ersatzanspruch in Geld (an seine Person) zu, wenn er dem Schuldner eine Frist zur Erfüllung

---

31 BGH zfs 2007, 284 = FamRZ 2007, 808; ebenso *Thomson*, NJW 2007, 262; *Steebruck*, MDR 2006, 423.
32 BGH VersR 2009, 806.
33 BGH NJW 2008, 999.
34 OLG Saarbrücken SP 2005, 50.
35 BGH NJW-RR 2006, 501 = MDR 2006, 776; OLG Köln MDR 2007, 118.
36 LG Bochum, Urt. v. 22.4.2009 – Az. 9 S 183/08 – juris; LG Kleve, Urt. v. 11.11.2009 – Az. 5 S 88/09 – juris; LG Berlin VersR 2002, 333; LG Aachen, Urt. v. 13.11.2009, Az. 6 S 122/09;

gesetzt und dabei erklärt hat, dass er nach erfolglosem Fristablauf eine Erfüllung ablehnt.[37]

Muster 19.12: Umwandlung des Zahlungsanspruchs in einen Freistellungsanspruch

Es ist unerheblich, ob die Voraussetzungen der §§ 8, 10 RVG erfüllt sind. Der Kläger macht einen materiell-rechtlichen Erstattungsanspruch gegen Dritte geltend. Der Schädiger schuldet im Falle eines Unfalls die Erstattung des für die Wiederherstellung des ursprünglichen Zustands erforderlichen Geldbetrags (Palandt/*Grüneberg*, 73. Auflage, § 249 Rn 11). Der Dritte kann sich in einem solchen Fall nicht darauf berufen, dass die Voraussetzungen von § 8 RVG nicht vorlägen und auch nicht darauf, dass der Rechtsanwalt gegenüber dem Mandanten noch keine Gebührennote im Sinne von § 10 RVG gestellt hat (LG Frankfurt/Main, Urt. v. 27.1.2010 – 2–16 S 162/09; *Mayer/Kroiß*, RVG, 4. Auflage, § 10 Rn 7; AnwK-RVG, 4. Auflage, § 10 Rn 11 und 104; *Mathias*, RVG, 3. Auflage, § 10 Rn 10 mit weiteren Nachweisen), weil die §§ 8, 10 RVG nur das Verhältnis zwischen Anwalt und Mandant betreffen (OLG Koblenz, Urt. v. 5.9.2011 – 12 U 713/10).

55

Es kommt auch nicht darauf an, ob der Geschädigte den mit der Klage geltend gemachten Betrag bereits seinerseits an den Rechtsanwalt gezahlt hat. Zwar bestand zunächst nur ein Anspruch auf Befreiung des Geschädigten von dessen Verbindlichkeit gegenüber seinem Rechtsanwalt. Dieser Befreiungsanspruch wandelt sich jedoch entweder mit fruchtlosem Verstreichen einer gesetzten Frist gemäß § 250 S. 2 BGB oder aufgrund ernsthafter und endgültiger Erfüllungsverweigerung in einen Zahlungsanspruch (AG Andernach, Urt. v. 21.11.2014 – 62 C 504/14; AG Kaiserslautern, Urt. v. 23.9.2014 – 11 C 895/14; MüKo zum BGB, 6. Auflage, § 250 Rn 7). § 250 BGB eröffnet dem Geschädigten die Möglichkeit, unabhängig von den §§ 249 Abs. 2, 251 BGB zu einem Anspruch auf Geldersatz zu gelangen, wenn er dem Ersatzpflichtigen erfolglos eine Frist zur Herstellung, d.h. hier Haftungsfreistellung, mit Ablehnungsandrohung setzt. Dem steht es nach ständiger Rechtsprechung des BGH gleich, wenn der Schuldner die geforderte Herstellung oder überhaupt jeden Schadensersatz ernsthaft und endgültig verweigert. Dann wandelt sich der Freistellung- in einen Zahlungsanspruch, wenn der Geschädigte Geldersatz fordert (BGH, NJW 2004, 1868; OLG Hamburg, Urt. v. 27.2.2007 – 7 U 93/05; OLG Frankfurt a.M., Urt. v. 23.8.2011 – 6 U 49/11; LG Hagen, Urt. v. 2.7.2009 – 10 O 24/09).

Lediglich vorsorglich: Dies alles gilt auch für die Umsatzsteuer. Für die Zahlungspflicht des Schädigers genügt der dem Rechtsanwalt erteilte Auftrag zur Schadensregulierung, woraus auch die Pflicht zur Zahlung der Umsatzsteuer auf die Rechtsverfolgungskosten folgt (*Sterzinger*, NJW 2011, 2181; Palandt/*Grüneberg*, 75. Auflage, § 249 Rn 27).

IV. Einigungsgebühr

1. Grundlagen

Neben der Geschäftsgebühr spielt in der Praxis der Verkehrsunfallbearbeitung die Einigungsgebühr nach Nr. 1000 VV RVG eine wichtige Rolle. Dies gilt umso mehr, als dass

56

---

37 Grundlegend: BGH NJW 2004, 1868; im Bereich des Verkehrsrechts vgl. OLG Brandenburg, Urt. v. 23.10.2008 – Az. 12 U 45/08 – juris und AG Karlsruhe, Urt. v. 18.11.2008 – Az. 5 C 365/08 – juris.

das RVG keinen förmlichen Vergleichsabschluss i.S.d. § 779 BGB für den Anfall der Gebühr verlangt. Vielmehr wird für das Entstehen einer Einigungsgebühr (früher „Vergleichsgebühr") lediglich die Mitwirkung an einem Vertrag gefordert, durch welchen der Streit oder die Ungewissheit der Parteien über ein Rechtsverhältnis beseitigt wird. Dieser Vertrag kann sich auf einzelne Schadenspositionen oder auf die Abrechnung des gesamten Schadens beziehen. Ein gegenseitiges Nachgeben ist dabei nicht zwingend erforderlich. Lediglich bei einem Anerkenntnis oder einem Verzicht fällt keine Einigungsgebühr an.

57 Diese Gesetzesänderung hat erhebliche Auswirkungen auf die Praxis: Während früher beispielsweise ein für das Vorliegen eines Vergleichs erforderliches gegenseitiges Nachgeben dann nicht vorlag, wenn der Versicherer lediglich aufgrund neu vorgebrachter oder ermittelter Tatsachen einseitig von der ursprünglichen Position Abstand nahm und nunmehr einen erhöhten Betrag ausglich,[38] so kann jetzt die Einigungsgebühr auch bei einem einseitigen Nachgeben entstehen, solange kein Anerkenntnis vorliegt. Eine Einigungsgebühr entsteht auch bei der Vereinbarung einer Ratenzahlung, bei der auf Seiten des Schuldners aufgrund der durchgeführten Zahlung (an sich) kein Nachgeben zu verzeichnen ist.[39]

58 Eine Einigungsgebühr fällt allerdings nicht an, wenn der abgeschlossene Vertrag ein Anerkenntnis der gesamten Forderung beinhaltet.

59 Die Höhe der Einigungsgebühr richtet sich danach, ob über den Gegenstand der Einigung ein gerichtliches Verfahren anhängig ist (dann 1,0 Gebühr) oder nicht (dann 1,5 Gebühr). Wird in einem gerichtlichen Verfahren eine Einigung über rechtshängige Gegenstände wie auch nicht rechtshängige erzielt, ist jeweils zwischen den unterschiedlichen Gegenständen zu unterscheiden und die jeweils einschlägige Gebühr zu berücksichtigen. In der Summe darf jedoch kein höherer Betrag als eine 1,5 Einigungsgebühr aus dem Gesamtwert gefordert werden.

60 Bei den Kosten eines gerichtlichen Vergleichs kann regelmäßig angenommen werden, dass die Parteien diesen der gleichen Kostenregelung wie derjenigen des Rechtsstreits unterwerfen möchten, auch wenn dies nicht ausdrücklich vereinbart wird. Dies deshalb, weil der gerichtliche Vergleich zum eigentlichen Prozessgeschehen gehört, dessen Kosten von den Parteien gewöhnlich als Einheit gesehen werden. Die Kosten eines außergerichtlichen Vergleichs gehören dagegen nur dann zu den zu erstattenden Kosten des Rechtsstreits, wenn die Parteien dies vereinbart haben.[40]

61 Für die Festsetzbarkeit einer Einigungsgebühr reicht es aus, dass glaubhaft gemacht wird, dass die Parteien eine Vereinbarung im Sinne von Nr. 1000 Abs. 1 S. 1 VV RVG geschlossen haben.[41] Die Protokollierung eines als Vollstreckungstitel tauglichen Ver-

---

38 BGH NJW 1970, 1122.
39 Thüringer OLG MDR 2006, 1436.
40 Zur Abgrenzung vgl. BGH NJW 2009, 519; OLG Frankfurt NJW 2005, 2465.
41 BGH NJW 2007, 2187; OLG Düsseldorf JurBüro 2009, 28; der 8. Zivilsenat hat seine diesem entgegenstehende Auffassung (BGH NJW 2006, 1523) zwischenzeitlich aufgegeben.

gleichs nach § 794 Abs. 1 Nr. 1 ZPO ist daher nicht erforderlich. Es genügt auch, dass die Parteien sich nur über die Hauptsache, nicht aber die Kosten geeinigt haben.[42]

Eine Einigungsgebühr kann bei einer Vielzahl von Verhandlungen eintreten, so u.U. auch im Zusammenspiel mit einem Anerkenntnis. 62

2. Einigungsgebühr und Terminsgebühr

Bei einem Vergleich nach § 278 Abs. 6 ZPO entsteht zugleich eine Terminsgebühr.[43] 63
Eine Terminsgebühr bei einer solchen Verständigung kann darüber hinaus auch entstehen, wenn der Anwalt des Klägers bereits einen unbedingten Klagauftrag erhalten hat und es dann zu einer Verständigung kommt.[44] Es genügt auch, dass der Anwalt an einer Besprechung teilnimmt, die auf eine Vermeidung eines Rechtsstreits gerichtet ist, ohne dass ein Rechtsstreit anhängig war.[45]

3. Einigungsgebühr und Klagerücknahme

Häufig unterzieht der Haftpflichtversicherer die ihm zugestellte Klage einer nochmaligen 64
Prüfung und kommt zu dem Ergebnis, dass der geltend gemachte Anspruch entgegen seiner Auffassung in der außergerichtlichen Korrespondenz begründet ist. In diesem Fall teilt er dem Rechtsanwalt seine Bereitschaft zum Ausgleich der Klageforderung mit und bittet ihn um Rücknahme der Klage. Hier kommt es auf die genauen Einzelheiten an, ob ein solches Verhalten eine Einigungsgebühr auslöst.

Eine einseitige prozessuale Gestaltungserklärung wie eine Klagerücknahme und die 65
gegebenenfalls erforderliche Zustimmung des Prozessgegners hierzu beinhalten als solche keine Vereinbarung im Sinne einer Einigungsgebühr und führen damit grundsätzlich nicht zum Anfall derselben. Etwas anderes gilt jedoch dann, wenn die Parteien über
- die Klagerücknahme,
- die Zustimmung der beklagten Partei oder
- einen Verzicht der Beklagten auf einen Kostenantrag

eine Vereinbarung treffen, also einen Vertrag schließen.[46] Der Abschluss eines solchen Vertrags, durch den der Streit oder die Ungewissheit über ein Rechtsverhältnis im Sinne der Nr. 1000 VV RVG beseitigt wird, kann jedoch nur dann angenommen werden, wenn inhaltlich etwas anderes als ein bloßes Anerkenntnis oder ein bloßer Verzicht durch eine der Parteien vereinbart wird. Wird die Klageforderung in vollem Umfang gezahlt und damit im Ergebnis anerkannt, genügt dies nicht. Auch der Umstand, dass die Beklagtenseite sich gleichzeitig zur Übernahme der Verfahrenskosten bereit erklärt und auf einen

---

42 OLG Köln AGS 2010, 219.
43 BGH MDR 2007, 917.
44 BGH NJW-RR 2007, 720.
45 LG München JurBüro 2007, 26.
46 OLG München, Beschl. v. 7.7.2010 – Az. 11 W 1636/10 – SP 2011, 87; OLG Koblenz JurBüro 2006, 638.

Kostenantrag verzichtet, stellt keine die Einigungsgebühr auslösende vertragliche Einigung dar.[47]

66 Zumindest wenn sich die Parteien darüber geeinigt haben, dass für den Fall des Anerkenntnisses die Klage zurückgenommen wird und der Beklagte die Kosten übernimmt, fällt aber die Einigungsgebühr an.[48] Die Einigungsgebühr entsteht jedoch nicht, wenn die Parteien das Verfahren für ruhend erklären und sodann die Klage zurückgenommen wird.[49]

67 Auch ohne Einigung kann gem. Nr. 3104 VV RVG i.V.m. Vorbemerkung 3 Abs. 3 VV RVG eine Terminsgebühr anfallen, wenn eine mögliche Einigung mündlich besprochen und auf diese Weise ein Termin zur mündlichen Verhandlung vermieden werden soll. Für die Entstehung dieser Terminsgebühr genügt es, dass unterschiedliche Vorstellungen der Prozessparteien über die Erledigung des Verfahrens ausgetauscht werden.[50] Erfolgt die Verständigung dagegen lediglich schriftlich, ist eine Terminsgebühr nicht entstanden.[51]

V. Pauschalgebühr Akteneinsicht

68 Häufig beauftragen Kfz-Haftpflichtversicherer den anwaltlichen Vertreter des Geschädigten mit der Anfertigung eines Auszuges aus den amtlichen Ermittlungsakten. In diesen Fällen können die dadurch entstandenen Kosten ebenfalls auf der Grundlage einer Pauschalvereinbarung abgerechnet werden.[52]

Die Vereinbarung sieht vor, dass für die Anfertigung des Auszugs pauschal 26 EUR berechnet werden können. Hinzu kommen die konkret angefallenen Kopierkosten nach Maßgabe der Regelung der Nr. 7000 VV RVG sowie die darauf insgesamt zu berechnende Umsatzsteuer. Wird ein Rechtsanwalt mit der Anfertigung eines Auszugs aus den Ermittlungsakten gegen Erstattung der üblichen Gebühr beauftragt, so ist diese Vereinbarung i.d.R. dahingehend auszulegen, dass eine Auslagenerstattung unter Zugrundelegung der o.g. Sätze des DAV-Abkommens erfolgen soll. Nach Gutachten der Rechtsanwaltskammern des OLG Hamm und des OLG Celle wird das Abkommen auch nach seinem Auslaufen für neue Beauftragungen nach dem 1.7.2004 allgemein weiter angewandt, unabhängig davon, ob der betreffende Rechtsanwalt und/oder Versicherer diesem Abkommen beigetreten sind.[53] Das RVG ist nicht anwendbar, da hier kein Fall einer anwaltlichen Tätigkeit für eine Vertretung vorliegt. Der Anwalt kann daher auch eine höhere Vereinbarung treffen.

---

47 OLG München, Beschl. v. 7.7.2010 – Az. 11 W 1636/10 – SP 2011, 87; OLG Köln MDR 2006, 539.
48 OLG Nürnberg MDR 2000, 908 zur Vergleichsgebühr.
49 OLG Bamberg MDR 2008, 1425.
50 BGH MDR 2007, 862.
51 SG Duisburg, Beschl. v. 7.3.2008 – Az. S 10 R 320/05 – juris.
52 Empfehlungen des HUK-Verbandes vom 1.1.1989, veröffentlicht in VersR 1989, 567.
53 AG Münster SP 2009, 160.

Muster 19.13: Aktenauszug

Versicherung AG

Schaden-Nr./VS-Nr./Az.

Schaden vom

Pkw , amtl. Kennzeichen

Sehr geehrte Damen und Herren,

der Unfall wurde polizeilich aufgenommen, Akteneinsicht wurde bereits erbeten, jedoch noch nicht gewährt. Sollten Sie einen Auszug aus den amtlichen Akten wünschen, teilen Sie mir dies bitte mit. Gerne erstelle ich Ihnen einen Aktenauszug zu folgenden Konditionen:

- Papieraktenauszug mit schwarz-weiß Lichtbildern für 30 EUR zuzüglich Kosten und Umsatzsteuer
- Aktenauszug mit farbigen Lichtbildern in elektronischer Form für 35 EUR zuzüglich Kosten und Umsatzsteuer
- Aktenauszug in Papierform, jedoch mit farbigen Lichtbildern für 40 EUR zuzüglich Kosten und Umsatzsteuer.

Bitte teilen Sie mir für den Fall, dass ein Aktenauszug gewünscht wird, mit, in welcher Form Ihnen dieser übermittelt werden soll. Für den Fall, dass Sie einen Aktenauszug in elektronischer Form wünschen, teilen Sie mir bitte auch eine entsprechende e-Post-Adresse mit.

Mit freundlichen Grüßen

(Rechtsanwalt)

§ 20 Korrespondenz mit dem Rechtsschutzversicherer

Jens Dötsch

A. Allgemeines

Im Beziehungsdreieck Rechtsanwalt/Mandant/Rechtsschutzversicherer bestehen ausschließlich Rechtsbeziehungen zwischen
- dem Rechtsanwalt und dem Mandanten einerseits sowie
- dem Mandanten und dem Rechtsschutzversicherer andererseits.

Daraus folgt, dass der Mandant auch nach erteilter Deckungszusage durch einen Rechtsschutzversicherer alleiniger Schuldner der Anwaltsgebühren bleibt.

Bei der Deckungszusage handelt es sich – allein zugunsten des Mandanten – um ein deklaratorisches Schuldanerkenntnis gemäß § 781 BGB, woraus folgt, dass der Rechtsschutzversicherer aufgrund dieses Anerkenntnisses mit Einreden und Einwendungen ausgeschlossen ist, die ihm bei dessen Abgabe bekannt waren.[1] Er kann sich also nicht mehr, wenn er umfassend und ordnungsgemäß ins Bild gesetzt wurde, nachträglich auf ein Leistungsverweigerungsrecht berufen und die Deckung wieder entziehen.

Der Umfang jedes Rechtsschutzversicherungsvertrags richtet sich nach den jeweiligen, dem Vertrag zugrundeliegenden, „Allgemeinen Versicherungsbedingungen für die Rechtsschutzversicherung (ARB)". Danach trägt der Versicherer grundsätzlich die gesetzliche Vergütung des Anwalts. Eine etwaig geschlossene Vergütungsvereinbarung begründet gegenüber dem Versicherer keinen höheren Zahlungsanspruch als die gesetzliche Vergütung nach dem RVG.

Bei der Frage, zu welchem Zeitpunkt die Sache beim Rechtsschutzversicherer angemeldet werden sollte, steckt der Anwalt in einem Dilemma: Der Mandant will auf der einen Seite die zügige Bearbeitung der Sache. Dies setzt die frühzeitige Anmeldung beim Rechtsschutzversicherer voraus, damit für den Fall einer ausbleibenden Zahlung durch den KH-Versicherer keine Zeit für eine erst sodann erfolgende Anspruchsanmeldung beim Rechtsschutzversicherer verloren geht. Auf der anderen Seite kann der Rechtsschutzversicherer nach den gängigen ARB den Vertrag kündigen, wenn zwei oder mehr Rechtsschutzfälle innerhalb eines Jahres gemeldet werden. Für die Kündigung kommt es nur auf die Zahl der gemeldeten Fälle an, nicht darauf, ob und in welchem Umfang Leistungen erbracht wurden. Mit einer im Nachhinein nicht erforderlichen Anmeldung gefährdet der Anwalt daher den Versicherungsvertrag.

---

1 OLG Düsseldorf NJW RR 1996, 1371; OLG Köln r+s 2001 248; OLG Oldenburg, Urt. v. 30.08.1995 – 2 U 154/95.

B. Differenz zwischen Kostenanspruch des Anwalts und Kostenerstattungsanspruch des Mandanten

5 Zahlt der Unfallverursacher die entstandenen Anwaltskosten nicht oder nur zum Teil, sind die verbleibenden Anwaltskosten vom Mandanten zu zahlen. Zu unterscheiden ist also zwischen dem Kostenerstattungsanspruch des Mandanten gegenüber einem Dritten einerseits und dem Gebührenanspruch des Anwalts gegenüber dem Mandanten andererseits. Der Mandant kann aus dem Vertrag vom Rechtsschutzversicherer Freistellung im Blick auf den Differenzbetrag verlangen.

6 **Muster 20.1: Geltendmachung des Differenzbetrags bei der Rechtsschutzversicherung**

_____ Versicherung AG

Schaden-Nr. _____

Schaden vom _____

Ihr VN: _____

Sehr geehrte Damen und Herren,

ich komme zurück auf die im Betreff genannte RS-Schadensache. In der Zwischenzeit wurde die außergerichtliche Schadensabwicklung abgeschlossen. Wie Sie meinem Anspruchsschreiben an den gegnerischen Kfz-Haftpflichtversicherer vom _____ entnehmen können, ging ich bei Mandatsannahme aufgrund der mir von Ihrem VN erteilten Informationen von einer Alleinhaftung des Unfallgegners aus. Dieser Unfallhergang ließ sich jedoch im Zuge der weiteren Schadensabwicklung bedauerlicherweise nicht beweisen. Der gegnerische Kfz-Haftpflichtversicherer legte der Regulierung deshalb lediglich eine 50 %ige Haftungsquote zugrunde. Eine Kopie seines Abrechnungsschreibens vom _____ füge ich Ihnen ebenfalls bei.

Wegen der Kosten meiner Beauftragung verweise ich auf die beiliegende Gebührennote. Wie Sie dieser entnehmen können, bezifferte ich entsprechend dem mir erteilten Auftrag den Gegenstandswert auf der Grundlage einer 100 %igen Haftung des Unfallgegners. Hierauf glich der gegnerische Kfz-Haftpflichtversicherer durch Schreiben vom _____ lediglich einen Teilbetrag in Höhe von _____ aus. In Höhe der offenen Differenzbetrags von _____ EUR besitze ich einen Kostenanspruch gegen Ihren Versicherungsnehmer. Insoweit bitte ich höflich um Ausgleich auf eines meiner Konten. Ich besitze Geldempfangsvollmacht.

Mit freundlichen Grüßen

(Rechtsanwalt)

C. Quotenvorrecht gegenüber dem Rechtsschutzversicherer

Mit einer Zahlung des Rechtsschutzversicherers geht ein etwaiger Erstattungsanspruch auf diesen über, § 86 Abs. 1 Satz 1 VVG. Gemäß § 86 Abs. 1 Satz 2 VVG darf der Versicherer den Forderungsübergang jedoch nicht zum Nachteil des Versicherungsnehmers geltend machen. Die Anwendbarkeit dieser, vor allem in der Kaskoversicherung gängigen, Regelung des sogenannten Quotenvorrechts ergibt sich für den Bereich der Rechtsschutzversicherung aus deren Qualifizierung als Schadensversicherung.[2]

Das Quotenvorrecht kommt immer dann zum Tragen, wenn beim Versicherungsnehmer Rechtsverfolgungskosten verbleiben, wie beispielsweise ein Selbstbehalt, oder aber, wenn anwaltliche Fahrtkosten und Abwesenheitsgelder vom Rechtsschutzversicherer bedingungsgemäß nicht übernommen werden. Voraussetzung der Verrechnung bestimmter Erstattungszahlungen mit anderen (an sich vom Versicherungsnehmer zu tragenden) Kostenpositionen aufgrund des Quotenvorrechts ist allein die Kongruenz der betreffenden Kosten. Kongruent sind nach der Rechtsprechung des BGH[3] grundsätzlich sämtliche Schäden, die ihrer Art nach dem vertragstypischen Risiko entsprechen, also nicht nur die im konkreten Fall tatsächlich versicherten Schäden.[4] Kommt es zu einer Zahlung des Gegners auf die Rechtsverfolgungskosten, ist die Zahlung gemäß dem Quotenvorrecht zunächst – im Innenverhältnis – auf alle Positionen zu verrechnen, die ansonsten vom Mandanten zu zahlen wären.

▼

Muster 20.2: Geltendmachung des Quotenvorrechts gegenüber dem Rechtsschutzversicherer

_____ Versicherung AG

Schaden-Nr. _____

Schaden vom _____

Ihr VN: _____

Sehr geehrte Damen und Herren,

ich komme zurück auf die im Betreff genannte RS-Sache.

Gemäß § 86 Abs. 1 S. 2 VVG darf der Versicherer den Übergang von Ersatzansprüchen nicht zum Nachteil des Versicherungsnehmers geltend machen. Das Quotenvorrecht gilt auch in der Rechtsschutzversicherung (van Bühren/Plote, ARB, 2. Auflage, § 5 Rn 171). Es gilt für sämtliche Rechtsverfolgungskosten, die vom Rechtsschutzversicherungsumfang nicht gedeckt sind (OLG Köln, NJW 1973, 905), also auch für nicht versicherte Reisekosten des Anwalts und der Partei etc. (*Schneider*, RVG professionell, 2008, Seite 65; Harbauer/*Bauer*, Rechtsschutzversicherung, § 5 ARB 2000 Rn 171; *Cornelius-Win-*

---

[2] Harbauer/*Bauer*, § 20 ARB 75 Rn 19; *Freyberger*, DAR 2001, 93; Prölls/Martin/*Prölls*, § 86 VVG Rn 3 ff.
[3] BGH VersR 1982, 283.
[4] Prölls/Martin/*Prölls*, § 86 VVG Rn 10 m.w.N.

§ 20 Korrespondenz mit dem Rechtsschutzversicherer

kler, Rechtsschutzversicherung, Teil 2: der Versicherungsfall, in jurakontor.de; *Rüffer/ Halbach/Schimikowski*, Versicherungsvertragsgesetz, § 86 Rn 23 ff.).

Voraussetzung der Verrechnung von Zahlungen mit anderen (an sich vom Versicherungsnehmer zu tragenden) Kosten aufgrund des Quotenvorrechts ist allein die Kongruenz der betreffenden Kosten. Kongruent sind nach der Rechtsprechung des Bundesgerichtshofs (BGH VersR 1982, 283) grundsätzlich sämtliche Schäden, die ihrer Art nach dem vertragstypischen Risiko entsprechen, also nicht nur die im konkreten Fall tatsächlich versicherten Schäden (*Schneider* in van Bühren, Handbuch des Versicherungsrechts, 4. Auflage, § 13 Rn 93). Im Bereich der Rechtsschutzversicherung ist daher grundsätzlich von einer Kongruenz sämtlicher aufzuwendender Rechtsverfolgungskosten auszugehen. Es kann daher unter anderem mit folgenden Positionen verrechnet werden:
- der Selbstbeteiligung
- den Reisekosten und Abwesenheitsgeldern des Anwalts
- den Kosten eines Unterbevollmächtigten/Terminsvertreters
- den eigenen Parteiaufwendungen (zum Beispiel Fahrten zu Gerichtsterminen)
- Ansprüchen aus einer Honorarvereinbarung (*Freyberger* in Vorwerk, Das Prozessformularbuch, 8. Auflage, 2005, Kapitel 91 Rn 285 ff.).

Das Quotenvorrecht ist nicht nur bei Kostenerstattungen anzuwenden, sondern auch bei Teilleistungen des Gegners. Im Außenverhältnis zum Gegner (Schuldner) gibt § 367 Abs. 1 BGB zwingend die Verrechnung vor, das heißt, dass zunächst auf die Kosten zu verrechnen ist. Eine solche Verrechnung im Innenverhältnis widerspricht jedoch dem Grundgedanken des Quotenvorrechts sowie dem Sinn und Zweck der Rechtsschutzversicherung, das Risiko der Interessenwahrnehmung des Versicherungsnehmers solange abzudecken, wie die Interessenwahrnehmung notwendig ist, das heißt bis zur vollständigen Befriedigung des Versicherungsnehmers (*Schneider* in van Bühren, Handbuch Versicherungsrecht, 4. Auflage, § 13 Rn 95; Harbauer/*Bauer*, § 20 ARB 75 Rn 23). Daher sind Teilleistungen des Gegners im Innenverhältnis zwischen Versicherungsnehmer und Rechtsschutzversicherer – abweichend von der Verrechnung gegenüber dem Schuldner – zunächst auf die dem Versicherungsnehmer zustehende Hauptforderung zu verrechnen, bevor der Rechtsschutzversicherer den Forderungsübergang geltend machen kann (OLG Hamm, VersR 2000, 1101).

Das Quotenvorrecht findet daher sowohl Anwendung auf Erstattungen des Schuldners als auch auf zurücklaufende Vorschüsse (beispielsweise vom Gericht oder dem Gerichtsvollzieher), die der Versicherer erbracht hat (*Schneider* in van Bühren, Handbuch VersR, 4. Auflage, § 13 Rn 93).

Das Quotenvorrecht greift sogar dann ein, wenn der Kostenerstattungsanspruch des Gegners den eigenen Erstattungsanspruch übersteigt. Besteht beispielsweise aufgrund eines Urteils oder eines Vergleichs eine Kostenquote von 75 % zu 25 % zulasten des Versicherungsnehmers und werden in die Kostenausgleichung jedoch alle Positionen eingestellt und somit auch solche, die vom Versicherungsumfang nicht gedeckt sind (z.B. Fahrtkosten), so ergibt sich hieraus, dass der Rechtsschutzversicherer aufgrund der Einstellung dieser Positionen in die Kostenausgleichung ungerechtfertigt bereichert wäre, sofern das Quotenvorrecht nicht greifen würde. Denn zu seinen Gunsten würden Positionen eingestellt, die er nicht erbracht hat. Sodann ist der Versicherer ungerechtfertigt bereichert und muss diesen Betrag nach §§ 812 ff. BGB an den Versicherungsnehmer herausgeben (*Schneider*, RVG professionell 2008, Seite 65; AG Bonn BRAGO report

0031). Mit anderen Worten: Dadurch, dass der Versicherungsnehmer auch die anteiligen nicht vom Versicherungsumfang umfassten Kosten in die Ausgleichung mit einbringt, wird der Versicherer auf Kosten des Versicherungsnehmers um diesen Betrag ungerechtfertigt bereichert und damit würde die Regelung des § 86 Abs. 1 S. 2 VVG unterlaufen. Daher muss der Versicherer diesen Betrag an den Versicherungsnehmer auskehren.

Ihr Ersatzanspruch in Höhe der von Ihnen nicht erstatteten Aufwendung von ▓▓▓ EUR ist vorrangig von den festgesetzten Kosten abzuziehen. Es verbleibt ein Differenzbetrag in Höhe von ▓▓▓ EUR, der allein auf Ihr Haus übergeht und mithin zu Ihren Händen erstattet wird.

Mit freundlichen Grüßen

(Rechtsanwalt)

▲

Hinweis 9

Streitig ist, ob das Quotenvorrecht auch auf zurückfließende Gerichtskosten oder Vorschüsse Anwendung findet.[5] Richtigerweise ist dies zu bejahen.[6] Zwar handelt es sich nicht um zurückfließende Kosten, sondern um ein Abrechnungsguthaben. Dem Wortlaut von § 86 Satz 2 VVG lässt sich eine Beschränkung jedoch nicht entnehmen.

D. Deckungszusage für eine negative Feststellungsklage

Für den Fall der Unfallabwicklung hat der Haftpflichtversicherer unberechtigte Ansprüche abzuwehren. Anders ist dies jedoch, wenn der Mandant beispielsweise ein Fahrzeug verkauft hat und sich der Käufer unberechtigter Ansprüche berühmt. In einem solchen Fall kann sich die Erhebung einer negativen Feststellungsklage empfehlen. Nur selten wird eine solche Klage auf erstes Anfordern vom Rechtsschutzversicherer gedeckt, dies zu Unrecht. 10

▼

Muster 20.3: Bitte um Deckungszusage für negative Feststellungsklage 11

▓▓▓ Versicherung AG

▓▓▓

▓▓▓

Schaden-Nr. ▓▓▓

Schaden vom ▓▓▓

Ihr VN: ▓▓▓

Sehr geehrte Damen und Herren,

ich komme zurück auf die im Betreff genannte RS-Sache.

Es ist Deckung für eine negative Feststellungsklage zu erteilen. Sieht sich ein vorgeblicher Schuldner einer nicht unerheblichen Forderung ausgesetzt, derer sich der vorgebliche

---

5 Verneinend: AG Kempten AGS 2011, 363; LG Heilbronn, Urt. v. 30.7.2015 – Ko 4 S 5/15.
6 *Schneider*, Rechtsschutzversicherung für Anfänger, Rn 415.

§ 20 Korrespondenz mit dem Rechtsschutzversicherer

Gläubiger berühmt, so besteht ein Feststellungsinteresse für eine negative Feststellungsklage (Zöller/*Greger*, 31. Auflage, § 256 Rn 7). Die Ungewissheit des Bestehens einer Forderung stellt für den vorgeblichen Schuldner eine Belastung dar, weil er jederzeit damit rechnen muss, dass der Gläubiger Klage erhebt und sich die Forderung wider Erwarten als berechtigt herausstellt. Weil der Schuldner für dieses Risiko vorsorgen und gegebenenfalls auch Rückstellungen bilden muss, ist er in seiner finanziellen Dispositionsfreiheit eingeschränkt. Zudem erhöht sich aufgrund des weiteren Zuwartens das Zinsrisiko. Aus diesen Gründen muss ein Rechtsschutzversicherer für eine negative Feststellungsklage Kostendeckung übernehmen, weil ein berechtigtes Interesse des Versicherungsnehmers an dieser Klage besteht (AG Charlottenburg, Urt. v. 15.3.1991 – 6 C 69/91; AG München, Urt. v. 22.4.2008 – 241 C 2934/08; AG Düsseldorf, Beschl. v. 26.3.2010 – 43 C 3487/09; OLG Hamm, Urt. v. 12.3.1999 – 20 U 217/98; *Rixecker*, zfs 2009, 400 – 402).

Den ARB ist auch kein Leistungsausschluss für eine negative Feststellungsklage zu entnehmen. Gemäß § 17 Abs. 5c lit. aa und cc ARB 2008 hat der Versicherer die erforderlichen Leistungen zu erbringen, somit auch Deckung für eine negative Feststellungsklage zu erteilen, es sei denn, die Erhebung der Klage wäre unbillig. Eine negative Feststellungsklage ist jedoch nicht unbillig, weil im Abwarten auf den Eintritt der Verjährung die Gefahr der Verschlechterung der Beweislage liegt.

Im Übrigen ist § 17 Abs. 5 ARB wegen eines Verstoßes gegen das Transparenzverbot unwirksam (Terminsladung des Bundesgerichtshofs vom 22.5.2009 – IV ZR 352/07; *Bauer*, Obliegenheiten des Versicherungsnehmers in der Rechtsschutzversicherung, NJW 2011, 646). Dementsprechend hat die Verbraucherzentrale Hamburg insgesamt neunzehn Rechtsschutzversicherer abgemahnt, die die Klausel dennoch verwenden. Zwischenzeitlich liegen elf rechtskräftige Entscheidungen diverser Gerichte vor, die die Rechtmäßigkeit der Abmahnung wegen der Unwirksamkeit der Klausel bestätigen.

Soweit sodann von Versicherern auf § 82 Abs. 1 VVG (Schadensminderungsobliegenheit) verwiesen und unter Bezugnahme auf diese Vorschrift die Deckung verweigert wird, geschieht auch dies zu Unrecht. Dem Versicherungsnehmer ist, wie bereits ausgeführt, ein Zuwarten nicht zuzumuten. Zudem spricht § 82 Abs. 1 VVG davon, dass der Versicherungsnehmer „nach Möglichkeit" für die Minderung des Schadens zu sorgen hat. Eine solche Möglichkeit ist dem Versicherungsnehmer jedoch nicht gegeben, denn er hat keinen Einfluss auf das Verhalten desjenigen, der sich zu Unrecht der Forderung berühmt. Wird derjenige, der sich zu Unrecht einer Forderung berühmt, zur Abgabe einer Erklärung, dass die Forderung nicht besteht, aufgefordert und gibt derjenige die Erklärung nicht ab, so kann negative Feststellungsklage erhoben werden. Denn für den Versicherungsnehmer besteht keine Möglichkeit für eine Minderung des Schadens zu sorgen, zumal er bereits aufgrund des Verhaltens desjenigen, der sich zu Unrecht der Forderung berühmt, eingetreten ist.

Mit freundlichen Grüßen

(Rechtsanwalt)

▲

E. Mandat gegen Rechtsschutzversicherer

Lehnt der Rechtsschutzversicherer zu Unrecht die Bitte um Deckungsschutz ab, sollte sich der Anwalt spätestens jetzt förmlich ein gesondertes Mandat gegen den Rechtsschutzversicherer erteilen lassen, um die weitere Korrespondenz mit dem Rechtsschutzversicherer als Schaden wegen einer vertraglichen Pflichtverletzung (§ 280 BGB) oder als Verzugsschaden des Mandanten geltend machen zu können.

▼
Muster 20.4: Mandat gegen den Rechtsschutzversicherer

    Versicherung AG

Schaden-Nr.

Schaden vom

Ihr VN:

Sehr geehrte Damen und Herren,

ich komme zurück auf die im Betreff genannte RS-Sache.

Zu Unrecht haben Sie die Deckung abgelehnt. Hierin ist sowohl eine vertragliche (Neben-) Pflichtverletzung als auch eine ernsthafte und endgültige Erfüllungsverweigerung zu sehen, so dass Sie sich in Verzug befinden, § 286 Abs. 2 Nr. 3 BGB.

Ihr VN hat mir zwischenzeitlich ein gesondertes Mandat gegen Ihr Haus erteilt, entsprechende Vollmacht finden Sie beigefügt. Sie werden daher aufgefordert, Deckung zu erteilen bis zum

    .

Sollte die Frist fruchtlos verstreichen, werde ich Ihrem VN empfehlen, mir Klageauftrag zu erteilen.

Aufgrund des Verzugseintritts haben Sie auch die weiteren Kosten meiner Tätigkeit, auch wenn nicht von den ARB umfasst, zu tragen. Der Gegenstandswert bemisst sich nach den voraussichtlichen Kosten des beabsichtigten Rechtsstreits für die erste Instanz (ggf. abzüglich einer Selbstbeteiligung des Versicherungsnehmers). Zu Grunde zu legen sind die Anwaltskosten beider Parteien und die Gerichtskosten (AG Karlsruhe, Urt. v. 9.4.2009 – 1 C 36/09). Diese belaufen sich auf   EUR und die Anwaltskosten damit auf   EUR. Ich darf um Ausgleich auf eines unserer angegebenen Konten zum genannten Aktenzeichen binnen gesetzter Frist höflich bitten.

Mit freundlichen Grüßen

(Rechtsanwalt)

> *Praxistipp*
> Wird Deckungsschutz vom Versicherer versagt, weil er keine hinreichende Erfolgsaussicht für die Rechtsverfolgung sieht oder er die Rechtsverfolgung für mutwillig hält, ist ein Stichentscheid oder ein Schiedsgutachterverfahren möglich, 3.4 ARB

2012. Einige Gerichte gehen davon aus, dass für eine Deckungsklage das Rechtsschutzbedürfnis fehlt, solange der Stichentscheid nicht eingeholt wurde.[7] Die herrschende Meinung sieht jedoch zu Recht in der Möglichkeit, einen Stichentscheid einzuholen, lediglich eine zusätzliche Form der Streitentscheidung, aber kein zwingend der Deckungsklage vorgeschaltetes Schlichtungsverfahren.[8] Der Anwalt erhält für den Stichentscheid eine gesonderte Gebühr nach 2300 VV RVG.

F. Deckung für Klage nur gegen Unfallverursacher

15 Teilweise mag es sich – und sei es nur aus taktischen Gründen – anbieten, Klage nur gegen den Unfallverursacher zu erheben. Unter Umständen erteilt der Rechtsschutzversicherer in einem solchen Fall Deckung nur unter der Bedingung, dass zumindest auch der Haftpflichtversicherer verklagt wird, damit der ausgeurteilte Zahlungsanspruch auch sicher werthaltig ist.

▼

16 **Muster 20.5: Deckung auf Klage nur gegen den Unfallverursacher**

▨▨▨ Versicherung AG

▨▨▨

▨▨▨

Schaden-Nr. ▨▨▨

Schaden vom ▨▨▨

Ihr VN: ▨▨▨

Sehr geehrte Damen und Herren,

ich komme zurück auf die im Betreff genannte RS-Sache.

Ich darf um Erteilung einer unbedingten Deckungszusage bitten bis zum ▨▨▨.

Ihr VN hat ein berechtigtes Interesse daran, den Haftpflichtversicherer nicht neben dem Unfallverursacher oder gar allein in Anspruch zu nehmen. Im Vergleich zu einem Haftpflichtversicherer besteht bei der alleinigen Inanspruchnahme des Unfallverursachers die Möglichkeit, ein Versäumnisurteil zu erhalten.

Zudem kann bei einer alleinigen Inanspruchnahme des Unfallverursachers der Haftpflichtversicherer keinerlei Erklärungen für den Beklagten abgeben, § 79 ZPO. Der Versicherer muss daher einen Anwalt für den Beklagten beauftragen und die hiermit einhergehenden Kosten übernehmen. Er wird hiervon unter Berücksichtigung der geringen Höhe der Hauptforderung aus wirtschaftlichen Erwägungen absehen und die Klageforderung ausgleichen.

Mit freundlichen Grüßen

(Rechtsanwalt)

---

[7] LG Stuttgart VersR 95, 1438; LG Köln NJW-RR 87, 544 = zfs 86, 336.
[8] Nachweise bei Harbauer/*Bauer* ARB 75, § 17 Rn 10.

G. Aufrechnung gegenüber Rechtsschutzversicherer

Praxistipp
Wird der Versicherer nicht mitverklagt, ist unbedingt auf die Einhaltung von § 119 Abs. 2 VVG zu achten, ansonsten besteht die Gefahr, dass der Haftpflichtversicherer Leistungsfreiheit einwenden kann. Darüber hinaus kann die Verletzung der Obliegenheit aus § 119 Abs. 2 VVG eine Berufspflichtverletzung begründen.

G. Aufrechnung gegenüber Rechtsschutzversicherer

Hat der Mandant mehrere Mandate erteilt, die teilweise unter den Deckungsschutz der Rechtsschutzversicherung fallen und teilweise nicht, kann der Anwalt für den Fall einer Zahlung eines Dritten in einer dem Deckungsschutz unterfallenden Sache die Aufrechnung mit einer Forderung gegenüber dem Mandanten aus einer nicht dem Deckungsschutz unterfallenden Sache erklären. Gleiches gilt für den Fall einer Zahlung des Rechtsschutzversicherers in einer versicherten Sache. Auch mit dieser Zahlung kann die Aufrechnung mit einem Gebührenanspruch aus einem nicht dem Versicherungsschutz unterfallenden Mandat erklärt werden, wenn die allgemeinen Voraussetzungen für eine Aufrechnung vorliegen.

▼
Muster 20.6: Aufrechnung gegenüber Rechtsschutzversicherer

Versicherung AG

Schaden-Nr.

Schaden vom

Ihr VN:

Sehr geehrte Damen und Herren,

ich komme zurück auf die im Betreff genannte RS-Sache.

Die Gegenseite zahlt auf die Rechtsverfolgungskosten einen Betrag in Höhe von   .
Aus einem weiteren Mandat Ihres VN steht aus meiner Gebührennote vom   noch ein Betrag in Höhe von   zur Zahlung offen, mit welchem ich hiermit die Aufrechnung erkläre.

Leistet der Rechtsschutzversicherer in einem dem Versicherungsvertrag unterfallenden Mandat an den Rechtsanwalt einen Gebührenvorschuss, so kann der Rechtsanwalt diesen Gebührenvorschuss auch auf ein weiteres, nicht vom Versicherungsvertrag umfasstes, Mandat des Versicherungsnehmers verrechnen. Diese Möglichkeit folgt aus § 406 BGB. § 406 BGB ist auch auf die Fälle des gesetzlichen Forderungsübergangs anzuwenden (Palandt/*Grüneberg*, BGB, 75. Auflage, 2016, § 406 Rn 3). Eine Beschränkung ist angesichts des Wortlauts der Vorschrift und des bezweckten Schutzes des Schuldners der Forderung nicht gerechtfertigt. Soweit teilweise die Wirksamkeit einer solchen Verrechnung/Aufrechnung verneint wird, weil wegen des Forderungsübergangs im Zeitpunkt der Erklärung der Aufrechnung keine Aufrechnungslage mehr gegeben sei (LG München I, VersR 2006, 257; AG Berlin-Mitte, Juristisches Büro 2008, 38), vermag diese Auffassung nicht zu überzeugen. Das LG München I erkennt zwar, dass zugunsten des Rechtsanwalts die Voraussetzungen einer Aufrechnungsbefugnis gemäß § 406 Alt. 2 BGB vorliegen, hält aber trotzdem diese Bestimmung für nicht anwendbar, da sie zu einem unbilligem Ergebnis führe. Es würden anwaltliche Vergütungsansprüche auf den Rechtsschutzversicherer abgewälzt, für die kein Rechtsschutz besteht. Das ist aber die hinzunehmende Konsequenz der in § 406 BGB zum Ausdruck kommenden gesetzgeberischen Entscheidung (LG Hannover, Urt. v. 9.8.2007 – 8 S 26/07; *Bauer*, NJW 2008, 1500; *Harbauer*, ARB-Kommentar, 8. Auflage 2010, § 17 Rn 174; *Schneider* in van Bühren, Handbuch des Fachanwalts für Versicherungsrecht, § 13 Rn 83). Die Rechtsfolge der Möglichkeit der Verrechnung/Aufrechnung ergibt sich zwingend aus der Vorschrift des § 406 Alt. 2 BGB und ist damit eine gesetzgeberische Entscheidung, die nicht in Frage zu stellen ist.

Mit freundlichen Grüßen

(Rechtsanwalt)

H. Kein mehrfacher Anfall der Selbstbeteiligung

20 Teilweise findet sich in den ARB die Regelung, dass die Selbstbeteiligung jeweils pro Leistungsart zu berücksichtigen ist (z.B. § 5 Abs. 3 c ARB 2010). Dies soll dazu führen, dass die Selbstbeteiligung auch dann mehrfach in Ansatz zu bringen ist, wenn aus einem einheitlichen Lebenssachverhalt wie einem Unfall mehrere Leistungsarten betroffen sind (z.B. Geltendmachung von Schadensersatz, Abwehr eines straf- und/oder eines bußgeldrechtlichen Vorwurfs usw.). Die Auffassung kann trotz des eindeutigen Wortlauts der ARB nicht überzeugen.

21 **Muster 20.7: Kein mehrfacher Anfall der Selbstbeteiligung**

Versicherung AG

Schaden-Nr.

Schaden vom

Ihr VN:

Sehr geehrte Damen und Herren,

ich komme zurück auf die im Betreff genannte RS-Sache.

Zu Unrecht bringen Sie in dieser Sache die Selbstbeteiligung erneut in Abzug. Diese wurde bereits in den Akten   , Ihr Aktenzeichen   , berücksichtigt.

Soweit Sie sich wegen des mehrfachen Abzugs der Selbstbeteiligung auf die ARB beziehen, rechtfertigen diese den mehrfachen Abzug nicht.

Die Klausel des § 5 Abs. 3 c ARB ist unwirksam. Sie verstößt gegen das Transparenzgebot. Allgemeine Versicherungsbedingungen sind nach der ständigen Rechtsprechung

H. Kein mehrfacher Anfall der Selbstbeteiligung § 20

des Bundesgerichtshofs so auszulegen, wie ein durchschnittlicher Versicherungsnehmer sie bei verständiger Würdigung, aufmerksamer Durchsicht und unter Berücksichtigung des erkennbaren Sinnzusammenhangs verstehen muss. Dabei kommt es auf die Verständnismöglichkeiten eines durchschnittlichen Versicherungsnehmers ohne versicherungsrechtliche Spezialkenntnisse an (BGH, Urt. v. 16.7.2014 – IV ZR 88/13). Der verfolgte Zweck und der Sinnzusammenhang sind zusätzlich zu berücksichtigen, soweit sie für den VN erkennbar sind (BGH, Urt. v. 8.5.2013 – IV ZR 84/12).

Der durchschnittliche VN ohne versicherungsrechtliche Spezialkenntnisse wird die Klausel so verstehen, dass die Selbstbeteiligung mehrfach anfällt, wenn verschiedene Leistungsarten aus verschiedenen Lebenssachverhalten betroffen sind. Wenn jedoch, wie vorliegend, aus einem einheitlichen Lebenssachverhalt wie einem Unfall mehrere Leistungsarten betroffen sind, wird der durchschnittliche VN davon ausgehen, dass alle Tätigkeiten des von ihm beauftragten Anwalts, für die Deckung besteht, auch mit einer Selbstbeteiligung erledigt sind. Denn der mehrfache Anfall der Selbstbeteiligung soll aus seiner und aus Sicht des Versicherers nur dazu dienen, dass der VN nicht wegen jeder verschiedenartigen Kleinigkeit zum Anwalt geht, weshalb er mit der Selbstbeteiligung belastet wird.

So liegt der Fall vorliegend aber nicht.

Ihr VN kam einzig und allein wegen des Unfalls. Er kann und muss nicht wissen, dass dieser einheitliche Lebenssachverhalt von den ARB künstlich in verschiedene Leistungsbereiche aufgespalten wird und die Selbstbeteiligung mehrfach anfällt.

Zudem schuldet Ihr Haus aus einem Lebenssachverhalt die Maximaldeckungssumme nur einmal, und zwar für alle Fälle, die aus dem Versicherungsfall – dem Unfall – entstehen. Wäre Ihre Auffassung zutreffend, schuldete Ihr Haus auch in jeder Leistungsart jeweils die Höchstdeckungssumme. Dergestalt sind die Prämien aber nicht kalkuliert.

Zur Vermeidung der Feststellung der Unwirksamkeit der Klausel durch die Gerichte wurden die ARB zwischenzeitlich geändert. Die ARB 2012, 3.3.4 lauten:

„Hängen mehrere Versicherungsfälle zeitlich und ursächlich zusammen, ziehen wir zu Ihren Gunsten die Selbstbeteiligung nur einmal ab".

Auch diese Änderung der ARB bestätigt daher die hiesige Auffassung.

Mit freundlichen Grüßen

(Rechtsanwalt)

▲

Teil 2: Verkehrsstraf- und Bußgeldrecht

Kapitel 1: Verkehrsstrafrecht

§ 21 Einleitung

Sebastian Gutt

Das Verkehrsstrafrecht ist im Verkehrsrecht von ganz entscheidender Bedeutung. Klagt beispielsweise ein Unfallbeteiligter nach dem Verkehrsunfall über Schmerzen gegenüber der herbeigerufenen Polizei, wird unabhängig von der Unfallverursachung von Amts wegen ein Strafverfahren eingeleitet. Neben der Unfallregulierung ist der Anwalt dann auch als Verteidiger gefragt. Gleichzeitig wird die Vielzahl der Verkehrsstraftaten als Massenverfahren bei der Polizei und Staatsanwaltschaft geführt. Sicherlich sind im Verkehrszivilrecht verschiedene Streitigkeiten mit Versicherern hinsichtlich einzelner Schadenspositionen besser voraussehbar und können deshalb auch mehr Muster vorgehalten werden als im Strafrecht. Denn jeder strafrechtliche Fall ist individuell zu betrachten und auf die konkrete Situation des Mandanten abzustimmen. Unter Berücksichtigung des jeweiligen konkreten Einzelfalls ist es aber auch im Strafrecht möglich und sinnvoll, Muster vorzuhalten, um effektiv verteidigen zu können.

Nachfolgend werden ausschließlich die wichtigsten verkehrsrechtlichen Strafdelikte dargestellt, erläutert und zu den in der Praxis häufig vorkommenden Problemen entsprechende Muster offeriert.

§ 22 Unfallflucht (§ 142 StGB)

Sebastian Gutt

A. Einleitung

Das unerlaubte Entfernen vom Unfallort, umgangssprachlich Unfallflucht genannt, ist ein Delikt, das den Verteidiger nahezu täglich in der Praxis beschäftigen dürfte. In der Praxis ist eine Tendenz zu erkennen, dass die Verfolgungsbehörden und Gerichte oftmals viel zu schnell davon ausgehen, dass Tatbestand, Rechtswidrigkeit und Schuld vorliegen. Dies mag dem Umstand einer schnellen Aktenbearbeitung geschuldet sein. Tatsächlich dürfte die Unfallflucht nicht nur ein „Massendelikt" sein, sondern auch unterschätzt werden. Aufgabe des Verteidigers ist es, Details herauszuarbeiten und zu problematisieren. Zudem sind hier die Schnittstellen zu anderen Rechtsgebieten zu berücksichtigen, insbesondere zum Versicherungsrecht und dem möglichen Regress des KH-Versicherers. Die Unfallflucht ist eines der umstrittensten und zugleich auch umfangreichsten Delikte, mit dem man, wie einschlägige Literatur zeigt, ganze Bücher füllen kann. Nachfolgend soll auf die wahrscheinlich häufigsten Konstellationen in der Praxis eingegangen werden. Regelmäßig werden sich Ansätze für die Verteidigung im Bereich des objektiven und subjektiven Tatbestands finden lassen, so dass sich die Ausführungen hierauf beschränken. 1

B. Der objektive Tatbestand

I. Unfall im öffentlichen Straßenverkehr

1. Begriffsbestimmungen

Es muss ein Unfall im öffentlichen Straßenverkehr geschehen sein. 2

Unfall ist ein plötzliches Ereignis, welches im Zusammenhang mit den typischen Gefahren des Straßenverkehrs steht und einen nicht ganz unerheblichen Schaden verursacht.[1] 3

Öffentlicher Straßenverkehr ist der der Fortbewegung dienende Verkehr von Fahrzeugen und Fußgängern auf allen Wegen, Plätzen, Durchgängen und Brücken, die jedermann oder wenigstens allgemein bestimmten Gruppen von Benutzern, wenn auch nur vorübergehend oder gegen Gebühr, zur Verfügung steht.[2] Bereits diese Definition zeigt, dass auch Privatwege öffentlicher Straßenverkehr sein können, wenn dessen Benutzung durch einen unbestimmbaren oder zahlenmäßig nicht eng begrenzten Personenkreis vom Berechtigten zugelassen wird.[3] 4

---

[1] BGH NJW 1972, 1960; BayObLG NJW 1980, 299; OLG Hamm NJW 1982, 2456.
[2] *Fischer*, § 315b Rn 3 m.w.N.; BGH DAR 1969, 593; DAR 2004, 529 (jew. zu § 315b StGB).
[3] BGHSt 16, 7; DAR 2004, 399; zfs 2013, 523; LG Krefeld VRS 70, 12.

§ 22 Unfallflucht (§ 142 StGB)

5 Demgegenüber findet beispielsweise auf einem Werksgelände dann kein öffentlicher Straßenverkehr statt, wenn der Zutritt lediglich Werksangehörigen und Personen mit nur individueller Erlaubnis möglich ist.[4] So kann sich etwa aus einer entsprechenden Beschilderung als „Privat-/Werksgelände", einer Einfriedung des Geländes und einer Zugangsbeschränkung in Gestalt einer Einlasskontrolle ergeben, dass der Verfügungsberechtigte die Allgemeinheit von der Benutzung des Geländes ausschließen will.[5] Wenn aufgrund solcher Maßnahmen nur einem beschränkten Personenkreis wie den Betriebsangehörigen,[6] wie mit einem besonderen Ausweis ausgestatteten Personen[7] oder wie individuell zugelassenen Lieferanten und Abholern,[8] Zutritt zu dem Betriebsgelände gewährt wird, handelt es sich um eine nicht öffentliche Verkehrsfläche. In diesen Fällen ist der Kreis der Berechtigten so eng umschrieben, dass er aus einer unbestimmten Vielzahl möglicher Benutzer ausgesondert ist.[9]

▼

6 Muster 22.1: Kein Unfall im öffentlichen Straßenverkehr

In dem Ermittlungsverfahren

gegen

wegen

erfolgt zur Sache nach erfolgter Akteneinsicht die nachfolgende Einlassung:

Es kann dahinstehen, ob mein Mandant tatsächlich der verantwortliche Fahrzeugführer zum Zeitpunkt des Unfalls war und sich nach dem behaupteten Unfallereignis unerlaubt vom Unfallort entfernte. Aus der Ermittlungsakte ergibt sich, dass sich der Unfall ereignet haben soll auf dem Werksgelände des Automobilherstellers D. Das Werksgelände dürfen ausschließlich Werksangehörige befahren oder solche Personen, denen eine individuelle Erlaubnis ausgestellt wurde vom Eigentümer.

Öffentlicher Straßenverkehr ist der der Fortbewegung dienende Verkehr von Fahrzeugen und Fußgängern auf allen Wegen, Plätzen, Durchgängen und Brücken, die jedermann oder wenigstens allgemein bestimmten Gruppen von Benutzern, wenn auch nur vorübergehend oder gegen Gebühr, zur Verfügung steht (*Fischer*, § 315b Rn 3 m.w.N.; BGH DAR 1969, 593; DAR 2004, 529 (jew. zu § 315b StGB). Freilich können auch Privatgelände öffentlicher Straßenverkehr sein. Wenn aber durch entsprechende Maßnahmen nur einem beschränkten Personenkreis wie den Betriebsangehörigen, wie mit einem besonderen Ausweis ausgestatteten Personen oder wie individuell zugelassenen Lieferanten und Abholern, Zutritt zu dem Betriebsgelände gewährt wird, handelt es sich um eine nicht öffentliche Verkehrsfläche (OLG Braunschweig, Urt. v. 8.5.1964 – Ss 87/64 – juris; BGH MDR 1963, 41; OLG Köln DAR 2002, 417). So lag der Fall hier. Somit ereignete sich der Unfall gerade nicht im öffentlichen Straßenverkehr.

---

4 BGH DAR 2004, 399.
5 Vgl. *Hünnekens/Schulte*, Öffentlicher Verkehr auf Betriebs- und Werksgelände, BB 1997, 533, 534 f, zitiert nach BGH DAR 2004, 399.
6 OLG Braunschweig, Urt. v. 8.5.1964 – Ss 87/64 – juris.
7 BGH MDR 1963, 41.
8 OLG Köln DAR 2002, 417.
9 BGHSt 16, 7.

Damit ist schon nicht der objektive Tatbestand des § 142 Abs. 1 StGB erfüllt. Ich beantrage daher, das Ermittlungsverfahren gegen meinen Mandanten gem. § 170 Abs. 2 StPO einzustellen.

2. Teleologische Reduktion: Gefahrenzusammenhang

Allgemein wird zudem eine Art teleologische Reduktion des § 142 StGB dahin vorgenommen, dass sich bei dem Verkehrsunfall gerade die Gefahr des Straßenverkehrs verwirklicht haben muss.[10] Es muss sich also ganz konkret gesagt ein verkehrstypisches Unfallrisiko realisiert haben. Die reine Beteiligung eines Fahrzeugs und der Umstand, dass die Tat im Straßenverkehr begangen wurde, genügen für sich alleine nicht. Dementsprechend realisiert sich gerade kein verkehrstypisches Risiko, wenn der Fahrer eines Lkw aus diesem heraus einen Pkw mit Flaschen bewirft und sich entfernt, obwohl dieser Pkw durch die Flaschen beschädigt worden war. Eine Strafbarkeit nach § 142 Abs. 1 StGB scheidet in diesem Fall aus.[11] Andererseits verwirklicht sich gerade die typische Gefahr des Straßenverkehrs, wenn auf einem Supermarktparkplatz ein Fußgänger mit seinem Einkaufswagen gegen ein geparktes Fahrzeug stößt und dieses beschädigt.[12]

7

Muster 22.2: Fehlender straßenverkehrsspezifischer Gefahrenzusammenhang[13]

8

Meinem Mandanten wird vorgeworfen, Mülltonnen aus dem fahrenden Auto heraus gegriffen und nach einer gewissen Strecke wieder losgelassen zu haben. Eine Mülltonne soll gegen ein abgestelltes Fahrzeug geprallt und dieses beschädigt haben. In Kenntnis dieses Schadens soll sich mein Mandant vom Unfallort entfernt haben.

Allgemein wird im Rahmen des § 142 Abs. 1 StGB eine teleologische Reduktion dahin vorgenommen, dass sich bei dem Verkehrsunfall, gerade die Gefahr des Straßenverkehrs verwirklicht haben muss (BGH zfs 2002, 198; VRS 108, 427; OLG Hamm NJW 1982, 2456). Hieran fehlt es aber, wenn das Fahrzeug nur als Werkzeug zur Verwirklichung einer außerhalb des Straßenverkehrs liegenden Tat benutzt worden ist (NK-GVR/*Quarch*, 1. Aufl., § 142 StGB Rn 10). So lag der Fall aber hier. Eine Strafbarkeit meines Mandanten gem. § 142 Abs. 1 StGB scheidet aus.

II. Unfallbeteiligter/Täter

Täter einer Unfallflucht kann nur ein Unfallbeteiligter gem. § 142 Abs. 5 StGB sein. Täter ist demnach jeder, dessen Verhalten nach den Umständen zur Verursachung beigetragen haben kann. Es handelt sich um eine Legaldefinition. Erforderlich für die Annahme der Unfallbeteiligung ist nicht, dass jemand den Unfall tatsächlich (mit) verur-

9

---

10 BGH zfs 2002, 198; VRS 108, 427; OLG Hamm NJW 1982, 2456.
11 OLG Hamm NJW 1982, 2456. In Betracht kommen können aber weitere Delikte, z.B. Sachbeschädigung gem. § 303 StGB.
12 OLG Düsseldorf NStZ 2012, 350; vgl. auch die Beispiele bei NK-GVR/*Quarch*, 1. Aufl. § 142 StGB Rn 10.
13 Fall angelehnt an BGH zfs 2002, 198.

sacht oder gar (mit) verschuldet hat. Ausreichend hierfür und für die Begründung seiner Wartepflicht ist, dass er dem äußeren Anschein nach den Unfall (mit) verursacht haben kann.[14] Unfallbeteiligter gem. § 142 StGB ist hingegen nicht, wer sein Fahrzeug vor dem Unfall einem fahrgeübten, fahrtüchtigen Dritten überlassen und sich in der Nähe des Unfallorts aufgehalten hat.[15] Bei nur mittelbarer Mitverursachung muss verkehrswidriges Verhalten oder eine über die normale Verkehrsteilnahme hinausgehende Einwirkung hinzukommen, und zwar muss zwischen dem Verhalten des Täters und dem Unfall ein engerer Zusammenhang bestehen; erst dann, wenn nicht die bloße Anwesenheit des Täters, sondern die besondere Art seines Verhaltens den Unfall mittelbar ausgelöst hat, liegt ein rechtlich relevanter Beitrag zur Verursachung des Unfalls vor.[16] Nicht notwendig ist ein wirklicher, häufig erst ex post feststellbarer Kausalbeitrag zum Unfall, sondern lediglich eine ex ante gegebene Verdachtslage, die einen realen Beitrag vermuten lässt.[17] Insoweit müssen objektiv zureichende Anhaltspunkte dafür vorliegen, den Unfall im vorgenannten Sinn mitverursacht zu haben.[18] Steht zweifelsfrei fest, dass das Verhalten nicht zum Unfall beigetragen haben kann, scheidet eine Unfallbeteiligung aus.[19]

▼

10 **Muster 22.3: Keine Unfallbeteiligung**

Nach erfolgter Akteneinsicht lässt sich mein Mandant wie folgt zur Sache ein:

Mein Mandant ist Halter des Fahrzeugs ▬▬▬ mit dem amtlichen Kennzeichen ▬▬▬. Am Unfalltag überließ er das Fahrzeug dem ebenfalls beschuldigten ▬▬▬. Bereits in der Vergangenheit hatte dieser das Fahrzeug überlassen bekommen und sich stets als zuverlässig, insbesondere als besonnener Fahrer erwiesen.

Der Beschuldigte ▬▬▬ war, wie sich aus der Ermittlungsakte ergibt, fahrtüchtig/-tauglich. Diesen Eindruck hatte auch mein Mandant gewonnen, als er ihm das Fahrzeug überließ. Am Unfallort hat sich mein Mandant zufällig aufgehalten, weil er ebenfalls beim Bäcker Brötchen holen wollte.

Täter einer Unfallflucht kann nur ein Unfallbeteiligter gem.§ 142 Abs. 5 StGB sein. Täter ist demnach jeder, dessen Verhalten nach den Umständen zur Verursachung beigetragen haben kann. Unfallbeteiligter gem. § 142 StGB ist hingegen nicht, wer sein Fahrzeug vor dem Unfall einem fahrgeübten, fahrtüchtigen Dritten überlassen und sich in der Nähe des Unfallorts aufgehalten hat (*Fischer*, 63. Aufl., § 142 Rn 16; OLG Frankfurt NJW 1983, 2038). Somit ist bereits der objektive Tatbestand des § 142 Abs. 1 StGB erfüllt.

Ich beantrage daher, das Ermittlungsverfahren gegen meinen Mandant gem. § 170 Abs. 2 StPO einzustellen.

▲

---

14 BGHSt 15, 1; OLG Hamm NZV 1993, 157; OLG Jena DAR 2004, 599.
15 OLG Frankfurt NJW 1983, 2038.
16 OLG Stuttgart NStZ-RR 2003, 278; OLG Karlsruhe DAR 1988, 281.
17 BayObLG NZV 2000, 133.
18 OLG Frankfurt/Main NStZ-RR 1996, 86.
19 OLG Köln, zfs 1983, 35.

III. Sich-Entfernen vom Unfallort

Voraussetzung ist stets, dass der Unfallbeteiligte sich vom Unfallort entfernt (Abs. 1) oder sich entfernt hat (Abs. 2).

Unfallort ist die Stelle, an der sich der Unfall ereignet hat und die ggf. beteiligten Fahrzeuge zum Stehen gekommen sind, samt der unmittelbaren Umgebung und eines etwa in unmittelbarer Nähe gelegenen nicht verkehrsgefährdeten Platzes.[20]

1. Unerlaubtes Sich-Entfernen

Für ein tatbestandsmäßiges Entfernen genügt beim unerlaubten Entfernen vom Unfallort eine Absetzbewegung derart, dass der räumliche Zusammenhang zwischen dem Unfallbeteiligten und dem Unfallort aufgehoben und seine Verbindung mit dem Unfall nicht mehr ohne Weiteres erkennbar ist, sodass der Beteiligte nicht mehr uneingeschränkt zur sofortigen Feststellungen an Ort und Stelle zur Verfügung steht, sondern erst durch Umfragen ermittelt werden muss.[21] Der Unfallbeteiligte darf sich nicht schon so weit von der Unfallstelle entfernt haben und es darf noch nicht so viel Zeit verstrichen sein, dass an dem inzwischen erreichten Ort feststellungsbereite Personen ohne Weiteres nicht mehr zu erwarten sind.[22] Was noch Unfallort ist, ist also im Einzelfall festzustellen und zu bestimmen, wobei die Rechtsprechung annimmt, dass ein Abstand von 250 m (auf Autobahnen)[23] bzw. 400–500 m[24] diesem Radius nicht mehr entsprechen soll. Richtigerweise lässt sich eine feste Grenze nicht ausmachen, sondern kommt es darauf an, ob noch der genannte unmittelbare räumliche Bezug zu dem Unfallgeschehen gegeben ist.[25] Auf die Entfernung in Metern kommt es nicht an.[26]

Nun kann es vorkommen, dass der Unfall bemerkt, aber nicht sofort angehalten werden kann, etwa weil andere Verkehrsteilnehmer sonst gefährdet oder behindert würden. Der Mandant fährt also weiter und kommt erst später zum Stehen. Die Polizei schreibt eine Strafanzeige und auch die Staatsanwaltschaft geht davon aus, dass der Mandant sich vom Unfallort entfernt hat, weil er zu weit gefahren ist. Hier sollte der Verteidiger unter Berücksichtigung der Umstände des konkreten Einzelfalls auf § 34 Abs. 1 Nr. 2 StVO verweisen. Danach hat derjenige, der an einem Verkehrsunfall beteiligt ist, den Verkehr zu sichern und unverzüglich beiseite zu fahren. Die Begrifflichkeiten lehnen sich an § 142 StGB an. Neben § 142 StGB ist die Vorschrift wegen § 21 Abs. 1 S. 1 OWiG nicht anwendbar. Die Vorschrift kommt häufig zur Anwendung, wenn eine Strafbarkeit nach § 142 StGB ausscheidet.[27] Aber auch wenn der Verteidiger erkennt, dass Staatsanwaltschaft/Gericht nicht vom Vorwurf der Unfallflucht abrücken wollen, lohnt sich die

---

20 *Fischer*, § 142 Rn 20 m.w.N.
21 LG Arnsberg VA 2015, 11.
22 OLG Düsseldorf DAR 2008, 154.
23 OLG Koblenz zfs 1988, 405.
24 LG Arnsberg VA 2015, 11.
25 OLG Hamm DAR 1978, 139; OLG Koblenz zfs 1988, 405.
26 OLG Stuttgart zfs 1981, 290.
27 NK-GVR/*Krumm*, 1. Aufl., § 34 StVO Rn 24.

§ 22 Unfallflucht (§ 142 StGB)

Argumentation mit dem Rechtsgedanken des § 34 Abs. 1 Nr. 2 StVO nach der hier vertretenen Auffassung. Immerhin stellt die Vorschrift für den Mandant das „geringere Übel" dar. Richtigerweise dürfte dieses Problem im subjektiven Tatbestand abzuhandeln sein. Wegen seiner Nähe zum Tatbestandsmerkmal „Unfallort" erfolgt die Darstellung gleichwohl an dieser Stelle. Dieser rechtliche Ansatz macht auch deshalb Sinn, weil bei einer fehlerhaften Einschätzung des Mandant über die Reichweite des berechtigten Beiseitefahrens über einen Irrtum, nämlich einen Tatbestandsirrtum nachgedacht werden muss, § 16 Abs. 1 S. 1 StGB. Er irrt über das Tatbestandsmerkmal „Unfallort". Bei konsequenter Anwendung entfällt dann der Vorsatz, eine Strafbarkeit wegen Unfallflucht scheidet aus, wenngleich die Ordnungswidrigkeit gem. § 34 Abs. 1 Nr. 2 StVO geahndet werden könnte.

▼

15 Muster 22.4: Pflicht zum Beiseitefahren

Die Staatsanwaltschaft verkennt, dass mein Mandant verpflichtet gewesen ist, beiseite zu fahren. Dies folgt unmittelbar aus § 34 Abs. 1 Nr. 2 StVO. Dabei verkenne ich nicht, dass die Strafvorschriften gem. § 21 Abs. 1 OWiG grundsätzlich vorgehen. Gleichwohl kann der Rechtsgedanke des § 34 Abs. 1 Nr. 2 StVO hier angeführt werden. Nach dem Zusammenstoß erkannte mein Mandant, dass es sich um eine sehr schmale Straße handelte, auf der zum Unfallzeitpunkt wegen des Berufsverkehrs ein starkes Verkehrsaufkommen war. Er wollte daher einen Stau vermeiden und entschied sich, sein Fahrzeug beiseite zu fahren. Sodann wollte er zum Unfallort zurückgehen, um mit dem Geschädigten das weitere Vorgehen zu erörtern. Die Umstände zum Unfallzeitpunkt sowie die örtlichen Gegebenheiten gaben ein räumlich nahes Beiseitefahren nicht her, so dass mein Mandant in der Tat ca. 550 m weiterfuhr. Unabhängig von der zurückgelegten Fahrtstrecke ist anerkannt, dass ein Entfernen dann nicht vorliegt, wenn der Betreffende zur Vermeidung einer Verkehrsbehinderung lediglich eine kurze Strecke zu einem geeigneten Standplatz fährt (OLG Köln zfs 1981, 323). Was eine kurze Strecke ist, ist Auslegungssache. Mein Mandant ging sofort zur Unfallstelle zurück. Zu diesem Zeitpunkt war die Polizei jedoch bereits vor Ort erschienen und eröffnete ihm den Vorwurf der Unfallflucht, der meinen Mandanten verwunderte.

Selbst wenn man nun den objektiven Tatbestand noch bejahen wollte, entfällt zumindest der Vorsatz. Mein Mandant befand sich in einem Tatbestandsirrtum, § 16 Abs. 1 S. 1 StGB. Er irrte über das Tatbestandsmerkmal „Unfallort". Denn er ging davon aus, dass er auch nachdem er zur Seite gefahren war, sich noch am Unfallort aufhielt.

Der subjektive Tatbestand ist dementsprechend nicht gegeben. Ich beantrage, das Ermittlungsverfahren gegen meinen Mandanten gem. § 170 Abs. 2 StPO einzustellen.

▲

▼

16 Muster 22.5: Schock

Mein Mandant hatte sich wegen des Zusammenstoßes mit dem Fahrzeug des Geschädigten sehr erschrocken. Es war sein erster Unfall. Er ist bisher 20 Jahre unfallfrei gefahren. Aufgrund seines Schockzustandes musste sich mein Mandant zunächst einmal sammeln und den Unfall realisieren. Nur aus diesem Grund kam er erst nach 200 m zum Stehen.

Gleichwohl bestand Ruf- und Sichtkontakt zur Unfallstelle. In einem solchen Fall liegt kein Entfernen i.S.d. § 142 StGB vor.[28]

Muster 22.6: Kein willentliches Entfernen

In dem Ermittlungsverfahren

gegen

wegen

habe ich die Angelegenheit mit meinem Mandanten besprochen. Er lässt sich wie folgt zur Sache ein:

Mein Mandant wurde infolge des Unfalls ebenfalls nicht unerheblich verletzt. Ich verweise hierzu auf den Entlassungsbericht des Krankenhauses vom   .

Vor Ort hatten die Unfallzeugen   und   – noch vor Eintreffen der Polizei und des Rettungswagen – entschieden, mein Mandant müsse zur weiteren Behandlung umgehend in ein Krankenhaus verbracht werden. Hierhin verbrachte der Zeuge   meinen Mandant letztlich. Mein Mandant selbst war bewusstlos. Er hatte auf die Entscheidung keine Einflussmöglichkeit.

Das unerlaubte Entfernen setzt ein willentliches Sich-Entfernen voraus (OLG Hamm MDR 1979, 333). Wird ein Unfallbeteiligter bewusstlos von der Unfallstelle in ein Krankenhaus gebracht, so entfernt er sich nicht von der Unfallstelle. Er kann daher nicht den Tatbestand des § 142 StGB erfüllen (OLG Köln VRS 57, 406).

Das Ermittlungsverfahren gegen meinen Mandanten ist daher gem. § 170 Abs. 2 StPO einzustellen.

Muster 22.7: Unvorsätzliches Entfernen

Mein Mandant hat von einem Unfall nichts bemerkt. Er war daher auch nicht verpflichtet zu dem Zeitpunkt, als er vom Unfall erfuhr, zum Unfallort zurückzukehren (§ 142 Abs. 2 StGB).

Das BVerfG ist dieser weiten Auslegung entgegengetreten und hat entschieden, dass das unvorsätzliche Entfernen[29] vom Unfallort mit dem Wortsinn der Begriffe „berechtigt und entschuldigt" nicht vereinbar ist und gegen das Analogieverbot des Art. 103 Abs. 2 GG verstößt (BVerfG DAR 2007, 258).

Die Strafbarkeit meines Mandanten wird nun darin gesehen, dass er vom Zeugen   später vom Unfall erfuhr und sich sodann entfernte, ohne seine Personalien mitzuteilen.

Eine Strafbarkeit scheidet aus. Auch liegt kein Fall des § 142 Abs. 2 StGB vor, da der Unfallort der Ort ist, an der sich der Unfall ereignet hat und die ggf. beteiligten Fahrzeuge zum Stehen gekommen sind, samt der unmittelbaren Umgebung und eines etwa in unmittelbarer Nähe gelegenen nicht verkehrsgefährdeten Platzes (*Fischer*, § 142 Rn 20 m.w.N.).

---

28 OLG Hamm NJW 1985, 445.
29 Thematisch ist das Problem des unvorsätzlichen Entfernens vom Unfallort im subjektiven Tatbestand angesiedelt. Wegen seines Bezugs zum Sich-Entfernen erfolgt die Darstellung gleichwohl bereits an dieser Stelle.

§ 22 Unfallflucht (§ 142 StGB)

Schon begrifflich konnte sich mein Mandant also später nicht vom Unfallort entfernt haben. Eine Modifizierung des Begriffs „Unfallort" ist der BGH erst kürzlich deutlich entgegengetreten (BGH NStZ 2011, 209; siehe auch OLG Hamburg DAR 2009, 404).

Ich beantrage daher, das Ermittlungsverfahren gem. § 170 Abs. 2 StPO einzustellen.

Vorsorglich weise ich wegen einer möglichen Abgabe der Angelegenheit an die Bußgeldbehörde darauf hin, dass auch eine Verwirklichung des § 34 StVO durch angeblich fahrlässiges Nichtbemerken meinem Mandanten nicht vorgeworfen werden kann. Denn diese Vorschrift erfasst nicht Fälle, in denen sich ein Unfallbeteiligter vom Unfallort entfernt, weil er den Unfall aus Fahrlässigkeit nicht bemerkt hat (BGH zfs 1982, 221; OLG Hamburg a.a.O.).

2. Pflichten des Unfallbeteiligten

19 Die Pflichten des Unfallbeteiligten ergeben sich im Umkehrschluss aus § 142 Abs. 1 Ziff. 1 und 2 StGB.

Gemeinsames Tatbestandsmerkmal ist – wie ausgeführt – das Sich-Entfernen vom Unfallort. Die Alternativen unterscheiden sich letztlich dadurch, dass in Abs. 1 Nr. 1 eine feststellungsbereite Person anwesend ist und den Unfallbeteiligten die Vorstellungs- und Anwesenheitspflicht trifft. In Abs. 1 Nr. 2 ist eine solche feststellungsbereite Person nicht anwesend, der Unfallbeteiligte muss daher warten.[30]

Gefordert wird „nur" eine passive Duldungspflicht, will heißen, der Unfallbeteiligte muss die Unfallaufklärung dulden, ohne selbst aufzuklären oder hieran aktiv mitzuwirken.[31] Verlangt wird jedoch, dass er sich gegenüber (nachträglich eintreffenden) feststellungsbereiten Dritten als möglicher Unfallbeteiligter zu erkennen gibt;[32] Name und Anschrift müssen genannt werden und nach Aufforderung muss er sich ausweisen.[33] Die Feststellungsduldungspflicht entfällt erst dann, wenn dem Feststellungsinteresse des Geschädigten restlos genüge getan ist oder wenn der Geschädigte auf die Vornahme weiterer Feststellungen verzichtet.[34]

20 Feststellungsbereite Personen sind freilich die Unfallbeteiligten, aber auch Dritte wie Polizei, Rettungskräfte und Anwohner. Erforderlich ist jedenfalls, dass diese Dritten für die Unfallbeteiligten auch erkennbar den Willen und die Möglichkeit haben, in zuverlässiger Weise Feststellungen zugunsten des Berechtigten zu treffen und diesem zu übermitteln.[35]

21 Ist eine feststellungsbereite Person nicht vor Ort oder können erst andere noch nicht vor Ort erschienene Personen Feststellungen treffen, muss jeder Beteiligte warten.

---

30 NK-GVR/*Quarch*, 1. Aufl. § 142 StGB Rn 12.
31 OLG Saarbrücken zfs 2001, 518.
32 *Gebhardt*, Verteidigung in Verkehrsstraf- und Ordnungswidrigkeitenverfahren, 8. Aufl., § 43 Rn 128.
33 OLG Nürnberg DAR 2007, 530.
34 OLG Koblenz VRS 71,187; OLG Düsseldorf DAR 1992, 229.
35 OLG Zweibrücken DAR 1991, 431; OLG Köln zfs 1983, 31.

B. Der objektive Tatbestand §22

Welche Wartezeit als angemessen anzusehen ist, richtet sich nach den Gegebenheiten des Einzelfalls und den Maßstäben der Erforderlichkeit und Zumutbarkeit.[36] Insbesondere ist auf Zeit, Ort und Schwere des Unfalls, die Verkehrsdichte und die Chancen wirksamer Aufklärung sowie die Höhe des Fremdschadens abzustellen.[37] Der Unfallbeteiligte braucht grundsätzlich nur so lange zu warten, wie mit dem alsbaldigen Eintreffen feststellungsbereiter Personen an der Unfallstelle zu rechnen ist. Die Entscheidung, ob mit deren Erscheinen zu rechnen ist, muss vom Standpunkt eines objektiven Betrachters an der Unfallstelle aufgrund tatsächlicher Anhaltspunkte nach dem regelmäßigen Ablauf der Dinge getroffen werden; rein gedankliche Möglichkeiten genügen nicht.[38] Bei einem Unfall am frühen Nachmittag ist eine Wartezeit von 15 Minuten so durchaus ausreichend.[39] War die Wartefrist nach den obigen Maßstäben ausreichend, besteht keine Rückkehrpflicht. Sie wird ersetzt durch die Pflichten in Abs. 2 und 3.[40]

22

Muster 22.8: Ausreichende Wartezeit
Ein unerlaubtes Entfernen vom Unfallort liegt nicht vor.

23

Mein Mandant hat unmittelbar nach dem Unfall eine angemessene Zeit gewartet, da feststellungsbereite Personen nicht vor Ort waren.

Welche Wartezeit als angemessen anzusehen ist, richtet sich nach den Gegebenheiten des Einzelfalls und den Maßstäben der Erforderlichkeit und Zumutbarkeit (OLG Hamm VRS 59, 258). Insbesondere ist auf Zeit, Ort und Schwere des Unfalls, die Verkehrsdichte und die Chancen wirksamer Aufklärung sowie die Höhe des Fremdschadens abzustellen (OLG Düsseldorf VRS 87, 290; OLG Köln DAR 1994, 204).

Ausweislich der Ermittlungsakte betrug der Schaden an dem Zaun 250,00 EUR netto, war also überschaubar. Der Unfall ereignete sich am helllichten Tag um 12:00 Uhr. Mein Mandant ging berechtigterweise davon aus, nicht mehr auf feststellungsbereite Personen zu treffen und fuhr nach 15 Minuten los. Diese Wartezeit genügt in Anbetracht der Umstände (s. hierzu auch OLG Köln, zfs 2001, 330).

War die Wartefrist nach den obigen Maßstäben ausreichend, besteht keine Rückkehrpflicht. Sie wird ersetzt durch die Pflichten in § 142 Abs. 2 und 3 StGB (OLG Köln DAR 1977, 2275). Dem hat mein Mandant dadurch Genüge getan, dass er zur nächstgelegen Polizeistation fuhr.

Das Ermittlungsverfahren ist folglich gem. § 170 Abs. 2 StPO einzustellen.

---

36 OLG Hamm VRS 59, 258.
37 OLG Düsseldorf VRS 87, 290; OLG Köln DAR 1994, 204.
38 OLG Schleswig DAR 1969, 49.
39 OLG Köln, zfs 2001, 330; vgl. zur Wartedauer auch *König*, in: Hentschel/König/Dauer, 42. Aufl., § 142 StGB Rn 41.
40 OLG Köln DAR 1977, 2275.

§ 22 Unfallflucht (§ 142 StGB)

Muster 22.9: Unverzügliche nachträgliche Mitteilung

24 Eine Strafbarkeit meines Mandanten gem. § 142 Abs. 1 StGB scheidet aus; er hat den Unfall sowie seine Beteiligung etc. unverzüglich nachträglich mitgeteilt, § 142 Abs. 3 StGB, indem er zur nächsten Polizeistation fuhr.

Die nachträgliche Mitteilung hat unverzüglich zu erfolgen. Unverzüglich bedeutet ohne schuldhaftes Zögern (OLG Hamm NJW 1977, 207). Sowohl die Zeit, die dem Unfallbeteiligten für die nachträgliche Meldung zuzubilligen ist, wie auch Art und Umfang der gebotenen und von ihm zu ermöglichenden Feststellungen sowie der Inhalt seiner Meldung hängen davon ab, nach welcher zivilrechtlichen Anspruchsgrundlage der Geschädigte von dem Unfallbeteiligten möglicherweise Schadensersatz beanspruchen kann und welche Tatsachen zur gesetzlichen Grundlage dieses Anspruchs gehören (OLG Oldenburg r+s 1978, 144; OLG Düsseldorf DAR 1980, 124). Dies ist nach den Umständen des Einzelfalls zu bestimmen (BGH zfs 1980, 157).

Die nächstgelegene Polizeistation war nachweislich 20 Minuten entfernt. Mein Mandant ist diese sofort und ohne Umwege angefahren. Dies ist Anbetracht des verhältnismäßig geringen Schadens vollkommen ausreichend.

25 **Muster 22.10: Unverzügliche nachträgliche Feststellung und Eintreffen der Polizei**

Eine Strafbarkeit meines Mandanten scheidet aus. Es wird nicht in Abrede gestellt, dass die Polizei bei meinem Mandant eintraf und ihm den Vorwurf des unerlaubten Entfernens eröffnete. Zu diesem Zeitpunkt war allerdings noch nicht die Frist zur unverzüglichen Ermöglichung von Feststellungen (§ 142 Abs. 3 StGB) abgelaufen.

Der Unfall ereignete sich nachts, und zwar um 2:00 Uhr. Der Schaden war mit einer Höhe von 900 EUR überschaubar. In solchen Fällen wird von der Rechtsprechung eine Information am nächsten Morgen toleriert (BayObLG VRS 58, 406; OLG Stuttgart VRS 65, 202). Vor diesem Hintergrund hätte es ausgereicht, wenn mein Mandant wie von ihm geplant den Schaden bis 9.30 Uhr gemeldet hätte.

Wenn vor Ablauf der Frist zur unverzüglichen Ermöglichung von Feststellungen schon die Polizei den betroffenen Kraftfahrer aufgesucht hat, scheidet eine Strafbarkeit aus (AG Gelnhausen DAR 1986, 123; OLG Stuttgart 73, 191).

Ich beantrage daher, das Ermittlungsverfahren gegen meinen Mandant gem. § 170 Abs. 2 StPO einzustellen.

C. Der subjektive Tatbestand

26 Der subjektive Tatbestand bietet eine Vielzahl von Verteidigungsansätzen. Wegen unerlaubten Entfernens vom Unfallort kann nach §§ 142, 15 StGB nur bestraft werden, wer vorsätzlich gehandelt hat; bedingter Vorsatz genügt.[41]

---

41 BGHSt 7, 1122; OLG Hamm, NJW 2003, 3286; OLG Hamburg, StraFo 2012, 105.

C. Der subjektive Tatbestand § 22

I. Bemerkbarkeit/Wahrnehmbarkeit des Unfalls

Der Vorsatz nach § 142 Abs. 1 muss sich auf alle Merkmale des äußeren Tatbestandes erstrecken. Dazu gehört, dass der Täter weiß, dass es zu einem Unfall i.S.d. § 142 StGB gekommen ist.[42]

Unterschieden werden muss zunächst nach der Wahrnehmungsfähigkeit des Fahrzeugführers und der tatsächlichen Wahrnehmbarkeit.[43] Persönliche Einschränkungen des Fahrzeugführers, insbesondere psychologische, gesundheitliche oder körperliche Beeinträchtigungen müssen ausreichend in den Feststellungen und in der Beweiswürdigung eines Urteils hervortreten.[44] Die Wahrnehmbarkeit des Unfalls kann auch aufgrund innerer Einflüsse wie Stress, Angst oder äußerer Einflüsse wie schwierige Verkehrssituation, der Lichtverhältnisse oder Fahrunebenheiten ausgeschlossen sein.[45]

Ist die Wahrnehmungsfähigkeit gegeben, muss hinsichtlich der Wahrnehmbarkeit differenziert werden, ob der Unfall visuell und/oder akustisch und/oder taktil wahrgenommen werden konnte. Das Gericht muss klar trennen zwischen subjektiven Einschätzungen und objektiv messbaren Fakten. Bei Einschätzungen eines Unfallgeräusches als „sehr laut" durch einen Zeugen kann es sich um eine subjektive, weder messbare noch reproduzierbare und daher nur wenig aussagekräftige Aussage handeln.[46] Ergibt sich dementsprechend aus der Ermittlungsakte oder wird in der Anklage hierauf Bezug genommen, dass ein Zeuge angegeben hat, er habe in der Nähe gestanden und der „Knall" sei so laut gewesen, dass der Mandant diesen habe wahrnehmen müssen, ist hier anzusetzen. Diese Aussage bedeutet zunächst nichts. Denn der Zeuge ist regelmäßig gänzlich anderen (Umwelt-)Geräuschen ausgesetzt, als der sich im Fahrzeug befindliche Mandant.[47]

Auf entsprechenden Vortrag und Beweisantritt muss zur Klärung der Wahrnehmbarkeit daher üblicherweise ein technischer Sachverständiger bestellt werden, da dem Gericht (und der Staatsanwaltschaft) die notwendige Sachkunde fehlt.[48]

Es gibt auch keinen Erfahrungssatz, dass die Berührung zweier Fahrzeuge immer von den Fahrzeuginsassen taktil wahrgenommen wird.[49] Hieraus folgt, dass ein Gericht in der Regel nicht lediglich aufgrund von Zeugenaussagen zur (akustischen) Wahrnehmbarkeit des Verkehrsunfalles den Mandanten verurteilen darf, wenn dieser sich dergestalt einlässt, er habe einen Zusammenstoß nicht wahrgenommen. Richtigerweise ist sogar davon auszugehen, dass Staatsanwaltschaft und Gericht gehalten sind, von Amts wegen ein Sachverständigengutachten einzuholen, wenn der Beschuldigte/Angeschuldigte die Wahrnehmbarkeit des Unfalls in Abrede stellt.

---

42 Hierzu ausführlich *Gutt/Krenberger*, zfs 2014, 9; KG Berlin, VA 2015, 181.
43 *Lessing*, DAR 1997, 329.
44 Z.B. Zweifel an der Hörfähigkeit, *Kudlich*, in: BeckOK StGB, § 142, Rn 48.1.
45 *Lessing*, a.a.O.; *Freyschmidt/Krumm*, Verteidigung in Straßenverkehrssachen, 10. Aufl. 2013, Rn 233.
46 OLG Hamm, NJW 2003, 3286.
47 *Gutt/Krenberger* a.a.O.
48 Dazu u.a. *Buck*, in: Buck/Krumbholz, Sachverständigenbeweis im Verkehrs- und Strafrecht, 2. Aufl. 2013, § 12; *Wolff*, DAR 1994, 391; *Baumert*, DAR 2000, 283; *Schmedding*, NZV 2003, 24.
49 OLG Köln NZV 1992, 37.

§ 22 Unfallflucht (§ 142 StGB)

Muster 22.11: Keine Wahrnehmbarkeit des Verkehrsunfalls

32 Von einem Anstoß hat mein Mandant zu keinem Zeitpunkt etwas bemerkt. Ansonsten hätte er selbstverständlich angehalten und seine Unfallbeteiligung zu erkennen gegeben. Auch die Beifahrerin hat meinen Mandanten nicht auf einen etwaigen Zusammenstoß hingewiesen. Auch sie hat nichts bemerkt.

Der subjektive Tatbestand ist daher nicht erfüllt, denn dort ist die Wahrnehmbarkeit des Unfalls angesiedelt (*Gutt/Krenberger*, zfs 2014, 9 ff.).

Beim Einparken hat mein Mandant zu keinem Zeitpunkt einen Widerstand gemerkt. Durch Zeugen kann die Frage der Wahrnehmbarkeit zudem nur selten zuverlässig geklärt werden. So kann aus der Tatsache, dass ein in der Nähe der Unfallstelle befindlicher Zeuge das Aufprallgeräusch wahrnahm, nicht zwingend geschlossen werden, dass dieses dann auch vom Fahrzeuglenker hätte gehört werden müssen. Bei der Bejahung des Vorsatzes ist auf die individuellen Umstände in der Person meines Mandanten abzustellen und nicht auf die Bemerkbarkeit des Unfalls durch einen Zeugen (*Staub*, DAR Extra 2014, 744). Anstoßgeräusche, die außerhalb von Fahrzeugen gehört werden, werden stets lauter als innerhalb des Fahrzeuges empfunden (*Burg/Rau*, Handbuch der Verkehrsunfallrekonstruktion, S. 735). Zudem waren die Zeugen und mein Mandant gänzlich unterschiedlichen Umweltgeräuschen ausgesetzt und haben sehr wahrscheinlich ein anderes Hörvermögen. Der in 1m Abstand vom Stoß außerhalb des Fahrzeuges gemessene Schallpegel ist oft lauter als der im Innenraum eines beteiligten Fahrzeugs erfasste Pegel. Außerhalb des Fahrzeugs befindliche Zeugen hören daher häufig lautere Geräusche als der beschuldigte Fahrer (*Himmelreich/Krumm/Staub*, Verkehrsunfallflucht, 6. Aufl., Rn 144).

Mein Mandant hört zulässigerweise grundsätzlich Radio während der Fahrt, was sich natürlich auch auf die (akustische) Wahrnehmbarkeit auswirkt.

In diesem Zusammenhang ist auch zu berücksichtigen, dass die Fahrzeughersteller mittlerweile größten Wert darauf legen, dass der Innenraum von Außengeräuschen möglichst gut abgeschirmt wird. Es kommt daher auch auf die Dämpfung der Fahrgastzelle des von meinem Mandanten geführten Fahrzeuges an. Es ist erwiesen, dass der Schallpegel im stoßenden und gestoßenem Fahrzeug sich um das 4–6 fache unterscheiden können, weshalb Insassen des stoßenden Fahrzeugs teilweise wesentlich andere Kollisionsgeräusch wahrnehmen als Insassen im gestoßenem Fahrzeug (*Himmelreich/Krumm/Staub*, a.a.O., Rn 142).

Es wird daher bereits jetzt die

    Einholung eines unfallrekonstruierenden Sachverständigengutachtens

sowie eines

    biomechanischen bzw. wahrnehmungspsychologischen Gutachtens

angeregt und schon (vorsorglich) zur Klärung der Wahrnehmbarkeit des Verkehrsunfalls beantragt. Die Gutachten werden beweisen, dass mein Mandant einen Zusammenstoß weder merken, sehen, noch hören konnte.

Die Einholung eines unfallrekonstruierenden Sachverständigengutachtens alleine wird dabei nicht genügen. Darauf weise ich hin. Denn hierbei wird nahezu immer die individuelle Wahrnehmbarkeit des Anstoßes für den Schädiger außer Acht gelassen wird. Letzte

Klarheit bringt hier zwangsläufig nur das biomechanisch bzw. wahrnehmungspsychologische Gutachten (*Buck*, DAR 2007, 373).

Der vermeintliche Zusammenstoß war für meinen Mandanten – dies wiederhole ich – nicht wahrnehmbar (vgl. hierzu auch *Himmelreich/Krumm/Staub*, a.a.O. Rn 108 ff.). Zur Kenntnis des Verkehrsunfalls gehört jedoch gerade das sichere Wissen oder jedenfalls das Für-Möglich-Halten, dass sich im Zusammenhang mit dem öffentlichen Straßenverkehr ein Unfall ereignet hat, der zumindest zu einem nicht völlig belanglosen Sachschaden geführt hat. Zur Annahme des Vorsatzes genügt es nicht, dass der Kraftfahrzeugführer nach Sachlage hätte erkennen können oder müssen, dass ein unfallrelevanter Schaden entstanden ist und insofern nur aus Fahrlässigkeit unterlassen hat, sich genauer zu vergewissern.

Darüber hinaus wird das Sachverständigengutachten Aufschluss geben, ob der vermeintliche Zusammenstoß für meinen Mandanten visuell wahrnehmbar war. Es stellt sich die Frage, ob der Anstoß im Blickfeld meines Mandanten lag, bzw. optisch auffällig war, denn der Schutzbereich ist zumeist von Fahrzeugteilen verdeckt.

Zudem wird das Sachverständigengutachten Ausführungen zu der kinästhetischen Bemerkbarkeit machen können.

Unabhängig von der Frage der Einholung eines Sachverständigengutachtens beantrage ich bereits jetzt,

> das Ermittlungsverfahren gegen meinen Mandanten einzustellen.[50]

II. Bedeutender Fremdschaden bei der Verkehrsunfallflucht

In der Praxis ergibt sich oftmals ein weiterer Verteidigungsansatz im Rahmen der Klärung, ob ein bedeutender Fremdschaden vorliegt. Der subjektive Tatbestand des § 142 Abs. 1 StGB setzt voraus, dass der Täter sich in Kenntnis eines Unfalls und eines nicht ganz unerheblichen Schadens entfernt.[51] Der Vorsatz muss sich auf das Vorliegen eines „Nicht-Bagatellschadens" oder auf die „Nicht-Unerheblichkeit eines Körperschadens" erstrecken.[52] Zum Nachweis des Vorsatzes genügt es nicht, dass der Kraftfahrer hätte erkennen können und müssen, dass ein nicht ganz unerheblicher Schaden entstanden ist und sich hierüber nicht vergewissert hat, da ein solches Verhalten nur fahrlässig wäre.[53] Der Schaden muss tatsächlich eingetreten sein, so dass eine Gefährdung nicht ausreicht. Festgestellt werden muss, dass gerade der Beschuldigte die Erheblichkeit erkannt hat oder für möglich hielt.[54] Ein völlig belangloser Schaden schließt den Tatbestand aus.

---

50 Nach *Gutt/Krenberger*, zfs 2014, 9.
51 *Fischer*, § 142 Rn 38; OLG Hamm zfs 1997, 34; zfs 2003, 590.
52 *Staub*, DAR Extra 2014, 744.
53 *Staub*, DAR Extra 2014, 744.
54 KG NZV 2012, 42.

§ 22 Unfallflucht (§ 142 StGB)

1. Höhe und Berechnung des Schadens

a) Abgrenzung zum Bagatellschaden

34 Völlig belanglos sind Schäden, bei denen üblicherweise keine Schadensersatzansprüche gestellt werden oder allgemein bei Schäden bis zu einer Höhe von maximal 25 EUR.[55]

35 Es ist jedoch eine Tendenz erkennbar, dass der Schwellenwert zwischenzeitlich bei 50 EUR liegt.[56] Mit Rücksicht auf die allgemeine Preissteigerung und insbesondere die Verteuerung von Autoreparaturen ist dies sachlich richtig.[57]

36 **Muster 22.12: Belangloser Schaden**

Der subjektive Tatbestand des § 142 Abs. 1 StGB setzt voraus, dass der Täter sich in Kenntnis eines Unfalls und eines nicht ganz unerheblichen Schadens entfernt (*Fischer*, § 142 Rn 38; OLG Hamm zfs 1997, 34; zfs 2003, 590). Ein völlig belangloser Schaden schließt den Tatbestand aus.

Mit Rücksicht auf die allgemeinen Preissteigerungen und insbesondere die Verteuerung von Autoreparaturen ist der Schwellenwert für einen belanglosen Schaden mit 50 EUR anzugeben (OLG Nürnberg DAR 2007, 530).

Bei dem Unfall wurde lediglich das Nummernschild am Fahrzeug des Geschädigten durch meinen Mandant beschädigt. Der Schaden liegt bei 30 EUR, wie sich aus dem beigefügten Kostenvoranschlag ergibt, und damit unter dem Schwellenwert. Bei einem solch belanglosen Schaden werden üblicherweise keine Schadensersatzansprüche gestellt (OLG Düsseldorf NZV 1990, 158).

Ich beantrage daher, das Verfahren gegen meinen Mandant gem. § 170 Abs. 2 StPO einzustellen.

b) Die Berechnung des Fremdschadens, insbesondere § 69 Abs. 2 Nr. 3 StGB

37 Oftmals ist in der Praxis zu erkennen, dass Staatsanwaltschaft und Gericht den Schaden falsch berechnen. Bedeutung hat dies bei der Prüfung des § 69 Abs. 2 Nr. 3 StGB, also der Frage, ob bei Verurteilung die Fahrerlaubnis zu entziehen ist. Formularmäßig wird von der Polizei die Höhe des Sachschadens beim Geschädigten erfragt und um Übersendung eines Gutachtens oder Kostenvoranschlags gebeten. In der Anklage und im Urteil finden sich dann regelmäßig die Bruttobeträge wieder, obwohl nicht geklärt ist, ob der Geschädigte repariert hat oder aber er hat sogar ausgesagt, er habe nicht reparieren lassen. Das kann von Bedeutung sein, wenn es um die Frage geht, ob bei einer Verurteilung „nur" ein Fahrverbot verhängt (§ 44 StGB) oder die Fahrerlaubnis entzogen wird (§ 69 Abs. 2 Nr. 3 StGB). Je höher der Schaden, desto wahrscheinlicher der Entzug der Fahrerlaubnis. Ist der Schaden „grenzwertig", kann es für den Mandant von ganz entscheidender Bedeutung sein, ob die Mehrwertsteuer in den Schaden miteinzubeziehen

---

[55] *Fischer*, a.a.O. Rn 11; vgl. hierzu auch ganz ausführlich *Geppert*, DAR Extra 2014, 737.
[56] *König*, in: Hentschel/König/Dauer, 42. Aufl., § 142 StGB Rn 28 m.w.N.
[57] OLG Nürnberg DAR 2007, 530; auch *Gebhardt*, Verteidigung in Verkehrsstraf- und Ordnungswidrigkeitenverfahren, 8. Aufl., § 43 Rn 79.

ist oder nicht. Dabei wird der bedeutende Fremdschaden im Rahmen des § 69 Abs. 2 Nr. 3 StGB gegenwärtig ab 1.300 EUR angenommen.[58] Darunter, sprich bei einem geringeren Sachschaden, wird vielfach ein Fahrverbot verhängt.

Nach der Rechtsprechung ist von einem wirtschaftlichen Schadensbegriff auszugehen. Dies folgt aus der Zielrichtung der Vorschrift, nämlich die Feststellung und Sicherung der durch einen Unfall entstandenen zivilrechtlichen Ansprüche. Zur Bemessung des bedeutenden Fremdschadens sind daher nur solche Schadenspositionen heranzuziehen, die zivilrechtlich erstattungsfähig sind.[59] Die Berechnung des Schadens erfolgt also nach zivilrechtlichen Regeln und damit nach § 249 BGB. Berücksichtigung finden bei der Berechnung Reparaturkosten, Abschleppkosten, Wertminderung und Mehrwertsteuer.[60] Das bedeutet im Hinblick auf die Mehrwertsteuer jedoch auch, dass diese nur zu berücksichtigen ist bei Reparatur oder eventuell bei Ersatzbeschaffung (sofern beim Neufahrzeug ebenfalls die Mehrwertsteuer ausgewiesen wird), § 249 Abs. 2 S. 2 BGB. Ergibt sich durch Herausrechnen der Mehrwertsteuer ein Schaden unter 1.300 EUR, so ist die Fahrerlaubnis nicht zu entziehen.

▼

Muster 22.13: Schadensbegriff, § 69 Abs. 2 Nr. 3 StGB

Mit der Revision rüge ich die Verletzung des materiellen Rechts. Das Amtsgericht hat den Maßregelausspruch nach § 69 Abs. 2 Nr. 3 StGB wie folgt begründet:

„Der Schaden beläuft sich nach dem von dem Zeugen X hereingereichten Schadensgutachten des Sachverständigen Y auf 1.325 EUR (Bruttoreparaturkosten). Es liegt somit ein bedeutender Sachschaden i.S.d. § 69 Abs. 2 Nr. 3 StGB vor, so dass dem Angeklagten die Fahrerlaubnis zu entziehen war."

Das Amtsgericht verkennt den Schadensbegriff des § 69 Abs. 2 Nr. 3 StGB. Nach der Rechtsprechung ist von einem wirtschaftlichen Schadensbegriff auszugehen. Dies folgt aus der Zielrichtung der Vorschrift, nämlich die Feststellung und Sicherung der durch einen Unfall entstandenen zivilrechtlichen Ansprüche. Zur Bemessung des bedeutenden Fremdschadens sind daher nur solche Schadenspositionen heranzuziehen, die zivilrechtlich erstattungsfähig sind (OLG Hamm NZV 2011, 356; OLG Hamm VRR 2014, 442). Die Berechnung des Schadens erfolgt also nach zivilrechtlichen Regeln und damit nach § 249 BGB. Das bedeutet im Hinblick auf die Mehrwertsteuer jedoch auch, dass diese nur zu berücksichtigen ist bei Reparatur oder eventuell bei Ersatzbeschaffung (sofern beim Neufahrzeug ebenfalls die Mehrwertsteuer ausgewiesen wird), § 249 Abs. 2 S. 2 BGB.

Aus dem Protokoll der Hauptverhandlung vom 1.9.2015, dort S. 3, ergibt sich, dass der Zeuge S auf Nachfrage des Gerichts ausgesagt hat, er habe das Fahrzeug weder reparieren lassen, noch eine Ersatzbeschaffung vorgenommen.

Damit ist nach dem wirtschaftlichen Schadensbegriff die Mehrwertsteuer nicht zu berücksichtigen. Der Schaden liegt dementsprechend deutlich unter dem Schwellenwert von

---

58 OLG Dresden NZV 2006 104; LG Braunschweig zfs 2005, 100; LG Paderborn zfs 2006, 112.
59 OLG Hamm NZV 2011, 356; OLG Hamm VRR 2014, 442.
60 *König*, in: Hentschel/König/Dauer, 42. Aufl., § 69 StGB Rn 17.

1.300,00 EUR, ab dem von einem bedeutenden Schaden auszugehen ist. Die Fahrerlaubnis war daher nicht zu entziehen.

2. Bemerkbarkeit des bedeutenden Schadens

40 Mit Bemerkbarkeit ist hier nicht die Bemerkbarkeit gemeint, dass überhaupt ein Schaden entstanden ist, sondern, dass gerade ein bedeutender im Sinne der Vorschrift entstanden ist. Hierauf muss sich der Vorsatz, wie ausgeführt, ebenfalls beziehen. Hier wird oft seitens Staatsanwaltschaft und Gericht argumentiert, ein Zeuge habe gesehen, wie der Mandant ausgestiegen, das vermeintlich geschädigte Fahrzeug angeschaut habe und dann gefahren sei. Damit habe der Mandant vorsätzlich gehandelt. Das muss aber nicht so sein. Dies herauszuarbeiten, ist Sache des Verteidigers.

3. Verteidigungsansätze bei §§ 142 Abs. 1, 69 Abs. 2 Nr. 3 StGB

41 Der Schaden muss alle Merkmale des äußeren Tatbestands umfassen. Der Täter muss daher auch wissen, dass etwas passiert ist und er nicht völlig belanglosen Sachschaden verursacht haben kann. Dabei ist zu berücksichtigen, dass dies gerade bei älteren Fahrzeugen, die schon Gebrauchsspuren aufweisen, nicht ohne weiteres für den Laien zu erkennen sein wird. Diese Kratzer können dann zwar dazu führen, dass der objektive Tatbestand des § 142 Abs. 1 StGB als erfüllt anzusehen ist. Die weiteren Schäden, die erst ein Sachverständiger abschließend eruieren kann, sind in der konkreten Tatsituation für den Geschädigten aber regelmäßig nicht zu erkennen, z.B. Beschädigungen hinter dem Stoßfänger.[61] Dies muss dann dazu führen, dass der subjektive Tatbestand, also Vorsatz zu verneinen ist. Allenfalls liegt (grobe) Fahrlässigkeit vor, die nicht zu einer Strafbarkeit im Rahmen des § 142 Abs. 1 StGB führt. Zumindest dürfte unter diesem Gesichtspunkt nicht die Fahrerlaubnis entzogen werden, da kein Regelfall gem. § 69 Abs. 2 Nr. 3 StGB vorliegt. Von dem Beschuldigten kann nicht erwartet werden, dass er den identischen Wissensstand hat wie ein Sachverständiger. Der Verteidiger kann hier eventuell auch auf die Ermittlungsakte Bezug nehmen. In der Regel notieren Polizeibeamte die geschätzte Schadenhöhe. Liegt diese ebenfalls deutlich unter 1.300 EUR, so kann gut argumentiert werden, dass offensichtlich auch die Polizei den Umfang des Schadens nicht richtig einschätzen konnte.

42 Wichtig ist, dass nicht nur der durchschnittliche Fahrzeugführer die Erheblichkeit des Schadens hätte erkennen können, sondern dass gerade der Mandant ihn erkannt oder seinen Eintritt für möglich gehalten hat.[62]

---

61 Vgl. zu § 69 Abs. 2 Nr. StGB LG Wuppertal DAR 2015, 412 m. Anm. *Krenberger*, jurisPR-VerkrR 20/2015 Anm. 3.
62 KG DAR 2012, 393.

4. Irrtum

In den oben genannten Konstellationen kann auch ein Irrtum vorliegen, z.B. bei anscheinender Bedeutungslosigkeit des sich dem Mandanten dargebotenen Schadens.

a) Tatbestandsirrtum

Ein Tatbestandsirrtum gem. § 16 schließt dabei den Vorsatz aus und führt zur Straflosigkeit.

▼

Muster 22.14: Irrtum über Bedeutungslosigkeit des Schadens
Mein Mandant lässt sich wie folgt zur Sache ein:

Zutreffend ist, dass mein Mandant aus seinem Fahrzeug ausstieg und zunächst dieses auf mögliche Beschädigungen im Bereich der Stoßstange untersuchte. Nachdem er solche nicht feststellen konnte, schaute er sich das Fahrzeug des Geschädigten an. Dabei erkannte er nur, dass sich das Nummernschild leicht verbogen hatte. Er ging von einem völlig belanglosen Schaden aus und fuhr deshalb weiter. Er konnte und musste als technischer Laie nicht wissen, dass durch den Zusammenstoß eine Schadenerweiterung hinter der Stoßstange eingetreten war, so wie in dem Schadengutachten festgestellt (vgl. hierzu auch LG Wuppertal, DAR 2015, 412). Damit liegt der subjektive Tatbestand nicht vor, zumindest aber ist von einem Tatbestandsirrtum gem. § 16 Abs. 1 StGB auszugehen, der den Vorsatz entfallen lässt. Ein solcher ist allgemein anerkannt bei der irrigen Annahme, dass nur ein völlig belangloser Fremdschaden entstanden ist (*König*, in: Hentschel/König/Dauer, 42. Aufl., § 142 StGB Rn 62 m.w.N.).

Ich beantrage daher, das Verfahren gegen meinen Mandanten gem. § 170 Abs. 2 StPO einzustellen.

▲

b) Verbotsirrtum

Der Verbotsirrtum, § 17 StGB, entschuldigt nur bei Unvermeidbarkeit des Irrtums[63] und führt ansonsten zu einer gemilderten Vorsatzstrafe. Ein Verbotsirrtum ist nach strengen Regeln zu prüfen.[64] Daher ist die Abgrenzung von Tatbestands- und Verbotsirrtum zueinander mitunter von Relevanz.

▼

Muster 22.15: Abgrenzung Tatbestands-/Verbotsirrtum
Ein strafbares Verhalten meines Mandanten liegt nicht vor, da er einem den Tatbestand ausschließenden Irrtum unterlag (§ 16 Abs. 1 StGB).

Mein Mandant irrte im konkreten Fall über das Vorliegen des ihm in der Laiensphäre bekannten Tatbestandsmerkmals „Unfall im Straßenverkehr". Mein Mandant hat irrtümlich verkannt, dass es sich um einen Unfall im Straßenverkehr gehandelt hat, als er beim Einladen von auf dem Bürgersteig abgestelltem Schrott versehentlich das Fahrzeug der Geschädigten beschädigte. Zwar ist mein Mandant Berufskraftfahrer und kennt das Ver-

---
63 *Fischer*, § 17 Rn 12.
64 *König*, in: Hentschel/König/Dauer, § 142 StGB Rn 63.

bot des unerlaubten Entfernens vom Unfallort. Gleichwohl liegt kein (vermeidbarer) Verbotsirrtum, sondern ein Tatbestandsirrtum vor. Wer eine korrekte Vorstellung vom Inhalt des § 142 Abs. 1 StGB hatte, aber im Einzelfall über dessen konkrete Anwendung irrte, befindet sich in einem vorsatzausschließenden Tatbestandsirrtum im Sinne von § 16 StGB (LG Aachen NZV 2013, 305; auch *Fischer*, § 142 Rn 29).

Ich beantrage daher, dass Verfahren gegen meinen Mandanten gem. § 170 Abs. 2 StPO einzustellen.

c) Personenschaden

48 Fremdschaden i.S.d. § 142 Abs. 1 StGB bedeutet nicht nur Sachschaden, sondern selbstverständlich auch Personenschaden. Bagatellverletzungen werden allgemein nicht als bedeutender Schaden angesehen, sondern als belangloser Schaden, so dass eine Strafbarkeit nach § 142 Abs. 1 StGB ausscheidet. Es gilt, dass bei der Berechnung des Schadens ganz unerhebliche, nur vorübergehende Beeinträchtigungen, wie geringfügige Schmerzen, Hautabschürfungen oder blaue Flecken ausscheiden.[65] Anders soll dies nur zu beurteilen sein, wenn eine ärztliche Untersuchung notwendig ist.[66] M.E. bedarf es einer solchen weiteren Unterscheidung nicht, da sie zu Abgrenzungsproblemen und damit Unklarheiten in der Praxis führt. Richtigerweise liegt ein belangloser Schaden ganz allgemein und ausschließlich bei Bagatellverletzungen vor, über die oben genannten Verletzungsarten hinaus z.B. auch Hautrötungen durch Spannung des Sicherheitsgurtes.[67]

49 Muster 22.16: Belangloser Personenschaden

Ein strafbares Verhalten meines Mandanten liegt nicht vor.

Der subjektive Tatbestand des § 142 Abs. 1 StGB setzt voraus, dass der Täter sich in Kenntnis eines nicht ganz unerheblichen Schadens entfernt (*Fischer*, § 142 Rn 38 m.w.N.). Hier ist die Feststellung erforderlich, dass gerade der Beschuldigte die Erheblichkeit erkannt hat oder für möglich hielt (KG NZV 2012, 42). Die behaupteten und gegenwärtig nicht nachgewiesenen Verletzungen des vermeintlich Geschädigten (laut seiner Aussage gegenüber der Polizei Hautrötungen am Schienbein) sind selbst bei tatsächlichem Vorliegen allenfalls als Bagatellverletzungen zu bezeichnen. Grundsätzlich gilt, dass bei der Berechnung des Schadens ganz unerhebliche, nur vorübergehende Beeinträchtigungen, wie geringfügige Schmerzen, Hautabschürfungen oder blaue Flecken ausscheiden (*Burmann*, in: Burmann/Heß/Hühnermann/Jahnke/Janker, Straßenverkehrsrecht, § 142 StGB Rn 6 m.w.N.).

In diesem Zusammenhang ist auch prozessual die Anklage zu bemängeln. Gemäß § 200 StPO muss die Anklageschrift die gesetzlichen Merkmale der Straftat (Umgrenzungsfunktion) enthalten. Dies ist hier nicht der Fall. Die Anklage beschränkt sich lediglich darauf festzustellen, mein Mandant habe den Unfallort verlassen. Der Anklagesatz ist unzureichend. Ausführungen zum subjektiven Tatbestand finden sich dort nicht wieder. Insbesondere ergeben sich aus der Anklageschrift keine Anhaltspunkte dazu, warum mein Man-

---

65 *Burmann*, in: Burmann/Heß/Hühnermann/Jahnke/Janker, Straßenverkehrsrecht, § 142 StGB Rn 6 m.w.N.
66 *König*, in: Hentschel/König/Dauer, § 142 StGB Rn 28.
67 OLG Karlsruhe DAR 2005, 350 (zu § 229 StGB).

dant einen bedeuteten Schaden hätte bemerken müssen. Bereits dieser Umstand rechtfertigt es, die Anklageschrift nicht zur Hauptverhandlung zuzulassen und das Verfahren einzustellen, § 260 Abs. 3 StPO (*Meyer-Goßner*, StPO, § 200 Rn 8).

▲

§ 23 Fahrlässige Tötung (§ 222 StGB)

Sebastian Gutt

A. Einleitung

Bei der fahrlässigen Tötung kommt es hinsichtlich der Verteidigungsstrategie auf die Umstände des Einzelfalls an. Es gibt eine Vielzahl von Möglichkeiten. So können insbesondere Beweisanträge, etwa zur Einholung von Sachverständigengutachten, erforderlich sein. Dies wird beispielsweise relevant bei Fußgängerunfällen oder Unfällen mit Radfahrern. Hier ist oft Aufklärungsarbeit erforderlich.[1]

Vielfach wird es sich um eine reine Rechtsfolgenverteidigung handeln. Dann muss der Verteidiger taktisch klug vorgehen, also vernünftig den Mandanten verteidigen, ohne Staatsanwaltschaft/Gericht zu „verärgern". Das ist mitunter gar nicht so einfach.

Vielfach dürfte sich für den Mandanten eine Erledigung durch Strafbefehl anbieten, um ihm die Hauptverhandlung zu ersparen. Weiteres Ziel wird es sein, eine Haftstrafe zu vermeiden. Von dieser Konstellation ausgehend könnte eine entsprechende Einlassung wie folgt aussehen:

B. Muster

▼

Muster 23.1: Verteidigung bei fahrlässiger Tötung

In dem Ermittlungsverfahren

gegen

wegen

darf ich mich bei Ihnen für die gewährte Akteneinsicht bedanken. Ich habe die Angelegenheit mit meinem Mandanten besprochen. Zur Sache erfolgt die nachstehende Einlassung:

Mein Mandant möchte vorausschicken, dass es ihm unfassbar leid tut, dass bei dem Verkehrsunfall Frau verstorben ist. Gerne würde mein Mandant das Geschehene rückgängig machen. Dies ist leider nicht möglich. Mit dem Schicksal und den Schuldvorwürfen muss mein Mandant nun leben. Dies stellt für ihn und seine Familie eine unheimlich schwierige Situation und psychische Belastung dar.

Gerne hätte mein Mandant mit den Angehörigen gesprochen. Er versteht und respektiert jedoch deren Wunsch, dass diese aktuell nicht mit ihm sprechen möchten. Sollte sich hier noch eine Möglichkeit ergeben, so steht er für Gesprächswünsche gerne zur Verfügung. Aus Respekt vor dem Wunsch der Angehörigen, nicht mit meinem Mandanten besprechen zu wollen, ist dieser auch nicht wegen Beileidsbekundungen an diese heran-

---

[1] Vgl. die insgesamt gute Darstellung aus Sicht des Verteidigers bei *Gebhardt*, Verteidigung in Verkehrsstraf- und Ordnungswidrigkeitenverfahren, §§ 46 ff.

getreten. Dies ist keinesfalls dem Umstand geschuldet, dass mein Mandant sich seiner Verantwortung nicht bewusst ist.

Sofort hat mein Mandant den Verkehrsunfall seinem zuständigen Kfz-Haftpflichtversicherer gemeldet. Die Unfallangelegenheit ist dort in der Bearbeitung. Berechtigte Schadensersatzansprüche werden gezahlt werden, wenngleich meinem Mandanten klar ist, dass dies nicht über den schmerzlichen Verlust von Frau ▅▅▅▅ hinweghelfen kann.

Zum Unfallhergang selbst kann mein Mandant angeben, dass es zutrifft, dass er mit seinem Fahrzeug über die Kreuzung fuhr. Er hat hier ganz offensichtlich Frau ▅▅▅▅ auf ihrem Fahrrad übersehen. Er kann sich dies heute nicht mehr erklären. Eine Antwort auf die Frage des „warum" hat er nicht. Er kann nur vermuten, dass er aufgrund der tiefstehenden und auf der Straße reflektierenden Sonne geblendet war.

Technische Mängel am Fahrzeug meines Mandanten bestanden nicht. Ob mein Mandant gebremst hat, ist ihm nicht mehr erinnerlich.

Hinsichtlich einer strafrechtlichen Ahndung möchte ich darauf hinweisen, dass mein Mandant eine Erledigung durch Strafbefehl bevorzugt. Mein Mandant ist strafrechtlich bisher noch nicht in Erscheinung getreten. Er hat sich hinsichtlich der Verkehrsverstöße vollumfänglich geständig zur Sache eingelassen und an der Aufklärung mitgewirkt, soweit er dies konnte. Der Tod von Frau ▅▅▅▅ sowie das Ermittlungsverfahren gegen meinen Mandanten haben auf diesen bereits enormen Eindruck gemacht. Es steht nicht zu erwarten, dass mein Mandant erneut strafrechtlich in Erscheinung treten wird und durch eine Hauptverhandlung auf meinen Mandanten eingewirkt werden muss.

Dabei möchte ich darauf hinweisen, dass mein Mandant durch den Unfall selbst schwer verletzt worden ist. Er erlitt mehrere Frakturen und Prellungen. Er befand sich zwei Wochen in stationärer Behandlung. Den Entlassungsbericht des Klinikums füge ich bei. Zudem hat das Fahrzeug meines Mandanten einen wirtschaftlichen Totalschaden erlitten. Das Gutachten liegt ebenfalls an. Mein Mandant hat also auch einen finanziellen Schaden erlitten, denn kaskoversichert ist er nicht, gleichwohl auf ein Fahrzeug zwingend angewiesen. In diesem Zusammenhang erlaube ich mir auf § 60 StGB zu verweisen. Diese Vorschrift ist hier – unabhängig von der strafrechtlichen Verantwortung meines Mandanten – zumindest auf Rechtsfolgenseite zu berücksichtigen, wenigstens aber der Rechtsgedanke, wenn die Vorschrift auch nicht direkt zur Anwendung kommen sollte.

Diese Umstände rechtfertigen aus Sicht der Verteidigung auch die Verhängung einer tat- und schuldangemessenen Geldstrafe. Die Verhängung einer Freiheitsstrafe, dann ausgesetzt zur Bewährung, ist nicht erforderlich. Der Effekt der strafrechtlichen Ahndung der durch meinen Mandanten begangenen Tat kann auch durch die Verhängung einer Geldstrafe erlangt werden.

Zu den persönlichen und wirtschaftlichen Verhältnissen kann mitgeteilt werden, dass mein Mandant in einer festen Beziehung ist und mit seiner Lebensgefährtin drei minderjährige Kinder hat, gegenüber denen eine Unterhaltsverpflichtung besteht. Mein Mandant ist Landwirt. Er ist Betriebsleiter eines Ackerbaubetriebes.

Mein Mandant hat ein monatliches Nettoeinkommen in Höhe von 10.000 EUR. Im Hinblick auf mögliche Maßnahmen bezüglich der Fahrerlaubnis möchte mein Mandant darauf hinweisen, dass er zwingend auf seine Fahrerlaubnis angewiesen ist, um seiner beruflichen Tätigkeit nachkommen zu können. Staatsanwaltschaft und Gericht werden an dieser Stelle um Verständnis gebeten, dass mein Mandant im Hinblick auf seine berufliche

Situation und seine Unterhaltsverpflichtungen Ausführungen zu einer eventuellen Sperrzeit macht. Dies soll nicht falsch verstanden werden. Der strafrechtlichen Verantwortung ist sich mein Mandant, wie ausgeführt, bewusst.

Der Betrieb meines Mandanten befindet sich aktuell in der Frühjahrsbestellung, Dünge- und Pflanzenschutzsaison. Der Betrieb meines Mandanten umfasst 500 ha Ackerfläche an zwei Standorten (Hauptsitz ist   , ein Zweigbetrieb befindet sich in   ).

Aufgrund der niedrigen Preise für landwirtschaftliche Erzeugnisse trägt der Betrieb nicht die Kosten für einen qualifizierten und hochmotivierten Mitarbeiter, da viele Arbeiten Spezialkenntnisse und Genehmigungen (Pflanzenschutzausweis für Ausbringung und Transport, Fahrerlaubnis der Klassen C, E, L, T, etc.) voraussetzen und auch in den späten Abendstunden bzw. an den Wochenenden erledigt werden müssen. Einen Mitarbeiter kann mein Mandant daher nicht einstellen, so dass bei einem längerfristigen Entzug der Fahrerlaubnis die wirtschaftliche Existenz gefährdet ist.

Hierzu verweise ich auch auf das beigefügte und eingeholte Gutachten der Landwirtschaftskammer sowie das Schreiben des Steuerberaters meines Mandanten.

Es wird daher beantragt, für den Fall des Entzuges der Fahrerlaubnis und der Anordnung einer Sperrzeit zumindest eine Ausnahme für die Fahrerlaubnisklassen L, T vorzusehen. Die Möglichkeit einer Ausnahme ist bereits von der Rechtsprechung bejaht worden (vergleiche z.B. LG Kempten DAR 83, 367 und LG Zweibrücken zfs 95, 194). Mein Mandant wird überwiegend auf den landwirtschaftlichen Flächen fahren, wodurch eine feststellbare objektive und subjektive Abschirmung der Gefährdung des Maßregelzwecks und damit der Gefährdung des Straßenverkehrs gewährleistet ist (vgl. hierzu AG Lüdinghausen NZV 2010, 164). Gerade dann, wenn ein landwirtschaftlicher Betrieb bestellt wird, ist von besonderen Umständen auszugehen, die die Annahme rechtfertigen, dass der Zweck der Maßregel dadurch nicht gefährdet wird (AG Alsberg zfs 2010, 168; AG Auerbach (Vogtland) NZV 2003, 207; auch NK-GVR/*Blum*, § 69a StGB Rn 25 m.w.N.; vgl. insgesamt LG Zweibrücken NZV 1996, 252).

§ 24 Fahrlässige Körperverletzung (§ 229 StGB)
Sebastian Gutt

A. Einleitung

Genau wie § 142 StGB ist die fahrlässige Körperverletzung bei Verkehrsunfällen ein Massenphänomen. Unabhängig von der Unfallverursachung erfolgt durch die hinzugerufene Polizei eine Strafanzeige von Amts wegen. Das bedeutet, dass somit zunächst gegen den Mandanten wegen fahrlässiger Körperverletzung in Verbindung mit einem Verkehrsunfall ermittelt wird. Dies führt selbstverständlich und nachvollziehbar bei den Mandanten zur Verunsicherung. Sätze wie „Der Unfall wurde doch von dem Anderen verursacht" oder „Der hatte doch nur eine kleine Schramme" hört der Anwalt täglich. Vielfach wird die fahrlässige Körperverletzung von der Staatsanwaltschaft eingestellt und wegen der Verfolgung einer möglichen Ordnungswidrigkeit an die Bußgeldstelle abgegeben. Jedenfalls kann der Verkehrsrechtsanwalt auch für die fahrlässige Körperverletzung diverse Muster vorhalten, auf die er unter Berücksichtigung des Einzelfalls zurückgreifen kann.

B. Ausgewählte Probleme im Bereich des § 229 StGB

I. Tathandlung: Körperliche Misshandlung und/oder Gesundheitsbeschädigung

Tathandlung ist eine körperliche Misshandlung und/oder Gesundheitsbeschädigung.

1. Körperliche Misshandlung

Eine körperliche Misshandlung ist ein übles, unangemessenes Behandeln, das entweder das körperliche Wohlbefinden oder die körperliche Unversehrtheit nicht nur unerheblich beeinträchtigt.[1]

2. Gesundheitsschädigung

Eine Gesundheitsschädigung ist das Hervorrufen oder Steigern eines wenn auch nur vorübergehenden pathologischen Zustands.[2]

Gerade im Verkehrsrecht spielt die Erheblichkeit eine Rolle. Die Frage, ob eine erhebliche körperliche Misshandlung oder Gesundheitsschädigung vorliegt, bestimmt sich nicht nach dem subjektiven Empfinden des Geschädigten, sondern am Maßstab eines objektiven Betrachters, wobei dann weiter Dauer und Intensität in diese Betrachtung einzubezie-

---

[1] Z.B. KG VA 2014, 65; *Fischer*, § 223 Rn 4 m.w.N.
[2] *Fischer*, § 223 Rn 8 m.w.N.

hen sind.³ So stellt eine Hautrötung beispielsweise keine körperliche Misshandlung dar.⁴ Gleiches gilt für einen Schock durch einen Stoß.⁵

3. Einstellung des Verfahrens nach Abschnitt 243 Abs. 3 RiStBV

6 Wie ausgeführt, zeigt sich in der Praxis, dass die Staatsanwaltschaften regelmäßig bei solchen geringen Verletzungen des Unfallgegners und klassischen/alltäglichen Unfallsituationen wie dem Auffahrunfall geneigt sind, das Ermittlungsverfahren einzustellen. Das gilt jedenfalls dann, wenn kein Alkohol und keine Drogen im Spiel sind. In der Sache ist diese Vorgehensweise auch absolut richtig, denn auch der noch so umsichtige Kraftfahrer kann Verstöße gegen die Straßenverkehrsordnung begehen, durch die ein Mensch verletzt wird.⁶

7 Für die Einstellung gibt es sogar eine konkrete (interne) Vorschrift, nämlich Abschnitt 243 Abs. 3 RiStBV. Es handelt sich um eine verwaltungsinterne Vorschrift, die keinen Gesetzescharakter hat, sondern vom Bundesjustizministerium in Zusammenarbeit mit den Justizministern der Länder zur Vereinheitlichung der jeweils genannten Verfahren zu gewährleisten.

8 In Abschnitt 243 Abs. 3 RiStBV heißt es:

„Ein Grundsatz, dass bei einer im Straßenverkehr begangenen Körperverletzung das besondere öffentliche Interesse an der Strafverfolgung (§ 230 Abs. 1 S. 1 StGB) stets oder in der Regel zu bejahen ist, besteht nicht. Bei der im Einzelfall zu treffenden Ermessensentscheidung sind das Maß der Pflichtwidrigkeit, insbesondere der vorangegangene Genuss von Alkohol oder anderer berauschender Mittel, die Tatfolgen für den Verletzten und den Täter, einschlägige Vorbelastungen des Täters sowie ein Mitverschulden des Verletzten von besonderem Gewicht."

9 Weiter ist zu berücksichtigen, dass die fahrlässige Körperverletzung ein Antragsdelikt ist, § 230 Abs. 1 StGB, und somit nur auf Antrag verfolgt wird – es sei denn, die Staatsanwaltschaft bejaht das besondere öffentliche Interesse an der Strafverfolgung, was in den oben genannten Fällen doch sehr häufig eher unwahrscheinlich ist.

Der Verteidiger sollte schon mit dem Akteneinsichtsgesuch unter Berücksichtigung des oben genannten die Einstellung beantragen.

---

3 NK-GVR/*Kastenbauer*, § 230 StGB Rn 5.
4 OLG Karlsruhe DAR 2005, 350.
5 OLG Köln StV 85, 17.
6 NK-GVR/*Kastenbauer*, § 230 StGB Rn 2. Dort ist auch sehr schön die Diskussion um die Sinnhaftigkeit der fahrlässigen Körperverletzung im Straßenverkehr zusammengefasst.

B. Ausgewählte Probleme im Bereich des § 229 StGB §24

▼
Muster 24.1: Akteneinsicht mit Antrag auf Einstellung

In dem Ermittlungsverfahren   10

gegen

wegen

zeige ich ausweislich anliegender Vollmacht die Verteidigung des Herrn an.

Eine Stellungnahme wird mein Mandant ausschließlich über mich abgeben. Bis dahin wird vom Schweigerecht Gebrauch gemacht.

Ich bitte darum, mir kurzfristig

Akteneinsicht

durch Übersendung der Akte in die Kanzlei zu gewähren. Die rechtzeitige Rückgabe der Akten wird anwaltlich zugesichert.

Sollten Sie den Vorgang zwischenzeitlich abgegeben haben, bitte ich um Weiterleitung dieses Schreibens nach dort und zugleich um Mitteilung der jetzt zuständigen Stelle unter Angabe meines Aktenzeichens.

Schon jetzt wird beantragt,

das Ermittlungsverfahren gegen meinen Mandant einzustellen.

Begründung:

Ein Strafantrag ist nicht gestellt. Zudem liegt kein besonders grober Verkehrsverstoß vor. Auch ist das Versagen nicht auf eine rücksichtslose oder verkehrsfeindliche Einstellung zurückzuführen. Der Geschädigte hat keine schwerwiegenden Verletzungen erlitten. Eine Körperverletzung i.S.d. § 229 StGB liegt nur vor, wenn die Beeinträchtigungen über eine nur geringfügige Einwirkung auf die körperliche Integrität hinausgehen (BayObLG DAR 2002, 38; OLG Karlsruhe VRS 108, 427). Die Beantwortung der Frage, ob erhebliche Verletzungen vorliegen, die über eine solche geringfügige Einwirkung hinausgehen, ist nicht nach dem subjektiven Empfinden des Geschädigten zu bestimmen, sondern am Maßstab eines objektiven Betrachters (BGH NStZ 2009, 289).

Ebenso weise ich auf Nr. 243 Abs. 3 RiStBV hin.

▲

> *Praxistipp: Gebühren*   11
> Wenn das Verfahren eingestellt wird, hat der Verteidiger durch diese kurze und (noch) abstrakte Einlassung an der Einstellung mitgewirkt, so dass die Gebühr nach Nr. 4141 VV-RVG angefallen ist. Umstritten ist nämlich nach wie vor, ob das bloße Anraten zum Schweigen die Gebühr bereits auslöst. Die wohl überwiegende und zutreffende Meinung geht zwar davon aus, dass der Rat zum gezielten Schweigen ausreichend ist.[7] Begründet wird dies damit, dass für die Mitursächlichkeit jeder Rat des Verteidigers ausreicht. Richtig ist, dass dies dann selbstverständlich auch für den Rat zum Schweigen gelten muss. Allerdings wird das nicht einheitlich so gesehen. Dagegen wird argumentiert, die Einstellung sei in diesen Fällen nicht aufgrund der Mitwirkung

---

7 BGH AGS 2011, 128; AG Charlottenburg StraFo 2007, 307; AG Hamburg-Barmbek RVGreport 2012, 109; sehr gute Zusammenfassung bei *Burhoff*, RVGreport 2015, 3.

§ 24 Fahrlässige Körperverletzung (§ 229 StGB)

des Verteidigers, sondern aufgrund der Entscheidung der jeweiligen Ermittlungsbehörde, keine weiteren Ermittlungen anzustellen, erfolgt.[8] Das ist falsch, weil dieses Argument dann grundsätzlich ziehen und die Zusatzgebühr nach Nr. 4141 VV RVG nie anfallen würde. Um Streitigkeiten mit den Rechtsschutzversicherern aus dem Weg zu gehen, könnte in geeigneten Fällen die obige kurze Einlassung bereits mit dem Antrag auf Akteneinsicht gewählt werden.

II. Bewusstes Eingehen von Risiken

12 Begibt sich der Geschädigte wissentlich in Gefahr, so scheidet eine (fahrlässige) Körperverletzung regelmäßig aus. Mit dem BGH ist dann der Ursachenzusammenhang zwischen Verstoß und Erfolg oder aber die Rechtswidrigkeit zu verneinen (Flucht zu viert auf Motorroller, Mitfahrer ist bekannt, dass Fahrer unter epileptischen Anfällen leidet[9]). Dies gilt nur dann nicht, wenn der Täter ein überlegenes Wissen gegenüber dem Geschädigten hat.[10]

13 **Muster 24.2: Eingehen eines Risikos**

Eine Strafbarkeit meines Mandanten wegen § 229 StGB scheidet aus. Der Geschädigte hat sich hier freiwillig mit zwei weiteren Personen auf das Mofa meines Mandanten gesetzt und war mit der Fahrt einverstanden. Er wusste, dass das Mofa nicht für drei Personen im Straßenverkehr zugelassen ist und musste infolge der Instabilität damit rechnen, dass das Mofa umkippen kann. Es liegt eine eigenverantwortliche Selbstgefährdung des Geschädigten vor. In einem solchen Fall verneint der BGH den Ursachenzusammenhang zwischen Verstoß und Erfolg bzw. die Rechtswidrigkeit (BGH MDR 1959, 856; BGH NZV 1995, 197, auch BGH NJW 1984, 1469).

Ich beantrage deshalb, das Verfahren gegen meinen Mandanten gem. § 170 Abs. 2 StPO einzustellen.

III. Vermeidbarkeit

14 Feststehen muss, dass die Verletzung bei verkehrsgerechtem Verhalten nicht eingetreten wäre. Welches Verkehrsverhalten in der kritischen Verkehrslage verkehrsgerecht gewesen wäre, ist im Hinblick auf die Verkehrswidrigkeit zu beantworten, die als unmittelbare Ursache in Betracht kommt. Im Übrigen ist vom tatsächlichen Geschehensablauf auszugehen.[11] Dabei kommt es nicht auf eine ex-post Betrachtung an, sondern darauf, wie sich die Situation dem Täter in der konkreten Situation vor dem Unfall geboten hat. Dabei hat die Prüfung der Ursächlichkeit mit dem Eintritt der konkreten kritischen

---

8 Z.B. AG Halle AGS 2007, 77.
9 BGH MDR 1959, 856; BGH NZV 1995, 197, auch BGH NJW 1984, 1469.
10 OLG Karlsruhe VersR 1997, 858.
11 BGH zfs 1985, 95; LG Nürnberg-Fürth, Urt. v. 10.10.2006 – 2 Ns 702 Js 67558/2005 – juris; AG Haldensleben, Urt. v. 26.3.2007 – 28 Ls 310/06 – juris.

B. Ausgewählte Probleme im Bereich des § 229 StGB   § 24

Verkehrslage einzusetzen, die unmittelbar zu dem schädlichen Erfolg geführt hat.[12] Hinwegzudenken und durch das der Pflichtwidrigkeit korrespondierende verkehrsgerechte Verhalten zu ersetzen ist daher nur der dem Täter vorgeworfene Tatumstand; darüber hinaus darf von der Verkehrssituation nichts weggelassen, ihr nichts hinzugedacht und an ihr nichts verändert werden.[13]

▼

Muster 24.3: Vertretbares Verhalten   15
Der Erfolg wäre auch bei verkehrsgerechtem Verhalten eingetreten.

Mein Mandant musste einem von rechts kommenden Fußgänger nach links ausweichen und stieß rechtsseitig mit dem Gegenverkehr zusammen. Es ist trifft zu, dass der Unfall möglicherweise vermeidbar gewesen wäre, wäre mein Mandant geradeaus gefahren. Es kommt aber nicht auf eine ex-post Betrachtung an, sondern darauf, wie sich die Situation dem Täter in der konkreten Situation vor dem Unfall geboten hat. Damals war das Verhalten meines Mandanten verständlich und vertretbar, so dass der Unfall meinem Mandant nicht vorwerfbar ist und eine Strafbarkeit deshalb ausscheidet (OLG Hamm zfs 1995, 357).

Ich beantrage daher, das Ermittlungsverfahren gegen meinen Mandanten einzustellen.[14]

▲

---

12 BGH VRS 54, 436.
13 BGHSt 10, 369.
14 Nach *Gebhardt*, Verteidigung in Verkehrsstraf- und Ordnungswidrigkeitenverfahren, 8. Aufl., § 47 Rn 11.

§ 25 Nötigung (§ 240 StGB)

Sebastian Gutt

A. Einleitung

In der Praxis hat der Verteidiger auch sehr häufig mit der Verteidigung wegen einer Nötigung im Straßenverkehr zu tun. Häufigster Fall dürfte das zu dichte Auffahren sein. Auch hier handelt es sich um ein Massendelikt. Die Beteiligten werden in der Regel nicht durch die Polizei persönlich vernommen, sondern äußern sich schriftlich. Dem schriftlichen Fragebogen liegt ein weiterer Fragebogen bei, der vielfach „Zusatzbogen Aggressionsdelikt im Straßenverkehr" genannt wird. Dort finden sich solche Fragen wieder wie, ob der Geschädigte noch das Kennzeichen des nachfolgenden Fahrzeugs sehen konnte oder ob dieser gar die Lichthupe betätigt hat.

B. Tatbestandsmerkmale

Die Nötigung ist gekennzeichnet durch den rechtswidrigen Einsatz von Gewalt oder Drohung mit einem empfindlichen Übel, durch die ein bestimmtes Verhalten des Opfers – das Nötigungsziel (Handlung, Duldung oder Unterlassung) – erreicht werden soll und auch erreicht wird (Nötigungserfolg).

I. Empfindliches Übel

Nötigung mit einem empfindlichen Übel ist dabei im Bereich des Verkehrsstrafrechts weitgehend ohne Bedeutung.

II. Gewalt

Gewalt im Straßenverkehr kommt hingegen – wie eingangs ausgeführt – schon häufiger vor.

Gewalt liegt immer dann vor, wenn die Eigendynamik und die Gefährlichkeit eines in Bewegung befindlichen Fahrzeuges eingesetzt werden, um fremden Willen zu bestimmen.[1] Nötigung in Form von Gewalt im Straßenverkehr ist dann anzunehmen, wenn eine Fahrweise feststellbar ist, die geeignet ist, den anderen Verkehrsteilnehmern als durchschnittlichen Kraftfahrer in Furcht und Schrecken zu versetzen, um durch die Herbeiführung eines gefährlichen Zustands eine Zwangswirkung auf diesen auszuüben und diesen damit zu ungewollten Reaktionen, möglicherweise zu gefährlichem Ausweichen oder zur Herbeiführung einer anderen unfallträchtigen Situation zu veranlassen.[2] Die Behinderungen oder Gefährdungen, z.B. Einsatz von Lichthupe und Signalhorn oder

---
1 NK-GVR/*Quarch*, § 240 StGB Rn 9.
2 OLG Hamm NJW 1991, 3230.

der Abstand der Fahrzeuge zueinander, müssen also von einigem Gewicht sein, um die Bagatellgrenze zu überschreiten.³

5 Hauptfall in der Anwendungspraxis des § 240 StGB dürfte das dichte Auffahren sein. Die Feststellung des dichten Auffahrens alleine genügt nicht. Hier sind die Umstände des Einzelfalls von entscheidender Bedeutung. Dabei kommt es namentlich auf die gefahrenen Geschwindigkeiten, die Abstände der Fahrzeuge zueinander sowie die Dauer bzw. die Streckenlänge des angeblich bedrängenden Auffahrens an.

6 Unter Berücksichtigung dieser Grundsätze kann von einer Nötigung im Straßenverkehr ausgegangen werden, wenn bei hohen Geschwindigkeiten über mehrere Kilometer sehr dicht auf das vorausfahrende Fahrzeug aufgefahren wird.⁴ Erforderlich ist (insbesondere für die Verwirklichung des Merkmals der Verwerflichkeit), dass sich das Handeln massiv ohne vernünftigen Grund darstellt, etwa bei Schikane, Mutwillen, Erziehungsabsicht oder beharrlicher Reglementierung aus Ärger oder eigensüchtigen Motiven.⁵ Auch im innerstädtischen Verkehr ist dann eine Nötigung möglich.⁶

III. Intensität

7 Das ungeschriebene Tatbestandsmerkmal „Intensität" erfordert ein Zeitmoment und ist deshalb nur erfüllt, wenn der Vorgang eine gewisse Zeit andauert. Nur dann kann der durchschnittliche Kraftfahrer in Furcht und Schrecken versetzt werden.⁷ In der Rechtsprechung wird zum Teil auch die Auffassung vertreten, dass schon alleine das bedrängende Auffahren, also die extreme Verkürzung des Abstands zur Bejahung des Gewaltbegriffs gem. § 240 StGB ausreicht.⁸ Richtigerweise kann die Verkürzung des Abstands alleine nicht ausreichen. Vielmehr ist mit der Rechtsprechung für die Annahme von Gewalt eine gewisse Intensität und Dauer des gefährlichen Täterverhaltens zu fordern.⁹

C. Muster

▼

8 **Muster 25.1: Dichtes Auffahren**

Meinem Mandanten wird Nötigung im Straßenverkehr vorgeworfen. Er soll hinter dem Geschädigten hergefahren sein und diesen durch das dichtes Auffahren „belästigt" bzw. – juristisch gesprochen – genötigt haben.

Der Geschädigte hat ausgesagt, mein Mandant habe gedrängelt und sei bei einer Geschwindigkeit von etwa 120 km/h bis auf wenige Meter an ihn herangefahren, und zwar

---

3 OLG Celle, Beschl. v. 26.7.2006 – 22 Ss 110/06 – juris; OLG Düsseldorf NZV 1996, 288.
4 OLG Hamm SVR 2007, 467.
5 OLG Hamm, Beschl. v. 18.8.2005 – 3 Ss 304/05 – juris.
6 OLG Köln DAR 2007, 39.
7 BayObLG NZV 1990, 238.
8 Z.B. OLG Stuttgart DAR 1995, 261.
9 BGH NJW 1964, 1426; OLG Hamm NJW 1991, 3230.

so, dass er letztlich im Rückspiegel nur noch einen Teil der Motorhaube habe sehen können. Dann habe sich mein Mandant aber wieder „zurückfallen" lassen. Durch das dichte Auffahren habe sich der Geschädigte extrem bedrängt gefühlt.

Dieser Sachverhalt rechtfertigt eine Verurteilung meines Mandanten gem. § 240 StGB nicht.

Alleine die Tatsache, dass mein Mandant den Sicherheitsabstand wesentlich unterschritten haben soll, genügt für eine Strafbarkeit nicht. Die Dauer des Nachfahrens und die damit verbundene Gefährdung war nicht dergestalt, dass ein durchschnittlicher Kraftfahrer dadurch in Furcht und Schrecken geriet. Bei einem Heranfahren z.B. bis auf 5 m unter Abgabe von Schall- und Lichtzeichen hat die Rechtsprechung eine rechtswidrige Gewaltanwendung auch nur in Fällen angenommen, in denen die bedrängende Fahrweise über eine Strecke von **mehreren 100 m oder mehr** hinweg stattfand (OLG Celle VRS 38, 431; OLG Karlsruhe VRS 43, 105; OLG Köln VRS 61, 425). In vergleichbaren Fällen kürzerer Dauer wird allgemein eine Strafbarkeit unter dem Gesichtspunkt der Nötigung verneint (vgl. OLG Stuttgart DAR 1964, 275, OLG Frankfurt VRS 56, 286; OLG Karlsruhe zfs 1980, 158).

Ein solcher Fall ist hier nicht einmal nach den Bekundungen des Geschädigten gegeben. Die von ihm behauptete Strecke des vermeintlich bedrängenden dichten Auffahrens liegt deutlich unter dem, was seitens der Rechtsprechung gefordert wird.

Ich beantrage daher, das Ermittlungsverfahren gegen meinen Mandanten gem. § 170 Abs. 2 StPO einzustellen.

Muster 25.2: Ausbremsen des nachfolgenden Verkehrs

Aus Sicht meiner Mandantin fuhr der Anzeigenerstatter über einen längeren Zeitraum sehr dicht auf ihr Fahrzeug auf. Damit der Anzeigenerstatter den Sicherheitsabstand wieder einhält und um einen Auffahrunfall zu vermeiden, tippte meine Mandantin das Bremspedal kurz an, damit die Bremslichter aufleuchten.

Eine Nötigung ist hierin nicht zu sehen.

Es trifft vielleicht zu, dass der Anzeigenerstatter hierdurch bremsen musste. Dies aber auch nur, weil er den Sicherheitsabstand gemäß § 4 Abs. 1 S. 1 StVO nicht einhielt. Nach dieser Vorschrift ist der Abstand zu einem vorausfahrenden Fahrzeug in der Regel so groß einzuhalten, dass auch dann hinter diesem gehalten werden kann, wenn es plötzlich gebremst wird. Bereits hieraus ergibt sich der Verkehrsverstoß des Anzeigenerstatters. Auf plötzliches, selbst starkes Bremsen muss der Fahrzeugführer noch durch rechtzeitiges Anhalten reagieren können (BGH NJW 1987, 1075; *König*, in: Hentschel/König/Dauer, Straßenverkehrsrecht, 42. Auflage, § 4 StVO Rn 8). Im bloßen Aufleuchtenlassen des Bremslichts liegt weder eine (versuchte) Nötigung noch ein gefährlicher Eingriff in den Straßenverkehr (OLG Köln NZV 1997, 318). Richtigerweise ist sogar davon auszugehen, dass bei zu dichtem Auffahren des Hintermannes der Gebrauch des Bremslichtes als Warnzeichen zulässig ist (OLG Karlsruhe zfs 1991, 260).

§ 26 Gefährliche Eingriffe in den Straßenverkehr (§ 315b StGB)

Sebastian Gutt

A. Der objektive Tatbestand

Prägend für dieses Delikt (für sämtliche Varianten des Abs. 1 Nr. 1–3) ist, dass ein verkehrsfremder Eingriff von außen in den Straßenverkehr vorliegen muss. Liegen demgegenüber vorschriftswidrige Verkehrsverhalten vor, ist § 315b unabwendbar. Denn solche Verstöße im ruhenden und fließenden Verkehr sind abschließend durch § 315c geregelt. Dennoch ergeben sich gelegentlich Abgrenzungsprobleme, da nach ganz herrschender Meinung § 315b auch bei sogenannten verkehrsfremden Inneneingriffen, also Handlungen im Verkehr, vorliegen kann. Hiervon spricht man, wenn der Täter als Verkehrsteilnehmer einen Verkehrsvorgang zu einem Eingriff in den Straßenverkehr pervertiert.[1] Das ist etwa dann der Fall, wenn der Täter sein Kraftfahrzeug nicht als Fortbewegungsmittel benutzt, sondern es als Schadenswerkzeug missbraucht,[2] z.B. auf Polizeibeamten zufährt, auch wenn er im letzten Moment ausweichen möchte.[3]

▼
Muster 26.1: Keine Pervertierung des Verkehrsvorgangs
Meinem Mandanten wird folgende Tathandlung vorgeworfen:

Mein Mandant fuhr mit seinem Pkw. Mit in dem Fahrzeug befand sich die junge Bekannte meines Mandanten, Frau ▓▓▓▓, die sich zuvor mit ihrem Freund zerstritten hatte. Sie machte den Vorschlag, den Pkw ihres Freundes zu beschädigen. Mein Mandant erklärte sich hierzu bereit und fuhr zum Wohnanwesen des Freundes, vor dem dessen Pkw abgestellt war. Dort fuhr mein Mandant langsam gegen die Fahrertür des Hondas, die hierdurch großflächig eingedrückt wurde.

Die Staatsanwaltschaft sieht den Tatbestand des § 315b Abs. 1 Nr. 3 StGB als erfüllt an, weil mein Mandant sein Fahrzeug zweckentfremdet 'als Werkzeug' dazu benutzt habe, den parkenden Pkw zu beschädigen, wodurch sich gleichzeitig die konkrete Gefahr für das fremde Fahrzeug verwirklicht habe.

Diese Auffassung ist rechtlich unzutreffend.

Ein gefährlicher Eingriff im Sinne dieser Vorschrift setzt nach ständiger Rechtsprechung eine grobe Einwirkung von einigem Gewicht voraus (BGHSt 26, 176). Es genügt nicht jeder Eingriff im Straßenverkehr. § 315b StGB ist vielmehr nur dann erfüllt, wenn die darin vorausgesetzte konkrete Gefahr die Folge des tatbestandsmäßigen Eingriffs ist, durch den die Sicherheit des Straßenverkehrs beeinträchtigt wird. Erschöpft sich dagegen der Eingriff in der konkreten Gefährdung bzw. Schädigung, scheidet der Tatbestand des § 315b StGB aus (BGH zfs 2002, 198).

---

1 BGH NStZ 2010, 391; BGH NZV 2012, 249; OLG Hamm VRR 2016, Nr. 2, 3.
2 BGH NZV 1995, 115.
3 BGH DAR 1976, 22.

So lag der Fall aber hier. Dementsprechend hat sich mein Mandant allenfalls einer Sachbeschädigung strafbar gemacht.

Der Tatbestand ist zudem nur erfüllt, wenn der Eingriff eine konkrete Gefahr nach sich zieht. Die Gefahr muss konkret festgestellt werden.[4] Dies ist der Fall, wenn die Tathandlung über die ihr innewohnende latente Gefährlichkeit hinaus in eine kritische Situation geführt hat, in der – was nach allgemeiner Lebenserfahrung aufgrund einer objektiv nachträglichen Prognose zu beurteilen ist – die Sicherheit einer bestimmten Person oder Sache so stark beeinträchtigt war, dass es nur noch vom Zufall abhing (sog. Beinahe-Unfall), ob das Rechtsgut verletzt wurde oder nicht.[5]

3 Muster 26.2: Konkrete Gefahr

Nach der Rechtsprechung des BGH ist erforderlich, dass eine konkrete Gefahr für den Geschädigten bestand. Es muss ein „Beinahe-Unfall" angenommen werden können, die Sicherheit einer Person also so stark gefährdet sein, dass es nur noch vom Zufall abhängt, ob sich die Rechtsgutverletzung realisiert oder eben nicht (BGH NZV 2016, 345; BGH DAR 2013, 709).

Es trifft zwar zu, dass mein Mandant auf den Geschädigten mit seinem Fahrzeug zufuhr. Dieser hat jedoch in seiner Vernehmung angegeben, auf das Fahrmanöver meines Mandanten frühzeitig aufmerksam geworden zu sein, sich deshalb umgedreht und gesehen zu haben, dass mein Mandant auf dem Gehweg auf ihn zufährt. Er sei dabei nicht schnell gefahren und habe vor ihm abgebremst. Eine konkrete Gefährdung lag daher nicht vor. Der Geschädigte konnte meinen Mandant frühzeitig erkennen und hatte daher die Möglichkeit auszuweichen, was auch auf die geringe Geschwindigkeit des von meinem Mandant geführten Fahrzeugs zurückzuführen ist. Eine Strafbarkeit nach § 315b StGB ist nicht gegeben (vgl. hierzu auch BGH NZV 2014, 184), denn es ist gerade nicht festzustellen, dass es nur noch vom Zufall abhing, ob das Rechtsgut verletzt wurde (KG Berlin BA 52, 39). Der Geschädigte hatte meinen Mandant vielmehr stets im Blickfeld und konnte reagieren (hierzu auch BGH NZV 2016, 345).

Das Ermittlungsverfahren ist daher einzustellen, was ich hiermit beantrage.

§ 315b setzt zudem die Gefährdung von Personen oder Sachen von bedeutendem Wert voraus oder dass dieser Schaden zumindest gedroht hat. Die Grenze ist bei 750 EUR zu setzen.[6]

4 Muster 26.3: Schadenhöhe

Eine Strafbarkeit meines Mandanten ist nicht gegeben. Ausweislich des seitens des Geschädigten zur Ermittlungsakte gereichten Schadensgutachtens ist der Schaden auf netto 650 EUR geschätzt worden. Die Mehrwertsteuer ist mangels Reparatur noch nicht angefallen. Es gilt auch insoweit der wirtschaftliche Schadensbegriff. Zur Bemessung des bedeutenden Fremdschadens sind daher nur solche Schadenspositionen heranzuziehen,

---

4 BGH NZV 2015, 308.
5 BGH DAR 2013, 709.
6 BGH NZV 2008, 639.

die zivilrechtlich erstattungsfähig sind (OLG Hamm NZV 2011, 356; OLG Hamm VRR 2014, 442). Die Berechnung des Schadens erfolgt nach zivilrechtlichen Regeln und damit nach § 249 BGB. Das bedeutet im Hinblick auf die Mehrwertsteuer jedoch auch, dass diese nur zu berücksichtigen ist bei Reparatur oder eventuell bei Ersatzbeschaffung (sofern beim Neufahrzeug ebenfalls die Mehrwertsteuer ausgewiesen wird), § 249 Abs. 2 S. 2 BGB.

Eine Strafbarkeit gem. § 315b StGB setzt die Gefährdung von Personen oder Sachen von bedeutendem Wert voraus oder dass dieser Schaden zumindest gedroht hat. Die Grenze ist bei 750 EUR zu setzen (BGH NZV 2008, 639).

Das Ermittlungsverfahren ist dementsprechend einzustellen.

B. Der subjektive Tatbestand

Bei Vorgängen im **fließenden Verkehr** ist mit dem BGH zu fordern, dass neben dem zweckfremden Einsatz des Fahrzeugs hinzukommen muss, dass es zumindest mit bedingtem Schädigungsvorsatz missbraucht wurde.[7] Hier genügt dann allerdings auch die Annahme des bedingten Vorsatzes, dass der Täter also in Kauf nimmt, dass z.B. jemand gefährdet oder geschädigt wird.[8]

---

7 BGH zfs 2003, 314; BGH StraFO 2006, 122; BGH NZV 2016, 345.
8 BGH VA 2015, 172; BGH NStZ-RR 1999, 110; BGH, DAR 2012, 390.

§ 27 Gefährdung des Straßenverkehrs (§ 315c StGB)

Sebastian Gutt

A. Vorbemerkung

§ 315c StGB spielt im Verkehrsstrafrecht eine essenzielle Rolle. Kommt beispielsweise neben einer Alkoholisierung noch ein Verkehrsunfall hinzu, ist man oft nicht bei einer Strafbarkeit wegen einer Trunkenheitsfahrt, sondern im Bereich des § 315c StGB.

B. Der objektive Tatbestand

I. Führen eines Fahrzeugs im Straßenverkehr

1. Fahrzeug

Mit Fahrzeug ist jedes Fortbewegungsmittel zur Beförderung von Personen und Gütern gemeint.[1] Darunter fallen selbstverständlich die typischen Kraftfahrzeuge wie Pkw, Lkw, etc., aber auch z.B. Go-Karts[2] und Fahrräder.

▼

Muster 27.1: Kein Fahrzeug

Die Staatsanwaltschaft wirft meinem Mandanten vor, er sei stark alkoholisiert (Blutprobe 1,7 ‰) auf Inline-Skates gefahren. Er sei dabei ins Schwanken gekommen und gegen das Fahrzeug des Geschädigten gefahren und gestürzt, wodurch an diesem Fahrzeug ein Schaden in Höhe von 2.093 EUR netto entstand.

Die Staatsanwaltschaft geht hier von einer Strafbarkeit meines Mandanten wegen § 315c Abs. 1 Nr. 1a StGB aus.

Diese rechtliche Würdigung verfängt nicht.

Mit Fahrzeug ist jedes Fortbewegungsmittel zur Beförderung von Personen und Gütern gemeint (MüKo-StVR/*Hagemeier* StGB § 315c Rn 6). Inline-Skates sind indes keine Fahrzeuge i.S.d. StVO, § 24 Abs. 1 S. 1 StVO (BGH zfs 2002, 335), sondern werden nach § 24 Abs. 1 S. 2 StVO behandelt. Sie sind also nach den Vorschriften für Fußgänger zu bewerten.

Damit liegt schon der objektive Tatbestand des § 315c Abs. 1 Nr. 1a StGB nicht vor, so dass das Ermittlungsverfahren gegen meinen Mandanten gem. § 170 Abs. 2 StPO einzustellen ist.

▲

---

1 MüKo-StVR/*Hagemeier*, StGB § 315c Rn 6.
2 OLG Koblenz NJW-RR 2004, 822.

§ 27 Gefährdung des Straßenverkehrs (§ 315c StGB)

2. Führen eines Fahrzeugs

4 Ein Fahrzeug wird geführt, wenn es unter bestimmungsgemäßer Anwendung seiner Antriebskräfte unter eigener Allein- oder Mitverantwortung in Bewegung gesetzt und es unter Handhabung seiner technischen Vorrichtungen während der Fahrtbewegung durch den öffentlichen Verkehrsraum ganz oder wenigstens zum Teil geleitet wird.[3]

5 Einigkeit besteht darüber, dass das Führen eines Fahrzeugs eine Bewegung desselben voraussetzt, auch wenn diese nicht auf Motorkraft zurückzuführen ist.[4] Somit wird auch ein Fahrzeug geführt, dass abgeschleppt wird. Denn der abschleppende Fahrer könnte das gezogene Fahrzeug nicht allein zielgerichtet im Verkehr bewegen. Es bedarf vielmehr notwendigerweise der Mitwirkung des Fahrers des abgeschleppten Pkws zumindest in Form des Lenkens und Bremsens.[5] Nicht hierhin gehören bloße vorbereitende Handlungen oder solche nach Beendigung der Fahrt,[6] z.B. Abstellen des Motors.[7]

6 Ob ein Führen des Fahrzeugs zu bejahen ist, wenn sich das Fahrzeug ohne den Willen und/oder ohne ein Zutun in Bewegung setzt, ist mit der herrschenden Rechtsprechung zu verneinen.[8]

7 **Muster 27.2: Kein Führen des Fahrzeugs ohne Willensakt**

Richtig ist, dass mein Mandant beabsichtigte, den Pkw seines Bekannten umzuparken. Dabei ist er von dem Beifahrer- auf den Fahrersitz gewechselt und startete den Motor. Hierbei hat er übersehen, dass der erste Gang bereits eingelegt war, weshalb das Fahrzeug beim Betätigen des Anlassers einen „Sprung" nach vorne machte, wodurch das davor abgestellte Fahrzeug des Geschädigten einen Schaden von 1.400 EUR netto erlitt. Mein Mandant stellt nicht in Abrede, dass er alkoholisiert war (BAK 1,12‰).

Es fehlt jedenfalls an dem nach herrschender Rechtsprechung erforderlichen Willensakt. Bezogen auf die sprachliche Auslegung des Begriffs „Führen" ist eine zielgerichtete Handlung Voraussetzung. Wer ohne seinen Willen bewirkt, dass ein Fahrzeug in Bewegung gerät, führt dieses nicht (OLG Frankfurt DAR 1990, 270; OLG Düsseldorf zfs 1992, 101).

II. Öffentlicher Straßenverkehr

8 Die Norm schützt nur den öffentlichen Straßenverkehr und somit den öffentlichen Verkehrsraum.[9] Von einem solchen ist auszugehen, wenn ausdrücklich oder stillschweigend die Benutzung allgemein oder wenigstens für allgemein bestimmte Gruppen von Benutzern zugelassen ist oder aber die Benutzung faktisch geduldet wird.[10]

---

3 BGHSt 18, 6; BGH NZV 1989, 32.
4 BGH NZV 1989, 32.
5 BGH DAR 1990, 184.
6 OLG Frankfurt DAR 1990, 270.
7 OLG Karlsruhe NZV 2006, 441.
8 Z.B. OLG Düsseldorf zfs 1992, 101.
9 BGH zfs 2013, 528.
10 BGH DAR 2004, 529; BGH DAR 2004, 399.

B. Der objektive Tatbestand § 27

Eine Verkehrsfläche gehört dann nicht mehr zum öffentlichen Verkehrsraum, wenn der Berechtigte dies durch eine entsprechende Handlung nach außen deutlich gemacht hat.[11]

9

▼

Muster 27.3: Betriebsgelände kein öffentlicher Verkehrsraum

10

Nach der Arbeit trank mein Mandant mit Arbeitskollegen Alkohol. Er hielt sich anschließend für fahrtauglich und stieg in sein Fahrzeug ein. Auf dem Betriebsgelände, dass eingezäunt ist und zu dem nur Mitarbeiter mit entsprechenden Ausweisen Zutritt haben, soll mein Mandant gegen ein dort abgestelltes Fahrzeug gefahren und dieses erheblich beschädigt haben. Gegenüber der herbeigerufenen Polizei erklärte sich mein Mandant mit der Entnahme einer Blutprobe einverstanden.

Ihm wird nun eine Straßenverkehrsgefährdung vorgeworfen.

Dies ist unzutreffend, denn der Unfall hat sich schon nicht im öffentlichen Verkehrsraum abgespielt. Von öffentlichem Verkehrsraum ist auszugehen, wenn ausdrücklich oder stillschweigend die Benutzung allgemein oder wenigstens für allgemein bestimmte Gruppen von Benutzern zugelassen ist oder aber die Benutzung faktisch geduldet wird (BGH DAR 2004, 529; BGH DAR 2004, 399). Eine Verkehrsfläche gehört nicht mehr zum öffentlichen Verkehrsraum, wenn der Berechtigte dies durch eine entsprechende Handlung nach außen deutlich gemacht hat (BGHSt 16, 7; BGH DAR 2004, 399).

Dies war hier der Fall, denn der Unfall hatte sich auf einem Betriebsgelände ereignet, das ausgeschildert ist als „Privat-/Werksgelände" und entsprechend eingefriedet. Es finden Einlasskontrollen statt. Nur Mitarbeiter mit Ausweis erhalten Zugang.

In diesen Fällen ist der Kreis der Berechtigten so eng umschrieben, dass er deutlich aus einer unbestimmten Vielheit möglicher Benutzer ausgesondert ist (BGHSt 16, 7; OLG Braunschweig VRS 27, 458). Schon deshalb ist das Ermittlungsverfahren gegen meinen Mandanten einzustellen, was ich an dieser Stelle beantrage.

▲

III. Fahrunsicherheit

1. Genuss alkoholischer Getränke oder anderer berauschender Mittel

Hier kann auf die Ausführungen zu § 316 verwiesen werden. Die Ausführungen gelten entsprechend.

11

2. Geistige oder körperliche Mängel

§ 315c StGB geht hier über § 316 StGB hinaus, indem auch die Fahrunsicherheit wegen (anderer) geistiger und körperlicher Mängel unter Strafe gestellt wird.

12

a) Insbesondere vorübergehende oder dauernde Krankheiten

Hierhin gehören z.B. Krankheiten, die generell zur Fahrunsicherheit führen (z.B. Erblindung[12]), aber auch vorübergehende Krankheiten (Gipsbein, Gipsarm). Es kommt bei

13

---

11 BGHSt 16, 7; BGH DAR 2004, 399.
12 BGH DAR 2008, 390.

§ 27 Gefährdung des Straßenverkehrs (§ 315c StGB)

vorübergehenden Krankheiten oder aber bei Erforderlichkeit von Hilfsmitteln (Brille) auf die Beeinträchtigung im konkreten Fall an. Es ist also ähnlich wie bei der relativen Fahrunsicherheit vorzugehen und zu prüfen, ob sich der Mangel im Sinne der Fahrunsicherheit ausgewirkt hat.[13]

▼

14 **Muster 27.4: Keine Straßenverkehrsgefährdung bei Fahren ohne Brille**

Es wird durch meinen Mandanten nicht in Abrede gestellt, dass er beim Führen eines Kraftfahrzeugs grundsätzlich auf die Nutzung einer Sehhilfe wegen Kurzsichtigkeit angewiesen ist. Zutreffend ist auch, dass es am besagten Tag zu einem Verkehrsunfall mit Herrn ▨ kam und dessen Fahrzeug hierbei erheblich beschädigt wurde (lt. Bl. ▨ d. Akte 1.500 EUR Nettoreparaturkosten).

Eine Strafbarkeit meines Mandanten gem. § 315c Abs. 1 Nr. 1b StGB ist gleichwohl nicht gegeben.

Grundsätzlich verbietet sich eine Verallgemeinerung (*Gebhardt*, Verteidigung in Verkehrsstraf- und Ordnungswidrigkeitenverfahren, 8. Aufl., § 39 Rn 3). Anerkannt ist vielmehr, dass jeder Fall individuell zu betrachten ist. Bei Erforderlichkeit von Hilfsmitteln kommt es auf die Beeinträchtigung im konkreten Fall an. Es ist also ähnlich wie bei der „relativen" Fahrunsicherheit vorzugehen und zu prüfen, ob sich der Mangel im Sinne der Fahrunsicherheit ausgewirkt hat (*König* in: Hentschel/König/Dauer, § 315c StGB Rn 5).

Übertragen auf den hiesigen Fall ist festzuhalten, dass eine Fahrunsicherheit meines Mandanten nicht gegeben war. Der Geschädigte fuhr mit seinem Fahrzeug unmittelbar vor meinem Mandant und war für ihn aus dieser Instanz gut zu erkennen. Der Geschädigte musste dann wegen eines den Zebrastreifen überquerenden Fußgängers bremsen. Meinem Mandanten gelang es nicht mehr, rechtzeitig zu bremsen, und er fuhr auf das Fahrzeug des Geschädigten auf, wodurch dieses beschädigt wurde. Es handelt sich hierbei um eine typische Unfallkonstellation, wie sie sich alltäglich im Straßenverkehr mehrfach ereignet. Die Tatsache, dass mein Mandant seine Brille vergessen hatte, hat sich jedenfalls gerade nicht kausal auf den Verkehrsunfall ausgewirkt.

Das Ermittlungsverfahren ist einzustellen, was ich hiermit beantrage.

▲

b) Insbesondere Müdigkeit

15 Müdigkeit, nicht nur bei Lkw-Fahrern, ist eine häufige Unfallursache. Kommt es aufgrund von Müdigkeit zu einem Verkehrsunfall, so kann hierin unter Umständen eine Strafbarkeit gem. § 315c Abs. 1 Nr. 1b) begründet liegen.

16 Starke Müdigkeit hat einen erheblichen nachteiligen Einfluss auf die psycho-physische Leistungsfähigkeit des Menschen. Dies ist in der medizinisch-naturwissenschaftlichen Forschung unumstritten. Übermüdung hat unter anderem eine Verlängerung der Reaktionszeit, eine erschwerte Einordnungsfähigkeit für neu auftretende Situationen sowie Störungen der Aufmerksamkeitsfähigkeit und des Tiefsehens zur Folge.[14]

---

13 *König*, in: *Hentschel/König/Dauer*, § 315c StGB Rn 5.
14 BayObLG DAR, 2003, 527.

Ein Kraftfahrer, bevor er am Steuer einschläft, kann häufig deutliche Zeichen der Übermüdung an sich wahrnehmen. Dies beruht auf der in den berufenen Fachkreisen gesicherten Kenntnis, dass ein gesunder, bislang hellwacher und nicht durch den Konsum von Alkohol oder anderen psychoaktiven Substanzen beeinflusster Mensch nicht plötzlich und ohne Vorwarnungen vom Schlaf übermannt wird. Frühsymptome können z.B. Lidschwere, Sehen von Doppelbildern, Fremdkörperreiz in den Augen o.Ä. sein. Schläft der Betroffene gleichwohl ein, so hat er sich entweder über diese Warnzeichen bewusst hinweggesetzt oder er ist der ihm obliegenden Selbstbeobachtung nicht hinreichend nachgekommen.[15]

Zur Annahme einer Strafbarkeit ist allerdings erforderlich, dass die Müdigkeit die Schwelle der Fahruntauglichkeit erreicht. Nicht jede Müdigkeit ist daher „strafbar".[16] Dies setzt stets eine Prüfung im Einzelfall voraus. Dies ist der Ansatz der Verteidigung

▼
Muster 27.5: Keine Strafbarkeit wegen Müdigkeit
Nach Akteneinsicht und Besprechung der Angelegenheit lässt sich mein Mandant wie folgt zur Sache ein:

Meinem Mandanten wird eine fahrlässige Straßenverkehrsgefährdung zur Last gelegt, weil er aufgrund von Müdigkeit fahruntauglich gewesen sei und deshalb auf das Fahrzeug des Geschädigten auffuhr und einen Schaden in Höhe von 1.500 EUR netto verursachte.

Es mag sein, dass mein Mandant kurzzeitig müde wurde und infolge dessen auf den Geschädigten fuhr. Deshalb war er jedoch nicht fahruntauglich, denn nicht jede Müdigkeit ist „strafbar". Vielmehr ist immer der konkrete Einzelfall zu betrachten (*Quarch*, SVR 2009, 215).

Der Vorfall ereignete sich um 20.50 Uhr am Wochenende. Mein Mandant arbeitet seit mehr als 30 Jahren im Dreischichtsystem beim Automobilbauer W. Er ist es gewohnt, von der Früh- in Spät- und Nachtschicht zu wechseln. Dies ist sein Körper gewohnt. Er kommt seit Jahrzehnten damit klar, sich auf die verschiedenen Schlafrhythmen einzustellen. Mein Mandant hatte hiermit nie Probleme.

Der Vorfall ereignete sich während einer sogenannten „Freischicht". Das bedeutet, mein Mandant musste nicht arbeiten. Er hatte die Möglichkeit an diesem Tag auszuschlafen und diese auch genutzt. Er hatte sogar mittags noch kurz geschlafen. Als mein Mandant dann mit seinem Auto losfuhr, fühlte er sich ausgeschlafen. Es deutete nichts auf Müdigkeit hin. Eine Müdigkeit, die zu einer Fahruntauglichkeit im Sinne des § 315c StGB führt, ist deshalb nicht gegeben.

Ich beantrage daher, das Ermittlungsverfahren gegen meinen Mandanten gem. § 170 Abs. 2 StPO einzustellen.

---

15 BGH NJW 1970, 520.
16 AG Aachen Beschl. v. 23.2.2007 – 41Gs 421/07, juris; *Quarch*, SVR 2009, 215.

§ 27 Gefährdung des Straßenverkehrs (§ 315c StGB)

IV. Verkehrsverstöße gem. Nr. 2

19 § 315c StGB stellt die sogenannten sieben „Todsünden" im Straßenverkehr unter Strafe. Aufgezählt werden besonders gefährliche Verkehrsverstöße, die der Verkehrsteilnahme im Zustand der Fahrunsicherheit gleichgestellt werden. Die einzelnen Verstöße sind teilweise aus sich heraus aufgrund des eindeutigen Wortlauts verständlich, teilweise bedürfen sie der Auslegung. Es handelt sich um eine abschließende Aufzählung.

1. Grob verkehrswidrig und rücksichtslos

20 Die sieben „Todsünden", auf die nachfolgend genauer eingegangen werden soll, müssen grob verkehrswidrig und rücksichtslos begangen worden sein. „Grob verkehrswidrig" betrifft dabei die objektive Seite und „rücksichtslos" die subjektive. Durch das Wort „und" wird klargestellt, dass beide Merkmale kumulativ und nicht alternativ vorliegen müssen.

21 Grob verkehrswidrig handelt dabei, wer objektiv besonders gefährlich gegen Verkehrsvorschriften verstößt, die Sicherheit des Straßenverkehrs beeinträchtigt, was nicht selten schwerwiegende Folgen hat.[17]

22 Rücksichtslos handelt, wer sich im Straßenverkehr aus eigensüchtigen Gründen über seine Pflichten gegenüber anderen Verkehrsteilnehmern hinwegsetzt oder wer aus Gleichgültigkeit von vornherein Bedenken gegen sein Verhalten nicht aufkommen lässt und unbekümmert um die Folgen seines Verhaltens darauf losfährt.[18] Gefordert wird ein überdurchschnittliches Fehlverhalten, dass von einer besonderen verwerflichen Verkehrsgesinnung geprägt sein muss.[19]

23 Die grobe Verkehrswidrigkeit und die Rücksichtslosigkeit müssen dabei gleichzeitig vorliegen.[20]

24 Ein Augenblicksversagen genügt nicht,[21] ebenfalls nicht bloße Unaufmerksamkeit oder die auf menschlichem Versagen beruhende irrige Beurteilung einer Verkehrslage.[22]

▼

25 **Muster 27.6: Augenblicksversagen, Fahrlässigkeit**
Zwar hat mein Mandant die Lichtzeichenanlage bei Rotlicht überfahren. Er ging jedoch versehentlich davon aus, diese zeige für ihn „grün", er dürfe also fahren. Es kam dann im Kreuzungsbereich zum Zusammenstoß mit dem Geschädigten, der Vorfahrt gehabt hätte.
Eine Strafbarkeit gem. § 315c Abs. 1 Nr. 2a StGB liegt gleichwohl nicht vor. Der Verkehrsverstoß muss nämlich grundsätzlich grob verkehrswidrig und rücksichtslos sein. Selbst

---

17 OLG Köln zfs 1992, 68.
18 BGHSt 5, 392; OLG Koblenz DAR 1989, 241.
19 OLG Karlsruhe VRS 107, 292; OLG Köln zfs 1996, 245.
20 OLG Hamm NZV 2006, 388.
21 OLG Stuttgart DAR 1976, 23; OLG Bamberg 2010, SVR 300.
22 OLG Düsseldorf zfs 2000, 413; OLG Karlsruhe zfs 2008, 349; weitere Beispiele auch bei *Burmann*, in: *Burmann/Heß/Hühnermann/Jahnke/Janker*, Straßenverkehrsrecht, 24. Aufl. § 315c StGB Rn 19 f.

wenn man noch annehmen könnte, dass das Überfahren der Rotlicht anzeigenden Lichtzeichenanlage grob fahrlässig war, war das Verhalten jedenfalls nicht rücksichtslos. Rücksichtslos handelt, wer sich im Straßenverkehr aus eigensüchtigen Gründen über seine Pflichten gegenüber anderen Verkehrsteilnehmern hinwegsetzt oder wer aus Gleichgültigkeit von vornherein Bedenken gegen sein Verhalten nicht aufkommen lässt und unbekümmert um die Folgen seines Verhaltens darauf losfährt (BGHSt 5, 392; OLG Koblenz DAR 1989, 241). Gefordert wird ein überdurchschnittliches Fehlverhalten, dass von einer besonderen verwerflichen Verkehrsgesinnung geprägt sein muss (OLG Karlsruhe VRS 107, 292; OLG Köln zfs 1996, 245).

Hier ist allenfalls von einem Augenblicksversagen auszugehen, welches das Tatbestandsmerkmal der Rücksichtslosigkeit nicht erfüllt (OLG Stuttgart DAR 1976, 23; OLG Bamberg 2010, SVR 300).

Zu berücksichtigen ist nämlich, dass auch der sorgsame Verkehrsteilnehmer von schweren Fehlern im Straßenverkehr nicht gefeit ist. Dies ist in der Gesamtschau und bei der Würdigung des Verkehrsverstoß mit zu berücksichtigen.

2. Die einzelnen „Todsünden"

a) Nichtbeachtung der Vorfahrt, Nr. 2a

Wichtig zu wissen ist hier, dass nicht nur Verstöße gegen § 8 Abs. 1 StVO gemeint sind. Insoweit ist die Formulierung etwas verwirrend. Vielmehr vertritt der BGH den sogenannten „erweiterten Vorfahrtsbegriff". Ein Vorfahrtfall ist immer dann gegeben, wenn im öffentlichen Straßenverkehr die Fahrlinien zweier Fahrzeuge (bei unveränderter Fahrweise) zusammentreffen oder gefährlich nahekommen.[23] Dazu gehören alle Fälle, in denen eine straßenverkehrsrechtliche Vorschrift einem Verkehrsteilnehmer den Fahrtvorrang einräumt. Dazu gehört z.B. auch § 10 Satz 1 StVO, der dem fließenden Verkehr den Vorrang u.a. vor vom rechten Fahrbahnrand anfahrenden Fahrzeugen einräumt, aber keine Vorfahrtsverletzung im Sinne des § 8 StVO darstellt.[24] Somit kann hierunter auch ein Verstoß gegen § 6 StVO fallen, der stets von § 5 StVO, also dem Überholen, abzugrenzen ist.[25]

Muster 27.7: Kein Fall der Nichtbeachtung der Vorfahrt

Gerügt wird die Verletzung materiellen Rechts. Das Amtsgericht hat meine Mandantin entsprechend des Anklagevorwurfs wegen Gefährdung des Straßenverkehrs durch grob verkehrswidriges und rücksichtsloses Nichtbeachten der Vorfahrt zu einer Geldstrafe von fünfzig Tagessätzen zu je 15 EUR verurteilt. Das Landgericht hat die Berufung meines Mandanten verworfen. Hiergegen richtet sich die Revision.

Das Landgericht hat festgestellt:

Meine Mandantin befuhr mit ihrem Pkw in von einer in eine Hauptstraße einmündende Nebenstraße mit einer Spur je Fahrtrichtung deren letzten Abschnitt zu der Hauptstraße

---

23 BGHSt 11, 219.
24 BGH, Beschl. v. 20.1.2009 – 4 StR 396/08 – juris.
25 Siehe auch *Nugel*, jurisPR-VerkR 15/2009 Anm. 5.

§ 27 Gefährdung des Straßenverkehrs (§ 315c StGB)

hin. Auf dem letzten Teil vor der Einmündung war auf der zu der Hauptstraße hinführenden Fahrbahnseite eine Baustelle angelegt. Ihretwegen war dort das Befahren der Nebenstraße aufgrund Anordnung des zuständigen Tiefbauamts nur auf einer Spur und in eine Richtung erlaubt, nämlich für den aus der Hauptstraße einfahrenden Verkehr. Für den Verkehr in Richtung Hauptstraße war vor der Baustelle gemäß behördlicher Anordnung das Verkehrszeichen 267 (Verbot der Einfahrt) aufgestellt, an der mit der letzten Querstraße davor gebildeten Kreuzung befand sich das Verkehrszeichen 357 (Sackgasse). Zur tatrelevanten Zeit, am späten Nachmittag des 27.11.2001, war das Zeichen 267 – ebenso das Zeichen 357 – gut erkennbar aufgestellt. Meine Mandantin soll die Baustelle gekannt und gewusst haben, dass die Durchfahrt zu der Hauptstraße grundsätzlich durch das Verkehrszeichen 267 gesperrt ist, das Befahren der Gegenrichtung indes erlaubt war und das Verkehrszeichen passiert haben, ohne darauf zu achten. Es soll ihr insofern gleichgültig gewesen sein, als sie entschlossen war, ohnehin – unabhängig von seinem Vorhandensein – dort durchzufahren und sich so den sonst erforderlichen Umweg zu ersparen und schneller voranzukommen. In dem Engpass sei ihr, aus der Hauptstraße mit angemessener Geschwindigkeit einbiegend, die Zeugin auf ihrem Damenfahrrad mit eingeschalteter Beleuchtung entgegen gekommen. Gleichwohl habe sie ihre Fahrt zunächst unbeirrt fortgesetzt. Sie erwartete, dass die Radfahrerin ausweichen würde. Da es dieser aber nicht mehr gelungen sei, ohne ein auf dem welligen Straßenbelag – die Asphaltierung war provisorisch – gefährliches Ausweichmanöver seitlich an dem Pkw meiner Mandantin vorbeizufahren, hätten die Radfahrerin und meine Mandantin im letzten Moment eine Vollbremsung durchgeführt. Die Fahrzeuge seien in einem Abstand von lediglich noch etwa einem halben Meter voneinander zum Stehen gekommen.

Diese Feststellungen vermögen die Verurteilung meiner Mandantin wegen Gefährdung des Straßenverkehrs durch grob verkehrswidriges und rücksichtsloses Nichtbeachten der Vorfahrt (§ 315c Abs. 1 Nr. 2a) StGB) nicht zu tragen.

Ein Vorfahrtfall ist immer dann gegeben, wenn im öffentlichen Straßenverkehr die Fahrlinien zweier Fahrzeuge (bei unveränderter Fahrweise) zusammentreffen oder gefährlich nahekommen (BGHSt 11, 219). Dazu gehören alle Fälle, in denen eine straßenverkehrsrechtliche Vorschrift einem Verkehrsteilnehmer den Fahrtvorrang einräumt (sog. erweiterter Vorfahrtbegriff; BGH, Beschl. v. 20.1.2009 – 4 StR 396/08 – juris).

Ein solcher Fall ist hier nicht gegeben. Es hat eine Verkehrssituation bestanden, die nach dem erkennbaren und zu respektierenden Verständnis des Gesetzgebers von der Reichweite der von ihm aufgestellten Normen der Bestrafung als Vorfahrtverletzung nach der genannten Strafbestimmung nicht zugänglich ist. Für Überlegungen, ob in dem vorliegenden Fall des auf Seiten meiner Mandantin festgestellten Befahrens eines wegen baustellenbedingter Enge als Einbahnstraße ausgeschilderten Abschnitts einer städtischen Nebenstraße in entgegengesetzter Fahrtrichtung eine entsprechende oder entsprechend zu behandelnde Situation vorgelegen hat, ist kein Raum. Es steht entgegen, dass der Gesetzgeber durch eine Ergänzung des § 315c Abs. 1 Nr. 2 f) StGB das Fahren entgegen der Fahrtrichtung auf Autobahnen oder Kraftfahrstraßen nachträglich eigens unter Strafe gestellt hat (KG Berlin DAR 2004, 459).

Meine Mandantin ist demnach freizusprechen.[26]

---

26 An KG Berlin DAR 2004, 459 angelehnt.

B. Der objektive Tatbestand §27

b) Falsches Fahren beim Überholvorgang, Nr. 2b

Unter falschem Überholen ist jedes verkehrswidrige Überholmanöver zu verstehen. Falsches Fahren bei Überholvorgängen umfasst jedes verkehrswidrige Verhalten, das in einem inneren Zusammenhang mit einem Überholvorgang steht.[27]

Das Überholen wird definiert als der tatsächliche absichtslose Vorgang des Vorbeifahrens auf demselben Straßenteil an einem anderen Verkehrsteilnehmer, der sich in derselben Richtung bewegt oder verkehrsbedingt wartet.[28] Es handelt sich also um ein Vorbeifahren von hinten an einem anderen Verkehrsteilnehmer.

Das Überholen beginnt noch nicht, wenn lediglich etwas nach links versetzt gefahren wird, etwa um an dem vorausfahrenden Fahrzeug vorbeischauen zu können.[29] Anders zu beurteilen ist dies nur dann, wenn dabei auf die Gegenfahrbahn ausgeschert und beschleunigt wird.[30] Kommt es hierbei zur Gefährdung des Gegenverkehrs, so kommt statt eines Verstoßes gegen § 5 StVO ein solcher gegen § 1 Abs. 2 StVO in Betracht. Der Überholvorgang beginnt vielmehr spätestens mit dem Ausscheren nach links.[31]

Beendet ist der Überholvorgang mit dem Wiedereinordnen in ausreichendem Abstand nach erneuter Fahrtrichtungsanzeige.[32] Ein Fehlverhalten nach Abschluss des Überholens wird von 315c Abs. 1 Nr. 2b nicht erfasst.[33]

Muster 27.8: Kein Überholen

Ein Verstoß meines Mandanten gegen § 315c Abs. 1 Nr. 2b StGB liegt nicht vor.

Meinem Mandanten wird vorgeworfen, den am Straßenrand stehenden Bus überholt zu haben und vor diesem zu früh eingeschert zu sein, weshalb es zum Zusammenstoß mit diesem kam. Der Bus wurde dabei erheblich beschädigt.

Mein Mandant hat nicht überholt.

Das Überholen wird definiert als der tatsächliche absichtslose Vorgang des Vorbeifahrens auf demselben Straßenteil an einem anderen Verkehrsteilnehmer, der sich in derselben Richtung bewegt oder verkehrsbedingt wartet (BGH NJW 1968, 1533, 1534; KG r+s 2011, 174).

Überholt werden nur verkehrsbedingt, z.B. wegen eines Staus, haltende Fahrzeuge (BGH NZV 1994, 413). Der Omnibus hatte jedoch an der Haltestelle gehalten, um Fahrgäste aussteigen zu lassen. Dies ist kein verkehrsbedingtes Halten. Hält ein Omnibus planmäßig, um Fahrgäste aus- und/oder einsteigen zu lassen, ist dieses Verhalten gerade nicht auf die jeweilige Verkehrssituation zurückzuführen, also nicht verkehrsbedingt. Damit ist mein Mandant lediglich vorbeigefahren. Das Verhalten meines Mandanten ist daher

---

27 *Hagemeier*, a.a.O Rn 50.
28 BGH NJW 1968, 1533, 1534; KG r+s 2011, 174.
29 Ebenso BayObLG DAR 1988, 361.
30 OLG Karlsruhe zfs 2004, 321.
31 OLG Karlsruhe NJW 1972, 962; *Haubrich*, NJW 1989, 1197.
32 KG zfs 2007, 202, 203; OLG Hamm DAR 2000, 265.
33 OLG Hamm DAR 2015, 399.

§ 27 Gefährdung des Straßenverkehrs (§ 315c StGB)

ausschließlich an § 6 StVO zu messen. Diese Vorschrift ist nicht von § 315c Abs. Nr. 2b StGB umfasst.

Das Verfahren ist gem. § 170 Abs. 2 StPO einzustellen.

33 *Praxistipp*
Hier ist Vorsicht geboten. Da der BGH – wie gesehen – den sog. erweiterten Vorfahrtsbegriff vertritt, kann ein Verstoß gegen § 6 S. StVO ggf. zu einer Strafbarkeit nach Abs. 2 Nr. 2a führen, wenn es z.B. zum Zusammenstoß mit dem bevorrechtigtem Gegenverkehr kommt.[34]

34 Muster 27.9: Bremsen nach Abschluss des Überholvorgangs

In der Strafsache[35]

gegen

wegen Straßenverkehrsgefährdung

will ich zur Anklage materiell-rechtlich wie folgt vortragen:

Meinem Mandanten wird vorgeworfen, dass er längere Zeit hinter der auf der linken Fahrspur der BAB 2 fahrenden Zeugin ▒ herfuhr. Als diese keine Anzeichen für einen Fahrspurwechsel auf die mittlere Fahrspur machte, soll mein Mandant dann auf die mittlere Fahrspur gewechselt sein, um die Zeugin rechts zu überholen. Er soll dann nur wenige Meter vor der Zeugin und unter deutlicher Unterschreitung des Sicherheitsabstands vor dem Fahrzeug der Zeugin ▒ wieder eingeschert sein. Dann habe er sein Fahrzeug grundlos gebremst und die Zeugin habe nur durch eine Gefahrbremsung einen Zusammenstoß vermieden. Hierbei habe sie große Angst und Panik gehabt. Dieser Vorgang soll sich dann noch einige Male wiederholt haben.

Ungeachtet der Tatsache, dass mein Mandant diesen Vorgang gänzlich in Abrede stellt, rechtfertigt er eine Verurteilung wegen § 315c Abs. 1 Nr. 1b StGB nicht. Der Überholvorgang war zu diesem Zeitpunkt nämlich bereits beendet. Beendet ist der Überholvorgang mit dem Wiedereinordnen in ausreichendem Abstand nach erneuter Fahrtrichtungsanzeige (KG zfs 2007, 202, 203; OLG Hamm DAR 2000, 265). Ein Fehlverhalten nach Abschluss des Überholens wird von Nr. 2b nicht erfasst (OLG Hamm DAR 2015, 399).

Die Richtigkeit des Tathergangs unterstellt, wäre das Ausbremsen nicht mehr vom Überholvorgang umfasst, so dass kein Verstoß gegen § 315c Abs. Nr. 1b StGB vorliegt.

Ungeachtet dessen mangelt es auch an einer konkreten Gefahr. Nicht ausreichend sind insoweit nur wertende Umschreibungen und Feststellungen wie etwa ein „scharfes" Abbremsen oder Ausweichen (OLG Hamm DAR 2015, 399). Gleiches gilt für die hier verwendeten Umschreibungen „Angst" und „Panik". Anhand dieser wertenden Begrifflichkeiten kann eine konkrete Gefahr nicht festgestellt werden.

Ein Verstoß gegen § 5 Abs. 1 StVO ist gleichfalls nicht gegeben. Denn erforderlich ist stets eine konkrete Gefahrenlage und nicht bloß die Tatsache, dass mein Mandant rechts überholt haben soll. Nach gefestigter Rechtsprechung muss die Tathandlung über die ihr

---

34 KG Berlin DAR 2004, 285.
35 Der Entscheidung des OLG Hamm DAR 2015, 399, nachgebildet.

innewohnende latente Gefährlichkeit hinaus in eine kritische Situation geführt haben, in der – was nach allgemeiner Lebenserfahrung aufgrund einer objektiv nachträglichen Prognose zu beurteilen ist – die Sicherheit einer bestimmten Person oder Sache von bedeutendem Wert so stark beeinträchtigt war, dass es nur noch vom Zufall abhing, ob das Rechtsgut verletzt wurde oder nicht (BGH DAR 2015, 702; BGH DAR 2008, 487). Eine solche Gefahr bestand für die Zeugin nicht. Nach den Ermittlungsergebnissen der Staatsanwaltschaft soll allenfalls durch das spätere „Ausbremsen" eine Gefahr für die Zeugin bestanden haben. Das Rechtsüberholen aber hatte hiermit nichts zu tun.

Ich beantrage daher, die Anklage nicht zur Hauptverhandlung zuzulassen, § 204 Abs. StPO.[36]

c) Falsches Fahren an Fußgängerüberwegen

Erfasst wird nur das Falschfahren an Fußgängerüberwegen im Sinne des § 26 StVO. Das sind allein die durch Zeichen 293 (Zebrastreifen) markierten Fahrbahnflächen,[37] 35

Bei der Feststellung, ob Leib oder Leben des Fußgängers gefährdet waren, muss das Gericht Feststellungen zu den gefahrenen Geschwindigkeiten und auch zu der Beschaffenheit des Fahrzeugs treffen. Ebenfalls muss festgestellt werden, inwieweit im Fall einer Kollision auch Leib und Leben des Fußgängers gefährdet waren,[38] an denen zu Fuß Gehende und ihnen gleichgestellte Verkehrsteilnehmer nach § 26 Abs. 1 S. 1 StVO vor Fahrzeugen uneingeschränkt Vorrang haben und Fahrzeug Fahrende gemäß § 26 Abs. 1 S. 2, Abs. 2 und 3 StVO sowie § 41 Abs. 1 StVG i.V.m. Anlage 2 und Zeichen 293 besonderen Pflichten unterliegen.[39] Auch hierzu bedarf es im Urteil konkreter Feststellungen.

d) Zu schnelles Fahren an unübersichtlichen Stellen

Ein Verkehrsteilnehmer hat seine Geschwindigkeit grundsätzlich den Straßen-, Verkehrs-, Sicht- und Wetterverhältnissen anzupassen.[40] 36

Eine Stelle ist dann unübersichtlich, wenn der Verkehrslauf wegen ungenügenden Überblicks nicht vollständig überblickt werden kann.[41] Die Unübersichtlichkeit muss nicht nur auf den örtlichen Gegebenheiten beruhen. Sie kann sich auch aus anderen Hindernissen ergeben,[42] z.B. Nebel.[43] 37

Ob das Merkmal der „unübersichtlichen Stelle" erfüllt ist, kann nur aufgrund exakter Beschreibungen der Örtlichkeit und präziser Feststellungen der in Betracht zu ziehenden Abmessungen sowie der konkreten Sicht- und Verkehrsverhältnisse zum Tatzeitpunkt 38

---

36 In Betracht kommen könnten freilich andere Straftaten, z.B. eine Nötigung. Dies bedürfte indes ebenfalls weiterer Feststellungen.
37 BGH DAR 2008, 390.
38 BGH DAR 2008, 487.
39 BGH DAR 2015, 702.
40 OLG Braunschweig NZV 2002, 176, 177; LG Limburg r+s 1987, 190; vgl. auch § 3 Abs. 1 StVO.
41 *Hagemeier* a.a.O. Rn 60.
42 NK-GVR/*Gutt*, § 3 StVO Rn 5.
43 BayObLG zfs 1988, 225.

§ 27 Gefährdung des Straßenverkehrs (§ 315c StGB)

erschöpfend beurteilt werden.[44] Die jeweiligen Merkmale sind in dem Urteil darzulegen.[45]

39 **Muster 27.10: Keine unübersichtliche Stelle**

Meinem Mandanten wird eine Straßenverkehrsgefährdung vorgeworfen, weil er sein Fahrzeug mit vereisten und verschmutzten Scheiben führte. Ein Fall des § 315c Abs. 2 Nr. 2d StGB ist nicht gegeben. Denn bei den Scheiben handelt es sich gerade nicht um eine „Stelle" im Verlauf der Fahrtstrecke. Hierauf zielt der Schutzzweck der Norm indes ab (*Burmann*, in: Burmann/Heß/Hühnermann/Jahnke/Janker, Straßenverkehrsrecht, 24. Aufl., § 315c Rn 24 m.w.N.). Eine Strafbarkeit scheidet demgemäß aus.

e) Verletzung des Rechtsfahrgebotes an unübersichtlichen Stellen

40 Hinsichtlich der unübersichtlichen Stelle kann auf die Ausführungen unter d) verwiesen werden.

Unter diesen Tatbestand fällt vor allem das Schneiden der Kurve. Voraussetzung ist, dass der Fahrzeugführer zumindest teilweise die rechte Fahrbahnseite überfährt. Es genügt nicht, dass er lediglich auf seiner Fahrbahnseite nicht äußerst rechts fährt.[46]

f) Wenden, Rückwärtsfahren und Fahren entgegen der Fahrtrichtung

41 Erfasst werden vor allem die sog. Geisterfahrten (Fahren entgegen der Fahrtrichtung), die eine außerordentlich große Gefahr darstellen, ebenso deren Versuch.

Es kann sein, dass selbst Geisterfahrten nicht als rücksichtslos und grob verkehrswidrig qualifiziert werden, wenn die Fahrbahn irrtümlich aufgrund eines Augenblicksversagens befahren wurde und der Fahrzeugführer dies noch innerhalb der Auffahrt merkt, wendet und die Autobahn wieder verlässt.[47]

42 **Muster 27.11: Augenblicksversagen**

Mein Mandant lässt sich wie folgt zur Sache ein:

Mein Mandant ist ortsunkundig. Er wollte die Stadt über die BAB 2 in Richtung seiner Heimat verlassen. Es gibt hier mehrere Auf- und Abfahrten. Mein Mandant war durch diese und die Beschilderung irritiert und fuhr versehentlich die Abfahrt hinauf. Noch auf der Abfahrt erkannte er seinen Fehler. Um diesen zu korrigieren und einen Zusammenstoß mit dem Gegenverkehr zu vermeiden, wendete er sofort und fuhr die Abfahrt in Fahrtrichtung zurück.

Mein Mandant handelte also nicht rücksichtslos. Nach der Rechtsprechung handelt rücksichtslos im Sinne der genannten Vorschriften, wer sich zwar seiner Pflichten als Verkehrsteilnehmer bewusst ist, sich aber aus eigensüchtigen Gründen darüber hinwegsetzt oder wer sich aus Gleichgültigkeit nicht auf seine Pflichten besinnt, Hemmungen gegen

---

44 OLG Hamm DAR 1969, 275.
45 OLG Düsseldorf zfs 1991, 321.
46 BGH VRS 44, 422.
47 OLG Oldenburg NStZ 2002, 303.

seine Fahrweise gar nicht erst aufkommen lässt und unbekümmert um die Folgen seiner Fahrweise darauf losfährt (z.B. OLG Düsseldorf zfs 1995, 113). Ein solcher Fall liegt nicht vor, wenn die Fahrbahn irrtümlich aufgrund eines Augenblicksversagens befahren wurde und der Fahrzeugführer dies noch innerhalb der Auffahrt merkt, wendet und die Autobahn wieder verlässt (OLG Oldenburg NStZ 2002, 303).

g) Nichtkenntlichmachung haltender oder liegen gebliebener Fahrzeuge

Die Pflicht zur Kenntlichmachung folgt unmittelbar aus der StVO, nämlich §§ 15 und 17 Abs. 4 StVO.

43

Muster 27.12: Keine Pflicht zur Absicherung

Für meinen Mandanten bestand keine Pflicht zur Absicherung seines Fahrzeugs. Diese entfällt grundsätzlich dann, wenn die tatsächliche Absicherung länger dauern würde, als ein zulässiges Entfernen des Fahrzeugs (OLG Köln zfs 1995, 194).

So lag der Fall hier. Mein Mandant kam mit seinem Fahrzeug auf dem Seitenstreifen kurz vor einer Raststelle zum Stehen. Ihm gelang es, sein Fahrzeug wieder zu starten und auf den Rastplatz zu fahren. Der Vorgang dauerte vielleicht eine halbe Minute. Es wäre aufwendiger und gefährlicher gewesen, das Warndreieck aus dem Kofferraum zu holen und aufzustellen.

Eine Strafbarkeit ist demzufolge nicht gegeben.

V. Konkrete Gefährdung

Es muss eine konkrete Gefährdung für Leib oder Leben eines anderen Menschen vorliegen, oder fremde Sachen von bedeutendem Wert müssen gefährdet worden sein. Nach gefestigter Rechtsprechung muss die Tathandlung über die ihr innewohnende latente Gefährlichkeit hinaus in eine kritische Situation geführt haben, in der – was nach allgemeiner Lebenserfahrung aufgrund einer objektiv nachträglichen Prognose zu beurteilen ist – die Sicherheit einer bestimmten Person oder Sache von bedeutendem Wert so stark beeinträchtigt war, dass es nur noch vom Zufall abhing, ob das Rechtsgut verletzt wurde oder nicht.[48]

44

Nicht ausreichend sind nur wertende Umschreibungen und Feststellungen wie etwa ein „scharfes" Abbremsen oder Ausweichen.[49] Die zugespitzte Gefahrenlage ohne Weiteres nachvollziehbar beschreiben sollen Angaben zum Fahrverhalten des Fahrzeugs, zu Reaktionen des Fahrers oder wahrnehmbaren Veränderungen des verkehrstypischen Geschehensablaufes, wobei beispielhaft quietschende Reifen oder ein Schlingern/Schleudern in einer näher beschriebenen Art und Weise genannt werden.[50] Eine konkrete Gefährdung liegt danach nicht vor, wenn es dem betroffenen Fahrer noch möglich ist, auf das

45

---

48 BGH DAR 2015, 702; BGH DAR 2008, 487; OLG Köln VA 2016, 67.
49 OLG Hamm DAR 2015, 399.
50 OLG Düsseldorf DAR 1994, 123.

verkehrswidrige Überholen des Fahrers durch ein im Bereich einer verkehrsüblichen Reaktion liegendes Brems- oder Ausweichmanöver zu reagieren und so den Unfall abzuwenden.[51]

Macht der Tatrichter hier Fehler bzw. begründet er nicht ausreichend, bestehen gute Erfolgsaussichten für eine Revision.

46 Die konkrete Gefahr muss durch Fahrunsicherheit oder eine der genannten Todsünden realisiert worden sein. Es muss also Kausalität vorliegen,[52] was bedeutet, dass die Gefahr nicht nur gelegentlich auftreten darf, sondern Folge der Tathandlung sein muss.[53]

VI. Fremde Sache von bedeutendem Wert

47 Der BGH sieht die Grenze dieser Bedeutsamkeit bei aktuell 750 EUR.[54] Das vom Täter geführte Fahrzeug fällt dabei nicht in den Schutzbereich der Norm, da es Tatmittel ist,[55] also nicht „fremd" ist. Gleiches gilt für ein Leasingfahrzeug.[56]

C. Der subjektive Tatbestand

48 Der subjektive Tatbestand, § 315c Abs. 3, weist die Besonderheit auf, dass mehrere Arten der Begehung denkbar sind, die dann im Ergebnis ganz erhebliche Auswirkungen auf das festzusetzende Strafmaß haben. Genau dies macht die Vorschrift mitunter jedoch auch etwas schwieriger zu durchschauen.

I. Vorsatz

49 Es ist zumindest bedingter Vorsatz erforderlich, der hinsichtlich aller Tatumstände vorliegen muss, inklusive der konkreten Gefahr.[57] Bei Abs. 2 Nr. 2 muss der Täter nicht selbst beurteilen, ob grobe Verkehrswidrigkeit und Rücksichtslosigkeit gegeben sind.

II. Fahrlässigkeit nach § 315c Abs. 3

50 Liegt Fahrlässigkeit auch nur hinsichtlich eines Tatbestandsmerkmals vor, erstreckt sich der Vorsatz des Täters also beispielsweise nicht auf die konkrete Gefahr, so ist von Fahrlässigkeit auszugehen und die Tat nach § 315c Abs. 3 zu beurteilen.[58]

---

51 OLG Hamm VD 2005, 133; OLG Hamm NZV 1991, 158.
52 BGH NStZ-RR 2004, 108.
53 BGH zfs 2014, 715.
54 BGH DAR 2013, 709.
55 OLG Düsseldorf VRS 87, 29.
56 OLG Nürnberg VersR 1977, 659.
57 *Fischer*, § 315c Rn 18a.
58 *Fischer* a.a.O. Rn 19 m.w.N.

C. Der subjektive Tatbestand

1. Abs. 3 Nr. 1

Hier genügt Fahrlässigkeit hinsichtlich des Gefahrerfolgs, was dazu führt, dass es sich um eine Vorsatztat handelt.[59] Man spricht von einer Vorsatz-Fahrlässigkeit-Kombination.

51

2. Abs. 3 Nr. 2

Hier handelt es sich um eine durchweg fahrlässige Tatbegehung.

52

---

[59] BGH NZV 89, 31.

§ 28 Trunkenheit im Verkehr (§ 316 StGB)

Sebastian Gutt

A. Vorbemerkung

Auch mit der Trunkenheitsfahrt ist man in der Praxis überobligatorisch häufig beschäftigt. Vielfach ergeben sich auf Tatbestands-, Rechtswidrigkeits- und Schuldebene wenige Verteidigungsansätze und es wird sich um eine reine Rechtsfolgenverteidigung handeln. Ebenfalls wird es im Rahmen der Verteidigung oft darum gehen, negative zivilrechtliche Auswirkungen bei Annahme von Vorsatz zu vermeiden (z.B. Leistungsfreiheit des Rechtsschutzversicherers). Nachfolgend wird auf die wichtigsten praktischen Probleme eingegangen.

B. Der objektive Tatbestand

I. Führen eines Fahrzeugs im Straßenverkehr

Es muss ein Fahrzeug im Straßenverkehr geführt worden sein. Verwiesen werden kann hier auf die Ausführungen zu § 315c StGB, siehe § 27 Rdn 2.

Fahrzeuge sind z.B. auch Fahrräder oder eine Pferdekutsche.[1] Das Führen eines Fahrrades setzt aber zumindest voraus, dass sich die Fahrer fest auf dem Sattel sitzend abstoßen.[2]

▼
Muster 28.1: Kein Führen des Fahrrades
Mein Mandant hatte sein Fahrrad noch nicht geführt. Beim Eintreffen der Polizei war es so, dass mein Mandant beide Füße auf dem Boden stehen hatte und sich mit einer Hand am Lenker festhielt. Auf dem Sattel saß er nicht. Er unterhielt sich mit einem Bekannten, der in seiner Haustür stand.

Voraussetzung für das Führen eines Fahrrades gem. § 316 StGB ist, dass sich der Fahrer fest im Sattel sitzend abstößt. Das Fahrrad muss also in Bewegung gesetzt werden (*Fischer*, § 315c Rn 3a). Das war hier indes nicht der Fall, so dass kein strafbares Verhalten gegeben und das Ermittlungsverfahren einzustellen ist, was ich an dieser Stelle beantrage.
▲

II. Fahruntüchtigkeit infolge Genusses alkoholischer Getränke oder anderer berauschender Mittel

Der Täter muss sich zum Tatzeitpunkt in einem Zustand befinden, in dem er nicht in der Lage ist, das Fahrzeug sicher zu führen. Ausreichend ist Fahrunsicherheit, also die

---
1 OLG Oldenburg DAR 2014, 397.
2 Nach *Gebhardt*, Verteidigung in Verkehrsstraf- und Ordnungswidrigkeitenverfahren, 8. Aufl., § 37 Rn 7.

mangelnde Fähigkeit, das Fahrzeug sicher im öffentlichen Straßenverkehr zu führen.³ Ursache dieser Fahruntüchtigkeit muss der Genuss alkoholischer Getränke oder anderer berauschender Mittel sein (Kausalität!).

Von Bedeutung sind die Begriffe relative und absolute Fahruntüchtigkeit.

1. Absolute Fahruntüchtigkeit

6 Der Grenzwert für die absolute Fahruntüchtigkeit beruht dabei auf Erfahrungswerten der Rechtsprechung im Einklang mit der Wissenschaft. Somit gilt, dass ab einem Grenzwert von 1,1‰ davon ausgegangen wird, dass der Fahrzeugführer fahruntauglich ist, ohne dass es hierbei auf alkoholtypische Ausfallerscheinungen ankommen müsste. Bei Radfahrern hat sich ein Grenzwert von 1,6‰ durchgesetzt.⁴ Eine Verteidigung bei absoluter Fahruntüchtigkeit wird sich vielfach auf die Rechtsfolgen beschränken (Höhe der Geldstrafe, Dauer der Sperrzeit bei Entzug der Fahrerlaubnis) oder aber es gibt Anhaltspunkte dafür, dass die Blutprobe rechtswidrig erlangt wurde.

2. Relative Fahruntüchtigkeit

7 Bessere Verteidigungsansätze bestehen hingegen bei relativer Fahruntüchtigkeit. Einerseits kann der Verteidiger auch hier die Entnahme der Blutprobe angreifen. Interessanter dürfte aber oftmals die Frage sein, ob tatsächlich alkoholtypische Ausfallerscheinungen festgestellt werden konnten. Es geht hier um die Wertung in der Gesamtschau aller relevanten Indizien der Alkoholfahrt, also die Höhe der BAK sowie das individuelle Verhalten des Fahrzeugführers, welches auf die genannten Ausfallerscheinungen während der Fahrt, in seiner Person oder während der Kontrolle zu untersuchen ist.⁵ Dabei kommt ab einer BAK 0,3‰ relative Fahruntüchtigkeit in Betracht. Unter diesem Grenzwert liegt eventuell eine Ordnungswidrigkeit vor. Wichtig ist noch zu wissen, dass je höher die festgestellte Alkoholisierung ist, desto geringer die Anforderungen zum Beweis an die Feststellung von alkoholbedingten Ausfallerscheinungen sind.⁶

8 **Muster 28.2: Kein Schluss auf relative Fahruntauglichkeit (1)**

In der Strafsache

gegen

wegen Trunkenheitsfahrt

soll der Höhe der festgestellten BAK (0,6‰) seitens der Verteidigung zwar nicht entgegengetreten werden. Allerdings liegt gleichwohl kein Fall der fahrlässigen Trunkenheitsfahrt vor.

Die Staatsanwaltschaft stützt ihre Anklage darauf, mein Mandant sei wegen seines alkoholisierten Zustands auf feuchter Straße von der Fahrbahn abgekommen. Hierbei handele

---

3 *Fischer*, § 316 Rn 6.
4 OLG Hamm zfs 1992, 198; NK-GVR/*Quarch*, § 316 StGB Rn 5.
5 BGH DAR 1982, 296.
6 OLG Düsseldorf DAR 1980, 190; OLG Düsseldorf zfs 1991, 393.

es sich um eine alkoholtypische Ausfallerscheinung, weshalb ein Fall der relativen Fahruntüchtigkeit vorliege.

Das ist unzutreffend.

Der Nachweis, dass der Fahrzeugführer einen Unfall infolge alkoholbedingter Fahruntüchtigkeit verursacht hat, ist nicht erbracht, wenn der Fahrzeugführer bei schlechten Straßenverhältnissen mit einer Blutalkoholkonzentration von 0,6 ‰ beim Rechtsabbiegen zu weit nach links abkommt und dadurch im Kreuzungsbereich gegen ein auf der Gegenseite geparktes Fahrzeug fährt. Denn dieses verkehrswidrige Verhalten kann auch auf einem normalen „Fahrfehler" beruhen, der auch einem nüchternen Fahrer hätte unterlaufen können (LG Leipzig DAR 2006, 402). Dies ist grundsätzlich zu beachten und zu klären, ob auch zahlreiche nicht alkoholisierte Fahrer solche Verstöße begehen, auch wenn dies die Indizwirkung des Verkehrsverstoßes für eine alkoholbedingte Fahruntauglichkeit nicht gänzlich ausschließt (BVerfG VRS 90, 1). Unter Berücksichtigung dieser Grundsätze liegt kein strafbares Verhalten meines Mandanten vor. Auch ein nichtalkoholisierter Verkehrsteilnehmer hätte sich bei den Straßenverhältnissen schlicht „verschätzen" können und wäre von der Fahrbahn abgekommen. Dies ist von der Staatsanwaltschaft im Rahmen ihrer Ermittlungen und rechtlichen Würdigung nicht berücksichtigt worden.

Es wird beantragt, die Anklage nicht zur Hauptverhandlung zuzulassen, das Verfahren also aus tatsächlichen und rechtlichen Gründen nicht zu eröffnen, §§ 199, 200 StPO.

Muster 28.3: Kein Schluss auf relative Fahruntauglichkeit (2)
Die Angelegenheit habe ich zwischenzeitlich mit meinem Mandanten besprochen. Zur Sache erfolgt die nachstehende Einlassung:

Seitens der Staatsanwaltschaft wird gegen meinen Mandanten wegen einer fahrlässigen Trunkenheitsfahrt ermittelt. Gestützt wird der Vorwurf auf die festgestellte BAK von 0,65 ‰ und darauf, man habe eine alkoholbedingte Ausfallerscheinung feststellen können, weil er „Schlangenlinien" gefahren und die Mittelspur mehrfach überfahren und sein Fahrzeug dann wieder ruckartig nach rechts gelenkt habe.

Die Auffälligkeiten in der Fahrweise genügen nicht, eine alkoholbedingte – relative Fahruntüchtigkeit – zu belegen. Im Fahrzeug meines Mandanten befand sich dessen Freundin, mit der er kurz zuvor einen heftigen Streit gehabt hatte. Dies wirkte sich dann auch auf die Fahrweise aus. Das mehrfache Überfahren der Mittellinie lässt sich schon dadurch erklären, dass mein Mandant seine Freundin im Rahmen der Auseinandersetzung angeschaut hat und deswegen kurzfristig vom Weg abkam. Es ist nachvollziehbar, dass dieser Streit heftiger wurde und von Seiten der Freundin meines Mandanten auch von heftigeren Gesten begleitet gewesen ist. Dies begründet die deutlicheren Spurabweichungen in der Folge. Dass mein Mandant beim Linksabbiegen nicht geblinkt hat, hat keinerlei Indizwirkung, da es sich hierbei nicht um einen alkoholtypischen Fahrfehler handelt (vgl. hierzu auch LG Freiburg NZV 2009, 614). Ferner weise ich darauf hin, dass am Tattag starker Wind herrschte, was sicherlich auch von den Polizeibeamten, die hinter meinem Mandanten fuhren und ihn letztlich anhielten, bestätigt werden kann. Starker Seitenwind wirkt sich gerade bei dem relativ leichten Fahrzeug meines Mandanten, einem Toyota Aygo, aus. Schlangenlinien haben dann keine Indizwirkung (OLG Hamm NZV 1994, 117). Zu berücksichtigen ist ganz allgemein, dass auch viele nicht alkoholisierte Verkehrsteilnehmer Fahrfehler begehen, etwa zu schnell fahren (BGH StV 1994, 543).

Ich beantrage daher, das Ermittlungsverfahren gegen meinen Mandanten gem. § 170 Abs. 2 StPO einzustellen.

C. Der subjektive Tatbestand

10 Zu erkennen ist häufig, dass die Staatsanwaltschaften und Gerichte schnell eine vorsätzliche Tat bejahen, wenn bei dem Mandanten eine besonders hohe BAK festgestellt worden ist. Das ist falsch, wie der BGH erst kürzlich wieder bestätigt hat.[7]

11 Es gibt keinen naturwissenschaftlich oder medizinisch gesicherten Erfahrungssatz, dass derjenige, der eine Alkoholmenge trinkt, die zu einer die Grenze der absoluten Fahruntüchtigkeit übersteigenden Blutalkoholkonzentration führt, seine Fahruntüchtigkeit auch erkennt.[8] Gleichwohl ist auch anerkannt, dass die Höhe der BAK bei der Abgrenzung Fahrlässigkeit und Vorsatz in der Form des dolus eventualis ein gewichtiges Beweisanzeichen sein kann, allerdings nur ein widerlegbares. Der Tatrichter ist durch § 261 StPO nicht gehindert anzunehmen, dass eine Blutalkoholkonzentration umso eher für eine vorsätzliche Tat spricht, je höher sie ist. Er muss sich jedoch bewusst sein, dass er sich lediglich auf ein (widerlegbares) Indiz stützt, das zwar gewichtig ist, aber im Einzelfall der ergänzenden Berücksichtigung anderer Beweisumstände bedürfen kann. Will er die Annahme bedingten Vorsatzes damit begründen, dass ein Täter mit einer hohen Blutalkoholkonzentration im Allgemeinen weiß, dass er große Mengen Alkohol getrunken hat, so dass sich ihm die Möglichkeit einer Fahruntüchtigkeit aufdrängt, muss er erkennen lassen, dass er lediglich einen Erfahrungssatz mit einer im konkreten Fall widerlegbaren Wahrscheinlichkeitsaussage zur Anwendung bringt, nicht aber einen wissenschaftlichen Erfahrungssatz.[9]

Der Verteidiger sollte hierauf hinweisen. Vielfach ist zu erkennen, dass die Staatsanwaltschaften auf diese Argumentation eingehen und von Fahrlässigkeit ausgehen.

12 **Muster 28.4: Fahrlässigkeit trotz hoher BAK**

Rein vorsorglich weise ich hinsichtlich der Schuldform darauf hin, dass auch in der Rechtsmedizin bekannt ist, dass mit steigendem Promillewert die Kritik und Erkenntnisfähigkeit abnimmt, der Vorsatz bei hohen Promillewerten also eher zu verneinen ist (BGH, NZV 1991, 117).

Demzufolge besteht auch Einigkeit darüber, dass aus der Höhe des Alkoholwertes allein nicht auf die vorsätzliche Begehung geschlossen werden kann, da es nämlich keinen Erfahrungssatz gibt, dass derjenige, der in erheblichen Mengen Alkohol getrunken hat,

---

[7] BGH zfs 2015, 351.
[8] BGH VRS 65, 359.
[9] BGH Beschl. v. 4.3.1988 – 3 StR 518/87 – juris.

sich seiner Fahrunsicherheit bewusst war oder dies billigend in Kauf genommen hat (BGH zfs 2015, 351; vgl. zudem auch OLG München zfs 2005, 467; OLG Stuttgart NZV 2011, 412).

Es gibt auch keinen Erfahrungssatz, dass man ab einer bestimmten Alkoholkonzentration seine Fahrunsicherheit erkennt und deshalb eine Trunkenheitsfahrt vorsätzlich begeht (OLG Hamm zfs 1998, 482).

Dies wurde in einer Entscheidung des BGH jüngst bestätigt (BGH zfs a.a.O.). Die BAK stellt allenfalls ein widerlegbares Indiz für die Schuldform dar.

D. Richtervorbehalt gem. § 81a StPO

Der Verteidiger benötigt rund um die Feststellung der BAK ein fundiertes Wissen. Besonders problematisch und nicht einheitlich durch die Rechtsprechung beantwortet ist, ob der Richtervorbehalt bei der Entnahme der Blutprobe beachtet worden ist.[10] Wenngleich § 81a StPO einen Richtervorbehalt normiert, ist es in der Regel die Polizei, die die Blutprobe anordnet. Weder Gericht, noch Staatsanwaltschaft werden überhaupt kontaktiert. Begründet wird dies nahezu immer mit Gefahr in Verzug oder dass ein Eildienst nicht (mehr) erreichbar war.

I. Allgemeines

Bei der Entnahme der Blutprobe handelt es sich um einen in § 81a Abs. 1 S. 2 StPO besonders genannten „anderen körperlichen Eingriff".[11] Nach § 81a Abs. 2 StPO steht die Anordnung dieser körperlichen Untersuchung des Beschuldigten dem Richter, bei Gefährdung des Untersuchungserfolges durch Verzögerung auch der Staatsanwaltschaft und ihren Ermittlungspersonen zu. M.E. hält das Gesetz die Polizei, die regelmäßig den ersten Zugriff auf den alkoholisierten Beschuldigten hat, an, stets den Richter anzurufen und diesen darum bitten, dass er die Entnahme der Blutprobe anordnet. Sinn und Zweck des Richtervorbehaltes ist die vorbeugende Kontrolle der Maßnahme in ihren konkreten gegenwärtigen Voraussetzungen durch eine unabhängige und neutrale Instanz.[12] Voraussetzung der Anordnung der Blutprobenentnahme sind stets hinreichende Anhaltspunkte für merkbare Alkoholbeeinflussung.[13] Hierfür reicht insbesondere schon Alkoholgeruch beim Fahrzeugführer aus.[14] In einer neueren Entscheidung des BVerfG, in der es um die Entnahme einer Blutprobe zum Nachweis von Cannabis ging, hatte dieses den Richtervorbehalt betont und ausgeführt, die Strafverfolgungsbehörden müssten regelmäßig versuchen, zunächst eine Anordnung des zuständigen Richters zu erlangen.[15] Wenn

---

10 Vgl. hierzu *Priemer/Gutt/Krumm*, DAR 2016, 169.
11 BVerfG NJW 2007, 1335.
12 BVerfG NJW 1997, 2165; OLG Hamburg NJW 2008.
13 OLG Schleswig NJW 1964, 2215.
14 *Hentschel/Krumm*, Fahrerlaubnis und Alkohol, 6. Auflage 2015, Rn 10.
15 BVerfG NJW 2007, 1335; OLG Düsseldorf NZV 2011, 456.

die Strafverfolgungsbehörden Gefahr im Verzug annehmen und eigenständig die Entnahme einer Blutprobe anordnen, muss die Gefährdung des Untersuchungserfolges bei Zuwarten auf die richterliche Anordnung mit Tatsachen begründet werden, die auf den Einzelfall bezogen und in den Ermittlungsakten dokumentiert werden, sofern die Dringlichkeit nicht evident ist.[16] Das BVerfG[17] verlangt effektiven Rechtsschutz gegen Maßnahmen mit schwerwiegenden Grundrechtseingriffen oder nahe liegender Willkür, wenn vor Erledigung der Maßnahme kein gerichtlicher Rechtsschutz erlangt werden kann. Das BVerfG stellte zudem klar, dass die Strafverfolgungsbehörden stets versuchen müssten, einen Richter zu erlangen. Erst wenn dies nicht gelinge, bestehe eine Anordnungskompetenz der Strafverfolgungsbehörden, allerdings eine abgestufte. Abgestuft bedeutet, dass die Anordnungskompetenz der Polizei gegenüber der Staatsanwaltschaft als nachrangig betrachtet wird.[18] Ordnet die Polizei die Entnahme der Blutprobe an, muss die Gefahrenlage dann mit auf den Einzelfall bezogenen Tatsachen begründet werden, die in den Ermittlungsakten zu dokumentieren sind, sofern die Dringlichkeit nicht evident ist.[19]

15 In der Praxis stellt sich die Frage, was die Konsequenz ist bzw. sein kann, wenn nun die Polizei die Entnahme der Blutprobe wegen Gefahr im Verzug anordnet.

16 Regelmäßig geht es um die Frage, ob die fehlerhafte Anordnung der Entnahme der Blutprobe zu einem strafprozessualem Beweisverwertungsverbot führt.[20] Die Frage nach einem Beweisverwertungsverbot ist nach gefestigter, vom Bundesverfassungsgericht gebilligter obergerichtlicher und höchstrichterlicher Rechtsprechung jeweils nach den Umständen des Einzelfalls, insbesondere nach der Art des Verbots und dem Gewicht des Verstoßes, unter Abwägung der widerstreitenden Interessen zu entscheiden.[21] Besteht ein Beweisverwertungsverbot, folgt aus diesem, dass bestimmte Informationen und Beweisergebnisse nicht zu Lasten des Beschuldigten verwertet werden dürfen.[22]

17 Wird der Angeklagte nur durch das unverwertbare Beweismittel belastet (was bei Alkoholdelikten im Straßenverkehr fast die Regel sein dürfte), führt dies zum Freispruch.[23] Die Rechtsprechung zu diesem Problemkreis ist trotz eindeutiger Gesetzeslage teilweise unüberschaubar geworden[24] und hat zu Unschärfen und Anwendungsschwierigkeiten geführt.[25]

18 Jedenfalls, und das wird in der Praxis vielfach anders gehandhabt, ergibt sich Gefahr im Verzug nicht schon allein aus der bloßen Tatsache des Alkoholkonsums.[26] Anders kann

---

16 *Meyer-Goßner/Schmitt*, § 81a Rn 25a.
17 BVerfG, a.a.O.
18 BVerfG NZV 2007, 581; BVerfG zfs 2010, 2864.
19 BVerfG NZV 2007, 581.
20 Siehe hierzu vertiefend: *Fickenscher/Dingelstadt*, NStZ 2009, 124.
21 OLG Hamm StV 2009, 459.
22 *Burhoff*, ZAP 2003, 377; *Meyer-Goßner/Schmitt*, Einl. Rn 55.
23 *Meyer-Goßner/Schmitt*, a.a.O.
24 *Burhoff*, a.a.O. Rn 1172.
25 *Meyer-Goßner/Schmitt*, § 81a, Rn 25b.
26 *Hentschel/Krumm*, a.a.O. Rn 25.

man dies vielleicht sehen, wenn die festgestellte Atemalkoholkonzentration in der Nähe eines Grenzwertes liegt.

Liegt hiernach ein Beweiserhebungsverbot vor, so stellt sich die Frage, ob hieraus auch zwangsläufig ein Beweisverwertungsverbot folgt. Dies würde bedeuten, dass die zu Unrecht entnommene Blutprobe nicht zum Gegenstand der Beweiswürdigung und Urteilsfindung gemacht werden darf. Konsequenz muss dann die Einstellung bzw. der Freispruch sein.[27] Ob ein Beweisverwertungsverbot vorliegt, ist jeweils nach den Umständen des Einzelfalls, insbesondere nach der Art des Verbots und dem Gewicht des Verstoßes und der Abwägung der widerstreitenden Interessen zu entscheiden. Ein Verwertungsverbot bedeutet eine Ausnahme, die nach ausdrücklicher gesetzlicher Vorschrift oder aus übergeordneten gewichtigen Gründen im Einzelfall anzuerkennen ist. Von einem Beweisverwertungsverbot ist deshalb nur dann auszugehen, wenn einzelne Rechtsgüter durch Eingriffe fern jeder Rechtsgrundlage so massiv beeinträchtigt werden, dass dadurch das Ermittlungsverfahren als ein nach rechtsstaatlichen Grundsätzen geordnetes Verfahren nachhaltig geschädigt wird und folglich jede andere Lösung als die Annahme eines Verwertungsverbots unerträglich wäre.[28] Eine Ausnahme stellt die bewusste Umgehung des Richtervorbehalts sowie bei willkürlicher Annahme von Gefahr in Verzug dar.[29]

Kommt der Verteidiger zu dem Ergebnis, dass ein Beweiserhebungs- und daraus folgend auch ein Beweisverwertungsverbot vorliegt, muss er der Verwertung der Blutprobe widersprechen (Widerspruchslösung).[30]

▼

Muster 28.5: Widerspruch gegen Verwertung der Blutprobe

In der Strafsache

gegen

wegen Trunkenheitsfahrt

wird der Verwertung der Blutprobe ausdrücklich

widersprochen.

Die Entnahme der Blutprobe ist unter Verletzung des Richtervorbehalts gem. § 81a StPO erfolgt.

Aus der Ermittlungsakte ergibt sich, dass die Polizeibeamten   und   die Entnahme der Blutprobe selbst angeordnet haben (vgl. Bl.   der Ermittlungsakte). Sie haben dies damit begründet, im Bereich der Polizeiinspektion   würde dies immer so gehandhabt. Es wurde nicht einmal versucht, einen Richter zu erreichen. Hierin ist ein völlig willkürliches Verhalten der Polizeibeamten zu sehen, die sich bewusst über den Richtervorbehalt hinweggesetzt haben.

---

27 Vgl. *Meyer-Goßner/Schmitt*, a.a.O., Einl. Rn 55 m.w.N.
28 OLG Bamberg zfs 2009, 349.
29 OLG Naumburg NZV 2016, 242; BVerfG, a.a.O; OLG Schleswig StV 2010, 618.
30 BGH NJW 2008, 308.

Es liegt hier ein Beweiserhebungsverbot vor. Dieses führt bei Willkür zwingend auch zu einem Beweisverwertungsverbot (BVerfG zfs 2010, 525; OLG Dresden NZV 2009, 464; OLG Schleswig StV 2010, 618). Wird der Beschuldigte/Angeklagte nur durch dieses unverwertbare Beweismittel belastet führt das zur Einstellung bzw. zum Freispruch (*Meyer-Goßner/Schmitt*, StPO, Einl. Rn 55 m.w.N.).

II. Freiwilligkeit

21 Um die Problematik rund um ein Beweisverwertungsverbot zu vermeiden, geht die Polizei dazu über, den Beschuldigten unterschreiben zu lassen, dass er die Blutprobe sich freiwillig[31] entnehmen lässt. Ab einer bestimmten BAK ist dies durchaus bedenklich, insbesondere zu hinterfragen, ob der Beschuldigte überhaupt noch in der Lage ist, „freiwillig" zu agieren. Der Beschuldigte muss die Sachlage und sein Weigerungsrecht kennen und muss die Einwilligung ausdrücklich und eindeutig und aus freiem Entschluss erklären.[32] Auch muss der Beschuldigte zum Zeitpunkt der Abgabe der Einwilligung in die Blutentnahme genügend verstandesreif sein, um die Tragweite seiner Einwilligungserklärung zu erkennen.[33] Zwar kann die Einwilligungsfähigkeit eines Beschuldigten aufgrund der Stärke des Alkoholeinflusses im Einzelfall zweifelhaft sein – hierfür genügt aber nicht bereits jede alkoholische Beeinflussung.[34] Die Grenze, bei der deutliche Beeinträchtigungen in der Einsichts- oder Steuerungsfähigkeit angenommen werden, liegt nach der Rechtsprechung bei etwa 2 ‰ Blutalkohol.[35] Eine BAK von 1,23 ‰ hindert daher die Wirksamkeit der Einwilligung nicht.[36] Ob aber auch bei 4,02 ‰ der Verzicht auf eine richterliche Anordnung im Hinblick auf eine Einwilligung in eine Blutprobe nicht zu einem Beweisverwertungsverbot führen soll,[37] ist eher fraglich. Für die Annahme einer Einwilligungsfähigkeit bei derartigen Werten ab 2,0 ‰ bedarf es einer näheren Darlegung der insoweit relevanten Umstände, etwa des Vorhandenseins von Ausfallerscheinungen, des vorangegangenen Trinkverhaltens, der Trinkgewohnheiten und ggf. weiterer Umstände, die Anhaltspunkte für die Beurteilung einer Beeinträchtigung der kognitiven Fähigkeiten des Angeklagten aufgrund der gegebenen Alkoholisierung darstellen.[38] Drängt sich dann auf, dass der Beschuldigte aufgrund der Alkoholisierung nicht in der Lage ist, einen freien Willen zu bilden, liegt ein Beweisverwertungsverbot nahe.

---

31 Vgl. *Priemer/Gutt/Krumm*, DAR 2016, 169.
32 *Meyer-Goßner/Schmitt*, a.a.O., § 81a Rn 4 m.w.N.; OLG Hamm, Beschl. v. 2.11.2010 – III-3 RVs 93/10 – juris.
33 OLG Hamm, Beschl. v. 28.4.2009 – 2 Ss 117 – juris; *Heinrich*, NZV 2010, 278 m.w.N.; OLG Hamm, Beschl. v. 2.11.2010 – III-3 RVs 93/10 – juris.
34 LG Saarbrücken, Beschl. v. 13.11.2008 – 2 Qs 53/08 – juris; OLG Hamm, Beschl. v. 2.11.2010 – III-3 RVs 93/10, 3 RVs 93/10 – juris.
35 OLG Hamm, Beschl. v. 2.11.2010 – III-3 RVs 93/10, 3 RVs 93/10 – juris; OLG Hamm NJW-Spezial 2011, 203.
36 OLG Hamm, Beschl. v. 2.11.2010 – III-3 RVs 93/10, 3 RVs 93/10 – juris.
37 So aber: OLG Jena, Beschl. v. 6.10.2011 – 1 Ss 82/11 – juris.
38 OLG Hamm NJW-Spezial 2011, 203.

E. Sonstige berauschende Mittel §28

▼
Muster 28.6: Widerspruch gegen freiwillige Abgabe einer Blutprobe
Der Verwertung der entnommenen Blutprobe wird 22
widersprochen.
Es mag sein, dass mein Mandant unterschrieben hat, er willige in die freiwillige Entnahme der Blutprobe ein. Faktisch war er hierzu doch überhaupt nicht in der Lage, was sich den Polizeibeamten aufdrängen musste.
Aus der Strafanzeige ergibt sich, dass mein Mandant sich ohne Hilfe nicht auf den Beinen halten konnte. Er war nicht in der Lage, sich zu artikulieren. Gleichwohl haben die Polizeibeamten ihn ein Formular zur Freiwilligkeit unterschreiben lassen. Bestätigt wird dies auch aus dem Eindrucksvermerk (Bl. ▓▓▓ der Akte). Hier wurden von den Polizeibeamten alkoholtypische Ausfallerscheinungen dokumentiert, etwa, dass mein Mandant den Finger-Nase-Test nicht mehr ausführen konnte. Aus dem Vermerk des Polizeibeamten ▓▓▓ ergibt sich, dass auch die Unterschrift erst beim dritten Versuch klappte. Die Blutprobe, deren Verwertung hier widersprochen wird, ergab eine BAK von 4,02‰. Freiwilligkeit kann hier nicht mehr gegeben sein (*Priemer/Gutt/Krumm*, DAR 2016, 169). Zudem wurde mein Mandant um 12.00 Uhr angehalten, so dass ein Richter problemlos zu erreichen gewesen wäre, um eine Blutprobe anzuordnen. Es ist hier von Willkür der Polizeibeamten auszugehen, die zur Einstellung bzw. zum Freispruch führen muss (BVerfG zfs 2010, 525; OLG Dresden NZV 2009, 464; OLG Schleswig StV 2010, 618).
▲

E. Sonstige berauschende Mittel

Hierunter fallen vor allem solche „Rauschmittel", deren Besitz etc. nach dem BtMG 23
untersagt ist. Ebenfalls können ggf. psychoaktive Medikamente sonstige berauschende Mittel sein. Das ist eine Frage des Einzelfalls.

Bei „Drogenfahrten" kann nicht so einfach auf absolute oder relative Fahruntüchtigkeit 24
geschlossen werden wie bei Alkohol. In der Rechtsmedizin konnten noch keine gesicherten Grenzwerte erforscht werden. Konsequenz hieraus ist, dass eine einzelfallbezogene Prüfung zu erfolgen hat, um die Frage der relativen Fahruntüchtigkeit klären zu können. Es bedarf daher neben dem positiven Blutwirkstoffbefund noch weiterer aussagekräftiger Beweisanzeichen, die im konkreten Einzelfall belegen, dass die Gesamtleistungsfähigkeit des betreffenden Kraftfahrzeugführers soweit herabgesetzt war, dass er nicht mehr fähig gewesen ist, sein Fahrzeug im Straßenverkehr eine längere Strecke, auch bei Eintritt schwieriger Verkehrslagen, sicher zu steuern.[39] Auch hier gilt das oben zu den Alkoholfahrten gesagte. Nicht jeder Fahrfehler stellt eine typische drogenbedingte Ausfallerscheinung dar.[40]

---
39 BGH StV 2012, 324; BGH NZV 2015, 562.
40 BGH DAR 2000, 481.

§ 28 Trunkenheit im Verkehr (§ 316 StGB)

Muster 28.7: Drogenfahrt – keine drogenbedingten Ausfallerscheinungen

25 In der Strafsache

gegen

wegen Trunkenheitsfahrt

bestätigen die Ermittlungsergebnisse nicht den erhobenen Vorwurf der Trunkenheitsfahrt.

Mein Mandant befuhr mit seinem Pkw einen Feldweg. Dieser darf grundsätzlich nicht befahren werden. Die zufällig vorbeigefahrenen Polizeibeamten sahen dies und unterzogen meinen Mandanten einer allgemeinen Verkehrskontrolle. Hierbei stellten sie „süßlichen" Geruch fest und führten einen Drogenschnelltest durch, der positiv ausfiel. Die Staatsanwaltschaft ermittelt nun wegen einer Trunkenheitsfahrt gegen meinen Mandant.

Festzustellen ist, dass es zwar sein mag, dass mein Mandant positiv auf Cannabinoide getestet wurde. Allerdings reicht dies für die Annahme der Trunkenheitsfahrt nicht aus. In der Rechtsmedizin konnten noch keine gesicherten Grenzwerte für die Annahme der absoluten oder relativen Fahruntüchtigkeit erforscht werden. Konsequenz hieraus ist, dass eine einzelfallbezogene Prüfung zu erfolgen hat, um zumindest die Frage der relativen Fahruntüchtigkeit klären zu können. Es bedarf daher neben dem positiven Blutwirkstoffbefund noch weiterer aussagekräftiger Beweisanzeichen, die im konkreten Einzelfall belegen, dass die Gesamtleistungsfähigkeit des betreffenden Kraftfahrzeugführers soweit herabgesetzt war, dass er nicht mehr fähig gewesen ist, sein Fahrzeug im Straßenverkehr eine längere Strecke, auch bei Eintritt schwieriger Verkehrslagen, sicher zu steuern (BGH StV 2012, 324; BGH NZV 2015, 562). Nicht jeder Fahrfehler stellt eine typische drogenbedingte Ausfallerscheinung dar (BGH DAR 2000, 481).

Aus der Anzeige ergibt sich, dass bei meinem Mandanten keine Anzeichen für eine Drogenbeeinflussung festgestellt werden konnten. Lediglich durch den Geruch wurden die Polizeibeamten wegen eines möglichen Konsums sensibilisiert. Die Tatsache, dass mein Mandant den Feldweg verbotswidrig befuhr, kann zu keiner anderen rechtlichen Bewertung führen. Eine drogenbedingte Ausfallerscheinung ist hierin nicht zu sehen, denn auch andere Fahrzeugführer, die nicht unter dem Einfluss von Drogen stehen, begehen entsprechende Ordnungswidrigkeiten.

Das Ermittlungsverfahren ist dementsprechend gem. § 170 Abs. 2 StPO einzustellen.

Gleiches gilt für das eingeleitete Ermittlungsverfahren wegen eines Verstoßes gegen § 29 BtMG. Auch dieses ist einzustellen. Allenfalls könnte meinem Mandant der Konsum von Betäubungsmitteln nachgewiesen werden. Dieser ist jedoch nicht gem. § 29 Abs. 1 BtMG unter Strafe gestellt.

26 *Praxistipp*
Oftmals wird bei Drogenfahrten auch wegen eines Verstoßes gegen das BtMG ein Ermittlungsverfahren eingeleitet. Vielfach kann dem Mandant aber nur wegen der positiven Blutprobe der Konsum nachgewiesen werden. Dieser ist jedoch nicht unter Strafe gestellt. Es empfiehlt sich daher, im Rahmen der Einlassung hierzu ebenfalls vorzutragen und eine Einstellung zu beantragen.

§ 29 Fahrverbot (§ 44 StGB)

Sebastian Gutt

A. Allgemeines

§ 44 StGB lässt im Gegensatz zur Entziehung der Fahrerlaubnis schon begrifflich die Fahrerlaubnis unberührt. Nach Ablauf des Fahrverbotes muss also keine neue Fahrerlaubnis bei der Fahrerlaubnisbehörde beantragt werden. Insofern ähnelt das strafrechtliche Fahrverbot durchaus dem ordnungswidrigkeitenrechtlichen. Es handelt sich um eine Nebenstrafe, der die Warnfunktion zugrunde liegt. Das Fahrverbot ist als sogenannter Denkzettel für nachlässige und leichtsinnige Kraftfahrer vorgesehen, um den Täter vor einem Rückfall zu warnen und ihm ein Gefühl für den zeitweiligen Verlust des Führerscheins und den Verzicht auf die aktive Teilnahme am Straßenverkehr zu vermitteln. Diese Warnungs- und Besinnungsfunktion kann das Fahrverbot – auch im Hinblick auf seinen Strafcharakter – aber nur dann erfüllen, wenn es sich in einem angemessen zeitlichen Abstand zur Tat auf den Täter auswirkt. Nach einem längeren Zeitablauf verliert der spezialpräventive Zweck eines Fahrverbots seine eigentliche Bedeutung, so dass nur noch der Charakter als Sanktionsinhalt übrig bleibt.[1]

Zwischen der Höhe der Hauptstrafe und der Nebenstrafe besteht eine Wechselwirkung. Das Fahrverbot kommt damit erst dann in Betracht, wenn mit der Hauptstrafe alleine der spezialpräventive Zweck nicht erreicht werden kann.[2]

Die Fahrerlaubnis bleibt unberührt, lediglich deren Ausnutzung wird gehindert.[3]

B. Muster

Muster 29.1: Keine Anordnung eines Fahrverbotes gem. § 44 StGB

In der Strafsache

gegen

wegen

lege ich gegen den Strafbefehl vom , zugestellt am ,

Einspruch

ein.

Zugleich beschränke ich den Einspruch gem. § 410 Abs. 2 StPO auf die Rechtsfolgen und hier auf das Fahrverbot.

---

1 OLG Hamm DAR 2007, 714; OLG Hamm, Beschl. v. 7.2.2008 – 4 Ss 21/08 – juris.
2 BGH NJW 1972, 1332; OLG Hamm zfs 2004, 428.
3 *König*, in: Hentschel/König/Dauer, Straßenverkehrsrecht, 42. Aufl., § 44 StGB Rn 2.

§ 29 Fahrverbot (§ 44 StGB)

Zur Begründung führe ich aus:

Die Anordnung eines Fahrverbotes gem. § 44 StGB ist nicht angezeigt. Das Fahrverbot ist als sogenannter Denkzettel für nachlässige und leichtsinnige Kraftfahrer vorgesehen, um den Täter vor einem Rückfall zu warnen und ihm ein Gefühl für den zeitweiligen Verlust des Führerscheins und den Verzicht auf die aktive Teilnahme am Straßenverkehr zu vermitteln. Diese Warnungs- und Besinnungsfunktion kann das Fahrverbot – auch im Hinblick auf seinen Strafcharakter – aber nur dann erfüllen, wenn es sich in einem angemessen zeitlichen Abstand zur Tat auf den Täter auswirkt. Nach einem längeren Zeitablauf verliert der spezialpräventive Zweck eines Fahrverbots seine eigentliche Bedeutung, so dass nur noch der Charakter als Sanktionsinhalt übrig bleibt (OLG Hamm DAR 2007, 714; OLG Hamm, Beschl. v. 7.2.2008 – 4 Ss 21/08 – juris).

Zwischen der Höhe der Hauptstrafe und der Nebenstrafe (Fahrverbot) besteht eine Wechselwirkung. Hier hat sich das unerlaubte Entfernen vom Unfallort, welches meinem Mandant zur Last gelegt wird und bei dem ein Fremdschaden in Höhe von 300 EUR brutto entstand, bereits vor 22 Monaten ereignet. Ein Fahrverbot kann 22 Monate nach der Tat seine „Denkzettelfunktion" nicht mehr erfüllen. Die Anordnung eines Fahrverbotes als Warnungs- und Besinnungsstrafe kommt dann nicht mehr in Betracht (BGH zfs 2004, 133; OLG Hamm zfs 2004, 428; OLG Hamm VRR 2013, 363).

Grundsätzlich besteht bei der Anordnung ein Ermessen. Ausgenommen von diesem tatrichterlichen Ermessen sind nur die in Abs. 1 S. 2 genannten Fälle, nämlich §§ 315c Abs. 1 Nr. 1a oder 316 StGB, sofern eine Entziehung der Fahrerlaubnis nach § 69 unterblieben ist. Dies bedeutet auch, dass die Verhängung des Fahrverbots in den nicht explizit genannten Fällen besonders vom Tatrichter begründet werden muss. Eine allgemeine Regel, dass immer dann, wenn von der Entziehung der Fahrerlaubnis abgesehen wurde, ein Fahrverbot anzuordnen ist, existiert nicht.[4]

Die Begründungspflicht hat auch zur Konsequenz, dass dargelegt werden muss, warum entsprechend des Grundsatzes der Verhältnismäßigkeit keine weniger einschneidenden Maßnahmen gleich oder sogar besser geeignet sind als die Anordnung des Fahrverbots. In Betracht kommt etwa die Erhöhung der Geldstrafe.[5]

4 Muster 29.2: Absehen vom Fahrverbot, Existenzbedrohung

Von der Verhängung eines Fahrverbots gem. § 44 StGB bitte ich Abstand zu nehmen.

Dem Tatrichter steht bei der Verhängung eines Fahrverbots gem. § 44 StGB grundsätzlich ein Ermessen zu, sofern es nicht um einen der in § 44 Abs. 1 S. 2 StGB genannten Fälle geht. Meinem Mandanten wird indes unerlaubtes Entfernen vorgeworfen. Dies bedeutet auch, dass die Verhängung des Fahrverbots in den nicht explizit genannten Fällen besonders vom Tatrichter begründet werden muss. Eine allgemeine Regel, dass immer dann, wenn von der Entziehung der Fahrerlaubnis abgesehen wurde, ein Fahrverbot anzuordnen ist, existiert nicht (BayObLG zfs 1980, 221).

---

4 BayObLG zfs 1980, 221.
5 Hierzu BGHSt 24, 348; OLG Köln zfs 1992, 67.

Die Begründungspflicht hat auch zur Konsequenz, dass dargelegt werden muss, warum entsprechend des Grundsatzes der Verhältnismäßigkeit keine weniger einschneidenden Maßnahmen gleich oder sogar besser geeignet sind als die Anordnung des Fahrverbots. In Betracht kommt etwa die Erhöhung der Geldstrafe oder ein eingeschränktes Fahrverbot (hierzu BGHSt 24, 348; OLG Köln zfs 1992, 67).

Zu berücksichtigen ist, dass mein Mandant in einem kleinen Dorf ohne jede vernünftige Verkehrsanbindung wohnt, alleine arbeitet, sich keinen Fahrer leisten kann und Vater eines kleinen Kindes ist, weshalb auch die Ehefrau meinen Mandanten nicht während seines Fahrverbots zu den Arbeitsstellen fahren kann. Das Fahrverbot würde sich existenzvernichtend auswirken. Dies geht über die mit einem Fahrverbot üblicherweise verbundenen beruflichen und wirtschaftlichen Nachteile hinaus (vgl. auch LG Amberg 2006, 289).

Nachdem mein Mandant nach schwierigem Anfang nunmehr im dritten Jahr seiner sogenannten Ich-AG sich einen festen Kundenstamm und als Sachverständiger auch die feste Zusammenarbeit mit einem Sachversicherer erworben hat, würden diese Geschäftsbeziehungen existenziell gefährdet sein, wenn er über einen Zeitraum von drei Monaten nicht mehr in der Lage wäre, seine Kunden aufzusuchen.

Höchstvorsorglich rege ich daher an, im Falle der Anordnung eines Fahrverbots bestimmte Arten von Kraftfahrzeugen, nämlich Personenkraftwagen, vom Fahrverbot auszunehmen, weil nur auf diese Weise die drohende Existenzvernichtung meines Mandanten abgewendet werden kann (vgl. LG Cottbus DAR 2007, 716).

§ 30 Entziehung der Fahrerlaubnis (§ 69 StGB)

Sebastian Gutt

A. Allgemeines

Von zentraler Bedeutung für den Mandanten ist die Entziehung der Fahrerlaubnis, die für ihn regelmäßig eine berufliche und wirtschaftliche Härte bedeutet. Bei der Entziehung der Fahrerlaubnis handelt es sich um eine Maßregel der Besserung und Sicherung (§ 61 Nr. 5 StGB), keine eigenständige Strafe. Die Anordnung dient ausschließlich der Prävention im Hinblick auf die Gefährlichkeit des Täters im Straßenverkehr.[1]

Hinweis
Wichtig zu wissen ist, dass hieraus gerade nicht folgt, dass die Dauer der Sperrzeit (§ 69a StGB) nach der Schwere der begangenen Straftat zu bemessen ist. Die Dauer der Sperrzeit hängt ausschließlich von der Dauer der voraussichtlichen Ungeeignetheit ab.[2]

B. Tatbestandsmerkmale, Abs. 1

I. Anlasstat

Aus § 69 Abs. 1 StGB ergibt sich, dass eine sog. Anlasstat Voraussetzung für die Entziehung sein muss. Bei dieser Anlasstat muss ein Tatbezug zum Straßenverkehr bestehen. Die Tat muss nämlich beim Führen eines Kraftfahrzeugs, im Zusammenhang mit dem Führen eines solchen oder unter Verletzung der Pflichten eines Kraftfahrzeugführers begangen worden sein. In der strafrechtlichen Anlasstat muss sich die fehlende Eignung symptomatisch ausgedrückt haben und der Täter wegen ihr verurteilt worden sein.[3] Der Tatrichter darf nicht solche Umstände bei seiner Entscheidungsfindung berücksichtigen, die unabhängig von der Straftat zu sehen sind (Eignungsmängel) oder erst durch das Tatgeschehen erworben wurden (Verletzungen).[4]

▼
Muster 30.1: Nachträgliche Eignungsmängel
Die Fahrerlaubnis ist meinem Mandanten nicht zu entziehen, denn die Voraussetzungen des § 69 Abs. 1 StGB liegt nicht vor. Entgegen den Ausführungen in der Anklage sind die körperlichen Beeinträchtigungen erst durch den Verkehrsunfall aufgetreten, sie waren nicht im Vorfeld bekannt.

---

1 BGH NStZ 2008, 279; BGH zfs 2005, 464.
2 MüKo-StVR/*Kretschmer*, StGB § 69 Rn 5.
3 *Fischer*, § 69 Rn 13.
4 BGHSt 15, 939; OLG Frankfurt NStZ-RR 96, 235.

Zum Beweis dieser Tatsache kündige ich bereits jetzt an zu beantragen,

die zeugenschaftliche Vernehmung des meinen Mandanten ständig behandelnden Arztes Dr. ▓▓▓▓ sowie

die Einholung eines medizinischen Sachverständigengutachtens.

Der behandelnde Arzt, den mein Mandant von seiner ärztlichen Schweigepflicht entbinden wird, kann bestätigen, dass mein Mandant vor dem Verkehrsunfall ein vollkommen normales Sehvermögen hatte. Das einzuholende Sachverständigengutachten wird aufzeigen, dass es sich bei der teilweisen Erblindung um eine unmittelbare Unfallfolge handelt.

Damit wird feststehen, dass die Eignungsmängel erst nachträglich vorlagen. Der Tatrichter darf nicht solche Umstände bei seiner Entscheidungsfindung berücksichtigen, die unabhängig von der Straftat zu sehen sind (Eignungsmängel) oder erst durch das Tatgeschehen erworben wurden (Verletzungen) (*Fischer*, § 69 Rn 13).

II. Kraftfahrzeug/Pedelecs

5 Hinsichtlich der Definition als Kraftfahrzeug kann auf die Legaldefinition in § 1 Abs. 2 StVG zurückgegriffen werden sowie den „Umkehrschluss" aus Abs. 3. Neuere Verkehrsmittel, wie z.B. Pedelecs, sind an Abs. 3 zu bemessen. Pedelecs sind daher bereits begrifflich keine Kraftfahrzeuge, ebenso wenig Fahrräder.[5]

6 **Muster 30.2: Pedelec**

Bereits jetzt weise ich darauf hin, dass die Fahrerlaubnis nicht zu entziehen ist.

Mein Mandant hat kein Kraftfahrzeug i.S.d. § 69 Abs. 1 StGB geführt. Er fuhr mit seinem Pedelec. Ein Pedelec ist eine spezielle Ausführung eines Elektrofahrrads. Der Fahrer wird nur vom Elektroantrieb unterstützt, wenn er tritt. Zwar ist ein Motor vorhanden. Allerdings sind keine Kraftfahrzeuge solche, die durch Muskelkraft fortbewegt werden und mit einem elektromotorischen Hilfsantrieb mit einer Nenndauerleistung von höchstens 0,25 kW ausgestattet sind, dessen Unterstützung sich mit zunehmender Fahrzeuggeschwindigkeit progressiv verringert (vgl. auch § 1 Abs. 3 StVG).

Das Pedelec ist nichts anderes als ein Fahrrad mit elektrischem Hilfsantrieb, das im Falle meines Mandanten bei Erreichen einer Geschwindigkeit von 25 km/h abschaltet. Pedelecs sind daher keine Kraftfahrzeuge (so auch OLG Hamm DAR 2013, 712).

▲

III. Führen eines Kraftfahrzeugs

1. Führen eines Kraftfahrzeugs, Var. 1

7 Ein Kraftfahrzeug wird geführt, wenn es in bestimmungsgemäßer Weise in Bewegung gesetzt oder gehalten wird. Hier gelten hinsichtlich des Merkmals „Führen" grundsätz-

---

5 OLG Hamm DAR 2013, 712 (Achtung: Beschluss in einer Owi-Sache!); MüKo-StVR/*Kretschmer*, StGB § 69 Rn 16; einschränkend *Burmann*, in: Burmann/Heß/Hühnermann/Jahnke/Janker, Straßenverkehrsrecht, 24. Aufl. § 69 StGB Rn 4.

lich keine Besonderheiten gegenüber den Ausführungen hierzu in den anderen Delikten. Allerdings muss das Merkmal ausgelegt bzw. eingeschränkt werden.

„Führen" setzt nach einem Teil der Rechtsprechung nicht unbedingt eigenhändiges Führen voraus.[6]

Diese Auffassung ist abzulehnen, und zwar schon begrifflich. Jedenfalls wenn von „beim Führen" die Rede ist, kann nur eigenhändiges Führen gemeint sein.[7] Ein Beifahrer führt kein Kraftfahrzeug, wenn er keinerlei Einfluss auf das Führen des Kfz hat.

Muster 30.3: Kein Führen eines Kraftfahrzeugs

Mein Mandant hat kein Kraftfahrzeug geführt. Er hatte das Fahrzeug seinem Bekannten ▒▒▒▒ überlassen. Diesen kennt er bereits seit Jahren und hat ihm schon öfter sein Fahrzeug überlassen. Nie kam es zu Problemen, Herr ▒▒▒▒ war stets zuverlässig. Am Tattag sagte ▒▒▒▒ zwar zu meinem Mandanten, er habe zwei Bier getrunken, dem hat mein Mandant aber nichts beigemessen.

Ein Kraftfahrzeug wird geführt, wenn es in bestimmungsgemäßer Weise in Bewegung gesetzt oder gehalten wird.

Schon begrifflich setzt dies voraus, dass das Fahrzeug eigenhändig geführt wird. Mein Mandant hatte, als ▒▒▒▒ mit dem Fahrzeug fuhr, keinerlei Einfluss auf das Führen des Kfz.

Die Fahrerlaubnis ist daher meinem Mandanten nicht zu entziehen (so auch zutreffend LG Köln NZV 1990, 445; vgl. auch BGH zfs 2003, 95).

▲

2. Bei oder im Zusammenhang mit dem Führen eines Kraftfahrzeugs, Var. 2

Hier kommen freilich Verkehrsverstöße in Betracht, gleichfalls solche Taten, bei denen das Kfz zur Durchführung der Tat förderlich war. Letzteres setzt dann aber voraus, dass die Anlasstat tragfähige Rückschlüsse darauf zulässt, dass der Täter bereit ist, die Sicherheit des Straßenverkehrs seinen eigenen kriminellen Interessen unterzuordnen.[8]

Die Voraussetzungen der Entziehung der Fahrerlaubnis nach § 69 StGB können bei „Zusammenhangstaten" danach beispielsweise erfüllt sein, wenn sich der Täter bei einer vergleichbaren früheren Straftat, etwa auf der Flucht, verkehrsgefährdend verhalten hat. Bei Banküberfällen kann die Anordnung nach §§ 69, 69a StGB in Betracht kommen, wenn aufgrund objektiver Umstände bei der Tat mit alsbaldiger Verfolgung und Flucht zu rechnen war und der Täter daher eine verkehrsgefährdende Verwendung des fluchtbereit tatortnah abgestellten Kraftfahrzeugs ersichtlich geplant hat oder mit einer solchen naheliegend rechnen musste. Ebenso dürfte jedenfalls in den Fällen gewaltsamer Entführung

---

6 BGH NJW 1957, 1287.
7 Vgl. auch LG Köln NZV 1990, 445; zweifelnd auch BGH zfs 2003, 95.
8 BGH zfs 2005, 486.

des Opfers im Kraftfahrzeug des Täters die Verkehrssicherheit regelmäßig gefährdet sein.⁹

12 Ein Täter, der durch die Begehung schwerwiegender oder wiederholter Straftaten zweifellos charakterliche Mängel offenbart, stellt nicht per se zugleich eine Gefahr für die Verkehrssicherheit dar. So liegt dies etwa bei der bloßen Nutzung eines Kraftfahrzeugs zur Suche nach Tatobjekten oder Tatopfern nicht nahe. Auch bei den Kurierfällen, in denen der Täter im Fahrzeug Rauschgift transportiert, sind Belange der Verkehrssicherheit nicht ohne weiteres berührt.¹⁰

▼

13 Muster 30.4: Kein Zusammenhang

In der Strafsache

gegen

wegen

lege ich gegen die vorläufige Entziehung der Fahrerlaubnis Beschwerde ein.

Begründung:

Meinem Mandanten wird Handeltreiben mit Betäubungsmitteln in nicht geringer Menge in sechzehn Fällen vorgeworfen. Teilweise soll er bei der Tatumsetzung ein Kraftfahrzeug genutzt haben, weshalb ihm auf Antrag der Staatsanwaltschaft durch das Amtsgericht – Ermittlungsrichter – die Fahrerlaubnis vorläufig entzogen wurde, § 111a StPO. Der Ermittlungsrichter meint, mein Mandant habe sich ungeeignet zum Führen eines Kfz erwiesen, da er ein Kfz zur Umsetzung seiner Tat genutzt habe.

Diese Begründung ist rechtlich falsch und unzureichend.

Ungeachtet der Frage der Tatbegehung, zu der mein Mandant weiter schweigt, setzt der (vorläufige) Entzug der Fahrerlaubnis eine „Zusammenhangstat" voraus. Ungeeignetheit im Sinne des § 69 Abs. 1 StGB liegt vor, wenn eine Würdigung der körperlichen, geistigen oder charakterlichen Voraussetzungen und der sie wesentlich bestimmenden objektiven und subjektiven Umstände ergibt, dass die Teilnahme des Tatbeteiligten am Kraftfahrzeugverkehr zu einer nicht hinnehmbaren Gefährdung der Verkehrssicherheit führen würde. Dabei muss sich die Ungeeignetheit gerade aus der verfahrensgegenständlichen Tat bzw. den Taten ergeben (BGH DAR 2003, 128; BGH zfs 2015, 229).

Kommt – wie hier – ausschließlich eine charakterliche Ungeeignetheit in Betracht, muss die Anlasstat selbst tragfähige Rückschlüsse auf die Bereitschaft des Täters zulassen, die Sicherheit des Straßenverkehrs seinen eigenen kriminellen Zielen unterzuordnen (BGH zfs 2005, 486). Ein allgemeiner Erfahrungssatz, dass Rauschgifttransporteure bei Verkehrskontrollen zu besonders riskanter Fahrweise entschlossen sind, besteht nicht (BGH DAR 2003, 128). Es genügt nicht, dass das Kfz nur bei Gelegenheit genutzt wurde (BGH zfs 2003, 94). Auch reicht es nicht aus, wenn das Fahrzeug, so der Vorwurf denn überhaupt zutrifft, dem Täter lediglich als Beförderungsmittel dient.

---

9 BGH, a.a.O.
10 BGH DAR 2003, 128; BGH zfs 2015, 229.

Die Fahrerlaubnis durfte daher nicht (vorläufig) entzogen werden, zumal der Beschluss sich in keiner Weise mit der Frage des „Zusammenhangs" oder der „charakterlichen Ungeeignetheit" auseinandersetzt.

3. Verletzung der Pflichten eines Kraftfahrzeugführers, Var. 3

Es muss sich um die Verletzung einer spezifisch dem Kraftfahrer obliegenden Pflicht handeln, nicht aber zwangsläufig um eine Straftat.[11] Die Pflicht muss sich dabei auf das verkehrssichere Führen beziehen.[12]

C. Katalogtaten und Regelvermutung, Abs. 2

Bei Vorliegen der in Abs. 2 genannten Katalogtaten, besteht eine gesetzliche Vermutung, dass der Täter ungeeignet zum Führen eines Kraftfahrzeugs ist. Konsequenz ist, dass eine umfangreiche Prüfung und Begründung der Entziehung der Fahrerlaubnis in den Urteilsgründen nicht erforderlich ist. Eine summarische Prüfung genügt.[13] Erforderlich ist aber gleichwohl, dass der Tatrichter in den Urteilsgründen erkennen lässt, dass er sich der Regelbedeutung bewusst ist. Er muss zeigen, dass die indizielle Wirkung in Ausnahmefällen durchbrochen werden kann.[14]

Bei der Widerlegung der Regelvermutung, die der Verteidiger herausarbeiten sollte, kann zunächst auf die Ausführungen oben zu den jeweils genannten Delikten verwiesen werden. Diese gelten entsprechend und können im Einzelfall dazu führen, dass kein Regelfall vorliegt.

Darüber hinaus gibt es weitere Möglichkeiten, die zur Widerlegung der Regelvermutung führen können. Die Ausnahmen werden vornehmlich in der Person des Täters zu finden sein, aber auch in den Umständen der Tat sowie in der Zeit zwischen Tat und Zeitpunkt der Entscheidung. Auch unbeanstandete Teilnahme am Straßenverkehr über einen längeren Zeitraum nach der Tat kann eine Ausnahme von der Regelvermutung sein.[15] Insgesamt sind an das Vorliegen von Ausnahmegründen allerdings strenge Anforderungen zu knüpfen,[16] was auch die tatsächliche Praxis mehr als deutlich zeigt.

Muster 30.5: Keine Regelvermutung

Ich bitte darum, von der Entziehung der Fahrerlaubnis abzusehen. Mein Mandant ist zwar alkoholisiert mit dem Auto gefahren (BAK 1,11‰). Wie sich aus der Strafanzeige des Polizeibeamten ergibt, ist er jedoch nicht aufgrund seiner Fahrweise den Polizeibeamten aufgefallen. Vielmehr ist vermerkt, dass mein Mandant sehr umsichtig und langsam fuhr.

---

11 BGH zfs 2015, 229.
12 *Fischer*, § 69 Rn 11.
13 MüKo-StVR/*Kretschmer*, StGB § 69 Rn 42 m.w.N.
14 OLG Hamm zfs 1988, 124; *Fischer*, a.a.O. Rn 22.
15 LG Dresden 1999, 122.
16 *Burmann*, a.a.O. Rn 22.

Zudem handelt es sich um eine verkehrsberuhigte Straße, die (nachweislich) überwiegend von Anwohnern befahren wird. Mein Mandant fuhr lediglich eine kurze Strecke von wenigen Metern, genauer 20 m. Weiter wollte mein Mandant auch nicht fahren, sondern das Fahrzeug lediglich kurz umparken.

Dies rechtfertigt es im vorliegenden Fall trotz der Regelvermutung des § 69 Abs. 2 Nr. 2 StGB ausnahmsweise von der Entziehung der Fahrerlaubnis abzusehen (vgl. hierzu auch LG Gera DAR 1999, 420; AG Regensburg zfs 1985, 123). Dabei ist auch zu berücksichtigen, dass mein Mandant kein Wiederholungstäter und noch nie im Straßenverkehr aufgefallen ist. Es sind daher keine übertrieben hohen Anforderungen an die Wiederlegung der Regelvermutung zu stellen (vgl. auch OLG Hamm, Urt. v. 10.11.2015 – III 5RVs 125/15, 5 RVs 125/15 – juris).

Muster 30.6: Keine Regelvermutung, MPU

Die Verteidigung bittet darum, von der Entziehung der Fahrerlaubnis abzusehen, wenngleich eine Straftat gem. § 315c StGB vorliegt.

Zwar ist die Tat eine Katalogtat gem. § 69 Abs. 2 Nr. 1 StGB. Gleichwohl besteht nach ständiger Rechtsprechung die Möglichkeit, die Regelvermutung zu widerlegen. Dies zeigt auch der Umstand, dass der Tatrichter trotz summarischer Prüfung in den Urteilsgründen erkennen lassen muss, dass er sich der Regelbedeutung bewusst ist. Er muss zeigen, dass die indizielle Wirkung in Ausnahmefällen durchbrochen werden kann (OLG Hamm zfs 1988, 124; *Fischer*, a.a.O. Rn 22).

Mein Mandant hat sich aus freien Stücken umgehend bei der Geschädigten entschuldigt. Er war ersichtlich über sein eigenes Verhalten erschrocken. Er befand sich in einer persönlichen Ausnahmesituation, da .

Um zu zeigen, dass es sich um eine absolute Ausnahmesituation gehandelt hat, die zur Widerlegung der Regelvermutung geeignet ist, hat mein Mandant freiwillig eine MPU durchführen lassen und diese bestanden. Das Gutachten überreiche ich. Es kommt zu dem Ergebnis, dass mit einem Rückfall nicht zu rechnen ist. Diese Umstände rechtfertigen es, von der Entziehung der Fahrerlaubnis abzusehen (siehe hierzu AG Pinneberg SVR 2008, 471; auch LG Köln zfs 1982, 349).

§ 31 Sperre der Erteilung der Fahrerlaubnis (§ 69a StGB)
Sebastian Gutt

A. Allgemeines

Mit Rechtskraft der Entziehung der Fahrerlaubnis erlischt diese und der Führerschein wird eingezogen.

Neben der Entscheidung zum Entzug der Fahrerlaubnis, muss das Urteil auch eine Frist enthalten, innerhalb derer die Fahrerlaubnisbehörde angewiesen wird, dem Täter keine Fahrerlaubnis zu erteilen (Sperrzeit). Die Frist ist – wie ausgeführt – ausschließlich nach der voraussichtlichen Dauer der Nichteignung zu bestimmen.[1] Die Teilnahme an einer Nachschulung kann für die Dauer der Sperrzeit von Bedeutung sein.[2] Negativ können sich bei der Bemessung der Dauer freilich verkehrsrechtliche Vorverurteilungen auswirken. Demgegenüber spielen allgemeine Strafzumessungsregeln keine Rolle.

Selbst unter Berücksichtigung dieser Umstände steht dem Tatrichter ein durchaus umfangreicher Ermessensspielraum zur Dauer der Sperrzeit zu, obgleich er im Falle der langfristigen Anordnung einer Sperrzeit umfangreich zu begründen hat. Unabhängig davon ist aber zu erkennen, dass sich in der Praxis in den Bereichen der Staatsanwaltschaft verschiedentlich eigene Praxen zur Dauer der Sperrzeit herausgebildet haben.[3] So kann der Verteidiger seinen Mandant durchaus auf das vorbereiten, was ihn möglicherweise erwartet.

▼
Muster 31.1: Schreiben an Mandanten zur Sperrzeit
Sehr geehrter Herr ▓▓▓▓,

für die Mandatierung und das in mich gesetzte Vertrauen darf ich mich bei Ihnen bedanken.

Mit beigefügtem Schreiben habe ich die Staatsanwaltschaft ▓▓▓▓ angeschrieben, angezeigt, dass ich Sie verteidige, um Akteneinsicht gebeten und darauf hingewiesen, dass Sie zunächst von Ihrem Schweigerecht Gebrauch machen.

Vorgeworfen wird Ihnen eine Trunkenheitsfahrt. Unabhängig von der Frage, ob der Vorwurf zutreffend ist, baten Sie um Rückmeldung dazu, wie lange Ihnen die Fahrerlaubnis entzogen wird („Sperre").

Grundsätzlich stellt die Trunkenheitsfahrt eine sogenannte Katalogtat dar, bei der die Ungeeignetheit zum Führen eines Kraftfahrzeugs im Straßenverkehr (widerleglich) vermutet wird. D.h., im Falle der Verurteilung würde Ihnen sicherlich die Fahrerlaubnis entzogen und das Gericht würde eine Sperrzeit anordnen, innerhalb derer die Fahrerlaubnisbehörde Ihnen keine neue Fahrerlaubnis erteilen darf.

---
1 BGH zfs 2003, 46; BGH NStZ 1991, 183.
2 OLG Köln zfs 1981, 95.
3 *Gebhardt*, Verteidigung in Verkehrsstraf- und Ordnungswidrigkeitenverfahren, 8. Aufl., § 58 Rn 20.

§ 31 Sperre der Erteilung der Fahrerlaubnis (§ 69a StGB)

Die Dauer dieser Sperrzeit richtet sich danach, wie lange Sie als ungeeignet zum Führen eines Kraftfahrzeugs durch den Tatrichter angesehen werden. Die Beantwortung dieser Frage liegt im Ermessen des Gerichts. Es gibt im Bezirk der hier zuständigen Staatsanwaltschaft ▬▬▬ aber interne Richtlinien hinsichtlich der Dauer der Sperrzeit. Bei sogenannten „Ersttätern" wird in der Regel eine Sperrzeit von 10–12 Monaten verhängt. Die Zeit, in der die Fahrerlaubnis bereits dauerhaft *(vorläufig)* entzogen war, wird angerechnet.

Lassen Sie uns zunächst die Gewährung der Akteneinsicht abwarten. Ich werde zeitnah auf Sie zukommen.

▲

B. Ausnahmen von der Sperre

4 Grundsätzlich ist es so, dass die Fahrerlaubnisentziehung und die Sperre alleine der Verkehrssicherheit dienen. Dies bedeutet, dass persönliche und wirtschaftliche Folgen bei der Bemessung der Dauer keine Rolle spielen dürfen.[4] Allerdings können Nachteile zu einer Verkürzung der Sperrfrist führen bzw. bei der Bemessung Berücksichtigung finden, wenn zu erwarten ist, dass die Maßregel dem Täter eine besondere Warnung ist.[5] Vorliegen müssen ganz besondere Umstände.[6] Bei Wiederholungstätern gelten noch strengere Anforderungen, z.B. die Beibringung eines medizinisch-psychologischen Gutachtens.[7]

5 Die Mindestdauer der Sperrzeit beträgt sechs Monate. Eine Bindung an diese Frist besteht nur, wenn das Gericht den Täter im Zeitpunkt der Entscheidung noch für ungeeignet hält.[8]

6 Die Sperre beginnt dabei mit der Rechtskraft der Entscheidung. Gem. § 69a Abs. 5 S. 2 StGB ist die zwischen dem letzten tatrichterlichen Urteil und dessen Rechtskraft verstrichene Zeit einer vorläufigen Entziehung der Fahrerlaubnis anzurechnen.

7 Das Gesetz sieht in § 69a Abs. 2 StGB die grundsätzliche Möglichkeit vor, bestimmte Arten von Kraftfahrzeugen von der Sperre auszunehmen. Im Umkehrschluss belegt dies auch, dass die Fahrerlaubnis grundsätzlich nach § 69 Abs. 1 ohne Einschränkung zu entziehen ist. Die Fahrerlaubnis muss also komplett entzogen und der Führerschein eingezogen werden.[9] Es müssen dann besondere Umstände vorliegen, die die Annahme rechtfertigen, dass der Zweck der Maßregel dadurch nicht gefährdet wird. Erforderlich ist damit eine feststellbare objektive und subjektive Abschirmung der Gefährdung des Maßregelzwecks und damit der Gefährdung des Straßenverkehrs, die zunächst einmal „per se" durch einen ungeeigneten Kraftfahrzeugführer besteht.[10] Es muss der Schluss

---

[4] BGH NJW 1954, 16.
[5] LG Berlin VRS 120, 199; BayObLG StV 1999, 651.
[6] OLG Hamm DAR 1971, 330.
[7] OLG Hamm BA 53, 189; LG Oldenburg zfs 2002, 354.
[8] *Gebhardt*, Verteidigung in Verkehrsstraf- und Ordnungswidrigkeitenverfahren, 8. Aufl., § 58 Rn 23.
[9] NK-GVR/*Blum*, § 69a StGB Rn 24.
[10] AG Lüdinghausen NZV 2010, 164.

B. Ausnahmen von der Sperre § 31

möglich sein, der generell ungeeignete Täter sei bei der Benutzung der freigegebenen Fahrzeugart „ungefährlich".[11]

Solche besonderen Umstände können z.B. vorliegen, wenn es für die Fortführung der Ausbildung zum Landwirt wegen der weit auseinander liegenden Gemarkungen notwendig ist, dass der Angeklagte zumindest diese Führerscheinklassen behalten kann.[12]

▼

Muster 31.2: Ausnahme von bestimmten Arten von Kraftfahrzeugen
Ich rege an, von der Anordnung der Sperre für die Neuerteilung der Fahrerlaubnis die Fahrerlaubnisklassen L und T auszunehmen.

Mein Mandant befindet sich im ersten Jahr der Ausbildung zum Landwirt. Ausbilder ist sein Nachbar. Der Betrieb wird alleine geführt von diesem, wobei mein Mandant schon vor seiner Ausbildung intensiv mitgeholfen hat, damit sein Nachbar die Flächen überhaupt bewirtschaften konnte. Die Flächen befinden sich in Niedersachsen und Sachsen-Anhalt und sind mit öffentlichen Verkehrsmitteln nicht zu erreichen. Die Gemarkungen liegen zudem weit auseinander. Hinzu kommt, dass mein Mandant im Rahmen seiner Ausbildung eine Sonderausbildung für Pflanzenschutz genossen hat, weshalb nur er bestimmte Arbeiten ausführen kann.

Für die Fortbildung seiner Ausbildung ist mein Mandant daher zwingend auf die Fahrerlaubnisklassen L und T angewiesen. Mein Mandant wird überwiegend auf den landwirtschaftlichen Flächen fahren, wodurch eine feststellbare objektive und subjektive Abschirmung der Gefährdung des Maßregelzwecks und damit der Gefährdung des Straßenverkehrs gewährleistet ist (vgl. hierzu AG Lüdinghausen NZV 2010, 164). Gerade dann, wenn ein landwirtschaftlicher Betrieb bestellt wird, ist von besonderen Umständen auszugehen, die die Annahme rechtfertigen, dass der Zweck der Maßregel dadurch nicht gefährdet wird (AG Alsberg zfs 2010, 168; AG Auerbach (Vogtland) NZV 2003, 207; auch NK-GVR/*Blum*, § 69a StGB Rn 25 m.w.N.; vgl. insgesamt LG Zweibrücken NZV 1996, 252).

▲

Folgt das Gericht den Ausführungen des Verteidigers und schränkt die Sperre ein, muss dann der Mandant eigenständig bei der Fahrerlaubnisbehörde eine dem § 69a Abs. 2 StGB entsprechend eingeschränkte Fahrerlaubnis beantragen. Die Fahrerlaubnisbehörde hat aber in eigener Verantwortung zu prüfen, ob sie die eingeschränkte Fahrerlaubnis erteilt.[13]

▼

Muster 31.3: Aufklärung des Mandanten bzgl. eingeschränkter Fahrerlaubnis
Sehr geehrter Herr ,

das Gericht hat Sie im Rahmen der Hauptverhandlung wegen fahrlässiger Trunkenheitsfahrt verurteilt. Ausgenommen von dieser Sperre wurden die Fahrerlaubnisklassen L und T.

---

11 OLG Karlsruhe VRS 63, 200.
12 AG Alsfeld zfs 2010, 168.
13 NK-GVR/*Blum* a.a.O.

§ 31 Sperre der Erteilung der Fahrerlaubnis (§ 69a StGB)

Sie müssen nun bei der Fahrerlaubnisbehörde des Landkreises eine eingeschränkte Fahrerlaubnis beantragen. Dies mag Sie verwundern, ist jedoch dem Umstand geschuldet, dass die Fahrerlaubnis grundsätzlich nur in Gänze entzogen werden kann, so wie auch im Urteil geschehen. Wenngleich also das Gericht Ausnahmen von der Sperre gemacht hat, werden Sie so behandelt, als hätten Sie keine Fahrerlaubnis. Aus diesem Grund müssen Sie die Fahrerlaubnis – wie ausgeführt – neu beantragen.

Vorsorglich weise ich darauf hin, dass die Fahrerlaubnisbehörde eigenständig prüft, ob die Voraussetzungen für die Erteilung vorliegen und sie nicht an die vom Strafgericht ausgesprochene Ausnahme von der Sperre gebunden ist.

▲

12 § 69a Abs. 7 StGB bestimmt, dass Tatsachen, die nach Erlass des Urteils eingetreten sind, zu einer vorzeitigen Aufhebung der Sperre führen können, wenn es sich um erhebliche Umstände handelt. Hier wird es in der Regel um die bereits genannten Aufbauseminare (z.B. Mainz 77; Achtung: Kurs steht nur Tätern mit maximal 1,59 ‰ zur Verfügung) gehen, wenn diese zur Überzeugung des Richters führen, dass sich tatsächlich wesentlich etwas an der Ungeeignetheit des Täters geändert hat.[14] Die vorzeitige Aufhebung ist erst nach Ablauf der Mindestfrist in Abs. 7 zulässig/möglich und betrifft grundsätzlich nur die Sperre, sie lässt die Entziehung der Fahrerlaubnis unberührt.[15] Die Fahrerlaubnis muss nach Ablauf der Sperre also neu beantragt werden, § 20 FeV.

▼

13 **Muster 31.4: Antrag auf vorzeitige Aufhebung der Sperrzeit**

In der Strafsache

gegen

wegen

beantrage ich gem. § 69a Abs. 7 StGB, die Sperre für die Neuerteilung der Fahrerlaubnis aufzuheben, hilfsweise beantrage ich, die Sperrzeit zu verkürzen.

Begründung:

Mein Mandant ist nicht mehr als ungeeignet zum Führen von Kraftfahrzeugen anzusehen.

Ausweislich der beigefügten Unterlagen hat sich mein Mandant einer speziellen individualpsychologischen Therapie bei einem entsprechend qualifizierten Psychologen unterzogen. Zusammen mit der Tatsache, dass die Fahrerlaubnis nunmehr bereits seit sieben Monaten entzogen ist, führt dies dazu, dass von einer Beseitigung der angenommenen Ungeeignetheit zum Führen von Kraftfahrzeugen auszugehen ist. Hinzu kommt nämlich, dass mein Mandant sich mehrfach einer Therapie bei einem Facharzt für Neurologie und Psychiatrie unterzogen hat. Auch hier verweise ich auf entsprechende Atteste.

Meinem Mandanten wurden im Rahmen dieser Therapie die Konsequenzen von Alkohol im Straßenverkehr nahegebracht und seine Tat analysiert.

Meinem Mandanten hat dies klar aufgezeigt, dass er seine Einstellung zum Alkohol ändern muss. Er trinkt nun schon seit sechs Monaten überhaupt keinen Alkohol mehr.

---

14 *König*, in:Hentschel/König/Dauer, Straßenverkehrsrecht, 42. Aufl., § 69a StGB Rn 14.
15 *König* a.a.O. Rn 15.

B. Ausnahmen von der Sperre §31

Auch die zwischenzeitlich abgelaufene Zeit ohne Fahrerlaubnis hat enormen Eindruck bei meinem Mandanten hinterlassen. Mein Mandant hat sich stets, auch schon im Rahmen des Strafverfahrens, reuig und einsichtig gezeigt.

Im Rahmen der von dem Gericht vorzunehmenden Abwägung aller neuer Gesichtspunkte ist davon auszugehen, dass mein Mandant wieder geeignet zum Führen von Kraftfahrzeuge ist, jedenfalls die Sperrzeit verkürzt werden kann (vgl. z.B. AG Dresden SVR 2015, 104; LG Hildesheim, Beschl. v. 20.12.2011 – 26 Qs 179/11; LG Erfurt VRR 2011, 389; LG Dresden zfs 2007, 53).

§ 32 Vorläufige Entziehung der Fahrerlaubnis (§ 111a StPO)

Sebastian Gutt

A. Allgemeines

Die vorläufige Entziehung der Fahrerlaubnis dient der Prävention. Die Allgemeinheit soll geschützt werden, bevor eine rechtskräftige Entscheidung ergeht. § 111a StPO steht damit im Zusammenhang mit einer späteren Maßnahme gem. §§ 69, 69a StGB, wie sich auch aus der Tatsache der Anrechnung auf die Sperre ergibt, § 69a Abs. 5 S. 2 StGB.

B. Dringender Tatverdacht

Dringende Gründe müssen für den Entzug der Fahrerlaubnis vorliegen, also dringende Gründe für die Annahme einer späteren endgültigen Entziehung. Erforderlich ist somit dringender Tatverdacht, folglich eine große Wahrscheinlichkeit dafür, dass der Beschuldigte die ihm vorgeworfenen Tat tatsächlich auch begangen hat.[1] Hierbei handelt es sich um eine vom Gericht anzustellende Prognoseentscheidung, wobei auch hier auf die Erleichterungen des § 69 Abs. 2 StGB zurückgegriffen werden kann.

C. Ausnahmen

Auch hier besteht die Möglichkeit, dass bestimmte Arten von Kraftfahrzeugen von der vorläufigen Entziehung ausgenommen werden können. Insofern kann auf die Ausführungen hierzu in § 69a StGB verwiesen werden, § 31 Rdn 4 ff.

D. Rechtsmittel

Gegen den Entziehungsbeschluss kann gem. § 304 StPO Beschwerde eingelegt werden und zwar gem. § 306 Abs. 1 StPO bei dem Gericht, dass die Entscheidung getroffen hat.

---

1 MüKo-StVR/*Krafka*, StPO § 111a.

§ 33 Fahren ohne Fahrerlaubnis (§ 21 StVG)

Sebastian Gutt

Ebenfalls häufiger hat man es in der Praxis mit dem Fahren ohne Fahrerlaubnis zu tun. Oft wird es sich um eine Rechtsfolgenverteidigung handeln, wenn jemand den Mandanten eindeutig hat fahren sehen. Sollte sich nach Akteneinsicht herausstellen, dass niemand den Mandanten gesehen hat, so wird der Verteidiger ihm empfehlen zu schweigen.

Eine weitere Konstellation, die dann und wann auftritt, ist die Problematik der Anerkennung von EU/EWR-Fahrerlaubnissen, etwa nach Entzug der Fahrerlaubnis und Sperre in Deutschland wegen eines Alkohol-/Betäubungsmittel-Delikts. Auf letzteren Fall soll hier kurz eingegangen werden.

Ansatzpunkt für die Einleitung eines Strafverfahrens ist regelmäßig § 28 Abs. 4 Nr. 3 FeV, wonach die entsprechende Berechtigung nicht gilt, wenn dem Inhaber einer EU-Fahrerlaubnis im Inland die Fahrerlaubnis vorläufig oder rechtskräftig von einem Gericht oder sofort vollziehbar oder bestandskräftig von einer Verwaltungsbehörde entzogen worden ist oder die Fahrerlaubnis bestandskräftig versagt worden ist oder die Fahrerlaubnis nur deshalb nicht entzogen worden ist, weil er zwischenzeitlich auf die Fahrerlaubnis verzichtet hat.

Nicht strafbar macht sich dabei, wer eine Fahrerlaubnis eines anderen EU-Staates erworben hat, nachdem die in Deutschland angeordnete Sperrfrist abgelaufen war. Die Fahrerlaubnis des EU-Staates muss also nach der Sperrfrist ausgestellt worden sein.[1] Dies gilt dann nicht, wenn sich herausstellt, dass die Wohnsitzanforderungen nicht erfüllt worden sind. Wenn demgegenüber die Voraussetzungen insgesamt erfüllt sind, ist die EU-Fahrerlaubnis in Deutschland anzuerkennen und darf nicht etwa noch von der Beibringung eines medizinisch-psychologischen Sachverständigengutachtens abhängig gemacht werden.[2] Dies gilt sowohl für Fahrerlaubnisse, die strafrechtlich, als auch verwaltungsrechtlich entzogen worden sind.[3]

In der Praxis ist gleichwohl zu erkennen, dass, wenn der Mandant in einer Verkehrskontrolle der Polizei wegen des EU-Führerscheins „auffällt", ein Ermittlungsverfahren in die Wege geleitet wird, obgleich bei Nachfrage sogar die Fahrerlaubnisbehörden mitteilen, diese Fahrerlaubnis würde akzeptiert, da sie nach Ablauf der Sperrzeit erworben wurde.

Der Verteidiger sollte dann gegenüber der Staatsanwaltschaft kurz vortragen, sich insbesondere weitere Dokumente vom Mandant übergeben lassen, z.B. Anmeldung im Mitgliedstaat mit Wohnung etc. Eine entsprechende Einlassung könnte sodann wie folgt aussehen:

---

[1] OLG Düsseldorf NZV 2007, 484.
[2] EuGH zfs 2004, 287; OLG Saarbrücken NJW 2005, 1293.
[3] *Janker/Hühnermann*, in: Burmann/Heß/Hühnermann/Jahnke/Janker, Straßenverkehrsrecht, 24. Aufl., § 21 StVG Rn 6a.

§ 33 Fahren ohne Fahrerlaubnis (§ 21 StVG)

▼

Muster 33.1: EU-Fahrerlaubnis nach Sperrzeit in Deutschland

6 In dem Ermittlungsverfahren

gegen

wegen

habe ich die Angelegenheit mit meinem Mandanten besprochen.

Ein strafbares Verhalten liegt nicht vor, insbesondere kein Fahren ohne Fahrerlaubnis.

Mein Mandant ist im Besitz einer gültigen ausländischen Fahrerlaubnis. Er hat sich an die Vorschriften bzw. die durch den Europäischen Gerichtshof aufgestellten Grundsätze gehalten. Ich überreiche hierzu mehrere Unterlagen. Hieraus ist ersichtlich, dass mein Mandant während der Zeit, indem er die ausländische Fahrerlaubnis beantragt bzw. die zugrunde liegende Prüfung absolviert hat, einen ständigen Wohnsitz in Polen hatte. Auch der Nachweis über die Fahrstunden liegt vor. Dem Wohnsitzerfordernis nach ständiger Rechtsprechung des Europäischen Gerichtshofes wurde entsprochen.

Im Ergebnis kommt es hierauf jedoch nicht an, da der Landkreis bereits bestätigt hat, dass mein Mandant die Fahrerlaubnis in Polen nicht während einer laufenden Sperrzeit erworben hat (vgl. hierzu auch OLG Düsseldorf NZV 2007, 484; EuGH zfs 2004, 287; OLG Saarbrücken NJW 2005, 1293, jew. m.w.N.).

Es liegt somit eine gültige Fahrerlaubnis vor. Ich beantrage daher, das Ermittlungsverfahren gemäß § 170 Abs. 2 StPO einzustellen und eine Einstellungsnachricht zu übersenden.

§ 34 Pflichtversicherungsgesetz

Sebastian Gutt

Die Kfz-Haftpflichtversicherung ist eine Pflichtversicherung. Sie wurde zum Schutz der Verkehrsopfer eingeführt. Um die Bedeutung der Pflichtversicherung zu untermauern, wurde ein Verstoß gegen diese unter Strafe gestellt.

Strafbar ist dabei der Gebrauch des Fahrzeugs nur unter der Voraussetzung, dass die erforderliche Haftpflichtversicherung nicht oder nicht mehr besteht. Dies setzt zunächst eine Versicherungspflicht des Fahrzeugs voraus, die etwa nur bei solchen Fahrzeugen nicht besteht, denen aufgrund geringer Fahrleistung ein Gefährdungspotential abgesprochen wird (z.B. Gabelstapler) oder bei Fahrzeugen von Städten und Kommunen nicht, weil man davon ausgeht, dass diese finanzkräftig sind.[1]

Für die Frage, ob Versicherungsschutz besteht, kommt es ausschließlich auf den formellen Versicherungsschutz an, nicht aber den materiellen (z.B. Verstoß des Versicherungsnehmers gegen Obliegenheiten). Diese berechtigen den Versicherer im Innenverhältnis möglicherweise zum Regress gegenüber seinem Versicherungsnehmer, lassen indes die Haftung nach „außen" hiervon unberührt, § 117 Abs. 1 VVG. Hier geht es in der Praxis häufig um den „Missbrauch" roter Kennzeichen.

Muster 34.1: Kein Verstoß bei anderen als Zulassungsfahrten
Es mag zutreffen, dass mein Mandant das Fahrzeug nicht lediglich für eine Zulassungsfahrt nutzte, da er um 22.42 Uhr angehalten wurde und zu diesem Zeitpunkt die Zulassungsstelle des Straßenverkehrsamts geschlossen war. Gleichwohl ist hierin eine Strafbarkeit meines Mandanten gem. § 6 Abs. 1 PflVG nicht zu sehen. Der Zweck der Fahrt kann dabei sogar offen bleiben, denn dies hätte lediglich zur Konsequenz, dass mein Mandant gegen eine vertragliche Obliegenheit aus dem Versicherungsvertrag verstoßen hätte. Das formelle Bestehen des Versicherungsvertrages bleibt hiervon unberührt. Eine Strafbarkeit ist somit gerade nicht gegeben (vgl. OLG Celle zfs 2014, 451; OLG Hamm zfs 2007, 375).

Auch das „Frisieren" von Fahrzeugen, z.B. eines Mofas, um höhere Geschwindigkeiten zu erzielen, verstößt nicht gegen § 6 Abs. 1 PflVG. Denn auch in diesem Fall besteht der Haftpflichtvertrag fort.[2]

Demgegenüber wäre der Fall, dass der Versicherungsvertrag gekündigt ist und der Versicherungsnehmer fährt, strafbar, auch wenn noch die Nachhaftung des § 117 Abs. 2 VVG greift. Denn dann besteht lediglich materieller Versicherungsschutz, nicht aber der erforderliche formelle.[3]

---

1 Vgl. hierzu MüKo-StVR/*Kretschmer*, PflVG § 6 Rn 13 ff.
2 OLG Köln DAR 2004, 283.
3 BGH zfs 1985, 223.

§ 35 Sonstiges

Sebastian Gutt

A. Beauftragung eines Sachverständigen durch Verteidiger

Manchmal kann es sinnvoll sein, wenn der Verteidiger eigene Ermittlungen anstellt oder aber die Ermittlungen der Staatsanwaltschaft überprüfen lassen möchte. Dann empfiehlt sich die Einholung eines Sachverständigengutachtens, etwa zur Frage der Wahrnehmbarkeit des Unfalls beim unerlaubten Entfernen vom Unfallort.

▼
Muster 35.1: Beauftragung eines Sachverständigen
Sehr geehrter Herr Dipl.-Ing. ▬▬▬ ,

in einer strafrechtlichen Angelegenheit vertrete ich Herrn ▬▬▬ wegen des Verdachts des unerlaubten Entfernens vom Unfallort. Die Staatsanwaltschaft hat das beigefügte Gutachten zur Frage der Wahrnehmbarkeit des Verkehrsunfalls eingeholt. Das Gutachten kommt zu dem Ergebnis, mein Mandant habe den Verkehrsunfall wahrnehmen müssen. Wegen der Einzelheiten verweise ich auf die Ausführungen in dem Gutachten.

Mein Mandant bestreitet weiterhin, den Unfall bemerkt zu haben. Namens und in Vollmacht meines Mandanten beauftrage ich Sie mit der Überprüfung des eingeholten Gutachtens sowie der Erstellung eines eigenen Gutachtens. Einen kompletten Auszug aus der Ermittlungsakte füge ich zu Ihrer weiteren Verwendung zum Verbleib bei.

Sollten Sie zu dem Ergebnis kommen, dass das Gutachten nicht zu beanstanden ist, bitte ich aus Kostengründen von der Erstellung eines eigenen Gutachtens abzusehen und mich telefonisch zu kontaktieren. Eine telefonische Auskunft wäre dann ausreichend.

Für Ihre Bemühungen bedanke ich mich.

▲

 Hinweis
Bei Verkehrsstraftaten gewähren die Rechtsschutzversicherer bei Taten, die vorsätzlich begangen werden können, nur vorläufigen Deckungsschutz (vgl. Muster-ARB des GDV mit Stand März 2016, dort 2.2.9). Im Falle der rechtskräftigen Verurteilung wegen einer Vorsatztat sind die Kosten zurückzuzahlen. Der Verteidiger sollte dies im Blick haben und die Kosten daher nicht ausufern lassen. Wesentlich günstiger als ein schriftliches Gutachten ist ein mündliches. Die meisten Sachverständigen bieten dies an. Konsequenz aus der lediglich vorläufigen Gewährung von Deckungsschutz ist auch, dass der Verteidiger in solchen Fällen einen auskömmlichen Vorschuss vom Rechtsschutzversicherer anfordern sollte. Denn zwischen Verteidiger und Versicherer besteht kein Vertragsverhältnis, so dass der Versicherer die gezahlten Gebühren nicht gegenüber dem Verteidiger regressieren kann.

§ 35 Sonstiges

Muster 35.2: Information des Rechtsschutzversicherers über die Beauftragung eines Sachverständigen

4

Sehr geehrte Damen und Herren,

um eine optimale Verteidigung gewährleisten zu können, ist die Beauftragung eines Sachverständigen erforderlich geworden. Dieser soll sich mit der Frage der Wahrnehmbarkeit des Verkehrsunfalls für meinen Mandanten auseinandersetzen.

Ich habe daher mit dem zu Ihrer Kenntnisnahme beigefügten Schreiben den Sachverständigen ▬▬▬▬ mit der Erstellung eines solchen Gutachtens beauftragt. Herr ▬▬▬▬ ist ein öffentlich bestellter und vereidigter Sachverständiger. Entsprechend Ihrer Versicherungsbedingungen haben Sie daher die Kosten für die Beauftragung zu übernehmen. Ich bitte um eine kurze Bestätigung.

5 *Hinweis*

Rechtsschutzversicherer tragen in der Regel die Kosten eines Sachverständigen, der öffentlich bestellt und vereidigt ist (vgl. Muster-ARB des GDV mit Stand März 2016, dort 2.3.1.3). Der Verteidiger sollte vor Beauftragung prüfen, ob dies auch von den Bedingungen des Rechtsschutzversicherers des Mandanten umfasst ist und den Sachverständigen von vornherein entsprechend dieser Kriterien aussuchen. Tut er dies nicht, handelt es sich mitunter um eine Falschberatung, die ihn regresspflichtig gegenüber seinem Mandanten machen kann.

B. Verfahrenseinstellung gem. §§ 153/153a StPO – Vorgriff auf zivilrechtliche Ansprüche

6 Für den Verteidiger kann es häufig sinnvoll sein, auf eine Verfahrenseinstellung gem. §§ 153/153a StPO hinzuwirken. Die Erfahrung zeigt, dass die Staatsanwaltschaften zumindest bei Verletzungen, die im Schweregrad über Prellungen und HWS-Verletzungen hinausgehen, somit noch keine Schwerstverletzungen darstellen, durchaus zu einer Einstellung des Verfahrens gem. § 153a StPO bereit sind.

7 Oft ist es der Mandant, der dann im Hinblick auf seine eigenen zivilrechtlichen Ansprüche gegenüber dem Unfallgegner Sorge hat, dass die Zahlung einer Geldauflage einem „Schuldanerkenntnis" gleichzusetzen ist. Das ist unzutreffend. Das Strafverfahren ist losgelöst vom zivilrechtlichen Verfahren zu sehen. Es handelt sich um unterschiedliche Gerichtszweige und es gelten unterschiedliche Beweismaßstäbe. Zudem haben die Auflagen und Weisungen gerade keinen Strafcharakter, sondern werden dem Beschuldigten auferlegt. Sie werden als strafähnliche Sanktion angesehen.[1] Gleichwohl ist zu erkennen, dass diese Trennung in der Praxis tatsächlich nicht stringent vollzogen wird. Ist die Einstellung aus Sicht des Verteidigers gleichwohl sinnvoll und zielführend, kann zur Akte ein Schreiben gereicht werden, in dem auf die Unterschiede zwischen Straf- und

---

1 *Meyer-Goßner/Schmitt*, 58. Aufl., § 153a Rn 12.

B. Verfahrenseinstellung gem. §§ 153/153a StPO – Vorgriff auf zivilrechtliche Ansprüche § 35

Zivilrecht hingewiesen wird, der Mandant weiterhin davon ausgeht, dass der Verkehrsunfall nicht von ihm verursacht wurde und auch bei Einstellung weiterhin die Unschuldsvermutung gilt. Dies ist zwar rein deklaratorisch, beruhigt jedoch vielfach den Mandanten und gibt die Möglichkeit, im zivilrechtlichen Verfahren auf dieses Schreiben zu verweisen, so dass keine negativen Rückschlüsse aus der Zahlung der Geldauflage gezogen werden können.

▼

Muster 35.3: Anschreiben Mandant wegen angedachter Verfahrenseinstellung gem. § 153a StPO

Sehr geehrter Herr ,

zwischenzeitlich sollte Ihnen das Schreiben der Staatsanwaltschaft ebenfalls zugegangen sein. Die Staatsanwaltschaft beabsichtigt, das Ermittlungsverfahren gegen Sie einzustellen, zunächst vorläufig und wenn Sie die Geldauflage von 600 EUR bezahlt haben, endgültig (§ 153a StPO).

Wichtig ist in diesem Zusammenhang zu wissen, dass über Ihre Schuld hier auch bei der Einstellung nach § 153a StPO **nicht** entschieden wird. **Es gilt auch weiterhin die Unschuldsvermutung.** Es dürfen also in einem zivilrechtlichen Prozess keine negativen Rückschlüsse wegen der Zahlung der Geldauflage gezogen werden. Insbesondere liegt bei Zahlung kein „Schuldeingeständnis" vor.

Sollten Sie mit der Einstellung nicht einverstanden sein, muss dies der Staatsanwaltschaft mitgeteilt werden. Es ist dann wahrscheinlich, dass die Staatsanwaltschaft Anklage gegen Sie beim zuständigen Gericht erheben wird.

Unter Berücksichtigung dieser Umstände sollte aus meiner Sicht die Zustimmung durchaus erteilt werden.

Bitte teilen Sie mir mit, ob Sie mit der Zahlung einverstanden sind. Ich werde dies dann der Staatsanwaltschaft mitteilen. Bitte beachten Sie auch, dass der Geldbetrag bis zum

zum Kassenzeichen der Staatsanwaltschaft zu überweisen ist. Eine fristgerechte Zahlung ist zwingend erforderlich.

Für Rückfragen stehe ich gerne zur Verfügung.

▲

Muster 35.4: Unschuldsvermutung bei Einstellung gem. §§ 153/153a StPO

In der Strafsache

gegen

wegen

erkläre ich nach Rücksprache mit meinem Mandanten für diese die Zustimmung zur angedachten (vorläufigen) Verfahrenseinstellung gem. § 153a StPO.

Ich weise vorsorglich darauf hin, dass hiermit kein Geständnis im Hinblick auf die Unfallverursachung und die fahrlässige Körperverletzung gem. § 229 StGB verbunden ist. Mein Mandant zahlt lediglich aus zeitlichen und wirtschaftlichen Erwägungen.

Es gilt somit weiterhin die Unschuldsvermutung (vgl. z.B. BVerfG DAR 1991, 17). Die Unschuldsvermutung ist eine besondere Ausprägung des Rechtsstaatsprinzips und hat Verfassungsrang. Sie ist auch kraft Art. 6 Abs. 2 EMRK Bestandteil des positiven Rechts der Bundesrepublik Deutschland im Range eines Bundesgesetzes (BVerfG NJW 1987, 2427).

C. Anschreiben nach Zustellung des Strafbefehls

Muster 35.5: Anschreiben nach Zustellung des Strafbefehls

Sehr geehrter Herr ,

zwischenzeitlich dürfte Ihnen ebenfalls der Strafbefehl des Amtsgerichts zugegangen sein. Das Amtsgericht hat eine Geldstrafe von 30 Tagessätzen zu 40 EUR verhängt. 30 Tagessätze sind als relativ milde zu bezeichnen, wobei die Tagessatzhöhe von 40 EUR sich nach Ihrem Einkommen richtet. Zudem geht der Strafbefehl von Fahrlässigkeit aus, was ebenfalls eines unserer Ziele war. Gegebenenfalls kann eine Zahlung der Geldstrafe in Raten erfolgen, sofern ein entsprechender Antrag gestellt wird. Sollte dies gewünscht sein, bitte ich um eine entsprechende Rückmeldung.

Darüber hinaus wird die Fahrerlaubnisbehörde angewiesen, Ihnen nach Rechtskraft des Strafbefehls vor Ablauf von noch sechs Monaten keine neue Fahrerlaubnis zu erteilen. Die Fahrerlaubnisbehörden regen an, dass Sie sich wegen der Bearbeitungszeit drei Monate vor Ablauf der Sperrzeit dort melden und eine neue Fahrerlaubnis beantragen. Es ist jedoch davon auszugehen, dass Sie der Landkreis diesbezüglich auch noch anschreiben wird.

Die Dauer der Sperrzeit bewegt sich leicht unterhalb der ständigen Praxis der Staatsanwaltschaft für Ersttäter zehn bis zwölf Monate anzusetzen, hier neun Monate.

Insgesamt kann gesagt werden, dass der Strafbefehl so zu erwarten gewesen ist. Gleichwohl kann gegen diesen innerhalb von zwei Wochen nach Zustellung Einspruch eingelegt werden. Der Einspruch muss fristgerecht innerhalb dieser Frist beim Gericht eingehen. Die rechtzeitige Versendung per Post genügt nicht. Der Strafbefehl ist hier am eingegangen. Ab diesem Zeitpunkt berechnet sich die Frist für den Einspruch. Sollten Sie wünschen, dass ich Einspruch einlege, so bitte ich um eine entsprechende Rückmeldung.

Ohne Ihren konkreten Auftrag werde ich keinen Einspruch einlegen.

Für eventuell aufkommende Rückfragen stehe ich gerne zur Verfügung.

Kapitel 2: Bußgeldrecht

§ 36 Einleitung

Dr. Benjamin Krenberger

Das Verkehrsordnungswidrigkeitenrecht ist in hohem Maße durch die gerichtliche bzw. teilweise vorgerichtliche Praxis bestimmt, und nur in rudimentärem Umfang finden sich in den zugehörigen Gesetzen Hinweise und Hilfestellungen für die Verfahrensbeteiligten. Umso wichtiger ist es demnach für den Verteidiger, sich wenigstens zu bestimmten Eckpunkten an Formulierungshilfen orientieren zu können. Solche sind in verschiedenen Büchern und Sammlungen, aber auch im Internet zu finden, doch eine Übernahme von solchen Vorlagen, sei es teilweise oder im Ganzen, ist nur nach sorgfältiger eigener Prüfung zu empfehlen. Denn letzten Endes sind alle Mustertexte und Formulierungshilfen, so auch in diesem Werk, lediglich subjektiv gefärbte Vorschläge eines praxiserfahrenen Autors, deren Erfolg in der Praxis aber stets noch vom jeweils zuständigen Richter und natürlich von den Nuancen des eigenen Falles abhängt, so dass nur dieser konkrete Fall und seine Subsumtion für den Erfolg der Verteidigung maßgeblich sein können. Die in den Fachzeitschriften und Datenbanken veröffentlichten Entscheidungen sowohl der Tatsachen- als auch der Rechtsbeschwerdeinstanz zeigen auch ganz klar, dass der Verteidiger immer mit abweichenden Entscheidungen rechnen muss, die nicht zwingend mit der Ansicht selbst mehrerer anderer Oberlandesgerichte übereinstimmen müssen. Dies ist nun einmal Bestandteil der richterlichen Unabhängigkeit und sorgt in Bußgeldsachen bisweilen für deutlich divergierende Beschlüsse und Urteile. Aus diesem Gesichtspunkt heraus sollen auch die im Folgenden angebotenen Anschreiben, Schriftsätze, Anträge und Formulierungshilfen als Vorschläge gedacht sein, die dem Verteidiger als Rechtsanwender Impulse und Ideen geben können, keinesfalls aber die Eigenschaft der Allgemeingültigkeit oder vollständigen Richtigkeit für sich beanspruchen – auch weil das Verkehrsordnungswidrigkeitenrecht mitunter einer extremen Dynamik unterworfen ist, etwa im Bereich der Akteneinsicht oder der Messverfahren. 1

Ausgehend vom normalen Ablauf eines Bußgeldverfahrens sollen die dort vorzunehmenden Schritte gegenüber der Verwaltungsbehörde, dem Amtsgericht und schließlich dem Oberlandesgericht beleuchtet werden. Besonders hinzuweisen ist dabei darauf, dass die Kommunikation mit der Rechtsschutzversicherung und gebührenrechtliche Aspekte einem gesonderten Kapitel dieses Abschnitts vorbehalten sind. 2

§ 37 Vorverfahren

Dr. Benjamin Krenberger

A. Bestellung gegenüber der Behörde/dem Gericht

I. Bestellungsschreiben und Vollmacht

Wird der Verteidiger vom Betroffenen mandatiert, geht es zunächst darum, sich gegenüber den zuständigen Stellen als Bevollmächtigter des Betroffenen zu erkennen zu geben, um einerseits dessen prozessuale Interessen und Rechte zu wahren, andererseits aber auch Informationen zum Geschehen über die Akteneinsicht oder sonstige Anfragen zu erhalten. Die Art, wie sich der Verteidiger gegenüber Behörde und/oder Gericht bestellt, hängt von der Situation ab, in die der Betroffene das Verfahren bereits hat kommen lassen: Direkt nach dem Ereignis inkl. Anhörung durch die Polizei vor Ort? Nach dem Anhörungsbogen? Nach einem Zeugenfragebogen? Nach einem Bußgeldbescheid? Gar nach der Ladung zur Hauptverhandlung?

Zu beachten ist stets, dass die Bestellung als „Verteidiger" samt entsprechendem Verhalten zu Rückschlüssen auf eine so genannte formlos erteilte rechtsgeschäftliche Zustellungsvollmacht führen kann.[1] Zwar ist die Zustellung an den Verteidiger nur im Rahmen des § 51 Abs. 3 OWiG bei vorliegender schriftlicher Vollmacht mit Zustellungsbefugnis möglich, aber die Rechtsprechung hat nun bereits mehrfach diesen Umweg gewählt, um einen Verjährungseintritt zu verneinen. Deswegen kann es, gerade wenn der Erlass eines Bußgeldbescheides noch gar nicht im Raum steht, genügen, sich lediglich für den Betroffenen zu bestellen, die ordnungsgemäße Bevollmächtigung anwaltlich zu versichern und darüber hinaus Akteneinsicht zu beantragen. Denn dem Grunde nach ist das Vorliegen einer schriftlichen Vollmacht lediglich in den Fällen des § 51 Abs. 3 OWiG und des § 73 Abs. 3 OWiG nötig. Ansonsten haben weder Behörde noch Gericht einen Anspruch darauf, dass sich der Verteidiger durch Vorlage einer schriftlichen Vollmacht legitimiert, es sei denn es läge bereits die Bestellung eines anderen Verteidigers vor. Dass es in der Praxis aber üblich ist, gleich mit der Bestellung die schriftliche Vollmacht einzureichen oder diese nachzureichen, macht diese taktische Frage nicht nutzlos. Einzig die bewusste Vorlage einer „außergerichtlichen" Vollmacht ohne Zustellungsbefugnis, um eine so genannte Verjährungsfalle zu konstruieren, dürfte nach der inzwischen ergangenen Rechtsprechung[2] keinen großen Effekt bringen.

Wird eine Vollmacht eingereicht, muss zudem berücksichtigt werden, wie diese ausgestellt wird. Eine Vollmacht für das Strafverfahren, etwa nach einem Verkehrsunfall, kann u.U. auch als ausreichende Vollmacht für das nachfolgende Bußgeldverfahren angesehen

---

1 Vgl. dazu OLG Karlsruhe, Beschl. v. 8.10.2015 – 2 (7) SsBs 467/15 – AK 146/15 – juris; KG Berlin, Beschl. v. 4.9.2013 – 3 Ws (B) 441/13 = VRS 125, 230; KG Berlin, Beschl. v. 24.7.2014 – 3 Ws (B) 365/14 = NStZ-RR 2015, 226.
2 OLG Braunschweig, Beschl. v. 13.5.2013 – 1 Ss (OWi) 83/13 = NJW 2013, 3111.

werden,³ nicht aber eine Vollmacht für die Firma als Halterin des Kfz für das später folgende Verfahren gegen den Mitarbeiter als Fahrer.⁴ Eine auf den konkreten Verteidiger ausgestellte Vollmacht ist für Behörde und Gericht ideal, aber nicht die Regel. Oftmals werden Vollmachten eingereicht, die mehr als einen Anwalt oder gleich die ganze Sozietät benennen. Dies kann, wenn Behörde und Gericht hierauf nicht Acht geben, zu Vorteilen des Betroffenen im Rahmen der Zustellung führen. Denn die Zustellung an die Sozietät kann die Verjährung ebenso wenig unterbrechen wie die Zustellung an den Verteidiger, der sich lediglich mit einer so genannten Blanko-Vollmacht legitimiert hat.⁵

4 Bereits im ersten Bestellungsschreiben ist zudem ein Widerspruch gegen die Entscheidung des Gerichts nach § 72 OWiG möglich, auch wenn dieser Widerspruch gegenüber der Verwaltungsbehörde erfolgt.⁶ Gleichermaßen denkbar ist das Aufstellen einer Bedingung für eine Entscheidung im schriftlichen Verfahren,⁷ die auch schon für die Verwaltungsbehörde ein Signal sein kann.

5 Ebenfalls möglich ist es, bereits im Bestellungsschreiben die Einstellung des Verfahrens zu beantragen. Dabei ist allerdings zu berücksichtigen, dass dann üblicherweise die notwendigen Auslagen des Betroffenen diesem auferlegt werden, was auch die anwaltlichen Gebühren beinhaltet. Eine Einstellung ist für den Betroffenen also nur bei vorhandener Rechtsschutzversicherung eine gleichwertige Alternative zum Freispruch oder dann, wenn er um jeden Preis die Eintragung von Punkten oder ein Urteil welcher Art auch immer zu vermeiden sucht.

▼

6 **Muster 37.1: Bestellung für den Mandanten**

An die Zentrale Bußgeldstelle

Sehr geehrte ,

in dem Bußgeldverfahren gegen den Betroffenen   bestelle ich mich für den Betroffenen. Die ordnungsgemäße Bevollmächtigung durch den Betroffenen wird anwaltlich versichert. Der Betroffene wird zunächst von seinem Schweigerecht Gebrauch machen und sich nicht zur Sache einlassen, Angaben darüber hinaus nur über den Unterzeichnenden machen. Direkte Anschreiben an den Betroffenen mögen deswegen fortan unterbleiben.

(optional) Mögliche laufende Fristen zur Stellungnahme bitte ich angemessen zu verlängern, bis Akteneinsicht genommen werden konnte, welche hiermit **beantragt** wird.

(optional/alternativ) Zudem **beantrage** ich, mir zwecks Akteneinsicht die Originalakten mit Registerauszügen zur Einsicht zu überlassen. Für entstehende Portokosten übernehme ich die persönliche Haftung. Alsbaldige Rückgabe sichere ich ausdrücklich zu.

---

3 OLG Bamberg, Beschl. v. 13.9.2011 – 2 Ss OWi 543/11 = jurisPR-VerkR 2/2012 Anm. 5; vgl. auch OLG Zweibrücken, Beschl. v. 6.1.2016 – 1 OWi 1 Ss Bs 9/15 = zfs 2016, 172.
4 OLG Köln, Beschl. v. 4.1.2013 – 1 RBs 334/12 = DAR 2013, 337.
5 U.a. AG Diez, Beschl. v. 21.3.2014 – 11 OWi 69457/13 – juris; AG Neuruppin, Beschl. v. 18.3.2013 – 84.1 OWi 239/12 – juris.
6 OLG Jena, Beschl. v. 20.1.2006 – 1 Ss 298/05 = VRS 111, 143; OLG Hamm, Beschl. v. 10.6.2013 – 1 RBs 57/13 = zfs 2013, 653.
7 *Bohnert/Krenberger/Krumm*, OWiG, 4. Aufl. 2016, § 72 Rn 24.

(optional) Einer Entscheidung im schriftlichen Verfahren wird widersprochen, sofern nicht der Betroffene freigesprochen werden soll oder ein Bußgeld unterhalb der Eintragungsgrenze festgesetzt werden soll.

(optional) Bereits jetzt **beantrage** ich zudem, das Verfahren nach § 47 OWiG einzustellen.

(optional) Der Beauftragung eines Sachverständigen ohne vorherige Anhörung und ausdrückliche Genehmigung des Verteidigers wird hiermit widersprochen. Sollten seitens der Verteidigung im Laufe des Verfahrens Fragen bezüglich der Messung gestellt werden, so ist deren Beantwortung lediglich durch den die Messung durchführenden Beamten gewünscht. Die Klärung der Fragen durch einen Sachverständigen soll – vorerst – schon aus Kostengründen unterbleiben. Sollte ein Sachverständiger dennoch und vor allem ohne vorherige Anhörung des Betroffenen beauftragt werden, stellt dies i.S.d. § 21 GKG eine unrichtige Sachbehandlung dar.

II. (Erweiterte) Akteneinsicht

Bereits mit dem ersten Kontakt zur Verwaltungsbehörde oder zum Gericht kann, wie gesehen, die Akteneinsicht begehrt werden. Zum einen dient das der Prüfung der Erfolgsaussichten der Verteidigung, zum anderen kann nur auf diese Weise eine hinreichende Tatsachenkenntnis, ggf. auch Rechtskenntnis gesichert werden. Die Akteneinsicht kann aber durchaus mehrfach begehrt werden, gerade wenn zwischen Bestellung und Termin der Hauptverhandlung einige Zeit verstrichen ist und deswegen zu erwarten ist, dass in der Akte weitere beweisrelevante Unterlagen enthalten sein werden oder bei der ersten Einsicht erkannt wurde, dass wesentliche Bestandteile, die für den Tatverdacht grundlegend wären, in der Akte (noch) nicht enthalten sind.

Über die Akteneinsicht kann das Verfahren zudem frühzeitig in eine vom Verteidiger gewünschte Richtung gelenkt werden. Denn zum einen muss im Bereich der „standardisierten Messverfahren" oftmals die Akte entweder ergänzt werden oder es müssen zusätzlich zur formalen Akte Unterlagen oder Informationen herbeigeschafft werden, um den Verteidigungsanspruch des Betroffenen überhaupt sinnvoll ausfüllen zu können. Denn diesem muss es möglich sein, vorgerichtlich einen Sachverständigen mit der Überprüfung der Messung beauftragen zu können. Dazu benötigt der Sachverständige eben nicht nur die Akte, sondern, je nach Messverfahren, die Messdatei, das Original-Lichtbild, die Bilddateien der gesamten Messserie, den Beschilderungsplan, den Schulungsnachweis des Messbeamten, den Eichschein, die Bedienungsanleitung des Messgeräts, den Softwarenachweis oder auch Entschlüsselungscodes, wenn die Messdateien vom Gerätehersteller in rechtswidriger Weise verschlüsselt wurden, um bspw. ein vermeintliches Urheberrecht zu schützen.[8] Hier sollte aber kein Standardschriftsatz verwendet werden, in welchem sich Verwaltungsbehörde oder Gericht dann aussuchen dürfen, was denn vorliegend gemeint sein könnte, sondern der Verteidiger muss das Einsichtsbegehren, das auf § 147 StPO und ergänzend Art. 6 EMRK zu stützen ist, auch auf den

---

[8] Vgl. AG Landstuhl, Beschl. v. 6.11.2015 – 2 OWi 4286 Js 2298/15 = DAR 2016, 39; AG Jena, Beschl. v. 9.10.2015 – 3 OWi 1534/15 = zfs 2016, 114.

konkreten Fall und das konkrete Messsystem präzisieren. Des Weiteren muss schon mit dem Akteneinsichtsbegehren der weitere Ablauf des Verfahrens mitbestimmt werden, dies durch Fristsetzung und Antragstellung nach § 62 OWiG für den Fall der Nichterfüllung des Akteneinsichtsbegehrens. Denn ohne die Einschaltung des Gerichts nach § 62 OWiG, an dessen Entscheidung die Verwaltungsbehörde dann gebunden ist, wäre das Akteneinsichtsbegehren ein stumpfes Schwert.

▼

9 Muster 37.2: Akteneinsicht

An die Zentrale Bußgeldstelle

Sehr geehrte ,

hiermit **beantrage** ich (ergänzende) Akteneinsicht in dem Verfahren gegen den Betroffenen wegen des Verdachts einer Verkehrsordnungswidrigkeit. Nach Durchsicht der bislang übersandten Akte sind wesentliche Elemente nicht enthalten, die jedoch für eine ordnungsgemäße Prüfung des dem Betroffenen gemachten Vorwurfs erforderlich sind. Vorliegend handelt es sich um eine Messung mit dem Messgerät ES 3.0 der Firma eso GmbH. Die Verwaltungsbehörde wird hiermit aufgefordert, an den Verteidiger folgende ergänzende Unterlagen, ggf. in Form eines Links zum Download oder Übersendung als Datei auf dem elektronischen Postweg oder auf einem Datenträger (eine leere CD ROM liegt bei) binnen drei Wochen zu übersenden, ggf. an einen nach Aufforderung noch zu benennenden öffentlich bestellten und vereidigten Sachverständigen (für Messtechnik):

- die Original-Messdatei des Messtages, ggf. samt Decodierungsschlüssel,
- die Lichtbilder der gesamten Messserie,
- die Falldatei samt Annullierungsrate,
- das Original-Lichtbild,
- die aktuelle und zum Messtag gültige Bedienungsanleitung,
- die Lebensakte des Messgeräts, hilfsweise eine Übersicht der seit der letzten Eichung vorgenommenen Reparaturen und Nacheichungen, hilfsweise die Benennung des Verwaltungsbeamten, der für diese Vorgänge zuständig ist.

Ich weise explizit darauf hin, dass selbst wenn einzelne angeforderte Unterlagen und Daten nicht Bestandteile der formalen Akte sind, der Betroffene ein Recht auf Einsicht in diese Unterlagen und Daten hat, was sich aus den dem Verfahren zugrunde liegenden Rechtsprinzipien ergibt, die im Grundgesetz und auch in Art. 6 EMRK ihren Niederschlag gefunden haben.

Nach fruchtlosem Fristablauf oder bei unvollständiger Übersendung der begehrten Daten und Unterlagen wird bereits jetzt der **Antrag** gestellt, die Akte dem zuständigen Gericht zur Entscheidung nach § 62 OWiG vorzulegen. Dieses mag dann, sollte insbesondere der Entschlüsselungscode durch den Messgerätehersteller verweigert werden, notfalls mit Zwangsmaßnahmen nach § 95 StPO die Herausgabe durchsetzen, was ebenfalls bereits jetzt **beantragt** wird (AG Landstuhl, Beschl. v. 6.11.2015 – 2 OWi 4286 Js 2298/15 = DAR 2016, 39).

Es wird insbesondere darauf hingewiesen, dass die Herausgabe der decodierten Daten zwecks Prüfung durch einen Sachverständigen nicht verweigert werden darf, insbesondere nicht unter Berufung auf Geschäftsgeheimnisse. (BGH, Beschl. v. 4.10.2007 – KRB 59/07 = BGHSt 52, 58 ff.)

B. Anfrage an das KBA § 37

Zum anderen ist seit der Einführung der so genannten elektronischen Akte nach §§ 110a ff. OWiG und den vereinzelt zusätzlich erlassenen Landesverordnungen keineswegs gesichert, dass der Anwalt mit Übersendung einer Aktendatei oder eines Ausdrucks eine vollständige Akte erhält. Auch hier können Unterlagen fehlen, aber es kann auch sein, dass nicht auf jeder Seite der Scanvermerk enthalten ist, welcher die Übereinstimmung mit dem Original bekundet, oder dass die qualifizierte Signatur fehlt, die für die Prüfung der Authentizität der Akte erforderlich wäre. In einem solchen Fall muss die Akteneinsicht erneut und vollständig gewährt werden, ohne dass hierfür noch einmal Kosten anfallen dürfen.[9] Zum anderen kann der Verteidiger in diesem Fall auch beantragen, Einsicht in die entsprechenden Originale zu erhalten, ggf. auch hier über den Umweg des § 62 OWiG.

▼

Muster 37.3: Akteneinsicht E-Akte
An die Zentrale Bußgeldbehörde

Sehr geehrte ,

nach Übersendung eines papiernen Ausdrucks der bei Ihnen „elektronisch" geführten Akte rüge ich deren Vollständigkeit und Ordnungsmäßigkeit und **beantrage**, mir die begehrte Akteneinsicht vollständig binnen 2 Wochen zu gewähren, hilfsweise die nachfolgend aufgeführten Dokumente im Original beizuziehen und zur Einsicht zur Verfügung zu stellen: Die Postzustellungsurkunde auf Bl. d.A. sowie das Messprotokoll Bl. d.A. sind lediglich als Kopie vorhanden, enthalten jedoch keinen Scan-Vermerk. Die Übereinstimmung mit dem Original ist mithin nicht gesichert. Ebenso wenig ist erkennbar, welcher Sachbearbeiter für die Verfügung auf Bl. d.A. verantwortlich zeichnet, mit welcher nach zunächst erfolglosem Zustellungsversuch das Verfahren vorläufig eingestellt und eine Aufenthaltsermittlung des Betroffenen veranlasst wurde.

Nach fruchtlosem Ablauf der Frist wird bereits jetzt der **Antrag** gestellt, die Akte dem zuständigen Gericht zur Entscheidung nach § 62 OWiG vorzulegen.

B. Anfrage an das KBA

Der Verteidiger darf sich in der Beratungssituation nur in sehr geringem Umfang auf die Angaben des Betroffenen verlassen, insbesondere dann nicht, wenn es um vorhandene Voreintragungen im Fahreignungsregister geht. Von diesen kann es nämlich stark abhängen, ob der Verteidigungsansatz erfolgreich sein wird, etwa wenn es um die Reduktion einer Geldbuße, einen Wegfall eines Fahrverbots wegen Beharrlichkeit, § 4 Abs. 2 BKatV, oder ein mögliches Absehen von der Anordnung eines Fahrverbots gegen Erhöhung der Geldbuße nach § 4 Abs. 4 BKatV geht. Hinzu kommt, dass aus der bloßen Erinnerung des Mandanten eine genaue Prüfung der Tilgungsfristen nach § 29 StVG bzw. der Frage der zeitlichen Unverwertbarkeit im Bußgeldverfahren nicht möglich sein

---

9 AG Lüdinghausen, Beschl. v. 13.8.2015 – 19 OWi 166/15 (b) = zfs 2015, 713.

§ 37 Vorverfahren

wird. Selbst nach erhaltener Akteneinsicht ist diese Prüfung nicht immer gewährleistet, denn allzu viele Akten enthalten entweder keinen oder nur einen veralteten Auszug aus dem Fahreignungsregister, insbesondere dann, wenn sich das Verfahren bereits eine Weile hinzieht.

13 Der Anspruch auf Einsicht in das Fahreignungsregister ergibt sich aus § 30 Abs. 8 StVG. Die Einsicht erfolgt unentgeltlich, allerdings muss laut Gesetz ein Identitätsnachweis beigefügt werden, siehe auch § 64 Abs. 1 FeV. Dies empfiehlt sich schon allein deshalb, da nur bei kleinsten (Übertragungs-)Fehlern bezüglich der persönlichen Daten des Mandanten im Anschreiben eine Fehlzuordnung bei der Behörde geschehen kann, was dann einen falschen Registerauszug zur Folge hätte.

14 Wenn der Verteidiger den Auszug einholt, muss auf § 64 Abs. 2 FeV geachtet werden, der eine Originalvollmacht oder eine Kopie hiervon fordert. Ein Fax ist demnach nicht ausreichend. Im nachfolgenden Muster ist deswegen exemplarisch das Anschreiben mit der Vollmacht verbunden worden.

▼

15 **Muster 37.4: Auszug aus Fahreignungsregister**

An das Kraftfahrt-Bundesamt
Fördestr. 16
24944 Flensburg-Mürwik

Sehr geehrte ▓,

für unseren, im Folgenden mit seinen persönlichen Daten näher bezeichneten, Mandanten erbitten wir zu unseren Händen Auskunft aus dem Fahreignungsregister. Die erforderliche Vollmacht ist nach den persönlichen Daten beigefügt. Eine Ablichtung des Bundespersonalausweises ist als Anlage beigefügt.

Name:	▓	Vorname(n):	▓
Geburtsname:	▓	Geburtsort	▓
Straße	▓	PLZ, Ort:	▓

Mit freundlichen Grüßen,

Rechtsanwalt

Vollmacht:

Hiermit bevollmächtige ich RA ▓ zur Einholung eines Auszuges aus dem Fahreignungsregister gemäß § 30 Abs. 8 StVG, § 64 Abs. 2 FeV.

Ort, Datum

▓ (*Unterschrift Mandant*)

(*Name Mandant*)

Anlage: Kopie des Bundespersonalausweises des Mandanten

▲

Sollte der Registerauszug mehrere Eintragungen aufweisen und dabei auch noch solche von vor dem 1.5.2014 beinhalten, muss der Verteidiger vor allem auf die Übergangsvorschriften des § 65 StVG achten und die Tilgungsfristen bzw. die Frage der Verwertbarkeit nach § 29 Abs. 6 StVG korrekt berechnen.

Sollte der Verteidiger fehlerhafte Eintragungen entdecken, sind diese im so genannten Berichtigungsverfahren zu rügen. Dies ist jedenfalls gebührenrechtlich eine eigene verkehrsverwaltungsrechtliche Angelegenheit. Sofern ein Interesse daran bestehen könnte, auch in Zukunft – ggf. bis zur Berichtigung – eine fehlerhafte Registerauszugserteilung zu verhindern, kann vom Kraftfahrt-Bundesamt in geeigneten Fällen auch Unterlassung begehrt werden.

Muster 37.5: Berichtigung Fahreignungsregister
An das Kraftfahrt-Bundesamt
Fördestr. 16
24944 Flensburg-Mürwik

Sehr geehrte ,

ich verweise zunächst auf meine Vollmacht, welche als Kopie in der Anlage beigefügt ist.

In einem Bußgeldverfahren, welches vor kurzem vor dem Amtsgericht   gegen meinen Mandanten geführt wurde, wurde ein Auszug aus dem Fahreignungsregister Bestandteil der Verfahrensakte, in welchem eine Voreintragung gegen meinen Mandanten wegen eines Bußgeldbescheides der Zentralen Bußgeldstelle   , Az.   , Tattag   , betreffend den Vorwurf der unerlaubten Benutzung eines Mobiltelefons als Führer des Pkw, Kennzeichen   , enthalten war. Diese Eintragung bedarf der Berichtigung, welche ich hiermit namens und im Auftrag meines Mandanten **beantrage**. Nach Einspruch in der genannten Angelegenheit wurde ein Ordnungswidrigkeitenverfahren vor dem Amtsgericht F unter dem Aktenzeichen   geführt. In der dortigen Hauptverhandlung erfolgte eine Einstellung des Verfahrens nach § 47 Abs. 2 OWiG. Die Ihrerseits vorgenommene, offenbar auf dem genannten Bußgeldbescheid beruhende Eintragung ist mithin fehlerhaft.

Muster 37.6: Falsche Mitteilung durch KBA
An das Kraftfahrt-Bundesamt
Fördestr. 16
24944 Flensburg-Mürwik

Sehr geehrte   ,

ich verweise zunächst auf meine Vollmacht, welche als Kopie in der Anlage beigefügt ist.

In einem Bußgeldverfahren, welches vor kurzem vor dem Amtsgericht   gegen meinen Mandanten geführt wurde, wurde ein Auszug aus dem Fahreignungsregister Bestandteil der Verfahrensakte, in welchem zum Nachteil meines Mandanten zwei Eintragungen enthalten sind, einmal aufgrund eines Bußgeldbescheides vom   , ausgestellt von der Kreisverwaltung   , Az.   , rechtskräftig seit   , und einmal aufgrund eines Bußgeldbescheides vom ▬▬▬, ausgestellt von der Zentralen Bußgeldstelle ▬▬▬, Az. ▬▬▬, rechtskräftig seit ▬▬▬. Bezüglich beider Eintragungen war eine Mitteilung an die das Verfahren zuerst führende Zentrale Bußgeldstelle ▬▬▬ und auch an das Amtsgericht ▬▬▬ unzulässig. Ich verweise hierzu auf § 29 Abs. 6 StVG, welcher in der Zeit der Überliegefrist eine Mitteilung nur an ausschließlich aufgeführte Berechtigte vorsieht. Zum Zeitpunkt der Erstellung des Registerauszugs hatte die Überliegefrist bereits zu laufen begonnen. Namens und im Auftrag meines Mandanten **beantrage** ich hiermit, in Zukunft die gesetzlich vorgegebenen Auskunftsbeschränkungen bei der Erteilung eines Registerauszugs dringend zu beachten, um zukünftigen falschen und für meinen Mandanten nachteiligen Mitteilungen vorzubeugen.

▲

C. Kennzeichenanzeige

20 Ein häufiges Problem für den Verteidiger stellen die so genannten Kennzeichenanzeigen dar. Mangels eindeutiger Zuordnung des Fahrers über die Halterdaten, etwa wenn eine Firma Halterin des gemessenen Fahrzeugs war, wird die Halterin zuerst angeschrieben. Dies geschieht oftmals in nicht eindeutiger Weise, das heißt, dass der Halterin einerseits der Vorwurf des Verkehrsverstoßes zugewiesen wird, andererseits aber für den Fall der unklaren Fahrereigenschaft die Mithilfe bei der Fahrerbenennung in Zeugenschaft begehrt wird. Das bloße Ignorieren einer solchen Anfrage birgt die Gefahr, dass eine Fahrtenbuchauflage angeordnet wird.[10] Deswegen muss der Verteidiger im Schreiben an die Behörde einen Mittelweg finden, um sich zum einen gegen den Verstoß zu verwahren, andererseits die Unterstützung der Behörde bei der Fahrerfindung nicht auszuschließen.

21 Ein weiterer wichtiger Aspekt einer solchen Konstellation ist, dass der Verteidiger oft zunächst für die Halterin tätig wird, später dann für den Fahrer. Oftmals vergisst die Behörde dabei, dass die für die Halterin eingereichte Vollmacht nicht für das Verfahren gegen den Fahrer gilt, und stellt dann auch im neuen Verfahren den Bußgeldbescheid an den Verteidiger zu. Dies ist unzulässig und unterbricht die Verjährung nicht, sofern keine neue Vollmacht vorgelegt wurde.[11] Sollte es sich bei dem gemessenen Fahrzeug um einen Pkw handeln, der dienstlich und privat genutzt werden darf, somit auch Familienmitglieder als Fahrer in Betracht kommen, muss der Mandant in solchen Fällen weder als Betroffener noch als Angehöriger irgendwelche Auskünfte erteilen, §§ 52, 136, 163a StPO.

---

10 Vgl. Himmelreich/Halm/*Dronkovic*, Handbuch des Fachanwalts Verkehrsrecht, 5. Aufl. 2014, S. 1989, Rn 240.
11 OLG Köln, Beschl. v. 4.1.2013 – 1 RBs 334/12 = DAR 2013, 337.

D. Einspruch § 37

Muster 37.7: Klarstellung der Verfahrensbeteiligung

An die Zentrale Bußgeldstelle

Sehr geehrte ,

ich verweise auf die beiliegende Vollmacht und bestelle mich für unseren Mandanten. Diesem ist von Ihrer Seite ein Anhörungsbogen zugesandt worden, in welchem er in nicht eindeutiger Weise über einen angeblichen Verkehrsverstoß informiert wird. Es ist unklar, ob er als Betroffener oder als Zeuge angehört werden soll. Der behauptete Verkehrsverstoß wurde mit einem Fahrzeug begangen, das auf unseren Mandanten zugelassen ist und ihm als Fahrzeug des Arbeitgebers zur Verfügung gestellt wurde. Er darf dieses dienstlich und privat nutzen, ebenso seine Familienmitglieder.

Unser Mandant ist demnach weder als Betroffener noch als Zeuge dazu verpflichtet, auf das Anhörungsschreiben zu reagieren und wird auch im weiteren Verfahren keine Angaben Ihnen gegenüber machen. Auf §§ 52, 136, 163a StPO wird insoweit verwiesen. Höchst vorsorglich erklären wir zudem, dass unser Mandant Ladungen durch die Polizei – mangels Verpflichtung – keine Folge leisten wird.

Insofern regen wir an, das Verfahren mangels hinreichenden Tatverdachts einzustellen.

Des Weiteren **beantragen** wir Akteneinsicht zwecks Inaugenscheinnahme möglicher in der Akte befindlicher Beweismittel.

D. Einspruch

Der Einspruch gegen den erlassenen und zugestellten Bußgeldbescheid kann durch den Betroffenen selbst oder durch den Verteidiger gegenüber der Behörde erfolgen. Der Einspruchswille muss dabei klar erkennbar sein, jegliche zweideutige Formulierung oder gar die Verwendung des Konjunktivs oder Irrealis sollte vermieden werden.[12] Des Weiteren muss der Einspruch form- und fristgerecht bei der zuständigen Behörde eingegangen sein. Hierzu ist festzuhalten, dass nach wie vor die Einlegung des Einspruchs per E-Mail nicht formgerecht ist,[13] so dass herkömmlicher Schriftverkehr oder Faxübersendung genutzt werden müssen. Denn selbst wenn die Behörde einen Einspruch per E-Mail gelten lassen würde, ist das Gericht später daran nicht gebunden![14] Für den Fristlauf muss der Verteidiger darauf achten, an wen der Bußgeldbescheid tatsächlich zugestellt wurde. Hat sich der Verteidiger ohne Vollmacht legitimiert, kann der Bußgeldbescheid verjährungsunterbrechend nur an den Betroffenen zugestellt werden, vgl. § 51 Abs. 3 OWiG. Die Frist beginnt deswegen in einem solchen Fall ab dem Tag der Zustellung bei dem Betroffenen![15]

---

12 *Bohnert/Krenberger/Krumm*, § 67 Rn 25.
13 LG Münster, Beschl. v. 12.10.2015 – 2 Qs 76/15 = zfs 2016, 112.
14 Autonome Entscheidung des Gerichts nach §§ 67, 70 OWiG.
15 Vgl. für die Problematik des Widerspruchs bei § 72 OWiG: LG Duisburg, Beschl. v. 10.1.2013 – 69 Qs – 371 Js 1538/12 – 92/12 – juris.

§ 37 Vorverfahren

▼
Muster 37.8: Einspruch

24 An die Zentrale Bußgeldstelle

Sehr geehrte ,

ich verweise zunächst auf mein Bestellungsschreiben vom und die als Anlage bereits vorliegende schriftliche Verteidigungs- und Vertretungsvollmacht. Namens und im Auftrag des Betroffenen erhebe ich hiermit **Einspruch** gegen den Bußgeldbescheid der Zentralen Bußgeldstelle , *(optional)*[16] zugestellt am .

(optional) Der Betroffene wird zunächst von seinem Aussageverweigerungsrecht Gebrauch machen und sich über seinen Verteidiger äußern. Derzeit ist eine Stellungnahme zum im Bußgeldbescheid erhobenen Vorwurf beabsichtigt. Hierfür wird die Gewährung einer Stellungnahmefrist von 3 Wochen **beantragt**, vor deren Ablauf die Akten nicht der Staatsanwaltschaft zugeleitet werden mögen.

(optional) Zugleich **beantrage** ich die Gewährung von Akteneinsicht.

(optional) Einer Entscheidung im schriftlichen Verfahren wird **widersprochen**.

(optional) Bereits jetzt **beantrage** ich die Einstellung des Verfahrens nach § 47 OWiG. *(ggf. nähere Begründung)*

▲

25 Sollte der Verteidiger vom Betroffenen erst nach Zustellung des Bußgeldbescheides erstmals aufgesucht und mandatiert werden, ist natürlich neben der Bestellung und der Einlegung des Einspruchs auch das Gesuch nach Akteneinsicht nicht zu vergessen, ebenso ggf. den Hinweis darauf, dass der Betroffene zunächst von seinem Aussageverweigerungsrecht Gebrauch macht, oder den Antrag, das Verfahren einzustellen, aber auch den Widerspruch gegen eine Entscheidung nach § 72 OWiG.

26 Bisweilen kann es vorkommen, gerade bei Verkehrsunfällen, dass die aufnehmenden Beamten die Sache schon vor Ort zu lösen versuchen. Das ist oftmals zwar sachgerecht, indes nicht immer rechtlich bindend für die Unfallbeteiligten. Wenn etwa vor Ort lediglich eine Verwarnung ohne Geldbetrag ausgesprochen wird – etwa weil die Schuld eingeräumt wurde und der Betroffene ohnehin einen offensichtlichen hohen Eigenschaden zu verzeichnen hat –, kann es nicht selten passieren, dass nachfolgend doch ein Bußgeldbescheid gegen den Betroffenen erlassen wird. Dies ist dem Grunde nach auch zulässig, § 56 Abs. 4 OWiG, kann aber dennoch mit guten Gründen angegriffen werden. Dies ist einer der seltenen Fälle, in denen der Verteidiger aus rein faktischen Gründen versuchen kann, die Behörde zur Rücknahme eines Bußgeldbescheides zu bewegen.

---

16 Soll eine fehlerhafte Zustellung später gerügt werden, darf natürlich der Tag der tatsächlichen Zustellung nicht benannt werden, u.a. um den Eintritt der Heilungsfiktion nach § 8 VwZG zu verhindern.

D. Einspruch § 37

Muster 37.9: Einspruch und Anregung der Rücknahme
An die Zentrale Bußgeldstelle

27

Sehr geehrte ,

hiermit lege ich namens und in Vollmacht des Betroffenen Einspruch gegen den Bußgeldbescheid vom ein.

Ich **beantrage** zunächst, den Bußgeldbescheid zurückzunehmen (Göhler/*Gürtler*, OWiG, 16. Aufl., 2012, § 56 OWiG Rn 44b). Denn vor Ort hat der den Unfall aufnehmende Polizeibeamte , der hiermit bereits als Zeuge für eine mögliche Hauptverhandlung benannt wird, nach der informatorischen Anhörung der Unfallbeteiligten eine Verwarnung ausgesprochen und dabei auf die Festsetzung eines Verwarnungsgeldes ausdrücklich verzichtet. Dies bezeugen kann der anwesende Beifahrer, Herr , der ebenfalls als Zeuge für eine mögliche Hauptverhandlung benannt wird.

Die Verwarnung darf auch mündlich erfolgen (vgl. Göhler/*Gürtler*, § 56 OWiG Rn 16). Dadurch ist der Erlass eines späteren Bußgeldbescheides zwar nicht gehindert, § 56 Abs. 4 OWiG, aber der Vertrauensgrundsatz gebietet gegenüber dem Betroffenen, von dem Erlass eines späteren Bußgeldbescheides abzusehen (vgl. Göhler/*Gürtler*, § 56 OWiG Rn 42).

Höchst hilfsweise **beantrage** ich, das Verfahren nach § 47 OWiG einzustellen. Denn dem Mandanten ist durch den eigenverschuldeten Unfall ein hoher Eigenschaden in Form der Selbstbeteiligung in Höhe von EUR *(ggf. zzgl sonstige Kosten? Mietwagen? Abschleppen?)* entstanden, der bei Bedarf auch nachgewiesen werden kann. Schon für diesen Fall wird, wenn wie hier ein einmaliger Verstoß bei sofortiger Einräumung der Schuld vor Ort vorliegt, die Einstellung des Verfahrens aus Opportunitätsgründen bejaht (vgl. *Gutt/Krenberger*, zfs 2013, 549 ff.). Jedoch ist auch aufgrund der dargelegten und unter Beweis gestellten Vorgehensweise des Beamten vor Ort kein Ahndungsbedarf mehr gegeben, so dass auch diesbezüglich eine Einstellung geboten wäre.

Nur für den unwahrscheinlichen Fall, dass die beantragten Verfahrensweisen nicht eingeschlagen werden, **beantrage** ich ebenfalls höchst hilfsweise die Reduzierung des Bußgelds auf 55 EUR unterhalb der eintragungspflichtigen Grenze, ggf. im Beschlussweg nach § 72 OWiG. Ich weise aber explizit darauf hin, dass aus rechtlichen Gründen der Bußgeldbescheid gar nicht hätte erlassen werden sollen.

Ein durchaus vielseitiges taktisches Mittel für den Verteidiger ist zudem die Beschränkung des Einspruchs, üblicherweise auf die Rechtsfolgen. Zulässig ist diese Beschränkung schon ausweislich des Gesetzes, § 67 Abs. 2 OWiG, und kann auf einzelne prozessuale Taten, aber auch nur auf die Kosten- und Auslagenentscheidung bezogen sein.[17] Allerdings können die Rechtsfolgen Geldbuße und Fahrverbot typischerweise nicht voneinander getrennt werden.[18] Ganz klassisch dient die Beschränkung auf die Rechtsfolgen dazu, einen möglichen Vorwurf der vorsätzlichen Tatbegehung im Urteil zu

28

---

17 NK-GVR/*Krenberger*, 1. Aufl. 2014, § 67 OWiG Rn 10.
18 OLG Hamm, Beschl. v. 25.5.2005 – 2 Ss 207/05 = NZV 2006, 167; OLG Jena, Beschl. v. 25.4.2005 – 1 Ss 244/04 = NZV 2006, 168.

vermeiden, wenn sich der Bußgeldbescheid zur Begehensform nicht verhält. Abgesehen von Verstößen, die wie die Handynutzung typischerweise nur vorsätzlich begangen werden können,[19] ist es eher üblich, dass der Vorwurf im Bußgeldbescheid von einer fahrlässigen Begehensweise ausgeht und deshalb die Schuldform unerwähnt bleibt. Nach Beschränkung des Einspruchs steht der (fahrlässige) Tatvorwurf dann fest und die Regelfolgen des Vorsatzverstoßes, z.B. § 3 Abs. 4a BKatV sowie Einschränkungen im Rahmen des § 4 Abs. 4 BKatV, bleiben dem Betroffenen erspart. Zu berücksichtigen ist hierbei allerdings, dass das Gericht nicht an die Einspruchsbeschränkung gebunden ist, wenn sich die vorsätzliche Begehensweise geradezu aufdrängt[20] oder bereits darauf hingewiesen wurde,[21] wenngleich aus prozessökonomischen Gründen die Beschränkung zulässigerweise angenommen werden kann.[22]

29 Des Weiteren ist die Beschränkung auch ein probates Mittel, um der Verwaltungsbehörde bzw. später dem Richter aufzuzeigen, dass der Betroffene den begangenen Verstoß einsieht und die volle Verantwortung dafür übernimmt, was bezüglich der Aspekte Verkehrserziehung und Denkzettel bezüglich eines Fahrverbots nicht unterschätzt werden darf.

30 Schließlich ist die Beschränkung des Einspruchs auch als taktisches Mittel nutzbar. Denn bei der Verwirklichung bestimmter Tatbestände, die ein Regelfahrverbot nach sich ziehen, ist das Gericht trotz Beschränkung des Einspruchs auf die Rechtsfolge keineswegs davon entbunden, Feststellungen zu den objektiven Tatumständen zu treffen:[23] Denn z.B. ist die Dauer des Rotlichtverstoßes von mehr als 1 Sekunde eine Frage der Rechtsfolgenzumessung und muss seitens des Gerichts positiv festgestellt werden, wenn sie nicht Gegenstand des Tatvorwurfs im Bußgeldbescheid war. Gleiches gilt bisweilen für die Höhe der Geschwindigkeit. Bei fehlender Angabe der Konzentration des Wirkstoffs des konsumierten berauschenden Mittels wäre sogar die Beschränkung unwirksam, so dass auch hier ein Aufhebungsgrund gegen das spätere Urteil bestünde.[24] Abzugrenzen ist hiervon jedoch die Fallgestaltung, dass die Rechtsbeschwerde auf den Rechtsfolgenausspruch beschränkt wird: Die doppelrelevanten Tatsachen des Urteils können dann nicht mehr erfolgreich angefochten werden.[25] Trifft aber das Tatgericht nach Beschränkung des Einspruchs keine Feststellungen zu den rechtsfolgenrelevanten Umständen und ergeben sich diese auch nicht aus dem dann rechtskräftigen Teil des Bußgeldbescheides, kann das Urteil erfolgreich mit der Rechtsbeschwerde angegriffen werden, so dass durch den neuerlichen Zeitablauf ein weiteres Argument gegen die Anordnung eines Fahrverbots im Raum stünde.

---

19 AG Landstuhl, Urt. v. 2.4.2015 – 2 OWi 4286 Js 1076/15 = VA 2015, 141; OLG Karlsruhe, Beschl. v. 13.8.2013 – 2 (6) Ss 377/13 – AK 98/13 = Justiz 2015, 14.
20 OLG Zweibrücken, Beschl. v. 27.3.2009 – 1 SsBs 9/09 = NStZ 2010, 459.
21 OLG Frankfurt, Beschl. v. 23.3.2016 – 2 Ss OWi 52/16 = NStZ-RR 2016, 152.
22 OLG Bamberg, Beschl. v. 19.10.2007 – 3 Ss OWi 1344/07 = NStZ-RR 2008, 119.
23 KG Berlin, Beschl. v. 17.2.2015 – 3 Ws (B) 24/15 = VRS 128, 142.
24 OLG Hamm, Beschl. v. 11.2.2010 – 3 Ss OWi 319/09 = zfs 2010, 351.
25 OLG Rostock, Beschl. v. 22.12.2015 – 21 Ss OWi 198/15 (B) = jurisPR-VerkR 5/2016 Anm. 6.

E. Einstellung des Verfahrens wegen Verjährung §37

▼
Muster 37.10: Beschränkung auf den Rechtsfolgenausspruch
An die Zentrale Bußgeldstelle ▬▬▬ /das Amtsgericht ▬▬▬   31

Sehr geehrte ▬▬▬,

namens und in Vollmacht des Betroffenen erhebe ich hiermit **Einspruch** gegen den Bußgeldbescheid vom ▬▬▬, zugestellt am ▬▬▬ und **beschränke** diesen gemäß § 67 Abs. 2 OWiG auf den Rechtsfolgenausspruch.

(optional, zur Vorbereitung möglicher Einwendungen) Mein Mandant möchte sich seiner verkehrsrechtlichen Verantwortung nicht entziehen und räumt deshalb nicht nur die Fahrereigenschaft ein, sondern durch die Beschränkung auf den Rechtsfolgenausspruch auch den Verstoß dem Grunde nach. Es ergeben sich einzig noch Fragen zur Höhe der Geldbuße/zur Anordnung des Fahrverbots, auf welche ich in gesondertem Schriftsatz eingehen werde.

▲

E. Einstellung des Verfahrens wegen Verjährung

Eine begehrte Variante, ein Verfahren zugunsten des Betroffenen zu beenden, ist die Einstellung des Verfahrens wegen eingetretener Verjährung. Dies geschieht durch Beschluss oder Urteil, je nach dem Stadium des Verfahrens, § 46 OWiG, §§ 206a, 260 Abs. 3 StPO. Die Verjährung ist von Amts wegen zu prüfen, weswegen die Einstellung etwa auch einem Verwerfungsurteil vorgehen müsste.[26] Allerdings darf der Verteidiger nicht darauf bauen, dass die Verwaltungsbehörde oder das Gericht den Verjährungstatbestand in jedem Fall auch entdecken, sondern er sollte im Wege der Akteneinsicht selbst eine Prüfung durchführen und das gefundene Ergebnis dann rechtzeitig rügen. Denn nur im Fall einer echten Rechtsbeschwerde nach § 79 OWiG muss das Rechtsbeschwerdegericht auch die möglicherweise übersehene Verjährung prüfen. Dies gilt nicht für den Fall der Zulassung der Rechtsbeschwerde: Sofern nicht eine seltene Ausnahme geboten ist,[27] sind weder die übersehene Verjährung noch eine Fehlentscheidung im Einzelfall ein Grund, die Rechtsbeschwerde zuzulassen.[28]   32

Nur in seltenen Fällen kann sich ein Betroffener auf die „absolute" Verjährungsfrist von zwei Jahren berufen. Diese tritt nur dann ein, wenn zwei Jahre seit der Tat vergangen sind und keine Entscheidung durch Urteil oder nach § 72 OWiG ergangen ist.[29]   33

Wesentlich häufiger hingegen kommt es vor, dass die Verfolgungsverjährung nicht nach § 33 OWiG unterbrochen wurde. Bevor allerdings der dortige Maßnahmenkatalog durch-   34

---

26 *Bohnert/Krenberger/Krumm*, § 74 Rn 16.
27 Vgl. OLG Celle, Beschl. v. 18.8.2015 – 2 Ss (OWi) 240/15 = zfs 2016, 110; OLG Celle, Beschl. v. 23.7.2015 – 2 Ss (OWi) 206/15 = zfs 2015, 710.
28 OLG Rostock, Beschl. v. 16.12.2014 – 21 Ss OWi 208/14 (Z) = VRS 128, 43; OLG Köln, Beschl. v. 21.2.2014 – 1 RBs 37/14 = jurisPR-VerkR 12/2014 Anm. 6; OLG Hamm, Beschl. v. 14.4.2015 – 1 RBs 65/15 = jurisPR-VerkR 22/2015 Anm. 5.
29 *Bohnert/Krenberger/Krumm*, § 32 Rn 11.

geprüft wird, muss sich der Verteidiger zunächst über die tatsächliche Verjährungsfrist im Klaren sein. Herkömmliche Verkehrsverstöße, z.B. nach § 49 StVO oder nach § 69a StVZO verjähren über §§ 26 Abs. 3, 24 StVG binnen drei Monaten, was eine Abweichung zu § 31 OWiG darstellt, wo auf die Höchstsumme der Geldbuße nach § 17 OWiG abgestellt wird. Manche Verkehrsverstöße unterliegen allerdings nicht dieser kurzen Verjährungsfrist, sondern der gewöhnlichen nach §§ 31, 17 OWiG. Dazu zählt vor allem § 24a StVG, der nicht in der Verweisung des § 26 Abs. 3 StVG enthalten ist. Es wäre deshalb nicht nur fatal für den Betroffenen, sondern auch peinlich für den Verteidiger, wenn er die Einstellung eines Verfahrens wegen einer Drogen- oder Trunkenheitsfahrt begehrt, weil seit Kontrolle und zugleich erfolgter Anhörung des Betroffenen und der nächsten Maßnahme, z.B. dem Erlass des Bußgeldbescheides mehr als drei Monate vergangen sind. Das Gleiche gilt, wenn die Frist des § 31 OWiG falsch berechnet würde. Denn maßgebend ist natürlich nicht die im Bußgeldbescheid ausgesprochene Höhe des Bußgeldes, im Erstfall bei § 24a StVG meist 500 EUR, sondern die bei fahrlässiger/ vorsätzlicher Begehung maximal mögliche Höhe der Geldbuße. Diese beträgt bei § 24a StVG eben 1.500/3.000 EUR, so dass die Verjährungsfrist mindestens ein Jahr beträgt.

35 Innerhalb des Katalogs der Unterbrechungstatbestände gibt es nur einen einzigen, der die kurze Verjährungsfrist der regulären Verkehrsverstöße von drei auf sechs Monate verlängert: den Erlass und die Zustellung des Bußgeldbescheides. Nach dem wirksamen Erlass des Bußgeldbescheides verlängern auch weitere Unterbrechungsmaßnahmen die Verjährung jeweils um sechs Monate. Sollten allerdings der Erlass und die Zustellung des Bußgeldbescheides unwirksam erfolgt sein, bedeutet dies nicht, dass nachfolgende Maßnahmen die Verjährung nicht mehr unterbrechen könnten, sondern es gilt weiterhin die Frist von drei Monaten, die durch neue Maßnahmen eben auch nur um weitere drei Monate verlängert werden kann.[30]

36 Die Judikatur zu den Unterbrechungstatbeständen ist reichhaltig, die Kommentierung ebenso. Dabei gibt es allerdings einige immer wieder streitige Klassiker, die für den Verteidiger relevant sind.

I. Unterbrechung durch Anhörung etc.

37 Zunächst ist auf § 33 Abs. 1 S. 1 Nr. 1 OWiG zu achten, der die Unterbrechung der Verjährung u.a. durch Anhörung oder Vernehmung regelt.[31] Für den Betroffenen muss aus dem Anhörungsschreiben klar ersichtlich sein, dass er als Betroffener angesprochen wird und welcher konkrete Tatvorwurf gegen ihn besteht. Des Weiteren können Anhörung und Vernehmung des Betroffenen die Verjährung nur einmal unterbrechen. Auch ist eine zielgerichtete Maßnahme erforderlich. Nicht ausreichend hingegen wäre eine bloße Ermittlung eines möglichen Betroffenen, z.B. durch die beauftragte für den Wohnort zuständige Polizei.

---

30 OLG Celle, Beschl. v. 18.8.2015 – 2 Ss (OWi) 240/15 = zfs 2016, 110.
31 *Bohnert/Krenberger/Krumm*, § 33 Rn 12 ff.

E. Einstellung des Verfahrens wegen Verjährung § 37

▼
Muster 37.11: Wiederholte Anhörung
An die Zentrale Bußgeldbehörde

Sehr geehrte ,

nach inzwischen gewährter Akteneinsicht **beantrage** ich namens und in Vollmacht für den Betroffenen, das Verfahren wegen eingetretener Verjährung einzustellen.

Es handelt sich hier um den Vorwurf eines Verstoßes gegen § 8 StVO, weil der Betroffene am   bei einem aufgenommenen Verkehrsunfall in der Gemeinde   an der Kreuzung   -Straße und   -Straße die Vorfahrt des vorfahrtberechtigten Verkehrsteilnehmers   nicht beachtet haben und dadurch einen Unfall mit beiderseitigem Sachschaden verursacht haben soll. Es erfolgt hier keine Einlassung zur Sache. Allerdings wurde der Betroffene bereits am Unfalltag ausweislich des Vermerks des Zeugen POK   , Bl.   d.A., als Betroffener angehört und ihm der Erlass eines Bußgeldbescheides angekündigt – so dann später auch geschehen. Nach Abgabe des, zuerst als Strafverfahren wegen § 229 StGB geführten, dann aber nach § 170 StPO diesbezüglich eingestellten Verfahrens durch die Staatsanwaltschaft an die Bußgeldbehörde am   und noch vor dem Erlass des Bußgeldbescheides am   , zugestellt am   , erfolgte seitens der Bußgeldbehörde eine weitere schriftliche Anhörung meines Mandanten, verfügt ausweislich Bl.   d.A. am   . Diese ging dem Betroffenen jedoch nicht zu, ein Zustellungsnachweis ist nicht in der Akte befindlich.

Ungeachtet des Umstands, dass der tatsächliche Zugang des Anhörungsbogens nicht erforderlich ist, um die Verjährung zu unterbrechen, weise ich darauf hin, dass eine nochmalige Anhörung nach derjenigen des Tattages keine erneute Unterbrechung bewirken kann (OLG Braunschweig, Beschl. v. 10.10.2007 – Ss (OWi) 95/07 = SVR 2008, 78). Der Erlass des Bußgeldbescheides erfolgte deshalb nicht rechtzeitig innerhalb der Dreimonatsfrist, um die Verjährung erneut zu unterbrechen.
▲

▼
Muster 37.12: Nicht konkretisierter Tatvorwurf
An die Zentrale Bußgeldbehörde

Sehr geehrte ,

nach inzwischen gewährter Akteneinsicht **beantrage** ich namens und in Vollmacht für den Betroffenen, das Verfahren wegen eingetretener Verjährung einzustellen.

Denn weder der meinem Mandanten zugegangene Anhörungsbogen vom   noch der später erlassene Bußgeldbescheid vom   konnten die Verjährung unterbrechen. Der Tatvorwurf gegen meinen Mandanten war in beiden Dokumenten nicht so hinreichend konkretisiert, als dass er bei Erhalt der Dokumente davon ausgehen konnte, dass er als Verursacher eines bußgeldbewehrten Verkehrsverstoßes angesprochen worden ist. Der Betroffene wurde namentlich richtig adressiert und ist auch Halter des in den Schreiben aufgeführten Pkw   , Kz.   . Allerdings ist der meinem Mandanten gemachte Vorwurf so uneindeutig, dass die Konkretisierungsfunktion der Anhörung und auch des Bußgeldbescheides nicht gewahrt ist.

Der Vorwurf lautet auf einen Verstoß gegen § 37 Abs. 2 StVO in der   -Straße „an der Lichtzeichenanlage". Die   -Straße in   ist aber, wie dem Gericht hinlänglich bekannt sein dürfte, jedenfalls ist es über die Suchfunktion in Google Maps leicht erkennbar, ▮▮▮▮ km lang und führt nahezu von einem Ende von ▮▮▮▮ bis zum anderen als eine der Hauptverkehrsadern der Stadt. Auf dieser ▮▮▮▮-Straße sind insgesamt 12 Lichtzeichenanlagen angebracht. Mangels Angaben einer Querstraße oder einer Hausnummer in Anhörung und Bußgeldbescheid ist es dem Betroffenen nicht einmal im Nachhinein möglich zu eruieren, welchen Verstoß er am behaupteten Tattag und vor allem wo er ihn begangen haben soll. Auf die einschlägige Rechtsprechung weise ich hin (z.B. AG Bitterfeld-Wolfen, Urt. v. 3.9.2012 – 2 OWi 593 Js 7128/12 – juris).

Ich weise zudem höchst vorsorglich darauf hin, dass die zur Frage der **Wirksamkeit** des Bußgeldbescheides ergangene Rechtsprechung (KG Berlin, Beschl. v. 1.7.2014 – 3 Ws (B) 340/14 = VRS 127, 81) hier nicht einschlägig ist. Denn diese Prüfung erfolgt erst später durch das Gericht unter Heranziehung des übrigen Akteninhalts. Hier geht es aber nicht um die Wirksamkeit des Bescheides, sondern um dessen Konkretisierungsfunktion. Der Betroffene hatte bei Erhalt von Anhörungsschreiben und Bußgeldbescheid gerade keine ergänzende Akteneinsicht und war auch nicht verpflichtet, sich eine solche zu verschaffen.

▲

40 Zu der vorgenannten Konstellation sei darauf hingewiesen, dass die Gerichte bislang diese Problematik, wenn sie sie denn überhaupt (an-)erkennen, nur sehr zurückhaltend im Sinne des Betroffenen entscheiden. Dennoch ist die dogmatische Unterscheidung zwischen Wirksamkeit des Bescheides und der verjährungsunterbrechenden Wirkung wichtig und sollte vom Verteidiger beherrscht und vorgetragen werden.

41 Der Unterbrechungstatbestand der richterlichen Vernehmung nach § 33 Abs. 1 S. 1 Nr. 2 OWiG ist in Verkehrsordnungswidrigkeiten eher selten anzutreffen. Wenn eine Vernehmung aktenkundig ist, muss der Verteidiger über die Akteneinsicht darauf achten, dass diese auch gemäß der formalen Vorgaben der StPO durchgeführt wird. Insbesondere ist eine bloß telefonische „Vernehmung" eines weit entfernt oder im Ausland lebenden Zeugen keine Vernehmung im Sinne der Norm.[32]

II. Unterbrechung durch vorläufige Einstellung

42 Für den Unterbrechungstatbestand nach § 33 Abs. 1 S. 1 Nr. 5 OWiG gibt es vielfältige Rechtsprechung, die eine ebenso große Anzahl von Fehlerquellen der Verwaltung aufzeigen, die es durch die Akteneinsicht zu entdecken gilt. Drei davon sind besonders zu beachten:

43 Zum einen muss die entsprechende Verfügung der vorläufigen Einstellung hinreichend autorisiert sein. Ist diese Verfügung jedoch nicht unterzeichnet und lässt auch sonst keinen Aussteller erkennen, ist sie nicht geeignet, den Unterbrechungstatbestand auszulösen.[33] Nach § 33 Abs. 2 Nr. 1 OWiG ist die Verjährung bei schriftlichen Anordnungen in dem Zeitpunkt unterbrochen, in dem die Anordnung unterzeichnet wird. Bei fehlender

---

32 OLG Bamberg, Beschl. v. 2.3.2015 – 2 Ss OWi 13/15 = DAR 2015, 272.
33 OLG Hamm, Beschl. v. 25.3.2014 – 1 RBs 45/14 = jurisPR-VerkR 12/2014 Anm. 4.

Unterzeichnung und fehlender sonstiger Autorisierung lässt sich dieser Zeitpunkt aber nicht feststellen.

▼

Muster 37.13: Nicht autorisierte Verfügung

An die Zentrale Bußgeldbehörde

Sehr geehrte ,

nach inzwischen gewährter Akteneinsicht **beantrage** ich namens und in Vollmacht für den Betroffenen, das Verfahren wegen eingetretener Verjährung einzustellen.

Aufgrund für meinen Mandanten nicht nachvollziehbarer Schwierigkeiten Ihrerseits, den Anhörungsbogen sowie den Bußgeldbescheid meinem Mandanten zukommen zu lassen, wurde ausweislich der übersandten Akte, dort Bl. , das Verfahren vorläufig eingestellt, um den Aufenthaltsort meines Mandanten zu ermitteln. Zwar wurde, was durch einfache Anfrage beim Einwohnermeldeamt hätte eruiert werden können, inzwischen der Bußgeldbescheid an die richtige Wohnadresse des Betroffenen zugestellt, woraufhin der Einspruch erfolgte. Allerdings wurde der Bußgeldbescheid später als drei Monate nach dem Versuch erlassen, das Anhörungsschreiben zu übersenden. Die zwischenzeitlich vorgenommene vorläufige Einstellung des Verfahrens konnte dabei keinen weiteren Unterbrechungstatbestand setzen. Denn ausweislich Bl. d.A. wurde die hierzu ergangene Verfügung weder unterzeichnet noch ist sie in sonstiger Weise, etwa durch Paraphe, Namenskürzel oder eine andere Zuordnungsmöglichkeit autorisiert worden.

Ein weiteres Problem ist die Frage der Auswirkung von Fehlern im Behördenablauf. Kann eine Einstellung nach § 205 StPO, § 46 OWiG die verjährungsunterbrechende Wirkung des § 33 Abs. 1 S. 1 Nr. 5 OWiG auslösen, wenn der Name des Betroffenen und dessen Anschrift stets bekannt waren und lediglich behördenintern aktenkundige Angaben unrichtig zur Kenntnis genommen oder unrichtig übertragen wurden? Relevant wird dies dann, wenn z.B. der Anhörungsbogen wegen Fehladressierung als unzustellbar in den Rücklauf gelangt, solange nicht ein bloßer Irrtum über den Aufenthalt des Betroffenen vorlag, der die Wirkung des § 33 Abs. 1 S. 1 Nr. 5 OWiG nicht beeinflusst hätte.[34] Zu diesem Problemfeld gibt es nun drei Ansichten, so dass der Verteidiger zum einen gut die Details herausarbeiten, gleichzeitig aber auch auf regionale Besonderheiten Acht geben muss:

Das AG Lüdinghausen hat in einer Entscheidung,[35] der Rechtsprechung des OLG Karlsruhe[36] folgend, die Verjährungsunterbrechung verneint. Wenn es gar keinen Irrtum gab, sondern nur ein internes falsches Übertragen, ist auch die Verschuldensfrage obsolet. Ohne z.B. zweifelhaften Wohnsitz des Betroffenen gibt es für eine verjährungsunterbrechende Wirkung der vorläufigen Einstellung nach § 33 Abs. 1 S. 1 Nr. 5 OWiG keinen Bedarf. Denn die Behörde kann bei eigentlich bekanntem Wohnsitz subjektiv die Merk-

---

34 Göhler/*Gürtler*, OWiG, 16. Aufl. 2012, § 33 Rn 27.
35 AG Lüdinghausen, Beschl. v. 12.3.2013 – 19 OWi 20/13 = zfs 2013, 592.
36 OLG Karlsruhe, Beschl. v. 6.3.2000 – 2 Ss 163/98 = DAR 2000, 371.

male der ohnehin eng auszulegenden Unterbrechungshandlung, der wirklichen Ermittlung des Aufenthalts i.S.v. § 33 Abs. 1 S. 1 Nr. 5 OWiG, gar nicht erreichen.[37]

47 Daneben gibt es noch die beiden davon divergierenden Ansichten des OLG Bamberg,[38] dass es für die Verjährungsunterbrechung nach § 33 Abs. 1 S. 1 Nr. 5 OWiG aufgrund vorläufiger Einstellung des Verfahrens wegen Unzustellbarkeit an den Betroffenen weder auf die tatsächliche Abwesenheit des Betroffenen ankomme, noch dass ein Irrtum der Verfolgungsbehörde unverschuldet sein müsse. Eine fehlerhafte Unterbrechungshandlung unterbreche die Verjährung nur ganz ausnahmsweise dann nicht, wenn sie wegen eines schwerwiegenden Fehlers unwirksam sei oder wenn nur eine Scheinmaßnahme getroffen worden sei.

48 Hiergegen wenden sich das OLG Hamm[39] und das Brandenburgische OLG,[40] die konstatieren, dass die Frage, ob ein Irrtum der Verfolgungsbehörde unverschuldet sein müsse oder nicht, nur offen bleiben könne, wenn der Irrtum der Bußgeldbehörde über den Aufenthaltsort des Betroffenen auf falschen Angaben einer anderen Behörde (z.B. der Polizei) beruhe. Ansonsten dürfe der Irrtum nicht auf dem Verschulden der Behörde beruhen.

▼

49 **Muster 37.14: Irrtum der Behörde**
An die Zentrale Bußgeldbehörde
Sehr geehrte ,

nach inzwischen gewährter Akteneinsicht **beantrage** ich namens und in Vollmacht für den Betroffenen, das Verfahren wegen eingetretener Verjährung einzustellen.

Aufgrund für meinen Mandanten nicht nachvollziehbarer Schwierigkeiten Ihrerseits, den Anhörungsbogen sowie den Bußgeldbescheid meinem Mandanten zukommen zu lassen, wurde ausweislich der übersandten Akte, dort Bl. , das Verfahren vorläufig eingestellt, um den Aufenthaltsort meines Mandanten zu ermitteln. Dies erfolgte dann mittels der auf Bl. d.A. ersichtlichen Auskunft des Einwohnermeldeamts. Daraus wird auch ersichtlich, dass die korrekte Anschrift meines Mandanten bereits seit Aufnahme des behaupteten Verstoßes durch den Zeugen PHM am Unfallort aktenkundig und auch richtig war. Es erfolgte ganz offensichtlich eine fehlerhafte Übertragung innerhalb der Zentralen Bußgeldbehörde. Dies kann nicht zum Nachteil des Betroffenen verwertet werden, denn weder lag ein Verschulden bei ihm vor, noch gab es einen Irrtum, so dass die ansonsten zu thematisierende Verschuldensfrage obsolet ist. Wenn interne Übertragungsfehler geschehen und dennoch das Verfahren vorläufig eingestellt wird, wird folgerichtig das Verfahren hierdurch nicht unterbrochen und ist nunmehr, da zwischen Anhörung und Erlass des Bußgeldbescheides mehr als drei Monate vergangen sind, einzustellen.

---

37 Göhler/*Gürtler*, § 33 Rn 3.
38 OLG Bamberg, Beschl. v. 18.4.2007 – 2 Ss OWi 1073/06 = NStZ 2008, 532.
39 OLG Hamm, Beschl. v. 2.8.2007 – 2 Ss OWi 372/07 = NZV 2007, 588.
40 OLG Brandenburg, Beschl. v. 29.3.2005 – 2 Ss (OWi) 51 Z/05 = NZV 2006, 100.

E. Einstellung des Verfahrens wegen Verjährung § 37

Es ist explizit darauf hinzuweisen, dass möglicherweise nicht alle Gerichte diese Variante bei behördlichen Irrtümern zwingend teilen. Dennoch ist es für den Verteidiger eine weitere Option, das Verfahren im Sinne des Mandanten zu beenden.

Schließlich hat das OLG Celle[41] eine interessante Variante der vorläufigen Einstellung aufgezeigt:

▼

Muster 37.15: Vorläufige Einstellung
An die Zentrale Bußgeldbehörde

Sehr geehrte ,

nach inzwischen gewährter Akteneinsicht **beantrage** ich namens und in Vollmacht für den Betroffenen, das Verfahren wegen eingetretener Verjährung einzustellen.

Aufgrund für meinen Mandanten nicht nachvollziehbarer Schwierigkeiten Ihrerseits, den Anhörungsbogen sowie den Bußgeldbescheid meinem Mandanten zukommen zu lassen, wurde ausweislich der übersandten Akte, dort Bl. , das Verfahren vorläufig eingestellt, um den Aufenthaltsort meines Mandanten zu ermitteln. Dies verlief zunächst erfolglos, so dass kurz vor dem Ablauf der Dreimonatsfrist eine weitere Maßnahme zur Aufenthaltsermittlung veranlasst wurde, vgl. Bl. d.A., was schließlich in die auf Bl. d.A. ersichtliche Auskunft des Einwohnermeldeamts mündete. Weitere zwei Monate später wurde dann der Bußgeldbescheid erlassen. Die zwischenzeitlich erfolgte weitere Ermittlungsmaßnahme war jedoch nicht geeignet, die Verjährung erneut zu unterbrechen. Denn es fehlt an einer ebenfalls erforderlichen erneuten vorläufigen Einstellung des Verfahrens. Der spätere Erlass des Bußgeldbescheides erfolgte erst nach bereits eingetretener Verfolgungsverjährung.

▲

III. Unterbrechung durch Erlass und Zustellung des Bußgeldbescheides

Der wohl kritischste Punkt für die Frage der Verjährung ist die Zustellung des Bußgeldbescheides. Erst diese und nicht nur der Erlass des Bußgeldbescheides kann die Unterbrechung der Verjährung auslösen. Die Zustellung muss dabei innerhalb von zwei Wochen nach Erlass des Bußgeldbescheides erfolgen, §§ 26 Abs. 3, 24 StVG, § 33 Abs. 1 S. 1 Nr. 9 OWiG.

Zugestellt werden kann am tatsächlichen Wohnsitz des Betroffenen. Der Betroffene muss dabei an der Wohnadresse zur Zeit der Zustellung tatsächlich gewohnt haben.[42] Die Postzustellungsurkunde ist zunächst nur ein Indiz dafür, dass die Wohnung an der angegebenen Adresse bestand.

Versucht die Behörde hingegen die Zustellung in Geschäftsräumen, setzt dies voraus, dass der Betroffene Inhaber der Geschäftsräume ist.[43] Dies ist bspw. nicht der Fall bei

---

41 OLG Celle, Beschl. v. 23.7.2015 – 2 Ss (OWi) 206/15 = zfs 2015, 710.
42 KG Berlin, Beschl. v. 29.10.2010 – 3 Ws (B) 508/10 = VRS 120, 31.
43 OLG Celle, Beschl. v. 12.8.2011 – 322 SsBs 167/11 = zfs 2011, 708.

einem Geschäftsleiter der GmbH & Co KG;[44] auch für leitende Angestellte, die nicht selbst Gewerbetreibende sind, gilt § 178 Abs. 1 Nr. 2 ZPO nicht.[45]

56   Weitaus häufiger erfolgt die Zustellung an den Verteidiger des Betroffenen. Hier kann der Verteidiger nicht nur zahlreiche Fehler entdecken, sondern teilweise auch Fehler der Behörde gewissermaßen hervorrufen, indem er auf fehlende genügende Aufmerksamkeit auf Seiten der Behörde vertraut.

57   Für die Zustellung des Bußgeldbescheides an den Verteidiger enthält § 51 Abs. 3 OWiG eine Sondervorschrift. Danach gilt der Verteidiger kraft Gesetzes als zustellungsbevollmächtigt, sofern die Vollmacht schriftlich zur Akte gereicht worden ist. Eine Abschrift oder Ablichtung der Vollmacht reicht dabei aus, ebenso wie eine Übersendung der Vollmacht per Telefax. Fehlt eine solche Vollmacht, kann das Gericht nicht verjährungsunterbrechend an den Verteidiger zustellen.[46]

58   Die hierzu ergangene Entscheidung des OLG Köln muss der Verteidiger insbesondere für eine spätere Rechtsbeschwerde kennen und für sich nutzen. Denn es wird immer noch versucht, die Zustellung trotz fehlender Vollmacht mit der Konstruktion einer rechtsgeschäftlichen Zustellungsvollmacht zu retten. Das OLG Köln führt aus, dass im Interesse der Rechtssicherheit und -klarheit jedenfalls am Erfordernis einer schriftlichen, bei den Akten befindlichen Vollmacht festzuhalten ist, so wie es der § 51 Abs. 3 S. 1 OWiG verlangt. Konkludentes Verhalten erfüllt diese Voraussetzungen nicht. Eine großzügigere Auslegung der Vorschrift kann Unklarheit schaffen und sich insbesondere auch zu Lasten eines Betroffenen auswirken. Zweckmäßigkeitserwägungen haben demgegenüber zurückzustehen.[47]

59   Soweit in der obergerichtlichen Rechtsprechung trotz Fehlens einer bei den Akten befindlichen Verteidigervollmacht bzw. in der Hauptverhandlung zu Protokoll erklärten Vollmacht eine wirksame Zustellung angenommen worden ist, betraf dies Fälle, in denen nur eine außergerichtliche Vollmacht zu den Akten gereicht worden war.[48] bzw. die Berechtigung zur Entgegennahme von Zustellungen von der Verteidigervollmacht ausgeschlossen worden war, Stichwort „Verjährungsfalle". Hier müssen Gericht und Verteidigung jeweils klar argumentativ herausarbeiten, warum eine Zustellung nun nicht oder eben doch verjährungsunterbrechend wirken konnte.

60   Ein Mischproblem ist das bereits erwähnte Konstrukt einer rechtsgeschäftlich erteilten Zustellungsvollmacht.[49] Dem Grunde nach ähnelt die Anwendung dieser Konstruktion der Argumentation der zuvor zitierten Gerichte, die eine Art von missbräuchlichem Verhalten darin sehen, dass der Verteidiger als solcher agiert, aber eben keine Vollmacht

---

44 OLG Bamberg, Beschl. v. 12.12.2005 – 3 Ss OWi 1354/05 = NJW 2006, 1078.
45 BeckOK-ZPO/*Dörndorfer*, § 178 Rn 12.
46 OLG Köln, Beschl. v. 4.1.2013 – 1 RBs 334/12 = DAR 2013, 337.
47 BGH, Beschl. v. 24.10.1995 – 1 StR 474/95 = BGHSt 41, 303; BGH, Beschl. v. 3.12.2008 – 2 StR 500/08 = NStZ-RR 2009, 144.
48 Vgl. dazu OLG Brandenburg, Beschl. v. 4.10.2007 – 2 Ss (OWi) 142 B/07 = VRS 113, 434; OLG Karlsruhe, Beschl. v. 1.7.2008 – 2 Ss 71/08 = NStZ 2009, 295.
49 OLG Braunschweig, Beschl. v. 13.5.2013 – 1 Ss (OWi) 83/13 = DAR 2013, 524.

vorlegt (und das ja auch nicht tun muss!). Obwohl die gegenteilige und überzeugende Entscheidung des OLG Köln existiert, werden weiterhin Entscheidungen erlassen, die sich auf das Konstrukt einer rechtsgeschäftlich erteilten Zustellungsvollmacht stützen.[50]

Auch eine andere Konstellation dürfte allenfalls über den Aspekt des rechtsmissbräuchlichen Verhaltens zu lösen sein:[51] Ein Rechtsanwalt bestellt sich bei der Verwaltungsbehörde zum Verteidiger, reicht allerdings eine auf einen anderen Verteidiger lautende Vollmachtsurkunde zur Akte.[52] Die Verwaltungsbehörde hatte den Bußgeldbescheid dem in Erscheinung tretenden Verteidiger zugestellt und nicht dem Verteidiger, der in der Vollmacht benannt war. Gegenüber dem Amtsgericht berief sich der nach außen in Erscheinung getretene Verteidiger dann auf Verfolgungsverjährung, da nicht an den in der Vollmachtsurkunde benannten Verteidiger zugestellt worden sei. Das Amtsgericht sah dies als rechtsmissbräuchliche „Verjährungsfalle" an. Das OLG Braunschweig ließ die Rechtsbeschwerde zu, verneinte aber den Eintritt der Verjährung. Hierzu führte es aus, § 51 Abs. 3 OWiG enthielte nur die Fiktion einer für und gegen den Betroffenen wirksamen Empfangsberechtigung des gewählten oder beigeordneten Verteidigers, obgleich dieser als solcher nicht rechtsgeschäftlicher Vertreter des Angeklagten, sondern nur dessen Beistand sei (§ 137 Abs. 1 S. 1 StPO).[53] Als Folge dieser gesetzlichen Fiktion komme es für die Wirksamkeit der Zustellung dann nicht darauf an, ob sich auf der zu den Akten gelangten Vollmachtsurkunde eine ausdrückliche Ermächtigung zur Entgegennahme von Zustellungen befinde, und es sei ebenso wenig möglich, diese Befugnis durch eine entsprechende Fassung der Verteidigervollmacht auszuschließen.

Mit dem Vorwurf der rechtsmissbräuchlichen „Verjährungsfalle" werden wie oben erwähnt zudem selbst bei für die außergerichtliche Vertretung erteilter Vollmacht ohne Zustellungsvollmacht Zustellungen durch die Obergerichte „geheilt", indem von einer wirksamen und verjährungsunterbrechenden Zustellung ausgegangen wird.[54]

Jedenfalls insofern muss der Verteidiger genau darauf achten, ob bei fehlender Vollmacht eine Zustellung unternommen wurde und wie das Gericht, wenn es den Fehler denn überhaupt bemerkt, damit umgeht.

▼

Muster 37.16: Zustellung ohne Vollmacht
An die Zentrale Bußgeldbehörde

Sehr geehrte ,

nach inzwischen gewährter Akteneinsicht **beantrage** ich namens und in Vollmacht für den Betroffenen, das Verfahren wegen eingetretener Verjährung einzustellen.

In vorliegender Sache wurde zuerst gegen die Halterin, die Firma ermittelt, die von mir unter Vorlage der entsprechenden Vollmacht zur Akte vertreten wurde. Nach

---

50 KG Berlin, Beschl. v. 24.7.2014 – 3 Ws (B) 365/14 = NStZ-RR 2015, 226.
51 So auch KG Berlin, Beschl. v. 17.10.2011 – 3 Ws (B) 144/11 = VRS 122, 34.
52 OLG Braunschweig, Beschl. v. 13.5.2013 – 1 Ss (OWi) 83/13 = DAR 2013, 524.
53 BayObLG, Beschl. v. 14.1.2004 – 2St RR 188/03 = zfs 2004, 282.
54 Vgl. KG Berlin, Beschl. v. 17.10.2011 – 3 Ws (B) 144/11 = VRS 122, 34; KG Berlin, Beschl. v. 24.7.2014 – 3 Ws (B) 365/14 = jurisPR-VerkR 12/2015 Anm. 6.

§ 37 Vorverfahren

Einstellung des Verfahrens und Einleitung eines weiteren Verfahrens gegen den Betroffenen, dem das Fahrzeug zum Tatzeitraum überlassen worden war, wurde mir der Bußgeldbescheid vom ▒ am ▒ zugestellt. An den Betroffen wurde kein Bußgeldbescheid zugestellt. Die Zustellung geschah jedoch, ohne dass für die Verteidigung des Betroffenen eine schriftliche Vollmacht zur Akte gereicht wurde. Es erfolgte lediglich eine Bestellung für den Betroffen im Schriftsatz vom ▒. Dies genügt jedoch nicht, um eine Zustellungsbefugnis des Verteidigers zu konstruieren. Ohne weitere Vollmacht spezifisch für den Betroffenen kann nicht i.S.d. § 51 Abs. 3 OWiG an den Verteidiger wirksam zugestellt, mithin die Verjährung nicht unterbrochen werden (OLG Köln, Beschl. v. 4.1.2013 – 1 RBs 334/12 = DAR 2013, 337).

65 **Muster 37.17: Zustellung trotz Blankovollmacht**

An die Zentrale Bußgeldbehörde ▒

Sehr geehrte ▒,

nach inzwischen gewährter Akteneinsicht **beantrage** ich namens und in Vollmacht für den Betroffenen, das Verfahren wegen eingetretener Verjährung einzustellen.

Nach Bestellung für den Betroffenen wurde mit gleichem Schriftsatz eine Vollmacht zur Akte gereicht. Diese bezeichnete, da der Betroffene zunächst nur angehört wurde und noch kein Bußgeldbescheid ergangen war, nicht den Bevollmächtigten ausdrücklich, sondern wies nur die Kanzleiadresse aus. Wenn trotz einer solchen Blankovollmacht gleichwohl an den Rechtsanwalt, der sich zur Akte gemeldet hatte, der Bußgeldbescheid zugestellt wird, kann dies die Verjährung mangels ordnungsgemäßer Zustellung nicht unterbrechen (AG Neuruppin, Urt. v. 18.3.2013 – 84.1 OWi 239/12 – juris). Denn eine derartige Vollmacht ist nicht geeignet, die förmliche Sicherheit bei Zustellungsadressaten zu gewährleisten (Göhler/*Gürtler*, OWiG, 16. Aufl., 2012, § 33 Rn 35), was auch der sonstigen Rechtsprechung entspricht (vgl. z.B. OLG Stuttgart, Beschl. v. 21.2.2000 – 3 Ss 87/20 = NStZ-RR 2001, 24; KG Berlin, Beschl. v. 16.6.2008 – 3 Ws (B) 13/08 = VRR 2008, 355).

66 **Muster 37.18: Zustellung an die Sozietät**

An das Amtsgericht A

Sehr geehrte ▒,

nach inzwischen gewährter Akteneinsicht **beantrage** ich namens und in Vollmacht für den Betroffenen, das Verfahren wegen eingetretener Verjährung einzustellen.

Obwohl sich der Unterzeichnende mit Schreiben vom ▒ zum Verteidiger des Betroffenen bestellt hat und auch entsprechende Vollmacht zur Akte gereicht hat, wurde der Bußgeldbescheid am ▒ an die Anwaltssozietät zugestellt und nicht an den konkreten Verteidiger. Dies reicht nach einhelliger Meinung für die Unterbrechung der Verjährung nicht aus (OLG Celle, Beschl. v. 30.8.2011 – 311 SsRs 126/11 = NZV 2012, 45). Bei einer Zustellung an die Sozietät steht nämlich die Kenntnis des bevollmächtigten Verteidigers nicht in der erforderlichen Form fest (Göhler/*Gürtler*, OWiG, 16. Aufl., 2012, § 33 Rn 35; OLG Brandenburg, Beschl. v. 20.9.2009 – 2 Ss (OWi) 129 B/09 = VRS 117, 305).

E. Einstellung des Verfahrens wegen Verjährung § 37

Dies hat sich hier auch konkret so manifestiert. Denn der Einspruch wurde nicht vom gewählten Verteidiger unterzeichnet, sondern wegen Abwesenheit am Tag der Zustellung von einem Vertreter in der Kanzlei. Die Akte mit dem Bußgeldbescheid wurde dem Unterzeichner erst mit Eingang der Terminsbestimmung des Amtsgerichts zur Hauptverhandlung wieder vorgelegt. Zwischen dem Eingang der Akte nach § 69 Abs. 3 OWiG und der Anhörung des Betroffenen sind inzwischen mehr als drei Monate vergangen, so dass dies die Verjährung nicht mehr wirksam unterbrechen konnte.

Höchst vorsorglich weise ich darauf hin, dass die mangelhafte Zustellung an die Sozietät nicht durch die formlose Übersendung des Bußgeldbescheides an den Betroffenen in Verbindung mit der Unterrichtung über die an den Verteidiger veranlasste Zustellung geheilt wurde (OLG Celle, Beschl. v. 30.8.2011 – 311 SsRs 126/11 = NZV 2012, 45). Eine formlose Übersendung ohne den Willen zur Zustellung genügt nach einhelliger Ansicht nicht für eine Heilung (BGH, Beschl. v. 26.11.2002 – VI ZB 41/02 = NJW 2003, 1192).

Ein ergänzender Hinweis zu den Heilungsvorschriften: Das OLG Stuttgart[55] entschied in einem Fall, in welchem die Zustellung des Bußgeldbescheides an den Verteidiger unwirksam war und dem Betroffenen eine Abschrift des Bußgeldbescheides formlos übersandt wurde. Diese Abschrift leitete er an seinen Verteidiger weiter, der sodann Einspruch einlegte. Durch die Weiterleitung an den Verteidiger wurde der Zustellungsmangel innerhalb von zwei Wochen ab Erlass des Bußgeldbescheides geheilt, so das OLG Stuttgart. Eine Heilung des Zustellungsmangels wäre durch den bloßen Zugang des Bußgeldbescheides beim Betroffenen nicht eingetreten, da die Anwendung von § 9 LVwZG einen Zustellungswillen der Bußgeldbehörde voraussetzt.[56] Unerheblich war für die hier angenommene Heilung sogar, dass die Abschrift des Bußgeldbescheides nicht an den Verteidiger, sondern an den Betroffenen adressiert war. Entscheidend sei insoweit die inhaltliche Übereinstimmung.[57] Auch der Umstand, dass das vom Betroffenen an den Verteidiger übermittelte Exemplar des Bußgeldbescheides nicht als „Ausfertigung", sondern als „Abschrift" bezeichnet ist, hinderte die Heilung des Zustellungsmangels nicht, so das OLG Stuttgart. Im vorliegenden Fall wurde der Bußgeldbescheid im EDV-Verfahren erstellt: Ein solcher Bescheid ist wirksam, ohne dass er des Abdrucks eines Dienstsiegels oder der Unterschrift des Bediensteten der Verwaltungsbehörde bedarf.[58]

67

Diese Entscheidung stellt den Verteidiger also durchaus vor Probleme. Umgehen kann er die Heilung wohl nur dann, wenn er, sofern er den Zustellungsmangel an sich erkennt, den Einspruch einlegt mit expliziter Betonung, von der Existenz der Abschrift telefonisch zu wissen und auftragsgemäß vorsorglich Einspruch einzulegen.

68

---

55 OLG Stuttgart, Beschl. v. 10.10.2013 – 4a Ss 428/13 = DAR 2014, 100.
56 BGH, Beschl. v. 26.11.2002 – VI ZB 41/02 = NJW 2003, 1192; OLG Celle, Beschl. v. 30.8.2011 – 311 SsRs 126/11 = NZV 2012, 45.
57 BVerwG, Urt. v. 18.4.1997 – 8 C 43/95 = BVerwGE 104, 301; OVG Münster, Beschl. v. 7.10.1975 – X B 766/75 = NJW 1976, 643.
58 BT-Drucks 10/5083; OLG Stuttgart, Beschl. v. 16.10.1997 – 1 Ss 505/97 = DAR 1998, 29.

F. Einstellung des Verfahrens aus Opportunitätsgründen im Vorverfahren

69 Das Opportunitätsprinzip ermöglicht eine Beendigung des Verfahrens, § 47 OWiG, die zum einen auf den Verhältnismäßigkeitsgrundsatz, zum anderen auf atypische Situationen rekurriert, in jedem Fall aber individuelle Lösungen ermöglicht. Die Behörde entscheidet nach pflichtgemäßem Ermessen. Bei hinreichender Argumentation und ggf. juristischer Kreativität bedarf es lediglich der vollumfänglichen Ausschöpfung des Opportunitätsprinzips bzw. der Auslegung des § 47 OWiG, um auch Fallgestaltungen im Bußgeldverfahren Herr zu werden, bei denen der Betroffene aus oder wegen der Tat Nachteile erlitten hat.[59] Dabei kommen einige typische Fallgestaltungen in Frage.[60]

I. Eigener Sach- und/oder Personenschaden des Betroffenen

70 Erleidet der Betroffene bei Verkehrsunfällen selbst einen beträchtlichen Schaden, sei es in Form des Sachschadens oder des Personenschadens, ist oftmals eine Einstellung des Verfahrens möglich. Wirtschaftlich ist es bspw. dann heikel, wenn für den Betroffenen keine Vollkaskoversicherung existiert und er einen erheblichen Eigenschaden tragen muss. Aber auch bei Vollkaskoversicherung kann durch eine hohe Selbstbeteiligung oder durch von der Versicherung nicht erfasste Kosten eine entsprechende Argumentation im Sinne des erlittenen Eigenschadens erfolgen. Im Strafgesetzbuch ist der geschilderte hohe Eigenschaden explizit in § 60 geregelt. Eine direkte oder analoge Anwendung ist nicht möglich, jedoch kann zumindest der Rechtsgedanke des § 60 StGB auch auf Ordnungswidrigkeiten angewendet werden. Denn sieht das Strafrecht explizit die Möglichkeit vor, dass das Gericht bei eigenem Schaden des Angeklagten von Strafe absehen kann, so muss dieser Rechtsgedanke folgerichtig erst recht im Bußgeldverfahren Anwendung finden, welches ein „Minus" zum Strafrecht darstellt.[61]

71 Es reicht aber nicht aus, in einer Einlassung gegenüber der Verfolgungsbehörde pauschal den hohen Eigenschaden zu behaupten. Ist der Betroffene wegen des Verkehrsunfalles verletzt worden, empfiehlt es sich, sich ein ärztliches Attest vorlegen zu lassen. Dieses sollte dann unbedingt mit der Einlassung an die Bußgeldstelle weitergeleitet werden. Es sollte jedoch vermieden werden, lediglich auf das Attest zu verweisen. Bereits in dem ersten Beratungsgespräch sollte der Betroffene zu seinen Verletzungen befragt werden, insbesondere auch zu den Verletzungsfolgen. Diese sind der Bußgeldstelle mitzuteilen. Sind die Verletzungen sichtbar, kann der Betroffene in dem Beratungsgespräch darum gebeten werden, Fotos von den Verletzungen zu machen und diese zur Akte zu reichen. Der Verteidiger sollte die Fotos gleichfalls mit der Einlassung und der Bitte um vertrauliche Behandlung an die Bußgeldstelle weiterleiten. Nun hat der Sachbearbeiter plötzlich ein Bild vor Augen und muss sich ganz konkret mit der Einlassung des Verteidigers

---

[59] Vgl. *Herde*, DAR 1984, 134.
[60] Vgl. *Gutt/Krenberger*, zfs 2013, 549 ff.
[61] *Bohnert/Krenberger/Krumm*, § 1 Rn 4.

F. Einstellung des Verfahrens aus Opportunitätsgründen im Vorverfahren § 37

und den Verletzungen des Betroffenen auseinandersetzen. Die Praxis zeigt, dass dieser „Schock" die Ermessensausübung des Sachbearbeiters durchaus sehr positiv zugunsten des Betroffenen beeinflussen kann.

In der Einlassung könnte wie folgt formuliert werden: 72

▼

Muster 37.19: Einstellung wegen Eigenverletzung
An die Zentrale Bußgeldbehörde 73

Sehr geehrte ,

nach inzwischen gewährter Akteneinsicht **beantrage** ich namens und in Vollmacht für den Betroffenen, das Verfahren nach § 47 OWiG einzustellen. *(Ausführungen zum Tatvorwurf)*

Mein Mandant ist durch den Verkehrsunfall nicht unerheblich verletzt worden. Er erlitt *(Es folgen Ausführungen zu der Verletzungsart)*. Ich überreiche beigefügt ein ärztliches Attest von Herrn Dr. , welcher die Verletzungen meines Mandanten bestätigt. Ebenfalls überreiche ich zur Akte Fotos von den Verletzungen, welche unmittelbar nach dem Unfall gemacht worden sind. Ich bitte diese äußerst vertraulich zu behandeln.

Durch diese Verletzungen hatte mein Mandant über einen langen Zeitraum unter erheblichen Schmerzen und Einschränkungen zu leiden. *(Es folgen Ausführungen zu den Verletzungsfolgen sowie ggf. zu Einschränkungen im Alltag.)*

Aus dem Rechtsgedanken des § 60 StGB, welcher auch im Ordnungswidrigkeitenrecht Anwendung findet, folgt, dass von der Verhängung einer Geldbuße bzw. der Verfolgung einer Ordnungswidrigkeit abzusehen ist, wenn die Folgen der Tat, die den Betroffenen getroffen haben, so schwer sind, dass die Verhängung einer Geldbuße offensichtlich verfehlt wäre.

Dieser Fall ist hier nach dem oben Geschilderten einschlägig. Wie bereits ausgeführt, ist mein Mandant durch den Verkehrsunfall erheblich verletzt worden. Das Bußgeldrecht und die daraus folgende Sanktion sind darauf ausgerichtet, einen nachdrücklichen Pflichtenappell an den Betroffenen zu richten, künftig Ge- und Verbote zu befolgen. Dieser „Lerneffekt" ist hier jedoch schon erreicht, weil mein Mandant infolge der Ordnungswidrigkeit selbst einen schweren Schaden erlitten hat. Einer Verfolgung als Ordnungswidrigkeit bedarf es daher nicht.

Ich **beantrage** daher, das Bußgeldverfahren gegen meinen Mandanten einzustellen.

Neben dem Personenschaden ist der erhebliche Sachschaden der Hauptanwendungsfall 74 des Rechtsgedanken des § 60 StGB. Den Umfang kann die Bußgeldstelle von sich aus freilich nicht ermitteln oder kennen. Das bedeutet, der Verteidiger hat sie hierauf hinzuweisen. Es ist angezeigt, dass er in seinem Schreiben an die Bußgeldstelle den Versicherungsschein zum Nachweis mitschickt und – sofern vorhanden – ein Gutachten zur Höhe des Fahrzeugschadens. Sofern der Mandant rechtsschutzversichert ist, kann überlegt werden, ein Sachverständigengutachten nach entsprechender Deckungszusage seitens des Versicherers in Auftrag zu geben. Nach § 5 Abs. 1 lit. F aa ARB 2010 trägt die Rechtsschutzversicherung nämlich die übliche Vergütung eines öffentlich bestellten technischen Sachverständigen oder einer rechtsfähigen Sachverständigenorganisation in Fällen der Verteidigung in verkehrsrechtlichen Straf- und Ordnungswidrigkeitenverfahren.

▼

Muster 37.20: Einstellung wegen Eigenschadens

An die Zentrale Bußgeldbehörde

Sehr geehrte ,

nach inzwischen gewährter Akteneinsicht **beantrage** ich namens und in Vollmacht für den Betroffenen, das Verfahren nach § 47 OWiG einzustellen. *(Nach eventuellen Ausführungen zum Tatvorwurf)*

Zudem hat mein Mandant einen hohen Eigenschaden zu beklagen. Sein Fahrzeug hat einen Totalschaden erlitten. Der Restwert beträgt lediglich EUR. Das Fahrzeug ist quasi wertlos. Ich überreiche in Abschrift das beigefügte Schadensgutachten zur Kenntnis. Eine Vollkaskoversicherung hat mein Mandant nicht abgeschlossen, wie sich aus dem ebenfalls beigefügtem Versicherungsschein ergibt. Mein Mandant ist zwingend auf die Nutzung eines Fahrzeugs angewiesen, muss also nun ein neues anschaffen und vollständig aus eigenen Mitteln finanzieren.

Aus dem Rechtsgedanken des § 60 StGB, welcher auch im Bußgeldrecht Anwendung findet, folgt, dass von der Verhängung einer Geldbuße bzw. der Verfolgung einer Ordnungswidrigkeit abzusehen ist, wenn die Folgen der Tat, die den Betroffenen getroffen haben, so schwer sind, dass die Verhängung einer Geldbuße offensichtlich verfehlt wäre. Die Kosten für eine Ersatzbeschaffung übersteigen das Bußgeld um ein Vielfaches, so dass es einer gesonderten Verhängung eines Bußgeldes nicht bedarf. Hierdurch wäre mein Mandant doppelt bestraft.

Ich **beantrage** daher, dass Bußgeldverfahren gegen meinen Mandanten einzustellen.

II. Unverhältnismäßigkeit der Kosten der weiteren Verfolgung der Tat

Darüber hinaus bietet § 47 OWiG auch die Möglichkeit, das Verfahren aus anderen Gründen einzustellen. Dies wird in der Praxis am ehesten dann geschehen, wenn die weitere Aufklärung des Falles Kosten und zeitlichen Aufwand hervorruft, die mit der im Raum stehenden Sanktion nicht mehr in Einklang zu bringen sind, mithin unverhältnismäßig wären.[62]

Dies betrifft vor allem Fälle, in welchen die vorhandenen Beweismittel nicht ausreichen, um den Tatnachweis hinreichend zu führen, sondern zusätzlich eine sachverständige Begutachtung durchgeführt werden müsste, um den Tatnachweis zu erbringen. Es kann dabei um die Identifikation des Betroffenen gehen (anthropologisches/rechtsmedizinisches Vergleichsgutachten), um die Unfallrekonstruktion oder den Einwand des Fehlver-

---

[62] KK-OWiG/*Mitsch*, 4. Aufl. 2014, § 47 Rn 113.

F. Einstellung des Verfahrens aus Opportunitätsgründen im Vorverfahren § 37

haltens des Unfallgegners, aber auch um Einwendungen gegen die Messung eines Geschwindigkeits-, Abstands- oder Suchtmittelverstoßes.

▼
Muster 37.21: Einstellung wegen hoher Kosten 78
An die Zentrale Bußgeldbehörde

Sehr geehrte ,

nach inzwischen gewährter Akteneinsicht **beantrage** ich namens und in Vollmacht für den Betroffenen, das Verfahren nach § 47 OWiG einzustellen. *(Nach eventuellen Ausführungen zum Tatvorwurf)*

Ausweislich Bl. d.A. dient das dort befindliche Messbild bislang zur Konkretisierung des Tatvorwurfs gegen meinen Mandanten. Dieser bestreitet jedoch nach wie vor die Fahrereigenschaft. Das Messbild ist auch nicht dazu geeignet, eine Person durch bloße Wiedererkennung in der Hauptverhandlung zu identifizieren. Denn zum einen befinden sich im Bild zahlreiche Pixel und Artefakte, die wesentliche Teile der Gesichtszüge verdecken. Zum anderen verdecken sowohl der Rückspiegel wie auch ein Navigationsgerät den Blick auf wesentliche Teile der unteren und rechten Teile des Kopfes des Fahrers. Zur Vermeidung der kostenintensiven anthropologischen Vergleichsbegutachtung, die völlig außer Verhältnis zur angedrohten Sanktion steht, *(Anmerkung: Dies kann natürlich nur überzeugend vorgetragen werden, wenn kein Fahrverbot droht.)* sollte deshalb das Ermessen i.S.d. § 47 OWiG ausgeschöpft und das Verfahren eingestellt werden.

▲

▼
Muster 37.22: Einstellung wegen Mitverschuldens 79
An die Zentrale Bußgeldbehörde

Sehr geehrte ,

nach inzwischen gewährter Akteneinsicht **beantrage** ich namens und in Vollmacht für den Betroffenen, das Verfahren nach § 47 OWiG einzustellen. *(Nach eventuellen Ausführungen zum Tatvorwurf)*

Meinem Mandanten wird vorgeworfen, an der Kreuzung der Straßen und dem dort bevorrechtigten Verkehrsteilnehmer die Vorfahrt rechtswidrig nicht gewährt zu haben. Dies ist indes schon unrichtig, da zum Zeitpunkt der Einfahrt in den Kreuzungsbereich der Unfallgegner noch gar nicht in Sichtweite meines Mandanten gewesen sein kann. Bei Einhaltung der vor Ort geltenden Höchstgeschwindigkeit von 30 km/h hätte der Unfallgegner , was eine simple Weg-Zeit-Berechnung ergibt, noch mindestens m von der Kreuzung entfernt sein müssen, so dass es zu keiner Kollision im Kreuzungsbereich hätte kommen können. So aber muss der Unfallgegner zum einen mit überhöhter Geschwindigkeit unterwegs gewesen sein und zum anderen hätte er auf keinen Fall seinerseits dem, aus seiner Sicht, bevorrechtigten Querverkehr von rechts die Vorfahrt gewähren können. Sowohl den Verstoß der überhöhten Geschwindigkeit wie auch den Verstoß gegen die so genannte „halbe Vorfahrt" stelle ich unter Beweis durch Einholung eines technischen Unfallrekonstruktionsgutachtens, das durch einen hierfür öffentlich bestellten und vereidigten Sachverständigen erstattet werden kann. Zur Vermeidung der hierdurch entstehenden Kosten in vierstelliger Höhe und unter Hinweis darauf, dass es in dieser Sache vornehmlich um die Frage der zivilrechtlichen Regulierung des Unfalls geht, rege ich an, das Verfahren nach § 47 OWiG einzustellen.

80 Muster 37.23: Einstellung wegen hoher Kosten

An die Zentrale Bußgeldbehörde

Sehr geehrte ,

nach inzwischen gewährter Akteneinsicht **beantrage** ich namens und in Vollmacht für den Betroffenen, das Verfahren nach § 47 OWiG einzustellen. *(Nach eventuellen Ausführungen zum Tatvorwurf)*

Auf dem Messbild Bl. d.A. ist unzweifelhaft zu erkennen, dass sich das Fahrzeug meines Mandanten nicht nur mit den Vorderrädern, sondern auch mit der gesamten Front deutlich nach der als ortsfeste Fahrbahnmarkierung auf der Straße befindlichen Fotolinie für das Messgerät ES 3.0, mit welchem die Messung hier durchgeführt wurde, befindet. Ausweislich der Bedienungsanleitung für dieses Messgerät muss sich das gemessene Fahrzeug allerdings in einer logischen Position zur Fotolinie befinden, ansonsten besteht ein eindeutiges Indiz gegen die Richtigkeit der Messung des betreffenden Fahrzeugs. Nachdem die gutachterliche Überprüfung durch einen öffentlich bestellten und vereidigten Sachverständigen für Messtechnik vorliegend Kosten im vierstelligen Bereich verursachen würde und dies in keinem angemessenen Verhältnis mehr zur in Frage kommenden Sanktion steht, *(Anmerkung: Dies kann natürlich nur überzeugend vorgetragen werden, wenn kein Fahrverbot droht.)* **beantrage** ich, das Verfahren gegen meinen Mandanten nach § 47 OWiG einzustellen.

III. Sonstige Fälle

81 Es gibt keine abgeschlossene Zahl von Fällen oder Sachverhalten, in welchen ein Verfahren durch die Behörde oder das Gericht nach § 47 OWiG zu einem Ende gebracht werden kann. Ein wenig mehr Argumente braucht es meist dann, wenn seitens der zunächst ermittelnden und agierenden Behörde ein Verhalten an den Tag gelegt wird, durch welches das Gericht dazu veranlasst wird, das Verfahren einzustellen. Dies kann rein faktische Gründe haben, etwa die fehlende Mitwirkung der Behörde trotz Erforderlichkeit (fehlende Vervollständigung der Akte trotz mehrfacher Aufforderung), die Ungleichbehandlung von Sachverhalten trotz vorgegebener Richtlinien[63] aber auch echte Rechtsverstöße.

---

63 KK-OWiG/*Mitsch*, § 47 Rn 109.

G. Vorläufige Einstellung des Verfahrens (Jugendliche) § 37

Muster 37.24: Einstellung wegen Rechtsverstoßes

An das Amtsgericht

Sehr geehrte,

nach inzwischen gewährter Akteneinsicht **beantrage** ich namens und in Vollmacht für den Betroffenen, das Verfahren nach § 47 OWiG einzustellen. *(Nach eventuellen Ausführungen zum Tatvorwurf).*

Ausweislich des bisherigen Ermittlungsablaufes hat die Bußgeldbehörde, nachdem offenbar eine Divergenz zwischen dem auf dem Messbild erkennbaren männlichen Fahrer und der weiblichen Halterin des Fahrzeugs erkannt wurde, meinen Mandanten nicht zunächst ordnungsgemäß angehört, nachdem die Personendaten möglicher Verwandter der Halterin bzw. männlicher Bewohner der Adresse der Halterin angefordert worden waren. Stattdessen wurde zugleich bei der Passbehörde ein Lichtbild meines Mandanten angefordert, um hiermit einen Abgleich zum Messbild vorzunehmen. Dieses Vorgehen verstößt gegen die insoweit eindeutigen Regelungen der § 22 Abs. 2 und 3 PassG bzw. § 24 Abs. 2 und 3 PAuswG. Es kann auch, nachdem die Behördenmitarbeiter zu rechtmäßigem Handeln verpflichtet sind, davon ausgegangen werden, dass diese sich an geltendes Recht halten. Der Hinweis auf möglicherweise entgegenstehende ältere Rechtsprechung (BayObLG, Beschl. v. 27.8.2003 – 1 ObOWi 310/03 = NJW 2004, 241; OLG Bamberg, Beschl. v. 2.8.2005 – 2 Ss OWi 147/05 = DAR 2006, 336) verfängt hier nicht. Denn hier wurde willkürlich das Recht des Betroffenen umgangen, um einen bequemeren und zeitsparenderen Weg zum Tatnachweis zu erhalten. Die willkürliche Ausübung von Rechten stellt aber nach geltendem Verfassungsrecht eine absolute und nicht zu überschreitende Grenze staatlichen Handelns dar, die hier zu einer Einstellung des Verfahrens nach § 47 OWiG führen muss (AG Landstuhl, Beschl. v. 26.10.2015 – 2 OWi 4286 Js 7129/15 = DAR 2015, 710).

G. Vorläufige Einstellung des Verfahrens (Jugendliche)

Besonderes Fingerspitzengefühl können Verteidiger und (Jugend-)Richter beweisen, wenn es um Verkehrsordnungswidrigkeiten gegen Jugendliche und Heranwachsende geht. Denn dort kann es Sachverhalte geben, die einen eindeutigen Verstoß beinhalten, jedoch von der Rechtsfolge her, also über die bloße Geldbuße samt eintragungspflichtigen Punkten hinaus, so gravierend für den Betroffenen sind [Nachschulung, Verlängerung der Probezeit], dass sich auch eine Verfahrenseinstellung anböte. Wenn der Bußgeldrichter aufgrund des eigentlich eindeutigen Verstoßes eine reine Einstellung ebenso scheut wie die Reduzierung der Geldbuße auf 55 EUR, kommt eine Gestaltungsvariante ins Spiel, die in der Kommentarliteratur zwar angedacht, aber offenbar kaum praktiziert wird: die **vorläufige** Einstellung des Verfahrens mit Anordnung von gemeinnützigen Arbeitsstunden. Dies wird durch § 47 Abs. 3 OWiG nicht verboten und in der Kommentarliteratur wird eine (vorläufige) Einstellung mit anderen Auflagen als einer Geldzahlung i.S.d. Abs. 3 durchaus für möglich erachtet.[64] Dies umfasst etwa eine Schmerzensgeldzahlung an den Geschädigten[65] oder die Beseitigung eines rechtswidrigen Zustands. Dazu gehört aber selbstverständlich auch die Ableistung von Sozialstunden. Der bloße Wortlaut des § 47 OWiG verbietet eine vorläufige Einstellung *a maiore ad minus* ebenfalls nicht. Auch ein Vergleich mit § 47 JGG für leichte Verkehrsstraftaten unterstützt die Überlegung der vorläufigen Einstellung. Diese Lösung kann aber nur in bestimmten Fallkonstellationen sinnvoll zum Tragen kommen. Denn im Rahmen des Opportunitätsprinzips ist (auch) entscheidend, ob die Durchführung des Verfahrens und gegebenenfalls die Ahndung notwendig und angemessen sind, um die Verkehrsdisziplin allgemein und beim einzelnen Betroffenen zu steigern.[66]

84 Für eine vorläufige Einstellung ist zunächst erforderlich, dass der Betroffene bisher verkehrsrechtlich weitgehend unbescholten ist, es sich idealerweise um den ersten Verstoß handelt. Des Weiteren darf der Grad der Vorwerfbarkeit des Verhaltens nicht so hoch sein, dass eine Verfahrenseinstellung gar nicht denkbar wäre.[67] Schließlich muss der Betroffene auch eine Einsicht in das Fehlverhalten zeigen: Eine Einstellung kommt also nicht in Betracht, wenn der Verstoß vehement bestritten wird.

85 Als Anwendungsfälle kommen vor allem zwei Gestaltungen in Frage: der Verkehrsverstoß im Laufe der Probezeit, § 2a StVG, mit den Rechtsfolgen nach § 2a Abs. 2 S. 1 Nr. 1 StVG und § 2a Abs. 2a StVG, sowie der Verkehrsverstoß des begleitenden Erwachsenen beim Fahren mit 17 Jahren, § 6e StVG i.V.m. § 48a FeV. Die erwachsene Begleitperson darf nämlich nach § 48a Abs. 5 S. 1 Nr. 3 FeV zum Zeitpunkt der Beantragung der Fahrerlaubnis im Verkehrszentralregister mit nicht mehr als einem Punkt belastet sein.[68] Wenn also durch den Erwachsenen ein Verstoß begangen wurde, der die Punktezahl auf über 1 bringen und damit der Antrag des 16-Jährigen auf Erteilung der Fahrerlaubnis scheitern würde, wäre dies ein so erheblicher Nachteil, dass eine Einstellung geboten erscheint. Dass der Nachteil dabei einer nahe stehenden dritten Person droht, ist kein Hindernis.[69]

▼

86 **Muster 37.25: Vorläufige Einstellung mit Arbeitsauflage**

An die Zentrale Bußgeldbehörde   /An das Amtsgericht

Sehr geehrte   ,

nach bereits erfolgter Bestellung für den Betroffenen und nach erhaltener Akteneinsicht **beantrage** ich, das Verfahren nach § 47 OWiG einzustellen.

---

64 Göhler/*Seitz*, § 47 Rn 34.
65 Dieser ist weder gemeinnützige Einrichtung noch sonstige Stelle, wenngleich eher die Konstellation benannt wird, dass schon vorab Ersatzansprüche gezahlt wurden, vgl. *Krumm*, SVR 2011, 303.
66 Vgl. *Deutscher*, NZV 1999, 185.
67 *Krumm*, SVR 2011, 303; *Deutscher*, NZV 1999, 185.
68 Zuverlässigkeitskriterium; später gesammelte Punkte sind nicht relevant, *Hentschel/König/Dauer*, Straßenverkehrsrecht, 42. Aufl. 2013, § 48a FeV Rn 20; zum anderen darf die Begleitperson nach § 48a Abs. 6 S. 1 FeV keinen Verstoß gegen § 24a StVG während des begleiteten Fahrens begehen.
69 *Herde*, DAR 1984, 134.

Mein Mandant ist Heranwachsender im Sinne des JGG und befindet sich hinsichtlich seiner Fahrerlaubnis noch in der Probezeit, die bald beendet wäre. Durch den jetzt begangenen Verstoß, den mein Mandant aus Unachtsamkeit begangen hat und für welchen er die volle Verantwortung übernimmt, würde bei Anordnung des Regelbußgeldes und der daraus resultierenden Bepunktung im Fahreignungsregister die Probezeit verlängert werden und mein Mandant müsste an einem für ihn angesichts seiner geringen Ausbildungsvergütung nur schwer finanzierbaren Aufbauseminar teilnehmen. Allein schon diese (mittelbaren) Folgen des Verstoßes wiegen im Vergleich zur Geldbuße von 80 EUR so schwer, dass sich die Frage des richtigen Verhältnisses zur im Raum stehenden Sanktion stellt. Denn der Betroffene hat sich bisher verkehrsrechtlich vorbildlich verhalten und hat keine Verstöße irgendwelcher Art jemals begangen.

Höchst hilfsweise **beantrage** ich, das Verfahren **vorläufig** einzustellen mit der Auflage, binnen zwei Monaten die Ableistung von 25 Stunden gemeinnütziger Arbeit nachzuweisen. Diese Gestaltungsmöglichkeit ist zulässig (vgl. *Gutt/Krenberger*, zfs 2013, 549) und im Zuständigkeitsbereich des Jugendrichters auch geboten. Diese Auflage würde meinen Mandanten, der durch die Ausbildung in seiner Freizeit ohnehin begrenzt ist, deutlich belasten, denn er würde die folgenden drei eigentlich freien Samstage in der Einrichtung ▒▒▒▒▒ (oder einer anderweitigen Einrichtung, z.B. nach Weisung des Gerichts oder der Jugendgerichtshilfe) verbringen, um dort die Arbeitsstunden zu erbringen. Eine entsprechende Bescheinigung würde fristgerecht zur Akte gereicht werden. Nur vorsorglich weise ich darauf hin, dass bei einem Delikt nach z.B. § 21 StVG und einem bislang unbescholtenen Ersttäter ebenfalls eine Einstellung nach § 47 JGG, wenn nicht sogar nach § 45 Abs. 2 JGG in Betracht käme, so dass das kriminalpolitisch weniger bedeutsame Bußgeldrecht keine schwerere Sanktion gegen den Betroffenen auslösen sollte.

▲

H. Entscheidung im Beschlussweg vermeiden/vorbereiten

Wie schon oben bzgl. des Bestellungsschreibens erwähnt, kann der Verteidiger dafür sorgen, dass eine Hauptverhandlung nicht stattfinden muss, sondern über den vorgeworfenen Verstoß des Betroffenen im schriftlichen Weg entschieden wird, § 72 OWiG. Andererseits muss der Verteidiger auch sicherstellen, dass auf diesem Weg keine unliebsame Entscheidung gegen den Betroffenen ergeht, abgesehen von einem immer möglichen Freispruch, § 72 Abs. 1 S. 3 OWiG. Deshalb kann der Verteidiger ab dem ersten Bestellungsschreiben vorsorglich einer Entscheidung im Beschlussweg widersprechen. Diese ist in Folge dessen erst dann möglich, wenn der Betroffene oder der Verteidiger einer solchen Entscheidung ausdrücklich zustimmen. Ein bloßes Schweigen auf eine erneute Anfrage des Gerichts ist nicht relevant.[70] 87

Der Verteidiger kann aber in diesem Zusammenhang auch gestalterisch tätig werden, indem er dem Gericht zulässige Bedingungen mitteilt, bei deren Vorliegen der Betroffene mit einer Entscheidung im Beschlussweg einverstanden wäre. Dies betrifft z.B. die Höhe des Bußgeldes, das Absehen von der Anordnung eines Fahrverbots bei Erhöhung der 88

---

[70] NK-GVR/*Krenberger*, § 72 OWiG Rn 3.

Geldbuße oder der Wegfall des Fahrverbots auf den Nachweis der Teilnahme an einer verkehrspsychologischen Nachschulung hin. Hierbei muss sich der Verteidiger aber ggf. vorab erkundigen, ob und welche Voraussetzungen für ein solches Absehen vom Fahrverbot (regional) bestehen. Denn dem Betroffenen wäre kaum gedient, wenn die Staatsanwaltschaft postwendend Rechtsbeschwerde gegen den Beschluss einlegen würde und das OLG den Beschluss dann kassieren würde. Zudem muss die Bedingung eindeutig formuliert sein. Bloße Anregungen können im schlimmsten Fall zum Nachteil des Mandanten gereichen.[71]

89 Muster 37.26: Bedingung für Beschluss (1)

An das Amtsgericht

Sehr geehrte ,

ich verweise zunächst auf mein Bestellungsschreiben vom   und die als Anlage bereits vorliegende schriftliche Verteidigungs- und Vertretungsvollmacht. Im Bestellungsschreiben wurde einer Entscheidung im schriftlichen Verfahren widersprochen. Der Betroffene wäre aber mit einer Entscheidung im schriftlichen Verfahren einverstanden, wenn bezüglich des im Raum stehenden Verstoßes das Verfahren nach § 47 OWiG eingestellt werden würde, hilfsweise eine Geldbuße unterhalb von 60 EUR festgesetzt werden würde.

Es handelt sich vorliegend um den Vorwurf eines Verstoßes gegen § 8 StVO. Allerdings hat der Betroffene bereits bei der Unfallaufnahme durch den Zeugen PK   angegeben, dass der Unfallgegner seinerseits gegen § 41 StVO durch zu hohe Geschwindigkeit verstoßen hat, immerhin sind vor Ort lediglich 30 km/h als Höchstgeschwindigkeit erlaubt. Schon dies würde ein Mitverschulden des Unfallgegners begründen und die Alleinverantwortung des Betroffenen für den Verkehrsunfall ausschließen, jedenfalls wäre ein Sachverständigengutachten zur Unfallrekonstruktion unumgänglich. Ebenfalls wurde bislang nicht beachtet, dass der Unfallgegner seinerseits die so genannte „halbe Vorfahrt" zu beachten hat, so dass er seinerseits gegen §§ 1, 3, 8 StVO verstoßen haben dürfte, wenn er mit einer Geschwindigkeit auf die Kreuzung zugefahren ist, die ein rechtzeitiges Halten und Vorfahrtgewähren seinerseits nach rechts nicht zugelassen hätten. Auch dies wäre sachverständig zu begutachten. Angesichts der dabei wohl entstehenden Sachverständigenkosten in vierstelliger Höhe erscheint dies im Vergleich zum im Raum stehenden Tatvorwurf außer Verhältnis zu stehen. Aus diesem Grund wäre der Betroffene, wie oben beschrieben, mit einer Entscheidung im Beschlusswege einverstanden. Für diesen Fall würde auch auf eine Begründung verzichtet werden, § 72 Abs. 6 OWiG.

90 Muster 37.27: Bedingung für Beschluss (2)

An das Amtsgericht

Sehr geehrte ,

ich verweise zunächst auf mein Bestellungsschreiben vom   und die als Anlage bereits vorliegende schriftliche Verteidigungs- und Vertretungsvollmacht. Im Bestellungs-

---

[71] OLG Bamberg, Beschl. v. 3.9.2015 – 3 Ss OWi 1062/15 = zfs 2016, 170.

schreiben wurde einer Entscheidung im schriftlichen Verfahren widersprochen. Der Betroffene wäre aber mit einer Entscheidung im schriftlichen Verfahren einverstanden, wenn bezüglich des im Raum stehenden Verstoßes das im Bußgeldbescheid angeordnete einmonatige Fahrverbot, ggf. gegen maßvolle Erhöhung der bisher ausgeworfenen Geldbuße wegfallen würde.

Der Betroffene hat bereits frühzeitig, nämlich bei der Kontrolle durch den Messbeamten, die Verantwortung für den Verstoß übernommen und seine Beweggründe für das fahrlässige zu schnelle Fahren erläutert, was im Vermerk des Zeugen PK   auch festgehalten wurde. Bereits im Einspruch wurde die Beschränkung auf die Rechtsfolge erklärt, was ebenfalls zeigt, dass der Betroffene sich seines einmaligen verkehrsrechtlichen Fehltritts bewusst ist, was sich ja auch aus den bislang fehlenden Voreintragungen im Fahreignungsregister ersehen lässt. Der Betroffene hat nunmehr, noch vor Ladung zu einem Hauptverhandlungstermin, aus eigenem Antrieb eine verkehrspsychologische Nachschulung auf sich genommen. Diese wurde als Einzelschulung von dem Unternehmen   , dort durch den entsprechend ausgebildeten Verkehrspsychologen   durchgeführt, fand in drei Einzelsitzungen zu je   Minuten statt und der Betroffene wendete hierfür   EUR auf. Die Stundennachweise, die Einschätzung des Verkehrspsychologen   sowie der Zahlungsnachweis sind als Anlagen 1 bis 3 diesem Schreiben beigefügt. Ausweislich der Einschätzung des Verkehrspsychologen P ist eine weitere Einwirkung auf den Betroffenen mittels eines Fahrverbots nicht verkehrserzieherisch erforderlich. Dieser ist sich der Bedeutung des Verstoßes bewusst, ohne dass er hierfür eines weiteren „Denkzettels" bedürfte und hat dies durch die freiwillige Teilnahme an der Nachschulung auch dokumentiert.

In einem solchen Fall sollte demnach bereits die Erforderlichkeit der Anordnung eines Fahrverbots auf der Rechtsfolgenseite verneint werden. Sollte das Gericht dieser Rechtsprechung nicht folgen wollen, sollte aber wenigstens das Fahrverbot nach § 4 Abs. 4 BKatV gegen maßvolle Erhöhung der Geldbuße wegfallen (vgl. z.B. AG Mannheim, Beschl. v. 31.7.2013 – 22 OWi 504 Js 8240/13 = zfs 2014, 173). Bei einer entsprechenden Entscheidung im Beschlussweg würde auf eine Begründung des Beschlusses verzichtet, § 72 Abs. 6 OWiG.

▲

In seltenen Fällen kann der Verteidiger für den Betroffenen durch eine rasche Entscheidung im Beschlussweg auch auf ein möglicherweise parallel laufendes Strafverfahren einwirken. Es kann bei der Ermittlungsbehörde bspw. zur Abtrennung einer Verkehrsordnungswidrigkeit nach § 24a StVG von der Verfolgung der ansonsten im Raum stehenden Straftaten, z.B. nach dem BtMG, kommen. Achtet die Staatsanwaltschaft nicht darauf, dass die Verstöße einheitlich verfolgt werden (müssen), kann es passieren, dass dem Betroffenen, gegen den z.B. wegen Verbrechens nach § 29a BtMG ermittelt wird (Fahrt mit großer Menge BtM im Kofferraum, zugleich Fahrer unter BtM-Einfluss), einen Bußgeldbescheid über 500 EUR mit einem Monat Fahrverbot nach § 24a StVG zugestellt bekommt. Der Verteidiger muss hier richtig reagieren. Denn nur wenn eine der Rechtskraft fähige Entscheidung erreicht wird, kann das Verfahrenshindernis der entgegenstehenden Rechtskraft im Strafverfahren geltend gemacht werden, § 84 Abs. 2 OWiG. Dies wäre durch einen Beschluss nach § 72 OWiG möglich.[72]

I. Entscheidung nach § 69 OWiG

92 Auch wenn dies eigentlich das Zusammenspiel zwischen Behörde, Staatsanwaltschaft und Gericht betrifft, kann es für den Verteidiger durchaus taktisch sinnvoll sein, bei dem Gericht die Rückleitung der Akten an die Bußgeldbehörde nach § 69 Abs. 5 OWiG zu beantragen bzw. dies anzuregen. Zum einen kann durch eine solche Rückleitung Zeit gewonnen werden, was sich auf Voreintragungen auswirken kann, aber auch auf die Zeitspanne der weiteren unbescholtenen Verkehrsteilnahme seit dem behaupteten Tatvorwurf. Zum anderen können während der Rückleitungszeit Fehler passieren, so dass es z.B. zur Überschreitung der Sechsmonatsfrist und damit zum Eintritt der Verjährung kommt. Und schließlich ist die Rückleitung auch ein Disziplinierungsinstrument, um für die Zukunft zu verhindern, dass Vorwürfe bei Gericht landen, die auf keiner hinreichenden Tatsachenbasis gründen, etwa bei schlechten Messbildern oder im Verwaltungsverfahren ignorierten Beweisanträgen.

93 **Muster 37.28: Zurückverweisung der Sache an die Verwaltungsbehörde**
An das Amtsgericht

Sehr geehrte ,

ich verweise zunächst auf mein Bestellungsschreiben vom und die als Anlage bereits vorliegende schriftliche Verteidigungs- und Vertretungsvollmacht. Nach nunmehr erhaltener Akteneinsicht **beantrage** ich, das Verfahren nach § 47 OWiG einzustellen, hilfsweise das Verfahren zunächst nach § 69 Abs. 5 OWiG zwecks der Durchführung weiterer Ermittlungen an die Ausgangsbehörde zurückzuweisen.

Denn der bisherige aus der Akte ersichtliche Sachstand begründet keinen hinreichenden Tatverdacht gegen meinen Mandanten. Dieser wurde als Halter des gemessenen Fahrzeugs angehört, hat den Tatvorwurf und die Fahrereigenschaft bestritten. Trotz eines ungenügenden Messbildes, das keine vernünftige Grundlage für eine belastbare Wiedererkennung bietet und trotz des Hinweises aus dem vorgerichtlich eingereichten, auf Bl. d.A. befindlichen Schriftsatz mit dem Hinweis auf einen konkret benannten Blutsverwandten des Halters, der ebenso als Fahrer in Betracht kommen würde, hat die Ausgangsbehörde weder ein anthropologisches Vergleichsgutachten angeordnet noch mögliche Alternativfahrer ermittelt oder überprüft. Diese lückenhafte Ermittlungsführung kann aber nicht zum Nachteil meines, nun mit einem unzutreffenden Tatvorwurf belasteten, Mandanten führen. Die Ausgangsbehörde hat bereits die rechtliche Pflicht, den erbrachten Vortrag zu prüfen und entsprechenden Beweisanregungen nachzugehen. Dies ist nicht geschehen und muss, sofern das Gericht nicht ohnehin aus Opportunitätsgründen das Verfahren einzustellen gedenkt, in ordnungsgemäßer Art und Weise nachgeholt werden.

---

[72] *Bohnert/Krenberger/Krumm*, § 84 Rn 2.

J. Entbindung von der Pflicht des persönlichen Erscheinens, § 73 OWiG

Nur am Rande möchte ich darauf verweisen, dass die Kosten für ein – meiner Ansicht nach von vornherein sinnloses – Vergleichsgutachten bei der zu erwartenden Unerweislichkeit der Fahrereigenschaft meines Mandanten bei der Behörde verbleiben, ebenso die Anwaltsgebühren bei entsprechender Einstellung dort, und nicht den Justizhaushalt belasten würden. Dies ist in Zeiten strikter Sparzwänge ein nicht zu unterschätzender Aspekt des angeregten Vorgehens.

Ebenfalls möchte ich bereits jetzt höchst vorsorglich darauf hinweisen, dass für den Fall der dennoch stattfindenden Hauptverhandlung ein Freispruch mit Sicherheit zu erwarten wäre, der dann aber nicht auf einer Säumnis des Betroffenen beruhen würde. Denn dieser hat alles getan, um rechtzeitig dem auf ihn gerade nicht zutreffenden Tatvorwurf und einer Hauptverhandlung vorzubeugen. Deshalb dürfte er auch auf keinen Fall mit Kosten oder Auslagen nach § 467 Abs. 2 StPO belastet werden.

▲

J. Entbindung von der Pflicht des persönlichen Erscheinens, § 73 OWiG

Im Bußgeldverfahren ermöglicht § 73 OWiG dem Betroffenen, von der Hauptverhandlung fernzubleiben. Die Rechtsprechung hat sich hier in den letzten Jahren abgesehen von wenigen zu vernachlässigenden Ausnahmen konsolidiert, so dass klar ist, unter welchen Voraussetzungen das Gericht den Betroffenen auf seinen Antrag hin zu entbinden hat. Neben dem Betroffenen selbst können auch der Verteidiger oder der Unterbevollmächtigte den Entbindungsantrag für den Betroffenen stellen, letztere natürlich nur, wenn eine schriftliche Vertretungsvollmacht i.S.d. § 73 Abs. 3 OWiG spätestens zusammen mit dem Antrag vorgelegt wird. Der Antrag kann, entgegen dem Wortlaut der §§ 73, 74 OWiG nach der h.M. in der Rechtsprechung auch noch zu Beginn der Hauptverhandlung nach Aufruf der Sache gestellt werden.[73] Darüber hinaus kann die Vertretungsvollmacht auch vom Verteidiger selbst unterzeichnet werden.[74]

Es ist darauf zu achten, dass das Entbindungsbegehren eindeutig ist. Ebenfalls darf der Antrag nicht in einem umfangreichen Schriftsatz versteckt werden, um ein aufhebbares Verwerfungsurteil zu provozieren.[75]

Das Gericht muss den Betroffenen auf seinen Antrag hin entbinden, wenn seine Anwesenheit in der Hauptverhandlung nicht erforderlich ist. Wenn nicht eine rechtlich besondere Konstellation vorliegt, etwa der Übergang ins Strafverfahren, ist die Anwesenheit des Betroffenen nur erforderlich, wenn dessen physische Präsenz für das Gericht unumgänglich ist, um den Tatvorwurf zu prüfen. Dies ist vor allem dann der Fall, wenn ein Messfoto von einem Verkehrsverstoß vorliegt und der Betroffene die Fahrereigenschaft nicht eingeräumt hat. Hat er dies aber getan und darüber hinaus erklärt, dass er keine weiteren Angaben zur Person und zur Sache machen werde, kann seine Anwesenheit

---

[73] NK-GVR/*Krenberger*, § 73 OWiG Rn 7.
[74] *Bohnert/Krenberger/Krumm*, § 73 Rn 21.
[75] OLG Hamm, Beschl. v. 19.5.2015 – 5 RBs 59/15 = NZV 2016, 98.

durch das Gericht nicht erzwungen werden.⁷⁶ Wichtig für den Verteidiger ist dabei, dass der Betroffene nur die Fahrereigenschaft, nicht aber die Tat einräumen muss. Sollte es sich um einen Verstoß mit einem Lkw handeln, bei dem typischerweise nur ein Kennzeichen auf dem Messfoto abgelichtet wurde, ist nicht einmal erforderlich, die Fahrereigenschaft einzuräumen. Denn aus der physischen Präsenz des Betroffenen könnte das Gericht in einem solchen Fall nicht einmal Schlüsse ziehen.

▼

97 **Muster 37.29: Entbindungsantrag**

An das Amtsgericht

Sehr geehrte ,

hiermit verweise ich auf mein Bestellungsschreiben vom und reiche wie angekündigt die schriftliche Vollmacht zur Akte nach. Aufgrund der darin enthaltenen Vertretungsvollmacht gebe ich zunächst für den Betroffenen folgende Stellungnahme ab: Die Fahrereigenschaft betreffend den verfahrensgegenständlichen Verstoß vom auf der BAB wird eingeräumt. Weitere Angaben zur Person und zur Sache werden nicht gemacht. Zugleich **beantrage** ich, den Betroffenen von der Pflicht des persönlichen Erscheinens in der Hauptverhandlung am zu entbinden.

(optional) Höchst vorsorglich wird darauf hingewiesen, dass, obwohl der zugrunde liegende Bußgeldbescheid von einem fahrverbotsbewehrten Verstoß ausgeht, der Betroffene selbst auch diesbezüglich keine weitergehenden Angaben in der Hauptverhandlung zur Person machen wird. Dem steht auch die Pflicht zur Angabe des Berufs nach § 111 OWiG nicht entgegen. Denn diese beträfe die Rechtsfolgenzumessung und ist deshalb vom Aussageverweigerungsrecht des Betroffenen umfasst. Sollten Angaben erforderlich sein, können diese durch den bevollmächtigten Vertreter gemacht werden.

(optional) Höchst vorsorglich wird darauf hingewiesen, dass der Betroffene nicht in der Hauptverhandlung anwesend sein muss, um den geladenen Zeugen POK und PK die Erinnerung an den behaupteten Verstoß zu ermöglichen. Dies wäre unzulässig (KG Berlin, Beschl. v. 30.11.2010 – 3 Ws (B) 626/10 = DAR 2011, 146).

98 Der Verteidiger muss danach mit dem Betroffenen klären, ob er ebenfalls der Hauptverhandlung fernbleiben kann oder soll. Eine Präsenz des Verteidigers ist nach der erfolgten Entbindung des Betroffenen jedenfalls nicht zwingend erforderlich. Ob der Verteidiger das Gericht dann kollegialiter darüber informiert, dass niemand erscheinen wird, ist der persönlichen Einstellung zum Umgang innerhalb der Rechtspflege überlassen.

99 Ebenfalls muss der Verteidiger darauf achten, dass die erfolgte Entbindung grundsätzlich nur für die konkrete Hauptverhandlung bzw. deren Fortsetzungstermine nach Unterbrechung gilt.⁷⁷ Wird die Hauptverhandlung ausgesetzt und neu terminiert, ist auch ein neuer Entbindungsantrag zu stellen. Allerdings gehen inzwischen gleich mehrere Ge-

---

76 *Bohnert/Krenberger/Krumm*, § 73 Rn 8.
77 OLG Jena, Beschl. v. 9.6.2009 – 1 Ss 101/09 – VRS 117, 342.

richte davon aus, dass auch ein einmal gestellter, allgemein gehaltener Entbindungsantrag ausreichen würde, um auf dessen Grundlage gleich mehrfach zu entbinden.[78]

K. Vorgerichtlicher Beweisantrag

Beweisanträge haben sowohl in der Hauptverhandlung als auch weit davor ihren Nutzen und ihre Berechtigung. Zum einen kann die Verwaltungsbehörde durch sinnvoll gestellte Beweisanträge zu einer Korrektur des Verfahrens im Sinne des Betroffenen gebracht werden, nicht nur in Gestalt einer Einstellung nach § 47 OWiG, sondern auch zu einer Modifikation der Geldbuße oder der Anordnung des Fahrverbots. Zum anderen wird durch vorgerichtlich gestellte Beweisanträge die spätere Arbeit des Gerichts beeinflusst. Zum Beispiel kann das Gericht das Verfahren, sollte die Verwaltungsbehörde Beweisanträge schlicht übergangen haben, nach § 69 Abs. 5 OWiG zurückverweisen. Alternativ kann das Gericht auch in eigenem Ermessen weitere Ermittlungen anstellen, § 71 Abs. 2 OWiG. Und schließlich können solche Beweisanträge für das Abwesenheitsverfahren nach §§ 73, 74 OWiG von Bedeutung sein. Denn das Gericht muss konkrete Beweisanträge, wenn es ihnen denn im Termin nicht nachgehen will, jedenfalls dergestalt in das spätere Urteil aufnehmen, dass es sich mit ihnen auseinander setzt und begründet, warum es der Beweiserhebung nicht bedurfte.[79]

▼
Muster 37.30: Zeugenbeweis
An die Zentrale Bußgeldbehörde

Sehr geehrte ,

nach inzwischen gewährter Akteneinsicht **beantrage** ich namens und in Vollmacht für den Betroffenen, den bisher zum Nachteil meines Mandanten unvollständig aufgeklärten Sachverhalt zur Gänze zu ermitteln.

Ausweislich des Datenerfassungsbogens der den Verkehrsunfall aufnehmenden Zeugen PHK und PK hat mein Mandant die Verantwortung für den Verkehrsunfall bestritten und für das grob verkehrswidrige Fahrverhalten des Unfallgegners mehrere Zeugen benannt. Diese wurden vor Ort erfasst, eine spätere Vernehmung durch die Polizei ist jedoch offensichtlich unterblieben.

Insofern beantrage ich zum Beweis der Tatsache, dass der Unfallgegner kurz vor der Kollision trotz bestehenden Überholverbots regelwidrig zwei Fahrzeuge überholt hat, die Vernehmung des Zeugen (weitere Daten) und der Zeugin (weitere Daten).

Dieses Fahrverhalten war zudem für den Betroffenen weder vorhersehbar noch vermeidbar. Schon aus rechtlichen Gründen scheidet demnach eine Verantwortlichkeit des Betroffenen für den Verkehrsunfall aus. Für den Nachweis der technischen Unvermeidbar-

---

[78] OLG Karlsruhe, Beschl. v. 9.4.2015 – 2 (7) SsRs 76/15 = NZV 2016, 99; OLG Bamberg, Beschl. v. 30.3.2016 – 3 Ss OWi 1502/15 = StraFo 2016, 212.
[79] NK-GVR/*Krenberger*, § 73 OWiG Rn 7.

keit beantrage ich die Einholung eines schriftlichen Unfallrekonstruktionsgutachtens durch einen hierfür öffentlich bestellten und vereidigten Sachverständigen.

102 **Muster 37.31: Vernehmung Arbeitgeber**

An die Zentrale Bußgeldbehörde

Sehr geehrte ,

nach inzwischen gewährter Akteneinsicht **beantrage** ich namens und in Vollmacht für den Betroffenen, den Arbeitgeber des Betroffenen, *(weitere Daten)*, zur Frage der Unverhältnismäßigkeit des im Bußgeldbescheid angeordneten Fahrverbots zu vernehmen. Dem eingereichten Schreiben des Arbeitgebers wurde bislang offenbar keine Bedeutung beigemessen. Die Vernehmung des Arbeitgebers wird jedoch klar ergeben, dass durch die Anordnung des Fahrverbots die Kündigung des Betroffenen aus dem laufenden Arbeitsverhältnis unmittelbar und zwingend folgen würde. Der Betroffene ist, nicht nur privat, sondern auch zur Ausübung seines Berufs auf die Fahrerlaubnis zwingend angewiesen. *(Details hierzu)*

(optional) Des Weiteren befindet sich der Betroffene noch in der Probezeit und kann seitens des Arbeitgebers ohne weitere Gründe gekündigt werden.

(optional) Es gibt auch keine alternativen Einsatzmöglichkeiten im Betrieb für den Betroffenen, etwa in der Verwaltung/im Innendienst.

(optional) Die Größe des Betriebs überschreitet die Grenze von fünf Arbeitnehmern nicht, so dass insbesondere die Vorgaben zur Sozialauswahl nach §§ 23, 1 KSchG nicht eingehalten werden müssen.

(optional) Angestrebtes Ziel des Betroffenen ist deshalb natürlich der Wegfall des Fahrverbots auf der Rechtsfolgenseite. Sollte die Behörde die Unverhältnismäßigkeit der Anordnung des Fahrverbots verneinen, käme auch ein Absehen vom Fahrverbot gegen moderate Erhöhung der Geldbuße nach § 4 Abs. 4 BKatV in Betracht. Hierzu möge ggf. Rücksprache mit dem Unterzeichnenden gehalten werden.

103 **Muster 37.32: Ortstermin**

An die Zentrale Bußgeldbehörde

Sehr geehrte ,

nach inzwischen gewährter Akteneinsicht **beantrage** ich namens und in Vollmacht für den Betroffenen, einen Ortstermin durchzuführen. Dieser wird erweisen, dass der Verstoß dem Betroffenen nicht vorgeworfen werden kann. Denn, was sich auch ausweislich der als Anlage beigefügten Lichtbilder ergibt, das die Geschwindigkeit von 50 km/h auf 30 km/h beschränkende Verkehrszeichen befand und befindet sich immer noch hinter einer dichten Thuja-Hecke, welche das Schild inzwischen sogar vollständig eingeschlossen hat. Es konnte damit keine Wirkung für den Betroffenen entfalten (OLG Hamm, Beschl. v. 30.9.2010 – 3 RBs 336/09 = zfs 2011, 107). Zum damaligen Zeitpunkt war jedenfalls eine den Verkehr beschränkende Regelung für den Betroffenen nicht erkennbar und das Verkehrszeichen hatte auch keine so eindeutig identifizierbar und unverwechselbare Form (OLG Dresden, Beschl. v. 11.2.2015 – OLG 25 Ss 39/15 (Z) = zfs 2015, 651), als dass sich eine bestimmte Verkehrsregelung für den Betroffenen hätte aufdrängen müssen. Gleiches gilt für die örtliche Umgebung, die für den Betroffenen als Ortsunkundigen ebenfalls keine Veranlassung zu einer zwingenden Reduktion der innerorts zulässigen Geschwindigkeit gegeben hatte.

L. Stellungnahme zum Termin

In vielen Fällen bietet sich auch eine dem Vorwurf des Bußgeldbescheids entgegenstehende Stellungnahme an, wenn es sich um eine rechtlich streitige Situation handelt und die Ausgangsbehörde die rechtliche Lage möglicherweise falsch eingeschätzt hat.

I. Vorsatz/Fahrlässigkeit

Dies betrifft insbesondere Streitpunkte im Bereich der Frage Vorsatz/Fahrlässigkeit. Dabei darf allerdings für die Negierung vorsätzlichen Handelns keine widersprüchliche Einlassung abgegeben werden. Denn wenn z.B. zunächst die Fahrereigenschaft bestritten wurde, dann aber mit konkreten Umständen des Tattages (z.B. tiefstehende Sonne, Verdeckung von Verkehrszeichen durch Lkw auf der rechten Fahrspur) Täterwissen offenbart wird, versetzt der Verteidiger den Betroffenen ggf. ungewollt in eine rechtlich nachteilige Situation. Des Weiteren darf, sofern bereits im Bußgeldbescheid vorsätzliches Handeln angenommen wurde, natürlich keinesfalls eine Beschränkung des Einspruchs auf den Rechtsfolgenausspruch erfolgen.

▼
Muster 37.33: Stellungnahme zu Vorsatz

An das Amtsgericht

Sehr geehrte ,

nach inzwischen gewährter Akteneinsicht gebe ich für den Betroffenen folgende Stellungnahme ab:

Der Betroffene räumt die Fahrereigenschaft ein, denn er ist an diesem Tag auf der fraglichen BAB mit seinem Fahrzeug unterwegs gewesen. Allerdings ist ihm ein Verkehrsverstoß nicht erinnerlich. Insbesondere hat er, bedingt durch die örtlich sehr belebten Verkehrsverhältnisse mit zahlreichen Lkw und durch seine Ortsunkundigkeit an der fraglichen Stelle, das die Geschwindigkeit auf km/h vor der Ausfahrt -Stadt reduzierende Verkehrszeichen nicht wahrgenommen. Es handelte sich auch nicht um einen Geschwindigkeitstrichter, sondern lediglich um ein Verkehrszeichen anlässlich der Autobahnausfahrt, was sich auch aus dem Messprotokoll ergibt. Entgegen der Vermutung der Rechtsprechung, dass Verkehrsteilnehmer ein ordnungsgemäß aufgestelltes Verkehrszeichen stets wahrnehmen (OLG Koblenz, Beschl. v. 7.5.2014 – 2 SsBs 22/14 = zfs 2014, 530), kann ich hier für den Mandanten bekunden, dass er das Verkehrszeichen gerade nicht wahrgenommen hat, insbesondere da er sich durch Blick auf die Verkehrsleitschilder vergewissern musste, ob er an dieser oder der folgenden Ausfahrt die BAB verlassen müsste. Insofern erachte ich den im Bußgeldbescheid stehenden Vorwurf, des vorsätzlichen Verhaltens mit der entsprechenden Regelfolge nach § 3 Abs. 4a BKatV für nicht angemessen. Der Nachweis, das Verkehrszeichen zum einen wahrgenommen, zum anderen bewusst ignoriert zu haben, wird nicht zu führen sein.

[optional] Sollte das Gericht dieser Argumentation folgen, erklärt der Betroffene sein Einverständnis mit einer Entscheidung nach § 72 OWiG, welche die Regelfolge für einen fahrlässigen Verstoß festsetzt.

▲

II. Tateinheit/Tatmehrheit

107 Ein ebenso heikles Thema ist die Abgrenzung zwischen Tateinheit und Tatmehrheit. Stehen zwei Taten in Tateinheit, etwa im Wege der natürlichen Handlungseinheit, werden aber in zwei getrennten Verfahren verfolgt, so kann die Rechtskraft des einen Verfahrens ein Verfahrenshindernis für das andere Verfahren bilden. Ebenso relevant ist die Abgrenzung für die Frage der Höhe der Sanktionen: es gibt keine Gesamtgeldbuße bei Tatmehrheit, allerdings nach wie vor die Vorgabe, selbst bei Tatmehrheit nur ein Fahrverbot auszusprechen.[80] Leider ist die Einstufung eines Tatkomplexes im Rahmen der natürlichen Handlungseinheit als tateinheitlich oder tatmehrheitlich nicht prognostizierbar, es hängt stattdessen stets von den Faktoren des Einzelfalles ab. Mit einer geeigneten Argumentation lässt sich aber ein Gericht möglicherweise überzeugen, das für den Mandanten günstigere Ergebnis anzunehmen.

▼

108 **Muster 37.34: Stellungnahme zu Tateinheit**

An das Amtsgericht

Sehr geehrte ,

nach inzwischen gewährter Akteneinsicht gebe ich für den Betroffenen folgende Stellungnahme ab: Entgegen der Einschätzung des Bußgeldbescheides der Zentralen Bußgeldstelle kann eine Ahndung des meinem Mandanten vorgeworfenen Verhaltens nicht mehr erfolgen.

Zwar handelt es sich bei mehreren im Verlaufe einer Fahrt begangenen Verkehrsverstößen eines Kraftfahrzeugführers im Regelfall um mehrere Taten im materiellen und prozessualen Sinne. Eine einzige Tat im Sinne einer natürlichen Handlungseinheit und damit auch im prozessualen Sinne nach § 264 StPO kann ausnahmsweise dann vorliegen, wenn die einzelnen Verkehrsverstöße einen derart unmittelbaren zeitlich-räumlichen und inneren Zusammenhang aufweisen, dass sich der Lebensvorgang als solcher bei natürlicher Betrachtung auch für einen unbeteiligten Dritten als einheitliches zusammengehöriges Tun darstellt.

So liegt der Fall hier. Mein Mandant beging den ersten vorwerfbaren Verstoß, eine Geschwindigkeitsübertretung von 21 km/h außerorts, bereits geahndet durch rechtskräftigen Beschluss des Amtsgerichts (Datum , Az.). Nach Abfahrt von der Bundes- auf die Landstraße erfolgte möglicherweise ein weiterer Verstoß, der dem hiesigen Verfahren zugrunde liegt, eine Geschwindigkeitsüberschreitung außerorts um

---

80 BGH, Beschl. v. 16.12.2015 – 4 StR 227/15 = NJW 2016, 1188.

42 km/h. Dabei ist festzustellen, dass die beiden Verstöße ausweislich der Bußgeldbescheide um 15.00 Uhr und um 15.02 Uhr begangen wurden. Da die Tatzeiten nur nach Minuten und nicht – zusätzlich – nach Sekunden festgestellt worden sind, beträgt der Zeitraum zwischen beiden Verkehrsverstößen maximal 120 Sekunden und minimal 62 Sekunden, wobei zugunsten des Betroffenen von Letzterem auszugehen ist. Es besteht somit zwischen den Verkehrsverstößen ein äußerst enger zeitlicher und räumlicher Zusammenhang. Darüber sind beide Verkehrsverstöße auch in subjektiver Hinsicht miteinander verbunden, denn beide begangenen Verstöße beruhen ersichtlich auf dem Willen des Betroffenen, die vor ihm liegende Fahrtstrecke möglichst schnell zu durchfahren. Der zwischenzeitlichen Veränderung der Verkehrssituation kommt in diesem Fall angesichts des äußerst engen zeitlichen und räumlichen Zusammenhangs und des verbindenden subjektiven Elementes keine durchgreifende Bedeutung zu (OLG Celle, Beschl. v. 25.10.2011 – 322 SsBs 295/11 = NZV 2012, 196).

Deswegen **beantrage** ich die Einstellung des Verfahrens im Beschlussweg nach § 46 OWiG, § 206a StPO.

III. Fahrverbot

1. Allgemeines

Ebenso wichtig ist natürlich auch der vorbereitende Vortrag zur Frage des Wegfalls des Fahrverbots, hilfsweise des Absehens vom Fahrverbot gegen Erhöhung der Geldbuße. Der Verteidiger muss sich dabei nicht nur über die nach der BKatV vorgesehenen Regelfahrverbote im Klaren sein, sondern muss im Vorgriff auf die Hauptverhandlung den Betroffenen auch über ein drohendes Fahrverbot bei entsprechender Vorahndungslage informieren. Geregelt ist Letzteres in § 4 Abs. 2 BKatV, also bei wenigstens einer verwertbaren Voreintragung einer Geschwindigkeitsüberschreitung, die die Grenze von 26 km/h überschritten hat, zuzüglich einer weiteren Geschwindigkeitsüberschreitung in gleicher Höhe. Nach neuerer und mittlerweile auch gefestigter Rechtsprechung kann die Anordnung eines Fahrverbots wegen der Vorahndungslage des Betroffenen aber auch angezeigt sein, wenn der Verkehrsverstoß, selbst bei einer Unterschreitung des „Grenzwertes" von 26 km/h, wertungsmäßig dem Regelfall eines beharrlichen Pflichtenverstoßes gleichzusetzen ist. Abzuwägen sind in diesem Fall der Zeitablauf zwischen den jeweiligen Tatzeiten (Rückfallgeschwindigkeit) und der jeweilige Eintritt der Rechtskraft, daneben insbesondere Anzahl, Tatschwere und Rechtsfolgen früherer und noch verwertbarer Verkehrsverstöße. Es bedarf zudem Feststellungen zur Annahme eines auch subjektiv auf Gleichgültigkeit beruhenden besonders verantwortungslosen Verkehrsverhaltens, was sich aus einer Gesamtbetrachtung ergeben kann.[81]

Dabei muss es sich gar nicht zwingend nur um Geschwindigkeitsverstöße handeln, sondern auch andere Verstöße können zur Anordnung eines Fahrverbots wegen eines beharrlichen Pflichtverstoßes führen. Dies wurde bspw. für Verstöße gegen § 23 Abs. 1a

---

81 OLG Bamberg, Beschl. v. 30.3.2011 – 3 Ss OWi 384/11 = NZV 2011, 515.

StVO entschieden, sofern wenigstens eine relevante Voreintragung mit einer Geschwindigkeitsüberschreitung enthalten war und auch die sonstige einzelfallbezogene Betrachtung für eine Beharrlichkeit sprach.[82] Zudem wurde der einfache Rotlichtverstoß wertungsmäßig dem Geschwindigkeitsverstoß mit mehr als 26 km/h gleichgestellt, so dass man für ein Fahrverbot nicht einmal mehr zwingend erhebliche Geschwindigkeitsverstöße braucht.[83]

111 Sowohl für den Regelfall der Beharrlichkeit nach § 4 Abs. 2 BKatV als auch für die neueren Konstellationen ist aber in jedem Fall Voraussetzung, dass zum Nachteil des Betroffenen Voreintragungen verwertet werden können. Schafft es der Verteidiger, die Hauptverhandlung terminlich so weit nach hinten zu verschieben, dass eine Voreintragung, z.B. nach Ablauf der Frist nach § 29 StVG, zum Zeitpunkt der Hauptverhandlung nicht mehr verwertbar ist, kann hierauf auch kein Fahrverbot gestützt werden. Zudem hilft ein weiterer Zeitablauf für die Argumentation, der Betroffene fahre seitdem regelgerecht. Ebenfalls nützt es für den Fall der verkehrspsychologischen Nachschulung, wenn Vortaten länger zurückliegen.

2. Wegfall des Fahrverbots

112 Ein wesentlicher Aspekt der Verteidigung ist der dogmatisch richtige Umgang mit dem Fahrverbot bzw. dessen Wegfall. In viel zu vielen Lehrbüchern, Handbüchern und Kommentaren bestehen die Ausführungen zum Absehen vom Fahrverbot aus einer wild gemischten, manchmal immerhin nach Stichworten sortierten Sammlung von Einzelbeispielen aus der Rechtsprechung, ohne dass die dahinter liegende Systematik aufgezeigt wird und dementsprechend ohne dass der Verteidiger sich diese profund aneignen kann. Lediglich im Buch von Krumm, „Fahrverbot in Bußgeldsachen", wird der Versuch unternommen, dem Ganzen ein dogmatisch sortiertes Gefüge zu geben.

113 Zunächst einmal kann versucht werden, den Eintritt eines Regelfahrverbots selbst zu verhindern, also den Tatbestand anzugreifen. Weitere Angriffe gegen das Fahrverbot betreffen dann die Rechtsfolgenseite.

114 Hier kann der Verteidiger versuchen, den Erfolgsunwert des Verstoßes als fehlend zu deklarieren. Dabei kommen das Fehlen einer objektiv gesteigerten Gefährlichkeit (z.B. Rotlichtverstoß, aber keine Fußgänger in der Nähe)[84] oder ein erhebliches Mitverschulden eines Gefährdeten in Betracht.

115 Des Weiteren kann der Handlungsunwert der Tat verneint werden, wenn kein besonders nachlässiges, leichtsinniges oder gleichgültiges Verhalten vorliegt. Stichworte hierzu sind Augenblicksversagen,[85] Irrtumslagen oder Messungen, die gegen Richtlinien versto-

---

82 OLG Hamm, Beschl. v. 24.10.2013 – 3 RBs 256/13 = zfs 2014, 111; OLG Bamberg, Beschl. v. 23.11.2012 – 3 Ss OWi 1576/12 = zfs 2013, 350.
83 OLG Bamberg, Beschl. v. 6.3.2014 – 3 Ss OWi 228/14 = zfs 2014, 411.
84 KG Berlin, Beschl. v. 3.2.2014 – 3 Ws (B) 15/14 = DAR 2014, 395.
85 AG Landstuhl, Urt. v. 8.5.2014 – 2 OWi 4286 Js 13040/13 = VA 2014, 195; KG Berlin, Beschl. v. 5.9.2001 – 3 Ws (B) 420/01 = NZV 2002, 50; OLG Karlsruhe, Beschl. v. 21.12.2009 – 2 (6) SsBs 558/09 = NZV 2010, 412.

ßen.⁸⁶ Denn nur wenn Handlungs- und Erfolgsunwert zusammen vorliegen, ist die Anordnung des Fahrverbots angezeigt.

Ein nächster Angriffspunkt ist die fehlende Erforderlichkeit der Anordnung des Fahrverbots. Dies kann z.B. bei einer besonders langen Verfahrensdauer zutreffen.⁸⁷ Bezüglich einer freiwilligen Nachschulung dürfte der gesamte Wegfall des Fahrverbots aber derzeit nicht zu bejahen sein. Diese Konstellation kommt meiner Ansicht nach eher bei § 4 Abs. 4 BKatV zum Tragen.

Dann kann schlussendlich auch die Angemessenheit der Anordnung zu bestreiten sein. Hier geht es um besondere Härten, etwa privater oder beruflicher Art.

Erst wenn all diese Versuche scheitern, kommt die Regelung des § 4 Abs. 4 BKatV ins Spiel. Diese Dogmatik spiegelt sich auch inzident in obergerichtlichen Entscheidungen wieder, so etwa, wenn immer wieder konstatiert wird, dass eine Erhöhung der Geldbuße bei Wegfall des Fahrverbots nur vorgenommen werden kann, wenn dessen Anordnung noch geboten war.⁸⁸ Der Tatrichter muss sich grundsätzlich auch mit der Möglichkeit des Absehens vom Fahrverbot gegen Erhöhung der Geldbuße befassen, außer wenn es sich bei der Tat um einen besonders schweren Verstoß handelt.⁸⁹

▼

Muster 37.35: Fahrverbot: Unverwertbarkeit von Voreintragungen

An das Amtsgericht

Sehr geehrte ,

nach inzwischen gewährter Akteneinsicht gebe ich für den Betroffenen folgende Stellungnahme ab:

Im Gegensatz zur rechtlichen Einschätzung der Bußgeldbehörde kann ein Fahrverbot gegen den Betroffenen nicht angeordnet werden. Denn die zur Begründung des Fahrverbots nach § 4 Abs. 2 S. 2 BKatV herangezogene Voreintragung des Geschwindigkeitsverstoßes vom 10.12.2012, rechtskräftig seit dem 3.1.2013, ist gemäß § 29 Abs. 6 StVG a.F. aufgrund des Ablaufs der Frist von zwei Jahren für das Amtsgericht nicht mehr verwertbar. Dass die Hauptverhandlung erst in Kürze am 5.2.2015 stattfinden kann, liegt nicht im Verantwortungsbereich des Betroffenen. Denn zahlreiche Terminsverlegungen und die Einholung eines Sachverständigengutachtens zur verfahrensgegenständlichen Messung haben die verstrichene Zeit bedingt.

Angesichts des Ergebnisses des eingeholten Gutachtens wäre der Betroffene mit einer Entscheidung im Beschlussweg nach § 72 OWiG einverstanden, sofern als Rechtsfolge die Regelgeldbuße für den einzig noch relevanten aktuellen fahrlässigen Verstoß gegen die angeordnete Höchstgeschwindigkeit außerorts um 27 km/h festgesetzt wird.

▲

---

86 OLG Oldenburg, Beschl. v. 13.1.2014 – 2 SsBs 364/13 = zfs 2014, 353.
87 OLG Saarbrücken, Beschl. v. 6.5.2014 – Ss (B) 82/12 = jurisPR-VerkR 18/2014 Anm. 5 (Vollstreckungslösung).
88 OLG Karlsruhe, Beschl. v. 30.8.2010 – 1(8) SsRs 382/09 – AK 100/09 = zfs 2011, 231.
89 OLG Hamm, Beschl. v. 1.7.2011 – 1 RBs 99/11 = zfs 2011, 649.

§ 37 Vorverfahren

120 Das vorangehende Muster spielt natürlich mit dem immer noch bei Voreintragungen relevanten Wechsel der alten und neuen Fristen des § 29 Abs. 6 StVG. Nach rein neuem Recht ab 1.5.2014 wäre natürlich die zu beachtende Frist 2,5 Jahre, was eine Verzögerung des Verfahrens zum Zweck des Wegfalls von Voreintragungen schon schwieriger macht.

▼

121 **Muster 37.36: Fahrverbot: Keine abstrakte Gefahr**

An das Amtsgericht

Sehr geehrte ,

nach inzwischen gewährter Akteneinsicht gebe ich für den Betroffenen folgende Stellungnahme ab:

Die Erfüllung des Tatbestandes von Nr. 132.3 BKatV indiziert nach § 4 Abs. 1 Satz 1 Nr. 3 BKatV in der Regel das Vorliegen einer groben Verletzung der Pflichten eines Kraftfahrzeugführers. In derartigen Fällen kommt in der Regel die Anordnung eines Fahrverbots in Betracht. Die Verhängung eines Fahrverbots im Falle des Vorliegens eines qualifizierten Rotlichtverstoßes hat ihre Ursache darin, dass sich bei länger als einer Sekunde andauernder Rotlichtphase bereits Querverkehr in dem durch das Rotlicht gesperrten Bereich befinden kann und die Einfahrt in den durch das rote Wechsellichtzeichen geschützten Bereich regelmäßig mit nicht unerheblicher Geschwindigkeit erfolgt.

Sind jedoch – wie hier – Umstände ersichtlich, die einer abstrakte Gefährdung anderer Verkehrsteilnehmer entgegenstehen, bedarf es regelmäßig näherer Prüfung, ob das Regelfahrverbot gleichwohl schuldangemessen ist. Ein so genannter „atypischer Rotlichtverstoß" liegt vor, wenn der Betroffene wie hier vor der Haltelinie anhält und dann trotz andauernden Rotlichts seine Fahrt fortsetzt. Denn in einem derartigen Fall wie dem vorliegenden liegt es eben nahe, dass der Fahrzeugführer mit geringer, ein sofortiges Reagieren ermöglichender (Anfahr-)Geschwindigkeit in den geschützten Bereich einfährt. Im Übrigen belegt auch der Umstand, dass durch ein grünes Pfeilschild das Rechtsabbiegen trotz Rotlichts nach Anhalten erlaubt werden kann – eine dem hier zu beurteilenden Verhalten ähnliche Sachlage –, dass ein solches Verhalten in der Regel wesentlich weniger gefahrträchtig ist als andere Rotlichtverstöße.

Insofern muss das Amtsgericht auch den seitens der Bußgeldbehörde fehlerhaft nicht berücksichtigten konkreten Milderungsgrund berücksichtigen. Der Betroffene erklärt zudem sein Einverständnis mit einer Entscheidung im Beschlussweg, wenn lediglich die Regelgeldbuße von 200 EUR und kein Fahrverbot festgesetzt werden.

▲

122 Das vorangehende Muster darf den Verteidiger aber nicht am prospektiven Denken für den Mandanten und dessen Interessen hindern: Wenn bei dem Betroffenen Voreintragungen vorhanden sind, die zu einer Gesamtwertung führen würden, welche die Anordnung eines Fahrverbots wegen beharrlicher Pflichtverstöße im Straßenverkehr erlauben würde, bringt es wenig, das Regelfahrverbot weg zu argumentieren. Dieses kann nicht nur für den sogenannten „qualifizierten" Rotlichtverstoß, sondern auch für den einfachen Verstoß gegen § 37 Abs. 2 StVO (bei gleichzeitig vorliegenden zusätzlichen Eintragungen im Fahreignungsregister) angeordnet werden, der laut der Rechtsprechung des OLG

Bamberg[90] dem Geschwindigkeitsverstoß mit mehr als 26 km/h wertungsmäßig gleichzustellen ist. Sollte es aber möglich sein, zuerst das Regelfahrverbot auszuschließen und mit weiteren Gründen auf der Rechtsfolgenseite auch das Beharrlichkeitsfahrverbot zu Fall zu bringen, lohnt sich der Einsatz entsprechend.

Allenfalls kann es – sofern der Sachverhalt dies anbietet – doch relevant sein, auch „nur" für einen lediglich einfachen Rotlichtverstoß mit der Regelgeldbuße in Höhe von 90 EUR zu kämpfen. Denn dies führt dann nur zu einem statt zu zwei Punkten im Fahreignungsregister.

▼

Muster 37.37: Fahrverbot: Augenblicksversagen

An das Amtsgericht

Sehr geehrte ,

nach inzwischen gewährter Akteneinsicht gebe ich für den Betroffenen folgende Stellungnahme ab:

Der Betroffene hat sich zwar, wie dies im Bußgeldbescheid korrekt vorgeworfen wurde, wegen eines Verstoßes gegen § 37 Abs. 2 StVO zu verantworten. Ausgehend vom Regeltatbestand des Bußgeldkataloges mit der Ziff. 132.3 ist hier auch von einer Dauer des Rotlichts von länger als 1 Sekunde auszugehen, allerdings nur von fahrlässiger Begehensweise. Hier ist die Einlassung des Betroffenen nicht zu widerlegen, dass er auf das Geradeauslichtzeichen geachtet hatte und dementsprechend nicht wissentlich und willentlich das Rotlicht missachtet hat. Diese Version wird auch durch die Aussage des Zeugen PHK gestützt, der, im Zivilfahrzeug hinter dem Betroffenen stehend, selbst von der Ampelschaltung verwirrt war und zunächst dachte, ebenfalls fahren zu dürfen.

Zudem ist zwar den objektiven Tatumständen nach ein Regelfahrverbot verwirklicht. Hier handelt es sich jedoch um einen atypischen Verstoß in Form des Augenblicksversagens, so dass die Indizwirkung des Fahrverbots entfällt (vgl. *Krumm*, Fahrverbot in Bußgeldsachen, 3. Auflage, 2014, S. 332 ff.). Die Rechtsfolge eines qualifizierten Rotlichtverstoßes ist nicht angezeigt, wenn der Betroffene wie hier zunächst das Rotlicht für den Linksabbiegerverkehr beachtete und vorschriftsmäßig anhielt, dann aber nach Umschalten des Lichtzeichens für den Geradeausverkehr auf grün, trotz fortdauernder Rotphase für den Linksabbieger, gleichzeitig mit dem Geradeausverkehr startete (vgl. ebenso KG Berlin, Beschl. v. 5.9.2001 – 3 Ws (B) 420/01 = NZV 2002, 50; OLG Karlsruhe, Beschl. v. 21.12.2009 – 2 (6) SsBs 558/09 = NZV 2010, 412). So liegt der Fall hier. Es handelt sich auch nicht um einen so groben Regelverstoß, dass der Betroffene ein Augenblicksversagen nicht für sich geltend machen könnte (vgl. OLG Bamberg, Beschl. v. 22.12.2015 – 3 Ss OWi 1326/15 – juris). Ein Regelfahrverbot ist deswegen nicht anzuordnen.

▲

---

90 OLG Bamberg, Beschl. v. 6.3.2014 – 3 Ss OWi 228/14 = zfs 2014, 411.

§ 37 Vorverfahren

37.38

Muster 37.38: Fahrverbot: Keine Erforderlichkeit

125 An das Amtsgericht

Sehr geehrte ,

nach inzwischen gewährter Akteneinsicht gebe ich für den Betroffenen folgende Stellungnahme ab:

Der Anordnung des im Bußgeldbescheid noch enthaltenen Fahrverbotes steht der Zeitablauf seit der Tatbegehung am entgegen. Denn das Fahrverbot nach § 25 Abs. 1 S. 1 StVG hat nach der gesetzgeberischen Intention in erster Linie eine Erziehungsfunktion. Es ist als Denkzettel- und Besinnungsmaßnahme gedacht und ausgeformt. Das Fahrverbot hat aber seinen Sinn verloren, wenn wie hier zwischen dem Verkehrsverstoß und dem Wirksamwerden seiner Anordnung ein erheblicher Zeitraum liegt und in der Zwischenzeit kein weiteres Fehlverhalten im Straßenverkehr festgestellt worden ist (OLG Hamm, Beschl. v. 24.3.2011 – 3 RBs 70/10 = DAR 2011, 409). Hier liegt der zu ahndende Verkehrsverstoß deutlich mehr als zwei Jahre zurück, was dem Betroffenen nicht anzulasten ist. Denn durch Terminsverlegungen von Amts wegen, Umladungen wegen Richterwechsel und Erkrankungen des Richters sowie durch die wegen der Einholung eines Gutachtens zur Messung verstrichenen Zeit wird der Zeitraum zwischen der Tat und der tatrichterlichen Entscheidung mehr als zwei Jahre betragen. Nach Ablauf dieses Zeitraums und angesichts des seither unbeanstandeten Fahrverhaltens des Betroffenen im Straßenverkehr kann von einer Erforderlichkeit der Anordnung eines Fahrverbots keine Rede mehr sein.

Der Betroffene erklärt sein Einverständnis mit einer Entscheidung im schriftlichen Verfahren, wenn das Fahrverbot entfällt und zudem die Geldbuße unterhalb des Regelsatzes festgesetzt wird. Denn angesichts der hier bereits verstrichenen Zeit, ohne dass das Verfahren im Sinne der Prozessmaximen gefördert wurde, wäre zudem die Anwendung der Vollstreckungslösung für die beabsichtigte Geldbuße nur folgerichtig (vgl. OLG Saarbrücken, Beschl. v. 6.5.2014 – Ss (B) 82/12 (59/12 OWi) – juris).

37.39

126 **Muster 37.39: Fahrverbot: Unverhältnismäßigkeit**

An das Amtsgericht

Sehr geehrte ,

nach inzwischen gewährter Akteneinsicht gebe ich für den Betroffenen folgende Stellungnahme ab:

Entgegen der Annahme der Bußgeldbehörde ist im vorliegenden Fall ein Fahrverbot nicht anzuordnen. Denn für den Betroffenen stellt ein solches Fahrverbot einen unverhältnismäßigen Eingriff von nicht zumutbarer Härte dar.

Der Betroffene ist als Außendienstmitarbeiter tätig und sieht durch ein Fahrverbot seine wirtschaftliche Existenzgrundlage gefährdet, da er sein wesentliches Einkommen auf Provisionsbasis verdient. Der Gehaltsnachweis ist als **Anlage 1** zur Klarstellung der Anteile von Grundvergütung und Provisionszahlungen beigefügt. Ebenfalls als **Anlage 2** beigefügt ist eine detaillierte Tätigkeitsbeschreibung und Stellungnahme des Arbeitgebers, deren Inhalt der Arbeitgeber bei Bedarf auch zeugenschaftlich bekunden könnte

L. Stellungnahme zum Termin § 37

(folgend: detaillierte Feststellungen dazu, wie sich die Außendienstmitarbeitertätigkeit im Einzelnen darstellt).

Bei überregionalen Terminen ist dem Betroffenen die Inanspruchnahme öffentlicher Verkehrsmittel nicht einmal unter Inkaufnahme erheblicher Zeitverluste möglich. Dies liegt daran, dass die Kunden, die der Betroffene zu betreuen hat, ihre kleinen und mittelständischen Betriebe im ländlichen Raum haben, wohin regelmäßige Zugverbindungen oder Busverkehr nicht bestehen. Die Kundenliste ist als **Anlage 3** beigefügt, ebenso exemplarisch Verbindungsausdrucke der Deutschen Bahn als **Anlage 4**, die belegen, dass es dem Betroffenen nicht einmal möglich wäre, an einem Tag zwei Kunden anzufahren oder gar innerhalb eines Tages vom Firmensitz zum Kunden und zurück zu gelangen. Die Benutzung von Taxen ist angesichts des großen Radius des Betreuungsgebietes ebenfalls keine realistische Option.

Die Beschäftigung eines Aushilfsfahrers ist für den Betroffenen, selbst unter Aufnahme eines Übergangskredits nicht möglich. Zum einen bestünden angesichts des großen Betreuungsgebiets diese Zusatzkosten nicht nur aus den Tagespauschalen, sondern zudem aus den Kosten für Übernachtung und Verpflegung, was sich bei einem Einsatz von einem Monat auf fast 10.000 EUR summieren würde. Als **Anlage 5** ist ein Berechnungsbeispiel eines Anbieters für Mietfahrer beigefügt. Zum anderen verfügt der Betroffene nur über einen Dienstwagen, der so haftpflicht- und kaskoversichert ist, dass lediglich der Betroffene oder dessen (nicht vorhandener) Ehepartner das Fahrzeug nutzen dürften, ersichtlich aus dem als **Anlage 6** beigefügten Versicherungsschein.

Auch die zumindest teilweise Überbrückung der Dauer des Fahrverbots durch die Inanspruchnahme von Urlaub ist vorliegend nicht denkbar. Ausweislich der Stellungnahme des Arbeitgebers, der wie gesagt als Zeuge zur Verfügung steht und hiermit auch ausdrücklich benannt wird, hat der Betroffene seinen Jahresurlaub bereits genommen und könnte, selbst unter Ausnutzung der Schonfrist von vier Monaten, keinen weiteren Urlaub nehmen, um das Fahrverbot abzumildern. Denn die Tätigkeit des Betroffenen ist stark saisonabhängig und in den nächsten sechs Monaten besteht deshalb – saisonbedingt – eine betriebliche Urlaubssperre, sofern es um mehr als eine Woche Urlaub geht.

Selbst eine Kombination verschiedener Maßnahmen führt hier, wie ausgeführt, nicht zu einer veränderten Situation des Betroffenen. Würde dieser folglich gezwungen, das Fahrverbot gegen sich vollstrecken zu lassen, müsste er mit der Kündigung rechnen, auch dies ausweislich der Stellungnahme des Arbeitgebers. Hier steht eine solche Beendigung des Arbeitsverhältnisses nicht nur im Raum, sondern wäre sicher und auch rechtens. *(Hier weitere Ausführungen zu den Bedingungen des Arbeitsvertrages, evtl. Sonderkündigungsrecht, Anwendbarkeit des KSchG etc.)*

Zu bedenken ist auch, dass es sich um den ersten groben Verkehrsverstoß des Betroffenen handelt. Die einzige vorhandene Voreintragung betrifft einen Verstoß gegen § 23 Abs. 1a StVO und ist inzwischen beinahe zwei Jahre her, so dass im Fall einer Terminierung ohnehin mit einer Unverwertbarkeit i.S.d. § 29 Abs. 6 a.F. zu rechnen wäre.

Ich weise vorsorglich darauf hin, dass nach Ansicht des Betroffenen bereits aus den aufgeführten Gründen die Anordnung des Fahrverbots aus Gründen der Verhältnismäßigkeit nicht geboten ist. Dies kann im Beschlusswege entschieden werden.

(optional) Lediglich höchst hilfsweise wäre der Betroffene auch bereit, gegen moderate Erhöhung der Geldbuße einen Wegfall des Fahrverbots im Beschlusswege zu akzeptie-

§ 37 Vorverfahren

ren. Allerdings kann dann auf eine Begründung nicht verzichtet werden. Denn dogmatisch ist für eine Erhöhung der Geldbuße kein Raum, wenn schon die Anordnung des Fahrverbots nicht mehr geboten ist (OLG Koblenz, Beschl. v. 7.5.2014 – 2 SsBs 22/14 = zfs 2014, 530).

▲

127 Die Ausführlichkeit ist nur auf den ersten Blick überraschend, denn die obergerichtliche Rechtsprechung ist entsprechend anspruchsvoll. Es gibt unzählige Entscheidungen, die unter Aufhebung einer zu gemäßigten tatrichterlichen Rechtsprechung exakt definieren, welche Maßnahmen der Betroffene gegen sich gelten lassen muss, bevor es tatsächlich zur Bejahung einer unzumutbaren Härte kommen kann. Der Verteidiger muss dies wissen und den Tatsachenvortrag entsprechend vorbereiten.

3. Absehen vom Fahrverbot

128 Wenn das Gericht die Anordnung des Fahrverbots dem Grunde nach bejaht, ist Raum für die Prüfung nach § 4 Abs. 4 BKatV. Am ehesten besteht die Gelegenheit, bei geständigen (!) und Einsicht dokumentierenden Betroffenen, das Bußgeld angemessen zu erhöhen und das Fahrverbot wegfallen zu lassen. Unter welchen Voraussetzungen dies geschehen kann, wird regional höchst unterschiedlich entschieden und ist dann auch noch von der Individualdisposition des entscheidenden Richters abhängig. Es gibt also keinen sicheren Weg, die Anwendung des § 4 Abs. 4 BKatV zugunsten des Mandanten herbeizuführen, worüber der Betroffene auch zwingend informiert werden sollte.

37.40 ▼

129 **Muster 37.40: Fahrverbot: Absehen gegen höhere Geldbuße**
An das Amtsgericht

Sehr geehrte ,

nach inzwischen gewährter Akteneinsicht gebe ich für den Betroffenen folgende Stellungnahme ab:

Der Betroffene ist verkehrsrechtlich bislang nicht vorbelastet und war am Tattag zum ersten Mal überhaupt an der verfahrensgegenständlichen Örtlichkeit mit dem Fahrzeug unterwegs. Infolge dessen hat er bei der Einfahrt in die Tempo-30-Zone das entsprechend beschränkende Verkehrszeichen in fahrlässiger Weise nicht wahrgenommen, konnte allerdings auch aufgrund der örtlichen Bebauung nicht eindeutig darauf schließen, dass es sich hier nicht um die gewöhnliche innerstädtische Geschwindigkeitsanordnung von 50 km/h handelt. *(Hier Details zur Örtlichkeit näher ausführen, ggf. Lichtbilder/Luftaufnahmen beifügen)*

Zum Zeitpunkt der Messung herrschte zudem kein weiterer möglicherweise gefährdeter Verkehr, was der Messbeamte als Zeuge bestätigen kann und was sich aus den Messbildern, aber auch aus dem Messprotokoll bzw. der Auflistung der insgesamt beanstandeten Verkehrsteilnehmer ergibt: Vor und nach meinem Mandanten wurden erst im Abstand von 10 und mehr Minuten weitere Fahrer gemessen. Der Betroffene erkennt des Weiteren das situationsbedingte Fehlverhalten seinerseits vollumfänglich an, weswegen bereits an dieser Stelle der Einspruch auf die Rechtsfolgen beschränkt wird. Ergänzend auszuführen ist, dass der Betroffene, aber auch seine Familie durch ein Fahrverbot in erheblicher Weise eingeschränkt werden würden. *(Hier weitere Ausführungen)*

Der Betroffene verkennt nicht, dass er bei einem wie hier verwirklichten Regelfahrverbot dem Grunde nach die Folgen zu tragen hat, selbst wenn es sich um eine Ersttat handelt. Allerdings ist angesichts der einschlägigen Rechtsprechung stets zu prüfen, ob nicht ein Absehen vom Fahrverbot gegen Erhöhung der Geldbuße bereits ausreicht, um den gebotenen verkehrserzieherischen Eindruck auf den Betroffenen zu bewirken. Dies ist hier der Fall und wird deswegen ausdrücklich **beantragt**. Denn der Betroffene ist einsichtig, ernsthaft bestürzt über das für ihn gänzlich untypische Fehlverhalten und musste sich zudem mit den oben beschriebenen drohenden erheblichen Einschränkungen für Beruf und Familie bereits auseinander setzen, u.a. mit seinem Arbeitgeber. Allein schon diese sehr unangenehme Erfahrung als prägender Eindruck ist in Verbindung mit einer erhöhten Geldbuße ausreichend, um fortan das verkehrsgemäße Fahrverhalten des Betroffenen zu bedingen.

Das Gericht möge deswegen antragsgemäß entscheiden, gerne nach § 72 OWiG, aber bei Bedarf auch nach persönlichem Eindruck über den Betroffenen, der selbstverständlich bereit ist, die obigen Ausführungen in einer Hauptverhandlung zu wiederholen.

Muster 37.41: Fahrverbot: Absehen nach verkehrspsychologischer Nachschulung

An das Amtsgericht

Sehr geehrte ,

nach inzwischen gewährter Akteneinsicht gebe ich für den Betroffenen folgende Stellungnahme ab:

Der Betroffene hat sich das Messvideo angesehen und räumt den von ihm fahrlässig begangenen Verkehrsverstoß vollständig ein, die Messung wird derzeit nicht in Zweifel gezogen. Der verkehrsrechtlich unbescholtene Betroffene ist zudem einsichtig und möchte dies durch die Teilnahme an einer verkehrspsychologischen Nachschulung bei dokumentieren, auch um zu belegen, dass weitere verkehrserzieherische Einwirkungen auf ihn nicht erforderlich wären. *(Weitere Details zur Nachschulung: Dauer, Kosten, Inhalte, Qualifikation des Dozenten)*

Eine solche Nachschulung wird seitens verschiedener Amtsgerichte (u.a. AG Bernkastel-Kues, Urt. v. 21.10.2013 – 8 OWi 8142 Js 18729/13 = zfs 2014, 172; AG Mannheim, Beschl. v. 31.7.2013 – 22 OWi 504 Js 8240/13 = zfs 2014, 173; AG Niebüll, Urt. v. 24.7.2013 – 6 OWi 110 Js 7682/13 (23/13) = zfs 2014, 173; AG Traunstein, Urt. v. 14.11.2013 – 520 OWi 360 Js 20361/13 (2) = DAR 2014, 102; AG Landstuhl, Urt. v. 11.9.2014 – 2 OWi 4286 Js 11751/13 = VA 2014, 283) herangezogen, um vom Fahrverbot abzusehen, was hier das erklärte Ziel des Betroffenen ist.

Es bestünden auch persönliche Gründe, um ein Absehen vom Fahrverbot zu begründen, aber der Betroffene möchte sich nicht „herausreden". Nachdem der zeitliche und monetäre Aufwand für die Nachschulung wie beschrieben doch recht spürbar sind, wird um Stellungnahme des Gerichts gebeten, ob die Ansicht der oben zitierten Gerichte ebenfalls geteilt wird und dementsprechend das Fahrverbot wegfallen könnte, ohne dass eine Rechtsbeschwerde der Staatsanwaltschaft sicher droht. Des Weiteren wird um Mitteilung der Einschätzung des Gerichts gebeten, ob die Absolvierung der Nachschulung bereits zu einem Wegfall der Erforderlichkeit des Fahrverbots führt, oder ob eine solche Nachschulung nur im Rahmen des § 4 Abs. 4 BKatV verwertet wird und mit welcher Erhöhung der Geldbuße dann zu rechnen wäre. Die Mitteilung kann gerne auch telefonisch erfolgen, hiernach kann nach Vorlage der erfolgreichen Nachschulung dann ein entsprechendes Einverständnis zur Entscheidung nach § 72 OWiG erfolgen.

Es wird des Weiteren darum gebeten, mit der Terminierung der Hauptverhandlung bei ablehnender Mitteilung zunächst abzuwarten, da dann ergänzender Vortrag für die Rechtsfolgenentscheidung nachgereicht werden würde.

▲

131 Ein in der amtsgerichtlichen Rechtsprechung recht neues, aber konstantes Thema ist das Absehen vom Fahrverbot nach Besuch einer verkehrspsychologischen Nachschulung. In den bisher veröffentlichten Entscheidungen zeigt sich die klare und begrüßenswerte Tendenz, das Bemühen des Betroffenen zur Vermeidung der Denkzettelfunktion eines Urteils mit Fahrverbot durch Teilnahme an einer verkehrserzieherischen Maßnahme zu honorieren – jedenfalls sofern die Voranhdungslage nicht gegen eine solche Möglichkeit spricht. Je nach Fallgestaltung haben die zitierten Gerichte das Fahrverbot entfallen lassen, reduziert oder gegen Erhöhung der Geldbuße von der Anordnung abgesehen. Zutreffend wird zwar teilweise auf die bisherige obergerichtliche Rechtsprechung verwiesen, dass alleine die Teilnahme an einem Aufbauseminar (für das alte Register nach § 4 Abs. 8 StVG) nicht zu einem Wegfall des Fahrverbotes führen kann.[91] Dass aber generell die Nachschulung schon früher herangezogen wurde, um vom Fahrverbot abzusehen, steht ebenso fest.[92] Wenn natürlich „Intensivtäter" vor Gericht stehen, dürfte die Besinnungs- und Belehrungsfunktion des Fahrverbots durch ein Seminar noch nicht erreicht werden und die Rechtsbeschwerde der Staatsanwaltschaft wird gewiss sein. Umso wichtiger wäre es in solchen Fällen, ggf. Voreintragungen durch Zeitgewinn unverwertbar werden zu lassen.

132 Nachdem diese Vorgehensweise aber noch recht neu ist, sollte der Verteidiger durch Vorabanfrage bei Gericht und Staatsanwaltschaft klären, ob sich der Besuch eines solchen Seminars für den Mandanten „lohnt". Denn nichts wäre ärgerlicher, als wenn der Seminarbesuch stattfindet, aber die Rechtsbeschwerde der nicht überzeugten Staatsanwaltschaft postwendend auf das Urteil folgt.

M. Terminsverlegung

133 Ein klassisches Streitfeld im Ordnungswidrigkeitenverfahren ist die Terminierung des Gerichts sowie die Möglichkeit, eine Verlegung des Hauptverhandlungstermins zu errei-

---

91 Z.B. OLG Bamberg, Beschl. v. 17.3.2008 – 2 Ss OWi 265/08 = VRS 114, 379; OLG Saarbrücken, Beschl. v 12.2.2013 – Ss (B) 14/13 (9/13 OWi) – juris; OLG Bamberg, Beschl. v. 29.7.2015 – 2 Ss OWi 727/15 = DAR 2015, 656.
92 AG Bad Segeberg, Beschl. v. 5.7.2005 – 8 OWi 361/04 – juris; AG Rendsburg, Beschl. v. 1.12.2005 – 17 OWi 555 Js-OWi 20236/05 (136/05) = NZV 2006, 611; AG Recklinghausen, Urt. v. 8.9.2006, zit. bei *Krumm*, Fahrverbot in Bußgeldsachen, 2. Aufl. 2012, S. 299.

chen. Aus dem Grundsatz der gerichtlichen Terminshoheit nach § 213 StPO resultiert eine Einschränkung der Überprüfbarkeit der Terminsverfügung dahingehend, dass lediglich die Einhaltung der rechtlichen Grenzen des Ermessensspielraumes bei der Entscheidung über die Terminierung nachprüfbar ist. Begehren der Betroffene oder der Verteidiger eine Terminsverlegung und wird dies abgelehnt, unterliegt diese Entscheidung deswegen nicht der Beschwerde nach § 305 StPO. Eine Beschwerde gegen eine Terminsbestimmung ist allerdings trotz § 305 Satz 1 StPO zulässig, wenn gewichtige und evidente Fehler der Ermessensentscheidung des Vorsitzenden geltend gemacht werden.[93] Teilweise wird aber vertreten, dass in Bußgeldsachen die Ausnahmen sehr restriktiv gehandhabt werden sollen.[94]

Die Ablehnung eines Terminsverlegungsantrags führt zu einer Verletzung des rechtlichen Gehörs, wenn sie auf sachfremden und nicht mehr nachvollziehbaren Gründen beruht und dem Betroffenen dadurch der erste Zugang zum Gericht genommen wird.[95]

134

Bezüglich der Terminierung der Hauptverhandlung muss der Verteidiger ggf. das Anwesenheitsrecht des Betroffenen in Erinnerung bringen, das als Korrelat zur Anwesenheitspflicht in § 73 Abs. 1 OWiG fungiert. Wird es verletzt, kann dies mit der Rechtsbeschwerde gerügt werden.[96] Aus der BGH-Rechtsprechung zum Verwerfungsurteil nach Aufhebung und Zurückverweisung[97] ergibt sich z.B., dass eine anstelle eines gebotenen Verwerfungsurteils erlassene Sachentscheidung das Anwesenheitsrecht des Betroffenen verletzt.[98] Aus dem Anwesenheitsrecht ergibt sich auch das Recht auf Terminswahrnehmung in Begleitung des Wahlverteidigers: Hat der Verteidiger rechtzeitig vor dem Termin einen begründeten Verlegungsantrag wegen seiner Verhinderung gestellt, so hat das Gericht nach pflichtgemäßem Ermessen zu entscheiden, wobei bei einem bestreitenden Betroffenen einem solchen Antrag in der Regel zu entsprechen ist.[99] Aber auch der bereits entbundene Betroffene hat das Recht, von einem gewählten Verteidiger vertreten zu werden.[100]

135

Die Grundsätze einer fairen Prozessführung gebieten bei Anträgen zur Terminsverlegung ein sachgerechtes Umdisponieren des Gerichts. Die formularmäßige Ablehnung von Terminsverlegungsanträgen mit der Begründung, dass aufgrund der hohen Geschäftsbelastung Terminsverlegungen nur in ganz engen Ausnahmefällen möglich seien und die Verhinderung des Verteidigers grundsätzlich keine solche Ausnahme darstelle, stellt eine grundsätzliche Verkennung des Rechts des Betroffenen dar, sich von einem Anwalt

136

---

93 LG Stuttgart, Urt. v. 29.11.2011 – 17 Qs 99/11 = DAR 2012, 38; OLG Stuttgart, Beschl. v. 21.6.2005 – 5 Ws 81/05 = Justiz 2006, 8.
94 Göhler/*Seitz*, § 71 Rn 25a m.w.N.
95 OLG Hamm, Beschl. v. 22.7.2010 – 3 RBs 200/10 = zfs 2010, 649.
96 U.a. OLG Bamberg, Beschl. v. 30.3.2012 – 3 Ss OWi 360/12 = DAR 2012, 393.
97 BGH, Beschl. v. 18.7.2012 – 4 StR 603/11 = zfs 2013, 109.
98 OLG Bamberg, Beschl. v. 24.10.2012 – 3 Ss OWi 1425/12 = NStZ-RR 2013, 188.
99 KG Berlin, Beschl. v. 9.5.2012 – 3 Ws (B) 260/12 = DAR 2012, 395.
100 OLG Dresden, Beschl. v. 12.2.2013 – Ss 911/12 (Z) = zfs 2013, 530.

seines Vertrauens vertreten zu lassen.[101] Die Geschäftslage des erkennenden Gerichts – mag sie auch noch so besorgniserregend sein – kann also kein Ablehnungsgrund sein.[102]

137 Der bestellte Verteidiger ist im Übrigen auch dann zu laden, wenn eine Vollmacht nicht vorliegt oder wenn feststeht, dass er vom Termin bereits Kenntnis hat.[103]

138 Probleme bereitet vor allem die Situation des erst nach Terminierung bestellten Verteidigers. Ausgehend von einer Entscheidung des KG Berlin[104] ist eigentlich davon auszugehen, dass bei rechtzeitig vor dem Termin gestelltem begründeten Verlegungsantrag des Verteidigers wegen seiner Verhinderung bei einem bestreitenden Betroffenen einem solchen Antrag in der Regel zu entsprechen ist. Auch wäre es ein Verfahrensfehler, wenn das Gericht den Betroffenen darauf verweist, sich entweder von einem anderen Anwalt verteidigen zu lassen, hilfsweise die Verteidigung selbst zu übernehmen, ohne sich damit auseinanderzusetzen, ob dies dem Betroffenen angesichts des enormen Zeitdrucks noch zuzumuten ist. Allerdings wurde auch schon entschieden, dass es, wenn der mit der Sache bisher nicht vertraute Verteidiger erst nach der Terminsladung und relativ kurzfristig vor dem Termin neu mandatiert wird, dem Angeklagten zuzumuten sei, sicherzustellen, dass dieser Verteidiger den Termin auch wahrnehmen könne; ebenso wie der Verteidiger bei der Übernahme des Mandats eine offen liegende Terminkollision bedenken müsse.[105]

▼

139 **Muster 37.42: Terminsverlegung**

An das Amtsgericht

Sehr geehrte ,

nach erhaltener Ladung zum Hauptverhandlungstermin vom muss leider ein **Antrag** auf Terminsverlegung und Anberaumung eines neuen Hauptverhandlungstermins gestellt werden.

Denn an dem gewählten Verhandlungstag muss der seitens des Betroffenen als Wahlverteidiger mandatierte Unterzeichner bereits in einer anderen Sache in vor Gericht auftreten. Die dortige Verhandlung, geführt unter dem Aktenzeichen bei dem Amtsgericht , wurde bereits am terminiert und dem hier bestellten Verteidiger am zugestellt, mithin erheblich früher als die jetzt am zugegangene Terminsladung. Die Ladung des Amtsgerichts und das unterzeichnete Empfangsbekenntnis sind diesem Schreiben als **Anlagen 1 und 2** beigefügt, im Übrigen werden die vorstehenden Angaben anwaltlich versichert.

(optional) Nur zur Sicherheit wird darauf hingewiesen, dass der Betroffene an diesem Tag nicht durch ein anderes Mitglied der Sozietät vertreten werden kann. Zum einen ist der Unterzeichner ausweislich der dem Gericht vorliegenden Vollmacht der einzige gewählte Verteidiger. Zum anderen hat der Betroffene gerade einen Anspruch auf Wahrnehmung des Termins in Begleitung des von ihm gewählten Verteidigers. Auch die Beauf-

---

101 OLG Naumburg, Beschl. v. 8.10.2012 – 2 Ss (B) 101/12 = jurisPR-VerkR 10/2013 Anm. 6.
102 OLG Braunschweig, Beschl. v. 20.1.2012 – Ss (OWiZ) 206/11 = StV 2012, 721.
103 OLG Celle, Beschl. v. 2.4.2012 – 322 SsBs 84/12 = NZV 2012, 351.
104 KG Berlin, Beschl. v. 9.5.2012 – 3 Ws (B) 260/12 = DAR 2012, 395.
105 OLG Frankfurt, Beschl. v. 20.2.2014 – 3 Ws 172/14 = NStZ-RR 2014, 250.

tragung eines Termins- oder Unterbevollmächtigten ist aus den genannten Gründen nicht geboten.

▲

Eine interessante prozesstaktische Variante ergibt sich noch für den bereits entbundenen Betroffenen. Dieser hat zwar keine Teilnahmepflicht, wohl aber weiterhin ein Teilnahmerecht.[106] Infolge dessen kann er auch um Terminsverlegung nachsuchen, etwa wenn er entschuldigt wäre oder selbst eine andere gerichtliche Verhandlung wahrnehmen müsste.

140

▼

Muster 37.43: Verlegung wegen Krankheit des Betroffenen

141

An das Amtsgericht

Sehr geehrte ,

ich beziehe mich zunächst auf die dem Gericht bereits vorliegende schriftliche Verteidigungs- und Vertretungsvollmacht und **beantrage** im Auftrag und in entsprechender Vollmacht für den Betroffenen, den bereits seit längerem feststehenden Hauptverhandlungstermin am aufzuheben und neu zu terminieren.

Zur Begründung führe ich aus, dass der Betroffene ausweislich des als Anlage beigefügten ärztlichen Attests derzeit nicht reisefähig ist und dementsprechend an der Hauptverhandlung nicht teilnehmen könnte. *(Details zur Erkrankung)* Der behandelnde Arzt möge bei Zweifeln im Freibeweisverfahren angehört werden.

Zwar wurde der Betroffene bereits mit Beschluss des Gerichts vom von der Pflicht des persönlichen Erscheinens entbunden. Allerdings mindert dies nicht das Teilnahmerecht des Betroffenen, welches er durch Erscheinen in der bereits terminierten Hauptverhandlung ausüben wollte. Eine solche darf aber bei entschuldigter Abwesenheit des Betroffenen nicht durchgeführt werden, so dass ich um antragsgemäße Verbescheidung bitte.

▲

Schließlich kann es in extremen Fällen auch dazu kommen, dass eine ständige Ablehnung von Terminsverlegungsgesuchen oder eine unsachgemäße Verfahrensleitung zur Annahme der Voreingenommenheit des Gerichts führt.[107] Hierauf muss der Verteidiger entsprechend reagieren, um bei Nichterscheinen im Termin das dann zu Unrecht ergangene Verwerfungsurteil erfolgreich anfechten zu können.

142

▼

Muster 37.44: Terminsverlegung und Befangenheitsantrag

143

An das Amtsgericht

Sehr geehrte ,

ich **beantrage** erneut den Hauptverhandlungstermin vom wegen Verhinderung des Wahlverteidigers des Betroffenen aufzuheben und neu zu terminieren.

Zudem wird der Vorsitzende Richter **wegen Besorgnis der Befangenheit abgelehnt**.

---

106 OLG Koblenz, Beschl. v. 23.10.2013 – 2 SsRs 90/13 – juris.
107 OLG Naumburg, Beschl. v. 26.8.2014 – 2 Ws 174/14 = zfs 2015, 293.

Es besteht an diesem genannten Tag eine bereits angezeigte und nachgewiesene Terminskollision. Höchst vorsorglich sind die anderweitige, früher zugestellte Ladung und das Empfangsbekenntnis noch einmal als **Anlagen 1 und 2** beigefügt. Diese Terminskollision wird nun offenbar seitens des Gerichts ignoriert, nachdem bereits zuvor zwei Mal wegen anderer Terminskollisionen die Hauptverhandlung verlegt werden musste und nunmehr mit Beschl. v. ▬ die erneute Terminsverlegung abgelehnt wurde. Zudem sind die Bitten der Verteidigung um Absprache des neuen Hauptverhandlungstermins ebenso ignoriert worden wie die Anregung, den Beginn der Sache nicht jedes Mal auf 8 Uhr zu terminieren, da ja der Betroffene und der Unterzeichnende eine Anfahrt von ca. 200 km auf sich nehmen müssen, um das Anwesenheitsrecht in der Hauptverhandlung wahrnehmen zu können.

Kurz zur Historie der bisherigen Terminierungen: Durch das Amtsgericht ▬ ist zunächst auf den ▬, 8 Uhr Termin zur Hauptverhandlung angesetzt worden. Die Ladung ist dem Verteidiger am ▬ zugegangen. Der Verteidiger hat mit Schreiben vom ▬ unter Hinweis auf eine Terminskollision Verlegung beantragt und um eine Terminsabsprache für den Folgetermin gebeten. Ohne die angeregte/erbetene Abstimmung des Termins, ist durch das Gericht dann, nach Nachweis der Verhinderung durch Vorlage der Ladung in anderer Sache, neu terminiert worden, auf den ▬, 8 Uhr. Aufgrund einer neuerlichen Terminskollision hat der Verteidiger ebenfalls unter unmittelbarer Beifügung der Ladung in anderer Sache wieder um Verlegung gebeten. Ebenfalls ohne die neuerlich erbetene Abstimmung ist dann terminiert worden auf den ▬, 8 Uhr. Da der Verteidiger auch bei diesem Termin erneut verhindert war, musste wiederum Verlegung beantragt werden. Dieses Verlegungsgesuch ist durch den vorsitzenden Richter ▬ mit Beschl. v. ▬ mit der Begründung zurückgewiesen worden, dass der Termin bereits zweimal auf Antrag des Betroffenen verlegt worden sei und die Prozessbeschleunigung nunmehr die Durchführung der Hauptverhandlung gebiete.

Dieses Verhalten begründet die **Ablehnung** des vorsitzenden Richters ▬ **wegen Besorgnis der Befangenheit**. Die sachfremde Ablehnung des begründeten Terminsverlegungsgesuchs lässt ebenso wie die ständige Terminierung auf 08:00 Uhr, was eine Abfahrt gegen 05:30 erforderlich machen würde, Bedenken hinsichtlich der erforderlichen Unvoreingenommenheit des entscheidenden Richters entstehen. Es kommt dabei bereits auf den bloßen Schein einer solchen Voreingenommenheit und fehlenden Objektivität an, nicht darauf, ob sich der Richter tatsächlich für befangen erachtet. Ich weise explizit darauf hin, dass sich eine Besorgnis der Befangenheit auch aus dem Verhalten des Gerichts bei der Terminierung ergeben kann, insbesondere wenn das Gericht nicht auf andere Termine des gewählten Verteidigers Rücksicht nimmt (OLG Bamberg, Beschl. v. 10.10.2005 – 2 Ss OWi 269/05 = NJW 2006, 2341).

§ 38 Hauptverhandlung

Dr. Benjamin Krenberger

A. Beweisaufnahme – Allgemeines

Das Gericht muss von Amts wegen prüfen, ob der im Bußgeldbescheid gemachte Vorwurf zutrifft und ob die im Bescheid angeordneten Rechtsfolgen erforderlich und angemessen sind. Das Gericht muss dabei jedoch nur solche Punkte im Rahmen der Sachverhaltsaufklärung und Beweisaufnahme ansprechen und hinterfragen, die gesetzlich notwendig sind oder sich aufdrängen. Dies kann auch zugunsten des Betroffenen der Fall sein, z.B. im Rahmen des § 17 Abs. 3 OWiG (wirtschaftliche Leistungsfähigkeit des Betroffenen), bei möglichen Ausnahmen von der Anordnung des Fahrverbots oder für die Möglichkeit des Absehens vom Fahrverbot gegen Erhöhung der Geldbuße, § 4 Abs. 4 BKatV. Alles Weitere liegt in der Hand des Betroffenen bzw. des Verteidigers. Der Verteidiger verfügt dabei über verschiedene Hebel, um Handlungen des Gerichts zu veranlassen und zu beanstanden, insbesondere kann er Beweisanträge stellen. Diese muss das Gericht, sofern sie denn zulässig und richtig formuliert sind, auch verbescheiden. Der Verteidiger muss hier also auf sein strafprozessuales Wissen zurückgreifen und z.B. darauf achten, dass er keine Negativtatsachen unter Beweis stellt, dass er nicht lediglich einen Beweisermittlungsantrag stellt oder dass das Beweismittel überhaupt geeignet ist, die behauptete Beweistatsache zu belegen.

Der Verteidiger muss darüber hinaus darauf achten, dass sein Beweisantrag den Weg in die Protokollierung findet, um sich später im Rahmen der Rechtsbeschwerde nicht mit der negativen Beweiskraft des Protokolls auseinander setzen zu müssen. Hierzu kann man den Antrag schriftlich als Anlage zum Protokoll stellen, damit seine Existenz bei den Akten und damit in der Welt ist. Das ist für den Verteidiger aber kein Muss. Der Beweisantrag kann in der Hauptverhandlung auch mündlich gestellt werden, soweit nicht das Gericht nach § 257a StPO eine schriftliche Antragstellung angeordnet hat.[1]

Muster 38.1: Zeugenbeweis

Ich **beantrage** hiermit, den Zeugen ▓▓▓ zu laden und zu vernehmen zum Beweis der Tatsache, dass der Betroffene am Einmündungsbereich der Kreuzung bis zum Stillstand angehalten hat, sich nach rechts und links des möglicherweise vorhandenen Querverkehrs vergewissert hat und dann mit normaler Anfahrgeschwindigkeit begonnen hat, die Kreuzung ▓▓▓-Straße/▓▓▓-Straße zu überqueren.

Begründung:

Ausweislich der polizeilichen Unfallaufnahme Bl. ▓▓▓ d.A. wurde der Nachbar, der hier benannte Zeuge ▓▓▓, zwar als Unfallbeobachter erfasst. Allerdings erfolgten weder eine Anhörung vor Ort, eine Vorladung zur Vernehmung bei der Polizei oder eine

---

[1] BeckOK-StPO/*Bachler*, § 244 Rn 30.

§ 38 Hauptverhandlung

Ladung zur heutigen Hauptverhandlung. Der dem Betroffenen gemachte Vorwurf des verkehrsrechtlichen Fehlverhaltens kann jedoch durch den neutralen Zeugen ▓▓▓ vollumfänglich widerlegt werden.

▲

4 Neben der Berücksichtigung der formellen Voraussetzungen des Beweisantragsrechts sind auch die Besonderheiten des Bußgeldrechts zu beachten: Neben den Möglichkeiten des § 244 StPO steht dem Gericht auch die pauschale Ablehnungsklausel des § 77 Abs. 2 Nr. 1 OWiG zur Verfügung. Diese erfordert zwar in der Hauptverhandlung kaum Begründungsaufwand. Die Voraussetzungen dieses Ablehnungsgrundes dürfen aber nicht unterschätzt werden: Die Norm lässt die Ablehnung des Beweisantrags nämlich nur zu, wenn das erkennende Gericht – erstens – aufgrund der bisherigen Beweisaufnahme – zweitens – den Sachverhalt für so eindeutig geklärt erachtet, dass – drittens – nach pflichtgemäßem Ermessen die beantragte Beweiserhebung die eigene Beurteilung der Sachlage nicht zu ändern vermag.[2] Dass das Gericht einen Beweisantrag auch erst am Ende der Beweisaufnahme verbescheiden kann, ist möglicherweise nicht jedem Richter klar. Wenn als postwendende Reaktion auf einen Beweisantrag des Verteidigers zu Beginn der Beweisaufnahme, etwa wenn die Begutachtung einer Messung beantragt wird, dieser Antrag per Vordruck nach § 77 Abs. 2 Nr. 1 OWiG abgelehnt wird, kann später möglicherweise die Verfahrensrüge darauf gestützt werden. Denn dass zu diesem Zeitpunkt tatsächlich alle drei Voraussetzungen gegeben waren, dürfte nicht immer der Fall sein, so dass dann die spätere Urteilsbegründung den Ausschlag gibt, ob der Richter den Beweisantrag fehlerhaft abgelehnt hat. Denn dort muss die Beweisantragsablehnung genauso ausführlich wie in einem Strafurteil bzw. einem ablehnenden Beschluss nach § 244 StPO ausfallen.[3]

5 Hat der Verteidiger bereits vor, an der Hauptverhandlung nicht teilzunehmen, sollte man durchaus von der Möglichkeit Gebrauch machen, vor der Hauptverhandlung schriftsätzlich Beweisanträge zu stellen. Zwar sind die meisten Anträge nur als Beweisanregung zu behandeln, aber immerhin muss sich das Gericht überhaupt damit auseinandersetzen.[4]

6 Des Weiteren sollte der Verteidiger die Norm des § 77a OWiG im Hinterkopf haben, wenn in der Beweisaufnahme der Zeugenbeweis durch Urkundenverlesung ersetzt werden soll. Ausweislich § 77a Abs. 4 OWiG ist dies aber mit einem Beschluss zu tun, der zudem nur ergehen kann, wenn die anwesenden Verfahrensbeteiligten zustimmen. Sollte das Gericht zum einen den Beschluss, zum anderen die Einholung der Zustimmung übersehen, ist der Verteidiger zum Widerspruch zu Protokoll verpflichtet, um seine Chancen in der späteren Verfahrensrüge zu wahren.[5]

---

2 OLG Hamm, Beschl. v. 14.2.2008 – 2 Ss OWi 81/08 = NZV 2008, 417.
3 NK-GVR/*Krumm*, 1. Aufl. 2014, § 77 OWiG Rn 41.
4 OLG Frankfurt, Beschl. v. 4.2.1998 – 2 Ws (B) 53/98 = NStZ-RR 1998, 210; KG Berlin, Beschl. v. 24.11.1988 – 3 Ws (B) 342/88 = StV 1990, 255.
5 NK-GVR/*Krumm*, § 77a OWiG Rn 24.

B. Eigenladung von Zeugen und Sachverständigen für den Hauptverhandlungstermin §38

Muster 38.2: Widerspruch gegen Urkundenverlesung

Hiermit erhebe ich zu Protokoll für den Betroffenen **Widerspruch** gegen die Verlesung der Erklärung des Zeugen ▓▓▓ zur Einrichtung der verfahrensgegenständlichen Messstelle nach § 77a OWiG. Der Zeuge wurde nicht geladen, obwohl seine Aussage beweisrelevant wäre. Die in den Akten befindliche schriftliche Zusammenfassung kann nicht durch Verlesung an die Stelle einer erforderlichen Zeugenvernehmung treten. Die Voraussetzungen der Verlesung liegen mangels Beschlusses des Gerichts und zudem mangels Zustimmung des anwesenden Verteidigers nicht vor. Das anfängliche Schweigen auf die Verlesung ist explizit nicht als Zustimmung zur Verlesung zu werten.

Ergänzend **beantrage** ich deshalb, den Zeugen ▓▓▓ zur Hauptverhandlung hinzuzuladen, um ihn zur ordnungsgemäßen Einrichtung der Messstelle befragen zu können, die offensichtlich ja auch das Gericht für beweisrelevant erachtet hat, indem es die schriftliche Stellungnahme des Zeugen verlesen hat und damit in das Verfahren einführen wollte.

Die erforderliche Zustimmung zu der Verlesung einer schriftlichen Aussage oder Stellungnahme eines Zeugen kann auch stillschweigend erklärt werden,[6] zwar unter strengen Voraussetzungen, aber es ist möglich.[7] Insofern kann ein vergessenes Protestieren gegen die beschlusslose Verlesung manchmal gerettet werden, aber sinnvoll wäre es in jedem Fall, sich über die Zustimmung zu erklären.

Das Erfordernis der Zustimmung gilt allerdings nicht für die Verlesung des Messprotokolls. Denn darin ist keine Zeugenaussage enthalten, die ersetzt werden müsste.[8]

B. Eigenladung von Zeugen und Sachverständigen für den Hauptverhandlungstermin

Ein sehr selten genutztes Beweisinstrument ist die Selbstladung eines Sachverständigen, etwa um eine Messung direkt in der Sitzung gutachterlich einschätzen zu können oder um einen gerichtlich bestellten Sachverständigen widerlegen zu können. Geregelt ist diese Möglichkeit in § 220 StPO. Geladen wird der Zeuge/Sachverständige über den Gerichtsvollzieher, § 38 StPO. Die Entschädigung nach JVEG muss hinterlegt und dem Geladenen nachgewiesen sein oder dem Gerichtsvollzieher in bar überlassen werden, § 220 Abs. 2 StPO.[9] Zudem muss in der Hauptverhandlung ein förmlicher Beweisantrag gestellt werden.

---

6 KG Berlin, Beschl. v. 2.9.2013 – 3 Ws (B) 438/13 – juris.
7 OLG Köln, Beschl. v. 6.6.2000 – Ss 217/00 (B) = StV 2001, 342.
8 OLG Hamm, Beschl. v. 26.6.2014 – 1 RBs 105/14 = NStZ-RR 2014, 287.
9 Muster für Ladung, Hinterlegung und Zustellungsersuchen finden sich z.B. bei Buschbell/*Schäpe*, Münchener Anwaltshandbuch Straßenverkehrsrecht, 4. Aufl., 2015, S. 308–310.

Muster 38.3: Selbstladung des Sachverständigen

11 Hiermit **beantrage** ich, den im Wege des Selbstladeverfahrens geladenen Sachverständigen zur Frage der Ordnungsmäßigkeit der hier verfahrensgegenständlichen Messung des behaupteten Verkehrsverstoßes anzuhören, zu befragen und dessen gutachterliche Einschätzung dazu im Protokoll festzuhalten, dass dem Betroffenen hier allenfalls eine Geschwindigkeit von 24 km/h über der zulässigen Höchstgeschwindigkeit vorgeworfen werden kann.

Zudem stelle ich bereits jetzt den **Antrag**, nach erfolgter Anhörung des Sachverständigen diesen aus der Staatskasse zu entschädigen, § 220 Abs. 3 StPO.

Begründung:

Bereits im Vorfeld der Hauptverhandlung wurde schriftsätzlich vorgetragen, dass die durch Nachfahrt vorgenommene Messung mit den Gerät ProViDa nicht den Vorgaben der Gebrauchsanweisung entspricht. Insbesondere ist auf dem Messvideo zu erkennen und sachverständig nachzuweisen, dass die erforderlichen einheitlichen Abstände zum einen uneinheitlich, zum anderen zu groß sind, um von einem ordnungsgemäßen, geschweige denn standardisierten Messverfahren ausgehen zu können. Die Begutachtung durch den Sachverständigen wird ergeben, dass keineswegs eine vorgeworfene Geschwindigkeit von 42 km/h über der zulässigen Höchstgeschwindigkeit vorgelegen haben kann, sondern allenfalls eine nach Toleranzabzug vorwerfbare Geschwindigkeit von 24 km/h über der zulässigen Höchstgeschwindigkeit. Das Gericht hat jedoch weder ein eigenes Gutachten in Auftrag gegeben, noch den benannten Sachverständigen zum Termin geladen, obwohl er öffentlich bestellt und vereidigt für den Bereich der Messtechnik und der Straßenverkehrsunfälle ist, mithin keine Befürchtung der parteilichen Begutachtung besteht.

Als **Anlagen 1 bis 3** beigefügt sind zum Nachweis der ordnungsgemäßen Ladung im Sinne des § 245 StPO sind das Ladungsschreiben an den Sachverständigen, die Zustellungsurkunde des Gerichtsvollziehers OGV sowie der Nachweis des hinterlegten entstehenden Entschädigungsbetrages nach dem JVEG. Eine volle Entschädigung des Sachverständigen durch den Betroffenen ist ausweislich der Hinterlegungsbestätigung noch nicht erfolgt.

▲

C. Beweisanträge zu Verkehrsverstößen

12 Auch wenn vieles bereits im Vorfeld geklärt oder beantragt werden kann, muss der Verteidiger auch noch in der Hauptverhandlung agieren oder reagieren können, um den Vorwurf gegen den Betroffenen anzugreifen. Dabei kann es sowohl um die (objektive) Tatbestands- als auch um die Rechtsfolgenseite gehen.

Muster 38.4: Sachverständigengutachten zu Geschwindigkeitsmessung

Hiermit **beantrage** ich, ein schriftliches Sachverständigengutachten einzuholen zum Beweis der Tatsache, dass durch die Verwendung eines zu langen Verbindungskabels zwischen Rechnereinheit und Bedienungseinheit die vorliegende Messung abweichend von den Vorschriften der Gebrauchsanweisung vorgenommen wurde und damit unverwertbar ist, hilfsweise dass deswegen ein deutlich höherer Toleranzabzug, mindestens von 20 % vorzunehmen ist.

Als Sachverständiger wird der für Messtechnik und Straßenverkehrsunfälle öffentlich bestellte und vereidigte Dipl.-Ing. ▬▬▬▬ benannt.

Begründung:

Verfahrensgegenständlich ist eine Geschwindigkeitsmessung mit dem Messgerät LEIV-TEC XV3. Vorliegend ist aus der Akte bereits ersichtlich, dass am Tag der Messung kein standardisiertes Messverfahren vorlag. Nachdem seitens der Verteidigung vor der Hauptverhandlung beantragt wurde mitzuteilen, ob ein Kabel von mehr als 3 m Länge zwischen Rechnereinheit und Bedieneinheit am Tattag benutzt wurde und damit ein Verstoß gegen die innerstaatliche Bauartzulassung vorlag, ergab die vom Gericht eingeholte amtliche Auskunft der Bußgeldstelle, dass das Kabel zwischen dem ▬▬▬▬ und dem ▬▬▬▬ auf die vorgegebenen 3 m Länge gekürzt wurde, mithin bei der Messung am ▬▬▬▬ zu lang war. Bei der Messung entsprach die Messanlage damit nicht den Festlegungen der Bauartzulassung, wie auch aus dem Schreiben der PTB an die LEIV-TEC Verkehrstechnik GmbH vom ▬▬▬▬ (Bl. ▬▬▬▬ d.A.) ersichtlich ist.

Die Begutachtung durch den Sachverständigen soll zum einen darlegen, dass es sich vorliegend um keine ordnungsgemäße, nicht einmal um eine verwertbare Messung handelt. Denn die Nutzung eines verlängerten Kabels entspricht weder der Bedienungsanleitung noch der Bauartzulassung. Dies hat erhebliche Auswirkungen auf die Zuverlässigkeit der Messung, so dass schon gar nicht von einer ordnungsgemäßen Messung ausgegangen werden kann.

Jedenfalls würde, sofern das Gericht nach Begutachtung zu einer anderen technischen und rechtlichen Einschätzung kommen sollte, der herkömmliche Toleranzabzug nicht mehr genügen, um die hier vorliegenden denkbaren Verkehrsfehlergrenzen zu erfassen. Stattdessen wäre ein höherer Abzug vorzunehmen, der durch den Sachverständigen technisch näher eingegrenzt werden kann, bereits aus rechtlichen Gründen aber auf wenigstens 20 % zu bemessen wäre. Denn es kann sich in diesem Fall nicht um eine andere rechtliche Bewertung handeln, als wenn mit einem ungeeichten Gerät gemessen worden wäre (vgl. KG Berlin, Beschl. v. 27.10.2014 – 3 Ws (B) 467/14 = DAR 2015, 99; AG Zeitz, Beschl. v. 30.11.2015 – 13 OWi 721 Js 205989/15 – juris).

Der Betroffene wäre angesichts dieses nunmehr bevorstehenden Beweisaufwands natürlich mit einer Einstellung des Verfahrens nach § 47 OWiG einverstanden, was explizit zusätzlich **beantragt** wird.

§ 38 Hauptverhandlung

 ▼

Muster 38.5: Zeugenbeweis für Dauervideoaufnahme

14 Hiermit beantrage ich die Ladung und Vernehmung der Polizeibeamten PHK ▓▓▓ und PK'in ▓▓▓ zum Beweis der Tatsache, dass zur Überwachung von Rotlichtverstößen am verfahrensgegenständlichen Tattag eine anlasslose dauerhafte Videoaufzeichnung des die Lichtzeichenanlage an der Kreuzung ▓▓▓-Straße/▓▓▓-Straße passierenden Verkehrsteilnehmer angefertigt wurde und erst anschließend bei Durchsicht des Videomaterials die Betroffenen als solche herausgefiltert wurden.

Begründung:

Ausweislich des Einsatzberichts des benannten Zeugen PHK ▓▓▓, Bl. ▓▓▓ d.A., wurde am Tattage die Lichtzeichenanlage an der Kreuzung ▓▓▓-Straße/▓▓▓-Straße gezielt und schwerpunktmäßig überwacht. Hierzu wurden nicht etwa entsprechende Beobachtungen vorgenommen, sondern Videoaufnahmen aus einem Überwachungswagen der Polizei hergestellt. Die benannten Zeugen haben diesen Wagen genutzt und zusammen die Videoaufnahmen generiert, später auch ausgewertet. Dem Verteidiger wurde nach entsprechendem vorgerichtlichen Antrag das Videomaterial des Messtages zur Einsicht und sachverständigen Prüfung übermittelt. Ungeachtet der Tatsache, dass auch die konkret den Betroffenen tangierende Messung technisch nicht mit dem Vorwurf im Bußgeldbescheid in Übereinstimmung zu bringen ist, wofür bei Bedarf noch ein separater Sachverständigenbeweis angeboten und beantragt werden wird, ist durch das beschriebene Vorgehen bereits die rechtliche Grundlage für eine Messung wie vorgenommen nicht gegeben. Denn ausweislich der Rechtsprechung des BVerfG (BVerfG, Beschl. v. 20.5.2011 – 2 BvR 2072/10 = NJW 2011, 2783; BVerfG, Beschl. v. 2.7.2009 – 2 BvR 2225/08 = NJW 2009, 3225) besteht hier mangels Rechtsgrundlage auch ein Beweisverwertungsverbot. Ein solches Beweisverwertungsverbot besteht zumindest bei schwerwiegenden, bewussten oder willkürlichen Verfahrensverstößen, bei denen die grundrechtlichen Sicherungen planmäßig oder systematisch außer Acht gelassen worden sind (vgl. BVerfG, Beschl. v. 16.3.2006 – 2 BvR 954/02 = NJW 2006, 2684). Dies ist hier der Fall. Denn die benannte einschlägige Rechtsprechung wurde von den eingesetzten Zeugen völlig willkürlich missachtet, obwohl sie bereits seit mehreren Jahren bekannt ist, sowohl in der Tages- als auch Fachpresse erschien und mit Sicherheit auch innerhalb der Polizeibehörden vermittelt wurde. Insbesondere handelt es sich hier auch nicht um eine bloße Überwachungskamera, mit welcher sich Kennzeichen und Fahrer der Fahrzeuge nicht identifizieren lassen würden, was durch Inaugenscheinnahme des Videomaterials unzweifelhaft erkennbar sein wird.

 ▲

▼

15 **Muster 38.6: Sachverständigengutachten zum Erlöschen der Betriebserlaubnis**

Hiermit **beantrage** ich, ein technisches Sachverständigengutachten zur Frage der Gefährdung von Verkehrsteilnehmern durch die am Fahrzeug des Betroffen vorgenommene Veränderung einzuholen.

Zum Sachverständigen benannt wird Dipl.-Ing. ▓▓▓, öffentlich bestellt und vereidigt für Unfallrekonstruktionen im Straßenverkehr.

D. Beweisantrag zur Identitätsfeststellung §38

Begründung:

Dem Betroffenen wird ein Verstoß gegen § 19 Abs. 5 i.V.m. Abs. 2 S. 2 Nr. 2 StVZO vorgeworfen, weil die am Fahrzeug vorgenommene Veränderung zu einem Erlöschen der Betriebserlaubnis geführt haben soll. Dies ist nicht der Fall und kann durch sachverständige Begutachtung nachgewiesen werden. Der Betroffene hat auf sein Fahrzeug zwar eintragungsfähige, aber nicht eingetragene Sommerreifen des Typs ▬▬▬ und der Größe ▬▬▬ aufgezogen. Die Eintragung hat er in fahrlässiger Weise versäumt. Ein Teilegutachten liegt vor. Die kontrollierenden Beamten haben keine Verschleißspuren an den Reifen oder sonstige Hinweise dafür bekunden können, dass die aufgezogenen Reifen die Verkehrssicherheit des Fahrzeugs beeinträchtigen. Von der vorgenommenen Bereifung geht aber keine technische Gefahr für andere Verkehrsteilnehmer aus, was ein Sachverständigengutachten ohne Zweifel bestätigen wird, so dass – wenn überhaupt – allenfalls eine Ahndung nach TB-Nr. 319500 des bundeseinheitlichen Tatbestandskatalogs mit 50 EUR vorzunehmen wäre, nicht aber eine punktbewehrte Ahndung nach nach BKat Nr. 214a.2/214b.2 mit 90 EUR.

▲

D. Beweisantrag zur Identitätsfeststellung

▼

Muster 38.7: Zeugenbeweis zwecks Identitätsfeststellung 16

Hiermit beantrage ich, den Zeugen ▬▬▬ zu laden und zu vernehmen zum Beweis der Tatsache, dass dieser das verfahrensgegenständliche Fahrzeug am Tattag geführt hat.

Begründung:

Der Betroffene hat die Fahrereigenschaft bereits vorgerichtlich bestritten und auch auf den Hinweis des Gerichts hin dieses Bestreiten aufrechterhalten. Hintergrund war schlicht, dass der Betroffene, dessen Fahrzeug von verschiedenen Bekannten nach mündlicher Absprache mitbenutzt werden darf, nicht mehr genau in Erinnerung hatte, wer an diesem Tag das Fahrzeug genutzt hatte. Zwischenzeitlich stattgefundene Nachforschungen, die durch das ersichtlich schlechte Messbild nicht gefördert werden konnten, haben inzwischen ergeben, wer am fraglichen Tag Fahrer des Pkw gewesen ist.

▲

▼

Muster 38.8: Anthropologisches Vergleichsgutachten 17

Hiermit **beantrage** ich, zum Nachweis der Fahrereigenschaft des Bruders des Betroffenen am Tattag ein anthropologisches Vergleichsgutachten einzuholen.

Zur Sachverständigen benannt wird Dipl.-Biol. ▬▬▬.

Begründung:

Die Fahrereigenschaft des Betroffenen ist nicht gegeben. Der tatsächliche Fahrer war der Bruder des Betroffenen, der, zugegebenermaßen, eine große äußerliche Ähnlichkeit zum Betroffenen aufweist. Eine frühere Stellungnahme zur Fahrereigenschaft war nicht möglich, da sich der Bruder des Betroffenen auf Geschäftsreise im Ausland befand und sich erst inzwischen die Klärung der Fahrerfrage ergeben hat. Nachdem das Gericht jedoch in der Hauptverhandlung darauf hingewiesen hat, dass es den Betroffenen als Fahrer zu erkennen glaubt und die Fahrereigenschaft des Bruders als Schutzbehauptung ansieht, muss eine gutachterliche Klärung der Fahrereigenschaft vorgenommen werden. Diese Vorgehensweise ist auch erfolgversprechend. Denn anhand der verschiedenen Kennzeichen des Gesichts und der Gesichtsteile werden sich eine hinreichende Anzahl von Distinktionsmerkmalen ergeben, die die Eindeutigkeit der Zuordnung begründet. Der Bruder mag über die Adresse des Betroffenen ebenfalls als Zeuge zur Hauptverhandlung hinzugeladen werden, wenn das Gericht eine Begutachtung im Termin bevorzugt.

E. Beweisantrag zu subjektivem Tatbestand

18 Muster 38.9: Rechtsmedizinisches Sachverständigengutachten zu § 24a StVG

Hiermit **beantrage** ich die Einholung eines rechtsmedizinischen Sachverständigengutachtens zur Klärung des Vorwurfs der fahrlässigen Begehung des verfahrensgegenständlichen Verstoßes gegen § 24a StVG.

Als Sachverständiger benannt wird PD Dr. ▓▓▓▓▓, Institut für Rechtsmedizin der Universität ▓▓▓▓▓.

Begründung:

Dem Betroffenen wird im Bußgeldbescheid vorgeworfen, trotz nachweisbarer THC-Konzentration im Blut, gemessen wurde hier in der Blutuntersuchung ein THC-Gehalt von 1,3 ng/ml, ein Fahrzeug im Straßenverkehr geführt zu haben. Der Betroffene hat sowohl den erst- und einmaligen Genuss eines „Joints" 2 Tage zuvor eingeräumt, bestehend aus einem Gemisch von Tabak und 1g getrockneten Marihuanablüten, aber darüber hinaus auch bekundet, dass er sich hiernach sowohl durch Recherche im allgemein zugänglichen Online-Portal Wikipedia, aber auch durch Lektüre verschiedener Gerichtsentscheidungen in frei zugänglichen juristischen Datenbanken nach besten Kräften darüber vergewissert hat, dass die Auswirkungen des Konsums im Straßenverkehr bei einem Konsum wie beschrieben nach 24 Stunden, jedenfalls nach 48 Stunden trotz des komplexen, nicht linearen Abbaus von Betäubungsmitteln im Blut nicht mehr bemerkbar wären. Zudem hat er selbst, wie bereits schriftsätzlich vorgetragen, aber bislang seitens des Gerichts zu Unrecht nicht gewürdigt, vor Fahrtantritt verschiedene Belastungs- und Reaktionsstichproben durchgeführt, um mögliche Beeinträchtigungen während der Fahrt ausschließen zu können und so die Fahrt ggf. gar nicht erst anzutreten. Schließlich handelte es sich auch um eine Zufallskontrolle, wie die bereits vernommenen Beamten in ihrer Vernehmung erläuterten und es lag demnach kein auffälliges Fahrverhalten des Betroffenen vor. Insofern liegt es geradezu auf der Hand, gerade wenn man die bislang bekannte Rechtsprechung zur Thematik betrachtet (vgl. zuletzt OLG Oldenburg, Beschl. v. 4.8.2015 – 2 Ss OWi 142/15 = DAR 2016, 35), dass der Betroffene, ohne dass ihn auch nur ein Fahrlässigkeitsvorwurf treffen würde, ein Kraftfahrzeug hätte führen können und dürfen. Denn er hat dem in der Rechtsprechung vorgenommenen Rückschluss auf die subjektive Sorgfaltspflichtverletzung aktiv entgegengewirkt. Dass er in seiner subjektiven Situation auch von der Nichteinwirkung des konsumierten THC ausgehen durfte, wird das Sachverständigengutachten nachweisen, zumal auch in der Blutanalyse auf Bl.

d.A. eine konkret nachweisbare Beeinträchtigung gerade nicht festgestellt werden konnte.

▲
▼

Muster 38.10: Zeugenbeweis Überladung

Hiermit **beantrage** ich die Ladung und Vernehmung des Zeugen  zum Beweis der Tatsache, dass sich der Betroffene bei der Beladung des Lkw mit Langholz über Zustand, Menge und Beschaffenheit des geladenen Holzes hinreichend versichert hat und es für ihn deshalb keinen Grund gab, von einer Überladung im Sinne des § 34 StVZO auszugehen.

Begründung:

Den Betroffenen kann im vorliegenden Verfahren nicht einmal der Vorwurf fahrlässigen Verhaltens treffen. Hier konnte er die Überladung weder vermeiden noch gab es hierfür irgendwelche äußeren Anzeichen der Überladung, insbesondere nicht durch Verformungen von Achsen, Reifen oder Teilen des Nachläufers. Richtig ist zwar, dass wegen der großen Gefahren, die von überladenen Fahrzeugen und Anhängern für die Sicherheit des Straßenverkehrs ausgehen, an die den Fahrzeugführer treffenden Sorgfaltspflichten strenge Anforderungen zu stellen sind. Er ist grundsätzlich gehalten, unter Anwendung aller ihm zur Verfügung stehenden Möglichkeiten eine Überladung des Fahrzeugs zu vermeiden. Dies hat er hier aber getan. Der Betroffene hat sich bei dem Zeugen ▓, dem Verlader, vor Ort, d.h. auf dem Verladeplatz im Wald, über die Art und den Trocknungsgrad der Stämme erkundigt und ihn sodann explizit darauf hingewiesen, unter Beachtung des Eigengewichts von Zugmaschine und Nachläufer die geltende Höchstgewichtsbegrenzung zu beachten. Selbst das äußere Erscheinungsbild der Beladung sowie eine überschlagsmäßige Berechnung des Volumens haben bei dem Betroffenen weder die Gewissheit noch den Verdacht begründen können, dass möglicherweise eine Überladung vorläge. Auch dies, nämlich die äußere Prüfung sowie die Probeberechnung kann der Zeuge ▓ bestätigen.

An den Betroffenen waren auch keine erhöhten Anforderungen an seine Sorgfaltspflichten zu stellen. Denn er ist verkehrsrechtlich nicht vorbelastet und es gab auch bislang keine Verfahren wegen Verstoßes gegen Ladungsvorschriften gegen ihn (vgl. OLG Karlsruhe, Beschl. v. 30.3.2000 – 3 Ss 134/99 = DAR 2000, 418).

F. Anträge zu Protokoll

In der Hauptverhandlung kann der Verteidiger, gerade wenn die einzelnen gerichtlichen Termine an einem Verhandlungstag in knapper Abfolge aneinander gereiht werden, durch gezielte Anträge die Sache verkomplizieren, hinauszögern und dadurch Fehler hervorrufen – oder gar die Bereitschaft des Gerichts zu einer Lösung im Sinne des Mandanten fördern. Soweit dieses Vorgehen im Einklang mit der StPO steht, darf erst gar nicht der Vorwurf der „Konfliktverteidigung" erhoben werden, denn für den Mandanten gilt bis zur Verurteilung immer noch die Unschuldsvermutung, die auch in Masseverfahren nicht dem Zeitdruck preisgegeben werden darf.

I. Befangenheit

21 Die Ablehnung eines Richters wegen Befangenheit ist nicht immer, aber oft mit einer unnötigen emotionalen Komponente belastet. Dennoch darf der Verteidiger unangemessenes Verhalten nicht zum Nachteil des Betroffenen hinnehmen, nur um sich dadurch einen günstigeren Verfahrensgang zu erhoffen.

▼

22 **Muster 38.11: Befangenheitsantrag**

Hiermit lehne ich namens und im Auftrag des Betroffenen den Vorsitzenden Richter ▬▬▬ wegen Besorgnis der Befangenheit ab.

Begründung:

Nach Beginn der Hauptverhandlung und nach Belehrung über das Aussageverweigerungsrecht des Betroffenen hat dieser über seinen Verteidiger auf die Frage des Gerichts zur Fahrereigenschaft die Erklärung abgegeben, dass die Fahrereigenschaft – nach wie vor – bestritten wird. Der Vorsitzende Richter R nahm diese Äußerung mit spöttischem Schnauben zur Kenntnis und erklärte daraufhin: „Dann hat wohl ein Geist das Fahrzeug gefahren".

Diese Äußerung wurde – trotz entsprechenden Antrags – nicht in das Protokoll aufgenommen, sondern es folgte die Aufforderung, „nun doch endlich die Wahrheit zu sagen".

Dieses Verhalten und die damit einhergehenden unsachlichen Äußerungen begründen erhebliche Zweifel an der Unvoreingenommenheit des Vorsitzenden Richters ▬▬▬ und auch daran, ob die gesetzlichen Rechte des Betroffenen im Verfahren ausreichend gewahrt werden. Auf die hierzu einschlägige Rechtsprechung wird hingewiesen (KG Berlin, Beschl. v. 10.7.2008 – (3) 1 Ss 354/07 (123/07) = NJW 2009, 96; MüKo-StPO/*Conen/Tsambikakis*, 1. Aufl. 2014, § 24 Rn 39).

Dass Äußerungen und Verhalten wie dargelegt erfolgten, kann nachgewiesen werden durch die schriftliche Äußerung des Zeugen ▬▬▬, der sich im Vorgriff auf die nachfolgende Hauptverhandlung bereits als Zuhörer im Sitzungssaal befand und die als Anlage zu diesem Antrag beigefügt ist. Zudem werden die dargelegten Angaben anwaltlich versichert.

II. Herbeiführen einer gerichtlichen Entscheidung

23 Ein im Bußgeldverfahren sehr selten genutztes Instrument ist das Herbeiführen einer gerichtlichen Entscheidung nach § 238 Abs. 2 StPO. Die Geltung ist auch im Bußgeldverfahren gegeben, allerdings ist aufgrund der unbestreitbaren raschen Abfolgen vieler Verhandlungen in Verkehrsordnungswidrigkeiten oftmals der Gedanke an dieses Vorgehen nicht an erster Stelle des Verteidigerplans. Allerdings gibt es gar nicht wenige Konstellationen, in welchen der Verteidiger auf diese Maßnahme geradezu setzen muss, gerade wenn es um die spätere Rüge eines Verfahrensfehlers oder gar die Rüge des Verstoßes gegen das rechtliche Gehör des Betroffenen im Rahmen der Rechtsbeschwerde geht.

▼

Muster 38.12: Herbeiführen einer gerichtlichen Entscheidung

Hiermit **beantrage** ich, die Weigerung des Gerichts, den Antrag der Verteidigung auf Einholung eines schriftlichen Sachverständigengutachtens zur Ordnungsmäßigkeit der verfahrensgegenständlichen Geschwindigkeitsmessung entgegenzunehmen, nach § 238 Abs. 2 StPO zu überprüfen.

Begründung:

Die Verteidigung hat bereits mehrfach in der Hauptverhandlung darauf hingewiesen, dass bei der verfahrensgegenständlichen Messung die Fahrzeugfront nicht in einer logischen Position zur Fotolinie steht, sondern deutlich über die Fotolinie hinausragt. Allein schon dies begründet einen konkreten Anhaltspunkt für eine Fehlmessung, die von Amts wegen, jedenfalls aber auf Antrag sachverständig zu überprüfen ist. Diese Anträge ignoriert das Gericht bislang und dies mehrfach (vgl. KK-StPO/*Schneider*, 7. Aufl. 2013, § 238 Rn 12) stets mit einem lapidaren Hinweis auf das sog. „standardisierte Messverfahren". Diese Vorgehensweise beschränkt das rechtliche Gehör des Betroffenen und den Grundsatz der Unschuldsvermutung.

▲

III. Aussetzungsantrag nach Beweiserhebung

Des Weiteren kann es den Fall geben, dass zum Termin Zeugen oder Sachverständige geladen worden sind, diese aber nicht in der Ladung benannt worden sind. Dann hat der Verteidiger einen Anspruch auf Aussetzung der Verhandlung, § 246 Abs. 2 StPO. Dieser Anspruch besteht bis zum Schluss der Beweisaufnahme, kann also gerade dann eingesetzt werden, wenn der Verlauf der Beweisaufnahme ungünstig gerade durch die neuen Beweismittel ist.

▼

Muster 38.13: Aussetzungsantrag nach neuem Beweismittel

Hiermit **beantrage** ich, die Hauptverhandlung nach § 246 Abs. 2 StPO auszusetzen und einen neuen Termin von Amts wegen, nicht aber vor Ablauf von vier Wochen zu bestimmen.

Begründung:

In der Hauptverhandlung wurde der Messbeamte, der Zeuge PK _____, vernommen, unter anderem zum Ablauf der Messung, zum Aufbau der Messstelle, zur Frage des Abweichens von den Landesrichtlinien zur Einrichtung von Messstellen und zur Durchführung der Auswertung der Messergebnisse. In der Ladung zur Hauptverhandlung war der Zeuge nicht als Beweismittel aufgeführt. Eine Vorbereitung der Verteidigung auf die Befragung des Zeugen war deswegen nicht möglich und konnte auch nicht innerhalb der fünfminütigen Vernehmung durch den Vorsitzenden Richter, welcher die Verteidigung ebenfalls folgen musste, nachgeholt werden. Zu einer ordnungsgemäßen Verteidigung gegen den dem Betroffenen gemachten Vorwurf gehört aber auch die hinreichende, ggf. durch vorherige sachverständige Beratung unterstützte Vorbereitung auf den Hauptverhandlungstermin samt den dort zu erwartenden Beweismitteln. Wäre eine Hauptverhandlung in Abwesenheit des Betroffenen (und des Verteidigers) geführt worden, hätte das Gericht den Zeugen gar nicht vernehmen dürfen. Insofern ist eine bloße temporäre Unterbrechung der Hauptverhandlung nicht ausreichend, um dem Bedürfnis des Betroffenen, seinem Anspruch auf rechtliches Gehör Geltung zu verschaffen, Genüge zu tun.

IV. Widerspruch im Rahmen der Beweisaufnahme

27 Ein weiterer wichtiger Aspekt im Rahmen der Beweisaufnahme ist der Widerspruch gegen die Verwertung von Beweismitteln. Die Verfahrensrüge muss später konkret darstellen, dass und wann der Widerspruch gegen die Verwertung eines Beweismittels i.S.d. § 257 Abs. 2 StPO erfolgt ist.[10] Der Verteidiger muss hier unbedingt darauf achten, dass sein Widerspruch in das Protokoll aufgenommen wird. Wenn sich das Gericht hiergegen sträubt oder eine Aufnahme gar verweigert, muss der Verteidiger sofort darauf reagieren, § 238 Abs. 2 StPO.

28 **Muster 38.14: Widerspruch gegen Verwertbarkeit eines Beweismittels**

Hiermit erhebe ich **Widerspruch** gegen die Verwertung der Aussagen der Zeugen PHK ▨▨▨ und PK'in ▨▨▨, soweit diese von der Einlassung des Betroffenen zum Tatvorwurf berichteten.

Begründung:

Dem Betroffenen wird im vorliegenden Verfahren vorgeworfen, das Fahrzeug mit dem Kennzeichen ▨▨▨ mit einer gegen § 24a StVG verstoßenden Atemalkoholkonzentration zur Tatzeit im öffentlichen Straßenverkehr, nämlich im Bereich der ▨▨▨-Straße in ▨▨▨ geführt zu haben.

Der Beschuldigte hat dies gegenüber den benannten Zeugen zwar eingeräumt. Diese Angabe ist wegen eines Verstoßes gegen die aus den §§ 136 Abs. 1, 163a Abs. 4 StPO folgende Belehrungsverpflichtung der Ermittlungspersonen u.a. über das Schweigerecht des Betroffenen unverwertbar. In der Folge wäre auch eine Vernehmung der Ermittlungsbeamten zu dem Inhalt der gemachten Angaben unverwertbar.

Nach § 136 StPO, der über § 163a Abs. 4 StPO auch für Polizeibeamte im Ermittlungsverfahren gilt, damit über § 46 OWiG auch bezüglich Ordnungswidrigkeiten, ist einem Betroffenen bei Beginn der ersten Vernehmung zu eröffnen, welche Tat ihm zur Last gelegt wird und dass es ihm frei stehe, sich zu der Beschuldigung zu äußern oder nicht auszusagen. Nach st. Rspr. des BGH (seit BGH, Beschl. v. 27.2.1992 – 5 StR 190/91 = NZV 1992, 242) führt der Verstoß gegen § 136 Abs. 1 ggf. i.V.m. § 163 Abs. 4 StPO zu einem **Beweisverwertungsverbot**.

Im Einzelfall ist die Frage der „Belehrungsschwelle", also der Situation, in der eine Belehrung spätestens erforderlich wird, nicht immer einfach zu beantworten. Im Zweifel wird einer frühzeitigen Belehrung der Vorzug zu geben sein. Nach einer Entscheidung des AG Bayreuth (AG Bayreuth, Beschl. v. 17.10.2002 – 3 Cs 5 Js 8510/02 = NZV 2003, 202) ist bei der Suche nach einem zuvor unbekannten Fahrer, dem ein Delikt als Führer eines Kfz zur Last fällt, eine Belehrung des Halters nach § 136 Abs. 1 StPO „zwingend, weil aufgrund der Haltereigenschaft die Fahrzeugführereigenschaft nahe liegt und sich

---

10 OLG Schleswig, Beschl. v. 24.6.2010 – 1 Ss OWi 88/10 = jurisPR-VerkR 1/2011 Anm. 4.

daher der Beschuldigtenkreis derart verdichtet, dass der Halter zum Zeitpunkt der Befragung bereits als potentieller Täter in Betracht kommt".

Das OLG Zweibrücken (OLG Zweibrücken, Beschl. v. 16.8.2010 – 1 Ss Bs 2/10 = zfs 2010, 589) führt aus, dass nicht jeder unbestimmte Tatverdacht bereits die Beschuldigteneigenschaft begründet. Es komme auf die Stärke des Verdachts an, also darauf, ob die Strafverfolgungsbehörde nach pflichtgemäßer Beurteilung von einer ernstlichen Täter- oder Beteiligteneigenschaft des Befragten ausgehen konnte. Vor einer solchen Verdachtsverdichtung sei eine sog. informelle Befragung zulässig und ihre Ergebnisse verwertbar.

Zu beachten ist vom Grundsatz her, dass eine Belehrungspflicht voraussetzt, dass von einem Anfangsverdacht gegen den Befragten auszugehen ist. Hierbei wird man den Ermittlungspersonen einen gewissen Ermessensspielraum einräumen müssen, wobei dieser vor dem Hintergrund der Bedeutung des Schweigerechts im Strafverfahren nicht im Lichte ermittlungstaktischer Interessen zu sehen ist.

Vorliegend fuhren die Beamten nach einer Meldung durch die bisher nicht vernommene Zeugin ▓▓▓ die per Halterauskunft ermittelte Anschrift des Betroffenen als Halter des Fahrzeugs mit dem amtlichen Kennzeichen ▓▓▓ an. Dieses Kennzeichen war durch die Zeugin ▓▓▓ durchgegeben worden. Die Zeugin ▓▓▓ hatte auch von Verkehrsverstößen berichtet, u.a. einem Rotlichtverstoß auf Höhe der ▓▓▓-Niederlassung in ▓▓▓ sowie dem Fahren von Schlangenlinien. Die Polizeibeamten fanden das Fahrzeug an der Halteranschrift mit dem von der Zeugin durchgegebenen Kennzeichen vor. An der Motorhaube und dem Auspuff war keine Wärme feststellbar, wobei die Außentemperatur -1°C betrug. Nach zweimaligem Klopfen an der Anschrift ▓▓▓-Str. ▓▓▓ in ▓▓▓ öffnete der Betroffene und wurde ohne weiteren Hinweis auf den Anlass der Befragung befragt, ob er der Halter des Fahrzeugs sei, was er bejahte. Dann wurde er weiter befragt, ob er gerade mit dem Fahrzeug unterwegs gewesen sei. Auch diese Frage bejahte der Betroffene. Erst nachdem die Beamten in die Wohnung eingelassen wurden und sodann äußere Hinweise auf eine Alkoholisierung des Betroffenen wahrnahmen, wurde er gem. § 136 StPO belehrt und anschließend ein freiwilliger Test mit dem Alkomat Draeger durchgeführt.

In diesem Fall hätte ermessensfehlerfrei eine Belehrung erfolgen müssen, nachdem der Betroffene bestätigte, der Halter des Fahrzeugs zu sein. Zum Zeitpunkt der Befragung stand für die Beamten aufgrund der ihnen bekannten Schilderungen der Zeugin ▓▓▓ fest, dass zumindest ein Anfangsverdacht einer Ordnungswidrigkeit wegen des in ▓▓▓ durch den Fahrer des Fahrzeugs begangenen Rotlichtverstoßes vorliegt. Über § 46 Abs. 1 OWiG kommt bereits der § 136 Abs. 1 StPO zur Anwendung. Eine Belehrungspflicht über das Schweigerecht bestand daher bereits, bevor die Beamten die Alkoholisierung des Beschuldigten wahrnehmen konnten, denn auch im Bußgeldverfahren muss sich niemand selbst belasten (so auch LG Saarbrücken, Beschl. v. 27.5.2013 – 6 Qs 61/13 = zfs 2013, 590).

Wäre bei dem Anfangsverdacht einer StVO-Ordnungswidrigkeit die Frage danach, ob der in örtlicher und zeitlicher Nähe zum verursachenden Fahrzeug angetroffene Halter das Fahrzeug gefahren hat, ohne Belehrung über das Schweigerecht zulässig, liefe der durch die § 46 Abs. 1 OWiG, §§ 136 Abs. 1, 163 Abs. 4 StPO gewollte Schutzzweck leer, denn der Betroffene lieferte dann ohne Belehrung regelmäßig den einzigen zu seiner

Überführung fehlenden Sachverhaltsbaustein, ohne über seine Rechte belehrt worden zu sein.

Es ist der Ermittlungsakte auch nicht zu entnehmen, dass der Betroffene sein Schweigerecht kannte, als er Angaben zu seiner Fahrereigenschaft machte. Hierfür könnten zwar die aus dem Verkehrszentralregister ersichtlichen Eintragungen v. und v. sprechen. Diese Eintragungen liegen jedoch bereits geraume Zeit zurück. Im Zweifel ist dem Beschuldigten die Kenntnis nachzuweisen, was angesichts des bisherigen Ermittlungsergebnisses nicht der Fall und auch nicht möglich ist.

▲

V. Aussetzungsantrag nach rechtlichem Hinweis

▼

Muster 38.15: Aussetzungsantrag nach Hinweis

Hiermit **beantrage** ich, gemäß § 265 Abs. 4 StPO die Hauptverhandlung nach dem rechtlichen Hinweis des Gerichts, dass auch eine Verurteilung wegen vorsätzlichen Verhaltens in Betracht käme, auszusetzen und von Amts wegen einen neuen Termin zu bestimmen, nicht aber vor Ablauf von 4 Wochen.

Begründung:

Der Hinweis des Gerichts wurde in Abwesenheit des Betroffenen erteilt, der seine Fahrereigenschaft eingeräumt und daraufhin von der Pflicht des persönlichen Erscheinens entbunden worden war. Weitere Einlassungen zur Sache hat der Betroffene bislang nicht gemacht und ausweislich des im Bußgeldbescheid erhobenen Vorwurfs der fahrlässigen Geschwindigkeitsüberschreitung war dies auch nicht erforderlich. Insbesondere deswegen, weil die dem Betroffenen vorgeworfene Geschwindigkeit mit 122 km/h nach Toleranzabzug statt erlaubter 80 km/h zwar fahrverbotsrelevant ist, weswegen hierzu auch entsprechender, durch Privatgutachten untermauerter Vortrag erfolgte. Allerdings war hier nicht zu erwarten, dass das Gericht die Rechtsprechung einiger Oberlandesgerichte zum Rückschluss auf den Vorsatz aus der Höhe der Geschwindigkeit heraus – konkret hier: Vorsatz ab mehr als 40 km/h – auf den vorliegenden Fall anwendet. Jedenfalls erfolgte vorgerichtlich kein Hinweis und angesichts der nur knapp überschritten und keineswegs unumstrittenen Grenze der 40 km/h war ein solcher auch nicht zu erwarten. Nunmehr muss sich der Betroffene aber zunächst einmal selbst zu dieser Konstellation äußern können. Immerhin lag vor Ort nicht einmal ein Geschwindigkeitstrichter vor. Des Weiteren ist beabsichtigt, ein Sachverständigengutachten zur Frage der Bemerkbarkeit der Geschwindigkeit einzuholen. Denn bei unterstellten 122 km/h ist es weder biomechanisch noch technisch zwingend gegeben, dass aufgrund der Geschwindigkeit der vorbeiziehenden Landschaft oder anderen Fahrzeuge oder gar aufgrund der Motorengeräusche des Pkw des Betroffenen ein zwingender Rückschluss auf die positive Kenntnis der gefahrenen Geschwindigkeit gegeben wäre. Eine solche Begutachtung wäre aber nicht innerhalb des Unterbrechungszeitraums zu bewerkstelligen, weswegen dem Antrag wie oben gestellt stattzugeben ist.

G. Hilfsbeweisantrag

Nicht vergessen werden sollte der – auch im Strafrecht zulässige – Hilfsbeweisantrag. Oftmals wird in Bußgeldsachen nicht einmal plädiert, sondern es werden lediglich Anträge gestellt. In solchen Fällen kann der Hilfsbeweisantrag natürlich leicht übersehen werden. Relevant wird dies v.a. dann, wenn der Verteidiger im Schlussvortrag auf den Freispruch des Betroffenen abzielt.

▼
Muster 38.16: Plädoyer mit Hilfsbeweisantrag
Nach durchgeführter Hauptverhandlung und nach dem Eindruck der Beweisaufnahme **beantrage** ich zunächst, den Betroffenen hinsichtlich des Vorwurfs der fahrlässigen Geschwindigkeitsüberschreitung außerorts um 31 km/h **freizusprechen**.

Die Fahrereigenschaft des Betroffenen ist weder eingeräumt noch nachgewiesen, das Bildmaterial ist für einen Vergleich nicht geeignet und die bisherigen Stellungnahmen der Verteidigung zu einem Alternativfahrer wurden nicht einmal gewürdigt.

Zudem wurde die Auswertung der Rohmessdaten nicht seitens der Verwaltungsbehörde durchgeführt, sondern durch ein Privatunternehmen, so dass die ausgewerteten Daten einem Beweisverwertungsverbot unterliegen, weswegen hiergegen zu Protokoll widersprochen wurde. Auf die nach § 257 StPO außerdem zu Protokoll erhobene Rüge der unzureichenden Einrichtung der Messstelle mit entsprechenden Auswirkungen auf den Toleranzabzug wird verwiesen und Bezug genommen.

Sollte das Gericht dem Antrag nicht folgen wollen und das Verfahren auch nicht nach § 47 OWiG einstellen oder nach § 69 Abs. 5 OWiG an die Verwaltungsbehörde zur (erstmaligen) Auswertung der noch vorhandenen Rohmessdaten zurückgeben, werden folgende **Hilfsbeweisanträge** gestellt:
1. Beantragt wird die Ladung und Vernehmung des Zeugen , Cousin des Betroffenen, zur Tatsache, dass dieser das Fahrzeug am fraglichen Tag gefahren hat aus o.g. Gründen.
2. Beantragt wird des Weiteren die Einholung eines anthropologischen Vergleichsgutachtens zur Klärung der Fahreridentität aus den o.g. Gründen
3. Beantragt wird schließlich die Einholung eines schriftlichen Gutachtens eines öffentlich bestellten und vereidigten Sachverständigen für Messtechnik zum Nachweis dafür, dass aufgrund der vorhandenen Rohmessdaten nach sachverständiger Auswertung eine gemessene Geschwindigkeit nach (erhöhtem) Toleranzabzug von allenfalls 19 km/h über der zulässigen Höchstgeschwindigkeit gegeben ist.

▲

§ 39 Rechtsbeschwerde

Dr. Benjamin Krenberger

A. Allgemeines

Bezüglich der Rechtsbeschwerde muss der Verteidiger zunächst nach der zulassungsfreien Rechtsbeschwerde (z.B. mit Fahrverbot oder Geldbuße höher als 250 EUR) und einer solchen mit Zulassungshürde differenzieren. Nur bei der erstgenannten sind alle Verfahrensrügen und die Sachrüge potentiell dazu geeignet, der Rechtsbeschwerde zum Erfolg zu verhelfen – sofern die Formalia gewahrt wurden. Bei der Zulassungsrechtsbeschwerde, also dem Zulassungsantrag samt Rechtsbeschwerde und Begründung, müssen hingegen neben den Formalia auch die Voraussetzungen des § 80 OWiG eingehalten werden.[1]

Die Rechtsbeschwerdebegründung muss durch den Verteidiger unterzeichnet werden. Es muss erkennbar sein, dass er für die Begründung die Verantwortung übernehmen will und sich an dieser gestaltend beteiligt hat. Es sind deshalb zum einen Formulierungen zu vermeiden, mit denen sich der Verteidiger dergestalt distanziert, dass er die Argumente als vom Betroffenen stammend wiedergibt. Des Weiteren darf bei Unterzeichnung der Begründung kein distanzierendes „i.V." durch einen Verteidiger der Sozietät erfolgen.[2]

B. Die allgemeine Sachrüge

Bei der allgemeinen Sachrüge muss der Verteidiger nur einen einzigen Satz schreiben: „Ich rüge die Verletzung materiellen Rechts." Eine Falle tut sich allerdings auf: Wer pauschal und sofort mit der Rechtsbeschwerdeeinlegung die Verletzung materiellen Rechts rügt, versagt sich gleichzeitig die Rettungsmöglichkeit, wegen der Begründungsfrist für die Verfahrensrüge Wiedereinsetzung in den vorigen Stand zu erhalten.[3] Denn mit der Sachrüge wurde ja bereits eine Begründung abgegeben.

Der Verteidiger sollte sich bei der allgemeinen Sachrüge zudem im Klaren darüber sein, dass er die Beweiswürdigung des Tatrichters in der Regel nicht erfolgreich angreifen kann. Nur wenn die Grenze des Vertretbaren überschritten wurde, etwa wegen Widersprüchen, Unklarheiten, Lücken, des Verstoßes gegen Denkgesetze oder gegen gesicherte Erfahrungssätze, ist die erstinstanzliche Rechtsanwendung für das Rechtsbeschwerdegericht überhaupt disponibel. Wenn also der Mandant bzw. der Verteidiger lediglich eine andere Auslegung der Beweisergebnisse für sich beansprucht, sollte man klug abwägen, ob sich die Rechtsbeschwerde wirklich lohnt, etwa wegen des Zeitgewinns für das

---
1 Vgl. *Gutt/Krenberger*, DAR 2015, 685; *Fromm*, zfs 2015, 484.
2 OLG Frankfurt, Beschl. v. 1.8.2013 – 2 Ss OWi 565/13 = NStZ-RR 2013, 355.
3 NK-GVR/*Krumm*, 1. Aufl. 2014, § 79 OWiG Rn 39.

§ 39 Rechtsbeschwerde

Register oder ein Fahrverbot. Allerdings verpflichtet man auch den erstinstanzlichen Richter zur vollen Begründung des Urteils. Das ist wiederum eine potentielle Fehlerquelle, die der Verteidiger für sich nutzen kann.

5 Schließlich darf der Verteidiger die allgemeine Sachrüge, also die falsche Anwendung des materiellen Rechts, nicht mit der Aufklärungsrüge, einer Verfahrensrüge, vermischen. Geschieht dies, kann das Gericht trotz des richtigen „Einleitungssatzes" schlimmstenfalls zu dem Ergebnis kommen, dass gar keine Sachrüge in zulässiger Weise erhoben wurde.

6 Möchte der Verteidiger neben der allgemeinen Sachrüge auch konkrete Verstöße gegen materielles Recht geltend machen, bietet sich eine Formulierung mit „insbesondere" an, da ja dem Rechtsbeschwerdegericht nicht verwehrt werden soll, selbst Verstöße des Erstgerichts zu entdecken.

▼

7 **Muster 39.1: Rechtsbeschwerde: Sachrüge**

An das Amtsgericht

Sehr geehrte ,

hiermit lege ich namens und mit Vollmacht des Betroffenen **Rechtsbeschwerde** gegen das Urteil des Amtsgerichts vom ein.

(optional) Bereits an dieser Stelle rüge ich die Verletzung materiellen Rechts und erhebe die allgemeine Sachrüge.

(optional) Die Begründung der Rechtsbeschwerde wird nach Zustellung des vollständig begründeten Urteils innerhalb der hierfür vorgesehenen Frist erfolgen. Zusammen mit der Zustellung des Urteils beantrage ich erneut Akteneinsicht.

▲
▼

8 **Muster 39.2: Rechtsbeschwerde: Sachrüge (Verwerfungsurteil mit Fahrverbot)**

An das Amtsgericht

Sehr geehrte ,

hiermit lege ich namens und mit Vollmacht des Betroffenen **Rechtsbeschwerde** gegen das den Einspruch verwerfende Urteil des Amtsgerichts vom ein und beantrage die Aufhebung des angefochtenen Urteils sowie die Zurückverweisung der Sache an das zuständige Amtsgericht zur erneuten Verhandlung und Entscheidung.

Die Rechtsbeschwerde begründe ich mit der Rüge der Verletzung materiellen Rechts, mithin aufgrund der allgemeinen Sachrüge, wie folgt:

Gegen den Betroffenen erging nach § 74 Abs. 2 OWiG das angefochtene Verwerfungsurteil. Der Tenor lautete jedoch auf mehr als die Verwerfung des Einspruchs vom gegen den Bußgeldbescheid vom und enthielt zusätzlich die Anordnung eines Fahrverbots von einem Monat Dauer unter Anordnung der Schonfrist von vier Monaten. Offenbar hat das Gericht diese Anordnung vorgenommen in der Ansicht, die Bußgeldbehörde habe ein Regelfahrverbot gegen den Betroffenen in rechtswidriger Weise nicht in den Bußgeldbescheid aufgenommen. Denn in der Begründung des Bußgeldbescheides fanden sich Ausführungen und die angewendeten Normen zum Fahrverbot, nicht aber

C. Rechtsbeschwerde gegen die Entscheidung im Beschlussweg § 39

ein dazu passender Ausspruch im „Tenor" des Bußgeldbescheides. Eine solche „klarstellende" Tenorierung im Verwerfungsurteil ist unzulässig, jedenfalls seit der Neufassung des § 74 Abs. 2 OWiG, welche eine Sachentscheidung im einzig vorgesehenen Prozessurteil nicht erlaubt (vgl. dazu OLG Hamm, Beschl. v. 22.8.2011 – 1 RBs 139/11 = zfs 2012, 51; OLG Koblenz, Beschl. v. 1.6.2004 – 1 Ss 311/03 = NZV 2005, 52).

Muster 39.3: Rechtsbeschwerde: Sachrüge (Höhe der Geldbuße)

An das Amtsgericht

Sehr geehrte ,

hiermit lege ich namens und mit Vollmacht des Betroffenen **Rechtsbeschwerde** gegen das Urteil des Amtsgerichts vom ein und beantrage die Aufhebung des angefochtenen Urteils sowie die Zurückverweisung der Sache an das zuständige Amtsgericht zur erneuten Verhandlung und Entscheidung.

Die Rechtsbeschwerde begründe ich mit der Rüge der Verletzung materiellen Rechts, mithin aufgrund der allgemeinen Sachrüge, wie folgt:

Das Amtsgericht hat den Betroffenen wegen fahrlässigen Überschreitens der zulässigen Höchstgeschwindigkeit zu einer Geldbuße von 290 EUR und einem einmonatigen Fahrverbot verurteilt. Bei Geldbußen von mehr als 250 EUR sind wegen Überschreitens der Geringfügigkeitsgrenze i.d.R. nähere Feststellungen zu den wirtschaftlichen Verhältnissen erforderlich. Einschränkungen dieses Grundsatzes sind nur bei Geldbußen wegen Verkehrsordnungswidrigkeiten anzuerkennen, die den Regelsätzen der Bußgeldkatalogverordnung entsprechen. Dies ist hier ganz offensichtlich nicht der Fall, denn die Geldbuße wurde im Vergleich zur Regelfolge von 240 EUR deutlich erhöht, ohne dass der Sonderfall des § 3 Abs. 4a BKatV vorliegen würde. Feststellungen zu den wirtschaftlichen Verhältnissen bei Festsetzung einer Regelgeldbuße von mehr als 250 EUR sind zudem nur dann entbehrlich, wenn keine Anhaltspunkte für außergewöhnlich gute oder außergewöhnlich schlechte wirtschaftliche Verhältnisse des Betroffenen vorhanden sind und dieser auch keine Angaben zu seinen wirtschaftlichen Verhältnissen macht. Auch dies ist hier nicht der Fall. Denn der Betroffene hat auf die ihm wegen seiner Überschuldung drohende Privatinsolvenz hingewiesen, dies auch durch Urkunden belegt, deren Verlesung Eingang in das Hauptverhandlungsprotokoll, nicht aber in das angefochtene Urteil gefunden haben, ebenso wenig die Einlassung des Betroffenen zu seinen wirtschaftlichen Verhältnissen an sich.

Aufgrund der Wechselwirkung zwischen Geldbuße und Fahrverbot muss die hier vorliegende rechtsfehlerhafte Entscheidung über die verhängte Geldbuße auch zur Aufhebung des Rechtsfolgenausspruches insgesamt führen (OLG Oldenburg, Beschl. v. 29.10.2014 – 2 Ss (OWi) 278/14 = zfs 2015, 113).

C. Rechtsbeschwerde gegen die Entscheidung im Beschlussweg

Will der Verteidiger gegen die Entscheidung im Beschlussweg Rechtsbeschwerde einlegen, muss er die Verfahrensrüge erheben und insbesondere drei wichtige Umstände

§ 39 Rechtsbeschwerde

mitteilen: den Zeitpunkt des Hinweises nach § 72 Abs. 1 S. 2 OWiG, den Widerspruch und dessen Eingang bei Gericht. Diese Details kann der Verteidiger durch die Akteneinsicht verifizieren.

11 Neben diesem Standardfall muss der Verteidiger zudem wissen, dass er auch dann nach § 79 Abs. 1 Nr. 5 OWiG die Rechtsbeschwerde erheben kann, wenn keine oder keine ausreichende Gelegenheit zum Widerspruch gegeben wurde, etwa weil gar kein Hinweis erteilt wurde, der Hinweis fehlerhaft oder irreführend war oder auch weil z.B. ein Verstoß gegen Art. 6 EMRK vorlag, etwa wegen nicht eingehaltener Absprachen. Hier sollte der Verteidiger in der Rechtsbeschwerdebegründung den Wortlaut des Hinweises oder möglicherweise erhobener Bedingungen im Wortlaut mit Eingangsdatum dokumentieren.

12 Interessant ist in diesem Zusammenhang das Detail, dass im Gegensatz zur Rechtsbeschwerde gegen ein Urteil dem Gericht hier die volle Akte zur Prüfung zur Verfügung steht, während sonst nur Rechtsbeschwerdebegründung und Urteil herangezogen werden dürfen.[4]

▼

13 **Muster 39.4: Rechtsbeschwerde gegen Beschluss**

An das Amtsgericht

Sehr geehrte ,

hiermit lege ich namens und mit Vollmacht des Betroffenen **Rechtsbeschwerde** gegen den Beschluss des Amtsgerichts vom ein und beantrage die Aufhebung des angefochtenen Beschlusses sowie den Freispruch des Betroffenen, hilfsweise die Zurückverweisung der Sache an das zuständige Amtsgericht zur erneuten Verhandlung und Entscheidung.

Die Rechtsbeschwerde begründe ich mit der Rüge der Verletzung formellen und materiellen Rechts wie folgt:

1. Sachrüge: Das hier im tatrichterlichen Urteil festgestellte Verhalten des Betroffenen erfüllt weder den Bußgeldtatbestand nach §§ 49, 37 Abs. 2 StVO noch nach §§ 49, 2 Abs. 1 StVO. Auch sonst ist keine Verletzung eines Bußgeldtatbestandes ersichtlich. Im Grundsatz noch zutreffend ist der Ansatz des Amtsgerichts, dass das Umfahren einer Lichtzeichenanlage einen Rotlichtverstoß darstellen kann. Zu dem durch die Lichtzeichenanlage geschützten Bereich gehört der gesamte Kreuzungs- oder Einmündungsbereich, wobei außer der Fahrbahn auch die parallel verlaufenden Randstreifen, Parkstreifen, Radwege oder Fußwege diesem Bereich zuzuordnen sind. Vor diesem Hintergrund ist in der Rechtsprechung anerkannt, dass derjenige, der die Fahrbahn vor einer für ihn Rotlicht zeigenden Ampelanlage verlässt und diese über den Gehweg, Randstreifen, Parkstreifen, Radweg oder eine Busspur umfährt, um hinter der Ampelanlage in dem durch sie geschützten Bereich wieder auf die Fahrbahn aufzufahren, sich eines Rotlichtverstoßes schuldig macht (OLG Hamm, Beschl. v. 25.4.2002 – 2 Ss OWi 222/02 = NStZ-RR 2002, 250). Gleiches gilt, wenn jemand auf einer Fahrbahn mit mehreren durch Leitlinien bzw. Fahrstreifenbegrenzungen und Richtungspfeile markierten Fahrstreifen mit jeweils eige-

---

[4] OLG Frankfurt, Beschl. v. 6.2.2002 – 2 Ss-OWi 51/02 = NStZ-RR 2002, 219; NK-GVR/*Krumm*, § 79 OWiG Rn 51.

C. Rechtsbeschwerde gegen die Entscheidung im Beschlussweg § 39

ner Lichtzeichenregelung auf der durch Grünlicht freigegebenen Geradeausspur in eine Kreuzung einfährt und nach Überfahren der Haltlinie auf den durch Rotlicht gesperrten Fahrstreifen für Linksabbieger wechselt (BayObLG, Beschl. v. 27.6.2000 – 1 ObOWi 257/00 = NZV 2000, 422).

Das Rotlicht verbietet dagegen nicht, vor der Ampelanlage abzubiegen und einen nicht durch die Lichtzeichenanlage geschützten Bereich zu befahren, etwa auf einen Parkplatz oder – wie hier – ein Tankstellengelände einzufahren. Ebenso wenig untersagt es, von einem nicht durch die Signalanlage geschützten Bereich auf den hinter dieser, durch sie also geschützten Verkehrsraum zu fahren; denn das Rotlicht wendet sich selbstverständlich nur an denjenigen Verkehrsteilnehmer, der es – in seiner Fahrtrichtung gesehen – vor sich findet. Mit einer solchen Vorgehensweise nutzt der Verkehrsteilnehmer lediglich eine Lücke, die es ihm ermöglicht, sich außerhalb der Reichweite des Haltegebots fortzubewegen. Das auch ansonsten zulässige und nicht bußgeldbewehrte Verhalten des Auffahrens und Verlassens eines Privatgrundstücks wird nicht dadurch zur Ordnungswidrigkeit, dass es durch die Vermeidung des Anhaltens vor einer Rotlicht zeigenden Lichtzeichenanlage motiviert ist. Die oben geschilderte Gefährdungslage ist bei einer solchen Verhaltensweise nicht gegeben. Vielmehr ist lediglich die Gefährdungslage des (grundsätzlich aber erlaubten) Ein- und Ausfahrens auf ein bzw. von einem Privatgrundstück gegeben, was aber durch die Wechsellichtzeichenanlage nicht vermindert werden soll. Diese Gefährdungslagen werden durch andere Verkehrsvorschriften hinreichend geregelt (vgl. BGH, Beschl. v. 27.6.1985 – 4 StR 766/84 = zfs 1985, 284).

Auch ein Verstoß gegen § 2 Abs. 1 StVO kann in der Verhaltensweise des Betroffenen nicht gesehen werden. Ein Kraftfahrer, der vor einer Straßenkreuzung die Fahrbahn verlässt, um über ein neben der Straße gelegenes Tankstellengelände die Querstraße schneller zu erreichen, verstößt nicht deshalb gegen das Gebot der Fahrbahnbenutzung in § 2 Abs. 1 StVO, weil er dazu den Gehweg überqueren muss. Weitere Verstöße gegen bußgeldrechtliche Vorschriften sind nicht erkennbar (OLG Hamm, Beschl. v. 2.7.2013 – 1 RBs 98/13 = NZV 2013, 512).

2. Verfahrensrüge: Des Weiteren wird die Entscheidungsfindung des Gerichts durch Beschluss nach § 72 OWiG als verfahrensfehlerhaft gerügt. Vorliegend bestand kein Einverständnis des Betroffenen mit einer Entscheidung im schriftlichen Verfahren. Der Widerspruch des Betroffenen wurde bereits im ersten Bestellungsschreiben des Verteidigers vom ▬▬▬ unter gleichzeitiger Übersendung einer Verteidigungs- und Vertretungsvollmacht gegenüber der Verwaltungsbehörde erhoben. Die diesbezügliche Erklärung lautet: ▬▬▬ *(Wortlaut der Erklärung und des Widerspruchs ausführen)*. Dieses Schreiben ist bei der Verwaltungsbehörde am ▬▬▬ ausweislich des Posteingangsstempels Bl. ▬▬▬ d.A. eingegangen und wurde zusammen mit der Bußgeldakte dem Gericht nach § 69 OWiG übersandt und ging dort ausweislich des Posteingangsstempels Bl. ▬▬▬ d.A. am ▬▬▬ ein. Der gerichtliche Hinweis nach § 72 Abs. 1 S. 2 OWiG erfolgte dennoch und ohne weitere Sachausführungen, die möglicherweise den Betroffenen zu einem Umdenken hätten bewegen können, mit Verfügung vom ▬▬▬, ausgeführt am ▬▬▬, zu finden auf Bl. ▬▬▬ d.A. Der Hinweis lautet ▬▬▬ *(Wortlaut ausführen)*.

Das Gericht hätte auf dieser Grundlage zum einen keine Entscheidung nach § 72 OWiG außer einem Freispruch treffen dürfen (OLG Hamm, Beschl. v. 27.10.2011 – 1 RBs 177/11 = zfs 2012, 231; OLG Hamm, Beschl. v. 10.6.2013 – 1 RBs 57/13 = zfs 2013, 653), der Betroffene seinerseits musste nicht erneut widersprechen (OLG Jena, Beschl. v. 20.1.2006 – 1 Ss 298/05 = VRS 111, 143).

▲

D. Die Verfahrensrüge

14 Für die Verfahrensrüge sind die revisionsrechtlichen Anforderungen der §§ 344, 345 StPO einzuhalten. Dies stellt beinahe die höchste Hürde für eine erfolgreiche Verfahrensrüge dar, wenn es um die zulassungsfreie Rechtsbeschwerde geht. Die Vielzahl von Fehlerquellen ist dabei unerschöpflich, so dass die folgenden Muster lediglich exemplarisch Ansätze für Formulierungen vorschlagen können.

▼

15 **Muster 39.5: Rechtsbeschwerde: Sachrüge und Verfahrensrüge**

An das Amtsgericht

Sehr geehrte ,

hiermit lege ich namens und mit Vollmacht des Betroffenen **Rechtsbeschwerde** gegen das Urteil des Amtsgerichts vom ein und beantrage die Aufhebung des angefochtenen Urteils sowie die Zurückverweisung der Sache an das zuständige Amtsgericht zur erneuten Verhandlung und Entscheidung.

Die Rechtsbeschwerde begründe ich mit der Rüge der Verletzung formellen und materiellen Rechts wie folgt:

1. Sachrüge: Das Gericht hat die auf dem Messbild enthaltenen Messdaten, anhand derer die Tatbegehung durch den Betroffenen ausweislich der Beweiswürdigung des angefochtenen Urteils nachgewiesen werden soll, nicht in rechtmäßiger Weise im Urteil verwertet. In der Beweiswürdigung wird davon gesprochen, dass die Geschwindigkeitsdaten auf dem Messbild Bl. d.A. enthalten seien, auf welches „gemäß § 267 Abs. 1 S. 3 StPO verwiesen wird". Dies ist unzulässig. Nur auf Augenscheinsobjekte, also die Abbildung an sich, kann verwiesen werden. Daten und Texte innerhalb eines Bildes wie hier in dem Messbild müssen verlesen werden. Auf diesem Mangel beruht das Urteil auch. Denn eine anderweitige Quelle für die Höhe der gemessenen Geschwindigkeit hat das Gericht im Urteil nicht angegeben. Dafür spricht auch das Protokoll der Hauptverhandlung, das auf S. 4 vermerkt, dass das „Lichtbild Bl. d.A. in Augenschein genommen" wurde. (vgl. OLG Hamm, Beschl. v. 7.1.2009 – 3 Ss OWi 948/08 NStZ-RR 2009, 151; OLG Hamm, Beschl. v. 20.3.2012 – 3 RBs 438/11 = jurisPR-VerkR 1/2013 Anm. 6)

2. Verfahrensrüge: Bezüglich der Verletzung formellen Rechts wird die Ablehnung des Beweisantrags der Verteidigung auf sachverständige Überprüfung der Messung gerügt, welcher in der Hauptverhandlung des Amtsgerichts am direkt nach Eröffnung der Beweisaufnahme gestellt wurde. Dieser lautete *(Hier Wiedergabe des gesamten Beweisantrags)*.

Nachdem der genannte Beweisantrag gestellt und als Anlage zum Hauptverhandlungsprotokoll gereicht wurde, hat das Gericht den Antrag durch Beschluss nach § 77 Abs. 2 Nr. 1 OWiG zurückgewiesen. *(Vollständige Wiedergabe des Beschlusses)*

Dieser Beschluss ist unrichtig, weil bereits die Ablehnungsvoraussetzungen zum Zeitpunkt der Ablehnung nicht vorlagen. Voraussetzung der vereinfachten Ablehnung nach § 77 Abs. 2 Nr. 1 OWiG ist insbesondere, dass eine Beweisaufnahme bereits stattgefunden hat. Dies war aber nicht der Fall. Denn der als Zeuge vernommene Messbeamte ▓▓▓▓ ist erst nach Ablehnung des Beschlusses überhaupt in den Sitzungssaal gerufen worden. Dies ist ersichtlich aus der chronologischen Protokollierung, welche die Verteidigung beantragt hatte. Das Protokoll der Hauptverhandlung lautet bezüglich des Ablaufs der Beweisaufnahme: ▓▓▓▓ *(Hier Inhalt des Protokolls wiedergeben).*

Zudem war auch, worauf das Gericht später im Urteil abstellt, die Ablehnung des Beschlusses inhaltlich sowohl nach § 77 Abs. 2 Nr. 1 OWiG, aber auch nach § 244 StPO unrechtmäßig gewesen. Wird – wie hier – die fehlerhafte Durchführung der in der Gebrauchs- bzw. Bedienungsanleitung des Herstellers vorgeschriebenen Funktionstests des Geschwindigkeitsmessgeräts behauptet, besteht die Aufklärungspflicht des Gerichts gemäß § 77 Abs. 1 S. 1 OWiG fort. Eine Befreiung von dem Verbot der Beweisantizipation nach § 77 Abs. 2 Nr. 1 OWiG ist dann nicht gegeben. Denn die von der Rechtsprechung aufgestellten Grundsätze für so genannte standardisierte Messverfahren gelten nur dann, wenn das jeweilige Messgerät vom Bedienungspersonal auch standardmäßig, das heißt, im geeichten Zustand, seiner Bauartzulassung entsprechend und gemäß der vom Hersteller mitgegebenen Bedienungs- bzw. Gebrauchsanweisung verwendet worden ist, und zwar nicht nur beim eigentlichen Messvorgang, sondern auch und gerade bei dem ihm vorausgegangenen Gerätetest (Brandenburgisches OLG, Beschl. v. 21.6.2012 – (2 B) 53 Ss-OWi 237/12 (155/12) – juris). Nur durch diesen Test kann mit der für eine spätere Verurteilung ausreichenden Sicherheit festgestellt werden, ob das Gerät in seiner konkreten Aufstellsituation tatsächlich mit der vom Richter bei standardisierten Messverfahren vorausgesetzten Präzision arbeitet und so eine zuverlässige Entscheidungsgrundlage zur Verfügung stellt (vgl. OLG Koblenz, Beschl. v. 12.8.2005 – 1 Ss 141/05 = DAR 2006, 101; OLG Celle, Beschl. v. 26.6.2009 – 311 SsBs 58/09 = NZV 2010, 414).

Die Verteidigung hat in ihren Beweisanträgen, die oben wiedergegeben wurden, konkret und substantiiert dargelegt, dass der Messbeamte den vorgeschriebenen Display- bzw. Visiertest nicht entsprechend den Herstellerangaben in der Bedienungs- bzw. Gebrauchsanweisung für das Messgerät Riegl VG 21-T durchgeführt hat. Das Amtsgericht hat die Beweisanträge mit der Begründung zurückgewiesen, dass die Funktionsweise des Messgeräts und die durchzuführenden Tests bei dem vorliegenden verwendeten Messgerät dem Gericht aus unzähligen Verfahren gerichtsbekannt seien. Zudem habe der Messbeamte ▓▓▓▓, der als Zeuge vernommen worden sei, ausführliche Angaben zu der durchgeführten Messung nebst den durchgeführten Tests gemacht. Danach seien die Tests und auch die Messung einwandfrei durchgeführt worden. Es bedürfe daher weder der Einsicht in die Bedienungsanleitung, noch der Einholung eines Sachverständigengutachtens.

Das Amtsgericht hat in seinen Urteilsgründen jedoch keine Feststellungen getroffen, welche konkreten Anforderungen der Hersteller an die Durchführung des Funktionstest stellt, wie sie vom Bedienungspersonal ordnungsgemäß durchzuführen sind und ob insbesondere der Messbeamte die entsprechenden Herstellervorgaben tatsächlich eingehalten hat. Auch hat es keine Feststellungen getroffen, ob die vorgeschriebenen Tests nach jedem Anhaltevorgang bzw. Standortwechsel vorgenommen worden sind.

§ 39 Rechtsbeschwerde

Es hat auch nicht hinreichend dargelegt, dass der Amtsrichter aus eigener Sachkunde in der Lage ist zu beurteilen, dass die Funktionstests einwandfrei durchgeführt worden sind. Hierzu lassen die Urteilsgründe vermissen, ob dem Tatgericht tatsächlich die Bedienungsanleitung für das vorliegende Gerät bekannt war. Das Amtsgericht hat zudem keine Feststellungen getroffen, ob insbesondere für die Durchführung des Tests der Visiereinrichtung die Entfernungsvorgaben des Herstellers eingehalten worden sind.

Wegen der konkreten und substantiierten Behauptungen des Verteidigers des Betroffenen zur Fehlerhaftigkeit des Display- und Visiertests durch den Messbeamten sowie der nicht hinreichend belegten eigenen Sachkunde des Tatrichters hat es jedenfalls nahe gelegen, der beantragten Beweiserhebung nachzugehen oder aber weitere Feststellungen zur ordnungsgemäßen Durchführung des Funktionstests zu treffen, etwa durch Beiziehung der Gebrauchs- und Bedienungsanleitung für das verwendete Laser-Messgerät.

Beides ist unterblieben, so dass die erfolgte Ablehnung der Beweisanträge gegen die Aufklärungspflicht des Gerichts nach § 77 Abs. 1 Satz 1 OWiG verstößt.

39.6

16 **Muster 39.6: Rechtsbeschwerde: Verfahrensrüge Entbindungsantrag**

An das Amtsgericht

Sehr geehrte ,

hiermit lege ich namens und mit Vollmacht des Betroffenen Rechtsbeschwerde gegen das den Einspruch verwerfende Urteil des Amtsgerichts vom ein und beantrage die Aufhebung des angefochtenen Urteils sowie die Zurückverweisung der Sache an das zuständige Amtsgericht zur erneuten Verhandlung und Entscheidung.

Die Rechtsbeschwerde begründe ich mit der Rüge der Verletzung formellen und materiellen Rechts wie folgt:

1. *(Sachrüge)*
2. Zur Verfahrensrüge wird wie folgt ausgeführt: Gerügt wird die verfahrensfehlerhafte Nichtentbindung des Betroffenen vom persönlichen Erscheinen in der Hauptverhandlung vom , welche zugleich einen Verstoß gegen den Anspruch auf Gewährleistung des rechtlichen Gehörs des Betroffenen darstellt.

Gegen den Betroffenen erging am ein Bußgeldbescheid der Zentralen Bußgeldstelle , in welchem eine Geldbuße von 160 EUR sowie ein Fahrverbot von 1 Monat Dauer bei Gewährung der 4-monatigen Schonfrist nach § 25 Abs. 2a StVG angeordnet wurden. Der Bußgeldbescheid lautet einschließlich des darin umschriebenen Tatvorwurfs wie folgt: *(Hier Details aufführen)*

Hiergegen hat der Betroffene mit Schreiben des unterzeichnenden Verteidigers vom Einspruch eingelegt. Der Schriftsatz befindet sich auf Bl. d.A. und lautet: *(Hier Details aufführen)*

In einem weiteren Schriftsatz, nach Terminierung der Hauptverhandlung auf den , hat der Betroffene mit Schreiben des unterzeichnenden Verteidigers vom , Bl. d.A., die Fahrereigenschaft eingeräumt und angekündigt, keine weiteren Angaben zur Sache oder zur Person zu machen. Das Schreiben lautet: *(Hier Details aufführen)*.

D. Die Verfahrensrüge § 39

Gleichzeitig wurde eine schriftliche Verteidigungs- und Vertretungsvollmacht zu den Akten gereicht, Bl. ▓▓▓ d.A. Die Vollmacht lautet: ▓▓▓ *(Hier Details aufführen).*

Diesen Antrag hat das Amtsgericht mit Beschl. v. ▓▓▓ zurückgewiesen und mitgeteilt, der Betroffene müsse in der Hauptverhandlung Angaben zu möglichen Härtegründen bzgl. der Anordnung des Fahrverbots machen. Weitere Gründe wurden nicht aufgeführt. ▓▓▓ *(Hier Details aufführen)*

Die Hauptverhandlung wurde am ▓▓▓ durchgeführt. Weder der Betroffene noch der Verteidiger sind erschienen. Es erging das angefochtene Verwerfungsurteil nach § 74 Abs. 2 OWiG. Das Urteil wurde dem Verteidiger am ▓▓▓ zugestellt und verhält sich nicht zum Entbindungsantrag des Betroffenen. Es lautet in Tenor und Gründen: ▓▓▓ *(Hier Details aufführen).*

Das ergangene Urteil hätte nicht ergehen dürfen. Denn das Gericht hätte den Betroffenen auf seinen Antrag hin entbinden müssen, § 73 Abs. 2 OWiG. Der Grundsatz des rechtlichen Gehörs verpflichtet das Gericht, die Ausführungen der Verfahrensbeteiligten zur Kenntnis zu nehmen und in seine Erwägungen einzubeziehen. Eine Gehörsverletzung kann festgestellt werden, wenn das Gericht nach den Umständen des Falles das Vorbringen eines Betroffenen nicht zur Kenntnis genommen oder bei seiner Entscheidung ersichtlich nicht in Erwägung gezogen hat. Der Anspruch auf Gewährung rechtlichen Gehörs ist demnach auch verletzt, wenn das Gericht über den Antrag des Betroffenen auf Entbindung von der Pflicht zum persönlichen Erscheinen in der Hauptverhandlung nicht oder ohne eine auf § 73 Abs. 2 OWiG zurückführbare Begründung ablehnend entscheidet und sich auch im Urteil mit den Gründen, die zur Rechtfertigung des Antrags geltend gemacht wurden, nicht befasst.

Der Betroffene hat mit Schriftsatz eine abschließende Einlassung zum Tatvorwurf abgegeben. Er hat beantragt, ihn von der Verpflichtung zum persönlichen Erscheinen in der Hauptverhandlung zu entbinden und angekündigt, darüber hinaus in der Hauptverhandlung keine weiteren Angaben machen zu wollen. Den Entbindungsantrag hat das Gericht durch Beschluss mit der Begründung zurückgewiesen, die Anwesenheit des Betroffenen in der Hauptverhandlung sei zur Aufklärung der Sach- und Rechtslage erforderlich. Das Amtsgericht hätte aber den Betroffenen bei Gewährung des rechtlichen Gehörs in Bezug auf seinen Entpflichtungsantrag nicht als säumig im Sinne des § 74 Abs. 2 OWiG behandeln dürfen, sondern dem Antrag entsprechen müssen.

Der Tatrichter hat nämlich dem Antrag nach § 73 Abs. 2 OWiG stattzugeben, wenn die gesetzlichen Voraussetzungen der Entbindung vorliegen, wenn sich also der Betroffene zur Sache geäußert oder erklärt hat, er werde sich in der Hauptverhandlung nicht äußern, und seine Anwesenheit zur Sachverhaltsaufklärung nicht erforderlich ist. Gründe, die eine Ablehnung des Entpflichtungsantrags rechtfertigen konnten, lagen hier ersichtlich nicht vor, nachdem der Betroffene seine Fahrereigenschaft eingeräumt und erklärt hatte, dass er weitere Angaben zur Sache in der Hauptverhandlung nicht machen werde. Unter diesen Umständen konnte das Erscheinen in der Hauptverhandlung nur noch ausnahmsweise zur Sachaufklärung erforderlich sein. Anhaltspunkte für eine solche Fallgestaltung – wie etwa die mögliche Überleitung des Bußgeldverfahrens in ein Strafverfahren – sind nicht erkennbar. Die rein spekulative Erwägung, der Betroffene werde in der Hauptverhandlung vielleicht doch Angaben machen, kann eine Aufklärungserwartung und damit die Ablehnung des Entpflichtungsantrags nicht begründen. Daher reicht die theoretische Möglichkeit, der Betroffene werde seinen Entschluss zum Schweigen in der Hauptverhandlung überdenken, nicht aus, dem Betroffenen die Entbindung von der Pflicht zum Erscheinen zu verweigern (OLG Frankfurt, Beschl. v. 8.3.2000 – 2 Ws (B) 133/00 OWiG = zfs 2000, 226; OLG Köln, Beschl. v. 16.10.2012 – 1 RBs 265/12 = NZV 2013, 50). Ebenso wenig kann die Ablehnung damit begründet werden, die Anwesenheit sei erforderlich um aufzuklären, ob der Betroffene sich in der Hauptverhandlung äußere oder nicht (BayObLG, Beschl. v. 27.12.2000 – 1 ObOWi 618/00 = DAR 2001, 371).

Auf diese Weise ist auch der Sachvortrag der Verteidigung zum Angriff der verfahrensgegenständlichen Messung, der nach § 74 Abs. 1 S. 2 OWiG in die Hauptverhandlung einzuführen gewesen wäre, unberücksichtigt geblieben. *(Hier Details aufführen)*

▲

E. Die Zulassungsrechtsbeschwerde

17 Abschließend sollen noch ein paar Besonderheiten für den Verteidiger bei der Zulassungsrechtsbeschwerde kursorisch aufgezeigt werden. Zu unterscheiden ist stets zwischen Verfahrensfehlern und der Verletzung des rechtlichen Gehörs.

I. Allgemeines

18 Der Betroffene kann grundsätzlich frei entscheiden, welchen von mehreren Verfahrensverstößen er mit der Rechtsbeschwerde beanstanden möchte. Demgemäß ist auch die Rechtsbeschwerde gegen ein bußgeldrechtliches Verwerfungsurteil weder auf die Rüge der Verletzung des § 74 Abs. 2 OWiG beschränkt noch in sonstiger Weise von der (gleichzeitigen) Erhebung einer entsprechenden Verfahrensrüge abhängig.[5]

19 Wird der Antrag auf Zulassung der Rechtsbeschwerde als unzulässig oder als unbegründet verworfen, ist auch die Anfechtung der Kosten- und Auslagenentscheidung mit der sofortigen (Kosten-)Beschwerde mangels Statthaftigkeit unzulässig.[6]

20 Die Zulassung zur Fortbildung des Rechts wird nur in den seltensten Fällen vorgenommen.[7] Das Übersehen oder Übergehen der Verjährung an sich ist bspw. kein Zulassungsgrund. Dies wird schon durch das Gesetz selbst klargestellt und auch die Rechtsprechung hat es zuletzt mehrfach bestätigt.[8] Die Zulassung der Rechtsbeschwerde dient nicht der Herstellung von Einzelfallgerechtigkeit[9] und oftmals geht es nur um Tatsachenfragen und nicht um solche der Rechtsfortbildung.[10] Ausnahmen finden sich dennoch.[11]

---

5 OLG Bamberg, Beschl. v. 8.3.2013 – 2 Ss OWi 1451/12 – juris.
6 OLG Bamberg, Beschl. v. 18.12.2014 – 3 Ss OWi 1446/14 = zfs 2015, 53.
7 Vgl. als solche Ausnahme OLG Hamm, Beschl. v. 22.12.2014 – 3 RBs 264/14 = zfs 2015, 712.
8 OLG Rostock, Beschl. v. 16.12.2014 – 21 Ss OWi 208/14 (Z) = VRS 128, 43; OLG Köln, Beschl. v. 21.2.2014 – 1 RBs 37/14 = jurisPR-VerkR 12/2014 Anm. 6; OLG Hamm, Beschl. v. 14.4.2015 – 1 RBs 65/15 = jurisPR-VerkR 22/2015 Anm. 5.
9 OLG Hamm, Beschl. v. 5.6.2014 – 1 RBs 85/14 – juris.
10 Vgl. auch OLG Hamm, Beschl. v. 20.12.1994 – 4 Ss OWi 1102/94 = NJW 1995, 2937.
11 OLG Celle, Beschl. v. 23.7.2015 – 2 Ss (OWi) 206/15 = zfs 2015, 710.

II. Der Zulassungsantrag im Zusammenhang mit §§ 73, 74 OWiG

1. Behauptung: Entbindung hätte gewährt werden müssen

Die rechtsfehlerhafte Verweigerung der Entbindung des Betroffenen vom persönlichen Erscheinen ist zunächst ein Verfahrensfehler, ebenso wie das daraufhin ergehende Verwerfungsurteil verfahrensfehlerhaft ist.[12] Hinzukommen kann noch ein Verstoß gegen das rechtliche Gehör.

Der Verteidiger leistet mit der Darlegung, er habe über eine „Vertretungs- und Verteidigungsvollmacht" verfügt, einen ausreichenden Vortrag zur besonderen Vertretungsmacht für die Stellung eines Entbindungsantrags nach § 73 Abs. 2 OWiG.[13] Das OLG Hamm[14] ergänzte diese Rechtsprechung dergestalt, dass zur ordnungsgemäßen Begründung der Verfahrensrüge der Vortrag gehört, dass dem Verteidiger, der den Entpflichtungsantrag gestellt hat, eine schriftliche Vertretungsvollmacht erteilt und diese dem Gericht nachgewiesen war, was auch das KG Berlin so entschieden hatte.[15] Diese Verfahrensrüge muss zudem aufzeigen, aus welchen Gründen der Tatrichter von seiner Anwesenheit in der Hauptverhandlung einen Beitrag zur Aufklärung des Sachverhalts unter keinen Umständen hätte erwarten dürfen.[16] Erforderlich ist des Weiteren die Mitteilung des genauen Inhalts wenigstens derjenigen Schriftsätze, Einlassungen oder sonstigen Stellungnahmen und Eingaben einschließlich der durch sie bedingten gerichtlichen Reaktionen (etwa zu Fragen der Terminierung oder zur Notwendigkeit der Durchführung einer Hauptverhandlung in Anwesenheit des Betroffenen), aus denen sich der Verstoß gegen § 74 Abs. 2 OWiG entnehmen lassen soll.[17] Der BGH hat dabei der Variante, den Sachvortrag durch Einkopieren der Aktenbestandteile in die Begründungsschrift vorzunehmen, eine klare Absage erteilt.[18] Es kann nicht auf diesem Umweg dem Rechtsbeschwerdegericht die Aufgabe erteilt werden, sich aus dem Akteninhalt die Verfahrensfehler zusammenzusuchen.

Auch ist darzulegen, welcher Sachvortrag, der nach § 74 Abs. 1 S. 2 OWiG in die Hauptverhandlung einzuführen gewesen wäre, infolge der Einspruchsverwerfung unberücksichtigt geblieben ist.[19] Dem Rügevortrag muss jedenfalls dann, wenn nicht ein Sonderfall vorliegt, zu entnehmen sein, ob und gegebenenfalls wie sich der Betroffene im Falle seiner Anhörung geäußert bzw. den Tatvorwurf bestritten hätte.[20]

---

12 OLG Karlsruhe, Beschl. v. 5.6.2012 – 2 (6) SsRs 279/12 = jurisPR-VerkR 3/2013 Anm. 5.
13 OLG Hamm, Beschl. v. 13.7.2011 – 4 RBs 193/11 = jurisPR-VerkR 5/2012 Anm. 5.
14 OLG Hamm, Beschl. v. 23.5.2014 – 5 RBs 70/14 = zfs 2015, 52.
15 KG Berlin, Beschl. v. 11.1.2011 – 3 Ws (B) 12/11 = VRS 120, 200; KG Berlin, Beschl. v. 27.3.2015 – 3 Ws (B) 148/15 – juris.
16 OLG Zweibrücken, Beschl. v. 20.12.2010 – 1 SsBs 29/09 – juris.
17 OLG Bamberg, Beschl. v. 4.7.2011 – 3 Ss OWi 606/11 = DAR 2012, 88.
18 BGH, Beschl. v. 14.4.2014 – 2 StR 42/10 – juris.
19 OLG Düsseldorf, Beschl. v. 4.4.2011 – 3 RBs 52/11 = SVR 2011, 343.
20 OLG Bamberg, Beschl. v. 4.7.2011 – 3 Ss OWi 606/11 = DAR 2012, 88.

2. Behauptung: Mandant war genügend entschuldigt

24 Wenn gerügt werden soll, dass der Betroffene doch genügend entschuldigt gewesen sein soll, müssen genaue Angaben zur angeblich doch genügenden Entschuldigung vorgetragen werden.[21] Im Fall der behaupteten ausreichenden Entschuldigung erfordert die formgerechte Begründung der Verfahrensrüge, dass der Betroffene die die Entschuldigung begründenden bestimmten Tatsachen so schlüssig vorträgt, dass sich die Verhinderung zum Terminszeitpunkt aufgrund der konkreten Umstände im Einzelnen für das Rechtsbeschwerdegericht erschließt. Hierzu gehören im Krankheitsfall die jedenfalls nach allgemeinem Sprachgebrauch zu benennende Art der Erkrankung, die aktuell bestehende Symptomatik und die Darlegung der daraus zur Terminszeit resultierenden konkreten körperlichen oder geistigen Beeinträchtigungen.[22]

25 Das KG Berlin[23] entschied, dass sich, soweit mögliche Entschuldigungsgründe dem angefochtenen Urteil nicht zu entnehmen sind, der Umfang der Darlegungspflicht der Rechtsbeschwerde dergestalt erweitert, dass das Gericht die geltend gemachten Entschuldigungsgründe zum Zeitpunkt der Verwerfungsentscheidung bereits gekannt hat oder hätte bei pflichtgemäßer Vorgehensweise kennen müssen, aber versäumt hat, sich mit diesen auseinander zu setzen.

3. Sonderfall: keine volle Verfahrensrüge erforderlich

26 Nur in wenigen Sonderfällen muss keine volle Verfahrensrüge erhoben werden. Dies betrifft zunächst den Fall des übergangenen Entbindungsantrags.[24] Das OLG Dresden[25] entschied: Bescheidet das Gericht den vom Betroffenen rechtzeitig vor der Hauptverhandlung gestellten Entbindungsantrag nicht und befasst es sich auch im Verwerfungsurteil in keiner Weise mit dem Antrag, so liegt darin eine Verletzung des Anspruchs auf rechtliches Gehör. Auf den in der Rechtsbeschwerdebegründung fehlenden Vortrag, was der Betroffene im Falle seine Anhörung zur Sache ausgeführt hätte, kommt es in diesem Fall nicht an; das Ersturteil ist wegen des Verfahrensfehlers aufzuheben.

27 Ebenfalls anerkannt als Sonderfall, in welchem eine volle Verfahrensrüge nicht erhoben werden muss, ist das nicht beachtete Entschuldigungsvorbringen.[26] Soll die Verletzung rechtlichen Gehörs darin liegen, dass erhebliches Verteidigungsvorbringen nicht zur Kenntnis genommen und berücksichtigt worden ist, so kommt es für die Beruhensfrage nämlich nicht darauf an, was der Betroffene noch weiter hätte vortragen können, sondern nur darauf, ob das nicht berücksichtigte Verteidigungsvorbringen entscheidungserheblich sein konnte. Die Versagung des rechtlichen Gehörs liegt in einem solchen Fall in der

---

21 OLG Hamm, Beschl. v. 6.9.2011 – 3 RBs 212/11 = NZV 2012, 197.
22 OLG Hamm, Beschl. v. 23.8.2012 – 3 RBs 170/12 = jurisPR-VerkR 15/2013 Anm. 5.
23 KG Berlin, Beschl. v. 28.10.2013 – (4) 161 Ss 198/13 (229/13) – juris.
24 OLG Rostock, Beschl. v. 27.4.2011 – 2 Ss (OWi) 50/11 I 63/11 = jurisPR-VerkR 13/2011 Anm. 4.
25 OLG Dresden, Beschl. v. 24.7.2013 – OLG 21 Ss 551/13 (Z) = NZV 2013, 613.
26 KG Berlin, Beschl. v. 10.3.2011 – 3 Ws (B) 78/11 = NZV 2011, 620; KG Berlin, Beschl. v. 10.11.2011 – 3 Ws (B) 529/11 = jurisPR-VerkR 17/2012 Anm. 4; a.A. BayObLG, Beschl. v. 9.7.1998 – 1 ObOWi 309/98 = NZV 1999, 99, wo eine vollumfängliche Verfahrensrüge gefordert wird.

Nichtberücksichtigung des Entschuldigungsvorbringens, nicht darin, dass dem Betroffenen die Möglichkeit genommen wird, sich zu den im Bußgeldbescheid erhobenen Vorwurf zu äußern, und auch nicht darin, dass durch unzulässige Einspruchsverwerfung die Einlassung des Betroffenen zur Sache unberücksichtigt bleibt.

Umstritten ist die Konstellation, wenn das Amtsgericht übersieht, dass es den Betroffenen vom persönlichen Erscheinen entbunden hatte und den Einspruch dennoch nach § 74 Abs. 2 OWiG verwirft. Dann bedarf es zur Begründung des Antrages auf Zulassung der Rechtsbeschwerde nach einer Ansicht keiner Darlegung dazu, welcher Sachvortrag infolge der Verwerfung des Einspruchs nicht berücksichtigt worden ist.[27] Denn der Vergleich mit dem schlicht übergangenen Entbindungsantrag ergibt ja, dass bei bereits erfolgter Entbindung schon der Vortrag erbracht wurde, warum die Anwesenheit des Betroffenen unnötig sein würde und gerade kein weiterer Sachvortrag im Termin erfolgen werde. Das OLG Brandenburg[28] fordert in dieser Konstellation hingegen, dass die Rüge darzulegen habe, welcher Sachvortrag einzuführen gewesen wäre und infolge der Verwerfung des Einspruchs unberücksichtigt geblieben ist. Ansonsten sei die Rechtsbeschwerde nicht zulässig erhoben.[29]

4. Verletzung des rechtlichen Gehörs

Neben reinen Verfahrensfehlern muss der Verteidiger wie schon oben angemerkt auch ein besonderes Augenmerk auf die Verletzung des rechtlichen Gehörs legen. Schon der Umstand, dass einem Antrag auf Entbindung von der Verpflichtung zum persönlichen Erscheinen objektiv hätte entsprochen werden müssen, begründet neben dem schon oben genannten Verfahrensfehler zusätzlich die Verletzung des rechtlichen Gehörs.[30] Dabei kann der Antrag auch durch Auslegung zu ermitteln sein.[31] Der Anspruch auf Gewährung rechtlichen Gehörs ist ebenso verletzt, wenn das Gericht über den Antrag des Betroffenen auf Entbindung nicht oder ohne eine auf § 73 Abs. 2 OWiG zurückführbare Begründung ablehnend entscheidet und sich auch im Urteil mit den Gründen, die zur Rechtfertigung des Antrags geltend gemacht wurden, nicht befasst.[32] Wird der Einspruch des Betroffenen verworfen, ohne dass über einen rechtzeitig gestellten Antrag entschieden worden ist, liegt ebenfalls ein Gehörsverstoß vor.[33] Auch die Nichtberücksichtigung substantiierten Vorbringens des Betroffenen zur Richtigkeit des gegen ihn erhobenen Schuldvorwurfs verstößt bei rechtsfehlerhafter Verwerfung des Einspruchs nicht nur gegen einfaches Verfahrensrecht, sondern enthält auch eine Verletzung des rechtlichen Gehörs.[34]

---

27 OLG Oldenburg, Beschl. v. 11.8.2011 – 2 SsRs 192/11 = NZV 2011, 563.
28 OLG Brandenburg, Beschl. v. 26.6.2014 – (2 Z) 53 Ss-OWi 249/14 (135/14) = VRS 127, 38.
29 Anschluss OLG Düsseldorf, Beschl. v. 4.4.2011 – 3 RBs 52/11 = VRS 120, 343; entgegen OLG Oldenburg, Beschl. v. 11.8.2011 – 2 SsRs 192/11 = NZV 2011, 563.
30 OLG Hamm, Beschl. v. 13.7.2011 – 4 RBs 193/11 = jurisPR-VerkR 5/2012 Anm. 5.
31 OLG Bamberg, Beschl. v. 23.5.2014 – 3 Ss OWi 596/14 = StraFo 2014, 466.
32 OLG Köln, Beschl. v. 16.10.2012 – 1 RBs 265/12 = NZV 2013, 50.
33 OLG Zweibrücken, Beschl. v. 5.1.2012 – 1 SsBs 45/11 = zfs 2012, 229.
34 OLG Bamberg, Beschl. v. 29.8.2012 – 3 Ss OWi 1092/12 = DAR 2013, 90.

§ 39 Rechtsbeschwerde

30 Gleichermaßen gilt beim Abwesenheitsverfahren, so das OLG Dresden,[35] dass die Rechtsbeschwerde wegen der Versagung rechtlichen Gehörs zuzulassen und das erstinstanzliche Urteil aufzuheben ist, wenn der Betroffene entbunden war und die Entscheidungsgründe des Urteils keine Auseinandersetzung mit dem schriftsätzlichen Sachvortrag des Verteidigers des Betroffenen erkennen lassen.

31 Aber auch wenn ein Terminsverlegungsantrag des Betroffenen unsachgemäß abgelehnt wird,[36] stellt das nachfolgende Verwerfungsurteil eine Verletzung des rechtlichen Gehörs dar.[37] Während das OLG Hamm entschieden hatte, dass die Ablehnung eines auf die Verhinderung des Verteidigers gestützten Terminsaufhebungs- oder -verlegungsantrages als solche den Schutzbereich des Art. 103 Abs. 1 GG nicht berührt, so dass ein Verwerfungsurteil in diesem Fall nur verfahrensfehlerhaft wäre,[38] hat demgegenüber das OLG Dresden[39] entschieden, dass eine Versagung rechtlichen Gehörs (des Betroffenen) durchaus gegeben sein kann. Beachten muss der Verteidiger jedoch, dass es ggf. erforderlich sein kann, substantiiert zu dem behaupteten kollidierenden Termin vorzutragen.[40] Zum notwendigen Vorbringen bei der Rüge eines Verstoßes gegen § 218 StPO nach ergangenem Verwerfungsurteil gehört, dass der Verteidiger nicht auf anderem Wege noch vor der Verhandlung Kenntnis von dem Termin erlangt hat.[41]

---

[35] OLG Dresden, Beschl. v. 5.8.2014 – OLG 21 Ss 511/14 (Z) = DAR 2014, 708.
[36] Vgl. hierzu OLG Frankfurt, Beschl. v. 20.2.2014 – 3 Ws 172/14 = NStZ-RR 2014, 250; OLG Braunschweig, Beschl. v. 20.1.2012 – Ss (OWiZ) 206/11 – juris.
[37] OLG Bamberg, Beschl. v. 4.3.2011 – 2 Ss OWi 209/11 = StraFo 2011, 232.
[38] OLG Hamm, Beschl. v. 12.11.2012 – 3 RBs 253/12 – juris.
[39] OLG Dresden, Beschl. v. 12.2.2013 – Ss 911/12 (Z) = zfs 2013, 530.
[40] OLG Schleswig, Beschl. v. 15.7.2014 – 1 Ss OWi 116/14 (133/14) = zfs 2015, 172.
[41] OLG Celle, Beschl. v. 2.4.2012 – 322 SsBs 84/12 = NZV 2012, 351.

§ 40 Wiedereinsetzung in den vorigen Stand

Dr. Benjamin Krenberger

A. Wiedereinsetzung in die Einspruchsfrist

Für den Verteidiger können sich in verschiedenen Stadien des Bußgeldverfahrens Gelegenheiten ergeben, den Rechtsbehelf der Wiedereinsetzung in den vorigen Stand zu nutzen. 1

Der Wiedereinsetzungsantrag kann nach § 52 OWiG bei der Verwaltungsbehörde gestellt werden, wenn dort der Einspruch bereits als verfristet angesehen wird. Ist die Sache bereits bei Gericht anhängig, ist das Gericht für den Wiedereinsetzungsantrag bezüglich des Einspruchs zuständig. Ebenfalls ist das Gericht zuständig, wenn gegen die Entscheidung über den verspäteten Einspruch nach § 70 OWiG der Antrag auf Wiedereinsetzung gestellt wird. 2

Die Wiedereinsetzung kann von Amts wegen gewährt werden, der Antrag kann auch stillschweigend positiv beschieden werden. Wenn das Gericht den Antrag auf Wiedereinsetzung verwirft, muss auch zugleich über den nachgeholten Rechtsbehelf entschieden werden. 3

Die Wirkung der Wiedereinsetzung ist, dass der verspätete Rechtsbehelf als rechtzeitig angesehen wird und das Verfahren so fortgesetzt wird, als ob die Frist nicht versäumt worden wäre. Das bedeutet: Die Rechtskraft des Bußgeldbescheides entfällt ohne weiteres bzw. die Entscheidungen nach §§ 69 oder 70 OWiG werden beseitigt, ohne dass es einer förmlichen Aufhebung bedarf. Weitere Konsequenz: Die Frist zur Verfolgungsverjährung beginnt neu, sofern sie noch nicht abgelaufen war und sofern nicht Vollstreckungsverjährung eingetreten war. 4

Der Verteidiger muss zudem bei der Verwaltungsbehörde bzw. wenn die Sache schon bei Gericht ist, bei diesem zeitgleich Vollstreckungsaufschub beantragen, denn die Vollstreckung des Bußgeldbescheides wird durch den Wiedereinsetzungsantrag nicht gehemmt. 5

Gegen den Beschluss, der den Antrag auf Wiedereinsetzung verwirft, ist die sofortige Beschwerde statthaft. Entscheidungsbefugt ist die Kammer für Bußgeldsachen beim Landgericht. 6

B. Wiedereinsetzung bezüglich der versäumten Widerspruchsfrist nach § 72 OWiG

Gegen die seitens des Gerichts mit mindestens 2 Wochen zu bemessende Frist zur Erklärung über den Widerspruch gegen die Entscheidung im Beschlussweg ist nach § 72 Abs. 2 S. 2 Hs. 1 OWiG die Wiedereinsetzung in den vorigen Stand vorgesehen. Wird 7 der zugleich mit der Rechtsbeschwerde eingelegten Wiedereinsetzung stattgegeben, liegt ein Hindernis für die Entscheidung im schriftlichen Verfahren vor, der Beschluss ist hinfällig und es muss Termin zur Hauptverhandlung bestimmt werden.

8 Der Verteidiger muss für die Fristberechnung dabei genau beachten, an wen die Aufforderung zur Erklärung zugestellt wurde: Denn in einer Wiedereinsetzungsentscheidung des LG Duisburg[1] wurde klargestellt, dass es für die zweiwöchige Frist zur Einlegung eines Widerspruchs gegen eine Entscheidung durch Beschluss bei fehlender schriftlicher Vollmacht des Verteidigers auf den Eingang des Anhörungsschreibens beim Betroffenen ankommt.

C. Wiedereinsetzung bezüglich des versäumten Hauptverhandlungstermins

9 Voraussetzung für eine erfolgreiche Wiedereinsetzung bezüglich der versäumten Hauptverhandlung ist, dass der Betroffene von der Ladung zum Termin unverschuldet keine Kenntnis hatte oder ohne Verschulden an der Hauptverhandlung nicht teilnehmen konnte.[2]

10 Der Betroffene kann gem. § 74 Abs. 4 OWiG sowohl gegen das Urteil nach § 74 Abs. 1 OWiG, also das Abwesenheitsverfahren, als auch gegen das Urteil nach § 74 Abs. 2 OWiG, also das Verwerfungsurteil, beim Amtsgericht Wiedereinsetzung in den vorigen Stand beantragen. Über diese Möglichkeit ist er auch explizit zu belehren, § 74 Abs. 4 S. 2 OWiG.

11 Auf den ersten Blick verwundert dabei die Möglichkeit der Wiedereinsetzung bei versäumtem Abwesenheitsverfahren. Immerhin geschieht die Entbindung doch explizit auf Antrag des Betroffenen. Hier aber ist das Korrelat des Anwesenheitsrechts zu beachten: Entscheidet sich der Betroffene, doch an der Hauptverhandlung teilnehmen zu wollen, stehen ihm natürlich die Rechte wie demjenigen zu, der nicht von der Erscheinenspflicht entbunden worden ist.

12 Wichtig dabei ist, dass der Verteidiger gleichzeitig die Rechtsbeschwerde einlegt bzw. deren Zulassung beantragt: Die beiden Rechtsbehelfe stehen selbstständig nebeneinander.[3]

13 Die Gründe für die Wiedereinsetzung sind glaubhaft zu machen. Dies entspricht nicht dem Vollbeweis, sondern die Wahrscheinlichkeit der Richtigkeit der Tatsachen ist für das entscheidende Gericht relevant. Eine Arbeitsunfähigkeitsbescheinigung wird nur in

---

1 LG Duisburg, Beschl. v. 10.1.2013 – 69 Qs – 371 Js 1538/12 – 92/12 – juris.
2 Göhler/*Seitz*, 16. Aufl. 2012, § 74 Rn 47; KK OWiG/*Senge*, 4. Aufl. 2014, § 74 Rn 45.
3 BGH, Beschl. v. 20.3.1992 – 2 StR 371/91 = NJW 1992, 2494; zum Verhältnis der beiden Rechtsbehelfe vgl. OLG Koblenz, Beschl. v. 1.6.2004 – 1 Ss 311/03 = NStZ-RR 2004, 374, und KK OWiG/*Senge*, § 74 Rn 50.

C. Wiedereinsetzung bezüglich des versäumten Hauptverhandlungstermins § 40

Ausnahmefällen ausreichen,[4] in der Regel werden Angaben zur Art der Erkrankung gefordert.[5]

Die falsche Information des Verteidigers über die zu erwartende Verlegung des Hauptverhandlungstermins hilft im Wiedereinsetzungsverfahren nicht über die Verschuldensfrage hinweg. Denn ohne positive Kenntnis davon, ob einem Verlegungsantrag (des Verteidigers oder des Betroffenen selbst) entsprochen und der Termin aufgehoben worden ist, treffen den Betroffenen eine Erkundigungspflicht und auch ein Mitverschulden an der Versäumung der Hauptverhandlung, wenn er nicht erscheint.[6] Dies schließt eine Wiedereinsetzung in der Regel aus. Soweit ältere Entscheidungen gegenteilig zitiert werden, sollte sich der Verteidiger hierauf nicht unbedingt verlassen.[7]

14

Der Betroffene muss für den Vortrag im Wiedereinsetzungsverfahren beachten, dass dort neue Tatsachen vorgetragen werden.[8] Dies können aber ausnahmsweise auch Tatsachen sein, die dem Gericht zwar bekannt gewesen sind oder hätten bekannt sein müssen, und die das Gericht deshalb in seiner Entscheidung auch hätte würdigen müssen, wenn die Urteilsgründe jedoch keine inhaltliche Auseinandersetzung mit ihnen enthalten.[9]

15

Das LG Berlin[10] erläuterte zum Wiedereinsetzungsantrag gegen ein Verwerfungsurteil, dass dieser nicht auf solche Tatsachen gestützt werden kann, die das erkennende Gericht bereits im Verwerfungsurteil als nicht ausreichenden Entschuldigungsgrund gewürdigt hat. Dies gilt auch dann, wenn mit dem Wiedereinsetzungsantrag weitere Tatsachen vorgetragen werden, die den Zweck haben, den bereits gewürdigten Entschuldigungsgrund zu ergänzen, zu verdeutlichen und glaubhaft zu machen.

16

▼

Muster 40.1: Wiedereinsetzungsantrag

17

An das Amtsgericht

Sehr geehrte ,

in der Bußgeldsache Az. **beantrage** ich dem Betroffenen wegen Versäumung des Hauptverhandlungstermins am Wiedereinsetzung in den vorigen Stand zu gewähren.

Zugleich lege ich gegen das am ergangene Verwerfungsurteil **Rechtsbeschwerde** ein, die ich mit gesondertem Schriftsatz begründen werde.

Den Antrag auf Wiedereinsetzung begründe ich wie folgt:

Den auf den bestimmten Hauptverhandlungstermin konnte der Betroffene krankheitsbedingt nicht wahrnehmen, war mithin in seinem Fernbleiben entschuldigt. Er war in einer Weise erkrankt, die es ihm weder erlaubte, die Reise zum Gericht anzutreten, noch

---

[4] LG Zweibrücken, Beschl. v. 13.8.2004 – Qs 79/04 = VRS 107, 314.
[5] LG Gießen, Beschl. v. 25.4.2012 – 7 Qs 51/12 – juris; OLG Hamm, Beschl. v. 23.8.2012 – 3 RBs 170/12 = jurisPR-VerkR 15/2013 Anm. 5, zur Rechtsbeschwerde.
[6] LG Dresden, Beschl. v. 25.2.2010 – 5 Qs 159/09 – juris.
[7] Vgl. Göhler/*Seitz*, OWiG, § 74 Rn 47.
[8] LG Gießen, Beschl. v. 25.4.2012 – 7 Qs 51/12 – juris.
[9] LG Berlin, Beschl. v. 20.5.2011 – 533 Qs 30/11 = VRS 121, 336.
[10] LG Berlin, Beschl. v. 28.2.2013 – 517 Qs 98/12 = VRS 124, 157.

§ 40 Wiedereinsetzung in den vorigen Stand

es ihm zumutbar machte, einer Verhandlung beizuwohnen. [Hier Details zur Erkrankung] Den am Tag der Hauptverhandlung direkt gestellten Terminsverlegungsantrag konnte die Verteidigung insofern noch nicht mit einem ärztlichen Attest unterlegen, denn der Betroffene sah sich gesundheitlich erst am Folgetag in der Lage überhaupt einen Arzt aufzusuchen, welcher am Hauptverhandlungstag auch nicht zu einem Hausbesuch kommen konnte. Als Anlage zum Antrag wird das ärztliche Attest überreicht, das neben der bereits beschriebenen Erkrankung auch die zeitliche Angabe des den Betroffenen einschränkenden Zustands benennt. Das Attest lautet: *(Wortlaut hier wiedergeben).*

(*Optional*: Sollte die Krankheit nicht im Wortlaut auf dem Attest wiedergegeben werden, sondern als Kürzel nach dem ICD-10, muss eine aus allgemein zugänglichen Quellen herrührende Decodierung beigefügt werden.)

Durch die nun vorliegende attestierte Erkrankung wird die Angabe der Erkrankung des Betroffenen sowie des entschuldigten Fernbleibens auch glaubhaft gemacht, sodass Wiedereinsetzung zu gewähren und ein neuer Hauptverhandlungstermin zu bestimmen sein wird.

▲

D. Wiedereinsetzung in die Rechtsbeschwerdefristen

18 Schließlich wird die Wiedereinsetzung im Rechtsbeschwerdeverfahren typischerweise herangezogen bei unklarer oder falscher Belehrung oder bei fehlerhafter Zustellung des erstinstanzlichen Urteils. Allerdings wurde hier auch schon entschieden, dass eine Wiedereinsetzung nicht in Betracht kommt, wenn der Betroffene trotz absehbarer Zustellung eine Urlaubsreise antritt, ohne einen Verteidiger oder Zustellungsbevollmächtigten zu benennen, der fristwahrend Rechtsbeschwerde einlegen könnte. Aber Vorsicht: Wer mit Einlegung der Rechtsbeschwerde bereits die Sachrüge erhebt, hat das Rechtsmittel bereits begründet und kann später keine Wiedereinsetzung für die Verfahrensrügebegründung erlangen.

§ 41 Vollstreckung

Dr. Benjamin Krenberger

A. Vorbemerkung

Wie in jedem Rechtsgebiet muss der Rechtsanwalt die Bedürfnisse des Mandanten auch über die Hauptverhandlung hinaus bedienen. Dazu gehören im Verkehrsordnungswidrigkeitenrecht maßgeblich Anträge betreffend die Vollstreckung des Fahrverbots, §§ 103, 104 OWiG. 1

B. Überlange Fahrverbotsdauer

▼
Muster 41.1: Gerichtliche Entscheidung/Gnadengesuch Fahrverbotsdauer 2
An die Vollstreckungsbehörde ▓▓▓▓

Sehr geehrte ▓▓▓▓,
hiermit wird namens und im Auftrag des Betroffenen **beantragt**, gem. §§ 103, 104 OWiG eine gerichtliche Entscheidung herbeizuführen mit dem Antrag festzustellen, dass das einmonatige Fahrverbot aus dem Urteil des Amtsgerichts ▓▓▓▓ vom ▓▓▓▓ nur für zwei Wochen vollstreckt werden darf, konkret bis zum ▓▓▓▓.

Hilfsweise wird der Antrag desselben Inhalts als **Gnadenantrag** bei der Vollstreckungsbehörde mit der Bitte um entsprechende Verbescheidung gestellt.

Begründung:

Wie bereits in der Hauptverhandlung erörtert und auch in den Urteilsgründen erwähnt muss der Betroffene aufgrund anderweitiger strafrechtlicher Verurteilung (Amtsgericht ▓▓▓▓, Urt. v. ▓▓▓▓, Aktenzeichen ▓▓▓▓) derzeit ein Fahrverbot nach § 44 StGB von insgesamt drei Monaten Dauer verbüßen. Das Urteil ist als **Anlage** beigefügt, ggf. mögen die Akten bei der Staatsanwaltschaft ▓▓▓▓ zum hiesigen Verfahren beigezogen werden. Das dort verhängte Fahrverbot endet ausweislich der Rechtskraft der Entscheidung am ▓▓▓▓, was in ca. zwei Wochen der Fall sein wird.

Parallel hierzu wird jedoch auch das bußgeldrechtliche Fahrverbot vollstreckt, welches jedoch noch über den genannten Zeitpunkt hinausläuft und erst nach dem ▓▓▓▓ enden wird. Dies würde eine Anschlussvollstreckung begründen, welche die Gesamtlaufzeit des Fahrverbots auf mehr als drei Monate verlängern würde. Dies übersteigt den Denkzettelcharakter der Nebenfolge Fahrverbot.

Dies widerspricht mithin nicht nur der Intention des Gesetzgebers, sondern findet auch entsprechende Einschränkungen in der – spärlich vorhandenen – Kommentarliteratur (Göhler/*Gürtler*, 16. Aufl., § 20 OWiG Rn 8; *Krumm*, Fahrverbot in Bußgeldsachen, 3. Aufl., S. 481).

§ 41 Vollstreckung

Deswegen wird beantragt, gerne im Wege der Abhilfe oder im Wege des Gnadenerweises, ansonsten durch gerichtliche Entscheidung, das bußgeldrechtliche Fahrverbot nicht über den ▓▓▓▓ hinaus zu vollstrecken, um dem Betroffenen kein Fahrverbot von insgesamt mehr als drei Monaten zuzumuten.

▲

C. Nichtberücksichtigung von Zeiten der Sicherstellung der Fahrerlaubnis

▼

Muster 41.2: Fehlende Anrechnung

An die Vollstreckungsbehörde ▓▓▓▓

Sehr geehrte ▓▓▓▓,

hiermit wird namens und im Auftrag des Betroffenen **beantragt**, gem. §§ 103, 104 OWiG eine gerichtliche Entscheidung herbeizuführen mit dem Antrag festzustellen, dass das einmonatige Fahrverbot aus dem Urteil des Amtsgerichts ▓▓▓▓ vom ▓▓▓▓ durch die Sicherstellung des Führerscheins des Betroffenen in der Zeit vom ▓▓▓▓ bis zum ▓▓▓▓ bereits für die Dauer von ▓▓▓▓ Tagen anrechenbar vollstreckt ist.

Begründung:

Ausweislich der der Vollstreckungsbehörde vorliegenden Bußgeldakte wurde der Betroffene mit im Antrag näher bezeichnetem Urteil zu einer Geldbuße von 160 EUR verurteilt, zudem wurde ein Fahrverbot von einmonatiger Dauer angeordnet. Das Verfahren war allerdings anfangs als Strafverfahren mit dem Anfangsverdacht des Verstoßes gegen § 315c StGB geführt und der Führerschein des Betroffenen für die im Antrag genannte Dauer von ▓▓▓▓ Tagen gemäß § 94 StPO zunächst sichergestellt worden. In einem solchen Fall schreibt § 25 Abs. 6 S. 3 StVG die Anrechnung der Dauer der Sicherstellung auf das bußgeldrechtliche Fahrverbot vor, wenn nicht besondere Gründe entgegenstehen. Dies ist hier nicht der Fall. Der Betroffene hat die Verurteilung nach § 24a StVG hingenommen, nachdem er den Einspruch ohnehin schon auf die Rechtsfolgen beschränkt, damit also die volle Verantwortung für den Verstoß übernommen hatte.

Im genannten Urteil hat das Gericht jedoch die Frage der Anrechnung schlicht übersehen, mithin weder tenoriert noch in den Urteilsgründen angesprochen. Aus der Nichterwähnung der Anrechnung kann gerade nicht geschlossen werden, dass das Gericht eine Nichtanrechnung ausgesprochen hätte. Denn auch hierzu finden sich keine weiteren Ausführungen, was im Fall der Nichtanrechnung aber nicht einmal ausreichen würde (vgl. BGH, Beschl. v. 12.10.1977 – 2 StR 410/77 = BGHSt 27, 287).

Die insoweit eingetretene Erledigung des Fahrverbots für die Dauer von ▓▓▓▓ Tagen möge entsprechend gerichtlich festgestellt werden, gerne bereits im Wege der behördlichen Abhilfe.

D. Parallelvollstreckung von Fahrverboten

Bei der Parallelvollstreckung von Fahrverboten sind drei klassische Konstellationen zu unterscheiden, Fahrverbote ohne Schonfrist, mit Schonfrist und Mischfälle. Ohne Schonfrist ist die Parallelvollstreckung anerkannt.[1] Mit Schonfrist ist die Parallelvollstreckung schon gesetzlich ausgeschlossen, § 25 Abs. 2a S. 2 StVG, selbst bei gleichzeitig eintretender Rechtskraft. Allerdings sprechen weiterhin etliche Amtsgerichte etwas anderes aus.[2] Für die Mischfälle erläuterte zuletzt das OLG Hamm[3] die gegenläufigen Positionen und sprach sich aufgrund einer an Wortlaut und Gesetzesmaterialien orientierten Auslegung gegen die Parallelvollstreckung in Mischfällen aus. Allerdings stehen dem weiterhin amtsgerichtliche Entscheidungen gegenüber, die auch in Mischfällen eine Parallelvollstreckung zulassen. Mangels eröffneten Wegs zu den Oberlandesgerichten wird es deshalb weiterhin dem regionalen Zufall überlassen bleiben, ob der Verteidiger eine Parallelvollstreckung erwirken kann.

▼

Muster 41.3: Parallelvollstreckung zweier Fahrverbote

An die Vollstreckungsbehörde

Sehr geehrte ,

hiermit wird namens und im Auftrag des Betroffenen **beantragt**, gem. §§ 103, 104 OWiG eine gerichtliche Entscheidung herbeizuführen mit dem Antrag festzustellen, dass das mit Bußgeldbescheid der Zentralen Bußgeldstelle /Urteil des Amtsgerichts vom angeordnete Fahrverbot von einem Monat Dauer ohne Schonfrist am begonnen hat und somit am enden und seine Erledigung gefunden haben wird.

Begründung:

Gegen den Betroffenen wird seit dem ein zweimonatiges Fahrverbot nach § 44 StGB vollstreckt, das im Urteil des Amtsgerichts vom , Az. , wegen eines Vergehens nach § 240 StGB neben einer Geldstrafe angeordnet wurde. Der Führerschein des Betroffenen wurde nach Eintritt der Rechtskraft des strafrechtlichen Urteils am zwecks Vollstreckung des Fahrverbots für die Dauer der zwei Monate abgegeben. Drei Wochen nach Beginn der Vollstreckung wurde das bußgeldrechtliche Fahrverbot, das im Antrag näher bezeichnet wurde, unanfechtbar rechtskräftig, so dass der Betroffene mit anwaltlichem Schriftsatz die Parallelvollstreckung des einmonatigen Fahrverbots anzeigte, um dieses noch vor Ablauf des zweimonatigen Fahrverbots zu erledigen.

Nachdem eine Rückmeldung Ihrer Behörde vom nun ergeben hat, dass hier fälschlicherweise die Regelung des § 25 Abs. 2a StVG verallgemeinert wird, besteht – auch aufgrund der sonst drohenden Anschlussvollstreckung des bußgeldrechtlichen Fahrverbots – das dringende Bedürfnis einer gerichtlichen Klärung. Denn es entspricht seit je her der Rechtsprechung und auch der Gesetzeslage, dass Fahrverbote ohne

---

1 Vgl. Göhler/Seitz, 16. Aufl. 2012, § 90 Rn 31b; BayObLG, Urt. v. 20.7.1993 – 2St RR 81/93 = NZV 1993, 489; s.a. OLG Hamm, Beschl. v. 30.4.2015 – 3 RBs 116/15 = DAR 2015, 535; Seutter, DAR 2015, 428; Krumm, zfs 2013, 368.
2 Vgl. Anm. zu AG Saarbrücken, Beschl. v. 19.12.2014 – 22 OWi 394/14 = zfs 2015, 591.
3 OLG Hamm, Beschl. v. 8.10.2015 – 3 RBs 254/15 = DAR 2016, 32.

§ 41 Vollstreckung

Schonfrist parallel nebeneinander vollstreckt werden können (vgl. zuletzt OLG Hamm, Beschl. v. 8.10.2015 – 3 RBs 254/15 = DAR 2016, 32). Selbstverständlich kann die Weiterleitung der Akte an das Amtsgericht bei interner antragsgemäßer Abhilfe unterbleiben.

§ 42 Schreiben an den Mandanten

Dr. Benjamin Krenberger

Ob und in welcher Form der Verteidiger den Mandanten informiert und aufklärt, ist stets vom Einzelfall abhängig, insbesondere wie verständig oder aufgeklärt der Mandant ist, ob Haftungsrisiken bestehen oder ob Gestaltungsspielräume genutzt werden können. Die als exemplarische Muster vorgestellten Anschreiben an den Mandanten sind deshalb nur ein kleiner Ausschnitt aus der Vielfalt von Mitteilungsmöglichkeiten, die der Verteidiger nutzen kann.

▼

Muster 42.1: Anschreiben vor Einspruch

An den Mandanten

Sehr geehrter Herr ▮▮▮▮,

zwischenzeitlich sollten Sie den Bußgeldbescheid der ▮▮▮▮ erhalten haben. Es wurde ein Bußgeld von 160,00 EUR (Regelbuße) sowie ein Fahrverbot von einem Monat Dauer (Regelfahrverbot) samt der so genannten Schonfrist angeordnet. Hinzu kommen die Gebühren und Auslagen, so dass der Gesamtbetrag 188,50 EUR beträgt. Mit Rechtskraft des Bußgeldbescheides würden zwei Punkte im Fahreignungsregister eingetragen werden.

Wir haben den Akteninhalt besprochen. Ich hatte Ihnen erklärt, dass es sich um ein so genanntes standardisiertes Messverfahren handelt und für mich keine Messfehler erkennbar sind. Wir haben dann darüber gesprochen, ob gegebenenfalls versucht werden solle, vom Fahrverbot abzusehen. Sie sagten, das Fahrverbot würde Sie nicht stören. Wir waren so verblieben, dass wir den Bußgeldbescheid abwarten.

Es besteht die Möglichkeit, innerhalb von zwei Wochen nach Zustellung des Bußgeldbescheides (▮▮▮▮) Einspruch gegen diesen einzulegen. Der Einspruch muss schriftlich oder zur Niederschrift bei der Zentralen Bußgeldstelle eingelegt werden. Die Frist ist nur gewahrt, wenn er vor Ablauf dieser Frist bei der Behörde eingegangen ist. Es genügt nicht, dass der Einspruch rechtzeitig abgeschickt worden ist.

Hinsichtlich des Fahrverbotes gilt, dass Sie das Fahrverbot nicht sofort antreten müssen, sondern spätestens mit Ablauf von vier Monaten seit der Rechtskraft. Dann tritt das Fahrverbot automatisch in Kraft. Sollten Sie dann ein Fahrzeug im Straßenverkehr führen, begehen Sie unter Umständen eine **Straftat**.

Aufgrund unseres Gespräches gehe ich zwar zuvorderst davon aus, dass ich dem Grunde nach ohne Ihren konkreten Auftrag keinen Einspruch einlegen soll. Bitte bestätigen Sie mir dies **binnen einer Woche**. Sollten Sie Ihre Meinung nun doch geändert haben, d.h. soll doch Einspruch eingelegt werden, so bitte ich Sie um Ihre rechtzeitige Rückmeldung, ebenfalls **binnen Wochenfrist**.

§ 42 Schreiben an den Mandanten

Vorsorglich weise ich darauf hin, dass ich, sollten wider Erwarten Verzögerungen auf dem Postweg oder in der sonstigen Kommunikation eintreten, auch ohne konkreten Auftrag zunächst fristwahrend Einspruch gegen den Bußgeldbescheid einlegen werde, um Ihre Rechte zu wahren.

(Kanzleiverfügung:

Frist für Einspruch notieren)

3   **Muster 42.2: Anschreiben vor Hauptverhandlungstermin**

An den Mandanten

Sehr geehrter Herr ▓▓▓,

zwischenzeitlich hat mich der Landkreis ▓▓▓ darüber informiert, dass die Angelegenheit an die Staatsanwaltschaft ▓▓▓ abgegeben worden ist. Hieraus lässt sich schließen, dass der Landkreis ▓▓▓ den Einspruch nicht für begründet hält und ihm nicht abhilft. Das Schreiben des Landkreises erhalten Sie als **Anlage** zu diesem Schreiben zu Ihrer Information und weiteren Verwendung.

Die Staatsanwaltschaft wird die Akte an das zuständige Amtsgericht ▓▓▓ weiterleiten. Von dort aus ist mit der Terminierung eines Hauptverhandlungstermins in Kürze zu rechnen. Hierüber werde ich Sie unterrichtet halten. Rechnen Sie jedoch damit, dass auch Sie eine persönliche Ladung formell zugestellt bekommen werden.

Sollten Sie an dem anberaumten Termin aus besonderen Gründen nicht teilnehmen können, setzen Sie sich baldmöglich mit mir in Verbindung, um ggf. Verlegungsanträge stellen oder Entschuldigungsgründe vortragen zu können. Es kann sein, dass Sie z.B. bei einer Erkrankung ein ärztliches Attest vorlegen müssen und das Gericht dessen Richtigkeit bei dem Sie behandelnden Arzt nachprüft.

Wir hatten uns im Rahmen der ersten Besprechung auch über die unzureichende Qualität des Messfotos unterhalten und auch deshalb zunächst gar keine Einlassung abgegeben. Ich gehe davon aus, dass wir diese Strategie zunächst beibehalten und auch in der Hauptverhandlung – zunächst – auf die fehlende Identifizierbarkeit des Fahrers setzen. Eine Gewähr für das Gelingen dieses Vorgehens ist natürlich nicht gegeben, sodass wir auch schon über weitere Einwendungen gegen den Vorwurf und die zugrunde liegende Messung gesprochen hatten.

Sollte Ihnen aus persönlichen Gründen allerdings das weitere Schweigen zur Fahrereigenschaft unangenehm oder unrecht sein, teilen Sie mir dies baldmöglichst mit. Die Fahrereigenschaft kann immer noch eingeräumt werden. Dann kann ich für Sie sogar die Entbindung von der Pflicht des persönlichen Erscheinens in der Hauptverhandlung erwirken, sodass Sie an einer Hauptverhandlung gar nicht teilnehmen müssten.

Für Rückfragen stehe ich gerne zur Verfügung.

Muster 42.3: Anschreiben wegen Beweismitteln

An den Mandanten

Sehr geehrter Herr ▓▓▓,

nach inzwischen erfolgter Rücksprache mit dem Gericht wäre der zuständige Richter bereit, in Ihrem Fall von der Anordnung des Fahrverbots gegen Verdoppelung der Geldbuße abzusehen, wenn Sie binnen der nächsten drei Monate an einer verkehrspsychologischen Nachschulung teilnehmen. Ausweislich des diesem Schreiben beigefügten Internetausdrucks des Anbieters ▓▓▓ würde dies für Sie die Teilnahme an drei Einzelsitzungen zu je ▓▓▓ Minuten sowie Gesamtkosten von ▓▓▓ EUR bedeuten, die zusätzlich zu der Geldbuße und den Verfahrenskosten entstehen würden.

Sie müssen nun abwägen, ob Ihnen dieser zeitliche und monetäre Aufwand zu viel ist und sie lieber nach Möglichkeiten suchen, das Fahrverbot anzutreten. Denn der vorliegende Fall bietet nach meiner Einschätzung, die ich Ihnen in der Besprechung bereits erläutert hatte, keine Erfolg versprechenden Angriffspunkte. Ihre persönliche Situation erlaubt auch nicht, mit einer unverhältnismäßigen Härte zu argumentieren, da Sie die Auswirkungen des Fahrverbots durch Urlaubnahme, familiäre Unterstützung und Nutzung des ÖPNV abfedern könnten.

Bitte teilen Sie mir Ihre Entscheidung spätestens binnen zwei Wochen mit, damit ich dem Gericht mitteilen kann, ob eine Hauptverhandlung terminiert werden muss.

Für Rückfragen stehe ich gerne zur Verfügung.

Muster 42.4: Anschreiben wegen Fahrverbot

An den Mandanten

Sehr geehrter Herr ▓▓▓,

in unserem letzten Telefonat hatten Sie mir mitgeteilt, dass ein Absehen vom Fahrverbot gegen Erhöhung der Geldbuße für Sie nicht in Betracht käme. Sie wollten das Fahrverbot daher antreten. Den Einspruch gegen den Bußgeldbescheid habe ich daher auftragsgemäß zurückgenommen. Der Bußgeldbescheid ist somit rechtskräftig. Bitte zahlen Sie die Geldbuße nebst den Verfahrenskosten direkt an den Landkreis ▓▓▓.

Zum Fahrverbot beachten Sie bitte was folgt:

Im Bußgeldbescheid vom ▓▓▓ wurde bestimmt, dass das Fahrverbot nicht mit der Rechtskraft der Bußgeldentscheidung, sondern erst dann wirksam wird, wenn der Führerschein beim Landkreis ▓▓▓ in amtliche Verwahrung gelangt, spätestens jedoch nach Ablauf von vier Monaten seit Eintritt der Rechtskraft. Man spricht hier von der so genannten „Schonfrist".

Es steht Ihnen nunmehr frei, **innerhalb** von vier Monaten das Fahrverbot anzutreten. Dies geschieht dergestalt, dass der Führerschein in **amtliche Verwahrung** (Landkreis ▓▓▓) gelangen muss. Erst wenn er in amtliche Verwahrung gelangt ist, beginnt auch zeitgleich das Fahrverbot! Zum Ablauf des Fahrverbotes wird Ihnen der Landkreis ▓▓▓ dann den Führerschein zurückschicken.

Bitte beachten Sie, dass das Fahrverbot automatisch wirksam wird, wenn Sie innerhalb der Ihnen zugebilligten Frist von vier Monaten den Führerschein nicht übersandt oder abgeliefert haben. Eine separate Benachrichtigung erhalten Sie dann nicht. Sollten Sie nach Ablauf von vier Monaten ein Fahrzeug im Straßenverkehr führen, begehen Sie eine Straftat, nämlich gem. § 21 StVG das Fahren ohne Fahrerlaubnis. Sie haben dann mit einer Strafe zu rechnen. Deshalb empfiehlt es sich, dass Sie den Antritt des Fahrverbotes genau planen.

Wegen der weiteren Einzelheiten verweise ich auch auf die Hinweise des Landkreises im Bußgeldbescheid vom , dort auf der Rückseite.

Für die Mandatierung und das in mich gesetzte Vertrauen darf ich mich bei Ihnen bedanken.

6 Muster 42.5: Anschreiben nach Urteil

An den Mandanten

Sehr geehrter Herr ,

zwischenzeitlich sollten Sie über die Staatsanwaltschaft ▨ das Urteil des Amtsgerichts ▨ erhalten haben. Die Staatsanwaltschaft dürfte Sie zur Zahlung aufgefordert haben. Ich empfehle, dass Sie der Zahlungsaufforderung nachkommen.

Bitte überweisen Sie auch die Kosten des Verfahrens. Im Anschluss bitte ich darum, dass Sie mir eine Kopie zur Verfügung stellen. Ich werde diese dann an Ihren Rechtsschutzversicherer weiterleiten und darum bitten, Ihnen die Kosten des Verfahrens zu erstatten.

Kapitel 3: Gebühren im Straf- und Bußgeldrecht

§ 43 Gebühren des Anwalts in Strafsachen

Jens Dötsch

A. Grund- und Verfahrensgebühr

Die Vergütung des Anwalts als Wahlverteidiger in Strafsachen richtet sich nach Teil 4 des Vergütungsverzeichnisses des Rechtsanwaltsvergütungsgesetzes (VV RVG). Der Anwalt als Wahlverteidiger erhält für die erstmalige Einarbeitung in den Rechtsfall die Grundgebühr nach Nr. 4100 VV RVG.

Die Bestimmung der angemessenen Gebühr erfolgt unter Berücksichtigung der Kriterien aus § 14 RVG nach billigem Ermessen. Für ein Abweichen von der grundsätzlich in Ansatz zu bringenden Mittelgebühr genügt es, dass eines der dort genannten Kriterien überdurchschnittlich ist.

Des Weiteren erhält der Anwalt für die außergerichtliche Tätigkeit die Verfahrensgebühr nach Nr. 4104 VV RVG. Wird das Mandat erst nach Zustellung eines Strafbefehls an den Mandanten oder nach Zustellung einer Anklageschrift erteilt, liegt keine außergerichtliche Tätigkeit mehr vor, so dass die Gebühr Nr. 4104 VV RVG nicht mehr berechnet werden kann.

B. Terminsgebühr nach Nr. 4102 VV RVG

In verkehrsstrafrechtlichen Verfahren selten, aber möglich, ist der Anfall einer Terminsgebühr für die Teilnahme an einem Termin außerhalb der Hauptverhandlung (Nr. 4102 VV RVG).

C. Weitere Verfahrensgebühr

Geht die Strafsache in ein gerichtliches Verfahren über, erhält der Verteidiger eine weitere Verfahrensgebühr, deren Höhe davon abhängt, welches Gericht zuständig ist. Im Verfahren vor dem Amtsgericht fällt eine Gebühr zwischen 40 EUR und 290 EUR (Nr. 4106 VV RVG) an. Ist das Landgericht zuständig, liegt die Verfahrensgebühr zwischen 50 EUR und 320 EUR (Nr. 4112 VV RVG).

D. Terminsgebühr für die Teilnahme an der Hauptverhandlung

Auch die Höhe der Terminsgebühr bemisst sich danach, vor welchem Gericht der Hauptverhandlungstermin stattfindet, wobei für jeden Termin die Gebühr erneut entsteht. Für die Teilnahme an einer Hauptverhandlung vor dem Amtsgericht fallen 70 EUR bis 480 EUR an. Die Terminsgebühr für landgerichtliche Verhandlungen liegt zwischen 80 EUR und 560 EUR (Nr. 4114 VV RVG) und für Termine vor dem Oberlandesgericht, dem Schwurgericht oder der Strafkammer nach den §§ 74a und 74c GVG zwischen 130 EUR und 930 EUR (Nr. 4120 VV RVG).

Nach Vorb. 4 Abs. 3 fällt die Terminsgebühr auch dann an, wenn der Anwalt zu einem anberaumten Termin erscheint, dieser aber aus Gründen, die er nicht zu vertreten hat, nicht stattfindet.[1]

E. Zusätzliche Gebühr

5   Nach Nr. 4141 VV RVG entsteht in folgenden vier Fällen eine zusätzliche Gebühr in Höhe der jeweiligen Mittelgebühr:

I. Strafverfahren wird nicht nur vorläufig eingestellt, Gebühr nach Nr. 4141 Anm. 1 Satz 1 Nr. 1 VV RVG

6   Die Gebühr entsteht, wenn das Strafverfahren aufgrund der Mitwirkung des Anwalts nicht nur vorläufig eingestellt wird, und zwar unabhängig davon, in welchem Verfahrensstadium die Einstellung erfolgt, solange eine (weitere) Hauptverhandlung aufgrund der Einstellung entbehrlich wird. Die Gebühr fällt daher nicht an, wenn die Einstellung erst im Hauptverhandlungstermin erfolgt.

Die Gebühr kann auch mehrfach anfallen:

7   **Muster 43.1: Erledigungsgebühr mehrfach/nach Hauptverhandlung**
Ein mehrfacher Anfall der zusätzlichen Gebühr gemäß Nr. 4141/5115 VV RVG ist möglich. Wird das Verfahren außergerichtlich nach § 170 Abs. 2 StPO eingestellt, sodann wieder aufgenommen und im gerichtlichen Verfahren nach § 153 StPO eingestellt, fällt die Erledigungsgebühr zweifach an (LG Offenburg JurBüro 1999, 82; AG Osnabrück AGS 2009, 113; AG Düsseldorf RVG-Report 2010, 301; AG Berlin-Tiergarten, Beschl. v. 26.2.2014 – (257 Ds) 261 Js 2796/12 (54/13)). Die Gebühr entfällt nicht dadurch, dass die Staatsanwaltschaft das Verfahren nach dessen Einstellung wieder aufnimmt.

Die zusätzliche Gebühr gemäß Nr. 4141/5115 VV RVG fällt auch dann an, wenn bereits ein Hauptverhandlungstermin stattgefunden hat und das Verfahren erst nach Durchführung dieses Termins eingestellt wird (BGH, Urt. v. 14.4.2011 – IX ZR 153/10).

8   Problematisch ist die Durchsetzung der Einstellungsgebühr, wenn geschwiegen und deshalb eingestellt wird. Vorsorglich sollte daher immer die Einstellung beantragt werden.

---

1 Hartung/*Römermann/Schons*, RVG, 2. Auflage 2013, Vorb. 4 VV Rn 27.

▼

Muster 43.2: Einstellungsgebühr durch Schweigen
Der BGH hat mit Urt. v. 20.1.2011 – IX ZR 123/10 – entschieden, dass der Rat des Verteidigers, in der Sache keine Aussage zu machen, die Voraussetzungen für die Annahme einer Mitwirkung i.S.d. Nr. 4141, 5115 VV RVG erfüllt. Die Auffassung wird von der ganz herrschenden Meinung in Rechtsprechung und Literatur geteilt (AG Charlottenburg AGS 2007 309,310; *Burhoff*, in Gerold/Schmidt, RVG, 19. Auflage, Nr. 5115 Rn 6; *Schneider*, in: AnwK-RVG, 5. Auflage, Nr. 5115 Rn 32; *Bischof/Uher*, RVG, 3. Auflage, Nr. 5115–5116 Rn 30b; *Mayer/Kroiß*, RVG, 5. Auflage, Nr. 5100–5200 Rn 18; *Hartmann*, Kostengesetze, 40. Auflage, Nr. 5115 Rn 1; *Hartung*, in Hartung/Schons/Enders, Nr. 5115 Rn 9).

Dieser Rat wurde erteilt, ansonsten wäre eine Einlassung erfolgt. Aus der bloßen Bitte um Akteneinsicht ergibt sich, dass der Betroffene keine Einlassung ohne anwaltliche Mitwirkung abgeben wird. Sodann hat die Bußgeldbehörde abzuwägen, ob der Tatvorwurf bewiesen werden kann.

Entsprechendes gilt für den Rat des Rechtsanwalts nach Erlass eines Bußgeldbescheides, eine Verwarnung oder Ähnliches zu akzeptieren (*Burhoff*, RVG Report 2014, 7).

II. Hauptverfahren wird nicht eröffnet, Gebühr nach Nr. 4141 Anm. 1 Satz 1 Nr. 2 VV RVG

Die Gebühr fällt an, wenn das Gericht beschließt, das Verfahren insgesamt nicht zu eröffnen, § 204 StPO.

III. Rücknahme des Einspruchs gegen den Strafbefehl, der Berufung oder der Revision

Die Voraussetzung für das Entstehen der Gebühr ist die vollständige Verfahrenserledigung, eine teilweise Rücknahme (z.B. nur wegen des Rechtsfolgenausspruchs oder beschränkt auf einzelne Taten) genügt daher für den Anfall der Gebühr nicht. Der Verteidiger muss an der Rücknahme lediglich mitgewirkt haben, indem er beispielsweise den Rat zur Rücknahme erteilt. Er muss sie also nicht selbst erklären, um die Gebühr geltend machen zu können.[2]

Ist bereits ein Hauptverhandlungstermin anberaumt, muss die Rücknahme zwei Wochen vor Beginn des Tages, der für die Hauptverhandlung vorgesehen war, erfolgen, ansonsten kann die Gebühr nicht verlangt werden.

Auch nach einem bereits stattgefundenen Termin kann die Zusatzgebühr verlangt werden, wenn die Rücknahme zwei Wochen vor dem nächsten Termin erklärt wird, denn die Gebühr entsteht, wenn aufgrund der Rücknahme ein (weiterer) Termin entbehrlich wird.

---

2 AnwK-RVG, 7. Auflage, VV Nr. 4141 Rn 92.

13 Vom Gesetz nicht geregelt ist die Frage, ob die Zusatzgebühr auch dann entsteht, wenn sich Verteidiger, Gericht und Staatsanwaltschaft über den Inhalt und Erlass eines Strafbefehls verständigen, der vom Mandanten akzeptiert wird, und wenn deshalb kein Einspruch eingelegt wird. Richtigerweise wird man auch in diesem Fall den Anfall der Zusatzgebühr bejahen.

14 **Muster 43.3: Zusatzgebühr bei Absprache über Strafmaß**

Vom Wortlaut ist der Anfall der Zusatzgebühr nicht erfasst, weil das Verfahren weder vorläufig eingestellt wird noch das Gericht beschlossen hat, das Hauptverfahren nicht zu eröffnen. Es wird auch kein Rechtsmittel zurückgenommen.

Dennoch entspricht es dem Sinn der Vorschrift, den Anfall der Zusatzgebühr in analoger Anwendung der Norm zu bejahen (Gerold/Schmidt/*Burhoff*, RVG Kommentar, 22. Auflage, VV Nr. 4141 Rn 33).

Die gewählte Vorgehensweise diente der Vermeidung einer Hauptverhandlung, welche für den Fall des Einspruchs gegen einen nicht abgesprochenen Inhalt eines Strafbefehls anberaumt worden wäre und zu einer Belastung der Gerichte aufgrund des Hauptverhandlungstermins geführt hätte. Eben diese Belastung soll die Zusatzgebühr vermeiden und erreicht diesen Zweck im vorliegenden und vom Gesetzgeber nicht geregelten Fall nur dann, wenn man den Anfall der Gebühr bejaht.

Zudem ist auch kein sachlicher Grund ersichtlich, denjenigen Verteidiger schlechter zu stellen, der vor Erlass eines Strafbefehls auf die Staatsanwalt zugeht und den Inhalt und Erlass desselben erörtert, im Vergleich zur Situation, in der der Verteidiger gegen den Strafbefehl Einspruch einlegt, diesen z.B. auf die Höhe der Tagessätze beschränkt und Zustimmung zu einer Entscheidung im schriftlichen Verfahren erteilt. In einem solchen Fall erhält der Verteidiger die Zusatzgebühr, § 411 Abs. 1 S. 3 StPO i.V.m. Nr. 4141 Anm. 1 S. 1 Nr. 4 VV RVG.

Schließlich wird die analoge Anwendung der Norm auch für den Fall angenommen, in dem der Verteidiger nach Erhebung der Anklage erreicht, dass im Strafbefehlsverfahren entschieden wird, § 408a StPO (AnwK-RVG, 7. Auflage, Nr. 4141 Rn 145), weil auch hierdurch eine Hauptverhandlung vermieden wird. Diesem Fall steht der vorliegende gleich.

15 Für den Fall der Rücknahme der Revision – ebenso wie bei der Rücknahme der Rechtsbeschwerde oder des Antrags auf Zulassung derselben – ist streitig, ob die Erledigungsgebühr anfällt, weil eine Hauptverhandlung in diesen Fällen nur ausnahmsweise stattfindet. Richtigerweise ist der Anfall der Gebühr zu bejahen.

16 **Muster 43.4: Zusatzgebühr bei Rücknahme des Rechtsmittels**

Zwar wird in der Rechtsprechung der Anfall der zusätzlichen Gebühr nach Nr. 4141/ 5115 VV RVG teilweise vom Vorliegen weiterer Voraussetzungen abhängig gemacht, wie beispielsweise dem Umstand, dass zumindest konkrete Anhaltspunkte für eine Terminierung vorliegen oder dass das Rechtsmittel vor Rücknahme begründet werden müsse, dies jedoch zu Unrecht.

Diese – einschränkende – Auffassung ist mit dem eindeutigen Wortlaut des Gesetzes nicht zu vereinbaren. Das Gesetz macht den Anfall der zusätzlichen Gebühr von keiner dieser, von der Rechtsprechung entwickelten, weiteren Voraussetzungen abhängig. Sie werden im Gesetz nicht genannt. Wenn der Gesetzgeber eine weitere Voraussetzung und damit eine Einschränkung für den Anfall der Gebühr gewollt hätte, dann hätte er dies erklärt (AnwK-RVG, 7. Aufl., Nr. 4141 Rn 32; *Gerold/Schmidt*, RVG Kommentar, 22. Aufl., Nr. 4141 Rn 39; *Burhoff*, RVG, Nr. 4141 Rn 43).

Nur diese Auffassung trägt auch dem Sinn und Zweck der zusätzlichen Gebühr Rechnung, die nämlich auch dann anfällt, wenn sich das Verfahren auf sonstige Art und Weise erledigt, und zwar unabhängig davon, ob ein Hauptverhandlungstermin zu erwarten ist. Im vorbereitenden Verfahren ist überhaupt keine Hauptverhandlung vorgesehen. Dennoch erhält der Verteidiger nach dem eindeutigen Wortlaut des Gesetzes auch hier die zusätzliche Gebühr, wenn er an der Erledigung des Verfahrens mitwirkt (AnwK-RVG, a.a.O.). Ein sachlicher Grund für eine andere Behandlung im vorliegenden Fall ist weder gegeben noch ersichtlich.

IV. Verfahrensbeendigung mittels Beschluss nach § 411 Abs. 1 Satz 3 StPO, Nr. 4141 Anm. 1 Satz 1 Nr. 4 VV RVG

Wird gegen einen Strafbefehl nur insoweit Einspruch eingelegt, als dieser die Höhe der Tagessätze betrifft, kann das Gericht mit Zustimmung des Beschuldigten über die Höhe der festgesetzten Geldstrafe im schriftlichen Verfahren entscheiden. Auch für diesen Fall erhält der Verteidiger, wenn er an dieser Verfahrensweise mitgewirkt hat, die zusätzliche Gebühr, weil anderenfalls eine Hauptverhandlung anberaumt werden müsste.

V. Zusätzliche Gebühr nach Nr. 4142 VV RVG

Bei einer (zusätzlich zur Verteidigung vorgenommenen) Tätigkeit des Anwalts mit Blick auf eine Einziehung oder eine verwandte Maßnahme, entsteht in jedem Rechtszug die zusätzliche Verfahrensgebühr gemäß Nr. 4142 VV RVG. Die Gebühr fällt sowohl für den Wahl- als auch für den Pflichtverteidiger an, wobei für Letzteren die Beschränkung aus § 49 RVG greift.

Die Gebühr fällt nicht an, wenn im Strafverfahren ein Fahrverbot oder die Entziehung der Fahrerlaubnis angeordnet wird, weil die Entziehung der Fahrerlaubnis keine Einziehung i.S.v. Nr. 4142 VV RVG ist, da sie weder in Nr. 4142 VV RVG noch in § 442 StPO genannt wird.[3] Jedoch bleibt dem Verteidiger unbenommen, eine insoweit erbrachte Tätigkeit bei der Bemessung der angemessenen Gebührenhöhe für die Verteidigung insgesamt unter Berücksichtigung der Kriterien aus § 14 RVG zu berechnen.

Teilweise wird vertreten, dass für die Einziehung des Führerscheins, in dem sich die Erlaubnis zum Führen von Kraftfahrzeugen verkörpert, ein Vermögenswert und damit die zusätzliche Gebühr in Ansatz zu bringen ist. Der Wert sei danach zu bemessen,

---

[3] OLG Koblenz, Beschl. v. 13.2.2006 – 2 Ws 98/06.

welche finanziellen Mittel der Betroffene aufwenden muss, um von der Verwaltungsbehörde einen neuen Führerschein zu erlangen. Das ist nicht der Preis, der ggf. für Fahrstunden und Fahrerlaubnisprüfung zu zahlen ist, sondern der, der als Verwaltungsgebühr bei der Behörde anfällt.[4]

20 Die Gebühr Nr. 4142 VV RVG ist eine reine Wertgebühr, so dass der Umfang der erbrachten Tätigkeit für die Höhe der Gebühr unerheblich ist. Sie berechnet sich nach dem tatsächlichen Wert der Sache. Sind mehrere Gegenstände betroffen, sind die Einzelwerte zu addieren, § 22 Abs. 1 RVG.

21 Soweit der Anwalt auch in der Strafvollstreckung – also nach Rechtskraft der Entscheidung – weiter tätig ist, können gesonderte Gebühren anfallen, beispielsweise dann, wenn er für die Geldstrafe einen Antrag auf Ratenzahlung oder für den Fall der Entziehung der Fahrerlaubnis einen solchen auf Sperrfristverkürzung stellt.

▼

22 **Muster 43.5: Zusatzgebühr gem. Nr. 4204 VV RVG**
Nach einem Urteil kann ein Antrag auf Sperrfristverkürzung gemäß § 69a Abs. 7 StGB gestellt werden. Abzurechnen ist nach Teil 4 Abschnitt 2 VV RVG, da es sich um eine Tätigkeit im Rahmen der Strafvollstreckung handelt. Für die Tätigkeit im Zusammenhang mit der Stellung des Abkürzungsantrags entsteht eine Verfahrensgebühr nach Nr. 4204 VV RVG (*Burhoff/Volpert*, Nr. 4204 VV Rn 9). Es entsteht zudem mindestens eine weitere Postentgeltpauschale für das Verfahren beim Amtsgericht (OLG Braunschweig AGS 2009, 327).

▲

23 Für eine eventuelle zusätzliche sofortige Beschwerde entsteht nach Vorb. 4.2 VV RVG in Verbindung mit Nr. 4204 VV RVG noch eine weitere Verfahrensgebühr, da in den Verfahren der Strafvollstreckung und im Verfahren über die Beschwerde gegen die Entscheidung in der Hauptsache die Gebühren gesondert entstehen.[5] Die Gebühren für diese Tätigkeit werden also nicht von denen aus dem Ausgangsverfahren mit abgegolten.

24 Erlässt die Staatsanwaltschaft in der Strafvollstreckung eine die Ausgangsentscheidung ändernde Entscheidung zugunsten des Verurteilten, wird nur in den seltensten Fällen auch eine Kostenentscheidung getroffen, die zugunsten des Verurteilten lauten muss. Dies ist sodann zu beantragen, wenn z.B. die Abgabe des Führerscheines gefordert wird, obwohl das Fahrverbot bereits abgeleistet wurde.

---

[4] *Burhoff*, RVG-Report 2006, 191; *Volpert*, VRR 2006, 238.
[5] OLG Frankfurt AGS 2006, 76.

Muster 43.6: Zusatzgebühr in der Strafvollstreckung

Es wird beantragt,

die Kosten der Verteidigung im Strafvollstreckungsverfahren der Staatskasse aufzuerlegen,

und für den Fall, dass die beantragte Auferlegung nicht erfolgt,

die Entscheidung des Gerichts herbeizuführen.

Der Verurteilte hat seinerzeit zu Beginn des Verfahrens den Unterzeichner zum Verteidiger bestellt. Eine solche Bestellung dauert über den rechtskräftigen Abschluss des Verfahrens hinaus fort bis hin zum Abschluss des Vollstreckungsverfahrens (*Meyer-Goßner*, StPO, Kommentar, vor § 137 Rn 4 f.).

Deshalb hat der Verurteilte die Verfügung vom _____ zur Durchführung der Vollstreckung des Fahrverbots aus dem Urteil vom _____ sogleich seinem Verteidiger vorgelegt.

Dieser hat mit Schriftsatz vom _____ Einwendungen gegen die Vollstreckung erhoben und diese im Einzelnen begründet. Auf den genannten Schriftsatz darf Bezug genommen werden.

Diese Einwendungen hat die Vollstreckungsbehörde mit Verfügung vom _____ für zutreffend erachtet und deshalb die Vollstreckungsmaßnahme aufgehoben. Sie hat jedoch davon abgesehen, die Kosten der Verteidigung der Staatskasse aufzuerlegen.

Diese Entscheidung kann keinen Bestand haben.

Jede ein Verfahren insgesamt oder einen selbstständigen Abschnitt eines Verfahrens beendende Entscheidung hat darüber Bestimmung zu treffen, von wem die Kosten des Verfahrens und die notwendigen Auslagen zu tragen sind. Eine solche Kosten- und Auslagenentscheidung ist auch dann zulässig und geboten, wenn ein Verfahren ohne gerichtliche Entscheidung abgeschlossen wird und eine Kosten- und Auslagenentscheidung als Festsetzungsgrundlage erforderlich ist (*Meyer-Goßner*, a.a.O., § 464 Rn 13). So liegt es auch hier im Falle des Abschlusses des Vollstreckungsverfahrens durch Aufhebung der Vollstreckungsmaßnahme. Die für das gerichtliche Verfahren geltenden Bestimmungen in § 464 Abs. 1 und 2 StPO sind auf das Verfahren der Vollstreckungsbehörde entsprechend anzuwenden. Das gilt auch für die Vorschrift des § 464a Abs. 2 Nr. 2 StPO, wonach zu den notwendigen Auslagen eines Beteiligten die Gebühren und Auslagen eines Rechtsanwalts gehören, soweit sie nach § 91 Abs. 2 ZPO zu erstatten sind, also insoweit, als sie zur zweckentsprechenden Verteidigung notwendig waren.

Die Verfügung vom _____ verneint diese Notwendigkeit mit der Erwägung, die Vollstreckungsmaßnahme sei versehentlich ergangen, und weiter, zur Behebung des Versehens habe sich der Verurteilte auf eine telefonische Anfrage beschränken und so erreichen können, dass die Verfasserin des angefochtenen Bescheides die Sach- und Rechtslage geprüft, diese klar erkannt und sogleich die angefochtene Maßnahme aufgehoben hätte.

Diese Erwägung ist, sit venia verbo, absonderlich und mit dem Gesetz nicht zu vereinbaren.

Ein Beschuldigter, Angeschuldigter, Angeklagter oder Verurteilter kann sich stets einen Verteidiger wählen. Für die Erstattungsfähigkeit der dadurch bedingten Kosten kommt es nicht auf die Notwendigkeit der Mitwirkung eines Rechtsanwalts als Verteidiger an, denn diese Erstattungsfähigkeit hängt für sämtliche Verfahrensabschnitte nur davon ab, dass nach der Strafprozessordnung die Tätigkeit des Rechtsanwalts in der Sache zulässig ist (*Meyer-Goßner*, a.a.O., § 464a Rn 9). Dementsprechend ist es zum Beispiel im Erkenntnisverfahren völlig belanglos, ob ein Angeklagter die durch seine Verteidigung bedingten Auslagen durch rechtzeitiges Vorbringen entlastender Umstände hätte vermeiden können (*Meyer-Goßner*, a.a.O., § 464a Rn 9 a.E.). Die Entscheidung darüber, ob ein Verteidiger mit einer Sache befasst wird oder ob sich der mit einem Verfahren Überzogene selbst zu helfen versucht, liegt allein bei ihm. In dieser Hinsicht kann ihm weder das Gericht im Erkenntnisverfahren noch die Vollstreckungsbehörde im Vollstreckungsverfahren eine Vorschrift machen.

Es kommt mithin, wie bereits ausgeführt, allein darauf an, ob die Tätigkeit des Rechtsanwalts als Verteidiger zweckentsprechend war. Daran kann kein Zweifel bestehen. Die Vollstreckungsbehörde hat die angefochtene Maßnahme aus eben den Gründen aufgehoben, welche der Verurteilte durch seinen Verteidiger mit Schriftsatz vom ▨ vorgetragen hat.

Zur Überlegung des Bescheides vom ▨, auf einen bloßen Anruf des Verurteilten hin wäre gewiss das Richtige und Nötige veranlasst worden, darf bemerkt werden: Ein Bürger darf davon ausgehen, dass eine Behörde die Sach- und Rechtslage eingehend geprüft hat und ihre jeweilige Anordnung für richtig und mit dem Gesetz vereinbar hält. Dem Bürger ist es in aller Regel mangels hinreichender Rechtskenntnisse nicht möglich zu prüfen, ob die ihn betreffende Maßnahme in der Tat mit dem Gesetz vereinbar ist. Die Erfahrung lehrt auch nicht, dass eine Behörde eine Entscheidung auf bloßen Zuruf hin ändert. Die hier erörterten Erwägungen der Verfügung vom ▨ treffen die Sache nicht.

Aus den vorstehend dargelegten Gründen ist den Einwendungen des Verurteilten umfassend, also auch dadurch abzuhelfen, dass die Kosten der Verteidigung im Vollstreckungsverfahren der Staatskasse auferlegt werden.

Für den Fall, dass diese Auffassung nicht geteilt wird, ist die Entscheidung des Gerichts herbeizuführen. § 458 Abs. 1 StPO sieht dies allgemein für den Fall vor, dass Einwendungen gegen die Zulässigkeit der Strafvollstreckung erhoben werden, wie dies hier der Fall war. Die Notwendigkeit der Entscheidung des Gerichts besteht auch dann fort, wenn die Vollstreckungsbehörde auf die Einwendungen hin durch Aufhebung der Vollstreckungsmaßnahme die Erledigung der Hauptsache herbeiführt und letztlich allein noch über Kosten und Auslagen zu entscheiden ist. Es kann keinen Unterschied machen, ob das Gericht mit der Hauptsache zu befassen ist und im Zuge der Entscheidung hierüber auch über die Kosten und Auslagen befindet oder ob vorweg eine Teilerledigung stattfindet.

§ 44 Gebühren des Anwalts in Bußgeldsachen

Jens Dötsch

A. Allgemeines

Die gesetzliche Grundlage für die Vergütung des Anwalts in Bußgeldsachen findet sich in Teil 5 des Vergütungsverzeichnisses des Rechtsanwaltsvergütungsgesetzes (VV RVG). Auch hier entsteht, wie im Strafverfahren – auf die dortigen Ausführungen wird auch wegen der weiteren Gebühren und der Vergleichbarkeit mit Blick auf deren Anfall verwiesen –, zunächst die Grundgebühr, es sei denn, für dieselbe Handlung ist bereits die Gebühr nach Nr. 4100 VV RVG entstanden, weil es dann an der erstmaligen Einarbeitung in die Sache fehlt. Die Gebührenhöhe für die ebenfalls anfallende Verfahrensgebühr richtet sich nach der Höhe der Geldbuße. Nach Vorbemerkung 5.1, Abs. 2 ist maßgebend die zum Zeitpunkt des Entstehens der Gebühr zuletzt festgesetzte Geldbuße.

Weder bei einem Antrag auf Wiedereinsetzung noch bei einem Antrag auf gerichtliche Entscheidung nach § 62 OWiG handelt es sich um gesonderte Tätigkeiten, so dass die Tätigkeit des Anwalts mit der jeweiligen Verfahrensgebühr abgegolten wird, die jedoch unter Berücksichtigung der Kriterien aus § 14 RVG angemessen erhöht werden kann, weil mit beiden Verfahren ein Mehraufwand einhergeht.

B. Verfahren über die Rechtsbeschwerde

Das Rechtsbeschwerdeverfahren und jenes auf Zulassung derselben stellen dieselbe Angelegenheit i.S.d. RVG dar (§ 16 Nr. 11 RVG). Das Honorar richtet sich jedoch nicht mehr nach der Höhe der verhängten Geldbuße.

Die Verfahrensgebühr richtet sich nach Nr. 5113 VV RVG, für den Fall einer Hauptverhandlung kommt die Terminsgebühr gemäß Nr. 5114 VV RVG hinzu. Wird der Anwalt erstmalig im Rechtsbeschwerdeverfahren tätig, fällt zudem auch die Grundgebühr gemäß Nr. 5100 VV RVG an.

Zwar gehört die Einlegung des Rechtsmittels noch zur erstinstanzlichen Tätigkeit, § 19 Abs. 1 Nr. 10 RVG. Anderes gilt jedoch für die Rücknahme desselben.

▼
Muster 44.1: Rücknahme Rechtsbeschwerde
Zwar zählt das Einlegen der Rechtsbeschwerde noch zum amtsgerichtlichen Verfahren (§ 19 Abs. 1 S. 2 Nr. 10 RVG), so dass hierfür die Verfahrensgebühr Nr. 5113 VV RVG noch nicht anfällt. Für die Rücknahmeerklärung gilt dies dagegen nicht. Diese löst die Gebühren des Rechtsmittelverfahrens aus, so dass allein für die Rücknahme bereits die Verfahrensgebühr nach Nr. 5113 VV RVG angefallen ist. War die Rechtsbeschwerde zum Zeitpunkt ihrer Rücknahme noch nicht begründet, so ist jedoch die Verfahrensgebühr im unteren Bereich anzusiedeln.

Darüber hinaus ist nach Nr. 5113 VV RVG auch eine zusätzliche Gebühr nach Anmerkung Abs. 1 Nr. 4 zu Nr. 5115 VV RVG angefallen. Die bloße Rücknahmeerklärung reicht als Mitwirkungshandlung aus (LG Braunschweig AGS 2004, 256; *Burhoff*, RVGreport 2015, 86). Für die zusätzliche Gebühr haben die Kriterien des § 14 Abs. 1 RVG keine Bedeutung. Die Gebühr nach Nr. 5115 VV RVG entsteht nach überwiegender Auffassung immer in Höhe der jeweiligen Verfahrensmittelgebühr (*Schneider*, Fälle und Lösungen zum RVG, 4. Auflage, § 36 Beispiel 89).

C. Zusätzliche Gebühren

4   Auch im Bußgeldverfahren kann eine Zusatzgebühr (Nr. 5115 VV RVG) anfallen. Die Gebühr fällt jedoch nur an, wenn der Anwalt an der Erledigung mitgewirkt hat. Unter Mitwirkung wird zumindest eine Förderung der Erledigung verstanden, auch wenn diese nicht ursächlich war (BGH NJW 2009, 368). Es gibt folgende fünf Fälle:

I. Zusätzliche Gebühr nach Nr. 5115 Abs. 1 Nr. 1 VV RVG

5   Die Gebühr entsteht nach Abs. 1 Nr. 1 vorerwähnter Norm, wenn das Verfahren nicht nur vorläufig eingestellt wird.

II. Zusätzliche Gebühr nach Nr. 5115 Abs. 1 Nr. 2 VV RVG

6   Nach Abs. 1 Nr. 2 VV RVG fällt die Zusatzgebühr auch an, wenn der Einspruch gegen den Bußgeldbescheid im vorbereitenden Verfahren vor der Verwaltungsbehörde zurückgenommen wird.

III. Zusätzliche Gebühr nach Nr. 5115 Abs. 1 Nr. 3 VV RVG

7   Wird der Bußgeldbescheid nach Einspruch von der Verwaltungsbehörde zurückgenommen und gegen einen neuen Bußgeldbescheid kein Einspruch eingelegt, fällt die Zusatzgebühr nach Nr. 5115 Abs. 1 Nr. 3 VV RVG an.

IV. Zusätzliche Gebühr nach Nr. 5115 Abs. 1 Nr. 4 VV RVG

8   Wenn sich das gerichtliche Verfahren aufgrund der Rücknahme des Einspruchs gegen den Bußgeldbescheid oder die Rücknahme der Rechtsbeschwerde erledigt, entsteht die Gebühr ebenfalls, vgl. Abs. 1 Nr. 4. Ist jedoch bereits ein Termin zur Hauptverhandlung bestimmt, entsteht die Gebühr nur, wenn der Einspruch oder die Rechtsbeschwerde früher als zwei Wochen vor Beginn des Tages, der für die Hauptverhandlung vorgesehen war, zurückgenommen wird.

V. Zusätzliche Gebühr nach Nr. 5115 Abs. 1 Nr. 5 VV RVG

Schließlich fällt die zusätzliche Gebühr auch dann an, wenn das Gericht nach § 72 Abs. 1 S. 1 OWiG durch Beschluss entscheidet, Nr. 5115 Abs. 1 Nr. 5 VV RVG.

VI. Zusätzliche (Verfahrens-) Gebühr nach Nr. 5116 VV RVG

Immer häufiger wird neben dem eigentlichen Bußgeldverfahren zusätzlich der Verfall nach § 29a OWiG angeordnet. Für die Tätigkeit des Anwalts in diesem Verfahren entsteht die zusätzliche Gebühr gemäß Nr. 5116 VV RVG sowohl für den Wahl- als auch für den Pflichtverteidiger, wobei sich die Höhe der Gebühr nach dem Wert der Sache berechnet, § 13 RVG.

Die Gebühr nach Nr. 5116 VV RVG entsteht nicht für den Fall, dass neben der Geldbuße ein Fahrverbot angeordnet wurde.[1] Zur Vermeidung von Wiederholungen wird auf die Ausführungen zu Nr. 4141 VV RVG im Strafrechtsteil verwiesen.

D. Bestimmung der Gebührenhöhe

Die Bestimmung der angemessenen Gebührenhöhe ist unter Berücksichtigung der Kriterien aus § 14 RVG vorzunehmen. Die Gebührenbestimmung durch den Anwalt ist erst dann nicht verbindlich, wenn sie unbillig ist, § 14 Abs. 1 S. 4 RVG. Dies ist anzunehmen, wenn die geforderte Gebühr die angemessene um mehr als 20 % überschreitet.

▼

Muster 44.2: Bestimmung der Gebührenhöhe
Der Rechtsanwalt bestimmt die angemessene Gebührenhöhe. Die getroffene Bestimmung ist nicht zu beanstanden, sie entspricht der Billigkeit.
Im Einzelnen:

I.

1. Bei der Berechnung der Rechtsanwaltsgebühren ist grundsätzlich von der jeweiligen Mittelgebühr auszugehen. Das Bußgeldverfahren hat durch das RVG eine eigenständige Regelung erhalten in § 42 RVG in Verbindung mit Teil 5 des Anhangs zum RVG.

Die Gebühr ist eine Rahmengebühr, die unter Berücksichtigung der Kriterien aus § 14 RVG, vor allem des Umfangs und der Schwierigkeit der anwaltlichen Tätigkeit, der Bedeutung derselben sowie der Einkommens- und Vermögensverhältnisse des Betroffenen und ggf. des besonderen Haftungsrisiko des Rechtsanwalts zu bestimmen ist.

Die Gebührenbestimmung des Anwalts ist nur dann unbeachtlich, wenn sie unbillig ist. Eine Abweichung von der „richtigen" Gebühr i.H.v. 20 % ist unbeachtlich und macht die Gebührenbestimmung nicht unbillig (OLG Hamm, Beschl. v. 3.12.2009 – 2 Ws 270/09, BeckRS 2010, 02547 m.w.N.).

2. Der Gebührenrahmen bei Geldbußen von 60 EUR bis 5.000 EUR richtet sich nach Nr. 5103/5109 VV RVG. Demnach beträgt die Mittelgebühr 160 EUR. Die Mittelgebühr ist

---

[1] OLG Koblenz NStZ 2007, 342.

grundsätzlich dann zu erstatten, wenn es sich um eine durchschnittliche Angelegenheit handelt.

Bußgeldverfahren wegen Verkehrsordnungswidrigkeiten können stets als durchschnittliche Bußgeldverfahren anerkannt werden. Insbesondere wenn – nach altem Punktesystem – ein Eintrag von mehr als zwei Punkten in Betracht kommt (heute also ab einem Punkt), liegt eine hohe Bedeutung für den Betroffenen vor, so dass sogar eine erhöhte Gebühr zu veranschlagen ist (LG Gera Juristisches Büro 2000, 581; LG Potsdam MDR 2000, 581).

Es ist unzulässig, wenn zur Bemessung der konkreten Gebühr über das in § 14 RVG genannte Kriterium der Bedeutung der Sache auf die Höhe der Geldbuße abgestellt wird. Die Einordnung ist bereits Grundlage für die Wahl der jeweiligen Stufe von Teil 5 VV RVG, nach der sich im Ordnungswidrigkeitenverfahren die anwaltlichen Gebühren berechnen. Die Höhe der Geldbuße darf dann nicht noch einmal herangezogen werden, um innerhalb des Gebührenrahmens die Gebühr noch weiter abzusenken (*Hansens*, RVG Report 2006, 210). Jede andere Auffassung übersieht, dass gerade in Verkehrsordnungswidrigkeitensachen die Mehrzahl der Geldbußen im unteren Bereich festgesetzt werden, es sich also insoweit um die durchschnittlichen Fälle handelt (AG Fürstenwalde, Beschl. v. 24.10.2006 – 3 Jug.Owi 291 Js-OWi 40513/05). Jede andere Sichtweise verschiebt und verkennt auch im Bereich des straßenverkehrsrechtlichen Bußgeldrechts das Gesamtgefüge.

Drohen Eintragungen in das Verkehrszentralregister (heute: Fahreignungsregister), so ist die Mittelgebühr angemessen (LG Wuppertal zfs 2005, 39).

II.

Vom Fehlen einer Einlassung auf eine unterdurchschnittliche Schwierigkeit oder auf einen unterdurchschnittlichen Bearbeitungsumfang zu schließen, verbietet sich. Ansonsten hinge die Gebührenhöhe des Anwalts davon ab, ob der Betroffene von dem ihm zustehenden Schweigerecht Gebrauch macht. Gerade dann jedoch, wenn der Betroffene vom Schweigerecht Gebrauch macht, ist für den Anwalt der Arbeitsumfang ungleich höher, als wenn eine Einlassung abgegeben wird, weil dem Betroffenen die Abwägungskriterien, ob eine Einlassung abgegeben werden sollte oder nicht, ausführlich – so auch vorliegend – eröffnet werden müssen.

Selbst wenn keine Einlassung und keine Einspruchsbegründung abgegeben wird, so führt dies nicht zu einer Reduzierung der jeweiligen Verfahrensgebühr unterhalb der Mittelgebühr (AG Rotenburg AGS 2006, 288).

III.

Liegen keine besonderen Erkenntnisse über die Einkommensverhältnisse des Auftraggebers vor, so ist von durchschnittlichen Verhältnissen auszugehen.

▲

13 Oft werden Gebührennoten, mit welchen die jeweiligen Mittelgebühren in Ansatz gebracht werden, von Rechtsschutzversicherern um 20 % gekürzt mit dem Argument, es handele sich um eine Angelegenheit, die nicht den Ansatz der jeweiligen Mittelgebühren rechtfertige. Eine solche Kürzung ist unerheblich, weil sie sich innerhalb des 20-prozentigen Toleranzrahmens bewegt, der dem Anwalt bei der Bemessung der Gebührenhöhe zugebilligt wird.

Meist wird von Versicherern zur vorgeblichen Richtigkeit der von dort vertretenen Auffassung auf zahlreiche gerichtliche Entscheidungen verwiesen, die jedoch in den meisten Fällen Qs-Aktenzeichen fragen. Es handelt sich bei derartigen Entscheidungen um solche, in denen ein Erstattungsanspruch gegenüber der Staatskasse geltend gemacht wurde. Diese Entscheidungen haben jedoch keinerlei Bindungswirkung, insoweit wird auf das Kapitel „Korrespondenz mit dem Rechtsschutzversicherer" (siehe § 45 Rdn 1 ff.) verwiesen.

E. Kostenerstattung bei Einstellung nach § 47 OWiG

Wird das Verfahren gegen den Betroffenen vom Gericht nach § 47 OWiG eingestellt, sollte das Gericht auf die Kostenfolge hingewiesen werden. Erfahrungsgemäß werden die notwendigen Auslagen des Betroffenen zu Unrecht nicht der Staatskasse auferlegt.

14

▼
Muster 44.3: Kostenerstattung bei Einstellung nach § 47 OWiG 15
Die Kostenentscheidung bei einer gerichtlichen Einstellung nach § 47 Abs. 2 OWiG richtet sich nach § 467 Abs. 1, 4 StPO i.V.m. § 46 Abs. 1 OWiG. Sie muss im Einstellungsbeschluss zwingend enthalten sein.

Grundsätzlich geht das Gesetz davon aus, dass im Falle einer Einstellung die Kosten des Verfahrens und die notwendigen Auslagen des Betroffenen von der Staatskasse übernommen werden, § 467 Abs. 1 StPO. Nur ausnahmsweise kann das Gericht gemäß § 467 Abs. 4 StPO im Falle einer Einstellung nach einer Ermessensnorm davon absehen, die notwendigen Auslagen des Betroffenen der Staatskasse aufzuerlegen. Das Ermessen ist pflichtgemäß auszuüben. Eine pflichtgemäße Ermessensausübung hat folgende Erwägungen zu berücksichtigen:

Steht fest, dass der Betroffene die ihm zur Last gelegte Ordnungswidrigkeit begangen hat, so kommt eine Erstattung außergerichtlicher Auslagen durch die Staatskasse nicht in Betracht. Die Kostenfolge richtet sich vielmehr nach § 467 Abs. 4 StPO, wenn gleichwohl aus Opportunitätsgesichtspunkten eine Einstellung stattfindet.

Bestehen dagegen Zweifel, ob dem Betroffenen prozessordnungsgemäß die ihm zur Last gelegte Tat bewiesen werden kann, so ist die Erstattung notwendiger Auslagen des Betroffenen anzuordnen (*Seitz*, in: Göhler, OWiG, 15. Aufl. 2009, § 47 Rn 49). In verkehrsrechtlichen Verfahren kommt dies insbesondere dann zum Tragen, wenn Messungen mit Fehlern behaftet sind oder sein können. Ist z.B. das Messprotokoll fehlerhaft, kann die Eichung eines Messgerätes nicht festgestellt werden oder steht fest, dass die von den Oberlandesgerichten gestellten Anforderungen an die tatrichterlichen Feststellungen nicht erfüllt werden können und wird deshalb das Verfahren eingestellt, so ist einzig die Kostenentscheidung nach § 467 Abs. 1 StPO i.V.m. § 46 Abs. 1 OWiG ermessensfehlerfrei.

▲

F. Kostenerstattung bei Einstellung wegen Eintritts der Verfolgungsverjährung

16 Auch für den Fall der Einstellung wegen eines Verfahrenshindernisses (wie z.B. die Verjährung) sind die notwendigen Auslagen des Betroffenen der Staatskasse aufzuerlegen, was jedoch ebenso selten geschieht.

▼

17 **Muster 44.4: Kostenerstattung bei Einstellung wegen Verfolgungsverjährung**
Gemäß § 105 Abs. 1, 2 OWiG i.V.m. § 467a Abs. 1 StPO hat die Staatskasse nach Rücknahme eines Bußgeldbescheides und Einstellung des Verfahrens aufgrund des Eintritts der Verjährung die notwendigen Auslagen des Betroffenen zu tragen. Eine Pflicht des Betroffenen zur Tragung der eigenen Auslagen nach den § 105 OWiG, §§ 467a Abs. 1, 467 Abs. 3 Nr. 2 StPO (keine Verurteilung wegen eines Verfahrenshindernisses) kommt vorliegend nicht in Betracht. Die Verjährung ist aufgrund des Verhaltens der Behörde eingetreten, also aufgrund eines Umstandes, der außerhalb der Sphäre des Betroffenen liegt. In einem solchen Fall hat die Staatskasse nicht nur die Kosten des Verfahrens, sondern auch die Auslagen des Betroffenen zu tragen (AG St. Goar, Beschl. v. 16.7.2012 – 2 OWi 47/12). Jede andere Entscheidung bürdete dem Betroffenen die schleppende Bearbeitung durch die Verfolgungsbehörde auf, obwohl sie dem Betroffenen auch die Möglichkeit eines Freispruchs mit entsprechender Kostenfolge genommen hat.

▲

G. Terminsgebühr bei geplatztem Termin

18 Für das Entstehen der Terminsgebühr für den sogenannten geplatzten Termin ist nach Vorbemerkung 5 Abs. 3 S. 2 VV RVG entscheidend, ob der Termin für den jeweiligen Rechtsanwalt nicht stattgefunden hat. Dies ist dann der Fall, wenn der Termin aus Gründen, die der Rechtsanwalt nicht zu vertreten hat, nicht stattfindet. Eine körperliche Anwesenheit des Rechtsanwalts im Gerichtsgebäude ist für den Anfall der Terminsgebühr nicht erforderlich. Schon das bloße Antreten der Reise zum Termin lässt die Terminsgebühr entstehen.[2]

---

[2] Hartung/*Römermann/Schons*, RVG, 2. Auflage, Vorb. 4 VV Rn 27.

§ 45 Korrespondenz mit dem Rechtsschutzversicherer in Straf- und Bußgeldsachen

Jens Dötsch

A. Allgemeines

Insbesondere in Straf- und Bußgeldsachen ist eine Durchsetzung des Gebührenanspruchs nach Abschluss des Verfahrens unsicher, sei es, weil die Rechtsschutzdeckung aufgrund einer Vorsatzverurteilung im Nachhinein entfällt oder aber dadurch, dass der Mandant mit dem Ergebnis des Verfahrens unzufrieden ist und deshalb nicht zahlt oder ein Zahlungsverbot gegenüber dem Rechtsschutzversicherer ausspricht, an welches dieser gebunden ist. Es ist daher ratsam, bereits vor Abschluss des Verfahrens ausreichende Vorschüsse anzufordern.

▼
Muster 45.1: Vorschuss gemäß § 9 RVG
Nach § 9 RVG kann der Rechtsanwalt von seinem Auftraggeber für die bereits entstandenen und die voraussichtlich entstehenden Gebühren und Auslagen einen angemessenen Vorschuss fordern (BGH NJW 2004,1047). Gemäß § 5 Abs. 2a ARB 2000 ist der Versicherer zahlungspflichtig, sobald der Versicherungsnehmer berechtigterweise in Anspruch genommen wird. Hierzu zählt auch die Forderung eines Vorschusses (*Gerold/Schmidt*, RVG, 22. Auflage 2015, § 9 RVG Rn 28).

Bei der Höhe des Vorschusses ist die jeweilige Mittelgebühr in Ansatz zu bringen (AG Darmstadt, Urt. v. 27.6.2005 – 305 C 421/04; AG München v. 5.8.2005 – 122 C 10289/05; AG Stuttgart v. 31.10.2007 – 14 C 5483/07).

Der Vorschussanspruch des Rechtsanwalts dient der Sicherung des späteren Vergütungsanspruchs des vorleistungspflichtigen Anwalts. Die Höhe der Vorschussanforderung unterliegt dabei dem billigen Ermessen des Anwalts. Es gibt keinen Grundsatz dahingehend, dass die Vorschussanforderung hinter der voraussichtlich endgültig entstehenden Gesamtvergütung zurückbleiben muss (OLG Bamberg, Beschl. v. 17.1.2011 – 1 W 63/10). Zu Recht geht vorerwähntes Gericht daher davon aus, dass alle voraussichtlich anfallenden Gebühren, auch eine noch nicht entstandene Terminsgebühr, angefordert werden können. § 9 RVG spricht von einem angemessenen Vorschuss, dies bedeutet lediglich, dass der Anwalt selbst entscheiden kann, bis zu welcher Höhe er den Vorschuss geltend machen will (*Gerold/Schmidt*, RVG, 22. Auflage 2015, § 9 RVG Rn 7 ff.).

Zu bevorschussen ist demnach auch die Einigungs-/Erledigungsgebühr, sofern die Möglichkeit besteht, dass diese anfällt. Dies ist nur dann nicht der Fall, wenn der Anfall der Gebühr unter keinem rechtlichen Gesichtspunkt möglich ist.

Eine entsprechende Gebührennote ist als Anlage beigefügt. Für den Fall, dass Umstände ein Abweichen von der Mittelgebühr rechtfertigen, behalte ich mir die Korrektur der Gebührennote ausdrücklich vor. Es handelt sich lediglich um einen Vorschuss.
▲

3 *Hinweis*
Der letzte Absatz des vorstehenden Musters (Rdn 2) sollte immer aufgenommen werden, um klarzustellen, dass es sich lediglich um eine Vorschussforderung handelt. Anderenfalls kann der Mandant/Rechtsschutzversicherer einwenden, es handele sich um eine Gebührennote unter Ausübung der Ermessenskriterien aus § 14 RVG, so dass eine spätere erhöhte Abrechnung unter Abweichung von den jeweiligen Mittelgebühren nicht mehr zulässig ist.

B. Abrechnung bei Freispruch

4 Gelingt dem Anwalt ein Freispruch, sind auch die notwendigen Auslagen des Angeklagten bzw. des Betroffenen von der Staatskasse zu erstatten. Erfahrungsgemäß ist die Staatskasse äußerst zurückhaltend mit der Erstattung von Anwaltsgebühren. Die Entscheidung der Staatskasse darüber, in welcher Höhe Anwaltsgebühren zu erstatten sind, entfaltet – im Gegensatz beispielsweise zu einer Festsetzung des Gegenstandswertes in Zivilverfahren – keinerlei Bindungswirkung zugunsten des zahlungspflichtigen Mandanten und damit auch nicht gegenüber dem Rechtsschutzversicherer. Sollte dieser aufgrund der Entscheidung der Staatskasse über die notwendigen Auslagen einen gezahlten höheren Vorschuss zurückfordern, geschieht dies zu Unrecht.

▼

5 **Muster 45.2: Abrechnung bei Freispruch**
Kann ein Verteidiger von seinem Auftraggeber, der freigesprochen worden ist, innerhalb des gesetzlichen Gebührenrahmens des § 14 RVG eine höhere Vergütung verlangen als im Verfahren nach § 464b StPO gegenüber der erstattungspflichtigen Staatskasse festgesetzt worden ist, muss der Rechtsschutzversicherer des Auftraggebers den Unterschiedsbetrag übernehmen (AG Wiesbaden, Urt. v. 22.9.2008 – 93 C 6107/07; AG Charlottenburg, Urt. v. 3.3.2010 – 207 C 463/09). Der BGH hat bereits im Jahr 1972 entschieden, dass der Rechtsschutzversicherer den Differenzbetrag zahlen muss, weil derjenige Versicherungsnehmer, der einen Freispruch erzielt, nicht schlechter gestellt werden darf als derjenige, der verurteilt wird (BGH, Urt. v. 14.7.1972 – VII ZR 41/71). Da im Falle der Verurteilung kein Dritter für die Kosten erstattungspflichtig ist, trägt der Rechtsschutzversicherer die Kosten in vollem Umfang. Dies müsse erst recht bei einem Freispruch gelten, wenn die notwendigen Auslagen von der Staatskasse nicht vollständig zu erstatten sind. Entscheidend ist allein die Höhe der angemessen Gebühr aus dem Vertragsverhältnis zwischen Mandant und Anwalt.

C. Sachverständigengutachten in der Rechtsschutzversicherung

6 Insbesondere in Bußgeldverfahren, in denen ein Fahrverbot im Raum steht, sollte die Ordnungsgemäßheit der Messung bereits außergerichtlich mithilfe eines Sachverständigen geprüft werden. Gleiches gilt, wenn das Gericht ein Sachverständigengutachten

D. Quotelung bei Zusammenfall von Vorsatz- und Fahrlässigkeitstat § 45

eingeholt hat, dessen Ordnungsgemäßheit zu prüfen ist. Die gängigen Rechtsschutzbedingungen gewähren hierfür Deckung, der Versicherer sollte daher um Deckung gebeten werden.

▼

Muster 45.3: Sachverständigengutachten in der Rechtsschutzversicherung   7
　　　Versicherung AG

Rechtsschutzschaden-Nr./VS-Nr./Az.

Sehr geehrte Damen und Herren,

der Rechtsschutzversicherer hat die übliche Vergütung eines öffentlich bestellten technischen Sachverständigen oder einer rechtsfähigen technischen Sachverständigenorganisation zu übernehmen, dies folgt beispielsweise aus

- § 21 Abs. 4 (Verkehrsrechtsschutz) i.V.m. §§ 2j, 5f aa) ARB 2008
- § 26 Abs. 3 (Privat-, Berufs- und Verkehrsrechtsschutz für Nichtselbstständige) i.V.m. §§ 2j, 5f aa) ARB 2008
- § 23 Abs. 3 (Privat-Rechtsschutz für Selbstständige) i.V.m. §§ 2j, 5f aa) ARB 2008
- 2.3.13 ARB 2012.

In Fällen, in denen, wie vorliegend, die Eintragung von Punkten im Fahreignungsregister droht, entspricht die Einholung eines Sachverständigengutachtens dem Grundsatz der Verhältnismäßigkeit (§ 17 Abs. 5c cc ARB; *Roth*, Verkehrsrecht, 4. Auflage 2015, § 1, Rn 216; *Prölss/Martin*, § 5 ARB 2008 Rn 36).

Mit freundlichen Grüßen

Rechtsanwalt

▲

D. Quotelung bei Zusammenfall von Vorsatz- und Fahrlässigkeitstat

Es kommt vor, dass eine vorsätzlich und eine fahrlässig begangene Straftat gleichzeitig   8
verfolgt werden. Für einen solchen Fall ist streitig, ob die vom Rechtsschutzversicherer zu übernehmenden Gebühren des Anwalts zu quoteln sind. Die Tendenz in der neueren Rechtsprechung geht dahin, eine solche Quotelung für unzulässig zu halten.

▼

Muster 45.4: Quotelung bei Zusammenfall von Vorsatz- und Fahrlässigkeitstat   9
　　　Versicherung AG

Rechtsschutzschaden-Nr./VS-Nr./Az.

Sehr geehrte Damen und Herren,

bei gleichzeitiger Verurteilung wegen einer vorsätzlichen und einer fahrlässigen Straftat ist der Kostenerstattungsanspruch des Versicherungsnehmers nach § 5 Abs. 1a ARB nicht nach dem Gewicht der Taten zu quoteln. Das LG Freiburg ist der Auffassung, dass, soweit in Rechtsprechung und Literatur eine Quotelung bei gleichzeitiger Verurteilung wegen eines vorsätzlichen und wegen eines fahrlässigen Vergehens vertreten wird, dem nicht zu folgen ist (LG Freiburg, Urt. v. 6.12.2012 – 3 S 147/12). Eine am Wortlaut orientierte Auslegung des § 2i aa ARB führe vielmehr dazu, dass dieser nur ausscheidbare Kosten erfasse, die bei der Verteidigung wegen der – vorliegend tatmehrheitlichen – beiden Vergehen der fahrlässigen Gefährdung des Straßenverkehrs nicht angefallen wären. Ausscheidbare Kosten wegen der Vorsatzverurteilung gibt es vorliegend nicht.

Auch das AG Schwedt, Urt. v. 9.7.2013 – 14 C 205/12, ist der Auffassung, dass dem Versicherer ein Quotelungsrecht nicht zusteht. Entsprechendes finde sich nämlich nicht in den zwischen den Parteien vereinbarten Vertragsbedingungen, es fehlt mithin an einer Rechtsgrundlage. Zudem ist das AG Schwedt der Auffassung, dass ein Quotelungsrecht auch nur dann denkbar wäre, wenn ausscheidbare Kosten vorlägen, was in der dort zugrunde liegenden Konstellation – wie auch hier – nicht der Fall war, so dass aus Sicht des Gerichts auch eine Berechnungsgrundlage fehlt.

Aus den ARB ist eine klare Reglung, aus welcher sich eine solche Quotelung ergeben könnte, nicht zu entnehmen, so dass der durchschnittliche Versicherungsnehmer von der Möglichkeit einer Quotelung nicht ausgehen muss.

Mit freundlichen Grüßen

Rechtsanwalt

E. Rückwirkender Wegfall der Deckung bei Vorsatztat

10 Kommt es zu einer Vorsatzverurteilung des Mandanten in einem Strafverfahren, kann rückwirkend die Deckung in der Rechtsschutzversicherung entfallen, § 2i aa ARB. In einem solchen Fall ist streitig, ob der Rechtsanwalt zur Auskunft über den Ausgang des Verfahrens gegenüber dem Rechtsschutzversicherer verpflichtet ist. Dies wird teilweise mit guten Argumenten vertreten.[1] Begründet wird diese Auffassung insbesondere mit dem Argument, dass der Mandant mit der Beauftragung des Anwalts zur Abwicklung der Abrechnung mit dem Rechtsschutzversicherer konkludent auf die Verschwiegenheitspflicht des Anwalts verzichtet. Daher sollte bei einer Deckungsanfrage klarstellend darauf hingewiesen werden, dass der Anwalt nicht die Obliegenheiten des Versicherungsnehmers aus dem Versicherungsvertrag übernimmt und der Mandant nicht auf die Verschwiegenheitspflicht verzichtet hat.

---

[1] *van Bühren*, zfs 2010, 428.

E. Rückwirkender Wegfall der Deckung bei Vorsatztat § 45

▼
Muster 45.5: Abwehr des Auskunftsbegehrens des Rechtsschutzversicherers

 Versicherung AG

11

Rechtsschutzschaden-Nr./VS-Nr./Az.

Sehr geehrte Damen und Herren,

dem Rechtsschutzversicherer steht kein Auskunftsanspruch über den Verfahrensstand gegenüber dem vom Versicherungsnehmer beauftragten Rechtsanwalt zu (AG Hildesheim, Urt. v. 29.4.2015 – 86 C 2/15). Mangels Vertragsverhältnisses scheidet ein vertraglicher Auskunftsanspruch aus. Ein Vertragsverhältnis besteht nur zwischen Rechtsanwalt und Mandant, hier dem Versicherungsnehmer (AG Aachen, Urt. v. 1.4.2010 – 112 C 182/09; AG Frankfurt/Main, Urt. v. 16.10.2012 – 30 C 1926/12).

Ein Auskunftsanspruch ergibt sich auch nicht auf der Grundlage der §§ 666, 675 Abs. 1 S. 1 BGB, § 11 BORA, § 67 Abs. 1 S. 1 VVG a.F./86 VVG n.F., § 17 Abs. 8 S. 1 ARB 2004, §§ 401, 402 BGB analog.

Selbst wenn aufgrund der Zahlung eines Vorschusses der Anspruch auf Erstattung etwaig überzahlter Beträge auf den Versicherer übergeht und diesem ein Auskunftsanspruch als Nebenrecht gefolgt sein mag, steht der Erteilung einer Auskunft die dem Rechtsanwalt aus § 43a Abs. 2 BRAO obliegende Verschwiegenheitspflicht im Verhältnis zu seinem Mandanten entgegen (AG Bonn, Urt. v. 8.11.2006 – 13 C 607/07 = NJW-RR 2007, 355). Diese Pflicht bezieht sich auf alles, was ihm in Ausübung seines Mandates bekannt geworden ist. Dementsprechend ist der Rechtsanwalt gehindert, dem Versicherer Auskunft zu erteilen (*Schulz*, zfs 2010, 2466 ff.; Rechtsanwaltskammer Berlin, Jahresbericht 2005, abrufbar unter *www.rak-berlin.de*). Der Anwalt, der keine Auskunft erteilt, verhält sich nicht berufswidrig (AnwG Frankfurt, Urt. v. 23.11.2011 – IV AG 69/11 – 4 EV 231/11).

Mit freundlichen Grüßen

Rechtsanwalt

▲

Teil 3 Verkehrsverwaltungsrecht

§ 46 Einführung

Torsten Bendig/Dr. Matthias Keller

Die nachfolgenden Ausführungen zum Verkehrsverwaltungsrecht in der anwaltlichen Beratung befassen sich im Schwerpunkt mit dem **Fahrerlaubnisrecht**. Daneben wird auch auf die **Fahrtenbuchauflage** und **Rechtsschutzgesichtspunkte** eingegangen. Der mit diesen Themen befasste Rechtsanwalt steht hier regelmäßig vor dem Problem, einen Mandanten zu betreuen, bei dem die Behörde als sein Gegenüber nach klaren Vorgaben der Rechtsprechung entscheidet und häufig die Entscheidungen durch den gewährten Ermessensspielraum gedeckt sind. Da die Behörde – wenn überhaupt – ihr Handeln an kurze Fristen knüpft und die Fahrerlaubnis häufig eines der „höchsten Güter" des Mandanten darstellt, ist schnelles Handeln des Anwalts gefragt. 1

In diesem Rahmen sollen nachfolgend schwerpunktmäßig die Themen rund um den Erwerb sowie den Entzug der Fahrerlaubnis mit den Schwerpunkten **Alkohol, Drogen und charakterliche Mängel, Punktesystem sowie die Anerkennung ausländischer EU-Fahrerlaubnisse** angesprochen werden. Zentraler Begriff in Fahrerlaubnisangelegenheiten ist dabei der Begriff der „Eignung". Mandate im Zusammenhang mit dem Erwerb eines Führerscheins betreffen in erster Linie die Frage, ob der Bewerber körperlich, geistig und charakterlich in der Lage ist, ein Kfz sicher zu führen. 2

Zudem wird auf die Änderungen des am 1.5.2014 in Kraft getretenen Punktesystems des Verkehrszentralregisters, welches nunmehr durch das **Fahreignungsregister** abgelöst worden ist, eingegangen. 3

Insgesamt ist es die Absicht des aus einem Rechtsanwalt und einem Verwaltungsrichter bestehenden Autorengespanns, dem Anwalt eine **schnelle Orientierung bei der Abfassung von Schriftsätzen** zu ermöglichen. Eine lückenlose Abhandlung der Materie ist nicht beabsichtigt. Insoweit wird auf die einschlägigen Werke verwiesen.[1] 4

---

[1] Vgl. speziell für die anwaltliche Beratung: *Haus/Zwerger*, Das verkehrsrechtliche Mandat, Band 3: Verkehrsverwaltungsrecht einschließlich Verwaltungsprozess, 2. Aufl. 2012; *Buschbell/Utzelmann/Quarch/Reisert/DeVol*, Die Fahrerlaubnis in der anwaltlichen Beratung, 5. Aufl. 2015; *Reisert*, Das Fahreignungsregister in der anwaltlichen Praxis, 2. Aufl. 2016; *Hettenbach/Kalus/Möller/Pießkalla/Uhle*, Drogen und Straßenverkehr, 3. Aufl. 2016.

§ 47 Entziehung der Fahrerlaubnis

Torsten Bendig/Dr. Matthias Keller

A. Entziehung der Fahrerlaubnis durch das Strafgericht, § 69 StGB

I. Systematik

§ 69 Abs. 1 StGB regelt die Entziehung der Fahrerlaubnis wegen einer im Zusammenhang mit dem Straßenverkehr begangenen Straftat. Sie ist eine verschuldensunabhängige Maßregel der Besserung und Sicherung (§ 61 StGB), die sich ausschließlich an der Sicherheit des Straßenverkehrs orientiert. § 69 Abs. 2 StGB enthält Regelbeispiele, die der Vereinheitlichung der Rechtsprechung dienen und wonach ein Täter nach Verwirklichung der Tat in der Regel als ungeeignet zum Führen eines Kfz anzusehen ist. Hierbei handelt es sich um: 1

- Gefährdung des Straßenverkehrs (§ 315c StGB),
- Trunkenheit im Verkehr (§ 316 StGB),
- Unerlaubtes Entfernen vom Unfallort (§ 142 StGB),
- Vollrausch (§ 323a StGB).

Bei der Entziehung der Fahrerlaubnis handelt es sich somit nicht um eine Nebenstrafe. Ihre Anordnung und Dauer hängen daher nicht von der Schwere der Tatschuld, sondern ausschließlich von der Ungeeignetheitsprognose des Täters ab. Der Gesetzeszweck des § 69 StGB ist der Schutz der Sicherheit des Straßenverkehrs. Die strafgerichtliche Entziehung der Fahrerlaubnis wegen charakterlicher Ungeeignetheit über Taten im Zusammenhang mit dem Führen eines Kraftfahrzeuges setzt daher voraus, dass die Anlasstat tragfähige Rückschlüsse darauf zulässt, dass der Täter bereit ist, die Sicherheit des Straßenverkehrs seinen eigenen kriminellen Interessen unterzuordnen.[1] 2

Wer bei oder im Zusammenhang mit dem Führen eines Kraftfahrzeuges ein typisches Verkehrsdelikt begeht, verstößt daher regelmäßig dadurch gegen die Pflichten eines Kraftfahrers; dabei sind Verkehrsstraftaten nicht nur solche, die im Katalog des § 69 Abs. 2 StGB aufgeführt sind. Eine in diesem Sinne typische Verkehrsstraftat ist auch das Fahren ohne Fahrerlaubnis, die, wenn sie häufig und nach gerichtlicher Entziehung der Fahrerlaubnis begangen wird, auf fehlende charakterliche Eignung zum Führen von Kraftfahrzeugen hindeutet.[2] 3

Mit Rechtskraft der strafgerichtlichen Entscheidung erlischt die Fahrerlaubnis gem. § 69 S. 1 StGB. Mit dem Urteil ordnet das Gericht zugleich eine Sperre an, vor deren Ablauf die Verwaltungsbehörde keine neue Fahrerlaubnis erteilen darf, § 69a StGB. 4

Die Entziehung der Fahrerlaubnis ist in § 69 StGB an wesentlich engere Voraussetzungen gebunden als im Verwaltungsrecht. Der Strafrichter kann von der Entziehung nur aus- 5

---

[1] BGHSt 50, 93 ff.
[2] BGH, Urt. v. 5.9.2006 – 1 StR 107/06 = NStZ-RR 2007, 40.

nahmsweise absehen, wenn er besondere Gründe in den Tatumständen oder in der Person des Täters erkennt, die ein Abweichen vom Regelfall vertretbar erscheinen lassen.[3] Eine derartige Ausnahme sieht die Rechtsprechung mitunter in Fällen nur sehr kurzer Trunkenheitsfahrten.[4]

6 Der in diesen Straftaten verteidigende Rechtsanwalt muss somit versuchen, Umstände darzulegen, die sich von den Tatumständen des Durchschnittsfalls ganz erheblich abheben.[5]

7 **Checkliste:**
- Die Tat selbst hat Ausnahmecharakter.
- Die Gesamtwürdigung der Persönlichkeit des Täters bietet Gewähr dafür, dass er in Zukunft gleiche oder ähnliche Taten nicht mehr begehen wird.
- Es liegen vor oder nach Tatbegehung besondere Umstände vor, objektiver oder subjektiver Art, die den Eignungsmangel entfallen lassen.

Hinweis
Häufig wird die Argumentation der Verteidigung für einen Verzicht auf eine Entziehung der Fahrerlaubnis auf wirtschaftliche Gesichtspunkte des Mandanten gestützt. Dieser Hinweis ist falsch, da der Anknüpfungspunkt der Entziehung die Ungeeignetheit zur Teilnahme am Straßenverkehr ist.[6] Wirtschaftliche Gesichtspunkte können allenfalls mittelbar, etwa in Form einer rascheren Beseitigung des Eignungsmangels als Argument herangezogen werden.

II. Sperrfrist für die Wiedererteilung

8 Bei einer Entziehung der Fahrerlaubnis durch das Strafgericht bestimmt dieses zugleich die Dauer, für die seitens der Fahrerlaubnisbehörde keine neue Fahrerlaubnis erteilt werden darf (sog. Sperrfrist). Diese Sperre ist für die Fahrerlaubnisbehörde bindend. Die Sperre beträgt mindestens sechs Monate und maximal fünf Jahre. Nur in außergewöhnlichen Fällen ist eine lebenslange Sperre zulässig.

9 Das Mindestmaß der Sperrfrist von sechs Monaten verlängert sich auf zwölf Monate, wenn gegen den Täter in den letzten drei Jahren vor der Tat bereits einmal eine Sperrfrist angeordnet worden ist, vgl. § 69a Abs. 3 StGB.

Die Dauer der vorläufigen Entziehung gem. § 111a StPO wird bei der Bemessung der Sperre berücksichtigt. Das Mindestmaß der Sperre verkürzt sich um die Zeit, in der die vorläufige Entziehung wirksam war. Das Mindestmaß darf aber drei Monate nicht unterschreiten.

10 Bei einem Absehen von der Entziehung ist das Strafgericht nach § 267 Abs. 6 S. 2 StPO verpflichtet, in den Urteilsgründen anzugeben, warum die Fahrerlaubnis nicht nach § 69

---

3 *Heiler/Jagow,* Führerschein, S. 263.
4 Vgl. OLG Düsseldorf, Beschl. v. 7.1.1988 – 5 Ss 460/87 – 3/88 I = NZV 1988, 29.
5 Ausführlich *Janker,* SVR 2004,139.
6 *Hentschel/König/Dauer,* Straßenverkehrsrecht, § 69a StGB Rn 2.

A. Entziehung der Fahrerlaubnis durch das Strafgericht, § 69 StGB

StGB entzogen und eine Sperre für die Wiedererteilung einer Fahrerlaubnis nach § 69a StGB angeordnet wurde, wenn diese Maßregel nach der Art der Straftat in Betracht kam. Das ist insbesondere auch von Bedeutung, wenn eine Fahrerlaubnis einer bestimmten Klasse nicht entzogen wird. Der Gesetzgeber musste daher in § 3 Abs. 4 StVG eine Kollisionsregel für die Fahreignungsbeurteilung durch das Strafgericht und die Fahreignungsbeurteilung durch die Verwaltungsbehörde treffen.

III. Vorrang der strafrichterlichen Entscheidung

Grundsätzlich gilt für die Verwaltungsbehörde der Vorrang der strafrichterlichen Entscheidung, § 3 Abs. 4 S. 1 StVG. Das gilt aber nur zu Lasten des Fahrerlaubnisinhabers. Die Behörde darf zugunsten des Betroffenen anders als das Strafgericht von der Fahreignung ausgehen.[7]

Die Verwaltungsbehörde ist aber nur und insoweit an die strafrichterliche Eignungsbeurteilung gebunden, als diese auf ausdrücklich in den schriftlichen Urteilsgründen getroffenen Feststellungen beruht und als die Behörde von demselben und nicht von einem anderen, umfassenderen Sachverhalt als das Strafgericht auszugehen hat.[8] Mit diesem grundsätzlichen Vorrang der strafrichterlichen vor verwaltungsbehördlichen Feststellungen sollen überflüssige, aufwendige und sich widersprechende Doppelprüfungen möglichst vermieden werden.[9]

IV. Beratungshilfen für den Mandanten

Für den im Verkehrsverwaltungsrecht beratenden Anwalt ist es insbesondere wichtig, dem Mandanten einen Handlungsweg aufzuzeigen, welche Schritte er unternehmen muss, um seine Fahrerlaubnis zurückzuerlangen.

▼

Muster 47.1: Informationsschreiben an Mandanten zur Wiedererteilung der Fahrerlaubnis

Sehr geehrter Herr ▓▓▓,

Ihnen ist mit rechtskräftigem Strafbefehl des AG ▓▓▓ die Fahrerlaubnis entzogen worden und eine Sperrfrist von ▓▓▓ Monaten angeordnet worden.

Die Sperrfrist für die Wiedererteilung der Fahrerlaubnis endet nach Ablauf der vom Gericht festgesetzten Monatszahl, zu rechnen bei Strafbefehlen von dem sich aus der Rückseite des Strafbefehls ergebenden Erlassdatum, sonst ab Datum der Hauptverhandlung vor dem Gericht.

Sie müssen den Antrag auf Wiedererteilung der Fahrerlaubnis formularmäßig beim Straßenverkehrsamt – Fahrerlaubnisstelle – stellen. Den Formularsatz beschaffen Sie sich

---

7 Vgl. *Dauer*, in: Hentschel/König/Dauer, Straßenverkehrsrecht, § 3 StVG Rn 30.
8 BVerwG, Beschl. v. 17.2.1994 – 11 B 152/93 = zfs 1995, 77f.
9 BVerwGE 80, 43 (46); VGH BW, Beschl. v. 3.5.2010 – 10 S 256/10 = zfs 10, 415 und VGH BW, Beschl. v. 17.11.2008 – 10 S 2719/08 = zfs 2009, 178; BayVGH, Beschl. v. 21.6.2010 – 11 CS 10.377 = zfs 2010, 597.

bitte so rechtzeitig, dass Sie den ausgefüllten Antrag genau drei Monate vor Ende der Sperrfrist zusammen mit folgenden Unterlagen einreichen können:
- Personalausweis oder Reisepass mit Anmeldebestätigung
- ein neueres Passfoto
- Sehtestbescheinigung (wenn Sie die „alte" Klasse 3 hatten, also Lkw bis zu 7,49 t fahren durften, benötigen Sie, soweit Sie auch in Zukunft diesen Besitzstand wahren wollen, also nicht nur eine Fahrerlaubnis für ausschließlich Pkw beantragen wollen, statt der Sehtestbescheinigung das Gutachten eines Augenarztes sowie eine ärztliche Bescheinigung über die körperliche und geistige Eignung).
- Nachweis über Sofortmaßnahmen am Unfallort bzw. bei Führerscheinklasse C, C1 Nachweis über Erste-Hilfe-Grundlehrgang (nicht erforderlich, wenn Ersterteilung der Fahrerlaubnis nach 1991)
- Verwaltungsgebühr
- polizeiliches Führungszeugnis Beleg-Art „O" (bei der Wohnsitzgemeinde zu beantragen, wird direkt an das Straßen-Verkehrsamt übersandt)

Einzelheiten erfahren Sie bei der Fahrerlaubnisstelle.

Sollte die Fahrerlaubnisbehörde weitergehende Auflagen machen, setzen Sie sich bitte sofort mit uns in Verbindung.

Falls Sie den Antrag mit allen Unterlagen fristgerecht stellen, wird Ihnen der neue Führerschein am Tage nach dem Ablauf der Sperrfrist ausgehändigt.

Falls Sie vor der Fahrerlaubnisentziehung Inhaber der „alten" Fahrerlaubnisklasse 3 waren, beachten Sie bitte, dass Ihnen bei Neuerteilung der Fahrerlaubnis nach Entzug statt der bisherigen Klasse 3 nur noch die aktuelle Klasse B erteilt wird, die lediglich zum Führen von Kfz bis 3,5 t und leichten Anhängern berechtigt.

Allerdings gibt es hiervon eine Ausnahme. Sofern Ihnen die Klasse 3 vor dem 1.4.1980 erteilt worden ist, werden Ihnen, ausschließlich auf **Antrag**, im Rahmen der Neuerteilung nach § 20 FeV außer der Klasse B auch die Klassen BE, C1 und C1E sowie die Klasse A1 nach § 76 Nr. 11a FeV ohne Ablegung der hierfür erforderlichen Fahrerlaubnisprüfungen erteilt, wenn die Fahrerlaubnisbehörde nicht die Ablegung der Prüfung der Klasse B nach § 20 Abs. 2 angeordnet hat. Für eine solche Anordnung müssen allerdings Tatsachen vorliegen, die die Annahme rechtfertigen, dass der Bewerber die nach § 16 Abs. 1 und § 17 Abs. 1 FEV erforderlichen Kenntnisse und Fähigkeiten nicht mehr besitzt. Die Vorschrift des § 76 Nr. 11a FeV beinhaltet mithin einen Besitzschutz. Bitte beachten Sie daher bei Neuerteilung, dass Ihnen über die Klasse B hinaus die weiteren genannten Klassen nur dann erteilt werden, wenn Sie dies beantragen.

Sollte es Schwierigkeiten geben, zögern Sie bitte nicht, mich zu kontaktieren.

▲

15 In den Fällen, in denen der Mandant wegen einer Fahrt unter Alkoholeinfluss mit mehr als 1,6 g/‰ verurteilt wurde oder es sich um die zweite Verurteilung wegen einer Alkoholfahrt handelt, wird die Fahrerlaubnisbehörde die Wiedererteilung der Fahrerlaubnis an die Bedingung einer erfolgreichen medizinisch-psychologischen Untersuchung (MPU) knüpfen. Hier ist dringend zu raten, eine solche nicht ohne ausgiebige Vorbereitung zu absolvieren.

A. Entziehung der Fahrerlaubnis durch das Strafgericht, § 69 StGB § 47

Muster 47.2: Mandanteninformation Wiedererteilung nach Fahrerlaubnisentzug mit mehr als 1,6 ‰/Mehrfachtäter

16

Hinsichtlich der Wiedererteilung der Fahrerlaubnis gilt Folgendes:

Die Sperrfrist für die Wiedererteilung der Fahrerlaubnis endet nach Ablauf der vom Gericht festgesetzten Monatszahl, zu rechnen bei Strafbefehlen von dem sich aus dem Strafbefehl ergebenden Erlassdatum, sonst ab Datum der Hauptverhandlung vor dem Gericht.

Liegt die festgestellte BAK über 1,6 g/‰ oder handelt es sich nicht um die erste Verurteilung wegen einer Trunkenheitsfahrt, so wird die Straßenverkehrsbehörde die Wiedererteilung der Fahrerlaubnis davon abhängig machen, ob Sie sich auf eigene Kosten zuvor einer medizinisch-psychologischen Begutachtung beim TÜV oder einer anderen amtlich anerkannten Begutachtungsstelle für Fahreignung unterziehen.

Wichtig ist, dass die Sperrfrist nicht ungenutzt verstreicht, sondern die erforderlichen Maßnahmen durch Sie schnellstmöglich getroffen werden.

Stellen Sie den Antrag auf Wiedererteilung der Fahrerlaubnis genau drei Monate vor dem Ende der Sperrfrist bei dem für Sie zuständigen Straßenverkehrsamt – Fahrerlaubnisstelle.

Der Antrag muss formularmäßig gestellt werden. Besorgen Sie sich den Formularsatz beim Straßenverkehrsamt so rechtzeitig, dass Sie den Antrag genau drei Monate vor Ende der Sperrfrist zusammen mit den nachstehenden Unterlagen (für Wiedererteilung Fahrerlaubnisklasse B, Pkw; bei anderen Klassen ggf. weitergehende/abweichende Auflagen zu erfragen beim Landkreis) einreichen können.
- Personalausweis oder Reisepass mit Anmeldebestätigung
- ein neueres Passfoto
- Sehtestbescheinigung (wenn Sie die „alte" Klasse 3 hatten, also Lkw bis zu 7,49 t fahren durften, benötigen Sie, soweit Sie auch in Zukunft diesem Besitzstand wahren wollen, also nicht nur eine Fahrerlaubnis für ausschließlich Pkw beantragen wollen, statt der Sehtestbescheinigung das Gutachten eines Augenarztes sowie eine ärztliche Bescheinigung über die körperliche und geistige Eignung).
- Nachweis über Sofortmaßnahmen am Unfallort bzw. bei Führerscheinklasse C, C1 Nachweis über Erste-Hilfe Grundlehrgang (nicht erforderlich, wenn Ersterteilung der Fahrerlaubnis nach 1991)
- Verwaltungsgebühr
- polizeiliches Führungszeugnis Beleg-Art „O" (bei der Wohnsitzgemeinde zu beantragen, wird direkt an das Straßenverkehrsamt übersandt)

Falls Sie vor der Fahrerlaubnisentziehung Inhaber der „alten" Fahrerlaubnisklasse 3 waren, beachten Sie bitte, dass Ihnen bei Neuerteilung der Fahrerlaubnis nach Entzug statt der bisherigen Klasse 3 nur noch die aktuelle Klasse B erteilt wird, die lediglich zum Führen von Kfz bis 3,5 t und leichten Anhängern berechtigt.

Allerdings gibt es hiervon eine Ausnahme. Sofern Ihnen die Klasse 3 vor dem 1.4.1980 erteilt worden ist, werden Ihnen, allerdings ausschließlich auf **Antrag**, im Rahmen der Neuerteilung nach § 20 FeV außer der Klasse B auch die Klassen BE, C1 und C1E sowie die Klasse A1 nach § 76 Nr. 11a FeV ohne Ablegung der hierfür erforderlichen Fahrerlaubnisprüfungen erteilt, wenn die Fahrerlaubnisbehörde nicht die Ablegung der Prüfung der Klasse B nach § 20 Abs. 2 angeordnet hat. Für eine solche Anordnung müssen allerdings Tatsachen vorliegen, die die Annahme rechtfertigen, dass der Bewerber die nach § 16 Abs. 1 und § 17 Abs. 1 FeV erforderlichen Kenntnisse und Fähigkeiten nicht mehr besitzt. Die Vorschrift des § 76 Nr. 11a FeV beinhaltet mithin einen Besitzschutz. Bitte beachten Sie daher bei Neuerteilung, dass Ihnen über die Klasse B hinaus die weiteren genannten Klassen nur dann erteilt werden, wenn Sie dies beantragen.

Wird eine medizinisch-psychologische Begutachtung verlangt, unterzeichnen Sie bitte die entsprechende Einverständniserklärung, wobei Ihnen der Verkehrspsychologe, soweit ich Ihnen im Folgenden eine verkehrspsychologische Beratung empfehle, bei der Auswahl des Untersuchungsortes und des Zeitpunktes der Begutachtung behilflich sein wird.

Tragen Sie dafür Sorge, dass der Gutachter das Gutachten nicht direkt an die Fahrerlaubnisstelle übersendet, sondern ausschließlich an Sie.

Sofort nach Eingang des Gutachtens übergeben Sie uns eine **Kopie** und behalten Sie das Original zunächst bis auf weitere Nachricht von uns bei sich.

Die Verwaltungsbehörde ist verpflichtet, die etwaige Anordnung der Vorlage eines Gutachtens so rechtzeitig zu treffen, dass die Begutachtung bis zu einem Monat vor Ablauf der Sperrfrist durchgeführt werden kann.

Die Straßenverkehrsbehörde wird nach Bearbeitung die Akten dem TÜV zusenden. Dieser wird Ihnen in der Regel am selben Tag eine Zahlungsaufforderung hinsichtlich der Gebühr für die Begutachtung zukommen lassen.

Sie können dann versuchen, telefonisch nach Zugang der Zahlungsaufforderung mit dem ausgewählten Prüfer Kontakt aufzunehmen und einen „Bleistifttermin" zu vereinbaren, wenn Sie gleichzeitig versichern, die Gebühr überwiesen zu haben. Der Termin wird dann i.d.R. schriftlich bestätigt, sobald festgestellt werden kann, dass die Gebühr eingegangen ist. Die Begutachtung kann schon nach Antragstellung vor Ablauf der Sperrfrist erfolgen (s.o.).

Auf einen frühen Termin sollten Sie drängen, da bis zur Erstellung des Gutachtens und dann ggf. bis zur Erteilung der Fahrerlaubnis wieder mehrere Wochen vergehen.

Terminsvereinbarungen vor Zugang der Zahlungsaufforderung sind nicht möglich. Ggf. sollten Sie vor der Auswahl einer bestimmten Untersuchungsstelle telefonisch nachfragen, wie derzeit die Auslastung ist und wann Sie frühestens mit einem Termin rechnen können. Unter Umständen sollten Sie dann – ggf. in Absprache mit dem Verkehrspsychologen (soweit unten empfohlen) – auf eine andere Stelle ausweichen.

Versuchen Sie auf gar keinen Fall, die MPU ohne eingehende Vorbereitung durch eine geeignete verkehrspsychologische Praxis durchzuführen.

Legen Sie dem Verkehrspsychologen spätestens bei dem ersten Gespräch folgende Unterlagen vor:
1. eine Kopie dieses Schreibens,
2. sämtliche Unterlagen aus etwaigen älteren Verfahren, insbesondere ältere MPU-Gutachten, soweit diese in Ihrem Besitz sind,
3. ärztliche Unterlagen, die im Zusammenhang mit Alkoholgenuss stehen.

In der Annahme, dass Sie meiner Empfehlung folgen, bitte ich um kurze Bestätigung, dass Sie mit der verkehrspsychologischen Praxis Kontakt aufgenommen haben, und um Mitteilung des Datums, an dem der 1. Termin dort stattfindet.

A. Entziehung der Fahrerlaubnis durch das Strafgericht, § 69 StGB

Zur Vermeidung von Missverständnissen stelle ich klar, dass ich keine weitere Überwachung hinsichtlich fristgerechtem Antrag auf Wiedererteilung der Fahrerlaubnis, MPU bzw. Wiedererteilung der Fahrerlaubnis vornehme, sondern, soweit ich nichts anderes höre, davon ausgehe, dass es keine Probleme mit der Wiedererteilung der Fahrerlaubnis gibt.

V. Sperrfristverkürzung

Da des Öfteren jeder Monat, in dem eine Fahrerlaubnis nicht zur Verfügung steht, wichtig ist, kann dahingehend beraten werden, dass der Mandant versucht, die Sperrzeit zu verkürzen.

Eine vorzeitige Aufhebung der Sperre setzt voraus, dass der Mandant neue Tatsachen vorlegen kann, auf die die Entscheidung einer Sperrfristaufhebung gestützt werden kann.[10]

Da bereits bei der Urteilsverkündung alle zu diesem Zeitpunkt bekannten Tatsachen berücksichtigt worden sind, müssen für die Aufhebung der Sperre Tatsachen vorliegen, die eine andere Beurteilung der Eignungsfrage als zum Urteilszeitpunkt rechtfertigen.

Dabei ist zu berücksichtigen, dass die neuen Tatsachen lediglich im Rahmen einer Gefährlichkeitsprognose die erneute Teilnahme am Straßenverkehr als verantwortbar erscheinen lassen.[11]

Anzuführen wäre hier eine Teilnahme an einem Aufbauseminar für alkoholauffällige Kraftfahrer, das eine solche Aufhebung der Sperre rechtfertigt.[12]

Muster 47.3: Mandanteninformation Sperrfristverkürzung

Sehr geehrter Herr ▓▓▓▓,

das AG ▓▓▓▓ hat Sie mit Urt. v. ▓▓▓▓ zu einer Geldstrafe von ▓▓▓▓ Tagessätzen verurteilt. Ferner wurde Ihnen die Fahrerlaubnis entzogen und angeordnet, dass Ihnen die Verwaltungsbehörde nicht vor dem Ablauf von ▓▓▓▓ Monaten eine neue Fahrerlaubnis erteilen darf.

Wenn Sie die Sperrfrist verkürzen wollen, käme die Teilnahme an einem Nachschulungskurs in Betracht.

Bei Teilnahme an einem Nachschulungskurs bei ▓▓▓▓ kann das Gericht im Nachhinein die Sperrfrist für die Wiedererteilung der Fahrerlaubnis um zwei bis drei Monate abkürzen. Wenn Sie Interesse haben, rufen Sie umgehend bei ▓▓▓▓ an und fragen Sie nach einem Modell bzw. Kurs zur Sperrfristabkürzung. Lassen Sie sich einen Termin für eine Führerscheinberatung geben. Eine Blutprobe wird nicht abgenommen. Die Führerscheinberatung erfolgt durch einen der Gutachter. Dort wird geklärt, welche Maßnahme bei Ihnen im konkreten Fall in Betracht kommt. Mit Abschluss der Maßnahme bekommen Sie eine Teilnahmebescheinigung, die einen Hinweis auf die Sperrfristverkürzung enthält,

---

10 *Jagow/Hentschel*, Straßenverkehrsrecht, StGB, § 69a Rn 14.
11 OLG Karlsruhe NJW 1960,587.
12 Vgl. beispielhaft OLG Düsseldorf, Beschl. v. 9.1.1984 – 3 Ws 636/83 = VRS 66, 347.

die Sie mir dann schnellstmöglich übergeben müssten, damit ich den Antrag auf Verkürzung der Sperrfrist stellen kann.

Sollte dies für Sie in Betracht kommen, bitte ich um kurze Rücksprache.

▲

21 Um keine Zeit zu verlieren, sollte der Anwalt schnellstmöglich einen Antrag auf Sperrfristverkürzung bei Gericht einreichen, verbunden mit der Bitte um schnellstmögliche Entscheidung. Es empfiehlt sich, um längere Verweildauern auf der Geschäftsstelle zu verhindern, dort telefonisch nachzufragen, ob die Akte dem zuständigen Richter schon zur Entscheidung vorgelegt wurde

▼

22 **Muster 47.4: Sperrfristverkürzung**

Amtsgericht

In der Strafsache

gegen

Aktenzeichen

beantrage ich,

die Sperrfrist für die Wiedererteilung der Fahrerlaubnis aus dem Strafbefehl vom , ablaufend am , mit Wirkung zum nach § 69a Abs. 7 StGB vorzeitig aufzuheben.

Begründung:

Das Gericht kann gem. § 69a Abs. 7 StGB die Sperre vorzeitig aufheben, wenn sich Grund zu der Annahme ergibt, dass der Täter zum Führen von Kraftfahrzeugen nicht mehr ungeeignet ist.

Der Verurteilte hat ausweislich der beigefügten Bescheinigung des vom an einer verkehrspsychologisch fundierten Führerscheinberatung mit einem Diplom-Psychologen teilgenommen.

Er hat weiter ausweislich der beigefügten Teilnahmebescheinigung vom an dem Kurs zur Förderung der Fahreignung mit Erfolg teilgenommen.

Damit ergibt sich unter Berücksichtigung der einschlägigen Rechtsprechung Grund zu der Annahme, dass der Verurteilte zum Führen von Kraftfahrzeugen nicht mehr ungeeignet ist.

Die Schulung hat Stunden umfasst. Weiter schließt sich eine vertraglich vereinbarte praxisbegleitende Langzeitbetreuung mit einem Gespräch zum Erfahrungsaustausch nach Monaten an.

Am hat die Sperre aus dem Strafbefehl vom mit einer Sperrfrist von noch Monaten drei Monate gedauert, so dass nach § 69a Abs. 7 StGB die Aufhebung zulässig ist.

Für eine kurzfristige antragsgemäße Entscheidung bin ich dankbar, zumal auch das Wiedererteilungsverfahren beim Landkreis – Fahrerlaubnisstelle – mehrere Wochen, teilweise Monate benötigen wird.

Rein praktisch gesehen besteht die Gefahr, dass die erfolgreiche Teilnahme am Nachschulungskurs leerlaufen und sich zugunsten des Verurteilten gar nicht auswirken kann. Das gilt hier insbesondere vor dem Hintergrund, dass der Antrag auf Wiedererteilung der Fahrerlaubnis drei Monate vor Ablauf der Sperrfrist gestellt werden muss.

Bei Teilnahme an Nachschulungskursen konnte statistisch gesehen die Rückfallquote für alkoholauffällige Kraftfahrer von 60 % auf 12 % gesenkt werden.

Hingewiesen sei etwa auf die Aufsätze von Oberamtsanwalt Grohmann, Hildesheim, „Nachschulung im Strafbefehlsverfahren", DAR 1994, 141 ff. sowie von Vors. Ri. LG a.D. Dr. Hans-Jürgen Bode, DAR 1983, 33 ff.

Weiterhin erlauben wir uns den Hinweis auf den Beschluss des LG Hildesheim vom 13.9.1985 – 12 Qs 162/95 = zfs 1985, 316, wonach die Nachschulung generell zur positiven Beeinflussung alkoholauffälliger Kraftfahrer und zur Verkürzung der Sperrfrist zur Wiedererteilung einer neuen Fahrerlaubnis geeignet ist. Hingewiesen sei auch auf den Beschluss des LG Hildesheim vom 20.5.2003 – 12 Qs 50/03, wonach bei einer BAK von bis zu 1,6 g/‰ und erstmals einschlägiger Auffälligkeit die erfolgreiche Teilnahme an einem Nachschulungskurs regelmäßig zu einer Verkürzung der Sperrfrist führt, soweit nicht im Einzelfall besondere Umstände gegen eine solche Entscheidung sprechen.

Zu den persönlichen Verhältnissen des Verurteilten nehme ich Bezug auf die Darstellung im hiesigen Schriftsatz vom   an die Staatsanwaltschaft.

Der festgestellte Blutalkoholwert betrug   g/‰.

Der Verurteilte entbehrt die Fahrerlaubnis/den Führerschein seit dem   mithin seit nunmehr   Monaten.

Bei antragsgemäßer Verkürzung der Sperrfrist auf den   würde eine Verkürzung der Sperrfrist um drei Monate gegeben sein.

Sollte weiterer Vortrag zur Begründung des Antrages für erforderlich gehalten werden, so bitte ich um ausdrücklichen

Hinweis.

▲

B. Entziehung durch die Verwaltungsbehörde, § 3 StVG

I. Ausgangssituation

Nach einem Verkehrsstraf- bzw. Ordnungswidrigkeitenverfahren schließt sich häufig ein verwaltungsrechtliches Führerscheinverfahren an. Dabei wird der zunächst mit der Verteidigung beauftragte Rechtsanwalt typischerweise gebeten, das Mandat fortzuführen.

II. Rechtsgrundlage für die Entziehung

Droht die behördliche Entziehung der Fahrerlaubnis oder ist sie bereits erfolgt, richtet sich der erste Blick auf die rechtlichen Voraussetzungen, unter denen ein solcher Eingriff in die durch Art. 2 Abs. 1 GG geschützte Mobilität erfolgen darf. Rechtsgrundlage für die behördliche Entziehung ist § 3 Abs. 1 S. 1 StVG.

> **§ 3 Abs. 1 S. 1 StVG**
> *Erweist sich jemand als ungeeignet oder nicht befähigt zum Führen von Kraftfahrzeugen, so hat ihm die Fahrerlaubnisbehörde die Fahrerlaubnis zu entziehen.*

Mit anderen Worten: Entfällt die Eignung oder Befähigung, muss die Behörde die Fahrerlaubnis zwingend entziehen.

III. Eignung und Befähigung

25 Was unter Eignung und Befähigung zu verstehen ist, hat der Gesetzgeber definiert.

Eignung:

Gem. § 2 Abs. 4 S. 1 StVG ist geeignet zum Führen von Kraftfahrzeugen,
- wer die notwendigen körperlichen und geistigen Anforderungen erfüllt und
- zudem nicht erheblich oder nicht wiederholt gegen verkehrsrechtliche Vorschriften oder gegen Strafgesetze verstoßen hat.

Befähigung:

Gem. § 2 Abs. 5 StVG ist befähigt, wer die Kenntnisse besitzt, die ein Fahrerlaubnisbewerber durch theoretische und praktische Prüfung nachzuweisen hat, vgl. § 15 Abs. 1 FeV.

Mit der Befähigung ist die fahrerische Kompetenz gemeint, mithin Verkehrsregelkenntnis, Fahrzeugbedienung und sonstige Kenntnisse. Anders als die frühere Rechtsprechung hat der Gesetzgeber die fehlende Befähigung neben der fehlenden Eignung als einen eigenständigen Begriff und damit als Entziehungsgrund geschaffen.[13]

26 *Beispiel: Der betagte Fahrer*
Der 86-jährige Fahrer touchiert beim Ausparken mehrfach andere Fahrzeuge. Hier kann altersbedingt eine Einschränkung in der Fahrzeugbedienung und damit eine fehlende Befähigung vorliegen.

C. Entziehung der Fahrerlaubnis nach dem Punktesystem, § 4 StVG

I. Neues Punktesystem

27 Das fast 40 Jahre bestehende Punktesystem des Verkehrszentralregisters wurde zum 1.5.2014 durch die neue Regelung des Fahreignungsregisters (FAER) reformiert. Gesetzgeberisches Ziel dieser Neuregelung war es, die Eintragung auf verkehrsrelevante Verstöße zu beschränken; zudem soll das Verfahren vereinfacht und transparenter werden. Die ganz wesentliche Bedeutung der Änderung besteht darin, dass Verstöße, die keinen unmittelbaren Einfluss auf die Verkehrssicherheit haben, nun auch nicht mehr eingetragen werden.

---

13 Vgl. zur früheren Rechtsprechung: BVerwG, Urt. v. 18.3.1982 – 7 C 69/81 = zfs 1982, 251.

C. Entziehung der Fahrerlaubnis nach dem Punktesystem, § 4 StVG

In diesem Zusammenhang wurde das bisherige Bewertungssystem dahingehend geändert, dass nunmehr für die jeweiligen Verstöße **ein Punkt, zwei Punkte oder drei Punkte**, je nach Schwere der vorgeworfenen Tat, im FAER eingetragen werden. 28

Das Punktesystem soll vor Gefahren schützen, die von Inhabern einer Fahrerlaubnis ausgehen, die **wiederholt** gegen die die Sicherheit des Straßenverkehrs betreffenden straßenverkehrsrechtlichen oder gefahrgutbeförderungsrechtlichen Vorschriften verstoßen. Die Bestimmungen der §§ 4, 28 StVG sollen sicherstellen, dass Ordnungswidrigkeiten und Verkehrsstraftaten ab einer gewissen Bedeutung **zentral erfasst** und bei zukünftigen Entscheidungen berücksichtigt werden können. Das Punktesystem bezweckt eine Vereinheitlichung der Behandlung von **Mehrfachtätern**. 29

Während nach dem alten Punktesystem bei dem Erreichen von 18 Punkten die Fahrerlaubnis entzogen wurde, erfolgt nach dem neuen Punktesystem nunmehr eine Entziehung nach dem **Erreichen von acht Punkten**. § 4 Abs. 2 S. 2 StVG regelt grundsätzlich, welche Punkte die einzelnen Zuwiderhandlungen nach sich ziehen. Anhaltspunkt für die Bewertung ist der Grad der Gefahren, die infolge der Zuwiderhandlung die Verkehrssicherheit beeinträchtigen: 30

- **1 Punkt**: Verkehrssicherheitsbeeinträchtigende oder gleichgestellte Ordnungswidrigkeiten mit leichteren Nachteilen für die Verkehrssicherheit werden mit einem Punkt bewertet (§ 4 Abs. 2 S. 2 Nr. 3 StVG).
- **2 Punkte**: Für besonders verkehrssicherheitsbeeinträchtigende und ihnen gleichgestellte Zuwiderhandlungen, zudem für Straftaten, werden nunmehr zwei Punkte berechnet (§ 4 Abs. 2 S. 2 Nr. 2 StVG). Hierunter fallen die Ordnungswidrigkeiten, für die die Bußgeldkatalog-Verordnung ein Regelfahrverbot vorsah. Bei den Straftaten fallen solche in die Zwei-Punkte-Kategorie, bei denen es sich entweder um Verkehrsstraftaten im engeren Sinne handelt, oder um Zusammenhangstaten, für die keine Entziehung der Fahrerlaubnis oder isolierte Sperre angeordnet worden ist (z.B. Nötigung, fahrlässige Körperverletzung oder Kennzeichenmissbrauch).
- **3 Punkte**: Mit drei Punkten werden die Straftaten bewertet, die schwerwiegende Gefahren für die Verkehrssicherheit mit sich bringen (§ 4 Abs. 2 S. 2 Nr. 1 StVG). Dies betrifft die gefährlichen Eingriffe in den Straßenverkehr (§ 315b StGB), die Gefährdung des Straßenverkehrs (§ 315c StGB), die Trunkenheit im Verkehr (§ 316 StGB) und außerdem die oben genannten Straftaten, sofern das Gericht eine Fahrerlaubnisentziehung anordnet.

Sobald nunmehr acht Punkte erreicht sind, ist gem. § 4 Abs. 5 S. 1 Nr. 3 StVG die Fahrerlaubnis zu entziehen.

> *Praxistipp: Eilantrag*
> Gegen die Entziehung der Fahrerlaubnis beim Erreichen von acht Punkten kann – je nach Bundesland – zunächst Widerspruch oder direkt Klage beim Verwaltungsgericht erhoben werden. Diese Rechtsbehelfe entfalten jedoch keine aufschiebende Wirkung, vgl. § 4 Abs. 9 StVG.

31

Personen, die sich wegen des von ihnen erreichten Punktestandes als ungeeignet zum Führen von Kraftfahrzeugen erwiesen haben, sollen rasch und wirksam von der Teilnahme am Kraftfahrverkehr ausgeschlossen werden.

Der Betroffene muss daher im Wege des einstweiligen Rechtsschutzes gegen die Entziehung vorgehen und die Anordnung der aufschiebenden Wirkung des Widerspruchs bzw. der Klage beantragen nach, vgl. § 80 Abs. 5 S. 1, 1. Fall VwGO.

II. Fahreignungsseminar

32 In der Beratung ist es daher wichtig, gerade bei Mandanten, die eine erhöhte Anzahl von Punkten im Fahreignungsregister aufweisen, auf § 4 Abs. 7 StVG hinzuweisen. Dort heißt es:

§ 4 Abs. 7 StVG

„Nehmen Inhaber einer Fahrerlaubnis freiwillig an einem Fahreignungsseminar teil und legen sie hierüber der nach Landesrecht zuständigen Behörde innerhalb von zwei Wochen nach Beendigung des Seminars eine Teilnahmebescheinigung vor, wird ihnen bei einem Punktestand von ein bis fünf Punkten ein Punkt abgezogen; maßgeblich ist der Punktestand zum Zeitpunkt der Ausstellung der Teilnahmebescheinigung. Der Besuch eines Fahreignungsseminars führt jeweils nur einmal innerhalb von fünf Jahren zu einem Punktabzug. Für den zu verringernden Punktestand und die Berechnung der Fünfjahresfrist ist jeweils das Ausstellungsdatum der Teilnahmebescheinigung maßgeblich."

III. Abfrage beim Kraftfahrtbundesamt

33 Häufig kennt der Mandant seinen aktuellen Punktestand nicht. Um führerscheinrechtlich beraten zu können, empfiehlt es sich, eine Anfrage beim Kraftfahrtbundesamt (KBA) zu stellen. Gem. § 30 Abs. 8 StVG erteilt das Kraftfahrtbundesamt kostenlos Auskünfte über den Punktestand.

▼

34 Muster 47.5: Anschreiben KBA

Kraftfahrtbundesamt
24932 Flensburg

Auskunft aus dem Fahreignungsregister für **Herrn** ▬▬▬, geb. am ▬▬▬ in ▬▬▬

Sehr geehrte Damen und Herren,

ausweislich der beigefügten Vollmacht vertrete ich Herrn ▬▬▬.

Ich bitte um Übersendung eines aktuellen Auszuges aus dem Fahreignungsregister.

▲

35 **Wichtig** ist in diesem Zusammenhang, dass sämtliche Daten, insbesondere auch der **Geburtstag und der Geburtsort** des Mandanten in der Anfrage genannt werden, da andernfalls eine Zuordnung beim KBA nicht gewährleistet werden kann.

C. Entziehung der Fahrerlaubnis nach dem Punktesystem, § 4 StVG §47

IV. Maßnahmenstufen

Neu gefasst wurden auch die einzelnen Maßnahmenstufen, die bei Erreichen der jeweiligen Punkte durchzuführen sind. Wesentlich ist insoweit, dass keine der Maßnahmenstufen übersprungen werden soll. Im Zentrum der Reformüberlegungen stand die Hoffnung, auf das Verhalten des Betroffenen einwirken zu können. 36

1. Erreichen von 4–5 Punkten

Sind vier oder fünf Punkte erreicht, wird der Fahrerlaubnisinhaber schriftlich ermahnt. Mit diesem schriftlichen Hinweis über die Funktionsweise des Bewertungssystems soll auf eine Verhaltensänderung des Verwarnten hingewirkt werden. Die Ermahnung begründet für den Betroffenen keine belastenden Pflichten und kann daher auch nicht angegriffen werden. 37

2. Erreichen von 6–7 Punkten

Auch beim Erreichen von sechs oder sieben Punkten soll – nochmals – auf den Betroffenen mit dem Ziel einer Verhaltensänderung eingewirkt werden. Der Fahrerlaubnisinhaber ist schriftlich zu verwarnen und darüber zu unterrichten, dass bei Erreichen von acht Punkten die Fahrerlaubnis entzogen wird. 38

3. Erreichen von 8 Punkten

Mit Eintritt der Rechtskraft durch Verwirkung des achten Punkts erfolgt die Entziehung der Fahrerlaubnis. Bei Erlass des Entziehungsbescheids hat die Fahrerlaubnisbehörde den vom KBA mitgeteilten Punktestand auf seine Richtigkeit zu überprüfen, weil das KBA keine verbindlichen Punktekonten führt.[14] 39

Zu beachten ist ferner: 40
- Eine auf Punktabzug gerichtete Verpflichtungsklage ist nicht zulässig. Über eine Reduzierung der Punkte gem. § 4 Abs. 5 StVG ist nämlich nicht durch gesonderten Verwaltungsakt zu entscheiden, sie ist vielmehr inzident bei der Berechnung des Punktestandes im Rahmen einer Entscheidung nach dem Punktesystem gem. § 4 Abs. 3 StVG vorzunehmen. Deshalb wäre eine Leistungs- oder eine Feststellungsklage ebenfalls unzulässig.[15]
- Nach der Rechtsprechung des Bundesverwaltungsgerichts galt bislang schon das „Tattagprinzip". Dieses Prinzip ist nunmehr ausdrücklich in § 4 Abs. 5 S. 3 StVG in das Gesetz übernommen worden.
- Das Ausstellungsdatum der Bescheinigung über die Teilnahme an einem Fahreignungsseminar ist maßgeblich.

---

14 VGH BW, Urt. v. 9.1.2007 – 10 S 396/06 = zfs 2007, 417.
15 VGH BW, Urt. v. 9.1.2007 – 10 S 396/06 = zfs 2007, 417; BVerwG, Beschl. v. 15.12.2006 – 3 B 49/06 = DAR 2007, 344.

- Gemäß § 4 Abs. 10 S. 1 StVG darf die Fahrerlaubnisbehörde erst frühestens sechs Monate nach einer wirksamen Fahrerlaubnisentziehung eine neue Fahrerlaubnis erteilen. Diese Frist beginnt mit der Ablieferung des Führerscheins bei der Behörde.

4. Tilgung

41 In der anwaltlichen Praxis stellen Mandanten immer wieder die Frage, ob die jeweiligen Eintragungen im FAER nicht schon längst „gelöscht" seien.

42 Zur Vermeidung von Missverständnissen: Punkte im FAER können gelöscht werden. So werden etwa nach Entzug der Fahrerlaubnis nach § 4 Abs. 3 S. 1 Nr. 3 StVG die Punkte für die vor dieser Entscheidung begangenen Zuwiderhandlungen gelöscht. Nicht gelöscht werden jedoch die der Punktebewertung zugrunde liegenden Verstöße. Diese Eintragungen werden erst nach Maßgabe von § 29 StVG getilgt. Eine davon wieder zu unterscheidende Frage ist die, ob solche Eintragungen dann als Grundlage von Maßnahmen nach dem Punktesystem in Betracht kommen.[16] § 29 StVG knüpft die Tilgung von Eintragungen im FAER an den Ablauf bestimmter Fristen. Sinn dieser Tilgungsfristenregelung ist es sicherzustellen, dass diese Eintragungen nicht mehr im Rahmen erneuter Verkehrsverstöße verwertet werden können, vgl. § 29 Abs. 8 S. 1 StVG. Wenn wir nun also die häufig gestellte Frage von Mandanten nach der „Löschung" der Punkte beantworten, dann sprechen wir regelmäßig gerade nicht über das Löschen, sondern über die Tilgung der Eintragungen im FAER.

43 Die Tilgungsfrist beginnt jetzt für alle bußgeld- und strafrechtlichen Entscheidungen einheitlich mit der **Rechtskraft der Entscheidung** (§ 29 Abs. 4 Nr. 1, 2 und 3 StVG).

44 Auf den Tattag kommt es in diesem Zusammenhang nicht an, weshalb es auch unbeachtlich ist, wenn eine Eintragung erst mit großem zeitlichen Abstand zum Tattag erfolgt ist, zumal ein durch Rechtsbehelfe verzögerter Rechtskrafteintritt grundsätzlich in die Risikosphäre des Betroffenen fällt.

Selbst eine dem Gericht zuzurechnende Verfahrensverzögerung gibt jedenfalls dann noch keinen Anlass, eine fiktive Vorverlagerung des Anlaufs der Tilgungsfrist zu erwägen, wenn das Verfahren nicht mehr als zwei Jahre gedauert hat.[17]

45 Für den Lauf der Tilgungsfrist von Aufbauseminaren nach § 2a Abs. 2 S. 1 Nr. 1 StVG, einer psychologischen Beratung nach § 2a Abs. 2 Nr. 2 StVG oder Fahreignungsseminaren nach § 4 Abs. 7 StVG kommt es dagegen allein auf den Tag der Ausstellung der Teilnahmebescheinigung an.

---

16 Vgl. dazu nur *Bouska/Laeverenz*, Fahrerlaubnisrecht, 3. Aufl. 2004, § 4 Anm. 14, die das im Ergebnis verneinen.
17 VGH BW, Beschl. v. 10.5.2011 – 10 S 137/11 = NZV 2011, 465.

D. Entziehung wegen Eignungsmängeln

I. Überblick

Für die Fahrerlaubnisentziehung ist der Begriff der Eignung von zentraler Bedeutung. Der Fachgesetzgeber hat ihn durch Ausführungsvorschriften näher konkretisiert, namentlich durch die auf der Grundlage von § 6 Abs. 1 Nr. 1 Buchst. c StVG erlassene Verordnung über die Zulassung von Personen zum Straßenverkehr, kurz: Fahrerlaubnis-Verordnung oder FeV. Nach § 46 Abs. 1 S. 2 FeV sind die Voraussetzungen für die Entziehung insbesondere dann gegeben, wenn die Eignung zum Führen von Kraftfahrzeugen deshalb ausgeschlossen ist, weil Erkrankungen oder Mängel nach den Anlagen 4, 5 oder 6 zur FeV vorliegen.

Es geht dabei um folgende – nicht abschließend bestimmte – körperliche und geistige Anforderungen an die Fahreignung:
- Anlage 4 zur FeV: betrifft Erkrankungen und Mängel
- Anlage 5 zur FeV: betrifft besondere Anforderungen (bei „Lkw, Bus, Taxi")
- Anlage 6 zur FeV: betrifft Sehvermögen.

II. Anlage 4 zur FeV: Erkrankungen und Mängel

1. Grundlagen

Anlage 4 zur FeV betrifft die **Eignung und bedingte Eignung** zum Führen von Kraftfahrzeugen. Für die große Masse der auf eine Alkohol- oder Drogenproblematik beruhenden Entziehungsverfahren spielen diese Vorgaben die entscheidende Rolle.

Die Anlage 4 zur FeV besitzt **Rechtsnormcharakter**. Allerdings liest sich ihr Text wie eine medizinische Tabelle, weil hier das frühere Gutachten „Krankheit und Kraftverkehr" des gemeinsamen Beirats für Verkehrsmedizin beim Bundesverkehrsministerium mit seinen Erkenntnissen eingeflossen ist. Die Bewertungen der Anlage 4 zur FeV können vielfach erst dann eingreifen, wenn zuvor die genannten Krankheitsbilder (Beispiel: „Alkoholabhängigkeit" in Nr. 8.3) im Wege der **Begutachtung** festgestellt worden sind. Damit sich diese Begutachtungen nach einheitlichen und aktuellen Standards richten, hat die Bundesanstalt für Straßenwesen im Auftrag des Bundesverkehrsministeriums die aktuellen **Begutachtungs-Leitlinien zur Kraftfahreignung** vom 27.1.2014 erarbeitet, die im Verkehrsblatt (VkBl. S. 110) veröffentlicht worden sind.

Zudem sind diese Begutachtungsleitlinien mit der durch Verordnung (BGBl I 2014, 357) eingeführten Anlage 4a zum **Normbestandteil** geworden und gelten seit 1.5.2014.

> **FeV, Anlage 4a (zu § 11 Abs. 5) Grundsätze für die Durchführung der Untersuchungen und die Erstellung der Gutachten**
> *Grundlage für die Beurteilung der Eignung zum Führen von Kraftfahrzeugen sind die* **Begutachtungs-Leitlinien für Kraftfahreignung** *vom 27.1.2014 (VkBl. S. 110).*[18] ...

---
[18] Hervorhebung durch den Autor.

2. Die Vorbemerkung der Anlage 4 zur FeV

51 Die Anlage 4 zur FeV beginnt mit einer Vorbemerkung. Damit zeigt die Norm noch eine gewisse Verbindung zum gutachterlichen Hintergrund, aus dem sie hervorgegangen ist. Die Vorbemerkung besteht aus drei Abschnitten und trifft Aussagen über
- den Inhalt der Anlage 4 (Nr. 1),
- die Feststellung der Eignung durch die Begutachtung (Nr. 2),
- die Anwendbarkeit im Regelfall, die Möglichkeit der Kompensation, die Begutachtung (Nr. 3).

52 **Vorbemerkung der Anlage 4 zur FeV**

1. Die nachstehende Aufstellung enthält häufiger vorkommende Erkrankungen und Mängel, die die Eignung zum Führen von Kraftfahrzeugen längere Zeit beeinträchtigen oder aufheben können. Nicht aufgenommen sind Erkrankungen, die seltener vorkommen oder nur kurzzeitig andauern (z.B. grippale Infekte, akute infektiöse Magen-/Darmstörungen, Migräne, Heuschnupfen, Asthma).

2. Grundlage der im Rahmen der §§ 11, 13 oder 14 vorzunehmenden Beurteilung, ob im Einzelfall Eignung oder bedingte Eignung vorliegt, ist in der Regel ein ärztliches Gutachten (§ 11 Abs. 2 S. 3), in besonderen Fällen ein medizinisch-psychologisches Gutachten (§ 11 Abs. 3) oder ein Gutachten eines amtlich anerkannten Sachverständigen oder Prüfers für den Kraftfahrzeugverkehr (§ 11 Abs. 4).

3. Die nachstehend vorgenommenen Bewertungen gelten für den Regelfall. Kompensationen durch besondere menschliche Veranlagung, durch Gewöhnung, durch besondere Einstellung oder durch besondere Verhaltenssteuerungen und -umstellungen sind möglich. Ergeben sich im Einzelfall in dieser Hinsicht Zweifel, kann eine medizinisch-psychologische Begutachtung angezeigt sein.

53 Nr. 1 der Vorbemerkung der Anlage 4 zur FeV ist aus sich heraus verständlich.

Nr. 2 der Vorbemerkung der Anlage 4 zur FeV stellt klar, dass Eignungszweifel im Einzelfall **nur durch die dafür vorgesehene Begutachtung** ausgeräumt bzw. bekräftigt werden können.

Die Fahrerlaubnis-Verordnung benennt einzelne Anknüpfungstatsachen für Eignungszweifel und ordnet der jeweiligen Problematik jeweils eine bestimmte Begutachtung zu.

In § 11 FeV geschieht dies allgemein und in § 13 FeV speziell für die Alkoholproblematik sowie in § 14 FeV eigens für die Betäubungs- und Arzneimittelproblematik. Dementsprechend gilt: Werden Tatsachen bekannt, die auf eine Erkrankung oder einen Mangel nach Anlage 4 hinweisen (§§ 46 Abs. 3, 11 Abs. 2 S. 2 FeV), bedarf es für die einzelfallbezogene Feststellung über die Eignung oder Nichteignung grundsätzlich der einschlägigen Begutachtung (z.B. durch ärztliches Gutachten, medizinisch-psychologisches Gutachten, ausschließlich psychologisches Gutachten, Gutachten eines amtlich anerkannten Sachverständigen usw.).

D. Entziehung wegen Eignungsmängeln § 47

Nr. 3 der Vorbemerkung der Anlage 4 zur FeV enthält eine wichtige Einschränkung des Anwendungsbereichs. Die in der Tabelle vorgenommenen Bewertungen der Eignung und bedingten Eignung gelten **allein für den Regelfall**.

Dies kann zu rechtlichen Auseinandersetzungen mit der Fahrerlaubnisbehörde führen und bedarf daher der näheren Betrachtung.

3. Regelfall und Atypik (Nr. 3 der Vorbemerkung)

In einem durch Entscheidungsroutinen geprägten Behördenalltag kann es leicht passieren, dass die Vorgabe, wonach die Bewertungen der Anlage 4 nur für den Regelfall gelten, ohne Berücksichtigung bleibt. Hier hat die anwaltliche Beratung einzugreifen. Aufgabe des Rechtsanwalts ist es, eine **bestehende Atypik** herauszuarbeiten und im Verwaltungs(gerichts)verfahren geltend zu machen. Rechtlicher Anknüpfungspunkt ist Nr. 3 der Vorbemerkung Anlage 4 zur FeV. Dort wird in Satz 2 davon gesprochen, dass bei Erkrankungen und Mängeln jeweils Kompensationen durch besondere menschliche Veranlagung, durch Gewöhnung, durch besondere Einstellung oder durch besondere Verhaltenssteuerungen und -umstellungen möglich sind; im Zweifel kann eine medizinisch-psychologische Begutachtung angezeigt sein.[19]

54

▼

Muster 47.6: Einwand der Atypik bei Anlage 4 FeV (Methadon) 55

Zu Unrecht stützt sich die Fahrerlaubnisbehörde darauf, dass nach Nr. 9.1 der Anlage 4 zur FeV die Einnahme von Betäubungsmitteln im Sinne des Betäubungsmittelgesetzes (ausgenommen Cannabis) die Fahreignung entfallen lässt. Diese Bewertung greift nicht ein, weil sie nach Nr. 3 der Vorbemerkung der Anlage 4 zur FeV nur für den Regelfall gilt.

Vorliegend scheidet ein Regelfall aber erkennbar aus, weil der Betäubungsmittelkonsum durch atypische Umstände geprägt ist. Der Konsum ist nämlich ärztlich verordnet und erfolgt im Rahmen einer seit über einem Jahr in jeder Hinsicht erfolgreichen Methadonbehandlung zur Substitution von Heroin. Es ist in der Rechtsprechung anerkannt, dass bei einer gelungenen Substitutionsbehandlung mit Methadon im Einzelfall eine positive Beurteilung der Fahreignung in Betracht kommen kann (BayVGH, Beschl. v. 5.7.2012 – 11 CS 12.1321, Rn 18 f. und OVG Bremen, Beschl. v. 16.3.2005 – 1 S 58/05, Rn 5 ff. – juris).

Nach alledem hätte allenfalls die Anordnung einer medizinisch-psychologischen Begutachtung nach Maßgabe von Satz 2 der Vorbemerkung Nr. 3 der Anlage 4 zu FeV erfolgen dürfen (OVG Saarlouis, Beschl. v. 27.3.2006 – 1 W 12/06 = zfs 2006, 355), nicht aber die hier ausgesprochene Entziehung der Fahrerlaubnis, die aufzuheben ist.

---

19 Vgl. Vorbemerkung Nr. 3 der Anlage 4 zur FeV.

4. Übersicht: Krankheiten und Mängel

56 Die in den Hauptabschnitten der Anlage 4 zur FeV gelisteten Krankheiten und Mängel lauten:

Nr. 1 mangelndes Sehvermögen (Verweis auf Anlage 6)
Nr. 2 hochgradige Schwerhörigkeit
Nr. 3 Bewegungsbehinderungen
Nr. 4 Herz- und Gefäßkrankheiten
Nr. 5 Diabetes mellitus (Zuckerkrankheit)
Nr. 6 Krankheiten des Nervensystems
Nr. 7 Psychische (geistige) Störungen
Nr. 8 Alkohol
Nr. 9 Betäubungsmittel, andere psychoaktiv wirkende Stoffe und Arzneimittel
Nr. 10 Nierenerkrankungen
Nr. 11 Verschiedenes (u.a. Tagesschläfrigkeit)

Angesichts ihrer hohen Relevanz in der Praxis sind die Problemkreise **„Alkohol"** (Nr. 8) und **„Betäubungsmittel"** (Nr. 9) im Einzelnen zu betrachten.

5. Alkoholmissbrauch

57 Aussagen zum Alkoholmissbrauch finden sich in Nr. 8.1 der Anlage 4 zur FeV:

Nr. 8.1 der Anlage 4 zur FeV

Krankheiten, Mängel	Eignung oder bedingte Eignung		Beschränkungen/Auflagen bei bedingter Eignung	
	Klassen A, A1, A2, B, BE, AM, L, T	Klassen C, C1, CE, C1E, D, D1, DE, D1E, FzF	Klassen A, A1, A2, B, BE, AM, L, T	Klassen C, C1, CE, C1E, D, D1, DE, D1E, FzF
8. Alkohol				
8.1 Missbrauch (Das Führen von Fahrzeugen und ein die Fahrsicherheit beeinträchtigender Alkoholkonsum kann nicht hinreichend sicher getrennt werden.)	nein	nein	–	–

Krankheiten, Mängel	Eignung oder bedingte Eignung		Beschränkungen/Auflagen bei bedingter Eignung	
	Klassen A, A1, A2, B, BE, AM, L, T	Klassen C, C1, CE, C1E, D, D1, DE, D1E, FzF	Klassen A, A1, A2, B, BE, AM, L, T	Klassen C, C1, CE, C1E, D, D1, DE, D1E, FzF
8.2 nach Beendigung des Missbrauchs	ja wenn die Änderung des Trinkverhaltens gefestigt ist	ja wenn die Änderung des Trinkverhaltens gefestigt ist	–	–

Nach Nr. 8.1 der Anlage 4 zur FeV ist derjenige zum Führen eines Kraftfahrzeugs ungeeignet, der **Missbrauch** mit Alkohol betreibt. Mit dem angehängten Klammerzusatz definiert der Verordnungsgeber den Missbrauch. Ein Missbrauch ist danach gegeben, wenn das Führen von Fahrzeugen und ein die Fahrsicherheit beeinträchtigender Alkoholkonsum **nicht hinreichend sicher getrennt** werden kann. Im Mittelpunkt steht also die sog. Trennungsproblematik.[20]

58

Nach 8.2 der Anlage 4 zur FeV ist die Fahreignung erst dann wiedererlangt, wenn
- der Missbrauch beendet ist und
- die Änderung des Trinkverhaltens gefestigt ist.

59

Bei der durch Gutachten zu treffenden Feststellung eines Alkoholmissbrauchs sind die durch Anlage 4a zur FeV[21] in Bezug genommenen Begutachtungsleitlinien zur Kraftfahreignung, gültig ab 1.5.2014, zu beachten.

Nach Nr. 3.13.1 dieser Leitlinien ist von „Missbrauch"[22] insbesondere in folgenden Fällen auszugehen:
- In jedem Fall (ohne Berücksichtigung der Höhe der Blutalkoholkonzentration), wenn wiederholt ein Fahrzeug unter unzulässig hoher Alkoholwirkung geführt wurde;
- nach einmaliger Fahrt unter hoher Alkoholkonzentration (ohne weitere Anzeichen einer Alkoholwirkung);
- wenn aktenkundig belegt ist, dass es bei dem Betroffenen in der Vergangenheit im Zusammenhang mit der Verkehrsteilnahme zu einem Verlust der Kontrolle des Alkoholkonsums gekommen ist.

60

---

20 *Zwerger*, in: Haus/Zwerger, Das verkehrsrechtliche Mandat, § 8 Rn 26.
21 Eingeführt durch Verordnung vom 16.4.2014, BGBl I S. 348.
22 Laut Internationaler Klassifikation psychischer Störungen (ICD-10): „Schädlicher Gebrauch".

6. Alkoholabhängigkeit

61 Aussagen zur Alkoholabhängigkeit finden sich in Nr. 8.3 der Anlage 4 zur FeV:

Nr. 8.3 der Anlage 4 zur FeV

Krankheiten, Mängel	Eignung oder bedingte Eignung		Beschränkungen/Auflagen bei bedingter Eignung	
	Klassen A, A1, A2, B, BE, AM, L, T	Klassen C, C1, CE, C1E, D, D1, DE, D1E, FzF	Klassen A, A1, A2, B, BE, AM, L, T	Klassen C, C1, CE, C1E, D, D1, DE, D1E, FzF
8. Alkohol				
(...)				
8.3 Abhängigkeit	nein	nein	–	–
8.4 nach Abhängigkeit (Entwöhnungsbehandlung)	ja wenn Abhängigkeit nicht mehr besteht und in der Regel ein Jahr Abstinenz nachgewiesen ist	ja wenn Abhängigkeit nicht mehr besteht und in der Regel ein Jahr Abstinenz nachgewiesen ist	–	–

62 Nach Nr. 8.3 der Anlage 4 zur FeV ist derjenige zum Führen eines Kraftfahrzeugs ungeeignet, der alkoholabhängig ist. Die Wiedererlangung der Fahreignung ist nach 8.4 der Anlage 4 zur FeV erst dann wieder anzunehmen, wenn
- die Abhängigkeit nicht mehr besteht und
- in der Regel ein Jahr Abstinenz nachgewiesen ist.

63 Alkoholabhängigkeit ist ein medizinischer Begriff.[23] Bei der Begutachtung sind nach Anlage 4a zur FeV[24] die ab 1.5.2014 gültigen Begutachtungsleitlinien zur Kraftfahreignung jedenfalls als Sollvorgabe[25] zu berücksichtigen. Diese Leitlinien[26] verweisen – wie schon die Vorgängerleitlinien[27] – auf die Internationale Klassifikation psychischer Störungen (ICD-10 Kapitel V).

---

23 Vgl. *Hentschel*, Straßenverkehrsrecht, § 13 FeV Rn 1.
24 Eingeführt durch Verordnung vom 16.4.2014, BGBl I S. 348.
25 Vgl. BayVGH, Beschl. v. 17.12.2015 – 11 ZB 15.2200 – juris, wonach das Gericht im Einzelfall auch eine Abweichung akzeptiert.
26 Begutachtungs-Leitlinien zur Kraftfahreignung, Berichte der Bundesanstalt für Straßenwesen, Mensch und Sicherheit, Heft M 115, 1.5.2014, unter Nr. 3.13.2, *www.bast.de*.
27 Begutachtungs-Leitlinien zur Kraftfahrereignung, Stand 2.11.2009, Abschnitt 3.11.2.

Gem. Nr. 3.13.2 der Begutachtungsleitlinien zur Kraftfahreignung[28] kann die sichere   64
Diagnose der Abhängigkeit nur gestellt werden, wenn irgendwann während des letzten
Jahres drei oder mehr der dort genannten sechs Kriterien gleichzeitig vorhanden waren:
- starker Wunsch oder eine Art Zwang, psychotrope Substanzen zu konsumieren,
- verminderte Kontrollfähigkeit bezüglich des Beginns, der Beendigung und der Menge des Konsums,
- körperliches Entzugssyndrom bei Beendigung oder Reduktion des Konsums,
- Nachweis einer Toleranz,
- fortschreitende Vernachlässigung anderer Interessen zugunsten des Substanzkonsums,
- anhaltender Substanzkonsum trotz des Nachweises eindeutig schädlicher Folgen, die dem Betroffenen bewusst sind.

Dementsprechend ist anerkannt, dass die Fahrerlaubnis-Verordnung den Begriff der Alkoholabhängigkeit nicht selbst definiert, sondern ihn voraussetzt.[29]

III. Drogen und Arzneimittel

1. Allgemeines

Die Erteilung der Fahrerlaubnis ist abzulehnen (§ 2 Abs. 2 i.V.m. Abs. 4 StVG) bzw. die   65
vorhandene Fahrerlaubnis zu entziehen (§ 3 Abs. 1 StVG i.V.m. § 46 FeV), wenn die
Faheignung durch eine Drogenproblematik entfällt. Maßgeblich ist die Eignungsbewertung in Nr. 9 der Anlage 4 zur FeV. Diese ist für den Regelfall (Nr. 3 der Vorbemerkung dieser Anlage) verbindlich.

Wegen der herausragenden Bedeutung in der Praxis soll es hier allein um die Einnahme   66
von Betäubungsmitteln nach dem Betäubungsmittelgesetz (BtMG) gehen. Nach Nr. 9
der Anlage 4 zur FeV sind die Betäubungsmittel nach ihrem Gefährlichkeitsgrad für
Leistungseinbußen beim Führen eines Kfz zu unterteilen, und zwar in
- „harte Drogen", wie Heroin, Kokain, Ecstasy, LSD oder Amphetamin (Nr. 9.1 der Anlage 4 zur FeV) und
- Cannabis (Nr. 9.2 der Anlage 4 zur FeV).

---

[28] Nr. 3.13.2, Begutachtungs-Leitlinien zur Kraftfahreignung, Stand 1.5.2014, *www.bast.de*.
[29] VGH BW, Beschl. v. 8.9.2015 – 10 S 1667/15, Rn 10 – juris; vgl. auch zur Problematik der Wiedererlangung der Fahreignung nach Alkoholabhängigkeit: *Schubert/Schneider/Eisenmenger/Stephan*, Begutachtungs-Leitlinien zur Kraftfahrereignung, Kommentar, 2. Aufl. 2005, Rn 3.11.2.3, S. 164.

2. „Harte Drogen"

a) Einmaliger Konsum

67 In Nr. 9 der Anlage 4 zur FeV heißt es betreffend die Einnahme von Betäubungsmitteln (**ausgenommen Cannabis**) und damit zur Einnahme „harter Drogen":

Krankheiten, Mängel	Eignung oder bedingte Eignung		Beschränkungen/Auflagen bei bedingter Eignung	
	Klassen A, A1, A2, B, BE, AM, L, T	Klassen C, C1, CE, C1E, D, D1, DE, D1E, FzF	Klassen A, A1, A2, B, BE, AM, L, T	Klassen C, C1, CE, C1E, D, D1, DE, D1E, FzF
9. Betäubungsmittel (...)				
9.1 Einnahme von Betäubungsmitteln i.S.d. Betäubungsmittelgesetzes (ausgenommen Cannabis)	Nein	nein	–	–

68 In Anknüpfung an diese Bewertung für den Regelfall schließt schon der **einmalige** Konsum einer harten Droge wie Heroin, Kokain, Ecstasy, LSD oder Amphetamin die Fahreignung aus. Auf die Teilnahme am Straßenverkehr oder einen wiederholten Konsum kommt es nicht an. Diese Auffassung hat sich in der verwaltungsgerichtlichen Rechtsprechung durchgesetzt.[30]

b) Begriff der Einnahme

69 Der Begriff der Einnahme einer illegalen Droge setzt eine bewusste und gewollte Aufnahme voraus. Dementsprechend wird in der Praxis nicht selten der Einwand erhoben, die in Rede stehenden Drogen seien durch unbewusste Aufnahme in den Körper des Betroffenen gelangt.

70 *Beispiel: Das vertauschte Glas*
Der B besucht eine Diskothek und gerät bei der Heimfahrt in eine Verkehrskontrolle. Der Polizeibeamte sieht Anzeichen von Drogenkonsum. Die dem B entnommene Blutprobe ergibt einen positiven Befund auf Amphetamin.
Die Straßenverkehrsbehörde entzieht die Fahrerlaubnis unter Anordnung der sofortigen Vollziehung. B stellt beim zuständigen Verwaltungsgericht einen Aussetzungsantrag nach § 80 Abs. 5 VwGO und macht geltend, er habe noch nie in seinem Leben Drogen genommen. Möglicherweise habe ihm jemand ohne sein Wissen Drogen in sein Glas getan oder sein Glas vertauscht, als er auf der Toilette oder der Tanzfläche gewesen sei.

---

30 Vgl. etwa OVG NRW, Beschl. v. 6.3.2007 – 16 B 332/07; OVG Niedersachsen, Beschl. v. 16.2.2004 – 12 ME60/04 – und 16.6.2003 – 12 ME 172/03; OVG Brandenburg, Beschl. v. 22.7.2004 – 4 B 37/04; OVG Saarland, Beschl. v. 30.3.2006 – 1 W 8/06 – juris; VGH BW, Beschl. v. 22.11.2004 – 10 S 2182/04 – juris; HessVGH, Beschl. v. 31.3.2012 – 2 B 1570/11 – juris.

Mit einem derartigen Vorbringen wird ein atypischer Geschehensablauf geltend gemacht. 71
Es besteht daher die Gefahr, dass es vom Verwaltungsgericht als bloße Schutzbehauptung
eingeordnet wird. Um Gehör zu finden, muss der Betroffene die Hintergründe eines
solchen Geschehens vollständig aufdecken und nach Möglichkeit die in Betracht kommenden Beteiligten und ein etwaiges Motiv für deren Verhalten schlüssig und nachvollziehbar darlegen. Es ist nämlich erklärungsbedürftig, warum ein Dritter, der für sich
eine illegale Droge teuer erworben hat, diese einfach aus den Händen gibt. Schließlich
muss sich der Betroffene auch dazu verhalten, wie und wann er die Wirkung der Droge
wahrgenommen und warum er gleichwohl ein Kraftfahrzeug geführt hat. Entstehen dabei
Ungereimtheiten, kann dies Zweifel an der Glaubwürdigkeit des Betroffenen wecken.[31]

c) Akt der gebundenen Verwaltung

Liegt die in Nr. 9.1 der Anlage 4 zur FeV enthaltene Regelannahme vor, ist die Entzie- 72
hung der Fahrerlaubnis zwingend vorzunehmen, vgl. § 46 Abs. 1 FeV. Es handelt sich um
einen Akt der gebundenen Verwaltung. Ein Ermessen ist der Behörde nicht eingeräumt.
Vielmehr handelt sie pflichtwidrig, wenn sie die gesetzlich vorgesehene Entziehung der
Fahrerlaubnis nicht verfügt. Meint die Behörde, sie könne es zugunsten des betroffenen
Konsumenten einer „harten Droge" bei einer Aufklärungsmaßnahme durch Beibringung
eines Gutachtens belassen, ohne dass ein Ausnahmefall (Vorbemerkung Nr. 3 S. 2 der
Anlage 4 zur FeV) eingreift, so handelt sie rechtswidrig, weil die einzig rechtmäßige
Maßnahme in dieser Situation der Entzug ist, vgl. dazu § 11 Abs. 7 FeV.

d) Wiedererlangung der Fahreignung

Zur Wiedererlangung der Fahreignung nach dem Konsum einer harten Droge sind zwei 73
Nachweise zu führen, und zwar betreffend
- die Abstinenz über ein Jahr (Nr. 9.5 Anlage 4 zur FeV) durch Screenings,
- den stabilen Verhaltens- und Einstellungswandel durch eine MPU.

Der Nachweis über die Abstinenz kann – abgesehen von einer Haaranalyse – durch 74
Urinuntersuchungen („Screenings") geführt werden. Diese müssen die sog. **CTU-Kriterien**[32] erfüllen, welche die Häufigkeit von Urinkontrollen (6 in 12 Monaten bzw. 4 in
6 Monaten), die Erhebungsbedingungen und die qualitativen Anforderungen an das
untersuchende Labor festlegen. Bei den Erhebungsbedingungen kommt es u.a. darauf
an, dass die Urinabgabe für den Betroffenen **nicht vorhersehbar** ist. Auch muss die
Abgabe der **Urinprobe unter direkter Sicht** eines Arztes oder Toxikologen erfolgen,
um jede Manipulationsmöglichkeit auszuschließen.

Ferner ist wichtig: Die Untersuchung muss in einem **nach DIN ISO EN 17025 für** 75
forensische Zwecke akkreditierten Labor[33] stattfinden. Es geschieht in der Praxis

---
31 Vgl. zum Einwand der unbewussten Aufnahme: BayVGH, Beschl. v. 19.1.2016 – 11 CS 15.2403 – juris, m.w.N.
32 Vgl. dazu Urteilsbildung in der Fahreignungsbegutachtung – Beurteilungskriterien", ab 1.5.2014, hrsg. durch die Deutsche Gesellschaft für Verkehrspsychologie (DGVP) und die Deutsche Gesellschaft für Verkehrsmedizin (DGVM).
33 Vgl. dazu Urteilsbildung in der Fahreignungsbegutachtung – Beurteilungskriterien", a.a.O.

nicht selten, dass „negative Drogenbefunde" des Hausarztes bei den Behörden und Gerichten vorgelegt werden. Diese entsprechen regelmäßig nicht den CTU-Kriterien und besitzen daher keine Aussagekraft.

76 Der Nachweis eines stabilen Verhaltens- und Einstellungswandel ist durch Einholung eines medizinisch-psychologischen Gutachtens zu führen. Das folgt aus § 14 Abs. 2 Nr. 1 FeV. Danach ist die Beibringung eines medizinisch-psychologischen Gutachtens zwingend, wenn die Fahrerlaubnis wegen der Einnahme von Betäubungsmitteln (§ 14 Abs. 1 Nr. 2 FeV) entzogen worden ist.

77 *Wichtiger Hinweis: Nachweis der Abstinenz so früh wie möglich beginnen!*
Mandanten, die wegen nachgewiesenem Drogenkonsum die Fahreignung verloren haben, sind in aller Regel dahingehend zu beraten, dass sie direkt nach dem Vorfall den Kontakt zu Beratungsstellen suchen, um – professionell begleitet – an der Wiedergewinnung ihrer Fahreignung durch Drogenscreenings (nach CTU-Kriterien) und eine MPU zu arbeiten.
Wird hingegen – trotz des gar nicht strittigen Konsums einer harten Droge – der Abschluss des Strafverfahrens, das Ergebnis des Verwaltungsverfahrens und des sich anschließenden Verwaltungsprozesses abgewartet, ist diese nicht unerhebliche Zeitspanne für den Nachweis der einjährigen Abstinenz verloren. Die führerscheinlose Zeit für den Mandanten verlängert sich in unnötiger Weise.

3. Cannabis

a) Konsummuster

78 Bei der Bewertung der Einnahme von Cannabis für die Fahreignung steht das jeweilige Konsummuster im Vordergrund. Es kommen in Betracht
- die regelmäßige Einnahme von Cannabis (Nr. 9.2.2),
- die gelegentliche Einnahme von Cannabis (Nr. 9.2.1) und
- die einmalige Einnahme von Cannabis als sog. Probierkonsum.

b) Probierkonsum von Cannabis

79 Der letztgenannte **Probierkonsum** lässt die Fahreignung unberührt. Bei nur einmaliger Einnahme ist eine Wiederholung nicht zu erwarten mit der Folge, dass für die Zukunft eine Gefährdung der Verkehrssicherheit nicht zu befürchten ist.[34]

80 Eine andere Frage ist es, ob der Einwand des einmaligen Probierkonsums glaubhaft ist, wenn er nach einer polizeilich festgestellten Fahrt unter Drogeneinfluss erhoben wird. In dieser Situation bestehen nämlich für die **Glaubhaftmachung** eines Probierkonsums besondere Anforderungen, welche die Rechtsprechung wie folgt begründet: Es sei vor dem Hintergrund des äußerst seltenen Falles, dass eine Person nach einem einmaligen Cannabiskonsum zum einen bereits kurz darauf ein Kraftfahrzeug führt und zum anderen

---

[34] Vgl. zu dieser „Privilegierung" eines einmaligen Probierkonsums: BVerfG, Kammerbeschl. v. 20.6.2002 – 1 BvR 2062/96 = NJW 2002, 2378 (2379).

dann auch noch trotz der geringen Dichte der polizeilichen Verkehrsüberwachung in eine Verkehrskontrolle gerät und die Polizei einen Drogentest veranlasst, in einem Akt der Beweiswürdigung regelmäßig die Annahme gerechtfertigt, dass ohne substantiierte Darlegung des Gegenteils nicht von einem einmaligen Konsum ausgegangen werden muss.[35]

> *Praxistipp: Anwaltliche Ermittlung der persönlichen Konsumangaben*
> Legt sich der Mandant unmittelbar nach einer Rauschfahrt auf Befragen der Polizeibeamten mit Angaben fest, die einen Probierkonsum erkennbar ausschließen (z.B.: „Ich rauche ab und zu Gras, aber fahre dann nie Auto."), ist es in der Folge sehr schwer, davon wieder loszukommen.
> Der Anwalt sollte daher bei Mandatsbeginn aktenkundige Konsumangaben, die ggf. auch bei der Blutentnahme erfolgt sein können, genau ermitteln, um wenigstens die Chance zu haben, diese in der einen oder anderen Weise gegenüber der Straßenverkehrsbehörde oder dem Verwaltungsgericht zu relativieren.

c) Fahreignungsrelevanter Konsum

Fahreignungsrelevant sind der regelmäßige und der gelegentliche Konsum von Cannabis. 81
Insoweit stellt die Anlage 4 zur FeV folgende Regelfallannahmen auf:

Krankheiten, Mängel	Eignung oder bedingte Eignung		Beschränkungen/Auflagen bei bedingter Eignung	
	Klassen A, A1, A2, B, BE, AM, L, T	Klassen C, C1, CE, C1E, D, D1, DE, D1E, FzF	Klassen A, A1, A2, B, BE, AM, L, T	Klassen C, C1, CE, C1E, D, D1, DE, D1E, FzF
9.2 Einnahme von Cannabis				
9.2.1 Regelmäßige Einnahme von Cannabis	nein	nein	–	–

---

[35] Vgl. dazu BayVGH, Beschl. v. 21.4.2015 – 11 ZB 15.181 – juris; OVG NRW, Beschl. v. 12.3.2012 –16 B 1294/11 – juris.

Krankheiten, Mängel	Eignung oder bedingte Eignung		Beschränkungen/Auflagen bei bedingter Eignung	
	Klassen A, A1, A2, B, BE, AM, L, T	Klassen C, C1, CE, C1E, D, D1, DE, D1E, FzF	Klassen A, A1, A2, B, BE, AM, L, T	Klassen C, C1, CE, C1E, D, D1, DE, D1E, FzF
9.2.2 Gelegentliche Einnahme von Cannabis	ja wenn Trennung von Konsum und Fahren und kein zusätzlicher Gebrauch von Alkohol oder anderen psychoaktiv wirkenden Stoffen, keine Störung der Persönlichkeit, kein Kontrollverlust	ja wenn Trennung von Konsum und Fahren und kein zusätzlicher Gebrauch von Alkohol oder anderen psychoaktiv wirkenden Stoffen, keine Störung der Persönlichkeit, kein Kontrollverlust	–	–

d) Regelmäßige Einnahme von Cannabis

82 Bei einem regelmäßigen Konsum von Cannabis entfällt die Fahreignung (siehe den Tabelleneintrag: „nein"). Ein solcher Konsum liegt dann vor, wenn die Droge täglich oder nahezu täglich eingenommen wird.[36]

83 Fraglich ist, ob sich ein derartiges Konsummuster auch über eine **Blutprobenanalyse** feststellen lässt. Maßgeblich ist der Wert des im Blut vorgefundenen Cannabiswirkstoffes THC und seiner Abbauprodukte (THC-COOH = THC-Carbonsäure). Während das THC aufgrund seines schnellen Abbaus nur relativ kurze Zeit nach dem Ende des Konsums im Blut nachweisbar ist, lässt sich regelmäßiger Cannabis-Konsum über das im Stoffwechsel aus THC gebildete THC-COOH bis zu einige Wochen später im Blut nachweisen.[37] Wird die die Blutprobe zeitnah, mithin nur wenige Stunden nach dem letzten Konsum abgenommen, und findet sich darin eine Konzentration an **THC-COOH von 150 ng/ml** und mehr, so ist von einem regelmäßigen Konsum auszugehen.[38]

---

[36] BVerwG, Urt. v. 6.2.2009 – 3 C 1/08 – juris.
[37] Vgl. *Schubert*, Kommentar zu den Begutachtungs-Leitlinien zur Kraftfahrereignung, 2. Auflage 2005, S. 178 ff.
[38] *Zwerger*, in: Haus/Zwerger, Das verkehrsrechtliche Mandat, § 9 Rn 71.

D. Entziehung wegen Eignungsmängeln § 47

e) Gelegentliche Einnahme von Cannabis

aa) Überblick

Die Fahreignung entfällt nach Nr. 9.2.2 zur Anlage 4 der FeV, bei einer 84
- gelegentlichen Einnahme von Cannabis **und**
- dem Vorliegen von **Zusatztatsachen**.

Als mögliche Zusatztatsachen kommen in Betracht:
- keine Trennung von Konsum und Fahren (Rauschfahrt) oder
- zusätzlicher Gebrauch von Alkohol (bzw. anderer psychoaktiv wirkender Stoffe) oder
- Störung der Persönlichkeit oder
- Kontrollverlust.

bb) Gelegentlicher Konsum

Zunächst ist festzuhalten, dass bei gelegentlichem Konsum von Cannabis ohne Zusatztat- 85
sache die Fahreignung erhalten bleibt, wie sich aus dem Tabelleneintrag („ja") ergibt.
Dabei deckt dieses Konsummuster den Bereich ab, der zwischen dem einmaligen Probierkonsum einerseits und dem regelmäßigen (nahezu täglichen) Konsum andererseits liegt.

Gelegentlicher Konsum liegt dementsprechend dann vor, wenn der Betroffene
- in zumindest zwei Konsumvorgängen Cannabis zu sich genommen hat **und**
- diese Konsumvorgänge einen gewissen, auch zeitlichen Zusammenhang aufweisen.[39]

Bei der Bejahung der letztgenannten Voraussetzung, also des zeitlichen Zusammenhangs zwischen zwei Konsumvorgängen, kann es leicht passieren, dass die zur Entscheidung berufene Straßenverkehrsbehörde „den Bogen überspannt". Es ist Aufgabe des Anwalts, dies zu erkennen und im Wege des Rechtsschutzes vor den Verwaltungsgerichten wirksam zu unterbinden.

▼

Muster 47.7: Kein gelegentlicher Konsum bei Unterbrechung von fünf Jahren 86
Verwaltungsgericht

Kläger ./. Beklagte

Aktenzeichen:

wegen: Entziehung der Fahrerlaubnis

Die erhobene Klage begründe ich namens und im Auftrag des Klägers wie folgt:

Der angefochtene Bescheid über die Entziehung der Fahrerlaubnis ist rechtswidrig und verletzt den Kläger in seinen Rechten, vgl. § 113 Abs. 1 S. 1 VwGO. Die Straßenverkehrsbehörde hätte die Entziehung der Fahrerlaubnis nicht auf § 46 Abs. 1 FeV i.V.m. Nr. 9.2.2 der Anlage 4 zur FeV stützen dürfen.

Der Mandant, der in Kürze sein 23. Lebensjahr vollenden wird, ist kein gelegentlicher Konsument von Cannabis. Er bedauert die aktenkundige Fahrt unter Cannabiseinwirkung

---

39 BVerwG, Urt. v. 23.10.2014 – 3 C 3/13 = zfs 2015, 173.

aufrichtig. Sie beruht auf einem einmaligen Fehltritt, der sich nicht wiederholen wird. Zwar trifft die Angabe des Mandanten zu, die er am Vorfallstag gegenüber einem Verkehrspolizisten gemacht hat, wonach er an seinem 18. Geburtstag bereits einmal Cannabis probiert habe. Dieser Konsum liegt aber nahezu fünf Jahre zurück mit der Folge, dass er nach der Rechtsprechung nicht mehr in einem Zusammenhang mit dem jetzigen Vorfall gesehen werden darf, vgl. insoweit OVG Lüneburg, Beschl. v. 7.6.2012 – 12 ME 31/12 = zfs 2012, 473.

▲

87 In der Praxis der Behörden und Gerichte steht häufig die Frage im Mittelpunkt, ob sich ein gelegentlicher Konsum über das Gesamtbild der nach dem Vorfall eingeholten **Blutprobenanalyse** feststellen lässt.

88 Ein Ansatz dazu ist der Nachweis des Cannabiswirkstoffes **THC** (z.B.: 3 ng/ml) im Blutserum des Betroffenen und der Umstand, dass dieser psychoaktive Stoff bei Probier- und Gelegenheitskonsumenten **nur 4 bis 6 Stunden im Blut nachweisbar** ist. Findet sich in der Akte die Angabe des Betroffenen, sein einmaliger Konsum liege viel länger zurück (z.B.: „24 Stunden"), so schließen die Verwaltungsgerichte schon deshalb einen einmaligen Konsum aus und nehmen einen gelegentlichen Konsum an. Die Argumentationskette lautet: Bei dem eingeräumten Konsum könne es nicht geblieben sein, weil dieser zeitlich zu weit zurückliege. Der festgestellte THC-Wert lasse sich somit nur durch einen weiteren Konsum erklären, der zeitnäher erfolgt sei. Insgesamt sei damit der gelegentliche Konsum belegt.[40]

89 Ferner können die durch Blutprobenanalyse festgestellten **THC-COOH-Werte** (Carbonsäure als Abbauprodukt des THC) einen Anhalt geben. Dabei erlauben THC-COOH-Werte unterhalb von 100 ng/ml keinen Rückschluss auf gelegentlichen Cannabisgebrauch. Hingegen sprechen Werte **oberhalb von 100 ng/ml THC-COOH** für das Vorliegen eines gelegentlichen Konsums.[41]

cc) Zusatztatsache: „Rauschfahrt"

90 Ist der gelegentliche Konsum von Cannabis zu bejahen, kommt es für das Entfallen der Fahreignung maßgeblich darauf an, ob in der Person des Betroffenen sog. Zusatztatsachen vorliegen. Diese werden in Nr. 9.2.2 zur Anlage 4 der FeV aufgelistet.

91 Eine **„Rauschfahrt"**, bei der sich der Betroffene unfähig zeigt, Konsum und Fahren zu trennen, ist in den Entziehungsverfahren der am häufigsten auftretende Umstand, der zum gelegentlichen Konsum von Cannabis hinzutritt und die Fahreignung entfallen lässt. Hierauf soll allein eingegangen werden.

92 Nach überwiegender Rechtsprechung ist von einer Rauschfahrt in diesem Sinne auszugehen, wenn der Betroffene eine die Fahrsicherheit beeinträchtigende THC-Konzentration **von 1 ng/ml** oder mehr im Blutserum besitzt.[42]

---

[40] Vgl. zu dieser Beweisführung: OVG NRW, Beschl. v. 2.9.2011 – 16 B 470/11 – juris.
[41] OVG NRW, Beschl. v. 5.2.2015 – 16 B 8/15 – juris.
[42] Vgl. etwa OVG NRW, Urt. v. 1.8.2014 – 16 A 2806/13, Rn 31 m.w.N. – juris; a.A. früher BayVGH, Beschl. v. 25.1.2006 – 11 CS 05.1711 = Blutalkohol 2006, 416, 417 ff. m.w.N. (2,0 ng/ml THC).

D. Entziehung wegen Eignungsmängeln § 47

Allerdings hat die aus hochqualifizierten Fachwissenschaftlern zusammengesetzte sog. Grenzwertkommission im September 2015 empfohlen,[43] erst ab einer THC-Konzentration **von 3,0 ng/ml** oder mehr im Blutserum von einem Verstoß gegen das Trennungsgebot und damit einer Rauschfahrt auszugehen. 93

In einer ersten Reaktion ist die verwaltungsgerichtliche Rechtsprechung – soweit ersichtlich – nicht von der bisher anerkannten Linie eines niedrigen Schwellenwerts von 1 ng/ml THC abgerückt.[44] Vielmehr lassen ergangene Eilentscheidungen einen weiteren Aufklärungsbedarf erkennen.[45] 94

> *Praxistipp: THC zwischen 1,0 und 3,0 ng/ml?* 95
> Für die anwaltliche Beratung ist es damit wichtig geworden, das Augenmerk darauf zu legen, ob der Mandant als gelegentlicher Konsument von Cannabis in Betracht kommt und die im Anschluss an eine Verkehrskontrolle festgestellte THC-Konzentration sich **zwischen 1,0 und 3,0 ng/ml** bewegt.
> Hier besteht aufgrund der neuen Empfehlung der Grenzwertkommission (Blutalkohol 52 (2015), 322) eine gewisse Unsicherheit, ob wie bisher eine Rauschfahrt angenommen werden darf. Dies wiederum führt dazu, dass Eilanträge und Anfechtungsklagen gegen die in solchen Fällen angeordnete Entziehung der Fahrerlaubnis – bis zu einer weiteren Klärung – nicht mehr von vornherein aussichtslos erscheinen.

In diesem Zusammenhang kommt für den unbemittelten Mandanten, der gerichtlich gegen eine Entziehung der Fahrerlaubnis vorgeht, die Stellung eines Antrags auf Gewährung von **Prozesskostenhilfe** in Betracht, vgl. dazu § 166 VwGO i.V.m. § 114 S. 1 ZPO. Die hinreichende Erfolgsaussicht der Rechtsverfolgung ist nämlich auch dann zu bejahen, wenn der Rechtsstreit von der Beantwortung einer schwierigen und bislang ungeklärten Rechtsfrage abhängt.[46] 96

▼
Muster 47.8: PKH-Antrag „Liegt Rauschfahrt zwischen 1,0 und 3,0 ng/ml THC vor?"
Verwaltungsgericht

Kläger ./. Beklagte

Aktenzeichen:

wegen: Entziehung der Fahrerlaubnis

hier: Antrag auf Gewährung von Prozesskostenhilfe

Namens und im Auftrag des Klägers wird hiermit beantragt,

---

43 Vgl. Blutalkohol 52 (2015), 322: „Die Grenzwertkommission empfiehlt daher auf der Grundlage dieser Ausführungen bei Feststellungen einer THC-Konzentration von 3,0 ng/ml oder mehr im Blutserum bei gelegentlich Cannabis konsumierenden Personen eine Trennung von Konsum und Fahren i.S.v. Nr. 9.2.2 der Anl. 4 zur FeV zu verneinen."
44 Ausführliche Auseinandersetzung in einem der ersten dazu geführten Klageverfahren: VG Gelsenkirchen, Urt. v. 20.1.2016 – 9 K 4970/15 – juris.
45 Vgl. nur OVG NRW, Beschl. v. 23.2.2016 – 16 B 45/16 – juris, dort Rn 20: „(…) bedarf einer vertieften Prüfung, die dem Hauptsacheverfahren vorbehalten bleiben muss."
46 Vgl. BVerfG, Beschl. v. 4.2.2004 – 1 BvR 1715/02, Rn 23 f. – juris.

für die bereits erhobene Klage mit dem Inhalt,

die Ordnungsverfügung vom ▬▬▬ über die Entziehung der Fahrerlaubnis aufzuheben, ab Erhebung der Klage Prozesskostenhilfe für das Verfahren erster Instanz unter Beiordnung von Rechtsanwalt ▬▬▬ aus ▬▬▬ zu gewähren.

Zunächst ist zum Beleg der Mittellosigkeit auf die in der Anlage beigefügte Erklärung über die persönlichen und wirtschaftlichen Verhältnisse zu verweisen. Die Prozesskostenhilfe ist zu gewähren, weil die Rechtsverfolgung hinreichende Erfolgsaussicht i.S.v. § 166 VwGO i.V.m. § 114 S. 1 ZPO besitzt. Die Entscheidung des Rechtsstreits über die Neuerteilung hängt nämlich von der Beantwortung einer schwierigen und bislang ungeklärten Rechtsfrage ab, vgl. BVerfG, Beschl. v. 4.2.2004 – 1 BvR 1715/02, Rn 23 f.

Dem liegt folgender Sachverhalt zu Grunde: Der Kläger, der zugegebenermaßen hin und wieder Cannabis konsumiert, führte am ▬▬▬ ein Kraftfahrzeug und stand dabei unter ganz geringem Einfluss von Cannabis. Der THC-Wert betrug lediglich ▬▬▬ ng/ml. Der von der Beklagten deshalb erlassene Entziehungsbescheid hält einer rechtlichen Prüfung nicht stand. Zu Unrecht geht die Begründung des Bescheides von der Annahme aus, der Kläger habe gegen das in Nr. 9.2.2 der Anlage zur FeV enthaltene Trennungsgebot verstoßen. Die Beklagte meint offenbar, sie könne sich noch auf die bisherige Rechtsprechung stützen, wonach eine Rauschfahrt schon ab einer THC-Konzentration von 1,0 ng/ml angenommen wurde. Diese ist aber überholt. So hat die aus hochrangigen Sachverständigen zusammengesetzte Grenzwertkommission empfohlen, diesen Schwellenwert auf eine THC-Konzentration von 3,0 ng/ml anzuheben, vgl. die Zeitschrift Blutalkohol 52 (2015), 322.

In jedem Fall wirft die vorliegende Klage auf Aufhebung des Fahrerlaubnisentzugs eine schwierige Rechtsfrage auf, deren Klärung dem unbemittelten Kläger durch die Gewährung von Prozesskostenhilfe zu ermöglichen ist.

Anlage: Erklärung über die persönlichen und wirtschaftlichen Verhältnisse

E. Eignungszweifel und Sachverhaltsaufklärung

I. Allgemeines

97 Wer als Inhaber einer Fahrerlaubnis die Eignung zum Führen eines Kraftfahrzeugs verloren hat, stellt eine Gefahr für sich und Leib und Leben anderer Verkehrsteilnehmer dar. Angesichts der überragenden Bedeutung der in diesem Fall zu schützenden Rechtsgüter darf die Schwelle des behördlichen Einschreitens schon aus verfassungsrechtlichen Gründen (Art. 2 Abs. 2 S. 1 GG: Recht auf Leben und körperliche Unversehrtheit) nicht zu hoch angesetzt werden.

98 Eine effektive Gefahrenabwehr verlangt es, dass die Straßenverkehrsbehörden tätig werden, wenn ein – z.B. von der Polizei nach § 2 Abs. 12 StVG – mitgeteilter Sachverhalt in der Lage ist, **Zweifel an der Eignung** des Fahrerlaubnisinhabers zu wecken. In § 46 Abs. 3 FeV findet sich dazu folgende Verweisung auf die Erteilungsvorschriften:

§ 46 Abs. 3 FeV
Werden Tatsachen bekannt, die Bedenken begründen, dass der Inhaber einer Fahrerlaubnis zum Führen eines Kraftfahrzeugs ungeeignet oder bedingt geeignet ist, finden die §§ 11 bis 14 entsprechend Anwendung.

Die für anwendbar erklärten Vorschriften der §§ 11, 12, 13 und 14 FeV beinhalten ein ausdifferenziertes **System zur behördlichen Sachverhaltsaufklärung**. Nach ihrem Wortlaut regeln diese Vorschriften die Eignung und Befähigung, welche die **Bewerber einer Fahrerlaubnis** besitzen müssen. Die nach § 46 Abs. 3 FeV vorgesehene Anwendung auf Inhaber einer Fahrerlaubnis muss daher sinngemäß erfolgen.

II. Verweigerung der Mitwirkung

Weigert sich der betroffene Fahrerlaubnisinhaber trotz bestehender Eignungsbedenken an der Sachverhaltsaufklärung, etwa durch Vorlage eines von der Behörde geforderten medizinisch-psychologischen Gutachtens, mitzuwirken, so darf seine Ungeeignetheit aus dieser Weigerung geschlossen werden. Dies folgt aus § 46 Abs. 3 i.V.m. § 11 Abs. 8 FeV. Dort heißt es:

§ 11 Abs. 8 FeV
Weigert sich der Betroffene, sich untersuchen zu lassen, oder bringt er der Fahrerlaubnisbehörde das von ihr geforderte Gutachten nicht fristgerecht bei, darf sie bei ihrer Entscheidung auf die Nichteignung des Betroffenen schließen. Der Betroffene ist hierauf bei der Anordnung (…) hinzuweisen.

Mit der Annahme der Ungeeignetheit des Betroffenen hat der Verordnungsgeber eine **eingriffsintensive Rechtsfolge** geschaffen, deren Voraussetzungen im Einzelfall genau zu überprüfen sind. So entspricht es gefestigter Rechtsprechung, dass eine unbeachtet gebliebene Aufforderung zur Gutachtenbeibringung nur dann die Rechtsfolge des § 11 Abs. 8 FeV nach sich zieht, wenn diese **Anforderung formell und materiell rechtmäßig** ergangen, insbesondere als anlassbezogen und verhältnismäßig anzusehen ist.[47]

Es tritt ein Problem der Gewährung effektiven Rechtsschutzes (Art. 19 Abs. 4 GG) hinzu: Eine behördliche **Gutachtenanforderung** der Fahrerlaubnisbehörde ist jedenfalls nach derzeitiger Rechtslage **mangels Verwaltungsaktqualität nicht (!) direkt anfechtbar**.

Der Betroffene muss also genau prüfen und erkennen können, ob die behördliche Gutachtenanforderungen den gesetzlichen Vorgaben entspricht. Nur wenn dies nicht der Fall ist, kann er das nicht unerhebliche Risiko eingehen, dass ihm zunächst wegen seiner Weigerung die Fahrerlaubnis entzogen wird, um danach zu versuchen, mit Blick auf die fehlerhafte Gutachtenanforderung beim Verwaltungsgericht eine Aussetzungs- bzw. Aufhebungsentscheidung des Fahrerlaubnisentzugs zu erreichen.

---

47 BVerwG, Beschl. v. 5.2.2015 – 3 B 16/14, Rn 8 – juris.

III. Eignungszweifel bei Alkoholproblematik

104 Speziell für den Bereich der Alkoholproblematik ermächtigt § 13 FeV die Behörde zu einer Anordnung, die dem Betroffenen aufgibt,

- nach Nr. 1 ein ärztliches Gutachten oder
- nach Nr. 2 ein (eingriffsintensiveres) medizinisch-psychologisches Gutachten

beizubringen.[48] Dieser Normaufbau spiegelt den **Grundsatz der abgestuften Vorgehensweise**[49] und damit der verfassungsrechtlich geforderten Verhältnismäßigkeit wider.

1. Alkoholabhängigkeit (§ 13 Nr. 1 FeV)

105 Wenn Tatsachen die Annahme einer Alkoholabhängigkeit begründen, so knüpft Nr. 1 des § 13 FeV daran die Folge, dass der Betroffene ein **ärztliches Gutachten** (§ 11 Abs. 2 S. 3 FeV) beizubringen hat. Alkoholabhängigkeit ist eine **Krankheit**.[50] Es reicht daher aus, wenn das Bestehen oder Nichtbestehen des Abhängigkeitssyndroms von einem Facharzt diagnostiziert wird; ein medizinisch-psychologisches Gutachten ist nicht erforderlich und daher auch nicht zulässig.[51]

106 Muster 47.9: Einwand gegen Doppelbegutachtung durch MPU bei Alkoholabhängigkeit

Die ergangene Ordnungsverfügung vom ▒▒▒▒ über die Entziehung der Fahrerlaubnis und die Androhung eines Zwangsgeldes zur Vorlage des Führerscheindokuments ist rechtswidrig und daher aufzuheben.

Die Straßenverkehrsbehörde hätte ▒▒▒▒ (Mandant) nicht als fahrungeeignet behandeln dürfen. Die Nichtvorlage eines Gutachtens rechtfertigt nach § 11 Abs. 8 FeV und der dazu ergangenen Rechtsprechung (BVerwG, Urt. v. 9.6.2005 – 3 C 21/04 – juris, Rn 22) nur dann die Annahme der Nichteignung, wenn die behördliche Anforderung des Gutachtens rechtmäßig, insbesondere anlassbezogen und verhältnismäßig erfolgt ist.

Daran fehlt es hier. Die Straßenverkehrsbehörde möchte abklären, ob eine Alkoholabhängigkeit vorliegt. Hierzu kommt allein die Vorlage eines ärztlichen Gutachtens in Betracht, vgl. § 13 Nr. 1 FeV. Die gleichwohl getroffene Anordnung einer medizinisch-psychologischen Untersuchung, kurz MPU, schießt über das Ziel hinaus und ist deshalb rechtswidrig. Sie fordert neben der medizinischen Untersuchung in unzulässiger Weise auch noch eine psychologische Untersuchung, mithin eine unzulässige Doppelbegutachtung.

---

48 Wird das rechtmäßig angeforderte Gutachten nicht vorgelegt, ist der Betroffene als ungeeignet zu behandeln, vgl. § 11 Abs. 8 FeV.
49 *Zwerger*, in: Haus/Zwerger, Das verkehrsrechtliche Mandat, § 8 Rn 70.
50 Vgl. Anlage 4 zur FeV (Nr. 8.3) und Nr. 3.13.2 der Begutachtungs-Leitlinien zur Kraftfahreignung, Stand 1.5.2014, *www.bast.de*.
51 *Zwerger*, in: Haus/Zwerger, Das verkehrsrechtliche Mandat, § 8 Rn 18.

Als Tatsachen, die Anhaltspunkte für eine Alkoholabhängigkeit begründen, kommen beispielsweise das Erreichen eines **hohen Blutalkoholwerts**[52] ohne die dafür typischen Ausfall- und/oder Intoxikationserscheinungen[53] in Betracht. Auch ein körperliches Entzugssyndrom bei Reduktion des Alkoholkonsums kann diesen Anhalt bieten oder etwa eine starke Alkoholisierung schon in den Morgen- oder Mittagsstunden. Die aktuellen Begutachtungsleitlinien für Kraftfahreignung enthalten die folgende Aussage:[54] 107

> *„Werden Werte* **um oder über 1,5‰** *bei* **Kraftfahrern im Straßenverkehr** *angetroffen, so ist die Annahme eines chronischen Alkoholkonsums mit besonderer Gewöhnung und Verlust der kritischen Einschätzung des Verkehrsrisikos anzunehmen."*

Entsprechend dem Charakter der Alkoholabhängigkeit als Krankheit müssen die Tatsachen, welche die Annahme der Alkoholabhängigkeit begründen, nicht im Zusammenhang mit dem Straßenverkehr stehen.[55] Dies verlangt die Sicherheit des Straßenverkehrs. Das Risiko, dass ein an Alkoholabhängigkeit Erkrankter bei der Teilnahme am Straßenverkehr ebenfalls unter Alkoholeinfluss steht, liegt auf der Hand und ist daher abzuwenden. Ergibt das nach Nr. 1 des § 13 FeV angeforderte ärztliche Attest eine Alkoholabhängigkeit, ist die Fahrerlaubnis zwingend zu entziehen, vgl. § 3 Abs. 1 S. 1 StVG, § 46 Abs. 1 S. 1 FeV. Ein behördliches Ermessen besteht nicht. 108

2. Wiedererlangung der Eignung

Die Wiedererlangung der Fahreignung nach Alkoholabhängigkeit setzt eine Entwöhnungsbehandlung voraus. Die Fahreignung liegt wieder vor, wenn die frühere Abhängigkeit nicht mehr besteht und in der Regel ein Jahr Abstinenz nachgewiesen ist, vgl. Nr. 8.4 der Anlage 4 zur FeV. Die Feststellung der Wiedererlangung der Fahreignung besitzt – anderes als die Feststellung der Abhängigkeit – neben der medizinischen Seite (bspw. alkoholspezifische Leberwerte) **zusätzlich eine psychologische Seite**. Letztere zielt darauf ab, ob die Verhaltensänderung des Betroffenen sich für die Zukunft als stabil erweisen wird. Dementsprechend ist für den Nachweis der Wiedererlangung der Fahreignung eine **medizinisch-psychologische Untersuchung** erforderlich, vgl. § 13 S. 1 Nr. 2 lit. e FeV. 109

---

52 Nach BVerwG, Beschl. v. 9.9.1996 – 11 B 61/96 – juris, ist bei Blutalkoholwerten von 1,6‰ und mehr regelmäßig von einer Alkoholproblematik auszugehen.
53 Nach *Schubert/Schneider/Eisenmenger/Stephan*, Begutachtungs-Leitlinien zur Kraftfahreignung, Kommentar, 2. Aufl. 2005, Nr. 2.1.4 zu 3.11.2.3, S. 160, ist ein Toleranzbildung, die auf Abhängigkeit hinweist, durch eine BAK von 2‰ ohne Intoxikationserscheinung belegt.
54 Begutachtungs-Leitlinien zur Kraftfahreignung, Stand 1.5.2014, Nr. 3.13.2, Begründung S. 46, *www.bast.de*.
55 So zutreffend: *Zwerger*, in: Haus/Zwerger, Das verkehrsrechtliche Mandat, § 8 Rn 18; offengelassen: OVG Saarlouis NJW 2004, 243.

3. Alkoholmissbrauch (§ 13 Nr. 2 lit. a FeV)

a) Allgemeines

110 Im Zusammenhang mit dem Verdacht auf Alkoholmissbrauch nennt § 13 Nr. 2 lit. a FeV zwei Begutachtungsanlässe:
- „Wenn nach dem ärztlichen Gutachten (gem. Nr. 1) zwar keine Alkoholabhängigkeit, jedoch Anzeichen für Alkoholmissbrauch vorliegen oder
- sonst Tatsachen die Annahme von Alkoholmissbrauch begründen (…)"

und knüpft daran jeweils die Folge, dass der Betroffene ein **medizinisch-psychologisches Gutachten** beizubringen hat.

111 Die erste Alternative (§ 13 Nr. 2 lit. a Alt. 1 FeV) für die Durchführung einer **medizinisch-psychologischen Untersuchung (MPU)** ist eng begrenzt und setzt voraus, dass zunächst ein ärztliches Gutachten nach § 13 Nr. 1 FeV angeordnet und vorgelegt worden ist und aus diesem Gutachten Anzeichen für einen Alkoholmissbrauch zu entnehmen sind. Dies dürfte in der Praxis eher selten vorkommen[56] und soll daher nicht weiter erläutert werden.

b) „Sonst Tatsachen" als Auffangtatbestand

112 Die zweitgenannte Alternative des § 13 Nr. 2 lit. a FeV („sonst Tatsachen") ist sehr allgemein formuliert und wirft daher Auslegungsfragen auf. Im Regelungszusammenhang der Nr. 2 des § 13 FeV ist sie, was allerdings nicht unbestritten ist, als ein **Auffangtatbestand**[57] für die Pflicht zur Beibringung eines medizinisch-psychologischen Gutachtens anzusehen.

aa) „Sonst Tatsachen" und Grundrechte

113 Nach dem Wortlaut der Vorschrift („sonst Tatsachen die Annahme von Alkoholmissbrauch begründen") ist es als Anlass für die MPU nicht einmal erforderlich, dass die Tatsachen, welche den Verdacht auf Alkoholmissbrauch begründen, **im Zusammenhang mit dem Verhalten im Straßenverkehr** offenbar geworden sind. Vielmehr können „sonst Tatsachen" aus allen Lebenssituationen herrühren, namentlich aus der privaten Lebensführung[58] des Betroffenen, etwa einer starken Alkoholisierung bei Geburtstagsfeiern, Karneval, Gaststättenbesuch, Familienstreitigkeiten etc. Allerdings steht die private Lebensführung unter dem Schutz des **Persönlichkeitsrechts nach Art. 2 Abs. 1 GG**. Dementsprechend ist aus verfassungsrechtlichen Gründen diejenige Schwelle zu bestimmen, ab der die Behörde die Beibringung eines medizinisch-psychologischen Gutachtens fordern darf. Dabei spielt die Funktion der MPU-Anforderung nach § 13 FeV eine maßgebliche Rolle. Die Anforderung dient der Aufklärung von Eignungsbedenken bei einer Alkoholproblematik. Dahinter steht eine mögliche Gefahr für Leben und körperli-

---

56 *Zwerger*, in: Haus/Zwerger, Das verkehrsrechtliche Mandat, § 8 Rn 29.
57 Gegen eine solche Einordnung: BayVGH, Beschl. v. 9.2.2009 – 11 CE 08.3028, Rn 14 – juris.
58 BayVGH, Beschl. v. 4.1.2006 – 11 CS 05.1878, Rn 29 – juris.

che Unversehrtheit der anderen Verkehrsteilnehmer und damit für **Rechtsgüter, die nach Art. 2 Abs. 2 S. 1 GG als Recht auf Leben und Gesundheit staatlich zu schützen** sind.

bb) Gefahrerforschungseingriff

Da es um die Ermittlung einer Gefahr geht, lässt sich der auslegungsbedürftige Tatbestand einer Gutachtenanforderung in § 13 Nr. 2 lit. a FeV („sonst Tatsachen") als ein im Fahrerlaubnisrecht vorgesehener **Gefahrerforschungseingriff**[59] begreifen. Gemessen daran ist die Anforderung einer MPU gerechtfertigt, wenn
1. aufgrund konkreter tatsächlicher Anhaltspunkte berechtigte Zweifel an der Kraftfahreignung des betroffenen Kraftfahrers bestehen und
2. die angeordnete Überprüfung ein geeignetes und verhältnismäßiges Mittel ist, um gerade die konkret entstandenen Eignungszweifel aufzuklären.

cc) Konkrete tatsächliche Anhaltspunkte

Für die Anordnung der MPU bedarf es konkreter tatsächlicher Anhaltspunkte. Demgegenüber sind Untersuchungen „ins Blaue hinein" ausgeschlossen. Bloße Vermutungen oder anonyme Hinweise rechtfertigen ebenso wenig eine Begutachtung.[60] Auch der „Verdacht eines Verdachts" ist kein hinreichender Anlass für die Beibringung eines medizinisch-psychologischen Gutachtens.

Ob dabei die Tatsachen, an die der Verdacht anknüpft, der Betroffene könne Alkohol und Fahren nicht trennen, mit dem Straßenverkehr in einem Zusammenhang oder wenigstens in einem mittelbaren Zusammenhang stehen müssen, wird in der Rechtsprechung unterschiedlich gesehen. Jedenfalls verlangt die **Alkoholisierung ohne unmittelbare Verkehrsteilnahme** eine besondere Betrachtung und Würdigung des Einzelfalls. Hier können Fallgruppen[61] eine gewisse Orientierung bieten:

Berufskraftfahrer/Taxifahrer: MPU (Konfliktlage: Alkohol und Beruf)
behaupteter Nachtrunk bis auf 2,16 ‰: MPU
Ehestreit/Randale mit hoher BAK: keine MPU

Bei der Wertung im Einzelfall, ob eine aktenkundige Alkoholisierung ohne Verkehrsbezug ausreicht, den Verdacht auf Alkoholmissbrauch zu begründen, kann das Vorliegen einer früheren Trunkenheitsfahrt eine ausschlaggebende Rolle besitzen.

> *Beispiel: Die alkoholisierte Mutter*
> Eine Frau war in der Vergangenheit wegen Trunkenheit im Verkehr zur Verantwortung gezogen worden. Einige Jahre später fiel sie dadurch auf, dass sie erheblich alkoholisiert ihr vierjähriges Kind nachts in einem Lokal nicht mehr beaufsichtigen konnte.

---

59 Vgl. zur Herleitung und zu den Voraussetzungen: *Zwerger*, in: Haus/Zwerger, Das verkehrsrechtliche Mandat, § 8 Rn 32 f. unter Hinweis auf OVG Saarland, Beschl. v. 18.9.2000 – 9 W 5/00 = zfs 2001, 92 (94), BVerwG, Urt. v. 5.7.2001 – 3 C 13/01 = zfs 2002, 47, 48 f. und BVerfG („Cannabisentscheidung"), Kammerbeschluss vom 20.6.2002 – 1 BvR 2062/96 = zfs 2002, 454, 458.
60 OVG Saarland, Beschl. v. 18.9.2000 – 9 W 5/00 = zfs 2001, 92.
61 Eine Übersicht findet sich bei *Zwerger*, in: Haus/Zwerger, Das verkehrsrechtliche Mandat, § 8 Rn 35 ff.

> Der VGH BW hat die behördliche Anordnung der medizinisch-psychologischen Begutachtung gebilligt.[62]
> Die Zusammenschau der früheren Alkoholauffälligkeit und der späteren erheblichen Alkoholisierung mit sozial verantwortungslosem Verhalten lasse befürchten, dass die Betroffene ihrer Pflicht, bei der Verkehrsteilnahme auf eine strikte Trennung vom Alkoholkonsum zu achten, nicht nachkommen werde.

c) Exkurs: „MPU unter 1,6‰"

aa) Anwendung von Nr. 2 des § 13 FeV

119 Das Schlagwort „MPU unter 1,6‰" benennt eine aktuelle Diskussion,[63] die um die Regelungssystematik des Nr. 2 des § 13 S. 1 FeV und seiner Tatbestände kreist.

Nr. 2 des § 13 S. 1 FeV knüpft die Pflicht zur Beibringung einer MPU u.a. an folgende Tatbestände:

a) (...) sonst Tatsachen die Annahme von Alkoholmissbrauch begründen,
b) wiederholt Zuwiderhandlungen im Straßenverkehr unter Alkoholeinfluss begangen wurden,
c) ein Fahrzeug im Straßenverkehr bei einer Blutalkoholkonzentration von 1,6 Promille oder mehr
(...) geführt wurde,
d) die Fahrerlaubnis aus einem der unter den Buchst. a bis c genannten Gründe entzogen war (...)

120 So stellt sich zum einen die Frage, ob Buchstabe c), der die Gutachtenanforderung von einer Blutalkoholkonzentration in Höhe von 1,6‰ und mehr abhängig macht, noch Raum lässt, auch unter 1,6‰ nach der allgemeinen Regelung in Buchstabe a) 2. Alt. („sonst Tatsachen") ein medizinisch-psychologisches Gutachten vom Betroffenen zu fordern.

121 Zum anderen bereitet die Bestimmung des Anwendungsbereichs des Buchstaben d) Schwierigkeiten. Nach diesem Tatbestand ist ein medizinisch-psychologisches Gutachten beizubringen, wenn die Fahrerlaubnis aus einem der unter „Buchstaben a) bis c) genannten Gründen" entzogen war. Hat beispielsweise das Strafgericht die Fahrerlaubnis wegen einer BAK von 1,4‰ nach § 69 StGB entzogen, liegt der Tatbestand des Buchstaben c) („1,6‰") nicht vor. Es könnte aber wiederum die allgemeine Regelung in Buchstabe a) 2. Alt. („sonst Tatsachen") in Betracht kommen.

Es ist daher zu bestimmen, im welchen Verhältnis die angesprochenen Tatbestände zueinander stehen.

---

62 VGH BW, Beschl. v. 22.1.2001 – 10 S 2032/00 – juris; zustimmend *Geiger*, DAR 2003,347; ablehnend: *Himmelreich*, DAR 2002, 60; kritisch auch *Zwerger*, in: Haus/Zwerger, Das verkehrsrechtliche Mandat, Bd. 3, § 8 Rn 37: „an der Grenze eines noch mittelbaren Bezugs zur Verkehrsteilnahme".
63 Vgl. zum Diskussionsstand: *Koehl*, MPU unter 1,6‰?, NZV 2016, 16.

bb) § 13 FeV Nr. 2: Buchstabe c) und Buchstabe a)

Die **Regelungssystematik des § 13 Nr. 2 FeV** verlangt, dass der spezielle Schwellenwert von 1,6 ‰, den Buchstabe c) regelt, angewandt und nicht „weginterpretiert" wird.

122

Indes besteht diese Gefahr der Umgehung des Verordnungstexts nicht, wenn der Sachverhalt Besonderheiten besitzt, die den Regelungsanspruch des Buchstaben c), der einzig an die Promillezahl anknüpft, zurücktreten lassen. Das ist dann der Fall, wenn sogenannte „**Zusatztatsachen**" (etwa Anzeichen besonderer Alkoholgewöhnung beim Betroffenen) bestehen, die bei einer Zusammenschau mit einer erheblichen Alkoholisierung, als sonstige Tatsachen i.S.d. Buchstaben a) die Annahme eines straßenverkehrsrechtlichen Kontrollverlusts und damit den Verdacht auf Alkoholmissbrauch rechtfertigen.

123

> *Beispiel: MPU unter 1,6 ‰ bei Zusatztatsachen*
> Der A führt ein Kraftfahrzeug mit einer Blutalkoholkonzentration von 1,5 ‰ (§ 316 StGB). Sein aktenkundiges Verhalten bei der Blutentnahme (Torkelbogen) lässt auf eine überdurchschnittlich hohe Alkoholgewöhnung schließen.
> Eine MPU ist nach dem allgemeinen Tatbestand in Buchstabe a) des § 13 Nr. 2 beizubringen. Die überdurchschnittlich hohe Alkoholgewöhnung ist eine zusätzliche Tatsache, welche die Anwendung des speziellen Tatbestands in Buchstabe c) des § 13 Nr. 2 FeV ausschließt.

cc) „Zusatztatsachen"-Rechtsprechung

Das Normverständnis, wonach bei der Anwendung des § 13 Nr. 2 FeV die Abgrenzung der Anwendungsbereiche der allgemeinen Regelung in Buchstabe a) 2. Alt von der speziellen Grenzwertregelung in Buchstabe c) maßgeblich vom Vorliegen sog. „Zusatztatsachen" abhängt, wird vom VGH BW[64] im Urt. v. 18.6.2012 – 10 S 452/10, Rn 53, veröffentlicht über juris, wie folgt zusammengefasst:

124

> *„Allerdings rechtfertigt eine einmalige Alkoholfahrt mit einer Blutalkoholkonzentration unter 1,6 ‰ nach dem Willen des Verordnungsgebers für sich genommen nicht die Anforderung eines medizinisch-psychologischen Gutachtens auf der Grundlage des § 13 S. 1 Nr. 2 Buchst. a 2. Alt. FeV. Dies folgt aus dem systematischen Zusammenhang mit der speziellen Regelung des § 13 S. 1 Nr. 2 Buchst. c FeV, wonach bei einer einmaligen Alkoholfahrt die Beibringung eines medizinisch-psychologischen Gutachtens (nur) angeordnet wird, wenn bei der Trunkenheitsfahrt eine Blutalkoholkonzentration von 1,6 ‰ oder mehr nachgewiesen wurde. Vor diesem Hintergrund ist § 13 S. 1 Nr. 2 Buchst. a FeV so zu verstehen, dass er in Fällen, in denen wie hier nur eine einmalige Alkoholfahrt mit geringerer Blutalkoholkonzentration vorliegt, die Anordnung eines medizinisch-psychologischen Gutachtens nur erlaubt, wenn* **zusätzliche konkrete Anzeichen** *für einen Alkoholmissbrauch im straßenverkehrsrechtlichen Sinne vorliegen, also dafür, dass der Betroffene generell zwischen einem*

---

[64] Ebenso BayVGH, Urt. v. 2.12.2011 – 11 B 11.246, Rn 21 – juris; OVG NRW, Beschl. v. 21.1.2015 – 16 B 1374/14, Rn 5 – juris.

die Fahrsicherheit beeinträchtigenden Alkoholkonsum und dem Fahren nicht zu trennen vermag." (Hervorhebung durch den Verf.)

Fehlt es an Zusatztatsachen im Sinne der Rechtsprechung, ist die medizinisch-psychologische Untersuchung nur dann erforderlich, wenn der Betroffene den Grenzwert von 1,6‰ überschritten hat. Dagegen darf die Straßenverkehrsbehörde bei ihrer Gutachtenanforderung nicht verstoßen.

▼

125 **Muster 47.10: Rüge eines Verstoßes gegen den 1,6‰-Grenzwert**

Die ergangene Ordnungsverfügung vom ▬▬▬ über die Entziehung der Fahrerlaubnis und die Androhung eines Zwangsgeldes zur Vorlage des Führerscheindokuments ist rechtswidrig und daher aufzuheben.

Die Straßenverkehrsbehörde hätte ▬▬▬ (Mandant) nicht als fahrungeeignet behandeln dürfen. Die Nichtvorlage eines Gutachtens über eine medizinisch-psychologische Untersuchung (MPU) rechtfertigt nach § 11 Abs. 8 FeV nur dann die Annahme der Nichteignung, wenn die behördliche Gutachtenanforderung rechtmäßig, insbesondere anlassbezogen und verhältnismäßig erfolgt ist.

Daran fehlt es hier. Insbesondere stellt Buchstabe c) der Nr. 2 des § 13 FeV hier keine Rechtsgrundlage für die Gutachtenanforderung dar. Der Mandant hat den dort genannten Grenzwert einer Blutalkoholkonzentration von 1,6‰ unstreitig nicht erreicht. Vielmehr ist er mit einer Blutalkoholkonzentration von lediglich ‰ als Führer eines Kraftfahrzeuges auffällig geworden. Entgegen der Ansicht der Straßenverkehrsbehörde kann die in Rede stehende Gutachtenanforderung auch nicht auf den Buchstabe a) 2. Alt („sonst Tatsachen") der Nr. 2 des § 13 FeV gestützt werden. Hier sperrt die spezielle 1,6‰-Regelung in Buchstabe c) die Anwendung der allgemeinen Vorschrift. Nur der Vollständigkeit halber sei angemerkt, dass sog. Zusatztatsachen, welche nach der Rechtsprechung (vgl. jüngst OVG NRW, Beschl. v. 21.1.2015 – 16 B 1374/14 – juris, Rn 5) ganz ausnahmsweise den Anwendungsbereich der allgemeinen Regelung in Buchstabe a) 2. Alt der Nr. 2 des § 13 FeV eröffnen könnten, auch nicht ansatzweise ersichtlich sind.

▲

dd) § 13 Nr. 2 FeV: Buchstabe d) und Buchstabe a)

126 Aktuell besonders strittig ist das Zusammenspiel von Buchstabe d) mit Buchstabe a), und zwar auch vor dem Hintergrund, welche Rolle der Schwellenwert in Buchstabe c) dabei spielt. Kann vom Betroffenen die Beibringung eines medizinisch-psychologischen Gutachtens verlangt werden, wenn ihm zuvor die Fahrerlaubnis durch das Strafgericht (§ 69 StGB) wegen einer Trunkenheitsfahrt mit einer BAK von 1,4‰ entzogen wurde?[65]

Nr. 2 des § 13 S. 1 FeV knüpft die Pflicht zur Beibringung einer MPU u.a. an folgende Tatbestände:

a) (…) sonst Tatsachen die Annahme von Alkoholmissbrauch begründen,
(…)

---

[65] Vgl. § 316 StGB über die Trunkenheit im Verkehr und die Fahrerlaubnisentziehung als eine Maßregel der Besserung und Sicherung nach §§ 61 Nr. 5, 69 Abs. 1 S. 1 und Abs. 2 Nr. 2 StGB.

c) ein Fahrzeug im Straßenverkehr bei einer Blutalkoholkonzentration von 1,6‰ oder mehr (...) geführt wurde,
d) die Fahrerlaubnis aus einem der unter den Buchst. a bis c genannten Gründe entzogen war (...)

Dabei zählt zur vorherigen Entziehung i.S.v. Buchstabe d) („entzogen war") auch die Entziehung durch das Strafgericht nach § 69 StGB. Dies ist höchstrichterlich geklärt.[66] 127

Der **VGH BW** vertritt die Auffassung, dass Buchstabe d) vor einer Wiedererteilung immer dann eine medizinisch-psychologische Untersuchung verlange, wenn zuvor das Strafgericht die Fahrerlaubnis wegen Trunkenheit im Verkehr (§ 316 StGB: BAK ab 1,1‰) entzogen hat. Der Schwellenwert in Buchstabe c) (BAK ab 1,6‰) greife nicht ein. Maßgeblich sei vielmehr das vom Strafgericht bindend festgestellte Vorliegen eines Alkoholmissbrauchs, welcher dem in Buchstabe a) genannten Grund, namentlich der „Annahme von Alkoholmissbrauch" entspreche. 128

Diese Rechtsprechung, an welcher der VGH BW festhält,[67] hat in der Rechtslehre **heftige Kritik**[68] erfahren. Diese gründet im Wesentlichen darauf, dass der VGH BW durch seine Rechtsprechung den vom Verordnungsgeber in Buchstabe c) festgesetzten Schwellenwert einer BAK von 1,6‰ unbeachtet lasse und nach strafrechtlicher Entziehung automatisch eine medizinisch-psychologische Untersuchung fordere. 129

In der Rechtsprechung zeichnet sich ein **uneinheitliches Bild** ab. Dem VGH BW gefolgt sind bisher das OVG MV,[69] das VG Berlin,[70] die 6. Kammer des VG München[71] sowie jüngst unter Aufgabe seiner früheren Rechtsprechung der BayVGH,[72] der zu dieser Fallkonstellation ausführt: 130

„Die Fahrerlaubnis ist (...) vom Strafgericht wegen (fahrerlaubnisrechtlichen) Alkoholmissbrauchs und damit aus einem der unter den Buchstaben a bis c des § 13 S. 1 Nr. 2 FeV genannten Gründe entzogen worden. Nach strafgerichtlicher Entziehung der Fahrerlaubnis (§ 69 StGB), die auf einer Teilnahme am Straßenverkehr unter Alkoholeinfluss (hier § 316 StGB) beruht, ist im Wiedererteilungsverfahren unabhängig von der bei der Verkehrsteilnahme vorgelegenen Blutalkoholkonzentration die Anordnung eines medizinisch-psychologischen Gutachtens erforderlich. § 13 S. 1 Nr. 2 Buchst. a Alt. 2 FeV und den Buchstaben b und c der Vorschrift liegt zugrunde, dass zu klären ist, ob Alkoholmissbrauch im straßenverkehrsrechtlichen Sinne, d.h. das Unvermögen zur hinreichend sicheren Trennung eines die Verkehrssicherheit beeinträchtigenden Alkoholkonsums vom Führen von Kraftfahrzeugen, vorliegt."

---

66 BVerwG, Beschl. v. 24.6.2013 – 3 B 71/12 – juris.
67 VGH BW, Urt. v. 7.7.2015 – 10 S 116/15 – juris.
68 *Koehl*, DAR 2015,607; *Zwerger*, DAR 2015, 157; *ders.*, in Haus/Zwerger, Das verkehrsrechtliche Mandat, Bd. 3, 2. Aufl. 2012, § 8 Rn 4; *Hillmann*, DAR 2015, 1; *Haus*, zfs 2014, 479; *ders.*, zfs 2014, 719; *Mahlberg*, DAR 2014, 419; *ders.*, DAR 2014, 603; *Ixmeier*, DAR 2015, 36.
69 OVG MV, Beschl. v. 22.5.2013 – 1 M 123/12 = zfs 2013, 595.
70 VG Berlin, Urt. v. 1.7.2014 – VG 18 K 536/13 = DAR 2014, 601.
71 6. Kammer des VG München, Beschl. v. 19.8.2014 – M 6b E 14.2930 = DAR 2014, 712.
72 BayVGH, Urt. v. 17.11.2015 – 11 BV 14.2738 – juris.

131 Die 1. Kammer des VG München,[73] das VG Würzburg,[74] und das VG Regensburg,[75] für die der BayVGH das Obergericht darstellt, sind dieser Rechtsprechung (bisher) soweit ersichtlich nicht gefolgt. Das OVG NRW[76] hat die Rechtsfrage ausdrücklich offen gelassen.

▼

132 **Muster 47.11: PKH-Antrag bei Wiedererteilung der Fahrerlaubnis und „MPU unter 1,6 ‰"**

Verwaltungsgericht

Kläger ./. Beklagte

Aktenzeichen:

wegen: Klage auf Wiedererteilung der Fahrerlaubnis

hier: Antrag auf Gewährung von Prozesskostenhilfe

Namens und im Auftrag des Klägers wird hiermit beantragt,

für die bereits erhobene Klage mit dem Inhalt,

die Beklagte unter Aufhebung ihres Versagungsbescheides vom zu verpflichten, die Fahrerlaubnis der Klassen antragsgemäß zu erteilen, Prozesskostenhilfe für das Klageverfahren erster Instanz unter Beiordnung von Rechtsanwalt aus zu gewähren.

Zunächst ist zum Beleg der Mittellosigkeit auf die in der Anlage beigefügte Erklärung über die persönlichen und wirtschaftlichen Verhältnisse zu verweisen. Die Prozesskostenhilfe ist zu gewähren, weil die Rechtsverfolgung hinreichende Erfolgsaussicht i.S.v. § 166 VwGO i.V.m. § 114 S. 1 ZPO besitzt. Die Entscheidung des Rechtsstreits über die Neuerteilung hängt nämlich von der Beantwortung einer schwierigen und bislang ungeklärten Rechtsfrage ab, vgl. zu dieser Voraussetzung für die Gewährung von Prozesskostenhilfe: BVerfG, Beschl. v. 4.2.2004 – 1 BvR 1715/02 – juris, Rn 23.

Dem liegt folgender Sachverhalt zu Grunde:

Der Kläger führte am ein Kraftfahrzeug und stand dabei unter Alkoholeinfluss. Seine BAK betrug 1,4 ‰. Das Amtsgericht verurteilte den Kläger wegen Trunkenheit im Verkehr (§ 316 StGB), entzog ihm die Fahrerlaubnis nach § 69 StGB und verhängte eine Sperre für die Wiedererteilung. Nach Ablauf dieser Sperre hat der Kläger ohne Erfolg die Wiedererteilung der Fahrerlaubnis der Klassen beantragt.

Der von der Beklagten erlassene Versagungsbescheid hält einer rechtlichen Prüfung nicht stand. Zu Unrecht geht die Begründung des Bescheides von der Annahme aus, der Kläger müsse sich vor einer Wiederteilung der Fahrerlaubnis einer medizinisch-psychologischen Untersuchung unterziehen. Eine solche Untersuchung kommt nämlich nach § 13 Nr. 2 Buchstaben d) und c) FeV nur dann in Betracht, wenn bei der einmaligen Alkoholfahrt der Schwellenwert einer BAK von 1,6 ‰ überschritten worden ist. Das ist hier eindeutig nicht der Fall (BAK i.H.v. ‰).

---

73 1. Kammer des VG München, Urt. v. 9.12.2014 – M 1 K 14.2841 = DAR 2015, 154.
74 VG Würzburg, Urt. v. 21.7.2014 – W 6 E 14.606 = DAR 2014, 541.
75 VG Regensburg, Beschl. v. 12.11.2014 – RO 8 K 14.1624 = DAR 2015, 40.
76 OVG NRW, Beschl. v. 21.1.2015 – 16 B 1374/14 – juris.

Die Beklagte meint offenbar, sie könne sich auf die Rechtsprechung des VGH BW stützen, wonach die Notwendigkeit einer MPU auch unter 1,6‰ nach den Buchstaben d) und a) des § 13 Nr. 2 FeV in Betracht komme, vgl. VGH BW, Urt. v. 7.7.2015 – 10 S 116/15 – juris. Dieser Auffassung tritt der Kläger mit Nachdruck entgegen. Sie wird nur vereinzelt vertreten und hat sich bisher nicht durchsetzen können.

In jedem Falle wirft die vorliegende Klage auf Wiedererteilung der Fahrerlaubnis eine schwierige Rechtsfrage auf, deren Klärung dem unbemittelten Kläger durch die Gewährung von Prozesskostenhilfe zu ermöglichen ist.

Anlage: Erklärung über die persönlichen und wirtschaftlichen Verhältnisse

ee) Rechtspolitische Diskussion

Die in der Rechtsprechung aufgetretenen Unsicherheiten bei der Anwendung der Regelungssystematik des § 13 Nr. 2 FeV, insbesondere des Zusammenspiels seiner Buchstaben d), c) und a), hat eine rechtspolitische Diskussion entfacht. So war das Thema „MPU unter 1,6‰?" Gegenstand des Arbeitskreises II des 54. Deutschen Verkehrsgerichtstags (2016). Die dabei verabschiedete Empfehlung spiegelt die Diskussion wider:

„MPU unter 1,6‰": Empfehlung des Arbeitskreises II des 54. Deutschen Verkehrsgerichtstags (2016):

1. Es besteht ein Auslegungswiderspruch in der aktuellen Anwendung des § 13 Fahrerlaubnisverordnung (FeV): Dieser führt zu regional unterschiedlicher Praxis bei der Anordnung der Medizinisch-Psychologischen-Untersuchung (MPU).

2. Die Vorschrift des § 13 FeV bedarf daher umgehend einer eindeutigen Formulierung.

3. Der Arbeitskreis vertritt die Ansicht, dass aufgrund der Rückfallwahrscheinlichkeit die Anordnung der MPU bei Kraftfahrzeugführern bereits ab 1,1‰ erfolgen sollte.

4. Der Arbeitskreis sieht keine fachliche Grundlage für die grundsätzliche Annahme von Eignungszweifeln im Verwaltungsverfahren aufgrund einmaliger Trunkenheitsfahrt unter 1,1‰.

5. (…)

4. Wiederholte Zuwiderhandlung (§ 13 Nr. 2 lit. b FeV)

Nach Buchstabe b) des § 13 Nr. 2 FeV ist ein medizinisch-psychologisches Gutachten auch dann beizubringen, wenn wiederholt Zuwiderhandlungen im Straßenverkehr unter Alkoholeinfluss begangen wurden.

Für ein wiederholtes Fahren unter Alkoholeinfluss reicht es aus, wenn beispielsweise zwei Ordnungswidrigkeiten nach der 0,5‰-Regelung des § 24a Abs. 1 StVG vorliegen.

> *Hinweis*
> Für die anwaltliche Beratung stellt sich hier die Frage der **Verwertbarkeit der Vortaten**. Nach § 29 Abs. 7 StVG i.d.F. vom 1.5.2014 dürfen die Tat und die Ent-

scheidung dem Betroffenen nicht mehr vorgehalten bzw. nicht zu seinem Nachteil verwertet werden, wenn die betreffende Eintragung im **Fahreignungsregister gelöscht** ist.

5. BAK von 1,6‰ oder mehr (§ 13 Nr. 2 lit. c FeV)

136 Nach Buchstabe c) des § 13 Nr. 2 FeV ist ein medizinisch-psychologisches Gutachten beizubringen, wenn ein Fahrzeug im Straßenverkehr bei einer Blutalkoholkonzentration von 1,6‰ oder mehr oder einer Atemalkoholkonzentration von 0,8 mg/l oder mehr geführt wurde.

Diese 1,6‰-Regelung besteht seit dem Inkrafttreten der Fahrerlaubnis-Verordnung am 1.1.1999. Sie stellt eine Verschärfung der bis dahin geltenden Rechtslage dar, die der Gesetzgeber in BR-Drucks 443/1/98, Nr. 12 damit begründet, es sei

> „davon auszugehen, dass alkoholauffällige Kraftfahrer bereits mit einer BAK ab 1,6‰ über deutlich normabweichende Trinkgewohnheiten und eine ungewöhnliche Giftfestigkeit verfügen. Da diese Personen doppelt so häufig rückfällig werden wie Personen mit geringeren Blutalkoholkonzentrationen, ist das (scil.: bisherige) Erfordernis zusätzlicher Verdachtsmomente nicht mehr vertretbar".

137 Dementsprechend ist ab einer BAK von 1,6‰ auch bei einer erstmaligen Trunkenheitsfahrt ein medizinisch-psychologisches Gutachten beizubringen. Der Betroffene kann also nicht damit gehört werden, es habe sich um einen außergewöhnlichen Anlass (Geburtstag, Silvester, Karneval etc.) gehandelt.

138 Die Regelung erfasst das Führen eines „Fahrzeugs", also auch die Teilnahme am Straßenverkehr als **Radfahrer**. Der Verordnungsgeber hat nämlich gerade nicht den Begriff „**Kraft**fahrzeug" verwendet mit der Folge, dass bereits die einmalige alkoholisierte Verkehrsteilnahme mit einem Fahrrad die Beibringung eines medizinisch-psychologischen Gutachtens erforderlich macht.[77]

6. Vorangegangene Entziehung (§ 13 Nr. 2 lit. d FeV)

139 Nach Buchstabe d) des § 13 Nr. 2 FeV ist ein medizinisch-psychologisches Gutachten beizubringen, wenn die Fahrerlaubnis aus einem der unter den Buchstaben a bis c genannten Gründe entzogen war.

Die Regelung knüpft an eine vorangegangene Entziehung an. Diese kann durch die Behörde oder durch das Strafgericht[78] erfolgt sein. Der Betroffene befindet sich in einer Situation der Wiedererteilung und er soll daher durch Beibringung eines medizinisch-psychologischen Gutachtens nachweisen, dass er seine Fahreignung wiedererlangt hat.

---

77 BVerwG, Beschl. v. 20.6.2013 – 3 B 102.12 = zfs 2013, 474.
78 BVerwG, Beschl. v. 24.6.2013 – 3 B 71/12 – juris.

Schwierigkeiten kann es bereiten, die erfolgte Entziehung einem der in „Buchstaben a bis c genannten Gründe" zuzuordnen. Diese Gründe sind: 140
- Anzeichen von Alkoholmissbrauch oder sonstige Tatsachen, die die Annahme von Alkoholmissbrauch begründen,
- wiederholte Zuwiderhandlungen im Straßenverkehr, die unter Alkoholeinfluss begangen wurden,
- Führen eines Fahrzeugs im Straßenverkehr mit einer BAK von 1,6‰ oder mehr.

Lag der Grund für die vorangegangene Entziehung in einer einmaligen Trunkenheitsfahrt mit beispielsweise 1,3‰, so kommen die letztgenannten Gründe nicht in Betracht. Strittig ist, ob gleichwohl noch Raum für die Annahme des ersten Grundes („Alkoholmissbrauch") ist. Der **VGH BW**[79] vertritt diese Auffassung. Wenn das Strafgericht die Fahrerlaubnis wegen Trunkenheit im Verkehr (§ 316 StGB: BAK ab 1,1‰) entzogen habe, habe es auch das Vorliegen eines Alkoholmissbrauchs bindend festgestellt. Auf den Schwellenwert einer BAK ab 1,6‰ komme es dann nicht an. 141

7. Wiedererlangung der Fahreignung (§ 13 Nr. 2 lit. e FeV)

Nach Buchstabe e) des § 13 Nr. 2 FeV ist ein medizinisch-psychologisches Gutachten beizubringen, wenn sonst zu klären ist, ob Alkoholmissbrauch oder Alkoholabhängigkeit nicht mehr besteht. 142

Bestand in der Vergangenheit ein Alkoholmissbrauch oder eine Alkoholabhängigkeit beim Betroffenen, so muss er auch als Erstbewerber um die Erteilung einer Fahrerlaubnis durch medizinisch-psychologisches Gutachten nachweisen, dass er seine Fahreignung wiedererlangt hat.

IV. Eignungszweifel bei Drogenproblematik

1. Verdacht auf Drogenabhängigkeit (Nr. 1 des § 14 Abs. 1 S. 1 FeV)

Wenn beim Fahrerlaubnisinhaber Tatsachen vorliegen, welche die Annahme einer Betäubungsmittelabhängigkeit begründen, so knüpft § 14 Abs. 1 S. 1 Nr. 1 FeV daran die Folge, dass der Betroffene ein ärztliches Gutachten (§ 11 Abs. 2 S. 3 FeV) beizubringen hat. Die Abhängigkeit von Betäubungsmitteln ist eine Krankheit. Es reicht daher aus, wenn das Bestehen oder Nichtbestehen der Abhängigkeit von einem Facharzt diagnostiziert wird; ein medizinisch-psychologisches Gutachten ist nicht erforderlich und eine entsprechende Beibringungsanordnung auch nicht zulässig. 143

2. Verdacht der Einnahme von Betäubungsmitteln (Nr. 2 und 3 des § 14 Abs. 1 S. 1 FeV)

§ 14 Abs. 1 S. 1 Nr. 2 und 3 FeV, dessen **problematischer Wortlaut** nicht zwischen Cannabis und „harten Drogen" unterscheidet, sieht zwingend die Beibringung eines 144

---

[79] VGH BW, Urt. v. 7.7.2015 – 10 S 116/15 – juris.

ärztlichen Gutachtens zur Klärung der Konsumgewohnheit vor, wenn Tatsachen die Annahme begründen, dass beim Betroffenen eine
- Einnahme von Betäubungsmitteln i.S.d. BtMG oder eine
- missbräuchliche Einnahme von psychoaktiv wirkenden Arzneimitteln oder
- anderen psychoaktiv wirkenden Stoffen

vorliegt.

3. Illegaler Besitz von Betäubungsmitteln (S. 2 des § 14 Abs. 1 FeV)

145 Nach dem **zu weit geratenen Wortlaut** des § 14 Abs. 1 S. 2 FeV soll der illegale Besitz (jedweder) Betäubungsmittel die Anordnung der Beibringung eines ärztlichen Gutachtens rechtfertigen können. Der notwendige Bezug zur Verkehrssicherheit ist in der Regelung nicht zum Ausdruck gebracht. Auch differenziert § 14 FeV nicht zwischen Cannabis und „harten Drogen". Immerhin steht die Anordnung der Beibringung eines ärztlichen Gutachtens nach § 14 Abs. 1 S. 2 FeV im Ermessen („kann") der Fahrerlaubnisbehörde. Dies hat zur Folge, dass die Umstände des Einzelfalles, insbesondere auch der Straßenverkehrsbezug und die Art der illegalen Droge, bei der Ausübung des Ermessens einfließen können und müssen.

4. Gelegentlicher Cannabiskonsum (S. 3 des § 14 Abs. 1 FeV)

146 Der Tatbestand in § 14 Abs. 1 S. 3 FeV betrifft den Cannabiskonsum: Wenn der Betroffene gelegentlich Cannabis konsumiert und weitere Tatsachen Zweifel an der Eignung begründen, so steht es nach dieser Regelung im Ermessen („kann") der Behörde, ob sie die Beibringung eines medizinisch-psychologischen Gutachtens anordnet.

5. Sonstige Tatbestände der MPU-Beibringung (Abs. 2 des § 14 FeV)

147 Sonstige Tatbestände, welche zwingend („ist") die Anordnung der Beibringung eines medizinisch-psychologischen Gutachtens erfordern, finden sich in § 14 Abs. 2 FeV. Die Beibringung der MPU wird verlangt, wenn die Fahrerlaubnis aus einem der in § 14 Abs. 1 FeV genannten Gründe, mithin
- Drogenabhängigkeit,
- Einnahme von Betäubungsmitteln etc.,
- illegaler Besitz von Betäubungsmitteln,
- gelegentlicher Cannabiskonsum,

durch die Fahrerlaubnisbehörde oder ein Gericht entzogen war (Nr. 1 des § 14 Abs. 2 FeV),
- zu klären ist, ob der Betroffene noch abhängig ist oder – ohne abhängig zu sein – weiterhin die in Abs. 1 genannten Mittel oder Stoffe einnimmt (Nr. 2 des § 14 Abs. 2 FeV),
- wiederholt Zuwiderhandlungen im Straßenverkehr nach § 24a StVG begangen wurden (Nr. 3 des § 14 Abs. 2 FeV).

6. Einschränkende Auslegung des § 14 FeV

a) Cannabis-Entscheidung des BVerfG

Durchgreifende Bedenken gegen die unbesehene Anwendung des Wortlauts von § 14 FeV ergeben sich insbesondere aus der **„Cannabis-Entscheidung"** des BVerfG[80] aus dem Jahr 2002. Die Aussagen dieser Entscheidung zur Verfassungsmäßigkeit einer Gutachtenanforderung, die auf der Grundlage der damaligen Regelung in § 15b Abs. 2 StVZO erging, können auf die Gutachtenanforderung nach der jetzigen Regelung in § 14 FeV übertragen werden. Danach darf die Feststellung des **unerlaubten Besitzes einer kleinen Menge Cannabis** für sich allein nicht zum Anlass genommen werden, dem Betroffenen ein fachärztliches Gutachten auf der Grundlage eines Drogenscreenings abzuverlangen. Die abweichende behördliche und fachgerichtliche Praxis bei der Überprüfung von Fahrerlaubnisinhabern beanstandete das BVerfG als Verstoß gegen

- die allgemeine Handlungsfreiheit des Betroffenen (Art. 2 Abs. 1 GG),
- das allgemeine Persönlichkeitsrecht des Betroffenen (Art. 1 i.V.m. Art. 2 Abs. 1 GG) und
- den Grundsatz der Verhältnismäßigkeit.

Ferner stellte das BVerfG klar,[81] dass die Anforderung zur Beibringung eines Drogenscreenings nur dann in Betracht komme, wenn über den bloßen Besitz von Cannabis hinaus konkrete tatsächliche Verdachtsmomente dafür ermittelt worden sind, dass der Betroffene den Konsum von Cannabis und die aktive Teilnahme am Straßenverkehr nicht zuverlässig zu trennen vermag oder zu trennen bereit ist.

▼

Muster 47.12: Einwand gegen Fahrerlaubnisentzug („Besitz einer geringen Menge Cannabis")

Verwaltungsgericht

Kläger ▓▓▓ ./. Beklagte ▓▓▓

Aktenzeichen: ▓▓▓

wegen: Entziehung der Fahrerlaubnis

Namens und im Auftrag des Klägers wird die Klage gegen die Entziehung der Fahrerlaubnis nunmehr begründet.

Der Kläger reiste am ▓▓▓ nach Deutschland ein. Aufgrund einer polizeilichen Kontrolle wurden fünf Gramm Haschisch[82] bei ihm gefunden. In der Folge erhielt der Kläger eine behördliche Aufforderung, ein Drogenscreening vorzulegen. Dieser Aufforderung ist der Kläger nicht nachgekommen. Mit dem angefochtenen Bescheid vom ▓▓▓ entzog die Beklagte dem Kläger die Fahrerlaubnis und verwies auf die fehlende Fahreignung.

---

80 BVerfG, Beschl. v. 20.6.2002 – 1 BvR 2062/96 – juris. Ein kostenfreier Abruf ist über die Interseite des BVerfG (*www.bverfg.de*) möglich.
81 BVerfG, a.a.O.
82 Sachverhalt nach BVerfG a.a.O.

Die Entziehung der Fahrerlaubnis ist rechtswidrig und verletzt den Kläger daher in seinen Rechten, vgl. § 113 Abs. 1 S. 1 VwGO. Die Beklagte hätte den Kläger nicht als fahrungeeignet behandeln dürfen. Die Nichtvorlage eines Gutachtens rechtfertigt nach § 11 Abs. 8 FeV und der dazu ergangenen Rechtsprechung (BVerwG, Urt. v. 9.6.2005 – 3 C 21/04 – juris Rn 22) nur dann die Annahme der Nichteignung, wenn die behördliche Anforderung des Gutachtens rechtmäßig, insbesondere anlassbezogen und verhältnismäßig erfolgt ist.

Daran fehlt es hier. Die Straßenverkehrsbehörde der Beklagten hat übersehen, dass nach der BVerfG-Rechtsprechung (Beschl. v. 20.6.2002 – 1 BvR 2062/96, *www.bverfg.de*) die Vorlage eines Drogenscreenings unzulässig ist, wenn – wie hier beim Kläger – lediglich der Besitz einer geringen Menge Cannabis in Betracht kommt. Zwar mag damit der Tatbestand des § 14 Abs. 1 S. 2 FeV nach seinem Wortlaut erfüllt sein. Die Beklagte hätte aber angesichts der verfassungsrechtlichen Vorgaben spätestens im Rahmen des ihr nach dieser Vorschrift eingeräumten Ermessens davon absehen müssen, ein Drogenscreening zu verlangen. Dabei hätte sie darauf abstellen müssen, dass keinerlei Anhalt dafür besteht, dass der Kläger nicht zwischen drogenkonsumbedingter Fahruntüchtigkeit und dem Führen eines Kfz trennen kann.

b) Allgemeine Folgerungen

151 Allgemein ist damit maßgeblich, ob die jeweilige Anknüpfungstatsache einen hinreichenden Bezug zu einer etwaigen Fahruntüchtigkeit und damit zur Verkehrssicherheit besitzt. Diese Vorgabe resultiert daraus, dass die in § 14 FeV geregelten Maßnahmen der Sachaufklärung (ebenso wie diejenigen in den Vorschriften der §§ 11, 12 und 13 FeV) allein dem Zweck dienen, Gefahren für die Verkehrssicherheit abzuwehren. Diese Zweckbindung gilt es streng einzuhalten. Auch nicht ansatzweise darf es beim Handeln der Behörde darum gehen, eine „Sanktion" gegenüber dem Betroffenen zu verhängen. Die allein relevante Frage ist vielmehr, ob zu erwarten ist, dass der Betroffene (auch) in Zukunft eine Gefahr für die Verkehrssicherheit darstellen wird.

c) Spezielle Folgerungen

152 Es ist festzuhalten, dass die in § 14 FeV enthaltenen Tatbestände zur Beibringung von Gutachten zu allgemein formuliert sind. So knüpft die Vorschrift in ihrem Abs. 1 generell an die Einnahme oder den illegalen Besitz „von Betäubungsmitteln" an. Damit lassen diese Vorschriften die Erkenntnisse und Bewertungen nicht erkennen, welche Nr. 9 der Anlage 4 zur FeV zur Fahreignung bei einer Drogenproblematik bereithält. Insbesondere die aus Gründen der Verhältnismäßigkeit und des Willkürverbots (Art. 3 Abs. 1 GG) vorzunehmende Aufteilung der Betäubungsmittel in Cannabis und die gefährlicheren „harten Drogen" kommt nicht hinreichend zum Ausdruck. Schließlich muss mit Bezug auf Cannabis immer gefragt werden, welche Anknüpfungstatsache im Einzelfall vorliegt und auf welches der drei maßgeblichen Konsummuster (einmalig, gelegentlich, regelmäßig) sich der Verdacht bezieht. Bei gelegentlichem Konsum von Cannabis ist maßgeblich, ob damit zu rechnen ist, dass der Betroffene das Fahren und den Konsum zu trennen vermag.

d) Umstände des Einzelfalls

Letztlich kommt es auf die Umstände des Einzelfalls und die darauf beruhende Bewertung an, ob aus Gründen der Abwehr von Gefahren für die Verkehrssicherheit schon ein hinreichender Anlass besteht, ein Gutachten zur Klärung von Eignungszweifeln abzuverlangen. Beim Besitz einer geringen Menge Cannabis müssen zusätzliche Verdachtsmomente hinzukommen, dass der Betroffene den Konsum von Cannabis und die aktive Teilnahme am Straßenverkehr nicht zuverlässig zu trennen vermag oder zu trennen bereit ist.

> *Beispiel: Aschenbecher im Auto enthält ausgedrückte Haschischzigaretten*
> A gerät mit seinem Kfz in eine Verkehrskontrolle. Die Beamten entdecken einige ausgedrückte Haschischzigaretten im Aschenbecher des Fahrzeugs. A gibt keinerlei Erklärung ab.
> Hier bestehen hinreichend konkrete Verdachtsmomente, dass der A gelegentlich Cannabis konsumiert und unter Einfluss von Cannabis ein Kfz führt (Verstoß gegen das Trennungsgebot). Einer Gutachtenanforderung stehen keine verfassungsrechtlichen Bedenken entgegen.[83]

---

[83] Sachverhalt nach BVerfG, Beschl. v. 8.7.2002 – 1 BvR 2428/95 = NJW 2002, 2381.

§ 48 EU-Führerscheine

Torsten Bendig/Dr. Matthias Keller

A. Einführung in die Problematik

I. Fragestellung

In der anwaltlichen Beratungspraxis läuft die Thematik „EU-Führerscheine" typischerweise auf folgende Fragestellung hinaus: Ist die deutsche Straßenverkehrsbehörde verpflichtet, den ausländischen EU-Führerschein des Mandanten anzuerkennen oder darf sie führerscheinrechtliche Maßnahmen gegen ihn einleiten?

II. Führerschein-Tourismus

Problemhintergrund ist häufig der sog. **„Führerschein-Tourismus":**[1] In Deutschland kommt die Neuerteilung einer Fahrerlaubnis nach Entzug (etwa wegen Alkohol- oder Drogenmissbrauchs) regelmäßig nur dann in Betracht, wenn der Fahrerlaubnisbewerber eine stabile Verhaltensänderung durch eine medizinisch-psychologische Untersuchung nachweist. Aus diesem Grund begeben sich Fahrerlaubnisbewerber in einen anderen EU-Mitgliedstaat, der eine solche – insbesondere psychologische – Untersuchung nicht verlangt, und lassen sich dort einen EU-Führerschein erteilen. Nach Rückkehr verlangen sie die Anerkennung des ausländischen EU-Führerscheins für das Bundesgebiet.

III. Vorrang des Unionsrechts

Ausgangspunkt der rechtlichen Überlegungen hat stets der (Anwendungs-)**Vorrang des Unionsrechts**[2] zu sein. Vorrangig zu berücksichtigen sind damit insbesondere
- die EU-Richtlinien über den Führerschein,[3]
- der Grundsatz der Anerkennung von EU-Führerscheinen,
- die Ausnahmetatbestände der Nichtanerkennung von EU-Führerscheinen und
- das durch die Rechtsprechung des EuGH in Führerscheinsachen entstandene „Fallrecht".

In diesem Bereich beschränkt sich die Aufgabe des mitgliedstaatlichen Gesetzgebers, EU-Vorgaben, insbesondere die des EU-Richtlinienrechts, ordnungsgemäß umzusetzen.

IV. Umsetzungsrecht in §§ 28, 29 FeV

In Deutschland beinhalten §§ 28, 29 FeV die wesentlichen Voraussetzungen zur Anerkennung ausländischer EU-Fahrerlaubnisse. Vor dem Hintergrund des „Führerschein-

---

[1] Vgl. dazu *Zwerger*, Europäischer Führerscheintourismus – Rechtsprechung des EuGH und nationale Rechtsgrundlagen, zfs 2015, 184 ff.
[2] EuGH, Urt. v. 15.7.1964 – 6/64, Rechtssache „Costa/ENEL", www.curia.europa.eu.
[3] Vgl. Richtlinie 91/439/EWG v. 29.7.1991 sowie Richtlinie 2006/126/EG v. 20.12.2006.

Tourismus" sind diese Voraussetzungen im Zweifel eher restriktiv gefasst. Wenn EU-Vorgaben eine großzügigere Anerkennung von EU-Führerscheinen verlangen, ist die deutsche Behörden- und Gerichtspraxis daran gebunden. Sie **müssen einen nach §§ 28, 29 FeV an sich einschlägigen Tatbestand** der Nichtanerkennung von EU-Führerscheinen **unangewendet lassen**.[4]

5 Der **53. Deutsche Verkehrsgerichtstag 2015** hat sich mit dieser Problematik näher befasst. Die dortige Diskussion im Arbeitskreis I bietet eine gute Beurteilungsgrundlage für die anwaltliche Beratung, ob ein Verwaltungsprozess zur Durchsetzung von EU-Vorgaben bei der (Nicht-)Anerkennung von EU-Führerscheinen erfolgreich sein kann. Heranzuziehen ist das von *Zwerger* **gehaltene Referat**,[5] das u.a. zu dem Ergebnis gelangt, dass § 28 Abs. 4 S. 1 Nr. 3 FeV (entsprechend Nr. 9 FeV) sowie § 29 Abs. 3 S. 1 Nr. 3 FeV als unionsrechtswidrig anzusehen sind, soweit sie für die Nichtanerkennung der EU-Fahrerlaubnis in Deutschland an die folgenden Tatbestände anknüpfen:

- Versagung des Führerscheins,
- Entzug des Führerscheins und
- Verzicht des Führerscheins.

Diese gravierenden Bedenken an der Europarechtskonformität ergeben sich mit Blick auf den Grundsatz der gegenseitigen Anerkennung von EU-Führerscheinen, den es zu beleuchten gilt.

B. Anerkennungsgrundsatz

6 Die im Jahr 1991 verabschiedete Zweite Führerschein-Richtlinie (91/439) und die im Jahr 2006 verabschiedete Dritte Führerschein-Richtlinie (2006/126) enthalten – gleichlautend – folgenden grundlegenden Passus:

Die von den Mitgliedstaaten ausgestellten Führerscheine werden gegenseitig anerkannt.

Das Unionsrecht stellt damit den **Grundsatz der gegenseitigen unbefristeten Anerkennung** der EU-Führerscheine auf.

7 Der EuGH hat diesen Grundsatz in seiner Rechtsprechung weiter ausgeformt und dabei verdeutlicht, dass die gegenseitige Anerkennung der von den Mitgliedstaaten ausgestellten Führerscheine damit **„ohne jede Formalität"**[6] vorgenommen werden müsse. Die Mitgliedstaaten treffe nämlich eine klare und unbedingte Verpflichtung, die keinen Ermessensspielraum in Bezug auf die Maßnahmen einräume, die zu erlassen seien, um dieser Verpflichtung nachzukommen.[7]

---

4 Vgl. zur daraus folgenden Rechtsschutzaufgabe der deutschen Gerichte: *Keller*, in: Fischer/Keller/Ott/Quarch, EU-Recht in der Praxis, 2012, Rn 871 f. unter Hinweis auf EuGH, Urt. v. 9.3.1978 – 106/77 – Rechtssache „Simmenthal II".
5 Eine Langfassung des auf dem 53. Deutschen Verkehrsgerichtstag 2015 von *Zwerger* im Arbeitskreis I gehaltenen Referats zum „Europäischen Führerscheintourismus" ist veröffentlicht in: zfs 2015, 184 ff.
6 EuGH, Urt. v. 6.4.2006 – C-3227/05, Rechtssache „Halbritter", *www.curia.europa.eu*.
7 EuGH, Urt. v. 19.2.2009 – C-321/07, Rechtssache „Schwarz", Rn 75, *www.curia.europa.eu*; EuGH, Urt. v. 19.5.2011 – C-184/10, Rechtssache „Grasser", Rn 19, *www.curia.europa.eu*.

B. Anerkennungsgrundsatz § 48

Muster 48.1: Feststellung der Inlandsgültigkeit einer EU-Fahrerlaubnis
Verwaltungsgericht

Kläger ./. Beklagte

Aktenzeichen:

wegen: Gültigkeit einer EU-Fahrerlaubnis in der Bundesrepublik Deutschland

Namens und im Auftrag des Klägers beantrage ich,

es wird festgestellt, dass der Kläger berechtigt ist, aufgrund seiner bestehenden EU-Fahrerlaubnis Kraftfahrzeuge in der Bundesrepublik Deutschland im Straßenverkehr zu führen.

Der Kläger geriet vor ca. zwei Monaten, und zwar am ▬▬▬ in eine polizeiliche Verkehrskontrolle. Dabei zeigte er seine EU-Fahrerlaubnis vor. Der kontrollierende Beamte äußerte Zweifel an der Gültigkeit des Dokuments. Es sei vom EU-Mitgliedstaat ▬▬▬ ausgestellt und weise – aus seiner Sicht unzutreffend – einen dortigen Wohnsitz des Klägers aus. Deshalb werde die zuständige Straßenverkehrsbehörde informiert, die dann eine Aberkennungsentscheidung zu treffen habe. Die Straßenverkehrsbehörde wiederum erklärte, sie sehe keinen Anlass zum Erlass eines Aberkennungsbescheides, da sich die Gültigkeit oder Ungültigkeit der EU-Fahrerlaubnis schon aus dem Gesetz ergebe. Der Kläger habe sich mit dem Erwerb der EU-Fahrerlaubnis auf ein „rechtliches Minenfeld" begeben.

Die Klage ist als Feststellungsklage zulässig. Der Kläger begehrt die gerichtliche Feststellung über das „Bestehen eines Rechtsverhältnisses" im Sinne des § 43 Abs. 1 VwGO. Konkret geht es um die öffentlich-rechtliche Berechtigung des Klägers, aufgrund seiner EU-Fahrerlaubnis Kraftfahrzeuge in der Bundesrepublik Deutschland im Straßenverkehr zu führen. Ein berechtigtes Interesse an der baldigen Feststellung ist ebenfalls gegeben. Der Kläger läuft Gefahr, sich des Fahrens ohne Fahrerlaubnis (§ 21 StVG) schuldig zu machen, wenn er seine Rechtsauffassung nicht vor den Strafgerichten durchsetzen kann.

Die Feststellungsklage ist begründet. Der Kläger ist dazu berechtigt, nach Maßgabe seines EU-Führerscheins im Inland Kraftfahrzeuge zu führen. Das Unionsrecht stellt den Grundsatz der gegenseitigen Anerkennung der EU-Führerscheine auf. Der EuGH hat diesen Grundsatz in seiner Rechtsprechung weiter ausgeformt und spricht von einer klaren und unbedingten Anerkennungsverpflichtung. Daran sind die Behörden der Bundesrepublik Deutschland gebunden.

Ihren Niederschlag im deutschen Recht hat die weitreichende Pflicht zur gegenseitigen Anerkennung in § 28 Abs. 1 S. 1 FeV (Wohnsitz des Führerscheininhabers im Inland) und bei § 29 Abs. 1 S. 1 FeV (kein Wohnsitz des Führerscheininhabers im Inland).

> *Beispiel: Anerkennung der EU-Fahrerlaubnis trotz negativer MPU („Akyüz")*
> Der A, der in der Vergangenheit mehrfach strafrechtlich in Erscheinung getreten ist, begehrt zunächst in Deutschland die Neuerteilung der Fahrerlaubnis der Klasse B. Die medizinisch-psychologische Untersuchung fällt negativ aus, weil Anhaltspunkte

für ein hohes Aggressionspotential gegeben sind, welche die Fahreignung ausschließt. Daraufhin versagt die deutsche Fahrerlaubnisbehörde die Neuerteilung.

In der Folge begibt sich A in die Tschechische Republik und erwirbt dort die Fahrerlaubnis der Klasse B.

Müssen die deutschen Behörden die ausländische EU-Fahrererlaubnis anerkennen? Der EuGH hat dies bejaht[8] und die bestandskräftige Versagung des Führerscheins in Deutschland nicht als anerkennungsschädlichen „Entzug" gelten lassen. Damit hat der EuGH mit der Neuerteilung einen „Schnitt" gemacht und den Rückgriff auf die mit dem Versagungsbescheid getroffenen Feststellungen zur Fahrungeeignetheit des A als unzulässig erachtet.

11 Wie der vorstehende Beispielsfall zeigt, kann der vom Unionsrecht aufgestellte **Grundsatz der gegenseitigen unbefristeten Anerkennung** leicht in einen Konflikt mit der Wahrung der Verkehrssicherheit im jeweiligen Mitgliedstaat geraten. Dieses Spannungsverhältnis bringt die Dritte Führerschein-Richtlinie im 2. Erwägungsgrund einerseits und im 15. Erwägungsgrund andererseits zum Ausdruck:

„(2) Die Regelungen zum Führerschein sind wesentliche Bestandteile der gemeinsamen Verkehrspolitik, tragen zur Erhöhung der Verkehrssicherheit bei und erleichtern die Freizügigkeit der Personen, die sich in einem anderen Mitgliedstaat als demjenigen, der den Führerschein ausgestellt hat, niederlassen. (...)

(15) Die Mitgliedstaaten sollten aus Gründen der Verkehrssicherheit die Möglichkeit haben, ihre innerstaatlichen Bestimmungen über den Entzug, die Aussetzung, die Erneuerung und die Aufhebung einer Fahrerlaubnis auf jeden Führerscheininhaber anzuwenden, der seinen ordentlichen Wohnsitz in ihrem Hoheitsgebiet begründet hat."

Im vorgenannten 15. Erwägungsgrund der Dritten Führerschein-Richtlinie kommen die wesentlichen Elemente der EU-Vorgaben zur **Wahrung der Verkehrssicherheit** zum Ausdruck:

- „Vertikal" sind die Mitgliedstaaten und ihre Straßenverkehrsbehörden zuständig;
- „horizontal" ist grundsätzlich der Mitgliedstaat des ordentlichen Wohnsitzes zuständig;
- „Entzug, Aussetzung, Erneuerung und Aufhebung" einer EU-Fahrerlaubnis sind nach Maßgabe des nationalen Rechts zu bewerten und zu entscheiden.

C. Wohnsitzprinzip

I. Bedeutung

12 Bei EU-Führerscheinen, die Zweifel an ihrer Rechtmäßigkeit wecken, ist es für die Beurteilung der Anerkennungsfähigkeit von zentraler Bedeutung, ob die Erteilung des Führerscheins durch die nationale Behörde unter Beachtung der Kompetenzverteilung

---

[8] EuGH, Urt. v. 1.3.2012 – C-467/10, Rechtssache „Akyüz", *www.curia.europa.eu*.

zwischen den Mitgliedstaaten erfolgt ist. Zur Regelung dieser Kompetenzverteilung knüpfen beide EU-Führerschein-Richtlinien an den **„ordentlichen Wohnsitz"** an. Es gilt – mit anderen Worten – das Wohnsitzprinzip.

Die Erteilung des EU-Führerscheins setzt zwingend einen relevanten aufenthaltsrechtlichen Bezug des Fahrerlaubnisbewerbers zum jeweiligen Mitgliedstaat voraus. Dies soll dem Phänomen des „Führerschein-Tourismus" nachhaltig entgegenwirken, bei dem der Unionsbürger versucht, sich allein zum Zwecke des Führerscheinerwerbs nur eine kurze Zeit in einen anderen Mitgliedstaat zu begeben. So müssen Führerscheinbewerber nach Art. 7 Abs. 1 Buchst. b der Zweiten Führerschein-Richtlinie und Art. 7 Abs. 1 Buchst. e der Dritten Führerschein-Richtlinie

- „ihren ordentlichen Wohnsitz" im Hoheitsgebiet des den Führerschein ausstellenden Mitgliedstaats haben oder
- nachweisen können, dass sie während eines Mindestzeitraums von sechs Monaten dort studiert haben.

II. Begriff des ordentlichen Wohnsitzes

Dabei ist auch der Begriff des „ordentlichen Wohnsitzes" durch das EU-Richtlinienrecht vorgegeben. So definieren Art. 9 Abs. 1 der Zweiten Führerschein-Richtlinie und Art. 12 der Dritten Führerschein-Richtlinie denjenigen Ort als „ordentlichen Wohnsitz", an dem die Person während mindestens 185 Tagen im Kalenderjahr wohnt.

D. Nichtanerkennung wegen Wohnsitzverstoßes

I. Ermittlung des Wohnsitzverstoßes

Nach dem Unionsrecht und seiner Kompetenzverteilung zwischen den Mitgliedstaaten obliegt die Überprüfung des ordentlichen Wohnsitzes zunächst **allein** dem Ausstellerstaat der EU-Fahrerlaubnis. Die Behörden des Aufenthaltsstaats des Fahrerlaubnisinhabers – etwa die deutschen Straßenverkehrsbehörden – sollen diese Prüfung anerkennen und nicht etwa zu Lasten des Führerscheininhabers ein zweites Mal vornehmen. Tun sie es gleichwohl, können sie in der Regel darauf nicht die Versagung der Anerkennung der EU-Fahrerlaubnis stützen. Dies hat der EuGH in der Rechtssache „Kapper"[9] entschieden.

II. Verstoß folgt aus Führerscheindokument

Nur wenn sich für die Behörden des Aufenthaltsstaats, der die EU-Fahrerlaubnis grundsätzlich anerkennen soll, schon „aus dem Führerschein selbst" ein Wohnsitzverstoß ableiten lässt, darf darauf die Versagung der Anerkennung gestützt werden. Dies folgt aus der ständigen Rechtsprechung des EuGH, wie sie beispielsweise in der Rechtssache

---

9 EuGH, Urt. v. 29.4.2004 – C-476/01, Rechtssache „Kapper", *www.curia.europa.eu.*

„Wiedemann"[10] zum Ausdruck kommt. Der deutsche Gesetzgeber hat diese Rechtsprechung in § 28 Abs. 4 S. 1 Nr. 2 Alt. 1 FeV übernommen.

> *Beispiel: Tschechische EU-Fahrerlaubnis mit deutschem Wohnsitzeintrag*[11]
> Bei einer Verkehrskontrolle in Deutschland legt der A einen in der Tschechischen Republik ausgestellten Führerschein vor, der in Feld 8 „München" als seinen Wohnort ausweist.
> Diesem ausländischen EU-Führerschein kann in Deutschland ohne Weiteres die Anerkennung versagt werden. Schon das Dokument lässt erkennen, dass die Behörden der Tschechischen Republik bei der Ausstellung gegen das im EU-Richtlinienrecht geregelte Wohnsitzprinzip verstoßen haben.

17 Für die Nichtanerkennung spielt es im Übrigen keine Rolle, ob der Aufenthaltsstaat, der den Führerschein anerkennen soll, zuvor führerscheinrechtliche Maßnahmen, ergriffen hat. Das hat der EuGH in der Rechtssache „Schäffler" entschieden.[12]

III. Verstoß folgt aus Informationen vom Ausstellerstaat

18 Folgt der Wohnsitzverstoß aus „vom Ausstellermitgliedstaat herrührende Informationen"[13] ist damit ebenfalls ein Tatbestand gegeben, nach dem ausnahmsweise die Anerkennung des EU-Führerscheins versagt werden darf. Den Tatbestand erfüllen Auskünfte aller Behörden des Ausstellerstaates, aber auch beispielsweise die Auskünfte des Gemeinsamen Zentrums der deutsch-tschechischen Polizei- und Zollzusammenarbeit.[14]

19 Hingegen sind eigene Angaben des Führerscheininhabers gegenüber Behörden oder Gerichten des Aufenthaltsstaats **selbst dann nicht verwertbar, wenn darin ein Wohnsitzverstoß eingeräumt wird**.[15]

E. Nichtanerkennung wegen Sperrfrist bzw. Fahrverbots

20 Die Nichtanerkennung einer EU-Fahrerlaubnis im Inland ist ferner dann gerechtfertigt, wenn der Ausstellerstaat diesen Führerschein ungeachtet des Laufs einer zuvor im Inland verhängten Sperrfrist oder eines Fahrverbots erteilt. Dies findet seinen Niederschlag in § 28 Abs. 4 S. 1 Nrn. 4 und 5 FeV und § 29 Abs. 3 Nrn. 4 und 5 FeV.

Auch nach Ablauf der Fristen vermittelt eine solche Fahrerlaubnis keine Fahrberechtigung.[16] Des Weiteren setzt sich ein solcher Fehler dergestalt fort: Betrifft der Fehler die

---

10 EuGH, Urt. v. 26.6.2008 – C-329/06, Rechtssache „Wiedemann", *www.curia.europa.eu*.
11 Die Tschechische Republik ist zum 1.5.2004 der EU beigetreten, hat aber erst zum 1.7.2006 das Wohnsitzerfordernis in das nationale Führerscheinrecht umgesetzt, d.h. in diesem Zeitraum wurden sehr viele Führerscheine unter Verletzung des Wohnsitzprinzips erteilt, vgl. dazu *Zwerger*, in: Haus/Zwerger, Das verkehrsrechtliche Mandat, S. 519, Fn 6.
12 EuGH, Urt. v. 19.5.2011 – C-184/10, in der Rechtssache „Schäffler", *www.curia.europa.eu*.
13 EuGH, Urt. v. 26.6.2008 – C-329/06, in der Rechtssache „Wiedemann", *www.curia.europa.eu*.
14 BVerwG, Urt. v. 25.8.2011 – 3 C 9/11, Rn 17 f. – juris.
15 *Dauer*, in: Hentschel/König/Dauer, Straßenverkehrsrecht, 43. Aufl. 2015, § 28 FeV Rn 28.
16 EuGH, Beschl. v. 3.7.2008 – C-225/07, Rechtssache „Möginger", *www.curia.europa.eu*.

Erteilung der Fahrerlaubnis der Klasse B und wird später die Fahrerlaubnis der Klasse D erteilt, so ist auch diese höherwertige Klasse, die auf der Klasse B aufbaut, nicht anzuerkennen.[17]

F. Nichtanerkennung unzulässig bei „Entzug, Versagung, Verzicht"

Das deutsche Recht verlautbart in § 28 Abs. 4 S. 1 Nr. 3 FeV und § 29 Abs. 3 S. 1 Nr. 3 FeV Tatbestände der Nichtanerkennung, die nach Maßgabe der EuGH-Entscheidung in der Rechtssache „Hofmann"[18] als unionsrechtlich unzulässig anzusehen sind und daher **unangewendet** bleiben müssen.

Kein hinreichender Grund für die Nichtanerkennung eines ausländischen EU-Führerscheins ist nämlich danach der bloße Umstand, dass zuvor im Aufenthaltsstaat der Entzug, die Versagung oder der Verzicht des Führerscheins erfolgt ist.

Andernfalls hätte dies zur Folge, dass die Neuerteilung des Ausstellerstaats an den Voraussetzungen des Aufenthaltsstaats gemessen würde, im Falle des Aufenthaltsstaates Deutschland insbesondere am Erfordernis der medizinisch-psychologischen Untersuchung. Vor diesem Hintergrund betont der EuGH, dass die Nichterfüllung der nationalen Voraussetzungen nicht dazu führen darf, die Anerkennung von Fahrerlaubnissen anderer EU-Mitgliedstaaten auf unbegrenzte Zeit zu verweigern, denn das widerspräche der aus den Führerschein-Richtlinien abzuleitenden Pflicht zur gegenseitigen Anerkennung, wenn die dort festgelegten Mindestanforderungen eingehalten sind.[19]

G. Maßnahmen nach erteilter EU-Fahrerlaubnis

Die Erteilung der EU-Fahrerlaubnis stellt eine Zäsur dar. Umstände, die **nach** diesem Zeitpunkt eingetreten sind, können zum Anlass für führerscheinrechtliche Maßnahmen im Inland genommen werden.[20]

Das können Umstände sein, welche die Fahreignung in Frage stellen, wie beispielsweise in Deutschland der einmalige Konsum „harter Drogen" (Nr. 9.1 der Anlage 4 zur FeV). Es können aber auch Umstände sein, welche die Fahreignung lediglich in Zweifel ziehen, wie die wiederholte Alkoholauffälligkeit (§ 13 Nr. 2 Buchst. b FeV). Kein einschlägiger Maßstab ist insoweit der Grundsatz der gegenseitigen Anerkennung von EU-Führerscheinen. Die mit ihm regelmäßig verbundene Bindungs- oder Sperrwirkung beschränkt sich nämlich auf solche Umstände, die **vor** der Erteilung eingetreten sind, mit anderen Worten auf diejenigen Umstände, welche den Gegenstand der anzuerkennenden Entscheidung des Ausstellerstaats gebildet haben.

---

17 EuGH, Urt. v. 13.10.2011 – C-224/10, Rechtssache „Apelt", www.curia.europa.eu.
18 EuGH, Urt. v. 26.4.2012 – C-419/10, Rechtssache „Hofmann", www.curia.europa.eu.
19 EuGH, Urt. v. 1.3.2012 – C-467/10, Rechtssache „Akyüz", Rn 57 ff., www.curia.europa.eu.
20 EuGH, Urt. v. 6.4.2006 – C-227/05, Rechtssache „Halbritter", Rn 38 ff. www.curia.europa.eu.

26 *Beispiel: Die Cannabiskonsumentin aus Österreich („Aykul")*
Die Österreicherin A hat ihren Wohnsitz in ihrem Heimatland im Grenzgebiet zu Deutschland. Sie konsumiert Cannabis. Als Führerin eines Kraftfahrzeuges gerät sie eines Tages in eine deutsche Verkehrskontrolle. Die von ihr entnommene Urinprobe ergibt eine in Deutschland fahreignungsrelevante Cannabis-Konzentration.
Darf die deutsche Fahrerlaubnisbehörde, die nicht die Behörde des ordentlichen Wohnsitzes ist, die Fahrberechtigung für Deutschland entziehen?
Der EuGH hat dies mit bestimmten Maßgaben bejaht.[21] Bei der Fahrt unter Cannabiseinfluss handele es sich um Umstände, die nach der Erteilung der EU-Fahrerlaubnis entstanden seien. Auf den Grundsatz der gegenseitigen Anerkennung der EU-Fahrerlaubnis komme es nicht an.
Die Kompetenz der nationalen Straßenverkehrsbehörde, führerscheinrechtliche Maßnahmen zu ergreifen, hat der EuGH nicht etwa nach dem Wohnsitzprinzip, sondern nach dem Territorialitätsprinzip beurteilt.

H. Konkrete Maßnahmen der Straßenverkehrsbehörde

27 Bei ihren führerscheinrechtlichen Maßnahmen handelt die deutsche Straßenverkehrsbehörde strikt nach dem im Polizei- und Ordnungsrecht geltenden **Territorialitätsprinzip**. Entscheidungen gelten nur für das Bundesgebiet.

28 Eine behördliche Entscheidung ist nicht einmal erforderlich, wenn beispielsweise § 28 Abs. 4 S. 1 Nr. 2 FeV (Wohnsitzverstoß) die Ungültigkeit eines EU-Führerscheins im Bundesgebiet schon kraft Gesetzes vorsieht.[22] Allerdings kann die Straßenverkehrsbehörde nach § 28 Abs. 4 S. 2 FeV einen **feststellenden Verwaltungsakt** über die fehlende Berechtigung erlassen.

29 Die deutschen Behörden entziehen die Fahrerlaubnis, indem sie das **Recht aberkennen, von der EU-Fahrerlaubnis im Inland Gebrauch zu machen**. Entsprechend heißt es in § 3 Abs. 2 StVG:

„Mit der Entziehung erlischt die Fahrerlaubnis. Bei einer ausländischen Fahrerlaubnis erlischt das Recht zum Führen von Kraftfahrzeugen im Inland. Nach der Entziehung ist der Führerschein der Fahrerlaubnisbehörde abzuliefern oder zur Eintragung der Entscheidung vorzulegen."

30 Die nach § 3 Abs. 2 S. 2 StVG bestehende Pflicht, den EU-Führerschein zur Eintragung des Entzugs der Fahrberechtigung vorzulegen, kann mit der Androhung eines Zwangsgeldes bzw. Festsetzung eines Zwangsgeldes durchgesetzt werden.[23]

---

21 EuGH, Urt. v. 23.4.2015 – C 260/13, Rechtssache „Aykul", www.curia.europa.eu.
22 BVerwG, Urt. v. 25.8.2011 – 3 C 25.10 – juris.
23 Vgl. zu einem „zweiten Zwangsgeld": OVG Frankfurt/Oder, Beschl. v. 28.8.1998 – 4 B 63/98 – juris.

§ 49 Anwaltliche Beratung und MPU

Torsten Bendig/Dr. Matthias Keller

A. Problemstellung

Die anwaltliche Beratung in Führerscheinangelegenheiten muss von Anfang an in Blick nehmen, wie der Mandant, dem beispielsweise wegen einer Trunkenheits- oder Drogenfahrt die Fahrerlaubnis entzogen wurde oder dem ein solcher Entzug droht, so zeitnah wie möglich, ein neuer Führerschein erteilt werden kann. Nach einem Verlust der Fahreignung wegen Alkohol- oder Drogenmissbrauchs ist es regelmäßig eine **medizinisch-psychologische Untersuchung (MPU)** einer amtlich anerkannten Begutachtungsstelle für Fahreignung (BfF), die als Voraussetzung für die Wiedererlangung der Fahreignung erforderlich ist. 1

Wird dieser spezifische Nachweis – aus welchem Grund auch immer – nicht geführt, läuft der Mandant in eine **Sackgasse**, die bei (gerichtsfesten) Bescheiden der Straßenverkehrsbehörde in der Versagung der Neuerteilung der Fahrerlaubnis endet. Dieses Ergebnis ist besonders misslich, wenn der Mandant aus der zurückliegenden Auffälligkeit seine Lehren gezogen hat und deshalb der Sache nach längst wieder fahrgeeignet ist, ihm aber der rechtlich vorgeschriebene Nachweis der wiedererlangten Fahreignung durch eine MPU fehlt. 2

Speziell im Verwaltungsprozess kommt hinzu, dass die gerichtliche Beurteilung einer Anfechtungsklage gegen die behördliche Fahrerlaubnisentziehung nach dem Zeitpunkt der Behördenentscheidung zu erfolgen hat.[1] Tatsachen, die **nach dem Erlass der behördlichen Fahrerlaubnisentziehung** entstanden sind, müssen daher im **Neuerteilungsverfahren** geltend gemacht werden. 3

Vor diesem Hintergrund ist der Mandant rechtzeitig anhand von **Informationsbroschüren** mit der Notwendigkeit und dem Verfahrensablauf, der zur MPU führt, vertraut zu machen. Ein Hinweis auf die Angebote an **verkehrspsychologischer Beratung** darf ebenfalls nicht fehlen. 4

---

1 BVerwG, Urt. v. 27.9.1995 – 11 C 34/94 – juris.

5 Der Weg zur MPU:

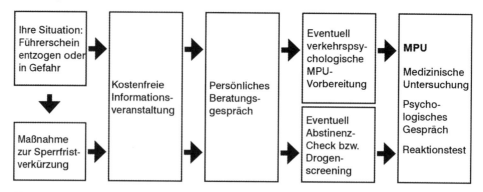

Abb. 49.1: Der Weg zur MPU (© 2015 Bundesanstalt für Straßenwesen)

B. Alkoholproblematik

6 Geht es darum, dass der Mandant nach einer Alkoholabhängigkeit (Nr. 8.3 der Anlage 4 zur FeV) die Fahreignung wiedererlangen will, so ist eine erfolgreiche Entwöhnungsbehandlung notwendig. Voraussetzung nach Nr. 8.4 der Anlage 4 zur FeV ist, dass
- die Abhängigkeit nicht mehr besteht,
- in der Regel ein Jahr Abstinenz nachgewiesen wird und
- die notwendige Verhaltensänderung hinreichend stabil ist.

7 Diese medizinischen und psychologischen Bewertungen erfordern, eine MPU durchzuführen, vgl. auch § 13 S. 1 Nr. 2 lit. e FeV. In dieser Situation ist der Mandant darauf hinzuweisen, dass er es selbst in der Hand hat, die Wiedererlangung der Fahreignung möglichst ohne Zeitverlust nachzuweisen, indem er sich **möglichst frühzeitig** um einen **forensisch verwertbaren Abstinenznachweis** kümmert. Der Mandant sollte sich bei einer Begutachtungsstelle informieren. Es kommen insoweit engmaschige Blutkontrollen zur Feststellung der alkoholspezifischen Leberwerte (Gamma-GT, GPT und GOT oder auch CDT) in Betracht. Zunehmende Bedeutung gewinnt insoweit auch Ethylglucuronid (EtG) als Abbausubstanz des Alkohols. Gelingt der Nachweis der Substanz EtG lässt sich die Alkoholabstinenz sicher ausschließen.

8 Geht es darum, dass der Mandant nach einem Alkoholmissbrauch (Nr. 8.1 der Anlage 4 zur FeV) die Fahreignung wiedererlangen will, so ist nach Nr. 8.2 der Anlage 4 zur FeV dafür Voraussetzung, dass nach Beendigung des Missbrauchs die Änderung des Trinkverhaltens gefestigt ist. Auch hier bedarf es einer MPU, da medizinische und psychologische Fragestellungen (Ist zu erwarten, dass der Betroffene zukünftig Alkoholkonsum und Teilnahme am Straßenverkehr sicher trennen kann?) beantwortet werden müssen.

C. Drogenproblematik

Insbesondere bei Mandanten, die ein Kraftfahrzeug unter Drogeneinfluss geführt haben, ist es zu beobachten, dass sie ihre Hoffnung fast ausschließlich auf ein günstiges Ergebnis im **Strafprozess** setzen. Dabei ist diese Hoffnung ganz besonders trügerisch. Selbst wenn das Strafverfahren eingestellt wird und im Ordnungswidrigkeitenverfahren (lediglich) eine Geldbuße und ein Fahrverbot verhängt werden, gilt Folgendes:
- Jeder Konsum einer „harten Droge" lässt die Fahreignung entfallen, wie sich aus vgl. Nr. 9.1 der Anlage 4 zur FeV ergibt.
- Jede Fahrt unter relevantem Einfluss von (nicht erstmals) konsumiertem Cannabis lässt die Fahreignung entfallen, wie sich aus vgl. Nr. 9.2.2 der Anlage 4 zur FeV.

Beim Konsum einer „harten Droge" kommt der Betroffene für die Wiedererlangung der Fahreignung nicht an folgenden **Nachweisen** vorbei:
- Nachweis der Abstinenz über ein Jahr (Nr. 9.5 Anlage 4 zur FeV) durch **Screenings**
- Nachweis eines stabilen Verhaltens- und Einstellungswandels durch eine **MPU**.

Je nach Einsichtsfähigkeit des Mandanten sollte daher schon während des etwaigen Strafprozesses an einem forensisch verwertbaren Abstinenznachweis (nicht vorhersehbare Kontrollen, Urinabnahme unter Sicht, zertifiziertes Labor etc.) gearbeitet werden.

Beim Vorliegen einer typischen Cannabisproblematik (gelegentlicher Konsum und eine Rauschfahrt) kommt der Betroffene für die Wiedererlangung der Fahreignung nicht an einem **Nachweis** eines stabilen Verhaltens- und Einstellungswandels durch eine **MPU** vorbei.

Der Nachweis eines stabilen Verhaltens- und Einstellungswandels wird im Rahmen der MPU deutlich leichter gelingen, wenn der Betroffene nachweist, dass auch er in der Lage ist, **abstinent** zu leben. Eine einjährige Abstinenz bietet hier eine optimale Grundlage. Ob eine Verkürzung auf 6 Monate in Betracht kommen kann, sollte in einem persönlichen Beratungsgespräch mit der Begutachtungsstelle geklärt werden. Umgekehrt dürfte es die positive Begutachtung erschweren, wenn der Betroffene sein bisheriges Konsummuster ohne jede Verhaltensänderung fortsetzt und dies mit dem (rechtlich zutreffenden) Hinweis verbindet, dass die Fahreignung bei gelegentlichem Konsum (ohne Rauschfahrt) nicht beeinträchtigt ist.

§ 50 Fahrtenbuchauflage

Torsten Bendig/Dr. Matthias Keller

A. Praktische Bedeutung

In der Praxis des Verkehrsverwaltungsrechts spielt das Fahrtenbuch eine nicht unwesentliche Rolle. Gerne neigen Behörden dazu, in Ordnungswidrigkeitenverfahren, in denen kein Fahrer ermittelt werden konnte, Fahrtenbuchauflagen übergebührend auch auf Fahrzeugflotten mit mehreren Fahrzeugen auszudehnen. Mit dem Führen eines Fahrtenbuches soll einem Fahrzeughalter aufgegeben werden, dafür Sorge zu tragen, dass künftig problemlos festgestellt werden kann, welcher Fahrzeugführer den Verkehrsvorschriften zuwider gehandelt hat.[1]

B. Zweck der Regelung

Es handelt sich bei der Anordnung zur Führung eines Fahrtenbuches um eine behördliche Maßnahme der vorbeugenden Gefahrenabwehr in Gestalt eines Verwaltungsakts, der in die Rechte des Adressaten eingreift, vgl. dazu § 28 Abs. 1 VwVfG.

Mit der Anordnung der Führung eines Fahrtenbuches soll dafür Sorge getragen werden, dass anders als in dem Fall, der Anlass zur Auferlegung eines Fahrtenbuches gegeben hat, künftig die Feststellung eines Fahrzeugführers nach einer Zuwiderhandlung gegen Verkehrsvorschriften ohne Schwierigkeiten möglich ist.

Diese Anordnung ist ein sog. Dauerverwaltungsakt. Dessen Rechtmäßigkeit beurteilt sich nach der Sach- und Rechtslage zum Zeitpunkt der gerichtlichen Entscheidung.[2]

C. Voraussetzungen

Nur ein Verkehrsverstoß von einigem Gewicht rechtfertigt eine Fahrtenbuchauflage. Wird nur ein einmaliger, unwesentlicher Verstoß festgestellt, der sich weder verkehrsgefährdend auswirken kann noch Rückschlüsse auf die charakterliche Unzuverlässigkeit des Kraftfahrers zulässt, ist die Fahrtenbuchauflage nicht gerechtfertigt.[3] Ein Rechtssatz, dass bei einem erstmaligen Verkehrsverstoß von einigem Gewicht zunächst die Androhung der Fahrtenbuchauflage zu erfolgen hat, steht zwar nicht im Gesetz, ergibt sich aber daraus, dass die Fahrtenbuchauflage mit der Beachtung des Verhältnismäßigkeits-

---

1 Vgl. BVerwG, Beschl. v. 22.6.1995 – 11 B 7/95 = zfs 1995, 397.
2 BVerwG, Urt. v. 28.5.2015 – 3 C 13/14, Rn 12 – juris.
3 BVerwG, Beschl. v. 22.6.1995 – 11 B 7/95 = zfs 1995, 397, m.w.N.; BVerfG, Beschl. v. 7.12.1981 – 2 BvR 1172/81 = NJW 1982, 568; BVerwG, Beschl. v. 16.12.1991 – 3 B 108/91 = zfs 1992, 286; VG Saarland, Beschl. v. 5.2.1997 – 3 F 10/97 A = zfs 1997, 318.

grundsatzes steht und fällt. Die Wesentlichkeit des Verstoßes hängt nicht davon ab, ob dieser zu einer konkreten Gefährdung anderer Verkehrsteilnehmer geführt hat.[4]

6 **Muster 50.1: Einspruch gegen unverhältnismäßige Fahrtenbuchauflage**

Landkreis

– Fahrerlaubnisbehörde –

Aktenzeichen

Sehr geehrte Damen und Herren,

ausweislich der beigefügten Vollmacht, vertrete ich die rechtlichen Interessen des Herrn

.

Gegen Ihren Bescheid vom , in dem Sie meinen Mandanten verpflichten, für die Dauer von 12 Monaten für sein Fahrzeug mit dem amtlichen Kennzeichen ein Fahrtenbuch zu führen, lege ich

Einspruch

ein.

Begründung:

Die Fahrtenbuchauflage ist rechtswidrig und verletzt den Betroffenen in seinen Rechten. Die Voraussetzung für die Anordnung der Führung eines Fahrtenbuches gem. § 31a Abs. 1 StVZO liegen nicht vor.

Es ist allgemein anerkannt, dass nur ein Verkehrsverstoß von einigem Gewicht die von Ihnen beabsichtigte Fahrtenbuchauflage rechtfertigt (vgl. BVerwG, Beschl. v. 22.6.1995 – 11 B 7/95 = zfs 1995, 397 m.w.N).

Herr ist bislang weder straf- noch ordnungswidrigkeitenrechtlich in Erscheinung getreten. Mit dem auf meinen Mandanten zugelassen Fahrzeug wurde unstreitig am in eine Geschwindigkeitsüberschreitung außerhalb geschlossener Ortschaften von 14 km/h begangen. Mein Mandat war zum Tatzeitpunkt unzweifelhaft nicht der Fahrzeugführer des Fahrzeuges. Trotz intensiver Bemühungen konnte er zur weiteren Sachverhaltsaufklärung nicht beitragen.

Die beabsichtigte Fahrtenbuchauflage erweist sich jedoch als unverhältnismäßig, da die mit dem Fahrzeug meines Mandanten begangene Ordnungswidrigkeit nicht einmal mit einem Punkt i.S.v. Anlage 13 FeV bewertet wird.

7 Unwesentliche Verkehrsordnungswidrigkeiten können also eine Fahrtenbuchauflage nicht auflösen. Ob ein Verstoß von einigem Gewicht vorliegt, entzieht sich einer generellen Klärung und bemisst sich nach den Umständen des Einzelfalls.

8 Ein solcher Verstoß soll jedoch schon bereits dann angenommen werden können, wenn er mit nur einem Punkt i.S.v. von Anlage 13 FeV bewertet wurde.[5] Eine weitere Voraussetzung ist hier, dass die Feststellung eines Fahrzeugführers nach einer Zuwiderhandlung gegen Verkehrsvorschriften nicht möglich war. Erforderlich ist hier jedoch, dass die

---

[4] BVerwG, Urt. v. 17.5.1995 – 11 C 12/94 = zfs 1995, 396, 397.
[5] Vgl. BVerwG, Beschl. v. 9.9.1999 – 3 B 94/99 = zfs 2000, 368.

Behörde alle im Einzelfall nötigen und möglichen Nachforschungen zur Ermittlung des Fahrzeugführers angestellt hat.

D. Anwaltliche Verteidigungsmöglichkeiten

I. Behördliche Ermittlungsbemühungen

Ansatzpunkte für anwaltliche Verteidigungsmöglichkeiten gegen die Auferlegung eines Fahrtenbuchs ergeben sich aus der Frage, ob die Behörde hinreichende Ermittlungsbemühungen gezeigt hat.

Unabdingbar ist es, dass die **Behörde ihre diesbezüglichen Nachforschungen unverzüglich** betreibt. Die Behörde muss zeitnah im Einzelfall die möglichen und nötigen Nachforschungen nach dem Fahrer unternommen haben. Ein Anhörungsbogen soll grundsätzlich der Person, auf die das Fahrzeug zugelassen ist, innerhalb von zwei Wochen nach der Zuwiderhandlung zugegangen sein.[6] Eine starre Grenze ist andererseits wiederholt abgelehnt worden. Ein Berufen auf einen überdurchschnittlich langen Zeitraum zwischen Zuwiderhandlung und erstmaliger Konfrontation des Halters mit dem Vorwurf ist nur dann zielführend, wenn der Halter sich im Verwaltungsverfahren darauf beruft, er könne sich nach solch langer Zeit nicht mehr daran erinnern, wer das Fahrzeug zum Tatzeitpunkt geführt haben könnte.

Auch dies greift in den meisten Fällen dann nicht, wenn in den Anhörungsbögen ein zur Identifikation des Fahrers taugliches Fahrerbild beigefügt war. Nach der Rechtsprechung des BVerwG ist die **Feststellung des Fahrzeugführers unmöglich**, wenn die Behörde nach den Umständen des Einzelfalles nicht in der Lage war, den Täter zu ermitteln, obwohl sie – insbesondere auch unter Berücksichtigung des Verhaltens des Betroffenen selbst – **alle angemessenen und zumutbaren Maßnahmen getroffen bzw. Ermittlungen** angestellt hat, die erfahrungsgemäß auch Erfolg haben können.[7] Dabei darf die Behörde den Umfang ihrer Ermittlungen insbesondere auch an den Erklärungen und am Verhalten des Halters[8] – bei anwaltlicher Vertretung an den Erklärungen des RA – ausrichten.[9] **Wahllos zeitraubende, kaum Aussicht auf Erfolg bietende Ermittlungen** sind nicht zumutbar;[10] die Behörde ist nicht verpflichtet, „ins Blaue hinein" Ermittlungen anzustellen.[11]

---

6 Beispielhaft BVerwG, Urt. v. 13.10.1978 – VII C 77.74 = NJW 1979, 1054.
7 BVerwGE 18, 107 ff.; BVerwG, Beschl. v. 17.7.1986 – 7 B 6/86 = NJW 1987, 143; BVerwG, Beschl. v. 21.10.1987 – 7 B 162/87 = DAR 1988, 68; BVerwG, Beschl. v. 17.5.1993 – 11 B 50/93 = zfs 1994, 70; VGH BW, Urt. v. 18.6.1991 – 10 S 938/91 = NJW 1992, 132; VG Saarland, Beschl. v. 12.10.1994 – 5 F 155/94 = zfs 1995, 158; 1997, 318; VG Osnabrück, Urt. v. 26.7.1996 – 2 A 137/95 = zfs 1997, 159.
8 NdsOVG, Beschl. v. 23.7.2009 – 12 ME 107/09 = zfs 2009, 599, 600.
9 St. Rspr., vgl. BVerwG, Urt. v. 17.12.1982 – 7 C 3.80 – Buchholz 442.16 § 31a StVZO Nr. 12; VGH BW, Beschl. v. 2.9.1997 – 10 S 1670/97 = zfs 1997, 438; VGH BW, 30.11.1999 – 10 S 2436/99 = zfs 2000, 178.
10 BVerwG, Beschl. v. 17.5.1993 – 11 B 50/93 = zfs 1994, 70; BVerwG, Beschl. v. 16.12.1991 – 3 B 108/91 = 1992, 286; NdsOVG, Beschl. v. 11.7.2003 – 12 ME 274/03 = zfs 2003, 526; NdsOVG, Beschl. v. 23.7.2009 – 12 ME 107/09 = zfs 2009, 599; NdsOVG, Beschl. v. 7.6.2010 – 12 ME 44/10 = zfs 2010, 477.
11 NdsOVG, Beschl. v. 8.11.2004 – 12 LA 72/04 = DAR 2005, 231.

II. Aussichtslose Ermittlungsbemühungen

12 Wann es sich um eine **von vornherein aussichtslose Ermittlungsbemühung** handelt, ist eine Frage des Einzelfalls. Folgende von der Rechtsprechung entschiedene Anknüpfungspunkte können hier für die Argumentation herangezogen werden:

- Es kann sich beispielsweise nach Vorlage des Passfotos des dem Halter ähnlich sehenden Bruders, der als Fahrer in Betracht kommt, eine persönliche **Anhörung des Bruders** aufdrängen. Es kann nämlich nicht von vornherein unterstellt werden, eine Befragung des Bruders des Kfz-Halters werde hinsichtlich der Täterschaft ergebnislos bleiben.[12]
- Im Fall der **kurzfristigen Überlassung eines Fahrzeugs an einen Unbekannten** oder an eine Person, die dem Halter zwar bekannt ist, von der er aber nur den Vornamen kennt und nicht zuverlässig in der Lage ist, zu ihr erneut Kontakt aufzunehmen, muss der Halter die genaue Identität des Fahrzeugführers vorher feststellen und dokumentieren.[13]
- **Wohnt der Halter mit anderen Personen zusammen,** die das Fahrzeug gefahren haben können, so müssen diese im Regelfall befragt werden. Mit Blick auf den Verhältnismäßigkeitsgrundsatz und das Grundrecht auf informationelle Selbstbestimmung ist es aber nicht geboten, in der Nachbarschaft des von der Fahrtenbuchauflage Betroffenen weitere Ermittlungen unter Vorlage des Radarfotos anzustellen.[14]
- Es reicht nicht aus, dass die behördlichen Ermittlungen lediglich tatsächlich möglich sind; sie müssen auch **rechtlich zulässig** sein (Unmöglichkeit der Fahrerfeststellung wegen fehlender rechtlicher Verwertbarkeit der Feststellungen).[15]
- Die Anordnung der Fahrtenbuchauflage ist rechtswidrig, wenn die Behörde ihrer Verpflichtung zu angemessenen und zumutbaren Schritten zur Ermittlung des Täters einer Zuwiderhandlung gegen Verkehrsvorschriften nicht nachkommt. Dies ist der Fall, wenn sie den Halter eines Kfz im Ordnungswidrigkeitenverfahren, der offenkundig als Fahrer ausscheidet, **nicht als Zeugen, sondern als Betroffenen anhört**.[16] Im Gegensatz zur **Anhörung als Betroffener** ist wegen des dann bestehenden Aussageverweigerungsrechts der Halter bei der Anhörung als Zeuge grundsätzlich zur Aussage und damit zur Mitwirkung an der Aufklärung verpflichtet.[17]
- Eine Unmöglichkeit der Täterermittlung ist in diesem Zusammenhang regelmäßig dann anzunehmen, wenn sich der **befragte Fahrzeughalter erkennbar weigert**, an der Aufklärung des Verkehrsverstoßes sachdienlich mitzuwirken.[18] Nach einem Urteil

---

[12] VGH BW, Beschl. v. 26.6.2007 – 19 S 722/07 = zfs 2007, 595.
[13] BayVGH, Beschl. v. 6.3.2008 – 11 CS 07.3451 – juris.
[14] VG Oldenburg, Beschl. v. 2.7.1998 – 7 B 2199/98 = zfs 1998, 357.
[15] VGH BW, Beschl. v. 30.11.2010 – 10 S 1860/10 = zfs 2011, 117; BayVGH, Beschl. v. 30.8.2010 – 11 CS 10.1464 – juris.
[16] VGH BW, Beschl. v. 4.8.2009 – 10 S 1499/09 = zfs 2009, 596 = NJW 2009, 3802; VG Würzburg, Urt. v. 10.3.2010 – W 6 K 09.1132 = zfs 2010, 479.
[17] VGH BW, Beschl. v. 4.8.2009 – 10 S 1499/09 = zfs 2009, 596.
[18] VG München, Urt. v. 12.7.1991 – M 6 K 91.1784 = DAR 1991, 473; OVG Saarland, Beschl. v. 17.11.2009 – 1 B 466/09 = zfs 2010,119 (120).

des Verwaltungsgerichtshof Baden Württemberg[19] darf dabei entscheidend darauf abgestellt werden, dass der Prozessbevollmächtigte des Betroffenen der Bußgeldbehörde mitgeteilt hat, dass eine Stellungnahme zur Sache nicht abgegeben wird.
- Bei **Motorradfahrern** darf auch davon abgesehen werden, Lichtbilder von dem den Verkehrsverstoß begehenden Fahrer zu fertigen, weil diese aufgrund der Helmpflicht nicht zur Identifikation des Fahrzeugführers beitragen.[20]
- Die Vernehmung eines **Kfz-Halters als Zeuge** zur Frage, wer sein Fahrzeug zum Zeitpunkt des Verkehrsverstoßes geführt hat, ist keine angemessene und der Behörde zumutbare Aufklärungsmaßnahme, wenn der Halter **im Anhörungsbogen keine Angaben zur Sache** gemacht hat und damit die Mitwirkung an der Aufklärung des Verkehrsverstoßes erkennbar ablehnt.[21]
- Die Ermittlungen sind mit angemessener Sorgfalt und zwar unverzüglich aufzunehmen, wobei der Halter binnen weniger Tage, **regelmäßig innerhalb von zwei Wochen**, über den Verstoß zu befragen ist, um die Frage, wer zur Tatzeit sein Fahrzeug geführt hat, noch zuverlässig beantworten zu können. Bereits nach **15 Tagen** kann die Erinnerung an eine bestimmte Fahrt so verblasst sein, dass auch ein auskunftswilliger Halter nicht mehr in der Lage ist, den in Frage kommenden Fahrer zuverlässig anzugeben.[22] Die Frist beruht auf dem Erfahrungssatz, wonach Personen Vorgänge nur einen begrenzten Zeitraum erinnern oder rekonstruieren können. Die Überschreitung der Zweiwochenfrist führt aber nicht zwangsläufig zur Rechtswidrigkeit einer Fahrtenbuchauflage. Die Zweiwochenfrist ist kein formales Tatbestandskriterium der gesetzlichen Regelung und keine starre Grenze.[23]
- Lehnt der Halter innerhalb der 14 Tagesfrist erkennbar die Mitwirkung an den Ermittlungen ab, so ist es – wie oben bereits festgestellt – der Behörde regelmäßig **nicht zuzumuten, wahllos zeitraubende, kaum Aussicht auf Erfolg bietende Ermittlungen** zu betreiben.[24]
- Die **Zweiwochenfrist gilt nicht**, wenn feststeht, dass die Rechtsverteidigung durch die verzögerte Anhörung nicht beeinträchtigt worden ist **(fehlende Kausalität)** oder wenn die **spätere Anhörung** zur effektiven Rechtsverteidigung genügt:
- Wird der Verstoß dem Betroffenen erst **mehr als zwei Wochen nach der Tat mitgeteilt** und steht fest, dass die verspätete Mitteilung über den zugrunde liegenden Verkehrsverstoß keinen Einfluss auf die Erfolglosigkeit der Fahrerermittlung hatte, so ist die Verhängung einer Fahrtenbuchauflage nicht rechtswidrig. Verzögerungen bei der Anhörung des Fahrzeughalters stehen der Anordnung einer Fahrtenbuchauf-

---

19 VGH BW, Beschl. v. 2.9.1997 – 10 S 1670/97 = zfs 1997, 438 = NZV 1998, 47.
20 BayVGH, Beschl. v. 14.1.2008 – 11 CS 07.1672 – juris.
21 VGH BW, Beschl. v. 30.11.1999 – 10 S 2436/99 = zfs 2000, 178 = VRS 98, 319.
22 BVerwG, Buchholz 442.16 § 31a StVZO Nr. 5, S. 10.
23 VG Oldenburg, Urt. v. 6.7.2011 – 7 A 3283/09 = zfs 2011, 596 ff.
24 BVerwG, Beschl. v. 17.5.1993 – 11 B 50/93 = zfs 1994, 70; OVG Bremen, Urt. v. 3.8.1993 – 1 BA 17/93 = NZV 1994, 168 = zfs 1994, 232 – Ls.; OVG Saarland, Urt. v. 18.7.1997 – 9 R 13/95 = zfs 1998, 38; VG Saarland, Beschl. v. 12.10.1994 – 5 F 155/94 = zfs 1995, 159; VG Saarland, Beschl. v. 5.2.1997 – 3 F 10/97 A = 1997, 318; BayVGH, Urt. v. 6.10.1997 – 11 B 96.4036 = zfs 1998, 117 = DAR 1998, 246; VGH BW, Beschl. v. 6.11.1998 – 10 S 2625/98 = zfs 1999, 39 = NZV 1999, 272.

lage dann nicht entgegen, wenn sie für die Erfolglosigkeit der Ermittlung des Fahrers nicht ursächlich geworden sind. Das gilt namentlich für Fälle, in denen erkennbar ist, dass eine frühere Ermittlung/Unterrichtung nicht zu einem Ermittlungserfolg geführt hätte, weil der Halter ohnehin nicht bereit war, an der erforderlichen Aufklärung mitzuwirken.[25]

- Eine verzögerte Anhörung ist unerheblich, wenn der Halter unter Hinweis darauf, dass das festgestellte Fahrzeug von mehreren Personen benutzt wird, den Fahrzeugführer nicht benennt, **obwohl er sich daran erinnern kann**.
- Eine verzögerte Anhörung ist auch unerheblich, wenn der Halter **objektiv falsche Angaben** macht, um den Sachverhalt zu verschleiern und die Ermittlung des Täters zu verhindern.[26]
- Eine verzögerte Anhörung ist für die unterbliebene Feststellung des Fahrers auch dann nicht ursächlich, wenn dem Halter ein **zur Identifizierung des Fahrers ausreichendes Geschwindigkeitsmessfoto vorgelegt** worden ist, da hier **keine Anforderungen an Erinnerungs-, sondern an Erkenntnisvermögen gestellt** werden.[27]
- Die Zweiwochenfrist für die Benachrichtigung gilt im Regelfall ferner dann nicht, wenn die Zuwiderhandlung mit dem **Firmenfahrzeug eines Kaufmanns** i.S.d. Handelsrechts im geschäftlichen Zusammenhang begangen worden ist, da es für einen Kaufmann sachgerechtem kaufmännischem Verhalten entspricht, auch Geschäftsfahrten längerfristig zu dokumentieren.[28]
- Das **Unterbleiben der Aktenübersendung im Ordnungswidrigkeitenverfahren** wirkt sich nicht automatisch negativ auf die Rechtmäßigkeit der Anordnung zum Führen eines Fahrtenbuches aus. Vielmehr ist auch in diesem Zusammenhang – unter Zugrundelegung der Grundsätze zum erforderlichen Ermittlungsumfang bei unzureichender Mitwirkung des Betroffenen – zu prüfen, ob das Unterbleiben der Aktenübersendung kausal für die Nichtfeststellbarkeit des verantwortlichen Fahrzeugführers war. Eine Unbeachtlichkeit ist etwa in den Fällen anzunehmen, in denen dem jeweiligen Halter **mit der Anhörung ein Foto des Fahrers beim Verkehrsverstoß** übersandt wurde. In diesen Fällen ist das Unterbleiben einer beantragten Aktenübersendung unschädlich, weil die Akten bei einem Geschwindigkeitsverstoß außer dem Lichtbild des Fahrers in der Regel nichts enthalten, was für die Identifizierung von Bedeutung ist.[29] Der Zeitraum zwischen Verkehrsverstoß und Anordnung hängt

---

[25] OVG NRW, Urt. v. 7.4.2011 – 8 B 306/11 = DAR 2011, 426.
[26] BVerwG, Buchholz 442.16 § 31a StVZO, Nr. 5, S. 10; Nr. 17; VG Saarland, Beschl. v. 5.2.1997 – 3 F 10/97 A = zfs 1997, 318, 319; BayVGH, Urt. v. 6.10.1997 – 11 B 96.4036 = zfs 1998, 117 = DAR 1998, 246.
[27] VGH BW, Beschl. v. 20.11.1998 – 10 S 2673/98 = zfs 1999, 130; VGH BW, Urt. v. 16.4.1999 – 10 S 114/99 = 1999, 450 = DAR 1999, 425 = NZV 1999, 396 = VBlBW 1999, 463; NdsOVG, Beschl. v. 8.11.2004 – 12 LA 72/04 = DAR 2005, 231; VG Oldenburg, Urt. v. 6.7.2011 – 7 A 3283/09 = zfs 2011, 596 ff.
[28] OVG NRW, Urt. v. 31.3.1995 – 25 A 2798/93 = NJW 1995, 3335; VG Saarland, Beschl. v. 5.2.1997 – 3 F 10/97 A = zfs 1997, 318.
[29] VGH BW, Beschl. v. 23.8.1996 – 10 S 1867/96 = zfs 1997, 80 = NZV 1996, 470 f.; VGH BW, Beschl. v. 1.10.1992 – 10 S 2173/92 = NZV 1993, 47 f.; VG Oldenburg, Urt. v. 6.7.2011 – 7 A 3283/09 = zfs 2011, 596 ff.

von den Umständen des Einzelfalles ab. Insbesondere ist die Anordnung auch noch längere Zeit nach dem Verstoß zulässig.[30]

- Weist der Halter eines Fahrzeugs darauf hin, dass das fragliche **Fahrzeug gelegentlich auch von drei weiteren Mitarbeitern** seiner Praxis genutzt wird, so bestehen für die Behörde **konkrete Anhaltspunkte**, um zunächst in diese Richtung zusätzliche Ermittlungen anzustellen. Dies gilt auch, wenn der in Betracht kommende Personenkreis trotz behördlicher Aufforderung vom Halter nicht namentlich benannt wurde.[31] Dort hatte der Betroffene einen bestimmten bzw. konkreten Kreis von Familienangehörigen benannt.

- Der Ordnungswidrigkeitenbehörde kann nach einem Urteil des VG Oldenburg[32] nicht deshalb ein unzureichendes Ermittlungsverhalten entgegengehalten werden, weil zu der Befragung bei der Polizei **kein Dolmetscher** hinzugezogen wurde. Dies gilt zum einen, wenn zur Überzeugung des Gerichts aufgrund der informatorischen Befragung des Klägers in der mündlichen Verhandlung feststeht, dass der Kläger das Anliegen des Polizeibeamten ausreichend verstanden hat und auch seine Äußerungen von dem Polizeibeamten im Wesentlichen richtig verstanden wurden. Im Übrigen weist das VG Oldenburg darauf hin, dass wohl auch keine grundsätzliche Verpflichtung der Polizei besteht, einen Dolmetscher hinzuzuziehen. Art. 6 Abs. 3e EMRK ist auf das behördliche Bußgeldverfahren – zumindest bis zum Erlass eines Bußgeldbescheides – nicht anwendbar.[33]

▼

Muster 50.2: Klage gegen die Anordnung eines Fahrtenbuches 13

Klage

des

– Kläger/in –

Prozessbevollmächtigte:

gegen

– Beklagte/r –

wegen: Fahrtenbuch

Namens und in Vollmacht des Klägers erheben wir Klage und werden beantragen,

die Ordnungsverfügung des Beklagten vom , **Aktenzeichen** , **mit der dem Kläger eine Fahrtenbuchauflage für sein Fahrzeug** **angeordnet wurde, aufzuheben.**

---

30 BVerwG, Beschl. v. 16.12.1991 – 3 B 108/91 = zfs 1992, 286.
31 VG Osnabrück, Urt. v. 26.7.1996 – 2 A 137/95 = zfs 1997, 159; vgl. auch BayVGH, Beschl. v. 28.1.1977 – 111 XI 75 = DAR 1977, 110.
32 VG Oldenburg, Urt. v. 6.7.2011 – 7 A 3283/09 = zfs 2011, 596 ff.
33 Vgl. hierzu Karlsruher Kommentar, OWiG, 3. Aufl. 2006, § 46 Rn 6 ff.

§ 50 Fahrtenbuchauflage

Begründung:

Mit der angefochtenen Ordnungsverfügung hat der Beklagte dem Kläger die Führung eines Fahrtenbuches für seine von ihm gehaltenen Fahrzeuge mit den amtlichen Kennzeichen _____, für die Dauer von _____ Monaten, auferlegt. Auslösendes Ereignis für diese Maßnahme war eine mit dem vorbenannten Fahrzeug begangene Geschwindigkeitsüberschreitung außerhalb geschlossener Ortschaften um _____ km/h. Zu einer Ahndung der Angelegenheit kam es nicht, da der verantwortliche Täter nicht ermittelt werden konnte. Das Verfahren wurde gemäß § 49 OWiG eingestellt.

Die Ordnungsverfügung ist rechtswidrig und verletzt den Kläger in seinen Rechten. Die Voraussetzung für die Anordnung der Führung eines Fahrtenbuches gem. § 31a Abs. 1 StVZO liegen nicht vor.

Voraussetzung für die Anordnung eines Fahrtenbuches nach der genannten Vorschrift ist, dass die Feststellung eines Fahrzeugführers nach einer Zuwiderhandlung gegen Verkehrsvorschriften nicht möglich war. Erforderlich ist, dass die Behörde alle im Einzelfall nötigen und möglichen Nachforschungen zur Ermittlung des Fahrzeugführers angestellt hat. Unabdingbar ist in diesem Zusammenhang, dass die Behörde ihre diesbezüglichen Nachforschungen unverzüglich betreibt.

Im vorliegenden Fall erreichte den Kläger als Fahrzeughalter der Anhörungsbogen im Hinblick auf die vorbenannte Ordnungswidrigkeit erst _____ Wochen nach der Tat. Der Kläger hat auf den Anhörungsbogen unverzüglich reagiert und der Bußgeldstelle mitgeteilt, er könne sich nach einem solchen langen Zeitablauf nicht mehr an den Fahrer erinnern, welcher an dem Tattag mit dem Fahrzeug unterwegs gewesen ist. Er hat dargelegt, dass er selbst, aber auch ein als Fahrer in Betracht kommen würde.

Auch das beigefügte Lichtbild ist infolge von Verpixelung und Unschärfe nicht dazu geeignet, eine zweifelsfreie Identifikation zu gewährleisten.

Für die fehlende Ermittlung des Fahrzeugführers ist alleine die verzögerte Sachbehandlung der Ermittlungsbehörde im Bußgeldverfahren verantwortlich. Damit hat die Behörde vorliegend nicht die erforderlichen und ihr zumutbaren Maßnahmen zur Ermittlung des Fahrzeugführers ergriffen mit der Folge, dass die Anordnung der Führung eines Fahrtenbuches rechtswidrig ist. Die angefochtene Ordnungsverfügung ist daher aufzuheben.

▲

§ 51 Checklisten: Verwaltungsakt und Rechtsschutz

Torsten Bendig/Dr. Matthias Keller

A. Überprüfung eines Verwaltungsakts

Checkliste

I. Ermächtigungsgrundlage
Ausgehend von einer Ermächtigungsgrundlage, welche die von der Behörde getroffene Maßnahme als Rechtsfolge vorsieht (vgl. § 3 Abs. 1 StVG; § 46 FeV, § 31a StVZO), ist die formelle und materielle Rechtmäßigkeit des Verwaltungsakts zu prüfen.

II. Formelle Rechtmäßigkeit
1. Zuständigkeit der die Verfügung erlassenden Behörde (maßgebend: Spezialregelungen, Regelung i.V.m. jeweiligem Landesorganisationsgesetz):
   a) sachliche Zuständigkeit (vgl. z.B. § 73 Abs. 1 FeV i.V.m. Landesrecht)
   b) instanzielle Zuständigkeit (vgl. z.B. § 73 Abs. 1 FeV: oberste Landesbehörde, höhere Verwaltungsbehörde, untere Verwaltungsbehörde)
   c) örtliche Zuständigkeit (vgl. z.B. § 73 Abs. 2 u. 3 FeV)
2. Form
   a) Grundsatz der Formfreiheit (§ 37 Abs. 2 VwVfG)
   b) Aber: Spezialregelungen beachten (z.B. § 2 Abs. 1 S. 3 StVG, § 4 Abs. 2 S. 1 FeV: amtliche Bescheinigung Führerschein)
3. Verfahren
   a) grundsätzlich ist das Verwaltungsverfahren nicht förmlich (§ 10 VwVfG)
   b) Aber: Spezialregelungen beachten, z.B. §§ 20, 21, 28, 29, 39 VwVfG
4. Beachte:
   a) Heilungsmöglichkeit nach § 45 VwVfG
   b) Unbeachtlichkeit von Verfahrens- und Formfehlern, § 46 VwVfG
   c) Umdeutung, § 47 VwVfG
5. Rechtsbehelfsbelehrung:
   a) Die Rechtsbehelfsbelehrung ist nötig.
   b) Bei Fehlerhaftigkeit bzw. bei Fehlen: Jahresfrist für Einlegung des Widerspruchs, vgl. § 58 VwGO; beachte auch § 58 Abs. 2 VwGO
6. Bekanntgabe des VA, §§ 43, 41 VwVfG:
   a) Unter Umständen: Landesverwaltungszustellungsgesetz bzw. bei entsprechender Anwendbarkeitserklärung: Bundesverwaltungszustellungsgesetz.
   b) Grundsätzlich ist die Behörde in der Wahl der Bekanntgabeform frei. Durch Spezialregelungen kann aber Zustellung vorgeschrieben sein (vgl. z.B. § 73 Abs. 3 VwGO; Regelungen, nach denen die Androhung eines Zwangsmittels zuzustellen ist).

III. Materielle Rechtmäßigkeit

1. Ermächtigungsgrundlage: Für belastende Maßnahmen bedarf es einer gesetzlichen Ermächtigungsgrundlage (Gesetzmäßigkeit der Verwaltung, Art. 20 Abs. 3 GG; vgl. hierzu z.B. § 3 Abs. 1 StVG; § 46 FeV, § 31a StVZO)
2. Untersuchung der tatbestandlichen Voraussetzungen der Ermächtigungsgrundlage: z.B. Erweisen von „Ungeeignetheit" oder „Nichtbefähigung"; diese Begriffe sind als unbestimmte Rechtsbegriffe ohne Beurteilungsspielraum für die Verwaltung gerichtlich voll überprüfbar.
3. Überprüfung der Rechtsfolge
   a) Gebundene Verwaltung (z.B. sehen § 3 Abs. 1 StVG, § 46 Abs. 1 u. 4 FeV bei Ungeeignetheit oder fehlender Befähigung zwingend die Entziehung der Fahrerlaubnis vor; die §§ 13 und 14 Abs. 1 S. 1, Abs. 2 FeV sehen in den dort beschriebenen Fällen die zwingende Beibringung eines Gutachtens vor)
   b) Ermessensverwaltung mit Entschließungs- und Auswahlermessen; keine Ermessensfehler (vgl. § 40 VwVfG, § 114 S. 1 VwGO), also
      – kein Ermessensmissbrauch,
      – keine Ermessensüberschreitung,
      – kein Ermessensnichtgebrauch.
4. Weitere Rechtmäßigkeitserfordernisse
   a) Wahl des richtigen Adressaten (§ 31a StVZO: Fahrzeughalter)
   b) Bestimmtheitsgrundsatz (§ 37 Abs. 1 VwVfG)
   c) Grundsatz der Verhältnismäßigkeit (z.B. keine Entziehung der Fahrerlaubnis, wenn Auflagen oder Beschränkungen möglich sind)
   d) Dem Adressaten der Verfügung muss die Befolgung der behördlichen Aufforderung rechtlich und tatsächlich möglich sein (vgl. § 44 Abs. 2 Nr. 4 VwVfG; fehlende finanzielle Mittel sind aber kein Fall der tatsächlichen Unmöglichkeit: derjenige, der ein Kfz im Straßenverkehr führen will, hat sich von vornherein den Kosten dieser Verkehrsart zu unterwerfen: z.B. Kosten der TÜV-Untersuchung; MPU-Kosten).

B. Zulässigkeit der Klage vor dem Verwaltungsgericht

Checkliste
I. Deutsche Gerichtsbarkeit (§ 173 VwGO i.V.m. §§ 18 ff. GVG)
II. Zulässigkeit des **Verwaltungsrechtsweges** (§ 40 Abs. 1 VwGO)
III. **Statthaftigkeit der Klage**: Klagebegehren richtet sich auf
   1. VA-Aufhebung (FE-Entzug) = Anfechtungsklage (§ 42 Abs. 1, 1. Fall VwGO)
   2. VA-Erteilung (FE-Erteilung) = Verpflichtungsklage (§ 42 Abs. 1, 2. Fall VwGO)
IV. Ordnungsgemäße Klageerhebung

V. Richtiger Klagegegner (§§ 78, 47 Abs. 2 S. 2 VwGO)
VI. **Klagebefugnis**:
  1. Der Adressat eines belastenden VA (FE-Entzug) kann in jedem Falle geltend machen, möglicherweise in seinem Recht auf allgemeine Handlungsfreiheit nach Art. 2 Abs. 1 GG verletzt zu sein (§ 42 Abs. 2 VwGO).
  2. Die Versagung der FE-Erteilung kann den Anspruch des Betroffenen verletzen, der beim Vorliegen der betreffenden Erteilungsvoraussetzungen besteht (§ 2 Abs. 2 StVG: „ist zu erteilen").
VII. Durchführung eines Vorverfahrens (§§ 68 ff. VwGO): Ob ein Vorverfahren in verkehrsrechtlichen Angelegenheiten durchzuführen ist, richtet sich nach der Gesetzgebung des jeweiligen Bundeslandes.
VIII. Klagefrist (§§ 47 Abs. 2 S. 1, 74 VwGO)
IX. Fehlen anderweitiger Rechtshängigkeit (§ 17 Abs. 1 S. 2, Abs. 2 GVG), keine Rechtskraft (§ 121 VwGO)
X. Allgemeines Rechtsschutzbedürfnis

C. Vorläufiger Rechtsschutz nach § 80 Abs. 5 VwGO

Checkliste   3

I. Zulässigkeit des Antrags
Die Zulässigkeitsvoraussetzungen sind:
1. **Verwaltungsrechtsweg** (§ 40 Abs. 1 VwGO)
2. **Statthaftigkeit des Antrags** nach § 80 Abs. 5 VwGO
   a) Auslegung des Eilrechtsschutzbegehrens im Antrag nach § 80 Abs. 5 VwGO ist möglich
   b) **Situation von Anfechtungswiderspruch und Anfechtungsklage** (vgl. § 123 Abs. 5 VwGO)
   c) Antrag ist schon vor Erhebung der Anfechtungsklage zulässig (§ 80 Abs. 5 S. 2 VwGO)
   d) **angegriffener VA darf nicht unanfechtbar oder erledigt sein**
3. Zuständigkeit des Gerichts: Gericht der Hauptsache (§ 80 Abs. 5 VwGO i.V.m. §§ 45 ff. VwGO)
4. **Antragsbefugnis** (§ 42 Abs. 2 VwGO analog); eine Rechtsverletzung in Art. 2 Abs. 1 GG (allgemeine Handlungsfreiheit) ist durch die sofortige Vollziehung eines belastenden Verwaltungsakts (FE-Entzug) immer möglich.
5. Ordnungsgemäße Antragstellung
6. Richtiger Antragsgegner (§ 78 Abs. 1 VwGO analog); der Antrag ist gegen die Behörde bzw. deren Rechtsträger zu richten, die den angegriffenen VA erlassen hat.

7. Subsidiarität im Falle des § 80 Abs. 2 S. 1 Nr. 1 VwGO; vgl. § 80 Abs. 6 S. 1 VwGO; einschlägig bei sofort vollziehbaren Gebührenbescheiden.
8. **Allgemeines Rechtsschutzbedürfnis**: Hieran fehlt es, wenn die Behörde zugesichert hat, dass sie den VA nicht vor der Entscheidung über das in der Hauptsache eingelegte Rechtsmittel vollziehen wird.

II. Begründetheit des Antrags, Interessenabwägung

Der Antrag ist begründet, wenn bei einer Abwägung das Interesse des Antragstellers, von der Vollziehung einstweilen verschont zu bleiben, das öffentliche Interesse an der sofortigen Vollziehung überwiegt, vgl. § 80 Abs. 5 S. 1 VwGO. Maßgeblich sind die Erfolgsaussichten in der Hauptsache.

1. Erfolgsaussicht in der Hauptsache

Das Aufschubinteresse des Antragstellers überwiegt, wenn sein Rechtsbehelf in der Hauptsache (Widerspruch bzw. Klage) voraussichtlich Erfolg haben wird, weil der damit angegriffene Verwaltungsakt rechtswidrig und rechtsverletzend ist, vgl. § 113 VwGO. In diesem Fall besteht kein öffentliches Interesse an der sofortigen Vollziehbarkeit des Verwaltungsakts.

2. Keine Erfolgsaussichten in der Hauptsache

Wird der Rechtsbehelf des Antragstellers in der Hauptsache (Widerspruch bzw. Klage) voraussichtlich ohne Erfolg bleiben, weil der damit angegriffene Verwaltungsakt als offensichtlich rechtmäßig anzusehen ist, bleibt der Antrag jedenfalls in den Fällen der **gesetzlich angeordneten sofortigen Vollziehung** regelmäßig schon deswegen ohne Erfolg, vgl. § 80 Abs. 2 S. 1 Nr. 1–3 VwGO und beispielsweise § 4 Abs. 9 StVG.

Hat die Behörde hingegen nach § 80 Abs. 2 S. 1 Nr. 4 VwGO die sofortige Vollziehung angeordnet, so gilt nach der gesetzgeberischen Wertung des § 80 Abs. 1 S. 1 VwGO die aufschiebende Wirkung von Widerspruch und Klage des Antragstellers. Das bedeutet, dass neben der Rechtmäßigkeit des angegriffenen Verwaltungsakts noch **ein besonderes Interesse an der sofortigen Vollziehung** hinzukommen muss, um damit das Aufschubinteresse des Antragstellers zu überwinden. Bei der Entziehung der Fahrerlaubnis liegt dieses besondere Vollziehungsinteresse darin, die übrigen Verkehrsteilnehmer vor einem ungeeigneten Fahrerlaubnisinhaber zu schützen.

3. Offene Erfolgsaussichten in der Hauptsache

Lassen sich die Erfolgsaussichten in der Hauptsache nicht einschätzen, ist eine **Folgenabwägung** zu treffen. Dabei sind Folgen, die eintreten, wenn die aufschiebende Wirkung wiederhergestellt wird, die angefochtene Verfügung sich aber als rechtmäßig erweist, gegen die Folgen abzuwägen, die eintreten, wenn die aufschiebende Wirkung nicht wiederhergestellt wird, sich die Verfügung aber später als rechtswidrig erweist. Auf die betroffenen Grundrechte ist in besonderer Weise Bedacht zu nehmen.[1] Diese Abwägung wird bei einer Entziehung der Fahrerlaubnis wegen mangelnder Eignung regelmäßig zulasten des Antragstellers ausfallen. Er kann sein Interesse an motorisier-

---

[1] Vgl. BVerfG, Kammerbeschluss vom 12.5.2005 – 1 BvR 569/05 – juris, Rn 23 ff.

ter Fortbewegung, eine vom Grundrecht der allgemeinen Handlungsfreiheit (Art. 2 Abs. 1 GG) geschützte Rechtsposition, und seine damit verbundenen persönlichen Belange in die Waagschale werfen. Dagegen stehen Rechtsgüter von überragender Bedeutung, nämlich vor allem Leib und Leben der übrigen Verkehrsteilnehmer.

Stichwortverzeichnis

Fette Zahlen bezeichnen den Paragraphen, magere Zahlen die Randnummer innerhalb des Paragraphen. Der Zusatz „M" vor einer solchen Zahl kennzeichnet, dass unter dieser Randnummer ein Muster zu finden ist; „C" weist eine Checkliste aus.

4-Stufen-Modell **8** 127 ff., C 163, C 165
– Anhänger **8** 156 f., M 157
– Aufgabe Fahrzeug **8** M 149
– Auskunftsanspruch **8** M 147
– Einbau Gebrauchtteile **8** M 153, M 159
– Ersatzbeschaffung **8** 130 f., M 131
– Mehrwertsteuer **8** M 129, M 131
– Nutzung in verkehrsunsicherem Zustand **8** 137 f., M 138
– Nutzungsnachweis **8** 139 f., M 140
– Reparatur in Eigenregie **8** 154 f., M 155
– Reparaturkosten, konkrete **8** 135 f., M 136
– Stufe, dritte **8** 144 ff., M 145
– Stufe, erste **8** 126 ff.
– Stufe, vierte **8** 158 ff.
– Stufe, zweite **8** 132 ff.
– Wiederbeschaffungsaufwand **8** M 134
Abbiegen
– Abbiegerpfeil, grüner **4** 112 f., M 113
– Abkommen in Gegenverkehr **4** M 119 ff., M 121
– Begegnungsverkehr, normaler **4** 118 ff.
– Geschwindigkeit, überhöhte **4** 117
– in Grundstück **4** 52 ff., M 53, 136 f., M 137
– Linksabbieger **4** 108 ff., M 109, M 111, 143 ff.
– Rechtsabbieger **4** 149 f.
– Rückschaupflicht, doppelte **4** M 144
– Schrecksekunde **4** M 121
– unberechtigtes **4** 114 ff., M 116
Abbremsen, starkes **4** 30 ff., M 31, M 33

Abfindungsvergleich **7** 17 ff.
– Äquivalenzstörung **7** 22 f.
– Aufklärung Mandat **7** 25 ff., M 27
– Bindungswirkung **7** 18 ff.
– Teil- **7** 29 ff.
– Unverbindlichkeit **7** M 24
– Verjährung **7** 35 ff., M 40
– Vorbehalt **7** M 33 f., M 39
– Wegfall Geschäftsgrundlage **7** 19 ff.
– Zukunftsschadenvorbehalt **7** 29 ff., M 30 f.
Abkommen auf Gegenfahrbahn **4** 50 f., M 51, 67 f., M 68
Abschleppkosten **8** 387 ff., M 388
– Totalschaden **8** 392
– Zuschlag für Überstunden **8** 390 f., M 391
Abtretung **11** M 73, **19** 7 f., M 8
Aktenaufbau **1** 26 ff.
Akteneinsicht **1** 58 ff., M 63, **19** 68 f., M 69, **37** 7 ff., M 9, M 11
Aktivlegitimation **8** 462 f., M 463, **11** 29 ff., M 32, **13** 11 ff.
Alkoholabhängigkeit
– BAK > 1,6‰ **47** 136 ff.
– Eignung/Befähigung **47** 61 ff., 105 ff., M 106
– Fahruntüchtigkeit *siehe dort*
– Genuss/Konsum **27** 11
– MPU **49** 6 ff.
– MPU unter 1,6‰ **47** 119 ff., M 125
– Trunkenheit im Verkehr *siehe dort*
– Wiedererlangung Eignung **47** 109
Alkoholmissbrauch **47** 110 ff.
– BAK > 1,6‰ **47** 136 ff.
– Eignung/Befähigung **47** 57 ff.

Stichwortverzeichnis

- Fahruntüchtigkeit *siehe dort*
- Genuss/Konsum **27** 11
- MPU **49** 6 ff.
- MPU unter 1,6‰ **47** 119 ff., M 125
- Trunkenheit im Verkehr *siehe dort*

Anerkennungsgrundsatz **48** 6 ff., M 8
- Nichtanerkennung **48** 15 ff.

Angestellter *siehe* Erwerbsschaden

Anhänger **3** 5, **8** 156 f., M 157

Anscheins-/Indizienbeweis
- Abkommen auf Gegenfahrbahn **4** 67 f., M 68
- Auslandsschäden **2** 38 ff., M 39 ff.
- Einfahrt in fließenden Verkehr **4** 60 ff., M 61
- Einwilligung Geschädigter **13** 26 f.
- Fahrstreifenwechsel **4** 34 ff., M 35, M 37
- Haftpflichtgesetz (HpflG) **3** 91 ff.
- Linksabbieger **4** 108 ff., M 109, M 111, 143 ff.
- Quotenbildung **4** M 17, 22 ff., M 25
- Türöffnen **4** 63 f., M 64, M 66
- Vorfahrtsverletzung **4** 44 ff., M 45, M 49, M 51

Anspruchsanmeldung **1** 74 ff.
- Direktanspruch **1** 76 ff., M 78 ff.
- Schadensverursacher **1** 93 ff., M 95, C 98
- Vollmacht **1** 82
- Vorschuss **1** 87
- Vorsteuerabzugsberechtigung **1** 86

Anspruchsgrundlagen
- Aufsichtspflichtige **3** 50 f., M 51
- Beamtenhaftung § 839 BGB **3** 56 ff.
- Billigkeitsgründe **3** 52 ff., M 54
- Bürgerliches Gesetzbuch (BGB) **3** 31 ff., C 61
- Direktanspruch § 115 Abs. 1 Nr. 1 VVG **3** 62 ff., M 66
- Fahrerhaftung **3** 30 ff.
- Geschäftsherrenhaftung **3** 37 f.
- Haftpflichtgesetz (HpflG) **3** 79 ff.
- Halterhaftung **3** 1 ff.
- Handlung, unerlaubte **3** 43
- Minderjährige **3** 44 ff., M 48
- Tierhalterhaftung **3** 39 ff., M 40
- Umweltschäden **3** 106 ff.
- Verkehrsopferhilfe **3** 74 ff., M 77

Anspruchsübergang **6** 1 ff.
- Abzug Eigenaufwendungen **6** 21 ff., M 21
- Entgeltfortzahlung **6** 18 ff., M 19
- Leistungen, schadenkongruente **6** 5
- Rechtsanwaltskosten **6** M 25
- Schadenkongruenz **6** 9
- Schadensersatzansprüche **6** 7 f.
- Sozialversicherungsträger **6** 6, M 10
- Systematik **6** 4 f.
- Versicherer **6** 26 ff.
- Vorbehalt übergegangener Ansprüche **7** M 33
- Zeitpunkt **6** 13 ff., M 14

Anwalt
- Anwaltsgebühren **43** 1 ff.
- Beratungshilfen Mandant **47** M 14, M 16
- Bestellung **37** 1 ff., M 6
- Beweismittel **42** M 4
- Deckungsanfrage Rechtsschutzversicherung **11** M 16
- Einspruch **42** M 2
- Gebühren *siehe* Anwaltsgebühren
- Hauptverhandlung **42** M 3
- Klarstellung Verfahrensbeteiligung **37** M 22
- MPU **49** 1 ff.
- Rechtsschutzversicherung **45** 1 ff.
- Regressanforderung **8** M 101
- Schreiben an Mandanten **42** 1 ff., M 5 f.
- Urteil **42** M 6

Anwaltsgebühren **8** 422 ff., **19** 1 ff.
- Akteneinsicht **19** 68 f., M 69

Stichwortverzeichnis

- Anrechnung **19** 36 ff., M 44
- Anspruchsübergang **6** M 25
- Anwälte, mehrere **19** 45 f., M 46
- Auftraggeber, mehrere **19** 25 ff., M 34
- außergerichtliche **19** 16 ff.
- Beratungsgebühr **19** 16
- Beschluss **43** 17
- Bußgeldsachen **44** 1 ff.
- Differenzbetrag **20** 5 f., M 6
- Einholung Deckungszusage **8** 434 ff., M 435, M 437, **20** 10 f., M 11, M 16
- Einigungsgebühr **19** 56 ff.
- Einstellung **43** 6 ff., M 7, M 9, **44** 14 f., M 15
- Erforderlichkeit **8** M 425, M 430, M 439
- Erstattungsfähigkeit **19** 1 ff., M 2
- Frankreich **2** M 63
- Freispruch **45** 4 f., M 5
- Freistellungsanspruch **19** 52 ff., M 55
- Gebühr, zusätzliche **43** 5 ff., 18 ff., M 22, **44** 4 ff.
- Gebührenhöhe **44** 11 ff., M 12
- Gegenstandswert *siehe dort*
- Geschäftsgebühr **19** 17 ff., M 23 f.
- Grundgebühr **43** 1
- Hauptverfahren, nicht eröffnetes **43** 10
- Kaskoversicherung **15** 36 ff., M 40, M 42
- Klage gegen Rechtsschutzversicherer **20** M 16
- Klagerücknahme **19** 64 ff.
- Körperverletzung, fahrlässige **24** 11
- Korrespondenz Rechtsschutzversicherung **20** 1 ff.
- Kostenerstattung **44** 14 ff., M 15, M 17
- Mandat gegen Rechtsschutzversicherer **20** 12 ff., M 13
- Pauschalhonorar **19** 43 f., M 44
- Quotelung **45** 8 f., M 9
- Quotenvorrecht **20** 7 ff., M 8
- Rechtsbeschwerde **44** 2 f., M 3
- Rücknahme Einspruch **43** 11 ff., M 14, M 16
- Sachschaden **8** 422 ff., M 425
- Strafvollstreckung **43** M 25
- Terminsgebühr **19** 63, **43** 2, 4, **44** 18
- Titulierung, fehlende **19** 47 f., M 48
- Verfahrensgebühr **19** 35, 50 ff., **43** 1, 3, **44** 10
- Vergütungsvereinbarung **19** 43 f., M 44
- Verhältnis Geschäftsgebühr/Verfahrensgebühr **19** 35 ff.
- Verjährung **44** 16 f., M 17
- Verkehrsstrafrecht **43** 1 ff.
- Vorschuss **45** M 2

Äquivalenzstörung **7** 22 f.
Arbeiter *siehe* Erwerbsschaden
Arbeitsunfall **5** 2
Arglist **14** 48 ff., M 50, **16** 23
Arzt *siehe* Heilbehandlungskosten
Auffahrunfall **4** 24 ff.
- Abbremsen, starkes **4** 30 ff., M 31, M 33
- Anscheinsbeweis **4** M 25
- Fahrstreifenwechsel **4** M 27, M 29
- Nötigung **4** 32 f., M 33
Aufsichtspflichtige **3** 50 f., M 51
Augenblicksversagen **27** M 25
Auskunftsanspruch **8** M 147, **18** 53 ff., M 57
Auslagen **2** M 63, **8** 444 ff., M 445, M 447, M 449
Auslandsschäden **2** 1 ff., C 58 ff., C 86
- Anscheinsbeweis **2** 38 ff., M 39 ff.
- Anwendung Art. 40 EGBGB **2** 53 ff.
- Aufenthaltsort **2** 32
- Auslagen **8** 448 f., M 449
- Belgien **2** C 59
- Beweismaßstab **2** M 28
- Frankreich **2** C 61, M 62 f.
- Gerichtsstand **2** 4 ff., M 8, M 12 ff., M 16
- Griechenland **2** C 60

1051

Stichwortverzeichnis

- Haager Übereinkommen **2** 41 ff., M 43
- Italien **2** C 64
- Kfz, ausländisches im Inland **2** 73 ff.
- NATO-Dienstfahrzeug **2** 81, M 82
- Niederlande **2** C 65, M 66 f.
- Österreich **2** C 68
- Polen **2** C 69 f.
- Recht, anzuwendendes **2** 25 ff.
- Recht, vereinbartes **2** 36 ff., M 37
- Regulierungsbeauftragter **2** 3
- ROM II **2** 26 ff.
- Schadensort **2** 30 f., M 31
- Schweiz **2** C 71
- Tschechien **2** C 72
- Verbindung, engere **2** 33 ff., M 35
- Wahlrecht Geschädigter **2** 49 ff.

Ausrüstung/Kleidung **8** 441 ff., M 442
Aussetzung **38** 25 f., M 26, M 29

Bagatellschaden **22** 34 ff., M 36, 48 f., M 49
Bagatellverletzung **9** 26
Bandscheibenschaden **17** 22 f.
Beamtenhaftung § 839 BGB **3** 56 ff.
Bedürfnisse, vermehrte **9** 85 ff., 95
- Pflege durch Angehörige **9** 89 f., M 90
- Sozialversicherungsträger **9** 93

Befangenheitsantrag **37** 142 f., M 143, **38** 21 f., M 22
Befüllschaden **3** 116
Begegnungsverkehr *siehe* Gegenverkehr
Behandlungskosten *siehe* Heilbehandlungskosten
Beilackierungskosten **8** 71 ff., M 72
Belgien **2** C 59 *siehe auch* Auslandsschäden, Belgien
Beratungsgebühr **19** 16
Bereifung, verkehrsunsichere **15** 71 ff., M 73
Beschäftigte **5** 6 ff., M 10, **6** 18 ff., M 19
Besuchskosten **9** 74 ff., M 77

Betrieb **3** 6 ff.
- außerhalb des öffentlichen Verkehrsraums **3** M 8
- Betriebsgefahr **3** 6 ff., M 8 f., M 11
- Betriebsgefahr, erhöhte **4** 10 f., M 11, 38 f., M 39
- Betriebsgelände **27** M 10
- Betriebsstätte, gemeinsame **5** 19 ff., M 20
- Entladevorgang **3** M 11
- Falschparken **3** M 9

Beweis **11** 66 ff.
- Abtretung **11** M 73
- Anscheinsbeweis **11** 67 f.
- Beweisbeschluss *siehe dort*
- Beweismaß **13** 28 ff.
- Beweisverfahren, selbstständiges **11** 80 ff., M 82, M 85
- Drittwiderklage **11** 75 ff., M 76
- Ordnungswidrigkeit **37** 100 ff.
- Parteivernehmung **11** 77 ff., M 78
- Schadenschätzung **11** 69 ff.
- Widerklage **11** 75 ff., M 76
- Zeugenbeweis *siehe dort*

Beweisbeschluss **12** 10 ff.
- Auswahl Sachverständiger **12** 20 ff., M 24
- Bedeutung **12** 11 ff.
- Ergänzungsantrag **12** M 19
- Inhalt **12** 15 ff.

Bewusstseinsstörung **17** 20 f.
Bezifferung
- Minderwert, merkantiler **8** 202 ff.
- Nutzungsausfallschaden **8** 373 ff., M 378, M 381
- Reparaturschaden/-kosten **8** 30 ff., M 31
- Sachschaden **8** 220 ff., C 257
- Schmerzensgeld **9** 17 ff., M 24
- Unfallflucht **22** 34 ff., M 36

Blocksatzsystem **4** 3

Stichwortverzeichnis

Bremsen **27** M 34
Bußgeldrecht *siehe* Ordnungswidrigkeit

Cannabis **47** 78 ff.
– Konsum, fahreignungsrelevanter **47** 81
– Konsum, gelegentlicher **47** 84 ff., M 86, 146
– Konsum, regelmäßiger **47** 82 f.
– Konsummuster **47** 78
– Menge, geringe **47** 148 ff., M 150
– Probierkonsum **47** 79 f.
– Rauschfahrt **47** 90 ff., M 96

Darlegungs-/Beweislast **7** 19
– Einwilligung Geschädigter **13** 25 ff., C 31
– HWS-Syndrom *siehe* Halswirbelsäulen-(HWS-)Syndrom
– Obliegenheitsverletzung **14** 19 ff., M 21
– Restwert **8** M 97
– Schadensumfang **13** 35 ff.
– Schmerzensgeld **9** 7 ff.
– Unfallmanipulation **13** 17 ff.
– Versicherungsvertragsgesetz (VVG) **14** 18 ff.
– Vorschadensproblematik **13** 35 ff.

Dashcam **1** 69, **18** 64 ff.
– Aufnahmearten **18** 66
– Datenschutz **18** 70 ff.
– Datenumfang **18** 69
– Einsatz **18** 65 ff.
– Speichermöglichkeiten **18** 37 f.
– Verwertung **18** 72 ff., M 74, M 76

Daten, personenbezogene **18** 14 ff.
– Auslesen **18** 1 ff.
– Datenerfassung *siehe dort*
– Datenschutz **18** 2 ff., 35 f., M 36, 45 f.
– Entwicklung, zukünftige **17** 7 f.
– Event Data Recorder *siehe dort*
– Unfalldatenschreiber **18** M 6
– Verwendung **18** 1 ff.

Datenerfassung **1** 1 ff., C 8
– Daten Anspruchsgegner **1** C 11 ff.
– Daten, personenbezogene *siehe dort*
– Erklärungen Mandant **1** C 17
– Fahrzeugdaten **1** C 9, C 12
– Mandantenfragebogen **1** 18 ff., M 21
– Personenschäden **1** C 16
– Sachschäden **1** C 15
– Unfalldaten **1** C 14
– Versicherungsdaten **1** C 10, C 13

Datenschutz
– Anwendungsbereich **18** 71
– Auskunftsrecht/-anspruch **18** 53 ff., M 57
– Auslesen Fahrzeugdaten **18** 31 ff., 58 ff., M 59, M 61
– Dashcam **18** 70 ff.
– Daten, personenbezogene *siehe dort*
– Datenhoheit **18** 62 f.
– Einwilligung **18** 39 ff., M 40
– Erklärung, gemeinsame mit VDA **18** 44 ff.
– Erlaubnis, gesetzliche **18** 42 f.
– Grundlagen **18** 32 ff.
– HIS-Informationssystem **18** 77 ff.
– Löschungsinteresse, berechtigtes **18** M 85
– Meldegrund **18** 84 f.
– Spezialregelungen, vorrangige **18** 33 f.
– verantwortliche Stelle **18** 49 f.
– Versicherungsdaten **1** C 10, C 13
– Verwertung **18** 37 ff., 51 f., 72 ff., M 74, M 76, 85 ff., M 86
– Zeitpunkt Erhebung **18** 47 f.
– Zulässigkeit Erhebung **18** 51 f.

Diebstahl **15** 74 ff., M 76
Direktanspruch **3** 62 ff., C 73
– Anspruchsanmeldung **1** 76 ff., M 78 ff.
– fehlender **1** 93 ff., M 95, C 98
– Haftungsausschluss **3** 67 f., M 68
– Nachhaftung **3** 65 f., M 66
– Träger Pflichtversicherung **3** 69

1053

Stichwortverzeichnis

– Versicherungsverhältnis, krankes **3** 70 ff.
Drittwiderklage **11** 75 ff., M 76
Drogen **47** 65 ff., 143 ff.
– Auslegung, einschränkende **47** 148 ff.
– Besitz, illegaler **47** 145
– Cannabis *siehe dort*
– Einnahme **47** 69 ff.
– Fahrlässigkeit, grobe **15** 60 f., M 61
– Fahrunsicherheit **15** 60 f., M 61
– Gefährdung Straßenverkehr **27** 11
– harte **47** 67 ff.
– Konsum **27** 11, **47** 69 ff.
– MPU **47** 147, **49** 9 ff.
– Trunkenheit im Verkehr **28** 23 ff., M 25
– Verdacht **47** 143 f.
– Verwaltung, gebundene **47** 72
– Wiedererlangung Eignung **47** 73 ff.

E-Akte **37** 10 f., M 11
Eigenaufwendungen **6** 21 ff., M 21
Eignung/Befähigung **47** 25 f.
– Alkoholabhängigkeit **47** 61 ff., 105 ff., M 106
– Alkoholmissbrauch **47** 57 ff., 110 ff.
– Alkoholproblematik **47** 104 ff.
– Anlage 4 FeV **47** 48 ff.
– Drogen **47** 65 ff.
– Fahrerlaubnisentziehung **47** 25 f.
– Gefahrerforschungseingriff **47** 114
– Krankheiten **27** 13 f., M 14, **47** 48 ff., 56
– Mängel **27** 12 ff., **47** 46 ff., 56
– Mitwirkung **47** 100 ff.
– MPU unter 1,6‰ **47** 119 ff., M 125, M 132
– Regelfall/Atypik **47** 54, M 55
– Sachverhaltsaufklärung **47** 97 ff.
– Wiedererlangung **47** 73 ff., 109, 142
– Zuwiderhandlung, wiederholte **47** 134 f.

– Zweifel **47** 97 ff., 143 ff.
Einfahrt in fließenden Verkehr **4** 60 ff., M 61
Eingriff, gefährlicher in Straßenverkehr **26** 1 ff.
– Gefahr, konkrete **26** M 3
– Schadenhöhe **26** M 4
– Tatbestand, objektiver **26** 1 ff.
– Tatbestand, subjektiver **26** 5
– Verkehr, fließender **26** 5
– Verkehrsvorgang, pervertierter **26** M 2
Einigungsgebühr **19** 56 ff.
Einspruch
– Anwalt **42** M 2
– Fahrtenbuchauflage **50** M 6
– Ordnungswidrigkeit *siehe dort*
– Rücknahme **43** 11 ff., M 14, M 16
– Wiedereinsetzung in vorherigen Stand **40** 1 ff.
Einstellung Verfahren **24** 6 ff., M 10, **35** 6 ff., M 8 f., **44** M 15
Einwilligung **18** 39 ff., M 40
Entgeltfortzahlung **6** 18 ff., M 19
Entsorgungskosten **8** 399 ff., M 401
Erwerbsschaden **9** 97 ff., C 153
– Anspruchsberechtigte, sonstige **9** 138 ff.
– Aufwendungen, ersparte **9** M 146
– Ausfall Eigenleistungen Eigenheimbau **9** M 139
– Auszubildende **9** 113 ff.
– Beitragszahlungen, fehlende **9** 151 f.
– Beweiserleichterung **9** 106 ff.
– Dauerschaden **9** M 148
– Eintritt ins Erwerbsleben, verspäteter **9** M 115
– Haushaltsführungsschaden **9** 118 ff., M 122
– Kapitalabfindung **9** M 150
– Kinder **9** 113 ff.
– Kosten Ersatzkraft **9** M 111
– Krankengeldzahlung **9** M 101

Stichwortverzeichnis

- Lebensgemeinschaft, nichteheliche **9** M 122
- Lohnempfänger **9** 98 ff., M 101, M 105
- Rente **9** 147 ff.
- Restarbeitskraft **9** 143
- Schüler **9** 113 ff.
- Selbstständige **9** 106 ff.

EU-Führerschein **33** M 6, **48** 1 ff.
- Anerkennungsgrundsatz **48** 6 ff., M 8
- Fahrverbot **48** 20
- Führerschein-Tourismus **48** 2
- Maßnahmen nach erteilter EU-Fahrerlaubnis **48** 24 ff.
- Maßnahmen Straßenverkehrsbehörde **48** 27 ff.
- MPU, negative **48** 10
- Nichtanerkennung **48** 15 ff.
- Sperrfrist **48** 20
- Umsetzungsrecht **48** 4 f.
- Vorrang Unionsrecht **48** 3
- Wohnsitzprinzip **48** 12 ff.

Event Data Recorder **18** 9 ff., M 18, M 26
- Daten, auslesbare **18** 14 ff.
- Datenschutz **18** 31 ff.
- Entwicklung, historische **18** 10
- Fallgruppen **18** 24 ff.
- Genauigkeit **18** 22 f.
- Geschwindigkeitsänderung **18** 29 f., M 30
- Geschwindigkeitsüberschreitung **18** 27 f., M 28
- Grundzüge **18** 11 ff.
- Kollisionsstellung, ungeklärte **18** 25 f., M 26
- Verbreitung **18** 19 ff.

Existenzbedrohung **29** M 4

Fahrbahnverengung
- Fahrbahn, breite **4** M 132 ff.
- Fahrstreifenwechsel **4** 36 ff., M 37
- Gegenverkehr **4** 125 ff., M 127
- Verschulden **4** 40 f., M 41

Fahrbahnwechsel **4** 153 ff., M 156
Faheignungsregister **37** M 15, 17 ff., M 18 f.
Fahreignungsseminar **47** 32
Fahren/Führen **30** 7 ff., M 9, M 13
- Fahrer, gegnerischer **1** 38
- Fahrerhaftung **3** 30 ff., M 34, **4** 4 ff.
- ohne Fahrerlaubnis **33** 1 ff.
- Schwarzfahren **3** 25
- Zulassungsfahrt **34** M 4

Fahrerlaubnis
- Einschränkung **31** 8 ff., M 9, M 11
- Entziehung *siehe* Fahrerlaubnisentziehung
- EU-Führerscheine **33** M 6, **48** 1 ff.
- Fahren ohne FE **33** 1 ff.
- fehlende **4** M 15, M 17
- Maßnahmen nach erteilter FE **48** 24 ff.
- Sicherstellung **41** M 3

Fahrerlaubnisentziehung **29** 1 ff., M 3 f., **30** 1 ff., **47** 1 ff.
- Abfrage KBA **47** 33 ff., M 34
- Absehen von FE-Entziehung **37** 128 ff.
- Anlasstat **30** 3 f., M 4
- Augenblicksversagen **37** M 124
- Ausnahmen **32** 3
- Beratungshilfen Mandant **47** 13 ff., M 14
- durch Strafgericht **47** 1 ff.
- durch Verwaltungsbehörde **47** 23 ff.
- Einzelfall **47** 153
- Erforderlichkeit **37** M 125
- Existenzbedrohung **29** M 4
- Fahreignungsseminar **47** 32
- Fahren/Führen *siehe dort*
- Gefahr, abstrakte **37** M 121
- Geldbuße, höhere **37** M 129
- Katalogtaten **30** 15 ff., M 17 f.
- Kraftfahrzeug **30** 5
- Mängel **30** M 4
- Maßnahmenstufen **47** 36 ff.
- Nachschulung **37** M 130 f.

Stichwortverzeichnis

- Ordnungswidrigkeit **37** 109 ff.
- Parallelvollstreckung **41** M 4
- Pedelec **30** 5 f., M 6
- Punktesystem **47** 27 ff.
- Punktetilgung **47** 41 ff.
- Rechtsmittel **32** 4
- Regelvermutung **30** 15 ff., M 17 f.
- Schreiben an Mandanten **42** M 5
- Tatbestandsmerkmale **30** 3 ff.
- Tatverdacht, dringender **32** 2
- überlange **41** M 2
- Unverhältnismäßigkeit **37** M 126
- Unverwertbarkeit von Voreintragungen **37** M 119
- Verletzung Pflichten Kraftfahrzeugführer **30** 14
- vorangegangene **47** 139 ff.
- vorläufige **32** 1 ff.
- Vorrang strafrichterlicher Entscheidung **47** 11 f.
- Wegfall **37** 112 ff.

Fahrerlaubnissperre **31** 1 ff.
- Aufhebung, vorzeitige **31** 12 f., M 13
- Ausnahmen **31** 4 ff.
- EU-Fahrerlaubnis nach Sperre **33** M 6
- Fahrerlaubniseinschränkung *siehe* Fahrerlaubnis, Einschränkung
- Fristverkürzung **47** 17 ff., M 20, M 22
- Mitteilung Sperrzeit **31** M 3
- Sperrfrist Wiedererteilung **47** 8 ff., M 16

Fahrlässigkeit, grobe **14** M 24, 38, **15** 50 ff., **16** 22
- Bereifung, verkehrsunsichere **15** 71 ff., M 73
- Diebstahl **15** 74 ff., M 76
- Fahrunsicherheit *siehe dort*
- Fahruntüchtigkeit *siehe dort*
- Gefährdung Straßenverkehr **27** 50 ff.
- Geschwindigkeit, unangemessene **15** M 18
- Kaskoversicherung *siehe dort*
- Missachtung „Stopp-Schild"/grüner Pfeil **15** 64 ff., M 66
- Ordnungswidrigkeit **37** 105 f., M 106
- Quotenbildung **15** 57 ff., M 58
- Rotlichtverstoß **15** 67 ff., M 68, M 70
- Suche nach Gegenständen **15** 21 f., M 22
- Überlassen Fahrzeug ohne Fahrerlaubnis **15** 62 f., M 63
- Unaufmerksamkeit **15** 19 f., M 20

Fahrstreifenwechsel
- Anscheinsbeweis **4** 34 ff., M 35, M 37
- Auffahrunfall **4** M 27, M 29
- Einfahrt in fließenden Verkehr **4** 42 f., M 43
- Fahrbahnverengung **4** 36 ff., M 37
- Quotenbildung **4** 34 ff.

Fahrtenbuchauflage **50** 1 ff.
- Bedeutung, praktische **50** 1
- Einspruch **50** M 6
- Ermittlungsbemühungen **50** 9 ff.
- Klage gegen **50** M 13
- Verteidigung **50** 9 ff.
- Voraussetzungen **50** 5 ff.
- Zweck **50** 2 ff.

Fahrunsicherheit **15** 60 f., M 61, **27** 11 ff.
Fahruntüchtigkeit **28** 5 ff.
- absolute **28** 6
- alkoholbedingte **15** 51 f., M 52, M 54, M 56, **16** M 10 ff.
- Drogen **15** 60 f., M 61
- Fahrlässigkeit, grobe **15** 51 f., M 52, M 54, M 56
- Kfz-Haftpflichtversicherung **16** M 10 ff.
- relative **28** 7 f., M 8 f.

Fahrweise, irreführende **4** 103 ff., M 105
Fahrzeug
- defektes **27** M 43
- Fahrzeugdaten **1** C 9, C 12
- Fahrzeugschaden **8** 6 ff.

Stichwortverzeichnis

- Gefährdung Straßenverkehr **27** 2 f., M 3, M 43
- gegnerisches **1** 52 f.

Feststellungsklage **11** 51 ff., M 56, **20** 10 f., M 11
Finanzierungskosten **8** 405 ff., M 411
Forum Shopping **2** 49 ff.
Fotos **1** 69
Frankreich **2** C 61, M 62 f. *siehe auch* Auslandsschäden, Frankreich
Fraunhofer Mietpreisspiegel **8** 288 ff., M 289, M 291, 294 f., M 295
Fußgänger **4** 193 ff., M 196
- Fußgängerüberweg **27** 35
- Kollision am Fahrbahnrand **4** 204
- Mithaftung **4** 194 ff.
- Zebrastreifen **4** 200 ff., M 202

Gefährdung Straßenverkehr
- Augenblicksversagen **27** M 25, 41 f., M 42
- Betriebsgelände **27** M 10
- Bremsen **27** M 34
- Drogen **27** 11
- Eignung/Befähigung *siehe dort*
- Fahrlässigkeit **27** 50 ff.
- Fahrunsicherheit **27** 11 ff.
- Fahrzeug **27** 2 f., M 3, M 43
- Führen **27** 4 ff., M 7
- Fußgängerüberweg **27** 35
- Gefährdung, konkrete **27** 44 ff.
- Geisterfahrten **27** 41 f., M 42
- grob verkehrswidrige/rücksichtslose **27** 20 ff., M 25
- Missachtung Vorfahrt **27** 26, M 27
- Müdigkeit **27** 15 ff., M 18
- Sache, fremde von Wert **27** 47
- Stelle, unübersichtliche **27** 36 ff., M 39
- Straßenverkehr **27** 8 ff., M 10
- Tatbestand, subjektiver **27** 48 ff.
- Trunkenheit im Verkehr **27** 11
- Überholen, falsches **27** 28 ff., M 32

- Verkehrsverstoß **27** 19 ff.
- Vorsatz **27** 49

Gefahrengemeinschaft **5** 21 ff., M 22
Gefahrzusammenhang **22** 7 f., M 8
Gegenstandswert **19** 4 ff.
- Erledigungswert Abtretung **19** 7 f., M 8
- Totalschaden **19** 14 f., M 15
- Zahlung vor Beauftragung Anwalt **19** 9 ff., M 13

Gegenverkehr **4** M 109, M 111
- Fahrbahnverengung/Hindernisse **4** 125 ff., M 127
- Linksabbieger **4** 108 ff.
- Mithaftung **4** M 129
- Überholen **4** 123 f.

Gehör, rechtliches **39** 29 ff.
Gerichtsstand
- Auslandsschäden **2** 4 ff.
- Erben **2** M 22
- EU-Recht, vorrangiges **2** M 14
- Streitgenossenschaft **2** 6 ff., M 8
- Unfallort **2** 9
- Vereinbarung **14** 65 f.
- VVG **14** 53 ff., M 55, M 58, M 60, M 62
- Wohnort **2** 5
- Wohnsitz Geschädigter **2** 10 ff., M 12 f., M 16, M 18, M 20, M 22

Gesamtquotenbildung **14** 33 ff., M 36
Geschäftsherrenhaftung **3** 37 f.
Geschwindigkeit, überhöhte **4** M 107, 117, M 156, M 158, **18** 27 ff., M 28, M 30
Geschwindigkeitsänderung **18** 29 f., M 30
Gewalt, höhere **3** 17 ff., M 19
Glasbruchschäden **15** 6 f., M 7
Gliedertaxe **17** 11 f.
Griechenland **2** C 60 *siehe auch* Auslandsschäden, Griechenland

1057

Stichwortverzeichnis

Haager Übereinkommen **2** 41 ff., M 43
Haftpflichtgesetz (HpflG) **3** 79 ff.
- Anscheins-/Indizienbeweis **3** 91 ff.
- Haftungsausschluss **3** 85 ff.
- Nebenintervention **3** M 89
- Unfall, ausgenutzter **3** 100 ff., M 102, M 105
- Unfall, manipulierter **3** 84 ff.
- Vorschaden **3** 100 ff., M 102, M 105

Haftpflichtversicherung *siehe* Kfz-Haftpflichtversicherung

Haftungsausschluss
- Arbeitsunfall **5** 2
- Begründung **3** 85 ff.
- Haftungsprivileg *siehe dort*
- Personenschäden **5** 1 ff.
- Schwarzfahren **3** 25
- Unfall, manipulierter **3** 84 ff.
- Unfallversicherung, gesetzliche **5** 2

Haftungsprivileg **5** 2, 6 ff.
- Abgrenzung abhängige/unabhängige **5** M 14
- Beschäftigter **5** 6 ff., M 10
- Betriebsstätte, gemeinsame **5** 19 ff., M 20
- Bindung Gerichte **5** 25
- Gefahrengemeinschaft **5** 21 ff., M 22
- Haftungsausschluss **5** 2
- Kaskoversicherung **15** 77 ff., M 79
- Pannenhilfe **5** 11 f., M 12
- Reduzierung, vereinbarte **3** 26 ff., M 27
- Schädigung, vorsätzliche **5** 15
- Tätigkeit, versicherte **5** 6 ff.
- Unfall auf Betriebsweg **5** 17 ff., M 18
- Unternehmer **5** 13 f., M 14
- Wegeunfall **5** 16 ff., M 18

Halswirbelsäulen-(HWS-)Syndrom **9** 50 ff., M 56, M 58, M 60, M 62

Halterhaftung **3** 1 ff.
- Anhänger **3** 5
- Ausschluss höherer Gewalt **3** 17 ff., M 19
- Betrieb **3** 6 ff., M 8 f., M 11
- Haftungsreduzierung, vereinbarte **3** 26 ff., M 27
- Halter **1** 39, M 40, M 47, **3** 12 ff., M 13
- Halteranfrage **1** M 40
- Kfz **3** 4
- Schwarzfahren **3** 25
- Unabwendbarkeitsbeweis **3** 20 ff., M 23
- Unfall mit mehreren Kfz **4** 4 ff.

Handlung, unerlaubte **3** 43

Haushaltsvorstand/
Haushaltsführungsschaden **9** 118 ff., M 122
- Abrechnung, fiktive **9** M 137
- Barunterhaltsschaden Eheleute **10** M 23
- Fragebogen **9** M 127
- Schlüssigkeit, fehlende **9** M 131
- Tod **10** 21 ff.

Heilbehandlungskosten **9** 71 ff., C 84
- Arztbericht **9** M 13, 16
- Attest **9** M 15
- Besuchskosten **9** 74 ff., M 77
- privatärztliche **9** 78 f., M 79, M 83

Hindernisse **4** 125 ff., M 127

Hinweispflichten **8** M 60, 313 f., M 314

HIS-Informationssystem **18** 77 ff.
- Löschungsinteresse, berechtigtes **18** M 85
- Meldegrund **18** 84 f.
- System **18** 78 ff.
- Verwertung **18** 85 ff., M 86

Indizienbeweis *siehe* Anscheins-/Indizienbeweis

Informationsbeschaffung **1** 35 ff.
- Beweismittel, sonstige **1** 69 ff., M 71 f.
- Fahrer, gegnerischer **1** 38

- Fahrzeug, gegnerisches **1** 52 f.
- Haftpflichtversicherer, gegnerischer **1** 42 ff., M 46 f.
- Halter, gegnerischer **1** 39, M 40
- Unfallakte, polizeiliche **1** 54 ff., M 63

Inkassokosten **8** 454
Invaliditätsleistung **17** 10
Irrtum **15** 89 ff., M 91, **22** 43 ff., M 45, M 47, **37** M 49
Italien **2** C 64 *siehe auch* Auslandsschäden, Italien

Kaskoversicherung **15** 1 ff., C 92
- Anmeldung von Ansprüchen **15** 2 ff.
- Anspruchsübergang **15** 77 ff., M 79
- Anwaltsgebühren **15** 36 ff., M 40, M 42
- Fahrlässigkeit, grobe **15** 16 ff., M 18, 50 ff.
- Gemeinschaft, häusliche **15** M 29, 77 ff., M 79
- Glasbruchschäden **15** 6 f., M 7
- Leistungsfreiheit **15** 80 ff., M 82
- Mehrwertsteuer **15** 47 ff.
- Quotenvorrecht **15** 36 ff.
- Regress **15** 26 ff., 83 ff., M 85
- Repräsentant **15** 23 ff., M 24
- Rettungskostenersatz **15** 87 ff.
- Sachverständigengutachten **15** M 3 f.
- Schadensersatz nach Inanspruchnahme **15** M 45 ff.
- Sturmschäden **15** 8 ff., M 13
- Teilkaskoversicherung **15** 5 ff.
- Vollkaskoversicherung **15** 14 ff.
- Wahrung Anspruch, übergangsfähiger **15** 80 ff., M 82
- Zurechnung Verhalten Dritter **15** 23 ff., M 24

Kausalität **4** 177 f., M 178
- Gegenbeweis **14** M 9, 46 f., M 47, **16** 23

Kennzeichenanzeige **37** 20 ff.

Kfz-Haftpflichtversicherung **16** 1 ff.
- Abgrenzung zur privaten **16** 35 ff.
- Angaben, falsche zum Unfallhergang **16** 21 ff., M 26
- Anspruchsanmeldung **1** 76 ff., M 78 ff.
- Arglist **16** 23
- Aufklärungspflichtverletzung, schwerwiegende **16** M 18
- Belehrungserfordernis **16** 24 ff.
- Direktanspruch **3** 62 ff., M 66, M 68, C 73
- Eintrittspflicht **16** M 38
- Fahrlässigkeit, grobe **16** 22
- Fahruntüchtigkeit **16** M 10 ff.
- gegnerische **1** 42 ff.
- Kausalitätsgegenbeweis **16** 23
- Leasing *siehe dort*
- Nebenintervention **3** M 89
- Obliegenheiten nach Versicherungsfall **16** 15 ff.
- Obliegenheiten vor Versicherungsfall **16** 5 ff.
- Regress **16** 14, M 18
- Regulierungsvollmacht **16** 31 ff., M 34
- Schadennummer **1** 49
- Umweltschäden **3** 114 ff.
- Unfallversicherung, private **17** 27
- Vorsatz **16** 22

Klage **11** 1 ff.
- Aktivlegitimation **11** 29 ff.
- Antrag *siehe* Klageantrag
- Aufbau **11** 18 ff.
- Beweisfragen **11** 66 ff.
- Deckungsanfrage Rechtsschutzversicherung **11** M 16
- Drittwiderklage **11** 75 ff., M 76
- Feststellungsklage *siehe dort*
- Gerichtsstandvereinbarung **11** 24 ff.
- Gerichtszuständigkeit **11** 24 ff.
- Klageschrift **11** C 19, M 20
- Kosten *siehe dort*
- Nebenintervention **13** 48 ff., M 50

Stichwortverzeichnis

- Passivlegitimation **11** 34 ff.
- Rücknahme **19** 64 ff.
- Teilklage **11** 21 ff., M 22
- Unfallmanipulation *siehe dort*
- Unfallrekonstruktion **12** 1 ff.
- Verzug **11** 1 ff.
- Vorbereitung **11** 1 ff.
- Widerklage **11** 75 ff., M 76

Klageantrag **11** 37 ff.
- Feststellungsanträge **11** 51 ff.
- Haftung, gesamtschuldnerische **11** M 38
- Haftungshöchstsumme **11** 65
- Minderwert, merkantiler **11** M 40
- Rentenanträge **11** 57 ff.
- Rückstufungsschaden **11** M 62
- Schäden, zukünftige **11** M 53
- Schmerzensgeld **11** 41 ff., M 42, M 48, M 50
- unbezifferter **11** 39 ff.
- Zinsanträge **11** 61 ff., M 64

Kollisionsstellung, ungeklärte **18** 25 f., M 26

Körperverletzung, fahrlässige **24** 1 ff.
- bewusstes Eingehen von Risiken **24** 12 f., M 13
- Einstellung Verfahren **24** 6 ff., M 10
- Gesundheitsschädigung **24** 4 ff.
- Misshandlung, körperliche **24** 3 ff.
- Probleme, ausgewählte **24** 2 ff.
- Vermeidbarkeit/vertretbares Verhalten **24** 14 f., M 15

Kosten
- Erstattung **19** 1 ff., M 2, **44** 14 ff., M 15, M 17
- Festsetzungsverfahren **11** 86 ff., M 87, M 89
- Forderung für Klageverfahren **11** 13 ff., M 16 f.
- Kostenvoranschlag **8** 253 ff., M 254, M 256
- Nebenkosten **8** 255 f., M 256

- Unverhältnismäßigkeit **37** 76 ff., M 78, M 80

Kraftfahrzeug (Kfz)
- ausländisches **2** 73 ff.
- Betriebsgefahr *siehe* Betrieb
- Definition **3** 4
- gewerblich genutztes **8** M 348
- Halter *siehe* Halterhaftung
- nachfolgendes **4** 135 ff.

Krankheit **9** 65 ff., M 67, M 69, **27** 13 f., M 14

Kreuzung **4** 108 ff.
- Gegenverkehr **4** 108 ff.
- Kreuzungsräumer **4** 88 ff., M 91, M 94, M 96
- Lichtzeichenanlage, fehlende **4** 97 ff., M 100
- Überholen *siehe dort*
- Verkehrslage, unklare **4** 147 f., M 148
- Vorfahrtsverletzung **4** 97 ff., M 100

Law Shopping **2** 49 ff.

Leasing
- Aktivlegitimation **8** 462 f., M 463, **11** M 32
- Besonderheiten Sachschaden **8** 461 ff., C 483
- Kfz-Haftpflichtversicherung **8** M 478, M 480
- Leasingschaden **8** 479 f., M 480
- Mehrwertsteuer **8** 481 f., M 482
- Quotenbildung **4** M 75 ff., M 78
- Rechtsanwaltskosten **8** M 425 ff., M 430
- Schadenmeldung **8** 469 ff., M 470
- Verfahrensweise, einheitliche **8** 474, M 475

Lebensgemeinschaft, nichteheliche **9** M 122

Leistungen, wiederkehrende **7** 38

Lichtzeichenanlage/Ampel **4** 82 ff.
- Alleinhaftung **4** M 85

– Erfüllung **4** M 83
– fehlende **4** 97 ff., M 100
– Kreuzungsräumer **4** 88 ff., M 91, M 94, M 96
– Start, fliegender **4** 86 f., M 87
Linksabbieger **4** 135 ff., M 137

Mandatsvorbereitung **1** 1 ff.
– Aktenaufbau **1** 26 ff.
– Datenerfassung **1** 1 ff., C 8 ff.
– Mandantenfragebogen **1** 18 ff., M 21
– Mandatsannahme **1** 32 ff.
– Parteiverrat **1** 32 ff.
Mängel, geistige/körperliche *siehe* Eignung/Befähigung
Medizinisch-psychologische Untersuchung (MPU)
– Alkohol **49** 6 ff.
– Beratung, anwaltliche **49** 1 ff.
– Drogen **47** 147, **49** 9 ff.
– MPU unter 1,6‰ **47** 119 ff., M 125, M 132
Mehrwertsteuer **8** 74 ff., M 76
– 4-Stufen-Modell **8** M 129, M 131
– Anspruchsanmeldung **1** 86
– Gegenüberstellung „Netto-Werte" **8** M 145
– Kaskoversicherung **15** 47 ff.
– Leasing **8** 481 f., M 482
– Nachweis **8** 25 f.
– Regel-/Differenzbesteuerung **8** 113 ff., M 120
– Restwert **8** 108 ff., M 109, M 111
Mietwagenkosten **8** 259 ff.
– Abzug Eigenersparnis **8** 329 ff., M 331, M 333, M 338
– Anmietungszeit **8** 317 ff.
– aus privater Hand **8** 340 f., M 341
– Frankreich **2** M 62
– Nachweis **8** 321 ff., M 322 f.
– Niederlande **2** M 67

– Nutzung durch nahe Angehörige **8** 262 ff., M 263
– Nutzung, geringe **8** 265 ff., M 266, M 268
– Preisvergleichspflicht **8** 269 ff.
– Unfallersatztarif *siehe dort*
– Verletzungen, unfallbedingte **8** 260 f., M 261
Minderjährige **3** 44 ff., M 48, 50 f., M 51
Minderwert, merkantiler **8** 191 ff., C 219
– Bezifferung **8** 202 ff.
– Erheblichkeit Schaden **8** 198 f., M 199, M 201
– Klageantrag **11** M 40
– Neuwertigkeit, verhältnismäßige **8** 195 ff., M 196
– Niederlande **2** M 66
Missachtung
– „Stopp-Schild"/grüner Pfeil **15** 64 ff., M 66
– Vorfahrt **27** 26, M 27
Mitverschulden
– Gegenverkehr **4** M 129
– Ordnungswidrigkeit **37** M 79
– Quotenbildung *siehe dort*
– Schmerzensgeld **9** 27 ff., M 30, M 48
Mitwirkung **47** 100 ff.
Müdigkeit **27** 15 ff., M 18

NATO-Dienstfahrzeug **2** 81, M 82
Nebenintervention **3** M 89, **13** 48 ff., M 50
Nebenkosten **8** 255 f., M 256
Neuwagenbasis **8** 166 ff.
Niederlande **2** C 65, M 66 f. *siehe auch* Auslandsschäden, Niederlande
Nötigung **25** 1 ff.
– Abbremsen, starkes **4** 32 f., M 33
– Auffahren, dichtes **25** M 8
– Ausbremsen **25** M 9
– Gewalt **25** 4 ff.
– Intensität **25** 7

1061

Stichwortverzeichnis

– Tatbestandsmerkmale **25** 2 ff.
– Übel, empfindliches **25** 3
Nutzungsausfallschaden **8** 343 ff., C 384
– abstrakter **8** 347 ff., M 348
– Abzug Fahrzeugalter **8** M 381
– Bezifferung **8** 373 ff., M 378
– Eigenregie **8** 367 f., M 368
– Fahrzeugtypen **8** 383
– Kfz, gewerblich genutztes **8** M 348
– konkreter **8** 344 ff., M 345
– Nutzungswille **8** 355 ff., M 356, M 358
– pauschalierter **8** 350 ff.
– Reparaturschaden, fiktiver **8** 365 ff.
– Reparaturschaden, konkreter **8** 361 ff.
– Totalschaden **8** 370 ff., M 371
– Zeitraum **8** 360 ff.

Obliegenheitsverletzung **14** 19 ff., M 21, 51 f., M 52, **16** 5 ff., 15 ff.
Ölspurbeseitigung **8** 458 ff.
Ordnungswidrigkeit **36** 1 f.
– Akteneinsicht **37** 7 ff., M 9, M 11
– Anfrage an KBA **37** 12 ff.
– Anhörung **37** 37 ff., M 38 f.
– Anregung Rücknahme **37** M 27
– Anwaltsgebühren **44** 1 ff.
– Arbeitsauflage **37** M 86
– Aussetzung **38** 25 f., M 26, M 29
– Befangenheitsantrag **37** 142 f., M 143, **38** 21 f., M 22
– Beschluss **37** 87 ff., M 89 f., **39** 10 ff., M 13
– Beschränkung Einspruch **37** 28 ff., M 31
– Bestellung Anwalt **37** 1 ff., M 6
– Beweisantrag **37** 100 ff., M 101 ff., **38** 72 ff.
– Beweismittel **42** M 4
– Eigenverletzung/-schaden **37** 70 ff., M 73, M 75
– Einspruch **37** 23 ff., M 24, M 27, M 31, **40** 1 ff., **42** M 2

– Einstellung **37** 32 ff., 42 ff., M 44, M 52, 83 ff., M 86
– Entbindung Erscheinen, persönliches **37** 94 ff., M 97
– Entscheidung nach § 69 OWiG **37** 92 f., M 93
– Erlass/Zustellung Bußgeldbescheid **37** 53 ff., M 64 ff.
– Fahreignungsregister **37** M 15, 17 ff., M 18 f.
– Fahrverbot **37** 109 ff.
– Hauptverhandlung **38** 1 ff., **40** 9 ff., **42** M 3
– Herbeiführen gerichtlicher Entscheidung **38** 23 f., M 24
– Hilfsbeweisantrag **38** 30 f., M 31
– Irrtum Behörde **37** M 49
– Jugendliche **37** 83 ff., M 86
– Kennzeichenanzeige **37** 20 ff.
– Klarstellung Verfahrensbeteiligung **37** M 22
– Mitverschulden **37** M 79
– Opportunitätsgründe **37** 69 ff.
– Ortstermin **37** M 103
– Protokoll **38** 20 ff.
– Rechtsbeschwerde **39** 1 ff., M 7 ff., **40** 18
– Rechtsverstoß **37** 81 f., M 82
– Schreiben an Mandanten **42** 1 ff.
– Selbstladung **38** 10 f., M 11
– Stellungnahme zum Termin **37** 104 ff.
– Tateinheit/Tatmehrheit **37** 107 f., M 108
– Terminsverlegung **37** 133 ff., M 139, M 141, M 143
– Unverhältnismäßigkeit Kosten **37** 76 ff., M 78, M 80
– Urteil **42** M 6
– Verfahrensrüge **39** 14 ff., M 15 f.
– Verjährung **37** 32 ff.
– Vernehmung Arbeitgeber **37** M 102
– Vollstreckung **41** 1 ff.

Stichwortverzeichnis

- Vorsatz/Fahrlässigkeit **37** 105 f., M 106
- Vorverfahren **37** 1 ff.
- Widerspruch **38** 6 f., M 7, 27 f., M 28
- Wiedereinsetzung in vorherigen Stand **40** 1 ff.
- Zeugenbeweis **37** M 101, **38** M 3
- Zulassungsrechtsbeschwerde **39** 17 ff.

Ortstermin **37** M 103
Österreich **2** C 68 *siehe auch* Auslandsschäden, Österreich

Pannenhilfe **5** 11 f., M 12
Parkplatzbereich **4** 159 ff., M 161
- Rückwärtsfahrt **4** 162 ff., M 164
- Türöffnen **4** 170
- Vorfahrtsrecht **4** 165 ff., M 166, M 169

Parteiverrat **1** 32 ff.
Pauschalhonorar **19** 43 f., M 44
Personenbeförderung **3** M 27, **22** M 47
Personenschaden **22** 48 f., M 49
- Bedürfnisse, vermehrte **9** 85 ff.
- Beerdigungskosten **10** 2 ff., M 11
- Datenerfassung **1** C 16
- Erwerbsschaden **9** 97 ff.
- Fahrtkosten Trauerfeier **10** M 9 f.
- Haftungsausschluss **5** 1 ff.
- Haushaltsvorstand/ Haushaltsführungsschaden **10** 21 ff.
- Heilbehandlungskosten **9** 71 ff.
- Körperverletzung, fahrlässige **24** 1 ff.
- Mietwagenkosten **8** 260 f., M 261
- Naturalunterhalt **10** 21 ff.
- Nutzungswille **8** 355 ff., M 356, M 358
- Schmerzensgeld **9** 1 ff., **10** 25
- Tötung **10** 1 ff., C 26, **23** 1 ff.
- Unterhaltsschaden **10** 12 ff., M 16, M 18
- Verletzung **9** 1 ff.

Pflichtversicherungsgesetz **34** 1 ff.
Polen **2** C 69 f. *siehe auch* Auslandsschäden, Polen

Polizeidienststelle **1** 38
Prozesskostenhilfe **47** M 96

Quotenbildung **4** 1 ff.
- 100-zu-0-Fälle **4** 21 ff.
- Abbiegen in Grundstück **4** 52 ff., M 53
- Alleinhaftung **4** 21 ff.
- Anscheinsbeweis **4** M 17, 22 ff., M 25
- Auffahrunfall **4** 24 ff., M 25
- Beweislastverteilung **14** 18 ff.
- Bildung Haftungsquote **4** 20 ff.
- Blocksatzsystem **4** 3
- Einfahrt in Verkehr, fließenden **4** 60 ff., M 61
- Einstieg **14** 23 f.
- Fahrbahnwechsel **4** 153 ff.
- Fahrlässigkeit, grobe **14** M 24, 38
- Fahrstreifenwechsel **4** 34 ff.
- Fehlverhalten, schreckbedingtes **4** 69 f., M 70
- Fußgänger **4** 193 ff.
- Gesamtquotenbildung **14** 33 ff., M 36
- Halter/Eigentümer fallen auseinander **4** 71 ff.
- Halter/Fahrzeugführer, verschiedene **4** 175 f., M 176
- Kaskoversicherung **15** 36 ff., 87 ff.
- Kausalität **4** 177 f., M 178
- Kostenrisiko **8** 225 f.
- Kreuzung **4** 82 ff., 97 ff., M 100, 108 ff.
- Kriterien **4** C 205, **14** 37 ff., M 45, **15** 57 ff., M 58
- Leasing **4** M 75 ff., M 78
- Leistungsfreiheit, vollständige **14** M 15, M 17
- Lichtzeichenanlage **4** 82 ff.
- Parkplatzbereich **4** 159 ff., M 161
- Pflichtverletzungen, mehrere **14** 33 ff., M 36
- Querverkehr **4** 82 ff.

1063

Stichwortverzeichnis

- Radfahrer **4** 180 ff.
- Reichweite **14** 14 ff.
- Rettungskostenersatz **15** 87 ff.
- Rückstufungsschaden **8** 412 ff., M 421
- Rückwärtsfahrt **4** 56 ff., M 57
- Schritte **14** 25
- Selbstbehalt **14** 26 ff., M 29, M 32
- Türöffnen **4** 63 f., M 64, M 66
- Unfall mit mehreren Kfz **4** 4 ff.
- Verkehr, gleichgerichteter **4** 135 ff.
- Verkehrssituationen, einzelne **4** 80 ff.
- Verkehrsteilnehmer, nicht motorisierte **4** 171 ff.
- Verschulden **14** 42 ff.
- Versicherungsvertragsgesetz (VVG) **14** 12 f.
- Verstoß gegen Kardinalvorschrift **4** 52 ff.
- Vorfahrtsverletzung **4** 44 ff., M 45, M 49, M 51
- Vorprägung, normative **14** 39 ff.
- Waagemodell **4** 8 ff.
- Wendemanöver **4** 54 f., M 55

Radfahrer **4** 180 ff.
- Alleinhaftung **4** 180 f., M 182, 187 f., M 188
- Fahrtrichtung, falsche **4** 183 ff., M 184, M 186
- Fußgängerüberweg **4** 189 f., M 190
- Gehweg **4** 187, M 188
- Mithaftung **4** 183 ff., 189 ff.
- Quotenbildung **4** 180 ff.
- Schutzhelm **4** 191 f.

Reaktionen, psychische **17** 24

Rechtsanwalt *siehe* Anwalt

Rechtsbeschwerde
- Anwaltsgebühren **44** 2 f., M 3
- Ordnungswidrigkeit **39** 1 ff., M 7 ff.
- Wiedereinsetzung in vorherigen Stand **40** 18
- Zulassungsrechtsbeschwerde **39** 17 ff.

Rechtsschutz, einstweiliger **51** C 3

Rechtsschutzversicherung
- Aufrechnung **20** 18 f., M 19
- Deckungszusage **20** 10 f., M 11
- Differenzbetrag **20** 5 f., M 6
- Entfallen, rückwirkendes **45** 10 f., M 11
- Klage gegen Rechtsschutzversicherer **20** 15 ff.
- Korrespondenz **20** 1 ff.
- Mandat gegen Rechtsschutzversicherung **20** 12 ff., M 13
- Quotenvorrecht **20** 7 ff., M 8
- Sachverständigengutachten **35** M 2, **45** 6 f., M 7
- Selbstbeteiligung **20** 20 f., M 21
- Straf-/Bußgeldsachen **45** 1 ff.
- Vorschuss **45** M 2

Regress
- Kaskoversicherung **15** 26 ff., 83 ff., M 85
- Kfz-Haftpflichtversicherung **16** 14, M 18
- Regressanforderung Anwalt **8** 99 ff., M 101

Regulierungsbeauftragter **2** 3

Regulierungsvollmacht **16** 31 ff., M 34

Rente **11** 57 ff., M 58 f.

Reparaturschaden/-kosten **2** C 70, **8** 6 ff.
- 4-Stufen-Modell *siehe dort*
- Abrechnung, konkrete **8** 6 ff., C 27
- Anhänger **8** 156 f., M 157
- Anschaffung Ersatzfahrzeug **8** 169 ff., M 171, M 173
- Beilackierungskosten **8** 71 ff., M 72
- Bezifferung **8** 30 ff., M 31
- Eigenregie **8** 154 f., M 155, M 323, 367 f., M 368
- Einbau Gebrauchtteile **8** M 153, M 159
- Erheblichkeit **8** 178 ff., M 181, M 183, 198 f., M 199, M 201
- Ersatzfahrzeug, günstigeres **8** 112

Stichwortverzeichnis

- Fahrzeug ab 3 Jahre **8** 44 ff., M 45, M 47, M 49
- Fahrzeuge bis 3 Jahre **8** 41 ff., M 42
- fiktiv **8** 28 ff., C 79, 365 ff.
- Gleichwertigkeit, behauptete **8** M 49
- Hinweispflicht **8** M 60
- höher als geschätzt **8** 9 f., M 10
- konkret **8** 135 f., M 136, 361 ff.
- Kostenvoranschlag **8** 253 ff.
- Mehrwertsteuer **8** 74 ff., M 76
- Mehrwertsteuernachweis **8** 25 f.
- Nebenkosten **8** 123 ff., M 124
- Neuwagenbasis **8** 166 ff., 184 ff., M 188, C 190
- Neuwertigkeit **8** 174 ff., M 177
- Preisaufschläge *siehe* UPE-Aufschläge
- Qualität, gleiche **8** M 51
- Restwert **8** 83 ff., M 86
- Sachverständigengutachten **8** 222 ff., M 224
- Schadenminderungspflicht **8** 227 ff., M 228
- Teilreparatur **8** 151
- Totalschaden **8** 121 ff., M 122
- über 130%-Grenze **8** 160 f., M 161
- unwirtschaftlich **8** 110 ff., M 111
- Verbringungskosten **8** 65 ff., M 66, M 68
- Verweisung **8** M 58
- Vorlage Rechnung **8** 221
- Wartung **8** M 47
- Werkstattkosten **8** 36 ff.
- Werkstattrisiko **8** 15 ff., M 16, M 18
- Wertverbesserung („neu für alt") **8** 11 ff.
- Wiederbeschaffungsaufwand **8** 80 ff., C 126
- Wiederbeschaffungswert **8** 82
- Zugänglichkeit **8** 53 ff.
- Zumutbarkeit Reparatur **8** 40 ff.

Restwert **8** 83 ff.
- Angebot Versicherung **8** 93 ff., M 94, M 98, 99 ff., M 101
- Darlegungs-/Beweislast **8** M 97
- erhöhter **8** 102 f., M 103
- geringerer **8** M 105, 205 ff.
- Mehrwertsteuer **8** 108 ff., M 109, M 111
- nicht realisierbarer **8** M 401
- Nichterzielung **8** 85 f., M 86
- regional überhöhter **8** 87 f., M 88
- Umfang Geldersatzleistung **8** 107 ff.
- Verbindlichkeit Gutachten **8** 87 ff., M 88, M 90
- Verweisung auf Restwertbörse **8** 91 ff., M 92

Retterschutz **17** 32 ff., M 34 f.
Rettungskostenersatz **15** 87 ff.
Risikoausschluss **17** 19 ff.
ROM II **2** 26 ff.
Rotlichtverstoß **15** 67 ff., M 68, M 70
Rücksichtnahmegebot **4** 128 f., M 129 f.
Rückstufungsschaden **8** 412 ff., M 421, **11** M 62
Rückwärtsfahrt **4** 56 ff., M 57, 162 ff., M 164

Sachschaden
- Abschleppkosten **8** 387 ff., M 388
- Aktivlegitimation **8** 462 f., M 463
- Anwaltskosten **8** 422 ff., M 425
- Auslagen **8** 444 ff., M 445, M 447, M 449
- Ausrüstung/Kleidung **8** 441 ff., M 442
- Bezifferung **8** 220 ff., C 257
- Datenerfassung **1** C 15
- Entsorgungskosten **8** 399 ff., M 401
- Finanzierungskosten/Zinsschaden **8** 405 ff., M 411
- Gutachten **8** 222 ff., M 224, 451 ff.
- Inkassokosten **8** 454
- Kostenvoranschlag **8** 253 ff.

1065

Stichwortverzeichnis

- Leasing **8** 461 ff.
- Mietwagenkosten **8** 259 ff.
- Minderwert, merkantiler **8** 191 ff., C 219
- Nutzungsausfallschaden **8** 343 ff.
- Ölspurbeseitigung **8** 458 ff.
- Rückstufungsschaden **8** 412 ff., M 421
- Schadenpositionen, sonstige **8** 387 ff.
- Standgeld **8** 395 ff., M 398
- Umbaukosten **8** 402 ff., M 404
- Vorhaltekosten **8** 385 f., M 386
- Zinsen auf Gerichtskosten **8** 455 ff.

Sachverständigengutachten **1** 69
- Ablehnung Gutachter **12** 97 ff., M 103
- Anforderung beim Versicherer **8** M 226
- Anforderungen, technische **12** 40 ff.
- Anordnung nach § 144 ZPO **12** M 31
- Arbeitsschritte, wichtige **12** 48 ff.
- aus anderen Verfahren **12** 105 ff.
- Bagatellgrenze **8** 227 ff., M 228
- Begutachtungsprozess **12** 26 ff.
- Beurteilung **12** 57 ff.
- Beweisantritt **12** 4 ff.
- Beweisbeschluss **12** 10 ff.
- Ergänzungsgutachten **12** 84 ff., M 88
- Erlöschen Betriebserlaubnis **38** M 15
- Erstattung **12** 33 ff.
- Geschwindigkeitsmessung **38** M 13
- Grundlagen, gesetzliche **12** 3
- Gutachterauswahl **8** 247 ff., M 248, M 250, **12** 20 ff., M 24
- Kaskoversicherung **15** M 3 f.
- Kosten **8** 232 ff., M 242, M 246, **12** 92 f., **13** 55 f.
- MPU unter 1,6 ‰ **47** 119 ff., M 125, M 132
- mündliches **12** 36 ff.
- neues (zweites) **12** 94 ff., M 96
- Parteigutachten **12** 47
- Privatgutachten **12** 89 ff., M 91, M 93, **13** 55 f.
- Prüfungspunkte, einzelne mögliche **12** 62 ff.
- Reaktionsmöglichkeiten **12** 80 ff.
- rechtsmedizinisches **38** M 18
- Rechtsschutzversicherung **45** 6 f., M 7
- Sachschaden **8** 222 ff., M 224
- schriftliches **12** 34 f., M 35
- Selbstladung **38** 10 f., M 11
- Stellungnahme, ergänzende **8** 451 ff.
- Stellungnahmefrist **12** 83
- Strafprozess **12** 41 ff.
- Tatsachenbeschaffung **12** 28 ff.
- Unfallrekonstruktion **12** 2 ff.
- Vergleichsgutachten, anthropologisches **38** M 17
- Verteidiger **35** 1 ff., M 2
- von Amts wegen **12** 8 f.
- Vorgaben, juristische **12** 2 ff.
- Würdigung **12** 81 ff.

Schaden
- Schadenkongruenz **6** 5, 9
- Schadennummer **1** 49
- Schadensanzeige *siehe dort*
- Schadenschätzung **11** 69 ff.
- Schadensersatzansprüche **6** 7 f.
- zukünftiger **11** M 53

Schadensanzeige
- Belehrungspflicht **14** 51 f., M 52, **16** 24 ff.
- falsche Angaben zum Hergang **16** 24 ff., M 26
- fehlende **16** M 30

Schleudertrauma *siehe* Halswirbelsäulen-(HWS-)Syndrom

Schmerzensgeld
- Anmeldung beim Versicherer **9** M 9
- Arztbericht **9** M 13, 16
- Attest **9** M 15
- Bagatellverletzung **9** 26
- Bezifferung **9** 17 ff., M 24
- HWS-Syndrom **9** 50 ff., M 56, M 58, M 60, M 62

Stichwortverzeichnis

- Klageantrag **11** 41 ff., M 42, M 48, M 50
- Mitverschulden **9** 27 ff., M 30, M 48
- Nachweis Schadensumfang **9** 7 ff.
- Rente **9** 33 ff., M 34, M 36 f.
- Schockschaden **9** 44 ff., M 46, M 48
- Schweigepflichtentbindungserklärung **9** 11 f., M 12
- Tod **9** 41 ff., M 42, **10** 25
- Vererblichkeit **9** 41 ff., M 42
- Verletzung **9** 1 ff., C 70
- Vorerkrankungen/Veranlagung **9** 65 ff., M 67, M 69

Schock/Schreck **4** 69 f., M 70, **9** 44 ff., M 46, M 48, **22** M 16, **27** M 25, 41 f., M 42

Schutzhelm **4** 191 f.

Schwacke-Mietpreisspiegel **8** 278 ff., M 279, M 281, M 283, M 287

Schwarzfahren **3** 25

Schweigepflichtentbindungserklärung **9** 11 f., M 12

Schweiz **2** C 71 *siehe auch* Auslandsschäden, Schweiz

Selbstbehalt/-beteiligung **14** 26 ff., M 29, M 32, **20** 20 f., M 21

Sonderkonditionen/Rabatt **8** 20 ff., 23

Sozialversicherungsträger **6** 6, M 10, **9** 93

Sperrfrist **47** 8 ff. *siehe* Fahrerlaubnisentziehung

Spritzschaden **3** 117

Standgeld **8** 395 ff., M 398

Start, fliegender **4** 86 f., M 87

Stelle, unübersichtliche **27** 36 ff., M 39

Störungen, krankhafte **17** 24

Strafbefehl **35** M 10

Strafrecht *siehe* Verkehrsstrafrecht

Straßenverkehr *siehe* Verkehr

Streitgenossenschaft **2** 6 ff., M 8

Sturmschäden **15** 8 ff., M 13

Tankschaden **3** M 118

Tatbestandsirrtum **22** 44 f., M 45, M 47

Taxi **3** M 27, **19** M 23

Teilkaskoversicherung **15** 5 ff.

Termin **37** 104 ff.

Terminsgebühr **19** 63 *siehe* Anwaltsgebühren

Tierhalterhaftung **3** 39 ff., M 40

Tierunfall **3** 17 ff., M 19

Totalschaden
- Abschleppkosten **8** 392
- Gegenstandswert **19** 14 f., M 15
- Mietwagenkosten **8** M 325
- Nutzungsausfallschaden **8** 370 ff., M 371
- Vorschaden **13** 45

Tötung, fahrlässige **23** 1 ff., M 3

Transportschaden **3** 115

Trunkenheit im Verkehr **28** 1 ff.
- Drogenfahrt **28** 23 ff., M 25
- Fahruntüchtigkeit **28** 5 ff., M 8 f.
- Fahrzeug **28** 2 ff.
- Freiwilligkeit **28** 21 f., M 22
- Führen/Fahren **4** 18 f., M 19, **28** 2 ff.
- Gefährdung Straßenverkehr **27** 11
- Mittel, sonstige berauschende **28** 23 ff., M 25
- Richtervorbehalt **28** 13 ff.
- Tatbestand, objektiver **28** 2 ff.
- Tatbestand, subjektiver **28** 10 ff., M 12
- Verwertung Blutprobe **28** M 20

Tschechien **2** C 72 *siehe auch* Auslandsschäden, Tschechien

Türöffnen **4** 63 f., M 64, M 66, 170

Überholen **4** 151 f., M 152
- falsches **27** 28 ff., M 32
- Gegenverkehr **4** 123 f.
- Verkehrslage, unklare **4** 138 ff., M 139, M 141, 147 f., M 148

Überlassen Fahrzeug ohne Fahrerlaubnis **15** 62 f., M 63

1067

Umbaukosten **8** 402 ff., M 404
Umweltschäden **3** 106 ff.
– Befüllschaden **3** 116
– Spritzschaden **3** 117
– Tankschaden **3** M 118
– Transportschaden **3** 115
Unabwendbarkeitsbeweis **3** 20 ff., M 23 f.
Unfall
– Angaben, falsche zum Hergang **16** 21 ff., M 26
– auf Betriebsweg **5** 17 ff., M 18
– ausgenutzter **3** 100 ff., M 102, M 105, **13** 10
– Begriff **22** 3 ff., M 6
– fingierter **13** 9
– gestellter/verabredeter **13** 6
– Manipulation **3** 84 ff., **13** 1 ff.
– mit mehreren Kfz **4** 4 ff.
– provozierter **13** 7 f., 33 f.
– So-nicht-Unfall **13** 23 f.
– Unfallakte, polizeiliche **1** 54 ff., M 63
– Unfalldaten **1** C 14
– Unfallersatztarif *siehe dort*
– Unfallflucht **22** 1 ff.
– Unfallort **2** 9
– Unfallrekonstruktion *siehe dort*
– Unfallversicherung, private **17** 7 ff.
Unfallersatztarif **8** 269 ff.
– Aktivlegitimation **8** 315 f.
– Aufschlag, prozentualer **8** 296 ff.
– Aufwand zur Schadenbeseitigung **8** 305 ff., M 310, M 312
– Bestimmung „Normaltarif" **8** 273 ff.
– Fraunhofer Mietpreisspiegel *siehe dort*
– Hinweis auf fehlende Mittel **8** 313 f., M 314
– Mittelwert **8** 292 f., M 293
– Notsituation **8** 302 f., M 303
– Schwacke-Mietpreisspiegel *siehe dort*
– Vollkaskoversicherung **8** 284 f., M 285
– Winterreifen **8** 282 f., M 283

Unfallflucht **22** 1 ff.
– Bagatellschaden *siehe dort*
– Begriffsbestimmungen **22** 2 ff., M 6
– Bemerkbarkeit/Wahrnehmbarkeit **22** 27 ff., M 32, 40, M 45
– Bezifferung **22** 34 ff., M 36
– Entfernen **22** M 17 f.
– Feststellung/Mitteilung, unverzügliche nachträgliche **22** M 24 f.
– Fremdschaden **22** 33 ff., M 36
– Gefahrzusammenhang **22** 7 f., M 8
– Irrtum **22** 43 ff.
– Personenschaden **22** 48 f., M 49
– Pflicht zum Beiseitefahren **22** M 15
– Pflichten Unfallbeteiligte **22** 19 ff.
– Schadensbegriff **22** M 39
– Schock **22** M 16
– Sich-Entfernen **22** 11 ff.
– Straßenverkehr, öffentlicher **22** 2 ff.
– Tatbestand, objektiver **22** 2 ff.
– Tatbestand, subjektiver **22** 26 ff.
– Tatbestandsirrtum **22** 44 f., M 45, M 47
– Täter **22** 9 f., M 10
– Unfallbeteiligter **22** 9 f., M 10
– Verbotsirrtum **22** 46 ff., M 47
– Verteidigungsansätze **22** 41 f.
– Wartezeit, ausreichende **22** 21 ff., M 23
Unfallmanipulation **3** 84 ff., **13** 1 ff.
– Aktivlegitimation **13** 11 ff.
– Beweismaß **13** 28 ff.
– Darlegungs-/Beweislast **13** 17 ff.
– Detektivkosten **13** 57
– Einwilligung Geschädigter **13** 25 ff., C 31
– Erscheinungsformen **13** 5 ff.
– Geständnis **13** 53 f.
– Gutachterkosten **13** 55 f.
– Nebenintervention **13** 48 ff., M 50
– Sachbearbeitungskosten **13** 58
– Sachvortrag Geschädigter **13** 19 ff.
– Schadensumfang **13** 35 ff.
– Tatbestand, äußerer **13** 18 ff.

Stichwortverzeichnis

- Vorschadensproblematik **13** 35 ff.
Unfallrekonstruktion **12** 1 ff., **18** 1 ff.
- Anforderungen, technische **12** 40 ff.
- Beweisantritt **12** 4 ff.
- Beweisbeschluss **12** 10 ff.
- Dashcam **18** 64 ff.
- Daten, personenbezogene **18** 1 ff.
- Event Data Recorder *siehe dort*
- Geschwindigkeit **18** 27 ff., M 28, M 30
- HIS-Informationssystem **18** 77 ff.
- Kollisionsstellung, ungeklärte **18** 25 f., M 26
- Sachverständigengutachten *siehe dort*
- Unfalldatenschreiber **18** 5 f., M 6
- Zivilprozess **12** 44 ff.
Unfallversicherung **5** 2, **17** 1 ff.
- Anmeldung Ansprüche **17** M 31
- Bandscheibenschaden **17** 22 f.
- Beratung Mandant **17** 28 ff.
- Bewusstseinsstörung **17** 20 f.
- Fristen, einzuhaltende **17** 14 ff.
- gesetzliche **5** 2
- Gliedertaxe **17** 11 f.
- Invaliditätsleistung **17** 10
- Kfz-Haftpflichtversicherung **17** 27
- Leistungsberatung **17** M 30
- Mitwirkung Krankheit/Gebrechen **17** 13
- private **17** 1 ff.
- Reaktionen, psychische **17** 24
- Retterschutz **17** 32 ff., M 34 f.
- Risikoausschlüsse **17** 19 ff.
- Schadensersatzanspruch gegenüber Schädiger **17** 36 ff., M 40
- Störungen, krankhafte **17** 24
- Unfallbegriff **17** 7 ff.
- Voraussetzungen Anspruch **17** 5 ff.
Unfallzeuge *siehe* Zeugenbeweis
Unkostenpauschale **2** M 63
Unterhaltsschaden **10** 12 ff., M 16, M 18
Unternehmer **5** 13 f., M 14

UPE-Aufschläge **8** 61 ff., M 62, M 64, 69 f., M 70

Verbringungskosten **8** 65 ff., M 66, M 68
Verfahrensgebühr *siehe* Anwaltsgebühren
Verfahrensrüge **39** 14 ff., M 15 f.
Vergütungsvereinbarung **19** 43 f., M 44
Verjährung **7** 1 ff.
- Abfindungsvergleich **7** 35 ff.
- Ablauf **7** 16
- Abschlagszahlung **7** M 15
- Absicherung, gesonderte **7** 36
- Anhörung **37** 37 ff., M 38 f.
- Anwaltsgebühren **44** 16 f., M 17
- Beginn **7** 3 ff., M 5
- Einheitlichkeit **7** M 5
- Einstellung, vorläufige **37** 42 ff., M 44
- Erlass/Zustellung Bußgeldbescheid **37** 53 ff., M 64 ff.
- Hemmung **7** 10 ff., M 12, 35
- Leistungen, wiederkehrende **7** 38
- Neubeginn **7** 14 ff., M 15
- Ordnungswidrigkeit **37** 32 ff.
- Verzicht auf Einrede **7** M 7 ff.
Verkehr
- Betriebsgelände **27** M 10
- fließender **4** 42 f., M 43, **26** 5
- Gefährdung **27** 1 ff.
- gleichgerichteter **4** 135 ff., M 137
- Linksabbieger **4** 135 ff., M 137
- öffentlicher **22** 2 ff., **27** 8 ff., M 10
Verkehrslage, unklare *siehe* Überholen
Verkehrsopferhilfe **3** 74 ff., M 77
Verkehrsordnungswidrigkeitenrecht *siehe* Ordnungswidrigkeit
Verkehrsstrafrecht **21** 1 f.
- Anwaltsgebühren **43** 1 ff.
- Eingriff, gefährlicher in Straßenverkehr **26** 1 ff.
- Einstellung Verfahren **35** 6 ff., M 8 f.
- Fahrerlaubnisentziehung **30** 1 ff., **32** 1 ff.

1069

Stichwortverzeichnis

- Fahrerlaubnissperre **31** 1 ff.
- Fahrverbot **29** 1 ff.
- Gefährdung Straßenverkehr **27** 1 ff.
- Körperverletzung, fahrlässige **24** 1 ff.
- Nötigung **25** 1 ff.
- Pflichtversicherungsgesetz **34** 1 ff.
- Sachverständigengutachten **35** 1 ff.
- Strafbefehl **35** M 10
- Tötung, fahrlässige **23** 1 ff.
- Trunkenheit im Verkehr **28** 1 ff.
- Unfallflucht **22** 1 ff.

Verkehrsteilnehmer, nicht motorisierte **4** 171 ff.
- Fußgänger **4** 193 ff.
- Radfahrer **4** 180 ff.

Verkehrsverwaltungsrecht **46** 1 ff.
- EU-Führerscheine **48** 1 ff.
- Fahrerlaubnisentziehung **47** 1 ff.
- Fahrtenbuchauflage **50** 1 ff.
- Klage vor Verwaltungsgericht **51** C 2
- MPU *siehe* Medizinisch-psychologische Untersuchung (MPU)
- Rechtsschutz, einstweiliger **51** C 3
- Überprüfung Verwaltungsakt **51** C 1

Versicherungsvertragsgesetz (VVG) **14** 1 ff., C 69
- Änderungen, wichtigste **14** 6 ff.
- Arglist **14** 48 ff., M 50
- Belehrungspflicht **14** 51 f., M 52
- Gerichtsstand *siehe dort*
- Kausalitätsgegenbeweis **14** M 9, 46 f., M 47
- Obliegenheitsverletzung **14** 51 f., M 52
- Quotenbildung **14** 12 f.
- Zeitpunkt Versicherungsfall **14** M 2

Verteidiger **35** 1 ff., M 2
Verweisung **8** M 58
Verzug **11** 1 ff.
- Ablauf Prüfungszeitraum **11** M 2
- Anerkenntnis **11** M 5
- Klageandrohung **11** 11 f.
- Mahnung **11** 11 f.

- Rückforderungsvorbehalt Versicherer **11** 9 f., M 10
- Schadensregulierung **11** 6 f., M 7

Vollkaskoversicherung **8** 284 f., M 285, **15** 14 ff.
Vollmacht **1** 82, **16** 31 ff., M 34
Vorerkrankungen/Veranlagung **9** 65 ff., M 67, M 69
Vorfahrtsverletzung **4** 44 ff., M 45, 97 ff., M 100
- Abkommen auf Gegenfahrbahn **4** 50 f., M 51, 67 f., M 68
- Fahrweise, irreführende **4** 103 ff., M 105
- Geschwindigkeit, unangepasste **4** M 107
- Geschwindigkeitsverringerung, bloße **4** 106 f., M 107
- halbe **4** 101 f., M 102
- Parkplatzbereich **4** 165 ff., M 166, M 169
- Rechtsfahrgebot **4** 48 f., M 49

Vorhaltekosten **8** 385 f., M 386
Vorsatz
- Entfallen Rechtsschutzversicherung **45** 10 f., M 11
- Gefährdung Straßenverkehr **27** 49
- Kfz-Haftpflichtversicherung **16** 22
- Ordnungswidrigkeit **37** 105 f., M 106

Vorschaden **3** 100 ff., M 102, M 105, **13** 35 ff.
- Folgepositionen **13** 46
- Kausalitätsgegenbeweis **14** 46 f., M 47
- reparierter bekannter **13** 44
- Totalschadenabrechnung **13** 45
- unreparierter angegebener **13** 40
- unreparierter verschwiegener/bestrittener **13** 41 ff., **14** 46 f., M 47

Vorschuss **1** 87, **45** M 2
Vorsteuerabzugsberechtigung *siehe* Mehrwertsteuer

Stichwortverzeichnis

Waagemodell **4** 8 ff.
– Betriebsgefahr, erhöhte **4** 10 f., M 11
– Fahrerlaubnis, fehlende **4** M 15, M 17
– Trunkenheitsfahrt **4** 18 f., M 19
Wegeunfall **5** 16 ff., M 18
Wegfall Geschäftsgrundlage **7** 19 ff.
Werkstattkosten
– Kürzung Stundenverrechnungssätze **8** 36 ff.
– Mietwagenkosten **8** M 322
– Qualität, gleiche **8** 40 ff.
– Zumutbarkeit Reparatur **8** 40 ff.
Werkstattrisiko **8** 15 ff., M 16
– Sonderkonditionen/Rabatt **8** 20 ff., 23
– Zurückbehaltungsrecht **8** 17 f., M 18
Wertverbesserung („neu für alt") **8** 11 ff.
Widerklage **11** 75 ff., M 76
Wiederbeschaffungsaufwand **8** 80 ff., C 126, M 134, 139 f., M 140
Wiederbeschaffungswert **8** 82
Wiedereinsetzung in vorherigen Stand **40** 1 ff., M 17
– Einspruchsfrist **40** 1 ff.
– Hauptverhandlungstermin, versäumter **40** 9 ff.
– Rechtsbeschwerde **40** 18
– Widerspruchsfrist, versäumte **40** 7 f.

Winterreifen **8** 282 f., M 283
Wohnsitzprinzip **48** 12 ff.

Zebrastreifen **4** 200 ff., M 202
Zentralruf der Autoversicherer **1** M 46
Zeugenbeweis **37** M 101, **38** M 3
– Dauervideoaufnahme **38** M 14
– Identitätsfeststellung **38** M 16
– Selbstladung **38** 10 f., M 11
– Überladung **38** M 19
– Unfallzeuge **1** 38, 69 ff., M 71 f.
Zinsen **8** 455 ff.
Zinsschaden **8** 405 ff., M 411, **11** 61 ff., M 64
Zugänglichkeit **8** 53 ff.
Zukunftsschadenvorbehalt **7** 29 ff., M 30 f.
Zulassungsrechtsbeschwerde **39** 17 ff.
– Entbindung **39** 21 ff.
– Entschuldigung, genügende **39** 24 f.
– Ordnungswidrigkeit **39** 17 ff.
– Verfahrensrüge, nicht voll erforderliche **39** 26 ff.
– Verletzung Gehör, rechtliches **39** 29 ff.
Zurückbehaltungsrecht **8** 17 f., M 18
Zustellung **37** 53 ff., M 64 ff.
Zwangsvollstreckung **41** 1 ff., M 4, **43** M 25